Vorwort

In Band II der 60. Auflage wurden BGBl I 105/2020, BGBl I 106/2020, BGBl I 135/2020, BGBl I 149/2020, BGBl I 158/2020, BGBl I 4/2021, BGBl I 28/2021, BGBl I 36/2021 sowie BGBl II 481/2020, BGBl II 576/2020, BGBl II 579/2020, BGBl II 609/2020, BGBl II 34/2021, BGBl II 36/2021 und BGBl II 64/2021 eingearbeitet bzw dokumentiert. Damit befindet sich der Kodex Sozialversicherungsrecht Band II auf dem Stand 1.3.2021.

Nach wie vor wird auch das Sozialversicherungsrecht von der COVID-19-Pandemie stark beeinflusst. Wurden Bestimmungen seit der 59. Auflage mehrfach novelliert, ist wiederum lediglich die aktuell gültige Bestimmung abgedruckt. Die in der Zwischenzeit wieder zur Makulatur verkommenen Änderungen wurden per Ausweis der BGBl-Nummern dokumentiert. Neu aufgenommen wurde etwa das Bundesgesetz über die Errichtung eines Fonds für eine Überbrückungsfinanzierung für selbständige Künstlerinnen und Künstler, dessen Bestimmungen allerdings auch (zumindest nach aktuellem Stand) wieder mit Ablauf des 31. Dezember 2021 außer Kraft treten.

Die 60. Auflage als Jubiläumsauflage (im alten Rom wäre der Kodex Sozialversicherungsrecht nunmehr ein senex, also ein Greis; auch das Frauen-Regelpensionsantrittsalter ist erreicht) hebt einmal mehr die Vorzüge des Kodex hervor: die Dokumentation aller Änderungen einer Vorschrift durch Ausweis der BGBl-Nummern; gerade, aber nicht nur im Lichte der Pandemie und der sich ständig ändernden Vorschriften eine Unterstützung in der täglichen Arbeit.

Wien, im März 2021   Elisabeth Brameshuber

KODEX

DES ÖSTERREICHISCHEN RECHTS

Herausgeber: Univ.-Prof. Dr. Werner Doralt

Redaktion: Dr. Veronika Doralt

SOZIAL-
VERSICHERUNG
BAND II

bearbeitet von

Univ.-Prof. Dr. Elisabeth Brameshuber
Universität Wien

Rubbeln Sie Ihren persönlichen Code frei und laden
Sie diesen Kodexband kostenlos in die Kodex App!

1084099

HIER

RUBBELN!

Linde

Benützungsanleitung: Die Novellen sind nach dem Muster der Wiederverlautbarung in Kursivdruck jeweils am Ende eines Paragraphen, eines Absatzes oder einer Ziffer durch Angabe des Bundesgesetzblattes in Klammer ausgewiesen. Soweit nach Meinung des Bearbeiters ein Bedarf nach einem genauen Novellenausweis besteht, ist der geänderte Text zusätzlich durch Anführungszeichen und Fettstellung hervorgehoben.

KODEX
DES ÖSTERREICHISCHEN RECHTS

VERFASSUNGSRECHT	STEUER-ERLÄSSE
EU-VERFASSUNGSRECHT	EStG-RICHTLINIENKOMMENTAR
VÖLKERRECHT	LSt-RICHTLINIENKOMMENTAR
EINFÜHRUNGSGESETZE ABGB UND	KStG-RICHTLINIENKOMMENTAR
B-VG	UmgrStG-RICHTLINIENKOMMENTAR
PARLAMENTSRECHT	UStG-RICHTLINIENKOMMENTAR
BÜRGERLICHES RECHT	GebG-RICHTLINIENKOMMENTAR
FAMILIENRECHT	DOPPELBESTEUERUNGSABKOMMEN
UNTERNEHMENSRECHT	VERRECHNUNGSPREISE
ZIVILGERICHTLICHES VERFAHREN	FINANZPOLIZEI
INTERNATIONALES PRIVATRECHT	ZOLLRECHT UND VERBRAUCH-
WIRTSCHAFTSPRIVATRECHT	STEUERN
SCHIEDSVERFAHREN	RECHNUNGSLEGUNG UND PRÜFUNG
STRAFRECHT	INTERNATIONALE RECHNUNGS-
IT-STRAFRECHT	LEGUNG
LEGAL TECH	VERBRAUCHERRECHT
IP-/IT-RECHT	VERKEHRSRECHT
GERICHTSORGANISATION	WEHRRECHT
ANWALTS- UND GERICHTSTARIFE	ÄRZTERECHT
NOTARIATSRECHT	KRANKENANSTALTENGESETZE
JUSTIZGESETZE	VETERINÄRRECHT
WOHNUNGSGESETZE	GESUNDHEITSBERUFE
FINANZMARKTRECHT	UMWELTRECHT
VERSICHERUNGSRECHT	EU-UMWELTRECHT
WIRTSCHAFTSGESETZE	WASSERRECHT
UWG	ABFALLRECHT UND ÖKO-AUDIT
TELEKOMMUNIKATION	CHEMIKALIENRECHT
KARTELLRECHT	EU-CHEMIKALIENRECHT
VERGABEGESETZE	LEBENSMITTELRECHT
COMPLIANCE FÜR UNTERNEHMEN	SCHULGESETZE
GLÜCKSSPIEL- UND WETTRECHT	UNIVERSITÄTSRECHT
ARBEITSRECHT	ASYL- UND FREMDENRECHT
EU-ARBEITSRECHT	BESONDERES VERWALTUNGSRECHT
ARBEITNEHMERSCHUTZ	VERWALTUNGSVERFAHRENSGESETZE
SOZIALVERSICHERUNG	INNERE VERWALTUNG
SOZIALVERSICHERUNG DURCH-	POLIZEIRECHT
FÜHRUNGSVORSCHRIFTEN	LANDESRECHT TIROL
PERSONALVERRECHNUNG	LANDESRECHT VORARLBERG
STEUERGESETZE	BAURECHT TIROL

ISBN 978-3-7073-4394-6
LINDE VERLAG Ges. m. b. H., 1210 Wien, Scheydgasse 24
Telefon: 01/24 630 Serie, Telefax: 01/24 630-23 DW

Satz und Layout: psb, Rosenthaler Str. 9, 10119 Berlin

Druck und Bindung: Czech Print Center a.s., Ostrava

Inhaltsverzeichnis

1. GEWERBLICHES SOZIALVERSICHERUNGSGESETZ

Inhaltsverzeichnis

1. Gewerbliches Sozialversicherungsgesetz

Gewerbliches Sozialversicherungsgesetz, BGBl 1978/560 idF

1 BGBl 1978/684	2 BGBl 1979/531	3 BGBl 1980/196
4 BGBl 1980/586	5 BGBl 1981/283	6 BGBl 1981/589
7 BGBl 1982/359	8 BGBl 1982/648	9 BGBl 1983/384
10 BGBl 1983/591	11 BGBl 1984/485	12 BGBl 1985/104
13 BGBl 1985/205	14 BGBl 1986/112	15 BGBl 1986/564
16 BGBl 1987/158	17 BGBl 1987/610	18 BGBl 1987/616
19 BGBl 1988/283	20 BGBl 1988/750	21 BGBl 1989/643
22 BGBl 1990/295	23 BGBl 1990/741	24 BGBl 1991/157
25 BGBl 1991/628	26 BGBl 1991/677	27 BGBl 1992/474
28 BGBl 1993/17	29 BGBl 1993/110	30 BGBl 1993/336
31 BGBl 1994/21	32 BGBl 1994/314	33 BGBl 1994/505
34 BGBl 1994/680	35 BGBl 1995/132	36 BGBl 1995/297
37 BGBl 1995/832	38 BGBl 1996/153	39 BGBl 1996/201
40 BGBl 1996/412	41 BGBl 1996/600	42 BGBl 1996/764
43 BGBl I 1997/47	44 BGBl I 1997/61	45 BGBl I 1997/64
46 BGBl I 1997/139	47 BGBl I 1998/30	48 BGBl I 1998/139
49 BGBl I 1999/16	50 BGBl I 1999/86	51 BGBl I 1999/106
52 BGBl I 1999/175	53 BGBl I 1999/179	54 BGBl I 2000/1
55 BGBl I 2000/2	56 BGBl I 2000/43	57 BGBl I 2000/44
58 BGBl I 2000/65 (VfGH)	59 BGBl I 2000/92	60 BGBl I 2000/101
61 BGBl I 2000/102	62 BGBl I 2000/112 (VfGH)	63 BGBl I 2000/142
64 BGBl I 2001/5	65 BGBl I 2001/33	66 BGBl I 2001/35
67 BGBl I 2001/67	68 BGBl I 2001/100	69 BGBl I 2001/103
70 BGBl I 2001/131	71 BGBl I 2002/2	72 BGBl I 2002/141
73 BGBl I 2002/169	74 BGBl I 2003/2	75 BGBl I 2003/8
76 BGBl I 2003/45 (VfGH)	77 BGBl I 2003/71	78 BGBl I 2003/145
79 BGBl I 2004/18	80 BGBl I 2004/78	81 BGBl I 2004/105
82 BGBl I 2004/142	83 BGBl I 2004/156	84 BGBl I 2004/171
85 BGBl I 2004/179	86 BGBl I 2005/71	87 BGBl I 2005/74
88 BGBl I 2005/132	89 BGBl I 2005/138 (VfGH)	90 BGBl I 2005/155
91 BGBl I 2006/130	92 BGBl I 2006/131	93 BGBl I 2006/165
94 BGBl I 2006/169	95 BGBl I 2007/31	96 BGBl I 2007/101
97 BGBl I 2008/92	98 BGBl I 2008/120	99 BGBl I 2008/129
100 BGBl I 2008/146	101 BGBl I 2009/14	102 BGBl I 2009/52
103 BGBl I 2009/83	104 BGBl I 2009/84	105 BGBl I 2009/135
106 BGBl I 2009/147	107 BGBl I 2010/58	108 BGBl I 2010/61
109 BGBl I 2010/62	110 BGBl I 2010/63	111 BGBl I 2010/64
112 BGBl I 2010/92	113 BGBl I 2010/102	114 BGBl I 2010/111
115 BGBl I 2011/52	116 BGBl I 2011/122	117 BGBl I 2012/17
118 BGBl I 2012/35	119 BGBl I 2012/76	120 BGBl I 2012/107
121 BGBl I 2012/111	122 BGBl I 2012/123	123 BGBl I 2013/3
124 BGBl I 2013/81	125 BGBl I 2013/86	126 BGBl I 2013/87
127 BGBl I 2013/130	128 BGBl I 2013/139	129 BGBl I 2014/28
130 BGBl I 2014/32	131 BGBl I 2014/56	132 BGBl I 2015/2
133 BGBl I 2015/79	134 BGBl I 2015/113	135 BGBl I 2015/118
136 BGBl I 2015/144	137 BGBl I 2015/162	138 BGBl I 2016/53
139 BGBl I 2016/120	140 BGBl I 2017/26	141 BGBl I 2017/29
142 BGBl I 2017/33	143 BGBl I 2017/53	144 BGBl I 2017/125
145 BGBl I 2017/131	146 BGBl I 2017/151	147 BGBl I 2018/37
148 BGBl I 2018/59	149 BGBl I 2018/99	150 BGBl I 2018/100
151 BGBl I 2019/7	152 BGBl I 2019/84	153 BGBl I 2019/103
154 BGBl I 2020/21	155 BGBl I 2020/31	156 BGBl I 2020/73
157 BGBl I 2020/105	158 BGBl I 2020/135	159 BGBl I 2020/158
160 BGBl I 2021/28	161 BGBl I 2021/36	

1. GSVG

GLIEDERUNG

1. GSVG

1. GSVG

1. GSVG

Bundesgesetz vom 11. Oktober 1978 über die Sozialversicherung der in der gewerblichen Wirtschaft selbständig Erwerbstätigen (Gewerbliches Sozialversicherungsgesetz – GSVG)

(BGBl I 2017/131)

Der Nationalrat hat beschlossen:

ERSTER TEIL
Allgemeine Bestimmungen

ABSCHNITT I

Geltungsbereich

§ 1. Dieses Bundesgesetz regelt die Kranken- und die Pensionsversicherung der im Inland in der gewerblichen Wirtschaft selbständig Erwerbstätigen, der sonstigen im Inland selbständig erwerbstätigen Personen, soweit sie nicht auf Grund dieser Erwerbstätigkeit nach einem anderen Bundesgesetz pflichtversichert sind sowie die Krankenversicherung der Bezieher einer Pension (Übergangspension) aus der Pensionsversicherung nach diesem Bundesgesetz.

(BGBl I 1997/139)

Umfang des Leistungsrechtes der Pensionsversicherung

§ 1a. (1) Auf Personen, die erstmals nach dem 31. Dezember 2004 in der Pensionsversicherung nach diesem oder einem anderen Bundesgesetz pflichtversichert sind, ist Abschnitt III des Zweiten Teiles nur so weit anzuwenden, als das Allgemeine Pensionsgesetz (APG), BGBl. I Nr. 142/2004, nichts anderes bestimmt.

(2) Auf Personen, die nach dem 31. Dezember 1954 geboren sind und bis zum Ablauf des 31. Dezember 2004 mindestens einen Versicherungsmonat nach diesem oder einem anderen Bundesgesetz erworben haben, sind die Bestimmungen des Abschnittes III des Zweiten Teiles und des Abschnittes II des Fünften Teiles nur so weit anzuwenden, als das APG nichts anderes bestimmt.

(BGBl 1994/21, BGBl I 2004/142)

Sprachliche Gleichbehandlung

§ 1b. Soweit im folgenden personenbezogene Bezeichnungen nur in männlicher Form angeführt sind, beziehen sie sich auf Frauen und Männer in gleicher Weise. Bei der Anwendung auf bestimmte Personen ist die jeweils geschlechtsspezifische Form zu verwenden.

(BGBl 1994/21, BGBl I 2004/142)

Umsetzung von Unionsrecht

§ 1c. Durch dieses Bundesgesetz werden umgesetzt:

1. die Richtlinie 89/105/EWG betreffend die Transparenz von Maßnahmen zur Regelung der Preisfestsetzung bei Arzneimitteln für den menschlichen Gebrauch und ihre Einbeziehung in die staatlichen Krankenversicherungssysteme, ABl. Nr. L 40 vom 11.02.1989 S. 8;

   (BGBl I 2015/162)

2. die Richtlinie 2005/36/EG über die Anerkennung von Berufsqualifikationen, ABl. Nr. L 255 vom 30.09.2005 S. 22, zuletzt geändert durch die „Richtlinie 2013/55/EU, ABl. Nr. L 354 vom 28.12.2013 S. 132";

   (BGBl I 2015/162, BGBl I 2020/158)

3. die Richtlinie 2011/24/EU über die Ausübung der Patientenrechte in der grenzüberschreitenden Gesundheitsversorgung, ABl. Nr. L 88 vom 04.04.2011 S. 45;

   (BGBl I 2015/162)

4. die Richtlinie 2010/41/EU zur Verwirklichung des Grundsatzes der Gleichbehandlung von Männern und Frauen, die eine selbständige Erwerbstätigkeit ausüben, und zur Aufhebung der Richtlinie 86/613/EWG, ABl. Nr. L 180 vom 15.07.2010 S. 1;

   (BGBl I 2015/162)

5. die anderen im § 3b ASVG genannten Richtlinien, sofern sie auch auf den Geltungsbereich dieses Bundesgesetzes anwendbar sind.

   (BGBl I 2015/162)

(BGBl I 2014/32)

ABSCHNITT II
Umfang der Versicherung

1. Unterabschnitt
Pflichtversicherung

Pflichtversicherung in der Krankenversicherung und in der Pensionsversicherung

§ 2. (1) Auf Grund dieses Bundesgesetzes sind, soweit es sich um natürliche Personen handelt, in der Krankenversicherung und in der Pensionsversicherung nach Maßgabe der folgenden Bestimmungen pflichtversichert:

1. die Mitglieder der Kammern der gewerblichen Wirtschaft;

2. die Gesellschafter/Gesellschafterinnen einer offenen Gesellschaft und die unbeschränkt haftenden Gesellschafter/Gesellschafterinnen einer Kommanditgesellschaft, sofern diese Gesellschaften Mitglieder einer der in Z 1 bezeichneten Kammern sind;

   (BGBl 1990/741, BGBl I 2006/131)

3. die zu Geschäftsführern bestellten Gesellschafter einer Gesellschaft mit beschränkter Haftung, sofern diese Gesellschaft Mitglied einer der in Z 1 bezeichneten Kammern ist und diese Personen nicht bereits auf Grund ihrer Beschäftigung (§ 4 Abs. 1 Z 1 in Verbindung mit § 4 Abs. 2 des Allgemeinen Sozialversicherungsgesetzes) als Geschäftsführer der Teilversicherung in der Unfallversicherung oder der Pflichtversicherung in der Pensionsversicherung nach dem Allgemeinen Sozialversicherungsgesetz unterliegen oder auf Grund dieser Pflichtversicherung An-

spruch auf Kranken- oder Wochengeld aus der Krankenversicherung nach dem Allgemeinen Sozialversicherungsgesetz haben, auch wenn dieser Anspruch ruht, oder auf Rechnung eines Versicherungsträgers Anstaltspflege erhalten oder in einem Kurheim oder in einer Sonderkrankenanstalt untergebracht sind oder Anspruch auf Ersatz der Pflegegebühren gemäß § 131 oder § 150 des Allgemeinen Sozialversicherungsgesetzes einem Versicherungsträger gegenüber haben;

(BGBl 1996/600, BGBl I 2015/162)

4. selbständig erwerbstätige Personen, die auf Grund einer betrieblichen Tätigkeit Einkünfte im Sinne der §§ 22 Z 1 bis 3 und 5 und (oder) 23 des Einkommensteuergesetzes 1988 (EStG 1988), BGBl. Nr. 400, erzielen, wenn auf Grund dieser betrieblichen Tätigkeit nicht bereits Pflichtversicherung nach diesem Bundesgesetz oder einem anderen Bundesgesetz in dem (den) entsprechenden Versicherungszweig(en) eingetreten ist. Solange ein rechtskräftiger Einkommensteuerbescheid oder ein sonstiger maßgeblicher Einkommensnachweis nicht vorliegt, ist die Pflichtversicherung nur dann festzustellen, wenn der Versicherte erklärt, daß seine Einkünfte aus sämtlichen der Pflichtversicherung nach diesem Bundesgesetz unterliegenden Tätigkeiten im Kalenderjahr die Versicherungsgrenze übersteigen werden. In allen anderen Fällen ist der Eintritt der Pflichtversicherung erst nach Vorliegen des rechtskräftigen Einkommensteuerbescheides oder eines sonstigen maßgeblichen Einkommensnachweises im nachhinein festzustellen.

(BGBl I 1997/139, BGBl I 1998/139, BGBl I 2015/118)

(2) Die Pflichtversicherung in der Pensionsversicherung besteht für die im Abs. 1 genannten Personen nur, wenn sie das 15. Lebensjahr vollendet haben.

(3) Üben die Pflichtversicherten eine Erwerbstätigkeit durch

a) den Verschleiß von Zeitungen und Zeitschriften,

b) den Verschleiß von Postwertzeichen, Stempelmarken und Gerichtskostenmarken,

c) den Verschleiß von Fahrscheinen öffentlicher Verkehrseinrichtungen,

d) den Vertrieb von Spielanteilen der Lotterien oder durch

e) den Betrieb von Lotto-Toto-Annahmestellen

(BGBl 1993/336)

aus, so erstreckt sich ihre Pflichtversicherung in der Kranken- und Pensionsversicherung auf jede dieser Tätigkeiten.

Teilversicherung in der Kranken- bzw. Pensionsversicherung

§ 3. (1) Pflichtversichert in der Krankenversicherung sind

1. die Bezieher einer Pension (Übergangspension) und die Bezieher von Übergangsgeld gemäß § 164, wenn sie nicht gemäß Abs. 2 oder gemäß § 4 Abs. 1 Z 8 des Allgemeinen Sozialversicherungsgesetzes versichert sind, solange sich diese Personen ständig im Inland aufhalten;

2. Personen im Sinne des § 2 Abs. 1 Z 4 dritter Satz, wenn sie die Pflichtversicherung in der Krankenversicherung ausdrücklich beantragen;

(BGBl I 1998/139, BGBl I 2001/103)

3. BezieherInnen von Kinderbetreuungsgeld nach dem Kinderbetreuungsgeldgesetz (KBGG), BGBl. I Nr. 103/2001, wenn nach § 28 KBGG die Sozialversicherungsanstalt der Selbständigen zuständig ist;

(BGBl I 2001/103, BGBl I 2018/100)

4. Bezieher von Familienzeitbonus nach dem Familienzeitbonusgesetz (FamZeitbG), BGBl. I Nr. 53/2016, wenn nach § 4 FamZeitbG die Sozialversicherungsanstalt der Selbständigen zuständig ist.

(BGBl I 2016/53, BGBl I 2018/100)

(BGBl 1993/336, BGBl I 1997/139)

(2) Soweit es sich nicht um einen Pflichtversicherten im Sinne des § 2 Abs. 1 und 2 bzw. um einen Pflichtversicherten gemäß § 8 Abs. 1 Z 1 lit. d und Z 4 lit. a bis c des Allgemeinen Sozialversicherungsgesetzes handelt, stehen den Pflichtversicherten in der Krankenversicherung gemäß § 2 Abs. 1 Personen gleich, denen im Rahmen beruflicher Maßnahmen der Rehabilitation gemäß § 161 berufliche Ausbildung gewährt wird, wenn die Ausbildung nicht auf Grund eines Dienst- oder Lehrverhältnisses erfolgt.

(3) Pflichtversichert in der Pensionsversicherung sind:

1. Personen, die nach dem Wehrgesetz 2001

   a) Präsenz- oder Ausbildungsdienst leisten, ausgenommen die in lit. b genannten Personen,

   b) Ausbildungsdienst leisten, ab dem 13. Monat des Ausbildungsdienstes,

   wenn sie zuletzt nach dem GSVG oder FSVG, nicht jedoch nach dem ASVG pensionsversichert waren;

(BGBl I 2010/111)

2. Personen, die auf Grund des Zivildienstgesetzes ordentlichen oder außerordentlichen Zivildienst leisten, wenn sie zuletzt nach dem GSVG oder FSVG, nicht jedoch nach dem ASVG, pensionsversichert waren;

(BGBl I 2015/144)

3. Personen, die Übergangsgeld aus der Pensionsversicherung nach diesem Bundesgesetz beziehen, wenn sie nicht nach § 3 Abs. 5 pflichtversichert sind;

3a. Personen, die Wochengeld nach diesem Bundesgesetz beziehen, soweit sie nicht nach Z 4 oder § 2 pflichtversichert sind;

(BGBl I 2013/86)

4. Personen, die ihr Kind (§ 116a Abs. 2) in den ersten 48 Kalendermonaten nach der Geburt oder im Fall einer Mehrlingsgeburt ihre Kinder in den ersten 60 Kalendermonaten nach der Geburt tatsächlich und überwiegend im Sinne des § 116a Abs. 4 bis 7 im Inland erziehen, wenn sie zuletzt nach dem GSVG oder FSVG, nicht jedoch nach dem ASVG, pensionsversichert waren;

5. Bezieher des Familienzeitbonus, wenn sie zuletzt nach dem GSVG oder FSVG, nicht jedoch nach dem ASVG, pensionsversichert waren.

(BGBl I 2016/53)

(BGBl 1990/295, BGBl 1990/741, BGBl I 1997/139, BGBl I 2004/142)

(4) Abs. 3 Z 1, 2 und 4 ist nicht auf Personen in einem pensionsversicherungsfreien Dienstverhältnis (§ 308 Abs. 2 ASVG) anzuwenden, die

1. nach dem 31. Dezember 1954 geboren sind und vor dem 1. Jänner 2005 in das pensionsversicherungsfreie Dienstverhältnis aufgenommen wurden;

2. nach dem 31. Dezember 2004 oder nach § 136b des Beamten-Dienstrechtsgesetzes 1979 in das pensionsversicherungsfreie Dienstverhältnis aufgenommen wurden.

(BGBl I 2010/62)

(BGBl I 1997/139, BGBl I 2009/83)

(5) Soweit es sich nicht um einen Pflichtversicherten im Sinne des § 2 Abs. 1 und 2 handelt, stehen den Pflichtversicherten in der Pensionsversicherung gemäß § 2 Abs. 1 Personen gleich, denen im Rahmen beruflicher Maßnahmen der Rehabilitation gemäß § 161 berufliche Ausbildung gewährt wird, wenn die Ausbildung nicht auf Grund eines Dienst- oder Lehrverhältnisses erfolgt.

Ausnahmen von der Pflichtversicherung

§ 4. (1) Von der Pflichtversicherung in der Kranken- und Pensionsversicherung sind ausgenommen:

1. Personen, die das Ruhen ihres Gewerbebetriebes bzw. ihrer Befugnis zur Ausübung der die Pflichtversicherung in der Pensionsversicherung begründenden Erwerbstätigkeit angezeigt haben, für die Dauer des Ruhens; die Ausnahme von der Pflichtversicherung in der Krankenversicherung oder Pensionsversicherung wirkt auch in die vor der Anzeige liegende Zeit des Ruhens, längstens jedoch bis zu 18 Monaten vor der Anzeige, zurück, wenn der Versicherte in dieser Zeit keine Leistungen aus dem jeweiligen Zweig der Pflichtversicherung in Anspruch genommen hat;

(BGBl 1996/412)

2. Angehörige der Orden und Kongregationen der Katholischen Kirche sowie der Anstalten der Evangelischen Diakonie;

3. Verpächter von Betrieben, wenn die Kammermitgliedschaft ausschließlich auf der verpachteten Gewerbeberechtigung oder Befugnis zur Ausübung der die Pflichtversicherung begründenden Erwerbstätigkeit beruht, für die Dauer der Verpachtung;

4. Personen, welche die Berechtigung zur Ausübung der die Pflichtversicherung begründenden selbständigen Erwerbstätigkeit bedingt zurücklegen und auf Grund dieser Berechtigung keine selbständige Erwerbstätigkeit mehr ausüben, sofern die Fortsetzung des Betriebes dem Betriebsnachfolger von der zuständigen Behörde gestattet wird;

(BGBl 1990/295)

5. Personen hinsichtlich ihrer selbständigen Erwerbstätigkeit im Sinne des § 2 Abs. 1 Z 4, deren Einkünfte (§ 25) aus sämtlichen der Pflichtversicherung nach diesem Bundesgesetz unterliegenden Tätigkeiten im Kalenderjahr das Zwölffache des Betrages nach § 25 Abs. 4 nicht übersteigen; dies gilt nicht für Personen, die eine Erklärung nach § 2 Abs. 1 Z 4 zweiter Satz abgegeben haben;

(BGBl I 1997/139, BGBl I 2015/118, BGBl I 2015/162)

6. (aufgehoben)

(BGBl I 1997/139, BGBl I 1998/139, BGBl I 2001/103, BGBl I 2010/62, BGBl I 2015/118)

7. auf Antrag Personen gemäß § 2 Abs. 1 Z 1 oder § 2 Abs. 2 FSVG, die glaubhaft machen, daß ihre Umsätze aus sämtlichen unternehmerischen Tätigkeiten die Umsatzgrenze des § 6 Abs. 1 Z 27 des Umsatzsteuergesetzes 1994, BGBl. Nr. 663, und ihre Einkünfte aus dieser Tätigkeit jährlich das Zwölffache des Betrages nach § 25 Abs. 4 nicht übersteigen. Treffen diese Voraussetzungen nach Ablauf des Kalenderjahres, für das sie glaubhaft gemacht wurden, tatsächlich nicht zu, so ist der Wegfall der Ausnahme von der Pflichtversicherung im nachhinein festzustellen. Ein Antrag kann nur von einer Person gestellt werden,

a) die innerhalb der letzten 60 Kalendermonate nicht mehr als zwölf Kalendermonate nach diesem Bundesgesetz pflichtversichert war oder

b) die das Regelpensionsalter (§ 130 Abs. 1) erreicht hat oder

(BGBl I 2004/105)

c) die das 57. Lebensjahr vollendet und innerhalb der letzten fünf Kalenderjahre vor der Antragstellung die im ersten Satz genannten Voraussetzungen erfüllt hat.

Die Ausnahme tritt frühestens mit Beginn des Kalenderjahres, in dem der Antrag gestellt und die Voraussetzungen glaubhaft gemacht werden, ein. Wird die Ausnahme im

Kalenderjahr rückwirkend geltend gemacht, so beginnt sie mit dem Ersten des Kalendermonates, der auf die Antragstellung folgt, sofern im Kalenderjahr bereits Leistungen aus der Kranken- oder Pensionsversicherung bezogen wurden. Für die Dauer eines Kinderbetreuungsgeldbezuges oder der Kindererziehung nach § 3 Abs. 3 Z 4 ist unabhängig von den Voraussetzungen der lit. a, b und c die Antragstellung möglich; der erste Satz ist so anzuwenden, dass an die Stelle des Kalenderjahres lediglich jene Kalendermonate treten, für die die Ausnahme festgestellt wird; entsprechend dieser Zahl an Kalendermonaten sind die Umsatz- und Einkünftegrenze herabzusetzen und diesen Grenzbeträgen nur die in diesen Monaten erzielten Einkünfte und Umsätze gegenüberzustellen; die Ausnahme kann nur für jene Monate festgestellt werden, in denen zumindest für einen Tag Kinderbetreuungsgeld bezogen wird oder eine Kindererziehungszeit vorliegt; im Übrigen gilt für den Beginn der Ausnahme der vierte Satz sinngemäß;

(BGBl I 2010/62, BGBl I 2013/86, BGBl I 2013/139, BGBl I 2015/118)

8. Personen hinsichtlich ihrer Pflichtversicherung nach § 2 Abs. 1 Z 1 bis 3 sowie Personen hinsichtlich der nach § 2 Abs. 1 Z 4 festgestellten Pflichtversicherung, wenn für sie weder eine Abgabestelle im Sinne des Zustellgesetzes vorliegt noch eine zustellbevollmächtigte Person bestellt ist und seit dem Zeitpunkt, in dem der Versicherungsträger von der Aufgabe der zuletzt bekannten Abgabestelle Kenntnis erhielt, sechs Monate abgelaufen sind, für die weitere Dauer des unbekannten Aufenthaltes;

(BGBl I 1998/139, BGBl I 2000/92, BGBl I 2001/33, BGBl I 2001/100, BGBl I 2009/83, BGBl I 2010/92)

9. KünstlerInnen nach § 2 Abs. 1 des Künstler-Sozialversicherungsfondsgesetzes (K-SVFG), BGBl. I Nr. 131/2000, die das Ruhen ihrer selbständigen künstlerischen Erwerbstätigkeit nach § 22a K-SVFG gemeldet haben, für die Dauer der Wirksamkeit des Ruhens nach § 22a Abs. 4 K-SVFG;

(BGBl I 2010/92, BGBl I 2013/86)

10. Personen nach § 2 Abs. 1 Z 4, die im Zeitraum nach § 102a Abs. 1 die selbständige Erwerbstätigkeit unterbrechen; die Ausnahme tritt mit der Anzeige der Unterbrechung beim Versicherungsträger ein, frühestens jedoch mit Beginn des Zeitraumes nach § 102a Abs. 1; sie fällt mit der Wiederaufnahme der selbständigen Erwerbstätigkeit weg, spätestens jedoch mit dem Ende des Zeitraumes nach § 102a Abs. 1;

11. Personen nach § 2 Abs. 1 Z 4, die nach § 3 Abs. 2 Familienzeitbonusgesetz, BGBl. I Nr. 53/2016, die Ausübung ihrer selbständigen Erwerbstätigkeit für die Dauer der Familienzeit unterbrechen; die Ausnahme tritt mit der Anzeige der Unterbrechung beim Versicherungsträger ein und fällt mit der Wiederaufnahme der selbständigen Erwerbstätigkeit weg.

(BGBl I 2016/53)

(2) Von der Pflichtversicherung in der Krankenversicherung sind überdies ausgenommen:

1. (aufgehoben)

(BGBl I 1997/139, BGBl I 2000/92, BGBl I 2001/33, BGBl I 2012/123)

2. die Bezieher einer Pension nach diesem Bundesgesetz,

   a) wenn der Pensionsbezug im wesentlichen auf eine Erwerbstätigkeit – bei Hinterbliebenen auf eine Erwerbstätigkeit des Verstorbenen – zurückgeht, die nicht die Pflichtversicherung in der Krankenversicherung begründet hat;

   b) wenn und sobald für die Personengruppe, der der Pensionist auf Grund seiner früheren Erwerbstätigkeit angehört hat, auf Grund eines Antrages nach § 5 keine Pflichtversicherung in der Krankenversicherung besteht.

(BGBl I 1997/139, BGBl I 2000/92, BGBl I 2001/33)

3. bis 8. (aufgehoben)

(BGBl I 1997/139, BGBl I 1998/30)

(3) Von der Pflichtversicherung in der Pensionsversicherung sind überdies ausgenommen:

1. (aufgehoben)

2. Personen, die auf Grund der die Pflichtversicherung nach diesem Bundesgesetz begründenden Erwerbstätigkeit der Pflichtversicherung in der Pensionsversicherung nach dem Allgemeinen Sozialversicherungsgesetz unterliegen, für die Dauer dieser Pflichtversicherung, Personen, die auf Grund einer solchen Pflichtversicherung Anspruch auf Kranken- oder Wochengeld aus der Krankenversicherung nach dem Allgemeinen Sozialversicherungsgesetz haben, auch wenn dieser Anspruch ruht, oder auf Rechnung eines Versicherungsträgers Anstaltspflege erhalten oder in einem Kurheim oder in einer Sonderkrankenanstalt untergebracht sind oder Anspruch auf Ersatz der Pflegegebühren gemäß § 131 oder § 150 des Allgemeinen Sozialversicherungsgesetzes einem Versicherungsträger gegenüber haben, ferner Personen, die der Pflichtversicherung in der Pensionsversicherung nach dem Notarversicherungsgesetz 1972 in der am 31. Dezember 2019 geltenden Fassung unterliegen oder die in die Vorsorge nach dem Notarversorgungsgesetz einbezogen sind, für die Dauer dieser Pflichtversicherung oder Einbeziehung;

(BGBl I 2018/100)

3. (aufgehoben)

(BGBl 1990/295)

4. Personen, die gemäß Z 2 von der Pflichtversicherung nach diesem Bundesgesetz bei Antritt des Präsenz- oder Ausbildungsdienstes bzw. Zivildienstes ausgenommen waren, für die Dauer des Präsenz- oder Ausbildungsdienstes bzw. Zivildienstes.

(BGBl I 1998/30)

(4)–(5) (aufgehoben)

(BGBl I 2012/123)

Ausnahmen von der Pflichtversicherung für einzelne Berufsgruppen

§ 5. (1)[a] Von der Pflichtversicherung in der Kranken- und Pensionsversicherung oder in der Kranken- oder Pensionsversicherung sind Personen ausgenommen, wenn diese Personen auf Grund ihrer Zugehörigkeit zu einer gesetzlichen beruflichen Vertretung (Kammer) und auf Grund der Ausübung einer selbständigen Erwerbstätigkeit im Sinne des § 2 Abs. 1 Z 4 Anspruch auf Leistungen haben, die den Leistungen nach diesem Bundesgesetz gleichartig oder zumindest annähernd gleichwertig sind, und zwar

[a] Diesbezügliche Bescheide ergingen für Mitglieder der Österreichischen Notariatskammer, GZ 21.130/40-2/99; Bundeskammer der Architekten und Ingenieurkonsulenten, GZ 21.130/35-2/99 sowie GZ 21.130/52-2/99; Tierärztekammer, GZ 21.130/51-2/99; Patentanwaltskammer, GZ 21.130/45-2/99; Apothekerkammer, GZ 21.130/53-2/99; Kammer der Wirtschaftstreuhänder, GZ 21.130/46-2/99; Österreichischen Ärztekammer, GZ 130/21-2/99; Kammer der Rechtsanwälte, GZ 21.130/42-2/99, GZ 21.130/23-2/99.

1. für die Kranken- und/oder Pensionsversicherung gegenüber einer Einrichtung dieser gesetzlichen beruflichen Vertretung oder

(BGBl I 1999/86)

2. für die Krankenversicherung aus einer verpflichtend abgeschlossenen Selbstversicherung in der Krankenversicherung nach dem Allgemeinen Sozialversicherungsgesetz oder diesem Bundesgesetz

(BGBl I 1998/139, BGBl I 1999/86)

und die für das Bundesgebiet jeweils in Betracht kommende gesetzliche berufliche Vertretung (falls die gesetzliche berufliche Vertretung auf Grund eines Landesgesetzes eingerichtet ist, diese Vertretung) die Ausnahme von der Pflichtversicherung beantragt. Hinsichtlich der Pensionsversicherung gilt dies nur dann, wenn die Berufsgruppe am 1. Jänner 1998 nicht in die Pflichtversicherung in der Pensionsversicherung einbezogen war. Die Feststellung der Gleichartigkeit oder annähernden Gleichwertigkeit obliegt dem Bundesminister für Arbeit, Gesundheit und Soziales.

(BGBl I 1999/86)

(2) Der Antrag im Sinne des Abs. 1 ist bis zum 1. Oktober 1999 zu stellen. Verordnungen auf Grund dieses Antrages können rückwirkend mit 1. Jänner 2000 erlassen werden.[a]

(BGBl I 1999/86, BGBl I 2004/105)

[a] Siehe VO im Anhang.

(3) Die Gleichwertigkeit im Sinne des Abs. 1 Z 1 ist jedenfalls dann als gegeben anzunehmen, wenn die Leistungsansprüche (Anwartschaften) auf einer bundesgesetzlichen oder einer der bundesgesetzlichen Regelung gleichartigen landesgesetzlichen Regelung für die kranken- oder pensionsrechtliche Versorgung beruhen.

(BGBl I 1997/139)

(4) Die Sozialversicherungträger haben auf Ersuchen jener gesetzlichen beruflichen Vertretungen (Kammern), deren Mitglieder nach den Abs. 1 bis 3 von der Pflichtversicherung in der Krankenversicherung nach diesem Bundesgesetz ausgenommen sind, Auskünfte auf automationsunterstütztem Weg über den Dachverband (§ 183) darüber zu erteilen, ob und bei welchem Versicherungsträger nach Abs. 1 Z 2 ein Kammermitglied in der Krankenversicherung nach § 14b pflichtversichert bzw. nach § 14a oder nach dem ASVG verpflichtend selbstversichert ist. Kosten, die dem Dachverband dadurch erwachsen, sind diesem von der ersuchenden Stelle zur Gänze zu erstatten.

(BGBl I 2003/145, BGBl I 2018/100)

Beginn der Pflichtversicherung

§ 6. (1) Die Pflichtversicherung in der Krankenversicherung beginnt

1. bei den im § 2 Abs. 1 Z 1 genannten Pflichtversicherten mit dem Tag der Erlangung einer die Pflichtversicherung begründenden Berechtigung;

2. bei den im § 2 Abs. 1 Z 2 genannten Gesellschaftern mit dem Tag der Erlangung einer die Pflichtversicherung begründenden Berechtigung durch die Gesellschaft, beim Eintritt des Gesellschafters in die Gesellschaft mit dem Tag der Antragstellung auf Eintragung des Gesellschafters in das Firmenbuch;

(BGBl 1996/412)

3. bei den im § 2 Abs. 1 Z 3 genannten Gesellschaftern mit dem Tag der Erlangung einer die Pflichtversicherung begründenden Berechtigung durch die Gesellschaft, bei Bestellung des Gesellschafters einer Gesellschaft mit beschränkter Haftung zum Geschäftsführer mit dem Tag der Antragstellung auf Eintragung des Geschäftsführers in das Firmenbuch, bei Eintritt eines Geschäftsführers in die Gesellschaft mit dem Tag des Eintrittes;

(BGBl 1996/412)

4. bei den im § 3 Abs. 2 genannten Pflichtversicherten mit dem Tag des Beginnes der Ausbildung;

5. mit dem Tag nach Wegfall eines Ausnahmegrundes; bei Wegfall der Ausnahme nach § 4 Abs. 1 Z 1 auf Grund einer spätestens ab Ende des Wochengeldbezuges wirksamen Meldung der Wiederaufnahme der selbständigen Tätigkeit mit dem Ersten des Kalendermonates, in dem die selbständige Tätigkeit wieder aufgenommen wird; wird das Wochengeld für den in § 102a Abs. 1 erster Halbsatz genannten

Zeitraum bezogen, so beginnt die Pflichtversicherung frühestens vier Kalendermonate nach dem Ende der Pflichtversicherung nach § 7 Abs. 1 Z 7;

(BGBl 1996/412, BGBl I 1997/139, BGBl I 2010/92, BGBl I 2013/86)

6. bei den im § 3 Abs. 1 Z 1 genannten Personen mit dem Tage des Anfalls der Pension oder mit dem Tage, ab dem das Übergangsgeld gebührt;

(BGBl I 1997/139, BGBl I 2001/103)

7. bei den im § 3 Abs. 1 Z 3 genannten Pflichtversicherten mit dem Tag, ab dem das Kinderbetreuungsgeld gebührt oder nur deshalb nicht gebührt, weil der Anspruch nach § 6 Abs. 1 Z 1 KBGG ruht;

(BGBl I 2001/103)

8. bei den im § 3 Abs. 1 Z 4 genannten Pflichtversicherten mit dem Tag, ab dem der Familienzeitbonus gebührt.

(BGBl I 2016/53)

(2) Wurde ein Antrag auf Zuerkennung einer Pension (Übergangspension) gestellt, der den Bezug die Krankenversicherung nach § 3 Abs. 1 begründet, und liegt kein Ausnahmegrund vor, so hat der Versicherungsträger zu prüfen, ob die Zuerkennung der Pension wahrscheinlich ist. Trifft dies zu, so hat er eine Bescheinigung darüber auszustellen, daß die Krankenversicherung vorläufig mit dem Tage des voraussichtlichen Pensionsanfalles beginnt. Eine solche Bescheinigung ist mit der gleichen Rechtswirkung und unter den gleichen Voraussetzungen auch auszustellen, wenn der Pensionswerber im Leistungsstreitverfahren eine Klage beim Schiedsgericht bzw. eine Berufung beim Oberlandesgericht Wien eingebracht hat. Eine solche Bescheinigung ist mit der gleichen Rechtswirkung und unter der gleichen Voraussetzung auch auszustellen, wenn der Pensionswerber ein Verfahren in Sozialrechtssachen anhängig gemacht hat. Die Ausstellung oder die Ablehnung der Bescheinigung kann durch ein Rechtsmittel nicht angefochten werden.

(3) Die Pflichtversicherung in der Pensionsversicherung beginnt

1. bei den im § 2 Abs. 1 Z 1 genannten pflichtversicherten Kammermitgliedern mit dem Tag der Erlangung einer die Pflichtversicherung begründenden Berechtigung;

(BGBl I 1997/139)

2. bei den im § 2 Abs. 1 Z 2 genannten Gesellschaftern mit dem Tag der Erlangung einer die Pflichtversicherung begründenden Berechtigung durch die Gesellschaft, beim Eintritt des Gesellschafters in die Gesellschaft mit dem Tag der Antragstellung auf Eintragung des Gesellschafters in das Firmenbuch;

(BGBl 1996/412, BGBl I 1997/139)

3. bei den im § 2 Abs. 1 Z 3 genannten Gesellschaftern mit dem Tag der Erlangung einer die Pflichtversicherung begründenden Berechti-

gung durch die Gesellschaft, bei Bestellung des Gesellschafters einer Gesellschaft mit beschränkter Haftung zum Geschäftsführer mit dem Tag der Antragstellung auf Eintragung des Geschäftsführers in das Firmenbuch, bei Eintritt eines Geschäftsführers in die Gesellschaft mit dem Tag des Eintrittes;

(BGBl 1996/412)

4. a) bei den im § 3 Abs. 3 Z 1 genannten Personen mit dem Tag, an dem der Präsenz- oder Ausbildungsdienst angetreten wird;

b) bei den im § 3 Abs. 3 Z 2 genannten Personen mit dem Tag, an dem der Zivildienst angetreten wird;

(BGBl I 2015/144)

c) bei den im § 3 Abs. 3 Z 3 genannten Personen mit dem Tag, ab dem Übergangsgeld bezogen wird;

d) bei den im § 3 Abs. 3 Z 3a genannten Personen mit dem Ersten des Kalendermonates, in dem der Bezug des Wochengeldes beginnt;

(BGBl I 2013/86)

e) bei den im § 3 Abs. 3 Z 4 genannten Personen

– mit dem der Geburt des Kindes folgenden Kalendermonat,

– mit dem Kalendermonat, in dem die Annahme an Kindes Statt oder die Übernahme der unentgeltlichen Pflege erfolgt;

(BGBl I 2013/86)

f) bei den im § 3 Abs. 3 Z 5 genannten Personen mit dem Tag, ab dem der Familienzeitbonus bezogen wird;

(BGBl I 2016/53)

(BGBl I 1997/139, BGBl I 2004/142)

5. bei den im § 3 Abs. 5 genannten Pflichtversicherten mit dem Tag des Beginnes der Ausbildung;

6. mit dem Tag nach Wegfall eines Ausnahmegrundes; bei Wegfall der Ausnahme nach § 4 Abs. 1 Z 1 auf Grund einer spätestens ab Ende des Wochengeldbezuges wirksamen Meldung der Wiederaufnahme der selbständigen Tätigkeit mit dem Ersten des Kalendermonates, in dem die selbständige Tätigkeit wieder aufgenommen wird; wird das Wochengeld für den in § 102a Abs. 1 erster Halbsatz genannten Zeitraum bezogen, so beginnt die Pflichtversicherung frühestens vier Kalendermonate nach dem Ende der Pflichtversicherung nach § 7 Abs. 2 Z 6.

(BGBl I 2013/86)

(4) Bei den im § 2 Abs. 1 Z 4 genannten Personen beginnt die Pflichtversicherung in der Kranken- und Pensionsversicherung

1. mit dem Tag der Aufnahme der betrieblichen Tätigkeit; hat jedoch der Versicherte

die Meldung nicht innerhalb der Frist gemäß § 18 erstattet, mit Beginn des Kalenderjahres, in dem die Einkünfte die Grenzen des § 25 Abs. 4 übersteigen, es sei denn, der Versicherte macht glaubhaft, daß er die betriebliche Tätigkeit zu einem späteren Zeitpunkt begonnen hat;

(BGBl I 2015/118, BGBl I 2015/162)

2. bei Personen, bei denen die Ausübung der betrieblichen Tätigkeit von einer berufsrechtlichen Berechtigung abhängt, mit dem Tag der Erlangung der maßgeblichen Berechtigung;

    (BGBl I 1998/139, BGBl I 2010/92)

3. mit dem Tag nach Wegfall eines Ausnahmegrundes; bei Wegfall der Ausnahme nach § 4 Abs. 1 Z 10 auf Grund einer spätestens ab Ende des Wochengeldbezuges wirksamen Anzeige der Wiederaufnahme der selbständigen Tätigkeit mit dem Ersten des Kalendermonates, in dem die selbständige Tätigkeit wieder aufgenommen wird; wird das Wochengeld für den § 102a Abs. 1 erster Halbsatz genannten Zeitraum bezogen, so beginnt die Pflichtversicherung frühestens vier Kalendermonate nach dem Ende der Pflichtversicherung nach § 7 Abs. 4 Z 4;

    (BGBl I 2010/92, BGBl I 2013/86, BGBl I 2015/162)

4. nach Beendigung der Pflichtversicherung nach § 7 Abs. 4 Z 5 frühestens mit dem ersten Tag nach Ablauf des Zeitraumes, in dem in der Insolvenzdatei nach § 256 der Insolvenzordnung Einsicht in den betreffenden Insolvenzfall gewährt wird.

    (BGBl I 2015/162)

(5) Bei den in § 3 Abs. 1 Z 2 genannten Personen beginnt die Pflichtversicherung in der Krankenversicherung mit dem Einlangen der Meldung beim Versicherungsträger, frühestens jedoch mit dem ersten Tag nach Ablauf des Zeitraumes, in dem in der Insolvenzdatei nach § 256 der Insolvenzordnung Einsicht in den betreffenden Insolvenzfall gewährt wird.

(BGBl I 1997/139, BGBl I 2015/162)

Ende der Pflichtversicherung

§ 7. (1) Die Pflichtversicherung in der Krankenversicherung endet

1. bei den im § 2 Abs. 1 Z 1 genannten Pflichtversicherten mit dem Letzten des Kalendermonates, in dem die die Pflichtversicherung begründende Berechtigung erloschen ist;

2. bei den im § 2 Abs. 1 Z 2 genannten Gesellschaftern nach Maßgabe des Abs. 3 mit dem Letzten des Kalendermonates, in dem die die Pflichtversicherung begründende Berechtigung der Gesellschaft erloschen ist, beim Ausscheiden des Gesellschafters aus der Gesellschaft mit dem Letzten des Kalendermonates, in dem die Löschung der Eintragung des Gesellschafters im Firmenbuch beantragt worden ist;

    (BGBl 1996/412)

3. bei den im § 2 Abs. 1 Z 3 genannten Gesellschaftern nach Maßgabe des Abs. 3 mit dem Letzten des Kalendermonates, in dem die die Pflichtversicherung begründende Berechtigung der Gesellschaft erloschen ist bzw. in dem die Eintragung des Widerrufes der Bestellung zum Geschäftsführer im Firmenbuch beantragt worden ist bzw. in dem der Geschäftsführer als Gesellschafter aus der Gesellschaft ausgeschieden ist;

    (BGBl 1996/412)

4. bei den im § 3 Abs. 2 genannten Pflichtversicherten mit dem Tag der Beendigung der Ausbildung;

5. bei den im § 3 Abs. 1 Z 3 genannten Pflichtversicherten mit Ablauf des Kalendertages, für den letztmalig Kinderbetreuungsgeld gebührt;

    (BGBl I 2001/103, BGBl I 2005/71)

6. bei den im § 3 Abs. 1 Z 1 genannten Personen mit dem Ablauf des Kalendermonates, für den letztmalig die Pension ausgezahlt wird bzw. in dem die Voraussetzung gemäß § 3 Abs. 1 Z 1 letzter Halbsatz weggefallen ist. Die vorläufige Krankenversicherung (§ 6 Abs. 2) endet spätestens mit der Zustellung des abweisenden Pensionsbescheides bzw. mit der rechtskräftigen Beendigung des Leistungsstreitverfahrens;

    (BGBl I 1997/139)

7. bei Eintritt eines Ausnahmegrundes mit dem Letzten des Kalendermonates, in dem der Ausnahmegrund eintritt; bei Eintritt der Ausnahme nach § 4 Abs. 1 Z 1 auf Grund einer frühestens ab Eintritt des Versicherungsfalles der Mutterschaft wirksamen Ruhendmeldung mit dem letzten Tag des Kalendermonates, der dem Eintritt des Ausnahmegrundes vorangeht;

    (BGBl I 2013/86)

8. bei den in § 3 Abs. 1 Z 4 genannten Pflichtversicherten mit Ablauf des Kalendertages, für den letztmalig der Familienzeitbonus gebührt.

    (BGBl I 2016/53)

(2) Die Pflichtversicherung in der Pensionsversicherung endet

1. bei den im § 2 Abs. 1 Z 1 genannten pflichtversicherten Kammermitgliedern mit dem Letzten des Kalendermonates, in dem die die Pflichtversicherung begründende Berechtigung erloschen ist;

    (BGBl I 1997/139)

2. bei den im § 2 Abs. 1 Z 2 genannten Gesellschaftern nach Maßgabe des Abs. 3 mit dem Letzten des Kalendermonates, in dem die die Pflichtversicherung begründende Berechtigung der Gesellschaft erloschen ist,

beim Ausscheiden des Gesellschafters aus der Gesellschaft mit dem Letzten des Kalendermonates, in dem die Löschung der Eintragung des Gesellschafters im Firmenbuch beantragt worden ist;

(BGBl 1996/412, BGBl I 1997/139)

3. bei den im § 2 Abs. 1 Z 3 genannten Gesellschaftern nach Maßgabe des Abs. 3 mit dem Letzten des Kalendermonates, in dem die die Pflichtversicherung begründende Berechtigung der Gesellschaft erloschen ist bzw. in dem die Eintragung des Widerrufes der Bestellung zum Geschäftsführer im Firmenbuch beantragt worden ist bzw. in dem der Geschäftsführer als Gesellschafter aus der Gesellschaft ausgeschieden ist;

(BGBl 1996/412)

4. bei den im § 6 Abs. 3 Z 4 genannten Personen mit dem Wegfall des für die Versicherung maßgeblichen Tatbestandes, wobei sich das Ende der Pensionsversicherung nach § 3 Abs. 3 Z 4 nach den Bestimmungen des § 116a Abs. 3 richtet. Bei den im § 3 Abs. 3 Z 3a genannten Personen endet die Pflichtversicherung mit dem letzten Tag des Kalendermonates, der dem Ende des Wochengeldbezuges vorangeht; tritt während des Bezuges von Wochengeld eine Pflichtversicherung nach § 3 Abs. 3 Z 4 oder nach § 2 ein, so endet die Pflichtversicherung mit dem letzten Tag des Kalendermonates vor Eintritt dieser Pflichtversicherung.

(BGBl I 1997/139, BGBl I 2004/142, BGBl I 2013/86, BGBl I 2015/144)

5. bei den im § 3 Abs. 5 genannten Pflichtversicherten mit dem Tag der Beendigung der Ausbildung;

6. bei Eintritt eines Ausnahmegrundes mit dem Letzten des Kalendermonates, in dem der Ausnahmegrund eintritt; bei Eintritt der Ausnahme nach § 4 Abs. 1 Z 1 auf Grund einer frühestens ab Eintritt des Versicherungsfalles der Mutterschaft wirksamen Ruhendmeldung mit dem letzten Tag des Kalendermonates, der dem Eintritt des Ausnahmegrundes vorangeht.

(BGBl I 2013/86)

(3) In den Fällen des Abs. 1 Z 2 und 3 und des Abs. 2 Z 2 und 3 endet die Pflichtversicherung unter der Voraussetzung, daß am Stichtag für die Feststellung eines Pensionsanspruches nach diesem oder einem anderen Bundesgesetz das Gesellschaftsverhältnis bzw. die Geschäftsführungsbefugnis erloschen ist, spätestens mit dem Tag vor diesem Stichtag; fällt die Pension vor dem Stichtag an, endet die Pflichtversicherung mit dem Tag vor dem Anfall der Pension.

(BGBl 1993/336)

(4) Bei den im § 2 Abs. 1 Z 4 genannten Personen endet die Pflichtversicherung mit dem Letzten des Kalendermonates,

1. in dem die Beendigung der betrieblichen Tätigkeiten erfolgt; hat der Versicherte die Abmeldung nicht innerhalb der Frist gemäß § 18 erstattet, mit dem Ende des Kalenderjahres, in dem die Beendigung der betrieblichen Tätigkeiten erfolgt, es sei denn, der Versicherte macht glaubhaft, daß er die betrieblichen Tätigkeiten zu einem früheren Zeitpunkt beendet hat;

2. in dem die berufsrechtliche Berechtigung wegfällt;

3. in dem der Versicherte erklärt, daß seine Einkünfte entgegen der Erklärung im Sinne des § 2 Abs. 1 Z 4 zweiter Satz die in Betracht kommende Versicherungsgrenze (§ 4 Abs. 1 Z 5) nicht übersteigen werden;

(BGBl I 1998/139, BGBl I 2010/92, BGBl I 2015/118)

4. in dem ein Ausnahmegrund eintritt; bei Eintritt der Ausnahme nach § 4 Abs. 1 Z 10 auf Grund einer frühestens ab Eintritt des Versicherungsfalles der Mutterschaft wirksamen Anzeige der Unterbrechung der selbständigen Erwerbstätigkeit mit dem letzten Tag des Kalendermonates, der dem Eintritt des Ausnahmegrundes vorangeht;

(BGBl I 2010/92, BGBl I 2013/86, BGBl I 2015/162)

5. in dem ein Insolvenzverfahren über das Vermögen der versicherten Person mangels Kostendeckung rechtskräftig nicht eröffnet oder aufgehoben wurde. Dies gilt auch sinngemäß für Insolvenzen im Ausland.

(BGBl I 2015/162)

Die Pflichtversicherung endet jedenfalls mit dem Tod des Versicherten.

(BGBl I 1998/139)

(5) Bei den in § 3 Abs. 1 Z 2 genannten Personen endet die Pflichtversicherung in der Krankenversicherung

1. mit dem Letzten des Kalendermonates, in dem die Abmeldung beim Versicherungsträger erfolgt ist oder

2. mit Ablauf des dritten Monates, wenn die Beiträge nicht binnen drei Monaten nach Fälligkeit eingezahlt werden;

(BGBl I 2015/162)

3. mit dem Letzten des Kalendermonates, in dem ein Insolvenzverfahren über das Vermögen der versicherten Person mangels Kostendeckung rechtskräftig nicht eröffnet oder aufgehoben wurde. Dies gilt auch sinngemäß für Insolvenzen im Ausland.

(BGBl I 2015/162)

Die Pflichtversicherung endet jedenfalls mit dem Tod des Versicherten.

(BGBl I 1997/139)

2. Unterabschnitt
Freiwillige Versicherung in der Krankenversicherung

Weiterversicherung

§ 8. (1) Personen, die aus der Pflichtversicherung nach diesem Bundesgesetz ausscheiden, können sich und ihre mitversicherten Familienangehörigen, solange sie ihren Wohnsitz im Inland haben und nicht nach diesem oder einem anderen Bundesgesetz in der Krankenversicherung pflichtversichert sind, weiterversichern, wenn sie in den vorangegangenen zwölf Monaten mindestens 26 Wochen oder unmittelbar vorher mindestens sechs Wochen nach diesem oder einem anderen Bundesgesetz krankenversichert waren. Die Frist von zwölf Monaten verlängert sich um Zeiten, während derer der Versicherte

a) auf Rechnung eines Versicherungsträgers Anstaltspflege erhält oder auf Rechnung eines Versicherungsträgers in einem Kurheim oder in einer Sonderkrankenanstalt untergebracht ist,

(BGBl I 2015/162)

b) Anspruch auf Pflegegebührenersatz einem Versicherungsträger gegenüber hat,

c) Präsenz- oder Ausbildungsdienst auf Grund des Wehrgesetzes 2001, BGBl. I Nr. 146, leistet, sofern infolge dieser Zeiten nicht schon Pflichtversicherung in der Krankenversicherung nach diesem Bundesgesetz besteht.

(BGBl 1996/412, BGBl I 1998/30, BGBl I 2009/83)

(2) Der Versicherungsträger hat dem ausgeschiedenen Versicherten eine Verständigung über das Erlöschen der Pflichtversicherung und über die Voraussetzungen zur Weiterversicherung zuzustellen. Das Recht auf Weiterversicherung ist innerhalb von sechs Monaten ab dem Tag der Zustellung dieser Verständigung beim Versicherungsträger geltend zu machen. Fällt das Ausscheiden aus der Pflichtversicherung in eine der im Abs. 1 lit. a, b oder c genannten Zeiten, so beginnt diese Frist unabhängig von der etwa bereits erfolgten Zustellung der Verständigung erst mit dem Ende der in Betracht kommenden Zeit zu laufen.

(3) Die Krankenversicherung kann ferner, wenn sie die im Abs. 1 bezeichnete Mindestdauer erreicht hat, fortgesetzt werden

1. nach dem Tode des Versicherten

   a) von einer überlebenden, gemäß § 83 als Angehörige geltenden Person oder

   b) von einer überlebenden, gemäß § 10 als Familienangehörige geltenden Person;

2. nach Nichtigerklärung, Aufhebung, Scheidung der Ehe und Nichtigerklärung oder Auflösung der eingetragenen Partnerschaft vom/von der früheren Ehegatten/Ehegattin oder eingetragenen Partner/Partnerin und

(BGBl I 2009/135)

3. nach dem Ausscheiden des Versicherten aus der Pflichtversicherung und Übernahme einer Erwerbstätigkeit im Ausland von den im Inland zurückbleibenden Angehörigen, die im Falle des Todes des Versicherten gemäß Z 1 lit. a oder b zur Weiterversicherung berechtigt wären, oder von den im Inland zurückbleibenden Kindern, Enkeln, Wahl- oder Stiefkindern,

solange die zur Weiterversicherung berechtigte Person ihren Wohnsitz im Inland hat und nicht nach diesem oder einem anderen Bundesgesetz in der Krankenversicherung pflichtversichert ist. Für die Antragsfrist gilt Abs. 2 mit der Maßgabe, daß die Frist in den Fällen der Z 1 mit dem auf den Tag des Todes des Versicherten folgenden Tag, nach dem Tode eines Pensionisten mit dem auf das Ende der Versicherung (§ 7 Abs. 1 Z 6) folgenden Tag, in den Fällen der Z 2 mit dem auf den Tag der Rechtskraft der gerichtlichen Entscheidung über die Nichtigerklärung, Aufhebung oder Scheidung der Ehe oder der Nichtigerklärung und Auflösung der eingetragenen Partnerschaft folgenden Tag, in den Fällen der Z 3 mit dem Tag des Ausscheidens des Versicherten aus der Pflichtversicherung zu laufen beginnt. Diese Personen können innerhalb der gleichen Frist durch gesonderte Anmeldung die Familienversicherung bezüglich aller jener Familienangehörigen fortsetzen, auf welche die Voraussetzungen des § 10 gegenüber dem Weiterversicherten zutreffen.

(BGBl I 2009/135)

(4) In den Fällen des Abs. 3 können die dort genannten Personen, solange sie ihren Wohnsitz im Inland haben und nicht nach diesem oder einem anderen Bundesgesetz in der Krankenversicherung pflichtversichert sind, auch eine Weiterversicherung in der Krankenversicherung fortsetzen.

(5) Personen, die gemäß Abs. 1 oder 3 zur Weiterversicherung berechtigt waren, können dieses Recht, wenn die Ausstellung einer Bescheinigung gemäß § 6 Abs. 2 abgelehnt wurde, auch noch innerhalb von sechs Monaten nach Ablehnung des Antrages auf die Bescheinigung geltend machen. Das Recht auf Weiterversicherung steht auch Personen zu, deren vorläufige Krankenversicherung gemäß § 7 Abs. 1 Z 6 endet, wenn sie dieses Recht innerhalb von sechs Monaten nach Zustellung des ablehnenden Pensionsbescheides geltend machen.

(6) Die Weiterversicherung schließt zeitlich unmittelbar an das Ende der vorangegangenen Krankenversicherung an. In den Fällen des Abs. 3 Z 1 bis 3 beginnt die Weiterversicherung mit dem Beginn der Antragsfrist, in den Fällen des Abs. 5 beginnt die Weiterversicherung mit dem auf den Tag der Zustellung des Bescheides über die Ablehnung der Bescheinigung bzw. des ablehnenden Pensionsbescheides folgenden Tag.

(7) Die Weiterversicherung endet, außer mit dem Wegfall der Voraussetzungen,

1. mit dem Ende des Kalendermonates, in dem der Versicherte seinen Austritt erklärt hat,

2. durch Ausschluß gemäß § 11.

Zusatzversicherung

§ 9. (1) Versicherte nach § 2 Abs. 1, § 3 Abs. 1 Z 2 sowie §§ 14a und 14b können bis zur Vollendung des 60. Lebensjahres für ihre Person eine Zusatzversicherung auf Krankengeld abschließen.[a]

(BGBl I 2012/123)

---

[a] Beachte die Übergangsbestimmung in Art. IV der 6. Novelle.

(2) Die Zusatzversicherung gemäß Abs. 1 beginnt mit dem auf den Antrag folgenden Monatsersten. Wird jedoch der Antrag innerhalb von vier Wochen nach Zustellung der Verständigung über den Eintritt der Pflichtversicherung gestellt, so beginnt die Zusatzversicherung, sofern dies ausdrücklich beantragt wird, mit dem Tag des Eintrittes der Pflichtversicherung.

(3) Die Zusatzversicherung endet, außer mit dem Wegfall der Voraussetzungen,

1. mit dem Ende des Kalendermonates, in dem der Versicherte seinen Austritt erklärt hat,

2. durch Ausschluss nach § 11,

in allen Fällen jedoch spätestens mit dem Ausscheiden aus der Pflichtversicherung nach § 7 Abs. 1 Z 1 bis 3 und 7, Abs. 4 und 5 sowie § 14c Abs. 2 und § 14d Abs. 2.

(BGBl I 2012/123)

Familienversicherung

§ 10. (1) Durch die Satzung kann bestimmt werden, daß Pflichtversicherte gemäß § 2 und § 3 Abs. 1 und Weiterversicherte gemäß § 8 unter den im Abs. 2 vorgesehenen Voraussetzungen eine Familienversicherung abschließen können für

1. den Ehegatten, soweit es sich um Personen handelt, die gemäß § 83 Abs. 6 oder Abs. 7 nicht als Angehörige gelten;

2. Verwandte in auf- und absteigender Linie, ausgenommen Kinder (§ 83 Abs. 2), und in der Seitenlinie bis zum zweiten Grad oder mit dem (der) Versicherten verschwägerte Personen gleichen Grades;

3. eine mit dem (der) Versicherten nicht verwandte bzw. nicht verschwägerte Person, die seit zehn Monaten mit ihm (ihr) in Hausgemeinschaft lebt und ihm (ihr) seit dieser Zeit unentgeltlich den Haushalt führt, wenn ein im gemeinsamen Haushalt lebender arbeitsfähiger Ehegatte oder eingetragene/n Partner/Partnerin nicht vorhanden ist.

(BGBl I 2006/131, BGBl I 2009/135)

Eine Familienversicherung gemäß Z 3 kann nur für eine einzige Person abgeschlossen werden.

(2) Der Abschluß einer Familienversicherung gemäß Abs. 1 ist nur für Personen zulässig, die ihren gewöhnlichen Aufenthalt im Inland haben und die weder nach den Vorschriften dieses Bundesgesetzes noch nach anderen gesetzlichen Vorschriften selbst krankenversichert sind und für die auch seitens einer Krankenfürsorgeeinrichtung eines öffentlich-rechtlichen Dienstgebers Krankenfürsorge nicht vorgesehen ist.

(3) Die Familienversicherung beginnt mit dem auf die Anmeldung nächstfolgenden Monatsersten. Wird jedoch eine Familienversicherung innerhalb von vier Wochen nach Zustellung der Verständigung des Versicherungsträgers über den Eintritt der Pflichtversicherung angemeldet, so beginnt die Familienversicherung, sofern dies ausdrücklich beantragt wird, mit dem Tag des Eintrittes der Pflichtversicherung. Für das Ende der Familienversicherung gilt § 9 Abs. 3 entsprechend. Wird die Familienversicherung für Personen abgeschlossen, die nach diesem oder einem anderen Bundesgesetz krankenversichert waren oder für die eine Anspruchsberechtigung in der Krankenversicherung nach diesem oder einem anderen Bundesgesetz bestanden hat, so schließt die Familienversicherung zeitlich unmittelbar an das Ende der vorangegangenen Versicherung bzw. Anspruchsberechtigung an, wenn die Anmeldung zur Familienversicherung binnen sechs Wochen nach dem Ende der Versicherung bzw. Anspruchsberechtigung erfolgt und dies beantragt wird.

(BGBl 1996/412)

Ausschluß aus der freiwilligen Versicherung

§ 11. (1) Die gemäß den §§ 8 bis 10 freiwillig versicherten Personen können vom Versicherungsträger aus der in Betracht kommenden freiwilligen Versicherung ausgeschlossen werden, wenn die hiezu zu entrichtenden Beiträge für mehr als drei aufeinanderfolgende Monate ganz oder teilweise rückständig sind, mit dem Ende des dritten Monates.

(2) Die Satzung hat zu bestimmen, unter welchen Bedingungen eine Wiederaufnahme in die Weiterversicherung, Familienversicherung und Zusatzversicherung möglich ist.

Versicherung eingetragener Partner

§ 11a. Durch die Satzung kann bestimmt werden, dass in § 10 Abs. 1 angeführte Berechtigten unter sinngemäßer Anwendung von § 10 Abs. 2 und 3 sowie § 11 eine Versicherung für eingetragene Partner, die nicht als Angehörige gemäß § 83 Abs. 6 oder Abs. 7 gelten, abschließen können.

(BGBl I 2009/135)

3. Unterabschnitt
Freiwillige Versicherung in der Pensionsversicherung

Weiterversicherung

§ 12. (1) Personen, die

a) aus der Pflichtversicherung nach diesem Bundesgesetz ausgeschieden sind oder ausscheiden und die

b) in den letzten 24 Monaten vor dem Ausscheiden mindestens zwölf oder in den letzten fünf Jahren vor dem Ausscheiden jährlich mindestens drei Versicherungsmonate in einer oder mehreren gesetzlichen Pensionsversicherungen erworben haben, sowie Personen, die aus der Versicherung gemäß lit. a einen bescheidmäßig zuerkannten Anspruch auf eine laufende Leistung, ausgenommen auf eine Hinterbliebenenpension, hatten, können sich in der Pensionsversicherung weiterversichern, solange sie nicht in einer gesetzlichen Pensionsversicherung pflichtversichert sind oder einen bescheidmäßig zuerkannten Anspruch auf eine laufende Leistung aus einer eigenen gesetzlichen Pensionsversicherung haben.

(2) Die Weiterversicherung nach diesem Bundesgesetz ist nur für Personen zulässig, die zuletzt in der Pensionsversicherung nach diesem Bundesgesetz versichert waren. Werden die Voraussetzungen für die Weiterversicherung in mehreren Pensionsversicherungen nach diesem oder einem anderen Bundesgesetz erfüllt, ist die Weiterversicherung nur in einer Pensionsversicherung zulässig, wobei es dem Versicherten freisteht, für welche der in Betracht kommenden Pensionsversicherungen er sich entscheidet.

(3) Das Recht auf Weiterversicherung ist bis zum Ende des sechsten auf das Ausscheiden aus der Pflichtversicherung bzw. auf das Ende des Anspruches auf die laufende Leistung folgenden Monates geltend zu machen. In den Fällen, in denen gemäß § 194 ein Bescheid zu erlassen ist, beginnt diese Frist mit dem rechtskräftigen Abschluß des Verfahrens.

(4) Der im Abs. 1 genannte Zeitraum, in dem mindestens zwölf Versicherungsmonate erworben sein müssen, und die im Abs. 3 genannte Frist von sechs Monaten verlängern sich

a)   um Zeiten eines Pensionsbezuges wegen Erwerbsunfähigkeit oder geminderter Arbeitsfähigkeit aus einer gesetzlichen Pensionsversicherung,

b)   um die Dauer eines Pensionsfeststellungsverfahrens bis zur Zustellung des Feststellungsbescheides bzw. bis zur rechtskräftigen Entscheidung im Leistungsstreitverfahren,

c)   um Zeiten des Präsenz- oder Ausbildungsdienstes auf Grund des Wehrgesetzes 2001,
     (BGBl 1996/412, BGBl I 1998/30, BGBl I 2009/83)

d)   um Zeiten des ordentlichen oder außerordentlichen Zivildienstes auf Grund der Bestimmungen des Zivildienstgesetzes, BGBl. Nr. 187/1974.

(5) Personen, die in der Pensionsversicherung nach diesem oder einem anderen Bundesgesetz 60 Versicherungsmonate – ausgenommen Zeiten der Selbstversicherung gemäß § 16a des Allgemeinen Sozialversicherungsgesetzes – erworben haben, können das Recht auf Weiterversicherung jederzeit geltend machen oder eine beendete Weiterversicherung erneuern.

(BGBl 1991/677)

(6) Die Weiterversicherung beginnt, unbeschadet der Bestimmungen des § 115 Abs. 1 Z 3, mit dem Monatsersten, den der Versicherte wählt, spätestens jedoch mit dem Monatsersten, der auf die Antragstellung folgt. Dem Versicherten steht es frei, in der Folge die Monate zu bestimmen, die er durch Beitragsentrichtung als Monate der Weiterversicherung erwerben will.

(7) Die Weiterversicherung endet, außer mit dem Wegfall der Voraussetzungen,

1.   mit dem Ende des Kalendermonates, in dem der Versicherte seinen Austritt erklärt hat;

2.   wenn Beiträge für mehr als sechs aufeinanderfolgende Monate nicht entrichtet sind, mit dem Ende des letzten durch Beitragsentrichtung erworbenen Versicherungsmonates.

(8) Bei Witwen (Witwern), die den Betrieb des verstorbenen Ehegatten (der verstorbenen Ehegattin) mindestens drei Jahre fortgeführt haben, sind zur Erfüllung der Vorversicherungszeit gemäß Abs. 5 die Pflichtversicherungszeiten, die der verstorbene Ehegatte (die verstorbene Ehegattin) in der Pensionsversicherung nach diesem Bundesgesetz während des Bestandes der Ehe erworben hat oder bei früherem Wirksamkeitsbeginn dieses Bundesgesetzes erworben hätte, den aus der eigenen Pensionsversicherung der Witwe (des Witwers) erworbenen Versicherungszeiten hinzuzurechnen.

(8a) Abs. 8 ist sinngemäß auch auf eingetragene PartnerInnen nach dem Eingetragene Partnerschaft-Gesetz (EPG), BGBl. I Nr. 135/2009, anzuwenden.

(BGBl I 2009/135)

(9) Bei der Ermittlung der Versicherungsmonate gemäß Abs. 1, 5 und 8 ist § 119 entsprechend anzuwenden. Soweit dabei Versicherungszeiten nach dem Allgemeinen Sozialversicherungsgesetz zu berücksichtigen sind, gilt dessen § 231, soweit dabei Versicherungszeiten nach dem Bauern-Sozialversicherungsgesetz zu berücksichtigen sind, gilt dessen § 110.

Höherversicherung

§ 13. (1) Personen, die in der Pensionsversicherung nach diesem Bundesgesetz pflicht- oder weiterversichert sind, können sich höherversichern. Werden die Voraussetzungen für die Höherversicherung in mehreren Pensionsversicherungen nach diesem oder einem anderen Bundesgesetz erfüllt, ist die Höherversicherung während eines Kalenderjahres nur in einer Pensionsversicherung zulässig, wobei es dem Versicherten freisteht, für welche der in Betracht kommenden Pensionsversicherungen er sich entscheidet.

(2) Die Höherversicherung wird durch die Zahlung des Beitrages für die Höherversicherung bewirkt.

Nachträgliche Selbstversicherung in der Pensionsversicherung für Zeiten des Besuches einer Bildungseinrichtung

§ 13a. (1) Personen, die eine in § 116 Abs. 7 genannte Bildungseinrichtung besucht haben, können sich nachträglich bei einem Versicherungsträger, bei dem mindestens ein Versicherungsmonat erworben wurde, für alle oder einzelne Monate des

Besuches der Bildungseinrichtung auf Antrag in der Pensionsversicherung selbstversichern.

(2) Der Antrag auf Selbstversicherung kann bis zum Stichtag (§ 113 Abs. 2) gestellt werden. Wird die Berechtigung zur Selbstversicherung erst nach dem Stichtag in einem vor dem Stichtag eingeleiteten Verfahren festgestellt, so können die Beiträge zur Selbstversicherung auch nach dem Stichtag wirksam entrichtet werden.

(3) Die Dauer der Selbstversicherung darf die in § 116 Abs. 7 jeweils angegebenen Höchstgrenzen für die Berücksichtigung als Ersatzzeiten nicht überschreiten.

(BGBl I 2004/142)

4. Unterabschnitt
Formalversicherung

§ 14. (1) Hat der Versicherungsträger bei einer nicht der Pflichtversicherung nach diesem oder einem anderen Bundesgesetz unterliegenden Person den Bestand der Pflichtversicherung als gegeben angesehen und für den vermeintlich Pflichtversicherten

a) in der Krankenversicherung für drei Monate,

b) in der Pensionsversicherung für sechs Monate

ununterbrochen die Beiträge unbeanstandet angenommen, so besteht ab dem Kalendermonat, für den erstmals die Beiträge entrichtet worden sind, eine Formalversicherung. Dies gilt nicht für Fälle einer vermeintlichen Teilversicherung in der Pensionsversicherung nach § 3 Abs. 3. In der Pensionsversicherung bleibt die Geltung der Ausnahmegründe nach den §§ 4, 5 und 273 Abs. 8 dieses Bundesgesetzes sowie § 5 FSVG unberührt.

(BGBl 1990/295, BGBl I 2004/142, BGBl I 2010/62)

(2) Abs. 1 gilt entsprechend für den Antrag eines vermeintlich Versicherungsberechtigten auf Weiterversicherung oder auf Zusatzversicherung bzw. eines vermeintlich Anmeldeberechtigten auf Familienversicherung.

(3) Die Formalversicherung endet mit dem Ende des Kalendermonates, in dem der Bescheid des Versicherungsträgers über das Ausscheiden aus der Versicherung zugestellt wird. Dies gilt auch in den freiwilligen Versicherungen, wenn nicht eine frühere Beendigung gemäß den §§ 8 Abs. 7, 9 Abs. 3, 10 Abs. 3 und 12 Abs. 7 eintritt. Die Formalversicherung in der Pensionsversicherung endet jedoch spätestens mit dem Tag vor dem Stichtag (§ 113 Abs. 2).

(4) Die Formalversicherung hat die gleichen Rechtswirkungen wie die Pflichtversicherung bzw. die entsprechende freiwillige Versicherung.

5. Unterabschnitt
Versicherung in der Krankenversicherung
im Falle einer Ausnahme von der
Pflichtversicherung gemäß § 5

Selbstversicherung in der
Krankenversicherung

§ 14a. (1) Personen, die auf Grund eines Antrages ihrer gesetzlichen beruflichen Vertretung gemäß § 5 von der Pflichtversicherung in der Krankenversicherung

1. ausgenommen sind, können sich auf Antrag in der Krankenversicherung selbstversichern, wenn und solange sie eine freiberufliche Erwerbstätigkeit ausüben;

2. ausgenommen waren und auf Grund einer freiberuflichen Erwerbstätigkeit eine nicht die Pflichtversicherung in der Krankenversicherung begründende Pension nach diesem Bundesgesetz, dem FSVG, dem Notarversicherungsgesetz 1972 oder dem Notarversorgungsgesetz und/oder eine Alters-, Berufsunfähigkeits- oder Todesversorgungsleistung als einer Einrichtung ihrer gesetzlichen beruflichen Vertretung beziehen, können sich auf Antrag in der Krankenversicherung selbstversichern. Dies gilt auch für Bezieher einer Hinterbliebenenpension bzw. einer Hinterbliebenenversorgungsleistung.

(BGBl I 2012/123, BGBl I 2018/100)

(2) Personen, die auf Grund eines Antrages ihrer gesetzlichen beruflichen Vertretung gemäß § 5 von der Pflichtversicherung in der Pensionsversicherung ausgenommen und auf Grund einer freiberuflichen Erwerbstätigkeit gemäß § 2 Abs. 1 Z 4 pflichtversichert waren, können sich auf Antrag in der Krankenversicherung selbstversichern, wenn sie eine Alters-, Berufsunfähigkeits- oder Todesversorgungsleistung aus einer Einrichtung ihrer (vormaligen) gesetzlichen beruflichen Vertretung beziehen. Dies gilt auch für Bezieher einer Hinterbliebenenversorgungsleistung.

(BGBl I 2012/123)

(3) Personen, die nach § 14b Abs. 1 Z 1 oder Z 3 pflichtversichert waren, nunmehr noch eine Erwerbstätigkeit ausüben, bei deren Ausübung sie auf Grund eines Antrages ihrer gesetzlichen beruflichen Vertretung nach § 5 von der Pflichtversicherung ausgenommen sind, und die die Pflichtversicherung in der Krankenversicherung begründende Erwerbstätigkeit aufgegeben haben oder bei denen der die Pflichtversicherung in der Krankenversicherung begründende Leistungsbezug weggefallen ist, sind in der Krankenversicherung selbstversichert, wenn sie nicht einer Krankenvorsorgeeinrichtung ihrer gesetzlichen beruflichen Vertretung beigetreten sind.

(BGBl I 2010/102, BGBl I 2012/123, BGBl I 2015/162)

(4) Personen, die nach § 16 ASVG selbstversichert waren und weiterhin eine Erwerbstätigkeit ausüben, bei deren Ausübung sie auf Grund eines Antrages ihrer gesetzlichen beruflichen Vertretung nach § 5 von der Pflichtversicherung in der Krankenversicherung ausgenommen sind, sind in der Krankenversicherung selbstversichert, wenn sie

1. GSVG

nicht einer Krankenvorsorgeeinrichtung ihrer gesetzlichen beruflichen Vertretung beigetreten sind.

(BGBl I 2012/123, BGBl I 2015/162)

(5) Personen, die auf Grund eines Antrages ihrer gesetzlichen beruflichen Vertretung nach § 5 von der Pflichtversicherung in der Krankenversicherung ausgenommen waren und auf Grund einer freiberuflichen Erwerbstätigkeit eine nicht die Pflichtversicherung in der Krankenversicherung begründende Pension nach diesem Bundesgesetz, dem FSVG oder dem NVG 1972 und/oder eine Alters-, Berufsunfähigkeits- oder Todesversorgungsleistung aus einer Einrichtung ihrer gesetzlichen beruflichen Vertretung beziehen und die Erwerbstätigkeit, die die Pflichtversicherung in der Krankenversicherung nach § 14b Abs. 2 begründet hat, aufgegeben haben, sind in der Krankenversicherung selbstversichert, wenn sie nicht einer Krankenvorsorgeeinrichtung ihrer gesetzlichen beruflichen Vertretung beigetreten sind.

(BGBl I 2012/123, BGBl I 2015/162)

Pflichtversicherung in der Krankenversicherung trotz Ausnahme für die Berufsgruppen gemäß § 5

§ 14b. (1) Personen, die auf Grund eines Antrages ihrer gesetzlichen beruflichen Vertretung nach § 5 von der Pflichtversicherung in der Krankenversicherung ausgenommen sind, unterliegen dann auf Grund ihrer freiberuflichen Erwerbstätigkeit in der Krankenversicherung der Pflichtversicherung, wenn sie

1. eine andere Erwerbstätigkeit, die die Pflichtversicherung in der Krankenversicherung begründet, ausüben oder

2. eine die Pflichtversicherung in der Krankenversicherung begründende Pensions(Ruhegenuss)leistung nach diesem oder einem anderen Bundesgesetz oder

3. eine die Pflichtversicherung in der Krankenversicherung begründende Leistung nach dem KBGG (Kinderbetreuungsgeld) oder nach § 26 AlVG (Weiterbildungsgeld) beziehen

und kein Leistungsanspruch gegenüber einer Krankenvorsorgeeinrichtung ihrer gesetzlichen beruflichen Vertretung besteht. Dies gilt auch für Bezieher einer Hinterbliebenenpension bzw. einer Hinterbliebenenversorgungsleistung.

(BGBl I 2012/123)

(2) Personen, die auf Grund eines Antrages ihrer gesetzlichen beruflichen Vertretung gemäß § 5 von der Pflichtversicherung in der Krankenversicherung ausgenommen waren und auf Grund einer freiberuflichen Erwerbstätigkeit eine nicht die Pflichtversicherung in der Krankenversicherung begründende Pension nach diesem Bundesgesetz, dem FSVG, dem Notarversicherungsgesetz 1972 oder dem Notarversorgungsgesetz und/oder eine Alters-, Berufsunfähigkeits- oder Todesversorgungsleistung aus einer Einrichtung ihrer gesetzlichen beruflichen Vertretung beziehen, sind dann auf Grund dieser Pension und/oder Alters-, Berufs-

unfähigkeits- oder Todesversorgungsleistung in der Krankenversicherung pflichtversichert, wenn sie eine Erwerbstätigkeit, die die Pflichtversicherung in der Krankenversicherung begründet, ausüben und sie nicht einer Krankenvorsorgeeinrichtung ihrer gesetzlichen beruflichen Vertretung unterliegen. Dies gilt auch für Bezieher einer Hinterbliebenenpension bzw. einer Hinterbliebenenversorgungsleistung.

(BGBl I 2012/123, BGBl I 2018/100)

(3) Personen, die auf Grund eines Antrages ihrer gesetzlichen beruflichen Vertretung gemäß § 5 von der Pflichtversicherung in der Krankenversicherung ausgenommen waren, sind dann in der Krankenversicherung pflichtversichert, wenn sie auf Grund ihrer freiberuflichen Erwerbstätigkeit eine Alters-, Berufsunfähigkeits- oder Todesversorgungsleistung beziehen, nicht aber einer Krankenvorsorgeeinrichtung ihrer gesetzlichen beruflichen Vertretung unterliegen und sie zusätzlich eine Pensions(Ruhegenuss)leistung beziehen, die die Krankenversicherung der Pensionisten/innen begründet. Dies gilt auch für Bezieher einer Hinterbliebenenpension bzw. einer Hinterbliebenenversorgungsleistung.

(BGBl I 2012/123)

Beginn und Ende der Selbstversicherung

§ 14c. (1) Die Selbstversicherung nach § 14a beginnt

1. mit dem Zeitpunkt, den der Versicherte wählt;

2. im Falle des § 14a Abs. 3 im Anschluss an eine Pflichtversicherung nach § 14b Abs. 1 Z 1 oder Z 3;

3. im Falle des § 14a Abs. 4 im Anschluss an eine Selbstversicherung nach § 16 ASVG;

4. im Falle des § 14a Abs. 5 im Anschluss an eine Pflichtversicherung nach § 14b Abs. 2.

(BGBl I 2010/102, BGBl I 2012/123)

(2) Die Selbstversicherung endet

1. im Falle des § 14a Abs. 1 Z 1 und der Abs. 3 und 4 mit dem Letzten des Kalendermonates, in dem die Kammermitgliedschaft endet;

(BGBl I 2010/102, BGBl I 2012/123, BGBl I 2015/162)

2. im Falle des § 14a Abs. 1 Z 2, Abs. 2 und 5 mit dem Letzten des Kalendermonates, in dem die Pensions(Ruhegenuss)- bzw. die Alters-, Berufsunfähigkeits- oder Todesversorgungsleistung wegfällt;

(BGBl I 2012/123, BGBl I 2015/162)

3. wenn eine Pflichtversicherung nach § 14b eintritt.

Beginn und Ende der Pflichtversicherung

§ 14d. (1) Die Pflichtversicherung nach § 14b beginnt

1. im Falle des § 14b Abs. 1 Z 1 und Abs. 2 mit der Aufnahme der Erwerbstätigkeit;

2. im Falle des § 14b Abs. 1 Z 2 und Abs. 3 mit dem Anfall der Pensions(Ruhegenuss)- oder der Alters-, Berufsunfähigkeits- oder Todesversorgungsleistung;

3. im Falle des § 14b Abs. 1 Z 3 mit Beginn des Kinderbetreuungsgeld- bzw. des Weiterbildungsgeldbezuges.

(2) Die Pflichtversicherung endet

1. im Falle des § 14b Abs. 1 Z 1 und Abs. 2 mit dem Letzten des Kalendermonates, in dem die die Pflichtversicherung begründende Erwerbstätigkeit aufgegeben wird;

2. im Falle des § 14b Abs. 1 Z 2 und Abs. 3 mit dem Letzten des Kalendermonates, in dem die Pensions(Ruhegenuss)- bzw. die Alters-, Berufsunfähigkeits- oder Todesversorgungsleistung wegfällt;

3. im Falle des § 14b Abs. 1 Z 3 mit dem Letzten des Kalendermonates, in dem die die Pflichtversicherung in der Krankenversicherung begründende Leistung wegfällt.

(BGBl I 2015/162)

(BGBl I 2012/123)

Beitragsgrundlage

§ 14e. Hinsichtlich der Beitragsgrundlage für Versicherte gemäß den §§ 14a und 14b sind die für Versicherte nach § 2 Abs. 1 Z 4 maßgeblichen Bestimmungen der §§ 25 ff anzuwenden, wobei als Beitragsgrundlage gilt:

1. bei ausschließlichem Bezug einer Pension, die Pension;

2. bei ausschließlichem Bezug einer Alters-, Berufsunfähigkeits- oder Todesversorgungsleistung aus einer Einrichtung einer gesetzlichen beruflichen Vertretung, diese Leistung, jedoch höchstens in der Höhe von 80% der höchstmöglichen gesetzlichen Pensionsbemessungsgrundlage;

(BGBl I 2012/123)

3. in allen übrigen Fällen jene Einkünfte (§ 25) und/oder jene Pensionsleistungen und/oder jene Alters-, Berufsunfähigkeits- oder Todesversorgungsleistungen, welche auf Grund einer Tätigkeit bezogen werden, die auf Grund einer Ausnahme gemäß § 5 nicht die Pflichtversicherung in der Krankenversicherung begründet; bei Bezug einer Pensionsleistung und einer Alters-, Berufsunfähigkeits- oder Todesversorgungsleistung jedoch höchstens in der Höhe von 80% der höchstmöglichen gesetzlichen Pensionsbemessungsgrundlage.

(BGBl I 2012/123)

Beitragssatz

§ 14f. (1) Für die Dauer der Versicherung in der Krankenversicherung haben die versicherten Personen nach den §§ 14a und 14b als Beitrag 7,65% der Beitragsgrundlage zu leisten.

(BGBl I 2019/103)

~~(1)ᵃ⁾ Für die Dauer der Versicherung in der Krankenversicherung haben die versicherten Personen nach den §§ 14a und 14b als Beitrag 7,55% der Beitragsgrundlage zu leisten.~~

(BGBl I 2019/103)

ᵃ⁾ Zum In-Kraft-Treten siehe § 376 Z. 2. Die entsprechende Verordnung, die zum Inkrafttreten führen würde, wurde bis dato nicht erlassen.

(2) Der Beitrag zur Krankenversicherung nach Abs. 1 wird aufgebracht

1. durch Leistungen der Pflichtversicherten in der Höhe von 6,8 % der Beitragsgrundlage;

2. durch eine Leistung des Bundes in der Höhe von 0,85 % der Beitragsgrundlage.

Die Leistung nach Z 2 ist dem Versicherungsträger vom Bund monatlich im erforderlichen Ausmaß unter Bedachtnahme auf die Kassenlage des Bundes zu bevorschussen.

(BGBl I 2019/103)

~~(2)ᵃ⁾ Der Beitrag zur Krankenversicherung nach Abs. 1 wird aufgebracht~~

~~1. durch Leistungen der Pflichtversicherten in der Höhe von 6,7 % der Beitragsgrundlage;~~

~~2. durch eine Leistung des Bundes in der Höhe von 0,85 % der Beitragsgrundlage.~~

~~Die Leistung nach Z 2 ist dem Versicherungsträger vom Bund monatlich im erforderlichen Ausmaß unter Bedachtnahme auf die Kassenlage des Bundes zu bevorschussen.~~

(BGBl I 2019/103)

ᵃ⁾ Zum In-Kraft-Treten siehe § 376 Z. 2. Die entsprechende Verordnung, die zum Inkrafttreten führen würde, wurde bis dato nicht erlassen.

(BGBl I 2001/100, BGBl I 2003/71, BGBl I 2004/156, BGBl I 2007/101, BGBl I 2010/102, BGBl I 2012/123, BGBl I 2015/118)

Beitragssatz

§ 14f.ᵃ⁾ Für die Dauer der Versicherung in der Krankenversicherung haben die Versicherten

1. gemäß den §§ 14a Abs. 1 Z 1, Abs. 3 und 4 sowie 14b Abs. 1 und Abs. 3 als Beitrag 7,55%,

2. gemäß den §§ 14a Abs. 1 Z 2, 14a Abs. 5 und 14b Abs. 3, sofern sie auf Grund ihrer freiberuflichen Erwerbstätigkeit auch von der Pensionsversicherung gemäß § 5 ausgenommen waren, als Beitrag 7,55%, in allen übrigen Fällen 7% und

3. gemäß § 14a Abs. 2 als Beitrag 7%

der Beitragsgrundlage zu leisten.

(BGBl I 2001/100, BGBl I 2003/71, BGBl I 2004/156, BGBl I 2007/101, BGBl I 2010/102, BGBl I 2012/123, BGBl I 2015/118)

ᵃ⁾ Zum In-Kraft-Treten siehe § 358 (1) Z 3. Die entsprechende Verordnung, die zum Inkrafttreten führen würde, wurde bis dato nicht erlassen.

Allgemeines

§ 14g. (1) Soweit nichts anderes bestimmt ist, sind für die Durchführung der Selbst- und der Pflichtversicherung gemäß den §§ 14a und 14b alle für die Pflichtversicherung maßgeblichen Bestimmungen anzuwenden.

(2) Eine Selbstversicherung gemäß § 14a ist einer Pflichtversicherung gleichzuhalten.

(BGBl I 1999/175)

Bezug einer besonderen Pensionsleistung

§ 14h. Eine besondere Pensionsleistung nach den §§ 20c, 20d oder 20e FSVG gilt für die Anwendung der Bestimmungen der §§ 14a bis 14g als Versorgungsleistung aus einer Einrichtung der gesetzlichen beruflichen Vertretung.

(BGBl I 2012/123)

ABSCHNITT III

(aufgehoben)

§§ 15 bis 17. (aufgehoben)

(BGBl I 2018/100)

ABSCHNITT IV
Meldungen und Auskunftspflicht

Meldungen der Pflichtversicherten

§ 18. (1) Die nach diesem Bundesgesetz Pflichtversicherten haben den Eintritt der Voraussetzungen für den Beginn und das Ende der Pflichtversicherung binnen einem Monat nach deren Eintritt dem Versicherungsträger zu melden. Die gleiche Meldepflicht hat der von der Pflichtversicherung gemäß § 4 Ausgenommene im Falle des Eintrittes oder des Wegfalles des Ausnahmegrundes. Der Meldung an den Versicherungsträger ist eine Meldung nach § 333 Abs. 2 GewO 1994 für den Beginn der Pflichtversicherung an die Gewerbebehörde gleichzuhalten.

(BGBl I 1997/139, BGBl I 2002/141)

(2) Die gemäß Abs. 1 Meldepflichtigen haben innerhalb der dort angegebenen Frist alle für das Versicherungsverhältnis bedeutsamen Änderungen sowie maßgebenden Ereignisse und Tatsachen nach deren Eintritt dem Versicherungsträger bekanntzugeben.

(3) Die Meldepflichten für die im § 3 Abs. 2 und 5 genannten Pflichtversicherten obliegen dem Träger der Einrichtung, in der die Ausbildung erfolgt.

(3a) Die Meldepflichten obliegen

1. für die nach § 3 Abs. 3 Z 1 pflichtversicherten Präsenz- oder Ausbildungsdienst Leistenden dem Bundesministerium für Landesverteidigung;

2. für die nach § 3 Abs. 3 Z 2 pflichtversicherten Zivildienstleistenden dem Bundesministerium für Inneres;

(BGBl I 2015/144)

3. für die nach § 3 Abs. 3 Z 3 pflichtversicherten BezieherInnen von Übergangsgeld dem Pensionsversicherungsträger;

4. für die nach § 3 Abs. 3 Z 4 pflichtversicherten Erziehenden dem Krankenversicherungsträger;

(BGBl I 2013/86)

5. für die nach § 3 Abs. 3 Z 3a pflichtversicherten Bezieherinnen von Wochengeld dem Krankenversicherungsträger;

(BGBl I 2013/86)

6. für die nach § 3 Abs. 3 Z 5 pflichtversicherten Bezieher des Familienzeitbonus dem Krankenversicherungsträger.

(BGBl I 2016/53)

(BGBl I 2004/142)

(4) Von der Ausstellung von Ausweisen über Berechtigungen zur Ausübung der die Pflichtversicherung nach diesem Bundesgesetz begründenden Erwerbstätigkeit sowie vom Erlöschen solcher Berechtigungen hat die zuständige Behörde den Versicherungsträger unverzüglich zu verständigen. Dies gilt auch für jene Daten, die gemäß § 365c der Gewerbeordnung 1994, BGBl. Nr. 194, für eine Verarbeitung im Gewerberegister vorgesehen sind, soweit diese zur Wahrnehmung der den Versicherungsträgern gesetzlich übertragenen Aufgaben eine wesentliche Voraussetzung bilden.

(BGBl 1996/412, BGBl I 1998/139)

Meldungen der freiwillig Versicherten

§ 19. Die gemäß den §§ 8, 9 und 12 freiwillig Versicherten haben alle für die Versicherung bedeutsamen Änderungen dem Versicherungsträger binnen der im § 18 Abs. 1 genannten Frist zu melden. Für die in der Krankenversicherung mitversicherten Familienangehörigen (§ 10) obliegt die gleiche Meldepflicht demjenigen, der die Anmeldung vorgenommen hat.

Meldungen der Zahlungsempfänger
(Leistungswerber)

§ 20. (1) Die Leistungsempfänger bzw. Zahlungsempfänger (§ 75) sind verpflichtet, jede Änderung in den für den Fortbestand der Bezugsberechtigung maßgebenden Verhältnissen sowie jede Änderung ihres Wohnsitzes bzw. des Wohnsitzes des Anspruchsberechtigten, soweit im folgenden nichts anderes bestimmt wird, binnen zwei Wochen dem zuständigen Versicherungsträger anzuzeigen. Anspruchsberechtigte auf Pensionen aus der Pensionsversicherung mit Ausnahme der Ansprüche auf Waisenpensionen haben während des Pensionsbezuges jede Aufnahme einer Erwerbstätigkeit sowie die Höhe des Erwerbseinkommens und jede Änderung der Höhe des Erwerbseinkommens binnen sieben Tagen zu melden, soweit dies für den Fortbestand und das Ausmaß der Bezugsberechtigung maßgebend ist. Einkommensänderungen, die auf Grund der alljährlichen Rentenanpassung in der Kriegsopfer- und Heeresversorgung bewirkt werden, unterliegen nicht der Anzeigeverpflichtung.

(BGBl 1991/677)

(2) Abs. 1 gilt auch für Personen,

1. die eine Leistung aus einem Versicherungsfall des Alters, der Erwerbsunfähigkeit oder des Todes beantragt haben, wenn sie vom Versicherungsträger nachweislich über den Umfang ihrer Meldeverpflichtung belehrt wurden;

(BGBl 1996/201)

2. (aufgehoben)

(BGBl I 2003/71)

(BGBl 1993/336)

(BGBl 1990/295, BGBl 1991/677)

Form der Meldungen, Meldebestätigungen

§ 21. (1) Die Meldungen gemäß § 18 sind mit den vom Versicherungsträger aufzulegenden Vordrucken zu erstatten; auch ohne Vordruck schriftlich oder mittels elektronischer Datenträger erstattete Meldungen gelten als ordnungsgemäß erstattet, wenn sie alle wesentlichen Angaben enthalten, die für die Durchführung der Versicherung notwendig sind.

(BGBl 1991/677)

(2) Der Versicherungsträger hat das Einlangen der Meldung auf Verlangen des Versicherten zu bestätigen, wenn der Vordruck für die Meldebestätigung vom Versicherten ordnungsgemäß ausgefüllt und freigemacht vorgelegt wird.

Auskunftspflicht der Versicherten und der Leistungs(Zahlungs)empfänger

§ 22. (1) Die Versicherten und die Leistungsempfänger bzw. Zahlungsempfänger (§ 75) haben dem Versicherungsträger auf Anfrage über alle Umstände, die für das Versicherungsverhältnis, die Anspruchsberechtigung sowie die Prüfung und Durchsetzung von Ansprüchen nach den §§ 190 ff. maßgeblich sind, längstens binnen zwei Wochen wahrheitsgemäß Auskunft zu erteilen. Sie haben innerhalb derselben Frist auf Verlangen des Versicherungsträgers auch alle Belege und Aufzeichnungen, die für diese Umstände von Bedeutung sind, zur Einsicht vorzulegen. Insbesondere haben sie alle für die Feststellung der Beiträge und für die Bemessung der Leistungen erforderlichen Auskünfte zu erteilen und die erforderlichen Steuerbescheide und sonstige Einkommensnachweise zur Einsicht vorzulegen.

(BGBl 1996/201, BGBl 1996/412)

(2) Der Versicherungsträger ist berechtigt, die zuständigen Behörden zu verständigen, wenn er im Rahmen seiner Tätigkeit zu dem begründeten Verdacht gelangt, daß eine Übertretung arbeitsrechtlicher, gewerberechtlicher oder steuerrechtlicher Vorschriften vorliegt.

(BGBl 1996/201)

(3) Die Versicherten sind verpflichtet, dem Versicherungsträger über alle für die Einhebung des Zusatzbeitrages für Angehörige (§ 27c) maßgebenden Umstände Auskunft zu erteilen.

(BGBl I 2000/142)

(4) Die Versicherten sind verpflichtet, dem Versicherungsträger über alle für die Einhebung der Beiträge in der Krankenversicherung von ausländischen Renten (§ 29a) maßgebenden Umstände Auskunft zu erteilen.

(BGBl I 2010/102)

Verstöße gegen die Melde-, Anzeige- und Auskunftspflicht

§ 23. Personen, die der ihnen auf Grund dieses Bundesgesetzes obliegenden Verpflichtung zur Erstattung von Meldungen und Anzeigen nicht oder nicht rechtzeitig nachkommen, die Erfüllung der Auskunftspflicht oder die Vorlage von Belegen verweigern oder in den ihnen obliegenden Meldungen, Anzeigen und Auskünften unwahre Angaben machen, begehen, wenn die Handlung nicht nach anderer Bestimmung einer strengeren Strafe unterliegt, eine Verwaltungsübertretung und werden von der Bezirksverwaltungsbehörde mit Geld bis zu 440 €, im Falle der Uneinbringlichkeit mit Freiheitsstrafe bis zu zwei Wochen bestraft.

(BGBl I 2001/67, BGBl I 2013/3)

ABSCHNITT V
Aufbringung der Mittel

Arten der Aufbringung der Mittel

§ 24. Die Mittel der Kranken- und Pensionsversicherung sind durch Beiträge der Versicherten, in der Pensionsversicherung auch durch einen Beitrag des Bundes aufzubringen.

Beitragsgrundlage

§ 25. (1) Für die Ermittlung der Beitragsgrundlage für Pflichtversicherte gemäß § 2 Abs. 1 sind, soweit im folgenden nichts anderes bestimmt wird, die im jeweiligen Kalenderjahr auf einen Kalendermonat der Erwerbstätigkeit im Durchschnitt entfallenden Einkünfte aus einer oder mehreren Erwerbstätigkeiten, die der Pflichtversicherung nach diesem Bundesgesetz, unbeschadet einer Ausnahme gemäß § 4 Abs. 1 Z 5, unterliegen, heranzuziehen; als Einkünfte gelten die Einkünfte im Sinne des Einkommensteuergesetzes 1988. Als Einkünfte aus einer die Pflichtversicherung begründenden Erwerbstätigkeit gelten auch die Einkünfte als Geschäftsführer und die Einkünfte des zu einem Geschäftsführer bestellten Gesellschafters der Gesellschaft mit beschränkter Haftung.

(BGBl 1996/412, BGBl I 1997/139, BGBl I 1998/139, BGBl I 2015/118)

(2) Beitragsgrundlage ist der gemäß Abs. 1 ermittelte Betrag,

1. (aufgehoben)

(BGBl I 1998/139, BGBl I 2015/162)

2. zuzüglich der vom Versicherungsträger im Beitragsjahr im Durchschnitt der Monate der Erwerbstätigkeit vorgeschriebenen Beiträge zur Kranken-, Arbeitslosen- und Pensionsversicherung nach diesem oder einem anderen Bundesgesetz; letztere nur soweit sie als Be-

triebsausgaben im Sinne des § 4 Abs. 4 Z 1 lit. a EStG 1988 gelten;

(BGBl I 1998/139, BGBl I 2009/52)

3. vermindert um die auf einen Sanierungsgewinn oder auf Veräußerungsgewinne nach den Vorschriften des EStG 1988 entfallenden Beträge im Durchschnitt der Monate der Erwerbstätigkeit; diese Minderung tritt jedoch nur dann ein, wenn der Versicherte es beantragt und bezüglich der Berücksichtigung von Veräußerungsgewinnen überdies nur soweit, als der auf derartige Gewinne entfallende Betrag dem Sachanlagevermögen eines Betriebes des Versicherten oder einer Gesellschaft mit beschränkter Haftung, an der der Versicherte mit mehr als 25% beteiligt ist, zugeführt worden ist; diese Minderung ist bei der Feststellung der Ausnahme von der Pflichtversicherung gemäß § 4 Abs. 1 Z 5 nicht zu berücksichtigen; ein Antrag auf Minderung ist binnen einem Jahr ab dem Zeitpunkt des Eintritts der Fälligkeit des ersten Teilbetrags (§ 35 Abs. 3) der endgültigen Beiträge für jenen Zeitraum, für den eine Verminderung um den Veräußerungsgewinn oder Sanierungsgewinn begehrt wird, zu stellen.

(BGBl I 1998/139, BGBl I 2003/145, BGBl I 2015/162)

(BGBl 1993/336, BGBl 1995/297, BGBl 1996/412, BGBl I 1997/139)

(3) Hat der Pflichtversicherte Einkünfte aus mehreren die Pflichtversicherung nach diesem Bundesgesetz begründenden Erwerbstätigkeiten, so ist die Summe der Einkünfte aus diesen Erwerbstätigkeiten für die Ermittlung der Beitragsgrundlage heranzuziehen.

(BGBl I 1997/139)

(4) Die Beitragsgrundlage nach Abs. 2 beträgt für jeden Beitragsmonat mindestens den für das jeweilige Beitragsjahr geltenden Betrag nach § 5 Abs. 2 ASVG (Mindestbeitragsgrundlage).

(BGBl I 1997/139, BGBl I 1998/139, BGBl I 1999/175, BGBl I 2000/92, BGBl I 2001/33, BGBl I 2001/67, BGBl I 2001/100, BGBl I 2002/141, BGBl I 2012/35, BGBl I 2015/118, BGBl I 2017/29)

(4a) (aufgehoben)

(BGBl I 2004/142, BGBl I 2010/62, BGBl I 2012/35, BGBl I 2015/162)

(5) Die Beitragsgrundlage darf die Höchstbeitragsgrundlage nicht überschreiten. Höchstbeitragsgrundlage für den Beitragsmonat ist der gemäß § 48 jeweils festgesetzte Betrag[a].

(BGBl 1995/297, BGBl I 1997/139)

[a] Betrag siehe VO über veränderliche Werte.

(6) Die endgültige Beitragsgrundlage tritt an die Stelle der vorläufigen Beitragsgrundlage, sobald die hiefür notwendigen Nachweise vorliegen.

(BGBl I 1997/139)

(6a) Auf Antrag sind die Beitragsgrundlagen in der Pensionsversicherung im Kalenderjahr des erstmaligen Eintrittes einer Pflichtversicherung nach § 2 Abs. 1 Z 1 bis 4 und den darauf folgenden zwei Kalenderjahren auf die für diese Kalenderjahre geltenden Höchstbeitragsgrundlagen zu erhöhen (Höchstbeitragsgrundlagen aus Anlass von Betriebsgründungsinvestitionen). Ein solcher Antrag ist vom/von der Versicherten bzw. Hinterbliebenen spätestens gleichzeitig mit dem Pensionsantrag bzw. innerhalb einer vom Versicherungsträger eingeräumten längeren Frist zu stellen, wobei eine der zeitlichen Lagerung der Beitragszahlung entsprechende Aufwertung der Beitragsgrundlagen (§ 108c ASVG) zu erfolgen hat.

(BGBl I 2003/71, BGBl I 2003/145, BGBl I 2004/105)

(7) Vorläufige Beitragsgrundlagen gemäß § 25a, die gemäß Abs. 6 zum Stichtag (§ 113 Abs. 2) noch nicht nachbemessen sind, gelten als Beitragsgrundlagen gemäß Abs. 2.

(BGBl 1991/677, BGBl I 1998/139)

(8) (aufgehoben)

(BGBl I 1997/139, BGBl I 1998/139)

(9) Beitragsgrundlage für die gemäß § 3 Abs. 2 und 5 Pflichtversicherten ist das Dreißigfache des Betrages gemäß § 44 Abs. 6 lit. a des Allgemeinen Sozialversicherungsgesetzes.

(10) Als Beitragsmonat gilt jeweils der Kalendermonat, für den Beiträge zu entrichten sind.

Vorläufige Beitragsgrundlage

§ 25a. (1) Die vorläufige monatliche Beitragsgrundlage ist, ausgenommen in den Fällen des Abs. 4,

1. wenn eine Pflichtversicherung nach diesem Bundesgesetz im drittvorangegangenen Kalenderjahr nicht bestanden hat, die monatliche Beitragsgrundlage nach § 25 Abs. 4. Bestehen in einem Kalendermonat Pflichtversicherungen nach § 2 Abs. 1 Z 1 bis 3 sowie nach § 2 Abs. 1 Z 4, so ist § 359 Abs. 3a anzuwenden.

(BGBl I 1997/139, BGBl I 2001/100, BGBl I 2015/118, BGBl I 2015/162)

2. in allen anderen Fällen die Summe der gemäß § 25 Abs. 2 für das drittvorangegangene Kalenderjahr festgestellten Beitragsgrundlagen, geteilt durch die Zahl der Beitragsmonate der Pflichtversicherung in diesem Kalenderjahr, vervielfacht mit dem Produkt aus der Aufwertungszahl (§ 47) des Kalenderjahres, in das der Beitragsmonat (§ 25 Abs. 10) fällt, und aus den Aufwertungszahlen der beiden vorangegangenen Kalenderjahre. Dieser Betrag ist auf Cent zu runden. Konnte die Beitragsgrundlage gemäß § 25 für das drittvorangegangene Kalenderjahr noch nicht festgestellt werden, weil der für die Beitragsbemessung maßgebende Einkommensteuerbescheid oder Einkommensnachweis noch nicht vorliegt, sind die Beitragsgrundlagen des Kalenderjahres heranzuziehen, in dem die Beitragsbemessung gemäß § 25 Abs. 6 erfolgt ist. Bei der Vervielfachung ist das Produkt der Aufwertungszahlen entsprechend zu ergänzen.

(BGBl I 2001/67)

Die vorläufige Beitragsgrundlage darf die in § 25 Abs. 4 und 5 genannten Beträge nicht unter- oder überschreiten.

(BGBl I 1998/139, BGBl I 2002/141)

(2) (aufgehoben)

(BGBl I 1998/139, BGBl I 2001/67, BGBl I 2004/142)

(3) Die vorläufige Beitragsgrundlage ist, sofern nichts anderes bestimmt ist, in Anwendung der Bestimmungen dieses Bundesgesetzes der Beitragsgrundlage gemäß § 25 gleichzuhalten.

(BGBl I 1998/139)

(4) Für die ersten beiden Kalenderjahre einer Pflichtversicherung in der Krankenversicherung nach § 2 Abs. 1 Z 1 bis 3 gilt der Betrag nach § 25 Abs. 4 als vorläufige und endgültige Beitragsgrundlage (Neuzugangsgrundlage in der Krankenversicherung), wenn innerhalb der letzten 120 Kalendermonate vor Beginn dieser Pflichtversicherung keine solche in der Pensions- und/oder Krankenversicherung nach diesem Bundesgesetz bestanden hat. § 25 Abs. 6 ist nicht anzuwenden.

(BGBl I 2002/141, BGBl I 2015/118, BGBl I 2015/162)

(5) Die vorläufige Beitragsgrundlage ist auf Antrag der versicherten Person zu ändern (Herab- oder Hinaufsetzung), wenn sie glaubhaft macht, dass ihre Einkünfte im laufenden Kalenderjahr wesentlich von den Einkünften im drittvorangegangenen Kalenderjahr abweichen. Eine Herabsetzung ist nur so weit zulässig, als dies nach den wirtschaftlichen Verhältnissen der versicherten Person gerechtfertigt erscheint. Die herabgesetzte Beitragsgrundlage darf die jeweils anzuwendende Mindestbeitragsgrundlage nach den §§ 25 Abs. 4 und 359 Abs. 3a nicht unterschreiten, die hinaufgesetzte Beitragsgrundlage darf die Höchstbeitragsgrundlage nach § 48 nicht überschreiten. Der Antrag auf Änderung der vorläufigen Beitragsgrundlage kann bis zum Ablauf des jeweiligen Beitragsjahres gestellt werden. Eine neuerliche Antragstellung ist zulässig, wenn sich die Einschätzung der Höhe der Einkünfte ändert.

(BGBl I 1998/139, BGBl I 2002/141, BGBl I 2009/147, BGBl I 2015/2, BGBl I 2015/162)

(BGBl 1995/297, BGBl 1996/412, BGBl I 1997/139)

Beitragsgrundlage in besonderen Fällen

§ 26. (1) Ist in einem Jahr durch ein Elementarereignis wie Hochwasser, Erdrutsch, Vermurung oder Lawinen oder auf Grund von Maßnahmen der Gebietskörperschaften auf dem Gebiete des Bauwesens, insbesondere im Zuge des Ausbaues des Straßen-, Verkehrs- oder Kanalnetzes, oder auf Grund von Maßnahmen nach dem Epidemiegesetz 1950, BGBl. Nr. 186, bzw. nach dem Tierseuchengesetz, RGBl. Nr. 177/1909, ein Entfall oder eine Minderung der Einkünfte unter den Durchschnitt der Einkünfte (§ 25) der letzten drei Kalenderjahre vor dem erstmaligen Entfall oder der erstmaligen Minderung eingetreten, so ist über Antrag dieser

Durchschnitt der Ermittlung der Beitragsgrundlage in der Pensionsversicherung zugrunde zu legen.

(BGBl I 1997/139, BGBl I 2005/132)

(2) Der Antrag gemäß Abs. 1 ist binnen einem Jahr ab dem Zeitpunkt des Eintrittes der Fälligkeit der Beiträge für den ersten Kalendermonat jenes Zeitraumes, für den die Berücksichtigung des Entfalles oder der Minderung der Einkünfte begehrt wird, zu stellen.

(BGBl 1993/336)

(3) Übt ein nach den Bestimmungen dieses Bundesgesetzes Pflichtversicherter auch eine oder mehrere Erwerbstätigkeiten aus, die

1. die Pflichtversicherung nach dem Allgemeinen Sozialversicherungsgesetz oder

1a. die Pflichtversicherung nach dem B-KUVG oder

    (BGBl I 2005/132)

2. die Pflichtversicherung nach dem Freiberuflichen-Sozialversicherungsgesetz oder

3. die Pflichtversicherung nach dem Allgemeinen Sozialversicherungsgesetz und nach dem Freiberuflichen-Sozialversicherungsgesetz begründen,

    (BGBl I 1998/139)

so sind bei Ermittlung der Beitragsgrundlage gemäß § 25 und § 25a die Vorschriften des § 25 Abs. 4 und des § 236 nicht anzuwenden.

(BGBl I 1999/175, BGBl I 2005/132)

(4) Erreicht in den Fällen des Abs. 3 Z 1 die Summe

1. aus dem Teil der Beitragsgrundlagensumme für Zeiten einer Pflichtversicherung auf Grund einer Erwerbstätigkeit nach dem ASVG (§ 11 Abs. 1 Z 1 APG), der auf einen Beitragsmonat der Pflichtversicherung auf Grund einer Erwerbstätigkeit entfällt (anteilige Beitragsgrundlage nach dem ASVG), und

    (BGBl I 2005/132)

2. aus der Beitragsgrundlage nach § 25 Abs. 2

nicht den Betrag nach § 25 Abs. 4 oder nach § 236, so ist Beitragsgrundlage nach diesem Bundesgesetz der Unterschiedsbetrag zwischen der anteiligen Beitragsgrundlage nach dem ASVG und dem Betrag nach § 25 Abs. 4 oder nach § 236.

(BGBl 1993/336, BGBl I 1998/139, BGBl I 2004/142, BGBl I 2005/132)

(5) Erreicht in den Fällen des Abs. 3 Z 2 und 3 die Summe

1. aus der Beitragsgrundlage nach diesem Bundesgesetz nach § 25 Abs. 2,

2. aus der Beitragsgrundlage nach dem FSVG und

3. aus dem Teil der anteiligen Beitragsgrundlage nach dem ASVG (Abs. 4 Z 1)

    (BGBl I 2005/132)

nicht den in Betracht kommenden Betrag nach § 25 Abs. 4, so sind die Beitragsgrundlage nach diesem Bundesgesetz nach § 25 Abs. 2 und die Beitragsgrundlage nach dem FSVG verhältnismäßig entsprechend dem Anteil der maßgeblichen Einkünfte aus diesen versicherungspflichtigen Erwerbstätigkeiten so weit zu erhöhen, bis die Summe aller Beitragsgrundlagen den in Betracht kommenden Betrag nach § 25 Abs. 4 ergibt. Für die Ermittlung dieser Erhöhung ist der Betrag nach § 25 Abs. 4 heranzuziehen, wenn er auch nur in einer der beteiligten Versicherungen anzuwenden war. Beitragsgrundlage nach diesem Bundesgesetz und nach dem FSVG ist der anteilsmäßig erhöhte Betrag.

(BGBl 1993/336, BGBl I 1998/139, BGBl I 1999/175, BGBl I 2004/142)

(6) Erreicht in den Fällen des Abs. 3 Z 1a die Summe

1. aus der Beitragsgrundlage nach dem B-KUVG und

2. aus der Beitragsgrundlage nach § 25 Abs. 2

nicht den Betrag nach § 25 Abs. 4 oder nach § 236 lit. b, so ist Beitragsgrundlage in der Krankenversicherung nach diesem Bundesgesetz der Unterschiedsbetrag zwischen der Beitragsgrundlage nach dem B-KUVG und dem Betrag nach § 25 Abs. 4 oder nach § 236 lit. b.

(BGBl I 2005/132)

(7) Bezieht eine nach diesem Bundesgesetz pflichtversicherte Person auch eine Pension nach dem ASVG oder diesem Bundesgesetz oder eine der in § 1 Abs. 1 Z 7, 12 und 14 lit. b B-KUVG genannten Leistungen, so sind bei der Ermittlung der Beitragsgrundlage in der Krankenversicherung nach § 25 und § 25a die Vorschriften des § 25 Abs. 4 und des § 236 lit. b nicht anzuwenden. Die Abs. 4 und 6 sind so anzuwenden, dass als Beitragsgrundlage nach dem ASVG die Pension nach § 73 ASVG und nach diesem Bundesgesetz die Pension nach § 29 heranzuziehen ist.

(BGBl I 2005/132)

(BGBl I 1999/175)

§ 26a. Beitragsgrundlage für die nach § 3 Abs. 3 Z 1 lit. a, 2 und 4 Pflichtversicherten ist der Betrag von 1 560,98 €[a], Beitragsgrundlage für die nach § 3 Abs. 3 Z 3 Pflichtversicherten ist das Übergangsgeld. Beitragsgrundlage für die nach § 3 Abs. 3 Z 1 lit. b pflichtversicherten Ausbildungsdienst Leistenden sind 133 % des Monatsgeldes, der Dienstgradzulage, der Anerkennungsprämie, der Monatsprämie, der Einsatzvergütung, der Ausbildungsprämie, der Journaldienstvergütung und der Auslandsübungszulage nach dem Heeresgebührengesetz 2001. Beitragsgrundlage für die nach § 3 Abs. 3 Z 3a Pflichtversicherten ist das Dreißigfache des täglichen Wochengeldes nach § 102a Abs. 5. Beitragsgrundlage für die nach § 3 Abs. 3 Z 5 Pflichtversicherten ist der Familienzeitbonus. An die Stelle des im ersten Satz genannten Betrages tritt ab 1. Jänner eines jeden Jahres, erstmals ab 1. Jänner 2012, der unter Bedachtnahme

auf § 51 mit der jeweiligen Aufwertungszahl (§ 47) vervielfachte Betrag.

[a] Betrag siehe VO über veränderliche Werte.

(BGBl I 1997/139, BGBl I 2004/142, BGBl I 2007/31, BGBl I 2009/83, BGBl I 2010/111, BGBl I 2011/122, BGBl I 2013/86, BGBl I 2016/53)

Beiträge zur Pflichtversicherung

§ 27. (1) Die Pflichtversicherten nach § 2 Abs. 1 haben für die Dauer der Pflichtversicherung

1. als Beitrag zur Krankenversicherung 7,65%,

(BGBl I 2004/156, BGBl I 2007/101, BGBl I 2015/118)

1.[a] ~~als Beitrag zur Krankenversicherung 7,55%,~~

[a] Zum In-Kraft-Treten siehe § 358 (1) Z 3. Die entsprechende Verordnung, die zum Inkrafttreten führen würde, wurde bis dato nicht erlassen.

2. als Beitrag zur Pensionsversicherung 22,8 %

der Beitragsgrundlage zu leisten. Zahlungen, die von einer Einrichtung zur wirtschaftlichen Selbsthilfe auf Grund einer Vereinbarung mit dem Versicherungsträger oder aus Mitteln des Künstler-Sozialversicherungsfonds geleistet werden, sind auf den Beitrag anzurechnen.

(BGBl 1991/677, BGBl 1993/110, BGBl 1996/201, BGBl I 1997/139, BGBl I 1998/139, BGBl I 2000/65, BGBl I 2000/92, BGBl I 2001/33, BGBl I 2001/100, BGBl I 2004/142)

(1a) Der Beitrag zur Krankenversicherung nach Abs. 1 Z 1 wird aufgebracht

1. durch Leistungen der Pflichtversicherten in der Höhe von 6,8 % der Beitragsgrundlage;

2. durch eine Leistung des Bundes in der Höhe von 0,85 % der Beitragsgrundlage.

Die Leistung nach Z 2 ist dem Versicherungsträger vom Bund monatlich im erforderlichen Ausmaß unter Bedachtnahme auf die Kassenlage des Bundes zu bevorschussen.

(BGBl I 2019/103)

(1a)[a] ~~Der Beitrag zur Krankenversicherung nach Abs. 1 Z 1 wird aufgebracht~~

1. ~~durch Leistungen der Pflichtversicherten in der Höhe von 6,7 % der Beitragsgrundlage;~~

2. ~~durch eine Leistung des Bundes in der Höhe von 0,85 % der Beitragsgrundlage.~~

~~Die Leistung nach Z 2 ist dem Versicherungsträger vom Bund monatlich im erforderlichen Ausmaß unter Bedachtnahme auf die Kassenlage des Bundes zu bevorschussen.~~

(BGBl I 2019/103)

[a] Zum In-Kraft-Treten siehe § 376 Z. 2. Die entsprechende Verordnung, die zum Inkrafttreten führen würde, wurde bis dato nicht erlassen.

(2) Der Beitrag zur Pensionsversicherung nach Abs. 1 Z 2 wird aufgebracht

1. durch Leistungen der Pflichtversicherten in der Höhe von 18,5 % der Beitragsgrundlage;

2. durch eine Leistung aus dem Steueraufkommen der Pflichtversicherten in der Höhe von 4,3 % der Beitragsgrundlage.

Die Partnerleistung nach Z 2 trägt der Bund; er hat diese dem Versicherungsträger monatlich im erforderlichen Ausmaß unter Bedachtnahme auf die Kassenlage des Bundes zu bevorschussen.

(BGBl I 2004/142, BGBl I 2010/111, BGBl I 2012/35)

(3) Für den Kalendermonat, in dem die Pflichtversicherung beginnt, ist der volle Beitrag zu leisten. Ist jedoch in einem Kalendermonat auf Grund einer vorangegangenen Beitragspflicht bereits ein Beitrag in der Kranken- oder Pensionsversicherung nach diesem Bundesgesetz zu entrichten, so beginnt die Beitragspflicht in der Kranken- oder Pensionsversicherung erst mit dem nächsten Monatsersten.

(BGBl I 2004/142)

(4) Beginnt in den Fällen der Fortführung des Betriebes durch die Witwe (den Witwer) die Berechtigung zur Fortführung der Erwerbstätigkeit des verstorbenen Ehegatten (der verstorbenen Ehegattin) oder das Gesellschaftsverhältnis der Witwe (des Witwers) bereits im Monat des Ablebens des Ehegatten (der Ehegattin), so beginnt die Beitragspflicht in der Pensionsversicherung mit dem auf das Ableben des versicherten Ehegatten (der versicherten Ehegattin) folgenden Monatsersten, sofern für den verstorbenen Ehegatten (die verstorbene Ehegattin) im Monat des Ablebens Beitragspflicht bestanden hat. Dies gilt entsprechend für die Fälle des § 115 Abs. 4. Die Beitragspflicht in der Kranken- und Pensionsversicherung endet mit dem Ende der Pflichtversicherung gemäß § 7.

(BGBl I 2004/142)

(4a) Abs. 4 ist sinngemäß auch auf eingetragene PartnerInnen nach dem EPG anzuwenden.

(BGBl I 2009/135)

(5) Kommt der Pflichtversicherte seiner Auskunftspflicht gemäß § 22 nicht rechtzeitig nach, so hat er, solange er dieser Pflicht nicht nachkommt, einen von der Höchstbeitragsgrundlage (§ 25 Abs. 5) bemessenen Beitrag zu leisten. Bei nachträglicher Erfüllung der Auskunftspflicht ändert sich der Beitrag auf jenen Betrag, der bei ihrer rechtzeitigen Erfüllung anzuwenden gewesen wäre.

(BGBl I 1998/139, BGBl I 2004/142)

(6) Abweichend von Abs. 2 ist für Personen, deren Alterspension sich wegen Aufschubes der Geltendmachung des Anspruches erhöht (§ 143a, § 5 Abs. 4 APG), für jeden für diese Erhöhung zu berücksichtigenden Monat die Hälfte des auf die pflichtversicherte Person entfallenden Beitragsteiles aus Mitteln der Pensionsversicherung zu zahlen.

(BGBl I 2017/29)

§ 27a. (aufgehoben)

(BGBl 1991/677, BGBl I 2015/118)

§ 27b. (aufgehoben)

(BGBl 1991/677, BGBl I 2000/142, BGBl I 2001/5)

Zusatzbeitrag für Angehörige

§ 27c. (1) Für Angehörige (§ 83) ist ein Zusatzbeitrag im Ausmaß von 3,4% der für die Versicherten (die Versicherte) heranzuziehenden Beitragsgrundlage (Pension) zu leisten, für deren Ermittlung § 21 AlVG sinngemäß anzuwenden ist. Der Zusatzbeitrag entfällt zur Gänze auf den (die) Versicherte(n).

(2) Alle für die Beiträge zur Pflichtversicherung in der Krankenversicherung geltenden Rechtsvorschriften sind, sofern nichts anderes bestimmt wird, auf den Zusatzbeitrag nach Abs. 1 anzuwenden. Der (die) Versicherte schuldet jedoch den Zusatzbeitrag selbst und hat ihn auf seine (ihre) Gefahr und Kosten selbst einzuzahlen. Davon abweichend ist bei Pensionsbeziehern auf Antrag der Zusatzbeitrag von der jeweiligen Pension (Pensionssonderzahlung) einzubehalten und an den Versicherungsträger als Krankenversicherungsträger zu überweisen.

(BGBl I 2002/2)

(3) Kein Zusatzbeitrag nach Abs. 1 ist einzuheben

1. für Personen nach § 83 Abs. 2 Z 2 bis 6 sowie Abs. 4 und 8a;

(BGBl I 2009/84)

2. wenn und solange sich der (die) Angehörige der Erziehung eines oder mehrerer im gemeinsamen Haushalt lebender Kinder nach § 83 Abs. 4 erster Satz widmet oder durch mindestens vier Jahre hindurch der Kindererziehung gewidmet hat;

(BGBl I 2006/131)

3. wenn und solange der (die) Angehörige Anspruch auf Pflegegeld zumindest in Höhe der Stufe 3 nach § 5 des Bundespflegegeldgesetzes oder nach den Bestimmungen der Landespflegegeldgesetze hat.

(BGBl I 2009/84)

4. (aufgehoben)

(BGBl I 2009/84)

(4) Der Versicherungsträger hat bei Vorliegen einer besonderen sozialen Schutzbedürftigkeit des (der) Versicherten nach Maßgabe der vom Dachverband hiezu erlassenen Richtlinien (§ 30a Abs. 1 Z 16) von der Einhebung des Zusatzbeitrages nach Abs. 1 abzusehen oder diesen herabzusetzen. Eine besondere soziale Schutzbedürftigkeit liegt jedenfalls dann vor, wenn das Nettoeinkommen im Sinne des § 149 des (der) Versicherten den Richtsatz nach § 150 Abs. 1 lit. a sublit. aa nicht übersteigt.

(BGBl I 2018/100)

(BGBl I 2000/142)

§ 27d. (aufgehoben)

(BGBl I 2003/71, BGBl I 2015/118)

Beitrag für Teilversicherte in der Pensionsversicherung

§ 27e. Die Beiträge für Teilversicherte nach § 3 Abs. 3 sind mit 22,8 % der Beitragsgrundlage (§ 26a) zu bemessen. Diese Beiträge sind zu tragen

1. für Teilversicherte nach § 3 Abs. 3 Z 1 lit. a sowie Z 2, 3 und 3a vom Bund;

(BGBl I 2013/86)

1a. für Teilversicherte nach § 3 Abs. 3 Z 1 lit. b aus Mitteln des Bundesministeriums für Landesverteidigung;

2. für Teilversicherte nach § 3 Abs. 3 Z 4 und 5 zu 75 % aus Mitteln des Familienlastenausgleichsfonds und zu 25 % aus Mitteln des Bundes.

(BGBl I 2016/53)

(BGBl I 2004/142)

Beiträge zur Krankenversicherung während der Leistung des Präsenz- oder Ausbildungsdienstes

§ 28. (1) Für die Dauer des Präsenz- oder Ausbildungsdienstes auf Grund des Wehrgesetzes 2001 ruht die Beitragspflicht des Versicherten. Das gleiche gilt hinsichtlich der Beitragspflicht für den familienversicherten Angehörigen (§ 10).

(BGBl 1996/412, BGBl I 1998/30, BGBl I 2009/83)

(2) Der Bund hat an den Versicherungsträger einen Pauschalbetrag (Zusatzbeitrag) für jeden Angehörigen gemäß § 83 des im Präsenz- oder Ausbildungsdienst stehenden Versicherten in der jeweils gemäß § 56a Abs. 2 des Allgemeinen Sozialversicherungsgesetzes geltenden Höhe sowie für jeden Familienangehörigen des im Präsenz- oder Ausbildungsdienst stehenden Versicherten, für den eine Familienversicherung abgeschlossen wurde (§ 10), den Familienbeitrag in der bisherigen Höhe zu leisten.

(BGBl 1991/677, BGBl I 1998/30)

(3) Die Abs. 1 und 2 sind auf nach § 8 Abs. 1 Z 1 lit. e ASVG Teilversicherte nicht anzuwenden.

(BGBl I 2010/111)

(BGBl I 1998/30)

Beiträge in der Krankenversicherung für Pensionisten (Übergangsgeldbezieher)

§ 29. (1) Von jeder an eine der im § 3 Abs. 1 Z 1 genannten Personen zur Auszahlung gelangenden Pension und Pensionssonderzahlung mit Ausnahme von Waisenpensionen wie auch von jedem Übergangsgeld, das an eine der im § 3 Abs. 1 Z 1 genannten Personen ausgezahlt wird, ist ein Betrag von 5,1% einzubehalten, wenn und solange sich der in Betracht kommende Pensionist (Übergangsgeldbezieher) ständig im Inland aufhält und nicht gemäß § 4 Abs. 1 oder 2 von der Pflichtversicherung ausgenommen ist. Zu den Pensionen sowie zu den Pensionssonderzahlungen zählen auch die Kinderzuschüsse, die Ausgleichszulagenboni/Pensionsboni und die Ausgleichszulagen. Der Einbehalt ist auch vorzunehmen, wenn sich der Pensionist (Übergangsgeldbezieher) ständig in einem Staat aufhält, mit dem ein zwischenstaatliches Übereinkommen besteht, auf Grund dessen Anspruch auf Sachleistungen bei Krankheit und Mutterschaft zu Lasten der österreichischen Sozialversicherung

besteht, es sei denn, daß das Übereinkommen Gegenteiliges bestimmt.

(BGBl 1994/21, BGBl 1996/412, BGBl I 1997/139, BGBl I 2003/71, BGBl I 2004/156, BGBl I 2007/101, BGBl I 2015/118, BGBl I 2019/84)

~~(1)[a] Von jeder an eine der im § 3 Abs. 1 Z 1 genannten Personen zur Auszahlung gelangenden Pension und Pensionssonderzahlung mit Ausnahme von Waisenpensionen wie auch von jedem Übergangsgeld, das an eine der im § 3 Abs. 1 Z 1 genannten Personen ausgezahlt wird, ist ein Betrag von 5% einzubehalten, wenn und solange sich der in Betracht kommende Pensionist (Übergangsgeldbezieher) ständig im Inland aufhält und nicht gemäß § 4 Abs. 1 oder 2 von der Pflichtversicherung ausgenommen ist. Zu den Pensionen sowie zu den Pensionssonderzahlungen zählen auch die Kinderzuschüsse und die Ausgleichszulagen. Der Einbehalt ist auch vorzunehmen, wenn sich der Pensionist (Übergangsgeldbezieher) ständig in einem Staat aufhält, mit dem ein zwischenstaatliches Übereinkommen besteht, auf Grund dessen Anspruch auf Sachleistungen bei Krankheit und Mutterschaft zu Lasten der österreichischen Sozialversicherung besteht, es sei denn, daß das Übereinkommen Gegenteiliges bestimmt.~~

(BGBl 1994/21, BGBl 1996/412, BGBl I 1997/139, BGBl I 2003/71, BGBl I 2004/156, BGBl I 2007/101, BGBl I 2015/118)

[a] Zum In-Kraft-Treten siehe § 358 (1) Z 3. Die entsprechende Verordnung, die zum Inkrafttreten führen würde, wurde bis dato nicht erlassen.

(1a) (aufgehoben)

(BGBl I 2000/142, BGBl I 2003/71, BGBl I 2015/118)

(2) Als Beitrag für die Pensionisten (Übergangsgeldbezieher) hat der Versicherungsträger als Träger der Pensionsversicherung nach diesem Bundesgesetz 196% der gemäß Abs. 1 einbehaltenen Beträge, soweit diese Beträge nicht von gemäß § 8 Abs. 1 Z 1 lit. d des Allgemeinen Sozialversicherungsgesetzes pflichtversicherten Pensionisten einbehalten werden, an die von ihm durchgeführte Krankenversicherung nach diesem Bundesgesetz zu überweisen.

(BGBl 1995/297, BGBl 1996/412, BGBl I 1997/139, BGBl I 2000/142, BGBl I 2003/71, BGBl I 2004/156, BGBl I 2007/101, BGBl I 2015/118)

~~(2)[a] Als Beitrag für die Pensionisten (Übergangsgeldbezieher) hat der Versicherungsträger als Träger der Pensionsversicherung nach diesem Bundesgesetz 197% der gemäß Abs. 1 einbehaltenen Beträge, soweit diese Beträge nicht von gemäß § 8 Abs. 1 Z 1 lit. d des Allgemeinen Sozialversicherungsgesetzes pflichtversicherten Pensionisten einbehalten werden, an die von ihm durchgeführte~~

~~Krankenversicherung nach diesem Bundesgesetz zu überweisen.~~

(BGBl 1995/297, BGBl 1996/412, BGBl I 1997/139, BGBl I 2000/142, BGBl I 2003/71, BGBl I 2004/156, BGBl I 2007/101, BGBl I 2015/118)

a) Zum In-Kraft-Treten siehe § 358 (1) Z 3. Die entsprechende Verordnung, die zum Inkrafttreten führen würde, wurde bis dato nicht erlassen.

(BGBl 1993/110, BGBl I 1997/139)

Beiträge in der Krankenversicherung von mit inländischen Pensionsleistungen vergleichbaren ausländischen Renten

§ 29a. (1) Wird eine ausländische Rente bezogen, die vom Geltungsbereich

– der Verordnungen (EG) Nr. 883/2004 zur Koordinierung der Systeme der sozialen Sicherheit und 987/2009 zur Festlegung der Modalitäten für die Durchführung der Verordnung (EG) Nr. 883/2004 oder

– der Verordnungen (EWG) Nr. 1408/71 zur Anwendung der Systeme der sozialen Sicherheit auf Arbeitnehmer und deren Familien, die innerhalb der Gemeinschaft zu- und abwandern und 574/72 über die Durchführung der Verordnung (EWG) Nr. 1408/71 oder

– eines auch Regelungen über die Krankenversicherung beinhaltenden bilateralen Abkommens über die soziale Sicherheit

erfasst ist, so ist, wenn ein Anspruch des Beziehers/der Bezieherin der ausländischen Rente auf Leistungen der Krankenversicherung besteht, auch von dieser ausländischen Rente ein Krankenversicherungsbeitrag nach § 29 Abs. 1 zu entrichten. Dieser Beitrag ist in dem Zeitpunkt fällig, in dem die ausländische Rente, unbeschadet allfälliger individueller Vereinbarungen mit den ausländischen Träger über Modalitäten des Rententransfers, nach den gesetzlichen Bestimmungen auszuzahlen ist.

(BGBl I 2015/118, BGBl I 2015/162)

(2) Der Versicherungsträger hat in regelmäßigen Abständen zu ermitteln, ob eine Rente nach Abs. 1 bezogen wird. Er hat deren Höhe, deren Leistungsbestandteile, die auszahlende Stelle – einschließlich allfälliger Veränderungen – festzustellen sowie zu ermitteln, in welcher Höhe Beiträge von der ausländischen Rente zu entrichten sind. Der Versicherungsträger hat über die Beitragspflicht auf Antrag des Leistungsbeziehers mit Bescheid abzusprechen (§ 194 iVm §§ 409 ff. ASVG). Werden eine oder mehrere ausländische Renten bezogen, so ist jener Pensionsversicherungsträger zuständig, bei welchem die Eigenpension fällig wurde. Kommen danach noch mehrere Pensionsversicherungsträger in Betracht, so sind nacheinander die Versicherungsträger nach dem ASVG, dem GSVG und dem BSVG zuständig.

(3) Wird die ausländische Rente gleichzeitig mit einer inländischen Pension bezogen, ist der für die ausländische Rente zu entrichtende Krankenversicherungsbeitrag nach Abs. 1 und 2 von der inländischen Pension einzubehalten. Gleiches gilt auch

für anfallende Krankenversicherungsbeiträge aus Vormonaten bis zu einer Höhe von insgesamt zehn Euro. Wird dieser Betrag überschritten, so sind die Krankenversicherungsbeiträge aus Vormonaten vom zuständigen Krankenversicherungsträger vorzuschreiben.

(BGBl I 2015/162)

(4) Übersteigt der von einer ausländischen Rente zu entrichtende Krankenversicherungsbeitrag nach Abs. 1 die Höhe der gleichzeitig bezogenen inländischen Pension, so ist, außer die ausländische Rente ist vom Geltungsbereich der Verordnungen (EWG) Nr. 1408/71 und 574/72 erfasst, dem/der Versicherten der Restbetrag vorzuschreiben.

(5) Wird neben der ausländischen Rente keine inländische Pension bezogen, so ist der von der ausländischen Rente zu entrichtende Krankenversicherungsbeitrag nach Abs. 1 vorzuschreiben und vom/von der Versicherten einzuheben. Der Versicherungsträger ist berechtigt, zur Vereinfachung der Verwaltung, insbesondere bei geringfügigen Beträgen, die Vorschreibung in längeren Abständen, mindestens jedoch einmal jährlich, vorzunehmen. Die für die Beiträge zur Pflichtversicherung in der Krankenversicherung geltenden Rechtsvorschriften sind, soweit nichts anderes bestimmt wird, auf die Krankenversicherungsbeiträge nach Abs. 1 anzuwenden.

(BGBl I 2010/102)

Beiträge zur Weiterversicherung in der Krankenversicherung

§ 30. (1) Beitragsgrundlage für Weiterversicherte in der Krankenversicherung ist die Höchstbeitragsgrundlage (§ 25 Abs. 5).

(BGBl I 1998/139)

(2) Die Weiterversicherung ist

1. auf Antrag des/der Versicherten,

2. in den Fällen, in denen das auf Scheidung der Ehe lautende Urteil den Ausspruch im Sinne des § 61 Abs. 3 des Ehegesetzes enthält, auch auf Antrag der/des Ehegattin/Ehegatten, der/die die Ehescheidungsklage eingebracht hat,

3. in den Fällen, in denen das auf Auflösung der eingetragenen Partnerschaft lautende Urteil den Ausspruch im Sinne des § 18 Abs. 3 EPG enthält, auch auf Antrag der/des eingetragenen Partners, der/die die Auflösungsklage eingebracht hat,

soweit dies nach den wirtschaftlichen Verhältnissen des/der Versicherten oder in den Fällen der Z 2 nach den wirtschaftlichen Verhältnissen der Ehegattin/des Ehegatten, die/der die Ehescheidungsklage eingebracht hat oder der eingetragenen Partnerin/des eingetragenen Partners, die/der die Auflösungsklage eingebracht hat, gerechtfertigt erscheint, auf einer niedrigeren als der nach Abs. 1 in Betracht kommenden Beitragsgrundlage, jedoch nicht unter der Mindestbeitragsgrundlage (§ 25 Abs. 4), zuzulassen. Die Herabsetzung der Beitragsgrundlage wirkt, wenn der Antrag zugleich mit dem Antrag auf Weiterversicherung oder innerhalb der sechsmonatigen Frist des § 8 Abs. 2 bzw. Abs. 3 bzw. Abs. 5 gestellt wird, ab dem Beginn der Weiterversicherung, sonst ab dem auf die Antragstellung folgenden Monatsersten; die Herabsetzung gilt jeweils bis zum Ablauf des nächstfolgenden Kalenderjahres. Wurde die Weiterversicherung auf einer niedrigeren als der nach Abs. 1 in Betracht kommenden Beitragsgrundlage zugelassen, so hat der Versicherungsträger ohne Rücksicht auf die Geltungsdauer der Herabsetzung bei einer Änderung in den wirtschaftlichen Verhältnissen des Versicherten auf dessen Antrag oder von Amts wegen eine Erhöhung der Beitragsgrundlage bis auf das nach Abs. 1 in Betracht kommende Ausmaß vorzunehmen. Solche Festsetzungen wirken in allen diesen Fällen nur für die Zukunft.

(BGBl I 1998/139, BGBl I 2009/135)

(3) Bei Prüfung der wirtschaftlichen Verhältnisse gemäß Abs. 2 sind auch Unterhaltsverpflichtungen von Ehegatten, auch geschiedenen Ehegatten, gegenüber dem Versicherten zu berücksichtigen. Wenn und solange das Nettoeinkommen des Unterhaltspflichtigen nicht nachgewiesen wird, ist

a)   während des Bestandes der Ehe anzunehmen, daß eine Herabsetzung in den wirtschaftlichen Verhältnissen des Versicherten nicht gerechtfertigt erscheint,

b)   nach Scheidung der Ehe anzunehmen, daß die Höhe der monatlichen Unterhaltsverpflichtung 25 vH der monatlichen Höchstbeitragsgrundlage gemäß § 25 Abs. 5 beträgt.

(BGBl I 1998/139)

Eine Zurechnung zum Nettoeinkommen erfolgt nur in der Höhe eines Vierzehntels der jährlich tatsächlich zufließenden Unterhaltsleistung, wenn die berechnete Unterhaltsforderung der Höhe nach trotz durchgeführter Zwangsmaßnahmen einschließlich gerichtlicher Exekutionsführung uneinbringlich oder die Verfolgung eines Unterhaltsanspruches in dieser Höhe offenbar aussichtslos ist.

(BGBl I 2002/2)

(4) Die Weiterversicherten haben für die Dauer der Versicherung einen Beitrag zu entrichten, der mit dem für die Pflichtversicherten geltenden Beitragssatz zu bemessen ist.

(BGBl 1991/677, BGBl I 2003/71, BGBl I 2015/118)

Beiträge zur Zusatzversicherung in der Krankenversicherung

§ 31. (1) Versicherte, die gemäß § 9 eine Zusatzversicherung abgeschlossen haben, haben für die Dauer dieser Versicherung den Beitrag nach Maßgabe des Abs. 2 zu entrichten.

(BGBl 1996/412)

(2) Der Beitrag nach Abs. 1 ist durch die Satzung festzusetzen. Er darf höchstens 100 % des Beitrages der Versicherten zur Pflichtversicherung auf Grund der vorläufigen Beitragsgrundlage (§ 25a) betragen. Erforderlichenfalls kann zur Sicherstellung einer ausgeglichenen Gebarung durch die Satzung ein Mindestbeitrag festgesetzt werden. Die Beiträge sind so festzusetzen, dass mit dem sich hieraus ergebenden Beitragsaufkommen der laufende Aufwand der Zusatzversicherung gedeckt und weiters die Ansammlung bzw. die Erhaltung einer gesonderten Barreserve in der Höhe des dreifachen durchschnittlichen Monatsaufwandes der Zusatzversicherung der letzten zwei Geschäftsjahre sichergestellt erscheint.

(BGBl I 1998/139, BGBl I 2012/123, BGBl I 2017/26)

Beiträge zur Familienversicherung in der Krankenversicherung

§ 32. (1) Versicherte, die nach § 10 eine Familienversicherung oder nach § 11a eine Versicherung eingetragener Partner/eingetragener Partnerinnen abgeschlossen haben, haben für die Dauer dieser Versicherung den Beitrag nach Maßgabe des Abs. 2 zu entrichten (Familien- oder Partnerbeitrag).

(BGBl I 2010/61)

(2) Der Beitrag gemäß Abs. 1 beträgt für Familienangehörige im Sinne des § 10 Abs. 1 und für eingetragene Partner/eingetragene Partnerinnen im Sinne des § 11a

a)   vor Vollendung des 18. Lebensjahres 25 vH,

b)   nach Vollendung des 18. Lebensjahres 100 vH

des jeweiligen Beitrages des Pflichtversicherten. Hierbei sind für pflichtversicherte Pensionisten/Pensionistinnen (§ 3 Abs. 1) die für Pflichtversicherte nach § 27 Abs. 1 Z 1 geltenden Beitragshundertsätze auf die Pension einschließlich der Zuschüsse und Ausgleichszulagen anzuwenden.

(BGBl 1993/336, BGBl I 2003/71, BGBl I 2010/61, BGBl I 2015/118)

Beiträge für Selbstversicherte nach § 13a

§ 32a. (1) Die monatliche Beitragsgrundlage für Selbstversicherte nach § 13a beläuft sich auf das Dreißigfache der Höchstbeitragsgrundlage in der Pensionsversicherung nach § 45 Abs. 1 ASVG des Kalenderjahres, für das die Beiträge entrichtet werden. Werden die Beiträge erst nach Ablauf jenes Kalenderjahres entrichtet, für das sie gelten sollen, so sind sie mit dem Produkt der Aufwertungszahlen nach dem APG bis zum Kalenderjahr der Beitragsentrichtung zu vervielfachen.

(BGBl I 2005/132, BGBl I 2010/111)

(2) Die Selbstversicherten haben für die Dauer der Versicherung einen Beitrag zu entrichten, der sich auf 22,8 % der Beitragsgrundlage beläuft.

(3) Überschneiden sich Zeiten des Besuches einer Bildungseinrichtung, für die eine Selbstversicherung nach § 13a besteht, mit anderen Beitragszeiten nach diesem oder einem anderen Bundesgesetz, so ist die Beitragsgrundlage für die Selbstversicherung nach § 13a abweichend von Abs. 1 so festzusetzen, dass zusammen mit den übrigen Beitragsgrundlagen im jeweiligen Kalendermonat die nach der zeitlichen Lagerung

geltende monatliche Höchstbeitragsgrundlage (§ 48) nicht übersteigt.

(BGBl I 2005/132)

(BGBl I 2004/142)

Beiträge zur Weiterversicherung und zur Höherversicherung in der Pensions- . versicherung

§ 33. (1) Beitragsgrundlage für die Weiterversicherung in der Pensionsversicherung ist ein Zwölftel der Summe der Beitragsgrundlagen des letzten Kalenderjahres vor dem Ausscheiden aus der Pflichtversicherung. Sind hiebei vorläufige Beitragsgrundlagen anzuwenden, so gelten diese im Sinne des § 25 Abs. 7 dieses Bundesgesetzes und des § 23 Abs. 12 BSVG als endgültige. Die Beitragsgrundlage darf die Höchstbeitragsgrundlage (§ 48) nicht übersteigen; sie ist mit dem nach Abs. 2 ergebenden Faktor zu vervielfachen.

(BGBl 1993/336, BGBl I 1998/139, BGBl I 2005/132)

(2) Der gemäß Abs. 1 anzuwendende Faktor ergibt sich aus der Teilung der Höchstbeitragsgrundlage des Jahres, für das die Beiträge entrichtet werden, durch die Höchstbeitragsgrundlage des Jahres, aus dem die gemäß Abs. 1 heranzuziehende Beitragsgrundlage stammt.

(3) Die Weiterversicherung ist auf Antrag des Versicherten, soweit dies nach den wirtschaftlichen Verhältnissen des Antragstellers gerechtfertigt erscheint, auf einer niedrigeren als der gemäß Abs. 1 und 2 in Betracht kommenden Beitragsgrundlage, jedoch nicht unter der Mindestbeitragsgrundlage (§ 25 Abs. 4) zuzulassen. Eine solche Änderung der Beitragsgrundlage gilt jeweils bis zum Ablauf des nächstfolgenden Kalenderjahres. Wurde die Weiterversicherung auf einer niedrigeren als der gemäß Abs. 1 und 2 in Betracht kommenden Beitragsgrundlage zugelassen, so hat der Versicherungsträger bei einer Änderung in den wirtschaftlichen Verhältnissen des Versicherten auf dessen Antrag eine Erhöhung der Beitragsgrundlage bis auf das gemäß Abs. 1 und 2 in Betracht kommende Ausmaß vorzunehmen. Eine solche Erhöhung hat der Versicherungsträger auch von Amts wegen vorzunehmen, wenn ihm eine entsprechende Änderung in den wirtschaftlichen Verhältnissen des Versicherten bekannt wird. Solche Festsetzungen wirken in allen diesen Fällen nur für die Zukunft.

(BGBl I 1998/139)

(4) § 30 Abs. 3 gilt entsprechend.

(5) Die Beitragsgrundlage ist ab 1. Jänner eines jeden Jahres mit dem Faktor zu vervielfachen, der sich aus der Teilung der Höchstbeitragsgrundlage dieses Jahres durch die Höchstbeitragsgrundlage des vorangegangenen Jahres ergibt. Der vervielfachte Betrag ist auf Cent zu runden. Dieser Betrag darf jedoch die jeweils in Betracht kommende Mindestbeitragsgrundlage (§ 25 Abs. 4 bzw. § 236 lit. a) nicht unterschreiten und die Höchstbeitragsgrundlage (§ 25 Abs. 5) nicht überschreiten.

(BGBl I 1998/139, BGBl I 2001/67)

(6) Die Weiterversicherten haben als Beitrag 22,8% der Beitragsgrundlage zu leisten, soweit im Abs. 9 nicht anderes bestimmt wird.

(BGBl 1991/677, BGBl I 1997/139)

(7) Für die Höherversicherung sind Beiträge in einer vom Versicherten gewählten Höhe zu entrichten; der jährliche Beitrag darf sechs Siebentel der doppelten Höchstbeitragsgrundlage gemäß § 48 nicht übersteigen.

(BGBl I 2015/162)

(8) Die Beiträge nach den Abs. 6 und 7 sind vom Versicherten selbst zu tragen, soweit im folgenden Absatz nichts anderes bestimmt wird. Die Beiträge zur Weiterversicherung sind zu Beginn eines jeden Kalendermonates fällig. Die Beiträge zur Höherversicherung sind spätestens am 31. Dezember des Jahres einzuzahlen, für das sie gelten.

(BGBl I 1997/139)

(9) Für Weiterversicherte nach § 12, die aus der Pflichtversicherung ausgeschieden sind, um einen nahen Angehörigen oder eine nahe Angehörige mit Anspruch auf Pflegegeld zumindest in Höhe der Stufe 3 nach § 5 des Bundespflegegeldgesetzes oder nach den Landespflegegeldgesetzen unter gänzlicher Beanspruchung ihrer Arbeitskraft in häuslicher Umgebung zu pflegen, sind die Beiträge zur Gänze aus Mitteln des Bundes zu tragen. Eine solche Beitragstragung durch den Bund kommt pro Pflegefall nur für eine einzige Person in Betracht und erfolgt auch während eines zeitweiligen stationären Pflegeaufenthaltes der pflegebedürftigen Person.

(BGBl I 1997/139, BGBl I 2000/142, BGBl I 2002/141, BGBl I 2009/83)

(10) (aufgehoben)

(BGBl I 2007/31, BGBl I 2009/83)

Erstattung von Beiträgen, die nach § 116 Abs. 9 und 10 entrichtet wurden

§ 33a. (1) Beiträge, die nach § 116 Abs. 9 und 10 entrichtet wurden, damit Ersatzzeiten für den Besuch von Schulen oder Hochschulen oder für eine vorgeschriebene Ausbildung nach dem Hochschulstudium (§ 116 Abs. 7) anspruchs- oder leistungswirksam werden, sind dem (der) Versicherten oder den anspruchsberechtigten Hinterbliebenen in dem Umfang vom leistungspflichtigen Versicherungsträger zu erstatten, als die Anspruchs- oder Leistungswirksamkeit dieser Ersatzzeiten nicht eintritt. Die Erstattung hat von Amts wegen innerhalb eines Jahres nach Eintritt der Rechtskraft der Entscheidung über die Zuerkennung der Leistung zu erfolgen.

(BGBl I 2003/145)

(2) Bei der Erstattung gehen Beiträge, die Ersatzmonate für den Hochschulbesuch und für eine vorgeschriebene Ausbildung nach dem Hochschulstudium (§ 116 Abs. 9 Z 2) betreffen, den anderen Beiträgen nach § 116 Abs. 9 vor.

(BGBl I 2003/145)

(3) Die Beiträge sind entsprechend ihrer zeitlichen Lagerung mit den Aufwertungsfaktoren (§ 108 Abs. 4 ASVG) zum Stichtag der zuerkannten Leistung aufzuwerten. Mit der Erstattung erlöschen alle Ansprüche und Berechtigungen, die auf der Beitragsentrichtung beruhen.

(BGBl I 2003/71)

Beitrag des Bundes ab 1. Jänner 1998

§ 34. (1) In der Pensionsversicherung nach diesem Bundesgesetz leistet der Bund für jedes Geschäftsjahr einen Beitrag in der Höhe des Betrages, um den die Aufwendungen die Erträge übersteigen. Hiebei sind bei den Aufwendungen die Ausgleichszulagen und die Leistungen für Kriegsgefangene nach dem Kriegsgefangenenentschädigungsgesetz, BGBl. I Nr. 142/2000, und bei den Erträgen der Bundesbeitrag sowie die Ersätze für Ausgleichszulagen und für die Leistungen für Kriegsgefangene nach dem Kriegsgefangenenentschädigungsgesetz außer Betracht zu lassen.

(2) Der dem Versicherungsträger als Träger der Pensionsversicherung nach Abs. 1 gebührende Beitrag des Bundes ist monatlich im erforderlichen Ausmaß unter Bedachtnahme auf die Kassenlage des Bundes zu bevorschussen.

(BGBl 1991/677, BGBl 1994/21, BGBl 1995/297, BGBl 1996/201, BGBl I 1997/139, BGBl I 2001/67, BGBl I 2001/100, BGBl I 2004/142)

§ 34a. (aufgehoben)

(BGBl I 2001/67)

Verwaltungs- und Verrechnungsaufwand des Versicherungsträgers als Pensionsversicherungsträger

§ 34b. Der Bund leistet in den Geschäftsjahren 1996 und 1997 zur Tragung des Verwaltungs- und Verrechnungsaufwandes des Versicherungsträgers als Pensionsversicherungsträger mit Ausnahme der Vergütungen an Sozialversicherungsträger einen Beitrag in der Höhe des Verwaltungs- und Verrechnungsaufwandes des Jahres 1995 mit Ausnahme der Vergütungen an Sozialversicherungsträger. Unterschreitet der tatsächliche Verwaltungs- und Verrechnungsaufwand des Versicherungsträgers als Pensionsversicherungsträger im betreffenden Geschäftsjahr den für ihn geltenden Betrag, so leistet der Bund den Zuschuß in der Höhe des tatsächlichen Aufwandes.

(BGBl 1996/201)

Fälligkeit und Einzahlung der Beiträge; Verzugszinsen

§ 35. (1) Die Beiträge sind, sofern im folgenden nichts anderes bestimmt wird, mit dem Ablauf des Kalendermonates fällig, für den sie zu leisten sind. Der Beitragsschuldner hat auf seine Gefahr und Kosten die Beiträge an den Versicherungsträger unaufgefordert einzuzahlen. Sie bilden mit den Beiträgen zur Unfallversicherung eine einheitliche Schuld. Soweit der Versicherungsträger Beiträge für die Allgemeine Unfallversicherungsanstalt (§ 250) einhebt, wird er auch dann als deren Vertreter tätig, wenn er alle Beitragsforderungen in einem Betrag geltend macht. Dies gilt auch für die Einhebung von Verzugszinsen, sonstigen Nebengebühren (§ 37 Abs. 2), Gerichts- und Justizverwaltungsgebühren sowie im Verfahren vor Gerichten und Verwaltungsbehörden. Solange nicht alle Beitragsschulden abgestattet sind, werden Zahlungen anteilsmäßig und auf die Beitragsschuld für den jeweils ältesten Beitragszeitraum angerechnet.

(BGBl I 1999/106, BGBl I 2015/162)

(2) Werden die Beiträge durch den Versicherungsträger für die Beitragsmonate eines Kalendervierteljahres gemeinsam vorgeschrieben, so sind diese Beiträge mit dem Ablauf des zweiten Monates des betreffenden Kalendervierteljahres fällig. Werden Beiträge auf Grund einer nachträglichen Feststellung der Einkünfte des Versicherten durch die Finanzbehörden vorgeschrieben, so sind sie mit dem Letzten des zweiten Monates des Kalendervierteljahres fällig, in dem die Vorschreibung erfolgt.

(2a) Im Fall einer Hinaufsetzung der vorläufigen Beitragsgrundlage nach § 25a Abs. 5 sind die Unterschiedsbeiträge für vorangegangene Kalendervierteljahre mit dem Letzten des zweiten Monates des Kalendervierteljahres fällig, in dem die Vorschreibung erfolgt.

(BGBl I 2015/79, BGBl I 2015/162)

(3) Ergibt die Feststellung der endgültigen Beitragsgrundlage nach § 25 Abs. 6 eine Beitragsschuld der versicherten Person, so ist diese in dem Kalenderjahr, das der Feststellung der endgültigen Beitragsgrundlage folgt, in vier gleichen Teilbeträgen jeweils am Letzten des zweiten Monates der Kalendervierteljahre abzustatten. Abweichend davon ist unter Bedachtnahme auf die wirtschaftlichen Verhältnisse die Beitragsschuld auf Antrag der versicherten Person in den der Feststellung der endgültigen Beitragsgrundlage folgenden drei Kalenderjahren in zwölf gleichen Teilbeträgen am Letzten des zweiten Monates der Kalendervierteljahre abzustatten, soweit die endgültige Beitragsgrundlage nach § 25 Abs. 6 für das Kalenderjahr des erstmaligen Eintritts einer Pflichtversicherung und die darauf folgenden zwei Kalenderjahre festgestellt wird; der Antrag kann bis zum 31. März des Kalenderjahres, das der Feststellung der endgültigen Beitragsgrundlage folgt, gestellt werden.[a] Solche Beiträge sind jedenfalls mit Ablauf jenes Kalendermonates fällig, der dem Ende der Pflichtversicherung folgt oder in dem der Stichtag einer Pension aus eigener Pensionsversicherung liegt. Auf Antrag der versicherten Person kann, soweit dies nach ihren wirtschaftlichen Verhältnissen gerechtfertigt erscheint, die Beitragsschuld gestundet bzw. deren Abstattung in Raten bewilligt werden. Eine Stundung der Beitragsschuld ist bis zum Ablauf eines Jahres nach Fälligkeit zulässig.

Die Abstattung in Raten hat innerhalb eines Jahres zu erfolgen.

(BGBl I 1997/139, BGBl I 1998/139, BGBl I 2009/83, BGBl I 2009/147, BGBl I 2010/62, BGBl I 2013/86)

---

a) Siehe dazu auch § 352 Abs. 4.

(4) Ist im Zeitpunkt der Feststellung der endgültigen Beitragsgrundlage gemäß § 25 Abs. 6 die Pflichtversicherung bereits beendet und ergibt sich aus dieser Feststellung eine Beitragsschuld, so sind diese Beiträge mit dem Ablauf des zweiten Kalendermonates fällig, der dieser Beitragsfeststellung folgt. Abs. 3 vierter Satz gilt entsprechend.

(BGBl I 1997/139, BGBl I 1998/139, BGBl I 2010/62)

(4a) Guthaben auf dem Beitragskonto sind auf Antrag der versicherten Person unter Bedachtnahme auf § 41 auszuzahlen. Unter einem Guthaben ist jede Gutbuchung auf dem Beitragskonto der versicherten Person zu verstehen, wie sie etwa aus einer Überzahlung, einer Nachbemessung, einer Vergütung im Rahmen des Mehrversicherungsausgleichs nach § 35b Abs. 5 oder einer Erstattung nach § 36 entsteht. Besteht bei der gemeinsamen Vorschreibung für die Beitragsmonate eines Kalendervierteljahres nach Abs. 2 auf dem Beitragskonto der versicherten Person ein Guthaben, so sind Beitragsrückstände oder die in diesem Kalendervierteljahr fälligen bzw. abzustattenden Beträge mit dem Guthaben zu verrechnen. Eine nach der Verrechnung noch offene Beitragsschuld bleibt mit dem Ablauf des zweiten Monats des laufenden Kalendervierteljahres fällig, ein nach der Verrechnung verbleibendes Guthaben (Rest der Gutbuchung) ist auf Antrag der versicherten Person auszuzahlen.

(BGBl I 2011/122, BGBl I 2015/162)

(5) Werden die Beiträge nicht innerhalb von 15 Tagen nach der Fälligkeit eingezahlt, so sind von diesen rückständigen Beiträgen Verzugszinsen in einem Hundertsatz der rückständigen Beiträge zu entrichten. Erfolgt die Einzahlung zwar verspätet, aber noch innerhalb von drei Tagen nach Ablauf der 15-Tage-Frist, so bleibt diese Verspätung ohne Rechtsfolgen. Der Hundertsatz berechnet sich jeweils für ein Kalenderjahr aus dem Basiszinssatz (Art. I § 1 Abs. 1 des 1. Euro-Justiz-Begleitgesetzes, BGBl. I Nr. 125/1998) zuzüglich vier Prozentpunkten; dabei ist der Basiszinssatz, der am 31. Oktober eines Kalenderjahres gilt, für das nächste Kalenderjahr maßgebend. Für rückständige Beiträge aus Beitragszeiträumen, die vor dem Zeitpunkt einer Änderung dieses Hundertsatzes liegen, sind die Verzugszinsen, soweit sie zu diesem Zeitpunkt nicht bereits vorgeschrieben sind, mit dem jeweils geänderten Hundertsatz zu berechnen. § 108 Abs. 3 der Bundesabgabenordnung, BGBl. Nr. 194/1961, gilt entsprechend. Für die Berechnung der Verzugszinsen können die rückständigen Beiträge auf den vollen Eurobetrag abgerundet werden. Der Versicherungsträger kann die Verzugszinsen herabsetzen oder nachsehen, wenn durch die Einhebung in voller Höhe die wirtschaftlichen Verhältnisse des Beitragsschuldners gefährdet wären. Die Verzugszinsen können überdies nachgesehen werden, wenn es sich um einen kurzfristigen Zahlungsverzug handelt und der Beitragsschuldner ansonsten regelmäßig seine Beitragspflicht erfüllt hat.

(BGBl 1996/412, BGBl I 1998/139, BGBl I 2001/67, BGBl I 2002/141, BGBl I 2010/111, BGBl I 2015/79)

(5a) Der im Abs. 5 vorgesehene Zeitraum von 15 Tagen beginnt in Fällen, in denen die Beiträge vom Versicherungsträger nach § 40a Abs. 1 vorgeschrieben werden, erst mit Ablauf des zweiten Werktages nach Aufgabe der Beitragsvorschreibung zur Post; die Beitragsvorschreibung gilt als Zahlungsaufforderung.

(BGBl I 2005/132)

(5b) Auf Antrag können die vom Versicherungsträger in einem Kalendervierteljahr vorgeschriebenen Beiträge in monatlichen Teilbeträgen entrichtet werden, und zwar durch Einzahlung durch die versicherte Person oder durch Einziehung durch den Versicherungsträger auf dem Bankweg. Eine solche Einziehung ist vor Eintritt der Fälligkeit zulässig.

(BGBl I 2015/2, BGBl I 2015/79)

(6) Versicherte, deren Pflichtversicherung nach Vorliegen des rechtskräftigen Einkommensteuerbescheides oder eines sonstigen maßgeblichen Einkommensnachweises für das maßgebliche Beitragsjahr rückwirkend festgestellt wird, haben zu den Beiträgen auf Grund der Beitragsgrundlage gemäß § 25 einen Zuschlag in der Höhe von 9,3% der Beiträge zu leisten. Dies gilt nicht für Personen, die

1. einen Antrag nach § 3 Abs. 1 Z 2 gestellt haben;

2. innerhalb von acht Wochen ab Ausstellung des maßgeblichen Einkommensteuerbescheides den Eintritt der Voraussetzungen für die Pflichtversicherung gemeldet haben.

Auf diesen Zuschlag sind alle für die Beiträge zur Pflichtversicherung geltenden Rechtsvorschriften anzuwenden.

(BGBl I 1998/139, BGBl I 2015/79)

(7) Bezieher/innen einer beitragspflichtigen ausländischen Rente (§ 29a) schulden die von dieser Rente nach § 29a Abs. 4 und 5 zu entrichtenden Beiträge selbst und haben diese auf ihre Gefahr und Kosten selbst einzuzahlen.

(BGBl I 1998/139, BGBl I 2009/147, BGBl I 2010/102)

Fälligkeit und Einzahlung der Beiträge zur Pensionsversicherung bei Ausübung mehrerer versicherungspflichtiger Erwerbstätigkeiten

§ 35a. (1) Übt eine in der Pensionsversicherung nach diesem Bundesgesetz pflichtversicherte Person auch eine Erwerbstätigkeit aus, die die Pflichtversicherung in der Pensionsversicherung nach dem ASVG begründet, so ist die vorläufige Beitragsgrundlage in der Pensionsversicherung (§ 25a) für die Monate der gleichzeitigen Pflichtversicherung in der Pensionsversicherung nach dem ASVG und nach diesem Bundesgesetz so festzusetzen, dass die Summe aus

1. den Beitragsgrundlagen in der Pensionsversicherung nach dem ASVG (einschließlich der Sonderzahlungen) und

2. den Beitragsgrundlagen in der Pensionsversicherung nach diesem Bundesgesetz

die Summe der monatlichen Höchstbeitragsgrundlagen nach § 48 für die im Kalenderjahr liegenden Beitragsmonate der Pflichtversicherung voraussichtlich nicht überschreitet; sich deckende Beitragsmonate sind dabei nur einmal zu zählen.

(BGBl I 2018/100)

(2) In den Fällen des § 26 Abs. 3 ist der Bemessung der Beiträge eine vorläufige Beitragsgrundlage zugrunde zu legen, die sich in Anwendung des § 26 Abs. 4 und 5 unter Bedachtnahme auf die Beitragsgrundlagen gemäß § 25a und auf die glaubhaft gemachten Beitragsgrundlagen nach dem Allgemeinen Sozialversicherungsgesetz zuzüglich der Sonderzahlungen ergibt.

(3) Ergibt sich in den Fällen des Abs. 1 und 2 nach der Feststellung der endgültigen Beitragsgrundlage, daß noch Beiträge zur Pensionsversicherung nach diesem Bundesgesetz zu entrichten sind, so sind diese Beiträge mit dem Ablauf des zweiten Monates des Kalendervierteljahres fällig, in dem die Vorschreibung erfolgt.

(4) Übersteigt die vorläufige Differenzbeitragsgrundlage nach Abs. 1 und 2 die endgültige Differenzbeitragsgrundlage, so sind die auf diesen Differenzbetrag entfallenden Beitragsteile der versicherten Person zu vergüten.

(BGBl I 2005/132)
(BGBl 1994/21, BGBl I 1998/139)

Fälligkeit und Einzahlung der Beiträge zur Krankenversicherung bei Ausübung mehrerer versicherungspflichtiger Erwerbstätigkeiten

§ 35b. (1) Übt eine in der Krankenversicherung nach diesem Bundesgesetz pflichtversicherte Person auch eine oder mehrere Erwerbstätigkeiten aus, die die Pflichtversicherung in der Krankenversicherung nach dem ASVG und/oder B-KUVG begründen, so ist die Beitragsgrundlage in der Krankenversicherung nach diesem Bundesgesetz für die Monate der gleichzeitigen Pflichtversicherung in der Krankenversicherung nach diesem und anderen Bundesgesetzen vorläufig so festzusetzen, dass die Summe aus den monatlichen Beitragsgrundlagen (einschließlich der Sonderzahlungen) in der Krankenversicherung nach diesen Bundesgesetzen die Summe der monatlichen Höchstbeitragsgrundlagen nach § 48 für die im Kalenderjahr liegenden Monate der Pflichtversicherung in der Krankenversicherung voraussichtlich nicht überschreitet (vorläufige Differenzbeitragsgrundlage); sich deckende Monate der Pflichtversicherung in der Krankenversicherung sind dabei nur einmal zu zählen. Können die vorgenannten Voraussetzungen erst nach Ablauf des Beitragsjahres festgestellt werden, so ist eine vorläufige Festsetzung

der Beitragsgrundlage so lange zulässig, als die Summe der monatlichen Beitragsgrundlagen für dieses Kalenderjahr noch nicht endgültig festgestellt werden kann. § 36 Abs. 2 ist anzuwenden.

(BGBl I 2005/132, BGBl I 2018/100)

(2) Abs. 1 ist entsprechend anzuwenden, wenn eine nach diesem Bundesgesetz erwerbstätige pflichtversicherte Person auch eine Pension nach dem ASVG oder nach diesem Bundesgesetz oder eine der in § 1 Abs. 1 Z 7, 12 und 14 lit. b B-KUVG genannten Leistungen bezieht.

(BGBl I 2005/132)

(3) In den Fällen des § 26 Abs. 3 ist der Bemessung der Beiträge eine vorläufige Beitragsgrundlage zugrunde zu legen, die sich in Anwendung des § 26 Abs. 4 bis 7 unter Bedachtnahme auf die Beitragsgrundlagen nach § 25a und auf die glaubhaft gemachten Beitragsgrundlagen nach dem ASVG und B-KUVG zuzüglich der Sonderzahlungen ergibt.

(BGBl I 2005/132)

(4) Sobald in den Fällen des Abs. 1 und 2 die Summe aus den Beitragsgrundlagen und Pensionen nach dem ASVG und B-KUVG und aus den endgültigen Beitragsgrundlagen (§§ 25 und 26) nach diesem Bundesgesetz feststeht, ist eine endgültige Differenzbeitragsgrundlage in entsprechender Anwendung des Abs. 1 festzustellen.

(BGBl I 2005/132)

(5) Ergibt sich nach Feststellung der endgültigen Differenzbeitragsgrundlage nach Abs. 4, dass noch Beiträge zur Krankenversicherung nach diesem Bundesgesetz zu entrichten sind, so sind diese Beiträge mit dem Ablauf des zweiten Monates des Kalendervierteljahres fällig, in dem die Vorschreibung erfolgt. Übersteigt die vorläufige Differenzbeitragsgrundlage die endgültige Differenzbeitragsgrundlage, so sind die auf diesen Differenzbetrag entfallenden Beitragsteile dem/der Versicherten zu vergüten.

(BGBl I 2005/132)
(BGBl I 1997/139)

Rechtsstellung der Erben und Erbinnen

§ 35c. Im Fall des Todes der versicherten Person gehen die sich aus diesem Abschnitt sowie aus § 86 (Kostenbeteiligung) ergebenden Rechte und Pflichten der versicherten Person auf den Rechtsnachfolger oder die Rechtsnachfolgerin über. Für den Umfang der Inanspruchnahme des Rechtsnachfolgers oder der Rechtsnachfolgerin gelten die Bestimmungen des bürgerlichen Rechtes.

(BGBl I 2010/62, BGBl I 2011/122)

Erstattung von Beiträgen in der Krankenversicherung

§ 36. (1) Überschreitet bei in der Krankenversicherung Pflichtversicherten nach diesem oder einem anderen Bundesgesetz in einem Kalenderjahr die Summe aller Beitragsgrundlagen der Pflichtversicherung und beitragspflichtigen Pensionen, einschließlich der Sonderzahlungen, die Summe der monatlichen Höchstbeitragsgrundlagen gemäß § 48 für die im Kalenderjahr liegenden Monate der Pflichtversicherung in der Krankenversicherung (Abs. 2), wobei sich deckende Monate der Pflichtversicherung in der Krankenversicherung nur einmal zu zählen sind, so hat der leistungszuständige Versicherungsträger nach Abs. 3 der versicherten Person die auf den Überschreitungsbetrag entfallenden Beiträge zur Krankenversicherung in jener Höhe zu erstatten, in der diese Beiträge von der versicherten Person zu tragen sind.

(BGBl I 1997/139, BGBl I 2000/142, BGBl I 2005/132, BGBl I 2018/100)

(2) Als Monate der Pflichtversicherung in der Krankenversicherung gemäß Abs. 1 sind alle Kalendermonate zu zählen, in denen der (die) Versicherte zumindest für einen Tag in der Krankenversicherung pflichtversichert war.

(3) Der durch die Richtlinie nach § 30a Abs. 1 Z 33 ASVG festzulegende leistungszuständige Versicherungsträger hat die Beitragserstattung bis zum 30. Juni des Kalenderjahres, das dem Jahr der gänzlichen Entrichtung der Beiträge zur Krankenversicherung für ein Kalenderjahr folgt, durchzuführen, erstmals bis zum 30. Juni 2020 für die im Jahr 2019 gänzlich für ein Kalenderjahr entrichteten Beiträge.

(BGBl I 1998/139, BGBl I 2018/100)

(4) Der dem/der Versicherten zu erstattende Betrag ist nach dem Verhältnis der Summen aller Beitragsgrundlagen der Pflichtversicherung und beitragspflichtigen Pensionen (einschließlich der Sonderzahlungen) nach diesem Bundesgesetz, dem ASVG, BSVG und B-KUVG aufzuteilen. Die Sozialversicherungsanstalt der Selbständigen hat Anspruch auf Ersatz des Anteils des Krankenversicherungsträgers nach dem ASVG und der Versicherungsanstalt öffentlich Bediensteter, Eisenbahnen und Bergbau.

(BGBl I 2005/132, BGBl I 2018/100)

(BGBl 1996/600)

Verfahren zur Eintreibung der Beiträge

§ 37. (1) Dem Versicherungsträger ist zur Eintreibung nicht rechtzeitig entrichteter Beiträge die Einbringung im Verwaltungswege gewährt (§ 3 Abs. 3 des Verwaltungsvollstreckungsgesetzes 1991).

(BGBl I 2010/62)

(2) Der Versicherungsträger hat zur Eintreibung nicht rechtzeitig entrichteter Beiträge einen Rückstandsausweis auszufertigen. Dieser Ausweis hat den Namen und die Anschrift des Beitragsschuldners, den rückständigen Betrag, die Art des Rückstandes samt Nebengebühren, den Beitragszeitraum, auf den die rückständigen Beiträge entfallen, allenfalls vorgeschriebene Verzugszinsen und sonstige Nebengebühren sowie den Vermerk des Versicherungsträgers zu enthalten, daß der Rückstandsausweis einem die Vollstreckbarkeit hemmenden Rechtszug nicht unterliegt. Der Rückstandsausweis ist Exekutionstitel im Sinne des § 1 der Exekutionsordnung. Im Rückstandsausweis können, wenn dies aus Gründen der Verwaltungsvereinfachung angezeigt erscheint, die Beiträge zur Kranken-, Unfall-, Pensions- und Arbeitslosenversicherung und zur Selbständigenvorsorge als einheitliche Summe und die darauf entfallenden Verzugszinsen und Nebengebühren ebenfalls als einheitliche Summe ausgewiesen werden.

(BGBl I 2010/62)

(3) Vor Ausstellung eines Rückstandsausweises ist der rückständige Betrag einzumahnen. Die Mahnung wird durch Zustellung eines Mahnschreibens (Postauftrages) vollzogen, in dem der Beitragsschuldner unter Hinweis auf die eingetretene Vollstreckbarkeit aufgefordert wird, den Beitragsrückstand binnen zwei Wochen, von der Zustellung an gerechnet, zu bezahlen. Ein Nachweis der Zustellung des Mahnschreibens ist nicht erforderlich; bei Postversand wird die Zustellung des Mahnschreibens am dritten Tag nach der Aufgabe zur Post vermutet.

(4) Als Nebengebühren kann der Versicherungsträger in den Rückstandsausweis einen pauschalierten Kostenersatz für die durch die Einleitung und Durchführung der zwangsweisen Eintreibung bedingten Verwaltungsauslagen mit Ausnahme der im Verwaltungsweg oder im gerichtlichen Weg zuzusprechenden Kosten aufnehmen; der Anspruch auf die im Verwaltungsweg oder im gerichtlichen Weg zuzusprechenden Kosten wird hiedurch nicht berührt. Der pauschalierte Kostenersatz beträgt ein Halbes vom Hundert des einzutreibenden Betrages, mindestens jedoch 1,45 €. Der Ersatz kann für dieselbe Schuldigkeit nur einmal vorgeschrieben werden. Allfällige Anwaltskosten des Verfahrens zur Eintreibung der Beiträge dürfen nur insoweit beansprucht werden, als sie im Verfahren über Rechtsmittel auflaufen. Die vorgeschriebenen und eingehobenen Verwaltungskostensätze verbleiben dem Versicherungsträger.

(BGBl I 2001/67)

Behandlung der Beiträge im Insolvenzverfahren sowie bei der Zwangsverwaltung und Zwangsverpachtung im Exekutions- und Sicherungsverfahren

§ 38. (1) Für die Behandlung der Beiträge im Insolvenzverfahren sind die Vorschriften der Insolvenzordnung maßgebend.

(BGBl I 2010/58)

(2) Bei der Zwangsverwaltung von Betriebsliegenschaften sowie bei der Zwangsverwaltung oder Zwangsverpachtung von gewerblichen Unternehmungen, Handelsbetrieben und ähnlichen wirtschaftlichen Unternehmungen sind rückständige Beiträge aus dem letzten Jahr vor Bewilligung der Zwangsverwaltung oder Zwangsverpachtung, die sich auf Beitragsverhältnisse aus dem betreffenden Betrieb oder Unternehmen beziehen, vor den rückständigen Steuern und öffentlichen Abgaben zu berichtigen (§ 120 Abs. 2 Z 3, § 121 Abs. 1, § 340 Abs. 2 und § 344 Exekutionsordnung). Im übrigen sind bei der Zwangsverwaltung von Betriebsliegenschaften rückständige Beiträge,

die sich auf Versicherungsverhältnisse aus dem betreffenden Betrieb beziehen, wie von der Liegenschaft zu entrichtende öffentliche Abgaben zu berichtigen (§ 120 Abs. 2 Z 1 und § 124 Z 2 Exekutionsordnung).

(BGBl I 2010/58)

Sicherung der Beiträge

§ 39. Die Bestimmungen der §§ 232 und 233 der Bundesabgabenordnung, BGBl. Nr. 194/1961, sind auf Beitragsforderungen nach diesem Bundesgesetz mit der Maßgabe entsprechend anzuwenden, daß an Stelle der Abgabenbehörde der Versicherungsträger tritt. Gegen den Sicherstellungsauftrag ist das Rechtsmittel des Einspruches (§ 412 des Allgemeinen Sozialversicherungsgesetzes) gegeben.

Verjährung der Beiträge

§ 40. (1) Das Recht auf Feststellung der Verpflichtung zur Zahlung von Beiträgen verjährt binnen drei Jahren vom Tag der Fälligkeit der Beiträge. Diese Verjährungsfrist der Feststellung verlängert sich jedoch auf fünf Jahre, wenn der Versicherte die Erstattung einer Anmeldung bzw. Änderungsmeldung oder Angaben über das Versicherungsverhältnis bzw. über die Grundlagen für die Berechnung der Beiträge unterlassen oder unrichtige Angaben über das Versicherungsverhältnis bzw. über die Grundlagen für die Berechnung der Beiträge gemacht hat, die er bei gehöriger Sorgfalt als unrichtig hätte erkennen müssen. Die Verjährung des Feststellungsrechtes wird durch jede zum Zwecke der Feststellung getroffene Maßnahme in dem Zeitpunkt unterbrochen, in dem der Zahlungspflichtige hievon in Kenntnis gesetzt wird. Die Verjährung ist gehemmt, solange ein Verfahren in Verwaltungssachen bzw. vor den Gerichtshöfen des öffentlichen Rechtes über das Bestehen der Pflichtversicherung oder die Feststellung der Verpflichtung zur Zahlung von Beiträgen anhängig ist.

(BGBl 1990/295, BGBl 1991/677)

(2) Das Recht auf Einforderung festgestellter Beitragsschulden verjährt binnen zwei Jahren nach Verständigung des Zahlungspflichtigen vom Ergebnis der Feststellung. Die Verjährung wird durch jede zum Zwecke der Hereinbringung getroffene Maßnahme, wie zum Beispiel durch Zustellung einer an den Zahlungspflichtigen gerichteten Zahlungsaufforderung (Mahnung), unterbrochen; sie wird durch Bewilligung einer Zahlungserleichterung sowie in den Fällen des § 35c bis zur rechtskräftigen Beendigung des Verlassenschaftsverfahrens gehemmt. Bezüglich der Unterbrechung oder Hemmung der Verjährung im Falle der Eröffnung eines Insolvenzverfahrens über das Vermögen des Beitragsschuldners/der Beitragsschuldnerin gelten die einschlägigen Vorschriften der Insolvenzordnung.

(BGBl I 2010/58, BGBl I 2015/162)

(3) Sind fällige Beiträge durch eine grundbücherliche Eintragung gesichert, so kann innerhalb von 30 Jahren nach erfolgter Eintragung gegen die Geltendmachung der dadurch erworbenen Pfandrechtes die seither eingetretene Verjährung des Rechtes auf Einforderung der Beiträge nicht geltend gemacht werden.

Nachentrichtung verjährter Beiträge zur Pensionsversicherung

§ 40a. (1) Beiträge zur Pensionsversicherung, die nach § 40 bereits verjährt sind, können auf Antrag der versicherten Person von dieser nachentrichtet werden, soweit nicht Beiträge im Sinne des § 35 rückständig sind. Der Antrag ist bis längstens zum Stichtag (§ 113 Abs. 2) beim Versicherungsträger zu stellen, der das Vorliegen der Zeiten der Pflichtversicherung festzustellen und die nachzuentrichtenden Beiträge vorzuschreiben hat.

(2) Die nach Abs. 1 vorzuschreibenden Beiträge sind für den Zeitraum ab der ursprünglichen Fälligkeit bis zur Vorschreibung zu vervielfachen, und zwar mit dem Produkt der Aufwertungszahlen nach Anlage 2 zum APG; ab dem Jahr 2006 ist die Reihe dieser Aufwertungszahlen um die Aufwertungszahlen nach § 47 zu ergänzen.

(BGBl I 2009/83)

(3) Alle für die Entrichtung von Beiträgen geltenden Bestimmungen gelten auch für die Nachentrichtung verjährter Beiträge, soweit in den Abs. 1 und 2 nichts anderes bestimmt ist; Einbringungsmaßnahmen bei Nichtzahlung der verjährten Beiträge sind jedoch ausgeschlossen.

(BGBl I 2005/132)

Rückforderung ungebührlich entrichteter Beiträge

§ 41. (1) Zu Ungebühr entrichtete Beiträge können, soweit im folgenden nichts anderes bestimmt wird, zurückgefordert werden. Das Recht auf Rückforderung verjährt nach Ablauf von fünf Jahren nach deren Zahlung. Der Lauf der Verjährung des Rückforderungsrechtes wird durch Einleitung eines Verwaltungsverfahrens zur Herbeiführung einer Entscheidung, aus der sich die Ungebührlichkeit der Beitragsentrichtung ergibt, bis zu einem Anerkenntnis durch den Versicherungsträger bzw. bis zum Eintritt der Rechtskraft der Entscheidung im Verwaltungsverfahren unterbrochen.

(BGBl 1991/677)

(2) Die Rückforderung von Beiträgen, durch welche eine Formalversicherung begründet wurde, sowie von Beiträgen zu einer Versicherung, aus welcher innerhalb des Zeitraumes, für den Beiträge ungebührlich entrichtet worden sind, eine Leistung erbracht wurde, ist für den gesamten Zeitraum ausgeschlossen. Desgleichen ist die Rückforderung ausgeschlossen, wenn nach dem Zeitraum, für den Beiträge ungebührlich entrichtet worden sind, eine Leistung zuerkannt wurde ist und die Beiträge auf den Bestand oder das Ausmaß des Leistungsanspruches von Einfluß waren, es sei denn, der zur Leistungserbringung zuständige Versicherungsträger hatte die Möglichkeit, im Wege einer Wiederaufnahme des Verfahrens (§ 69 des Allgemeinen Verwaltungsverfahrensgesetzes 1991, BGBl. Nr. 51) neuerlich über den

Leistungsanspruch zu entscheiden und konnte die zu Unrecht geleisteten Beträge mit Erfolg zur Gänze zurückfordern.

(BGBl I 2010/62)

(3) Wenn für eine Person auf Grund einer bestimmten Tätigkeit nachträglich statt der Pflichtversicherung nach diesem Bundesgesetz die Pflichtversicherung nach dem ASVG festgestellt wird, so hat die Sozialversicherungsanstalt der Selbständigen

1. keine Pflichtversicherung für den entsprechenden Zeitraum festzustellen, wenn in diesem Zeitraum keine selbständige Erwerbstätigkeit ausgeübt wurde, andernfalls

2. die Beitragsgrundlagen nach § 26 um die auf Grund dieser Tätigkeit festgestellten Beitragsgrundlagen nach dem ASVG (allgemeine Beitragsgrundlage und Sonderzahlungen) zu vermindern.

Soweit aus diesem Grund Beiträge zur Pflichtversicherung in der Kranken-, Pensions- und Unfallversicherung zu Ungebühr entrichtet wurden, sind diese an den für die Beitragseinhebung zuständigen Krankenversicherungsträger zu überweisen. Abs. 1 ist nicht anzuwenden. Der zuständige Versicherungsträger hat die überwiesenen Beiträge auf die ihm geschuldeten Beiträge anzurechnen. Übersteigen die anzurechnenden die dem zuständigen Versicherungsträger geschuldeten Beiträge, so ist der Überschuss der versicherten Person durch den zuständigen Versicherungsträger zu erstatten.

(BGBl I 2017/125, BGBl I 2018/100)

(4) Abs. 2 gilt nicht für Beiträge, die zwar nicht zur Gänze ungebührlich, jedoch von einer zu hohen Beitragsgrundlage oder unter Anwendung eines zu hohen Beitragssatzes entrichtet worden sind, sofern innerhalb des in Betracht kommenden Zeitraumes nur solche Leistungen erbracht wurden, die auch dann, wenn die Beiträge in richtiger Höhe entrichtet worden wären, im gleichen Ausmaß gebührt hätten.

(5) Wird die Rückforderung ungebührlich entrichteter Beiträge geltend gemacht, so hat der zur Entscheidung zuständige Versicherungsträger vorerst bei den Versicherungsträgern, denen nach § 411 des Allgemeinen Sozialversicherungsgesetzes Parteistellung im Verfahren vor den Verwaltungsbehörden zukommt, sowie bei der zuständigen Landesgeschäftsstelle des Arbeitsmarktservice anzufragen, ob gemäß Abs. 2 im Hinblick auf erbrachte oder zu erbringende Leistungen aus der Unfall-, Pensions- oder Arbeitslosenversicherung ein Einwand gegen die Rückerstattung der ungebührlich entrichteten Unfall-, Pensions- oder Arbeitslosenversicherungsbeiträge besteht.

(BGBl 1994/314)

(6) Die Rückforderung ungebührlich entrichteter Beiträge steht dem Versicherten zu.

Verzugszinsen und Verwaltungskostenersätze

§ 42. Die Bestimmungen über Eintreibung und Sicherung, Verjährung und Rückforderung von Beiträgen gelten entsprechend für Verzugszinsen und Verwaltungskostensätze.

§ 43. (aufgehoben)

(BGBl 1990/295, BGBl I 2001/100, BGBl I 2018/100)

§ 43a. (aufgehoben)

(BGBl I 2002/2, BGBl I 2003/71, BGBl I 2011/122, BGBl I 2018/100)

§ 44. (aufgehoben)

(BGBl I 2018/100)

§ 44a. (aufgehoben)

(BGBl I 2013/86)

ABSCHNITT VI

(aufgehoben)

§ 45. (aufgehoben)

(BGBl 1990/295, BGBl I 2018/100)

§ 46. (aufgehoben)

(BGBl I 2018/100)

ABSCHNITT VII
Pensionsanpassung

(BGBl 1993/336)

Aufwertungszahl, Aufwertungsfaktoren, Anpassungsrichtwert, Anpassungsfaktor

§ 47. Die nach den Vorschriften des Abschnittes VIa des Ersten Teiles des Allgemeinen Sozialversicherungsgesetzes ermittelte und kundgemachte Aufwertungszahl und die Aufwertungsfaktoren gelten auch für die Pensionsversicherung nach diesem Bundesgesetz; Der durch Verordnung des Bundesministers für soziale Sicherheit und Generationen für den Bereich des Allgemeinen Sozialversicherungsgesetzes jeweils festgesetzte Anpassungsfaktor (§ 108 Abs. 5 ASVG) gilt auch für den Bereich dieses Bundesgesetzes.

(BGBl I 2000/92, BGBl I 2001/33, BGBl I 2004/142)

Festsetzung der Höchstbeitragsgrundlage

§ 48. Höchstbeitragsgrundlage für die Beitragsmonate eines Kalenderjahres ist der 35fache Betrag[a)] der jeweils für dieses Kalenderjahr kundgemachten Höchstbeitragsgrundlage gemäß § 108 Abs. 3 des Allgemeinen Sozialversicherungsgesetzes.

[a)] Betrag siehe VO über veränderliche Werte.

§ 49. Die Höchstbeitragsgrundlage ist kundzumachen.[a)]

[a)] Betrag siehe VO über veränderliche Werte.

Anpassung der Pensionen aus der Pensionsversicherung

§ 50. (1) Mit Wirksamkeit ab 1. Jänner eines jeden Jahres sind

a) alle Pensionen aus der Pensionsversicherung, für die der Stichtag (§ 113 Abs. 2) vor dem 1. Jänner dieses Jahres liegt,

b) alle Hinterbliebenenpensionen, für die der Stichtag (§ 113 Abs. 2) am 1. Jänner dieses

Jahres liegt, wenn diese Pensionen von der Pension bemessen wurden, auf die der Verstorbene am Todestag Anspruch hatte,

mit dem Anpassungsfaktor (§ 47) zu vervielfachen. Lit. b ist nicht anzuwenden, wenn der Stichtag für die Pension des Verstorbenen gleichfalls am 1. Jänner dieses Jahres liegt.

(BGBl I 2003/71, BGBl I 2008/129, BGBl I 2010/111, BGBl I 2019/103)

„(1a)[a]) Die erstmalige Anpassung hat abweichend von Abs. 1 so zu erfolgen, dass Pensionen, deren Stichtag (§ 113 Abs. 2) in dem in der linken Spalte genannten Kalendermonat des der Anpassung vorangegangenen Kalenderjahres liegt, ab 1. Jänner mit dem in der rechten Spalte genannten Prozentsatz jenes Erhöhungsbetrages zu erhöhen sind, der sich aus der Anwendung des Anpassungsfaktors ergeben würde:

Februar	90%
März	80%
April	70%
Mai	60%
Juni	50%
Juli	40%
August	30%
September	20%
Oktober	10%

Liegt der Stichtag im November oder im Dezember des der Anpassung vorangegangenen Kalenderjahres, so erfolgt die erstmalige Anpassung ab 1. Jänner des dem Stichtag zweitfolgenden Kalenderjahres. Für die erstmalige Anpassung von Hinterbliebenenpensionen, die aus einer bereits zuerkannten Leistung abgeleitet sind, ist der Stichtag dieser Leistung maßgebend."

(BGBl I 2021/28)

[a]) Tritt mit 1. Jänner 2022 in Kraft.

(2) Der Anpassung nach Abs. 1 ist die Pension zugrunde zu legen, auf die nach den am 31. Dezember des vorangegangenen Jahres in Geltung gestandenen Vorschriften Anspruch bestand, jedoch mit Ausnahme der Kinderzuschüsse und der Ausgleichszulage sowie des Bonus nach § 156a und vor Anwendung von Ruhens- und Wegfallsbestimmungen sowie der Bestimmungen nach § 55 Abs. 2 Z 2 dritter und vierter Satz. Sie erfaßt im gleichen Ausmaß alle Pensionsbestandteile.

(BGBl I 2018/99, BGBl I 2019/84)

(2a) Abweichend von Abs. 2 ist bei Hinterbliebenenpensionen, für die sich am 31. Dezember des vorangegangenen Jahres durch die Anwendung des § 145 Abs. 2 oder 6a kein Auszahlungsbetrag ergibt, die mit dem Hundertsatz von 60 bemessene Pension der Anpassung nach Abs. 1 zugrunde zu legen.

(BGBl I 2018/99)

(3) Zu der nach Abs. 1 und 2 gebührenden Pension treten die Kinderzuschüsse und die Ausgleichszulage nach den hiefür geltenden Vorschriften.

(BGBl I 2019/84)

(4) An die Stelle des Betrages der Bemessungsgrundlage aus einem früheren Versicherungsfall tritt der Betrag, der sich aus der Vervielfachung dieser Bemessungsgrundlage mit dem Anpassungsfaktor ergibt, der auf die entzogene (erloschene) Pension im Falle ihrer Weitergewährung anzuwenden gewesen wäre. Sind in zeitlicher Folge mehrere Anpassungsfaktoren anzuwenden, ist die Vervielfachung in der Weise vorzunehmen, daß ihr jeweils der für das vorangegangene Jahr ermittelte Betrag zugrunde zu legen ist. Als Anpassungsfaktor für das Jahr 1990 ist das Produkt der Faktoren 1,030 und 1,010 heranzuziehen.

(5) Abs. 4 gilt entsprechend bei der Anwendung des § 148.

Anpassung und Aufwertung fester Beträge

§ 51. Zur Vervielfachung mit der Aufwertungszahl oder mit dem Anpassungsfaktor ist der am 31. Dezember des vorangegangenen Jahres geltende feste Betrag heranzuziehen; wird jedoch der feste Betrag mit 1. Jänner eines Jahres in Geltung gesetzt, so ist dieser Betrag zur Vervielfachung heranzuziehen. Der vervielfachte Betrag ist auf Cent zu runden. Die sich hienach ergebenden Beträge sind kundzumachen.[a])

[a]) Beträge siehe VO über veränderliche Werte.

(BGBl I 2001/67)

Anpassung der Leistung von Amts wegen

§ 52. Die Anpassung der Leistungen gemäß § 50 ist von Amts wegen vorzunehmen.

§ 53. (aufgehoben)

(BGBl I 2000/92)

§ 53a. (1) Die Aufwertungszahl (§ 47) beträgt für das Kalenderjahr 1992 1,055.

(2) Die Höchstbeitragsgrundlage (§ 48) beträgt für das Kalenderjahr 1992 37 100 S.

ZWEITER TEIL
Leistungen

ABSCHNITT I
Allgemeine Bestimmungen über Leistungsansprüche

Entstehen der Leistungsansprüche

§ 54. Die Ansprüche auf die Leistungen aus der Kranken- und Pensionsversicherung entstehen in dem Zeitpunkt, in dem die hiefür vorgesehenen Voraussetzungen erfüllt werden.

(BGBl I 1997/139, BGBl I 2005/74)

Anfall der Leistungen

§ 55. (1) Soweit nichts anderes bestimmt ist, fallen die sich aus den Leistungsansprüchen ergebenden Leistungen mit dem Entstehen des Anspruches (§ 54) an.

(2) Pensionen aus der Pensionsversicherung fallen an:

1. Hinterbliebenenpensionen fallen mit dem dem Eintritt des Versicherungsfalles folgenden Tag an, wenn der Antrag binnen sechs Monaten nach Eintritt des Versicherungsfalles gestellt wird. Wird der Antrag nach Ablauf dieser Frist gestellt, so fällt die Pension erst mit dem Tag der Antragstellung an. Ist die anspruchsberechtigte Person bei Ablauf dieser Frist minderjährig oder in ihrer Geschäftsfähigkeit eingeschränkt, so endet die Frist mit Ablauf von sechs Monaten nach dem Eintritt der Volljährigkeit oder dem Wiedererlangen der Geschäftsfähigkeit. Die Antragsfrist verlängert sich bei Waisenpensionsberechtigten um die Dauer eines Verfahrens zur Feststellung der Vaterschaft. Bei nachträglicher amtlicher Feststellung des Todestages beginnt die Antragsfrist erst mit dem Zeitpunkt dieser Feststellung. Wird für ein doppelt verwaistes Kind ein Antrag auf Waisenpension nach einem Elternteil gestellt, so ist dieser Antrag rechtswirksam für den Anspruch auf Waisenpension bzw. Waisenrente nach beiden Elternteilen und gilt für den Versicherungsträger nach diesem Bundesgesetz sowie für alle Träger der gesetzlichen Unfallversicherung oder Pensionsversicherung nach einem anderen Bundesgesetz.

(BGBl 1990/295, BGBl 1993/336, BGBl 1996/201, BGBl I 2002/2, BGBl I 2018/59)

2. Alle übrigen Pensionen fallen mit Erfüllung der Anspruchsvoraussetzungen an, wenn sie auf einen Monatsersten fällt, sonst mit dem der Erfüllung der Voraussetzungen folgenden Monatsersten, sofern die Pension binnen einem Monat nach Erfüllung der Voraussetzungen beantragt wird. Wird der Antrag auf die Pension erst nach Ablauf dieser Frist gestellt, so fällt die Pension mit dem Stichtag an. Für den Anfall einer Pension aus dem Versicherungsfall der Erwerbsunfähigkeit ist

a) bei einer Erwerbsunfähigkeit gemäß § 133 Abs. 1 zusätzlich die Aufgabe der die Pflichtversicherung in der Pensionsversicherung nach diesem Bundesgesetz begründenden Erwerbstätigkeit,

b) bei einer Erwerbsunfähigkeit gemäß § 133 Abs. 2 und 3 zusätzlich die Aufgabe der die Pflichtversicherung in der Pensionsversicherung nach diesem Bundesgesetz begründenden Erwerbstätigkeit, die für die Beurteilung der Erwerbsunfähigkeit maßgeblich war,

(BGBl I 2001/100)

erforderlich, es sei denn, der (die) Versicherte bezieht ein Pflegegeld ab Stufe 3 gemäß § 4 des Bundespflegegeldgesetzes, BGBl. Nr. 110/1993, oder nach den Bestimmungen der Landespflegegeldgesetze. Werden dem (der) Versicherten medizinische oder berufliche Maßnahmen der Rehabilitation gewährt

und sind ihm (ihr) diese Maßnahmen unter Berücksichtigung der Dauer und des Umfanges seiner (ihrer) Ausbildung sowie der von ihm (ihr) bisher ausgeübten Tätigkeit zumutbar, so fällt die Pension aus dem Versicherungsfall der Erwerbsunfähigkeit erst dann an, wenn durch die Rehabilitationsmaßnahmen die Wiedereingliederung des (der) Versicherten in das Berufsleben nicht bewirkt werden kann.

(BGBl 1996/201, BGBl 1996/412, BGBl I 1997/139)

(3) (aufgehoben)

(4) Entfällt für eine Leistung auf Grund der Bestimmung des § 120 Abs. 2 lit. c die Wartezeit, so fällt diese Leistung frühestens mit dem Tag der Entlassung des Versicherten aus dem Präsenz- oder Ausbildungsdienst an.

(BGBl I 1998/30)

Verschollenheit

§ 56. (1) Die Verschollenheit ist bei der Anwendung der Bestimmungen dieses Bundesgesetzes dem Tode gleichzuhalten. Als verschollen gilt hiebei, wessen Aufenthalt länger als ein Jahr unbekannt ist, ohne daß Nachrichten darüber vorliegen, ob er in dieser Zeit noch gelebt hat oder gestorben ist, sofern nach den Umständen hiedurch ernstliche Zweifel an seinem Fortleben begründet werden. Als verschollen gilt nicht, wessen Tod nach den Umständen nicht zweifelhaft ist.

(2) Als Todestag ist der Tag anzunehmen, den der Verschollene nach den Umständen wahrscheinlich nicht überlebt hat, spätestens der erste Tag nach Ablauf des Jahres, während dessen keine Nachrichten im Sinne des Abs. 1 mehr eingelangt sind.

(3) Wurde in einem gerichtlichen Todeserklärungsverfahren als Zeitpunkt des Todes ein früherer Zeitpunkt als der gemäß Abs. 2 anzunehmende Zeitpunkt festgestellt, so gilt der im gerichtlichen Verfahren festgestellte Zeitpunkt als Todestag.

Verwirkung des Leistungsanspruches

§ 57. (1) Ein Anspruch auf Geldleistungen aus der Krankenversicherung gemäß § 85 Abs. 2 lit. a und auf Geldleistungen aus der Pensionsversicherung aus dem betreffenden Versicherungsfall steht nicht zu

1. Versicherten, die den Versicherungsfall durch Selbstbeschädigung vorsätzlich herbeigeführt haben;

2. Personen, die den Versicherungsfall durch die Verübung einer mit Vorsatz begangenen gerichtlich strafbaren Handlung veranlaßt haben, derentwegen sie zu einer mehr als einjährigen Freiheitsstrafe rechtskräftig verurteilt worden sind.

(2) (aufgehoben)

(3) Aus der Pensionsversicherung gebühren in den Fällen des Abs. 1 den im Inland wohnenden bedürftigen Angehörigen des Versicherten, wenn ihr Unterhalt mangels anderweitiger Versorgung

vorwiegend von diesem bestritten wurde und nicht ihre Beteiligung an den im Abs. 1 bezeichneten Handlungen, im Falle der Z 2 durch rechtskräftiges Strafurteil, festgestellt ist, bei Zutreffen der übrigen Voraussetzungen die Hinterbliebenenpensionen. Den Leistungsansprüchen der Hinterbliebenen nach dem Ableben des Versicherten wird hiedurch nicht vorgegriffen.

(4) Das Erfordernis eines rechtskräftigen Strafurteiles entfällt, wenn ein solches wegen des Todes, der Abwesenheit oder eines anderen in der betreffenden Person liegenden Grundes nicht gefällt werden kann.

Ruhen der Leistungsansprüche bei Haft und Auslandsaufenthalt

§ 58. (1) Die Leistungsansprüche ruhen

1. in der Kranken- und Pensionsversicherung, solange der Anspruchsberechtigte oder sein Angehöriger (§ 83) bzw. mitversicherter Familienangehöriger (§ 10), für den die Leistung gewährt wird, eine Freiheitsstrafe verbüßt oder in den Fällen der §§ 21 Abs. 2, 22 und 23 des Strafgesetzbuches in einer der dort genannten Anstalten angehalten wird;

2. in der Krankenversicherung überdies für die Dauer der Untersuchungshaft.

(BGBl I 2015/2)

3. (aufgehoben)

(BGBl I 2015/2)

(2) Das Ruhen von Pensionsansprüchen gemäß Abs. 1 tritt nicht ein, wenn die Freiheitsstrafe oder die Anhaltung nicht länger als einen Monat währt .

(BGBl I 2015/2)

(2a) Das Ruhen von Leistungsansprüchen tritt ferner in den Fällen des Abs. 1 Z 1 und 2 nicht ein, wenn die Freiheitsstrafe durch Anhaltung im elektronisch überwachten Hausarrest nach dem Fünften Abschnitt des Strafvollzugsgesetzes oder die Untersuchungshaft durch Hausarrest nach § 173a der Strafprozessordnung 1975 vollzogen wird.

(BGBl I 2010/64)

(3) (aufgehoben)

(BGBl I 2015/2)

(4) Hat ein Versicherter, dessen Leistungsanspruch in der Krankenversicherung ruht, im Inland mitversicherte Familienangehörige (§ 10) oder Angehörige gemäß § 83, so sind die für diese Angehörigen vorgesehenen Leistungen zu gewähren.

(5) Hat ein Versicherter, dessen Leistungsanspruch in der Pensionsversicherung ruht, im Inland einen Ehegatten/eine Ehegattin oder einen eingetragenen Partner/eine eingetragene Partnerin oder Kinder im Sinne des § 128, so gebührt diesen im Inland sich aufhaltenden Angehörigen, die im Falle des Todes des Versicherten Anspruch auf Hinterbliebenenpension hätten, eine Pension in der Höhe der halben ruhenden Pension mit Ausnahme allfälliger Kinderzuschüsse. Zu dieser Pension gebühren allfällige Kinderzuschüsse in der Höhe, wie sie zu der ruhenden Pension ge-

bühren. Der Anspruch steht dem Ehegatten/der Ehegattin oder dem/der eingetragenen PartnerIn vor den Kindern zu.

(BGBl 1993/110, BGBl I 2009/135)

(6) Leistungen gemäß Abs. 4 und 5 gebühren Angehörigen nicht, deren Beteiligung an der strafbaren Handlung, die die Freiheitsstrafe oder die Anhaltung (Abs. 1 Z 1) verursacht hat, durch rechtskräftiges Erkenntnis des Strafgerichtes oder durch rechtskräftigen Bescheid einer Verwaltungsbehörde festgestellt ist. § 57 Abs. 4 gilt entsprechend.

Ruhen der Leistungsansprüche bei Leistung des Präsenz- oder Ausbildungsdienstes

§ 59. Für die Dauer des Präsenz- oder Ausbildungsdienstes auf Grund des Wehrgesetzes 2001 ruht der Anspruch des Versicherten auf Leistungen der Krankenversicherung für seine Person. Dies gilt für nach § 8 Abs. 1 Z 1 lit. e ASVG Teilversicherte.

(BGBl 1996/412, BGBl I 1998/30, BGBl I 2009/83, BGBl I 2010/111)

Berücksichtigung von Erwerbseinkommen bei Leistungen

§ 60. (1) Als Erwerbseinkommen gilt, sofern in diesem Bundesgesetz nicht anderes bestimmt wird, bei einer

1. unselbständigen Erwerbstätigkeit das aus dieser Tätigkeit gebührende Entgelt;

2. selbständigen Erwerbstätigkeit der auf den Kalendermonat entfallende Teil der nachgewiesenen Einkünfte aus dieser Tätigkeit. Hinsichtlich der Ermittlung des Erwerbseinkommens aus einem land(forst)-wirtschaftlichen Betrieb ist § 149 Abs. 5 und 6 entsprechend anzuwenden.

(BGBl I 1997/139, BGBl I 2003/71, BGBl I 2003/145, BGBl I 2005/132, BGBl I 2010/62)

(1a) Dem Erwerbseinkommen aus einer die Pflichtversicherung begründenden Erwerbstätigkeit nach Abs. 1 sind folgende Bezüge gleichzuhalten, wenn sie 49 % des Ausgangsbetrages nach § 3 des Bundesverfassungsgesetzes über die Begrenzung von Bezügen öffentlicher Funktionäre, BGBl. I Nr. 64/1997, übersteigen:

1. Bezüge nach § 1 Abs. 1 des Bundesbezügegesetzes, BGBl. I Nr. 64/1997;

2. Bezüge nach Art. 9 des Beschlusses 2005/684/ EG, Euratom, zur Annahme des Abgeordnetenstatuts des Europäischen Parlaments, ABl. Nr. L 262 vom 7.10.2005, S. 1;

3. Bezüge nach § 10 Abs. 2 des Bundesverfassungsgesetzes über die Begrenzung von Bezügen öffentlicher Funktionäre, BGBl. I Nr. 64/1997;

4. Bezüge nach landesgesetzlichen Vorschriften auf der Grundlage des § 1 Abs. 2 des Bundes-

verfassungsgesetzes über die Begrenzung von Bezügen öffentlicher Funktionäre.

(BGBl I 2010/62, BGBl I 2011/52)

(2) Bei der Anwendung des § 132 Abs. 5 bis 7 ist ein im Anschluss an einen Entgeltbezug bestehender Anspruch auf Krankengeld dem Erwerbseinkommen im Ausmaß des vorher bezogenen Entgeltes gleichgestellt; weiters zählen bei der Anwendung dieser Bestimmungen Beträge, die für einen größeren Zeitraum als den Kalendermonat gebühren (zB Weihnachts- und Urlaubsgeld, Sonderzahlungen, Belohnungen), nicht zum Erwerbseinkommen.

(BGBl I 1997/139, BGBl I 2000/92, BGBl I 2001/33, BGBl I 2003/71)

(BGBl 1991/157, BGBl 1996/412)

Jahresausgleich bei Anspruch auf Teilpension

§ 61. (1) Besteht in einem Kalenderjahr Anspruch auf Teilpension, so ist deren Höhe unter Berücksichtigung des während des gesamten Kalenderjahres erzielten Erwerbseinkommens – nach den in Betracht kommenden Bestimmungen über die Teilpension – von Amts wegen neu zu ermitteln, wenn der (die) Pensionsberechtigte in Kalendermonaten, in denen Anspruch auf Teilpension bestand, ein unterschiedlich hohes Erwerbseinkommen erzielte. Als monatlich erzieltes Erwerbseinkommen gilt dabei das durchschnittliche Erwerbseinkommen aus jenen Kalendermonaten, in denen Teilpensionsanspruch bestand.

(BGBl I 2000/92, BGBl I 2001/33)

(2) Ist die gemäß Abs. 1 ermittelte Teilpension höher als die bereits ausgezahlte, so ist der Unterschiedsbetrag dem (der) Pensionsberechtigten zu erstatten; ist die gemäß Abs. 1 ermittelte Teilpension niedriger als die bereits ausgezahlte, so ist der Unterschiedsbetrag aufzurechnen (§ 71 Abs. 1 Z 5).

(BGBl 1991/157, BGBl I 1997/139)

Zusammentreffen eines Pensionsanspruches aus eigener Pensionsversicherung mit einem Anspruch auf Krankengeld aus der Allgemeinen Sozialversicherung

§ 61a. Trifft ein Pensionsanspruch aus eigener Pensionsversicherung, ausgenommen ein Anspruch auf Teilpension oder auf Alterspension, mit einem Anspruch auf Krankengeld zusammen, so ruht der Pensionsanspruch für die weitere Dauer des Krankengeldanspruches mit dem Betrag des Krankengeldes. Das Ruhen des Pensionsanspruches tritt auch dann ein, wenn während der Dauer der Verwirkung (§ 88 Abs. 1 des Allgemeinen Sozialversicherungsgesetzes) oder Versagung (§ 142 des Allgemeinen Sozialversicherungsgesetzes) des Krankengeldanspruches die Pension anfällt oder wieder auflebt.

(BGBl 1990/295, BGBl 1991/677, BGBl 1996/412, BGBl I 1997/139, BGBl I 2001/100)

Gemeinsame Bestimmungen für das Ruhen von Pensionsansprüchen

§ 62. (1) Bei der Anwendung des § 61a sind die Pensionen ohne besondere Steigerungsbeträge für die Höherversicherung (§ 141) und ohne Kinderzuschüsse (§ 144) heranzuziehen.

(BGBl 1993/336, BGBl I 1997/139)

(2) Liegen die Voraussetzungen für die Anwendung mehrerer Ruhensbestimmungen vor, so sind diese in der Reihenfolge § 61, § 61a und § 60 anzuwenden; bei der Anwendung des § 61a ist das Krankengeld nur mehr mit dem Betrag heranzuziehen, um den es den in der Unfallversicherung gemäß § 90a des Allgemeinen Sozialversicherungsgesetzes ruhenden Rentenanspruch übersteigt.

(3) (aufgehoben)

(BGBl 1991/157, BGBl 1993/336)

Beginn und Ende des Ruhens von Pensionsansprüchen

§ 63. Das Ruhen von Pensionsansprüchen wird mit dem Tag des Eintritts des Ruhensgrundes wirksam. Die Pensionen sind von dem Tag an wieder zu gewähren, mit dem der Ruhensgrund weggefallen ist.

Wirksamkeitsbeginn von Änderungen in den Pensionsansprüchen

§ 64. (1) Die Erhöhung von Pensionen gebührt nur für die Zeit ab Anmeldung des Anspruches. Die Waisenpensionen und Kinderzuschüsse werden über das 18. Lebensjahr hinaus (§ 128) jedoch auch für die Zeit der Erfüllung der Voraussetzungen für diese Leistungen vor der Anmeldung des Anspruches weitergewährt, längstens jedoch bis zu drei Monaten vor der Anmeldung; das gleiche gilt für die Erhöhung von Waisenpensionen sowie für Erhöhung von Pensionen infolge Zuerkennung von Kinderzuschüssen.

(2) Die Herabsetzung einer Pension wird, wenn der Herabsetzungsgrund in der Wiederherstellung oder Besserung des körperlichen oder geistigen Zustandes des Pensionisten oder seines Kindes (§ 128 Abs. 2 Z 3) gelegen ist, mit dem Ablauf des Kalendermonates wirksam, der auf die Zustellung des Bescheides folgt, sonst mit dem Ende des Kalendermonates, in dem der Herabsetzungsgrund eingetreten ist.

(BGBl I 2015/162)

Übertragung und Verpfändung von Leistungsansprüchen

§ 65. (1) Die Ansprüche auf Geldleistungen nach diesem Bundesgesetz können unbeschadet der Bestimmungen des Abs. 3 rechtswirksam nur in folgenden Fällen übertragen oder verpfändet werden:

1. zur Deckung von Vorschüssen, die dem Anspruchsberechtigten von Sozialversicherungsträgern oder von einem Träger der Sozialhilfe auf Rechnung der Versicherungsleistung nach deren Anfall, jedoch vor deren Flüssigmachung gewährt wurden;

2. zur Deckung von gesetzlichen Unterhaltsansprüchen gegen den Anspruchsberechtigten mit der Maßgabe, daß § 291b EO sinngemäß anzuwenden ist.

(BGBl 1990/295, BGBl 1991/628)

(2) Der Anspruchsberechtigte kann mit Zustimmung des Versicherungsträgers seine Ansprüche auf Geldleistungen auch in anderen als den im Abs. 1 angeführten Fällen ganz oder teilweise rechtswirksam übertragen; der Versicherungsträger darf die Zustimmung nur erteilen, wenn die Übertragung im Interesse des Anspruchsberechtigten oder seiner nahen Angehörigen gelegen ist.

(3) Die nicht auf Geldleistungen gerichteten Ansprüche sowie die Anwartschaften nach diesem Bundesgesetz können weder übertragen noch verpfändet werden.

(BGBl 1993/110)

Pfändung von Leistungsansprüchen

§ 66. Die Exekutionsordnung regelt, inwieweit Leistungsansprüche nach diesem Bundesgesetz pfändbar sind.

(BGBl 1991/628)

Entziehung von Leistungsansprüchen

§ 67. (1) Sind die Voraussetzungen des Anspruches auf eine laufende Leistung nicht mehr vorhanden, so ist die Leistung zu entziehen, sofern nicht der Anspruch gemäß § 68 ohne weiteres Verfahren erlischt.

(2) Die Leistung kann ferner auf Zeit ganz oder teilweise entzogen werden, wenn sich der Anspruchsberechtigte nach Hinweis auf diese Folge einer Nachuntersuchung oder Beobachtung entzieht.

(3) Die Entziehung einer Leistung wird wirksam,

1. wenn der Entziehungsgrund in der Wiederherstellung oder Besserung des körperlichen oder geistigen Zustandes des Anspruchsberechtigten gelegen ist, mit dem Ablauf des Kalendermonates, der auf die Zustellung des Bescheides folgt;

2. in allen anderen Fällen mit dem Ende des Kalendermonates, in dem der Entziehungsgrund eingetreten ist.

(BGBl 1991/157)

(4) Die Entziehung einer Leistung aus dem Versicherungsfall der Erwerbsunfähigkeit ist nach der Erreichung des Anfallsalters für die Alterspension (§ 130) nicht mehr zulässig.

(BGBl 1993/336, BGBl 1996/201)

Erlöschen von Leistungsansprüchen

§ 68. (1) Der Anspruch auf eine laufende Leistung erlischt ohne weiteres Verfahren

a) in der Krankenversicherung, wenn die Voraussetzungen für den Anspruch weggefallen sind;

b) in der Pensionsversicherung mit dem Tod des Anspruchsberechtigten, mit der Verheiratung oder mit der Begründung einer eingetragenen Partnerschaft der pensionsberechtigten Witwe oder hinterbliebenen eingetragenen Partnerin (des pensionsberechtigten Witwers oder hinterbliebenen eingetragenen Partners), mit dem Wegfall der Voraussetzungen für die Annahme der Verschollenheit, mit der Vollendung des 18. Lebensjahres bei Waisenpensionen und Kinderzuschüssen, mit dem Wegfall der Voraussetzungen für die Gewährung von Übergangsgeld sowie nach Ablauf der Dauer, für die eine Pension zuerkannt wurde; für den Kalendermonat, in dem der Grund des Wegfalles eingetreten ist, gebührt nur der verhältnismäßige Teil der Pension, der Ausgleichszulage und des Bonus nach § 156a, des Kinderzuschusses und des Übergangsgeldes, wobei der Kalendermonat einheitlich mit 30 Tagen anzunehmen ist und der verhältnismäßige Teil sich nach der Anzahl der Tage im betreffenden Kalendermonat bis zum Eintritt des Wegfallgrundes bestimmt;

(BGBl 1996/201, BGBl I 1997/139, BGBl I 2009/135, BGBl I 2019/84)

c) in der Pensionsversicherung überdies in den Fällen des § 174; die Pension und allfällige Zuschüsse gebühren noch für den Monat, der dem Einlangen des Antrages gemäß § 172 Abs. 1 dieses Bundesgesetzes, gemäß § 308 Abs. 1 des Allgemeinen Sozialversicherungsgesetzes oder gemäß § 164 Abs. 1 des Bauern-Sozialversicherungsgesetzes beim zuständigen Versicherungsträger folgt.

(BGBl 1996/201)

(2) Der Anspruch auf eine laufende Leistung aus eigener Pensionsversicherung erlischt ferner mit dem Anfall eines Anspruches auf eine andere laufende Leistung aus eigener Pensionsversicherung nach diesem Bundesgesetz, dem Allgemeinen Sozialversicherungsgesetz oder dem Bauern-Sozialversicherungsgesetz. Beträge, die nach Erlöschen des früheren Anspruches noch geleistet wurden, sind von den aus dem neuen Anspruch für den gleichen Zeitraum zu leistenden Beträgen einzubehalten und gegebenenfalls dem aus dem früheren Anspruch verpflichteten Versicherungsträger zu überweisen.

Rückwirkende Herstellung des gesetzlichen Zustandes bei Geldleistungen

§ 69. Ergibt sich nachträglich, daß eine Geldleistung bescheidmäßig infolge eines wesentlichen Irrtums über den Sachverhalt oder eines offenkundigen Versehens zu Unrecht abgelehnt, entzogen, eingestellt, zu niedrig bemessen oder zum Ruhen gebracht wurde, so ist mit Wirkung vom Tag der Auswirkung des Irrtums oder Versehens der gesetzliche Zustand herzustellen.

Verfall von Leistungsansprüchen infolge Zeitablaufes

§ 70. (1) Der Anspruch auf Leistungen aus der Krankenversicherung, mit Ausnahme eines Anspruches auf Kostenersatz oder auf einen Kostenzuschuß, ist vom Anspruchsberechtigten bei sonstigem Verlust binnen zwei Jahren nach seinem Entstehen, bei nachträglicher Feststellung der Versicherungspflicht oder Versicherungsberechtigung binnen zwei Jahren nach Rechtskraft dieser Feststellung geltend zu machen.

(2) Der Anspruch auf Kostenersatz oder auf einen Kostenzuschuß ist vom Anspruchsberechtigten bei sonstigem Verlust binnen 42 Monaten nach Inanspruchnahme der Leistung geltend zu machen. Bei nachträglicher Feststellung der Versicherungspflicht oder Versicherungsberechtigung verfällt der Anspruch frühestens nach Ablauf von zwei Jahren nach Rechtskraft dieser Feststellung.

(3) Der Anspruch auf bereits fällig gewordene Raten zuerkannter Pensionen verfällt nach Ablauf eines Jahres seit der Fälligkeit. Diese Frist wird gehemmt, solange dem Anspruchsberechtigten die Inanspruchnahme der Leistungen durch ein unabwendbares Hindernis nicht möglich ist.

(BGBl 1996/412)

(BGBl 1990/295)

Aufrechnung

§ 71. (1) Der Versicherungsträger darf auf die von ihm zu erbringenden Geldleistungen aufrechnen:

1. vom Anspruchsberechtigten einem Versicherungsträger nach diesem oder einem anderen Bundesgesetz geschuldete fällige Beiträge (einschließlich Verzugszinsen, sonstiger Nebengebühren, Gerichts- und Justizverwaltungsgebühren), soweit das Recht auf Einforderung nicht verjährt ist;

   (BGBl I 1999/106)

2. von Versicherungsträgern zu Unrecht erbrachte, vom Anspruchsberechtigten rückzuerstattende Leistungen, soweit das Recht auf Rückforderung nicht verjährt ist;

3. von Versicherungsträgern gewährte Vorschüsse (§ 368 Abs. 2 des Allgemeinen Sozialversicherungsgesetzes);

4. vom Versicherten zu entrichtende Kostenanteile gemäß § 86;

5. die sich aus der Anwendung des § 61 ergebenden Unterschiedsbeträge.

   (BGBl I 1997/139)

(2) Die Aufrechnung nach Abs. 1 Z 1, 2 und 4 ist nur bis zur Hälfte der zu erbringenden Geldleistung zulässig, wobei jedoch der anspruchsberechtigten Person ein Gesamteinkommen in der Höhe von 90% des jeweils in Betracht kommenden Richtsatzes nach § 150 verbleiben muss. Gesamteinkommen ist die zu erbringende Geldleistung zuzüglich eines aus übrigen Einkünften der leistungsberechtigten Person erwachsenden Nettoeinkommens (§ 149) und der nach § 151 zu berücksichtigenden Beträge.

(BGBl I 2003/71, BGBl I 2003/145)

(3) Ist im Zeitpunkt des Todes des Anspruchsberechtigten eine fällige Geldleistung aus der Pensionsversicherung noch nicht ausgezahlt, ist die Aufrechnung nach Abs. 1 Z 1, 2 und 4 ohne Begrenzung bis zur vollen Höhe der noch nicht ausgezahlten Geldleistung zulässig.

(4) (aufgehoben)

Auszahlung der Leistungen

§ 72. (1) Die Geldleistungen aus der Krankenversicherung sowie einmalige Geldleistungen aus der Pensionsversicherung sind binnen zwei Wochen nach der Feststellung der Anspruchsberechtigung auszuzahlen.

(2) Die Pensionen und das Übergangsgeld werden monatlich im nachhinein am Ersten des Folgemonats ausgezahlt. Fällt der Auszahlungstermin der genannten Leistungen auf einen Samstag, Sonntag oder gesetzlichen Feiertag, so sind diese Leistungen so zeitgerecht anzuweisen, daß sie an dem diesen Tagen vorhergehenden Werktag dem Leistungsbezieher zur Verfügung stehen. Der Versicherungsträger kann bei der baren Überweisung die Auszahlung auf einen anderen Tag als den Monatsersten vorverlegen.

(BGBl 1993/336, BGBl 1996/201, BGBl 1996/412)

(3) (aufgehoben)

(BGBl I 2001/67)

(4) Auf Verlangen des Versicherungsträgers haben die Anspruchsberechtigten Lebens- oder Witwen(Witwer)schafts- oder Hinterbliebenenbestätigungen beizubringen. Solange diese Bestätigungen nicht beigebracht sind, können Pensionen zurückgehalten werden.

(BGBl I 2009/135)

(5) Die Geldleistungen sind bargeldlos zu erbringen, wenn und so lange der (die) Anspruchsberechtigte nicht ausdrücklich Barzahlung verlangt. Gebühren für die Auszahlung (Überweisung) von Geldleistungen aus der Pensionsversicherung einschließlich des Übergangsgeldes sind vom Versicherungsträger zu tragen. Das gleiche gilt in der Krankenversicherung für die Auszahlung (Überweisung) der Geldleistungen. Bei Anspruch auf Ausgleichszulage kann die Leistung für die Dauer des Verfahrens nach § 149 Abs. 13 bar ausgezahlt werden.

(BGBl I 2002/2, BGBl I 2009/147)

(6) Der Versicherungsträger kann sich verpflichten, Geldleistungen der Länder (zB Heizkostenzuschüsse) gegen entsprechende Abgeltung der vollen Kosten zusammen mit den Pensionen auszuzahlen.

(BGBl I 2001/100)

Pensionssonderzahlungen

§ 73. (1) Zu den in den Monaten April bzw. Oktober bezogenen Pensionen gebührt je eine Sonderzahlung.

(BGBl 1996/764, BGBl I 2010/111)

(2) Wird die Pension einer anderen Person oder Stelle als dem ehemals versicherten Berechtigten (den berechtigten Hinterbliebenen) auf Grund eines Anspruchsüberganges überwiesen, so werden die

Sonderzahlungen nur geleistet, wenn sie dem Berechtigten ungeschmälert zukommen.

(3) Die Sonderzahlung gebührt in der Höhe der für den Monat April bzw. Oktober ausgezahlten Pension einschließlich der Zuschüsse, des Ausgleichszulagenbonus/Pensionsbonus und der Ausgleichszulage. Ruht der Pensionsanspruch für den Monat April bzw. Oktober ganz oder zum Teil wegen des Zusammentreffens mit einem Anspruch auf Krankengeld nach dem Allgemeinen Sozialversicherungsgesetz, so sind die Sonderzahlungen unter Außerachtlassung der Ruhensbestimmung des § 61a zu berechnen.

(BGBl 1996/764, BGBl I 2010/111, BGBl I 2019/84)

(3a) Abweichend von Abs. 3 gebührt die erstmalige Sonderzahlung nur anteilsmäßig, wenn die Pension (mit Ausnahme eines Kinderzuschusses und eines besonderen Steigerungsbetrages nach § 141) im jeweiligen Sonderzahlungsmonat und den letzten fünf Kalendermonaten davor nicht durchgehend bezogen wurde; dabei verringert sich die Höhe der Sonderzahlung je Kalendermonat ohne Pensionsbezug um ein Sechstel. Bei Hinterbliebenenpensionen, die aus einer Pensionsleistung abgeleitet sind, gelten auch Kalendermonate des Bezuges dieser Pensionsleistung als Kalendermonate mit Pensionsbezug.

(BGBl I 2010/111)

(4) Die Sonderzahlungen sind zu im Monat April bzw. Oktober laufenden Pensionen in diesen Monaten, sonst zugleich mit der Aufnahme der laufenden Pensionszahlung flüssigzumachen.

(BGBl 1996/764, BGBl I 2010/111)

(5) Ein schriftlicher Bescheid ist nur im Falle der Ablehnung und auch dann nur auf Begehren des Pensionsberechtigten zu erteilen.

Hilflosenzuschuß

§ 74. (aufgehoben)
(BGBl 1993/110)

Zahlungsempfänger

§ 75. (1) Leistungen werden an den Anspruchsberechtigten ausgezahlt. Ist der Anspruchsberechtigte minderjährig, so ist die Leistung dem gesetzlichen Vertreter auszuzahlen. Mündige Minderjährige sind jedoch für Leistungen, die ihnen auf Grund ihrer eigenen Versicherung zustehen, selbst empfangsberechtigt. In den Fällen des gemäß § 194 entsprechend anzuwendenden § 361 Abs. 2 dritter Satz des Allgemeinen Sozialversicherungsgesetzes ist die Leistung unmittelbar an den Antragsteller auszuzahlen. Ist der/die volljährige Anspruchsberechtigte nicht geschäftsfähig, so ist seiner/ihrer gesetzlichen Vertretung (§ 1034 ABGB) die Leistung auszuzahlen, wenn die Angelegenheiten, mit deren Besorgung sie betraut worden ist, die Empfangnahme der Leistung umfassen.

(BGBl I 2018/59)

(2) Wird wahrgenommen, daß Waisenpensionen oder Kinderzuschüsse vom Zahlungsempfänger nicht zugunsten des Kindes verwendet werden, so kann der Versicherungsträger mit Zustimmung des Pflegschaftsgerichtes einen anderen Zahlungsempfänger bestellen.

(BGBl I 2002/2)

Rückforderung zu Unrecht erbrachter Leistungen

§ 76. (1) Der Versicherungsträger hat zu Unrecht erbrachte Geldleistungen sowie den Aufwand für zu Unrecht erbrachte Sachleistungen zurückzufordern, wenn der Leistungsempfänger bzw. Zahlungsempfänger (§ 75) den Bezug (die Erbringung) durch bewußt unwahre Angaben, bewußte Verschweigung maßgebender Tatsachen oder Verletzung der Meldevorschriften und der Auskunftspflicht (§§ 18 bis 20 und 22) herbeigeführt hat oder wenn der Leistungsempfänger bzw. Zahlungsempfänger (§ 75) erkennen mußte, daß die Leistung nicht oder nicht in dieser Höhe gebührte. Geldleistungen sind ferner zurückzufordern, wenn und soweit sich wegen eines nachträglich festgestellten Anspruches auf Weiterleistung der Geld- und Sachbezüge herausstellt, daß sie zu Unrecht erbracht wurden.

(BGBl 1990/295)

(2) Das Recht auf Rückforderung nach Abs. 1

a) besteht nicht, wenn der Versicherungsträger zum Zeitpunkt, in dem er erkennen mußte, daß die Leistung zu Unrecht erbracht worden ist, die für eine bescheidmäßige Feststellung erforderlichen Maßnahmen innerhalb einer angemessenen Frist unterlassen hat;

b) verjährt binnen drei Jahren nach dem Zeitpunkt, in dem dem Versicherungsträger bekannt geworden ist, daß die Leistung zu Unrecht erbracht worden ist.

(3) Der Versicherungsträger kann bei Vorliegen berücksichtigungswürdiger Umstände, insbesondere in Berücksichtigung der Familien-, Einkommens- und Vermögensverhältnisse des Empfängers,

1. auf die Rückforderung gemäß Abs. 1 zur Gänze oder zum Teil verzichten;

2. die Erstattung des zu Unrecht gezahlten Betrages in Teilbeträgen zulassen.

(4) Zur Eintreibung der Forderung des Versicherungsträgers auf Grund der Rückforderungsbescheide ist dem Versicherungsträger die Einbringung im Verwaltungswege gewährt (§ 3 Abs. 3 des Verwaltungsvollstreckungsgesetzes 1991).

(BGBl I 2010/62)

(5) Das Recht auf Rückforderung nach Abs. 1 besteht im Falle des Todes des Anspruchsberechtigten gegenüber allen Personen, die zum Bezug der noch nicht erbrachten Leistungen berechtigt sind, soweit sie eine der im § 77 Abs. 1 bezeichneten Leistungen bezogen haben.

Bezugsberechtigung im Falle des Todes des Anspruchsberechtigten

§ 77. (1) Ist im Zeitpunkt des Todes des Anspruchsberechtigten eine fällige Geldleistung noch nicht ausgezahlt, so sind, sofern in diesem

Bundesgesetz nichts anderes bestimmt wird, nacheinander der Ehegatte/die Ehegattin oder der/die eingetragene PartnerIn, die leiblichen Kinder, die Wahlkinder, die Stiefkinder, die Eltern, die Geschwister bezugsberechtigt, alle diese Personen jedoch nur, wenn sie mit dem Anspruchsberechtigten zur Zeit seines Todes in häuslicher Gemeinschaft gelebt haben. Steht der Anspruch mehreren Kindern, den Eltern oder mehreren Geschwistern des Verstorbenen zu, so sind sie zu gleichen Teilen bezugsberechtigt. Letztlich sind die Verlassenschaft nach dem Versicherten bzw. dessen Erben bezugsberechtigt.

(BGBl 1996/412, BGBl I 2009/135)

(2) Der Anspruch auf Kostenersatz gemäß § 85 Abs. 2 lit. b und c sowie auf Pflegekostenzuschuß gemäß § 98a steht nach dem Tode eines Versicherten den im Abs. 1 genannten Personen bzw. denjenigen Personen zu, die die Kosten an Stelle des Versicherten getragen haben.

(BGBl 1996/764, BGBl I 2001/5, BGBl I 2004/179, BGBl I 2007/101)

ABSCHNITT II
Leistungen der Krankenversicherung

1. Unterabschnitt
Allgemeine Bestimmungen

Aufgaben

§ 78. (1) Die Krankenversicherung trifft Vorsorge
1. für die evidenzbasierte Früherkennung von und Frühintervention bei Krankheiten und die Erhaltung der Volksgesundheit;
   (BGBl 1991/677, BGBl I 2013/81)
2. für die Versicherungsfälle der Krankheit, der Arbeitsunfähigkeit infolge Krankheit und der Mutterschaft;
   (BGBl 1990/295, BGBl I 2012/123)
3. für Zahnbehandlung und Zahnersatz;
   (BGBl 1991/677)
4. für medizinische Maßnahmen der Rehabilitation;
   (BGBl 1991/677)
5. für zielgerichtete, wirkungsorientierte Gesundheitsförderung (Salutogenese) und Prävention.
   (BGBl 1991/677, BGBl I 2013/81)

(2) Überdies können aus Mitteln der Krankenversicherung
1. Maßnahmen zur Festigung der Gesundheit (§ 100) und
2. Maßnahmen zur Krankheitsverhütung (§ 101)
gewährt werden.

(BGBl 1990/295, BGBl 1991/677)

(3) Mittel der Krankenversicherung können auch zur Förderung und Unterstützung von gemeinnützigen Einrichtungen, die der Verhütung oder Früherkennung von Krankheiten, der Verhütung von Unfällen, ausgenommen Arbeitsunfälle, der

Sicherstellung der Leistung ärztlicher Hilfe oder der Betreuung von Kranken dienen, sowie zur Förderung der Niederlassung von Vertragsärzten (Vertrags-Gruppenpraxen) in medizinisch schlecht versorgten Gebieten und zur Aufrechterhaltung der Praxis in solchen Gebieten verwendet werden, wenn dies der Erfüllung der in den Abs. 1 und 2 genannten Aufgaben dient.

(BGBl 1991/677, BGBl I 2001/100)

(4) Mittel der Krankenversicherung können auch zur Erforschung von Krankheits- bzw. Unfallursachen (ausgenommen Arbeitsunfälle) verwendet werden, wenn dies der Erfüllung der in den Abs. 1 und 2 genannten Aufgaben dient.

(BGBl 1991/677)

(5) Beim Tod eines Versicherten, eines mitversicherten Familienangehörigen (§ 10) bzw. Angehörigen (§ 83) kann durch die Satzung nach Maßgabe der finanziellen Leistungsfähigkeit des Versicherungsträgers ein Zuschuß zu den Bestattungskosten gewährt werden. Dieser Zuschuß kann unter Bedachtnahme auf die wirtschaftlichen Verhältnisse desjenigen, der die Kosten der Bestattung getragen hat, bis zur Höhe von 436,04 € gezahlt werden.

(BGBl 1991/677, BGBl I 2001/67)

Leistungen

§ 79. (1) Als Leistungen der Krankenversicherung sind nach Maßgabe der Bestimmungen dieses Bundesgesetzes zu gewähren:
1. Zur Früherkennung von Krankheiten: Jugendlichenuntersuchungen und Vorsorge(Gesunden)untersuchungen (§§ 88 und 89);
2. aus dem Versicherungsfall der Krankheit: Krankenbehandlung (§§ 90 bis 93), erforderlichenfalls medizinische Hauskrankenpflege (§ 99) oder Anstaltspflege (§§ 95, 96, 97 und 98);
3. aus dem Versicherungsfall der Arbeitsunfähigkeit infolge Krankheit: Unterstützungsleistung bei lang andauernder Krankheit (§ 104a);
   (BGBl I 2012/123)
3a. aus dem Versicherungsfall der Mutterschaft: Mutterschaftsleistungen (§§ 102 und 102a);
   (BGBl I 1997/139, BGBl I 2001/100, BGBl I 2001/103, BGBl I 2009/84, BGBl I 2012/123, BGBl I 2015/162)
4. Zahnbehandlung und Zahnersatz (§§ 94 und 94a).
   (BGBl 1993/336, BGBl I 2015/162)

Zur Inanspruchnahme der Leistungen aus dem Versicherungsfall der Krankheit und der Mutterschaft sind auch die notwendigen Reise(Fahrt)- und Transportkosten (§ 103) zu gewähren.

(2) Bei Bestand einer Zusatzversicherung (§ 9) sind Leistungen nach Maßgabe der Bestimmungen der §§ 105 bis 107 zu gewähren.

(3) Die Leistungen der Krankenversicherung werden auch gewährt, wenn es sich um die Folgen

eines Arbeitsunfalles oder einer Berufskrankheit (§§ 175 bis 177 des Allgemeinen Sozialversicherungsgesetzes) handelt.

Eintritt des Versicherungsfalles

§ 80. Der Versicherungsfall gilt als eingetreten

1. im Versicherungsfall der Krankheit mit dem Beginn der Krankheit, das ist des regelwidrigen Körper- oder Geisteszustandes, der die Krankenbehandlung notwendig macht;

2. im Versicherungsfall der Arbeitsunfähigkeit infolge Krankheit mit dem Beginn der durch eine Krankheit im Sinne der Z 1 herbeigeführten Arbeitsunfähigkeit;

(BGBl I 2012/123)

3. im Versicherungsfall der Mutterschaft mit dem Beginn der achten Woche vor der voraussichtlichen Entbindung; wenn aber die Entbindung vor diesem Zeitpunkt erfolgt, mit der Entbindung; ist der Tag der voraussichtlichen Entbindung nicht festgestellt worden, mit dem Beginn der achten Woche vor der Entbindung.

(BGBl I 2012/123)

(BGBl I 2009/84)

Organspende

§ 80a. (1) Einer Krankheit im Sinne des § 80 Z 1 ist gleichzuhalten, wenn ein Versicherter/eine Versicherte (Angehöriger/Angehörige) in nicht auf Gewinn gerichteter Absicht einen Teil seines/ihres Körpers zur Übertragung in den Körper eines anderen Menschen spendet. Der Versicherungsfall der Krankheit gilt mit dem Zeitpunkt als eingetreten, in dem die erste ärztliche Maßnahme gesetzt wird, die der späteren Entnahme des Körperteiles voranzugehen hat. Der Versicherungsfall umfasst auch die Nachkontrolle nach § 9 Organtransplantationsgesetz - OTPG, BGBl. I Nr. 108/2012.

(BGBl I 2009/147, BGBl I 2012/107)

(2) In grenzüberschreitenden Fällen, in denen weder nach dem Unionsrecht oder einem von Österreich geschlossenen Abkommen noch nach den jeweiligen ausländischen Rechtsvorschriften eine Erstattung der Kosten der Spende durch den ausländischen Träger vorgesehen ist, hat der Träger der Krankenversicherung der Empfängerin/des Empfängers die mit der Spende notwendig verbundenen Sachleistungen für die Spenderin/den Spender wie für eine/n eigene/n Versicherte/n zu erbringen.

(BGBl I 2015/162)

(BGBl I 2009/84)

Art der Leistungen

§ 81. (1) Die Leistungen der Krankenversicherung werden gewährt als

1. Pflichtleistungen;
2. freiwillige Leistungen.

(2) Pflichtleistungen sind Leistungen, auf die ein Rechtsanspruch besteht. Die Satzung kann, um eine wirtschaftliche Leistungsgewährung sicherzustellen, bestimmen, für welche Untersuchungen und Behandlungen im Rahmen der Pflichtleistungen eine Bewilligungspflicht besteht.

(3) Freiwillige Leistungen sind Leistungen, die auf Grund gesetzlicher oder satzungsmäßiger Vorschriften gewährt werden können, ohne daß auf sie ein Rechtsanspruch besteht. Die Satzung kann die Gewahrung der freiwilligen Leistungen von der Zurücklegung einer Versicherungzeit beim Versicherungsträger, die mit höchstens zwölf Monaten festgesetzt werden darf, abhängig machen.

Anspruchsberechtigung

§ 82. (1) Die Anspruchsberechtigung der Pflicht- und Weiterversicherten (§ 2, § 3 Abs. 1 und 2, § 8 und § 14b) und der Selbstversicherten (§ 14a) für sich sowie für ihre mitversicherten Familienangehörigen (§ 10) und für ihre Angehörigen (§ 83) auf Pflichtleistungen der Krankenversicherung entsteht, soweit auf Grund des § 58 nichts anderes bestimmt wird, mit dem Beginn der Versicherung.

(BGBl I 2015/162)

(2) Auf Pflichtleistungen aus dem Versicherungsfall der Krankheit besteht auch dann ein Rechtsanspruch, wenn die Krankheit im Zeitpunkt des Entstehens der Anspruchsberechtigung bestanden hat. Das gleiche gilt für Pflichtleistungen aus dem Versicherungsfall der Mutterschaft, wenn dieser bereits zu einem Zeitpunkt der vor dem Entstehen der Anspruchsberechtigung liegt, eingetreten ist und keine Anspruchsberechtigung gegenüber einem anderen gesetzlichen Krankenversicherungsträger besteht.

(BGBl I 2001/100, BGBl I 2009/84)

(3) Die Anspruchsberechtigung auf Leistungen für mitversicherte Familienangehörige (§ 10) und für Angehörige (§ 83) steht, soweit in diesem Bundesgesetz nichts anderes bestimmt wird, den Versicherten (§ 2, § 3 Abs. 1 und 2, § 8, § 14a und § 14b) zu.

(BGBl I 2015/162)

(4) Die Anspruchsberechtigung auf Pflichtleistungen erlischt, soweit in den Abs. 5, 6 und 7 nichts anderes bestimmt wird, mit dem Ende der Versicherung.

(BGBl I 2007/101, BGBl I 2013/86)

(5) Für Pflichtversicherte (§ 2, § 3 Abs. 1 und 2 und § 14b), für deren mitversicherte Familienangehörige (§ 10) und für Angehörige (§ 83) besteht über das Ende der Versicherung hinaus ein Anspruch auf Pflichtleistungen aus den Versicherungsfällen der Krankheit und der Mutterschaft sowie auf Leistungen der chirurgischen und konservierenden Zahnbehandlung bis zur vorgesehenen Höchstdauer, längstens jedoch durch 13 Wochen, wenn der Versicherungsfall vor dem Ende der Versicherung eingetreten ist, sofern kein anderweitiger Anspruch auf Leistungen einer gesetzlichen Krankenversicherung bzw. Krankenfürsorgeeinrichtung eines öffentlich-rechtlichen Dienstgebers gegeben ist. Dies gilt auch für Anspruchsberechtigte nach

§ 104a aus dem Versicherungsfall der Arbeitsunfähigkeit infolge Krankheit.

(BGBl I 2001/100, BGBl I 2009/84, BGBl I 2012/123, BGBl I 2015/162)

(6) Über die Bestimmungen des Abs. 5 hinaus sind weiters Leistungen aus dem Versicherungsfall der Krankheit sowie Leistungen der chirurgischen und konservierenden Zahnbehandlung längstens jedoch durch 13 Wochen zu gewähren, wenn Versicherungsschutz aufgrund einer Pflichtversicherung oder einer Anspruchsberechtigung als Angehörige/r bestanden hat, die Erkrankung innerhalb von sechs Wochen nach dem Ende der Anspruchsberechtigung eintritt und kein anderer Anspruch auf Leistungen einer gesetzlichen Krankenversicherung oder einer Krankenfürsorgeeinrichtung eines öffentlich-rechtlichen Dienstgebers gegeben ist.

(BGBl I 2007/101, BGBl I 2009/84)

(7) Endet die Pflichtversicherung auf Grund einer frühestens ab Eintritt des Versicherungsfalles der Mutterschaft wirksamen Ruhendmeldung oder Anzeige der Unterbrechung der selbständigen Tätigkeit durch Eintritt der Ausnahme nach § 4 Abs. 1 Z 1 oder 10, so bleibt die Anspruchsberechtigung auf Pflichtleistungen aus den Versicherungsfällen der Krankheit, Mutterschaft sowie auf Leistungen der chirurgischen und konservierenden Zahnbehandlung aufrecht. Die Anspruchsberechtigung auf Wochengeld nach § 102a besteht nur dann, wenn die Versicherte vor dem Ende der Pflichtversicherung mindestens sechs Monate auf Grund einer selbständigen Erwerbstätigkeit in der Krankenversicherung nach diesem Bundesgesetz pflichtversichert war. Die Anspruchsberechtigung endet in allen Fällen spätestens mit dem Ende des Bezuges des Wochengeldes nach § 102a.

(BGBl I 2013/86)

Anspruchsberechtigung für Angehörige

§ 83. (1) Anspruch auf die Leistungen der Krankenversicherung besteht für Angehörige,

1. wenn sie ihren gewöhnlichen Aufenthalt im Inland haben und

2. wenn sie weder nach der Vorschrift dieses Bundesgesetzes noch nach anderer gesetzlicher Vorschrift krankenversichert sind und auch für sie seitens einer Krankenfürsorgeeinrichtung eines öffentlich-rechtlichen Dienstgebers Krankenfürsorge nicht vorgesehen ist.

(2) Als Angehörige gelten:

1. der/die Ehegatte/Ehegattin oder eingetragene Partner/Partnerin,

    (BGBl I 2009/135)

2. die Kinder und Wahlkinder;

    (BGBl I 2013/86)

3. (aufgehoben)

    (BGBl I 2013/86)

4. (aufgehoben)

    (BGBl I 2013/86)

5. die Stiefkinder und Enkel, wenn sie mit dem Versicherten ständig in Hausgemeinschaft leben,

6. die Pflegekinder, wenn sie vom Versicherten unentgeltlich verpflegt werden oder das Pflegeverhältnis auf einer behördlichen Bewilligung beruht.

Die ständige Hausgemeinschaft im Sinne der Z 5 besteht weiter, wenn sich das Kind nur vorübergehend oder wegen schulmäßiger (beruflicher) Ausbildung oder zeitweilig wegen Heilbehandlung außerhalb der Hausgemeinschaft aufhält; das gleiche gilt, wenn sich das Kind auf Veranlassung des Versicherten und überwiegend auf dessen Kosten oder auf Anordnung der Jugendfürsorge oder des Pflegschaftsgerichtes in Obsorge eines Dritten befindet.

(BGBl I 2002/2)

(3) Stiefkinder einer Person sind die nicht von ihr abstammenden leiblichen Kinder ihrer Ehegattin/ihres Ehegatten oder ihrer eingetragenen Partnerin/ihres eingetragenen Partners, und zwar auch dann, wenn der andere leibliche Elternteil des Kindes noch lebt. Die Stiefkindschaft besteht nach Auflösung oder Nichtigerklärung der sie begründenden Ehe oder der eingetragenen Partnerschaft weiter.

(BGBl I 2013/139)

(4) Kinder und Enkel (Abs. 2 Z 2 bis 6) gelten als Angehörige bis zur Vollendung des 18. Lebensjahres. Nach diesem Zeitpunkt gelten sie als Angehörige, wenn und solange sie

1. sich in einer Schul- oder Berufsausbildung befinden, die ihre Arbeitskraft überwiegend beansprucht, längstens bis zur Vollendung des 27. Lebensjahres; die Angehörigeneigenschaft von Kindern, die eine im § 3 des Studienförderungsgesetzes 1992 genannte Einrichtung besuchen, verlängert sich nur dann, wenn für sie

    a) entweder Familienbeihilfe nach dem Familienlastenausgleichsgesetz 1967 bezogen wird oder

    b) zwar keine Familienbeihilfe bezogen wird, sie jedoch ein ordentliches Studium ernsthaft und zielstrebig im Sinne des § 2 Abs. 1 lit. b des Familienlastenausgleichsgesetzes 1967 in der Fassung des Bundesgesetzes BGBl. Nr. 311/1992 betreiben;

    (BGBl 1992/474, BGBl 1996/201, BGBl I 2002/141)

2. seit der Vollendung des 18. Lebensjahres oder seit dem Ablauf des in Z 1 genannten Zeitraumes

    a) infolge Krankheit oder Gebrechen erwerbsunfähig sind oder

    b) erwerbslos sind;

    (BGBl I 2001/100)

3. an einem Programm der Europäischen Union zur Förderung der Mobilität junger Menschen

teilnehmen, längstens bis zur Vollendung des 27. Lebensjahres.

(BGBl I 2001/100, BGBl I 2015/162)

Die Angehörigeneigenschaft bleibt in den Fällen der Z 2 lit. b längstens für die Dauer von 24 Monaten ab den in Z 2 genannten Zeitpunkten gewahrt.

(5) Kommt eine mehrfache Angehörigeneigenschaft nach diesem und einem anderen Bundesgesetz in Betracht, so wird die Leistung nur einmal gewährt. Leistungspflichtig ist der Versicherungsträger, bei dem die Leistung zuerst in Anspruch genommen wird.

(6) Eine im Abs. 2 Z 1, Abs. 8 und 8a genannte Person gilt nur als Angehöriger, soweit es sich nicht um eine Person handelt, die

a) einer Berufsgruppe angehört, die gemäß § 5 Abs. 1 von der Pflichtversicherung ausgenommen ist, oder

    (BGBl I 1997/139, BGBl I 1998/139)

b) zu den im § 4 Abs. 2 Z 2 genannten Personen gehört oder

    (BGBl I 1998/139, BGBl I 2000/92, BGBl I 2001/33)

c) im § 2 Abs. 1 des Bundesgesetzes über die Sozialversicherung freiberuflich selbständig Erwerbstätiger, BGBl. Nr. 624/1978, in der am 31. Dezember 1997 geltenden Fassung angeführt ist oder

    (BGBl 1996/412, BGBl I 1998/139)

d) eine Pension nach dem in lit. c genannten Bundesgesetz bezieht oder

    (BGBl I 1998/139)

e) in die Vorsorge nach dem Notarversorgungsgesetz einbezogen ist oder eine Pension nach dem Notarversicherungsgesetz 1972 oder dem Notarversorgungsgesetz bezieht oder

    (BGBl 1996/412, BGBl I 1998/139, BGBl I 2012/123, BGBl I 2018/100)

f) einer Berufsgruppe angehörte, die nach § 5 Abs. 1 auch von der Pflichtversicherung in der Krankenversicherung ausgenommen ist, und eine Alters-, Berufsunfähigkeits- oder Todesversorgungsleistung aus einer Einrichtung ihrer gesetzlichen beruflichen Vertretung bezieht. Besondere Pensionsleistungen nach den §§ 20c, 20d und 20e FSVG gelten als Versorgungsleistungen.

    (BGBl I 2012/123)

(BGBl 1990/295, BGBl I 2009/84)

(7) Eine im Abs. 2 und 4 sowie Abs. 8 und 8a genannte Person gilt nicht als Angehöriger, wenn sie im Ausland eine Erwerbstätigkeit ausübt, die, würde sie im Inland ausgeübt werden, nach den Bestimmungen dieses oder eines anderen Bundesgesetzes die Versicherungspflicht in der Krankenversicherung begründet, oder eine Pension auf Grund dieser Erwerbstätigkeit bezieht; dies gilt entsprechend für eine Beschäftigung bei einer internationalen Organisation und den Bezug einer Pension auf Grund dieser Beschäftigung.

(BGBl 1990/295, BGBl I 2001/100, BGBl I 2009/84, BGBl I 2012/123)

(8) Als Angehörige/r gilt auch eine mit der/dem Versicherten nicht verwandte Person, die seit mindestens zehn Monaten mit ihm/ihr in Hausgemeinschaft lebt und ihm/ihr seit dieser Zeit unentgeltlich den Haushalt führt, wenn eine/ein im gemeinsamen Haushalt lebende/r arbeitsfähige/r Ehegattin/Ehegatte oder eingetragene Partnerin/eingetragener Partner nicht vorhanden ist. Die Angehörigeneigenschaft bleibt auch dann gewahrt, wenn die als Angehörige/r geltende Person nicht mehr in der Lage ist, den Haushalt zu führen. Angehörige/r aus diesem Grund kann nur eine einzige Person sein.

(BGBl I 2003/71, BGBl I 2005/138, BGBl I 2006/131, BGBl I 2007/31, BGBl I 2009/84, BGBl I 2009/135)

(8a) Als Angehörige gelten auch Personen, die eine/n Versicherte/n mit Anspruch auf Pflegegeld zumindest in Höhe der Stufe 3 nach § 5 des Bundespflegegeldgesetzes oder nach den Bestimmungen der Landespflegegeldgesetze unter ganz überwiegender Beanspruchung ihrer Arbeitskraft nicht erwerbsmäßig in häuslicher Umgebung pflegen. Als Angehörige gelten die/der Ehegattin/Ehegatte, eingetragene Partnerin/Partner und Personen, die mit der pflegebedürftigen Person in gerader Linie oder bis zum vierten Grad der Seitenlinie verwandt oder verschwägert sind, ferner Wahl-, Stief- und Pflegekinder, Wahl-, Stief- und Pflegeeltern sowie Angehörige nach Abs. 8.

(BGBl I 2009/84, BGBl I 2009/135)

(9) Kinder und Enkel (Abs. 2 Z 2 bis 6) gelten im Rahmen der Altersgrenzen des Abs. 4 Z 1 auch dann als Angehörige, wenn sie sich im Ausland in einer Schul- oder Berufsausbildung befinden; dies gilt auch bei nur vorübergehendem Aufenthalt im Inland.

(BGBl 1991/677)

(10) Als Pflegekinder gemäß Abs. 2 Z 6 gelten auch Kinder, die von einem (einer) Versicherten gepflegt und erzogen werden, wenn sie mit dem (der) Versicherten

1. bis zum dritten Grad verwandt oder verschwägert sind und

2. ständig in Hausgemeinschaft leben.

(BGBl 1996/412)

Sonderregelung für Pensionisten

§ 84. Ist der Pensionist (§ 3 Abs. 1 Z 1), ein mitversicherter Familienangehöriger (§ 10) oder ein Angehöriger des Pensionisten (§ 83) in einer Versorgungsanstalt oder in einer Anstalt der Sozialhilfe, in der er im Rahmen seiner gesamten Betreuung ärztliche Hilfe und Heilmittel erhält, untergebracht, so besteht während der Dauer dieser Unterbringung für seine Person kein Anspruch auf diese Leistungen der Krankenversicherung.

(BGBl I 1997/139)

Art der Leistungserbringung

§ 85. (1) Die Leistungen der Krankenversicherung nach diesem Bundesgesetz sind Geldleistungen oder Sachleistungen.

(2) Geldleistungen werden erbracht,

a) wenn es sich um Leistungen handelt, die nach den einschlägigen Bestimmungen dieses Bundesgesetzes oder der Satzung in Geld zu gewähren sind;

b) wenn bei anderen Leistungen als Anstaltspflege ein Anspruch auf Sachleistung gegeben ist, der Anspruchsberechtigte jedoch die Sachleistung nicht in Anspruch nimmt, durch Kostenersätze bis zur Höhe jenes Betrages, den der Versicherungsträger bei Inanspruchnahme der Leistung als Sachleistung aufzuwenden gehabt hätte, abzüglich des vom Versicherten zu leistenden Kostenanteiles gemäß § 86 bzw. bei Heilmitteln durch Kostenersätze im Ausmaß von 80 vH der Kosten nach der für Privatbezieher geltenden Arzneitaxe abzüglich der Rezeptgebühr;

(BGBl 1996/764, BGBl I 2001/5, BGBl I 2004/179, BGBl I 2007/101)

c) wenn kein Anspruch auf Sachleistung gegeben ist, durch Kostenersätze nach einem Vergütungstarif, der einen Bestandteil der Satzung darstellt, bis zur Höhe von 80 vH der dem Versicherten für die jeweilige Leistung erwachsenen Kosten, bzw. bei Heilmitteln durch Kostenersätze im Ausmaß von 80 vH der Kosten nach der für Privatbezieher geltenden Arzneitaxe, abzüglich des Betrages der Rezeptgebühr (§ 92 Abs. 3), die im Falle einer Sachleistung zu entrichten wäre.

(3) Sachleistungen sind Leistungen, die vom Versicherungsträger durch einen Vertragspartner gegen direkte Verrechnung der vertragsmäßigen Kosten oder durch eine eigene Einrichtung erbracht werden. Der Versicherungsträger kann in seiner Satzung bestimmen, daß für Versicherte anstelle der Sachleistungen bare Leistungen gewährt werden, wenn

1. sie ausschließlich nach diesem Bundesgesetz in der Krankenversicherung pflichtversichert sind und ihre vorläufige Beitragsgrundlage (§ 25a) auf Grund von Einkünften gebildet wird, die den in der Satzung festzusetzenden Betrag erreichen oder übersteigen, oder

2. sie in der Krankenversicherung nach diesem Bundesgesetz weiterversichert sind und Beiträge nach § 30 Abs. 1 entrichten oder

(BGBl I 2009/84)

3. ihre Pension nach diesem Bundesgesetz oder die Summe aus Pension und dem in Z 1 bezeichneten Betrag den in der Satzung festzusetzenden Betrag erreicht oder übersteigt.

(BGBl I 2009/84)

Die Höhe der baren Leistungen darf 80 vH der dem Versicherten tatsächlich erwachsenen Kosten nicht überschreiten. Durch die Feststellung der Beitrags-

grundlage gemäß § 25 bleibt der Anspruch auf Sach- bzw. Geldleistungen unberührt.

(BGBl 1996/412, BGBl I 1998/139, BGBl I 1999/175)

(4) Soweit vertragliche Regelungen für alle oder einzelne Gruppen von Versicherten oder für bestimmte Leistungen nicht bestehen, sind an Stelle von Sachleistungen Geldleistungen durch Kostenersätze nach Maßgabe der Bestimmungen des Abs. 2 lit. c zu gewähren. Versicherten, die vor Eintritt des vertragslosen Zustandes Anspruch auf Sachleistungen hatten, sind Kostenersätze nach Maßgabe der Bestimmungen des Abs. 2 lit. b zu gewähren. Der Versicherungsträger kann diese Kostenersätze durch die Satzung unter Bedachtnahme auf seine finanzielle Leistungsfähigkeit und das wirtschaftliche Bedürfnis der Versicherten erhöhen.

(4a) Für eine als Krankenbehandlung erbrachte ambulante Tumorbehandlung durch eine punktförmige Bestrahlung des Tumors mit Protonen und/oder Kohlenstoffionen ist ein Kostenersatz festzusetzen. Die Höhe des Kostenersatzes hat sich am Ausmaß der durchschnittlichen Kostentragung von ausländischen gesetzlichen Versicherungsträgern mit Sitz in einem Mitgliedstaat des Europäischen Wirtschaftsraumes für diese Behandlung zu orientieren, wenn diese Behandlung im betreffenden Staat ebenfalls ambulant erfolgt.

(BGBl I 2004/171)

(5) Ein Anspruch auf Sachleistungen im Sinne des Abs. 3 erster Satz steht jedenfalls den Versicherten zu,

1. deren Pflichtversicherung in der Krankenversicherung nach diesem Bundesgesetz ausschließlich auf der Ausübung einer diese Pflichtversicherung begründenden selbständigen Erwerbstätigkeit beruht und für die eine vorläufige Beitragsgrundlage gemäß § 25a Abs. 1 Z 1 festgestellt wird;

2. die auf Grund der Bestimmung des § 27 Abs. 5 erster Satz monatlich einen von der Höchstbeitragsgrundlage (§ 25 Abs. 5) bemessenen Beitrag zu leisten haben;

(BGBl I 2010/61)

3. deren Beitragsgrundlage nach § 25a Abs. 5 ermittelt wurde.

(BGBl I 2010/61)

(BGBl I 1998/139)

Optionsmöglichkeit für Sach- bzw. Geldleistungsberechtigte

§ 85a. (1) Versicherte, die auf Grund gesamtvertraglicher und satzungsmäßiger Regelungen Anspruch auf Sachleistungen nach § 85 Abs. 3 erster Satz haben, sind, soweit die Satzung dies vorsieht, berechtigt, über Antrag gegen Entrichtung eines Zusatzbeitrages

1. Geldleistungen nach § 96 Abs. 2 oder

2. Geldleistungen nach § 85 Abs. 2 lit. c und § 96 Abs. 2

in Anspruch zu nehmen. Die Höhe des jeweiligen Zusatzbeitrages ist unter Bedachtnahme auf das Leistungsaufkommen und die finanzielle Leistungsfähigkeit des Versicherungsträgers durch die Satzung festzusetzen. Versicherte, die nicht ausschließlich nach diesem Bundesgesetz in der Krankenversicherung pflichtversichert sind, haben abweichend von § 274 Abs. 4 die vollen Beiträge zu entrichten. Für Beginn und Ende dieser Berechtigung gilt § 9 Abs. 2 und 3 mit der Maßgabe, dass eine Erklärung im Sinne des § 9 Abs. 3 Z 1 vom Versicherten frühestens zum Ende des auf den Beginn der Berechtigung folgenden Kalenderjahres und im Übrigen jeweils zum Ende des Kalenderjahres wirksam abgegeben werden kann.

(BGBl I 2002/141)

(2) Versicherte, für die auf Grund gesamtvertraglicher und satzungsmäßiger Regelungen anstelle der Sachleistungen bare Leistungen nach § 85 Abs. 3 zweiter Satz gewährt werden, sind, soweit die Satzung dies vorsieht, berechtigt, über Antrag Sachleistungen nach § 85 Abs. 3 erster Satz unter Beibehaltung der Geldleistungen nach § 96 Abs. 2 in Anspruch zu nehmen. Für Beginn und Ende dieser Berechtigung gilt Abs. 1 vierter Satz entsprechend.

(BGBl I 2012/123)

(3) Der Versicherungsträger hat jährlich bis zum 31. März des Folgejahres, erstmals für das Kalenderjahr 2002 bis zum 31. März 2003, dem Bundesminister für soziale Sicherheit und Generationen einen Bericht darüber vorzulegen, ob und wie die Einnahmen- und Risikostruktur des Versicherungsträgers durch die Optionsmöglichkeit nach Abs. 1 und 2 beeinflusst werden.

(BGBl I 2002/2, BGBl I 2004/105)

Kostenbeteiligung

§ 86. (1) Für die vom Versicherungsträger gewährten Sachleistungen mit Ausnahme der Anstaltspflege hat der Versicherte, soweit in diesem Bundesgesetz nichts anderes bestimmt wird, den in der Satzung festgesetzten Kostenanteil zu entrichten. Die Höhe des Kostenanteils ist durch die Satzung unter Bedachtnahme auf

1. die finanzielle Leistungsfähigkeit des Versicherungsträgers,
2. die Art und Frequenz der Leistungserbringung,
3. gesundheitspolitische Zielvorgaben,
4. die wirtschaftlichen Verhältnisse der Versicherten

festzusetzen, wobei der Kostenanteil 30% der dem Versicherungsträger erwachsenden Kosten nicht überschreiten darf. Die Satzung kann weiters bei der Erbringung der Leistungen für Kieferregulierungen, skelettierte Metallprothesen und Vollmetallkronen an Klammerzähnen bei Teilprothesen anstelle des Kostenanteils höhere Zuzahlungen durch den Versicherten vorsehen. Für ambulante Leistungen, die durch Zahlungen der Landesgesundheitsfonds abgegolten werden, ist der Kostenanteil in der Höhe von 20% von einem Pauschalbetrag zu ermitteln, dessen Höhe in der Satzung bestimmt wird.

(BGBl 1996/764, BGBl I 2000/92, BGBl I 2001/5, BGBl I 2001/33, BGBl I 2001/35, BGBl I 2002/2, BGBl I 2004/179, BGBl I 2007/101)

(2) Im Falle einer Geldleistung im Sinne der Bestimmungen des § 85 Abs. 2 lit. b ist der Kostenanteil oder die Zuzahlung vom Erstattungsbetrag in Abzug zu bringen.

(3) Der Kostenanteil für Sachleistungen ist bei Bestehen einer diesbezüglichen Vereinbarung mit den Vertragspartnern von diesen, ansonsten nachträglich vom Versicherungsträger einzuheben. Im Falle der Einhebung durch den Versicherungsträger ist der Kostenanteil längstens innerhalb eines Monates nach erfolgter Vorschreibung einzuzahlen. Der Kostenanteil kann, wenn dies der Verwaltungsvereinfachung dient, auch gemeinsam mit den Beiträgen vorgeschrieben werden, in diesem Fall wird er mit den Beiträgen fällig. Im übrigen gelten für die Einhebung des Anteiles die Bestimmungen der §§ 37 bis 42 entsprechend. Die gemäß Abs. 1 vorletzter Satz zu entrichtende Zuzahlung ist im Falle der Sachleistung vom Versicherten direkt an den Vertragszahnarzt (Dentisten) zu entrichten.

(BGBl I 2015/162)

(4) Zur Eintreibung des Kostenanteiles ist dem Versicherungsträger die Einbringung im Verwaltungswege gewährt (§ 3 Abs. 3 des Verwaltungsvollstreckungsgesetzes 1991).

(BGBl I 2010/62)

(5) Der Versicherte hat keinen Kostenanteil zu bezahlen:

a)   bei Sachleistungen gemäß den §§ 88, 89, 89a, 99, 101 und 102 Abs. 2 sowie bei Leistungen gemäß § 94a und § 99a mit Ausnahme der Zuzahlung gemäß § 99a Abs. 7;

(BGBl 1990/295, BGBl 1993/336, BGBl 1996/201, BGBl I 2015/162)

b)   bei anzeigepflichtigen übertragbaren Krankheiten;

c)   bei Dialysebehandlungen infolge Nierenerkrankungen;

d)   bei der Gewährung von Leistungen anlässlich einer Organspende nach § 80a;

(BGBl I 2015/162)

e)   bei Leistungen für Angehörige nach § 83 Abs. 2 Z 2 bis 6, ausgenommen nicht unter § 94a fallende Kieferregulierungen.

(BGBl I 1999/175, BGBl I 2001/100, BGBl I 2014/28)

(6) Der Versicherungsträger kann von der Einhebung des Kostenanteiles absehen,

a)   bei allen Leistungen, wenn der vorzuschreibende Kostenanteil 1,09 € nicht übersteigt und die Einhebung mit Kosten verbunden wäre, die in keinem angemessenen Verhältnis zur Höhe des Kostenanteiles stehen;

(BGBl I 2001/67)

b) bei Sachleistungen, wenn die an die Vertragspartner zu leistende Vergütung durch vom Dachverband der Sozialversicherungsträger abgeschlossene vertragliche Regelungen in Pauschbeträgen unabhängig von der dem einzelnen Anspruchsberechtigten erbrachten Leistung festgesetzt ist;

(BGBl I 2018/100)

c) bei Sachleistungen, wenn durch die vom Dachverband der Sozialversicherungsträger abgeschlossenen vertraglichen Regelungen die Vergütung rückwirkend erhöht wird, für den auf die Erhöhung entfallenden Kostenanteil;

(BGBl I 2018/100)

d) wenn eine besondere soziale Schutzbedürftigkeit des Versicherten vorliegt und nicht § 93 Abs. 2 oder 2a anzuwenden ist.

(BGBl I 2015/162)

(7) Zahlungen, die auf Grund anderer gesetzlicher Bestimmungen für den Versicherten geleistet werden, sind auf den vom Versicherten zu entrichtenden Kostenanteil anzurechnen.

Leistungen bei mehrfacher Versicherung

§ 87. (1) Bei mehrfacher gesetzlicher Krankenversicherung sind die Sachleistungen und die Geldleistungen, soweit es sich um die Erstattung von Kosten anstelle von Sachleistungen handelt, für ein und denselben Versicherungsfall nur einmal zu gewähren, und zwar von dem Träger der Krankenversicherung, den die/der Versicherte zuerst in Anspruch nimmt. Die sonstigen Geldleistungen gebühren aus jeder der in Betracht kommenden Krankenversicherungen.

(2) Hat eine Versicherte/ein Versicherter im Falle der Anstaltspflege Anspruch auf Leistungen gemäß § 96 Abs. 2, so sind diese Leistungen, soweit sie im Falle der Inanspruchnahme eines anderen Krankenversicherungsträgers über das Ausmaß der von diesem Versicherungsträger zu erbringenden Leistung hinausgehen, vom Versicherungsträger zusätzlich zu gewähren.

(BGBl I 1997/139, BGBl I 1999/175, BGBl I 2000/2, BGBl I 2004/171)

2. Unterabschnitt
Leistungen der Krankenversicherung im besonderen

Jugendlichenuntersuchungen

§ 88. (1) Der Versicherungsträger hat die bei ihm pflichtversicherten Jugendlichen zwecks Überwachung ihres Gesundheitszustandes jährlich mindestens einmal einer ärztlichen Untersuchung zu unterziehen. Für die Durchführung der Untersuchungen kommen insbesondere Vertragsärzte, Einrichtungen der Vertragsärzte und sonstiger Vertragspartner, Vertrags-Gruppenpraxen sowie eigene Einrichtungen in Betracht.

(BGBl I 2001/100)

(2) Als Jugendliche im Sinne des Abs. 1 gelten Personen nach Vollendung des 15. Lebensjahres, soweit sie aber das 15. Lebensjahr vor Beendigung der allgemeinen Schulpflicht vollendet haben, nach dem Ablauf des letzten Schuljahres, alle diese, solange sie das 18. Lebensjahr noch nicht vollendet haben.

(BGBl I 2002/141)

(3) Der Versicherungsträger hat dem Jugendlichen die im Zusammenhang mit der Untersuchung entstehenden Fahrtkosten nach Maßgabe der Bestimmungen des § 103 zu ersetzen.

(4) (aufgehoben)

(BGBl I 2015/144)

Vorsorge(Gesunden)untersuchungen

§ 89. (1) Die Versicherten und ihre Angehörigen (§ 83) haben Anspruch auf jährlich eine Vorsorge(Gesunden)untersuchung. Sie ist vom Versicherungsträger nach Maßgabe der gemäß § 132b Abs. 2 des Allgemeinen Sozialversicherungsgesetzes erlassenen Richtlinien des Dachverbandes der Sozialversicherungsträger durchzuführen.

(BGBl 1990/295, BGBl I 2018/100)

(2) Die im Zusammenhang mit den Vorsorge(Gesunden)untersuchungen entstehenden Fahrtkosten sind nach Maßgabe der Bestimmungen des § 103 Abs. 6 zu ersetzen.

(BGBl 1990/295)

(BGBl 1990/295)

Sonstige Maßnahmen zur Erhaltung der Volksgesundheit

§ 89a. (1) Der Versicherungsträger hat unbeschadet seiner anderweitigen gesetzlichen Aufgaben sonstige Maßnahmen zur Erhaltung der Volksgesundheit durchzuführen. § 132c des Allgemeinen Sozialversicherungsgesetzes gilt, soweit im folgenden nichts anderes bestimmt wird, entsprechend.

(2) Die im Zusammenhang mit den Maßnahmen zur Erhaltung der Volksgesundheit entstehenden Fahrtkosten sind nach Maßgabe der Bestimmungen des § 103 Abs. 6 zu ersetzen.

Leistungen aus dem Versicherungsfall der Krankheit

§ 90. (1) Der Versicherungsfall der Krankheit umfaßt:

a) Krankenbehandlung, das ist ärztliche Hilfe, Versorgung mit Heilmitteln und Heilbehelfen sowie Hilfe bei körperlichen Gebrechen (§§ 91 bis 93);

b) (entfällt)

(BGBl 1991/677)

c) erforderlichenfalls Anstaltspflege (§§ 95 bis 98) an Stelle der ärztlichen Hilfe, der Versorgung mit Heilmitteln und jener Heilbehelfe, die nach dem Bundesgesetz über Krankenanstalten und Kuranstalten (KAKuG), BGBl.

Nr. 1/1957, im Rahmen der Anstaltspflege zu gewähren sind;

(BGBl I 2010/61)

d) medizinische Hauskrankenpflege (§ 99).

(BGBl 1991/677)

(2) Die Krankenbehandlung muß ausreichend und zweckmäßig sein, sie darf jedoch das Maß des Notwendigen nicht überschreiten. Durch die Krankenbehandlung sollen die Gesundheit, die Arbeitsfähigkeit und die Fähigkeit, für die lebenswichtigen persönlichen Bedürfnisse zu sorgen, nach Möglichkeit wiederhergestellt, gefestigt oder gebessert werden.

(3) Kosmetische Behandlungen gelten als Krankenbehandlung, wenn sie zur Beseitigung anatomischer oder funktioneller Krankheitszustände dienen. Andere kosmetische Behandlungen können als freiwillige Leistungen gewährt werden, wenn sie der vollen Wiederherstellung der Arbeitsfähigkeit förderlich oder aus Berufsgründen notwendig sind. Als Leistung der Krankenbehandlung gilt auch die Übernahme der für eine Organtransplantation notwendigen Anmelde- und Registrierungskosten bei einer Organbank.

(4) Für Angehörige (§ 83), die sonst einen gesetzlichen Anspruch auf Krankenbehandlung haben, besteht kein Anspruch auf die Leistungen der Krankenbehandlung nach diesem Bundesgesetz.

Ärztliche Hilfe

§ 91. (1) Ärztliche Hilfe wird durch niedergelassene Ärzte, durch Ärzte in Gruppenpraxen oder in Einrichtungen des Versicherungsträgers bzw. in Vertragseinrichtungen für die Dauer der Krankheit ohne zeitliche Begrenzung als Pflichtleistung gewährt. Sie wird durch approbierte Ärzte (§ 44 Abs. 1 des Ärztegesetzes 1998) nur dann gewährt, wenn der Arzt gemäß Artikel 2 der Richtlinie 2005/36/EG das Recht erworben hat, den ärztlichen Beruf als Arzt für Allgemeinmedizin im Rahmen eines Sozialversicherungssystems auszuüben. Im Rahmen der Krankenbehandlung (§ 90 Abs. 2) ist der ärztlichen Hilfe gleichgestellt:

1. eine auf Grund ärztlicher Verschreibung erforderliche
   a) physiotherapeutische,
   b) logopädisch-phoniatrisch-audiologische oder
   c) ergotherapeutische

   Behandlung durch Personen, die gemäß § 7 des Bundesgesetzes über die Regelung der gehobenen medizinisch-technischen Dienste, BGBl. Nr. 460/1992, zur freiberuflichen Ausübung des physiotherapeutischen Dienstes, des logopädisch-phoniatrisch-audiologischen Dienstes bzw. des ergotherapeutischen Dienstes berechtigt sind;

   (BGBl 1993/336)

2. eine auf Grund ärztlicher Verschreibung oder psychotherapeutischer Zuweisung erforderliche diagnostische Leistung eines klinischen Psychologen oder einer klinischen Psychologin nach § 29 Abs. 1 des Psychologengesetzes 2013, BGBl. I Nr. 182/2013;

   (BGBl I 2015/162)

3. eine psychotherapeutische Behandlung durch Personen, die gemäß § 11 des Psychotherapiegesetzes, BGBl. Nr. 361/1990, zur selbständigen Ausübung der Psychotherapie berechtigt sind, wenn nachweislich vor oder nach der ersten, jedenfalls vor der zweiten psychotherapeutischen Behandlung innerhalb desselben Abrechnungszeitraumes eine ärztliche Untersuchung (§ 2 Abs. 2 Z 1 des Ärztegesetzes 1998) stattgefunden hat;

   (BGBl I 2001/100, BGBl I 2002/169)

4. eine auf Grund ärztlicher Verschreibung erforderliche Leistung eines Heilmasseurs, der nach § 46 des Medizinischer Masseur- und Heilmasseurgesetzes, BGBl. I Nr. 169/2002, zur freiberuflichen Berufsausübung berechtigt ist.

   (BGBl I 2002/169)

   (BGBl 1991/677, BGBl 1996/412, BGBl I 2001/100, BGBl I 2014/32)

(2) Besondere Untersuchungen, ambulant durchzuführende Operationen und Behandlungen sowie physikalische Heilbehandlung werden auch durch Krankenanstalten, die durch Landesgesundheitsfonds finanziert werden (landesgesundheitsfondsfinanzierte Krankenanstalten) und Kuranstalten gewährt.

(BGBl 1996/764, BGBl I 2001/5, BGBl I 2004/179, BGBl I 2007/101)

(3) Bei Inanspruchnahme ärztlicher Hilfe als Sachleistung hat der Erkrankte die Anspruchsberechtigung nachzuweisen.

Behandlungsbeitrag-Ambulanz

§ 91a. (aufgehoben)

(BGBl I 2000/101, BGBl I 2001/5, BGBl I 2001/33, BGBl I 2001/35)

Heilmittel

§ 92. (1) Heilmittel werden gegen ärztliche Verordnung ohne zeitliche Begrenzung als Pflichtleistung unbeschadet der Bestimmungen des Abs. 3 gewährt.

(2) Die Heilmittel umfassen
a) die notwendigen Arzneien und
b) die sonstigen Mittel, die zur Beseitigung oder Linderung der Krankheit oder zur Sicherung des Heilerfolges dienen,

soweit sie von Ärzten/Ärztinnen oder Zahnärzten/Zahnärztinnen (Dentisten/Dentistinnen) verschrieben und in Apotheken bzw. von Hausapotheken führenden Ärzten/Ärztinnen bezogen werden.

(BGBl I 2005/155)

(3) Für jedes auf einem Rezept verordnete und auf Rechnung des Versicherungsträgers bezogene Heilmittel ist als Kostenbeteiligung eine Rezept-

gebühr in der Höhe von 4,35 €[a]) zu zahlen. An die Stelle dieses Betrages tritt ab 1. Jänner eines jeden Jahres der unter Bedachtnahme auf § 51 mit der jeweiligen Aufwertungszahl (§ 47) vervielfachte Betrag. Der vervielfachte Betrag ist auf fünf Cent zu runden. Die Rezeptgebühr ist bei Abgabe des Heilmittels an die abgebende Stelle auf Rechnung des Versicherungsträgers zu zahlen. Die Zahlung ist von dieser Stelle auf dem Rezept zu vermerken.

(BGBl 1996/412, BGBl 1996/764, BGBl I 2000/92, BGBl I 2001/33, BGBl I 2001/67, BGBl I 2003/145, BGBl I 2004/156)

[a]) Betrag siehe VO über veränderliche Werte.

(4) Bei anzeigepflichtigen übertragbaren Krankheiten darf eine Rezeptgebühr nicht eingehoben werden. Der Versicherungsträger hat für diese Fälle besondere Rezeptvordrucke aufzulegen, die mit dem Vermerk „rezeptgebührenfrei" zu versehen sind.

(5) Der Versicherungsträger hat bei Vorliegen einer besonderen sozialen Schutzbedürftigkeit des Versicherten nach Maßgabe der vom Dachverband der Sozialversicherungsträger hiezu erlassenen Richtlinien von der Einhebung der Rezeptgebühr abzusehen.

(BGBl I 2018/100)

(6) Der Versicherungsträger hat von der Einhebung der Rezeptgebühr auch bei Erreichen der in den Richtlinien des Dachverbandes nach § 30a Abs. 1 Z 15 ASVG vorgesehenen Obergrenze abzusehen.

(BGBl I 2007/101, BGBl I 2018/100)

Heilbehelfe und Hilfe bei körperlichen Gebrechen

§ 93. (1) Brillen, orthopädische Schuheinlagen, Bruchbänder und sonstige notwendige Heilbehelfe sowie Hilfsmittel (Abs. 6) sind dem Versicherten für sich und seine Angehörigen in einfacher und zweckentsprechender Ausführung nach Maßgabe der folgenden Bestimmungen zu gewähren.

(2) Die Kosten der Heilbehelfe und Hilfsmittel werden vom Versicherungsträger nur dann übernommen, wenn sie höher sind als 20% der Höchstbeitragsgrundlage (§ 108 Abs. 3 ASVG). Der vom Versicherten zu tragende Kostenanteil (§ 86) hat mindestens 20% dieser Höchstbeitragsgrundlage zu betragen.

(BGBl 1996/412, BGBl I 2001/67, BGBl I 2002/2)

(2a) Die Kosten für Brillen und Kontaktlinsen werden vom Versicherungsträger nur dann übernommen, wenn sie höher sind als 60 % der Höchstbeitragsgrundlage (§ 108 Abs. 3 ASVG); bei Leistungen für Angehörige nach § 83 Abs. 2 Z 2 bis 6 und Abs. 4 ist Abs. 2 anzuwenden. Der vom Versicherten/von der Versicherten zu tragende Kostenanteil (§ 86) hat mindestens 60 % dieser Höchstbeitragsgrundlage (20 % dieser Höchstbeitragsgrundlage bei Leistungen für Angehörige nach § 83 Abs. 2 Z 2 bis 6 und Abs. 4) zu betragen.

Die Kosten für Dreistärkengläser (Gleitsicht- und Trifokalgläser) werden nicht übernommen.

(BGBl I 2004/156)

(3) Abs. 2 gilt nicht für ständig benötigte Heilbehelfe und Hilfsmittel, die nur einmal oder nur kurzfristig verwendet werden können und daher in der Regel mindestens einmal im Monat erneuert werden müssen.

(4) Der Versicherungsträger hat auch die sonst vom Versicherten gemäß Abs. 2 und 2a zu tragenden Kosten bzw. den Kostenanteil (§ 86) zu übernehmen:

a) bei Versicherten (Angehörigen), die das 15. Lebensjahr noch nicht vollendet haben bzw. für die ohne Rücksicht auf das Lebensalter Anspruch auf die erhöhte Familienbeihilfe im Sinne des § 8 Abs. 4 bis 7 des Familienlastenausgleichsgesetzes 1967, BGBl. Nr. 376, besteht und

b) bei Vorliegen einer besonderen sozialen Schutzbedürftigkeit im Sinne des § 92 Abs. 5.

(BGBl I 2004/156)

(5) Das Ausmaß der vom Versicherungsträger zu übernehmenden Kosten darf einen durch die Satzung festzusetzenden Höchstbetrag nicht übersteigen; die Satzung kann diesen Höchstbetrag einheitlich oder für bestimmte Arten von Heilbehelfen und Hilfsmitteln in unterschiedlicher Höhe festsetzen, und zwar bei Hilfsmitteln im Sinne des Abs. 6 lit. a und bei Krankenfahrstühlen höchstens mit dem 25fachen, ansonsten höchstens mit dem 10fachen der Höchstbeitragsgrundlage (§ 108 Abs. 3 ASVG). In den Fällen des Abs. 3 gilt der Höchstbetrag für den Monatsbedarf.

(BGBl I 2001/67)

(6) Hilfsmittel sind nicht zu gewähren, soweit auf diese ein Anspruch aus der gesetzlichen Unfallversicherung, eine Leistungsverpflichtung im Rahmen der medizinischen Maßnahmen der Rehabilitation oder ein gleichartiger Anspruch nach dem Kriegsopferversorgungsgesetz 1957, nach dem Heeresversorgungsgesetz, nach dem Opferfürsorgegesetz, nach dem Bundesgesetz über die Gewährung von Hilfeleistungen an Opfer von Verbrechen, nach dem Impfschadengesetz oder nach dem Strafvollzugsgesetz besteht. Als Hilfsmittel sind hiebei solche Gegenstände oder Vorrichtungen anzusehen, die geeignet sind,

a) die Funktion fehlender oder unzulänglicher Körperteile zu übernehmen oder

b) die mit einer Verstümmelung, Verunstaltung oder einem Gebrechen verbundene körperliche oder psychische Beeinträchtigung zu mildern oder zu beseitigen.

Als freiwillige Leistung kann der Versicherungsträger in solchen Fällen überdies, sofern dies notwendig und zweckmäßig ist, Krankenbehandlung und Anstaltspflege gewähren, soweit auf diese Leistungen nicht schon ein Anspruch aus dem Versicherungsfall der Krankheit besteht.

(BGBl 1991/677, BGBl 1993/336)

(7) Für Heilbehelfe und Hilfsmittel, die nur vorübergehend gebraucht werden und nach ihrer Art ohne gesundheitliche Gefahren von mehreren Personen benützt werden können, wie zum Beispiel Krücken oder Krankenfahrstühle, kann die Satzung bestimmen, daß diese auch leihweise durch den Versicherungsträger bzw. durch Vertragsstellen zur Verfügung gestellt werden können; sie kann auch eine Vergütung angefallener Leihgebühren unter Bedachtnahme auf § 86 vorsehen. Abs. 2 gilt in diesen Fällen nicht.

(8) Die Instandsetzungskosten notwendiger Heilbehelfe und Hilfsmittel sind vom Versicherungsträger unter Bedachtnahme auf § 86 bis zu zwei Drittel der Kosten zu übernehmen, die dem Versicherungsträger bei Neuanschaffung des Heilbehelfes oder des Hilfsmittels entstehen würden.

(9) Die Satzung kann unter Bedachtnahme auf die Abnützung bei ordnungsmäßigem Gebrauch eine Gebrauchsdauer für Heilbehelfe und Hilfsmittel festsetzen. Die Gebrauchsdauer darf für Brillen drei Jahre nicht unterschreiten.

(BGBl I 2004/156)

(10) Die Leistung bestimmt sich im einzelnen im Rahmen der durch Gesetz und Satzung festgesetzten Höchstbeträge nach Maßgabe der bestehenden Verträge mit den entsprechenden Vertragspartnern oder nach einem Vergütungstarif, der einen Bestandteil der Satzung darstellt.

Zahnbehandlung und Zahnersatz

§ 94. (1) Pflichtleistungen sind

1. Zahnbehandlung, und zwar chirurgische und konservierende Zahnbehandlung sowie Kieferregulierungen, soweit sie zur Verhütung von Gesundheitsschädigungen oder zur Beseitigung von berufsstörenden Verunstaltungen notwendig sind;

2. Zahnersatz, der notwendig ist, um eine Gesundheitsstörung oder eine wesentliche Störung der Berufsfähigkeit hintanzuhalten.

(2) Zahnbehandlung und Zahnersatz sind durch niedergelassene Zahnärzte/Zahnärztinnen, Gruppenpraxen oder Dentisten/Dentistinnen, in eigenen hiefür ausgestatteten Einrichtungen des Versicherungsträgers oder in Vertragseinrichtungen nach Maßgabe der Bestimmungen der Satzung zu gewähren. § 90 Abs. 2 gilt entsprechend.

(BGBl 1991/677, BGBl I 2001/100, BGBl I 2005/155)

(3) Bei der Inanspruchnahme der Zahnbehandlung oder des Zahnersatzes als Sachleistung ist die Anspruchsberechtigung nachzuweisen.

Kieferregulierungen für Kinder und Jugendliche

§ 94a. (1) Behandlungsbedürftigen Kindern und Jugendlichen wird bis zur Vollendung des 18. Lebensjahres unbeschadet des Anspruches nach § 94 zahnmedizinisch geeignete Versorgung durch Kieferregulierung als Sachleistung gewährt.

Behandlungsbedürftigkeit liegt vor, wenn eine erhebliche Zahn- oder Kieferfehlstellung besteht.

(2) Die Behandlungsbedürftigkeit, die geeignete zahnmedizinische Versorgung und die Qualitätsanforderungen für die Erbringung der Sachleistung nach Abs. 1 sind bundesweit einheitlich in der Satzung nach den Regelungen der Mustersatzung (§ 455 Abs. 2 ASVG) entsprechend dem Stand der zahnmedizinischen Wissenschaft zu regeln.

(3) Anspruch auf Kostenerstattung nach § 85 Abs. 4 – unbeschadet der Bestimmungen nach § 85 Abs. 2 – besteht für Leistungen nach dieser Bestimmung nur dann und solange, als der Gesamtvertrag eine flächendeckende Sachleistungsversorgung nach § 343e ASVG sicherstellt. Fällt ein Gesamtvertrag nach § 343e ASVG weg, so ist § 85 Abs. 4 zweiter Satz nicht anzuwenden.

(4) Der Anspruch, die Höhe und die Qualitätsanforderungen für die Zuerkennung eines Kostenersatzes sind für den Fall des Fehlens einer flächendeckenden Sachleistungsversorgung (§ 343e ASVG) bundesweit einheitlich in der Satzung des Versicherungsträgers zu regeln.

(BGBl I 2014/28)

Umfang und Dauer der Anstaltspflege oder der medizinischen Hauskrankenpflege

§ 95. (1) Anstaltspflege in Krankenanstalten im Sinne des Bundesgesetzes über Krankenanstalten und Kuranstalten ist als Pflichtleistung ohne zeitliche Begrenzung zu gewähren, wenn und solange es die Krankheit erfordert. Wenn und solange es die Art der Krankheit zuläßt, ist anstelle von Anstaltspflege medizinische Hauskrankenpflege zu gewähren (§ 99). Anstaltspflege kann auch gewährt werden, wenn die Möglichkeit einer medizinischen Hauskrankenpflege nicht gegeben ist.

(BGBl 1991/677, BGBl I 2010/61)

(2) Als Anstaltspflege gilt nicht die Unterbringung in einer Pflegeanstalt für chronisch Kranke, die ärztlicher Betreuung und besonderer Pflege bedürfen (§ 2 Abs. 1 Z 3 KAKuG), oder in einer Sonderkrankenanstalt, die vorwiegend der Rehabilitation von Versicherten dient.

(BGBl I 2002/2, BGBl I 2010/61, BGBl I 2015/162)

(3) Ist die Anstaltspflege oder die medizinische Hauskrankenpflege nicht durch die Notwendigkeit ärztlicher Behandlung bedingt, so wird sie nicht gewährt.

(BGBl 1991/677, BGBl I 2003/145)
(BGBl 1991/677)

Kostentragung und Kostenersatz an Versicherte bei Anstaltspflege

§ 96. (1) Anstaltspflege ist in der allgemeinen Gebührenklasse einer Krankenanstalt zu gewähren.

(2) Für Versicherte, die ärztliche Hilfe nur in Form von Geldleistungen gemäß § 85 Abs. 2 lit. c erhalten, kann die Satzung bestimmen, daß im Falle der Wahl einer Krankenanstalt ohne allgemeine Gebührenklasse oder der Wahl einer höheren Gebührenklasse (Sonderklasse) Kostenersätze für

Sondergebühren und Operationen nach einem Vergütungstarif, der einen Bestandteil der Satzung darstellt, gewährt werden. Im Vergütungstarif können auch Pauschalsätze festgelegt werden. Diese Leistungen dürfen 80 vH der in Rechnung gestellten Beträge nicht überschreiten. Bei Vorliegen einer Berechtigung im Sinne des § 85a Abs. 1 Z 1 oder 2 entsteht die Anspruchsberechtigung auf diese Leistungen nach Ablauf von sechs Monaten ab Beginn der Berechtigung; § 105 Abs. 2 erster und dritter Satz gilt entsprechend; die Frist von sechs Monaten verkürzt sich um die Dauer eines unmittelbar vor dem Beginn dieser Berechtigung bestandenen Anspruches auf Geldleistungen gemäß § 85 Abs. 2 lit. c.

(BGBl 1991/677, BGBl 1996/764, BGBl I 1998/139, BGBl I 2001/5, BGBl I 2002/141, BGBl I 2004/179, BGBl I 2007/101)

Kostenersatz bei Organtransplantationen für die Anmelde- und Registrierungskosten

§ 96a. Der Versicherungsträger hat die für eine Organtransplantation notwendigen Anmelde- und Registrierungskosten zu übernehmen. Der entsprechende Betrag wird an den gezahlt, der diese Kosten getragen hat. Das Nähere wird unter Bedachtnahme auf die im Einzelfall vorliegenden besonderen Erfordernisse des Anmelde- und Registrierungsverfahrens in der Satzung des Trägers der Krankenversicherung geregelt; dabei kann der Versicherungsträger unter Bedachtnahme auf seine finanzielle Leistungsfähigkeit auch eine Obergrenze für die Übernahme der Anmelde- und Registrierungskosten vorsehen.

Beziehungen zu den Krankenanstalten, die über Landesgesundheitsfonds finanziert werden

§ 97. (Grundsatzbestimmung) Für die Regelung der Beziehungen des Versicherungsträgers zu den landesgesundheitsfondsfinanzierten Krankenanstalten ist § 148 ASVG anzuwenden.

(BGBl 1990/295, BGBl 1996/764, BGBl I 2001/5, BGBl I 2004/179, BGBl I 2007/101)

Beziehungen zu anderen als in § 97 genannten Krankenanstalten

§ 98. (1) Der Erkrankte kann auch in eine andere als in § 97 genannte Krankenanstalt aufgenommen werden, mit der der Versicherungsträger in einem Vertragsverhältnis steht. In diesem Fall ist die Pflege in einer solchen Krankenanstalt der Pflege in einer Krankenanstalt im Sinne des § 97 gleichzuhalten. § 149 Abs. 3, 3a, 3b, 4 und 6 ASVG sind anzuwenden.

(BGBl I 2001/5)

(2) **(Grundsatzbestimmung)** Die Verträge mit den in Abs. 1 genannten Krankenanstalten bedürfen zu ihrer Rechtsgültigkeit der schriftlichen Form und haben insbesondere nähere Bestimmungen über die Einweisung, die Überprüfung der Identität des Patienten/der Patientin und die rechtmäßige Verwendung der e-card, die Einsichtnahme in alle Unterlagen für die Beurteilung des Krankheitsfalles, wie zB in die Krankengeschichte, Röntgenaufnahmen, Laboratoriumsbefunde, ferner über die ärztliche Untersuchung durch einen vom Versicherungsträger beauftragten Facharzt/eine vom Versicherungsträger beauftragte Fachärztin in der Anstalt im Einvernehmen mit dieser zu enthalten. Die Überprüfung der Identität ist für Patienten/Patientinnen bis zum vollendeten 14. Lebensjahr nur im Zweifelsfall vorzunehmen. Die in Abs. 1 genannten Krankenanstalten sind verpflichtet, die e-card und die e-card-Infrastruktur nach Maßgabe der technischen Verfügbarkeit zu verwenden.

(BGBl I 2009/147, BGBl I 2015/113)

(BGBl 1996/764, BGBl I 2004/179, BGBl I 2007/101)

Pflegekostenzuschuß des Versicherungsträgers bei Anstaltspflege

§ 98a. Wenn ein Anspruch auf Anstaltspflege als Sachleistung gegeben ist, der Anspruchsberechtigte jedoch die Sachleistung nicht in Anspruch nimmt, so hat der Versicherungsträger dem Versicherten einen Pflegekostenzuschuß zu leisten. Der Pflegekostenzuschuss ist für Versicherte, die in einer Krankenanstalt nach § 149 Abs. 3 erster Satz ASVG, mit der Vertrag besteht, aufgenommen wurden, vom Fonds nach § 149 Abs. 3 zweiter Satz ASVG im Namen der Sozialversicherung in der Höhe zu leisten, die sich aus der Anwendung des § 149 Abs. 3 vorletzter Satz ASVG ergibt. In allen übrigen Fällen ist der Pflegekostenzuschuss in der Satzung des Versicherungsträgers in dem Ausmaß festzusetzen, der dem Durchschnitt der vom Fonds pro Verpflegstag aufzuwendenden Mittel entspricht.

(BGBl 1996/764, BGBl I 2001/5, BGBl I 2004/179, BGBl I 2007/101)

Medizinische Hauskrankenpflege

§ 99. (1) Wenn und solange es die Art der Krankheit erfordert, ist medizinische Hauskrankenpflege zu gewähren.

(2) Die medizinische Hauskrankenpflege wird erbracht durch Angehörige des gehobenen Dienstes für Gesundheits- und Krankenpflege (§ 12 des Gesundheits- und Krankenpflegegesetzes, BGBl. I Nr. 108/1997), die vom Versicherungsträger beigestellt werden oder die mit dem Versicherungsträger in einem Vertragsverhältnis im Sinne des Sechsten Teiles des Allgemeinen Sozialversicherungsgesetzes stehen oder die im Rahmen von Vertragseinrichtungen tätig sind, die medizinische Hauskrankenpflege betreiben.

(BGBl 1993/336, BGBl I 1998/139)

(3) Die Tätigkeit des Angehörigen des gehobenen Dienstes für Gesundheits- und Krankenpflege kann nur auf ärztliche Anordnung erfolgen. Die Tätigkeit umfaßt medizinische Leistungen und qualifizierte Pflegeleistungen, wie die Verabreichung von Injektionen, Sondenernährung, Dekubitusversorgung. Zur medizinischen Hauskrankenpflege gehören

nicht die Grundpflege und die hauswirtschaftliche Versorgung des Kranken.

(BGBl I 1998/139)

(4) Hat der (die) Anspruchsberechtigte nicht die Vertragspartner (§ 338 des Allgemeinen Sozialversicherungsgesetzes) oder die eigenen Einrichtungen (Vertragseinrichtungen) des Versicherungsträgers in Anspruch genommen, so gebührt ihm Kostenersatz gemäß § 85 Abs. 2 lit. b.

(5) Die medizinische Hauskrankenpflege wird für ein und denselben Versicherungsfall für die Dauer von längstens vier Wochen gewährt. Darüber hinaus wird sie nach Vorliegen einer chef- oder kontrollärztlichen Bewilligung weitergewährt.

(6) Medizinische Hauskrankenpflege wird nicht gewährt, wenn der (die) Anspruchsberechtigte in einer der im § 95 Abs. 2 bezeichneten Einrichtungen untergebracht ist.

(BGBl 1991/677)

Medizinische Maßnahmen der Rehabilitation in der Krankenversicherung

§ 99a. (1) Der Versicherungsträger als Krankenversicherungsträger gewährt, um den Erfolg der Krankenbehandlung zu sichern oder die Folgen der Krankheit zu erleichtern, im Anschluß an die Krankenbehandlung nach pflichtgemäßem Ermessen und nach Maßgabe des § 90 Abs. 2 medizinische Maßnahmen der Rehabilitation mit dem Ziel, den Gesundheitszustand der Versicherten und ihrer Angehörigen so weit wiederherzustellen, daß sie in der Lage sind, in der Gemeinschaft einen ihnen angemessenen Platz möglichst dauernd und ohne Betreuung und Hilfe einzunehmen.

(2) Die Maßnahmen gemäß Abs. 1 umfassen:

1. die Unterbringung in Krankenanstalten, die vorwiegend der Rehabilitation dienen;

2. die Gewährung von Körperersatzstücken, orthopädischen Behelfen und anderen Hilfsmitteln einschließlich der notwendigen Änderung, Instandsetzung und Ersatzbeschaffung sowie der Ausbildung im Gebrauch der Hilfsmittel;

3. die Gewährung ärztlicher Hilfe sowie die Versorgung mit Heilmitteln und Heilbehelfen, wenn diese Leistungen unmittelbar im Anschluß an eine oder im Zusammenhang mit einer der in Z 1 und 2 genannten Maßnahmen erforderlich sind.

4. (aufgehoben)

(BGBl 1996/412)

In den Fällen der Z 1 bis 3 sowie im Zusammenhang mit der körpergerechten Anpassung von Körperersatzstücken, orthopädischen Behelfen und anderen Hilfsmitteln können Reise- und Transportkosten nach Maßgabe der Bestimmungen der Satzung unter Bedachtnahme auf die wirtschaftlichen Verhältnisse des Versicherten bzw. Angehörigen übernommen werden.

(BGBl 1996/412)

(3) Die in Abs. 2 angeführten Maßnahmen sind beim Versicherungsträger als Pensionsversicherungsträger oder einem Unfallversicherungsträger zu beantragen, die den Antrag unverzüglich an den Versicherungsträger als Krankenversicherungsträger oder an einen anderen zuständigen Krankenversicherungsträger weiterzuleiten haben, soweit sie diese Maßnahmen nicht selbst gemäß den §§ 160 Abs. 2, 169 Abs. 2 Z 2 oder gemäß § 189 Abs. 2 des Allgemeinen Sozialversicherungsgesetzes gewähren bzw. zu gewähren haben oder ihre Gewährung gemäß § 160 Abs. 2 oder gemäß § 191 Abs. 2 des Allgemeinen Sozialversicherungsgesetzes an sich ziehen.

(BGBl I 2015/162)

(4) Der Versicherungsträger als Krankenversicherungsträger kann die Durchführung von medizinischen Maßnahmen der Rehabilitation dem Versicherungsträger als Pensionsversicherungsträger oder einem anderen Pensionsversicherungsträger mit dessen Zustimmung übertragen. Er hat dem Pensionsversicherungsträger in einem solchen Fall die Kosten zu ersetzen. Die beteiligten Versicherungsträger können jedoch zur Abgeltung der Ersatzansprüche unter Bedachtnahme auf die Anzahl der in Betracht kommenden Fälle und die Höhe der durchschnittlichen Kosten der in diesen Fällen gewährten medizinischen Maßnahmen der Rehabilitation die Zahlung jährlicher Pauschalbeträge vereinbaren.

(5) Der Versicherungsträger als Krankenversicherungsträger hat die von ihm jeweils zu treffenden medizinischen Maßnahmen der Rehabilitation mit den in Frage kommenden Versicherungsträgern, Dienststellen und Einrichtungen im Sinne des § 169 zu koordinieren und aufeinander abzustimmen.

(6) Die Gewährung von Maßnahmen zur Festigung der Gesundheit bzw. von Maßnahmen der Gesundheitsvorsorge (§§ 100 und 169) zählt nicht zu den Aufgaben der medizinischen Maßnahmen der Rehabilitation.

(BGBl 1991/677)

(7) Werden Versicherte (PensionsbezieherInnen, Angehörige) für Rechnung des Versicherungsträgers als Krankenversicherungsträger in einer der in Abs. 2 Z 1 angeführten Einrichtungen untergebracht, so haben diese eine Zuzahlung zu leisten. Die Zuzahlung beträgt pro Verpflegstag

1. 7,00 €[a)], wenn das Erwerbseinkommen oder die Pension monatlich den Betrag nach § 150 Abs. 1 lit. a sublit. bb zuzüglich 581,38 € nicht übersteigt;

2. 12,00 €[a)], wenn das Erwerbseinkommen oder die Pension monatlich den Gesamtbetrag nach Z 1, nicht aber den Betrag nach § 150 Abs. 1 lit. a sublit. bb zuzüglich 1 162,77 € übersteigt;

3. 17,00 €[a)], wenn das Erwerbseinkommen oder die Pension monatlich den Gesamtbetrag nach Z 2 übersteigt.

a) Betrag siehe VO veränderliche Werte.

An die Stelle dieser Zuzahlungsbeträge treten ab 1. Jänner eines jeden Jahres, erstmals ab 1. Jänner 2012, die unter Bedachtnahme auf § 51 mit der jeweiligen Aufwertungszahl (§ 47) vervielfachten Beträge. Der Versicherungsträger als Krankenversicherungsträger hat bei Vorliegen einer besonderen sozialen Schutzbedürftigkeit der versicherten (pensionsbeziehenden) Person von der Einhebung der Zuzahlung abzusehen oder diese herabzusetzen, und zwar nach Maßgabe der vom Dachverband hiezu erlassenen Richtlinien (§ 30a Abs. 1 Z 27 ASVG). Die Zuzahlung ist sogleich bei Antritt des Aufenthaltes im Voraus an den Versicherungsträger als Krankenversicherungsträger zu leisten und darf für jede versicherte (pensionsbeziehende, angehörige) Person für höchstens 28 Tage pro Kalenderjahr eingehoben werden.

(BGBl 1996/201, BGBl I 2001/67, BGBl I 2010/111, BGBl I 2018/100)

Gesundheitsförderung und Prävention

§ 99b. (1) Der Versicherungsträger als Krankenversicherungsträger hat im Rahmen der Gesundheitsförderung und Prävention dazu beizutragen, den Versicherten und deren Angehörigen ein hohes Maß an Selbstbestimmung über ihre Gesundheit zu ermöglichen und sie damit zur Stärkung ihrer Gesundheit zu befähigen, indem er insbesondere über Gesundheitsgefährdung, die Bewahrung der Gesundheit und über die Verhütung von Krankheiten und Unfällen – ausgenommen Arbeitsunfälle – aufklärt, und darüber zu beraten, wie Gefährdungen vermieden, Krankheiten und Unfälle – ausgenommen Arbeitsunfälle – verhütet werden können. Dazu sind gezielt für Gruppen von Anspruchsberechtigten abgestellt auf deren Lebenswelten Gesundheitsförderungs- und Präventionsprogramme und daraus abgeleitete Maßnahmen anzubieten.

(BGBl I 2013/81)

(2) Fallen Maßnahmen gemäß Abs. 1 auch in den sachlichen oder örtlichen Aufgabenbereich anderer Einrichtungen (Behörden, Versicherungsträger, gemeinnützige Einrichtungen und dergleichen), so kann mit diesen eine Vereinbarung über ein planmäßiges Zusammenwirken und eine Beteiligung an den Kosten getroffen werden.

(3) Der Versicherungsträger als Krankenversicherungsträger kann die im Abs. 1 bezeichneten Maßnahmen auch dadurch treffen, daß er sich an Einrichtungen der Gesundheitsfürsorge, die den gleichen Zwecken dienen, beteiligt. Abs. 2 ist anzuwenden.

(BGBl 1991/677, BGBl I 2013/81)

Maßnahmen zur Festigung der Gesundheit

§ 100. (1) Der Versicherungsträger als Krankenversicherungsträger kann unter Berücksichtigung des Fortschrittes der medizinischen Wissenschaft sowie unter Bedachtnahme auf seine finanzielle Leistungsfähigkeit Maßnahmen zur Festigung der Gesundheit gewähren.

(BGBl 1991/677)

(2) Als Maßnahmen im Sinne des Abs. 1 kommen insbesondere in Betracht:

1. Landaufenthalt sowie Aufenthalt in Kurorten;
2. Unterbringung in Kuranstalten zur Verhinderung
   a) einer unmittelbar drohenden Krankheit,
   b) der Verschlimmerung einer bestehenden Krankheit;
   (BGBl I 2015/162)
3. die Übernahme der Reisekosten in den Fällen der Z 1 bis 3 nach Maßgabe der Bestimmungen der Satzung unter Bedachtnahme auf die wirtschaftlichen Verhältnisse des Versicherten bzw. Angehörigen;
   (BGBl I 2015/162)
4. Übernahme von Kosten für Betriebshelfer bei Vorliegen einer besonderen sozialen Schutzbedürftigkeit des Versicherten; durch die Satzung kann überdies bestimmt werden, daß die Leistung der Betriebshilfe durch eine Beteiligung des Versicherungsträgers an Einrichtungen, die Betriebshilfe durch Bereitstellung hiefür geeigneter Personen betreiben, erfolgt.
   (BGBl 1991/677, BGBl I 2015/162)

(BGBl 1991/677)

(3) Werden Versicherte (Angehörige) für Rechnung des Versicherungsträgers als Krankenversicherungsträger in einer der in Abs. 2 Z 1 bis 3 angeführten Einrichtungen (ausgenommen die Fälle der Zuschussgewährung durch den Versicherungsträger als Krankenversicherungsträger) untergebracht, so haben diese eine Zuzahlung zu leisten, deren Höhe sich nach § 99a Abs. 7 zweiter bis vierter Satz richtet. Sie ist sogleich bei Antritt des Aufenthaltes im Voraus an den Versicherungsträger als Krankenversicherungsträger zu leisten.

(BGBl 1996/201, BGBl I 2001/67, BGBl I 2010/111)

(4) Die Maßnahmen zur Festigung der Gesundheit können auch nach Maßgabe der vom Dachverband hiezu erlassenen Richtlinien (§ 30a Abs. 1 Z 28 ASVG) durch Gewährung von Zuschüssen für Landaufenthalt und Aufenthalt in Kurorten bzw. Kuranstalten erbracht werden.

(BGBl 1996/201, BGBl I 2018/100)

Krankheitsverhütung

§ 101. (1) Zur Verhütung des Eintrittes und der Verbreitung von Krankheiten können als freiwillige Leistungen insbesondere gewährt werden:

1. Gesundheitsfürsorge, wie Gesunden- und Schwangerenfürsorge, Säuglings- und Kinderfürsorge, Fürsorge für gesundheitsgefährdete Jugendliche;
2. Maßnahmen zur Bekämpfung der Volkskrankheiten und der Zahnfäule;
3. Maßnahmen zur Stärkung der Gesundheitskompetenz der Versicherten und ihrer Familienangehörigen (Health Literacy);

(BGBl I 2013/81)

1. GSVG

§§ 101 – 102a

4. die Übernahme der Reisekosten in den Fällen der Z 1 bis 3 nach Maßgabe der Bestimmungen der Satzung unter Bedachtnahme auf die wirtschaftlichen Verhältnisse des Versicherten bzw. Angehörigen.

(BGBl 1991/677)

(2) Fallen Maßnahmen gemäß Abs. 1 auch in den sachlichen oder örtlichen Aufgabenbereich anderer Einrichtungen (Behörden, Versicherungsträger und dergleichen), so kann mit diesen eine Vereinbarung über ein planmäßiges Zusammenwirken und eine Beteiligung an den Kosten getroffen werden.

(3) Der Versicherungsträger kann die im Abs. 1 bezeichneten Maßnahmen auch dadurch treffen, daß er sich an Einrichtungen der Gesundheitsfürsorge, die den gleichen Zwecken dienen, beteiligt. Abs. 2 gilt entsprechend.

Leistungen aus dem Versicherungsfall der Mutterschaft

§ 102. (1) Der Versicherungsfall der Mutterschaft umfaßt die Schwangerschaft, die Entbindung und die sich daraus ergebenden Folgen, soweit diese Folgen nicht als Versicherungsfall der Krankheit anzusehen sind.

(2) Ärztlicher Beistand, Hebammenbeistand und Beistand durch diplomierte Kinderkranken- und Säuglingsschwestern sind als Pflichtleistungen in sinngemäßer Anwendung des § 91 zu gewähren.

(3) Heilmittel und Heilbehelfe sind in sinngemäßer Anwendung der Bestimmungen der §§ 92 und 93 zu gewähren.

(4) Für die Entbindung ist Pflege in einer Krankenanstalt für längstens zehn Tage in sinngemäßer Anwendung der Bestimmungen der §§ 95 bis 98 zu gewähren.

(5) Betriebshilfe bzw. Wochengeld (§ 102a) gebühren weiblichen Personen, die auf Grund einer Erwerbstätigkeit nach diesem Bundesgesetz in der Krankenversicherung pflichtversichert sind. Wochengeld gebührt auch weiblichen Personen, die im Zeitraum nach § 102a Abs. 1 auf Grund einer frühestens ab Eintritt des Versicherungsfalles der Mutterschaft wirksamen Ruhendmeldung oder Anzeige der Unterbrechung der selbständigen Tätigkeit nach § 4 Abs. 1 Z 1 oder 10 von der Pflichtversicherung ausgenommen sind, wenn sie vor dem Ende der Pflichtversicherung mindestens sechs Monate auf Grund einer selbständigen Erwerbstätigkeit nach diesem Bundesgesetz pflichtversichert waren. Zeiten der vorübergehenden Unterbrechung der Pflichtversicherung auf Grund einer selbständigen Erwerbstätigkeit in dem im § 102a Abs. 1 angeführten Zeitraum gelten als der Ausübung einer sozialversicherungspflichtigen Erwerbstätigkeit im Sinne des § 24 Abs. 2 des Kinderbetreuungsgeldgesetzes (KBGG), BGBl. I Nr. 103/2001, gleichgestellt, wenn unmittelbar in den letzten sechs Kalendermonaten zuvor eine Erwerbstätigkeit im Sinne des § 24 Abs. 1 Z 2 KBGG tatsächlich ausgeübt wurde und

keine Leistungen aus der Arbeitslosenversicherung bezogen wurden.

(BGBl I 1997/139, BGBl I 2000/112, BGBl I 2001/100, BGBl I 2001/103, BGBl I 2013/86, BGBl I 2015/162)

Betriebshilfe (Wochengeld)

§ 102a. (1) Den Anspruchsberechtigten nach § 102 Abs. 5 gebührt für die Dauer der letzten acht Wochen vor der Entbindung, für den Entbindungstag selbst und für die ersten acht Wochen nach der Entbindung eine Betriebshilfe nach Maßgabe der Abs. 2 und 3; Müttern nach Frühgeburten, Mehrlingsgeburten und Kaiserschnittentbindungen gebührt diese Leistung nach der Entbindung durch zwölf Wochen. Die Achtwochenfrist vor der voraussichtlichen Entbindung ist auf Grund eines ärztlichen Zeugnisses zu berechnen. Erfolgt die Entbindung zu einem anderen als dem vom Arzt angenommenen Zeitpunkt, so verkürzt oder verlängert sich die Frist vor der Entbindung entsprechend. Die Frist nach der Entbindung verlängert sich jedoch in jedem Fall bis zu dem Zeitpunkt, in dem unter der Annahme der Geltung der Vorschriften des Mutterschutzrechtes ein Beschäftigungsverbot enden würde. Über die Frist von acht Wochen vor der Entbindung hinaus gebührt die Leistung der Betriebshilfe, wenn bei Fortdauer der Tätigkeit Leben oder Gesundheit von Mutter oder Kind gefährdet wäre und dies durch ein amtsärztliches Zeugnis nachgewiesen wird. Weiters gebührt Betriebshilfe für den Zeitraum eines Beschäftigungsverbotes für werdende Mütter nach § 13a Abs. 5 Tabakgesetz.

(BGBl I 2008/120)

(2) Die Leistung der Betriebshilfe im Sinne des Abs. 1 kann nach Maßgabe der Verfügbarkeit entsprechend geschulter und für die Verrichtung der in Betracht kommenden gewerblichen Arbeiten geeigneter Personen erfolgen. Die Tätigkeit des Betriebshelfers ist auf die Verrichtung unaufschiebbarer Arbeitsleistungen im Betrieb beschränkt, die üblicherweise von der Wöchnerin außerhalb des Haushaltes erbracht wurden.

(3) Wird die Leistung nach Abs. 1 nicht im Wege der Beistellung einer Arbeitskraft durch den Versicherungsträger erbracht, so gebührt anstelle dieser Leistung ein tägliches Wochengeld, solange während des im Abs. 1 genannten Zeitraumes eine geeignete betriebsfremde, soweit eine solche nicht zur Verfügung steht, eine nicht betriebsfremde Hilfe ständig zur Entlastung der Wöchnerin eingesetzt worden ist. Als ständig gilt nur eine Tätigkeit, die

a) an mindestens vier Tagen oder im Ausmaß von 20 Stunden in einer Woche oder

b) bezogen auf den Zeitraum vor bzw. nach der Entbindung (Abs. 1), jeweils im Durchschnitt an vier Tagen oder im Ausmaß von 20 Stunden in einer Woche

von der Hilfe zur Entlastung der Wöchnerin verrichtet wird.

(4) Die Voraussetzung des Abs. 3 entfällt, wenn

Kodex Sozialversicherung 1.3.2021

1. infolge der örtlichen Lage des Betriebes eine Hilfe oder Nachbarschaftshilfe nicht herangezogen werden kann, oder

2. wegen der Art der der Wöchnerin zustehenden Berechtigung zur Ausübung der die Pflichtversicherung begründenden selbständigen Erwerbstätigkeit der Einsatz einer Hilfe zur Entlastung der Wöchnerin nicht zulässig ist.

(5) Das tägliche Wochengeld nach Abs. 3 beträgt 50 €[a]) und ist in den Fällen des Abs. 4 in einem Betrag im nachhinein, in allen übrigen Fällen jeweils nach Vorlage des Nachweises über den ständigen Einsatz der Hilfe im Sinne des Abs. 3 auszuzahlen. An die Stelle dieses Betrages tritt ab 1. Jänner eines jeden Jahres, erstmals ab 1. Jänner 2014, der unter Bedachtnahme auf § 51 mit dem jeweiligen Anpassungsfaktor (§ 47) vervielfachte Betrag.

(BGBl I 2001/67, BGBl I 2012/123)

---

[a]) Betrag siehe VO im Anhang.

(6) Der Eintritt der Schwangerschaft ist dem Versicherungsträger spätestens am Beginn des dritten Monates vor der voraussichtlichen Entbindung unter Anschluß eines ärztlichen Zeugnisses über den Zeitpunkt der voraussichtlichen Entbindung zu melden. Der Versicherungsträger hat aufgrund dieser Meldung – abgesehen von den Fällen des Abs. 4 – Vorkehrungen für die Beistellung einer Hilfe im Sinne des Abs. 3 zu treffen, sofern dies nach den besonderen Umständen des Falles geboten erscheint.

(7) (aufgehoben)

(BGBl I 2000/92, BGBl I 2001/33)

(8) Stirbt eine Wöchnerin bei der Entbindung oder während des Bestehens eines Anspruches auf Betriebshilfe oder Wochengeld, so ist die Leistung bis zum Ablauf der Leistungsdauer nach Abs. 1 an denjenigen weiterzugewähren, der für den Unterhalt des Kindes sorgt.

(BGBl I 1997/139)

§ 102b. (aufgehoben)

(BGBl I 2001/103)

§ 102c. (aufgehoben)

(BGBl I 2001/103)

Beitrag des Ausgleichsfonds für Familienbeihilfen

§ 102d. Der Ausgleichsfonds für Familienbeihilfen leistet der Sozialversicherungsanstalt der Selbständigen einen Beitrag in der Höhe von 70% der Aufwendungen für die Leistungen nach § 102a.

(BGBl I 1997/139, BGBl I 2001/103, BGBl I 2018/100)

Reise(Fahrt)- und Transportkosten

§ 103. (1) Zur Inanspruchnahme der Pflichtleistungen der Krankenversicherung nach diesem Bundesgesetz, die aus dem Versicherungsfall der Krankheit und der Mutterschaft (§ 79 Abs. 1 Z 2 und 3) entstehen, sind im notwendigen Ausmaß auch die Reise(Fahrt)- und Transportkosten nach Maßgabe der nachfolgenden Bestimmungen zu übernehmen.

(2) Die Reise(Fahrt)kosten, die

1. zur Inanspruchnahme der nächsten Behandlungsstelle durch den Versicherten oder einen seiner mitversicherten Familienangehörigen bzw. Angehörigen gemäß § 83 oder

2. zur körpergerechten Anpassung von Heilbehelfen oder Hilfsmitteln

notwendig sind und sich nicht aus der Benützung öffentlicher Verkehrsmittel innerhalb des Stadtgebietes ergeben, können nach Maßgabe der Bestimmungen der Satzung ersetzt werden, wenn die Entfernung mehr als 5 km beträgt. Bei der Festsetzung des Ausmaßes des Kostenersatzes bzw. eines allfälligen Kostenanteiles ist auf den dem Versicherten für sich bzw. seinen Angehörigen bei Benützung des billigsten öffentlichen Verkehrsmittels erwachsenden Reisekostenaufwand Bedacht zu nehmen; dies gilt auch bei Benützung eines Privatfahrzeuges. Die Satzung kann überdies bestimmen, daß nach diesen Grundsätzen festgestellte Reise(Fahrt)kosten bei Kindern und gebrechlichen Personen auch für eine Begleitperson gewährt werden. Die tatsächliche Inanspruchnahme der Behandlungsstelle ist in jedem Fall nachzuweisen.

(BGBl 1996/412)

(3) Bei Notwendigkeit des Transportes gehunfähiger Erkrankter zu besonderen Untersuchungen und Behandlungen können über ärztlichen Antrag vom Versicherungsträger die Reise(Fahrt)kosten zur nächstgelegenen geeigneten Behandlungsstelle unter Bedachtnahme auf § 86 nach Maßgabe der Bestimmungen der Satzung übernommen werden.

(BGBl 1996/412)

(4) Sofern im Falle einer zu gewährenden Anstaltspflege der körperliche Zustand des Erkrankten oder die Entfernung seines Wohnsitzes seine Beförderung in die oder aus der Krankenanstalt erfordert, sind die notwendigen Kosten einer solchen Beförderung zur bzw. von der nächstgelegenen geeigneten Krankenanstalt vom Versicherungsträger unter Bedachtnahme auf § 86 nach Maßgabe der Bestimmungen der Satzung zu übernehmen. Das gleiche gilt hinsichtlich der Übernahme der notwendigen Kosten des Transportes von der Unfallstelle bis zur Wohnung.

(5) Bergungskosten und die Kosten der Beförderung bis ins Tal sind bei Unfällen in Ausübung von Sport und Touristik nicht zu ersetzen.

(6) Durch die Satzung kann unter Bedachtnahme auf Abs. 2 und § 86 im Zusammenhang mit der Unterbringung in Sonderkrankenanstalten die Übernahme von Reise(Fahrt)- und Transportkosten als freiwillige Leistung vorgesehen werden. Durch die Satzung kann ferner die Übernahme der im Zusammenhang mit den Gesundenuntersuchungen und den Maßnahmen zur Erhaltung der Volksgesundheit entstehenden Fahrtkosten nach Maßgabe der Bestimmungen des Abs. 2 als freiwillige Leistung vorgesehen werden.

(BGBl 1996/412)

Verwendung von Chipkarten

§ 104. § 31c ASVG ist mit der Maßgabe anzuwenden, dass in der Satzung vorzusehen ist, von welchen anspruchsberechtigten Personen ein Service-Entgelt einzuheben ist. Die Satzung hat hiebei auf die finanzielle Leistungsfähigkeit des Versicherungsträgers Bedacht zu nehmen. Die Einhebung erfolgt durch den Versicherungsträger.

(BGBl I 2004/171, BGBl I 2006/131)

3. Unterabschnitt
Unterstützungsleistung bei lang andauernder Krankheit

Unterstützungsleistung bei lang andauernder Krankheit

§ 104a. (1) Versicherte nach §§ 2 Abs. 1, 3 Abs. 1 Z 2 sowie 14a und 14b haben nach Maßgabe der folgenden Absätze bei Arbeitsunfähigkeit infolge Krankheit, wenn und solange der Versicherte infolge Krankheit nicht oder nur mit Gefahr der Verschlechterung seines Zustandes oder der Erkrankung seiner bisherigen Erwerbstätigkeit nachgehen kann, ab dem 43. Tag der Arbeitsunfähigkeit rückwirkend vom 4. Tag der Arbeitsunfähigkeit an Anspruch auf eine tägliche Unterstützungsleistung in der Höhe von 26,97 €[a)]. An die Stelle dieses Betrages tritt ab 1. Jänner eines jeden Jahres, erstmals ab 1. Jänner 2013, der unter Bedachtnahme auf § 51 mit dem jeweiligen Anpassungsfaktor (§ 47) vervielfachte Betrag.

(BGBl I 2017/151)

[a)] Betrag siehe VO über veränderliche Werte.

(2) Anspruch auf Unterstützungsleistung haben
1. jene in Abs. 1 genannten selbständig Erwerbstätigen, bei denen die Aufrechterhaltung ihres Betriebes von deren persönlicher Arbeitsleistung abhängt und die in ihrem Unternehmen regelmäßig keinen oder weniger als 25 Dienstnehmer/innen beschäftigen, wobei die Anzahl der Dienstnehmer/innen nach § 77a des ArbeitnehmerInnenschutzgesetzes (ASchG), BGBl. Nr. 450/1994, zu ermitteln ist,
2. bis zu einer Höchstdauer von 20 Wochen für ein und dieselbe Krankheit, auch wenn während dieser Zeit zu der Krankheit, für die eine Unterstützungsleistung zuerst gewährt wurde, eine neue Krankheit hinzugetreten ist.

(3) Die anspruchsberechtigten Versicherten haben dem Versicherungsträger nach Ablauf von vier Wochen ab Feststellung der Arbeitsunfähigkeit innerhalb von zwei Wochen den Beginn der ärztlicherseits festgestellten Arbeitsunfähigkeit zu melden. Erfolgt die Meldung nicht innerhalb dieser Fristen, so zählt der auf das Einlangen der Meldung folgende Tag als erster Tag der Arbeitsunfähigkeit. Der Fortbestand der Arbeitsunfähigkeit ist vom behandelnden Arzt vierzehntägig bestätigen zu lassen und innerhalb einer Woche ab Bestätigung dem Versicherungsträger vorzulegen. Bei einer Meldung des Fortbestandes der Arbeitsunfähigkeit nach § 106 Abs. 2 ist keine gesonderte Meldung

erforderlich. Das Ende der Arbeitsunfähigkeit ist dem Versicherungsträger unverzüglich mitzuteilen.

(4) Werden die in Abs. 2 Z 1 genannten Personen nach Beendigung des Bezuges einer Unterstützungsleistung vor Ablauf der Höchstdauer von 20 Wochen neuerlich, und zwar innerhalb einer Frist von 26 Wochen, infolge der Krankheit, für die bereits eine Unterstützungsleistung gewährt wurde, arbeitsunfähig, so gilt dies als Fortsetzung und sind diese Zeiten zur Feststellung der Höchstdauer zusammenzurechnen.

(5) Wurde bereits für 20 Wochen hintereinander oder insgesamt für ein und dieselbe Krankheit eine Unterstützungsleistung bezogen, entsteht ein neuer Anspruch für dieselbe Krankheit erst wieder, wenn in der Zwischenzeit mindestens 26 Wochen einer den Anspruch auf Unterstützungsleistung eröffnenden gesetzlichen Krankenversicherung oder einer sonstigen gesetzlichen Krankenversicherung vorliegen.

(6) Der Dachverband der österreichischen Sozialversicherungsträger hat der Sozialversicherungsanstalt der Selbständigen die Daten zur Feststellung der Betriebsgröße nach Abs. 2 Z 1 elektronisch zur Verfügung zu stellen.

(BGBl I 2018/100)

(BGBl I 2012/123)

Ruhen des Anspruches auf Unterstützungsleistung

§ 104b. (1) Der Anspruch auf Unterstützungsleistung ruht, solange den Meldeverpflichtungen nach § 104a Abs. 3 dritter Satz nicht nachgekommen wird.

(2) In Fällen, in denen die persönlichen Verhältnisse des Versicherten oder das Vorliegen besonderer Gründe für die nicht rechtzeitige Meldung der Arbeitsunfähigkeit es gerechtfertigt erscheinen lassen, kann die Satzung die Unterstützungsleistung bei nicht rechtzeitiger Meldung auch für die zurückliegende Zeit vorsehen.

(3) Durch die Satzung kann ferner bestimmt werden, dass die Unterstützungsleistung auf Dauer oder für eine bestimmte Zeit zur Gänze oder teilweise ruht, wenn der Versicherte
1. einer Ladung zum Chef(Vertrauens)arzt ohne wichtigen Grund nicht Folge leistet oder
2. wiederholt Bestimmungen der Krankenordnung oder Anordnungen des behandelnden Arztes verletzt hat,

in allen diesen Fällen, wenn der Versicherte vorher auf die Folgen seines Verhaltens schriftlich hingewiesen worden ist.

(4) Zeiträume des Ruhens werden auf die Höchstdauer nach § 104a Abs. 2 Z 2 angerechnet.

(BGBl I 2012/123)

4. Unterabschnitt
Leistungen bei Bestand einer Zusatzversicherung auf Krankengeld

Leistung, Anspruchsberechtigung

§ 105. (1) Als Leistung bei Bestand einer Zusatzversicherung auf Krankengeld (§ 9) wird Krankengeld nach Maßgabe der folgenden Bestimmungen erbracht.

(2) Die Anspruchsberechtigung auf Krankengeld nach Abs. 1 entsteht nach Ablauf von sechs Monaten ab Beginn der Zusatzversicherung. Das Erfordernis der Erfüllung der Wartezeit entfällt, wenn Krankengeld infolge eines Arbeitsunfalles, der nach dem Antrag auf Zusatzversicherung eingetreten ist, gebührt. Bei Feststellung der Anspruchsberechtigung hat eine Unterbrechung der Zusatzversicherung wegen einer Ausnahme von der Pflichtversicherung in der Krankenversicherung in der Dauer von weniger als 12 Monaten außer Betracht zu bleiben. Die Anspruchsberechtigung auf Krankengeld endet mit dem Ende der Zusatzversicherung.

(BGBl I 2012/123)

Krankengeld

§ 106. (1) Bei Arbeitsunfähigkeit infolge Krankheit, und wenn und solange der Versicherte infolge Krankheit nicht oder nur mit Gefahr der Verschlechterung seines Zustandes oder der Erkrankung seiner bisherigen Erwerbstätigkeit nachgehen kann, gebührt vom vierten Tag der Arbeitsunfähigkeit an ein tägliches Krankengeld.

(2) Die anspruchsberechtigten Versicherten haben dem Versicherungsträger innerhalb einer Woche ab Feststellung der Arbeitsunfähigkeit den Beginn der ärztlicherseits festgestellten Arbeitsunfähigkeit zu melden. Der Fortbestand der Arbeitsunfähigkeit ist vom behandelnden Arzt vierzehntägig bestätigen zu lassen und innerhalb einer Woche dem Versicherungsträger vorzulegen. Das Ende der Arbeitsunfähigkeit ist dem Versicherungsträger unverzüglich mitzuteilen.

(3) Krankengeld ist bis zur Höchstdauer von 26 Wochen für ein und dieselbe Krankheit, auch wenn während dieser Zeit zu der Krankheit, für die Krankengeld zuerst gewährt wurde, eine neue Krankheit hinzugetreten ist, zu gewähren. Auf die Höchstdauer sind die ersten drei Tage der Arbeitsunfähigkeit anzurechnen. Werden anspruchsberechtigte Versicherte nach Beendigung des Krankengeldbezuges vor Ablauf der Höchstdauer neuerlich, und zwar innerhalb einer Frist von 26 Wochen, infolge der Krankheit, für die bereits Krankengeld gewährt wurde, arbeitsunfähig, so gilt dies als Fortsetzung und sind diese Zeiten zur Feststellung der Höchstdauer zusammenzurechnen.

(4) Anspruchsberechtigte Versicherte, die bereits für 26 Wochen hintereinander oder insgesamt für ein und dieselbe Krankheit Krankengeld bezogen haben, erlangen erst wieder nach Ablauf von 26 Wochen (gerechnet vom Tag der Aussteuerung nach Abs. 3 an) für dieselbe Krankheit, für die der

weggefallene Anspruch auf Krankengeld bestanden hat, einen neuen Anspruch in dem im Abs. 3 angeführten Ausmaß.

(5) Die Satzung kann die im Abs. 3 erster Satz vorgesehene Höchstdauer auf 52 Wochen verlängern.

(6) Das tägliche Krankengeld wird durch die Satzung festgesetzt und darf 80 % der vorläufigen Beitragsgrundlage (§ 25a), geteilt durch 30, nicht überschreiten. Dabei ist darauf Bedacht zu nehmen, dass der sich daraus ergebende Leistungsaufwand das zu erwartende Beitragsaufkommen aus der Zusatzversicherung nicht überschreitet.

(BGBl I 2017/26)

(BGBl I 2012/123)

Ruhen des Anspruches auf Krankengeld

§ 107. (1) Der Anspruch auf Krankengeld ruht, solange den Meldeverpflichtungen nach § 106 Abs. 2 nicht nachgekommen wird.

(2) In Fällen, in denen die persönlichen Verhältnisse des Versicherten oder das Vorliegen besonderer Gründe für die nicht rechtzeitige Meldung der Arbeitsunfähigkeit es gerechtfertigt erscheinen lassen, kann die Satzung das Krankengeld bei nicht rechtzeitiger Meldung auch für die zurückliegende Zeit vorsehen.

(3) Durch die Satzung kann ferner bestimmt werden, dass das Krankengeld auf Dauer oder für eine bestimmte Zeit zur Gänze oder teilweise ruht, wenn der Versicherte

1. einer Ladung zum Chef(Vertrauens)arzt ohne wichtigen Grund nicht Folge leistet oder

2. wiederholt Bestimmungen der Krankenordnung oder Anordnungen des behandelnden Arztes verletzt hat,

in allen diesen Fällen, wenn der Versicherte vorher auf die Folgen seines Verhaltens schriftlich hingewiesen worden ist.

(4) Zeiträume des Ruhens werden auf die Höchstdauer nach § 106 angerechnet.

(BGBl I 2012/123)

§ 108. (aufgehoben)

(BGBl I 2012/123)

§ 109. (aufgehoben)

(BGBl I 2012/123)

§ 110. (aufgehoben)

(BGBl I 2012/123)

ABSCHNITT III
Leistungen der Pensionsversicherung

1. Unterabschnitt
Allgemeine Bestimmungen

Aufgaben

§ 111. Die Pensionsversicherung trifft Vorsorge für die Versicherungsfälle des Alters, der Erwerbsunfähigkeit und des Todes sowie für die

Rehabilitation und für Maßnahmen der Gesundheitsvorsorge.

(BGBl 1996/201)

Leistungen

§ 112. (1) In der Pensionsversicherung nach diesem Bundesgesetz sind zu gewähren:

1. aus dem Versicherungsfall des Alters die Alterspension;

    (BGBl 1993/336, BGBl 1996/201, BGBl I 2000/43, BGBl I 2003/71)

2. aus dem Versicherungsfall der Erwerbsunfähigkeit

    a) Maßnahmen der beruflichen Rehabilitation (§ 131),

    b) die Erwerbsunfähigkeitspension (§ 123);

    (BGBl 1996/201, BGBl I 2010/111)

3. aus dem Versicherungsfall des Todes

    a) die Hinterbliebenenpensionen (§§ 135, 137),

    (BGBl I 2010/62)

    b) die Abfindung (§ 148a).

(2) Der Versicherungsträger trifft überdies – unbeschadet der Leistung nach Abs. 1 Z 2 lit. a aus dem Versicherungsfall der Erwerbsunfähigkeit – Maßnahmen der Rehabilitation (§ 158) sowie Maßnahmen der Gesundheitsvorsorge (§ 169).

(BGBl I 2010/111)

Eintritt des Versicherungsfalles; Stichtag

§ 113. (1) Der Versicherungsfall gilt als eingetreten:

1. bei Leistungen aus den Versicherungsfällen des Alters mit der Erreichung des Anfallsalters;

2. bei Leistungen aus dem Versicherungsfall der Erwerbsunfähigkeit mit deren Eintritt, wenn aber dieser Zeitpunkt nicht feststellbar ist, mit der Antragstellung;

    (BGBl 1996/201)

3. bei Leistungen aus dem Versicherungsfall des Todes mit dem Tod.

(2) Der Stichtag für die Feststellung, ob der Versicherungsfall eingetreten ist und auch die anderen Anspruchsvoraussetzungen erfüllt sind, sowie in welchem Ausmaß eine Leistung gebührt, ist bei Anträgen auf eine Leistung nach Abs. 1 Z 1 oder 2 der Tag der Antragstellung, wenn dieser auf einen Monatsersten fällt, sonst der dem Tag der Antragstellung folgende Monatserste. Bei Anträgen auf eine Leistung nach Abs. 1 Z 3 ist der Stichtag der Todestag, wenn dieser auf einen Monatsersten fällt, sonst der dem Todestag folgende Monatserste.

(BGBl 1991/157, BGBl 1994/21, BGBl I 1998/139)

(BGBl I 1998/139)

Versicherungszeiten

§ 114. Unter Versicherungszeiten sind die in den §§ 115 und 117 angeführten Beitragszeiten und die in den §§ 116, 116a, 116b und 117 angeführten Ersatzzeiten zu verstehen.

(BGBl 1993/336, BGBl 1996/412)

Beitragszeiten

§ 115. (1) Als Beitragszeiten sind anzusehen:

1. Zeiten der Beitragspflicht nach diesem Bundesgesetz oder nach dem Gewerblichen Selbständigen-Pensionsversicherungsgesetz, wenn die Beiträge wirksam (§ 118) entrichtet worden sind;

    (BGBl I 2005/132)

2. Zeiten, für die Beiträge nach dem Handelskammer-Altersunterstützungsgesetz, BGBl. Nr. 115/1953, in der Fassung der Handelskammer-Altersunterstützungsgesetz-Novelle, BGBl. Nr. 188/1955, bis 31. Dezember 1959 entrichtet worden sind;

2a. Zeiten einer Pflichtversicherung in der Pensionsversicherung nach § 3 Abs. 3, für die der Bund, das Bundesministerium für Landesverteidigung und Sport oder ein öffentlicher Fonds Beiträge zu zahlen hat;

    (BGBl I 2015/162)

3. Zeiten einer freiwilligen Versicherung, wenn die Beiträge innerhalb von zwölf Monaten nach Ablauf des Kalendermonates, für den sie gelten sollen, oder auf Grund einer nachträglichen Selbstversicherung nach § 13a wirksam (§ 118) entrichtet worden sind;

    (BGBl 1991/677, BGBl I 2004/142, BGBl I 2005/132)

4. Zeiten, für die ein Überweisungsbetrag oder erstattete Beiträge gemäß § 175 dieses Bundesgesetzes bzw. gemäß § 101d des Gewerblichen Selbständigen-Pensionsversicherungsgesetzes, gemäß § 311 des Allgemeinen Sozialversicherungsgesetzes bzw. gemäß § 167 des Bauern-Sozialversicherungsgesetzes bzw. gemäß § 99d des Bauern-Pensionsversicherungsgesetzes zurückgezahlt worden sind, sofern diese Zeiten in dem Überweisungsbetrag bzw. bei der Erstattung der Beiträge als Beitragszeiten im Sinne dieses Bundesgesetzes berücksichtigt worden waren;

5. Zeiten, für die ein Anrechnungsbetrag gemäß § 13 des Bundesbezügegesetzes, BGBl. I Nr. 64/1997, oder ein Überweisungsbetrag gemäß § 49h Abs. 3 des Bezügegesetzes, BGBl. Nr. 273/1972, geleistet worden ist.

    (BGBl I 1997/64)

(2) Die im Abs. 1 für die Entrichtung von Beiträgen gesetzten Fristen verlängern sich um die Zeit eines Verfahrens, das zur Entscheidung über die Versicherungspflicht oder über die Berechtigung zur Weiterversicherung für den Zeitraum, für den die Beiträge entrichtet werden, eingeleitet worden ist.

(3) (aufgehoben)

(BGBl I 2005/132)

(4) Witwen (Witwer), die den Betrieb des versicherten Ehegatten (der versicherten Ehegattin) fortführen, können für die Dauer des Verlassenschaftsverfahrens wirksam Beiträge zur Pflichtversicherung entrichten, sofern nicht schon auf Grund dieser Fortführung Pflichtversicherung bestanden hat. Für die Bemessung dieser Beiträge, die innerhalb von zwei Jahren nach dem Ende des Verlassenschaftsverfahrens einzuzahlen sind, ist § 25a entsprechend anzuwenden.

(4a) Abs. 4 ist sinngemäß auch auf eingetragene PartnerInnen nach dem EPG anzuwenden.

(BGBl I 2009/135)

(5) In den Kalenderjahren 1956 und 1957 erworbene Beitragszeiten der Pensionsversicherung selbständiger bildender Künstler nach dem Allgemeinen Sozialversicherungsgesetz werden in die Pensionsversicherung nach diesem Bundesgesetz übernommen.

Ersatzzeiten vor dem 1. Jänner 2005

§ 116. (1) Als Ersatzzeiten vor dem 1. Jänner 2005 gelten, soweit sie nicht als Beitragszeiten anzusehen sind:

1. nach Vollendung des 18. Lebensjahres im Gebiet der Republik Österreich zurückgelegte Zeiten einer selbständigen Erwerbstätigkeit im Sinne des § 2 Abs. 1 Z 1 und 2, die bei früherem Wirksamkeitsbeginn der Bestimmungen dieses Bundesgesetzes über die Versicherungspflicht die Pflichtversicherung in der Pensionsversicherung nach diesem Bundesgesetz begründet hätte und während derer der Versicherte seinen Lebensunterhalt überwiegend aus dem Ertrag dieser Erwerbstätigkeit bestritten hat; diese Zeiten zählen für die Erfüllung der Wartezeit, unbeschadet der Bestimmung des Abs. 3, mit der vollen zurückgelegten Dauer. Für die Bemessung der Leistungen gelten in jedem vollen Kalenderjahr der Ausübung einer derartigen Erwerbstätigkeit

    bei Versicherten der Geburtsjahrgänge bis 1905 8 Monate,

    bei Versicherten der Geburtsjahrgänge 1906 bis 1916 7 Monate,

    bei Versicherten der Geburtsjahrgänge 1917 und später 6 Monate,

    an Ersatzzeit als erworben; ein Rest von weniger als 12 Kalendermonaten der Ausübung einer derartigen Erwerbstätigkeit wird in der Weise berücksichtigt, daß für jeden restlichen Monat ein Zwölftel der für ein volles Kalenderjahr anzurechnenden Monate an Ersatzzeit als erworben gilt; unter denselben Voraussetzungen gelten bei Personen, die erst nach dem Wirksamkeitsbeginn der Bestimmungen dieses Bundesgesetzes über die Versicherungspflicht auf Grund von Änderungen der Bestimmungen über die Kammermitgliedschaft in die Pflichtversicherung einbezogen werden, die vor dieser Einbeziehung zurückgelegten Zeiten der selbständi-

gen Erwerbstätigkeit als Ersatzzeiten. Diese Zeiten sind, wenn in einem Kalenderjahr auch Versicherungsmonate für die Zeiten der Kindererziehung (§§ 116a und 116b) vorliegen, so zu lagern, daß sie sich mit diesen überdecken;

(BGBl 1996/412, BGBl I 1997/139)

2. Zeiten, in denen ein Versicherter, der am Stichtag (§ 113 Abs. 2) die österreichische Staatsbürgerschaft besitzt,

    a) während des ersten oder zweiten Weltkrieges Kriegsdienst oder einen nach den jeweils in Geltung gestandenen Vorschriften dem Kriegsdienst für die Berücksichtigung in der Rentenversicherung gleichgehaltenen Not- oder Luftschutzdienst geleistet oder sich in Kriegsgefangenschaft befunden hat;

    b) sich in Anstaltspflege befunden hat, die unmittelbar an eine Zeit im Sinne der lit. a anschließt und die im ursächlichen Zusammenhang mit dem Kriegsdienst oder der Kriegsgefangenschaft steht, wenn der Versicherte einen bescheidmäßig zuerkannten Anspruch auf eine Beschädigtenrente nach dem Kriegsopferversorgungsgesetz 1957 aufgrund einer Minderung der Erwerbsfähigkeit von mindestens 70 vH hat;

    c) sonst eine Wehr- oder Arbeitsdienstpflicht nach den jeweils in Geltung gestandenen Vorschriften erfüllt hat;

    (BGBl 1991/677)

3. Zeiten, in denen der Versicherte auf Grund des Wehrgesetzes 2001 Präsenz- oder Ausbildungsdienst oder auf Grund der Bestimmungen des Zivildienstgesetzes ordentlichen oder außerordentlichen Zivildienst geleistet hat;

    (BGBl 1991/677, BGBl I 1998/30, BGBl I 2009/83, BGBl I 2010/111)

4. Zeiten, in denen der Versicherte aus politischen oder religiösen Gründen oder aus Gründen der Abstammung, auch wegen Auswanderung aus den angeführten Gründen, daran gehindert war, seine selbständige Erwerbstätigkeit im Sinne der Z 1 fortzusetzen;

5. Zeiten, in denen der Versicherte im Zeitraum vom 1. Jänner 1939 bis 9. Mai 1945 durch verwaltungsbehördliche Maßnahmen auf Grund der Anordnung über besondere Maßnahmen auf dem Gebiete des Gewerberechtes in Österreich, GBl. für das Land Österreich Nr. 387/1939, oder auf Grund des Gesetzes über besondere Maßnahmen auf dem Gebiete des Gewerberechtes, GBl. für das Land Österreich Nr. 774/1939, oder durch kriegswirtschaftliche verwaltungsbehördliche Einzelmaßnahmen daran gehindert war, seine selbständige Erwerbstätigkeit im Sinne der Z 1 fortzusetzen;

6. Zeiten, während derer der Versicherte Übergangsgeld aus der gesetzlichen Unfall- oder Pensionsversicherung bezog;

    (BGBl I 1998/139)

7. die vor dem 1. Jänner 1973 gelegenen Zeiten einer unentgeltlichen beruflichen Ausbildung eines Beschädigten im Sinne des § 21 des Kriegsopferversorgungsgesetzes 1957 bzw. nach Maßgabe der jeweiligen Vorschriften über die Versorgung der Kriegsopfer;

8. Zeiten der Anstaltspflege, die unmittelbar an den 9. Mai 1945 anschließen und die im ursächlichen Zusammenhang mit einer Gesundheitsschädigung infolge eines der in § 1 Abs. 1 lit. c oder Abs. 2 des Opferfürsorgegesetzes angeführten Gründe stehen, wenn der Versicherte einen bescheidmäßig zuerkannten Anspruch auf eine Beschädigtenrente nach dem Opferfürsorgegesetz aufgrund einer Minderung der Erwerbsfähigkeit von mindestens 70 vH hat. Unmittelbarkeit ist auch gegeben, wenn die Heimkehr aus einem Einsatz im Sinne des § 1 Abs. 1 des Opferfürsorgegesetzes oder aus Haft oder Anhaltung im Sinne des § 1 Abs. 2 erster Satz des Opferfürsorgegesetzes zwar später, jedoch innerhalb des im Abs. 2 bezeichneten Zeitraumes gelegen ist.

    (BGBl I 2004/142)

(2) Zur Kriegsgefangenschaft im Sinne des Abs. 1 Z 2 lit. a zählt auch die Heimkehr aus ihr, soweit die Zeit nicht überschritten ist, die der Einberufene bei Berücksichtigung aller Zwischenfälle benötigte, um an seinen letzten Wohnort vor der Einberufung zurückzukehren. Eine Zivilinternierung im Zusammenhang mit dem ersten oder zweiten Weltkrieg ist der Kriegsgefangenschaft gleichzuhalten. Für Personen, die am 13. März 1938 die österreichische Staatsbürgerschaft besessen haben, ist Abs. 1 Z 2 lit. a, b und c mit der Maßgabe anzuwenden, daß das Erfordernis der österreichischen Staatsbürgerschaft am Stichtag entfällt.

(BGBl 1991/677)

(3) Zeiten der im Abs. 1 und Abs. 7 bezeichneten Art gelten nur dann als Ersatzzeiten, wenn sie sich nicht schon im Bestand oder Ausmaß eines Leistungsanspruches aus einer anderen gesetzlichen Pensionsversicherung ausgewirkt haben.

(4) Zeiten gemäß Abs. 1 Z 1 gelten nicht als Ersatzzeiten, wenn während dieser Zeiten eine Pflichtversicherung nach dem Gewerblichen Selbständigen-Pensionsversicherungsgesetz bestanden hat, ohne daß die Beiträge im Sinne des § 115 Abs. 1 Z 1 wirksam entrichtet worden sind. Die Zeiten gemäß Abs. 1 Z 2 gelten als Ersatzzeiten, sofern ihnen eine Beitrags- oder Ersatzzeit im Sinne dieses Bundesgesetzes vorangeht oder nachfolgt. Zeiten der im Abs. 1 Z 3 genannten Art gelten bis zum Wegfall der Behinderung, längstens bis 1. April 1959, als Ersatzzeiten; dies jedoch nur, wenn die tatsächliche letzte Ausübung der Erwerbstätigkeit gemäß Abs. 1 Z 1 dem Beginn der Behinderung nicht um mehr als drei Jahre vorangeht. Der Wegfall der Behinderung ist anzunehmen, wenn der Versicherte im Inland seinen Wohnsitz wieder begründet oder eine selbständige Erwerbstätigkeit, die die Pflichtversicherung nach diesem Bundesgesetz begründet hat oder bei früherem Wirksamkeitsbeginn begründet hätte, aufgenommen und länger als ein Jahr ununterbrochen ausgeübt hat. Die Zeiten gemäß Abs. 1 Z 4 gelten nur dann als Ersatzzeiten, wenn die tatsächliche letzte Ausübung der selbständigen Erwerbstätigkeit im Sinne des Abs. 1 Z 1 dem Beginn der Behinderung nicht um mehr als drei Jahre vorangeht und diese Erwerbstätigkeit bereits drei Jahre ausgeübt worden war.

(5) Ersatzzeiten gemäß Abs. 1 werden nur mit vollen Kalendermonaten gezählt. Ist die Voraussetzung für die Berücksichtigung einer Zeit als Ersatzzeit im Sinne des Abs. 1 in einem Kalendermonat nicht während des vollen Monates gegeben, so wird dieser Kalendermonat nicht als Ersatzzeit gezählt.

(6) Den im Abs. 1 Z 1 genannten Zeiten werden, soweit im folgenden nichts anderes bestimmt wird, unvorgreiflich künftiger zwischenstaatlicher Regelung Zeiten einer gleichartigen selbständigen Erwerbstätigkeit in einem am 16. Oktober 1918 zur österreichisch-ungarischen Monarchie gehörigen, außerhalb der Republik Österreich gelegenen Gebiet gleichgestellt, wenn es sich um Personen handelt, die am Stichtag (§ 113 Abs. 2) im Gebiet der Republik Österreich ihren Wohnsitz haben, unter der weiteren Voraussetzung,

a) daß sie sich am 11. Juli 1953 im Gebiet der Republik Österreich nicht nur vorübergehend aufgehalten haben und an diesem Tag entweder österreichische Staatsangehörige waren oder als Volksdeutsche (Personen deutscher Sprachzugehörigkeit, die staatenlos sind oder deren Staatsangehörigkeit ungeklärt ist) anzusehen sind;

b) daß sie als Volksdeutsche im Sinne der lit. a anzusehen sind, ferner, daß ihnen die Einreise nach Österreich bis zum 11. Juli 1953 bewilligt wurde und daß sie nachweislich ohne ihr Verschulden nicht in das Gebiet der Republik Österreich einreisen konnten;

c) daß sie als österreichische Staatsangehörige bis zum 11. Juli 1953 nachweislich ohne ihr Verschulden ihren Wohnsitz nicht in das Gebiet der Republik Österreich verlegen konnten;

d) daß sie als österreichische Staatsangehörige oder als Volksdeutsche im Sinne der lit. a nach dem 11. Juli 1953 aus der Kriegsgefangenschaft oder Zivilinternierung in die Republik Österreich entlassen wurden.

(7) Als Ersatzzeiten vor dem 1. Jänner 2005 gelten ferner die Zeiten, in denen nach Vollendung des 15. Lebensjahres eine inländische öffentliche mittlere Schule oder eine mittlere Schule mit vergleichbarem Bildungsangebot, eine höhere Schule (das Lycée Francais in Wien), Akademie oder verwandte Lehranstalt oder eine inländische Hochschule bzw. Kunstakademie oder Kunsthochschule in dem für die betreffende Schul(Studien)-art vorgeschriebenen normalen Ausbildungs(Studien)gang besucht

wurde, oder eine Ausbildung am Lehrinstitut für Dentisten in Wien oder nach dem Hochschulstudium eine vorgeschriebene Ausbildung für den künftigen, abgeschlossene Hochschulbildung erfordernden Beruf erfolgt ist; hiebei werden höchstens ein Jahr des Besuches des Lehrinstitutes für Dentisten in Wien, höchstens zwei Jahre des Besuches einer mittleren Schule, höchstens drei Jahre des Besuches einer höheren Schule (des Lycée Francais in Wien), Akademie oder verwandten Lehranstalt, höchstens zwölf Semester des Besuches einer Hochschule, einer Kunstakademie oder Kunsthochschule und höchstens sechs Jahre der vorgeschriebenen Ausbildung für den künftigen, abgeschlossene Hochschulbildung erfordernden Beruf berücksichtigt, und zwar jedes volle Schuljahr, angefangen von demjenigen, das im Kalenderjahr der Vollendung des 15. Lebensjahres begonnen hat, mit zwölf Monaten, jedes Studiensemester mit sechs Monaten und die Ausbildungszeit, zurückgerechnet vom letzten Ausbildungsmonat. Für die Zeit vor dem 16. Oktober 1918 ist dem Besuch einer inländischen Schule der Besuch einer gleichartigen, im Gebiet der ehemaligen österreichisch-ungarischen Monarchie gelegenen Schule gleichzuhalten.

(BGBl I 2000/92, BGBl I 2001/33, BGBl I 2003/71, BGBl I 2003/145, BGBl I 2004/142, BGBl I 2005/132)

(8) Die in Abs. 7 angeführten Zeiten sind nicht zu berücksichtigen:

1. für die Anspruchsvoraussetzungen und für die Bemessung der Leistungen aus den Versicherungsfällen des Alters und der Erwerbsunfähigkeit;
2. für die Bemessung der Leistungen aus dem Versicherungsfall des Todes.

Sie können jedoch nach Maßgabe der folgenden Bestimmungen durch Beitragsentrichtung ganz oder teilweise anspruchs- bzw. leistungswirksam werden.

(BGBl 1996/201)

(9) Für jeden Ersatzmonat nach Abs. 7, der anspruchs- bzw. leistungswirksam werden soll, ist ein Beitrag in der Höhe von 22,8 vH zu entrichten. Als Beitragsgrundlage gilt das Dreißigfache der im Zeitpunkt der Feststellung der Berechtigung zur Beitragsentrichtung geltenden Höchstbeitragsgrundlage in der Pensionsversicherung nach § 45 Abs. 1 des Allgemeinen Sozialversicherungsgesetzes. Die Beitragsgrundlage ist im Falle der Entrichtung des Beitrages nach Vollendung des 40. Lebensjahres des (der) Versicherten mit einem Faktor zu vervielfachen, der durch Verordnung[a] des Bundesministers für Arbeit und Soziales nach versicherungsmathematischen Grundsätzen festzusetzen ist.

(BGBl 1996/201, BGBl 1996/412, BGBl I 2010/111)

[a] VO im VO-Teil zum ASVG.

(10) Die Beitragsentrichtung nach Abs. 9 kann bei jedem Versicherungsträger, bei dem mindestens ein Versicherungsmonat erworben wurde, für alle oder einzelne dieser Ersatzmonate jederzeit bis zum Stichtag beantragt werden. Wenn die Berechtigung zur Beitragsentrichtung erst nach dem Stichtag in einem vor dem Stichtag eingeleiteten Verfahren festgestellt wird, können die Beiträge auch nach dem Stichtag entrichtet werden. Die Entrichtung der Beiträge in Teilbeträgen ist zulässig; hiebei darf die Gesamtzahl der Teilbeträge – unter Berücksichtigung der Einkommens- und Familienverhältnisse des (der) Versicherten – das Dreifache der Anzahl der Ersatzmonate, deren Erwerb beantragt wurde, nicht überschreiten. Bei Beitragshöhe ist neu festzusetzen, wenn

1. die Zahlung der Teilbeträge ohne triftigen Grund unterbrochen wird oder
2. der Gesamtbetrag – soweit keine Teilbeträge vereinbart wurden – nicht innerhalb von drei Monaten ab der schriftlichen Verständigung durch den Versicherungsträger über die Berechtigung zur Beitragsentrichtung entrichtet wird.

(BGBl 1996/201, BGBl 1996/412)

Die dem eingezahlten Betrag entsprechenden Versicherungszeiten werden mit seinem Einlangen beim Versicherungsträger anspruchs- bzw. leistungswirksam.

(BGBl I 2004/142)

Ersatzzeiten für Zeiten der Kindererziehung aus der Zeit nach dem 31. Dezember 1955 und vor dem 1. Jänner 2005

§ 116a. (1) Als Ersatzzeiten aus der Zeit nach dem 31. Dezember 1955 und vor dem 1. Jänner 2005 gelten unter der Voraussetzung, daß eine Beitragszeit nach diesem Bundesgesetz vorangeht oder nachfolgt, überdies bei einer (einem) Versicherten, die (der) ihr (sein) Kind (Abs. 2) tatsächlich und überwiegend erzogen hat, die Zeit dieser Erziehung im Inland im Ausmaß von höchstens 48 Kalendermonaten, gezählt ab der Geburt des Kindes. Im Fall einer Mehrlingsgeburt verlängert sich diese Frist auf 60 Kalendermonate.

(BGBl 1996/412, BGBl I 2004/142)

(2) Als Kind im Sinne des Abs. 1 gelten:

1. die Kinder der versicherten Person;

    (BGBl I 2013/86)
2. (aufgehoben)

    (BGBl I 2013/86)
3. (aufgehoben)

    (BGBl I 2013/86)
4. die Stiefkinder;
5. die Wahlkinder;
6. die Pflegekinder, sofern die Übernahme der unentgeltlichen Pflege nach dem 31. Dezember 1987 erfolgte.

(3) Liegt die Geburt (Annahme an Kindes Statt, Übernahme der unentgeltlichen Pflege des Kindes) eines weiteren Kindes vor dem Ablauf der 48-Kalendermonate-Frist (60-Kalendermonate-Frist), so erstreckt sich diese nur bis zu dieser neuerlichen Geburt (Annahme an Kindes Statt, Übernahme

der unentgeltlichen Pflege des Kindes); endet die Erziehung des weiteren Kindes (Abs. 1) vor Ablauf dieser 48-Kalendermonate-Frist (60-Kalendermonate-Frist), sind die folgenden Kalendermonate bis zum Ablauf wieder zu zählen.

(BGBl I 2004/142)

(4) Anspruch für ein und dasselbe Kind besteht in den jeweiligen Zeiträumen nur für die Person, die das Kind tatsächlich und überwiegend erzogen hat. Für die Zuordnung zum jeweiligen Elternteil gelten die „Abs. 5 und 6".

(BGBl I 2021/28)

(5) Für den Elternteil,

1. der im maßgeblichen Zeitraum Kinderbetreuungsgeld, Karenzgeld, Sondernotstandshilfe oder eine Leistung nach dem Betriebshilfegesetz bezogen hat, oder

   (BGBl I 1997/47, BGBl I 2001/103)

2. der im maßgeblichen Zeitraum nicht der Pflichtversicherung in der Pensionsversicherung unterlag, während der andere Elternteil in der Pensionsversicherung pflichtversichert war,

besteht die Vermutung, daß er das Kind tatsächlich und überwiegend erzogen hat. Hinsichtlich der in Z 2 genannten Personen kann der Elternteil, der im maßgeblichen Zeitraum der Pflichtversicherung in der Pensionsversicherung unterlegen ist, diese Vermutung widerlegen.

(6) Waren beide Elternteile in der Pensionsversicherung pflichtversichert oder lag bei keinem der Elternteile eine Pflichtversicherung in der Pensionsversicherung bzw. ein Kinderbetreuungsgeldbezug oder Karenzgeldbezug vor oder bezogen beide Elternteile Kinderbetreuungsgeld oder Karenzgeld (Karenzgeld bei Teilzeitbeschäftigung), besteht die Vermutung, daß die weibliche Versicherte das Kind tatsächlich und überwiegend erzogen hat. Diese Vermutung kann widerlegt werden.

(BGBl I 1997/47, BGBl I 2001/103, BGBl I 2003/145, BGBl I 2016/53)

(7) (aufgehoben)

(BGBl I 2003/2)

(8) Für jeden Ersatzmonat auf Grund der Erziehung eines Wahl- oder Pflegekindes (Abs. 2 Z 5 und 6) ist aus Mitteln des Ausgleichsfonds für Familienbeihilfen ein Beitrag in der Höhe von 22,8% der Beitragsgrundlage zu entrichten. Als Beitragsgrundlage gilt die im § 227a Abs. 8 zweiter Satz des Allgemeinen Sozialversicherungsgesetzes genannte.

(BGBl 1996/412, BGBl I 2001/67)

(BGBl 1994/21, BGBl 1996/412, BGBl I 2004/142)

Ersatzzeiten für Zeiten der Kindererziehung vor dem 1. Jänner 1956

§ 116b. (1) Als Ersatzzeiten aus der Zeit vor dem 1. Jänner 1956 gelten überdies bei einer (einem) Versicherten,

1. die (der) im Zeitpunkt der Geburt ihren (seinen) Wohnsitz im Inland hatte, und

2. die (der) ihr (sein) Kind (§ 116a Abs. 2 Z 1 bis 3) tatsächlich und überwiegend erzogen hat,

die Zeit dieser Erziehung im Inland im Ausmaß von höchstens 48 Kalendermonaten, gezählt ab der Geburt des Kindes.

(2) Liegt die Geburt eines weiteren Kindes vor dem Ablauf der 48-Kalendermonate-Frist, so erstreckt sich diese nur bis zu dieser neuerlichen Geburt; endet die Erziehung des weiteren Kindes (Abs. 1) vor Ablauf dieser 48-Kalendermonate-Frist, sind die folgenden Kalendermonate bis zum Ablauf wieder zu zählen.

(3) Anspruch für ein und dasselbe Kind besteht in den jeweiligen Zeiträumen nur für den Elternteil, der das Kind tatsächlich und überwiegend erzogen hat. Dabei besteht die Vermutung, daß die weibliche Versicherte das Kind tatsächlich und überwiegend erzogen hat. Diese Vermutung kann widerlegt werden.

(BGBl I 2003/145)

(4) (aufgehoben)

(BGBl I 2003/145)

(BGBl 1996/412)

Behandlung von Ersatzzeiten als Beitragszeiten der freiwilligen Versicherung

§ 116c. Ersatzzeiten gemäß § 116 Abs. 7, für die ein Beitrag gemäß § 116 Abs. 9 und 10 entrichtet wurde, gelten als Beitragszeiten der freiwilligen Versicherung.

(BGBl I 1998/139)

Erwerbung von Versicherungszeiten bei Gewährung von strafrechtlichen Entschädigungen

§ 117. Zeiten einer Anhaltung,

1. für die in einem Aufforderungsverfahren nach § 9 des Strafrechtlichen Entschädigungsgesetzes 2005, BGBl. I Nr. 125/2004, ein Ersatzanspruch anerkannt worden ist oder

2. für die ein österreichisches Gericht einen Entschädigungsanspruch für strafgerichtliche Anhaltung oder Verurteilung rechtskräftig zuerkannt hat,

und die nicht schon auf Grund anderer Bestimmungen als Versicherungszeiten erworben wurden, gelten, sofern der Versicherte vor der Anhaltung Beitragszeiten oder Ersatzzeiten in der Pensionsversicherung nach diesem Bundesgesetz erworben hat, als Versicherungszeiten dieser Pensionsversicherung. Hiebei gelten die vor dem Zeitpunkt, ab dem von der betreffenden Versichertengruppe (§ 2 bzw. § 3) erstmals Beiträge zur Gewerblichen Selbständigen-Pensionsversicherung entrichtet werden konnten, gelegenen Anhaltungszeiten als Ersatzzeiten und die nach diesem Zeitpunkt gelegenen Anhaltungszeiten als Beitragszeiten der Pflichtversicherung. Die auf diese Beitragszeiten entfallenden Beiträge hat der Bund an den Versicherungsträger nach den jeweils in Geltung gestandenen Vorschriften nachzuentrichten. Die Beitragsgrundlage ist unter Zugrundelegung der letzten vor der Anhaltungszeit in Betracht kommenden Einkünfte aus der im § 116 Abs. 1 Z 1 genannten Erwerbstätigkeit zu ermitteln; § 127 Abs. 8 ist entsprechend anzuwenden. Für das Ausmaß der Beiträge gilt der nach der zeitlichen Lagerung der Zeiten jeweils in Betracht kommende Beitragssatz. Als Beitragsgrundlage im Sinne des § 127 gilt bei Beitragszeiten die für die Beitragsbemessung herangezogene Beitragsgrundlage, bei Ersatzzeiten der auf den Versicherungsmonat entfallende Teil der letzten vor der Anhaltungszeit in Betracht kommenden Einkünfte des Versicherten aus der im § 116 Abs. 1 Z 1 angeführten Erwerbstätigkeit.

(BGBl 1993/336, BGBl I 1998/139, BGBl I 2005/132)

Feststellung von Versicherungs- und Schwerarbeitszeiten

§ 117a. (1) Der Versicherungträger hat die nach den österreichischen Rechtsvorschriften zu berücksichtigenden Versicherungszeiten festzustellen, wenn dies der (die) Versicherte beantragt. Für die Antragstellung ist § 113 Abs. 2 entsprechend anzuwenden.

(2) Der Versicherungträger hat die Schwerarbeitszeiten im Sinne des § 298 Abs. 13a dieses Bundesgesetzes und des § 4 Abs. 4 APG festzustellen, wenn die versicherte Person dies frühestens zehn Jahre vor Vollendung des Anfallsalters nach § 298 Abs. 12 dieses Bundesgesetzes oder frühestens zehn Jahre vor Vollendung des frühestmöglichen Anfallsalters nach § 4 Abs. 3 APG beantragt und auf Grund der bisher erworbenen Versicherungsmonate anzunehmen ist, dass die Voraussetzungen nach § 298 Abs. 13a dieses Bundesgesetzes oder nach § 4 Abs. 3 APG vor der Erreichung des Regelpensionsalters erfüllt werden. Abs. 1 zweiter Satz ist anzuwenden.

(BGBl I 1998/139, BGBl I 2003/145, BGBl I 2006/130, BGBl I 2017/125)

Rückwirkende Herstellung des gesetzlichen Zustandes bei der Feststellung von Versicherungs- und Schwerarbeitszeiten

§ 117b. Ergibt sich nachträglich, daß die Feststellung von Versicherungs- und Schwerarbeitszeiten gemäß § 117a bescheidmäßig infolge eines wesentlichen Irrtums über den Sachverhalt oder eines offenkundigen Versehens zum Nachteil des Versicherten unrichtig war, so ist mit Wirkung vom Tage der Auswirkung des Irrtums oder Versehens der gesetzliche Zustand herzustellen.

(BGBl I 2006/130)

Unwirksame Beiträge

§ 118. (1) Beiträge, die nach dem Stichtag (§ 113 Abs. 2) für einen anderen Zeitraum als für das letzte dem Stichtag unmittelbar vorangehende Kalendervierteljahr und für das Kalendervierteljahr, in das der Stichtag fällt, geleistet werden, sind für die Leistung aus dem eingetretenen Versicherungsfall unwirksam.

(2) Abs. 1 ist nicht anzuwenden

a) auf Beiträge für Zeiträume, für welche die Versicherungspflicht in der Pensionsversicherung oder die Berechtigung zur Selbst- oder Weiterversicherung erst nach dem Stichtag (§ 113 Abs. 2) in einem schon vorher eingeleiteten Verfahren festgestellt wurde;

(BGBl I 2005/132)

b) auf Beiträge nach § 40a, wenn sie innerhalb von drei Monaten ab Vorschreibung nachentrichtet wurden;

(BGBl I 2005/132)

c) auf Beiträge, die nach der Vorschrift des § 115 Abs. 4 entrichtet wurden;

d) in den Fällen des § 175 dieses Bundesgesetzes bzw. des § 101d des Gewerblichen Selbständigen-Pensionsversicherungsgesetzes, des § 311 des Allgemeinen Sozialversicherungsgesetzes bzw. des § 167 des Bauern-Sozialversicherungsgesetzes bzw. des § 99d des Bauern-Pensionsversicherungsgesetzes sowie des § 13 Abs. 3 des Bundesbezügegesetzes und des § 49h Abs. 3 des Bezügegesetzes;

(BGBl I 1997/64)

e) auf Beiträge, die gemäß § 33 Abs. 9 aus Mitteln des Bundes zu tragen sind;

(BGBl I 1997/139)

f) auf Beiträge, die in den Fällen des § 35a wegen Verletzung der Meldepflicht nach dem Allgemeinen Sozialversicherungsgesetz nachzuzahlen waren, soweit diese Meldepflicht anderen Personen als dem Versicherten selbst obliegt;

g) auf Beiträge, die nach der Vorschrift des § 35 Abs. 2 zweiter Satz, Abs. 3 oder 4 entrichtet wurden;

h) auf Beiträge, die zur Erhöhung von Leistungen gemäß § 143 führen;

(BGBl 1996/412, BGBl I 2003/71)

i) auf Beiträge nach § 25 Abs. 6a, sofern sie binnen drei Monaten ab Verständigung entrichtet wurden;

(BGBl I 2003/71, BGBl I 2004/142)

j) auf Beiträge, die nach § 27e der Bund oder ein öffentlicher Fonds zu zahlen hat.

(BGBl I 2004/142)

Versicherungsmonat

§ 119. Zur Feststellung der Leistungen aus der Pensionsversicherung und der Überweisungsbeträge nach den §§ 172 und 175 gilt folgendes:

1. Für alle Versicherungszeiten mit Ausnahme von Ersatzzeiten gemäß § 116 Abs. 7, für die kein Beitrag gemäß § 116 Abs. 9 und 10 entrichtet wurde, sowie mit Ausnahme von Zeiten der Kindererziehung gemäß § 116a oder § 116b: Versicherungsmonat ist jeder Kalendermonat einer Beitrags- oder Ersatzzeit im Sinne der §§ 115, 116 und 117. Solche Versicherungszeiten, die sich zeitlich decken,

sind nur einfach zu zählen, wobei folgende Reihenfolge gilt:

Beitragszeit der Pflichtversicherung auf Grund einer Erwerbstätigkeit,

Ersatzzeit und Zeit der Pflichtversicherung nach § 3 Abs. 3,

Beitragszeit der freiwilligen Versicherung. *(BGBl 1996/412, BGBl I 1998/139, BGBl I 2004/142)*

2. Für Versicherungszeiten gemäß § 116 Abs. 7, für die kein Beitrag gemäß § 116 Abs. 9 und 10 entrichtet wurde: Ein Kalendermonat gilt nur dann als Versicherungsmonat, wenn kein sonstiger leistungswirksamer Versicherungsmonat nach Z 1 vorliegt.

(BGBl 1996/412, BGBl I 1998/139)

3. Für Versicherungszeiten gemäß den §§ 116a und 116b (Zeiten der Kindererziehung): Der erste volle Kalendermonat nach der Erfüllung der Voraussetzungen gemäß den §§ 116a oder 116b und die folgenden Kalendermonate sind Versicherungsmonate. Letzter Versicherungsmonat ist der Kalendermonat, in dem die Voraussetzungen gemäß den §§ 116a oder 116b wegfallen.

(BGBl I 1998/139)

4. Sind für ein und denselben Kalendermonat

  a) die Z 1 und 3 anzuwenden, so ist dieser Monat als Versicherungsmonat sowohl gemäß Z 1 als auch gemäß Z 3 zu zählen;

  b) die Z 2 und 3 anzuwenden, so ist dieser Monat als Versicherungsmonat sowohl gemäß Z 2 als auch gemäß Z 3 zu zählen.

(BGBl I 1998/139)

(BGBl 1993/336)

Berücksichtigung von Versicherungsmonaten

§ 119a. (1) Für die Bildung der Bemessungsgrundlagen (§§ 122 und 123), die Berücksichtigung der Bemessungsgrundlagen bei der Berechnung des Steigerungsbetrages (§ 125), die Berücksichtigung der Beitragsgrundlagen in der Bemessungsgrundlage (§ 127) und für die Bemessung des Steigerungsbetrages (§ 139) sind Versicherungsmonate, die sich zeitlich decken, nur einfach zu zählen, wobei folgende Reihenfolge gilt:

Beitragmonat der Pflichtversicherung auf Grund einer Erwerbstätigkeit,

leistungswirksamer Ersatzmonat – mit Ausnahme von Ersatzmonaten nach den §§ 116a und 116b – sowie Monat der Pflichtversicherung nach § 3 Abs. 3

Beitragsmonat der freiwilligen Versicherung,

Ersatzmonat nach den §§ 116a und 116b,

leistungsunwirksamer Ersatzmonat.

(BGBl 1996/412, BGBl I 1998/139, BGBl I 2001/103, BGBl I 2004/142)

(2) Für die Feststellung und Erfüllung der Wartezeit (§ 120) sind Versicherungsmonate, die sich zeitlich decken, nur einfach zu zählen, wobei folgende Reihenfolge gilt:

Beitragsmonat der Pflichtversicherung auf Grund einer Erwerbstätigkeit,

Ersatzmonat nach den §§ 116a und 116b, der als Beitragsmonat (der Pflichtversicherung) zu berücksichtigen ist, sowie Monat der Pflichtversicherung nach § 3 Abs. 3,

leistungswirksamer Ersatzmonat mit Ausnahme von Ersatzmonaten nach den §§ 116a und 116b,

Beitragsmonat der freiwilligen Versicherung,

sonstiger Ersatzmonat nach den §§ 116a und 116b,

leistungsunwirksamer Ersatzmonat.

(BGBl I 2001/103, BGBl I 2002/141, BGBl I 2003/71, BGBl I 2004/142)

(3) Wurden für einen vollen Kalendermonat, der als leistungsunwirksamer Ersatzmonat anzusehen ist, Beiträge einer freiwilligen Versicherung in der Pensionsversicherung, ausgenommen die Höherversicherung, geleistet, ist dieser Kalendermonat für die Bemessung des Steigerungsbetrages (§ 139) als leistungswirksamer Ersatzmonat zu zählen.

(BGBl I 2001/103)

(BGBl 1993/336)

Wartezeit

§ 120. (1) Der Anspruch auf jede der im § 112 Abs. 1 angeführten Leistungen ist, abgesehen von den im 2. Unterabschnitt festgesetzten besonderen Voraussetzungen, an die allgemeine Voraussetzung geknüpft, daß die Wartezeit durch Versicherungsmonate, ausgenommen Zeiten einer Selbstversicherung gemäß § 16a des Allgemeinen Sozialversicherungsgesetzes, soweit sie zwölf Versicherungsmonate überschreiten, im Sinne des § 119 erfüllt ist.

(BGBl 1993/336)

(2) Die Wartezeit entfällt für eine Leistung aus dem Versicherungsfall der Erwerbsunfähigkeit oder aus dem Versicherungsfall des Todes,

a) wenn der Versicherungsfall die Folge eines Arbeitsunfalles oder einer Berufskrankheit (§§ 175 bis 177 ASVG, §§ 148c bis 148e BSVG, §§ 90 bis 92 B-KUVG) ist, der (die) bei einem in der Pensionsversicherung nach diesem oder einem anderen Bundesgesetz Pflichtversicherten bzw. bei einem nach § 19a des Allgemeinen Sozialversicherungsgesetzes Selbstversicherten eingetreten ist, oder

(BGBl I 2003/145)

b) (aufgehoben)

(BGBl I 1998/139)

c) wenn der Versicherungsfall die Folge einer anerkannten Dienstbeschädigung im Sinne der für die Wehrpflichtige oder für Frauen im Ausbildungsdienst geltenden versorgungsrechtlichen Vorschriften ist.

(BGBl I 1998/30)

(BGBl 1996/201)

(3) Die Wartezeit ist erfüllt, wenn am Stichtag (§ 113 Abs. 2) Versicherungsmonate im Sinne dieses Bundesgesetzes in folgender Mindestzahl vorliegen:

1. für eine Leistung aus einem Versicherungsfall der Erwerbsunfähigkeit sowie aus dem Versicherungsfall des Todes

    a) wenn der Stichtag vor Vollendung des 50. Lebensjahres liegt, 60 Monate;

    b) wenn der Stichtag nach Vollendung des 50. Lebensjahres liegt, erhöht sich die Wartezeit nach lit. a je nach dem Lebensalter des (der) Versicherten für jeden weiteren Lebensmonat um jeweils einen Monat bis zum Höchstausmaß von 180 Monaten;

    (BGBl 1996/201)

2. für eine Leistung aus einem Versicherungsfall des Alters, und zwar

    a) für die Alterspension 180 Monate;

    b) (aufgehoben)

    (BGBl I 2000/43)

    c) (aufgehoben)

    (BGBl I 2003/71)

    d) für eine Leistung aus einem Versicherungsfall der Erwerbsunfähigkeit sowie aus dem Versicherungsfall des Todes, wenn der Versicherungsfall vor der Vollendung des 27. Lebensjahres des (der) Versicherten eingetreten ist und bis zu diesem Zeitpunkt mindestens sechs Versicherungsmonate, die nicht auf einer Selbstversicherung gemäß § 16a ASVG beruhen, erworben sind.

    (BGBl I 1998/139)

    (BGBl 1996/201)

(BGBl 1993/336)

(4) Die gemäß Abs. 3 für die Erfüllung der Wartezeit erforderliche Mindestzahl von Versicherungsmonaten muß

1. im Falle des Abs. 3 Z 1 innerhalb der letzten 120 Kalendermonate vor dem Stichtag liegen; dieser Zeitraum verlängert sich, wenn der Stichtag nach Vollendung des 50. Lebensjahres liegt, je nach dem Lebensalter des (der) Versicherten für jeden weiteren Lebensmonat um jeweils zwei Kalendermonate bis zum Höchstausmaß von 360 Kalendermonaten;

2. im Falle des Abs. 3 Z 2 lit. a bis c innerhalb der letzten 360 Kalendermonate vor dem Stichtag liegen;

    (BGBl 1996/201)

3. (aufgehoben)

    (BGBl 1996/201)

(BGBl 1993/336)

(5) Fallen in die Zeiträume gemäß Abs. 4 neutrale Monate (§ 121), so verlängern sich die Zeiträume um diese Monate.

(BGBl 1993/336)

(6) Die Wartezeit ist für die Alterspension und für Leistungen aus einem Versicherungsfall der Erwerbsunfähigkeit und des Todes auch erfüllt, wenn bis zum Stichtag

a) mindestens 180 Beitragsmonate oder

b) Beitragsmonate und/oder nach dem 31. Dezember 1955 zurückgelegte sonstige Versicherungsmonate in einem Mindestausmaß von 300 Monaten erworben sind.

(BGBl 1993/336, BGBl 1996/201, BGBl I 2000/43, BGBl I 2003/71)

(7) Als Beitragsmonate für die Erfüllung der Wartezeit nach Abs. 6 sind auch Ersatzmonate nach § 116a dieses Bundesgesetzes oder nach § 227a ASVG oder nach § 107a BSVG im Ausmaß von höchstens 24 Kalendermonaten je Kind zu berücksichtigen, gezählt ab der Geburt des Kindes, wenn

1. für diese Zeiten Anspruch auf Kinderbetreuungsgeld besteht oder der Anspruch darauf ausschließlich nach § 6 Abs. 1 Z 1 KBGG ruht und

2. sich diese Ersatzmonate nicht mit Beitragsmonaten decken.

Als Beitragsmonate für die Erfüllung der Wartezeit nach Abs. 6 Z 2 sind auch Ersatzmonate nach § 116 Abs. 1 Z 3 dieses Bundesgesetzes oder nach § 227 Abs. 1 Z 7 und 8 ASVG oder nach § 107 Abs. 1 Z 3 BSVG im Ausmaß von höchstens 30 Kalendermonaten zu berücksichtigen.

(BGBl I 2001/103, BGBl I 2003/71)

(7)[a),b)] Hat die versicherte Person mindestens 540 Beitragsmonate auf Grund einer Erwerbstätigkeit erworben, so ist eine Verminderung der Leistung nach diesem Bundesgesetz sowie nach dem APG unzulässig; § 139 Abs. 4 dieses Bundesgesetzes sowie die §§ 5 Abs. 2 und 6 Abs. 1 APG sind nicht anzuwenden. Als Beitragsmonate auf Grund einer Erwerbstätigkeit gelten auch bis zu 60 Versicherungsmonate für Zeiten der Kindererziehung (§§ 3 Abs. 3 Z 4, 116a oder 116b dieses Bundesgesetzes oder §§ 8 Abs. 1 Z 2 lit. g, 227a oder 228a ASVG oder §§ 4a Abs. 1 Z 4, 107a oder 107b BSVG), wenn sie sich nicht mit Zeiten einer Pflichtversicherung auf Grund einer Erwerbstätigkeit decken.

(BGBl I 2019/103, BGBl I 2021/28)

[a)] Abs. 7 wurde durch das BGBl I 2019/103 ein zweites Mal vergeben.

[b)] Art. 2 Z 3 des BGBl I 2021/28 lautet: „§ 120 Abs. 7 wird aufgehoben." Es ist vermutlich Abs. 7 in der Fassung BGBl I 2019/103 gemeint. Die Aufhebung tritt mit Ablauf des 31. Dezember 2021 in Kraft.

Neutrale Zeiten

§ 121. Als neutral sind folgende Zeiten anzusehen, die nicht Versicherungszeiten sind:

1. Zeiten vor dem 1. Jänner 1950, in denen der Versicherte im Gebiete der Republik Österreich durch Ausplünderung, Ausbombung oder sonstige Kriegseinwirkung daran gehindert war, seine selbständige Erwerbstätigkeit im Sinne des § 116 Abs. 1 Z 1 fortzusetzen;

2. Zeiten vor dem 1. Jänner 1956, in denen der Versicherte im Gebiete der Republik Österreich durch Maßnahmen einer Besatzungsmacht daran gehindert war, seine selbständige Erwerbstätigkeit im Sinne des § 116 Abs. 1 Z 1 fortzusetzen;

3. Zeiten vor dem 1. Jänner 1958, in denen die Kammermitgliedschaft ausschließlich auf der verpachteten Berechtigung beruhte (§ 4 Abs. 3 Z 1), sofern die Ausnahme von der Pflichtversicherung nicht auch aus einem anderen Grund gegeben gewesen wäre;

4. vor dem 1. Jänner 1958 gelegene Zeiten des angezeigten Ruhens einer selbständigen Erwerbstätigkeit, die bei früherem Wirksamkeitsbeginn dieses Bundesgesetzes die Pflichtversicherung in der Pensionsversicherung nach diesem Bundesgesetz begründet hätte, jeweils nur vorübergehend, mindestens aber vier Monate im Kalenderjahr ausgeübt wurde und bei der auch während der Zeit des Ruhens der Lebensunterhalt überwiegend aus dem Ertrag der betreffenden selbständigen Erwerbstätigkeit bestritten wurde;

5. nach dem 31. Dezember 1957 gelegene Zeiten des angezeigten Ruhens (§ 4 Abs. 1 Z 1) einer die Pflichtversicherung in der Pensionsversicherung nach diesem Bundesgesetz begründenden selbständigen Erwerbstätigkeit, die jeweils nur vorübergehend, mindestens aber vier Monate im Kalenderjahr ausgeübt wurde und bei der auch während der Zeit des Ruhens der Lebensunterhalt überwiegend aus dem Ertrag der betreffenden selbständigen Erwerbstätigkeit bestritten wurde;

6. Zeiten, während derer der Versicherte einen bescheidmäßig zuerkannten Anspruch auf

 a) eine Leistung aus einem Versicherungsfall des Alters nach diesem oder einem anderen Bundesgesetz oder aus dem Versicherungsfall der Erwerbsunfähigkeit nach diesem oder einem anderen Bundesgesetz bzw. aus dem Versicherungsfall der geminderten Arbeitsfähigkeit nach dem Allgemeinen Sozialversicherungsgesetz,

 (BGBl 1996/201)

 b) eine Versehrtenrente aus der gesetzlichen Unfallversicherung auf Grund einer Erwerbsfähigkeitseinbuße von mindestens 50 vH,

 c) eine Beschädigtenrente nach dem Kriegsopferversorgungsgesetz 1957, dem Heeresversorgungsgesetz oder dem Opferfürsorgegesetz auf Grund einer Minderung der Erwerbsfähigkeit von mindestens 70 vH

 hatte, es sei denn, daß der Anspruch gemäß lit. a oder b wegen Verbüßung einer Freiheitsstrafe oder einer Anhaltung im Sinne des § 58 Abs. 1 Z 1 dieses Bundesgesetzes bzw. im Sinne des § 89 Abs. 1 Z 1 des Allgemeinen Sozialversicherungsgesetzes bzw. des § 54

Abs. 1 Z 1 des Bauern-Sozialversicherungsgesetzes ruhte;

7. die Zeit, die zwischen der Erfüllung der Voraussetzungen für den Anspruch auf eine Leistung aus einem Versicherungsfall des Alters und der Antragstellung auf die Leistung liegt;

8. die Zeit zwischen dem Eintritt des Versicherungsfalles und dem Stichtag, wenn jedoch der Antrag auf eine Leistung gemäß § 112 Abs. 1 Z 1 oder 2 erst nach Eintritt des Versicherungsfalles gestellt wird, zwischen dem Zeitpunkt der Antragstellung und dem Stichtag (§ 113 Abs. 2);

9. Zeiten einer Untersuchungshaft, wenn das strafgerichtliche Verfahren gemäß § 90 oder § 109 der Strafprozeßordnung eingestellt worden ist oder mit einem Freispruch geendet hat, sowie Zeiten einer Strafhaft, wenn das wiederaufgenommene strafgerichtliche Verfahren eingestellt worden ist oder mit einem Freispruch geendet hat.

Bemessungsgrundlage

§ 122. (1) Bemessungsgrundlage für die Leistungen aus der Pensionsversicherung ist die Summe der 480 höchsten monatlichen Gesamtbeitragsgrundlagen (§ 127) aus dem Zeitraum vom erstmaligen Eintritt in die Versicherung bis zum Ende des letzten vor dem Stichtag liegenden Kalenderjahrs, geteilt durch 560. Liegen weniger als 480 Beitragsmonate vor, so ist die Bemessungsgrundlage die Summe der monatlichen Gesamtbeitragsgrundlagen aus den vorhandenen Beitragsmonaten, geteilt durch die um ein Sechstel erhöhte Zahl dieser Beitragsmonate. Liegen in dem genannten Zeitraum vorläufige Beitragsgrundlagen nach § 25a, die zum Stichtag noch nicht nach § 25 Abs. 6 nachbemessen worden sind, so gelten diese vorläufigen Beitragsgrundlagen als Beitragsgrundlagen nach § 25 Abs. 2. Die Bemessungsgrundlage ist auf Cent aufzurunden.

(BGBl I 1997/139, BGBl I 1998/139, BGBl I 2001/67, BGBl I 2003/71)

(2) Die Zahl der Gesamtbeitragsgrundlagen nach Abs. 1 vermindert sich, so weit dadurch die Bemessungsgrundlage 180 Beitragsmonate nicht unterschreitet,

1. um Zeiten der Erziehung von Kindern im Sinne des § 116a Abs. 2, wobei höchstens 36 Monate je Kind zu berücksichtigen und § 116a Abs. 3 bis 6 – mit Ausnahme des Abs. 3 erster Satz – entsprechend anzuwenden sind, sowie

2. um die Zahl der während der Zeit einer Familienhospizkarenz nach den §§ 14a und 14b AVRAG erworbenen Beitragsmonate.

(BGBl I 1997/139, BGBl I 2003/71)

(3) Bei der Anwendung des Abs. 1 bleiben außer Betracht:

1. a) Beitragsmonate nach diesem Bundesgesetz, die vor dem 1. Jänner 1958 liegen, es sei denn, daß Beitragsmonate nur in diesem Zeitraum vorhanden sind;

b) Beitragsmonate nach dem Allgemeinen Sozialversicherungsgesetz, die vor dem 1. Jänner 1956 liegen, es sei denn, daß Beitragsmonate nur in diesem Zeitraum vorhanden sind;

c) Beitragsmonate nach dem Bauern-Sozialversicherungsgesetz, die vor dem 1. Jänner 1972 liegen, es sei denn, daß Beitragsmonate nur in diesem Zeitraum vorhanden sind;

2. Beitragsmonate der Freiwilligen Versicherung, die auch Zeiten enthalten, während welcher Krankengeld, Arbeitslosengeld, Notstandshilfe oder Karenzgeld aus gesetzlicher Versicherung bezogen wurde, wenn es für den Versicherten günstiger ist; dies gilt entsprechend auch für Beitragsmonate der Pflichtversicherung, welche Zeiten enthalten, während welcher berufliche Maßnahmen der Rehabilitation (§ 161 dieses Bundesgesetzes sowie §§ 198 bzw. 303 des Allgemeinen Sozialversicherungsgesetzes und § 153 des Bauern-Sozialversicherungsgesetzes) gewährt wurden bzw. Zeiten einer Beschäftigung enthalten, zu deren Ausübung ihn diese Maßnahmen befähigt haben;

(BGBl I 1997/47)

3. Beitragsmonate der Pflichtversicherung, die Zeiten enthalten, während welcher der Versicherte eine Beihilfe zur Deckung des Lebensunterhaltes gemäß § 20 Abs. 2 lit. c in Verbindung mit § 25 Abs. 1 des Arbeitsmarktförderungsgesetzes, BGBl. Nr. 31/1969, oder eine Beihilfe zur Deckung des Lebensunterhaltes durch das Arbeitsmarktservice bezogen hat;

(BGBl 1994/314)

4. Beitragsmonate der Pflichtversicherung, die Zeiten nach den §§ 225 Abs. 1 Z 5 zweiter Halbsatz bzw. 226 Abs. 2 lit. c zweiter Halbsatz des Allgemeinen Sozialversicherungsgesetzes enthalten;

5. Beitragsmonate der Pflichtversicherung, die Zeiten enthalten, für die aus Anlaß der Aufnahme in das pensionsversicherungsfreie Dienstverhältnis vom Dienstnehmer an den Dienstgeber ein besonderer Pensionsbeitrag geleistet worden ist, sofern für diese Zeiten ein Überweisungsbetrag nach § 175 dieses Bundesgesetzes bzw. § 311 des Allgemeinen Sozialversicherungsgesetzes bzw. § 167 des Bauern-Sozialversicherungsgesetzes geleistet worden ist;

6. Beitragsmonate der Pflichtversicherung, die Zeiten des Bezuges einer Lehrlingsentschädigung gemäß § 17 des Berufsausbildungsgesetzes enthalten.

(BGBl I 1997/139)

(4) Die Bemessungsgrundlage nach Abs. 1 ist für alle Versicherungsmonate anzuwenden, sofern in diesem Bundesgesetz nichts anderes bestimmt wird.

(BGBl 1996/201, BGBl I 1997/139)

(5) (aufgehoben)

(BGBl I 1997/139, BGBl I 2003/71)

(BGBl 1993/336)

§ 122a. (aufgehoben)

(BGBl 1993/336)

Bemessungsgrundlage für Zeiten der Kindererziehung (§ 116a)

§ 123. (1) Bemessungsgrundlage für Zeiten der Kindererziehung ist der um 50% erhöhte Richtsatz[a] nach § 150 Abs. 1 lit. a sublit. bb.

(BGBl I 2003/71)

[a] Betrag siehe VO im Anhang.

(2) Überschneiden sich Zeiten der Kindererziehung mit Monaten einer Selbstversicherung für die Zeit der Pflege eines behinderten Kindes bis zur Vollendung des 4. Lebensjahres dieses Kindes gemäß § 18a des Allgemeinen Sozialversicherungsgesetzes oder einer Ersatzzeit gemäß § 227 Abs. 1 Z 3 und § 228 Abs. 1 Z 5 des Allgemeinen Sozialversicherungsgesetzes, ist für diese Versicherungsmonate nur die Bemessungsgrundlage gemäß den §§ 122 bzw. 126 anzuwenden. Überschneiden sich Zeiten der Kindererziehung mit Monaten einer leistungsunwirksamen Ersatzzeit, ist für diese Versicherungsmonate nur die Bemessungsgrundlage gemäß Abs. 1 anzuwenden.

(3) Überschneiden sich Zeiten der Kindererziehung und andere Versicherungsmonate mit Ausnahme von Monaten einer Selbstversicherung für die Zeit der Pflege eines behinderten Kindes bis zur Vollendung des 4. Lebensjahres dieses Kindes gemäß § 18a des Allgemeinen Sozialversicherungsgesetzes, einer Ersatzzeit gemäß § 227 Abs. 1 Z 3 und § 228 Abs. 1 Z 5 des Allgemeinen Sozialversicherungsgesetzes und einer leistungsunwirksamen Ersatzzeit, wird für diese sich überschneidenden Zeiten die Bemessungsgrundlage gemäß den §§ 122 bzw. 126 und die Bemessungsgrundlage gemäß Abs. 1 zusammengezählt.

(4) (aufgehoben)

(BGBl 1996/201)

(BGBl 1993/336)

§ 124. (aufgehoben)

(BGBl 1993/336)

Berücksichtigung der Bemessungsgrundlagen bei der Berechnung des Steigerungsbetrages

§ 125. Für die Berechnung des Steigerungsbetrages gemäß §§ 139 ff. ist eine Gesamtbemessungsgrundlage zu bilden. Die Gesamtbemessungsgrundlage ist die Summe der Bemessungsgrundlagen (§§ 122 Abs. 1, 123, 126) aller für das Ausmaß der Pension nach diesem Bundesgesetz, dem Allgemeinen Sozialversicherungsgesetz, dem Bauern-Sozialversicherungsgesetz und dem Freiberuflichen-Sozialversicherungsgesetz zu berücksichtigenden Versicherungsmonate geteilt durch die Summe der Versicherungsmonate. Monate, die gemäß § 139 Abs. 3 Versicherungsmonaten gleichzuhalten sind, gelten auch bei Anwendung des ersten und zweiten Satzes als Versicherungsmonate. Die Gesamtbemessungsgrundlage ist auf Cent aufzurunden.

(BGBl 1993/336, BGBl 1996/201, BGBl I 1997/139, BGBl I 2001/67)

Bemessungsgrundlage in besonderen Fällen

§ 126. Läßt sich eine Bemessungsgrundlage gemäß § 122 Abs. 1 nicht ermitteln, so ist die Bemessungsgrundlage gleich einem Vierzehntel der Bemessungsgrundlage, die für die Leistungen der Unfallversicherung gilt bzw. die bei einem Arbeitsunfall zum Stichtag gegolten hätte.

(BGBl 1993/336, BGBl 1996/201)

Berücksichtigung der Beitragsgrundlagen in der Bemessungsgrundlage

§ 127. (1) Die für die Bildung der Bemessungsgrundlage gemäß § 122 heranzuziehenden monatlichen Gesamtbeitragsgrundlagen sind unter Bedachtnahme auf die Abs. 2 bis 6 und 8 zu berechnen.

(2) Die Beitragsgrundlagen der Pflichtversicherung gemäß § 127c in einem Kalenderjahr sind zusammenzuzählen. Liegen in einem Kalenderjahr auch Beitragsgrundlagen der Pflichtversicherung nach den §§ 243, 244 und 251 Abs. 4 ASVG und/ oder gemäß § 118c BSVG vor, sind der Summe der Beitragsgrundlagen der Pflichtversicherung gemäß § 127c die Jahresbeitragsgrundlagen nach dem Allgemeinen Sozialversicherungsgesetz gemäß Abs. 3 und 4 und Sonderzahlungen nach den jeweils in Geltung gestandenen Vorschriften und bis zu dem sich aus § 54 Abs. 1 ASVG ergebenden Höchstbetrag und/oder die Beitragsgrundlagen der Pflichtversicherung gemäß § 118c BSVG zuzuschlagen. Hiebei sind Beitragsgrundlagen gemäß § 118c BSVG für Zeiten vor dem 1. Jänner 1971 mit dem Faktor zu vervielfachen, der sich aus der Teilung des für das Jahr 1970 geltenden Aufwertungsfaktors (§ 45 BSVG) durch den der zeitlichen Lagerung der Beitragsgrundlagen entsprechenden Aufwertungsfaktor ergibt. Der Faktor ist auf drei Dezimalstellen zu runden.

(3) Jahresbeitragsgrundlage für Beitragszeiten der Pflichtversicherung nach dem Allgemeinen Sozialversicherungsgesetz in Beitragsmonaten der Pflichtversicherung:

Die Tagesbeitragsgrundlage gemäß § 242 Abs. 2 ASVG ist mit der Zahl der innerhalb des entsprechenden Kalenderjahres in Beitragsmonaten der Pflichtversicherung (§ 119 in Verbindung mit § 119a Abs. 1 und § 129 Abs. 8) liegenden Beitragstagen der Pflichtversicherung nach dem Allgemeinen Sozialversicherungsgesetz zu vervielfachen. Im Falle einer durchlaufenden Versicherung ist ein voller Kalendermonat jedenfalls mit 30 Tagen zu zählen ohne Bedachtnahme darauf, nach welchen Beitragszeiträumen die Beiträge bemessen bzw. abgerechnet wurden.

(BGBl I 2002/141)

(4) Jahresbeitragsgrundlage für Versicherungszeiten mit Ausnahme von Beitragszeiten der Pflichtversicherung in Beitragsmonaten der Pflichtversicherung:

Die Tagesbeitragsgrundlage gemäß § 242 Abs. 2 ASVG ist mit der Zahl der innerhalb des entsprechenden Kalenderjahres in Beitragsmonaten der Pflichtversicherung liegenden Tagen erworbener Versicherungszeiten (Versicherungstage) nach dem Allgemeinen Sozialversicherungsgesetz, soweit sie nicht auch Beitragszeiten der Pflichtversicherung nach diesem Bundesgesetz, dem Allgemeinen Sozialversicherungsgesetz und dem Bauern-Sozialversicherungsgesetz sind, unter Bedachtnahme auf Abs. 3 letzter Satz zu vervielfachen. Die Tagesbeitragsgrundlage ist dabei mit der im jeweiligen Beitragsjahr geltenden bzw. in Geltung gestandenen Höchstbeitragsgrundlage in der Pensionsversicherung (§ 45 Abs. 1 ASVG) zu begrenzen. Für einen Beitragsmonat der Pflichtversicherung, der auch neutrale Zeiten der im § 234 Abs. 1 Z 5, 6 und 10 ASVG genannten Art oder Zeiten enthält, in denen nach § 138 Abs. 1 ASVG kein Anspruch auf Krankengeld bestanden hat, gelten die Tage dieser Zeiten als Versicherungstage.

(5) Bei der Ermittlung der Jahresbeitragsgrundlagen gemäß Abs. 3 und 4 bleibt bei der Vervielfachung der Tagesbeitragsgrundlage der unmittelbar vor dem Stichtag liegende Beitragsmonat der Pflichtversicherung außer Betracht. In diesem Fall ist die Jahresbeitragsgrundlage im Verhältnis der Gesamtzahl der Beitragsmonate der Pflichtversicherung im Kalenderjahr zur Zahl der bei der Vervielfachung der Tagesbeitragsgrundlage berücksichtigten Beitragsmonate der Pflichtversicherung zu erhöhen. Ist in einem Kalenderjahr an Beitragsmonaten der Pflichtversicherung nur der unmittelbar vor dem Stichtag liegende vorhanden, ist bei der Ermittlung der Jahresbeitragsgrundlage gemäß Abs. 3 die Tagesbeitragsgrundlage mit 30 zu vervielfachen.

(6) Aus der Summe der Beitragsgrundlagen gemäß Abs. 2 ist für jedes Kalenderjahr eine monatliche Gesamtbeitragsgrundlage zu ermitteln, indem diese Summe durch die Zahl der im Kalenderjahr liegenden Beitragsmonate der Pflichtversicherung geteilt wird. Die monatliche Gesamtbeitragsgrundlage darf den Betrag der im jeweiligen Beitragsjahr geltenden bzw. in Geltung gestandenen Höchstbeitragsgrundlage (§ 48) in der Pensionsversicherung nicht übersteigen.

(7) Soweit Beitragsgrundlagen der freiwilligen Versicherung zu berücksichtigen sind, ist entsprechender Anwendung der Abs. 2 bis 6 für jedes der in Betracht kommenden Beitrags- bzw. Kalenderjahre eine monatliche Gesamtbeitragsgrundlage der freiwilligen Versicherung zu ermitteln.

(8) Monatliche Gesamtbeitragsgrundlagen (Abs. 6 bzw. Abs. 7) sind mit der ihrer zeitlichen Lagerung entsprechenden, am Stichtag oder zum

Bemessungszeitpunkt gemäß § 143 in Geltung stehenden Aufwertungsfaktor (§ 47) aufzuwerten.

(BGBl I 2004/142)

(9) Das Beitragsjahr umfaßt den Beitragszeitraum (§ 44 Abs. 2 ASVG), in den der 1. Jänner eines Jahres fällt, und die folgenden vollen Beitragszeiträume dieses Jahres.

(10) Wenn innerhalb eines Beitragsjahres die Höchstbeitragsgrundlage mit einem anderen Wirksamkeitsbeginn als dem 1. Jänner bzw. dem Beginn des Beitragszeitraumes Jänner geändert wurde, gilt die jeweils höhere Höchstbeitragsgrundlage für das ganze Jahr.

(BGBl 1993/336, BGBl I 1997/64, BGBl I 1998/139)

§ 127a. (aufgehoben)

(BGBl 1993/336, BGBl I 1998/139)

Erstattung von Beiträgen in der Pensionsversicherung

§ 127b. (1) Überschreitet in einem Kalenderjahr bei einer oder mehreren die Pflichtversicherung nach dem ASVG begründenden Beschäftigungen und einer oder mehreren die Pflichtversicherung begründenden selbständigen Erwerbstätigkeiten nach diesem Bundesgesetz die Summe aller Beitragsgrundlagen der Pflichtversicherung – einschließlich der Sonderzahlungen – die Summe der monatlichen Höchstbeitragsgrundlagen nach § 48 für die im Kalenderjahr liegenden Beitragsmonate der Pflichtversicherung auf Grund einer Erwerbstätigkeit, wobei sich deckende Beitragsmonate nur ein Mal zu zählen sind, so hat die versicherte Person Anspruch auf Beitragserstattung nach Abs. 2. Dies gilt nicht, wenn ausschließlich Beiträge nach dem ASVG entrichtet wurden; in diesen Fällen erfolgt die Beitragserstattung nach § 70 ASVG.

(BGBl 1994/21, BGBl 1996/201, BGBl I 2005/132, BGBl I 2018/100)

(2) Der versicherten Person sind zu erstatten:

1. 45% der auf den Überschreitungsbetrag entfallenden Beiträge nach dem ASVG und

2. die auf den Überschreitungsbetrag entfallenden Beiträge nach § 27 Abs. 2 Z 1 dieses Bundesgesetzes oder nach § 8 FSVG in voller Höhe,

und zwar bis zum 30. Juni des Kalenderjahres, das dem Jahr der gänzlichen Entrichtung dieser Beiträge für ein Kalenderjahr folgt, erstmals bis zum 30. Juni 2020 für die im Jahr 2019 gänzlich für ein Kalenderjahr entrichteten Beiträge; die Aufwertung der Beiträge erfolgt mit dem ihrer zeitlichen Lagerung entsprechenden Aufwertungsfaktor (§ 47)." Ist jedoch das APG anzuwenden, so ist in gleicher Weise nur der Überschreitungsbetrag nach § 12 Abs. 1 zweiter Satz APG zu erstatten, wenn die Pflichtversicherung auf Grund einer Erwerbstätigkeit das gesamte Kalenderjahr hindurch bestanden hat; ist dies nicht der Fall, so ist die für die Erstattung maßgebliche Jahreshöchstbeitragsgrundlage abweichend von § 12 Abs. 1 zweiter Satz APG aus der Summe der monatlichen Höchstbeitragsgrundlagen zu bilden.

(BGBl 1994/21, BGBl I 1998/139, BGBl I 2004/142, BGBl I 2005/132, BGBl I 2018/100)

(3) (aufgehoben)

(BGBl I 2004/142, BGBl I 2018/100)

(4) Die Abs. 1 und 2 sind auf die Fälle eines Anrechnungsbetrages nach § 13 des Bundesbezügegesetzes, BGBl. I Nr. 64/1997, entsprechend anzuwenden.

(BGBl I 1997/64, BGBl I 2009/83, BGBl I 2010/62, BGBl I 2011/52, BGBl I 2018/100)

(BGBl 1993/336, BGBl I 2004/142)

Beitragsgrundlage

§ 127c. (1) Beitragsgrundlage ist für Beitragszeiten

1. nach dem 31. Dezember 1957 die Beitragsgrundlage gemäß § 25 dieses Bundesgesetzes oder gemäß § 17 des Gewerblichen Selbständigen-Pensionsversicherungsgesetzes;

2. vor dem 1. Jänner 1958 die Beitragsgrundlage, die sich bei Anwendung der Bestimmungen des § 25 ergeben würde;

3. der Weiter- oder Selbstversicherung die Beitragsgrundlage gemäß § 33 dieses Bundesgesetzes oder gemäß § 26 bzw. § 191 Abs. 3 des Gewerblichen Selbständigen-Pensionsversicherungsgesetzes;

4. gemäß § 115 Abs. 5 die hiefür in Betracht kommende Beitragsgrundlage;

5. nach § 115 Abs. 1 Z 5 die Beitragsgrundlage gemäß § 12 Abs. 1 des Bundesbezügegesetzes bzw. die der Bemessung der Pensionsbeiträge gemäß den §§ 12, 19a und 23g des Bezügegesetzes zugrundeliegenden Bezüge, soweit gemäß § 49h Abs. 3 des Bezügegesetzes ein Überweisungsbetrag geleistet worden ist.

(2) Die sich gemäß Abs. 1 ergebende Beitragsgrundlage darf jedoch 36,34 € nicht unterschreiten und, soweit es sich um Beitragsgrundlagen gemäß Abs. 1 Z 2 und 4 handelt, den Betrag von 261,62 € nicht überschreiten.

(BGBl I 2001/67)

(BGBl I 1998/139)

Kinder

§ 128. (1) Als Kinder gelten bis zum vollendeten 18. Lebensjahr:

1. die Kinder und die Wahlkinder der versicherten Person;

   (BGBl I 2013/86)

2. (aufgehoben)

   (BGBl I 2013/86)

3. (aufgehoben)

   (BGBl I 2013/86)

4. die Stiefkinder;

5. die Enkel.

Die in Z 4 und 5 genannten Personen gelten nur dann als Kinder, wenn sie mit dem Versicherten ständig in Hausgemeinschaft leben, die in Z 5 genannten Personen überdies nur dann, wenn sie gegenüber dem Versicherten im Sinne des § 232 ABGB unterhaltsberechtigt sind und sie und der Versicherte ihren Wohnsitz im Inland haben. Die ständige Hausgemeinschaft besteht weiter, wenn sich das Kind nur vorübergehend oder wegen schulmäßiger (beruflicher) Ausbildung oder zeitweilig wegen Heilbehandlung außerhalb der Hausgemeinschaft aufhält; das gleiche gilt, wenn sich das Kind auf Veranlassung des Versicherten und überwiegend auf dessen Kosten oder auf Anordnung der Jugendfürsorge oder des Pflegschaftsgerichtes in Obsorge eines Dritten befindet.

(BGBl I 2002/2, BGBl I 2013/86)

(2) Die Kindeseigenschaft besteht auch nach der Vollendung des 18. Lebensjahres, wenn und solange das Kind

1. sich in einer Schul- oder Berufsausbildung befindet, die seine Arbeitskraft überwiegend beansprucht, längstens bis zur Vollendung des 27. Lebensjahres; die Kindeseigenschaft von Kindern, die eine im § 3 des Studienförderungsgesetzes 1992 genannte Einrichtung besuchen, verlängert sich nur dann, wenn für sie

   a) entweder Familienbeihilfe nach dem Familienlastenausgleichsgesetz 1967 bezogen wird oder

   b) zwar keine Familienbeihilfe bezogen wird, sie jedoch ein ordentliches Studium ernsthaft und zielstrebig im Sinne des § 2 Abs. 1 lit. b des Familienlastenausgleichsgesetzes 1967 in der Fassung des Bundesgesetzes BGBl. Nr. 311/1992 betreiben;

   (BGBl 1992/474, BGBl 1996/201, BGBl I 2002/141)

2. als Teilnehmer/in des Freiwilligen Sozialjahres, des Freiwilligen Umweltschutzjahres, des Gedenkdienstes oder des Friedens- und Sozialdienstes im Ausland nach dem Freiwilligengesetz, BGBl. I Nr. 17/2012, tätig ist, längstens bis zur Vollendung des 27. Lebensjahres;

   (BGBl I 2012/17)

3. seit der Vollendung des 18. Lebensjahres oder seit dem Ablauf des in Z 1 oder des in Z 2 genannten Zeitraumes infolge Krankheit oder Gebrechens erwerbsunfähig ist.

   (BGBl I 2012/17, BGBl I 2013/3)

(3) Die Kindeseigenschaft nach Abs. 2 Z 3, die wegen Ausübung einer die Pflichtversicherung begründenden Erwerbstätigkeit weggefallen ist, lebt mit Beendigung dieser Erwerbstätigkeit wieder auf, wenn Erwerbsunfähigkeit infolge Krankheit oder Gebrechens weiterhin vorliegt.

(BGBl I 2014/56)

Leistungszugehörigkeit des Versicherten und Berücksichtigung von Zeiten und Beiträgen bei Erwerb von Versicherungsmonaten auch in anderen Pensionsversicherungen (Wanderversicherung, Mehrfachversicherung)

§ 129. (1) Hat ein Versicherter Versicherungsmonate sowohl in der Gewerblichen Selbständigen-Pensionsversicherung als auch in der Pensionsversicherung nach dem Allgemeinen Sozialversicherungsgesetz und (oder) in der Bauern-Pensionsversicherung erworben, so kommen für ihn die Leistungen aus der Pensionsversicherung in Betracht, der er zugehörig ist. Die Zugehörigkeit des Versicherten richtet sich für Leistungen aus den Versicherungsfällen des Alters, der Erwerbsunfähigkeit und des Todes sowie für Maßnahmen der Rehabilitation in Fällen des § 131 und des § 194 Z 2 lit. a nach den Abs. 2 bis 5, für sonstige Fälle der Rehabilitation und für Maßnahmen der Gesundheitsvorsorge nach dem Abs. 6.

(BGBl 1996/201, BGBl I 2010/111, BGBl I 2011/122)

(2) Liegen in den letzten 15 Jahren vor dem Stichtag (§ 113 Abs. 2) Versicherungsmonate nur in einer der im Abs. 1 genannten Pensionsversicherungen vor, so ist der Versicherte dieser Pensionsversicherung zugehörig.

(3) Liegen in den letzten 15 Jahren vor dem Stichtag (§ 113 Abs. 2) Versicherungsmonate in mehreren der im Abs. 1 genannten Pensionsversicherungen vor, so ist der Versicherte der Pensionsversicherung, in der die größere oder größte Zahl von Versicherungsmonaten vorliegt, zugehörig. Liegt aber die gleiche Zahl von Versicherungsmonaten vorliegt, der Pensionsversicherung zugehörig, in der der letzte Versicherungsmonat vorliegt. Liegen in den letzten 15 Jahren vor dem Stichtag keine Versicherungsmonate, so ist der Versicherte der Pensionsversicherung zugehörig, in der der letzte Versicherungsmonat vorliegt. Die Bestimmungen des § 245 Abs. 7 des Allgemeinen Sozialversicherungsgesetzes sind anzuwenden.

(BGBl 1993/336)

(4) Für die Anwendung der Abs. 1 bis 3

a) zählen Kalendermonate, während derer ein Anspruch auf eine laufende Leistung aus einer der im Abs. 1 genannten Pensionsversicherungen gegeben war, als Ersatzmonate jener Pensionsversicherung, in der der Anspruch auf die Leistung (Gesamtleistung) bescheidmäßig festgestellt worden war; war der Leistungsanspruch aus der knappschaftlichen Pensionsversicherung gegeben, gelten die vollen Kalendermonate dieses Leistungsanspruches wie Beitragsmonate der Pflichtversicherung in der knappschaftlichen Pensionsversicherung;

b) sind Versicherungsmonate, die sich zeitlich decken, nur einfach zu zählen, wobei folgende Reihenfolge gilt:

   – Beitragsmonat der Pflichtversicherung auf Grund einer Erwerbstätigkeit und Beitragsmonat nach § 115 Abs. 1 Z 2,

– leistungswirksamer Ersatzmonat – mit Ausnahme von Ersatzmonaten nach den §§ 116a und 116b – sowie Monat der Pflichtversicherung nach § 3 Abs. 3,

– Beitragsmonat der freiwilligen Versicherung,

– Ersatzmonat nach den §§ 116a und 116b,

– leistungsunwirksamer Ersatzmonat;

bei Versicherungsmonaten gleicher Art gilt nachstehende Reihenfolge:

– Pensionsversicherung nach dem ASVG,

– Pensionsversicherung nach diesem Bundesgesetz,

– Pensionsversicherung nach dem BSVG.

(BGBl 1993/336, BGBl 1996/412, BGBl I 2009/83)

c) (aufgehoben)

(BGBl 1993/336)

(BGBl 1990/295)

(5) Ein Versicherter, der von der Pensionsversicherung nach dem Bauern-Sozialversicherungsgesetz in die Pensionsversicherung nach diesem Bundesgesetz oder in die Pensionsversicherung nach dem Allgemeinen Sozialversicherungsgesetz oder aus der Pensionsversicherung nach diesem Bundesgesetz in die Pensionsversicherung nach dem Allgemeinen Sozialversicherungsgesetz übergetreten war, ist für eine Leistung aus einem Versicherungsfall der Erwerbsunfähigkeit (der geminderten Arbeitsfähigkeit) oder des Todes, wenn der Versicherungsfall durch einen Arbeitsunfall (§§ 175 und 176 des Allgemeinen Sozialversicherungsgesetzes) oder eine Berufskrankheit (§ 177 des Allgemeinen Sozialversicherungsgesetzes) herbeigeführt worden ist, der (die) nach dem Übertritt eingetreten ist, jedenfalls der Pensionsversicherung zugehörig, wenn er bei Eintritt des Versicherungsfalles für die Unfallversicherung versichert war.

(BGBl 1996/201)

(6) Für Maßnahmen der Rehabilitation und der Gesundheitsvorsorge (Abschnitt IV) sind

a) Versicherte jener Pensionsversicherung zugehörig, in der sie zuletzt versichert waren; war ein Versicherter zuletzt in mehreren Pensionsversicherungen, dann gilt für die Feststellung der Zugehörigkeit die Reihenfolge des Abs. 4 lit. b;

b) Pensionisten jener Pensionsversicherung zugehörig, aus der ihnen der Pensionsanspruch zusteht.

Ist ein Pensionist gleichzeitig Versicherter, so gilt er für die Feststellung der Zugehörigkeit in der Rehabilitation und der Gesundheitsvorsorge als Versicherter.

(7) Tritt während eines aufrechten Pensionsanspruches ein weiterer Versicherungsfall in der Pensionsversicherung ein, so bleibt es – abweichend von den Abs. 1 bis 5 – bei der bisherigen Leistungszugehörigkeit. Die Feststellung der Leistungszugehörigkeit in Fällen des § 132 Abs. 3 ist davon nicht berührt.

(BGBl I 2002/141)

(8) Ist ein Versicherter gemäß den Abs. 2 bis 5 oder 7 der Pensionsversicherung nach diesem Bundesgesetz zugehörig, so hat der Versicherungsträger die Bestimmungen dieses Bundesgesetzes mit folgender Maßgabe anzuwenden:

1. Beitragsmonate nach dem Allgemeinen Sozialversicherungsgesetz und nach dem Bauern-Sozialversicherungsgesetz gelten als Beitragsmonate nach diesem Bundesgesetz. Ersatzmonate nach dem Allgemeinen Sozialversicherungsgesetz und nach dem Bauern-Sozialversicherungsgesetz gelten als Ersatzmonate nach diesem Bundesgesetz. Neutrale Zeiten nach dem Allgemeinen Sozialversicherungsgesetz und nach dem Bauern-Sozialversicherungsgesetz gelten als neutrale Zeiten nach diesem Bundesgesetz.

2. Beiträge zur Höherversicherung gemäß § 248 ASVG und gemäß § 132 BSVG gelten als Beiträge zur Höherversicherung im Sinne des § 141 Abs. 1.

3. (aufgehoben)

(BGBl I 2000/92, BGBl 2001/33)

(BGBl 1993/336, BGBl I 1998/139, BGBl I 2002/141)

(BGBl I 1998/139)

2. Unterabschnitt
Besondere Bestimmungen

Alterspension

§ 130. (1) Anspruch auf Alterspension hat der Versicherte nach Vollendung des 65. Lebensjahres (Regelpensionsalter), die Versicherte nach Vollendung des 60. Lebensjahres (Regelpensionsalter), wenn die Wartezeit (§ 120) erfüllt ist.

(BGBl I 1997/139)

(2) (aufgehoben)

(BGBl I 2000/92, BGBl I 2001/33)

(3) (aufgehoben)

(BGBl 1996/201, BGBl I 2000/43, BGBl I 2003/71)

(BGBl 1993/336)

Berufliche Rehabilitation, Anspruch

§ 131. (1) Anspruch auf Maßnahmen der beruflichen Rehabilitation (§ 161) haben versicherte Personen, wenn sie infolge ihres Gesundheitszustandes die Voraussetzungen für Erwerbsunfähigkeitspension (§ 132 Abs. 1) erfüllen, wahrscheinlich erfüllen oder in absehbarer Zeit erfüllen werden. Der Anspruch besteht auch dann, wenn zwar die erforderlichen Pflichtversicherungsmonate nach § 133 Abs. 2 nicht vorliegen, jedoch

1. innerhalb der letzten 36 Kalendermonate vor dem Stichtag (§ 113 Abs. 2) in zumindest zwölf Pflichtversicherungsmonaten eine Erwerbstätigkeit nach § 133 Abs. 2 Z 3 oder nach

§ 255 Abs. 1 ASVG oder als Angestellte/r ausgeübt wurde oder

2. mindestens 36 Pflichtversicherungsmonate auf Grund einer Erwerbstätigkeit nach § 133 Abs. 2 Z 3 oder nach § 255 Abs. 1 ASVG oder als Angestellte/r vorliegen.

Dabei sind Versicherungsmonate nach § 3 Abs. 3 Z 1 und 2 als Pflichtversicherungsmonate nach Z 1 und höchstens zwölf Versicherungsmonate nach § 3 Abs. 3 Z 4 als Pflichtversicherungsmonate nach Z 2 zu berücksichtigen. Liegen zwischen dem Ende der Ausbildung (§ 255 Abs. 2a ASVG) und der Antragstellung mehr als 15 Kalenderjahre, so erhöht sich ab dem 16. Kalenderjahr das erforderliche Ausmaß von 36 Pflichtversicherungsmonaten nach Z 2 pro Kalenderjahr um jeweils drei derartige Pflichtversicherungsmonate bis zum Höchstausmaß von 60 Pflichtversicherungsmonaten.

(2) Maßnahmen nach Abs. 1 sind nur solche, durch die mit hoher Wahrscheinlichkeit auf Dauer Erwerbsunfähigkeit im Sinne des § 133 beseitigt oder vermieden werden kann und die geeignet sind, mit hoher Wahrscheinlichkeit eine Wiedereingliederung in das Erwerbsleben auf Dauer sicherzustellen.

(3) Die Maßnahmen nach Abs. 1 müssen ausreichend und zweckmäßig sein, sie dürfen jedoch das Maß des Notwendigen nicht überschreiten. Sie sind vom Versicherungsträger unter Berücksichtigung des Arbeitsmarktes und ihrer Zumutbarkeit für die versicherte Person zu erbringen.

(4) Die Maßnahmen nach Abs. 1 sind der versicherten Person nur dann zumutbar, wenn sie unter Berücksichtigung ihrer Neigung, ihrer physischen und psychischen Eignung, ihrer bisherigen Tätigkeit sowie der Dauer und des Umfanges ihrer bisherigen Ausbildung (Qualifikationsniveau) sowie ihres Alters, ihres Gesundheitszustandes und der Dauer eines Pensionsbezuges festgesetzt und durchgeführt werden. Maßnahmen der Rehabilitation, die eine Ausbildung zu einer Berufstätigkeit umfassen, durch deren Ausübung das bisherige Qualifikationsniveau wesentlich unterschritten wird, dürfen nur mit Zustimmung der versicherten Person durchgeführt werden. Hat die versicherte Person eine Tätigkeit ausgeübt, die einen Lehrabschluss oder einen mittleren Schulabschluss erfordert, oder hat sie durch praktische Arbeit qualifizierte Kenntnisse oder Fähigkeiten erworben, die einem Lehrabschluss oder mittleren Schulabschluss gleichzuhalten sind, so ist eine Rehabilitation auf Tätigkeiten, die keine gleichwertige Ausbildung vorsehen, jedenfalls unzulässig.

(5) Das Qualifikationsniveau im Sinne des Abs. 4 erster Satz bestimmt sich nach der für die Tätigkeit notwendigen beruflichen Ausbildung sowie nach den für die Ausübung der Tätigkeit erforderlichen Kenntnissen und Fähigkeiten (Fachkompetenz).

(6) Die §§ 163 bis 168 sind anzuwenden.

(BGBl I 2003/71, BGBl I 2010/111)

Vorzeitige Alterspension bei Arbeitslosigkeit
§ 131a. (aufgehoben)

(BGBl I 2003/71)

Gleitpension
§ 131b. (aufgehoben)

(BGBl I 2003/71)

§ 131c. (aufgehoben)

(BGBl I 2000/43)

Erwerbsunfähigkeitspension
§ 132. (1) Anspruch auf Erwerbsunfähigkeitspension hat der (die) Versicherte, wenn

1. kein Anspruch auf berufliche Rehabilitation nach § 131 Abs. 1 und 2 besteht oder die Maßnahmen der beruflichen Rehabilitation nach § 131 Abs. 3 nicht zweckmäßig oder nach § 131 Abs. 4 nicht zumutbar sind,

(BGBl I 2010/111)

2. die Erwerbsunfähigkeit (§ 133) voraussichtlich sechs Monate andauert oder andauern würde,

(BGBl I 2010/111)

3. die Wartezeit erfüllt ist (§ 120) und

(BGBl I 2010/111)

4. er (sie) am Stichtag (§ 113 Abs. 2) noch nicht die Voraussetzungen für eine Alterspension nach diesem oder einem anderen Bundesgesetz, mit Ausnahme der Alterspension nach § 4 Abs. 2 APG, erfüllt hat.

(BGBl I 2003/71, BGBl I 2004/142, BGBl I 2010/111)

(BGBl 1991/157, BGBl 1993/336, BGBl 1996/201, BGBl I 1997/139)

(2) Nach Anfall einer Pension aus einem Versicherungsfall des Alters nach diesem Bundesgesetz, nach dem Allgemeinen Sozialversicherungsgesetz mit Ausnahme des Knappschaftssoldes oder nach dem Bauern-Sozialversicherungsgesetz sowie nach dem Anfall einer Pension aus einem Versicherungsfall der geminderten Arbeitsfähigkeit nach dem Allgemeinen Sozialversicherungsgesetz oder aus dem Versicherungsfall der Erwerbsunfähigkeit nach dem Bauern-Sozialversicherungsgesetz kann ein Anspruch auf Erwerbsunfähigkeitspension nicht mehr entstehen.

(BGBl 1996/201)

(3) Ein Pensionsbezieher, dem Maßnahmen der Rehabilitation gewährt worden sind (§ 157 Abs. 1), hat Anspruch auf Erwerbsunfähigkeitspension, wenn

1. durch diese Maßnahmen das im § 157 Abs. 3 angestrebte Ziel erreicht wurde;

2. er als erwerbsunfähig im Sinne des § 133 Abs. 4 gilt;

(BGBl I 2001/100)

3. er während des Anspruches auf Pension mindestens 36 Beitragsmonate der Pflichtversicherung durch eine selbständige Erwerbstätigkeit erworben hat und

4. er zu dieser Erwerbstätigkeit durch die Rehabilitation in der Unfallversicherung nach dem Allgemeinen Sozialversicherungsgesetz oder in der Pensionsversicherung nach diesem Bundesgesetz befähigt wurde.

Für die Feststellung des Eintrittes des Versicherungsfalles gilt § 113 Abs. 1 Z 2 entsprechend.

(4) (aufgehoben)

(BGBl 1993/336, BGBl I 2005/132)

(5) Bezieht eine Person, die Anspruch auf Erwerbsunfähigkeitspension hat, in einem Kalendermonat ein Erwerbseinkommen (§ 60), das den Betrag gemäß § 5 Abs. 2 des Allgemeinen Sozialversicherungsgesetzes übersteigt, so wandelt sich der Anspruch auf die gemäß § 139 ermittelte Pension für diesen Kalendermonat in einen Anspruch auf Teilpension.

(BGBl I 1997/139, BGBl I 2003/145, BGBl I 2015/79)

(6) Die Höhe der Teilpension wird wie folgt ermittelt:

1. Zunächst ist das Gesamteinkommen zu ermitteln, das ist die Summe aus der gemäß § 139 ohne den besonderen Steigerungsbetrag (§ 141) ermittelten Pension und dem Erwerbseinkommen.

2. Die Teilpension gebührt in Höhe der gemäß § 139 ohne den besonderen Steigerungsbetrag (§ 141) ermittelten Pension, wenn das Gesamteinkommen 897,58 €[a)] nicht übersteigt; andernfalls ist die gemäß § 139 ohne den besonderen Steigerungsbetrag (§ 141) ermittelte Pension um einen Anrechnungsbetrag zu vermindern.

(BGBl I 2001/67)

3. Der Anrechnungsbetrag gemäß Z 2 setzt sich aus Teilen des Gesamteinkommens zusammen: Für Gesamteinkommensteile von
   a) über 897,58 €[a)] bis 1 346,41 €[a)] sind 30%,
   b) über 1 346,41 €[a)] bis 1 795,16 €[a)] sind 40% und
   c) über 1 795,16 €[a)] sind 50%

[a)] Beträge siehe VO im Anhang.

dieser Gesamteinkommensteile anzurechnen.

(BGBl I 2001/67)

4. Der Anrechnungsbetrag darf jedoch weder 50% der gemäß § 139 ohne den besonderen Steigerungsbetrag (§ 141) ermittelten Pension noch das Erwerbseinkommen übersteigen.

An die Stelle dieser Beträge treten ab 1. Jänner eines jeden Jahres die unter Bedachtnahme auf § 51 mit dem Anpassungsfaktor (§ 47) vervielfachten Beträge.

(BGBl I 1997/139, BGBl I 2001/67)

(7) Der Prozentsatz der Teilpension gemäß Abs. 6 ist erstmalig auf Grund des Pensionsantrages festzustellen, Neufeststellungen dieses Prozentsatzes erfolgen sodann

1. aus Anlaß jeder Anpassung von Pensionen gemäß § 50;
2. bei jeder Neuaufnahme einer Erwerbstätigkeit;
3. auf besonderen Antrag des Pensionisten.

(BGBl I 1997/139)

Begriff der Erwerbsunfähigkeit

§ 133. (1) Als erwerbsunfähig gilt der (die) Versicherte, der (die) infolge von Krankheit oder anderen Gebrechen oder Schwäche seiner (ihrer) körperlichen oder geistigen Kräfte außerstande ist, einem regelmäßigen Erwerb nachzugehen.

(BGBl 1996/201)

(2) Als erwerbsunfähig gilt auch die versicherte Person,

1. die das 50. Lebensjahr vollendet hat,
2. deren persönliche Arbeitsleistung zur Aufrechterhaltung des Betriebes notwendig war und
3. die infolge von Krankheit oder anderen Gebrechen oder Schwäche ihrer körperlichen oder geistigen Kräfte außerstande ist, einer selbständigen Erwerbstätigkeit nachzugehen, die eine ähnliche Ausbildung sowie gleichwertige Kenntnisse und Fähigkeiten wie die Erwerbstätigkeit erfordert, die die versicherte Person zuletzt durch mindestens 60 Kalendermonate ausgeübt hat,

wenn innerhalb der letzten 15 Jahre vor dem Stichtag (§ 113 Abs. 2) in zumindest 90 Pflichtversicherungsmonaten eine selbständige Erwerbstätigkeit nach Z 3 oder eine Erwerbstätigkeit als Angestellte/r oder nach § 255 Abs. 1 ASVG ausgeübt wurde. § 255 Abs. 2 dritter und vierter Satz sowie Abs. 2a ASVG sind anzuwenden. Soweit nicht ganze Kalendermonate einer Erwerbstätigkeit nach der Z 3 vorliegen, sind jeweils 30 Kalendertage zu einem Kalendermonat zusammenzufassen.

(BGBl 1993/336, BGBl 1996/201, BGBl 1996/412, BGBl I 2010/111)

(2a) Die versicherte Person gilt auch dann als erwerbsunfähig, wenn sie

1. das 50. Lebensjahr vollendet hat,
2. mindestens zwölf Monate unmittelbar vor dem Stichtag (§ 113 Abs. 2) als arbeitslos im Sinne des § 12 AlVG gemeldet war,
3. mindestens 360 Versicherungsmonate, davon mindestens 240 Beitragsmonate der Pflichtversicherung auf Grund einer Erwerbstätigkeit, erworben hat und
4. nur mehr Tätigkeiten mit geringstem Anforderungsprofil, die auf dem Arbeitsmarkt noch bewertet sind, ausüben kann und zu erwarten ist, dass ein Arbeitsplatz in einer der physischen und psychischen Beeinträchtigung entsprechenden Entfernung von ihrem Wohnort innerhalb eines Jahres nicht erlangt werden kann.

(BGBl I 2010/111)

(2b) Tätigkeiten nach Abs. 2a Z 4 sind leichte Tätigkeiten, die bei durchschnittlichem Zeitdruck und vorwiegend in sitzender Haltung ausgeübt werden. Tätigkeiten gelten auch dann als vorwiegend in sitzender Haltung ausgeübt, wenn sie durch zwischenzeitliche Haltungswechsel unterbrochen werden.

(BGBl I 2010/111, BGBl I 2013/139)

(3) Als erwerbsunfähig gilt auch der (die) Versicherte, der (die) das 60. Lebensjahr vollendet hat, wenn er (sie) infolge von Krankheit oder anderen Gebrechen oder Schwäche seiner (ihrer) körperlichen oder geistigen Kräfte außer Stande ist, einer selbständigen Erwerbstätigkeit, die er (sie) in den letzten 180 Kalendermonaten vor dem Stichtag mindestens 120 Kalendermonate hindurch ausgeübt hat, nachzugehen. Dabei ist die Möglichkeit einer zumutbaren Änderung der sachlichen und personellen Ausstattung seines (ihres) Betriebes zu berücksichtigen. Fallen in den Zeitraum der letzten 180 Kalendermonate vor dem Stichtag

1. neutrale Monate nach § 121 Z 6 lit. a oder Monate des Bezuges von Übergangsgeld nach § 164, so verlängert sich der genannte Zeitraum um diese Monate;

2. Monate des Bezuges von Rehabilitationsgeld nach § 143a ASVG oder von Umschulungsgeld nach § 39b AIVG, so verlängert sich der genannte Zeitraum um höchstens 60 dieser Monate;

(BGBl I 2000/43, BGBl I 2010/111, BGBl I 2012/35, BGBl I 2015/2)

(3a) Auf das Erfordernis der Ausübung einer selbständigen Erwerbstätigkeit nach Abs. 3 erster Satz ist eine gleichartige unselbständige Erwerbstätigkeit in den letzten 180 Kalendermonaten vor dem Stichtag im Ausmaß von höchstens 60 Kalendermonaten anzurechnen.

(BGBl I 2005/132)

(4) Wurden dem (der) Versicherten Maßnahmen der Rehabilitation gewährt, durch die das im § 157 Abs. 3 angestrebte Ziel erreicht worden ist, so gilt er (sie) auch als erwerbsunfähig im Sinne des Abs. 2, wenn seine (ihre) persönliche Arbeitsleistung zur Aufrechterhaltung des Betriebes notwendig war und er (sie) infolge von Krankheit oder anderen Gebrechen oder Schwäche seiner (ihrer) körperlichen oder geistigen Kräfte außerstande ist, jener selbständigen Erwerbstätigkeit nachzugehen, zu der die Rehabilitation den Versicherten (die Versicherte) befähigt hat und die er (sie) zuletzt durch mindestens 36 Kalendermonate ausgeübt hat. Abs. 2 letzter Satz gilt entsprechend.

(BGBl 1996/201, BGBl I 2000/43)

(5) Abweichend von Abs. 2 ist dem (der) Versicherten jedenfalls eine Tätigkeit zumutbar, für die er (sie) unter Berücksichtigung der Dauer und des Umfanges seiner (ihrer) Ausbildung sowie der von ihm (ihr) bisher ausgeübten Tätigkeit durch Leistungen der beruflichen Rehabilitation mit Erfolg ausgebildet oder umgeschult worden ist.

(BGBl 1996/201, BGBl I 2000/43)

(6) Als erwerbsunfähig gilt der (die) Versicherte auch dann, wenn er (sie) bereits vor der erstmaligen Aufnahme einer die Pflichtversicherung begründenden Erwerbstätigkeit infolge von Krankheit oder anderen Gebrechen oder Schwäche seiner (ihrer) körperlichen oder geistigen Kräfte außer Stande war, einem regelmäßigen Erwerb nachzugehen (Abs. 1), dennoch aber mindestens 120 Beitragsmonate der Pflichtversicherung auf Grund einer Erwerbstätigkeit nach diesem oder einem anderen Bundesgesetz erworben hat.

(BGBl I 2003/145, BGBl I 2015/162)

(BGBl 1996/201)

Feststellung der Erwerbsunfähigkeit

§ 133a. Der Versicherte ist berechtigt, vor Stellung eines Antrages auf die Pension einen Antrag auf Feststellung der Erwerbsunfähigkeit zu stellen, über den der Versicherungsträger in einem gesonderten Verfahren (§ 194 Abs. 1 Z 3) zu entscheiden hat.

Dauer des Anspruchs auf Erwerbsunfähigkeitspension

§ 133b. (1) Die Erwerbsunfähigkeitspension nach § 132 Abs. 1 gebührt längstens für die Dauer von 24 Monaten ab dem Stichtag. Besteht nach Ablauf der Befristung Erwerbsunfähigkeit weiter, so ist die Pension jeweils für die Dauer von längstens 24 Monaten weiter zuzuerkennen, sofern die Weitergewährung der Pension spätestens innerhalb von drei Monaten nach deren Wegfall beantragt wurde.

(2) Abweichend von Abs. 1 ist die Pension ohne zeitliche Befristung zuzuerkennen, wenn auf Grund des körperlichen oder geistigen Zustandes dauernde Erwerbsunfähigkeit anzunehmen ist.

(3) Gegen den Ausspruch, daß die Pension zeitlich befristet zuerkannt oder weitergewährt wird, darf eine Klage an das Landesgericht als Arbeits- und Sozialgericht bzw. das Arbeits- und Sozialgericht Wien nicht erhoben werden.

(BGBl 1996/201)

Hinzurechnung von Versicherungszeiten für Witwen (Witwer), die den Betrieb des versicherten Ehegatten nach dessen Tod fortgeführt haben

§ 134. (1) Bei Witwen (Witwern), die den Betrieb des versicherten Ehegatten (der versicherten Ehegattin) fortgeführt haben, sind für einen Anspruch auf eine Leistung aus einem Versicherungsfall des Alters oder aus dem Versicherungsfall der Erwerbsunfähigkeit die Versicherungszeiten im Sinne des § 114, die von diesem (dieser) während des Bestandes der Ehe erworben worden sind, den aus der eigenen Pensionsversicherung der Witwe (des Witwers) erworbenen Versicherungszeiten hinzuzurechnen, wenn die Witwe (der Witwer) den Betrieb mindestens drei Jahre fortgeführt hat. Wird die Witwen(Witwer)pension in Anspruch genommen, so ist eine Hinzurechnung der

Versicherungszeiten des verstorbenen Ehegatten ausgeschlossen.

(BGBl 1996/412)

(2) Überschneiden sich Zeiten der Kindererziehung (§§ 116a, 116b) der Witwe (des Witwers), die (der) den Betrieb des versicherten Ehegatten nach dessen Tod fortgeführt hat, mit Versicherungszeiten im Sinne des § 114, die der verstorbene Ehegatte während des Bestandes der Ehe erworben hat, ist § 123 Abs. 3 anzuwenden.

(BGBl 1996/412)

(3) Die Abs. 1 und 2 sind sinngemäß auch auf eingetragene PartnerInnen nach dem EPG anzuwenden.

(BGBl I 2009/135)

(BGBl 1996/201)

Hinterbliebenenpensionen

§ 135. Als Hinterbliebenenpensionen werden Witwenpensionen, Witwerpensionen, Pensionen für hinterbliebene eingetragene PartnerInnen und Waisenpensionen gewährt, wenn die Wartezeit (§ 120) und die besonderen Voraussetzungen gemäß den §§ 136 und 138 erfüllt sind. Die Wartezeit gilt jedenfalls als erfüllt, wenn der (die) Versicherte bis zum Tod Anspruch auf Pension aus der Pensionsversicherung nach diesem Bundesgesetz hatte.

(BGBl I 2010/62)

Witwen(Witwer)pension

§ 136. (1) Anspruch auf Witwen(Witwer)pension hat die Witwe nach dem Tod des versicherten Ehegatten bzw. der Witwer nach dem Tod der versicherten Ehegattin. Nimmt die Witwe (der Witwer) die Alters(Erwerbsunfähigkeits)pension gemäß § 134 in Anspruch, so steht ihr (ihm) ein Anspruch auf Witwen(Witwer)pension nicht zu.

(2) Die Pension nach Abs. 1 gebührt bis zum Ablauf von 30 Kalendermonaten nach dem Letzten des Monats des Todes des (der) versicherten Ehegatten (Ehegattin),

1. wenn der überlebende Ehegatte bei Eintritt des Versicherungsfalles des Todes des (der) Versicherten das 35. Lebensjahr noch nicht vollendet hat, es wäre denn, daß die Ehe mindestens zehn Jahre gedauert hat;

2. wenn der überlebende Ehegatte bei Eintritt des Versicherungsfalles des Todes des (der) Versicherten das 35. Lebensjahr bereits vollendet hat und die Ehe in einem Zeitpunkt geschlossen wurde, in dem der andere Ehegatte einen bescheidmäßig zuerkannten Anspruch auf eine Pension aus einem Versicherungsfall des Alters oder der geminderten Arbeitsfähigkeit mit Ausnahme des Knappschaftssoldes und der Knappschaftspension hatte, es wäre denn, daß

   a) die Ehe mindestens drei Jahre gedauert und der Altersunterschied der Ehegatten nicht mehr als 20 Jahre betragen hat oder

   b) die Ehe mindestens fünf Jahre gedauert und der Altersunterschied der Ehegatten nicht mehr als 25 Jahre betragen hat oder

   c) die Ehe mindestens zehn Jahre gedauert und der Altersunterschied der Ehegatten mehr als 25 Jahre betragen hat;

3. wenn der überlebende Ehegatte bei Eintritt des Versicherungsfalles des Todes des (der) Versicherten das 35. Lebensjahr bereits vollendet hat und die Ehe in einem Zeitpunkt geschlossen wurde, in dem der Ehegatte bereits das 65. Lebensjahr (die Ehegattin bereits das 60. Lebensjahr) überschritten und keinen bescheidmäßig zuerkannten Anspruch auf eine in Z 2 bezeichnete Pension hatte, es wäre denn, daß die Ehe zwei Jahre gedauert hat.

Wäre der überlebende Ehegatte im Zeitpunkt des Ablaufs der Frist, für die die Pension zuerkannt wurde, in sinngemäßer Anwendung der §§ 254 Abs. 1 Z 1 und 255 Abs. 3 des Allgemeinen Sozialversicherungsgesetzes als invalid anzusehen und wurde die Weitergewährung der Pension spätestens innerhalb von drei Monaten nach deren Wegfall beantragt, so ist die Pension für die weitere Dauer der Invalidität zuzuerkennen. Der Anspruch auf eine befristet zuerkannte bzw. für die Dauer der Invalidität weitergewährte Witwen(Witwer)pension erlischt ohne weiteres Verfahren, wenn sich der Bezieher (die Bezieherin) einer solchen Pension wiederverehelicht.

(BGBl 1996/412, BGBl I 1998/139)

(3) Abs. 2 gilt nicht,

1. wenn in der Ehe ein Kind geboren oder durch die Ehe ein Kind legitimiert wurde oder die Witwe sich im Zeitpunkt des Todes des Ehegatten erwiesenermaßen im Zustand der Schwangerschaft befunden hatte oder in diesem Zeitpunkt dem Haushalt der Witwe (des Witwers) ein Kind des (der) Verstorbenen angehörte, das Anspruch auf Waisenpension hat;

2. wenn die Ehe von Personen geschlossen wurde, die bereits früher miteinander verheiratet gewesen sind und bei Fortdauer der früheren Ehe der Witwen(Witwer)pensionsanspruch nicht ausgeschlossen gewesen wäre.

(4) Die Pension nach Abs. 1 gebührt nach Maßgabe der Abs. 2 und 3 auch

1. der Frau,

2. dem Mann,

deren (dessen) Ehe mit dem (der) Versicherten für nichtig erklärt, aufgehoben oder geschieden worden ist, wenn ihr (ihm) der (die) Versicherte zur Zeit seines (ihres) Todes Unterhalt (einen Unterhaltsbeitrag) zu leisten hatte bzw. Unterhalt geleistet hat, und zwar

a) auf Grund eines gerichtlichen Urteiles,

b) auf Grund eines gerichtlichen Vergleiches,

c) auf Grund einer vor Auflösung (Nichtigerklärung) der Ehe eingegangenen vertraglichen Verpflichtung,

d) regelmäßig zur Deckung des Unterhaltsbe-darfs ab einem Zeitpunkt nach der Rechtskraft der Scheidung bis zu seinem (ihrem) Tod, mindestens während der Dauer des letzten Jahres vor seinem (ihrem) Tod, wenn die Ehe mindestens zehn Jahre gedauert hat,

sofern und solange die Frau (der Mann) nicht eine neue Ehe geschlossen hat.

(BGBl 1993/336)

Pension für hinterbliebene eingetragene PartnerInnen

§ 137. Die Bestimmungen über die Witwen(Wit-wer)pension nach den §§ 136, 145 und 146 sind auf hinterbliebene eingetragene PartnerInnen und eingetragene Partnerschaften nach dem EPG sinn-gemäß anzuwenden.

(BGBl I 2009/135, BGBl I 2013/139)

Waisenpension

§ 138. Anspruch auf Waisenpension haben nach dem Tode des (der) Versicherten die Kinder im Sinne des § 128 Abs. 1 Z 1 bis 4 und Abs. 2. Über das vollendete 18. Lebensjahr hinaus wird Wai-senpension nur auf besonderen Antrag gewährt.

Alters(Erwerbsunfähigkeits)pension, Ausmaß

§ 139. (1) Die Leistungen aus den Versiche-rungsfällen des Alters und die Erwerbsunfähig-keitspension bestehen aus dem Steigerungsbetrag, bei Vorliegen einer Höherversicherung auch aus dem besonderen Steigerungsbetrag gemäß § 141 Abs. 1. Der Steigerungsbetrag ist ein Prozentsatz der Gesamtbemessungsgrundlage (§ 125).

(2) Die Höhe des Prozentsatzes gemäß Abs. 1 ist die Summe der erworbenen Steigerungspunkte. Für je zwölf Versicherungsmonate gebühren 1,78 Steigerungspunkte. Bleibt ein Rest von weniger als zwölf Versicherungsmonaten, so gebührt für jeden Restmonat ein Zwölftel von 1,78 Steigerungspunk-ten. Die Summe der Steigerungspunkte ist auf drei Dezimalstellen zu runden.

(BGBl I 2003/71)

(3) Bei Inanspruchnahme der Erwerbsunfä-higkeitspension ist jeder Monat ab dem Stichtag bis zum Monatsersten nach Vollendung des 60. Lebensjahres bei der Berechnung der Steigerungs-punkte gemäß Abs. 2 einem Versicherungsmonat gleichzuhalten. Fällt der Zeitpunkt der Vollendung des 60. Lebensjahres selbst auf einen Monatsers-ten, so gilt dieser Tag als Monatserster im Sinne des ersten Satzes.

(BGBl I 2000/92, BGBl I 2001/33, BGBl I 2003/71)

(4) Bei Inanspruchnahme einer Leistung vor dem Monatsersten nach der Erreichung des Re-gelpensionsalters (§ 130 Abs. 1) ist die Leistung, ausgenommen ein besonderer Steigerungsbetrag (§ 141), zu vermindern. Das Ausmaß der Vermin-derung beträgt für je zwölf Monate der früheren Inanspruchnahme 4,2% der Leistung. Bleibt ein Rest von weniger als zwölf Monaten, so beträgt das Ausmaß der Verminderung für jeden Rest-

monat 0,35% dieser Leistung. Das Höchstausmaß der Verminderung beträgt 15% der genannten Leistung. Handelt es sich jedoch um Erwerbsun-fähigkeitspension, so beträgt das Höchstausmaß der Verminderung 13,8% der Leistung. Fällt der Zeitpunkt der Erreichung des Regelpensionsalters selbst auf einen Monatsersten, so gilt dieser Tag als Monatserster im Sinne des ersten Satzes.

(BGBl I 2000/92, BGBl I 2001/33, BGBl I 2003/71, BGBl I 2010/111)

(5) Wenn bei der Berechnung der Höhe der Er-werbsunfähigkeitspension nach Abs. 3 zusätzliche Versicherungsmonate angerechnet werden, darf die Leistung, mit Ausnahme eines besonderen Steige-rungsbetrages (§ 141), – nach der Verminderung nach Abs. 4 – höchstens 60% der höchsten zur Anwendung kommenden Bemessungsgrundlage (§§ 122 Abs. 1, 123 Abs. 1, 126) betragen. Dies gilt nicht, wenn die Leistung ohne Berücksichtigung der Monate nach Abs. 3 und nach der Verminde-rung nach Abs. 4 höher ist; in diesem Fall gebührt die Leistung ohne Berücksichtigung der Monate nach Abs. 3.

(BGBl I 2000/92, BGBl I 2001/33, BGBl I 2003/71)

(6) (aufgehoben)

(BGBl I 2003/71)

(7) Besteht bei Eintritt eines Versicherungs-falles der Erwerbsunfähigkeit oder des Alters ein bescheidmäßig zuerkannter Anspruch auf eine Pension aus eigener Pensionsversicherung, so gilt die Verminderung nach Abs. 4 für diese Pension auch für die hinzutretende Leistung.

(BGBl I 2003/145)

(BGBl 1993/336, BGBl 1994/21, BGBl 1996/201, BGBl 1996/412, BGBl I 1997/139)

§ 140. (aufgehoben)
(BGBl 1996/201)

Besonderer Steigerungsbetrag für Beiträge zur Höherversicherung

§ 141. (1) Für Beiträge zur Höherversicherung, die für Versicherungszeiten geleistet wurden oder gemäß den §§ 127b, 142 und 143 als geleistet gelten, ist ein besonderer Steigerungsbetrag zur Alters(Er-werbsunfähigkeits)pension zu gewähren.

(BGBl 1993/336, BGBl I 2003/71)

(2) bis (3) (aufgehoben)

(BGBl 1993/336)

(4) Für die Bemessung des besonderen Stei-gerungsbetrages gemäß Abs. 1 sind Beiträge zur Höherversicherung, die für vor dem 1. Jänner 1986 gelegene Versicherungszeiten geleistet wurden oder als geleistet gelten, mit den ihrer zeitlichen Lagerung entsprechenden Aufwertungsfaktoren (§ 47) aufzuwerten. Der besondere Steigerungs-betrag beträgt für Beiträge zur Höherversiche-rung für Versicherungszeiten aus der Zeit vor dem 1. Jänner 1986 monatlich 1 vH der Beiträge zur Höherversicherung.

(5) (aufgehoben)

(BGBl 1993/336)

(6) Für die Bemessung des besonderen Steigerungsbetrages sind Beiträge zur Höherversicherung, die für nach dem 31. Dezember 1985 gelegene Versicherungszeiten geleistet wurden oder als geleistet gelten, mit dem ihrer zeitlichen Lagerung entsprechenden Aufwertungsfaktor (§ 47) aufzuwerten und mit einem Faktor zu vervielfachen. Dieser Faktor ist durch Verordnung[a] des Bundesministers für soziale Verwaltung nach versicherungsmathematischen Grundsätzen festzusetzen. Die Verordnung bedarf der Zustimmung des Hauptausschusses des Nationalrates.

(BGBl 1993/336)

[a] VO im VO-Teil zum ASVG.

(7) Der monatlich gebührende besondere Steigerungsbetrag für nach dem 31. Dezember 1985 gelegene Versicherungszeiten ist die Summe der nach Maßgabe des Abs. 6 berechneten Beträge für die jeweiligen Kalenderjahre, in denen Beiträge zur Höherversicherung geleistet wurden oder als geleistet gelten.

(BGBl 1993/336)

(BGBl 1993/336)

Anrechnung von Beiträgen zur freiwilligen Versicherung für die Höherversicherung

§ 142. Beiträge zur freiwilligen Versicherung in der Pensionsversicherung, die für Monate entrichtet wurden, die zum Stichtag auch Beitragsmonate der Pflichtversicherung nach diesem oder einem anderen Bundesgesetz, Beitragsmonate nach § 115 Abs. 1 Z 2 oder leistungswirksame Ersatzmonate nach diesem oder einem anderen Bundesgesetz sind, gelten als Beiträge zur Höherversicherung. Dies gilt nicht, wenn

1. es sich um Ersatzmonate nach § 116a oder § 116b handelt oder

2. durch Berücksichtigung der Grundlagen dieser Beiträge zur freiwilligen Versicherung bei der Ermittlung der Teilgutschrift nach § 12 Abs. 1 APG das 420fache der täglichen Höchstbeitragsgrundlage im jeweiligen Kalenderjahr nicht überschritten wird.

(BGBl 1993/336, BGBl 1996/412, BGBl I 2015/2)

Besondere Höherversicherung für erwerbstätige PensionsbezieherInnen

§ 143. (1) Wird neben dem Bezug einer Alterspension ab dem Monatsersten nach Erreichung des Regelpensionsalters eine Pflichtversicherung nach diesem Bundesgesetz oder dem ASVG oder dem BSVG begründende Erwerbstätigkeit ausgeübt oder ein Anrechnungsbetrag nach § 13 des Bundesbezügegesetzes geleistet, so gebührt dem (der) Versicherten oder dem Organ nach § 12 Abs. 1 des Bundesbezügegesetzes ein besonderer Höherversicherungsbetrag, der nach Abs. 2 zu berechnen ist. Fällt der Zeitpunkt der Erreichung des Regelpensionsalters selbst auf einen Monatsersten, so gilt dieser Tag als Monatserster im Sinne des ersten Satzes.

(BGBl I 2009/83, BGBl I 2011/52)

(2) Für die Bemessung des besonderen Höherversicherungsbetrages sind die auf Grund einer Pflichtversicherung nach Abs. 1 nach dem 31. Dezember 2003 geleisteten Beiträge zur Pensionsversicherung, die auf die versicherte Person und den Dienstgeber entfallen, mit einem Faktor zu vervielfachen. Dieser Faktor ist durch Verordnung[a] des Bundesministers für soziale Sicherheit, Generationen und Konsumentenschutz nach versicherungsmathematischen Grundsätzen unter Berücksichtigung des Lebensalters bei geschlechtsneutraler Bewertung des Einkommens festzusetzen.

(BGBl I 2015/2)

[a] Siehe VO im ASVG-Anhang.

(3) Der besondere Höherversicherungsbetrag gebührt ab jenem Kalenderjahr, das dem Kalenderjahr der Aufnahme der Erwerbstätigkeit folgt; für jedes weitere Kalenderjahr der Erwerbstätigkeit wird der besondere Höherversicherungsbetrag neu festgesetzt. Die aus dem besonderen Höherversicherung zustehende Leistung gebührt ab dem der erstmaligen Festsetzung des besonderen Höherversicherungsbetrages folgenden Kalenderjahr; sie ändert sich entsprechend der jeweiligen Neufestsetzung des besonderen Höherversicherungsbetrages.

(BGBl 1993/336, BGBl 1994/21, BGBl 1996/201, BGBl 1996/412, BGBl I 1997/139, BGBl I 1998/139, BGBl I 1999/179, BGBl I 2000/43, BGBl I 2000/92, BGBl I 2001/33, BGBl I 2003/71)

Erhöhung der Alterspension bei Aufschub der Geltendmachung des Anspruches

§ 143a. (1) Anspruch auf erhöhte Alterspension haben Versicherte, die die Alterspension nach § 130 Abs. 1 nicht schon mit der Erreichung des Regelpensionsalters, sondern erst zu einem späteren Zeitpunkt in Anspruch nehmen, wenn vor diesem Zeitpunkt nicht schon ein bescheidmäßig zuerkannter Anspruch auf eine Pension aus der gesetzlichen Pensionsversicherung – ausgenommen Pensionen aus dem Versicherungsfall des Todes – besteht oder bestand. Für je zwölf Monate der späteren Inanspruchnahme der Alterspension gebührt frühestens ab dem Zeitpunkt der Erfüllung der Wartezeit (§ 120) eine Erhöhung um 4,2% der nach § 139 errechneten Leistung. Bleibt ein Rest von weniger als zwölf Monaten, so beträgt das Ausmaß der Erhöhung für jeden Restmonat ein Zwölftel von 4,2%. Die so erhöhte Leistung, mit Ausnahme eines besonderen Steigerungsbetrages, darf höchstens 91,76% der höchsten zur Anwendung kommenden Bemessungsgrundlage (§§ 122 Abs. 1, 123 Abs. 1, 126) betragen.

(BGBl 1993/336, BGBl I 2000/92, BGBl I 2001/33, BGBl I 2003/71)

(2) (aufgehoben)

(BGBl I 2003/145)

Kinderzuschüsse

§ 144. (1) Zu den Leistungen aus den Versicherungsfällen des Alters und der Erwerbsunfähigkeit gebührt für jedes Kind (§ 128) ein Kinderzuschuß.

Für die Dauer des Anspruches auf Kinderzuschuß gebührt für ein und dasselbe Kind kein weiterer Kinderzuschuß. Über das vollendete 18. Lebensjahr wird der Kinderzuschuß nur auf besonderen Antrag gewährt.

(BGBl 1996/201)

(2) Der Kinderzuschuß beträgt 29,07 € monatlich.

(BGBl I 2001/67)

(BGBl 1993/336)

„Frühstarterbonus

§ 144a.[a] (1) Zu den Leistungen aus den Versicherungsfällen des Alters und zur Erwerbsunfähigkeitspension gebührt für jeden Beitragsmonat auf Grund einer Erwerbstätigkeit, der vor dem Monatsersten nach der Vollendung des 20. Lebensjahres erworben wurde, ein Frühstarterbonus in der Höhe von 1,00 €. Der Frühstarterbonus ist ab Zuerkennung der Pension Bestandteil der Pensionsleistung und mit dem Höchstausmaß von 60,00 € begrenzt.

(2) Der Frühstarterbonus gebührt nur dann, wenn der Pensionsleistung insgesamt mindestens 300 Beitragsmonate auf Grund einer Erwerbstätigkeit zugrunde liegen, von denen mindestens 12 vor dem Monatsersten nach der Vollendung des 20. Lebensjahres erworben wurden.

(3) An die Stelle der Beträge nach Abs. 1 treten ab 1. Jänner eines jeden Jahres, erstmals ab 1. Jänner 2023, die unter Bedachtnahme auf § 51 mit der jeweiligen Aufwertungszahl (§ 47) vervielfachten Beträge."

(BGBl I 2021/28)

[a] Tritt mit 1. Jänner 2022 in Kraft.

Witwen(Witwer)pension, Ausmaß

§ 145. (1) Das Ausmaß der Witwen(Witwer)-pension ergibt sich aus einem Hundertsatz der Pension des (der) Versicherten. Als Pension gilt, wenn der (die) Versicherte im Zeitpunkt des Todes

1.   des 65. (60.) Lebensjahres noch nicht vollendet und keinen Anspruch auf Erwerbsunfähigkeits(Alters)pension hatte, die Pension, auf die er (sie) in diesem Zeitpunkt Anspruch gehabt hätte;

(BGBl 1996/201, BGBl I 2000/92, BGBl I 2001/33, BGBl I 2003/71, BGBl I 2004/105)

2.   des 65. (60.) Lebensjahres vollendet und keinen Anspruch auf Erwerbsunfähigkeits(Alters)pension hatte, die Alterspension, auf die er (sie) in diesem Zeitpunkt Anspruch gehabt hätte;

(BGBl 1996/201, BGBl I 2000/92, BGBl I 2001/33, BGBl I 2003/71)

3.   Anspruch auf Erwerbsunfähigkeits(Alters)pension hatte, ohne nach dem Stichtag weitere Beitragszeiten der Pflichtversicherung erworben zu haben, diese Pension;

(BGBl I 1998/139)

4.   Anspruch auf Erwerbsunfähigkeitspension und nach dem Stichtag weitere Beitragszeiten der Pflichtversicherung nach diesem Bundesgesetz, dem Allgemeinen Sozialversicherungsgesetz oder dem Bauern-Sozialversicherungsgesetz erworben hatte, diese Erwerbsunfähigkeitspension; hiebei ist das Ausmaß des in der Erwerbsunfähigkeitspension berücksichtigten Steigerungsbetrages (§ 139) um den auf die weiteren Beitragszeiten entfallenden Steigerungsbetrag und das Ausmaß des in der Erwerbsunfähigkeitspension berücksichtigten besonderen Steigerungsbetrages (§ 141) unter Berücksichtigung weiterer Höherversicherungsbeiträge zu erhöhen. Wurden gemäß § 139 Abs. 3 Monate bei der Erwerbsunfähigkeitspension angerechnet, so sind diese unter Berücksichtigung der weiteren Beitragszeiten entsprechend zu vermindern. Der Steigerungsbetrag der Pension darf 80 vH der höchsten zur Anwendung kommenden Bemessungsgrundlage (§§ 122 Abs. 1, 123 Abs. 1, 126) nicht übersteigen;

(BGBl I 1997/139, BGBl I 1998/139)

5.   Anspruch auf eine Leistung aus den Versicherungsfällen des Alters und nach deren Anfall weitere Beitragszeiten der Pflichtversicherung nach diesem Bundesgesetz, dem Allgemeinen Sozialversicherungsgesetz oder dem Bauern-Sozialversicherungsgesetz erworben hatte, die unter Anwendung des § 143 zum Zeitpunkt des Todes zu ermittelnde Pension.

(BGBl 1996/201, BGBl I 1997/139, BGBl I 1998/139, BGBl I 2000/92, BGBl I 2001/33)

Bei der Bemessung der Witwen(Witwer)pension haben Kinderzuschüsse sowie ein besonderer Steigerungsbetrag (§ 141) außer Ansatz zu bleiben. Zu der so bemessenen Witwen(Witwer)pension sind 60 vH des besonderen Steigerungsbetrages (§ 141) zuzuschlagen.

(BGBl I 1998/139)

(2) Zur Ermittlung des Hundertsatzes wird vorerst der Anteil der Berechnungsgrundlage der Witwe (des Witwers) in Prozent an der Berechnungsgrundlage des (der) Verstorbenen errechnet. Bei einem Anteil von 100 % beträgt der Hundertsatz 40. Er erhöht oder vermindert sich für jeden Prozentpunkt des Anteiles, der 100 unterschreitet oder übersteigt, um 0,3. Er ist jedoch nach unten hin mit Null und nach oben hin mit 60 begrenzt. Teile von Prozentpunkten des Anteiles sind verhältnismäßig zu berücksichtigen.

(BGBl I 2000/92, BGBl I 2001/33, BGBl I 2003/45, BGBl I 2004/78)

(3) Berechnungsgrundlage der Witwe (des Witwers) im Sinne des Abs. 2 ist das Einkommen nach Abs. 5 in den letzten zwei Kalenderjahren vor dem Zeitpunkt des Todes des (der) Versicherten, geteilt durch 24.

(BGBl 1996/412, BGBl I 2001/67, BGBl I 2003/45, BGBl I 2004/78, BGBl I 2006/130)

(4) Berechnungsgrundlage des (der) Verstorbenen im Sinne des Abs. 2 ist das Einkommen nach Abs. 5 in den letzten zwei Kalenderjahren vor dem Zeitpunkt des Todes, geteilt durch 24. Abweichend davon ist die Berechnungsgrundlage das Einkommen nach Abs. 5 der letzten vier Kalenderjahre vor dem Zeitpunkt des Todes, geteilt durch 48, wenn die Verminderung des Einkommens in den letzten beiden Kalenderjahren vor dem Tod des (der) Versicherten auf Krankheit oder Arbeitslosigkeit zurückzuführen ist oder in dieser Zeit die selbständige oder unselbständige Erwerbstätigkeit wegen Krankheit, Gebrechen oder Schwäche eingeschränkt wurde und dies für die Witwe (den Witwer) günstiger ist.

(BGBl 1996/412, BGBl I 2001/67, BGBl I 2003/45, BGBl I 2004/78, BGBl I 2006/130)

(5) Als Einkommen im Sinne der Abs. 3 und 4 gelten:

1. Erwerbseinkommen im Sinne des § 60 Abs. 1 und 1a,

    (BGBl I 2011/122)

2. wiederkehrende Geldleistungen

    a) aus der gesetzlichen Sozialversicherung (mit Ausnahme eines Kinderzuschusses und eines besonderen Steigerungsbetrages nach § 141) und aus der Arbeitslosenversicherung sowie nach den Bestimmungen über die Arbeitsmarktförderung und die Sonderunterstützung oder

    b) auf Grund gleichwertiger landesgesetzlicher oder bundesgesetzlicher Regelungen der Unfallfürsorge (mit Ausnahme eines Kinderzuschusses),

3. wiederkehrende Geldleistungen auf Grund

    a) des Pensionsgesetzes 1965, BGBl. Nr. 340,

    b) landesgesetzlicher Vorschriften, die dem Dienstrecht der Bundesbeamten vergleichbar sind,

    c) des Landeslehrer-Dienstrechtsgesetzes, BGBl. Nr. 302/1984,

    d) des Land- und forstwirtschaftlichen Landeslehrer-Dienstrechtsgesetzes, BGBl. Nr. 296/1985,

    e) des Bezügegesetzes, BGBl. Nr. 273/1972, des Bundesbezügegesetzes, BGBl. I Nr. 64/1997, und vergleichbarer landesgesetzlicher Vorschriften,

    (BGBl I 2004/142)

    f) des Verfassungsgerichtshofgesetzes, BGBl. Nr. 85/1953,

    g) des Bundestheaterpensionsgesetzes, BGBl. Nr. 159/1958,

    h) des § 163 des Beamten-Dienstrechtsgesetzes 1979, BGBl. Nr. 333,

    i) des Bundesbahn-Pensionsgesetzes, BGBl. I Nr. 86/2001,

    j) der Dienst(Pensions)ordnungen für (ehemalige) DienstnehmerInnen von

    – öffentlich-rechtlichen Körperschaften und

    – Fonds, Stiftungen, Anstalten und Betrieben, die von den Organen einer Gebietskörperschaft verwaltet werden,

    k) sonstiger nach § 5 Abs. 1 Z 3 ASVG pensionsversicherungsfreier Dienstverhältnisse,

    l) vertraglicher Pensionszusagen einer Gebietskörperschaft,

4. außerordentliche Versorgungsbezüge, Administrativpensionen und laufende Überbrückungszahlungen auf Grund von Sozialplänen, die einer Administrativpension entsprechen,

    (BGBl I 2006/130)

5. Pensionen auf Grund ausländischer Versicherungs- oder Versorgungssysteme (mit Ausnahme eines Kinderzuschusses), soweit es sich nicht um Hinterbliebenenleistungen aus dem gleichen Versicherungsfall handelt.

(BGBl 1996/412, BGBl I 1997/61, BGBl I 2003/45, BGBl I 2004/78)

(5a) Ist die Summe der Beitragsgrundlagen einer Selbst- oder Weiterversicherung in der Pensionsversicherung, die zum Zeitpunkt des Todes bereits seit mindestens einem Jahr bestanden hat, höher als das gleichzeitig bezogene Einkommen des (der) verstorbenen Versicherten nach Abs. 5 innerhalb der letzten zwei (vier) Kalenderjahre vor dem Zeitpunkt seines (ihres) Todes, so tritt für die Ermittlung der Berechnungsgrundlage nach Abs. 4 der im genannten Zeitraum als Summe der Beitragsgrundlagen ausgewiesene Betrag an die Stelle des gleichzeitig bezogenen Einkommens nach Abs. 5.

(BGBl I 2006/130)

(5b) Ist die Summe der Beitragsgrundlagen nach § 44 Abs. 1 Z 10 ASVG höher als das gleichzeitig von der Witwe/dem Witwer oder der verstorbenen versicherten Person innerhalb der letzten zwei (vier) Kalenderjahre vor dem Zeitpunkt des Todes der versicherten Person bezogene Einkommen nach Abs. 5, so tritt für die Ermittlung der Berechnungsgrundlage nach Abs. 3 oder nach Abs. 4 der im genannten Zeitraum als Summe der Beitragsgrundlagen ausgewiesene Betrag an die Stelle des gleichzeitig bezogenen Einkommens nach Abs. 5.

(BGBl I 2015/162)

(6) Erreicht die Summe aus dem eigenem Einkommen der Witwe (des Witwers) nach Abs. 5 und der Witwen(Witwer)pension, ausgenommen ein besonderer Steigerungsbetrag (§ 141), nicht den Betrag von 1 671,20 €[a)] monatlich, so ist, solange diese Voraussetzung zutrifft, der Hundertsatz der Witwen(Witwer)pension soweit zu erhöhen, dass die Summe aus eigenem Einkommen und Witwen(Witwer)pension den genannten Betrag erreicht. Der so ermittelte Hundertsatz darf 60 nicht überschreiten. In den Fällen, in denen eine mit dem Hundertsatz von 60 bemessene Witwen(Witwer)

pension, ausgenommen ein besonderer Steigerungsbetrag (§ 141), den Betrag von 1 671,20 €[a)] überschreitet, tritt diese an die Stelle des Betrages von 1 671,20 €[a)]. An die Stelle des Betrages von 1 671,20 €[a)] tritt ab 1. Jänner eines jeden Jahres der unter Bedachtnahme auf § 51 mit dem jeweiligen Anpassungsfaktor (§ 47) vervielfachte Betrag.

(BGBl I 1997/139, BGBl I 2000/92, BGBl I 2001/33, BGBl I 2001/67, BGBl I 2004/78, BGBl I 2009/14)

[a)] Beträge siehe VO über veränderliche Werte.

(6a) Überschreitet in einem Kalendermonat die Summe aus

1.   eigenem Einkommen der Witwe (des Witwers) nach Abs. 5 und

(BGBl I 2004/78)

2.   der Witwen-(Witwer-)Pension mit Ausnahme des besonderen Steigerungsbetrages (§ 141)

das 60fache der Höchstbeitragsgrundlage nach § 45 ASVG für das Kalenderjahr 2012, so ist – solange diese Voraussetzung zutrifft – der Hundertsatz der Witwen-(Witwer-)Pension so weit zu vermindern, dass die Summe aus eigenem Einkommen und Witwen-(Witwer-)Pension das 60fache dieser Höchstbeitragsgrundlage nicht überschreitet. Der so ermittelte Hundertsatz ist nach unten hin mit Null begrenzt.

(BGBl I 2000/92, BGBl I 2001/33, BGBl I 2012/35)

(7) Die Erhöhung der Witwen(Witwer)pension gemäß Abs. 6 ist erstmalig auf Grund des Pensionsantrages festzustellen. Sie gebührt ab dem Beginn des Monats, in dem die Voraussetzungen für die Erhöhung erfüllt sind. Werden die Voraussetzungen für eine (weitere) Erhöhung zu einem späteren Zeitpunkt erfüllt, so gebührt diese auf besonderen Antrag. Die Erhöhung gebührt bis zum Ablauf des Monats, in dem die Voraussetzungen weggefallen sind. Das gleiche gilt für die Festsetzung eines geringeren Ausmaßes der Erhöhung. Die Erhöhung gebührt längstens bis zum Ablauf des Monats, der einer Anpassung von Pensionen gemäß § 50 vorangeht. Aus Anlaß jeder Anpassung von Pensionen gemäß § 50 ist die Erhöhung der Witwen(Witwer) pension gemäß Abs. 6 neu festzustellen.

(7a) Die Verminderung der Witwen-(Witwer-) Pension erfolgt ab dem Beginn des Monats, in dem die Voraussetzungen nach Abs. 6a vorliegen. Ihr Ausmaß ist erstmalig auf Grund des Pensionsantrages festzustellen. Umstände, die zu einer Erhöhung oder Herabsetzung dieser Verminderung führen (insbesondere die Aufwertung der Höchstbeitragsgrundlage) sind auch von Amts wegen wahrzunehmen. Die Verminderung erfolgt bis zum Ablauf des Monats, in dem die Voraussetzungen hiefür weggefallen sind.

(BGBl I 2000/92, BGBl I 2001/33)

(7b) Gebührt neben der Witwen(Witwer)pension auch ein Versorgungsgenuss nach Abs. 5 Z 3 und 4, so gebührt die Erhöhung nach Abs. 6 bis zum zulässigen Höchstausmaß zuerst zur höheren Leistung. Sind die Abs. 6a und 7a bei Vorliegen von zwei oder mehreren Witwen(Witwer)pensionen

anzuwenden, so ist beginnend mit der jeweils betraglich niedrigeren Pension zu vermindern.

(BGBl I 2004/142)

(8) Die Witwen(Witwer)pension nach § 136 Abs. 4 lit. a bis c darf den gegen den Versicherten (die Versicherte) zur Zeit seines (ihres) Todes bestehenden und mit dem im Zeitpunkt des Pensionsanfalles für das Jahr des Todes geltenden Aufwertungsfaktor (§ 47) aufgewerteten Anspruch auf Unterhalt (Unterhaltsbeitrag), vermindert um eine der (dem) Anspruchsberechtigten nach dem (der) Versicherten gemäß § 215 Abs. 3 des Allgemeinen Sozialversicherungsgesetzes gebührende Witwen(Witwer)rente, nicht übersteigen. Eine vertraglich oder durch gerichtlichen Vergleich übernommene Erhöhung des Unterhaltes (Unterhaltsbeitrages) bleibt außer Betracht, wenn seit dem Abschluß des Vertrages (Vergleiches) bis zum Tod nicht mindestens ein Jahr vergangen ist.

(9) Die Witwen(Witwer)pension nach § 136 Abs. 4 lit. d darf den vom Versicherten bzw. von der Versicherten in dem dort genannten Zeitraum, längstens jedoch während der letzten drei Jahre vor seinem (ihrem) Tod geleisteten durchschnittlichen monatlichen Unterhalt, vermindert um eine der (dem) Anspruchsberechtigten nach dem (der) Versicherten gemäß § 215 Abs. 3 des Allgemeinen Sozialversicherungsgesetzes gebührende Witwen-(Witwer)rente, nicht übersteigen. Eine Erhöhung des Unterhaltes bleibt außer Betracht, wenn seit dem Zeitpunkt der Erhöhung bis zum Tod nicht mindestens ein Jahr vergangen ist.

(10) Die Abs. 8 und 9 sind nicht anzuwenden, wenn

1.   das auf Scheidung lautende Urteil den Ausspruch nach § 61 Abs. 3 des Ehegesetzes enthält,

2.   die Ehe mindestens fünfzehn Jahre gedauert und

3.   die Frau (der Mann) im Zeitpunkt des Eintrittes der Rechtskraft des Scheidungsurteiles das 40. Lebensjahr vollendet hat. Die unter Z 3 genannte Voraussetzung entfällt, wenn

   a)   die Frau (der Mann) seit dem Zeitpunkt des Eintrittes der Rechtskraft des Scheidungsurteiles erwerbsunfähig ist oder

   b)   nach dem Tod des Mannes (der Frau) eine Waisenpension für ein Kind im Sinne des § 128 Abs. 1 Z 1 und Abs. 2 anfällt, sofern dieses Kind aus der geschiedenen Ehe stammt oder von den Ehegatten gemeinsam oder als Stiefkind an Kindes Statt angenommen worden ist und das Kind in allen diesen Fällen im Zeitpunkt des Todes des in Betracht kommenden Elternteiles ständig in Hausgemeinschaft (§ 128 Abs. 1 letzter Satz) mit dem anderen Eheteil lebt. Das Erfordernis der ständigen Hausgemeinschaft entfällt bei nachgeborenen Kindern.

(BGBl I 2013/139)

(BGBl 1995/132)

Abfertigung und Wiederaufleben der Witwen(Witwer)pension

§ 146. (1) Der Bezieherin (Dem Bezieher) einer Witwen(Witwer)pension (§ 136), ausgenommen die Bezieherin (der Bezieher) einer Witwen(Witwer)pension nach § 136 Abs. 2, die (der) sich wiederverehelicht hat, gebührt eine Abfertigung in der Höhe des 35fachen der Witwen(Witwer)pension, auf die sie (er) im Zeitpunkt der Schließung der neuen Ehe Anspruch gehabt hat, ausschließlich einer Ausgleichszulage, die in diesem Zeitpunkt gebührt hat.

(BGBl 1993/110)

(2) Wird die neue Ehe durch den Tod des Ehegatten, durch Scheidung oder durch Aufhebung aufgelöst oder wird die neue Ehe für nichtig erklärt, so lebt der Anspruch auf die Witwen-(Witwer)pension (Abs. 1) auf Antrag wieder auf, wenn

a) die Ehe nicht aus dem alleinigen oder überwiegenden Verschulden der in Abs. 1 bezeichneten Person aufgelöst worden ist oder

b) bei Nichtigerklärung der Ehe diese Person als schuldlos anzusehen ist.

(3) Der Anspruch lebt in der unter Bedachtnahme auf § 50 sich ergebenden Höhe mit dem der Antragstellung folgenden Monatsersten, frühestens jedoch mit dem Monatsersten wieder auf, der dem Ablauf von zweieinhalb Jahren nach dem seinerzeitigen Erlöschen des Anspruches folgt.

(4) Auf die wiederaufgelebte Witwen(Witwer)pension sind laufende Unterhaltsleistungen und die im § 2 des Einkommensteuergesetzes 1988, BGBl. Nr. 400, angeführten Einkünfte anzurechnen, die der Witwe (dem Witwer) auf Grund aufgelöster oder für nichtig erklärter, vor dem Wiederaufleben der Witwen(Witwer)pension geschlossener Ehen gebühren oder darüber hinaus zufließen. Eine Anrechnung laufender Unterhaltsleistungen erfolgt nur in der Höhe eines Vierzehntels der jährlich tatsächlich zufließenden Unterhaltsleistung. Hinsichtlich der Ermittlung des Erwerbseinkommens aus einem land(forst)wirtschaftlichen Betrieb ist § 149 Abs. 5 und 6 entsprechend anzuwenden. Erhält die Witwe (der Witwer) statt laufender Unterhaltsleistungen eine Kapitalabfindung, so ist auf die Pension ein Vierzehntel des Betrages anzurechnen, der sich bei der Annahme eines jährlichen Ertrages von 4 vH des Abfindungskapitals ergeben würde. Geht das Abfindungskapital ohne vorsätzliches Verschulden der Witwe (des Witwers) unter, so entfällt die Anrechnung.

(BGBl 1996/412)

(5) Werden laufende Unterhaltsleistungen bzw. Einkünfte im Sinne des Abs. 4 bereits im Zeitpunkt des Wiederauflebens der Witwen(Witwer)-pension bezogen, wird die Anrechnung ab diesem Zeitpunkt wirksam, in allen anderen Fällen mit dem Beginn des Kalendermonates, der auf den Eintritt des Anrechnungsgrundes folgt.

Waisenpension, Ausmaß

§ 147. Die Waisenpension beträgt für jedes einfach verwaiste Kind 40 vH, für jedes doppelt verwaiste Kind 60 vH einer nach dem verstorbenen Elternteil mit dem Hundertsatz 60 ermittelten Witwen(Witwer)pension nach § 145 Abs. 1.

(BGBl 1993/336)

Höchstausmaß der Hinterbliebenenpensionen

§ 148. (aufgehoben)

(BGBl 1995/132)

Abfindung

§ 148a. (1) Anspruch auf Abfindung haben im Falle des Todes des (der) Versicherten

1. sofern Hinterbliebenenpensionen nur mangels Erfüllung der Wartezeit (§ 120) nicht gebühren, jedoch mindestens ein Beitragsmonat vorliegt, die Witwe (der Witwer) oder der/die hinterbliebene eingetragene PartnerIn und zu gleichen Teilen die Kinder (§ 128);

(BGBl I 2009/135)

2. wenn die Wartezeit für den Anspruch auf Hinterbliebenenpensionen erfüllt ist, aber anspruchsberechtigte Hinterbliebene nicht vorhanden sind, der Reihe nach die Kinder, die Mutter, der Vater, die Geschwister des oder der Versicherten, wenn sie mit dem (der) Versicherten zur Zeit seines (ihres) Todes ständig in Hausgemeinschaft gelebt haben, unversorgt sind und überwiegend von ihm (ihr) erhalten worden sind. Eine vorübergehende Unterbrechung der Hausgemeinschaft oder deren Unterbrechung wegen schulmäßiger (beruflicher) Ausbildung oder wegen Heilbehandlung bleibt außer Betracht. Kindern und Geschwistern gebührt die Abfindung zu gleichen Teilen.

(2) Die Abfindung beträgt im Falle des Abs. 1 Z 1 das Sechsfache der Bemessungsgrundlage (§ 122), wenn aber weniger als sechs Versicherungsmonate vorliegen, die Summe der monatlichen Beitragsgrundlagen (§ 127c) in diesen Versicherungsmonaten. Im Falle des Abs. 1 Z 2 beträgt die Abfindung das Dreifache der Bemessungsgrundlage (§ 122).

(BGBl 1993/336, BGBl I 1998/139)

(3) Die Witwe (Der Witwer) oder der/die hinterbliebene eingetragene PartnerIn hat keinen Anspruch auf Abfindung, wenn für sie (ihn) ein Witwen(Witwer)pensionsanspruch aus früherer Ehe oder früherer eingetragener Partnerschaft nach § 146 Abs. 2 wieder auflebt.

(BGBl I 2009/135)

3. Unterabschnitt
Ausgleichszulage
(BGBl I 2000/92, BGBl I 2001/33, BGBl I 2004/142)

Voraussetzungen für den Anspruch auf Ausgleichszulage

§ 149. (1) Erreicht die Pension zuzüglich eines aus übrigen Einkünften des Pensionsberechtigten erwachsenden Nettoeinkommens und der gemäß § 151 zu berücksichtigenden Beträge nicht die Höhe des für ihn geltenden Richtsatzes (§ 150), so hat der Pensionsberechtigte, solange er seinen rechtmäßigen, gewöhnlichen Aufenthalt im Inland hat, nach Maßgabe der Bestimmungen dieses Unterabschnittes Anspruch auf eine Ausgleichszulage zur Pension.

(BGBl 1993/336, BGBl 1996/412, BGBl I 1997/139, BGBl I 2003/71, BGBl I 2010/111)

(2) Bei Feststellung des Anspruches gemäß Abs. 1 ist auch das gesamte Nettoeinkommen des (der) im gemeinsamen Haushalt lebenden Ehegatten (Ehegattin) oder eingetragenen Partners (eingetragenen Partnerin) unter Bedachtnahme auf § 151 Abs. 4 zu berücksichtigen.

(BGBl I 2009/135)

(3) Nettoeinkommen im Sinne der Abs. 1 und 2 ist, soweit im folgenden nichts anderes bestimmt wird, die Summe sämtlicher Einkünfte in Geld oder Geldeswert nach Ausgleich mit Verlusten und vermindert um die gesetzlich geregelten Abzüge. Für die Bewertung der Sachbezüge gilt, soweit nicht Abs. 7 anzuwenden ist, die Bewertung für Zwecke der Lohnsteuer mit der Maßgabe, daß als Wert der vollen freien Station der Betrag von 216,78 €[a)] heranzuziehen ist; an die Stelle dieses Betrages tritt ab 1. Jänner eines jeden Jahres der unter Bedachtnahme auf § 51 mit dem Anpassungsfaktor (§ 47) vervielfachte Betrag. Im Falle des Bezuges einer Hinterbliebenenpension (§ 135) vermindert sich dieser Betrag, wenn für die Ermittlung der Ausgleichszulage zur Pension des verstorbenen Ehegatten/der verstorbenen Ehegattin oder des verstorbenen eingetragenen Partners/der verstorbenen eingetragenen Partnerin (Elternteiles) Abs. 7 anzuwenden ist oder anzuwenden gewesen wäre und der (die) Hinterbliebene nicht Eigentümer (Miteigentümer) des land(forst)-wirtschaftlichen Betriebes war, für Einheitswerte unter 4 400 € im Verhältnis des maßgeblichen Einheitswertes zu dem genannten Einheitswert, gerundet auf Cent; entsprechendes gilt auch bei der Bewertung von sonstigen Sachbezügen.

(BGBl 1994/21, BGBl I 2001/67, BGBl I 2009/135)

[a)] Betrag siehe VO über veränderliche Werte.

(4) Bei Anwendung der Abs. 1 bis 3 haben außer Betracht zu bleiben:

a) die Wohnbeihilfen nach dem Wohnbauförderungsgesetz 1968, BGBl. Nr. 280/1967 bzw. nach dem Wohnungsverbesserungsgesetz, BGBl. Nr. 426/1969, und vom Bund, den Ländern oder Gemeinden zur Erleichterung der Tragung des Mietzinsaufwandes (der Mietzinsmehrbelastung) gewährte Beihilfen (Abgeltungsbeträge);

b) die Beihilfen nach den besonderen Vorschriften über den Familienlastenausgleich sowie die Beihilfen nach dem Studienförderungsgesetz 1992 und dem Schülerbeihilfengesetz;
    (BGBl 1990/295, BGBl 1992/474)

c) die Kinderzuschüsse sowie die Renten-(Pensions)sonderzahlungen aus der Sozialversicherung, die Kinderzuschüsse aus der Pensionsversicherung jedoch nur dann, wenn sich der Richtsatz nach § 150 Abs. 1 zweiter Satz nicht erhöht, oder für jedes Kind, für das eine solche Richtsatzerhöhung gebührt, nur in der Höhe des 29,07 € übersteigenden Betrages;
    (BGBl I 2010/63)

d) Einkünfte, die wegen des besonderen körperlichen Zustandes gewährt werden (Pflegegeld, Blindenzulagen, Schwerstbeschädigtenzulagen, Zuschüsse zu den Kosten für Diätverpflegung und dergleichen);
    (BGBl 1993/110)

e) Bezüge aus Unterhaltsansprüchen privater Art, die gemäß § 151 berücksichtigt werden;

f) Bezüge aus Leistungen der Sozialhilfe und der freien Wohlfahrtspflege;

g) einmalige Unterstützungen der gesetzlichen beruflichen Vertretungen, Gewerkschafts- und Betriebsratsunterstützungen und Gnadenpensionen;
    (BGBl 1993/336)

h) von Lehrlingsentschädigungen ein Betrag von 149,49 €[a)] monatlich; an die Stelle dieses Betrages tritt ab 1. Jänner eines jeden Jahres der unter Bedachtnahme auf § 51 mit der jeweiligen Aufwertungszahl (§ 47) vervielfachte Betrag;
    (BGBl I 2001/67)

[a)] Betrag siehe VO über veränderliche Werte.

i) nach dem Kriegsopferversorgungsgesetz 1957, BGBl. Nr. 152, und dem Opferfürsorgegesetz, BGBl. Nr. 183/1947, gewährte Grund- und Elternrenten, ein Drittel der nach dem Heeresversorgungsgesetz, BGBl. Nr. 27/1964, gewährten Beschädigten- und Witwenrenten sowie die Elternrenten einschließlich einer allfälligen Zusatzrente (§§ 23 Abs. 3, 33 Abs. 1 bzw. 44 Abs. 1 und 45 Heeresversorgungsgesetz); ferner eine nach ausländischen Rechtsvorschriften gewährte Rentenleistung, die aus dem Anlaß des Kampfes oder des Einsatzes gegen den Nationalsozialismus gebührt;

k) Leistungen auf Grund der Bestimmungen des Teiles I des österreichisch-deutschen Finanz- und Ausgleichsvertrages, BGBl. Nr. 283/1962;

l) Leistungen auf Grund der Aufgabe, Übergabe, Verpachtung oder anderweitige Überlassung eines land(forst)wirtschaftlichen Betriebes, wenn Abs. 7 bzw. Abs. 8 zur Anwendung gelangt;

m) Versehrtengeld nach § 149g Abs. 3 BSVG.

(BGBl I 2005/71)

n) nach dem Bundesgesetz über die Gewährung von Hilfeleistungen an Opfer von Verbrechen, BGBl. Nr. 288/1972, gewährte Geldleistungen;

(BGBl I 2001/103)

o) das Kinderbetreuungsgeld nach dem Kinderbetreuungsgeldgesetz;

(BGBl I 2001/103, BGBl I 2009/83)

p) Zins- und Kapitalerträge nach Abzug der Kapitalertragsteuer (§ 95 EStG 1988), wenn diese den Betrag von 50 €[a)] jährlich nicht übersteigen; an die Stelle dieses Betrages tritt ab 1. Jänner eines jeden Jahres, erstmals ab 1. Jänner 2010, der unter Bedachtnahme auf § 51 mit der jeweiligen Aufwertungszahl (§ 47) vervielfachte Betrag, gerundet auf volle Euro;

(BGBl I 2009/83, BGBl I 2010/62, BGBl I 2012/17)

[a)] Betrag siehe VO über veränderliche Werte.

r) das Taschengeld nach § 8 Abs. 4 Z 6 des Freiwilligengesetzes;

(BGBl I 2012/17, BGBl I 2013/3, BGBl I 2019/84)

s) der Ausgleichszulagenbonus/Pensionsbonus nach § 156a ;

(BGBl I 2019/84, BGBl I 2019/103)

t) die SV-Rückerstattung nach § 33 Abs. 8 Z 3 EStG 1988.

(BGBl I 2019/103)

(5) Der Ermittlung des Nettoeinkommens aus einem land(forst)wirtschaftlichen Betrieb sind 70 vH des Versicherungswertes (§ 23 des Bauern-Sozialversicherungsgesetzes) zugrunde zu legen. § 23 Abs. 10 des Bauern-Sozialversicherungsgesetzes ist hiebei nicht anzuwenden. Dieser Betrag, gerundet auf Cent, gilt als monatliches Nettoeinkommen aus einem land(forst)wirtschaftlichen Betrieb.

(BGBl 1990/295, BGBl I 2001/67)

(6) Steht das Recht zur Bewirtschaftung des land(forst)wirtschaftlichen Betriebes auf eigene Rechnung und Gefahr nicht einer einzigen Person zu, so gilt das gemäß Abs. 5 ermittelte Nettoeinkommen, sofern bei dessen Ermittlung die Bewirtschaftung durch mehrere Personen nicht bereits berücksichtigt wurde, nur im Verhältnis der Anteile am land(forst)wirtschaftlichen Betrieb als Nettoeinkommen.

(7) Wurde die Bewirtschaftung eines land-(forst) wirtschaftlichen Betriebes aufgegeben, der Betrieb übergeben, verpachtet oder auf andere Weise jemandem zur Bewirtschaftung überlassen, so ist bei Ermittlung des Einkommens des bisherigen Eigentümers (des Verpächters) ohne Rücksicht auf Art und Ausmaß der ausbedungenen Leistungen vom Einheitswert der übergebenen, verpachteten oder zur Bewirtschaftung überlassenen land(forst)wirtschaftlichen Flächen auszugehen, sofern die Übergabe (Verpachtung, Überlassung) nicht mehr als zehn Jahre, gerechnet vom Stichtag, zurückliegt. Bei einer Übergabe (Verpachtung, Überlassung) vor dem Stichtag ist vom durchschnittlichen Einheitswert (Abs. 9), in allen übrigen Fällen von dem auf die übergebenen Flächen entfallenden Einheitswert im Zeitpunkt der Übergabe (Verpachtung, Überlassung) auszugehen. Als monatliches Einkommen gilt für Personen, die mit dem Ehegatten (der Ehegattin) oder dem (der) eingetragenen PartnerIn im gemeinsamen Haushalt leben, bei einem Einheitswert von 5 600 € und darüber sowie bei alleinstehenden Personen bei einem Einheitswert von 3 900 € und darüber ein Betrag von 10 % des jeweiligen Richtsatzes, und zwar

1. für alleinstehende Personen und für Pensionsberechtigte auf Witwen(Witwer)pension bzw. auf Waisenpension des Richtsatzes nach § 150 Abs. 1 lit a bb,

2. für alle übrigen Personen des Richtsatzes nach § 150 Abs. 1 lit. a aa, gerundet auf Cent.

Diese Beträge vermindern sich für Einheitswerte unter 5 600 € und 3 900 € im Verhältnis des maßgeblichen Einheitswertes zu den genannten Einheitswerten, gerundet auf Cent. Abs. 6 ist entsprechend anzuwenden.

(BGBl 1990/295, BGBl I 1997/139, BGBl I 2000/92, BGBl I 2001/33, BGBl I 2001/67, BGBl I 2002/2, BGBl I 2003/71, BGBl I 2009/135, BGBl I 2010/111, BGBl I 2012/35, BGBl I 2020/73)

(8) Ist die Gewährung von Gegenleistungen (Ausgedingsleistungen) aus einem übergebenen (aufgegebenen) land(forst)wirtschaftlichen Betrieb in Geld oder Güterform (landwirtschaftliche Produkte, unentgeltlich beigestellte Unterkunft) aus Gründen, die der Einflußnahme des Ausgleichszulagenwerbers entzogen sind, am Stichtag zur Gänze ausgeschlossen oder später unmöglich geworden, so hat eine Ermittlung des Einkommens des bisherigen Eigentümers (Verpächters) zu unterbleiben, und zwar solange, wie diese Voraussetzungen zutreffen und die Unterlassung der Erbringung von Ausgedingsleistungen dem Ausgleichszulagenwerber nicht zugerechnet werden kann.

(9) Soweit ein durchschnittlicher Einheitswert gemäß Abs. 7 heranzuziehen ist, ist er durch eine Teilung der Summe der Einheitswerte, die für den land(forst)wirtschaftlichen Betrieb in den einzelnen der letzten 120 Kalendermonate vor dem Stichtag im Sinne des Abs. 10 in Betracht kommen, durch die Anzahl der Monate während dieses Zeitraumes, in denen der land(forst)wirtschaftliche Betrieb (ein Teil dieses Betriebes) noch nicht übergeben (verpachtet, überlassen) war, zu ermitteln.

(10) Bei der Berücksichtigung der Einheitswerte für jeden nach Abs. 9 in Betracht kommenden Monat ist von dem jeweils für den land(forst)wirtschaftlichen Betrieb bzw. die land(forst)wirtschaftliche Fläche festgestellten Einheitswert unter Hinzurechnung der Einheitswerte der verpachteten, aber ohne die zugepachteten Flächen auszugehen.

(11) Als Einheitswert im Sinne der Abs. 7, 9 und 10 gilt der für Zwecke der Sozialversicherung maßgebliche Einheitswert. Einheitswerte aus der

Zeit vor dem 1. Jänner 1983 sind mit dem Faktor 1,1575 zu vervielfachen.

(12) In den Fällen des § 68 Abs. 2 erster Satz bleibt für die Anwendung der Abs. 7, 9 und 10 der Stichtag der erloschenen Pension weiterhin maßgebend. Das gleiche gilt für den Anfall einer Hinterbliebenenpension nach einem Pensionsempfänger, sofern der Anspruchsberechtigte auf Hinterbliebenenpension Eigentümer bzw. Miteigentümer des übergebenen (verpachteten, überlassenen) Betriebes bzw. der Fläche gewesen ist.

(13) Bestehen begründete Zweifel am gewöhnlichen Aufenthalt im Inland nach Abs. 1, so ist ein Verfahren zur Entziehung der Ausgleichszulage einzuleiten. In diesem Verfahren ist der Beweis für den gewöhnlichen Aufenthalt im Inland von der pensionsbeziehenden Person zu erbringen.

(BGBl I 2009/147)

Richtsätze

§ 150. (1) Der Richtsatz beträgt unbeschadet des Abs. 2

a) für Pensionsberechtigte aus eigener Pensionsversicherung,

  aa) wenn sie mit dem Ehegatten (der Ehegattin) oder dem (der) eingetragenen PartnerIn im gemeinsamen Haushalt leben .... 1 120,00 €[a) b)],

  (BGBl I 2001/67, BGBl I 2003/8, BGBl I 2003/71, BGBl I 2006/169, BGBl I 2007/101, BGBl I 2009/135, BGBl I 2019/103)

[a)] Beträge siehe VO über veränderliche Werte.
[b)] Art. 22 Z 6b der Novelle BGBl. I Nr. 103/2019 lautet: „In § 150 Abs. 1 lit. a sublit. aa wird der Ausdruck „1 398,97 €" durch den Ausdruck „1 472,00 €" ersetzt." Da die Beträge jährlich nur durch Kundmachung angepasst und nicht gesetzlich geändert wurden, konnte die Anweisung nicht durchgeführt werden. Siehe auch § 376 Z. 3, wonach der Richtsatz für das Kalenderjahr 2020 nicht zu vervielfachen ist.

  bb) wenn die Voraussetzungen nach sublit. aa nicht zutreffen .... 882,78 €[a)],

  (BGBl I 2001/67, BGBl I 2005/132, BGBl I 2006/169, BGBl I 2007/101, BGBl I 2017/29, BGBl I 2019/84)

[a)] Beträge siehe VO über veränderliche Werte.

  cc) (aufgehoben)

  (BGBl I 2017/29, BGBl I 2019/84)

b) für Pensionsberechtigte auf Witwen(Witwer)pension oder Pension nach § 137 ....747,00 €[a)],

  (BGBl I 2001/67, BGBl I 2005/132, BGBl I 2006/169, BGBl I 2007/101, BGBl I 2009/135)

[a)] Beträge siehe VO über veränderliche Werte.

c) für Pensionsberechtigte auf Waisenpension:

  aa) bis zur Vollendung des 24. Lebensjahres........................274,76 €[a)],

falls beide Elternteile verstorben sind........................ 412,54 €[a)],

(BGBl I 2001/67, BGBl I 2006/169, BGBl I 2007/101)

[a)] Beträge siehe VO über veränderliche Werte.

  bb) nach Vollendung des 24. Lebensjahres........................488,24 €[a)],

falls beide Elternteile verstorben sind........................747,00 €[a)].

(BGBl I 2001/67, BGBl I 2005/132, BGBl I 2006/169, BGBl I 2007/101)

[a)] Beträge siehe VO über veränderliche Werte.

Der Richtsatz nach lit. a erhöht sich um 120,96 €[a)] für jedes Kind (§ 128), dessen Nettoeinkommen den Richtsatz für einfach verwaiste Kinder bis zur Vollendung des 24. Lebensjahres nicht erreicht.

(BGBl 1990/295, BGBl 1990/741, BGBl 1991/677, BGBl 1993/17, BGBl 1994/21, BGBl I 2000/1, BGBl I 2001/67, BGBl I 2006/169, BGBl I 2007/101, BGBl I 2010/63)

[a)] Beträge siehe VO über veränderliche Werte.

(2) An die Stelle der Richtsätze und der Richtsatzerhöhung gemäß Abs. 1 treten ab 1. Jänner eines jeden Jahres die unter Bedachtnahme auf § 51 mit dem Anpassungsfaktor (§ 47) vervielfachten Beträge. Ist die Erhöhung auf Grund der Anpassung mit dem Anpassungsfaktor niedriger als die Erhöhung der Verbraucherpreise nach § 156a Abs. 2, so ist die Erhöhung der Richtsätze auf Grund der Erhöhung der Verbraucherpreise nach § 156a Abs. 2 vorzunehmen.

(BGBl 1990/741, BGBl 1991/677, BGBl 1993/17, BGBl 1994/21, BGBl I 2000/1, BGBl I 2000/92, BGBl I 2001/33, BGBl I 2001/67)

(3) Hat eine Person Anspruch auf mehrere Pensionen aus einer Pensionsversicherung nach diesem oder einem anderen Bundesgesetz, so ist der höchste der in Betracht kommenden Richtsätze anzuwenden. In diesem Fall gebührt die Ausgleichszulage zu der Pension, zu der vor Anfall der weiteren Pension Anspruch auf Ausgleichszulage bestanden hat, sonst zur höheren Pension.

(4) Haben beide Ehegatten oder eingetragene PartnerInnen Anspruch auf eine Pension aus einer Pensionsversicherung nach diesem oder einem anderen Bundesgesetz und leben sie im gemeinsamen Haushalt, so besteht der Anspruch auf Ausgleichszulage bei der Pension, bei der er früher entstanden ist.

(BGBl I 2009/135)

(5) (aufgehoben)

(BGBl 1996/412)

Unterhaltsansprüche und Nettoeinkommen

§ 151. (1) Bei Anwendung des § 149 sind Unterhaltsansprüche des Pensionsberechtigten gegen a) und b) (aufgehoben)

(BGBl I 2001/100)

c) die Eltern, sofern sie mit dem Pensionsberechtigten im gemeinsamen Haushalt leben,

gleichviel ob und in welcher Höhe die Unterhaltsleistung tatsächlich erbracht wird, dadurch zu berücksichtigen, daß dem Nettoeinkommen des Pensionsberechtigten in den Fällen der lit. c 12,5 vH des monatlichen Nettoeinkommens der dort genannten Personen zuzurechnen sind. Der so festgestellte Betrag vermindert sich jedoch in dem Ausmaß, in dem das dem Verpflichteten verbleibende Nettoeinkommen den Richtsatz gemäß § 150 Abs. 1 lit. b unterschreitet.

(BGBl I 2001/100)

(2) Ist eine der im Abs. 1 angeführten Personen auch genüber anderen Angehörigen als dem Pensionsberechtigten unterhaltspflichtig, so ist der gemäß Abs. 1 in Betracht kommende Hundertsatz des monatlichen Nettoeinkommens für jeden dieser Unterhaltsberechtigten um 2 vH zu vermindern.

(3) Eine Zurechnung zum Nettoeinkommen erfolgt nur in der Höhe eines Vierzehntels der jährlich tatsächlich zufließenden Unterhaltsleistung, wenn die nach Abs. 1 und 2 berechnete Unterhaltsforderung der Höhe nach trotz durchgeführter Zwangsmaßnahmen einschließlich gerichtlicher Exekutionsführung uneinbringlich oder die Verfolgung eines Unterhaltsanspruches in dieser Höhe offenbar aussichtslos oder offenbar unzumutbar ist.

(BGBl I 2001/100, BGBl I 2002/2)

(4) Wenn und solange das Nettoeinkommen des (der) im gemeinsamen Haushalt lebenden Ehegatten (Ehegattin) oder eingetragenen Partners (eingetragenen Partnerin) (§ 149 Abs. 2) nicht nachgewiesen wird, ist es in der Höhe der Höchstbeitragsgrundlage (§ 48 Abs. 3) anzunehmen.

(BGBl I 2009/135)

(5) (aufgehoben)

(BGBl 1993/336, BGBl I 2009/83)

Anwendung der Bestimmungen über die Pensionen auf die Ausgleichszulage

§ 152. (1) Soweit in diesem Bundesgesetz nichts anderes bestimmt ist, sind auf die Ausgleichszulage, auf das bei der Feststellung der Ausgleichszulage zu beobachtende Verfahren und auf das Leistungsstreitverfahren über die Ausgleichszulage die Bestimmungen dieses Bundesgesetzes über die Pensionen aus der Pensionsversicherung anzuwenden.

(2) Bei Anwendung der Bestimmungen der §§ 61a, 62 und 63 ist die Ausgleichszulage außer Betracht zu lassen.

(BGBl 1991/157)

Höhe und Feststellung der Ausgleichszulage

§ 153. (1) Die Ausgleichszulage gebührt in der Höhe des Unterschiedes zwischen der Summe aus Pension, Nettoeinkommen (§ 149) und den gemäß § 151 zu berücksichtigenden Beträgen einerseits und dem Richtsatz (§ 150) andererseits.

(2) Die Ausgleichszulage ist erstmalig auf Grund des Pensionsantrages festzustellen. Sie gebührt ab dem Tag, an dem die Voraussetzungen für den Anspruch erfüllt sind. Wird die Ausgleichszulage erst nach dem Zeitpunkt der Erfüllung der Voraussetzungen beantragt, so gebührt sie frühestens ab dem Beginn des vor dem Tag der Antragstellung liegenden vollen Kalendermonates. Der Anspruch auf Ausgleichszulage endet mit dem Ende des Monates, in dem die Voraussetzungen für den Anspruch wegfallen. Das gleiche gilt für die Erhöhung bzw. Herabsetzung der Ausgleichszulage. Ist die Herabsetzung der Ausgleichszulage in einer auf Grund gesetzlicher Vorschriften erfolgten Änderung des Ausmaßes der Pension oder des aus übrigen Einkünften des Pensionsberechtigten erwachsenden Nettoeinkommens (§ 149) begründet, so wird sie mit dem Ende des der Änderung vorangehenden Monates wirksam. Erhöhungen der Ausgleichszulage auf Grund der Bestimmungen der §§ 149 Abs. 4 lit. h und 150 Abs. 2 sind von Amts wegen festzustellen.

(3) Bei einer Änderung der für die Zuerkennung der Ausgleichszulage maßgebenden Sach- und Rechtslage hat der Träger der Pensionsversicherung die Ausgleichszulage auf Antrag des Berechtigten oder von Amts wegen neu festzustellen.

(4) Entsteht durch eine rückwirkende Zuerkennung oder Erhöhung einer Leistung aus der gesetzlichen Kranken-, Unfall- oder Pensionsversicherung ein Überbezug an Ausgleichszulage, so ist dieser Überbezug gegen die Nachzahlung einer Leistung aus der gesetzlichen Kranken-, Unfalloder Pensionsversicherung aufzurechnen. Dies gilt auch dann, wenn Anspruchsberechtigter auf die Nachzahlung einer Leistung aus der gesetzlichen Kranken-, Unfall- oder Pensionsversicherung der (die) im gemeinsamen Haushalt lebende Ehegatte (Ehegattin) oder eingetragene PartnerIn ist.

(BGBl 1996/412, BGBl I 2009/135)

(5) Hat der Pensionsberechtigte in einem Kalenderjahr sonstige monatliche Nettoeinkünfte weniger als 14mal jährlich oder in unterschiedlicher Höhe bezogen, kann er beim leistungszuständigen Versicherungsträger bis 31. März des folgenden Kalenderjahres die Durchführung eines Jahresausgleiches beantragen. Der Jahresausgleich kann im Verlauf des folgenden Kalenderjahres auch von Amts wegen erfolgen.

(6) Die Durchführung des Jahresausgleiches hat nach folgenden Grundsätzen zu erfolgen:

1. Der Berechnung ist die Summe der in einem Kalenderjahr gemäß § 150 jeweils in Betracht kommenden Richtsätze für die Pensionen und für die Pensionssonderzahlungen zugrunde zu legen. Richtsatz für die Pensionssonderzahlungen ist der für die Monate Mai bzw. Oktober geltende Richtsatz.

2. Für Zeiträume, in denen wegen Auslandsaufenthaltes keine Ausgleichszulage gebührt hat, ist anstelle des Richtsatzes die Pensionshöhe anzusetzen, für Zeiträume, in denen die Pen-

sion wegen Haft ruht, die Pension in der den Angehörigen gebührenden Höhe.

3. Die Summe gemäß Z 1 und 2 ist um den Gesamtbetrag der im maßgeblichen Kalenderjahr gebührenden Pensionen einschließlich Sonderzahlungen und Ausgleichszulagen, des sonstigen Nettoeinkommens, der gemäß § 151 anzurechnenden Unterhaltsansprüche und der gemäß § 149 Abs. 5 bis 7 und 9 bis 11 anzurechnenden Einkünfte aus land- und forstwirtschaftlichen Betrieben, erhöht um die für die Monate Mai bzw. Oktober anzurechnenden Unterhaltsansprüche bzw. Einkünfte zu vermindern. Ergibt sich dabei ein Mehrbetrag gegenüber dem zur Auszahlung gelangten Betrag an Ausgleichszulage, ist der Mehrbetrag dem Pensionsberechtigten zu erstatten.

(7) Die Bestimmungen der Abs. 5 und 6 gelten entsprechend auch für Fälle, in denen nur für Teile eines Kalenderjahres Anspruch auf die Pension bestanden hat.

(BGBl 1991/157)

Verwaltungshilfe der Träger der Sozialhilfe

§ 154. Der Versicherungsträger kann, wenn nicht schon unter Berücksichtigung des ihm bekannten Nettoeinkommens der anzuwendende Richtsatz überschritten wird, zur Feststellung der Ausgleichszulage die Verwaltungshilfe des zuständigen Trägers der Sozialhilfe in Anspruch nehmen. Insbesondere kann der zuständige Träger der Sozialhilfe um die Ermittlung von Sachbezügen ersucht werden.

Verpflichtung zur Anzeige von Änderungen des Nettoeinkommens und des in Betracht kommenden Richtsatzes

§ 155. (1) Der Pensionsberechtigte, der eine Ausgleichszulage bezieht, ist verpflichtet, jede Änderung des Nettoeinkommens oder der Umstände, die eine Änderung des Richtsatzes bedingen, dem Versicherungsträger gemäß § 20 anzuzeigen.

(2) Der Versicherungsträger hat jeden Pensionsberechtigten, der eine Ausgleichszulage bezieht, innerhalb von jeweils drei Jahren mindestens einmal zu einer Meldung seines Nettoeinkommens und seiner Unterhaltsansprüche sowie aller Umstände, die für die Höhe des Richtsatzes maßgebend sind, zu verhalten; bestehen begründete Zweifel am gewöhnlichen Aufenthalt der pensionsberechtigten Person im Inland, so hat dies mindestens einmal jährlich zu geschehen. Kommt der Pensionsberechtigte der Aufforderung des Versicherungsträgers innerhalb von zwei Monaten nach ihrer Zustellung nicht nach, so hat der Versicherungsträger die Ausgleichszulage mit dem dem Ablauf von weiteren zwei Monaten folgenden Monatsersten zurückzuhalten. Die Ausgleichszulage ist, sofern sie nicht wegzufallen hat, unter Bedachtnahme auf die Bestimmungen des § 153 nachzuzahlen, wenn der Pensionsberechtigte seine Meldepflicht erfüllt

oder der Versicherungsträger auf andere Weise von der maßgebenden Sachlage Kenntnis erhalten hat.

(BGBl I 2009/147)

(3) Die Träger der Sozialhilfe haben bezüglich aller Bezieher einer Ausgleichszulage, die sich gewöhnlich in ihrem Zuständigkeitsbereich aufhalten, ihnen bekannt gewordene Änderungen des Nettoeinkommens oder der Umstände, die eine Änderung des Richtsatzes bedingen, dem Versicherungsträger mitzuteilen.

Tragung des Aufwandes für die Ausgleichszulage[a)]

[a)] Siehe dazu auch § 2 FAG.

§ 156. (1) Die Ausgleichszulage ist unbeschadet der Bestimmungen des Abs. 2 von dem Land zu ersetzen, in dem der Sitz des Trägers der Sozialhilfe liegt, der für den Empfänger der Ausgleichszulage zuständig ist oder wäre. Der Ersatz für Ausgleichszulagen ist dem Versicherungsträger monatlich mit einem Betrag in der Höhe des voraussichtlichen Aufwandes der im folgenden Monat zur Auszahlung gelangenden Ausgleichszulagen zu bevorschussen.

(2) Eine Beteiligung des Bundes am Aufwand der ausgezahlten Ausgleichszulagen richtet sich nach dem jeweiligen Finanzausgleichsgesetz.

(3) Das Land hat die von ihm ersetzten Beträge an Ausgleichszulagen auf die Träger der Sozialhilfe des Landes in dem Verhältnis aufzuteilen, das sich aus den Betragssummen an Ausgleichszulage ergibt, die im jeweiligen Jahr an jene Empfänger der Ausgleichszulage überwiesen wurden, die in den verbandsangehörigen Gemeinden ihren ständigen Wohnsitz hatten.

(4) Die näheren Bestimmungen zur Durchführung der Abs. 1 bis 3 trifft der Bundesminister für soziale Verwaltung im Einvernehmen mit dem Bundesminister für Finanzen.

Ausgleichszulagenbonus/Pensionsbonus

§ 156a. (1) Langzeitversicherten Personen gebührt, solange sie ihren rechtmäßigen, gewöhnlichen Aufenthalt im Inland haben, zur Ausgleichszulage nach § 150 Abs. 1 lit. a sublit. bb oder zur Pension aus eigener Pensionsversicherung ein Bonus (Ausgleichszulagenbonus/Pensionsbonus), wenn sie

1. bis zum Stichtag (§ 113 Abs. 2) mindestens 360 Beitragsmonate der Pflichtversicherung auf Grund einer Erwerbstätigkeit erworben haben und

2. ihr Gesamteinkommen (Abs. 8) 1 080 € nicht übersteigt.

(2) Die Höhe des Bonus nach Abs. 1 ergibt sich aus der Differenz von 1 080 € und dem Gesamteinkommen und ist mit 146,94 € begrenzt.

(3) Langzeitversicherten Personen gebührt, solange sie ihren rechtmäßigen, gewöhnlichen Aufenthalt im Inland haben, zur Ausgleichszulage nach § 150 Abs. 1 lit. a sublit. bb oder zur Pension

aus eigener Pensionsversicherung ein Bonus (Ausgleichszulagenbonus/Pensionsbonus), wenn sie

1. bis zum Stichtag (§ 113 Abs. 2) mindestens 480 Beitragsmonate der Pflichtversicherung auf Grund einer Erwerbstätigkeit erworben haben und

2. ihr Gesamteinkommen (Abs. 8) 1 315 € nicht übersteigt.

(4) Die Höhe des Bonus nach Abs. 3 ergibt sich aus der Differenz von 1 315 € und dem Gesamteinkommen und ist mit 381,94 € begrenzt.

(5) Langzeitversicherten Personen, die mit dem Ehegatten bzw. der Ehegattin oder dem eingetragenen Partner bzw. der eingetragenen Partnerin im gemeinsamen Haushalt leben, gebührt, solange sie ihren rechtmäßigen, gewöhnlichen Aufenthalt im Inland haben, zur Ausgleichszulage nach § 150 Abs. 1 lit. a sublit. aa oder zur Pension aus eigener Pensionsversicherung ein Bonus (Ausgleichszulagenbonus/Pensionsbonus), wenn sie

1. bis zum Stichtag (§ 113 Abs. 2) mindestens 480 Beitragsmonate der Pflichtversicherung auf Grund einer Erwerbstätigkeit erworben haben und

2. ihr Gesamteinkommen (Abs. 8) samt dem Nettoeinkommen des (der) im gemeinsamen Haushalt lebenden Ehegatten (Ehegattin) oder eingetragenen Partners (Partnerin) und der nach § 294 Abs. 4 zu berücksichtigenden Beträge 1 782 € nicht übersteigt.

(6) Die Höhe des Bonus nach Abs. 5 ergibt sich aus der Differenz von 1 782 € und dem Gesamteinkommen samt dem Nettoeinkommen des (der) Ehegatten (Ehegattin) bzw. eingetragenen Partners (Partnerin) und der zu berücksichtigenden Beträge nach § 151 Abs. 4 und ist mit 383,03€ begrenzt. Haben beide Eheleute (eingetragenen Partner bzw. Partnerinnen) einen Anspruch auf den Bonus nach Abs. 5, so gebührt er zu jener Pension, die früher entstanden ist.

(7) Als Beitragsmonate auf Grund einer Erwerbstätigkeit nach Abs. 1 Z 1, Abs. 3 Z1 und Abs. 5 Z 1 gelten auch

1. bis zu zwölf Versicherungsmonate für Zeiten eines Präsenz- oder Zivildienstes (§§ 3 Abs. 3 Z 1 und 2 oder 116 Abs. 1 Z 3 dieses Bundesgesetzes oder §§ 8 Abs. 1 Z 2 lit. d und e oder 227 Abs. 1 Z 7 und 8 ASVG oder §§ 4a Abs. 1 Z 1 und 2 oder 107 Abs. 1 Z 3 BSVG),

2. bis zu 60 Versicherungsmonate für Zeiten der Kindererziehung (§§ 3 Abs. 3 Z 4, 116a oder 116b dieses Bundesgesetzes oder §§ 8 Abs. 1 Z 2 lit. g, 227a oder 228a ASVG oder §§ 4a Abs. 1 Z 4, 107a oder 107b BSVG),

wenn sie sich nicht mit Zeiten einer Pflichtversicherung in der Pensionsversicherung auf Grund einer Erwerbstätigkeit decken.

(8) Das Gesamteinkommen nach Abs. 1 Z 2, Abs. 3 Z 2 und Abs. 5 Z 2 besteht aus

1. der Pension samt einer allfälligen Ausgleichszulage, mit Ausnahme des auf die Richt-

satzerhöhung nach § 150 Abs. 1 letzter Satz entfallenden Teiles,

2. dem aus sonstigen Einkünften der pensionsberechtigten Person erwachsenden Nettoeinkommen nach § 149 Abs. 3 bis 12 und

3. den auf Grund von Unterhaltsansprüchen der pensionsberechtigten Person nach § 151 Abs. 1 bis 3 zu berücksichtigenden Beträgen.

(9) An die Stelle der in den Abs. 1 bis 6 genannten Beträge treten ab 1. Jänner eines jeden Jahres, erstmals ab 1. Jänner 2021, die unter Bedachtnahme auf § 51 mit dem Anpassungsfaktor (§ 47) vervielfachten Beträge.

(10) Auf den Bonus nach den Abs. 1 bis 6 sind die Bestimmungen über die Ausgleichszulage nach den §§ 149 Abs. 13, 150 Abs. 3, 152, 153 Abs. 2 bis 7, 154, 155 und 156 sinngemäß anzuwenden. Der Bonus hat die Rechtswirkungen der Ausgleichszulage; die Befreiung nach § 3 Abs. 1 Z 4 lit. f EStG 1988 gilt nicht für den Bonus.

(BGBl I 2000/92, BGBl I 2001/33, BGBl I 2004/142, BGBl I 2019/84)

ABSCHNITT IV
Rehabilitation und Maßnahmen der
Gesundheitsvorsorge

Aufgaben der Rehabilitation

§ 157. (1) Der Versicherungsträger trifft Vorsorge für die Rehabilitation von Versicherten und Beziehern einer Pension aus dem Versicherungsfall der Erwerbsunfähigkeit, deren Arbeitskraft infolge einer körperlichen, geistigen oder psychischen Beeinträchtigung herabgesunken ist.

(BGBl 1996/201, BGBl I 2010/111)

(2) (aufgehoben)

(BGBl 1996/201, BGBl I 2010/111)

(3) Die Rehabilitation umfaßt medizinische und berufliche Maßnahmen und, soweit dies zu ihrer Ergänzung erforderlich ist, soziale Maßnahmen mit dem Ziel, die zu rehabilitierenden Personen bis zu einem solchen Grad ihrer Leistungsfähigkeit herzustellen oder wiederherzustellen, der sie in die Lage versetzt, im beruflichen und wirtschaftlichen Leben und in der Gemeinschaft einen ihnen angemessenen Platz möglichst dauernd einnehmen zu können.

(BGBl I 2010/111)

(4) Die Gewährung von Maßnahmen zur Festigung der Gesundheit bzw. von Maßnahmen der Gesundheitsvorsorge (§§ 100 und 169) zählt nicht zu den Aufgaben der Rehabilitation.

Maßnahmen der Rehabilitation

§ 158. (1) Zur Erreichung des im § 157 Abs. 3 angestrebten Zieles dienen die Maßnahmen nach den §§ 160 bis 162. Der Versicherungsträger gewährt diese Maßnahmen – unbeschadet des § 131 – nach pflichtgemäßem Ermessen.

(BGBl I 2010/111)

(2) Unter Berücksichtigung der Auslastung der eigenen Einrichtungen kann der Versicherungsträ-

ger auch Angehörigen (§ 159) eines Versicherten oder eines Pensionisten oder Beziehern von Waisenpensionen (§ 138), die an einer körperlichen, geistigen oder psychischen Behinderung leiden, Maßnahmen der Rehabilitation gemäß § 160 Abs. 1 Z 1 und § 162 gewähren; ihre Gewährung ist an die Voraussetzung geknüpft, daß ohne diese Maßnahmen dem Versicherten (Pensionisten) Auslagen erwachsen würden, die seine wirtschaftlichen Verhältnisse übersteigen.

(BGBl I 1998/139)

Angehörige

§ 159. (1) Als Angehörige gelten der Ehegatte/die Ehegattin oder der/die eingetragene PartnerIn und die Kinder im Sinne des § 83.

(BGBl I 2009/135)

(2) Als Angehöriger gilt jeweils auch eine Person aus dem Kreis der Eltern, Wahl-, Stief- und Pflegeeltern, der Kinder, Wahl-, Stief- und Pflegekinder, der Enkel oder der Geschwister des (der) Versicherten, die seit mindestens zehn Monaten mit ihm (ihr) in Hausgemeinschaft lebt und ihm (ihr) seit dieser Zeit unentgeltlich den Haushalt führt, wenn ein/eine im gemeinsamen Haushalt lebender/lebende arbeitsfähiger/arbeitsfähige Ehegatte/Ehegattin oder eingetragener Partner/eingetragene Partnerin nicht vorhanden ist. Angehöriger aus diesem Grund kann nur eine einzige Person sein.

(BGBl I 2009/135)

Medizinische Maßnahmen

§ 160. (1) Die medizinischen Maßnahmen der Rehabilitation umfassen:

1. die Unterbringung in Krankenanstalten, die vorwiegend der Rehabilitation dienen;

1a. Maßnahmen der ambulanten Rehabilitation einschließlich der Telerehabilitation;

(BGBl I 2010/111, BGBl I 2019/7)

2. die Gewährung von Körperersatzstücken, orthopädischen Behelfen und anderen Hilfsmitteln einschließlich der notwendigen Änderung, Instandsetzung und Ersatzbeschaffung sowie der Ausbildung im Gebrauch der Hilfsmittel in sinngemäßer Anwendung des § 202 des Allgemeinen Sozialversicherungsgesetzes;

3. die Gewährung ärztlicher Hilfe sowie die Versorgung mit Heilmitteln und Heilbehelfen, wenn diese Leistungen unmittelbar im Anschluß an eine oder im Zusammenhang mit einer der in Z 1 und 2 genannten Maßnahmen erforderlich sind.

4. (aufgehoben)

(BGBl 1996/412)

In den Fällen der Z 1 bis 3 sowie im Zusammenhang mit der körpergerechten Anpassung von Körperersatzstücken, orthopädischen Behelfen und anderen Hilfsmitteln können Reise- und Transportkosten nach Maßgabe der Bestimmungen der Satzung unter Bedachtnahme auf die wirtschaftlichen Verhältnisse des Versicherten bzw. Angehörigen übernommen werden.

(BGBl 1996/412)

(2) Die Maßnahmen nach Abs. 1 werden vom Versicherungsträger als Pensionsversicherungsträger gewährt, wenn und soweit sie nicht aus einer gesetzlichen Krankenversicherung gewährt werden. Der Versicherungsträger als Pensionsversicherungsträger kann die Gewährung der vom Versicherungsträger als Krankenversicherungsträger oder von einem anderen Krankenversicherungsträger nach Maßgabe des § 99a zu erbringenden medizinischen Maßnahmen der Rehabilitation jederzeit an sich ziehen. Der Versicherungsträger hat in diesen Fällen dem anderen Krankenversicherungsträger anzuzeigen, daß er von einem bestimmten Tag an die Gewährung übernimmt; von diesem Zeitpunkt an hat der Versicherte gegen den anderen Krankenversicherungsträger keinen Anspruch auf die entsprechenden Leistungen der Krankenversicherung.

(BGBl 1991/677)

(3) **(Grundsatzbestimmung)** Nach Art. 12 Abs. 1 Z 1 B-VG gilt als Grundsatz, dass der Versicherungsträger im Rahmen der im § 148 ASVG geregelten Beziehungen zu den landesgesundheitsfondsfinanzierten Krankenanstalten den Krankenversicherungsträgern nach dem ASVG gleichgestellt ist.

(BGBl 1996/764, BGBl I 2001/5, BGBl I 2004/179, BGBl I 2007/101)

(4) Werden Versicherte (PensionsbezieherInnen) für Rechnung des Versicherungsträgers als Pensionsversicherungsträger in einer der in Abs. 1 Z 1 angeführten Einrichtungen untergebracht, so haben diese eine Zuzahlung zu leisten, deren Höhe sich nach § 99a Abs. 7 zweiter bis vierter Satz richtet. Sie ist sogleich bei Antritt des Aufenthaltes im Voraus an den Versicherungsträger als Pensionsversicherungsträger zu leisten und darf für jede versicherte (pensionsbeziehende) Person für höchstens 28 Tage pro Kalenderjahr eingehoben werden.

(BGBl 1996/201, BGBl I 2001/67, BGBl I 2010/111)

Berufliche Maßnahmen

§ 161. (1) Durch die beruflichen Maßnahmen der Rehabilitation soll der Behinderte in die Lage versetzt werden, seinen früheren oder, wenn dies nicht möglich ist, einen neuen Beruf auszuüben.

(2) Die beruflichen Maßnahmen der Rehabilitation umfassen insbesondere:

1. die berufliche Ausbildung zur Wiedergewinnung oder Erhöhung der Erwerbsfähigkeit und, insoweit der Behinderte in der Ausübung seines Berufes oder eines Berufes, der ihm zugemutet werden kann, wesentlich beeinträchtigt ist, die Ausbildung für einen neuen Beruf. Die berufliche Ausbildung wird solange gewährt, als durch sie die Erreichung des angestrebten Zieles (§ 157 Abs. 3) zu erwarten ist;

2. die Gewährung von Darlehen und/oder sonstigen Hilfsmaßnahmen zur Ermöglichung der Fortsetzung der Erwerbstätigkeit;

3. die Hilfe zur Erlangung einer Arbeitsstelle oder einer anderen Erwerbsmöglichkeit.

Soziale Maßnahmen

§ 162. (1) Die sozialen Maßnahmen der Rehabilitation umfassen solche Leistungen, die über die medizinischen und beruflichen Maßnahmen der Rehabilitation hinaus geeignet sind, zur Erreichung des im § 157 Abs. 3 angestrebten Zieles beizutragen.

(2) Als Maßnahmen im Sinne des Abs. 1 kann der Versicherungsträger unter Bedachtnahme auf die wirtschaftlichen Verhältnisse des Behinderten insbesondere gewähren:

1. einem Behinderten ein Darlehen zur Adaptierung der von ihm bewohnten oder zu bewohnenden Räumlichkeiten, durch die ihm deren Benutzung erleichtert oder ermöglicht wird;

2. einem Behinderten, dem auf Grund seiner Behinderung die Benutzung eines öffentlichen Verkehrsmittels nicht zumutbar ist,

   a) einen Zuschuß zu den Kosten für die Erlangung der Lenkerbefugnis,

   b) ein Darlehen zum Ankauf bzw. zur Adaptierung eines Personenkraftwagens.

(3) Als Maßnahme im Sinne des Abs. 1 kann der Versicherungsträger auch den Versehrtensport, wenn er in Gruppen und unter ärztlicher Betreuung ausgeübt wird, durch die Gewährung von Zuschüssen an die in Frage kommenden Einrichtungen gegen Nachweis der widmungsgemäßen Verwendung fördern.

(4) Als Maßnahme im Sinne des Abs. 1 kann der Versicherungsträger überdies durch die Gewährung von Zuschüssen an die in Betracht kommenden Einrichtungen einer Gemeinde, einer Gebietskörperschaft, einer Landesgeschäftsstelle des Arbeitsmarktservice, des Bundesamtes, eines Sozialversicherungsträgers sowie einer gesetzlichen beruflichen Vertretung der Dienstgeber und Dienstnehmer die Beschäftigung des Behinderten in einem Integrativen Betrieb und in einer Einrichtung der Beschäftigungstherapie fördern.

(BGBl 1994/314, BGBl I 2003/145, BGBl I 2006/131)

(5) Mittel der Pensionsversicherung können auch zur Förderung und Unterstützung von gemeinnützigen Einrichtungen, die die Förderung der wirtschaftlichen, sozialen und kulturellen Interessen von Sozialversicherten zum Ziele haben, mit der Maßgabe verwendet werden, daß der Versicherungsträger für diese Zwecke in jedem Geschäftsjahr bis zu 0,005 vT der Erträge an Versicherungsbeiträgen aufwenden kann.

(BGBl 1990/295)

Einleitung von Maßnahmen der Rehabilitation des Versicherungsträgers

§ 163. Die zu rehabilitierende Person ist vom Versicherungsträger unter Berücksichtigung der Ergebnisse eines Berufsfindungsverfahrens über das Ziel und die Möglichkeiten der Rehabilitation nachweislich in geeigneter Weise zu informieren und zu beraten. Sie hat bei der Durchführung der Maßnahmen der Rehabilitation entsprechend mitzuwirken.

(BGBl 1996/201, BGBl I 2010/111)

Übergangsgeld

§ 164. (1) Der Versicherungsträger hat dem Versicherten für die Dauer der Gewährung von medizinischen Maßnahmen der Rehabilitation oder einer Ausbildung gemäß § 161 Abs. 2 Z 1 ein Übergangsgeld zu leisten. Werden berufliche Maßnahmen der Rehabilitation nach § 131 gewährt, so gebührt Übergangsgeld ab dem Stichtag für die Leistungsfeststellung (§ 113 Abs. 2).

(BGBl I 1997/139, BGBl I 2010/111, BGBl I 2011/122)

(2) Das Übergangsgeld gebührt monatlich im Ausmaß der Berechnungsgrundlage; Berechnungsgrundlage ist die Pension aus dem Versicherungsfall der Erwerbsunfähigkeit, die zu diesem Zeitpunkt gebührt hätte. Die Berechnungsgrundlage ist für die Angehörigen des Versicherten (§ 83) zu erhöhen, und zwar für den Ehegatten/die Ehegattin oder den/die eingetragene/n PartnerIn um 10 vH und für jeden sonstigen Angehörigen um 5 vH. Das Übergangsgeld ist unter Bedachtnahme auf § 51 mit Wirksamkeit ab 1. Jänner eines jeden Jahres mit dem Anpassungsfaktor zu vervielfachen.

(BGBl 1993/336, BGBl 1996/201, BGBl 1996/412, BGBl I 1997/139, BGBl I 2004/142, BGBl I 2009/135)

(3) Das Übergangsgeld gemäß Abs. 2 ist mindestens im Ausmaß des jeweils in Betracht kommenden Richtsatzes für die Ausgleichszulage festzusetzen.

(4) Auf das Übergangsgeld sind ein dem Versicherten gebührendes Erwerbseinkommen bzw. Geldleistungen nach dem AlVG, ~~ausgenommen die Notstandshilfe,~~ oder eine Beihilfe zur Deckung des Lebensunterhaltes durch das Arbeitsmarktservice anzurechnen. Hinsichtlich der Ermittlung des Erwerbseinkommens aus einem land(forst) wirtschaftlichen Betrieb ist § 149 Abs. 5 und 6 entsprechend anzuwenden.

(BGBl 1991/157, BGBl I 1997/139, BGBl I 1998/139, BGBl I 2009/83, BGBl I 2020/158)

(5) Während der Dauer einer Ausbildung gemäß § 161 Abs. 2 Z 1 kann der Versicherungsträger dem Versicherten einen Beitrag zu den Kosten des Unterhaltes für ihn und seine Angehörigen (§ 159) leisten, soweit billigerweise anzunehmen ist, daß der Versicherte die Kosten der bisherigen Lebensführung aus einem anderen Einkommen nicht decken kann.

(6) Der Versicherungsträger kann für die Dauer der Gewährung der im § 158 Abs. 2 bezeichneten medizinischen Maßnahmen der Rehabilitation an Angehörige (§ 159) dem Versicherten einen Beitrag zu den Kosten des Unterhaltes für ihn und seine Angehörigen gewähren, wenn der Versicherte im Zusammenhang mit der Inanspruchnahme der Rehabilitation durch den Angehörigen in dieser Zeit eine erhebliche finanzielle Mehrbelastung zu tragen hat.

„Nichtanrechnung von Übergangsgeld

§ 164a. Übergangsgeld, das für die Dauer einer beruflichen Ausbildung gewährt wird, ist auf die Notstandshilfe nach § 36a Abs. 3 Z 1 AlVG nicht anzurechnen."

(BGBl I 2020/158)

Anspruch auf Pension während der Rehabilitation

§ 165. Für die Dauer der Gewährung von Maßnahmen der Rehabilitation besteht kein Anspruch auf eine Leistung aus dem Versicherungsfall der Erwerbsunfähigkeit. Der Anspruch auf eine solche vor der Gewährung von Maßnahmen der Rehabilitation angefallene Leistung wird hiedurch nicht berührt.

(BGBl 1996/201)

Übertragung der Durchführung von Maßnahmen der Rehabilitation

§ 166. (1) Der Versicherungsträger kann die Durchführung von medizinischen Maßnahmen der Rehabilitation – mit Ausnahme der beruflichen Rehabilitation nach § 131 – bei einem Versicherten, der nicht bei ihm in der Krankenversicherung versichert ist, dem Träger der Krankenversicherung übertragen, bei dem der Versicherte in der Krankenversicherung versichert ist. Er hat dem Krankenversicherungsträger die ausgewiesenen tatsächlichen Kosten zu ersetzen.

(BGBl I 2010/111)

(2) Der Versicherungsträger kann die Durchführung von beruflichen Maßnahmen der Rehabilitation einer geeigneten Einrichtung der gesetzlichen beruflichen Vertretung der nach diesem Bundesgesetz Versicherten bzw. dem Arbeitsmarktservice übertragen. Er hat diesen die ausgewiesenen tatsächlichen Kosten zu ersetzen. Er kann mit ihnen zur Abgeltung der Ersatzansprüche unter Bedachtnahme auf die Zahl der in Betracht kommenden Fälle und auf die Höhe der durchschnittlichen Kosten der in diesen Fällen gewährten beruflichen Maßnahmen der Rehabilitation die Zahlung jährlicher Pauschbeträge vereinbaren.

(BGBl 1994/314)

(3) Die beteiligten Versicherungsträger bzw. die Sozialversicherungsanstalt der Selbständigen und die im Abs. 2 genannten Einrichtungen können zur Abgeltung der Ersatzansprüche unter Bedachtnahme auf die Zahl der in Betracht kommenden Fälle und auf die Höhe der durchschnittlichen Kosten der in diesen Fällen gewährten medizinischen bzw. beruflichen Maßnahmen der Rehabilitation die Zahlung jährlicher Pauschbeträge vereinbaren.

(BGBl 1994/314, BGBl I 2018/100)

Versagung

§ 167. Entzieht sich der Behinderte den Maßnahmen der Rehabilitation oder vereitelt oder gefährdet er durch sein Verhalten ihren Zweck, so sind, wenn ihm diese Maßnahmen unter Berücksichtigung der Dauer und des Umfanges seiner Ausbildung sowie der von ihm bisher ausgeübten Tätigkeit zumutbar sind, das Übergangsgeld und allfällige Zuschüsse und Zulagen zu versagen.

(BGBl 1996/201)

Vereinbarung zur Durchführung der Rehabilitation

§ 168. Der Versicherungsträger hat die von ihm jeweils zu treffenden Maßnahmen der Rehabilitation mit den in Frage kommenden Versicherungsträgern und Einrichtungen zu koordinieren und aufeinander abzustimmen. § 307c des Allgemeinen Sozialversicherungsgesetzes gilt entsprechend.

(BGBl 1994/314)

Gesundheitsvorsorge des Versicherungsträgers

§ 169. (1) Der Versicherungsträger kann unter Berücksichtigung des Fortschrittes der medizinischen Wissenschaft, unter Bedachtnahme auf seine finanzielle Leistungsfähigkeit und auf die Auslastung der zur Verfügung stehenden Einrichtungen Versicherten und Pensionisten geeignete Maßnahmen der Gesundheitsvorsorge gewähren.

(2) Als Maßnahmen im Sinne des Abs. 1 kommen insbesondere in Frage

1. Aufenthalt in Kurorten bzw. Kuranstalten oder Zuschüsse zu einem solchen nach Maßgabe der vom Dachverband hiezu erlassenen Richtlinien (§ 30a Abs. 1 Z 28 ASVG);

   (BGBl 1996/201, BGBl I 2015/162, BGBl I 2018/100)

2. Unterbringung in Krankenanstalten, die vorwiegend der Rehabilitation dienen;

   (BGBl I 2015/162)

3. die Übernahme der Reise- und Transportkosten in den Fällen der Z 1 bis 4 nach Maßgabe der Bestimmungen der Satzung unter Bedachtnahme auf die wirtschaftlichen Verhältnisse des Versicherten bzw. Angehörigen.

   (BGBl 1991/677, BGBl I 2015/162)

§ 100 Abs. 3 gilt entsprechend.

(3) Der Versicherungsträger kann Krankenanstalten, die vorwiegend der Rehabilitation dienen, für diagnostische Zwecke zugänglich machen.

(BGBl 1996/412)

(4) Der Versicherungsträger kann Maßnahmen der Gesundheitsvorsorge auch Angehörigen (§ 159) eines Versicherten gewähren, sofern die Gefahr einer tuberkulösen Erkrankung besteht.

(5) Werden Versicherte (PensionsbezieherInnen) für Rechnung des Versicherungsträgers als Pensionsversicherungsträger in einer der in Abs. 2 Z 1 bis 4 angeführten Einrichtungen (ausgenommen die Fälle der Zuschussgewährung durch den Versicherungsträger als Pensionsversicherungsträger) untergebracht, so haben diese eine Zuzahlung zu leisten, deren Höhe sich nach § 99a Abs. 7 zweiter bis vierter Satz richtet. Sie ist sogleich bei Antritt des Aufenthaltes im Voraus an den Versicherungsträger als Pensionsversicherungsträger zu leisten.

(BGBl 1996/201, BGBl I 2001/67, BGBl I 2010/111)

Geldleistungen während der Gewährung von Maßnahmen der Gesundheitsvorsorge durch den Versicherungsträger

§ 170. (1) Für die Dauer der Unterbringung eines Versicherten in einer der im § 169 Abs. 2 genannten Einrichtungen hat der Versicherungsträger dem Versicherten Familiengeld für seine Angehörigen (§ 83), wenn sie ihren gewöhnlichen Aufenthalt im Inland haben, bzw. Taggeld zu gewähren, wenn ein Krankengeldanspruch gemäß § 139 Abs. 1 bis 4 des Allgemeinen Sozialversicherungsgesetzes weggefallen ist. Das Familiengeld kann unmittelbar den Angehörigen ausgezahlt werden.

(BGBl 1993/336)

(2) Leistungen gemäß Abs. 1 sind nur zu gewähren, wenn der Versicherte das Ruhen seines Gewerbebetriebes bzw. seiner Befugnis zur Ausübung der die Pflichtversicherung begründenden Erwerbstätigkeit angezeigt hat und wenn unmittelbar vor Erstattung der Anzeige die persönliche Arbeitsleistung des Versicherten zur Aufrechterhaltung des Betriebes notwendig war.

(3) Das Familiengeld beträgt 1,96 € täglich, das Taggeld beträgt 0,87 € täglich.

(BGBl I 2001/67)

(4) Kommen mehrere Angehörige (§ 159) in Betracht, ist der Anspruch auf Familiengeld gegeben, wenn die Voraussetzungen dafür auch nur bei einem Angehörigen erfüllt sind.

(5) Anspruch auf Familiengeld besteht nicht für einen Angehörigen, der aus selbständiger oder unselbständiger Erwerbstätigkeit, aus einem Lehr- oder Ausbildungsverhältnis oder auf Grund von Pensions(Renten)ansprüchen aus der Unfallversicherung oder aus einer Pensionsversicherung, ausgenommen von Einkünften, die wegen des besonderen körperlichen Zustandes gewährt werden, ein Einkommen von mehr als 355,01 €[a)] monatlich bezieht. An die Stelle dieses Betrages tritt ab 1. Jänner eines jeden Jahres der unter Bedachtnahme auf § 51 mit der jeweiligen Aufwertungszahl (§ 47) vervielfachte Betrag.

(BGBl 1993/110, BGBl I 2001/67)

[a)] Betrag siehe VO über veränderliche Werte.

Pension und Maßnahmen der Gesundheitsvorsorge

§ 171. Der Anspruch auf Pension wird unbeschadet eines allfälligen Ruhens nach § 61a durch die Unterbringung des Erkrankten in einer der im § 169 Abs. 2 genannten Einrichtungen nicht berührt. Familien- und Taggeld nach § 170 werden Pensionisten aus eigener Versicherung (ausgenommen Pensionsberechtigte, die in der Pensionsversicherung pflichtversichert sind oder deren Pension gemäß § 61a ruht), nicht gewährt.

(BGBl 1991/157)

Kompetenzzentrum Begutachtung

§ 171a. (1) Für die Erstellung von medizinischen und berufskundlichen Gutachten im Bereich dieses Bundesgesetzes und des FSVG hat der Versicherungsträger gemeinsam mit den Träger der Pensionsversicherung nach dem BSVG ein „Kompetenzzentrum Begutachtung" in der Rechtsform einer Gesellschaft mit beschränkter Haftung einzurichten.

(2) Bei der Erstellung von Gutachten in Angelegenheiten der Versicherungsfälle der Erwerbsunfähigkeit und des Pflegegeldes im Sinne des Bundespflegegeldgesetzes sind die Standards der Fachgesellschaften betreffend die medizinische Begutachtung zu beachten.

(3) Die Gutachten in Angelegenheiten der beruflichen Rehabilitation sind unter Beachtung der Grundsätze nach den Richtlinien des Dachverbandes (§ 30a Abs. 1 Z 35 ASVG) zu erstellen.

(BGBl I 2018/100)

(4) Für die Ausbildung von Personen, die zur Erstellung von Gutachten in Angelegenheiten der Versicherungsfälle der Erwerbsunfähigkeit und des Pflegegeldes im Sinne des Bundespflegegeldgesetzes herangezogen werden dürfen, hat der Versicherungsträger – gemeinsam mit den Trägern der Pensionsversicherung nach dem ASVG und dem BSVG und der Versicherungsanstalt öffentlich Bediensteter, Eisenbahnen und Bergbau – im Rahmen eines gemeinnützigen Vereines eine Akademie für ärztliche und pflegerische Begutachtung aufzubauen und zu betreiben.

(BGBl I 2018/100)
(BGBl I 2013/3)

ABSCHNITT V
Aufnahme in ein pensionsversicherungsfreies Dienstverhältnis und Ausscheiden aus einem solchen

1. Unterabschnitt
Aufnahme in ein pensionsversicherungsfreies Dienstverhältnis

Überweisungsbetrag und Beitragserstattung

§ 172. (1) Wird ein Versicherter in ein pensionsversicherungsfreies Dienstverhältnis (Abs. 2) aufgenommen und rechnet der Dienstgeber nach den für ihn geltenden dienstrechtlichen Vorschriften

a) Beitragsmonate nach diesem Bundesgesetz, Ersatzmonate gemäß § 116 Abs. 1 Z 1 bis 3 dieses Bundesgesetzes,

(BGBl 1993/336)

1. GSVG

§§ 172, 173

b) Beitragsmonate nach dem Allgemeinen Sozialversicherungsgesetz, Ersatzmonate gemäß § 229, § 228 Abs. 1 Z 1 und 4 bis 6, § 227 Abs. 1 Z 2, 3 und 7 bis 9 des Allgemeinen Sozialversicherungsgesetzes,

c) Beitragsmonate nach dem Bauern-Sozialversicherungsgesetz, Ersatzmonate gemäß § 107 Abs. 1 Z 1 und 2 des Bauern-Sozialversicherungsgesetzes

für die Begründung des Anspruches auf einen Ruhe(Versorgungs)genuß bedingt oder unbedingt an, so hat der gemäß Abs. 5 zuständige Versicherungsträger auf Antrag dem Dienstgeber einen Überweisungsbetrag in der Höhe von je 7 vH der Berechnungsgrundlage gemäß Abs. 6 für jeden in der Pensionsversorgung bedingt oder unbedingt angerechneten Beitragsmonat und von je 1 vH dieser Berechnungsgrundlage für jeden in der Pensionsversorgung bedingt oder unbedingt angerechneten Ersatzmonat zu leisten. Zur Stellung des Antrages ist sowohl der Dienstgeber als auch der Dienstnehmer berechtigt.

(1a) Wird eine versicherte Person nach dem 31. Dezember 2004 in ein pensionsversicherungsfreies Dienstverhältnis (Abs. 2) aufgenommen und hat der Dienstgeber nach den dienstrechtlichen Vorschriften das ASVG oder das APG anzuwenden, so hat der Versicherungsträger abweichend von Abs. 1 für alle bis zur Aufnahme in das pensionsversicherungsfreie Dienstverhältnis erworbenen Versicherungsmonate (Beitrags- und Ersatzmonate) einen Überweisungsbetrag zu leisten. Dies gilt auch für Bedienstete des Bundes, die nach § 136b des Beamten-Dienstrechtsgesetzes 1979 in ein pensionsversicherungsfreies Dienstverhältnis aufgenommen wurden. In den Fällen des § 3 Abs. 4 sind der erste und zweite Satz nicht anzuwenden.

(BGBl I 2005/132, BGBl I 2010/62)

(2) Als pensionsversicherungsfreies Dienstverhältnis ist jedes Dienstverhältnis im Sinne des § 308 Abs. 2 des Allgemeinen Sozialversicherungsgesetzes anzusehen.

(3) Ist ein Überweisungsbetrag nach Abs. 1 zu leisten, so hat der zuständige Versicherungsträger dem (der) Versicherten auf Antrag folgende Beiträge, aufgewertet mit dem für das Jahr ihrer Entrichtung geltenden Aufwertungsfaktor, zu erstatten:

1. Beiträge zur Höherversicherung nach diesem Bundesgesetz oder dem ASVG oder dem BSVG, die für Zeiten entrichtet wurden, die vor dem Stichtag nach Abs. 7 liegen, soweit sie nicht nur nach § 127b als entrichtet gelten;

2. Beiträge nach § 116 Abs. 9 dieses Bundesgesetzes oder nach § 227 ASVG oder nach § 107 BSVG, die für Zeiten entrichtet wurden, die vor dem Stichtag nach Abs. 7 liegen.

Diese Beiträge sind dem (der) Versicherten auf Antrag auch dann zu erstatten, wenn ein Überweisungsbetrag nach Abs. 1 nicht zu leisten ist, weil der Dienstgeber keinen Versicherungsmonat anrechnet. § 77 gilt entsprechend.

(BGBl 1996/201, BGBl I 2002/2)

(4) Wurde ein in einem pensionsversicherungsfreien Dienstverhältnis stehender Dienstnehmer gegen Entfall des Entgeltes beurlaubt und wurde mit dem Ende der Beurlaubung nicht gleichzeitig das pensionsversicherungsfreie Dienstverhältnis beendet, so steht hinsichtlich der Leistung eines Überweisungsbetrages gemäß Abs. 1 für die während der Beurlaubung erworbenen Beitragsmonate die Beendigung der Beurlaubung einer Aufnahme in ein pensionsversicherungsfreies Dienstverhältnis im Sinne des Abs. 1 gleich.

(5) Zuständig für die Feststellung und Leistung des Überweisungsbetrages gemäß Abs. 1 und für die Erstattung der Beiträge nach Abs. 3 ist der Versicherungsträger nach diesem Bundesgesetz, nach dem Allgemeinen Sozialversicherungsgesetz oder nach dem Bauern-Sozialversicherungsgesetz, in dessen Versicherung in den letzten 15 Jahren vor dem Stichtag gemäß Abs. 7 ausschließlich, mehr oder die meisten Versicherungsmonate erworben wurden. Liegen Versicherungsmonate im gleichen Ausmaß vor, so ist der letzte Versicherungsmonat entscheidend; das gleiche gilt, wenn in den letzten 15 Jahren vor dem Stichtag keine Versicherungsmonate vorliegen. Wurde überhaupt kein Versicherungsmonat erworben, hat jener Versicherungsträger zu entscheiden, bei dem der Antrag eingebracht wurde.

(BGBl 1996/201, BGBl I 2002/2, BGBl I 2003/145)

(6) Grundlage für die Berechnung des Überweisungsbetrages gemäß Abs. 1 und für die Erstattung der Beiträge nach Abs. 3 sind 35 vH der am Stichtag (Abs. 7) gemäß § 25 Abs. 5 geltenden Höchstbeitragsgrundlage in der Pensionsversicherung (Berechnungsgrundlage).

(BGBl 1996/201, BGBl I 1998/139, BGBl I 2002/2)

(7) Stichtag für die Feststellung des gemäß Abs. 5 zuständigen Versicherungsträgers, der gemäß Abs. 1 bzw. Abs. 3 zu berücksichtigenden Versicherungsmonate und der Berechnungsgrundlage gemäß Abs. 6 ist der Tag der Aufnahme in das pensionsversicherungsfreie Dienstverhältnis (§ 11 Abs. 5 des Allgemeinen Sozialversicherungsgesetzes), wenn sie an einem Monatsersten erfolgt, sonst der der Aufnahme folgende Monatserste.

(BGBl 1996/201, BGBl I 2002/2)

(8) Bei Anwendung der Abs. 1 und 5 sind Versicherungsmonate nach diesem Bundesgesetz, die auch in der Pensionsversicherung nach dem Allgemeinen Sozialversicherungsgesetz und (oder) in der Pensionsversicherung nach dem Bauern-Sozialversicherungsgesetz als Versicherungsmonate gelten, nur einfach zu zählen und nur einer der in Betracht kommenden Versicherungen, und zwar in folgender Reihenfolge, zuzuordnen: Pensionsversicherung nach dem Allgemeinen Sozialversicherungsgesetz, Pensionsversicherung nach dem Gewerblichen Sozialversicherungsgesetz, Pensionsversicherung nach dem Bauern-Sozialversicherungsgesetz.

Fälligkeit des Überweisungsbetrages

§ 173. Der Überweisungsbetrag nach § 172 Abs. 1 ist binnen 18 Monaten nach Einlangen des

Kodex Sozialversicherung 1.3.2021

Anrechnungsbescheides beim zuständigen Versicherungsträger zu leisten; wird jedoch ein Verfahren zur Versetzung in den Ruhestand eingeleitet, so ist der Überweisungsbetrag unverzüglich zu leisten. Innerhalb der gleichen Frist sind auch die Beiträge nach § 172 Abs. 3 zu erstatten. Im Fall des § 172 Abs. 3 vorletzter Satz tritt an die Stelle des Anrechnungsbescheides der Antrag des (der) Versicherten. Bei verspäteter Flüssigmachung ist der Überweisungsbetrag mit dem für das Jahr, in dem der Anrechnungsbescheid bzw. der Antrag beim Versicherungsträger einlangt, geltenden Aufwertungsfaktor nach § 47 aufzuwerten.

(BGBl 1996/201, BGBl I 2002/2, BGBl I 2002/141)

Wirkung der Leistung des Überweisungsbetrages

§ 174. Mit der Leistung des Überweisungsbetrages nach § 172 Abs. 1 dieses Bundesgesetzes oder nach § 308 Abs. 1 ASVG oder nach § 164 Abs. 1 BSVG bzw. mit der Erstattung der Beiträge nach § 172 Abs. 3 dieses Bundesgesetzes oder nach § 308 Abs. 3 ASVG oder nach § 164 Abs. 3 BSVG erlöschen unbeschadet des § 68 Abs. 1 lit. c alle Ansprüche und Berechtigungen aus der Pensionsversicherung, die aus den Versicherungsmonaten erfließen, für die der Überweisungsbetrag geleistet oder die Beiträge erstattet wurden.

(BGBl 1996/201, BGBl I 2002/2)

2. Unterabschnitt
Ausscheiden aus einem pensionsversicherungsfreien Dienstverhältnis

Überweisungsbetrag

§ 175. (1) Scheidet ein Dienstnehmer, für den ein Überweisungsbetrag gemäß § 172 Abs. 1 geleistet wurde, aus dem pensionsversicherungsfreien Dienstverhältnis aus, ohne daß aus diesem ein Anspruch auf einen laufenden Ruhe(Versorgungs)genuß erwachsen ist und ohne daß ein außerordentlicher Ruhe(Versorgungs)genuß in der Höhe des normalmäßigen Ruhe(Versorgungs)genusses unwiderruflich gewährt wird, so hat der Dienstgeber, soweit in den nachstehenden Abs. 3 und 4 nichts anderes bestimmt wird, dem Versicherungsträger den gemäß § 172 Abs. 1 erhaltenen Überweisungsbetrag zurückzuzahlen; dieser Überweisungsbetrag ist mit dem für das Jahr der Zahlung des Überweisungsbetrages an den Dienstgeber geltenden Aufwertungsfaktor (§ 47) aufzuwerten.

(1a) Ein Überweisungsbetrag im Sinne des Abs. 1 ist auch dann zurückzuzahlen, wenn ein Pensionsempfänger oder eine Pensionsempfängerin aus einem Pensionsverhältnis ausscheidet, das aus einem pensionsversicherungsfreien Dienstverhältnis erwachsen ist, soweit in den Abs. 3 und 4 nichts anderes bestimmt wird.

(BGBl I 2013/3)

(2) Tritt der Dienstnehmer im unmittelbaren Anschluß an das Ausscheiden aus einem pensionsversicherungsfreien Dienstverhältnis in ein anderes pensionsversicherungsfreies Dienstverhältnis über und sind die Voraussetzungen des § 172 Abs. 1

gegeben, so hat der Dienstgeber aus dem früheren Dienstverhältnis den Überweisungsbetrag unmittelbar an den Dienstgeber des neuen Dienstverhältnisses unter Anzeige an den Versicherungsträger zu leisten. Rechnet der Dienstgeber des neuen Dienstverhältnisses nach den von ihm anzuwendenden dienstrechtlichen Vorschriften dem Überweisungsbetrag zugrunde liegende Versicherungsmonate nicht an, so ist der auf diese Versicherungsmonate entfallende Teil des Überweisungsbetrages in sinngemäßer Anwendung des § 311 Abs. 5 ASVG an den Versicherungsträger zu leisten.

(BGBl I 2005/132)

(3) Die Verpflichtung des Dienstgebers gemäß Abs. 1 entfällt in den Fällen des § 311 Abs. 3 des Allgemeinen Sozialversicherungsgesetzes. In den Fällen des § 311 Abs. 3 lit. b und c des Allgemeinen Sozialversicherungsgesetzes kann der Dienstnehmer oder sein anspruchsberechtigter Hinterbliebener innerhalb der im § 176 angegebenen Frist den Überweisungsbetrag gemäß § 172 Abs. 1 an den Versicherungsträger zurückzahlen. Der Überweisungsbetrag ist mit dem für das Jahr der Zahlung des Überweisungsbetrages geltenden Aufwertungsfaktor (§ 47) aufzuwerten.

(BGBl 1996/201)

(4) Wurde beim Ausscheiden eines Dienstnehmers aus dem pensionsversicherungsfreien Dienstverhältnis ein widerruflicher oder befristeter außerordentlicher Ruhe(Versorgungs)genuß in der Höhe eines normalmäßigen Ruhe(Versorgungs)genusses gewährt, so besteht die Verpflichtung des Dienstgebers zur Rückzahlung des Überweisungsbetrages gemäß Abs. 1 erst nach Wegfall dieses außerordentlichen Ruhe(Versorgungs)genusses.

Fälligkeit der Rückzahlung des Überweisungsbetrages

§ 176. Der Überweisungsbetrag ist binnen 18 Monaten nach dem Ausscheiden aus dem pensionsversicherungsfreien Dienstverhältnis zurückzuzahlen; wird jedoch ein Antrag auf eine Pension aus der gesetzlichen Pensionsversicherung gestellt, so ist der Überweisungsbetrag unverzüglich zurückzuzahlen. § 173 letzter Satz gilt entsprechend.

(BGBl 1996/201, BGBl I 2002/141, BGBl I 2003/145)

Wirkung der Rückzahlung des Überweisungsbetrages

§ 177. Die in dem zurückgezahlten Überweisungsbetrag gemäß § 175 dieses Bundesgesetzes, gemäß § 311 des Allgemeinen Sozialversicherungsgesetzes bzw. gemäß § 167 des Bauern-Sozialversicherungsgesetzes berücksichtigten vollen Monate gelten als Versicherungsmonate im Sinne dieses Bundesgesetzes, sofern diese Monate in dem Überweisungsbetrag als Versicherungsmonate im Sinne dieses Bundesgesetzes berücksichtigt worden waren.

(BGBl 1996/201)

DRITTER TEIL
Beziehungen der Versicherungsträger zueinander und zu den Trägern der Sozialhilfe; Ersatzleistungen; KünstlerInnen-Servicezentrum; Schadenersatz und Haftung; Verfahren

(BGBl I 2010/92)

ABSCHNITT I
Beziehungen der Versicherungsträger zueinander

1. Unterabschnitt
Ersatzansprüche im Verhältnis zu den Trägern der gesetzlichen Unfallversicherung

Ersatzansprüche des Versicherungsträgers

§ 178. Der Versicherungsträger hat gegenüber den Trägern der gesetzlichen Unfallversicherung Anspruch auf den Ersatz des Aufwandes für Leistungen, die aus dem Versicherungsfall der Krankheit ab dem ersten Tag der fünften Woche nach dem Eintritt des Versicherungsfalles von ihm erbracht worden sind, wenn es sich hiebei gleichzeitig um einen Arbeitsunfall oder eine Berufskrankheit im Sinne der Bestimmungen der §§ 175 bis 177 des Allgemeinen Sozialversicherungsgesetzes handelt. Die Träger der Unfallversicherung haben dem Versicherungsträger den jeweiligen Aufwand für die erbrachten Leistungen nach Maßgabe der Bestimmungen nach § 180 zu ersetzen.

Ersatzansprüche der Träger der Unfallversicherung

§ 179. (1) Der Versicherungsträger hat den Trägern der gesetzlichen Unfallversicherung die Aufwendungen, die diese in den ersten vier Wochen nach dem Eintritt des Versicherungsfalles im Zusammenhang mit einem Arbeitsunfall oder einer Berufskrankheit für Leistungen der Krankenbehandlung des Versicherten erbracht haben, nach Maßgabe der Bestimmungen des § 180 zu ersetzen.

(2) Hat der Träger der Unfallversicherung Aufwendungen für die Heilbehandlung oder für wiederkehrende Geldleistungen aus der Unfallversicherung gemacht, und stellt sich nachträglich heraus, daß die Krankheit nicht Folge eines Arbeitsunfalles ist, so hat der Versicherungsträger die Aufwendungen zu ersetzen, soweit sie nicht über die Aufwendungen für die entsprechenden Leistungen der Krankenversicherung hinausgehen.

Ausmaß des Ersatzanspruches

§ 180. (1) Als Ersatz gemäß den §§ 178 und 179 Abs. 1 ist hinsichtlich der Krankenbehandlung für jeden Kalendertag der Behandlungszeit zu leisten:

a) bei einer als Anstaltspflege gewährten Krankenbehandlung (Unfallheilbehandlung) der für den Versicherungsträger jeweils geltende Pflegegebührenersatz sowie die notwendigen Transportkosten zum und vom Krankenhaus;

b) bei einer nicht als Anstaltspflege gewährten Krankenbehandlung (Unfallheilbehandlung) ohne Rücksicht auf den Eintritt der Arbeitsunfähigkeit für jeden Kalendertag des Behandlungszeitraumes, soweit jedoch zwischen den einzelnen ärztlichen Behandlungen mehr als 13 Kalendertage liegen, für jeden Behandlungstag ein Betrag in der Höhe von 25 vH des 360. Teiles der im § 181 Abs. 1 erster Satz des Allgemeinen Sozialversicherungsgesetzes festgesetzten Bemessungsgrundlage für die gemäß § 8 Abs. 1 Z 3 lit. a des Allgemeinen Sozialversicherungsgesetzes in der Unfallversicherung Teilversicherten. Eine geschlossene Behandlungszeit, für die die Kosten der nicht als Anstaltspflege gewährten Krankenbehandlung (Unfallheilbehandlung) nach Kalendertagen abzugelten sind, liegt auch dann noch vor, wenn die Behandlung am selben Wochentag der zweiten Woche stattfindet.

(2) Die gegenseitige Verrechnung der Ersatzansprüche kann auch durch Leistung von Pauschbeträgen auf Grund einer Vereinbarung, die zwischen dem Versicherungsträger und den Trägern der Unfallversicherung abzuschließen ist, durchgeführt werden.

Geltendmachung des Ersatzanspruches

§ 181. (1) Findet die gegenseitige Abgeltung der Ersatzansprüche im Wege der Einzelabrechnung statt, so sind diese Ersatzansprüche nach Maßgabe der Bestimmungen des Abs. 2 vom ersatzberechtigten Versicherungsträger jeweils geltend zu machen.

(2) Der Ersatzanspruch ist ausgeschlossen, wenn er nicht spätestens sechs Monate nach Beendigung der Leistungen bei dem zum Ersatz Verpflichteten geltend gemacht wird. Hat der Ersatzberechtigte ohne sein Verschulden erst nach Ablauf dieser Zeit davon Kenntnis erhalten, daß die Voraussetzungen für einen Ersatzanspruch zutreffen, so kann er noch innerhalb zweier Wochen nach dem Tag, an dem er diese Kenntnis erlangt hat, den Anspruch geltend machen.

2. Unterabschnitt

Sonstige Ersatzansprüche der Versicherungsträger untereinander

§ 182. Ersatzansprüche der Versicherungsträger untereinander sind, soweit in diesem Bundesgesetz nichts anderes bestimmt ist, bei sonstigem Verlust des Anspruches binnen sechs Jahren von dem Tag an, an dem der Versicherungsträger die letzte Leistung erbracht hat, geltend zu machen.

Belastungsausgleich für den Aufwand für Anstaltspflege

§ 182a. Für den Ausgleich der sich aus der Durchführung der Vereinbarung gemäß Art. 15a B-VG über die Organisation und Finanzierung des Gesundheitswesens ergebenden unterschiedlichen Belastungen der Krankenversicherungsträger ist § 322a des Allgemeinen Sozialversicherungsgesetzes entsprechend anzuwenden.

(BGBl I 2001/5, BGBl I 2004/179, BGBl I 2007/101, BGBl I 2015/162)

Ermittlung des Aufwandersatzes für Unterstützungsleistungen nach § 104a

§ 182b. Zur Ermittlung des Aufwandersatzes nach § 319b ASVG für Unterstützungsleistungen nach § 104a hat der Versicherungsträger einen eigenen Rechenkreis und eine nach Einzelfällen aufgegliederte Dokumentation vorzusehen. Der Versicherungsträger hat weiters quartalsmäßig, erstmals zum Stichtag 31. März 2013, der Allgemeinen Unfallversicherungsanstalt eine Aufstellung über die Entwicklung der Krankenstandstage, Krankheitsursachen und Leistungsauszahlungen (Fallmanagement) zu übermitteln. Der Allgemeinen Unfallversicherungsanstalt ist auf Verlangen Einsicht in die Unterlagen zu gewähren.

(BGBl I 2012/123)

3. Unterabschnitt

Verwaltungshilfe

§ 183. (1) Der Versicherungsträger nach diesem Bundesgesetz und die übrigen Träger der Sozialversicherung (der Hauptverband der österreichischen Sozialversicherungsträger) sind verpflichtet, bei Erfüllung ihrer (seiner) Aufgaben einander zu unterstützen; sie haben insbesondere Ersuchen, die zu diesem Zweck an sie ergehen, im Rahmen ihrer sachlichen und örtlichen Zuständigkeit zu entsprechen und auch unaufgefordert anderen Versicherungsträgern alle Mitteilungen zukommen zu lassen, die für deren Geschäftsbetrieb von Wichtigkeit sind, sowie Anträge und Meldungen fristwahrend weiterzuleiten. Die Verpflichtung zur gegenseitigen Hilfe bezieht sich auch auf die Übermittlung von personenbezogenen Daten im automationsunterstützten Datenverkehr zwischen den Versicherungsträgern, die zur Durchführung des Melde- und Beitragsverfahrens, zur Erbringung von Leistungen sowie zur Durchsetzung von Ersatzansprüchen notwendig sind.

(BGBl 1996/412, BGBl I 2002/2, BGBl I 2018/37)

(2) Gewährt ein Träger der Unfallversicherung einem Berechtigten, der eine Pension aus der Pensionsversicherung nach diesem Bundesgesetz bezieht, Rente oder Anstaltspflege aus der Unfallversicherung oder treten Änderungen hierin ein, so ist der Versicherungsträger unverzüglich zu benachrichtigen.

ABSCHNITT II
Beziehungen des Versicherungsträgers zu den Trägern der Sozialhilfe

Pflichten der Träger der Sozialhilfe

§ 184. Die gesetzlichen Pflichten der Träger der Sozialhilfe zur Unterstützung Hilfsbedürftiger werden durch dieses Bundesgesetz nicht berührt.

Ersatzanspruch des Trägers der Sozialhilfe

§ 185. (1) Unterstützt ein Träger der Sozialhilfe auf Grund einer gesetzlichen Verpflichtung bzw. eine Dienststelle des Bundes oder eines Landes auf Grund der Vereinbarung gemäß Art. 15a B-VG über die Grundversorgung für hilfs- und schutzbedürftige Fremde einen Hilfsbedürftigen für eine Zeit, für die er einen Anspruch auf eine Versicherungsleistung nach diesem Bundesgesetz hat, so hat der Versicherungsträger dem Träger der Sozialhilfe bzw. dem Bund oder Land die aus diesem geleisteten Unterstützungen gemäß den Bestimmungen der §§ 186 und 187 zu ersetzen, jedoch bei Geldleistungen nur bis zur Höhe der Versicherungsleistung, auf die der Unterstützte während dieser Zeit Anspruch hat; bei Sachleistungen sind dem Träger der Sozialhilfe bzw. dem Bund oder Land die erwachsenen Kosten so weit zu ersetzen, als dem Versicherungsträger selbst Kosten für derartige Sachleistungen erwachsen waren. Das gleiche gilt, wenn Angehörige des Berechtigten unterstützt werden, für solche Ansprüche, die dem Berechtigten mit Rücksicht auf diese Angehörigen zustehen.

(BGBl I 2003/145)

(2) Der Ersatz gemäß Abs. 1 gebührt sowohl für Sachleistungen als auch für Geldleistungen, für letztere jedoch nur, wenn sie entweder während des Laufes des Verfahrens zur Feststellung der Versicherungsleistung oder bei nachgewiesener nicht rechtzeitiger Auszahlung einer bereits festgestellten Versicherungsleistung gewährt werden.

(3) Wird ein Pensionsberechtigter auf Kosten eines Trägers der Sozialhilfe oder auf Kosten eines Trägers der Jugendwohlfahrt in einem Alters(Siechen)heim oder Fürsorgeerziehungsheim, einer Heil- und Pflegeanstalt für Nerven- und Geisteskranke, einer Trinkerheilstätte oder einer ähnlichen Einrichtung bzw. außerhalb einer dieser Einrichtungen im Rahmen eines Familienverbandes oder auf einer von einem Träger der öffentlichen Wohlfahrtspflege oder von einer kirchlichen oder anderen karitativen Vereinigung geführten Pflegestelle verpflegt, so geht für die Zeit dieser Pflege der Anspruch auf Pension (einschließlich allfälliger Zulagen und Zuschläge) bis zur Höhe der Verpflegskosten, höchstens jedoch bis zu 80 vH, wenn der Pensionsberechtigte auf Grund einer gesetzlichen Verpflichtung für den Unterhalt eines Angehörigen zu sorgen hat, bis zu 50 vH dieses Anspruches auf den Träger der Sozialhilfe und den Träger der Jugendwohlfahrt über. Das gleiche gilt in Fällen, in denen ein Pensionsberechtigter auf Kosten eines Landes im Rahmen der Behindertenhilfe in einer der genannten Einrichtungen oder auf einer der genannten Pflegestellen untergebracht wird, mit der Maßgabe, daß der vom Anspruchsübergang erfaßte Teil der Pension auf das jeweilige Land übergeht. Der vom Anspruchsübergang erfaßte Betrag vermindert sich für jeden weiteren unterhaltsberechtigten Angehörigen um je 10 vH dieses Anspruches. Der vom Anspruchsübergang erfaßte Betrag vermindert sich in dem Maß, als dem unterhaltsberechtigten Angehörigen verbleibende Teil der Pension zuzüglich seines sonstigen Nettoeinkommens (§ 149 Abs. 3) den jeweils geltenden Richtsatz gemäß § 150 Abs. 1 lit. a sublit. bb nicht erreicht. Die dem Pensionsberechtigten für seine Angehörigen zu belassenden Beträge können vom

Versicherungträger unmittelbar an die Angehörigen ausgezahlt werden.

(BGBl 1991/677, BGBl 1993/110, BGBl 1993/336)

(4) Abs. 3 ist sinngemäß auch in den Fällen anzuwenden, in denen eine pensionsberechtigte Person nach § 21 Abs. 1 des Strafgesetzbuches oder nach § 179a des Strafvollzugsgesetzes auf Kosten des Bundes in einer Anstalt oder Einrichtung untergebracht ist, und zwar so, dass der vom Anspruchsübergang erfasste Betrag dem Bund gebührt. Diesen Betrag kann der Versicherungsträger unmittelbar an jene Anstalt oder Einrichtung auszahlen, in der die pensionsberechtigte Person untergebracht ist.

(BGBl I 2011/122)

Ersatzleistungen aus der Krankenversicherung

§ 186. (1) Aus den Leistungen der Krankenversicherung gebührt dem Träger der Sozialhilfe Ersatz nur, wenn die Leistung der Sozialhilfe wegen der Krankheit oder der Mutterschaft gewährt wurde, auf die sich der Anspruch des Unterstützten gegen den Versicherungsträger gründet.

(2) Leistungen der Sozialhilfe, die wegen Krankheit oder Mutterschaft gewährt werden, sind aus den ihnen entsprechenden Leistungen der Krankenversicherung zu ersetzen.

Ersatzleistungen aus der Pensionsversicherung

§ 187. Aus den Pensionen gebührt dem Träger der Sozialhilfe Ersatz für jede Leistung der Sozialhilfe im Sinne des § 185, für die nicht schon ein Ersatzanspruch gegenüber einem Träger der Krankenversicherung oder der Unfallversicherung nach den Bestimmungen der §§ 325 und 326 des Allgemeinen Sozialversicherungsgesetzes besteht. Andere Leistungen der Pensionsversicherung als die Pensionen dürfen zur Befriedigung des Ersatzanspruches nicht herangezogen werden.

Abzug von den Geldleistungen

§ 188. Der Versicherungsträger hat die Beträge, die er zur Befriedigung der Ersatzansprüche der Träger der Sozialhilfe für erbrachte Geldleistungen (§§ 185 bis 187) aufgewendet hat, von den Geldleistungen der Kranken- bzw. Pensionsversicherung abzuziehen, doch darf der Abzug bei wiederkehrenden Geldleistungen aus der Pensionsversicherung jeweils den halben Betrag der einzelnen fälligen Geldleistung nicht übersteigen. Für den Abzug bedarf es nicht der Zustimmung des Unterstützten.

Frist für die Geltendmachung des Ersatzanspruches

§ 189. (1) Der Ersatzanspruch des Trägers der Sozialhilfe für Sachleistungen ist ausgeschlossen, wenn er nicht spätestens sechs Monate nach Ablauf der Leistung der Sozialhilfe beim Versicherungsträger geltend gemacht wird.

(2) Für Geldleistungen kann der Anspruch auf Ersatz vom Träger der Sozialhilfe nur erhoben werden, wenn

1. die Leistung der Sozialhilfe innerhalb von 14 Tagen nach der Zuerkennung, sofern jedoch der Träger der Sozialhilfe erst später vom Anspruch des Versicherten auf die Geldleistungen nach diesem Bundesgesetz Kenntnis erhält, innerhalb von 14 Tagen nach diesem Zeitpunkt, dem Versicherungsträger angezeigt wird und

2. der Anspruch auf Ersatz spätestens innerhalb von zwei Monaten von dem Tag geltend gemacht wird, an dem der Träger der Sozialhilfe vom Anfall der Geldleistung durch den Versicherungsträger benachrichtigt worden ist.

(3) Der Ersatzanspruch des Trägers der Sozialhilfe für Geldleistungen ist für eine Zeit ausgeschlossen, für die eine Geldleistung fällig geworden ist, wenn der Träger der Sozialhilfe nach einer gemäß Abs. 2 Z 1 erstatteten Anzeige vom Anfall dieser Geldleistung durch den Versicherungsträger benachrichtigt worden ist.

ABSCHNITT IIa
KünstlerInnen-Servicezentrum

Einrichtung

§ 189a. Bei der Sozialversicherungsanstalt der Selbständigen wird für alle Kunstschaffenden, insbesondere für die als KünstlerInnen im Sinne des § 2 Abs. 1 K-SVFG tätigen Personen, ein KünstlerInnen-Servicezentrum (im Folgenden kurz „Servicezentrum") eingerichtet.

(BGBl I 2010/92, BGBl I 2018/100)

Aufgaben

§ 189b. Das Servicezentrum hat insbesondere folgende Aufgaben:

1. Erteilung von Auskünften über
   a) bestehende Versicherungsverhältnisse und deren Rechtswirkungen;
   b) die beitragsrechtlichen Auswirkungen von Versicherungsverhältnissen;
   c) das Versichertenservice der zuständigen Sozialversicherungsträger und das Service des Künstler-Sozialversicherungsfonds;
   d) das Meldeverfahren aus dem jeweiligen Versicherungsverhältnis;
   e) die Anspruchsvoraussetzungen für Leistungen aus der Sozialversicherung;
   f) allgemeine Angelegenheiten des Verfahrens vor dem Sozialversicherungsträger und dem Künstler-Sozialversicherungsfonds;
   g) Anträge auf Leistungen aus der Arbeitslosenversicherung;

2. Unterstützung bezüglich der Melde- und Auskunftspflichten nach den §§ 18 bis 22;

3. Entgegennahme und Weiterleitung von Anträgen auf alle Arten von Leistungen der Sozialversicherung, auf freiwillige Versicherung, auf Rückerstattung von Beiträgen, auf Differenzbeitragsvorschreibung, auf Feststellung der Versicherungszeiten und auf Feststellung der Versicherungspflicht;
4. Entgegennahme und Weiterleitung von Anträgen nach dem K-SVFG.

(BGBl I 2010/92)

Besondere Anleitung der BerufsanfängerInnen
§ 189c. Personen, die erstmalig ihre künstlerische Erwerbstätigkeit aufnehmen oder in absehbarer Zeit erstmalig aufnehmen werden, hat das Servicezentrum auf Verlangen bei der Wahrnehmung ihrer Rechte und Erfüllung ihrer Pflichten aus der gesetzlichen Sozialversicherung und nach dem K-SVFG in besonderer Weise zu unterstützen.

(BGBl I 2010/92)

Monitoring
§ 189d. Die Sozialversicherungsanstalt der Selbständigen hat bis zum 30. Juni eines jeden Kalenderjahres, erstmals im Kalenderjahr 2012, dem Bundesminister für Arbeit, Soziales und Konsumentenschutz einen Bericht über die Tätigkeit des Servicezentrums im jeweils vorangegangenen Kalenderjahr vorzulegen. Der Bericht hat insbesondere eine Evaluierung der vom Servicezentrum erledigten Anträge und Anfragen der KünstlerInnen zu enthalten.

(BGBl I 2010/92, BGBl I 2018/100)

ABSCHNITT III
Schadenersatz und Haftung

Übergang von Schadenersatzansprüchen auf den Versicherungsträger
§ 190. (1) Können Personen, denen nach den Bestimmungen dieses Bundesgesetzes Leistungen zustehen oder für die als Familienangehörige im Rahmen der Familienversicherung bzw. als Angehörige gemäß § 83 Leistungen zu gewähren sind, den Ersatz des Schadens, der ihnen durch die Versicherungsfall erwachsen ist, auf Grund anderer gesetzlicher Vorschriften beanspruchen, geht der Anspruch auf den Versicherungsträger insoweit über, als dieser Leistungen zu erbringen hat. Der Anspruch umfaßt auch die Aufwendungen des Landesfonds, die nach § 148 Z 2 des Allgemeinen Sozialversicherungsgesetzes von der Krankenanstalt in Rechnung gestellt werden. Der Versicherungsträger hat dem Landesgesundheitsfonds jenen Teil der Regreßeinnahmen, der nicht durch Mittel der Sozialversicherung gemäß § 447f Abs. 1 des Allgemeinen Sozialversicherungsgesetzes gedeckt ist, abzüglich eines anteilsmäßigen Verwaltungskostenersatzes für die Geltendmachung, zu überweisen. Ansprüche auf Schmerzengeld gehen auf den Versicherungsträger nicht über. Die Kosten einer Krankenbehandlung sind mit dem doppelten Betrag der für die Gewährung der ärztlichen Hilfe erwachsenen Kosten abzugelten.

(BGBl 1996/764, BGBl I 2004/179, BGBl I 2007/101)

(2) Der Versicherungsträger kann Ersatzbeträge, die der Ersatzpflichtige dem Versicherten (Familienangehörigen) bzw. Angehörigen in Unkenntnis des Überganges des Anspruches gemäß Abs. 1 geleistet hat, auf die nach diesem Bundesgesetz zustehenden Leistungsansprüche ganz oder zum Teil anrechnen. Soweit hienach Ersatzbeträge angerechnet werden, erlischt der gemäß Abs. 1 auf den Versicherungsträger übergegangene Ersatzanspruch gegen den Ersatzpflichtigen.

(3) Der Versicherungsträger kann einen im Sinne der Abs. 1 und 2 auf ihn übergegangenen Schadenersatzanspruch gegen eine Person, die als Dienstnehmer im Zeitpunkt des schädigenden Ereignisses in demselben Betrieb wie der Verletzte oder Getötete beschäftigt war, nur geltend machen, wenn

a) der Dienstnehmer den Versicherungsfall vorsätzlich oder grob fahrlässig verursacht hat oder

b) der Versicherungsfall durch ein Verkehrsmittel verursacht wurde, für dessen Betrieb auf Grund gesetzlicher Vorschrift eine erhöhte Haftpflicht besteht.

In den Fällen der lit. b kann der Versicherungsträger den Schadenersatzanspruch unbeschadet der Bestimmungen des § 191 über das Zusammentreffen von Schadenersatzansprüchen verschiedener Versicherungsträger und den Vorrang eines gerichtlich festgestellten Schmerzengeldanspruches nur bis zur Höhe der aus einer bestehenden Haftpflichtversicherung zur Verfügung stehenden Versicherungssumme geltend machen, es sei denn, daß der Versicherungsfall durch den Dienstnehmer vorsätzlich oder grob fahrlässig verursacht worden ist.

Konkurrenz von Ersatzansprüchen mehrerer Versicherungsträger
§ 191. Trifft ein Ersatzanspruch des Versicherungsträgers mit Ersatzansprüchen anderer Träger der Sozialversicherung aus demselben Ereignis zusammen und übersteigen diese Ersatzansprüche zusammen die aus einer bestehenden Haftpflichtversicherung zur Verfügung stehende Versicherungssumme, so sind sie aus dieser unbeschadet der weiteren Haftung des Ersatzpflichtigen im Verhältnis ihrer Ersatzforderungen zu befriedigen. Ein gerichtlich festgestellter Schmerzengeldanspruch geht hiebei den Ersatzansprüchen der Versicherungsträger im Range vor.

Verjährung der Ersatzansprüche
§ 192. Für die Verjährung der Ersatzansprüche nach diesem Bundesgesetz gelten die Bestimmungen des § 1489 des Allgemeinen Bürgerlichen Gesetzbuches.

ABSCHNITT IV

§ 193. (aufgehoben)

(BGBl 1991/677, BGBl I 2001/100, BGBl I 2002/169, BGBl I 2005/155, BGBl I 2017/131, BGBl I 2018/100)

ABSCHNITT V

Verfahren

§ 194. Hinsichtlich des Verfahrens zur Durchführung dieses Bundesgesetzes gelten die Bestimmungen des Siebenten Teiles des Allgemeinen Sozialversicherungsgesetzes mit der Maßgabe, daß

1. zur Gewährung der Rechts- und Verwaltungshilfe im Sinne des § 360 Abs. 1 des Allgemeinen Sozialversicherungsgesetzes, insbesondere in Beitragsangelegenheiten, auch die Kammern, die als gesetzliche berufliche Vertretungen der gemäß den §§ 2 und 3 Versicherten in Betracht kommen, verpflichtet sind; die Kammern sind insbesondere verpflichtet, dem Versicherungsträger auch unaufgefordert alle zur Durchführung der Versicherung erforderlichen Mitteilungen über ihre Mitglieder zu machen. Beginn und Ende der Kammermitgliedschaft eines jeden Mitgliedes sind dem Versicherungsträger unverzüglich bekanntzugeben;

2. die §§ 361, 362 Abs. 1, 2 und 4, 366 und 367 ASVG weiterhin in der am 31. Dezember 2013 geltenden Fassung anzuwenden sind, wobei

    a) an Stelle eines Antrages auf eine Pension aus den Versicherungsfällen der geminderten Arbeitsfähigkeit der Antrag auf eine Pension aus den Versicherungsfällen der Erwerbsunfähigkeit oder auf Feststellung der Erwerbsunfähigkeit nach § 133a vorrangig als Antrag auf Leistungen der Rehabilitation gilt;

    (BGBl 1996/412, BGBl I 2011/122)

    b) an Stelle der im § 361 Abs. 2 des Allgemeinen Sozialversicherungsgesetzes angeführten Kostensätze und Pflegekostenzuschüsse die Kostensätze gemäß § 85 Abs. 2 lit. b und c sowie die Pflegekostenzuschüsse gemäß § 98a zu treten haben und diese Kostensätze von den gemäß § 77 bezugsberechtigten Personen beantragt werden können;

    (BGBl 1996/412, BGBl 1996/764, BGBl I 2001/5, BGBl I 2004/179, BGBl I 2007/101)

    (BGBl I 2015/2)

3. als Leistungssache im Sinne des § 354 des Allgemeinen Sozialversicherungsgesetzes (Sozialrechtssache im Sinne des § 65 Z 4 des Arbeits- und Sozialgerichtsgesetzes) auch die Feststellung von Versicherungs- und Schwerarbeitszeiten (§ 117a) und die Feststellung der Erwerbsunfähigkeit (§ 133a) außerhalb des Leistungsfeststellungsverfahrens auf Antrag des Versicherten gilt;

    (BGBl I 2006/130)

4. daß bezüglich der Feststellung der Pflichtversicherung und der Beitragspflicht für Pflichtversicherte gemäß § 2 Abs. 1 Z 4 ein Bescheid gemäß § 410 Abs. 1 Z 7 ASVG innerhalb von sechs Monaten ab Antragstellung, spätestens jedoch sechs Monate nach Rechtskraft des maßgeblichen Einkommensteuerbescheides, zu erlassen ist;

    (BGBl I 1998/139, BGBl I 2013/87, BGBl I 2013/139)

5. § 414 Abs. 2 und 3 ASVG nicht anzuwenden ist.

    (BGBl I 2013/139)

(BGBl I 1997/139)

(2) (aufgehoben)

(BGBl 1996/412, BGBl I 1997/139)

Feststellungsbescheid

§ 194a. Der Versicherungsträger hat in Verwaltungssachen auf Antrag mit Bescheid festzustellen, ob die in § 2 Abs. 1 Z 4 erster Satz genannten Voraussetzungen vorliegen. Dabei darf das Vorliegen der Pflichtversicherung gemäß § 4 Abs. 4 ASVG als Vorfrage nicht beurteilt werden. Der Versicherungsträger hat vielmehr die Einleitung des Verfahrens beim zuständigen Krankenversicherungsträger zu beantragen und das eigene Verfahren bis zur Rechtskraft der Entscheidung im Verwaltungsverfahren auszusetzen (zu unterbrechen). Der zuständige Krankenversicherungsträger hat binnen einem Monat ab Zustellung des Antrages des Versicherungsträgers zu entscheiden, widrigenfalls der Versicherungsträger über die Vorfrage selbst zu entscheiden hat. Die Entscheidung über die Vorfrage ist für den darüber als Hauptfrage zur Entscheidung zuständigen Krankenversicherungträger solange bindend, als er nicht selbst einen Bescheid erläßt (§ 10 Abs. 1a ASVG).

(BGBl I 1998/139)

Verfahren zur Klärung der Versicherungszuordnung, Bindungswirkung

§ 194b. Der Versicherungsträger hat die §§ 412a bis 412e ASVG sinngemäß anzuwenden. Wird die Pflichtversicherung nach diesem Bundesgesetz vom Krankenversicherungsträger nach dem ASVG und dem Versicherungsträger bejaht (§ 412c Abs. 1 Z 2 ASVG), so hat der Versicherungsträger die Pflichtversicherung nach diesem Bundesgesetz mit Bescheid festzustellen.

(BGBl I 2017/125)

VIERTER TEIL
Aufbau der Verwaltung

ABSCHNITT I

§ 195. (aufgehoben)

(BGBl I 2018/100)

ABSCHNITT II

§§ 196 bis 205. (aufgehoben)

(BGBl I 2018/100)

ABSCHNITT III
§§ 206 bis 212. (aufgehoben)
(BGBl I 2018/100)

ABSCHNITT IIIa
§§ 213 bis 214e. (aufgehoben)
(BGBl I 2018/100)

ABSCHNITT IV
§§ 215 bis 219. (aufgehoben)
(BGBl I 2002/2, BGBl I 2018/100)

ABSCHNITT V
§§ 220 bis 224a. (aufgehoben)
(BGBl I 2018/100)

ABSCHNITT VI
§§ 225 bis 227a. (aufgehoben)
(BGBl I 2018/100)

ABSCHNITT VII
Versicherungsunterlagen

Führung der Versicherungsunterlagen

§ 228. (1) Der Versicherungsträger hat für jeden Versicherten, für den er Beiträge zur Pensionsversicherung einhebt, die Versicherungsunterlagen, die zur Feststellung der Leistungen der Pensionsversicherung erforderlich sind, genau aufzuzeichnen, diese Aufzeichnungen durch eine im Verordnungsweg zu bestimmende Frist aufzubewahren und auf Verlangen dem Dachverband der Sozialversicherungsträger bekanntzugeben.

(BGBl I 2018/100)

(2) Der Bundesminister für Arbeit und Soziales hat nach Anhörung des Dachverbandes der Sozialversicherungsträger nähere Vorschriften über den Umfang, den Inhalt und die Form der vom Versicherungsträger zu führenden Aufzeichnungen zu erlassen.

(BGBl I 2018/100)

Mitwirkung von Behörden und gesetzlichen beruflichen Vertretungen

§ 229. Die Finanzämter, die Behörden der Kriegsopferversorgung und die gesetzlichen beruflichen Vertretungen der nach diesem Bundesgesetz Pflichtversicherten haben dem Versicherungsträger die für die Durchführung der Pflichtversicherung und für die Leistungsansprüche der einzelnen Versicherten bedeutenden, von diesen Stellen im Rahmen ihres Wirkungsbereiches festgestellten Tatsachen bekanntzugeben.

(BGBl 1996/412, BGBl I 1997/139)

Mitwirkung der Abgabenbehörden des Bundes

§ 229a. (1) Die Abgabenbehörden des Bundes haben dem Versicherungsträger auf dessen Ersuchen im Einzelfall nach Maßgabe des Abs. 3 folgende, zur Bemessung der Beiträge nach diesem Bundesgesetz erforderlichen Daten zu übermitteln:

1. Vorname, Familienname, Anschrift, Beitragsnummer, Steuernummer, Versicherungsnummer und Geburtsdatum des Versicherten;

   (BGBl I 2010/62, BGBl I 2016/120)

2. Einkünfte aus Land- und Forstwirtschaft;

3. Einkünfte aus selbständiger Arbeit;

4. Einkünfte aus Gewerbebetrieb;

5. Einkünfte aus nichtselbständiger Arbeit;

6. Einkünfte aus Kapitalvermögen;

7. Einkünfte aus Vermietung und Verpachtung;

8. Beträge, die auf eine vorzeitige Abschreibung, auf eine Investitionsrücklage, auf einen Investitionsfreibetrag und auf einen nicht entnommenen Gewinn entfallen.

Als Einkünfte nach den Z 2 bis 4 gelten auch ausländische Einkünfte, die im Inland zu besteuern sind oder unter Progressionsvorbehalt steuerbefreit sind. Von den Einkünften nach Z 2 sind auch Einkünfte auf Grund einer land- und forstwirtschaftlichen unternehmerischen Tätigkeit nach Anlage 2 zum BSVG umfasst.

(BGBl I 2009/83)

(2) Die Abgabenbehörden des Bundes haben dem Versicherungsträger nach Maßgabe des Abs. 3 zur Einbeziehung der nach diesem Bundesgesetz Pflichtversicherten und zur Bemessung der Beiträge unaufgefordert die in Abs. 1 angeführten Daten von Personen zu übermitteln, die mit Einkünften aus Gewerbebetrieben oder aus selbständiger Arbeit veranlagt werden.

(3) Das Verfahren der Übermittlung und der Zeitpunkt der erstmaligen Übermittlung von in den Abs. 1 und 2 genannten Daten sind vom Bundesminister für Finanzen im Einvernehmen mit dem Bundesminister für Arbeit, Gesundheit und Soziales nach Maßgabe der technisch-organisatorischen Möglichkeiten zu bestimmen. Für die Erfassung der pflichtversicherten Selbständigen sind die im Abs. 2 genannten Einkünfte (aus selbständiger Arbeit und aus Gewerbebetrieb) der Dachverband der Sozialversicherungsträger auch für Kalenderjahre zu übermitteln, die vor dem 1. Jänner 1998 liegen. Diese Kalenderjahre sowie das Verfahren zur Übermittlung der Daten sind vom Bundesminister für Finanzen im Einvernehmen mit dem Bundesminister für Arbeit, Gesundheit und Soziales zu bestimmen.[a]

(BGBl I 2018/100)

[a] Siehe VO im Anhang.

(BGBl I 1997/139)

Mitwirkung der Abgabenbehörden des Bundes hinsichtlich land(forst)wirtschaftlicher Daten

§ 229b. (1) Die Abgabenbehörden des Bundes haben dem Versicherungsträger nach Maßgabe des Abs. 3 folgende Daten von land(forst)wirtschaftlichem Vermögen (§ 29 des Bewertungsgesetzes) zu übermitteln:

1. Ordnungsbegriff und Lagebeschreibung der wirtschaftlichen Einheit,
2. Name (Familienname und Vorname) des Eigentümers der wirtschaftlichen Einheit mit Geburtsdatum und Anschrift sowie dessen Eigentumsanteil an der wirtschaftlichen Einheit,

(BGBl I 2010/62, BGBl I 2016/120)

3. Ausmaß des Einheitswertes und die im Bescheid ausgewiesenen Verrechnungsgrundlagen,
4. Art und Rechtsgrundlage der Änderung des Einheitswertes, Stichtag der Rechtswirksamkeit sowie Ausfertigungsdatum des Bescheides,
5. Name und Anschrift eines allfälligen Zustellungsbevollmächtigten,
6. Berechnungsgrundlagen bei Gesamtflächenänderungen, die gemäß § 21 Abs. 1 Z 1 lit. a des Bewertungsgesetzes zu keiner Wertfortschreibung führen.

(2) Die übermittelten Daten dürfen nur zur Feststellung des Bestandes und des Umfanges von Leistungen nach diesem Bundesgesetz verwendet werden.

(3) Das Verfahren der Übermittlung und der Zeitpunkt der erstmaligen Übermittlung von in Abs. 1 genannten Daten sind vom Bundesminister für Finanzen im Einvernehmen mit dem Bundesminister für Arbeit und Soziales nach Maßgabe der technisch-organisatorischen Möglichkeiten zu bestimmen.[a]

[a] Siehe VO im Anhang.

(BGBl 1991/677, BGBl I 1997/139)

Mitwirkung der Abgabenbehörden des Bundes hinsichtlich des Bezuges einer Familienbeihilfe

§ 229c. (1) Die Abgabenbehörden des Bundes haben dem Versicherungsträger nach Maßgabe des Abs. 3 folgende Daten zu übermitteln:

Name (Familienname und Vorname), Versicherungsnummer und Anschrift

1. der Person, für die Anspruch auf Familienbeihilfe nach § 2 Abs. 1 lit. b, c und f sowie nach § 8 Abs. 4 bis 7 des Familienlastenausgleichsgesetzes 1967 besteht, und

(BGBl I 2002/2)

2. des Anspruchsberechtigten gemäß § 2 Abs. 2 des Familienlastenausgleichsgesetzes 1967.

(BGBl I 2010/62)

(2) Die übermittelten Daten dürfen nur zur Feststellung des Bestandes und des Umfanges von Leistungen nach diesem Bundesgesetz verwendet werden.

(3) Das Verfahren der Übermittlung und der Zeitpunkt der erstmaligen Übermittlung von den in Abs. 1 genannten Daten sind vom Bundesmi-

nister für Finanzen im Einvernehmen mit dem Bundesminister für Umwelt, Jugend und Familie und dem Bundesminister für Arbeit und Soziales nach Maßgabe der technisch-organisatorischen Möglichkeiten zu bestimmen.

(BGBl 1992/474, BGBl I 1997/139, BGBl I 2016/120)

Mitwirkung für Zwecke der Ermittlung der Höhe der Witwen(Witwer)pension und der Pension nach § 137

§ 229d. (1) Die Abgabenbehörden des Bundes haben nach Maßgabe des Abs. 3 dem Versicherungsträger auf Anfrage folgende Daten getrennt nach Dienstgebern zu übermitteln:

1. die Bruttobezüge (§ 25 EStG 1988) und die sonstigen Bezüge (§ 67 Abs. 1 bis 8 EStG 1988) der Witwe (des Witwers) oder des/der hinterbliebenen eingetragenen Partners/Partnerin in den letzten zwei Kalenderjahren vor dem Zeitpunkt des Todes des (der) Versicherten;

(BGBl I 2010/62)

2. die Bruttobezüge (§ 25 EStG 1988) und die sonstigen Bezüge (§ 67 Abs. 1 bis 8 EStG 1988) des (der) Verstorbenen in den letzten vier Kalenderjahren vor dem Zeitpunkt seines (ihres) Todes.

(BGBl I 2009/83)

(2) Die übermittelten Daten dürfen nur zur Feststellung des Bestandes und des Umfanges einer Witwen(Witwer)pension oder Pension für hinterbliebene eingetragene PartnerInnen nach diesem Bundesgesetz verwendet werden.

(BGBl I 2010/62)

(3) Das Verfahren der Übermittlung und der Zeitpunkt der erstmaligen Übermittlung sind vom Bundesminister für Finanzen im Einvernehmen mit dem Bundesminister für soziale Sicherheit, Generationen und Konsumentenschutz nach Maßgabe der technischen und organisatorischen Möglichkeiten durch Verordnung[a] zu bestimmen.

(BGBl I 2009/83)

[a] Siehe VO im Anhang.

(4) Jene Stellen, die zur Durchführung der im § 145 Abs. 5 genannten Rechtsvorschriften zuständig sind, gelten für Zwecke der Ermittlung der Höhe der Witwen(Witwer)pension oder Pension für hinterbliebene eingetragene PartnerInnen als Versicherungsträger im Sinne des § 183.

(BGBl I 2010/62)

(BGBl 1995/132, BGBl I 1997/139, BGBl I 2004/105, BGBl I 2010/62)

Mitwirkung der Kammern der freien Berufe für Zwecke der Selbstversicherung nach § 14a

§ 229e. Die Kammern der freien Berufe (gesetzliche Interessenvertretungen) haben dem Versicherungsträger für die Selbstversicherung in der Krankenversicherung nach § 14a jährlich bis spätestens Ende Jänner eines jeden Jahres eine Liste der per 1. Jänner dieses Jahres eingetragenen

Mitglieder zu übermitteln und alle Änderungen hinsichtlich dieser Mitglieder einmal monatlich bekanntzugeben.

(BGBl I 1999/175)

Mitwirkung des Künstler-Sozial-versicherungsfonds

§ 229f. (1) Der Künstler-Sozialversicherungs-fonds ist zur Mitwirkung bei der Feststellung der Ausnahme von der Pflichtversicherung nach § 4 Abs. 1 Z 9 verpflichtet und hat die Daten betreffend die Ruhendmeldung sowie die Meldung der Wiederaufnahme der selbständigen künstlerischen Erwerbstätigkeit dem Versicherungsträger auf elektronischem Weg zu übermitteln.

(2) Der Künstler-Sozialversicherungsfonds hat darüber hinaus dem Versicherungsträger im Einzelfall auf Anfrage die für die Wahrnehmung der Aufgaben nach den §§ 189b und 189c erforderlichen Auskünfte zu erteilen.

(BGBl I 2010/92)

Mitwirkung der Abgabenbehörden des Bundes hinsichtlich des Bezuges ausländischer Renten (§ 29a)

§ 229g. (1) Die Abgabenbehörden des Bundes haben dem Versicherungsträger nach Maßgabe des Abs. 3 zu Personen, die eine ausländische Rente (§ 29a Abs. 1) beziehen oder eine solche bezogen haben und die Anspruch auf Leistungen eines Krankenversicherungsträgers haben, aus den bei ihnen vorhandenen und aus einer Abgabenerklärung unmittelbar ableitbaren Daten folgende Angaben zu übermitteln:

1. Namen (Familienname und Vorname), Anschrift, Geburtsdatum, in- und ausländische Sozialversicherungsnummer;

   (BGBl I 2016/120)

2. Art und Höhe der ausländischen Rentenbezüge;

3. rentenauszahlende Stelle.

(2) Die übermittelten Daten dürfen nur zur Feststellung des Bestandes und des Umfanges von Leistungen und für die Feststellung von Beitragspflichten nach diesem Bundesgesetz verwendet werden.

(3) Das Verfahren der Übermittlung sowie der Zeitpunkt der erstmaligen Übermittlung der in Abs. 1 genannten Daten sind vom Bundesminister für Finanzen im Einvernehmen mit dem Bundesminister für Arbeit, Soziales und Konsumentenschutz nach Maßgabe der technisch-organisatorischen Möglichkeiten festzulegen. Die Datenübermittlungen sind vollständig in elektronischer Form im Wege des Dachverbandes vorzunehmen.

(BGBl I 2018/100)

(BGBl I 2010/102)

ABSCHNITT VIII
§§ 230 und 231. (aufgehoben)
(BGBl I 2018/100)

ABSCHNITT IX
§ 231a. (aufgehoben)

(BGBl 1990/295, BGBl I 2002/2, BGBl I 2010/61, BGBl I 2018/37, BGBl I 2018/100)

FÜNFTER TEIL
Übergangs- und Schlußbestimmungen

ABSCHNITT I
Übergangsbestimmungen

1. Unterabschnitt
Übergangsbestimmungen zum Ersten Teil

Fortdauer einer nach früherer Vorschrift bestehenden Pflichtversicherung; Einbeziehung in die Pflichtversicherung

§ 232. (1) Personen, die am 31. Dezember 1978 nach den in diesem Zeitpunkt geltenden Vorschriften pflichtversichert waren, nach den Bestimmungen dieses Bundesgesetzes aber nicht mehr pflichtversichert wären, bleiben pflichtversichert, solange die für den Bestand der Pflichtversicherung nach den bisherigen Vorschriften maßgeblichen Voraussetzungen weiterhin zutreffen. Im übrigen sind auf eine solche Pflichtversicherung auch die Bestimmungen dieses Bundesgesetzes anzuwenden, jedoch kann der Versicherte den Antrag stellen, aus der Pflichtversicherung ausgeschieden zu werden; einem solchen Antrag hat der Versicherungsträger mit Wirkung von dem auf den Antrag folgenden Ersten eines Kalendervierteljahres zu entsprechen.

(2) Personen, die nach den Bestimmungen dieses Bundesgesetzes als Pflichtversicherte in die Krankenversicherung einbezogen werden, haben sich bis 30. Juni 1979 beim Versicherungsträger anzumelden und den für die Feststellung der Beitragsgrundlage maßgebenden rechtskräftigen Einkommensteuerbescheid zur Einsicht vorzulegen. Zur Feststellung der Beitragsgrundlage ist § 25 mit der Maßgabe anzuwenden, daß den Einkünften aus einer die Pflichtversicherung begründenden Erwerbstätigkeit die Einkünfte gleichzuhalten sind, die aus der Erwerbstätigkeit erzielt wurden, die bei früherem Wirksamkeitsbeginn der Bestimmungen über die Pflichtversicherung diese begründet hätte; das gleiche hinsichtlich der Feststellung der Beitragsgrundlage gilt für Personen, die vor dem 1. Jänner 1979 eine Erwerbstätigkeit ausgeübt haben, die bei früherem Wirksamkeitsbeginn des § 2 Abs. 1 Z 3 die Pflichtversicherung begründet hätte, die jedoch nach diesem Zeitpunkt einer Pflichtversicherung gemäß § 2 Abs. 1 Z 1 oder 2 unterliegen.

(3) Für Personen, die nach den Bestimmungen dieses Bundesgesetzes als Pflichtversicherte in die Krankenversicherung einbezogen werden und die zum Zeitpunkt des Eintrittes der Pflichtversicherung bei einem Versicherungsunternehmen vertragsmäßig krankenversichert sind, beginnt die Pflichtversicherung erst mit dem Tag, an dem die Vertragsdauer endet, wenn der Vertrag, sofern er nicht bereits früher gekündigt wurde, zum ersten vertragsmäßig in Betracht kommenden Zeitpunkt nach dem Eintritt der Pflichtversicherung gekün-

digt wird. Die Pflichtversicherung beginnt jedoch unabhängig von dieser Regelung spätestens nach Ablauf eines Jahres nach dem Eintritt der Voraussetzungen für die Pflichtversicherung. Für diesen Zeitpunkt kann der Versicherungsvertrag mit einmonatiger Kündigungsfrist gekündigt werden. Die Begünstigung kommt nur solchen Personen zugute, die ihren Versicherungsvertrag dem Versicherungsträger binnen drei Monaten nach Eintritt der Pflichtversicherung unter Vorlage einer Versicherungsbestätigung schriftlich anzeigen.

(4) Versicherungsunternehmen, die das Versicherungsgeschäft betreiben, können jene Teile der versicherungstechnischen Rückstellungen, die zufolge Kündigung gemäß Abs. 3 aufzulösen sind, steuerfrei auf eine Sonderrücklage für die Umstellung des Geschäftsbetriebes übertragen. Diese Rücklage ist in den folgenden Geschäftsjahren mit einem Teilbetrag von je 20 vH gewinnerhöhend (verlustmindernd) aufzulösen.

Befreiung von der Pflichtversicherung

§ 233. (1) Personen, die am 31. Dezember 1978 gemäß § 189 des Gewerblichen Selbständigen-Pensionsversicherungsgesetzes bzw. gemäß Art. II Abs. 14 lit. b der 25. Novelle zum Gewerblichen Selbständigen-Pensionsversicherungsgesetz, BGBl. Nr. 619/1977, von der Gewerblichen Selbständigen-Pensionsversicherung befreit sind, bleiben für die Dauer der bestehenden Weiterversicherung in der Pensionsversicherung nach dem Allgemeinen Sozialversicherungsgesetz von der Pflichtversicherung in der Gewerblichen Selbständigen-Pensionsversicherung befreit.

(2) Personen, die am 31. Dezember 1978 gemäß Art. II Abs. 14 lit. a der 25. Novelle zum Gewerblichen Selbständigen-Pensionsversicherungsgesetz, BGBl. Nr. 619/1977, von der Gewerblichen Selbständigen-Pensionsversicherung befreit sind, bleiben von der Pflichtversicherung in dieser Pensionsversicherung befreit.

Weiterversicherung

§ 234. (1) Personen, die am 31. Dezember 1978 auf Grund der bisherigen Vorschriften in der Krankenversicherung freiwillig versichert sind, gelten als freiwillig Versicherte im Sinne des § 8 bzw. des § 9 bzw. des § 10.

(2) Personen, die am 31. Dezember 1978 auf Grund der bisherigen Vorschriften in der Pensionsversicherung freiwillig versichert sind, gelten als freiwillig Versicherte im Sinne des § 12 mit der Maßgabe, daß in der Selbstversicherung gemäß § 191 des Gewerblichen Selbständigen-Pensionsversicherungsgesetzes die für Dezember 1978 in Geltung gestandene Beitragsgrundlage der Selbstversicherung als letzte Beitragsgrundlage der Pflichtversicherung im Sinne des § 33 Abs. 1 gilt. Der für die Zeit vor dem 1. Jänner 1970 bzw. für die Zeit vor dem 1. Juni 1975 bescheidmäßig zuerkannte Anspruch auf eine laufende Leistung aus einer eigenen Pensionsversicherung gilt als Wegfall der Voraussetzungen für die freiwillige Versicherung; das gleiche gilt hinsichtlich eines für

die Zeit vor dem 1. Juni 1975 bescheidmäßig zuerkannten Anspruches auf eine laufende Leistung aus einer eigenen gesetzlichen Pensionsversicherung, ungeachtet dessen gemäß Art. II Abs. 6 der 18. Novelle zum Gewerblichen Selbständigen-Pensionsversicherungsgesetz, BGBl. Nr. 447/1969, das Recht auf Weiterversicherung nach den bisherigen Vorschriften zugestanden ist.

Höherversicherung

§ 235. Versicherte, die nach den Bestimmungen des Gewerblichen Selbständigen-Pensionsversicherungsgesetzes Beiträge zur Höherversicherung wirksam entrichtet haben, sind ohne Rücksicht auf ihr Lebensalter berechtigt, Beiträge zur Höherversicherung nach diesem Bundesgesetz zu entrichten. Bei der Anwendung des § 141 sind auch Beiträge zu berücksichtigen, die nach dem Gewerblichen Selbständigen-Pensionsversicherungsgesetz entrichtet worden sind.

Mindestbeitragsgrundlage

§ 236. Bei den in Art. II Abs. 3 der 24. Novelle zum Gewerblichen Selbständigen-Pensionsversicherungsgesetz, BGBl. Nr. 705/1976, bzw. im Art. II Abs. 6 der 5. Novelle zum Gewerblichen Selbständigen-Krankenversicherungsgesetz 1971, BGBl. Nr. 706/1976, bezeichneten Personen gilt abweichend von der Vorschrift des § 25 Abs. 4 als Mindestbeitragsgrundlage

a) in der Pensionsversicherung der Betrag von 644,83 €[a)] bei Versicherten nach Art. II Abs. 1 der 21. Novelle zum Gewerblichen Selbständigen-Pensionsversicherungsgesetz, BGBl. Nr. 32/1973, der Betrag von 360,02 €,[a)]

(BGBl I 2001/67)

b) in der Krankenversicherung der Betrag von 360,02 €.[a)]

(BGBl I 2001/67)

[a)] Beträge siehe VO über veränderliche Werte.

An die Stelle dieser Beträge treten ab 1. Jänner eines jeden Jahres die unter Bedachtnahme auf § 51 mit der jeweiligen Aufwertungszahl (§ 47) vervielfachten Beträge.

(BGBl I 1998/139)

Bundesbeitrag

§ 237. Abweichend von den Bestimmungen des § 34 Abs. 2 leistet der Bund für das Geschäftsjahr 1984 einen Beitrag in der Höhe des Betrages, um den 100,5 vH der Aufwendungen die Erträge übersteigen.

2. Unterabschnitt
Übergangsbestimmungen zum Zweiten Teil

Anwendung des Leistungsrechtes

§ 238. (1) Für Leistungen aus der Pensionsversicherung, auf die am 31. Dezember 1978 Anspruch besteht, mit Ausnahme der Übergangspensionen, gelten ab 1. Jänner 1979 die Bestimmungen dieses Bundesgesetzes.

(2) Für Übergangspensionen, auf die nach den bisherigen Vorschriften Anspruch besteht, oder bei Weitergeltung dieser Vorschriften Anspruch bestünde, sind weiterhin die bisherigen Vorschriften anzuwenden; soweit in diesen Vorschriften auf Bestimmungen des Gewerblichen Selbständigen-Pensionsversicherungsgesetzes verwiesen wird, die im Gewerblichen Sozialversicherungsgesetz eine entsprechende Regelung gefunden haben, treten an deren Stelle die Bestimmungen des Gewerblichen Sozialversicherungsgesetzes.

(3) Besteht am 31. Dezember 1978 auf Grund von Übergangsbestimmungen im Bereich der Gewerblichen Selbständigen-Pensionsversicherung Anspruch auf eine Leistung, die höher ist als die sich nach den Bestimmungen dieses Bundesgesetzes ergebende entsprechende Leistung, so ist die Leistung ab 1. Jänner 1979 in dem sich auf Grund der bisherigen Bestimmungen jeweils ergebenden Ausmaß weiter zu gewähren, und zwar solange, als sie die Leistung übersteigt, die nach den Bestimmungen dieses Bundesgesetzes gebührt.

(4) Die Bestimmungen des § 128 Abs. 1 sind auf Antrag ab 1. Jänner 1979 auch auf Versicherungsfälle anzuwenden, in denen der Stichtag vor dem 1. Jänner 1979 liegt. Die Leistung gebührt ab 1. Jänner 1979, wenn der Antrag bis 31. Dezember 1979 gestellt ist, sonst ab dem der Antragstellung folgenden Monatsersten.

(5) Bei den gemäß § 233 dieses Bundesgesetzes und bei den gemäß § 221 des Bauern-Sozialversicherungsgesetzes von der Pflichtversicherung in der jeweiligen Pensionsversicherung befreiten Personen gilt § 131 mit der Maßgabe, daß an die Stelle in dessen Abs. 1 lit. c vorgesehenen Beitragsmonate der Pflichtversicherung in der Pensionsversicherung Beitragsmonate der freiwilligen Versicherung in der Pensionsversicherung nach dem Allgemeinen Sozialversicherungsgesetz treten, sofern während dieser Zeit eine Erwerbstätigkeit ausgeübt wurde, die an sich die Pflichtversicherung nach diesem Bundesgesetz bzw. nach dem Bauern-Sozialversicherungsgesetz begründen würde.

(6) § 136 Abs. 2 gilt nicht, wenn

a)   der Eheschließung eine nach dem 1. Juli 1978 erfolgte Scheidung gemäß § 55 des Ehegesetzes in der Fassung des Bundesgesetzes BGBl. Nr. 303/1978 vorangegangen ist und

b)   diese darauffolgende Ehe in der Zeit vom 1. Juli 1978 bis 31. Dezember 1981 geschlossen worden ist und der Altersunterschied der Ehegatten nicht mehr als 25 Jahre betragen hat.

Nachträglicher Einkauf von Versicherungszeiten für Gesellschafter einer Gesellschaft mit beschränkter Haftung

§ 239. (1) Personen, die nach Vollendung des 18. Lebensjahres im Gebiet der Republik Österreich eine Erwerbstätigkeit als Geschäftsführer einer Gesellschaft mit beschränkter Haftung ausgeübt haben, die bei früherem Wirksamkeitsbeginn der Bestimmungen dieses Bundesgesetzes über die Versicherungspflicht die Pflichtversicherung in der Pensionsversicherung begründet hätte, können auf Antrag nach Maßgabe der Bestimmungen der Abs. 2 bis 13 für die nach dem 31. Dezember 1957 und vor dem 1. Jänner 1978 gelegenen Zeiten dieser Erwerbstätigkeit durch Entrichtung von Beiträgen für den eigenen Versicherungsverlauf wirksame Versicherungszeiten einkaufen. Die so erworbenen Versicherungsmonate sind Beitragsmonate der freiwilligen Versicherung nach diesem Bundesgesetz. Ausgeschlossen sind Personen, die im Zeitpunkt der Antragstellung

1.   einen bescheidmäßig zuerkannten Anspruch auf eine monatlich wiederkehrende Geldleistung aus einer gesetzlichen Pensionsversicherung aus den Versicherungsfällen des Alters oder der geminderten Arbeitsfähigkeit oder der Erwerbsunfähigkeit mit Ausnahme der Ansprüche auf Knappschaftspension und Knappschaftssold oder nach einem Landessozialhilfegesetz haben oder

(BGBl 1996/201)

2.   in einem öffentlich-rechtlichen oder unkündbaren privatrechtlichen Dienstverhältnis zu einer öffentlich-rechtlichen Körperschaft oder zu von solchen Körperschaften verwalteten Betrieben, Anstalten, Stiftungen und Fonds stehen, wenn ihnen aus ihrem Dienstverhältnis die Anwartschaft auf Ruhe- und Versorgungsgenüsse (Pensionen) zusteht, die den Leistungen der Pensionsversicherung nach dem Allgemeinen Sozialversicherungsgesetz gleichwertig sind (§ 6 des Allgemeinen Sozialversicherungsgesetzes) oder die auf Grund eines solchen Dienstverhältnisses einen Ruhegenuß (eine Pension) beziehen oder

3.   in einem Dienstverhältnis zu einer internationalen Organisation mit Amtssitz in Österreich stehen, wenn ihnen aus diesem Dienstverhältnis die Anwartschaft auf regelmäßig wiederkehrende Ruhestands- bzw. Versorgungsleistungen zusteht oder wenn sie auf Grund eines solchen Dienstverhältnisses solche Ruhestandsleistungen beziehen.

(2) Die Entrichtung von Beiträgen ist nur für die Gesamtzahl der vollen Kalendermonate solcher gemäß Abs. 1 in Betracht kommenden Zeiten zulässig, die nicht schon als Versicherungsmonate aus einer gesetzlichen Pensionsversicherung gelten.

(3) Der Antrag ist bis längstens 31. Dezember 1980 bei der Sozialversicherungsanstalt der gewerblichen Wirtschaft einzubringen, die auch zur Durchführung des Einkaufes zuständig ist.

(4) Verstirbt der Antragsteller vor der rechtskräftigen Entscheidung über seinen Antrag, so sind die im § 194 dieses Bundesgesetzes bzw. die in dem entsprechend anzuwendenden § 408 des Allgemeinen Sozialversicherungsgesetzes genannten Personen zur Fortsetzung des Verfahrens berechtigt.

(5) Für jeden einzukaufenden Versicherungsmonat ist für Männer ein Betrag von 1 177 S, für Frauen ein Betrag von 825 S zu entrichten.

(6) Die Entrichtung hat in einem Betrag innerhalb von sechs Monaten ab der Rechtskraft des Bescheides über die Bewilligung des Einkaufes von Versicherungszeiten zu erfolgen. Wenn dem Antragsteller die Zahlung in einem Betrag nach seiner wirtschaftlichen Lage nicht zugemutet werden kann, hat der Versicherungsträger Teilzahlungen, und zwar höchstens 60 aufeinanderfolgende Monatsraten, beginnend mit dem Kalendermonat, der der Zustellung des die Ratenzahlung bewilligenden Bescheides folgt, zuzulassen. Die Teilzahlungen sind jeweils am 20. des betreffenden Kalendermonates fällig.

(7) Die Versicherungszeiten gelten erst in dem Zeitpunkt als erworben, in dem der zu entrichtende Beitrag (der letzte Teilzahlungsbetrag) beim Versicherungsträger eingelangt ist. Der Versicherungsträger hat einen zu einem Zeitpunkt bestehenden Leistungsanspruch unter Berücksichtigung der durch den Einkauf erworbenen Versicherungszeiten mit Wirksamkeit ab dem dem Einlangen des Beitrages (des letzten Teilzahlungsbetrages) folgenden Monatsersten neu festzustellen.

(8) Beiträge, die nach dem 31. Dezember 1979 entrichtet werden, erhöhen sich in jedem Kalenderjahr um 8,5 vH Dies gilt nicht für Beiträge, deren Entrichtung erfolgt:

a) innerhalb von drei Monaten nach Rechtskraft des Bewilligungsbescheides oder

b) innerhalb von drei Monaten nach Rechtskraft eines Bescheides über einen Antrag auf Herabsetzung der Beiträge gemäß Abs. 9, sofern dieser Antrag innerhalb von drei Monaten nach Rechtskraft des Bewilligungsbescheides gestellt wurde. In allen diesen Fällen sind die Beiträge in der zum Zeitpunkt der Antragstellung maßgebenden Höhe zu entrichten.

(9) In Fällen besonderer Härte kann das Bundesministerium für soziale Verwaltung die monatlichen Beiträge gemäß Abs. 5 herabsetzen, jedoch nicht unter den Betrag eines Viertels dieser Monatsbeiträge. Ein Fall besonderer Härte ist insbesondere dann anzunehmen, wenn durch die Beitragsentrichtung der Lebensunterhalt des Antragstellers unter Berücksichtigung seiner Einkommens-, Vermögens- und Familienverhältnisse nicht nur vorübergehend wesentlich gefährdet wäre.

(10) Bleibt der Versicherte, dem der Einkauf von Versicherungszeiten unter Einräumung von Teilzahlungen bewilligt worden ist, mit mehr als zwei aufeinanderfolgenden Monatsraten im Verzug, so erlischt die Bewilligung zum Einkauf. Die bereits entrichteten Monatsraten sind dem Versicherten vom Versicherungsträger zurückzuerstatten.

(11) Leistungen aus einer gesetzlichen Pensionsversicherung aus den Versicherungsfällen des Alters, auf die erst durch im Wege des Einkaufes im Sinne der Abs. 1 bis 9 erworbene Versicherungszeiten ein Anspruch begründet wurde, fallen abweichend von der Regelung des § 55 dieses Bundesgesetzes, des § 86 des Allgemeinen Sozialversicherungsgesetzes bzw. des § 51 des Bauern-Sozialversicherungsgesetzes frühestens nach Ablauf

von 24 Monaten nach dem Einlangen des Antrages auf Einkauf von Versicherungszeiten an.

(12) Wurde der Einkauf von Versicherungszeiten bewilligt und ist vor dem im Abs. 7 genannten Zeitpunkt der Versicherungsfall der Erwerbsunfähigkeit oder der Versicherungsfall des Todes eingetreten, so sind der Versicherte bzw. die in dem gemäß § 194 entsprechend anzuwendenden § 408 des Allgemeinen Sozialversicherungsgesetzes genannten Angehörigen berechtigt, den noch aushaftenden Beitrag (die noch aushaftenden Teilzahlungsbeträge) auch nach dem Eintritt des Versicherungsfalles zu entrichten. Der Leistungsanspruch ist in solchen Fällen vom Versicherungsträger zum maßgebenden Stichtag zunächst ohne Berücksichtigung der durch den Einkauf zu erwerbenden Versicherungszeiten festzustellen. Kommt es zu einem Leistungsanspruch und werden der noch aushaftende Beitrag bzw. die noch aushaftenden Teilzahlungsbeträge vom Versicherten bzw. von den im § 194 dieses Bundesgesetzes bzw. die in dem entsprechend anzuwendenden § 408 des Allgemeinen Sozialversicherungsgesetzes genannten Personen rechtzeitig entrichtet, so hat der Versicherungsträger den Leistungsanspruch unter Berücksichtigung der durch den Einkauf erworbenen Versicherungszeiten mit Wirksamkeit ab dem dem Erwerb dieser Versicherungszeiten folgenden Monatsersten neu festzustellen. Machen der Versicherte bzw. die Angehörigen von dem Recht der vollständigen Entrichtung von Teilzahlungsbeträgen nach dem bereits eingetretenen Stichtag nicht Gebrauch, so hat der Versicherungsträger allenfalls entrichtete Teilzahlungsbeträge dem Versicherten bzw. den Angehörigen zurückzuerstatten.

(BGBl 1996/201)

(13) Für die gemäß Abs. 1 bis 9 erworbenen Versicherungszeiten ist bei der Anwendung des § 127 Abs. 1 bzw. § 127c für die Ermittlung der Bemessungsgrundlage heranzuziehen:

1. wenn der Stichtag im Jahre 1978 liegt, bei Männern der Betrag von monatlich 12 400 S, bei Frauen der Betrag von monatlich 8 700 S;

2. wenn der Stichtag nach dem 31. Dezember 1978 liegt, bei Männern der Betrag von monatlich 13 450 S, bei Frauen der Betrag von monatlich 9 415 S.

Die unter Z 2 genannten Beitragsgrundlagen sind mit dem jeweils für das Jahr 1979 festgestellten Aufwertungsfaktor aufzuwerten. Wurden jedoch die monatlichen Beiträge gemäß Abs. 9 herabgesetzt, gilt als der für die Ermittlung der Bemessungsgrundlage heranzuziehende Betrag nur jener Teil des Betrages nach Z 1 oder 2, der dem Ausmaß des herabgesetzten Beitrages verhältnismäßig entspricht.

(BGBl 1993/336, BGBl I 1998/139)

Wanderversicherung

§ 240. (1) Die Bestimmungen des § 129 gelten nur für Leistungen, bei denen der Stichtag nach dem 31. Dezember 1978 liegt. Sie gelten nicht für Leistungen aus dem Versicherungsfall des Todes, wenn der Stichtag zwar nach dem 31. Dezember 1978 liegt, aber im Zeitpunkt des Todes ein zu einem Stichtag vor dem 1. Jänner 1979 bescheidmäßig zuerkannter Anspruch auf eine Leistung (Gesamtleistung) aus eigener Pensionsversicherung nach dem Gewerblichen Selbständigen-Pensionsversicherungsgesetz, dem Allgemeinen Sozialversicherungsgesetz mit Ausnahme des Knappschaftssoldes und der Knappschaftspension oder dem Bauern-Pensionsversicherungsgesetz besteht oder ein solcher Anspruch auf Grund eines vor dem 1. Jänner 1979 eingeleiteten Verfahrens nachträglich für die Zeit bis zum Tode zuerkannt wird; wurden in der Leistung aus eigener Pensionsversicherung, für die der Stichtag nach dem 30. Juni 1958 liegt, vor dem Stichtag liegende Versicherungszeiten nach dem Allgemeinen Sozialversicherungsgesetz und (oder) dem Bauern-Pensionsversicherungsgesetz nicht berücksichtigt, so ist vor Anwendung des § 145 Abs. 1 lit. b oder c die Leistung aus eigener Pensionsversicherung gemäß Abs. 2 neu zu bemessen. Sind bei Eintritt des Versicherungsfalles des Todes Ansprüche auf zwei oder mehrere Leistungen aus eigener Pensionsversicherung gegeben, ist vor Anwendung des § 145 Abs. 1 lit. b oder c Abs. 2 mit der Maßgabe anzuwenden, daß sich die Leistungszuständigkeit nach dem später liegenden Stichtag richtet und die höhere bzw. höchste Bemessungsgrundlage heranzuziehen ist.

(2) Die Bestimmungen des § 129 Abs. 7 Z 1, 2 und 5 sind auf Antrag auf jene Leistungen aus der Pensionsversicherung anzuwenden, die am 1. Jänner 1979 gebühren und für die der Stichtag nach dem 30. Juni 1958, aber vor dem 1. Jänner 1979 liegt, wenn vor dem Stichtag liegende Versicherungszeiten nach dem Allgemeinen Sozialversicherungsgesetz und (oder) dem Bauern-Pensionsversicherungsgesetz nicht berücksichtigt wurden. Stichtag für die Neubemessung der Leistung ist der Tag der Antragstellung, wenn sie an einem Monatsersten erfolgt, sonst der der Antragstellung folgende Monatserste. Bei der Neubemessung verbleibt es bei der bisherigen Leistungszuständigkeit und den bisherigen Bemessungsgrundlagen nach dem Gewerblichen Selbständigen-Pensionsversicherungsgesetz; in der Pensionsversicherung, in der bereits Versicherungsmonate festgestellt worden sind, erfolgt keine Neufeststellung von Versicherungsmonaten; neu festgestellte Versicherungsmonate sind nur insoweit zu berücksichtigen, als sie sich nicht mit bereits festgestellten Versicherungsmonaten decken; ergibt sich bei der Neubemessung ein niedrigerer Betrag als der vorher gebührende, ist dieser weiter zu gewähren. Eine sich aus der Anwendung der Bestimmungen des § 129 Abs. 7 Z 1, 2 und 5 ergebende Erhöhung gebührt ab 1. Jänner 1979, wenn der Antrag bis zum 31. Dezember 1979 gestellt wird, sonst ab dem auf die Antragstellung folgenden Monatsersten.

(3) Handelt es sich bei der gemäß Abs. 2 neu festzustellenden Leistung um eine Leistung aus dem Versicherungsfall des Todes und hatte der Verstorbene im Zeitpunkt des Todes einen bescheidmäßig zuerkannten Anspruch auf eine Leistung (Gesamtleistung) aus eigener Pensionsversicherung nach dem Gewerblichen Selbständigen-Pensionsversicherungsgesetz, dem Allgemeinen Sozialversicherungsgesetz oder dem Bauern-Pensionsversicherungsgesetz oder wurde ein solcher Anspruch auf Grund eines vor dem 1. Jänner 1979 eingeleiteten Verfahrens nachträglich für die Zeit bis zum Tode anerkannt, so gelten die Bestimmungen des Abs. 1 für die Neufeststellung der Leistung aus eigener Pensionsversicherung und die Leistungszuständigkeit entsprechend.

Witwenpension

§ 240a. (1) Bei der Anwendung des § 145 Abs. 1 lit. c sind Zeiten der freiwilligen Versicherung, die vor dem 1. Jänner 1969 oder nach dem 31. Dezember 1968 auf Grund der Bestimmungen des Art. II Abs. 6 der 23. Novelle zum Allgemeinen Sozialversicherungsgesetz, BGBl. Nr. 17/69, des Art. II Abs. 5 oder 6 der 18. Novelle zum Gewerblichen Selbständigen-Pensionsversicherungsgesetz, BGBl. Nr. 447/1969, oder der Art. II Abs. 12 oder 13. Novelle zum Landwirtschaftlichen Zuschußrentenversicherungsgesetz, BGBl. Nr. 18/69, erworben worden sind, bei der Ermittlung der auf diese Beitragszeiten entfallenden Steigerungsbeträge den Beitragszeiten der Pflichtversicherung nach dem Allgemeinen Sozialversicherungsgesetz, in der Gewerblichen Selbständigen-Pensionsversicherung oder in der Bauern-Pensionsversicherung gleichzuhalten.

(2) Die Bestimmung des Abs. 1 ist auf Antrag ab 1. Jänner 1979 auch auf jene Versicherungsfälle anzuwenden, bei denen der Stichtag nach dem 31. Dezember 1972 liegt. In den Fällen, in denen der Antrag bis 31. Dezember 1972 gestellt wird, gebührt die Leistung bzw. die Erhöhung der Leistung ab 1. Jänner 1979, sonst ab dem auf die Antragstellung folgenden Monatsersten.

Pensionsversicherungsfreies Dienstverhältnis

§ 241. Wurde ein Versicherter in ein pensionsversicherungsfreies Dienstverhältnis aufgenommen und liegt der Stichtag im Sinne des § 172 Abs. 7 nach dem 30. Juni 1958, aber vor dem 1. Jänner 1972, und rechnet der Dienstgeber nach den für ihn geltenden Vorschriften Beitragsmonate nach diesem Bundesgesetz für die Begründung des Anspruches auf einen Ruhe(Versorgungs)genuß bedingt oder unbedingt an, so sind dem Versicherten auf seinen Antrag die von ihm entrichteten Beiträge für solche Beitragsmonate, für die ein besonderer Pensionsbeitrag zur Entrichtung vorgeschrieben wurde, aufgewertet mit dem am 1. Jänner 1972 für das Jahr ihrer Entrichtung geltenden Aufwertungsfaktor (§ 47) zu erstatten; dasselbe gilt auch in den Fällen, in denen vor dem 1. Februar 1973 über Anträge gemäß § 308 des Allgemeinen Sozialversicherungsgesetzes in der vor dem 1. Jänner 1972 in Geltung gestandenen Fassung rechtskräftig entschieden worden ist. Die §§ 173 bis 177 gelten entsprechend.

Rehabilitation

§ 242. Solange der Versicherungträger über eigene Einrichtungen nicht verfügt, kann er in Anwendung der Bestimmungen des § 158 Abs. 2 Maßnahmen der Rehabilitation unter Berücksichtigung der Auslastung von Vertragseinrichtungen gewähren.

3. Unterabschnitt
Übergangsbestimmungen zum Dritten Teil

Verfahren

§ 243. Ist auf Grund von Übergangsbestimmungen im Bereich der Gewerblichen Selbständigen-Pensionsversicherung der Anspruch auf eine Leistung oder auf Erhöhung einer Leistung von einer Antragstellung abhängig und ist das Recht auf Antragstellung am 31. Dezember 1978 noch nicht erloschen, so ist die in Betracht kommende Übergangsbestimmung auch nach dem 31. Dezember 1978 weiterhin anzuwenden.

4. Unterabschnitt
Übergangsbestimmungen zum Vierten Teil

Verwaltungskörper

§ 244. Die am 31. Dezember 1978 im Amt befindlichen Verwaltungskörper haben die Geschäfte solange weiterzuführen, bis die neuen Verwaltungskörper zusammentreten. Die Zeit der Weiterführung der Geschäfte durch die alten Verwaltungskörper zählt auf die fünfjährige Amtsdauer der neuen Verwaltungskörper.

Gesonderte Rücklage

§ 245. Der Versicherungträger hat abweichend von den Bestimmungen des § 216 Abs. 3 im Geschäftsjahr 1981

a) 1 vH der Erträge an Versicherungsbeiträgen in der Krankenversicherung, ausgenommen die Beiträge zur Zusatzversicherung (§ 31), an die Pensionsversicherung zu überweisen und

b) die Aufwendungen der Jugendlichen- und Gesundenuntersuchungen einschließlich der Kosten für die Errichtung und den Betrieb der hiezu erforderlichen eigenen Einrichtungen bzw. der Bereitstellung entsprechender Vertragseinrichtungen aus der gesonderten Rücklage zu bestreiten, soweit 1 vH der Erträge an Versicherungsbeiträgen im Sinne der lit. a übersteigen. Erreichen diese Aufwendungen nicht 1 vH an Versicherungsbeiträgen, ist der Unterschiedsbeitrag der gesonderten Rücklage zuzuführen; hiebei sind die Erträge an Versicherungsbeiträgen um die gemäß § 447f Abs. 5 des Allgemeinen Sozialversicherungsgesetzes zu leistenden Überweisungen zu vermindern.

Die Überweisungen nach lit. a sind monatlich in der Höhe eines Zwölftels des voraussichtlichen Gesamtbetrages zu bevorschussen. Der Ausgleich ist innerhalb der ersten fünf Monate des folgenden Kalenderjahres vorzunehmen.

ABSCHNITT II
Schlußbestimmungen

Anwendung des Gewerblichen Sozialversicherungsgesetzes

§ 246. Wenn in anderen Gesetzen auf Bestimmungen des Gewerblichen Selbständigen-Pensionsversicherungsgesetzes bzw. des Gewerblichen Selbständigen-Krankenversicherungsgesetzes verwiesen wird, treten an deren Stelle die entsprechenden Bestimmungen dieses Bundesgesetzes.

Sonderbestimmung für Zollausschlußgebiete

§ 246a. (aufgehoben)
(BGBl I 2001/67)

Ersatzzeiten

§ 247. Die in der Zeit zwischen dem 12. März 1938 und dem 10. April 1945 im Geltungsbereich der reichsrechtlichen Sozialversicherung außerhalb des Gebietes der Republik Österreich zurückgelegten Zeiten der im § 116 Abs. 7 erster Satz angegebenen Art sind nach Maßgabe der entsprechend anzuwendenden Vorschriften des § 116 Abs. 7 erster Satz dann als Ersatzzeiten anzusehen, wenn der Versicherte unmittelbar vor dem 13. März 1938 seinen Wohnsitz im Gebiet der Republik Österreich gehabt hat und zu den Personen gehört, die gemäß § 1, § 2 oder § 2a des Staatsbürgerschafts-Überleitungsgesetzes 1949, BGBl. Nr. 276, die österreichische Staatsbürgerschaft besitzen.

(BGBl 1994/505, BGBl 1996/412)

Rechtsunwirksame Vereinbarungen

§ 248. Vereinbarungen, wonach die Anwendung der Bestimmungen dieses Bundesgesetzes zum Nachteil der Versicherten (ihrer Hinterbliebenen) im voraus ausgeschlossen oder beschränkt wird, sind ohne rechtliche Wirkung.

Befreiung von der Einverleibungsgebühr

§ 249. Personen, die ihre Gewerbeberechtigung zum Zwecke der Erlangung einer Alters- oder Erwerbsunfähigkeitspension nach diesem Bundesgesetz oder dem Gewerblichen Selbständigen-Pensionsversicherungsgesetz zurückgelegt haben, sind von der Bezahlung einer Einverleibungsgebühr bei der Landeskammer der gewerblichen Wirtschaft befreit, wenn sie ihr Gewerbe neuerlich betreiben wollen.

§ 250. (aufgehoben)
(BGBl I 2018/100)

Regelung der Beziehungen des Versicherungsträgers zu den Vertragspartnern

§ 251. Die im Zeitpunkt des Inkrafttretens der Bestimmungen dieses Bundesgesetzes in Geltung stehenden Verträge mit den Ärzten und anderen Vertragspartnern zur Erbringung der Leistungen der Krankenversicherung gelten als Verträge im Sinne der Bestimmungen dieses Bundesgesetzes.

Anwendung des Abgabenänderungs-
gesetzes 1976

§ 252. Soweit nach den Bestimmungen dieses Bundesgesetzes Einheitswerte land(forst)wirtschaftlicher Betriebe heranzuziehen sind, sind hiebei für Zeiträume ab 1. Jänner 1979 jeweils auch Erhöhungen dieser Einheitswerte nach dem Abgabenänderungsgesetz 1976, BGBl. Nr. 143, zu berücksichtigen.

Aufhebung bisheriger Vorschriften

§ 253. Mit dem Wirksamkeitsbeginn dieses Bundesgesetzes treten, soweit nichts anderes bestimmt wird, alle bis dahin geltenden Bestimmungen über die Gewerbliche Selbständigen-Pensionsversicherung und die Gewerbliche Selbständigen-Krankenversicherung außer Kraft.

§ 253a. Soweit in diesem Bundesgesetz auf Bestimmungen anderer Bundesgesetze verwiesen wird, sind diese, wenn nicht ausdrücklich anderes bestimmt wird, in ihrer jeweils geltenden Fassung anzuwenden.

(BGBl 1991/677)

Vollziehung des Bundesgesetzes

§ 254. Mit der Vollziehung dieses Bundesgesetzes ist betraut:

a) hinsichtlich der Bestimmungen des § 18 Abs. 4 und des § 249 der Bundesminister für Handel, Gewerbe und Industrie;

b) hinsichtlich der Bestimmung des § 28 Abs. 2 der Bundesminister für soziale Verwaltung im Einvernehmen mit dem Bundesminister für Landesverteidigung;

c) hinsichtlich der §§ 34, 34a in der Fassung des Bundesgesetzes BGBl. Nr. 677/1991, 156 Abs. 4, 217 Abs. 3 zweiter Satz, 218 Abs. 3, 218a in der Fassung des Bundesgesetzes BGBl. Nr. 677/1991, 219 Abs. 1, 220 Abs. 2 und 3 jeweils letzter Satz, 229, 229a, 229b in der Fassung des Bundesgesetzes BGBl. I Nr. 139/1997 und 237 der Bundesminister für Arbeit und Soziales im Einvernehmen mit dem Bundesminister für Finanzen;

(BGBl 1991/677, BGBl I 1997/139)

d) hinsichtlich der Bestimmung des § 45 und hinsichtlich der Bestimmungen des § 221 Abs. 2, 3 und 4, soweit sie sich auf die Wahrung der finanziellen Interessen des Bundes beziehen, der Bundesminister für Finanzen;

e) hinsichtlich der Bestimmung des § 46, soweit sie sich auf die Bundesverwaltungsabgaben bezieht, die Bundesregierung, im übrigen der Bundesminister für Finanzen;

(BGBl I 2001/131)

f) hinsichtlich der Bestimmungen der §§ 17 Abs. 2, 117 und 185 Abs. 4 der Bundesminister für soziale Verwaltung im Einvernehmen mit dem Bundesminister für Justiz;

g) hinsichtlich der Bestimmung des § 194, soweit sie sich auf das Leistungsstreitverfahren erster und zweiter Instanz bezieht, der Bundesminister für Justiz im Einvernehmen mit dem Bundesminister für soziale Verwaltung;

h) hinsichtlich der Bestimmungen des § 194 Abs. 2 über die Kommissionsgutachten für die freiberuflich tätigen bildenden Künstler der Bundesminister für Unterricht und Kunst im Einvernehmen mit dem Bundesminister für soziale Verwaltung;

i) hinsichtlich der Bestimmung des § 229c in der Fassung des Bundesgesetzes BGBl. I Nr. 139/1997 der Bundesminister für Finanzen im Einvernehmen mit dem Bundesminister für Umwelt, Jugend und Familie und dem Bundesminister für Arbeit und Soziales;

(BGBl 1992/474, BGBl I 1997/139)

j) hinsichtlich des § 229f die Bundesministerin für Unterricht, Kunst und Kultur im Einvernehmen mit dem Bundesminister für Arbeit, Soziales und Konsumentenschutz;

(BGBl I 1997/139, BGBl I 2010/92)

k) hinsichtlich der Bestimmung des § 102d der Bundesminister für Umwelt, Jugend und Familie,

(BGBl I 1997/139, BGBl I 2010/92)

l) hinsichtlich aller übrigen Bestimmungen der Bundesminister für soziale Verwaltung.

(BGBl 1992/474, BGBl I 1997/139, BGBl I 2010/92)

(BGBl 1991/677)

Vollziehung in unmittelbarer
Bundesverwaltung

§ 254a. Der Bundesminister für Arbeit, Soziales und Konsumentenschutz und der Bundesminister für Gesundheit besorgen die Aufgaben nach den §§ 412 und 414 ASVG in Verbindung mit § 194 dieses Bundesgesetzes sowie § 224a in unmittelbarer Bundesverwaltung.

(BGBl I 2013/87)

Wirksamkeitsbeginn

§ 255. (1) Dieses Bundesgesetz tritt am 1. Jänner 1979 in Kraft.

(2) Zur Vorbereitung der Durchführung können schon vor dem 1. Jänner 1979 von dem der Kundmachung dieses Bundesgesetzes folgenden Tag an Maßnahmen getroffen sowie Verordnungen erlassen werden. Solche Verordnungen treten frühestens mit 1. Jänner 1979 in Kraft.

(BGBl 1991/677)

Schlußbestimmungen zu Art. I des Bundes-
gesetzes BGBl. Nr. 677/1991 (18. Novelle)

§ 256. (1) Die §§ 3 Abs. 3 Z 1, 12 Abs. 1 lit. b, Abs. 4 und 5, 20 Abs. 1 und 2, 21 Abs. 1, 25 Abs. 2, 7 und 8, 26a Abs. 1, 27 Abs. 1 Z 1, 27a, 27b, 28 Abs. 2, 29 Abs. 3, 30 Abs. 4, 33 Abs. 6, 34a, 40 Abs. 1, 41 Abs. 1, 48 Abs. 2, 49a, 61a Abs. 1, 78 Abs. 1, 2, 3 und 4, 79 Abs. 1 Z 1 und 2, 83 Abs. 9, 86 Abs. 5 lit. a, 90 Abs. 1 lit. b und d, 91 Abs. 1,

93 Abs. 6, 94 Abs. 2, 95 Abs. 1 und 3, 96 Abs. 2, 99, 99a, 99b, 100 Abs. 1 und 2, 101 Abs. 1 Z 4, 115 Abs. 1 Z 3, 116 Abs. 1 Z 3 und Abs. 9, 120 Abs. 1, 2 lit. b und Abs. 6, 122 Abs. 2 und Abs. 4 Z 1, 123 Abs. 2 Z 2, 130 Abs. 6 und 7, 131a Abs. 1 Z 4, 139 Abs. 5, 150 Abs. 1, 160 Abs. 2, 169 Abs. 2 Z 5, 185 Abs. 3, 193, 199, 201, 204 Abs. 5, 205, 218a, 223 Abs. 1, 229a und 253a in der Fassung des Bundesgesetzes BGBl. Nr. 677/1991 treten mit 1. Jänner 1992 in Kraft.

(2) Personen, die nach den am 31. Dezember 1991 in Geltung gestandenen Vorschriften des § 12 Abs. 1 lit. b zur Weiterversicherung in der Pensionsversicherung nach diesem Bundesgesetz berechtigt waren, es aber nach den Bestimmungen des § 12 Abs. 1 lit. b in der Fassung des Bundesgesetzes BGBl. Nr. 677/1991 nicht mehr gewesen wären, können das Recht auf freiwillige Weiterversicherung in der Pensionsversicherung noch bis zum 30. Juni 1992 geltend machen.

(3) Personen, die gemäß § 115 Abs. 1 Z 3 in der am 31. Dezember 1991 in Geltung gestandenen Fassung Beiträge wirksam entrichten konnten, es aber nach den Bestimmungen des § 115 Abs. 1 Z 3 in der Fassung des Bundesgesetzes BGBl. Nr. 677/1991 nicht mehr können, können diese Beiträge bis 31. Dezember 1992 wirksam entrichten.

(4) § 122 Abs. 4 Z 3 in der Fassung des Bundesgesetzes BGBl. Nr. 677/1991 tritt mit 1. Jänner 1988 in Kraft.

(5) § 116 Abs. 2 in der Fassung des Bundesgesetzes BGBl. Nr. 677/1991 tritt mit 3. September 1990 in Kraft.

(6) § 116 Abs. 2 letzter Satz in der Fassung des Bundesgesetzes BGBl. Nr. 677/1991 ist auf Versicherungsfälle anzuwenden, in denen der Stichtag nach dem 2. September 1990 liegt.

(7) § 131a Abs. 1 Z 4 in der Fassung des Bundesgesetzes BGBl. Nr. 677/1991 ist nur auf Versicherungsfälle anzuwenden, in denen der Stichtag nach dem 31. Dezember 1991 liegt.

(BGBl 1991/157, BGBl I 1998/139)

Schlußbestimmungen zu Art. II des Sozialrechts-Änderungsgesetzes 1992, BGBl. Nr. 474

§ 257. (1) Die §§ 83 Abs. 4 Z 1, 128 Abs. 2 Z 1, 149 Abs. 4 lit. b, 229b und 254 lit. i und j treten mit 1. September 1992 in Kraft.

(2) Der Anspruch auf die Leistungen der Krankenversicherung für Personen, die am 31. August 1992 als Angehörige galten, nach den Bestimmungen des Bundesgesetzes BGBl. Nr. 474/1992 aber nicht mehr als Angehörige gelten, bleibt auch über das Ende der Angehörigeneigenschaft aufrecht, solange die Voraussetzungen für einen am 31. August 1992 bestandenen Leistungsanspruch gegeben sind.

(3) § 128 Abs. 2 Z 1 in der Fassung des Bundesgesetzes BGBl. Nr. 474/1992 ist in allen Fällen anzuwenden, in denen das Kind das 18. Lebensjahr nach dem 31. Dezember 1987 vollendet.

(4) § 128 Abs. 2 Z 1 erster Halbsatz in der vor dem 1. September 1992 geltenden Fassung ist in allen Fällen weiter anzuwenden, in denen das Kind das 18. Lebensjahr vor dem 1. September 1992 vollendet hat und eine im § 1 des Studienförderungsgesetzes 1983, BGBl. Nr. 436, genannte Einrichtung besucht hat.

(BGBl 1992/474, BGBl I 1998/139)

Schlußbestimmung zu Art. II des 2. Sozialrechts-Änderungsgesetzes 1992, BGBl. Nr. 17/1993

§ 258. Die Abs. 1 und 2 des § 150 in der Fassung des Bundesgesetzes BGBl. Nr. 17/1993 treten mit 1. Jänner 1993 in Kraft.

(BGBl 1993/17, BGBl I 1998/139)

Schlußbestimmungen zu Art. I des Bundesgesetzes BGBl. Nr. 336/1993 (19. Novelle)

§ 259. (1) Es treten in Kraft:

1. rückwirkend mit 1. Jänner 1992 die §§ 32 Abs. 2, 79 Abs. 1, 86 Abs. 5 lit. a, 93 Abs. 6, 172 Abs. 1 lit. a in der Fassung des Bundesgesetzes BGBl. Nr. 336/1993;

2. rückwirkend mit 1. Juli 1992 § 198 Abs. 2 zweiter Satz in der Fassung des Bundesgesetzes BGBl. Nr. 336/1993;

3. rückwirkend mit 1. Jänner 1993 die §§ 2 Abs. 3 lit. e, 25 Abs. 2 in der Fassung des Art. I Z 5, 26 Abs. 2, 26a Abs. 1 vorletzter und letzter Satz, 72 Abs. 2, 127a und 149 Abs. 4 lit. g in der Fassung des Bundesgesetzes BGBl. Nr. 336/1993;

(BGBl 1994/21)

4. mit 1. Juli 1993 die §§ 7 Abs. 3, 55 Abs. 2 Z 1, 91 Abs. 1 Z 1, 99 Abs. 2, 129 Abs. 3, 136 Abs. 4, 149 Abs. 3, 151 Abs. 3 und 5, 170 Abs. 1, 185 Abs. 3, 198 Abs. 2 und Art. II in der Fassung des Bundesgesetzes BGBl. Nr. 336/1993;

5. mit 1. Juli 1993 weiters die §§ 3 Abs. 1, 20 Abs. 2, 26 Abs. 4 und 5, 27 Abs. 7, 33 Abs. 1, 35a Abs. 2, Abschnitt VII des Ersten Teiles, 62 Abs. 1 und 3, 67 Abs. 3 Z 2 und 3 und Abs. 4, 112 Abs. 1 Z 1, 113 Abs. 2, 114, 116 Abs. 8, 116a, 117, 119, 119a, 120 Abs. 1 und 3 bis 6, 122, 122a, 123, 124, 125, 126, 127, 127b, 129 Abs. 4 lit. b und c und Abs. 7 Z 3, 130, 131 Abs. 1 und 4, 131a, 131b, 131c, 132 Abs. 1 und 4, 133 Abs. 2, 139, 140, 141 samt Überschrift, 142, 143, 143a, 144, 145 in der Fassung des Art. I Z 74, 147, 148 in der Fassung des Art. I Z 77, 148a Abs. 2, 149 Abs. 1, 164 Abs. 2 und 239 Abs. 13 in der Fassung des Bundesgesetzes BGBl. Nr. 336/1993;

(BGBl 1994/21)

6. mit 1. Jänner 1995 § 25 Abs. 2 in der Fassung des Art. I Z 6 des Bundesgesetzes BGBl. Nr. 336/1993;

7. (aufgehoben)

(BGBl 1995/132)

(2) Bei der Anwendung des § 62 in der Fassung des Bundesgesetzes BGBl. Nr. 336/1993 auf Leis-

tungen mit einem vor dem 1. Juli 1993 liegenden Stichtag ist auch der Zurechnungszuschlag und der Kinderzuschlag nach den vor dem 1. Juli 1993 in Geltung gestandenen Vorschriften heranzuziehen.

(3) Personen, die erst auf Grund des § 136 Abs. 4 lit. d in der Fassung des Bundesgesetzes BGBl. Nr. 336/1993 Anspruch auf eine Leistung aus der Pensionsversicherung nach dem Gewerblichen Sozialversicherungsgesetz erhalten, gebührt diese Leistung ab 1. Juli 1993, wenn der Antrag bis zum 30. Juni 1994 gestellt wird, sonst ab dem auf die Antragstellung folgenden Monatsersten. Art. II Abs. 4 und 5 der 4. Novelle zum Gewerblichen Sozialversicherungsgesetz, BGBl. Nr. 283/1981, ist anzuwenden.

(4) Die §§ 116a, 116b, 120 Abs. 3 bis 5, 122, 123, 127, 127a, 129 Abs. 7 Z 3, 130, 131a Abs. 3, 131 Abs. 1 und 4, 131b, 131c, 132 Abs. 1 und 4, 133 Abs. 2, 139, 140 und 143 in der Fassung des Bundesgesetzes BGBl. Nr. 336/1993 sind nur auf Versicherungsfälle anzuwenden, in denen der Stichtag nach dem 30. Juni 1993 liegt.

(BGBl 1996/412)

(5) Bei Personen mit Stichtag 1. Jänner 1993 bis 1. Juni 1993, bei denen Zeiten gemäß § 116a oder § 116b nach der am 1. Juli 1993 geltenden Rechtslage für die Pension zu berücksichtigen gewesen wären, wenn diese Rechtslage bereits am 1. Jänner 1993 in Kraft getreten wäre, ist die Pension von Amts wegen auf Grund der am 1. Juli 1993 geltenden Rechtslage (gesamtes Bemessungsrecht) neu zu bemessen. § 116a Abs. 7 und § 116b Abs. 4 ist nicht anzuwenden. Wenn es für sie günstiger ist, gebührt die neu bemessene Pension rückwirkend ab Pensionsbeginn.

(BGBl 1994/21, BGBl 1996/412)

(6) Abweichend von Abs. 4 bleiben, wenn dies für den Versicherten günstiger ist, die Bestimmungen über die Anspruchsvoraussetzungen mit Ausnahme der Voraussetzung der §§ 130 Abs. 1 Z 2 und 131 Abs. 1 lit. e und die Bestimmungen über die Bemessung einer Pension – unter Berücksichtigung einer allfälligen Erhöhung der Alterspension beim Aufschub der Geltendmachung des Anspruches und unter Außerachtlassung eines allfälligen Kinderzuschusses und Hilflosenzuschusses (Pflegegeldes) – in der am 30. Juni 1993 geltenden Fassung für Versicherungsfälle, deren Stichtag in den Zeitraum vom 1. Juli 1993 bis 1. Dezember 1996 fällt, mit der Maßgabe weiterhin anwendbar, daß für die Ermittlung der Bemessungsgrundlage anstelle der letzten 120 Versicherungsmonate bei einem Stichtag

1.	vom 1. Jänner 1995 bis 1. Dezember 1995 die letzten 132 Versicherungsmonate,
2.	vom 1. Jänner 1996 bis 1. Dezember 1996 die letzten 156 Versicherungsmonate

aus allen Zweigen der Pensionsversicherung heranzuziehen sind. Dies gilt bei Anwendung des § 122 Abs. 2 Z 1 und 2 in der am 30. Juni 1993 geltenden Fassung in den Fällen der Z 1, wenn der Stichtag vor bzw. nach Vollendung des 51. Lebensjahres liegt, in den Fällen der Z 2, wenn der Stichtag vor

bzw. nach Vollendung des 53. Lebensjahres liegt. Dabei ist § 51 dieses Bundesgesetzes in Verbindung mit § 108c des Allgemeinen Sozialversicherungsgesetzes in der am 30. Juni 1993 in Geltung gestandenen Fassung mit der Maßgabe weiter anzuwenden, daß bei der Festsetzung der Aufwertungsfaktoren für die Jahre 1994 bis 1996 anstelle des Richtwert der jeweils geltende Anpassungsfaktor des zweitvorangegangenen Kalenderjahres tritt.

(BGBl 1994/21)

(7) Eine Pension, die gemäß Abs. 6 nach dem am 30. Juni 1993 geltenden Recht gewährt wird, setzt sich aus zwei Bestandteilen zusammen:

1.	der Pension, die auf Grund der ab 1. Juli 1993 geltenden Rechtslage gebühren würde und
2.	einem Ergänzungsbetrag, der sich aus der Differenz der Höhe der Pension gemäß Abs. 6 und der Pension gemäß Z 1 ergibt.

Die Pension gemäß Z 1 unterliegt sämtlichen Bestimmungen des ab 1. Juli 1993 geltenden Rechtes. Der Ergänzungsbetrag gemäß Z 2 unterliegt nur der Anpassung gemäß § 47. Er gebührt nur in Verbindung mit der Pension gemäß Z 1.

(8) In den Fällen des Bezuges einer Sonderunterstützung ist Abs. 6 sinngemäß anzuwenden.

(BGBl 1994/21)

(9) Bei einem Antrag auf eine vorzeitige Alterspension gemäß § 131 oder § 131a oder auf eine Alterspension gemäß § 130 ist das am 30. Juni 1993 geltende Recht weiter anzuwenden, wenn bereits ein rechtskräftig zuerkannter Anspruch auf eine Pension aus dem Versicherungsfall der dauernden Erwerbsunfähigkeit nach diesem Bundesgesetz oder dem Bauern-Sozialversicherungsgesetz oder aus dem Versicherungsfall der Invalidität oder Berufsunfähigkeit nach dem Allgemeinen Sozialversicherungsgesetz, deren Stichtag vor dem 1. Juli 1993 liegt, besteht oder bestanden hat und nicht entzogen wurde. Ein Antrag auf eine vorzeitige Alterspension gemäß § 131b oder § 131c ist in diesem Fall unzulässig. Dasselbe gilt bei einem Antrag auf Alterspension gemäß § 130, wenn bereits ein rechtskräftig zuerkannter Anspruch auf eine vorzeitige Alterspension bei langer Versicherungsdauer oder bei Arbeitslosigkeit nach diesem Bundesgesetz, dem Bauern-Sozialversicherungsgesetz oder dem Allgemeinen Sozialversicherungsgesetz, deren Stichtag vor dem 1. Juli 1993 liegt, besteht oder bestanden hat. Wird bei einer Erwerbsunfähigkeitspension nach diesem Bundesgesetz oder dem Bauern-Sozialversicherungsgesetz, bei einer Invaliditäts- oder Berufsunfähigkeitspension nach dem Allgemeinen Sozialversicherungsgesetz oder bei einer vorzeitigen Alterspension bei langer Versicherungsdauer oder bei Arbeitslosigkeit nach diesem Bundesgesetz, dem Bauern-Sozialversicherungsgesetz oder dem Allgemeinen Sozialversicherungsgesetz, deren Stichtag vor dem 1. Juli 1993 liegt, bei Vollendung des 65. Lebensjahres bei Männern bzw. des 60. Lebensjahres bei Frauen kein Antrag auf eine Alterspension gemäß § 130

gestellt, so ist das am 30. Juni 1993 geltende Recht weiter anzuwenden.

(BGBl 1994/21, BGBl 1996/412)

(10) Ein am 30. Juni 1993 bestandener Anspruch auf Höherversicherungspension gemäß § 141 Abs. 2 und 5 in der am 30. Juni 1993 geltenden Fassung bleibt auch über diesen Zeitpunkt hinaus so lange weiterbestehen, solange die Voraussetzungen für den Anspruch nach der am 30. Juni 1993 geltenden Rechtslage gegeben sind; bei Anfall einer Alterspension gemäß § 130 gilt § 141 Abs. 3 in der am 30. Juni 1993 geltenden Fassung.

(BGBl 1994/21)

(11) Ein am 30. Juni 1993 bestandener Anspruch auf Kinderzuschuß gemäß § 144 in der am 30. Juni 1993 geltenden Fassung bleibt auch über diesen Zeitpunkt hinaus so lange weiter bestehen, solange die Voraussetzungen für den Anspruch nach der am 30. Juni 1993 geltenden Rechtslage gegeben sind. Die bis 30. Juni 1993 den Kinderzuschuss betreffenden Bestimmungen sind dabei weiter anzuwenden, und zwar so, dass der Kinderzuschuss ab 1. Jänner 2002 mindestens 29,07 € beträgt.

(BGBl 1994/21, BGBl I 2002/2)

(12) § 144 in der Fassung des Bundesgesetzes BGBl. Nr. 336/1993 ist nur auf Leistungen anzuwenden, die nach dem 30. Juni 1993 anfallen.

(BGBl 1994/21)

(13) § 145 in der Fassung des Art. I Z 74 des Bundesgesetzes BGBl. Nr. 336/1993 ist auf alle Versicherungsfälle des Todes, in denen der Stichtag nach dem 30. Juni 1993 liegt, anzuwenden; in den Fällen des § 145 Abs. 1 Z 3 und 4 ist § 145 Abs. 1 in der am 30. Juni 1993 geltenden Fassung weiterhin anzuwenden, wenn der Stichtag der Pension des (der) Verstorbenen vor dem 1. Juli 1993 liegt, Art. II Abs. 4 und 5 der 4. Novelle zum Gewerblichen Sozialversicherungsgesetz, BGBl. Nr. 283/1981, ist anzuwenden.

(BGBl 1994/21)

(14) (aufgehoben)

(BGBl 1995/132)

(15) Abweichend von § 162 Abs. 5 kann der Versicherungsträger für die dort genannten Zwecke im Geschäftsjahr 1993 bis zu 0,06 vT der Erträge an Versicherungsbeiträgen aufwenden.

(BGBl 1994/21)

(16) § 116a in der Fassung des Art. I Z 33 ist für vor dem 1. Jänner 1956 gelegene Zeiten mit der Maßgabe anzuwenden, daß die (der) Versicherte im Zeitpunkt der Geburt des Kindes ihren (seinen) Wohnsitz im Inland hatte.

(BGBl 1994/21)

(BGBl 1993/336, BGBl I 1998/139)

**Schlußbestimmungen zum Bundesgesetz
BGBl. Nr. 21/1994 (20. Novelle)**

§ 260. (1) Es treten in Kraft:

1. rückwirkend mit 1. Jänner 1993 § 35a in der Fassung des Bundesgesetzes BGBl. Nr. 21/1994;

2. rückwirkend mit 1. Juli 1993 die §§ 29 Abs. 1, 116a, 127b Abs. 1 erster Satz, erster Halbsatz und letzter Satz, 127b Abs. 2 letzter Satz, 139 Abs. 2 und 4, 140 Abs. 2 und 3, 143 Abs. 3 bis 6, 149 Abs. 3, 259 Abs. 1 Z 3 und 5 und 259 Abs. 5 bis 16 in der Fassung des Bundesgesetzes BGBl. Nr. 21/1994;

3. mit 1. Jänner 1994 die §§ 1a, 34, 34a Abs. 1 und 2, 44 Abs. 4, 150 Abs. 1 und 2, die Abschnitte I bis III des Vierten Teiles (§§ 195 bis 212), der Abschnitt IIIa des Vierten Teiles (§§ 213 bis 214e), die §§ 216 Abs. 5, 218 Abs. 1 und 3, 219, die Abschnitte V und VI des Vierten Teiles (§§ 220 bis 227a), der Abschnitt VIII des Vierten Teiles (§§ 230 und 231) und § 260 Abs. 2 bis 8 in der Fassung des Bundesgesetzes BGBl. Nr. 21/1994.

(2) Die Amtsdauer der am 31. Dezember 1993 bestehenden Verwaltungskörper verlängert sich bis zum Zusammentreten der Verwaltungskörper nach den am 1. Jänner 1994 geltenden Vorschriften; die alten Verwaltungskörper haben die Geschäfte nach den am 31. Dezember 1993 geltenden Bestimmungen zu führen. Die Entsendung der Versicherungsvertreter in die neuen Verwaltungskörper hat bis 31. März 1994 zu erfolgen.

(3) Der Obmann, die Obmann-Stellvertreter sowie Vorsitzende und Vorsitzenden-Stellvertreter des Überwachungsausschusses und der Landesstellenausschüsse, die nach dem 31. Dezember 1993 weiterhin eine solche Funktion ausüben, haben weiterhin Anspruch auf Anwartschaften (Pension) nach den Bestimmungen des § 197 Abs. 5 und den darauf beruhenden Rechtsvorschriften in der am 31. Dezember 1993 in Geltung gestandenen Fassung.

(4) Den in Abs. 3 genannten Personen, deren Anwartschaften zum 31. Dezember 1993 nach den Bestimmungen des § 197 Abs. 5 und den darauf beruhenden Rechtsvorschriften in der zu diesem Zeitpunkt in Geltung gestandenen Fassung erfüllt sind, bleibt der Anspruch auf Anwartschaften (Pension) nach diesen Bestimmungen gewahrt.

(5) Die Stellvertreter der Vorsitzenden der Landesstellenausschüsse, soweit sie nicht unter Abs. 3 oder 4 fallen, haben weiterhin Anspruch auf Anwartschaften (Pension) nach den Bestimmungen des § 197 Abs. 5 und den darauf beruhenden Rechtsvorschriften in der am 31. Dezember 1993 in Geltung gestandenen Fassung, wenn sie

1. nach dem 31. Dezember 1993 weiterhin Versicherungsvertreter sind und

2. vor dem Beginn der neuen Amtsdauer mindestens während einer vollen Amtsdauer die Funktion eines Stellvertreters des Vorsitzenden eines Landesstellenausschusses ausgeübt haben.

Die Anwartschaft (Pension) darf das im § 197 Abs. 5 und den darauf beruhenden Rechtsvorschriften in der am 31. Dezember 1993 in Geltung gestandenen Fassung festgesetzte Mindestausmaß nicht übersteigen.

(6) Die Bestimmungen des § 197 Abs. 5 in der am 31. Dezember 1993 in Geltung gestandenen Fassung und die darauf beruhenden Rechtsvorschriften sind, soweit sie sich auf Entschädigungsleistungen an ausgeschiedene Funktionäre und deren Hinterbliebene beziehen, auf die im Abs. 3 angeführten, aber aus ihrer Funktion bis spätestens zum Ende der Amtsdauer der alten Verwaltungskörper ausgeschiedenen Personen sowie deren Hinterbliebene weiterhin anzuwenden.

(6a) Bezieher von Pensionen (Hinterbliebenenpensionen) nach § 197 Abs. 5 in der am 31. Dezember 1993 in Geltung gestandenen Fassung haben ab 1. Jänner 2004 von dieser Leistung einen Pensionssicherungsbeitrag in der Höhe von 3,3% zu leisten. Die im Abs. 3 genannten Personen haben ab 1. Jänner 2004 einen Beitrag in der Höhe von 8% der Funktionsgebühr zu zahlen; macht der Versicherungsträger (Hauptverband) von der Ermächtigung die Entschädigung nach § 197 Abs. 5 in der am 31. Dezember 1993 in Geltung gestandenen Fassung zu leisten, nicht Gebrauch, so sind die dafür entrichteten Beiträge auf Antrag zu erstatten.

(BGBl I 2003/71)

(7) § 34 Abs. 3 lit. a in der am 31. Dezember 1993 geltenden Fassung ist für eine vor dem 1. Jänner 1994 gemäß § 219 genehmigte Erwerbung von Liegenschaften, ferner für eine vor dem 1. Jänner 1994 gemäß § 219 genehmigte Errichtung, Erweiterung oder einen vor dem 1. Jänner 1994 gemäß § 219 genehmigten Umbau von Gebäuden nur insoweit anzuwenden, als die zur Finanzierung vorgesehenen Mittel bis 31. Dezember 1993 aufgewendet wurden. Für zur Finanzierung dieser Vorhaben nach dem 31. Dezember 1993 aufgewendete Mittel gebührt kein Bundesbeitrag.

(8) Der Bundesbeitrag gemäß § 34 Abs. 3 lit. b gebührt letztmalig als Zuschuß zu den vor dem 1. Jänner 1993 aufgewendeten Mitteln für den Umbau von Gebäuden, der gemäß § 219 in Verbindung mit § 31 Abs. 6 lit. a des Allgemeinen Sozialversicherungsgesetzes in der am 31. Dezember 1993 in Geltung gestandenen Fassung deshalb nicht genehmigungspflichtig ist, weil damit keine Änderung des Verwendungszwecks verbunden ist.

(BGBl 1994/21, BGBl I 1998/139)

Schlußbestimmung zu Art. 2 des Arbeitsmarktservice-Begleitgesetzes, BGBl. Nr. 314/1994

§ 261. Die §§ 41 Abs. 5, 122 Abs. 2 Z 3, 131a Abs. 1 Z 6, 162 Abs. 4, 166 Abs. 2 und 3 und 168 erster Satz in der Fassung des Bundesgesetzes BGBl. Nr. 314/1994 treten mit 1. Juli 1994 in Kraft.

(BGBl 1994/314, BGBl I 1998/139)

Schlußbestimmungen zu Art. II des Bundesgesetzes BGBl. Nr. 132/1995

§ 262. (1) Die §§ 145, 229c in der Fassung des Bundesgesetzes BGBl. Nr. 132/1995 sowie die Aufhebung der §§ 148 und 259 Abs. 1 Z 7 und Abs. 14 treten am 1. Jänner 1995 in Kraft.

(2) § 145 in der Fassung des Bundesgesetzes BGBl. Nr. 132/1995 ist anzuwenden:

1. auf alle Versicherungsfälle des Todes, in denen der Stichtag nach dem 31. Dezember 1994 liegt. In den Fällen des § 145 Abs. 1 Z 4 und 5 ist, sofern der Stichtag der Pension des (der) Verstorbenen vor dem 1. Juli 1993 liegt, § 145 Abs. 1 in der am 30. Juni 1993 geltenden Fassung mit der Maßgabe anzuwenden, daß der Hundertsatz von 60 durch den im § 145 Abs. 1 erster Satz in der ab 1. Jänner 1995 geltenden Fassung genannten Hundertsatz ersetzt wird;

2. auf die gemäß § 136 des Gewerblichen Sozialversicherungsgesetzes in der Fassung des Art. I Z 6 der 4. Novelle zum Gewerblichen Sozialversicherungsgesetz, BGBl. Nr. 283/1981, gebührenden Witwerpensionen, in denen der Versicherungsfall nach dem 31. Mai 1981 eingetreten ist, mit Ausnahme der im Art. II Abs. 5 der 4. Novelle zum Gewerblichen Sozialversicherungsgesetz bezeichneten Pensionen.

(BGBl 1995/132, BGBl I 1998/139)

Schlußbestimmungen zu Art. XXX des Strukturanpassungsgesetzes, BGBl. Nr. 297/1995

§ 263. (1) Es treten in Kraft:

1. mit 1. Jänner 1995 § 34a Abs. 2 in der Fassung des Bundesgesetzes BGBl. Nr. 297/1995;

2. mit 1. März 1995 § 29 Abs. 2 in der Fassung des Bundesgesetzes BGBl. Nr. 297/1995;

3. mit 1. April 1995 die §§ 25 Abs. 2 und 5 sowie 25a Abs. 1 bis 3 in der Fassung des Bundesgesetzes BGBl. Nr. 297/1995.

4. mit 1. Jänner 1996 die §§ 130 Abs. 2, 131 Abs. 1 Z 4 und Abs. 2 bis 4, 131a Abs. 1 bis 3, 131b Abs. 7 und 8, 131c Abs. 2 und 3 und 263 Abs. 2 und 3 in der Fassung des Bundesgesetzes BGBl. Nr. 297/1995.

(2) Die in Abs. 1 Z 4 genannten Bestimmungen sind ab dem Inkrafttreten nur auf Versicherungsfälle anzuwenden, in denen der Stichtag nach dem 30. Juni 1995 liegt.

(BGBl 1995/832)

(3) § 131 Abs. 3 in der am 31. Dezember 1995 geltenden Fassung ist für das Kalenderjahr 1995 anzuwenden.

(BGBl 1995/297, BGBl I 1998/139)

Schlußbestimmung zu Art. IV des Sozialrechts-Änderungsgesetzes 1995, BGBl. Nr. 832

§ 264. § 263 Abs. 2 in der Fassung des Bundesgesetzes BGBl. Nr. 832/1995 tritt am 1. Jänner 1996 in Kraft.

(BGBl 1995/832, BGBl I 1998/139)

Schlußbestimmung zu Art. 5 des Arbeits-marktpolitikgesetzes 1996, BGBl. Nr. 153

§ 265. § 131a Abs. 1 Z 7 in der Fassung des Bundesgesetzes BGBl. Nr. 153/1996 tritt am 1. April 1996 in Kraft.

(BGBl 1996/153, BGBl I 1998/139)

Schlußbestimmung zu Art. 35 des Struktur-anpassungsgesetzes 1996, BGBl. Nr. 201

§ 266. (1) Es treten in Kraft:

1. rückwirkend mit 1. Jänner 1996 die §§ 34 Überschrift und 34 Abs. 2 in der Fassung des Art. 35 Z 4 und 5 und 34b in der Fassung des Bundesgesetzes BGBl. Nr. 201/1996;

2. mit 1. April 1996 der § 27 Abs. 1 Z 2 in der Fassung des Bundesgesetzes BGBl. Nr. 201/1996;

3. mit 1. Juli 1996 die §§ 20 Abs. 2 Z 1, 22 Abs. 1 und 2, 55 Abs. 2 Z 2, 67 Abs. 4, 68 Abs. 1 lit. c, 83 Abs. 4 Z 1, 86 Abs. 5 lit. a, 99a Abs. 7, 100 Abs. 3 und 4, 111, 112 Abs. 1 Z 1 lit. e und Z 2, 113 Abs. 1 Z 2, 116 Abs. 8 bis 10, 120 Abs. 2 und 3 Z 1, 121 Z 6 lit. a, 127b Abs. 1, 128 Abs. 2 Z 1, 129 Abs. 1 und 5, 130 Abs. 3, 131 Abs. 5, 131a Abs. 5, 131b Abs. 9, 132 Abs. 1 und 2, 133 Überschrift und Abs. 1 bis 4, 133b, 160 Abs. 4, 163, 164 Abs. 2, 165, 167, 169 Abs. 2 Z 3 und Abs. 5, 172 Abs. 3 und Abs. 5 bis 7, 173, 174 Überschrift und 174, 175 Abs. 3, 176, 177 Überschrift, 177 und 239 Abs. 1 Z 1 und Abs. 2 in der Fassung des Bundesgesetzes BGBl. Nr. 201/1996, § 120 Abs. 3 Z 2 lit. b in der Fassung des Art. 35 Z 21 und § 131c Überschrift und Abs. 1 in der Fassung des Art. 35 Z 48 des Bundesgesetzes BGBl. Nr. 201/1996;

    (BGBl 1996/412)

4. mit 1. September 1996 die §§ 120 Abs. 3 Z 2, Abs. 4 Z 2 und Abs. 6, 122 Abs. 3, 123 Abs. 1 und 4, 125, 126, 131a Abs. 1 bis 4, 139 Abs. 1 bis 6, 140 Abs. 2, 143 Abs. 4 und 6 sowie 145 Abs. 1 Z 1 und 2 in der Fassung des Bundesgesetzes BGBl. Nr. 201/1996, § 120 Abs. 3 Z 2 in der Fassung des Art. 35 Z 29 und § 131c Abs. 1 in der Fassung des Art. 35 Z 47 des Bundesgesetzes BGBl. Nr. 201/1996 sowie die Aufhebung des § 120 Abs. 4 Z 3;

5. mit 1. Jänner 1997 die §§ 55 Abs. 2 Z 1, 68 Abs. 1 lit. b, 72 Abs. 2 und 131 Abs. 1 Z 2 in der Fassung des Bundesgesetzes BGBl. Nr. 201/1996 und die Aufhebung des § 131 Abs. 1 Z 3;

6. mit 1. Jänner 1998 § 34 Überschrift und Abs. 2 in der Fassung des Art. 35 Z 6 und 7 in der Fassung des Bundesgesetzes BGBl. Nr. 201/1996.

(2) Anstelle des verhältnismäßigen Teiles der Pension gemäß § 68 Abs. 1 lit. b letzter Halbsatz in der Fassung des Bundesgesetzes BGBl. Nr. 201/1996 gebührt Personen, die im Dezember 1996 eine Pension beziehen und bei denen der Leistungsanspruch am 31. Dezember 1996 aufrecht

ist, für den Kalendermonat, in dem der Grund des Wegfalles der Pension eintritt, eine Vorschußzahlung. Die Vorschußzahlung ist in der Höhe der im Dezember 1996 ausgezahlten Pension einschließlich der Zuschüsse und Ausgleichszulage spätestens am 1. Jänner 1997 flüssigzumachen. Alle auf die Pension anzuwendenden Bestimmungen gelten auch für die Vorschußzahlung.

(3) Abweichend von § 55 Abs. 2 Z 1 in der Fassung des Bundesgesetzes BGBl. Nr. 201/1996 fallen Hinterbliebenenpensionen nach dem Tode eines Pensionsempfängers, der eine Vorschußzahlung gemäß Abs. 2 bezogen hat, mit Beginn des Kalendermonats, der dem Tod des Pensionsempfängers folgt, an. Für den Kalendermonat, in dem der Grund des Wegfalls der Hinterbliebenenpension eintritt, gebührt anstelle des verhältnismäßigen Teiles der Hinterbliebenenpension gemäß § 68 Abs. 1 lit. b letzter Halbsatz in der Fassung des Bundesgesetzes BGBl. Nr. 201/1996 eine Vorschußzahlung. Die Vorschußzahlung ist in der Höhe der erstmalig zur Auszahlung gelangenden Hinterbliebenenpension einschließlich der Zuschüsse und Ausgleichszulage spätestens am Ersten des Kalendermonats, der dem Tod des Pensionsempfängers folgt, flüssigzumachen. Zu Vorschußzahlungen, die spätestens am 1. Mai oder am 1. Oktober flüssig zu machen sind, gebührt eine Sonderzahlung. Alle auf die Pension anzuwendenden Bestimmungen gelten auch für die Vorschußzahlung.

(BGBl 1996/764)

(4) Die §§ 99a Abs. 7, 100 Abs. 3, 160 Abs. 4 und 169 Abs. 5 in der Fassung des Bundesgesetzes BGBl. Nr. 201/1996 sind nur auf Fälle anzuwenden, in denen die Unterbringung nach dem 30. Juni 1996 beginnt.

(5) Versicherte, die am 31. Dezember 1996 das 40. Lebensjahr bereits vollendet und bis zu diesem Zeitpunkt einen Antrag auf Erwerb von Ersatzzeiten gemäß § 116 Abs. 7 gestellt haben, können diese auf Grund der Beitragsgrundlage gemäß § 116 Abs. 9 Z 1 und 2 in der Fassung des Bundesgesetzes BGBl. Nr. 201/1996 erwerben, wobei § 116 Abs. 9 letzter Satz in der Fassung des Bundesgesetzes BGBl. Nr. 201/1996 keine Anwendung findet. Die Entrichtung der Beiträge in Teilbeträgen ist zulässig; hiebei darf die Gesamtzahl der Teilbeträge – unter Berücksichtigung der Einkommens- und Familienverhältnisse der (des) Versicherten – das Dreifache der Anzahl der Ersatzmonate, deren Erwerb beantragt wurde, nicht überschreiten. Die Beitragshöhe ist neu festzusetzen, wenn

1. die Zahlung der Teilbeträge ohne triftigen Grund unterbrochen wird oder

2. der Gesamtbetrag – soweit keine Teilbeträge vereinbart wurden – nicht innerhalb von drei Monaten ab der schriftlichen Verständigung durch den Versicherungsträger über die Berechtigung zur Beitragsentrichtung entrichtet wird.

(BGBl 1996/412)

(6) Versicherte, die vor dem 1. Juli 1996 bereits einen Antrag auf Erwerb von Ersatzzeiten gemäß

§ 116 Abs. 7 gestellt haben, können diese auf Grund der Beitragsgrundlage gemäß § 116 Abs. 9 in der am 30. Juni 1996 geltenden Fassung erwerben. Die Entrichtung der Beiträge in Teilbeträgen ist zulässig; hiebei darf die Gesamtzahl der Teilbeträge – unter Berücksichtigung der Einkommens- und Familienverhältnisse des (der) Versicherten – das Dreifache der Anzahl der Ersatzmonate, deren Erwerb beantragt wurde, nicht überschreiten. Die Beitragshöhe ist neu festzusetzen, wenn

1. die Zahlung der Teilbeträge ohne triftigen Grund unterbrochen wird oder

2. der Gesamtbetrag – soweit keine Teilbeträge vereinbart wurden – nicht innerhalb von drei Monaten ab der schriftlichen Verständigung durch den Versicherungsträger über die Berechtigung zur Beitragsentrichtung entrichtet wird.

(BGBl 1996/412)

(7) Abweichend von § 116 Abs. 8 in der Fassung des Bundesgesetzes BGBl. Nr. 201/1996 sind die in den § 116 Abs. 7 genannten Zeiten mit folgender Maßgabe weiterhin ohne Beitragsentrichtung anspruchswirksam, und zwar

1. bei männlichen Versicherten der Geburtsjahrgänge bis 1936 im vollen Ausmaß,

   bei männlichen Versicherten des Geburtsjahrganges 1937 mit fünf Sechsteln ihres Ausmaßes,

   bei männlichen Versicherten des Geburtsjahrganges 1938 mit zwei Dritteln ihres Ausmaßes,

   bei männlichen Versicherten des Geburtsjahrganges 1939 im halben Ausmaß,

   bei männlichen Versicherten des Geburtsjahrganges 1940 mit einem Drittel ihres Ausmaßes,

   bei männlichen Versicherten des Geburtsjahrganges 1941 mit einem Sechstel ihres Ausmaßes,

2. bei weiblichen Versicherten der Geburtsjahrgänge bis 1941 im vollen Ausmaß,

   bei weiblichen Versicherten des Geburtsjahrganges 1942 mit fünf Sechsteln ihres Ausmaßes,

   bei weiblichen Versicherten des Geburtsjahrganges 1943 mit zwei Dritteln ihres Ausmaßes,

   bei weiblichen Versicherten des Geburtsjahrganges 1944 im halben Ausmaß,

   bei weiblichen Versicherten des Geburtsjahrganges 1945 mit einem Drittel ihres Ausmaßes,

   bei weiblichen Versicherten des Geburtsjahrganges 1946 mit einem Sechstel ihres Ausmaßes.

(8) Verordnungen gemäß § 116 Abs. 9 in der Fassung des Bundesgesetzes BGBl. Nr. 201/1996 können bereits nach Ablauf des Tages seiner Kundmachung erlassen werden; sie dürfen frühestens mit 1. Juli 1996 in Kraft gesetzt werden.

(9) § 131 Abs. 1 Z 2 lit. a in der Fassung des Bundesgesetzes BGBl. Nr. 201/1996 ist nur auf Versicherungsfälle anzuwenden, in denen der Stichtag nach dem 31. Dezember 1996 liegt, und zwar mit der Maßgabe, daß das Ausmaß von 450 Versicherungsmonaten

1. bei männlichen Versicherten, die vor dem 1. Jänner 1937 geboren sind, durch 420 Versicherungsmonate,

   bei männlichen Versicherten, die nach dem 31. Dezember 1936 und vor dem 1. Juli 1937 geboren sind, durch 423 Versicherungsmonate,

   bei männlichen Versicherten, die nach dem 30. Juni 1937 und vor dem 1. Jänner 1938 geboren sind, durch 426 Versicherungsmonate,

   bei männlichen Versicherten, die nach dem 31. Dezember 1937 und vor dem 1. Juli 1938 geboren sind, durch 429 Versicherungsmonate,

   bei männlichen Versicherten, die nach dem 30. Juni 1938 und vor dem 1. Jänner 1939 geboren sind, durch 432 Versicherungsmonate,

   bei männlichen Versicherten, die nach dem 31. Dezember 1938 und vor dem 1. Juli 1939 geboren sind, durch 435 Versicherungsmonate,

   bei männlichen Versicherten, die nach dem 30. Juni 1939 und vor dem 1. Jänner 1940 geboren sind, durch 438 Versicherungsmonate,

   bei männlichen Versicherten, die nach dem 31. Dezember 1939 und vor dem 1. Juli 1940 geboren sind, durch 441 Versicherungsmonate,

   bei männlichen Versicherten, die nach dem 30. Juni 1940 und vor dem 1. Jänner 1941 geboren sind, durch 444 Versicherungsmonate,

2. bei weiblichen Versicherten, die vor dem 1. Jänner 1942 geboren sind, durch 420 Versicherungsmonate,

   bei weiblichen Versicherten, die nach dem 31. Dezember 1941 und vor dem 1. Juli 1942 geboren sind, durch 423 Versicherungsmonate,

   bei weiblichen Versicherten, die nach dem 30. Juni 1942 und vor dem 1. Jänner 1943 geboren sind, durch 426 Versicherungsmonate,

   bei weiblichen Versicherten, die nach dem 31. Dezember 1942 und vor dem 1. Juli 1943 geboren sind, durch 429 Versicherungsmonate,

   bei weiblichen Versicherten, die nach dem 30. Juni 1943 und vor dem 1. Jänner 1943 geboren sind, durch 432 Versicherungsmonate,

   bei weiblichen Versicherten, die nach dem 31. Dezember 1943 und vor dem 1. Juli 1944 geboren sind, durch 435 Versicherungsmonate,

   bei weiblichen Versicherten, die nach dem 30. Juni 1944 und vor dem 1. Jänner 1945 geboren sind, durch 438 Versicherungsmonate, bei weiblichen Versicherten, die nach dem 31. Dezember 1944 und vor dem 1. Juli 1945 geboren sind, durch 441 Versicherungsmonate,

bei weiblichen Versicherten, die nach dem 30. Juni 1945 und vor dem 1. Jänner 1946 geboren sind, durch 444 Versicherungsmonate

zu ersetzen ist.

(10) Für Personen, die vor dem 1. Juli 1996 in ein pensionsversicherungsfreies Dienstverhältnis aufgenommen worden sind, ist § 172 Abs. 3 in der am 30. Juni 1996 geltenden Fassung weiterhin anzuwenden. Gemäß der genannten Bestimmung erstattete Beiträge können auch nach dem 30. Juni 1996 weiterhin gemäß den §§ 175 bis 177 in der am 30. Juni 1996 geltenden Fassung an den Versicherungsträger zurückgezahlt werden.

(BGBl I 1997/139)

(11) Der gemäß § 563 Abs. 12 des Allgemeinen Sozialversicherungsgesetzes in der Fassung des Bundesgesetzes BGBl. Nr. 201/1996 festgelegte Anpassungsfaktor von 1,000 gilt im Sinne des § 47 letzter Halbsatz auch für den Bereich des GSVG.

(12) Personen, die im Jänner 1997 bzw. Juli 1997

1. eine Ausgleichszulage gemäß § 150 Abs. 1 lit. a aa beziehen oder

2. mit dem Ehegatten (der Ehegattin) im gemeinsamen Haushalt leben und deren Gesamteinkommen (Pension zuzüglich eines aus übrigen Einkünften des Pensionsberechtigten erwachsenden Nettoeinkommens und der gemäß § 151 zu berücksichtigenden Beträge) unter Anwendung der §§ 149 ff. nicht die Höhe von 12 752 S übersteigt oder

3. eine Ausgleichszulage gemäß § 150 Abs. 1 lit. a bb, b bzw. c beziehen oder

4. nicht mit dem Ehegatten (der Ehegattin) in einem gemeinsamen Haushalt leben und deren Gesamteinkommen (Pension zuzüglich eines aus übrigen Einkünften des Pensionsberechtigten erwachsenden Nettoeinkommens und der gemäß § 151 zu berücksichtigenden Beträge unter Anwendung der §§ 149 ff. nicht die Höhe von 8 886 S übersteigt,

gebührt zu der im Jänner 1997 bzw. Juli 1997 auszuzahlenden Pension eine zusätzliche Ausgleichszulage.

(13) Die zusätzliche Ausgleichszulage beträgt für Personen gemäß Abs. 12 Z 1 und 2 jeweils 1 500 S, für Personen gemäß Abs. 12 Z 3 und 4 jeweils 1 000 S. Falls beide Ehegatten Anspruch auf eine Pension mit Ausgleichszulage haben und im gemeinsamen Haushalt leben, gebührt die zusätzliche Ausgleichszulage zur jeweils höheren Pension. Die zusätzliche Ausgleichszulage gebührt nicht, wenn im gleichen Haushalt eine andere Person Anspruch auf die zusätzliche Ausgleichszulage zu einer Witwen(Witwer)pension hat.

(14) Der gemäß Abs. 13 gebührende Betrag vermindert sich für je 250 S, um die das Gesamteinkommen den anzuwendenden Richtsatz gemäß § 150 Abs. 1 übersteigt, um je 250 S. Hiebei ist für

Waisenpensionen jedenfalls der Richtsatz gemäß § 150 Abs. 1 lit. b anzuwenden.

(15) Bei der Ermittlung des Nettoeinkommens (§ 149 Abs. 3) haben die Beträge gemäß Abs. 13 und die Vorschußzahlungen gemäß Abs. 2 und 3 außer Betracht zu bleiben.[a]

---

[a] Abs. 16 fehlt! Hier liegt wahrscheinlich ein Druckfehler in BGBl 201/1996 Artikel 35 Z 80 vor.

(17) § 156 ist für die zusätzliche Ausgleichszulage nicht anzuwenden. Der Aufwand ist vom Bund zu tragen.

(18) Für Personen, die am 1. September 1996 das 60. Lebensjahr (bei Männern) bzw. das 55. Lebensjahr (bei Frauen) bereits vollendet haben, sind die Bestimmungen über die Pensionsberechnung nach der am 31. August 1996 geltenden Rechtslage weiterhin anzuwenden, sofern dies für den Versicherten (die Versicherte) günstiger ist.

(BGBl I 2000/2)

(19) Bei Versicherungsfällen mit einem Stichtag vom 1. September 1996 bis zum 1. Dezember 1996 ist § 259 Abs. 6 in der Fassung des Bundesgesetzes BGBl. Nr. 336/1993 mit der Maßgabe anzuwenden, daß an die Stelle der für die Bemessung der Pension maßgeblichen Bestimmungen, die ab 1. Juli 1993 gegolten haben, jene Bestimmungen treten, die am 1. September 1996 gemäß dem Bundesgesetz BGBl. Nr. 201/1996 in Kraft treten; § 259 Abs. 7 in der Fassung des Bundesgesetzes BGBl. Nr. 336/1993 ist mit der Maßgabe anzuwenden, daß anstelle der Pension, die auf Grund der ab 1. Juli 1993 geltenden Rechtslage gebühren würde, jene Pension tritt, die ab 1. September 1996 gebühren würde.

(20) (aufgehoben)

(BGBl I 2001/100)

(21) Für Personen, denen vor dem 1. Jänner 1996 ein Arbeitslosengeld gemäß § 18 Abs. 2 lit. c des Arbeitslosenversicherungsgesetzes 1977 in der am 31. Juli 1993 geltenden Fassung zuerkannt wurde, ist § 131c Abs. 1 in der am 31. August 1996 geltenden Fassung weiterhin anzuwenden.

(BGBl 1996/600)

(BGBl 1996/201, BGBl I 1998/139)

Schlußbestimmungen zu Art. I des Bundesgesetzes BGBl. Nr. 412/1996 (21. Novelle)

§ 267. (1) Es treten in Kraft:

1. mit 1. August 1996 die §§ 4 Abs. 1 Z 1, 6 Abs. 1 Z 2, Z 3 und Z 5 sowie Abs. 3 Z 2 und Z 3, 7 Abs. 1 Z 2 und Z 3 sowie Abs. 2 Z 2 und Z 3, 8 Abs. 1 lit. c, 10 Abs. 3, 12 Abs. 4 lit. c, 18 Abs. 4, 22 Abs. 1, 28 Abs. 1, 29 Abs. 1 und 2, 31 Abs. 1, 35 Abs. 5, 44 Abs. 2 Z 2, 59, 60, 61a, 70 Abs. 3, 77 Abs. 1, 83 Abs. 6 lit. c und d sowie Abs. 10, 85 Abs. 3, 92 Abs. 3, 99a Abs. 2, 103 Abs. 2, 3 und 6, 114, 116 Abs. 1 Z 1, 116a Überschrift, 116a Abs. 1 und 8, 116b, 119 Z 1 und 2, 119a Abs. 1, 129 Abs. 4 lit. b, 139 Abs. 2 Z 1, 142, 143 Abs. 5, 146 Abs. 4, 149 Abs. 1, 153 Abs. 4, 160 Abs. 1, 169 Abs. 3, 183 Abs. 1, 194 Abs. 1 Z 2 lit. a und b sowie Abs. 2, 197 Abs. 5 Z 1, 201, 225

Abs. 3, 226 Abs. 1 und 2, 229 Abs. 2 Z 1, 247, 250 Abs. 1, 259 Abs. 4 und 5 in der Fassung des Bundesgesetzes BGBl. Nr. 412/1996 und die Aufhebung des § 150 Abs. 5;

2. mit 1. September 1996 die §§ 131a Abs. 1 und 2, 145 Abs. 3 Z 2 und Abs. 4 Z 2 in der Fassung des Bundesgesetzes BGBl. Nr. 412/1996;

2a. mit 1. November 1996 der § 131 Abs. 3;

3. mit 1. Jänner 1997 der § 72 Abs. 2 in der Fassung des Bundesgesetzes BGBl. Nr. 412/1996;

4. rückwirkend mit 1. Juli 1996 die §§ 55 Abs. 2 Z 2, 116 Abs. 9 und 10, 136 Abs. 2, 164 Abs. 2, 266 Abs. 1 Z 3 sowie Abs. 5 und 6 in der Fassung des Bundesgesetzes BGBl. Nr. 412/1996;

5. rückwirkend mit 1. Mai 1996 der § 131 Abs. 1 Z 4 in der Fassung des Bundesgesetzes BGBl. Nr. 412/1996;

6. rückwirkend mit 1. Jänner 1996 die §§ 25 Abs. 1 und 2 sowie 25a Abs. 1 in der Fassung des Bundesgesetzes BGBl. Nr. 412/1996;

7. rückwirkend mit 1. Jänner 1995 die §§ 91 Abs. 1 und 145 Abs. 5 Z 10 lit. a in der Fassung des Bundesgesetzes BGBl. Nr. 412/1996;

8. rückwirkend mit 1. Jänner 1994 der § 259 Abs. 9 in der Fassung des Bundesgesetzes BGBl. Nr. 412/1996;

9. rückwirkend mit 1. Juli 1993 die §§ 93 Abs. 2, 118 Abs. 2 lit. h, 131c Abs. 1, 133 Abs. 2 sowie 134 Abs. 1 und 2 in der Fassung des Bundesgesetzes BGBl. Nr. 412/1996.

(2) Der Anwendung des § 134 Abs. 2 in der Fassung des Bundesgesetzes BGBl. Nr. 412/1996 steht die Rechtskraft bereits ergangener Bescheide nicht entgegen.

(3) Art. II Abs. 5 und 6 der 17. Novelle zum Gewerblichen Sozialversicherungsgesetz, BGBl. Nr. 295/1990, ist, sofern § 122 in der Fassung des Bundesgesetzes BGBl. Nr. 336/1993 zur Anwendung kommt, auf Versicherungsfälle, in denen der Stichtag nach dem 30. Juni 1993 liegt, nicht anzuwenden.

(4) Für das Jahr 1995 ist unter Berücksichtigung der ab 1. April 1995 gemäß Art. XXX Z 1 des Strukturanpassungsgesetzes, BGBl. Nr. 297/1995, erfolgten vollen Hinzurechnung der Beiträge zur Kranken- und Pensionsversicherung eine durchschnittliche Beitragsgrundlage zu bilden. Ergibt sich hiebei ohne Anwendung des § 25 Abs. 5 dieses Bundesgesetzes ein Betrag, der über dem Betrag liegt, der sich aus der Summe der auf die Kalendermonate der Pflichtversicherung in der Pensionsversicherung nach diesem Bundesgesetz entfallenden Mindestbeitragsgrundlagen gemäß § 25 Abs. 5 dieses Bundesgesetzes in der Fassung BGBl. Nr. 158/1987 in Verbindung mit der Verordnung des Bundesministers für Arbeit und Soziales, BGBl. Nr. 1026/1994, bzw. in der Fassung BGBl. Nr. 297/1995, geteilt durch die Anzahl dieser Kalendermonate, ergibt, dann ist bei der Berechnung der Beiträge zur Pensionsversicherung nach diesem Bundesgesetz in den Monaten Jänner bis

März 1995 § 25 Abs. 5 dieses Bundesgesetzes nicht anzuwenden.

(BGBl 1996/412, BGBl I 1998/139)

Schlußbestimmung zu Art. II des Bundesgesetzes BGBl. Nr. 600/1996

§ 268. Es treten in Kraft:

1. mit 1. Jänner 1997 die §§ 2 Abs. 1 Z 3 und 36 in der Fassung des Bundesgesetzes BGBl. Nr. 600/1996;

2. rückwirkend mit 1. September 1996 § 266 Abs. 21 in der Fassung des Bundesgesetzes BGBl. Nr. 600/1996.

(BGBl 1996/600, BGBl I 1998/139)

Schlußbestimmungen zu Art. II des 2. Sozialrechts-Änderungsgesetzes 1996, BGBl. Nr. 764

§ 269. (1) Es treten in Kraft:

1. mit 1. Jänner 1997 die §§ 73 Abs. 1, 3 und 4 und 266 Abs. 3 in der Fassung des Bundesgesetzes BGBl. Nr. 764/1996;

2. rückwirkend mit 1. August 1996 § 92 Abs. 3 in der Fassung des Bundesgesetzes BGBl. Nr. 764/1996.

(2) Die §§ 77 Abs. 2, 85 Abs. 2 lit. b, 86 Abs. 1, 91 Abs. 2, 96 Abs. 2, 97, 98, 98a, 160 Abs. 3, 190 Abs. 1 und 194 Abs. 1 Z 2 lit. b in der Fassung des Bundesgesetzes BGBl. Nr. 764/1996 treten mit 1. Jänner 1997 in Kraft.

(BGBl I 2001/5)

(3) (aufgehoben)

(BGBl I 2001/5)

(4) Die landesgesetzlichen Ausführungsbestimmungen zu den §§ 97, 98 Abs. 2 und 160 Abs. 3 in der Fassung des Bundesgesetzes BGBl. Nr. 764/1996 sind innerhalb von sechs Monaten zu erlassen und rückwirkend mit 1. Jänner 1997 in Kraft zu setzen.

(5) Die am 31. Dezember 1996 in Kraft stehenden privatrechtlichen Verträge mit Krankenanstalten, die ab 1. Jänner 1997 landesfondsfinanziert sind, gelten ab diesem Zeitpunkt als privatrechtliche Verträge gemäß § 148 Z 10 des Allgemeinen Sozialversicherungsgesetzes in der Fassung des Bundesgesetzes BGBl. Nr. 764/1996.

(6) Für eine Anstaltspflege vor dem 1. Jänner 1997, die nach Verpflegstagen abgerechnet wird, ist § 190 Abs. 1 in der am 31. Dezember 1996 geltenden Fassung weiterhin anzuwenden.

(7) § 27b ist für Zusatzbeiträge in der Krankenversicherung (§ 27a), die für die Jahre 1997 bis 2000 geleistet werden, nicht anzuwenden.

(BGBl 1996/764, BGBl I 1998/139)

Schlußbestimmungen zu Art. 8 des Bundesgesetzes BGBl. I Nr. 47/1997

§ 270. (1) Die §§ 4 Abs. 2 Z 7, 116a Abs. 5 Z 1 und Abs. 6 und 122 Abs. 2 Z 2 in der Fassung des Bundesgesetzes BGBl. I Nr. 47/1997 treten mit

1. Juli 1997 in Kraft. Für Ansprüche auf Grund von Geburten vor dem 1. Juli 1997 sind die genannten Bestimmungen weiterhin in der am 30. Juni 1997 geltenden Fassung anzuwenden.

(2) § 131c Abs. 2 in der Fassung des Bundesgesetzes BGBl. I Nr. 47/1997 tritt rückwirkend mit 1. November 1996 in Kraft.

(BGBl I 1997/47, BGBl I 1998/139)

Schlußbestimmung zu Art. 21 des Bezügebegrenzungsgesetzes, BGBl. I Nr. 64/1997

§ 271. Die §§ 115 Abs. 1 Z 4 und 5, 118 Abs. 2 lit. d, 127 Abs. 2 lit. d und e, 127b Abs. 4 sowie 197 Abs. 5 Z 2 in der Fassung des Bundesgesetzes BGBl. I Nr. 64/1997 treten mit 1. August 1997 in Kraft. Bei ihrer Anwendung sind die auf Grund der Ermächtigung gemäß § 2 Abs. 3 des Bundesverfassungsgesetzes über die Begrenzung von Bezügen öffentlicher Funktionäre erlassenen landesgesetzlichen Regelungen den Bestimmungen des 4. Abschnittes des Bundesbezügegesetzes sowie des § 49h Abs. 3 des Bezügegesetzes, jeweils in der Fassung des Bezügebegrenzungsgesetzes, BGBl. I Nr. 64/1997, gleichzuhalten.

(BGBl I 1997/64, BGBl I 1998/139)

Schlußbestimmung zu Art. XXIX des Bundesgesetzes BGBl. I Nr. 61/1997

§ 272. § 145 Abs. 5 Z 10a in der Fassung des Bundesgesetzes BGBl. I Nr. 61/1997 tritt mit 1. Jänner 1997 in Kraft.

(BGBl I 1997/61, BGBl I 1998/139)

Schlußbestimmungen zu Art. 8, Abschnitt I des Arbeits- und Sozialrechts-Änderungsgesetzes 1997, BGBl. I Nr. 139 (Abschnitt I der 22. Novelle)

§ 273. (1) Es treten in Kraft:

1. mit 1. Jänner 1998 § 1, § 2 Abs. 1 Z 3 und 4, § 3 Abs. 1 in der Fassung der Z 4, § 4 Abs. 1 Z 5 und 6 sowie Abs. 2 Z 6, § 5 samt Überschrift, § 6 Abs. 1 Z 6 in der Fassung der Z 10, Abs. 4 und 5, § 7 Abs. 1 Z 6 in der Fassung der Z 16, Abs. 4 und 5, und die §§ 18 Abs. 1, 25 Abs. 1 bis 6 in der Fassung der Z 22 und Abs. 8, 25a samt Überschrift, 26 Abs. 1, 27 Abs. 1 in der Fassung der Z 29 und Abs. 8, 29 Abs. 1 und 2 in der Fassung der Z 35 und 36, 33 Abs. 6, 8 und 9, 34 Abs. 1 in der Fassung ab 1. Jänner 1998, 35 Abs. 3 und 4, 54, 60 Abs. 1, 60 Abs. 2 in der Fassung der Z 47, 61 samt Überschrift, 61a, 71 Abs. 1 Z 4 und 5, 79 Abs. 1 Z 3, 83 Abs. 6 lit. a, 84, 102 Abs. 5, 102a bis 102d samt Überschriften, 118 Abs. 2 lit. e, 130 Abs. 1 und 2, 131 Abs. 1 Z 4 und Abs. 5, 131a Abs. 2 Z 1, Abs. 2a und 5, 131b, 131c Abs. 1 Z 2 und 3, 132 Abs. 1 Z 3, 143 Abs. 1 und 3, 145 Abs. 1 Z 5 und Abs. 6 Z 2, 149 Abs. 1 und 7, 217 samt Überschrift, 229 bis 229d sowie 254 lit. c, i, j und k in der Fassung des Bundesgesetzes BGBl. I Nr. 139/1997;

2. mit 1. Jänner 2000 die §§ 6 Abs. 3 Z 1 und 2, 7 Abs. 2 Z 1 und 2, 25 Abs. 1 und 4 in der Fassung der Z 23, 25a Z 1 lit. a und Z 2 in der Fassung der Z 26, 27 Abs. 1 in der Fassung der Z 30, 62 Abs. 1, 116 Abs. 1 Z 1, 123 Abs. 1, 125, 139, 145 Abs. 1 Z 4 und 164 Abs. 2 sowie 194 in der Fassung des Bundesgesetzes BGBl. I Nr. 139/1997;

3. mit 1. Jänner 2001 die §§ 60 Abs. 2 in der Fassung der Z 48 und 132 Abs. 5 bis 7 in der Fassung des Bundesgesetzes BGBl. I Nr. 139/1997;

4. mit 1. Jänner 2003 § 122 Abs. 1 bis 5 in der Fassung des Bundesgesetzes BGBl. I Nr. 139/1997;

5. rückwirkend mit 23. April 1997 der § 36 Abs. 1 in der Fassung des Bundesgesetzes BGBl. I Nr. 139/1997;

6. rückwirkend mit 1. Juli 1996 die §§ 3 Abs. 1 in der Fassung der Z 3, 6 Abs. 1 Z 6 in der Fassung der Z 9, 7 Abs. 1 Z 6 in der Fassung der Z 15, 29 Überschrift sowie Abs. 1 und 2 in der Fassung der Z 32 bis 34 und Z 37, 55 Abs. 2 Z 2, 68 Abs. 1 lit. b, 164 Abs. 1 und 4 sowie 266 Abs. 10 in der Fassung des Bundesgesetzes BGBl. I Nr. 139/1997.

(2) Es treten außer Kraft:

1. mit Ablauf des 31. Dezember 1997 der § 26a;

2. mit Ablauf des 31. Dezember 1999 die §§ 3 Abs. 3 und 4, 6 Abs. 3 Z 4, 7 Abs. 2 Z 4, 140 und 194 Abs. 2;

(3) Der Pflichtversicherungtatbestand des § 2 Abs. 1 Z 4 wird für folgende Personengruppen erst mit 1. Jänner 2000 wirksam:

1. die in § 2 des Bundesgesetzes über die Sozialversicherung freiberuflich selbständig Erwerbstätiger in der Fassung des Bundesgesetzes BGBl. Nr. 415/1996 angeführten freiberuflich selbständig Erwerbstätigen;

2. die in § 3 Abs. 3 in der Fassung des Bundesgesetzes BGBl. I Nr. 61/1997 angeführten selbständig Erwerbstätigen;

3. die in § 4 Abs. 3 Z 1 bis 9 und 11 des Allgemeinen Sozialversicherungsgesetzes in der Fassung des Bundesgesetzes BGBl. I Nr. 79/1997 angeführten selbständig Erwerbstätigen;

4. die in § 3 des Notarversicherungsgesetzes 1972 in der Fassung des Bundesgesetzes BGBl. Nr. 416/1996 angeführten selbständig Erwerbstätigen.

(3a) Der Pflichtversicherungtatbestand des § 2 Abs. 1 Z 4 wird für Personen hinsichtlich ihrer Tätigkeit als Kunstschaffende erst mit 1. Jänner 2001 wirksam.

(BGBl I 1998/139, BGBl I 1999/175)

(4) (aufgehoben)

(BGBl I 1999/86)

(5) Mitglieder der Kammer der Wirtschaftstreuhänder, der Österreichischen Dentistenkammer und der Tierärztekammern, freiberuflich tätige

Journalisten und freiberuflich tätige bildende Künstler, die am 31. Dezember 1999 gemäß § 3 Abs. 3 der Pflichtversicherung in der Pensionsversicherung unterliegen, bleiben auch dann in der Pensionsversicherung nach diesem Bundesgesetz pflichtversichert, wenn sie ab dem 1. Jänner 2000 gemäß § 4 Abs. 1 Z 5 von der Pflichtversicherung in der Pensionsversicherung ausgenommen wären und sie das beantragen. Ein solcher Antrag ist bis zum 31. Dezember 2003 zu stellen.

(6) Freiberuflich tätige bildende Künstler, freiberuflich tätige Pflichtmitglieder der Tierärztekammern und freiberuflich tätige Mitglieder der Österreichischen Dentistenkammer, die eine selbständige Erwerbstätigkeit ausüben und die am 31. Dezember 1999 nach den zu diesem Zeitpunkt geltenden Vorschriften des Allgemeinen Sozialversicherungsgesetzes in der Kranken- und Unfallversicherung pflichtversichert sind, nunmehr aber nach den Bestimmungen dieses Bundesgesetzes pflichtversichert wären, bleiben weiterhin nach den genannten Vorschriften des Allgemeinen Sozialversicherungsgesetzes in der Kranken- und Unfallversicherung pflichtversichert, so lange die selbständige Erwerbstätigkeit, welche die Pflichtversicherung nach den bisherigen Vorschriften begründet hat, weiter ausgeübt wird und keine Änderung des maßgeblichen Sachverhaltes eintritt. Dabei gilt der Anfall einer Pension nach diesem oder einem anderen Bundesgesetz sowie das Ruhen nach § 22a K-SVFG nicht als Änderung des maßgeblichen Sachverhaltes.

(BGBl I 2010/92)

(7) Personen, die durch das Inkrafttreten des § 2 Abs. 1 Z 4 der Pflichtversicherung in der Pensionsversicherung unterliegen würden, die jedoch am 1. Jänner 1998 das 50. Lebensjahr vollendet haben und zu diesem Zeitpunkt noch nicht 180 Beitragsmonate der Pflichtversicherung in einer gesetzlichen Pensionsversicherung erworben haben, sind auf Antrag von der Pflichtversicherung in der Pensionsversicherung zu befreien, wenn dieser Antrag binnen einem Jahr ab Verständigung durch die Sozialversicherungsanstalt der gewerblichen Wirtschaft, spätestens jedoch bis 31. Dezember 2001 bei der Sozialversicherungsanstalt der gewerblichen Wirtschaft gestellt wird. Die Befreiung gilt rückwirkend ab 1. Jänner 1998 für jene Zeiten, in denen die Antragsteller nach diesem Bundesgesetz pflichtversichert wären. Der Antrag auf Befreiung kann unbeschadet eines darüber ergangenen Bescheides bis 31. Dezember 2002 widerrufen werden. Ein solcher Widerruf ist ausgeschlossen, wenn sich der Antrag bereits auf eine Leistung aus einer bundesgesetzlichen Pensionsversicherung ausgewirkt hat. Ebenso ist ein Befreiungsantrag selbst ausgeschlossen, wenn er sich auf eine bereits zuerkannte Leistung auswirken würde.

(8) Von der Pflichtversicherung in der Pensionsversicherung gemäß § 2 Abs. 1 Z 4 sind Personen ausgenommen, die am 1. Jänner 1998 das Anfallsalter für eine vorzeitige Alterspension wegen Erwerbsunfähigkeit (geminderter Arbeitsfähig-

keit) erreicht haben. Das gilt nicht für Personen, die am 31. Dezember 1997 gemäß § 3 Abs. 3 oder § 4 Abs. 3 ASVG in der am 31. Dezember 1997 geltenden Fassung versichert waren.

(BGBl 1998/139)

(9) Für die gemäß § 2 Abs. 1 Z 4 Pflichtversicherten, ausgenommen der gemäß § 3 Abs. 3 in der Fassung des Bundesgesetzes BGBl. I Nr. 64/1997 genannten selbständig erwerbstätigen Personen, gelten bei Anwendung des § 116 als Ersatzzeiten in der Pensionsversicherung nach diesem Bundesgesetz nur die in dessen Abs. 1 Z 2 bis 6, Abs. 2 und Abs. 7 angeführten Zeiten mit der Maßgabe, daß an die Stelle der selbständigen Erwerbstätigkeit im Sinne des § 116 Abs. 1 Z 1 die jeweilige betriebliche Erwerbstätigkeit im Sinne des § 22 Z 1, 2 oder 3, des § 23 Z 1 oder 2 EStG 1988 tritt.

(10) (aufgehoben)

(BGBl I 2001/100)

(11) Personen, die eine betriebliche Tätigkeit im Sinne des § 2 Abs. 1 Z 4 am 1. Jänner 1998 bereits ausüben, haben dies binnen einem Monat bei der Sozialversicherungsanstalt der gewerblichen Wirtschaft zu melden. Als vorläufige Beitragsgrundlage gemäß § 25a Abs. 1 Z 1 lit. b ist die Beitragsgrundlage nach § 25 Abs. 4 Z 1 heranzuziehen. Die vorläufige Beitragsgrundlage ist auf Antrag des Versicherten, soweit dies nach seinen wirtschaftlichen Verhältnissen gerechtfertigt scheint, herabzusetzen, jedoch nicht unter den Betrag von 7 400 S monatlich.

(12) Abweichend von § 25a Abs. 1 Z 2 gilt als vorläufige monatliche Beitragsgrundlage in den Jahren 1998, 1999 und 2000 die nach § 25 bzw. nach § 27 Abs. 4 zweiter Satz in den am 31. Dezember 1997 geltenden Fassungen festgestellte (vorläufige) Beitragsgrundlage.

(BGBl I 1998/139)

(13) Für Personen, die nach den Bestimmungen dieses Bundesgesetzes in die Krankenversicherung einbezogen werden und die zum Zeitpunkt des Eintrittes der Pflichtversicherung bei einem Versicherungsunternehmen vertragsmäßig krankenversichert sind, können den Versicherungsvertrag innerhalb von sechs Monaten nach dem Eintritt der Pflichtversicherung zum Ablauf der auf die Aufkündigung folgenden Kalendermonates aufkündigen. Für den Zeitraum nach dem Erlöschen des Versicherungsvertrages bereits entrichtete Versicherungsbeiträge (Prämien) sind vom Versicherungsunternehmen nicht zu erstatten. Über Verlangen des Versicherungsunternehmens ist der Bestand der Pflichtversicherung nachzuweisen.

(14) Für die in § 102 Abs. 5 Z 2 genannten Personen ist Art. I § 5 Abs. 2 BHG in Verbindung mit Art. I § 5 Abs. 1 BHG in der am 31. Dezember 1997 in Geltung gestandenen Fassung weiterhin anzuwenden.

(15) § 33 Abs. 9 in der Fassung des Bundesgesetzes BGBl. I Nr. 139/1997 ist anzuwenden

1. auf Personen, die den Antrag auf Weiterversicherung gemäß § 12 nach Ablauf des 31. Dezember 1997 stellen;

2. auf Personen, die bereits am 31. Dezember 1997 in der Pensionsversicherung weiterversichert sind und einen nahen Angehörigen im Sinne der genannten Bestimmung pflegen, wenn sie dies bis zum Ablauf des 31. Dezember 1998 bei der Sozialversicherungsanstalt der gewerblichen Wirtschaft beantragen. Diesfalls wird der Beitragsteil in der Höhe von 12,55% der Beitragsgrundlage ab dem 1. Jänner 1998 aus Mitteln des Bundes getragen; die zuviel gezahlten Beiträge sind den Weiterversicherten zu erstatten. Wird der Antrag später gestellt, so erfolgt die Beitragstragung aus Mitteln des Bundes erst ab dem der Antragstellung folgenden Monatsersten.

(16) § 60 Abs. 1 letzter Satz in der Fassung des Bundesgesetzes BGBl. I Nr. 139/1997 ist mit der Maßgabe anzuwenden, daß Bezüge, die nicht schon von § 23 Abs. 2 des Bezügegesetzes, BGBl. Nr. 273/1972, in der am 31. Juli 1997 geltenden Fassung umfaßt waren, nur dann als Erwerbseinkommen gelten, wenn die jeweilige Funktion, auf Grund derer diese Bezüge gebühren, nach dem 31. Dezember 2000 erstmals oder neuerlich angetreten wird.

(17) Die §§ 60 Abs. 2 in der Fassung der Z 48 und 132 Abs. 5 bis 7 in der Fassung des Bundesgesetzes BGBl. I Nr. 139/1997 sind nur auf Versicherungsfälle anzuwenden, in denen der Stichtag nach dem 31. Dezember 2000 liegt. Auf Bezieher einer Erwerbsunfähigkeitspension mit Stichtag vor dem 1. Jänner 2001 sind die §§ 60 Abs. 2 in der Fassung der Z 47, 62 Abs. 1, 139, 140 sowie 145 Abs. 1 Z 4 in der am 31. Dezember 1999 geltenden Fassung weiterhin anzuwenden; auf Personen, die am 31. Dezember 2000 Anspruch auf Übergangsgeld haben, ist § 164 Abs. 2 in der an diesem Tag geltenden Fassung weiterhin anzuwenden.

(BGBl I 1998/139)

(18) (aufgehoben)

(BGBl I 2003/71)

(18a) (aufgehoben)

(BGBl I 2001/67, BGBl I 2003/71)

(19) Abweichend von § 132 Abs. 6 Z 4 in der Fassung des Bundesgesetzes BGBl. I Nr. 139/1997 darf der Anrechnungsbetrag

1. im Jahr 2001 10%,
2. im Jahr 2002 20%,
3. im Jahr 2003 30% und
4. im Jahr 2004 40%

der gemäß § 139 ohne den besonderen Steigerungsbetrag (§ 141) ermittelten Pension nicht übersteigen.

(20) § 139 Abs. 4 zweiter Satz und Abs. 5 erster Satz in der bis zum Ablauf des 31. Dezember 1999 geltenden Fassung ist rückwirkend ab 1. September 1996 mit der Maßgabe anzuwenden, daß Versicherungsmonate für Zeiten der Kindererziehung von der in dieser Bestimmung genannten 360 bzw. 480

Versicherungsmonaten ausgenommen sind. Für Personen mit bescheidmäßig zuerkannter Pension ist die Pension im Sinne des ersten Satzes neu zu bemessen; ist die neubemessene Pension höher als die bereits bescheidmäßig zuerkannte, so gebührt die neubemessene Pension rückwirkend ab Pensionsbeginn.

(21) § 139 Abs. 5 letzter Satz in der bis zum Ablauf des 31. Dezember 1999 geltenden Fassung ist rückwirkend ab 1. September 1996 mit der Maßgabe anzuwenden, daß sich der in dieser Bestimmung genannte Prozentsatz für jeden Versicherungsmonat für Zeiten der Kindererziehung um 0,152500 erhöht. Abs. 20 zweiter Satz ist anzuwenden.

(22) Auf Bezieher einer Gleitpension mit Stichtag vor dem 1. Jänner 1998 sind die §§ 131b und 143 in der am 31. Dezember 1997 geltenden Fassung weiterhin anzuwenden.

(23) § 47 letzter Satz ist für das Kalenderjahr 1998 nicht anzuwenden. Der Anpassungsfaktor gemäß § 47 beträgt für das Kalenderjahr 1998 1,0133.

(24) Personen, die im Jänner 1998 bzw. Juli 1998

1. eine Ausgleichszulage gemäß § 150 Abs. 1 lit. a aa beziehen oder

2. mit dem Ehegatten (der Ehegattin) im gemeinsamen Haushalt leben und deren Gesamteinkommen (Pension zuzüglich eines aus übrigen Einkünften des Pensionsberechtigten erwachsenden Nettoeinkommens und der gemäß § 151 zu berücksichtigenden Beträge) unter Anwendung der §§ 149 ff. nicht die Höhe von 12 920,90 S übersteigt oder

3. eine Ausgleichszulage gemäß § 150 Abs. 1 lit. a bb, b bzw. c beziehen oder

4. nicht mit dem Ehegatten (der Ehegattin) in einem gemeinsamen Haushalt leben und deren Gesamteinkommen (Pension zuzüglich eines aus übrigen Einkünften des Pensionsberechtigten erwachsenden Nettoeinkommens und der gemäß § 151 zu berücksichtigenden Beträge unter Anwendung der §§ 149 ff. nicht die Höhe von 9 003,90 S übersteigt, gebührt zu der im Jänner 1998 bzw. Juli 1998 auszuzahlenden Pension eine zusätzliche Ausgleichszulage.

(25) Die zusätzliche Ausgleichszulage beträgt für Personen gemäß Abs. 24 Z 1 und 2 jeweils 975 S, für Personen gemäß Abs. 24 Z 3 und 4 jeweils 650 S. Falls beide Ehegatten Anspruch auf eine Pension mit Ausgleichszulage haben und im gemeinsamen Haushalt leben, gebührt die zusätzliche Ausgleichszulage zur jeweils höheren Pension. Die zusätzliche Ausgleichszulage gebührt nicht, wenn im gleichen Haushalt eine andere Person Anspruch auf die zusätzliche Ausgleichszulage zu einer Witwen(Witwer)pension hat.

(26) Der gemäß Abs. 25 gebührende Betrag vermindert sich für je 253 S, um die das Gesamteinkommen den anzuwendenden Richtsatz gemäß § 150 Abs. 1 übersteigt, um je 162,50 S. Hiebei ist für Waisenpensionen jedenfalls der Richtsatz gemäß § 150 Abs. 1 lit. b anzuwenden.

(27) Bei der Ermittlung des Nettoeinkommens (§ 149 Abs. 3) haben die Beträge gemäß Abs. 25 außer Betracht zu bleiben.

(28) § 156 ist für die zusätzliche Ausgleichszulage nicht anzuwenden. Der Aufwand ist vom Bund zu tragen.

(BGBl I 1997/139, BGBl I 1998/139)

Schlußbestimmungen zu Art. 8, Abschnitt II des Arbeits- und Sozialrechts-Änderungsgesetzes 1997, BGBl. I Nr. 139 (Abschnitt II der 22. Novelle)

§ 274. (1) Die §§ 4 Abs. 2 Z 6, 6 Abs. 1 Z 5, 35b, 36 Abs. 1 und 102 Abs. 5 treten mit 1. Jänner 2000 in Kraft.

(BGBl I 2000/2)

(1a) § 87 in der Fassung des Bundesgesetzes BGBl. I Nr. 139/1997 tritt mit 1. Jänner 2005 in Kraft.

(BGBl I 2000/2, BGBl I 2001/100, BGBl I 2002/2)

(2) Der § 4 Abs. 2 Z 1, 3 bis 5, 7 und 8 tritt mit Ablauf des 31. Dezember 1999 außer Kraft.

(3) Bezieher einer Pension (Übergangspension) nach diesem Bundesgesetz, die am 31. Dezember 1999 gemäß § 4 Abs. 2 Z 1 oder 3 bis 5 von der Krankenversicherung nach diesem Bundesgesetz ausgenommen sind, bleiben ausgenommen, solange jener Sachverhalt unverändert bleibt, der für die Ausnahme von der Krankenversicherung am 31. Dezember 1999 maßgeblich war. Für die Dauer der Ausnahme ist § 102 Abs. 5 in der am 31. Dezember 1999 geltenden Fassung weiter anzuwenden.

(BGBl I 1998/139)

(4) Versicherte gemäß § 2 Abs. 1, die ab 1. Jänner 2000 infolge der Aufhebung des § 4 Abs. 2 Z 1, 3 bis 5, 7 und 8 der Pflichtversicherung in der Krankenversicherung nach diesem Bundesgesetz unterliegen, haben in der Krankenversicherung im Jahre

2000 ein Zehntel

2001 zwei Zehntel

2002 drei Zehntel

2003 vier Zehntel

2004 fünf Zehntel

2005 sechs Zehntel

2006 sieben Zehntel

2007 acht Zehntel

2008 neun Zehntel

der Beiträge gemäß den §§ 27 Abs. 1 Z 1 und 27a zu entrichten.

(BGBl I 1997/139, BGBl I 1998/139)

Schlußbestimmung zu Art. 9 des Gesetzes über die Ausbildung von Frauen im Bundesheer, BGBl. I Nr. 30/1998

§ 275. Die §§ 4 Abs. 2 Z 8 und Abs. 3 Z 4, 8 Abs. 1 lit. c, 12 Abs. 4 lit. c, 28 samt Überschrift, 55 Abs. 4, 59 samt Überschrift, 116 Abs. 1 Z 3 sowie 120 Abs. 2 lit. c in der Fassung des Bundes-

gesetzes BGBl. I Nr. 30/1998 treten mit 1. Jänner 1998 in Kraft.

(BGBl I 1998/30, BGBl I 1998/139)

Schlußbestimmungen zum Bundesgesetz BGBl. I Nr. 139/1998 (23. Novelle)

§ 276. (1) Es treten in Kraft:

1. mit 1. August 1998 die §§ 18 Abs. 4, 35 Abs. 5 zweiter Satz, 96 Abs. 2 in der Fassung der Z 51, 99 Abs. 2 und 3, 105 Abs. 2, 116c samt Überschrift, 117a erster Satz, 119 Z 1 bis 4, 120 Abs. 3 Z 2 lit. c und d, 131a Abs. 3, 131b Abs. 1 Z 3 lit. a und b sowie Abs. 4 und 5, 136 Abs. 2, 145 Abs. 1 Z 3 und 4, 158 Abs. 2, 164 Abs. 4, 194 Abs. 1 Z 3 und 4, 194a samt Überschrift, 219 samt Überschrift sowie die Überschriften zu den §§ 256 bis 275 in der Fassung des Bundesgesetzes BGBl. I Nr. 139/1998;

2. mit 1. Jänner 1999 § 4 Abs. 1 Z 7, § 25 Abs. 4 Z 1 letzter Satz in der Fassung der Z 18, § 25a Abs. 1 Z 1 lit. a letzter Halbsatz, § 27 Abs. 8 sowie § 116 Abs. 1 Z 6 in der Fassung des Bundesgesetzes BGBl. I Nr. 139/1998;

3. mit 1. Jänner 2000 die §§ 2 Abs. 1 Z 4 letzter Satz in der Fassung der Z 2, 14a samt Überschrift, 33 Abs. 1, 117 drittletzter Satz, 119a Abs. 1, 122 Abs. 1, 127 samt Überschrift, 127c samt Überschrift, 129 Überschrift und Abs. 7, 148a Abs. 2 erster Satz sowie 239 Abs. 13 Einleitung in der Fassung des Bundesgesetzes BGBl. I Nr. 139/1998;

4. mit 1. Jänner 2001 § 145 Abs. 1 drittletzter Satz in der Fassung der Z 88 in der Fassung des Bundesgesetzes BGBl. I Nr. 139/1998;

5. rückwirkend mit 1. Jänner 1998 die § 2 Abs. 1 Z 4 zweiter und dritter Satz in der Fassung der Z 1, § 3 Abs. 1 Z 2, § 4 Abs. 1 Z 5 und 6, § 5 Abs. 3 Z 2, § 6 Abs. 4 Z 2, § 7 Abs. 4 und Abs. 4 Z 3 sowie die 25 Abs. 1 erster Satz, 25 Abs. 2 Z 1 erster Halbsatz, Z 2 erster Halbsatz, Z 3 erster Halbsatz, 25 Abs. 2 Z 3 zweiter Halbsatz, 25 Abs. 4 Z 1 in der Fassung der Z 17, 25 Abs. 4 Z 2, Z 3 und vorletzter Satz, 25 Abs. 7 (neu) in der Fassung der Z 23, 25a Abs. 1 mit Ausnahme des letzten Satzes der Z 1 lit. a, 25a Abs. 3 bis 5, 26 Abs. 3 letzter Halbsatz, 26 Abs. 4 und 5, 27 Abs. 1 und Abs. 1 zweiter und dritter Satz, Abs. 4, 30 Abs. 1 und 2 sowie Abs. 3 lit. b, 31 Abs. 2 zweiter Satz, 33 Abs. 1, 33 Abs. 3 und 5, 35 Abs. 3 zweiter Satz und Abs. 4, 35 Abs. 6 und 7, 35a, 36 Abs. 3, 83 Abs. 6 lit. a bis e, 85 Abs. 3 zweiter und letzter Satz, 85 Abs. 5, 96 Abs. 2 in der Fassung der Z 50, 106 Abs. 7, 127b Abs. 2, 131 Abs. 5, 131a Abs. 5, 131b Abs. 5 letzter Halbsatz, Abs. 7, 8 und 12, 131c Abs. 4, 143 Abs. 3 Z 1 lit. a, 145 Abs. 1 Z 5, 172 Abs. 6 sowie 236 in der Fassung des Bundesgesetzes BGBl. I Nr. 139/1998;

6. rückwirkend mit 30. Dezember 1997 § 273 Abs. 3a, 8, 12 und 17 sowie § 274 Abs. 3 in

der Fassung des Bundesgesetzes BGBl. I Nr. 139/1998;

7. rückwirkend mit 1. August 1997 § 271 in der Fassung des Bundesgesetzes BGBl. I Nr. 139/1998;

8. rückwirkend mit 1. September 1996 § 113 Überschrift und Abs. 2 in der Fassung des Bundesgesetzes BGBl. I Nr. 139/1998.

(2) Es treten außer Kraft:

1. mit Ablauf des 31. Juli 1998 § 120 Abs. 2 lit. b;

2. mit Ablauf des 31. Dezember 1999 § 127a;

3. rückwirkend mit Ablauf des 31. Dezember 1997 die §§ 25 Abs. 7 und 8 in der Fassung der Z 22 sowie 27 Abs. 5, 6 und 7.

(3) Die zu Geschäftsführern bestellten Gesellschafter einer Gesellschaft mit beschränkter Haftung, die am 31. Dezember 1998 der Pflichtversicherung gemäß § 2 Abs. 1 Z 3 GSVG unterliegen und die zu Geschäftsführern bestellten Gesellschafter einer Gesellschaft mit beschränkter Haftung, die Mitglied der Kammer der Wirtschaftstreuhänder ist, wenn diese Gesellschafter am 31. Dezember 1999 der Pflichtversicherung nach § 3 Abs. 3 GSVG unterliegen, auf Grund der Änderung des § 4 Abs. 2 ASVG durch die 55. Novelle zum ASVG, BGBl. I Nr. 138/1998, nach dem Allgemeinen Sozialversicherungsgesetz pflichtversichert wären, bleiben weiterhin nach dem Gewerblichen Sozialversicherungsgesetz pflichtversichert, so lange die Tätigkeit, welche die Pflichtversicherung nach den bisherigen Vorschriften begründet hat, weiter ausgeübt wird und keine Änderung des maßgeblichen Sachverhaltes eintritt.

(BGBl I 2002/2)

(4) § 2 Abs. 1 Z 4 in der Fassung des Bundesgesetzes BGBl. I Nr. 139/1998 gilt nur für Kommanditisten, deren Gesellschaftsverhältnis nach dem 30. Juni 1998 begründet wurde.

(5) Für Personen, die durch die Änderung des § 2 Abs. 1 Z 4 in die Pflichtversicherung nach diesem Bundesgesetz einbezogen werden, ist § 273 Abs. 7 und 8 mit der Maßgabe anzuwenden, daß jeweils an die Stelle des 1. Jänner 1998 der 1. Jänner 2000 tritt.

(6) Personen, die bis zum 1. Juli 1998 auf Grund einer Versicherungserklärung Beiträge zu einer Versicherung gemäß § 2 Abs. 1 Z 4 entrichtet haben und deren Beitragsgrundlagen die maßgeblichen Grenzen des § 4 Abs. 1 Z 5 und 6 nicht erreicht haben, können die Rückerstattung der für das Jahr 1998 entrichteten Beiträge zur Pensionsversicherung beantragen. Ein solcher Antrag ist binnen sechs Monaten nach Rechtskraft des Einkommensteuerbescheides für das Jahr 1998 oder der sonstigen maßgeblichen Einkommensnachweise zu stellen.

(7) Auf Antrag des Versicherten gelten die aus den Einkünften der Jahre 1995, 1996 und 1997 resultierenden vorläufigen Beitragsgrundlagen für die Jahre 1998, 1999 und 2000 als Beitragsgrundlage gemäß § 25. Ein solcher Antrag ist längstens bis zum 31. Dezember 2001 zu stellen.

(8) Der Versicherungsträger hat in Verwaltungssachen auf Antrag mit Bescheid festzustellen, ob der Antragsteller den Ausnahmetatbestand des § 273 Abs. 3a erfüllt.

(9) Selbständig Erwerbstätige, die die Voraussetzung des § 2 Abs. 1 Z 4 erfüllen, und die einer gesetzlichen beruflichen Vertretung auf Grund eines Bundes- oder Landesgesetzes angehören ohne im § 273 Abs. 3 genannt zu sein, sind hinsichtlich jener Tätigkeit, die die Mitgliedschaft zur gesetzlichen beruflichen Vertretung begründet, auf Antrag von der Pflichtversicherung gemäß § 2 Abs. 1 Z 4 bis zum 31. Dezember 1999 auszunehmen.

(10) § 25 Abs. 4 Z 1 letzter Satz in der Fassung der Z 18 in der Fassung des Bundesgesetzes BGBl. I Nr. 139/1998 gilt nur für Personen, die nach dem 31. Dezember 1998 erstmalig der Pflichtversicherung gemäß § 2 Abs. 1 Z 1 bis 3 oder § 3 Abs. 3 unterliegen.

(11) § 36 Abs. 1 in der bis zum Ablauf des 31. Dezember 1999 geltenden Fassung ist in den Kalenderjahren 1997, 1998 und 1999 mit der Maßgabe anzuwenden, daß eine Pflichtversicherung auf Grund eines Pensionsbezuges einer Krankenversicherung auf Grund einer Erwerbstätigkeit gleichzuhalten ist.

(12) Die §§ 36 Abs. 3 und 127b Abs. 2 in der Fassung des Bundesgesetzes BGBl. I Nr. 139/1998 sind erstmals für das Beitragsjahr 1998 anzuwenden.

(13) § 61a in der Fassung des Bundesgesetzes BGBl. I Nr. 139/1997 ist auf Alterspensionen gemäß § 130 mit Stichtag vor dem 1. Juli 1993 nicht anzuwenden. Hat irgendwann in der Zeit zwischen dem 1. Juli 1993 und dem 31. Juli 1998 eine solche Pension auf Grund gleichzeitigen Bezuges von Krankengeld geruht, so kann der (die) Pensionsbezieher(in) beantragen, daß die ruhend gestellten Beträge erstattet werden; ein solcher Antrag ist bis zum 31. Dezember 1998 beim zuständigen Pensionsversicherungsträger zu stellen.

(14) Die §§ 119a Abs. 1, 127, 127a und 129 Abs. 7 in der Fassung des Bundesgesetzes BGBl. I Nr. 139/1998 sind nur auf Versicherungsfälle anzuwenden, in denen der Stichtag nach dem 31. Dezember 1999 liegt.

(15) Abweichend von den §§ 130 Abs. 3 und 131 Abs. 5 ist bis zum Ablauf des 31. Dezember 1999 ein Antrag auf Alterspension dann zulässig, wenn der (die) Versicherte nicht länger als sechs Monate im Leistungsbezug einer vorzeitigen Alterspension gemäß § 131 und § 131a gestanden ist oder die bezogenen Pensionsleistungen einschließlich allfälliger Zulagen und Zuschüsse an den Versicherungsträger zurückgezahlt hat.

(16) Die §§ 131b und 143 in der am 31. Dezember 1997 geltenden Fassung sind auf Gleitpensionen mit einem nach dem 31. Dezember 1997 oder dem 1. August 1998 liegenden Stichtag weiterhin anzuwenden, wenn dies bis zum 31. Dezember 1998 beantragt wird. Die neubemessene Gleitpension gebührt rückwirkend ab Pensionsbeginn.

(17) § 145 Abs. 1 in der am 31. Dezember 1999 geltenden Fassung gilt weiterhin für die Ermittlung

von Witwen(Witwer)pensionen mit Stichtag vor dem 1. Jänner 2001.

(18) Abweichend von § 29 Abs. 2 betragen die Prozentsätze der Überweisungen in den Jahren 2001 bis 2003 jeweils 220.

(BGBl I 1998/139)

Zusätzliche Ausgleichszulage 1999

§ 277. (1) Personen, die im Jänner 1999 Anspruch haben auf

1. eine Ausgleichszulage gemäß § 150 Abs. 1 lit. a sublit. aa oder

2. eine Ausgleichszulage gemäß § 150 Abs. 1 lit. a sublit. bb oder lit. b oder lit. c,

gebührt zu der für Jänner 1999 auszuzahlenden Pension eine zusätzliche Ausgleichszulage; diese beträgt für Personen gemäß Z 1 900 S und für Personen gemäß Z 2 600 S. Bei der Ermittlung des Nettoeinkommens (§ 149 Abs. 3) haben die genannten Beträge außer Betracht zu bleiben. § 156 ist für die zusätzliche Ausgleichszulage nicht anzuwenden; der Aufwand ist vom Bund zu tragen.

(2) Wenn beide Ehegatten Anspruch auf eine Ausgleichszulage haben und im gemeinsamen Haushalt leben, gebührt die zusätzliche Ausgleichszulage zur jeweils höheren Pension. Die zusätzliche Ausgleichszulage gebührt jedoch nicht, wenn im gleichen Haushalt eine andere Person Anspruch auf die zusätzliche Ausgleichszulage zu einer Witwen(Witwer)pension hat.

(BGBl I 1999/16)

Besondere Pensionszulage 1999

§ 278. (1) Personen, die im Juni 1999 Anspruch auf eine oder mehrere Pensionen haben, gebührt zu der (höchsten) für Juni 1999 auszuzahlenden Pension eine besondere Pensionszulage; diese beträgt bei Anspruch auf eine Ausgleichszulage 300 S, sonst 3,5% des Gesamtpensionseinkommens, höchstens jedoch 300 S.

(2) Als Gesamtpensionseinkommen im Sinne des Abs. 1 gilt die Summe aller Pensionen aus der gesetzlichen Pensionsversicherung.

(BGBl I 1999/16)

Schlußbestimmungen zum Bundesgesetz BGBl. I Nr. 86/1999

§ 279. (1) § 5 Abs. 1 und 2 in der Fassung des Bundesgesetzes BGBl. I Nr. 86/1999 tritt rückwirkend mit 1. Jänner 1998 in Kraft.

(2) § 273 Abs. 4 tritt rückwirkend mit Ablauf des 31. Dezember 1997 außer Kraft.

(3) (aufgehoben)

(BGBl I 1999/86, BGBl I 2001/100)

Schlußbestimmungen zu Art. XIX des Bundesgesetzes BGBl. I Nr. 106/1999

§ 280. (1) Die §§ 35 Abs. 1, 46 Abs. 1 und 71 Abs. 1 Z 1 in der Fassung des Bundesgesetzes BGBl. I Nr. 106/1999 treten mit 1. Oktober 1999 in Kraft.

(2) § 46 Abs. 2 tritt mit Ablauf des 30. September 1999 außer Kraft.

(3) § 46 Abs. 1 und 2 in der am 30. September 1999 geltenden Fassung ist dann weiterhin auf zivilgerichtliche Verfahren oder auf Exekutionsverfahren (§ 10 Abs. 3 des Gerichtsgebührengesetzes in der am 31. Dezember 2001 geltenden Fassung) anzuwenden, wenn die Klage, der verfahrenseinleitende Antrag, die Rechtsmittelschrift oder der Exekutionsantrag vor dem 1. Oktober 1999 bei Gericht angebracht wurde.

(BGBl I 2001/131)

(BGBl I 1999/106)

Schlußbestimmungen zum Bundesgesetz BGBl. I Nr. 175/1999 (24. Novelle)

§ 281. (1) Es treten in Kraft:

1. mit 1. Juli 1999 der 5. Unterabschnitt des Abschnittes II des Ersten Teiles und § 229e in der Fassung des Bundesgesetzes BGBl. I Nr. 175/1999;

2. mit 1. Jänner 2000 die §§ 26 Überschrift, Abs. 3 und 5, 85 Abs. 3 sowie 86 Abs. 5 lit. d und e in der Fassung des Bundesgesetzes BGBl. I Nr. 175/1999;

(BGBl I 2000/2)

3. mit 1. Jänner 2005 § 87 Abs. 1 und 3 in der Fassung des Bundesgesetzes BGBl. I Nr. 175/1999.

(BGBl I 2000/2, BGBl I 2001/100, BGBl I 2002/2)

(2) Für den Fall, daß

1. die Mitglieder einer der im § 3 Abs. 3 Z 1 und Z 3 genannten Berufsgruppen,

2. die Mitglieder einer der im § 2 des Bundesgesetzes über die Sozialversicherung freiberuflich selbständig Erwerbstätiger, BGBl. Nr. 624/1978, genannten Berufsgruppen und

3. Personen, die gemäß § 3 NVG 1972 versichert sind oder eine Pension nach dem NVG 1972 beziehen,

ab dem 1. Jänner 2000 in der Kranken- und Pensionsversicherung nach diesem Bundesgesetz, dem FSVG oder dem NVG 1972 pflichtversichert sind, unterliegen jene Mitglieder dieser Berufsgruppen, die eine Pension beziehen, deren Stichtag vor dem 1. Jänner 2000 liegt, auf Antrag der Krankenversicherung nach § 3 Abs. 1 Z 1, wobei § 29 anzuwenden ist. Der Antrag ist bis zum 31. Dezember 2000 zu stellen.

(3) Für Pensionen, deren Stichtag nach dem 31. Dezember 1999 liegt und deren Bezieher während ihrer freiberuflichen Erwerbstätigkeit ab dem 1. Jänner 2000 nach § 2 Abs. 1 Z 4 in der Krankenversicherung pflichtversichert waren, sind die Voraussetzungen des § 4 Abs. 2 Z 6 lit. a erst ab dem 1. Jänner 2000 zu prüfen.

(4) Personen, die am 31. Dezember 1999 von der Pflichtversicherung in der Krankenversicherung ausgenommen waren, sind Personen gleichzuhal-

ten, die gemäß § 5 von der Pflichtversicherung in der Krankenversicherung ausgenommen sind.

(4a) Die im § 3 Abs. 3 Z 4 in der am 31. Dezember 1999 geltenden Fassung genannten freiberuflich tätigen bildenden Künstler sind bis zum Ablauf des 31. Dezember 2000, unter Anwendung des § 194 Abs. 2 in der am 31. Dezember 1999 geltenden Fassung, nach den für sie jeweils geltenden Bestimmungen dieses Bundesgesetzes pflichtversichert.

(4b) (aufgehoben)

(BGBl I 2002/141)

(5) § 259 Abs. 9 ist ab 1. Jänner 2000 mit folgenden Maßgaben anzuwenden:

1. § 130 Abs. 3 in der am 30. Juni 1993 geltenden Fassung ist weiterhin maßgebend, sofern nach dem Stichtag der weggefallenen Leistung kein weiterer Beitragsmonat der Pflichtversicherung erworben worden ist.

(BGBl I 2001/100)

2. Abweichend von § 139 in der am 30. Juni 1993 geltenden Fassung ist der Steigerungsbetrag nach den Z 3 bis 5 zu ermitteln, sofern mindestens ein Beitragsmonat der Pflichtversicherung nach dem Stichtag der weggefallenen Leistung erworben worden ist (§ 130 Abs. 3).

3. Die Summe der Hundertsätze nach § 139 Abs. 2 in der am 30. Juni 1993 geltenden Fassung bzw. nach § 139 Abs. 2 und 3 in der am 31. Dezember 1984 geltenden Fassung der weggefallenen Leistung ist um einen Faktor zu vervielfachen, der sich aus der Teilung der Versicherungsmonate zum Stichtag der neu anfallenden Leistung durch die Versicherungsmonate zum Stichtag der weggefallenen Leistung errechnet. Dabei ist die Zahl der Versicherungsmonate der neu anfallenden Leistung auf Grund der am Stichtag der neu anfallenden Leistung geltenden Rechtslage zu ermitteln.

4. Die für die Ermittlung des Steigerungsbetrages der neu anfallenden Leistung zu berücksichtigende Bemessungsgrundlage ergibt sich aus der Teilung des Steigerungsbetrages der weggefallenen Leistung durch die Summe der für diesen Steigerungsbetrag maßgebenden Hundertsätze unter Anwendung des § 50 Abs. 4. Ist die Bemessungsgrundlage nach § 122 zu der am Stichtag der neu anfallenden Leistung geltenden Rechtslage jedoch höher, so ist für die Berechnung des Steigerungsbetrages ausschließlich diese Bemessungsgrundlage heranzuziehen.

5. Der Steigerungsbetrag nach Z 4 ist nach oben hin mit 80% der zur Anwendung kommenden Bemessungsgrundlage begrenzt.

6. Die Z 3 bis 5 sind auch bei einem Antrag auf vorzeitige Alterspension nach § 131 oder § 131a anzuwenden, wenn bereits ein rechtskräftig zuerkannter Anspruch auf eine Pension aus dem Versicherungsfall der dauernden Erwerbsunfähigkeit nach diesem Bundesgesetz oder dem BSVG oder aus dem Versicherungsfall der Invalidität oder Berufsunfähigkeit nach dem ASVG, deren Stichtag vor dem 1. Juli 1993 liegt, besteht oder bestanden hat und nicht entzogen wurde.

(6) Personen, die am 31. Dezember 1999 Anspruch auf eine Zuschußleistung des Pensionsinstitutes für Verkehr und öffentliche Einrichtungen haben, gebührt ein besonderer Steigerungsbetrag im Sinne des § 141 Abs. 7 nach Maßgabe der folgenden Sätze. Die Beiträge, die der Bemessung dieses besonderen Steigerungsbetrages zugrunde zu legen sind, gelten als zur Höherversicherung geleistet. Über den besonderen Steigerungsbetrag hat das Pensionsinstitut für Verkehr und öffentliche Einrichtungen einen Bescheid zum Stichtag 31. Dezember 1999 zu erlassen. Der besondere Steigerungsbetrag gebührt

1. im Ausmaß der Ruhegenuß-Zuschußleistung zum 31. Dezember 1999, wenn diese Leistung vor dem 1. Jänner 1983 angefallen ist;

2. im Ausmaß der Hinterbliebenenversorgungsgenuß-Zuschußleistung zum 31. Dezember 1999, wenn diese Leistung auf eine Ruhegenuß-Zuschußleistung zurückgeht, die vor dem 1. Jänner 1983 angefallen ist;

3. im Ausmaß der Ruhegenuß-Zuschußleistung zum 31. Dezember 1999, wenn

   a) diese Leistung nach dem 31. Dezember 1982 angefallen ist und

   b) die Ruhegenuß-Zuschußleistung zum 31. Dezember 1999, die aus Leistungsteilen für Beitragsgrundlagen unter der jeweils geltenden Höchstbeitragsgrundlage entstanden ist, nicht um mehr als 175 S monatlich höher ist als bei Neuberechnung dieser Leistung unter Anwendung des am 1. Jänner 1999 geltenden Leistungsrechtes;

4. im Ausmaß der Hinterbliebenenversorgungsgenuß-Zuschußleistung zum 31. Dezember 1999, wenn

   a) diese Leistung auf eine Ruhegenuß-Zuschußleistung zurückgeht, die nach dem 31. Dezember 1982 angefallen ist, und

   b) die Hinterbliebenenversorgungsgenuß-Zuschußleistung zum 31. Dezember 1999, die aus Leistungsteilen für Beitragsgrundlagen unter der jeweils geltenden Höchstbeitragsgrundlage entstanden ist, nicht um mehr als 175 S monatlich höher ist als bei Neuberechnung dieser Leistung unter Anwendung des am 1. Jänner 1999 geltenden Leistungsrechtes.

Leistungsteile für Beitragsgrundlagen über der jeweils geltenden Höchstbeitragsgrundlage sind der Bemessung des besonderen Steigerungsbetrages nicht zugrunde zu legen, wenn sich dieser dadurch um mehr als 100 S monatlich erhöhen würde.

(BGBl I 1999/175)

Schlußbestimmung zu Art. 7 des Bundesgesetzes BGBl. I Nr. 179/1999

§ 282. Die §§ 131b Abs. 2 Z 4, Abs. 7 und Abs. 9 bis 12 sowie 143 Abs. 1 in der Fassung des Bundesgesetzes BGBl. I Nr. 179/1999 treten mit 1. Jänner 2000 in Kraft.

(BGBl I 1999/179)

Schlussbestimmungen zu Art. 2 des Sozialrechts-Änderungsgesetzes 1999, BGBl. I Nr. 1/2000

§ 283. (1) § 150 Abs. 1 und 2 in der Fassung des Bundesgesetzes BGBl. I Nr. 1/2000 tritt mit 1. Jänner 2000 in Kraft.

(2) Beträgt das Gesamtpensionseinkommen einer Person (Abs. 3) nicht mehr als 10 400 S monatlich, so ist die Pensionserhöhung für das Kalenderjahr 2000 abweichend von § 108h ASVG nicht mit dem Anpassungsfaktor, sondern wie folgt vorzunehmen: Das Gesamtpensionseinkommen ist zu erhöhen

1. wenn es nicht mehr als 7 000 S monatlich beträgt, um 1,5%;

2. wenn es über 7 000 S bis zu 8 000 S monatlich beträgt, um jenen Prozentsatz, der sich aus der Summe des Betrages des Prozentsatzes nach Z 1 und jenem Betrag ergibt, der sich im Verhältnis des um 7 000 verminderten Gesamtpensionseinkommenswertes zur Zahl 1 000 errechnet;

3. wenn es über 8 000 S bis zu 9 750 S monatlich beträgt, um 200 S;

4. wenn es über 9 750 S bis zu 10 400 S monatlich beträgt, um jenen Betrag, der sich aus der Verminderung des Erhöhungsbetrages nach Z 3 um zehn Groschen für jeden Schilling, der 9 750 S übersteigt, ergibt.

Beträgt das Gesamtpensionseinkommen mehr als 10 400 S monatlich, so ist es jedenfalls um mindestens 135 S zu erhöhen.

(3) Das Gesamtpensionseinkommen einer Person ist die Summe aller ihrer Pensionen aus der gesetzlichen Pensionsversicherung, auf die nach den am 31. Dezember 1999 in Geltung gestandenen Vorschriften Anspruch bestand, jedoch mit Ausnahme der Kinderzuschüsse, der Ausgleichszulage und des besonderen Steigerungsbetrages und vor Anwendung von Ruhensbestimmungen.

(4) Bezieht eine Person zwei oder mehrere Pensionen aus der gesetzlichen Pensionsversicherung, so ist der Erhöhungsbetrag nach Abs. 2 auf die einzelne Pension im Verhältnis der Pensionen zueinander aufzuteilen.

(BGBl I 2000/1)

Schlussbestimmungen zu Art. 2 des Sozialversicherungs-Änderungsgesetzes 2000, BGBl. I Nr. 43

§ 284. (1) Die §§ 112 Abs. 1 Z 1 lit. d, 120 Abs. 6 Z 2, 130 Abs. 3, 133 Abs. 3 bis 5, 143 Abs. 2, 198 Abs. 1 und 3, 213 Abs. 3, 5 und 6, 214 Abs. 4, 214b Abs. 4, 214e Abs. 3 und 4 sowie 225 Abs. 1

Z 4 in der Fassung des Bundesgesetzes BGBl. I Nr. 43/2000 treten mit 1. Juli 2000 in Kraft.

(2) Die §§ 112 Abs. 1 Z 1 lit. e, 120 Abs. 3 Z 2 lit. b, 131c und 225 Abs. 1 Z 5 treten mit Ablauf des 30. Juni 2000 außer Kraft.

(3) Die §§ 112 Abs. 1 Z 1 lit. d und e, 120 Abs. 3 Z 2 lit. b und Abs. 6 Z 2, 130 Abs. 3, 131c und 143 Abs. 2 in der am 30. Juni 2000 geltenden Fassung sind auf Personen, die Anspruch auf vorzeitige Alterspension wegen Erwerbsunfähigkeit mit Stichtag vor dem 1. Juli 2000 haben, weiterhin anzuwenden.

(4) Anträge auf vorzeitige Alterspension wegen Erwerbsunfähigkeit, die nach dem 23. Mai 2000 und vor dem 2. Juni 2000 gestellt wurden, sind als Anträge auf Erwerbsunfähigkeitspension mit Stichtag 1. Juni 2000 zu werten, wobei § 133 Abs. 3 in der Fassung des Sozialversicherungs-Änderungsgesetzes 2000, BGBl. I Nr. 43/2000, anzuwenden ist.

(BGBl I 2000/92, BGBl I 2001/33)

(5) § 133 Abs. 3 in der Fassung des Bundesgesetzes BGBl. I Nr. 43/2000 ist nur auf Versicherungsfälle anzuwenden, in denen der Stichtag nach dem 30. Juni 2000 liegt.

(6) Alle Versicherungsvertreter sind nach § 198 in der Fassung des Bundesgesetzes BGBl. I Nr. 43/2000 bis längstens 31. Dezember 2000 neu zu bestellen; mit dem Tag der Neubestellung gilt jedes amtierende Mitglied als seines Amtes enthoben.

(BGBl I 2000/142)

(7) Die Amtsdauer der am 31. Dezember 2000 bestehenden Verwaltungskörper verlängert sich bis zum Ablauf des 31. Dezember 2005.

(BGBl I 2000/43)

Schlussbestimmung zu Art. 13 des Bundesgesetzes BGBl. I Nr. 44/2000

§ 285. Die §§ 131 Abs. 1 Z 4 und Abs. 3 sowie 131a Abs. 2 Z 4 in der Fassung des Bundesgesetzes BGBl. I Nr. 44/2000 treten mit 1. Jänner 2001 in Kraft.

(BGBl I 2000/44)

Schlussbestimmungen zu Art. 2 des Sozialrechts-Änderungsgesetzes 2000, BGBl. I Nr. 92

§ 286. (1) Es treten in Kraft:

1. mit 1. Oktober 2000 die §§ 47 samt Überschrift, 60 Abs. 2 in der Fassung der Z 6a, 61 Abs. 1, 92 Abs. 3, 131 Abs. 1, 131a Abs. 1, 131b Abs. 1, 139 Abs. 4 und 5, 143 Abs. 1, 143a Abs. 1, 145 Abs. 1 Z 1 und 2, Abs. 2, 6, 6a und 7a, 150 Abs. 2 sowie 156a samt Überschrift in der Fassung des Bundesgesetzes BGBl. I Nr. 92/2000;

2. mit 1. Jänner 2001 die §§ 25 Abs. 4, 27 Abs. 1 Z 1 und 2, 60 Abs. 2 in der Fassung der Z 6b, 86 Abs. 1, 91a samt Überschrift, 139 Abs. 3 und 149 Abs. 7 in der Fassung des Bundesgesetzes BGBl. I Nr. 92/2000;

3. mit 1. Jänner 2003 § 43 in der Fassung des Bundesgesetzes BGBl. I Nr. 92/2000;

4. rückwirkend mit 1. Jänner 1998 § 4 Abs. 2 Z 1 in der Fassung des Bundesgesetzes BGBl. I Nr. 92/2000;

5. rückwirkend mit 1. Juli 1996 die §§ 116 Abs. 7 und 145 Abs. 1 Z 5 in der Fassung des Bundesgesetzes BGBl. I Nr. 92/2000.

(2) Es treten außer Kraft:

1. mit Ablauf des 30. September 2000 die §§ 53, 102a Abs. 7, 129 Abs. 7 Z 3 und 130 Abs. 2;

2. mit 1. Jänner 1998 § 27 Abs. 8.

(2a) § 102a Abs. 7 in der am 30. September 2000 geltenden Fassung ist für Geburten weiterhin anzuwenden, die vor dem 1. Jänner 2001 erfolgen.

(3) § 116 Abs. 7 in der Fassung des Bundesgesetzes BGBl. I Nr. 101/2000 gilt auch für Fälle, in denen über einen nach dem 30. Juni 1996 gestellten Antrag auf Beitragsentrichtung nach § 116 Abs. 9 und 10 bereits entschieden worden ist, wenn eine neuerliche Entscheidung über die Beitragsentrichtung beantragt wird. Die Rechtskraft der ergangenen Entscheidung steht dem nicht entgegen.

(4) Die §§ 131 Abs. 1, 131a Abs. 1, 131b Abs. 1 sowie 145 Abs. 1 Z 1 und 2 in der Fassung des Bundesgesetzes BGBl. I Nr. 92/2000 sind nur auf Versicherungsfälle anzuwenden, in denen der Stichtag nach dem 30. September 2000 liegt, jedoch tritt jeweils

1. an die Stelle des 738. Lebensmonates, wenn der Versicherte das 60. Lebensjahr vollendet

bis einschließlich 30. September 2000 der 720. Lebensmonat,

im Oktober oder November oder Dezember 2000 der 722. Lebensmonat,

im Jänner oder Februar oder März 2001 der 724. Lebensmonat,

im April oder Mai oder Juni 2001 der 726. Lebensmonat,

im Juli oder August oder September 2001 der 728. Lebensmonat,

im Oktober oder November oder Dezember 2001 der 730. Lebensmonat,

im Jänner oder Februar oder März 2002 der 732. Lebensmonat,

im April oder Mai oder Juni 2002 der 734. Lebensmonat,

im Juli oder August oder September 2002 der 736. Lebensmonat;

2. an die Stelle des 678. Lebensmonates, wenn die Versicherte das 55. Lebensjahr vollendet

bis einschließlich 30. September 2000 der 660. Lebensmonat,

im Oktober oder November oder Dezember 2000 der 662. Lebensmonat,

im Jänner oder Februar oder März 2001 der 664. Lebensmonat,

im April oder Mai oder Juni 2001 der 666. Lebensmonat,

im Juli oder August oder September 2001 der 668. Lebensmonat,

im Oktober oder November oder Dezember 2001 der 670. Lebensmonat,

im Jänner oder Februar oder März 2002 der 672. Lebensmonat,

im April oder Mai oder Juni 2002 der 674. Lebensmonat,

im Juli oder August oder September 2002 der 676. Lebensmonat.

(5) (aufgehoben)

(BGBl I 2002/141, BGBl I 2003/71)

(5a) Der Pensionsversicherungsträger wird in den Jahren 2001 bis 2003 ermächtigt, in den Richtlinien nach § 44 Abs. 4 zum Ausgleich besonderer Härten durch die Anhebung des Pensionsanfallsalters vorzusehen, dass dem (der) Versicherten auf Antrag eine Unterstützung nach pflichtgemäßem Ermessen des Versicherungsträgers und durch Beschluss der Selbstverwaltung zuerkannt wird. Die Höhe dieser Unterstützung ist im Einzelfall unter sinngemäßer Anwendung des § 164, die Dauer mit dem Zeitraum, der sich jeweils aus der Anhebung des Anfallsalters nach Abs. 4 ergibt, zu begrenzen. Abweichend von § 44 Abs. 2 können in diesen Jahren zusätzliche Mittel an den Unterstützungsfonds im Höchstausmaß von 0,5 vT der Erträge an Beiträgen für Versicherte überwiesen werden.

(BGBl I 2002/141)

(6) § 139 Abs. 4 in der Fassung des Bundesgesetzes BGBl. I Nr. 92/2000 ist nur auf Versicherungsfälle anzuwenden, in denen der Stichtag nach dem 30. September 2000 liegt. Für männliche Versicherte, die das 60. Lebensjahr, für weibliche Versicherte, die das 55. Lebensjahr vor dem 1. Oktober 2002 vollendeten, ist das Ausmaß der Verminderung (§ 139 Abs. 4 erster bis vierter Satz) in jenem Verhältnis zu kürzen, das sich aus der Gegenüberstellung von zehn Steigerungspunkten zur Zahl der Steigerungspunkte ergibt, die sich als Ausmaß der Verminderung beim jeweils frühestmöglichen Antritt einer vorzeitigen Alterspension nach Abs. 4 ohne Berücksichtigung eines Höchstausmaßes errechnet. Das Höchstausmaß der Verminderung beträgt 15% der nach § 139 Abs. 2 ermittelten Summe der Steigerungspunkte.

(BGBl I 2000/102)

(7) § 139 Abs. 5 in der Fassung des Bundesgesetzes BGBl. I Nr. 101/2000 ist so anzuwenden, dass die Erwerbsunfähigkeitspension für je zwölf Versicherungsmonate mindestens im Ausmaß von

1. 1,78% bei Stichtagen im Jahr 2001,

2. 1,76% bei Stichtagen im Jahr 2002,

3. 1,74% bei Stichtagen im Jahr 2003,

4. 1,72% bei Stichtagen im Jahr 2004

der Gesamtbemessungsgrundlage begrenzt mit 60% der Gesamtbemessungsgrundlage gebührt. § 139 Abs. 2 dritter und vierter Satz sind anzuwenden.

(8) § 145 in der Fassung des Bundesgesetzes BGBl. I Nr. 92/2000 ist nur auf Versicherungsfälle anzuwenden, in denen der Stichtag nach dem 30. September 2000 liegt. Auf Witwen-(Witwer-)

Pensionen mit Stichtag vor dem 1. Oktober 2000 ist § 145 in der vor dem 1. Oktober 2000 geltenden Fassung weiterhin anzuwenden.

(BGBl I 2000/92, BGBl I 2001/33)

Schlussbestimmungen zu Art. 67 des Budgetbegleitgesetzes 2001, BGBl. I Nr. 142/2001

§ 287. (1) Die §§ 22 Abs. 3, 27b, 27c samt Überschrift, 29 Abs. 1a und 2, 33 Abs. 9, 36 Abs. 1 sowie 144 Abs. 2 in der Fassung des Bundesgesetzes BGBl. I Nr. 142/2000 treten mit 1. Jänner 2001 in Kraft.

(2) Die §§ 198 Abs. 1 und 284 Abs. 6 in der Fassung des Bundesgesetzes BGBl. I Nr. 142/2000 treten rückwirkend mit 1. Juli 2000 in Kraft.

(3) § 33 Abs. 9 in der Fassung des Bundesgesetzes BGBl. I Nr. 142/2000 ist auch auf Personen anzuwenden, die bereits am 31. Dezember 2000 in der Pensionsversicherung weiterversichert sind und einen nahen Angehörigen (eine nahe Angehörige) mit Anspruch auf Pflegegeld in Höhe der Stufe 4 im Sinne der genannten Bestimmung pflegen, wenn sie dies bis zum Ablauf des 31. Dezember 2001 beim zuständigen Pensionsversicherungsträger beantragen. Diesfalls wird der Beitragsteil in der Höhe von 12,55% der Beitragsgrundlage ab 1. Jänner 2001 aus Mitteln des Bundes getragen; die zu viel gezahlten Beiträge sind den Weiterversicherten zu erstatten. Wird der Antrag später gestellt, so erfolgt die Beitragstragung aus Mitteln des Bundes erst ab dem der Antragstellung folgenden Monatsersten.

(BGBl I 2000/142)

Schlussbestimmungen zu Art. 4 des Bundesgesetzes BGBl. I Nr. 5/2001

§ 288. (1) Es treten in Kraft:
1. mit 1. Jänner 2001 die §§ 98 Abs. 1 in der Fassung der Z 1b und 182a in der Fassung des Bundesgesetzes BGBl. I Nr. 5/2001;
1a. mit 1. Jänner 2002 die §§ 98 Abs. 1 in der Fassung der Z 1c und 98a in der Fassung des Bundesgesetzes BGBl. I Nr. 5/2001;
2. rückwirkend mit 1. Oktober 2000 § 269 Abs. 2 in der Fassung des Bundesgesetzes BGBl. I Nr. 5/2001.

(2) Die §§ 27b und 269 Abs. 3 treten mit Ablauf des 31. Dezember 2000 außer Kraft.

(3) (aufgehoben)
(BGBl I 2004/179)

(4) Der Behandlungsbeitrag-Ambulanz nach § 91a ist für das Jahr 2001 erst für Behandlungsfälle ab dem 1. März 2001 einzuheben. Bis zu diesem Zeitpunkt ist § 86 Abs. 1 in der am 31. Dezember 2000 geltenden Fassung weiterhin anzuwenden.

(5) Am 31. Dezember 2000 geltende, nach § 149 ASVG vertraglich festgelegte Verpflegskosten pro Tag für Privatkrankenanstalten, die vom Vertrag zwischen Hauptverband und Wirtschaftskammer

Österreich erfasst sind, sind für das Jahr 2001 um 3,3% zu erhöhen.

(BGBl I 2001/5)

Zusätzliche Ausgleichszulage 2001

§ 289. Personen, die im Februar 2001 Anspruch haben auf
1. eine Ausgleichszulage nach § 150 Abs. 1 lit. a sublit. aa oder
2. eine Ausgleichszulage nach § 150 Abs. 1 lit. a sublit. bb oder lit. b oder lit. c,

gebührt zu der für Februar 2001 auszuzahlenden Pension eine zusätzliche Ausgleichszulage; diese beträgt 500 S für Personen nach Z 1 und 350 S für Personen nach Z 2. Bei der Ermittlung des Nettoeinkommens (§ 149 Abs. 3) haben die genannten Beträge außer Betracht zu bleiben. § 156 ist für die zusätzliche Ausgleichszulage nicht anzuwenden; der Aufwand ist vom Bund zu tragen.

(BGBl I 2001/5)

Schlussbestimmungen zu Art. 2 des Bundesgesetzes BGBl. I Nr. 35/2001

§ 289a. (1) § 86 Abs. 1 in der Fassung des Bundesgesetzes BGBl. I Nr. 35/2001 tritt rückwirkend mit 1. März 2001 in Kraft.

(2) § 91a tritt rückwirkend mit Ablauf des 28. Februar 2001 außer Kraft.

(BGBl I 2001/100)

Schlussbestimmungen zu Art. 2 des Sozialversicherungs-Währungsumstellungs-Begleitgesetzes, BGBl. I Nr. 67/2001

§ 290. (1) Die §§ 23, 25 Abs. 4 Z 1, Z 2 lit. a und b sowie Z 3, 25a Abs. 1 Z 2, Abs. 2 und 4, 33 Abs. 5, 35 Abs. 5, 37 Abs. 4, 51 samt Überschrift, 78 Abs. 5, 86 Abs. 6 lit. a, 91a Abs. 1, 92 Abs. 3, 93 Abs. 2 und 5, 99a Abs. 7, 100 Abs. 3, 102a Abs. 5, 116a Abs. 8, 122 Abs. 1, 122 Abs. 1 in der Fassung des Bundesgesetzes BGBl. I Nr. 139/1997, 125, 127c Abs. 2, 131 Abs. 1 Z 4, 131b Abs. 2 Z 2 und 3, 131b Abs. 2, 132 Abs. 6, 144 Abs. 2, 145 Abs. 3 Z 1 und 2, 145 Abs. 4 Z 1 und 2, 145 Abs. 6, 149 Abs. 3, lit. h, Abs. 5 und 7, 150 Abs. 1 und 2, 160 Abs. 4, 169 Abs. 5, 170 Abs. 3 und 5, 223 Abs. 3, 236 lit. a und b sowie 273 Abs. 18a in der Fassung des Bundesgesetzes BGBl. I Nr. 67/2001 treten mit 1. Jänner 2002 in Kraft.

(2) Die §§ 34a, 72 Abs. 3 und 246a treten mit Ablauf des 31. Dezember 2001 außer Kraft.

(3) Schillingbeträge, die am 31. Dezember 2001 zur Bemessung einer (künftigen) Geldleistung beim Versicherungsträger (beim Hauptverband) gespeichert sind, sind mit Wirksamkeit vom 1. Jänner 2002 in Euro umzurechnen.

(4) Die Verordnung des Bundesministers für Arbeit und Soziales über die Durchführung der Sozialversicherung in den Zollausschlussgebieten der Gemeinden Jungholz und Mittelberg, BGBl. Nr. 396/1993, gilt ab 1. Jänner 2002 – mit Ausnahme der §§ 1 bis 3, 4 Abs. 2 und 5 Abs. 1 und 2 sowie des § 6, die mit Ablauf des 31. Dezember

2001 aufgehoben werden – als Bundesgesetz für jene Personen weiter, die vor dem 1. Jänner 2002 auf Grund einer Tätigkeit in den Gemeinden Jungholz und Mittelberg Beitragsmonate erworben haben, die bei der Bemessung der Leistungen aus der gesetzlichen Unfall- oder Pensionsversicherung zu berücksichtigen sind. Dabei tritt

1. an die Stelle der Leistungsfeststellung in Schilling die Leistungsfeststellung in Euro und

2. an die Stelle des am Tag der Antragstellung geltenden Wechselkurses (K) der Wechselkurs von 7,04 S je 1 DM.

(BGBl I 2001/67)

Schlussbestimmungen zum Bundesgesetz BGBl. I Nr. 100/2001 (25. Novelle)

§ 291. (1) Es treten in Kraft:

1. mit 1. August 2001 die §§ 4 Abs. 1 Z 7, 25 Abs. 4, 25a Abs. 1 Z 1, 27 Abs. 1, 43, 55 Abs. 2 Z 2 lit. b, 72 Abs. 6, 78 Abs. 3, 83 Abs. 4 Z 2 und 3 sowie Abs. 7, 86 Abs. 5 lit. e, 88 Abs. 1, 91 Abs. 1, 94 Abs. 2, 151 Abs. 1 und 3, 193 Einleitung sowie Z 1 und 2, 210 Abs. 1 Z 7 und 8, 218a, 274 Abs. 1a sowie 281 Abs. 1 Z 3 und Abs. 5 Z 1 in der Fassung des Bundesgesetzes BGBl. I Nr. 100/2001;

2. mit 1. Jänner 2002 die §§ 227 und 227a Abs. 3 in der Fassung des Bundesgesetzes BGBl. I Nr. 100/2001;

3. rückwirkend mit 1. Juli 2001 die §§ 79 Abs. 1 Z 3 und 3a, 82 Abs. 2 und 5, 102 Abs. 5, 102b sowie 102c Z 2 in der Fassung des Bundesgesetzes BGBl. I Nr. 100/2001;

4. rückwirkend mit 1. Jänner 2001 die §§ 14f Abs. 1 Z 1 und 2 sowie 34 Abs. 2 in der Fassung des Bundesgesetzes BGBl. I Nr. 100/2001;

5. rückwirkend mit 1. Oktober 2000 § 61a in der Fassung des Bundesgesetzes BGBl. I Nr. 100/2001;

6. rückwirkend mit 1. Juli 2000 § 132 Abs. 3 Z 2 in der Fassung des Bundesgesetzes BGBl. I Nr. 100/2001.

(2) Es treten außer Kraft:

1. mit Ablauf des 31. Juli 2001 § 279 Abs. 3;

2. rückwirkend mit Ablauf des 30. Juni 2000 § 266 Abs. 20;

3. rückwirkend mit Ablauf des 31. Juli 2000 § 273 Abs. 10.

(3) Freiberuflich tätige bildende Künstler, die am 31. Dezember 2000 nach § 281 Abs. 4a der Pflichtversicherung in der Pensionsversicherung nach diesem Bundesgesetz unterlegen sind, ab dem 1. Jänner 2001 nach § 5 von der Pflichtversicherung in der Pensionsversicherung ausgenommen sind und über eine aufrechte Berufsbefugnis nach dem Ziviltechnikergesetz 1993, BGBl. Nr. 156/1994, verfügen, sind auf Antrag in der Pensionsversicherung nach diesem Bundesgesetz bis zum Erreichen von 180 Beitragsmonaten in einer gesetzlichen

Pensionsversicherung pflichtversichert. Ein solcher Antrag ist bis zum 31. Dezem-ber 2003 zu stellen.

(4) Personen, mit Ausnahme der in Abs. 3 genannten, die am 31. Dezember 2000 in der Pensionsversicherung nach § 281 Abs. 4a dieses Bundesgesetzes oder nach § 581 Abs. 1a ASVG pflichtversichert waren, sind auf Antrag auch dann in der Pensionsversicherung nach diesem Bundesgesetz pflichtversichert, wenn sie ab dem 1. Jänner 2001 nach § 4 Abs. 1 Z 5 oder Z 6 von der Pflichtversicherung in der Pensionsversicherung ausgenommen wären. Ein solcher Antrag ist bis zum 31. Dezember 2003 zu stellen.

(5) § 273 Abs. 7 ist auf Personen, die nach § 273 Abs. 3a oder nach § 572 Abs. 4a ASVG als Kunstschaffende von der Pflichtversicherung in der Pensionsversicherung ausgenommen waren, mit der Maßgabe anzuwenden, dass jeweils an die Stelle des 1. Jänner 1998 der 1. Jänner 2001 tritt.

(6) Kunstschaffende, die am 1. Jänner 2001 das 55. Lebensjahr vollendet haben, sind von der Pflichtversicherung in der Pensionsversicherung nach § 2 Abs. 1 Z 4 ausgenommen. Das gilt nicht für Personen, die am 31. Dezember 2000 nach § 3 Abs. 3 Z 4 oder nach § 4 Abs. 3 Z 3 ASVG in der am 31. Dezember 1999 geltenden Fassung pflichtversichert waren.

(7) § 273 Abs. 11 ist auf Kunstschaffende, die nach § 273 Abs. 3a oder nach § 572 Abs. 4a ASVG von der Pflichtversicherung ausgenommen waren, mit der Maßgabe anzuwenden, dass an die Stelle des 1. Jänner 1998 der 1. Jänner 2001 tritt. Dies gilt nicht für Personen, die vor dem 1. Jänner 2001 nach § 3 Abs. 3 Z 4 versichert waren, wenn sie in den Jahren 2001 bis 2003 eine vorläufige Beitragsgrundlage nach § 25a Abs. 1 Z 2 gebildet werden kann.

(8) § 55 Abs. 2 Z 2 lit. b in der Fassung des Bundesgesetzes BGBl. I Nr. 100/2001 ist nur auf jene Versicherungsfälle der Erwerbsunfähigkeit anzuwenden, in denen der Stichtag nach dem 31. Juli 2001 liegt.

(BGBl I 2001/100)

Schlussbestimmungen zum Bundesgesetz BGBl. I Nr. 103/2001

§ 292. (1) Es treten in Kraft:

1. mit 1. Jänner 2002 die §§ 3 Abs. 1 Z 2 und 3, 4 Abs. 1 Z 6, 6 Abs. 1 Z 6 und 7, 7 Abs. 1 Z 5, 79 Abs. 1 Z 3, 102 Abs. 5, 116a Abs. 5 Z 1 und Abs. 6, 119a Abs. 1 bis 3, 120 Abs. 7, 131 Abs. 1 Z 2 lit. b, 131a Abs. 1 Z 2, 131b Abs. 1 Z 1 lit. b sowie 149 Abs. 4 lit. n und o in der Fassung des Bundesgesetzes BGBl. I Nr. 103/2001;

2. mit 1. Jänner 2005 § 102d in der Fassung des Bundesgesetzes BGBl. I Nr. 103/2001.

(2) Die §§ 102b und 102c treten mit Ablauf des 31. Dezember 2001 außer Kraft.

(3) Weiblichen Versicherten, die Anspruch auf Teilzeitbeihilfe haben und deren Kind nach dem 30. Juni 2000 und vor dem 1. Juli 2001 geboren

wird, gebührt bis zur Vollendung des 30. Lebensmonates des Kindes zusätzlich zur Teilzeitbeihilfe nach § 102b Abs. 4 in der Fassung des Bundesgesetzes BGBl. I Nr. 100/2001 ab 1. Jänner 2002 jener Betrag, der sich aus der Differenz dieser Teilzeitbeihilfe und der Hälfte des in § 3 Abs. 1 KBGG in der Fassung des Bundesgesetzes BGBl. I Nr. 103/2001 festgesetzten Kinderbetreuungsgeldes ergibt. § 102b Abs. 2 in der Fassung des Bundesgesetzes BGBl. I Nr. 100/2001 ist entsprechend anzuwenden.

(BGBl I 2002/141)

(4) Versicherte, die Anspruch auf Teilzeitbeihilfe haben und deren Kind nach dem 30. Juni 2001 und vor dem 1. Jänner 2002 geboren wird, gebührt bis zur Vollendung des 30. Lebensmonates des Kindes zusätzlich zur Teilzeitbeihilfe nach § 102b Abs. 4 in der Fassung des Bundesgesetzes BGBl. I Nr. 100/2001 ab 1. Jänner 2002 jener Betrag, der sich aus der Differenz dieser Teilzeitbeihilfe und der Hälfte des in § 3 Abs. 1 KBGG in der Fassung des Bundesgesetzes BGBl. I Nr. 103/2001 festgesetzten Kinderbetreuungsgeldes ergibt. Dem zweiten Elternteil gebührt dieser Differenzbetrag für den Zeitraum, für den er nach Vollendung des 30. Lebensmonates des Kindes Teilzeitbeihilfe nach § 102b Abs. 4 in der Fassung des Bundesgesetzes BGBl. I Nr. 100/2001 in Anspruch nimmt. Die Inanspruchnahme der Teilzeitbeihilfe durch den zweiten Elternteil hat mindestens drei Monate und längstens bis zur Vollendung des 36. Lebensmonates des Kindes (zu) erfolgen. § 102b Abs. 2 in der Fassung des Bundesgesetzes BGBl. I Nr. 100/2001 ist entsprechend anzuwenden.

(BGBl I 2002/141)

(5) Abweichend von Abs. 3 und 4 gebührt die Teilzeitbeihilfe auf Antrag ab 1. Jänner 2002 in der Höhe des § 3 Abs. 1 KBGG in der Fassung des Bundesgesetzes BGBl. I Nr. 103/2001 festgesetzten Kinderbetreuungsgeldes, wenn ein Einkommen erzielt wird, das den Grenzbetrag nach § 2 Abs. 1 Z 3 KBGG in der Fassung des Bundesgesetzes BGBl. I Nr. 103/2001 nicht übersteigt.

(6) Vom Ausgleichsfonds für Familienbeihilfen wird der Sozialversicherungsanstalt der gewerblichen Wirtschaft ein Beitrag in der Höhe von 100% der Leistungen für die Differenzbeträge nach Abs. 3 bis 5 geleistet.

(BGBl I 2002/2)

(BGBl I 2001/103)

Schlussbestimmungen zu Art. 8 des Bundesgesetzes BGBl. I Nr. 131/2001

§ 293. (1) Die §§ 46 Abs. 1, 254 lit. e und 280 Abs. 3 in der Fassung des Bundesgesetzes BGBl. I Nr. 131/2001 treten mit 1. Jänner 2002 in Kraft.

(2) § 46 Abs. 1 in der Fassung des Bundesgesetzes BGBl. I Nr. 131/2001 ist auf alle Schriften und Amtshandlungen anzuwenden, bezüglich deren der Anspruch auf die Gebühr nach dem 31. Dezember 2001 begründet wird.

(BGBl I 2001/131)

Schlussbestimmungen zum Bundesgesetz BGBl. I Nr. 2/2002 (26. Novelle)

§ 294. (1) Es treten in Kraft:

1. mit 1. Jänner 2002 die §§ 27c Abs. 2, 30 Abs. 3, 43a, 55 Abs. 2 Z 1, 72 Abs. 5, 75 Abs. 2, 83 Abs. 2, 85a samt Überschrift, 86 Abs. 1, 93 Abs. 2, 95 Abs. 2, 128 Abs. 1, 149 Abs. 7, 151 Abs. 3, 172 Abs. 3 und 5 bis 7, 173, 174, 183 Abs. 1, 195 Abs. 8, 215 samt Überschrift, 216 Abs. 5, 229c Abs. 1 Z 1, 231a, 259 Abs. 11, 274 Abs. 1a und 281 Abs. 1 Z 3 in der Fassung des Bundesgesetzes BGBl. I Nr. 2/2002;

2. (aufgehoben)

    (BGBl I 2004/105)

3. rückwirkend mit 8. August 2001 § 292 Abs. 6 in der Fassung des Bundesgesetzes BGBl. I Nr. 2/2002;

4. rückwirkend mit 1. Jänner 2000 § 276 Abs. 3 in der Fassung des Bundesgesetzes BGBl. I Nr. 2/2002.

(2) Es treten außer Kraft:

1. mit Ablauf des 31. Dezember 2001 § 25a Abs. 4 in der Fassung des Bundesgesetzes BGBl. I Nr. 2/2002;

2. (aufgehoben)

    (BGBl I 2004/105)

(3) Als ausdrücklich verlangte Barzahlungen im Sinne des § 72 Abs. 5 erster Satz in der Fassung des Bundesgesetzes BGBl. I Nr. 2/2002 gelten auch Barzahlungen von Leistungen, die bereits vor dem 1. Jänner 2002 im Wege der Barzahlung erbracht wurden und nach diesem Zeitpunkt weiter zu erbringen sind.

(4) § 172 Abs. 3 in der Fassung des Bundesgesetzes BGBl. I Nr. 2/2002 gilt auch für Personen, die vor dem 1. Jänner 2002 in ein pensionsversicherungsfreies Dienstverhältnis aufgenommen wurden. Die Rechtskraft bereits ergangener Entscheidungen steht dem nicht entgegen.

(5) Durch die Erstellung eines Psychotherapiekonzeptes nach § 597 Abs. 5 ASVG wird die Gültigkeit bereits bestehender Verträge über die Erbringung psychotherapeutischer Leistungen nicht berührt.

(6) § 25a Abs. 4 in der am 31. Dezember 2001 geltenden Fassung ist ab 1. Jänner 2002 solange anzuwenden, bis die Satzungsbestimmungen auf Grund des § 85a in Kraft treten.

(7) § 86 Abs. 1 in der am 31. Dezember 2001 geltenden Fassung ist ab 1. Jänner 2002 solange anzuwenden, bis eine die Höhe des Kostenanteils festsetzende Satzungsbestimmung in Kraft tritt.

(BGBl I 2002/2)

Schlussbestimmungen zum Bundesgesetz BGBl. I Nr. 141/2002 (27. Novelle)

§ 295. (1) Es treten in Kraft:

1. mit 1. September 2002 die §§ 18 Abs. 1, 33 Abs. 9, 35 Abs. 5, 83 Abs. 4 Z 1, 88 Abs. 2,

119a Abs. 2, 127 Abs. 3, 128 Abs. 2 Z 1, 129 Abs. 7 und 8, 197 Abs. 2, 198 Abs. 5, 218 Abs. 1 und 2 sowie 286 Abs. 5 und Abs. 5a in der Fassung des Bundesgesetzes BGBl. I Nr. 141/2002;

2. mit 1. Jänner 2003 die §§ 25 Abs. 4 Z 1 und 25a Abs. 1 und 4 in der Fassung des Bundesgesetzes BGBl. I Nr. 141/2002;

3. mit 1. Jänner 2004 die §§ 173 und 176 in der Fassung des Bundesgesetzes BGBl. I Nr. 141/2002;

4. rückwirkend mit 1. Jänner 2002 Abs. 5 sowie die §§ 85a Abs. 1 und 96 Abs. 2 in der Fassung des Bundesgesetzes BGBl. I Nr. 141/2002;

5. rückwirkend mit 8. August 2001 § 292 Abs. 3 und 4 in der Fassung des Bundesgesetzes BGBl. I Nr. 141/2002.

(2) Die §§ 25a Abs. 5 und 281 Abs. 4b treten mit Ablauf des 31. Dezember 2001 außer Kraft.

(3) Die §§ 25a Abs. 5, 96 Abs. 2 und 281 Abs. 4b in der am 31. Dezember 2001 geltenden Fassung sind ab 1. Jänner 2002 solange anzuwenden, bis die Satzungsbestimmungen auf Grund des § 85a in Kraft treten.

(4) § 33 Abs. 9 in der Fassung des Bundesgesetzes BGBl. I Nr. 141/2002 ist anzuwenden

1. auf Personen, die den Antrag auf Weiterversicherung nach § 12 nach Ablauf des 31. August 2002 stellen;

2. auf Personen, die bereits am 31. August 2002 in der Pensionsversicherung weiterversichert sind und einen nahen Angehörigen (eine nahe Angehörige) im Sinne der genannten Bestimmung pflegen, wenn sie dies bis zum Ablauf des 31. August 2003 bei der Sozialversicherungsanstalt der gewerblichen Wirtschaft beantragen. Diesfalls trägt der Bund den Beitragsteil in der Höhe von 12,55% der Beitragsgrundlage ab dem 1. September 2002; die zuviel gezahlten Beiträge sind den Weiterversicherten zu erstatten. Wird der Antrag später gestellt, so erfolgt die Beitragstragung aus Mitteln des Bundes erst ab dem der Antragstellung folgenden Monatsersten.

(5) § 102c in der Fassung des Bundesgesetzes BGBl. I Nr. 100/2001 ist für Geburten ab dem 1. Juli 2000 bis einschließlich 31. Dezember 2001, mit der Maßgabe anzuwenden, dass der Bezug von Kinderbetreuungsgeld eines Elternteils nach dem KBGG, BGBl. I Nr. 103/2001, ab dem 1. Jänner 2002 das Ruhen der Teilzeitbeihilfe dieses Elternteils zur Folge hat.

(BGBl I 2002/141, BGBl I 2003/8)

Schlussbestimmung zu Art. 2 des Sozialversicherungs-Änderungsgesetzes 2003, BGBl. I Nr. 8/2003

§ 296. § 150 Abs. 1 lit. a sublit. aa in der Fassung des Bundesgesetzes BGBl. I Nr. 8/2003 tritt mit 1. Jänner 2003 in Kraft.

(BGBl I 2003/8)

Schlussbestimmung zu Art. VIII des Bundesgesetzes BGBl. I Nr. 169/2002

§ 296a. Die §§ 91 Abs. 1 und 193 in der Fassung des Bundesgesetzes BGBl. I Nr. 169/2002 treten mit 1. März 2003, jedoch nicht vor dem vierten der Kundmachung des Bundesgesetzes BGBl. I Nr. 169/2002 folgenden Monatsersten, in Kraft.

(BGBl I 2002/169, BGBl I 2003/145)

Schlussbestimmungen zu Art. 74 Teil 1 des Budgetbegleitgesetzes 2003, BGBl. I Nr. 71

§ 297. (1) Die §§ 14f Abs. 2, 27d samt Überschrift, 29 Abs. 1, 1a in der Fassung der Z 5 und Abs. 2, 30 Abs. 4 und 32 Abs. 2 in der Fassung des Bundesgesetzes BGBl. I Nr. 71/2003 treten mit 1. Jänner 2004 in Kraft.

(2) § 29 Abs. 1a in der Fassung der Z 4 tritt rückwirkend mit Ablauf des 31. März 2003 außer Kraft.

(3) Abweichend von § 29 Abs. 1 in der Fassung des Bundesgesetzes BGBl. I Nr. 71/2003 beläuft sich der einzubehaltende Betrag im Kalenderjahr 2004 auf 4,25% der auszuzahlenden Leistung.

(4) Abweichend von § 29 Abs. 2 in der Fassung des Bundesgesetzes BGBl. I Nr. 71/2003 tritt an die Stelle des ab 1. Jänner 2004 geltenden Prozentsatzes von 203% im Kalenderjahr 2004 der Prozentsatz von 216%.

(BGBl I 2003/71)

Schlussbestimmungen zu Art. 74 Teil 2 des Budgetbegleitgesetzes 2003, BGBl. I Nr. 71

§ 298. (1) Es treten in Kraft:

1. mit 1. Jänner 2004 die §§ 25 Abs. 6a, 33a samt Überschrift, 43a letzter Satz, 50 Abs. 1, 60 Abs. 1 und 2, 71 Abs. 2, 116 Abs. 7, 118 Abs. 2 lit. h und i, 120 Abs. 7, 122 Abs. 1 und 2, 123 Abs. 1, 139 Abs. 2 bis 5, 141 Abs. 1, 143 samt Überschrift, 143a Abs. 1, 149 Abs. 1 und 7, 150 Abs. 1 lit. a sublit. aa sowie 219 Abs. 1a, 2a und 3 in der Fassung des Bundesgesetzes BGBl. I Nr. 71/2003;

(BGBl I 2003/145)

2. mit 1. Juli 2004 die §§ 112 Abs. 1 Z 1, 119a Abs. 2, 120 Abs. 6, 132 Abs. 1 Z 3 sowie 145 Abs. 1 Z 1 und 2 in der Fassung des Bundesgesetzes BGBl. I Nr. 71/2003;

(BGBl I 2003/145)

(2) Es treten außer Kraft:

1. mit Ablauf des 31. Dezember 2003 die §§ 20 Abs. 2 Z 2, 122 Abs. 5, 131a, 131b, 139 Abs. 6, 273 Abs. 18 und 18a sowie 286 Abs. 5;

2. mit Ablauf des 30. Juni 2004 die §§ 120 Abs. 3 Z 1 lit. c, 130 Abs. 3 und 131.

(BGBl I 2003/145, BGBl I 2004/105)

(3) § 33a in der Fassung des Bundesgesetzes BGBl. I Nr. 71/2003 ist auf Versicherungsfälle anzuwenden, in denen der Stichtag nach dem 31. Dezember 2003 liegt. Auf Versicherungsfälle, in denen der Stichtag vor dem 1. Jänner 2004 liegt, ist die zitierte Bestimmung nur dann anzuwenden, wenn der (die) Versicherte bzw. der (die) Leistungs-

bezieher(in) die Beitragserstattung beantragt, und zwar so, dass eine allfällige Erstattung innerhalb eines Jahres nach der Antragstellung zu erfolgen hat und die Beiträge mit den für das Kalenderjahr 2004 geltenden Aufwertungsfaktoren aufzuwerten sind. Die Rechtskraft bereits ergangener Entscheidungen steht dem nicht entgegen.

(4) § 122 Abs. 1 in der Fassung des Bundesgesetzes BGBl. I Nr. 71/2003 ist nur auf Versicherungsfälle anzuwenden, in denen der Stichtag nach dem 31. Dezember 2003 liegt, und zwar so, dass das Höchstausmaß von 480 monatlichen Gesamtbeitragsgrundlagen

im Jahr 2004 durch 192,

im Jahr 2005 durch 204,

im Jahr 2006 durch 216,

im Jahr 2007 durch 228,

im Jahr 2008 durch 240,

im Jahr 2009 durch 252,

im Jahr 2010 durch 264,

im Jahr 2011 durch 276,

im Jahr 2012 durch 288,

im Jahr 2013 durch 300,

im Jahr 2014 durch 312,

im Jahr 2015 durch 324,

im Jahr 2016 durch 336,

im Jahr 2017 durch 348,

im Jahr 2018 durch 360,

im Jahr 2019 durch 372,

im Jahr 2020 durch 384,

im Jahr 2021 durch 396,

im Jahr 2022 durch 408,

im Jahr 2023 durch 420,

im Jahr 2024 durch 432,

im Jahr 2025 durch 444,

im Jahr 2026 durch 456 und

im Jahr 2027 durch 468

monatliche Gesamtbeitragsgrundlagen ersetzt wird und der Divisor 560 durch die um ein Sechstel erhöhte Zahl dieser Gesamtbeitragsgrundlagen ersetzt wird.

(6) § 123 Abs. 1 in der Fassung des Bundesgesetzes BGBl. I Nr. 71/2003 ist in der Zeit vom 1. Jänner 2004 bis zum Ablauf des Jahres 2027 so anzuwenden, dass der Prozentsatz von 50 für jedes Kalenderjahr vor dem Jahr 2028 um 2 zu vermindern ist.

(7) Auf Personen, die die Anspruchsvoraussetzungen für die Alterspension spätestens am 31. Dezember 2003 erfüllen, sind die §§ 122, 123, 130, 139, 143a und 266 Abs. 18 in der am 31. Dezember 2003 in Geltung gestandenen Fassung weiterhin anzuwenden, sofern es für diese Personen günstiger ist. Gleiches gilt für Personen, die trotz Vorliegens der Voraussetzungen nach Abs. 9 erster Satz nicht die vorzeitige Alterspension bei langer Versicherungsdauer, sondern die Alterspension in Anspruch nehmen.

(BGBl I 2003/145, BGBl I 2007/31)

(8) Auf Personen, die Anspruch auf vorzeitige Alterspension bei Arbeitslosigkeit oder auf vorzeitige Alterspension bei langer Versicherungsdauer oder auf Gleitpension haben, ist weiterhin die am 31. Dezember 2003 geltende Rechtslage anzuwenden, wenn der Stichtag vor dem 1. Jänner 2004 liegt.

(8a) Auf Personen, die Anspruch auf vorzeitige Alterspension bei langer Versicherungsdauer mit einem Stichtag nach dem 31. Dezember 2003 und vor dem 2. Juni 2004 haben, sind, sofern nicht Abs. 9 anzuwenden ist, die §§ 130 Abs. 3 sowie 131 Abs. 2 und 3 in der am 30. Juni 2004 geltenden Fassung ab 1. Juli 2004 weiterhin anzuwenden. Abs. 11 gilt entsprechend.

(BGBl I 2003/145)

(9) Auf Personen, die die Anspruchsvoraussetzungen für die vorzeitige Alterspension bei langer Versicherungsdauer (vorzeitige Knappschaftsalterspension bei langer Versicherungsdauer) – mit Ausnahme der Voraussetzung des Fehlens einer die Pflichtversicherung begründenden Erwerbstätigkeit am Stichtag (§ 131 Abs. 1 Z 4) – spätestens am 31. Dezember 2003 erfüllen, sind die §§ 122, 123, 131, 139, 143 und 286 Abs. 5 in der am 31. Dezember 2003 in Geltung gestandenen Fassung weiterhin anzuwenden, sofern es für diese Personen günstiger ist. § 286 Abs. 5 in der am 31. Dezember 2003 in Geltung gestandenen Fassung ist jedoch nur dann weiterhin anzuwenden, wenn auch die erforderlichen Beitragsmonate bis zu diesem Zeitpunkt vorliegen.

(BGBl I 2003/145)

(9a) Auf Personen, die am Stichtag (§ 113 Abs. 2) nach Abs. 9, 10, 12, 13 oder 13a die Anspruchsvoraussetzungen für die vorzeitige Alterspension bei langer Versicherungsdauer erfüllen, ist § 132 Abs. 1 Z 3 in der am 31. Dezember 2003 in Geltung gestandenen Fassung weiterhin anzuwenden.

(BGBl I 2004/105)

(10) Die am 31. Dezember 2003 geltenden Bestimmungen über die vorzeitige Alterspension bei langer Versicherungsdauer sind – mit Ausnahme der §§ 50 Abs. 1, 122, 123, 139 und 143 – auf Versicherungsfälle, in denen der Stichtag nach dem 30. Juni 2004 liegt, weiterhin anzuwenden, jedoch tritt abweichend von § 131 Abs. 1

1.   an die Stelle des 738. Lebensmonates, wenn der Versicherte diesen Lebensmonat vollendet

— im Juli oder August oder September 2004 der 740. Lebensmonat,

— im Oktober oder November oder Dezember 2004 der 742. Lebensmonat,

— im Jänner oder Februar oder März 2005 der 743. Lebensmonat,

— im April oder Mai oder Juni 2005 der 744. Lebensmonat,

– im Juli oder August oder September 2005 der 745. Lebensmonat,

– im Oktober oder November oder Dezember 2005 der 746. Lebensmonat,

– im Jänner oder Februar oder März 2006 der 747. Lebensmonat,

– im April oder Mai oder Juni 2006 der 748. Lebensmonat,

– im Juli oder August oder September 2006 der 749. Lebensmonat,

– im Oktober oder November oder Dezember 2006 der 750. Lebensmonat,

– im Jänner oder Februar oder März 2007 der 751. Lebensmonat,

– im April oder Mai oder Juni 2007 der 752. Lebensmonat,

– im Juli oder August oder September 2007 der 753. Lebensmonat,

– im Oktober oder November oder Dezember 2007 der 754. Lebensmonat,

– im Jänner oder Februar oder März 2008 der 755. Lebensmonat,

– im April oder Mai oder Juni 2008 der 756. Lebensmonat,

– im Juli oder August oder September 2008 der 757. Lebensmonat,

– im Oktober oder November oder Dezember 2008 der 758. Lebensmonat,

– im Jänner oder Februar oder März 2009 der 759. Lebensmonat,

– im April oder Mai oder Juni 2009 der 760. Lebensmonat,

– im Juli oder August oder September 2009 der 761. Lebensmonat,

– im Oktober oder November oder Dezember 2009 der 762. Lebensmonat,

– im Jänner oder Februar oder März 2010 der 763. Lebensmonat,

– im April oder Mai oder Juni 2010 der 764. Lebensmonat,

– im Juli oder August oder September 2010 der 765. Lebensmonat,

– im Oktober oder November oder Dezember 2010 der 766. Lebensmonat,

– im Jänner oder Februar oder März 2011 der 767. Lebensmonat,

– im April oder Mai oder Juni 2011 der 768. Lebensmonat,

– im Juli oder August oder September 2011 der 769. Lebensmonat,

– im Oktober oder November oder Dezember 2011 der 770. Lebensmonat,

– im Jänner oder Februar oder März 2012 der 771. Lebensmonat,

– im April oder Mai oder Juni 2012 der 772. Lebensmonat,

– im Juli oder August oder September 2012 der 773. Lebensmonat,

– im Oktober oder November oder Dezember 2012 der 774. Lebensmonat,

– im Jänner oder Februar oder März 2013 der 775. Lebensmonat,

– im April oder Mai oder Juni 2013 der 776. Lebensmonat,

– im Juli oder August oder September 2013 der 777. Lebensmonat,

– im Oktober oder November oder Dezember 2013 der 778. Lebensmonat,

– im Jänner oder Februar oder März 2014 der 779. Lebensmonat,

– im April oder Mai oder Juni 2014 der 780. Lebensmonat;

2. an die Stelle des 678. Lebensmonates, wenn die Versicherte diesen Lebensmonat vollendet

– im Juli oder August oder September 2004 der 680. Lebensmonat,

– im Oktober oder November oder Dezember 2004 der 682. Lebensmonat,

– im Jänner oder Februar oder März 2005 der 683. Lebensmonat,

– im April oder Mai oder Juni 2005 der 684. Lebensmonat,

– im Juli oder August oder September 2005 der 685. Lebensmonat,

– im Oktober oder November oder Dezember 2005 der 686. Lebensmonat,

– im Jänner oder Februar oder März 2006 der 687. Lebensmonat,

– im April oder Mai oder Juni 2006 der 688. Lebensmonat,

– im Juli oder August oder September 2006 der 689. Lebensmonat,

– im Oktober oder November oder Dezember 2006 der 690. Lebensmonat,

– im Jänner oder Februar oder März 2007 der 691. Lebensmonat,

– im April oder Mai oder Juni 2007 der 692. Lebensmonat,

– im Juli oder August oder September 2007 der 693. Lebensmonat,

– im Oktober oder November oder Dezember 2007 der 694. Lebensmonat,

– im Jänner oder Februar oder März 2008 der 695. Lebensmonat,

– im April oder Mai oder Juni 2008 der 696. Lebensmonat,

– im Juli oder August oder September 2008 der 697. Lebensmonat,

– im Oktober oder November oder Dezember 2008 der 698. Lebensmonat,

– im Jänner oder Februar oder März 2009 der 699. Lebensmonat,

– im April oder Mai oder Juni 2009 der 700. Lebensmonat,

– im Juli oder August oder September 2009 der 701. Lebensmonat,

- im Oktober oder November oder Dezember 2009 der 702. Lebensmonat,
- im Jänner oder Februar oder März 2010 der 703. Lebensmonat,
- im April oder Mai oder Juni 2010 der 704. Lebensmonat,
- im Juli oder August oder September 2010 der 705. Lebensmonat,
- im Oktober oder November oder Dezember 2010 der 706. Lebensmonat,
- im Jänner oder Februar oder März 2011 der 707. Lebensmonat,
- im April oder Mai oder Juni 2011 der 708. Lebensmonat,
- im Juli oder August oder September 2011 der 709. Lebensmonat,
- im Oktober oder November oder Dezember 2011 der 710. Lebensmonat,
- im Jänner oder Februar oder März 2012 der 711. Lebensmonat,
- im April oder Mai oder Juni 2012 der 712. Lebensmonat,
- im Juli oder August oder September 2012 der 713. Lebensmonat,
- im Oktober oder November oder Dezember 2012 der 714. Lebensmonat,
- im Jänner oder Februar oder März 2013 der 715. Lebensmonat,
- im April oder Mai oder Juni 2013 der 716. Lebensmonat,
- im Juli oder August oder September 2013 der 717. Lebensmonat,
- im Oktober oder November oder Dezember 2013 der 718. Lebensmonat,
- im Jänner oder Februar oder März 2014 der 719. Lebensmonat,
- im April oder Mai oder Juni 2014 der 720. Lebensmonat;

(BGBl I 2012/35)

3. an die Stelle der 450 Versicherungsmonate (Z 2 lit. a) bzw. an die Stelle der 420 Beitragsmonate (Z 2 lit. b) für

   a) Versicherungsfälle, in denen der Stichtag im Kalenderjahr 2013 liegt, der Erwerb von mindestens 456 derartigen Versicherungsmonaten bzw. 426 derartigen Beitragsmonaten,

   b) Versicherungsfälle, in denen der Stichtag im Kalenderjahr 2014 liegt, der Erwerb von mindestens 462 derartigen Versicherungsmonaten bzw. 432 derartigen Beitragsmonaten,

   c) Versicherungsfälle, in denen der Stichtag im Kalenderjahr 2015 liegt, der Erwerb von mindestens 468 derartigen Versicherungsmonaten bzw. 438 derartigen Beitragsmonaten,

   d) Versicherungsfälle, in denen der Stichtag im Kalenderjahr 2016 liegt, der Erwerb

   von mindestens 474 derartigen Versicherungsmonaten bzw. 444 derartigen Beitragsmonaten,

   e) Versicherungsfälle, in denen der Stichtag im Kalenderjahr 2017 liegt, der Erwerb von mindestens 480 derartigen Versicherungsmonaten bzw. 450 derartigen Beitragsmonaten.

(BGBl I 2012/35)

(10a) Personen, die die Anspruchsvoraussetzungen für die vorzeitige Alterspension bei langer Versicherungsdauer nach Abs. 10 – mit Ausnahme der Voraussetzung des Fehlens einer die Pflichtversicherung begründenden Erwerbstätigkeit am Stichtag (§ 131 Abs. 1 Z 4) – unter Annahme einer früheren Antragstellung bereits erfüllt haben, bleibt dieser Pensionsanspruch gewahrt.

(BGBl I 2012/35)

(11) In Fällen des Abs. 10, in denen eine vorzeitige Alterspension nach § 131 Abs. 2 weggefallen ist, ist die Leistung – mit Ausnahme eines besonderen Steigerungsbetrages (§ 141) – mit dem Monatsersten nach dem Erreichen des Regelpensionsalters von Amts wegen neu festzustellen; dabei ist die Leistung für jeden Monat, in dem die vorzeitige Alterspension weggefallen ist, um 0,55 % zu erhöhen. Fällt der Zeitpunkt der Erreichung des Regelpensionsalters selbst auf einen Monatsersten, so gilt dieser Tag als Monatserster im Sinne des ersten Satzes. Bei der Ermittlung der Witwen(Witwer)pension nach § 145 Abs. 1 Z 5 ist der erste Satz so anzuwenden, dass die Leistung von Amts wegen zum Zeitpunkt des Todes neu festzustellen ist.

(BGBl I 2003/145, BGBl I 2004/142, BGBl I 2010/62)

(12) Auf männliche Versicherte, die vor dem 1. Jänner 1954 geboren sind, und auf weibliche Versicherte, die vor dem 1. Jänner 1959 geboren sind, sind die am 31. Dezember 2003 geltenden Bestimmungen über die vorzeitige Alterspension bei langer Versicherungsdauer – mit Ausnahme der §§ 50 Abs. 1, 122, 123, 139 und 143 (die in der jeweils geltenden Fassung anzuwenden sind) – so anzuwenden, dass abweichend von § 131 Abs. 1

1. an die Stelle des 738. Lebensjahr das 60. Lebensjahr tritt, wenn und sobald der Versicherte 540 Beitragsmonate erworben hat,

2. an die Stelle des 678. Lebensmonates das 55. Lebensjahr tritt, wenn und sobald die Versicherte 480 Beitragsmonate erworben hat;

dabei gilt § 119 Z 1 mit der Maßgabe, dass Zeiten der freiwilligen Versicherung den Ersatzzeiten vorgehen; weiters sind als Beitragsmonate zu berücksichtigen:

- bis zu 60 Ersatzmonate für Zeiten der Kindererziehung (§§ 116a oder 116b dieses Bundesgesetzes oder §§ 227a oder 228a ASVG oder §§ 107a oder 107b BSVG), die sich nicht mit Beitragsmonaten decken,

- Ersatzmonate wegen eines Anspruches auf Wochengeld (§ 227 Abs. 1 Z 3 ASVG), die sich nicht mit Ersatzmonaten nach § 227a ASVG oder nach § 228a ASVG decken,

– Ersatzmonate für Zeiten eines Präsenz- oder Zivildienstes (§ 116 Abs. 1 Z 3 dieses Bundesgesetzes oder § 227 Abs. 1 Z 7 und 8 ASVG oder § 107 Abs. 1 Z 3 BSVG),

(BGBl I 2017/125)

– Ersatzmonate wegen eines Krankengeldbezuges (§ 227 Abs. 1 Z 6 ASVG),

– Ersatzmonate nach § 116 Abs. 1 Z 1 dieses Bundesgesetzes und nach § 107 Abs. 1 Z 1 BSVG, wenn für sie ein Beitrag in der Höhe von 22,8 % der dreißigfachen Mindestbeitragsgrundlage nach § 76a Abs. 3 ASVG je Ersatzmonat unter sinngemäßer Anwendung des § 116 Abs. 10 entrichtet wird.

(BGBl I 2010/111)

§ 139 Abs. 2 in der Fassung des Bundesgesetzes BGBl. I Nr. 71/2003 ist – abweichend von Abs. 14 erster Satz – so anzuwenden, dass das Ausmaß von 1,78 Steigerungspunkten bis zum Ablauf des Jahres 2007 durch zwei Steigerungspunkte, im Jahr 2008 durch 1,95 Steigerungspunkte, im Jahr 2009 durch 1,90 Steigerungspunkte und im Jahr 2010 durch 1,85 Steigerungspunkte ersetzt wird; Abs. 14 zweiter und dritter Satz sind anzuwenden. § 139 Abs. 4 ist nicht anzuwenden, wenn die Anspruchsvoraussetzungen – mit Ausnahme der Voraussetzung des Fehlens einer die Pflichtversicherung begründenden Erwerbstätigkeit am Stichtag (§ 131 Abs. 1 Z 4) – bis zum Ablauf des 31. Dezember 2013 erfüllt sind. Ab 1. Jänner 2014 ist § 139 Abs. 4 so anzuwenden, dass an die Stelle des Regelpensionsalters das jeweils geltende Anfallsalter für die vorzeitige Alterspension bei langer Versicherungsdauer tritt; Abs. 11 ist entsprechend anzuwenden. Die Rechtskraft bereits ergangener Entscheidungen steht dem nicht entgegen.

(BGBl I 2003/145, BGBl I 2004/142, BGBl I 2007/31, BGBl I 2008/129, BGBl I 2010/111)

(13) Personen, die die Anspruchsvoraussetzungen für die vorzeitige Alterspension bei langer Versicherungsdauer nach Abs. 12 – mit Ausnahme der Voraussetzung des Fehlens einer die Pflichtversicherung begründenden Erwerbstätigkeit am Stichtag (§ 131 Abs. 1 Z 4) – in einem der in Abs. 12 viertletzter Satz genannten Kalenderjahre erfüllen, bleiben die für das jeweilige Kalenderjahr angeführten Steigerungspunkte gewahrt.

(BGBl I 2003/145, BGBl I 2004/142, BGBl I 2005/132)

(13a) Abs. 12 ist auch auf männliche Versicherte, die nach dem 31. Dezember 1953 und vor dem 1. Jänner 1959 und auf weibliche Versicherte, die nach dem 31. Dezember 1958 und vor dem 1. Jänner 1964 geboren sind, anzuwenden, wenn die persönliche Arbeitsleistung des (der) Versicherten zur Aufrechterhaltung des Betriebes notwendig war und der (die) Versicherte mindestens 120 Beitragsmonate innerhalb der letzten 240 Kalendermonate vor dem Stichtag (§ 113 Abs. 2) auf Grund von Tätigkeiten, die unter körperlich oder psychisch be-

sonders belastenden Bedingungen erbracht wurden (§ 607 Abs. 14 ASVG), erworben hat.[a] Abweichend von Abs. 12 vorletzter Satz ist § 139 Abs. 4 in der Fassung des Bundesgesetzes BGBl. I Nr. 71/2003 so anzuwenden, dass an die Stelle von 4,2 % der Wert von 1,8 % und an die Stelle von 0,35 % der Wert von 0,15 % tritt.

(BGBl I 2004/142, BGBl I 2006/130, BGBl I 2007/31, BGBl I 2008/129)

---

[a] Siehe VO im Anhang.

(13b) Personen, die die Anspruchsvoraussetzungen für eine vorzeitige Alterspension nach Abs. 13a – mit Ausnahme der Voraussetzung des Fehlens einer die Pflichtversicherung begründenden Erwerbstätigkeit am Stichtag (§ 131 Abs. 1 Z 4) – unter Annahme einer früheren Antragstellung bereits erfüllt haben, bleibt dieser Pensionsanspruch gewahrt.

(BGBl I 2007/31)

(14) § 139 Abs. 2 in der Fassung des Bundesgesetzes BGBl. I Nr. 71/2003 ist nur auf Versicherungsfälle anzuwenden, in denen der Stichtag nach dem 31. Dezember 2003 liegt, und zwar so, dass das Ausmaß von 1,78 Steigerungspunkten ersetzt wird durch

1. 1,96 Steigerungspunkte bei Stichtagen im Kalenderjahr 2004,
2. 1,92 Steigerungspunkte bei Stichtagen im Kalenderjahr 2005,
3. 1,88 Steigerungspunkte bei Stichtagen im Kalenderjahr 2006,
4. 1,84 Steigerungspunkte bei Stichtagen im Kalenderjahr 2007,
5. 1,80 Steigerungspunkte bei Stichtagen im Kalenderjahr 2008.

Die Leistung, mit Ausnahme eines besonderen Steigerungsbetrages (§ 141), darf in diesen Fällen 80% der höchsten zur Anwendung kommenden Bemessungsgrundlage (§§ 122 Abs. 1, 123 Abs. 1, 126) nicht übersteigen. Liegen jedoch mehr als 45 Versicherungsjahre vor, so beträgt die Leistung jenes Prozentausmaß der höchsten zur Anwendung kommenden Bemessungsgrundlage, das sich aus § 139 Abs. 2 in der Fassung des Bundesgesetzes BGBl. I Nr. 71/2003 ergibt.

(14a) Auf Personen, die die Anspruchsvoraussetzungen für die Alterspension oder für die vorzeitige Alterspension bei langer Versicherungsdauer – mit Ausnahme der Voraussetzung des Fehlens einer die Pflichtversicherung begründenden Erwerbstätigkeit am Stichtag (§ 131 Abs. 1 Z 4) – in einem der in Abs. 14 Z 1 bis 5 genannten Kalenderjahre erfüllen, sind die in der jeweiligen Ziffer des Abs. 14 angeführten Steigerungspunkte abweichend von § 139 Abs. 2 in der Fassung des Bundesgesetzes BGBl. I Nr. 71/2003 anzuwenden.

(14b) § 139 Abs. 3 in der Fassung des Bundesgesetzes BGBl. I Nr. 71/2003 ist nur auf Versicherungsfälle anzuwenden, in denen der Stichtag nach dem 31. Dezember 2003 liegt, jedoch tritt an

die Stelle des 60. Lebensjahres bei Versicherungsfällen mit Stichtag
–   im Kalenderjahr 2004 der 685. Lebensmonat,
–   im Kalenderjahr 2005 der 692. Lebensmonat,
–   im Kalenderjahr 2006 der 699. Lebensmonat,
–   im Kalenderjahr 2007 der 706. Lebensmonat,
–   im Kalenderjahr 2008 der 713. Lebensmonat.

(15) § 145 Abs. 1 Z 1 und 2 in der am 31. Dezember 2003 geltenden Fassung ist weiterhin auf Versicherungsfälle anzuwenden, in denen der Stichtag nach dem 31. Dezember 2003 liegt, und zwar so, dass an die Stelle des 738. bzw. 678. Lebensmonates die in Abs. 10 Z 1 und 2 angeführten Lebensmonate – für das jeweilige Quartal – treten.

(16) Abweichend von § 149 Abs. 7 dritter Satz in der Fassung des Bundesgesetzes BGBl. I Nr. 71/2003 gilt für die Ermittlung des Ausgleichszulage als monatliches Einkommen
a)   im Jahr 2004 ein Betrag von 26%,
b)   im Jahr 2005 ein Betrag von 25%,
c)   im Jahr 2006 ein Betrag von 23%,
d)   im Jahr 2007 ein Betrag von 22%,
e)   im Jahr 2008 ein Betrag von 21%
des jeweiligen Richtsatzes.

(BGBl I 2003/145)

(17) Der Versicherungsträger wird in den Jahren 2004 bis 2006 ermächtigt, in den Richtlinien nach § 44 Abs. 4 zum Ausgleich besonderer Härten durch die ab 1. Jänner 2004 geltende neue Pensionsberechnung und die Anhebung des Pensionsanfallsalters (Abs. 10) vorzusehen, dass dem (der) Versicherten auf Antrag eine Unterstützung nach pflichtgemäßem Ermessen des Versicherungsträgers und durch Beschluss der Selbstverwaltung zuerkannt wird. Die Höhe dieser Unterstützung ist im Einzelfall unter sinngemäßer Anwendung des § 164, die Dauer mit dem Zeitraum, der sich jeweils aus der Anhebung des Pensionsanfallsalters nach Abs. 10 ergibt, zu begrenzen. Abweichend von § 44 Abs. 2 können in einzelnen Jahren zusätzliche Mittel an den Unterstützungsfonds im Höchstausmaß von 0,5 vT der Erträge an Beiträgen für Versicherte überwiesen werden.

(18) Bei Pensionen mit Stichtag nach dem 31. Dezember 2003 (Neupensionen) ist eine Vergleichsberechnung vorzunehmen. Zu diesem Zweck ist zum Stichtag (§ 113 Abs. 2) eine Vergleichspension unter Anwendung der am 31. Dezember 2003 in Geltung gestandenen Rechtslage zu ermitteln; dabei sind die §§ 108 Abs. 8 letzter Satz ASVG und 273 Abs. 18a viertletzter bis letzter Satz nicht anzuwenden. Die Vergleichspension ist der Neupension gegenüberzustellen. Ist die Neupension im jeweils angeführten Kalenderjahr um mehr als den in der linken Spalte genannten Prozentsatz niedriger als die Vergleichspension, so gilt der in der rechten Spalte genannte Prozentsatz der Vergleichspension als die gebührende Pension:

–   im Jahr 2004: 5 % .... 95 %,
–   im Jahr 2005: 5,25 % .... 94,75 %,
–   im Jahr 2006: 5,50 % .... 94,50 %,
–   im Jahr 2007: 5,75 % .... 94,25 %,
–   im Jahr 2008: 6 % .... 94 %,
–   im Jahr 2009: 6,25 % .... 93,75 %,
–   im Jahr 2010: 6,50 % .... 93,50 %,
–   im Jahr 2011: 6,75 % .... 93,25 %,
–   im Jahr 2012: 7 % .... 93 %
–   im Jahr 2013: 7,25 % .... 92,75 %,
–   im Jahr 2014: 7,50 % .... 92,50 %,
–   im Jahr 2015: 7,75 % .... 92,25 %,
–   im Jahr 2016: 8 % .... 92 %,
–   im Jahr 2017: 8,25 % .... 91,75 %,
–   im Jahr 2018: 8,50 % .... 91,50 %,
–   im Jahr 2019: 8,75 % .... 91,25 %,
–   im Jahr 2020: 9 % .... 91 %,
–   im Jahr 2021: 9,25 % .... 90,75 %,
–   im Jahr 2022: 9,50 % .... 90,50 %,
–   im Jahr 2023: 9,75 % .... 90,25 %,
–   ab dem Jahr 2024: 10 % .... 90%.

Die Rechtskraft bereits ergangener Entscheidungen steht dem nicht entgegen. Personen, die die Anspruchsvoraussetzungen für eine Alterspension (Knappschaftsalterspension) oder eine vorzeitige Alterspension bei langer Versicherungsdauer (vorzeitige Knappschaftsalterspension bei langer Versicherungsdauer) – mit Ausnahme der Voraussetzung des Fehlens einer die Pflichtversicherung begründenden Erwerbstätigkeit am Stichtag (§ 131 Abs. 1 Z 4) – in einem der angeführten Kalenderjahre erfüllen, bleiben die dem jeweiligen Kalenderjahr zugeordneten Prozentsätze gewahrt.

(BGBl I 2003/145, BGBl I 2004/142)
(BGBl I 2003/71)

Schlussbestimmung zu Art. 74 Teil 3 des
Budgetbegleitgesetzes 2003, BGBl. I Nr. 71

§ 299. Die §§ 43a, 197 Abs. 5 Z 2 und 3, 198 Abs. 1 bis 3, 200 Abs. 2 bis 5, 209 Abs. 4, 216 Abs. 1 und 4, 218 Abs. 3, 218a, 219 Abs. 1 und 3, 220 Abs. 1 bis 3, 221, 222, 223 Abs. 1 und 3, 224, 226 Abs. 1, 227, 227a Abs. 2 und 3 und 230 Abs. 4 in der Fassung des Bundesgesetzes BGBl. I Nr. 71/2003 treten rückwirkend mit 1. Mai 2003 in Kraft.

(BGBl I 2003/71)

Schlussbestimmung zu Art. 2 Teil 1 des
Bundesgesetzes BGBl. I Nr. 145/2003
(28. Novelle)

§ 300. Die §§ 25 Abs. 6a und 92 Abs. 3 in der Fassung des Bundesgesetzes BGBl. I Nr. 145/2003 treten mit 1. Jänner 2004 in Kraft.

(BGBl I 2003/145)

Schlussbestimmungen zu Art. 2 Teil 2 des
Bundesgesetzes BGBl. I Nr. 145/2003
(28. Novelle)

§ 301. (1) Es treten in Kraft:

1. mit 1. Jänner 2004 die §§ 5 Abs. 4, 25 Abs. 2 Z 3, 33a Abs. 1 und 2, 60 Abs. 1, 71 Abs. 2, 116 Abs. 7, 117a, 120 Abs. 2 lit. a, 132 Abs. 5, 133 Abs. 6, 139 Abs. 7, 162 Abs. 4, 172 Abs. 5, 176, 185 Abs. 1, 215 Abs. 1, 230 Abs. 3a und 4a, 297 sowie 298 Abs. 1, 2, 7, 8a, 9, 11 bis 13, 13b, 16 und 18 in der Fassung des Bundesgesetzes BGBl. I Nr. 145/2003;

2. rückwirkend mit 1. November 2003 die §§ 116a Abs. 6 und 116b Abs. 3 in der Fassung des Bundesgesetzes BGBl. I Nr. 145/2003.

(2) Es treten außer Kraft:

1. mit Ablauf des 31. Dezember 2003 § 143a Abs. 2;

2. mit Ablauf des 31. Oktober 2003 § 116b Abs. 4.

(3) Anträge auf Verminderung der Beitragsgrundlage um Sanierungsgewinne nach § 25 Abs. 2 Z 3 in der Fassung des Bundesgesetzes BGBl. I Nr. 145/2003 können erstmals für die Beitragsgrundlage des Jahres 2004 gestellt werden.

(4) § 230 Abs. 3a in der Fassung des Bundesgesetzes BGBl. I Nr. 145/2003 gilt nur für Bestellungen, die nach dem 31. Dezember 2003 erfolgen.

(5) § 230 Abs. 4a in der Fassung des Bundesgesetzes BGBl. I Nr. 145/2003 gilt nur für Bestellungen, die nach dem 31. Dezember 2003 erfolgen; eine solche Neubestellung darf erst dann vorgenommen werden, wenn die bereits vor dem 1. Jänner 2004 bestellten ständigen StellvertreterInnen des (der) leitenden Angestellten und des leitenden Arztes (der leitenden Ärztin) aus ihrer Funktion ausgeschieden sind.

(BGBl I 2003/145)

Einmalzahlung für das Jahr 2004

§ 302. (1) Der Versicherungsträger wird im Jahr 2004 ermächtigt, in den Richtlinien nach § 44 Abs. 4 zum Ausgleich der Auswirkungen nach § 29 Abs. 1 erster Satz in Verbindung mit § 297 Abs. 3 sowie für BezieherInnen von Waisenpensionen Folgendes vorzusehen: Den im § 29 Abs. 1 erster Satz genannten Personen, auf die § 297 Abs. 3 anzuwenden ist, sowie den Beziehern und Bezieherinnen von Waisenpensionen ist ohne Antragstellung eine Einmalzahlung zuzuerkennen, wenn ihr Gesamtpensionseinkommen im Jänner 2004 nach Anwendung des § 3 der Verordnung BGBl. II Nr. 598/2003 den Betrag von 780 € nicht übersteigt. Die Einmalzahlung ist mit 0,6 % des vierzehnfachen Gesamtpensionseinkommens nach Abs. 4 begrenzt; sie ist ehestmöglich, spätestens jedoch zum 1. Juni 2004 auszuzahlen.

(2) Ergibt sich trotz Anwendung des Abs. 1 ein Unterschiedsbetrag zwischen der Jahresnettopension 2003 einschließlich des Wertausgleiches und der Jahresnettopension 2004, so erhöht sich die Einmalzahlung um diesen Unterschiedsbetrag.

(3) Abweichend von § 44 Abs. 2 sind im Jahr 2004 die für Einmalzahlungen notwendigen zusätzlichen Mittel an den Unterstützungsfonds bundesbeitragswirksam zu überweisen.

(4) Gesamtpensionseinkommen im Sinne des Abs. 1 ist die Summe aller Pensionen aus der gesetzlichen Pensionsversicherung, auf die im Jänner 2004 Anspruch besteht.

(5) Die Einmalzahlung gilt als Nettoeinkommen im Sinne des § 149 Abs. 3. Von der Einmalzahlung sind keine Beiträge zur Krankenversicherung zu entrichten.

(BGBl I 2004/18)

Ersatzanspruch des Landes

§ 303. (1) Hat der Versicherungsträger von der Ermächtigung nach § 302 Gebrauch gemacht, so hat er der Dienststelle eines Landes, die eine der Einmalzahlung vergleichbare Leistung erbracht hat, die erbrachte Leistung bis zur Höhe des nach § 302 Abs. 1 vorgesehenen Betrages zu ersetzen, dies die Dienststelle eines Landes beim Versicherungsträger unter Angabe der Höhe der erbrachten Leistung samt Namen und Versicherungsnummer des Leistungsbeziehers (der Leistungsbezieherin) bis längstens 1. April 2004 geltend macht.

(2) Der Versicherungsträger hat die Beträge, die er zur Befriedigung des Ersatzanspruches nach Abs. 1 aufgewendet hat, von der Einmalzahlung nach § 302 abzuziehen. Die Zustimmung des Leistungsbeziehers (der Leistungsbezieherin) ist hiefür nicht erforderlich.

(BGBl I 2004/18)

Schlussbestimmung zu Art. 2 des 2. Sozialversicherungs-Änderungsgesetzes 2004, BGBl. I Nr. 78

§ 304. § 145 Abs. 2 bis 6a in der Fassung des Bundesgesetzes BGBl. I Nr. 78/2004 tritt mit 1. Juli 2004 in Kraft und ist auf Versicherungsfälle des Todes anzuwenden, die nach dem 1. Juni 2004 eingetreten sind.

(BGBl I 2004/78)

Schlussbestimmung zu Art. 2 des Sozialrechts-Änderungsgesetzes 2004, BGBl. I Nr. 105

§ 305. Die §§ 4 Abs. 1 Z 7 lit. b, 5 Abs. 2, 25 Abs. 6a, 145 Abs. 1 Z 1, 229d sowie 298 Abs. 2 Z 2 und Abs. 9a in der Fassung des Bundesgesetzes BGBl. I Nr. 105/2004 treten mit 1. Juli 2004 in Kraft.

(BGBl I 2004/105)

Schlussbestimmungen zu Art. 3 des Bundesgesetzes BGBl. I Nr. 142/2004 (29. Novelle)

§ 306. (1) Es treten in Kraft:

1. mit 1. Jänner 2005 die §§ 1a samt Überschrift, 1b, 3 Abs. 3, 6 Abs. 3 Z 4, 7 Abs. 2 Z 4, 13a samt Überschrift, 14 Abs. 1, 18 Abs. 3a, 25 Abs. 4a, 26 Abs. 4 und 5, 26a, 27, 27e samt Überschrift, 32a samt Überschrift, 34, 47 samt Überschrift, 115 Abs. 1 Z 3, 116 Überschrift sowie Abs. 1 und 7, 116a Überschrift sowie Abs. 1 und 3, 118 Abs. 2 lit. i und j, 119 Z 1, 119a Abs. 1 und 2, 127 Abs. 8, 127b

Überschrift und Abs. 1 bis 3, 132 Abs. 1 Z 3 und 164 Abs. 2 sowie die Überschrift zum 3. Unterabschnitt des Abschnittes III des Zweiten Teiles in der Fassung des Bundesgesetzes BGBl. I Nr. 142/2004;

2. rückwirkend mit 1. Juli 2004 § 145 Abs. 5 Z 3 lit. e und Abs. 7b in der Fassung des Bundesgesetzes BGBl. I Nr. 142/2004;

3. rückwirkend mit 1. Jänner 2004 § 298 Abs. 11 bis 13b und 18 in der Fassung des Bundesgesetzes BGBl. I Nr. 142/2004.

(2) Die §§ 25a Abs. 2 und 156a treten mit Ablauf des 31. Dezember 2004 außer Kraft.

(2a) § 298 Abs. 13b tritt mit 1. Jänner 2004 außer Kraft.

(3) Auf Personen, die vor dem 1. Jänner 1955 geboren sind, ist § 3 Abs. 3 in der Fassung des Bundesgesetzes BGBl. I Nr. 142/2004 nicht anzuwenden; für diese Personen gelten weiterhin die §§ 116 und 116a.

(BGBl I 2005/132)

(3a) Auf Personen, die vor dem 1. Jänner 1955 geboren sind, ist § 26 Abs. 4 und 5 in der am 31. Dezember 2004 geltenden Fassung weiterhin anzuwenden.

(BGBl I 2005/132)

(4) Abweichend von § 27e Z 2 in der Fassung des Bundesgesetzes BGBl. I Nr. 142/2004 sind die Beiträge für Teilversicherte nach § 3 Abs. 3 Z 4 in den Jahren 2005 bis einschließlich 2009 zu gleichen Teilen aus Mitteln des Familienlastenausgleichsfonds und aus Mitteln des Bundes zu tragen.

(5) Abweichend von § 29 Abs. 1 beläuft sich der einzubehaltende Betrag im Kalenderjahr 2005 auf 4,25 % der auszuzahlenden Leistung, wenn es sich dabei um eine Direktpension mit einem im Jahr 2004 liegenden Stichtag oder um eine Hinterbliebenenpension handelt, die von einer Pension mit einem im Jahr 2004 liegenden Stichtag abgeleitet wird.

(6) Auf Personen, die vor dem 1. Jänner 1955 geboren sind, ist § 33 Abs. 1 in der am 31. Dezember 2004 geltenden Fassung weiterhin anzuwenden.

(BGBl I 2005/132)

(6a) § 34 Abs. 1 in der bis zum Ablauf des 31. Dezember 2004 geltenden Fassung bleibt für Geschäftsjahre, die vor dem 1. Jänner 2005 liegen, weiterhin anwendbar.

(7) Abweichend von § 116 Abs. 7 in der Fassung des Bundesgesetzes BGBl. I Nr. 142/2004 sind nach dem 31. Dezember 2004 gelegene Monate des Besuches einer Bildungseinrichtung nach dieser Bestimmung weiterhin als Versicherungsmonate für die Erfüllung der Wartezeit für Leistungen aus dem Versicherungsfall des Todes zu berücksichtigen.

(8) § 127b Abs. 1 und 2 in der am 31. Dezember 2004 geltenden Fassung ist weiterhin auf Beiträge anzuwenden, die für Beitragszeiträume vor dem 1. Jänner 2005 entrichtet wurden.

(9) Abweichend von § 130 Abs. 1 in der am 31. Dezember 2004 geltenden Fassung bestimmt

sich das Anfallsalter für weibliche Versicherte, die das 60. Lebensjahr am oder nach dem 1. Jänner 2024 vollenden, nach § 3 des Bundesverfassungsgesetzes über unterschiedliche Altersgrenzen von männlichen und weiblichen Sozialversicherten, BGBl. Nr. 832/1992.

(10) § 298 Abs. 12 erster Satz ist auch auf männliche Versicherte, die nach dem 31. Dezember 1953 geboren sind, und auf weibliche Versicherte, die nach dem 31. Dezember 1958 geboren sind, so anzuwenden, dass

1. bei männlichen Versicherten an die Stelle des 738. Lebensmonates nicht das 60. Lebensjahr, sondern das 62. Lebensjahr tritt;

2. bei weiblichen Versicherten an die Stelle des 678. Lebensmonates nicht das 55. Lebensjahr, sondern das in der rechten Spalte genannte Lebensjahr tritt:

a) 1. Jänner 1959 bis 31. Dezember 1959 57. Lebensjahr;

b) 1. Jänner 1960 bis 31. Dezember 1960 58. Lebensjahr;

c) 1. Jänner 1961 bis 31. Dezember 1961 59. Lebensjahr;

d) 1. Jänner 1962 bis 1. Dezember 1963 60. Lebensjahr;

e) 2. Dezember 1963 bis 1. Juni 1964 60,5. Lebensjahr;

f) 2. Juni 1964 bis 1. Dezember 1964 61. Lebensjahr;

g) 2. Dezember 1964 bis 1. Juni 1965 61,5. Lebensjahr;

h) ab 2. Juni 1965 62. Lebensjahr;

3. bei weiblichen Versicherten statt 480 Beitragsmonaten

– bei Personen nach Z 2 lit. a 504 Beitragsmonate,

– bei Personen nach Z 2 lit. b 516 Beitragsmonate,

– bei Personen nach Z 2 lit. c 528 Beitragsmonate,

– bei Personen nach Z 2 lit. d bis h 540 Beitragsmonate

erforderlich sind;

4. als Beitragsmonate lediglich Beitragsmonate auf Grund einer Erwerbstätigkeit sowie die im ersten bis dritten Teilstrich des § 298 Abs. 12 genannten Ersatzmonate zu berücksichtigen sind.

Als Beitragsmonate auf Grund einer Erwerbstätigkeit gelten auch folgende Versicherungsmonate nach § 3 Abs. 1 Z 2 APG:

– Versicherungsmonate nach § 8 Abs. 1 Z 2 lit. a ASVG,

– Versicherungsmonate nach § 8 Abs. 1 Z 2 lit. d und e ASVG, § 3 Abs. 3 Z 1 und 2 dieses Bundesgesetzes und § 4a Abs. 1 Z 1 und 2 BSVG,

(BGBl I 2017/125)

– bis zu 60 Versicherungsmonate nach § 8 Abs. 1 Z 2 lit. g ASVG, § 3 Abs. 3 Z 4 dieses Bundesgesetzes und § 4a Abs. 1 Z 4 BSVG, die sich nicht mit Zeiten einer Pflichtversicherung in der Pensionsversicherung auf Grund einer Erwerbstätigkeit decken.

Die Höchstgrenze von 60 Versicherungsmonaten darf auch bei Vorliegen von entsprechenden Ersatzmonaten nach Z 4 nicht überschritten werden. Für Versicherte nach den Z 1 und 2, die die Leistung nach Vollendung des 62. Lebensjahres beanspruchen, ist anstelle des § 139 Abs. 4 die Bestimmung des § 15 Abs. 4 Z 1 APG anzuwenden. § 139 Abs. 4 bzw. § 15 Abs. 4 Z 1 APG ist für die Zeit nach dem 31. Dezember 2023 so anzuwenden, dass an die Stelle des Regelpensionsalters nach § 130 Abs. 1 die jeweils geltende Altersgrenze nach § 3 des Bundesverfassungsgesetzes über unterschiedliche Altersgrenzen von männlichen und weiblichen Sozialversicherten, BGBl. Nr. 832/1992, tritt.

(BGBl I 2007/31, BGBl I 2010/111, BGBl I 2017/125)

(BGBl I 2004/142)

Schlussbestimmungen zu Art. 2 des Bundesgesetzes BGBl. I Nr. 171/2004 (30. Novelle)

§ 307. Es treten in Kraft:

1. mit 1. Jänner 2005 die §§ 87 samt Überschrift, 109 samt Überschrift, 218a und 220 Abs. 1a in der Fassung des Bundesgesetzes BGBl. I Nr. 171/2004;
2. mit 1. Jänner 2008 § 85 Abs. 4a in der Fassung des Bundesgesetzes BGBl. I Nr. 171/2004.

(BGBl I 2004/171)

Schlussbestimmungen zu Art. 4 des Bundesgesetzes BGBl. I Nr. 156/2004

§ 308. (1) § 93 Abs. 2a, 4 und 9 in der Fassung des Bundesgesetzes BGBl. I Nr. 156/2004 tritt mit 1. Jänner 2005 in Kraft.

(2) Die §§ 14f Abs. 1 Z 1 bis 3, 27 Abs. 1 Z 1, 29 Abs. 1 und 2 in der Fassung des Bundesgesetzes BGBl. I Nr. 156/2004 treten mit 1. Jänner 2005 in Kraft.

(BGBl I 2007/101)

(3) § 92 Abs. 3 vierter und fünfter Satz treten mit Ablauf des 31. Dezember 2004 außer Kraft.

(BGBl I 2004/156)

Schlussbestimmungen zu Art. 3 des Bundesgesetzes BGBl. I Nr. 179/2004

§ 309. (1) Die §§ 86 Abs. 1, 91 Abs. 2, 97 samt Überschrift, 160 Abs. 3, 182a und 190 Abs. 1 in der Fassung des Bundesgesetzes BGBl. I Nr. 179/2004 treten mit 1. Jänner 2005 in Kraft.

(2) § 288 Abs. 3 tritt mit Ablauf des 31. Dezember 2004 außer Kraft.

(3) (aufgehoben)

(BGBl I 2007/101)

(4) Die landesgesetzlichen Ausführungsbestimmungen zu den §§ 97 und 160 Abs. 3 in der Fassung des Bundesgesetzes BGBl. Nr. 179/2004 sind innerhalb von sechs Monaten zu erlassen und rückwirkend mit 1. Jänner 2005 in Kraft zu setzen.

(BGBl I 2004/179)

Schlussbestimmung zu Art. 2 des Bundesgesetzes BGBl. I Nr. 71/2005

§ 310. Die §§ 7 Abs. 1 Z 5 und 149 Abs. 4 lit. m in der Fassung des Bundesgesetzes BGBl. I Nr. 71/2005 treten mit 1. Juli 2005 in Kraft.

(BGBl I 2005/71)

Schlussbestimmungen zu Art. 2 des Bundesgesetzes BGBl. I Nr. 132/2005 (31. Novelle)

§ 311. (1) Es treten in Kraft:

1. mit 1. Jänner 2006 die §§ 26 Abs. 1, 3, 4 Schlussteil und 5 bis 7, 35 Abs. 5a, 35a Abs. 4, 35b Abs. 1 bis 5, 36 Abs. 1 und 4, 40a samt Überschrift, 60 Abs. 1, 115 Abs. 1 Z 1, 116 Abs. 7, 118 Abs. 2 lit. b, 127b Abs. 1, 133 Abs. 3a, 150 Abs. 1 und 298 Abs. 13 in der Fassung des Bundesgesetzes BGBl. I Nr. 132/2005;
2. rückwirkend mit 1. Jänner 2005 die §§ 26 Abs. 4 Z 1, 32a Abs. 1 und 3, 33 Abs. 1, 115 Abs. 1 Z 3, 117, 118 Abs. 2 lit. a, 127b Abs. 2, 172 Abs. 1a, 175 Abs. 2 sowie 306 Abs. 3, 3a und 6 in der Fassung des Bundesgesetzes BGBl. I Nr. 132/2005.

(2) Die §§ 115 Abs. 3 und 132 Abs. 4 treten mit Ablauf des 31. Dezember 2005 außer Kraft, sie sind jedoch auf Verfahren, die an diesem Tag anhängig sind, weiterhin anzuwenden.

(3) Die §§ 35 Abs. 5a, 40a, 115 Abs. 1 Z 1 und Abs. 2 in der Fassung des Bundesgesetzes BGBl. I Nr. 132/2005 sind nicht auf Personen anzuwenden, die Anspruch auf eine Pension mit Stichtag (§ 113 Abs. 2) vor dem 1. Jänner 2006 haben. Beiträge, die nach den bis zum Ablauf des 31. Dezember 2005 geltenden Bestimmungen unwirksam (§ 115 Abs. 1 Z 1) entrichtet wurden, gelten ab 1. Jänner 2006 als wirksam entrichtet.

(4) Für Personen, die vor dem 1. Jänner 1955 geboren sind, ist § 32a Abs. 1 in der Fassung des Bundesgesetzes BGBl. I Nr. 132/2005 so anzuwenden, dass im Fall der Beitragsentrichtung nach Vollendung des 50. Lebensjahres die Beitragsgrundlage mit dem Faktor 1,66 zu vervielfachen ist; an die Stelle dieses Faktors tritt nach Vollendung des 55. Lebensjahres der Faktor 2,22 und nach Vollendung des 60. Lebensjahres der Faktor 2,34. Soweit Personen, die nach dem 31. Dezember 1954 geboren sind, bereits vor dem 1. Jänner 2005 Beiträge nach § 116 Abs. 9 unter Vervielfachung der Beitragsgrundlage mit einem Faktor entrichtet haben, sind ihnen die auf die Vervielfachung entfallenden Beitragsteile bei Anfall einer Direktpensionsleistung – aufgewertet mit dem der zeitlichen Lagerung entsprechenden Aufwertungsfaktor (§ 47) – von Amts wegen zu erstatten; auf Antrag hat die Erstattung schon vor Pensionsanfall zu erfolgen.

(5) Die Richtsätze nach § 150 Abs. 1 lit. a sublit. bb, lit. b und lit. c sublit. bb in der Fassung des Bundesgesetzes BGBl. I Nr. 132/2005 sind abweichend von § 150 Abs. 2 in Verbindung mit § 51 für das Kalenderjahr 2006 nicht zu vervielfachen.

(6) Die Amtsdauer der am 31. Dezember 2005 bestehenden Verwaltungskörper der Sozialversicherungsanstalt der gewerblichen Wirtschaft verlängert sich bis zum Ablauf des 31. Dezember 2007. Abweichend von § 202 währt die Amtsdauer der zum 1. Jänner 2008 zu bildenden Verwaltungskörper drei Jahre.

(BGBl I 2005/132, BGBl I 2006/131)

Schlussbestimmung zu Art. 7 des Bundesgesetzes BGBl. I Nr. 155/2005

§ 312. Die §§ 92 Abs. 2, 94 Abs. 2 und 193 in der Fassung des Bundesgesetzes BGBl. I Nr. 155/2005 treten mit 1. Jänner 2006 in Kraft.

(BGBl I 2005/155, BGBl I 2006/130)

Schlussbestimmungen zu Art. 2 des Bundesgesetzes BGBl. I Nr. 130/2006

§ 313. (1) Es treten in Kraft:

1. mit 1. Juli 2006 die §§ 117a und 117b samt Überschriften, 194 Z 3, 219 Abs. 1 und 1a sowie 230 Abs. 3b und 298 Abs. 13a in der Fassung des Bundesgesetzes BGBl. I Nr. 130/2006;
2. rückwirkend mit 1. Jänner 2006 die §§ 145 Abs. 3 bis 5a und 311 in der Fassung des Bundesgesetzes BGBl. I Nr. 130/2006.

(2) § 145 Abs. 3 bis 5a in der Fassung des Bundesgesetzes BGBl. I Nr. 130/2006 ist auf Versicherungsfälle des Todes anzuwenden, die nach dem 31. Dezember 2005 eingetreten sind. Auf Antrag der Witwe (des Witwers) bis längstens zum Ablauf des 31. Dezember 2008 sind die zitierten Bestimmungen auch auf Versicherungsfälle des Todes anzuwenden, die nach dem 1. Juni 2004 und vor dem 1. Jänner 2006 eingetreten sind; die Rechtskraft bereits ergangener Entscheidungen steht dem nicht entgegen.

(BGBl I 2006/130)

Schlussbestimmungen zu Art. 2 des Bundesgesetzes BGBl. I Nr. 131/2006

§ 314. (1) Es treten in Kraft:

1. mit 1. Juli 2006 die §§ 198 Abs. 1 und 311 Abs. 6 in der Fassung des Bundesgesetzes BGBl. I Nr. 131/2006;
2. mit 1. August 2006 die §§ 10 Abs. 1 Z 3, 27c Abs. 3 Z 2 und 83 Abs. 8 in der Fassung des Bundesgesetzes BGBl. I Nr. 131/2006;
3. mit 1. Jänner 2007 § 2 Abs. 1 Z 2 in der Fassung des Bundesgesetzes BGBl. I Nr. 131/2006;
4. rückwirkend mit 1. Jänner 1999 § 162 Abs. 4 in der Fassung des Bundesgesetzes BGBl. I Nr. 131/2006.

(2) Auf vor dem 1. Jänner 2007 in das Firmenbuch eingetragene Personengesellschaften des Handelsrechts und Erwerbsgesellschaften ist für die Dauer der Firmenfortführung ohne dem nach § 19 Abs. 1 Z 2 und 3 Unternehmensgesetzbuch vorgeschriebenen Rechtsformzusatz weiterhin § 2 Abs. 1 Z 2 in der Fassung des BGBl. Nr. 741/1990 anzuwenden.

(3) Personen, die nach § 83 Abs. 8 in der am 31. Juli 2006 geltenden Fassung als Angehörige anspruchsberechtigt sind und zu diesem Zeitpunkt bereits das 27. Lebensjahr vollendet haben, bleiben weiterhin als Angehörige anspruchsberechtigt, so lange sich der maßgebliche Sachverhalt nicht ändert.

(4) Personen, die nach § 83 Abs. 8 in der am 31. Juli 2006 geltenden Fassung als Angehörige anspruchsberechtigt sind und zu diesem Zeitpunkt das 27. Lebensjahr noch nicht vollendet haben, bleiben weiterhin als Angehörige anspruchsberechtigt, so lange sich der maßgebliche Sachverhalt nicht ändert, längstens jedoch bis zum Ablauf des 31. Dezember 2009.

(BGBl I 2006/131)

Einmalzahlung für das Jahr 2007

§ 315. (1) Allen Personen mit gewöhnlichem Aufenthalt im Inland, die im Jänner 2007 Anspruch auf eine oder mehrere Pensionen haben, gebührt für das Jahr 2007 bei Pensionen bis insgesamt pro Person von 1.380,- € pro Monat eine Einmalzahlung von 60,- €, bei Pensionen bis insgesamt pro Person von 1.920,- € pro Monat eine Einmalzahlung von 45,- € und bei Personen mit insgesamt pro Person höheren Pensionen eine Einmalzahlung von 25,- €. Die Einmalzahlung ist kein Pensionsbestandteil, sie ist aber zusammen mit der jeweils (höchsten) laufenden Pensionszahlung zum 1. Februar 2007 auszuzahlen.

(2) Die Einmalzahlung gilt nicht als Nettoeinkommen im Sinne des § 149 Abs. 3. Von der Einmalzahlung sind keine Beiträge zur Krankenversicherung zu entrichten.

(BGBl I 2006/165)

Schlussbestimmungen zu Art. 2 des Bundesgesetzes BGBl. I Nr. 169/2006

§ 316. (1) § 150 Abs. 1 in der Fassung des Bundesgesetzes BGBl. I Nr. 169/2006 tritt mit 1. Jänner 2007 in Kraft.

(2) Die Richtsätze nach § 150 Abs. 1 in der Fassung des Bundesgesetzes BGBl. I Nr. 169/2006 sind abweichend von § 150 Abs. 2 in Verbindung mit § 51 für das Kalenderjahr 2007 nicht zu vervielfachen.

(3) Personen, die im Jänner 2007 Anspruch auf Ausgleichszulage haben, gebührt keine Einmalzahlung nach § 315. Ergibt sich jedoch auf Grund der Anpassung mit dem Anpassungsfaktor und der Einmalzahlung nach § 315 ein höherer Betrag als auf Grund der Erhöhung der Ausgleichszulagenrichtsätze mit 1. Jänner 2007, so ist der Unterschiedsbetrag als besondere Einmalzahlung

auszuzahlen. Auf die besondere Einmalzahlung ist § 315 Abs. 2 anzuwenden.

(BGBl I 2007/31)

(BGBl I 2006/169)

Schlussbestimmungen zu Art. 2 Teil 1 des Bundesgesetzes BGBl. I Nr. 31/2007 (32. Novelle)

§ 317. (1) Die §§ 83 Abs. 8 und 195 Abs. 1, 3, 5 und 8 in der Fassung des Bundesgesetzes BGBl. I Nr. 31/2007 treten mit 1. Juli 2007 in Kraft.

(2) § 195 Abs. 6 tritt mit Ablauf des 30. Juni 2007 außer Kraft.

(BGBl I 2007/31)

Schlussbestimmungen zu Art. 2 Teil 2 des Bundesgesetzes BGBl. I Nr. 31/2007 (32. Novelle)

§ 318. (1) Es treten in Kraft:

1. mit 1. Juli 2007 die §§ 33 Abs. 10, 298 Abs. 7, 12, 13a und 13b sowie 306 Abs. 10 in der Fassung des Bundesgesetzes BGBl. I Nr. 31/2007;

2. rückwirkend mit 1. Jänner 2007 der § 316 Abs. 3 in der Fassung des Bundesgesetzes BGBl. I Nr. 31/2007;

3. rückwirkend mit 1. Jänner 2006 § 26a in der Fassung des Bundesgesetzes BGBl. I Nr. 31/2007.

(2) Der Anwendung des § 26a in der Fassung des Bundesgesetzes BGBl. I Nr. 31/2007 steht die Rechtskraft bereits ergangener Entscheidungen nicht entgegen.

(3) § 298 Abs. 7 in der Fassung des Bundesgesetzes BGBl. I Nr. 31/2007 ist auf Antrag des Pensionsbeziehers/der Pensionsbezieherin auch auf Alterspensionen mit Stichtag nach dem 31. Dezember 2003 und vor dem 1. Juli 2007 anzuwenden. Die Rechtskraft bereits ergangener Entscheidungen steht dem nicht entgegen.

(BGBl I 2007/31)

Schlussbestimmungen zu Art. 5 des Bundesgesetzes BGBl. I Nr. 101/2007 (33. Novelle)

§ 319. (1) Es treten in Kraft:

1. mit 1. Jänner 2008 die §§ 14f Abs. 1 Z 1 und 2 in der Fassung der Z 1 und 3, 27 Abs. 1 Z 1 in der Fassung der Z 5, 29 Abs. 1 in der Fassung der Z 7, 82 Abs. 4 und 6, 92 Abs. 6, 150 Abs. 1 sowie 308 Abs. 2 in der Fassung des Bundesgesetzes BGBl. I Nr. 101/2007;

2. (aufgehoben)

(BGBl I 2013/81, BGBl I 2015/118)

(2) § 309 Abs. 3 tritt mit Ablauf des 31. Dezember 2007 außer Kraft.

(3) Im Jahr 2008 kommt es abweichend von § 29 Abs. 1 in der Fassung der Z 7 nicht zur Beitragserhöhung, wenn die Versicherungspflicht im Jahr 2007 eingetreten ist und nach § 50 Abs. 1 keine Anpassung erfolgt ist.

(4) Die Richtsätze nach § 150 Abs. 1 in der Fassung des Bundesgesetzes BGBl. I Nr. 101/2007 sind abweichend von § 150 Abs. 2 in Verbindung mit § 51 für das Kalenderjahr 2008 nicht zu vervielfachen.

(5) Abweichend von § 108h Abs. 1 erster Satz ASVG sind im Kalenderjahr 2008 alle Pensionen, die mehr als 746,99 € monatlich betragen, nicht mit dem Anpassungsfaktor zu vervielfachen, sondern wie folgt zu erhöhen: Beträgt die Pension monatlich

1. mehr als 746,99 € bis zu 1 050 €, so ist sie um 21 € zu erhöhen;

2. mehr als 1 050 € bis zu 1 700 €, so ist sie mit dem Faktor 1,020 zu vervielfachen;

3. mehr als 1 700 € bis zu 2 161,50 €, so ist sie um einen Prozentsatz zu erhöhen, der zwischen den genannten Werten von 2,0 % auf 1,7 % linear absinkt;

4. mehr als 2 161,50 €, so ist sie um 36,75 € zu erhöhen.

(6) Bezieht eine Person zwei oder mehrere Pensionen, die jeweils den Richtsatz nach § 150 Abs. 1 lit. a sublit. bb in der Fassung des Bundesgesetzes BGBl. I Nr. 101/2007 nicht erreichen, so ist ausschließlich die Summe dieser Pensionen nach Abs. 5 zu erhöhen, wobei der Erhöhungsbetrag auf die einzelne Pension im Verhältnis der Pensionen zueinander aufzuteilen ist.

(7) Abweichend von § 108h Abs. 1 erster Satz ASVG hat der Bundesminister für Soziales und Konsumentenschutz in der Verordnung nach § 108 Abs. 5 ASVG für die Kalenderjahre 2009 und 2010 die Pensionsanpassung so vorzunehmen, dass

1. jene Pensionen, die 60 % der Höchstbeitragsgrundlage nach § 45 ASVG nicht überschreiten, für das Kalenderjahr 2009 mit dem Faktor 1,034 und für das Kalenderjahr 2010 mit dem Anpassungsfaktor zu vervielfachen sind und

   (BGBl I 2008/129)

2. alle übrigen Pensionen mit einem Fixbetrag zu erhöhen sind, der der Erhöhung von 60 % der Höchstbeitragsgrundlage nach § 45 ASVG mit dem Faktor 1,034 für das Kalenderjahr 2009 und mit dem Anpassungsfaktor für das Kalenderjahr 2010 entspricht.

   (BGBl I 2008/129)

(BGBl I 2007/101)

Pensionsanpassung und Vervielfachung der Ausgleichszulagen-Richtsätze für das Jahr 2009

§ 320. (1) Die Pensionsanpassung für das Jahr 2009 hat nach folgenden Maßgaben zu erfolgen:

1. § 50 Abs. 1 ist so anzuwenden, dass an die Stelle des 1. Jänner eines jeden Jahres und an die Stelle des 1. Jänner dieses Jahres jeweils der 1. November 2008 tritt;

2. § 50 Abs. 2 ist so anzuwenden, dass an die Stelle des 31. Dezember des vorangegangenen Jahres der 31. Oktober 2008 tritt.

(2) Pensionen mit einem Stichtag 1. November 2008 und 1. Dezember 2008 sind mit Wirksamkeit ab ihrer Zuerkennung nach den Bestimmungen für die Pensionsanpassung für das Jahr 2009 zu erhöhen.

(BGBl I 2008/129)

(3) Die Richtsätze nach § 150 Abs. 1 sind für das Kalenderjahr 2009 abweichend von § 150 Abs. 2 in Verbindung mit § 51 bereits mit Wirksamkeit ab 1. November 2008 zu vervielfachen.

(BGBl I 2008/92)

Schlussbestimmungen zu Art. 2 des Bundesgesetzes BGBl. I Nr. 129/2008

§ 321. (1) Die §§ 50 Abs. 1, 298 Abs. 12 und 13a sowie 320 Abs. 2 in der Fassung des Bundesgesetzes BGBl. I Nr. 129/2008 treten rückwirkend mit 1. August 2008 in Kraft.

(2) Werden die Anspruchsvoraussetzungen für die vorzeitige Alterspension nach § 298 Abs. 12 erst unter Berücksichtigung der im vierten und fünften Teilstrich dieser Bestimmung in der Fassung des Bundesgesetzes BGBl. I Nr. 129/2008 genannten Ersatzzeiten als Beitragszeiten erfüllt, so fällt die Leistung abweichend von § 55 Abs. 2 Z 2 jedenfalls auch dann mit dem Monatsersten an, an dem die Voraussetzungen erfüllt werden oder der der Erfüllung der Voraussetzungen nachfolgt, frühestens jedoch mit 1. August 2008, wenn die Leistung bis zum Ablauf des 31. Dezember 2008 beantragt wird. Die Rechtskraft bereits ergangener Entscheidungen steht dem nicht entgegen.

(BGBl I 2008/129)

Zuschuss zu den Energiekosten

§ 322. (1) Personen, die im November 2008 eine Ausgleichszulage zu einer Pension aus der Pensionsversicherung nach diesem Bundesgesetz beziehen, gebührt in diesem Monat zur Pension ein Zuschuss zu den Energiekosten für die Monate Oktober 2008 bis April 2009. Dieser Zuschuss beträgt 210 €. Haben beide Eheleute Anspruch auf Ausgleichszulage und leben sie im gemeinsamen Haushalt, so gebührt der Zuschuss nur zur höheren Pension; haben BezieherInnen einer Witwen(Witwer)pension und von Waisenpensionen Anspruch auf Ausgleichszulage und leben sie im gemeinsamen Haushalt, so gebührt der Zuschuss nur zur Witwen(Witwer)pension.

(2) Personen, die erstmalig im Zeitraum Dezember 2008 bis April 2009 eine Ausgleichszulage beziehen, gebührt der Zuschuss zu den Energiekosten im aliquoten Ausmaß, und zwar in der Höhe von 30 € je Monat ab dem erstmaligen Ausgleichszulagenbezug bis einschließlich April 2009.

(3) Der Zuschuss zu den Energiekosten ist zu den im November 2008 laufenden Pensionen in diesem Monat, sonst zugleich mit der Aufnahme der laufenden Pensionszahlungen oder dem erstmaligen Ausgleichszulagenbezug in einem Gesamtbetrag flüssig zu machen. Die Zuschussbeträge nach Abs. 1 und 2 gelten für Zwecke der Bemessung des Bundesbeitrages als Aufwendungen.

(4) Der Zuschuss zu den Energiekosten gilt nicht als Nettoeinkommen im Sinne des § 149 Abs. 3.

(5) Ein Bescheid ist nur bei Ablehnung des Zuschusses und auch dann nur auf Verlangen der berechtigten Person zu erlassen.

(BGBl I 2008/129)

Einmalzahlung für das Jahr 2008

§ 323. (1) Allen Personen mit gewöhnlichem Aufenthalt im Inland, die im Oktober 2008 Anspruch auf eine oder mehrere Pensionen haben, gebührt für das Jahr 2008 eine Einmalzahlung. Beträgt das Gesamtpensionseinkommen einer Person

1. bis zu 747 €, so beläuft sich die Einmalzahlung auf 20 % des Gesamtpensionseinkommens;

2. mehr als 747 € bis zu 1 000 € oder hat die Person Anspruch auf Ausgleichszulage, so beläuft sich die Einmalzahlung auf 150 €;

3. mehr als 1 000 € bis zu 2 000 €, so beläuft sich die Einmalzahlung auf eine Höhe, die zwischen den genannten Werten von 150 € auf 50 € linear absinkt;

4. mehr als 2 000 € bis zu 2 800 €, so beläuft sich die Einmalzahlung auf 50 €.

Gesamtpensionseinkommen ist die Summe aller Pensionen aus der gesetzlichen Pensionsversicherung, auf die eine Person im Oktober 2008 Anspruch hat.

(2) Die Einmalzahlung ist kein Pensionsbestandteil, sie ist aber zusammen mit der (höchsten) laufenden Pensionszahlung zum 1. November 2008 auszuzahlen.

(3) Die Einmalzahlung gilt nicht als Nettoeinkommen im Sinne des § 149 Abs. 3. Von der Einmalzahlung sind keine Beiträge zur Krankenversicherung zu entrichten.

(BGBl I 2008/129)

Anpassung der Ausgleichszulagenrichtsätze für das Kalenderjahr 2009

§ 324. Abweichend von § 150 Abs. 2 sind die Ausgleichszulagenrichtsätze für das Kalenderjahr 2009 nicht mit dem Anpassungsfaktor, sondern mit dem Faktor 1,034 zu vervielfachen.

(BGBl I 2008/146)

Neufestsetzung des Schutzbetrages bei der Witwen(Witwer)pension

§ 325. (1) Rückwirkend mit 1. November 2008 werden ersetzt:

1. im § 145 Abs. 6 der Ausdruck „1 667,97 €“ jeweils durch den Ausdruck „1 671,20 €“ und

2. im § 145 Abs. 6 in der am 30. September 2000 in Geltung gestandenen Fassung der Ausdruck „1 412,41 €“ jeweils durch den Ausdruck „1 415,14 €“.

(2) Die in Abs. 1 Z 1 und 2 jeweils zweitgenannten Beträge sind erstmals ab 1. Jänner 2010 mit dem Anpassungsfaktor (§ 47) zu vervielfachen.

(BGBl I 2009/14)

Schlussbestimmungen zu Art. 2 des Bundesgesetzes BGBl. I Nr. 83/2009 (34. Novelle)

§ 326. (1) Es treten in Kraft:

1. mit 1. August 2009 die §§ 4 Abs. 1 Z 7 und 8, 8 Abs. 1 lit. c, 12 Abs. 4 lit. c, 26a, 28 Abs. 1, 33 Abs. 9, 35 Abs. 3, 40a Abs. 2, 44 Abs. 2 Z 2, 59, 116 Abs. 1 Z 3, 129 Abs. 4 lit. b, 143 Abs. 1, 164 Abs 4, 207 Abs. 2, 219 Abs. 2a, 229a Abs. 1 sowie 229d Abs. 1 und 3 in der Fassung des Bundesgesetzes BGBl. I Nr. 83/2009;

2. rückwirkend mit 1. Jänner 2009 § 149 Abs. 4 lit. o und p in der Fassung des Bundesgesetzes BGBl. I Nr. 83/2009;

3. rückwirkend mit 18. April 2008 § 127b Abs. 4 in der Fassung des Bundesgesetzes BGBl. I Nr. 83/2009;

4. rückwirkend mit 1. Jänner 2005 § 3 Abs. 4 in der Fassung des Bundesgesetzes BGBl. I Nr. 83/2009.

(2) Die §§ 33 Abs. 10 und 151 Abs. 5 treten mit Ablauf des 31. Juli 2009 außer Kraft.

(BGBl I 2009/83)

Schlussbestimmungen zu Art. 2 des Bundesgesetzes BGBl. I Nr. 84/2009 (35. Novelle)

§ 327. (1) Die §§ 27c Abs. 3 Z 1 und 3, 80 Abs. 1, 80a samt Überschrift, 82 Abs. 2, 5 und 6, 83 Abs. 6 bis 8a sowie 85 Abs. 3 Z 2 und 3 in der Fassung des Bundesgesetzes BGBl. I Nr. 84/2009 treten mit 1. August 2009 in Kraft.

(2) Die §§ 27c Abs. 3 Z 4, 79 Abs. 1 Z 3a und 80 Abs. 2 treten mit Ablauf des 31. Juli 2009 außer Kraft.

(3) Im Falle von Personen, die gemäß Art. II Abs. 11 der 10. Novelle zum GSVG, BGBl. Nr. 112/1986, zum 31. Juli 2009 von der Pflichtversicherung in der Krankenversicherung nach dem GSVG ausgenommen sind, endet die Selbstversicherung in der Krankenversicherung nach § 16 ASVG weder bei Eintritt einer Pflichtversicherung nach diesem oder einem anderen Bundesgesetz, Verlegung des Wohnsitzes in das Ausland, noch bei Zahlungsverzug (§ 16 Abs. 6 Z 2 ASVG); ein Austritt ist nicht möglich.

(4) Der Ausschluss nach § 83 Abs. 7 aufgrund eines Pensionsbezuges gilt nicht für Personen, die am 31. Juli 2009 als Angehörige anspruchsberechtigt sind, solange sich der maßgebliche Sachverhalt nicht ändert.

(BGBl I 2009/84)

Schlussbestimmungen zu Art. 2 Teil 1 des Bundesgesetzes BGBl. I Nr. 147/2009

§ 328. (1) Die §§ 98 Abs. 2, 218 Abs. 1 und 4, 220 Abs. 2 sowie 221 Abs. 1 in der Fassung des Bundesgesetzes BGBl. I Nr. 147/2009 treten mit 1. Jänner 2010 in Kraft.

(2) § 80a Abs. 1 in der Fassung des Bundesgesetzes BGBl. I Nr. 147/2009 tritt rückwirkend mit 1. August 2009 in Kraft.

(BGBl I 2009/147)

Schlussbestimmungen zu Art. 2 Teil 2 des Bundesgesetzes BGBl. I Nr. 147/2009

§ 329. (1) Die §§ 25a Abs. 5, 35 Abs. 3, 72 Abs. 5, 149 Abs. 13 und 155 Abs. 2 in der Fassung des Bundesgesetzes BGBl. I Nr. 147/2009 treten mit 1. Jänner 2010 in Kraft.

(2) § 35 Abs. 7 tritt mit Ablauf des 31. Dezember 2009 außer Kraft.

(3) § 35 Abs. 3 in der Fassung des Bundesgesetzes BGBl. I Nr. 147/2009 ist nur auf jene Bemessungen der endgültigen Beitragsgrundlage nach § 25 Abs. 6 anzuwenden, die ab dem 1. Jänner 2010 durchgeführt werden.

(BGBl I 2009/147)

Einmalzahlung

§ 330. (1) Allen Personen mit gewöhnlichem Aufenthalt im Inland, die im Dezember 2009 Anspruch auf eine oder mehrere Pensionen haben, gebührt eine Einmalzahlung. Beträgt das Gesamtpensionseinkommen einer Person

1. bis zu 1 200 €, so beläuft sich die Einmalzahlung auf 4,2 % des Gesamtpensionseinkommens;

2. mehr als 1 200 € bis zu 1 300 €, so beläuft sich die Einmalzahlung auf eine Höhe, die zwischen den genannten Werten von 4,2 % auf 0 % des Gesamtpensionseinkommens linear absinkt.

Gesamtpensionseinkommen ist die Summe aller Pensionen aus der gesetzlichen Pensionsversicherung, auf die eine Person im Dezember 2009 Anspruch hat.

(2) Die Einmalzahlung ist kein Pensionsbestandteil, sie ist aber zusammen mit der (höchsten) laufenden Pensionszahlung für Dezember 2009 zum 1. Jänner 2010 auszuzahlen.

(3) Die Einmalzahlung gilt nicht als Nettoeinkommen im Sinne des § 149 Abs. 3. Von der Einmalzahlung sind keine Beiträge zur Krankenversicherung zu entrichten.

(BGBl I 2009/147)

Schlussbestimmung zu Art. 23 des Bundesgesetzes BGBl. I Nr. 135/2009

§ 331. Die §§ 8 Abs. 3 Z 2 und Abs. 3, 10 Abs. 1 Z 3, 11a samt Überschrift, 12 Abs. 8a, 27 Abs. 4a, 30 Abs. 2, 58 Abs. 5, 68 Abs. 1 lit. b, 72 Abs. 4, 77 Abs. 1, 83 Abs. 2 Z 1 sowie Abs. 8 und 8a, 115 Abs. 4a, 134 Abs. 3, 137 samt Überschrift, 148a Abs. 1 Z 1 und Abs. 3, 149 Abs. 2, 3 und 7, 150 Abs. 1 lit. a sublit. aa und lit. b sowie Abs. 4, 151 Abs. 4, 153 Abs. 4, 159 Abs. 1 und 2 sowie 164 Abs. 2 in der Fassung des Bundesgesetzes BGBl. I Nr. 135/2009 treten mit 1. Jänner 2010 in Kraft.

(BGBl I 2009/135)

Schlussbestimmung zu Art. 4 des Bundesgesetzes BGBl. I Nr. 63/2010

§ 332. Die §§ 149 Abs. 4 lit. c und 150 Abs. 1 in der Fassung des Bundesgesetzes BGBl. I Nr. 63/2010 treten mit 1. September 2010 in Kraft.

(BGBl I 2010/63)

Schlussbestimmungen zu Art. 5 des Bundesgesetzes BGBl. I Nr. 61/2010

§ 333. Es treten in Kraft:

1. rückwirkend mit 1. Jänner 2010 die §§ 32 Abs. 1 und 2, 85 Abs. 5 Z 2 und 3 in der Fassung des Bundesgesetzes BGBl. I Nr. 61/2010;

2. rückwirkend mit 20. April 2002 die §§ 90 Abs. 1 lit. c, 95 Abs. 1 und 2 erster und zweiter Halbsatz sowie 231a in der Fassung des Bundesgesetzes BGBl. I Nr. 61/2010.

(BGBl I 2010/61, BGBl I 2010/102)

Schlussbestimmungen zu Art. 2 des Bundesgesetzes BGBl. I Nr. 62/2010 (36. Novelle)

§ 334. (1) Es treten in Kraft:

1. mit 1. August 2010 die §§ 4 Abs. 1 Z 6 lit. b und Z 7, 14 Abs. 1, 35 Abs. 3 und 4, 35c samt Überschrift, 37 Abs. 1 und 2, 41 Abs. 2, 60 Abs. 1 und 1a, 76 Abs. 4, 86 Abs. 4, 127b Abs. 4 und 298 Abs. 11 in der Fassung des Bundesgesetzes BGBl. I Nr. 62/2010;

2. rückwirkend mit 1. Jänner 2010 die §§ 25 Abs. 4a, 112 Abs. 1 Z 3 lit. a, 135, 229a Abs. 1 Z 1, 229b Abs. 1 Z 2, 229c Abs. 1 und 229d Überschrift, Abs. 1 Z 1 sowie Abs. 2 und 4 in der Fassung des Bundesgesetzes BGBl. I Nr. 62/2010;

3. rückwirkend mit 1. Jänner 2009 § 149 Abs. 4 lit. p in der Fassung des Bundesgesetzes BGBl. I Nr. 62/2010;

4. rückwirkend mit 1. Jänner 2005 die §§ 3 Abs. 4 Z 2 und 172 Abs. 1a in der Fassung des Bundesgesetzes BGBl. I Nr. 62/2010.

(2) § 35 Abs. 3 in der Fassung des Bundesgesetzes BGBl. I Nr. 62/2010 ist auf Pensionen anzuwenden, deren Stichtag nach dem 31. Juli 2010 liegt.

(BGBl I 2010/62)

Schlussbestimmung zu Art. 5 des Bundesgesetzes BGBl. I Nr. 64/2010

§ 335. § 58 Abs. 2a in der Fassung des Bundesgesetzes BGBl. I Nr. 64/2010 tritt mit 1. September 2010 in Kraft.

(BGBl I 2010/64)

Schlussbestimmung zu Art. 2 des Bundesgesetzes BGBl. I Nr. 58/2010

§ 336. Die §§ 38 Überschrift und Abs. 1 sowie 40 Abs. 2 in der Fassung des Bundesgesetzes BGBl. I Nr. 58/2010 treten mit 1. August 2010 in Kraft.

(BGBl I 2010/58)

Schlussbestimmung zu Art. 2 des Bundesgesetzes BGBl. I Nr. 92/2010

§ 337. Die §§ 4 Abs. 1 Z 8 und 9, 6 Abs. 1 Z 5 und Abs. 4 Z 2 und 3, 7 Abs. 4 Z 3 und 4, Abschnitt IIa des Dritten Teiles samt Überschriften, 229f samt Überschrift, 254 lit. j bis l und 273 Abs. 6 sowie die Überschrift zum Dritten Teil in der Fassung des Bundesgesetzes BGBl. I Nr. 92/2010 treten mit 1. Jänner 2011 in Kraft.

(BGBl I 2010/92, BGBl I 2011/122)

Schlussbestimmungen zu Art. 2 des Bundesgesetzes BGBl. I Nr. 102/2010

§ 338. (1) Es treten in Kraft:

1. mit 1. Jänner 2011 die §§ 14a Abs. 3, 14c Abs. 1 und Abs. 2 Z 1 sowie 14f Abs. 1 Z 1 in der Fassung des Bundesgesetzes BGBl. I Nr. 102/2010;

2. mit 1. Juli 2011 § 35 Abs. 7 in der Fassung des Bundesgesetzes BGBl. I Nr. 102/2010.

(2) Der Bundesminister für Arbeit, Soziales und Konsumentenschutz hat im Einvernehmen mit dem Bundesminister für Gesundheit durch Verordnung[a]) festzustellen, ab wann die technischen Mittel für den Einbehalt bzw. die Einhebung von Beiträgen für ausländische Renten (§ 29a) zur Verfügung stehen. Zielsetzung dabei ist, dass Krankenversicherungsbeiträge im Sinne des § 29a ehestmöglich, tunlichst jedoch erstmals für ausländische Renten, die ab Juli 2011 ausgezahlt werden, einzubehalten bzw. einzuheben sind.

[a]) siehe VO BGBl II 2011/295

(BGBl I 2010/102)

Schlussbestimmungen zu Art. 116 Teil 1 des Budgetbegleitgesetzes 2011, BGBl. I Nr. 111/2010 (37. Novelle)

§ 339. (1) Es treten in Kraft:

1. mit 1. Jänner 2011 die §§ 3 Abs. 3 Z 1, 26a, 27 Abs. 2, 32a Abs. 1, 35 Abs. 5, 50 Abs. 1, 73 Abs. 1, 3, 3a und 4, 99a Abs. 7, 100 Abs. 3, 112 Abs. 1 Z 2 und Abs. 2, 116 Abs. 1 und 9, 129 Abs. 1, 131 samt Überschrift, 132 Abs. 1 Z 1 bis 4, 133 Abs. 2 bis 3, 149 Abs. 1 und 7, 157 Abs. 1 und 3, 158 Abs. 1, 160 Abs. 1 Z 1a und Abs. 4, 163, 164 Abs. 1, 166 Abs. 1, 169 Abs. 5 und 306 Abs. 10 in der Fassung des Bundesgesetzes BGBl. I Nr. 111/2010;

2. mit 1. Februar 2011 § 298 Abs. 12 in der Fassung des Art. 116 Teil 1 Z 36 des Bundesgesetzes BGBl. I Nr. 111/2010;

3. mit 1. Jänner 2012 § 139 Abs. 4 in der Fassung des Bundesgesetzes BGBl. I Nr. 111/2010.

(2) Es treten außer Kraft:

1. mit Ablauf des 31. Dezember 2010 § 157 Abs. 2;

2. (aufgehoben)

(BGBl I 2012/35)

(3) § 27e Z 2 ist für die Kalenderjahre 2011 bis 2015 so anzuwenden, dass an die Stelle des Prozentsatzes von 75 der Prozentsatz von 72 tritt.

(4) § 29 Abs. 2 ist für die Kalenderjahre 2011 bis 2015 so anzuwenden, dass an die Stelle des Prozentsatzes von 201 (203) folgende Prozentsätze treten:

1. im Jahr 2011 der Prozentsatz von 185,
2. im Jahr 2012 der Prozentsatz von 176,
3. im Jahr 2013 der Prozentsatz von 175,
4. im Jahr 2014 der Prozentsatz von 175,
5. im Jahr 2015 der Prozentsatz von 197.
6. (aufgehoben)

(BGBl I 2012/35, BGBl I 2015/118)

(5) Die §§ 32a Abs. 1 und 116 Abs. 9 in der am 31. Dezember 2010 geltenden Fassung sind weiterhin anzuwenden, wenn der Antrag auf Beitragsentrichtung vor Ablauf des Tages der Kundmachung des Bundesgesetzes BGBl. I Nr. 111/2010 gestellt wird.

(6) Abweichend von § 50 Abs. 1 erster Satz sind im Kalenderjahr 2011 nur jene Pensionen, die den Betrag von 2 310 € monatlich nicht übersteigen, zu erhöhen. Beträgt die Pension monatlich

1. nicht mehr als 2 000 €, so ist sie mit dem Anpassungsfaktor zu vervielfachen;
2. mehr als 2 000 € bis zu 2 310 €, so ist sie um einen Prozentsatz zu erhöhen, der zwischen den genannten Werten von 1,2% auf 0,0% linear absinkt.

(6a) Abweichend von § 149 Abs. 7 dritter Satz in der Fassung des Bundesgesetzes BGBl. I Nr. 111/2010 gilt für die Ermittlung der Ausgleichszulage als monatliches Einkommen

1. im Jahr 2011 ein Betrag von 19 %,
2. im Jahr 2012 ein Betrag von 18 %,
3. im Jahr 2013 ein Betrag von 16 %

des jeweiligen Richtsatzes.

(7) Auf Personen, die die Voraussetzungen für den Anspruch auf eine vorzeitige Alterspension nach § 298 Abs. 12 bis zum Ablauf des 31. Dezember 2010 erfüllt haben, ist die zitierte Bestimmung in der am 31. Dezember 2010 geltenden Fassung weiterhin anzuwenden.

(8) Beiträge, die nach § 298 Abs. 12 erster Satz fünfter Teilstrich entrichtet wurden, damit Ersatzzeiten nach § 116 Abs. 1 Z 1 dieses Bundesgesetzes und § 107 Abs. 1 Z 1 BSVG als Beitragsmonate berücksichtigt werden, sind der versicherten Person oder den anspruchsberechtigten Hinterbliebenen in dem Umfang vom leistungspflichtigen Versicherungsträger zu erstatten, als die Berücksichtigung dieser Ersatzzeiten als Beitragsmonate nicht eintritt. Die Erstattung hat von Amts wegen innerhalb eines Jahres nach Eintritt der Rechtskraft der Entscheidung über die Zuerkennung der Leistung zu erfolgen. Die Beiträge sind entsprechend ihrer zeitlichen Lagerung mit den Aufwertungsfaktoren (§ 108 Abs. 4 ASVG) zum Stichtag der zuerkannten Leistung aufzuwerten. Mit der Erstattung erlöschen alle Ansprüche und Berechtigungen, die auf der Beitragsentrichtung beruhen.

(BGBl I 2011/122)

(BGBl I 2010/111)

Schlussbestimmung zu Art. 116 Teil 2 des Budgetbegleitgesetzes 2011, BGBl. I Nr. 111/2010 (37. Novelle)

§ 340. Die §§ 28 Abs. 3 und 59 in der Fassung des Bundesgesetzes BGBl. I Nr. 111/2010 treten mit 1. Jänner 2011 in Kraft.

(BGBl I 2010/111)

Schlussbestimmung zu Art. 3 des Bundesgesetzes BGBl. I Nr. 52/2011

§ 341. Es treten in Kraft:

1. mit 1. Juli 2011 § 60 Abs. 1a in der Fassung des Bundesgesetzes BGBl. I Nr. 52/2011;
2. mit 1. Jänner 2012 die §§ 127b Abs. 4 und 143 Abs. 1 in der Fassung des Bundesgesetzes BGBl. I Nr. 52/2011.

(BGBl I 2011/52)

Schlussbestimmungen zu Art. 2 des Bundesgesetzes BGBl. I Nr. 122/2011 (38. Novelle)

§ 342. (1) Es treten in Kraft:

1. mit 1. Jänner 2012 die §§ 35 Abs. 4a, 35c, 43a, 185 Abs. 4, 218 Abs. 1 und 339 Abs. 8 in der Fassung des Bundesgesetzes BGBl. I Nr. 122/2011;
2. rückwirkend mit 1. Juli 2011 § 145 Abs. 5 Z 1 in der Fassung des Bundesgesetzes BGBl. I Nr. 122/2011;
3. rückwirkend mit 1. Jänner 2011 die §§ 26a, 129 Abs. 1, 164 Abs. 1, 194 Z 2 lit. a und die Überschrift zu § 337 in der Fassung des Bundesgesetzes BGBl. I Nr. 122/2011.

(2) Abweichend von § 50 Abs. 1 erster Satz sind im Kalenderjahr 2012 nur jene Pensionen, die den Betrag von 3 300 € monatlich nicht übersteigen, mit dem Anpassungsfaktor zu vervielfachen. Beträgt die Pension monatlich

1. mehr als 3 300 € bis zu 5 940 €, so ist sie um einen Prozentsatz zu erhöhen, der zwischen den genannten Werten von 2,7 % auf 1,5 % linear absinkt;
2. mehr als 5 940 €, so ist sie um 1,5 % zu erhöhen.

Ein besonderer Steigerungsbetrag (§ 141) ist jedenfalls mit dem Anpassungsfaktor zu vervielfachen.

(BGBl I 2011/122)

Schlussbestimmung zu Art. 4 des Bundesgesetzes BGBl. I Nr. 17/2012

§ 343. Die §§ 128 Abs. 2 sowie 149 Abs. 4 lit. p und r in der Fassung des Bundesgesetzes BGBl. I Nr. 17/2012 treten mit 1. Juni 2012 in Kraft.

(BGBl I 2012/17)

Schlussbestimmung zu Art. 49 Teil 1 des 2. Stabilitätsgesetzes 2012, BGBl. I Nr. 35 (39. Novelle)

§ 344. § 339 Abs. 4 in der Fassung des Bundesgesetzes BGBl. I Nr. 35/2012 tritt rückwirkend mit 1. Jänner 2012 in Kraft.

(BGBl I 2012/35)

Schlussbestimmungen zu Art. 49 Teil 2 des 2. Stabilitätsgesetzes 2012, BGBl. I Nr. 35 (39. Novelle)

§ 345. (1) Es treten in der Fassung des Bundesgesetzes BGBl. I Nr. 35/2012 in Kraft:

1. mit 1. Jänner 2013 die §§ 25 Abs. 4 Z 1, 27 Abs. 2, 133 Abs. 3, 145 Abs. 6a sowie 298 Abs. 10 und 10a;

2. mit 1. Jänner 2015 § 149 Abs. 7.

(2) § 25 Abs. 4a in der Fassung des Bundesgesetzes BGBl. I Nr. 35/2012 tritt mit 1. Jänner 2013 in Kraft. § 25 Abs. 4a in der am 31. Dezember 2012 geltenden Fassung ist weiterhin auf Beitragsgrundlagen für die Jahre bis einschließlich 2012 anzuwenden.

(3) Abweichend von § 50 Abs. 1 erster Satz sind die Pensionen in den Kalenderjahren 2013 und 2014 so zu erhöhen, dass der dem jeweiligen Anpassungsfaktor (§ 108f ASVG) entsprechende Erhöhungsprozentsatz

1. im Kalenderjahr 2013 um einen Prozentpunkt und

2. im Kalenderjahr 2014 um 0,8 Prozentpunkte

vermindert wird.

(4) § 133 Abs. 3 in der Fassung des Bundesgesetzes BGBl. I Nr. 35/2012 ist nur auf Versicherungsfälle anzuwenden, in denen der Stichtag nach dem 31. Dezember 2012 liegt, und zwar so, dass an die Stelle des vollendeten 60. Lebensjahres in den Kalenderjahren 2013 und 2014 das vollendete 58. Lebensjahr und in den Kalenderjahren 2015 und 2016 das vollendete 59. Lebensjahr tritt.

(5) Abweichend von § 149 Abs. 7 dritter Satz in der Fassung des Bundesgesetzes BGBl. I Nr. 35/2012 gilt für die Ermittlung der Ausgleichszulage als monatliches Einkommen im Jahr 2015 ein Betrag von 14 % des jeweiligen Richtsatzes.

(BGBl I 2012/35)

Besondere Pensionsanpassung

§ 346. Alle Pensionen, die am 1. Oktober 2012 bezogen werden, sind zu diesem Zeitpunkt mit dem Faktor 1,011 zu vervielfachen, wenn

1. ihr Stichtag (§ 113 Abs. 2) vor dem 1. Jänner 2007 liegt,

2. ihre Höhe am 31. Dezember 2007 den Betrag von 747 € nicht erreicht hat und

   (BGBl I 2013/3)

3. sie für das Jahr 2008 nur mit dem Anpassungsfaktor vervielfacht wurden.

Abweichend von Z 1 ist für die Vervielfachung von Hinterbliebenenpensionen, die aus einer bereits zuerkannten Leistung abgeleitet sind, der Stichtag dieser Leistung maßgebend.

(BGBl I 2012/76)

Schlussbestimmung zu Art. 6 des Bundesgesetzes BGBl. I Nr. 3/2013 (40. Novelle)

§ 347. (1) Es treten in Kraft:

1. mit 1. Jänner 2013 die §§ 23, 175 Abs. 1a und 214 Abs. 4 in der Fassung des Bundesgesetzes BGBl. I Nr. 3/2013;

2. mit 1. Jänner 2014 § 171a samt Überschrift in der Fassung des Bundesgesetzes BGBl. I Nr. 3/2013;

3. rückwirkend mit 1. Juni 2012 die §§ 128 Abs. 2 Z 3 und 149 Abs. 4 lit. r in der Fassung des Bundesgesetzes BGBl. I Nr. 3/2013.

(2) § 25 Abs. 3 APG ist nur auf Versicherungsfälle anzuwenden, in denen der Stichtag nach dem 31. Dezember 2013 liegt.

(BGBl I 2013/3)

Schlussbestimmungen zu Art. 2 des Bundesgesetzes BGBl. I Nr. 123/2012 (41. Novelle)

§ 348. (1) Die §§ 9 Abs. 1 und 3, 14a Abs. 1 Z 2, Abs. 2 bis 5, 14b Abs. 1 bis 3, 14c Abs. 1, Abs. 2 Z 1 und Z 2, 14d samt Überschrift, 14e Z 2 und 3, 14f Abs. 1 Z 1 und 2, 14h samt Überschrift, 31 Abs. 2, 78 Abs. 1 Z 2, 79 Abs. 1 Z 3 und 3a und Abs. 2, 80 Z 2 und 3, 82 Abs. 5, 83 Abs. 6 und 7, 85a Abs. 2, 102a Abs. 5, der 3. und 4. Unterabschnitt des Abschnittes II des Zweiten Teils sowie § 182b in der Fassung des Bundesgesetzes BGBl. I Nr. 123/2012 treten mit 1. Jänner 2013 in Kraft.

(2) § 4 Abs. 2 Z 1, Abs. 4 und 5 tritt mit Ablauf des 31. Dezember 2012 außer Kraft.

(3) Auf Versicherte, deren Zusatzversicherung nach § 9 GSVG zum Inkrafttreten dieses Bundesgesetzes aufrecht ist, ist die bisherige Rechtslage bis zum 31. Dezember 2013 weiterhin anzuwenden. Diese können jedoch unwiderruflich erklären, dass die neue Rechtslage ab dem der Erklärung folgenden Monatsersten angewendet werden soll. Erfolgt bis 31. Dezember 2013 keine derartige Erklärung, ist ab 1. Jänner 2014 die neue Rechtslage anzuwenden. Hat eine Arbeitsunfähigkeit infolge Krankheit vor dem Übertritt oder der Überführung in die neue Rechtslage begonnen, dann sind die Leistungen bis zum Eintritt der Arbeitsfähigkeit oder dem früheren Eintritt der Höchstdauer an Krankengeldbezug nach dem Altrecht zu beurteilen. Die Wartezeit nach § 105 Abs. 2 in der am 31. Dezember 2012 geltenden Fassung ist auf jene in der Fassung des Bundesgesetzes BGBl. I Nr. 123/2012 anzurechnen.

(4) Verordnungen auf Grund des Bundesgesetzes BGBl. I Nr. 123/2012 können rückwirkend mit 1. Jänner 2013 in Kraft treten.

(BGBl I 2012/123)

Schlussbestimmung zu Art. 2 des Bundesgesetzes BGBl. I Nr. 87/2013

§ 349. Die §§ 46 Abs. 1 Z 2, 194 Z 4, 224a samt Überschrift und 254a samt Überschrift in der Fassung des Bundesgesetzes BGBl. I Nr. 87/2013 treten mit 1. Jänner 2014 in Kraft.

(BGBl I 2013/87)

Schlussbestimmung zu Art. 2 des Bundesgesetzes BGBl. I Nr. 130/2013

§ 350. § 193 Z 5 in der Fassung des Bundesgesetzes BGBl. I Nr. 130/2013 tritt mit 1. Jänner 2014 in Kraft.

(BGBl I 2013/130)

Schlussbestimmung zu Art. 4 des Bundesgesetzes BGBl. I Nr. 81/2013

§ 351. Die §§ 78 Abs. 1 Z 1 und 5, die Überschrift zu 99b, 99b Abs. 1, 101 Abs. 1 Z 3, 210 Abs. 1 Z 8 und 9 sowie 319 Abs. 1 Z 2 in der Fassung des Bundesgesetzes BGBl. I Nr. 81/2013 treten rückwirkend mit 1. Jänner 2013 in Kraft.

(BGBl I 2013/81)

Schlussbestimmungen zu Art. 2 des Bundesgesetzes BGBl. I Nr. 86/2013 (42. Novelle)

§ 352. (1) Es treten in Kraft:

1. mit 1. Juli 2013 die §§ 3 Abs. 3 Z 3a, 4 Abs. 1 Z 7, 9 und 10, 6 Abs. 1 Z 5, Abs. 3 Z 4 lit. d und e, Abs. 3 Z 6 und Abs. 4 Z 3, 7 Abs. 1 Z 7 und Abs. 2 Z 4, Abs. 2 Z 6 und Abs. 4 Z 4, 18 Abs. 3a Z 4 und 5, 26a, 27e Z 1, 35 Abs. 3, 82 Abs. 4 und 7 sowie 102 Abs. 5 in der Fassung des Bundesgesetzes BGBl. I Nr. 86/2013;

2. rückwirkend mit 1. Februar 2013 die §§ 83 Abs. 2 Z 2, 116a Abs. 2 Z 1 sowie 128 Abs. 1 Z 1 und zweiter Satz in der Fassung des Bundesgesetzes BGBl. I Nr. 86/2013.

(2) § 44a samt Überschrift in der Fassung des Bundesgesetzes BGBl. I Nr. 86/2013 tritt mit 1. Jänner 2014 in Kraft und mit Ablauf des 31. Dezember 2014 außer Kraft.

(3) Die §§ 83 Abs. 2 Z 3 und 4, 116a Abs. 2 Z 2 und 3 sowie 128 Abs. 1 Z 2 und 3 treten rückwirkend mit Ablauf des 31. Jänner 2013 außer Kraft.

(4) § 35 Abs. 3 zweiter Satz in der Fassung des Bundesgesetzes BGBl. I Nr. 86/2013 ist auf jene Feststellungen der endgültigen Beitragsgrundlage nach § 25 Abs. 6 anzuwenden, die ab dem 1. Jänner 2014 durchgeführt werden.

(BGBl I 2013/86)

Schlussbestimmung zu Art. 2 des Bundesgesetzes BGBl. I Nr. 139/2013

§ 353. Es treten in Kraft:

1. mit 1. Juli 2013 die §§ 4 Abs. 1 Z 7 und 133 Abs. 2b in der Fassung des Bundesgesetzes BGBl. I Nr. 139/2013;

2. mit 1. August 2013 die §§ 83 Abs. 3, 137 und 145 Abs. 10 lit. b in der Fassung des Bundesgesetzes BGBl. I Nr. 139/2013;

3. mit 1. Jänner 2014 § 194 Z 4 und 5 in der Fassung des Bundesgesetzes BGBl. I Nr. 139/2013.

(BGBl I 2013/139)

Schlussbestimmung zu Art. 2 des Bundesgesetzes BGBl. I Nr. 28/2014

§ 354. Die §§ 86 Abs. 5 lit. e und 94a Abs. 1 in der Fassung des Bundesgesetzes BGBl. I Nr. 28/2014 treten mit 1. Juli 2015 in Kraft.

(BGBl I 2014/28)

Schlussbestimmung zum Bundesgesetz BGBl. I Nr. 56/2014

§ 355. § 128 Abs. 3 in der Fassung des Bundesgesetzes BGBl. I Nr. 56/2014 tritt mit 1. Juli 2014 in Kraft.

(BGBl I 2014/56)

Schlussbestimmungen zu Art. 2 des Bundesgesetzes BGBl. I Nr. 2/2015 (43. Novelle)

§ 356. (1) Es treten in der Fassung des Bundesgesetzes BGBl. I Nr. 2/2015 in Kraft:

1. mit 1. Jänner 2015 die §§ 44 Abs. 4 und 58 Abs. 2;

2. mit 1. Jänner 2016 die §§ 25a Abs. 5 und 35 Abs. 5b;

3. rückwirkend mit 1. Jänner 2014 die §§ 133 Abs. 3, 142 und 194 Z 2.

(2) Es treten außer Kraft:

1. mit Ablauf des 31. Dezember 2014 § 58 Abs. 1 Z 3 und Abs. 3;

2. mit Ablauf des 31. Dezember 2017 § 44 Abs. 4 Z 2 in der Fassung des Bundesgesetzes BGBl. I Nr. 2/2015.

(3) Die Mittel des Überbrückungshilfefonds nach § 44a sind bis längstens 31. Dezember 2014 an den Unterstützungsfonds nach § 44 zu überweisen, wobei, unbeschadet des § 44 Abs. 2 und 3, 30% dieser Mittel dem Bereich der Krankenversicherung und 70% dem Bereich der Pensionsversicherung zuzuführen sind. Die überwiesenen Mittel dürfen nur für Zwecke der Überbrückungshilfe nach § 44 Abs. 4 Z 2 verwendet werden.

(4) Unerledigte Anträge auf Leistungen aus dem Überbrückungshilfefonds nach § 44a gelten mit Ablauf des 31. Dezember 2014 als Anträge auf Leistungen aus dem Unterstützungsfonds.

(BGBl I 2015/2)

Schlussbestimmung zu Art. 2 des Bundesgesetzes BGBl. I Nr. 79/2015

§ 357. (1) Es treten in der Fassung des Bundesgesetzes BGBl. I Nr. 79/2015 in Kraft:

1. mit 1. Jänner 2016 § 35 Abs. 2a, 5b und 6;

2. mit 1. Jänner 2017 § 35 Abs. 5.

(2) § 132 Abs. 5 in der Fassung des Bundesgesetzes BGBl. I Nr. 79/2015 tritt gleichzeitig mit

den in § 689 Abs. 1a ASVG genannten Bestimmungen in Kraft.

(BGBl I 2015/79, BGBl I 2015/162)

Schlussbestimmung zu Art. 15 Teil 1 des Bundesgesetzes BGBl. I Nr. 118/2015

§ 358. (1) Es treten in der Fassung des Bundesgesetzes BGBl. I Nr. 118/2015 in Kraft:

1. mit 1. Jänner 2016 die §§ 29a Abs. 1 erster Satz, 30 Abs. 4, 32 Abs. 2 erster und zweiter Satz sowie 339 Abs. 4;

2. mit 1. Jänner 2016 die §§ 14f in der Fassung der Z 1, 27 Abs. 1 Z 1 in der Fassung der Z 3 sowie 29 Abs. 1 und 2 in der Fassung der Z 6 und 9;

3. mit dem nach § 675 Abs. 3 ASVG durch Verordnung der Bundesministerin für Gesundheit festgestellten Zeitpunkt, jedoch jedenfalls nicht vor 1. Jänner 2016, die §§ 14f Abs. 1 in der Fassung der Z 2, 27 Abs. 1 Z 1 in der Fassung der Z 4 sowie 29 Abs. 1 und 2 in der Fassung der Z 7 und 10.

(2) Die §§ 27a und 27d samt Überschriften, 29 Abs. 1a sowie 319 Abs. 1 Z 2 treten mit Ablauf des 31. Dezember 2015 außer Kraft.

(3) Abweichend von § 29 Abs. 2 in der Fassung der Z 9 beträgt der anzuwendende Prozentsatz für das Jahr 2016 192%.

(BGBl I 2015/118)

Schlussbestimmungen zu Art. 15 Teil 2 des Bundesgesetzes BGBl. I Nr. 118/2015

§ 359. (1) Die §§ 2 Abs. 1 Z 4, 4 Abs. 1 Z 5 und 7, 6 Abs. 4 Z 1, 7 Abs. 4 Z 3, 25 Abs. 1 und 4 sowie 25a Abs. 1 Z 1 und Abs. 4 in der Fassung des Bundesgesetzes BGBl. I Nr. 118/2015 treten mit 1. Jänner 2016 in Kraft.

(2) § 4 Abs. 1 Z 6 tritt mit Ablauf des 31. Dezember 2015 außer Kraft.

(3) Personen, die erstmals durch das Inkrafttreten des § 4 Abs. 1 Z 5 in der Fassung des Bundesgesetzes BGBl. I Nr. 118/2015 der Pflichtversicherung in der Pensionsversicherung unterliegen, die jedoch am 1. Jänner 2016 das 50. Lebensjahr bereits vollendet und zu diesem Zeitpunkt noch nicht 180 Beitragsmonate der Pflichtversicherung in einer gesetzlichen Pensionsversicherung erworben haben, sind auf Antrag von der Pflichtversicherung in der Pensionsversicherung zu befreien, wenn dieser Antrag innerhalb eines Jahr ab Verständigung durch den Versicherungsträger, spätestens jedoch bis 31. Dezember 2019, beim Versicherungsträger gestellt wird. Die Befreiung gilt rückwirkend ab 1. Jänner 2016 für jene Zeiten, in denen die AntragstellerInnen nach diesem Bundesgesetz pflichtversichert wären.

(3a) Abweichend von § 25 Abs. 4 in der Fassung des Bundesgesetzes BGBl. I Nr. 118/2015 gelten für die Pflichtversicherten nach § 2 Abs. 1 Z 1 bis 3 zum Ablauf des 31.Dezember 2021 in der Pensionsversicherung folgende Beträge:

– ab 1. Jänner 2016 mindestens 706,56 €ª),

– ab 1. Jänner 2018 mindestens 606,36 €ª),

– ab 1. Jänner 2020 mindestens 506,19 €ª).

ª) Beträge siehe VO über veränderliche Werte.

An die Stelle dieser Beträge treten ab 1. Jänner eines jeden Jahres, erstmals ab 1. Jänner 2016 und mit Ausnahme der Beträge vorangegangener Jahre, die unter Bedachtnahme auf § 51 mit der jeweiligen Aufwertungszahl (§ 47) vervielfachten Beträge. Diese Beträge gelten auch dann, wenn in einem Kalendermonat Pflichtversicherungen nach § 2 Abs. 1 Z 1 bis 3 sowie nach § 2 Abs. 1 Z 4 bestehen.

(4) Je Kalenderjahr werden die Aufwendungen für die Senkung der Mindestbeitragsgrundlage im Ausmaß der Beitragsgutschrift in der Höhe von 40 Mio. Euro aus dem Aufkommen an veranlagter Einkommensteuer getragen. Darüber hinaus sind die Aufwendungen für die Beitragsgutschrift aus Mitteln der Krankenversicherung nach diesem Bundesgesetz zu tragen.

(BGBl I 2015/118)

Schlussbestimmungen zu Art. 3 des Bundesgesetzes BGBl. I Nr. 113/2015

§ 360. (1) § 98 Abs. 2 in der Fassung des Bundesgesetzes BGBl. I Nr. 113/2015 tritt mit 1. Jänner 2016 in Kraft.

(2) Die Landesgesetzgebung hat die Ausführungsbestimmungen zu § 98 Abs. 2 innerhalb von sechs Monaten zu erlassen.

(BGBl I 2015/113)

Schlussbestimmungen zu Art. 12 des Bundesgesetzes BGBl. I Nr. 144/2015

§ 361. (1) Die §§ 3 Abs. 3 Z 2, 6 Abs. 3 Z 4 lit. b, 7 Abs. 2 Z 4 und 18 Abs. 3a Z 2 in der Fassung des Bundesgesetzes BGBl. I Nr. 144/2015 treten mit 1. Jänner 2016 in Kraft.

(2) Auf Personen, die am 31. Dezember 2015 einen Auslandsdienst nach § 12b des Zivildienstgesetzes 1986 leisten, sind die §§ 3 Abs. 3 Z 2, 6 Abs. 3 Z 4 lit. b, 7 Abs. 2 Z 4 und 18 Abs. 3a Z 2 in der an diesem Tag geltenden Fassung weiterhin anzuwenden.

(3) § 88 Abs. 4 tritt mit Ablauf des 31. Dezember 2015 außer Kraft. Der Kostenersatz nach § 88 Abs. 4 für das Kalenderjahr 2015 ist nicht zu entrichten.

(BGBl I 2015/144)

Schlussbestimmungen zu Art. 2 Teil 1 des Bundesgesetzes BGBl. I Nr. 162/2015 (44. Novelle)

§ 362. (1) Es treten in der Fassung des Bundesgesetzes BGBl. I Nr. 162/2015 in Kraft:

1. mit 1. Jänner 2016 die §§ 1c, 4 Abs. 1 Z 5, 6 Abs. 4 und 5, 7 Abs. 4 Z 4 und 5 sowie Abs. 5 Z 2 und 3, 25 Abs. 2 Z 3, 25a Abs. 1 Z 1 sowie Abs. 4 und 5, 33 Abs. 7, 35 Abs. 1, 2a und 4a, 40 Abs. 2, 115 Abs. 1 Z 2a, 133 Abs. 6, 145 Abs. 5b, 218 samt Überschrift und 357;

2. mit 1. Jänner 2017 § 195 Abs. 3.

(2) Es treten außer Kraft:

1. mit Ablauf des 31. Dezember 2015 § 25 Abs. 2 Z 1;

2. mit Ablauf des 14. August 2015 § 25 Abs. 4a.

(3) Auf Immobilienfonds, in die vor dem 1. Jänner 2016 veranlagt worden ist, ist § 218 in der am 31. Dezember 2015 geltenden Fassung weiterhin anzuwenden.

(BGBl I 2015/162)

Schlussbestimmung zu Art. 2 Teil 2 des Bundesgesetzes BGBl. I Nr. 162/2015 (44. Novelle)

§ 363. Es treten in der Fassung des Bundesgesetzes BGBl. I Nr. 162/2015 in Kraft:

1. mit 1. Jänner 2016 die §§ 2 Abs. 1 Z 3, 4 Abs. 3 Z 2, 8 Abs. 1 lit. a, 14a Abs. 3 bis 5, 14c Abs. 2 Z 1 und 2, 14d Abs. 2, 15 Abs. 2 lit. a, 29a Abs. 1 und 3, 79 Abs. 1 Z 3a und 4, 80a Abs. 2, 82 Abs. 1, 3 und 5, 83 Abs. 4 Z 3, 86 Abs. 3, Abs. 5 lit. a und d sowie Abs. 6 lit. d, 91 Abs. 1 Z 2, 95 Abs. 2, 99a Abs. 3, 100 Abs. 2 Z 2 bis 5, 102 Abs. 4, 169 Abs. 2 Z 1 bis 5 und 182a Überschrift;

2. rückwirkend mit 1. Juni 2012 § 64 Abs. 2;

3. rückwirkend mit 1. Jänner 2015 § 230 Abs. 1a.

(BGBl I 2015/162)

Schlussbestimmung zu Art. 4 des Bundesgesetzes BGBl. I Nr. 53/2016

§ 364. Die §§ 3 Abs. 1 Z 3 und 4 sowie Abs. 3 Z 4 und 5, 4 Abs. 1 Z 10 und 16 Abs. 1 Z 7 und 8 sowie Abs. 3 Z 4 lit. f, 7 Abs. 1 Z 7 und 8, 18 Abs. 3a Z 5 und 6, 26a, 27e Z 2 und 116a Abs. 6 in der Fassung des Bundesgesetzes BGBl. I Nr. 53/2016 treten mit 1. März 2017 in Kraft und sind auf Geburten nach dem 28. Februar 2017 anzuwenden.

(BGBl I 2016/53)

Schlussbestimmungen zu Art. 2 des Bundesgesetzes BGBl. I Nr. 29/2017 (45. Novelle)

§ 365. (1) Die §§ 25 Abs. 4, 27 Abs. 6 und 150 Abs. 1 lit. a in der Fassung des Bundesgesetzes BGBl. I Nr. 29/2017 treten mit 1. Jänner 2017 in Kraft.

(2) Der Richtsatz nach § 150 Abs. 1 lit. a sublit. cc ist abweichend von den §§ 51 und 150 Abs. 2 erstmals mit 1. Jänner 2018 mit dem Anpassungsfaktor (§ 47) zu vervielfachen.

(3) Der Bundesminister für Arbeit, Soziales und Konsumentenschutz hat die Aufwendungen, die durch die Einführung des Richtsatzes nach § 150 Abs. 1 lit. a sublit. cc entstanden sind, bis zum 31. Dezember 2021 zu evaluieren.

(BGBl I 2017/29)

Einmalzahlung

§ 365a. (1) Allen Personen mit gewöhnlichem Aufenthalt im Inland, die im Dezember 2016 Anspruch auf eine oder mehrere Pensionen haben, gebührt eine Einmalzahlung in der Höhe von 100 €.

(2) Die Einmalzahlung ist kein Pensionsbestandteil, sie ist aber zusammen mit der (höchsten) laufenden Pensionszahlung zum 30. Dezember 2016 auszuzahlen.

(3) Die Einmalzahlung gilt nicht als Nettoeinkommen im Sinne des § 149 Abs. 3. Von der Einmalzahlung sind keine Beiträge zur Krankenversicherung zu entrichten. Die Einmalzahlung ist von der Einkommensteuer befreit und unpfändbar.

(BGBl I 2017/33)

Schlussbestimmungen zu Art. 4 des Bundesgesetzes BGBl. I Nr. 26/2017

§ 366. (1) Die §§ 31 Abs. 2, 106 Abs. 6 und 210 Abs. 1 Z 9 in der Fassung des Bundesgesetzes BGBl. I Nr. 26/2017 treten mit 1. Jänner 2017 in Kraft.

(2) Für Krankengeldbezüge nach § 106, die vor dem 1. Jänner 2017 begonnen haben und nach dem 1. Jänner 2017 enden, sind in der Satzung Übergangsregelungen vorzusehen.

(BGBl I 2017/26)

Schlussbestimmung zu Art. 2 des Bundesgesetzes BGBl. I Nr. 125/2017

§ 367. Die §§ 41 Abs. 3, 117a Abs. 2, 194b samt Überschrift, 298 Abs. 12 und 306 Abs. 10 in der Fassung des Bundesgesetzes BGBl. I Nr. 125/2017 treten mit 1. Juli 2017 in Kraft.

(BGBl I 2017/125)

Schlussbestimmung zu Art. 4 des Bundesgesetzes BGBl. I Nr. 131/2017

§ 368. § 193 erster Satz sowie die Z 6 und 7 in der Fassung des Bundesgesetzes BGBl. I Nr. 131/2017 tritt mit dem auf den Tag der Kundmachung folgenden Tag in Kraft.

(BGBl I 2017/131)

Pensionsanpassung 2018

§ 369. (1) Abweichend von § 50 Abs. 1 erster Satz und Abs. 2 ist die Pensionserhöhung für das Kalenderjahr 2018 nicht mit dem Anpassungsfaktor, sondern wie folgt vorzunehmen: Das Gesamtpensionseinkommen (Abs. 2) ist zu erhöhen

1. wenn es nicht mehr als 1 500 € monatlich beträgt, um 2,2%;

2. wenn es über 1 500 € bis zu 2 000 € monatlich beträgt, um 33 €;

3. wenn es über 2 000 € bis zu 3 355 € monatlich beträgt, um 1,6%;

4. wenn es über 3 355 € bis zu 4 980 € monatlich beträgt, um einen Prozentsatz, der zwischen den genannten Werten von 1,6% auf 0% linear absinkt.

Beträgt das Gesamtpensionseinkommen mehr als 4 980 € monatlich, so findet keine Erhöhung statt.

(2) Das Gesamtpensionseinkommen einer Person ist die Summe aller ihrer Pensionen aus der gesetzlichen Pensionsversicherung, auf die nach den am 31. Dezember 2017 in Geltung gestandenen Vor-

schriften Anspruch bestand, jedoch mit Ausnahme der Kinderzuschüsse und der Ausgleichszulage und vor Anwendung von Ruhensbestimmungen. Ausgenommen sind auch Pensionen, die nach § 50 Abs. 1 letzter Satz für das Kalenderjahr 2018 nicht anzupassen sind, sowie befristete Pensionen, deren Anspruchsdauer mit Ablauf des 31. Dezember 2017 endet. Als Teil des Gesamtpensionseinkommens gelten auch alle Leistungen, die vom Sonderpensionenbegrenzungsgesetz, BGBl. I Nr. 46/2014, erfasst sind, wenn die pensionsbeziehende Person am 31. Dezember 2017 darauf Anspruch hat.

(3) Bezieht eine Person zwei oder mehrere Pensionen aus der gesetzlichen Pensionsversicherung, die zum Gesamtpensionseinkommen nach Abs. 2 zählen, so ist der Erhöhungsbetrag nach Abs. 1 auf die einzelne Pension im Verhältnis der Pensionen zueinander aufzuteilen.

(4) Abweichend von den §§ 150 Abs. 2 und 365 Abs. 2 sind die Ausgleichszulagenrichtsätze für das Kalenderjahr 2018 nicht mit dem Anpassungsfaktor, sondern mit dem Faktor 1,022 zu vervielfachen.

(5) Rechtsträger, die Leistungen nach Abs. 2 dritter Satz auszahlen, haben die Höhe dieser Leistungen dem Versicherungsträger mitzuteilen, wenn dieser für die gesetzliche Pension leistungszuständig ist. Der Versicherungsträger hat sodann diesen Rechtsträgern das Gesamtpensionseinkommen nach Abs. 2 mitzuteilen.

(BGBl I 2017/151)

Schlussbestimmungen zu Art. 2 des Bundesgesetzes BGBl. I Nr. 151/2017

§ 370. (1) § 104a Abs. 1 erster Satz in der Fassung des Bundesgesetzes BGBl. I Nr. 151/2017 tritt mit 1. Juli 2018 in Kraft und mit Ablauf des 30. Juni 2022 außer Kraft.

(2) § 104a Abs. 1 in der Fassung des Bundesgesetzes BGBl. I Nr. 151/2017 ist auf jene Versicherten anzuwenden, deren Arbeitsunfähigkeit infolge Krankheit nach dem 30. Juni 2018 eingetreten ist.

(3) § 104a in der Fassung des Bundesgesetzes BGBl. I Nr. 151/2017 sowie § 104b sind zum 30. Juni 2021 vom Hauptverband zu evaluieren, wobei insbesondere die finanziellen Auswirkungen, die Vollziehung betreffend die Kontrolle der Arbeitsunfähigkeit sowie die Auswirkungen auf den Wirtschaftsstandort Österreich zu prüfen und darzustellen sind. Der Versicherungsträger und die Allgemeine Unfallversicherungsanstalt haben hierfür dem Hauptverband alle erforderlichen Unterlagen elektronisch zu übermitteln und erforderlichenfalls Einsicht in die Aufzeichnungen zu gewähren.

(4) Ergibt die Evaluierung nach Abs. 3, dass die Unterstützungsleistung bei lang andauernder Krankheit messbare positive Auswirkungen auf die wirtschaftliche Entwicklung von Klein- und Mittelunternehmen zeitigt, so kann die Bundesministerin für Gesundheit und Frauen durch Verordnung das Außer-Kraft-Treten des § 104a Abs. 1

in der Fassung des Bundesgesetzes BGBl. I Nr. 151/2017 neu festsetzen.

(BGBl I 2017/151)

Schlussbestimmungen zu Art. 72 des Bundesgesetzes BGBl. I Nr. 37/2018

§ 371. Die §§ 183 Abs. 1, 195 Abs. 8 und 231a in der Fassung des Bundesgesetzes BGBl. I Nr. 37/2018 treten mit 25. Mai 2018 in Kraft.

(BGBl I 2018/37, BGBl I 2018/59)

Schlussbestimmungen zu Art. 11 des Bundesgesetzes BGBl. I Nr. 59/2018

§ 372. Die §§ 55 Abs. 2 Z 1 und 75 Abs. 1 letzter Satz in der Fassung des Bundesgesetzes BGBl. I Nr. 59/2018 treten mit 1. Juli 2018 in Kraft.

(BGBl I 2018/59)

Pensionsanpassung 2019

§ 372a. (1) Abweichend von § 50 Abs. 1 erster Satz sowie Abs. 2 und 2a ist die Pensionserhöhung für das Kalenderjahr 2019 nicht mit dem Anpassungsfaktor, sondern wie folgt vorzunehmen: Das Gesamtpensionseinkommen (Abs. 2) ist zu erhöhen

1. wenn es nicht mehr als 1 115 € monatlich beträgt, um 2,6%;
2. wenn es über 1 115 € bis zu 1 500 € monatlich beträgt, um jenen Prozentsatz, der zwischen den genannten Werten von 2,6% auf 2% linear absinkt;
3. wenn es über 1 500 € bis zu 3 402 € monatlich beträgt, um 2%;
4. wenn es über 3 402 € monatlich beträgt, um 68 €.

(2) Das Gesamtpensionseinkommen einer Person ist die Summe aller ihrer Pensionen aus der gesetzlichen Pensionsversicherung, auf die nach den am 31. Dezember 2018 in Geltung gestandenen Vorschriften Anspruch bestand, jedoch vor Anwendung von Ruhens- und Wegfallsbestimmungen sowie der Bestimmungen nach § 55 Abs. 2 Z 2 dritter und vierter Satz. Ausgenommen sind Kinderzuschüsse, die Ausgleichszulage, Pensionen, die nach § 50 Abs. 1 letzter Satz für das Kalenderjahr 2019 nicht anzupassen sind, befristete Pensionen, deren Anspruchsdauer mit Ablauf des 31. Dezember 2018 endet, sowie Hinterbliebenenpensionen, für sich am 31. Dezember 2018 durch die Anwendung des § 145 Abs. 2 oder 6a kein Auszahlungsbetrag ergibt. Zum Gesamtpensionseinkommen sind heranzuziehen:

1. eine Hinterbliebenenpension in der Höhe, in der sie im Dezember 2018 bei Zutreffen der Voraussetzungen unter Berücksichtigung einer Erhöhung nach § 145 Abs. 6 oder einer Verminderung nach § 145 Abs. 6a gebührt hat;
2. eine Erwerbsunfähigkeitspension in der Höhe, in der sie im Dezember 2018 bei Zutreffen der Voraussetzungen unter Berücksichtigung einer sich nach § 132 Abs. 5 und 6 ergebenden Teilpension gebührt hat.

(3) Bezieht eine Person zwei oder mehrere Pensionen aus der gesetzlichen Pensionsversicherung, die zum Gesamtpensionseinkommen nach Abs. 2 zählen, so ist der Erhöhungsbetrag nach Abs. 1 auf die einzelne Pension im Verhältnis der Pensionen zueinander aufzuteilen.

(4) Bei Hinterbliebenenpensionen, für die sich am 31. Dezember 2018 durch die Anwendung des § 145 Abs. 2 oder 6a kein Auszahlungsbetrag ergibt, ist abweichend von den Abs. 1 und 2 die mit dem Hundertsatz von 60 bemessene Pension mit dem Anpassungsfaktor für das Kalenderjahr 2019 zu vervielfachen.

(5) Abweichend von den §§ 150 Abs. 2 und 365 Abs. 2 sind die Ausgleichszulagenrichtsätze einschließlich der Richtsatzerhöhung für Kinder für das Kalenderjahr 2019 nicht mit dem Anpassungsfaktor, sondern mit dem Faktor 1,026 zu vervielfachen.

(BGBl I 2018/99)

Schlussbestimmungen zu Art. 2 des Bundesgesetzes BGBl. I Nr. 100/2018 (46. Novelle)

§ 373. (1) Die §§ 3 Abs. 1 Z 3 und 4, 4 Abs. 3 Z 2, 5 Abs. 4, 14a Abs. 1 und 5, 14b Abs. 2, 27c Abs. 4, 35a Abs. 1, 35b Abs. 1, 36 Abs. 1, 3 und 4, 41 Abs. 3, 83 Abs. 6 lit. e, 86 Abs. 6 lit. b und c, 89 Abs. 1, 92 Abs. 5 und 6, 99a Abs. 7, 100 Abs. 4, 102d, 104a Abs.6, 127b Abs. 1, 2 und 4, 166 Abs. 3, 169 Abs. 2 Z 1, 171a Abs. 3 und 4, 189a, 189d, 228 Abs. 1 und 2, 229a Abs. 3 sowie 229g Abs. 3 in der Fassung des Bundesgesetzes BGBl. I Nr. 100/2018 treten mit 1. Jänner 2020 in Kraft.

(2) Der Abschnitt III des Ersten Teiles samt Überschrift, die §§ 43 bis 44 samt Überschriften, der Abschnitt VI des Ersten Teiles samt Überschrift, § 127b Abs. 3, der Abschnitt IV des Dritten Teiles samt Überschrift, die Abschnitte I bis VI, VIII und IX des Vierten Teiles samt Überschriften sowie § 250 samt Überschrift treten mit Ablauf des 31. Dezember 2019 außer Kraft.

(3) Für die Erstattung von Beiträgen, die vor dem 1. Jänner 2019 entrichtet wurden, sind weiterhin die §§ 36 und 127b in der am 31. Dezember 2019 geltenden Fassung anzuwenden; dies gilt nicht, soweit diese Beiträge zusammen mit Beiträgen, die ab 1. Jänner 2019 entrichtet wurden, für ein bestimmtes Kalenderjahr entrichtet wurden.

(BGBl I 2018/100)

Schlussbestimmung zu Art. 1 des Bundesgesetzes BGBl. I Nr. 7/2019

§ 374. § 160 Abs. 1 Z 1a in der Fassung des Bundesgesetzes BGBl. I Nr. 7/2019 tritt mit 1. Jänner 2019 in Kraft.

(BGBl I 2019/7)

Schlussbestimmungen zu Art. 2 des Bundesgesetzes BGBl. I Nr. 84/2019

§ 375. (1) Die §§ 29 Abs. 1, 50 Abs. 2 und 3, 68 Abs. 1 lit. b, 73 Abs. 3, 149 Abs. 4 lit. r und s, 150 Abs. 1 lit. a sublit. bb und 156a samt Überschrift

in der Fassung des Bundesgesetzes BGBl. I Nr. 84/2019 treten mit 1. Jänner 2020 in Kraft.

(2) § 150 Abs. 1 lit. a sublit. cc tritt mit Ablauf des 31. Dezember 2019 außer Kraft.

(3) Pensionsbeziehern, die Anspruch auf eine Leistung nach § 150 Abs. 1 lit. a sublit. cc bis zum 31. Dezember 2019 gehabt haben oder hätten, gebührt der Bonus nach § 156a in der Höhe, die sich aus § 150 Abs. 1 lit. a sublit. cc ergibt, wenn dies günstiger ist und spätestens im Jahr 2020 beantragt wird.

(BGBl I 2019/84)

Schlussbestimmung zu Art. 22 des Bundesgesetzes BGBl. I Nr. 103/2019

§ 376. Es treten in der Fassung des Bundesgesetzes BGBl. I Nr. 103/2019 in Kraft:

1. mit 1. Jänner 2020 die §§ 14f Abs. 1 und Abs. 2 in der Fassung der Z 1 und Z 3, 27 Abs. 1a in der Fassung der Z 5, 149 Abs. 4 lit. s und t sowie 150 Abs. 1 lit. a sublit. aa;

2. mit dem nach § 675 Abs. 3 ASVG durch Verordnung der Bundesministerin für Arbeit, Soziales, Gesundheit und Konsumentenschutz festgestellten Zeitpunkt, jedoch jedenfalls nicht vor 1. Jänner 2016 die §§ 14f Abs. 1 und Abs. 2 in der Fassung der Z 2 und Z 4 sowie 27 Abs. 1a in der Fassung der Z 6.

3. Der Richtsatz nach § 150 Abs. 1 lit. a sublit. aa in der Fassung des Bundesgesetzes BGBl. I Nr. 103/2019 ist abweichend von § 150 Abs. 2 für das Kalenderjahr 2020 (rückwirkend) mit dem Faktor 1,036 zu vervielfachen.

(BGBl I 2020/21)

(BGBl I 2019/103)

Pensionsanpassung 2020

§ 377. (1) Abweichend von § 50 Abs. 1 erster Satz sowie Abs. 2 und 2a ist die Pensionserhöhung für das Kalenderjahr 2020 nicht mit dem Anpassungsfaktor, sondern wie folgt vorzunehmen: Das Gesamtpensionseinkommen (Abs. 2) ist zu erhöhen

1. wenn es nicht mehr als 1 111 € monatlich beträgt, um 3,6%;

2. wenn es über 1 111 € bis zu 2 500 € monatlich beträgt, um jenen Prozentsatz, der zwischen den genannten Werten von 3,6% auf 1,8% linear absinkt;

3. wenn es über 2 500 € bis zu 5 220 € monatlich beträgt, um 1,8%;

4. wenn es über 5 220 € monatlich beträgt, um 94 €.

(2) Das Gesamtpensionseinkommen einer Person ist die Summe aller ihrer Pensionen aus der gesetzlichen Pensionsversicherung, auf die nach dem 31. Dezember 2019 in Geltung gestandenen Vorschriften Anspruch bestand, jedoch vor Anwendung von Ruhens- und Wegfallsbestimmungen sowie der Bestimmungen nach § 55 Abs. 2 Z 2 dritter und vierter Satz. Ausgenommen sind Kinderzuschüsse, die Ausgleichszulage, Pensionen, die nach

§ 50 Abs. 1 letzter Satz für das Kalenderjahr 2020 nicht anzupassen sind, befristete Pensionen, deren Anspruchsdauer mit Ablauf des 31. Dezember 2019 endet, sowie Hinterbliebenenpensionen, für die sich am 31. Dezember 2019 durch die Anwendung des § 145 Abs. 2 oder 6a kein Auszahlungsbetrag ergibt. Als Teil des Gesamtpensionseinkommens gelten auch alle Leistungen, die vom Sonderpensionenbegrenzungsgesetz, BGBl. I Nr. 46/2014, erfasst sind, wenn die pensionsbeziehende Person am 31. Dezember 2019 darauf Anspruch hat. Zum Gesamtpensionseinkommen sind heranzuziehen:

1. eine Hinterbliebenenpension in der Höhe, in der sie im Dezember 2019 bei Zutreffen der Voraussetzungen unter Berücksichtigung einer Erhöhung nach § 145 Abs. 6 oder einer Verminderung nach § 145 Abs. 6a gebührt hat;

2. eine Erwerbsunfähigkeitspension in der Höhe, in der sie im Dezember 2019 bei Zutreffen der Voraussetzungen unter Berücksichtigung einer nach § 132 Abs. 5 und 6 ergebenden Teilpension gebührt hat.

(3) Bezieht eine Person zwei oder mehrere Pensionen aus der gesetzlichen Pensionsversicherung, die zum Gesamtpensionseinkommen nach Abs. 2 zählen, so ist der Erhöhungsbetrag nach Abs. 1 auf die einzelne Pension im Verhältnis der Pensionen zueinander aufzuteilen.

(4) Bei Hinterbliebenenpensionen, für die sich am 31. Dezember 2019 durch die Anwendung des § 145 Abs. 2 oder 6a kein Auszahlungsbetrag ergibt, ist abweichend von den Abs. 1 und 2 die mit dem Hundertsatz von 60 bemessene Pension mit dem Anpassungsfaktor für das Kalenderjahr 2020 zu vervielfachen.

(5) Abweichend von § 150 Abs. 2 sind die Ausgleichszulagenrichtsätze einschließlich der Richtsatzerhöhung für Kinder für das Kalenderjahr 2020 nicht mit dem Anpassungsfaktor, sondern mit dem Faktor 1,036 zu vervielfachen.

(6) Rechtsträger, die Leistungen nach Abs. 2 dritter Satz auszahlen, haben die Höhe dieser Leistungen dem Versicherungsträger mitzuteilen, wenn dieser für die gesetzliche Pension leistungszuständig ist. Der Versicherungsträger hat sodann diesen Rechtsträgern das Gesamtpensionseinkommen nach Abs. 2 mitzuteilen.

(BGBl I 2019/103)

Schlussbestimmungen zu Art. 2 des Bundesgesetzes BGBl. I Nr. 31/2020

§ 378.[a]) (1) Kann ein Antrag auf Leistungen aus dem Versicherungsfall der Erwerbsunfähigkeit mangels Begutachtung auf Grund bestehender Einschränkungen im Zusammenhang mit der COVID-19-Pandemie seitens des Pensionsversicherungsträgers bzw. ein entsprechendes Verfahren vor den Arbeits- und Sozialgerichten derzeit nicht entschieden werden, ist dem Leistungsbezieher/der Leistungsbezieherin die zuletzt bezogene, zeitlich befristete Leistung aus der Kranken- oder Pensionsversicherung weiter zu gewähren. Der

Weiterbezug der bisherigen Leistung kann für die Dauer der COVID-19-Pandemie bis längstens 31. Mai 2020 erfolgen. Dauert die COVID-19-Krisensituation über den 31. Mai 2020 hinaus an, so kann der Bundesminister für Soziales, Gesundheit, Pflege und Konsumentenschutz durch Verordnung den Zeitraum des Weiterbezuges bis längstens 31. Dezember 2020 verlängern.

(2) Die ausgewiesenen tatsächlichen Kosten für die Unterstützungsleistung bei lang andauernder Krankheit bzw. im Fall einer Zusatzversicherung für das Krankengeld nach Abs. 1, die/das nach der bis zur Kundmachung dieses Bundesgesetzes geltenden Rechtslage vom Krankenversicherungsträger nicht zu gewähren wäre, sind dem Krankenversicherungsträger vom Bund aus dem COVID-19 Krisenbewältigungsfonds zu ersetzen. Eine Kostentragung des Bundes über den 31. Dezember 2020 hinaus ist ausgeschlossen.

(3) Über die Bestimmung des § 82 hinaus sind Leistungen aus dem Versicherungsfall der Krankheit sowie Leistungen der chirurgischen und konservierenden Zahnbehandlung auch zu gewähren, wenn die Erkrankung bis längstens 31. Mai 2020 eintritt. Dauert die COVID-19-Krisensituation über den 31. Mai 2020 hinaus an, so kann der Bundesminister für Soziales, Gesundheit, Pflege und Konsumentenschutz durch Verordnung den Zeitraum bis längstens „30. Juni 2021" verlängern.

(BGBl I 2020/158, BGBl I 2021/28)

(4) Die auf Grund des Abs. 3 ausgewiesenen tatsächlichen Kosten sind dem Krankenversicherungsträger vom Bund aus dem COVID-19 Krisenbewältigungsfonds zu ersetzen. Eine Kostentragung des Bundes über den „30. Juni 2021" hinaus ist ausgeschlossen.

(BGBl I 2020/158, BGBl I 2021/28)

(5) Abweichend von den §§ 83 Abs. 4 Z 1 und 128 Abs. 2 Z 1 besteht rückwirkend ab dem 11. März 2020 für die Dauer der COVID-19-Pandemie, längstens jedoch bis zum „30. Juni 2021", die Anspruchsberechtigung für Kinder und Enkel längstens bis zum 27. Lebensjahr und sechs Monaten.

(BGBl I 2020/158, BGBl I 2021/28)

„(6) Die Rahmenfrist von 240 Kalendermonaten nach § 298 Abs. 13a verlängert sich um die Monate der Kurzarbeit wegen der COVID19Pandemie, wenn diese Monate keine Schwerarbeitsmonate sind."

(BGBl I 2021/28)

(BGBl I 2020/31)

---

[a]) Siehe auch BGBl II 2020/244.

Schlussbestimmungen zu Art. 2 des Bundesgesetzes BGBl. I Nr. 73/2020

§ 379. (1) § 149 Abs. 7 in der Fassung des Bundesgesetzes BGBl. I Nr. 73/2020 tritt rückwirkend mit 1. Jänner 2020 in Kraft.

(2) In Fällen, in denen durch die Absenkung des Prozentsatzes nach § 149 Abs. 7 von 13% auf 10%

durch das Bundesgesetz BGBl. I Nr. 73/2020 ein Anspruch auf Ausgleichszulage entsteht, gebührt diese abweichend von § 153 Abs. 2 mit Erfüllung der Voraussetzungen, frühestens ab 1. Jänner 2020, wenn der Antrag auf Ausgleichszulage im Jahr 2020 gestellt wird.

(BGBl I 2020/73)

„ „COVID-19-Test im niedergelassenen Bereich"

(BGBl I 2021/36)

§ 380. (1) Die im niedergelassenen Bereich tätigen Vertragsärztinnen und Vertragsärzte bzw. Vertragsgruppenpraxen sowie die selbständigen Vertragsambulatorien für Labormedizin sind für die Dauer der durch die WHO ausgerufenen COVID-19-Pandemie unter den in der Verordnung nach Abs. 3 genannten Voraussetzungen berechtigt, Tests für den Nachweis des Vorliegens einer Infektion mit SARS-CoV-2 (COVID-19-Test) durchzuführen.

(2) Die Versicherungsanstalt hat für die Durchführung eines COVID-19-Tests nach Abs. 1 für die Probenentnahme samt Material bzw. für die Auswertung der Probe sowie für die jeweilige Dokumentation jeweils ein pauschales Honorar zu bezahlen. Zuzahlungen der Patientinnen und Patienten sind unzulässig. Der Bund hat der Versicherungsanstalt die ausgewiesenen tatsächlichen Kosten für diese Honorare aus dem COVID-19-Krisenbewältigungsfonds zu ersetzen.

(3) Nähere Bestimmungen über die Durchführung von COVID-19-Tests im genannten Bereich, insbesondere über die konkreten Voraussetzungen, die Art der Tests, sowie die Höhe der Honorare für die erbrachten Leistungen nach Abs. 2 sind durch Verordnung des Bundesministers für Soziales, Gesundheit, Pflege und Konsumentenschutz festzulegen.

(BGBl I 2020/105)

„COVID 19-Test in öffentlichen Apotheken

§ 380a.[a] (1) Die öffentlichen Apotheken sind für die Dauer der durch die WHO ausgerufenen COVID-19-Pandemie berechtigt, Tests für den Nachweis des Vorliegens einer Infektion mit SARS-CoV-2 (COVID-19-Test) durchzuführen. Ein Test ist zulässig, sofern bei der betreffenden Person keine Symptome vorliegen, die eine Infektion mit SARS-CoV-2 vermuten lassen.

(2) Die Versicherungsanstalt hat für die Durchführung eines COVID-19-Tests nach Abs. 1 für die Probenentnahme samt Material, die Auswertung der Probe, die Dokumentation sowie die Ausstellung eines Ergebnisnachweises ein pauschales Honorar in Höhe von 25 Euro zu bezahlen. Zuzahlungen der zu testenden Personen sind unzulässig. Der Bund hat der Versicherungsanstalt die daraus resultierenden Aufwendungen aus dem COVID-19-Krisenbewältigungsfonds zu ersetzen.

(3) Die Versicherungsanstalt ist im übertragenen Wirkungsbereich unter Bindung an die Weisungen des Bundesministers für Soziales, Gesundheit, Pflege und Konsumentenschutz tätig.

(BGBl I 2021/36)

[a] Zum Außer-Kraft-Treten siehe § 386 Abs 2.

SARS-CoV-2-Antigentests zur Eigenanwendung

§ 380b.[a] (1) Die öffentlichen Apotheken sind für die Dauer der durch die WHO ausgerufenen COVID-19-Pandemie berechtigt, auf Rechnung der Versicherungsanstalt SARS-CoV-2-Antigentests zur Eigenanwendung an bezugsberechtigte Personen abzugeben.

(2) Bezugsberechtigt sind jene nach diesem Bundesgesetz krankenversicherten Personen und ihre anspruchsberechtigten Angehörigen, die vor dem 1. Jänner 2006 geboren wurden. An jede bezugsberechtigte Person darf pro Monat eine Packung zu fünf Stück abgegeben werden.

(3) Die Versicherungsanstalt hat pro abgegebener Packung ein pauschales Honorar in Höhe von zehn Euro zu bezahlen. Zuzahlungen der bezugsberechtigten Personen sind unzulässig. Der Bund hat der Versicherungsanstalt die daraus resultierenden Aufwendungen aus dem COVID-19-Krisenbewältigungsfonds zu ersetzen.

(4) Die Versicherungsanstalt ist im übertragenen Wirkungsbereich unter Bindung an die Weisungen des Bundesministers für Soziales, Gesundheit, Pflege und Konsumentenschutz tätig."

(BGBl I 2021/36)

[a] Zum Außer-Kraft-Treten siehe § 386 Abs 2.

Schlussbestimmung zu Art. 2 des Bundesgesetzes BGBl. I Nr. 105/2020

§ 381. § 380 samt Überschrift in der Fassung des Bundesgesetzes BGBl. I Nr. 105/2020 tritt mit dem auf den Tag der Kundmachung folgenden Tag in Kraft."

(BGBl I 2020/105)

„Pensionsanpassung 2021

§ 382. (1) Abweichend von § 50 Abs. 1 erster Satz sowie Abs. 2 und 2a ist die Pensionserhöhung für das Kalenderjahr 2021 nicht mit dem Anpassungsfaktor, sondern wie folgt vorzunehmen: Das Gesamtpensionseinkommen (Abs. 2) ist zu erhöhen

1. wenn es nicht mehr als 1 000 € monatlich beträgt, um 3,5%;
2. wenn es über 1 000 € bis zu 1 400 € monatlich beträgt, um jenen Prozentsatz, der zwischen den genannten Werten von 3,5% auf 1,5% linear absinkt;
3. wenn es über 1 400 € bis zu 2 333 € monatlich beträgt, um 1,5%;
4. wenn es über 2 333 € monatlich beträgt, um 35 €.

(2) Das Gesamtpensionseinkommen einer Person ist die Summe aller ihrer Pensionen aus der gesetzlichen Pensionsversicherung, auf die nach

den am 31. Dezember 2020 in Geltung gestandenen Vorschriften Anspruch bestand, jedoch vor Anwendung von Ruhens- und Wegfallsbestimmungen sowie der Bestimmungen nach § 55 Abs. 2 Z 2 dritter und vierter Satz. Ausgenommen sind Kinderzuschüsse, die Ausgleichszulage, befristete Pensionen, deren Anspruchsdauer mit Ablauf des 31. Dezember 2020 endet, sowie Hinterbliebenenpensionen, für die sich am 31. Dezember 2020 durch die Anwendung des § 145 Abs. 2 oder 6a kein Auszahlungsbetrag ergibt. Zum Gesamtpensionseinkommen sind heranzuziehen:

1. eine Hinterbliebenenpension in der Höhe, in der sie im Dezember 2020 bei Zutreffen der Voraussetzungen unter Berücksichtigung einer Erhöhung nach § 145 Abs. 6 oder einer Verminderung nach § 145 Abs. 6a gebührt hat;

2. eine Invaliditäts(Berufsunfähigkeits)pension in der Höhe, in der sie im Dezember 2020 bei Zutreffen der Voraussetzungen unter Berücksichtigung einer sich nach § 132 Abs. 5 und 6 ergebenden Teilpension gebührt hat.

(3) Bezieht eine Person zwei oder mehrere Pensionen aus der gesetzlichen Pensionsversicherung, die zum Gesamtpensionseinkommen nach Abs. 2 zählen, so ist der Erhöhungsbetrag nach Abs. 1 auf die einzelne Pension im Verhältnis der Pensionen zueinander aufzuteilen.

(4) Bei Hinterbliebenenpensionen, für die sich am 31. Dezember 2020 durch die Anwendung des § 145 Abs. 2 oder 6a kein Auszahlungsbetrag ergibt, ist abweichend von den Abs. 1 und 2 die mit dem Hundertsatz von 60 bemessene Pension mit dem Anpassungsfaktor für das Kalenderjahr 2021 zu vervielfachen.

(5) Abweichend von § 150 Abs. 2 sind die Ausgleichszulagenrichtsätze einschließlich der Richtsatzerhöhung für Kinder für das Kalenderjahr 2021 nicht mit dem Anpassungsfaktor, sondern mit dem Faktor 1,035 zu vervielfachen.

(6) Abweichend von § 156a Abs. 9 sind für das Kalenderjahr 2021

1. die Beträge nach § 156a Abs. 1 Z 2 und Abs. 2 nicht mit dem Anpassungsfaktor, sondern mit dem Faktor 1,031 zu vervielfachen;

2. die Beträge nach § 156a Abs. 3 Z 2 und Abs. 4 nicht mit dem Anpassungsfaktor, sondern mit dem Faktor 1,019 zu vervielfachen."

(BGBl I 2020/135)

„Schlussbestimmungen zu Art. 2 des Bundesgesetzes BGBl. I Nr. 28/2021

§ 383. (1) Es treten in der Fassung des Bundesgesetzes BGBl. I Nr. 28/2021 in Kraft:

1. mit 1. Jänner 2021 § 378 Abs. 6;

2. mit 1. Jänner 2022 die §§ 50 Abs. 1a und 144a samt Überschrift.

(2) § 120 Abs. 7 tritt mit Ablauf des 31. Dezember 2021 außer Kraft.

(3) § 50 Abs. 1a in der Fassung des Bundesgesetzes BGBl. I Nr. 28/2021 ist nur auf Leistungen anzuwenden, deren Stichtag (§ 113 Abs. 2) nach dem 31. Dezember 2020 liegt.

(4) Auf Personen, die die Anspruchsvoraussetzungen nach § 120 Abs. 7 in der am 31. Dezember 2021 geltenden Fassung spätestens am 31. Dezember 2021 erfüllen, ist die genannte Bestimmung weiterhin anzuwenden; § 144a ist dabei nicht anzuwenden.

(5) § 144a in der Fassung des Bundesgesetzes BGBl. I Nr. 28/2021 ist auf Pensionen anzuwenden, deren Stichtag nach dem 31. Dezember 2021 liegt."

(BGBl I 2021/28)

„Impfung gegen SARS-CoV-2 im niedergelassenen Bereich

§ 384. (1) Die im niedergelassenen Bereich tätigen Ärztinnen und Ärzte, Gruppenpraxen bzw. Primärversorgungseinheiten sowie die selbständigen Ambulatorien sind bis 30. September 2021 berechtigt, Impfungen gegen SARS-CoV-2 mit dem vom Bund zur Verfügung gestellten und finanzierten Impfstoff auf Rechnung der Sozialversicherungsanstalt durchzuführen.

(2) Die Sozialversicherungsanstalt hat für die Durchführung der zweimal zu erfolgenden Impfung sowie für die jeweilige Dokumentation ein pauschales Honorar zu bezahlen. Zuzahlungen der Patientinnen und Patienten sind unzulässig. Der Bund hat der Sozialversicherungsanstalt die ausgewiesenen tatsächlichen Kosten für das Honorar aus dem COVID-19-Krisenbewältigungsfonds zu ersetzen.

(3) Der Bundesminister für Soziales, Gesundheit, Pflege und Konsumentenschutz hat durch Verordnung für die Durchführung der Impfung nach Abs. 1 die Priorisierung der Zielgruppen sowie die Höhe des Honorars festzulegen.

(BGBl I 2020/158)

Schlussbestimmung zu Art. 2 des Bundesgesetzes BGBl. I Nr. 158/2020

§ 385. Es treten in der Fassung des Bundesgesetzes BGBl. I Nr. 158/2020 in Kraft:

1. mit 1. Jänner 2021 die §§ 378 Abs. 3 bis 5 und 384 samt Überschrift;

2. rückwirkend mit 1. Mai 2020 die §§ 164 Abs. 4 und 164a samt Überschrift."

(BGBl I 2020/158)

„Schlussbestimmungen zum Bundesgesetz BGBl. I Nr. 36/2021

§ 386. (1) Es treten in der Fassung des Bundesgesetzes BGBl. I Nr. 36/2021 in Kraft:

1. mit dem auf den Tag der Kundmachung folgenden Tag § 380b samt Überschrift;

2. rückwirkend mit 8. Februar 2021 die Überschrift zu § 380 und § 380a samt Überschrift.

(2) Die §§ 380a und 380b samt Überschriften in der Fassung des Bundesgesetzes BGBl. I Nr.

36/2021 treten mit 30. Juni 2021 außer Kraft. Dauert die COVID-19-Pandemie über den 30. Juni 2021 hinaus an, so kann der Bundesminister für Soziales, Gesundheit, Pflege und Konsumentenschutz durch Verordnung das Außerkrafttreten bis längstens 31. Dezember 2021 verschieben.

(3) § 380a ist auf jene Tests anzuwenden, die ab dem 8. Februar 2021 in den öffentlichen Apotheken durchgeführt wurden. § 380b ist auf jene SARS-CoV-2-Antigentests zur Eigenanwendung anzuwenden, die ab dem auf den Tag der Kundmachung folgenden Tag abgegeben wurden."

(BGBl I 2021/36)

1. Novelle zum GSVG
(BGBl 1978/684)

Der Nationalrat hat beschlossen:

ARTIKEL X
Übergangsbestimmung zu Art. IX

Die Bestimmungen des § 128 Abs. 1 des Gewerblichen Sozialversicherungsgesetzes in der Fassung des Art. IX Z 2 sind auf Antrag ab 1. Jänner 1979 auch auf Versicherungsfälle anzuwenden, in denen der Stichtag vor dem 1. Jänner 1979 liegt. Die Leistung gebührt ab 1. Jänner 1979, wenn der Antrag bis 31. Dezember 1979 gestellt wird, sonst ab dem der Antragstellung folgenden Monatsersten.

ARTIKEL XIII
Änderungen im Bereich der Gewerblichen Selbständigen-Pensionsversicherung

(1) Zur Feststellung der Beitragsgrundlage für Personen, die nach den Bestimmungen des § 2 Abs. 1 Z 3 des Gewerblichen Selbständigen-Pensionsversicherungsgesetzes[a] in der Fassung der 25. Novelle zum GSPVG, BGBl. Nr. 619/1977, in die Pensionsversicherung einbezogen wurden, ist § 17 des Gewerblichen Selbständigen-Pensionsversicherungsgesetzes mit der Maßgabe anzuwenden, daß den Einkünften aus einer die Pflichtversicherung begründenden Erwerbstätigkeit die Einkünfte gleichzuhalten sind, die aus der Erwerbstätigkeit erzielt wurden, die bei früherem Wirksamkeitsbeginn der Bestimmungen über die Pflichtversicherung diese begründet hätte; das gleiche hinsichtlich der Feststellung der Beitragsgrundlage gilt für Personen, die vor dem 1. Jänner 1978 eine Erwerbstätigkeit ausgeübt haben, die bei früherem Wirksamkeitsbeginn des § 2 Abs. 1 Z 3 des Gewerblichen Selbständigen-Pensionsversicherungsgesetzes[a] in der Fassung der 25. Novelle zum GSPVG die Pflichtversicherung begründet hätte, die jedoch nach diesem Zeitpunkt einer Pflichtversicherung gemäß § 2 Abs. 1 Z 1 oder 2 des Gewerblichen Selbständigen-Pensionsversicherungsgesetzes unterliegen.

[a] Entspricht § 2 Abs. 1 Z 3 GSVG.

(2) Art. II Abs. 8 der 24. Novelle zum GSPVG, BGBl. Nr. 705/1976, hat zu lauten[a]:

[a] Betrifft die Überleitung von Ausgleichszulagen aus Versicherungsfällen mit Stichtag vor dem 1.1.1978.

„(8) Ergibt sich aus der Anwendung der Bestimmungen des Abschnittes III des Zweiten Teiles des Gewerblichen Selbständigen-Pensionsversicherungsgesetzes, BGBl. Nr. 292/1957, ein aus der Summe von Pension und Ausgleichszulage bestehender niedrigerer Auszahlungsbetrag, als er nach den am 31. Dezember 1977 in Geltung gestandenen Rechtsvorschriften gebührte, so ist bei sonst unverändertem Sachverhalt ab dem Kalenderjahr 1978 die Ausgleichszulage in der Höhe des jeweiligen Unterschiedsbetrages zwischen dem Auszahlungsbetrag des Kalendermonates Dezember 1977 und der gebührenden Pension zu gewähren. Der Betrag an Ausgleichszulage mindert sich jedoch in dem Ausmaß, das sich aus einer Änderung des maßgebenden Sachverhaltes ergibt."

(3) Bei der Anwendung der Bestimmungen des Art. II Abs. 10 der 21. Novelle zum GSPVG, BGBl. Nr. 32/1973, sind für Zeiträume ab 1. Jänner 1977 Einheitswerte, die der Ermittlung des Nettoeinkommens des Pensionsberechtigten zugrunde gelegt wurden, um 10 vH zu erhöhen.[a]

[a] Betrifft Ausgleichszulagen aus Versicherungsfällen mit Stichtag vor dem 1.1.1973.

(4) Bei den gemäß § 189 des Gewerblichen Selbständigen-Pensionsversicherungsgesetzes und bei den gemäß § 141 des Bauern-Pensionsversicherungsgesetzes[a] sowie bei Art. II Abs. 14 lit. b der 25. Novelle zum Gewerblichen Selbständigen-Pensionsversicherungsgesetz[b], BGBl. Nr. 619/1977, von der Pflichtversicherung in der jeweiligen Pensionsversicherung befreiten Personen gilt § 72a des Gewerblichen Selbständigen-Pensionsversicherungsgesetzes mit der Maßgabe, daß

a) an die Stelle der im Abs. 1 lit. c vorgesehenen Beitragsmonate der Pflichtversicherung in der Pensionsversicherung Beitragsmonate der freiwilligen Weiterversicherung in der Pensionsversicherung nach dem Allgemeinen Sozialversicherungsgesetz treten, sofern während dieser Zeit eine Erwerbstätigkeit ausgeübt wurde, die an sich die Pflichtversicherung nach dem Gewerblichen Selbständigen-Pensionsversicherungsgesetz bzw. nach dem Bauern-Pensionsversicherungsgesetz begründen würde und daß

b) neben der Voraussetzung des Abs. 1 lit. d die weitere Voraussetzung des § 72 Abs. 2 des Gewerblichen Selbständigen-Pensionsversicherungsgesetzes bzw. des § 68 Abs. 2 des Bauern-Pensionsversicherungsgesetzes erfüllt sein muß.

[a] Das sind wegen einer Weiterversicherung nach ASVG (§ 171 LZVG) von der Pflichtversicherung nach B-PVG seit 1.1.1957 befreite Personen.

[b] Das sind wegen einer Weiterversicherung nach ASVG von der Pflichtversicherung nach § 2 Abs. 1 Z 3 GSVG seit 1.1.1978 befreite Personen.

(5) Die Bestimmung des Art. II Abs. 14 der 25. Novelle zum Gewerblichen Selbständigen-Pensionsversicherungsgesetz[a], BGBl. Nr. 619/1977, über die Befreiung von der Gewerblichen Selbständigen-Pensionsversicherung ist auch auf Personen anzuwenden, die vor dem 1. Jänner 1978 das 50. Lebensjahr vollendet haben, wenn ein diesbezüglicher Antrag bis längstens 31. Dezember 1979 bei der Sozialversicherungsanstalt der gewerblichen Wirtschaft gestellt wird. Die Befreiung gilt rückwirkend ab 1. Jänner 1978. Die Entscheidung über den Befreiungsantrag obliegt der Sozialversicherungsanstalt der gewerblichen Wirtschaft.

[a] Art. II Abs. 14 der 25. GSPVG-Novelle nimmt ansonsten nunmehr nach § 2 Abs. 1 Z 3 GSVG Pflichtversicherte von der Pflichtversicherung in der PV aus.

(6) Bei der Bestellung der Versicherungsvertreter für die am 1. Jänner 1979 beginnende Amtsdauer der Verwaltungskörper ist § 163 Abs. 2

des Gewerblichen Selbständigen-Pensionsversicherungsgesetzes mit der Maßgabe anzuwenden, daß die Berechnung der auf die einzelnen Stellen entfallenden Zahl von Versicherungsvertretern nach dem System d'Hondt zu erfolgen hat und die Wahlzahl in Dezimalzahlen zu errechnen ist. Haben nach dieser Berechnung mehrere Stellen den gleichen Anspruch auf einen Versicherungsvertreter, so entscheidet das Los.

ARTIKEL XXI
Schlußbestimmungen

(6) Bei den gemäß § 189 des Gewerblichen Selbständigen-Pensionsversicherungsgesetzes sowie den gemäß Art. II Abs. 14 lit. b der 25. Novelle zum Gewerblichen Selbständigen-Pensionsversicherungsgesetz, BGBl. Nr. 619/1977, und bei den gemäß § 141 des Bauern-Pensionsversicherungsgesetzes von der Pflichtversicherung in der jeweiligen Pensionsversicherung befreiten Personen gelten die §§ 253b bzw. 276b des Allgemeinen Sozialversicherungsgesetzes mit der Maßgabe, daß[a]

a) an die Stelle der im Abs. 1 lit. c vorgesehenen Beitragsmonate der Pflichtversicherung in der Pensionsversicherung Beitragsmonate der freiwilligen Weiterversicherung in der Pensionsversicherung nach dem Allgemeinen Sozialversicherungsgesetz treten, sofern während dieser Zeit eine Erwerbstätigkeit ausgeübt wurde, die an sich die Pflichtversicherung nach dem Gewerblichen Selbständigen-Pensionsversicherungsgesetz bzw. nach dem Bauern-Pensionsversicherungsgesetz begründen würde und daß

b) neben der Voraussetzung des Abs. 1 lit. d die weitere Voraussetzung des § 72 Abs. 2 des Gewerblichen Selbständigen-Pensionsversicherungsgesetzes bzw. des § 68 Abs. 2 des Bauern-Pensionsversicherungsgesetzes erfüllt sein muß.

[a] Siehe Fußnoten [a] und [b] zu Art. XIII Abs. 4 1. Nov.

ARTIKEL XXII
Wirksamkeitsbeginn

(1) Dieses Bundesgesetz tritt, soweit im folgenden nichts anderes bestimmt wird, am 1. Jänner 1979 in Kraft.

(2) Es treten in Kraft:

a) rückwirkend mit dem 1. Jänner 1977:
... Art. XIII Abs. 3 ...

b) rückwirkend mit dem 1. Jänner 1978:
... Art. XIII Abs. 1, 2, 4 und 6 ...

(3) Die Bestimmungen des § 322a des Allgemeinen Sozialversicherungsgesetzes in der Fassung des Art. V Z 1, des § 182a des Gewerblichen Sozialversicherungsgesetzes in der Fassung des Art. IX Z 9 und des § 170a des Bauern-Sozialversicherungsgesetzes in der Fassung des Art. XI Z 11 treten mit Ablauf der Geltungsdauer der Vereinbarung gemäß Art. 15a B-VG über die Krankenanstaltenfinanzierung und die Dotierung des Wasserwirtschaftsfonds, BGBl. Nr. 453/1978, außer Kraft.

ARTIKEL XXIII

Mit der Vollziehung dieses Bundesgesetzes ist betraut:

e) hinsichtlich aller übrigen Bestimmungen der Bundesminister für soziale Verwaltung.

2. Novelle zum GSVG
(BGBl 1979/531)

Der Nationalrat hat beschlossen:

ARTIKEL II
Übergangsbestimmungen

(1) Personen, die am 31. Mai 1977 gemäß § 3 Z 6 des Gewerblichen Selbständigen-Pensionsversicherungsgesetzes in der an diesem Tag in Geltung gestandenen Fassung oder die am 31. Mai 1975 gemäß § 3 Z 7 des Gewerblichen Selbständigen-Pensionsversicherungsgesetzes in der an diesem Tag in Geltung gestandenen Fassung von der Pflichtversicherung in der Pensionsversicherung ausgenommen waren, sind auf Antrag von der Pflichtversicherung in der Pensionsversicherung nach dem Gewerblichen Selbständigen-Pensionsversicherungsgesetz bzw. nach dem Gewerblichen Sozialversicherungsgesetz zu befreien, wenn der Antrag bis 31. Dezember 1980 bei der Sozialversicherungsanstalt der gewerblichen Wirtschaft gestellt wird. Die Befreiung gilt rückwirkend ab 1. Juni 1977 bzw. ab 1. Juni 1975 für die Dauer des Bestandes der Voraussetzungen für die seinerzeitige Ausnahme von der Pflichtversicherung.

(2) Den von der Pflichtversicherung nach Abs. 1 befreiten Personen sind die von ihnen für Zeiträume nach ihrer Befreiung zur Pflichtversicherung in der Gewerblichen Selbständigen-Pensionsversicherung entrichteten Beiträge aufgewertet zu erstatten. Die Aufwertung ist mit den Aufwertungsfaktoren (§ 47 des Gewerblichen Sozialversicherungsgesetzes) vorzunehmen, die im Jahre 1980 für die Jahre festgesetzt sind, in denen die Beiträge entrichtet wurden. Mit der Erstattung der Beiträge verlieren die zurückgelegten Versicherungszeiten jegliche Wirksamkeit. Die Erstattung von Beiträgen ist ausgeschlossen, wenn aus der Versicherung vor der Geltendmachung der Erstattung eine Leistung aus einer gesetzlichen Pensionsversicherung gewährt worden ist und diese Beiträge auf Bestand bzw. Umfang dieses Leistungsanspruches von Einfluß waren.

ARTIKEL III
Schlußbestimmungen

(1) Verordnungen des Bundesministers für soziale Verwaltung gemäß § 58 Abs. 3 Z 1 des Gewerblichen Sozialversicherungsgesetzes und des Bundesministers für Unterricht und Kunst gemäß § 194 Abs. 2 des Gewerblichen Sozialversicherungsgesetzes können rückwirkend mit Wirksamkeit ab 1. Jänner 1979 erlassen werden.

(2) Soweit nach den Bestimmungen des Gewerblichen Sozialversicherungsgesetzes Einheitswerte land(forst)wirtschaftlicher Betriebe heranzuziehen sind, sind hiebei Änderungen dieser Einheitswerte anläßlich der Hauptfeststellung (§ 20 des Bewertungsgesetzes 1955, BGBl. Nr. 148) zum 1. Jänner 1979 für die Zeit vor dem 1. Jänner 1982 nicht zu berücksichtigen.

(3) Bei der Anwendung der Bestimmung des Art. II Abs. 10 erster Satz der 21. Novelle zum Gewerblichen Selbständigen-Pensionsversicherungsgesetz[a)] gelten für Zeiträume ab dem 1. Jänner 1973 als Änderungen des maßgeblichen Sachverhaltes alle Sachverhaltsänderungen, die nach der jeweils ab 1. Jänner 1973 geltenden Rechtslage einen Einfluß auf die Ausgleichszulage bewirken. Als derartige Änderungen des Sachverhaltes gelten jedoch nicht Einkommenserhöhungen, die sich ausschließlich durch die Anwendung des § 89 Abs. 10 des Gewerblichen Selbständigen-Pensionsversicherungsgesetzes bzw. des § 149 Abs. 8 des Gewerblichen Sozialversicherungsgesetzes sowie die Einführung und die Erhöhung des Versicherungswertes gemäß § 12 Abs. 2 des Bauern-Pensionsversicherungsgesetzes bzw. des § 23 Abs. 2 des Bauern-Sozialversicherungsgesetzes ergeben. Der nach Art. II Abs. 9 der 21. Novelle zum Gewerblichen Selbständigen-Pensionsversicherungsgesetz, BGBl. Nr. 32/1973, weiter zu gewährende Betrag an Ausgleichszulage mindert sich um jenen Betrag, um den eine Ausgleichszulage bei einer solchen Sachverhaltsänderung zum Zeitpunkt dieser Sachverhaltsänderung zu mindern wäre, unabhängig davon, ob eine solche Änderung einen Einfluß auf die Ausgleichszulage nach dem Stand der gesetzlichen Vorschriften zum 31. Dezember 1972 gehabt hätte.

[a)] Betrifft Ausgleichszulagen mit Stichtag vor dem 1.1.1973.

(4) Für Zeiträume ab dem 1. Jänner 1977 gelten Erhöhungen der Einheitswerte nach dem Abgabenänderungsgesetz 1976, BGBl. Nr. 143, jedenfalls als Änderung des maßgeblichen Sachverhaltes im Sinne des Art. II Abs. 10 der 21. Novelle zum Gewerblichen Selbständigen-Pensionsversicherungsgesetz, BGBl. Nr. 32/1973, bzw. als Änderung der für die Zuerkennung der Ausgleichszulage maßgebenden Sach- und Rechtslage gemäß § 153 Abs. 3 des Gewerblichen Sozialversicherungsgesetzes, ungeachtet dessen, daß sie am 31. Dezember 1972 keine Auswirkungen auf die Ausgleichszulage gehabt hätten, jedoch nur dann, wenn das Eigentum am land(forst)wirtschaftlichen Betrieb am 1. Jänner 1976 noch bestanden hat.[a)]

[a)] Betrifft Ausgleichszulagen mit Stichtag vor dem 1.1.1973.

(5) Änderungen in der Höhe der am 31. Dezember 1979 bestehenden Leistungsansprüche, die sich aus der Anwendung der Abs. 3 und 4 ergeben, sind erst ab 1. Jänner 1980 zu berücksichtigen.

ARTIKEL IV
Inkrafttreten

(1) Dieses Bundesgesetz tritt, soweit im folgenden nichts anderes bestimmt wird, am 1. Jänner 1980 in Kraft.

(2) Es treten in Kraft:

a) rückwirkend mit dem 1. Jänner 1973 die Bestimmung des Art. III Abs. 3;

b) rückwirkend mit dem 1. Jänner 1977 die Bestimmung des Art. III Abs. 4;

c) rückwirkend mit dem 1. Jänner 1979 die Bestimmungen des Art. I Z 3 lit. a und b, 4 lit. a, b und c, 5, 8 lit. a, 9 lit. b und 18 bis 20;

d) mit dem 1. April 1980 die Bestimmung des Art. I Z 1.

ARTIKEL V
Vollziehung

Mit der Vollziehung dieses Bundesgesetzes ist betraut:

a) hinsichtlich der Bestimmungen des § 66 Abs. 2 des Gewerblichen Sozialversicherungsgesetzes in der Fassung des Art. I Z 12 der Bundesminister für soziale Verwaltung im Einvernehmen mit dem Bundesminister für Justiz;

b) hinsichtlich der Bestimmungen des Art. III Abs. 1, soweit es sich um die Erlassung einer Verordnung nach § 194 Abs. 2 des Gewerblichen Sozialversicherungsgesetzes handelt, der Bundesminister für Unterricht und Kunst im Einvernehmen mit dem Bundesminister für soziale Verwaltung;

c) hinsichtlich aller übrigen Bestimmungen der Bundesminister für soziale Verwaltung.

3. Novelle zum GSVG
(BGBl 1980/586)

Der Nationalrat hat beschlossen:

ARTIKEL II
Übergangsbestimmungen

(1) Für die Berechnung der Verzugszinsen für rückständige Beiträge gemäß § 35 Abs. 3 des Gewerblichen Sozialversicherungsgesetzes ist bis zur Erlassung einer Verordnung im Sinne des § 59 Abs. 1 des Allgemeinen Sozialversicherungsgesetzes Art. VI Abs. 6 der 35. Novelle zum Allgemeinen Sozialversicherungsgesetz, BGBl. Nr. 585/1980, entsprechend anzuwenden. Das gleiche gilt für rückständige Beiträge aus Kalendermonaten, die vor dem 1. Jänner 1981 liegen, soweit sie in diesem Zeitpunkt nicht bereits vorgeschrieben sind.

(2) Die Bestimmungen des § 227 Abs. 2 und 3 und des § 228 der Bundesabgabenordnung, BGBl. Nr. 194/1961, in der vor Inkrafttreten des Bundesgesetzes vom 19. März 1980, BGBl. Nr. 151, geltenden Fassung sind für Mahnverfahren nach § 37 Abs. 3 des Gewerblichen Sozialversicherungsgesetzes, die bis zum Ende des Kalenderjahres 1980 eingeleitet wurden, sinngemäß anzuwenden.

(3) Die Bestimmungen des § 57 Abs. 1 des Gewerblichen Sozialversicherungsgesetzes in der Fassung des Art. I Z 12 gelten auch für Versicherungsfälle, die vor dem 1. Jänner 1981 eingetreten sind.

(4) Die Bestimmungen des § 61a des Gewerblichen Sozialversicherungsgesetzes in der Fassung des Art. I Z 15 sind auch auf Pensionsansprüche anzuwenden, deren Stichtag vor dem 1. Jänner 1981 liegt.

(5) Die Bestimmungen des § 116 Abs. 7 bzw. des § 123 Abs. 1 des Gewerblichen Sozialversicherungsgesetzes in der Fassung des Art. I Z 24 bzw. Z 27 sind nur auf Versicherungsfälle anzuwenden, in denen der Stichtag nach dem 31. Dezember 1980 liegt.

(6) Die Bestimmungen des § 122 Abs. 3 des Gewerblichen Sozialversicherungsgesetzes in der Fassung des Art. I Z 26 sind nur auf Versicherungsfälle anzuwenden, in denen der Stichtag nach dem 31. Dezember 1986 liegt.

(7) Die Bestimmungen des § 71 des Gewerblichen Selbständigen-Pensionsversicherungsgesetzes in der am 31. Dezember 1978 in Geltung gestandenen Fassung sind – soweit es für den Leistungswerber günstiger ist – auf Antrag auf jene Fälle anzuwenden, in denen der Stichtag (§ 113 Abs. 2 des Gewerblichen Sozialversicherungsgesetzes) nach dem 31. Dezember 1978 und vor dem 1. Jänner 1980 gelegen ist. Der Antrag ist längstens bis zum 31. Dezember 1981 zulässig. Die Leistung gebührt bei Zutreffen aller sonstigen Voraussetzungen frühestens ab 1. Jänner 1979. Die Rechtskraft bereits ergangener Entscheidungen steht dem nicht entgegen.

ARTIKEL III
Schlußbestimmungen

(1) Art. III Abs. 2 der 2. Novelle zum Gewerblichen Sozialversicherungsgesetz, BGBl. Nr. 531/1979, hat zu lauten: ...[a]

[a] berücksichtigt a.a.O.

(2) Personen, die am 31. Dezember 1979 gemäß § 4 Abs. 3 Z 2 des Gewerblichen Sozialversicherungsgesetzes in der an diesem Tag in Geltung gestandenen Fassung von der Pflichtversicherung in der Pensionsversicherung ausgenommen waren, sind auf Antrag von der Pflichtversicherung in der Pensionsversicherung nach dem Gewerblichen Sozialversicherungsgesetz zu befreien, wenn der Antrag bis 31. Dezember 1981 bei der Sozialversicherungsanstalt der gewerblichen Wirtschaft gestellt wird. Die Befreiung gilt rückwirkend ab 1. Jänner 1980 für die Dauer des Bestandes der Voraussetzungen für die seinerzeitige Ausnahme von der Pflichtversicherung.

(3) Den von der Pflichtversicherung nach Abs. 2 befreiten Personen sind die von ihnen für Zeiträume nach ihrer Befreiung zur Pflichtversicherung in der Gewerblichen Selbständigen-Pensionsversicherung entrichteten Beiträge zu erstatten. Mit der Erstattung der Beiträge verlieren die zurückgelegten Versicherungszeiten jegliche Wirksamkeit. Die Erstattung von Beiträgen ist ausgeschlossen, wenn aus der Versicherung vor der Geltendmachung der Erstattung eine Leistung aus einer gesetzlichen Pensionsversicherung gewährt worden ist und diese Beiträge auf Bestand bzw. Umfang dieses Leistungsanspruches von Einfluß waren.

ARTIKEL IV
Inkrafttreten

(1) Dieses Bundesgesetz tritt, soweit im folgenden nichts anderes bestimmt wird, am 1. Jänner 1981 in Kraft.

(2) Es treten in Kraft:
a) rückwirkend mit dem 1. Jänner 1980 die Bestimmungen des Art. I Z 6, 7 lit. b, 10, 28 und 29;[a]

[a] Betrifft die §§ 26 Abs. 3 bis 5, 27 Abs. 7, 35 Abs. 2, 127a Abs. 1 und 2, 127b Abs. 1

b) mit dem 1. Jänner 1987 die Bestimmungen des Art. I Z 26.[b]

[b] Betrifft § 122 Abs. 3.

ARTIKEL V
Vollziehung

Mit der Vollziehung dieses Bundesgesetzes ist hinsichtlich der Bestimmungen des § 89a des Gewerblichen Sozialversicherungsgesetzes in der Fassung des Art. I Z 21 der Bundesminister für Gesundheit und Umweltschutz im Einvernehmen mit dem Bundesminister für soziale Verwaltung, hinsichtlich aller übrigen Bestimmungen der Bundesminister für soziale Verwaltung betraut.

4. Novelle zum GSVG
(BGBl 1981/283)

Der Nationalrat hat beschlossen:

ARTIKEL II
Übergangsbestimmungen

(1) Der Anspruch auf die Leistungen der Krankenversicherung für Personen, die am 31. Mai 1981 als Angehörige galten, nach den Bestimmungen dieses Bundesgesetzes aber nicht mehr als Angehörige gelten, bleibt auch über das Ende der Angehörigeneigenschaft aufrecht, solange die Voraussetzungen für den am 31. Mai 1981 bestandenen Leistungsanspruch gegeben sind.

(2) Die Bestimmung des § 83 Abs. 6 des Gewerblichen Sozialversicherungsgesetzes in der Fassung des Art. I Z 4 gilt ab 1. Juni 1981 auch für Versicherungsfälle, die vor dem 1. Juni 1981 eingetreten sind.

(3) Die Bestimmungen der §§ 135, 136, 145 und 148 des Gewerblichen Sozialversicherungsgesetzes in der Fassung des Art. I Z 5, 6, 9 und 11 sind hinsichtlich des Anspruches auf Witwerpension nur anzuwenden, wenn der Versicherungsfall nach dem 31. Mai 1981 eingetreten ist.

(4) Der unter Anwendung der im Abs. 3 bezeichneten Bestimmungen zu bemessende Betrag einer Witwerpension gemäß § 136 des Gewerblichen Sozialversicherungsgesetzes in der Fassung des Art. I Z 6 gebührt unter Bedachtnahme auf § 50 des Gewerblichen Sozialversicherungsgesetzes ab 1. Juni 1981 zu einem Drittel, ab 1. Jänner 1989 zu zwei Drittel und ab 1. Jänner 1995 in voller Höhe. Die Teilung erstreckt sich verhältnismäßig auf den als Grundbetrag und den als Steigerungsbetrag geltenden Betrag.

(5) Abs. 4 gilt nicht für Witwerpensionen, die auch bei Weitergeltung der am 31. Mai 1981 in Geltung gestandenen Fassung des § 137 des Gewerblichen Sozialversicherungsgesetzes gebührt hätten.

(6) Die Bestimmung des § 139 Abs. 4 des Gewerblichen Sozialversicherungsgesetzes in der Fassung des Art. I Z 8 ist nur in den Fällen anzuwenden, in denen der Stichtag nach dem 31. Mai 1981 liegt.

(7) Die Bestimmung des § 146 des Gewerblichen Sozialversicherungsgesetzes in der Fassung des Art. I Z 10 ist nur in den Fällen anzuwenden, in denen die Wiederverehelichung nach dem 31. Mai 1981 erfolgt.

ARTIKEL III
Inkrafttreten

Dieses Bundesgesetz tritt am 1. Juni 1981 in Kraft.

5. Novelle zum GSVG

(BGBl 1981/589)

Der Nationalrat hat beschlossen:

ARTIKEL II
Übergangsbestimmungen

(1) § 102 Abs. 5 des Gewerblichen Sozialversicherungsgesetzes in der am 31. Dezember 1981 in Geltung gestandenen Fassung ist nur auf Versicherungsfälle anzuwenden, in denen die Entbindung vor dem 1. Jänner 1982 erfolgt.

(2) Bis zur satzungsmäßigen Festsetzung des Ausmaßes des Kostenersatzes bzw. des Kostenanteiles gemäß den §§ 93 und 103 des Gewerblichen Sozialversicherungsgesetzes in der Fassung des Art. I Z 12 bzw. 14 hat die Übernahme der Kosten für Heilbehelfe und Hilfsmittel bzw. der Ersatz der Reise(Fahrt)- und Transportkosten nach den am 31. Dezember 1981 in Geltung gestandenen Bestimmungen zu erfolgen.

(3) Die Bestimmungen des § 104 des Gewerblichen Sozialversicherungsgesetzes in der Fassung des Art. I Z 15 sind nur anzuwenden, wenn der Versicherungsfall nach dem 31. Dezember 1981 eingetreten ist.

(4) Die Bestimmungen des § 131 Abs. 1 des Gewerblichen Sozialversicherungsgesetzes in der Fassung des Art. I Z 17 sind nur auf Versicherungsfälle anzuwenden, in denen der Stichtag nach dem 31. Dezember 1980 liegt. Liegt der Stichtag nach dem 31. Dezember 1980, aber vor dem 1. Jänner 1982, sind die Bestimmungen des § 131 Abs. 1 des Gewerblichen Sozialversicherungsgesetzes in der Fassung des Art. I Z 17 nur anzuwenden, wenn dies bis 31. Dezember 1982 beantragt wird. Die Rechtskraft bereits ergangener Entscheidungen steht dem nicht entgegen.

(5) Die Bestimmungen des § 239 Abs. 13 des Gewerblichen Sozialversicherungsgesetzes in der Fassung des Art. I Z 23 sind nur auf Versicherungsfälle anzuwenden, in denen der Stichtag nach dem 31. Dezember 1981 liegt.

ARTIKEL III
Schlußbestimmungen

(1) Personen, die am 31. Dezember 1980 in der Krankenversicherung nach dem Gewerblichen Sozialversicherungsgesetz pflichtversichert waren, gemäß § 4 Abs. 2 Z 3, 4 oder 5 des Gewerblichen Sozialversicherungsgesetzes in der Fassung der 3. Novelle, BGBl. Nr. 586/1980, von dieser Pflichtversicherung ausgenommen sind, können sich, solange sie ihren Wohnsitz im Inland haben, in der Krankenversicherung nach dem Gewerblichen Sozialversicherungsgesetz weiterversichern. Der Antrag ist bis längstens 31. Dezember 1982 bei der Sozialversicherungsanstalt der gewerblichen Wirtschaft zu stellen. Auf eine solche Weiterversicherung sind die Bestimmungen des Gewerblichen Sozialversicherungsgesetzes entsprechend anzuwenden.

(2) Ist in einem Jahr, dessen Einkünfte für die Ermittlung der Beitragsgrundlage in der Pensionsversicherung im Sinne des § 25 des Gewerblichen Sozialversicherungsgesetzes maßgeblich sind, infolge der Leistung von Abfertigungen nach dem Arbeiter-Abfertigungsgesetz, BGBl. Nr. 107/1979, ein Entfall oder eine Minderung der für die Ermittlung dieser Beitragsgrundlage maßgeblichen Einkünfte unter den Durchschnitt der Einkünfte der letzten drei Kalenderjahre vor dem erstmaligen Entfall oder der erstmaligen Minderung eingetreten, so ist über Antrag dieser Durchschnitt der Ermittlung der Beitragsgrundlage zugrunde zu legen. § 25 Abs. 2 und § 26 Abs. 2 des Gewerblichen Sozialversicherungsgesetzes sind entsprechend anzuwenden.

(3) Soweit nach den Bestimmungen des Gewerblichen Sozialversicherungsgesetzes Einheitswerte land(forst)wirtschaftlicher Betriebe heranzuziehen sind, sind hiebei Änderungen dieser Einheitswerte anläßlich der Hauptfeststellung (§ 20 des Bewertungsgesetzes 1955, BGBl. Nr. 148) zum 1. Jänner 1979 für die Zeit vor dem 1. Jänner 1983 nicht zu berücksichtigen.

ARTIKEL IV
Inkrafttreten

(1) Dieses Bundesgesetz tritt hinsichtlich der Bestimmungen des Art. I Z 3 und 17 und des Art. IX Abs. 1 rückwirkend mit 1. Jänner 1981, hinsichtlich aller übrigen Bestimmungen am 1. Jänner 1982 in Kraft.

(2) Die Bestimmungen des Art. III Abs. 2 treten mit Ablauf des 31. Dezember 1987 außer Kraft.

ARTIKEL V
Vollziehung

Mit der Vollziehung dieses Bundesgesetzes ist der Bundesminister für soziale Verwaltung betraut.

6. Novelle zum GSVG
(BGBl 1982/359)

Der Nationalrat hat beschlossen:

ARTIKEL IV
Übergangsbestimmungen zu Art. II

Personen, die vor dem 1. Juli 1982 eine Zusatzversicherung gemäß § 9 des Gewerblichen Sozialversicherungsgesetzes abgeschlossen haben, können diese Zusatzversicherung, sofern sie am 30. Juni 1982 aufrecht war, nach diesem Zeitpunkt fortsetzen, solange die für diese Zusatzversicherung maßgeblich gewesenen Voraussetzungen zutreffen. Für Leistungsansprüche aus einer solchen Zusatzversicherung sind die §§ 105, 109 und 110 des Gewerblichen Sozialversicherungsgesetzes in der am 30. Juni 1982 in Geltung gestandenen Fassung weiterhin anzuwenden.

7. Novelle zum GSVG
(BGBl 1982/648)

Der Nationalrat hat beschlossen:

ARTIKEL II
Übergangsbestimmungen

(1) Der Anspruch auf die Leistungen der Krankenversicherung für Personen, die am 31. Dezember 1982 als Angehörige galten, nach den Bestimmungen dieses Bundesgesetzes aber nicht mehr als Angehörige gelten, bleibt auch über das Ende der Angehörigeneigenschaft aufrecht, solange die Voraussetzungen für den am 31. Dezember 1982 bestandenen Leistungsanspruch gegeben sind.

(2) Die Bestimmungen des § 116 Abs. 1 Z 2 lit. b, 6 und 7 des Gewerblichen Sozialversicherungsgesetzes in der Fassung des Art. I Z 13 sind nur anzuwenden, wenn der Stichtag nach dem 31. Dezember 1982 liegt.

(3) Die Bestimmungen des § 149 Abs. 7 bis 12 des Gewerblichen Sozialversicherungsgesetzes in der Fassung des Art. I Z 14 lit. b und c sind nur auf Versicherungsfälle anzuwenden, in denen der Stichtag der Pension, zu der die Ausgleichszulage gewährt werden soll, nach dem 31. Dezember 1982 liegt. Sie gelten nicht für Hinterbliebenenpensionen, deren Stichtag zwar nach dem 31. Dezember 1982 liegt, die aber nach einer Pension anfallen, deren Stichtag vor dem 1. Jänner 1983 gelegen ist. In diesen Fällen ist § 149 Abs. 7 des Gewerblichen Sozialversicherungsgesetzes in der am 31. Dezember 1982 in Geltung gestandenen Fassung mit der Maßgabe weiterhin anzuwenden, daß bei Hinterbliebenen, die Eigentümer (Miteigentümer) des land(forst)wirtschaftlichen Betriebes sind bzw. gewesen sind, jene Einkommensbeträge unter Bedachtnahme auf § 149 Abs. 6 des Gewerblichen Sozialversicherungsgesetzes heranzuziehen sind, die für die Feststellung der Ausgleichszulage zur Pension des verstorbenen Pensionsempfängers zuletzt maßgebend waren. Soweit der Pensionsberechtigte nach dem 31. Dezember 1982 noch Eigentümer land(forst)wirtschaftlicher Flächen ist, ist in jenen Fällen, in denen der Stichtag der Pension, zu der die Ausgleichszulage gewährt wird, vor dem 1. Jänner 1983 gelegen ist, § 149 Abs. 7 und 8 des Gewerblichen Sozialversicherungsgesetzes in der am 31. Dezember 1982 in Geltung gestandenen Fassung mit der Maßgabe anzuwenden, daß der Ermittlung des Einkommens gemäß § 149 Abs. 7 des Gewerblichen Sozialversicherungsgesetzes 21,6 vH des zuletzt festgestellten Einheitswertes zugrunde zu legen sind.

(4) Soweit Bescheide, mit denen Einheitswerte land(forst)wirtschaftlicher Betriebe gemäß § 20 des Bewertungsgesetzes 1955, BGBl. Nr. 148, anläßlich der Hauptfeststellung zum 1. Jänner 1979 festgestellt wurden, vor dem 1. Jänner 1983 zugestellt worden sind, gelten sie in Anwendung der Bestimmungen des § 149 Abs. 7 des Gewerblichen Sozialversicherungsgesetzes als am 31. Dezember 1982 zugestellt. Werden solche Bescheide nach dem 31. Dezember 1982 zugestellt, ist § 23 Abs. 5 zwei-

ter Satz des Bauern-Sozialversicherungsgesetzes entsprechend anzuwenden.

(5) Soweit nach Abs. 3 die Bestimmungen des § 149 Abs. 7 bis 12 des Gewerblichen Sozialversicherungsgesetzes in der Fassung des Art. I Z 14 lit. b und c nicht anzuwenden sind, hat eine Vervielfachung der Einkommensbeträge unter Bedachtnahme auf § 51 des Gewerblichen Sozialversicherungsgesetzes mit dem für das Kalenderjahr 1983 festgesetzten Anpassungsfaktor zu entfallen.

(6) Die Bestimmungen des § 153 Abs. 5, 6 und 7 des Gewerblichen Sozialversicherungsgesetzes in der Fassung des Art. I Z 15 sind mit der Maßgabe anzuwenden, daß der Jahresausgleich erstmalig für das Kalenderjahr 1983 durchzuführen ist.

(7) Der Versicherungsträger hat eine am 31. Dezember 1982 vorhandene gesonderte Rücklage (§ 216 Abs. 3 des Gewerblichen Sozialversicherungsgesetzes) mit Ablauf des 31. Dezember 1982 im Wege über die Vermögensrechnung aufzulösen.

ARTIKEL III
Schlußbestimmungen

(1) Für das Jahr 1983 betragen die Richtzahl und der Anpassungsfaktor (§ 47 des Gewerblichen Sozialversicherungsgesetzes) je 1,055.

(2) Soweit nach den Bestimmungen des Gewerblichen Sozialversicherungsgesetzes die anläßlich der Hauptfeststellung zum 1. Jänner 1979 festgestellten Einheitswerte land(forst)wirtschaftlicher Betriebe heranzuziehen sind, sind hiebei für Zeiträume nach dem 31. Dezember 1982 jeweils auch Erhöhungen dieser Einheitswerte gemäß Art. II Abs. 1 des Bewertungsänderungsgesetzes 1979, BGBl. Nr. 318, zu berücksichtigen.

8. Novelle zum GSVG
(BGBl 1983/591)

Der Nationalrat hat beschlossen:

ARTIKEL II
Übergangsbestimmungen

(1) Die Bestimmungen der §§ 55 Abs. 2, 130 Abs. 1, 131 Abs. 1, 139 Abs. 1 und 145 Abs. 1 lit. c des Gewerblichen Sozialversicherungsgesetzes in der Fassung des Art. I Z 6, 13, 14, 15 lit. a und 17 lit. a sind nur auf Versicherungsfälle anzuwenden, in denen der Stichtag nach dem 31. Dezember 1983 liegt. Die Bestimmung des § 145 Abs. 1 lit. c des Gewerblichen Sozialversicherungsgesetzes in der am 31. Dezember 1983 in Geltung gestandenen Fassung ist auch auf Hinterbliebenenpensionen anzuwenden, für die der Stichtag nach dem 31. Dezember 1983 liegt, wenn diese von einer Alterspension bemessen werden, deren Stichtag vor dem 1. Jänner 1984 liegt.

(2) Die Bestimmungen der §§ 60 Abs. 5 und 131 Abs. 3 des Gewerblichen Sozialversicherungsgesetzes in der am 31. Dezember 1983 in Geltung gestandenen Fassung sind für vor dem 1. Jänner 1984 gelegene Zeiten des Zusammentreffens eines Pensionsanspruches aus der Pensionsversicherung mit Erwerbseinkommen mit der Maßgabe weiterhin entsprechend anzuwenden, daß die Durchführung eines Jahresausgleiches von Amts wegen bis 31. Dezember 1985 möglich ist.

(3) Die Bestimmungen der §§ 64 Abs. 1 und 153 Abs. 2 des Gewerblichen Sozialversicherungsgesetzes in der Fassung des Art. I Z 9 und 21 sind nur anzuwenden, wenn die Antragstellung nach dem 31. Dezember 1983 erfolgt ist.

(4) Ist durch eine rückwirkende Zuerkennung oder Erhöhung einer Leistung aus einer Pensionsversicherung ein Überbezug an Zuschlägen gemäß § 139 Abs. 5 bzw. § 145 Abs. 4 des Gewerblichen Sozialversicherungsgesetzes in der am 31. Dezember 1983 in Geltung gestandenen Fassung entstanden, so ist dieser Überbezug gegen die Pensionsnachzahlung aufzurechnen. Dies gilt auch dann, wenn Anspruchsberechtigter auf die Pensionsnachzahlung der (die) im gemeinsamen Haushalt lebende Ehegatte (Ehegattin) ist.

(5) Für Beitragsmonate der Pflichtversicherung in der Pensionsversicherung nach dem Allgemeinen Sozialversicherungsgesetz, dem Gewerblichen Sozialversicherungsgesetz oder dem Bauern-Sozialversicherungsgesetz,

a)   die während des Bestandes eines Anspruches auf Alterspension nach § 130 Abs. 1 des Gewerblichen Sozialversicherungsgesetzes und

b)   die bis zum 31. Dezember 1983 erworben worden sind,

ist die Bestimmung des § 140 des Gewerblichen Sozialversicherungsgesetzes in der am 31. Dezember 1983 in Geltung gestandenen Fassung entsprechend anzuwenden. Ein durch das Außerkrafttreten dieser Zuschlagsregelung entstehender Rest von weniger als 12 Beitragsmonaten ist hiebei anteilsmäßig zu berücksichtigen.

(6) Die Bestimmungen des § 149 Abs. 12 des Gewerblichen Sozialversicherungsgesetzes in der Fassung des Art. I Z 20 lit. c sind nur auf Versicherungsfälle anzuwenden, in denen der Stichtag der Pension, zu der die Ausgleichszulage gewährt werden soll, nach dem 31. Dezember 1983 liegt. Sie gelten nicht für Hinterbliebenenpensionen, deren Stichtag zwar nach dem 31. Dezember 1983 liegt, die aber nach einer Pension anfallen, deren Stichtag vor dem 1. Jänner 1984 gelegen ist.

(7) Soweit nach Abs. 6 die Bestimmungen des § 149 Abs. 12 des Gewerblichen Sozialversicherungsgesetzes in der Fassung des Art. I Z 20 lit. c nicht anzuwenden sind, ist eine Vervielfachung der Einkommensbeträge unter Bedachtnahme auf § 51 des Gewerblichen Sozialversicherungsgesetzes für das Kalenderjahr 1984 nur mit dem um 0,5 erhöhten halben für dieses Kalenderjahr festgesetzten Anpassungsfaktor vorzunehmen.

(8) Soweit es sich um Anspruchsberechtigungen und Leistungsverpflichtungen handelt, die nach dem 31. Dezember 1983 für Zeiträume festgestellt werden, die vor dem 1. Jänner 1984 liegen, sind für diese Zeiträume die im Art. I Z 1, 3 bis 5, 10, 11, 15 lit. b, 17 lit. b und c, 18, 19, 20 lit. a und b und 24 genannten Bestimmungen der §§ 25 Abs. 8 lit. a, 29 Abs. 1 und 2, 32 Abs. 2, 50 Abs. 2 und 3, 66 Abs. 3, 71 Abs. 4, 139 Abs. 5, 145 Abs. 1 zweiter Satz und Abs. 4, 147, 148, 149 Abs. 4 lit. a und lit. m und 185 Abs. 3 des Gewerblichen Sozialversicherungsgesetzes in der vor dem 1. Jänner 1984 in Geltung gestandenen Fassung anzuwenden.

(9) Der Aufnahme einer selbständigen oder unselbständigen Erwerbstätigkeit im Sinne des § 131 Abs. 2 des Gewerblichen Sozialversicherungsgesetzes in der Fassung des Art. I Z 14 lit. d ist ab 1. Jänner 1984 eine vor diesem Zeitpunkt aufgenommene Erwerbstätigkeit, sofern sie über den 31. Dezember 1983 andauert, gleichzusetzen.

ARTIKEL III
Schlußbestimmungen

(1) Die am 1. Jänner 1984 in Geltung stehenden Richtsätze nach § 150 Abs. 1 lit. a und b des Gewerblichen Sozialversicherungsgesetzes sind um 30 S zu erhöhen. Die sich daraus ergebende Erhöhung der Ausgleichszulage ist von Amts wegen festzustellen. Eine Neufeststellung der Ausgleichszulage wird hiedurch nicht bewirkt.

(2) Die am 31. Dezember 1983 in Geltung gestandenen Beträge des § 60 Abs. 1 und 3 des Gewerblichen Sozialversicherungsgesetzes sind mit der für das Kalenderjahr 1984 kundgemachten Richtzahl nicht zu vervielfachen.

ARTIKEL IV
Inkrafttreten

(1) Dieses Bundesgesetz tritt, soweit im folgenden nichts anderes bestimmt wird, mit 1. Jänner 1984 in Kraft.

(2) Die Bestimmungen des Art. I Z 7 lit. a, b und d, 22 und 23 treten mit 1. April 1984 in Kraft.

(3) (entfällt)

ARTIKEL V
Vollziehung

Mit der Vollziehung dieses Bundesgesetzes ist der Bundesminister für soziale Verwaltung betraut.

9. Novelle zum GSVG

(BGBl 1984/485)

Der Nationalrat hat beschlossen:

ARTIKEL II
Übergangsbestimmungen

(1) Personen, die am 31. Dezember 1984 nach den in diesem Zeitpunkt in Geltung gestandenen Bestimmungen in der Krankenversicherung nach dem Gewerblichen Sozialversicherungsgesetz pflichtversichert waren, nach den Bestimmungen des Art. I Z 1 dieses Bundesgesetzes aber von dieser Pflichtversicherung ausgenommen sind, bleiben pflichtversichert, solange die für den Bestand der Pflichtversicherung nach den bisherigen Vorschriften maßgeblichen Voraussetzungen weiterhin zutreffen. Im übrigen sind auf eine solche Pflichtversicherung die Bestimmungen des Gewerblichen Sozialversicherungsgesetzes weiterhin anzuwenden. Die Bestimmung des § 4 Abs. 2 Z 6 des Gewerblichen Sozialversicherungsgesetzes in der Fassung des Art. I Z 1 ist jedoch nicht auf Personen anzuwenden, die am 31. Dezember 1984 nach den in diesem Zeitpunkt in Geltung gestandenen Bestimmungen des § 83 des Gewerblichen Sozialversicherungsgesetzes als Angehörige gegolten haben.

(2) Bei der Anwendung der Bestimmungen des § 25 Abs. 2 des Gewerblichen Sozialversicherungsgesetzes in der Fassung des Art. I Z 5 lit. a tritt an die Stelle der Aufwertungszahl für die Zeit vor dem 1. Jänner 1986 die nach den Vorschriften des Gewerblichen Sozialversicherungsgesetzes über die Pensionsanpassung jeweils in Geltung gestandene Richtzahl.

(3) Wenn dies für den Versicherten günstiger ist, sind die Bestimmungen des § 60 Abs. 1, 2 und 6 des Gewerblichen Sozialversicherungsgesetzes in der am 31. Dezember 1984 in Geltung gestandenen Fassung für Fälle des Zusammentreffens eines Pensionsanspruches aus der Pensionsversicherung mit Erwerbseinkommen weiterhin anzuwenden, wenn die Pension im Dezember 1984 geruht hat, solange das zum Ruhen führende Erwerbseinkommen aufgrund ein und derselben Erwerbstätigkeit weiterhin erzielt wird.

(4) Die Bestimmungen der §§ 120, 123 Abs. 3, 124, 125, 141, 145 Abs. 1, 146 Abs. 4, 147 und 148 des Gewerblichen Sozialversicherungsgesetzes in der Fassung des Art. I Z 20, 22, 23, 24, 29, 30, 31, 32 und 33 sind nur auf Versicherungsfälle anzuwenden, in denen der Stichtag nach dem 31. Dezember 1984 liegt.

(5) Personen, die erst auf Grund der Bestimmung des § 120 des Gewerblichen Sozialversicherungsgesetzes in der Fassung des Art. I Z 20 Anspruch auf eine Leistung aus der Pensionsversicherung nach dem Gewerblichen Sozialversicherungsgesetz erhalten, gebührt diese Leistung ab 1. Jänner 1985, wenn der Versicherungsfall und die besonderen Anspruchsvoraussetzungen vor dem 1. Jänner 1985 eingetreten sind und der Antrag bis 31. Dezember 1985 gestellt wird, sonst ab dem auf die Antragstellung folgenden Monatsersten.

(6) Die Bestimmung des § 120 Abs. 6 des Gewerblichen Sozialversicherungsgesetzes in der Fassung des Art. I Z 20 ist auf Versicherungsfälle, in denen der Stichtag nach dem 31. Dezember 1984 liegt, sofern der Versicherte nach den am 31. Dezember 1984 in Geltung gestandenen Bestimmungen über die allgemeinen Voraussetzungen keinen Anspruch auf eine Leistung aus den Versicherungsfällen der dauernden Erwerbsunfähigkeit bzw. des Alters gehabt hätte, mit der Maßgabe anzuwenden, daß 180 Beitragsmonate, insgesamt aber, wenn der Stichtag

im Jahre ... liegt,	Versicherungsmonate
1985	240
1986	228
1987	216
1988	204
1989	192

erworben sein müssen.

(7) Die Bestimmungen des § 125 des Gewerblichen Sozialversicherungsgesetzes in der am 31. Dezember 1984 in Geltung gestandenen Fassung sind wegen einer weggefallenen Pension auch auf Versicherungsfälle anzuwenden, in denen der Stichtag nach dem 31. Dezember 1984 liegt, wenn die weggefallene Pension einen Grundbetrag enthalten hat; dabei findet die Bestimmung des § 139 des Gewerblichen Sozialversicherungsgesetzes in der Fassung des Art. I Z 27 keine Anwendung; an ihre Stelle tritt die Bestimmung des § 139 des Gewerblichen Sozialversicherungsgesetzes in der am 31. Dezember 1984 in Geltung gestandenen Fassung.

(8) Die Bestimmungen der §§ 139 und 140 des Gewerblichen Sozialversicherungsgesetzes in der Fassung des Art. I Z 27 und 28 sind nur auf Versicherungsfälle anzuwenden, in denen der Stichtag nach dem 31. Dezember 1984 liegt; bei Leistungen aus dem Versicherungsfall des Todes ist die Bestimmung des § 139 Abs. 3 des Gewerblichen Sozialversicherungsgesetzes in der Fassung des Art. I Z 27 auf Hinterbliebenenpensionen anzuwenden, für die der Stichtag nach dem 31. Dezember 1984 liegt, sofern diese von einer Erwerbsunfähigkeits-(Alters)pension bemessen werden, deren Stichtag ebenfalls nach dem 31. Dezember 1984 liegt. Bei der Ermittlung des Ausmaßes von Hinterbliebenenpensionen, bei denen der Stichtag zwar nach dem 31. Dezember 1984 liegt, die sich jedoch von einer Erwerbsunfähigkeits(Alters)pension ableiten, deren Stichtag vor dem 1. Jänner 1985 liegt, findet die Bestimmung des § 139 Abs. 3 des Gewerblichen Sozialversicherungsgesetzes in der Fassung des Art. I Z 27 keine Anwendung; an ihre Stelle treten die Bestimmungen der §§ 139 und 145 Abs. 1 letzter Satz des Gewerblichen Sozialversicherungsgesetzes in der am 31. Dezember 1984 in Geltung gestandenen Fassung.

(9) Abweichend von Abs. 8 bleibt, wenn dies für den Versicherten günstiger ist, die Bestimmung des § 139 des Gewerblichen Sozialversicherungsgesetzes in der am 31. Dezember 1984 in Geltung gestandenen Fassung für Versicherungsfälle, deren Stichtag in den Kalenderjahren 1985 bzw. 1986 liegt, mit der Maßgabe weiterhin anwendbar, daß ein Grundbetragszuschlag nicht gewährt wird und im Falle des § 139 des Gewerblichen Sozialversicherungsgesetzes an die Stelle des Grundbetrages von 30 vH der Bemessungsgrundlage, wenn der Stichtag im Kalenderjahr 1985 liegt, ein Grundbetrag von 22 vH bzw., wenn der Stichtag im Kalenderjahr 1986 liegt, ein Grundbetrag von 14 vH der Bemessungsgrundlage tritt. Hiebei gelten die §§ 123 Abs. 3 und 124 des Gewerblichen Sozialversicherungsgesetzes in der am 31. Dezember 1984 geltenden Fassung.

(10) Für Versicherungsfälle mit Stichtag 1. Jänner, 1. Februar, 1. März oder 1. April 1985 sind anstelle der am 1. Jänner 1985 in Kraft tretenden Bestimmungen über die Leistungen der Pensionsversicherung die am 31. Dezember 1984 in Geltung gestandenen Bestimmungen weiterhin anzuwenden, wenn es für den Versicherten günstiger ist.

(11) Die Bestimmung des § 120 Abs. 3 Z 1 lit. b des Gewerblichen Sozialversicherungsgesetzes in der Fassung des Art. I Z 20 ist hinsichtlich des Höchstausmaßes der Versicherungsmonate mit der Maßgabe anzuwenden, daß dieses Höchstausmaß bei Versicherungsfällen, wenn der Stichtag

im Jahre … liegt,	Versicherungsmonate
1985	96
1986	108
1987	120
1988	132
1989	144
1990	156
1991	168

beträgt.

(12) Die Bestimmung des § 120 Abs. 4 Z 1 zweiter Halbsatz des Gewerblichen Sozialversicherungsgesetzes in der Fassung des Art. I Z 20 ist hinsichtlich des Höchstausmaßes der Kalendermonate mit der Maßgabe anzuwenden, daß dieses Höchstausmaß bei Versicherungsfällen, wenn der Stichtag

im Jahre … liegt,	Kalendermonate
1985	192
1986	216
1987	240
1988	264
1989	288
1990	312
1991	336

beträgt.

(13) Die Bestimmung des § 133 Abs. 2 des Gewerblichen Sozialversicherungsgesetzes in der Fassung des Art. I Z 26 ist nur auf Versicherungsfälle anzuwenden, in denen der Stichtag nach dem 31. Dezember 1984 liegt.

ARTIKEL III
Schlußbestimmungen

(1) (Änderung der 4. Novelle)

(2) Abweichend von den Bestimmungen des § 29 Abs. 1 des Gewerblichen Sozialversicherungsgesetzes beträgt das Ausmaß des aus Mitteln der Pensionsversicherung zur Krankenversicherung der Pensionisten zu leistenden Beitrages

für das Jahr 1985 .... 10,0 vH,

für das Jahr 1986 .... 10,3 vH

(3) Art. IV Abs. 3 der 8. Novelle zum Gewerblichen Sozialversicherungsgesetz, BGBl. Nr. 591/1983, wird aufgehoben.

ARTIKEL IV
Inkrafttreten

Dieses Bundesgesetz tritt hinsichtlich der Bestimmungen der Art. I Z 3, 5, 8 lit. b, 10, 11, 12, 13, 15, 19, 29, 34, 37 und 39 mit 1. Jänner 1986, hinsichtlich aller übrigen Bestimmungen mit 1. Jänner 1985 in Kraft.

ARTIKEL V
Vollziehung

Mit der Vollziehung dieses Bundesgesetzes sind betraut:

a) hinsichtlich der Bestimmung des § 34 Abs. 2 des Gewerblichen Sozialversicherungsgesetzes in der Fassung des Art. I Z 9 der Bundesminister für soziale Verwaltung im Einvernehmen mit dem Bundesminister für Finanzen;

b) hinsichtlich der Bestimmung des § 140 des Gewerblichen Sozialversicherungsgesetzes in der Fassung des Art. I Z 28 der Bundesminister für soziale Verwaltung im Einvernehmen mit dem Bundesminister für Familie, Jugend und Konsumentenschutz;

c) hinsichtlich aller übrigen Bestimmungen der Bundesminister für soziale Verwaltung.

10. Novelle zum GSVG

(BGBl 1986/112)

Der Nationalrat hat beschlossen:

ARTIKEL II
Übergangsbestimmungen

(1) Personen, die am 31. Dezember 1986 nach den in diesem Zeitpunkt geltenden Vorschriften als Verpächter in der Krankenversicherung pflichtversichert waren, gemäß § 4 Abs. 1 Z 3 des Gewerblichen Sozialversicherungsgesetzes in der Fassung des Art. I Z 1 lit. a aber nicht mehr pflichtversichert wären, bleiben pflichtversichert, solange die für den Bestand der Pflichtversicherung in der Krankenversicherung nach den bisherigen Vorschriften maßgeblichen Voraussetzungen weiterhin zutreffen. Im übrigen sind auf eine solche Pflichtversicherung auch die Bestimmungen dieses Bundesgesetzes anzuwenden, jedoch kann der Versicherte den Antrag stellen, aus der Pflichtversicherung ausgeschieden zu werden; einem solchen Antrag hat der Versicherungsträger mit Wirkung von dem auf den Antrag folgenden Ersten eines Kalendervierteljahres zu entsprechen.

(2) Für Personen, die am 31. Dezember 1985 von der Pflichtversicherung in der Krankenversicherung nach § 4 Abs. 2 des Gewerblichen Sozialversicherungsgesetzes wegen einer Pflichtversicherung in einer anderen gesetzlichen Krankenversicherung oder wegen einer Mitgliedschaft zu einer Krankenfürsorgeeinrichtung eines öffentlich-rechtlichen Dienstgebers ausgenommen sind, gilt § 4 Abs. 4 und 5 des Gewerblichen Sozialversicherungsgesetzes in der Fassung des Art. I Z 1 lit. d mit der Maßgabe, daß der Antrag bis längstens 31. Dezember 1986 einzubringen ist und daß in diesen Fällen die Krankenversicherung nach dem Gewerblichen Sozialversicherungsgesetz mit dem der Antragstellung folgenden Monatsersten beginnt.

(3) Die Bestimmungen des § 41 des Gewerblichen Sozialversicherungsgesetzes in der Fassung des Art. I Z 10 gelten auch für noch nicht verjährte Rückforderungen, die vor dem 1. Jänner 1986 entstanden sind.

(4) Die Bestimmungen der §§ 55 Abs. 2, 116 Abs. 1 Z 5 und 120 Abs. 2 lit. b des Gewerblichen Sozialversicherungsgesetzes in der Fassung des Art. I Z 12, 22 lit. b und 23 lit. a sind nur anzuwenden, wenn der Stichtag nach dem 31. Dezember 1985 liegt.

(5) Die Bestimmungen der §§ 61 Abs. 2 und 136 Abs. 1 des Gewerblichen Sozialversicherungsgesetzes in der Fassung des Art. I Z 14 und 28 sind hinsichtlich des Anspruches auf Witwen(Witwer)pension bei Fortführung des Betriebes des verstorbenen Ehegatten anzuwenden, wenn der Versicherungsfall vor dem 1. Jänner 1986 eingetreten ist. In den Fällen, in denen der Antrag bis 31. Dezember 1986 gestellt wird, gebührt die Leistung ab 1. Jänner 1986, sonst ab dem der Antragstellung folgenden Monatsersten.

(6) Der Anspruch auf die Leistungen der Krankenversicherung für Personen, die am 31. Dezember 1985 als Angehörige gelten, nach den Bestimmungen des § 83 Abs. 6 des Gewerblichen Sozialversicherungsgesetzes in der Fassung des Art. I Z 17 lit. b aber nicht mehr als Angehörige gelten, bleibt auch über das Ende der Angehörigeneigenschaft aufrecht, solange die Voraussetzungen für den am 31. Dezember 1985 bestandenen Leistungsanspruch gegeben sind.

(7) Die Bestimmungen der §§ 130 Abs. 1, 131a und 133 Abs. 2 und 3 des Gewerblichen Sozialversicherungsgesetzes in der Fassung des Art. I Z 25, 26 und 27 sind nur auf Versicherungsfälle anzuwenden, in denen der Stichtag nach dem 31. Dezember 1985 liegt.

(8) Die Bestimmung des § 140 des Gewerblichen Sozialversicherungsgesetzes in der Fassung des Art. I Z 30 ist nur auf Versicherungsfälle anzuwenden, in denen der Stichtag nach dem 31. Dezember 1984 liegt.

(9) § 149 Abs. 12 des Gewerblichen Sozialversicherungsgesetzes in der Fassung des Art. I Z 32 lit. b ist nur auf Versicherungsfälle anzuwenden, in denen der Stichtag der Pension, zu der die Ausgleichszulage gewährt werden soll, nach dem 31. Dezember 1985 liegt. Er gilt nicht für Hinterbliebenenpensionen, deren Stichtag zwar nach dem 31. Dezember 1985 liegt, die aber nach einer Pension anfallen, deren Stichtag vor dem 1. Jänner 1986 gelegen ist.

(10) Soweit nach Abs. 9 § 149 Abs. 12 des Gewerblichen Sozialversicherungsgesetzes in der Fassung des Art. I Z 32 lit. b nicht anzuwenden ist, ist eine Vervielfachung der Einkommensbeträge unter Bedachtnahme auf § 51 des Gewerblichen Sozialversicherungsgesetzes für das Kalenderjahr 1986 nur mit dem Faktor 1,03 vorzunehmen.

(11) Von der Pflichtversicherung in der Krankenversicherung nach dem Gewerblichen Sozialversicherungsgesetz sind Personen ausgenommen, die

1. am 30. Juni 1986 gemäß § 233 Abs. 3 bzw. Abs. 4 des Gewerblichen Sozialversicherungsgesetzes von der Pflichtversicherung in der Krankenversicherung befreit waren, oder

2. eine Pension nach einer in Z 1 genannten Person beziehen.[a]

---

[a] Inkrafttreten: 1.7.1986.

ARTIKEL III
Schlußbestimmungen

(1)–(3) (Änderungen der 9. Nov.)

(4) § 132 Abs. 3 des Gewerblichen Sozialversicherungsgesetzes gilt entsprechend auch für den Bezieher einer Pension aus dem Versicherungsfall der geminderten Arbeitsfähigkeit nach dem Allgemeinen Sozialversicherungsgesetz bzw. der dauernden Erwerbsunfähigkeit nach dem Gewerblichen Sozialversicherungsgesetz oder dem Bauern-Sozialversicherungsgesetz, ohne daß ihm Maßnahmen der Rehabilitation gewährt worden sind, sofern er während des Anspruches auf diese Pension mindestens 36 Beitragsmonate der Pflichtversicherung nach dem Gewerblichen Sozial-

versicherungsgesetz durch eine Erwerbstätigkeit erworben hat und er infolge von Krankheit oder anderen Gebrechen oder Schwäche seiner körperlichen oder geistigen Kräfte dauernd außerstande ist, dieser Erwerbstätigkeit nachzugehen.

(5) § 149 Abs. 3 des Gewerblichen Sozialversicherungsgesetzes in der Fassung des Art. I Z 32 lit. a ist mit der Maßgabe anzuwenden, daß in den Zollausschlußgebieten Jungholz und Mittelberg anstelle des Betrages von 2 040 S der Betrag von 334 DM[a]) heranzuziehen ist.

[a]) Betrag siehe VO über veränderliche Werte.

(6) Der gemäß § 13 Abs. 1 des Insolvenz-Entgeltsicherungsgesetzes, BGBl. Nr. 324/1977, eingerichtete Insolvenz-Ausfallgeld-Fonds hat an die Sozialversicherungsanstalt der gewerblichen Wirtschaft als Träger der Pensionsversicherung 500 Millionen Schilling am 20. April 1986 und 500 Millionen Schilling am 20. September 1986 zu überweisen. Diese Beträge sind bei der Festsetzung der Aufteilungsschlüssel gemäß § 447g Abs. 8 des Allgemeinen Sozialversicherungsgesetzes für das Geschäftsjahr 1988 bei den Erträgen der Pensionsversicherung außer Betracht zu lassen.

12. Novelle zum GSVG
(BGBl 1987/158)

Der Nationalrat hat beschlossen:

ARTIKEL IV
Übergangsbestimmungen zu Art. II

Soweit für das Kalenderjahr 1987 oder für die Kalenderjahre 1987 und 1988 bei Personen, die ihre Pflichtversicherung vor dem 1. Jänner 1987 begonnen haben, eine Beitragsgrundlage gemäß § 25 des Gewerblichen Sozialversicherungsgesetzes nicht festgestellt werden kann, sind die Bestimmungen des § 25a des Gewerblichen Sozialversicherungsgesetzes in der Fassung des Art. II Z 2 entsprechend anzuwenden.

1. GSVG

13. Novelle

13. Novelle zum GSVG

(BGBl 1987/610)

Der Nationalrat hat beschlossen:

ARTIKEL II
Übergangsbestimmungen

(1) Der Anspruch auf die Leistungen der Krankenversicherung für Personen, die am 31. Dezember 1987 als Angehörige galten, nach den Bestimmungen dieses Bundesgesetzes aber nicht mehr als Angehörige gelten, bleibt auch über das Ende der Angehörigeneigenschaft aufrecht, solange die Voraussetzungen für einen am 31. Dezember 1987 bestandenen Leistungsanspruch gegeben sind.

(2) § 102 Abs. 4 des Gewerblichen Sozialversicherungsgesetzes in der Fassung des Art. I Z 28 lit. b gilt auch für Versicherungsfälle, die vor dem 1. Jänner 1987 eingetreten sind.

(3) § 115 Abs. 1 Z 1 des Gewerblichen Sozialversicherungsgesetzes in der Fassung des Art. I Z 31 ist nur auf Versicherungsfälle anzuwenden, in denen der Stichtag nach dem 31. Dezember 1986 liegt.

(4) § 116 Abs. 7 und 8 des Gewerblichen Sozialversicherungsgesetzes in der Fassung des Art. I Z 32 lit. b ist nur auf Versicherungsfälle anzuwenden, in denen der Stichtag nach dem 31. Dezember 1987 liegt. § 116 Abs. 7 Gewerblichen Sozialversicherungsgesetzes in der am 31. Dezember 1987 in Geltung gestandenen Fassung ist für die Bemessung der Leistungen mit folgender Maßgabe weiterhin anzuwenden, und zwar sind diese Zeiten

1.   a)   bei männlichen Versicherten der Geburtsjahrgänge bis 1927 mit ihrem vollen Ausmaß,

      bei männlichen Versicherten des Geburtsjahrganges 1928 mit fünf Sechsteln ihres Ausmaßes,

      bei männlichen Versichterten des Geburtsjahrganges 1929 mit vier Sechsteln ihres Ausmaßes,

      bei männlichen Versicherten des Geburtsjahrganges 1930 mit drei Sechsteln ihres Ausmaßes,

      bei männlichen Versicherten des Geburtsjahrganges 1931 mit zwei Sechsteln ihres Ausmaßes,

      bei männlichen Versicherten des Geburtsjahrganges 1932 mit einem Sechstel ihres Ausmaßes,

  b)   bei weiblichen Versicherten der Geburtsjahrgänge bis 1932 mit ihrem vollen Ausmaß,

      bei weiblichen Versicherten des Geburtsjahrganges 1933 mit fünf Sechsteln ihres Ausmaßes,

      bei weiblichen Versicherten des Geburtsjahrganges 1934 mit vier Sechsteln ihres Ausmaßes,

      bei weiblichen Versicherten des Geburtsjahrganges 1935 mit drei Sechsteln ihres Ausmaßes,

      bei weiblichen Versicherten des Geburtsjahrganges 1936 mit zwei Sechsteln ihres Ausmaßes,

      bei weiblichen Versicherten des Geburtsjahrganges 1937 mit einem Sechstel ihres Ausmaßes,

2.   mindestens aber, wenn der Stichtag

    im Kalenderjahr 1988 liegt, mit fünf Sechsteln ihres Ausmaßes,

    im Kalenderjahr 1989 liegt, mit vier Sechsteln ihres Ausmaßes,

    im Kalenderjahr 1990 liegt, mit drei Sechsteln ihres Ausmaßes,

    im Kalenderjahr 1991 liegt, mit zwei Sechsteln ihres Ausmaßes,

    im Kalenderjahr 1992 liegt, mit einem Sechstel ihres Ausmaßes

zu berücksichtigen. Die zu berücksichtigenden Zeiten sind auf volle Versicherungsmonate aufzurunden.

(5) Hinsichtlich der im Abs. 4 bezeichneten Zeiten ist, soweit sie für die Bemessung der Leistungen nicht zu berücksichtigen sind, § 116 Abs. 8 bis 10 des Gewerblichen Sozialversicherungsgesetzes in der Fassung des Art. I Z 32 lit. b entsprechend anzuwenden.

(6) § 122 Abs. 2 des Gewerblichen Sozialversicherungsgesetzes in der Fassung des Art. I Z 34 ist nur auf Versicherungsfälle anzuwenden, in denen der Stichtag nach dem 31. Dezember 1987 liegt, und zwar mit der Maßgabe, daß

1.   in Z 2 bis 4 jeweils das Ausmaß von 180 Versicherungsmonaten

    im Jahr 1988 durch 132 Versicherungsmonate

    im Jahr 1989 durch 144 Versicherungsmonate,

    im Jahr 1990 durch 156 Versicherungsmonate und

    im Jahr 1991 durch 168 Versicherungsmonate

zu ersetzen ist;

2.   in Z 3 jeweils das 60. Lebensjahr bzw. das 55. Lebensjahr,

    im Jahr 1988 durch das 64. Lebensjahr bzw. das 59. Lebensjahr,

    im Jahr 1989 durch das 63. Lebensjahr bzw. das 58. Lebensjahr,

    im Jahr 1990 durch das 62. Lebensjahr bzw. das 57. Lebensjahr und

    im Jahr 1991 durch das 61. Lebensjahr bzw. das 56. Lebensjahr

zu ersetzen ist und

3.   für die Ermittlung der Bemessungszeit nach Z 2 und 3

  a)   bei männlichen Versicherten der Geburtsjahrgänge bis 1927 120 Versicherungsmonate,

      bei männlichen Versicherten des Geburtsjahrganges 1928 132 Versicherungsmonate,

bei männlichen Versicherten des Geburtsjahrganges 1929 144 Versicherungsmonate,

bei männlichen Versicherten des Geburtsjahrganges 1930 156 Versicherungsmonate,

bei männlichen Versicherten des Geburtsjahrganges 1931 168 Versicherungsmonate,

b) bei weiblichen Versicherten der Geburtsjahrgänge bis 1932 120 Versicherungsmonate,

bei weiblichen Versicherten des Geburtsjahrganges 1933 132 Versicherungsmonate,

bei weiblichen Versicherten des Geburtsjahrganges 1934 144 Versicherungsmonate,

bei weiblichen Versicherten des Geburtsjahrganges 1935 156 Versicherungsmonate,

bei weiblichen Versicherten des Geburtsjahrganges 1936 168 Versicherungsmonate

höchstens in Betracht kommen.

(7) Die §§ 123, 125, 136 Abs. 2, 139 Abs. 5 und 148a des Gewerblichen Sozialversicherungsgesetzes in der Fassung des Art. I Z 35, 36, 42, 43 und 45 sind nur auf Versicherungsfälle anzuwenden, in denen der Stichtag nach dem 31. Dezember 1987 liegt.

(8) § 128 Abs. 2 Z 1 des Gewerblichen Sozialversicherungsgesetzes in der Fassung des Art. I Z 37 ist in allen Fällen anzuwenden, in denen das Kind das 18. Lebensjahr nach dem 31. Dezember 1987 vollendet.

(9) § 116 Abs. 10 des Gewerblichen Sozialversicherungsgesetzes in der Fassung des Art. 1 Z 32 lit. b ist mit der Maßgabe anzuwenden, daß für Stichtage vor dem 1. Jänner 1989 die Beiträge noch wirksam entrichtet werden können, wenn sie bis zum 31. Dezember 1988 bei der Sozialversicherungsanstalt der gewerblichen Wirtschaft einlangen.

ARTIKEL III
Schlußbestimmungen

(1) Dem Art. II Abs. 1 der 10. Novelle zum Gewerblichen Sozialversicherungsgesetz, BGBl. Nr. 112/1986, wird folgendes angefügt:

„Im Falle der Pflichtversicherung in der Krankenversicherung sind für die Ermittlung der Beitragsgrundlage die Einkünfte aus der Verpachtung maßgebend.“

(2) Dem Art. II Abs. 11 der 10. Novelle zum Gewerblichen Sozialversicherungsgesetz, BGBl. Nr. 112/1986, wird folgendes angefügt:

„Einer solchen Ausnahme kommt jedoch in Anwendung der Bestimmungen des § 123 des Allgemeinen Sozialversicherungsgesetzes, des § 83 des Gewerblichen Sozialversicherungsgesetzes, des § 78 des Bauern-Sozialversicherungsgesetzes und des § 56 des Beamten-Kranken- und Unfallversicherungsgesetzes keine Wirkung zu. Die in der Zeit vom 1. Juli 1986 bis 31. Dezember 1987 als Angehörige in Anspruch genommenen Leistungen gebühren auch über das Ende der Angehörigeneigenschaft hinaus, solange die übrigen Voraussetzungen für den Leistungsanspruch zutreffen.“

(3) Für Personen, die gemäß Art. II Abs. 11 der 10. Novelle zum Gewerblichen Sozialversicherungsgesetz, BGBl. Nr. 112/1986, von der Pflichtversicherung in der Krankenversicherung nach dem Gewerblichen Sozialversicherungsgesetz ausgenommen sind, verliert diese Ausnahme ihre Wirksamkeit, wenn dies bis 31. Dezember 1988 bei der Sozialversicherungsanstalt der gewerblichen Wirtschaft beantragt wird und die freiwillige Versicherung in der Krankenversicherung nach dem Allgemeinen Sozialversicherungsgesetz im Kalendermonat der Antragstellung beendet ist. Die Pflichtversicherung in der Krankenversicherung nach dem Gewerblichen Sozialversicherungsgesetz beginnt in diesen Fällen mit dem Ersten des Kalendermonats, der der Antragstellung folgt.

(4) Art. IV Abs. 2 lit. b der 10. Novelle zum Gewerblichen Sozialversicherungsgesetz, BGBl. Nr. 112/1986, lautet:

„b) rückwirkend mit 1. Jänner 1985 Art. I Z 5, 6 lit a, 9, 23 lit. b, 29, 30, 31 und Art. III Abs. 1 bis 3;“.

(5) Für das Geschäftsjahr 1987 leistet der Bund abweichend von § 34 Abs. 2 des Gewerblichen Sozialversicherungsgesetzes in der am 31. Dezember 1987 in Geltung gestandenen Fassung in der Pensionsversicherung einen Beitrag in der Höhe des Betrages, um den die 100,2 vH der Aufwendungen die Erträge übersteigen. Hiebei sind bei den Aufwendungen die Ausgleichszulagen und die außerordentlichen Zuschüsse des Trägers der Pensionsversicherung als Dienstgeber zur Rückstellung für Pensionszwecke, bei den Erträgen der Bundesbeitrag und die Ersätze für Ausgleichszulagen außer Betracht zu lassen.

(6) Abweichend von § 50 des Gewerblichen Sozialversicherungsgesetzes ist die Anpassung der Pensionen im Jahr 1988 mit Wirksamkeit ab 1. Juli 1988 vorzunehmen.

(7) Abweichend von den §§ 74 Abs. 2 und 144 Abs. 2 des Gewerblichen Sozialversicherungsgesetzes sind die dort genannten festen Beträge in Verbindung mit § 51 des Gewerblichen Sozialversicherungsgesetzes im Jahr 1988 mit Wirksamkeit ab 1. Juli 1988 anzupassen.

(8) Pensionsberechtigte, die im Jänner 1988 ausschließlich wegen der Verschiebung der Anpassung auf den 1. Juli 1988 Anspruch auf Ausgleichszulage hätten, erhalten den Unterschiedsbetrag zwischen der Summe aus Pension, Nettoeinkommen (§ 149 des Gewerblichen Sozialversicherungsgesetzes) und den gemäß § 151 des Gewerblichen Sozialversicherungsgesetzes zu berücksichtigenden Beträgen einerseits und dem Richtsatz (§ 150 des Gewerblichen Sozialversicherungsgesetzes) andererseits

für die Monate Jänner bis Juni 1988 als Zuschlag zur Pension. Dieser Zuschlag gilt für den Pensionsbezieher als Pensionsbestandteil, ist aber bei der Bemessung eines allfälligen Hilflosenzuschusses außer Betracht zu lassen.

(9) Der Zuschlag zur Pension nach Abs. 8 ist bei Anwendung der Rechnungsvorschriften nicht als Pensionsaufwand, sondern als Aufwand für Ausgleichszulagen zu verrechnen.

(10) Art. II Abs. 7 der 9. Novelle zum Gewerblichen Sozialversicherungsgesetz, BGBl. Nr. 485/1984, wird aufgehoben.

(11) Bei der Bemessung einer Erwerbsunfähigkeitspension nach § 132 Abs. 3 des Gewerblichen Sozialversicherungsgesetzes bzw. Art. III Abs. 4 der 10. Novelle zum Gewerblichen Sozialversicherungsgesetz, BGBl. Nr. 112/1986, bleiben bei der Anwendung des § 122 Abs. 2 des Gewerblichen Sozialversicherungsgesetzes in der Fassung des Art. I Z 34 und des § 122 Abs. 3 des Gewerblichen Sozialversicherungsgesetzes Beitragsmonate der Pflichtversicherung unberücksichtigt, wenn deren zugehörige Beitragsgrundlage (§ 127 des Gewerblichen Sozialversicherungsgesetzes) die Bemessungsgrundlage der laufenden Leistung, die entsprechend aufzuwerten ist, nicht übersteigt.

15. Novelle zum GSVG
(BGBl 1988/750)

Der Nationalrat hat beschlossen:

ARTIKEL II
Übergangsbestimmungen

(1) § 25 Abs. 2 des Gewerblichen Sozialversicherungsgesetzes in der am 31. Dezember 1988 in Geltung gestandenen Fassung ist weiterhin anzuwenden, soweit der für die Ermittlung der Beitragsgrundlage maßgebende Einkommensteuerbescheid Beträge enthält, die auf eine vorzeitige Abschreibung und auf einen nicht entnommenen Gewinn entfallen. Ist die Rücklage für nicht entnommenen Gewinn gewinnerhöhend aufgelöst oder ist eine Investitionsrücklage gegen den Betrag einer vorzeitigen Abschreibung aufgelöst worden, so ist der darauf entfallende Betrag, der bei Ermittlung einer Beitragsgrundlage nach dem Gewerblichen Sozialversicherungsgesetz schon einmal berücksichtigt wurde, im gleichen Ausmaß bei Ermittlung der Beitragsgrundlage über Antrag außer Ansatz zu lassen. Der Antrag ist bis zum 30. Juni des Kalenderjahres beim Versicherungsträger einzubringen, in dem sich die gewinnerhöhende Auflösung bzw. die Auflösung gegen den Betrag einer vorzeitigen Abschreibung auf die Beitragsgrundlage auswirkt. Kann innerhalb dieser Frist der entsprechende rechtskräftige Einkommensteuerbescheid mangels Vorliegens nicht beigebracht werden, so verlängert sich die Antragsfrist bis zum Ablauf des sechsten auf den Eintritt der Rechtskraft des Einkommensteuerbescheides folgenden Kalendermonates.

(2) § 26a des Gewerblichen Sozialversicherungsgesetzes in der Fassung des Art. I Z 2 ist zur Feststellung der Beitragsgrundlage des Beitragsjahres 1988 mit der Maßgabe anzuwenden, daß der Antrag bis längstens 30. Juni 1989 einzubringen ist. Die Rechtskraft bereits ergangener Entscheidungen steht einer Anwendung dieser Bestimmung nicht entgegen.

(3) § 123 des Gewerblichen Sozialversicherungsgesetzes in der am 31. Dezember 1987 in Geltung gestandenen Fassung ist von Amts wegen weiterhin auf männliche Versicherte der Geburtsjahrgänge bis 1927 und auf weibliche Versicherte der Geburtsjahrgänge bis 1932 anzuwenden, wenn dies für den Versicherten (die Versicherte) günstiger ist; die Rechtskraft bereits ergangener Entscheidungen steht dem nicht entgegen.

ARTIKEL III
Schlußbestimmungen

(1) Für das Geschäftsjahr 1988 beträgt der Finanzierungsrahmen gemäß § 34 Abs. 3 lit. b des Gewerblichen Sozialversicherungsgesetzes in der Fassung des Art. I Z 3 10 Millionen Schilling.

(2) Soweit nach sozialversicherungsrechtlichen Vorschriften Einheitswerte land(forst)wirtschaftlicher Betriebe heranzuziehen sind, sind hiebei Änderungen dieser Einheitswerte anläßlich der Hauptfeststellung zum 1. Jänner 1988 für die Zeit vor dem 1. Jänner 1990 nicht zu berücksichtigen.

(3) Dem Art. II der 13. Novelle zum Gewerblichen Sozialversicherungsgesetz, BGBl. Nr. 610/1987, wird folgender Abs. 10 angefügt:

„(10) § 23 Abs. 3 dritter Satz des Bauern-Sozialversicherungsgesetzes in der am 31. Dezember 1987 in Geltung gestandenen Fassung ist zur Bildung des Versicherungswertes im Rahmen der Ermittlung des Nettoeinkommens aus einem land-(forst)wirtschaftlichen Betrieb gemäß § 149 Abs. 5 des Gewerblichen Sozialversicherungsgesetzes weiterhin anzuwenden, wenn diese Bestimmung bei Ansprüchen auf Ausgleichszulagen, die am 31. Dezember 1987 bereits festgestellt waren, für die Ermittlung des Nettoeinkommens herangezogen worden ist.“

16. Novelle zum GSVG
(BGBl 1989/643)

Der Nationalrat hat beschlossen:

ARTIKEL II
Übergangsbestimmungen

(1) Der Anwendung der §§ 4 Abs. 3 Z 3 und 130 Abs. 2 lit. a des Gewerblichen Sozialversicherungsgesetzes in der Fassung des Art. I Z 1 und Z 16 steht die Rechtskraft bisher ergangener Entscheidungen nicht entgegen.

(2) § 25 Abs. 2 erster und zweiter Satz des Gewerblichen Sozialversicherungsgesetzes in der Fassung des Art. I Z 5 lit. a und b ist für die Kalenderjahre 1988 und 1989 mit der Maßgabe anzuwenden, daß der Antrag auf Ausscheiden des Sanierungsgewinnes bzw. der Veräußerungsgewinne bis 31. Dezember 1990 gestellt wird. Die Rechtskraft bereits ergangener Entscheidungen steht dem nicht entgegen.

(3) Die Bestimmungen des § 60 Abs. 2 des Gewerblichen Sozialversicherungsgesetzes in der Fassung des Art. I Z 11 lit. a sind für Witwen(Witwer)pensionen, die bis 31. Dezember 1989 anfallen, mit der Maßgabe anzuwenden, daß ein Ruhen höchstens mit dem Betrag eintritt, um den das im Monat gebührende Erwerbseinkommen 7 233 S übersteigt.

(4) § 149 Abs. 4, 7 und 9 bis 12 des Gewerblichen Sozialversicherungsgesetzes in der Fassung des Art. I Z 18 lit. b und c gilt auch für Versicherungsfälle, in denen der Stichtag der Pension, zu der die Ausgleichszulage gewährt werden soll, vor dem 1. Jänner 1990 liegt.

(5) § 149 Abs. 8 des Gewerblichen Sozialversicherungsgesetzes in der Fassung des Art. I Z 18 lit. c gilt auch für Versicherungsfälle, in denen der Stichtag der Pension, zu der die Ausgleichszulage gewährt werden soll, vor dem 1. Jänner 1990 liegt. Die Ausgleichszulage bzw. der Mehrbetrag an Ausgleichszulage gebührt ab 1. Jänner 1990, wenn der Antrag bis 31. Dezember 1990 beim Versicherungsträger gestellt wird, sonst ab dem der Antragstellung folgenden Monatsersten.

(6) § 151 Abs. 3 zweiter Satz des Gewerblichen Sozialversicherungsgesetzes in der Fassung des Art. I Z 20 lit. b ist auf Antrag auch auf Leistungsansprüche anzuwenden, die am 31. Dezember 1989 bereits bestehen. Eine sich daraus ergebende Erhöhung der Leistungsansprüche gebührt ab 1. Jänner 1989, wenn der Antrag bis 31. Dezember 1990 gestellt wird, sonst ab dem der Antragstellung folgenden Monatsersten.

ARTIKEL III
Schlußbestimmungen

(1) Soweit nach sozialversicherungsrechtlichen Vorschriften Einheitswerte land(forst)wirtschaftlicher Betriebe heranzuziehen sind, sind hiebei Änderungen dieser Einheitswerte anläßlich der Hauptfeststellung zum 1. Jänner 1988 für die Zeit vor dem 1. Jänner 1991 nicht zu berücksichtigen.

(2) Abweichend von den Bestimmungen des § 47 des Gewerblichen Sozialversicherungsgesetzes beträgt für das Jahr 1990 der Anpassungsfaktor (§ 47 des Gewerblichen Sozialversicherungsgesetzes) 1,030.

17. Novelle zum GSVG
(BGBl 1990/295)

Der Nationalrat hat beschlossen:

ARTIKEL II
Übergangsbestimmungen

(1) Personen, die in der Krankenversicherung gemäß § 4 Abs. 4 des Gewerblichen Sozialversicherungsgesetzes pflichtversichert sind und die am 31. Dezember 1989 die Beiträge zu dieser Krankenversicherung auf Grund einer Beitragsgrundlage gemäß § 25 Abs. 7 oder Abs. 8 des Gewerblichen Sozialversicherungsgesetzes zu entrichten hatten, können bis 31. Dezember 1990 bei der Sozialversicherungsanstalt der gewerblichen Wirtschaft ihren Austritt aus dieser Krankenversicherung erklären. Der Austritt wird mit dem Ende des Kalendermonates wirksam, in dem der Versicherte den Austritt aus dieser Krankenversicherung erklärt hat.

(2) Der Anspruch auf die Leistungen der Krankenversicherung für Personen, die am 30. Juni 1990 als Angehörige galten, nach den Bestimmungen dieses Bundesgesetzes aber nicht mehr als Angehörige gelten, bleibt auch über das Ende der Angehörigeneigenschaft aufrecht, solange die Voraussetzungen für einen am 30. Juni 1990 bestandenen Leistungsanspruch gegeben sind.

(3) Die Bestimmungen des § 55 Abs. 2 Z 1 des Gewerblichen Sozialversicherungsgesetzes in der Fassung des Art. I Z 13 lit. b sind von Amts wegen auch auf Fälle anzuwenden, in denen der Versicherungsfall vor dem 1. Juli 1990 eingetreten ist.

(4) Die Bestimmungen des § 122a des Gewerblichen Sozialversicherungsgesetzes in der Fassung des Art. I Z 26 sind nur auf Versicherungsfälle anzuwenden, in denen der Stichtag nach dem 30. Juni 1990 liegt.

(5) Sind Beitragsgrundlagen gemäß § 17 Abs. 5 lit. a des Gewerblichen Selbständigen-Pensionsversicherungsgesetzes oder § 25 Abs. 5 Z 1 des Gewerblichen Sozialversicherungsgesetzes in der bis 31. Dezember 1986 in Geltung gestandenen Fassung für die Bemessung der Pension maßgebend, so ist auf Antrag des Versicherten jene Beitragsgrundlage heranzuziehen, die sich aus der Anwendung des § 25a Abs. 3 und 4 des Gewerblichen Sozialversicherungsgesetzes ergeben hätte.

(6) Abs. 5 ist auf Antrag des Versicherten auch auf bescheidmäßig zuerkannte Leistungsansprüche anzuwenden, die am 30. Juni 1990 bereits bestanden haben. Eine sich daraus ergebende Erhöhung des Leistungsanspruches gebührt ab 1. Juli 1990.

ARTIKEL III
Schlußbestimmungen

(1) Mit Wirksamkeit ab 1. Juli 1990 sind

a)   alle Pensionen aus der Pensionsversicherung, für die der Stichtag (§ 113 Abs. 2 des Gewerblichen Sozialversicherungsgesetzes) vor dem 1. Jänner 1990 liegt,

b)   alle Hinterbliebenenpensionen, für die der Stichtag (§ 113 Abs. 2 des Gewerblichen Sozialversicherungsgesetzes) in der Zeit vom Jänner bis Juli 1990 liegt, wenn diese Pensionen von der Pension bemessen wurden, auf die der Verstorbene am Todestag Anspruch hatte,

mit dem 1,010fachen zu vervielfachen. Lit. b ist nicht anzuwenden, wenn der Stichtag für die Pension des Verstorbenen gleichfalls in der Zeit von Jänner bis Juli 1990 liegt. Der Vervielfachung ist die Pension zugrunde zu legen, auf die nach den am 30. Juni 1990 in Geltung stehenden Vorschriften Anspruch besteht bzw. bestanden hätte, wobei im übrigen § 50 des Gewerblichen Sozialversicherungsgesetzes entsprechend anzuwenden ist.

(2) Zu

a) allen Pensionen aus der Pensionsversicherung, für die der Stichtag (§ 113 Abs. 2 des Gewerblichen Sozialversicherungsgesetzes) vor dem 1. Jänner 1990 liegt,

b) allen Hinterbliebenenpensionen, für die der Stichtag (§ 113 Abs. 2 des Gewerblichen Sozialversicherungsgesetzes) in der Zeit vom Jänner bis Juli 1990 liegt, wenn diese Pensionen von der Pension bemessen wurden, auf die der Verstorbene am Todestag Anspruch hatte,

die im Monat Juli bezogen werden, gebührt eine außerordentliche Sonderzahlung. In den Fällen der lit. b gebührt die außerordentliche Sonderzahlung nicht, wenn der Stichtag für die Pension des Verstorbenen gleichfalls in der Zeit vom Jänner bis Juli 1990 liegt. Die außerordentliche Sonderzahlung gebührt in der Höhe von 7 vH der für den Monat Juni ausgezahlten Pension einschließlich der Zuschüsse und der Ausgleichszulage. Ein allfälliges Ruhen ist außer Betracht zu lassen.

(3) Sind nach den Bestimmungen des Gewerblichen Sozialversicherungsgesetzes feste Beträge – ausgenommen die Richtsätze nach § 150 und der Betrag nach § 74 Abs. 2 zweiter Satz des Gewerblichen Sozialversicherungsgesetzes – mit dem Anpassungsfaktor zu vervielfachen, sind diese Beträge mit Wirksamkeit ab 1. Juli 1990 mit dem 1,010fachen zu vervielfachen. Der Betrag nach § 74 Abs. 2 zweiter Satz des Gewerblichen Sozialversicherungsgesetzes ist mit Wirksamkeit ab 1. Juli 1990 mit dem 1,005fachen zu vervielfachen. Dabei sind die am 30. Juni 1990 in Geltung stehenden Beträge zugrunde zu legen. Die vervielfachten Beträge sind auf volle Schillinge zu runden. Die sich ergebenden Beträge sind durch Verordnung des Bundesministers für Arbeit und Soziales festzustellen.

(4) Die außerordentliche Sonderzahlung nach Abs. 2 hat bei der Ermittlung des Nettoeinkommens (§ 149 Abs. 3 des Gewerblichen Sozialversicherungsgesetzes, § 292 Abs. 3 des Allgemeinen Sozialversicherungsgesetzes, § 140 Abs. 3 des Bauern-Sozialversicherungsgesetzes) sowie bei der Berechnung des Jahresausgleiches gemäß § 153 Abs. 6 des Gewerblichen Sozialversicherungsgesetzes außer Betracht zu bleiben. Sie ist unpfändbar.

(5) Die außerordentliche Sonderzahlung gilt für steuerliche Zwecke als Nachzahlung eines laufenden Bezuges.

(6) Auf Pensionen aus den Versicherungsfällen des Alters, für die der Stichtag (§ 113 Abs. 2 des Gewerblichen Sozialversicherungsgesetzes) in der Zeit vom Jänner bis Juli 1990 liegt, ist Abs. 2 anzuwenden, wenn vor dem Stichtag ein Anspruch auf eine andere laufende Leistung aus eigener Pensionsversicherung bestanden hat, die wegen des Anfalles der neuen Leistung erloschen ist und deren Stichtag vor dem 1. Jänner 1990 lag. Bei der Anwendung des Abs. 2 vorletzter Satz ist anstelle der für den Monat Juni ausgezahlten Pension die weggefallene Pension heranzuziehen, auf die nach den am 30. Juni 1990 in Geltung gestandenen Vorschriften Anspruch bestanden hätte. Andere laufende Leistungen im Sinne des ersten Satzes sind Pensionen aus den Versicherungsfällen des Alters, Pensionen aus den Versicherungsfällen der geminderten Arbeitsfähigkeit bzw. Erwerbsunfähigkeit nach dem Allgemeinen Sozialversicherungsgesetz, dem Gewerblichen Sozialversicherungsgesetz oder dem Bauern-Sozialversicherungsgesetz und Leistungen nach anderen Bundesgesetzen, die für den Bereich der Sozialversicherung einer vorzeitigen Alterspension gleichzuhalten sind.

(7) Pensionen aus der Pensionsversicherung, für die der Stichtag (§ 113 Abs. 2 des Gewerblichen Sozialversicherungsgesetzes) in der Zeit vom Jänner bis Juni 1990 liegt und bei denen § 125 im Zusammenhalt mit § 50 Abs. 4 zur Anwendung gelangt ist, sind mit Wirksamkeit ab 1. Juli 1990 neu zu bemessen.

18. Novelle zum GSVG
(BGBl 1991/677)

Der Nationalrat hat beschlossen:

ARTIKEL II
Übergangsbestimmung

Den am 31. Dezember 1991 in der Krankenversicherung nach dem Gewerblichen Sozialversicherungsgesetz versicherten Personen ist für die erstmalige Geltendmachung der Berechtigung gemäß § 25 Abs. 7 und 8 des Gewerblichen Sozialversicherungsgesetzes in der Fassung des Art. I Z 11 und 12 eine angemessene, vier Wochen nicht unterschreitende Frist einzuräumen, die ab Verständigung des (der) Versicherten über die Möglichkeit der Geltendmachung dieser Berechtigung zu laufen beginnt.

19. Novelle zum GSVG
(BGBl 1993/336)

Der Nationalrat hat beschlossen:

Artikel II
Schlußbestimmung

Für Personen, die gemäß Art. II Abs. 11 der 10. Novelle zum Gewerblichen Sozialversicherungsgesetz, BGBl. Nr. 112/1986, von der Pflichtversicherung in der Krankenversicherung nach dem Gewerblichen Sozialversicherungsgesetz ausgenommen sind, verliert die Ausnahme ihre Wirksamkeit, wenn dies bis 30. Juni 1994 bei der Sozialversicherungsanstalt der gewerblichen Wirtschaft beantragt wird. Die Pflichtversicherung in der Krankenversicherung nach dem Gewerblichen Sozialversicherungsgesetz beginnt in diesen Fällen mit dem Ersten des Kalendermonates, der der Antragstellung folgt.

VO Rechtsanwälte

Verordnung über die Ausnahme der Mitglieder der Kammer der Rechtsanwältinnen und Rechtsanwälte von der Pflichtversicherung in der Pensionsversicherung nach dem Gewerblichen Sozialversicherungsgesetz, BGBl II 2004/522

Verordnung des Bundesministers für soziale Sicherheit, Generationen und Konsumentenschutz über die Ausnahme der Mitglieder der Kammer der Rechtsanwältinnen und Rechtsanwälte von der Pflichtversicherung in der Pensionsversicherung nach dem Gewerblichen Sozialversicherungsgesetz

Auf Grund des § 5 Abs. 1 bis 3 des Gewerblichen Sozialversicherungsgesetzes (GSVG), BGBl. Nr. 560/1978, zuletzt geändert durch das Bundesgesetz BGBl. I Nr. 142/2004, wird verordnet:

§ 1. Rechtsanwältinnen und Rechtsanwälte sind hinsichtlich einer Erwerbstätigkeit, die die Teilnahme an der Versorgungseinrichtung einer Rechtsanwaltskammer begründet, von der Pflichtversicherung in der Pensionsversicherung nach dem GSVG ausgenommen.

§ 2. Diese Verordnung tritt rückwirkend mit 1. Jänner 2000 in Kraft.

VO Ziviltechniker

Verordnung über die Ausnahme der ZiviltechnikerInnen von der Pflichtversicherung in der Pensionsversicherung nach dem Gewerblichen Sozialversicherungsgesetz, BGBl II 2004/534

Verordnung des Bundesministers für soziale Sicherheit, Generationen und Konsumentenschutz über die Ausnahme der ZiviltechnikerInnen von der Pflichtversicherung in der Pensionsversicherung nach dem Gewerblichen Sozialversicherungsgesetz

Auf Grund des § 5 Abs. 1 bis 3 des Gewerblichen Sozialversicherungsgesetzes (GSVG), BGBl. Nr. 560/1978, zuletzt geändert durch das Bundesgesetz BGBl. I Nr. 142/2004, wird verordnet:

§ 1. ZiviltechnikerInnen sind hinsichtlich einer Erwerbstätigkeit, die die Teilnahme am Pensionsfonds der Wohlfahrtseinrichtungen der Bundeskammer der Architekten und Ingenieurkonsulenten begründet, von der Pflichtversicherung in der Pensionsversicherung nach dem GSVG ausgenommen.

§ 2. Diese Verordnung tritt mit 1. Jänner 2005 in Kraft.

VO freie Berufe

Verordnung über die Ausnahme der Mitglieder von Kammern der freien Berufe von der Pflichtversicherung in der Krankenversicherung nach dem Gewerblichen Sozialversicherungsgesetz, BGBl II 2005/471

Verordnung der Bundesministerin für Gesundheit und Frauen über die Ausnahme der Mitglieder von Kammern der freien Berufe von der Pflichtversicherung in der Krankenversicherung nach dem Gewerblichen Sozialversicherungsgesetz

Auf Grund des § 5 Abs. 1 und 3 des Gewerblichen Sozialversicherungsgesetzes (GSVG), BGBl. Nr. 560/1978, zuletzt geändert durch das Bundesgesetz BGBl. I Nr. 132/2005, wird verordnet:

§ 1. Personen sind hinsichtlich einer selbständigen Erwerbstätigkeit im Sinne des § 2 Abs. 1 Z 4 GSVG, die die Zugehörigkeit zu einer Ärztekammer, einer Rechtsanwaltskammer, der Österreichischen Apothekerkammer, einer Architekten- und Ingenieurkonsulentenkammer, der Österreichischen Patentanwaltskammer, der Kammer für Wirtschaftstreuhänder, der Österreichischen Tierärztekammer oder einer Notariatskammer begründet, von der Pflichtversicherung in der Krankenversicherung nach dem GSVG ausgenommen.

§ 2. Diese Verordnung tritt rückwirkend mit 1. Jänner 2000 in Kraft.

Kundmachung über die Aufwertung und Anpassung für das Jahr 2021

Aufwertung und Anpassung nach dem ASVG, dem GSVG, dem BSVG, dem B-KUVG sowie dem BPGG für das Kalenderjahr 2021, BGBl II 2020/576 idF BGBl II 2021/36

Kundmachung der Bundesministerin für Arbeit, Kundmachung des Bundesministers für Soziales, Gesundheit, Pflege und Konsumentenschutz über die Aufwertung und Anpassung nach dem Allgemeinen Sozialversicherungsgesetz, dem Gewerblichen Sozialversicherungsgesetz, dem Bauern-Sozialversicherungsgesetz, dem Beamten-Kranken- und Unfallversicherungsgesetz sowie dem Bundespflegegeldgesetz für das Kalenderjahr 2021

Auf Grund

2. der §§ 49 und 51 des Gewerblichen Sozialversicherungsgesetzes (GSVG), BGBl. Nr. 560/1978, zuletzt geändert durch das Bundesgesetz BGBl. I Nr. 105/2020,

wird kundgemacht:

Artikel 1

§ 3. Für das Kalenderjahr 2021 wurde die Höchstbeitragsgrundlage nach § 48 GSVG mit 6 475,00 € ermittelt.

§ 4. Für das Kalenderjahr 2021 werden die festen Beträge nach dem GSVG auf Grund des § 51 GSVG wie folgt festgestellt:

1. im § 26a statt 1 922,59 € mit 1 986,04 €,
2. ~~im § 31 Abs. 2 statt 1 332,03 € mit 1 375,99 €,~~
   (BGBl II 2021/36)
3. im § 92 Abs. 3 statt 6,30 € mit 6,50 €,
4. im § 99a Abs. 7 Z 1 statt 8,62 € mit 8,90 €,
5. im § 99a Abs. 7 Z 2 statt 14,77 € mit 15,26 €,
6. im § 99a Abs. 7 Z 3 statt 20,94 € mit 21,63 €,
7. im § 102a Abs. 5 statt 56,03 € mit 56,87 €,
8. im § 104a Abs. 1 statt 31,08 € mit 31,55 €,
9. im § 106 Abs. 6 statt 31,08 € mit 31,55 €,
10. im § 132 Abs. 6 Z 2 und 3 lit. a statt 1 241,97 € mit 1 260,60 €,
11. im § 132 Abs. 6 Z 3 lit. a und b statt 1 863,02 € mit 1 890,97 €,
12. im § 132 Abs. 6 Z 3 lit. b und c statt 2 483,93 € mit 2 521,19 €,
13. im § 145 Abs. 6 statt 2 031,16 € mit jeweils 2 061,63 €,
14. im § 149 Abs. 3 statt 299,95 € mit 304,45 €,
15. im § 149 Abs. 4 lit. h statt 232,49 € mit 240,16 €,
16. im § 149 Abs. 4 lit. p statt 62,00 € mit 64,00 €,
17. im § 150 Abs. 1 lit. a) aa) statt 1 524,99 € mit 1 578,36 €,
18. im § 150 Abs. 1 lit. a) bb) statt 966,65 € mit 1 000,48 €,
19. im § 150 Abs. 1 lit. b) statt 966,65 € mit 1 000,48 €,
20. im § 150 Abs. 1 lit. c) aa) statt 355,54 € mit 367,98 €,
21. im § 150 Abs. 1 lit. c) aa) statt 533,85 € mit 552,53 €,
22. im § 150 Abs. 1 lit. c) bb) statt 631,80 € mit 653,91 €,
23. im § 150 Abs. 1 lit. c) bb) statt 966,65 € mit 1 000,48 €,
24. im § 150 Abs. 1 zweiter Satz statt 149,15 € mit 154,37 €,
25. im § 156a Abs. 1 Z 2 und Abs. 2 statt 1 080 € mit jeweils 1 113,48 €,
26. im § 156a Abs. 2 statt 146,94 € mit 151,50 €,
27. im § 156a Abs. 3 Z 2 und Abs. 4 statt 1 315 € mit jeweils 1 339,99 €,
28. im § 156a Abs. 4 statt 381,94 € mit 389,20 €,
29. im § 156a Abs. 5 Z 2 und Abs. 6 statt 1 782 € mit jeweils 1 808,73 €,
30. im § 156a Abs. 6 statt 383,03 € mit 388,78 €,
31. im § 170 Abs. 5 statt 552,11 € mit 570,33 €,
32. im § 236 lit. a statt 1 002,79 € mit 1 035,88 €,
33. im § 236 lit. a statt 559,86 € mit 578,34 €,
34. im § 236 lit. b statt 559,86 € mit 578,34 €,
35. im § 359 Abs. 3a dritter Teilstrich „gleichbleibend mit 574,36 €".
    (BGBl II 2021/36)

Artikel 2

Auf Grund

2. des § 51 in Verbindung mit den §§ 266 Abs. 18, 286 Abs. 8 und 298 Abs. 8 des Gewerblichen Sozialversicherungsgesetzes (GSVG), BGBl. Nr. 560/1978, zuletzt geändert durch das Bundesgesetz BGBl. I Nr. 105/2020, und

wird kundgemacht:

§ 2. Für das Kalenderjahr 2021 wird die Bemessungsgrundlage für Zeiten der Kindererziehung nach den §§ 239 Abs. 1 ASVG, 123 Abs. 1 GSVG und 140 Abs. 1 BSVG in der am 31. August 1996 in Geltung gestandenen Fassung statt 655,72 € mit jeweils 665,56 € festgestellt.

§ 3. Für das Kalenderjahr 2021 werden die Grenzbeträge nach den §§ 253c Abs. 2 ASVG, 131b Abs. 2 GSVG und 122b Abs. 2 BSVG in der am 31. Dezember 2003 in Geltung gestandenen

Fassung statt 1 241,97 € mit jeweils 1 260,60 €, statt 1 655,95 € mit jeweils 1 680,79 €, statt 2 069,95 € mit jeweils 2 101,00 € und statt 2 483,93 € mit jeweils 2 521,19 € festgestellt.

§ 4. Für das Kalenderjahr 2021 wird der Grenzbetrag nach den §§ 264 Abs. 6 ASVG, 145 Abs. 6 GSVG und 136 Abs. 6 BSVG in der am 30. September 2000 in Geltung gestandenen Fassung statt 1 719,96 € mit jeweils 1 745,76 € festgestellt.

VO Aufwertung

VO Datenübermittlung SV-Träger

Verordnung betreffend die Durchführung der Übermittlung von Einkommensteuerdaten an die Sozialversicherungsanstalt der Selbständigen, BGBl II 1998/107 idF BGBl II 2020/38

Verordnung des Bundesministers für Finanzen betreffend die Durchführung der Übermittlung von Einkommensteuerdaten an die Sozialversicherungsanstalt der Selbständigen

(BGBl II 2020/38)

Auf Grund des § 229 a Abs. 3 des Gewerblichen Sozialversicherungsgesetzes, BGBl. Nr.560/1978, wird im Einvernehmen mit dem Bundesminister für Arbeit, Gesundheit und Soziales verordnet:

§ 1. Die Übermittlung der im § 229 a Abs. 1 bis 3 GSVG genannten Daten hat unbeschadet der Bestimmungen des § 5 in magnetisch gespeicherter Form zu erfolgen. Die Durchführung obliegt den Abgabenbehörden des Bundes. Diese haben sich der Bundesrechenzentrum Gesellschaft mit beschränkter Haftung zu bedienen, die in Angelegenheiten des § 2 Abs. 3 Z 1 des Bundesgesetzes über die Bundesrechenzentrum GmbH, BGBl. Nr. 757/1996, in ihrer Eigenschaft als Auftragsverarbeiter im Sinne des Art. 4 Z 8 der Datenschutz-Grundverordnung, ABl. Nr. L 119 vom 04.05.2016, S. 1, tätig ist.

(BGBl II 2020/38)

§ 2. Die Sozialversicherungsanstalt der Selbständigen hat die Datenübermittlung gemäß § 229 a Abs. 1 GSVG für den einzelnen Versicherten anzufordern. Die Anforderung hat die Steuernummer, die Beitragsnummer, die ersten fünf Buchstaben des Familiennamens und den Zeitraum, für den Daten angefordert werden, zu enthalten. Die Anforderungen sind der Bundesrechenzentrum Gesellschaft mit beschränkter Haftung in magnetisch gespeicherter Form zur Verfügung zu stellen.

(BGBl II 2020/38)

§ 3. (1) Die Bundesrechenzentrum Gesellschaft mit beschränkter Haftung hat gemäß § 229 a Abs. 2 GSVG – zur Einbeziehung der nach § 2 Abs. 1 Z 4 GSVG Pflichtversicherten und zur Bemessung der Beiträge – unaufgefordert die in § 229 a Abs. 1 GSVG angeführten Daten von Personen, die mit Einkünften aus selbständiger Arbeit oder aus Gewerbebetrieb zur Einkommensteuer veranlagt sind, der Sozialversicherungsanstalt der Selbständigen zu übermitteln. Einkünfte aus selbständiger Arbeit und aus Gewerbebetrieb sind auch für die Kalenderjahre 1995, 1996 und 1997 zu übermitteln.

(BGBl II 2020/38)

(2) Für die in Abs. 1 genannten Personen sind zusätzlich die Daten aus einer Kapitalertragsteueranmeldung (§ 96 Abs. 3 EStG 1988) insoweit elektronisch zur Verfügung zu stellen, als sie sich auf Ausschüttungen an Empfänger beziehen, die in dieser als GSVG-pflichtige Gesellschafter-Geschäftsführer einer Gesellschaft mit beschränkter Haftung genannt sind.

(BGBl II 2020/38)

§ 4. Die Bundesrechenzentrum Gesellschaft mit beschränkter Haftung hat die benötigten Daten, sofern die zugrunde liegenden Einkommensteuerbescheide in Rechtskraft erwachsen sind, zu übermitteln oder einen Hinweis darauf zu geben, warum keine Daten übermittelt werden können. Die Daten oder die Hinweise sind der Sozialversicherungsanstalt der Selbständigen in magnetisch gespeicherter Form zur Verfügung zu stellen.

(BGBl II 2020/38)

§ 5. In den Fällen, in denen eine Übermittlung der in § 229 a Abs. 1 GSVG genannten Daten in magnetisch gespeicherter Form nicht möglich ist und Erhebungen beim Versicherten ergebnislos verlaufen sind, können die Daten durch die Sozialversicherungsanstalt der Selbständigen bei der zuständigen Abgabenbehörde des Bundes angefordert werden.

(BGBl II 2020/38)

§ 6. Die Übermittlung von Daten ist mit Inkrafttreten der Verordnung aufzunehmen.

§ 7. (1) § 2 und § 5, jeweils in der Fassung der Verordnung BGBl. II Nr. 38/2020, treten mit 1. Juli 2020 in Kraft.

(2) § 3 Abs. 2 in der Fassung der Verordnung BGBl. II Nr. 38/2020 ist erstmals auf Kapitalertragsteueranmeldungen anzuwenden, die Ausschüttungen betreffen, die im Kalenderjahr 2019 zugeflossen sind. Eine Berücksichtigung erfolgt für Beitragszeiträume ab 1. Jänner 2019.

(BGBl II 2020/38)

VO Datenübermittlung

Verordnung betreffend die Datenübermittlung an den Hauptverband der Sozialversicherungs-träger, BGBl 1995/525

VO Daten

Verordnung des Bundesministers für Finanzen betreffend die Datenübermittlung an den Hauptverband der Sozialversicherungsträger

Gemäß § 459 b des Allgemeinen Sozialversicherungsgesetzes, § 229 b des Gewerblichen Sozialversicherungsgesetzes, § 217 a des Bauern-Sozialversicherungsgesetzes sowie § 159 d des Beamten-Kranken- und Unfallversicherungsgesetzes wird im Einvernehmen mit der Bundesministerin für Jugend und Familie und dem Bundesminister für Arbeit und Soziales verordnet:

§ 1. Die Daten betreffend den Bezug von Familienbeihilfe sind dem Hauptverband der österreichischen Sozialversicherungsträger zu übermitteln. Die Übermittlung ist wöchentlich mittels maschinell lesbarer Datenträger durchzuführen.

§ 2. Die erstmalige Übermittlung ist ab Veröffentlichung durchzuführen.

VO Datenübermittlung Witwen(Witwer)pension

Verordnung zur elektronischen Übermittlung von Daten für Zwecke der Ermittlung der Höhe der Witwen(Witwer)pension, BGBl II 2010/28

Verordnung des Bundesministers für Finanzen zur elektronischen Übermittlung von Daten für Zwecke der Ermittlung der Höhe der Witwen(Witwer)pension

Auf Grund

1. des § 459c Abs. 3 des Allgemeinen Sozialversicherungsgesetzes (ASVG), zuletzt geändert durch das Bundesgesetz BGBl. I Nr. 83/2009,
2. des § 229d Abs. 3 des Gewerblichen Sozialversicherungsgesetzes (GSVG), zuletzt geändert durch das Bundesgesetz BGBl. I Nr. 83/2009,
3. des § 217b Abs. 3 des Bauern-Sozialversicherungsgesetzes (BSVG), zuletzt geändert durch das Bundesgesetz BGBl. I Nr. 83/2009, und
4. der §§ 1a und 15 Abs. 4 des Pensionsgesetzes 1965 (PG 1965), zuletzt geändert durch das Bundesgesetz BGBl. I Nr. 83/2009

wird, hinsichtlich der Z 1, 2 und 3 im Einvernehmen mit dem Bundesminister für Arbeit, Soziales und Konsumentenschutz, verordnet:

§ 1. (1) Die Anforderung und die Übermittlung der in den §§ 459c Abs. 1 ASVG, 229d Abs. 1 GSVG und 217b Abs. 1 BSVG genannten Daten hat elektronisch im Wege des Hauptverbandes der österreichischen Sozialversicherungsträger zu erfolgen.

(2) Hinsichtlich folgender in § 15 Abs. 4 Z 1 PG 1965 genannten Daten (Erwerbseinkommen) hat die Anforderung und die Übermittlung elektronisch unmittelbar im Wege der BRZ GmbH zu erfolgen:

1. Bruttobezüge (§ 25 EStG 1988) und sonstige Bezüge (§ 67 Abs. 1 bis 8 EStG 1988) der Witwe (des Witwers) in den letzten zwei Kalenderjahren vor dem Zeitpunkt des Todes des (der) Versicherten;
2. Bruttobezüge (§ 25 EStG 1988) und sonstige Bezüge (§ 67 Abs. 1 bis 8 EStG 1988) des (der) Verstorbenen in den letzten vier Kalenderjahren vor dem Zeitpunkt seines (ihres) Todes;
3. Einkünfte aus selbständiger Arbeit (§ 22 EStG 1988) und aus Gewerbebetrieb (§ 23 EStG 1988) der Witwe (des Witwers) in den letzten zwei Kalenderjahren vor dem Zeitpunkt des Todes des (der) Versicherten;
4. Einkünfte aus selbständiger Arbeit (§ 22 EStG 1988) und aus Gewerbebetrieb (§ 23 EStG 1988) des (der) Verstorbenen in den letzten vier Kalenderjahren vor dem Zeitpunkt seines (ihres) Todes.

§ 2. (1) Die Träger der Pensionsversicherung und die Versicherungsanstalt öffentlich Bediensteter haben die Datenübermittlung für die Witwe/den Witwer und die verstorbene Person einzeln anzufordern. Die jeweilige Anforderung hat die Sozialversicherungsnummer, den Familiennamen und den Zeitraum, für den Daten angefordert werden, zu enthalten.

(2) Bei Übereinstimmung der in der Anforderung angegebenen Sozialversicherungsnummer und der ersten fünf Buchstaben des Familiennamens mit den bei den Abgabenbehörden des Bundes gespeicherten Daten haben die Abgabenbehörden des Bundes getrennt nach Dienstgebern die angefragten Daten sowie den Namen und die Adresse des betreffenden Dienstgebers zu übermitteln. Ist den Abgabenbehörden des Bundes die Übermittlung der angefragten Daten nicht möglich, so haben sie einen Hinweis darauf zu geben, warum die Daten nicht übermittelt werden können.

§ 3. Zur Übermittlung der angefragten Daten haben sich die Abgabenbehörden des Bundes der BRZ GmbH zu bedienen (§ 2 Abs. 6 Bundesgesetz über die Bundesrechenzentrum GmbH (BRZ GmbH), BGBl. Nr. 757/1996, in der jeweils geltenden Fassung).

§ 4. Die Anforderung und die Übermittlung der Daten nach § 1 Abs. 1 sind ab dem Ablauf des Tages der Kundmachung der Verordnung, der Daten nach § 1 Abs. 2 ab dem 1. Juli 2010 zulässig.

Schwerarbeitsverordnung

Schwerarbeitsverordnung, BGBl II 2006/104 idF

1 BGBl II 2013/201   **2** BGBl II 2019/413

Schwerarbeits-VO

Verordnung der Bundesministerin für soziale Sicherheit, Generationen und Konsumentenschutz über besonders belastende Berufstätigkeiten (Schwerarbeitsverordnung)

Auf Grund

1. des § 607 Abs. 14 des Allgemeinen Sozialversicherungsgesetzes (ASVG), BGBl. Nr. 189/1955, zuletzt geändert durch das Bundesgesetz BGBl. I Nr. 155/2005;

2. des § 298 Abs. 13a des Gewerblichen Sozialversicherungsgesetzes (GSVG), BGBl. Nr. 560/1978, zuletzt geändert durch das Bundesgesetz BGBl. I Nr. 155/2005;

3. des § 287 Abs. 13a des Bauern-Sozialversicherungsgesetzes (BSVG), BGBl. Nr. 559/1978, zu letzt geändert durch das Bundesgesetz BGBl. I Nr. 155/2005;

4. des § 4 Abs. 4 des Allgemeinen Pensionsgesetzes (APG), BGBl. I Nr. 142/2004, zuletzt geändert durch das Bundesgesetz BGBl. I Nr. 132/2005,

wird mit Zustimmung der Bundesregierung verordnet:

Besonders belastende Berufstätigkeiten

§ 1. (1) Als Tätigkeiten, die unter körperlich oder psychisch besonders belastenden Bedingungen er bracht werden, gelten alle Tätigkeiten, die geleistet werden

1. in Schicht- oder Wechseldienst auch während der Nacht (unregelmäßige Nachtarbeit), das heißt zwischen 22 Uhr und 6 Uhr, jeweils im Ausmaß von mindestens sechs Stunden und zumindest an sechs Arbeitstagen im Kalendermonat, sofern nicht in diese Arbeitszeit überwiegend Arbeitsbereitschaft fällt, oder

2. regelmäßig unter Hitze oder Kälte im Sinne des Art. VII Abs. 2 Z 2 und 3 des Nachtschwerarbeitsgesetzes (NSchG), BGBl. Nr. 354/1981, oder

3. unter chemischen oder physikalischen Einflüssen im Sinne des Art. VII Abs. 2 Z 5, 6 und 8 NSchG oder

4. als schwere körperliche Arbeit, die dann vorliegt, wenn bei einer achtstündigen Arbeitszeit von Männern mindestens 8 374 Arbeitskilojoule (2 000 Arbeitskilokalorien) und von Frauen mindestens 5 862 Arbeitskilojoule (1 400 Arbeitskilokalorien) verbraucht werden, oder

5. zur berufsbedingten Pflege von erkrankten oder behinderten Menschen mit besonderem Behandlungs- oder Pflegebedarf, wie beispielsweise in der Hospiz- oder Palliativmedizin, oder

6. trotz Vorliegens einer Minderung der Erwerbsfähigkeit (§ 14 des Behinderteneinstellungsgesetzes, BGBl. Nr. 22/1970) von mindestens 80 %, sofern für die Zeit nach dem 30. Juni 1993 Anspruch auf Pflegegeld zumindest in Höhe der Stufe 3 nach § 5 des Bundespflegegeldgesetzes, BGBl. Nr. 110/1993, oder nach den Bestimmungen der Landespflegegeldgesetze bestanden hat.

(2) Als besonders belastende Berufstätigkeiten gelten jedenfalls auch alle Tätigkeiten, für die ein Nachtschwerarbeits-Beitrag nach Art. XI Abs. 3 NSchG geleistet wurde, ohne dass daraus ein Anspruch auf Sonderruhegeld nach Art. X NSchG entstanden ist, sowie alle Tätigkeiten, für die Zuschläge zum Sachbereich Urlaub der Bauarbeiter-Urlaubs- und Abfertigungskasse nach den §§ 21 und 21a des Bauarbeiter-Urlaubs- und Abfertigungsgesetzes, BGBl. Nr. 414/1972, zu entrichten sind.

(BGBl II 2013/201)

Tätigkeiten unter chemischen oder physikalischen Einflüssen

§ 2. Eine Tätigkeit im Sinne des § 1 Abs. 1 Z 3 gilt nur dann als besonders belastend, wenn dadurch eine Minderung der Erwerbsfähigkeit im Sinne des § 203 ASVG von mindestens 10 % verursacht wurde.

Schwere körperliche Arbeit

§ 3. Ob eine bestimmte Tätigkeit als schwere körperliche Arbeit im Sinne des § 1 Abs. 1 Z 4 gilt, ist nach den in der Anlage zu dieser Verordnung festgeschriebenen Grundsätzen festzustellen.

Schwerarbeitsmonat

§ 4. Ein Schwerarbeitsmonat ist jeder Kalendermonat, in dem eine oder mehrere Tätigkeiten nach § 1 Abs. 1 zumindest in jenem Ausmaß ausgeübt wurden, das einen Versicherungsmonat im Sinne des § 231 Z 1 lit. a ASVG begründet. Arbeitsunterbrechungen bleiben dabei außer Betracht, solange die Pflichtversicherung in der Pensionsversicherung weiter besteht.

Meldung der Schwerarbeitszeiten

§ 5. (1) Die DienstgeberInnen haben dem Träger der Krankenversicherung ab dem 1. Jänner 2007 folgende Daten der bei ihnen beschäftigten männlichen Versicherten, die bereits das 40. Lebensjahr vollendet haben, und weiblichen Versicherten, die bereits das 35. Lebensjahr vollendet haben, gesondert zu melden:

1. alle im § 1 Abs. 1 genannten Tätigkeiten, die auf das Vorliegen von Schwerarbeit schließen lassen,

(BGBl II 2013/201)

2. die Namen und Versicherungsnummern jener Personen, die Tätigkeiten nach Z 1 verrichten, und

3. die Dauer der Tätigkeiten nach Z 1.

Die Meldung ist jeweils bis Ende Februar des Kalenderjahres, das der Verrichtung der Tätigkeiten nach Z 1 folgt, unter sinngemäßer Anwendung des § 41 ASVG zu erstatten. Personen, die nach dem GSVG oder FSVG oder BSVG versichert sind, haben die Meldung der Schwerarbeitszeiten ab dem 1. Jänner 2007 in gleicher Weise selbst zu erstatten.

(BGBl II 2013/201)

(2) Die Bauarbeiter-Urlaubs- und Abfertigungskasse hat alle Tätigkeiten, für die im § 1 Abs. 2 genannte Zuschläge zu entrichten sind, unter sinngemäßer Anwendung des Abs. 1 an den Dachverband der Sozialversicherungsträger zu melden.

(BGBl II 2013/201, BGBl II 2019/413)

In-Kraft-Treten

§ 6. (1) Diese Verordnung tritt mit 1. Jänner 2007 in Kraft.

(BGBl II 2013/201)

(2) § 1 Abs. 2 und § 5 in der Fassung der Verordnung BGBl. II Nr. 201/2013 treten mit 1. September 2013 in Kraft.

(BGBl II 2013/201)

(3) § 5 Abs. 2 in der Fassung der Verordnung BGBl. II Nr. 413/2019 tritt mit 1. Jänner 2020 in Kraft.

(BGBl II 2019/413)

Anlage
Grundsätze für die Feststellung des Vorliegens einer schweren körperlichen Arbeit im Sinne des § 1 Abs. 1 Z 4

1. Begriffsbestimmung und Kriterien

Schwere körperliche Arbeit setzt eine in Bezug auf die Intensität oder Dauer der Belastung über das normale Kräftepotential hinausgehende Verausgabung von Arbeitskraft voraus, bei der die gesamte Körpermuskulatur beansprucht wird.

Kriterien für die Einstufung von beruflichen Tätigkeiten als schwere körperliche Arbeit sind neben der energetischen Belastung sowie der Herz- und Kreislaufbelastung auch die Belastung des passiven und aktiven Stütz- und Bewegungsapparates, also der Knochen und Gelenke sowie der Sehnen und Muskeln.

2. Bewertung von Tätigkeiten als Schwerarbeit nach der energetischen Belastung

2.1. Arbeitsenergieumsatz-Grenzen von 8 374 Kilojoule (2 000 Kilokalorien) pro Tag bei Männern und 5 862 Kilojoule (1 400 Kilokalorien) pro Tag bei Frauen

Der Arbeitsenergieumsatz ergibt sich aus dem Gesamtenergieumsatz pro Arbeitstag abzüglich des Grundenergieumsatzes (differiert vor allem in Abhängigkeit vom Körpergewicht), dem Freizeitenergieumsatz (der je nach Freizeit-Aktivität unterschiedlich ist) und einem kleinen Anteil für Energieverluste.

Für die Festlegung der Schwerarbeits-Grenze ist die Lage der „Energetischen Dauerleistungsgrenze", die mit dem Tages-Arbeitsenergieumsatz gleichzusetzen ist, von Bedeutung. Sie liegt für Männer bei 8 374 Kilojoule (2 000 Kilokalorien) pro Tag, für Frauen bei 5 862 Kilojoule (1 400 Kilokalorien) pro Tag (gerundete Durchschnittswerte).

2.2. Einstufung von beruflichen Tätigkeiten als schwere körperliche Arbeit

Die Einstufung von beruflichen Tätigkeiten als „energetische Schwerarbeit" erfolgt nach folgenden Grundsätzen:

Die Arbeitsenergieumsatz-Richtwerte werden nach arbeitsmedizinischen Standards ermittelt. Auf dieser Grundlage werden Tätigkeitsbeschreibungen mit ihren Jouleverbrauchswerten erstellt und hinsichtlich ihrer Dimensionen umgerechnet.

Schließlich wird geprüft, ob durch die mit einem bestimmten Beruf verbundenen Tätigkeiten (Tätigkeitsbilder) die vorgegebene Kilojoulegrenze (8 374 bei Männern bzw. 5 862 bei Frauen) pro Tag erreicht oder überschritten wird.

VO zur Verlängerung bestimmter Zeiträume im Zusammenhang mit der COVID-19-Krisensituation

Verordnung betreffend Verlängerung bestimmter Zeiträume nach dem ASVG, dem GSVG, dem BSVG und dem B-KUVG im Zusammenhang mit der COVID-19-Krisensituation, BGBl II 2020/244

Verordnung des Bundesministers für Soziales, Gesundheit, Pflege und Konsumentenschutz betreffend Verlängerung bestimmter Zeiträume nach dem Allgemeinen Sozialversicherungsgesetz, dem Gewerblichen Sozialversicherungsgesetz, dem Bauern-Sozialversicherungsgesetz und dem Beamten-Kranken- und Unfallversicherungsgesetz im Zusammenhang mit der COVID-19-Krisensituation

Auf Grund

1. des § 736 Abs. 3 und 5 des Allgemeinen Sozialversicherungsgesetzes (ASVG), BGBl. Nr. 189/1955, zuletzt geändert durch das Bundesgesetz BGBl. I Nr. 31/2020,

2. des § 378 Abs. 1 und 3 des Gewerblichen Sozialversicherungsgesetzes (GSVG), BGBl. Nr. 560/1978, zuletzt geändert durch das Bundesgesetz BGBl. I Nr. 31/2020,

3. des § 372 Abs. 1 und 2 des Bauern-Sozialversicherungsgesetzes (BSVG), BGBl. Nr. 559/1978, zuletzt geändert durch das Bundesgesetz BGBl. I Nr. 31/2020, und

4. des § 259 Abs. 1 und 3 des Beamten-Kranken- und Unfallversicherungsgesetzes (B-KUVG), BGBl. Nr. 200/1967, zuletzt geändert durch das Bundesgesetz BGBl. I Nr. 31/2020,

wird verordnet:

§ 1. Die Zeiträume nach § 736 Abs. 3 und 5 ASVG, § 378 Abs. 1 und 3 GSVG, § 372 Abs. 1 und 2 BSVG sowie § 259 Abs. 1 und 3 B-KUVG werden jeweils bis 30. Juni 2020 verlängert.

§ 2. § 1 tritt mit 1. Juni 2020 in Kraft.

Verordnung betreffend Durchführung der Impfung gegen SARS-CoV-2

Verordnung betreffend die Durchführung der Impfung gegen SARS-CoV-2 im niedergelassenen Bereich, BGBl II 2021/34 idF BGBl II 2021/64

Verordnung des Bundesministers für Soziales, Gesundheit, Pflege und Konsumentenschutz betreffend die Durchführung der Impfung gegen SARS-CoV-2 im niedergelassenen Bereich

Auf Grund

1. des § 747 Abs. 3 des Allgemeinen Sozialversicherungsgesetzes (ASVG), BGBl. Nr. 189/1955, zuletzt geändert durch das Bundesgesetz BGBl. I Nr. 22/2021,

2. des § 384 Abs. 3 des Gewerblichen Sozialversicherungsgesetzes (GSVG), BGBl. Nr. 560/1978, zuletzt geändert durch das Bundesgesetz BGBl. I Nr. 158/2020,

3. des § 378 Abs. 3 des Bauern-Sozialversicherungsgesetzes (BSVG), BGBl. Nr. 559/1978, zuletzt geändert durch das Bundesgesetz BGBl. I Nr. 158/2020, und

4. des § 263 Abs. 3 des Beamten-Kranken- und Unfallversicherungsgesetzes (B-KUVG), BGBl. Nr. 200/1967, zuletzt geändert durch das Bundesgesetz BGBl. I Nr. 158/2020,

wird verordnet:

Priorisierung der Zielgruppen

§ 1. (1) Nach Maßgabe dieser Verordnung können die nach den Bundesgesetzen krankenversicherten Personen bzw. deren anspruchsberechtigte Angehörige mit dem vom Bund ab Verfügbarkeit zur Verfügung gestellten Impfstoff gegen SARS-CoV-2 geimpft werden.

(2) Die im niedergelassenen Bereich tätigen Ärztinnen und Ärzte, Gruppenpraxen bzw. Primärversorgungseinheiten sowie die selbständigen Ambulatorien haben die Impfungen prioritär an folgenden Personengruppen durchzuführen:

1. Ab Inkrafttreten dieser Verordnung an

    a) Personen ab Vollendung des 80. Lebensjahres und

    b) Menschen mit Behinderungen mit persönlicher Assistenz und deren persönlichen Assistentinnen und Assistenten;

2. ab 1. Februar 2021 zusätzlich an

    a) Personen ab Vollendung des 65. Lebensjahres,

    b) Personen vor Vollendung des 65. Lebensjahres, sofern sie der COVID-19-Risikogruppe nach der COVID-19-Risikogruppe-Verordnung, BGBl. II Nr. 203/2020, angehören,

    c) Personen in 24h-Betreuung, deren Betreuerinnen und Betreuer und Personen, die mit ihnen im gemeinsamen Haushalt leben, sowie

    d) Personen, die mit einer Schwangeren im gemeinsamen Haushalt leben „;" *(BGBl II 2021/64)*

„3. ab 15. Februar 2021 zusätzlich an

    a) Angehörigen der Gesundheitsberufe, sowie

    b) Personen, die in der mobilen Pflege tätig sind; *(BGBl II 2021/64)*

4. ab 15. März 2021 zusätzlich an Personal in Schulen, Kindergärten, Kinderkrippen und Kinderbetreuungseinrichtungen." *(BGBl II 2021/64)*

(3) Darüber hinaus dürfen Impfungen auch an allen anderen krankenversicherten Personen bzw. deren anspruchsberechtigten Angehörigen durchgeführt werden, sofern ausreichend Impfstoff vorhanden ist und dieser nicht innerhalb der Haltbarkeitsfrist an Personen nach Abs. 2 verimpft werden kann. In diesem Fall hat die Auswahl durch die Ärztin/den Arzt anhand des individuellen Erkrankungs- und Ansteckungsrisikos zu erfolgen.

Höhe der Honorare

§ 2. Der zuständige Krankenversicherungsträger hat für die Aufklärung, die Impfung und die Dokumentation

1. für die erste Teilimpfung ein pauschales Honorar in Höhe von 25 € und

2. für die zweite Teilimpfung ein pauschales Honorar in Höhe von 20 €

zu bezahlen.

Inkrafttreten

§ 3. „(1)" Diese Verordnung tritt mit dem auf den Tag der Kundmachung folgenden Tag in Kraft und mit Ablauf des 30. September 2021 außer Kraft. *(BGBl II 2021/64)*

„(2) § 1 Abs. 2 Z 2 bis 4 in der Fassung der Verordnung BGBl. II Nr. 64/2021 treten mit dem auf den Tag der Kundmachung folgenden Tag in Kraft und mit dem in Abs. 1 genannten Zeitpunkt außer Kraft." *(BGBl II 2021/64)*

2. BAUERN-SOZIALVERSICHERUNGSGESETZ

Inhaltsverzeichnis

BSVG

2. Bauern-Sozialversicherungsgesetz

Bauern-Sozialversicherungsgesetz, BGBl 1978/559 idF

1 BGBl 1978/684	**2** BGBl 1979/532	**3** BGBl 1980/196
4 BGBl 1980/587	**5** BGBl 1981/284	**6** BGBl 1981/590
7 BGBl 1982/649	**8** BGBl 1983/384	**9** BGBl 1983/592
10 BGBl 1984/486	**11** BGBl 1985/104	**12** BGBl 1985/205
13 BGBl 1986/113	**14** BGBl 1986/564	**15** BGBl 1987/611
16 BGBl 1987/616	**17** BGBl 1988/283	**18** BGBl 1988/751
19 BGBl 1989/644	**20** BGBl 1990/296	**21** BGBl 1990/741
22 BGBl 1991/157	**23** BGBl 1991/208	**24** BGBl 1991/627
25 BGBl 1991/628	**26** BGBl 1991/678	**27** BGBl 1991/702
28 BGBl 1992/247	**29** BGBl 1992/474	**30** BGBl 1992/834
31 BGBl 1993/17	**32** BGBl 1993/110	**33** BGBl 1993/337
34 BGBl 1993/917	**35** BGBl 1994/22	**36** BGBl 1994/314
37 BGBl 1994/450	**38** BGBl 1994/505	**39** BGBl 1995/132
40 BGBl 1995/297	**41** BGBl 1995/832	**42** BGBl 1996/153
43 BGBl 1996/201	**44** BGBl 1996/413	**45** BGBl 1996/600
46 BGBl 1996/764	**47** BGBl I 1997/47	**48** BGBl I 1997/61
49 BGBl I 1997/64	**50** BGBl I 1997/81	**51** BGBl I 1997/139
52 BGBl I 1998/30	**53** BGBl I 1998/140	**54** BGBl I 1999/15
55 BGBl I 1999/16	**56** BGBl I 1999/106	**57** BGBl I 1999/176
58 BGBl I 1999/179	**59** BGBl I 2000/1	**60** BGBl I 2000/2
61 BGBl I 2000/43	**62** BGBl I 2000/44	**63** BGBl I 2000/92
64 BGBl I 2000/101	**65** BGBl I 2000/142	**66** BGBl I 2001/5
67 BGBl I 2001/33	**68** BGBl I 2001/35	**69** BGBl I 2001/67
70 BGBl I 2001/101	**71** BGBl I 2001/103	**72** BGBl I 2001/131
73 BGBl I 2002/3	**74** BGBl I 2002/142	**75** BGBl I 2002/166
76 BGBl I 2002/169	**77** BGBl I 2003/8	**78** BGBl I 2003/45
79 BGBl I 2003/71	**80** BGBl I 2003/145	**81** BGBl I 2004/18
82 BGBl I 2004/78	**83** BGBl I 2004/105	**84** BGBl I 2004/119
85 BGBl I 2004/142	**86** BGBl I 2004/156	**87** BGBl I 2004/171
88 BGBl I 2004/179	**89** BGBl I 2005/18	**90** BGBl I 2005/71
91 BGBl I 2005/132	**92** BGBl I 2005/155	**93** BGBl I 2006/60
94 BGBl I 2006/110	**95** BGBl I 2006/111	**96** BGBl I 2006/130
97 BGBl I 2006/131	**98** BGBl I 2006/165	**99** BGBl I 2006/169
100 BGBl I 2007/31	**101** BGBl I 2007/49	**102** BGBl I 2007/101
103 BGBl I 2008/92	**104** BGBl I 2008/120	**105** BGBl I 2008/129
106 BGBl I 2008/130	**107** BGBl I 2008/146	**108** BGBl I 2009/14
109 BGBl I 2009/33	**110** BGBl I 2009/83	**111** BGBl I 2009/84
112 BGBl I 2009/135	**113** BGBl I 2009/147	**114** BGBl I 2010/29
115 BGBl I 2010/58	**116** BGBl I 2010/61	**117** BGBl I 2010/62
118 BGBl I 2010/63	**119** BGBl I 2010/64	**120** BGBl I 2010/102
121 BGBl I 2010/111	**122** BGBl I 2011/52	**123** BGBl I 2011/122
124 BGBl I 2012/17	**125** BGBl I 2012/35	**126** BGBl I 2012/76
127 BGBl I 2012/107	**128** BGBl I 2012/111	**129** BGBl I 2012/112
130 BGBl I 2012/123	**131** BGBl I 2013/3	**132** BGBl I 2013/81
133 BGBl I 2013/86	**134** BGBl I 2013/87	**135** BGBl I 2013/130
136 BGBl I 2013/139	**137** BGBl I 2014/28	**138** BGBl I 2014/32
139 BGBl I 2014/56	**140** BGBl I 2015/2	**141** BGBl I 2015/79
142 BGBl I 2015/113	**143** BGBl I 2015/118	**144** BGBl I 2015/144
145 BGBl I 2015/162	**146** BGBl I 2016/53	**147** BGBl I 2016/120
148 BGBl I 2017/17	**149** BGBl I 2017/26	**150** BGBl I 2017/29
151 BGBl I 2017/33	**152** BGBl I 2017/38	**153** BGBl I 2017/53
154 BGBl I 2017/125	**155** BGBl I 2017/131	**156** BGBl I 2017/151
157 BGBl I 2018/7	**158** BGBl I 2018/37	**159** BGBl I 2018/59
160 BGBl I 2018/99	**161** BGBl I 2018/100	**162** BGBl I 2019/7
163 BGBl I 2019/84	**164** BGBl I 2019/103	**165** BGBl I 2019/104

166 BGBl I 2020/21 **167** BGBl I 2020/31 **168** BGBl I 2020/73
169 BGBl I 2020/105 **170** BGBl I 2020/135 **171** BGBl I 2020/158
172 BGBl I 2021/28 **173** BGBl I 2021/36

GLIEDERUNG

2. BSVG

BSVG

2. BSVG

BSVG

2. BSVG

Bundesgesetz vom 11. Oktober 1978 über die Sozialversicherung der in der Land- und Forstwirtschaft selbständig Erwerbstätigen (Bauern-Sozialversicherungsgesetz – BSVG)

Der Nationalrat hat beschlossen:

ERSTER TEIL
Allgemeine Bestimmungen

ABSCHNITT I

Geltungsbereich

§ 1. Dieses Bundesgesetz regelt die Kranken- und die Pensionsversicherung sowie die Unfallversicherung der im Inland in der Land- und Forstwirtschaft selbständig Erwerbstätigen und ihrer mittätigen Angehörigen, sowie die Krankenversicherung der Bezieher einer Pension (Übergangspension) aus der Pensionsversicherung nach diesem Bundesgesetz.

Umfang des Leistungsrechtes der Pensionsversicherung

§ 1a. (1) Auf Personen, die erstmals nach dem 31. Dezember 2004 in der Pensionsversicherung nach diesem oder einem anderen Bundesgesetz pflichtversichert sind, ist Abschnitt III des Zweiten Teiles nur so weit anzuwenden, als das Allgemeine Pensionsgesetz (APG), BGBl. I Nr. 142/2004, nichts anderes bestimmt.

(2) Auf Personen, die nach dem 31. Dezember 1954 geboren sind und bis zum Ablauf des 31. Dezember 2004 mindestens einen Versicherungsmonat nach diesem oder einem anderen Bundesgesetz erworben haben, sind die Bestimmungen des Abschnittes III des Zweiten Teiles und des Abschnittes II des Fünften Teiles nur so weit anzuwenden, als das APG nichts anderes bestimmt.

(BGBl I 2004/142)

Sprachliche Gleichbehandlung

§ 1b. Soweit im folgenden personenbezogene Bezeichnungen nur in männlicher Form angeführt sind, beziehen sie sich auf Frauen und Männer in gleicher Weise. Bei der Anwendung auf bestimmte Personen ist die jeweils geschlechtsspezifische Form zu verwenden.

(BGBl 1994/22, BGBl I 2004/142)

Umsetzung von Unionsrecht

§ 1c. Durch dieses Bundesgesetz werden umgesetzt:

1. die Richtlinie 89/105/EWG betreffend die Transparenz von Maßnahmen zur Regelung der Preisfestsetzung bei Arzneimitteln für den menschlichen Gebrauch und ihre Einbeziehung in die staatlichen Krankenversicherungssysteme, ABl. Nr. L 40 vom 11.02.1989 S. 8;
(BGBl I 2015/162)

2. die Richtlinie 2005/36/EG über die Anerkennung von Berufsqualifikationen, ABl. Nr. L 255 vom 30.09.2005 S. 22, zuletzt geändert durch die „Richtlinie 2013/55/EU, ABl. Nr. L 354 vom 28.12.2013 S. 132";
(BGBl I 2015/162, BGBl I 2020/158)

3. die Richtlinie 2011/24/EU über die Ausübung der Patientenrechte in der grenzüberschreitenden Gesundheitsversorgung, ABl. Nr. L 88 vom 04.04.2011 S. 45;
(BGBl I 2015/162)

4. die Richtlinie 2010/41/EU zur Verwirklichung des Grundsatzes der Gleichbehandlung von Männern und Frauen, die eine selbständige Erwerbstätigkeit ausüben, und zur Aufhebung der Richtlinie 86/613/EWG, ABl. Nr. L 180 vom 15.07.2010 S. 1;
(BGBl I 2015/162)

5. die anderen im § 3b ASVG genannten Richtlinien, sofern sie auch auf den Geltungsbereich dieses Bundesgesetzes anwendbar sind.
(BGBl I 2015/162)

(BGBl I 2014/32)

ABSCHNITT II
Umfang der Versicherung

1. Unterabschnitt
Pflichtversicherung

Pflichtversicherung in der Krankenversicherung und in der Pensionsversicherung

§ 2. (1) Auf Grund dieses Bundesgesetzes sind, soweit es sich um natürliche Personen handelt, in der Krankenversicherung und in der Pensionsversicherung nach Maßgabe der folgenden Bestimmungen pflichtversichert:

1. Personen, die auf ihre Rechnung und Gefahr einen land(forst)wirtschaftlichen Betrieb im Sinne der Bestimmungen des Landarbeitsgesetzes 1984, BGBl. Nr. 287, führen oder auf deren Rechnung und Gefahr ein solcher Betrieb geführt wird. Dabei wird vermutet, daß Grundstücke, die als forstwirtschaftliches Vermögen nach dem Bewertungsgesetz 1955, BGBl. Nr. 148, bewertet sind oder Teil einer als solches bewerteten wirtschaftlichen Einheit sind, in einem forstwirtschaftlichen Betrieb entsprechenden Weise auf Rechnung und Gefahr des dazu im eigenen Namen Berechtigten bewirtschaftet werden. Der Gegenbeweis ist für Zeiten, die länger als einen Monat von der Meldung (§ 16) des der Vermutung widersprechenden Sachverhaltes zurückliegen, unzulässig. Die Pflichtversicherung erstreckt sich nach Maßgabe der Anlage 2 auch auf

a) land(forst)wirtschaftliche Nebengewerbe gemäß § 2 Abs. 1 Z 2 der Gewerbeordnung 1994, BGBl. Nr. 194,

b) den Buschenschank gemäß § 2 Abs. 1 Z 5 GewO 1994,
(BGBl I 2009/83)

c) Tätigkeiten gemäß § 2 Abs. 1 Z 7 bis 9 GewO 1994, die nach ihrer wirtschaftlichen Zweckbestimmung in einem sachlichen Naheverhältnis zum land(forst)wirtschaftlichen Betrieb erfolgen, und

(BGBl I 2009/83)

d) Tätigkeiten nach § 5 Abs. 5 lit. g des Landarbeitsgesetzes 1984,

(BGBl I 2009/83)

e) das Einstellen von Einstellpferden im Sinne des § 2 Abs. 3 Z 4 GewO 1994

(BGBl I 2018/7)

soweit diese neben einer die Pflichtversicherung begründenden Betriebsführung ausgeübt werden;

(BGBl 1991/678, BGBl I 1997/139, BGBl I 1999/176, BGBl I 2009/83)

1a. die GesellschafterInnen einer offenen Gesellschaft und die unbeschränkt haftenden GesellschafterInnen einer Kommanditgesellschaft, sofern die Führung eines land(forst)wirtschaftlichen Betriebes im Sinne des Landarbeitsgesetzes 1984 zum Unternehmensgegenstand der Gesellschaft zählt; Z 1 zweiter bis vierter Satz sind entsprechend anzuwenden;

(BGBl I 2009/83)

2. die Kinder, Enkel, Wahl- und Stiefkinder sowie die Schwiegerkinder einer in Z 1 genannten Person, alle diese, wenn sie hauptberuflich in diesem Betrieb beschäftigt sind (Abs. 7);

(BGBl I 2015/2)

3. der/die im land(forst)wirtschaftlichen Betrieb seiner Ehegattin/ihres oder seines eingetragenen Partners/ihrer eingetragenen Partnerin hauptberuflich beschäftigte Ehegatte/Ehegattin oder eingetragener Partner/eingetragene Partnerin, sofern keine Betriebsführung auf gemeinsame Rechnung und Gefahr der Eheleute oder eingetragenen PartnerInnen vorliegt und er/sie nicht auf Grund dieser Beschäftigung nach § 4 ASVG pflichtversichert ist;

(BGBl 1991/678, BGBl I 2009/135)

4. die (der) nach erfolgter Übergabe im land-(forst-)wirtschaftlichen Betrieb des Betriebsführers verbliebenden (verbleibende) Eltern(teil), Großeltern(teil), Wahl-, Stief- und Schwiegereltern(teil), wenn sie (er) hauptberuflich in diesem Betrieb beschäftigt sind (ist) und nicht bereits auf Grund dieser oder einer anderen Tätigkeit der Pflichtversicherung in der Pensionsversicherung nach diesem oder einem anderen Bundesgesetz unterliegen (unterliegt); für Zwecke der Sozialversicherung nach diesem Bundesgesetz bleibt das Verhältnis der Schwägerschaft auch nach dem Tod jener Person, die dieses Verhältnis begründet hat, bestehen.

(BGBl I 2000/92, BGBl I 2001/33, BGBl I 2015/2)

(2) Die Pflichtversicherung besteht für die im Abs. 1 Z 1 genannten Personen nur, wenn der nach dem Bewertungsgesetz 1955 festgestellte Einheitswert des land(forst)wirtschaftlichen Betriebes den Betrag von 1 500 € erreicht oder übersteigt. Handelt es sich jedoch um einen land(forst)wirtschaftlichen Betrieb, dessen Einheitswert den Betrag von 1 500 € nicht erreicht oder für den vom Finanzamt Österreich ein Einheitswert des land-(forst)wirtschaftlichen Vermögens gemäß den §§ 29 bis 50 BewG 1955 nicht festgestellt wird, so besteht die Pflichtversicherung für die betreffenden Personen, vorausgesetzt, dass sie aus dem Ertrag des Betriebes überwiegend ihren Lebensunterhalt bestreiten. § 23 Abs. 3, 3a und 5 ist entsprechend anzuwenden. Für die Pflichtversicherung der in den §§ 2a und 2b angeführten Eheleute oder eingetragenen PartnerInnen ist jeweils der gesamte Einheitswert des Betriebes maßgeblich.

(BGBl 1991/678, BGBl I 1997/139, BGBl I 2001/67, BGBl I 2009/135, BGBl I 2015/162, BGBl I 2019/104)

(3) (aufgehoben)

(BGBl 1995/297, BGBl I 1997/139)

(4) Die Pflichtversicherung besteht

a) in der Krankenversicherung für die im Abs. 1 Z 2,

b) in der Pensionsversicherung für die im Abs. 1 Z 1, 1a und 2

(BGBl I 2010/62)

genannten Personen nur, wenn sie das 15. Lebensjahr vollendet haben.

(5) Im Falle des Todes einer gemäß Abs. 1 Z 1 pflichtversicherten Person gelten für die Dauer des Verlassenschaftsverfahrens

1. in der Kranken- und Pensionsversicherung

a) die im Zeitpunkt des Todes im Sinne des Abs. 1 Z 2, 3 oder 4 vorhandenen Pflichtversicherten weiter als nach dieser Bestimmung pflichtversichert;

(BGBl 1993/337, BGBl I 2015/2)

b) Personen, bei denen die Voraussetzungen für die Pflichtversicherung gemäß Abs. 1 Z 2, 3 oder 4 erst während des Verlassenschaftsverfahrens eintreten, als nach dieser Bestimmung pflichtversichert, und zwar ab Erfüllung der Voraussetzungen hiefür;

(BGBl 1993/337, BGBl I 2015/2)

2. in der Krankenversicherung überdies die im Zeitpunkt des Todes vorhandenen Angehörigen im Sinne des § 78 als gemäß Abs. 1 Z 1 pflichtversichert.

(6) Soweit es sich nicht um einen Pflichtversicherten im Sinne der Abs. 1 bis 5 handelt, stehen diesen in der Krankenversicherung bzw. Pensionsversicherung Pflichtversicherten Personen gleich, denen im Rahmen beruflicher Maßnahmen der Rehabilitation gemäß § 153 berufliche Ausbildung gewährt wird, wenn die Ausbildung nicht auf Grund eines Dienst- oder Lehrverhältnisses erfolgt.

(7) Ob eine Beschäftigung hauptberuflich ausgeübt wird, hängt von ihrem wirtschaftlichen und zeitlichen Umfang ab; sie wird als hauptberuflich ausgeübt vermutet, wenn sie

1. der Bestreitung des Lebensunterhaltes dient oder
2. länger als 20 Stunden pro Woche erfolgt oder
3. mehr Zeitaufwand erfordert als eine weitere gleichzeitig ausgeübte Beschäftigung.

Für die Dauer einer Schul- oder Berufsausbildung – mit Ausnahme einer land(forst)wirtschaftlichen Heimpraxis und Heimlehre – ist die Hauptberuflichkeit jedenfalls ausgeschlossen.

(BGBl I 2015/2)

Pflichtversicherung in der Pensionsversicherung von Ehegatten oder eingetragenen Partnern/Partnerinnen bei gemeinsamer Betriebsführung oder hauptberuflicher Beschäftigung

§ 2a. (1) Wird ein land(forst)wirtschaftlicher Betrieb auf die gemeinsame Rechnung und Gefahr von Eheleuten oder eingetragenen Partnern/Partnerinnen geführt oder ist ein Ehegatte/eine Ehegattin oder ein eingetragener Partner/eine eingetragene Partnerin im land(forst)wirtschaftlichen Betrieb des/der anderen hauptberuflich beschäftigt, so sind beide Eheleute oder eingetragene PartnerInnen in der Pensionsversicherung im Sinne des § 2 pflichtversichert.

(BGBl I 1997/139, BGBl I 2009/135)

(2) Sind beide Eheleute oder eingetragene PartnerInnen als Kind bzw. Schwiegerkind im selben land(forst)wirtschaftlichen Betrieb hauptberuflich beschäftigt, so sind beide nach § 2 Abs. 1 Z 2 in der Pensionsversicherung pflichtversichert.

(BGBl I 1997/47, BGBl I 1997/139, BGBl I 1998/30, BGBl I 2009/135)

(3) (aufgehoben)

(BGBl 1993/337, BGBl I 1997/139)

(BGBl 1991/678, BGBl I 2009/135)

Pflichtversicherung in der Krankenversicherung von Ehegatten oder eingetragenen Partnern/Partnerinnen bei gemeinsamer Betriebsführung oder hauptberuflicher Beschäftigung

§ 2b. (1) Wird ein land(forst)wirtschaftlicher Betrieb auf die gemeinsame Rechnung und Gefahr von Ehegatten oder eingetragenen Partnern/Partnerinnen geführt, oder ist ein Ehegatte oder eine/ein eingetragene/r Partnerin/Partner im land(forst)wirtschaftlichen Betrieb des anderen hauptberuflich beschäftigt, so sind beide Ehegatten oder eingetragene Partner/Partnerinnen in der Krankenversicherung im Sinne des § 2 pflichtversichert.

(BGBl I 2009/135)

(2) Sind beide Ehegatten oder eingetragene Partner/Partnerinnen als Kind bzw. Schwiegerkind im selben land(forst)wirtschaftlichen Betrieb hauptberuflich beschäftigt, so sind beide nach § 2 Abs. 1 Z 2 in der Krankenversicherung pflichtversichert.

(BGBl I 2009/135)

(BGBl 1991/678, BGBl I 1997/139, BGBl I 2009/135)

Pflichtversicherung in der Unfallversicherung

§ 3. (1) In der Unfallversicherung sind auf Grund dieses Bundesgesetzes, soweit es sich um natürliche Personen handelt, pflichtversichert:

1. die im § 2 Abs. 1 Z 1 und 1a bezeichneten Personen;

(BGBl I 2009/83)

2. die nachstehend bezeichneten Familienangehörigen einer in Z 1 bezeichneten Person, wenn sie in diesem land(forst)wirtschaftlichen Betrieb tätig sind: der/die Ehegatte/Ehegattin oder der/die eingetragene Partner/Partnerin, die Kinder, Enkel, Wahl-, Stief- und Schwiegerkinder und die Eltern, Großeltern, Wahl-, Stief- und Schwiegereltern sowie die Geschwister, sofern diese nicht auf Grund der Beschäftigung im Betrieb einer Pflichtversicherung nach dem Allgemeinen Sozialversicherungsgesetz oder dem Gewerblichen Sozialversicherungsgesetz unterliegen.

(BGBl I 1998/140, BGBl I 2009/135)

(2) Die Pflichtversicherung gemäß Abs. 1, mit Ausnahme der im § 2 Abs. 1 Z 1a bezeichneten Personen, besteht nur, wenn es sich um einen land(forst)wirtschaftlichen Betrieb handelt, dessen zuletzt im Sinne des § 25 des Bewertungsgesetzes festgestellter Einheitswert den Betrag von 150 € erreicht oder übersteigt oder für den ein Einheitswert aus anderen als den Gründen des § 25 Z 1 des Bewertungsgesetzes nicht festgestellt wird. Handelt es sich um einen land(forst)wirtschaftlichen Betrieb, dessen Einheitswert den Betrag von 150 € nicht erreicht, so besteht die Pflichtversicherung für die betreffenden Personen, vorausgesetzt, daß sie aus dem Ertrag des Betriebes überwiegend ihren Lebensunterhalt bestreiten. Der Ermittlung des Einheitswertes ist zugrunde zu legen:

a) bei Verpachtung einer land(forst)wirtschaftlichen Fläche ein um den anteilsmäßigen Ertragswert der verpachteten Fläche verminderter Einheitswert;

b) bei Zupachtung einer land(forst)wirtschaftlichen Fläche in den Fällen des § 23 Abs. 3 dritter Satz ein um den anteiligen Ertragswert der gepachteten Fläche erhöhter Einheitswert, in allen übrigen Fällen ein um zwei Drittel des anteiligen Ertragswertes der gepachteten Flächen erhöhter Einheitswert;

c) bei Erwerb oder Veräußerung einer land(forst)wirtschaftlichen Fläche (Übertragung von Eigentumsanteilen an einer solchen), wenn gemäß § 21 Abs. 1 Z 1 lit. a des Bewertungsgesetzes der Einheitswert nicht neu festgestellt wird, ein um den anteilsmäßigen Ertragswert dieser Flächen (des Eigentumsanteiles) erhöhter bzw. verminderter Einheitswert;

(BGBl 1991/678)

d) im Falle der gesetzlichen Vermutung gemäß § 2 Abs. 1 Z 1 der anteilsmäßige Ertragswert der Waldfläche.

(BGBl 1991/678)

Änderungen des Einheitswertes gemäß lit. a, b und c sowie durch sonstige Flächenänderungen werden mit dem ersten Tag des Kalendermonates wirksam, der der Änderung folgt. Sonstige Änderungen des Einheitswertes werden mit dem ersten Tag des Kalendervierteljahres wirksam, das der Zustellung des Bescheides des Finanzamtes Österreich folgt.

(BGBl 1990/296, BGBl I 2001/67, BGBl I 2010/62. BGBl I 2019/104)

(3) Die im Zeitpunkt des Todes eines im Abs. 1 Z 1 bezeichneten Betriebsführers in der Unfallversicherung pflichtversicherten Angehörigen gelten für die Dauer des Verlassenschaftsverfahrens weiter als nach dieser Bestimmung pflichtversichert; dies gilt auch für Personen, bei denen die Voraussetzungen für die Pflichtversicherung erst während des Verlassenschaftsverfahrens eintreten.

(BGBl 1991/678)

Teilversicherung in der Krankenversicherung

§ 4. In der Krankenversicherung sind überdies auf Grund dieses Bundesgesetzes pflichtversichert:

1. die Bezieher einer Pension (Übergangspension) und die Bezieher von Übergangsgeld gemäß § 156, wenn sie nicht gemäß § 2 Abs. 6 dieses Bundesgesetzes oder gemäß § 4 Abs. 1 Z 8 des Allgemeinen Sozialversicherungsgesetzes oder gemäß § 3 Abs. 2 des Gewerblichen Sozialversicherungsgesetzes versichert sind, solange sich diese Personen ständig im Inland aufhalten;

(BGBl 1993/337, BGBl I 1997/139)

2. die im § 2 Abs. 1 Z 2 genannten Personen mit Ausnahme der nach § 8 Abs. 1 Z 1 lit. e ASVG Teilversicherten für die Dauer des Präsenz- oder Ausbildungsdienstes nach dem Wehrgesetz 2001, BGBl. I Nr. 146, sofern nicht im Zeitpunkt des Antrittes des Präsenz- oder Ausbildungsdienstes ein Ausnahmegrund nach § 5 gegeben war;

(BGBl 1996/413, BGBl I 1998/30, BGBl I 2001/103, BGBl I 2009/83, BGBl I 2010/111)

3. BezieherInnen von Kinderbetreuungsgeld nach dem Kinderbetreuungsgeldgesetz (KBGG), BGBl. I Nr. 103/2001, wenn nach § 28 KBGG die Sozialversicherungsanstalt der Selbständigen zuständig ist;

(BGBl I 2001/103, BGBl I 2018/100)

4. Bezieher von Familienzeitbonus nach dem Familienzeitbonusgesetz (FamZeitbG), BGBl. I Nr. 53/2016, wenn nach § 4 FamZeitbG die Sozialversicherungsanstalt der Selbständigen zuständig ist.

(BGBl I 2016/53, BGBl I 2018/100)

Teilversicherung in der Pensionsversicherung

§ 4a. (1) In der Pensionsversicherung sind überdies pflichtversichert:

1. Personen, die nach dem Wehrgesetz 2001
   a) Präsenz- oder Ausbildungsdienst leisten, ausgenommen die in lit. b genannten Personen,
   b) Ausbildungsdienst leisten, ab dem 13. Monat des Ausbildungsdienstes,

   wenn sie zuletzt nach diesem Bundesgesetz, nicht jedoch nach dem ASVG, GSVG oder FSVG pensionsversichert waren;

(BGBl I 2010/111)

2. Personen, die auf Grund des Zivildienstgesetzes ordentlichen oder außerordentlichen Zivildienst leisten, wenn sie zuletzt nach diesem Bundesgesetz, nicht jedoch nach dem ASVG, GSVG oder FSVG pensionsversichert waren;

(BGBl I 2015/144)

3. Personen, die Übergangsgeld nach diesem Bundesgesetz beziehen, wenn sie nicht nach § 2 Abs. 6 pflichtversichert sind;

4. Personen, die ihr Kind (§ 107a Abs. 2) in den ersten 48 Kalendermonaten nach der Geburt oder im Fall einer Mehrlingsgeburt ihre Kinder in den ersten 60 Kalendermonaten nach der Geburt tatsächlich und überwiegend im Sinne des § 107a Abs. 4 bis 7 im Inland erziehen, wenn sie zuletzt nach diesem Bundesgesetz, nicht jedoch nach dem ASVG, GSVG oder FSVG pensionsversichert waren;

5. die Bezieher des Familienzeitbonus nach dem Familienzeitbonusgesetz (FamZeitbG), BGBl. I Nr. 53/2016, wenn sie zuletzt nach diesem Bundesgesetz, nicht jedoch nach dem ASVG, GSVG oder FSVG, pensionsversichert waren.

(BGBl I 2016/53)

(BGBl I 2009/83)

(2) Abs. 1 Z 1, 2 und 4 ist nicht auf Personen in einem pensionsversicherungsfreien Dienstverhältnis (§ 308 Abs. 2 ASVG) anzuwenden, die

1. nach dem 31. Dezember 1954 geboren sind und vor dem 1. Jänner 2005 in das pensionsversicherungsfreie Dienstverhältnis aufgenommen wurden;

2. nach dem 31. Dezember 2004 oder nach § 136b des Beamten-Dienstrechtsgesetzes 1979 in das pensionsversicherungsfreie Dienstverhältnis aufgenommen wurden.

(BGBl I 2010/62)

(BGBl I 2009/83)

(BGBl I 2004/142)

Ausnahmen von der Pflichtversicherung

§ 5. (1) Von der Pflichtversicherung in der Kranken- und Pensionsversicherung sind ausgenommen:

1. Personen, deren land(forst)wirtschaftliche Tätigkeit lediglich in der Ausübung der sich aus einer Jagd- oder Fischereipachtung erge-

benden Berechtigung besteht, sofern sie nicht aus dem Ertrag dieser Tätigkeit überwiegend ihren Lebensunterhalt bestreiten;

2. Angehörige der Orden und Kongregationen der Katholischen Kirche sowie der Anstalten der Evangelischen Diakonie;

3. (aufgehoben)

(BGBl 1993/337)

(2) Von der Pflichtversicherung in der Krankenversicherung sind überdies die Kinder, Enkel, Wahl- und Stiefkinder, die das 15. Lebensjahr noch nicht vollendet haben, ausgenommen, sofern diese mit einem der Pflichtversicherung gemäß § 2 Abs. 1 Z 1 unterliegenden Elternteil ein und denselben land(forst)wirtschaftlichen Betrieb auf gemeinsame Rechnung und Gefahr führen.

(BGBl 1991/678, BGBl 1993/337, BGBl I 1997/139)

(3) Von der Pflichtversicherung in der Pensionsversicherung sind überdies Personen ausgenommen, die der Pflichtversicherung in der Pensionsversicherung nach dem Notarversicherungsgesetz 1972 in der am 31. Dezember 2019 geltenden Fassung unterliegen oder die in die Vorsorge nach dem Notarversorgungsgesetz einbezogen sind, für die Dauer dieser Pflichtversicherung oder Einbeziehung.

(BGBl I 2018/100)

Beginn der Pflichtversicherung

§ 6. (1) Die Pflichtversicherung in der Krankenversicherung beginnt:

1. bei den gemäß § 2 Abs. 1 und § 4 Z 2 pflichtversicherten Personen mit dem Tag, an dem die Voraussetzungen für die Pflichtversicherung eintreten;

(BGBl I 2000/92, BGBl I 2001/33)

2. bei den gemäß § 4 Z 1 pflichtversicherten Personen mit dem Tage des Anfalls der Pension oder mit dem Tage, ab dem das Übergangsgeld gebührt;

(BGBl I 1997/139)

3. bei den gemäß § 2 Abs. 5 als Pflichtversicherte geltenden Personen mit dem Tod des gemäß § 2 Abs. 1 Z 1 Pflichtversicherten;

4. bei den gemäß § 2 Abs. 6 pflichtversicherten Personen mit dem Tag des Beginnes der Ausbildung;

5. nach Wegfall eines Ausnahmegrundes gemäß § 5 mit dem Wegfall des Ausnahmegrundes folgenden Tag;

(BGBl I 2001/103)

6. bei den im § 4 Z 3 genannten Pflichtversicherten mit dem Tag, ab dem das Kinderbetreuungsgeld gebührt oder nur deshalb nicht gebührt, weil der Anspruch nach § 6 Abs. 1 Z 1 KBGG ruht;

(BGBl I 2001/103)

7. bei den in § 4 Z 4 genannten Pflichtversicherten mit dem Tag, ab dem der Familienzeitbonus gebührt.

(BGBl I 2016/53)

(2) Wurde ein Antrag auf Zuerkennung einer Pension (Übergangspension) gestellt, deren Bezug die Krankenversicherung nach § 4 Z 1 begründet, und liegt kein Ausnahmegrund vor, so hat der Versicherungsträger zu prüfen, ob die Zuerkennung der Pension wahrscheinlich ist. Trifft dies zu, so hat er eine Bescheinigung darüber auszustellen, daß die Krankenversicherung vorläufig mit dem Tage des voraussichtlichen Pensionsanfalles beginnt. Eine solche Bescheinigung ist mit der gleichen Rechtswirkung und unter der gleichen Voraussetzung auch auszustellen, wenn der Pensionswerber ein Verfahren in Sozialrechtssachen anhängig gemacht hat. Die Bescheinigung ist dem Pensionswerber zuzustellen. Die Ausstellung oder die Ablehnung der Bescheinigung kann durch ein Rechtsmittel nicht angefochten werden.

(3) Die Pflichtversicherung in der Pensionsversicherung beginnt mit dem Ersten eines Kalendermonates, wenn die Voraussetzungen für die Pflichtversicherung bis einschließlich zum 15. dieses Monates eintreten, sonst mit dem folgenden Monatsersten. Das gleiche gilt entsprechend für den Wegfall eines Ausnahmegrundes gemäß § 5.

(3a) Abweichend von Abs. 3 beginnt die Pensionsversicherung nach § 4a

1. bei den im § 4a Abs. 1 Z 1 genannten Personen mit dem Tag, an dem der Präsenz- oder Ausbildungsdienst angetreten wird;

(BGBl I 2015/144)

2. bei den im § 4a Abs. 1 Z 2 genannten Personen mit dem Tag, an dem der Zivildienst angetreten wird;

(BGBl I 2015/144)

3. bei den im § 4a Abs. 1 Z 3 genannten Personen mit dem Tag, ab dem Übergangsgeld bezogen wird;

(BGBl I 2015/144)

4. bei den im § 4a Abs. 1 Z 4 genannten Personen
   – mit dem der Geburt des Kindes folgenden Kalendermonat,
   – mit dem Kalendermonat, in dem die Annahme an Kindes Statt oder die Übernahme der unentgeltlichen Pflege erfolgt;

(BGBl I 2015/144)

5. bei den im § 4a Abs. 1 Z 5 genannten Personen mit dem Tag, ab dem der Familienzeitbonus bezogen wird.

(BGBl I 2016/53)

(BGBl I 2004/142)

(4) Die Pflichtversicherung in der Unfallversicherung beginnt mit dem Tag der Aufnahme der versicherungspflichtigen Tätigkeit.

Ende der Pflichtversicherung

§ 7. (1) Die Pflichtversicherung in der Krankenversicherung endet:

1. bei den gemäß § 2 Abs. 1 und § 4 Z 2 Pflichtversicherten mit dem Tag des Wegfalles der Voraussetzungen;

   (BGBl I 2000/92, BGBl I 2001/33)

2. bei den gemäß § 2 Abs. 6 Pflichtversicherten mit dem Tag der Beendigung der Ausbildung;

3. bei den gemäß § 4 Z 1 Pflichtversicherten mit dem Ablauf des Kalendermonates, für den letztmalig die Pension oder das Übergangsgeld ausgezahlt wird bzw. in dem die Voraussetzung gemäß § 4 Z 1 letzter Halbsatz weggefallen ist;

   (BGBl I 1997/139)

4. bei Eintritt eines Ausnahmegrundes gemäß § 5 mit dem Tag des Eintrittes des Ausnahmegrundes;

   (BGBl I 2001/103)

5. bei den im § 4 Z 3 genannten Pflichtversicherten mit Ablauf des Kalendertages, für den letztmalig Kinderbetreuungsgeld gebührt;

   (BGBl I 2001/103, BGBl I 2005/71)

6. bei den in § 4 Z 4 genannten Pflichtversicherten mit Ablauf des Kalendertages, für den letztmalig der Familienzeitbonus gebührt.

   (BGBl I 2016/53)

(2) Die vorläufige Krankenversicherung (§ 6 Abs. 2) endet spätestens mit der Zustellung des abweisenden Pensionsbescheides bzw. mit der rechtskräftigen Beendigung des Leistungsstreitverfahrens.

(3) Die Pflichtversicherung in der Pensionsversicherung endet mit dem Ersten eines Kalendermonates, wenn die Voraussetzungen für die Pflichtversicherung bis einschließlich 15. dieses Monates wegfallen, sonst mit dem folgenden Monatsersten. Das gleiche gilt entsprechend für den Eintritt eines Ausnahmegrundes gemäß § 5.

(3a) Abweichend von Abs. 3 endet die Pensionsversicherung der im § 6 Abs. 3a genannten Personen mit dem Wegfall des für die Versicherung maßgeblichen Tatbestandes, wobei sich das Ende der Pensionsversicherung nach § 4a Abs. 1 Z 4 nach den Bestimmungen des § 107a Abs. 3 richtet.

(BGBl I 2004/142, BGBl I 2015/144)

(4) Die Pflichtversicherung in der Unfallversicherung endet mit dem Ende der die Pflichtversicherung begründenden Tätigkeit.

2. Unterabschnitt
Freiwillige Versicherung

Weiterversicherung in der Krankenversicherung

§ 8. (1) Personen, die aus der Pflichtversicherung nach diesem Bundesgesetz ausscheiden, können sich, solange sie ihren Wohnsitz im Inland haben und nicht nach diesem oder einem anderen Bundesgesetz in der Krankenversicherung pflicht-versichert sind, weiterversichern, wenn sie in den vorangegangenen zwölf Monaten mindestens 26 Wochen oder unmittelbar vorher mindestens sechs Wochen nach diesem oder einem anderen Bundesgesetz krankenversichert waren. Die Frist von zwölf Monaten verlängert sich um die Zeiten, während derer der Versicherte

a) auf Rechnung eines Versicherungsträgers Anstaltspflege erhält oder auf Rechnung eines Versicherungsträgers in einem Kurheim oder in einer Sonderkrankenanstalt untergebracht ist,

   (BGBl I 2015/162)

b) Anspruch auf Pflegegebührenersatz einem Versicherungsträger gegenüber hat,

c) Präsenz- oder Ausbildungsdienst auf Grund des Wehrgesetzes 2001 leistet, sofern infolge dieser Zeiten nicht schon Pflichtversicherung in der Krankenversicherung nach diesem Bundesgesetz besteht.

   (BGBl I 1996/413, BGBl I 1998/30, BGBl I 2009/83)

(2) Das Recht auf Weiterversicherung ist binnen sechs Monaten nach dem Ausscheiden aus der Pflichtversicherung geltend zu machen. Die Frist beginnt jedoch,

a) wenn das Ausscheiden aus der Pflichtversicherung in eine der im Abs. 1 lit. a bis c genannten Zeiten fällt, mit dem Ende der in Betracht kommenden Zeit,

b) in den Fällen, in denen gemäß § 182 ein Bescheid zu erlassen ist, mit dem rechtskräftigen Abschluß des Verfahrens.

(3) Die Krankenversicherung kann ferner, wenn sie die im Abs. 1 bezeichnete Mindestdauer erreicht hat, fortgesetzt werden

1. nach dem Tod des/der Versicherten

   a) von der/vom überlebenden Ehegattin/Ehegatten oder von der/vom eingetragenen Partnerin/Partner oder

   b) von einer überlebenden, nach § 78 als Angehörige geltenden Person,

2. nach Nichtigerklärung, Aufhebung, Scheidung der Ehe und Nichtigerklärung oder Auflösung der eingetragenen Partnerschaft vom/von der früheren Ehegatten/Ehegattin oder früheren eingetragenen Partnerin/Partner und

3. nach dem Ausscheiden des/der Versicherten aus der Pflichtversicherung von einer Person, die in diesem Zeitpunkt als Angehörige im Sinne des § 78 Abs. 7 gegolten hat,

solange die zur Weiterversicherung berechtigte Person ihren Wohnsitz im Inland hat und nicht nach diesem oder einem anderen Bundesgesetz in der Krankenversicherung pflichtversichert ist. Die Antragsfrist von sechs Monaten beginnt mit dem auf den Tag des Todes oder auf den Tag des Ausscheidens aus der Pflichtversicherung oder auf den Tag der Rechtskraft der gerichtlichen Entscheidung über die Nichtigerklärung, Aufhebung oder Scheidung der Ehe oder die Nichtigerklärung oder Auflösung der eingetragenen Partnerschaft oder in den Fällen des § 2 Abs. 5 auf den Tag der Beendigung des Verlassenschaftsverfahrens folgenden Tag.

(BGBl I 2009/135)

(4) Die Weiterversicherung schließt zeitlich unmittelbar an das Ende der Pflichtversicherung, in den Fällen des Abs. 2 an das Ende der jeweils in Betracht kommenden Zeit an.

(5) Personen, die gemäß Abs. 1 oder 3 zur Weiterversicherung berechtigt waren, können dieses Recht, wenn sie binnen sechs Monaten nach dem Ausscheiden aus der Pflichtversicherung die Zuerkennung einer Pension (Übergangspension) beantragt haben, auch noch innerhalb von sechs Monaten nach Ablehnung einer Bescheinigung gemäß § 6 Abs. 2 geltend machen. Die Weiterversicherung beginnt in diesem Fall mit dem auf den Tag der Zustellung des Bescheides über die Ablehnung der Bescheinigung gemäß § 6 Abs. 2 folgenden Tag.

(6) Die Weiterversicherung endet, außer mit dem Wegfall der Voraussetzungen,

1. mit dem Ende des Kalendermonates, in dem der Versicherte seinen Austritt erklärt hat;

2. wenn die Beiträge für zwei Kalendermonate ganz oder teilweise rückständig sind, mit dem Ende des zweiten Kalendermonates, frühestens jedoch mit dem Ablauf des ersten vollen Kalendermonates, nach dem der Antrag auf Weiterversicherung gestellt wurde.

Weiterversicherung in der Pensionsversicherung

§ 9. (1) Personen, die

a) aus der Pflichtversicherung nach diesem Bundesgesetz ausgeschieden sind oder ausscheiden und

b) in den letzten 24 Monaten vor dem Ausscheiden mindestens zwölf oder in den letzten fünf Jahren vor dem Ausscheiden jährlich mindestens drei Versicherungsmonate in einer oder mehreren gesetzlichen Pensionsversicherungen erworben haben,

(BGBl 1991/678)

sowie Personen, die aus der Versicherung gemäß lit. a einen bescheidmäßig zuerkannten Anspruch auf eine laufende Leistung, ausgenommen auf eine Hinterbliebenenpension, hatten, können sich in der Pensionsversicherung weiterversichern, solange sie nicht in einer gesetzlichen Pensionsversicherung pflichtversichert sind oder einen bescheidmäßig zuerkannten Anspruch auf eine laufende Leistung aus einer eigenen gesetzlichen Pensionsversicherung haben.

(2) Die Weiterversicherung ist nur für Personen zulässig, die zuletzt in der Pensionsversicherung nach diesem Bundesgesetz versichert waren. Werden die Voraussetzungen für die Weiterversicherung in mehreren Pensionsversicherungen nach diesem oder einem anderen Bundesgesetz erfüllt, ist die Weiterversicherung nur in einer Pensionsversicherung zulässig, wobei es dem Versicherten freisteht, für welche der in Betracht kommenden Pensionsversicherungen er sich entscheidet.

(3) Das Recht auf Weiterversicherung ist bis zum Ende des sechsten auf das Ausscheiden aus der Pflichtversicherung bzw. auf das Ende des Anspruches auf die laufende Leistung folgenden Monates geltend zu machen. In den Fällen, in denen gemäß § 182 ein Bescheid zu erlassen ist, beginnt diese Frist mit dem rechtskräftigen Abschluß des Verfahrens.

(4) Der im Abs. 1 genannte Zeitraum, in dem mindestens zwölf Versicherungsmonate erworben sein müssen, und die im Abs. 3 genannte Frist von sechs Monaten verlängern sich

a) um Zeiten eines Pensionsbezuges wegen Erwerbsunfähigkeit oder geminderter Arbeitsfähigkeit aus einer gesetzlichen Pensionsversicherung,

b) um die Dauer eines Pensionsfeststellungsverfahrens bis zur Zustellung des Feststellungsbescheides bzw. bis zur rechtskräftigen Entscheidung im Leistungsstreitverfahren,

c) um Zeiten des Präsenz- oder Ausbildungsdienstes auf Grund des Wehrgesetzes 2001,
(BGBl 1996/413, BGBl I 1998/30, BGBl I 2009/83)

d) um Zeiten des ordentlichen oder außerordentlichen Zivildienstes auf Grund der Bestimmungen des Zivildienstgesetzes, BGBl. Nr. 187/1974.

(BGBl 1991/678)

(5) Personen, die in der Pensionsversicherung nach diesem oder einem anderen Bundesgesetz 60 Versicherungsmonate – ausgenommen Zeiten der Selbstversicherung gemäß § 16a des Allgemeinen Sozialversicherungsgesetzes – erworben haben, können das Recht auf Weiterversicherung jederzeit geltend machen oder eine beendete Weiterversicherung erneuern.

(BGBl 1991/678)

(6) Die Weiterversicherung beginnt, unbeschadet der Bestimmungen des § 106 Abs. 1 Z 3 und 4 mit dem Monatsersten, den der Versicherte wählt, spätestens jedoch mit dem Monatsersten, der auf die Antragstellung folgt. Dem Versicherten steht es frei, in der Folge die Monate zu bestimmen, die er durch Beitragsentrichtung als Monate der Weiterversicherung erwerben will.

(7) Die Weiterversicherung endet außer mit dem Wegfall der Voraussetzungen

1. mit dem Ende des Kalendermonates, in dem der Versicherte seinen Austritt erklärt hat;

2. wenn Beiträge für mehr als sechs aufeinanderfolgende Monate nicht entrichtet sind, mit dem Ende des letzten durch Beitragsentrichtung erworbenen Versicherungsmonates.

(8) Bei Witwen (Witwern), die den Betrieb des verstorbenen Ehegatten (der verstorbenen Ehegattin) mindestens drei Jahre fortgeführt haben, sind zur Erfüllung der Vorversicherungszeit ge-

mäß Abs. 5 die Pflichtversicherungszeiten, die der verstorbene Ehegatte (die verstorbene Ehegattin) in der Pensionsversicherung nach diesem Bundesgesetz während des Bestandes der Ehe erworben hat oder bei früherem Wirksamkeitsbeginn dieses Bundesgesetzes erworben hätte, den aus der eigenen Pensionsversicherung der Witwe (des Witwers) erworbenen Versicherungszeiten hinzuzurechnen.

(8a) Abs. 8 ist sinngemäß auch auf eingetragene PartnerInnen nach dem Eingetragene Partnerschaft-Gesetz (EPG), BGBl. I Nr. 135/2009, anzuwenden.

(BGBl I 2009/135)

(9) Bei der Ermittlung der Versicherungsmonate gemäß Abs. 1, 5 und 8 ist § 110 entsprechend anzuwenden. Soweit dabei Versicherungszeiten nach dem Allgemeinen Sozialversicherungsgesetz zu berücksichtigen sind, gilt dessen § 231; soweit dabei Versicherungszeiten nach dem Gewerblichen Sozialversicherungsgesetz zu berücksichtigen sind, gilt dessen § 119.

Höherversicherung in der Pensionsversicherung

§ 10. (1) Personen, die in der Pensionsversicherung nach diesem Bundesgesetz pflicht- oder weiterversichert sind, können sich höherversichern. Werden die Voraussetzungen für die Höherversicherung in mehreren Pensionsversicherungen nach diesem oder einem anderen Bundesgesetz erfüllt, ist die Höherversicherung während eines Kalenderjahres nur in einer Pensionsversicherung zulässig, wobei es dem Versicherten freisteht, für welche der in Betracht kommenden Pensionsversicherungen er sich entscheidet.

(2) Die Höherversicherung wird durch die Zahlung des Beitrages für die Höherversicherung bewirkt.

Nachträgliche Selbstversicherung in der Pensionsversicherung für Zeiten des Besuches einer Bildungseinrichtung

§ 10a. (1) Personen, die eine in § 107 Abs. 7 genannte Bildungseinrichtung besucht haben, können sich nachträglich bei einem Versicherungsträger, bei dem mindestens ein Versicherungsmonat erworben wurde, für alle oder einzelne Monate des Besuches der Bildungseinrichtung auf Antrag in der Pensionsversicherung selbstversichern.

(2) Der Antrag auf Selbstversicherung kann bis zum Stichtag (§ 104 Abs. 2) gestellt werden. Wird die Berechtigung zur Selbstversicherung erst nach dem Stichtag in einem vor dem Stichtag eingeleiteten Verfahren festgestellt, so können die Beiträge zur Selbstversicherung auch nach dem Stichtag wirksam entrichtet werden.

(3) Die Dauer der Selbstversicherung darf die in § 107 Abs. 7 jeweils angegebenen Höchstgrenzen für die Berücksichtigung als Ersatzzeiten nicht überschreiten.

(BGBl I 2004/142)

Selbstversicherung in der Unfallversicherung

§ 11. (1) In der Unfallversicherung können der Selbstversicherung beitreten:

1. selbständig Erwerbstätige in der Land- und Forstwirtschaft, wenn der Sitz ihres Betriebes im Inland ist,

2. mit Zustimmung einer selbständig erwerbstätigen, nach Z 1 oder § 3 unfallversicherten Person die in ihrem Betrieb unentgeltlich tätigen Personen, wenn es sich dabei handelt

   a) um ihren Ehegatten/ihre Ehegattin oder ihren eingetragenen Partner/ihre eingetragene Partnerin, ihre Kinder, Enkel, Wahl-, Stief- oder Schwiegerkinder, ihre Eltern, Großeltern, Wahl-, Stief- oder Schwiegereltern oder ihre Geschwister,

   b) um Personen, für die ein Anspruch auf Leistungen der Krankenversicherung nach § 78 Abs. 2 Z 6 in Verbindung mit Abs. 10 oder nach § 78 Abs. 6a oder Abs. 6b oder Abs. 7 besteht.

(BGBl I 2009/135, BGBl I 2015/2)

(1a) Den Personen nach Abs. 1 Z 2 sind Personen für die Zeit ihrer Lebensgemeinschaft gleichgestellt, wenn sie diese führen

(BGBl I 2015/2)

1. mit dem Betriebsführer/der Betriebsführerin oder einem seiner/ihrer Kinder oder

2. mit einer anderen nach § 3 Abs. 1 Z 2 unfallversicherten Person, ausgenommen Geschwister, bei gleichzeitiger Hausgemeinschaft mit dem Betriebsführer/der Betriebsführerin.

(2) Die Selbstversicherung gemäß Abs. 1 beginnt mit dem auf den Beitritt folgenden Tag.

(3) Die Selbstversicherung endet

1. mit dem Wegfall ihrer Voraussetzungen;

2. mit dem Tag des Austrittes;

3. wenn der fällige Beitrag nicht binnen einem Monat nach schriftlicher Mahnung gezahlt worden ist, mit dem Ende des Monates, für den zuletzt ein Beitrag entrichtet worden ist.

3. Unterabschnitt

Formalversicherung

§ 12. (1) Hat der Versicherungsträger bei einer nicht der Pflichtversicherung nach diesem oder einem anderen Bundesgesetz unterliegenden Person auf Grund der bei ihm vorbehaltlos erstatteten, nicht vorsätzlich unrichtigen Anmeldung den Bestand der Pflichtversicherung als gegeben angesehen und für den vermeintlich Pflichtversicherten die Beiträge für zwei aufeinanderfolgende Vorschreibezeiträume (§ 33 Abs. 1) unbeanstandet angenommen, so besteht ab dem Kalendermonat, für den erstmals Beiträge entrichtet worden sind, eine Formalversicherung. Dies gilt nicht für Fälle einer vermeintlichen Teilversicherung in der Pensionsversicherung nach § 4a. In der Pensionsversicherung bleibt die Geltung der Ausnahmegründe gemäß § 5 unberührt.

(BGBl 1990/296, BGBl I 2004/142)

(2) Die Formalversicherung gemäß Abs. 1 endet

1. in der Krankenversicherung und Unfallversicherung mit dem Tag der Zustellung des Bescheides des Versicherungsträgers über das Ausscheiden aus der Versicherung;

2. in der Pensionsversicherung mit dem auf die Zustellung des Bescheides des Versicherungsträgers über das Ausscheiden aus der Versicherung folgenden Monatsletzten, spätestens jedoch mit dem Tag vor dem Stichtag (§ 104 Abs. 2).

(3) Abs. 1 gilt entsprechend für den Antrag eines vermeintlich Versicherungsberechtigten auf Weiter- bzw. Selbstversicherung.

(4) Die Formalversicherung gemäß Abs. 3 endet

1. in der Krankenversicherung und Unfallversicherung mit dem Tag der Zustellung des Bescheides des Versicherungsträgers über das Ausscheiden aus der Versicherung, wenn nicht eine frühere Beendigung gemäß § 8 Abs. 6 bzw. gemäß § 11 Abs. 3 eintritt;

2. in der Pensionsversicherung mit dem auf die Zustellung des Bescheides des Versicherungsträgers über das Ausscheiden aus der Versicherung folgenden Monatsletzten, wenn nicht eine frühere Beendigung gemäß § 9 Abs. 7 eintritt.

(5) Die Formalversicherung hat die gleichen Rechtswirkungen wie die Pflichtversicherung bzw. die Weiter- oder Selbstversicherung.

ABSCHNITT III

(aufgehoben)

Sozialversicherungsanstalt der Bauern
§§ 13 bis 15. (aufgehoben)
(BGBl I 2018/100)

ABSCHNITT IV
Meldungen und Auskunftspflicht

Meldungen der Pflichtversicherten

§ 16. (1) Die im § 2 Abs. 1 Z 1 und 1a genannten Personen haben für sich selbst und für die im § 2 Abs. 1 Z 2 bis 4 bezeichneten Personen binnen einem Monat nach Eintritt der Voraussetzungen für die Pflichtversicherung beim Versicherungsträger eine Anmeldung zu erstatten und die angemeldeten Personen binnen einem Monat nach dem Ende der Pflichtversicherung abzumelden.

(BGBl 1991/678, BGBl I 2000/92, BGBl I 2001/33, BGBl I 2009/83)

(2) Die Meldepflichtigen haben während des Bestandes der Pflichtversicherung – ungeachtet einer Beitragsgrundlagenoption – jede für diese Versicherung bedeutsame Änderung innerhalb der im Abs. 1 festgesetzten Frist dem Versicherungsträger zu melden.

(BGBl I 2001/101)

(3) Die Meldepflichtigen können die Erfüllung der ihnen gemäß den Abs. 1 und 2 obliegenden Pflichten auf Bevollmächtigte übertragen. Name und Anschrift dieser Bevollmächtigten sind unter deren Mitfertigung dem Versicherungsträger bekanntzugeben.

(4) Die Meldepflichten für die im § 2 Abs. 6 genannten Pflichtversicherten obliegen dem Träger der Einrichtung, in der die Ausbildung erfolgt.

(5) Die Meldepflichten obliegen

1. für die nach § 4a Abs. 1 Z 1 pflichtversicherten Präsenz- oder Ausbildungsdienst Leistenden dem Bundesministerium für Landesverteidigung;

(BGBl I 2015/144)

2. für die nach § 4a Abs. 1 Z 2 pflichtversicherten Zivildienstleistenden dem Bundesministerium für Inneres;

(BGBl I 2015/144)

3. für die nach § 4a Abs. 1 Z 3 pflichtversicherten BezieherInnen von Übergangsgeld dem Unfall- oder Pensionsversicherungsträger;

(BGBl I 2015/144)

4. für die nach § 4a Abs. 1 Z 4 pflichtversicherten Erziehenden dem Krankenversicherungsträger;

(BGBl I 2015/144)

5. für die nach § 4a Abs. 1 Z 5 pflichtversicherten Bezieher des Familienzeitbonus dem Krankenversicherungsträger;

(BGBl I 2016/53)

(BGBl I 2004/142)

Meldungen der freiwillig Versicherten

§ 17. Die gemäß den §§ 8 und 9 Weiterversicherten sowie die gemäß § 11 Selbstversicherten haben alle für die Versicherung bedeutsamen Änderungen dem Versicherungsträger binnen einem Monat zu melden.

Meldungen der Zahlungsempfänger (Leistungswerber)

§ 18. (1) Die Leistungsempfänger bzw. Zahlungsempfänger (§ 71) sind verpflichtet, jede Änderung in den für den Fortbestand der Bezugsberechtigung maßgebenden Verhältnissen sowie jede Änderung ihres Wohnsitzes bzw. des Wohnsitzes des Anspruchsberechtigten, soweit im folgenden nichts anderes bestimmt wird, binnen zwei Wochen dem zuständigen Versicherungsträger anzuzeigen. Anspruchsberechtigte auf Pensionen aus der Pensionsversicherung mit Ausnahme der Ansprüche auf Waisenpensionen haben während des Pensionsbezuges jede Aufnahme einer Erwerbstätigkeit sowie die Höhe des Erwerbseinkommens und jede Änderung der Höhe des Erwerbseinkommens binnen sieben Tagen zu melden, soweit dies für den Fortbestand und das Ausmaß der Bezugsberechtigung maßgebend ist. Einkommensänderungen, die auf Grund der alljährlichen Rentenanpassung in der Kriegsopfer- und Heeresversorgung bewirkt werden, unterliegen nicht der Anzeigeverpflichtung.

(BGBl 1991/678)

(2) Abs. 1 gilt auch für Personen,

1. die eine Leistung aus einem Versicherungsfall des Alters, der Erwerbsunfähigkeit oder des Todes beantragt haben, wenn sie vom Versicherungsträger nachweislich über den Umfang ihrer Meldeverpflichtung belehrt wurden;

(BGBl 1996/201)

2. (aufgehoben)

(BGBl I 2003/71)

(BGBl 1993/337)

(BGBl 1990/296)

Form der Meldungen; Meldebestätigungen

§ 19. (1) Die Meldungen gemäß § 16 sind mit den vom Versicherungsträger aufzulegenden Vordrucken zu erstatten; auch ohne Vordruck schriftlich oder mittels elektronischer Datenträger erstattete Meldungen gelten als ordnungsgemäß erstattet, wenn sie alle wesentlichen Angaben enthalten, die für die Durchführung der Versicherung notwendig sind.

(BGBl 1991/678)

(2) Der Versicherungsträger hat das Einlangen der Meldung auf Verlangen des Meldepflichtigen zu bestätigen, wenn der Vordruck für die Meldebestätigung vom Meldepflichtigen ordnungsgemäß ausgefüllt und freigemacht vorgelegt wird.

Auskunftspflicht der Versicherten und der Leistungs(Zahlungs)empfängerInnen sowie sonstiger Personen

§ 20. (1) Die im § 2 Abs. 1 Z 1 und 1a genannten Personen sowie die Leistungsempfänger bzw. Zahlungsempfänger (§ 71), im Falle einer Bevollmächtigung gemäß § 16 Abs. 3 die Bevollmächtigten, haben dem Versicherungsträger auf Anfrage über alle Umstände, die für das Versicherungsverhältnis, die Anspruchsberechtigung sowie die Prüfung und Durchsetzung von Ansprüchen nach den §§ 178 ff. maßgeblich sind, längstens binnen zwei Wochen wahrheitsgemäß Auskunft zu erteilen. Sie haben innerhalb derselben Frist auf Verlangen des Versicherungsträgers auch alle Belege und Aufzeichnungen zur Einsicht vorzulegen und den gehörig ausgewiesenen Bediensteten des Versicherungsträgers während dessen Amtsstunden Einsicht in alle Geschäftsbücher, Belege und sonstige Aufzeichnungen an ihrem Betriebssitz oder an einem gemeinsam vereinbarten Ort zu gewähren, sofern diese Unterlagen für das Versicherungsverhältnis von Bedeutung sind. Insbesondere haben sie alle für die Feststellung der Beiträge erforderlichen Auskünfte zu erteilen und die darauf bezüglichen Bescheide einer Abgabenbehörde und sonstige Einkommensnachweise zur Einsicht vorzulegen.

(BGBl 1996/413, BGBl I 2009/83, BGBl I 2019/104)

(2) Ist zur Ermittlung der Beitragsgrundlage nicht oder nicht ausschließlich der Versicherungswert maßgeblich, so haben die im § 2 Abs. 1 Z 1 und 1a genannten Personen,

1. deren Beitragsgrundlage gemäß § 23 Abs. 4 zu bilden ist, dem Versicherungsträger den letzten rechtskräftigen Einkommensteuerbescheid unverzüglich zur Einsicht vorzulegen,

(BGBl I 2000/142)

2. deren Beitragsgrundlage nach § 23 Abs. 4b bis 4e zu bilden ist, die Einnahmen, die sich aus den Aufzeichnungen nach § 20a ergeben, bis spätestens 30. April des dem Beitragsjahr folgenden Kalenderjahres bekannt zu geben.

(BGBl I 2000/142, BGBl I 2001/101, BGBl I 2002/142, BGBl I 2009/83)

(BGBl I 1999/176, BGBl I 2009/83)

(3) Kommt eine im Abs. 1 und 2 genannte Person ihrer Verpflichtung zur Vorlage des Einkommensteuerbescheides und der sonstigen Einkommensnachweise oder einer Aufforderung zur Vorlage von sonstigen Bescheiden einer Abgabenbehörde nicht rechtzeitig oder vereitelt sie die Prüfung von Unterlagen durch Bedienstete des Versicherungsträgers an ihrem Betriebssitz oder an einem gemeinsam vereinbarten Ort, so hat sie, solange sie dieser Pflicht nicht nachkommt, unbeschadet der Bestimmungen des Abs. 4 einen von der Höchstbeitragsgrundlage (§ 23 Abs. 9) zu bemessenden Beitrag zu leisten. Die Höhe der Beitragsgrundlage gemäß § 23 wird hiedurch nicht berührt.

(BGBl I 1999/176, BGBl I 2009/83, BGBl I 2019/104)

(4) Bei nachträglicher Erfüllung der Vorlage- und Auskunftspflicht ermäßigt sich der Beitrag gemäß Abs. 3 auf jenen Betrag, der bei rechtzeitiger Erfüllung der Vorlage- und Auskunftspflicht zu leisten gewesen wäre.

(5) Fehlen die Unterlagen, sind sie unvollständig oder wird ihre Vorlage verweigert, so ist der Versicherungsträger berechtigt, die für das Versicherungsverhältnis maßgebenden Umstände auf Grund anderer Ermittlungen oder unter Heranziehung der Daten gleichgelagerter oder ähnlicher Betriebe (Versicherungsverhältnisse) festzustellen. Die Berechtigung des Versicherungsträgers erstreckt sich auch auf jene Fälle, in denen für Teilflächen eines land(forst)wirtschaftlichen Betriebes ein Einheitswert des land(forst)wirtschaftlichen Vermögens nach dem BewG 1955 nicht festgestellt ist.

(BGBl I 2015/162)

(6) Der Versicherungsträger ist berechtigt, die zuständigen Behörden zu verständigen, wenn er im Rahmen seiner Tätigkeit zu dem begründeten Verdacht gelangt, daß eine Übertretung arbeitsrechtlicher, gewerberechtlicher oder steuerrechtlicher Vorschriften vorliegt.

(BGBl 1996/201)

(7) Die Versicherten sind verpflichtet, dem Versicherungsträger über alle für die Einhebung

des Zusatzbeitrages für Angehörige (§ 24b) maßgebenden Umstände Auskunft zu erteilen.

(BGBl I 2000/142, BGBl I 2001/101)

(7a) Die Versicherten sind verpflichtet, dem Versicherungsträger über alle für die Einhebung der Beiträge in der Krankenversicherung von ausländischen Renten (§ 26a) maßgebenden Umstände Auskunft zu erteilen.

(BGBl I 2010/102)

(8) EigentümerInnen eines land(forst)wirtschaftlichen Betriebes oder einer land(forst)wirtschaftlichen Fläche im Sinne des Landarbeitsgesetzes 1984 haben auf Anfrage des Versicherungsträgers binnen zwei Wochen hinsichtlich dieser Betriebs- oder Flächenbewirtschaftung Folgendes mitzuteilen:

1. das jeweilige Flächenausmaß und die jeweilige Kulturart;
2. ob Eigenbewirtschaftung oder eine Überlassung an dritte Personen vorliegt;
3. im Fall einer Überlassung nach Z 2 den Namen und die Anschrift der bewirtschaftenden Person sowie den Rechtstitel für die jeweilige Bewirtschaftung.

(BGBl I 2009/83)

Aufzeichnungspflicht

§ 20a. Die im § 2 Abs. 1 Z 1 genannten Personen haben die zur Ermittlung der Beitragsgrundlage gemäß § 23 Abs. 4b erforderlichen Aufzeichnungen über die Einnahmen aus den entsprechenden Tätigkeiten zu führen. Einnahmen aus Dienstleistungen, die auf Selbstkostenbasis und ohne Verrechnung der eigenen Arbeitskraft erbracht werden, und aus Vermietungen im Rahmen der zwischenbetrieblichen Zusammenarbeit sind von der Aufzeichnungspflicht ausgenommen.

(BGBl I 1999/176, BGBl I 2000/142, BGBl I 2004/105)

Auskunftspflicht der Auftraggeber von land-(forst-)wirtschaftlichen Nebentätigkeiten

§ 20b. (1) Unternehmen und Körperschaften, die Dienstleistungen im Sinne der Anlage 2 in Auftrag gegeben haben, haben auf Anfrage des Versicherungsträgers binnen zwei Wochen über Personen, die für sie solche Leistungen erbracht haben, Folgendes mitzuteilen:

1. Name und Anschrift des Auftragnehmers;
2. Art der erbrachten Leistung;

   (BGBl I 2002/142)
3. Entgelt für die erbrachte Leistung.

   (BGBl I 2002/142, BGBl I 2004/105)

(2) Personen, die Dienstleistungen im Sinne der Anlage 2 erbracht haben, sind verpflichtet, den in Abs. 1 genannten Unternehmen und Körperschaften alle Auskünfte zu erteilen, welche diese zur Erfüllung ihrer Auskunftspflicht benötigen.

(BGBl I 2001/101)

Verstöße gegen die Melde-, Anzeige- und Auskunftspflicht

§ 21. Personen, die der ihnen auf Grund dieses Bundesgesetzes oder einer Bevollmächtigung gemäß § 16 Abs. 3 obliegenden Verpflichtung zur Erstattung von Meldungen und Anzeigen nicht oder nicht rechtzeitig nachkommen, die Erfüllung der Auskunftspflicht oder die Vorlage von Belegen verweigern oder in den ihnen obliegenden Meldungen, Anzeigen und Auskünften unwahre Angaben machen, begehen, wenn die Handlung nicht nach anderer Bestimmung einer strengeren Strafe unterliegt, eine Verwaltungsübertretung und werden von der Bezirksverwaltungsbehörde mit Geld bis zu 440 €, im Falle der Uneinbringlichkeit mit Freiheitsstrafe bis zu zwei Wochen bestraft.

(BGBl I 2001/67, BGBl I 2013/3)

ABSCHNITT V
Aufbringung der Mittel

Arten der Aufbringung der Mittel

§ 22. (1) Die Mittel der Kranken- und Pensionsversicherung sind durch Beiträge der Versicherten und durch einen Beitrag des Bundes aufzubringen.

(2) Die Mittel der Unfallversicherung sind, soweit sie nicht durch gemäß den §§ 51 und 74 des Allgemeinen Sozialversicherungsgesetzes zu bemessende Beiträge für die im § 28 Z 2 lit. b, c, d, h und j des Allgemeinen Sozialversicherungsgesetzes genannten Personen sowie durch sonstige Einnahmen gedeckt sind, durch

a) Betriebsbeiträge gemäß § 30 Abs. 1 und 2,
b) einen Zuschlag gemäß § 30 Abs. 3 bis 5,
c) Beiträge gemäß § 30 Abs. 6,
d) Beiträge gemäß § 30 Abs. 7
e) (aufgehoben)

(BGBl 1996/413, BGBl I 2010/111)

aufzubringen.

Beitragsgrundlage

§ 23. (1) Grundlage für die Bemessung der Beiträge in der Kranken- und Pensionsversicherung ist für die gemäß § 2 Abs. 1 Z 1 und 1a Pflichtversicherten nach Maßgabe der folgenden Bestimmungen

1. bei einem land(forst)wirtschaftlichen Betrieb, für den ein Einheitswert des land-(forst)wirtschaftlichen Vermögens gemäß den §§ 29 bis 50 BewG 1955 festgestellt wird, der Versicherungswert nach Abs. 2,
2. bei einem land(forst)wirtschaftlichen Betrieb, für den ein Einheitswert des land-(forst)wirtschaftlichen Vermögens gemäß den §§ 29 bis 50 BewG 1955 nicht festgestellt wird, die gemäß Abs. 4 ermittelte Beitragsgrundlage,
3. bei Ausübung von betrieblichen Tätigkeiten nach § 2 Abs. 1 Z 1 letzter Satz die nach Abs. 4b ermittelte Beitragsgrundlage, wenn ein Antrag nach Abs. 1b vorliegt, die nach den Abs. 4c bis 4e ermittelte Beitragsgrundlage. Werden diese Tätigkeiten im Falle einer Bei-

tragsgrundlagenoption nach Abs. 1a ausgeübt, so ist für solche betrieblichen Tätigkeiten die Beitragsgrundlage nach den Abs. 4 und 4a zu ermitteln,

(BGBl I 2002/142, BGBl I 2010/62)

4. bei Gesellschaftern und Gesellschafterinnen einer offenen Gesellschaft und bei unbeschränkt haftenden Gesellschaftern und Gesellschafterinnen einer Kommanditgesellschaft die nach Abs. 4 oder Abs. 4a Z 1 ermittelte Beitragsgrundlage.

(BGBl I 2010/62)

Treffen mehrere dieser Beitragsgrundlagen zusammen, so ist deren Summe – unter der Voraussetzung der Identität der beitragsschuldenden Person – für die Ermittlung der Beitragsgrundlage der Pflichtversicherung maßgebend (monatliche Beitragsgrundlage).

(BGBl 1991/678, BGBl I 1997/139, BGBl I 1999/176, BGBl I 2000/92, BGBl I 2000/142, BGBl I 2001/33, BGBl I 2009/83, BGBl I 2015/2)

(1a) Wird bei einem land(forst)wirtschaftlichen Betrieb ein Einheitswert des land(forst)wirtschaftlichen Vermögens nach den §§ 29 bis 50 BewG 1955 festgestellt, so kann der Betriebsführer (§ 2 Abs. 1 Z 1) beantragen, dass an Stelle des Versicherungswertes (Abs. 2) als Beitragsgrundlage die im Einkommensteuerbescheid ausgewiesenen Einkünfte heranzuziehen sind (Beitragsgrundlagenoption). Der Antrag ist bis zum 30. April des dem Beitragsjahr folgenden Jahres zu stellen, ab dem die Beitragsgrundlagenoption wirksam werden soll. Ein solcher Antrag kann nur widerrufen werden, wenn eine Änderung in der Führung des land(forst)wirtschaftlichen Betriebes eintritt. Der Widerruf ist bis längstens 30. April des der Änderung folgenden Beitragsjahres zu stellen. Führen mehrere Personen ein und denselben land-(forst)wirtschaftlichen Betrieb auf gemeinsame Rechnung und Gefahr, bedarf der Optionsantrag der Zustimmung aller Betriebsführer.

(BGBl I 2000/142, BGBl I 2009/83, BGBl I 2013/3)

(1b) Werden Einkünfte auf Grund von betrieblichen Tätigkeiten nach § 2 Abs. 1 Z 1 letzter Satz erzielt, so sind auf Antrag des Betriebsführers (§ 2 Abs. 1 Z 1) für mindestens ein Beitragsjahr an Stelle der Beitragsgrundlage nach Abs. 4b als Beitragsgrundlage die im Einkommensteuerbescheid enthaltenen Einkünfte heranzuziehen. Der Antrag ist bis zum 30. April des dem Beitragsjahr folgenden Jahres zu stellen, ab dem diese Beitragsgrundlage wirksam werden soll. Der Widerruf eines solchen Antrages ist bis zum 30. April des dem Beitragsjahr folgenden Jahres zu stellen, ab dem er wirksam werden soll. Führen mehrere Personen ein und denselben land(forst)wirtschaftlichen Betrieb auf gemeinsame Rechnung und Gefahr, bedürfen sowohl der Antrag als auch der Widerruf der Zustimmung aller Betriebsführer.

(BGBl I 2002/142, BGBl I 2009/83)

(2) Der Versicherungswert ist ein Hundertsatz des Einheitswertes des land(forst)wirtschaftlichen Betriebes. Hiebei ist von dem zuletzt im Sinne des § 25 des Bewertungsgesetzes festgestellten Einheitswert des land(forst)wirtschaftlichen Betriebes auszugehen. Der Versicherungswert ist jeweils zum 1. Jänner eines jeden Kalenderjahres neu festzustellen und auf Cent zu runden. Der Hundertsatz beträgt:

1. bei Einheitswerten bis zu 5 000 € 13,34110[a)];

2. für je weitere 100 € Einheitswert

   bei Einheitswerten

   von 5 100 € bis 8 700 € 14,82346[a)]

   von 8 800 € bis 10 900 € 12,04405[a)]

   von 11 000 € bis 14 500 € 8,33822[a)]

   von 14 600 € bis 21 800 € 6,76321[a)]

   von 21 900 € bis 29 000 € 5,00291[a)]

   von 29 100 € bis 36 300 € 3,70588[a)]

   von 36 400 € bis 43 600 € 2,77940[a)]

   ab 43 700 € 2,13087[a)].

[a)] Prozentsätze siehe VO im Anhang.

Diese Hundertsätze sind mit Wirksamkeit ab 1. Jänner eines jeden Jahres, mit Ausnahme der Jahre 2000 und 2001, unter Bedachtnahme auf § 47 mit der jeweiligen Aufwertungszahl (§ 45) mit der Maßgabe zu vervielfachen, daß die sich ergebenden Hundertsätze auf fünf Dezimalstellen zu runden sind.

(BGBl 1990/296, BGBl I 1999/176, BGBl I 2001/67, BGBl I 2002/142, BGBl I 2015/2)

(3) Bei Bildung des Versicherungswertes gemäß Abs. 2 sind in den nachstehenden Fällen unter Berücksichtigung des § 23c folgende Werte als Einheitswerte zugrunde zu legen:

a) wenn der Pflichtversicherte mehrere land(forst)wirtschaftliche Betriebe führt, die Summe der Einheitswerte aller Betriebe;

b) wenn der Pflichtversicherte Miteigentümer eines auf gemeinsame Rechnung und Gefahr geführten land(forst)wirtschaftlichen Betriebes ist, der im Verhältnis seines Eigentumsanteiles geteilte Einheitswert;

c) bei Verpachtung einer land(forst)wirtschaftlichen Fläche ein um den anteilsmäßigen Ertragswert der verpachteten Fläche verminderter Einheitswert;

d) bei Zupachtung einer land(forst)wirtschaftlichen Fläche ein um zwei Drittel des anteilsmäßigen Ertragswertes der gepachteten Fläche erhöhter Einheitswert;

e) wenn der land(forst)wirtschaftliche Betrieb zur Gänze gepachtet ist, ein um ein Drittel verminderter Einheitswert; ist ein solcher Betrieb von mehreren Personen anteilsmäßig gepachtet, so ist lit. b sinngemäß anzuwenden;

f) bei Erwerb oder Veräußerung einer land(forst)wirtschaftlichen Fläche (Übertragung von Eigentumsanteilen an einer solchen), wenn gemäß § 21 Abs. 1 Z 1 lit. a des Bewertungsgesetzes der Einheitswert nicht neu festgestellt wird, ein um den anteilsmäßigen

Ertragswert dieser Flächen (des Eigentumsanteiles) erhöhter bzw. verminderter Einheitswert;

g) im Falle der gesetzlichen Vermutung gemäß § 2 Abs. 1 Z 1 der anteilsmäßige Ertragswert der Waldfläche;

(BGBl 1991/678, BGBl I 2013/3)

h) wenn der land(forst)wirtschaftliche Betrieb in der Betriebsform einer Gesellschaft bürgerlichen Rechts geführt wird und nicht alle GesellschafterInnen MiteigentümerInnen des auf gemeinsame Rechnung und Gefahr geführten land(forst)wirtschaftlichen Betriebes (lit. b) sind, der im Verhältnis der GesellschafterInnen geteilte Einheitswert.

(BGBl I 2013/3)

Eine Teilung des Einheitswertes gemäß lit. b und e findet jedoch nicht statt, wenn Ehegatten ein und denselben land(forst)wirtschaftlichen Betrieb auf gemeinsame Rechnung und Gefahr führen. Wenn ein Ehegatte vom anderen Ehegatten oder wenn Kinder (§ 2 Abs. 1 Z 2) und Eltern (Großeltern, Wahleltern, Stiefeltern, Schwiegereltern) voneinander land(forst)wirtschaftliche Flächen bzw. land(forst)wirtschaftliche Betriebe gepachtet haben, ist dem Pächter, abweichend von lit. d und e, der volle Ertragswert der gepachteten Flächen (des gepachteten Betriebes) anzurechnen. Die sich gemäß lit. a bis f ergebenden Einheitswerte (Summe der Einheitswerte) sind auf volle hundert Euro abzurunden.

(BGBl I 2001/67, BGBl I 2013/3, BGBl I 2015/162)

(3a) Werden dem Versicherungsträger (Teil-)Flächen eines land(forst)wirtschaftlichen Betriebes im Rahmen der Datenübermittlung nach § 217 Abs. 2c bekannt, so besteht bei Verletzung der Melde- oder Auskunftspflicht die Vermutung, dass diese ab dem Ersten des Kalendermonates, in dem der Antrag bei der „Agrarmarkt Austria" gestellt wurde, auf eigene Rechnung und Gefahr bewirtschaftet werden. In diesem Fall ist der Versicherungsträger berechtigt, den anteiligen Ertragswert der (Teil)Flächen nach Maßgabe des § 20 Abs. 5 unter Anwendung des eigenen Hektarsatzes der betriebsführenden (förderungswerbenden) Person für die Bildung des Versicherungswertes zu berechnen. Diese Vermutung gilt bis zum Ersten des Kalendermonates, in dem die förderungswerbende Person nachweist, dass die Flächen auf Rechnung und Gefahr einer anderen Person bewirtschaftet werden.

(BGBl I 2015/162)

(3b) Abs. 3 ist sinngemäß auch auf eingetragene PartnerInnen nach dem EPG anzuwenden.

(BGBl I 2009/135, BGBl I 2015/162)

(4) Kann ein Versicherungswert im Sinne des Abs. 2 – gegebenenfalls unter Anwendung des § 20 Abs. 5 – nicht ermittelt werden oder handelt es sich um Personen nach § 2 Abs. 1 Z 1a oder ist eine Beitragsgrundlagenoption gemäß Abs. 1a oder eine Antragstellung nach Abs. 1b erfolgt, so sind für die Ermittlung der Beitragsgrundlage die im jeweiligen Kalenderjahr auf einen Kalendermonat im Durchschnitt entfallenden Einkünfte aus einer Erwerbstätigkeit, die die Pflichtversicherung nach diesem Bundesgesetz begründet, heranzuziehen; als Einkünfte gelten die Einkünfte im Sinne des Einkommensteuergesetzes 1988. Im Falle einer Beitragsgrundlagenoption nach Abs. 1a ist dem Vorliegen eines Einkommensteuerbescheides die Mitteilung der Abgabenbehörde gleichzuhalten, dass keine für die Einkommensteuer maßgeblichen Einkünfte aus einer Erwerbstätigkeit, die die Pflichtversicherung nach diesem Bundesgesetz begründet, vorliegen. Umfasst der Einkommensteuerbescheid auch Zeiträume, denen eine Vollpauschalierung zu Grunde liegt, so sind diese bei der Durchschnittsbetrachtung nicht zu berücksichtigen. Beitragsgrundlage ist der ermittelte Betrag,

1. zuzüglich der vom Versicherungsträger im Beitragsjahr im Durchschnitt der Monate der Erwerbstätigkeit vorgeschriebenen Beiträge zur Kranken- und Pensionsversicherung nach diesem oder einem anderen Bundesgesetz; letztere nur so weit sie als Betriebsausgaben im Sinne des § 4 Abs. 4 Z 1 lit. a EStG 1988 gelten;

2. vermindert um die auf Veräußerungsgewinne nach den Vorschriften des EStG 1988 entfallenden Beträge im Durchschnitt der Monate der Erwerbstätigkeit.

(BGBl 1990/296, BGBl 1996/413, BGBl I 1997/139, BGBl I 1999/176, BGBl I 2000/142, BGBl I 2001/101, BGBl I 2002/142, BGBl I 2010/62, BGBl I 2015/162)

(4a) Bis zur endgültigen Feststellung der Beitragsgrundlage gilt als vorläufige Beitragsgrundlage im Falle

1. des Abs. 1 Z 2 und 4

a) bis zum erstmaligen Vorliegen eines Einkommensteuerbescheides die Mindestbeitragsgrundlage nach Abs. 10 lit. a erster Fall;

b) bei Vorliegen eines rechtskräftigen Einkommensteuerbescheides für ein vorangegangenes Kalenderjahr die nach Abs. 4 maßgebliche Beitragsgrundlage;

wird kein Einkommensteuerbescheid erlassen, so gilt die vorläufige Beitragsgrundlage als endgültige;

(BGBl I 2010/62)

2. einer Beitragsgrundlagenoption nach Abs. 1a

a) bis zum erstmaligen Vorliegen eines rechtskräftigen Einkommensteuerbescheides für das jeweilige Beitragsjahr die nach Abs. 2 ermittelte Beitragsgrundlage unter Beachtung der Mindestbeitragsgrundlage nach Abs. 10 lit. a zweiter Fall;

b) bei Vorliegen eines rechtskräftigen Einkommensteuerbescheides für ein vorangegangenes Kalenderjahr die nach Abs. 4 maßgebliche Beitragsgrundlage.

Im Falle einer Beitragsgrundlagenoption nach Abs. 1a ist dem Vorliegen eines Einkommensteuerbescheides die Mitteilung der Abgabenbehörde gleichzuhalten, dass in einem derartigen Fall kein Einkommensteuerbescheid ergangen ist. Liegt eine solche Mitteilung der Abgabenbehörde vor, so ist im Falle der Beitragsgrundlagenoption nach Abs. 1a bis zum Vorliegen eines neuerlichen Einkommensteuerbescheides die Beitragsgrundlage nach Abs. 10 lit. a zweiter Fall maßgeblich.

(BGBl I 2002/142)

(BGBl I 2000/142, BGBl I 2001/101)

(4b) Werden Einkünfte auf Grund von Tätigkeiten gemäß § 2 Abs. 1 Z 1 letzter Satz, für die die Beitragsgrundlage nach Abs. 1 Z 3 zu bilden ist, erzielt, so ist die Beitragsgrundlage auf Basis von 30% der sich aus den Aufzeichnungen nach § 20a ergebenden Einnahmen (inklusive Umsatzsteuer) aus diesen Tätigkeiten zu ermitteln. Jeweils ein Zwölftel hievon gilt als monatliche Beitragsgrundlage; werden hingegen Tätigkeiten gemäß § 2 Abs. 1 Z 1 letzter Satz unterjährig begonnen oder eingestellt, so sind die maßgeblichen Einnahmen auf die Monate der tatsächlichen Ausübung umzulegen.

(BGBl I 1999/176, BGBl I 2000/142, BGBl I 2001/101)

(4c) Werden Einkünfte auf Grund von betrieblichen Tätigkeiten nach § 2 Abs. 1 Z 1 letzter Satz erzielt und wurde ein Antrag im Sinne des Abs. 1b gestellt, so gilt als endgültige Beitragsgrundlage jener Teil der Beitragsgrundlage nach Abs. 4, der sich auf diese Tätigkeit bezieht, mindestens jedoch die Beitragsgrundlage nach Abs. 10a.

(BGBl I 2002/142)

(4d) Werden Einkünfte auf Grund von betrieblichen Tätigkeiten nach § 2 Abs. 1 Z 1 letzter Satz erzielt und wurde ein Antrag im Sinne des Abs. 1b gestellt, so gilt bis zur endgültigen Feststellung der Beitragsgrundlage als vorläufige Beitragsgrundlage

a)   bis zum erstmaligen Vorliegen eines rechtskräftigen Einkommensteuerbescheides für das jeweilige Beitragsjahr die Beitragsgrundlage nach Abs. 10a;

b)   bei Vorliegen eines rechtskräftigen Einkommensteuerbescheides für ein vorangegangenes Kalenderjahr jener Teil der Beitragsgrundlage nach Abs. 4, der sich auf diese Tätigkeit bezieht, mindestens jedoch die Beitragsgrundlage nach Abs. 10a.

Die Mitteilung der Abgabenbehörde, dass kein Einkommensteuerbescheid ergangen ist, ist dem Vorliegen eines Einkommensteuerbescheides gleichzuhalten. Diesfalls gilt die vorläufige Beitragsgrundlage als endgültige.

(BGBl I 2002/142)

(4e) Im Falle einer Mitteilung der Abgabenbehörde im Sinne des Abs. 4d vorletzter Satz ist bei Antragstellung nach Abs. 1b bis zum Vorliegen eines neuerlichen Einkommensteuerbescheides die Beitragsgrundlage nach Abs. 10a maßgeblich.

(BGBl I 2002/142)

(5) Änderungen des Einheitswertes gemäß Abs. 3 lit. b, c, d und f sowie durch sonstige Flächenänderungen werden mit dem ersten Tag des Kalendermonates wirksam, der der Änderung folgt. Eine entgegen § 16 Abs. 2 nicht gemeldete Flächenänderung ist für die Dauer ihrer Nichtmeldung einer sonstigen Änderung gleichzuhalten. Im übrigen ist Abs. 3 entsprechend anzuwenden. Sonstige Änderungen des Einheitswertes werden mit dem ersten Tag des Kalendervierteljahres wirksam, das der Zustellung des Bescheides des Finanzamtes Österreich folgt.

(BGBl I 2002/142, BGBl I 2015/162, BGBl I 2019/104)

(6) Beitragsgrundlage ist

1.   für die gemäß § 2 Abs. 1 Z 2 Pflichtversicherten ein Drittel der gemäß Abs. 1 ermittelten Beitragsgrundlage, die für den von den Eltern bzw. Groß-, Wahl-, Stief- oder Schwiegereltern des Pflichtversicherten geführten land(forst)wirtschaftlichen Betrieb, in dem diese Pflichtversicherten hauptberuflich beschäftigt sind, ermittelt wird, in der Pensionsversicherung jedoch die Hälfte dieser Beitragsgrundlage, wenn die nach § 2 Abs. 1 Z 2 pflichtversicherte Person das 27. Lebensjahr noch nicht vollendet hat,

(BGBl I 2020/73)

2.   für Ehegatten oder eingetragene PartnerInnen, von denen beide nach § 2a Abs. 2 bzw. § 2b Abs. 2 als Kind bzw. Schwiegerkind auf Grund einer Beschäftigung im selben land(forst)wirtschaftlichen Betrieb pflichtversichert sind, jeweils ein Sechstel der Beitragsgrundlage, die für den land (forst)wirtschaftlichen Betrieb ermittelt wird, zuzüglich der Einkünfte nach Abs. 4, 4a und 4b,

(BGBl I 1999/176, BGBl I 2000/92, BGBl I 2000/142, BGBl I 2001/33, BGBl I 2009/135)

3.   für Ehegatten oder eingetragene PartnerInnen, von denen beide nach § 2a Abs. 1 bzw. § 2b Abs. 1 pflichtversichert sind, die Hälfte der Beitragsgrundlage, die für den land(forst)wirtschaftlichen Betrieb ermittelt wird, zuzüglich die Hälfte der Einkünfte nach Abs. 4, 4a und 4b;

(BGBl I 2000/142, BGBl I 2009/135)

4.   für eine gemäß § 2 Abs. 1 Z 4 pflichtversicherte Person die Hälfte der gemäß Abs. 1 für den Betriebsführer ermittelten Beitragsgrundlage jenes Betriebes, in dem diese Person hauptberuflich beschäftigt ist.

(BGBl I 2000/92, BGBl I 2001/33)

Liegt für eine der in den Z 1 bis 4 genannten Personen ein rechtsgültiger Antrag auf eine Zurechnung von Beitragsgrundlagenteilen nach § 23b vor, so ist ihre Beitragsgrundlage – unter entsprechender Verringerung der Beitragsgrundlage der betriebsführenden Person(en) – im Sinne des Antrages zu erhöhen; die Beitragsgrundlage ist jeweils auf Cent zu runden.

(BGBl 1993/337, BGBl I 1997/139, BGBl I 1999/176, BGBl I 2001/67, BGBl I 2005/132)

(7) Beitragsgrundlage für die gemäß § 2 Abs. 5 als Pflichtversicherte geltenden Personen ist die letzte Beitragsgrundlage vor dem Tod des gemäß § 2 Abs. 1 Z 1 Pflichtversicherten.

(8) Beitragsgrundlage für die gemäß § 2 Abs. 6 Pflichtversicherten ist das Dreißigfache des Betrages gemäß § 44 Abs. 6 lit. a des Allgemeinen Sozialversicherungsgesetzes.

(9) Die Beitragsgrundlage darf die Höchstbeitragsgrundlage nicht überschreiten. Höchstbeitragsgrundlage ist

a) für die gemäß § 2 Abs. 1 Z 1 und 1a und § 2 Abs. 1 Z 3 Pflichtversicherten der gemäß § 48 und § 53a des Gewerblichen Sozialversicherungsgesetzes jeweils festgesetztem Betrag;

(BGBl 1993/337, BGBl I 2009/83)

b) für die gemäß § 2 Abs. 1 Z 2 Pflichtversicherten ein Drittel, in der Pensionsversicherung für Personen, die das 27. Lebensjahr noch nicht vollendet haben, die Hälfte des in lit. a genannten Betrages, gerundet auf Cent;

(BGBl I 2001/67, BGBl I 2020/73)

c) für die gemäß § 2 Abs. 1 Z 4 Pflichtversicherten die Hälfte des in lit. a genannten Betrages, gerundet auf Cent.

(BGBl I 2000/92, BGBl I 2001/33, BGBl I 2001/67)

Weist eine nach § 2 Abs. 1 Z 2 oder 3 pflichtversicherte Person auch Beitragsgrundlagen aus einer oder mehreren die Pflichtversicherung nach § 2 Abs. 1 Z 1 oder 1a begründenden Erwerbstätigkeiten auf, so ist bei der Bemessung der Beiträge die Höchstbeitragsgrundlage für das Beschäftigungsverhältnis (§ 2 Abs. 1 Z 2 oder 3) sowie für die Erwerbstätigkeit(en) nach § 2 Abs. 1 Z 1 oder 1a gesondert in Ansatz zu bringen.

(BGBl I 2015/2)

(10) Die Beitragsgrundlage beträgt mindestens

a) für die nach § 2 Abs. 1 Z 1 und 1a oder 3 Pflichtversicherten mit Ausnahme der in lit. c genannten Versicherten monatlich

    aa) in der Kranken- und Pensionsversicherung den Betrag nach § 5 Abs. 2 ASVG (Mindestbeitragsgrundlage),

    (BGBl 2015/79, BGBl I 2020/73)

    ab) in der Unfallversicherung 824,51 €[a] (Mindestbeitragsgrundlage);

[a] Beträge siehe VO im Anhang.

    (BGBl I 2020/73)

    im Fall der Option nach Abs. 1a für die Beitragsgrundlage nach Abs. 4

    ba) in der Pensionsversicherung 694,33 €[a] (Mindestbeitragsgrundlage),

    (BGBl I 2012/35)

[a] Beträge siehe VO im Anhang.

    bb) in der Krankenversicherung den Betrag nach § 5 Abs. 2 ASVG (Mindestbeitragsgrundlage) und in der Unfallversicherung 1 549,35 €[a] (Mindestbeitragsgrundlage).

    (BGBl I 2020/73)

[a] Beträge siehe VO im Anhang.

An die Stelle der in den sublit. aa und ba genannten Beträge treten ab 1. Jänner 2006 die mit den für die Jahre 2005 und 2006 geltenden Aufwertungszahlen (§ 45) vervielfachten Beträge sowie ab 1. Jänner eines jeden weiteren Jahres die unter Bedachtnahme auf § 47 mit der jeweiligen Aufwertungszahl (§ 45) vervielfachten Beträge. An die Stelle der in den sublit. ab und bb genannten Beträge treten ab 1. Jänner eines jeden Jahres die unter Bedachtnahme auf § 47 mit der jeweiligen Aufwertungszahl (§ 45) vervielfachten Beträge.

(BGBl I 1997/139)

b) für die gemäß § 2 Abs. 1 Z 2 Pflichtversicherten mit Ausnahme der in lit. d genannten Versicherten den Betrag nach § 5 Abs. 2 ASVG (Mindestbeitragsgrundlage);

(BGBl 2000/92, BGBl I 2001/33, BGBl I 2015/79)

c) für die gemäß §§ 2a Abs. 1 und 2b Abs. 1 gemeinsam mit ihrem/ihrer Ehegatten/Ehegattin oder ihrem/ihrer eingetragene PartnerIn Pflichtversicherten in der Pensionsversicherung und Krankenversicherung jeweils die Hälfte des in lit. a genannten Betrages gerundet auf Cent;

(BGBl I 1997/139, BGBl I 2001/67, BGBl I 2009/135)

d) für die gemäß §§ 2a Abs. 2 und 2b Abs. 2 gemeinsam als Ehegatten oder eingetragene PartnerInnen auf Grund einer Beschäftigung im selben land(forst)wirtschaftlichen Betrieb Pflichtversicherten in der Pensionsversicherung und Krankenversicherung jeweils die Hälfte des in lit. b genannten Betrages gerundet auf Cent;

(BGBl I 1997/139, BGBl I 2000/92, BGBl I 2001/33, BGBl I 2001/67, BGBl I 2009/135)

e) für die gemäß § 2 Abs. 1 Z 4 Pflichtversicherten die Hälfte des in lit. a genannten Betrages, gerundet auf Cent (Mindestbeitragsgrundlage).

(BGBl I 2000/92, BGBl I 2001/33, BGBl I 2001/67)

Weist eine pflichtversicherte Person mit Beitragsgrundlagenoption nach Abs. 1a auf, so ist die höhere der in Betracht kommenden Mindestbeitragsgrundlagen maßgeblich. Besteht für einen Beitragsmonat Pflichtversicherung nach § 2 Abs. 1 Z 1 oder 1a und nach § 2 Abs. 1 Z 2 oder 3, so ist die Mindestbeitragsgrundlage für die Pflichtversicherung nach § 2 Abs. 1 Z 1 oder 1a und für das

BSVG

Beschäftigungsverhältnis nach § 2 Abs. 1 Z 2 oder 3 gesondert in Ansatz zu bringen.

(BGBl 1991/678, BGBl I 2015/2)

(10a) Für Einkünfte auf Grund von betrieblichen Tätigkeiten nach § 2 Abs. 1 Z 1 letzter Satz, für die die Beitragsgrundlage nach den Abs. 4c bis 4e zu bilden ist, ist der jeweiligen Beitragsgrundlage nach § 23 Abs. 1 Z 1 oder 2 mindestens ein Betrag von € 556,45[a)] monatlich hinzuzurechnen. An die Stelle dieses Betrages tritt ab 1. Jänner eines jeden Jahres der unter Bedachtnahme auf § 47 mit der jeweiligen Aufwertungszahl (§ 45) vervielfachte Betrag.

(BGBl I 2002/142)

[a)] Beträge siehe VO im Anhang.

(11) Als Beitragsmonat gilt jeweils der Kalendermonat, für den Beiträge zu entrichten sind.

(12) Die vorläufigen Beitragsgrundlagen nach den Abs. 4a und 4d, die zum Stichtag (§ 104 Abs. 2) noch nicht nachbemessen sind, gelten als endgültig.

(BGBl I 1999/176, BGBl I 2001/101, BGBl I 2013/3)

Beitragsgrundlage in besonderen Fällen

§ 23a. Beitragsgrundlage für die nach § 4a Abs. 1 Z 1 lit. a, 2 und 4 Pflichtversicherten ist der Betrag von 1 560,98 €[a)], Beitragsgrundlage für die nach § 4a Abs. 1 Z 3 Pflichtversicherten ist das Übergangsgeld. Beitragsgrundlage für die nach § 4a Abs. 1 Z 1 lit. b pflichtversicherten Ausbildungsdienst Leistenden sind 133 % des Monatsgeldes, der Dienstgradzulage, der Anerkennungsprämie, der Monatsprämie, der Einsatzvergütung, der Ausbildungsprämie, der Journaldienstvergütung und der Auslandsübungszulage nach dem Heeresgebührengesetz 2001. Beitragsgrundlage für die nach § 4a Abs. 1 Z 5 Pflichtversicherten ist der Familienzeitbonus. An die Stelle des im ersten Satz genannten Betrages tritt ab 1. Jänner eines jeden Jahres, erstmals ab 1. Jänner 2012, der unter Bedachtnahme auf § 47 mit der jeweiligen Aufwertungszahl (§ 45) vervielfachte Betrag.

[a)] Betrag siehe VO im Anhang.

(BGBl I 2004/142, BGBl I 2005/132, BGBl I 2007/31, BGBl I 2009/83, BGBl I 2010/111, BGBl I 2011/122, BGBl I 2015/144, BGBl I 2016/53)

Zurechnung von Beitragsgrundlagenteilen

§ 23b. (1) Werden Einkünfte auf Grund von betrieblichen Tätigkeiten nach § 2 Abs. 1 Z 1 letzter Satz erzielt, so kann eine betriebsführende Person (§ 2 Abs. 1 Z 1) beantragen, dass der auf die Nebentätigkeit entfallende Beitragsgrundlagenteil nach Maßgabe des Abs. 2 – für mindestens ein Beitragsjahr – der Beitragsgrundlage einer der in § 23 Abs. 6 genannten Personen zugerechnet wird. Der Antrag ist bis zum 30. April des dem Beitragsjahr folgenden Jahres zu stellen, ab dem die Zurechnung wirksam werden soll. Der Widerruf eines solchen Antrages ist bis zum 30. April des dem Beitragsjahr folgenden Jahres vorzunehmen, ab dem er wirksam werden soll. Führen mehrere Personen ein und denselben land(forst)wirtschaftlichen Betrieb auf gemeinsame Rechnung und Gefahr, so

bedürfen sowohl der Antrag als auch der Widerruf der Zustimmung aller betriebsführenden Personen.

(BGBl I 2010/62)

(2) Die Zurechnung nach Abs. 1 ist im Falle eines (einer) Versicherten

1. nach § 2 Abs. 1 Z 2 bis zum Höchstausmaß von zwei Dritteln

2. nach § 2 Abs. 1 Z 3 bis zum Höchstausmaß von 100 %

3. nach § 2 Abs. 1 Z 4 bis zum Höchstausmaß von 50 %

des auf die Nebentätigkeit entfallenden Beitragsgrundlagenteiles zulässig. Die Zurechnung ist hinsichtlich jeder betrieblichen Tätigkeit nur auf jeweils eine Person bis zu deren jeweils maßgeblicher Höchstbeitragsgrundlage zulässig.

(BGBl I 2005/132)

Berücksichtigung von Zu- und Abschlägen vom Einheitswert

§ 23c. (1) Bei Bildung des Versicherungswertes nach § 23 Abs. 2 und 3 sind in einem Einheitswertbescheid bewertete Zuschläge für öffentliche Gelder nach § 35 BewG 1955, Zu- und Abschläge nach § 40 BewG 1955 sowie Zuschläge nach § 48 Abs. 4 Z 3 BewG 1955

1. bei der Person/den Personen zu berücksichtigen, für die der Einheitswertbescheid ausgestellt wurde, und werden bei Verpachtung der bewerteten Flächen nicht mitübertragen;

2. beim Rechtsnachfolger/der Rechtsnachfolgerin zu berücksichtigen, wenn das Eigentum an einem land(forst)wirtschaftlichen Betrieb zur Gänze übertragen wird (§ 191 Abs. 4 BAO);

3. nicht zu berücksichtigen, wenn keine land(forst)wirtschaftlichen Flächen auf eigene Rechnung und Gefahr bewirtschaftet werden;

4. nicht zu berücksichtigen, wenn zum Zeitpunkt der Betriebsaufgabe oder einer wesentlichen Betriebsverringerung die Versicherungsgrenze nach § 2 Abs. 2 oder nach § 3 Abs. 2 dieses Bundesgesetzes oder die für einen Anspruch auf Alterspensionen maßgebliche Grenze nach § 4 Abs. 6 Z 2 APG ausschließlich auf Grund der Anrechnung derartiger Zuschläge erreicht oder überschritten würde.

(2) Abweichend von Abs. 1 Z 1 sind auf eine konkrete Fläche bezogene Zuschläge nach § 40 BewG 1955 (insbesondere Zuschläge für Sonder- und Obstkulturen in der Form von Dauerkulturen nach § 32 Abs. 4 in Verbindung mit § 40 BewG 1955) für die Dauer der Verpachtung (anteilsmäßig) beim Pächter/bei der Pächterin zu berücksichtigen.

(3) Die Berücksichtigung der Zuschläge hat bei Vorliegen der Voraussetzungen nach Abs. 1 Z 4 ab dem Zeitpunkt der Betriebsaufgabe oder der wesentlichen Betriebsverringerung längstens bis zur Erlassung eines Einheitswertbescheides mit einem finanzrechtlichen Stichtag nach der Betriebsaufgabe oder wesentlichen Betriebsverringerung zu unterbleiben, wenn ab dem Zeit-

punkt der Betriebsaufgabe oder der wesentlichen Betriebsverringerung keine Antragstellung bei der „Agrarmarkt-Austria" bzw. keine von den regelmäßigen Verhältnissen abweichende Bewirtschaftung nach § 40 BewG 1955 oder nach § 48 Abs. 4 Z 3 BewG 1955 erfolgt. Die betriebsführende Person hat diese Sachverhaltsänderung (Betriebsaufgabe oder wesentliche Betriebsverringerung) dem Versicherungsträger zu melden.

(4) Abweichend von Abs. 1 Z 4 sind auf eine konkrete Fläche bezogene Zuschläge nach § 40 BewG 1955 (insbesondere Zuschläge für Dauerkulturen wie Sonder- und Obstkulturen nach § 32 Abs. 4 in Verbindung mit § 40 BewG 1955) zu berücksichtigen.

(5) Wird im Rahmen der Datenübermittlung nach § 217 Abs. 2c eine Antragstellung bei der „Agrarmarkt-Austria" festgestellt oder sind in einer Mitteilung nach § 217 Abs. 2 Z 6 Zuschläge enthalten, so sind diese Zuschläge abweichend von Abs. 1 Z 4 rückwirkend (ab dem Zeitpunkt des Wegfalls) zu berücksichtigen.

(BGBl I 2015/162)

Beiträge zur Pflichtversicherung in der Krankenversicherung und Pensionsversicherung

§ 24. (1) Die in der Krankenversicherung Pflichtversicherten haben, sofern sich nicht aus den Abs. 3 und 4 etwas anderes ergibt, für die Dauer der Beitragspflicht (§ 32) als Beitrag 7,65 % der Beitragsgrundlage zu leisten. Dieser Beitrag wird aufgebracht
1. durch Leistungen der Pflichtversicherten in der Höhe von 6,8 % der Beitragsgrundlage.
2. durch eine Leistung des Bundes in der Höhe von 0,85 % der Beitragsgrundlage.
Die Leistung nach Z 2 ist dem Versicherungsträger vom Bund monatlich im erforderlichen Ausmaß unter Bedachtnahme auf die Kassenlage des Bundes zu bevorschussen.

(BGBl I 2019/103)

(1)a) Die in der Krankenversicherung Pflichtversicherten haben, sofern sich nicht aus den Abs. 3 und 4 etwas anderes ergibt, für die Dauer der Beitragspflicht (§ 32) als Beitrag 7,55 % der Beitragsgrundlage zu leisten. Dieser Beitrag wird aufgebracht
1. durch Leistungen der Pflichtversicherten in der Höhe von 6,7 % der Beitragsgrundlage.
2. durch eine Leistung des Bundes in der Höhe von 0,85 % der Beitragsgrundlage.
Die Leistung nach Z 2 ist dem Versicherungsträger vom Bund monatlich im erforderlichen Ausmaß unter Bedachtnahme auf die Kassenlage des Bundes zu bevorschussen.

(BGBl I 2019/103)

---

a) Zum In-Kraft-Treten siehe § 369 Z. 2. Die entsprechende Verordnung, die zum Inkrafttreten führen würde, wurde bis dato nicht erlassen.

(2) Die in der Pensionsversicherung Pflichtversicherten haben für die Dauer der Pflichtversicherung als Beitrag 22,8% der Beitragsgrundlage zu leisten. Dieser Beitrag wird aufgebracht
1. durch Leistungen der Pflichtversicherten in der Höhe folgender Prozentsätze der Beitragsgrundlage:
    –   ab 1. Juli 2012 16 %,
    –   ab 1. Juli 2013 16,5 %,
    –   ab 1. Jänner 2015 17 %;
2. durch eine Leistung aus dem Steueraufkommen der Pflichtversicherten in der Höhe folgender Prozentsätze der Beitragsgrundlage:
    –   ab 1. Juli 2012 6,8 %,
    –   ab 1. Juli 2013 6,3 %,
    –   ab 1. Jänner 2015 5,8 %.
Die Partnerleistung nach Z 2 trägt der Bund; er hat diese dem Versicherungsträger monatlich im erforderlichen Ausmaß unter Bedachtnahme auf die Kassenlage des Bundes zu bevorschussen.

(BGBl 1996/201, BGBl I 1997/139, BGBl I 2000/I, BGBl I 2000/142, BGBl I 2001/33, BGBl I 2001/101, BGBl I 2004/142, BGBl I 2010/111, BGBl I 2012/35)

(3) Für die gemäß § 2 Abs. 1 Z 2 Pflichtversicherten, die das 18. Lebensjahr noch nicht vollendet haben, ist die Hälfte des sich gemäß Abs. 1 Z 1 bzw. gemäß Abs. 2 Z 1 ergebenden Beitrages zu leisten. Die Leistung des Bundes für die nach diesem Absatz in der Krankenversicherung Pflichtversicherten beträgt 0,85 % der Beitragsgrundlage. Der Prozentsatz nach Abs. 2 Z 2 ist diesfalls so zu erhöhen, dass insgesamt 22,8 % erreicht werden.

(BGBl I 2004/142, BGBl I 2019/103)

(4) In den Fällen des § 2 Abs. 5 ist für alle gemäß § 2 Abs. 1 Z 1 als pflichtversichert geltenden Personen ein Beitrag zur Krankenversicherung in dem Ausmaß zu leisten, in dem er zuletzt für den verstorbenen Pflichtversicherten fällig wurde. Für die weiterhin als gemäß § 2 Abs. 1 Z 2 pflichtversichert geltenden Angehörigen sind die Beiträge im gleichen Ausmaß zu leisten, in dem sie vor dem Tod des gemäß § 2 Abs. 1 Z 1 Pflichtversicherten fällig wurden. Ändert sich dadurch der Prozentsatz nach Abs. 2 Z 1, ist der Prozentsatz nach Abs. 2 Z 2 so zu erhöhen, dass insgesamt 22,8% erreicht werden. Abs. 1 ist sinngemäß anzuwenden.

(BGBl I 2004/142, BGBl I 2019/103)

(5) Der Beitrag gemäß den Abs. 1 bis 3 ist auf Cent zu runden.

(BGBl I 2001/67)

(6) Abweichend von Abs. 2 ist für Personen, deren Alterspension sich wegen Aufschubes der Geltendmachung des Anspruches erhöht (§ 134a, § 5 Abs. 4 APG), für jeden für diese Erhöhung zu berücksichtigenden Monat die Hälfte des auf die pflichtversicherte Person entfallenden Beitragsteiles aus Mitteln der Pensionsversicherung zu zahlen.

(BGBl I 2017/29)

§ 24a. (aufgehoben)

(BGBl 1991/678, BGBl I 2015/118)

Zusatzbeitrag für Angehörige

§ 24b. (1) Für Angehörige (§ 78) ist ein Zusatzbeitrag im Ausmaß von 3,4% der für den Versicherten (die Versicherte) heranzuziehenden Beitragsgrundlage (Pension) zu leisten, für deren Ermittlung § 21 AlVG sinngemäß anzuwenden ist. Der Zusatzbeitrag entfällt zur Gänze auf den (die) Versicherte(n).

(2) Alle für die Beiträge zur Pflichtversicherung in der Krankenversicherung geltenden Rechtsvorschriften sind, sofern nichts anderes bestimmt wird, auf den Zusatzbeitrag nach Abs. 1 anzuwenden. Der (die) Versicherte schuldet jedoch den Zusatzbeitrag selbst und hat ihn auf seine (ihre) Gefahr und Kosten selbst einzuzahlen. Davon abweichend ist bei Pensionsbeziehern auf Antrag der Zusatzbeitrag von der jeweiligen Pension (Pensionssonderzahlung) einzubehalten und an den Versicherungsträger als Krankenversicherungsträger zu überweisen.

(BGBl I 2002/3)

(3) Kein Zusatzbeitrag nach Abs. 1 ist einzuheben

1. für Personen nach § 78 Abs. 2 Z 2 bis 6 sowie Abs. 4 und 6b;

    (BGBl I 2009/84)

2. wenn und solange sich der (die) Angehörige, mit Ausnahme solcher nach § 78 Abs. 7, der Erziehung eines oder mehrerer im gemeinsamen Haushalt lebender Kinder nach § 78 Abs. 4 erster Satz widmet oder durch mindestens vier Jahre hindurch der Kindererziehung gewidmet hat;

    (BGBl I 2006/131, BGBl I 2009/84)

3. wenn und solange der (die) Angehörige Anspruch auf Pflegegeld zumindest in Höhe der Stufe 3 nach § 5 des Bundespflegegeldgesetzes oder nach den Bestimmungen der Landespflegegeldgesetze hat.

4. (aufgehoben)

    (BGBl I 2009/84)

(4) Der Versicherungsträger hat bei Vorliegen einer besonderen sozialen Schutzbedürftigkeit des (der) Versicherten nach Maßgabe der vom Dachverband hiezu erlassenen Richtlinien (§ 30a Abs. 1 Z 16 ASVG) von der Einhebung des Zusatzbeitrages nach Abs. 1 abzusehen oder diesen herabzusetzen. Eine besondere soziale Schutzbedürftigkeit liegt jedenfalls dann vor, wenn das Nettoeinkommen im Sinne des § 140 des (der) Versicherten den Richtsatz nach § 141 Abs. 1 lit. a sublit. aa nicht übersteigt.

(BGBl I 2018/100)

(BGBl 1991/678, BGBl I 2000/142, BGBl I 2001/5, BGBl I 2001/101)

§ 24c. (aufgehoben)

(BGBl I 2001/101, BGBl I 2020/73)

Rückerstattung von Beiträgen

§ 24d. (1) BetriebsführerInnen, die der Vollversicherung nach diesem Bundesgesetz unterliegen, haben unter folgenden Voraussetzungen Anspruch auf teilweise Rückerstattung der von ihnen für die nach § 2 Abs. 1 pflichtversicherten Personen zu leistenden Sozialversicherungsbeiträge, wenn der Einheitswert des Betriebes infolge der sozialversicherungsrechtlichen Wirksamkeit der Hauptfeststellung 2014/2015 (1. April 2018) im Vergleich zum Monat März 2018 eine Steigerung von mehr als 10% erfährt. Der Anspruch auf Beitragsrückerstattung besteht nur dann, wenn dem Versicherungsträger dafür gewidmete Bundesmittel zur Verfügung gestellt werden und gebührt ungeachtet der Anzahl der BetriebsführerInnen nur einmal pro Betrieb. Eine Rückerstattung ist für land(forst)wirtschaftliche Betriebe ausgeschlossen,

1. deren sozialversicherungsrechtlicher Gesamteinheitswert zum 1. April 2018 den Betrag von 4.400 € nicht übersteigt,

2. deren sozialversicherungsrechtlicher Gesamteinheitswert zum 1. April 2018 den Betrag von 60.000 € übersteigt,

3. wenn die sozialversicherungsrechtliche Beitragsgrundlage nach diesem Bundesgesetz bei zumindest einem Betriebsführer/ einer Betriebsführerin auf Grund des Vorliegens einer Pflichtversicherung nach einem anderen Bundesgesetz reduziert wurde (§§ 33a, 33b, 33c und 118b) bzw.

4. für deren sozialversicherungsrechtliche Beitragsgrundlage die im Einkommensteuerbescheid ausgewiesenen Einkünfte heranzuziehen sind (§ 23 Abs. 1a).

Der Anspruch bleibt solange gewahrt, als die für die Beurteilung der Versicherungs- und Beitragspflicht nach diesem Bundesgesetz maßgeblichen Verhältnisse zum 1. April 2018 unverändert andauern oder keine Änderung insoweit erfahren, als Betriebsflächen im Ausmaß von mehr als 20 % der Gesamtfläche abgegeben, veräußert oder zurückgelassen werden.

(BGBl I 2018/7)

(2) Bei der Verteilung der dem Versicherungsträger zur Verfügung gestellten Mittel ist die Höhe des dem Betriebsführer/der Betriebsführerin rückzuerstattenden Betrages wie folgt zu ermitteln:

bei Einheitswerten

1. bis 10 900 €
    a) bei einer Steigerung über 10% bis 20% der 1-fache Betrag;
    b) bei einer Steigerung über 20% bis 30% der 1,5-fache Betrag;
    c) bei einer Steigerung über 30% der 2-fache Betrag;

2. bis 21 800 €
    a) bei einer Steigerung über 10% bis 20% der 1-fache Betrag;
    b) bei einer Steigerung über 20% der 1,5-fache Betrag;

3. ab 21 900 € bei einer Steigerung über 10% der 1-fache Betrag.

(3) Über die jährlich im Nachhinein zu gewährenden Zuschüsse ist dem Vorstand des Versicherungsträgers zumindest einmal jährlich zu berichten.

(4) Der Zuschuss ist einer Beitragsentrichtung im Sinne des § 33 gleichzuhalten und mit der Beitragsforderung gegenzurechnen.

(BGBl I 2003/71, BGBl I 2015/118)

Beitrag für Teilversicherte in der Pensionsversicherung

§ 24e. Die Beiträge für Teilversicherte nach § 4a sind mit 22,8 % der Beitragsgrundlage (§ 23a) zu bemessen. Diese Beiträge sind zu tragen

1. für Teilversicherte nach § 4a Abs. 1 Z 1 lit. a sowie Z 2 und 3 vom Bund;

1a. für Teilversicherte nach § 4a Abs. 1 Z 1 lit. b aus Mitteln des Bundesministeriums für Landesverteidigung;

2. für Teilversicherte nach § 4a Abs. 1 Z 4 und 5 zu 75 % aus Mitteln des Familienlastenausgleichsfonds und zu 25 % aus Mitteln des Bundes.

(BGBl I 2016/53)

(BGBl I 2004/142)

Beiträge zur Krankenversicherung während der Leistung des Präsenz- oder Ausbildungsdienstes

§ 25. (1) Für die Dauer des Präsenz- oder Ausbildungsdienstes auf Grund des Wehrgesetzes 2001 ruht die Beitragspflicht des Versicherten.

(BGBl 1996/413, BGBl I 1998/30, BGBl I 2009/83)

(2) Der Bund hat an den Versicherungsträger einen Pauschalbetrag (Zusatzbeitrag) für jeden Angehörigen gemäß § 78 des im Präsenz- oder Ausbildungsdienst stehenden Versicherten in der jeweils gemäß § 56a Abs. 2 des Allgemeinen Sozialversicherungsgesetzes geltenden Höhe zu leisten.

(BGBl 1991/678, BGBl I 1998/30)

(3) Für die Dauer des Präsenz- oder Ausbildungsdienstes auf Grund des Wehrgesetzes 2001 hat der Versicherte keine Beiträge zu einer von ihm eingegangenen Weiterversicherung zu entrichten. In diesem Fall ist Abs. 2 entsprechend anzuwenden.

(BGBl I 1998/30, BGBl I 2009/83)

(4) Die Abs. 1 und 2 sind auf nach § 8 Abs. 1 Z 1 lit. e ASVG Teilversicherte nicht anzuwenden.

(BGBl I 2010/111)

(BGBl I 1998/30)

Beiträge in der Krankenversicherung für Pensionisten (Übergangsgeldbezieher)

§ 26. (1) Von jeder an eine der im § 4 Abs. 1 genannten Personen zur Auszahlung gelangenden Pension und Pensionssonderzahlung mit Ausnahme von Waisenpensionen wie auch von jedem Übergangsgeld, das an eine der im § 4 Z 1 genannten Personen ausgezahlt wird, ist ein Betrag von 5,1% einzubehalten, wenn und solange sich der in Betracht kommende Pensionist (Übergangsgeldbezieher) ständig im Inland aufhält und nicht gemäß § 5 Abs. 1 oder 2 von der Pflichtversicherung ausgenommen ist. Zu den Pensionen sowie zu den Pensionssonderzahlungen zählen auch die Kinderzuschüsse, die Ausgleichszulagenboni/Pensionsboni und die Ausgleichszulagen. Der Einbehalt ist auch vorzunehmen, wenn sich der Pensionist (Übergangsgeldbezieher) ständig in einem Staat aufhält, mit dem ein zwischenstaatliches Übereinkommen besteht, auf Grund dessen Anspruch auf Sachleistungen bei Krankheit und Mutterschaft zu Lasten der österreichischen Sozialversicherung besteht, es sei denn, daß das Übereinkommen Gegenteiliges bestimmt.

(BGBl 1994/22, BGBl 1996/413, BGBl I 1997/139, BGBl I 2000/92, BGBl I 2001/33, BGBl I 2003/71, BGBl I 2004/156, BGBl I 2007/101, BGBl I 2015/118, BGBl I 2019/84)

~~(1)ᵃ⁾ Von jeder an eine der im § 4 Abs. 1 genannten Personen zur Auszahlung gelangenden Pension und Pensionssonderzahlung mit Ausnahme von Waisenpensionen wie auch von jedem Übergangsgeld, das an eine der im § 4 Z 1 genannten Personen ausgezahlt wird, ist ein Betrag von 5% einzubehalten, wenn und solange sich der in Betracht kommende Pensionist (Übergangsgeldbezieher) ständig im Inland aufhält und nicht gemäß § 5 Abs. 1 oder 2 von der Pflichtversicherung ausgenommen ist. Zu den Pensionen sowie zu den Pensionssonderzahlungen zählen auch die Kinderzuschüsse und die Ausgleichszulagen. Der Einbehalt ist auch vorzunehmen, wenn sich der Pensionist (Übergangsgeldbezieher) ständig in einem Staat aufhält, mit dem ein zwischenstaatliches Übereinkommen besteht, auf Grund dessen Anspruch auf Sachleistungen bei Krankheit und Mutterschaft zu Lasten der österreichischen Sozialversicherung besteht, es sei denn, daß das Übereinkommen Gegenteiliges bestimmt.~~

(BGBl 1994/22, BGBl 1996/413, BGBl I 1997/139, BGBl I 2000/92, BGBl I 2001/33, BGBl I 2003/71, BGBl I 2004/156, BGBl I 2007/101, BGBl I 2015/118)

ᵃ⁾ Zum In-Kraft-Treten siehe § 350 (1) Z 3. Die entsprechende Verordnung, die zum Inkrafttreten führen würde, wurde bis dato nicht erlassen.

(1a) (aufgehoben)

(BGBl I 2000/142, BGBl I 2003/71, BGBl I 2015/118)

(2) Als Beitrag für die Pensionisten (Übergangsgeldbezieher) hat der Versicherungsträger als Träger der Pensionsversicherung nach diesem Bundesgesetz 387% der gemäß Abs. 1 einbehaltenen Beträge an die von ihm durchgeführte Krankenversicherung nach diesem Bundesgesetz zu überweisen.

(BGBl 1996/413, BGBl I 1997/139, BGBl I 2000/1, BGBl I 2000/142, BGBl I 2003/71, BGBl I 2004/156, BGBl I 2007/101, BGBl I 2015/118)

(2)~~a) Als Beitrag für die Pensionisten (Übergangsgeldbezieher) hat der Versicherungsträger als Träger der Pensionsversicherung nach diesem Bundesgesetz 397% der gemäß Abs. 1 einbehaltenen Beträge an die von ihm durchgeführte Krankenversicherung nach diesem Bundesgesetz zu überweisen.~~

(BGBl 1996/413, BGBl I 1997/139, BGBl I 2000/1, BGBl I 2000/142, BGBl I 2003/71, BGBl I 2004/156, BGBl I 2007/101, BGBl I 2015/118)

a) Zum In-Kraft-Treten siehe § 350 (1) Z 3. Die entsprechende Verordnung, die zum Inkrafttreten führen würde, wurde bis dato nicht erlassen.

(BGBl 1993/110, BGBl I 1997/139)

Beiträge in der Krankenversicherung von mit inländischen Pensionsleistungen vergleichbaren ausländischen Renten

§ 26a. (1) Wird eine ausländische Rente bezogen, die vom Geltungsbereich

– der Verordnungen (EG) Nr. 883/2004 zur Koordinierung der Systeme der sozialen Sicherheit und 987/2009 zur Festlegung der Modalitäten für die Durchführung der Verordnung (EG) Nr. 883/2004 oder

– der Verordnungen (EWG) Nr. 1408/71 zur Anwendung der Systeme der sozialen Sicherheit auf Arbeitnehmer und deren Familien, die innerhalb der Gemeinschaft zu- und abwandern und 574/72 über die Durchführung der Verordnung (EWG) Nr. 1408/71 oder

– eines auch Regelungen über die Krankenversicherung beinhaltenden bilateralen Abkommens über die soziale Sicherheit

erfasst ist, so ist, wenn ein Anspruch des Beziehers/der Bezieherin der ausländischen Rente auf Leistungen der Krankenversicherung besteht, auch von dieser ausländischen Rente ein Krankenversicherungsbeitrag nach § 26 Abs. 1 zu entrichten. Dieser Beitrag ist in dem Zeitpunkt fällig, in dem die ausländische Rente, unbeschadet allfälliger individueller Vereinbarungen mit dem ausländischen Träger über Modalitäten des Rententransfers, nach den gesetzlichen Bestimmungen auszuzahlen ist.

(BGBl I 2015/118, BGBl I 2015/162)

(2) Der Versicherungsträger hat in regelmäßigen Abständen zu ermitteln, ob eine Rente nach Abs. 1 bezogen wird. Er hat deren Höhe, deren Leistungsbestandteile, die auszahlende Stelle – einschließlich allfälliger Veränderungen – festzustellen sowie zu ermitteln, in welcher Höhe Beiträge aus der ausländischen Rente zu entrichten sind. Der Versicherungsträger hat über die Beitragspflicht auf Antrag des Leistungsbeziehers mit Bescheid abzusprechen (§ 182 iVm §§ 409 ff. ASVG). Werden eine oder mehrere ausländische Renten bezogen, so ist jener Pensionsversicherungsträger zuständig, bei welchem die Eigenpension fällig wurde. Kommen danach noch mehrere Pensionsversicherungsträger in Betracht, so sind nacheinander die Versicherungsträger nach dem ASVG, dem GSVG und dem BSVG zuständig.

(3) Wird die ausländische Rente gleichzeitig mit einer inländischen Pension bezogen, ist der für die ausländische Rente zu entrichtende Krankenversicherungsbeitrag nach Abs. 1 und 2 von der inländischen Pension einzubehalten. Gleiches gilt auch für anfallende Krankenversicherungsbeiträge aus Vormonaten bis zu einer Höhe von insgesamt zehn Euro. Wird dieser Betrag überschritten, so sind die Krankenversicherungsbeiträge aus Vormonaten vom zuständigen Krankenversicherungsträger vorzuschreiben.

(BGBl I 2015/162)

(4) Übersteigt der von einer ausländischen Rente zu entrichtende Krankenversicherungsbeitrag nach Abs. 1 die Höhe der gleichzeitig bezogenen inländischen Pension, so ist, außer die ausländische Rente ist vom Geltungsbereich der Verordnungen (EWG) Nr. 1408/71 und 574/72 erfasst, dem/der Versicherten der Restbetrag vorzuschreiben.

(5) Wird neben der ausländischen Rente keine inländische Pension bezogen, so ist der von der ausländischen Rente zu entrichtende Krankenversicherungsbeitrag nach Abs. 1 vorzuschreiben und vom/von der Versicherten einzuheben. Der Versicherungsträger ist berechtigt, zur Vereinfachung der Verwaltung, insbesondere bei geringfügigen Beträgen, die Vorschreibung in längeren Abständen, mindestens jedoch einmal jährlich, vorzunehmen. Die für die Beiträge zur Pflichtversicherung in der Krankenversicherung geltenden Rechtsvorschriften sind, soweit nichts anderes bestimmt wird, auf die Krankenversicherungsbeiträge nach Abs. 1 anzuwenden.

(BGBl I 2010/102)

Beiträge zur Weiterversicherung in der Krankenversicherung

§ 27. (1) Beitragsgrundlage für Weiterversicherte in der Krankenversicherung ist die Höchstbeitragsgrundlage (§ 23 Abs. 9).

(2) Die Weiterversicherung ist

1. auf Antrag der/des Versicherten,

2. in den Fällen, in denen ein auf Scheidung der Ehe lautende Urteil den Ausspruch im Sinne des § 61 Abs. 3 des Ehegesetzes enthält, auch auf Antrag der/des Ehegattin/Ehegatten, die/der die Ehescheidungsklage eingebracht hat,

3. in den Fällen, in denen das auf Auflösung der eingetragenen Partnerschaft lautende Urteil den Ausspruch im Sinne des § 18 Abs. 3 EPG enthält, auch auf Antrag der/des eingetragenen Partnerin/Partners, die/der die Auflösungsklage eingebracht hat,

soweit dies nach den wirtschaftlichen Verhältnissen der/des Versicherten oder in den Fällen der Z 2 nach den wirtschaftlichen Verhältnissen der Ehegattin/ des Ehegatten oder der/des eingetragenen Partnerin/Partners, die/der die Ehescheidungs- oder Auflösungsklage eingebracht hat, gerechtfertigt erscheint, auf einer niedrigeren als der nach Abs. 1 in Betracht kommenden Beitragsgrundlage, jedoch nicht unter dem Dreißigfachen des nach § 76a

Abs. 3 ASVG geltenden Mindestbetrages zuzulassen. Die Herabsetzung der Beitragsgrundlage wirkt, wenn der Antrag zugleich mit dem Antrag auf Weiterversicherung oder innerhalb der sechsmonatigen Frist des § 8 Abs. 2 bzw. Abs. 3 bzw. Abs. 5 gestellt wird, ab dem Beginn der Weiterversicherung, sonst ab dem auf die Antragstellung folgenden Monatsersten; die Herabsetzung gilt jeweils bis zum Ablauf des nächstfolgenden Kalenderjahres. Wurde die Weiterversicherung auf einer niedrigeren als nach Abs. 1 in Betracht kommenden Beitragsgrundlage zugelassen, so hat der Versicherungsträger ohne Rücksicht auf die Geltungsdauer der Herabsetzung bei einer Änderung in den wirtschaftlichen Verhältnissen des Versicherten auf dessen Antrag oder von Amts wegen eine Erhöhung der Beitragsgrundlage bis auf das nach Abs. 1 in Betracht kommende Ausmaß vorzunehmen. Solche Festsetzungen wirken in allen diesen Fällen nur für die Zukunft.

(BGBl I 2009/135)

(3) Bei Prüfung zum wirtschaftlichen Verhältnisse nach Abs. 2 sind auch Unterhaltsverpflichtungen von Ehegatten/Ehegattinnen oder eingetragenen Partnern/Partnerinnen, auch geschiedenen Ehegatten/Ehegattinnen oder eingetragenen Partnern/Partnerinnen, deren Partnerschaft aufgelöst wurde, gegenüber dem/der Versicherten zu berücksichtigen. Wenn und solange das Nettoeinkommen des Unterhaltspflichtigen nicht nachgewiesen wird, ist

1. während des Bestandes der Ehe oder eingetragenen Partnerschaft anzunehmen, dass eine Herabsetzung in den wirtschaftlichen Verhältnissen des/der Versicherten nicht gerechtfertigt erscheint,
2. nach Scheidung der Ehe oder Auflösung der eingetragenen Partnerschaft anzunehmen, dass die Höhe der monatlichen Unterhaltsverpflichtung 25 % der monatlichen Höchstbeitragsgrundlage nach § 23 Abs. 9 lit. a beträgt.

Eine Zurechnung zum Nettoeinkommen erfolgt nur in der Höhe eines Vierzehntels der jährlich tatsächlich zufließenden Unterhaltsleistung, wenn die berechnete Unterhaltsforderung der Höhe nach trotz durchgeführter Zwangsmaßnahmen einschließlich gerichtlicher Exekutionsführung uneinbringlich oder die Verfolgung eines Unterhaltsanspruches in dieser Höhe offenbar aussichtslos ist.

(BGBl I 2002/3, BGBl I 2009/135)

(4) Die Weiterversicherten haben einen Beitrag zu entrichten, der mit dem für die Pflichtversicherten geltenden Beitragssatz zu bemessen ist.

(BGBl 1991/678, BGBl I 2003/71, BGBl I 2015/118)

(BGBl 1990/296)

Beitragsgrundlage für Selbstversicherte nach § 10a

§ 27a. (1) Die monatliche Beitragsgrundlage für Selbstversicherte nach § 10a beläuft sich auf das Dreißigfache der Höchstbeitragsgrundlage in der Pensionsversicherung nach § 45 Abs. 1 ASVG des Kalenderjahres, für das die Beiträge entrichtet werden. Werden die Beiträge erst nach Ablauf jenes Kalenderjahres entrichtet, für das sie gelten sollen, so sind sie mit dem Produkt der Aufwertungszahlen nach dem APG bis zum Kalenderjahr der Beitragsentrichtung zu vervielfachen.

(BGBl I 2005/132, BGBl I 2010/111)

(2) Die Selbstversicherten haben für die Dauer der Versicherung einen Beitrag zu entrichten, der sich auf 22,8 % der Beitragsgrundlage beläuft.

(BGBl I 2005/132)

(3) Überschneiden sich Zeiten des Besuches einer Bildungseinrichtung, für die eine Selbstversicherung nach § 10a besteht, mit anderen Beitragszeiten nach diesem oder einem anderen Bundesgesetz, so ist die Beitragsgrundlage für die Selbstversicherung nach § 10a abweichend von Abs. 1 so festzusetzen, dass sie zusammen mit den übrigen Beitragsgrundlagen im jeweiligen Kalendermonat die nach der zeitlichen Lagerung geltende monatliche Höchstbeitragsgrundlage (§ 48 GSVG) nicht übersteigt.

(BGBl I 2005/132)

(BGBl I 2004/142, BGBl I 2005/132)

Beiträge zur Weiterversicherung in der Pensionsversicherung

§ 28. (1) Beitragsgrundlage für die Weiterversicherung in der Pensionsversicherung ist ein Zwölftel der Summe der Beitragsgrundlagen des letzten Kalenderjahres vor dem Ausscheiden aus der Pflichtversicherung. Sind hiebei vorläufige Beitragsgrundlagen anzuwenden, so gelten diese im Sinne des § 23 Abs. 12 dieses Bundesgesetzes und des § 25 Abs. 7 GSVG als endgültige. Die Beitragsgrundlage darf die Höchstbeitragsgrundlage (§ 48 GSVG) nicht übersteigen; sie ist mit dem sich nach § 33 Abs. 2 GSVG ergebenden Faktor zu vervielfachen.

(BGBl 1993/337, BGBl I 1998/140, BGBl I 2005/132)

(2) Die Weiterversicherung ist auf Antrag des Versicherten, soweit dies nach den wirtschaftlichen Verhältnissen des Antragstellers gerechtfertigt erscheint, auf einer niedrigeren als der gemäß Abs. 1 in Betracht kommenden Beitragsgrundlage, jedoch nicht unter dem Dreißigfachen des gemäß § 76a Abs. 3 des Allgemeinen Sozialversicherungsgesetzes geltenden Mindestbetrages zuzulassen. Eine solche Änderung der Beitragsgrundlage gilt jeweils bis zum Ablauf des nächstfolgenden Kalenderjahres. Wurde die Weiterversicherung auf einer niedrigeren als der gemäß Abs. 1 in Betracht kommenden Beitragsgrundlage zugelassen, so hat der Versicherungsträger bei einer Änderung in den wirtschaftlichen Verhältnissen des Versicherten, auf dessen Antrag eine Erhöhung der Beitragsgrundlage bis auf das gemäß Abs. 1 in Betracht kommende Ausmaß vorzunehmen. Eine solche Erhöhung hat der Versicherungsträger auch von Amts wegen vorzunehmen, wenn ihm eine entsprechende Änderung in den wirtschaftlichen Verhältnissen des Versicherten bekannt wird. Solche

BSVG

Festsetzungen wirken in allen diesen Fällen nur für die Zukunft.

(3) § 27 Abs. 3 gilt entsprechend.

(4) Die Beitragsgrundlage ist ab 1. Jänner eines jeden Jahres mit dem sich gemäß § 33 Abs. 5 des Gewerblichen Sozialversicherungsgesetzes ergebenden Faktor zu vervielfachen. Der vervielfachte Betrag ist auf Cent zu runden.

(BGBl 1991/678, BGBl I 2001/67)

(5) Die Weiterversicherten haben als Beitrag 22,8% der Beitragsgrundlage zu leisten, soweit in Abs. 6 nicht anderes bestimmt wird.

(BGBl 1991/678, BGBl I 1997/139)

(6) Für Weiterversicherte nach § 9, die aus der Pflichtversicherung ausgeschieden sind, um einen nahen Angehörigen oder eine nahe Angehörige mit Anspruch auf Pflegegeld zumindest in Höhe der Stufe 3 nach § 5 des Bundespflegegeldgesetzes oder nach den Landespflegegeldgesetzen unter gänzlicher Beanspruchung ihrer Arbeitskraft in häuslicher Umgebung zu pflegen, sind die Beiträge zur Gänze als Mittel des Bundes zu tragen. Eine solche Beitragstragung durch den Bund kommt pro Pflegefall nur für eine einzige Person in Betracht und erfolgt auch während eines zeitweiligen stationären Pflegeaufenthaltes der pflegebedürftigen Person.

(BGBl I 1997/139, BGBl I 2000/142, BGBl I 2002/142, BGBl I 2009/83)

(7) (aufgehoben)

(BGBl I 2007/31, BGBl I 2009/83)

Beiträge zur Höherversicherung in der Pensionsversicherung

§ 29. (1) Für die Höherversicherung sind Beiträge in einer vom Versicherten gewählten Höhe zu entrichten; der jährliche Beitrag darf sechs Siebentel der doppelten Höchstbeitragsgrundlage gemäß § 23 Abs. 9 lit. a nicht übersteigen.

(2) Die Beiträge zur Höherversicherung sind spätestens am 31. Dezember des Jahres einzuzahlen, für das sie gelten.

§ 29a. (aufgehoben)

(BGBl I 2000/92, BGBl I 2001/33, BGBl I 2020/73)

Beiträge zur Unfallversicherung

§ 30. (1) Die Beitragsgrundlage für den Betriebsbeitrag gemäß § 22 Abs. 2 lit. a ist in entsprechender Anwendung der für die Pensionsversicherung geltenden Bestimmungen des § 23 mit der Maßgabe festzustellen, dass im Falle der Option nach § 23 Abs. 1a die Mindestbeitragsgrundlage in der Krankenversicherung nach § 23 Abs. 10 lit. a erster Satz zweiter Halbsatz heranzuziehen ist. Die gemäß § 3 Abs. 1 Z 1 pflichtversicherte Betriebsführer haben als Beitrag 1,9 vH der Beitragsgrundlage zu leisten. Der Beitrag ist auf Cent zu runden. Wenn mehrere Personen ein und denselben land-(forst)wirtschaftlichen Betrieb auf gemeinsame Rechnung und Gefahr führen, ist der Betriebsbeitrag nur von einer Person zu leisten, jedoch haften alle Beteiligten für den Betriebsbeitrag zur ungeteilten Hand.

(BGBl I 2001/67, BGBl I 2004/105)

(2) Den nach Abs. 1 ermittelten Betriebsbeitrag schuldet der/die BetriebsführerIn; im Fall einer Pflichtversicherung nach § 2 Abs. 1 Z 1a in Verbindung mit § 3 Abs. 1 Z 1 schulden die unbeschränkt haftenden GesellschafterInnen den Beitrag nach Abs. 6 unter entsprechender Anwendung des Abs. 1 letzter Satz. Hiebei ist anzunehmen, daß der Eigentümer des land(forst)wirtschaftlichen Betriebes (der land(forst)wirtschaftlichen Fläche) diesen Betrieb (diese Fläche) auf seine Rechnung und Gefahr führt (bewirtschaftet). Diese Vermutung gilt bis zu dem Ersten des Kalendermonates, in dem der Eigentümer nachweist, daß der ihm gehörige Betrieb (die ihm gehörige Fläche) durch eine andere Person (andere Personen) bewirtschaftet wird (werden).

(BGBl I 2010/62)

(3) Der Zuschlag gemäß § 22 Abs. 2 lit. b ist

1. für alle land(forst)wirtschaftlichen Betriebe im Sinne des § 1 Abs. 2 Z 1 des Grundsteuergesetzes 1955,

2. für alle Grundstücke im Sinne des § 1 Abs. 2 Z 2 des Grundsteuergesetzes 1955, soweit es sich um unbebaute Grundstücke handelt, die nachhaltig land(forst)wirtschaftlich genutzt werden,

in einem Hundertsatz der Beitragsgrundlage zu entrichten. Beitragsgrundlage hinsichtlich der in Z 1 angeführten Betriebe ist der für Zwecke der Grundsteuer ermittelte Meßbetrag. Hinsichtlich der in Z 2 angeführten Grundstücke bildet die Beitragsgrundlage nicht der für Zwecke der Grundsteuer ermittelte Meßbetrag, sondern ein besonderer Meßbetrag, der sich nach den Vorschriften des Grundsteuergesetzes 1955 ergäbe, wenn das Grundstück als land(forst)wirtschaftliches Vermögen im Sinne des Bewertungsgesetzes bewertet worden wäre. Der Hundertsatz beträgt 300 %.

(BGBl I 2012/35)

(4) Der Zuschlag gemäß Abs. 3 hebt das Finanzamt Österreich ein. Für die Veranlagung, Festsetzung und Einhebung gelten die abgabenrechtlichen Bestimmungen. Die Beiträge sind vom Grundstückseigentümer zu entrichten. Für Grundstücke, die der Eigentümer nicht selbst bewirtschaftet, kann er von demjenigen, der sie bewirtschaftet, die Rückerstattung der Beiträge verlangen. Die Fälligkeit des Beitrages richtet sich nach den Vorschriften des Grundsteuergesetzes. Eine allfällige Nachsicht der Grundsteuer bleibt jedoch bei der Einhebung der Beiträge unberücksichtigt.

(BGBl I 2019/104)

(5) Der Bund erhält zur Abgeltung der Kosten, die ihm durch die Einziehung und Abfuhr des Zuschlages gemäß Abs. 3 entstehen, eine Vergütung im Ausmaß von 1,33 % der abgeführten Beiträge.

(BGBl I 2012/35)

(6) Für gemäß § 3 Abs. 1 Z 1 pflichtversicherte Betriebsführer, für die hinsichtlich einer diese Unfallversicherung begründenden Tätigkeit weder ein

Betriebsbeitrag gemäß § 22 Abs. 2 lit. a noch ein Beitrag gemäß den §§ 51 oder 74 des Allgemeinen Sozialversicherungsgesetzes ermittelt werden kann, und für Personen, deren land(forst)wirtschaftliche Tätigkeit in der Ausübung der sich aus einer Jagd- oder Fischereipachtung ergebenden Berechtigung besteht, sind Beiträge zu entrichten, die zur Gänze vom Inhaber (von den Inhabern) des Betriebes zu tragen sind. Die Beiträge sind von einer kalendertäglichen Beitragsgrundlage zu bemessen, deren Höhe durch die Satzung des Versicherungsträgers einheitlich für alle in Betracht kommenden Versicherten mit einem festen Betrag im Rahmen des Erforderlichen, mindestens mit 2,18 €, höchstens mit dem Betrag der Höchstbeitragsgrundlage gemäß § 45 Abs. 1 des Allgemeinen Sozialversicherungsgesetzes festzusetzen ist. Der Beitragssatz und die Einziehung der Beiträge sind in der Satzung des Versicherungsträgers zu regeln.

(BGBl I 2001/67)

(7) Beitragsgrundlage für den Kalendertag ist für in der Unfallversicherung Selbstversicherte der durch die Satzung des Versicherungsträgers festgesetzte Betrag, der nicht niedriger als 12,28 €[a)] täglich und nicht höher als die Höchstbeitragsgrundlage gemäß § 45 Abs. 1 des Allgemeinen Sozialversicherungsgesetzes sein darf; an die Stelle des satzungsmäßig festgesetzten Betrages tritt ab 1. Jänner eines jeden Jahres der unter Bedachtnahme auf § 47 mit der jeweiligen Aufwertungszahl (§ 45) vervielfachte Betrag. Der Beitragssatz wird durch die Satzung des Versicherungsträgers im Rahmen des Erforderlichen festgesetzt.

(BGBl I 2001/67)

[a)] Betrag siehe VO über veränderliche Werte.

Bundesbeitrag

§ 31. (1) In der Pensionsversicherung nach diesem Bundesgesetz leistet der Bund für jedes Geschäftsjahr einen Beitrag in der Höhe des Betrages, um den die Aufwendungen die Erträge übersteigen. Hiebei sind bei den Aufwendungen die Ausgleichszulagen und die Leistungen für Kriegsgefangene nach dem Kriegsgefangenenentschädigungsgesetz, BGBl. I Nr. 142/2000, und bei den Erträgen der Bundesbeitrag sowie die Ersätze für Ausgleichszulagen und für die Leistungen für Kriegsgefangene nach dem Kriegsgefangenenentschädigungsgesetz außer Betracht zu lassen.

(BGBl I 2010/111)

(2) (aufgehoben)

(BGBl I 2010/111)

(3) Der dem Versicherungsträger nach Abs. 1 gebührende Beitrag des Bundes ist monatlich im erforderlichen Ausmaß unter Bedachtnahme auf die Kassenlage des Bundes zu bevorschussen.

(BGBl I 2010/111)

(BGBl 1990/296, BGBl 1994/22, BGBl 1996/201, BGBl I 2000/92, BGBl I 2001/101, BGBl I 2002/3, BGBl I 2004/142)

§ 31a. (aufgehoben)
(BGBl I 2001/67)

§ 31b. (aufgehoben)
(BGBl I 1997/139)

§ 31c. (aufgehoben)
(BGBl I 1997/139)

§ 31d. (aufgehoben)
(BGBl I 1997/139)

Verwaltungs- und Verrechnungsaufwand des Versicherungsträgers als Pensionsversicherungsträger

§ 31e. Der Bund leistet in den Geschäftsjahren 1996 und 1997 zur Tragung des Verwaltungs- und Verrechnungsaufwandes des Versicherungsträgers als Pensionsversicherungsträger mit Ausnahme der Vergütungen an Sozialversicherungsträger einen Beitrag in der Höhe des Verwaltungs- und Verrechnungsaufwandes des Jahres 1995 mit Ausnahme der Vergütungen an Sozialversicherungsträger. Unterschreitet der tatsächliche Verwaltungs- und Verrechnungsaufwand des Versicherungsträgers als Pensionsversicherungsträger im betreffenden Geschäftsjahr den für ihn geltenden Betrag, so leistet der Bund den Zuschuß in der Höhe des tatsächlichen Aufwandes.

(BGBl 1996/201)

Dauer der Beitragspflicht

§ 32. (1) Die Beiträge sind, sofern im folgenden nichts anderes bestimmt wird, für die Dauer der Versicherung zu leisten. Für den Kalendermonat, in dem die Pflichtversicherung bis einschließlich 15. dieses Monates beginnt oder nach dem 15. endet, ist der volle Beitrag zu leisten. Beginnt die Pflichtversicherung nach dem 15., beginnt die Beitragspflicht mit dem folgenden Kalendermonat. Endet die Pflichtversicherung am 15. oder vorher, so endet die Beitragspflicht mit dem vorangegangenen Kalendermonat.

(2) Für die Dauer der Weiterversicherung bzw. Selbstversicherung gilt Abs. 1 entsprechend, es sei denn, daß im Kalendermonat, in dem die Weiterversicherung bzw. Selbstversicherung beginnt bzw. endet, der Beitrag zur Pflichtversicherung fällig wird.

(3) Für Versicherte, die nicht oder nicht rechtzeitig abgemeldet werden, sind Beiträge bis zum Ende des Kalendermonates, in dem die Abmeldung erfolgt oder in dem der Versicherungsträger sonst von dem Ende der Versicherung Kenntnis erhält, längstens aber bis zum Ende des dritten Kalendermonates nach dem Ende der Versicherung weiter zu entrichten. Der Versicherungsträger kann auf die weitere Entrichtung der Beiträge über das Ende der Versicherung hinaus zur Gänze oder zum Teil verzichten und bereits entrichtete Beiträge dieser Art rückerstatten.

(4) Die Verlängerung der Beitragspflicht gemäß Abs. 3 bewirkt keine Formalversicherung.

Fälligkeit und Einzahlung der Beiträge

§ 33. (1) Die Beiträge der gemäß § 2 Abs. 1 Z 1 und 1a und § 3 Abs. 1 Z 1 Pflichtversicherten und die Beiträge für die gemäß § 2 Abs. 1 Z 2 bis 4 Pflichtversicherten sind vierteljährlich im nachhinein vorzuschreiben (Vorschreibezeitraum). Sie sind mit dem Ablauf des Monates fällig, das dem Ende des Vorschreibezeitraumes folgt. Durch die Satzung des Versicherungsträgers kann auch eine halbjährliche oder jährliche Vorschreibung der Beiträge für die gemäß § 3 Abs. 1 Z 1 Pflichtversicherten vorgesehen werden, wenn dies der Verwaltungsvereinfachung dient und mit den wirtschaftlichen Interessen der Versicherten vereinbar ist. Werden Beiträge auf Grund einer nachträglichen Feststellung der Einkünfte des Versicherten durch ein Finanzamt vorgeschrieben, sind sie mit Ablauf des Monates fällig, das der Vorschreibung folgt. Beiträge für Einnahmen auf Grund von betrieblichen Tätigkeiten nach § 2 Abs. 1 Z 1 letzter Satz sind am Ende des Kalendermonates, in dem die Vorschreibung erfolgt, fällig. Die Vorschreibung der Beiträge hat spätestens mit der dritten Quartalsvorschreibung in dem dem jeweiligen Beitragsjahr folgenden Jahr zu erfolgen.

(BGBl 1991/678, BGBl 1996/413, BGBl I 1999/176, BGBl I 2000/92, BGBl I 2001/33, BGBl I 2002/142, BGBl I 2009/83, BGBl I 2019/104)

(2) Die Beiträge gemäß Abs. 1 schulden zur ungeteilten Hand die Personen, die auf ihre Rechnung und Gefahr den land(forst)wirtschaftlichen Betrieb führen oder auf deren Rechnung und Gefahr der Betrieb geführt wird, in den Fällen einer Pflichtversicherung nach § 2 Abs. 1 Z 1a die unbeschränkt haftenden GesellschafterInnen, in den Fällen des § 2 Abs. 5 und § 3 Abs. 3 die Verlassenschaft. Die Beiträge sind auf Gefahr und Kosten des Beitragschuldners (der Beitragschuldner) an den Versicherungsträger unaufgefordert einzuzahlen. Die Beiträge zur Krankenversicherung und zur Pensionsversicherung bilden mit den Beiträgen zur Unfallversicherung der Bauern eine einheitliche Schuld. Teilzahlungen werden anteilsmäßig und bei Beitragsrückständen auf den jeweils ältesten Rückstand angerechnet.

(BGBl 1996/413, BGBl I 2010/62)

(3) Die Beiträge zur Weiterversicherung und zur Selbstversicherung sind zu Beginn eines jeden Kalendermonates fällig. Sie sind zum Fälligkeitstermin an den Versicherungsträger einzuzahlen.

(3a) Bezieher/innen einer beitragspflichtigen ausländischen Rente (§ 26a) schulden die von dieser Rente nach § 26a Abs. 4 und 5 zu entrichtenden Beiträge selbst und haben diese auf ihre Gefahr und Kosten selbst einzuzahlen.

(BGBl I 2010/102)

(4) Die Bestimmungen über Eintreibung und Sicherung, Haftung, Verjährung und Rückforderung von Beiträgen gelten entsprechend für Beitragszuschläge und Verwaltungskostensätze.

Fälligkeit und Einzahlung der Beiträge zur Pensionsversicherung bei Ausübung mehrerer versicherungspflichtiger Erwerbstätigkeiten

§ 33a. (1) Übt eine in der Pensionsversicherung nach diesem Bundesgesetz pflichtversicherte Person auch eine Erwerbstätigkeit aus, die die Pflichtversicherung in der Pensionsversicherung nach dem ASVG und/oder GSVG begründet, so ist die Beitragsgrundlage in der Pensionsversicherung nach diesem Bundesgesetz für die Monate der gleichzeitigen Pflichtversicherung in der Pensionsversicherung nach dem ASVG und/oder GSVG und nach diesem Bundesgesetz so festzusetzen, dass die Summe aus

1. den Beitragsgrundlagen in der Pensionsversicherung nach dem ASVG (einschließlich der Sonderzahlungen) und/oder den Beitragsgrundlagen in der Pensionsversicherung nach dem GSVG und

2. den Beitragsgrundlagen in der Pensionsversicherung nach diesem Bundesgesetz

die Summe der monatlichen Höchstbeitragsgrundlagen nach § 23 Abs. 9 lit. a für die im Kalenderjahr liegenden Beitragsmonate der Pflichtversicherung voraussichtlich nicht überschreitet; sich deckende Beitragsmonate sind dabei nur einmal zu zählen.

(BGBl I 1998/140, BGBl I 2018/100)

(2) Ergibt sich in den Fällen des Abs. 1 nach Feststellung der endgültigen Beitragsgrundlage, daß noch Beiträge zur Pensionsversicherung nach diesem Bundesgesetz zu entrichten sind, so sind diese Beiträge mit dem Ablauf des auf die Vorschreibung folgenden Monates fällig.

(BGBl 1994/22)

Fälligkeit und Einzahlung der Beiträge zur Krankenversicherung bei Ausübung mehrerer versicherungspflichtiger Erwerbstätigkeiten

§ 33b. (1) Übt eine in der Krankenversicherung nach diesem Bundesgesetz pflichtversicherte Person auch eine oder mehrere Erwerbstätigkeiten aus, die die Pflichtversicherung in der Krankenversicherung nach einem anderen Bundesgesetz begründen, so ist die Beitragsgrundlage in der Krankenversicherung nach diesem Bundesgesetz für die Monate der gleichzeitigen Pflichtversicherung in der Krankenversicherung nach diesem und anderen Bundesgesetzen vorläufig so festzusetzen, dass die Summe aus den monatlichen Beitragsgrundlagen (einschließlich der Sonderzahlungen) in der Krankenversicherung nach diesen Bundesgesetzen die Summe der monatlichen Höchstbeitragsgrundlagen nach § 48 GSVG für die im Kalenderjahr liegenden Monate der Pflichtversicherung in der Krankenversicherung voraussichtlich nicht überschreitet (vorläufige Differenzbeitragsgrundlage); sich deckende Monate der Pflichtversicherung in der Krankenversicherung sind dabei nur einmal zu zählen. Können die vorgenannten Voraussetzungen erst nach Ablauf des Beitragsjahres festgestellt werden, so ist eine vorläufige Festsetzung der Beitragsgrundlage so lange zulässig, als die Summe der monatlichen Beitragsgrundlagen für dieses Kalenderjahr noch nicht endgültig festgestellt werden kann. § 33c Abs. 2 ist anzuwenden.

(BGBl I 2005/132, BGBl I 2018/100)

(2) Abs. 1 ist entsprechend anzuwenden, wenn eine nach diesem Bundesgesetz erwerbstätige pflichtversicherte Person auch eine Pension nach dem ASVG, GSVG oder diesem Bundesgesetz oder eine der in § 1 Abs. 1 Z 7, 12 und 14 lit. b B-KUVG genannten Leistungen bezieht.

(BGBl I 2005/132)

(3) Sobald in den Fällen des Abs. 1 und 2 die Summe aus den Beitragsgrundlagen und Pensionen nach dem ASVG, GSVG und B-KUVG und aus den endgültigen Beitragsgrundlagen nach diesem Bundesgesetz feststeht, ist eine endgültige Differenzbeitragsgrundlage in entsprechender Anwendung des Abs. 1 festzustellen.

(BGBl I 1998/140, BGBl I 2005/132)

(4) Ergibt sich nach Feststellung der endgültigen Differenzbeitragsgrundlage nach Abs. 3, dass noch Beiträge zur Krankenversicherung nach diesem Bundesgesetz zu entrichten sind, so sind diese Beiträge mit dem Ablauf des auf die Vorschreibung folgenden Monates fällig. Übersteigt die vorläufige Differenzbeitragsgrundlage die endgültige Differenzbeitragsgrundlage, so sind die auf diesen Differenzbetrag entfallenden Beitragsteile dem/der Versicherten zu vergüten.

(BGBl I 2005/132)

(BGBl 1996/600, BGBl I 1997/139, BGBl I 1998/140)

Erstattung von Beiträgen in der Krankenversicherung

§ 33c. (1) Überschreitet bei in der Krankenversicherung Pflichtversicherten nach diesem oder einem anderen Bundesgesetz in einem Kalenderjahr die Summe aller Beitragsgrundlagen der Pflichtversicherung und beitragspflichtigen Pensionen, einschließlich der Sonderzahlungen, die Summe der monatlichen Höchstbeitragsgrundlagen gemäß § 48 für die im Kalenderjahr liegenden Monate der Pflichtversicherung in der Krankenversicherung (Abs. 2), wobei sich deckende Monate der Pflichtversicherung in der Krankenversicherung nur einmal zu zählen sind, so hat der leistungszuständige nach Abs. 3 Versicherungsträger der versicherten Person die auf den Überschreitungsbetrag entfallenden Beiträge zur Krankenversicherung in jener Höhe zu erstatten, in der diese Beiträge von der versicherten Person zu tragen sind, vorausgesetzt, die versicherte Person war nach diesem Bundesgesetz zur Beitragszahlung verpflichtet.

(BGBl I 1997/139, BGBl I 2018/100)

(2) Als Monate der Pflichtversicherung in der Krankenversicherung gemäß Abs. 1 sind alle Kalendermonate zu zählen, in denen der (die) Versicherte zumindest für einen Tag in der Krankenversicherung pflichtversichert war.

(3) Der durch die Richtlinie nach § 30a Abs. 1 Z 33 ASVG festzulegende leistungszuständige Versicherungsträger hat die Beitragserstattung bis zum 30. Juni des Kalenderjahres, das dem

Jahr der gänzlichen Entrichtung der Beiträge zur Krankenversicherung für ein Kalenderjahr folgt, durchzuführen, erstmals bis zum 30. Juni 2020 für die im Jahr 2019 gänzlich für ein Kalenderjahr entrichteten Beiträge.

(BGBl I 1998/140, BGBl I 2018/100)

(4) Der dem/der Versicherten zu erstattende Betrag ist nach dem Verhältnis der Summen aller Beitragsgrundlagen der Pflichtversicherung und beitragspflichtigen Pensionen (einschließlich der Sonderzahlungen) nach diesem Bundesgesetz, dem ASVG, GSVG und B-KUVG aufzuteilen. Die Sozialversicherungsanstalt der Selbständigen hat Anspruch auf Ersatz des Anteils des Krankenversicherungsträgers nach dem ASVG und der Versicherungsanstalt öffentlich Bediensteter, Eisenbahnen und Bergbau.

(BGBl I 2005/132, BGBl I 2018/100)

(5) Dies gilt nicht, wenn ausschließlich Beiträge nach dem ASVG entrichtet wurden; in diesen Fällen erfolgt die Beitragserstattung nach § 70 ASVG.

(BGBl I 2018/100)

(BGBl 1996/600, BGBl I 1997/139)

Erstattung von Beiträgen, die nach § 107 Abs. 9 und 10 entrichtet wurden

§ 33d. (1) Beiträge, die nach § 107 Abs. 9 und 10 entrichtet wurden, damit Ersatzzeiten für den Besuch von Schulen oder Hochschulen oder für eine vorgeschriebene Ausbildung nach dem Hochschulstudium (§ 107 Abs. 7) anspruchs- oder leistungswirksam werden, sind dem (der) Versicherten oder den anspruchsberechtigten Hinterbliebenen in dem Umfang vom leistungspflichtigen Versicherungsträger zu erstatten, als die Anspruchs- oder Leistungswirksamkeit dieser Ersatzzeiten nicht eintritt. Die Erstattung hat von Amts wegen innerhalb eines Jahres nach Eintritt der Rechtskraft der Entscheidung über die Zuerkennung der Leistung zu erfolgen.

(BGBl I 2003/145)

(2) Bei der Erstattung gehen Beiträge, die Ersatzmonate für den Hochschulbesuch und für eine vorgeschriebene Ausbildung nach dem Hochschulstudium (§ 107 Abs. 9 Z 2) betreffen, den anderen Beiträgen nach § 107 Abs. 9 vor.

(BGBl I 2003/145)

(3) Die Beiträge sind entsprechend ihrer zeitlichen Lagerung mit den Aufwertungsfaktoren (§ 108 Abs. 4 ASVG) zum Stichtag der zuerkannten Leistung aufzuwerten. Mit der Erstattung erlöschen alle Ansprüche und Berechtigungen, die auf der Beitragsentrichtung beruhen.

(BGBl I 2003/71, BGBl I 2003/145)

Beitragszuschlag

§ 34. (1) Wird die Anmeldung zur Pflichtversicherung nicht oder verspätet erstattet, kann der Versicherungsträger den gemäß § 16 meldepflichtigen Personen folgenden Beitragszuschlag vorschreiben:

1. Wenn eine Anmeldung zur Pflichtversicherung nicht erstattet worden ist, kann ein Beitragszuschlag bis zur Höhe des nachzuzahlenden Beitrages vorgeschrieben werden.
2. Wenn eine Anmeldung zur Pflichtversicherung verspätet erstattet worden ist, kann ein Beitragszuschlag bis zur Höhe der Beiträge, die auf die Zeit des Beginnes der Pflichtversicherung bis zum Eintreffen der verspäteten Meldung entfallen, vorgeschrieben werden.

Bei der Festsetzung des Beitragszuschlages hat der Versicherungsträger insbesondere die wirtschaftlichen Verhältnisse des Beitragsschuldners und die Art des Meldeverstoßes zu berücksichtigen. Der Beitragszuschlag darf jedoch die Höhe der Verzugszinsen gemäß § 59 Abs. 1 des Allgemeinen Sozialversicherungsgesetzes nicht unterschreiten.

(BGBl 1996/413)

(2) Werden die Beiträge zur Pflichtversicherung nicht innerhalb von zwei Wochen nach der Fälligkeit eingezahlt, ist der rückständige Betrag einzumahnen. Die Mahnung wird durch Zustellung eines Mahnschreibens (Postauftrages) vollzogen, in dem der Beitragsschuldner unter Hinweis auf die eingetretene Vollstreckbarkeit aufgefordert wird, den Beitragsrückstand binnen zwei Wochen, von der Zustellung an gerechnet, zu bezahlen. Ein Nachweis der Zustellung des Mahnschreibens ist nicht erforderlich; bei Postversand wird die Zustellung des Mahnschreibens am dritten Tag nach der Aufgabe zur Post vermutet.

(3) Nach erfolgloser Mahnung gemäß Abs. 2 hat der Versicherungsträger einen Beitragszuschlag im Ausmaß von 5 vH des eingemahnten Beitrages vorzuschreiben. Der Beitragszuschlag kann bis zum Ausmaß des eingemahnten Beitrages erhöht werden.

(3a) Der im Abs. 2 vorgesehene Zeitraum von zwei Wochen beginnt in Fällen, in denen die Beiträge vom Versicherungsträger nach § 39a Abs. 1 vorgeschrieben werden, erst mit Ablauf des zweiten Werktages nach Aufgabe der Beitragsvorschreibung zur Post; die Beitragsvorschreibung gilt als Zahlungsaufforderung.

(BGBl I 2005/132)

(4) Erfolgt die Bekanntgabe der Einnahmen nach § 20 Abs. 2 Z 2 nicht bis zu dem in dieser Bestimmung genannten Zeitpunkt, kann der Versicherungsträger einen Beitragszuschlag im Ausmaß von 5 % des nachzuzahlenden Betrages vorschreiben.

(BGBl I 2001/101, BGBl I 2005/71)

Mitteilung über Beitragsrückstände

§ 35. Der Versicherungsträger hat dem Beitragsschuldner auf Verlangen schriftlich mitzuteilen, ob und in welcher Höhe Rückstände an Beiträgen, Beitragszuschlägen und Nebengebühren aushaften.

Verfahren zur Eintreibung der Beiträge

§ 36. (1) Dem Versicherungsträger ist zur Eintreibung nicht rechtzeitig entrichteter Beiträge die Einbringung im Verwaltungswege gewährt

(§ 3 Abs. 3 des Verwaltungsvollstreckungsgesetzes 1991).

(2) Der Versicherungsträger hat zur Eintreibung nicht rechtzeitig entrichteter Beiträge einen Rückstandsausweis auszufertigen. Dieser Ausweis hat den Namen und die Anschrift des Beitragsschuldners, den rückständigen Betrag, die Art des Rückstandes samt Nebengebühren, den Beitragszeitraum, auf den die rückständigen Beiträge entfallen, allenfalls vorgeschriebene Beitragszuschläge und sonstige Nebengebühren sowie den Vermerk des Versicherungsträgers zu enthalten, daß der Rückstandsausweis einem die Vollstreckbarkeit hemmenden Rechtszug nicht unterliegt. Der Rückstandsausweis ist Exekutionstitel im Sinne des § 1 der Exekutionsordnung. Im Rückstandsausweis können, wenn dies aus Gründen der Verwaltungsvereinfachung angezeigt erscheint, die Beiträge zur Kranken-, Unfall- und Pensionsversicherung als einheitliche Summe und die darauf entfallenden Beitragszuschläge und Nebengebühren ebenfalls als einheitliche Summe ausgewiesen werden.

(3) Der Rückstandsausweis darf erst nach erfolgloser Mahnung (§ 34 Abs. 3) ausgestellt werden.

(4) Als Nebengebühren kann der Versicherungsträger in den Rückstandsausweis einen pauschalierten Kostenersatz für die durch die Einleitung und Durchführung der zwangsweisen Eintreibung bedingten Verwaltungsauslagen mit Ausnahme der im Verwaltungsweg oder im gerichtlichen Weg zuzusprechenden Kosten aufnehmen; der Anspruch auf die im Verwaltungsweg oder im gerichtlichen Weg zuzusprechenden Kosten wird hiedurch nicht berührt. Der pauschalierte Kostenersatz beträgt ein Halbes vom Hundert des einzutreibenden Betrages, mindestens jedoch 1,45 €. Der Ersatz kann für dieselbe Schuldigkeit nur einmal vorgeschrieben werden. Allfällige Anwaltskosten des Verfahrens zur Eintreibung der Beiträge dürfen nur insoweit beansprucht werden, als sie im Verfahren über Rechtsmittel auflaufen. Die vorgeschriebenen und eingehobenen Verwaltungskostensätze verbleiben dem Versicherungsträger.

(BGBl I 2001/67)

Behandlung der Beiträge im Insolvenzverfahren sowie bei der Zwangsverwaltung und Zwangsverpachtung im Exekutions- und Sicherungsverfahren

(BGBl I 2010/58)

§ 37. (1) Für die Behandlung der Beiträge im Insolvenzverfahren sind die Vorschriften der Insolvenzordnung maßgebend.

(BGBl I 2010/58)

(2) Bei der Zwangsverwaltung von Betriebsliegenschaften sowie bei der Zwangsverwaltung oder Zwangsverpachtung von land- und forstwirtschaftlichen und ähnlichen wirtschaftlichen Unternehmungen sind rückständige Beiträge aus dem letzten Jahre vor Bewilligung der Zwangsverwaltung oder Zwangsverpachtung, die sich auf Versicherungsverhältnisse aus dem betreffenden Betrieb oder Unternehmen beziehen, vor den rück-

ständigen Steuern und öffentlichen Abgaben zu berichtigen (§ 120 Abs. 2 Z 3, § 121 Abs. 1, § 340 Abs. 2 und § 344 Exekutionsordnung). Im übrigen sind bei der Zwangsverwaltung von Betriebsliegenschaften rückständige Beiträge, die sich auf Versicherungsverhältnisse aus dem betreffenden Betrieb beziehen, wie von der Liegenschaft zu entrichtende öffentliche Abgaben zu berichtigen (§ 120 Abs. 2 Z 1 und § 124 Z 2 Exekutionsordnung).

Sicherung der Beiträge; Haftung für Beitragsschuldigkeiten

§ 38. (1) Die Bestimmungen der §§ 232 und 233 der Bundesabgabenordnung, BGBl. Nr. 194/1961, sind auf Beitragsforderungen nach diesem Bundesgesetz mit der Maßgabe entsprechend anzuwenden, daß an Stelle der Abgabenbehörde der Versicherungsträger tritt. Gegen den Sicherstellungsauftrag ist das Rechtsmittel des Einspruches (§ 412 des Allgemeinen Sozialversicherungsgesetzes) gegeben.

(2) Wird ein Betrieb übereignet, so haftet der Erwerber für Beiträge, die sein Vorgänger zu zahlen gehabt hätte, unbeschadet der fortdauernden Haftung des Vorgängers sowie der Haftung des Betriebsnachfolgers nach § 1409 ABGB unter Bedachtnahme auf § 1409a ABGB und der Haftung des Erwerbers nach § 25 des Handelsgesetzbuches für die Zeit von höchstens zwölf Monaten vom Tag des Erwerbes zurückgerechnet. Im Fall einer Anfrage beim Versicherungsträger haftet er jedoch nur mit dem Betrag, der ihm als Rückstand ausgewiesen worden ist.

(3) Abs. 2 gilt nicht bei einem Erwerb im Zuge eines Vollstreckungsverfahrens, bei einem Erwerb aus einer Insolvenzmasse oder im Wege der Überwachung der SchuldnerInnen durch TreuhänderInnen der GläubigerInnen.

(BGBl 1996/413, BGBl I 2010/58)

(4) Geht der Betrieb auf

1. einen Angehörigen des Betriebsvorgängers gemäß Abs. 5,
2. eine am Betrieb des Vorgängers wesentlich beteiligte Person gemäß Abs. 6 oder
3. eine Person mit wesentlichem Einfluß auf die Geschäftsführung des Betriebsvorgängers (z.B. Geschäftsführer, leitender Angestellter, Prokurist)

über, so haftet dieser Betriebsnachfolger ohne Rücksicht auf das dem Betriebsübergang zugrunde liegende Rechtsgeschäft wie ein Erwerber gemäß Abs. 2, solange er nicht nachweist, daß er die Beitragsschulden nicht kannte bzw. trotz seiner Stellung im Betrieb des Vorgängers nicht kennen konnte.

(5) Angehörige gemäß Abs. 4 Z 1 sind:

1. der Ehegatte/die Ehegattin oder der/die eingetragene PartnerIn;
    (BGBl I 2009/135)
2. die Verwandten in gerader Linie und die Verwandten zweiten und dritten Grades in der Seitenlinie, und zwar auch dann, wenn

die Verwandtschaft auf einer unehelichen Geburt beruht;

3. die Verschwägerten in gerader Linie und die Verschwägerten zweiten Grades in der Seitenlinie, und zwar auch dann, wenn die Schwägerschaft auf einer unehelichen Geburt beruht;
4. die Wahl(Pflege)eltern und die Wahl(Pflege)kinder;
5. der Lebensgefährte;
6. unbeschadet der Z 2 die im § 32 Abs. 2 der Insolvenzordnung genannten Personen.

(BGBl I 2010/29)

(6) Eine Person ist an einem Betrieb wesentlich beteiligt, wenn sie zu mehr als einem Viertel Anteil am Betriebskapital hat. Bei der Beurteilung des Anteiles am Betriebskapital ist der wahre wirtschaftliche Gehalt und nicht die äußere Erscheinungsform des Sachverhaltes maßgebend. Die §§ 22 bis 24 der Bundesabgabenordnung sind sinngemäß anzuwenden.

(7) Stehen Wirtschaftsgüter, die einem Betrieb dienen, nicht im Eigentum des/der Betriebsinhabers/Betriebsinhaberin, sondern im Eigentum einer der in Abs. 4 Z 2 oder 3 genannten Personen, so haftet der/die EigentümerIn im Wirtschaftsgüter mit diesen Gütern für die Beiträge, solange er/sie nicht nachweist, dass er/sie die Beitragsschulden nicht kannte bzw. trotz seiner/ihrer Stellung im Betrieb nicht kennen konnte.

(BGBl 1992/247, BGBl I 2005/71)

(8) Die zur Vertretung juristischer Personen oder Personenhandelsgesellschaften (offene Gesellschaft, Kommanditgesellschaft) berufenen Personen und die gesetzlichen Vertreter natürlicher Personen haften im Rahmen ihrer Vertretungsmacht neben den durch sie vertretenen Beitragsschuldnern für die von diesen zu entrichtenden Beiträge insoweit, als die Beiträge infolge schuldhafter Verletzung der den Vertretern auferlegten Pflichten nicht eingebracht werden können. Vermögensverwalter haften, soweit ihre Verwaltung reicht, entsprechend.

(BGBl 1990/741, BGBl I 2006/131)

Verjährung der Beiträge

§ 39. (1) Das Recht auf Feststellung der Verpflichtung zur Zahlung von Beiträgen verjährt bei Beitragsschuldnern und Beitragsmithaftenden binnen drei Jahren vom Tag der Fälligkeit der Beiträge. Diese Verjährungsfrist der Feststellung verlängert sich jedoch auf fünf Jahre, wenn der Pflichtversicherte die Erstattung einer Anmeldung bzw. Änderungsmeldung oder Angaben über die Grundlagen für die Berechnung der Beiträge unterlassen oder unrichtige Angaben über die Grundlagen für die Berechnung der Beiträge gemacht hat, die er bei gehöriger Sorgfalt als unrichtig hätte erkennen müssen. Die Verjährung des Feststellungsrechtes wird durch jede zum Zwecke der Feststellung getroffene Maßnahme in dem Zeitpunkt unterbrochen, in dem der Zahlungspflichtige

BSVG

hievon in Kenntnis gesetzt wird. Die Verjährung ist gehemmt, solange ein Verfahren in Verwaltungssachen bzw. vor den Gerichtshöfen des öffentlichen Rechtes über das Bestehen der Pflichtversicherung oder die Feststellung der Verpflichtung zur Zahlung von Beiträgen anhängig ist.

(BGBl 1990/296, BGBl 1991/678)

(2) (aufgehoben)

(3) Das Recht auf Einforderung festgestellter Beitragsschulden verjährt binnen zwei Jahren nach Verständigung des Zahlungspflichtigen vom Ergebnis der Feststellung. Die Verjährung wird durch jede zum Zwecke der Hereinbringung getroffene Maßnahme, wie zum Beispiel durch Zustellung einer an den Zahlungspflichtigen gerichteten Zahlungsaufforderung (Mahnung) unterbrochen; sie wird durch Bewilligung einer Zahlungserleichterung gehemmt. Bezüglich der Unterbrechung oder Hemmung der Verjährung im Falle der Eröffnung eines Insolvenzverfahrens über das Vermögen des Beitragsschuldners/der Beitragsschuldnerin gelten die einschlägigen Vorschriften der Insolvenzordnung.

(BGBl I 2010/58)

(4) Sind fällige Beiträge durch eine grundbücherliche Eintragung gesichert, so kann innerhalb von 30 Jahren nach erfolgter Eintragung gegen die Geltendmachung des dadurch erworbenen Pfandrechtes die seither eingetretene Verjährung des Rechtes auf Einforderung der Beiträge nicht geltend gemacht werden.

Nachentrichtung verjährter Beiträge zur Pensionsversicherung

§ 39a. (1) Beiträge zur Pensionsversicherung, die nach § 39 bereits verjährt sind, können nach Maßgabe des Abs. 2 auf Antrag der versicherten Person von dieser nachentrichtet werden, von Pflichtversicherten nach § 2 Abs. 1 Z 1 jedoch nur soweit nicht Beiträge im Sinne des § 33 rückständig sind. Der Antrag ist bis längstens zum Stichtag (§ 104 Abs. 2) beim Versicherungsträger zu stellen, der das Vorliegen der Zeiten der Pflichtversicherung festzustellen und die nachzuentrichtenden Beiträge vorzuschreiben hat. BeitragsschuldnerIn ist die versicherte Person.

(BGBl I 2015/2)

(2) Die Nachentrichtung für Zeiten einer Pflichtversicherung als hauptberuflich beschäftigtes Kind, Enkel-, Wahl-, Stief- oder Schwiegerkind in einem land- oder forstwirtschaftlichen oder gleichgestellten Betrieb (§ 27 Abs. 2 ASVG) ist ausgeschlossen, wenn sich diese Zeiten mit Zeiten einer Schul- oder Berufsausbildung decken, die ab dem 1. Jänner 1971 oder später als Ersatzzeiten gegolten haben. Dies gilt nicht, wenn die versicherte Person nachweist, dass ihre persönliche Mitarbeit wegen außergewöhnlicher Umstände zur Aufrechterhaltung des Betriebes während der laufenden Betriebsführung durch die gesetzlich meldepflichtige Person unerlässlich war.

(BGBl I 2015/2)

(3) Die nach Abs. 1 vorzuschreibenden Beiträge sind für den Zeitraum ab der ursprünglichen Fälligkeit bis zur Vorschreibung zu vervielfachen, und zwar mit dem Produkt der Aufwertungszahlen nach Anlage 2 zum APG; ab dem Jahr 2006 ist die Reihe dieser Aufwertungszahlen um die Aufwertungszahlen nach § 45 zu ergänzen.

(BGBl I 2009/83, BGBl I 2015/2)

(4) Alle für die Entrichtung von Beiträgen geltenden Bestimmungen gelten auch für die Nachentrichtung verjährter Beiträge, soweit in den Abs. 1 und 2 nichts anderes bestimmt ist; Einbringungsmaßnahmen bei Nichtzahlung der verjährten Beiträge sind ausgeschlossen.

(BGBl I 2015/2)

(BGBl I 2005/132)

Rückforderung ungebührlich entrichteter Beiträge

§ 40. (1) Zu Ungebühr entrichtete Beiträge können, soweit im folgenden nichts anderes bestimmt wird, zurückgefordert werden. Das Recht auf Rückforderung verjährt nach Ablauf von fünf Jahren nach einer Zahlung. Der Lauf der Verjährung des Rückforderungsrechtes wird durch Einleitung eines Verwaltungsverfahrens zur Herbeiführung einer Entscheidung, aus der sich die Ungebührlichkeit der Beitragsentrichtung ergibt, bis zu einem Anerkenntnis durch den Versicherungsträger bzw. bis zum Eintritt der Rechtskraft der Entscheidung im Verwaltungsverfahren unterbrochen.

(BGBl 1991/678)

(2) Die Rückforderung von Beiträgen, durch welche eine Formalversicherung begründet wurde, sowie von Beiträgen zu einer Versicherung, aus welcher innerhalb des Zeitraumes, für den Beiträge ungebührlich entrichtet worden sind, eine Leistung erbracht wurde, ist für den gesamten Zeitraum ausgeschlossen. Desgleichen ist die Rückforderung ausgeschlossen, wenn nach dem Zeitraum, für den Beiträge ungebührlich entrichtet worden sind, eine Leistung zuerkannt worden ist und die Beiträge auf den Bestand oder das Ausmaß des Leistungsanspruches von Einfluß waren, es sei denn, der zur Leistungserbringung zuständige Versicherungsträger hatte die Möglichkeit, im Wege einer Wiederaufnahme des Verfahrens (§ 69 des Allgemeinen Verwaltungsverfahrensgesetzes 1991, BGBl. Nr. 51) neuerlich über den Leistungsanspruch zu entscheiden und konnte die zu Unrecht geleisteten Beträge mit Erfolg zur Gänze zurückfordern.

(BGBl I 2010/62)

(3) Wird rückwirkend festgestellt, dass eine bestimmte Nebentätigkeit im Sinne des § 2 Abs. 1 Z 1 letzter Satz die Pflichtversicherung nach dem ASVG begründet, so hat die Sozialversicherungsanstalt der Selbständigen die auf diese Tätigkeit entfallenden Teile der Beiträge zur Pflichtversicherung in der Kranken-, Pensions- und Unfallversicherung, die zu Ungebühr entrichtet wurden, an den für die Beitragseinhebung zuständigen Krankenversicherungsträger zu überweisen, wenn es

sich bei der in Betracht kommenden Person um den Betriebsführer/die Betriebsführerin selbst handelt. Bezieht sich die Beitragsüberweisung hingegen auf eine hauptberuflich beschäftigte angehörige Person, so sind nur die personenbezogenen Teile der Beiträge zur Pflichtversicherung in der Kranken- und Pensionsversicherung davon umfasst. Abs. 1 ist nicht anzuwenden. Der zuständige Versicherungsträger hat die überwiesenen Beitragsteile auf die ihm geschuldeten Beiträge anzurechnen. Übersteigen die anzurechnenden die dem zuständigen Versicherungsträger geschuldeten Beiträge, so ist der Überschuss dem Beitragsschuldner/der Beitragsschuldnerin nach diesem Bundesgesetz durch den zuständigen Versicherungsträger zu erstatten.

(BGBl I 2017/125, BGBl I 2018/100)

(4) Abs. 2 gilt nicht für Beiträge, die zwar nicht zur Gänze ungebührlich, jedoch von einer zu hohen Beitragsgrundlage oder unter Anwendung eines zu hohen Beitragssatzes entrichtet worden sind, sofern innerhalb des in Betracht kommenden Zeitraumes nur solche Leistungen erbracht wurden, die auch dann, wenn die Beiträge in richtiger Höhe entrichtet worden wären, im gleichen Ausmaß gebührt hätten.

(5) Die Rückforderung ungebührlich entrichteter Beiträge steht dem Beitragsschuldner (§ 33 Abs. 2), in den Fällen des § 2 Abs. 5 und § 3 Abs. 3 der Verlassenschaft zu.

§§ 41 bis 42. (aufgehoben)
(BGBl 1990/296, BGBl I 2001/101, BGBl I 2018/100)

ABSCHNITT VI
(aufgehoben)
§§ 43 und 44. (aufgehoben)
(BGBl 1990/296, BGBl I 2018/100)

ABSCHNITT VII
Pensionsanpassung und Anpassung der Renten aus der Unfallversicherung
(BGBl 1993/337, BGBl I 2002/142)

Aufwertungszahl, Aufwertungsfaktoren, Anpassungsrichtwert, Anpassungsfaktor

§ 45. Die nach den Vorschriften des Abschnittes VIa des Ersten Teiles des Allgemeinen Sozialversicherungsgesetzes ermittelte und kundgemachte Aufwertungszahl und die Aufwertungsfaktoren gelten auch für die Pensionsversicherung nach diesem Bundesgesetz; Der durch Verordnung des Bundesministers für soziale Sicherheit und Generationen für den Bereich des Allgemeinen Sozialversicherungsgesetzes jeweils festgesetzte Anpassungsfaktor (§ 108 Abs. 5 ASVG) gelten auch für den Bereich dieses Bundesgesetzes. Für die Anpassung der Renten aus der Unfallversicherung gilt § 108g ASVG sinngemäß.
(BGBl I 2000/92, BGBl I 2001/33, BGBl I 2002/142, BGBl I 2004/142)

Anpassung der Pensionen aus der Pensionsversicherung

§ 46. (1) Mit Wirksamkeit ab 1. Jänner eines jeden Jahres sind

a) alle Pensionen aus der Pensionsversicherung, für die der Stichtag (§ 104 Abs. 2) vor dem 1. Jänner dieses Jahres liegt,

b) alle Hinterbliebenenpensionen, für die der Stichtag (§ 104 Abs. 2) am 1. Jänner dieses Jahres liegt, wenn diese Pensionen von der Pension bemessen wurden, auf die der Verstorbene am Todestag Anspruch hatte,

mit dem Anpassungsfaktor (§ 45) zu vervielfachen. Lit. b ist nicht anzuwenden, wenn der Stichtag für die Pension des Verstorbenen gleichfalls am 1. Jänner dieses Jahres liegt.

(BGBl I 2003/71, BGBl I 2008/129, BGBl I 2010/111, BGBl I 2019/103)

„(1a)[a] Die erstmalige Anpassung hat abweichend von Abs. 1 so zu erfolgen, dass Pensionen, deren Stichtag (§ 104 Abs. 2) in dem in der linken Spalte genannten Kalendermonat des der Anpassung vorangegangenen Kalenderjahres liegt, ab 1. Jänner mit dem in der rechten Spalte genannten Prozentsatz jenes Erhöhungsbetrages zu erhöhen sind, der sich aus der Anwendung des Anpassungsfaktors ergeben würde:

Februar	90%
März	80%
April	70%
Mai	60%
Juni	50%
Juli	40%
August	30%
September	20%
Oktober	10%

Liegt der Stichtag im November oder im Dezember des der Anpassung vorangegangenen Kalenderjahres, so erfolgt die erstmalige Anpassung ab 1. Jänner des dem Stichtag zweitfolgenden Kalenderjahres. Für die erstmalige Anpassung von Hinterbliebenenpensionen, die aus einer bereits zuerkannten Leistung abgeleitet sind, ist der Stichtag dieser Leistung maßgebend."

(BGBl I 2021/28)

[a] Tritt mit 1. Jänner 2022 in Kraft.

(2) Der Anpassung nach Abs. 1 ist die Pension zugrunde zu legen, auf die nach den am 31. Dezember des vorangegangenen Jahres in Geltung gestandenen Vorschriften Anspruch bestand, jedoch mit Ausnahme der Kinderzuschüsse und der Ausgleichszulage sowie des Bonus nach § 147a und vor Anwendung von Ruhens- und Wegfallsbestimmungen sowie der Bestimmungen nach § 51 Abs. 2 Z 2 dritter und vierter Satz. Sie erfasst im gleichen Ausmaß alle Pensionsbestandteile.

(BGBl I 2018/99, BGBl I 2019/84)

(2a) Abweichend von Abs. 2 ist bei Hinterbliebenenpensionen, für die sich am 31. Dezember des vorangegangenen Jahres durch die Anwendung des § 136 Abs. 2 oder 6a kein Auszahlungsbetrag ergibt, die mit dem Hundertsatz von 60 bemessene Pension der Anpassung nach Abs. 1 zugrunde zu legen.

(BGBl I 2018/99)

(3) Zu der nach Abs. 1 und 2 gebührenden Pension treten die Kinderzuschüsse und die Ausgleichszulage nach den hiefür geltenden Vorschriften.

(BGBl I 2019/84)

(4) An die Stelle des Betrages der Bemessungsgrundlage aus einem früheren Versicherungsfall tritt der Betrag, der sich aus der Vervielfachung dieser Bemessungsgrundlage mit dem Anpassungsfaktor ergibt, der auf die entzogene (erloschene) Pension im Falle ihrer Weitergewährung anzuwenden gewesen wäre. Sind in zeitlicher Folge mehrere Anpassungsfaktoren anzuwenden, ist die Vervielfachung in der Weise vorzunehmen, daß ihr jeweils der für das vorangegangene Jahr ermittelte Betrag zugrunde zu legen ist. Als Anpassungsfaktor für das Jahr 1990 ist das Produkt der Faktoren 1,030 und 1,010 heranzuziehen.

(5) Abs. 4 gilt entsprechend bei der Anwendung des § 139.

Anpassung und Aufwertung fester Beträge

§ 47. Zur Vervielfachung mit der Aufwertungszahl oder mit dem Anpassungsfaktor ist der am 31. Dezember des vorangegangenen Jahres geltende feste Betrag heranzuziehen; wird jedoch der feste Betrag mit 1. Jänner eines Jahres in Geltung gesetzt, so ist dieser Betrag zur Vervielfachung heranzuziehen. Der vervielfachte Betrag ist auf Cent zu runden. Die sich hienach ergebenden Beträge[a)] sind kundzumachen.

[a)] Beträge siehe VO über veränderliche Werte.

(BGBl I 2001/67)

Anpassung der Leistung von Amts wegen

§ 48. Die Anpassung der Leistungen gemäß § 46 ist von Amts wegen vorzunehmen.

§ 49. (aufgehoben)
(BGBl I 2000/92)

§ 49a. Die Aufwertungszahl (§ 45) beträgt für das Kalenderjahr 1992 1,055.

ZWEITER TEIL
Leistungen

ABSCHNITT I
Allgemeine Bestimmungen über Leistungsansprüche

Entstehen der Leistungsansprüche

§ 50. Die Ansprüche auf die Leistungen aus der Kranken-, Unfall- und Pensionsversicherung entstehen in dem Zeitpunkt, in dem die hiefür vorgesehenen Voraussetzungen erfüllt werden.

(BGBl I 1998/140)

Anfall der Leistungen

§ 51. (1) Soweit nichts anderes bestimmt ist, fallen die sich aus den Leistungsansprüchen ergebenden Leistungen mit dem Entstehen des Anspruches (§ 50) an.

(2) Pensionen aus der Pensionsversicherung fallen an:

1. Hinterbliebenenpensionen fallen mit dem dem Eintritt des Versicherungsfalles folgenden Tag an, wenn der Antrag binnen sechs Monaten nach Eintritt des Versicherungsfalles gestellt wird. Wird der Antrag nach Ablauf dieser Frist gestellt, so fällt die Pension erst mit dem Tag der Antragstellung an. Ist die anspruchsberechtigte Person bei Ablauf dieser Frist minderjährig oder in ihrer Geschäftsfähigkeit eingeschränkt, so endet die Frist mit Ablauf von sechs Monaten nach dem Eintritt der Volljährigkeit oder dem Wiedererlangen der Geschäftsfähigkeit. Die Antragsfrist verlängert sich bei Waisenpensionsberechtigten um die Dauer eines Verfahrens zur Feststellung der Vaterschaft. Bei nachträglicher amtlicher Feststellung des Todestages beginnt die Antragsfrist erst mit dem Zeitpunkt dieser Feststellung. Wird für ein doppelt verwaistes Kind ein Antrag auf Waisenpension nach einem Elternteil gestellt, so ist dieser Antrag rechtswirksam für den Anspruch auf Waisenpension bzw. Waisenrente nach beiden Elternteilen und gilt für den Versicherungsträger nach diesem Bundesgesetz sowie für alle Träger der gesetzlichen Unfallversicherung oder Pensionsversicherung nach einem anderen Bundesgesetz.

(BGBl 1990/296, BGBl 1993/337, BGBl 1996/201, BGBl I 2002/3, BGBl I 2018/59)

2. Alle übrigen Pensionen fallen mit Erfüllung der Anspruchsvoraussetzungen an, wenn sie auf einen Monatsersten fällt, sonst mit dem der Erfüllung der Voraussetzungen folgenden Monatsersten, sofern die Pension binnen einem Monat nach Erfüllung der Voraussetzungen beantragt wird. Wird der Antrag auf die Pension erst nach Ablauf dieser Frist gestellt, so fällt die Pension mit dem Stichtag an. Für den Anfall einer Pension aus dem Versicherungsfall der Erwerbsunfähigkeit ist zusätzlich die Aufgabe der die Pflichtversicherung in der Pensionsversicherung nach diesem Bundesgesetz begründenden Erwerbstätigkeit erforderlich, es sei denn, der (die) Versicherte bezieht ein Pflegegeld ab Stufe 3 gemäß § 4 des Bundespflegegeldgesetzes, BGBl. Nr. 110/1993, oder nach den Bestimmungen der Landespflegegeldgesetze. Werden dem (der) Versicherten medizinische oder berufliche Maßnahmen der Rehabilitation gewährt und sind ihm (ihr) diese Maßnahmen unter Berücksichtigung der Dauer und des Umfanges seiner (ihrer) Ausbildung sowie der von ihm (ihr) bisher ausgeübten Tätigkeit zumutbar, so fällt die Pension aus dem Versicherungsfall der Erwerbsunfähigkeit erst

dann an, wenn durch die Rehabilitationsmaßnahmen die Wiedereingliederung des (der) Versicherten in das Berufsleben nicht bewirkt werden kann.

(BGBl 1996/201, BGBl 1996/413, BGBl I 1997/139)

(3) Nach dem Tod des Empfängers einer Betriebsrente fallen Hinterbliebenenrenten aus der Unfallversicherung mit dem Tag an, der auf den Tod des Rentenempfängers folgt.

(BGBl I 1998/140)

(4) Leistungen aus der Unfallversicherung fallen, wenn innerhalb von zwei Jahren nach Eintritt des Versicherungsfalles weder der Anspruch von Amts wegen festgestellt noch ein Antrag auf Feststellung des Anspruches gestellt wurde, mit dem Tag der späteren Antragstellung bzw. mit dem Tag der Einleitung des Verfahrens an, das zur Feststellung des Anspruches führt. Wird eine Unfallmeldung innerhalb von zwei Jahren nach Eintritt des Versicherungsfalles erstattet, so gilt der Zeitpunkt des Einlangens der Unfallmeldung beim Versicherungsträger als Tag der Einleitung des Verfahrens, wenn dem Versicherten zum Zeitpunkt der späteren Antragstellung oder Einleitung des Verfahrens noch ein Anspruch auf Rentenleistungen zusteht. Wird für ein doppelt verwaistes Kind ein Antrag auf Waisenrente nach einem Elternteil gestellt, so ist dieser Antrag rechtswirksam für den Anspruch auf Waisenrente bzw. Waisenpension nach beiden Elternteilen und gilt für alle Unfallversicherungsträger bzw. Pensionsversicherungsträger nach diesem oder einem anderen Bundesgesetz.

(BGBl I 1998/30, BGBl I 1998/140, BGBl I 2003/145)

(5) Entfällt für eine Leistung auf Grund der Bestimmung des § 111 Abs. 2 lit. c die Wartezeit, so fällt diese Leistung frühestens mit dem Tag der Entlassung des Versicherten aus dem Präsenz- oder Ausbildungsdienst an.

(BGBl I 1998/30, BGBl I 1998/140)

Verschollenheit

§ 52. (1) Die Verschollenheit ist bei der Anwendung der Bestimmungen dieses Bundesgesetzes dem Tode gleichzuhalten. Als verschollen gilt hiebei, wessen Aufenthalt länger als ein Jahr unbekannt ist, ohne daß Nachrichten darüber vorliegen, ob er in dieser Zeit noch gelebt hat oder gestorben ist, sofern nach den Umständen hiedurch ernstliche Zweifel an seinem Fortleben begründet werden. Als verschollen gilt nicht, wessen Tod nach den Umständen nicht zweifelhaft ist.

(2) Als Todestag ist der Tag anzunehmen, den der Verschollene nach den Umständen wahrscheinlich nicht überlebt hat, spätestens der erste Tag nach Ablauf des Jahres, während dessen keine Nachrichten im Sinne des Abs. 1 mehr eingelangt sind.

(3) Wurde in einem gerichtlichen Todeserklärungsverfahren als Zeitpunkt des Todes ein früherer Zeitpunkt als der gemäß Abs. 2 anzunehmende Zeitpunkt festgestellt, so gilt der im gerichtlichen Verfahren festgestellte Zeitpunkt als Todestag.

Verwirkung des Leistungsanspruches

§ 53. (1) Ein Anspruch auf Geldleistungen der Unfall- und Pensionsversicherung steht nicht zu:

1. Versicherten, die den Versicherungsfall durch Selbstbeschädigung vorsätzlich herbeigeführt haben,

2. Personen, die den Versicherungsfall durch die Verübung einer mit Vorsatz begangenen gerichtlich strafbaren Handlung veranlaßt haben, derentwegen sie zu einer mehr als einjährigen Freiheitsstrafe rechtskräftig verurteilt worden sind.

(BGBl I 1998/140)

(2) In den Fällen des Abs. 1 gebühren den im Inland wohnenden bedürftigen Angehörigen des Versicherten, wenn ihr Unterhalt mangels anderweitiger Versorgung vorwiegend von diesem bestritten wurde und nicht ihre Beteiligung an den im Abs. 1 bezeichneten Handlungen – im Falle der Z 2 durch rechtskräftiges Strafurteil – festgestellt ist, bei Zutreffen der übrigen Voraussetzungen die Hinterbliebenenrenten(pensionen); in der Unfallversicherung ist hiebei anzunehmen, daß der Tod des Versehrten als Folge eines Arbeitsunfalles eingetreten sei, doch dürfen diese Hinterbliebenenrenten bei Lebzeiten des Versehrten zeitlich und der Höhe nach das Ausmaß der verwirkten Leistungen nicht übersteigen. Den Leistungsansprüchen der Hinterbliebenen nach dem Ableben des Versicherten (Versehrten) wird hiedurch nicht vorgegriffen.

(BGBl I 1998/140)

(3) Das Erfordernis eines rechtskräftigen Strafurteils entfällt, wenn ein solches wegen des Todes, der Abwesenheit oder eines anderen, in der betreffenden Person liegenden Grundes nicht gefällt werden kann.

Ruhen der Leistungsansprüche bei Haft und Auslandsaufenthalt

§ 54. (1) Die Leistungsansprüche ruhen

1. in der Kranken-, Unfall- und Pensionsversicherung, solange der Anspruchsberechtigte oder sein Angehöriger (§ 78), für den die Leistung gewährt wird, eine Freiheitsstrafe verbüßt oder in den Fällen der §§ 21 Abs. 2, 22 und 23 des Strafgesetzbuches in einer der dort genannten Anstalten angehalten wird;

(BGBl I 1998/140)

2. in der Krankenversicherung überdies für die Dauer der Untersuchungshaft;

3. in der Unfallversicherung hinsichtlich der Geldleistungen mit Ausnahme der Betriebsrenten (§§ 149d bis 149f und 149l) und der Hinterbliebenenrenten (§§ 149o bis 149t), solange sich die anspruchsberechtigte Person im Ausland aufhält.

(BGBl I 1998/140, BGBl I 2015/2)

(2) Das Ruhen von Renten(Pensions)ansprüchen gemäß Abs. 1 tritt nicht ein, wenn die Freiheitsstrafe oder die Anhaltung nicht länger als einen Monat währt.

(BGBl I 1998/140, BGBl I 2015/2)

(2a) Das Ruhen von Leistungsansprüchen tritt ferner in den Fällen des Abs. 1 Z 1 und 2 nicht ein, wenn die Freiheitsstrafe durch Anhaltung im elektronisch überwachten Hausarrest nach dem Fünften Abschnitt des Strafvollzugsgesetzes oder die Untersuchungshaft durch Hausarrest nach § 173a der Strafprozessordnung 1975 vollzogen wird.

(BGBl I 2010/64)

(3) Das Ruhen von Leistungsansprüchen tritt ferner im Falle des Abs. 1 Z 3 nicht ein,

1. wenn durch ein zwischenstaatliches Übereinkommen oder durch eine Verordnung, die der Zustimmung des Hauptausschusses des Nationalrates bedarf, zur Wahrung der Gegenseitigkeit anderes bestimmt wird;

2. wenn der Versicherungsträger dem Anspruchsberechtigten die Zustimmung zum Auslandsaufenthalt erteilt;

3. wenn der Berechtigte in der Zeit vom 4. März 1933 bis 9. Mai 1945 aus politischen oder religiösen Gründen oder aus Gründen der Abstammung ausgewandert ist.

(BGBl I 1998/140, BGBl I 2015/2)

(4) Hat ein Versicherter, dessen Leistungsanspruch in der Krankenversicherung ruht, im Inland Angehörige gemäß § 78, so sind die für diese Angehörigen vorgesehenen Leistungen zu gewähren.

(5) Hat ein Versicherter, dessen Leistungsanspruch in der Unfallversicherung und in der Pensionsversicherung ruht, im Inland Angehörige, so gebührt diesen im Inland sich aufhaltenden Angehörigen, die im Falle des Todes des Versicherten – in der Unfallversicherung im Falle des Todes infolge des Arbeitsunfalles (der Berufskrankheit) – Anspruch auf Hinterbliebenenrente (Pension) haben, eine Rente (Pension) in der Höhe der halben ruhenden Rente (Pension) mit Ausnahme allfälliger zu einer Pension gebührender Kinderzuschüsse. Zur Pension gebühren allfällige Kinderzuschüsse in der Höhe, wie sie zu der ruhenden Pension gebühren. Der Anspruch steht in folgender Reihenfolge zu: Ehegatte/Ehegattin oder eingetragener Partner/eingetragene Partnerin, Kinder, Eltern, Geschwister.

(BGBl 1993/110, BGBl I 1998/140, BGBl I 2009/135)

(6) Leistungen gemäß Abs. 4 und 5 gebühren Angehörigen nicht, deren Beteiligung an der strafbaren Handlung, die die Freiheitsstrafe oder die Anhaltung (Abs. 1 Z 1) verursacht hat, durch rechtskräftiges Erkenntnis des Strafgerichtes oder durch rechtskräftigen Bescheid einer Verwaltungsbehörde festgestellt ist. § 53 Abs. 3 gilt entsprechend.

Ruhen der Leistungsansprüche bei Leistung des Präsenz- oder Ausbildungsdienstes

§ 55. Für die Dauer des Präsenz- oder Ausbildungsdienstes auf Grund des Wehrgesetzes 2001 ruht der Anspruch des Versicherten auf Leistungen der Krankenversicherung für seine Person. Dies gilt nicht für nach § 8 Abs. 1 Z 1 lit. e ASVG Teilversicherte.

(BGBl 1996/413, BGBl I 1998/30, BGBl I 2009/83, BGBl I 2010/111)

Berücksichtigung von Erwerbseinkommen bei Leistungen

§ 56. (1) Als Erwerbseinkommen gilt, sofern in diesem Bundesgesetz nicht anderes bestimmt wird, bei einer

1. unselbständigen Erwerbstätigkeit das aus dieser Tätigkeit gebührende Entgelt;

2. selbständigen Erwerbstätigkeit der auf den Kalendermonat entfallende Teil der nachgewiesenen Einkünfte aus dieser Tätigkeit. Hinsichtlich der Ermittlung des Erwerbseinkommens aus einem land(forst)wirtschaftlichen Betrieb ist § 140 Abs. 5 und 6 entsprechend anzuwenden.

(BGBl I 1997/139, BGBl I 2003/71, BGBl I 2003/145, BGBl I 2005/132, BGBl I 2010/62)

(1a) Dem Erwerbseinkommen aus einer der Pflichtversicherung begründenden Erwerbstätigkeit nach Abs. 1 sind folgende Bezüge gleichzuhalten, wenn sie 49 % des Ausgangsbetrages nach § 3 des Bundesverfassungsgesetzes über die Begrenzung von Bezügen öffentlicher Funktionäre, BGBl. I Nr. 64/1997, übersteigen:

1. Bezüge nach § 1 Abs. 1 des Bundesbezügegesetzes, BGBl. I Nr. 64/1997;

2. Bezüge nach Art. 9 des Beschlusses 2005/684/EG, Euratom, zur Annahme des Abgeordnetenstatuts des Europäischen Parlaments, ABl. Nr. L 262 vom 7.10.2005, S. 1;

3. Bezüge nach § 10 Abs. 2 des Bundesverfassungsgesetzes über die Begrenzung von Bezügen öffentlicher Funktionäre, BGBl. I Nr. 64/1997;

4. Bezüge nach landesgesetzlichen Vorschriften auf der Grundlage des § 1 Abs. 2 des Bundesverfassungsgesetzes über die Begrenzung von Bezügen öffentlicher Funktionäre.

(BGBl I 2010/62, BGBl I 2011/52)

(2) Bei der Anwendung des § 123 Abs. 5 bis 7 ist ein im Anschluss an einen Entgeltbezug bestehender Anspruch auf Krankengeld dem Erwerbseinkommen im Ausmaß des vorher bezogenen Entgeltes gleichgestellt; weiters zählen bei der Anwendung dieser Bestimmungen Beträge, die für einen größeren Zeitraum als den Kalendermonat gebühren (zB Weihnachts- und Urlaubs-

geld, Sonderzahlungen, Belohnungen), nicht zum Erwerbseinkommen.

(BGBl I 1997/139, BGBl I 2000/92, BGBl I 2001/33, BGBl I 2003/71)

(BGBl 1991/157, BGBl 1996/413)

Jahresausgleich bei Anspruch auf Teilpension

§ 57. (1) Besteht in einem Kalenderjahr Anspruch auf Teilpension, so ist deren Höhe unter Berücksichtigung des während des gesamten Kalenderjahres erzielten Erwerbseinkommens – nach den in Betracht kommenden Bestimmungen über die Teilpension – von Amts wegen neu zu ermitteln, wenn der (die) Pensionsberechtigte in Kalendermonaten, in denen Anspruch auf Teilpension bestand, ein unterschiedlich hohes Erwerbseinkommen erzielte. Als monatlich erzieltes Erwerbseinkommen gilt dabei das durchschnittliche Erwerbseinkommen aus jenen Kalendermonaten, in denen Teilpensionsanspruch bestand.

(BGBl I 2000/92, BGBl I 2001/33)

(2) Ist die gemäß Abs. 1 ermittelte Teilpension höher als die bereits ausgezahlte, so ist der Unterschiedsbetrag dem (der) Pensionsberechtigten zu erstatten; ist die gemäß Abs. 1 ermittelte Teilpension niedriger als die bereits ausgezahlte, so ist der Unterschiedsbetrag aufzurechnen (§ 67 Abs. 1 Z 5).

(BGBl 1991/157, BGBl I 1997/139)

Zusammentreffen eines Pensionsanspruches aus eigener Pensionsversicherung mit einem Anspruch auf Krankengeld aus der Allgemeinen Sozialversicherung

§ 57a. Trifft ein Pensionsanspruch aus eigener Pensionsversicherung, ausgenommen ein Anspruch auf Teilpension oder auf Alterspension, mit einem Anspruch auf Krankengeld zusammen, so ruht der Pensionsanspruch für die weitere Dauer des Krankengeldanspruches mit dem Betrag des Krankengeldes. Das Ruhen des Pensionsanspruches tritt auch dann ein, wenn während der Dauer der Verwirkung (§ 88 Abs. 1 des Allgemeinen Sozialversicherungsgesetzes) oder Versagung (§ 142 des Allgemeinen Sozialversicherungsgesetzes) des Krankengeldanspruches die Pension anfällt oder wieder auflebt.

(BGBl 1990/296, BGBl 1991/678, BGBl 1991/157, BGBl 1996/413, BGBl I 1997/139, BGBl I 2001/101)

Gemeinsame Bestimmungen für das Ruhen von Pensionsansprüchen

§ 58. (1) Bei der Anwendung des § 57a sind die Pensionen ohne besondere Steigerungsbeträge für die Höherversicherung (§ 132) und ohne Kinderzuschüsse (§ 135) heranzuziehen.

(BGBl 1993/337, BGBl I 1997/139)

(2) Bei der Anwendung des § 57a ist das Krankengeld nur mehr mit dem Betrag heranzuziehen, um den es den in der Unfallversicherung gemäß § 90a des Allgemeinen Sozialversicherungsgesetzes ruhenden Rentenanspruch übersteigt.

(BGBl 1991/157)

(3) (aufgehoben)

(BGBl 1993/337)

Beginn und Ende des Ruhens von Renten- und Pensionsansprüchen

§ 59. Das Ruhen von Renten- und Pensionsansprüchen wird mit dem Tag des Eintritts des Ruhensgrundes wirksam. Die Renten bzw. Pensionen sind von dem Tag an wieder zu gewähren, mit dem der Ruhensgrund weggefallen ist.

(BGBl I 1998/140)

Wirksamkeitsbeginn von Änderungen in den Renten(Pensions)ansprüchen aus der Unfall- und Pensionsversicherung

§ 60. (1) Die Erhöhung einer Pension aus der Pensionsversicherung bzw. eine wiederzuerkannte oder neu festgestellte Betriebsrente (§ 148h) wird mit dem Zeitpunkt der Anmeldung des Anspruches bzw. der Einleitung des amtswegigen Verfahrens wirksam.

(2) Die Erhöhung von Waisenrenten(pensionen), die Erhöhung von Pensionen infolge Zuerkennung von Kinderzuschüssen, die Weitergewährung von zu Pensionen gewährten Kinderzuschüssen und die Weitergewährung von Waisenrenten(pensionen) ist auch für die Zeit vor der Anmeldung des Anspruches, längstens jedoch bis zu drei Monaten vor der Anmeldung zu gewähren.

(3) Die Herabsetzung einer Rente (Pension) wird, wenn der Herabsetzungsgrund in der Wiederherstellung oder Besserung des körperlichen oder geistigen Zustandes des Rentners (Pensionisten) oder seines Kindes (§ 119 Abs. 2 Z 3) gelegen ist, mit dem Ablauf des Kalendermonates wirksam, der auf die Zustellung des Bescheides folgt, sonst mit dem Ende des Kalendermonates, in dem der Herabsetzungsgrund eingetreten ist.

(BGBl I 2015/162)

(BGBl I 1998/140)

Übertragung und Verpfändung von Leistungsansprüchen

§ 61. (1) Die Ansprüche auf Geldleistungen nach diesem Bundesgesetz können unbeschadet der Bestimmungen des Abs. 3 rechtswirksam nur in folgenden Fällen übertragen oder verpfändet werden:

1. zur Deckung von Vorschüssen, die dem Anspruchsberechtigten von Sozialversicherungsträgern oder von einem Träger der Sozialhilfe auf Rechnung der Versicherungsleistung nach deren Anfall, jedoch vor deren Flüssigmachung gewährt wurden;

2. zur Deckung von gesetzlichen Unterhaltsansprüchen gegen den Anspruchsberechtigten mit der Maßgabe, daß § 291b EO sinngemäß anzuwenden ist.

(BGBl 1991/628)

(2) Der Anspruchsberechtigte kann mit Zustimmung des Versicherungsträgers seine Ansprüche auf Geldleistungen auch in anderen als den im Abs. 1 angeführten Fällen ganz oder teilweise

rechtswirksam übertragen; der Versicherungsträger darf die Zustimmung nur erteilen, wenn die Übertragung im Interesse des Anspruchsberechtigten oder seiner nahen Angehörigen gelegen ist.

(3) Die nicht auf Geldleistungen gerichteten Ansprüche sowie die Anwartschaften nach diesem Bundesgesetz können weder übertragen noch verpfändet werden.

(BGBl 1993/110)

Pfändung von Leistungsansprüchen

§ 62. Die Exekutionsordnung regelt, inwieweit Leistungsansprüche nach diesem Bundesgesetz pfändbar sind.

(BGBl 1991/628)

Entziehung von Leistungsansprüchen

§ 63. (1) Sind die Voraussetzungen des Anspruches auf eine laufende Leistung nicht mehr vorhanden, so ist die Leistung zu entziehen, sofern nicht der Anspruch gemäß § 64 ohne weiteres Verfahren erlischt.

(2) Die Leistung kann ferner auf Zeit ganz oder teilweise entzogen werden, wenn sich der Anspruchsberechtigte nach Hinweis auf diese Folge einer Nachuntersuchung oder Beobachtung entzieht.

(3) Die Entziehung einer Leistung wird wirksam,

1. wenn der Entziehungsgrund in der Wiederherstellung oder Besserung des körperlichen oder geistigen Zustandes des Anspruchsberechtigten gelegen ist, mit dem Ablauf des Kalendermonates, der auf die Zustellung des Bescheides folgt;

2. in allen anderen Fällen mit dem Ende des Kalendermonates, in dem der Entziehungsgrund eingetreten ist.

(BGBl 1993/337)

(BGBl 1991/157)

(4) Die Entziehung einer Leistung aus dem Versicherungsfall der Erwerbsunfähigkeit ist nach der Erreichung des Anfallsalters für die Alterspension (§ 121) nicht mehr zulässig.

(BGBl 1993/337, BGBl 1996/201)

Erlöschen von Leistungsansprüchen

§ 64. (1) Der Anspruch auf eine laufende Leistung erlischt ohne weiteres Verfahren

a) in der Krankenversicherung, wenn die Voraussetzungen für den Anspruch weggefallen sind;

b) in der Unfallversicherung und in der Pensionsversicherung mit dem Tod des Anspruchsberechtigten, mit der Verheiratung oder mit der Begründung einer eingetragenen Partnerschaft der renten(pensions)berechtigten Witwe oder hinterbliebenen eingetragenen Partnerin [des renten(pensions) berechtigten Witwers oder hinterbliebenen eingetragenen Partners], mit dem Wegfall der Voraussetzungen für die Annahme der Verschollenheit, mit der Vollendung des 18. Lebensjahres bei Waisenrenten(pensionen) und bei zur Pension gewährten Kinderzuschüssen, mit dem Wegfall der Voraussetzungen für die Gewährung von Übergangsgeld und Versehrtengeld sowie nach Ablauf der Dauer, für die eine Rente (Pension) zuerkannt wurde. Für den Kalendermonat, in dem der Grund des Wegfalles eingetreten ist, gebührt nur der verhältnismäßige Teil der Rente (Pension), der Ausgleichszulage, des zur Pension gewährten Kinderzuschusses und des Übergangsgeldes, wobei der Kalendermonat einheitlich mit 30 Tagen anzunehmen ist und der verhältnismäßige Teil sich nach der Anzahl der Tage im betreffenden Kalendermonat bis zum Eintritt des Wegfallgrundes bestimmt;

(BGBl 1996/201, BGBl I 1997/139, BGBl I 1998/140, BGBl I 2009/135, BGBl I 2019/84)

c) in der Pensionsversicherung überdies in den Fällen des § 166; die Pension und allfällige Zuschüsse gebühren noch für den Monat, der dem Einlangen des Antrages gemäß § 164 Abs. 1 dieses Bundesgesetzes, gemäß § 308 Abs. 1 des Allgemeinen Sozialversicherungsgesetzes oder gemäß § 172 Abs. 1 bzw. Abs. 3 des Gewerblichen Sozialversicherungsgesetzes beim zuständigen Versicherungsträger folgt.

(BGBl 1996/201)

(2) Der Anspruch auf eine laufende Leistung aus eigener Pensionsversicherung erlischt ferner mit dem Anfall eines Anspruches auf eine andere laufende Leistung aus eigener Pensionsversicherung nach diesem Bundesgesetz, dem Allgemeinen Sozialversicherungsgesetz oder dem Gewerblichen Sozialversicherungsgesetz. Beträge, die nach Erlöschen des früheren Anspruches noch geleistet wurden, sind von den aus dem neuen Anspruch für die gleichen Zeitraum zu leistenden Beträgen einzubehalten und gegebenenfalls dem aus dem früheren Anspruch verpflichteten Versicherungsträger zu überweisen.

Rückwirkende Herstellung des gesetzlichen Zustandes bei Geldleistungen

§ 65. Ergibt sich nachträglich, daß eine Geldleistung bescheidmäßig infolge eines wesentlichen Irrtums über den Sachverhalt oder eines offenkundigen Versehens zu Unrecht abgelehnt, entzogen, eingestellt, zu niedrig bemessen oder zum Ruhen gebracht wurde, so ist mit Wirkung vom Tag der Auswirkung des Irrtums oder Versehens der gesetzliche Zustand herzustellen.

Verfall von Leistungsansprüchen infolge Zeitablaufes

§ 66. (1) Der Anspruch auf Leistungen aus der Krankenversicherung, mit Ausnahme eines Anspruches auf Kostenerstattung oder auf einen Kostenzuschuß, ist vom Anspruchsberechtigten bei sonstigem Verlust binnen zwei Jahren nach seinem Entstehen, bei nachträglicher Feststellung der Versicherungspflicht oder Versicherungsberechtigung binnen zwei Jahren nach Rechtskraft dieser Feststellung geltend zu machen.

(2) Der Anspruch auf Kostenerstattung oder auf einen Kostenzuschuß ist vom Anspruchsberechtigten bei sonstigem Verlust binnen 42 Monaten nach Inanspruchnahme der Leistung geltend zu machen. Bei nachträglicher Feststellung der Versicherungspflicht oder Versicherungsberechtigung verfällt der Anspruch frühestens nach Ablauf von zwei Jahren nach Rechtskraft dieser Feststellung.

(3) Der Anspruch auf bereits fällig gewordene Raten zuerkannter Renten (Pensionen) verfällt nach Ablauf eines Jahres seit der Fälligkeit. Diese Frist wird gehemmt, solange dem Anspruchsberechtigten die Inanspruchnahme der Leistungen durch ein unabwendbares Hindernis nicht möglich ist.

(BGBl 1996/413, BGBl I 1998/140)
(BGBl 1990/296)

Aufrechnung

§ 67. (1) Der Versicherungsträger darf auf die von ihm zu erbringenden Geldleistungen aufrechnen:

1. vom Anspruchsberechtigten einem Versicherungsträger nach diesem oder einem anderen Bundesgesetz geschuldete fällige Beiträge (einschließlich Verzugszinsen, sonstiger Nebengebühren, Gerichts- und Justizverwaltungsgebühren), soweit das Recht auf Einforderung nicht verjährt ist;
(BGBl I 1999/106)
2. von Versicherungsträgern zu Unrecht erbrachte, vom Anspruchsberechtigten rückzuerstattende Leistungen, soweit das Recht auf Rückforderung nicht verjährt ist;
3. von Versicherungsträgern gewährte Vorschüsse (§ 368 Abs. 2 des Allgemeinen Sozialversicherungsgesetzes);
4. vom Versicherten zu entrichtende Kostenanteile gemäß § 80;
(BGBl 1994/450, BGBl 1996/201)
5. die sich aus der Anwendung des § 57 ergebenden Unterschiedsbeträge.
(BGBl I 1997/139)

(2) Die Aufrechnung nach Abs. 1 Z 1, 2 und 4 ist nur bis zur Hälfte der zu erbringenden Geldleistung zulässig, wobei jedoch der anspruchsberechtigten Person ein Gesamteinkommen in der Höhe von 90% des jeweils in Betracht kommenden Richtsatzes nach § 141 verbleiben muss. Gesamteinkommen ist die zu erbringende Geldleistung zuzüglich eines aus übrigen Einkünften der leistungsberechtigten Person erwachsenden Nettoeinkommens (§ 140) und der nach § 142 zu berücksichtigenden Beträge.

(BGBl I 1998/140, BGBl I 2003/71, BGBl I 2003/145)

(3) Ist im Zeitpunkt des Todes des Anspruchsberechtigten eine fällige Geldleistung aus der Unfall- oder Pensionsversicherung noch nicht ausgezahlt, ist die Aufrechnung nach Abs. 1 Z 1, 2 und 4 ohne Begrenzung bis zur vollen Höhe der noch nicht ausgezahlten Geldleistung zulässig.

(BGBl I 1998/140)

(4) (aufgehoben)

Auszahlung der Leistungen

§ 68. (1) Die Geldleistungen aus der Krankenversicherung sowie einmalige Geldleistungen aus der Unfall- und Pensionsversicherung sind binnen zwei Wochen nach der Feststellung der Anspruchsberechtigung auszuzahlen.

(2) Die Renten (Pensionen) und das Übergangsgeld aus der Unfall- und Pensionsversicherung sowie das Versehrtengeld werden monatlich im nachhinein am Ersten des Folgemonats ausgezahlt. Fällt der Auszahlungstermin der genannten Leistungen auf einen Samstag, Sonntag oder gesetzlichen Feiertag, so sind diese Leistungen so zeitgerecht anzuweisen, daß sie an dem diesen Tagen vorhergehenden Werktag dem Leistungsbezieher zur Verfügung stehen. Der Versicherungsträger kann bei der baren Überweisung die Auszahlung auf einen anderen Tag als den Monatsersten vorverlegen.

(3) Wird das Versehrtengeld als einmalige Leistung gewährt (§ 149g Abs. 3), so kann dieses unter Bedachtnahme auf die Erfordernisse des Versehrten bezüglich seiner Lebenshaltung im vorhinein ausbezahlt werden.

(4) (aufgehoben)
(BGBl I 2001/67)

(5) Auf Verlangen des Versicherungsträgers haben die Anspruchsberechtigten Lebens- oder Witwen(Witwer)schafts- oder Hinterbliebenenbestätigungen beizubringen. Solange diese Bestätigungen nicht beigebracht sind, können die Renten (Pensionen) zurückgehalten werden.

(BGBl I 2009/135)

(6) Die Geldleistungen sind bargeldlos zu erbringen, wenn und so lange der (die) Anspruchsberechtigte nicht ausdrücklich Barzahlung verlangt. Gebühren für die Auszahlung (Überweisung) von Geldleistungen aus der Unfall- und Pensionsversicherung einschließlich des Übergangsgeldes sind vom Versicherungsträger zu tragen. Das gleiche gilt in der Krankenversicherung für die Auszahlung (Überweisung) der Geldleistungen. Bei Anspruch auf Ausgleichszulage kann die Leistung für die Dauer des Verfahrens nach § 140 Abs. 13 bar ausgezahlt werden.

(BGBl I 2002/3, BGBl I 2009/147)

(7) Der Versicherungsträger kann sich verpflichten, Geldleistungen der Länder (zB Heizkostenzuschüsse) gegen entsprechende Abgeltung der vollen Kosten zusammen mit den Pensionen auszuzahlen.

(BGBl I 2001/101)
(BGBl 1993/337, BGBl 1996/201, BGBl 1996/413, BGBl I 1998/140)

Pensions(renten)sonderzahlungen

§ 69. (1) Zu Pensionen aus der Pensionsversicherung, die in den Monaten April bzw. Oktober bezogen werden, und zu Renten aus der Unfallversicherung, die in den Monaten April bzw. September bezogen werden, gebührt je eine Sonderzahlung.

(BGBl I 2010/111)

(2) Wird die Pension (Rente) einer anderen Person oder Stelle als dem ehemals versicherten Berechtigten (den berechtigten Hinterbliebenen) auf Grund eines Anspruchsüberganges überwiesen, so werden die Sonderzahlungen nur geleistet, wenn sie dem Berechtigten ungeschmälert zukommen.

(BGBl I 2010/111)

(3) Die Sonderzahlung gebührt in der Höhe der für den Monat April bzw. Oktober (September) ausgezahlten Pension (Rente) einschließlich der Zuschüsse, des Ausgleichszulagenbonus/ Pensionsbonus und der Ausgleichszulage. Ruht der Pensionsanspruch für den Monat April bzw. Oktober (September) ganz oder zum Teil wegen des Zusammentreffens mit einem Anspruch auf Krankengeld nach dem Allgemeinen Sozialversicherungsgesetz, so sind die Sonderzahlungen unter Außerachtlassung der Ruhensbestimmung des § 57a zu berechnen.

(BGBl I 2010/111, BGBl I 2019/84)

(3a) Abweichend von Abs. 3 gebührt die erstmalige Sonderzahlung nur anteilsmäßig, wenn die Pension (mit Ausnahme eines Kinderzuschusses und eines besonderen Steigerungsbetrages nach § 132) im jeweiligen Sonderzahlungsmonat und den letzten fünf Kalendermonaten davor nicht durchgehend bezogen wurde; dabei verringert sich die Höhe der Sonderzahlung je Kalendermonat ohne Pensionsbezug um ein Sechstel. Bei Hinterbliebenenpensionen, die aus einer Pensionsleistung abgeleitet sind, gelten auch Kalendermonate des Bezuges dieser Pensionsleistung als Kalendermonate mit Pensionsbezug.

(BGBl I 2010/111)

(4) Die Sonderzahlungen sind zu im Monat April bzw. Oktober (September) laufenden Pensionen (Renten) in diesen Monaten, sonst zugleich mit der Aufnahme der laufenden Pensions(Renten) zahlung, flüssig zu machen.

(5) Ein schriftlicher Bescheid ist nur im Falle der Ablehnung und auch dann nur auf Begehren des Pensions(Renten)berechtigten zu erteilen.

(BGBl 1996/764, BGBl I 1998/140)

§ 70. (aufgehoben)

(BGBl 1993/110)

Zahlungsempfänger

§ 71. (1) Die Leistungen werden, soweit im folgenden nichts anderes bestimmt wird, an den Anspruchsberechtigten ausgezahlt. Ist der Anspruchsberechtigte minderjährig, so ist die Leistung dem gesetzlichen Vertreter auszuzahlen. Mündige Minderjährige sind jedoch für Leistungen, die ihnen auf Grund ihrer eigenen Versicherung zustehen, selbst empfangsberechtigt. In den Fällen des gemäß § 182 entsprechend anzuwendenden § 361 Abs. 2 dritter Satz des Allgemeinen Sozialversicherungsgesetzes ist die Leistung unmittelbar an den Antragsteller auszuzahlen. Ist der/die volljährige Anspruchsberechtigte nicht geschäftsfähig, so ist seiner/ ihrer gesetzlichen Vertretung (§ 1034 ABGB) die Leistung auszuzahlen, wenn die Angelegenheiten, mit deren Besorgung sie betraut worden ist, die Empfangnahme der Leistung umfassen.

(BGBl I 2018/59)

(2) Wird wahrgenommen, daß Waisenrenten (Pensionen), Kinderzuschüsse zu Pensionen oder Versehrtengeld gemäß § 149g Abs. 1 Z 2 vom Zahlungsempfänger nicht zugunsten des Kindes verwendet werden, so kann der Versicherungsträger mit Zustimmung des Pflegschaftsgerichtes einen anderen Zahlungsempfänger bestellen. Bei Auszahlung des Versehrtengeldes gemäß § 149g Abs. 1 Z 2 an eine andere Person als den Versehrten selbst hat der Versicherungsträger die widmungsgemäße Verwendung des Versehrtengeldes zu beobachten.

(BGBl I 1998/140, BGBl I 2002/3)

(3) Kostenzuschüsse (§ 80), die einem gemäß § 2 Abs. 1 Z 2 Versicherten gebühren, sowie Kosten(Teil)ersätze für Ersatzarbeitskräfte gemäß §§ 148u und 148y Abs. 1 Z 2 nach Arbeitsunfällen oder Berufskrankheiten von Versicherten gemäß § 3 Abs. 1 Z 2 können auch an die Person ausgezahlt werden, die gemäß § 30 Abs. 2 die Beiträge für diesen Versicherten schuldet.

(BGBl I 1998/140)

(4) Von der dem Anspruchsberechtigten gebührenden Pension (Pensionssonderzahlung) ist die Hälfte „dem Ehegatten/der Ehegattin oder dem/ der eingetragenen PartnerIn" des Pensionsberechtigten auszuzahlen, sofern dieser den land(forst) wirtschaftlichen Betrieb mit dem Pensionsberechtigten auf gemeinsame Rechnung und Gefahr in der Mindestdauer von 120 Kalendermonaten geführt bzw. mindestens in diesem Ausmaß im Betrieb des Pensionsberechtigten hauptberuflich mitgearbeitet hat.

(BGBl I 2009/135)

(5) Ist bei der Feststellung des Pensionsanspruches die Wartezeit

1. überhaupt entfallen (§ 111 Abs. 2) oder
2. für eine Leistung aus dem Versicherungsfall der Erwerbsunfähigkeit erfüllt worden,

(BGBl 1996/201)

so tritt an die Stelle der Voraussetzung nach Abs. 4 das Erfordernis einer gemeinsamen Betriebsführung bzw. hauptberuflichen Mitarbeit in den Fällen der Z 1 in der Mindestdauer von 24 Kalendermonaten, in den Fällen der Z 2 in der Mindestdauer von 60 Kalendermonaten.

(6) Als Pension im Sinne des Abs. 4 gilt jede aus den Versicherungsfällen des Alters und der Erwerbsunfähigkeit gebührende Leistung nach diesem Bundesgesetz, bestehend aus Steigerungsbetrag (§ 130), Kinderzuschüssen (§ 135) sowie einer Erhöhung nach § 134a Abs. 1, einschließlich Ausgleichszulage, jedoch vermindert um die auf gesetzlichen Vorschriften beruhenden Abzüge.

(BGBl 1993/337, BGBl 1996/201, BGBl I 1997/139)

(7) Ein Auszahlungsanspruch nach Abs. 4 besteht nicht, wenn und solange der Ehegatte/die Ehegattin oder der/die eingetragene PartnerIn des Pensionsberechtigten

1. auf Grund dieses oder eines anderen Bundesgesetzes in einer Pensionsversicherung pflichtversichert ist oder auf Grund einer solchen Pflichtversicherung eine Leistung aus einem Versicherungsfall des Alters oder der geminderten Arbeitsfähigkeit bzw. Erwerbsunfähigkeit bezieht;

2. auf Grund einer Beschäftigung in einem öffentlich-rechtlichen oder unkündbaren privatrechtlichen Dienstverhältnis zu einer öffentlich-rechtlichen Körperschaft oder zu von solchen Körperschaften verwalteten Betrieben, Anstalten, Stiftungen oder Fonds steht, wenn ihm aus diesem Dienstverhältnis die Anwartschaft auf Ruhe- und Versorgungsgenuß zusteht, oder wenn er auf Grund eines solchen Dienstverhältnisses einen Ruhegenuß bezieht;

3. als Bezieher einer Geldleistung nach dem Arbeitslosenversicherungsgesetz 1977 oder nach dem Karenzgeldgesetz, BGBl. I Nr. 47/1997, oder nach dem Kinderbetreuungsgeldgesetz oder nach dem Sonderunterstützungsgesetz, BGBl. Nr. 642/1973, bzw. als Bezieher einer Überbrückungshilfe nach dem Überbrückungshilfegesetz, BGBl. Nr. 174/1963, in der Krankenversicherung nach dem Allgemeinen Sozialversicherungsgesetz versichert ist oder Anspruch auf Kranken- oder Wochengeld aus der Krankenversicherung nach dem Allgemeinen Sozialversicherungsgesetz hat, auch wenn dieser Anspruch ruht;
(BGBl I 2001/103)

4. im Anschluß an eine Pflichtversicherung oder im Anschluß an den Anspruch auf Kranken- oder Wochengeld oder im Anschluß an die Anstaltspflege ordentlichen oder außerordentlichen Präsenzdienst bzw. Zivildienst leistet;

5. gemäß § 221 dieses Bundesgesetzes von der Pflichtversicherung in der Pensionsversicherung befreit ist;

6. nicht der Pflichtversicherung unterliegt, weil dessen Berufsgruppe auf Grund eines Antrages nach § 5 des Gewerblichen Sozialversicherungsgesetzes von der Pflichtversicherung in der Pensionsversicherung ausgenommen ist.
(BGBl I 1997/139)

(BGBl I 1997/139, BGBl I 2009/135)

(8) Der Auszahlungsanspruch entsteht mit dem Ersten des dem Einlangen des Antrages auf getrennte Auszahlung der Pension beim Versicherungsträger zweitfolgenden Kalendermonates, frühestens jedoch mit dem Ersten des Kalendermonates, der dem Anfall der Pension des Ehegatten/der Ehegattin oder des eingetragenen Partners/der eingetragenen Partnerin folgt. Er endet

1. mit dem Letzten des Kalendermonates, der dem Zutreffen der Voraussetzungen des Abs. 7 oder dem Tod des Ehegatten/der Ehegattin oder des eingetragenen Partners/der eingetragenen Partnerin des/der Pensionsberechtigten oder der Rechtskraft des Urteils über die Nichtigerklärung, Aufhebung, Scheidung oder Auflösung der Ehe oder eingetragenen Partnerschaft folgt,
(BGBl I 2009/135)

2. im Falle des Todes des Pensionsberechtigten mit dem Erlöschen des Pensionsanspruches.
(BGBl I 2009/135)

(9) Der Ehegatte/die Ehegattin oder der/die eingetragene PartnerIn des/der Pensionsberechtigten kann auf eine bereits erwirkte Auszahlung nach Abs. 4 verzichten und einen ausgesprochenen Verzicht widerrufen. Verzicht und Widerruf bedürfen zu ihrer Rechtswirksamkeit der schriftlichen Form und werden mit dem Letzten des dem Einlangen der Verzichtserklärung bzw. mit dem Ersten des dem Einlangen der Widerrufserklärung beim Versicherungsträger zweitfolgenden Kalendermonates wirksam.
(BGBl I 2009/135)

Rückforderung zu Unrecht erbrachter Leistungen

§ 72. (1) Der Versicherungsträger hat zu Unrecht erbrachte Geldleistungen, sowie den Aufwand für zu Unrecht gewährte Heilbehelfe und Anstaltspflege zurückzufordern, wenn der Leistungsempfänger bzw. Zahlungsempfänger (§ 71) den Bezug durch bewußt unwahre Angaben, bewußte Verschweigung maßgebender Tatsachen oder Verletzung der Meldevorschriften und der Auskunftspflicht (§§ 16 bis 18 und 20) herbeigeführt hat oder wenn der Leistungsempfänger bzw. Zahlungsempfänger (§ 71) erkennen mußte, daß die Leistung nicht oder nicht in dieser Höhe gebührte. Geldleistungen sind ferner zurückzufordern, wenn und soweit sich wegen eines nachträglich festgestellten Anspruches auf Weiterleistung der Geld- und Sachbezüge herausstellt, daß sie zu Unrecht erbracht wurden.
(BGBl 1990/296)

(2) Das Recht auf Rückforderung nach Abs. 1

a) besteht nicht, wenn der Versicherungsträger zum Zeitpunkt, in dem er erkennen mußte, daß die Leistung zu Unrecht erbracht worden ist, die für eine bescheidmäßige Feststellung erforderlichen Maßnahmen innerhalb einer angemessenen Frist unterlassen hat;

b) verjährt binnen drei Jahren nach dem Zeitpunkt, in dem dem Versicherungsträger bekannt geworden ist, daß die Leistung zu Unrecht erbracht worden ist.

(3) Der Versicherungsträger kann bei Vorliegen berücksichtigungswürdiger Umstände, insbesondere in Berücksichtigung der Familien-, Einkommens- und Vermögensverhältnisse des Empfängers,

1. auf die Rückforderung gemäß Abs. 1 verzichten;

2. die Erstattung des zu Unrecht gezahlten Betrages in Teilbeträgen zulassen.

(4) Zur Eintreibung der Forderung des Versicherungsträgers auf Grund der Rückforderungsbescheide ist dem Versicherungsträger die Einbringung im Verwaltungswege gewährt (§ 3 Abs. 3 des Verwaltungsvollstreckungsgesetzes 1991).

(BGBl I 2010/62)

(5) Das Recht auf Rückforderung nach Abs. 1 besteht im Falle des Todes des Anspruchsberechtigten gegenüber allen Personen, die zum Bezug der noch nicht erbrachten Leistungen berechtigt sind, soweit sie eine der im § 73 Abs. 1 bezeichneten Leistungen bezogen haben.

Bezugsberechtigung im Falle des Todes des Anspruchsberechtigten

§ 73. (1) Ist im Zeitpunkt des Todes des Anspruchsberechtigten eine fällige Geldleistung noch nicht ausgezahlt, so sind, sofern in diesem Bundesgesetz nichts anderes bestimmt wird, nacheinander der Ehegatte/die Ehegattin oder der/die eingetragene PartnerIn, die leiblichen Kinder, die Wahlkinder, die Stiefkinder, die Schwiegerkinder, die Eltern, die Geschwister bezugsberechtigt, alle diese Personen jedoch nur, wenn sie mit dem Anspruchsberechtigten zur Zeit seines Todes in häuslicher Gemeinschaft gelebt haben. Steht der Anspruch mehreren Kindern, den Eltern oder mehreren Geschwistern des Verstorbenen zu, so sind sie zu gleichen Teilen bezugsberechtigt. Letztlich sind die Verlassenschaft nach dem Versicherten bzw. dessen Erben bezugsberechtigt.

(BGBl 1996/413, BGBl I 2009/135)

(2) Der Anspruch auf Kostenersatz gemäß § 80 Abs. 2, auf Pflegekostenzuschuß gemäß § 93 sowie auf Kosten(Teil)ersätze für Ersatzarbeitskräfte gemäß §§ 148u und 148y Abs. 1 Z 2 steht nach dem Tod eines Versicherten den im Abs. 1 genannten Personen bzw. denjenigen Personen zu, die die Kosten an Stelle des Versicherten getragen haben.

(BGBl 1996/764, BGBl I 1998/140, BGBl I 2007/101)

ABSCHNITT II
Leistungen der Krankenversicherung

1. Unterabschnitt
Allgemeine Bestimmungen

Aufgaben

§ 74. (1) Die Krankenversicherung trifft Vorsorge

1. für die evidenzbasierte Früherkennung von und Frühintervention bei Krankheiten und die Erhaltung der Volksgesundheit;

    (BGBl 1990/296, BGBl 1991/678, BGBl I 2013/81)

2. für die Versicherungsfälle der Krankheit und der Mutterschaft;

3. für Zahnbehandlung und Zahnersatz sowie für die Hilfe bei körperlichen Gebrechen;

4. für medizinische Maßnahmen der Rehabilitation;

    (BGBl 1991/678)

5. für zielgerichtete, wirkungsorientierte Gesundheitsförderung (Salutogenese) und Prävention.

    (BGBl 1991/678, BGBl I 2013/81)

(2) Überdies können aus Mitteln der Krankenversicherung

1. Maßnahmen zur Festigung der Gesundheit (§ 100) und

2. Maßnahmen zur Krankheitsverhütung (§ 101)

gewährt werden.

(BGBl 1990/296, BGBl 1991/678)

(3) Mittel der Krankenversicherung können auch zur Förderung und Unterstützung von gemeinnützigen Einrichtungen, die der Verhütung oder Früherkennung von Krankheiten, der Verhütung von Unfällen, ausgenommen Arbeitsunfälle, der Sicherstellung der Leistung ärztlicher Hilfe oder der Betreuung von Kranken dienen, sowie zur Förderung der Niederlassung von Vertragsärzten (Vertrags-Gruppenpraxen) in medizinisch schlecht versorgten Gebieten und zur Aufrechterhaltung der Praxis in solchen Gebieten verwendet werden, wenn dies der Erfüllung der in den Abs. 1 und 2 genannten Aufgaben dient.

(BGBl 1991/678, BGBl I 2001/101)

(4) Mittel der Krankenversicherung können auch zur Erforschung von Krankheits- bzw. Unfallursachen (ausgenommen Arbeitsunfälle) verwendet werden, wenn dies der Erfüllung der in den Abs. 1 und 2 genannten Aufgaben dient.

(BGBl 1991/678)

(5) Beim Tod eines Versicherten oder eines Angehörigen (§ 78) kann durch die Satzung nach Maßgabe der finanziellen Leistungsfähigkeit des Versicherungsträgers ein Zuschuß zu den Bestattungskosten gewährt werden. Dieser Zuschuß kann unter Bedachtnahme auf die wirtschaftlichen Verhältnisse desjenigen, der die Kosten der Bestattung getragen hat, bis zur Höhe von 436,04 € gezahlt werden.

(BGBl 1991/678, BGBl I 2001/67)

Leistungen

§ 75. Als Leistungen der Krankenversicherung sind nach Maßgabe der Bestimmungen dieses Bundesgesetzes zu gewähren:

1. Zur Früherkennung von Krankheiten: Jugendlichenuntersuchungen und Vorsorge-(Gesunden)untersuchungen (§§ 81 und 82);

    (BGBl 1990/296, BGBl 1991/678)

2. aus dem Versicherungsfall der Krankheit: Krankenbehandlung (§§ 83 bis 87), erforderlichenfalls medizinische Hauskrankenpflege (§ 94) oder Anstaltspflege (§§ 89 bis 93);

    (BGBl 1990/296, BGBl 1991/678)

3. aus dem Versicherungsfall der Mutterschaft: Mutterschaftsleistungen (§§ 97 und 98);

(BGBl I 1997/139, BGBl I 1998/140, BGBl I 2001/101, BGBl I 2001/103)

4. (aufgehoben)

(BGBl I 2001/101, BGBl I 2009/84)

§ 75a. Die Leistungen der Krankenversicherung werden auch gewährt, wenn es sich um die Folgen eines Arbeitsunfalles (§§ 148c und 148d) oder um eine Berufskrankheit (§ 148e) handelt.

(BGBl I 1998/140)

Eintritt des Versicherungsfalles

§ 76. Der Versicherungsfall gilt als eingetreten:

1. im Versicherungsfall der Krankheit mit dem Beginn der Krankheit, das ist des regelwidrigen Körper- oder Geisteszustandes, der die Krankenbehandlung notwendig macht;

2. im Versicherungsfall der Mutterschaft mit dem Beginn der achten Woche vor der voraussichtlichen Entbindung; wenn aber die Entbindung vor diesem Zeitpunkt erfolgt, mit der Entbindung; ist der Tag der voraussichtlichen Entbindung nicht festgestellt worden, mit dem Beginn der achten Woche vor der Entbindung;

(BGBl I 2009/84)

Organspende

§ 76a. (1) Einer Krankheit im Sinne des § 76 Z 1 ist gleichzuhalten, wenn ein Versicherter/eine Versicherte (Angehöriger/Angehörige) in nicht auf Gewinn gerichteter Absicht einen Teil seines/ihres Körpers zur Übertragung in den Körper eines anderen Menschen spendet. Der Versicherungsfall der Krankheit gilt mit dem Zeitpunkt als eingetreten, in dem die erste ärztliche Maßnahme gesetzt wird, die der späteren Entnahme des Körperteiles voranzugehen hat. Der Versicherungsfall umfasst auch die Nachkontrolle nach § 9 Organtransplantationsgesetz - OTPG, BGBl. I Nr. 108/2012.

(BGBl I 2009/147, BGBl I 2012/107)

(2) In grenzüberschreitenden Fällen, in denen weder nach dem Unionsrecht oder einem von Österreich geschlossenen Abkommen noch nach den jeweiligen ausländischen Rechtsvorschriften eine Erstattung der Kosten der Spende durch den ausländischen Träger vorgesehen ist, hat der Träger der Krankenversicherung der Empfängerin/des Empfängers die mit der Spende notwendig verbundenen Sachleistungen für die Spenderin/den Spender wie für eine/n eigene/n Versicherte/n zu erbringen.

(BGBl I 2015/162)

(BGBl I 2009/84)

Anspruchsberechtigung

§ 77. (1) Der Versicherte hat Anspruch auf die Leistungen für sich und seine Angehörigen (§ 78), wenn der Versicherungsfall während der Versicherung eingetreten ist. Die Leistungen aus dem Versicherungsfall der Krankheit werden auch gewährt, wenn die Krankheit im Zeitpunkt des Beginnes der Versicherung bereits bestanden hat. Die Leistungen sind in beiden Fällen auch über das Ende der Versicherung hinaus weiter zu gewähren, solange die Voraussetzungen für den Anspruch gegeben sind.

(BGBl I 2007/101)

(2) Über die Bestimmungen des Abs. 1 hinaus sind weiters Leistungen aus dem Versicherungsfall der Krankheit sowie Leistungen der chirurgischen und konservierenden Zahnbehandlung zu gewähren, wenn Versicherungsschutz aufgrund einer Pflichtversicherung oder einer Anspruchsberechtigung als Angehörige/r bestanden hat, die Erkrankung innerhalb von sechs Wochen nach dem Ende der Anspruchsberechtigung eintritt und kein anderer Anspruch auf Leistungen einer gesetzlichen Krankenversicherung oder einer Krankenfürsorgeeinrichtung eines öffentlich-rechtlichen Dienstgebers gegeben ist.

(BGBl I 2007/101, BGBl I 2009/84)

(BGBl I 2007/101)

Anspruchsberechtigung für Angehörige

§ 78. (1) Anspruch auf die Leistungen besteht für Angehörige,

1. wenn sie ihren gewöhnlichen Aufenthalt im Inland haben und

2. wenn sie weder nach der Vorschrift dieses Bundesgesetzes noch nach anderer gesetzlicher Vorschrift krankenversichert sind, und auch für sie seitens einer Krankenfürsorgeeinrichtung eines öffentlich-rechtlichen Dienstgebers Krankenfürsorge nicht vorgesehen ist.

(2) Als Angehörige gelten:

1. der/die Ehegatte/Ehegattin oder eingetragene Partner/Partnerin

   a) eines/einer nach § 2 Pflichtversicherten, sofern er/sie seinen/ihren Lebensunterhalt überwiegend aus dem Ertrag des land(forst)wirtschaftlichen Betriebes bestreitet,

   b) eines/einer nach § 4 Z 1 Pflichtversicherten und der/die Ehegatte/Ehegattin oder der/die eingetragene Partner/Partnerin eines/einer nach § 8 Weiterversicherten unter der weiteren Voraussetzung des Abs. 6,

   (BGBl I 2009/84)

   (BGBl I 2009/135)

2. die Kinder und die Wahlkinder;

   (BGBl I 2013/86)

3. (aufgehoben)

   (BGBl I 2013/86)

4. (aufgehoben)

   (BGBl I 2013/86)

5. die Stiefkinder und Enkel, wenn sie mit dem Versicherten ständig in Hausgemeinschaft leben,

6.   die Pflegekinder, wenn sie vom Versicherten unentgeltlich verpflegt werden oder das Pflegeverhältnis auf einer behördlichen Bewilligung beruht.

Die ständige Hausgemeinschaft im Sinne der Z 5 besteht weiter, wenn sich das Kind nur vorübergehend oder wegen schulmäßiger (beruflicher) Ausbildung oder zeitweilig wegen Heilbehandlung außerhalb der Hausgemeinschaft aufhält; das gleiche gilt, wenn sich das Kind auf Veranlassung des Versicherten und überwiegend auf dessen Kosten oder auf Anordnung der Jugendfürsorge oder des Pflegschaftsgerichtes in Obsorge eines Dritten befindet.

(BGBl I 2002/3)

(3) Stiefkinder einer Person sind die nicht von ihr abstammenden leiblichen Kinder ihrer Ehegattin/ ihres Ehegatten oder ihrer eingetragenen Partnerin/ ihres eingetragenen Partners, und zwar auch dann, wenn der andere leibliche Elternteil des Kindes noch lebt. Die Stiefkindschaft besteht nach Auflösung oder Nichtigerklärung der sie begründenden Ehe oder der eingetragenen Partnerschaft weiter.

(BGBl I 2013/139)

(4) Kinder und Enkel (Abs. 2 Z 2 bis 6) gelten als Angehörige bis zur Vollendung des 18. Lebensjahres. Nach diesem Zeitpunkt gelten sie als Angehörige, wenn und solange sie

1.   sich in einer Schul- oder Berufsausbildung befinden, die ihre Arbeitskraft überwiegend beansprucht, längstens bis zur Vollendung des 27. Lebensjahres; die Angehörigeneigenschaft von Kindern, die eine im § 3 des Studienförderungsgesetzes 1992 genannte Einrichtung besuchen, verlängert sich nur dann, wenn für sie

     a)   entweder Familienbeihilfe nach dem Familienlastenausgleichsgesetz 1967 bezogen wird oder

     b)   zwar keine Familienbeihilfe bezogen wird, sie jedoch ein ordentliches Studium ernsthaft und zielstrebig im Sinne des § 2 Abs. 1 lit. b des Familienlastenausgleichsgesetzes 1967 in der Fassung des Bundesgesetzes BGBl. Nr. 311/1992 betreiben;

(BGBl 1992/474, BGBl 1996/201, BGBl I 2002/142)

2.   seit der Vollendung des 18. Lebensjahres oder seit dem Ablauf des in Z 1 genannten Zeitraumes

     a)   infolge Krankheit oder Gebrechen erwerbsunfähig sind oder

     b)   erwerbslos sind;

(BGBl I 2001/101)

3.   an einem Programm der Europäischen Union zur Förderung der Mobilität junger Menschen teilnehmen, längstens bis zur Vollendung des 27. Lebensjahres.

(BGBl I 2001/101, BGBl I 2015/162)

Die Angehörigeneigenschaft bleibt in den Fällen der Z 2 lit. b längstens für die Dauer von 24 Monaten ab den in Z 2 genannten Zeitpunkten gewahrt.

(5) Kommt eine mehrfache Angehörigeneigenschaft nach diesem und einem anderen Bundesgesetz in Betracht, so wird die Leistung nur einmal gewährt. Leistungspflichtig ist der Versicherungsträger, bei dem die Leistung zuerst in Anspruch genommen wird.

(6) Eine im Abs. 2 Z 1, Abs. 6a, 6b und 7 genannte Person gilt nur als Angehöriger, soweit es sich nicht um eine Person handelt, die

a)   einer Berufsgruppe angehört, die gemäß § 5 Abs. 1 GSVG von der Pflichtversicherung ausgenommen ist oder

(BGBl 1990/296, BGBl I 1997/139, BGBl I 1998/140)

b)   zu den im § 4 Abs. 2 Z 2 GSVG genannten Personen gehört oder

(BGBl I 1998/140, BGBl I 2000/92, BGBl I 2001/33)

c)   im § 2 Abs. 1 des Bundesgesetzes über die Sozialversicherung freiberuflich selbständig Erwerbstätiger, BGBl. Nr. 624/1978, in der am 31. Dezember 1997 geltenden Fassung angeführt ist oder

(BGBl 1996/413, BGBl I 1998/140)

d)   eine Pension nach dem in lit. c genannten Bundesgesetz bezieht, oder

(BGBl I 1998/140)

e)   in die Vorsorge nach dem Notarversorgungsgesetz einbezogen ist oder eine Pension nach dem Notarversicherungsgesetz 1972 oder dem Notarversorgungsgesetz bezieht oder

(BGBl 1996/413, BGBl I 1998/140, BGBl I 2012/123, BGBl I 2018/100)

f)   einer Berufsgruppe angehörte, die nach § 5 Abs. 1 auch von der Pflichtversicherung in der Krankenversicherung ausgenommen ist, und eine Alters-, Berufsunfähigkeits- oder Todesversorgungsleistung aus einer Einrichtung ihrer gesetzlichen beruflichen Vertretung bezieht. Besondere Pensionsleistungen nach den §§ 20c, 20d und 20e FSVG gelten als Versorgungsleistungen.

(BGBl I 2012/123)

(BGBl I 2007/31, BGBl I 2009/84)

(6a) Als Angehörige/r gilt auch eine mit der/dem Versicherten nicht verwandte Person, die seit mindestens zehn Monaten mit ihm/ihr in Hausgemeinschaft lebt und ihm/ihr seit dieser Zeit unentgeltlich den Haushalt führt, wenn eine/ein im gemeinsamen Haushalt lebende/r arbeitsfähige/r Ehegattin/Ehegatte oder eingetragene/r Partner/Partnerin nicht vorhanden ist. Die Angehörigeneigenschaft bleibt auch dann gewahrt, wenn die als Angehörige/r geltende Person nicht mehr in der Lage ist, den Haushalt zu führen. Angehörige/r aus diesem Grund kann nur eine einzige Person sein.

(BGBl I 2006/131, BGBl I 2007/31, BGBl I 2009/84, BGBl I 2009/135)

BSVG

(6b) Als Angehörige gelten auch Personen, die eine/n Versicherte/n mit Anspruch auf Pflegegeld zumindest in Höhe der Stufe 3 nach § 5 des Bundespflegegeldgesetzes oder nach den Bestimmungen der Landespflegegeldgesetze unter ganz überwiegender Beanspruchung ihrer Arbeitskraft nicht erwerbsmäßig in häuslicher Umgebung pflegen. Als Angehörige gelten die/der Ehegattin/Ehegatte, eingetragene Partnerin/Partner und Personen, die mit der pflegebedürftigen Person in gerader Linie oder bis zum vierten Grad der Seitenlinie verwandt oder verschwägert sind, ferner Wahl-, Stief- und Pflegekinder, Wahl-, Stief- und Pflegeeltern sowie Angehörige nach Abs. 6a.

(BGBl I 2009/84, BGBl I 2009/135)

(7) Durch die Satzung kann nach Maßgabe der finanziellen Leistungsfähigkeit des Versicherungsträgers bestimmt werden, dass eine Person, die ihren Lebensunterhalt überwiegend aus dem Ertrag des Betriebes bestreitet und hauptberuflich keiner Beschäftigung außerhalb des Betriebes nachgeht oder die von einem nach § 4 Z 1 Pflichtversicherten überwiegend erhalten wird, den im Abs. 2 genannten Personen gleichgestellt ist.

(BGBl I 2000/142, BGBl I 2007/31)

(8) Eine im Abs. 2 und Abs. 4 sowie Abs. 6a, 6b sowie 7 genannte Person gilt nicht als Angehöriger, wenn sie im Ausland eine Erwerbstätigkeit ausübt, die, würde sie im Inland ausgeübt werden, nach den Bestimmungen dieses oder eines anderen Bundesgesetzes die Versicherungspflicht in der Krankenversicherung begründet, oder eine Pension auf Grund dieser Erwerbstätigkeit bezieht; dies gilt entsprechend für eine Beschäftigung bei einer internationalen Organisation und den Bezug einer Pension auf Grund dieser Beschäftigung.

(BGBl I 2001/101, BGBl I 2007/31, BGBl I 2009/84, BGBl I 2012/123)

(9) Kinder und Enkel (Abs. 2 Z 2 bis 6) gelten im Rahmen der Altersgrenzen des Abs. 4 Z 1 auch dann als Angehörige, wenn sie sich im Ausland in einer Schul- oder Berufsausbildung befinden; dies gilt auch bei nur vorübergehendem Aufenthalt im Inland.

(BGBl 1991/678)

(10) Als Pflegekinder gemäß Abs. 2 Z 6 gelten auch Kinder, die von einem (einer) Versicherten gepflegt und erzogen werden, wenn sie mit dem (der) Versicherten

1. bis zum dritten Grad verwandt oder verschwägert sind und
2. ständig in Hausgemeinschaft leben.

(BGBl 1996/413)

Sonderregelung für Pensionisten

§ **79.** Ist der Pensionist (§ 4 Z 1) oder ein Angehöriger des Pensionisten (§ 78) in einer Versorgungsanstalt oder in einer Anstalt der Sozialhilfe, in der er im Rahmen seiner gesamten Betreuung ärztliche Hilfe und Heilmittel erhält, untergebracht, so besteht während der Dauer dieser Unterbringung für seine Person kein Anspruch auf diese Leistungen der Krankenversicherung.

Arten der Erbringung der Leistungen, Kostenbeteiligung

§ **80.** (1) Die Leistungen werden als Sachleistungen, als Geldleistungen durch Kostenerstattung oder durch Kostenzuschüsse erbracht.

(2) Bei Sachleistungen, mit Ausnahme der Anstaltspflege, hat der Versicherte, soweit in diesem Bundesgesetz nichts anderes bestimmt wird, 20 vH der dem Versicherungsträger erwachsenden Kosten als Kostenanteil zu ersetzen. Für ambulante Leistungen, die durch Zahlungen der Landesgesundheitsfonds abgegolten werden, ist der Kostenanteil in der Höhe von 20% von einem Pauschalbetrag zu ermitteln, dessen Höhe in der Satzung bestimmt wird. Für ärztliche Hilfe und chirurgisch konservierende Zahnbehandlung durch niedergelassene Ärzte/Ärztinnen, Zahnärzte/Zahnärztinnen, Dentisten/Dentistinnen, Primärversorgungseinheiten und Gruppenpraxen beträgt der Kostenanteil (Behandlungsbeitrag) einheitlich 7,14 Euro[a)] pro Behandlungsfall und Quartal. Als Behandlungsfall gilt auch die mehrmalig im Quartal erfolgende Leistungsinanspruchnahme. An die Stelle des im zweiten Satz[b)] genannten Betrages tritt ab 1. Jänner jeden Jahres der unter Bedachtnahme auf § 47 mit der jeweiligen Aufwertungszahl (§ 45) vervielfachte Betrag, gerundet auf Cent. Die Satzung kann, soweit dies für die Sicherstellung der finanziellen Leistungsfähigkeit des Versicherungsträgers erforderlich ist, den Behandlungsbeitrag mit einem über die jeweils geltende Höhe hinausgehenden Betrag festsetzen. Für die Anstaltspflege hat der Versicherte einen Kostenanteil den Kostenbeitrag gemäß § 447f Abs. 7 ASVG zu entrichten. Die Satzung kann bei der Erbringung der Leistungen für Kieferregulierungen und des unentbehrlichen Zahnersatzes an Stelle des 20%-igen Kostenanteiles höhere Zuzahlungen durch den Versicherten vorsehen. Bei Kostenerstattung werden dem Versicherten 80 vH der Kosten erstattet, die ihm auf Grund der mit den Vertragspartnern vereinbarten Tarife erwachsen sind. Kostenzuschüsse werden, sofern dieses Bundesgesetz nichts anderes bestimmt, bei Fehlen vertraglicher Regelungen über die Vergütung der Leistungen der Vertragspartner gewährt; sie dürfen den Betrag nicht übersteigen, der nach den zuletzt in Geltung gestandenen vertraglichen Bestimmungen über die Vergütung der Leistungen der Vertragspartner zu zahlen gewesen wäre. Diese Kostenzuschüsse können durch die Satzung unter Bedachtnahme auf die finanzielle Leistungsfähigkeit der Krankenversicherung nach diesem Bundesgesetz erhöht werden; sie dürfen jedoch 80 vH der dem Versicherten tatsächlich erwachsenden Kosten nicht übersteigen. An die Stelle des/der Versicherten tritt der/die Ehegatte/Ehegattin oder der/die eingetragene Partner/Partnerin des/der Versicherten, an den/die die Pension nach § 71 Abs. 4 auszuzahlen ist, sofern dies von

einem der Ehegatten oder eingetragenen Partner/
Partnerinnen beantragt wird.

*(BGBl 1990/296, BGBl 1993/337, BGBl 1996/201,
BGBl 1996/764, BGBl I 1997/139, BGBl I 1998/140,
BGBl I 2000/92, BGBl I 2001/33, BGBl I 2001/35,
BGBl I 2001/67, BGBl I 2001/101, BGBl I 2004/171,
BGBl I 2004/179, BGBl I 2005/155, BGBl I
2007/101, BGBl I 2009/135, BGBl I 2017/131)*

a) Betrag siehe VO im Anhang.

b) Anm.: richtig: dritten Satz

(3) Der Versicherte hat keinen Kostenanteil zu
bezahlen

a)   bei Leistungen gemäß den §§ 81, 82, 82a, 97
     und 101 sowie bei Leistungen gemäß § 96a
     mit Ausnahme der Zuzahlung gemäß § 96a
     Abs. 7;

(BGBl 1991/678, BGBl 1996/201)

b)   bei anzeigepflichtigen übertragbaren Krank-
     heiten;

c)   (aufgehoben)

(BGBl 1996/764)

d)   bei Dialysebehandlungen infolge Nieren-
     erkrankungen;

e)   (aufgehoben)

(BGBl 1996/764)

f)   (aufgehoben)

(BGBl 1996/764)

g)   bei der Gewährung von Leistungen der An-
     staltspflege, mit Ausnahme ambulanter Leis-
     tungen, bei Arbeitsunfällen und Berufskrank-
     heiten;

*(BGBl 1996/764, BGBl I 2002/142, BGBl I
2007/101)*

h)   bei Leistungen der Krankenbehandlung, der
     Zahnbehandlung mit Ausnahme von nicht
     unter § 95a fallenden Kieferregulierungen
     sowie Krankentransporten für Angehörige
     nach § 78 Abs. 2 Z 2 bis 6 und Abs. 4.

*(BGBl I 2002/142, BGBl I 2009/84, BGBl I
2014/28)*

(BGBl I 2007/101)

(4) Der Versicherungsträger kann von der Einhebung des Kostenanteiles absehen

a)   bei allen Leistungen, wenn der vorzuschrei-
     bende Kostenanteil 1,09 € nicht übersteigt und
     die Einhebung mit Kosten verbunden wäre,
     die in keinem angemessenen Verhältnis zur
     Höhe des Kostenanteiles stehen;

(BGBl I 2001/67)

b)   bei Sachleistungen, wenn die an die Ver-
     tragspartner zu leistende Vergütung durch
     vertragliche Regelungen in Pauschbeträ-
     gen unabhängig von der dem einzelnen An-
     spruchsberechtigten erbrachten Leistung
     festgesetzt ist;

(BGBl 1993/337)

c)   bei Sachleistungen, wenn durch die abge-
     schlossenen vertraglichen Regelungen die

Vergütung rückwirkend erhöht wird, für den
auf die Erhöhung entfallenden Kostenanteil.

(BGBl 1993/337)

(5) Der Kostenanteil ist – mit Ausnahme des
Behandlungsbeitrages – bei Inanspruchnahme
der Leistung an den Vertragspartner zu entrichten
und in weiterer Folge von diesem mit dem Versicherungsträger gegenzurechnen. Im Falle der
Einhebung durch den Versicherungsträger ist der
Kostenanteil längstens innerhalb eines Monates
nach erfolgter Vorschreibung einzuzahlen. Der
Kostenanteil kann, wenn dies der Verwaltungsvereinfachung dient, auch gemeinsam mit den Beiträgen vorgeschrieben werden, in diesem Fall wird er
mit den Beiträgen fällig. Im übrigen gelten für die
Einhebung des Kostenanteiles die Bestimmungen
der §§ 33 Abs. 2 und 36 bis 40, § 33 Abs. 2 jedoch
mit der Maßgabe, daß Teilzahlungen zur Gänze
vorrangig auf den Rückstand an Kostenanteilen
angerechnet werden.

*(BGBl I 1998/140, BGBl I 2000/92, BGBl I
2001/33)*

(6) Zur Eintreibung des Kostenanteiles ist dem
Versicherungsträger die Einbringung im Verwaltungswege gewährt (§ 3 Abs. 3 des Verwaltungsvollstreckungsgesetzes 1991).

(BGBl I 2010/62)

(7) Zahlungen, die auf Grund anderer gesetzlicher Bestimmungen für den Versicherten geleistet
werden, sind auf den vom Versicherten zu entrichtenden Kostenanteil anzurechnen.

(8) Für eine als Krankenbehandlung erbrachte
ambulante Tumorbehandlung durch eine punktförmige Bestrahlung des Tumors mit Protonen und/
oder Kohlenstoffionen ist ein Kostenzuschuss nach
Abs. 1 festzusetzen. Die Höhe des Kostenzuschusses hat sich am Ausmaß der durchschnittlichen
Kostentragung von ausländischen gesetzlichen
Versicherungsträgern mit Sitz in einem Mitgliedstaat des Europäischen Wirtschaftsraumes für diese
Behandlung zu orientieren, wenn diese Behandlung
im betreffenden Staat ebenfalls ambulant erfolgt.

(BGBl I 2004/171)

Leistungen bei mehrfacher Versicherung in der Krankenversicherung

§ 80a. Bei mehrfacher Krankenversicherung
nach den Bestimmungen dieses oder eines anderen
Bundesgesetzes sind die Sachleistungen (die Erstattung von Kosten anstelle von Sachleistungen)
für ein und denselben Versicherungsfall nur einmal
zu gewähren, und zwar von dem Versicherungsträger, den die/der Versicherte zuerst in Anspruch
nimmt. Die Barleistungen gebühren aus jeder der
in Betracht kommenden Versicherungen.

*(BGBl I 1997/139, BGBl I 1999/176, BGBl I 2002/3,
BGBl I 2004/171)*

2. Unterabschnitt
Leistungen der Krankenversicherung im besonderen

Jugendlichenuntersuchungen

§ 81. (1) Der Versicherungsträger hat die bei ihm pflichtversicherten Jugendlichen, zwecks Überwachung ihres Gesundheitszustandes jährlich mindestens einmal einer ärztlichen Untersuchung zu unterziehen. Für die Durchführung der Untersuchungen kommen insbesondere Vertragsärzte, Einrichtungen der Vertragsärzte und sonstiger Vertragspartner, Vertrags-Gruppenpraxen sowie eigene Einrichtungen in Betracht.
(BGBl 1993/337, BGBl I 1997/139, BGBl I 2001/101)

(2) Als Jugendliche im Sinne des Abs. 1 gelten Personen nach Vollendung des 15. Lebensjahres, soweit sie aber das 15. Lebensjahr vor Beendigung der allgemeinen Schulpflicht vollendet haben, nach dem Ablauf des letzten Schuljahres, alle diese, solange sie das 18. Lebensjahr noch nicht vollendet haben.
(BGBl I 2002/142)

(3) Der Versicherungsträger hat dem Jugendlichen die im Zusammenhang mit der Untersuchung entstehenden Fahrtkosten nach Maßgabe der Bestimmungen des § 85 Abs. 4 zu ersetzen.

(4) (aufgehoben)
(BGBl I 2015/144)

Vorsorge(Gesunden)untersuchungen

§ 82. (1) Die Versicherten und ihre Angehörigen (§ 78) haben Anspruch auf jährlich eine Vorsorge(Gesunden)untersuchungen[a]. Sie ist vom Versicherungsträger nach Maßgabe der gemäß § 132b Abs. 2 des Allgemeinen Sozialversicherungsgesetzes erlassenen Richtlinien des Dachverbandes der Sozialversicherungsträger durchzuführen.
(BGBl 1990/296, BGBl I 2018/100)

[a] Die Verwendung des Plurals ist ein Redaktionsversehen.

(2) Die im Zusammenhang mit den Vorsorge(Gesunden)untersuchungen entstehenden Fahrtkosten sind nach Maßgabe der Bestimmungen des § 85 Abs. 4 zu ersetzen.
(BGBl 1990/296)
(BGBl 1990/296)

Sonstige Maßnahmen zur Erhaltung der Volksgesundheit

§ 82a. (1) Der Versicherungsträger hat unbeschadet seiner anderweitigen gesetzlichen Aufgaben sonstige Maßnahmen zur Erhaltung der Volksgesundheit durchzuführen. § 132c des Allgemeinen Sozialversicherungsgesetzes gilt, soweit im folgenden nichts anderes bestimmt wird, entsprechend.

(2) Die im Zusammenhang mit den Maßnahmen zur Erhaltung der Volksgesundheit entstehenden Fahrtkosten sind nach Maßgabe der Bestimmungen des § 85 Abs. 4 zu ersetzen.

Krankenbehandlung

§ 83. (1) Die Krankenbehandlung umfaßt:
1. ärztliche Hilfe;
2. Heilmittel;
3. Heilbehelfe.

(2) Die Krankenbehandlung muß ausreichend und zweckmäßig sein, sie darf jedoch das Maß des Notwendigen nicht überschreiten. Durch die Krankenbehandlung sollen die Gesundheit, die Arbeitsfähigkeit und die Fähigkeit für die lebenswichtigen persönlichen Bedürfnisse zu sorgen, nach Möglichkeit wiederhergestellt, gefestigt oder gebessert werden. Die Leistungen der Krankenbehandlung werden, soweit in diesem Bundesgesetz nichts anderes bestimmt wird, als Sachleistungen erbracht.

(3) Kosmetische Behandlungen gelten als Krankenbehandlung, wenn sie zur Beseitigung anatomischer oder funktioneller Krankheitszustände dienen. Andere kosmetische Behandlungen können als freiwillige Leistungen gewährt werden, wenn sie der vollen Wiederherstellung der Arbeitsfähigkeit förderlich oder aus Berufsgründen notwendig sind. Als Leistung der Krankenbehandlung gilt auch die Übernahme der für eine Organtransplantation notwendigen Anmelde- und Registrierungskosten bei einer Organbank.

(4) Für Angehörige (§ 78), die sonst einen gesetzlichen Anspruch auf Krankenbehandlung haben, besteht kein Anspruch auf die Leistungen der Krankenbehandlung nach diesem Bundesgesetz.

Dauer der Krankenbehandlung

§ 84. (1) Die Krankenbehandlung wird während der Versicherung für die Dauer der Krankheit ohne zeitliche Begrenzung gewährt.

(2) Besteht die Notwendigkeit der Krankenbehandlung für eine Erkrankung, die vor dem Ende der Versicherung eingetreten ist, über diesen Zeitpunkt hinaus, so wird für diese Erkrankung, solange es sich um ein und denselben Versicherungsfall handelt, die Krankenbehandlung ohne zeitliche Begrenzung gewährt. Für die Fälle des § 77 Abs. 2 sind die Leistungen der Krankenbehandlung sowie der chirurgischen und konservierenden Zahnbehandlung längstens durch 26 Wochen zu gewähren.
(BGBl I 2007/101, BGBl I 2009/84)

(3) Wird im Falle des Abs. 2 während der Gewährung von Leistungen aus dem Versicherungsfall der Krankheit der Träger einer nach einem anderen Bundesgesetz geregelten Krankenversicherung versicherungszuständig, so geht die Zuständigkeit zur Erbringung von Leistungen aus dem betreffenden Versicherungsfall an den versicherungszuständig gewordenen Träger der Krankenversicherung mit der Maßgabe über, daß dieser die Leistungen nach den für ihn geltenden Vorschriften weiterzugewähren hat.

Ärztliche Hilfe

§ 85. (1) Die ärztliche Hilfe wird durch Vertragsärzte und Vertrags-Gruppenpraxen, durch

Wahlärzte und Wahl-Gruppenpraxen (§ 88 Abs. 1) sowie durch Ärzte in eigenen Einrichtungen des Versicherungsträgers und in Vertragseinrichtungen (§ 80) gewährt. Die Satzung kann unter Bedachtnahme auf die finanzielle Leistungsfähigkeit des Versicherungsträgers und das wirtschaftliche Bedürfnis der Versicherten für alle oder bestimmte Gruppen von Versicherten an Stelle der Sachleistungen eine Kostenerstattung vorsehen. Im Rahmen der Krankenbehandlung (§ 83 Abs. 2) ist der ärztlichen Hilfe gleichgestellt:

1. eine auf Grund ärztlicher Verschreibung erforderliche
   a) physiotherapeutische,
   b) logopädisch-phoniatrisch-audiologische oder
   c) ergotherapeutische

   Behandlung durch Personen, die gemäß § 7 des Bundesgesetzes über die Regelung der gehobenen medizinisch-technischen Dienste, BGBl. Nr. 460/1992, zur freiberuflichen Ausübung des physiotherapeutischen Dienstes, des logopädisch-phoniatrisch-audiologischen Dienstes bzw. des ergotherapeutischen Dienstes berechtigt sind;
   (BGBl 1993/337)

2. eine auf Grund ärztlicher Verschreibung oder psychotherapeutischer Zuweisung erforderliche diagnostische Leistung eines klinischen Psychologen oder einer klinischen Psychologin nach § 29 Abs. 1 des Psychologengesetzes 2013, BGBl. I Nr. 182/2013;
   (BGBl I 2015/162)

3. eine psychotherapeutische Behandlung durch Personen, die gemäß § 11 des Psychotherapiegesetzes, BGBl. Nr. 361/1990, zur selbständigen Ausübung der Psychotherapie berechtigt sind, wenn nachweislich vor oder nach der ersten, jedenfalls vor der zweiten psychotherapeutischen Behandlung innerhalb desselben Abrechnungszeitraumes eine ärztliche Untersuchung (§ 2 Abs. 2 Z 1 des Ärztegesetzes 1998) stattgefunden hat;
   (BGBl I 2001/101, BGBl I 2002/169)

4. eine auf Grund ärztlicher Verschreibung erforderliche Leistung eines Heilmasseurs, der nach § 46 des Medizinischer Masseur- und Heilmasseurgesetzes, BGBl. I Nr. 169/2002, zur freiberuflichen Berufsausübung berechtigt ist.
   (BGBl I 2002/169)

(BGBl 1991/678, BGBl I 2001/101)

(2) In der Regel soll die Auswahl zwischen mindestens zwei zur Behandlung berufenen, für den Erkrankten in angemessener Zeit erreichbaren Ärzten oder Gruppenpraxen freigestellt sein. Hat der Versicherungsträger eigene Einrichtungen für die Gewährung der ärztlichen Hilfe oder wird diese durch Vertragseinrichtungen gewährt, muß die Wahl der Behandlung zwischen einer dieser Einrichtungen und einem oder mehreren Vertrags-

ärzten (Wahlärzten) bzw. einer oder mehreren Vertrags-Gruppenpraxen (Wahl-Gruppenpraxen) unter gleichen Bedingungen freigestellt sein. Insoweit Zuzahlungen zu den Leistungen vorgesehen sind, müssen diese in den Ambulatorien, bei den freiberuflich tätigen Vertragsärzten und in den Vertrags-Gruppenpraxen gleich hoch sein.
(BGBl I 2001/101)

(3) Bei der Inanspruchnahme ärztlicher Hilfe durch einen Vertragsarzt, in einer Vertrags-Gruppenpraxis oder in eigenen Einrichtungen (Vertragseinrichtungen) des Versicherungsträgers hat der (die) Erkrankte die innerhalb des ELSY als Krankenscheinersatz zu verwendende Chipkarte vorzulegen.
(BGBl I 1997/139, BGBl I 1998/140, BGBl I 2001/101, BGBl I 2002/142)

(4) Im Falle der Notwendigkeit der Inanspruchnahme ärztlicher Hilfe kann der Ersatz der Reise(Fahrt)kosten nach Maßgabe der Bestimmungen der Satzung gewährt werden. Bei der Festsetzung des Ausmaßes des Kostenersatzes ist auf die örtlichen Verhältnisse, auf den dem Versicherten für sich bzw. seinen Angehörigen bei Benützung des billigsten öffentlichen Verkehrsmittels erwachsenden Reisekostenaufwand und auf § 80 Bedacht zu nehmen; dies gilt auch bei Benützung eines Privatfahrzeuges. Die Satzung kann überdies bestimmen, daß nach diesen Grundsätzen festgestellte Reise(Fahrt)kosten bei Kindern und gebrechlichen Personen auch für eine Begleitperson gewährt werden. Die tatsächliche Inanspruchnahme der Behandlungsstelle ist in jedem Fall nachzuweisen.
(BGBl 1996/413)

(5) Die Satzung bestimmt unter Bedachtnahme auf Abs. 4, unter welchen Voraussetzungen für gehunfähig erkrankte Versicherte und Angehörige der Transport mit einem Krankentransportwagen zur Inanspruchnahme ärztlicher Hilfe sowie der Ersatz der Kosten für die Inanspruchnahme eines Lohnfuhrwerkes bzw. privaten Kraftfahrzeuges gewährt werden können. Die medizinische Notwendigkeit eines solchen Transportes muß ärztlich bescheinigt sein.
(BGBl 1996/413)

Behandlungsbeitrag-Ambulanz
§ 85a. (aufgehoben)
(BGBl I 2001/5, BGBl I 2001/35)

Heilmittel
§ 86. (1) Die Heilmittel umfassen
a) die notwendigen Arzneien und
b) die sonstigen Mittel, die zur Beseitigung oder Linderung der Krankheit oder zur Sicherung des Heilerfolges dienen.

(2) Die Kosten der Heilmittel sind vom Versicherungsträger durch Abrechnung mit den Apotheken zu übernehmen. Ein Kostenanteil des Versicherten (§ 80 Abs. 2) ist nicht einzuheben.

(3) Für jedes auf einem Rezept verordnete und auf Rechnung des Versicherungsträgers bezogene Heilmittel ist als Kostenbeteiligung eine Rezeptgebühr in der Höhe von 4,35 €[a)] zu zahlen. An die Stelle dieses Betrages tritt ab 1. Jänner eines jeden Jahres der unter Bedachtnahme auf § 47 mit der jeweiligen Aufwertungszahl (§ 45) vervielfachte Betrag. Der vervielfachte Betrag ist auf fünf Cent zu runden. Die Satzung kann, soweit dies für die Sicherstellung der finanziellen Leistungsfähigkeit des Versicherungsträgers erforderlich ist, die Rezeptgebühr im Fall des Abs. 5 als verminderte Rezeptgebühr, deren Höchstausmaß 50% der jeweils geltenden Rezeptgebühr nicht übersteigen darf, festsetzen. Die Rezeptgebühr ist bei Abgabe des Heilmittels an die abgebende Stelle für Rechnung des Versicherungsträgers zu zahlen. Die Zahlung ist von dieser Stelle auf dem Rezept zu vermerken.

(BGBl 1996/413, BGBl 1996/764, BGBl I 2000/92, BGBl I 2001/33, BGBl I 2001/67, BGBl I 2003/145, BGBl I 2004/156)

[a)] Betrag siehe VO über veränderliche Werte.

(4) Bei anzeigepflichtigen übertragbaren Krankheiten darf eine Rezeptgebühr nicht eingehoben werden. Der Versicherungsträger hat für diese Fälle besondere Rezeptvordrucke aufzulegen, die mit dem Vermerk rezeptgebührenfrei zu versehen sind.

(5) Der Versicherungsträger hat bei Vorliegen einer besonderen sozialen Schutzbedürftigkeit des Versicherten nach Maßgabe der vom Dachverband der Sozialversicherungsträger hiezu erlassenen Richtlinien von der Einhebung der Rezeptgebühr dann abzusehen, wenn durch die Satzung gemäß Abs. 3 nichts anderes bestimmt wird.

(BGBl I 2000/92, BGBl I 2001/33, BGBl I 2018/100)

(6) Der Versicherungsträger hat von der Einhebung der Rezeptgebühr auch bei Erreichen der in den Richtlinien des Dachverbandes nach § 30a Abs. 1 Z 15 ASVG vorgesehenen Obergrenze abzusehen.

(BGBl I 2007/101, BGBl I 2018/100)

Heilbehelfe

§ 87. (1) Brillen, orthopädische Schuheinlagen, Bruchbänder und sonstige notwendige Heilbehelfe sind über ärztliche Verordnung in einfacher und zweckentsprechender Ausführung nach Maßgabe der folgenden Bestimmungen zu gewähren.

(2) Die Kosten der Heilbehelfe werden vom Versicherungsträger nur dann übernommen, wenn sie höher sind als 20 % der Höchstbeitragsgrundlage (§ 108 Abs. 3 ASVG). 10 % der Kosten, gerundet auf Cent, mindestens jedoch 20 % der Höchstbeitragsgrundlage sind vom/von der Versicherten zu tragen; § 80 Abs. 1 sowie 3 bis 7 sind anzuwenden.

(BGBl 1996/413, BGBl I 2001/67, BGBl I 2002/3, BGBl I 2009/84)

(2a) Die Kosten für Brillen und Kontaktlinsen werden vom Versicherungsträger nur dann übernommen, wenn sie höher sind als 60 % der Höchstbeitragsgrundlage (§ 108 Abs. 3 ASVG); bei Leistungen für Angehörige nach § 78 Abs. 2 Z 2 bis 6 und Abs. 4 ist Abs. 2 anzuwenden. Der vom Versicherten/von der Versicherten zu tragende Kostenanteil (Abs. 2) hat mindestens 60 % dieser Höchstbeitragsgrundlage (20 % dieser Höchstbeitragsgrundlage bei Leistungen für Angehörige nach § 78 Abs. 2 Z 2 bis 6 und Abs. 4) zu betragen. Die Kosten für Dreistärkengläser (Gleitsicht- und Trifokalgläser) werden nicht übernommen.

(BGBl I 2004/156, BGBl I 2009/84)

(3) Abs. 2 gilt nicht für ständig benötigte Heilbehelfe, die nur einmal oder nur kurzfristig verwendet werden können und daher in der Regel mindestens einmal im Monat erneuert werden müssen. 10 % der Kosten für solche Heilbehelfe sind vom/von der Versicherten zu tragen.

(BGBl 2009/84)

(4) Der Versicherungsträger hat auch die sonst vom Versicherten gemäß Abs. 2 und 2a zu tragenden Kosten bzw. den Kostenanteil (Abs. 2) zu übernehmen:

a) bei Versicherten (Angehörigen), die das 15. Lebensjahr noch nicht vollendet haben bzw. für die ohne Rücksicht auf das Lebensalter Anspruch auf die erhöhte Familienbeihilfe im Sinne des § 8 Abs. 4 bis 7 des Familienlastenausgleichsgesetzes 1967, BGBl. Nr. 376, besteht und

b) bei Vorliegen einer besonderen sozialen Schutzbedürftigkeit des Versicherten im Sinne des § 86 Abs. 5.

(BGBl I 2004/156, BGBl I 2009/84)

(5) Das Ausmaß der vom Versicherungsträger zu übernehmenden Kosten darf einen durch die Satzung festzusetzenden Höchstbetrag nicht übersteigen; die Satzung kann diesen Höchstbetrag einheitlich oder für bestimmte Arten von Heilbehelfen in unterschiedlicher Höhe, höchstens jedoch mit dem 10fachen der Höchstbeitragsgrundlage (§ 108 Abs. 3 ASVG), festsetzen. In den Fällen des Abs. 3 gilt der Höchstbetrag für den Monatsbedarf.

(BGBl I 2001/67)

(6) Die Krankenordnung kann eine Gebrauchsdauer für Heilbehelfe festsetzen. Die Gebrauchsdauer darf für Brillen drei Jahre nicht unterschreiten.

(BGBl I 2004/156)

(7) Der Versicherungsträger hat auch die Kosten der Instandsetzung notwendiger Heilbehelfe zu übernehmen, wenn eine Instandsetzung zweckentsprechend ist. Die Abs. 2, 4 und 5 gelten entsprechend.

(8) Heilbehelfe, die nur vorübergehend gebraucht werden und die nach ihrer Art ohne gesundheitliche Gefahr von mehreren Personen benützt werden können, können auch leihweise entweder vom Versicherungsträger selbst oder durch Vertragspartner auf Rechnung des Versicherungsträgers durch Übernahme der Leihgebühren zur Verfügung gestellt werden. Wird ein solcher Heilbehelf nicht vom Versicherungsträger oder von einem Vertragspartner entliehen, kann für angefallene

Leihgebühren ein Kostenersatz bis zur Höhe des mit den Vertragspartnern vereinbarten Tarifes geleistet werden. Die Mindestkostenbeteiligung nach Abs. 2 gilt in diesen Fällen nicht.

(BGBl I 2009/84)

(9) Für die Übernahme von Reise(Fahrt)- bzw. Transportkosten, die im Zusammenhang mit der körpergerechten Anpassung von Heilbehelfen erwachsen, gilt § 85 Abs. 4 und 5 entsprechend.

Zuschüsse zu den Kosten der Krankenbehandlung

§ 88. (1) Nimmt der Anspruchsberechtigte nicht die Vertragspartner, die eigenen Einrichtungen oder Vertragseinrichtungen der Bauernkrankenversicherung zur Erbringung der Leistungen der Krankenbehandlung (ärztliche Hilfe, Heilmittel, Heilbehelfe) in Anspruch, so gebührt ihm ein Kostenzuschuß (§ 80) zu einer anderweitigen Krankenbehandlung in der Höhe des Betrages, der bei Inanspruchnahme der entsprechenden Vertragspartner aufzuwenden gewesen wäre. Um eine bundesweit einheitliche Bemessung von Kostenzuschüssen bei ärztlicher Hilfe und Zahnbehandlung bei Inanspruchnahme freiberuflich tätiger Wahlärzte/Wahlärztinnen, Wahlzahnärzte/Wahlzahnärztinnen bzw. Dentisten/Dentistinnen zu gewährleisten, können in der Satzung Tarife für Einzelleistungen festgesetzt werden. In diesen Fällen beträgt der Kostenzuschuß 80% des jeweiligen Satzungstarifes. Wird die Vergütung für die Tätigkeit des entsprechenden Vertragspartners nicht nach den erbrachten Einzelleistungen bestimmt, hat die Satzung Pauschbeträge für die Kostenzuschüsse festzusetzen.

(BGBl I 1997/139, BGBl I 1998/140, BGBl I 2005/155)

(2) Durch die Krankenordnung kann die Zuschußleistung ausgeschlossen werden, wenn der Versicherte in demselben Versicherungsfall einen Vertragspartner oder eine eigene Einrichtung (Vertragseinrichtung) der Bauernkrankenversicherung in Anspruch nimmt.

(BGBl 1993/337)

(3) Bei im Inland eingetretenen Unfällen, plötzlichen Erkrankungen und ähnlichen Ereignissen kann die/der nächsterreichbare Ärztin/Arzt, Zahnärztin/Zahnarzt (Dentistin/Dentist) oder die nächsterreichbare Gruppenpraxis, erforderlichenfalls auch die nächsterreichbare Krankenanstalt in Anspruch genommen werden, falls eine/ein Vertragsärztin/Vertragsarzt, Vertragszahnärztin/Vertragszahnarzt (Vertragsdentistin/Vertragsdentist), eine Primärversorgungseinheit, eine Vertrags-Gruppenpraxis, eine Vertragskrankenanstalt oder eine eigene Einrichtung des Versicherungsträgers für die ärztliche Hilfe (Anstaltspflege) nicht rechtzeitig die notwendige Hilfe leisten kann. Der Versicherungsträger hat in solchen Fällen zu den dem Versicherten tatsächlich erwachsenden Kosten (Arztkosten, Heilmittelkosten, Kosten der Anstaltspflege Transportkosten) den in der Satzung festgesetzten Zuschuß zu leisten. Darüber hinaus

können nach Maßgabe der Satzung auch die notwendigen Reise(Fahrt)kosten übernommen werden. Für die weitere Behandlung ist, sofern der Versicherte nicht eine anderweitige Krankenbehandlung im Sinne des Abs. 1 in Anspruch nimmt, so bald wie möglich ein Vertragspartner oder eine eigene Einrichtung (Vertragseinrichtung) der Bauernkrankenversicherung heranzuziehen, wenn der Zustand des Erkrankten (Verletzten) dies ohne Gefahr einer Verschlimmerung zuläßt.

(BGBl 1996/413, BGBl I 2001/101, BGBl I 2017/131)

(4) Zu Bergungskosten und zu den Kosten der Beförderung bis ins Tal werden bei Unfällen in Ausübung von Sport und Touristik keine Zuschüsse geleistet.

(5) Ein Kostenzuschuß für die Hilfe eines selbständig tätigen approbierten Arztes (§ 44 Abs. 1 des Ärztesetzes 1998), der nicht gemäß Artikel 29 der Richtlinie 2005/36/EG das Recht erworben hat, den ärztlichen Beruf als Arzt für Allgemeinmedizin im Rahmen eines Sozialversicherungssystems auszuüben, ist ausgeschlossen.

(BGBl 1996/413, BGBl I 2001/101, BGBl I 2014/32)

Gewährung der Pflege in Krankenanstalten, die über Landesgesundheitsfonds finanziert werden, oder der medizinischen Hauskrankenpflege

§ 89. (1) Pflege in der allgemeinen Gebührenklasse einer Krankenanstalt, die über Landesgesundheitsfonds finanziert wird (landesgesundheitsfondsfinanzierte Krankenanstalt), ist, sofern im Sprengel der für den Erkrankten zuständigen Landesstelle eine solche Krankenanstalt besteht und der Erkrankte nicht mit seiner Zustimmung in einer anderen Krankenanstalt untergebracht wird, zu gewähren, wenn und solange es die Art der Krankheit erfordert. § 84 gilt entsprechend. Wenn und solange der Art der Krankheit zuläßt, ist anstelle von Anstaltspflege medizinische Hauskrankenpflege zu gewähren (§ 94). Die Anstaltspflege kann auch gewährt werden, wenn die Möglichkeit einer medizinischen Hauskrankenpflege nicht gegeben ist.

(BGBl 1991/678, BGBl 1996/764, BGBl I 2004/179, BGBl I 2007/101)

(2) Der Erkrankte ist verpflichtet, sich einer Anstaltspflege zu unterziehen,

a) wenn die Art der Krankheit eine Behandlung oder Pflege erfordert, die bei häuslicher Pflege nicht gewährleistet ist, oder

b) wenn das Verhalten oder der Zustand des Erkrankten seine fortgesetzte Beobachtung erfordert, oder

c) wenn der Erkrankte wiederholt den Bestimmungen der Krankenordnung zuwidergehandelt hat, oder

d) wenn es sich um eine ansteckende Krankheit handelt.

(3) Ist die Anstaltspflege oder die medizinische Hauskrankenpflege nicht durch die Notwendig-

keit ärztlicher Behandlung bedingt, so wird sie nicht gewährt.

(BGBl 1991/678, BGBl I 2003/145)

(4) Als Anstaltspflege gilt nicht die Unterbringung in einer Pflegeanstalt für chronisch Kranke, die ärztlicher Betreuung und besonderer Pflege bedürfen (§ 2 Abs. 1 Z 4 KAKuG), oder in einer Sonderkrankenanstalt, die vorwiegend der Rehabilitation von Versicherten dient.

(BGBl I 2002/3, BGBl I 2010/61, BGBl I 2015/162)

(5) Sofern der körperliche Zustand des Erkrankten oder die Entfernung seines Wohnsitzes seine Beförderung in die oder aus der Anstalt erfordert, sind auch die notwendigen Kosten einer solchen Beförderung vom Versicherungsträger unter Bedachtnahme auf § 85 Abs. 4 zu übernehmen.

(BGBl 1991/678, BGBl 1996/764)

Einweisung in Krankenanstalten, die über Landesgesundheitsfonds finanziert werden

§ 90. (1) Der Erkrankte ist, wenn Anstaltspflege gemäß § 89 gewährt wird, in eine landesgesundheitsfondsfinanzierte Krankenanstalt einzuweisen. Hiebei sind Wünsche des Erkrankten insoweit zu berücksichtigen, als die Art der Krankheit es zuläßt und dadurch kein Mehraufwand für den Versicherungsträger eintritt.

(BGBl 1996/764, BGBl I 2004/179)

(2) In Fällen, in denen mit der Aufnahme in die Anstaltspflege bis zur Einweisung durch den Versicherungsträger ohne Gefahr für den Erkrankten nicht zugewartet werden konnte, ist die Aufnahme in eine landesgesundheitsfondsfinanzierte Krankenanstalt der Einweisung durch den Versicherungsträger gleichzuhalten, sofern die übrigen Voraussetzungen für den Anspruch auf Anstaltspflege gegeben sind. Die Krankenanstalt hat dem Versicherungsträger die Aufnahme binnen acht Tagen anzuzeigen.

(BGBl 1996/764, BGBl I 2004/179)

(BGBl 1996/764, BGBl I 2004/179, BGBl I 2007/101)

§ 90a. (aufgehoben)

(BGBl 1994/450, BGBl 1996/201)

Beziehungen zu den Krankenanstalten, die über Landesgesundheitsfonds finanziert werden

§ 91. (Grundsatzbestimmung) Für die Regelung der Beziehungen des Versicherungsträgers zu den landesgesundheitsfondsfinanzierten Krankenanstalten ist § 148 ASVG anzuwenden.

(BGBl 1990/296, BGBl 1991/678, BGBl 1994/450, BGBl 1996/764, BGBl I 2004/179, BGBl I 2007/101)

Beziehungen zu anderen als in § 91 genannten Krankenanstalten

§ 92. (1) Der Erkrankte kann auch in eine eigene Krankenanstalt des Versicherungsträgers oder in eine andere als in § 91 genannte Krankenanstalt eingewiesen werden, mit der der Versicherungsträger in einem Vertragsverhältnis steht, wenn im Sprengel der für den Erkrankten zuständigen Landesstelle keine Krankenanstalt im Sinne des § 91 besteht oder der Erkrankte zustimmt. In diesem Fall ist die Pflege in einer solchen Krankenanstalt der Pflege in einer Krankenanstalt im Sinne des § 91 bei der Anwendung der Bestimmungen des § 90 Abs. 2 gleichzuhalten. § 89 Abs. 3 bis 5 dieses Bundesgesetzes sowie § 149 Abs. 3 bis 6 ASVG sind anzuwenden.

(BGBl I 2001/5)

(2) **(Grundsatzbestimmung)** Die Verträge mit den in Abs. 1 genannten Krankenanstalten bedürfen zu ihrer Rechtsgültigkeit der schriftlichen Form und haben insbesondere nähere Bestimmungen über die Einweisung, die Überprüfung der Identität des Patienten/der Patientin und die rechtmäßige Verwendung der e-card, die Einsichtnahme in alle Unterlagen für die Beurteilung des Krankheitsfalles, wie zB in die Krankengeschichte, Röntgenaufnahmen, Laboratoriumsbefunde, ferner über die ärztliche Untersuchung durch vom Versicherungsträger beauftragten Facharzt/eine vom Versicherungsträger beauftragte Fachärztin in der Anstalt im Einvernehmen mit dieser zu enthalten. Die Überprüfung der Identität ist für Patienten/Patientinnen bis zum vollendeten 14. Lebensjahr nur im Zweifelsfall vorzunehmen. Die in Abs. 1 genannten Krankenanstalten sind verpflichtet, die e-card und die e-card-Infrastruktur nach Maßgabe der technischen Infrastruktur zu verwenden.

(BGBl I 2009/147, BGBl I 2015/113)

(BGBl 1996/764, BGBl I 2007/101)

Pflegekostenzuschuß des Versicherungsträgers bei Anstaltspflege

§ 93. (1) War die Anstaltspflege notwendig, so hat der Versicherungsträger dem Versicherten einen Pflegekostenzuschuß zu leisten, wenn der Erkrankte in einer Krankenanstalt, mit der keine vertragliche Regelung gemäß § 92 besteht, ohne Einweisung durch den Versicherungsträger untergebracht wurde.

(BGBl I 2001/5)

(2) Der Pflegekostenzuschuss ist für Versicherte, die in einer Krankenanstalt nach § 149 Abs. 3 erster Satz ASVG, mit der kein Vertrag besteht, aufgenommen wurden, vom Fonds nach § 149 Abs. 3 zweiter Satz ASVG im Namen der Sozialversicherung in der Höhe zu leisten, die sich aus der Anwendung des § 149 Abs. 3 vorletzter Satz ASVG ergibt. In allen übrigen Fällen ist der Pflegekostenzuschuss in der Satzung des Versicherungsträgers in dem Ausmaß festzusetzen, der dem Durchschnitt der vom Fonds pro Verpflegstag aufzuwendenden Mittel entspricht.

(BGBl I 2001/5)

(3) § 447f Abs. 7 ASVG ist mit der Maßgabe anzuwenden, daß der 10%ige Kostenbeitrag vom Pflegekostenzuschuss nach Abs. 2 zweiter Satz zu berechnen und vom Träger der Sozialversicherung einzubehalten ist, soweit jedoch Abs. 2 erster Satz anzuwenden ist, vom Fonds nach § 149 Abs. 3 zweiter Satz ASVG einzubehalten ist; die

BSVG

tatsächlich einbehaltenen Kostenbeiträge sind dem Pauschalbeitrag nach § 149 Abs. 3 ASVG gegen zu verrechnen.

(BGBl I 1998/140, BGBl I 2001/5)

(BGBl 1996/764, BGBl I 2007/101)

Kostenersatz bei Organtransplantationen für die Anmelde- und Registrierungskosten

§ 93a. Der Versicherungsträger hat die für eine Organtransplantation notwendigen Anmelde- und Registrierungskosten zu übernehmen. Der entsprechende Betrag wird an den gezahlt, der diese Kosten getragen hat. Das Nähere wird unter Bedachtnahme auf die im Einzelfall vorliegenden besonderen Erfordernisse des Anmelde- und Registrierungsverfahrens in der Satzung des Trägers der Krankenversicherung geregelt; dabei kann der Träger der Krankenversicherung unter Bedachtnahme auf seine finanzielle Leistungsfähigkeit auch eine Obergrenze für die Übernahme der Anmelde- und Registrierungskosten vorsehen.

Medizinische Hauskrankenpflege

§ 94. (1) Wenn und solange es die Art der Krankheit erfordert, ist medizinische Hauskrankenpflege zu gewähren.

(2) Die medizinische Hauskrankenpflege wird erbracht durch Angehörige des gehobenen Dienstes für Gesundheits- und Krankenpflege (§ 12 des Gesundheits- und Krankenpflegegesetzes, BGBl. I Nr. 108/1997), die vom Versicherungsträger beigestellt werden oder die mit dem Versicherungsträger in einem Vertragsverhältnis im Sinne des Sechsten Teiles des Allgemeinen Sozialversicherungsgesetzes stehen oder die im Rahmen von Vertragseinrichtungen tätig sind, die medizinische Hauskrankenpflege betreiben.

(BGBl 1993/337, BGBl I 1998/140)

(3) Die Tätigkeit des Angehörigen des gehobenen Dienstes für Gesundheits- und Krankenpflege kann nur auf ärztliche Anordnung erfolgen. Die Tätigkeit umfaßt medizinische Leistungen und qualifizierte Pflegeleistungen, wie die Verabreichung von Injektionen, Sondenernährung, Dekubitusversorgung. Zur medizinischen Hauskrankenpflege gehören nicht die Grundpflege und die hauswirtschaftliche Versorgung des Kranken.

(BGBl I 1998/140)

(4) Hat der (die) Anspruchsberechtigte nicht die Vertragspartner (§ 338 des Allgemeinen Sozialversicherungsgesetzes) oder die eigenen Einrichtungen (Vertragseinrichtungen) des Versicherungsträgers in Anspruch genommen, so gebührt ihm ein Kostenzuschuß gemäß § 88 bzw. § 239.

(5) Die medizinische Hauskrankenpflege wird für ein und denselben Versicherungsfall für die Dauer von längstens vier Wochen gewährt. Darüber hinaus wird sie nach Vorliegen einer chef- oder kontrollärztlichen Bewilligung weitergewährt.

(6) Medizinische Hauskrankenpflege wird nicht gewährt, wenn der (die) Anspruchsberechtigte in einer der im § 89 Abs. 4 bezeichneten Einrichtungen untergebracht ist.

(BGBl 1991/678)

Zahnbehandlung und Zahnersatz

§ 95. (1) Als Leistungen der Zahnbehandlung sind chirurgische Zahnbehandlung, konservierende Zahnbehandlung und Kieferregulierungen zu gewähren.

(2) Chirurgische und konservierende Zahnbehandlungen, Kieferregulierungen und der unentbehrliche Zahnersatz werden durch Vertragszahnärzte/Vertragszahnärztinnen oder Vertrags-Gruppenpraxen, Wahlzahnärzte/Wahlzahnärztinnen oder Wahl-Gruppenpraxen (§ 88 Abs. 1), Vertragsdentisten/Vertragsdentistinnen, Wahldentisten/Wahldentistinnen (§ 88 Abs. 1) sowie in eigenen Einrichtungen (Ambulatorien) des Versicherungsträgers und in Vertragseinrichtungen (§ 80) gewährt. Die Satzung kann unter Bedachtnahme auf die finanzielle Leistungsfähigkeit des Versicherungsträgers und das wirtschaftliche Bedürfnis der Versicherten für alle oder bestimmte Gruppen von Versicherten an Stelle der Sachleistungen eine Kostenerstattung vorsehen. § 85 Abs. 2 gilt entsprechend.

(BGBl 1993/337, BGBl I 2001/101, BGBl I 2005/155)

(3) Die Krankenordnung kann eine Gebrauchsdauer für den unentbehrlichen Zahnersatz vorsehen.

(BGBl 1993/337)

(4) Die Kostenerstattung und die Kostenzuschüsse müssen für die entsprechenden Leistungen in den eigenen Einrichtungen, den Vertragseinrichtungen, bei den Vertragszahnärzten/Vertragszahnärztinnen und Vertragsdentisten/Vertragsdentistinnen sowie bei den Vertrags-Gruppenpraxen gleich hoch sein. Werden in Zahnambulatorien des Versicherungsträgers Leistungen, die nicht Gegenstand des Gesamtvertrages oder der Satzung sind oder waren, sowie Maßnahmen zur Vorbeugung von Erkrankungen der Zähne, des Mundes und der Kiefer einschließlich der dazugehörigen Gewebe erbracht, so sind dafür Kostenbeiträge der Versicherten vorzusehen. Diese Beiträge sind bundesweit festzusetzen und auf der Homepage des Versicherungsträgers sowie durch Aushang im Zahnambulatorium des Versicherungsträgers zu veröffentlichen.

(BGBl I 1998/140, BGBl I 2001/101, BGBl I 2005/155, BGBl I 2012/123)

(4a) Der Krankenversicherungsträger darf in den Zahnambulatorien im Bereich des festsitzenden Zahnersatzes keine kosmetischen Luxusleistungen, ebenso keine umfangreichen festsitzenden Zahnersatzkonstruktionen erbringen, die als Gesamtarbeit wegen ihrer Größe ein außergewöhnliches Risiko darstellen.

(BGBl I 2012/123)

(5) Bei der Inanspruchnahme der chirurgischen oder konservierenden Zahnbehandlung durch

einen Vertragszahnarzt oder Vertragsdentisten oder in einer Vertrags-Gruppenpraxis oder in einer eigenen Einrichtung (Vertragseinrichtung) des Versicherungsträgers ist die innerhalb des ELSY als Krankenscheinersatz zu verwendende Chipkarte vorzulegen.

(BGBl I 1998/140, BGBl I 2001/101, BGBl I 2002/142)

(6) Nimmt der Anspruchsberechtigte nicht die Vertragspartner, die eigenen Einrichtungen oder Vertragseinrichtungen der Bauernkrankenversicherung zur Erbringung der Leistungen der Zahnbehandlung und des Zahnersatzes in Anspruch, gilt § 88 Abs. 1 bis 3 entsprechend.

(7) Für die Übernahme von Reise(Fahrt)- bzw. Transportkosten gilt § 85 Abs. 4 und 5 entsprechend.

Kieferregulierungen für Kinder und Jugendliche

§ 95a. (1) Behandlungsbedürftigen Kindern und Jugendlichen wird bis zur Vollendung des 18. Lebensjahres unbeschadet des Anspruches nach § 95 zahnmedizinisch geeignete Versorgung durch Kieferregulierung als Sachleistung gewährt. § 95 Abs. 4 erster und zweiter Satz sind nicht anzuwenden. Behandlungsbedürftigkeit liegt vor, wenn eine erhebliche Zahn- oder Kieferfehlstellung besteht.

(2) Die Behandlungsbedürftigkeit, die geeignete zahnmedizinische Versorgung und die Qualitätsanforderungen für die Erbringung der Sachleistung nach Abs. 1 sind bundesweit einheitlich in der Satzung nach den Regelungen der Mustersatzung (§ 455 Abs. 2 ASVG) entsprechend dem Stand der zahnmedizinischen Wissenschaft zu regeln.

(3) Anspruch auf Kostenerstattung oder Kostenzuschuss nach § 80 Abs. 2 viertletzter und drittletzter Satz besteht für Leistungen nach dieser Bestimmung nur dann und solange, als der Gesamtvertrag eine flächendeckende Sachleistungsversorgung nach § 343e ASVG sicherstellt.

(4) Der Anspruch, die Höhe und die Qualitätsanforderungen für die Zuerkennung eines Kostenersatzes sind für den Fall des Fehlens einer flächendeckenden Sachleistungsversorgung (§ 343e ASVG) bundesweit einheitlich in der Satzung des Versicherungsträgers zu regeln.§ 239 ist nicht anzuwenden.

(BGBl I 2014/28)

Hilfe bei körperlichen Gebrechen

§ 96. (1) Bei Verstümmelungen, Verunstaltungen und körperlichen Gebrechen, welche die Gesundheit, die Arbeitsfähigkeit oder die Fähigkeit, für die lebenswichtigen persönlichen Bedürfnisse zu sorgen, wesentlich beeinträchtigen, kann die Satzung Zuschüsse für die Anschaffung der notwendigen Hilfsmittel sowie für deren Instandsetzung vorsehen, soweit nicht ein Anspruch aus der gesetzlichen Unfallversicherung, eine Leistungsverpflichtung im Rahmen der medizinischen Maßnahmen der Rehabilitation oder ein gleichartiger Anspruch nach dem Kriegsopferversorgungsgesetz 1957,

nach dem Heeresversorgungsgesetz, nach dem Opferfürsorgegesetz, nach dem Bundesgesetz über die Gewährung von Hilfeleistungen an Opfer von Verbrechen, nach dem Impfschadengesetz oder nach dem Strafvollzugsgesetz besteht. Bei der Festsetzung der Höhe der Zuschüsse ist auf § 87 Abs. 2, 4 und 5 sinngemäß mit der Maßgabe Bedacht zu nehmen, daß der durch die Satzung des Versicherungsträgers für den Kostenzuschuß festzusetzende Höchstbetrag bei Hilfsmitteln, die geeignet sind, die Funktion fehlender oder unzulänglicher Körperteile zu übernehmen, und bei Krankenfahrstühlen höchstens das 25fache der Höchstbeitragsgrundlage (§ 108 Abs. 3 ASVG), betragen darf. Die Krankenordnung kann eine Gebrauchsdauer für Hilfsmittel vorsehen. Als Hilfsmittel sind hiebei solche Gegenstände oder Vorrichtungen anzusehen, die geeignet sind,

a) die Funktion fehlender oder unzulänglicher Körperteile zu übernehmen oder

b) die mit einer Verstümmelung, Verunstaltung oder einem Gebrechen verbundene körperliche oder psychische Beeinträchtigung zu mildern oder zu beseitigen.

Als freiwillige Leistung kann der Versicherungsträger in solchen Fällen überdies, sofern dies notwendig und zweckmäßig ist, Krankenbehandlung und Anstaltspflege gewähren, soweit auf diese Leistungen nicht schon ein Anspruch aus dem Versicherungsfall der Krankheit besteht.

(BGBl 1991/678, BGBl I 2001/67)

(2) Bei der Festsetzung der Höhe der Zuschüsse nach Abs. 1 für ständig benötigte Hilfsmittel, die nur einmal oder nur kurzfristig verwendet werden können und in der Regel mindestens einmal im Monat erneuert werden müssen, ist auf § 87 Abs. 3 sinngemäß Bedacht zu nehmen.

(3) § 87 Abs. 8 gilt sinngemäß.

(4) Für die Übernahme von Reise(Fahrt)- bzw. Transportkosten, die im Zusammenhang mit der körpergerechten Anpassung von Hilfsmitteln erwachsen, gilt § 85 Abs. 4 und 5 entsprechend.

Medizinische Maßnahmen der Rehabilitation in der Krankenversicherung

§ 96a. (1) Der Versicherungsträger als Krankenversicherungsträger gewährt, um den Erfolg der Krankenbehandlung zu sichern oder die Folgen der Krankheit zu erleichtern, im Anschluß an die Krankenbehandlung nach pflichtgemäßem Ermessen und nach Maßgabe des § 83 Abs. 2 medizinische Maßnahmen der Rehabilitation mit dem Ziel, den Gesundheitszustand der Versicherten und ihrer Angehörigen so weit wiederherzustellen, daß sie in der Lage sind, in der Gemeinschaft einen ihnen angemessenen Platz möglichst dauernd und ohne Betreuung und Hilfe einzunehmen.

(2) Die Maßnahmen gemäß Abs. 1 umfassen:

1. die Unterbringung in Krankenanstalten, die vorwiegend der Rehabilitation dienen;

2. die Gewährung von Körperersatzstücken, orthopädischen Behelfen und anderen Hilfs-

mitteln einschließlich der notwendigen Änderung, Instandsetzung und Ersatzbeschaffung sowie der Ausbildung im Gebrauch der Hilfsmittel;

3. die Gewährung ärztlicher Hilfe sowie die Versorgung mit Heilmitteln und Heilbehelfen, wenn diese Leistungen unmittelbar im Anschluß an eine oder im Zusammenhang mit einer der in Z 1 und 2 genannten Maßnahmen erforderlich sind.

4. (aufgehoben)

(BGBl 1996/413)

In den Fällen der Z 1 bis 3 sowie im Zusammenhang mit der körpergerechten Anpassung von Körperersatzstücken, orthopädischen Behelfen und anderen Hilfsmitteln können Reise- und Transportkosten nach Maßgabe der Bestimmungen der Satzung unter Bedachtnahme auf die wirtschaftlichen Verhältnisse des Versicherten bzw. Angehörigen übernommen werden.

(BGBl 1996/413)

(3) Die in Abs. 2 angeführten Maßnahmen sind beim Versicherungsträger als Pensionsversicherungsträger oder beim Versicherungsträger als Unfallversicherungsträger oder einem anderen Unfallversicherungsträger zu beantragen, die den Antrag unverzüglich an den Versicherungsträger als Krankenversicherungsträger oder einen anderen zuständigen Krankenversicherungsträger weiterzuleiten haben, soweit sie diese Maßnahmen nicht selbst gemäß den §§ 152 Abs. 2, 161 Abs. 2 Z 4 oder gemäß § 189 Abs. 2 des Allgemeinen Sozialversicherungsgesetzes gewähren bzw. zu gewähren haben oder ihre Gewährung gemäß § 152 Abs. 2 oder gemäß § 191 Abs. 2 des Allgemeinen Sozialversicherungsgesetzes an sich ziehen.

(4) Der Versicherungsträger als Träger der Krankenversicherung kann die Durchführung von medizinischen Maßnahmen der Rehabilitation dem Versicherungsträger als Pensionsversicherungsträger oder einem anderen Pensionsversicherungsträger mit dessen Zustimmung übertragen. Er hat dem Pensionsversicherungsträger in einem solchen Fall die Kosten zu ersetzen. Die beteiligten Versicherungsträger können jedoch zur Abgeltung der Ersatzansprüche unter Bedachtnahme auf die Anzahl der in Betracht kommenden Fälle und Höhe der durchschnittlichen Kosten der in diesen Fällen gewährten medizinischen Maßnahmen der Rehabilitation die Zahlung jährlicher Pauschalbeträge vereinbaren.

(5) Der Versicherungsträger als Krankenversicherungsträger hat die von ihm jeweils zu treffenden medizinischen Maßnahmen der Rehabilitation mit den in Frage kommenden Versicherungsträgern, Dienststellen und Einrichtungen im Sinne des § 160 zu koordinieren und aufeinander abzustimmen.

(6) Die Gewährung von Maßnahmen zur Festigung der Gesundheit bzw. von Maßnahmen der Gesundheitsvorsorge (§§ 100 und 161) zählt nicht zu den Aufgaben der medizinischen Maßnahmen der Rehabilitation.

(BGBl 1991/678)

(7) Werden Versicherte (PensionsbezieherInnen, Angehörige) für Rechnung des Versicherungsträgers als Krankenversicherungsträger in einer der in Abs. 2 Z 1 angeführten Einrichtungen untergebracht, so haben diese eine Zuzahlung zu leisten. Die Zuzahlung beträgt pro Verpflegstag

1. 7,00 €[a], wenn das Erwerbseinkommen oder die Pension monatlich den Betrag nach § 141 Abs. 1 lit. a sublit. bb zuzüglich 581,38 € nicht übersteigt;

[a] Betrag siehe VO veränderliche Werte.

2. 12,00 €[a], wenn das Erwerbseinkommen oder die Pension monatlich den Gesamtbetrag nach Z 1, nicht aber den Betrag nach § 141 Abs. 1 lit. a sublit. bb zuzüglich 1 162,77 € übersteigt;

[a] Betrag siehe VO veränderliche Werte.

3. 17,00 €[a], wenn das Erwerbseinkommen oder die Pension monatlich den Gesamtbetrag nach Z 2 übersteigt.

[a] Betrag siehe VO veränderliche Werte.

An die Stelle dieser Zuzahlungsbeträge treten ab 1. Jänner eines jeden Jahres, erstmals ab 1. Jänner 2012, die unter Bedachtnahme auf § 47 mit der jeweiligen Aufwertungszahl (§ 45) vervielfachten Beträge. Der Versicherungsträger als Krankenversicherungsträger hat bei Vorliegen einer besonderen sozialen Schutzbedürftigkeit der versicherten (pensionsbeziehenden) Person von der Einhebung der Zuzahlung abzusehen oder diese herabzusetzen, und zwar nach Maßgabe der vom Dachverband hiezu erlassenen Richtlinien (§ 30a Abs. 1 Z 27 ASVG)[a]. Die Zuzahlung ist sogleich bei Antritt des Aufenthaltes im Voraus an den Versicherungsträger als Krankenversicherungsträger zu leisten und darf für jede versicherte (pensionsbeziehende, angehörige) Person für höchstens 28 Tage pro Kalenderjahr eingehoben werden.

(BGBl 1996/201, BGBl I 2001/67, BGBl I 2010/111, BGBl I 2018/100)

Gesundheitsförderung und Prävention

§ 96b. (1) Der Versicherungsträger als Krankenversicherungsträger hat im Rahmen der Gesundheitsförderung und Prävention dazu beizutragen, den Versicherten und deren Angehörigen ein hohes Maß an Selbstbestimmung über ihre Gesundheit zu ermöglichen und sie damit zur Stärkung ihrer Gesundheit zu befähigen, indem er insbesondere über Gesundheitsgefährdung, die Bewahrung der Gesundheit und über die Verhütung von Krankheiten und Unfällen – aufklärt, und darüber zu beraten, wie Gefährdungen vermieden, Krankheiten und Unfälle – ausgenommen Arbeitsunfälle – verhütet werden können. Dazu sind gezielt für Gruppen von Anspruchsberechtigten abgestellt auf deren Lebenswelten Gesundheitsförderungs- und Präventionsprogramme und daraus abgeleitete Maßnahmen anzubieten.

(BGBl I 2013/81)

(2) Fallen Maßnahmen gemäß Abs. 1 auch in den sachlichen oder örtlichen Aufgabenbereich anderer Einrichtungen (Behörden, Versicherungsträger, gemeinnützige Einrichtungen und dergleichen), so kann mit diesen eine Vereinbarung über ein planmäßiges Zusammenwirken und eine Beteiligung an den Kosten getroffen werden.

(3) Der Versicherungsträger als Krankenversicherungsträger kann die im Abs. 1 bezeichneten Maßnahmen auch dadurch treffen, daß er sich an Einrichtungen der Gesundheitsfürsorge, die den gleichen Zwecken dienen, beteiligt. Abs. 2 ist anzuwenden.

(BGBl 1991/678, BGBl I 2013/81)

Leistungen aus dem Versicherungsfall der Mutterschaft

§ 97. (1) Der Versicherungsfall der Mutterschaft umfaßt die Schwangerschaft, die Entbindung und die sich daraus ergebenden Folgen, soweit diese Folgen nicht als Versicherungsfall der Krankheit anzusehen sind.

(2) Die Leistungen aus dem Versicherungsfall der Mutterschaft gemäß Abs. 4 bis 7 gebühren auch für die im § 78 Abs. 2 genannten Angehörigen und für die gemäß § 78 Abs. 7 in der Satzung den Angehörigen gleichgestellten Personen.

(BGBl I 1997/139, BGBl I 1998/140)

(3) Die Leistungen im Falle der Mutterschaft für die Ehegattin eines Versicherten werden auch nach der Auflösung der Ehe durch Tod des Versicherten, Aufhebung oder Scheidung gewährt, wenn die Entbindung vor dem Ablauf des 302. Tages nach der Auflösung der Ehe stattfindet.

(4) Ärztlicher Beistand, Hebammenbeistand und Beistand durch diplomierte Kinderkranken- und Säuglingsschwestern werden in entsprechender Anwendung der §§ 84, 85 und 88 gewährt.

(BGBl 1993/337)

(5) Heilmittel und Heilbehelfe werden in entsprechender Anwendung der §§ 86 bis 88 gewährt.

(6) Als freiwillige Leistungen können vom Versicherungsträger auch Behelfe zur Mutter- und Säuglingspflege (Windeln, Einschlagtücher, wasserundurchlässige Einlagen, Hautpuder und dergleichen) beigestellt werden.

(7) Für die Entbindung ist Pflege in einer Krankenanstalt längstens für zehn Tage zu gewähren; die Bestimmungen der §§ 90 bis 93 sind hiebei entsprechend anzuwenden. Wenn es der Zustand der Wöchnerin oder die Entfernung ihres Wohnsitzes erfordert, sind auch die Beförderungskosten in die oder aus der Anstalt zu übernehmen.

(BGBl I 1997/139, BGBl I 2015/162)

(8) Betriebshilfe oder Wochengeld (§ 98) gebühren weiblichen Personen, die auf Grund einer Erwerbstätigkeit nach diesem Bundesgesetz in der Krankenversicherung pflichtversichert sind.

(BGBl I 1997/139, BGBl I 2001/101, BGBl I 2001/103)

Betriebshilfe (Wochengeld)

§ 98. (1) Den Anspruchsberechtigten nach § 97 Abs. 8 gebührt für die Dauer der letzten acht Wochen vor der Entbindung, für den Entbindungstag selbst und für die ersten acht Wochen nach der Entbindung eine Betriebshilfe nach Maßgabe der Abs. 2 und 3; Müttern nach Frühgeburten, Mehrlingsgeburten und Kaiserschnittentbindungen gebührt diese Leistung nach der Entbindung durch zwölf Wochen. Die Achtwochenfrist vor der voraussichtlichen Entbindung ist auf Grund eines ärztlichen Zeugnisses zu berechnen. Erfolgt die Entbindung zu einem anderen als dem vom Arzt angenommenen Zeitpunkt, so verkürzt oder verlängert sich die Frist vor der Entbindung entsprechend. Die Frist nach der Entbindung verlängert sich jedoch in jedem Fall bis zu dem Zeitpunkt, bis unter der Annahme der Geltung der Vorschriften des Mutterschutzrechtes ein Beschäftigungsverbot enden würde. Über die Frist von acht Wochen vor der Entbindung hinaus gebührt die Leistung der Betriebshilfe, wenn bei Fortdauer der Tätigkeit Leben oder Gesundheit von Mutter oder Kind gefährdet wäre und dies durch ein amtsärztliches Zeugnis nachgewiesen wird. Weiters gebührt Betriebshilfe für den Zeitraum eines Beschäftigungsverbotes für werdende Mütter nach § 13a Abs. 5 Tabakgesetz.

(BGBl I 2008/120)

(2) Die Leistung der Betriebshilfe im Sinne des Abs. 1 kann nach Maßgabe der Verfügbarkeit entsprechend geschulter und für die Verrichtung der in Betracht kommenden land(forst)wirtschaftlichen Arbeiten geeigneter Personen erfolgen. Die Tätigkeit des Betriebshelfers ist auf die Verrichtung unaufschiebbarer Arbeitsleistungen im Betrieb beschränkt, die üblicherweise von der Wöchnerin außerhalb des Haushaltes erbracht wurden.

(3) Wird die Leistung nach Abs. 1 nicht im Wege der Beistellung einer Arbeitskraft durch den Versicherungsträger erbracht, so gebührt anstelle dieser Leistung ein tägliches Wochengeld, solange während des im Abs. 1 genannten Zeitraumes eine geeignete betriebsfremde, soweit eine solche nicht zur Verfügung steht, eine nicht betriebsfremde Hilfe ständig zur Entlastung der Wöchnerin eingesetzt worden ist. Als ständig gilt nur eine Tätigkeit, die

a) an mindestens vier Tagen oder im Ausmaß von 20 Stunden in einer Woche oder

b) bezogen auf den Zeitraum vor bzw. nach der Entbindung (Abs. 1), jeweils im Durchschnitt an vier Tagen oder im Ausmaß von 20 Stunden in einer Woche

von der Hilfe zur Entlastung der Wöchnerin verrichtet wird.

(4) Die Voraussetzung des Abs. 3 entfällt, wenn infolge der örtlichen Lage des Betriebes eine Hilfe oder Nachbarschaftshilfe nicht herangezogen werden kann.

(5) Das tägliche Wochengeld nach Abs. 3 beträgt 50 €[a)] und ist in den Fällen des Abs. 4 in einem Betrag im nachhinein, in allen übrigen Fällen jeweils nach Vorlage des Nachweises über den ständigen Einsatz der Hilfe im Sinne des Abs. 3 auszuzahlen. An die Stelle dieses Betrages tritt ab 1. Jänner eines jeden Jahres, erstmals ab 1. Jänner 2014, der unter Bedachtnahme auf § 47 mit dem jeweiligen Anpassungsfaktor (§ 45) vervielfachte Betrag.

(BGBl I 2001/67, BGBl I 2012/123)

[a)] Betrag siehe VO im Anhang.

(6) Der Eintritt der Schwangerschaft ist dem Versicherungsträger spätestens am Beginn des dritten Monates vor der voraussichtlichen Entbindung unter Anschluß eines ärztlichen Zeugnisses über den Zeitpunkt der voraussichtlichen Entbindung zu melden. Der Versicherungsträger hat auf Grund dieser Meldung – abgesehen von den Fällen des Abs. 4 – Vorkehrungen für die Beistellung einer Hilfe im Sinne des Abs. 3 zu treffen, sofern dies nach den besonderen Umständen des Falles geboten erscheint.

(7) (aufgehoben)

(BGBl I 2000/92, BGBl I 2001/33)

(8) (aufgehoben)

(BGBl I 1997/139)

(9) Stirbt eine Wöchnerin bei der Entbindung oder während des Bestehens eines Anspruches auf Betriebshilfe oder Wochengeld, so ist die Leistung bis zum Ablauf der Leistungsdauer nach Abs. 1 an denjenigen weiterzugewähren, der für den Unterhalt des Kindes sorgt.

(BGBl I 1997/139)

§ 99. (aufgehoben)

(BGBl I 2001/103)

§ 99a. (aufgehoben)

(BGBl I 2001/103)

Beitrag des Ausgleichsfonds für Familienbeihilfe

§ 99b. Der Ausgleichsfonds für Familienbeihilfen leistet der Sozialversicherungsanstalt der Selbständigen einen Beitrag in der Höhe von 70% der Aufwendungen für die Leistungen nach § 98.

(BGBl I 1997/139, BGBl I 2001/103, BGBl I 2018/100)

Maßnahmen zur Festigung der Gesundheit

§ 100. (1) Der Versicherungsträger als Krankenversicherungsträger kann unter Berücksichtigung des Fortschrittes der medizinischen Wissenschaft sowie unter Bedachtnahme auf seine finanzielle Leistungsfähigkeit Maßnahmen zur Festigung der Gesundheit gewähren.

(BGBl 1991/678)

(2) Als Maßnahmen im Sinne des Abs. 1 kommen insbesondere in Betracht:

1. Landaufenthalt sowie Aufenthalt in Kurorten;
2. Unterbringung in Kuranstalten zur Verhinderung

a) einer unmittelbar drohenden Krankheit,
b) der Verschlimmerung einer bestehenden Krankheit;

(BGBl I 2015/162)

3. die Übernahme der Reisekosten in den Fällen der Z 1 bis 3 nach Maßgabe der Bestimmungen der Satzung unter Bedachtnahme auf die wirtschaftlichen Verhältnisse des Versicherten bzw. Angehörigen;

(BGBl I 2015/162)

4. Übernahme von Kosten für Betriebshelfer und Haushaltshelferinnen.

(BGBl I 2015/162)

(3) Werden Versicherte (Angehörige) für Rechnung des Versicherungsträgers als Krankenversicherungsträger in einer der in Abs. 2 Z 1 bis 3 angeführten Einrichtungen (ausgenommen die Fälle der Zuschussgewährung durch den Versicherungsträger als Krankenversicherungsträger) untergebracht, so haben diese eine Zuzahlung zu leisten, deren Höhe sich nach § 96a Abs. 7 zweiter bis vierter Satz richtet. Sie ist sogleich bei Antritt des Aufenthaltes im Voraus an den Versicherungsträger als Krankenversicherungsträger zu leisten.

(BGBl 1996/201, BGBl I 2001/67, BGBl I 2010/111)

(4) Die Maßnahmen zur Festigung der Gesundheit können auch nach Maßgabe der vom Dachverband hiezu erlassenen Richtlinien (§ 30a Abs. 1 Z 28 ASVG) durch Gewährung von Zuschüssen für Landaufenthalt und Aufenthalt in Kurorten bzw. Kuranstalten erbracht werden.

(BGBl 1996/201, BGBl I 2018/100)

Krankheitsverhütung

§ 101. (1) Zur Verhütung des Eintrittes und der Verbreitung von Krankheiten können als freiwillige Leistungen insbesondere gewährt werden:

1. Gesundheitsfürsorge, wie Gesunden- und Schwangerenfürsorge; Säuglings- und Kinderfürsorge, Fürsorge für gesundheitsgefährdete Jugendliche;
2. Maßnahmen zur Bekämpfung der Volkskrankheiten und der Zahnfäule;
3. Maßnahmen zur Stärkung der Gesundheitskompetenz der Versicherten und ihrer Angehörigen (Health Literacy);

(BGBl I 2013/81)

4. die Übernahme der Reisekosten in den Fällen der Z 1 bis 3 nach Maßgabe der Bestimmungen der Satzung unter Bedachtnahme auf die wirtschaftlichen Verhältnisse des Versicherten bzw. Angehörigen.

(BGBl 1991/678)

(2) Fallen Maßnahmen gemäß Abs. 1 auch in den sachlichen oder örtlichen Aufgabenbereich anderer Einrichtungen (Behörden, Versicherungsträger und dergleichen), so kann mit diesen eine Vereinbarung über ein planmäßiges Zusammenwirken und eine Beteiligung an den Kosten getroffen werden.

(3) Der Versicherungsträger kann die im Abs. 1 bezeichneten Maßnahmen auch dadurch treffen, daß er sich an Einrichtungen der Gesundheitsfürsorge, die den gleichen Zwecken dienen, beteiligt. Abs. 2 gilt entsprechend.

Verwendung von Chipkarten
§ 101a. § 31c ASVG ist mit der Maßgabe anzuwenden, dass in der Satzung vorzusehen ist, von welchen anspruchsberechtigten Personen ein Service-Entgelt einzuheben ist. Die Satzung hat hiebei auf die finanzielle Leistungsfähigkeit des Versicherungsträgers Bedacht zu nehmen. Die Einhebung erfolgt durch den Versicherungsträger.
(BGBl I 2004/171)

ABSCHNITT III
Leistungen der Pensionsversicherung

1. Unterabschnitt
Allgemeine Bestimmungen

Aufgaben
§ 102. Die Pensionsversicherung trifft Vorsorge für die Versicherungsfälle des Alters, der Erwerbsunfähigkeit und des Todes sowie für die Rehabilitation und für Maßnahmen der Gesundheitsvorsorge.
(BGBl 1996/201)

Leistungen
§ 103. (1) In der Pensionsversicherung nach diesem Bundesgesetz sind zu gewähren:
1. aus dem Versicherungsfall des Alters die Alterspension;
   (BGBl 1993/337, BGBl 1996/201, BGBl I 2000/43, BGBl I 2003/71)
2. aus dem Versicherungsfall der Erwerbsunfähigkeit
   a) Maßnahmen der beruflichen Rehabilitation (§ 122),
   b) die Erwerbsunfähigkeitspension (§ 132);
   (BGBl 1996/201, BGBl I 2010/111)
3. aus dem Versicherungsfall des Todes
   a) die Hinterbliebenenpensionen (§§ 126, 128),
   (BGBl I 2010/62)
   b) die Abfindung (§ 139a).
(2) Der Versicherungsträger trifft überdies – unbeschadet der Leistung nach Abs. 1 Z 2 lit. a aus dem Versicherungsfall der Erwerbsunfähigkeit – Maßnahmen der Rehabilitation (§ 150a) sowie Maßnahmen der Gesundheitsvorsorge (§ 161).
(BGBl I 1998/140, BGBl I 2010/111)

Eintritt des Versicherungsfalles; Stichtag
§ 104. (1) Der Versicherungsfall gilt als eingetreten:
1. bei Leistungen aus den Versicherungsfällen des Alters mit der Erreichung des Anfallsalters;

2. bei Leistungen aus dem Versicherungsfall der Erwerbsunfähigkeit mit deren Eintritt, wenn aber dieser Zeitpunkt nicht feststellbar ist, mit der Antragstellung;
   (BGBl 1996/201)
3. bei Leistungen aus dem Versicherungsfall des Todes mit dem Tod.
(2) Der Stichtag für die Feststellung, ob der Versicherungsfall eingetreten ist und auch die anderen Anspruchsvoraussetzungen erfüllt sind sowie in welchem Ausmaß eine Leistung gebührt, ist bei Anträgen auf eine Leistung nach Abs. 1 Z 1 oder 2 der Tag der Antragstellung, wenn dieser auf einen Monatsersten fällt, sonst der dem Tag der Antragstellung folgende Monatserste. Bei Anträgen auf eine Leistung nach Abs. 1 Z 3 ist der Stichtag der Todestag, wenn dieser auf einen Monatsersten fällt, sonst der dem Todestag folgende Monatserste.
(BGBl 1991/157, BGBl I 1998/140)
(BGBl I 1998/140)

Versicherungszeiten
§ 105. Unter Versicherungszeiten sind die in den §§ 106 und 108 angeführten Beitragszeiten und die in den §§ 107, 107a, 107b und 108 angeführten Ersatzzeiten zu verstehen.
(BGBl 1993/337, BGBl 1996/413)

Beitragszeiten
§ 106. (1) Als Beitragszeiten sind anzusehen:
1. Zeiten einer die Pflichtversicherung in der Pensionsversicherung nach diesem Bundesgesetz oder nach dem Bauern-Pensionsversicherungsgesetz begründenden selbständigen Erwerbstätigkeit oder Beschäftigung, wenn die Beiträge wirksam (§ 109) entrichtet worden sind;
   (BGBl I 2005/132)
2. Zeiten einer die Pflichtversicherung nach dem Landwirtschaftlichen Zuschußrentenversicherungsgesetz begründenden selbständigen Erwerbstätigkeit oder Beschäftigung, wenn die Beiträge wirksam (§ 109) entrichtet worden sind;
   (BGBl I 2005/132)
2a. Zeiten einer Pflichtversicherung in der Pensionsversicherung nach § 4a, für die der Bund, das Bundesministerium für Landesverteidigung und Sport oder ein öffentlicher Fonds Beiträge zu zahlen hat;
   (BGBl I 2015/162)
3. Zeiten einer freiwilligen Versicherung, wenn die Beiträge innerhalb von zwölf Monaten nach Ablauf des Kalendermonates, für den sie gelten sollen, oder auf Grund einer nachträglichen Selbstversicherung nach § 10a wirksam (§ 109) entrichtet worden sind;
   (BGBl 1991/678, BGBl I 2004/142, BGBl I 2005/132)
4. Zeiten einer Weiterversicherung nach dem Bauern-Pensionsversicherungsgesetz bzw.

einer Weiter- und Selbstversicherung nach dem Landwirtschaftlichen Zuschußrentenversicherungsgesetz, wenn die Beiträge innerhalb von zwei Jahren nach Ablauf des Kalenderjahres, für das sie gelten sollen, wirksam entrichtet worden sind;

5. Zeiten, für die ein Überweisungsbetrag oder erstattete Beiträge gemäß § 167 dieses Bundesgesetzes bzw. gemäß § 99d des Bauern-Pensionsversicherungsgesetzes, gemäß § 311 des Allgemeinen Sozialversicherungsgesetzes bzw. gemäß § 175 des Gewerblichen Sozialversicherungsgesetzes bzw. gemäß § 101d des Gewerblichen Selbständigen-Pensionsversicherungsgesetzes zurückgezahlt worden sind, sofern diese Zeiten in dem Überweisungsbetrag bzw. bei der Erstattung der Beiträge als Beitragszeiten im Sinne dieses Bundesgesetzes berücksichtigt worden waren;

6. Zeiten, für die ein Anrechnungsbetrag gemäß § 13 des Bundesbezügegesetzes, BGBl. I Nr. 64/1997, oder ein Überweisungsbetrag gemäß § 49h Abs. 3 des Bezügegesetzes, BGBl. Nr. 273/1972, geleistet worden ist.

(BGBl I 1997/64)

(2) Die im Abs. 1 für die Entrichtung von Beiträgen gesetzten Fristen verlängern sich um die Zeit eines Verfahrens, das zur Entscheidung über die Versicherungspflicht oder über die Versicherungsberechtigung für den Zeitraum, für den die Beiträge entrichtet werden, eingeleitet worden ist.

(3) (aufgehoben)

(BGBl I 2005/132)

(4) Witwen (Witwer), die den Betrieb des versicherten Ehegatten (der versicherten Ehegattin) während der Dauer des Verlassenschaftsverfahrens fortführen, können für die Zeit dieser Fortführung wirksame Beiträge zur Pflichtversicherung entrichten, sofern nicht schon auf Grund dieser Fortführung Pflichtversicherung bestanden hat. Für die Bemessung dieser Beiträge, die innerhalb von zwei Jahren nach dem Ende des Verlassenschaftsverfahrens einzuzahlen sind, ist § 23 entsprechend anzuwenden.

(4a) Abs. 4 ist sinngemäß auch auf eingetragene PartnerInnen nach dem EPG anzuwenden.

(BGBl I 2009/135)

Ersatzzeiten vor dem 1. Jänner 2005

§ 107. (1) Als Ersatzzeiten vor dem 1. Jänner 2005 gelten, soweit sie nicht als Beitragszeiten anzusehen sind.

1. nach Vollendung des 15. Lebensjahres im Gebiet der Republik Österreich zurückgelegte Zeiten einer selbständigen Erwerbstätigkeit oder Beschäftigung, die bei früherem Wirksamkeitsbeginn der Bestimmungen dieses Bundesgesetzes über die Versicherungspflicht in der Pensionsversicherung die Pflichtversicherung nach diesem Bundesgesetz begründet hätte, bei Pflichtversicherten gemäß § 2 Abs. 1 Z 1 nur, wenn die Versicherte seinen

Lebensunterhalt überwiegend aus dem Ertrag der die Pflichtversicherung begründenden Erwerbstätigkeit bestritten hat; diese Zeiten zählen für die Erfüllung der Wartezeit – unbeschadet der Bestimmungen des Abs. 3 – mit der vollen zurückgelegten Dauer; für die Bemessung der Leistungen gelten in jedem vollen Kalenderjahr der Ausübung einer derartigen Erwerbstätigkeit bzw. Beschäftigung

bei Versicherten der Geburtsjahrgänge bis 1905 8 Monate,

bei Versicherten der Geburtsjahrgänge 1906 bis 1916 7 Monate,

bei Versicherten der Geburtsjahrgänge 1917 und später 6 Monate,

an Ersatzzeit als erworben; ein Rest von weniger als 12 Kalendermonaten der Ausübung einer derartigen Erwerbstätigkeit oder Beschäftigung wird in der Weise berücksichtigt, daß für jeden restlichen Monat ein Zwölftel der für ein volles Kalenderjahr anzurechnenden Monate an Ersatzzeit als erworben gilt. Diese Zeiten sind, wenn in einem Kalenderjahr auch Versicherungsmonate für die Zeiten der Kindererziehung (§§ 107a und 107b) vorliegen, so zu lagern, daß sie sich mit diesen überdecken;

(BGBl 1996/413)

2. Zeiten, in denen ein Versicherter, der am Stichtag (§ 104 Abs. 2) die österreichische Staatsbürgerschaft besitzt,

a) während des Ersten oder Zweiten Weltkrieges Kriegsdienst oder einen nach den jeweils in Geltung gestandenen Vorschriften dem Kriegsdienst für die Berücksichtigung in der Rentenversicherung gleichgehaltenen Not- oder Luftschutzdienst geleistet oder sich in Kriegsgefangenschaft befunden hat;

b) sich in Anstaltspflege befunden hat, die unmittelbar an eine Zeit im Sinne der lit. a anschließt und die im ursächlichen Zusammenhang mit dem Kriegsdienst oder der Kriegsgefangenschaft steht, wenn der Versicherte einen bescheidmäßig zuerkannten Anspruch auf eine Beschädigtenrente nach dem Kriegsopferversorgungsgesetz 1957 auf Grund einer Minderung der Erwerbsfähigkeit von mindestens 70 vH hat;

c) sonst eine Wehr- oder Arbeitsdienstpflicht nach den jeweils in Geltung gestandenen Vorschriften erfüllt hat;

(BGBl 1991/678)

3. Zeiten, in denen der Versicherte auf Grund des Wehrgesetzes 2001 Präsenz oder Ausbildungsdienst oder auf Grund der Bestimmungen des Zivildienstgesetzes ordentlichen oder außerordentlichen Zivildienst geleistet hat;

(BGBl 1991/678, BGBl I 1998/30, BGBl I 2009/83, BGBl I 2010/111)

4. Zeiten, in denen der Versicherte aus politischen oder religiösen Gründen oder aus Gründen der Abstammung, auch wegen Auswanderung aus den angeführten Gründen, daran gehindert war, seine selbständige Erwerbstätigkeit oder Beschäftigung im Sinne der Z 1 fortzusetzen;

5. Zeiten, während derer der Versicherte Übergangsgeld aus der gesetzlichen Unfall- oder Pensionsversicherung bezog.

(BGBl I 1998/140)

6. die vor dem 1. Jänner 1973 gelegenen Zeiten einer unentgeltlichen beruflichen Ausbildung eines Beschädigten im Sinne des § 21 des Kriegsopferversorgungsgesetzes 1957 bzw. nach Maßgabe der jeweiligen Vorschriften über die Versorgung der Kriegsopfer;

7. Zeiten der Anstaltspflege, die unmittelbar an den 9. Mai 1945 anschließen und die im ursächlichen Zusammenhang mit einer Gesundheitsschädigung infolge eines der in § 1 Abs. 1 lit. c oder Abs. 2 des Opferfürsorgegesetzes angeführten Gründe stehen, wenn der Versicherte einen bescheidmäßig zuerkannten Anspruch auf eine Beschädigtenrente nach dem Opferfürsorgegesetz aufgrund einer Minderung der Erwerbsfähigkeit von mindestens 70 vH hat. Unmittelbarkeit ist auch gegeben, wenn die Heimkehr aus einem Einsatz im Sinne des § 1 Abs. 1 des Opferfürsorgegesetzes oder aus Haft oder Anhaltung im Sinne des § 1 Abs. 2 erster Satz des Opferfürsorgegesetzes zwar später, jedoch innerhalb des im Abs. 2 bezeichneten Zeitraumes gelegen ist.

(BGBl I 2004/142)

(2) Zur Kriegsgefangenschaft im Sinne des Abs. 1 Z 2 lit. a zählt auch die Heimkehr aus ihr, soweit die Zeit nicht überschritten ist, die der Einberufene bei Berücksichtigung aller Zwischenfälle benötigte, um an seinen letzten Wohnort vor der Einberufung zurückzukehren. Eine Zivilinternierung im Zusammenhang mit dem Ersten oder Zweiten Weltkrieg ist der Kriegsgefangenschaft gleichzuhalten. Für Personen, die am 13. März 1938 die österreichische Staatsbürgerschaft besessen haben, ist Abs. 1 Z 2 lit. a, b und c mit der Maßgabe anzuwenden, daß das Erfordernis der österreichischen Staatsbürgerschaft am Stichtag entfällt.

(BGBl 1991/678)

(3) Zeiten der im Abs. 1 und Abs. 7 bezeichneten Art gelten nur dann als Ersatzzeiten, wenn sie sich nicht schon im Bestand oder Ausmaß eines Leistungsanspruches aus einer anderen gesetzlichen Pensionsversicherung ausgewirkt haben.

(4) Zeiten gemäß Abs. 1 Z 1 gelten nicht als Ersatzzeiten, wenn während dieser Zeiten

a) eine Pflichtversicherung nach dem Landwirtschaftlichen Zuschußrentenversicherungsgesetz bzw. nach dem Bauern-Pensionsversicherungsgesetz bestanden hat, ohne daß Beiträge im Sinne des § 106 Abs. 1 Z 1 bzw. 2 wirksam entrichtet worden sind;

b) eine Erwerbstätigkeit bzw. Beschäftigung ausgeübt wurde, die gemäß § 4 Abs. 1 des Landwirtschaftlichen Zuschußrentenversicherungsgesetzes Pflichtversicherung nicht begründet hatte.

Die Zeiten gemäß Abs. 1 Z 2 gelten als Ersatzzeiten, sofern ihnen eine Beitrags- oder Ersatzzeit im Sinne dieses Bundesgesetzes vorangeht oder nachfolgt. Zeiten der im Abs. 1 Z 4 genannten Art gelten bis zum Wegfall der Behinderung, längstens bis 1. April 1959, als Ersatzzeiten; dies jedoch nur, wenn die tatsächliche letzte Ausübung der Erwerbstätigkeit gemäß Abs. 1 Z 1 dem Beginn der Behinderung nicht um mehr als drei Jahre vorangeht. Der Wegfall der Behinderung ist anzunehmen, wenn der Versicherte im Inland seinen Wohnsitz wieder begründet und eine selbständige Erwerbstätigkeit, die die Pflichtversicherung nach diesem Bundesgesetz begründet hat oder bei früherem Wirksamkeitsbeginn begründet hätte, aufgenommen und länger als ein Jahr ununterbrochen ausgeübt hat.

(BGBl 1996/413)

(5) Ersatzzeiten gemäß Abs. 1 werden nur mit vollen Kalendermonaten gezählt. Ist die Voraussetzung für die Berücksichtigung einer Zeit als Ersatzzeit im Sinne des Abs. 1 in einem Kalendermonat nicht während des vollen Monates gegeben, so wird dieser Kalendermonat nicht als Ersatzzeit gezählt.

(6) Den im Abs. 1 Z 1 genannten Zeiten werden, soweit im folgenden nichts anderes bestimmt wird, unvorgreiflich künftiger zwischenstaatlicher Regelung Zeiten einer selbständigen Erwerbstätigkeit im Sinne des § 2 Abs. 1 Z 1 in einem am 16. Oktober 1918 zur österreichisch-ungarischen Monarchie gehörigen, außerhalb der Republik Österreich gelegenen Gebiet gleichgestellt, wenn es sich um Personen handelt, die am Stichtag (§ 104 Abs. 2) im Gebiet der Republik Österreich ihren Wohnsitz haben, unter der weiteren Voraussetzung,

a) daß sie sich am 11. Juli 1953 im Gebiet der Republik Österreich nicht nur vorübergehend aufgehalten haben und an diesem Tag entweder österreichische Staatsangehörige waren oder als Volksdeutsche (Personen deutscher Sprachzugehörigkeit, die staatenlos sind oder deren Staatsangehörigkeit ungeklärt ist) anzusehen sind;

b) daß sie als Volksdeutsche im Sinne der lit. a anzusehen sind, ferner daß ihnen die Einreise nach Österreich bis zum 11. Juli 1953 bewilligt wurde und daß sie nachweislich ohne ihr Verschulden nicht in das Gebiet der Republik Österreich einreisen konnten;

c) daß sie als österreichische Staatsangehörige bis zum 11. Juli 1953 nachweislich ohne ihr Verschulden ihren Wohnsitz nicht in das Gebiet der Republik Österreich verlegen konnten;

d) daß sie als österreichische Staatsangehörige oder als Volksdeutsche im Sinne der lit. a nach dem 11. Juli 1953 aus der Kriegsgefangenschaft oder Zivilinternierung in die Republik Österreich entlassen wurden.

(7) Als Ersatzzeiten vor dem 1. Jänner 2005 gelten ferner die Zeiten, in denen nach Vollendung des 15. Lebensjahres eine inländische öffentliche mittlere Schule oder eine mittlere Schule mit vergleichbarem Bildungsangebot, eine höhere Schule (das Lycée Francais in Wien), Akademie oder verwandte Lehranstalt oder eine inländische Hochschule bzw. Kunstakademie oder Kunsthochschule in dem für die betreffende Schul(Studien)-art vorgeschriebenen normalen Ausbildungs(Studien)-gang besucht wurde, oder eine Ausbildung am Lehrinstitut für Dentisten in Wien oder nach dem Hochschulstudium eine vorgeschriebene Ausbildung für den künftigen, abgeschlossene Hochschulbildung erfordernden Beruf erfolgt ist; hiebei werden höchstens ein Jahr des Besuches des Lehrinstitutes für Dentisten in Wien, höchstens zwei Jahre des Besuches einer mittleren Schule, höchstens drei Jahre des Besuches einer höheren Schule (des Lycée Francais in Wien), Akademie oder verwandten Lehranstalt, höchstens zwölf Semester des Besuches einer Hochschule, einer Kunstakademie oder Kunsthochschule und höchstens sechs Jahre der vorgeschriebenen Ausbildung für den künftigen, abgeschlossene Hochschulbildung erfordernden Beruf berücksichtigt, und zwar jedes volle Schuljahr, angefangen von demjenigen, das im Kalenderjahr der Vollendung des 15. Lebensjahres begonnen hat, mit zwölf Monaten, jedes Studiensemester mit sechs Monaten und die Ausbildungszeit, zurückgerechnet vom letzten Ausbildungsmonat. Für die Zeit vor dem 16. Oktober 1918 ist dem Besuch einer inländischen Schule der Besuch einer gleichartigen, im Gebiet der ehemaligen österreichisch-ungarischen Monarchie gelegenen Schule gleichzuhalten.

(BGBl I 2000/92, BGBl I 2001/33, BGBl I 2003/71, BGBl I 2003/145, BGBl I 2004/142, BGBl I 2005/132)

(8) Die in Abs. 7 angeführten Zeiten sind nicht zu berücksichtigen:

1. für die Anspruchsvoraussetzungen und für die Bemessung der Leistungen aus den Versicherungsfällen des Alters und der Erwerbsunfähigkeit;
2. für die Bemessung der Leistungen aus dem Versicherungsfall des Todes.

Sie können jedoch nach Maßgabe der folgenden Bestimmungen durch Beitragsentrichtung ganz oder teilweise anspruchs- bzw. leistungswirksam werden.

(BGBl 1993/337, BGBl 1996/201)

(9) Für jeden Ersatzmonat nach Abs. 7, der anspruchs- bzw. leistungswirksam werden soll, ist ein Beitrag in der Höhe von 22,8 vH zu entrichten. Als Beitragsgrundlage gilt das Dreißigfache der im Zeitpunkt der Feststellung der Berechtigung zur Beitragsentrichtung geltenden Höchstbeitragsgrundlage in der Pensionsversicherung nach § 45 Abs. 1 des Allgemeinen Sozialversicherungsgesetzes. Die Beitragsgrundlage ist im Falle der Entrichtung des Beitrages nach Vollendung des 40. Lebensjahres des (der) Versicherten mit einem Faktor zu vervielfachen, der durch Verordnung[a)]

des Bundesministers für Arbeit und Soziales nach versicherungsmathematischen Grundsätzen festzusetzen ist.

(BGBl 1991/678, BGBl 1996/201, BGBl 1996/413, BGBl I 2010/111)

[a)] VO im VO-Teil zum ASVG.

(10) Die Beitragsentrichtung nach Abs. 9 kann bei jedem Versicherungsträger, bei dem mindestens ein Versicherungsmonat erworben wurde, für alle oder einzelne dieser Ersatzmonate jederzeit bis zum Stichtag beantragt werden. Wenn die Berechtigung zur Beitragsentrichtung erst nach dem Stichtag in einem vor dem Stichtag eingeleiteten Verfahren festgestellt wird, können die Beiträge auch nach dem Stichtag entrichtet werden. Die Entrichtung der Beiträge in Teilbeträgen ist zulässig; hiebei darf die Gesamtzahl der Teilbeträge – unter Berücksichtigung der Einkommens- und Familienverhältnisse des (der) Versicherten – das Dreifache der Anzahl der Ersatzmonate, deren Erwerb beantragt wurde, nicht überschreiten. Die Beitragshöhe ist neu festzusetzen, wenn

1. die Zahlung der Teilbeträge ohne triftigen Grund unterbrochen wird oder
2. der Gesamtbetrag – soweit keine Teilbeträge vereinbart wurden – nicht innerhalb von drei Monaten ab der schriftlichen Verständigung durch den Versicherungsträger über die Berechtigung zur Beitragsentrichtung entrichtet wird.

Die dem eingezahlten Betrag entsprechenden Versicherungszeiten werden mit seinem Einlangen beim Versicherungsträger anspruchs- bzw. leistungswirksam.

(BGBl 1996/201, BGBl 1996/413, BGBl I 2004/142)

Ersatzzeiten für Zeiten der Kindererziehung aus der Zeit nach dem 31. Dezember 1955 und vor dem 1. Jänner 2005

§ 107a. (1) Als Ersatzzeiten aus der Zeit nach dem 31. Dezember 1955 und vor dem 1. Jänner 2005 gelten unter der Voraussetzung, daß eine Beitragszeit nach diesem Bundesgesetz vorangeht oder nachfolgt, überdies bei einer (einem) Versicherten, die (der) ihr (sein) Kind (Abs. 2) tatsächlich und überwiegend erzogen hat, die Zeit dieser Erziehung im Inland im Ausmaß von höchstens 48 Kalendermonaten, gezählt ab der Geburt des Kindes. Im Fall einer Mehrlingsgeburt verlängert sich diese Frist auf 60 Kalendermonate.

(BGBl 1996/413, BGBl I 2004/142)

(2) Als Kind im Sinne des Abs. 1 gelten:

1. die Kinder der versicherten Person;
    (BGBl I 2013/86)
2. (aufgehoben)
    (BGBl I 2013)
3. (aufgehoben)
    (BGBl I 2013)
4. die Stiefkinder;
5. die Wahlkinder;

6. die Pflegekinder, sofern die Übernahme der unentgeltlichen Pflege nach dem 31. Dezember 1987 erfolgte.

(3) Liegt die Geburt (Annahme an Kindes Statt, Übernahme der unentgeltlichen Pflege des Kindes) eines weiteren Kindes vor dem Ablauf der 48-Kalendermonate-Frist (60-Kalendermonate-Frist), so erstreckt sich diese nur bis zu dieser neuerlichen Geburt (Annahme an Kindes Statt, Übernahme der unentgeltlichen Pflege des Kindes); endet die Erziehung des weiteren Kindes (Abs. 1) vor Ablauf dieser 48-Kalendermonate-Frist (60-Kalendermonate-Frist), sind die folgenden Kalendermonate bis zum Ablauf wieder zu zählen.

(BGBl I 2004/142)

(4) Anspruch für ein und dasselbe Kind besteht in den jeweiligen Zeiträumen nur für die Person, die das Kind tatsächlich und überwiegend erzogen hat. Für die Zuordnung zum jeweiligen Elternteil gelten die „Abs. 5 und 6".

(BGBl I 2021/28)

(5) Für den Elternteil,

1. der im maßgeblichen Zeitraum Kinderbetreuungsgeld, Karenzgeld, Sondernotstandshilfe oder eine Leistung nach dem Betriebshilfegesetz bezogen hat, oder

(BGBl I 1997/47, BGBl I 2001/103)

2. der im maßgeblichen Zeitraum nicht der Pflichtversicherung in der Pensionsversicherung unterlag, während der andere Elternteil in der Pensionsversicherung pflichtversichert war,

besteht die Vermutung, daß er das Kind tatsächlich und überwiegend erzogen hat. Hinsichtlich der in Z 2 genannten Personen kann der Elternteil, der im maßgeblichen Zeitraum der Pflichtversicherung in der Pensionsversicherung unterlegen ist, diese Vermutung widerlegen.

(6) Waren beide Elternteile in der Pensionsversicherung pflichtversichert oder lag bei keinem der Elternteile eine Pflichtversicherung in der Pensionsversicherung bzw. ein Kinderbetreuungsgeldbezug oder Karenzgeldbezug vor oder bezogen beide Elternteile Kinderbetreuungsgeld oder Karenzgeld (Karenzgeld bei Teilzeitbeschäftigung), besteht die Vermutung daß die weibliche Versicherte das Kind tatsächlich und überwiegend erzogen hat. Diese Vermutung kann widerlegt werden.

(BGBl I 1997/47, BGBl I 2001/103, BGBl I 2003/145, BGBl I 2016/53)

(7) (aufgehoben)

(BGBl I 2003/145)

(8) Für jeden Ersatzmonat auf Grund der Erziehung eines Wahl- oder Pflegekindes (Abs. 2 Z 5 und 6) ist aus Mitteln des Ausgleichsfonds für Familienbeihilfen ein Beitrag in der Höhe von 22,8% der Beitragsgrundlage zu entrichten. Als Beitragsgrundlage gilt die im § 227a Abs. 8

zweiter Satz des Allgemeinen Sozialversicherungsgesetzes genannte.

(BGBl 1996/413, BGBl I 2001/67)

(BGBl 1994/22, BGBl 1996/413, BGBl I 2004/142)

Ersatzzeiten für Zeiten der Kindererziehung vor dem 1. Jänner 1956

§ 107b. (1) Als Ersatzzeiten aus der Zeit vor dem 1. Jänner 1956 gelten überdies bei einer (einem) Versicherten,

1. die (der) im Zeitpunkt der Geburt ihren (seinen) Wohnsitz im Inland hatte, und

2. die (der) ihr (sein) Kind (§ 107a Abs. 2 Z 1 bis 3) tatsächlich und überwiegend erzogen hat,

die Zeit dieser Erziehung im Inland im Ausmaß von höchstens 48 Kalendermonaten, gezählt ab der Geburt des Kindes.

(2) Liegt die Geburt eines weiteren Kindes vor dem Ablauf der 48-Kalendermonate-Frist, so erstreckt sich diese nur bis zu dieser neuerlichen Geburt; endet die Erziehung des weiteren Kindes (Abs. 1) vor Ablauf dieser 48-Kalendermonate-Frist, sind die folgenden Kalendermonate bis zum Ablauf wieder zu zählen.

(3) Anspruch für ein und dasselbe Kind besteht in den jeweiligen Zeiträumen nur für den Elternteil, der das Kind tatsächlich und überwiegend erzogen hat. Dabei besteht die Vermutung, daß die weibliche Versicherte das Kind tatsächlich und überwiegend erzogen hat. Diese Vermutung kann widerlegt werden.

(BGBl I 2003/145)

(4) (aufgehoben)

(BGBl I 2003/145)

(BGBl 1996/413)

Behandlung von Ersatzzeiten als Beitragszeiten der freiwilligen Versicherung

§ 107c. Ersatzzeiten gemäß § 107 Abs. 7, für die ein Beitrag gemäß § 107 Abs. 9 und 10 entrichtet wurde, gelten als Beitragszeiten der freiwilligen Versicherung.

(BGBl I 1998/140)

Erwerbung von Versicherungszeiten bei Gewährung von strafrechtlichen Entschädigungen

§ 108. Zeiten einer Anhaltung,

1. für die in einem Aufforderungsverfahren nach § 9 des Strafrechtlichen Entschädigungsgesetzes 2005, BGBl. I Nr. 125/2004, ein Ersatzanspruch anerkannt worden ist oder

2. für die ein österreichisches Gericht einen Entschädigungsanspruch für strafgerichtliche Anhaltung oder Verurteilung rechtskräftig zuerkannt hat,

und die nicht schon auf Grund anderer Bestimmungen als Versicherungszeiten erworben wurden, gelten, sofern der Versicherte vor der Anhaltung Beitragszeiten oder Ersatzzeiten in der Pensionsversicherung nach diesem Bundesgesetz erworben hat, als Versicherungszeiten. Hiebei gelten die vor dem 1. Jänner 1957 gelegenen Anhaltungszeiten als Ersatzzeiten und die nach diesem Zeitpunkt gelegenen Anhaltungszeiten als Beitragszeiten der Pflichtversicherung. Die auf diese Beitragszeiten entfallenden Beiträge hat der Bund an den Versicherungsträger nach den jeweils in Geltung gestandenen Vorschriften nachzuentrichten; hiebei ist die Beitragsgrundlage unter Zugrundelegung des letzten vor der Anhaltung in Betracht kommenden Versicherungswertes im Sinne des § 23 zu ermitteln. Kann ein Versicherungswert nicht ermittelt werden, weil vom Finanzamt Österreich für den land(forst)wirtschaftlichen Betrieb ein Einheitswert des land(forst)wirtschaftlichen Vermögens gemäß den §§ 29 bis 50 Bewertungsgesetzes nicht festgestellt wird, ist die Beitragsgrundlage in entsprechender Anwendung des § 23 Abs. 4 zu ermitteln. Für das Ausmaß der Beiträge gilt der nach der zeitlichen Lagerung der Zeiten jeweils in Betracht kommende Beitragssatz.

(BGBl I 2005/132, BGBl I 2019/104)

Feststellung von Versicherungs- und Schwerarbeitszeiten

§ 108a. (1) Der Versicherungsträger hat die nach den österreichischen Rechtsvorschriften zu berücksichtigenden Versicherungszeiten festzustellen, wenn dies der (die) Versicherte beantragt. Für die Antragstellung ist § 104 Abs. 2 entsprechend anzuwenden.

(2) Der Versicherungsträger hat die Schwerarbeitszeiten im Sinne des § 287 Abs. 13a dieses Bundesgesetzes und des § 4 Abs. 4 APG festzustellen, wenn die versicherte Person dies frühestens zehn Jahre vor Vollendung des Anfallsalters nach § 287 Abs. 12 dieses Bundesgesetzes oder frühestens zehn Jahre vor Vollendung des frühestmöglichen Anfallsalters nach § 4 Abs. 3 APG beantragt und auf Grund der bisher erworbenen Versicherungsmonate anzunehmen ist, dass die Voraussetzungen nach § 287 Abs. 13a dieses Bundesgesetzes oder nach § 4 Abs. 3 APG vor der Erreichung des Regelpensionsalters erfüllt werden. Abs. 1 zweiter Satz ist anzuwenden.

(BGBl I 1998/140, BGBl I 2003/145, BGBl I 2006/130, BGBl I 2017/125)

Rückwirkende Herstellung des gesetzlichen Zustandes bei der Feststellung von Versicherungs- und Schwerarbeitszeiten

§ 108b. Ergibt sich nachträglich, daß die Feststellung von Versicherungs- und Schwerarbeitszeiten gemäß § 108a bescheidmäßig infolge eines wesentlichen Irrtums über den Sachverhalt oder eines offenkundigen Versehens zum Nachteil des Versicherten unrichtig war, so ist mit Wirkung vom Tage der Auswirkung des Irrtums oder Versehens der gesetzliche Zustand herzustellen.

(BGBl I 2006/130)

Unwirksame Beiträge

§ 109. (1) Beiträge zur Pflichtversicherung, die nach dem Stichtag (§ 104 Abs. 2) für einen anderen Vorschreibezeitraum als den letzten dem Stichtag unmittelbar vorangehenden und für den Vorschreibezeitraum, in den der Stichtag fällt, geleistet werden, sind für die Leistung aus dem eingetretenen Versicherungsfall unwirksam. Beiträge zur freiwilligen Versicherung, die nach dem Stichtag (§ 104 Abs. 2) für einen anderen Kalendermonat als den letzten dem Stichtag unmittelbar vorangehenden Kalendermonat geleistet werden, sind für die Leistung aus dem eingetretenen Versicherungsfall unwirksam.

(2) Abs. 1 ist nicht anzuwenden

a) auf Beiträge für Zeiträume, für welche die Versicherungspflicht in der Pensionsversicherung oder die Berechtigung zur Selbst- oder Weiterversicherung erst nach dem Stichtag (§ 104 Abs. 2) in einem schon vorher eingeleiteten Verfahren festgestellt wurde;

(BGBl I 2005/132)

b) auf Beiträge nach § 39a, wenn sie innerhalb von drei Monaten ab Vorschreibung nachentrichtet wurden;

(BGBl I 2005/132)

c) auf Beiträge, die nach der Vorschrift des § 106 Abs. 4 entrichtet wurden;

d) in den Fällen des § 167 dieses Bundesgesetzes bzw. des § 99d des Bauern-Pensionsversicherungsgesetzes, des § 311 des Allgemeinen Sozialversicherungsgesetzes bzw. des § 175 des Gewerblichen Sozialversicherungsgesetzes bzw. des § 101d des Gewerblichen Selbständigen-Pensionsversicherungsgesetzes sowie des § 13 Abs. 3 des Bundesbezügegesetzes und des § 49h Abs. 3 des Bezügegesetzes;

(BGBl I 1997/64)

e) auf Beiträge, die gemäß § 28 Abs. 6 aus Mitteln des Bundes zu tragen sind;

(BGBl I 1997/139)

f) auf Beiträge, die wegen Verletzung der Meldepflicht nachentrichtet wurden, soweit auf sie nicht § 32 Abs. 3 anzuwenden ist und soweit die Meldepflicht anderen Personen als dem Versicherten selbst oblieg;

g) auf Beiträge, die in den Fällen des § 33a wegen Verletzung der Meldepflicht nach dem Allgemeinen Sozialversicherungsgesetz nachzuzahlen waren, soweit diese Meldepflicht anderen Personen als dem Versicherten selbst oblieg;

h) auf Beiträge, die zur Erhöhung von Leistungen gemäß § 134 führen;

(BGBl 1996/413, BGBl I 2004/142)

i) auf Beiträge, die nach § 24e der Bund oder ein öffentlicher Fonds zu zahlen hat.

(BGBl I 2004/142)

Versicherungsmonat

§ 110. Zur Feststellung der Leistungen aus der Pensionsversicherung und der Überweisungsbeträge nach den §§ 164 und 167 gilt folgendes:

1. Für alle Versicherungszeiten mit Ausnahme von Ersatzzeiten gemäß § 107 Abs. 7, für die kein Beitrag gemäß § 107 Abs. 9 und 10 entrichtet wurde, sowie mit Ausnahme von Zeiten der Kindererziehung gemäß § 107a oder § 107b: Versicherungsmonat ist jeder Kalendermonat einer Beitrags- oder Ersatzzeit im Sinne der §§ 106, 107 und 108. Solche Versicherungszeiten, die sich zeitlich decken, sind nur einfach zu zählen, wobei folgende Reihenfolge gilt:

   Beitragszeit der Pflichtversicherung auf Grund einer Erwerbstätigkeit,

   Ersatzzeit und Zeit der Pflichtversicherung nach § 4a,

   Beitragszeit der freiwilligen Versicherung.

   (BGBl 1996/413, BGBl I 1998/140, BGBl I 2004/142)

2. Für Versicherungszeiten gemäß § 107 Abs. 7, für die kein Beitrag gemäß § 107 Abs. 9 und 10 entrichtet wurde: Ein Kalendermonat gilt nur dann als Versicherungsmonat, wenn kein sonstiger leistungswirksamer Versicherungsmonat nach Z 1 vorliegt.

   (BGBl 1996/413, BGBl I 1998/140)

3. Für Versicherungszeiten gemäß den §§ 107a und 107b (Zeiten der Kindererziehung): Der erste volle Kalendermonat nach der Erfüllung der Voraussetzungen gemäß den §§ 107a oder 107b und die folgenden Kalendermonate sind Versicherungsmonate. Letzter Versicherungsmonat ist der Kalendermonat, in dem die Voraussetzungen gemäß den §§ 107a oder 107b wegfallen.

   (BGBl I 1998/140)

4. Sind für ein und denselben Kalendermonat

   a) die Z 1 und 3 anzuwenden, so ist dieser Monat als Versicherungsmonat sowohl gemäß Z 1 als auch gemäß Z 3 zu zählen;

   (BGBl I 1998/140)

(BGBl 1993/337)

Berücksichtigung von Versicherungsmonaten

§ 110a. (1) Für die Bildung der Bemessungsgrundlagen (§§ 113 und 114), die Berücksichtigung der Bemessungsgrundlagen bei der Berechnung des Steigerungsbetrages (§ 116), die Berücksichtigung der Beitragsgrundlagen in der Bemessungsgrundlage (§ 118) und für die Bemessung des Steigerungsbetrages (§ 130) sind Versicherungsmonate, die sich zeitlich decken, nur einfach zu zählen, wobei folgende Reihenfolge gilt:

Beitragmonat der Pflichtversicherung auf Grund einer Erwerbstätigkeit,

leistungswirksamer Ersatzmonat – mit Ausnahme von Ersatzmonaten nach den §§ 107a und 107b – sowie Monat der Pflichtversicherung nach § 4a,

Beitragsmonat der freiwilligen Versicherung,

Ersatzmonat nach den §§ 107a und 107b,

leistungsunwirksamer Ersatzmonat.

(BGBl 1996/413, BGBl I 1998/140, BGBl I 2001/103, BGBl I 2004/142)

(2) Für die Feststellung und Erfüllung der Wartezeit (§ 111) sind Versicherungsmonate, die sich zeitlich decken, nur einfach zu zählen, wobei folgende Reihenfolge gilt:

Beitragsmonat der Pflichtversicherung auf Grund einer Erwerbstätigkeit,

Ersatzmonat nach den §§ 107a und 107b, der als Beitragsmonat (der Pflichtversicherung) zu berücksichtigen ist, sowie Monat der Pflichtversicherung nach § 4a,

leistungswirksamer Ersatzmonat mit Ausnahme von Ersatzmonate nach den §§ 107a und 107b,

Beitragsmonat der freiwilligen Versicherung,

sonstiger Ersatzmonat nach den §§ 107a und 107b,

leistungsunwirksamer Ersatzmonat.

(BGBl I 2001/103, BGBl I 2002/142, BGBl I 2003/71, BGBl I 2004/142)

(3) Wurden für einen vollen Kalendermonat, der als leistungsunwirksamer Ersatzmonat anzusehen ist, Beiträge einer freiwilligen Versicherung in der Pensionsversicherung, ausgenommen die Höherversicherung, geleistet, ist dieser Kalendermonat für die Bemessung des Steigerungsbetrages (§ 130) als leistungswirksamer Ersatzmonat zu zählen.

(BGBl I 2001/103)

(BGBl 1993/337)

Wartezeit

§ 111. (1) Der Anspruch auf jede der im § 103 Abs. 1 angeführten Leistungen ist, abgesehen von den im 2. Unterabschnitt festgesetzten besonderen Voraussetzungen, an die allgemeine Voraussetzung geknüpft, daß die Wartezeit durch Versicherungsmonate, ausgenommen Zeiten einer Selbstversicherung gemäß § 16a des Allgemeinen Sozialversicherungsgesetzes, soweit sie zwölf Versicherungsmonate überschreiten, im Sinne des § 110 erfüllt ist.

(2) Die Wartezeit entfällt für eine Leistung aus dem Versicherungsfall der Erwerbsunfähigkeit oder aus dem Versicherungsfall des Todes,

a) wenn der Versicherungsfall die Folge eines Arbeitsunfalles oder einer Berufskrankheit (§§ 175 bis 177 ASVG, §§ 148c bis 148e dieses Bundesgesetzes, §§ 90 bis 92 B-KUVG) ist, der (die) bei einem in der Pensionsversicherung nach diesem oder einem anderen Bundesgesetz Pflichtversicherten bzw. bei einem nach § 19a des Allgemeinen Sozialversicherungsgesetzes Selbstversicherten eingetreten ist, oder

(BGBl I 2003/145)

b) (aufgehoben)

(BGBl 1991/678, BGBl I 1998/140)

c) wenn der Versicherungsfall die Folge einer anerkannten Dienstbeschädigung im Sinne der für Wehrpflichtige oder Frauen im Ausbildungsdienst geltenden versorgungsrechtlichen Vorschriften ist.

(BGBl I 1998/30)

(BGBl 1996/201)

(3) Die Wartezeit ist erfüllt, wenn am Stichtag (§ 104 Abs. 2) Versicherungsmonate im Sinne dieses Bundesgesetzes in folgender Mindestzahl vorliegen:

1. für eine Leistung aus einem Versicherungsfall der Erwerbsunfähigkeit sowie aus dem Versicherungsfall des Todes

    a) wenn der Stichtag vor Vollendung des 50. Lebensjahres liegt, 60 Monate;

    b) wenn der Stichtag nach Vollendung des 50. Lebensjahres liegt, erhöht sich die Wartezeit nach lit. a je nach dem Lebensalter des (der) Versicherten für jeden weiteren Lebensmonat um jeweils einen Monat bis zum Höchstausmaß von 180 Monaten;

2. für eine Leistung aus einem Versicherungsfall des Alters, und zwar

    a) für die Alterspension 180 Monate;

    b) (aufgehoben)

        (BGBl I 2000/43)

    c) (aufgehoben)

        (BGBl I 2003/71)

    (BGBl 1996/201)

(BGBl 1993/337)

(4) Die gemäß Abs. 3 für die Erfüllung der Wartezeit erforderliche Mindestzahl von Versicherungsmonaten muß

1. im Falle des Abs. 3 Z 1 innerhalb der letzten 120 Kalendermonate vor dem Stichtag liegen; dieser Zeitraum verlängert sich, wenn der Stichtag nach Vollendung des 50. Lebensjahres liegt, je nach dem Lebensalter des (der) Versicherten für jeden weiteren Lebensmonat um jeweils zwei Kalendermonate bis zum Höchstausmaß von 360 Kalendermonaten;

2. im Falle des Abs. 3 Z 2 lit. a bis c innerhalb der letzten 360 Kalendermonate vor dem Stichtag liegen.

    (BGBl 1996/201)

3. (aufgehoben)

    (BGBl 1996/201)

    (BGBl 1993/337)

(5) Fallen in die Zeiträume gemäß Abs. 4 neutrale Monate (§ 112), so verlängern sich die Zeiträume um diese Monate.

(BGBl 1993/337)

(6) Die Wartezeit ist auch erfüllt

1. für die Alterspension und für Leistungen aus einem Versicherungsfall der Erwerbsunfähigkeit und des Todes, wenn bis zum Stichtag

a) mindestens 180 Beitragsmonate oder

b) Beitragsmonate und/oder nach dem 31. Dezember 1955 zurückgelegte sonstige Versicherungsmonate in einem Mindestausmaß von 300 Monaten erworben sind;

2. (aufgehoben)

    (BGBl I 2000/43, BGBl I 2003/71)

3. für eine Leistung aus einem Versicherungsfall der Erwerbsunfähigkeit sowie aus dem Versicherungsfall des Todes, wenn der Versicherungsfall vor der Vollendung des 27. Lebensjahres des (der) Versicherten eingetreten ist und bis zu diesem Zeitpunkt mindestens sechs Versicherungsmonate, die nicht auf einer Selbstversicherung gemäß § 16a ASVG beruhen, erworben sind.

    (BGBl I 1998/140)

    (BGBl 1993/337, BGBl 1996/201)

(7) Als Beitragsmonate für die Erfüllung der Wartezeit nach Abs. 6 sind auch Ersatzmonate nach § 107a dieses Bundesgesetzes oder nach § 227 ASVG oder nach § 116a ASVG im Ausmaß von höchstens 24 Kalendermonaten je Kind zu berücksichtigen, gezählt ab der Geburt des Kindes, wenn

1. für diese Zeiten Anspruch auf Kinderbetreuungsgeld besteht oder der Anspruch darauf ausschließlich nach § 6 Abs. 1 Z 1 KBGG ruht und

2. sich diese Ersatzmonate nicht mit Beitragsmonaten decken.

Als Beitragsmonate für die Erfüllung der Wartezeit nach Abs. 6 Z 2 sind auch Ersatzmonate nach § 107 Abs. 1 Z 3 dieses Bundesgesetzes oder nach § 227 Abs. 1 Z 7 und 8 ASVG oder nach § 116 Abs. 1 Z 3 GSVG im Ausmaß von höchstens 30 Kalendermonaten zu berücksichtigen.

(BGBl I 2001/103, BGBl I 2003/71)

(8)[a] Hat die versicherte Person mindestens 540 Beitragsmonate auf Grund einer Erwerbstätigkeit erworben, so ist eine Verminderung der Leistung nach diesem Bundesgesetz sowie nach dem APG unzulässig; § 130 Abs. 4 dieses Bundesgesetzes sowie die §§ 5 Abs. 2 und 6 Abs. 1 APG sind nicht anzuwenden. Als Beitragsmonate auf Grund einer Erwerbstätigkeit gelten auch bis zu 60 Versicherungsmonate für Zeiten der Kindererziehung (§§ 4a Abs. 1 Z 4, 107a oder 107b dieses Bundesgesetzes oder §§ 8 Abs. 1 Z 2 lit. g, 227a oder 228a ASVG oder §§ 3 Abs. 3 Z 4, 116a oder 116b GSVG), wenn sie sich nicht mit Zeiten einer Pflichtversicherung auf Grund einer Erwerbstätigkeit decken.

(BGBl I 2019/103, BGBl I 2021/28)

---

[a] Tritt mit Ablauf des 31. Dezember 2021 außer Kraft.

(BGBl 1991/208, BGBl 1991/678, BGBl 1993/337)

Neutrale Zeiten

§ 112. Als neutral sind folgende Zeiten anzusehen, die nicht Versicherungszeiten sind:

1. Zeiten vor dem 1. Jänner 1950, in denen der Versicherte im Gebiet der Republik Österreich durch Ausplünderung, Ausbombung oder sonstige Kriegseinwirkung daran gehindert war, seine selbständige Erwerbstätigkeit (Beschäftigung) im Sinne des § 107 Abs. 1 Z 1 fortzusetzen;

2. Zeiten vor dem 1. Jänner 1956, in denen der Versicherte im Gebiet der Republik Österreich durch Maßnahmen einer Besatzungsmacht daran gehindert war, seine selbständige Erwerbstätigkeit (Beschäftigung) im Sinne des § 107 Abs. 1 Z 1 fortzusetzen;

3. Zeiten nach der Übergabe oder Aufgabe des land(forst)wirtschaftlichen Betriebes zwischen der Vollendung des 55. und des 65. Lebensjahres, bei Frauen zwischen der Vollendung des 50. und des 60. Lebensjahres, in denen der Versicherte

   a) nicht nach diesem oder einem anderen Bundesgesetz in einer Pensionsversicherung pflichtversichert ist und

   b) seinen Lebensunterhalt überwiegend aus den ihm auf Grund der Übergabe (Aufgabe) des Betriebes zugekommenen oder zukommenden laufenden Leistungen bestreitet;

4. Zeiten, während derer der Versicherte einen bescheidmäßig zuerkannten Anspruch auf

   a) eine Leistung aus einem Versicherungsfall des Alters nach diesem oder einem anderen Bundesgesetz oder aus dem Versicherungsfall der Erwerbsunfähigkeit nach diesem oder einem anderen Bundesgesetz bzw. aus dem Versicherungsfall der geminderten Arbeitsfähigkeit nach dem Allgemeinen Sozialversicherungsgesetz,

   (BGBl 1996/201)

   b) eine Betriebsrente oder Versehrtenrente aus der gesetzlichen Unfallversicherung auf Grund einer Erwerbsfähigkeitseinbuße von mindestens 50 vH,

   (BGBl I 1998/140)

   c) eine Beschädigtenrente nach dem Kriegsopferversorgungsgesetz 1957, dem Heeresversorgungsgesetz oder dem Opferfürsorgegesetz auf Grund einer Minderung der Erwerbsfähigkeit von mindestens 70 vH

   hatte, es sei denn, daß der Anspruch gemäß lit. a oder b wegen Verbüßung einer Freiheitsstrafe oder einer Anhaltung im Sinne des § 54 Abs. 1 Z 1 dieses Bundesgesetzes bzw. im Sinne des § 89 Abs. 1 Z 1 des Allgemeinen Sozialversicherungsgesetzes bzw. des § 58 Abs. 1 Z 1 des Gewerblichen Sozialversicherungsgesetzes ruhte;

5. die Zeit, die zwischen der Erfüllung der Voraussetzungen für den Anspruch auf eine Leistung aus einem Versicherungsfall des Alters und der Antragstellung auf die Leistung liegt;

6. die Zeit zwischen dem Eintritt des Versicherungsfalles und dem Stichtag, wenn jedoch der Antrag auf eine Leistung gemäß § 104 Abs. 1 Z 1 oder 2 erst nach Eintritt des Versicherungsfalles gestellt wird, zwischen dem Zeitpunkt der Antragstellung und dem Stichtag (§ 104 Abs. 2);

7. Zeiten einer Untersuchungshaft, wenn das strafgerichtliche Verfahren gemäß § 90 oder § 109 der Strafprozeßordnung eingestellt worden ist oder mit einem Freispruch geendet hat, sowie Zeiten einer Strafhaft, wenn das wiederaufgenommene strafgerichtliche Verfahren eingestellt worden ist oder mit einem Freispruch geendet hat.

Bemessungsgrundlage

§ 113. (1) Bemessungsgrundlage für die Leistungen aus der Pensionsversicherung ist die Summe der 480 höchsten monatlichen Gesamtbeitragsgrundlagen (§ 118) aus dem Zeitraum vom erstmaligen Eintritt in die Versicherung bis zum Ende des letzten vor dem Stichtag liegenden Kalenderjahres, geteilt durch 560. Liegen weniger als 480 Beitragsmonate vor, so ist die Bemessungsgrundlage die Summe der monatlichen Gesamtbeitragsgrundlagen aus den vorhandenen Beitragsmonaten, geteilt durch die um ein Sechstel erhöhte Zahl dieser Beitragsmonate. Liegen in dem genannten Zeitraum vorläufige Beitragsgrundlagen nach § 25a GSVG, die zum Stichtag noch nicht nach § 25 Abs. 6 GSVG nachbemessen worden sind, so gelten diese vorläufigen Beitragsgrundlagen als Beitragsgrundlagen nach § 25 Abs. 2 GSVG. Die Bemessungsgrundlage ist auf Cent aufzurunden.

(BGBl I 1997/139, BGBl I 1998/140, BGBl I 2001/67, BGBl I 2003/71)

(2) Die Zahl der Gesamtbeitragsgrundlagen nach Abs. 1 vermindert sich, so weit dadurch die Bemessungsgrundlage 180 Beitragsmonate nicht unterschreitet,

1. um Zeiten der Erziehung von Kindern im Sinne des § 107a Abs. 2, wobei höchstens 36 Monate je Kind zu berücksichtigen und § 107a Abs. 3 bis 6 – mit Ausnahme des Abs. 3 erster Satz – entsprechend anzuwenden sind, sowie

2. um die Zahl der während der Zeit einer Familienhospizkarenz nach den §§ 14a und 14b AVRAG erworbenen Beitragsmonate.

(BGBl I 1997/139, BGBl I 2003/71)

(3) Bei der Anwendung des Abs. 1 bleiben außer Betracht:

1. a) Beitragsmonate nach diesem Bundesgesetz, die vor dem 1. Jänner 1972 liegen, es sei denn, daß Beitragsmonate nur in diesem Zeitraum vorhanden sind;

   b) Beitragsmonate nach dem Allgemeinen Sozialversicherungsgesetz, die vor dem 1. Jänner 1956 liegen, es sei denn, daß Beitragsmonate nur in diesem Zeitraum vorhanden sind;

BSVG

c) Beitragsmonate nach dem Gewerblichen Sozialversicherungsgesetz, die vor dem 1. Jänner 1958 liegen, es sei denn, daß Beitragsmonate nur in diesem Zeitraum vorhanden sind;

2. Beitragsmonate der freiwilligen Versicherung, die auch Zeiten enthalten, während welcher Krankengeld, Arbeitslosengeld, Notstandshilfe oder Karenzgeld aus gesetzlicher Versicherung bezogen wurde, wenn es für den Versicherten günstiger ist; dies gilt entsprechend auch für Beitragsmonate der Pflichtversicherung, welche Zeiten enthalten, während welcher berufliche Maßnahmen der Rehabilitation (§ 153 dieses Bundesgesetzes sowie §§ 198 bzw. 303 des Allgemeinen Sozialversicherungsgesetzes und § 161 des Gewerblichen Sozialversicherungsgesetzes) gewährt wurden bzw. Zeiten einer Beschäftigung enthalten, zu deren Ausübung ihn diese Maßnahmen befähigt haben;

(BGBl I 1997/47)

3. Beitragsmonate der Pflichtversicherung, die Zeiten enthalten, während welcher der Versicherte eine Beihilfe zur Deckung des Lebensunterhaltes gemäß § 20 Abs. 2 lit. c in Verbindung mit § 25 Abs. 1 des Arbeitsmarktförderungsgesetzes, BGBl. Nr. 31/1969, oder eine Beihilfe zur Deckung des Lebensunterhaltes durch das Arbeitsmarktservice bezogen hat;

(BGBl 1994/314)

4. Beitragsmonate der Pflichtversicherung, die Zeiten nach dem § 225 Abs. 1 Z 5 zweiter Halbsatz bzw. 226 Abs. 2 lit c zweiter Halbsatz des Allgemeinen Sozialversicherungsgesetzes enthalten;

5. Beitragsmonate der Pflichtversicherung, die Zeiten enthalten, für die aus Anlaß der Aufnahme in das pensionsversicherungsfreie Dienstverhältnis vom Dienstnehmer an den Dienstgeber ein besonderer Pensionsbeitrag geleistet worden ist, sofern für diese Zeiten ein Überweisungsbetrag nach § 167 dieses Bundesgesetzes bzw. § 311 des Allgemeinen Sozialversicherungsgesetzes bzw. § 175 des Gewerblichen Sozialversicherungsgesetzes geleistet worden ist;

6. Beitragsmonate der Pflichtversicherung, die Zeiten des Bezuges einer Lehrlingsentschädigung gemäß § 17 des Berufsausbildungsgesetzes enthalten.

(BGBl I 1997/139)

(4) Die Bemessungsgrundlage nach Abs. 1 ist für alle Versicherungsmonate anzuwenden, sofern in diesem Bundesgesetz nichts anderes bestimmt wird.

(BGBl 1996/201, BGBl I 1997/139)

(5) (aufgehoben)

(BGBl I 1997/139, BGBl I 2003/71)

(BGBl 1993/337)

§ 113a. (aufgehoben)

Bemessungsgrundlage für Zeiten der Kindererziehung (§ 107a)

§ 114. (1) Bemessungsgrundlage für Zeiten der Kindererziehung ist der um 50% erhöhte Richtsatz[a)] nach § 141 Abs. 1 lit. a sublit. bb.

(BGBl 1996/201, BGBl I 1997/139, BGBl I 2003/71)

[a)] Betrag siehe VO im Anhang.

(2) Überschneiden sich Zeiten der Kindererziehung mit Monaten einer Selbstversicherung für die Zeit der Pflege eines behinderten Kindes bis zur Vollendung des 4. Lebensjahres dieses Kindes gemäß § 18a des Allgemeinen Sozialversicherungsgesetzes oder einer Ersatzzeit gemäß § 227 Abs. 1 Z 3 und § 228 Abs. 1 Z 5 des Allgemeinen Sozialversicherungsgesetzes, ist für diese Versicherungsmonate nur die Bemessungsgrundlage gemäß den §§ 113 bzw. 117 anzuwenden. Überschneiden sich Zeiten der Kindererziehung mit Monaten einer leistungsunwirksamen Ersatzzeit, ist für diese Versicherungsmonate nur die Bemessungsgrundlage gemäß Abs. 1 anzuwenden.

(3) Überschneiden sich Zeiten der Kindererziehung und anderer Versicherungsmonate mit Ausnahme von Monaten einer Selbstversicherung für die Zeit der Pflege eines behinderten Kindes bis zur Vollendung des 4. Lebensjahres dieses Kindes gemäß § 18a des Allgemeinen Sozialversicherungsgesetzes, einer Ersatzzeit gemäß § 227 Abs. 1 Z 3 und § 228 Abs. 1 Z 5 des Allgemeinen Sozialversicherungsgesetzes und einer leistungsunwirksamen Ersatzzeit, wird für diese sich überschneidenden Zeiten die Bemessungsgrundlage gemäß den §§ 113 bzw. 117 und die Bemessungsgrundlage gemäß Abs. 1 zusammengezählt.

(4) (aufgehoben)

(BGBl 1996/201)

(BGBl 1993/337)

Bemessungsgrundlage für die erhöhte Alterspension

§ 115. (aufgehoben)

(BGBl 1993/337)

Berücksichtigung der Bemessungsgrundlagen bei der Berechnung des Steigerungsbetrages

§ 116. Für die Berechnung des Steigerungsbetrages gemäß den §§ 130 ff. ist eine Gesamtbemessungsgrundlage zu bilden. Die Gesamtbemessungsgrundlage ist die Summe der Bemessungsgrundlagen (§§ 113 Abs. 1, 114, 117) aller für das Ausmaß der Pension nach diesem Bundesgesetz, dem Allgemeinen Sozialversicherungsgesetz, dem Gewerblichen Sozialversicherungsgesetz und dem Freiberuflichen-Sozialversicherungsgesetz zu berücksichtigenden Versicherungsmonate geteilt durch die Summe der Versicherungsmonate. Monate, die gemäß § 130 Abs. 3 Versicherungsmonaten gleichzuhalten sind, gelten auch bei Anwendung des ersten und zweiten Satzes als Versicherungsmonate. Die Gesamtbemessungsgrundlage ist auf Cent aufzurunden.

(BGBl 1993/337, BGBl 1996/201, BGBl I 1997/139, BGBl I 2001/67)

Bemessungsgrundlage in besonderen Fällen

§ 117. Läßt sich eine Bemessungsgrundlage gemäß § 113 Abs. 1 nicht ermitteln, so ist die Bemessungsgrundlage gleich einem Vierzehntel der Bemessungsgrundlage, die für die Leistungen der Unfallversicherung gilt bzw. die bei einem Arbeitsunfall zum Stichtag gegolten hätte.

(BGBl 1996/201)

Berücksichtigung der Beitragsgrundlagen in der Bemessungsgrundlage

§ 118. (1) Die für die Bildung der Bemessungsgrundlage gemäß § 113 heranzuziehenden monatlichen Gesamtbeitragsgrundlagen sind unter Bedachtnahme auf die Absätze 2 bis 6 und 8 zu berechnen.

(2) Die Beitragsgrundlagen der Pflichtversicherung gemäß § 118c in einem Kalenderjahr sind zusammenzuzählen. Hiebei sind die Beitragsgrundlagen gemäß § 118c für Zeiten vor dem 1. Jänner 1971 mit dem Faktor zu vervielfachen, der sich aus der Teilung des für das Jahr 1970 geltenden Aufwertungsfaktors (§ 45) durch den der zeitlichen Lagerung der Beitragsgrundlagen entsprechenden Aufwertungsfaktor ergibt. Der Faktor ist auf drei Dezimalstellen zu runden. Liegen in einem Kalenderjahr auch Beitragsgrundlagen der Pflichtversicherung nach den §§ 243, 244 und 251 Abs. 4 ASVG und (oder) gemäß § 127c GSVG vor, sind der Summe der Beitragsgrundlagen der Pflichtversicherung gemäß § 118c die Jahresbeitragsgrundlagen nach dem Allgemeinen Sozialversicherungsgesetz gemäß Abs. 3 und 4 und Sonderzahlungen nach den jeweils in Geltung gestandenen Vorschriften und bis zu dem sich aus § 54 Abs. 1 ASVG ergebenden Höchstbetrag und (oder) die Beitragsgrundlagen der Pflichtversicherung gemäß § 127c GSVG zuzuschlagen.

(3) Jahresbeitragsgrundlage für Beitragszeiten der Pflichtversicherung nach dem Allgemeinen Sozialversicherungsgesetz in Beitragsmonaten der Pflichtversicherung:

Die Tagesbeitragsgrundlage gemäß § 242 Abs. 2 ASVG ist mit der Zahl der innerhalb des entsprechenden Kalenderjahres in Beitragsmonaten der Pflichtversicherung (§ 110 in Verbindung mit § 110a Abs. 1 und § 120 Abs. 8) liegenden Beitragstagen der Pflichtversicherung nach dem Allgemeinen Sozialversicherungsgesetz zu vervielfachen. Im Falle einer durchlaufenden Versicherung ist ein voller Kalendermonat jedenfalls mit 30 Tagen zu zählen ohne Bedachtnahme darauf, nach welchen Beitragszeiträumen die Beiträge bemessen bzw. abgerechnet wurden.

(BGBl I 2002/142)

(4) Jahresbeitragsgrundlage für Versicherungszeiten mit Ausnahme von Beitragszeiten der Pflichtversicherung in Beitragsmonaten der Pflichtversicherung:

Die Tagesbeitragsgrundlage gemäß § 242 Abs. 2 ASVG ist mit der Zahl der innerhalb des entsprechenden Kalenderjahres in Beitragsmonaten der Pflichtversicherung liegenden Tagen erworbener Versicherungszeiten (Versicherungstage) nach dem Allgemeinen Sozialversicherungsgesetz, soweit sie nicht auch Beitragszeiten der Pflichtversicherung nach diesem Bundesgesetz, dem Allgemeinen Sozialversicherungsgesetz und dem Gewerblichen Sozialversicherungsgesetz sind, unter Bedachtnahme auf Abs. 3 letzter Satz zu vervielfachen. Die Tagesbeitragsgrundlage ist dabei mit der im jeweiligen Beitragsjahr geltenden Höchstbeitragsgrundlage in der Pensionsversicherung (§ 45 Abs. 1 ASVG) zu begrenzen. Für einen Beitragsmonat der Pflichtversicherung, der auch neutrale Zeiten der im § 234 Abs. 1 Z 5, 6 und 10 ASVG genannten Art oder Zeiten enthält, in denen nach § 138 Abs. 1 ASVG kein Anspruch auf Krankengeld bestanden hat, gelten die Tage dieser Zeiten als Versicherungstage.

(5) Bei der Ermittlung der Jahresbeitragsgrundlagen gemäß Abs. 3 und 4 bleibt bei der Vervielfachung der Tagesbeitragsgrundlage der unmittelbar vor dem Stichtag liegende Beitragsmonat der Pflichtversicherung außer Betracht. In diesem Fall ist die Jahresbeitragsgrundlage im Verhältnis der Gesamtzahl der Beitragsmonate der Pflichtversicherung im Kalenderjahr zur Zahl der bei der Vervielfachung der Tagesbeitragsgrundlage berücksichtigten Beitragsmonate der Pflichtversicherung zu erhöhen. Ist in einem Kalenderjahr an Beitragsmonaten der Pflichtversicherung nur der unmittelbar vor dem Stichtag liegende vorhanden, ist bei der Ermittlung der Jahresbeitragsgrundlage gemäß Abs. 3 die Tagesbeitragsgrundlage mit 30 zu vervielfachen.

(6) Aus der Summe der Beitragsgrundlagen gemäß Abs. 2 ist für jedes Kalenderjahr eine monatliche Gesamtbeitragsgrundlage zu ermitteln, indem diese Summe durch die Zahl der im Kalenderjahr liegenden Beitragsmonate der Pflichtversicherung geteilt wird. Die monatliche Gesamtbeitragsgrundlage darf den Betrag der im jeweiligen Beitragsjahr geltenden bzw. in Geltung gestandenen Höchstbeitragsgrundlage (§ 23 Abs. 9 lit. a) in der Pensionsversicherung nicht übersteigen.

(7) Soweit Beitragsgrundlagen der freiwilligen Versicherung zu berücksichtigen sind, ist unter entsprechender Anwendung der Abs. 2 bis 6 für jedes der in Betracht kommenden Beitrags- bzw. Kalenderjahre eine monatliche Gesamtbeitragsgrundlage der freiwilligen Versicherung zu ermitteln.

(8) Monatliche Gesamtbeitragsgrundlagen (Abs. 6 bzw. Abs. 7) sind mit dem ihrer zeitlichen Lagerung entsprechenden, am Stichtag oder zum Bemessungszeitpunkt gemäß § 134 in Geltung stehenden Aufwertungsfaktor (§ 45) aufzuwerten.

(BGBl I 2004/142)

(9) Das Beitragsjahr umfaßt den Beitragszeitraum (§ 44 Abs. 2 ASVG), in dem der 1. Jänner

BSVG

eines Jahres fällt, und die folgenden vollen Beitragszeiträume dieses Jahres.

(10) Wenn innerhalb eines Beitragsjahres die Höchstbeitragsgrundlage mit einem anderen Wirksamkeitsbeginn als dem 1. Jänner bzw. dem Beginn des Beitragszeitraumes Jänner geändert wurde, gilt die jeweils höhere Höchstbeitragsgrundlage für das ganze Jahr.

(BGBl 1993/337, BGBl I 1997/64, BGBl I 1998/140)

Berücksichtigung der Beitragsgrundlagen in der Bemessungsgrundlage bei gleichzeitiger Ausübung mehrerer versicherungspflichtiger Erwerbstätigkeiten (Beschäftigungen)

§ 118a. (aufgehoben)

(BGBl 1993/337, BGBl I 1998/140)

Erstattung von Beiträgen in der Pensionsversicherung

§ 118b. (1) Überschreitet in einem Kalenderjahr

1. bei einer oder mehreren die Pflichtversicherung nach diesem Bundesgesetz begründenden Erwerbstätigkeiten oder

2. bei einer oder mehreren die Pflichtversicherung nach dem ASVG begründenden Beschäftigungen und einer oder mehreren die Pflichtversicherung nach diesem Bundesgesetz begründenden Erwerbstätigkeiten oder

3. bei einer oder mehreren die Pflichtversicherung nach dem GSVG und nach diesem Bundesgesetz begründenden Erwerbstätigkeiten

die Summe aller Beitragsgrundlagen der Pflichtversicherung – einschließlich der Sonderzahlungen – die Summe der monatlichen Höchstbeitragsgrundlagen nach § 48 GSVG für die im Kalenderjahr liegenden Beitragsmonate der Pflichtversicherung auf Grund einer Erwerbstätigkeit, wobei sich deckende Beitragsmonate nur ein Mal zu zählen sind, so hat die versicherte Person Anspruch auf Beitragserstattung nach Abs. 2. Dies gilt nicht, wenn ausschließlich Beiträge nach dem ASVG und/oder GSVG entrichtet wurden; in diesen Fällen erfolgt die Beitragserstattung nach § 70 ASVG oder nach § 127b GSVG.

(BGBl 1994/22, BGBl 1996/201, BGBl I 2004/142, BGBl I 2005/132, BGBl I 2018/100)

(2) Der versicherten Person sind zu erstatten:

1. 45% der auf den Überschreitungsbetrag entfallenden Beiträge nach dem ASVG,

2. die auf den Überschreitungsbetrag entfallenden Beiträge nach § 27 Abs. 2 Z 1 GSVG oder nach § 8 FSVG in voller Höhe und

3. die auf den Überschreitungsbetrag entfallenden Beiträge nach diesem Bundesgesetz in jener Höhe, in der die Beiträge von der versicherten Person zu tragen sind,

und zwar bis zum 30. Juni des Kalenderjahres, das dem Jahr der gänzlichen Entrichtung dieser Beiträge für ein Kalenderjahr folgt, erstmals bis zum 30. Juni 2020 für die im Jahr 2019 gänzlich für ein Kalenderjahr entrichteten Beiträge; die

Aufwertung der Beiträge erfolgt mit dem ihrer zeitlichen Lagerung entsprechenden Aufwertungsfaktor (§ 45)." Ist jedoch das APG anzuwenden, so ist in gleicher Weise nur der Überschreitungsbetrag nach § 12 Abs. 1 zweiter Satz APG zu erstatten, wenn die Pflichtversicherung auf Grund einer Erwerbstätigkeit das gesamte Kalenderjahr hindurch bestanden hat; ist dies nicht der Fall, so ist die für die Erstattung maßgebliche Jahreshöchstbeitragsgrundlage abweichend von § 12 Abs. 1 zweiter Satz APG aus der Summe der monatlichen Höchstbeitragsgrundlagen zu bilden.

(BGBl 1994/22, BGBl I 1998/140, BGBl I 2004/142, BGBl I 2005/132, BGBl I 2018/100)

(3) (aufgehoben)

(BGBl I 2004/142, BGBl I 2018/100)

(4) Die Abs. 1 und 2 sind auf die Fälle eines Anrechnungsbetrages nach § 13 des Bundesbezügegesetzes, BGBl. I Nr. 64/1997, entsprechend anzuwenden.

(BGBl I 1998/140, BGBl I 2009/83, BGBl I 2010/62, BGBl I 2011/52, BGBl I 2018/100)

(BGBl 1993/337, BGBl I 2004/142)

Beitragsgrundlage

§ 118c. Beitragsgrundlage ist für Beitragszeiten

1. nach dem 31. Dezember 1977 die Beitragsgrundlage gemäß § 12 des Bauern-Pensionsversicherungsgesetzes bzw. gemäß § 23 dieses Bundesgesetzes;

2. der Pflichtversicherung in den Kalenderjahren 1971 bis einschließlich 1977, die sich aus der Anlage 1 zu diesem Bundesgesetz ergebende Beitragsgrundlage; hiebei gilt ein Versicherungsmonat in der Versicherungsklasse erworben, in der der Versicherte für Zwecke der Bemessung der Beiträge eingereiht war;

3. der Pflichtversicherung vor dem 1. Jänner 1971 die sich aus der Anlage 1 zu diesem Bundesgesetz für das Kalenderjahr 1970 ergebende Beitragsgrundlage; hiebei gilt ein Versicherungsmonat in der Versicherungsklasse erworben, in der der Versicherte für Zwecke der Bemessung der Beiträge einzureihen gewesen wäre;

4. der Weiter- oder Selbstversicherung nach dem 31. Dezember 1977 die Beitragsgrundlage gemäß § 17 des Bauern-Pensionsversicherungsgesetzes bzw. gemäß § 28 dieses Bundesgesetzes;

5. der Weiter- oder Selbstversicherung in den Kalenderjahren 1971 bis einschließlich 1977 die sich aus der Anlage 1 zu diesem Bundesgesetz ergebende Beitragsgrundlage; lit. b ist hiebei entsprechend anzuwenden;

6. der Weiter- oder Selbstversicherung vor dem 1. Jänner 1971 die sich aus der Anlage 1 zu diesem Bundesgesetz für das Kalenderjahr 1970 in der Versicherungsklasse I ergebende Beitragsgrundlage;

7. nach § 106 Abs. 1 Z 6 die Beitragsgrundlage gemäß § 12 Abs. 1 des Bundesbezügegesetzes bzw. die der Bemessung der Pensionsbeiträge gemäß den §§ 12, 19a und 23g der Bezügegesetzes zugrundeliegenden Bezüge, soweit hiefür gemäß § 49h Abs. 3 des Bezügegesetzes ein Überweisungsbetrag geleistet worden ist.

(BGBl I 1998/140)

Kinder

§ 119. (1) Als Kinder gelten bis zum vollendeten 18. Lebensjahr:

1. die Kinder und die Wahlkinder der versicherten Person;

(BGBl I 2013/86)

2. (aufgehoben)

(BGBl I 2013/86)

3. (aufgehoben)

(BGBl I 2013/86)

4. die Stiefkinder (§ 78 Abs. 3), wenn sie mit dem Versicherten ständig in Hausgemeinschaft leben.

5. die Enkel.

Die in Z 4 und 5 genannten Personen gelten nur dann als Kinder, wenn sie mit dem Versicherten ständig in Hausgemeinschaft leben, die in Z 5 genannten Personen überdies nur dann, wenn sie gegenüber dem Versicherten im Sinne des § 232 ABGB unterhaltsberechtigt sind und sie und der Versicherte ihren Wohnsitz im Inland haben. Die ständige Hausgemeinschaft besteht weiter, wenn sich das Kind nur vorübergehend oder wegen schulmäßiger (beruflicher) Ausbildung oder zeitweilig wegen Heilbehandlung außerhalb der Hausgemeinschaft aufhält; das gleiche gilt, wenn sich das Kind auf Veranlassung des Versicherten und überwiegend auf dessen Kosten oder auf Anordnung der Jugendfürsorge oder des Pflegschaftsgerichtes in Obsorge eines Dritten befindet.

(BGBl I 2002/3, BGBl I 2013/86)

(2) Die Kindeseigenschaft besteht auch nach der Vollendung des 18. Lebensjahres, wenn und solange das Kind

1. sich in einer Schul- oder Berufsausbildung befindet, die seine Arbeitskraft überwiegend beansprucht, längstens bis zur Vollendung des 27. Lebensjahres; die Kindeseigenschaft von Kindern, die eine im § 3 des Studienförderungsgesetzes 1992 genannte Einrichtung besuchen, verlängert sich nur dann, wenn für sie

   a) entweder Familienbeihilfe nach dem Familienlastenausgleichsgesetz 1967 bezogen wird oder

   b) zwar keine Familienbeihilfe bezogen wird, sie jedoch ein ordentliches Studium ernsthaft und zielstrebig im Sinne des § 2 Abs. 1 lit. b des Familienlastenausgleichsgesetzes 1967 in der Fassung

des Bundesgesetzes BGBl. Nr. 311/1992 betreiben;

(BGBl 1992/474, BGBl 1996/201, BGBl I 2002/142)

2. als Teilnehmer/in des Freiwilligen Sozialjahres, des Freiwilligen Umweltschutzjahres, des Gedenkdienstes oder des Friedens- und Sozialdienstes im Ausland nach dem Freiwilligengesetz, BGBl. I Nr. 17/2012, tätig ist, längstens bis zur Vollendung des 27. Lebensjahres;

(BGBl I 2012/17)

3. seit der Vollendung des 18. Lebensjahres oder seit dem Ablauf des in Z 1 oder in Z 2 genannten Zeitraumes infolge Krankheit oder Gebrechens erwerbsunfähig ist.

(BGBl I 2012/17, BGBl I 2013/3)

(3) Die Kindeseigenschaft nach Abs. 2 Z 3, die wegen Ausübung einer die Pflichtversicherung begründenden Erwerbstätigkeit weggefallen ist, lebt mit Beendigung dieser Erwerbstätigkeit wieder auf, wenn Erwerbsunfähigkeit infolge Krankheit oder Gebrechens weiterhin vorliegt.

(BGBl I 2014/56)

Leistungszugehörigkeit des Versicherten und Berücksichtigung von Zeiten und Beiträgen bei Erwerb von Versicherungsmonaten auch in anderen Pensionsversicherungen (Wanderversicherung, Mehrfachversicherung)

§ 120. (1) Hat ein Versicherter Versicherungsmonate sowohl in der Bauern-Pensionsversicherung als auch in der Pensionsversicherung nach dem Allgemeinen Sozialversicherungsgesetz und (oder) in der Gewerblichen Selbständigen-Pensionsversicherung erworben, so kommen für ihn die Leistungen aus der Pensionsversicherung in Betracht, der er zugehörig ist. Die Zugehörigkeit des Versicherten richtet sich für Leistungen aus den Versicherungsfällen des Alters, der Erwerbsunfähigkeit und des Todes sowie für Maßnahmen der Rehabilitation in Fällen des § 122 und des § 182 Z 3 lit. a nach den Abs. 2 bis 5, für sonstige Fälle der Rehabilitation und für Maßnahmen der Gesundheitsvorsorge nach dem Abs. 6.

(BGBl 1996/201, BGBl I 2010/111, BGBl I 2011/122)

(2) Liegen in den letzten 15 Jahren vor dem Stichtag (§ 104 Abs. 2) Versicherungsmonate nur in einer der im Abs. 1 genannten Pensionsversicherungen vor, so ist der Versicherte dieser Pensionsversicherung zugehörig.

(3) Liegen in den letzten 15 Jahren vor dem Stichtag (§ 104 Abs. 2) Versicherungsmonate in mehreren der im Abs. 1 genannten Pensionsversicherungen vor, so ist der Versicherte der Pensionsversicherung zugehörig, in der die größere oder größte Zahl von Versicherungsmonaten vorliegt, wenn aber die gleiche Zahl von Versicherungsmonaten vorliegt, der Pensionsversicherung zugehörig, in der der letzte Versicherungsmonat vorliegt. Liegen in den letzten 15 Jahren vor dem Stichtag keine

Versicherungsmonate, so ist der Versicherte der Pensionsversicherung zugehörig, in der der letzte Versicherungsmonat vorliegt. Die Bestimmungen des § 245 Abs. 7 des Allgemeinen Sozialversicherungsgesetzes sind anzuwenden.

(BGBl 1993/337)

(4) Für die Anwendung der Abs. 1 bis 3

a) zählen Kalendermonate, während derer ein Anspruch auf eine laufende Leistung aus einer der im Abs. 1 genannten Pensionsversicherungen gegeben war, als Ersatzmonate jener Pensionsversicherung, in der der Anspruch auf die Leistung (Gesamtleistung) bescheidmäßig festgestellt worden war; war der Leistungsanspruch aus der knappschaftlichen Pensionsversicherung gegeben, gelten die vollen Kalendermonate dieses Leistungsanspruches wie Beitragsmonate der Pflichtversicherung in der knappschaftlichen Pensionsversicherung;

b) sind Versicherungsmonate, die sich zeitlich decken, nur einfach zu zählen, wobei folgende Reihenfolge gilt:
   – Beitragsmonat der Pflichtversicherung auf Grund einer Erwerbstätigkeit und Beitragsmonat nach § 115 Abs. 1 Z 2 GSVG,
   – leistungswirksamer Ersatzmonat – mit Ausnahme von Ersatzmonaten nach den §§ 107a und 107b – sowie Monat der Pflichtversicherung nach § 4a,
   – Beitragsmonat der freiwilligen Versicherung,
   – Ersatzmonat nach den §§ 107a und 107b,
   – leistungsunwirksamer Ersatzmonat;
   bei Versicherungsmonaten gleicher Art gilt nachstehende Reihenfolge:
   – Pensionsversicherung nach dem ASVG,
   – Pensionsversicherung nach dem GSVG,
   – Pensionsversicherung nach diesem Bundesgesetz.

(BGBl 1993/337, BGBl 1996/413, BGBl I 2009/83)

(BGBl 1990/296)

(5) Ein Versicherter, der von der Pensionsversicherung nach diesem Bundesgesetz in die Pensionsversicherung nach dem Gewerblichen Sozialversicherungsgesetz oder in die Pensionsversicherung nach dem Allgemeinen Sozialversicherungsgesetz oder aus der Pensionsversicherung nach dem Gewerblichen Sozialversicherungsgesetz in die Pensionsversicherung nach dem Allgemeinen Sozialversicherungsgesetz übergetreten war, ist für eine Leistung aus einem Versicherungsfall der Erwerbsunfähigkeit (der geminderten Arbeitsfähigkeit) oder des Todes, wenn der Versicherungsfall durch einen Arbeitsunfall (§§ 175 und 176 des Allgemeinen Sozialversicherungsgesetzes) oder eine Berufskrankheit (§ 177 des Allgemeinen Sozialversicherungsgesetzes) herbeigeführt worden ist, der (die) nach dem Übertritt eingetreten ist, jedenfalls der Pensionsversicherung zugehörig, in der er bei Eintritt des Versicherungsfalles für die Unfallversicherung versichert war.

(BGBl 1996/201)

(6) Für Maßnahmen der Rehabilitation und der Gesundheitsvorsorge (Abschnitt V) sind

a) Versicherte jener Pensionsversicherung zugehörig, in der sie zuletzt versichert waren; war ein Versicherter zuletzt in mehreren Pensionsversicherungen versichert, dann gilt für die Feststellung der Zugehörigkeit die Reihenfolge des Abs. 4 lit. b;

b) Pensionisten jener Pensionsversicherung zugehörig, aus der ihnen der Pensionsanspruch zusteht.

Ist ein Pensionist gleichzeitig Versicherter, so gilt er für die Feststellung der Zugehörigkeit in der Rehabilitation und der Gesundheitsvorsorge als Versicherter.

(7) Tritt während eines aufrechten Pensionsanspruches ein weiterer Versicherungsfall in der Pensionsversicherung ein, so bleibt es – abweichend von den Abs. 1 bis 5 – bei der bisherigen Leistungszugehörigkeit. Die Feststellung der Leistungszugehörigkeit in Fällen des § 123 Abs. 3 ist davon nicht berührt.

(BGBl I 2002/142)

(8) Ist ein Versicherter gemäß den Abs. 2 bis 5 oder 7 der Pensionsversicherung nach diesem Bundesgesetz zugehörig, so hat der Versicherungsträger die Bestimmungen dieses Bundesgesetzes mit folgender Maßgabe anzuwenden:

1. Beitragsmonate nach dem Allgemeinen Sozialversicherungsgesetz und nach dem Gewerblichen Sozialversicherungsgesetz gelten als Beitragsmonate nach diesem Bundesgesetz. Ersatzmonate nach dem Allgemeinen Sozialversicherungsgesetz und nach dem Gewerblichen Sozialversicherungsgesetz gelten als Ersatzmonate nach diesem Bundesgesetz. Neutrale Zeiten nach dem Allgemeinen Sozialversicherungsgesetz und nach dem Gewerblichen Sozialversicherungsgesetz gelten als neutrale Zeiten nach diesem Bundesgesetz.

2. Beiträge zur Höherversicherung gemäß § 248 ASVG und gemäß § 141 Abs. 1 GSVG gelten als Beiträge zur Höherversicherung im Sinne des § 132 Abs. 1.

3. (aufgehoben)

(BGBl I 2000/92)

(BGBl 1993/337, BGBl I 1998/140, BGBl I 2002/142)

2. Unterabschnitt
Besondere Bestimmungen

Alterspension

§ 121. (1) Anspruch auf Alterspension hat der Versicherte nach Vollendung des 65. Lebensjahres (Regelpensionsalter), die Versicherte nach Vollendung des 60. Lebensjahres (Regelpensionsalter), wenn die Wartezeit (§ 111) erfüllt ist.

(BGBl I 1997/139)

(2) (aufgehoben)

(BGBl I 2000/92)

(3) (aufgehoben)

(BGBl I 2003/71)

(BGBl 1993/337)

Berufliche Rehabilitation, Anspruch

§ 122. (1) Anspruch auf Maßnahmen der beruflichen Rehabilitation (§ 153) haben versicherte Personen, wenn sie infolge ihres Gesundheitszustandes die Voraussetzungen für Erwerbsunfähigkeitspension (§ 123 Abs. 1) erfüllen, wahrscheinlich erfüllen oder in absehbarer Zeit erfüllen werden.

(2) Maßnahmen nach Abs. 1 sind nur solche, durch die mit hoher Wahrscheinlichkeit auf Dauer Erwerbsunfähigkeit im Sinne des § 124 beseitigt oder vermieden werden kann und die geeignet sind, mit hoher Wahrscheinlichkeit eine Wiedereingliederung in das Erwerbsleben auf Dauer sicherzustellen.

(3) Die Maßnahmen nach Abs. 1 müssen ausreichend und zweckmäßig sein, sie dürfen jedoch das Maß des Notwendigen nicht überschreiten. Sie sind vom Versicherungsträger unter Berücksichtigung des Arbeitsmarktes und ihrer Zumutbarkeit für die versicherte Person zu erbringen.

(4) Die Maßnahmen nach Abs. 1 sind der versicherten Person nur dann zumutbar, wenn sie unter Berücksichtigung ihrer Neigung, ihrer physischen und psychischen Eignung, ihrer bisherigen Tätigkeit sowie der Dauer und des Umfanges ihrer bisherigen Ausbildung (Qualifikationsniveau) sowie ihres Alters, ihres Gesundheitszustandes und der Dauer eines Pensionsbezuges festgesetzt und durchgeführt werden. Maßnahmen der Rehabilitation, die eine Ausbildung zu einer Berufstätigkeit umfassen, durch deren Ausübung das bisherige Qualifikationsniveau wesentlich unterschritten wird, dürfen nur mit Zustimmung der versicherten Person durchgeführt werden. Hat die versicherte Person eine Tätigkeit ausgeübt, die einen Lehrabschluss oder einen mittleren Schulabschluss erfordert, oder hat sie durch praktische Arbeit qualifizierte Kenntnisse oder Fähigkeiten erworben, die einem Lehrabschluss oder mittleren Schulabschluss gleichzuhalten sind, so ist eine Rehabilitation auf Tätigkeiten, die keine gleichwertige Ausbildung vorsehen, jedenfalls unzulässig.

(5) Das Qualifikationsniveau im Sinne des Abs. 4 erster Satz bestimmt sich nach der für die Tätigkeit notwendigen beruflichen Ausbildung sowie nach den für die Ausübung der Tätigkeit erforderlichen Kenntnissen und Fähigkeiten (Fachkompetenz).

(6) Die §§ 155 bis 160 sind anzuwenden.

(BGBl I 2003/71, BGBl I 2010/111)

Vorzeitige Alterspension bei Arbeitslosigkeit

§ 122a. (aufgehoben)

(BGBl I 2003/71)

Gleitpension

§ 122b. (aufgehoben)

(BGBl I 2003/71)

Vorzeitige Alterspension wegen Erwerbsunfähigkeit

§ 122c. (aufgehoben)

(BGBl I 2000/43)

Erwerbsunfähigkeitspension

§ 123. (1) Anspruch auf Erwerbsunfähigkeitspension hat der (die) Versicherte, wenn

1. kein Anspruch auf berufliche Rehabilitation nach § 122 Abs. 1 und 2 besteht oder die Maßnahmen der beruflichen Rehabilitation nach § 122 Abs. 3 nicht zweckmäßig oder nach § 122 Abs. 4 nicht zumutbar sind,

   (BGBl I 2010/111)

2. die Erwerbsunfähigkeit (§ 124) voraussichtlich sechs Monate andauert oder andauern würde,

   (BGBl I 2010/111)

3. die Wartezeit erfüllt ist (§ 111) und

   (BGBl I 2010/111)

4. er (sie) am Stichtag (§ 104 Abs. 2) noch nicht die Voraussetzungen für eine Alterspension nach diesem oder einem anderen Bundesgesetz, mit Ausnahme der Alterspension nach § 4 Abs. 2 APG, erfüllt hat.

   (BGBl I 1997/139, BGBl I 2003/71, BGBl I 2004/142, BGBl I 2010/111)

(2) Nach Anfall einer Pension aus einem Versicherungsfall des Alters nach diesem Bundesgesetz, nach dem Allgemeinen Sozialversicherungsgesetz mit Ausnahme des Knappschaftssoldes oder nach dem Gewerblichen Sozialversicherungsgesetz sowie nach dem Anfall einer Pension aus einem Versicherungsfall der geminderten Arbeitsfähigkeit nach dem Allgemeinen Sozialversicherungsgesetz oder aus dem Versicherungsfall der Erwerbsunfähigkeit nach dem Gewerblichen Sozialversicherungsgesetz kann ein Anspruch auf Erwerbsunfähigkeitspension nicht mehr entstehen.

(BGBl 1996/201)

(3) Ein Pensionsbezieher, dem Maßnahmen der Rehabilitation gewährt worden sind (§ 150 Abs. 1), hat Anspruch auf Erwerbsunfähigkeitspension, wenn

1. durch diese Maßnahmen das im § 150 Abs. 3 angestrebte Ziel erreicht wurde;

   (BGBl I 2002/142)

2. er als erwerbsunfähig im Sinne des § 124 Abs. 3 gilt;

3. er während des Anspruches auf Pension mindestens 36 Beitragsmonate der Pflichtversicherung durch eine selbständige Erwerbstätigkeit erworben hat und

4. er zu dieser Erwerbstätigkeit durch die Rehabilitation in der Unfallversicherung oder in der Pensionsversicherung nach diesem Bundesgesetz befähigt wurde.

Für die Feststellung des Eintrittes des Versicherungsfalles gilt § 104 Abs. 1 Z 2 entsprechend.

(BGBl I 2002/142)

(4) (aufgehoben)

(BGBl 1993/337, BGBl I 2002/142, BGBl I 2005/132)

(5) Bezieht eine Person, die Anspruch auf Erwerbsfähigkeitspension hat, in einem Kalendermonat ein Erwerbseinkommen (§ 56), das den Betrag gemäß § 5 Abs. 2 des Allgemeinen Sozialversicherungsgesetzes übersteigt, so wandelt sich der Anspruch auf die gemäß § 130 ermittelte Pension für diesen Kalendermonat in einen Anspruch auf Teilpension.

(BGBl I 1997/139, BGBl I 2003/145, BGBl I 2015/79)

(6) Die Höhe der Teilpension wird wie folgt ermittelt:

1. Zunächst ist das Gesamteinkommen zu ermitteln, das ist die Summe aus der gemäß § 130 ermittelten Pension ohne den besonderen Steigerungsbetrag (§ 132) und dem Erwerbseinkommen.

2. Die Teilpension gebührt in Höhe der gemäß § 130 ohne den besonderen Steigerungsbetrag (§ 132) ermittelten Pension, wenn das Gesamteinkommen 897,58 €[a]) nicht übersteigt; andernfalls ist die gemäß § 130 ohne den besonderen Steigerungsbetrag (§ 132) ermittelte Pension um einen Anrechnungsbetrag zu vermindern.

(BGBl I 2001/67)

3. Der Anrechnungsbetrag gemäß Z 2 setzt sich aus Teilen des Gesamteinkommens zusammen: Für Gesamteinkommensteile von

    a) über 897,58 €[a]) bis 1 346,41 €[a]) sind 30%,

    b) über 1 346,41 €[a]) bis 1 795,16 €[a]) sind 40% und

    c) über 1 795,16 €[a]) sind 50%

    [a]) Beträge siehe VO im Anhang.

    dieser Gesamteinkommensteile anzurechnen.

(BGBl I 2001/67)

4. Der Anrechnungsbetrag darf jedoch weder 50% der gemäß § 130 ohne den besonderen Steigerungsbetrag (§ 132) ermittelten Pension noch das Erwerbseinkommen übersteigen.

An die Stelle dieser Beträge treten ab 1. Jänner eines jeden Jahres die unter Bedachtnahme auf § 47 mit dem Anpassungsfaktor (§ 45) vervielfachten Beträge.

(BGBl I 1997/139, BGBl I 2001/67)

(7) Der Prozentsatz der Teilpension gemäß Abs. 6 ist erstmalig auf Grund des Pensionsantrages festzustellen. Neufeststellungen dieses Prozentsatzes erfolgen sodann

1. aus Anlaß jeder Anpassung von Pensionen gemäß § 46;

2. bei jeder Neuaufnahme einer Erwerbstätigkeit;

3. auf besonderen Antrag des Pensionisten.

(BGBl I 1997/139)

Begriff der Erwerbsunfähigkeit

§ 124. (1) Als erwerbsunfähig gilt der (die) Versicherte, der (die) infolge von Krankheit oder anderen Gebrechen oder Schwäche seiner (ihrer) körperlichen oder geistigen Kräfte außerstande ist, einem regelmäßigen Erwerb nachzugehen.

(BGBl 1996/201)

(1a) Die versicherte Person gilt auch dann als erwerbsunfähig, wenn sie

1. das 50. Lebensjahr vollendet hat,

2. mindestens 360 Versicherungsmonate, davon mindestens 240 Beitragsmonate der Pflichtversicherung auf Grund einer Erwerbstätigkeit, erworben hat und

3. nur mehr Tätigkeiten mit geringstem Anforderungsprofil, die auf dem Arbeitsmarkt noch bewertet sind, ausüben kann und zu erwarten ist, dass ein Arbeitsplatz in einer der physischen und psychischen Beeinträchtigung entsprechenden Entfernung von ihrem Wohnort innerhalb eines Jahres nicht erlangt werden kann.

(BGBl I 2010/111)

(1b) Tätigkeiten nach Abs. 1a Z 3 sind leichte Tätigkeiten, die bei durchschnittlichem Zeitdruck und vorwiegend in sitzender Haltung ausgeübt werden. Tätigkeiten gelten auch dann als vorwiegend in sitzender Haltung ausgeübt, wenn sie durch zwischenzeitliche Haltungswechsel unterbrochen werden.

(BGBl I 2010/111, BGBl I 2013/139)

(2) Als erwerbsunfähig gilt auch der (die) Versicherte, der (die) das 60. Lebensjahr vollendet hat, wenn er (sie) infolge von Krankheit oder anderen Gebrechen oder Schwäche seiner (ihrer) körperlichen oder geistigen Kräfte außer Stande ist, einer selbständigen Erwerbstätigkeit, die er (sie) in den letzten 180 Kalendermonaten vor dem Stichtag mindestens 120 Kalendermonate hindurch ausgeübt hat, nachzugehen. Dabei ist die Möglichkeit einer zumutbaren Änderung der sachlichen und personellen Ausstattung seines (ihres) Betriebes zu berücksichtigen. Fallen in den Zeitraum der letzten 180 Kalendermonate vor dem Stichtag

1. neutrale Monate nach § 112 Z 4 lit. a oder Monate des Bezuges von Übergangsgeld nach § 156, so verlängert sich der genannte Zeitraum um diese Monate;

2. Monate des Bezuges von Rehabilitationsgeld nach § 143a ASVG oder von Umschulungsgeld nach § 39b AlVG, so verlängert sich der

genannte Zeitraum um höchstens 60 dieser Monate;

(BGBl 1993/337, BGBl I 2000/43, BGBl I 2010/111, BGBl I 2012/35, BGBl I 2015/2)

(2a) Auf das Erfordernis der Ausübung einer selbständigen Erwerbstätigkeit nach Abs. 2 erster Satz ist eine gleichartige unselbständige Erwerbstätigkeit in den letzten 180 Kalendermonaten vor dem Stichtag im Ausmaß von höchstens 60 Kalendermonaten anzurechnen.

(BGBl I 2005/132)

(3) Wurden dem (der) Versicherten Maßnahmen der Rehabilitation gewährt, durch die das im § 150 Abs. 3 angestrebte Ziel erreicht worden ist, so gilt er (sie) auch als erwerbsunfähig, wenn seine (ihre) persönliche Arbeitsleistung zur Aufrechterhaltung des Betriebes notwendig war und er (sie) infolge von Krankheit oder anderen Gebrechen oder Schwäche seiner (ihrer) körperlichen oder geistigen Kräfte außerstande ist, jener selbständigen Erwerbstätigkeit nachzugehen, zu der die Rehabilitation den Versicherten (die Versicherte) befähigt hat und die er (sie) zuletzt durch mindestens 36 Kalendermonate ausgeübt hat. Hiebei sind, soweit nicht ganze Kalendermonate dieser Erwerbstätigkeit vorliegen, jeweils 30 Kalendertage zu einem Kalendermonat zusammenzufassen.

(BGBl 1996/201, BGBl 1996/413, BGBl I 2002/142)

(4) Als erwerbsunfähig gilt der (die) Versicherte auch dann, wenn er (sie) bereits vor der erstmaligen Aufnahme einer die Pflichtversicherung begründenden Erwerbstätigkeit infolge von Krankheit oder anderen Gebrechen oder Schwäche seiner (ihrer) körperlichen oder geistigen Kräfte außer Stande war, einem regelmäßigen Erwerb nachzugehen (Abs. 1), dennoch aber mindestens 120 Beitragsmonate der Pflichtversicherung auf Grund einer Erwerbstätigkeit nach diesem oder einem anderen Bundesgesetz erworben hat.

(BGBl I 2003/145, BGBl I 2015/162)
(BGBl 1996/201)

Feststellung der Erwerbsunfähigkeit

§ 124a. Der Versicherte ist berechtigt, vor Stellung eines Antrages auf die Pension einen Antrag auf Feststellung der Erwerbsunfähigkeit zu stellen, über den der Versicherungsträger in einem gesonderten Verfahren (§ 182 Z 5) zu entscheiden hat.

(BGBl I 2005/71)

Dauer des Anspruchs auf Erwerbsunfähigkeitspension

§ 124b. (1) Die Erwerbsunfähigkeitspension nach § 123 Abs. 1 gebührt längstens für die Dauer von 24 Monaten ab dem Stichtag. Besteht nach Ablauf der Befristung Erwerbsunfähigkeit weiter, so ist die Pension jeweils für die Dauer von längstens 24 Monaten weiter zuzuerkennen, sofern die Weitergewährung der Pension spätestens innerhalb von drei Monaten nach deren Wegfall beantragt wurde.

(2) Abweichend von Abs. 1 ist die Pension ohne zeitliche Befristung zuzuerkennen, wenn auf Grund des körperlichen oder geistigen Zustandes dauernde Erwerbsunfähigkeit anzunehmen ist.

(3) Gegen den Ausspruch, daß die Pension zeitlich befristet zuerkannt oder weitergewährt wird, darf eine Klage an das Landesgericht als Arbeits- und Sozialgericht bzw. das Arbeits- und Sozialgericht Wien nicht erhoben werden.

(BGBl 1996/201)

Hinzurechnung von Versicherungszeiten für Witwen (Witwer), die den Betrieb des versicherten Ehegatten nach dessen Tod fortgeführt haben

§ 125. (1) Bei Witwen (Witwern), die den land-(forst)wirtschaftlichen Betrieb des versicherten Ehegatten (der versicherten Ehegattin) fortgeführt haben, sind für einen Anspruch auf eine Leistung aus einem Versicherungsfall des Alters oder aus dem Versicherungsfall der Erwerbsunfähigkeit die Versicherungszeiten im Sinne des § 105, die von diesem (dieser) während des Bestandes der Ehe erworben worden sind, den aus der eigenen Pensionsversicherung der Witwe (des Witwers) erworbenen Versicherungszeiten hinzuzurechnen, wenn die Witwe (der Witwer) den Betrieb mindestens drei Jahre fortgeführt hat. Das Erfordernis der dreijährigen Fortführung entfällt, wenn die Witwe (der Witwer) im Zeitpunkt des Todes des Ehegatten den Betrieb auf gemeinsame Rechnung und Gefahr führte oder hauptberuflich im Betrieb des Ehegatten beschäftigt war. Wird die Witwen(Witwer)pension in Anspruch genommen, so ist eine Hinzurechnung der Versicherungszeiten des verstorbenen Ehegatten ausgeschlossen.

(BGBl 1996/201, BGBl 1996/413)

(2) Überschneiden sich Zeiten der Kindererziehung (§§ 107a, 107b) der Witwe (des Witwers), die (der) den Betrieb des versicherten Ehegatten nach dessen Tod fortgeführt hat, mit Versicherungszeiten im Sinne des § 105, die der verstorbene Ehegatte während des Bestandes der Ehe erworben hat, ist § 114 Abs. 3 anzuwenden.

(BGBl 1996/413)

(3) Die Abs. 1 und 2 sind sinngemäß auch auf eingetragene PartnerInnen nach dem EPG anzuwenden.

(BGBl I 2009/135)

Hinterbliebenenpensionen

§ 126. Als Hinterbliebenenpensionen werden Witwenpensionen, Witwerpensionen, Pensionen für hinterbliebene eingetragene PartnerInnen und Waisenpensionen gewährt, wenn die Wartezeit (§ 111) und die besonderen Voraussetzungen gemäß den §§ 127 und 129 erfüllt sind. Die Wartezeit gilt jedenfalls als erfüllt, wenn der (die) Versicherte bis zum Tod Anspruch auf eine Pension aus der Pensionsversicherung nach diesem Bundesgesetz hatte.

(BGBl I 2010/62)

Witwen(Witwer)pension

§ 127. (1) Anspruch auf Witwen(Witwer)pension hat die Witwe nach dem Tod des versicherten Ehegatten bzw. der Witwer nach dem Tod der versicherten Ehegattin. Nimmt die Witwe (der Witwer) die Alters(Erwerbsunfähigkeits)pension gemäß § 125 in Anspruch, so steht ihr (ihm) ein Anspruch auf Witwen(Witwer)pension nicht zu.

(2) Die Pension nach Abs. 1 gebührt bis zum Ablauf von 30 Kalendermonaten nach dem Letzten des Monats des Todes des (der) versicherten Ehegatten (Ehegattin),

1. wenn der überlebende Ehegatte bei Eintritt des Versicherungsfalles des Todes des (der) Versicherten das 35. Lebensjahr noch nicht vollendet hat, es wäre denn, daß die Ehe mindestens zehn Jahre gedauert hat;

2. wenn der überlebende Ehegatte bei Eintritt des Versicherungsfalles des Todes des (der) Versicherten das 35. Lebensjahr bereits vollendet hat und die Ehe in einem Zeitpunkt geschlossen wurde, in dem der andere Ehegatte einen bescheidmäßig zuerkannten Anspruch auf eine Pension aus einem Versicherungsfall des Alters oder der geminderten Arbeitsfähigkeit mit Ausnahme des Knappschaftssoldes und der Knappschaftspension hatte, es wäre denn, daß

   a) die Ehe mindestens drei Jahre gedauert und der Altersunterschied der Ehegatten nicht mehr als 20 Jahre betragen hat oder

   b) die Ehe mindestens fünf Jahre gedauert und der Altersunterschied der Ehegatten nicht mehr als 25 Jahre betragen hat oder

   c) die Ehe mindestens zehn Jahre gedauert und der Altersunterschied der Ehegatten mehr als 25 Jahre betragen hat;

3. wenn der überlebende Ehegatte bei Eintritt des Versicherungsfalles des Todes des (der) Versicherten das 35. Lebensjahr bereits vollendet hat und die Ehe in einem Zeitpunkt geschlossen wurde, in dem der Ehegatte bereits das 65. Lebensjahr (die Ehegattin bereits das 60. Lebensjahr) überschritten und keinen bescheidmäßig zuerkannten Anspruch auf eine in Z 2 bezeichnete Pension hatte, es wäre denn, daß die Ehe zwei Jahre gedauert hat.

Wäre der überlebende Ehegatte im Zeitpunkt des Ablaufs der Frist, für die die Pension zuerkannt wurde, in sinngemäßer Anwendung der §§ 254 Abs. 1 Z 1 und 255 Abs. 3 des Allgemeinen Sozialversicherungsgesetzes als invalid anzusehen und wurde die Weitergewährung der Pension spätestens innerhalb von drei Monaten nach deren Wegfall beantragt, so ist die Pension für die weitere Dauer der Invalidität zuzuerkennen. Der Anspruch auf eine befristet zuerkannte bzw. für die Dauer der Invalidität weitergewährte Witwen(Witwer)pension erlischt ohne weiteres Verfahren, wenn sich der Bezieher (die Bezieherin) einer solchen Pension wiederverehelicht.

(BGBl 1996/413, BGBl I 1998/140)

(3) Abs. 2 gilt nicht,

1. wenn in der Ehe ein Kind geboren oder durch die Ehe ein Kind legitimiert wurde oder die Witwe sich im Zeitpunkt des Todes des Ehegatten erwiesenermaßen im Zustand der Schwangerschaft befunden hatte oder in diesem Zeitpunkt dem Haushalt der Witwe (des Witwers) ein Kind des (der) Verstorbenen angehörte, das Anspruch auf Waisenpension hat;

2. wenn die Ehe von Personen geschlossen wurde, die bereits früher miteinander verheiratet gewesen sind und bei Fortdauer der früheren Ehe der Witwen(Witwer)pensionsanspruch nicht ausgeschlossen gewesen wäre.

(4) Die Pension nach Abs. 1 gebührt nach Maßgabe der Abs. 2 und 3 auch

1. der Frau,

2. dem Mann,

deren (dessen) Ehe mit dem (der) Versicherten für nichtig erklärt, aufgehoben oder geschieden worden ist, wenn ihr (ihm) der (die) Versicherte zur Zeit seines (ihres) Todes Unterhalt (einen Unterhaltsbeitrag) zu leisten hatte bzw. Unterhalt geleistet hat, und zwar

   a) auf Grund eines gerichtlichen Urteiles,

   b) auf Grund eines gerichtlichen Vergleiches,

   c) auf Grund einer vor Auflösung (Nichtigerklärung) der Ehe eingegangenen vertraglichen Verpflichtung,

   d) regelmäßig zur Deckung des Unterhaltsbedarfs ab einem Zeitpunkt nach der Rechtskraft der Scheidung bis zu seinem (ihrem) Tod, mindestens während der Dauer des letzten Jahres vor seiem (ihrem) Tod, wenn die Ehe mindestens zehn Jahre gedauert hat,

sofern und solange die Frau (der Mann) nicht eine neue Ehe geschlossen hat.

Pension für hinterbliebene eingetragene PartnerInnen

§ 128. Die Bestimmungen über die Witwen(Witwer)pension nach den §§ 127, 136 und 137 sind auf hinterbliebene eingetragene PartnerInnen und eingetragene Partnerschaften nach dem EPG sinngemäß anzuwenden.

(BGBl I 2009/135, BGBl I 2013/139)

Waisenpension

§ 129. Anspruch auf Waisenpension haben nach dem Tode des (der) Versicherten die Kinder im Sinne des § 119 Abs. 1 Z 1 bis 4 und Abs. 2. Über das vollendete 18. Lebensjahr hinaus wird eine Waisenpension nur auf besonderen Antrag gewährt.

Alters(Erwerbsunfähigkeits)pension, Ausmaß

§ 130. (1) Die Leistungen aus den Versicherungsfällen des Alters und die Erwerbsunfähigkeitspension bestehen aus dem Steigerungsbetrag, bei Vorliegen einer Höherversicherung auch aus dem besonderen Steigerungsbetrag gemäß § 132

Abs. 1. Der Steigerungsbetrag ist ein Prozentsatz der Gesamtbemessungsgrundlage (§ 116).

(2) Die Höhe des Prozentsatzes gemäß Abs. 1 ist die Summe der erworbenen Steigerungspunkte. Für je zwölf Versicherungsmonate gebühren 1,78 Steigerungspunkte. Bleibt ein Rest von weniger als zwölf Versicherungsmonaten, so gebührt für jeden Restmonat ein Zwölftel von 1,78 Steigerungspunkten. Die Summe der Steigerungspunkte ist auf drei Dezimalstellen zu runden.

(BGBl I 2003/71)

(3) Bei Inanspruchnahme der Erwerbsunfähigkeitspension ist jeder Monat ab dem Stichtag bis zum Monatsersten nach Vollendung des 60. Lebensjahres bei der Berechnung der Steigerungspunkte gemäß Abs. 2 einem Versicherungsmonat gleichzuhalten. Fällt der Zeitpunkt der Vollendung des 60. Lebensjahres selbst auf einen Monatsersten, so gilt dieser Tag als Monatserster im Sinne des ersten Satzes.

(BGBl I 2000/92, BGBl I 2001/33, BGBl I 2003/71)

(4) Bei Inanspruchnahme einer Leistung vor dem Monatsersten nach der Erreichung des Regelpensionsalters (§ 121 Abs. 1) ist die Leistung, ausgenommen ein besonderer Steigerungsbetrag (§ 132), zu vermindern. Das Ausmaß der Verminderung beträgt für je zwölf Monate der früheren Inanspruchnahme 4,2% der Leistung. Bleibt ein Rest von weniger als zwölf Monaten, so beträgt das Ausmaß der Verminderung für jeden Restmonat 0,35% dieser Leistung. Das Höchstausmaß der Verminderung beträgt 15% der genannten Leistung. Handelt es sich jedoch um eine Erwerbsunfähigkeitspension, so beträgt das Höchstausmaß der Verminderung 13,8% der Leistung. Fällt der Zeitpunkt der Erreichung des Regelpensionsalters selbst auf einen Monatsersten, so gilt dieser Tag als Monatserster im Sinne des ersten Satzes.

(BGBl I 2000/92, BGBl I 2001/33, BGBl I 2003/71, BGBl I 2010/111)

(5) Wenn bei der Berechnung der Höhe der Erwerbsunfähigkeitspension nach Abs. 3 zusätzliche Versicherungsmonate angerechnet werden, darf die Leistung, mit Ausnahme eines besonderen Steigerungsbetrages (§ 132) – nach der Verminderung nach Abs. 4 –, höchstens 60% der höchsten zur Anwendung kommenden Bemessungsgrundlage (§§ 113 Abs. 1, 114 Abs. 1, 117) betragen. Dies gilt nicht, wenn die Leistung ohne Berücksichtigung der Monate nach Abs. 3 und nach der Verminderung nach Abs. 4 höher ist; in diesem Fall gebührt die Leistung ohne Berücksichtigung der Monate nach Abs. 3.

(BGBl I 2000/92, BGBl I 2001/33, BGBl I 2003/71)

(6) (aufgehoben)

(BGBl I 2003/71)

(7) Besteht bei Eintritt eines Versicherungsfalles der Erwerbsunfähigkeit oder des Alters ein bescheidmäßig zuerkannter Anspruch auf eine Pension aus eigener Pensionsversicherung, so gilt die Verminderung nach Abs. 4 für diese Pension auch für die hinzutretende Leistung.

(BGBl I 2003/145)

(BGBl 1993/337, BGBl 1994/22, BGBl 1996/201, BGBl 1996/413, BGBl I 1997/139)

§ 131. (aufgehoben)

(BGBl I 1997/139)

Besonderer Steigerungsbetrag für Beiträge zur Höherversicherung

§ 132. (1) Für Beiträge zur Höherversicherung, die für Versicherungszeiten geleistet wurden oder gemäß den §§ 118b, 133 und 134 als geleistet gelten, ist ein besonderer Steigerungsbetrag zur Alters(Erwerbsunfähigkeits)pension zu gewähren.

(BGBl 1993/337, BGBl I 2003/71)

(2) bis (3) (aufgehoben)

(BGBl 1993/337)

(4) Für die Bemessung des besonderen Steigerungsbetrages gemäß Abs. 1 sind Beiträge zur Höherversicherung, die für vor dem 1. Jänner 1986 gelegene Versicherungszeiten geleistet wurden oder als geleistet gelten, mit den ihrer zeitlichen Lagerung entsprechenden Aufwertungsfaktoren (§ 45) aufzuwerten. Der besondere Steigerungsbetrag beträgt für Beiträge zur Höherversicherung für Versicherungszeiten aus der Zeit vor dem 1. Jänner 1986 monatlich 1 vH der Beiträge zur Höherversicherung.

(5) (aufgehoben)

(BGBl 1993/337)

(6) Für die Bemessung des besonderen Steigerungsbetrages sind Beiträge zur Höherversicherung, die für nach dem 31. Dezember 1985 gelegene Versicherungszeiten geleistet wurden oder als geleistet gelten, mit dem ihrer zeitlichen Lagerung entsprechenden Aufwertungsfaktor (§ 45) aufzuwerten und mit einem Faktor zu vervielfachen. Dieser Faktor ist durch Verordnung[a] des Bundesministers für soziale Verwaltung nach versicherungsmathematischen Grundsätzen festzusetzen. Die Verordnung bedarf der Zustimmung des Hauptausschusses des Nationalrates.

(BGBl 1993/337)

---
[a] VO im VO-Teil zum ASVG.

(7) Der monatlich gebührende besondere Steigerungsbetrag für nach dem 31. Dezember 1985 gelegene Versicherungszeiten ist die Summe der nach Maßgabe des Abs. 6 berechneten Beträge für die jeweiligen Kalenderjahre, in denen Beiträge zur Höherversicherung geleistet wurden oder als geleistet gelten.

(BGBl 1993/337)

(BGBl 1993/337)

Anrechnung von Beiträgen zur freiwilligen Versicherung für die Höherversicherung

§ 133. Beiträge zur freiwilligen Versicherung in der Pensionsversicherung, die für Monate entrichtet wurden, die zum Stichtag auch Beitragsmonate der Pflichtversicherung nach diesem oder einem anderen Bundesgesetz, Beitragsmonate nach § 115 Abs. 1 Z 2 des Gewerblichen Sozialversicherungsgesetzes oder leistungswirksame Ersatzmonate nach diesem oder einem anderen Bundesgesetz sind, gelten als Beiträge zur Höherversicherung. Dies gilt nicht, wenn

1. es sich um Ersatzmonate nach § 107a oder § 107b handelt oder

2. durch Berücksichtigung der Grundlagen dieser Beiträge zur freiwilligen Versicherung bei der Ermittlung der Teilgutschrift nach § 12 Abs. 1 APG das 420fache der täglichen Höchstbeitragsgrundlage im jeweiligen Kalenderjahr nicht überschritten wird.

(BGBl 1993/337, BGBl 1996/413, BGBl I 2015/2)

(BGBl 1990/296)

Besondere Höherversicherung für erwerbstätige PensionsbezieherInnen

§ 134. (1) Wird neben dem Bezug einer Alterspension ab dem Monatsersten nach Erreichung des Regelpensionsalters eine die Pflichtversicherung nach diesem Bundesgesetz oder dem ASVG oder dem GSVG begründende Erwerbstätigkeit ausgeübt oder ein Anrechnungsbetrag nach § 13 des Bundesbezügegesetzes geleistet, so gebührt dem (der) Versicherten oder dem Organ nach § 12 Abs. 1 des Bundesbezügegesetzes ein besonderer Höherversicherungsbetrag, der nach Abs. 2 zu berechnen ist. Fällt der Zeitpunkt der Erreichung des Regelpensionsalters selbst auf einen Monatsersten, so gilt dieser Tag als Monatserster im Sinne des ersten Satzes.

(BGBl I 2009/83, BGBl I 2011/52)

(2) Für die Bemessung des besonderen Höherversicherungsbetrages sind die auf Grund einer Pflichtversicherung nach Abs. 1 nach dem 31. Dezember 2003 geleisteten Beiträge zur Pensionsversicherung, die auf die versicherte Person und ihren Dienstgeber entfallen, einem Faktor zu vervielfachen. Dieser Faktor ist durch Verordnung[a] des Bundesministers für soziale Sicherheit, Generationen und Konsumentenschutz nach versicherungsmathematischen Grundsätzen unter Berücksichtigung des Lebensalters bei geschlechtsneutraler Bewertung des Einkommens festzusetzen.

(BGBl I 2015/2)

[a] Siehe VO im ASVG-Anhang.

(3) Der besondere Höherversicherungsbetrag gebührt ab jenem Kalenderjahr, das dem Kalenderjahr der Aufnahme der Erwerbstätigkeit folgt; für jedes weitere Kalenderjahr der Erwerbstätigkeit wird der besondere Höherversicherungsbetrag neu festgesetzt. Die aus dem besonderen Höherversicherungsbetrag zustehende Leistung gebührt ab dem der erstmaligen Festsetzung des besonderen Höherversicherungsbetrages folgenden Kalenderjahr; sie ändert sich entsprechend der jeweiligen Neufestsetzung des besonderen Höherversicherungsbetrages.

(BGBl 1993/337, BGBl 1994/22, BGBl 1996/201, BGBl 1997/139, BGBl I 1998/140, BGBl I 1999/179,
BGBl I 2000/43, BGBl I 2000/92, BGBl I 2001/33, BGBl I 2003/71)

Erhöhung der Alterspension bei Aufschub der Geltendmachung des Anspruches

§ 134a. (1) Anspruch auf erhöhte Alterspension haben Versicherte, die die Alterspension nach § 121 Abs. 1 nicht schon mit der Erreichung des Regelpensionsalters, sondern erst zu einem späteren Zeitpunkt in Anspruch nehmen, wenn vor diesem Zeitpunkt nicht schon ein bescheidmäßig zuerkannter Anspruch auf eine Pension aus der gesetzlichen Pensionsversicherung – ausgenommen Pensionen aus dem Versicherungsfall des Todes – besteht oder bestand. Für je zwölf Monate der späteren Inanspruchnahme der Alterspension gebührt frühestens ab dem Zeitpunkt der Erfüllung der Wartezeit (§ 111) eine Erhöhung um 4,2% der nach § 130 errechneten Leistung. Bleibt ein Rest von weniger als zwölf Monaten, so beträgt das Ausmaß der Erhöhung für jeden Restmonat ein Zwölftel von 4,2%. Die so erhöhte Leistung, mit Ausnahme eines besonderen Steigerungsbetrages, darf höchstens 91,76% der höchsten zur Anwendung kommenden Bemessungsgrundlage (§§ 113 Abs. 1, 114 Abs. 1, 117) betragen.

(BGBl 1993/337, BGBl I 2000/92, BGBl I 2001/33, BGBl I 2003/71)

(2) (aufgehoben)

(BGBl I 2003/145)

(BGBl 1993/337)

Kinderzuschüsse

§ 135. (1) Zu den Leistungen aus den Versicherungsfällen des Alters und der Erwerbsunfähigkeit gebührt für jedes Kind (§ 119) ein Kinderzuschuß. Für die Dauer des Anspruches auf Kinderzuschuß gebührt für ein und dasselbe Kind kein weiterer Kinderzuschuß. Über das vollendete 18. Lebensjahr wird der Kinderzuschuß nur auf besonderen Antrag gewährt.

(BGBl 1996/201)

(2) Der Kinderzuschuß beträgt 29,07 € monatlich.

(BGBl I 2000/142, BGBl I 2001/67)

(BGBl 1993/337)

„Frühstarterbonus

§ 135a.[a] (1) Zu den Leistungen aus den Versicherungsfällen des Alters und zur Erwerbsunfähigkeitspension gebührt für jeden Beitragsmonat auf Grund einer Erwerbstätigkeit, der vor dem Monatsersten nach der Vollendung des 20. Lebensjahres erworben wurde, ein Frühstarterbonus in der Höhe von 1,00 €. Der Frühstarterbonus ist ab Zuerkennung der Pension ein Bestandteil der Pensionsleistung und mit dem Höchstausmaß von 60,00 € begrenzt.

(2) Der Frühstarterbonus gebührt nur dann, wenn der Pensionsleistung insgesamt mindestens 300 Beitragsmonate auf Grund einer Erwerbstätigkeit zugrunde liegen, von denen mindestens 12

vor dem Monatsersten nach der Vollendung des 20. Lebensjahres erworben wurden.

(3) An die Stelle der Beträge nach Abs. 1 treten ab 1. Jänner eines jeden Jahres, erstmals ab 1. Jänner 2023, die unter Bedachtnahme auf § 47 mit der jeweiligen Aufwertungszahl (§ 45) vervielfachten Beträge."

(BGBl I 2021/28)

---

a) Tritt mit 1. Jänner 2022 in Kraft.

Witwen(Witwer)pension, Ausmaß

§ 136. (1) Das Ausmaß der Witwen(Witwer)pension ergibt sich aus einem Hundertsatz der Pension des (der) Versicherten. Als Pension gilt, wenn der (die) Versicherte im Zeitpunkt des Todes

1. das 65. (60.) Lebensjahr noch nicht vollendet und keinen Anspruch auf Erwerbsunfähigkeits(Alters)pension hatte, die Pension, auf die er (sie) in diesem Zeitpunkt Anspruch gehabt hätte;

    (BGBl 1996/201, BGBl I 2000/92, BGBl I 2001/33, BGBl I 2003/71, BGBl I 2004/105)

2. das 65. (60.) Lebensjahr vollendet und keinen Anspruch auf Erwerbsunfähigkeits(Alters)pension hatte, die Alterspension, auf die er (sie) in diesem Zeitpunkt Anspruch gehabt hätte;

    (BGBl 1996/201, BGBl I 2000/92, BGBl I 2001/33, BGBl I 2003/71)

3. Anspruch auf Erwerbsunfähigkeits(Alters)pension hatte, ohne nach dem Stichtag weitere Beitragszeiten der Pflichtversicherung erworben zu haben, diese Pension;

    (BGBl I 1998/140)

4. Anspruch auf Erwerbsunfähigkeitspension und nach dem Stichtag weitere Beitragszeiten der Pflichtversicherung nach diesem Bundesgesetz, dem Allgemeinen Sozialversicherungsgesetz oder dem Gewerblichen Sozialversicherungsgesetz erworben hatte, diese Erwerbsunfähigkeitspension; hiebei ist das Ausmaß des in der Erwerbsunfähigkeitspension berücksichtigten Steigerungsbetrages (§ 130) um den auf die weiteren Beitragszeiten entfallenden Steigerungsbetrag und das Ausmaß des in der Erwerbsunfähigkeitspension berücksichtigten besonderen Steigerungsbetrages (§ 132) unter Berücksichtigung weiterer Höherversicherungsbeiträge zu erhöhen. Wurden gemäß § 130 Abs. 3 Monate bei der Erwerbsunfähigkeitspension angerechnet, so sind diese unter Berücksichtigung der weiteren Beitragszeiten entsprechend zu vermindern. Der Steigerungsbetrag der Pension darf 80 vH der höchsten zur Anwendung kommenden Bemessungsgrundlage (§§ 113 Abs. 1, 114 Abs. 1, 117) nicht übersteigen;

    (BGBl I 1997/139, BGBl I 1998/140)

5. Anspruch auf eine Leistung aus den Versicherungsfällen des Alters und nach deren Anfall weitere Beitragszeiten der Pflichtver-

sicherung nach diesem Bundesgesetz, dem Allgemeinen Sozialversicherungsgesetz oder dem Gewerblichen Sozialversicherungsgesetz erworben hatte, die unter Anwendung des § 134 zum Zeitpunkt des Todes zu ermittelnde Pension.

(BGBl 1996/201, BGBl I 1997/139, BGBl I 1998/140, BGBl I 2000/92, BGBl I 2001/33)

Bei der Bemessung der Witwen(Witwer)pension haben Kinderzuschüsse sowie ein besonderer Steigerungsbetrag (§ 132) außer Ansatz zu bleiben. Zu der so bemessenen Witwen(Witwer)pension sind 60 vH des besonderen Steigerungsbetrages (§ 132) zuzuschlagen.

(BGBl I 1998/140)

(2) Zur Ermittlung des Hundertsatzes wird vorerst der Anteil der Berechnungsgrundlage der Witwe (des Witwers) in Prozent an der Berechnungsgrundlage des (der) Verstorbenen errechnet. Bei einem Anteil von 100 % beträgt der Hundertsatz 40. Er erhöht oder vermindert sich für jeden Prozentpunkt des Anteiles, der 100 unterschreitet oder übersteigt, um 0,3. Er ist jedoch nach unten hin mit Null und nach oben hin mit 60 begrenzt. Teile von Prozentpunkten des Anteiles sind verhältnismäßig zu berücksichtigen.

(BGBl I 2000/92, BGBl I 2001/33, BGBl I 2003/145, BGBl I 2004/78)

(3) Berechnungsgrundlage der Witwe (des Witwers) im Sinne des Abs. 2 ist das Einkommen nach Abs. 5 in den letzten zwei Kalenderjahren vor dem Zeitpunkt des Todes des (der) Versicherten, geteilt durch 24.

(BGBl 1996/413, BGBl I 2001/67, BGBl I 2003/145, BGBl I 2004/78, BGBl I 2006/130)

(4) Berechnungsgrundlage der (des) Verstorbenen im Sinne des Abs. 2 ist das Einkommen nach Abs. 5 in den letzten zwei Kalenderjahren vor dem Zeitpunkt des Todes, geteilt durch 24. Abweichend davon ist die Berechnungsgrundlage das Einkommen nach Abs. 5 der letzten vier Kalenderjahre vor dem Zeitpunkt des Todes, geteilt durch 48, wenn die Verminderung des Einkommens in den letzten beiden Kalenderjahren vor dem Tod des (der) Versicherten auf Krankheit oder Arbeitslosigkeit zurückzuführen ist oder in dieser Zeit die selbständige oder unselbständige Erwerbstätigkeit wegen Krankheit, Gebrechen oder Schwäche eingeschränkt wurde und dies für die Witwe (den Witwer) günstiger ist.

(BGBl 1996/413, BGBl I 2001/67, BGBl I 2003/145, BGBl I 2004/78, BGBl I 2006/130)

(5) Als Einkommen im Sinne der Abs. 3 und 4 gelten:

1. Erwerbseinkommen im Sinne des § 56 Abs. 1 und 1a,

2. wiederkehrende Geldleistungen

    a) aus der gesetzlichen Sozialversicherung (mit Ausnahme eines Kinderzuschusses und eines besonderen Steigerungsbetrages nach § 132) und aus der Arbeitslosenversicherung sowie nach den Bestimmungen über die Arbeitsmarktförderung und die Sonderunterstützung oder

b) auf Grund gleichwertiger landesgesetzlicher oder bundesgesetzlicher Regelungen der Unfallfürsorge (mit Ausnahme eines Kinderzuschusses),

3. wiederkehrende Geldleistungen auf Grund

a) des Pensionsgesetzes 1965, BGBl. Nr. 340,

b) landesgesetzlicher Vorschriften, die dem Dienstrecht der Bundesbeamten vergleichbar sind,

c) des Landeslehrer-Dienstrechtsgesetzes, BGBl. Nr. 302/1984,

d) des Land- und forstwirtschaftlichen Landeslehrer-Dienstrechtsgesetzes, BGBl. Nr. 296/1985,

e) des Bezügegesetzes, BGBl. Nr. 273/1972, des Bundesbezügegesetzes, BGBl. I Nr. 64/1997, und vergleichbarer landesgesetzlicher Vorschriften,

(BGBl I 2004/142)

f) des Verfassungsgerichtshofgesetzes, BGBl. Nr. 85/1953,

g) des Bundestheaterpensionsgesetzes, BGBl. Nr. 159/1958,

h) des § 163 des Beamten-Dienstrechtsgesetzes 1979, BGBl. Nr. 333,

i) des Bundesbahn-Pensionsgesetzes, BGBl. I Nr. 86/2001,

j) der Dienst(Pensions)ordnungen für (ehemalige) DienstnehmerInnen von

– öffentlich-rechtlichen Körperschaften und

– Fonds, Stiftungen, Anstalten und Betrieben, die von den Organen einer Gebietskörperschaft verwaltet werden,

k) sonstiger nach § 5 Abs. 1 Z 3 ASVG pensionsversicherungsfreier Dienstverhältnisse,

l) vertraglicher Pensionszusagen einer Gebietskörperschaft,

4. außerordentliche Versorgungsbezüge, Administrativpensionen und laufende Überbrückungszahlungen auf Grund von Sozialplänen, die einer Administrativpension entsprechen,

(BGBl I 2006/130)

5. Pensionen auf Grund ausländischer Versicherungs- oder Versorgungssysteme (mit Ausnahme eines Kinderzuschusses), soweit es sich nicht um Hinterbliebenenleistungen aus dem gleichen Versicherungsfall handelt.

(BGBl 1996/413, BGBl I 1997/61, BGBl I 2003/145, BGBl I 2004/78)

(5a) Ist die Summe der Beitragsgrundlagen einer Selbst- oder Weiterversicherung in der Pensionsversicherung, die zum Zeitpunkt des Todes bereits seit mindestens einem Jahr bestanden hat, höher als das gleichzeitig bezogene Einkommen des (der) verstorbenen Versicherten nach Abs. 5 innerhalb der letzten zwei (vier) Kalenderjahre vor dem Zeitpunkt seines (ihres) Todes, so tritt der im genannten Zeitraum als Summe der Beitragsgrundlagen ausgewiesene Betrag an die Stelle des gleichzeitig bezogenen Einkommens nach Abs. 5.

(BGBl I 2006/130)

(6) Erreicht die Summe aus dem eigenem Einkommen der Witwe (des Witwers) nach Abs. 5 und der Witwen(Witwer)pension, ausgenommen ein besonderer Steigerungsbetrag (§ 132), nicht den Betrag von 1 671,20 €[a] monatlich, so ist, solange diese Voraussetzung zutrifft, der Hundertsatz der Witwen(Witwer)pension soweit zu erhöhen, dass die Summe aus eigenem Einkommen und Witwen(Witwer)pension den genannten Betrag erreicht. Der so ermittelte Hundertsatz darf 60 nicht überschreiten. In den Fällen, in denen eine mit dem Hundertsatz von 60 bemessene Witwen(Witwer)pension, ausgenommen ein besonderer Steigerungsbetrag (§ 132), den Betrag von 1 671,20 €[a] überschreitet, tritt diese an die Stelle des Betrages von 1 671,20 €[a]. An die Stelle des Betrages ab 1 671,20 €[a] tritt ab 1. Jänner eines jeden Jahres der unter Bedachtnahme auf § 47 mit dem jeweiligen Anpassungsfaktor (§ 45) vervielfachte Betrag.

(BGBl I 1997/139, BGBl I 2000/92, BGBl I 2001/33, BGBl I 2001/67, BGBl I 2004/78, BGBl I 2009/14)

[a] Beträge siehe VO über veränderliche Werte.

(6a) Überschreitet in einem Kalendermonat die Summe aus

1. eigenem Einkommen der Witwe (des Witwers) nach Abs. 5 und

(BGBl I 2004/78)

2. der Witwen-(Witwer-)Pension mit Ausnahme des besonderen Steigerungsbetrages (§ 132)

das 60fache der Höchstbeitragsgrundlage nach § 45 ASVG für das Kalenderjahr 2012, so ist – solange diese Voraussetzung zutrifft – der Hundertsatz der Witwen-(Witwer-)Pension so weit zu vermindern, dass die Summe aus eigenem Einkommen und Witwen-(Witwer-)Pension das 60fache dieser Höchstbeitragsgrundlage nicht überschreitet. Der so ermittelte Hundertsatz ist nach unten hin mit Null begrenzt.

(BGBl I 2000/92, BGBl I 2001/33, BGBl I 2012/35)

(7) Die Erhöhung der Witwen(Witwer)pension gemäß Abs. 6 ist erstmalig auf Grund des Pensionsantrages festzustellen. Sie gebührt ab dem Beginn des Monats, in dem die Voraussetzungen für die Erhöhung erfüllt sind. Werden die Voraussetzungen für eine (weitere) Erhöhung zu einem späteren Zeitpunkt erfüllt, so gebührt diese auf besonderen Antrag. Die Erhöhung gebührt bis zum Ablauf des Monats, in dem die Voraussetzungen weggefallen sind. Das gleiche gilt für die Festsetzung eines geringeren Ausmaßes der Erhöhung. Die Erhöhung gebührt längstens bis zum Ablauf des Monats, der

einer Anpassung von Pensionen gemäß § 46 vorangeht. Aus Anlaß jeder Anpassung von Pensionen gemäß § 46 ist die Erhöhung der Witwen(Witwer)pension gemäß Abs. 6 neu festzustellen.

(7a) Die Verminderung der Witwen-(Witwer-)Pension erfolgt ab dem Beginn des Monats, in dem die Voraussetzungen nach Abs. 6a vorliegen. Ihr Ausmaß ist erstmalig auf Grund des Pensionsantrages festzustellen. Umstände, die zu einer Erhöhung oder Herabsetzung dieser Verminderung führen (insbesondere die Aufwertung der Höchstbeitragsgrundlage) sind auch von Amts wegen wahrzunehmen. Die Verminderung erfolgt bis zum Ablauf des Monats, in dem die Voraussetzungen hiefür weggefallen sind.

(BGBl I 2000/92, BGBl I 2001/33)

(7b) Gebührt neben der Witwen(Witwer)pension auch ein Versorgungsgenuss nach Abs. 5 Z 3 und 4, so gebührt die Erhöhung nach Abs. 6 bis zum zulässigen Höchstausmaß zuerst zur höheren Leistung. Sind die Abs. 6a und 7a bei Vorliegen von zwei oder mehreren Witwen(Witwer)pensionen anzuwenden, so ist beginnend mit der jeweils betraglich niedrigeren Pension zu vermindern.

(BGBl I 2004/142)

(8) Die Witwen(Witwer)pension nach § 127 Abs. 4 lit. a bis c darf den gegen den Versicherten (die Versicherte) zur Zeit seines (ihres) Todes bestehenden und mit dem im Zeitpunkt des Pensionsanfalles für das Jahr des Todes geltenden Aufwertungsfaktor (§ 45) aufgewerteten Anspruch auf Unterhalt (Unterhaltsbeitrag), vermindert um eine der (dem) Anspruchsberechtigten nach dem (der) Versicherten gemäß § 215 Abs. 3 des Allgemeinen Sozialversicherungsgesetzes gebührende Witwen(Witwer)rente, nicht übersteigen. Eine vertraglich oder durch gerichtlichen Vergleich übernommene Erhöhung des Unterhaltes (Unterhaltsbeitrages) bleibt außer Betracht, wenn seit dem Abschluß des Vertrages (Vergleiches) bis zum Tod nicht mindestens ein Jahr vergangen ist.

(9) Die Witwen(Witwer)pension nach § 127 Abs. 4 lit. d darf den vom Versicherten bzw. von der Versicherten in dem dort genannten Zeitraum, längstens jedoch während der letzten drei Jahre vor seinem (ihrem) Tod geleisteten durchschnittlichen monatlichen Unterhalt, vermindert um eine der (dem) Anspruchsberechtigten nach dem (der) Versicherten gemäß § 215 Abs. 3 des Allgemeinen Sozialversicherungsgesetzes gebührende Witwen(Witwer)rente, nicht übersteigen. Eine Erhöhung des Unterhaltes bleibt außer Betracht, wenn seit dem Zeitpunkt der Erhöhung bis zum Tod nicht mindestens ein Jahr vergangen ist.

(10) Die Abs. 8 und 9 sind nicht anzuwenden, wenn

1. das auf Scheidung lautende Urteil den Ausspruch nach § 61 Abs. 3 des Ehegesetzes enthält,

2. die Ehe mindestens fünfzehn Jahre gedauert und

3. die Frau (der Mann) im Zeitpunkt des Eintrittes der Rechtskraft des Scheidungsurteiles das 40. Lebensjahr vollendet hat. Die unter Z 3 genannte Voraussetzung entfällt, wenn

a) die Frau (der Mann) seit dem Zeitpunkt des Eintrittes der Rechtskraft des Scheidungsurteiles erwerbsunfähig ist oder

b) nach dem Tod des Mannes (der Frau) eine Waisenpension für ein Kind im Sinne des § 119 Abs. 1 Z 1 und Abs. 2 anfällt, sofern dieses Kind aus der geschiedenen Ehe stammt oder von den Ehegatten gemeinsam oder als Stiefkind an Kindes Statt angenommen worden ist und das Kind in allen diesen Fällen im Zeitpunkt des Todes des in Betracht kommenden Elternteiles ständig in Hausgemeinschaft (§ 119 Abs. 1 letzter Satz) mit dem anderen Eheteil lebt. Das Erfordernis der ständigen Hausgemeinschaft entfällt bei nachgeborenen Kindern.

(BGBl I 2013/139)
(BGBl 1993/337, BGBl 1995/132)

Abfertigung und Wiederaufleben der Witwen(Witwer)pension

§ 137. (1) Der Bezieherin (Dem Bezieher) einer Witwen(Witwer)pension (§ 127), ausgenommen die Bezieherin (der Bezieher) einer Witwen(Witwer)pension nach § 127 Abs. 2, die (der) sich wiederverehelicht hat, gebührt eine Abfertigung in der Höhe des 35fachen der Witwen(Witwer)pension, auf die sie (er) im Zeitpunkt der Schließung der neuen Ehe Anspruch gehabt hat, ausschließlich einer Ausgleichszulage, die in diesem Zeitpunkt gebührt haben.

(BGBl 1993/110)

· (2) Wird die neue Ehe durch den Tod des Ehegatten, durch Scheidung oder durch Aufhebung aufgelöst oder wird die neue Ehe für nichtig erklärt, so lebt der Anspruch auf die Witwen- (Witwer)pension (Abs. 1) auf Antrag wieder auf, wenn

a) die Ehe nicht aus dem alleinigen oder überwiegenden Verschulden der in Abs. 1 bezeichneten Person aufgelöst worden ist oder

b) bei Nichtigerklärung der Ehe diese Person als schuldlos anzusehen ist.

(3) Der Anspruch lebt in dem unter Bedachtnahme auf § 46 sich ergebenden Höhe mit dem der Antragstellung folgenden Monatsersten, frühestens jedoch mit dem Monatsersten wieder auf, der dem Ablauf von zweieinhalb Jahren nach dem seinerzeitigen Erlöschen des Anspruches folgt.

(4) Auf die wiederaufgelebte Witwen(Witwer)pension sind laufende Unterhaltsleistungen und die im § 2 des Einkommensteuergesetzes 1988, BGBl. Nr. 400, angeführten Einkünfte anzurechnen, die der Witwe (dem Witwer) aufgrund aufgelöster oder für nichtig erklärter, vor dem Wiederaufleben der Witwen(Witwer)pension geschlossener Ehen gebühren oder darüber hinaus zufließen. Eine An-

rechnung laufender Unterhaltsleistungen erfolgt nur in der Höhe eines Vierzehntels der jährlich tatsächlich zufließenden Unterhaltsleistung. Hinsichtlich der Ermittlung des Erwerbseinkommens aus einem land(forst)wirtschaftlichen Betrieb ist § 140 Abs. 5 und 6 entsprechend anzuwenden. Erhält die Witwe (der Witwer) statt laufender Unterhaltsleistungen eine Kapitalabfindung, so ist auf die Pension ein Vierzehntel des Betrages anzurechnen, der sich bei der Annahme eines jährlichen Ertrages von 4 vH des Abfindungskapitals ergeben würde. Geht das Abfindungskapital ohne vorsätzliches Verschulden der Witwe (des Witwers) unter, so entfällt die Anrechnung.

(BGBl 1996/413)

(5) Werden laufende Unterhaltsleistungen bzw. Einkünfte im Sinne des Abs. 4 bereits im Zeitpunkt des Wiederauflebens der Witwen(Witwer)-pension bezogen, wird die Anrechnung ab diesem Zeitpunkt wirksam, in allen anderen Fällen mit dem Beginn des Kalendermonates, der auf den Eintritt des Anrechnungsgrundes folgt.

Waisenpension, Ausmaß

§ 138. Die Waisenpension beträgt für jedes einfach verwaiste Kind 40 vH, für jedes doppelt verwaiste Kind 60 vH einer nach dem verstorbenen Elternteil mit dem Hundertsatz 60 ermittelten Witwen(Witwer)pension nach § 136 Abs. 1.

Höchstausmaß der Hinterbliebenenpensionen

§ 139. (aufgehoben)

(BGBl 1995/132)

Abfindung

§ 139a. (1) Anspruch auf Abfindung haben im Falle des Todes des (der) Versicherten

1. sofern Hinterbliebenenpensionen nur mangels Erfüllung der Wartezeit (§ 111) nicht gebühren, jedoch mindestens ein Beitragsmonat vorliegt, die Witwe (der Witwer) oder der/die hinterbliebene eingetragene PartnerIn und zu gleichen Teilen die Kinder (§ 119);

    (BGBl I 2009/135)

2. wenn die Wartezeit für den Anspruch auf Hinterbliebenenpensionen erfüllt ist, aber anspruchsberechtigte Hinterbliebene nicht vorhanden sind, der Reihe nach die Kinder, die Mutter, der Vater, die Geschwister oder der Versicherten, wenn sie mit dem (der) Versicherten zur Zeit seines (ihres) Todes ständig in Hausgemeinschaft gelebt haben, unversorgt sind und überwiegend von ihm (ihr) erhalten worden sind. Eine vorübergehende Unterbrechung der Hausgemeinschaft oder deren Unterbrechung wegen schulmäßiger (beruflicher) Ausbildung oder wegen Heilbehandlung bleibt außer Betracht. Kindern und Geschwistern gebührt die Abfindung zu gleichen Teilen.

(2) Die Abfindung beträgt im Falle des Abs. 1 Z 1 das Sechsfache der Bemessungsgrundlage (§ 113), wenn aber weniger als sechs Versicherungsmonate vorliegen, die Summe der monatlichen Beitragsgrundlagen (§ 118 Abs. 1) in diesen Versicherungsmonaten. Im Falle des Abs. 1 Z 2 beträgt die Abfindung das Dreifache der Bemessungsgrundlage (§ 113).

(BGBl 1993/337)

(3) Die Witwe (Der Witwer) oder der/die hinterbliebene eingetragene PartnerIn hat keinen Anspruch auf Abfindung, wenn für sie (ihn) ein Witwen(Witwer)pensionsanspruch aus früherer Ehe oder früherer eingetragener Partnerschaft nach § 137 Abs. 2 wieder auflebt.

(BGBl I 2009/135)

3. Unterabschnitt
Ausgleichszulage

(BGBl I 2000/92, BGBl I 2001/33, BGBl I 2004/142)

Voraussetzungen für den Anspruch auf Ausgleichszulage

§ 140. (1) Erreicht die Pension zuzüglich eines aus übrigen Einkünften des Pensionsberechtigten erwachsenden Nettoeinkommens und der gemäß § 142 zu berücksichtigenden Beträge nicht die Höhe des für ihn geltenden Richtsatzes (§ 141), so hat der Pensionsberechtigte, solange er seinen rechtmäßigen, gewöhnlichen Aufenthalt im Inland hat, nach Maßgabe der Bestimmungen dieses Unterabschnittes Anspruch auf eine Ausgleichszulage zur Pension.

(BGBl 1993/337, BGBl 1996/413, BGBl I 1997/139, BGBl I 2003/71, BGBl I 2010/111)

(2) Bei Feststellung des Anspruches gemäß Abs. 1 ist auch das gesamte Nettoeinkommen des (der) im gemeinsamen Haushalt lebenden Ehegatten (Ehegattin) oder eingetragenen Partners (eingetragenen Partnerin) unter Bedachtnahme auf § 142 Abs. 4 zu berücksichtigen.

(BGBl I 2009/135)

(3) Nettoeinkommen im Sinne der Abs. 1 und 2 ist, soweit im folgenden nichts anderes bestimmt wird, die Summe sämtlicher Einkünfte in Geld oder Geldeswert nach Ausgleich mit Verlusten und vermindert um die gesetzlich geregelten Abzüge. Für die Bewertung der Sachbezüge gilt, soweit nicht Abs. 7 anderes bestimmt, die Bewertung für Zwecke der Lohnsteuer mit der Maßgabe, daß als Wert der vollen freien Station der Betrag von 216,78 €[a]) heranzuziehen ist; an die Stelle dieses Betrages tritt ab 1. Jänner eines jeden Jahres der unter Bedachtnahme auf § 47 mit dem Anpassungsfaktor (§ 45) vervielfachte Betrag. Im Falle des Bezuges einer Hinterbliebenenpension (§ 126) vermindert sich dieser Betrag, wenn für die Ermittlung der Ausgleichszulage zur Pension des verstorbenen Ehegatten/der verstorbenen Ehegattin oder des verstorbenen eingetragenen Partners/der verstorbenen eingetragenen Partnerin (Elternteiles) Abs. 7 anzuwenden war oder anzuwenden gewesen wäre und der (die) Hinterbliebene nicht Eigentümer (Miteigentümer) des land(forst)wirtschaftlichen Betriebes war, für Einheitswerte unter 4 400 € im

Verhältnis des maßgeblichen Einheitswertes zu dem genannten Einheitswert, gerundet auf Cent; entsprechendes gilt auch bei der Bewertung von sonstigen Sachbezügen.

(BGBl 1994/22, BGBl I 2001/67, BGBl I 2009/135)

[a)] Beträge siehe VO über veränderliche Werte.

(4) Bei Anwendung der Abs. 1 bis 3 haben außer Betracht zu bleiben:

a) die Wohnbeihilfen nach dem Wohnbauförderungsgesetz 1968, BGBl. Nr. 280/1967, bzw. nach dem Wohnungsverbesserungsgesetz, BGBl. Nr. 426/1969, und vom Bund, den Ländern oder Gemeinden zur Erleichterung der Tragung des Mietzinsaufwandes (der Mietzinsmehrbelastung) gewährte Beihilfen (Abgeltungsbeträge);

b) die Beihilfen nach den besonderen Vorschriften über den Familienlastenausgleich sowie die Beihilfen nach dem Studienförderungsgesetz 1992 und dem Schülerbeihilfengesetz;

(BGBl 1990/296, BGBl 1992/474)

c) die Kinderzuschüsse sowie die Renten(Pensions)sonderzahlungen aus der Sozialversicherung, die Kinderzuschüsse aus der Pensionsversicherung jedoch nur dann, wenn sich der Richtsatz nach § 141 Abs. 1 zweiter Satz nicht erhöht, oder für jedes Kind, für das eine solche Richtsatzerhöhung gebührt, nur in der Höhe des 29,07 € übersteigenden Betrages;

(BGBl I 2010/63)

d) Einkünfte, die wegen des besonderen körperlichen Zustandes gewährt werden (Pflegegeld, Blindenzulagen, Schwerstbeschädigtenzulagen, Zuschüsse zu den Kosten für Diätverpflegung und dergleichen);

(BGBl 1993/110)

e) Bezüge aus Unterhaltsansprüchen privater Art, die gemäß § 142 berücksichtigt werden;

f) Bezüge aus Leistungen der Sozialhilfe und der freien Wohlfahrtspflege;

g) einmalige Unterstützungen der gesetzlichen beruflichen Vertretungen, Gewerkschafts- und Betriebsratsunterstützungen und Gnadenpensionen;

(BGBl 1993/337)

h) von Lehrlingsentschädigungen ein Betrag von 149,49 € monatlich; an die Stelle dieses Betrages tritt ab 1. Jänner eines jeden Jahres der unter Bedachtnahme auf § 47 mit der jeweiligen Aufwertungszahl (§ 45) vervielfachte Betrag;

(BGBl I 2001/67)

[a)] Beträge siehe VO über veränderliche Werte.

i) nach dem Kriegsopferversorgungsgesetz 1957, BGBl. Nr. 152, und dem Opferfürsorgegesetz, BGBl. Nr. 183/1947, gewährte Grund- und Elternrenten, ein Drittel der nach dem Heeresversorgungsgesetz, BGBl. Nr. 27/1964, gewährten Beschädigten- und Witwenrenten sowie die Elternrenten einschließlich

einer allfälligen Zusatzrente (§§ 23 Abs. 3, 33 Abs. 1 bzw. 44 Abs. 1 und 45 Heeresversorgungsgesetz), ferner eine nach ausländischen Rechtsvorschriften gewährte Rentenleistung, die aus dem Anlaß des Kampfes oder des Einsatzes gegen den Nationalsozialismus gebührt;

k) Leistungen auf Grund der Bestimmungen des Teiles I des österreichisch-deutschen Finanz- und Ausgleichsvertrages, BGBl. Nr. 283/1962;

l) Leistungen auf Grund der Aufgabe, Übergabe, Verpachtung oder anderweitigen Überlassung eines land(forst)wirtschaftlichen Betriebes, wenn Abs. 7 bzw. Abs. 8 zur Anwendung gelangt;

m) Versehrtengeld nach § 149g Abs. 3;

(BGBl I 2005/71)

n) nach dem Bundesgesetz über die Gewährung von Hilfeleistungen an Opfer von Verbrechen, BGBl. Nr. 288/1972, gewährte Geldleistungen;

(BGBl I 2001/103)

o) das Kinderbetreuungsgeld nach dem Kinderbetreuungsgeldgesetz;

(BGBl I 2001/103, BGBl I 2009/83)

p) Zins- und Kapitalerträge nach Abzug der Kapitalertragsteuer (§ 95 EStG 1988), wenn diese den Betrag von 50 € jährlich nicht übersteigen; an die Stelle dieses Betrages tritt ab 1. Jänner eines jeden Jahres, erstmals ab 1. Jänner 2010, der unter Bedachtnahme auf § 47 mit der jeweiligen Aufwertungszahl (§ 45) vervielfachte Betrag, gerundet auf volle Euro;

(BGBl I 2009/83, BGBl I 2010/62, BGBl I 2012/17)

[a)] Beträge siehe VO über veränderliche Werte.

r) das Taschengeld nach § 8 Abs. 4 Z 6 des Freiwilligengesetzes;"

(BGBl I 2012/17, BGBl I 2013/3, BGBl I 2019/84)

s) der Ausgleichszulagenbonus/Pensionsbonus nach § 147a;

(BGBl I 2019/84, BGBl I 2019/103)

t) die SV-Rückerstattung nach § 33 Abs. 8 Z 3 EStG 1988.

(BGBl I 2019/103)

(5) Der Ermittlung des Nettoeinkommens aus einem land(forst)wirtschaftlichen Betrieb sind 70 vH des Versicherungswertes (§ 23) dieses Betriebes zugrunde zu legen. § 23 Abs. 10 ist hiebei nicht anzuwenden. Dieser Betrag, gerundet auf Cent, gilt als monatliches Nettoeinkommen aus einem land(forst)wirtschaftlichen Betrieb.

(BGBl 1990/296, BGBl I 2001/67)

(6) Steht das Recht zur Bewirtschaftung des land(forst)wirtschaftlichen Betriebes auf eigene Rechnung und Gefahr nicht einer einzigen Person zu, so gilt das gemäß Abs. 5 ermittelte Nettoeinkommen, sofern bei dessen Ermittlung die Bewirtschaftung durch mehrere Personen nicht

bereits berücksichtigt wurde, nur im Verhältnis der Anteile am land(forst)wirtschaftlichen Betrieb als Nettoeinkommen.

(7) Wurde die Bewirtschaftung eines land-(forst) wirtschaftlichen Betriebes aufgegeben, der Betrieb übergeben, verpachtet oder auf andere Weise jemandem zur Bewirtschaftung überlassen, so ist bei Ermittlung des Einkommens des bisherigen Eigentümers (des Verpächters) ohne Rücksicht auf Art und Ausmaß der ausbedungenen Leistungen vom Einheitswert der übergebenen, verpachteten oder zur Bewirtschaftung überlassenen land(forst)wirtschaftlichen Flächen auszugehen, sofern die Übergabe (Verpachtung, Überlassung) nicht mehr als zehn Jahre, gerechnet vom Stichtag, zurückliegt. Bei einer Übergabe (Verpachtung, Überlassung) vor dem Stichtag ist vom durchschnittlichen Einheitswert (Abs. 9), in allen übrigen Fällen von dem auf die übergebenen Flächen entfallenden Einheitswert im Zeitpunkt der Übergabe (Verpachtung, Überlassung) auszugehen. Als monatliches Einkommen gilt für Personen, die mit dem Ehegatten (der Ehegattin) oder dem/der eingetragenen PartnerIn im gemeinsamen Haushalt leben, bei einem Einheitswert von 5 600 € und darüber sowie bei alleinstehenden Personen bei einem Einheitswert von 3 900 € und darüber ein Betrag von 10 % des jeweiligen Richtsatzes, und zwar

1. für alleinstehende Personen und für Pensionsberechtigte auf Witwen(Witwer)pension bzw. auf Waisenpension des Richtsatzes nach § 141 Abs. 1 lit. a bb,

2. für alle übrigen Personen des Richtsatzes nach § 141 Abs. 1 lit. a aa,

gerundet auf Cent. Diese Beträge vermindern sich für Einheitswerte unter 5 600 € und 3 900 € im Verhältnis des maßgeblichen Einheitswertes zu den genannten Einheitswerten, gerundet auf Cent. Abs. 6 ist entsprechend anzuwenden.

(BGBl 1990/296, BGBl I 1997/139, BGBl I 2000/92, BGBl I 2001/33, BGBl I 2001/67, BGBl I 2002/3, BGBl I 2003/71, BGBl I 2009/135, BGBl I 2010/111, BGBl I 2012/35, BGBl I 2020/73)

(8) Ist die Gewährung von Gegenleistungen (Ausgedingsleistungen) aus einem übergebenen (aufgegebenen) land(forst)wirtschaftlichen Betrieb in Geld oder Güterform (landwirtschaftliche Produkte, unentgeltlich beigestellte Unterkunft) aus Gründen, die der Einflußnahme des Ausgleichszulagenwerbers entzogen sind, am Stichtag zur Gänze ausgeschlossen oder später unmöglich geworden, so hat eine Ermittlung des Einkommens des bisherigen Eigentümers (Verpächters) zu unterbleiben, und zwar so lange, wie diese Voraussetzungen zutreffen und die Unterlassung der Erbringung von Ausgedingsleistungen dem Ausgleichszulagenwerber nicht zugerechnet werden kann.

(9) Soweit ein durchschnittlicher Einheitswert gemäß Abs. 7 heranzuziehen ist, ist er durch eine Teilung der Summe der Einheitswerte, die für den land(forst)wirtschaftlichen Betrieb in den einzelnen der letzten 120 Kalendermonate vor dem Stichtag im Sinne des Abs. 10 in Betracht kommen, durch die Anzahl der Monate während dieses Zeitraumes, in denen der land(forst)wirtschaftliche Betrieb (ein Teil dieses Betriebes) noch nicht übergeben (verpachtet, überlassen) war, zu ermitteln.

(10) Bei der Berücksichtigung der Einheitswerte für jeden nach Abs. 9 in Betracht kommenden Monat ist von dem jeweils für den land(forst) wirtschaftlichen Betrieb bzw. die land(forst)wirtschaftliche Fläche festgestellten Einheitswert unter Hinzurechnung der Einheitswerte der verpachteten, aber ohne die zugepachteten Flächen auszugehen.

(11) Als Einheitswert im Sinne der Abs. 7, 9 und 10 gilt der für Zwecke der Sozialversicherung maßgebliche Einheitswert. Einheitswerte aus der Zeit vor dem 1. Jänner 1983 sind mit dem Faktor 1,1575 zu vervielfachen.

(12) In den Fällen des § 64 Abs. 2 erster Satz bleibt für die Anwendung der Abs. 7, 9 und 10 der Stichtag der erloschenen Pension weiterhin maßgebend. Das gleiche gilt für den Anfall einer Hinterbliebenenpension nach einem Pensionsempfänger, sofern der Anspruchsberechtigte auf Hinterbliebenenpension Eigentümer bzw. Miteigentümer des übergebenen (verpachteten, überlassenen) Betriebes bzw. der Fläche gewesen ist.

(13) Bestehen begründete Zweifel am gewöhnlichen Aufenthalt im Inland nach Abs. 1, so ist ein Verfahren zur Entziehung der Ausgleichszulage einzuleiten. In diesem Verfahren ist der Beweis für den gewöhnlichen Aufenthalt im Inland von der pensionsbeziehenden Person zu erbringen.

(BGBl I 2009/147)

Richtsätze

§ 141. (1) Der Richtsatz beträgt unbeschadet des Abs. 2

a) für Pensionsberechtigte aus eigener Pensionsversicherung,

    aa) wenn sie mit dem Ehegatten (der Ehegattin) oder dem/der eingetragenen PartnerIn im gemeinsamen Haushalt leben .... 1 120,00 €[a)b)],

    (BGBl I 2001/67, BGBl I 2003/8, BGBl I 2003/71, BGBl I 2006/169, BGBl I 2007/101, BGBl I 2009/135, BGBl I 2019/103)

    bb) wenn die Voraussetzungen nach sublit. aa nicht zutreffen .... 882,78 €[a)],

    (BGBl I 2001/67, BGBl I 2005/132, BGBl I 2006/169, BGBl I 2007/101, BGBl I 2017/29, BGBl I 2019/84)

    cc) (aufgehoben)

    (BGBl I 2017/29)

b) für Pensionsberechtigte auf Witwen(Witwer) pension oder Pension nach § 128..747,00 €[a)],

    (BGBl I 2001/67, BGBl I 2005/132, BGBl I 2006/169, BGBl I 2007/101, BGBl I 2009/135)

c) für Pensionsberechtigte auf Waisenpension:

    aa) bis zur Vollendung des 24. Lebensjahres ....274,76 €[a)],

falls beide Elternteile verstorben sind
.... 412,54 €[a],

(BGBl I 2001/67, BGBl I 2006/169, BGBl I 2007/101)

bb) nach Vollendung des 24. Lebensjahres
.... 488,24 €[a],

falls beide Elternteile verstorben sind
.... 747,00 €[a].

(BGBl I 2001/67, BGBl I 2005/132, BGBl I 2006/169, BGBl I 2007/101)

Der Richtsatz nach lit. a erhöht sich um 120,96 €[a] für jedes Kind (§ 119), dessen Nettoeinkommen den Richtsatz für einfach verwaiste Kinder bis zur Vollendung des 24. Lebensjahres nicht erreicht.

(BGBl 1990/296, BGBl 1990/741, BGBl 1991/678, BGBl 1991/628, BGBl 1993/17, BGBl 1993/110, BGBl I 2000/1, BGBl I 2001/67, BGBl I 2006/169, BGBl I 2007/101, BGBl I 2010/63)

---

[a] Beträge siehe VO über veränderliche Werte.
[b] Art. 23 Z 4b der Novelle BGBl. I Nr. 103/2019 lautet: „In § 141 Abs. 1 lit. a sublit. aa wird der Ausdruck ‚1 398,97 €' durch den Ausdruck ‚1 472,00 €' ersetzt.". Da die Beträge jährlich durch Kundmachung angepasst wurden, konnte die Anweisung nicht durchgeführt werden. Siehe auch § 369 Z. 3, wonach der Richtsatz für das Kalenderjahr 2020 nicht zu vervielfachen ist.

(2) An die Stelle der Richtsätze und der Richtsatzerhöhung gemäß Abs. 1 treten ab 1. Jänner eines jeden Jahres die unter Bedachtnahme auf § 47 mit dem Anpassungsfaktor (§ 45) vervielfachten Beträge. Ist die Erhöhung auf Grund der Anpassung mit dem Anpassungsfaktor niedriger als die Erhöhung der Verbraucherpreise nach § 147a Abs. 2, so ist die Erhöhung der Richtsätze auf Grund der Erhöhung der Verbraucherpreise nach § 147a Abs. 2 vorzunehmen.

(BGBl 1990/741, BGBl 1991/678, BGBl 1993/17, BGBl 1993/110, BGBl I 2000/1, BGBl I 2000/92, BGBl I 2001/33, BGBl I 2001/67)

(3) Hat eine Person Anspruch auf mehrere Pensionen aus einer Pensionsversicherung nach diesem oder einem anderen Bundesgesetz, so ist der höchste der in Betracht kommenden Richtsätze anzuwenden. In diesem Fall gebührt die Ausgleichszulage zur der Pension, zu der vor Anfall der weiteren Pension Anspruch auf Ausgleichszulage bestanden hat, sonst zur höheren Pension.

(4) Haben beide Ehegatten oder eingetragene PartnerInnen Anspruch auf eine Pension aus einer Pensionsversicherung nach diesem oder einem anderen Bundesgesetz und leben sie im gemeinsamen Haushalt, so besteht der Anspruch auf Ausgleichszulage bei der Pension, bei der er früher entstanden ist.

(BGBl I 2009/135)

(5) (aufgehoben)
(BGBl 1996/413)

Unterhaltsansprüche und Nettoeinkommen

§ 142. (1) Bei Anwendung des § 140 sind Unterhaltsansprüche des Pensionsberechtigten gegen

a) bis (b) (aufgehoben)
(BGBl I 2001/101)

c) die Eltern, sofern sie mit dem Pensionsberechtigten im gemeinsamen Haushalt leben,

gleichviel ob und in welcher Höhe die Unterhaltsleistung tatsächlich erbracht wird, dadurch zu berücksichtigen, daß dem Nettoeinkommen des Pensionsberechtigten in den Fällen der lit. c 12,5 vH des monatlichen Nettoeinkommens der dort genannten Personen zuzurechnen sind. Der so festgestellte Betrag vermindert sich jedoch in dem Ausmaß, in dem das dem Verpflichteten verbleibende Nettoeinkommen den Richtsatz gemäß § 141 Abs. 1 lit. b unterschreitet.

(BGBl I 2001/101)

(2) Ist eine der im Abs. 1 angeführten Personen auch gegenüber anderen Angehörigen als dem Pensionsberechtigten unterhaltspflichtig, so ist der gemäß Abs. 1 in Betracht kommende Hundertsatz des monatlichen Nettoeinkommens für jeden dieser Unterhaltsberechtigten um 2 vH zu vermindern.

(3) Eine Zurechnung zum Nettoeinkommen erfolgt nur in der Höhe eines Vierzehntels der jährlich tatsächlich zufließenden Unterhaltsleistung, wenn die nach Abs. 1 und 2 berechnete Unterhaltsforderung der Höhe nach trotz durchgeführter Zwangsmaßnahmen einschließlich gerichtlicher Exekutionsführung uneinbringlich oder die Verfolgung eines Unterhaltsanspruches in dieser Höhe offenbar aussichtslos oder offenbar unzumutbar ist.

(BGBl 1993/337, BGBl I 2001/101, BGBl I 2002/3)

(4) Wenn und solange das Nettoeinkommen des (der) im gemeinsamen Haushalt lebenden Ehegatten (Ehegattin) oder eingetragenen Partners (eingetragenen Partnerin) (§ 140 Abs. 2) nicht nachgewiesen wird, ist es in der Höhe der Höchstbeitragsgrundlage gemäß § 48 Abs. 3 des Gewerblichen Sozialversicherungsgesetzes anzunehmen.

(BGBl I 2009/135)

(5) (aufgehoben)
(BGBl I 2009/83)

Anwendung der Bestimmungen über die Pensionen auf die Ausgleichszulage

§ 143. (1) Soweit in diesem Bundesgesetz nichts anderes bestimmt ist, sind auf die Ausgleichszulage, auf das bei der Feststellung der Ausgleichszulage zu beobachtende Verfahren und auf das Leistungsstreitverfahren über die Ausgleichszulage die Bestimmungen dieses Bundesgesetzes über die Pensionen aus der Pensionsversicherung anzuwenden.

(2) Bei Anwendung der Bestimmungen der §§ 57a, 58 und 59 ist die Ausgleichszulage außer Betracht zu lassen.

(BGBl 1991/157)

Höhe und Feststellung der Ausgleichszulage

§ 144. (1) Die Ausgleichszulage gebührt in der Höhe des Unterschiedes zwischen der Summe aus Pension, Nettoeinkommen (§ 140) und den gemäß

§ 142 zu berücksichtigenden Beträgen einerseits und dem Richtsatz (§ 141) andererseits.

(2) Die Ausgleichszulage ist erstmalig auf Grund des Pensionsantrages festzustellen. Sie gebührt ab dem Tag, an dem die Voraussetzungen für den Anspruch erfüllt sind. Wird die Ausgleichszulage erst nach dem Zeitpunkt der Erfüllung der Voraussetzungen beantragt, so gebührt sie frühestens ab dem Beginn des vor dem Tag der Antragstellung liegenden vollen Kalendermonates. Der Anspruch auf Ausgleichszulage endet mit dem Ende des Monates, in dem die Voraussetzungen für den Anspruch wegfallen. Das gleiche gilt für die Erhöhung bzw. Herabsetzung der Ausgleichszulage. Ist die Herabsetzung der Ausgleichszulage in einer auf Grund gesetzlicher Vorschriften erfolgten Änderung des Ausmaßes der Pension oder des aus übrigen Einkünften des Pensionsberechtigten erwachsenden Nettoeinkommens (§ 140) begründet, so wird sie mit dem Ende des der Änderung vorangehenden Monates wirksam. Erhöhungen der Ausgleichszulage auf Grund der Bestimmungen der §§ 140 Abs. 4 lit. h und 141 Abs. 2 sind von Amts wegen festzustellen.

(3) Bei einer Änderung der für die Zuerkennung der Ausgleichszulage maßgebenden Sach- und Rechtslage hat der Träger der Pensionsversicherung die Ausgleichszulage auf Antrag des Berechtigten oder von Amts wegen neu festzustellen.

(4) Entsteht durch eine rückwirkende Zuerkennung oder Erhöhung einer Leistung aus der gesetzlichen Kranken-, Unfall- oder Pensionsversicherung ein Überbezug an Ausgleichszulage, so ist dieser Überbezug gegen die Nachzahlung einer Leistung aus der gesetzlichen Kranken-, Unfall- oder Pensionsversicherung aufzurechnen. Dies gilt auch dann, wenn anspruchsberechtigter auf die Nachzahlung einer Leistung aus der gesetzlichen Kranken-, Unfall- oder Pensionsversicherung der (die) im gemeinsamen Haushalt lebende Ehegatte (Ehegattin) oder eingetragene PartnerIn ist.

(BGBl 1996/413, BGBl I 2009/135)

(5) Hat der Pensionsberechtigte in einem Kalenderjahr sonstige monatliche Nettoeinkünfte weniger als 14mal jährlich oder in unterschiedlicher Höhe bezogen, kann er beim leistungszuständigen Versicherungsträger bis 31. März des folgenden Kalenderjahres die Durchführung eines Jahresausgleiches beantragen. Der Jahresausgleich kann im Verlauf des folgenden Kalenderjahres auch von Amts wegen erfolgen.

(6) Die Durchführung des Jahresausgleiches hat nach folgenden Grundsätzen zu erfolgen:

1. Der Berechnung ist die Summe der in einem Kalenderjahr gemäß § 141 jeweils in Betracht kommenden Richtsätze für die Pensionen und für die Pensionssonderzahlungen zugrunde zu legen. Richtsatz für die Pensionssonderzahlungen ist der für die Monate Mai bzw. Oktober geltende Richtsatz.

2. Für Zeiträume, in denen wegen Auslandsaufenthaltes keine Ausgleichszulage gebührt hat, ist anstelle des Richtsatzes die Pensionshöhe anzusetzen, für Zeiträume, in denen die Pension wegen Haft ruht, die Pension in der den Angehörigen gebührenden Höhe.

3. Die Summe gemäß Z 1 und 2 ist um den Gesamtbetrag der im maßgeblichen Kalenderjahr gebührenden Pensionen einschließlich Sonderzahlungen und Ausgleichszulagen, des sonstigen Nettoeinkommens, der gemäß § 142 anzurechnenden Unterhaltsansprüche und der gemäß § 140 Abs. 5 bis 7 und 9 bis 11 anzurechnenden Einkünfte aus land- und forstwirtschaftlichen Betrieben, erhöht um die für die Monate Mai bzw. Oktober anzurechnenden Unterhaltsansprüche bzw. Einkünfte zu vermindern. Ergibt sich dabei ein Mehrbetrag gegenüber dem zur Auszahlung gelangten Betrag an Ausgleichszulage, ist der Mehrbetrag dem Pensionsberechtigten zu erstatten.

(7) Die Bestimmungen der Abs. 5 und 6 gelten entsprechend auch für Fälle, in denen nur für Teile eines Kalenderjahres Anspruch auf die Pension bestanden hat.

(BGBl 1991/157)

Verwaltungshilfe der Träger der Sozialhilfe

§ 145. Der Versicherungsträger kann, wenn nicht schon unter Berücksichtigung des ihm bekannten Nettoeinkommens der anzuwendende Richtsatz überschritten wird, zur Feststellung der Ausgleichszulage die Verwaltungshilfe des zuständigen Trägers der Sozialhilfe in Anspruch nehmen. Insbesondere kann der zuständige Träger der Sozialhilfe um die Ermittlung von Sachbezügen ersucht werden.

Verpflichtung zur Anzeige von Änderungen des Nettoeinkommens und des in Betracht kommenden Richtsatzes

§ 146. (1) Der Pensionsberechtigte, der eine Ausgleichszulage bezieht, ist verpflichtet, jede Änderung des Nettoeinkommens oder der Umstände, die eine Änderung des Richtsatzes bedingen, dem Versicherungsträger gemäß § 18 anzuzeigen.

(2) Der Versicherungsträger hat jeden Pensionsberechtigten, der eine Ausgleichszulage bezieht, innerhalb jeweils drei Jahren mindestens einmal zu einer Meldung seines Nettoeinkommens und seiner Unterhaltsansprüche sowie aller Umstände, die für die Höhe des Richtsatzes maßgebend sind, zu verhalten; bestehen begründete Zweifel am gewöhnlichen Aufenthalt des pensionsberechtigten Person im Inland, so hat dies mindestens einmal jährlich zu geschehen. Kommt der Pensionsberechtigte der Aufforderung des Versicherungsträgers innerhalb von zwei Monaten nach ihrer Zustellung nicht nach, so hat der Versicherungsträger die Ausgleichszulage mit dem Ablauf der weiteren zwei Monate folgenden Monatsersten zurückzuhalten. Die Ausgleichszulage ist, sofern sie nicht wegzufallen hat, unter Bedachtnahme auf die Bestimmungen des § 144 nachzuzahlen, wenn der Pensionsberechtigte seine Meldepflicht erfüllt

oder der Versicherungsträger auf andere Weise von der maßgebenden Sachlage Kenntnis erhalten hat.

(BGBl I 2009/147)

(3) Die Träger der Sozialhilfe haben bezüglich aller Bezieher einer Ausgleichszulage, die sich gewöhnlich in ihrem Zuständigkeitsbereich aufhalten, ihnen bekanntgewordene Änderungen des Nettoeinkommens oder der Umstände, die eine Änderung des Richtsatzes bedingen, dem Versicherungsträger mitzuteilen.

Tragung des Aufwandes für die Ausgleichszulage

§ 147. (1) Die Ausgleichszulage ist unbeschadet der Bestimmungen des Abs. 2 von dem Land zu ersetzen, in dem der Sitz des Trägers der Sozialhilfe liegt, der für den Empfänger der Ausgleichszulage zuständig ist oder wäre. Der Ersatz für Ausgleichszulagen ist dem Versicherungsträger monatlich mit einem Betrag in der Höhe des voraussichtlichen Aufwandes der im folgenden Monat zur Auszahlung gelangenden Ausgleichszulagen zu bevorschussen.

(2) Eine Beteiligung des Bundes am Aufwand der ausgezahlten Ausgleichszulagen richtet sich nach dem jeweiligen Finanzausgleichsgesetz.

(3) Das Land hat die von ihm ersetzten Beträge an Ausgleichszulagen auf die Träger der Sozialhilfe des Landes in dem Verhältnis aufzuteilen, das sich aus dem Betragssummen an Ausgleichszulage ergibt, die im jeweiligen Jahr an jene Empfänger der Ausgleichszulage überwiesen wurden, die in den verbandsangehörigen Gemeinden ihren ständigen Wohnsitz hatten.

(4) Die näheren Bestimmungen zur Durchführung der Abs. 1 bis 3 trifft der Bundesminister für soziale Verwaltung im Einvernehmen mit dem Bundesminister für Finanzen.

Ausgleichszulagenbonus/Pensionsbonus

§ 147a. (1) Langzeitversicherten Personen gebührt, solange sie ihren rechtmäßigen, gewöhnlichen Aufenthalt im Inland haben, zur Ausgleichszulage nach § 141 Abs. 1 lit. a sublit. bb oder zur Pension aus eigener Pensionsversicherung ein Bonus (Ausgleichszulagenbonus/Pensionsbonus), wenn sie

1. bis zum Stichtag (§ 104 Abs. 2) mindestens 360 Beitragsmonate der Pflichtversicherung auf Grund einer Erwerbstätigkeit erworben haben und
2. ihr Gesamteinkommen (Abs. 8) 1 080 € nicht übersteigt.

(2) Die Höhe des Bonus nach Abs. 1 ergibt sich aus der Differenz von 1 080 € und dem Gesamteinkommen und ist mit 146,94 € begrenzt.

(3) Langzeitversicherten Personen gebührt, solange sie ihren rechtmäßigen, gewöhnlichen Aufenthalt im Inland haben, zur Ausgleichszulage nach § 141 Abs. 1 lit. a sublit. bb oder zur Pension aus eigener Pensionsversicherung ein Bonus (Ausgleichszulagenbonus/Pensionsbonus), wenn sie

1. bis zum Stichtag (§ 104 Abs. 2) mindestens 480 Beitragsmonate der Pflichtversicherung auf Grund einer Erwerbstätigkeit erworben haben und
2. ihr Gesamteinkommen (Abs. 8) 1 315 € nicht übersteigt.

(4) Die Höhe des Bonus nach Abs. 3 ergibt sich aus der Differenz von 1 315 € und dem Gesamteinkommen und ist mit 381,94 € begrenzt.

(5) Langzeitversicherten Personen, die mit dem Ehegatten bzw. der Ehegattin oder dem eingetragenen Partner bzw. der eingetragenen Partnerin im gemeinsamen Haushalt leben, gebührt, solange sie ihren rechtmäßigen, gewöhnlichen Aufenthalt im Inland haben, zur Ausgleichszulage nach § 141 Abs. 1 lit. a sublit. aa oder zur Pension aus eigener Pensionsversicherung ein Bonus (Ausgleichszulagenbonus/Pensionsbonus), wenn sie

1. bis zum Stichtag (§ 104 Abs. 2) mindestens 480 Beitragsmonate der Pflichtversicherung auf Grund einer Erwerbstätigkeit erworben haben und
2. ihr Gesamteinkommen (Abs. 8) samt dem Nettoeinkommen des (der) im gemeinsamen Haushalt lebenden Ehegatten (Ehegattin) oder eingetragenen Partners (Partnerin) und der nach § 294 Abs. 4 zu berücksichtigenden Beträge 1 782 € nicht übersteigt.

(6) Die Höhe des Bonus nach Abs. 5 ergibt sich aus der Differenz von 1 782 € und dem Gesamteinkommen samt dem Nettoeinkommen des (der) Ehegatten (Ehegattin) bzw. eingetragenen Partners (Partnerin) und der zu berücksichtigenden Beträge nach § 142 Abs. 4 und ist mit 383,03 € begrenzt. Haben beide Eheleute (eingetragenen Partner bzw. Partnerinnen) einen Anspruch auf den Bonus nach Abs. 5, so gebührt er zu jener Pension, die früher entstanden ist.

(7) Als Beitragsmonate auf Grund einer Erwerbstätigkeit nach Abs. 1 Z 1, Abs. 3 Z1 und Abs. 5 Z 1 gelten auch

1. bis zu zwölf Versicherungsmonate für Zeiten eines Präsenz- oder Zivildienstes (§§ 4a Abs. 1 Z 1 und 2 oder 107 Abs. 1 Z 3 dieses Bundesgesetzes oder §§ 8 Abs. 1 Z 2 lit. d und e oder 227 Abs. 1 Z 7 und 8 ASVG oder §§ 3 Abs. 3 Z 1 und 2 oder 116 Abs. 1 Z 3 BSVG),
2. bis zu 60 Versicherungsmonate für Zeiten der Kindererziehung (§§ 4a Abs. 1 Z 4, 107a oder 107b dieses Bundesgesetzes oder §§ 8 Abs. 1 Z 2 lit. g, 227a oder 228a ASVG oder §§ 3 Abs. 3 Z 4, 116a oder 116b GSVG),

wenn sie sich nicht mit Zeiten der Pflichtversicherung in der Pensionsversicherung auf Grund einer Erwerbstätigkeit decken.

(8) Das Gesamteinkommen nach Abs. 1 Z 2, Abs. 3 Z 2 und Abs. 5 Z 2 besteht aus

1. der Pension samt einer allfälligen Ausgleichszulage, mit Ausnahme des auf die Richtsatzerhöhung nach § 141 Abs. 1 letzter Satz entfallenden Teiles,

2. dem aus sonstigen Einkünften der pensionsberechtigten Person erwachsenden Nettoeinkommen nach § 140 Abs. 3 bis 12 und

3. den auf Grund von Unterhaltsansprüchen der pensionsberechtigten Person nach § 142 Abs. 1 bis 3 zu berücksichtigenden Beträgen.

(9) An die Stelle der in den Abs. 1 bis 6 genannten Beträge treten ab 1. Jänner eines jeden Jahres, erstmals ab 1. Jänner 2021, die unter Bedachtnahme auf § 47 mit dem Anpassungsfaktor (§ 45) vervielfachten Beträge.

(10) Auf den Bonus nach den Abs. 1 bis 6 sind die Bestimmungen über die Ausgleichszulage nach den §§ 140 Abs. 13, 141 Abs. 3, 143, 144 Abs. 2 bis 7, 145, 146 und 147 sinngemäß anzuwenden. Der Bonus hat die Rechtswirkungen der Ausgleichszulage; die Befreiung nach § 3 Abs. 1 Z 4 lit. f EStG 1988 gilt nicht für den Bonus.

(BGBl I 2000/92, BGBl I 2001/33, BGBl I 2004/142, BGBl I 2019/84)

Abschnitt IV
Leistungen der Unfallversicherung
(BGBl I 1998/140)

1. Unterabschnitt
Allgemeine Bestimmungen

Aufgaben

§ 148. (1) Die Unfallversicherung trifft Vorsorge für die Verhütung von Arbeitsunfällen und Berufskrankheiten, für die erste Hilfeleistung bei Arbeitsunfällen sowie für die Unfallheilbehandlung, den Ausgleich des Arbeitsausfalls im land(forst)wirtschaftlichen Betrieb, die Rehabilitation von Versehrten und die Entschädigung nach Arbeitsunfällen und Berufskrankheiten. Die Vorsorge umfaßt auch die Information, die Forschung nach den wirksamsten Methoden und Mitteln zur Erfüllung dieser Aufgaben sowie der sonstigen Aufgaben im Bereich der arbeitsmedizinischen Betreuung der Versicherten, soweit deren Durchführung der Unfallversicherung übertragen ist.

(2) Die Rehabilitation umfaßt die im Rahmen der Unfallheilbehandlung vorgesehenen medizinischen Maßnahmen, berufliche Maßnahmen und, soweit dies zu ihrer Ergänzung erforderlich ist, soziale Maßnahmen mit dem Ziel, Versehrte bis zu einem solchen Grad ihrer Leistungsfähigkeit wiederherzustellen, der sie in die Lage versetzt, im beruflichen und wirtschaftlichen Leben und in der Gemeinschaft einen ihnen angemessenen Platz möglichst dauernd einnehmen zu können.

(BGBl I 1998/140)

Leistungen

§ 148a. Als Leistungen der Unfallversicherung werden nach Maßgabe der Bestimmungen dieses Bundesgesetzes gewährt:

1. im Falle einer durch einen Arbeitsunfall oder eine Berufskrankheit verursachten körperlichen Schädigung des Versicherten:
   a) Unfallheilbehandlung (§§ 148p bis 148t);

   b) Beistellung von Ersatzarbeitskräften (§ 148u);
   c) besondere Unterstützung (§ 148v);
   d) berufliche und soziale Maßnahmen der Rehabilitation (§§ 148y bis 149b);
   e) Beistellung von Körperersatzstücken, orthopädischen Behelfen und anderen Hilfsmitteln (§ 149c);
   f) Versehrtengeld (§ 149g);
   g) Betriebsrente (§§ 149d bis 149f und 149i bis 149l);
   h) Übergangsrente (§ 149h);
   i) Integritätsabgeltung (§ 149m).

2. im Falle des durch einen Arbeitsunfall oder eine Berufskrankheit verursachten Todes des Versicherten:
   a) Hilfe wegen durch den Todesfall entstandener besonderer Belastungen (§ 149n);
   b) Hinterbliebenenrenten (§§ 149o bis 149t).
   (BGBl I 2015/162)

(BGBl I 1998/140)

Eintritt des Versicherungsfalles

§ 148b. Der Versicherungsfall gilt als eingetreten:

1. bei Arbeitsunfällen mit dem Unfallereignis;
2. bei Berufskrankheiten mit dem Beginn der Krankheit (§ 76 Abs. 1 Z 1) oder, wenn dies für den Versicherten günstiger ist, mit dem Beginn der Minderung der Erwerbsfähigkeit (§ 149d).

(BGBl I 1998/140)

Arbeitsunfall

§ 148c. (1) Arbeitsunfälle sind Unfälle, die sich im örtlichen, zeitlichen und ursächlichen Zusammenhang mit der die Versicherung begründenden Tätigkeit ereignen.

(2) Arbeitsunfälle sind auch Unfälle, die sich ereignen:

1. auf einem mit der Tätigkeit nach Abs. 1 zusammenhängenden Weg zur oder von der Betriebs- oder Ausbildungsstätte;
2. auf einem Weg eines (einer) Versicherten zur oder von der Betriebs- oder Ausbildungsstätte (Z 1) mit dem Zweck, ein Kind zu einer Kinderbetreuungseinrichtung, zur Tagesbetreuung, in fremde Obhut oder zu einer Schule zu bringen oder von dort abzuholen, sofern ihm/ihr für das Kind eine Aufsichtspflicht zukommt.

(BGBl I 2012/123)

3. bei hauswirtschaftlichen Tätigkeiten, wenn der Haushalt dem Betrieb wesentlich dient;
4. bei Arbeiten, die im Zusammenhang mit der Errichtung, dem Umbau und der Reparatur von Gebäuden, die dem land(forst)wirtschaftlichen Betrieb dienen, verrichtet werden;

5. bei Arbeiten im Zusammenhang mit dem betrieblichen und überbetrieblichen Wegebau, soweit dieser zur Erschließung land-(forst) wirtschaftlicher Grundstücksflächen dient (Interessentenwege);

6. bei Arbeiten, die im Zusammenhang mit der Erfüllung von im bäuerlichen Bereich üblichen Verpflichtungen aus Ausgedinge- bzw. Übergabeverträgen verrichtet werden;

7. bei einer mit der Tätigkeit zusammenhängenden Verwahrung, Beförderung, Instandhaltung und Erneuerung des Arbeitsgerätes oder des Betriebsmittels;

8. bei Arbeiten im Rahmen der Nachbarschaftshilfe für einen anderen land(forst)wirtschaftlichen Betrieb;

9. bei nebengewerblichen Tätigkeiten gemäß § 2 Abs. 4 GewO 1994, soweit die Erträge der Tätigkeit als Betriebseinkommen dem land(forst)wirtschaftlichen Betrieb zufließen;

10. bei Tätigkeiten

    a) gemäß § 2 Abs. 1 Z 7 GewO 1994, soweit ihnen Fähigkeiten oder Kenntnisse des bäuerlichen Berufes zugrunde liegen,

    b) gemäß § 2 Abs. 1 Z 8 und 9 GewO 1994, wie sie üblicherweise in einem land(forst)wirtschaftlichen Betrieb anfallen, auch wenn sie für dritte Personen erbracht werden,

    c) im Rahmen der Qualitätssicherung der land(forst)wirtschaftlichen Produktion sowie von Produkten, wie sie auch in dem der Versicherung zugrundeliegenden Betrieb produziert werden,

    sofern diese Tätigkeiten durch den Betriebsführer selbst oder in dessen ausdrücklichem Auftrag erfolgen, die Erträge aus der Tätigkeit als Betriebseinkommen dem land(forst)wirtschaftlichen Betrieb zufließen und die Ausübung kein Dienstverhältnis begründet;

11. bei Tätigkeiten im Zusammenhang mit der Beherbergung von Gästen zu Urlaubs- und Erholungszwecken in einem Umfang, der eine gewerberechtliche Bewilligung nicht erfordert, sofern die Unterbringung in zum Betriebskomplex gehörigen Räumlichkeiten erfolgt und zur Verpflegung Erzeugnisse des land(forst)wirtschaftlichen Betriebes angeboten werden (Urlaub am Bauernhof);

12. bei Tätigkeiten in einer Agrargemeinschaft, wenn der Betriebsführer Gemeinschafter ist;

13. bei Tätigkeiten für eine Erwerbs- oder Wirtschaftsgenossenschaft, wenn der Betriebsführer an dieser beteiligt ist und im Rahmen der Genossenschaft eine Verarbeitung oder eine Vermarktung von Erzeugnissen des land(forst)wirtschaftlichen Betriebes erfolgt und die Ausübung der Tätigkeiten kein Dienstverhältnis begründet;

14. bei Tätigkeiten, die vorübergehend auf Grund gesetzlicher Verpflichtung oder im Auftrag oder mit ausdrücklicher Zustimmung der zuständigen Verwaltungsbehörde zur Sicherung, Überwachung, Förderung oder Erhaltung der land(forst)wirtschaftlichen Erzeugung oder der Erzeugnisse, Baulichkeiten oder sonstiger Betriebseinrichtungen ausgeübt werden;

15. Hand- und Zugdienste (Robot) sowie sonstige Arbeitsleistungen, wenn sie auf Grund gesetzlicher oder statutarischer Verpflichtung oder auf Grund alten Herkommens erbracht werden;

16. bei einer mit der Tätigkeit zusammenhängenden Inanspruchnahme von gesetzlichen beruflichen Interessenvertretungen oder Berufsvereinigungen;

(3) Verbotswidriges Handeln schließt die Annahme eines Arbeitsunfalles nicht aus.

(BGBl I 1998/140)

Arbeitsunfällen gleichgestellte Unfälle

§ 148d. (1) Den Arbeitsunfällen sind Unfälle gleichgestellt, die sich bei nachstehenden Tätigkeiten ereignen:

1. beim Besuch beruflicher Schulungs(Fortbildungs)kurse, soweit dieser Besuch geeignet ist, das berufliche Fortkommen der Versicherten zu fördern, ferner bei der Teilnahme an Prüfungen im Bereich der Land- und Forstwirtschaft, die mit der Ausübung dieser Erwerbstätigkeit in Zusammenhang stehen, und an beruflichen Wettbewerbsveranstaltungen einer Interessenvertretung der Dienstgeber in der Land- und Forstwirtschaft oder in Zusammenarbeit mit dieser Interessenvertretung;

2. bei der Teilnahme als Prüfer oder Beisitzer an Prüfungen im Bereich der Land- und Forstwirtschaft, die mit der Ausübung dieser Erwerbstätigkeit in Zusammenhang stehen;

3. bei der Ausübung des Wahlrechtes zu einer gesetzlichen beruflichen Interessenvertretung der Dienstgeber in der Land- und Forstwirtschaft oder zu einer privaten Berufsvereinigung der Land- und Forstwirtschaft.

(2) Wird durch eine der im Abs. 1 bezeichneten Tätigkeit eine in der Anlage 1 zum ASVG bezeichnete Krankheit verursacht, so ist sie unter den dort angeführten Voraussetzungen den Berufskrankheiten (§ 148e) gleichzustellen.

(BGBl I 1998/140)

Berufskrankheiten

§ 148e. (1) Als Berufskrankheiten gelten die in der Anlage 1 zum ASVG bezeichneten Krankheiten unter den dort angeführten Voraussetzungen, wenn sie durch Ausübung der die Versicherung begründenden Tätigkeit in einem in Spalte 3 der Anlage bezeichneten Unternehmen verursacht sind. Hautkrankheiten gelten nur dann als Berufskrankheiten, wenn und solange sie zur Aufgabe schädigender Tätigkeiten zwingen. Dies gilt nicht, wenn die Hautkrankheit eine Erscheinungsform einer Allgemeinerkrankung ist, die durch Aufnahme einer oder mehrerer der in der Anlage 1 zum ASVG angeführten schädigenden Stoffe in den Körper verursacht wurde.

(2) Eine Krankheit, die ihrer Art nach nicht in der Anlage 1 zum ASVG enthalten ist, gilt im Einzelfall als Berufskrankheit, wenn der Versicherungsträger auf Grund gesicherter wissenschaftlicher Erkenntnisse feststellt, daß diese Krankheit ausschließlich oder überwiegend durch die Verwendung schädigender Stoffe oder Strahlen bei einer vom Versicherten ausgeübten Tätigkeit entstanden ist; diese Feststellung bedarf zu ihrer Wirksamkeit der Zustimmung des Bundesministers für Arbeit, Gesundheit und Soziales.

(BGBl I 1998/140)

Bemessungsgrundlage für die Geldleistungen

§ 148f. (1) Für die gemäß § 3 Abs. 1 Versicherten gilt, mit Ausnahme der Fälle des Abs. 3, als Bemessungsgrundlage ein jährlicher Betrag von 15 033,54 €$^{a)}$; dies gilt auch, wenn mehrere gemäß § 3 Abs. 1 versicherte Tätigkeiten vorliegen. An die Stelle dieses Betrages tritt ab 1. Jänner eines jeden Jahres der unter Bedachtnahme auf § 47 mit dem jeweiligen Anpassungsfaktor (§ 45) vervielfachte Betrag.

(BGBl I 2001/67, BGBl I 2006/60)

$^{a)}$ Beträge siehe VO über veränderliche Werte.

(2) Abweichend von Abs. 1 ist auch die Bemessungsgrundlage nach § 179 Abs. 1 ASVG zu bilden und mit der Bemessungsgrundlage nach Abs. 1 zu vergleichen. Als Bemessungsgrundlage für die Geldleistungen ist die höhere Bemessungsgrundlage heranzuziehen.

(BGBl I 2002/142, BGBl I 2005/71)

(3) Für die nach § 3 Abs. 1 Versicherten,

1. deren Arbeitsunfall oder Berufskrankheit sich in Ausübung der sich aus einer Jagd- oder Fischereipachtung ergebenden Berechtigung ereignet, sofern sie nicht aus dem Ertrag dieser Tätigkeit überwiegend ihren Lebensunterhalt bestreiten (§ 5 Abs. 1 Z 1),

2. die zum Zeitpunkt des Rentenanfalles nach § 149d bereits eine Pension aus dem Versicherungsfall der geminderten Arbeitsfähigkeit nach dem ASVG oder Erwerbsunfähigkeit nach dem GSVG bzw. einen Ruhegenuss wegen Dienstunfähigkeit beziehen,

(BGBl I 2007/31)

3. die zum Zeitpunkt des Rentenanfalles nach § 149d bereits eine Pension aus dem Versicherungsfall der Erwerbsunfähigkeit nach diesem Bundesgesetz beziehen und der Versicherungsfall in einem Versicherungsverhältnis eintritt, welches erstmals nach dem Anfall dieser Pension begründet wurde,

(BGBl I 2007/31)

gilt als Bemessungsgrundlage für die Betriebsrente für Schwerversehrte (§ 149e Abs. 3), für das Versehrtengeld (§ 149g Abs. 3) und für die Witwen(Witwer)rente jährlich ein Betrag von 10 196,76

€$^{a)}$), in allen übrigen Fällen jährlich ein Betrag von 5 097,99 €$^{a)}$ Abs. 1 letzter Satz ist anzuwenden.

(BGBl I 2006/60, BGBl I 2007/31)

$^{a)}$ Beträge siehe VO im Anhang.

(BGBl I 1998/140)

Ausmaß der monatlichen Rente

§ 148g. Die nach den Bestimmungen der §§ 149e, 149f, 149o und 149r ermittelten Renten gebühren monatlich in der Höhe eines Vierzehntels des Jahresbetrages.

(BGBl I 1998/140)

Neufeststellung der Rente

§ 148h. (1) Bei einer wesentlichen Änderung der Verhältnisse, die für die Feststellung einer Rente maßgebend waren, hat der Versicherungsträger auf Antrag oder von Amts wegen die Rente neu festzustellen. Als wesentlich gilt eine Änderung der Verhältnisse nur, wenn durch sie die Minderung der Erwerbsfähigkeit des Versehrten durch mehr als drei Monate um mindestens 10% geändert wird, durch die Änderung ein Rentenanspruch entsteht oder wegfällt (§§ 149d, 149l Abs. 1) oder die Schwerversehrtheit entsteht oder wegfällt (§ 149e Abs. 3).

(2) Sind zwei Jahre nach Eintritt des Versicherungsfalles abgelaufen oder ist innerhalb dieser Frist die Dauerrente (§ 149k) festgestellt worden, so kann die Rente immer nur in Zeiträumen von mindestens einem Jahr nach der letzten Feststellung neu festgestellt werden. Diese Frist gilt nicht, wenn in der Zwischenzeit eine Heilbehandlung abgeschlossen oder eine vorübergehende Verschlimmerung der Folgen des Arbeitsunfalles oder der Berufskrankheit wieder behoben wurde.

(BGBl I 1998/140)

Wegfall von Renten bei Pensionsanfall oder Betriebsaufgabe

§ 148i. (1) Betriebsrenten, die als Dauerrenten (§ 149e) festgestellt wurden, fallen, soweit im Folgenden nichts anderes bestimmt ist, mit dem Tag der Aufgabe des Betriebes, spätestens mit dem Tag des Anfalls einer Pension aus dem Versicherungsfall des Alters nach diesem oder einem anderen Bundesgesetz oder einer Pension aus dem Versicherungsfall der Erwerbsunfähigkeit nach diesem Bundesgesetz weg; hiebei ist der Bezug eines Ruhegenusses einer Pension aus dem Versicherungsfall des Alters gleichzuhalten. Im Falle der befristeten Zuerkennung einer Pension aus dem Versicherungsfall der Erwerbsunfähigkeit nach diesem Bundesgesetz ist der Wegfall der Betriebsrente mit der Dauer des befristeten Pensionsbezuges begrenzt. Fällt der befristete Pensionsbezug wieder weg, lebt die Betriebsrente mit dem auf den Wegfall der Pension folgenden Monatsersten – für die ersten drei Kalendermonate der Bezugsdauer jedenfalls im ursprünglichen Ausmaß – wieder auf. Die Auszahlung ist jedoch frühestens zu dem Zeitpunkt wiederaufzunehmen, in dem die dreimonatige Antragsfrist auf Weitergewährung des befristeten Pensionsbezuges ungenutzt verstrichen ist bzw. kein Anspruch auf Weitergewährung besteht.

(BGBl I 2006/111, BGBl I 2007/31)

(2) Besteht zum Zeitpunkt der Betriebsaufgabe oder des Anfalles einer der in Abs. 1 erster Satz genannten Pensionen ein Anspruch auf eine vorläufige Betriebsrente und ist auf Grund der Entwicklung der Unfallfolgen die Zuerkennung einer Dauerrente (§ 149e) zu erwarten, so fällt die Betriebsrente ebenfalls mit dem Tag des Anfalls der Pension oder der Betriebsaufgabe weg. Abs.1 zweiter und dritter Satz sind anzuwenden.

(BGBl I 2007/31)

(3) Besteht zum Zeitpunkt der Betriebsaufgabe oder des Anfalles einer der in Abs. 1 erster Satz genannten Pensionen ein Anspruch auf eine vorläufige Betriebsrente und ist auf Grund der Entwicklung der Unfallfolgen die Zuerkennung einer Dauerrente (§ 149e) nicht zu erwarten, so ist die Betriebsrente entsprechend ihres zum Zeitpunkt des Pensionsanfalles bzw. der Betriebsaufgabe gegebenen Ausmaßes und entsprechend der voraussichtlichen weiteren Bezugsdauer mit einer Einmalzahlung abzufinden.

(BGBl I 2005/71, BGBl I 2007/31)

(4) Abweichend von Abs. 1 wird unter der Voraussetzung, dass die Betriebsaufgabe oder der Anspruch auf eine Pension aus dem Versicherungsfall der Erwerbsunfähigkeit nach diesem Bundesgesetz kausal durch den Arbeitsunfall oder die Berufskrankheit verursacht worden ist, eine Betriebsrente weiter gewährt, wenn das im Kalendermonat nach dem Zeitpunkt des Pensionsanfalles oder der Betriebsaufgabe verbleibende Einkommen mit Ausnahme von Unterhaltsansprüchen den eineinhalbfachen Richtsatz (§ 141 Abs. 1 lit. a) nicht übersteigt. Bei der Einkommensermittlung ist § 140 mit der Maßgabe anzuwenden, dass die über den Zeitpunkt des Pensionsanfalles oder der Betriebsaufgabe hinaus gebührende Betriebsrente außer Ansatz zu bleiben hat. Die Betriebsrente fällt auf Antrag mit dem Ende des Kalendermonates weg, in dem der Antrag gestellt wurde, wenn das Einkommen im Kalendermonat vor der Antragstellung den eineinhalbfachen Richtsatz (§ 141 Abs. 1 lit. a) übersteigt, spätestens jedoch mit dem Monatsersten nach Erreichen des Regelpensionsalters.

(BGBl I 2005/71, BGBl I 2007/31)

(5) Als Dauerrenten (§ 149e) festgestellte Betriebsrenten, die neben dem Bezug einer Pension aus dem Versicherungsfall der geminderten Arbeitsfähigkeit nach dem ASVG oder der Erwerbsunfähigkeit nach dem GSVG oder der Erwerbsunfähigkeit nach diesem Bundesgesetz – letztere nur soweit sie kausal durch einen Arbeitsunfall oder eine Berufskrankheit herbeigeführt worden ist (§ 149d Abs. 1 Z 2) – oder eines Ruhegenusses wegen Dienstunfähigkeit bezogen werden, fallen spätestens mit dem Monatsersten nach Erreichen des Regelpensionsalters weg. Die Abs. 2 und 3 sind sinngemäß anzuwenden.

(BGBl I 2007/31)

(BGBl I 1998/140)

Abfindung von Renten

§ 148j. (1) Betriebsrenten können mit Zustimmung des/der Versehrten durch Gewährung eines der Hälfte des Wertes der Rente entsprechenden Kapitals ganz oder teilweise abgefunden werden. Nach erfolgter Abfindung wird die Betriebsrente im halben Ausmaß bis zum Wegfall nach § 148i Abs. 1 erster Satz weitergewährt. Bei der Beurteilung einer Schwerversehrtheit (§ 149e Abs. 3) ist das Ausmaß der Betriebsrente zum Zeitpunkt der Abfindung zu berücksichtigen. Bei einem Ausmaß der Betriebsrente von mehr als 25 % der Vollrente (§ 149e Abs. 2 Z 1) ist vor Entscheidung über die Abfindung der zuständige Träger der Sozialhilfe anzuhören.

(BGBl I 2005/71)

(2) Anstelle der nach § 148i Abs. 1 erster Satz und Abs. 2, 4 und 5 weggefallenen Betriebsrenten gebührt – außer bei einer nach einer Abfindung nach Abs. 1 weitergewährten Betriebsrente – eine Abfindung mit dem der Hälfte des Wertes der Betriebsrente entsprechenden Kapital. In den Fällen der unbefristeten Zuerkennung einer vormals befristeten Pension ist die Betriebsrente zum Zeitpunkt des auf die unbefristete Zuerkennung der Pension nächstfolgenden Monatsersten abzufinden, wobei der Ermittlung des Abfindungskapitals das Rentenausmaß zum Zeitpunkt des erstmaligen, sei es auch befristeten Wegfalls bzw. im Falle einer späteren Gesamtrente zum Zeitpunkt der Bildung derselben zu Grunde zu legen ist.

(BGBl I 2005/71, BGBl I 2006/111, BGBl I 2007/31)

(3) Das Abfindungskapital ist nach versicherungsmathematischen Grundsätzen zu berechnen. Das Nähere wird durch Verordnung der Bundesministerin für Gesundheit und Frauen geregelt. Die Verordnung bedarf der Zustimmung des Hauptausschusses des Nationalrates. Wird die laufende Rente über den Stichtag der Rentenabfindung hinaus ausbezahlt, ist der zu viel ausbezahlte Betrag auf das Abfindungskapital anzurechnen.[a]

(BGBl I 2005/71)

[a] Zur Geltung der VO 1999/245 (im VO-Teil B-KUVG) siehe § 299 Abs. 5 BSVG.

(4) Der Anspruch auf Rente besteht trotz der Abfindung gemäß Abs. 1, solange die Folgen des Arbeitsunfalles oder der Berufskrankheit nachträglich eine wesentliche Verschlimmerung (§ 148h Abs. 1 zweiter Satz) erfahren. Die neuzubemessende Rente wird um den Betrag gekürzt, der dem Grad der der abgefundenen Rente zugrundegelegten Minderung der Erwerbsfähigkeit entspricht.

(5) Durch die Abfindung werden Ansprüche auf Heilbehandlung und berufliche Rehabilitation, Ansprüche auf Versorgung mit Körperersatzstücken, orthopädischen Behelfen und anderen Hilfs-

mitteln und die Ansprüche der Hinterbliebenen nicht berührt.

(BGBl I 1998/140)

2. Unterabschnitt
Unfallverhütung; Vorsorge für eine erste Hilfeleistung

Verpflichtung zur Unfallverhütung und Vorsorge für eine erste Hilfeleistung

§ 148k. Der Versicherungsträger trifft nach Maßgabe der folgenden Bestimmungen Vorsorge für die Verhütung von Arbeitsunfällen und Berufskrankheiten (Unfallverhütung) sowie für eine wirksame erste Hilfe.

(BGBl I 1998/140)

Mittel der Unfallverhütung und der Vorsorge für eine erste Hilfeleistung

§ 148l. Mittel der Unfallverhütung und der Vorsorge für eine erste Hilfeleistung sind insbesondere:

1. die Werbung für den Gedanken der Unfallverhütung;
2. die Beratung und Schulung der gemäß § 3 versicherten Personen sowie sonstiger an der Unfallverhütung interessierter Personen und Einrichtungen;
3. die Zusammenarbeit mit den Betrieben zum Zwecke der Einhaltung der der Unfallverhütung dienenden Vorschriften und Anordnungen;
4. die Forschung über die Ursachen der Arbeitsunfälle und Berufskrankheiten und ihre Auswertung für Zwecke der Verhütung;
5. die vorbeugende Betreuung der von Berufskrankheiten bedrohten Versicherten;
6. die Zusammenarbeit mit Einrichtungen und Organisationen, zu deren Aufgaben der Transport von Verletzten (Erkrankten) gehört;
7. die Beratung über Anbote und Aufgaben arbeitsmedizinischer Einrichtungen sowie die Zusammenarbeit mit solchen Einrichtungen.

(BGBl I 1998/140)

Sicherheitsberatung

§ 148m. (1) Der Versicherungsträger hat eine Sicherheitsberatung einzurichten und die erforderlichen fachkundigen Organe zu bestellen.

(2) Die fachkundigen Organe (Sicherheitsberater) des Versicherungsträgers sind berechtigt, die Betriebe zu betreten und zu besichtigen, sowie alle erforderlichen Auskünfte einzuholen. Der Betriebsführer oder sein Beauftragter sind berechtigt und auf Verlangen des fachkundigen Organes verpflichtet, an der Betriebsbesichtigung teilzunehmen.

(BGBl I 1998/140)

Zusammenarbeit mit Behörden und Körperschaften

§ 148n. (1) Der Versicherungsträger hat in Fragen, die mit der Unfallverhütung zusammenhängen, mit den zuständigen Behörden und den öffentlich-rechtlichen land(forst)wirtschaftlichen Interessenvertretungen zusammenzuarbeiten. Er ist vor der Erlassung oder Abänderung von Vorschriften, die der Unfallverhütung dienen, zu hören.

(2) Hinsichtlich der Zusammenarbeit mit der Land(Forst)wirtschaftsinspektion gelten die in Betracht kommenden landesgesetzlichen Bestimmungen.

(BGBl I 1998/140)

Vorbeugende Maßnahmen gegen Berufskrankheiten

§ 148o. (1) Zur Abwendung der Gefahr des Entstehens oder Wiederentstehens einer Berufskrankheit bei einem Versicherten kann der Versicherungsträger Unfallheilbehandlung (§ 148p Abs. 2), Teilersatz für Ersatzarbeitskräfte (§ 148u) und berufliche Maßnahmen der Rehabilitation (§ 148y) gewähren.

(2) Zur Abwendung der Ausbreitung von Berufskrankheiten kann der Versicherungsträger weiters Maßnahmen setzen, um einen ausreichenden Impfschutz für die Versicherten zu gewährleisten. Insbesondere kann er dabei Mittel für die Beratung der Versicherten und die Durchführung von Impfaktionen einsetzen bzw. solche Impfaktionen den Versicherten selbst anbieten.

(BGBl I 1998/140)

3. Unterabschnitt
Leistungen im Falle einer körperlichen Schädigung der Versicherten

Unfallheilbehandlung

§ 148p. (1) Die Unfallheilbehandlung hat mit allen geeigneten Mitteln die durch den Arbeitsunfall oder die Berufskrankheit hervorgerufene Gesundheitsstörung oder Körperbeschädigung sowie die durch den Arbeitsunfall oder die Berufskrankheit verursachte Minderung der Erwerbsfähigkeit bzw. der Fähigkeit zur Besorgung der lebenswichtigen persönlichen Angelegenheiten zu beseitigen oder zumindest zu bessern und eine Verschlimmerung der Folgen der Verletzung oder Erkrankung zu verhüten.

(2) Die Unfallheilbehandlung umfaßt insbesondere:

1. ärztliche Hilfe;
2. Heilmittel;
3. Heilbehelfe;
4. Pflege in Kranken-, Kur- und sonstigen Anstalten.

In den Fällen der Z 1 bis 4 sowie im Zusammenhang mit der körpergerechten Anpassung von Körperersatzstücken, orthopädischen Behelfen und anderen Hilfsmitteln können Reise- und Transportkosten nach Maßgabe der Bestimmungen der Satzung unter Bedachtnahme auf die wirtschaftlichen Verhältnisse des Versicherten übernommen werden.

(3) Ein infolge eines Arbeitsunfalles erforderlicher Zahnersatz ist nach der Maßgabe der Satzung des Versicherungsträgers zu gewähren.

(4) **(Grundsatzbestimmung)** Gemäß Art. 12 Abs. 1 Z 1 des Bundes-Verfassungsgesetzes BGBl. Nr. 1/1930 gilt als Grundsatz, daß der Versicherungsträger als Träger der Unfallversicherung im Rahmen der im § 91 geregelten Beziehungen zu den landesfondsfinanzierten Krankenanstalten den Krankenversicherungsträgern gleichgestellt ist.

(BGBl I 2012/123)

(BGBl I 1998/140)

Dauer der Unfallheilbehandlung

§ 148q. Die Unfallheilbehandlung wird so lange und so oft gewährt, als eine Besserung der Folgen des Arbeitsunfalles bzw. der Berufskrankheit oder eine Steigerung der Erwerbsfähigkeit zu erwarten ist oder Heilmaßnahmen erforderlich sind, um eine Verschlimmerung zu verhüten.

(BGBl I 1998/140)

Gewährung der Unfallheilbehandlung durch den Versicherungsträger

§ 148r. (1) Anspruch auf Unfallheilbehandlung besteht, soweit der Versehrte nicht die entsprechenden Leistungen aus einer gesetzlichen Krankenversicherung Anspruch hat bzw. für ihn kein solcher Anspruch besteht.

(2) Der Versicherungsträger als Träger der Unfallversicherung kann die Gewährung der sonst vom Träger der Krankenversicherung gemäß § 148p Abs. 2 zu erbringenden Leistungen jederzeit an sich ziehen. Er tritt dann hinsichtlich dieser Leistungen dem Versehrten und seinen Angehörigen gegenüber in alle Pflichten und Rechte des Trägers der Krankenversicherung ein. Von diesem Zeitpunkt an hat der Versehrte gegen den Träger der Krankenversicherung keinen Anspruch auf die entsprechenden Leistungen der Krankenversicherung.

(BGBl I 1998/140)

Durchführung der Unfallheilbehandlung

§ 148s. Der Versicherungsträger kann die Unfallheilbehandlung entweder unmittelbar durch hiezu bestimmte Einrichtungen oder Ärzte gewähren oder einen Krankenversicherungsträger nach einem anderen Bundesgesetz mit der Durchführung der Heilbehandlung gegen Kostenersatz betrauen. Der Träger der Krankenversicherung ist verpflichtet, einem solchen Ersuchen Folge zu leisten und die Behandlung so zu besorgen, wie es der Versicherungsträger verlangt.

(BGBl I 1998/140)

Kostenersatz anstelle von Unfallheilbehandlung

§ 148t. Der Versicherungsträger kann unter Bedachtnahme auf seine finanzielle Leistungsfähigkeit durch die Satzung bestimmen, ob, unter welchen Voraussetzungen und inwieweit Versehr-

ten, für die kein Anspruch auf Leistungen aus einer gesetzlichen Krankenversicherung besteht und die die Unfallheilbehandlung nicht in Anspruch genommen haben, an deren Stelle Geldleistungen zu gewähren sind.

(BGBl I 1998/140)

Teilersatz für Ersatzarbeitskräfte

§ 148u. (1) Für die Dauer einer Arbeitsunfähigkeit infolge eines Arbeitsunfalles oder einer Berufskrankheit hat der Versicherungsträger für einen Teil der für den Einsatz von Ersatzarbeitskräften angefallenen Kosten soweit vorzusorgen, daß damit eine Entlastung des Versehrten und eine damit einhergehende Absicherung des Heilerfolgs bewirkt und eine durch den Arbeitsausfall des Versehrten wirtschaftlich nachteilige Folge für den land(forst)wirtschaftlichen Betrieb verhindert wird. Näheres zum Ausmaß des Teilersatzes hat der Versicherungsträger in der Satzung unter Berücksichtigung der wirtschaftlichen Gegebenheiten für einen Einsatz von Ersatzarbeitskräften zu bestimmen.

(2) Zur Schaffung der Voraussetzungen für einen Einsatz von Ersatzarbeitskräften kann der Versicherungsträger nach Maßgabe seiner finanziellen Leistungsfähigkeit Einrichtungen, mit denen er eine Vereinbarung über die Bereitstellung entsprechender Ersatzarbeitskräfte geschlossen hat, mit dem Zweck der Aus- und Weiterbildung der Ersatzarbeitskräfte durch die Gewährung von Zuschüssen an die in Betracht kommenden Einrichtungen gegen Nachweis der widmungsgemäßen Verwendung fördern. Der Versicherungsträger ist darüber hinaus ermächtigt, dem Vertragspartner Personaldaten der Versicherten (Versicherungsnummer, Name und Anschrift) ausschließlich zum Zwecke der Unterstützung der für die Abwicklung der Betriebshilfeeinsätze erforderlichen Administration auf elektronischem Wege zur Verfügung zu stellen.

(BGBl I 2005/71)

(BGBl I 1998/140)

Besondere Unterstützung

§ 148v. Für die Dauer einer Unfallheilbehandlung (§ 148r) oder einer Krankenbehandlung (§ 75a) kann der Versicherungsträger dem Versehrten oder seinen Angehörigen in Berücksichtigung der Schwere der Verletzungsfolgen und der langen Dauer der Behandlung eine besondere Unterstützung gewähren; eine solche Unterstützung kann unter Bedachtnahme auf die Familienverhältnisse des Versehrten und die wirtschaftliche Lage desselben bzw. der unterhaltspflichtigen Angehörigen auch zu dem Zweck gewährt werden, Belastungen, die durch Kostenbeteiligungen bei einer Krankenbehandlung im Zusammenhang mit einem Arbeitsunfall oder einer Berufskrankheit entstanden sind, oder die Kosten des Transportes des Versehrten vom Ort der Behandlung an den Ort des Wohnsitzes ganz oder teilweise zu ersetzen.

(BGBl I 1998/140)

BSVG

Versagung der Betriebsrente oder des Versehrtengeldes

§ 148w. (1) Befolgt der Versehrte eine die Unfallheilbehandlung (§§ 148p bis 148t) oder die Krankenbehandlung (§ 75a) betreffende Anordnung ohne triftigen Grund nicht und wird dadurch seine Erwerbsfähigkeit ungünstig beeinflußt, so kann ihm die Betriebsrente oder das Versehrtengeld auf Zeit ganz oder teilweise versagt werden, wenn er vorher auf die Folgen seines Verhaltens schriftlich hingewiesen worden ist.

(2) Für die Dauer der Versagung gebührt den im Inland sich aufhaltenden Angehörigen, die im Falle des Todes des Versicherten infolge des Arbeitsunfalles (der Berufskrankheit) Anspruch auf Hinterbliebenenrenten hätten, eine Rente in der Höhe der Hälfte der versagten Rente bzw. des versagten Teiles der Rente oder eine Zahlung in der Höhe der Hälfte des Versehrtengeldes bzw. des versagten Teiles des Versehrtengeldes. Der Anspruch steht dem Ehegatten und den Kindern zu gleichen Teilen zu. Den Leistungsansprüchen der Hinterbliebenen nach dem Ableben des Versicherten wird hiedurch nicht vorgegriffen.

(BGBl I 1998/140)

Rehabilitationsberatung

§ 148x. Der Versicherungsträger hat zur Unterstützung bei der Erreichung der Ziele der Unfallheilbehandlung sowie zur Beratung über die Möglichkeit von Maßnahmen der beruflichen und sozialen Rehabilitation eine Rehabilitationsberatung einzurichten. Die Rehabilitationsberatung ist gegenüber den landesfondsfinanzierten Krankenanstalten berechtigt, unmittelbar im Namen des Versicherungsträgers die in § 148 Z 5 ASVG angeführten Rechte auszuüben. Zu diesem Zweck haben sich die Organe der Rehabilitationsberatung auf Verlangen gegenüber der Krankenhausleitung auszuweisen. Die Rehabilitationsberatung ist zur Wahrnehmung ihrer Beratungsaufgabe weiters berechtigt, die land(forst)wirtschaftlichen Betriebe, in denen der betreffende Versehrte tätig ist bzw. in denen sich der gegenständliche Unfall ereignet hat oder in denen die Berufskrankheit verursacht wurde, zu betreten und zu besichtigen. Der Betriebsführer ist dabei zur Unterstützung und Mitwirkung verpflichtet.

(BGBl I 1998/140)

Berufliche Maßnahmen der Rehabilitation

§ 148y. (1) Durch die beruflichen Maßnahmen der Rehabilitation soll der Versehrte in die Lage versetzt werden, seinen Beruf oder, wenn dies nicht möglich ist, einen neuen Beruf auszuüben.

(2) Die beruflichen Maßnahmen der Rehabilitation umfassen insbesondere:

1. die berufliche Ausbildung zur Wiedergewinnung oder Erhöhung der Erwerbsfähigkeit und, insoweit der Versehrte durch den Arbeitsunfall oder die Berufskrankheit in der Ausübung seines Berufes oder eines Berufes, der ihm zugemutet werden kann, wesentlich beeinträchtigt ist, die Ausbildung für einen neuen Beruf. Die berufliche Ausbildung wird so lange gewährt, als durch sie die Erreichung des angestrebten Zieles (§ 148) zu erwarten ist;

2. die Übernahme oder den Ersatz der Kosten von Ersatzarbeitskräften, soweit durch den Arbeitsausfall des Versehrten eine nachteilige Folge für das aus dem land(forst)-wirtschaftlichen Betrieb sonst für den Versehrten erzielbare Erwerbseinkommen zu erwarten ist;

3. die Gewährung von Zuschüssen, Darlehen und (oder) sonstigen Hilfsmaßnahmen zur Ermöglichung der Fortsetzung der Erwerbstätigkeit;

4. die Hilfe zur Erlangung einer Arbeitsstelle oder einer anderen Erwerbsmöglichkeit.

(3) Als Maßnahme im Sinne des Abs. 2 Z 4 kann der Versicherungsträger

1. einem Versehrten, der eine Arbeitsstelle angenommen hat, in der er das volle Entgelt erst nach Erlangung der erforderlichen Fertigkeit erlangen kann, für die Übergangszeit, längstens aber für vier Jahre, einen Zuschuß bis zum vollen Entgelt gewähren;

2. einem Versehrten Zuschüsse bzw. Darlehen zur Beschaffung von Arbeitskleidung oder einer Arbeitsausrüstung gewähren;

3. dem Dienstgeber eines Versehrten, der eine Arbeitsstelle angenommen hat, in der er seine volle Leistungsfähigkeit erst nach Erlangung der erforderlichen Fertigkeiten erlangen kann, für die Übergangszeit, aber längstens für vier Jahre, wenn er dem Versehrten das betriebsübliche Entgelt zahlt, einen Zuschuß gewähren.

(4) Bei der Durchführung der Maßnahmen nach Abs. 1 Z 4 bzw. nach Abs. 3 hat der Versicherungsträger, soweit er die Durchführung dieser Maßnahmen nicht nach § 149 überträgt, mit dem Arbeitsmarktservice zusammenzuarbeiten.

(BGBl I 1998/140)

Übergangsgeld

§ 148z. (1) Der Versicherungsträger hat dem Versehrten für die Dauer einer Ausbildung gemäß § 148y Abs. 2 Z 1 ein Übergangsgeld zu leisten.

(2) Das Übergangsgeld gebührt im Ausmaß von 40% der Bemessungsgrundlage. Das Übergangsgeld ist für die Angehörigen vom Versehrten (§ 78) zu erhöhen, und zwar für den Ehegatten um 10% und für jeden sonstigen Angehörigen um 5% der Bemessungsgrundlage. Das Gesamtausmaß des erhöhten Übergangsgeldes darf die Bemessungsgrundlage nicht übersteigen. Es gebührt monatlich in der Höhe eines Zwölftels des Jahresbetrages, gerundet auf Cent.

(BGBl I 2001/67)

(3) Auf das Übergangsgeld sind ein dem Versehrten gebührendes Erwerbseinkommen, eine sonst gebührende Geldleistung aus der Unfallversicherung, eine Pension aus dem Versicherungs-

fall der geminderten Arbeitsfähigkeit oder der Erwerbsunfähigkeit nach dem GSVG oder nach diesem Bundesgesetz oder ein Ruhegenuss wegen Dienstunfähigkeit bzw. eine Beihilfe zur Deckung des Lebensunterhaltes durch das Arbeitsmarktservice anzurechnen. Hinsichtlich der Ermittlung des Erwerbseinkommens aus einem land(forst)wirtschaftlichen Betrieb ist § 140 Abs. 5 und 6 entsprechend anzuwenden.

(BGBl I 2007/31)

(4) Während der Dauer einer Ausbildung gemäß § 148y Abs. 2 Z 1 kann der Versicherungsträger neben dem Übergangsgeld dem Versehrten einen Beitrag zu den Kosten des Unterhaltes für ihn und seine Angehörigen (§ 78) leisten, soweit billigerweise anzunehmen ist, daß der Versehrte die Kosten der bisherigen Lebensführung aus einem anderen Einkommen nicht decken kann.

(BGBl I 1998/140)

Übertragung der Durchführung von beruflichen Maßnahmen der Rehabilitation

§ 149. Der Versicherungsträger kann die Durchführung von beruflichen Maßnahmen der Rehabilitation dem Arbeitsmarktservice übertragen. Er hat dem Arbeitsmarktservice die ausgewiesenen tatsächlichen Kosten soweit zu ersetzen, als sie über das hinausgehen, was dieses an Leistungen gewährt hätte, wäre ein Begehren auf derartige Maßnahmen gestellt worden.

(BGBl I 1998/140)

Soziale Maßnahmen der Rehabilitation

§ 149a. (1) Die sozialen Maßnahmen der Rehabilitation umfassen solche Leistungen, die über die Unfallheilbehandlung und die beruflichen Maßnahmen der Rehabilitation hinaus geeignet sind, zur Erreichung des im § 148 angestrebten Zieles beizutragen.

(2) Als Maßnahmen im Sinne des Abs. 1 kann der Versicherungsträger unter Bedachtnahme auf die wirtschaftlichen Verhältnisse des Versehrten insbesondere gewähren:

1. einem Versehrten einen Zuschuß und (oder) ein Darlehen zur Adaptierung der von ihm bewohnten oder zu bewohnenden Räumlichkeiten, durch die ihm deren Benutzung erleichtert oder ermöglicht wird;
2. einem Versehrten, dem auf Grund seiner Behinderung die Benützung eines öffentlichen Verkehrsmittels nicht zumutbar ist,
   a) einen Zuschuß zu den Kosten für die Erlangung der Lenkerbefugnis,
   b) einen Zuschuß und (oder) ein Darlehen zum Ankauf bzw. zur Adaptierung eines Personenkraftwagens.

(3) Als Maßnahme im Sinne des Abs. 1 kann der Versicherungsträger auch den Versehrtensport, wenn er in Gruppen und unter ärztlicher Betreuung ausgeübt wird, durch die Gewährung von Zuschüssen an die in Betracht kommenden Einrichtungen gegen Nachweis der widmungsgemäßen Verwendung fördern.

(4) Als Maßnahme im Sinne des Abs. 1 kann der Versicherungsträger überdies durch die Gewährung von Zuschüssen an die in Betracht kommenden Einrichtungen einer Gemeinde, einer Gebietskörperschaft, des Arbeitsmarktservice, des Bundesamtes für Soziales und Behindertenwesen sowie eines Sozialversicherungsträgers die Beschäftigung des Versehrten in einem Integrativen Betrieb und in einer Einrichtung der Beschäftigungstherapie fördern.

(BGBl I 2003/145, BGBl I 2006/131)

(5) Mittel der Unfallversicherung können auch zur Förderung und Unterstützung von gemeinnützigen Einrichtungen, die die Förderung der wirtschaftlichen, sozialen und kulturellen Interessen von Behinderten zum Ziele haben, verwendet werden.

(BGBl I 1998/140)

Zustimmung zur Einleitung von Maßnahmen der Rehabilitation des Versicherungsträgers

§ 149b. Die Einleitung von Maßnahmen der Rehabilitation des Versicherungsträgers bedarf der Zustimmung des Versehrten. Vor dessen Entscheidung ist der Versehrte vom Versicherungsträger über das Ziel und die Möglichkeiten der Rehabilitation nachweislich in geeigneter Weise zu informieren und zu beraten. Der Versehrte hat bei der Durchführung der Maßnahmen der Rehabilitation entsprechend mitzuwirken.

(BGBl I 1998/140)

Körperersatzstücke, orthopädische Behelfe und andere Hilfsmittel

§ 149c. (1) Der Versehrte hat Anspruch auf Versorgung mit Körperersatzstücken, orthopädischen Behelfen und anderen Hilfsmitteln, die erforderlich sind, um den Erfolg der Heilbehandlung zu sichern oder die Folgen des Arbeitsunfalles oder der Berufskrankheit zu erleichtern. Alle diese Hilfsmittel müssen den persönlichen und beruflichen Verhältnissen des Versehrten angepaßt sein.

(2) Wenn bei einem Arbeitsunfall ein Körperersatzstück, ein orthopädischer Behelf oder ein anderes Hilfsmittel schadhaft oder unbrauchbar wird oder verloren geht, hat der Versicherungsträger die Kosten für die Beseitigung des eingetretenen Schadens zu übernehmen.

(3) Schadhaft oder unbrauchbar gewordene oder verlorengegangene Hilfsmittel sind auf Kosten des Versicherungsträgers wieder herzustellen oder zu erneuern. Vor Ablauf einer festgesetzten Gebrauchsdauer besteht der Anspruch auf Ersatz oder Erneuerung nur, wenn der Versehrte glaubhaft macht, daß ihn an der Beschädigung, Unbrauchbarkeit oder dem Verlust des Hilfsmittels kein Verschulden trifft.

(4) Hat der Versehrte die Hilfsmittel selbst beschafft oder instand setzen lassen, so gebührt ihm, wenn die Beschaffung oder Instandsetzung

erforderlich und zweckmäßig war, der Ersatz in dem Betrag, den der Versicherungsträger hätte aufwenden müssen.

(BGBl I 1998/140)

Anspruch auf Betriebsrente und Anfall der Betriebsrente

§ 149d. (1) Anspruch auf Betriebsrente besteht, wenn

1. die Erwerbsfähigkeit der/des Versehrten durch die Folgen eines Arbeitsunfalls oder einer Berufskrankheit über ein Jahr nach dem Eintritt des Versicherungsfalles hinaus um mindestens 20 % vermindert ist und

2. die/der Versehrte zum Zeitpunkt des Rentenanfalles nach Abs. 3 noch keine Pension aus dem Versicherungsfall des Alters nach diesem oder einem anderen Bundesgesetz, keinen Ruhegenuss bezieht oder im Falle eines Pensionsanspruchs aus den Versicherungsfällen der geminderten Arbeitsfähigkeit nach dem ASVG oder der Erwerbsunfähigkeit nach dem GSVG oder eines Ruhegenusses wegen Dienstunfähigkeit das Regelpensionsalter noch nicht erreicht hat; bei einem Anspruch auf eine Pension aus dem Versicherungsfall der Erwerbsunfähigkeit nach diesem Bundesgesetz gilt dies unter der Voraussetzung, dass der Pensionsbezug kausal durch den Arbeitsunfall oder die Berufskrankheit herbeigeführt worden und der Pensionsanfall binnen Jahresfrist nach dem Eintritt des Versicherungsfalles gelegen ist.

(BGBl I 2007/31)

Die Voraussetzung der Z 2 entfällt, wenn sich der Arbeitsunfall oder die Berufskrankheit in Ausübung der sich aus einer Jagd- oder Fischereipachtung ergebenden Berechtigung ereignet, sofern nicht aus dem Ertrag dieser Tätigkeit überwiegend der Lebensunterhalt bestritten wird (§ 5 Abs. 1 Z 1), oder der Versicherungsfall in einem Versicherungsverhältnis eintritt, welches erstmals nach dem Anfall einer Pension aus dem Versicherungsfall der Erwerbsunfähigkeit nach diesem Bundesgesetz, aber noch vor Erreichen des Regelpensionsalters begründet wurde. Die Betriebsrente gebührt für die Dauer der Minderung der Erwerbsfähigkeit um mindestens 20 %.

(BGBl I 2005/18, BGBl I 2006/60, BGBl I 2007/31)

(2) Wegen einer Berufskrankheit im Sinne des § 148e Abs. 2 besteht nur dann Anspruch auf Betriebsrente, wenn die dadurch bewirkte Minderung der Erwerbsfähigkeit über ein Jahr nach dem Eintritt des Versicherungsfalles hinaus mindestens 50% beträgt; die Betriebsrente gebührt für die Dauer der Minderung der Erwerbsfähigkeit um mindestens 50%.

(3) Die Betriebsrente fällt ein Jahr nach dem Tag an, der dem Eintritt des Versicherungsfalles folgt.

(BGBl I 2009/33)

(BGBl I 1998/140)

Bemessung der Betriebsrente

§ 149e. (1) Die Betriebsrente wird nach dem Grad der durch den Arbeitsunfall oder die Berufskrankheit herbeigeführten Minderung der Erwerbsfähigkeit bemessen.

(2) Die Rente beträgt jährlich, solange der Versehrte infolge des Arbeitsunfalles oder der Berufskrankheit

1. völlig erwerbsunfähig ist, 66 2/3% der Bemessungsgrundlage (Vollrente);

2. teilweise erwerbsunfähig ist, den Teil der Vollrente, der dem Grad der Minderung der Erwerbstätigkeit entspricht (Teilrente).

(3) Versehrte, die Anspruch auf eine Betriebsrente von mindestens 50% oder auf mehrere Betriebsrenten nach diesem oder einem anderen Bundesgesetz haben, deren Prozentsätze zusammen die Zahl 50 erreichen, gelten als Schwerversehrte.

(BGBl I 1998/140)

Zusatzrente für Schwerversehrte

§ 149f. (1) Schwerversehrten (§ 149e Abs. 3) gebührt eine Zusatzrente

1. bei einer unter 70% verminderten Erwerbsfähigkeit in der Höhe von 20%,

2. bei einer um zumindest 70% verminderten Erwerbsfähigkeit in der Höhe von 50% ihrer Betriebsrente.

(BGBl I 2000/142)

(2) Auf die Zusatzrente sind die Bestimmungen über die Betriebsrente entsprechend anzuwenden.

(BGBl I 1998/140)

Versehrtengeld aus der Unfallversicherung

§ 149g. (1) Unter der Voraussetzung, dass nach Ablauf eines Jahres nach Eintritt des Versicherungsfalles ausschließlich aus diesem Versicherungsfall noch eine Minderung der Erwerbsfähigkeit von zumindest 30 % vorhanden ist, hat der Versicherungsträger im Jahr zwischen Eintritt des Versicherungsfalles und Anfall der Betriebsrente, soweit und solange dieses nötig ist, ein Versehrtengeld in nachstehenden Fällen zu gewähren:

1. An Personen, die einen land(forst)wirtschaftlichen Betrieb auf eigene Rechnung und Gefahr führen, sofern der Eintritt des Versicherungsfalles einen nicht durch die Leistungen der Unfallversicherung (§§ 148u, 148v, 148y) kompensierbaren kausalen Einkommensentfall in einem erheblichen Ausmaß zur Folge hat.

(BGBl I 2005/71)

2. An andere Versehrte, wenn und solange dieselben keinen Anspruch auf Arbeitsverdienst oder auf Krankengeld aus der gesetzlichen Krankenversicherung haben oder keine Einkünfte aus der die Versicherung begründenden Tätigkeit.

(BGBl I 2005/71)

BSVG

(2) In den Fällen des Abs. 1 beträgt das Versehrtengeld 8,87 €[a)] täglich. An die Stelle dieses Betrages tritt ab 1. Jänner eines jeden Jahres der unter Bedachtnahme auf § 47 mit dem jeweiligen Anpassungsfaktor (§ 45) vervielfachte Betrag. § 149i ist anzuwenden.

(BGBl I 2001/67)

[a)] Betrag siehe VO im Anhang.

(3) Anstelle eines Versehrtengeldes nach Abs. 1 wird unter der alleinigen Voraussetzung einer nach einem Jahr nach Eintritt des Versicherungsfalles ausschließlich aus diesem Versicherungsfall zu erwartenden Schwerversehrtheit ein Versehrtengeld in Form einer Einmalzahlung gewährt. Dieses Versehrtengeld beträgt 60 % der Bemessungsgrundlage nach 148f Abs. 1 bzw. 3.

(BGBl I 2005/71, BGBl I 2007/31)

(4) Auf das Versehrtengeld nach Abs. 1 ist ein noch zur Verfügung stehendes Einkommen im Sinne des § 140 Abs. 3 mit Ausnahme von Unterhaltsansprüchen und eines Einkommens aus der Land- bzw. Forstwirtschaft anzurechnen. Die Anrechnung erfolgt aliquot. In besonders berücksichtigungswürdigen Fällen kann der Versicherungsträger unter Heranziehung der Familien- und Einkommensverhältnisse von einer Anrechnung zur Gänze oder teilweise absehen.

(BGBl I 2005/71)

(5) Das Versehrtengeld fällt mit dem Tag an, ab dem die Minderung der Erwerbsfähigkeit nach Abs. 1 oder 3 vorliegt.

(BGBl I 2005/71)
(BGBl I 1998/140)

Übergangsrente aus der Unfallversicherung
§ 149h. (1) Versicherten, für die bei der Fortsetzung ihrer bisherigen Beschäftigung die Gefahr besteht, daß eine Berufskrankheit entsteht oder sich verschlechtert, kann, um ihnen den Übergang zu einer anderen Erwerbstätigkeit, die sie dieser Gefahr nicht aussetzt, zu ermöglichen und eine hiedurch verursachte Minderung des Verdienstes oder sonstige wirtschaftliche Benachteiligung auszugleichen, längstens für zwei Jahre eine Übergangsrente bis zur Höhe der Vollrente gewährt werden.

(2) Eine Betriebsrente gebührt neben der Übergangsrente.

(BGBl I 1998/140)

Ruhen der Betriebsrente bei Anstaltspflege
§ 149i. Wird einem Versehrten wegen der Folgen eines Arbeitsunfalles oder wegen einer Berufskrankheit Anstaltspflege aus der Krankenversicherung oder Unfallversicherung gewährt, so ruht während dieser Zeit die auf Grund dieses Versicherungsfalles gebührende Betriebsrente. Das Ruhen tritt jedoch in dem Ausmaß nicht ein, in dem die Rente unmittelbar vor der Anstaltspflege gebührte. Eine für die Zeit eines Ruhens zu Unrecht bezogene Betriebsrente ist bei Wiederaufnahme der

Rentenzahlung nach Wegfall des Ruhensgrundes der gebührenden Rente anzurechnen.

(BGBl I 1998/140)

Anrechnung der Betriebsrente bei Maßnahmen der beruflichen Rehabilitation
§ 149j. Werden einem Versehrten wegen der Folgen eines Arbeitsunfalles oder wegen einer Berufskrankheit Maßnahmen der beruflichen Rehabilitation gemäß § 148y Abs. 2 Z 2 gewährt, so ist jener Betrag, den der Versicherungsträger für diese Maßnahme aufwendet, der während dieser Zeit auf Grund dieses Versicherungsfalles gebührenden Betriebsrente anzurechnen.

(BGBl I 1998/140)

Vorläufige Betriebsrente
§ 149k. Kann die Betriebsrente während der ersten zwei Jahre nach dem Eintritt des Versicherungsfalles wegen der noch nicht absehbaren Entwicklung der Folgen des Arbeitsunfalles oder der Berufskrankheit ihrer Höhe nach noch nicht als Dauerrente festgestellt werden, so hat der Versicherungsträger die Betriebsrente als vorläufige Rente zu gewähren. Spätestens mit Ablauf des zweijährigen Zeitraumes ist die Betriebsrente als Dauerrente festzustellen; diese Feststellung setzt eine Änderung der Verhältnisse (§ 148h Abs. 1) nicht voraus und ist an die Grundlagen für die Berechnung der vorläufigen Rente nicht gebunden.

(BGBl I 2005/71)

(2) (aufgehoben)

(BGBl I 2005/71)
(BGBl I 1998/140, BGBl I 2005/71)

Entschädigung aus mehreren Versicherungsfällen
§ 149l. (1) Wird ein Versehrter neuerlich durch einen Arbeitsunfall oder eine Berufskrankheit geschädigt und erreicht die Gesamtminderung der Erwerbsfähigkeit aus Versicherungsfällen nach diesem Bundesgesetz mindestens 20% (bei einer Berufskrankheit im Sinne des § 148e Abs. 2 50%), so ist spätestens vom Beginn des dritten Jahres nach dem Eintritt des letzten Versicherungsfalles an die Gesamtrente festzustellen. Bei einer verspäteten Feststellung der Gesamtrente sind die bis zur Wirksamkeit der Gesamtrentenbildung ausbezahlten Betriebsrenten als zu Recht erbracht anzusehen. Der Gesamtrente ist die Bemessungsgrundlage nach § 148f Abs. 1 zu Grunde zu legen, es sei denn, dass alle für die Gesamtrentenbildung maßgeblichen Versicherungsfälle eine andere Bemessungsgrundlage als die nach § 148f Abs. 1 aufweisen; diesfalls ist die Bemessungsgrundlage des jüngst in die Gesamtrente einbezogenen Versicherungsfalls heranzuziehen. Liegt die Leistungshöhe der in die Gesamtrente einzubeziehenden Betriebsrente über der Leistungshöhe der Gesamtrente, so gebührt die Gesamtrente in der Höhe dieser Betriebsrente. Eine abgefundene Betriebsrente ist bei Bildung der Gesamtrente so zu berücksichtigen, dass die Gesamtrente um den Betrag gekürzt wird, der dem

Grad der der abgefundenen Rente zu Grunde gelegten Minderung der Erwerbsfähigkeit entspricht.

(BGBl I 2005/71, BGBl I 2007/31)

(2) Eine Gesamtrente gemäß Abs. 1 ist auch zu bilden, wenn neben einer Betriebsrente ein Anspruch auf eine Versehrtenrente besteht, für die gemäß § 28 Z 2 lit. a ASVG die Sozialversicherungsanstalt der Selbständigen leistungszuständig ist. Abs. 1 vorletzter Satz ist entsprechend anzuwenden.

(BGBl I 2018/100)

(3) Wird das rentenbegründende Gesamtausmaß der Minderung der Erwerbsfähigkeit für die erstmalige Feststellung einer Dauerrente oder einer Gesamtrente zwar nicht aus Versicherungsfällen nach diesem Bundesgesetz, aber unter Berücksichtigung

a)   eines Arbeitsunfalles oder einer Berufskrankheit nach den §§ 175 bis 177 ASVG oder

b)   eines Dienstunfalles oder einer Berufskrankheit nach den §§ 90 bis 93 B-KUVG oder

c)   einer anerkannten Schädigung nach dem KOVG 1957 oder nach dem HVG oder nach dem Opferfürsorgegesetz oder

d)   einer anerkannten Schädigung nach dem Verbrechensopfergesetz oder

e)   eines Unfalles oder einer Krankheit nach § 76 Abs. 2 bis 4 des Strafvollzugsgesetzes oder

f)   von Schäden, für die nach Maßgabe des Impfschadengesetzes Entschädigung zu leisten ist, oder

g)   von Schädigungen, die von einer auf landesgesetzlichen Vorschriften beruhenden Unfallfürsorgeeinrichtung anerkannt sind,

erreicht, sind solche Versicherungsfälle nach diesem Bundesgesetz auf Antrag mit dem Zeitpunkt, zu dem eine Dauerrente (Gesamtrente) spätestens festzustellen gewesen wäre, gesondert zu entschädigen.

(4) Bis zur Feststellung einer Gesamtrente nach Abs. 1 ist der letzte Versicherungsfall gesondert zu entschädigen, wenn und solange er eine Minderung der Erwerbsfähigkeit im rentenbegründenden Ausmaß (§ 149d Abs. 1 und 2) verursacht hat. Hat der neuerliche Versicherungsfall für sich allein keine Minderung der Erwerbsfähigkeit im rentenbegründenden Ausmaß verursacht, so ist dieser Versicherungsfall rückwirkend unter Bedachtnahme auf § 149d Abs. 3 zu entschädigen, wenn er zum Zeitpunkt der Feststellung der Gesamtrente zu einer Erhöhung der Gesamtminderung der Erwerbsfähigkeit um mindestens 5% geführt hat. Dies gilt jeweils auch, wenn nur ein Versicherungsfall (Arbeitsunfall oder Berufskrankheit) vorliegt und diesem eine anerkannte Schädigung nach einer der im Abs. 3 angeführten gesetzlichen Vorschriften vorangegangen ist.

(BGBl I 1998/140, BGBl I 2001/101)

Integritätsabgeltung

§ 149m. (1) Wurde der Arbeitsunfall oder die Berufskrankheit durch die grob fahrlässige Außerachtlassung von Arbeitnehmerschutzvorschriften verursacht und hat der Versicherte dadurch eine erhebliche und dauernde Beeinträchtigung der körperlichen oder geistigen Integrität erlitten, so gebührt, wenn wegen der Folgen dieses Arbeitsunfalles oder dieser Berufskrankheit auch ein Anspruch auf Betriebsrente (§ 149d Abs. 1) besteht, eine angemessene Integritätsabgeltung.

(2) Die Integritätsabgeltung wird als einmalige Leistung gewährt; sie darf das 24fache der monatlichen bei Eintritt des Versicherungsfalles geltenden Höchstbeitragsgrundlage nach § 23 Abs. 9 lit. a nicht überschreiten. Wird die Integritätsabgeltung nicht im Kalenderjahr des Anfalls der Betriebsrente zuerkannt, so ist der nach § 148f bei Eintritt des Versicherungsfalles jeweils geltende Betrag mit dem sich nach Abs. 3 ergebenden Faktor zu vervielfachen. Die Integritätsabgeltung ist entsprechend der Schwere des Integritätsschadens abzustufen.

(3) Der nach Abs. 2 anzuwendende Faktor ergibt sich aus der Teilung der Bemessungsgrundlage gemäß § 148f des Jahres, in dem die Integritätsabgeltung zuerkannt wurde, durch die Bemessungsgrundlage gemäß § 148f des Jahres, in dem der Versicherungsfall eingetreten ist.

(4) Die näheren Bestimmungen zur Durchführung der Abs. 1 und 2, insbesondere über das Ausmaß der Leistung, sind in vom Verwaltungsrat des Versicherungsträgers zu erlassenden Richtlinien zu regeln, die der Zustimmung des Bundesministers für Arbeit, Gesundheit und Soziales bedürfen. Die Richtlinien haben auf das wirtschaftliche Bedürfnis der Versicherten sowie auf den Grad der Beeinträchtigung von Körperfunktionen, den Grad der Verunstaltung des äußerlichen Erscheinungsbildes des Versicherten sowie den Grad einer unfall- oder berufskrankheitsbedingten seelischen Störung Bedacht zu nehmen. Die Richtlinien sind im Internet zu verlautbaren.

(BGBl I 2001/101, BGBl I 2018/100)

(BGBl I 1998/140)

4. Unterabschnitt
Leistungen im Falle des Todes des Versicherten

Hilfe wegen durch den Todesfall entstandener besonderer finanzieller Belastungen

§ 149n. (1) Wurde durch einen Arbeitsunfall oder eine Berufskrankheit der Tod des Versehrten verursacht, gebührt ein Teilersatz der Bestattungskosten aus der Unfallversicherung.

(2) Der Teilersatz gebührt im Ausmaß des fünfzehnten Teiles der Bemessungsgrundlage nach § 148f Abs. 1. Der Teilersatz wird an den bezahlt, der die Kosten der Bestattung getragen hat. Bleibt ein Überschuß, so sind die in Abs. 3 genannten Personen in der dort angeführten Reihenfolge unter den dort bezeichneten Voraussetzungen bezugsberechtigt. Fehlen solche Berechtigte, verbleibt der Überschuß dem Versicherungsträger.

(BGBl I 2007/31)

(3) Wurden die Bestattungskosten auf Grund gesetzlicher, satzungsmäßiger oder vertraglicher

Verpflichtungen von anderen Personen als der/ dem Ehegattin/Ehegatten oder eingetragenen Partnerin/Partner, den leiblichen Kindern, den Wahlkindern, den Stiefkindern, den Eltern, den Geschwistern bestritten, so gebührt der Teilersatz der Bestattungskosten zur Gänze diesen Personen in der angeführten Reihenfolge, wenn sie mit dem Verstorbenen zur Zeit seines Todes in häuslicher Gemeinschaft gelebt haben.

(BGBl I 2009/135)

(4) In den Fällen des Abs. 1 kann der Versicherungsträger unter Bedachtnahme auf die Familienverhältnisse des Verstorbenen und die wirtschaftliche Lage der Hinterbliebenen weiters einen Zuschuß zu den Kosten der Überführung des Leichnams an den Ort des Wohnsitzes des Verstorbenen gewähren oder die Überführungskosten in voller Höhe übernehmen.

(5) Bei Betriebsfortführung durch die Witwe/ den Witwer oder die hinterbliebene eingetragene Partnerin/den hinterbliebenen eingetragenen Partner oder durch Waisen gilt § 148u mit der Maßgabe, dass ein Teilersatz bis zu zwei Jahre nach dem Todesfall gebührt.

(BGBl I 2005/71, BGBl I 2009/135)

(BGBl I 1998/140)

Witwen(Witwer)rente

§ 149o. (1) Wurde der Tod des (der) Versicherten durch einen Arbeitsunfall oder eine Berufskrankheit verursacht, so gebührt der Witwe (dem Witwer) bis zu ihrem (seinem) Tod oder ihrer (seiner) Wiederverheiratung eine Witwen(Witwer)rente von jährlich 20% der Bemessungsgrundlage.

(2) Die Rente nach Abs. 1 gebührt auch

1. der Frau,
2. dem Mann,

deren (dessen) Ehe mit dem (der) Versicherten für nichtig erklärt, aufgehoben oder geschieden worden ist, wenn ihr (ihm) der (die) Versicherte zur Zeit seines (ihres) Todes Unterhalt (einen Unterhaltsbeitrag) zu leisten hatte bzw. Unterhalt geleistet hat, und zwar

a) auf Grund eines gerichtlichen Urteiles,
b) auf Grund eines gerichtlichen Vergleiches,
c) auf Grund einer vor Auflösung (Nichtigerklärung) der Ehe eingegangenen vertraglichen Verpflichtung,
d) regelmäßig zur Deckung des Unterhaltsbedarfs ab einem Zeitpunkt nach der Rechtskraft der Scheidung bis zu seinem (ihrem) Tod, mindestens während der Dauer des letzten Jahres vor seinem (ihrem) Tod, wenn die Ehe mindestens zehn Jahre gedauert hat,

sofern und solange die Frau (der Mann) nicht eine neue Ehe geschlossen hat. Die Witwen(Witwer) rente nach lit. a bis c wird mit dem Betrag gewährt, der dem gegen den Versicherten (die Versicherte) zur Zeit seines (ihres) Todes bestehenden Anspruch auf Unterhalt (Unterhaltsbeitrag) entspricht; die Witwen(Witwer)rente nach lit. d wird mit dem Be-

trag gewährt, der dem vom Versicherten bzw. von der Versicherten in dem dort genannten Zeitraum, längstens jedoch während der letzten drei Jahre vor seinem (ihrem) Tod geleisteten durchschnittlichen monatlichen Unterhalt entspricht; die Witwen(Witwer)rente darf 20% der Bemessungsgrundlage des (der) Versicherten nicht übersteigen. In den Fällen der lit. a bis c bleibt eine vertraglich oder durch gerichtlichen Vergleich übernommene Erhöhung des Unterhaltes (Unterhaltsbeitrages) außer Betracht, wenn seit dem Abschluß des Vertrages (Vergleiches) bis zum Tod nicht mindestens ein Jahr vergangen ist, in den Fällen der lit. d bleibt eine Erhöhung des Unterhaltes außer Betracht, wenn seit dem Zeitpunkt der Erhöhung bis zum Tod nicht mindestens ein Jahr vergangen ist.

(3) Abs. 2 vorletzter und letzter Satz sind nicht anzuwenden, wenn

a) das auf Scheidung lautende Urteil den Ausspruch nach § 61 Abs. 3 Ehegesetz enthält,
b) die Ehe mindestens fünfzehn Jahre gedauert hat,
c) die Frau (der Mann) im Zeitpunkt des Eintrittes der Rechtskraft des Scheidungsurteiles das 40. Lebensjahr vollendet hat und
d) der Arbeitsunfall (die Berufskrankheit), durch den (die) der Tod des (der) Versicherten verursacht wurde, im Zeitpunkt der Rechtskraft des Scheidungsurteiles bereits eingetreten war.

Die unter lit. c genannte Voraussetzung entfällt, wenn

aa) die Frau (der Mann) seit dem Zeitpunkt des Eintrittes der Rechtskraft des Scheidungsurteiles erwerbsunfähig ist oder
bb) nach dem Tod des Mannes (der Frau) eine Waisenrente für ein Kind im Sinne des § 119 Abs. 1 Z 1 und Abs. 2 anfällt, sofern dieses Kind aus der geschiedenen Ehe stammt oder von den Ehegatten gemeinsam oder als Stiefkind an Kindes Statt angenommen worden ist und das Kind in allen diesen Fällen im Zeitpunkt des Todes des in Betracht kommenden Elternteils ständig in Hausgemeinschaft (§ 119 Abs. 1 letzter Satz) mit dem anderen Elternteil lebt. Das Erfordernis der ständigen Hausgemeinschaft entfällt bei nachgeborenen Kindern.

(BGBl I 2013/139)

(BGBl I 1998/140)

Abfertigung und Wiederaufleben der Witwen(Witwer)rente

§ 149p. (1) Der Bezieherin (dem Bezieher) einer Witwen(Witwer)rente (§ 149o), die (der) sich wiederverehelicht hat, gebührt eine Abfertigung in der Höhe des 35fachen Monatsbetrages einer nach § 149o Abs. 1 zu bemessenden Witwen(Witwer) rente, in den Fällen des § 149o Abs. 2 in der Höhe des 35fachen Monatsbetrages der nach § 149o Abs. 2 gebührenden Witwen(Witwer)rente.

BSVG

(2) Wird die neue Ehe durch den Tod des Ehegatten, durch Scheidung oder durch Aufhebung aufgelöst oder wird die neue Ehe für nichtig erklärt, so lebt der Anspruch auf die Witwen(Witwer)rente (Abs. 1) auf Antrag wieder auf, wenn

a) die Ehe nicht aus dem alleinigen oder überwiegenden Verschulden der im Abs. 1 bezeichneten Person aufgelöst worden ist oder

b) bei Nichtigerklärung der Ehe diese Person als schuldlos anzusehen ist.

(3) Der Anspruch lebt in der unter Bedachtnahme auf § 108g ASVG sich ergebenden Höhe mit dem der Antragstellung folgenden Monatsersten, frühestens jedoch mit dem Monatsersten wieder auf, der dem Ablauf von zweieinhalb Jahren nach dem seinerzeitigen Erlöschen des Anspruches folgt.

(4) Auf die wiederaufgelebte Witwen(Witwer)rente sind laufende Unterhaltsleistungen und die im § 2 des Einkommensteuergesetzes 1988 angeführten Einkünfte anzurechnen, die der Witwe (dem Witwer) auf Grund aufgelöster oder für nichtig erklärter, vor dem Wiederaufleben der Witwen-(Witwer)rente geschlossener Ehen gebühren oder darüber hinaus zufließen, soweit sie eine wiederaufgelebte Witwen(Witwer)pension aus der Pensionsversicherung nach diesem oder einem anderen Bundesgesetz übersteigen. Eine Anrechnung laufender Unterhaltsleistungen erfolgt nur in der Höhe eines Vierzehntels der jährlich tatsächlich zufließenden Unterhaltsleistung. Hinsichtlich der Ermittlung der Erwerbseinkommens aus einem land(forst)wirtschaftlichen Betrieb ist § 140 Abs. 5 und 6 entsprechend anzuwenden. Erhält die Witwe (der Witwer) statt laufender Unterhaltsleistungen eine Kapitalabfindung, so ist auf die Rente ein Vierzehntel des Betrages anzurechnen, der sich bei der Annahme eines jährlichen Ertrages von 4% des Abfindungskapitals ergeben würde. Geht das Abfindungskapital ohne vorsätzliches Verschulden der Witwe (des Witwers) unter, so entfällt die Anrechnung.

(5) Werden laufende Unterhaltsleistungen bzw. Einkünfte im Sinne des Abs. 4 bereits im Zeitpunkt des Wiederauflebens der Witwen(Witwer)-rente bezogen, wird die Anrechnung ab diesem Zeitpunkt wirksam; in allen anderen Fällen mit dem Beginn des Kalendermonates, der auf den Eintritt des Anrechnungsgrundes folgt.

(BGBl I 1998/140)

Eheschließung nach dem Eintritt des Versicherungsfalles

§ 149q. (1) Die Witwe (der Witwer) hat keinen Anspruch auf Rente, wenn die Ehe erst nach dem Eintritt des Versicherungsfalles geschlossen worden und der Tod innerhalb des ersten Jahres der Ehe eingetreten ist, es sei denn,

1. daß in dieser Ehe ein Kind geboren oder durch die Ehe legitimiert wurde oder

2. daß die Witwe sich im Zeitpunkt des Todes des Versicherten erwiesenermaßen im Zustand der Schwangerschaft befunden hat.

(BGBl I 2009/135)

(2) (aufgehoben)

(BGBl I 2009/135, BGBl I 2013/139)

(BGBl I 1998/140)

Waisenrente

§ 149r. (1) Den Kindern im Sinne des § 119 Abs. 1 Z 1 bis 4 und Abs. 2 des Versicherten, dessen Tod durch einen Arbeitsunfall oder eine Berufskrankheit verursacht wurde, gebührt eine Waisenrente. Nach Vollendung des 18. Lebensjahres wird die Waisenrente nur auf besonderen Antrag gewährt.

(2) Die Waisenrente beträgt für jedes einfach verwaiste Kind jährlich 20%, für jedes doppelt verwaiste Kind jährlich 30% der Bemessungsgrundlage.

(BGBl I 1998/140)

Höchstausmaß der Hinterbliebenenrenten

§ 149s. Alle Hinterbliebenenrenten dürfen zusammen 80% der Bemessungsgrundlage nicht übersteigen und sind innerhalb dieses Höchstausmaßes verhältnismäßig zu kürzen. Hiebei gilt in Fällen des § 148f Abs. 3, wenn eine Witwe(Witwer)rente beteiligt ist, der höhere, in allen übrigen Fällen der niedrigere Betrag als Bemessungsgrundlage. Eine Witwe(Witwer)rente nach § 149o Abs. 2 und 3 ist nicht zu berücksichtigen.

(BGBl I 1998/140, BGBl I 2007/31)

Rente für hinterbliebene eingetragene Partner/Partnerinnen

§ 149t. Die Bestimmungen über die Witwen(Witwer)rente nach den §§ 149o bis 149q und 149s sind auf hinterbliebene eingetragene Partner/Partnerinnen und eingetragene Partnerschaften nach dem EPG sinngemäß anzuwenden.

(BGBl I 2009/135, BGBl I 2013/139)

ABSCHNITT V
Rehabilitation und Maßnahmen der Gesundheitsvorsorge

Aufgaben der Rehabilitation

§ 150. (1) Der Versicherungsträger trifft Vorsorge für die Rehabilitation von Versicherten und Beziehern einer Pension aus dem Versicherungsfall der Erwerbsunfähigkeit, deren Arbeitskraft infolge einer körperlichen, geistigen oder psychischen Beeinträchtigung herabgesunken ist.

(BGBl 1996/201, BGBl I 2010/111)

(2) (aufgehoben)

(BGBl 1996/201, BGBl I 2010/111)

(3) Die Rehabilitation umfaßt medizinische und berufliche Maßnahmen und, soweit dies zu ihrer Ergänzung erforderlich ist, soziale Maßnahmen mit dem Ziel, die zu rehabilitierenden Personen

bis zu einem solchen Grad ihrer Leistungsfähigkeit herzustellen oder wiederherzustellen, der sie in die Lage versetzt, im beruflichen und wirtschaftlichen Leben und in der Gemeinschaft einen ihnen angemessenen Platz möglichst dauernd einnehmen zu können.

(BGBl I 2010/111)

(4) Die Gewährung von Maßnahmen zur Festigung der Gesundheit bzw. von Maßnahmen der Gesundheitsvorsorge (§§ 100 und 161) zählt nicht zu den Aufgaben der Rehabilitation.

(BGBl I 1998/140)

Maßnahmen der Rehabilitation

§ 150a. (1) Zur Erreichung des im § 150 Abs. 3 angestrebten Zieles dienen die Maßnahmen nach den §§ 152 bis 154. Der Versicherungsträger gewährt diese Maßnahmen – unbeschadet des § 122 – nach pflichtgemäßem Ermessen.

(BGBl I 1998/140, BGBl I 2010/111)

(2) Unter Berücksichtigung der Auslastung der eigenen Einrichtungen kann der Versicherungsträger auch Angehörigen (§ 151) eines Versicherten oder eines Pensionisten oder Beziehern von Waisenpensionen (§ 129), die an einer körperlichen, geistigen oder psychischen Behinderung leiden, Maßnahmen der Rehabilitation gemäß § 152 Abs. 1 Z 1 und § 154 gewähren; ihre Gewährung ist an die Voraussetzung geknüpft, daß ohne diese Maßnahmen dem Versicherten (Pensionisten) Auslagen erwachsen würden, die seine wirtschaftlichen Verhältnisse übersteigen.

(BGBl I 1998/140)
(BGBl I 1998/140)

Angehörige

§ 151. (1) Als Angehörige gelten der Ehegatte/die Ehegattin oder der/die eingetragene PartnerIn und die Kinder im Sinne des § 78.

(BGBl I 2009/135)

(2) Als Angehöriger gilt jeweils auch eine Person aus dem Kreis der Eltern, Wahl-, Stief- und Pflegeeltern, der Kinder, Wahl-, Stief- und Pflegekinder, der Enkel oder der Geschwister des (der) Versicherten, die seit mindestens zehn Monaten mit ihm (ihr) in Hausgemeinschaft lebt und ihm (ihr) seit dieser Zeit unentgeltlich den Haushalt führt, wenn ein/eine im gemeinsamen Haushalt lebender/lebende arbeitsfähiger/arbeitsfähige Ehegatte/Ehegattin oder eingetragener Partner/eingetragene Partnerin nicht vorhanden ist. Angehöriger aus diesem Grund kann nur eine einzige Person sein.

(BGBl I 2009/135)

Medizinische Maßnahmen

§ 152. (1) Die medizinischen Maßnahmen der Rehabilitation umfassen:

1. die Unterbringung in Krankenanstalten, die vorwiegend der Rehabilitation dienen;

1a. Maßnahmen der ambulanten Rehabilitation einschließlich der Telerehabilitation;

(BGBl I 2010/111, BGBl I 2019/7)

2. die Gewährung von Körperersatzstücken, orthopädischen Behelfen und anderen Hilfsmitteln einschließlich der notwendigen Änderung, Instandsetzung und Ersatzbeschaffung sowie der Ausbildung im Gebrauch der Hilfsmittel in sinngemäßer Anwendung des § 202 des Allgemeinen Sozialversicherungsgesetzes;

3. die Gewährung ärztlicher Hilfe sowie die Versorgung mit Heilmitteln und Heilbehelfen, wenn diese Leistungen unmittelbar im Anschluß an eine oder im Zusammenhang mit einer der in Z 1 und 2 genannten Maßnahmen erforderlich sind.

4. (aufgehoben)

(BGBl 1996/413)

In den Fällen der Z 1 bis 3 sowie im Zusammenhang mit der körpergerechten Anpassung von Körperersatzstücken, orthopädischen Behelfen und anderen Hilfsmitteln können Reise- und Transportkosten nach Maßgabe der Bestimmungen der Satzung unter Bedachtnahme auf die wirtschaftlichen Verhältnisse des Versicherten bzw. Angehörigen übernommen werden.

(2) Die Maßnahmen nach Abs. 1 werden vom Versicherungsträger als Pensionsversicherungsträger gewährt, wenn und soweit sie nicht aus einer gesetzlichen Krankenversicherung gewährt werden. Der Versicherungsträger als Pensionsversicherungsträger kann die Gewährung der vom Versicherungsträger als Krankenversicherungsträger oder von einem anderen Krankenversicherungsträger nach Maßgabe des § 96a zu erbringenden medizinischen Maßnahmen der Rehabilitation jederzeit an sich ziehen. Er tritt hinsichtlich dieser Maßnahmen dem Versicherten gegenüber in alle Pflichten und Rechte des anderen Krankenversicherungsträgers ein, soweit die zu gewährenden Leistungen mit den medizinischen Maßnahmen der Rehabilitation in Zusammenhang stehen. Der Versicherungsträger hat in diesen Fällen dem anderen Krankenversicherungsträger anzuzeigen, daß er von einem bestimmten Tag an die Gewährung übernimmt; von diesem Zeitpunkt an hat der Versicherte gegen den anderen Krankenversicherungsträger keinen Anspruch auf die entsprechenden Leistungen der Krankenversicherung.

(BGBl 1991/678, BGBl 1996/413)

(3) **(Grundsatzbestimmung)** Nach Art. 12 Abs. 1 Z 1 B-VG gilt als Grundsatz, dass der Versicherungsträger im Rahmen der im § 148 ASVG geregelten Beziehungen zu den landesgesundheitsfondsfinanzierten Krankenanstalten den Krankenversicherungsträgern nach dem ASVG gleichgestellt ist.

(BGBl 1996/764, BGBl I 2004/179, BGBl I 2007/101)

(4) Werden Versicherte (PensionsbezieherInnen) für Rechnung des Versicherungsträgers als

Pensionsversicherungsträger in einer der in Abs. 1 Z 1 angeführten Einrichtungen untergebracht, so haben diese eine Zuzahlung zu leisten, deren Höhe sich nach § 96a Abs. 7 zweiter bis vierter Satz richtet. Sie ist sogleich bei Antritt des Aufenthaltes im Voraus an den Versicherungsträger als Pensionsversicherungsträger zu leisten und darf für jede versicherte (pensionsbeziehende) Person für höchstens 28 Tage pro Kalenderjahr eingehoben werden.

(BGBl 1996/201, BGBl I 2001/67, BGBl I 2010/111)

Berufliche Maßnahmen

§ 153. (1) Durch die beruflichen Maßnahmen der Rehabilitation soll der Behinderte in die Lage versetzt werden, seinen früheren oder, wenn dies nicht möglich ist, einen neuen Beruf auszuüben.

(2) Die beruflichen Maßnahmen der Rehabilitation umfassen insbesondere:

1. die berufliche Ausbildung zur Wiedergewinnung oder Erhöhung der Erwerbsfähigkeit und, insoweit der Behinderte in der Ausübung seines Berufes oder eines Berufes, der ihm zugemutet werden kann, wesentlich beeinträchtigt ist, die Ausbildung für einen neuen Beruf. Die berufliche Ausbildung wird so lange gewährt, als durch sie die Erreichung des angestrebten Zieles (§ 150 Abs. 3) zu erwarten ist;

   (BGBl I 1998/140)

2. die Gewährung von Darlehen und/oder sonstigen Hilfsmaßnahmen zur Ermöglichung der Fortsetzung der Erwerbstätigkeit;

3. die Hilfe zur Erlangung einer Arbeitsstelle oder einer anderen Erwerbsmöglichkeit.

Soziale Maßnahmen

§ 154. (1) Die sozialen Maßnahmen der Rehabilitation umfassen solche Leistungen, die über die medizinischen und beruflichen Maßnahmen der Rehabilitation hinaus geeignet sind, zur Erreichung des im § 150 Abs. 3 angestrebten Zieles beizutragen.

(BGBl I 1998/140)

(2) Als Maßnahmen im Sinne des Abs. 1 kann der Versicherungsträger unter Bedachtnahme auf die wirtschaftlichen Verhältnisse des Behinderten insbesondere gewähren:

1. einem Behinderten ein Darlehen zur Adaptierung der von ihm bewohnten oder zu bewohnenden Räumlichkeiten, durch die ihm deren Benutzung erleichtert oder ermöglicht wird;

2. einem Behinderten, dem auf Grund seiner Behinderung die Benutzung eines öffentlichen Verkehrsmittels nicht zumutbar ist,

   a) einen Zuschuß zu den Kosten für die Erlangung der Lenkerbefugnis,

   b) ein Darlehen zum Ankauf bzw. zur Adaptierung eines Personenkraftwagens.

(3) Als Maßnahme im Sinne des Abs. 1 kann der Versicherungsträger auch den Versehrtensport, wenn er in Gruppen und unter ärztlicher Betreuung ausgeübt wird, durch die Gewährung von Zuschüssen an die in Frage kommenden Einrichtungen gegen Nachweis der widmungsgemäßen Verwendung fördern.

(4) Als Maßnahme im Sinne des Abs. 1 kann der Versicherungsträger überdies durch die Gewährung von Zuschüssen an die in Betracht kommenden Einrichtungen einer Gemeinde, einer Gebietskörperschaft, einer Landesgeschäftsstelle des Arbeitsmarktservice, des Bundesamtes, eines Sozialversicherungsträgers sowie einer gesetzlichen beruflichen Vertretung der Dienstgeber und Dienstnehmer die Beschäftigung des Behinderten in einem Integrativen Betrieb und in einer Einrichtung der Beschäftigungstherapie fördern.

(BGBl 1994/314, BGBl I 2003/145, BGBl I 2006/131)

(5) Mittel der Pensionsversicherung können auch zur Förderung und Unterstützung von gemeinnützigen Einrichtungen, die die Förderung der wirtschaftlichen, sozialen und kulturellen Interessen von Sozialversicherten zum Ziele haben, mit der Maßgabe verwendet werden, daß der Versicherungsträger für diese Zwecke in jedem Geschäftsjahr bis zu 0,005 vT der Erträge an Versicherungsbeiträgen aufwenden kann.

(BGBl 1990/296)

Einleitung von Maßnahmen der Rehabilitation des Versicherungsträgers

§ 155. Die zu rehabilitierende Person ist vom Versicherungsträger unter Berücksichtigung der Ergebnisse eines Berufsfindungsverfahrens über das Ziel und die Möglichkeiten der Rehabilitation nachweislich in geeigneter Weise zu informieren und zu beraten. Sie hat bei der Durchführung der Maßnahmen der Rehabilitation entsprechend mitzuwirken.

(BGBl 1996/201, BGBl I 2010/111)

Übergangsgeld

§ 156. (1) Der Versicherungsträger hat dem Versicherten für die Dauer der Gewährung von medizinischen Maßnahmen der Rehabilitation oder einer Ausbildung gemäß § 153 Abs. 2 Z 1 ein Übergangsgeld zu leisten. Übergangsgeld für die Dauer der Gewährung von medizinischen Maßnahmen der Rehabilitation gebührt ab Beginn der neunten Woche ab Gewährung dieser Maßnahmen. Werden berufliche Maßnahmen der Rehabilitation nach § 122 gewährt, so gebührt Übergangsgeld ab dem Stichtag für die Leistungsfeststellung (§ 104 Abs. 2).

(BGBl I 1997/139, BGBl I 2005/71, BGBl I 2010/111, BGBl I 2011/122)

(2) Das Übergangsgeld gebührt monatlich im Ausmaß der Berechnungsgrundlage; Berechnungsgrundlage ist die Pension aus dem Versicherungsfall der Erwerbsunfähigkeit, die zu diesem Zeitpunkt gebührt hätte. Die Berechnungsgrundlage

ist für die Angehörigen des Versicherten (§ 78) zu erhöhen, und zwar für den Ehegatten/die Ehegattin oder den/die eingetragene PartnerIn um 10 vH und für jeden sonstigen Angehörigen um 5 vH. Das Übergangsgeld ist unter Bedachtnahme auf § 45 mit Wirksamkeit ab 1. Jänner eines jeden Jahres mit dem Anpassungsfaktor zu vervielfachen.

(BGBl 1993/337, BGBl 1996/201, BGBl 1996/413, BGBl I 1997/139, BGBl I 2004/142, BGBl I 2009/135)

(3) Das Übergangsgeld gemäß Abs. 2 ist mindestens im Ausmaß des jeweils in Betracht kommenden Richtsatzes für die Ausgleichszulage festzusetzen.

(4) Auf das Übergangsgeld sind ein dem Versicherten gebührendes Erwerbseinkommen bzw. Geldleistungen nach dem AlVG~~, ausgenommen die Notstandshilfe,~~ oder eine Beihilfe zur Deckung des Lebensunterhaltes durch das Arbeitsmarktservice anzurechnen. Hinsichtlich der Ermittlung des Erwerbseinkommens aus einem land(forst)wirtschaftlichen Betrieb ist § 140 Abs. 5 und 6 entsprechend anzuwenden.

(BGBl 1991/157, BGBl I 1997/139, BGBl I 1998/140, BGBl I 2009/83, BGBl I 2020/158)

(5) Während der Dauer einer Ausbildung gemäß § 153 Abs. 2 Z 1 kann der Versicherungsträger dem Versicherten einen Beitrag zu den Kosten des Unterhaltes für ihn und seine Angehörige (§ 151) leisten, soweit billigerweise anzunehmen ist, daß der Versicherte die Kosten der bisherigen Lebensführung aus einem anderen Einkommen nicht decken kann.

(6) Der Versicherungsträger kann für die Dauer der Gewährung der im § 150a Abs. 2 bezeichneten medizinischen Maßnahmen der Rehabilitation an Angehörige (§ 151) dem Versicherten einen Beitrag zu den Kosten des Unterhaltes für ihn und seine Angehörigen gewähren, wenn der Versicherte im Zusammenhang mit der Inanspruchnahme der Rehabilitation durch den Angehörigen in dieser Zeit eine erhebliche finanzielle Mehrbelastung zu tragen hat.

(BGBl I 1998/140)

„Nichtanrechnung von Übergangsgeld
§ 156a. Übergangsgeld, das für die Dauer einer beruflichen Ausbildung gewährt wird, ist auf die Notstandshilfe nach § 36a Abs. 3 Z 1 AlVG nicht anzurechnen.“

(BGBl I 2020/158)

Anspruch auf Pension während der Rehabilitation
§ 157. Für die Dauer der Gewährung von Maßnahmen der Rehabilitation besteht kein Anspruch auf eine Leistung aus dem Versicherungsfall der Erwerbsunfähigkeit. Der Anspruch auf eine solche vor der Gewährung von Maßnahmen der Rehabilitation angefallene Leistung wird hiedurch nicht berührt.

(BGBl 1996/201)

Übertragung der Durchführung von Maßnahmen der Rehabilitation
§ 158. (1) Der Versicherungsträger kann die Durchführung von medizinischen Maßnahmen der Rehabilitation – mit Ausnahme der beruflichen Rehabilitation nach § 122 – bei einem Versicherten, der nicht bei ihm in der Krankenversicherung versichert ist, dem Träger der Krankenversicherung übertragen, bei dem der Versicherte in der Krankenversicherung versichert ist. Er hat dem Krankenversicherungsträger die ausgewiesenen tatsächlichen Kosten zu ersetzen.

(BGBl I 2010/111)

(2) Der Versicherungsträger kann die Durchführung von beruflichen Maßnahmen der Rehabilitation einer geeigneten Einrichtung der gesetzlichen beruflichen Vertretung der nach diesem Bundesgesetz Versicherten bzw. dem Arbeitsmarktservice übertragen. Er hat diesen die ausgewiesenen tatsächlichen Kosten zu ersetzen. Er kann mit ihnen zur Abgeltung der Ersatzansprüche unter Bedachtnahme auf die Zahl der in Betracht kommenden Fälle und auf die Höhe der durchschnittlichen Kosten der in diesen Fällen gewährten beruflichen Maßnahmen der Rehabilitation die Zahlung jährlicher Pauschbeträge vereinbaren.

(BGBl 1994/314)

(3) Die beteiligten Versicherungsträger bzw. die Sozialversicherungsanstalt der Selbständigen und die im Abs. 2 genannten Einrichtungen können zur Abgeltung der Ersatzansprüche unter Bedachtnahme auf die Zahl der in Betracht kommenden Fälle und auf die Höhe der durchschnittlichen Kosten der in diesen Fällen gewährten medizinischen bzw. beruflichen Maßnahmen der Rehabilitation die Zahlung jährlicher Pauschbeträge vereinbaren.

(BGBl 1994/314, BGBl I 2018/100)

Versagung
§ 159. Entzieht sich der Behinderte den Maßnahmen der Rehabilitation oder vereitelt oder gefährdet er durch sein Verhalten ihren Zweck, so sind, wenn ihm diese Maßnahmen unter Berücksichtigung der Dauer und des Umfanges seiner Ausbildung sowie der von ihm bisher ausgeübten Tätigkeit zumutbar sind, das Übergangsgeld und allfällige Zuschüsse und Zulagen zu versagen.

(BGBl 1996/201)

Vereinbarung zur Durchführung der Rehabilitation
§ 160. Der Versicherungsträger hat die von ihm jeweils zu treffenden Maßnahmen der Rehabilitation mit den in Frage kommenden Versicherungsträgern und Einrichtungen zu koordinieren und aufeinander abzustimmen. § 307c des Allgemeinen Sozialversicherungsgesetzes gilt entsprechend.

(BGBl 1994/314)

Gesundheitsvorsorge des Versicherungsträgers
§ 161. (1) Der Versicherungsträger kann unter

Berücksichtigung des Fortschrittes der medizinischen Wissenschaft, unter Bedachtnahme auf seine finanzielle Leistungsfähigkeit und auf die Auslastung der zur Verfügung stehenden Einrichtungen Versicherten und Pensionisten geeignete Maßnahmen der Gesundheitsvorsorge gewähren.

(2) Als Maßnahmen im Sinne des Abs. 1 kommen insbesondere in Frage

1. Aufenthalt in Kurorten bzw. Kuranstalten oder Zuschüsse zu einem solchen nach Maßgabe der vom Dachverband hiezu erlassenen Richtlinien (§ 30a Abs. 1 Z 28 ASVG);

    (BGBl 1996/201, BGBl I 2015/162, BGBl I 2018/100)

2. Unterbringung in Krankenanstalten, die vorwiegend der Rehabilitation dienen; § 100 Abs. 3 gilt entsprechend;

    (BGBl I 2015/162)

3. die Übernahme der Reise- und Transportkosten in den Fällen der Z 1 bis 4 nach Maßgabe der Bestimmungen der Satzung unter Bedachtnahme auf die wirtschaftlichen Verhältnisse des Versicherten bzw. Angehörigen.

    (BGBl I 2015/162)

(3) Der Versicherungsträger kann Krankenanstalten, die vorwiegend der Rehabilitation dienen, für diagnostische Zwecke zugänglich machen.

(BGBl 1996/413)

(4) Der Versicherungsträger kann Maßnahmen der Gesundheitsvorsorge auch Angehörigen (§ 151) eines Versicherten gewähren, sofern die Gefahr einer tuberkulösen Erkrankung besteht.

(5) Werden Versicherte (PensionsbezieherInnen) für Rechnung des Versicherungsträgers als Pensionsversicherungsträger in einer der im Abs. 2 Z 1 bis 4 angeführten Einrichtungen (ausgenommen die Fälle der Zuschussgewährung durch den Versicherungsträger als Pensionsversicherungsträger) untergebracht, so haben diese eine Zuzahlung zu leisten, deren Höhe sich nach § 96a Abs. 7 zweiter bis vierter Satz richtet. Sie ist sogleich bei Antritt des Aufenthaltes im Voraus an den Versicherungsträger als Pensionsversicherungsträger zu leisten.

(BGBl 1996/201, BGBl I 2001/67, BGBl I 2010/111)

Geldleistungen während der Gewährung von Maßnahmen der Gesundheitsvorsorge durch den Versicherungsträger

§ 162. (1) Für die Dauer der Unterbringung eines Versicherten in einer der im § 161 Abs. 2 genannten Einrichtungen hat der Versicherungsträger dem Versicherten Familiengeld für seine Angehörigen (§ 78), wenn sie ihren gewöhnlichen Aufenthalt im Inland haben, bzw. Taggeld zu gewähren, wenn ein Krankengeldanspruch gemäß § 139 Abs. 1 bis 4 des Allgemeinen Sozialversicherungsgesetzes weggefallen ist. Das Familiengeld kann unmittelbar den Angehörigen ausgezahlt werden.

(BGBl 1993/337)

(2) Leistungen gemäß Abs. 1 sind nur zu gewähren, wenn unmittelbar vor der Unterbringung des Versicherten in einer der im § 161 Abs. 2 genannten Einrichtungen seine persönliche Arbeitsleistung zur Aufrechterhaltung des Betriebes notwendig war.

(3) Das Familiengeld beträgt 1,96 € täglich, das Taggeld beträgt 0,87 € täglich.

(BGBl I 2001/67)

(4) Kommen mehrere Angehörige (§ 151) in Betracht, ist der Anspruch auf Familiengeld gegeben, wenn die Voraussetzungen dafür auch nur bei einem Angehörigen erfüllt sind.

(5) Anspruch auf Familiengeld besteht nicht für einen Angehörigen, der aus selbständiger oder unselbständiger Erwerbstätigkeit, aus einem Lehr- oder Ausbildungsverhältnis oder auf Grund von Pensions(Renten)ansprüchen aus der Unfallversicherung oder aus einer Pensionsversicherung, ausgenommen von Einkünften, die wegen des besonderen körperlichen Zustandes gewährt werden, ein Einkommen von mehr als 355,01 €[a)] monatlich bezieht. An die Stelle dieses Betrages tritt ab 1. Jänner eines jeden Jahres der unter Bedachtnahme auf § 47 mit der jeweiligen Aufwertungszahl (§ 45) vervielfachte Betrag.

(BGBl 1993/110, BGBl I 2001/67)

[a)] Betrag siehe VO über veränderliche Werte.

Pension und Maßnahmen der Gesundheitsvorsorge

§ 163. Der Anspruch auf Pension wird unbeschadet eines allfälligen Ruhens nach § 57a durch die Unterbringung des Erkrankten in einer der § 161 Abs. 2 genannten Einrichtungen nicht berührt. Familien- und Taggeld nach § 162 werden Pensionisten aus eigener Versicherung (ausgenommen Pensionsberechtigte, die in der Pensionsversicherung pflichtversichert sind oder deren Pension gemäß § 57a ruht) nicht gewährt.

(BGBl 1991/157)

Kompetenzzentrum Begutachtung

§ 163a. (1) Für die Erstellung von medizinischen und berufskundlichen Gutachten im Bereich dieses Bundesgesetzes hat der Versicherungsträger gemeinsam mit dem Träger der Pensionsversicherung nach dem GSVG ein „Kompetenzzentrum Begutachtung" in der Rechtsform einer Gesellschaft mit beschränkter Haftung einzurichten.

(2) Bei der Erstellung von Gutachten in Angelegenheiten der Versicherungsfälle der Erwerbsunfähigkeit und des Pflegegeldes im Sinne des Bundespflegegeldgesetzes sind die Standards der Fachgesellschaften betreffend die medizinische Begutachtung zu beachten.

(3) Die Gutachten in Angelegenheiten der beruflichen Rehabilitation sind unter Beachtung der Grundsätze nach den Richtlinien des Dachverbandes (§ 30a Abs. 1 Z 35 ASVG) zu erstellen.

(BGBl I 2018/100)

(4) Für die Ausbildung von Personen, die zur Erstellung von Gutachten in Angelegenheiten der

Versicherungsfälle der Erwerbsunfähigkeit und des Pflegegeldes im Sinne des Bundespflegegeldgesetzes herangezogen werden dürfen, hat der Versicherungsträger – gemeinsam mit den Trägern der Pensionsversicherung nach dem ASVG und der Versicherungsanstalt öffentlich Bediensteter, Eisenbahnen und Bergbau – im Rahmen eines gemeinnützigen Vereines eine Akademie für ärztliche und pflegerische Begutachtung aufzubauen und zu betreiben.

(BGBl I 2013/3, BGBl I 2018/100)
(BGBl I 2013/3)

ABSCHNITT VI
Aufnahme in ein pensionsversicherungsfreies Dienstverhältnis und Ausscheiden aus einem solchen

1. Unterabschnitt
Aufnahme in ein pensionsversicherungsfreies Dienstverhältnis

Überweisungsbetrag und Beitragserstattung
§ 164. (1) Wird ein Versicherter in ein pensionsversicherungsfreies Dienstverhältnis (Abs. 2) aufgenommen und rechnet der Dienstgeber nach den für ihn geltenden dienstrechtlichen Vorschriften

a) Beitragsmonate nach diesem Bundesgesetz, Ersatzmonate gemäß § 107 Abs. 1 Z 1 und 2 dieses Bundesgesetzes,

b) Beitragsmonate nach dem Allgemeinen Sozialversicherungsgesetz, Ersatzmonate gemäß § 229, § 228 Abs. 1 Z 1 und 4 bis 6, § 227 Abs. 1 Z 2, 3 und 7 bis 9 des Allgemeinen Sozialversicherungsgesetzes,

c) Beitragsmonate nach dem Gewerblichen Sozialversicherungsgesetz, Ersatzmonate gemäß § 116 Abs. 1 Z 1 und 2 des Gewerblichen Sozialversicherungsgesetzes

für die Begründung des Anspruches auf einen Ruhe(Versorgungs)genuß bedingt oder unbedingt an, so hat der gemäß Abs. 5 zuständige Versicherungsträger auf Antrag dem Dienstgeber einen Überweisungsbetrag in der Höhe von je 7 vH der Berechnungsgrundlage gemäß Abs. 6 für jeden in der Pensionsversorgung bedingt oder unbedingt angerechneten Beitragsmonat und von je 1 vH dieser Berechnungsgrundlage für jeden in der Pensionsversorgung bedingt oder unbedingt angerechneten Ersatzmonat zu leisten. Zur Stellung des Antrages ist sowohl der Dienstgeber als auch der Dienstnehmer berechtigt.

(1a) Wird eine versicherte Person nach dem 31. Dezember 2004 in ein pensionsversicherungsfreies Dienstverhältnis (Abs. 2) aufgenommen und hat der Dienstgeber nach den dienstrechtlichen Vorschriften das ASVG oder das APG anzuwenden, so hat der Versicherungsträger abweichend von Abs. 1 für die bis zur Aufnahme in das pensionsversicherungsfreie Dienstverhältnis erworbenen Versicherungsmonate (Beitrags- und Ersatzmonate) einen Überweisungsbetrag zu leisten. Dies gilt auch für Bedienstete des Bundes, die nach § 136b des Beamten-Dienstrechtsgesetzes 1979 in ein

pensionsversicherungsfreies Dienstverhältnis aufgenommen wurden. In den Fällen des § 4a Abs. 2 sind der erste und zweite Satz nicht anzuwenden.

(BGBl I 2005/132, BGBl I 2010/62)

(2) Als pensionsversicherungsfreies Dienstverhältnis ist jedes Dienstverhältnis im Sinne des § 308 Abs. 2 des Allgemeinen Sozialversicherungsgesetzes anzusehen.

(3) Ist ein Überweisungsbetrag nach Abs. 1 zu leisten, so hat der zuständige Versicherungsträger dem (der) Versicherten auf Antrag folgende Beiträge, aufgewertet mit dem für das Jahr ihrer Entrichtung geltenden Aufwertungsfaktor, zu erstatten:

1. Beiträge zur Höherversicherung nach diesem Bundesgesetz oder dem ASVG oder dem GSVG, die für Zeiten entrichtet wurden, die vor dem Stichtag nach Abs. 7 liegen, soweit sie nicht nur nach § 118b als entrichtet gelten;

2. Beiträge nach § 107 Abs. 9 dieses Bundesgesetzes oder nach § 227 ASVG oder nach § 116 GSVG, die für Zeiten entrichtet wurden, die vor dem Stichtag nach Abs. 7 liegen.

Diese Beiträge sind den (der) Versicherten auf Antrag auch dann zu erstatten, wenn ein Überweisungsbetrag nach Abs. 1 nicht zu leisten ist, weil der Dienstgeber keinen Versicherungsmonat anrechnet. § 73 gilt entsprechend.

(BGBl 1996/201, BGBl I 2002/3)

(4) Wurde ein in einem pensionsversicherungsfreien Dienstverhältnis stehender Dienstnehmer gegen Entfall des Entgeltes beurlaubt und wurde mit dem Ende der Beurlaubung nicht gleichzeitig das pensionsversicherungsfreie Dienstverhältnis beendet, so steht hinsichtlich der Leistung eines Überweisungsbetrages gemäß Abs. 1 für die während der Beurlaubung erworbenen Beitragsmonate die Beendigung der Beurlaubung einer Aufnahme in ein pensionsversicherungsfreies Dienstverhältnis im Sinne des Abs. 1 gleich.

(5) Zuständig für die Feststellung und Leistung des Überweisungsbetrages gemäß Abs. 1 und für die Erstattung der Beiträge nach Abs. 3 ist der Versicherungsträger nach diesem Bundesgesetz, nach dem Allgemeinen Sozialversicherungsgesetz oder nach dem Gewerblichen Sozialversicherungsgesetz, in dessen Versicherung in den letzten 15 Jahren vor dem Stichtag gemäß Abs. 7 ausschließlich mehr oder die meisten Versicherungsmonate erworben wurden. Liegen Versicherungsmonate im gleichen Ausmaß vor, so ist der letzte Versicherungsmonat entscheidend; das gleiche gilt, wenn in den letzten 15 Jahren vor dem Stichtag keine Versicherungsmonate vorliegen. Wurde überhaupt kein Versicherungsmonat erworben, hat jener Versicherungsträger zu entscheiden, bei dem der Antrag eingebracht wurde.

(BGBl 1996/201, BGBl I 2002/3, BGBl I 2003/145)

(6) Grundlage für die Berechnung des Überweisungsbetrages gemäß Abs. 1 und für die Erstattung der Beiträge nach Abs. 3 sind 35 vH der am Stichtag (Abs. 7) gemäß § 23 Abs. 9 geltenden

Höchstbeitragsgrundlage in der Pensionsversicherung (Berechnungsgrundlage).

(BGBl 1996/201, BGBl I 2002/3)

(7) Stichtag für die Feststellung des gemäß Abs. 5 zuständigen Versicherungsträgers, der gemäß Abs. 1 bzw. Abs. 3 zu berücksichtigenden Versicherungsmonate und der Berechnungsgrundlage gemäß Abs. 6 ist der Tag der Aufnahme in das pensionsversicherungsfreie Dienstverhältnis (§ 11 Abs. 5 des Allgemeinen Sozialversicherungsgesetzes), wenn sie an einem Monatsersten erfolgt, sonst der der Aufnahme folgende Monatserste.

(BGBl 1996/201, BGBl I 2002/3)

(8) Bei Anwendung der Abs. 1 und 5 sind Versicherungsmonate nach diesem Bundesgesetz, die auch in der Pensionsversicherung nach dem Allgemeinen Sozialversicherungsgesetz und (oder) in der Pensionsversicherung nach dem Gewerblichen Sozialversicherungsgesetz als Versicherungsmonate gelten, nur einfach zu zählen und nur einer der in Betracht kommenden Versicherungen, und zwar in folgender Reihenfolge zuzuordnen: Pensionsversicherung nach dem Allgemeinen Sozialversicherungsgesetz, Pensionsversicherung nach dem Gewerblichen Sozialversicherungsgesetz, Pensionsversicherung nach dem Bauern-Sozialversicherungsgesetz.

Fälligkeit des Überweisungsbetrages

§ 165. Der Überweisungsbetrag nach § 164 Abs. 1 ist binnen 18 Monaten nach Einlangen des Anrechnungsbescheides beim zuständigen Versicherungsträger zu leisten; wird jedoch ein Verfahren zur Versetzung in den Ruhestand eingeleitet, so ist der Überweisungsbetrag unverzüglich zu leisten. Innerhalb der gleichen Frist sind auch die Beiträge nach § 164 Abs. 3 zu erstatten. Im Fall des § 164 Abs. 3 vorletzter Satz tritt an die Stelle des Anrechnungsbescheides der Antrag des (der) Versicherten. Bei verspäteter Flüssigmachung ist der Überweisungsbetrag mit dem für das Jahr, in dem der Anrechnungsbescheid bzw. der Antrag beim Versicherungsträger einlangt, geltenden Aufwertungsfaktor gemäß § 45 aufzuwerten.

(BGBl 1996/201, BGBl I 2002/3, BGBl I 2002/142)

Wirkung der Leistung des Überweisungsbetrages

§ 166. Mit der Leistung des Überweisungsbetrages nach § 164 Abs. 1 dieses Bundesgesetzes oder nach § 308 Abs. 1 ASVG oder nach § 172 Abs. 1 GSVG bzw. mit der Erstattung der Beiträge nach § 164 Abs. 3 dieses Bundesgesetzes oder nach § 308 Abs. 3 ASVG oder nach § 172 Abs. 3 GSVG erlöschen unbeschadet des § 64 Abs. 1 lit. c alle Ansprüche und Berechtigungen aus der Pensionsversicherung, die aus den Versicherungsmonaten erfließen, für die der Überweisungsbetrag geleistet oder die Beiträge erstattet wurden.

(BGBl 1996/201, BGBl I 2002/3)

2. Unterabschnitt
Ausscheiden aus einem pensionsversicherungsfreien Dienstverhältnis

Überweisungsbetrag

§ 167. (1) Scheidet ein Dienstnehmer, für den ein Überweisungsbetrag gemäß § 164 Abs. 1 geleistet wurde, aus dem pensionsversicherungsfreien Dienstverhältnis aus, ohne daß aus diesem ein Anspruch auf einen laufenden Ruhe(Versorgungs)genuß erwachsen ist und ohne daß ein außerordentlicher Ruhe(Versorgungs)genuß in der Höhe des normalmäßigen Ruhe(Versorgungs)genusses unwiderruflich gewährt wird, so hat der Dienstgeber, soweit in den nachstehenden Abs. 3 und 4 nichts anderes bestimmt wird, dem Versicherungsträger den gemäß § 164 Abs. 1 erhaltenen Überweisungsbetrag zurückzuzahlen; dieser Überweisungsbetrag ist mit dem für das Jahr der Zahlung des Überweisungsbetrages an den Dienstgeber geltenden Aufwertungsfaktor (§ 45) aufzuwerten.

(1a) Ein Überweisungsbetrag im Sinne des Abs. 1 ist auch dann zurückzuzahlen, wenn ein Pensionsempfänger oder eine Pensionsempfängerin aus einem Pensionsverhältnis ausscheidet, das aus einem pensionsversicherungsfreien Dienstverhältnis erwachsen ist, soweit in den Abs. 3 und 4 nichts anderes bestimmt wird.

(BGBl I 2013/3)

(2) Tritt der Dienstnehmer im unmittelbaren Anschluß an das Ausscheiden aus einem pensionsversicherungsfreien Dienstverhältnis in ein anderes pensionsversicherungsfreies Dienstverhältnis über und sind die Voraussetzungen des § 164 Abs. 1 gegeben, so hat der Dienstgeber aus dem früheren Dienstverhältnis den Überweisungsbetrag unmittelbar an den Dienstgeber des neuen Dienstverhältnisses unter Anzeige an den Versicherungsträger zu leisten. Rechnet der Dienstgeber des neuen Dienstverhältnisses nach den von ihm anzuwendenden dienstrechtlichen Vorschriften dem Überweisungsbetrag zugrunde liegende Versicherungsmonate nicht an, so ist der auf diese Versicherungsmonate entfallende Teil des Überweisungsbetrages in sinngemäßer Anwendung des § 311 Abs. 5 ASVG an den Versicherungsträger zu leisten.

(BGBl I 2005/132)

(3) Die Verpflichtung des Dienstgebers gemäß Abs. 1 entfällt in den Fällen des § 311 Abs. 3 des Allgemeinen Sozialversicherungsgesetzes. In den Fällen des § 311 Abs. 3 lit. b und c des Allgemeinen Sozialversicherungsgesetzes kann der Dienstnehmer oder sein anspruchsberechtigter Hinterbliebener innerhalb der im § 168 angegebenen Frist den Überweisungsbetrag gemäß § 164 Abs. 1 an den Versicherungsträger zurückzahlen. Der Überweisungsbetrag ist mit dem für das Jahr der Zahlung des Überweisungsbetrages geltenden Aufwertungsfaktor (§ 45) aufzuwerten.

(BGBl 1996/201)

(4) Wurde beim Ausscheiden eines Dienstnehmers aus dem pensionsversicherungsfreien Dienstverhältnis ein widerruflicher oder befristeter

außerordentlicher Ruhe(Versorgungs)genuß in der Höhe eines normalmäßigen Ruhe(Versorgungs)genusses gewährt, so besteht die Verpflichtung des Dienstgebers zur Rückzahlung des Überweisungsbetrages gemäß Abs. 1 erst nach Wegfall dieses außerordentlichen Ruhe(Versorgungs)genusses.

Fälligkeit der Rückzahlung des Überweisungsbetrages

§ 168. Der Überweisungsbetrag ist binnen 18 Monaten nach dem Ausscheiden aus dem pensionsversicherungsfreien Dienstverhältnis zurückzuzahlen; wird jedoch ein Antrag auf eine Pension aus der gesetzlichen Pensionsversicherung gestellt, so ist der Überweisungsbetrag unverzüglich zurückzuzahlen.[a] § 165 letzter Satz gilt entsprechend.

---

[a] Fassung laut sinngemäßer Anweisungen des Gesetzgebers.

(BGBl 1996/201, BGBl I 2002/142, BGBl I 2003/145, BGBl I 2004/171)

Wirkung der Rückzahlung des Überweisungsbetrages

§ 169. Die in dem zurückgezahlten Überweisungsbetrag gemäß § 167 dieses Bundesgesetzes, gemäß § 311 des Allgemeinen Sozialversicherungsgesetzes bzw. gemäß § 175 des Gewerblichen Sozialversicherungsgesetzes berücksichtigten vollen Monate gelten als Versicherungsmonate im Sinne dieses Bundesgesetzes, sofern diese Monate in dem Überweisungsbetrag als Versicherungsmonate im Sinne dieses Bundesgesetzes berücksichtigt worden waren.

(BGBl 1996/201)

DRITTER TEIL
Beziehungen der Versicherungsträger zueinander und zu den Trägern der Sozialhilfe, Ersatzleistungen; Schadenersatz und Haftung; Verfahren

ABSCHNITT I
Beziehungen der Versicherungsträger zueinander

1. Unterabschnitt
Ersatzansprüche im Verhältnis zu Trägern der gesetzlichen Unfallversicherung

Ersatzanspruch des Trägers der Krankenversicherung

§ 169a. (1) Der Versicherungsträger als Träger der Krankenversicherung hat gegenüber dem Träger der gesetzlichen Unfallversicherung Anspruch auf den Ersatz des Aufwandes für Leistungen, die aus dem Versicherungsfall der Krankheit ab dem ersten Tag der fünften Woche nach dem Eintritt des Versicherungsfalles von ihm erbracht worden sind, wenn es sich hiebei gleichzeitig um einen Arbeitsunfall oder eine Berufskrankheit im Sinne der Bestimmungen der §§ 175 bis 177 ASVG handelt. Die Träger der Unfallversicherung haben dem Versicherungsträger den jeweiligen Aufwand für die erbrachten Leistungen nach Maßgabe der Bestimmungen des § 169c zu ersetzen.

(2) Der Versicherungsträger als Träger der Unfallversicherung hat dem Träger der gesetzlichen Krankenversicherung den Aufwand für Leistungen, die aus dem Versicherungsfall der Krankheit ab dem ersten Tag der fünften Woche nach dem Eintritt des Arbeitsunfalles bzw. nach dem Beginn der Berufskrankheit von ihm erbracht worden sind, zu ersetzen, wenn es sich hiebei gleichzeitig um einen Arbeitsunfall oder eine Berufskrankheit im Sinne der Bestimmungen der §§ 148c bis 148e handelt. Der Versicherungsträger hat dem Krankenversicherungsträger den Aufwand für die erbrachten Leistungen nach Maßgabe der Bestimmungen des § 169c zu ersetzen.

(BGBl I 1998/140)

Ersatzanspruch des Trägers der Unfallversicherung

§ 169b. (1) Der Versicherungsträger als Träger der Krankenversicherung hat den Trägern der gesetzlichen Unfallversicherung die Aufwendungen, die diese in den ersten vier Wochen nach dem Eintritt des Versicherungsfalles im Zusammenhang mit einem Arbeitsunfall oder einer Berufskrankheit im Sinne der Bestimmungen der §§ 175 bis 177 ASVG für Leistungen der Krankenbehandlung des Versicherten erbracht haben, nach Maßgabe der Bestimmungen des § 169c zu ersetzen.

(2) Der Versicherungsträger als Träger der Unfallversicherung hat gegenüber dem Träger der gesetzlichen Krankenversicherung Anspruch auf den Ersatz des Aufwandes für Leistungen, die aus dem Versicherungsfall der Krankheit erbracht worden sind, wenn es sich hiebei gleichzeitig um einen Arbeitsunfall oder eine Berufskrankheit im Sinne der Bestimmungen der §§ 148c bis 148e handelt. Der Aufwand für die erbrachten Leistungen ist nach Maßgabe der Bestimmungen des § 169c zu ersetzen.

(3) Hat der Versicherungsträger Aufwendungen für die Heilbehandlung oder für wiederkehrende Geldleistungen aus der Unfallversicherung gemacht, und stellt sich nachträglich heraus, daß die Krankheit nicht Folge eines Versicherungsfalles ist, so hat der Krankenversicherungsträger die Aufwendungen zu ersetzen, soweit sie nicht über die Aufwendungen für die entsprechenden Leistungen der Krankenversicherung hinausgehen.

(BGBl I 1998/140)

Ausmaß des Ersatzanspruches

§ 169c. Die Versicherungsträger haben die gemäß §§ 169a und 169b zu ersetzenden Aufwendungen gegenseitig in Form eines jährlichen Pauschalbetrages abzugelten. Die jeweiligen Pauschalbeträge sind ausgehend von den im zweitvorrangegangenen Kalenderjahr entstandenen Aufwendungen zu bemessen.

(BGBl I 1998/140)

Geltendmachung des Ersatzanspruches

§ 169d. (1) Findet die gegenseitige Abgeltung der Ersatzansprüche im Wege der Einzelabrechnung statt, so sind diese Ersatzansprüche nach Maßgabe der Bestimmungen des Abs. 2 vom ersatzberechtigten Versicherungsträger jeweils geltend zu machen.

(2) Der Ersatzanspruch ist ausgeschlossen, wenn er nicht spätestens sechs Monate nach Beendigung der Leistungen bei dem zum Ersatz Verpflichteten geltend gemacht wird. Hat der Ersatzberechtigte ohne sein Verschulden erst nach Ablauf dieser Zeit davon Kenntnis erhalten, daß die Voraussetzungen für einen Ersatzanspruch zutreffen, so kann er noch innerhalb zweier Wochen nach dem Tag, an dem er diese Kenntnis erlangt hat, den Anspruch geltend machen.

2. Unterabschnitt

Sonstige Ersatzansprüche der Versicherungsträger untereinander

§ 170. Ersatzansprüche der Versicherungsträger untereinander sind, soweit in diesem Bundesgesetz nichts anderes bestimmt ist, bei sonstigem Verlust des Anspruches binnen sechs Jahren von dem Tag an, an dem der Versicherungsträger die letzte Leistung erbracht hat, geltend zu machen.

Belastungsausgleich für den Aufwand für Anstaltspflege

§ 170a. Für den Ausgleich der sich aus der Durchführung der Vereinbarung gemäß Art. 15a B-VG über die Organisation und Finanzierung des Gesundheitswesens ergebenden unterschiedlichen Belastungen der Krankenversicherungsträger ist § 322a des Allgemeinen Sozialversicherungsgesetzes entsprechend anzuwenden.

(BGBl I 2001/5, BGBl I 2004/179, BGBl I 2015/162)

3. Unterabschnitt

Verwaltungshilfe

§ 171. (1) Der Versicherungsträger nach diesem Bundesgesetz und die übrigen Träger der Sozialversicherung (der Hauptverband der österreichischen Sozialversicherungsträger) sind verpflichtet, bei Erfüllung ihrer (seiner) Aufgaben einander zu unterstützen; sie haben insbesondere Ersuchen, die zu diesem Zweck an sie ergehen, im Rahmen ihrer sachlichen und örtlichen Zuständigkeit zu entsprechen und auch unaufgefordert anderen Versicherungsträgern alle Mitteilungen zukommen zu lassen, die für deren Geschäftsbetrieb von Wichtigkeit sind, sowie Anträge und Meldungen fristwahrend weiterzuleiten. Die Verpflichtung zur gegenseitigen Hilfe bezieht sich auch auf die Übermittlung von personenbezogenen Daten im automationsunterstützten Datenverkehr zwischen den Versicherungsträgern, die zur Durchführung des Melde- und Beitragsverfahrens, zur Erbringung von Leistungen sowie zur Durchsetzung von Ersatzansprüchen notwendig sind.

(BGBl 1996/413, BGBl I 2002/3, BGBl I 2018/37)

(2) Gewährt ein Träger der Unfallversicherung einem Berechtigten, der eine Pension aus der Pensionsversicherung nach diesem Bundesgesetz bezieht, Rente oder Anstaltspflege aus der Unfallversicherung oder treten Änderungen hierin ein, so ist der Versicherungsträger unverzüglich zu benachrichtigen.

ABSCHNITT II

Beziehungen des Versicherungsträgers zu den Trägern der Sozialhilfe

Pflichten der Träger der Sozialhilfe

§ 172. Die gesetzlichen Pflichten der Träger der Sozialhilfe zur Unterstützung Hilfsbedürftiger werden durch dieses Bundesgesetz nicht berührt.

Ersatzanspruch des Trägers der Sozialhilfe

§ 173. (1) Unterstützt ein Träger der Sozialhilfe auf Grund einer gesetzlichen Verpflichtung bzw. eine Dienststelle des Bundes oder eines Landes auf Grund der Vereinbarung gemäß Art. 15a B-VG über die Grundversorgung für hilfs- und schutzbedürftige Fremde einen Hilfsbedürftigen für eine Zeit, für die er einen Anspruch auf eine Versicherungsleistung nach diesem Bundesgesetz hat, so hat der Versicherungsträger dem Träger der Sozialhilfe bzw. dem Bund oder Land die von diesem geleisteten Unterstützungen gemäß den Bestimmungen der §§ 174 und 175 zu ersetzen, jedoch bei Geldleistungen nur bis zur Höhe der Versicherungsleistung, auf die der Unterstützte während dieser Zeit Anspruch hat; für Sachleistungen sind dem Träger der Sozialhilfe bzw. dem Bund oder Land die erwachsenen Kosten soweit zu ersetzen, als der Versicherungsträger selbst Kosten für derartige Sachleistungen erwachsen wären. Das gleiche gilt, wenn Angehörige des Berechtigten unterstützt werden, für solche Ansprüche, die dem Berechtigten mit Rücksicht auf diese Angehörigen zustehen.

(BGBl I 2003/145)

(2) Der Ersatz gemäß Abs. 1 gebührt sowohl für Sachleistungen als auch für Geldleistungen, für letztere jedoch nur, wenn sie entweder während des Laufes des Verfahrens zur Feststellung der Versicherungsleistung oder bei nachgewiesener nicht rechtzeitiger Auszahlung einer bereits festgestellten Versicherungsleistung gewährt werden.

(3) Wird ein Pensionsberechtigter auf Kosten eines Trägers der Sozialhilfe oder auf Kosten eines Trägers der Jugendwohlfahrt in einem Alters(Siechen)heim oder Fürsorgeerziehungsheim, einer Heil- und Pflegeanstalt für Nerven- und Geisteskranke, einer Trinkerheilstätte oder einer ähnlichen Einrichtung bzw. außerhalb einer dieser Einrichtungen im Rahmen eines Familienverbandes oder auf einer von einem Träger der öffentlichen Wohlfahrtspflege oder von einer kirchlichen oder anderen karitativen Vereinigung geführten Pflegestelle verpflegt, so geht für die Zeit dieser Pflege der Anspruch auf Pension (einschließlich allfälliger Zulagen und Zuschläge) bis zur Höhe der Verpflegskosten, höchstens jedoch bis zu 80 vH, wenn der

Pensionsberechtigte aufgrund einer gesetzlichen Verpflichtung für den Unterhalt eines Angehörigen zu sorgen hat, bis zu 50 vH dieses Anspruches auf den Träger der Sozialhilfe oder auf den Träger der Jugendwohlfahrt über, das gleiche gilt in Fällen, in denen ein Pensionsberechtigter auf Kosten eines Landes im Rahmen der Behindertenhilfe in einer der genannten Einrichtungen oder auf einer der genannten Pflegestellen untergebracht wird, mit der Maßgabe, daß der vom Anspruchsübergang erfaßte Teil der Pension auf das jeweilige Land übergeht. Der vom Anspruchsübergang erfaßte Betrag vermindert sich in dem Maß, als der dem unterhaltsberechtigten Angehörigen verbleibende Teil der Pension zuzüglich seines sonstigen Nettoeinkommens (§ 140 Abs. 3) den jeweils geltenden Richtsatz gemäß § 141 Abs. 1 lit. a sub-lit. bb nicht erreicht. Die dem Pensionsberechtigten für seine Angehörigen zu belassenden Beträge können vom Versicherungsträger unmittelbar an die Angehörigen ausgezahlt werden.

(BGBl 1991/678, BGBl 1993/110, BGBl 1993/337)

(4) Abs. 3 ist sinngemäß auch in den Fällen anzuwenden, in denen eine pensionsberechtigte Person nach § 21 Abs. 1 des Strafgesetzbuches oder nach § 179a des Strafvollzugsgesetzes auf Kosten des Bundes in einer Anstalt oder Einrichtung untergebracht ist, und zwar so, dass der vom Anspruchsübergang erfasste Betrag dem Bund gebührt. Diesen Betrag kann der Versicherungsträger unmittelbar an jene Anstalt oder Einrichtung auszahlen, in der die pensionsberechtigte Person untergebracht ist.

(BGBl I 2011/122)

Ersatzleistungen aus der Krankenversicherung

§ 174. (1) Aus den Leistungen der Krankenversicherung gebührt dem Träger der Sozialhilfe Ersatz nur, wenn die Leistung der Sozialhilfe wegen der Krankheit oder der Mutterschaft gewährt wurde, auf die sich der Anspruch des Unterstützten gegen den Versicherungsträger gründet.

(2) Leistungen der Sozialhilfe, die wegen Krankheit oder Mutterschaft gewährt werden, sind aus den ihnen entsprechenden Leistungen der Krankenversicherung zu ersetzen.

Ersatzleistungen aus der Pensionsversicherung

§ 175. Aus den Pensionen der Pensionsversicherung gebührt dem Träger der Sozialhilfe Ersatz für jede Leistung der Sozialhilfe im Sinne des § 173, für die nicht schon ein Ersatzanspruch gemäß § 174 oder gegenüber einem sonstigen Träger der Krankenversicherung bzw. gegenüber einem Träger der Unfallversicherung besteht. Andere Leistungen der Pensionsversicherung als die Pensionen dürfen zur Befriedigung des Ersatzanspruches nicht herangezogen werden.

Abzug von den Geldleistungen

§ 176. Der Versicherungsträger hat die Beträge, die er zur Befriedigung der Ersatzansprüche der Träger der Sozialhilfe für erbrachte Geldleistungen (§§ 173 bis 175) aufgewendet hat, von den Geldleistungen der Kranken- bzw. Pensionsversicherung abzuziehen, doch darf der Abzug bei wiederkehrenden Geldleistungen aus der Pensionsversicherung jeweils den halben Betrag der einzelnen fälligen Geldleistung nicht übersteigen. Für den Abzug bedarf es nicht der Zustimmung des Unterstützten.

Frist für die Geltendmachung des Ersatzanspruches

§ 177. (1) Der Ersatzanspruch des Trägers der Sozialhilfe für Sachleistungen ist ausgeschlossen, wenn er nicht spätestens sechs Monate nach Ablauf der Leistung der Sozialhilfe beim Versicherungsträger geltend gemacht wird.

(2) Für Geldleistungen kann der Anspruch auf Ersatz vom Träger der Sozialhilfe nur erhoben werden, wenn

1. die Leistung der Sozialhilfe innerhalb von 14 Tagen nach der Zuerkennung, sofern jedoch der Träger der Sozialhilfe erst später vom Anspruch des Versicherten auf die Geldleistungen nach diesem Bundesgesetz Kenntnis erhält, innerhalb von 14 Tagen nach diesem Zeitpunkt dem Versicherungsträger angezeigt wird und

2. der Anspruch auf Ersatz spätestens innerhalb von zwei Monaten nach dem Tag geltend gemacht wird, an dem der Träger der Sozialhilfe vom Anfall der Geldleistung durch den Versicherungsträger benachrichtigt worden ist.

(3) Der Ersatzanspruch des Trägers der Sozialhilfe für Geldleistungen ist für eine Zeit ausgeschlossen, für die eine Geldleistung fällig geworden ist, wenn der Träger der Sozialhilfe nach einer gemäß Abs. 2 Z 1 erstatteten Anzeige vom Anfall der Geldleistung durch den Versicherungsträger benachrichtigt worden ist.

ABSCHNITT III
Schadenersatz und Haftung

Übergang von Schadenersatzansprüchen auf den Versicherungsträger

§ 178. (1) Können Personen, denen nach den Bestimmungen dieses Bundesgesetzes Leistungen zustehen oder für die als Angehörige gemäß § 78 Leistungen zu gewähren sind, den Ersatz des Schadens, der ihnen durch den Versicherungsfall erwachsen ist, auf Grund anderer gesetzlicher Vorschriften beanspruchen, geht der Anspruch auf den Versicherungsträger insoweit über, als dieser Leistungen zu erbringen hat. Der Anspruch umfaßt auch die Aufwendungen des Landesgesundheitsfonds, die nach § 148 Z 2 des Allgemeinen Sozialversicherungsgesetzes von der Krankenanstalt in Rechnung gestellt werden. Der Versicherungsträger hat dem Landesgesundheitsfonds jenen Teil der Regreßeinnahmen, der nicht durch Mittel der Sozialversicherung gemäß § 447f Abs. 1 des All-

2. BSVG
§§ 178 – 182

— 314 —

gemeinen Sozialversicherungsgesetzes gedeckt ist, abzüglich eines anteilsmäßigen Verwaltungskostenersatzes für die Geltendmachung, zu überweisen. Ansprüche auf Schmerzengeld gehen auf den Versicherungsträger nicht über. Die Kosten einer Krankenbehandlung sind mit dem doppelten Betrag der für die Gewährung der ärztlichen Hilfe erwachsenen Kosten abzugelten.

(BGBl 1996/764, BGBl I 2004/179, BGBl I 2007/101)

(2) Der Versicherungsträger kann Ersatzbeträge, die der Ersatzpflichtige dem Versicherten (Angehörigen) oder seinen Hinterbliebenen in Unkenntnis des Überganges des Anspruches gemäß Abs. 1 geleistet hat, auf die nach diesem Bundesgesetz zustehenden Leistungsansprüche ganz oder zum Teil anrechnen. Soweit hienach Ersatzbeträge angerechnet werden, erlischt der gemäß Abs. 1 auf den Versicherungsträger übergegangene Ersatzanspruch gegen den Ersatzpflichtigen.

(3) Der Versicherungsträger kann einen im Sinne der Abs. 1 und 2 auf ihn übergegangenen Schadenersatzanspruch gegen eine Person, die als Dienstnehmer im Zeitpunkt des schädigenden Ereignisses in demselben Betrieb wie der Verletzte oder Getötete beschäftigt war, nur geltend machen, wenn

a) der Dienstnehmer den Versicherungsfall vorsätzlich oder grob fahrlässig verursacht hat oder

b) der Versicherungsfall durch ein Verkehrsmittel verursacht wurde, für dessen Betrieb auf Grund gesetzlicher Vorschrift eine erhöhte Haftpflicht besteht.

In den Fällen der lit. b kann der Versicherungsträger den Schadenersatzanspruch unbeschadet der Bestimmungen des § 179 über das Zusammentreffen von Schadenersatzansprüchen verschiedener Versicherungsträger und den Vorrang eines gerichtlich festgestellten Schmerzengeldanspruches nur bis zur Höhe der aus einer bestehenden Haftpflichtversicherung zur Verfügung stehenden Versicherungssumme geltend machen, es sei denn, daß der Versicherungsfall durch den Dienstnehmer vorsätzlich oder grob fahrlässig verursacht worden ist.

Konkurrenz von Ersatzansprüchen mehrerer Versicherungsträger

§ 179. Trifft ein Ersatzanspruch des Versicherungsträgers mit Ersatzansprüchen anderer Träger der Sozialversicherung aus demselben Ereignis zusammen und übersteigen diese Ersatzansprüche zusammen die aus einer bestehenden Haftpflichtversicherung zur Verfügung stehende Versicherungssumme, so sind sie aus dieser unbeschadet der weiteren Haftung des Ersatzpflichtigen im Verhältnis ihrer Ersatzforderungen zu befriedigen. Ein gerichtlich festgestellter Schmerzengeldanspruch geht hiebei den Ersatzansprüchen der Versicherungsträger im Range vor.

Verjährung der Ersatzansprüche

§ 180. Für die Verjährung der Ersatzansprüche nach diesem Bundesgesetz gelten die Bestimmungen des § 1489 des Allgemeinen Bürgerlichen Gesetzbuches.

ABSCHNITT IV
(aufgehoben)

§ 181. (aufgehoben)
(BGBl 1991/678, BGBl I 2017/131)

ABSCHNITT V
Verfahren

§ 182. Hinsichtlich des Verfahrens zur Durchführung dieses Bundesgesetzes gelten die Bestimmungen des Siebenten Teiles des Allgemeinen Sozialversicherungsgesetzes mit der Maßgabe, daß

1. die Verwaltungsbehörden und die Gerichte verpflichtet sind, den im Vollzug dieses Bundesgesetzes an sie ergehenden Ersuchen des Versicherungsträgers im Rahmen ihrer sachlichen und örtlichen Zuständigkeit zu entsprechen. In gleicher Weise hat der Versicherungsträger den Verwaltungsbehörden und den Gerichten Verwaltungshilfe zu leisten.
(BGBl I 2005/71)

2. die Gemeinden und die Behörden der Bundesfinanzverwaltung dem Versicherungsträger und den mit der Feststellung der Versicherungs- und Beitragspflicht befaßten Verwaltungsbehörden auf Anfrage alle Tatsachen aus ihrem Geschäftsbereich bekanntzugeben haben, die für die Feststellung der Versicherungs- und der Beitragspflicht und für die Ansprüche aus der Kranken- und Pensionsversicherung nach diesem Bundesgesetz sowie aus der Unfallversicherung von Bedeutung sind;
(BGBl I 2005/71, BGBl I 2019/104)

3. die §§ 361, 362 Abs. 1, 2 und 4, 366 und 367 ASVG weiterhin in der am 31. Dezember 2013 geltenden Fassung anzuwenden sind, wobei

a) an Stelle eines Antrages auf eine Pension aus den Versicherungsfällen der geminderten Arbeitsfähigkeit ein Antrag auf eine Pension aus den Versicherungsfällen der Erwerbsunfähigkeit oder auf Feststellung der Erwerbsunfähigkeit nach § 124a vorrangig als Antrag auf Leistungen der Rehabilitation gilt;
(BGBl 1996/413, BGBl I 2011/122)

b) an Stelle der im § 361 Abs. 2 des Allgemeinen Sozialversicherungsgesetzes angeführten Kostenersätze und Pflegekostenzuschüsse die Kostenerstattung (Kostenzuschüsse) gemäß § 80 Abs. 2 und Pflegekostenzuschüsse gemäß § 93 zu treten haben und daß diese Kostenerstattungen (Kostenzuschüsse) und Pflegekostenzuschüsse von den gemäß

§ 73 bezugsberechtigten Personen beantragt werden können;

(BGBl 1996/413, BGBl 1996/764)
(BGBl I 2005/71, BGBl I 2015/2)

4. zur Fortsetzung des Verfahrens nach den Stiefkindern auch die Schwiegerkinder des Verstorbenen berechtigt sind, wenn sie mit dem Anspruchsberechtigten zur Zeit seines Todes in häuslicher Gemeinschaft gelebt haben;

(BGBl I 2005/71)

5. als Leistungssache im Sinne des § 354 des Allgemeinen Sozialversicherungsgesetzes (Sozialrechtssache im Sinne des § 65 Z 4 des Arbeits- und Sozialgerichtsgesetzes) auch die Feststellung von Versicherungs- und Schwerarbeitszeiten (§ 108a), die Feststellung der Erwerbsunfähigkeit (§ 124a) außerhalb des Leistungsfeststellungsverfahrens auf Antrag des Versicherten und die Feststellung des Auszahlungsanspruches (§ 71 Abs. 4) auf Antrag des Ehegatten/der Ehegattin oder des eingetragenen Partners/der eingetragenen Partnerin des/der Pensionsberechtigten gilt;

(BGBl I 2005/71, BGBl I 2006/130, BGBl I 2009/135)

6. die Erlassung eines Bescheides gemäß § 367 Abs. 2 ASVG dann unterbleiben kann, wenn der Versicherungsträger auf eine auszuzahlende Pension jene Ansprüche auf Kostenbeteiligung des Pensionisten aufrechnet, die in den letzten vier Monaten für ärztliche Hilfe oder für chirurgische oder konservierende Zahnbehandlung fällig geworden sind, und der Versicherte die Erlassung eines Bescheides nicht binnen einem Jahr ab seiner Verständigung von der Aufrechnung beantragt;

(BGBl I 1998/140, BGBl I 2005/71, BGBl I 2013/139)

7. § 414 Abs. 2 und 3 ASVG nicht anzuwenden ist.

(BGBl I 2013/139)
(BGBl I 2007/101)

Verfahren zur Klärung der Versicherungszuordnung, Bindungswirkung

§ 182a. Der Versicherungsträger hat die §§ 412a bis 412e ASVG sinngemäß anzuwenden. Wird die Pflichtversicherung nach diesem Bundesgesetz vom Krankenversicherungsträger nach dem ASVG und dem Versicherungsträger bejaht (§ 412c Abs. 1 Z 2 ASVG), so hat der Versicherungsträger die Pflichtversicherung nach diesem Bundesgesetz mit Bescheid festzustellen.

(BGBl I 2017/125)

VIERTER TEIL
Aufbau der Verwaltung

ABSCHNITT VII
Versicherungsunterlagen

Führung der Versicherungsunterlagen

§ 216. (1) Der Versicherungsträger hat für jeden Versicherten, für den er Beiträge zur Pensionsversicherung einhebt, die Versicherungsunterlagen, die zur Feststellung der Leistungen der Pensionsversicherung erforderlich sind, genau aufzuzeichnen, diese Aufzeichnungen durch eine im Verordnungsweg zu bestimmende Frist aufzubewahren und auf Verlangen dem Hauptverband der österreichischen Sozialversicherungsträger bekanntzugeben.

(2) Der Bundesminister für Arbeit und Soziales hat nach Anhörung des Hauptverbandes der österreichischen Sozialversicherungsträger nähere Vorschriften über den Umfang, den Inhalt und die Form der vom Versicherungsträger zu führenden Aufzeichnungen zu erlassen.

Mitwirkung von Behörden und gesetzlichen beruflichen Vertretungen

§ 217. (1) Die Finanzämter, die Behörden der Kriegsopferversorgung und die gesetzlichen beruflichen Vertretungen der nach diesem Bundesgesetz Pflichtversicherten haben dem Versicherungsträger die für die Leistungsansprüche der einzelnen Versicherten bedeutenden, von diesen Stellen im Rahmen ihres Wirkungsbereiches festgestellten Tatsachen bekanntzugeben. Die Auskunftspflicht der Finanzämter erstreckt sich nicht auf Tatsachen, die aus finanzbehördlichen Bescheiden ersichtlich sind.

(2) Die Abgabenbehörden des Bundes haben dem Versicherungsträger nach Maßgabe des Abs. 4 die für die Vollziehung dieses Bundesgesetzes erforderlichen Daten von land(forst)wirtschaftlichem Vermögen (§ 29 des Bewertungsgesetzes) zu übermitteln:

1. Ordnungsbegriff und Lagebeschreibung der wirtschaftlichen Einheit,

1a. Grundstücksnummern, Einlagezahlen, Katastralgemeindenummern und Grundbuchsnummern der in der wirtschaftlichen Einheit bewerteten Flächen,

(BGBl I 2015/162)

1b. Flächenausmaß der wirtschaftlichen Einheit, gegliedert nach Unterarten (§ 29 BewG 1955) des land(forst)wirtschaftlichen Vermögens sowie allfällige Nutzungen des landwirtschaftlichen Vermögens (§ 39 Abs. 2 Z 1 BewG 1955),

(BGBl I 2015/162)

1c. bei Zuschlägen nach § 40 BewG 1955 das im Bescheid angeführte Ausmaß der betroffenen Flächen,

(BGBl I 2015/162)

2. Name (Familienname und Vorname) des Eigentümers der wirtschaftlichen Einheit mit Geburtsdatum und Anschrift, Versicherungsnummer sowie dessen Eigentumsanteil an der wirtschaftlichen Einheit,

(BGBl I 2010/62, BGBl I 2015/162, BGBl I 2016/120)

3. Ausmaß des Einheitswertes und die im Bescheid ausgewiesenen Berechnungsgrundlagen,

3a. Ausmaß und Zurechnung der Zuschläge nach § 35 BewG 1955,

(BGBl I 2015/162)

3b. Ausmaß und Art der Zuschläge oder Abschläge nach § 40 BewG 1955 und der Zuschläge nach § 48 Abs. 4 Z 3 BewG 1955,

(BGBl I 2015/162)

3c. Berechnungsgrundlagen der Zuschläge für Dauerkulturen (Sonder- und Obstkulturen nach § 32 Abs. 4 in Verbindung mit § 40 BewG 1955),

(BGBl I 2015/162)

4. Art und Rechtsgrundlage der Änderung des Einheitswertes, Stichtag der Rechtswirksamkeit sowie Ausfertigungsdatum des Bescheides,

5. Name und Anschrift eines allfälligen Zustellungsbevollmächtigten,

6. Berechnungsgrundlagen bei Gesamtflächenänderungen, die gemäß § 21 Abs. 1 Z lit. a des Bewertungsgesetzes zu keiner Wertfortschreibung führen,

(BGBl 1991/678, BGBl I 2010/62)

7. Name (Familienname und Vorname), Anschrift und Einkünfte jener Personen, die Einkünfte nach § 21 Abs. 2 Z 2 EStG 1988 aufweisen.

(BGBl I 2010/62, BGBl I 2016/120)

Sofern ein Einkommensteuerbescheid oder ein Bescheid zur Feststellung von Einkünften ergangen ist und Einkünfte aus land(forst)wirtschaftlicher Tätigkeit enthält, haben die Abgabenbehörden des Bundes darüber hinaus dem Versicherungsträger nach Maßgabe des Abs. 4 die erforderlichen Daten über die dem Bescheid zugrundeliegenden Einkünfte aus Tätigkeiten, deren Beitragsgrundlage gemäß der Anlage 2 nach § 23 Abs. 1 Z 2 und 3 sowie Abs. 1a oder 1b und Abs. 1 Z 4 zu bilden ist, unter Angabe des Namens (Familienname und Vorname), der Anschrift, des Geburtsdatums und der Versicherungsnummer des Steuerpflichtigen sowie des Namens und der Anschrift eines allfälligen Zustellungsbevollmächtigten zu übermitteln. Wird im Falle einer Beitragsgrundlagenoption nach § 23 Abs. 1a oder 1b der einer Pflichtversicherung als GesellschafterIn nach § 2 Abs. 1 Z 1a ein Einkommensteuerbescheid mangels eines einkommensteuerrechtlich maßgeblichen Einkommens nicht erlassen, so haben die Abgabenbehörden dies dem Versicherungsträger mitzuteilen.

(BGBl I 1999/176, BGBl I 2001/101, BGBl I 2009/83, BGBl I 2010/62, BGBl I 2015/162)

(2a) Der Versicherungsträger hat nach Maßgabe des Abs. 4 eine Beitragsgrundlagenoption nach § 23 Abs. 1a sowie deren Widerruf unter Angabe des Namens (Familienname und Vorname), der Anschrift und der Versicherungsnummer des Versicherten an die Abgabenbehörden des Bundes zu übermitteln. Weiters hat der Versicherungsträger unter Angabe des Namens (Familien- oder Nachname und Vorname), der Anschrift und der Versicherungsnummer des Versicherten an die Abgabenbehörden des Bundes jene Fälle zu übermitteln, in denen die Beitragsgrundlage nach § 23 Abs. 4e länger als drei Beitragsjahre zur Anwendung gelangt.

(BGBl I 2001/101, BGBl I 2002/142, BGBl I 2010/62, BGBl I 2016/120)

(2b) Der Versicherungsträger hat nach Maßgabe des Abs. 4 den Abgabenbehörden des Bundes Beginn und Ende einer Pflichtversicherung als GesellschafterIn nach § 2 Abs. 1 Z 1a unter Angabe des Namens (Familienname und Vorname), der Anschrift und der Versicherungsnummer der versicherten Person mitzuteilen.

(BGBl I 2010/62, BGBl I 2016/120)

(2c) Die „Agrarmarkt-Austria" (AMA) nach dem AMA-Gesetz 1992, BGBl. Nr. 376, hat dem Versicherungsträger nach Maßgabe des Abs. 5 die auf die jeweilige Versicherungsnummer bezogenen Basisdaten des im Kalenderjahr gestellten Mantelantrages einschließlich der angeschlossenen Unterlagen für den Hauptbetrieb bzw. die Betriebsstätte(n) zu übermitteln, und zwar gegen Ersatz jener Kosten, die der AMA daraus erwachsen.

(BGBl I 2012/35)

(3) Die übermittelten Daten dürfen nur für Zwecke der Feststellung der Versicherungs- und Beitragspflicht sowie zur Feststellung des Bestandes und des Umfanges von Leistungen nach diesem Bundesgesetz verwendet werden.

(4) Das Verfahren der Übermittlung und der Zeitpunkt der erstmaligen Übermittlung in Abs. 2 und 2a genannten Daten sind vom Bundesminister für Finanzen im Einvernehmen mit dem Bundesminister für Arbeit und Soziales nach Maßgabe der technisch-organisatorischen Möglichkeiten zu bestimmen.[a]

(BGBl I 2001/101)

---

[a] VO siehe im Anhang.

(5) Das Verfahren der Übermittlung und der Zeitpunkt der erstmaligen Übermittlung der im Abs. 2c genannten Daten sind vom Bundesminister für Land- und Forstwirtschaft, Umwelt und Wasserwirtschaft im Einvernehmen mit dem Bundesminister für Arbeit, Soziales und Konsumentenschutz nach Maßgabe der technisch-organisatorischen Möglichkeiten zu bestimmen.

(BGBl I 2012/35)

Mitwirkung der Abgabenbehörden des Bundes hinsichtlich des Bezuges einer Familienbeihilfe

§ 217a. (1) Die Abgabenbehörden des Bundes haben dem Versicherungsträger nach Maßgabe des Abs. 3 folgende Daten zu übermitteln:

Name (Familienname und Vorname), Versicherungsnummer und Anschrift

1. der Person, für die Anspruch auf Familienbeihilfe nach § 2 Abs. 1 lit. b, c und f sowie nach § 8 Abs. 4 bis 7 des Familienlastenausgleichsgesetzes 1967 besteht, und

(BGBl I 2002/3)

2. des Anspruchsberechtigten gemäß § 2 Abs. 2 des Familienlastenausgleichsgesetzes 1967.

(BGBl I 2010/62, BGBl I 2016/120)

(2) Die übermittelten Daten dürfen nur zur Feststellung des Bestandes und des Umfanges von Leistungen nach diesem Bundesgesetz verwendet werden.

(3) Das Verfahren der Übermittlung und der Zeitpunkt der erstmaligen Übermittlung von den in Abs. 1 genannten Daten sind vom Bundesminister für Finanzen im Einvernehmen mit dem Bundesminister für Umwelt, Jugend und Familie und dem Bundesminister für Arbeit und Soziales nach Maßgabe der technisch-organisatorischen Möglichkeiten zu bestimmen.[a]

[a] VO siehe Anhang GSVG.

(BGBl 1992/474)

Mitwirkung für Zwecke der Ermittlung der Höhe der Witwen(Witwer)pension und der Pension nach § 128

§ 217b. (1) Die Abgabenbehörden des Bundes haben nach Maßgabe des Abs. 3 dem Versicherungsträger auf Anfrage folgende Daten getrennt nach Dienstgebern zu übermitteln:

1. die Bruttobezüge (§ 25 EStG 1988) und die sonstigen Bezüge (§ 67 Abs. 1 bis 8 EStG 1988) der Witwe (des Witwers) oder des/ der hinterbliebenen eingetragenen Partners/ Partnerin in den letzten zwei Kalenderjahren vor dem Zeitpunkt des Todes des (der) Versicherten;

(BGBl I 2010/62)

2. die Bruttobezüge (§ 25 EStG 1988) und die sonstigen Bezüge (§ 67 Abs. 1 bis 8 EStG 1988) des (der) Verstorbenen in den letzten vier Kalenderjahren vor dem Zeitpunkt seines (ihres) Todes.

(BGBl I 2009/83)

(2) Die übermittelten Daten dürfen nur zur Feststellung des Bestandes und des Umfanges einer Witwen(Witwer)pension oder Pension für hinterbliebene eingetragene PartnerInnen nach diesem Bundesgesetz verwendet werden.

(BGBl I 2010/62)

(3) Das Verfahren der Übermittlung und der Zeitpunkt der erstmaligen Übermittlung sind vom Bundesminister für Finanzen im Einvernehmen mit dem Bundesminister für soziale Sicherheit, Generationen und Konsumentenschutz nach Maßgabe der technischen und organisatorischen Möglichkeiten durch Verordnung[a] zu bestimmen.

[a] VO siehe Anhang GSVG.

(BGBl I 2009/83)

(4) Jene Stellen, die zur Durchführung der im § 136 Abs. 5 genannten Rechtsvorschriften zuständig sind, gelten für Zwecke der Ermittlung der Höhe der Witwen(Witwer)pension oder Pension für hinterbliebene eingetragene PartnerInnen als Versicherungsträger im Sinne des § 171.

(BGBl I 2010/62)

(BGBl 1995/132, BGBl I 2004/105, BGBl I 2010/62)

Mitwirkung der Abgabenbehörden des Bundes hinsichtlich des Bezuges ausländischer Renten (§ 26a)

§ 217c. (1) Die Abgabenbehörden des Bundes haben dem Versicherungsträger nach Maßgabe des Abs. 3 zu Personen, die eine ausländische Rente (§ 26a Abs. 1) beziehen oder eine solche bezogen haben und die Anspruch auf Leistungen eines Krankenversicherungsträgers haben, aus den bei ihnen vorhandenen und aus einer Abgabenerklärung unmittelbar ableitbaren Daten folgende Angaben zu übermitteln:

1. Namen (Familienname und Vorname), Anschrift, Geburtsdatum, in- und ausländische Sozialversicherungsnummer;

(BGBl I 2016/120)

2. Art und Höhe der ausländischen Rentenbezüge;

3. rentenauszahlende Stelle.

(2) Die übermittelten Daten dürfen nur zur Feststellung des Bestandes und des Umfanges von Leistungen und für die Feststellung von Beitragspflichten nach diesem Bundesgesetz verwendet werden.

(3) Das Verfahren der Übermittlung sowie der Zeitpunkt der erstmaligen Übermittlung in Abs. 1 genannten Daten sind vom Bundesminister für Finanzen im Einvernehmen mit dem Bundesminister für Arbeit, Soziales und Konsumentenschutz nach Maßgabe der technisch-organisatorischen Möglichkeiten festzulegen. Die Datenübermittlungen sind vollständig in elektronischer Form im Wege des Hauptverbandes vorzunehmen.

(BGBl I 2010/102)

FÜNFTER TEIL
Übergangs- und Schlußbestimmungen

ABSCHNITT I
Übergangsbestimmungen

1. Unterabschnitt
Übergangsbestimmungen zum Ersten Teil

Fortdauer einer nach früherer Vorschrift bestehenden Pflichtversicherung

§ 220. Personen, die am 31. Dezember 1978 nach den in diesem Zeitpunkt geltenden Vorschriften pflichtversichert waren, nach den Bestimmungen dieses Bundesgesetzes aber nicht mehr pflichtversichert wären, bleiben pflichtversichert, solange die für den Bestand der Pflichtversicherung nach den bisherigen Vorschriften maßgeblichen Voraussetzungen weiterhin zutreffen. Im übrigen sind auf eine solche Pflichtversicherung auch die Bestimmungen dieses Bundesgesetzes anzuwenden, jedoch kann der Versicherte den Antrag stellen, aus der Pflichtversicherung ausgeschieden zu werden; einem solchen Antrag hat der Versicherungsträger mit Wirkung von dem auf den Antrag folgenden Ersten eines Kalendervierteljahres zu entsprechen.

Befreiung von der Pflichtversicherung

§ 221. Personen, die am 31. Dezember 1978 gemäß § 141 des Bauern-Pensionsversicherungsgesetzes von der Bauern-Pensionsversicherung befreit sind, bleiben für die Dauer der bestehenden Weiterversicherung in der Pensionsversicherung nach dem Allgemeinen Sozialversicherungsgesetz von der Pflichtversicherung in der Bauern-Pensionsversicherung befreit.

Weiterversicherung

§ 222. (1) Personen, die am 31. Dezember 1978 auf Grund der bisherigen Vorschriften in der Krankenversicherung freiwillig versichert bzw. selbst versichert sind, gelten als Weiterversicherte im Sinne des § 8.

(2) Personen, die am 31. Dezember 1978 auf Grund der bisherigen Vorschriften in der Pensionsversicherung freiwillig versichert sind, gelten als Weiterversicherte im Sinne des § 9.

(3) Für Personen, die vor dem 1. Jänner 1978 aus der Pflichtversicherung nach dem Bauern-Pensionsversicherungsgesetz ausgeschieden sind, gilt als Betragsgrundlage im Sinne des § 28 Abs. 1 jener Betrag, der sich als Beitragsgrundlage unter der Annahme eines Ausscheidens aus der Pflichtversicherung nach dem Bauern-Pensionsversicherungsgesetz am 1. Februar 1978 ergeben hätte.

Höherversicherung

§ 223. Versicherte, die nach den Bestimmungen des Landwirtschaftlichen Zuschußrentenversicherungsgesetzes bzw. des Bauern-Pensionsversicherungsgesetzes einen Beitrag zur Höherversicherung wirksam entrichtet haben, sind ohne Rücksicht auf ihr Lebensalter berechtigt, Beiträge zur Höherversicherung nach diesem Bundesgesetz zu entrichten. Bei der Anwendung des § 132 sind auch Beiträge zur Höherversicherung zu berücksichtigen, die nach dem Landwirtschaftlichen Zuschußrentenversicherungsgesetz bzw. nach dem Bauern-Pensionsversicherungsgesetz entrichtet worden sind.

Bundesbeitrag

§ 224. Abweichend von den Bestimmungen des § 31 Abs. 4 leistet der Bund in der Pensionsversicherung der Bauern für das Geschäftsjahr 1984 einen Beitrag in der Höhe des Betrages, um den 100,5 vH der Aufwendungen die Erträge übersteigen.

2. Unterabschnitt
Übergangsbestimmungen zum Zweiten Teil

Anwendung des Leistungsrechtes

§ 225. (1) Für Leistungen aus der Pensionsversicherung, auf die am 31. Dezember 1978 Anspruch besteht, mit Ausnahme der Übergangspensionen, gelten ab 1. Jänner 1979 die Bestimmungen dieses Bundesgesetzes.

(2) Für Übergangspensionen, auf die nach den bisherigen Vorschriften Anspruch besteht oder bei Weitergeltung dieser Vorschriften Anspruch bestünde, sind weiterhin die bisherigen Vorschriften anzuwenden; soweit in diesen Vorschriften auf Bestimmungen des Bauern-Pensionsversicherungsgesetzes verwiesen wird, die in diesem Bundesgesetz eine entsprechende Regelung gefunden haben, treten an deren Stelle die Bestimmungen dieses Bundesgesetzes.

(3) Besteht am 31. Dezember 1978 auf Grund von Übergangsbestimmungen im Bereich der Bauern-Pensionsversicherung Anspruch auf eine Leistung, die höher ist als die sich nach den Bestimmungen dieses Bundesgesetzes ergebende entsprechende Leistung, so ist die Leistung ab 1. Jänner 1979 in dem sich auf Grund der bisherigen Bestimmungen jeweils ergebenden Ausmaß weiter zu gewähren, und zwar so lange, als sie die Leistung übersteigt, die nach den Bestimmungen dieses Bundesgesetzes gebührt.

(4) Die Bestimmungen des § 119 Abs. 1 sind auf Antrag ab 1. Jänner 1979 auch auf Versicherungsfälle anzuwenden, in denen der Stichtag vor dem 1. Jänner 1979 liegt. Die Leistung gebührt ab 1. Jänner 1979, wenn der Antrag bis 31. Dezember 1979 gestellt wird, sonst ab dem der Antragstellung folgenden Monatsersten.

(5) Bei den gemäß § 221 dieses Bundesgesetzes und bei den gemäß § 233 des Gewerblichen Sozialversicherungsgesetzes von der Pflichtversicherung in der jeweiligen Pensionsversicherung befreiten Personen gilt § 122 mit der Maßgabe, daß an die Stelle der in dessen Abs. 1 lit. c vorgesehenen Beitragsmonate der Pflichtversicherung in der Pensionsversicherung Vertragsmonate der freiwilligen Versicherung in der Pensionsversicherung nach dem Allgemeinen Sozialversicherungsgesetz treten, sofern während dieser Zeit eine Erwerbstätigkeit ausgeübt wurde, die an sich die Pflichtversicherung nach diesem Bundesgesetz bzw. nach dem Gewerblichen Sozialversicherungsgesetz begründen würde.

(6) § 127 Abs. 2 gilt nicht, wenn

a) der Eheschließung eine nach dem 1. Juli 1978 erfolgte Scheidung gemäß § 55 des Ehegesetzes in der Fassung des Bundesgesetzes BGBl. Nr. 303/1978 vorangegangen ist und

b) diese darauffolgende Ehe in der Zeit vom 1. Juli 1978 bis 31. Dezember 1981 geschlossen worden ist und der Altersunterschied der Ehegatten nicht mehr als 25 Jahre beträgt hat.

(7) § 112 Z 3 ist in den Fällen, in denen der land(forst)wirtschaftliche Betrieb vor dem 1. Jänner 1971 aufgegeben oder übergeben worden ist, mit der Maßgabe anzuwenden, daß sich der Zeitraum der letzten 120 bzw. 240 Kalendermonate auch um die Zeiten verlängert, die vor der Vollendung

BSVG

des 55. Lebensjahres, bei Frauen des 50. Lebensjahres liegen.

Berücksichtigung von zurückgezahlten Überweisungsbeträgen (erstatteten Beiträgen)

§ 226. Bei der Anwendung der Bestimmungen des § 106 Abs. 1 Z 5 sind den Zeiten, für die ein Überweisungsbetrag oder erstattete Beiträge gemäß § 167 dieses Bundesgesetzes bzw. gemäß § 175 des Gewerblichen Sozialversicherungsgesetzes zurückgezahlt worden sind, den Zeiten gleichzuhalten, für die ein Überweisungsbetrag oder erstattete Beiträge gemäß § 99d des Bauern-Pensionsversicherungsgesetzes bzw. gemäß § 101d des Gewerblichen Selbständigen-Pensionsversicherungsgesetzes zurückgezahlt worden sind.[a)]

[a)] Betrifft Überweisungsbeträge wegen Ausscheidens aus einem pensionsversicherungsfreien Dienstverhältnis.

Berücksichtigung von Versicherungszeiten nach dem Landwirtschaftlichen Zuschußrentenversicherungsgesetz

§ 227. Sind nach den Bestimmungen dieses Bundesgesetzes Versicherungszeiten zu berücksichtigen, die nach den Bestimmungen des Landwirtschaftlichen Zuschußrentenversicherungsgesetzes erworben sind, so sind für jedes Versicherungsjahr zwölf Monate an Beitragszeiten als erworben anzunehmen. Wurden Beiträge gemäß Art. II Abs. 4 oder 6 der 14. Novelle zum Landwirtschaftlichen Zuschußrentenversicherungsgesetz wirksam entrichtet, so gelten die Monate Jänner bis einschließlich September 1970 als Beitragsmonate. Bei Anwendung des § 106 Abs. 1 Z 2 gilt auch das Jahr 1957 als Beitragszeit, wenn die Beiträge hiefür bis längstens 31. Dezember 1959 wirksam entrichtet worden sind.

Erwerbung von Versicherungszeiten bei Gewährung von strafrechtlichen Entschädigungen

§ 228. Soweit Beiträge gemäß § 108 für die Zeit
a) vor dem 1. Oktober 1970,
b) nach dem 30. September 1970 und vor dem 1. Jänner 1978,
c) nach dem 31. Dezember 1977 und vor dem 1. Jänner 1979

nachzuentrichten sind, sind in den Fällen der lit. a die jeweils nach den Bestimmungen des Landwirtschaftlichen Zuschußrentenversicherungsgesetzes festgesetzt gewesenen Beiträge zugrunde zu legen, in den Fällen der lit. b die Beiträge, die sich nach den jeweils in Geltung gestandenen Bestimmungen des Bauern-Pensionsversicherungsgesetzes auf Grund einer Einreihung in die Versicherungsklasse nach dem Zeitpunkt des Beginnes der Anhaltung ergeben hätten, in den Fällen der lit. c die Beiträge, die sich in Anwendung der Bestimmungen der §§ 12 und 12a des Bauern- Pensionsversicherungsgesetzes ergeben hätten.

Erhöhung des Einheitswertes

§ 229. (1) Ist für die Beurteilung eines Sachverhaltes der Einheitswert maßgebend, der noch nicht der zum 1. Jänner 1956 vorgenommenen Hauptfeststellung der Einheitswerte (§ 81 des Bewertungsgesetzes 1955, BGBl. Nr. 148) unterworfen war, so ist dieser Einheitswert mit dem fünffachen Betrag anzusetzen.

(2) Soweit nach den Bestimmungen dieses Bundesgesetzes Einheitswerte land(forst)wirtschaftlicher Betriebe heranzuziehen sind, sind hiebei für Zeiträume ab 1. Jänner 1979 jeweils auch Erhöhungen dieser Einheitswerte nach dem Abgabenänderungsgesetz 1976, BGBl. Nr. 143, zu berücksichtigen.

Wanderversicherung

§ 230. (1) Die Bestimmungen des § 120 gelten nur für Leistungen, bei denen der Stichtag nach dem 31. Dezember 1978 liegt. Sie gelten nicht für Leistungen aus dem Versicherungsfall des Todes, wenn der Stichtag zwar nach dem 31. Dezember 1978 liegt, aber im Zeitpunkt des Todes ein zu einem Stichtag vor dem 1. Jänner 1979 bescheidmäßig zuerkannter Anspruch auf eine Leistung (Gesamtleistung) aus eigener Pensionsversicherung nach dem Bauern-Pensionsversicherungsgesetz, dem Allgemeinen Sozialversicherungsgesetz mit Ausnahme des Knappschaftssoldes und der Knappschaftspension oder dem Gewerblichen Selbständigen-Pensionsversicherungsgesetz besteht oder ein solcher Anspruch auf Grund eines vor dem 1. Jänner 1979 eingeleiteten Verfahrens nachträglich für die Zeit bis zum Tode zuerkannt wird; wurden in der Leistung aus eigener Pensionsversicherung, für die der Stichtag nach dem 30. Juni 1958 liegt, vor dem Stichtag liegende Versicherungszeiten nach dem Allgemeinen Sozialversicherungsgesetz und (oder) dem Gewerblichen Selbständigen-Pensionsversicherungsgesetz nicht berücksichtigt, so ist vor Anwendung des § 136 Abs. 1 lit. b oder c die Leistung aus eigener Pensionsversicherung gemäß Abs. 2 neu zu bemessen. Sind bei Eintritt des Versicherungsfalles des Todes Ansprüche auf zwei oder mehrere Leistungen aus eigener Pensionsversicherung gegeben, ist vor Anwendung des § 136 Abs. 1 lit. b oder c Abs. 2 mit der Maßgabe anzuwenden, daß sich die Leistungszuständigkeit nach dem später liegenden Stichtag richtet und die höhere bzw. höchste Bemessungsgrundlage heranzuziehen ist.

(2) Die Bestimmungen des § 120 Abs. 7 Z 1, 2 und 5 sind auf Antrag auf jene Leistungen aus der Pensionsversicherung anzuwenden, die am 1. Jänner 1979 gebühren, und für die der Stichtag nach dem 30. Juni 1958, aber vor dem 1. Jänner 1979 liegt, wenn vor dem Stichtag liegende Versicherungszeiten nach dem Allgemeinen Sozialversicherungsgesetz und (oder) dem Gewerblichen Selbständigen-Pensionsversicherungsgesetz nicht berücksichtigt wurden. Stichtag für die Neubemessung der Leistung ist der Tag der Antragstellung, wenn sie an einem Monatsersten erfolgt, sonst der der Antragstellung folgende Monatserste. Bei der Neubemessung verbleibt es bei der bisherigen Leistungszuständigkeit und den bisherigen Be-

messungsgrundlagen nach dem Bauern-Pensionsversicherungsgesetz; in der Pensionsversicherung, in der bereits Versicherungsmonate festgestellt worden sind, erfolgt keine Neufeststellung von Versicherungsmonaten; neu festgestellte Versicherungsmonate sind nur insoweit zu berücksichtigen, als sie sich nicht mit bereits festgestellten Versicherungsmonaten decken; ergibt sich bei der Neubemessung ein niedrigerer Betrag als der vorher gebührende, ist dieser weiter zu gewähren. Eine sich aus der Anwendung der Bestimmungen des § 120 Abs. 7 Z 1, 2 und 5 ergebende Erhöhung gebührt ab 1. Jänner 1979, wenn der Antrag bis zum 31. Dezember 1979 gestellt wird, sonst ab dem auf die Antragstellung folgenden Monatsersten.

(3) Handelt es sich bei der gemäß Abs. 2 neu festzustellenden Leistung um eine Leistung aus dem Versicherungsfall des Todes und hatte der Verstorbene im Zeitpunkt des Todes einen bescheidmäßig zuerkannten Anspruch auf eine Leistung (Gesamtleistung) aus eigener Pensionsversicherung nach dem Bauern-Pensionsversicherungsgesetz, dem Allgemeinen Sozialversicherungsgesetz oder dem Gewerblichen Selbständigen-Pensionsversicherungsgesetz oder wurde ein solcher Anspruch auf Grund eines vor dem 1. Jänner 1979 eingeleiteten Verfahrens nachträglich für die Zeit bis zum Tode anerkannt, so gelten die Bestimmungen des Abs. 1 für die Neufeststellung der Leistung aus eigener Pensionsversicherung und die Leistungszuständigkeit entsprechend.

Witwenpension

§ 230a. (1) Bei der Anwendung des § 136 Abs. 1 lit. c sind Zeiten der freiwilligen Versicherung, die vor dem 1. Jänner 1969 und nach dem 31. Dezember 1968 auf Grund der Bestimmungen des Art. II Abs. 6 der 23. Novelle zum Allgemeinen Sozialversicherungsgesetz, BGBl. Nr. 17/1969, des Art. II Abs. 5 oder 6 der 18. Novelle zum Gewerblichen Selbständigen-Pensionsversicherungsgesetz, BGBl. Nr. 447/1969, oder des Art. II Abs. 1 der 13. Novelle zum Landwirtschaftlichen Zuschußrentenversicherungsgesetz, BGBl. Nr. 18/1969, erworben worden sind, bei der Ermittlung der auf diese Beitragszeiten entfallenden Steigerungsbeträge den Beitragszeiten der Pflichtversicherung nach dem Allgemeinen Sozialversicherungsgesetz, in der Gewerblichen Selbständigen-Pensionsversicherung oder in der Bauern-Pensionsversicherung gleichzuhalten.

(2) Die Bestimmung des Abs. 1 ist auf Antrag ab 1. Jänner 1979 auch auf jene Versicherungsfälle anzuwenden, bei denen der Stichtag nach dem 31. Dezember 1972 liegt. In den Fällen, in denen der Antrag bis 31. Dezember 1979 gestellt wird, gebührt die Leistung bzw. die Erhöhung der Leistung ab 1. Jänner 1979, sonst ab dem auf die Antragstellung folgenden Monatsersten.

(3) In den Fällen, in denen die Ehe vor dem 1. Jänner 1971 geschlossen wurde, der Ehegatte zum Zeitpunkt der Eheschließung bereits Anspruch auf eine Pension aus dem Versicherungsfall des Alters oder der Erwerbsunfähigkeit nach diesem Bundesgesetz gehabt hätte, in diesem Zeitpunkt

aber das 65. Lebensjahr noch nicht überschritten hatte, und der Altersunterschied der Ehegatten nicht mehr als 25 Jahre beträgt, gelten die Vorschriften des § 127 mit der Maßgabe, daß an die Stelle der im Abs. 2 Z 1 lit. b dieser Bestimmung geforderten Ehedauer von fünf Jahren eine solche von drei Jahren tritt.

(BGBl 1996/201)

Pensionsversicherungsfreies Dienstverhältnis

§ 231. Wurde ein Versicherter in ein pensionsversicherungsfreies Dienstverhältnis aufgenommen und liegt der Stichtag im Sinne des § 164 Abs. 7 nach dem 30. Juni 1958, aber vor dem 1. Jänner 1972, und rechnet der Dienstgeber nach den für ihn geltenden Vorschriften Beitragsmonate nach diesem Bundesgesetz für die Begründung des Anspruches auf einen Ruhe(Versorgungs)genuß bedingt oder unbedingt an, so sind dem Versicherten auf seinen Antrag die von ihm entrichteten Beiträge für solche Beitragsmonate, für die ein besonderer Pensionsbeitrag zur Entrichtung vorgeschrieben wurde, aufgewertet mit dem am 1. Jänner 1972 für das Jahr ihrer Entrichtung geltenden Aufwertungsfaktor (§ 45) zu erstatten; dasselbe gilt auch in den Fällen, in denen vor dem 1. Februar 1973 über Anträge gemäß § 308 des Allgemeinen Sozialversicherungsgesetzes in der vor dem 1. Jänner 1972 in Geltung gestandenen Fassung rechtskräftig entschieden worden ist. Die §§ 165 bis 169 gelten entsprechend.

3. Unterabschnitt
Übergangsbestimmungen zum Dritten Teil

Verfahren

§ 232. Ist auf Grund von Übergangsbestimmungen im Bereich der Bauern-Pensionsversicherung der Anspruch auf eine Leistung oder auf Erhöhung einer Leistung von einer Antragstellung abhängig und ist das Recht auf Antragstellung am 31. Dezember 1978 noch nicht erloschen, so ist die in Betracht kommende Übergangsbestimmung auch nach dem 31. Dezember 1978 weiterhin anzuwenden.

4. Unterabschnitt
Übergangsbestimmungen zum Vierten Teil

Verwaltungskörper

§ 233. Die am 31. Dezember 1978 im Amt befindlichen Verwaltungskörper haben die Geschäfte so lange weiterzuführen, bis die neuen Verwaltungskörper zusammentreten. Die Zeit der Weiterführung der Geschäfte durch die alten Verwaltungskörper zählt auf die fünfjährige Amtsdauer der neuen Verwaltungskörper.

Gesonderte Rücklage

§ 234. Der Versicherungsträger hat abweichend von den Bestimmungen des § 204 Abs. 3 im Geschäftsjahr 1981

a)   1 vH der Erträge an Versicherungsbeiträgen in der Krankenversicherung einschließlich des

BSVG

Bundesbeitrages zur Krankenversicherung an die Pensionsversicherung zu überweisen und

b) die Aufwendungen der Jugendlichen- und Gesundenuntersuchungen einschließlich der Kosten für die Errichtung und den Betrieb der hiezu erforderlichen eigenen Einrichtungen bzw. der Bereitstellung entsprechender Vertragseinrichtungen aus der gesonderten Rücklage zu bestreiten, soweit sie 1 vH der Erträge an Versicherungsbeiträgen im Sinne der Lit. a übersteigen. Erreichen diese Aufwendungen nicht 1 vH an Versicherungsbeiträgen im Sinne der Lit. a, ist der Unterschiedsbetrag der gesonderten Rücklage zuzuführen, hiebei sind die Erträge an Versicherungsbeiträgen um die gemäß § 447f Abs. 5 des Allgemeinen Sozialversicherungsgesetzes zu leistenden Überweisungen zu vermindern.

Die Überweisungen nach lit. a sind monatlich in der Höhe eines Zwölftels des voraussichtlichen Gesamtbetrages zu bevorschussen. Der Ausgleich ist innerhalb der ersten fünf Monate des folgenden Kalenderjahres vorzunehmen.

ABSCHNITT II
Schlußbestimmungen

Anwendung des Bauern-Sozialversicherungsgesetzes

§ 235. Wenn in anderen Gesetzen auf Bestimmungen des Bauern-Pensionsversicherungsgesetzes bzw. des Bauern-Krankenversicherungsgesetzes verwiesen wird, treten an deren Stelle die entsprechenden Bestimmungen dieses Bundesgesetzes.

Sonderbestimmung für Zollausschlußgebiete

§ 235a. (aufgehoben)
(BGBl I 2001/67)

Ersatzzeiten

§ 236. Die in der Zeit zwischen dem 12. März 1938 und dem 10. April 1945 im Geltungsbereich der reichsrechtlichen Sozialversicherung außerhalb des Gebietes der Republik Österreich zurückgelegten Zeiten der im § 107 Abs. 7 erster Satz angegebenen Art sind nach Maßgabe der entsprechend anzuwendenden Vorschriften des § 107 Abs. 7 erster Satz dann als Ersatzzeiten anzusehen, wenn der Versicherte unmittelbar vor dem 13. März 1938 seinen Wohnsitz im Gebiet der Republik Österreich gehabt hat und zu den Personen gehört, die gemäß § 1, § 2 oder § 2a des Staatsbürgerschafts-Überleitungsgesetzes 1949, BGBl. Nr. 276, die österreichische Staatsbürgerschaft besitzen.
(BGBl 1994/505, BGBl 1996/413)

Rechtsunwirksame Vereinbarungen

§ 237. Vereinbarungen, wonach die Anwendung der Bestimmungen dieses Bundesgesetzes zum Nachteil der Versicherten (ihrer Hinterbliebenen) im voraus ausgeschlossen oder beschränkt wird, sind ohne rechtliche Wirkung.

Regelung der Beziehungen des Versicherungsträgers zu den Vertragspartnern

§ 238. Die im Zeitpunkt des Inkrafttretens der Bestimmungen dieses Bundesgesetzes in Geltung stehenden Verträge mit den Ärzten und anderen Vertragspartnern zur Erbringung der Leistungen der Krankenversicherung gelten als Verträge im Sinne der Bestimmungen dieses Bundesgesetzes.

Kostenzuschüsse bei Fehlen vertraglicher Regelungen

§ 239. Solange vertragliche Regelungen über die Vergütungen der Leistungen der Vertragspartner nicht bestehen, sind die den Versicherten zu gewährenden Kostenzuschüsse unter Bedachtnahme auf die finanzielle Leistungsfähigkeit des Versicherungsträgers und das wirtschaftliche Bedürfnis in der Satzung festzusetzen.

Aufhebung bisheriger Vorschriften

§ 240. Mit dem Wirksamkeitsbeginn dieses Bundesgesetzes treten, soweit nichts anderes bestimmt wird, alle bis dahin geltenden Bestimmungen über die Bauern-Pensionsversicherung und die Bauern-Krankenversicherung außer Kraft.

§ 240a. Soweit in diesem Bundesgesetz auf Bestimmungen anderer Bundesgesetze verwiesen wird, sind diese, wenn nicht ausdrücklich anderes bestimmt wird, in ihrer jeweils geltenden Fassung anzuwenden.
(BGBl 1991/678)

Vollziehung des Bundesgesetzes

§ 241. (1) Mit der Vollziehung dieses Bundesgesetz ist betraut:

a) hinsichtlich der Bestimmung des § 25 Abs. 2 der Bundesminister für soziale Verwaltung im Einvernehmen mit dem Bundesminister für Landesverteidigung;

b) hinsichtlich der §§ 30, 31, 31a in der Fassung des Bundesgesetzes BGBl. Nr. 678/1991, 147 Abs. 4, 205 Abs. 3 zweiter Satz, 206 Abs. 2, 206a in der Fassung des Bundesgesetzes BGBl. Nr. 678/1991, 207 Abs. 1, 208 Abs. 2 und 3 jeweils letzter Satz, 217 in der Fassung des Bundesgesetzes BGBl. Nr. 678/1991 und 224 der Bundesminister für Arbeit und Soziales im Einvernehmen mit dem Bundesminister für Finanzen;
(BGBl 1991/678)

c) hinsichtlich der Bestimmung des § 43 sowie hinsichtlich der Bestimmungen des § 209 Abs. 2, 3 und 4, soweit sie sich auf die Wahrung der finanziellen Interessen des Bundes beziehen, der Bundesminister für Finanzen;

d) hinsichtlich der Bestimmung des § 44, soweit sie sich auf die Bundesverwaltungsabgaben bezieht, die Bundesregierung, im übrigen der Bundesminister für Finanzen;
(BGBl I 2001/131)

e) hinsichtlich der Bestimmungen der §§ 15 Abs. 2, 108, 173 Abs. 4 und 228 der Bundesminister für soziale Verwaltung im Einvernehmen mit dem Bundesminister für Justiz;

f) hinsichtlich der Bestimmung des § 182, soweit sie sich auf das Leistungsstreitverfahren erster und zweiter Instanz bezieht, der Bundesminister für Justiz im Einvernehmen mit dem Bundesminister für soziale Verwaltung;

g) hinsichtlich der Bestimmung des § 217a in der Fassung des BGBl. Nr. 474/1992 der Bundesminister für Finanzen im Einvernehmen mit dem Bundesminister für Umwelt, Jugend und Familie und dem Bundesminister für Arbeit und Soziales;

(BGBl 1992/474)

h) hinsichtlich der Bestimmung des § 99b der Bundesminister für Umwelt, Jugend und Familie;

(BGBl I 1997/139)

i) hinsichtlich aller übrigen Bestimmungen der Bundesminister für soziale Verwaltung.

(BGBl 1992/474, BGBl I 1997/139)

(BGBl 1991/678)

(2) Mit der Vollziehung des § 91 in der Fassung des Bundesgesetzes BGBl. Nr. 450/1994, die gemäß Art. 12 Abs. 1 Z 1 des Bundes-Verfassungsgesetzes in die Kompetenz der Länder fällt, ist die zuständige Landesregierung betraut; mit der Wahrnehmung der Rechte des Bundes gemäß Art. 15 Abs. 8 des Bundes-Verfassungsgesetzes der Bundesminister für Arbeit und Soziales.

(BGBl 1991/678, BGBl 1994/450)

Vollziehung in unmittelbarer Bundesverwaltung

§ 241a. Der Bundesminister für Arbeit, Soziales und Konsumentenschutz und der Bundesminister für Gesundheit besorgen die Aufgaben nach den §§ 412 und 414 ASVG in Verbindung mit § 182 dieses Bundesgesetzes sowie § 212a in unmittelbarer Bundesverwaltung.

(BGBl I 2013/87)

Wirksamkeitsbeginn

§ 242. (1) Dieses Bundesgesetz tritt am 1. Jänner 1979 in Kraft.

(2) Zur Vorbereitung der Durchführung können schon vor dem 1. Jänner 1979 von dem der Kundmachung dieses Bundesgesetzes folgenden Tag an Maßnahmen getroffen sowie Verordnungen erlassen werden. Solche Verordnungen treten frühestens mit 1. Jänner 1979 in Kraft.

Schlußbestimmungen zu Art. I des Bundesgesetzes BGBl. Nr. 678/1991 (16. Novelle)

§ 243. (1) Die §§ 2 Abs. 1 Z 1 und 3 und Abs. 2, 2a, 2b, 3 Abs. 2 lit. d, 5 Abs. 2 Z 5, 9 Abs. 1 lit. b, Abs. 4 und Abs. 5, 18 Abs. 1 und 2, 19 Abs. 1, 23 Abs. 1, Abs. 3 lit. g, Abs. 6 und 10, 24 Abs. 1, 24a, 24b, 25 Abs. 2, 27 Abs. 4, 28 Abs. 5, 31a, 33 Abs. 1, 39 Abs. 1, 40 Abs. 1, 45a, 57a Abs. 1, 74 Abs. 1, 2, 3 und 4, 75 Z 1 und 2, 78 Abs. 9, 80 Abs. 3 lit. a,

85 Abs. 1, 89 Abs. 1 und 3, 94, 96 Abs. 1, 96a, 96b, 100 Abs. 1 und 2, 101 Abs. 1 Z 4, 106 Abs. 1 Z 3, 107 Abs. 1 Z 3 und Abs. 9, 111 Abs. 1, 2 lit. b und Abs. 6, 113 Abs. 2 und Abs. 5 Z 1, 114 Abs. 2 Z 2, 118 Abs. 6, 122a Abs. 1 Z 4, 125 zweiter Satz, 130 Abs. 5, 141 Abs. 1 und 2, 152 Abs. 2, 161 Abs. 2 Z 5, 173 Abs. 3, 181, 187, 189, 192 Abs. 5, 193, 206a, 211 Abs. 1, 217 Abs. 2 Z 6 und 240a in der Fassung des Bundesgesetzes BGBl. Nr. 678/1991 treten am 1. Jänner 1992 in Kraft.

(2) Personen, die nach dem am 31. Dezember 1991 in Geltung gestandenen Vorschriften des § 9 Abs. 1 lit. b zur Weiterversicherung in der Pensionsversicherung nach diesem Bundesgesetz berechtigt waren, es aber nach den Bestimmungen des § 9 Abs. 1 lit. b in der Fassung des Bundesgesetzes BGBl. Nr. 678/1991 nicht mehr gewesen wären, können das Recht auf freiwillige Weiterversicherung in der Pensionsversicherung noch bis zum 30. Juni 1992 geltend machen.

(3) Personen, die gemäß § 106 Abs. 1 Z 3 in der am 31. Dezember 1991 in Geltung gestandenen Fassung Beiträge wirksam entrichten konnten, es aber nach den Bestimmungen des § 106 Abs. 1 Z 3 in der Fassung des Bundesgesetzes BGBl. Nr. 678/1991 nicht mehr können, können diese Beiträge bis 31. Dezember 1992 wirksam entrichten.

(4) § 113 Abs. 5 Z 3 in der Fassung des Bundesgesetzes BGBl. Nr. 678/1991 tritt am 1. Jänner 1988 in Kraft.

(5) § 91 Z 4 in der Fassung des Bundesgesetzes BGBl. Nr. 678/1991 tritt am 1. Jänner 1990 in Kraft.

(6) § 107 Abs. 2 in der Fassung des Bundesgesetzes BGBl. Nr. 678/1991 tritt am 3. September 1990 in Kraft.

(7) § 107 Abs. 2 letzter Satz in der Fassung des Bundesgesetzes BGBl. Nr. 678/1991 ist auf Versicherungsfälle anzuwenden, in denen der Stichtag nach dem 2. September 1990 liegt.

(8) § 122a Abs. 1 Z 4 in der Fassung des Bundesgesetzes BGBl. Nr. 678/1991 ist nur auf Versicherungsfälle anzuwenden, in denen der Stichtag nach dem 31. Dezember 1991 liegt.

(9) (aufgehoben)

(BGBl 1992/834)

(BGBl 1991/678, BGBl I 1998/140)

Schlußbestimmungen zu Art. III des Sozialrechts-Änderungsgesetzes 1992, BGBl. Nr. 474

§ 244. (1) Die §§ 78 Abs. 4 Z 1, 119 Abs. 2 Z 1, 140 Abs. 4 lit. b, 217a und 241 Abs. 1 lit. g und h treten mit 1. September 1992 in Kraft.

(2) Der Anspruch auf die Leistungen der Krankenversicherung für Personen, die am 31. August 1992 als Angehörige galten, nach den Bestimmungen des Bundesgesetzes BGBl. Nr. 474/1992 aber nicht mehr als Angehörige gelten, bleibt auch über das Ende der Angehörigeneigenschaft aufrecht, solange die Voraussetzungen für einen am 31. August 1992 bestandenen Leistungsanspruch gegeben sind.

(3) § 119 Abs. 2 Z 1 in der Fassung des Bundesgesetzes BGBl. Nr. 474/1992 ist in allen Fällen an-

zuwenden, in denen das Kind das 18. Lebensjahr nach dem 31. Dezember 1987 vollendet.

(4) § 119 Abs. 2 Z 1 erster Halbsatz in der vor dem 1. September 1992 geltenden Fassung, ist in allen Fällen weiter anzuwenden, in denen das Kind das 18. Lebensjahr vor dem 1. September 1992 vollendet hat und eine im § 1 des Studienförderungsgesetzes 1983, BGBl. Nr. 436, genannte Einrichtung besucht hat.

(BGBl 1992/474, BGBl I 1998/140)

Schlußbestimmung zu Art. I des Bundesgesetzes BGBl. Nr. 834/1992 (17. Novelle)

§ 245. § 243 Abs. 9 und Artikel III Abs. 2 der 16. Novelle zum Bauern-Sozialversicherungsgesetz, BGBl. Nr. 678/1991, in der Fassung des Bundesgesetzes BGBl. Nr. 834/1992 treten am 1. Jänner 1993 in Kraft.

(BGBl 1992/834, BGBl I 1998/140)

Schlußbestimmung zu Art. III des 2. Sozialrechts-Änderungsgesetzes 1992, BGBl. Nr. 17/1993

§ 246. Die Abs. 1 und 2 des § 141 in der Fassung des Bundesgesetzes BGBl. Nr. 17/1993 treten mit 1. Jänner 1993 in Kraft.

(BGBl 1993/17, BGBl I 1998/140)

Schlußbestimmungen zu Art. I des Bundesgesetzes BGBl. Nr. 337/1993 (18. Novelle)

§ 247. (1) Es treten in Kraft:

1. rückwirkend mit 1. Jänner 1992 die §§ 2 Abs. 5 Z 1 lit. a und b, 23 Abs. 9 lit. a in der Fassung des Art. I Z 9, 80 Abs. 2 und 4 lit. b und c, 88 Abs. 2 und 247 Abs. 14 und 15 in der Fassung des Bundesgesetzes BGBl. Nr. 337/1993;

2. rückwirkend mit 1. Juli 1992 § 186 Abs. 2 in der Fassung des Bundesgesetzes BGBl. Nr. 337/1993;

3. rückwirkend mit 1. Jänner 1993 die §§ 68 Abs. 2, 95 Abs. 2 und 3, 118a und 140 Abs. 4 lit. g in der Fassung des Bundesgesetzes BGBl. Nr. 337/1993;

(BGBl 1994/22)

4. rückwirkend mit 1. März 1993 § 38 Abs. 7 in der Fassung des Bundesgesetzes BGBl. Nr. 337/1993;

5. mit 1. Juli 1993 die §§ 2a Abs. 3, 5 Abs. 1 Z 3 und Abs. 2 Z 6, 23 Abs. 6, 23 Abs. 10 lit. a bis d, 51 Abs. 2 Z 1, 71 Abs. 7 Z 1, 81 Abs. 1, 85 Abs. 1 Z 1, 94 Abs. 2, 97 Abs. 4, 120 Abs. 3, 127 Abs. 4, 140 Abs. 3, 142 Abs. 3 und 5, 162 Abs. 1 und 173 Abs. 3 in der Fassung des Bundesgesetzes BGBl. Nr. 337/1993;

6. mit 1. Juli 1993 weiters die §§ 4 Z 1, 18 Abs. 2, 23 Abs. 9 lit. a in der Fassung des Art. I Z 10, 28 Abs. 1, 33a Abs. 2, Abschnitt VII des Ersten Teiles, 58 Abs. 1 und 3, 63 Abs. 3 Z 2 und 3 und Abs. 4, 71 Abs. 6, 103 Abs. 1 Z 1, 104 Abs. 2, 105, 107 Abs. 8, 107a, 110, 110a, 111 Abs. 1 und 3 bis 6, 113, 113a, 114, 115, 116, 117, 118, 118b, 120 Abs. 4 lit. b und c und Abs. 7 Z 3, 4 und 7, 121, 122 Abs. 1, 2 und 4, 122a Abs. 1 und 3, 122b, 122c, 123 Abs. 1 und 4, 124 Abs. 2, 130, 131, 132 samt Überschrift, 133, 134, 134a, 135, 136 in der Fassung des Art. I Z 79, 138, 139 in der Fassung des Art. I Z 82, 139a Abs. 2, 140 Abs. 1, 148 Z 2 und 156 Abs. 2 in der Fassung des Bundesgesetzes BGBl. Nr. 337/1993;

(BGBl 1994/22)

7. (aufgehoben)

(BGBl 1995/132)

(2) Bei der Anwendung des § 58 in der Fassung des Bundesgesetzes BGBl. Nr. 337/1993 auf Leistungen mit einem vor dem 1. Juli 1993 liegenden Stichtag ist auch der Zurechnungszuschlag und der Kinderzuschlag nach den vor dem 1. Juli 1993 in Geltung gestandenen Vorschriften heranzuziehen.

(3) Personen, die erst auf Grund des § 127 Abs. 4 lit. d in der Fassung des Bundesgesetzes BGBl. Nr. 337/1993 Anspruch auf eine Leistung aus der Pensionsversicherung nach dem Bauern-Sozialversicherungsgesetz erhalten, gebührt diese Leistung ab 1. Juli 1993, wenn der Antrag bis 30. Juni 1994 gestellt wird, sonst ab dem auf die Antragstellung folgenden Monatsersten. Art. II Abs. 9 und 10 der 4. Novelle zum Bauern-Sozialversicherungsgesetz, BGBl. Nr. 284/1981, ist anzuwenden.

(4) Die §§ 107a, 107b, 111 Abs. 3 bis 5, 113, 114, 118, 118a, 120 Abs. 7 Z 3, 121, 122a, 122 Abs. 1 und 4, 122b, 122c, 123 Abs. 1 und 4, 130, 131 und 134 in der Fassung des Bundesgesetzes BGBl. Nr. 337/1993 sind nur auf Versicherungsfälle anzuwenden, in denen der Stichtag nach dem 30. Juni 1993 liegt.

(BGBl 1996/413)

(5) Bei Personen mit Stichtag 1. Jänner 1993 bis 1. Juni 1993, bei denen Zeiten gemäß § 107a oder § 107b nach der am 1. Juli 1993 geltenden Rechtslage für die Pension zu berücksichtigen gewesen wären, wenn diese Rechtslage bereits am 1. Jänner 1993 in Kraft getreten wäre, ist die Pension von Amts wegen auf Grund der am 1. Juli 1993 geltenden Rechtslage (gesamtes Bemessungsrecht) neu zu bemessen. § 107a Abs. 7 und § 107b Abs. 4 ist nicht anzuwenden. Wenn es für sie günstiger ist, gebührt die neu bemessene Pension rückwirkend ab Pensionsbeginn.

(BGBl 1994/22, BGBl 1996/413)

(6) Abweichend von Abs. 4 bleiben, wenn dies für den Versicherten günstiger ist, die Bestimmungen über die Anspruchsvoraussetzungen mit Ausnahme der Voraussetzung der §§ 121 Abs. 1 Z 2 und 122 Abs. 1 lit. e und die Bestimmungen über die Bemessung einer Pension – unter Berücksichtigung einer allfälligen Erhöhung der Alterspension beim Aufschub der Geltendmachung des Anspruches und unter Außerachtlassung eines allfälligen Kinderzuschusses und Hilflosenzuschusses (Pflegegeldes) – in der am 30. Juni 1993 geltenden Fassung für Versicherungsfälle, deren Stichtag in

den Zeitraum vom 1. Juli 1993 bis 1. Dezember 1996 fällt, mit der Maßgabe weiterhin anwendbar, daß für die Ermittlung der Bemessungsgrundlage anstelle der letzten 120 Versicherungsmonate bei einem Stichtag

1. vom 1. Jänner 1995 bis 1. Dezember 1995 die letzten 132 Versicherungsmonate,
2. vom 1. Jänner 1996 bis 1. Dezember 1996 die letzten 156 Versicherungsmonate

aus allen Zweigen der Pensionsversicherung heranzuziehen sind. Dies gilt bei Anwendung des § 113 Abs. 2 Z 1 und 2 in der am 30. Juni 1993 geltenden Fassung in den Fällen der Z 1, wenn der Stichtag vor bzw. nach Vollendung des 51. Lebensjahres liegt, in den Fällen der Z 2, wenn der Stichtag vor bzw. nach Vollendung des 53. Lebensjahres liegt. Dabei ist § 47 dieses Bundesgesetzes in Verbindung mit § 108c des Allgemeinen Sozialversicherungsgesetzes in der am 30. Juni 1993 in Geltung gestandenen Fassung mit der Maßgabe weiter anzuwenden, daß bei der Festsetzung der Aufwertungsfaktoren für die Jahre 1994 bis 1996 anstelle des Richtwertes der jeweils geltende Anpassungsfaktor des zweitvorangegangenen Kalenderjahres tritt.

(BGBl 1994/22)

(7) Eine Pension, die gemäß Abs. 6 nach dem am 30. Juni 1993 geltenden Recht gewährt wird, setzt sich aus zwei Bestandteilen zusammen:

1. der Pension, die auf Grund der ab 1. Juli 1993 geltenden Rechtslage gebühren würde und
2. einem Ergänzungsbetrag, der sich aus der Differenz der Höhe der Pension gemäß Abs. 6 und der Pension gemäß Z 1 ergibt.

Die Pension gemäß Z 1 unterliegt sämtlichen Bestimmungen des ab 1. Juli 1993 geltenden Rechtes. Der Ergänzungsbetrag gemäß Z 2 unterliegt nur der Anpassung gemäß § 45. Er gebührt nur in Verbindung mit der Pension gemäß Z 1.

(BGBl 1994/22)

(8) In den Fällen des Bezuges einer Sonderunterstützung ist Abs. 6 sinngemäß anzuwenden.

(BGBl 1994/22)

(9) Bei einem Antrag auf eine vorzeitige Alterspension gemäß § 122 oder § 122a oder auf eine Alterspension gemäß § 121 ist das am 30. Juni 1993 geltende Recht weiter anzuwenden, wenn bereits ein rechtskräftig zuerkannter Anspruch auf eine Pension aus dem Versicherungsfall der dauernden Erwerbsunfähigkeit nach diesem Bundesgesetz oder dem Gewerblichen Sozialversicherungsgesetz oder aus dem Versicherungsfall der Invalidität oder Berufsunfähigkeit nach dem Allgemeinen Sozialversicherungsgesetz, deren Stichtag vor dem 1. Juli 1993 liegt, besteht oder bestanden hat und nicht entzogen wurde. Ein Antrag auf eine vorzeitige Alterspension gemäß § 122b oder § 122c ist in diesem Fall unzulässig. Dasselbe gilt bei einem Antrag auf Alterspension gemäß § 121, wenn bereits ein rechtskräftig zuerkannter Anspruch auf eine vorzeitige Alterspension bei langer Versicherungsdauer oder bei Arbeitslosigkeit nach diesem Bundesgesetz, dem Gewerblichen Sozialversicherungsgesetz oder dem Allgemeinen Sozialversicherungsgesetz, deren Stichtag vor dem 1. Juli 1993 liegt, besteht oder bestanden hat. Wird bei einer Erwerbsunfähigkeitspension nach diesem Bundesgesetz oder dem Gewerblichen Sozialversicherungsgesetz, bei einer Invaliditäts- oder Berufsunfähigkeitspension nach dem Allgemeinen Sozialversicherungsgesetz oder bei einer vorzeitigen Alterspension bei langer Versicherungsdauer oder bei Arbeitslosigkeit nach diesem Bundesgesetz, dem Gewerblichen Sozialversicherungsgesetz oder dem Allgemeinen Sozialversicherungsgesetz, deren Stichtag vor dem 1. Juli 1993 liegt, bei Vollendung des 65. Lebensjahres bei Männern bzw. des 60. Lebensjahres bei Frauen kein Antrag auf eine Alterspension gemäß § 121 gestellt, so ist das am 30. Juni 1993 geltende Recht weiter anzuwenden.

(BGBl 1994/22, BGBl 1996/413)

(10) Ein am 30. Juni 1993 bestandener Anspruch auf Höherversicherungspension gemäß § 132 Abs. 2 und 5 in der am 30. Juni 1993 geltenden Fassung bleibt auch über diesen Zeitpunkt hinaus so lange weiterbestehen, solange die Voraussetzungen für den Anspruch nach dem 30. Juni 1993 geltenden Rechtslage gegeben sind; bei Anfall einer Alterspension gemäß § 121 gilt § 132 Abs. 3 in der am 30. Juni 1993 geltenden Fassung.

(BGBl 1994/22)

(11) Ein am 30. Juni 1993 bestandener Anspruch auf Kinderzuschuß gemäß § 135 in der am 30. Juni 1993 geltenden Fassung bleibt auch über diesen Zeitpunkt hinaus solange weiter bestehen, solange die Voraussetzungen für den Anspruch nach der am 30. Juni 1993 geltenden Rechtslage gegeben sind. Die bis 30. Juni 1993 den Kinderzuschuss betreffenden Bestimmungen sind dabei weiter anzuwenden, und zwar so, dass der Kinderzuschuss ab 1. Jänner 2002 mindestens 29,07 € beträgt.

(BGBl 1994/22, BGBl I 2002/3)

(12) § 135 in der Fassung des Bundesgesetzes BGBl. Nr. 337/1993 ist nur auf Leistungen anzuwenden, die nach dem 30. Juni 1993 anfallen.

(BGBl 1994/22)

(13) § 136 in der Fassung des Art. I Z 79 des Bundesgesetzes BGBl. Nr. 337/1993 ist auf alle Versicherungsfälle des Todes, in denen der Stichtag nach dem 30. Juni 1993 liegt, anzuwenden; in den Fällen des § 136 Abs. 1 Z 3 und 4 ist § 136 Abs. 1 in der am 30. Juni 1993 geltenden Fassung weiterhin anzuwenden, wenn der Stichtag der Pension des (der) Verstorbenen vor dem 1. Juli 1993 liegt. Art. II Abs. 9 und 10 der 4. Novelle zum Bauern-Sozialversicherungsgesetz, BGBl. Nr. 284/1981, ist anzuwenden.

(BGBl 1994/22)

(14) (aufgehoben)

(BGBl 1995/132)

(15) Art. III Abs. 2 der 16. Novelle zum Bauern-Sozialversicherungsgesetz, BGBl. Nr. 678/1991.[a)]

(BGBl 1994/22)

[a)] eingearbeitet in Art. III, 16. Novelle

(16) Art. III Abs. 4 der 16. Novelle zum Bauern-Sozialversicherungsgesetz, BGBl. Nr. 678/1991.[a)]

(BGBl 1994/22)

[a)] eingearbeitet in Art. III, 16. Novelle

(17) Für Personen, die durch das Außerkrafttreten des § 5 Abs. 1 Z 3 des Bauern-Sozialversicherungsgesetzes durch die 18. Novelle zum Bauern-Sozialversicherungsgesetz, BGBl. Nr. 337/1993, am 1. Juli 1993 der Pflichtversicherung in der Pensionsversicherung nach dem Bauern-Sozialversicherungsgesetz unterliegen würden, die jedoch zu diesem Zeitpunkt das 45. Lebensjahr vollendet haben und am 30. Juni 1993 nicht der Pflichtversicherung in dieser Pensionsversicherung unterlegen sind, sind auf Antrag von der Pflichtversicherung in der Pensionsversicherung zu befreien, wenn dieser Antrag bis spätestens 31. Dezember 1993 bei der Sozialversicherungsanstalt der Bauern gestellt wird. Die Befreiung gilt rückwirkend ab 1. Juli 1993 für jene Zeiten, in denen unter Berücksichtigung des § 2a Abs. 3 des Bauern-Sozialversicherungsgesetzes beide Ehegatten pflichtversichert wären. Die Befreiung endet jedenfalls mit dem Ende der hauptberuflichen Beschäftigung beider Ehegatten in jenem land(forst)wirtschaftlichen Betrieb, der am 30. Juni 1993 dann zu einer Pflichtversicherung beider Ehegatten geführt hätte, wenn § 5 Abs. 1 Z 3 des Bauern-Sozialversicherungsgesetzes damals aufgehoben gewesen wäre. Der Antrag auf Befreiung kann unbeschadet eines darüber ergangenen Bescheides bis 31. Dezember 1993 widerrufen werden. Ein solcher Widerruf ist ausgeschlossen, wenn sich der Antrag bereits auf eine Leistung aus einer bundesgesetzlichen Pensionsversicherung für zumindest einen der beiden Ehegatten ausgewirkt hat. Ebenso ist ein Befreiungsantrag selbst ausgeschlossen, wenn er sich auf eine bereits zuerkannte Leistung auswirken würde.

(BGBl 1994/22)

(18) Personen, deren Beitragsgrundlage ab dem Außerkrafttreten des § 5 Abs. 1 Z 3 des Bauern-Sozialversicherungsgesetzes durch die 18. Novelle zum Bauern-Sozialversicherungsgesetz, BGBl. Nr. 337/1993, gemäß § 23 Abs. 6 zweiter Satz in der Fassung der 18. Novelle zum Bauern-Sozialversicherungsgesetz, BGBl. Nr. 337/1993, festgestellt wird und die am 30. Juni 1993 auf Grund dieser hauptberuflichen Beschäftigung pflichtversichert waren, können bis 31. Dezember 1993 bei der Sozialversicherungsanstalt der Bauern beantragen, daß ihre jeweilige Beitragsgrundlage mit einem Drittel des Versicherungswertes des land-(forst)wirtschaftlichen Betriebes festgestellt wird. Diese Erhöhung der Beitragsgrundlage ist bis zur erstmaligen Anwendung des § 23 Abs. 6 in der Fassung der 18. Novelle zum Bauern-Sozialversicherungsgesetz, BGBl. Nr. 337/1993, rückwirkend zu beantragen. Ein solcher Antrag kann nicht widerrufen werden und wirkt bis zum Stichtag der erstmaligen Zuerkennung einer Leistung aus der Pensionsversicherung nach diesem oder einem anderen Bundesgesetz, solange ein Ehegatte gemäß § 2a Abs. 3 in diesem land(forst)wirtschaftlichen Betrieb beschäftigt ist.

(BGBl 1994/22)

(19) Abweichend von § 154 Abs. 5 kann der Versicherungsträger für die dort genannten Zwecke im Geschäftsjahr 1993 bis zu 0,06 vT der Erträge an Versicherungsbeiträgen aufwenden.

(BGBl 1994/22)

(20) § 107a in der Fassung des Art. I Z 39 ist für vor dem 1. Jänner 1956 gelegene Zeiten mit der Maßgabe anzuwenden, daß die (der) Versicherte im Zeitpunkt der Geburt des Kindes ihren (seinen) Wohnsitz im Inland hatte.

(BGBl 1994/22)

(BGBl 1993/337, BGBl I 1998/140)

Schlußbestimmungen zu Art. I des Bundesgesetzes BGBl. Nr. 22/1994 (19. Novelle)

§ 248. (1) Es treten in Kraft:
1. rückwirkend mit 1. Jänner 1993 § 33a in der Fassung des Bundesgesetzes BGBl. Nr. 22/1994;
2. rückwirkend mit 1. Juli 1993 die §§ 26 Abs. 1, 107a, 118 b Abs. 1 erster Satz, erster Halbsatz und letzter Satz, 118b Abs. 2 letzter Satz, 130 Abs. 2 und 4, 131 Abs. 2 und 3, 134 Abs. 3 bis 6, 140 Abs. 3, 247 Abs. 1 Z 3 und 6, 247 Abs. 5 bis 20 und 248 Abs. 7 in der Fassung des Bundesgesetzes BGBl. Nr. 22/1994;
3. mit 1. Jänner 1994 die §§ 1a, 31 Abs. 3, 5 und 6, 31c, 42 Abs. 4, 141 Abs. 1 und 2, die Abschnitte I bis III des Vierten Teiles (§§ 183 bis 200), der Abschnitt IIIa des Vierten Teiles (§§ 201 bis 202e), die §§ 204 Abs. 5, 206 Abs. 1 und 2, 207, die Abschnitte V und VI des Vierten Teiles (§§ 208 bis 215a), der Abschnitt VIII des Vierten Teiles (§§ 218 und 219), § 248 Abs. 2 bis 6 und 248 Abs. 8 und 9 in der Fassung des Bundesgesetzes BGBl. Nr. 22/1994.

(2) Die Amtsdauer der am 31. Dezember 1993 bestehenden Verwaltungskörper verlängert sich bis zum Zusammentreten der Verwaltungskörper nach den am 1. Jänner 1994 geltenden Vorschriften; die alten Verwaltungskörper haben die Geschäfte nach den am 31. Dezember 1993 geltenden Bestimmungen zu führen. Die Entsendung der Versicherungsvertreter in die neuen Verwaltungskörper hat bis 31. März 1994 zu erfolgen.

(3) Der Obmann, die Obmann-Stellvertreter sowie Vorsitzende und Vorsitzenden-Stellvertreter des Überwachungsausschusses und der Landesstellenausschüsse, die nach dem 31. Dezember 1993 weiterhin eine solche Funktion ausüben, haben weiterhin Anspruch auf Anwartschaften (Pension) nach den Bestimmungen des § 185 Abs. 5 und den darauf beruhenden Rechtsvorschriften in der am 31. Dezember 1993 in Geltung gestandenen Fassung.

(4) Den in Abs. 3 genannten Personen, deren Anwartschaften zum 31. Dezember 1993 nach den Bestimmungen des § 185 Abs. 5 und den darauf

beruhenden Rechtsvorschriften in der zu diesem Zeitpunkt in Geltung gestandenen Fassung erfüllt sind, bleibt der Anspruch auf Anwartschaften (Pension) nach diesen Bestimmungen gewahrt.

(5) Die Stellvertreter der Vorsitzenden der Landesstellenausschüsse, soweit sie nicht unter Abs. 3 oder 4 fallen, haben weiterhin Anspruch auf Anwartschaften (Pension) nach den Bestimmungen des § 185 Abs. 5 und den darauf beruhenden Rechtsvorschriften in der am 31. Dezember 1993 in Geltung gestandenen Fassung, wenn sie

1. nach dem 31. Dezember 1993 weiterhin Versicherungsvertreter sind und

2. vor dem Beginn der neuen Amtsdauer mindestens während einer vollen Amtsdauer die Funktion eines Stellvertreters des Vorsitzenden eines Landesstellenausschusses ausgeübt haben.

Die Anwartschaft (Pension) darf das im § 185 Abs. 5 und den darauf beruhenden Rechtsvorschriften in der am 31. Dezember 1993 in Geltung gestandenen Fassung festgesetzte Mindestausmaß nicht übersteigen.

(6) Die Bestimmungen des § 185 Abs. 5 in der am 31. Dezember 1993 in Geltung gestandenen Fassung und die darauf beruhenden Rechtsvorschriften sind, soweit sie sich auf Entschädigungsleistungen an ausgeschiedene Funktionäre und deren Hinterbliebene beziehen, auf die im Abs. 3 angeführten, aber aus ihrer Funktion bis spätestens zum Ende der Amtsdauer der alten Verwaltungskörper ausgeschiedenen Personen sowie deren Hinterbliebene weiterhin anzuwenden.

(6a) Bezieher von Pensionen (Hinterbliebenenpensionen) nach § 185 Abs. 5 in der am 31. Dezember 1993 in Geltung gestandenen Fassung haben ab 1. Jänner 2004 von dieser Leistung einen Pensionssicherungsbeitrag in der Höhe von 3,3% zu leisten. Die im Abs. 3 genannten Personen haben ab 1. Jänner 2004 einen Beitrag in der Höhe von 8% der Funktionsgebühr zu zahlen; macht der Versicherungsträger (Hauptverband) von der Ermächtigung, eine Entschädigung nach § 185 Abs. 5 in der am 31. Dezember 1993 in Geltung gestandenen Fassung zu leisten, nicht Gebrauch, so sind die dafür entrichteten Beiträge auf Antrag zu erstatten.

(BGBl I 2003/71)

(7) Zeiten vor dem 1. Juli 1993, in denen eine Pflichtversicherung nach § 2 Abs. 1 Z 2 dann bestanden hätte, wenn die mit der 18. Novelle zum Bauern-Sozialversicherungsgesetz, BGBl. Nr. 337/1993, erfolgte Aufhebung der Ausnahme des § 5 Abs. 1 Z 3 bereits vor diesen Zeiten erfolgt wäre, sind auch bei der Erfüllung der Voraussetzungen des § 107 Abs. 1 Z 1 aus diesem Grunde keine Ersatzzeiten.

(8) § 31 Abs. 5 lit. a in der am 31. Dezember 1993 geltenden Fassung ist für eine vor dem 1. Jänner 1994 gemäß § 207 genehmigte Erwerbung von Liegenschaften, ferner für eine vor dem 1. Jänner 1994 gemäß § 207 genehmigte Errichtung, Erweiterung oder einen vor dem 1. Jänner 1994 gemäß § 207 ge-

nehmigten Umbau von Gebäuden nur insoweit anzuwenden, als die zur Finanzierung vorgesehenen Mittel bis 31. Dezember 1993 aufgewendet wurden. Für zur Finanzierung dieser Vorhaben nach dem 31. Dezember 1993 aufgewendeten Mittel gebührt kein Bundesbeitrag.

(9) Der Bundesbeitrag gemäß § 31 Abs. 5 lit. b gebührt letztmalig als Zuschuß zu den vor dem 1. Jänner 1993 aufgewendeten Mitteln für den Umbau von Gebäuden, der gemäß § 207 in Verbindung mit § 31 Abs. 6 lit. a des Allgemeinen Sozialversicherungsgesetzes in der am 31. Dezember 1993 in Geltung gestandenen Fassung deshalb nicht genehmigungspflichtig ist, weil damit keine Änderung des Verwendungszwecks verbunden ist.

(BGBl 1994/22, BGBl I 1998/140)

Schlußbestimmung zu Art. 3 des Arbeitsmarktservice-Begleitgesetzes, BGBl. Nr. 314/1994

§ 249. Die §§ 113 Abs. 2 Z 3, 122a Abs. 1 Z 6, 154 Abs. 4, 158 Abs. 2 und 3 und 160 erster Satz in der Fassung des Bundesgesetzes BGBl. Nr. 314/1994 treten mit 1. Juli 1994 in Kraft.

(BGBl 1994/314, BGBl I 1998/140)

Schlußbestimmungen zu Art. VII des ArbeitnehmerInnenschutzgesetzes, BGBl. Nr. 450/1994

§ 250. (1) Die §§ 67 Abs. 1 Z 4, 90a, 91 Z 2 erster Satz, 148 Z 1 und 241 Abs. 2 in der Fassung des Bundesgesetzes BGBl. Nr. 450/1994 treten am 1. Juli 1994 in Kraft.

(2) § 90a in der ab 1. Juli 1994 geltenden Fassung ist nur auf Leistungsfälle anzuwenden, bei denen der Beginn der Anstaltspflege nach dem 30. Juni 1994 liegt.

(BGBl 1994/450, BGBl I 1998/140)

Schlußbestimmungen zu Art. III des Bundesgesetzes BGBl. Nr. 132/1995

§ 251. (1) Die §§ 136 und 217b in der Fassung des Bundesgesetzes BGBl. Nr. 132/1995 sowie die Aufhebung der §§ 139 und 247 Abs. 1 Z 7 und Abs. 14 treten am 1. Jänner 1995 in Kraft.

(2) § 136 in der Fassung des Bundesgesetzes BGBl. Nr. 132/1995 ist anzuwenden:

1. auf alle Versicherungsfälle des Todes, in denen der Stichtag nach dem 31. Dezember 1994 liegt. In den Fällen des § 136 Abs. 1 Z 4 und 5 ist, sofern der Stichtag der Pension des (der) Verstorbenen vor dem 1. Juli 1993 liegt, § 136 Abs. 1 in der am 30. Juni 1993 geltenden Fassung mit der Maßgabe anzuwenden, daß der Hundertsatz von 60 durch den im § 136 Abs. 1 erster Satz in der ab 1. Jänner 1995 geltenden Fassung genannten Hundertsatz ersetzt wird;

2. auf die gemäß § 127 des Bauern-Sozialversicherungsgesetzes in der Fassung des Art. I Z 9 der 4. Novelle zum Bauern-Sozialversicherungsgesetz, BGBl. Nr. 284/1981, gebühren-

den Witwerpensionen, in denen der Versicherungsfall nach dem 31. Mai 1981 eingetreten ist, mit Ausnahme der im Art. II Abs. 10 der 4. Novelle zum Bauern-Sozialversicherungsgesetz bezeichneten Pensionen.

(BGBl 1995/132, BGBl I 1998/140)

Schlußbestimmungen zu Art. XXXI des Strukturanpassungsgesetzes, BGBl. Nr. 297/1995

§ 252. (1) Es treten in Kraft:

1. mit 1. Jänner 1995 die §§ 31c und 31d in der Fassung des Bundesgesetzes BGBl. Nr. 297/1995;

2. mit 1. April 1995 die §§ 2 Abs. 3 und 252 Abs. 2 und 3 in der Fassung des Bundesgesetzes BGBl. Nr. 297/1995;

3. mit 1. Jänner 1996 die §§ 121 Abs. 2, 122 Abs. 1 Z 4 und Abs. 2 bis 4, 122a Abs. 1 bis 3, 122b Abs. 7 und 8, 122c Abs. 2 und 3 und 252 Abs. 4 und 5 in der Fassung des Bundesgesetzes BGBl. Nr. 297/1995.

(2) Personen, die nur durch das Inkrafttreten des § 2 Abs. 3 in der Fassung des Bundesgesetzes BGBl. Nr. 297/1995 der Versicherungspflicht in der Pensionsversicherung nach diesem Bundesgesetz unterliegen würden und vor dem 1. April 1995 das 45. Lebensjahr bereits vollendet haben, sind auf Antrag von der Pflichtversicherung in der Pensionsversicherung nach diesem Bundesgesetz zu befreien, wenn dieser Antrag bis 31. Dezember 1995, den Postlauf nicht eingerechnet, bei der Sozialversicherungsanstalt der Bauern gestellt wird. Ein solcher Antrag gilt rückwirkend ab 1. April 1995 und kann nicht widerrufen werden.

(3) § 2 Abs. 3 in der Fassung des Bundesgesetzes BGBl. Nr. 297/1995 gilt nicht für Personen, die am 1. April 1995 eine Pension aus eigener Pensionsversicherung nach diesem Bundesgesetz, dem Allgemeinen Sozialversicherungsgesetz, dem Gewerblichen Sozialversicherungsgesetz und (oder) dem Bundesgesetz über die Sozialversicherung freiberuflich selbständig Erwerbstätiger beziehen. Dem Bezug einer Pension aus der Pensionsversicherung sind Ansprüche auf Pensionsversorgung im Sinne des § 136 Abs. 5 gleichzuhalten.

(4) Die in Abs. 1 Z 3 genannten Bestimmungen sind ab dem Inkrafttreten nur auf Versicherungsfälle anzuwenden, in denen der Stichtag nach dem 30. Juni 1995 liegt.

(BGBl 1995/832)

(5) § 122 Abs. 3 in der am 31. Dezember 1995 geltenden Fassung ist für das Kalenderjahr 1995 anzuwenden.

(BGBl 1995/297, BGBl I 1998/140)

Schlußbestimmung zu Art. VIII des Sozialrechts-Änderungsgesetzes 1995, BGBl. Nr. 832

§ 253. § 252 Abs. 4 in der Fassung des Bundesgesetzes BGBl. Nr. 832/1995 tritt am 1. Jänner 1996 in Kraft.

(BGBl 1995/832, BGBl I 1998/140)

Schlußbestimmung zu Art. 6 des Arbeitsmarktpolitikgesetzes 1996, BGBl. Nr. 153

§ 254. § 122 Abs. 1 Z 7 in der Fassung des Bundesgesetzes BGBl. Nr. 153/1996 tritt mit 1. April 1996 in Kraft.

(BGBl 1996/153, BGBl I 1998/140)

Schlußbestimmungen zu Art. 36 des Strukturanpassungsgesetzes 1996, BGBl. Nr. 201

BSVG

§ 255. (1) Es treten in Kraft:

1. rückwirkend mit 1. Juli 1994 die §§ 67 Abs. 1 Z 4, 80 Abs. 2 und 148 Z 1 in der Fassung des Bundesgesetzes BGBl. Nr. 201/1996 und die Aufhebung des § 90a;

2. rückwirkend mit 1. Jänner 1996 die §§ 31 Abs. 3 und 31e in der Fassung des Bundesgesetzes BGBl. Nr. 201/1996;

3. mit 1. April 1996 der § 24 Abs. 2 in der Fassung des Bundesgesetzes BGBl. Nr. 201/1996;

4. mit 1. Juli 1996 die §§ 18 Abs. 2 Z 1, 20 Abs. 6, 51 Abs. 2 Z 2, 63 Abs. 4, 64 Abs. 1 lit. c, 71 Abs. 5 Z 2 und Abs. 6, 78 Abs. 4 Z 1, 80 Abs. 3 lit. a, 96a Abs. 7, 100 Abs. 3 und 4, 102, 103 Abs. 1 Z 1 lit. e und Z 2, 104 Abs. 1 Z 2, 107 Abs. 8 bis 10, 111 Abs. 2 und Abs. 3 Z 1, 112 Z 4 lit. a, 118b Abs. 1, 119 Abs. 2 Z 1, 120 Abs. 1 und 5, 121 Abs. 3, 122 Abs. 5, 122a Abs. 5, 122b Abs. 9, 123 Abs. 1 und 2, 124 Überschrift und Abs. 1 und 3, 124b, 125, 135 Abs. 1, 136 Abs. 1 Z 5, 149 Abs. 1 und 2, 152 Abs. 4, 155, 156 Abs. 2, 157, 159, 160, Abs. 2 Z 3 und Abs. 5, 164 Abs. 3 und 5 bis 7, 165, 166 Überschrift und 166, 167 Abs. 3, 168, 169 Überschrift und 169 und 230a Abs. 3 in der Fassung des Bundesgesetzes BGBl. Nr. 201/1996, § 111 Abs. 3 Z 2 lit. b in der Fassung des Art. 36 Z 21 und § 122c Überschrift und Abs. 1 in der Fassung des Art. 36 Z 48 des Bundesgesetzes BGBl. Nr. 201/1996;

5. mit 1. September 1996 die §§ 111 Abs. 4 Z 2 und Abs. 6, 113 Abs. 3, 114 Abs. 1 und 4, 116, 117, 118 bis 4, 130 Abs. 1 bis 6, 131 Abs. 2, 134 Abs. 4 und 6, 136 Abs. 1 Z 1 und 2 in der Fassung des Bundesgesetzes BGBl. Nr. 201/1996, § 111 Abs. 3 Z 2 in der Fassung des Art. 36 Z 29 und § 122c Abs. 1 in der Fassung des Art. 36 Z 47 des Bundesgesetzes BGBl. Nr. 201/1996 sowie die Aufhebung des § 111 Abs. 4 Z 3;

6. mit 1. Jänner 1997 die §§ 51 Abs. 2 Z 1, 64 Abs. 1 lit. b, 68 Abs. 2 und 122 Abs. 1 Z 2 in der Fassung des Bundesgesetzes BGBl. Nr. 201/1996 und die Aufhebung des § 122 Abs. 1 Z 3.

(2) Anstelle des verhältnismäßigen Teiles der Pension gemäß § 64 Abs. 1 lit. b letzter Halbsatz in der Fassung des Bundesgesetzes BGBl. Nr. 201/1996 gebührt Personen, die im Dezember 1996 eine Pension beziehen und bei denen der Leistungsanspruch am 31. Dezember 1996 aufrecht ist, für den Kalendermonat, in dem der Grund des

Wegfalles der Pension eintritt, eine Vorschußzahlung. Die Vorschußzahlung ist in der Höhe der im Dezember 1996 ausgezahlten Pension einschließlich der Zuschüsse und Ausgleichszulage spätestens am 1. Jänner 1997 flüssigzumachen. Alle auf die Pension anzuwendenden Bestimmungen gelten auch für die Vorschußzahlung.

(3) Abweichend von § 51 Abs. 2 Z 1 in der Fassung des Bundesgesetzes BGBl. Nr. 201/1996 fallen Hinterbliebenenpensionen nach dem Tode eines Pensionsempfängers, der eine Vorschußzahlung gemäß Abs. 2 bezogen hat, mit Beginn des Kalendermonats, der dem Tod des Pensionsempfängers folgt, an. Für den Kalendermonat, in dem der Grund des Wegfalls der Hinterbliebenenpension eintritt, gebührt anstelle des verhältnismäßigen Teiles der Hinterbliebenenpension gemäß § 64 Abs. 1 lit. b letzter Halbsatz in der Fassung des Bundesgesetzes BGBl. Nr. 201/1996 eine Vorschußzahlung. Die Vorschußzahlung ist in der Höhe der erstmalig zur Auszahlung gelangenden Hinterbliebenenpension einschließlich der Zuschüsse und Ausgleichszulage spätestens am Ersten des Kalendermonats, der dem Tod des Pensionsempfängers folgt, flüssigzumachen. Zu Vorschußzahlungen, die spätestens am 1. Mai oder am 1. Oktober flüssig zu machen sind, gebührt eine Sonderzahlung. Alle auf die Pension anzuwendenden Bestimmungen gelten auch für die Vorschußzahlung.

(BGBl 1996/764)

(4) Die §§ 96a Abs. 7, 100 Abs. 3, 152 Abs. 4 und 161 Abs. 5 in der Fassung des Bundesgesetzes BGBl. Nr. 201/1996 sind nur auf Fälle anzuwenden, in denen die Unterbringung nach dem 30. Juni 1996 beginnt.

(5) Versicherte, die am 31. Dezember 1996 das 40. Lebensjahr bereits vollendet und bis zu diesem Zeitpunkt einen Antrag auf Erwerb von Ersatzzeiten gemäß § 107 Abs. 7 gestellt haben, können diese auf Grund der Beitragsgrundlage gemäß § 107 Abs. 9 Z 1 und 2 in der Fassung des Bundesgesetzes BGBl. Nr. 201/1996 erwerben, wobei § 107 Abs. 9 letzter Satz in der Fassung des Bundesgesetzes BGBl. Nr. 201/1996 keine Anwendung findet. Die Entrichtung der Beiträge in Teilbeträgen ist zulässig; hiebei darf die Gesamtzahl der Teilbeträge – unter Berücksichtigung der Einkommens- und Familienverhältnisse des (der) Versicherten – das Dreifache der Anzahl der Ersatzmonate, deren Erwerb beantragt wurde, nicht überschreiten. Die Beitragshöhe ist neu festzusetzen, wenn

1. die Zahlung der Teilbeträge ohne triftigen Grund unterbrochen wird oder

2. der Gesamtbetrag – soweit keine Teilbeträge vereinbart wurden – nicht innerhalb von drei Monaten ab der schriftlichen Verständigung durch den Versicherungsträger über die Berechtigung zur Beitragsentrichtung entrichtet wird.

(BGBl 1996/413)

(6) Versicherte, die vor dem 1. Juli 1996 bereits einen Antrag auf Erwerb von Ersatzzeiten gemäß § 107 Abs. 7 gestellt haben, können diese auf Grund der Beitragsgrundlage gemäß § 107 Abs. 9 in der am 30. Juni 1996 geltenden Fassung erwerben. Die Entrichtung der Beiträge in Teilbeträgen ist zulässig; hiebei darf die Gesamtzahl der Teilbeträge – unter Berücksichtigung der Einkommens- und Familienverhältnisse des (der) Versicherten – das Dreifache der Anzahl der Ersatzmonate, deren Erwerb beantragt wurde, nicht überschreiten. Die Beitragshöhe ist neu festzusetzen, wenn

1. die Zahlung der Teilbeträge ohne triftigen Grund unterbrochen wird oder

2. der Gesamtbetrag – soweit keine Teilbeträge vereinbart wurden – nicht innerhalb von drei Monaten ab der schriftlichen Verständigung durch den Versicherungsträger über die Berechtigung zur Beitragsentrichtung entrichtet wird.

(BGBl 1996/413)

(7) Abweichend von § 107 Abs. 8 in der Fassung des Bundesgesetzes BGBl. Nr. 201/1996 sind die in den § 107 Abs. 7 genannten Zeiten mit folgender Maßgabe weiterhin ohne Beitragsentrichtung anspruchswirksam, und zwar

1. bei männlichen Versicherten der Geburtsjahrgänge bis 1936 im vollen Ausmaß,

    bei männlichen Versicherten des Geburtsjahrganges 1937 mit fünf Sechsteln ihres Ausmaßes,

    bei männlichen Versicherten des Geburtsjahrganges 1938 mit zwei Dritteln ihres Ausmaßes,

    bei männlichen Versicherten des Geburtsjahrganges 1939 im halben Ausmaß,

    bei männlichen Versicherten des Geburtsjahrganges 1940 mit einem Drittel ihres Ausmaßes,

    bei männlichen Versicherten des Geburtsjahrganges 1941 mit einem Sechstel ihres Ausmaßes;

2. bei weiblichen Versicherten der Geburtsjahrgänge bis 1941 im vollen Ausmaß,

    bei weiblichen Versicherten des Geburtsjahrganges 1942 mit fünf Sechsteln ihres Ausmaßes,

    bei weiblichen Versicherten des Geburtsjahrganges 1943 mit zwei Dritteln ihres Ausmaßes,

    bei weiblichen Versicherten des Geburtsjahrganges 1944 im halben Ausmaß,

    bei weiblichen Versicherten des Geburtsjahrganges 1945 mit einem Drittel ihres Ausmaßes,

    bei weiblichen Versicherten des Geburtsjahrganges 1946 mit einem Sechstel ihres Ausmaßes.

(8) Verordnungen gemäß § 107 Abs. 9 in der Fassung des Bundesgesetzes BGBl. Nr. 201/1996 können bereits nach Ablauf des Tages seiner Kundmachung erlassen werden; sie dürfen frühestens mit 1. Juli 1996 in Kraft gesetzt werden.

(9) § 122 Abs. 1 Z 2 lit. a in der Fassung des Bundesgesetzes BGBl. Nr. 201/1996 ist nur auf Versicherungsfälle anzuwenden, in denen der Stichtag nach dem 31. Dezember 1996 liegt, und zwar mit der Maßgabe, daß das Ausmaß von 450 Versicherungsmonaten

1. bei männlichen Versicherten, die vor dem 1. Jänner 1937 geboren sind, durch 420 Versicherungsmonate,

bei männlichen Versicherten, die nach dem 31. Dezember 1936 und vor dem 1. Juli 1937 geboren sind, durch 423 Versicherungsmonate,

bei männlichen Versicherten, die nach dem 30. Juni 1937 und vor dem 1. Jänner 1938 geboren sind, durch 426 Versicherungsmonate,

bei männlichen Versicherten, die nach dem 31. Dezember 1937 und vor dem 1. Juli 1938 geboren sind, durch 429 Versicherungsmonate,

bei männlichen Versicherten, die nach dem 30. Juni 1938 und vor dem 1. Jänner 1939 geboren sind, durch 432 Versicherungsmonate,

bei männlichen Versicherten, die nach dem 31. Dezember 1938 und vor dem 1. Juli 1939 geboren sind, durch 435 Versicherungsmonate,

bei männlichen Versicherten, die nach dem 30. Juni 1939 und vor dem 1. Jänner 1940 geboren sind, durch 438 Versicherungsmonate,

bei männlichen Versicherten, die nach dem 31. Dezember 1939 und vor dem 1. Juli 1940 geboren sind, durch 441 Versicherungsmonate,

bei männlichen Versicherten, die nach dem 30. Juni 1940 und vor dem 1. Jänner 1941 geboren sind, durch 444 Versicherungsmonate,

2. bei weiblichen Versicherten, die vor dem 1. Jänner 1942 geboren sind, durch 420 Versicherungsmonate,

bei weiblichen Versicherten, die nach dem 31. Dezember 1941 und vor dem 1. Juli 1942 geboren sind, durch 423 Versicherungsmonate,

bei weiblichen Versicherten, die nach dem 30. Juni 1942 und vor dem 1. Jänner 1943 geboren sind, durch 426 Versicherungsmonate,

bei weiblichen Versicherten, die nach dem 31. Dezember 1942 und vor dem 1. Juli 1943 geboren sind, durch 429 Versicherungsmonate,

bei weiblichen Versicherten, die nach dem 30. Juni 1943 und vor dem 1. Jänner 1944 geboren sind, durch 432 Versicherungsmonate,

bei weiblichen Versicherten, die nach dem 31. Dezember 1943 und vor dem 1. Juli 1944 geboren sind, durch 435 Versicherungsmonate,

bei weiblichen Versicherten, die nach dem 30. Juni 1944 und vor dem 1. Jänner 1945 geboren sind, durch 438 Versicherungsmonate,

bei weiblichen Versicherten, die nach dem 31. Dezember 1944 und vor dem 1. Juli 1945 geboren sind, durch 441 Versicherungsmonate,

bei weiblichen Versicherten, die nach dem 30. Juni 1945 und vor dem 1. Jänner 1946 geboren sind, durch 444 Versicherungsmonate

zu ersetzen ist.

(10) Für Personen, die vor dem 1. Juli 1996 in ein pensionsversicherungsfreies Dienstverhältnis aufgenommen worden sind, ist § 164 Abs. 3 in der am 30. Juni 1996 geltenden Fassung weiterhin anzuwenden. Gemäß der genannten Bestimmung erstattete Beiträge können auch nach dem 30. Juni 1996 weiterhin gemäß den §§ 167 bis 169 in der am 30. Juni 1996 geltenden Fassung an den Versicherungsträger zurückgezahlt werden.

(BGBl I 1997/139)

(11) Der gemäß § 563 Abs. 12 des Allgemeinen Sozialversicherungsgesetzes in der Fassung des Bundesgesetzes BGBl. Nr. 201/1996 festgelegte Anpassungsfaktor von 1,000 gilt im Sinne des § 45 letzter Halbsatz auch für den Bereich des BSVG.

(12) Personen, die im Jänner 1997 bzw. Juli 1997

1. eine Ausgleichszulage gemäß § 141 Abs. 1 lit. a aa beziehen oder

2. mit dem Ehegatten (der Ehegattin) im gemeinsamen Haushalt leben und deren Gesamteinkommen (Pension zuzüglich eines aus übrigen Einkünften des Pensionsberechtigten erwachsenden Nettoeinkommens und der gemäß § 142 zu berücksichtigenden Beträge) unter Anwendung der §§ 140 ff. nicht die Höhe von 12 752 S übersteigt oder

3. eine Ausgleichszulage gemäß § 141 Abs. 1 lit. a bb, b bzw. c beziehen oder

4. nicht mit dem Ehegatten (der Ehegattin) in einem gemeinsamen Haushalt leben und deren Gesamteinkommen (Pension zuzüglich eines aus übrigen Einkünften des Pensionsberechtigten erwachsenden Nettoeinkommens und der gemäß § 142 zu berücksichtigenden Beträge unter Anwendung der §§ 140 ff. nicht die Höhe von 8 886 S übersteigt,

gebührt zu der im Jänner 1997 bzw. Juli 1997 auszuzahlenden Pension eine zusätzliche Ausgleichszulage.

(13) Die zusätzliche Ausgleichszulage beträgt für Personen gemäß Abs. 12 Z 1 und 2 jeweils 1 500 S, für Personen gemäß Abs. 12 Z 3 und 4 jeweils 1 000 S. Falls beide Ehegatten Anspruch auf eine Pension mit Ausgleichszulage haben und im gemeinsamen Haushalt leben, gebührt die zusätzliche Ausgleichszulage zur jeweils höheren Pension. Die zusätzliche Ausgleichszulage gebührt nicht, wenn im gleichen Haushalt eine andere Person Anspruch auf die zusätzliche Ausgleichszulage zu einer Witwen(Witwer)pension hat.

(14) Der gemäß Abs. 13 gebührende Betrag vermindert sich für je 250 S, um die das Gesamteinkommen den anzuwendenden Richtsatz gemäß § 141 Abs. 1 übersteigt, um je 250 S. Hiebei ist für

BSVG

Waisenpensionen jedenfalls der Richtsatz gemäß § 141 Abs. 1 lit. b anzuwenden.

(15) Bei der Ermittlung des Nettoeinkommens (§ 140 Abs. 3) haben die Beträge gemäß Abs. 13 und die Vorschußzahlungen gemäß Abs. 2 und 3 außer Betracht zu bleiben.

„Abs. 16 fehlt! Hier liegt wahrscheinlich ein Druckfehler in BGBl 201/1996 Artikel 36 Z 81 vor."

(BGBl I 2001/101)

(17) § 147 ist für die zusätzliche Ausgleichszulage nicht anzuwenden. Der Aufwand ist vom Bund zu tragen.

(18) Für Personen, die am 1. September 1996 das 60. Lebensjahr (bei Männern) bzw. das 55. Lebensjahr (bei Frauen) bereits vollendet haben, sind die Bestimmungen über die Pensionsberechnung nach der am 31. August 1996 geltenden Rechtslage weiterhin anzuwenden, sofern dies für den Versicherten (die Versicherte) günstiger ist.

(BGBl I 2000/2)

(19) Bei Versicherungsfällen mit einem Stichtag vom 1. September 1996 bis zum 1. Dezember 1996 ist § 247 Abs. 6 in der Fassung des Bundesgesetzes BGBl. Nr. 337/1993 mit der Maßgabe anzuwenden, daß an die Stelle der für die Bemessung der Pension maßgeblichen Bestimmungen, die ab 1. Juli 1993 gegolten haben, jene Bestimmungen treten, die am 1. September 1996 gemäß dem Bundesgesetz BGBl. Nr. 201/1996 in Kraft treten; § 247 Abs. 7 in der Fassung des Bundesgesetzes BGBl. Nr. 337/1993 ist mit der Maßgabe anzuwenden, daß anstelle der Pension, die auf Grund der ab 1. Juli 1993 geltenden Rechtslage gebühren würde, jene Pension tritt, die ab 1. September 1996 gebühren würde.

(20) Personen, die sich gemäß § 252 Abs. 2 von der Pflichtversicherung in der Pensionsversicherung hätten befreien lassen können, können einen entsprechenden Antrag bis 31. Dezember 1996, den Postlauf nicht eingerechnet, bei der Sozialversicherungsanstalt der Bauern stellen. Ein solcher Antrag gilt rückwirkend ab 1. April 1995 und kann nicht widerrufen werden. Bereits bezahlte Beiträge sind unaufgewertet zurückzuerstatten. Dies gilt nicht, wenn innerhalb des Zeitraumes, für den Beiträge entrichtet worden sind, eine Leistung erbracht wurde.

(21) (aufgehoben)

(BGBl I 1999/176, BGBl I 2001/101)

(22) Für Personen, denen vor dem 1. Jänner 1996 ein Arbeitslosengeld gemäß § 18 Abs. 2 lit. c des Arbeitslosenversicherungsgesetzes 1977 in der am 31. Juli 1996 geltenden Fassung zuerkannt wurde, ist § 122c Abs. 1 in der am 31. August 1996 geltenden Fassung weiterhin anzuwenden.

(BGBl 1996/600)

(BGBl 1996/201, BGBl I 1998/140)

Schlußbestimmungen zu Art. I des Bundesgesetzes BGBl. Nr. 413/1996 (20. Novelle)

§ 256. (1) Es treten in Kraft:

1. mit 1. August 1996 die §§ 4 Z 2, 8 Abs. 1 lit. c, 9 Abs. 4 lit. c, 20 Abs. 1, 22 Abs. 2 lit. e, 25 Abs. 1, 26 Abs. 1 und 2, 33 Abs. 1 und 2, 34 Abs. 1, 38 Abs. 3, 55, 56, 57a, 66 Abs. 3, 73 Abs. 1, 78 Abs. 6 lit. c und d und Abs. 10, 85 Abs. 4 und 5, 86 Abs. 3, 88 Abs. 3, 96a Abs. 2, 105, 107 Abs. 1 Z 1, 107a Überschrift, Abs. 1 und 8, 107b, 110 Z 1 und 2, 110a Abs. 1, 120 Abs. 4 lit. b, 130 Abs. 2 Z 1, 133, 137 Abs. 4, 140 Abs. 1, 144 Abs. 4, 152 Abs. 1, 161 Abs. 3, 171 Abs. 1, 182 Z 2 lit. a und b, 185 Abs. 5 Z 1, 189, 213 Abs. 3, 214 Abs. 1 und 2, 236 und 247 Abs. 4 und 5 in der Fassung des Bundesgesetzes BGBl. Nr. 413/1996 und die Aufhebung des § 141 Abs. 5;

2. mit 1. September 1996 die §§ 122a Abs. 1 und 2 sowie 136 Abs. 3 Z 2 und Abs. 4 Z 2 in der Fassung des Bundesgesetzes BGBl. Nr. 413/1996;

2a. mit 1. November 1996 der § 122 Abs. 3;

3. mit 1. Jänner 1997 der § 68 Abs. 2 in der Fassung des Bundesgesetzes BGBl. Nr. 413/1996;

4. rückwirkend mit 1. Juli 1996 die §§ 51 Abs. 1 Z 2, 107 Abs. 9 und 10, 127 Abs. 2, 156 Abs. 2 sowie 255 Abs. 5 und 6 in der Fassung des Bundesgesetzes BGBl. Nr. 413/1996;

5. rückwirkend mit 1. Mai 1996 der § 122 Abs. 1 Z 4 in der Fassung des Bundesgesetzes BGBl. Nr. 413/1996;

6. rückwirkend mit 1. Jänner 1996 der § 23 Abs. 4 in der Fassung des Bundesgesetzes BGBl. Nr. 413/1996;

7. rückwirkend mit 1. Jänner 1995 die §§ 88 Abs. 5 und 136 Abs. 5 Z 10 lit. a in der Fassung des Bundesgesetzes BGBl. Nr. 413/1996;

8. rückwirkend mit 1. Jänner 1994 der § 247 Abs. 9 in der Fassung des Bundesgesetzes BGBl. Nr. 413/1996;

9. rückwirkend mit 1. Juli 1993 die §§ 87 Abs. 2, 109 Abs. 2 lit. h, 124 Abs. 3 und 125 Abs. 1 und 2 in der Fassung des Bundesgesetzes BGBl. Nr. 413/1996;

10. rückwirkend mit 1. Jänner 1992 der § 107 Abs. 4 in der Fassung des Bundesgesetzes BGBl. Nr. 413/1996.

(2) Die Anwendung des § 125 Abs. 2 in der Fassung des Bundesgesetzes BGBl. Nr. 413/1996 steht der Rechtskraft bereits ergangener Bescheide nicht entgegen.

(BGBl 1996/413, BGBl I 1998/140)

Schlußbestimmung zu Art. III des Bundesgesetzes BGBl. Nr. 600/1996

§ 257. Es treten in Kraft:

1. mit 1. Jänner 1997 § 33b in der Fassung des Bundesgesetzes BGBl. Nr. 600/1996;

2. rückwirkend mit 1. September 1996 § 255 Abs. 22 in der Fassung des Bundesgesetzes BGBl. Nr. 600/1996.

(BGBl 1996/600, BGBl I 1998/140)

**Schlußbestimmungen zu Art. III des
2. Sozialrechts-Änderungsgesetzes 1996,
BGBl. Nr. 764**

§ 258. (1) Es treten in Kraft:

1. mit 1. Jänner 1997 die §§ 69 Abs. 1, 3 und 4 und 255 Abs. 3 in der Fassung des Bundesgesetzes BGBl. Nr. 764/1996;

2. rückwirkend mit 1. August 1996 § 86 Abs. 3 in der Fassung des Bundesgesetzes BGBl. Nr. 764/1996.

(2) Die §§ 73 Abs. 2, 80 Abs. 2 und 3 lit. g, 89 Überschrift und Abs. 1, 90 Überschrift sowie Abs. 1 und 2, 91 bis 93, 152 Abs. 3, 178 Abs. 1 und 182 Z 2 lit. b in der Fassung des Bundesgesetzes BGBl. Nr. 764/1996 und die Aufhebung des § 80 Abs. 3 lit. c, e und f treten mit 1. Jänner 1997 in Kraft.

(BGBl I 2001/5)

(3) (aufgehoben)

(BGBl I 2001/5)

(4) Die landesgesetzlichen Ausführungsbestimmungen zu den §§ 91, 92 Abs. 2 und 152 Abs. 3 in der Fassung des Bundesgesetzes BGBl. Nr. 764/1996 sind innerhalb von sechs Monaten zu erlassen und rückwirkend mit 1. Jänner 1997 in Kraft zu setzen.

(5) Die am 31. Dezember 1996 in Kraft stehenden privatrechtlichen Verträge mit Krankenanstalten, die ab 1. Jänner 1997 landesfondsfinanziert sind, gelten ab diesem Zeitpunkt als privatrechtliche Verträge gemäß § 148 Z 10 des Allgemeinen Sozialversicherungsgesetzes in der Fassung des Bundesgesetzes BGBl. Nr. 764/1996.

(6) Für eine Anstaltspflege vor dem 1. Jänner 1997, die nach Verpflegstagen abgerechnet wird, ist § 178 Abs. 1 in der am 31. Dezember 1996 geltenden Fassung weiterhin anzuwenden.

(7) § 24b ist für Zusatzbeiträge in der Krankenversicherung (§ 24a), die für die Jahre 1997 bis 2000 geleistet werden, nicht anzuwenden.

(BGBl 1996/764, BGBl I 1998/140)

Schlußbestimmungen zu Art. 9 des Bundesgesetzes BGBl. I Nr. 47/1997

§ 259. (1) Die §§ 2a Abs. 2 Z 3, 107a Abs. 5 Z 1 und Abs. 6 und 113 Abs. 2 Z 2 in der Fassung des Bundesgesetzes BGBl. I Nr. 47/1997 treten mit 1. Juli 1997 in Kraft. Für Ansprüche auf Grund von Geburten vor dem 1. Juli 1997 sind die genannten Bestimmungen weiterhin in der am 30. Juni 1997 geltenden Fassung anzuwenden.

(2) § 122c Abs. 2 in der Fassung des Bundesgesetzes BGBl. I Nr. 47/1997 tritt rückwirkend mit 1. November 1996 in Kraft.

(BGBl I 1997/47, BGBl I 1998/140)

Schlußbestimmung zu Art. 22 des Bezügebegrenzungsgesetzes, BGBl. I Nr. 64/1997

§ 260. Die §§ 106 Abs. 1 Z 5 und 6, 109 Abs. 2 lit. d, 118 Abs. 2 lit. f und g, 118b Abs. 4 sowie 185 Abs. 5 Z 2 in der Fassung des Bundesgesetzes BGBl. I Nr. 64/1997 treten mit 1. August 1997 in Kraft. Bei ihrer Anwendung sind die auf Grund der Ermächtigung gemäß § 2 Abs. 3 des Bundesverfassungsgesetzes über die Begrenzung von Bezügen öffentlicher Funktionäre erlassenen landesgesetzlichen Regelungen den Bestimmungen des 4. Abschnittes des Bundesbezügegesetzes sowie des § 49h Abs. 3 des Bezügegesetzes, jeweils in der Fassung des Bezügebegrenzungsgesetzes, BGBl. I Nr. 64/1997, gleichzuhalten.

(BGBl 1997/64, BGBl I 1998/140)

Schlußbestimmung zu Art. XXX des Bundesgesetzes BGBl. I Nr. 61/1997

§ 261. § 136 Abs. 5 Z 10a in der Fassung des Bundesgesetzes BGBl. I Nr. 61/1997 tritt mit 1. Jänner 1997 in Kraft.

(BGBl I 1997/61, BGBl I 1998/140)

Schlußbestimmungen zu Art. 10, Abschnitt I des Arbeits- und Sozialrechts- Änderungsgesetzes 1997, BGBl. I Nr. 139 (Abschnitt I der 21. Novelle)

§ 262. (1) Es treten in Kraft:

1. mit 1. Jänner 1998 die §§ 2 Abs. 2 letzter Satz in der Fassung der Z 4, 2b samt Überschrift, 23 Abs. 4 und Abs. 6 zweiter und letzter Satz sowie Abs. 10 lit. a, c und d, 28 Abs. 2, 28 Abs. 5 und 6, 31 Abs. 1, 31a bis 31d, 56 Abs. 1 letzter Satz und Abs. 2 in der Fassung der Z 30, 57 samt Überschrift, 57a erster Satz, 67 Abs. 1 Z 4 und 5, 71 Abs. 7 Z 3, 75 Z 3, 78 Abs. 6 lit. a, 97 Abs. 2, 7 und 8 erster Satz, 98 bis 99b samt Überschriften, 109 Abs. 2 lit. e, 121 Abs. 1 und 2, 122 Abs. 1 Z 4 und Abs. 5, 122a Abs. 2 Z 1, Abs. 2a und 5, 122b, 122c Abs. 1 Z 2, 123 Abs. 1 Z 3, 134 Abs. 1 und 3, 136 Abs. 1 Z 5 und Abs. 6 Z 2, 140 Abs. 1 und 7 sowie 241 Abs. 1 lit. h und i in der Fassung des Bundesgesetzes BGBl. I Nr. 139/1997;

1a. mit 1. Juli 1998 die §§ 80 Abs. 2, 85 Abs. 3, 88 Abs. 1 und 181 in der Fassung des Bundesgesetzes BGBl. I Nr. 139/1997;

(BGBl I 1998/140)

2. mit 1. Jänner 1999 die §§ 2 Abs. 1 und 2 erster und zweiter Satz in der Fassung der Z 2 und 3, 5 Abs. 2 Z 2 und 3, 23 Abs. 1 und 81 Abs. 1 in der Fassung des Bundesgesetzes BGBl. I Nr. 139/1997;

3. mit 1. Jänner 2000 die §§ 58 Abs. 1, 71 Abs. 6, 114 Abs. 1, 116, 130, 136 Abs. 1 Z 4 und 156 Abs. 2 in der Fassung des Bundesgesetzes BGBl. I Nr. 139/1997;

4. mit 1. Jänner 2001 die §§ 56 Abs. 2 in der Fassung der Z 31 und 123 Abs. 5 bis 7 in der Fassung des Bundesgesetzes BGBl. I Nr. 139/1997;

5. mit 1. Jänner 2003 § 113 Abs. 1 bis 5 in der Fassung des Bundesgesetzes BGBl. I Nr. 139/1997;

6. rückwirkend mit 23. April 1997 der § 33b Abs. 1 in der Fassung des Bundesgesetzes BGBl. I Nr. 139/1997;

7. rückwirkend mit 1. Jänner 1997 § 262 Abs. 4 in der Fassung des Bundesgesetzes BGBl. I Nr. 139/1997;

8. rückwirkend mit 1. Juli 1996 die §§ 4 Z 1, 6 Abs. 1 Z 2, 7 Abs. 1 Z 3, 26 Überschrift, Abs. 1 erster und dritter Satz sowie Abs. 2, 51 Abs. 2 Z 2, 64 Abs. 1 lit. b, 156 Abs. 1 und 4 sowie 255 Abs. 10 in der Fassung des Bundesgesetzes BGBl. I Nr. 139/1997.

(2) Es treten außer Kraft:

1. mit Ablauf des 31. Dezember 1997 § 5 Abs. 2 Z 5 und 6 in der Fassung des Bundesgesetzes BGBl. I Nr. 139/1997;

2. mit Ablauf des 31. Dezember 1998 § 2 Abs. 3 sowie § 5 Abs. 2 Z 4 in der Fassung des Bundesgesetzes BGBl. I Nr. 139/1997;

3. mit Ablauf des 31. Dezember 1999 § 131 in der Fassung des Bundesgesetzes BGBl. I Nr. 139/1997.

(3) Personen, die am 31. Dezember 1998 gemäß § 5 Abs. 2 Z 4 oder als Ehegatten gemäß § 5 Abs. 2 Z 2 von der Krankenversicherung ausgenommen waren, bleiben ausgenommen, solange jener Sachverhalt unverändert bleibt, der für die Ausnahme von der Krankenversicherung am 31. Dezember 1997 maßgeblich war. Dabei gilt der Anfall einer Pension nach diesem Bundesgesetz bzw. der Bezug eines Arbeitslosengeldes nicht als Änderung des maßgeblichen Sachverhaltes.

(4) Die Sozialversicherungsanstalt der Bauern hat im Geschäftsjahr 1997 aus der allgemeinen Rücklage der Unfallversicherung 240 Millionen Schilling in die allgemeine Rücklage der von ihr geführten Krankenversicherung zu übertragen.

(5) Für die im § 97 Abs. 8 Z 2 und 3 genannten Personen ist Artikel I § 5 Abs. 2 BHG in Verbindung mit Artikel I § 5 Abs. 1 BHG in der am 31. Dezember 1997 in Geltung gestandenen Fassung weiterhin anzuwenden.

(6) § 28 Abs. 6 in der Fassung des Bundesgesetzes BGBl. I Nr. 139/1997 ist anzuwenden

1. auf Personen, die den Antrag auf Weiterversicherung gemäß § 9 nach Ablauf des 31. Dezember 1997 stellen;

2. auf Personen, die bereits am 31. Dezember 1997 in der Pensionsversicherung weiterversichert sind und einen nahen Angehörigen im Sinne der genannten Bestimmung pflegen, wenn sie dies bis zum Ablauf des 31. Dezember 1998 bei der Sozialversicherungsanstalt der Bauern beantragen. Diesfalls trägt der Bund den Beitragsteil in der Höhe von 12,55% der Beitragsgrundlage ab dem 1. Jänner 1998; die zuviel gezahlten Beiträge sind den Weiterversicherten zu erstatten. Wird der Antrag später gestellt, so erfolgt die Beitragstragung aus Mitteln des Bundes erst ab dem der Antragstellung folgenden Monatsersten.

(7) § 56 Abs. 1 letzter Satz in der Fassung des Bundesgesetzes BGBl. I Nr. 139/1997 ist mit der Maßgabe anzuwenden, daß Bezüge, die nicht schon von § 23 Abs. 2 des Bezügegesetzes, BGBl. Nr. 273/1972, in der am 31. Juli 1997 geltenden Fassung umfaßt waren, nur dann als Erwerbseinkommen gelten, wenn die jeweilige Funktion, auf Grund deren diese Bezüge gebühren, nach dem 31. Dezember 2000 erstmals oder neuerlich angetreten wird.

(8) Die §§ 56 Abs. 2 in der Fassung der Z 31, und 123 Abs. 5 bis 7 in der Fassung des Bundesgesetzes BGBl. I Nr. 139/1997 sind auf Versicherungsfälle anzuwenden, in denen der Stichtag nach dem 31. Dezember 2000 liegt. Auf Bezieher einer Erwerbsunfähigkeitspension mit Stichtag vor dem 1. Jänner 2001 sind die §§ 56 Abs. 2 in der Fassung der Z 30, 58 Abs. 1, 130, 131 und 158 Abs. 1 Z 4 in der am 31. Dezember 1999 geltenden Fassung weiterhin anzuwenden; auf Personen, die am 31. Dezember 2000 Anspruch auf Übergangsgeld haben, ist § 156 Abs. 2 in der an diesem Tag geltenden Fassung weiterhin anzuwenden.

(9) (aufgehoben)

(BGBl I 2003/71)

(9a) (aufgehoben)

(BGBl I 2001/67, BGBl I 2003/71)

(10) Abweichend von § 123 Abs. 6 Z 4 in der Fassung des Bundesgesetzes BGBl. I Nr. 139/1997 darf der Anrechnungsbetrag

1. im Jahr 2001 10%,

2. im Jahr 2002 20%,

3. im Jahr 2003 30% und

4. im Jahr 2004 40%

der gemäß § 130 ohne den besonderen Steigerungsbetrag (§ 132) ermittelten Pension nicht übersteigen.

(11) Der § 130 Abs. 4 zweiter Satz und Abs. 5 erster Satz in der bis zum Ablauf des 31. Dezember 1999 geltenden Fassung ist rückwirkend ab 1. September 1996 mit der Maßgabe anzuwenden, daß Versicherungsmonate für Zeiten der Kindererziehung von den in dieser Bestimmung genannten 360 bzw. 480 Versicherungsmonaten ausgenommen sind. Für Personen mit bescheidmäßig zuerkannter Pension ist die Pension im Sinne des ersten Satzes neu zu bemessen; ist die neubemessene Pension höher als die bereits bescheidmäßig zuerkannte, so gebührt die neubemessene Pension rückwirkend ab Pensionsbeginn.

(12) Der § 130 Abs. 5 letzter Satz in der bis zum Ablauf des 31. Dezember 1999 geltenden Fassung ist rückwirkend ab 1. September 1996 mit der Maßgabe anzuwenden, daß sich der in dieser Bestimmung genannte Prozentsatz für jeden Versicherungsmonat für Zeiten der Kindererziehung um 0,152500 erhöht. Abs. 11 zweiter Satz ist anzuwenden.

(13) Auf Bezieher einer Gleitpension mit Stichtag vor dem 1. Jänner 1998 sind die §§ 122b und 134

BSVG

in der am 31. Dezember 1997 geltenden Fassung weiterhin anzuwenden.

(14) § 45 letzter Satz ist für das Kalenderjahr 1998 nicht anzuwenden. Der Anpassungsfaktor gemäß § 45 beträgt für das Kalenderjahr 1998 1,0133.

(15) Personen, die im Jänner 1998 bzw. Juli 1998
1. eine Ausgleichszulage gemäß § 141 Abs. 1 lit. a aa beziehen oder
2. mit dem Ehegatten (der Ehegattin) im gemeinsamen Haushalt leben und deren Gesamteinkommen (Pension zuzüglich eines aus übrigen Einkünften des Pensionsberechtigten erwachsenden Nettoeinkommens und der gemäß § 142 zu berücksichtigenden Beträge) unter Anwendung der §§ 140 ff. nicht die Höhe von 12 920,90 S übersteigt oder
3. eine Ausgleichszulage gemäß § 141 Abs. 1 lit. a bb, b bzw. c beziehen oder
4. nicht mit dem Ehegatten (der Ehegattin) in einem gemeinsamen Haushalt leben und deren Gesamteinkommen (Pension zuzüglich eines aus übrigen Einkünften des Pensionsberechtigten erwachsenden Nettoeinkommens und der gemäß § 142 zu berücksichtigenden Beträge unter Anwendung der §§ 140 ff. nicht die Höhe von 9 003,90 S übersteigt, gebührt zu der im Jänner 1998 bzw. Juli 1998 auszuzahlenden Pension eine zusätzliche Ausgleichszulage.

(16) Die zusätzliche Ausgleichszulage beträgt für Personen gemäß Abs. 15 Z 1 und 2 jeweils 975 S, für Personen gemäß Abs. 15 Z 3 und 4 jeweils 650 S. Falls beide Ehegatten Anspruch auf eine Pension mit Ausgleichszulage haben und im gemeinsamen Haushalt leben, gebührt die zusätzliche Ausgleichszulage zur jeweils höheren Pension. Die zusätzliche Ausgleichszulage gebührt nicht, wenn im gleichen Haushalt eine andere Person Anspruch auf die zusätzliche Ausgleichszulage zu einer Witwen(Witwer)pension hat.

(17) Der gemäß Abs. 16 gebührende Betrag vermindert sich für je 253 S, um die das Gesamteinkommen den anzuwendenden Richtsatz gemäß § 141 Abs. 1 übersteigt, um je 162,50 S. Hiebei ist für Waisenpensionen jedenfalls der Richtsatz gemäß § 141 Abs. 1 lit. b anzuwenden.

(18) Bei der Ermittlung des Nettoeinkommens (§ 140 Abs. 3) haben die Beträge gemäß Abs. 16 außer Betracht zu bleiben.

(19) § 147 ist für die zusätzliche Ausgleichszulage nicht anzuwenden. Der Aufwand ist vom Bund zu tragen.

(BGBl I 1997/139, BGBl I 1998/140)

Schlußbestimmungen zu Art. 10, Abschnitt II des Arbeits- und Sozialrechts- Änderungsgesetzes 1997, BGBl. I Nr. 139 (Abschnitt II der 21. Novelle)

§ 263. (1) § 2a Abs. 1 und 2, § 2b samt Überschrift, § 5 Abs. 2 und die §§ 23 Abs. 6, 23 Abs. 10 lit. d, 33b samt Überschrift, 33c, 71 Abs. 7 Z 1 bis 6, 81 Abs. 1 und 97 Abs. 8 in der Fassung des Bundesgesetzes BGBl. I Nr. 139/1997 treten mit 1. Jänner 2000 in Kraft.

(BGBl I 2000/2)

(1a) § 80a samt Überschrift in der Fassung des Bundesgesetzes BGBl. I Nr. 139/1997 tritt mit 1. Jänner 2005 in Kraft.

(BGBl I 2000/2, BGBl I 2001/101, BGBl I 2002/3)

(2) Die §§ 2a Abs. 3 und 98 Abs. 8 treten mit Ablauf des 31. Dezember 1999 außer Kraft.

(3) Personen, deren Beitragsgrundlage ab dem Inkrafttreten des § 2a Abs. 1 und 2 in der Fassung der Z 1 bis 2 des Bundesgesetzes BGBl. I Nr. 139/1997, gemäß § 23 Abs. 6 in der Fassung der Z 6 des Bundesgesetzes BGBl. I Nr. 139/1997 festgestellt wird und die am 31. Dezember 1999 nach § 2a in der zu diesem Zeitpunkt in Geltung gestandenen Fassung pflichtversichert waren, können bis 31. Dezember 2002 bei der Sozialversicherungsanstalt der Bauern beantragen, daß ihre jeweilige Beitragsgrundlage mit dem gesamten Versicherungswert des land(forst)wirtschaftlichen Betriebes festgestellt wird. Diese Erhöhung der Beitragsgrundlage auf den gesamten Versicherungswert ist bis zur erstmaligen Anwendung des § 23 Abs. 6 in der Fassung der Z 6 des Bundesgesetzes BGBl. I Nr. 139/1997 rückwirkend zu beantragen. Ein solcher Antrag kann nicht widerrufen werden und wirkt bis zum Stichtag der erstmaligen Zuerkennung einer Leistung aus der Pensionsversicherung nach diesem oder einem anderen Bundesgesetz, solange der land(forst)-wirtschaftliche Betrieb zum 31. Dezember 1999 auf gemeinsame Rechnung und Gefahr geführt wird und einer der Ehegatten nach § 2a Abs. 1 und 2 pflichtversichert ist.

(4) Bezieher einer Pension (Übergangspension) nach diesem Bundesgesetz, die am 31. Dezember 1999 gemäß § 5 Abs. 2 Z 2 oder 3 von der Krankenversicherung nach diesem Bundesgesetz ausgenommen sind, bleiben ausgenommen, solange jener Sachverhalt unverändert bleibt, der für die Ausnahme von der Krankenversicherung am 31. Dezember 1999 maßgeblich war.

(5) Versicherte gemäß § 2 Abs. 1, die ab 1. Jänner 2000 durch die Aufhebung des § 5 Abs. 2 Z 2 und 3 der Pflichtversicherung in der Krankenversicherung nach diesem Bundesgesetz unterliegen, haben in der Krankenversicherung im Jahre

2000 ein Zehntel

2001 zwei Zehntel

2002 drei Zehntel

2003 vier Zehntel

2004 fünf Zehntel

2005 sechs Zehntel

2006 sieben Zehntel

2007 acht Zehntel

2008 neun Zehntel

der Beiträge gemäß den §§ 24 Abs. 1 und 24a zu entrichten.

(6) Für Personen, die auf Grund der Übergangsbestimmung des § 262 Abs. 3 nach dem 31. Dezember 1998 von der Krankenversicherung ausgenommen bleiben, ist § 97 Abs. 8 in der am 31. Dezember 1999 geltenden Fassung auch nach diesem Zeitpunkt für die Dauer der Ausnahme weiterhin anzuwenden.

(BGBl I 1998/140)

(BGBl I 1997/139, BGBl I 1998/140)

Schlußbestimmung zu Art. 10 des Gesetzes über die Ausbildung von Frauen im Bundesheer, BGBl. I Nr. 30/1998

§ 264. § 2a Abs. 2 Z 5, § 4 Z 2, § 8 Abs. 1 lit. c, § 9 Abs. 4 lit. c, § 25 samt Überschrift, § 51 Abs. 4, § 55 samt Überschrift, § 107 Abs. 1 Z 3 und § 111 Abs. 2 lit. c in der Fassung des Bundesgesetzes BGBl. I Nr. 30/1998 treten mit 1. Jänner 1998 in Kraft.

(BGBl I 1998/30, BGBl I 1998/140)

Schlußbestimmungen zum Abschnitt I des Bundesgesetzes BGBl. I Nr. 140/1998 (Abschnitt I der 22. Novelle)

§ 265. (1) Es treten in Kraft:

1. mit 1. August 1998 die §§ 94 Abs. 2 und 3, 107c samt Überschrift, 108a, 110 Z 1 bis 4, 111 Abs. 6 Z 2 und 3, 118b Abs. 4, 122a Abs. 3, 122b Abs. 1 Z 3 lit. a und b sowie Abs. 4 und 5 in der Fassung der Z 40, 127 Abs. 2, 136 Abs. 1 Z 3 und 4 in der Fassung der Z 48, 150 Abs. 2, 156 Abs. 4 und 207 samt Überschrift sowie die Überschriften zu den §§ 243 bis 264 in der Fassung des Bundesgesetzes BGBl. I Nr. 140/1998;

2. mit 1. Jänner 1999 § 95 Abs. 4 in der Fassung des Bundesgesetzes BGBl. I Nr. 140/1998;

3. mit 1. Jänner 2000 die §§ 28 Abs. 1, 33c Abs. 3, 110a Abs. 1, 113 Abs. 1, 118 samt Überschrift, 118c samt Überschrift sowie 120 Überschrift und Abs. 7 in der Fassung des Bundesgesetzes BGBl. I Nr. 140/1998;

4. mit 1. Jänner 2001 § 136 Abs. 1 in der Fassung der Z 50 in der Fassung des BGBl. I Nr. 140/1998;

5. rückwirkend mit 1. Juli 1998 die §§ 80 Abs. 2 und 5, 85 Abs. 3, 88 Abs. 1, 95 Abs. 5, 182 Z 4 und 5 und 262 Abs. 1 Z 1a in der Fassung des Bundesgesetzes BGBl. I Nr. 140/1998;

6. rückwirkend mit 1. Jänner 1998 die §§ 33a Abs. 1, 75 Z 3, 78 Abs. 6 lit. a bis e, 97 Abs. 2, 99 Abs. 3, 118b Abs. 2, 122 Abs. 5, 122a Abs. 5, 122b Abs. 5 in der Fassung der Z 41, 122b Abs. 7, 8 und 12, 122c Abs. 4, 134 Abs. 3 Z 1 lit. a und 136 Abs. 1 Z 5 in der Fassung der Z 49 in der Fassung des Bundesgesetzes BGBl. I Nr. 140/1998;

7. rückwirkend mit 30. Dezember 1997 § 263 Abs. 6 in der Fassung des Bundesgesetzes BGBl. I Nr. 140/1998;

8. rückwirkend mit 1. August 1997 § 260 in der Fassung des Bundesgesetzes BGBl. I Nr. 140/1998;

9. rückwirkend mit 1. Jänner 1997 § 93 Abs. 3 in der Fassung des Bundesgesetzes BGBl. I Nr. 140/1998;

10. rückwirkend mit 1. September 1996 § 104 Überschrift und Abs. 2 in der Fassung des Bundesgesetzes BGBl. I Nr. 140/1998.

(2) § 33b Abs. 3 in der Fassung des Bundesgesetzes BGBl. I Nr. 140/1998 tritt mit 1. Jänner 1998 in Kraft und mit Ablauf des 31. Dezember 1999 außer Kraft.

(3) Es treten außer Kraft:

1. mit Ablauf des 31. Juli 1998 § 111 Abs. 2 lit. b;

2. mit Ablauf des 31. Dezember 1999 § 118a.

(4) § 33b Abs. 1 in der bis zum Ablauf des 31. Dezember 1999 geltenden Fassung ist in den Kalenderjahren 1997, 1998 und 1999 mit der Maßgabe anzuwenden, daß eine Pflichtversicherung auf Grund eines Pensionsbezuges einer Krankenversicherung auf Grund einer Erwerbstätigkeit gleichzuhalten ist.

(5) Die §§ 33b Abs. 3 und 118b Abs. 2 in der Fassung des Bundesgesetzes BGBl. I Nr. 140/1998 sind erstmals für das Beitragsjahr 1998 anzuwenden.

(6) § 57a in der Fassung des Bundesgesetzes BGBl. I Nr. 139/1997 ist auf Alterspensionen gemäß § 121 mit Stichtag vor dem 1. Juli 1993 nicht anzuwenden. Hat irgendwann in der Zeit zwischen dem 1. Juli 1993 und dem 31. Juli 1998 eine solche Pension auf Grund gleichzeitigen Bezuges von Krankengeld geruht, so kann der (die) Pensionsbezieher(in) beantragen, daß die ruhend gestellten Beträge erstattet werden; ein solcher Antrag ist bis zum 31. Dezember 1998 beim zuständigen Pensionsversicherungsträger zu stellen.

(7) Die §§ 110a Abs. 1, 118, 118a und 120 Abs. 7 in der Fassung des Bundesgesetzes BGBl. I Nr. 140/1998 sind nur auf Versicherungsfälle anzuwenden, in denen der Stichtag nach dem 31. Dezember 1999 liegt.

(8) Abweichend von den §§ 121 Abs. 3 und 122 Abs. 5 ist bis zum Ablauf des 31. Dezember 1999 ein Antrag auf Alterspension dann zulässig, wenn der (die) Versicherte nicht länger als sechs Monate im Leistungsbezug einer vorzeitigen Alterspension gemäß § 122 oder § 122a gestanden ist und die bezogenen Pensionsleistungen einschließlich allfälliger Zulagen und Zuschüsse an den Versicherungsträger zurückgezahlt hat.

(9) Die §§ 122b und 134 in der am 31. Dezember 1997 geltenden Fassung sind auf Gleitpensionen mit einem nach dem 31. Dezember 1997 und vor dem 1. August 1998 liegenden Stichtag weiterhin anzuwenden, wenn dies bis zum 31. Dezember 1998 beantragt wird. Die neubemessene Gleitpension gebührt rückwirkend ab Pensionsbeginn.

(10) § 136 Abs. 1 in der am 31. Dezember 1999 geltenden Fassung gilt weiterhin für die Ermittlung von Witwen(Witwer)pensionen mit Stichtag vor 1. Jänner 2001.

(11) (aufgehoben)

(BGBl I 1999/15, BGBl I 2012/123)

(BGBl I 1998/140)

Schlußbestimmungen zum Abschnitt II des Bundesgesetzes BGBl. I Nr. 140/1998 (Abschnitt II der 22. Novelle)

§ 266. (1) Die §§ 3 Abs. 1 Z 2, 13 Abs. 2, 50 samt Überschrift, 51 Abs. 3, 4 und 5, 53 Abs. 1 und 2, 54 Abs. 1 Z 1 und Z 3 sowie Abs. 2, 3 und 5, 59 samt Überschrift, 60 samt Überschrift, 64 Abs. 1 lit. b, 66 Abs. 3, 67 Abs. 2 und 3, 68 samt Überschrift, 69 samt Überschrift, 71 Abs. 2 und 3, 73 Abs. 2, 75a, 103 Abs. 2, 107 Abs. 1 Z 5, 112 Z 4 lit. b sowie die §§ 148 bis 148z, 149 bis 149s jeweils samt Überschrift, 150, 150a, 153 Abs. 2 Z 1, 154 Abs. 1, 156 Abs. 6, 169a, 169b und 169c jeweils samt Überschrift in der Fassung des Bundesgesetzes BGBl. I Nr. 140/1998 treten mit 1. Jänner 1999 in Kraft.

(2) Für Versicherungsfälle, die vor dem 1. Jänner 1999 eingetreten sind (§ 174 ASVG), ist § 148 in der am 31. Dezember 1998 geltenden Fassung weiterhin anzuwenden.

(BGBl I 1998/140)

Zusätzliche Ausgleichszulage 1999

§ 267. (1) Personen, die im Jänner 1999 Anspruch haben auf

1. eine Ausgleichszulage gemäß § 141 Abs. 1 lit. a sublit. aa oder

2. eine Ausgleichszulage gemäß § 141 Abs. 1 lit. a sublit. bb oder lit. b oder lit. c,

gebührt zu der für Jänner 1999 auszuzahlenden Pension eine zusätzliche Ausgleichszulage; diese beträgt für Personen gemäß Z 1 900 S und für Personen gemäß Z 2 600 S. Bei der Ermittlung des Nettoeinkommens (§ 140 Abs. 3) haben die genannten Beträge außer Betracht zu bleiben. § 147 ist für die zusätzliche Ausgleichszulage nicht anzuwenden; der Aufwand ist vom Bund zu tragen.

(2) Wenn beide Ehegatten Anspruch auf eine Ausgleichszulage haben und im gemeinsamen Haushalt leben, gebührt die zusätzliche Ausgleichszulage zur jeweils höheren Pension. Die zusätzliche Ausgleichszulage gebührt jedoch nicht, wenn im gleichen Haushalt eine andere Person Anspruch auf die zusätzliche Ausgleichszulage zu einer Witwen(Witwer)pension hat.

(BGBl I 1999/16)

Besondere Pensionszulage 1999

§ 268. (1) Personen, die im Juni 1999 Anspruch auf eine oder mehrere Pensionen haben, gebührt zu der (höchsten) für Juni 1999 auszuzahlenden Pension eine besondere Pensionszulage; diese beträgt bei Anspruch auf eine Ausgleichszulage 300 S, sonst 3,5% des Gesamtpensionseinkommens, höchstens jedoch 300 S.

(2) Als Gesamtpensionseinkommen im Sinne des Abs. 1 gilt die Summe aller Pensionen aus der gesetzlichen Pensionsversicherung.

(BGBl I 1999/16)

Schlußbestimmungen zu Art. XX des Bundesgesetzes BGBl. I Nr. 106/1999

§ 269. (1) Die §§ 44 Abs. 1 und 67 Abs. 1 Z 1 in der Fassung des Bundesgesetzes BGBl. I Nr. 106/1999 treten mit 1. Oktober 1999 in Kraft.

(2) § 44 Abs. 2 tritt mit Ablauf des 30. September 1999 außer Kraft.

(3) § 44 Abs. 1 und 2 in der am 30. September 1999 geltenden Fassung ist dann weiterhin auf zivilgerichtliche Verfahren oder auf Exekutionsverfahren (§ 10 Abs. 3 des Gerichtsgebührengesetzes in der am 31. Dezember 2001 geltenden Fassung) anzuwenden, wenn die Klage, der verfahrenseinleitende Antrag, die Rechtsmittelschrift oder der Exekutionsantrag vor dem 1. Oktober 1999 bei Gericht angebracht wurde.

(BGBl I 2001/131)

(BGBl I 1999/106)

Schlußbestimmungen zum Bundesgesetz BGBl. I Nr. 176/1999

§ 270. (1) Es treten in Kraft:

1. mit 1. Jänner 2000 die §§ 23 Abs. 6 zweiter Satz in der Fassung der Z 10 sowie 255 Abs. 21 in der Fassung des Bundesgesetzes BGBl. I Nr. 176/1999;

(BGBl I 2000/2)

1a. mit 1. Jänner 2005 § 80a Abs. 1 und 2 in der Fassung des Bundesgesetzes BGBl. I Nr. 176/1999;

(BGBl I 2000/2, BGBl I 2001/101, BGBl I 2002/3)

2. mit 1. August 1999 § 20a in der Fassung des Bundesgesetzes BGBl. I Nr. 176/1999;

3. rückwirkend mit 1. Jänner 1999 die §§ 2 Abs. 1 Z 1 letzter Satz, 20 Abs. 2, 20 Abs. 3 erster Satz, 23 Abs. 1, 23 Abs. 2 vorletzter Satz, 23 Abs. 4 erster Satz, 23 Abs. 4a, 23 Abs. 6 in der Fassung der Z 9, 23 Abs. 12, 33 Abs. 1, § 217 Abs. 2 sowie die Anlage 2 in der Fassung des Bundesgesetzes BGBl. I Nr. 176/1999;

4. rückwirkend mit 1. Jänner 1998 § 23 Abs. 10 lit. a in der Fassung des Bundesgesetzes BGBl. I Nr. 176/1999;

5. rückwirkend mit 1. Juli 1998 § 181 Z 1 bis 3 in der Fassung des Bundesgesetzes BGBl. I Nr. 176/1999.

(2) Der Versicherungsträger hat aus der allgemeinen Rücklage der Unfallversicherung im Geschäftsjahr 1999 250 Millionen Schilling in die allgemeine Rücklage der von ihr geführten Krankenversicherung zu übertragen.

(3) Der Versicherungsträger hat aus der allgemeinen Rücklage der Unfallversicherung in den Geschäftsjahren 2000 bis 2005 jeweils 726 728,34 €

BSVG

in die allgemeine Rücklage der von ihr geführten Pensionsversicherung zu übertragen. In diesen Jahren vermindert sich der Bundesbeitrag gemäß § 31 Abs. 3 jeweils um 726 728,34 €.

(BGBl I 2001/67)

(4) Die Summe der Beiträge, die der Bund gemäß § 31 Abs. 2 und 3 für die Jahre 2000 und 2001 zu leisten hat, darf die Summe jener Beiträge gemäß § 31 Abs. 2 und 3, die der Bund auf Grund der am 31. Dezember 1998 geltenden Rechtslage für diese Jahre zu leisten gehabt hätte, nicht übersteigen.

(5) § 247 Abs. 9 ist ab 1. Jänner 2000 mit folgenden Maßgaben anzuwenden:

1. § 121 Abs. 3 in der am 30. Juni 1993 geltenden Fassung ist weiterhin maßgebend, sofern nach dem Stichtag der weggefallenen Leistung kein weiterer Beitragsmonat der Pflichtversicherung erworben worden ist.

(BGBl I 2001/101)

2. Abweichend von § 130 in der am 30. Juni 1993 geltenden Fassung ist der Steigerungsbetrag nach den Z 3 bis 5 zu ermitteln, sofern mindestens ein Beitragsmonat der Pflichtversicherung nach dem Stichtag der weggefallenen Leistung erworben worden ist (§ 121 Abs. 3).

3. Die Summe der Hundertsätze nach § 130 Abs. 2 in der am 30. Juni 1993 geltenden Fassung bzw. nach § 130 Abs. 2 und 3 in der am 31. Dezember 1984 geltenden Fassung der weggefallenen Leistung ist um einen Faktor zu vervielfachen, der sich aus der Teilung der Versicherungsmonate zum Stichtag der neu anfallenden Leistung durch die Versicherungsmonate zum Stichtag der weggefallenen Leistung errechnet. Dabei ist die Zahl der Versicherungsmonate der neu anfallenden Leistung auf Grund der am Stichtag der neu anfallenden Leistung geltenden Rechtslage zu ermitteln.

4. Die für die Ermittlung des Steigerungsbetrages der neu anfallenden Leistung zu berücksichtigende Bemessungsgrundlage ergibt sich aus der Teilung des Steigerungsbetrages der weggefallenen Leistung durch die Summe der für diesen Steigerungsbetrag maßgebenden Hundertsätze unter Anwendung des § 46 Abs. 4. Ist die Bemessungsgrundlage nach § 113 zu der am Stichtag der neu anfallenden Leistung geltenden Rechtslage jedoch höher, so ist für die Berechnung des Steigerungsbetrages ausschließlich diese Bemessungsgrundlage heranzuziehen.

5. Der Steigerungsbetrag nach Z 4 ist nach oben hin mit 80% der zur Anwendung kommenden Bemessungsgrundlage begrenzt.

6. Die Z 3 bis 5 sind auch bei einem Antrag auf vorzeitige Alterspension nach § 122 oder § 122a anzuwenden, wenn bereits ein rechtskräftig zuerkannter Anspruch auf eine Pension aus dem Versicherungsfall der dauernden Erwerbsunfähigkeit nach diesem Bundesgesetz oder dem GSVG oder aus dem Versicherungsfall der Invalidität oder Berufsunfähigkeit nach dem ASVG, deren Stichtag vor dem 1. Juli 1993 liegt, besteht oder bestanden hat und nicht entzogen wurde.

(6) Personen, die am 31. Dezember 1999 Anspruch auf eine Zuschußleistung des Pensionsinstitutes für Verkehr und öffentliche Einrichtungen haben, gebührt ein besonderer Steigerungsbetrag im Sinne des § 132 Abs. 7 nach Maßgabe der folgenden Sätze. Die Beiträge, die der Bemessung dieses besonderen Steigerungsbetrages zugrunde zu legen sind, gelten als zur Höherversicherung geleistet. Über den besonderen Steigerungsbetrag hat das Pensionsinstitut für Verkehr und öffentliche Einrichtungen einen Bescheid zum Stichtag 31. Dezember 1999 zu erlassen. Der besondere Steigerungsbetrag gebührt

1. im Ausmaß der Ruhegenuß-Zuschußleistung zum 31. Dezember 1999, wenn diese Leistung vor dem 1. Jänner 1983 angefallen ist;

2. im Ausmaß der Hinterbliebenenversorgungsgenuß-Zuschußleistung zum 31. Dezember 1999, wenn diese Leistung auf eine Ruhegenuß-Zuschußleistung zurückgeht, die vor dem 1. Jänner 1983 angefallen ist;

3. im Ausmaß der Ruhegenuß-Zuschußleistung zum 31. Dezember 1999, wenn

   a) diese Leistung nach dem 31. Dezember 1982 angefallen ist und

   b) die Ruhegenuß-Zuschußleistung zum 31. Dezember 1999, die aus Leistungsteilen für Beitragsgrundlagen unter der jeweils geltenden Höchstbeitragsgrundlage entstanden ist, nicht um mehr als 175 S monatlich höher ist als bei Neuberechnung dieser Leistung unter Anwendung des am 1. Jänner 1999 geltenden Leistungsrechtes;

4. im Ausmaß der Hinterbliebenenversorgungsgenuß-Zuschußleistung zum 31. Dezember 1999, wenn

   a) diese Leistung auf eine Ruhegenuß-Zuschußleistung zurückgeht, die nach dem 31. Dezember 1982 angefallen ist, und

   b) die Hinterbliebenenversorgungsgenuß-Zuschußleistung zum 31. Dezember 1999, die aus Leistungsteilen für Beitragsgrundlagen unter der jeweils geltenden Höchstbeitragsgrundlage entstanden ist, nicht um mehr als 175 S monatlich höher ist als bei Neuberechnung dieser Leistung unter Anwendung des am 1. Jänner 1999 geltenden Leistungsrechtes.

Leistungsteile für Beitragsgrundlagen über der jeweils geltenden Höchstbeitragsgrundlage sind der Bemessung des besonderen Steigerungsbetrages nicht zugrunde zu legen, wenn sich dieser dadurch um mehr als 100 S monatlich erhöhen würde.

(BGBl I 1999/176)

Schlußbestimmung zu Art. 8 des Bundesgesetzes BGBl. I Nr. 179/1999

§ 271. Die §§ 122b Abs. 2 Z 4, Abs. 7 und Abs. 9 bis 12 sowie 134 Abs. 1 in der Fassung des Bundesgesetzes BGBl. I Nr. 179/1999 treten mit 1. Jänner 2000 in Kraft.

(BGBl I 1999/179)

Schlussbestimmung zu Art. 3 des Sozialversicherungs-Änderungsgesetzes 1999, BGBl. I Nr. 2/2000

§ 272. § 80a samt Überschrift in der Fassung des Bundesgesetzes BGBl. I Nr. 2/2000 tritt mit 1. Jänner 2000 in Kraft und mit Ablauf des 31. Dezember 2002 außer Kraft.

(BGBl I 2000/2, BGBl I 2001/101)

Schlussbestimmungen zu Art. 3 des Sozialrechts-Änderungsgesetzes 1999, BGBl. I Nr. 1/2000

§ 273. (1) § 141 Abs. 1 und 2 in der Fassung des Bundesgesetzes BGBl. I Nr. 1/2000 tritt mit 1. Jänner 2000 in Kraft.

(2) Beträgt das Gesamtpensionseinkommen einer Person (Abs. 3) nicht mehr als 10 400 S monatlich, so ist die Pensionserhöhung für das Kalenderjahr 2000 abweichend von § 108h ASVG nicht mit dem Anpassungsfaktor, sondern wie folgt vorzunehmen: Das Gesamtpensionseinkommen ist zu erhöhen

1. wenn es nicht mehr als 7 000 S monatlich beträgt, um 1,5%;
2. wenn es über 7 000 S bis zu 8 000 S monatlich beträgt, um jenen Prozentsatz, der sich aus der Summe des Betrages des Prozentsatzes nach Z 1 und jenem Betrag ergibt, der sich im Verhältnis des um 7 000 verminderten Gesamtpensionseinkommenswertes zur Zahl 1 000 errechnet;
3. wenn es über 8 000 S bis zu 9 750 S monatlich beträgt, um 200 S;
4. wenn es über 9 750 S bis zu 10 400 S monatlich beträgt, um jenen Betrag, der sich aus der Verminderung des Erhöhungsbetrages nach Z 3 um zehn Groschen für jeden Schilling, der 9 750 S übersteigt, ergibt.

Beträgt das Gesamtpensionseinkommen mehr als 10 400 S monatlich, so ist es jedenfalls um mindestens 135 S zu erhöhen.

(3) Das Gesamtpensionseinkommen einer Person ist die Summe aller ihrer Pensionen aus der gesetzlichen Pensionsversicherung, auf die nach den am 31. Dezember 1999 in Geltung gestandenen Vorschriften Anspruch bestand, jedoch mit Ausnahme der Kinderzuschüsse, der Ausgleichszulage und des besonderen Steigerungsbetrages und vor Anwendung von Ruhensbestimmungen.

(4) Bezieht eine Person zwei oder mehrere Pensionen aus der gesetzlichen Pensionsversicherung, so ist der Erhöhungsbetrag nach Abs. 2 auf die einzelne Pension im Verhältnis der Pensionen zueinander aufzuteilen.

(BGBl I 2000/1)

Schlussbestimmungen zu Art. 3 des Sozialversicherungs-Änderungsgesetzes 2000, BGBl. I Nr. 43

§ 274. (1) Die §§ 103 Abs. 1 Z 1 lit. d, 111 Abs. 6 Z 2, 121 Abs. 3, 124 Abs. 2, 134 Abs. 2, 183 Abs. 3, 186 Abs. 1 bis 4, 191 Abs. 1 und 2, 201 Abs. 3, 5 und 6, 202 Abs. 4, 202b Abs. 4, 202e Abs. 3 und 4 sowie 213 Abs. 1 Z 4 in der Fassung des Bundesgesetzes BGBl. I Nr. 43/2000 treten mit 1. Juli 2000 in Kraft.

(2) Die §§ 103 Abs. 1 Z 1 lit. e, 111 Abs. 3 Z 2 lit. b, 122c und 213 Abs. 1 Z 5 treten mit Ablauf des 30. Juni 2000 außer Kraft.

(3) Die §§ 103 Abs. 1 Z 1 lit. d und e, 111 Abs. 3 Z 2 lit. b und Abs. 6 Z 2, 121 Abs. 3, 122c und 134 Abs. 2 in der am 30. Juni 2000 geltenden Fassung sind auf Personen, deren Anspruch auf vorzeitige Alterspension wegen Erwerbsunfähigkeit mit Stichtag vor dem 1. Juli 2000 haben, weiterhin anzuwenden.

(4) Anträge auf vorzeitige Alterspension wegen Erwerbsunfähigkeit, die nach dem 23. Mai 2000 und vor dem 2. Juni 2000 gestellt wurden, sind als Anträge auf Erwerbsunfähigkeitspension mit Stichtag 1. Juni 2000 zu werten, wobei § 124 Abs. 2 in der Fassung des Sozialversicherungs-Änderungsgesetzes 2000, BGBl. I Nr. 43, anzuwenden ist.

(BGBl I 2000/92, BGBl I 2001/33)

(5) § 124 Abs. 2 in der Fassung des Bundesgesetzes BGBl. I Nr. 43/2000 ist nur auf Versicherungsfälle anzuwenden, in denen der Stichtag nach dem 30. Juni 2000 liegt.

(6) Alle Versicherungsvertreter sind nach § 186 in der Fassung des Bundesgesetzes BGBl. I Nr. 43/2000 bis längstens 31. Dezember 2000 neu zu bestellen; mit dem Tag der Neubestellung gilt jedes amtierende Mitglied als seines Amtes enthoben.

(BGBl I 2000/142)

(7) Die Amtsdauer der am 31. Dezember 2000 bestehenden Verwaltungskörper verlängert sich bis zum Ablauf des 31. Dezember 2005.

(8) Die Vorsitzenden der Landesstellen Niederösterreich und Wien sowie ihre Stellvertreter gelten mit Ablauf des 30. Juni 2000 von ihrer Funktion als Vorsitzende bzw. Stellvertreter enthoben. Der Landesstellenausschuss Niederösterreich/Wien hat unverzüglich aus seiner Mitte einen Vorsitzenden zu wählen. Bis zur Neuwahl des Vorsitzenden hat der Vorsitzende der Landesstelle Wien die Geschäfte der Landesstelle Niederösterreich/Wien zu führen.

(9) Die Versicherungsvertreter der Landesstellen Niederösterreich und Wien gelten ab 1. Juli 2000 als für die Landesstelle Niederösterreich/Wien entsandt.

(BGBl I 2000/43)

Schlussbestimmung zu Art. 14 des Bundesgesetzes BGBl. I Nr. 44/2000

§ 275. Die §§ 122 Abs. 1 Z 4 und Abs. 3 sowie 122a Abs. 2 Z 4 in der Fassung des Bundesgesetzes BGBl. I Nr. 44/2000 treten mit 1. Jänner 2001 in Kraft.

(BGBl I 2000/44)

Schlussbestimmungen zu Art. 3 des Sozialrechts-Änderungsgesetzes 2000, BGBl. I Nr. 92

§ 276. (1) Es treten in Kraft:

1. mit 1. Oktober 2000 die §§ 45 samt Überschrift, 56 Abs. 2 in der Fassung der Z 3a, 57 Abs. 1, 80 Abs. 2 in der Fassung der Z 4b, 86 Abs. 3 und 5, 122 Abs. 1, 122a Abs. 1, 122b Abs. 1, 130 Abs. 4 und 5, 134 Abs. 1, 134a Abs. 1, 136 Abs. 1 Z 1 und 2, Abs. 2, 6, 6a und 7a, 141 Abs. 2 und 147a samt Überschrift in der Fassung des Bundesgesetzes BGBl. I Nr. 92/2000;

2. mit 1. Jänner 2001 die §§ 2 Abs. 1 Z 3 und Z 4, 6 Z 1, 7 Z 1, 16, 23 Abs. 1, Abs. 6 Z 3 und 4, Abs. 9 lit. b und c sowie Abs. 10 lit. a, b, d und e, 24 Abs. 2, 26 Abs. 1 und 2, 33 Abs. 1, 29a samt Überschrift, 56 Abs. 2 in der Fassung der Z 3b, 80 Abs. 2 in der Fassung der Z 4a und Abs. 5, 85a samt Überschrift, 130 Abs. 3, 140 Abs. 7, 183 samt Überschrift, 184 Z 4, 185 Abs. 5 Z 2, 188 Abs. 2, 191 Abs. 1 und 2, 192 Abs. 4, 195 Abs. 1, 196 samt Überschrift, 200 Abs. 1, 201 Abs. 6, 202 Abs. 4 Z 2 und 218 Abs. 5 in der Fassung des Bundesgesetzes BGBl. I Nr. 92/2000;

3. mit 1. Jänner 2003 § 41 in der Fassung des Bundesgesetzes BGBl. I Nr. 92/2000;

4. rückwirkend mit 1. Jänner 2000 § 23 Abs. 6 Z 2 in der Fassung des Bundesgesetzes BGBl. I Nr. 92/2000;

5. rückwirkend mit 1. Juli 2000 § 186 in der Fassung des Bundesgesetzes BGBl. I Nr. 92/2000;

6. rückwirkend mit 1. Juli 1996 die §§ 107 Abs. 7 und 136 Abs. 1 Z 5 in der Fassung des Bundesgesetzes BGBl. I Nr. 92/2000.

(2) Es treten außer Kraft:

1. mit Ablauf des 30. September 2000 die §§ 49, 98 Abs. 7, 120 Abs. 7 Z 3 und 121 Abs. 2;

2. mit Ablauf des 31. Dezember 2000 § 31 Abs. 1.

(2a) § 98 Abs. 7 in der am 30. September 2000 geltenden Fassung ist für Geburten weiterhin anzuwenden, die vor dem 1. Jänner 2001 erfolgen.

(2b) Zeiten vor dem 1. Jänner 2001, in denen bei einem früheren Wirksamkeitsbeginn des § 2 Abs. 1 Z 4 in der Fassung des Bundesgesetzes BGBl. I Nr. 92/2000 eine Pflichtversicherung bestanden hätte, sind auch bei der Erfüllung der Voraussetzungen des § 107 Abs. 1 Z 1 aus diesem Grunde keine Ersatzzeiten.

(BGBl I 2001/101)

(3) § 107 Abs. 7 in der Fassung des Bundesgesetzes BGBl. I Nr. 92/2000 gilt auch für Fälle, in denen über einen nach dem 30. Juni 1996 gestellten Antrag auf Beitragsentrichtung nach § 107 Abs. 9 und 10 bereits entschieden worden ist, wenn eine neuerliche Entscheidung über die Beitragsentrichtung beantragt wird. Die Rechtskraft der ergangenen Entscheidung steht dem nicht entgegen.

(4) Die §§ 122 Abs. 1, 122a Abs. 1, 122b Abs. 1 und 136 Abs. 1 Z 1 und 2 in der Fassung des Bundesgesetzes BGBl. I Nr. 92/2000 sind nur auf Versicherungsfälle anzuwenden, in denen der Stichtag nach dem 30. September 2000 liegt, jedoch tritt jeweils

1. an die Stelle des 738. Lebensmonates, wenn der Versicherte das 60. Lebensjahr vollendet bis einschließlich 30. September 2000 der 720. Lebensmonat,

   im Oktober oder November oder Dezember 2000 der 722. Lebensmonat,

   im Jänner oder Februar oder März 2001 der 724. Lebensmonat,

   im April oder Mai oder Juni 2001 der 726. Lebensmonat,

   im Juli oder August oder September 2001 der 728. Lebensmonat,

   im Oktober oder November oder Dezember 2001 der 730. Lebensmonat,

   im Jänner oder Februar oder März 2002 der 732. Lebensmonat,

   im April oder Mai oder Juni 2002 der 734. Lebensmonat,

   im Juli oder August oder September 2002 der 736. Lebensmonat;

2. an die Stelle des 678. Lebensmonates, wenn die Versicherte das 55. Lebensjahr vollendet bis einschließlich 30. September 2000 der 660. Lebensmonat,

   im Oktober oder November oder Dezember 2000 der 662. Lebensmonat,

   im Jänner oder Februar oder März 2001 der 664. Lebensmonat,

   im April oder Mai oder Juni 2001 der 666. Lebensmonat,

   im Juli oder August oder September 2001 der 668. Lebensmonat,

   im Oktober oder November oder Dezember 2001 der 670. Lebensmonat,

   im Jänner oder Februar oder März 2002 der 672. Lebensmonat,

   im April oder Mai oder Juni 2002 der 674. Lebensmonat,

   im Juli oder August oder September 2002 der 676. Lebensmonat.

(5) (aufgehoben)

(BGBl I 2002/142, BGBl I 2003/71)

(5a) Der Pensionsversicherungsträger wird in den Jahren 2001 bis 2003 ermächtigt, in den Richtlinien nach § 42 Abs. 4 zum Ausgleich besonderer Härten durch die Anhebung des Pensionsanfallsalters vorzusehen, dass dem (der) Versicherten auf

Antrag eine Unterstützung nach pflichtgemäßem Ermessen des Versicherungsträgers und durch Beschluss der Selbstverwaltung zuerkannt wird. Die Höhe dieser Unterstützung ist im Einzelfall unter sinngemäßer Anwendung des § 156, die Dauer mit dem Zeitraum, der sich jeweils aus der Anhebung des Anfallsalters nach Abs. 4 ergibt, zu begrenzen. Abweichend von § 42 Abs. 2 können in diesen Jahren zusätzliche Mittel an den Unterstützungsfonds im Höchstausmaß von 0,5 vT der Erträge an Beiträgen für Versicherte überwiesen werden.

(BGBl I 2002/142)

(6) § 130 Abs. 4 in der Fassung des Bundesgesetzes BGBl. I Nr. 92/2000 ist nur auf Versicherungsfälle anzuwenden, in denen der Stichtag nach dem 30. September 2000 liegt. Für männliche Versicherte, die das 60. Lebensjahr, für weibliche Versicherte, die das 55. Lebensjahr vor dem 1. Oktober 2002 vollenden, ist das Ausmaß der Verminderung (§ 130 Abs. 4 erster bis vierter Satz) in jenem Verhältnis zu kürzen, das sich aus der Gegenüberstellung von zehn Steigerungspunkten zur Zahl der Steigerungspunkte ergibt, die sich als Ausmaß der Verminderung beim jeweils frühestmöglichen Antritt einer vorzeitigen Alterspension nach Abs. 4 ohne Berücksichtigung eines Höchstausmaßes errechnet. Das Höchstausmaß der Verminderung beträgt 15% der nach § 130 Abs. 2 ermittelten Summe der Steigerungspunkte.

(7) § 130 Abs. 5 in der Fassung des Bundesgesetzes BGBl. I Nr. 92/2000 ist so anzuwenden, dass die Erwerbsunfähigkeitspension für je zwölf Versicherungsmonate mindestens im Ausmaß von

1. 1,78% bei Stichtagen im Jahr 2001,
2. 1,76% bei Stichtagen im Jahr 2002,
3. 1,74% bei Stichtagen im Jahr 2003,
4. 1,72% bei Stichtagen im Jahr 2004

der Gesamtbemessungsgrundlage begrenzt mit 60% der Gesamtbemessungsgrundlage gebührt. § 130 Abs. 2 dritter und vierter Satz sind anzuwenden.

(8) § 136 in der Fassung des Bundesgesetzes BGBl. I Nr. 92/2000 ist nur auf Versicherungsfälle anzuwenden, in denen der Stichtag nach dem 30. September 2000 liegt. Auf Witwen-(Witwer-)Pensionen mit Stichtag vor dem 1. Oktober 2000 ist § 136 in der vor dem 1. Oktober 2000 geltenden Fassung weiterhin anzuwenden.

(10) § 274 Abs. 6 ist mit der Maßgabe anzuwenden, dass die Neubestellung gemäß § 186 in der Fassung des Bundesgesetzes BGBl. I Nr. 92/2000 zu erfolgen hat.

(11) § 274 Abs. 7 ist mit der Maßgabe anzuwenden, dass sich die Verlängerung der Amtsdauer nicht auf die Landesstellenausschüsse bezieht.

(12) Die Versicherungsvertreter in den Landesstellenausschüssen gelten mit Ablauf des 31. Dezember 2000 von diesem Amt als enthoben.

(13) Die am 31. Dezember 2000 den Landesstellen übertragenen Aufgaben sind so lange durch die jeweiligen Regionalbüros wahrzunehmen, bis der Vorstand einen neuen Anhang zur Geschäftsordnung (§ 215a) beschließt.

(BGBl I 2000/92, BGBl I 2001/33)

Schlussbestimmungen zu Art. 68 des Budgetbegleitgesetzes 2001, BGBl. I Nr. 142/2000

§ 277. (1) Die §§ 20 Abs. 7, 24b, 24c samt Überschrift, 26 Abs. 1a und 2, 28 Abs. 6, 33c Abs. 1, 78 Abs. 7, 135 Abs. 2 sowie 149f Abs. 1 in der Fassung des Bundesgesetzes BGBl. I Nr. 142/2000 treten mit 1. Jänner 2001 in Kraft.

(2) Die §§ 20 Abs. 2 Z 1 und 2, 20a, 23 Abs. 1 Z 3, Abs. 1a, 4, 4a, 4b, 6 Z 2 und 10 lit. a sowie § 24 Abs. 2 in der Fassung des Bundesgesetzes BGBl. I Nr. 142/2000 treten mit 1. Jänner 2001 in Kraft.

(3) (aufgehoben)

(BGBl I 2004/179)

(4) § 28 Abs. 6 in der Fassung des Bundesgesetzes BGBl. I Nr. 142/2000 ist auch auf Personen anzuwenden, die bereits am 31. Dezember 2000 in der Pensionsversicherung weiterversichert sind und einen nahen Angehörigen (eine nahe Angehörige) mit Anspruch auf Pflegegeld in Höhe der Stufe 4 im Sinne der genannten Bestimmung pflegen, wenn sie dies bis zum Ablauf des 31. Dezember 2001 beim zuständigen Pensionsversicherungsträger beantragen. Diesfalls wird der Beitragsteil in der Höhe von 12,55% der Beitragsgrundlage ab 1. Jänner 2001 aus Mitteln des Bundes getragen; die zu viel gezahlten Beiträge sind den Weiterversicherten zu erstatten. Wird der Antrag später gestellt, so erfolgt die Beitragstragung aus Mitteln des Bundes erst ab dem der Antragstellung folgenden Monatsersten.

(5) Personen, die von der Krankenversicherung nach § 262 Abs. 3 bisher ausgenommen sind, bleiben nur dann ausgenommen, wenn auf sie eine der Voraussetzungen des § 24b zutrifft.

(BGBl I 2001/101)

(6) (aufgehoben)

(BGBl I 2001/101)

(BGBl I 2000/142)

Schlussbestimmungen zu Art. 5 des Bundesgesetzes BGBl. I Nr. 5/2001

§ 277a. (1) Es treten in Kraft:

1. mit 1. Jänner 2001 die §§ 92 Abs. 1, 93 Abs. 1 und 170a in der Fassung des Bundesgesetzes BGBl. I Nr. 5/2001;
1a. mit 1. Jänner 2002 § 93 Abs. 2 und 3 in der Fassung des Bundesgesetzes BGBl. I Nr. 5/2001;
2. rückwirkend mit 1. Oktober 2000 § 258 Abs. 2 in der Fassung des Bundesgesetzes BGBl. I Nr. 5/2001.

(2) Die §§ 24b und 258 Abs. 3 treten mit Ablauf des 31. Dezember 2000 außer Kraft.

(3) (aufgehoben)

(BGBl I 2004/179, BGBl I 2005/71)

BSVG

(4) Der Behandlungsbeitrag-Ambulanz nach § 85a ist für das Jahr 2001 erst für Behandlungsfälle ab dem 1. März 2001 einzuheben. Bis zu diesem Zeitpunkt ist § 80 Abs. 2 in der am 31. Dezember 2000 geltenden Fassung weiterhin anzuwenden.

(5) Am 31. Dezember 2000 geltende, nach § 149 ASVG vertraglich festgelegte Verpflegskosten pro Tag für Privatkrankenanstalten, die vom Vertrag zwischen Hauptverband und Wirtschaftskammer Österreich erfasst sind, sind für das Jahr 2001 um 3,3% zu erhöhen.

(BGBl I 2001/5, BGBl I 2001/101)

Zusätzliche Ausgleichszulage 2001

§ 278. Personen, die im Februar 2001 Anspruch haben auf

1. eine Ausgleichszulage nach § 141 Abs. 1 lit. a sublit. aa oder
2. eine Ausgleichszulage nach § 141 Abs. 1 lit. a sublit. bb oder lit. b oder lit. c, gebührt zu der für Februar 2001 auszuzahlenden Pension eine zusätzliche Ausgleichszulage; diese beträgt 500 S für Personen nach Z 1 und 350 S für Personen nach Z 2. Bei der Ermittlung des Nettoeinkommens (§ 140 Abs. 3) haben die genannten Beträge außer Betracht zu bleiben. § 147 ist für die zusätzliche Ausgleichszulage nicht anzuwenden; der Aufwand ist vom Bund zu tragen.

(BGBl I 2001/5)

Schlussbestimmungen zu Art. 3 des Bundesgesetzes BGBl. I Nr. 35/2001

§ 278a. (1) § 80 Abs. 2 in der Fassung des Bundesgesetzes BGBl. I Nr. 35/2001 tritt rückwirkend mit 1. März 2001 in Kraft.

(2) § 85a tritt rückwirkend mit Ablauf des 28. Februar 2001 außer Kraft.

(BGBl I 2001/101)

Schlussbestimmungen zu Art. 4 des Sozialversicherungs-Währungsumstellungs-Begleitgesetzes, BGBl. I Nr. 67/2001

§ 279. (1) Die §§ 2 Abs. 2, 3 Abs. 2, 21, 23 Abs. 2, 3, 6, 9 lit. b und c sowie Abs. 10 lit. a, c bis e, 24 Abs. 5, 28 Abs. 4, 30 Abs. 1, 6 und 7, 36 Abs. 4, 47 samt Überschrift, 74 Abs. 5, 80 Abs. 2 und 4 lit. a, 85a Abs. 1, 86 Abs. 3, 87 Abs. 2 und 5, 96 Abs. 1, 96a Abs. 5, 97 Abs. 5, 98 Abs. 5, 100 Abs. 3, 107a Abs. 8, 113 Abs. 1, 116, 122 Abs. 1 Z 4, 122b Abs. 2, 123 Abs. 6, 135 Abs. 2, 136 Abs. 3 Z 1 und 2, Abs. 4 Z 1 und 2 sowie Abs. 6, 140 Abs. 3, Abs. 4 lit. h, Abs. 5 und 7, 141 Abs. 1 und 2, 148f Abs. 1, 148z Abs. 2, 149g Abs. 2, 152 Abs. 4, 161 Abs. 5, 162 Abs. 3 und 5, 211 Abs. 3, 262 Abs. 9a, 270 Abs. 3 sowie Anlage 2 Z 3.2.1 und 3.2.2 in der Fassung des Bundesgesetzes BGBl. I Nr. 67/2001 treten mit 1. Jänner 2002 in Kraft.

(2) Die §§ 31a, 68 Abs. 4 und 235a treten mit Ablauf des 31. Dezember 2001 außer Kraft.

(3) Für Personen, die auf Grund des § 2 Abs. 2 in der Fassung des Bundesgesetzes BGBl. I Nr. 67/2001 der Pflichtversicherung in der Kranken- und (oder) Pensionsversicherung unterliegen würden, ist die Versicherungsgrenze von 1 500 € erst dann maßgeblich, wenn sich jener Sachverhalt ändert, der für die Einbeziehung in die Pflichtversicherung am 31. Dezember 2001 maßgeblich war.

(4) Personen, die nach der am 31. Dezember 2001 in Geltung gestandenen Versicherungsgrenze des § 3 Abs. 2 pflichtversichert waren, bleiben pflichtversichert, solange jener Sachverhalt unverändert bleibt, der für die Einbeziehung in die Pflichtversicherung am 31. Dezember 2001 maßgeblich war.

(5) Bei Einheitswertbescheiden mit finanzrechtlicher Wirksamkeit vor dem 1. Jänner 2002 ist der seitens der Abgabenbehörde im Vorfeld der endgültigen Einheitswertfeststellung (§ 25 BewG 1955) ermittelte Ertragswert ab dem 1. Jänner 2002 ungerundet in Schilling heranzuziehen, auf den Cent genau umzurechnen und das Ergebnis sodann auf volle hundert Euro abzurunden.

(6) Schillingbeträge, die am 31. Dezember 2001 zur Bemessung einer (künftigen) Geldleistung beim Versicherungsträger (beim Hauptverband) gespeichert sind, sind mit Wirksamkeit vom 1. Jänner 2002 in Euro umzurechnen.

(7) Die Verordnung des Bundesministers für Arbeit und Soziales über die Durchführung der Sozialversicherung in den Zollausschlussgebieten der Gemeinden Jungholz und Mittelberg, BGBl. Nr. 396/1993, gilt ab 1. Jänner 2002 – mit Ausnahme der §§ 1 bis 3, 4 Abs. 2 und 5 Abs. 1 und 2 sowie des § 6, die mit Ablauf des 31. Dezember 2001 aufgehoben werden – als Bundesgesetz für jene Personen weiter, die vor 1. Jänner 2002 auf Grund einer Tätigkeit in den Gemeinden Jungholz und Mittelberg Beitragsmonate erworben haben, die bei der Bemessung der Leistungen aus der gesetzlichen Unfall- oder Pensionsversicherung zu berücksichtigen sind. Dabei tritt

1. an die Stelle der Leistungsfeststellung in Schilling die Leistungsfeststellung in Euro und
2. an die Stelle des am Tag der Antragstellung geltenden Wechselkurses (K) der Wechselkurs von 7,04 S je 1 DM.

(BGBl I 2001/67)

Schlussbestimmungen zum Bundesgesetz BGBl. I Nr. 101/2001 (24. Novelle)

§ 280. (1) Es treten in Kraft:

1. mit 1. August 2001 die §§ 16 Abs. 2, 20b, 34 Abs. 4, 41, 68 Abs. 7, 74 Abs. 3, 78 Abs. 4 Z 2 und 3 sowie Abs. 8, 80 Abs. 2 in der Fassung der Z 22, 81 Abs. 1, 85 Abs. 1 und 3, 88 Abs. 3 und 5, 95 Abs. 2, 4 und 5, 142 Abs. 1 und 3, 1491 samt Überschrift, 181 Einleitung und Z 1, 198 Abs. 1 Z 7 und 8, 206a, 263 Abs. 1a sowie 270 Abs. 1 Z 1a in der Fassung des Bundesgesetzes BGBl. I Nr. 101/2001;
2. mit 1. Jänner 2002 die §§ 149m Abs. 4, 215 und 215a Abs. 3 in der Fassung des Bundesgesetzes BGBl. I Nr. 101/2001;

3. rückwirkend mit 1. Juli 2001 die §§ 75 Z 3 und 4, 97 Abs. 8, 99 sowie 99a Z 2 in der Fassung des Bundesgesetzes BGBl. I Nr. 101/2001;

4. rückwirkend mit 1. Jänner 2001 die §§ 20 Abs. 7, 23 Abs. 4 und 4a, 24 Abs. 2, 24b, 24c samt Überschrift, 31 Abs. 3 Z 2, 33c Abs. 1, 80 Abs. 2 in der Fassung der Z 21, 93 Abs. 3, 217 Abs. 2, 2a und 4, 276 Abs. 2b, 277 Abs. 5 sowie 277a in der Fassung des Bundesgesetzes BGBl. I Nr. 101/2001;

5. rückwirkend mit 1. Oktober 2000 § 57a in der Fassung des Bundesgesetzes BGBl. I Nr. 101/2001;

6. rückwirkend mit 1. Jänner 2000 § 272 in der Fassung des Bundesgesetzes BGBl. I Nr. 101/2001;

7. rückwirkend mit 20. August 1999 § 270 Abs. 5 Z 1 in der Fassung des Bundesgesetzes BGBl. I Nr. 101/2001;

8. rückwirkend mit 1. Jänner 1999 die §§ 20 Abs. 2 Z 2, 23 Abs. 4b und 12 in der Fassung des Bundesgesetzes BGBl. I Nr. 101/2001.

(2) Es treten außer Kraft:

1. § 255 Abs. 21;

(BGBl I 2002/166)

2. mit Ablauf des 31. Dezember 2000 § 277 Abs. 6.

(3) Auf Personen, die durch das In-Kraft-Treten des § 2a in der Fassung des Bundesgesetzes BGBl. Nr. 678/1991 der Pflichtversicherung in der Pensionsversicherung nach diesem Bundesgesetz unterliegen, gemäß Art. III Abs. 2 des Bundesgesetzes BGBl. Nr. 678/1991 in der Fassung des Bundesgesetzes BGBl. Nr. 337/1993 berechtigt waren einen Antrag auf Befreiung von der Pflichtversicherung in der Pensionsversicherung zu stellen, einen solchen Antrag jedoch nicht gestellt haben, ist zur Erfüllung der Wartezeit für eine Erwerbsunfähigkeitspension bei Vorliegen von Erwerbsunfähigkeit nach § 124 Abs. 2 die Bestimmung des § 111 Abs. 3 Z 2 lit. b in Verbindung mit Abs. 4 Z 3 in der am 31. August 1996 in Geltung gestandenen Fassung weiterhin anzuwenden.

(4) Die §§ 97 Abs. 8 und 99 gelten ab 1. Juli 2001 auch für Personen, die auf Grund des § 262 Abs. 3 nach dem 31. Dezember 1998 von der Krankenversicherung ausgenommen bleiben.

(4a) § 149l in der Fassung des Bundesgesetzes BGBl. I Nr. 101/2001 ist nur anzuwenden, wenn der letzte Versicherungsfall nach dem 31. Juli 2001 eingetreten ist.

(BGBl I 2002/142)

(5) (aufgehoben)

(BGBl I 2004/105)

(BGBl I 2001/101)

Schlussbestimmungen zum Bundesgesetz BGBl. I Nr. 103/2001

§ 281. (1) Es treten in Kraft:

1. mit 1. Jänner 2002 die §§ 4 Z 2 und 3, 6 Abs. 1 Z 5 und 6, 7 Abs. 1 Z 4 und 5, 71 Abs. 7 Z 3, 75 Z 3, 97 Abs. 8, 107a Abs. 5 Z 1 und Abs. 6, 110a Abs. 1 bis 3, 111 Abs. 7, 122 Abs. 1 Z 2 lit. b, 122a Abs. 1 Z 2, 122b Abs. 1 Z 1 lit. b, 140 Abs. 4 lit. n und o in der Fassung des Bundesgesetzes BGBl. I Nr. 103/2001;

2. mit 1. Jänner 2005 § 99b in der Fassung des Bundesgesetzes BGBl. I Nr. 103/2001.

(2) Die §§ 99 und 99a treten mit Ablauf des 31. Dezember 2001 außer Kraft.

(3) Weiblichen Versicherten, die Anspruch auf Teilzeitbeihilfe haben und deren Kind nach dem 30. Juni 2000 und vor dem 1. Juli 2001 geboren wird, gebührt bis zur Vollendung des 30. Lebensmonates des Kindes zusätzlich zur Teilzeitbeihilfe nach § 99 Abs. 4 in der Fassung des Bundesgesetzes BGBl. I Nr. 101/2001 ab 1. Jänner 2002 jener Betrag, der sich aus der Differenz dieser Teilzeitbeihilfe und der Hälfte des in § 3 Abs. 1 KBGG in der Fassung des Bundesgesetzes BGBl. I Nr. 103/2001 festgesetzten Kinderbetreuungsgeldes ergibt. § 99 Abs. 2 in der Fassung des Bundesgesetzes BGBl. I Nr. 101/2001 ist entsprechend anzuwenden.

(BGBl I 2002/142)

(4) Versicherte, die Anspruch auf Teilzeitbeihilfe haben und deren Kind nach dem 30. Juni 2001 und vor dem 1. Jänner 2002 geboren wird, gebührt bis zur Vollendung des 30. Lebensmonates des Kindes zusätzlich zur Teilzeitbeihilfe nach § 99 Abs. 4 in der Fassung des Bundesgesetzes BGBl. I Nr. 101/2001 ab 1. Jänner 2002 jener Betrag, der sich aus der Differenz dieser Teilzeitbeihilfe und der Hälfte des in § 3 Abs. 1 KBGG in der Fassung des Bundesgesetzes BGBl. I Nr. 103/2001 festgesetzten Kinderbetreuungsgeldes ergibt. Dem zweiten Elternteil gebührt dieser Differenzbetrag für den Zeitraum, für den er nach Vollendung des 30. Lebensmonates des Kindes Teilzeitbeihilfe nach § 99 Abs. 4 in der Fassung des Bundesgesetzes BGBl. I Nr. 101/2001 in Anspruch nimmt. Die Inanspruchnahme der Teilzeitbeihilfe durch den zweiten Elternteil hat mindestens drei Monate und kann längstens bis zur Vollendung des 36. Lebensmonates des Kindes (zu) erfolgen. § 99 Abs. 2 in der Fassung des Bundesgesetzes BGBl. I Nr. 101/2001 ist entsprechend anzuwenden.

(BGBl I 2002/142)

(5) Abweichend von Abs. 3 und 4 gebührt die Teilzeitbeihilfe auf Antrag ab 1. Jänner 2002 in der Höhe des in § 3 Abs. 1 KBGG in der Fassung des Bundesgesetzes BGBl. I Nr. 103/2001 festgesetzten Kinderbetreuungsgeldes, wenn ein Einkommen erzielt wird, das den Grenzbetrag nach § 2 Abs. 1 Z 3 KBGG in der Fassung des Bundesgesetzes BGBl. I Nr. 103/2001 nicht übersteigt.

(6) Vom Ausgleichsfonds für Familienbeihilfen wird der Sozialversicherungsanstalt der Bauern ein Beitrag in der Höhe von 100% der Leistungen für die Differenzbeträge nach Abs. 3 bis 5 geleistet.

(BGBl I 2002/3)

(BGBl I 2001/103)

Schlussbestimmungen zu Art. 9 des Bundesgesetzes BGBl. I Nr. 131/2001

§ 282. (1) Die §§ 44 Abs. 1, 241 Abs. 1 lit. d und 269 Abs. 3 in der Fassung des Bundesgesetzes BGBl. I Nr. 131/2001 treten mit 1. Jänner 2002 in Kraft.

(2) § 44 Abs. 1 in der Fassung des Bundesgesetzes BGBl. I Nr. 131/2001 ist auf alle Schriften und Amtshandlungen anzuwenden, bezüglich deren der Anspruch auf die Gebühr nach dem 31. Dezember 2001 begründet wird.

(BGBl I 2001/131)

Schlussbestimmungen zum Bundesgesetz BGBl. I Nr. 3/2002 (25. Novelle)

§ 283. (1) Es treten in Kraft:

1. mit 1. Jänner 2002 die §§ 24b Abs. 2, 27 Abs. 3, 41a, 51 Abs. 2 Z 1, 68 Abs. 6, 71 Abs. 2, 78 Abs. 2, 87 Abs. 2, 89 Abs. 4, 119 Abs. 1, 140 Abs. 7, 142 Abs. 3, 164 Abs. 3, 5, 6 und 7, 165, 166, 171 Abs. 1, 203 samt Überschrift, 204 Abs. 5, 217a Abs. 1 Z 1, 219a, 247 Abs. 11, 263 Abs. 1a, 270 Abs. 1 Z 1a sowie die Punkte 3.1.1, 3.1.2 und 4 der Anlage 2 in der Fassung des Bundesgesetzes BGBl. I Nr. 3/2002;

2. rückwirkend mit 8. August 2001 § 281 Abs. 6 in der Fassung des Bundesgesetzes BGBl. I Nr. 3/2002;

3. rückwirkend mit 1. Jänner 2001 die §§ 31 Abs. 6, 42 Abs. 2 Z 1 und 183 Abs. 2 in der Fassung des Bundesgesetzes BGBl. I Nr. 3/2002;

4. rückwirkend mit 1. Jänner 1998 § 122b Abs. 7 und 8 in der Fassung des Bundesgesetzes BGBl. I Nr. 3/2002.

(2) Als ausdrücklich verlangte Barzahlungen im Sinne des § 68 Abs. 6 erster Satz in der Fassung des Bundesgesetzes BGBl. I Nr. 3/2002 gelten auch Barzahlungen von Leistungen, die bereits vor dem 1. Jänner 2002 im Wege der Barzahlung erbracht wurden und nach diesem Zeitpunkt weiter zu erbringen sind.

(3) § 164 Abs. 3 in der Fassung des Bundesgesetzes BGBl. I Nr. 3/2002 gilt auch für Personen, die vor dem 1. Jänner 2002 in ein pensionsversicherungsfreies Dienstverhältnis aufgenommen wurden. Die Rechtskraft bereits ergangener Entscheidungen steht dem nicht entgegen.

(4) Durch die Erstellung eines Psychotherapiekonzeptes nach § 597 Abs. 5 ASVG wird die Gültigkeit bereits bestehender Verträge über die Erbringung psychotherapeutischer Leistungen nicht berührt.

(BGBl I 2002/3)

Schlussbestimmungen zum Bundesgesetz BGBl. I Nr. 142/2002 (26. Novelle)

§ 284. (1) Es treten in Kraft:

1. mit 1. September 2002 die §§ 20b Abs. 1, 28 Abs. 6, 78 Abs. 4 Z 1, 81 Abs. 2, 110a Abs. 2, 118 Abs. 3, 119 Abs. 2 Z 1, 120 Abs. 7 und 8, 185, 186 Abs. 4, 206 Abs. 1 und 2, 276 Abs. 5 und 5a sowie 280 Abs. 4a in der Fassung des Bundesgesetzes BGBl. I Nr. 142/2002;

2. mit 1. Jänner 2003 die §§ 20 Abs. 2 Z 2, 23 Abs. 1 Z 3, Abs. 1b, 4, 4a Z 2, Abs. 4b bis 4e und 10a, 33 Abs. 1, 148f Abs. 2 und 217 Abs. 2a sowie Punkt 3.1 der Anlage 2 in der Fassung des Bundesgesetzes BGBl. I Nr. 142/2002;

3. mit 1. Jänner 2004 die §§ 165 und 168 und in der Fassung des Bundesgesetzes BGBl. I Nr. 142/2002;

(BGBl I 2004/171)

3a. mit 1. Jänner 2006 die §§ 85 Abs. 3 und 95 Abs. 5 in der Fassung des Bundesgesetzes BGBl. I Nr. 142/2002;

(BGBl I 2004/171)

4. rückwirkend mit 1. Jänner 2002 die §§ 23 Abs. 2 Z 2, Abs. 5 sowie 285 Abs. 4 in der Fassung des Bundesgesetzes BGBl. I Nr. 142/2002;

5. rückwirkend mit 8. August 2001 § 281 Abs. 3 und 4 in der Fassung des Bundesgesetzes BGBl. I Nr. 142/2002;

6. rückwirkend mit 1. Jänner 1999 Abschnitt VII Überschrift und die §§ 45, 123 Abs. 3 und 4 sowie 124 Abs. 3 in der Fassung des Bundesgesetzes BGBl. I Nr. 142/2002;

7. rückwirkend mit 1. Jänner 1997 § 80 Abs. 3 lit. h in der Fassung des Bundesgesetzes BGBl. I Nr. 142/2002.

(2) § 80 Abs. 3 lit. h tritt mit Ablauf des 31. Dezember 2004 außer Kraft.

(3) § 28 Abs. 6 in der Fassung des Bundesgesetzes BGBl. I Nr. 142/2002 ist anzuwenden

1. auf Personen, die den Antrag auf Weiterversicherung nach § 9 nach Ablauf des 31. August 2002 stellen;

2. auf Personen, die bereits am 31. August 2002 in der Pensionsversicherung weiterversichert sind und einen nahen Angehörigen (eine nahe Angehörige) im Sinne der genannten Bestimmung pflegen, wenn sie dies bis zum Ablauf des 31. August 2003 bei der Sozialversicherungsanstalt der Bauern beantragen. Diesfalls trägt der Bund den Beitragteil in der Höhe von 12,55% der Beitragsgrundlage ab dem 1. September 2002; die zuviel gezahlten Beiträge sind den Weiterversicherten zu erstatten. Wird der Antrag später gestellt, so erfolgt die Beitragstragung aus Mitteln des Bundes erst ab dem der Antragstellung folgenden Monatsersten.

(3a) Die Neuregelung des Beitragsrechts für Nebentätigkeiten durch die §§ 20 Abs. 2 Z 2, 23 Abs. 1 Z 3, Abs. 1b, 4, 4a Z 2, Abs. 4c bis 4e und 10a, 33 Abs. 1 und 217 Abs. 2a in der Fassung des Bundesgesetzes BGBl. I Nr. 142/2002 ist erstmals für das Beitragsjahr 2002 anzuwenden.

(4) § 99a in der Fassung des Bundesgesetzes BGBl. I Nr. 101/2001 ist für Geburten ab dem 1. Juli 2000 bis einschließlich 31. Dezember 2001, mit der Maßgabe anzuwenden, dass der Bezug von Kinderbetreuungsgeld eines Elternteils nach dem KBGG, BGBl. I Nr. 103/2001, ab dem 1. Jänner 2002 das Ruhen der Teilzeitbeihilfe dieses Elternteils zur Folge hat.

(5) Der Versicherungsträger ist ermächtigt, Erlöse aus einem Finanzierungs- und Betreibermodell nach § 41 Abs. 2, aus der Verwertung eines Gesellschaftsanteiles eines solchen Modelles sowie aus einer Verwertung von Liegenschaften, soweit diese bis zum 31. Dezember 2009 realisiert werden, zur Gänze in die allgemeine Rücklage der Krankenversicherung zu übertragen.

(BGBl I 2003/145, BGBl I 2007/101)

(BGBl I 2002/142, BGBl I 2003/8)

Schlussbestimmung zu Art. 3 des Sozialversicherungs-Änderungsgesetzes 2003, BGBl. I Nr. 8/2003

§ 285. § 141 Abs. 1 lit. a sublit. aa in der Fassung des Bundesgesetzes BGBl. I Nr. 8/2003 tritt mit 1. Jänner 2003 in Kraft.

(BGBl I 2003/8)

Schlussbestimmung zu Art. IX des Bundesgesetzes BGBl. I Nr. 169/2002

§ 285a. Die §§ 85 Abs. 1 und 181 in der Fassung des Bundesgesetzes BGBl. I Nr. 169/2002 treten mit 1. März 2003, jedoch nicht vor dem vierten der Kundmachung des Bundesgesetzes BGBl. I Nr. 169/2002 folgenden Monatsersten, in Kraft.

(BGBl I 2002/169, BGBl I 2003/145)

Schlussbestimmungen zu Art. 75 Teil 1 des Budgetbegleitgesetzes 2003, BGBl. I Nr. 71

§ 286. (1) Die §§ 24d samt Überschrift, 26 Abs. 1, 1a in der Fassung der Z 4 und Abs. 2 sowie 27 Abs. 4 in der Fassung des Bundesgesetzes BGBl. I Nr. 71/2003 treten mit 1. Jänner 2004 in Kraft.

(2) § 26 Abs. 1a in der Fassung der Z 3 tritt rückwirkend mit Ablauf des 31. März 2003 außer Kraft.

(BGBl I 2003/71, BGBl I 2003/145)

Schlussbestimmungen zu Art. 75 Teil 2 des Budgetbegleitgesetzes 2003, BGBl. I Nr. 71

§ 287. (1) Es treten in Kraft:

1. mit 1. Jänner 2004 die §§ 33d samt Überschrift, 41a letzter Satz, 46 Abs. 1, 56 Abs. 1 und 2, 67 Abs. 2, 107 Abs. 7, 111 Abs. 7, 113 Abs. 1 und 2, 114 Abs. 1, 130 Abs. 2 bis 5, 132 Abs. 1, 134 samt Überschrift, 134a Abs. 1, 140 Abs. 1 und 7, 141 Abs. 1 lit. a sublit. aa sowie 207 Abs. 1a, 2a und 3 in der Fassung des Bundesgesetzes BGBl. I Nr. 71/2003;

   (BGBl I 2003/145)

2. mit 1. Juli 2004 die §§ 103 Abs. 1 Z 1, 110a Abs. 2, 123 Abs. 1 Z 3 sowie 136 Abs. 1 Z 1 und 2 in der Fassung des Bundesgesetzes BGBl. I Nr. 71/2003;

(2) Es treten außer Kraft:

1. mit Ablauf des 31. Dezember 2003 die §§ 18 Abs. 2 Z 2, 113 Abs. 5, 122a, 122b, 130 Abs. 6, 262 Abs. 9 und 9a sowie 276 Abs. 5;

2. mit Ablauf des 30. Juni 2004 die §§ 111 Abs. 3 Z 2 lit. c und Abs. 6 Z 2, 121 Abs. 3 und 122.

(3) § 33d in der Fassung des Bundesgesetzes BGBl. I Nr. 71/2003 ist auf Versicherungsfälle anzuwenden, in denen der Stichtag nach dem 31. Dezember 2003 liegt. Auf Versicherungsfälle, in denen der Stichtag vor dem 1. Jänner 2004 liegt, ist die zitierte Bestimmung nur dann anzuwenden, wenn der (die) Versicherte bzw. der (die) Leistungsbezieher(in) die Beitragserstattung beantragt, und zwar so, dass eine allfällige Erstattung innerhalb eines Jahres nach der Antragstellung zu erfolgen hat und die Beiträge mit den für das Kalenderjahr 2004 geltenden Aufwertungsfaktoren aufzuwerten sind. Die Rechtskraft bereits ergangener Entscheidungen steht dem nicht entgegen.

(BGBl I 2003/145)

(4) § 113 Abs. 1 in der Fassung des Bundesgesetzes BGBl. I Nr. 71/2003 ist nur auf Versicherungsfälle anzuwenden, in denen der Stichtag nach dem 31. Dezember 2003 liegt, und zwar so, dass das Höchstausmaß von 480 monatlichen Gesamtbeitragsgrundlagen

im Jahr 2004 durch 192,

im Jahr 2005 durch 204,

im Jahr 2006 durch 216,

im Jahr 2007 durch 228,

im Jahr 2008 durch 240,

im Jahr 2009 durch 252,

im Jahr 2010 durch 264,

im Jahr 2011 durch 276,

im Jahr 2012 durch 288,

im Jahr 2013 durch 300,

im Jahr 2014 durch 312,

im Jahr 2015 durch 324,

im Jahr 2016 durch 336,

im Jahr 2017 durch 348,

im Jahr 2018 durch 360,

im Jahr 2019 durch 372,

im Jahr 2020 durch 384,

im Jahr 2021 durch 396,

im Jahr 2022 durch 408,

im Jahr 2023 durch 420,

im Jahr 2024 durch 432,

im Jahr 2025 durch 444,

im Jahr 2026 durch 456 und

im Jahr 2027 durch 468

monatliche Gesamtbeitragsgrundlagen ersetzt wird und der Divisor 560 durch die um ein Sechstel erhöhte Zahl dieser Gesamtbeitragsgrundlagen ersetzt wird.

(6) § 114 Abs. 1 in der Fassung des Bundesgesetzes BGBl. I Nr. 71/2003 ist in der Zeit vom 1. Jänner 2004 bis zum Ablauf des Jahres 2027 so anzuwenden, dass der Prozentsatz von 50 für jedes Kalenderjahr vor dem Jahr 2028 um 2 zu vermindern ist.

(7) Auf Personen, die die Anspruchsvoraussetzungen für die Alterspension spätestens am 31. Dezember 2003 erfüllen, sind die §§ 113, 114, 121, 130, 134a und 255 Abs. 18 in der am 31. Dezember 2003 in Geltung gestandenen Fassung weiterhin anzuwenden, sofern es für diese Personen günstiger ist. Gleiches gilt für Personen, die trotz Vorliegens der Voraussetzungen nach Abs. 9 erster Satz nicht die vorzeitige Alterspension bei langer Versicherungsdauer, sondern die Alterspension in Anspruch nehmen.

(BGBl I 2003/145, BGBl I 2007/31)

(8) Auf Personen, die Anspruch auf vorzeitige Alterspension bei Arbeitslosigkeit oder auf vorzeitige Alterspension bei langer Versicherungsdauer oder auf Gleitpension haben, ist weiterhin die am 31. Dezember 2003 geltende Rechtslage anzuwenden, wenn der Stichtag vor dem 1. Jänner 2004 liegt.

(8a) Auf Personen, die Anspruch auf vorzeitige Alterspension bei langer Versicherungsdauer mit einem Stichtag nach dem 31. Dezember 2003 und vor dem 2. Juni 2004 haben, sind, sofern nicht Abs. 9 anzuwenden ist, die §§ 121 Abs. 3 sowie 122 Abs. 2 und 3 in der am 30. Juni 2004 geltenden Fassung ab 1. Juli 2004 weiterhin anzuwenden. Abs. 11 gilt entsprechend.

(BGBl I 2003/145)

(9) Auf Personen, die die Anspruchsvoraussetzungen für die vorzeitige Alterspension bei langer Versicherungsdauer (vorzeitige Knappschaftsalterspension bei langer Versicherungsdauer) – mit Ausnahme der Voraussetzung des Fehlens einer die Pflichtversicherung begründenden Erwerbstätigkeit am Stichtag (§ 122 Abs. 1 Z 4) – spätestens am 31. Dezember 2003 erfüllen, sind die §§ 113, 114, 122, 130, 134 und 276 Abs. 5 in der am 31. Dezember 2003 in Geltung gestandenen Fassung weiterhin anzuwenden, sofern es für diese Personen günstiger ist. § 276 Abs. 5 in der am 31. Dezember 2003 in Geltung gestandenen Fassung ist jedoch nur dann weiterhin anzuwenden, wenn auch die erforderlichen Beitragsmonate bis zu diesem Zeitpunkt vorliegen.

(BGBl I 2003/145)

(9a) Auf Personen, die am Stichtag (§ 104 Abs. 2) nach Abs. 9, 10, 12, 13 oder 13a die Anspruchsvoraussetzungen für die vorzeitige Alterspension bei langer Versicherungsdauer erfüllen, ist § 123 Abs. 1 Z 3 in der am 31. Dezember 2003 in Geltung gestandenen Fassung weiterhin anzuwenden.

(BGBl I 2004/105)

(10) Die am 31. Dezember 2003 geltenden Bestimmungen über die vorzeitige Alterspension bei langer Versicherungsdauer sind – mit Ausnahme der §§ 46 Abs. 1, 113, 114, 130 und 134 – auf Versicherungsfälle, in denen der Stichtag nach dem 30. Juni 2004 liegt, weiterhin anzuwenden, jedoch tritt abweichend von § 122 Abs. 1

1. an die Stelle des 738. Lebensmonates, wenn der Versicherte diesen Lebensmonat vollendet

- im Juli oder August oder September 2004 der 740. Lebensmonat,
- im Oktober oder November oder Dezember 2004 der 742. Lebensmonat,
- im Jänner oder Februar oder März 2005 der 743. Lebensmonat,
- im April oder Mai oder Juni 2005 der 744. Lebensmonat,
- im Juli oder August oder September 2005 der 745. Lebensmonat,
- im Oktober oder November oder Dezember 2005 der 746. Lebensmonat,
- im Jänner oder Februar oder März 2006 der 747. Lebensmonat,
- im April oder Mai oder Juni 2006 der 748. Lebensmonat,
- im Juli oder August oder September 2006 der 749. Lebensmonat,
- im Oktober oder November oder Dezember 2006 der 750. Lebensmonat,
- im Jänner oder Februar oder März 2007 der 751. Lebensmonat,
- im April oder Mai oder Juni 2007 der 752. Lebensmonat,
- im Juli oder August oder September 2007 der 753. Lebensmonat,
- im Oktober oder November oder Dezember 2007 der 754. Lebensmonat,
- im Jänner oder Februar oder März 2008 der 755. Lebensmonat,
- im April oder Mai oder Juni 2008 der 756. Lebensmonat,
- im Juli oder August oder September 2008 der 757. Lebensmonat,
- im Oktober oder November oder Dezember 2008 der 758. Lebensmonat,
- im Jänner oder Februar oder März 2009 der 759. Lebensmonat,
- im April oder Mai oder Juni 2009 der 760. Lebensmonat,
- im Juli oder August oder September 2009 der 761. Lebensmonat,
- im Oktober oder November oder Dezember 2009 der 762. Lebensmonat,
- im Jänner oder Februar oder März 2010 der 763. Lebensmonat,
- im April oder Mai oder Juni 2010 der 764. Lebensmonat,
- im Juli oder August oder September 2010 der 765. Lebensmonat,
- im Oktober oder November oder Dezember 2010 der 766. Lebensmonat,

BSVG

- im Jänner oder Februar oder März 2011 der 767. Lebensmonat,
- im April oder Mai oder Juni 2011 der 768. Lebensmonat,
- im Juli oder August oder September 2011 der 769. Lebensmonat,
- im Oktober oder November oder Dezember 2011 der 770. Lebensmonat,
- im Jänner oder Februar oder März 2012 der 771. Lebensmonat,
- im April oder Mai oder Juni 2012 der 772. Lebensmonat,
- im Juli oder August oder September 2012 der 773. Lebensmonat,
- im Oktober oder November oder Dezember 2012 der 774. Lebensmonat,
- im Jänner oder Februar oder März 2013 der 775. Lebensmonat,
- im April oder Mai oder Juni 2013 der 776. Lebensmonat,
- im Juli oder August oder September 2013 der 777. Lebensmonat,
- im Oktober oder November oder Dezember 2013 der 778. Lebensmonat,
- im Jänner oder Februar oder März 2014 der 779. Lebensmonat,
- im April oder Mai oder Juni 2014 der 780. Lebensmonat;

2. an die Stelle des 678. Lebensmonates, wenn die Versicherte diesen Lebensmonat vollendet

- im Juli oder August oder September 2004 der 680. Lebensmonat,
- im Oktober oder November oder Dezember 2004 der 682. Lebensmonat,
- im Jänner oder Februar oder März 2005 der 683. Lebensmonat,
- im April oder Mai oder Juni 2005 der 684. Lebensmonat,
- im Juli oder August oder September 2005 der 685. Lebensmonat,
- im Oktober oder November oder Dezember 2005 der 686. Lebensmonat,
- im Jänner oder Februar oder März 2006 der 687. Lebensmonat,
- im April oder Mai oder Juni 2006 der 688. Lebensmonat,
- im Juli oder August oder September 2006 der 689. Lebensmonat,
- im Oktober oder November oder Dezember 2006 der 690. Lebensmonat,
- im Jänner oder Februar oder März 2007 der 691. Lebensmonat,
- im April oder Mai oder Juni 2007 der 692. Lebensmonat,
- im Juli oder August oder September 2007 der 693. Lebensmonat,
- im Oktober oder November oder Dezember 2007 der 694. Lebensmonat,
- im Jänner oder Februar oder März 2008 der 695. Lebensmonat,
- im April oder Mai oder Juni 2008 der 696. Lebensmonat,
- im Juli oder August oder September 2008 der 697. Lebensmonat,
- im Oktober oder November oder Dezember 2008 der 698. Lebensmonat,
- im Jänner oder Februar oder März 2009 der 699. Lebensmonat,
- im April oder Mai oder Juni 2009 der 700. Lebensmonat,
- im Juli oder August oder September 2009 der 701. Lebensmonat,
- im Oktober oder November oder Dezember 2009 der 702. Lebensmonat,
- im Jänner oder Februar oder März 2010 der 703. Lebensmonat,
- im April oder Mai oder Juni 2010 der 704. Lebensmonat,
- im Juli oder August oder September 2010 der 705. Lebensmonat,
- im Oktober oder November oder Dezember 2010 der 706. Lebensmonat,
- im Jänner oder Februar oder März 2011 der 707. Lebensmonat,
- im April oder Mai oder Juni 2011 der 708. Lebensmonat,
- im Juli oder August oder September 2011 der 709. Lebensmonat,
- im Oktober oder November oder Dezember 2011 der 710. Lebensmonat,
- im Jänner oder Februar oder März 2012 der 711. Lebensmonat,
- im April oder Mai oder Juni 2012 der 712. Lebensmonat,
- im Juli oder August oder September 2012 der 713. Lebensmonat,
- im Oktober oder November oder Dezember 2012 der 714. Lebensmonat,
- im Jänner oder Februar oder März 2013 der 715. Lebensmonat,
- im April oder Mai oder Juni 2013 der 716. Lebensmonat,
- im Juli oder August oder September 2013 der 717. Lebensmonat,
- im Oktober oder November oder Dezember 2013 der 718. Lebensmonat,
- im Jänner oder Februar oder März 2014 der 719. Lebensmonat,
- im April oder Mai oder Juni 2014 der 720. Lebensmonat;

(BGBl I 2012/35)

3. an die Stelle der 450 Versicherungsmonate (Z 2 lit. a) bzw. an die Stelle der 420 Beitragsmonate (Z 2 lit. b) für

a) Versicherungsfälle, in denen der Stichtag im Kalenderjahr 2013 liegt, der Erwerb von mindestens 456 derartigen Versicherungsmonaten bzw. 426 derartigen Beitragsmonaten,

b) Versicherungsfälle, in denen der Stichtag im Kalenderjahr 2014 liegt, der Erwerb von mindestens 462 derartigen Versicherungsmonaten bzw. 432 derartigen Beitragsmonaten,

c) Versicherungsfälle, in denen der Stichtag im Kalenderjahr 2015 liegt, der Erwerb von mindestens 468 derartigen Versicherungsmonaten bzw. 438 derartigen Beitragsmonaten,

d) Versicherungsfälle, in denen der Stichtag im Kalenderjahr 2016 liegt, der Erwerb von mindestens 474 derartigen Versicherungsmonaten bzw. 444 derartigen Beitragsmonaten,

e) Versicherungsfälle, in denen der Stichtag im Kalenderjahr 2017 liegt, der Erwerb von mindestens 480 derartigen Versicherungsmonaten bzw. 450 derartigen Beitragsmonaten.

(BGBl I 2012/35)

(10a) Personen, die die Anspruchsvoraussetzungen für die vorzeitige Alterspension bei langer Versicherungsdauer nach Abs. 10 – mit Ausnahme der Voraussetzung des Fehlens einer die Pflichtversicherung begründenden Erwerbstätigkeit am Stichtag (§ 122 Abs. 1 Z 4) – unter Annahme einer früheren Antragstellung bereits erfüllt haben, bleibt dieser Pensionsanspruch gewahrt.

(BGBl I 2012/35)

(11) In Fällen des Abs. 10, in denen eine vorzeitige Alterspension nach § 122 Abs. 2 weggefallen ist, ist die Leistung – mit Ausnahme eines besonderen Steigerungsbetrages (§ 132) – mit dem Monatsersten nach dem Erreichen des Regelpensionsalters von Amts wegen neu festzustellen; dabei ist die Leistung für jeden Monat, in dem die vorzeitige Alterspension weggefallen ist, um 0,55 % zu erhöhen. Fällt der Zeitpunkt der Erreichung des Regelpensionsalters selbst auf einen Monatsersten, so gilt dieser Tag als Monatserster im Sinne des ersten Satzes. Bei der Ermittlung der Witwen(Witwer)pension nach § 136 Abs. 1 Z 5 ist der erste Satz so anzuwenden, dass die Leistung von Amts wegen zum Zeitpunkt des Todes neu festzustellen ist.

(BGBl I 2003/145, BGBl I 2004/142, BGBl I 2010/62)

(12) Auf männliche Versicherte, die vor dem 1. Jänner 1954 geboren sind, und auf weibliche Versicherte, die vor dem 1. Jänner 1959 geboren sind, sind die am 31. Dezember 2003 geltenden Bestimmungen über die vorzeitige Alterspension bei langer Versicherungsdauer – mit Ausnahme der §§ 46 Abs. 1, 113, 114, 130 und 134 (die in der jeweils geltenden Fassung anzuwenden sind) – so anzuwenden, dass abweichend von § 122 Abs. 1

1. an die Stelle des 738. Lebensmonates das 60. Lebensjahr tritt, wenn und sobald der Versicherte 540 Beitragsmonate erworben hat,

2. an die Stelle des 678. Lebensmonates das 55. Lebensjahr tritt, wenn und sobald die Versicherte 480 Beitragsmonate erworben hat;

dabei gilt § 110 Z 1 mit der Maßgabe, dass Zeiten der freiwilligen Versicherung den Ersatzzeiten vorgehen; weiters sind als Beitragsmonate zu berücksichtigen:

— bis zu 60 Ersatzmonate für Zeiten der Kindererziehung (§§ 107a oder 107b dieses Bundesgesetzes oder §§ 227a oder 228a ASVG oder §§ 116a oder 116b GSVG), die sich nicht mit Beitragsmonaten decken,

— Ersatzmonate wegen eines Anspruches auf Wochengeld (§ 227 Abs. 1 Z 3 ASVG), die sich nicht mit Ersatzmonaten nach § 227a ASVG oder nach § 228a ASVG decken,

— Ersatzmonate für Zeiten eines Präsenz- oder Zivildienstes (§ 107 Abs. 1 Z 3 dieses Bundesgesetzes oder § 227 Abs. 1 Z 7 und 8 ASVG oder § 116 Abs. 1 Z 3 GSVG),

(BGBl I 2017/125)

— Ersatzmonate wegen eines Krankengeldbezuges (§ 227 Abs. 1 Z 6 ASVG),

— Ersatzmonate nach § 116 Abs. 1 Z 1 GSVG und nach § 107 Abs. 1 Z 1 dieses Bundesgesetzes, wenn für sie ein Beitrag in der Höhe von 22,8% der dreißigfachen Mindestbeitragsgrundlage nach § 76a Abs. 3 ASVG je Ersatzmonat unter sinngemäßer Anwendung des § 107 Abs. 10 entrichtet wird.

(BGBl I 2010/111)

§ 130 Abs. 2 in der Fassung des Bundesgesetzes BGBl. I Nr. 71/2003 ist – abweichend von Abs. 14 erster Satz – so anzuwenden, dass das Ausmaß von 1,78 Steigerungspunkten bis zum Ablauf des Jahres 2007 durch zwei Steigerungspunkte, im Jahr 2008 durch 1,95 Steigerungspunkte, im Jahr 2009 durch 1,90 Steigerungspunkte und im Jahr 2010 durch 1,85 Steigerungspunkte ersetzt wird; Abs. 14 zweiter und dritter Satz sind anzuwenden. § 130 Abs. 4 ist nicht anzuwenden, wenn die Anspruchsvoraussetzungen – mit Ausnahme der Voraussetzung des Fehlens einer die Pflichtversicherung begründenden Erwerbstätigkeit am Stichtag (§ 122 Abs. 1 Z 4) – bis zum Ablauf des 31. Dezember 2013 erfüllt sind. Ab 1. Jänner 2014 ist § 130 Abs. 4 so anzuwenden, dass an die Stelle des Regelpensionsalters das jeweils geltende Anfallsalter für die vorzeitige Alterspension bei langer Versicherungsdauer tritt; Abs. 11 ist entsprechend anzuwenden. Die Rechtskraft bereits ergangener Entscheidungen steht dem nicht entgegen.

(BGBl I 2003/145, BGBl I 2004/142, BGBl I 2007/31, BGBl I 2008/129, BGBl I 2010/111)

(13) Personen, die die Anspruchsvoraussetzungen für die vorzeitige Alterspension bei langer Versicherungsdauer nach Abs. 12 – mit Ausnahme der Voraussetzung des Fehlens einer die Pflichtversicherung begründenden Erwerbstätigkeit am Stichtag (§ 122 Abs. 1 Z 4) – in einem der in Abs. 12 viertletzter Satz genannten Kalenderjahre erfüllen,

bleiben die für das jeweilige Kalenderjahr angeführten Steigerungspunkte gewahrt.

(BGBl I 2003/145, BGBl I 2004/142, BGBl I 2005/132)

(13a) Abs. 12 ist auch auf männliche Versicherte, die nach dem 31. Dezember 1953 und vor dem 1. Jänner 1959 und auf weibliche Versicherte, die nach dem 31. Dezember 1958 und vor dem 1. Jänner 1964 geboren sind, anzuwenden, wenn die persönliche Arbeitsleistung des (der) Versicherten zur Aufrechterhaltung des Betriebes notwendig war und der (die) Versicherte mindestens 120 Beitragsmonate innerhalb der letzten 240 Kalendermonate vor dem Stichtag (§ 104 Abs. 2) auf Grund von Tätigkeiten, die unter körperlich oder psychisch besonders belastenden Bedingungen erbracht wurden (§ 607 Abs. 14 ASVG), erworben hat.[a)] Abweichend von Abs. 12 vorletzter Satz ist § 130 Abs. 4 in der Fassung des Bundesgesetzes BGBl. I Nr. 71/2003 so anzuwenden, dass an die Stelle von 4,2 % der Wert von 1,8 % und an die Stelle von 0,35 % der Wert von 0,15 % tritt.

(BGBl I 2003/145, BGBl I 2004/142, BGBl I 2006/130, BGBl I 2007/31, BGBl I 2008/129)

[a)] VO siehe Anhang GSVG.

(13b) Personen, die die Anspruchsvoraussetzungen für eine vorzeitige Alterspension nach Abs. 13a – mit Ausnahme der Voraussetzung des Fehlens einer die Pflichtversicherung begründenden Erwerbstätigkeit am Stichtag (§ 122 Abs. 1 Z 4) – unter Annahme einer früheren Antragstellung bereits erfüllt haben, bleibt dieser Pensionsanspruch gewahrt.

(BGBl I 2007/31)

(14) § 130 Abs. 2 in der Fassung des Bundesgesetzes BGBl. I Nr. 71/2003 ist nur auf Versicherungsfälle anzuwenden, in denen der Stichtag nach dem 31. Dezember 2003 liegt, und zwar so, dass das Ausmaß von 1,78 Steigerungspunkten ersetzt wird durch

1. 1,96 Steigerungspunkte bei Stichtagen im Kalenderjahr 2004,
2. 1,92 Steigerungspunkte bei Stichtagen im Kalenderjahr 2005,
3. 1,88 Steigerungspunkte bei Stichtagen im Kalenderjahr 2006,
4. 1,84 Steigerungspunkte bei Stichtagen im Kalenderjahr 2007,
5. 1,80 Steigerungspunkte bei Stichtagen im Kalenderjahr 2008.

Die Leistung, mit Ausnahme eines besonderen Steigerungsbetrages (§ 132), darf in diesen Fällen 80% der höchsten zur Anwendung kommenden Bemessungsgrundlage (§§ 113 Abs. 1, 114 Abs. 1, 117) nicht übersteigen. Liegen jedoch mehr als 45 Versicherungsjahre vor, so beträgt die Leistung jenes Prozentausmaß der höchsten zur Anwendung kommenden Bemessungsgrundlage, das sich aus § 130 Abs. 2 in der Fassung des Bundesgesetzes BGBl. I Nr. 71/2003 ergibt.

(14a) Auf Personen, die die Anspruchsvoraussetzungen für die Alterspension oder für die vorzeitige Alterspension bei langer Versicherungsdauer – mit Ausnahme der Voraussetzung des Fehlens einer die Pflichtversicherung begründenden Erwerbstätigkeit am Stichtag (§ 122 Abs. 1 Z 4) – in einem der in Abs. 14 Z 1 bis 5 genannten Kalenderjahre erfüllen, sind die in der jeweiligen Ziffer des Abs. 14 angeführten Steigerungspunkte abweichend von § 130 Abs. 2 in der Fassung des Bundesgesetzes BGBl. I Nr. 71/2003 anzuwenden.

(14b) § 130 Abs. 3 in der Fassung des Bundesgesetzes BGBl. I Nr. 71/2003 ist nur auf Versicherungsfälle anzuwenden, in denen der Stichtag nach dem 31. Dezember 2003 liegt, jedoch tritt an die Stelle des 60. Lebensjahres bei Versicherungsfällen mit Stichtag

– im Kalenderjahr 2004 der 685. Lebensmonat,
– im Kalenderjahr 2005 der 692. Lebensmonat,
– im Kalenderjahr 2006 der 699. Lebensmonat,
– im Kalenderjahr 2007 der 706. Lebensmonat,
– im Kalenderjahr 2008 der 713. Lebensmonat.

(15) § 136 Abs. 1 Z 1 und 2 in der am 31. Dezember 2003 geltenden Fassung ist weiterhin auf Versicherungsfälle anzuwenden, in denen der Stichtag nach dem 31. Dezember 2003 liegt, und zwar so, dass an die Stelle des 738. bzw. 678. Lebensmonates die in Abs. 10 Z 1 und 2 angeführten Lebensmonate – für das jeweilige Quartal – treten.

(16) Abweichend von § 140 Abs. 7 dritter Satz in der Fassung des Bundesgesetzes BGBl. I Nr. 71/2003 gilt für die Ermittlung der Ausgleichszulage als monatliches Einkommen

a) im Jahr 2004 ein Betrag von 26%,
b) im Jahr 2005 ein Betrag von 25%,
c) im Jahr 2006 ein Betrag von 23%,
d) im Jahr 2007 ein Betrag von 22%,
e) im Jahr 2008 ein Betrag von 21%

des jeweiligen Richtsatzes.

(BGBl I 2003/145)

(17) Der Versicherungsträger wird in den Jahren 2004 bis 2006 ermächtigt, in den Richtlinien nach § 42 Abs. 4 zum Ausgleich besonderer Härten durch die ab 1. Jänner 2004 geltende neue Pensionsberechnung und die Anhebung des Pensionsanfallsalters (Abs. 10) vorzusehen, dass dem (der) Versicherten auf Antrag eine Unterstützung nach pflichtgemäßem Ermessen des Versicherungsträgers und durch Beschluss der Selbstverwaltung zuerkannt wird. Die Höhe dieser Unterstützung ist im Einzelfall unter sinngemäßer Anwendung des § 156, die Dauer mit dem Zeitraum, der sich jeweils aus der Anhebung des Pensionsanfallsalters nach Abs. 10 ergibt, zu begrenzen. Abweichend von § 42 Abs. 2 können in diesen Jahren zusätzliche Mittel an den Unterstützungsfonds im Höchstausmaß von 0,5 vT der Erträge an Beiträgen für Versicherte überwiesen werden.

(18) Bei Pensionen mit Stichtag nach dem 31. Dezember 2003 (Neupensionen) ist eine Vergleichsberechnung vorzunehmen. Zu diesem Zweck ist

zum Stichtag (§ 104 Abs. 2) eine Vergleichspension unter Anwendung der am 31. Dezember 2003 in Geltung gestandenen Rechtslage zu ermitteln; dabei sind die §§ 108 Abs. 8 letzter Satz ASVG und 262 Abs. 9a viertletzter bis letzter Satz nicht anzuwenden. Die Vergleichspension ist der Neupension gegenüberzustellen. Ist die Neupension im jeweils angeführten Kalenderjahr um mehr als den in der linken Spalte genannten Prozentsatz niedriger als die Vergleichspension, so gilt der in der rechten Spalte genannte Prozentsatz der Vergleichspension als die gebührende Pension:

– im Jahr 2004: 5 % 95 %,
– im Jahr 2005: 5,25 % 94,75 %,
– im Jahr 2006: 5,50 % 94,50 %,
– im Jahr 2007: 5,75 % 94,25 %,
– im Jahr 2008: 6 % 94 %,
– im Jahr 2009: 6,25 % 93,75 %,
– im Jahr 2010: 6,50 % 93,50 %,
– im Jahr 2011: 6,75 % 93,25 %,
– im Jahr 2012: 7 % 93 %,
– im Jahr 2013: 7,25 % 92,75 %,
– im Jahr 2014: 7,50 % 92,50 %,
– im Jahr 2015: 7,75 % 92,25 %,
– im Jahr 2016: 8 % 92 %,
– im Jahr 2017: 8,25 % 91,75 %,
– im Jahr 2018: 8,50 % 91,50 %,
– im Jahr 2019: 8,75 % 91,25 %,
– im Jahr 2020: 9 % 91 %,
– im Jahr 2021: 9,25 % 90,75 %,
– im Jahr 2022: 9,50 % 90,50 %,
– im Jahr 2023: 9,75 % 90,25 %,
– ab dem Jahr 2024: 10 % 90%.

Die Rechtskraft bereits ergangener Entscheidungen steht dem nicht entgegen. Personen, die die Anspruchsvoraussetzungen für eine Alterspension (Knappschaftsalterspension) oder eine vorzeitige Alterspension bei langer Versicherungsdauer (vorzeitige Knappschaftsalterspension bei langer Versicherungsdauer) – mit Ausnahme der Voraussetzung des Fehlens einer die Pflichtversicherung begründenden Erwerbstätigkeit am Stichtag (§ 122 Abs. 1 Z 4) – in einem der angeführten Kalenderjahre erfüllen, bleiben die dem jeweiligen Kalenderjahr zugeordneten Prozentsätze gewahrt.

(BGBl I 2003/145, BGBl I 2004/142)

(BGBl I 2003/71)

Schlussbestimmungen zu Art. 75 Teil 3 des Budgetbegleitgesetzes 2003, BGBl. I Nr. 71

§ 288. Es treten in Kraft:

1. rückwirkend mit 1. Mai 2003 die §§ 41a, 185 Abs. 5 Z 2 und 3, 186 Abs. 3, 188 Abs. 2 bis 5, 197 Abs. 4, 204 Abs. 1 und 4, 206 Abs. 3 in der Fassung der Z 15, 206a, 207 Abs. 1 und 3, 208 Abs. 1 bis 3, 209, 210, 211 Abs. 1 und 3, 212, 214 Abs. 1, 215, 215a Abs. 2 und 3 sowie

218 Abs. 4 in der Fassung des Bundesgesetzes BGBl. I Nr. 71/2003;

2. rückwirkend mit 1. September 2002 der § 206 Abs. 3 in der Fassung der Z 14 in der Fassung des Bundesgesetzes BGBl. I Nr. 71/2003.

(BGBl I 2003/71)

Schlussbestimmung zu Art. 3 Teil 1 des Bundesgesetzes BGBl. I Nr. 145/2003 (27. Novelle)

§ 289. § 86 Abs. 3 in der Fassung des Bundesgesetzes BGBl. I Nr. 145/2003 tritt mit 1. Jänner 2004 in Kraft.

(BGBl I 2003/145)

Schlussbestimmungen zu Art. 3 Teil 2 des Bundesgesetzes BGBl. I Nr. 145/2003 (27. Novelle)

§ 290. (1) Es treten in Kraft:

1. mit 1. Jänner 2004 die §§ 33c, 33d Abs. 1 und 2, 51 Abs. 4, 56 Abs. 1, 67 Abs. 2, 107 Abs. 7, 108a, 111 Abs. 2 lit. a, 123 Abs. 5, 124 Abs. 4, 130 Abs. 7, 149a Abs. 4, 154 Abs. 4, 164 Abs. 5, 168, 173 Abs. 1, 203 Abs. 1, 218 Abs. 3a und 4a, 286 sowie 287 Abs. 1, 3, 7, 8a, 9, 11 bis 13, 13b, 16 und 18 in der Fassung des Bundesgesetzes BGBl. I Nr. 145/2003;

2. rückwirkend mit 1. November 2003 die §§ 107a Abs. 6 und 107b Abs. 3 in der Fassung des Bundesgesetzes BGBl. I Nr. 145/2003.

(2) Es treten außer Kraft:

1. mit Ablauf des 31. Dezember 2003 § 134a Abs. 2;

2. mit Ablauf des 31. Oktober 2003 die §§ 107a Abs. 7 und 107b Abs. 4.

(3) § 218 Abs. 3a in der Fassung des Bundesgesetzes BGBl. I Nr. 145/2003 gilt nur für Bestellungen, die nach dem 31. Dezember 2003 erfolgen.

(4) § 218 Abs. 4a in der Fassung des Bundesgesetzes BGBl. I Nr. 145/2003 gilt nur für Bestellungen, die nach dem 31. Dezember 2003 erfolgen; eine solche Neubestellung darf erst dann vorgenommen werden, wenn die bereits vor dem 1. Jänner 2004 bestellten ständigen StellvertreterInnen des (der) leitenden Angestellten und des leitenden Arztes (der leitenden Ärztin) aus ihrer Funktion ausgeschieden sind.

(BGBl I 2003/145)

Einmalzahlung für das Jahr 2004

§ 291. (1) Der Versicherungsträger wird im Jahr 2004 ermächtigt, in den Richtlinien nach § 42 Abs. 4 zum Ausgleich der Auswirkungen nach § 26 Abs. 1 erster Satz sowie für BezieherInnen von Waisenpensionen Folgendes vorzusehen: Den im § 26 Abs. 1 erster Satz genannten Personen sowie den Beziehern und Bezieherinnen von Waisenpensionen ist ohne Antragstellung eine Einmalzahlung zuzuerkennen, wenn ihr Gesamtpensionseinkommen im Jänner 2004 nach Anwendung des § 3 der Verordnung BGBl. II Nr. 598/2003 den Betrag von 780 € nicht übersteigt. Die Einmalzahlung ist mit

0,6 % des vierzehnfachen Gesamtpensionseinkommens nach Abs. 4 begrenzt; sie ist ehestmöglich, spätestens jedoch zum 1. Juni 2004 auszuzahlen.

(2) Ergibt sich trotz Anwendung des Abs. 1 ein Unterschiedsbetrag zwischen der Jahresnettopension 2003 einschließlich des Wertausgleiches und der Jahresnettopension 2004, so erhöht sich die Einmalzahlung um diesen Unterschiedsbetrag.

(3) Abweichend von § 42 Abs. 2 sind im Jahr 2004 die für Einmalzahlungen notwendigen zusätzlichen Mittel an den Unterstützungsfonds bundesbeitragswirksam zu überweisen.

(4) Gesamtpensionseinkommen im Sinne des Abs. 1 ist die Summe aller Pensionen aus der gesetzlichen Pensionsversicherung, auf die im Jänner 2004 Anspruch besteht.

(5) Die Einmalzahlung gilt als Nettoeinkommen im Sinne des § 140 Abs. 3. Von der Einmalzahlung sind keine Beiträge zur Krankenversicherung zu entrichten.

(BGBl I 2004/18)

Ersatzanspruch des Landes

§ 292. (1) Hat der Versicherungsträger von der Ermächtigung nach § 291 Gebrauch gemacht, so hat er der Dienststelle eines Landes, die der Einmalzahlung vergleichbare Leistung erbracht hat, die erbrachte Leistung bis zur Höhe des nach § 291 Abs. 1 vorgesehenen Betrages zu ersetzen, wenn dies die Dienststelle eines Landes beim Versicherungsträger unter Angabe der Höhe der erbrachten Leistung beim Namen und Versicherungsnummer des Leistungsbeziehers (der Leistungsbezieherin) bis längstens 1. April 2004 geltend macht.

(2) Der Versicherungsträger hat die Beträge, die er zur Befriedigung des Ersatzanspruches nach Abs. 1 aufgewendet hat, von der Einmalzahlung nach § 291 abzuziehen. Die Zustimmung des Leistungsbeziehers (der Leistungsbezieherin) ist hiefür nicht erforderlich.

(BGBl I 2004/18)

Schlussbestimmung zu Art. 3 des 2. Sozialversicherungs-Änderungsgesetzes 2004, BGBl. I Nr. 78

§ 293. § 136 Abs. 2 bis 6a in der Fassung des Bundesgesetzes BGBl. I Nr. 78/2004 tritt mit 1. Juli 2004 in Kraft und ist auf Versicherungsfälle des Todes anzuwenden, die nach dem 1. Juni 2004 eingetreten sind.

(BGBl I 2004/78)

Schlussbestimmungen zu Art. 3 des Sozialrechts-Änderungsgesetzes 2004, BGBl. I Nr. 105

§ 294. (1) Es treten in Kraft:

1. mit 1. Juli 2004 die §§ 136 Abs. 1 Z 1, 217b und 287 Abs. 9a in der Fassung des Bundesgesetzes BGBl. I Nr. 105/2004;

2. mit 1. Oktober 2004 § 24 Abs. 1 in der Fassung des Bundesgesetzes BGBl. I Nr. 105/2004;

3. mit 1. Jänner 2005 die §§ 20a, 20b, 23 Abs. 10 lit. a, 30 Abs. 1 sowie 204 Abs. 6 und die Z 3.2 und 5 in der Anlage 2 in der Fassung des Bundesgesetzes BGBl. I Nr. 105/2004.

(2) § 280 Abs. 5 tritt mit Ablauf des 31. Dezember 2004 außer Kraft.

(3) Die §§ 20a, 20b, 23 Abs. 10 lit. a, 30 Abs. 1 sowie die Z 5 in der Anlage 2 in der Fassung des Bundesgesetzes BGBl. I Nr. 105/2004 sind erstmals für das Beitragsjahr 2004 anzuwenden.

(BGBl I 2004/119, BGBl I 2007/49)

(4) Personen, die nach den §§ 262 Abs. 3 und 277 Abs. 5 am 30. September 2004 von der Krankenversicherung ausgenommen sind, bleiben ab 1. Oktober 2004 nur dann weiterhin ausgenommen, sofern die für den Betrieb maßgebliche Beitragsgrundlage den Betrag von 1 015 € nicht übersteigt. Hiebei ist für die Beurteilung der die Pflichtversicherung auslösenden Bewirtschaftungsverhältnisse jener Sachverhalt maßgeblich, der am 30. Mai 2004 bestanden hat.

(BGBl I 2004/105)

Schlussbestimmungen zu Art. 5 des Bundesgesetzes BGBl. I Nr. 142/2004 (28. Novelle)

§ 295. (1) Es treten in Kraft:

1. mit 1. Jänner 2005 die §§ 1a samt Überschrift, 1b, 4a samt Überschrift, 6 Abs. 3a, 7 Abs. 3a, 10a samt Überschrift, 12 Abs. 1, 16 Abs. 5, 23a samt Überschrift, 24 Abs. 2 bis 4, 24e samt Überschrift, 27a samt Überschrift, 31, 45 samt Überschrift, 106 Abs. 1 Z 3, 107 Überschrift sowie Abs. 1 und 7, 107a Überschrift sowie Abs. 1 und 3, 109 Abs. 2 lit. h und i, 110 Z 1, 110a Abs. 1 und 2, 118 Abs. 8, 118b Überschrift und Abs. 1 bis 3, 123 Abs. 1 Z 3, 156 Abs. 2 sowie die Überschrift zum 3. Unterabschnitt des Abschnittes III des Zweiten Teiles und die Z 3.4 in der Anlage 2 in der Fassung des Bundesgesetzes BGBl. I Nr. 142/2004;

2. mit 1. Jänner 2006 § 23 Abs. 10 lit. a in der Fassung des Bundesgesetzes BGBl. I Nr. 142/2004;

3. rückwirkend mit 1. Juli 2004 § 136 Abs. 5 Z 3 lit. e und Abs. 7b in der Fassung des Bundesgesetzes BGBl. I Nr. 142/2004;

4. rückwirkend mit 1. Jänner 2004 § 287 Abs. 11 bis 13b und 18 in der Fassung des Bundesgesetzes BGBl. I Nr. 142/2004.

(2) § 147a tritt mit Ablauf des 31. Dezember 2004 außer Kraft.

(2a) § 287 Abs. 13b tritt mit 1. Jänner 2004 außer Kraft.

(3) Auf Personen, die vor dem 1. Jänner 1955 geboren sind, ist § 4a in der Fassung des Bundesgesetzes BGBl. I Nr. 142/2004 nicht anzuwenden; für diese Personen gelten weiterhin die §§ 107 und 107a.

(BGBl I 2005/132)

(4) Abweichend von § 23 Abs. 10 lit. a in der Fassung des Bundesgesetzes BGBl. I Nr. 142/2004 beträgt im Kalenderjahr 2006 die Mindestbeitragsgrundlage nach sublit. aa der zitierten Bestimmung 449,84 € und nach sublit. ba der zitierten Bestimmung 1 133,45 €, jeweils vervielfacht mit den für die Jahre 2005 und 2006 geltenden Aufwertungszahlen (§ 45).

(5) Abweichend von § 24e in der Fassung des Bundesgesetzes BGBl. I Nr. 142/2004 sind die Beiträge für Teilversicherte nach § 4a Z 4 in den Jahren 2005 bis einschließlich 2009 zu gleichen Teilen aus Mitteln des Familienlastenausgleichsfonds und aus Mitteln des Bundes zu tragen.

(6) Auf Personen, die vor dem 1. Jänner 1955 geboren sind, ist § 28 Abs. 1 in der am 31. Dezember 2004 geltenden Fassung weiterhin anzuwenden.

(BGBl I 2005/132)

(6a) § 31 Abs. 2 in der bis zum Ablauf des 31. Dezember 2004 geltenden Fassung bleibt für Geschäftsjahre, die vor dem 1. Jänner 2005 liegen, weiterhin anwendbar.

(7) Abweichend von § 107 Abs. 7 in der Fassung des Bundesgesetzes BGBl. I Nr. 142/2004 sind nach dem 31. Dezember 2004 gelegene Monate des Besuches einer Bildungseinrichtung nach dieser Bestimmung weiterhin als Versicherungsmonate für die Erfüllung der Wartezeit für Leistungen aus dem Versicherungsfall des Todes zu berücksichtigen.

(8) § 118b Abs. 1 und 2 in der am 31. Dezember 2004 geltenden Fassung ist weiterhin auf Beiträge anzuwenden, die für Beitragszeiträume vor dem 1. Jänner 2005 entrichtet wurden.

(9) Abweichend von § 121 Abs. 1 in der am 31. Dezember 2004 geltenden Fassung bestimmt sich das Anfallsalter für weibliche Versicherte, die das 60. Lebensjahr am oder nach dem 1. Jänner 2024 vollenden, nach § 3 des Bundesverfassungsgesetzes über unterschiedliche Altersgrenzen von männlichen und weiblichen Sozialversicherten, BGBl. Nr. 832/1992.

(10) (aufgehoben)

(BGBl I 2006/110)

(11) § 287 Abs. 12 erster Satz ist auch auf männliche Versicherte, die nach dem 31. Dezember 1953 geboren sind, und auf weibliche Versicherte, die nach dem 31. Dezember 1958 geboren sind, so anzuwenden, dass

1. bei männlichen Versicherten an die Stelle des 738. Lebensmonates nicht das 60. Lebensjahr, sondern das 62. Lebensjahr tritt;

2. bei weiblichen Versicherten an die Stelle des 678. Lebensmonates nicht das 55. Lebensjahr, sondern das in der rechten Spalte genannte Lebensjahr tritt:

a) 1. Jänner 1959 bis 31. Dezember 1959 57. Lebensjahr;

b) 1. Jänner 1960 bis 31. Dezember 1960 58. Lebensjahr;

c) 1. Jänner 1961 bis 31. Dezember 1961 59. Lebensjahr;

d) 1. Jänner 1962 bis 1. Dezember 1963 60. Lebensjahr;

e) 2. Dezember 1963 bis 1. Juni 1964 60,5. Lebensjahr;

f) 2. Juni 1964 bis 1. Dezember 1964 61. Lebensjahr;

g) 2. Dezember 1964 bis 1. Juni 1965 61,5. Lebensjahr;

h) ab 2. Juni 1965 62. Lebensjahr;

3. bei weiblichen Versicherten statt 480 Beitragsmonaten

– bei Personen nach Z 2 lit. a 504 Beitragsmonate,

– bei Personen nach Z 2 lit. b 516 Beitragsmonate,

– bei Personen nach Z 2 lit. c 528 Beitragsmonate,

– bei Personen nach Z 2 lit. d bis h 540 Beitragsmonate

erforderlich sind;

4. als Beitragsmonate lediglich Beitragsmonate auf Grund einer Erwerbstätigkeit sowie die im ersten bis dritten Teilstrich des § 287 Abs. 12 genannten Ersatzmonate zu berücksichtigen sind.

Als Beitragsmonate auf Grund einer Erwerbstätigkeit gelten auch folgende Versicherungsmonate nach § 3 Abs. 1 Z 2 APG:

– Versicherungsmonate nach § 8 Abs. 1 Z 2 lit. a ASVG,

– Versicherungsmonate nach § 8 Abs. 1 Z 2 lit. d und e ASVG, § 3 Abs. 3 Z 1 und 2 GSVG und § 4a Abs. 1 Z 1 und 2 dieses Bundesgesetzes,

(BGBl I 2017/125)

– bis zu 60 Versicherungsmonate nach § 8 Abs. 1 Z 2 lit. g ASVG, § 3 Abs. 3 Z 4 GSVG und § 4a Abs. 1 Z 4 dieses Bundesgesetzes, die sich nicht mit Zeiten einer Pflichtversicherung in der Pensionsversicherung auf Grund einer Erwerbstätigkeit decken.

Die Höchstgrenze von 60 Versicherungsmonaten darf auch bei Vorliegen von entsprechenden Ersatzmonaten nach Z 4 nicht überschritten werden. Für Versicherte nach den Z 1 und 2, die die Leistung nach Vollendung des 62. Lebensjahres beanspruchen, ist anstelle des § 130 Abs. 4 die Bestimmung des § 15 Abs. 4 Z 1 APG anzuwenden. § 130 Abs. 4 bzw. § 15 Abs. 4 Z 1 APG ist für die Zeit nach dem 31. Dezember 2023 so anzuwenden, dass an die Stelle des Regelpensionsalters nach § 121 Abs. 1 die jeweils geltende Altersgrenze nach § 3 des Bundesverfassungsgesetzes über unterschiedliche Altersgrenzen von männlichen und weiblichen Sozialversicherten, BGBl. Nr. 832/1992, tritt.

(BGBl I 2007/31, BGBl I 2010/111, BGBl I 2017/125)

(BGBl I 2004/142)

Schlussbestimmungen zu Art. 3 des Bundesgesetzes BGBl. I Nr. 171/2004 (29. Novelle)

§ 296. Es treten in Kraft:

1. mit 1. Jänner 2005 die §§ 80 Abs. 2 dritter und vierter Satz, 80a samt Überschrift, 101a, 206a und 208 Abs. 1a in der Fassung des Bundesgesetzes BGBl. I Nr. 171/2004;
2. mit 1. Jänner 2008 § 80 Abs. 8 in der Fassung des Bundesgesetzes BGBl. I Nr. 171/2004;
3. rückwirkend mit 31. Dezember 2003 § 284 Abs. 1 Z 3 und 3a in der Fassung des Bundesgesetzes BGBl. I Nr. 171/2004.

(BGBl I 2004/171)

Schlussbestimmungen zu Art. 5 des Bundesgesetzes BGBl. I Nr. 156/2004

§ 297. (1) § 87 Abs. 2a, 4 und 6 in der Fassung des Bundesgesetzes BGBl. I Nr. 156/2004 tritt mit 1. Jänner 2005 in Kraft.

(2) Die §§ 24 Abs. 1 sowie 26 Abs. 1 und 2 in der Fassung des Bundesgesetzes BGBl. I Nr. 156/2004 treten mit 1. Jänner 2005 in Kraft.

(BGBl I 2007/101)

(3) § 86 Abs. 3 vierter und fünfter Satz treten mit Ablauf des 31. Dezember 2004 außer Kraft.

(BGBl I 2004/156)

Schlussbestimmungen zu Art. 4 des Bundesgesetzes BGBl. I Nr. 179/2004

§ 298. (1) Die §§ 80 Abs. 2, Überschrift zu 89, 89 Abs. 1, Überschrift zu 90, 90 Abs. 1 und 2, 91 samt Überschrift, 152 Abs. 3, 170a und 178 Abs. 1 in der Fassung des Bundesgesetzes BGBl. I Nr. 179/2004 treten mit 1. Jänner 2005 in Kraft.

(2) § 277 Abs. 3 tritt mit Ablauf des 31. Dezember 2004 außer Kraft.

(3) (aufgehoben)

(BGBl I 2007/101)

(4) Die landesgesetzlichen Ausführungsbestimmungen zu den §§ 91 und 152 Abs. 3 in der Fassung des Bundesgesetzes BGBl. Nr. 179/2004 sind innerhalb von sechs Monaten zu erlassen und rückwirkend mit 1. Jänner 2004 in Kraft zu setzen.

Schlussbestimmungen zu Art. 3 des Bundesgesetzes BGBl. I Nr. 71/2005 (30. Novelle)

§ 299. (1) Es treten in Kraft:

1. mit 1. Juli 2005 die §§ 7 Abs. 1 Z 5, 34 Abs. 4, 38 Abs. 7, 124a, 140 Abs. 4 lit. m, 148f Abs. 2 erster Satz, 148i Abs. 3, 148j Abs. 1 bis 3, 148u Abs. 2, 149g Abs. 1 Einleitungssatz und Z 1, Abs. 3 bis 5, 149k samt Überschrift, 149l Abs. 1, 149n Abs. 5, 156 Abs. 1 sowie 182 Z 1 bis 6 in der Fassung des Bundesgesetzes BGBl. I Nr. 71/2005;
2. rückwirkend mit 1. Jänner 2004 § 148i Abs. 4 in der Fassung des Bundesgesetzes BGBl. I Nr. 71/2005.

(2) Es treten außer Kraft:

1. mit Ablauf des 30. Juni 2005 § 149k Abs. 2;

2. rückwirkend mit Ablauf des 31. Dezember 2004 § 277a Abs. 3.

(3) Ein vor dem 1. April 2005 gestellter Antrag auf Beitragsgrundlagenoption nach § 23 Abs. 1a kann ohne Angabe von Gründen durch die betriebsführende Person widerrufen werden; sind mehrere Personen an der Betriebsführung beteiligt, so kann nur durch gemeinsame Erklärung widerrufen werden. Der Widerruf wird mit 1. Jänner 2006 wirksam, wenn die Erklärung bis zum 31. März 2007 bei der Versicherungsanstalt einlangt, sonst mit 1. Jänner 2007; nach dem 31. März 2008 einlangende Erklärungen sind rechtsunwirksam.

(4) § 148i Abs. 4 in der Fassung des Bundesgesetzes BGBl. I Nr. 71/2005 ist nur auf Versicherungsfälle anzuwenden, in denen der Zeitpunkt des Pensionsanfalles oder der Betriebsaufgabe nach dem 30. Juni 2005 liegt.

(5) Bis zum In-Kraft-Treten der Verordnung nach § 148j Abs. 3 ist die Verordnung BGBl. II Nr. 245/1999 weiterhin anzuwenden.

(BGBl I 2005/71)

Schlussbestimmungen zu Art. 3 des Bundesgesetzes BGBl. I Nr. 132/2005 (31. Novelle)

§ 300. (1) Es treten in Kraft:

1. mit 1. Jänner 2006 die §§ 23 Abs. 6, 23b samt Überschrift, 33b Abs. 1 bis 4, 33c Abs. 1 und 4, 34 Abs. 3a, 39a samt Überschrift, 56 Abs. 1, 106 Abs. 1 Z 1 und 2, 107 Abs. 7, 109 Abs. 2 lit. b, 118b Abs. 1, 124 Abs. 2a, 141 Abs. 1 und 287 Abs. 13 in der Fassung des Bundesgesetzes BGBl. I Nr. 132/2005;
2. rückwirkend mit 1. Jänner 2005 die §§ 23a, 27a, 28 Abs. 1, 106 Abs. 1 Z 3, 108, 109 Abs. 2 lit. a, 118b Abs. 2, 164 Abs. 1a, 167 Abs. 2 sowie 295 Abs. 3 und 6 in der Fassung des Bundesgesetzes BGBl. I Nr. 132/2005.

(2) Die §§ 106 Abs. 3 und 123 Abs. 4 treten mit Ablauf des 31. Dezember 2005 außer Kraft, sie sind jedoch auf Verfahren, die an diesem Tag anhängig sind, weiterhin anzuwenden.

(3) Die §§ 23 Abs. 6 und 23b in der Fassung des Bundesgesetzes BGBl. I Nr. 132/2005 sind erstmals für das Beitragsjahr 2005 anzuwenden.

(4) Die §§ 34 Abs. 3a, 39a, 106 Abs. 1 Z 1 und 2 sowie Abs. 2 in der Fassung des Bundesgesetzes BGBl. I Nr. 132/2005 sind nicht auf Personen anzuwenden, die Anspruch auf eine Pension mit Stichtag (§ 104 Abs. 2) vor dem 1. Jänner 2006 haben. Beiträge, die nach den bis zum Ablauf des 31. Dezember 2005 geltenden Bestimmungen unwirksam (§ 106 Abs. 1 Z 1) entrichtet wurden, gelten ab 1. Jänner 2006 als wirksam entrichtet.

(5) Für Personen, die vor dem 1. Jänner 1955 geboren sind, ist § 27a Abs. 1 in der Fassung des Bundesgesetzes BGBl. I Nr. 132/2005 so anzuwenden, dass im Fall der Beitragsentrichtung nach Vollendung des 50. Lebensjahres die Beitragsgrundlage mit dem Faktor 1,66 zu vervielfachen ist; an die Stelle dieses Faktors tritt nach Vollendung des 55. Lebensjahres der Faktor 2,22 und nach Vollendung

des 60. Lebensjahres der Faktor 2,34. Soweit Personen, die nach dem 31. Dezember 1954 geboren sind, bereits vor dem 1. Jänner 2005 Beiträge nach § 107 Abs. 9 unter Vervielfachung der Beitragsgrundlage mit einem Faktor entrichtet haben, sind ihnen die auf die Vervielfachung entfallenden Beitragsteile bei Anfall einer Direktpensionsleistung – aufgewertet mit dem der zeitlichen Lagerung entsprechenden Aufwertungsfaktor (§ 45) – von Amts wegen zu erstatten; auf Antrag hat die Erstattung schon vor Pensionsanfall zu erfolgen.

(6) Die Richtsätze nach § 141 Abs. 1 lit. a sublit. bb, lit. b und lit. c sublit. bb in der Fassung des Bundesgesetzes BGBl. I Nr. 132/2005 sind abweichend von § 141 Abs. 2 in Verbindung mit § 47 für das Kalenderjahr 2006 nicht zu vervielfachen.

(7) Die Amtsdauer der am 31. Dezember 2005 bestehenden Verwaltungskörper der Sozialversicherungsanstalt der Bauern verlängert sich bis zum Ablauf des 31. Dezember 2007. Abweichend von § 190 währt die Amtsdauer der zum 1. Jänner 2008 zu bildenden Verwaltungskörper drei Jahre.

(BGBl I 2005/132, BGBl I 2006/131)

Schlussbestimmung zu Art. 8 des Bundesgesetzes BGBl. I Nr. 155/2005

§ 301. Die §§ 80 Abs. 2, 88 Abs. 1, 95 Abs. 2 und 4 sowie 181 in der Fassung des Bundesgesetzes BGBl. I Nr. 155/2005 treten mit 1. Jänner 2006 in Kraft.

(BGBl I 2005/155, BGBl I 2006/60)

Schlussbestimmungen zum Bundesgesetz BGBl. I Nr. 60/2006

§ 302. (1) § 301 in der Fassung des Bundesgesetzes BGBl. I Nr. 60/2006 tritt rückwirkend mit 1. Jänner 2006 in Kraft.

(2) Die §§ 148f Abs. 1 und 3 sowie 149d Abs. 1 in der Fassung des Bundesgesetzes BGBl. I Nr. 60/2006 sind nur auf Versicherungsfälle anzuwenden, die nach dem 31. März 2005 eingetreten sind.

(BGBl I 2006/60)

Schlussbestimmungen zu Art. 3 des Bundesgesetzes BGBl. I Nr. 130/2006

§ 303. (1) Es treten in Kraft:

1. mit 1. Juli 2006 die §§ 108a und 108b samt Überschriften, 182 Z 5, 207 Abs. 1 und 1a sowie 218 Abs. 3b und 287 Abs. 13a in der Fassung des Bundesgesetzes BGBl. I Nr. 130/2006;

2. rückwirkend mit 1. Jänner 2006 § 136 Abs. 3 bis 5a in der Fassung des Bundesgesetzes BGBl. I Nr. 130/2006.

(2) § 136 Abs. 3 bis 5a in der Fassung des Bundesgesetzes BGBl. I Nr. 130/2006 ist auf Versicherungsfälle des Todes anzuwenden, die nach dem 31. Dezember 2005 eingetreten sind. Auf Antrag der Witwe (des Witwers) bis längstens zum Ablauf des 31. Dezember 2008 sind die zitierten Bestimmungen auch auf Versicherungsfälle des Todes anzuwenden, die nach dem 1. Juni 2004 und vor dem 1. Jänner 2006 eingetreten sind; die Rechtskraft bereits ergangener Entscheidungen steht dem nicht entgegen.

(BGBl I 2006/130)

Schlussbestimmungen zu Art. 3 des Bundesgesetzes BGBl. I Nr. 131/2006

§ 304. (1) Es treten in Kraft:

1. mit 1. Juli 2006 die §§ 186 Abs. 1 und 300 Abs. 7 in der Fassung des Bundesgesetzes BGBl. I Nr. 131/2006;

2. mit 1. August 2006 die §§ 24b Abs. 3 Z 2 und 78 Abs. 6a in der Fassung des Bundesgesetzes BGBl. I Nr. 131/2006;

3. mit 1. Jänner 2007 § 38 Abs. 8 in der Fassung des Bundesgesetzes BGBl. I Nr. 131/2006;

4. rückwirkend mit 1. Jänner 1999 die §§ 149a Abs. 4 und 154 Abs. 4 in der Fassung des Bundesgesetzes BGBl. I Nr. 131/2006.

(2) Auf vor dem 1. Jänner 2007 in das Firmenbuch eingetragene Personengesellschaften des Handelsrechts und Erwerbsgesellschaften ist für die Dauer der Firmenfortführung ohne dem nach § 19 Abs. 1 Z 2 und 3 Unternehmensgesetzbuch vorgeschriebenen Rechtsformzusatz weiterhin § 38 Abs. 8 in der Fassung des BGBl. Nr. 741/1990 anzuwenden.

(BGBl I 2006/131)

Einmalzahlung für das Jahr 2007

§ 305. (1) Allen Personen mit gewöhnlichem Aufenthalt im Inland, die im Jänner 2007 Anspruch auf eine oder mehrere Pensionen haben, gebührt für das Jahr 2007 bei Pensionen bis insgesamt pro Person von 1.380,- € pro Monat eine Einmalzahlung von 60,- €, bei Pensionen bis insgesamt pro Person von 1.920,- € pro Monat eine Einmalzahlung von 45,- € und bei Personen mit insgesamt pro Person höheren Pensionen eine Einmalzahlung von 25,- €. Die Einmalzahlung ist kein Pensionsbestandteil, sie ist aber zusammen mit der jeweils (höchsten) laufenden Pensionszahlung zum 1. Februar 2007 auszuzahlen.

(2) Die Einmalzahlung gilt nicht als Nettoeinkommen im Sinne des § 140 Abs. 3. Von der Einmalzahlung sind keine Beiträge zur Krankenversicherung zu entrichten.

(BGBl I 2006/165)

Schlussbestimmungen zu Art. 3 des Bundesgesetzes BGBl. I Nr. 169/2006

§ 306. (1) § 141 Abs. 1 in der Fassung des Bundesgesetzes BGBl. I Nr. 169/2006 tritt mit 1. Jänner 2007 in Kraft.

(2) Die Richtsätze nach § 141 Abs. 1 in der Fassung des Bundesgesetzes BGBl. I Nr. 169/2006 sind abweichend von § 141 Abs. 2 in Verbindung mit § 47 für das Kalenderjahr 2007 nicht zu vervielfachen.

(3) Personen, die im Jänner 2007 Anspruch auf Ausgleichszulage haben, gebührt keine Einmalzahlung nach § 305. Ergibt sich jedoch auf Grund der Anpassung mit dem Anpassungsfaktor und der Einmalzahlung nach § 305 ein höherer Betrag als auf Grund der Erhöhung der Ausgleichszulagenrichtsätze mit 1. Jänner 2007, so ist der Unterschiedsbetrag als besondere Einmalzahlung auszuzahlen. Auf die besondere Einmalzahlung ist § 305 Abs. 2 anzuwenden.

(BGBl I 2006/169, BGBl I 2007/31)

Schlussbestimmungen zu Art. 3 Teil 1 des Bundesgesetzes BGBl. I Nr. 31/2007 (32. Novelle)

§ 307. (1) Die §§ 78 Abs. 6 bis 8, 148f Abs. 3 Z 2 und 3 sowie vorletzter Satz, 148i Abs. 1 erster und zweiter Satz sowie Abs. 2 bis 5, 148j Abs. 2, 148z Abs. 3 sowie 149d Abs. 1 Z 2 und vorletzter Satz, 149g Abs. 3, 149l Abs. 1 dritter Satz, 149n Abs. 2 und 149s in der Fassung des Bundesgesetzes BGBl. I Nr. 31/2007 treten mit 1. Juli 2007 in Kraft.

(2) § 304 Abs. 3 und 4 treten rückwirkend mit Ablauf des 27. Juli 2006 außer Kraft.

(3) Personen, die nach § 78 Abs. 7 Z 1 in der am 30. Juni 2007 geltenden Fassung als Angehörige anspruchsberechtigt sind und zu diesem Zeitpunkt bereits das 27. Lebensjahr vollendet haben, bleiben weiterhin als Angehörige anspruchsberechtigt, so lange sich der maßgebliche Sachverhalt nicht ändert.

(4) Personen, die nach § 78 Abs. 7 Z 1 in der am 30. Juni 2007 geltenden Fassung als Angehörige anspruchsberechtigt sind und zu diesem Zeitpunkt das 27. Lebensjahr noch nicht vollendet haben, bleiben weiterhin als Angehörige anspruchsberechtigt, so lange sich der maßgebliche Sachverhalt nicht ändert, längstens jedoch bis zum Ablauf des 31. Dezember 2010.

(4a) Die §§ 148i Abs. 1 erster und zweiter Satz sowie die Abs. 2, 3 und 5 und 148j Abs. 2 in der Fassung des Bundesgesetzes BGBl. I Nr. 31/2007 sind nur dann anzuwenden, wenn bei laufendem Bezug einer Betriebsrente eine Pension aus dem Versicherungsfall der geminderten Arbeitsfähigkeit nach dem ASVG, der dauernden Erwerbsunfähigkeit nach dem GSVG oder ein Ruhegenuss wegen Dienstunfähigkeit nach dem 30. Juni 2007 erstmals anfällt oder der Versicherungsfall (§ 148b) nach dem 30. Juni 2007 eingetreten ist.

(BGBl I 2009/33)

(5) § 149d Abs. 1 Z 2 und Abs. 1 vorletzter Satz in der Fassung des Bundesgesetzes BGBl. I Nr. 31/2007 ist nur auf Versicherungsfälle anzuwenden, die nach dem 30. Juni 2007 eingetreten sind.

(6) § 149l Abs. 1 dritter Satz in der Fassung des Bundesgesetzes BGBl. I Nr. 31/2007 ist nur auf nach dem 30. Juni 2007 zu bildende Gesamtrenten anzuwenden.

(BGBl I 2007/31)

Schlussbestimmungen zu Art. 3 Teil 2 des Bundesgesetzes BGBl. I Nr. 31/2007 (32. Novelle)

§ 308. (1) Es treten in Kraft:

1. mit 1. Juli 2007 die §§ 28 Abs. 7, 287 Abs. 7, 12, 13a und 13b sowie 295 Abs. 11 in der Fassung des Bundesgesetzes BGBl. I Nr. 31/2007;

2. mit 1. Jänner 2008 die §§ 186 Überschrift und Abs. 1, 2 und 2a sowie 195 Abs. 1 in der Fassung des Bundesgesetzes BGBl. I Nr. 31/2007;

3. mit 1. Jänner 2011 § 186 Abs. 2b in der Fassung des Bundesgesetzes BGBl. I Nr. 31/2007;

4. rückwirkend mit 1. Jänner 2007 § 306 Abs. 3 in der Fassung des Bundesgesetzes BGBl. I Nr. 31/2007;

5. rückwirkend mit 1. Jänner 2006 § 23a in der Fassung des Bundesgesetzes BGBl. I Nr. 31/2007.

(2) § 188 Abs. 5 tritt mit Ablauf des 31. Dezember 2007 außer Kraft.

(3) Der Anwendung des § 23a in der Fassung des Bundesgesetzes BGBl. I Nr. 31/2007 steht die Rechtskraft bereits ergangener Entscheidungen nicht entgegen.

(4) § 287 Abs. 7 in der Fassung des Bundesgesetzes BGBl. I Nr. 31/2007 ist auf Antrag des Pensionsbeziehers/der Pensionsbezieherin auch auf Alterspensionen mit Stichtag nach dem 31. Dezember 2003 und vor dem 1. Juli 2007 anzuwenden. Die Rechtskraft bereits ergangener Entscheidungen steht dem nicht entgegen.

Pensionsanpassung, Anpassung der Renten aus der Unfallversicherung und Vervielfachung der Ausgleichszulagen-Richtsätze für das Jahr 2009

§ 309. (1) Es treten in Kraft:

1. mit 1. Jänner 2008 die §§ 24 Abs. 1 in der Fassung der Z 1, 26 Abs. 1 in der Fassung der Z 3, 77 Abs. 1 und 2, 84 Abs. 2, 86 Abs. 6, 141 Abs. 1, 284 Abs. 5 sowie 297 Abs. 2 in der Fassung des Bundesgesetzes BGBl. I Nr. 101/2007;

2. (aufgehoben)

(BGBl I 2013/81, BGBl I 2015/118)

(2) § 298 Abs. 3 tritt mit Ablauf des 31. Dezember 2007 außer Kraft.

(3) Im Jahr 2008 kommt es abweichend von § 26 Abs. 1 in der Fassung der Z 3 nicht zur Beitragserhöhung, wenn die Versicherungspflicht im Jahr 2007 eingetreten ist und nach § 46 Abs. 1 keine Anpassung erfolgt ist.

(4) Die Richtsätze nach § 141 Abs. 1 in der Fassung des Bundesgesetzes BGBl. I Nr. 101/2007 sind abweichend von § 141 Abs. 2 in Verbindung mit § 47 für das Kalenderjahr 2008 nicht zu vervielfachen.

(5) Abweichend von § 108h Abs. 1 erster Satz ASVG sind im Kalenderjahr 2008 alle Pensionen, die mehr als 746,99 € monatlich betragen, nicht mit

dem Anpassungsfaktor zu vervielfachen, sondern wie folgt zu erhöhen: Beträgt die Pension monatlich

1. mehr als 746,99 € bis zu 1 050 €, so ist sie um 21 € zu erhöhen;

2. mehr als 1 050 € bis zu 1 700 €, so ist sie mit dem Faktor 1,020 zu vervielfachen;

3. mehr als 1 700 € bis zu 2 161,50 €, so ist sie um einen Prozentsatz zu erhöhen, der zwischen den genannten Werten von 2,0 % auf 1,7 % linear absinkt;

4. mehr als 2 161,50 €, so ist sie um 36,75 € zu erhöhen.

(6) Bezieht eine Person zwei oder mehrere Pensionen, die jeweils den Richtsatz nach § 141 Abs. 1 lit. a sublit. bb in der Fassung des Bundesgesetzes BGBl. I Nr. 101/2007 nicht erreichen, so ist ausschließlich die Summe dieser Pensionen nach Abs. 5 zu erhöhen, wobei der Erhöhungsbetrag auf die einzelne Pension im Verhältnis der Pensionen zueinander aufzuteilen ist.

(7) Abweichend von § 108h Abs. 1 erster Satz ASVG hat der Bundesminister für Soziales und Konsumentenschutz in der Verordnung nach § 108 Abs. 5 ASVG für die Kalenderjahre 2009 und 2010 die Pensionsanpassung so vorzunehmen, dass

1. jene Pensionen, die 60 % der Höchstbeitragsgrundlage nach § 45 ASVG nicht überschreiten, für das Kalenderjahr 2009 mit dem Faktor 1,034 und für das Kalenderjahr 2010 mit dem Anpassungsfaktor zu vervielfachen sind und

(BGBl I 2008/129)

2. alle übrigen Pensionen mit einem Fixbetrag zu erhöhen sind, der der Erhöhung von 60 % der Höchstbeitragsgrundlage nach § 45 ASVG mit dem Faktor 1,034 für das Kalenderjahr 2009 und mit dem Anpassungsfaktor für das Kalenderjahr 2010 entspricht.

(BGBl I 2008/129)

(BGBl I 2007/101, BGBl I 2008/130)

Pensionsanpassung und Vervielfachung der Ausgleichszulagen-Richtsätze für das Jahr 2009

§ 310. (1) Die Pensionsanpassung für das Jahr 2009 hat nach folgenden Maßgaben zu erfolgen:

1. § 46 Abs. 1 ist so anzuwenden, dass an die Stelle des 1. Jänner eines jeden Jahres und an die Stelle des 1. Jänner dieses Jahres jeweils der 1. November 2008 tritt;

2. § 46 Abs. 2 ist so anzuwenden, dass an die Stelle des 31. Dezember des vorangegangenen Jahres der 31. Oktober 2008 tritt.

(2) Pensionen mit einem Stichtag 1. November 2008 und 1. Dezember 2008 sind mit Wirksamkeit ab ihrer Zuerkennung nach den Bestimmungen für die Pensionsanpassung für das Jahr 2009 zu erhöhen.

(BGBl I 2008/129)

(3) Die Richtsätze nach § 141 Abs. 1 sind für das Kalenderjahr 2009 abweichend von § 141 Abs. 2

in Verbindung mit § 47 bereits mit Wirksamkeit ab 1. November 2008 zu vervielfachen.

(4) § 45 letzter Satz ist unter Bedachtnahme auf § 636 Abs. 4 ASVG anzuwenden.

(BGBl I 2008/130)

(BGBl I 2008/92)

Schlussbestimmungen zu Art. 3 des Bundesgesetzes BGBl. I Nr. 129/2008

§ 311. (1) Die §§ 46 Abs. 1, 287 Abs. 12 und 13a sowie 310 Abs. 2 in der Fassung des Bundesgesetzes BGBl. I Nr. 129/2008 treten rückwirkend mit 1. August 2008 in Kraft.

(2) Werden die Anspruchsvoraussetzungen für die vorzeitige Alterspension nach § 287 Abs. 12 erst unter Berücksichtigung der im vierten und fünften Teilstrich dieser Bestimmung in der Fassung des Bundesgesetzes BGBl. I Nr. 129/2008 genannten Ersatzzeiten als Beitragszeiten erfüllt, so fällt die Leistung abweichend von § 51 Abs. 2 Z 2 jedenfalls auch dann mit dem Monatsersten an, an dem die Voraussetzungen erfüllt werden oder der der Erfüllung der Voraussetzungen nachfolgt, frühestens jedoch mit 1. August 2008, wenn die Leistung bis zum Ablauf des 31. Dezember 2008 beantragt wird. Die Rechtskraft bereits ergangener Entscheidungen steht dem nicht entgegen.

(BGBl I 2008/129)

Zuschuss zu den Energiekosten

§ 312. (1) Personen, die im November 2008 eine Ausgleichszulage zu einer Pension aus der Pensionsversicherung nach diesem Bundesgesetz beziehen, gebührt in diesem Monat zur Pension ein Zuschuss zu den Energiekosten für die Monate Oktober 2008 bis April 2009. Dieser Zuschuss beträgt 210 €. Haben beide Eheleute Anspruch auf Ausgleichszulage und leben sie im gemeinsamen Haushalt, so gebührt der Zuschuss nur zur höheren Pension; haben BezieherInnen einer Witwen(Witwer)pension und von Waisenpensionen Anspruch auf Ausgleichszulage und leben sie im gemeinsamen Haushalt, so gebührt der Zuschuss nur zur Witwen(Witwer)pension.

(2) Personen, die erstmalig im Zeitraum Dezember 2008 bis April 2009 eine Ausgleichszulage beziehen, gebührt der Zuschuss zu den Energiekosten im aliquoten Ausmaß, und zwar in der Höhe von 30 € je Monat ab dem erstmaligen Ausgleichszulagenbezug bis einschließlich April 2009.

(3) Der Zuschuss zu den Energiekosten ist zu den im November 2008 laufenden Pensionen in diesem Monat, sonst zugleich mit der Aufnahme der laufenden Pensionszahlungen oder dem erstmaligen Ausgleichszulagenbezug in einem Gesamtbetrag flüssig zu machen. Die Zuschussbeträge nach Abs. 1 und 2 gelten für Zwecke der Bemessung des Bundesbeitrages als Aufwendungen.

(4) Der Zuschuss zu den Energiekosten gilt nicht als Nettoeinkommen im Sinne des § 140 Abs. 3.

(5) Ein Bescheid ist nur bei Ablehnung des Zuschusses und auch dann nur auf Verlangen der berechtigten Person zu erlassen.

(BGBl I 2008/129)

Einmalzahlung für das Jahr 2008

§ 313. (1) Allen Personen mit gewöhnlichem Aufenthalt im Inland, die im Oktober 2008 Anspruch auf eine oder mehrere Pensionen haben, gebührt für das Jahr 2008 eine Einmalzahlung. Beträgt das Gesamtpensionseinkommen einer Person

1. bis zu 747 €, so beläuft sich die Einmalzahlung auf 20 % des Gesamtpensionseinkommens;
2. mehr als 747 € bis zu 1 000 € oder hat die Person Anspruch auf Ausgleichszulage, so beläuft sich die Einmalzahlung auf 150 €;
3. mehr als 1 000 € bis zu 2 000 €, so beläuft sich die Einmalzahlung auf eine Höhe, die zwischen den genannten Werten von 150 € auf 50 € linear absinkt;
4. mehr als 2 000 € bis zu 2 800 €, so beläuft sich die Einmalzahlung auf 50 €.

Gesamtpensionseinkommen ist die Summe aller Pensionen aus der gesetzlichen Pensionsversicherung, auf die eine Person im Oktober 2008 Anspruch hat.

(2) Die Einmalzahlung ist kein Pensionsbestandteil, sie ist aber zusammen mit der (höchsten) laufenden Pensionszahlung zum 1. November 2008 auszuzahlen.

(3) Die Einmalzahlung gilt nicht als Nettoeinkommen im Sinne des § 140 Abs. 3. Von der Einmalzahlung sind keine Beiträge zur Krankenversicherung zu entrichten.

(BGBl I 2008/129)

Anpassung der Leistungen aus der Unfallversicherung und der Ausgleichszulagenrichtsätze für das Kalenderjahr 2009

§ 314. Abweichend von den §§ 45 und 141 Abs. 2 sind die Renten aus der Unfallversicherung, die Bemessungsgrundlagen nach § 148f Abs. 1 und 3 sowie der Betrag nach § 149g Abs. 2 und die Ausgleichszulagenrichtsätze für das Kalenderjahr 2009 nicht mit dem Anpassungsfaktor, sondern mit dem Faktor 1,034 zu vervielfachen.

(BGBl I 2008/146)

Neufestsetzung des Schutzbetrages bei der Witwen(Witwer)pension

§ 315. (1) Rückwirkend mit 1. November 2008 werden ersetzt:

1. im § 136 Abs. 6 der Ausdruck „1 667,97 €" jeweils durch den Ausdruck „1 671,20 €" und
2. im § 136 Abs. 6 in der am 30. September 2000 in Geltung gestandenen Fassung der Ausdruck „1 412,41 €" jeweils durch den Ausdruck „1 415,14 €".

(2) Die in Abs. 1 Z 1 und 2 jeweils zweitgenannten Beträge sind erstmals ab 1. Jänner 2010 mit dem Anpassungsfaktor (§ 45) zu vervielfachen.

(BGBl I 2009/14)

Schlussbestimmungen zu Art. 2 des Bundesgesetzes BGBl. I Nr. 33/2009

§ 316. (1) Es treten in Kraft:

1. rückwirkend mit 1. Jänner 2009 § 149d Abs. 3 in der Fassung des Bundesgesetzes BGBl. I Nr. 33/2009;
2. rückwirkend mit 1. Juli 2007 § 307 Abs. 4a in der Fassung des Bundesgesetzes BGBl. I Nr. 33/2009;

(2) § 149d Abs. 3 in der Fassung des Bundesgesetzes BGBl. I Nr. 33/2009 ist auf Versicherungsfälle anzuwenden, die nach dem 31. Dezember 2006 eingetreten sind.

(BGBl I 2009/33)

Schlussbestimmungen zu Art. 3 des Bundesgesetzes BGBl. I Nr. 83/2009 (34. Novelle)

§ 317. (1) Es treten in Kraft:

1. mit 1. August 2009 die §§ 2 Abs. 1 Z 1 und 1a, 3 Abs. 1 Z 1, 4 Z 2, 8 Abs. 1 lit. c, 9 Abs. 4 lit. c, 16 Abs. 1, 20 samt Überschrift sowie Abs. 1 bis 3 und 8, 23 Abs. 1, 1a, 1b sowie Abs. 9 lit. a und Abs. 10 lit. a, 23a, 25 Abs. 1 und 3, 28 Abs. 6, 33 Abs. 1, 39a Abs. 2, 55, 107 Abs. 1 Z 3, 120 Abs. 4 lit. b, 134 Abs. 1, 156 Abs. 4, 186 Abs. 3 und 5, 195 Abs. 2, 207 Abs. 2a, 217 Abs. 2, 217b Abs. 1 und 3 sowie Anlage 2 Z 3.1 und Z 10 bis 13 in der Fassung des Bundesgesetzes BGBl. I Nr. 83/2009;
2. rückwirkend mit 1. Jänner 2009 § 140 Abs. 4 lit. o und p in der Fassung des Bundesgesetzes BGBl. I Nr. 83/2009;
3. rückwirkend mit 18. April 2008 § 118b Abs. 4 in der Fassung des Bundesgesetzes BGBl. I Nr. 83/2009;
4. rückwirkend mit 1. Jänner 2005 § 4a in der Fassung des Bundesgesetzes BGBl. I Nr. 83/2009.

(2) Die §§ 28 Abs. 7 und 142 Abs. 5 treten mit Ablauf des 31. Juli 2009 außer Kraft.

(BGBl I 2009/83)

Schlussbestimmungen zu Art. 3 des Bundesgesetzes BGBl. I Nr. 84/2009 (35. Novelle)

§ 318. (1) Es treten in Kraft:

1. mit 1. August 2009 die §§ 24b Abs. 3 Z 1 und 3, 76 Abs. 1, 76a samt Überschrift, 77 Abs. 2, 78 Abs. 2 Z 1 lit. b, Abs. 6 bis 6b und 8, 80 Abs. 3 lit. h, 84 Abs. 2 zweiter Satz sowie 87 Abs. 2, 2a, 3, 4 und 8 letzter Satz in der Fassung des Bundesgesetzes BGBl. I Nr. 84/2009;
2. rückwirkend mit 1. Juli 2007 § 24b Abs. 3 Z 2 in der Fassung des Bundesgesetzes BGBl. I Nr. 84/2009.

(2) Die §§ 24b Abs. 3 Z 4, 75 Z 4 und 76 Abs. 2 treten mit Ablauf des 31. Juli 2009 außer Kraft.

BSVG

(3) Der Ausschluss nach § 78 Abs. 8 aufgrund eines Pensionsbezuges gilt nicht für Personen, die am 31. Juli 2009 als Angehörige anspruchsberechtigt sind, solange sich der maßgebliche Sachverhalt nicht ändert.

(BGBl I 2009/84)

Schlussbestimmungen zu Art. 3 Teil 1 des Bundesgesetzes BGBl. I Nr. 147/2009

§ 319. (1) Die §§ 92 Abs. 2, 206 Abs. 1 und 4, 208 Abs. 2 sowie 209 Abs. 1 in der Fassung des Bundesgesetzes BGBl. I Nr. 147/2009 treten mit 1. Jänner 2010 in Kraft.

(2) § 76a Abs. 1 in der Fassung des Bundesgesetzes BGBl. I Nr. 147/2009 tritt rückwirkend mit 1. August 2009 in Kraft.

(BGBl I 2009/147)

Schlussbestimmung zu Art. 3 Teil 2 des Bundesgesetzes BGBl. I Nr. 147/2009

§ 320. Die §§ 68 Abs. 6, 140 Abs. 13 und 146 Abs. 2 in der Fassung des Bundesgesetzes BGBl. I Nr. 147/2009 treten mit 1. Jänner 2010 in Kraft.

(BGBl I 2009/147)

Einmalzahlung

§ 321. (1) Allen Personen mit gewöhnlichem Aufenthalt im Inland, die im Dezember 2009 Anspruch auf eine oder mehrere Pensionen haben, gebührt eine Einmalzahlung. Beträgt das Gesamtpensionseinkommen einer Person

1. bis zu 1 200 €, so beläuft sich die Einmalzahlung auf 4,2 % des Gesamtpensionseinkommens;
2. mehr als 1 200 € bis zu 1 300 €, so beläuft sich die Einmalzahlung auf eine Höhe, die zwischen den genannten Werten von 4,2 % auf 0 % des Gesamtpensionseinkommens linear absinkt.

Gesamtpensionseinkommen ist die Summe aller Pensionen aus der gesetzlichen Pensionsversicherung, auf die eine Person im Dezember 2009 Anspruch hat.

(2) Die Einmalzahlung ist kein Pensionsbestandteil, sie ist aber zusammen mit der (höchsten) laufenden Pensionszahlung für Dezember 2009 zum 1. Jänner 2010 auszuzahlen.

(3) Die Einmalzahlung gilt nicht als Nettoeinkommen im Sinne des § 140 Abs. 3. Von der Einmalzahlung sind keine Beiträge zur Krankenversicherung zu entrichten.

(BGBl I 2009/147)

Schlussbestimmung zu Art. 24 des Bundesgesetzes BGBl. I Nr. 135/2009

§ 322. Die §§ 2 Abs. 1 Z 3 sowie Abs. 2, 2a Überschrift sowie Abs. 1 und 2, 2b Überschrift sowie Abs. 1 und 2, 3 Abs. 1 Z 2, 8 Abs. 3, 9 Abs. 8a, 11 Abs. 1 Z 2, 23 Abs. 3a, 6 und 10, 27 Abs. 2 und 3, 38 Abs. 5 Z 1, 54 Abs. 5, 64 Abs. 1 lit. b, 68 Abs. 5, 71 Abs. 4 und 7 bis 9, 73 Abs. 1, 78 Abs. 2 Z 1 sowie Abs. 6a und 6b, 80 Abs. 2, 106 Abs. 4a, 125 Abs. 3, 128 samt Überschrift, 139a Abs. 1 Z 1 und Abs. 3, 140 Abs. 2, 3 und 7, 141 Abs. 1 lit. a sublit. aa und lit. b sowie Abs. 4, 142 Abs. 4, 144 Abs. 4, 149n Abs. 3 und 5, 149q, 149t samt Überschrift, 151 Abs. 1 und 2, 156 Abs. 2 und 182 Z 5 in der Fassung des Bundesgesetzes BGBl. I Nr. 135/2009 treten mit 1. Jänner 2010 in Kraft.

(BGBl I 2009/135)

Schlussbestimmung zu Art. 5 des Bundesgesetzes BGBl. I Nr. 63/2010

§ 323. Die §§ 140 Abs. 4 lit. c und 141 Abs. 1 in der Fassung des Bundesgesetzes BGBl. I Nr. 63/2010 treten mit 1. September 2010 in Kraft.

(BGBl I 2010/63)

Schlussbestimmung zu Art. 6 des Bundesgesetzes BGBl. I Nr. 61/2010

§ 324. Die §§ 89 Abs. 4 und 219a in der Fassung des Bundesgesetzes BGBl. I Nr. 61/2010 treten rückwirkend mit 20. April 2002 in Kraft.

(BGBl I 2010/61, BGBl I 2010/102)

Schlussbestimmungen zu Art. 3 des Bundesgesetzes BGBl. I Nr. 62/2010 (36. Novelle)

§ 325. (1) Es treten in Kraft:

1. mit 1. August 2010 die §§ 36 Abs. 1, 40 Abs. 2, 42 Abs. 2 Z 3, 56 Abs. 1 und 1a, 72 Abs. 4, 80 Abs. 6, 118b Abs. 4, 164 Abs. 1a, 217 Abs. 2 Z 6 und 7 sowie zweiter und letzter Satz sowie Abs. 2b und 287 Abs. 11 in der Fassung des Bundesgesetzes BGBl. I Nr. 62/2010;
2. rückwirkend mit 1. Jänner 2010 die §§ 103 Abs. 1 Z 3 lit. a, 126, 217 Abs. 2 Z 2 und Abs. 2a, 217a Abs. 1, 217b Überschrift, Abs. 1 Z 1 sowie Abs. 2 und 4 in der Fassung des Bundesgesetzes BGBl. I Nr. 62/2010;
3. rückwirkend mit 1. August 2009 die §§ 3 Abs. 4 lit. b, 3 Abs. 2, 23 Abs. 1 Z 3 und 4 sowie Abs. 4 und 4a Z 1, 23b Abs. 1, 30 Abs. 2 und 33 Abs. 2 in der Fassung des Bundesgesetzes BGBl. I Nr. 62/2010;
4. rückwirkend mit 1. Jänner 2009 § 140 Abs. 4 lit. p in der Fassung des Bundesgesetzes BGBl. I Nr. 62/2010;
5. rückwirkend mit 1. Jänner 2005 die §§ 4a Abs. 2 Z 2 und 164 Abs. 1a in der Fassung des Bundesgesetzes BGBl. I Nr. 62/2010.

(2) § 186 Abs. 2b tritt mit Ablauf des 31. Juli 2010 außer Kraft.

(BGBl I 2010/62)

Schlussbestimmung zu Art. 6 des Bundesgesetzes BGBl. I Nr. 64/2010

§ 326. § 54 Abs. 2a in der Fassung des Bundesgesetzes BGBl. I Nr. 64/2010 tritt mit 1. September 2010 in Kraft.

(BGBl I 2010/64)

Schlussbestimmung zu Art. 3 des Bundesgesetzes BGBl. I Nr. 58/2010

§ 327. Die §§ 37 Überschrift und Abs. 1, 38 Abs. 3 und 39 Abs. 3 in der Fassung des Bundesgesetzes BGBl. I Nr. 58/2010 treten mit 1. August 2010 in Kraft.

(BGBl I 2010/58)

Schlussbestimmungen zu Art. 3 des Bundesgesetzes BGBl. I Nr. 102/2010

§ 328. (1) § 33 Abs. 3a in der Fassung des Bundesgesetzes BGBl. I Nr. 102/2010 tritt mit 1. Juli 2011 in Kraft.

(2) Der Bundesminister für Arbeit, Soziales und Konsumentenschutz hat im Einvernehmen mit dem Bundesminister für Gesundheit durch Verordnung[a)] festzustellen, ab wann die technischen Mittel für den Einbehalt bzw. die Einhebung von Beiträgen für ausländische Renten (§ 26a) zur Verfügung stehen. Zielsetzung dabei ist, dass Krankenversicherungsbeiträge im Sinne des § 26a ehestmöglich, tunlichst jedoch erstmals für ausländische Renten, die ab Juli 2011 ausgezahlt werden, einzubehalten bzw. einzuheben sind.

[a)] siehe VO BGBl II 2011/295

(BGBl I 2010/102)

Schlussbestimmungen zu Art. 117 Teil 1 des Budgetbegleitgesetzes 2011, BGBl. I Nr. 111/2010 (37. Novelle)

§ 329. (1) Es treten in Kraft:

1. mit 1. Jänner 2011 die §§ 4a Abs. 1 Z 1, 23a, 24 Abs. 2, 27a Abs. 1, 46 Abs. 1, 69 Abs. 1, 3a und 4, 96a Abs. 7, 100 Abs. 3, 103 Abs. 1 Z 2 und Abs. 2, 107 Abs. 1 und 9, 120 Abs. 1, 122 samt Überschrift, 123 Abs. 1 Z 1 bis 4, 124 Abs. 1a bis 2, 140 Abs. 1 und 7, 150 Abs. 1 und 3, 150a Abs. 1, 152 Abs. 1 Z 1a und Abs. 4, 155, 156 Abs. 1, 158 Abs. 1, 161 Abs. 5 und 295 Abs. 11 in der Fassung des Bundesgesetzes BGBl. I Nr. 111/2010;

2. mit 1. Februar 2011 § 287 Abs. 12 in der Fassung des Art. 117 Teil 1 Z 35 des Bundesgesetzes BGBl. I Nr. 111/2010;

3. mit 1. Jänner 2012 § 130 Abs. 4 in der Fassung des Bundesgesetzes BGBl. I Nr. 111/2010.

(2) Es treten außer Kraft:

1. mit Ablauf des 31. Dezember 2010 § 150 Abs. 2;

2. (aufgehoben)

(BGBl I 2012/35)

(3) § 24e Z 2 ist für die Kalenderjahre 2011 bis 2015 so anzuwenden, dass an die Stelle des Prozentsatzes von 75 der Prozentsatz von 72 tritt.

(4) § 26 Abs. 2 ist für die Kalenderjahre 2011 bis 2014 so anzuwenden, dass an die Stelle des Prozentsatzes von 397 (403) folgende Prozentsätze treten:

1. im Jahr 2011 der Prozentsatz von 374,

2. im Jahr 2012 der Prozentsatz von 370,

3. im Jahr 2013 der Prozentsatz von 365 und

4. im Jahr 2014 der Prozentsatz von 360.

(5) Die §§ 27a Abs. 1 und 107 Abs. 9 in der am 31. Dezember 2010 geltenden Fassung sind weiterhin anzuwenden, wenn der Antrag auf Beitragsentrichtung vor Ablauf des Tages der Kundmachung des Bundesgesetzes BGBl. I Nr. 111/2010 gestellt wird.

(6) Abweichend von § 46 Abs. 1 erster Satz sind im Kalenderjahr 2011 nur jene Pensionen, die den Betrag von 2 310 € monatlich nicht übersteigen, zu erhöhen. Beträgt die Pension monatlich

1. nicht mehr als 2 000 €, so ist sie mit dem Anpassungsfaktor zu vervielfachen;

2. mehr als 2 000 € bis zu 2 310 €, so ist sie um einen Prozentsatz zu erhöhen, der zwischen den genannten Werten von 1,2% auf 0,0% linear absinkt.

(6a) Abweichend von § 140 Abs. 7 dritter Satz in der Fassung des Bundesgesetzes BGBl. I Nr. 111/2010 gilt für die Ermittlung der Ausgleichszulage als monatliches Einkommen

1. im Jahr 2011 ein Betrag von 19 %,

2. im Jahr 2012 ein Betrag von 18 %,

3. im Jahr 2013 ein Betrag von 16 %

des jeweiligen Richtsatzes.

(7) Auf Personen, die die Voraussetzungen für den Anspruch auf eine vorzeitige Alterspension nach § 287 Abs. 12 bis zum Ablauf des 31. Dezember 2010 erfüllt haben, ist die zitierte Bestimmung in der am 31. Dezember 2010 geltenden Fassung weiterhin anzuwenden.

(8) Beiträge, die nach § 287 Abs. 12 erster Satz fünfter Teilstrich entrichtet wurden, damit Ersatzzeiten nach § 116 Abs. 1 Z 1 GSVG und § 107 Abs. 1 Z 1 dieses Bundesgesetzes als Beitragsmonate berücksichtigt werden, sind der versicherten Person oder den anspruchsberechtigten Hinterbliebenen in dem Umfang vom leistungspflichtigen Versicherungsträger zu erstatten, als die Berücksichtigung dieser Ersatzzeiten als Beitragsmonate nicht eintritt. Die Erstattung hat von Amts wegen innerhalb eines Jahres nach Eintritt der Rechtskraft der Entscheidung über die Zuerkennung der Leistung zu erfolgen. Die Beiträge sind entsprechend ihrer zeitlichen Lagerung mit den Aufwertungsfaktoren (§ 108 Abs. 4 ASVG) zum Stichtag der zuerkannten Leistung aufzuwerten. Mit der Erstattung erlöschen alle Ansprüche und Berechtigungen, die auf der Beitragsentrichtung beruhen.

(BGBl I 2011/122)

(BGBl I 2010/111)

Schlussbestimmungen zu Art. 117 Teil 2 des Budgetbegleitgesetzes 2011, BGBl. I Nr. 111/2010 (37. Novelle)

§ 330. (1) Die §§ 4 Z 2, 22 Abs. 2, 25 Abs. 4, 31 Abs. 3 und 55 in der Fassung des Bundesgesetzes BGBl. I Nr. 111/2010 treten mit 1. Jänner 2011 in Kraft.

(2) § 31 Abs. 2 tritt mit Ablauf des 31. Dezember 2010 außer Kraft.
(BGBl I 2010/111)

Schlussbestimmung zu Art. 4 des Bundesgesetzes BGBl. I Nr. 52/2011

§ 331. Es treten in Kraft:

1. mit 1. Juli 2011 § 56 Abs. 1a in der Fassung des Bundesgesetzes BGBl. I Nr. 52/2011;
2. mit 1. Jänner 2012 die §§ 118b Abs. 4 und 134 Abs. 1 in der Fassung des Bundesgesetzes BGBl. I Nr. 52/2011.

(BGBl I 2011/52)

Schlussbestimmungen zu Art. 3 des Bundesgesetzes BGBl. I Nr. 122/2011 (38. Novelle)

§ 332. (1) Es treten in Kraft:

1. mit 1. Jänner 2012 die §§ 41a, 136 Abs. 1 Z 1 und 2, 173 Abs. 4, 206 Abs. 1 und 329 Abs. 8 in der Fassung des Bundesgesetzes BGBl. I Nr. 122/2011;
2. rückwirkend mit 1. Juli 2011 § 136 Abs. 5 Z 1 in der Fassung des Bundesgesetzes BGBl. I Nr. 122/2011;
3. rückwirkend mit 1. Jänner 2011 die §§ 23a, 120 Abs. 1, 156 Abs. 1 und 182 Z 3 lit. a in der Fassung des Bundesgesetzes BGBl. I Nr. 122/2011.

(2) Abweichend von § 46 Abs. 1 erster Satz sind im Kalenderjahr 2012 nur jene Pensionen, die den Betrag von 3 300 € monatlich nicht übersteigen, mit dem Anpassungsfaktor zu vervielfachen. Beträgt die Pension monatlich

1. mehr als 3 300 € bis zu 5 940 €, so ist sie um einen Prozentsatz zu erhöhen, der zwischen den genannten Werten von 2,7 % auf 1,5 % linear absinkt;
2. mehr als 5 940 €, so ist sie um 1,5 % zu erhöhen.

Ein besonderer Steigerungsbetrag (§ 132) ist jedenfalls mit dem Anpassungsfaktor zu vervielfachen.
(BGBl I 2011/122)

Schlussbestimmung zu Art. 5 des Bundesgesetzes BGBl. I Nr. 17/2012

§ 333. Die §§ 119 Abs. 2 sowie 140 Abs. 4 lit. p und r in der Fassung des Bundesgesetzes BGBl. I Nr. 17/2012 treten mit 1. Juni 2012 in Kraft.
(BGBl I 2012/17, BGBl I 2013/3)

Schlussbestimmung zu Art. 50 Teil 1 des 2. Stabilitätsgesetzes 2012, BGBl. I Nr. 35 (39. Novelle)

§ 334. § 30 Abs. 3 letzter Satz und Abs. 5 sowie § 204 Abs. 6 in der Fassung des Bundesgesetzes BGBl. I Nr. 35/2012 treten mit 1. Juli 2012 in Kraft.
(BGBl I 2012/35)

Schlussbestimmungen zu Art. 50 Teil 2 des 2. Stabilitätsgesetzes 2012, BGBl. I Nr. 35 (39. Novelle)

§ 335. (1) Es treten in der Fassung des Bundesgesetzes BGBl. I Nr. 35/2012 in Kraft:

1. mit 1. Juli 2012 § 24 Abs. 2;
2. mit 1. Jänner 2013 die §§ 23 Abs. 10 lit. a sublit. ba, 124 Abs. 2, 136 Abs. 6a, 217 Abs. 2c und 5 sowie 287 Abs. 10 und 10a;
3. mit 1. Jänner 2015 § 140 Abs. 7.

(2) Abweichend von § 46 Abs. 1 erster Satz sind die Pensionen in den Kalenderjahren 2013 und 2014 so zu erhöhen, dass der dem jeweiligen Anpassungsfaktor (§ 108f ASVG) entsprechende Erhöhungsprozentsatz

1. im Kalenderjahr 2013 um einen Prozentpunkt und
2. im Kalenderjahr 2014 um 0,8 Prozentpunkte

vermindert wird.

(3) § 124 Abs. 2 in der Fassung des Bundesgesetzes BGBl. I Nr. 35/2012 ist nur auf Versicherungsfälle anzuwenden, in denen der Stichtag nach dem 31. Dezember 2012 liegt, und zwar so, dass an die Stelle des vollendeten 60. Lebensjahres in den Kalenderjahren 2013 und 2014 das vollendete 58. Lebensjahr und in den Kalenderjahren 2015 und 2016 das vollendete 59. Lebensjahr tritt.

(4) Abweichend von § 140 Abs. 7 dritter Satz in der Fassung des Bundesgesetzes BGBl. I Nr. 35/2012 gilt für die Ermittlung der Ausgleichszulage als monatliches Einkommen im Jahr 2015 ein Betrag von 14 % des jeweiligen Richtsatzes.
(BGBl I 2012/35)

Besondere Pensionsanpassung

§ 336. Alle Pensionen, die am 1. Oktober 2012 bezogen werden, sind zu diesem Zeitpunkt mit dem Faktor 1,011 zu vervielfachen, wenn

1. ihr Stichtag (§ 104 Abs. 2) vor dem 1. Jänner 2007 liegt,
2. ihre Höhe am 31. Dezember 2007 den Betrag von 747 € nicht erreicht hat und
3. sie für das Jahr 2008 nur mit dem Anpassungsfaktor vervielfacht wurden.

(BGBl I 2013/3)

Abweichend von Z 1 ist für die Vervielfachung von Hinterbliebenenpensionen, die aus einer bereits zuerkannten Leistung abgeleitet sind, der Stichtag dieser Leistung maßgebend.
(BGBl I 2012/76)

Übergangsbestimmungen zur Hauptfeststellung 2014

§ 337. (1) Personen, die am 31. März 2018 nicht der Pflichtversicherung in der Kranken- und Pensionsversicherung nach diesem Bundesgesetz unterliegen und nur durch das sozialversicherungsrechtliche Wirksamwerden der Hauptfeststellung der Einheitswerte für wirtschaftliche Einheiten des land- und forstwirtschaftlichen Vermögens zum 1. Jänner 2014 gemäß § 20c des Bewertungsgesetzes 1955 die Versicherungsgrenze von 1 500 Euro gemäß § 2 Abs. 2 dieses Bundesgesetzes erreichen oder überschreiten, bleiben weiterhin aus der Kranken- und Pensionsversicherung ausgenommen, solange nicht eine flächenmäßige Vergrößerung der am 31. März 2018 bewirtschafteten Betriebsfläche erfolgt. Gleiches gilt für Personen, die zum 31. März 2018 eine Korridorpension, eine Schwerarbeitspension oder eine vorzeitige Alterspension nach diesem oder einem anderen Bundesgesetz beziehen, hinsichtlich der für diese Pensionen maßgeblichen Grenze (§ 4 Abs. 6 Z 2 APG). Als flächenmäßige Vergrößerung ist dabei nur jener Sachverhalt anzusehen, bei dem die nach dem 31. März 2018 eingetretene Vergrößerung einen Ertragswert von zumindest 100 Euro erreicht oder übersteigt. Einer solchen flächenmäßigen Vergrößerung ist die Erhöhung des ideellen Anteils an einer bewirtschafteten Fläche gleichzuhalten.

(BGBl I 2015/162, BGBl I 2017/38, BGBl I 2018/7)

(1a) Wird die für die Umwandlung eines Anspruches auf Erwerbsunfähigkeitspension (§ 123 Abs. 5 dieses Bundesgesetzes, § 132 Abs. 5 GSVG) oder auf Invaliditäts-, Berufsunfähigkeits- oder Knappschaftsvollpension (§§ 254 Abs. 6, 271 Abs. 3 und 279 Abs. 2 ASVG) in eine Teilpension maßgebliche Einkommensgrenze nach § 5 Abs. 2 ASVG ausschließlich durch das sozialversicherungsrechtliche Wirksamwerden der Hauptfeststellung der Einheitswerte für wirtschaftliche Einheiten des land- und forstwirtschaftlichen Vermögens zum 1. Jänner 2014 (§ 20c des Bewertungsgesetzes 1955) erreicht oder überschritten, so unterbleibt die Umwandlung in eine Teilpension, solange nicht eine flächenmäßige Vergrößerung (Abs. 1 vorletzter und letzter Satz) der am 31. März 2018 bewirtschafteten Betriebsfläche erfolgt.

(BGBl I 2017/38, BGBl I 2018/7)

(2) Personen, die am 31. März 2018 der Pflichtversicherung in der Kranken- und Pensionsversicherung nach diesem Bundesgesetz unterliegen und nur durch das sozialversicherungsrechtliche Wirksamwerden der Hauptfeststellung der Einheitswerte für wirtschaftliche Einheiten des land- und forstwirtschaftlichen Vermögens zum 1. Jänner 2014 gemäß § 20c des Bewertungsgesetzes 1955 die Versicherungsgrenze von 1 500 Euro gemäß § 2 Abs. 2 dieses Bundesgesetzes unterschreiten, können bis zum 31. Dezember 2019 bei der Sozialversicherungsanstalt der Bauern beantragen, dass ihre Pflichtversicherung aufrecht bleibt, solange nicht eine flächenmäßige Verringerung der am 31. März 2018 bewirtschafteten Betriebsfläche erfolgt. Als flächenmäßige Verringerung ist dabei nur jener Sachverhalt anzusehen, bei dem die nach dem 31. März 2018 eingetretene Verringerung einen Ertragswert von zumindest 100 Euro erreicht oder übersteigt. Einer solchen flächenmäßigen Verringerung ist die Verringerung des ideellen Anteils an einer bewirtschafteten Fläche gleichzuhalten.

(BGBl I 2015/162, BGBl I 2017/38, BGBl I 2018/7)
(BGBl I 2012/112)

§ 338. (1) Personen, die am 31. März 2018 nicht der Pflichtversicherung in der Unfallversicherung nach diesem Bundesgesetz unterliegen und nur durch das sozialversicherungsrechtliche Wirksamwerden der Hauptfeststellung der Einheitswerte für wirtschaftliche Einheiten des land- und forstwirtschaftlichen Vermögens zum 1. Jänner 2014 gemäß § 20c des Bewertungsgesetzes 1955 die Versicherungsgrenze von 150 Euro gemäß § 3 Abs. 2 dieses Bundesgesetzes erreichen oder überschreiten, bleiben weiterhin aus der Unfallversicherung ausgenommen, solange nicht eine flächenmäßige Vergrößerung der am 31. März 2018 bewirtschafteten Betriebsfläche erfolgt. Als flächenmäßige Vergrößerung ist dabei nur jener Sachverhalt anzusehen, bei dem die nach dem 31. März 2018 eingetretene Vergrößerung einen Ertragswert von zumindest 100 Euro erreicht oder übersteigt.

(BGBl I 2015/162, BGBl I 2018/7)

(2) Personen, die am 31. März 2018 der Pflichtversicherung in der Unfallversicherung nach diesem Bundesgesetz unterliegen und nur durch das sozialversicherungsrechtliche Wirksamwerden der Hauptfeststellung der Einheitswerte für wirtschaftliche Einheiten des land- und forstwirtschaftlichen Vermögens zum 1. Jänner 2014 gemäß § 20c des Bewertungsgesetzes 1955 die Versicherungsgrenze von 150 Euro gemäß § 3 Abs. 2 dieses Bundesgesetzes unterschreiten, können bis zum 31. Dezember 2019 bei der Sozialversicherungsanstalt der Bauern beantragen, dass ihre Pflichtversicherung aufrecht bleibt, solange nicht eine flächenmäßige Verringerung der am 31. März 2018 bewirtschafteten Betriebsfläche erfolgt. Als flächenmäßige Verringerung ist dabei nur jener Sachverhalt anzusehen, bei dem die nach dem 31. März 2018 eingetretene Verringerung einen Ertragswert von zumindest 100 Euro erreicht oder übersteigt.

(BGBl I 2015/162, BGBl I 2017/38, BGBl I 2018/7)
(BGBl I 2012/112)

Schlussbestimmung zu Art. 7 des Bundesgesetzes BGBl. I Nr. 3/2013 (40. Novelle)

§ 339. (1) Es treten in Kraft:

1. mit 1. Jänner 2013 die §§ 21, 23 Abs. 1a, 3 und 12, 167 Abs. 1a und 202 Abs. 4 in der Fassung des Bundesgesetzes BGBl. I Nr. 3/2013;

2. mit 1. Jänner 2014 § 163a samt Überschrift in der Fassung des Bundesgesetzes BGBl. I Nr. 3/2013;

3. rückwirkend mit 1. Juni 2012 die §§ 119 Abs. 2 Z 3, 140 Abs. 4 lit. r und 333 in der Fassung des Bundesgesetzes BGBl. I Nr. 3/2013.

(2) § 25 Abs. 3 APG ist nur auf Versicherungsfälle anzuwenden, in denen der Stichtag nach dem 31. Dezember 2013 liegt.

(BGBl I 2013/3)

Schlussbestimmungen zu Art. 3 des Bundesgesetzes BGBl. I Nr. 123/2012 (41. Novelle)

§ 340. (1) Die §§ 78 Abs. 6 und 8, 95 Abs. 4 und 4a, 98 Abs. 5, 148c Abs. 2 Z 2 sowie 148p Abs. 4 in der Fassung des Bundesgesetzes BGBl. I Nr. 123/2012 treten mit 1. Jänner 2013 in Kraft.

(2) § 42 Abs. 2 Z 2 in der Fassung des Bundesgesetzes BGBl. I Nr. 123/2012 tritt rückwirkend mit 1. Jänner 2011 in Kraft.

(3) § 265 Abs. 11 tritt mit Ablauf des 30. Juni 2013 außer Kraft.

(4) Leidet der (die) Versicherte am 1. Jänner 2013 an einer Krankheit, die erst auf Grund des Bundesgesetzes BGBl. I Nr. 123/2012 als Berufskrankheit gilt, oder ist er (sie) vor dem 1. Jänner 2013 an einer solchen Krankheit gestorben, so sind an ihn (sie) oder an seine (ihre) Hinterbliebenen die Leistungen der Unfallversicherung zu erbringen, wenn der Versicherungsfall nach dem 31. Dezember 1955 eingetreten ist; die Leistungen sind frühestens ab 1. Jänner 2013 zu erbringen, wenn der Antrag bis zum Ablauf des 31. Dezember 2014 gestellt wird; wird der Antrag nach dem 31. Dezember 2014 gestellt, so gebühren die Leistungen frühestens ab dem Tag der Antragstellung.

(BGBl I 2012/123)

Schlussbestimmung zu Art. 3 des Bundesgesetzes BGBl. I Nr. 87/2013

§ 341. Die §§ 44 Abs. 1 Z 2, 212a samt Überschrift und 241a samt Überschrift in der Fassung des Bundesgesetzes BGBl. I Nr. 87/2013 treten mit 1. Jänner 2014 in Kraft.

(BGBl I 2013/87)

Schlussbestimmung zu Art. 3 des Bundesgesetzes BGBl. I Nr. 130/2013

§ 342. § 181 Z 5 in der Fassung des Bundesgesetzes BGBl. I Nr. 130/2013 tritt mit 1. Jänner 2014 in Kraft.

(BGBl I 2013/130)

Schlussbestimmung zu Art. 5 des Bundesgesetzes BGBl. I Nr. 81/2013

§ 343. Die §§ 74 Abs. 1 Z 1 und 5, die Überschrift zu 96b, 96b Abs. 1, 101 Abs. 1 Z 3, 198 Abs. 1 Z 8 und 9 sowie 309 Abs. 1 Z 2 in der Fassung des Bundesgesetzes BGBl. I Nr. 81/2013 treten rückwirkend mit 1. Jänner 2013 in Kraft.

(BGBl I 2013/81)

Schlussbestimmung zu Art. 3 des Bundesgesetzes BGBl. I Nr. 86/2013 (42. Novelle)

§ 344. (1) Die §§ 78 Abs. 2 Z 2, 107a Abs. 2 Z 1 sowie 119 Abs. 1 Z 1 und zweiter Satz in der Fassung des Bundesgesetzes BGBl. I Nr. 86/2013 treten rückwirkend mit 1. Februar 2013 in Kraft.

(2) Die §§ 78 Abs. 2 Z 3 und 4, 107a Abs. 2 Z 2 und 3 sowie 119 Abs. 1 Z 2 und 3 treten rückwirkend mit Ablauf des 31. Jänner 2013 außer Kraft.

(BGBl I 2013/86)

Schlussbestimmung zu Art. 3 des Bundesgesetzes BGBl. I Nr. 139/2013

§ 345. (1) Es treten in Kraft:

1. mit 1. Juli 2013 § 124 Abs. 1b in der Fassung des Bundesgesetzes BGBl. I Nr. 139/2013;

2. mit 1. August 2013 die §§ 78 Abs. 3, 128, 136 Abs. 10 lit. b, 149o Abs. 3 sublit. bb und 149t in der Fassung des Bundesgesetzes BGBl. I Nr. 139/2013;

3. mit 1. Jänner 2014 § 182 Z 6 und 7 in der Fassung des Bundesgesetzes BGBl. I Nr. 139/2013.

(2) § 149q Abs. 2 tritt mit Ablauf des 31. Juli 2013 außer Kraft.

(BGBl I 2013/139)

Schlussbestimmung zu Art. 3 des Bundesgesetzes BGBl. I Nr. 28/2014

§ 346. Die §§ 80 Abs. 3 lit. h und 95a Abs. 1 in der Fassung des Bundesgesetzes BGBl. I Nr. 28/2014 treten mit 1. Juli 2015 in Kraft.

(BGBl I 2014/28)

Schlussbestimmung zum Bundesgesetz BGBl. I Nr. 56/2014

§ 347. § 119 Abs. 3 in der Fassung des Bundesgesetzes BGBl. I Nr. 56/2014 tritt mit 1. Juli 2014 in Kraft.

(BGBl I 2014/56)

Schlussbestimmungen zu Art. 3 des Bundesgesetzes BGBl. I Nr. 2/2015 (43. Novelle)

§ 348. (1) Es treten in der Fassung des Bundesgesetzes BGBl. I Nr. 2/2015 in Kraft:

1. mit 1. Jänner 2015 die §§ 2 Abs. 1 Z 2 und 4 sowie Abs. 5 Z 1 lit. a und b sowie Abs. 7, 11 Abs. 1 Z 2 und Abs. 1a, 23 Abs. 1, 2, 9 und 10, 33c Abs. 1, 39a, 54 Abs. 1 Z 3 sowie Abs. 2 und 3 sowie 134 Abs. 2;

2. rückwirkend mit 1. Jänner 2014 die §§ 124 Abs. 2, 133 und 182 Z 3.

(2) § 2 Abs. 7 in der Fassung des Bundesgesetzes BGBl. I Nr. 2/2015 ist nicht anzuwenden

1. auf die Anrechnung von Ersatzzeiten nach § 107 Abs. 1 Z 1;

2. auf bereits am 31. Dezember 2014 bestehende Pflichtversicherungen nach § 2 Abs. 1 Z 2, und zwar so lange, als sich der maßgebliche Sachverhalt für diese Pflichtversicherungen nicht ändert.

(BGBl I 2015/2)

Schlussbestimmung zu Art. 3 des Bundesgesetzes BGBl. I Nr. 79/2015

§ 349. Die §§ 23 Abs. 10 und 123 Abs. 5 in der Fassung des Bundesgesetzes BGBl. I Nr. 79/2015 treten gleichzeitig mit den in § 689 Abs. 1a ASVG genannten Bestimmungen in Kraft.

(BGBl I 2015/79, BGBl I 2015/162)

Schlussbestimmung zu Art. 16 Teil 1 des Bundesgesetzes BGBl. I Nr. 118/2015

§ 350. (1) Es treten in der Fassung des Bundesgesetzes BGBl. I Nr. 118/2015 in Kraft:

1. mit 1. Jänner 2016 die §§ 26a Abs. 1 erster Satz sowie 27 Abs. 4;
2. mit 1. Jänner 2016 die §§ 24 Abs. 1 in der Fassung der Z 1 sowie 26 Abs. 1 und 2 in der Fassung der Z 4 und 7;
3. mit dem nach § 675 Abs. 3 ASVG durch Verordnung der Bundesministerin für Gesundheit festgestellten Zeitpunkt, jedoch jedenfalls nicht vor 1. Jänner 2016, die §§ 24 Abs. 1 in der Fassung der Z 2 sowie 26 Abs. 1 und 2 in der Fassung der Z 5 und 8.

(2) Die §§ 24a und 24d samt Überschriften, 26 Abs. 1a sowie 309 Abs. 1 Z 2 treten mit Ablauf des 31. Dezember 2015 außer Kraft.

(BGBl I 2015/118)

Schlussbestimmungen zu Art. 16 Teil 2 des Bundesgesetzes BGBl. I Nr. 118/2015

§ 351. (aufgehoben)

(BGBl I 2015/118, BGBl I 2018/7)

Schlussbestimmungen zu Art. 4 des Bundesgesetzes BGBl. I Nr. 113/2015

§ 352. (1) § 92 Abs. 2 in der Fassung des Bundesgesetzes BGBl. I Nr. 113/2015 tritt mit 1. Jänner 2016 in Kraft.

(2) Die Landesgesetzgebung hat die Ausführungsbestimmungen zu § 92 Abs. 2 innerhalb von sechs Monaten zu erlassen.

(BGBl I 2015/113)

Schlussbestimmungen zu Art. 11 des Bundesgesetzes BGBl. I Nr. 144/2015

§ 353. (1) Die §§ 4a Abs. 1 Z 2, 6 Abs. 3a, 7 Abs. 3a, 16 Abs. 5, 23a und 24e in der Fassung des Bundesgesetzes BGBl. I Nr. 144/2015 treten mit 1. Jänner 2016 in Kraft.

(2) Auf Personen, die am 31. Dezember 2015 einen Auslandsdienst nach § 12b des Zivildienstgesetzes 1986 leisten, sind die §§ 4a Abs. 1 Z 2, 6 Abs. 3a Z 2, 7 Abs. 3a und 16 Abs. 5 Z 2 in der an diesem Tag geltenden Fassung weiterhin anzuwenden.

(3) § 81 Abs. 4 tritt mit Ablauf des 31. Dezember 2015 außer Kraft. Der Kostenersatz nach § 81 Abs. 4 für das Kalenderjahr 2015 ist nicht zu entrichten.

(BGBl I 2015/144)

Schlussbestimmungen zu Art. 3 Teil 1 des Bundesgesetzes BGBl. I Nr. 162/2015 (44. Novelle)

§ 354. (1) Es treten in der Fassung des Bundesgesetzes BGBl. I Nr. 162/2015 in Kraft:

1. mit 1. Jänner 2016 die §§ 1c, 2 Abs. 2, 20 Abs. 5, 23 Abs. 3a, 3b, 4 und 5, 106 Abs. 1 Z 2a, 124 Abs. 4, 206 samt Überschrift, 217 Abs. 2 und 349;
2. (aufgehoben)

(BGBl I 2018/7)

(2) Erfolgt eine Betriebsaufgabe oder wesentliche Betriebsverringerung im Sinne des § 23c Abs. 1 Z 4 vor dem 1. April 2018, ohne dass der Wegfall von Zuschlägen für öffentliche Gelder nach § 35 BewG 1955 bzw. von Zuschlägen nach § 40 BewG 1955 bzw. von Zuschlägen nach § 48 Abs. 4 Z 3 BewG 1955 in einem Einheitswertbescheid berücksichtigt wurde, so hat die Anrechnung dieser Zuschläge – ausgenommen grundstücksbezogener Zuschläge für Dauerkulturen (Sonder-und Obstkulturen nach § 32 Abs. 4 in Verbindung mit § 40 BewG 1955) – bei Bildung des Versicherungswertes nach § 23 Abs. 2 und 3 und bei Feststellung des Anspruchs aus Ausgleichzulage nach § 140 Abs. 5, 7, 9 und 10 dieses Bundesgesetzes oder nach § 292 Abs. 5, 8, 10 und 11 ASVG oder nach § 149 Abs. 5, 7, 9 und 10 GSVG ab dem 1. April 2018 zu unterbleiben, wenn dieser Sachverhalt von der betriebsführenden Person gemeldet wird.

(BGBl I 2017/38, BGBl I 2018/7)

(3) Auf Immobilienfonds, in die vor dem 1. Jänner 2016 veranlagt worden ist, ist § 206 in der am 31. Dezember 2015 geltenden Fassung weiterhin anzuwenden.

(BGBl I 2015/162)

Schlussbestimmung zu Art. 3 Teil 2 des Bundesgesetzes BGBl. I Nr. 162/2015 (44. Novelle)

§ 355. Es treten in der Fassung des Bundesgesetzes BGBl. I Nr. 162/2015 in Kraft:

1. mit 1. Jänner 2016 die §§ 8 Abs. 1 lit. a, 13 Abs. 2 lit. a, 26a Abs. 1 und 3, 76a Abs. 2, 78 Abs. 4 Z 3, 85 Abs. 1 Z 2, 89 Abs. 4, 97 Abs. 7, 100 Abs. 2 Z 2 bis 5, 148a Z 2 lit. b, 161 Abs. 2 Z 1 bis 5 und 170a Überschrift;
2. rückwirkend mit 1. Juni 2012 § 60 Abs. 3;
3. rückwirkend mit 1. Jänner 2015 § 218 Abs. 1a.

(BGBl I 2015/162)

Schlussbestimmung zu Art. 5 des Bundesgesetzes BGBl. I Nr. 53/2016

§ 356. Die §§ 4 Z 3 und 4, 4a Abs. 1 Z 4 und 5, 6 Abs. 1 Z 6 und 7 sowie Abs. 3a Z 4 und 5, 7 Abs. 1 Z 5 und 6, 16 Abs. 5 Z 4 und 5, 23a, 24e Z 2 und 107a Abs. 6 in der Fassung des Bundesgesetzes BGBl. I Nr. 53/2016 treten mit 1. März 2017 in Kraft und sind auf Geburten nach dem 28. Februar 2017 anzuwenden.

(BGBl I 2016/53)

Schlussbestimmungen zu Art. 3 des Bundesgesetzes BGBl. I Nr. 29/2017 (45. Novelle)

§ 357. (1) Die §§ 24 Abs. 6 und 141 Abs. 1 lit. a in der Fassung des Bundesgesetzes BGBl. I Nr. 29/2017 treten mit 1. Jänner 2017 in Kraft.

(2) Der Richtsatz nach § 141 Abs. 1 lit. a sublit. cc ist abweichend von den §§ 47 und 141 Abs. 2 erstmals mit 1. Jänner 2018 mit dem Anpassungsfaktor (§ 45) zu vervielfachen.

(3) Der Bundesminister für Arbeit, Soziales und Konsumentenschutz hat die Aufwendungen, die durch die Einführung des Richtsatzes nach § 141 Abs. 1 lit. a sublit. cc entstanden sind, bis zum 31. Dezember 2021 zu evaluieren.

(BGBl I 2017/29)

Einmalzahlung

§ 357a. (1) Allen Personen mit gewöhnlichem Aufenthalt im Inland, die im Dezember 2016 Anspruch auf eine oder mehrere Pensionen haben, gebührt eine Einmalzahlung in der Höhe von 100 €.

(2) Die Einmalzahlung ist kein Pensionsbestandteil, sie ist aber zusammen mit der (höchsten) laufenden Pensionszahlung zum 30. Dezember 2016 auszuzahlen.

(3) Die Einmalzahlung gilt nicht als Nettoeinkommen im Sinne des § 140 Abs. 3. Von der Einmalzahlung sind keine Beiträge zur Krankenversicherung zu entrichten. Die Einmalzahlung ist von der Einkommensteuer befreit und unpfändbar.

(BGBl I 2017/33)

Beitragsgutschrift

§ 357b. (1) Die nach § 2 Abs. 1 vollversicherten BetriebsführerInnen haben Anspruch auf Gutschrift eines Teiles folgender Beiträge, wenn diese für die im vierten Quartal 2016 nach § 2 Abs. 1 Z 1 und 2 bis 4 pflichtversicherten Personen zu entrichten sind:

1. Beiträge zur Krankenversicherung nach diesem Bundesgesetz einschließlich des Zusatzbeitrages für Angehörige nach § 24b;
2. Beiträge zur Pensions- und Unfallversicherung nach diesem Bundesgesetz;
3. Beiträge nach dem Betriebshilfegesetz.

(2) Der Anspruch auf Beitragsgutschrift umfasst 53% der im Abs. 1 genannten Beiträge, gilt auch für die persönlich haftenden GesellschafterInnen nach § 2 Abs. 1 Z 1a und besteht auch im Fall einer Beitragsgrundlagenoption nach § 24c.

(3) Der Anspruch auf Beitragsgutschrift nach den Abs. 1 und 2 besteht für die für das vierte Quartal 2016 vorzuschreibenden Beiträge nach Abs. 1, die zum 31. Jänner 2017 fällig werden. Nachträgliche Sachverhaltsänderungen haben keinen Einfluss auf die Höhe der Beitragsgutschrift.

(4) Durch die Beitragsgutschrift gelten die im Abs. 1 genannten Beiträge als im Sinne des § 33 entrichtet, und zwar im Ausmaß nach Abs. 2.

(5) Die Gutschrift für die Beiträge zur Pensions- und Unfallversicherung einschließlich der darauf entfallenden Beiträge im Fall einer Beitragsgrundlagenoption nach § 24c erfolgt aus Mitteln der allgemeinen Rücklage der Krankenversicherung.

(BGBl I 2017/17)

Schlussbestimmung zu Art. 5 des Bundesgesetzes BGBl. I Nr. 26/2017

§ 358. § 198 Abs. 1 Z 9 in der Fassung des Bundesgesetzes BGBl. I Nr. 26/2017 tritt mit 1. Jänner 2017 in Kraft.

(BGBl I 2017/26)

Schlussbestimmung zu Art. 2 des Bundesgesetzes BGBl. I Nr. 38/2017

§ 359. Die §§ 337 Abs. 1, 1a und 2, 338 Abs. 2 und 354 Abs. 2 in der Fassung des Bundesgesetzes BGBl. I Nr. 38/2017 treten rückwirkend mit 1. Jänner 2017 in Kraft.

(BGBl I 2017/38)

Schlussbestimmung zu Art. 3 des Bundesgesetzes BGBl. I Nr. 125/2017

§ 360. Die §§ 40 Abs. 3, 108a Abs. 2, 182a samt Überschrift, 287 Abs. 12 und 295 Abs. 11 in der Fassung des Bundesgesetzes BGBl. I Nr. 125/2017 treten mit 1. Juli 2017 in Kraft.

(BGBl I 2017/125)

Schlussbestimmung zu Art. 5 des Bundesgesetzes BGBl. I Nr. 131/2017

§ 361. Die §§ 80 Abs. 2 dritter Satz, 88 Abs. 3 erster Satz und 181 erster Satz in der Fassung des Bundesgesetzes BGBl. I Nr. 131/2017 treten dem auf den Tag der Kundmachung folgenden Tag in Kraft.

(BGBl I 2017/131)

Pensionsanpassung 2018

§ 362. (1) Abweichend von § 46 Abs. 1 erster Satz und Abs. 2 ist die Pensionserhöhung für das Kalenderjahr 2018 nicht mit dem Anpassungsfaktor, sondern wie folgt vorzunehmen: Das Gesamtpensionseinkommen (Abs. 2) ist zu erhöhen

1. wenn es nicht mehr als 1 500 € monatlich beträgt, um 2,2%;
2. wenn es über 1 500 € bis zu 2 000 € monatlich beträgt, um 33 €;
3. wenn es über 2 000 € bis zu 3 355 € monatlich beträgt, um 1,6%;
4. wenn es über 3 355 € bis zu 4 980 € monatlich beträgt, um einen Prozentsatz, der zwischen den genannten Werten von 1,6% auf 0% linear absinkt.

Beträgt das Gesamtpensionseinkommen mehr als 4 980 € monatlich, so findet keine Erhöhung statt.

(2) Das Gesamtpensionseinkommen einer Person ist die Summe aller ihrer Pensionen aus der gesetzlichen Pensionsversicherung, auf die nach den am 31. Dezember 2017 in Geltung gestandenen Vorschriften Anspruch bestand, jedoch mit Ausnahme der Kinderzuschüsse und der Ausgleichszulage und vor Anwendung von Ruhensbestimmungen. Ausgenommen sind auch Pensionen, die nach § 46 Abs. 1 letzter Satz für das Kalenderjahr 2018 nicht anzupassen sind, sowie befristete Pensionen, deren

Anspruchsdauer mit Ablauf des 31. Dezember 2017 endet. Als Teil des Gesamtpensionseinkommens gelten auch alle Leistungen, die vom Sonderpensionenbegrenzungsgesetz, BGBl. I Nr. 46/2014, erfasst sind, wenn die pensionsbeziehende Person am 31. Dezember 2017 darauf Anspruch hat.

(3) Bezieht eine Person zwei oder mehrere Pensionen aus der gesetzlichen Pensionsversicherung, die zum Gesamtpensionseinkommen nach Abs. 2 zählen, so ist der Erhöhungsbetrag nach Abs. 1 auf die einzelne Pension im Verhältnis der Pensionen zueinander aufzuteilen.

(4) Abweichend von den §§ 141 Abs. 2 und 357 Abs. 2 sind die Ausgleichszulagenrichtsätze für das Kalenderjahr 2018 nicht mit dem Anpassungsfaktor, sondern mit dem Faktor 1,022 zu vervielfachen.

(5) Rechtsträger, die Leistungen nach Abs. 2 dritter Satz auszahlen, haben die Höhe dieser Leistungen dem Versicherungsträger mitzuteilen, wenn dieser für die gesetzliche Pension leistungszuständig ist. Der Versicherungsträger hat sodann diesen Rechtsträgern das Gesamtpensionseinkommen nach Abs. 2 mitzuteilen.

(BGBl I 2017/151)

Schlussbestimmung zum Bundesgesetz BGBl. I Nr. 7/2018

§ 363. (1) Soweit nach sozialversicherungsrechtlichen Vorschriften Einheitswerte land- und forstwirtschaftlicher Betriebe heranzuziehen sind, sind in Verbindung mit § 86 Abs. 13 BewG. 1955 in der Fassung BGBl. I Nr. 112/2012, Änderungen dieser Einheitswerte anlässlich der Hauptfeststellung zum 1. Jänner 2014 für die Zeit vor dem 1. April 2018 nicht zu berücksichtigen. Dies gilt ebenso für nachfolgende Fortschreibungen dieser Einheitswerte und Nachfeststellungen (§§ 21 und 22 BewG. 1955) jeweils zum 1. Jänner 2015, 1. Jänner 2016, 1. Jänner 2017 und 1. Jänner 2018.

(2) Die §§ 24d, 337, 338 und 354 in der Fassung des Bundesgesetzes BGBl. I Nr. 7/2018 sowie § 23 Abs. 3 und § 23c samt Überschrift in der Fassung des Bundesgesetzes BGBl. I Nr. 162/2015 treten mit 1. April 2018 in Kraft.

(3) Der Zuschuss nach § 24d in der Fassung des Bundesgesetzes BGBl. I Nr. 7/2018 ist erstmals bei der Beitragsvorschreibung für das vierte Quartal 2018 für die Jahre 2016 bis 2018 gemeinsam durch Gegenverrechnung flüssig zu machen.

(4) Je Kalenderjahr werden die Aufwendungen für die Rückerstattung von Beiträgen nach § 24d in der Fassung des Bundesgesetzes BGBl. I Nr. 7/2018 in der Höhe von 15 Mio. Euro aus dem Aufwand an veranlagter Einkommensteuer getragen. Der auf den einzelnen Betrieb entfallende Rückerstattungsbetrag ist gemäß § 24d Abs. 2 rechnerisch zu ermitteln, sobald die Anzahl der in Betracht kommenden Betriebe endgültig feststeht. Ist dies zum Zeitpunkt der erstmaligen Flüssigmachung (Abs. 2) noch nicht möglich, ist der Rückerstattungsbetrag vorerst so anzusetzen, dass sich nötigenfalls eine Nach- jedoch keine Überzahlung ergibt.

(5) Personen, die sich vor Verlautbarung dieses Bundesgesetzblattes aufgrund der geltenden Rechtslage (sozialversicherungsrechtliche Wirksamkeit der Hauptfeststellung 2014/2015 mit 1. Jänner 2017) von der Pflichtversicherung nach diesem Bundesgesetz abgemeldet haben und die Unterschreitung der Versicherungsgrenze lediglich durch das Wirksamwerden der Hauptfeststellung bedingt war, bleiben weiterhin ausgenommen, solange sich der maßgebliche Sachverhalt für die Ausscheidung aus der Pflichtversicherung nicht ändert. Ebenso bleiben Personen, die sich vor Verlautbarung dieses Bundesgesetzblattes aufgrund der geltenden Rechtslage (sozialversicherungsrechtlichen Wirksamkeit der Hauptfeststellung 2014/2015 mit 1. Jänner 2017) zur Pflichtversicherung nach diesem Bundesgesetz angemeldet haben und das Erreichen oder Überschreiten der Versicherungsgrenze lediglich durch das Wirksamwerden der Hauptfeststellung bedingt war, weiterhin pflichtversichert, solange sich der maßgebliche Sachverhalt für die Einbeziehung in die Pflichtversicherung nicht ändert.

(6) § 2 Abs. 1 Z 1 und Anlage 2 Z 1.1 in der Fassung des Bundesgesetzes BGBl. I Nr. 7/2018 treten rückwirkend mit 18. Juli 2017 in Kraft. Im Zeitraum von 18. Juli 2017 bis 31. März 2018 besteht keine Beitragspflicht für diese Tätigkeiten.

(BGBl I 2018/7)

Schlussbestimmung zu Art. 73 des Bundesgesetzes BGBl. I Nr. 37/2018

§ 364. Die §§ 171 Abs. 1 und 219a in der Fassung des Bundesgesetzes BGBl. I Nr. 37/2018 treten mit 25. Mai 2018 in Kraft.

(BGBl I 2018/37)

Schlussbestimmung zu Art. 12 des Bundesgesetzes BGBl. I Nr. 59/2018

§ 365. Die §§ 51 Abs. 2 Z 1 und 71 Abs. 1 letzter Satz in der Fassung des Bundesgesetzes BGBl. I Nr. 59/2018 treten mit 1. Juli 2018 in Kraft.

(BGBl I 2018/59)

Pensionsanpassung 2019

§ 365a. (1) Abweichend von § 46 Abs. 1 erster Satz sowie Abs. 2 und 2a ist die Pensionserhöhung für das Kalenderjahr 2019 nicht mit dem Anpassungsfaktor, sondern wie folgt vorzunehmen: Das Gesamtpensionseinkommen (Abs. 2) ist zu erhöhen

1. wenn es nicht mehr als 1 115 € monatlich beträgt, um 2,6%;

2. wenn es über 1 115 € bis zu 1 500 € monatlich beträgt, um jenen Prozentsatz, der zwischen den genannten Werten von 2,6% auf 2% linear absinkt;

3. wenn es über 1 500 € bis zu 3 402 € monatlich beträgt, um 2%;

4. wenn es über 3 402 € monatlich beträgt, um 68 €.

(2) Das Gesamtpensionseinkommen einer Person ist die Summe aller ihrer Pensionen aus der

gesetzlichen Pensionsversicherung, auf die nach den am 31. Dezember 2018 in Geltung gestandenen Vorschriften Anspruch bestand, jedoch vor Anwendung von Ruhens- und Wegfallsbestimmungen sowie der Bestimmungen nach § 51 Abs. 2 Z 2 dritter und vierter Satz. Ausgenommen sind Kinderzuschüsse, die Ausgleichszulage, Pensionen, die nach § 46 Abs. 1 letzter Satz für das Kalenderjahr 2019 nicht anzupassen sind, befristete Pensionen, deren Anspruchsdauer mit Ablauf des 31. Dezember 2018 endet, sowie Hinterbliebenenpensionen, für die sich am 31. Dezember 2018 durch die Anwendung des § 136 Abs. 2 oder 6a kein Auszahlungsbetrag ergibt. Zum Gesamtpensionseinkommen sind heranzuziehen:

1. eine Hinterbliebenenpension in der Höhe, in der sie im Dezember 2018 bei Zutreffen der Voraussetzungen unter Berücksichtigung einer Erhöhung nach § 136 Abs. 6 oder einer Verminderung nach § 136 Abs. 6a gebührt hat;

2. eine Erwerbsunfähigkeitspension in der Höhe, in der sie im Dezember 2018 bei Zutreffen der Voraussetzungen unter Berücksichtigung einer sich nach § 123 Abs. 5 und 6 ergebenden Teilpension gebührt hat.

(3) Bezieht eine Person zwei oder mehrere Pensionen aus der gesetzlichen Pensionsversicherung, die zum Gesamtpensionseinkommen nach Abs. 2 zählen, so ist der Erhöhungsbetrag nach Abs. 1 auf die einzelne Pension im Verhältnis der Pensionen zueinander aufzuteilen.

(4) Bei Hinterbliebenenpensionen, für die sich am 31. Dezember 2018 durch die Anwendung des § 136 Abs. 2 oder 6a kein Auszahlungsbetrag ergibt, ist abweichend von den Abs. 1 und 2 die mit dem Hundertsatz von 60 bemessene Pension mit dem Anpassungsfaktor für das Kalenderjahr 2019 zu vervielfachen.

(5) Abweichend von den §§ 141 Abs. 2 und 357 Abs. 2 sind die Ausgleichszulagenrichtsätze einschließlich der Richtsatzerhöhung für Kinder für das Kalenderjahr 2019 nicht mit dem Anpassungsfaktor, sondern mit dem Faktor 1,026 zu vervielfachen.

(BGBl I 2018/99)

Schlussbestimmungen zu Art. 3 des Bundesgesetzes BGBl. I Nr. 100/2018 (46. Novelle)

§ 366. (1) Die §§ 4 Z 3 und 4, 5 Abs. 3, 24b Abs. 4, 33a Abs. 1, 33b Abs. 1, 33c Abs. 1, 3 bis 5, 40 Abs. 3, 78 Abs. 6 lit. e, 82 Abs. 1, 86 Abs. 5 und 6, 96a Abs. 7, 99b, 100 Abs. 4, 118b Abs. 1, 2 und 4, 149l Abs. 2, 149m Abs. 4, 158 Abs. 3, 161 Abs. 2 Z 1, 163a Abs. 3 und 4 sowie 208 Abs. 2 in der Fassung des Bundesgesetzes BGBl. I Nr. 100/2018 treten mit 1. Jänner 2019 in Kraft.

(2) Der Abschnitt III des Ersten Teiles samt Überschrift, die §§ 41 bis 42 samt Überschriften, der Abschnitt VI des Ersten Teiles samt Überschrift, § 118b Abs. 3, der Abschnitt IV des Dritten Teiles samt Überschrift sowie die Abschnitte I bis VI, VIII und IX des Vierten Teiles samt Über-

schriften treten mit Ablauf des 31. Dezember 2019 außer Kraft.

(3) Für die Erstattung von Beiträgen, die vor dem 1. Jänner 2019 entrichtet wurden, sind weiterhin die §§ 33c und 118b in der am 31. Dezember 2019 geltenden Fassung anzuwenden; dies gilt nicht, soweit diese Beiträge zusammen mit Beiträgen, die ab 1. Jänner 2019 entrichtet wurden, für ein bestimmtes Kalenderjahr entrichtet wurden.

(BGBl I 2018/100)

Schlussbestimmung zu Art. 2 des Bundesgesetzes BGBl. I Nr. 7/2019

§ 367. § 152 Abs. 1 Z 1a in der Fassung des Bundesgesetzes BGBl. I Nr. 7/2019 tritt mit 1. Jänner 2019 in Kraft.

(BGBl I 2019/7)

Schlussbestimmungen zu Art. 3 des Bundesgesetzes BGBl. I Nr. 84/2019

§ 368. (1) Die §§ 26 Abs. 1, 46 Abs. 2 und 3, 64 Abs. 1 lit. b, 69 Abs. 3, 140 Abs. 4 lit. r und s, 141 Abs. 1 lit. a sublit. bb und 147a samt Überschrift in der Fassung des Bundesgesetzes BGBl. I Nr. 84/2019 treten mit 1. Jänner 2020 in Kraft.

(2) § 141 Abs. 1 lit. a sublit. cc tritt mit Ablauf des 31. Dezember 2019 außer Kraft.

(3) Pensionsbeziehern, die Anspruch auf eine Leistung nach § 141 Abs. 1 lit. a sublit. cc bis zum 31. Dezember 2019 gehabt haben oder hätten, gebührt der Bonus nach § 147a in der Höhe, die sich aus § 141 Abs. 1 lit. a sublit. cc ergibt, wenn dies günstiger ist und spätestens im Jahr 2020 beantragt wird.

(BGBl I 2019/84)

Schlussbestimmung zu Art. 23 des Bundesgesetzes BGBl. I Nr. 103/2019

§ 369. Es treten in der Fassung des Bundesgesetzes BGBl. I Nr. 103/2019 in Kraft:

1. mit 1. Jänner 2020 die §§ 24 Abs. 1 in der Fassung der Z 1 sowie Abs. 3 und 4, 140 Abs. 4 lit. s und t sowie 141 Abs. 1 lit. a sublit. aa;

2. mit dem nach § 675 Abs. 3 ASVG durch Verordnung der Bundesministerin für Arbeit, Soziales, Gesundheit und Konsumentenschutz festgestellten Zeitpunkt, jedoch jedenfalls nicht vor 1. Jänner 2016 der § 24 Abs. 1 in der Fassung der Z 2.

3. Der Richtsatz nach § 141 Abs. 1 lit. a sublit. aa in der Fassung des Bundesgesetzes BGBl. I Nr. 103/2019 ist abweichend von § 141 Abs. 2 für das Kalenderjahr 2020 (rückwirkend) mit dem Faktor 1,036 zu vervielfachen.

(BGBl I 2020/21)

(BGBl I 2019/103)

Pensionsanpassung 2020

§ 370. (1) Abweichend von § 46 Abs. 1 erster Satz sowie Abs. 2 und 2a ist die Pensionserhöhung für das Kalenderjahr 2020 nicht mit dem Anpassungsfaktor, sondern wie folgt vorzunehmen: Das Gesamtpensionseinkommen (Abs. 2) ist zu erhöhen

1. wenn es nicht mehr als 1 111 € monatlich beträgt, um 3,6%;

2. wenn es über 1 111 € bis zu 2 500 € monatlich beträgt, um jenen Prozentsatz, der zwischen den genannten Werten von 3,6% auf 1,8% linear absinkt;

3. wenn es über 2 500 € bis zu 5 220 € monatlich beträgt, um 1,8%;

4. wenn es über 5 220 € monatlich beträgt, um 94 €.

(2) Das Gesamtpensionseinkommen einer Person ist die Summe aller ihrer Pensionen aus der gesetzlichen Pensionsversicherung, auf die nach den am 31. Dezember 2019 in Geltung gestandenen Vorschriften Anspruch bestand, jedoch vor Anwendung von Ruhens- und Wegfallsbestimmungen sowie der Bestimmungen nach § 51 Abs. 2 Z 2 dritter und vierter Satz. Ausgenommen sind Kinderzuschüsse, die Ausgleichszulage, Pensionen, die nach § 46 Abs. 1 letzter Satz für das Kalenderjahr 2020 nicht anzupassen sind, befristete Pensionen, deren Anspruchsdauer mit Ablauf des 31. Dezember 2019 endet, sowie Hinterbliebenenpensionen, für die sich am 31. Dezember 2019 durch die Anwendung des § 136 Abs. 2 oder 6a kein Auszahlungsbetrag ergibt. Als Teil des Gesamtpensionseinkommens gelten auch alle Leistungen, die vom Sonderpensionenbegrenzungsgesetz, BGBl. I Nr. 46/2014, erfasst sind, wenn die pensionsbeziehende Person am 31. Dezember 2019 darauf Anspruch hat. Zum Gesamtpensionseinkommen sind heranzuziehen:

1. eine Hinterbliebenenpension in der Höhe, in der sie im Dezember 2019 bei Zutreffen der Voraussetzungen unter Berücksichtigung einer Erhöhung nach § 136 Abs. 6 oder einer Verminderung nach § 136 Abs. 6a gebührt hat;

2. eine Erwerbsunfähigkeitspension in der Höhe, in der sie im Dezember 2019 bei Zutreffen der Voraussetzungen unter Berücksichtigung einer sich nach § 123 Abs. 5 und 6 ergebenden Teilpension gebührt hat.

(3) Bezieht eine Person zwei oder mehrere Pensionen aus der gesetzlichen Pensionsversicherung, die zum Gesamtpensionseinkommen nach Abs. 2 zählen, so ist der Erhöhungsbetrag nach Abs. 1 auf die einzelne Pension im Verhältnis der Pensionen zueinander aufzuteilen.

(4) Bei Hinterbliebenenpensionen, für die sich am 31. Dezember 2019 durch die Anwendung des § 136 Abs. 2 oder 6a kein Auszahlungsbetrag ergibt, ist abweichend von den Abs. 1 und 2 die mit dem Hundertsatz von 60 bemessene Pension mit dem Anpassungsfaktor für das Kalenderjahr 2020 zu vervielfachen.

(5) Abweichend von § 141 Abs. 2 sind die Ausgleichszulagenrichtsätze einschließlich der Richtsatzerhöhung für Kinder für das Kalenderjahr 2020 nicht mit dem Anpassungsfaktor, sondern mit dem Faktor 1,036 zu vervielfachen.

(6) Rechtsträger, die Leistungen nach Abs. 2 dritter Satz auszahlen, haben die Höhe dieser Leistungen dem Versicherungsträger mitzuteilen, wenn dieser für die gesetzliche Pension leistungszuständig ist. Der Versicherungsträger hat sodann diesen Rechtsträgern das Gesamtpensionseinkommen nach Abs. 2 mitzuteilen.

(BGBl I 2019/103)

Schlussbestimmung zu Art. 16 des Bundesgesetzes BGBl. I Nr. 104/2019

§ 371. Die §§ 2 Abs. 2, 3 Abs. 2, 20 Abs. 1 und 3, 23 Abs. 5, 30 Abs. 4, 33 Abs. 1, 108 und 182 Z 2 in der Fassung des Bundesgesetzes BGBl. I Nr. 104/2019 treten mit 1. Juli 2020 in Kraft.

(BGBl I 2019/104, BGBl I 2020/31)

Schlussbestimmungen zu Art. 3 des Bundesgesetzes BGBl. I Nr. 31/2020

§ 372.[a)] (1) Kann ein Antrag auf Leistungen aus dem Versicherungsfall der Erwerbsunfähigkeit mangels Begutachtung auf Grund bestehender Einschränkungen im Zusammenhang mit der COVID-19-Pandemie seitens des Pensionsversicherungsträgers bzw. ein entsprechendes Verfahren vor den Arbeits- und Sozialgerichten derzeit nicht entschieden werden, ist dem Leistungsbezieher/der Leistungsbezieherin die zuletzt bezogene, zeitlich befristete Leistung aus der Kranken- oder Pensionsversicherung weiter zu gewähren. Der Weiterbezug der bisherigen Leistung kann für die Dauer der COVID-19-Pandemie bis längstens 31. Mai 2020 erfolgen. Dauert die COVID-19-Krisensituation über den 31. Mai 2020 hinaus an, kann der Bundesminister für Soziales, Gesundheit, Pflege und Konsumentenschutz durch Verordnung den Zeitraum längstens bis zum 31. Dezember 2020 verlängern.

(2) Über die Bestimmung des § 77 hinaus sind Leistungen aus dem Versicherungsfall der Krankheit sowie Leistungen der chirurgischen und konservierenden Zahnbehandlung auch zu gewähren, wenn die Erkrankung bis längstens 31. Mai 2020 eintritt. Dauert die COVID-19-Krisensituation über den 31. Mai 2020 hinaus an, so kann der Bundesminister für Soziales, Gesundheit, Pflege und Konsumentenschutz durch Verordnung den Zeitraum längstens bis zum „30. Juni 2021" verlängern.

(BGBl I 2020/158, BGBl I 2021/28)

(3) Die auf Grund des Abs. 2 ausgewiesenen tatsächlichen Kosten sind dem Krankenversicherungsträger vom Bund aus dem COVID-19 Krisenbewältigungsfonds zu ersetzen. Eine Kostentragung des Bundes über den „30. Juni 2021" hinaus ist ausgeschlossen.

(BGBl I 2020/158, BGBl I 2021/28)

(4) Abweichend von den §§ 78 Abs. 4 Z 1 und 119 Abs. 2 Z 1 besteht rückwirkend ab dem 11. März 2020 für die Dauer der COVID-19-Pandemie, längstens jedoch bis zum „30. Juni 2021", die An-

spruchsberechtigung für Kinder und Enkel längstens bis zum 27. Lebensjahr und sechs Monaten.

(BGBl I 2020/158, BGBl I 2021/28)

„(5) Die Rahmenfrist von 240 Kalendermonaten nach § 287 Abs. 13a verlängert sich um die Monate der Kurzarbeit wegen der COVID19Pandemie, wenn diese Monate keine Schwerarbeitsmonate sind."

(BGBl I 2021/28)

(BGBl I 2020/31)

[a)] Siehe auch BGBl II 2020/244.

Schlussbestimmungen zu Art. 3 des Bundesgesetzes BGBl. I Nr. 73/2020

§ 373. (1) Die §§ 23 Abs. 6 Z 1, Abs. 9 lit. b und Abs. 10 lit. a sublit. aa, ab und bb sowie 140 Abs. 7 in der Fassung des Bundesgesetzes BGBl. I Nr. 73/2020 treten rückwirkend mit 1. Jänner 2020 in Kraft.

(2) Die §§ 24c samt Überschrift und 29a samt Überschrift treten rückwirkend mit Ablauf des 31. Dezember 2019 außer Kraft.

(3) Jener Teil des Pensionsversicherungsbeitrages für Pflichtversicherte nach § 2 Abs. 1 Z 2, der sich aus der Erhöhung der Beitragsgrundlage nach § 23 Abs. 6 Z 1 durch das Bundesgesetz BGBl. I Nr. 73/2020 von einem Drittel auf die Hälfte der Beitragsgrundlage des Betriebsführers/der Betriebsführerin ergibt, ist abweichend von § 24 Abs. 2 und 3 allein aus Mitteln des Bundes zu tragen.

(4) In Fällen, in denen durch die Absenkung des Prozentsatzes nach § 140 Abs. 7 von 13% auf 10% durch das Bundesgesetz BGBl. I Nr. 73/2020 ein Anspruch auf Ausgleichszulage entsteht, gebührt diese abweichend von § 144 Abs. 2 mit Erfüllung der Voraussetzungen, frühestens ab 1. Jänner 2020, wenn der Antrag auf Ausgleichszulage im Jahr 2020 gestellt wird.

(BGBl I 2020/73)

„ „COVID-19-Test im niedergelassenen Bereich"

(BGBl I 2021/36)

§ 374. (1) Die im niedergelassenen Bereich tätigen Vertragsärztinnen und Vertragsärzte bzw. Vertragsgruppenpraxen sowie die selbständigen Vertragsambulatorien für Labormedizin sind für die Dauer der durch die WHO ausgerufenen COVID-19-Pandemie unter den in der Verordnung nach Abs. 3 genannten Voraussetzungen berechtigt, Tests für den Nachweis des Vorliegens einer Infektion mit SARS-CoV-2 (COVID-19-Test) durchzuführen.

(2) Die Versicherungsanstalt hat für die Durchführung eines COVID-19-Tests nach Abs. 1 für die Probenentnahme samt Material bzw. für die Auswertung der Probe sowie für die jeweilige Dokumentation jeweils ein pauschales Honorar zu bezahlen. Zuzahlungen der Patientinnen und Patienten sind unzulässig. Der Bund hat der Versicherungsanstalt die ausgewiesenen tatsächlichen Kosten für diese Honorare aus dem COVID-19-Krisenbewältigungsfonds zu ersetzen.

(3) Nähere Bestimmungen über die Durchführung von COVID-19-Tests im genannten Bereich, insbesondere über die konkreten Voraussetzungen, die Art der Tests, sowie die Höhe der Honorare für die erbrachten Leistungen nach Abs. 2 sind durch Verordnung des Bundesministers für Soziales, Gesundheit, Pflege und Konsumentenschutz festzulegen.

(BGBl I 2020/105)

„COVID-19-Test in öffentlichen Apotheken

§ 374a. [a)] (1) Die öffentlichen Apotheken sind für die Dauer der durch die WHO ausgerufenen COVID-19-Pandemie berechtigt, Tests für den Nachweis des Vorliegens einer Infektion mit SARS-CoV-2 (COVID-19-Test) durchzuführen. Ein Test ist zulässig, sofern bei der betreffenden Person keine Symptome vorliegen, die eine Infektion mit SARS-CoV-2 vermuten lassen.

(2) Die Versicherungsanstalt hat für die Durchführung eines COVID-19-Tests nach Abs. 1 für die Probenentnahme samt Material, die Auswertung der Probe, die Dokumentation sowie die Ausstellung eines Ergebnisnachweises ein pauschales Honorar in Höhe von 25 Euro zu bezahlen. Zuzahlungen der zu testenden Personen sind unzulässig. Der Bund hat der Versicherungsanstalt die daraus resultierenden Aufwendungen aus dem COVID-19-Krisenbewältigungsfonds zu ersetzen.

(3) Die Versicherungsanstalt ist im übertragenen Wirkungsbereich unter Bindung an die Weisungen des Bundesministers für Soziales, Gesundheit, Pflege und Konsumentenschutz tätig.

(BGBl I 2021/36)

[a)] Zum Außer-Kraft-Treten siehe § 380 Abs 2.

SARS-CoV-2-Antigentests zur Eigenanwendung

§ 374b. [a)] (1) Die öffentlichen Apotheken sind für die Dauer der durch die WHO ausgerufenen COVID-19-Pandemie berechtigt, auf Rechnung der Versicherungsanstalt SARS-CoV-2-Antigentests zur Eigenanwendung an bezugsberechtigte Personen abzugeben.

(2) Bezugsberechtigt sind jene nach diesem Bundesgesetz krankenversicherten Personen und ihre anspruchsberechtigten Angehörigen, die vor dem 1. Jänner 2006 geboren wurden. An jede bezugsberechtigte Person darf pro Monat eine Packung zu fünf Stück abgegeben werden.

(3) Die Versicherungsanstalt hat pro abgegebener Packung ein pauschales Honorar in Höhe von zehn Euro zu bezahlen. Zuzahlungen der bezugsberechtigten Personen sind unzulässig. Der Bund hat der Versicherungsanstalt die daraus resultierenden Aufwendungen aus dem COVID-19-Krisenbewältigungsfonds zu ersetzen.

(4) Die Versicherungsanstalt ist im übertragenen Wirkungsbereich unter Bindung an die Weisungen

des Bundesministers für Soziales, Gesundheit, Pflege und Konsumentenschutz tätig."

(BGBl I 2021/36)

---

a) Zum Außer-Kraft-Treten siehe § 380 Abs 2.

Schlussbestimmung zu Art. 3 des Bundesgesetzes BGBl. I Nr. 105/2020

§ 375. § 374 samt Überschrift in der Fassung des Bundesgesetzes BGBl. I Nr. 105/2020 tritt mit dem auf den Tag der Kundmachung folgenden Tag in Kraft."

(BGBl I 2020/105)

„Pensionsanpassung 2021

§ 376. (1) Abweichend von § 46 Abs. 1 erster Satz sowie Abs. 2 und 2a ist die Pensionserhöhung für das Kalenderjahr 2021 nicht mit dem Anpassungsfaktor, sondern wie folgt vorzunehmen: Das Gesamtpensionseinkommen (Abs. 2) ist zu erhöhen

1. wenn es nicht mehr als 1 000 € monatlich beträgt, um 3,5%;
2. wenn es über 1 000 € bis zu 1 400 € monatlich beträgt, um jenen Prozentsatz, der zwischen den genannten Werten von 3,5% auf 1,5% linear absinkt;
3. wenn es über 1 400 € bis zu 2 333 € monatlich beträgt, um 1,5%;
4. wenn es über 2 333 € monatlich beträgt, um 35 €.

(2) Das Gesamtpensionseinkommen einer Person ist die Summe aller ihrer Pensionen aus der gesetzlichen Pensionsversicherung, auf die nach den am 31. Dezember 2020 in Geltung gestandenen Vorschriften Anspruch bestand, jedoch vor Anwendung von Ruhens- und Wegfallsbestimmungen sowie der Bestimmungen nach § 51 Abs. 2 Z 2 dritter und vierter Satz. Ausgenommen sind Kinderzuschüsse, die Ausgleichszulage, befristete Pensionen, deren Anspruchsdauer mit Ablauf des 31. Dezember 2020 endet, sowie Hinterbliebenenpensionen, für die sich am 31. Dezember 2020 durch die Anwendung des § 136 Abs. 2 oder 6a kein Auszahlungsbetrag ergibt. Zum Gesamtpensionseinkommen sind heranzuziehen:

1. eine Hinterbliebenenpension in der Höhe, in der sie im Dezember 2020 bei Zutreffen der Voraussetzungen unter Berücksichtigung einer Erhöhung nach § 136 Abs. 6 oder einer Verminderung nach § 136 Abs. 6a gebührt hat;
2. eine Invaliditäts(Berufsunfähigkeits)pension in der Höhe, in der sie im Dezember 2020 bei Zutreffen der Voraussetzungen unter Berücksichtigung einer sich nach § 123 Abs. 5 und 6 ergebenden Teilpension gebührt hat.

(3) Bezieht eine Person zwei oder mehrere Pensionen aus der gesetzlichen Pensionsversicherung, die zum Gesamtpensionseinkommen nach Abs. 2 zählen, so ist der Erhöhungsbetrag nach Abs. 1 auf die einzelne Pension im Verhältnis der Pensionen zueinander aufzuteilen.

(4) Bei Hinterbliebenenpensionen, für die sich am 31. Dezember 2020 durch die Anwendung des § 136 Abs. 2 oder 6a kein Auszahlungsbetrag ergibt, ist abweichend von den Abs. 1 und 2 die mit dem Hundertsatz von 60 bemessene Pension mit dem Anpassungsfaktor für das Kalenderjahr 2021 zu vervielfachen.

(5) Abweichend von § 141 Abs. 2 sind die Ausgleichszulagenrichtsätze einschließlich der Richtsatzerhöhung für Kinder für das Kalenderjahr 2021 nicht mit dem Anpassungsfaktor, sondern mit dem Faktor 1,035 zu vervielfachen.

(6) Abweichend von § 147a Abs. 9 sind für das Kalenderjahr 2021

1. die Beträge nach § 147a Abs. 1 Z 2 und Abs. 2 nicht mit dem Anpassungsfaktor, sondern mit dem Faktor 1,031 zu vervielfachen;
2. die Beträge nach § 147a Abs. 3 Z 2 und Abs. 4 nicht mit dem Anpassungsfaktor, sondern mit dem Faktor 1,019 zu vervielfachen."

(BGBl I 2020/135)

„Schlussbestimmungen zu Art. 3 des Bundesgesetzes BGBl. I Nr. 28/2021

§ 377. (1) Es treten in der Fassung des Bundesgesetzes BGBl. I Nr. 28/2021 in Kraft:

1. mit 1. Jänner 2021 § 372 Abs. 5;
2. mit 1. Jänner 2022 die §§ 46 Abs. 1a und 135a samt Überschrift.

(2) § 111 Abs. 8 tritt mit Ablauf des 31. Dezember 2021 außer Kraft.

(3) § 46 Abs. 1a in der Fassung des Bundesgesetzes BGBl. I Nr. 28/2021 ist nur auf Leistungen anzuwenden, deren Stichtag (§ 104 Abs. 2) nach dem 31. Dezember 2020 liegt.

(4) Auf Personen, die die Anspruchsvoraussetzungen nach § 111 Abs. 8 in der am 31. Dezember 2021 geltenden Fassung spätestens am 31. Dezember 2021 erfüllen, ist die genannte Bestimmung weiterhin anzuwenden; § 135a ist dabei nicht anzuwenden.

(5) § 135a in der Fassung des Bundesgesetzes BGBl. I Nr. 28/2021 ist auf Pensionen anzuwenden, deren Stichtag nach dem 31. Dezember 2021 liegt."

(BGBl I 2021/28)

„Impfung gegen SARS-CoV-2 im niedergelassenen Bereich

§ 378. (1) Die im niedergelassenen Bereich tätigen Ärztinnen und Ärzte, Gruppenpraxen bzw. Primärversorgungseinheiten sowie die selbständigen Ambulatorien sind bis 30. September 2021 berechtigt, Impfungen gegen SARS-CoV-2 mit dem vom Bund zur Verfügung gestellten und finanzierten Impfstoff auf Rechnung der Sozialversicherungsanstalt durchzuführen.

(2) Die Sozialversicherungsanstalt hat für die Durchführung der zweimal zu erfolgenden Impfung sowie für die jeweilige Dokumentation ein pauschales Honorar zu bezahlen. Zuzahlungen der Patientinnen und Patienten sind unzulässig.

Der Bund hat der Sozialversicherungsanstalt die ausgewiesenen tatsächlichen Kosten für das Honorar aus dem COVID-19-Krisenbewältigungsfonds zu ersetzen.

(3) Der Bundesminister für Soziales, Gesundheit, Pflege und Konsumentenschutz hat durch Verordnung für die Durchführung der Impfung nach Abs. 1 die Priorisierung der Zielgruppen sowie die Höhe des Honorars festzulegen.

(BGBl I 2020/158)

Schlussbestimmung zu Art. 3 des Bundesgesetzes BGBl. I Nr. 158/2020

§ 379. Es treten in der Fassung des Bundesgesetzes BGBl. I Nr. 158/2020 in Kraft:

1. mit 1. Jänner 2021 die §§ 372 Abs. 2 bis 4 und 378 samt Überschrift;
2. rückwirkend mit 1. Mai 2020 die §§ 156 Abs. 4 und 156a samt Überschrift."

(BGBl I 2020/158)

„Schlussbestimmungen zum Bundesgesetz BGBl. I Nr. 36/2021

§ 380. (1) Es treten in der Fassung des Bundesgesetzes BGBl. I Nr. 36/2021 in Kraft:

1. mit dem auf den Tag der Kundmachung folgenden Tag § 374b samt Überschrift;
2. rückwirkend mit 8. Februar 2021 die Überschrift zu § 374 und § 374a samt Überschrift.

(2) Die §§ 374a und 374b samt Überschriften in der Fassung des Bundesgesetzes BGBl. I Nr. 36/2021 treten mit 30. Juni 2021 außer Kraft. Dauert die COVID-19-Pandemie über den 30. Juni 2021 hinaus an, so kann der Bundesminister für Soziales, Gesundheit, Pflege und Konsumentenschutz durch Verordnung das Außerkrafttreten bis längstens 31. Dezember 2021 verschieben.

(3) § 374a ist auf jene Tests anzuwenden, die ab dem 8. Februar 2021 in den öffentlichen Apotheken durchgeführt wurden. § 374b ist auf jene SARS-CoV-2-Antigentests zur Eigenanwendung anzuwenden, die ab dem auf den Tag der Kundmachung folgenden Tag abgegeben wurden."

(BGBl I 2021/36)

Anlage 1
Beitragsgrundlagen gemäß § 118
Beitragsgrundlagen für die gemäß § 2 Abs. 1 Z 1
des Bauern-Pensionsversicherungsgesetzes Pflichtversicherten

Monatliche Beitragsgrundlage in Schilling

Versicherungsklasse	1970	1971	1972	1973	1974	1975	1976	1977
I	1 001	1 074	1 154	1 257	1 383	1 520	1 691	2 000
II	1 094	1 177	1 269	1 383	1 531	1 691	1 886	2 263
III	1 240	1 326	1 429	1 554	1 714	1 886	2 103	2 514
IV	1 386	1 486	1 600	1 749	1 931	2 126	2 366	2 800
V	1 531	1 646	1 771	1 931	2 137	2 354	2 629	3 143
VI	1 677	1 794	1 931	2 103	2 320	2 560	2 857	3 429
VII	1 897	2 034	2 183	2 377	2 629	2 891	3 223	3 829
VIII	2 189	2 343	2 514	2 743	3 029	3 337	3 726	4 400
IX	2 480	2 651	2 846	3 097	3 417	3 760	4 194	4 971
X	2 771	2 971	3 189	3 474	3 840	4 229	4 720	5 600
XI	3 211	3 440	3 691	4 023	4 446	4 903	5 463	6 446
XII	3 794	4 069	4 366	4 754	5 246	5 783	6 446	7 600
XIII	4 377	4 686	5 029	5 486	6 057	6 674	7 440	8 800
XIV	4 960	5 314	5 703	6 217	6 869	7 566	8 434	10 000
XV	5 543	5 931	6 366	6 937	7 657	8 434	9 406	11 143
XVI	6 114	6 549	7 029	7 657	8 457	9 314	10 389	12 286
XVII	6 629	7 097	7 623	8 309	9 177	10 114	11 280	13 314
XVIII	7 086	7 589	8 149	8 880	9 806	10 811	12 057	14 229
XIX	7 486	8 023	8 617	9 394	10 366	11 429	12 743	15 086
XX	7 650	8 194	8 800	9 589	10 583	11 657	12 994	15 429

Beitragsgrundlagen für die gemäß § 2 Abs. 1 Z 2
des Bauern-Pensionsversicherungsgesetzes Pflichtversicherten

Monatliche Beitragsgrundlage in Schilling

Versicherungsklasse	1970	1971	1972	1973	1974	1975	1976	1977
I bis X	1 001	1 074	1 154	1 257	1 383	1 520	1 691	2 000
XI	1 071	1 143	1 223	1 337	1 474	1 623	1 806	2 149
XII	1 265	1 360	1 463	1 600	1 771	1 954	2 183	2 537
XIII	1 459	1 566	1 680	1 829	2 023	2 229	2 480	2 937
XIV	1 654	1 771	1 897	2 069	2 286	2 514	2 800	3 337
XV	1 843	1 977	2 126	2 320	2 560	2 823	3 143	3 714
XVI	2 038	2 183	2 343	2 549	2 811	3 097	3 451	4 091
XVII	2 209	2 366	2 537	2 766	3 051	3 360	3 749	4 434
XVIII	2 362	2 526	2 709	2 949	3 257	3 589	4 000	4 743
XIX	2 495	2 674	2 869	3 131	3 451	3 806	4 240	5 029
XX	2 550	2 731	2 937	3 200	3 531	3 897	4 343	5 143

Anlage 2

Beitragsrechtliche Zuordnung gemäß § 23 von Einkommen aus land- und forstwirtschaftlichen Unternehmertätigkeiten gemäß § 2 Abs. 1 Z 1

Versicherungstatbestand	Beitragsgrundlage
1. Land- und forstwirtschaftliche Urproduktion (§ 5 des Landarbeitsgesetzes 1984)	§ 23 Abs. 1 Z 1
1.1 das Einstellen von höchstens 25 Einstellpferden, sofern höchstens 2 Einstellpferde pro ha landwirtschaftlich genutzter Fläche gehalten werden und diese Flächen sich in der Region befinden, gemäß § 2 Abs. 3 Z 4 GewO 1994	§ 23 Abs. 1 Z 3
2. Gewerbliche Nutztierhaltung und Pflanzenproduktion:	
2.1 Gewerbliche Nutztierhaltung einschließlich Lohnmast (§ 21 Abs. 1 Z 2 EStG 1988 in Verbindung mit § 30 Abs. 3 bis 7 des Bewertungsgesetzes 1955)	§ 23 Abs. 1 Z 1, wenn ein Einheitswert festgestellt wird, oder § 23 Abs. 1 Z 2, wenn kein Einheitswert festgestellt wird
2.2 Gewerbliche Pflanzenproduktion (Obst-Wein-Gemüse- Gartenbau) (§ 21 Abs. 1 Z 1 EStG 1988 in Verbindung mit § 30 Abs. 9 bis 11 des Bewertungsgesetzes 1955)	§ 23 Abs. 1 Z 1, wenn ein Einheitswert festgestellt wird, oder § 23 Abs. 1 Z 2, wenn kein Einheitswert festgestellt wird
3. Nebengewerbe der Land- und Forstwirtschaft gemäß § 2 Abs. 4 GewO 1994:	
3.1 Be- und Verarbeitung überwiegend eigener Naturprodukte sowie Mostbuschenschank und Tätigkeiten nach § 2 Abs. 4 Z 10 GewO 1994 (Almausschank) unter Anwendung eines einmaligen Freibetrages von 3 700 € jährlich	§ 23 Abs. 1 Z 3
3.2 persönliche Dienstleistungen mit oder ohne Betriebsmittel für andere land(forst)wirtschaftliche Betriebe einschließlich der Tätigkeit als Betriebshelfer/in im Rahmen eines Maschinen- und Betriebshilferinges sowie als Holzakkordant/in	§ 23 Abs. 1 Z 3
3.3 Kommunaldienstleistungen gemäß § 2 Abs. 4 Z 4 lit. a bis c GewO 1994	§ 23 Abs. 1 Z 3
3.4 Fuhrwerksdienste sowie das Vermieten und Einstellen von Reittieren (§ 2 Abs. 4 Z 5 und 6 GewO 1994)	§ 23 Abs. 1 Z 3
3.5 Vermietung land(forst)wirtschaftlicher Betriebsmittel (§ 2 Abs. 4 Z 7 und 8 GewO 1994)	§ 23 Abs. 1 Z 3
4. Buschenschank - mit Ausnahme von Mostbuschenschank – gemäß § 2 Abs. 1 Z 5 GewO 1994 in Verbindung mit § 2 Abs. 9 GewO 1994, soweit derselbe weder auf Basis eines „Anmeldegewerbes" ausgeübt wird, noch ein darüberhinausgehendes Ausmaß vorliegt	in § 23 Abs. 1 Z 1 enthalten
5. Privatzimmervermietung gemäß Art. III der B-VG-Novelle 1974, BGBl. Nr. 444 in Verbindung mit § 2 Abs. 1 Z 9 bzw § 143 Z 8 GewO 1994, soweit diese in der spezifischen Form des Urlaubes am Bauernhof erfolgt (§ 148c Abs. 2 Z 11), und sohin als eine wirtschaftliche Einheit mit dem bäuerlichen Betrieb zu verstehen ist, unter Anwendung eines einmaligen Freibetrages von 3 700 € jährlich	§ 23 Abs. 1 Z 3
6. Sonstige Tätigkeiten, die im Ergebnis einer Dienstleistung eines Landwirtes für einen anderen gleichkommen:	
6.1 Schweinetätowierer	§ 23 Abs. 1 Z 3
6.2 Waldhelfer	§ 23 Abs. 1 Z 3
6.3 Milchprobenehmer	§ 23 Abs. 1 Z 3
6.4 Besamungstechniker im Sinne eines Landes-Tierzuchtgesetzes	§ 23 Abs. 1 Z 3
6.5 Klauenpfleger	§ 23 Abs. 1 Z 3

7.	Tätigkeiten im Rahmen der Qualitätssicherung der land(forst)wirtschaftlichen Produktion sowie produzierter Produkte, wie sie auch in dem der Versicherung zugrundeliegenden Betrieb produziert werden (§ 148c Abs. 2 Z 10 lit. c):	
7.1	Fleischklassifizierer	§ 23 Abs. 1 Z 3
7.2	Saatgut- und Sortenberater	§ 23 Abs. 1 Z 3
7.3	Biokontrollor	§ 23 Abs. 1 Z 3
7.4	Zuchtwart	§ 23 Abs. 1 Z 3
7.5	Hagelschätzer	§ 23 Abs. 1 Z 3
7.6	Hagelberater	§ 23 Abs. 1 Z 3
7.7	Land- und forstwirtschaftliche Beratungs- und Vortragstätigkeit	§ 23 Abs. 1 Z 3
8.	Tätigkeiten im eingeschränkten Umfang	§ 23 Abs. 1 Z 3

    a)   gemäß § 2 Abs. 1 Z 7 GewO 1994 soweit sie auf Fähigkeiten oder Kenntnisse des bäuerlichen Berufes aufsetzen (§ 148c Abs. 2 Z 10 lit. a),

    b)   gemäß § 2 Abs. 1 Z 8 GewO 1994, wie sie üblicherweise in einem land(forst)wirtschaftlichen Betrieb anfallen, auch wenn sie für dritte Personen erbracht werden (§ 148c Abs. 2 Z 10 lit. b),

    c)   gemäß § 2 Abs. 1 Z 9 GewO 1994, wie sie üblicherweise in einem land(forst)wirtschaftlichen Betriebshaushalt anfallen, wenn dieser dem Betrieb wesentlich dient, auch wenn sie für dritte Personen erbracht werden (§ 148c Abs. 2 Z 10 lit. b),

sofern diese Tätigkeiten durch den Betriebsführer selbst oder in dessen ausdrücklichen Auftrag durch im Betrieb hauptberuflich beschäftigte Personen erfolgen, die Erträge aus der Tätigkeit als Betriebseinkommen dem land(forst)wirtschaftlichen Betrieb zufließen und die Ausübung kein Dienstverhältnis begründet

9.	Tätigkeit als land- und Forstwirtschaftlicher Sachverständiger beispielsweise nach dem Anerben-, Landpacht- oder Liegenschaftsbewertungsgesetz bei gleichzeitiger Betriebsführung	§ 23 Abs. 1 Z 3
10.	Tätigkeiten nach § 5 Abs. 5 lit. g des Landarbeitsgesetzes 1984	§ 23 Abs. 1 Z 3
11.	Verarbeitung von Wein zu Sekt (Obstschaumwein), wenn dies durch eine/n gewerblich befugte/n SchaumweinerzeugerIn im Lohnverfahren erfolgt (§ 2 Abs. 4 Z 2 GewO 1994)	§ 23 Abs. 1 Z 3
12.	Abbau der eigenen Bodensubstanz (§ 2 Abs. 4 Z 3 GewO 1994)	§ 23 Abs. 1 Z 3
13.	Betrieb von Anlagen zur Erzeugung und Lieferung von Wärme aus Biomasse mit einer Brennstoffwärmeleistung bis einschließlich 4 Megawatt unter den Voraussetzungen des § 2 Abs. 4 Z 9 GewO 1994	§ 23 Abs. 1 Z 3

(BGBl I 1999/176, BGBl I 2001/67, BGBl I 2002/3, BGBl I 2002/142, BGBl I 2004/105, BGBl I 2004/142, BGBl I 2009/83, BGBl I 2018/7)

2. BSVG

1. Novelle zum BSVG

(BGBl 1978/684)

Der Nationalrat hat beschlossen:

Artikel XII
Übergangsbestimmung zu Art. XI

Die Bestimmungen des § 119 des Bauern-Sozialversicherungsgesetzes in der Fassung des Art. XI[a] Z 3 sind auf Antrag ab 1. Jänner 1979 auch auf Versicherungsfälle anzuwenden, in denen der Stichtag vor dem 1. Jänner 1979 liegt. Die Leistung gebührt ab 1. Jänner 1979, wenn der Antrag bis 31. Dezember 1979 gestellt wird, sonst ab dem der Antragstellung folgenden Monatsersten.

[a] Das ist die seit der 1. BSVG-Novelle geltende Fassung.

Artikel XIV
Änderungen im Bereich der Bauern-Pensionsversicherung

(1) Art. II Abs. 9 der 5. Novelle zum B-PVG, BGBl. Nr. 709/1976, hat zu lauten:[a]

[a] Betrifft die Überleitung von Ausgleichszulagen aus Versicherungsfällen mit Stichtag vor dem 1.1.1978.

„(9) Ergibt sich aus der Anwendung der Bestimmungen des Abschnittes III des Zweiten Teiles des Bauern-Pensionsversicherungsgesetzes, BGBl. Nr. 28/1970, ein aus der Summe von Pension und Ausgleichszulage bestehender niedrigerer Auszahlungsbetrag, als er nach den am 31. Dezember 1977 in Geltung gestandenen Rechtsvorschriften gebührte, so ist bei sonst unverändertem Sachverhalt ab dem Kalenderjahr 1978 die Ausgleichszulage in der Höhe des jeweiligen Unterschiedsbetrages zwischen dem Auszahlungsbetrag des Kalendermonates Dezember 1977 und der gebührenden Pension zu gewähren. Der Betrag an Ausgleichszulage mindert sich jedoch in dem Ausmaß, das sich aus einer Änderung des maßgebenden Sachverhaltes ergibt."

(2) Bei der Anwendung der Bestimmungen des Art. II Abs. 6 der 2. Novelle zum B-PVG, BGBl. Nr. 33/1973, sind für Zeiträume ab 1. Jänner 1977 Einheitswerte, die der Ermittlung des Nettoeinkommens des Pensionsberechtigten zugrunde gelegt wurden, um 10 vH zu erhöhen.[a]

[a] Betrifft Ausgleichszulagen aus Versicherungsfällen mit Stichtag vor dem 1.1.1973.

(3) Bei den gemäß § 189 des Gewerblichen Selbständigen-Pensionsversicherungsgesetzes[a] und bei den gemäß § 141 des Bauern-Pensionsversicherungsgesetzes[b] sowie bei den nach Art. II Abs. 14 lit. b der 25. Novelle zum Gewerblichen Selbständigen-Pensionsversicherungsgesetz[c], BGBl. Nr. 619/1977, von der Pflichtversicherung in der jeweiligen Pensionsversicherung befreiten

Personen gilt § 68a des Bauern-Pensionsversicherungsgesetzes mit der Maßgabe, daß

[a] Das sind wegen einer Weiterversicherung nach ASVG von der Pflichtversicherung nach GSPVG am 1.1.1958 befreite Personen.

[b] Das sind wegen einer Weiterversicherung nach ASVG von der Pflichtversicherung nach B-PVG (§ 171 LZVG) seit 1.1.1957 befreite Personen.

[c] Das sind wegen einer Weiterversicherung nach ASVG von der Pflichtversicherung nach § 2 Abs. 1 Z 3 GSVG seit 1.1.1978 befreite Personen.

a) an die Stelle der im Abs. 1 lit. c vorgesehenen Beitragsmonate der Pflichtversicherung in der Pensionsversicherung Beitragsmonate der freiwilligen Weiterversicherung in der Pensionsversicherung nach dem Allgemeinen Sozialversicherungsgesetz treten, sofern während dieser Zeit eine Erwerbstätigkeit ausgeübt wurde, die an sich die Pflichtversicherung nach dem Gewerblichen Selbständigen-Pensionsversicherungsgesetz bzw. nach dem Bauern-Pensionsversicherungsgesetz begründen würde und daß

b) neben der Voraussetzung des Abs. 1 lit. d die weitere Voraussetzung des § 72 Abs. 2 des Gewerblichen Selbständigen-Pensionsversicherungsgesetzes bzw. des § 68 Abs. 2 des Bauern-Pensionsversicherungsgesetzes erfüllt sein muß.

Artikel XV
Änderungen im Bereich der Bauern-Krankenversicherung

(1) § 17 Abs. 4 zweiter Satz des Bauern-Krankenversicherungsgesetzes, BGBl. Nr. 219/1965, hat zu entfallen.

(2) Bei der Bestellung der Versicherungsvertreter für die am 1. Jänner 1979 beginnende Amtsdauer der Verwaltungskörper ist § 151 Abs. 2 des Bauern-Krankenversicherungsgesetzes mit der Maßgabe anzuwenden, daß die Berechnung der auf die einzelnen Stellen entfallenden Zahl von Versicherungsvertretern nach dem System d'Hondt zu erfolgen hat und die Wahlzahl in Dezimalzahlen zu errechnen ist. Haben nach dieser Berechnung mehrere Stellen den gleichen Anspruch auf einen Versicherungsvertreter, so entscheidet das Los.

Artikel XXII
Wirksamkeitsbeginn

(1) Dieses Bundesgesetz tritt, soweit im folgenden nichts anderes bestimmt wird, am 1. Jänner 1979 in Kraft.

(2) Es treten in Kraft:

a) rückwirkend mit dem 1. Jänner 1977: Art. XIV Abs. 2,

b) rückwirkend mit dem 1. Jänner 1978: Art. XIV Abs. 1 und 3, Art. XV.

(3) Die Bestimmungen ... des § 170a des Bauern-Sozialversicherungsgesetzes in der Fassung des Art. XI Z 11 treten mit Ablauf der Geltungsdauer der Vereinbarung gemäß Art. 15a B-VG über die Krankenanstaltenfinanzierung und die Dotierung

des Wasserwirtschaftsfonds, BGBl. Nr. 453/1978, außer Kraft.

Artikel XXIII

Mit der Vollziehung dieses Bundesgesetzes ist betraut:

e)   hinsichtlich aller übrigen Bestimmungen der Bundesminister für soziale Verwaltung.

2. Novelle zum BSVG
(BGBl 1979/532)

Der Nationalrat hat beschlossen:

ARTIKEL II
Übergangsbestimmungen

(1) Personen, die am 31. Dezember 1979 gemäß § 5 Abs. 3 Z 1, 2 oder 3 oder gemäß § 5 Abs. 4 des Bauern-Sozialversicherungsgesetzes in der am 31. Dezember 1979 in Geltung gestandenen Fassung von der Pflichtversicherung in der Pensionsversicherung ausgenommen waren, sind auf Antrag von der Pflichtversicherung in der Pensionsversicherung nach dem Bauern-Sozialversicherungsgesetz zu befreien, wenn der Antrag bis 31. Dezember 1980 bei der Sozialversicherungsanstalt der Bauern gestellt wird. Die Befreiung gilt rückwirkend ab 1. Jänner 1980 für die Dauer des Bestandes der Voraussetzungen für die seinerzeitige Ausnahme von der Pflichtversicherung.

(2) Eine Befreiung gemäß Abs. 1 ist bei Anwendung des § 2a des Bauern-Sozialversicherungsgesetzes in der Fassung des Art. I Z 1 einer Befreiung gemäß § 221 des Bauern-Sozialversicherungsgesetzes gleichzuhalten.

(3) Die Sozialversicherungsanstalt der Bauern hat im Geschäftsjahr 1980 aus den Mitteln der Krankenversicherung 250 Millionen S und aus den Mitteln der Unfallversicherung 100 Millionen S an die von dieser Anstalt durchgeführte Pensionsversicherung zu überweisen. Diese Überweisungen sind in monatlich gleich hohen Teilbeträgen vorzunehmen.

ARTIKEL III
Schlußbestimmungen

(1) Verordnungen des Bundesministers für soziale Verwaltung gemäß § 54 Abs. 3 Z 1 des Bauern-Sozialversicherungsgesetzes können rückwirkend mit 1. Jänner 1979 erlassen werden.

(2) Soweit nach den Bestimmungen des Bauern-Sozialversicherungsgesetzes Einheitswerte land(forst)wirtschaftlicher Betriebe heranzuziehen sind, sind hiebei Änderungen dieser Einheitswerte anläßlich der Hauptfeststellung (§ 20 des Bewertungsgesetzes 1955, BGBl. Nr. 148) zum 1. Jänner 1979 für die Zeit vor dem 1. Jänner 1982 nicht zu berücksichtigen.

(3) Bei der Anwendung der Bestimmung des Art. II Abs. 6 erster Satz der 2. Novelle zum Bauern-Pensionsversicherungsgesetz gelten für Zeiträume ab dem 1. Jänner 1973 als Änderungen des maßgeblichen Sachverhaltes alle Sachverhaltsänderungen, die nach der jeweils ab 1. Jänner 1973 geltenden Rechtslage einen Einfluß auf die Ausgleichszulage bewirken. Als derartige Änderungen des Sachverhaltes gelten jedoch nicht Einkommenserhöhungen, die sich ausschließlich durch die Anwendung des § 85 Abs. 10 des Bauern-Pensionsversicherungsgesetzes bzw. des § 140 Abs. 8 des Bauern-Sozialversicherungsgesetzes sowie die Einführung und die Erhöhung des Versicherungswertes gemäß § 12 Abs. 2 des Bauern-Pensions-

BSVG

versicherungsgesetzes bzw. des § 23 Abs. 2 des Bauern-Sozialversicherungsgesetzes ergeben. Der nach Art. II Abs. 5 der 2. Novelle zum Bauern-Pensionsversicherungsgesetz, BGBl. Nr. 33/1973, weiter zu gewährende Betrag an Ausgleichszulage mindert sich um jenen Betrag, um den eine Ausgleichszulage bei einer solchen Sachverhaltsänderung zum Zeitpunkt dieser Sachverhaltsänderung zu mindern wäre, unabhängig davon, ob eine solche Änderung einen Einfluß auf die Ausgleichszulage nach dem Stand der gesetzlichen Vorschriften zum 31. Dezember 1972 gehabt hätte.[a]

[a] Betrifft Ausgleichszulagen mit Stichtag vor dem 1.1.1973.

(4) Für Zeiträume ab dem 1. Jänner 1977 gelten Erhöhungen der Einheitswerte nach dem Abgabenänderungsgesetz 1976, BGBl. Nr. 143, jedenfalls als Änderung des maßgeblichen Sachverhaltes im Sinne des Art. II Abs. 6 der 2. Novelle zum Bauern-Pensionsversicherungsgesetz, BGBl. Nr. 33/1973, bzw. als Änderung der für die Zuerkennung der Ausgleichszulage maßgebenden Sach- und Rechtslage gemäß § 144 Abs. 3 des Bauern-Sozialversicherungsgesetzes, ungeachtet dessen, daß sie am 31. Dezember 1972 keine Auswirkungen auf die Ausgleichszulage gehabt hätten, jedoch nur dann, wenn das Eigentum am land(forst)wirtschaftlichen Betrieb am 1. Jänner 1976 noch bestanden hat.[a]

[a] Betrifft Ausgleichszulagen mit Stichtag vor dem 1.1.1973.

(5) Änderungen in der Höhe der am 31. Dezember 1979 bestehenden Leistungsansprüche, die sich aus der Anwendung der Abs. 3 und 4 ergeben, sind erst ab 1. Jänner 1980 zu berücksichtigen.

ARTIKEL IV
Inkrafttreten

(1) Dieses Bundesgesetz tritt, soweit im folgenden nichts anderes bestimmt wird, am 1. Jänner 1980 in Kraft.

(2) Es treten in Kraft:

a) rückwirkend mit dem 1. Jänner 1973 die Bestimmung des Art. III Abs. 3;

b) rückwirkend mit dem 1. Jänner 1977 die Bestimmung des Art. III Abs. 4;

c) rückwirkend mit dem 1. Jänner 1979 die Bestimmungen des Art. I Z 2, 4, 7, 9 und 23.

ARTIKEL V
Vollziehung

Mit der Vollziehung dieses Bundesgesetzes ist hinsichtlich der Bestimmung des § 62 Abs. 2 des Bauern-Sozialversicherungsgesetzes in der Fassung des Art. I Z 14 der Bundesminister für soziale Verwaltung im Einvernehmen mit dem Bundesminister für Justiz, hinsichtlich aller übrigen Bestimmungen der Bundesminister für soziale Verwaltung betraut.

3. Novelle zum BSVG
(BGBl 1980/587)

Der Nationalrat hat beschlossen:

Artikel II
Übergangsbestimmungen

(1) Die Bestimmungen des § 227 Abs. 2 und 3 und des § 228 der Bundesabgabenordnung, BGBl. Nr. 194/1961, in der vor Inkrafttreten des Bundesgesetzes vom 19. März 1980, BGBl. Nr. 151, geltenden Fassung sind für Mahnverfahren nach § 34 Abs. 3 des Bauern-Sozialversicherungsgesetzes, die bis zum Ende des Kalenderjahres 1980 eingeleitet wurden, sinngemäß anzuwenden.

(2) Die Bestimmungen des § 53 des Bauern-Sozialversicherungsgesetzes in der Fassung des Art. I Z 6 gelten auch für Versicherungsfälle, die vor dem 1. Jänner 1981 eingetreten sind.

(3) Die Bestimmungen des § 57a des Bauern-Sozialversicherungsgesetzes in der Fassung des Art. I Z 9 sind auch für Pensionsansprüche anzuwenden, die vor dem 1. Jänner 1981 entstanden sind.

(4) Die Bestimmungen des § 107 Abs. 7 bzw. des § 114 Abs. 1 des Bauern-Sozialversicherungsgesetzes in der Fassung des Art. I Z 17 bzw. Z 21 sind nur auf Versicherungsfälle anzuwenden, in denen der Stichtag nach dem 31. Dezember 1980 liegt.

(5) Die Bestimmungen des § 113 Abs. 3 des Bauern-Sozialversicherungsgesetzes in der Fassung des Art. I Z 20 sind nur auf Versicherungsfälle anzuwenden, in denen der Stichtag nach dem 31. Dezember 1986 liegt.

(6) Die Bestimmungen des § 67 des Bauern-Pensionsversicherungsgesetzes in der am 31. Dezember 1978 in Geltung gestandenen Fassung sind – soweit es für den Leistungswerber günstiger ist – auf Antrag auf jene Fälle anzuwenden, in denen der Stichtag (§ 104 Abs. 2 des Bauern-Sozialversicherungsgesetzes) nach dem 31. Dezember 1978 und vor dem 1. Jänner 1980 gelegen ist. Der Antrag ist längstens bis zum 31. Dezember 1981 zulässig. Die Leistung gebührt bei Zutreffen aller sonstigen Voraussetzungen frühestens ab 1. Jänner 1979. Die Rechtskraft bereits ergangener Entscheidungen steht dem nicht entgegen.

(7) Die Sozialversicherungsanstalt der Bauern hat im Geschäftsjahr 1981 aus den Mitteln der Krankenversicherung 200 Millionen S und aus den Mitteln der Unfallversicherung 100 Millionen S an die von dieser Anstalt durchgeführte Pensionsversicherung zu überweisen. Die Überweisungen sind in monatlich gleich hohen Teilbeträgen vorzunehmen.

Artikel IV
Inkrafttreten

(1) Dieses Bundesgesetz tritt, soweit im folgenden nichts anderes bestimmt wird, am 1. Jänner 1981 in Kraft.

(2) Es treten in Kraft:

a) rückwirkend mit dem 1. Jänner 1980 die Bestimmungen des Art. I Z 1, 4, 22 und 23;[a)]

[a)] Betrifft Änderungen der §§ 2a, 33a Abs. 2, 118a Abs. 1, 3 und 4 und 118a Abs. 1 BSVG.

b) mit dem 1. Jänner 1987 die Bestimmungen des Art. I Z 20.[b)]

[b)] Betrifft § 113 Abs. 3 BSVG.

Artikel V
Vollziehung

Mit der Vollziehung dieses Bundesgesetzes ist hinsichtlich der Bestimmungen des § 82a des Bauern-Sozialversicherungsgesetzes in der Fassung des Art. I Z 15 der Bundesminister für Gesundheit und Umweltschutz im Einvernehmen mit dem Bundesminister für soziale Verwaltung, hinsichtlich aller übrigen Bestimmungen der Bundesminister für soziale Verwaltung betraut.

4. Novelle zum BSVG
(BGBl 1981/284)

Der Nationalrat hat beschlossen:

Artikel II
Übergangsbestimmungen

(1) Personen, die gemäß § 2a letzter Satz des Bauern-Sozialversicherungsgesetzes in der am 31. Mai 1981 in Geltung gestandenen Fassung in der Pensionsversicherung pflichtversichert waren, bleiben pflichtversichert, solange die für den Bestand der Pflichtversicherung nach den bisherigen Vorschriften maßgeblichen Voraussetzungen weiterhin zutreffen.

(2) Personen, die gemäß § 5 Abs. 1 Z 3 des Bauern-Sozialversicherungsgesetzes in der am 31. Mai 1981 in Geltung gestandenen Fassung von der Pflichtversicherung in der Kranken- und Pensionsversicherung ausgenommen waren, nach den Bestimmungen des § 5 Abs. 1 Z 3 des Bauern-Sozialversicherungsgesetzes in der Fassung des Art. I Z 3 aber nicht mehr ausgenommen wären, bleiben ausgenommen, solange die für die Ausnahme von der Pflichtversicherung in der Kranken- und Pensionsversicherung nach den bisherigen Vorschriften maßgeblichen Voraussetzungen weiterhin zutreffen.

(3) Personen, die am 31. Mai 1981 nach den in diesem Zeitpunkt in Geltung gestandenen Vorschriften in der Kranken- und Pensionsversicherung pflichtversichert waren, nach § 5 Abs. 1 Z 3 des Bauern-Sozialversicherungsgesetzes in der Fassung des Art. I Z 3 lit. a von dieser Pflichtversicherung aber ausgenommen wären, bleiben pflichtversichert, solange die für den Bestand der Pflichtversicherung maßgeblichen Voraussetzungen weiterhin zutreffen.

(4) Die im § 4 Z 1 des Bauern-Sozialversicherungsgesetzes genannten Personen, die nach den Bestimmungen des § 5 Abs. 2 Z 4 des Bauern-Sozialversicherungsgesetzes in der am 31. Mai 1981 in Geltung gestandenen Fassung von der Pflichtversicherung in der Krankenversicherung ausgenommen waren, nach den Bestimmungen des § 5 Abs. 2 Z 4 des Bauern-Sozialversicherungsgesetzes in der Fassung des Art. I Z 3 lit. c aber nicht mehr ausgenommen wären, bleiben ausgenommen, solange die für die Ausnahme von der Pflichtversicherung in der Krankenversicherung nach den bisherigen Vorschriften maßgeblichen Voraussetzungen weiterhin zutreffen. Bei diesen Personen ist für die Feststellung der Leistungsansprüche als Angehörige aus der Krankenversicherung ihres Ehegatten der Bezug der Pension (Übergangspension) einschließlich Ausgleichszulage dem Erwerbseinkommen aus einem land(forst) wirtschaftlichen Betrieb gleichzuhalten.

(5) Personen, die am 31. Mai 1981 nach den in diesem Zeitpunkt in Geltung gestandenen Vorschriften in der Krankenversicherung pflichtversichert waren, nach § 5 Abs. 2 Z 4 des Bauern-Sozialversicherungsgesetzes in der Fassung des Art. I Z 3 lit. c von dieser Pflichtversicherung ausgenommen

wären, bleiben pflichtversichert, solange die für den Bestand der Pflichtversicherung maßgeblichen Voraussetzungen weiterhin zutreffen.

(6) Der Anspruch auf die Leistungen der Krankenversicherung für Personen, die am 31. Mai 1981 als Angehörige galten, nach den Bestimmungen dieses Bundesgesetzes aber nicht mehr als Angehörige gelten, bleibt auch über das Ende der Angehörigeneigenschaft aufrecht, solange die Voraussetzungen für den am 31. Mai 1981 bestandenen Leistungsanspruch gegeben sind.

(7) Die Bestimmungen des § 78 Abs. 2 Z 1 und Abs. 6 des Bauern-Sozialversicherungsgesetzes in der Fassung des Art. I Z 6 gelten ab 1. Juni 1981 auch für Versicherungsfälle, die vor dem 1. Juni 1981 eingetreten sind.

(8) Die Bestimmungen der §§ 126, 127, 136 und 139 des Bauern-Sozialversicherungsgesetzes in der Fassung des Art. I Z 8, 9, 12 und 14 sind hinsichtlich des Anspruches auf Witwerpension nur anzuwenden, wenn der Versicherungsfall nach dem 31. Mai 1981 eingetreten ist.

(9) Der unter Anwendung der im Abs. 8 bezeichneten Bestimmungen zu bemessende Betrag einer Witwerpension gemäß § 127 des Bauern-Sozialversicherungsgesetzes in der Fassung des Art. I Z 9 gebührt unter Bedachtnahme auf § 46 des Bauern-Sozialversicherungsgesetzes ab 1. Juni 1981 zu einem Drittel, ab 1. Jänner 1989 zu zwei Drittel und ab 1. Jänner 1995 in voller Höhe. Die Teilung erstreckt sich verhältnismäßig auf den als Grundbetrag und den als Steigerungsbetrag geltenden Betrag.

(10) Abs. 7 gilt nicht für Witwerpensionen, die auch bei Weitergeltung der am 31. Mai 1981 in Geltung gestandenen Fassung des § 128 des Bauern-Sozialversicherungsgesetzes gebührt hätten.

(11) Die Bestimmung des § 130 Abs. 4 des Bauern-Sozialversicherungsgesetzes in der Fassung des Art. I Z 11 ist nur in den Fällen anzuwenden, in denen der Stichtag nach dem 31. Mai 1981 liegt.

(12) Die Bestimmung des § 137 des Bauern-Sozialversicherungsgesetzes in der Fassung des Art. I Z 13 ist nur in den Fällen anzuwenden, in denen die Wiederverehelichung nach dem 31. Mai 1981 erfolgt.

Artikel III
Inkrafttreten

Dieses Bundesgesetz tritt am 1. Juni 1981 in Kraft.

5. Novelle zum BSVG
(BGBl 1981/590)

Der Nationalrat hat beschlossen:

Artikel II
Übergangsbestimmungen

(1) Die Bestimmungen des § 99 des Bauern-Sozialversicherungsgesetzes in der Fassung des Art. I Z 11 sind nur anzuwenden, wenn der Versicherungsfall nach dem 31. Dezember 1981 eingetreten ist.

(2) Bis zur satzungsmäßigen Festsetzung des Ausmaßes des Kostenersatzes, des Kostenanteiles bzw. des Kostenzuschusses gemäß den §§ 85, 87 Abs. 2 und 96 des Bauern-Sozialversicherungsgesetzes in der Fassung des Art. I Z 6, Z 8 bzw. Z 10 hat der Ersatz der Reise(Fahrt)kosten sowie die Übernahme der Kosten für Heilbehelfe und Hilfsmittel nach den am 31. Dezember 1981 in Geltung gestandenen Bestimmungen zu erfolgen.

(3) Die Bestimmungen des § 122 Abs. 1 des Bauern-Sozialversicherungsgesetzes sind nur auf Versicherungsfälle anzuwenden, in denen der Stichtag nach dem 31. Dezember 1980 liegt. Liegt der Stichtag nach dem 31. Dezember 1980, aber vor dem 1. Jänner 1982, sind die Bestimmungen des § 122 Abs. 1 des Bauern-Sozialversicherungsgesetzes in der Fassung des Art. I Z 13 nur anzuwenden, wenn dies bis 31. Dezember 1982 beantragt wird. Die Rechtskraft bereits ergangener Entscheidungen steht dem nicht entgegen.

(4) Die Sozialversicherungsanstalt der Bauern hat im Geschäftsjahr 1982 aus Mitteln der Krankenversicherung 100 Millionen Schilling und aus Mitteln der Unfallversicherung 100 Millionen Schilling an die von dieser Anstalt durchgeführte Pensionsversicherung zu überweisen. Die Überweisungen sind in monatlich gleich hohen Teilbeträgen vorzunehmen.

(5) Die Bestimmungen des Abs. 4 sind bei den Zuweisungen an den Unterstützungsfonds im Bereich der Kranken- und Unfallversicherung (§ 42) nicht zu berücksichtigen.

Artikel III
Schlußbestimmungen

(1) Betrifft Art. II Abs. 4 der 4. BSVG-Novelle.

(2) Für Personen, die gemäß § 2a des Bauern-Sozialversicherungsgesetzes in der am 31. Mai 1981 in Geltung gestandenen Fassung in der Pensionsversicherung pflichtversichert waren, findet Art. II Abs. 1 der 4. Novelle zum Bauern-Sozialversicherungsgesetz, BGBl. Nr. 284/1981, keine Anwendung, wenn ein Eheteil zu diesem Zeitpunkt eine die Pflichtversicherung in einer Pensions(Renten)versicherung begründende Erwerbstätigkeit in einem Staat ausgeübt hat, mit dem ein zwischenstaatliches Übereinkommen besteht, das die Pensionsversicherung einschließt. Das gleiche gilt, wenn eine solche Erwerbstätigkeit erst nach dem 31. Mai 1981 aufgenommen wird. An die Stelle der Frist des § 2a des Bauern-Sozialversicherungsgesetzes in der am 1. Juni 1981 in Geltung stehenden Fassung

tritt in diesen Fällen eine solche von einem Jahr; sie beginnt mit 1. Jänner 1982 bzw. mit der späteren Aufnahme der Erwerbstätigkeit im Ausland.

(3) Soweit nach den Bestimmungen des Bauern-Sozialversicherungsgesetzes Einheitswerte land(forst)wirtschaftlicher Betriebe heranzuziehen sind, sind hiebei Änderungen dieser Einheitswerte anläßlich der Hauptfeststellung (§ 20 des Bewertungsgesetzes 1955, BGBl. Nr. 148) zum 1. Jänner 1979 für die Zeit vor dem 1. Jänner 1983 nicht zu berücksichtigen.

Artikel IV
Inkrafttreten

(1) Dieses Bundesgesetz tritt, soweit im folgenden nichts anderes bestimmt wird, am 1. Jänner 1982 in Kraft.

(2) Es treten in Kraft:

a) rückwirkend mit 1. Jänner 1980 die Bestimmungen des Art. I Z 12;

b) rückwirkend mit 1. Jänner 1981 die Bestimmungen des Art. I Z 2 und 13;

c) rückwirkend mit 1. Juni 1981 die Bestimmungen des Art. III Abs. 1.

Artikel V
Vollziehung

Mit der Vollziehung dieses Bundesgesetzes ist der Bundesminister für soziale Verwaltung betraut.

6. Novelle zum BSVG
(BGBl 1982/649)

Der Nationalrat hat beschlossen:

Artikel II
Übergangsbestimmungen

(1) Personen, die am 31. Dezember 1982 nach den in diesem Zeitpunkt in Geltung gestandenen Vorschriften in der Krankenversicherung und (oder) in der Pensionsversicherung nach dem Bauern-Sozialversicherungsgesetz pflichtversichert waren, aufgrund des anläßlich der Hauptfeststellung (§ 20 des Bewertungsgesetzes 1955, BGBl. Nr. 148) zum 1. Jänner 1979 festgestellten Einheitswertes des land(forst)wirtschaftlichen Betriebes aber nicht mehr pflichtversichert wären, bleiben pflichtversichert, solange die für den Bestand der Pflichtversicherung nach den bisherigen Vorschriften maßgeblichen Voraussetzungen weiterhin zutreffen. Der Versicherte kann jedoch bis 31. Dezember 1983 bei der Sozialversicherungsanstalt der Bauern den Antrag stellen, aus der Pflichtversicherung ausgeschieden zu werden. Einem solchen Antrag hat der Versicherungsträger rückwirkend mit 1. Jänner 1983 zu entsprechen.

(2) Personen, die am 31. Dezember 1982 nach den in diesem Zeitpunkt in Geltung gestandenen Vorschriften in der Krankenversicherung und (oder) in der Pensionsversicherung nach dem Bauern-Sozialversicherungsgesetz nicht pflichtversichert waren, die Voraussetzungen für eine solche Pflichtversicherung jedoch aufgrund des anläßlich der Hauptfeststellung (§ 20 des Bewertungsgesetzes 1955, BGBl. Nr. 148) zum 1. Jänner 1979 bzw. auf Grund des Art. II Abs. 1 des Bewertungsänderungsgesetzes 1979, BGBl. Nr. 318, festgestellten Einheitswertes des land(forst)wirtschaftlichen Betriebes erfüllen, können bis 31. Dezember 1983 bei der Sozialversicherungsanstalt der Bauern den Antrag stellen, aus der Pflichtversicherung ausgeschieden zu werden. Einem solchen Antrag hat der Versicherungsträger rückwirkend mit 1. Jänner 1983 zu entsprechen. Das gleiche gilt, wenn dem Versicherten der Eintritt der Pflichtversicherung erst im Wege der Beitragsvorschreibung zur Kenntnis gelangt und der Antrag innerhalb von drei Monaten nach Zustellung der Beitragsvorschreibung gestellt wird.

(3) Eine Befreiung von der Pflichtversicherung in der Pensionsversicherung nach Abs. 2 ist bei Anwendung der Bestimmungen der §§ 57 und 121 Abs. 2 des Bauern-Sozialversicherungsgesetzes der Nichtausübung einer die Pflichtversicherung in der Pensionsversicherung nach dem Bauern-Sozialversicherungsgesetz begründenden Erwerbstätigkeit gleichzuhalten.

(4) Der Anspruch auf die Leistungen der Krankenversicherung für Personen, die am 31. Dezember 1982 als Angehörige galten, nach den Bestimmungen dieses Bundesgesetzes aber nicht mehr als Angehörige gelten, bleibt auch über das Ende der Angehörigeneigenschaft aufrecht, solange die

Voraussetzungen für den am 31. Dezember 1982 bestandenen Leistungsanspruch gegeben sind.

(5) Die erstmaligen Meldungen von Personen, die am 31. Dezember 1982 nach den in diesem Zeitpunkt in Geltung gestandenen Bestimmungen von der Pflichtversicherung in der Krankenversicherung ausgenommen waren, nach § 5 Abs. 2 Z 4 des Bauern-Sozialversicherungsgesetzes in der Fassung des Art. I Z 1 aber nicht mehr ausgenommen sind, sind bis 31. März 1983 bei der Sozialversicherungsanstalt der Bauern zu erstatten. Die Bestimmungen der §§ 16 und 19 bis 21 des Bauern-Sozialversicherungsgesetzes sind entsprechend anzuwenden.

(6) Die Bestimmungen der §§ 57 Abs. 2 und 127 Abs. 1 des Bauern-Sozialversicherungsgesetzes in der Fassung des Art. I Z 9 und 16 sind hinsichtlich des Anspruches auf Witwen(Witwer)pension bei Fortführung des Betriebes des verstorbenen Ehegatten auch anzuwenden, wenn der Versicherungsfall vor dem 1. Jänner 1983 eingetreten ist. In den Fällen, in denen der Antrag bis 31. Dezember 1983 gestellt wird, gebührt die Leistung ab 1. Jänner 1983, sonst ab dem der Antragstellung folgenden Monatsersten.

(7) Die Bestimmungen des § 107 Abs. 1 und Abs. 4 des Bauern-Sozialversicherungsgesetzes in der Fassung des Art. I Z 15 sind nur anzuwenden, wenn der Stichtag nach dem 31. Dezember 1982 liegt.

(8) Die Bestimmungen des § 140 Abs. 7 bis 12 des Bauern-Sozialversicherungsgesetzes in der Fassung des Art. I Z 17 lit. b und c sind nur auf Versicherungsfälle anzuwenden, in denen der Stichtag der Pension, zu der die Ausgleichszulage gewährt werden soll, nach dem 31. Dezember 1982 liegt. Sie gelten nicht für Hinterbliebenenpensionen, deren Stichtag zwar nach dem 31. Dezember 1982 liegt, die aber nach einer Pension anfallen, deren Stichtag vor dem 1. Jänner 1983 gelegen ist. In diesen Fällen ist § 140 Abs. 7 des Bauern-Sozialversicherungsgesetzes in der am 31. Dezember 1982 in Geltung gestandenen Fassung mit der Maßgabe weiterhin anzuwenden, daß bei Hinterbliebenen, die Eigentümer (Miteigentümer) des land(forst)wirtschaftlichen Betriebes sind bzw. gewesen sind, die Einkommensbeträge unter Bedachtnahme auf § 140 Abs. 6 des Bauern-Sozialversicherungsgesetzes heranzuziehen sind, die für die Feststellung der Ausgleichszulage zur Pension des verstorbenen Pensionsempfängers zuletzt maßgebend waren. Soweit der Pensionsberechtigte nach dem 31. Dezember 1982 noch Eigentümer land(forst)wirtschaftlicher Flächen ist, ist in jenen Fällen, in denen der Stichtag der Pension, zu der die Ausgleichszulage gewährt wird, vor dem 1. Jänner 1983 gelegen ist, § 140 Abs. 7 und 8 des Bauern-Sozialversicherungsgesetzes in der am 31. Dezember 1982 in Geltung gestandenen Fassung mit der Maßgabe anzuwenden, daß der Ermittlung des Einkommens gemäß § 140 Abs. 7 des Bauern-Sozialversicherungsgesetzes 21,6 vH des zuletzt festgestellten Einheitswertes zugrunde zu legen sind.

(9) Soweit Bescheide, mit denen Einheitswerte land(forst)wirtschaftlicher Betriebe gemäß § 20 des Bewertungsgesetzes 1955, BGBl. Nr. 148, anläßlich der Hauptfeststellung zum 1. Jänner 1979 festgestellt wurden, vor dem 1. Jänner 1983 zugestellt worden sind, gelten sie in Anwendung der Bestimmungen des § 140 Abs. 7 des Bauern-Sozialversicherungsgesetzes als am 31. Dezember 1982 zugestellt. Werden solche Bescheide nach dem 31. Dezember 1982 zugestellt, ist § 23 Abs. 5 zweiter Satz des Bauern-Sozialversicherungsgesetzes entsprechend anzuwenden.

(10) Soweit nach Abs. 8 die Bestimmungen des § 140 Abs. 7 bis 12 des Bauern-Sozialversicherungsgesetzes in der Fassung des Art. I Z 17 lit. b und c nicht anzuwenden sind, hat eine Vervielfachung der Einkommensbeträge unter Bedachtnahme auf § 47 des Bauern-Sozialversicherungsgesetzes mit dem für das Kalenderjahr 1983 festgesetzten Anpassungsfaktor zu entfallen.

(11) Die Bestimmungen des § 144 Abs. 5, 6 und 7 des Bauern-Sozialversicherungsgesetzes in der Fassung des Art. I Z 18 sind mit der Maßgabe anzuwenden, daß der Jahresausgleich erstmalig für das Kalenderjahr 1983 durchzuführen ist.

(12) Der Versicherungsträger hat eine am 31. Dezember 1982 vorhandene gesonderte Rücklage (§ 204 Abs. 3 des Bauern-Sozialversicherungsgesetzes) mit Ablauf des 31. Dezember 1982 im Wege über die Vermögensrechnung aufzulösen.

(13) Die Sozialversicherungsanstalt der Bauern hat im Geschäftsjahr 1983 aus Mitteln der Krankenversicherung 100 Millionen Schilling an die von dieser Anstalt durchgeführte Pensionsversicherung zu überweisen. Die Überweisungen sind in monatlich gleich hohen Teilbeträgen vorzunehmen.

Artikel III
Schlußbestimmungen

(1) Für das Jahr 1983 betragen die Richtzahl und der Anpassungsfaktor (§ 45 des Bauern-Sozialversicherungsgesetzes) je 1,055.

(2) Soweit nach den Bestimmungen des Bauern-Sozialversicherungsgesetzes die anläßlich der Hauptfeststellung zum 1. Jänner 1979 festgestellten Einheitswerte land(forst)wirtschaftlicher Betriebe heranzuziehen sind, sind hiebei für Zeiträume nach dem 31. Dezember 1982 jeweils auch Erhöhungen dieser Einheitswerte gemäß Art. II Abs. 1 des Bewertungsänderungsgesetzes 1979, BGBl. Nr. 318, zu berücksichtigen.

(3) Im Art. III Abs. 2 der 5. Novelle zum Bauern-Sozialversicherungsgesetz, BGBl. Nr. 590/1981, hat der letzte Satz zu lauten:

berücksichtigt a.a.O.

Artikel IV
Inkrafttreten

Dieses Bundesgesetz tritt hinsichtlich des Art. III Abs. 3 rückwirkend mit 1. Jänner 1982, im übrigen am 1. Jänner 1983 in Kraft.

7. Novelle zum BSVG
(BGBl 1983/592)

Der Nationalrat hat beschlossen:

Artikel II
Übergangsbestimmungen

(1) Die Bestimmungen der §§ 51 Abs. 2, 121 Abs. 1, 122 Abs. 1, 130 Abs. 1 und 136 Abs. 1 lit. c des Bauern-Sozialversicherungsgesetzes in der Fassung des Art. I Z 4, 11, 12, 13 lit. a und 15 lit. a sind nur auf Versicherungsfälle anzuwenden, in denen der Stichtag nach dem 31. Dezember 1983 liegt. Die Bestimmung des § 136 Abs. 1 lit. c des Bauern-Sozialversicherungsgesetzes in der am 31. Dezember 1983 in Geltung gestandenen Fassung ist auch auf Hinterbliebenenpensionen anzuwenden, für die der Stichtag nach dem 31. Dezember 1983 liegt, wenn diese von einer Alterspension bemessen werden, deren Stichtag vor dem 1. Jänner 1984 liegt.

(2) Die Bestimmungen der §§ 56 Abs. 5 und 122 Abs. 3 des Bauern-Sozialversicherungsgesetzes in der am 31. Dezember 1983 in Geltung gestandenen Fassung sind für vor dem 1. Jänner 1984 gelegene Zeiten des Zusammentreffens eines Pensionsanspruches aus der Pensionsversicherung mit Erwerbseinkommen mit der Maßgabe weiterhin entsprechend anzuwenden, daß die Durchführung eines Jahresausgleiches von Amts wegen bis 31. Dezember 1985 möglich ist.

(3) Die Bestimmungen der §§ 60 Abs. 1 und 144 Abs. 2 des Bauern-Sozialversicherungsgesetzes in der Fassung des Art. I Z 7 und 19 sind nur anzuwenden, wenn die Antragstellung nach dem 31. Dezember 1983 erfolgt ist.

(4) Ist durch die rückwirkende Zuerkennung oder Erhöhung einer Leistung aus einer Pensionsversicherung ein Überbezug an Zuschlägen gemäß § 130 Abs. 5 und § 136 Abs. 4 des Bauern-Sozialversicherungsgesetzes in der am 31. Dezember 1983 in Geltung gestandenen Fassung entstanden, so ist dieser Überbezug gegen die Pensionsnachzahlung aufzurechnen. Dies gilt auch dann, wenn Anspruchsberechtigter auf die Pensionsnachzahlung der (die) im gemeinsamen Haushalt lebende Ehegatte (Ehegattin) ist.

(5) Für Beitragsmonate der Pflichtversicherung in der Pensionsversicherung nach dem Allgemeinen Sozialversicherungsgesetz, dem Gewerblichen Sozialversicherungsgesetz oder dem Bauern-Sozialversicherungsgesetz,

a) die während des Bestandes eines Anspruches auf Alterspension nach § 121 Abs. 1 des Bauern-Sozialversicherungsgesetzes und

b) die bis zum 31. Dezember 1983 erworben worden sind,

ist die Bestimmung des § 131 des Bauern-Sozialversicherungsgesetzes in der am 31. Dezember 1983 in Geltung gestandenen Fassung entsprechend anzuwenden. Ein durch das Außerkrafttreten dieser Zuschlagsregelung entstehender Rest von weniger als 12 Beitragsmonaten ist hiebei anteilsmäßig zu berücksichtigen.

(6) Die Bestimmungen des § 140 Abs. 12 des Bauern-Sozialversicherungsgesetzes in der Fassung des Art. I Z 18 lit. c sind nur auf Versicherungsfälle anzuwenden, in denen der Stichtag der Pension, zu der die Ausgleichszulage gewährt werden soll, nach dem 31. Dezember 1983 liegt. Sie gelten nicht für Hinterbliebenenpensionen, deren Stichtag zwar nach dem 31. Dezember 1983 liegt, die aber nach einer Pension anfallen, deren Stichtag vor dem 1. Jänner 1984 gelegen ist.

(7) Soweit nach Abs. 6 die Bestimmungen des § 140 Abs. 12 des Bauern-Sozialversicherungsgesetzes in der Fassung des Art. I Z 18 lit. c nicht anzuwenden sind, ist eine Vervielfachung der Einkommensbeträge unter Bedachtnahme auf § 47 des Bauern-Sozialversicherungsgesetzes für das Kalenderjahr 1984 nur mit dem um 0,5 erhöhten halben für dieses Kalenderjahr festgesetzten Anpassungsfaktor vorzunehmen.

(8) Soweit es sich um Anspruchsberechtigungen und Leistungsverpflichtungen handelt, die nach dem 31. Dezember 1983 für Zeiträume festgestellt werden, die vor dem 1. Jänner 1984 liegen, sind für diese Zeiträume die im Art. I Z 2, 3, 8, 9, 13 lit. b, 15 lit. b und lit. c, 16, 17, 18 lit. a und lit. b und 22 genannten Bestimmungen der §§ 26 Abs. 1 und 2, 46 Abs. 2 und 3, 62 Abs. 3, 67 Abs. 4, 130 Abs. 5, 136 Abs. 1 zweiter Satz und Abs. 4, 138, 139, 140 Abs. 4 lit. a und lit. m und 173 Abs. 3 des Bauern-Sozialversicherungsgesetzes in der vor dem 1. Jänner 1984 in Geltung gestandenen Fassung anzuwenden.

(9) Der Aufnahme einer selbständigen oder unselbständigen Erwerbstätigkeit im Sinne des § 122 Abs. 2 des Bauern-Sozialversicherungsgesetzes in der Fassung des Art. I Z 12 lit. d ist ab 1. Jänner 1984 eine vor diesem Zeitpunkt aufgenommene Erwerbstätigkeit, sofern sie über den 31. Dezember 1983 andauert, gleichzusetzen.

Artikel III
Schlußbestimmungen

(1) Die am 1. Jänner 1984 in Geltung stehenden Richtsätze nach § 141 Abs. 1 lit. a und b des Bauern-Sozialversicherungsgesetzes sind um 30 S zu erhöhen. Die sich daraus ergebende Erhöhung der Ausgleichszulage ist von Amts wegen festzustellen. Eine Neufeststellung der Ausgleichszulage wird hiedurch nicht bewirkt.

(2) Die am 31. Dezember 1983 in Geltung gestandenen Beträge des § 56 Abs. 1 und 3 des Bauern-Sozialversicherungsgesetzes sind mit der für das Kalenderjahr 1984 kundgemachten Richtzahl nicht zu vervielfachen.

Artikel IV
Inkrafttreten

(1) Dieses Bundesgesetz tritt, soweit im folgenden nichts anderes bestimmt wird, mit 1. Jänner 1984 in Kraft.

(2) Die Bestimmungen des Art. I Z 5 lit. a, b und d, 20 und 21 treten mit 1. April 1984 in Kraft.

(3) (aufgehoben)

Artikel V
Vollziehung

Mit der Vollziehung dieses Bundesgesetzes ist der Bundesminister für soziale Verwaltung betraut.

8. Novelle zum BSVG
(BGBl 1984/486)

Der Nationalrat hat beschlossen:

Artikel II
Übergangsbestimmungen

(1) Bei der Anwendung der Bestimmungen des § 23 Abs. 4 des Bauern-Sozialversicherungsgesetzes in der Fassung des Art. I Z 3 lit. b tritt an die Stelle der Aufwertungszahl für die Zeit vor dem 1. Jänner 1986 die nach den Vorschriften des Bauern-Sozialversicherungsgesetzes über die Pensionsanpassung jeweils in Geltung gestandene Richtzahl.

(2) Wenn dies für den Versicherten günstiger ist, sind die Bestimmungen des § 56 Abs. 1, 2 und 6 des Bauern-Sozialversicherungsgesetzes in der am 31. Dezember 1984 in Geltung gestandenen Fassung für Fälle des Zusammentreffens eines Pensionsanspruches aus der Pensionsversicherung mit Erwerbseinkommen weiterhin anzuwenden, wenn die Pension im Dezember 1984 geruht hat, solange das zum Ruhen führende Erwerbseinkommen aufgrund ein und derselben Erwerbstätigkeit weiterhin erzielt wird.

(3) Die Bestimmungen der §§ 111, 114 Abs. 3, 115, 132, 136 Abs. 1, 137 Abs. 4, 138 und 139 des Bauern-Sozialversicherungsgesetzes in der Fassung des Art. I Z 17, 19, 20, 25, 26, 27, 28 und 29 sind nur auf Versicherungsfälle anzuwenden, in denen der Stichtag nach dem 31. Dezember 1984 liegt.

(4) Personen, die erst auf Grund der Bestimmung des § 111 des Bauern-Sozialversicherungsgesetzes in der Fassung des Art. I Z 17 Anspruch auf eine Leistung aus der Pensionsversicherung nach dem Bauern-Sozialversicherungsgesetz erhalten, gebührt diese Leistung ab 1. Jänner 1985, wenn der Versicherungsfall und die besonderen Anspruchsvoraussetzungen vor dem 1. Jänner 1985 eingetreten sind und der Antrag bis 31. Dezember 1985 gestellt wird, sonst ab dem auf die Antragstellung folgenden Monatsersten.

(5) Die Bestimmung des § 111 Abs. 6 des Bauern-Sozialversicherungsgesetzes in der Fassung des Art. I Z 17 ist auf Versicherungsfälle, in denen der Stichtag nach dem 31. Dezember 1984 liegt, sofern der Versicherte nach den am 31. Dezember 1984 in Geltung gestandenen Bestimmungen über die allgemeinen Voraussetzungen keinen Anspruch auf eine Leistung aus den Versicherungsfällen der dauernden Erwerbsunfähigkeit bzw. des Alters gehabt hätte, mit der Maßgabe anzuwenden, daß 180 Beitragsmonate, insgesamt aber, wenn der Stichtag

im Jahre ... liegt,	Versicherungsmonate
1985	240
1986	228
1987	216
1988	204
1989	192

erworben sein müssen.

(6) (aufgehoben)

(7) Hat ein Versicherter zur Erfüllung der Voraussetzung

a) des § 121 Abs. 2 des Bauern-Sozialversicherungsgesetzes für den Anspruch auf Erwerbsunfähigkeitspension aufgrund einer Erwerbsunfähigkeit im Sinne des § 124 Abs. 2 des Bauern-Sozialversicherungsgesetzes oder

b) des § 122 Abs. 1 lit. d des Bauern-Sozialversicherungsgesetzes

seinen land(forst)wirtschaftlichen Betrieb an seinen Ehegatten vor dem 1. Jänner 1985 übergeben, verpachtet oder auf andere Weise zur Bewirtschaftung überlassen, so beträgt die Wartezeit für eine für den Ehegatten in Betracht kommende Leistung aus dem Versicherungsfall der dauernden Erwerbsunfähigkeit im Sinne des § 124 Abs. 2 des Bauern-Sozialversicherungsgesetzes 96 Versicherungsmonate, die unbeschadet der Bestimmungen des § 112 des Bauern-Sozialversicherungsgesetzes innerhalb der letzten 120 Kalendermonate vor dem Stichtag liegen müssen.

(8) Hat ein Versicherter zur Erfüllung der Voraussetzung des § 121 Abs. 2 des Bauern-Sozialversicherungsgesetzes für den Anspruch auf eine Alterspension oder für den Anspruch auf eine Erwerbsunfähigkeitspension auf Grund einer Erwerbsunfähigkeit im Sinne des § 124 Abs. 1 des Bauern-Sozialversicherungsgesetzes seinen land-(forst)wirtschaftlichen Betrieb an seinen Ehegatten vor dem 1. Juli 1984 übergeben, verpachtet oder auf andere Weise zur Bewirtschaftung überlassen, so beträgt die Wartezeit für eine für den Ehegatten in Betracht kommende Leistung aus dem Versicherungsfall der dauernden Erwerbsunfähigkeit (§ 124 des Bauern-Sozialversicherungsgesetzes) 96 Versicherungsmonate, die unbeschadet der Bestimmungen des § 112 des Bauern-Sozialversicherungsgesetzes innerhalb der letzten 120 Kalendermonate vor dem Stichtag liegen müssen.

(9) Die Bestimmungen der §§ 130 und 131 des Bauern-Sozialversicherungsgesetzes in der Fassung des Art. I Z 23 und 24 sind nur auf Versicherungsfälle anzuwenden, in denen der Stichtag nach dem 31. Dezember 1984 liegt; bei Leistungen aus dem Versicherungsfall des Todes ist die Bestimmung des § 130 Abs. 3 des Bauern-Sozialversicherungsgesetzes in der Fassung des Art. I Z 23 auf Hinterbliebenenpensionen anzuwenden, für die der Stichtag nach dem 31. Dezember 1984 liegt, sofern diese von einer Erwerbsunfähigkeits-(Alters)pension bemessen werden, deren Stichtag ebenfalls nach dem 31. Dezember 1984 liegt. Bei der Ermittlung des Ausmaßes von Hinterbliebenenpensionen, bei denen der Stichtag zwar nach dem 31. Dezember 1984 liegt, die sich jedoch von einer Erwerbsunfähigkeits(Alters)pension ableiten, deren Stichtag vor dem 1. Jänner 1985 liegt, findet die Bestimmung des § 130 Abs. 3 des Bauern-Sozialversicherungsgesetzes in der Fassung des Art. I Z 23 keine Anwendung; an ihre Stelle treten die Bestimmungen der § 130 und § 136 Abs. 1 vorletzter und letzter Satz des Bauern-Sozialversicherungsgesetzes in der am 31. Dezember 1984 in Geltung gestandenen Fassung.

(10) Abweichend von Abs. 9 bleibt, wenn dies für den Versicherten günstiger ist, die Bestimmung des § 130 des Bauern-Sozialversicherungsgesetzes in der am 31. Dezember 1984 in Geltung gestandenen Fassung für Versicherungsfälle, deren Stichtag in den Kalenderjahren 1985 bzw. 1986 liegt, mit der Maßgabe weiterhin anwendbar, daß ein Grundbetragszuschlag nicht gewährt wird und im Falle des § 130 des Bauern-Sozialversicherungsgesetzes an die Stelle des Grundbetrages von 30 vH der Bemessungsgrundlage, wenn der Stichtag im Kalenderjahr 1985 liegt, ein Grundbetrag von 22 vH bzw. wenn der Stichtag im Kalenderjahr 1986 liegt ein Grundbetrag von 14 vH der Bemessungsgrundlage tritt. Hiebei gelten die §§ 114 Abs. 3 und 115 des Bauern-Sozialversicherungsgesetzes in der am 31. Dezember 1984 geltenden Fassung.

(11) Für Versicherungsfälle mit Stichtag 1. Jänner, 1. Februar, 1. März oder 1. April 1985 sind anstelle der am 1. Jänner 1985 in Kraft tretenden Bestimmungen über die Leistungen der Pensionsversicherung die am 31. Dezember 1984 in Geltung gestandenen Bestimmungen weiterhin anzuwenden, wenn es für den Versicherten günstiger ist.

(12) Die Bestimmung des § 111 Abs. 3 Z 1 lit. b des Bauern-Sozialversicherungsgesetzes in der Fassung des Art. I Z 17 ist hinsichtlich des Höchstausmaßes der Versicherungsmonate mit der Maßgabe anzuwenden, daß dieses Höchstausmaß bei Versicherungsfällen, wenn der Stichtag

im Jahre ... liegt,	Versicherungsmonate
1985	96
1986	108
1987	120
1988	132
1989	144
1990	156
1991	168

beträgt.

(13) Die Bestimmung des § 111 Abs. 4 Z 1 zweiter Halbsatz des Bauern-Sozialversicherungsgesetzes in der Fassung des Art. I Z 17 ist hinsichtlich des Höchstausmaßes der Kalendermonate mit der Maßgabe anzuwenden, daß dieses Höchstausmaß bei Versicherungsfällen, wenn der Stichtag

im Jahre ... liegt,	Kalendermonate
1985	192
1986	216
1987	240
1988	264
1989	288
1990	312
1991	336

beträgt.

(14) Die Sozialversicherungsanstalt der Bauern hat im Geschäftsjahr 1985 aus Mitteln der Unfall-

versicherung 60 Millionen Schilling an die von dieser Anstalt geführte Pensionsversicherung zu überweisen. Die Überweisungen sind in monatlich gleich hohen Teilbeträgen vorzunehmen. Bei der Festsetzung der Aufteilungsschlüssel nach § 447g Abs. 8 des Allgemeinen Sozialversicherungsgesetzes für das Geschäftsjahr 1987 ist dieser Betrag bei den Erträgen der Pensionsversicherung außer Betracht zu lassen.

Artikel III

Das Bundesgesetz vom 14. Juli 1960, BGBl. Nr. 166, über eine Abgabe von land- und forstwirtschaftlichen Betrieben in der Fassung der Bundesgesetze BGBl. Nr. 5/1962, BGBl. Nr. 295/1964, BGBl. Nr. 52/1967 und BGBl. Nr. 159/1968 wird abgeändert wie folgt:

Der erste Satz des § 3 hat zu lauten:

Die Abgabe beträgt	150 vH,
ab 1. Jänner 1962	175 vH,
ab 1. Jänner 1963	200 vH,
ab 1. Jänner 1965	225 vH,
ab 1. Jänner 1967	245 vH,
ab 1. Jänner 1968	345 vH
und ab 1. Jänner 1985	400 vH

der Bemessungsgrundlage nach § 2.

Artikel IV
Schlußbestimmungen

(1) Im Art. II Abs. 9 der 4. Novelle zum Bauern-Sozialversicherungsgesetz, BGBl. Nr. 284/1981, hat der erste Satz zu lauten:

Berücksichtigt a.a.O.

(2) Abweichend von den Bestimmungen des § 26 Abs. 1 des Bauern-Sozialversicherungsgesetzes beträgt das Ausmaß des aus Mitteln der Pensionsversicherung zur Krankenversicherung der Pensionisten zu leistenden Beitrages

für das Jahr 1985	10,0 vH,
für das Jahr 1986	10,3 vH

(3) Art. IV Abs. 3 der 7. Novelle zum Bauern-Sozialversicherungsgesetz, BGBl. Nr. 592/1983, wird aufgehoben.

Artikel V
Inkrafttreten

Dieses Bundesgesetz tritt hinsichtlich der Bestimmungen des Art. I Z 1, 3, 6, 7, 9, 10, 11, 13, 16, 25, 30 und 33 mit 1. Jänner 1986, hinsichtlich aller übrigen Bestimmungen mit 1. Jänner 1985 in Kraft.[a]

---

[a] Diese Bestimmungern wurden in der 6. Auflage des SV-Kodex berücksichtigt.

Artikel VI
Vollziehung

Mit der Vollziehung dieses Bundesgesetzes ist betraut:

a) hinsichtlich der Bestimmung des Art. III der Bundesminister für Finanzen;

b) hinsichtlich der Bestimmung des § 31 Abs. 4 des Bauern-Sozialversicherungsgesetzes in der Fassung der Art. I Z 8 der Bundesminister für soziale Verwaltung im Einvernehmen mit dem Bundesminister für Finanzen;

c) hinsichtlich der Bestimmung des § 131 des Bauern-Sozialversicherungsgesetzes in der Fassung des Art. I Z 24 der Bundesminister für soziale Verwaltung im Einvernehmen mit dem Bundesminister für Familie, Jugend und Konsumentenschutz;

d) hinsichtlich aller übrigen Bestimmungen der Bundesminister für soziale Verwaltung.

9. Novelle zum BSVG
(BGBl 1986/113)

Der Nationalrat hat beschlossen:

Artikel II
Übergangsbestimmungen

(1) Die Bestimmungen des § 40 des Bauern-Sozialversicherungsgesetzes in der Fassung des Art. I Z 9 gelten auch für noch nicht verjährte Rückforderungen, die vor dem 1. Jänner 1986 entstanden sind.

(2) Die Bestimmungen der §§ 51 Abs. 2, 107 Abs. 1 Z 4 und 111 Abs. 2 lit. b des Bauern-Sozialversicherungsgesetzes in der Fassung des Art. I Z 11, 20 lit. b und 21 lit. a sind nur anzuwenden, wenn der Stichtag nach dem 31. Dezember 1985 liegt.

(3) Der Anspruch auf die Leistungen der Krankenversicherung für Personen, die am 31. Dezember 1985 als Angehörige gelten, nach den Bestimmungen des § 78 Abs. 6 des Bauern-Sozialversicherungsgesetzes in der Fassung des Art. I Z 16 lit. c aber nicht mehr als Angehörige gelten, bleibt auch über das Ende der Angehörigeneigenschaft aufrecht, solange die Voraussetzungen für den am 31. Dezember 1985 bestandenen Leistungsanspruch gegeben sind.

(4) Die Bestimmungen der §§ 121 Abs. 1, 122a und 124 Abs. 2 und 3 des Bauern-Sozialversicherungsgesetzes in der Fassung des Art. I Z 24, 25 und 26 sind nur auf Versicherungsfälle anzuwenden, in denen der Stichtag nach dem 31. Dezember 1985 liegt.

(5) Die Bestimmung des § 131 des Bauern- Sozialversicherungsgesetzes in der Fassung des Art. I Z 27 ist nur auf Versicherungsfälle anzuwenden, in denen der Stichtag nach dem 31. Dezember 1984 liegt.

(6) § 140 Abs. 12 des Bauern-Sozialversicherungsgesetzes in der Fassung des Art. I Z 29 lit. b ist nur auf Versicherungsfälle anzuwenden, in denen der Stichtag der Pension, zu der die Ausgleichszulage gewährt werden soll, nach dem 31. Dezember 1985 liegt. Er gilt nicht für Hinterbliebenenpensionen, deren Stichtag zwar nach dem 31. Dezember 1985 liegt, die aber nach einer Pension anfallen, deren Stichtag vor dem 1. Jänner 1986 gelegen ist.

(7) Soweit nach Abs. 6 § 140 Abs. 12 des Bauern-Sozialversicherungsgesetzes in der Fassung des Art. I Z 29 lit. b nicht anzuwenden ist, ist eine Vervielfachung der Einkommensbeträge unter Bedachtnahme auf § 47 des Bauern-Sozialversicherungsgesetzes für das Kalenderjahr 1986 nur mit dem Faktor 1,03 vorzunehmen.

Artikel III
Schlußbestimmungen

(7) § 123 Abs. 3 des Bauern-Sozialversicherungsgesetzes gilt entsprechend auch für einen Bezieher einer Pension aus dem Versicherungsfall der geminderten Arbeitsfähigkeit nach dem Allgemeinen Sozialversicherungsgesetz bzw. der dauernden Erwerbsunfähigkeit nach dem Gewerblichen Sozialversicherungsgesetz oder dem Bauern-Sozialversicherungsgesetz, ohne daß ihm Maßnahmen der Rehabilitation gewährt worden sind, sofern er während des Anspruches auf diese Pension mindestens 36 Beitragsmonate der Pflichtversicherung nach dem Bauern-Sozialversicherungsgesetz durch eine Erwerbstätigkeit erworben hat und er infolge von Krankheit oder anderen Gebrechen oder Schwäche seiner körperlichen oder geistigen Kräfte dauernd außerstande ist, dieser Erwerbstätigkeit nachzugehen.

(8) § 140 Abs. 3 des Bauern-Sozialversicherungsgesetzes in der Fassung des Art. I Z 29 lit. a ist mit der Maßgabe anzuwenden, daß in den Zollausschlußgebieten Jungholz und Mittelberg anstelle des Betrages von 2 040 S der Betrag von 334 DM[a] heranzuziehen ist.

[a] Betrag siehe VO über veränderliche Werte.

Artikel IV
Inkrafttreten

(1) Dieses Bundesgesetz tritt, soweit im folgenden nichts anderes bestimmt wird, am 1. Jänner 1986 in Kraft.

(2) Es treten in Kraft:

1.   rückwirkend mit 1. Jänner 1984 Art. I Z 20 lit. a und Art. III Abs. 7;

2.   rückwirkend mit 1. Jänner 1985 Art. I Z 6, 21 lit. b und c, 23, 27, 28, 31 und Art. III Abs. 1, 2, 5 und 6.

11. Novelle zum BSVG
(BGBl 1987/611)

Der Nationalrat hat beschlossen:

Artikel II
Übergangsbestimmungen

(1) Der Anspruch auf die Leistungen der Krankenversicherung für Personen, die am 31. Dezember 1987 als Angehörige galten, nach den Bestimmungen dieses Bundesgesetzes aber nicht mehr als Angehörige gelten, bleibt auch über das Ende der Angehörigeneigenschaft aufrecht, solange die Voraussetzungen für den am 31. Dezember 1987 bestandenen Leistungsanspruch gegeben sind.

(2) § 106 Abs. 1 Z 1 und 2 des Bauern-Sozialversicherungsgesetzes in der Fassung des Art. I Z 24 ist nur auf Versicherungsfälle anzuwenden, in denen der Stichtag nach dem 31. Dezember 1986 liegt.

(3) § 107 Abs. 7 und 8 des Bauern-Sozialversicherungsgesetzes in der Fassung des Art. I Z 25 ist nur auf Versicherungsfälle anzuwenden, in denen der Stichtag nach dem 31. Dezember 1987 liegt. § 107 Abs. 7 des Bauern-Sozialversicherungsgesetzes in der am 31. Dezember 1987 in Geltung gestandenen Fassung ist für die Bemessung der Leistungen mit folgender Maßgabe weiterhin anzuwenden, und zwar sind diese Zeiten

1. a) bei männlichen Versicherten der Geburtsjahrgänge bis 1927 mit ihrem vollen Ausmaß,

    bei männlichen Versicherten des Geburtsjahrganges 1928 mit fünf Sechsteln ihres Ausmaßes,

    bei männlichen Versicherten des Geburtsjahrganges 1929 mit vier Sechsteln ihres Ausmaßes,

    bei männlichen Versicherten des Geburtsjahrganges 1930 mit drei Sechsteln ihres Ausmaßes,

    bei männlichen Versicherten des Geburtsjahrganges 1931 mit zwei Sechsteln ihres Ausmaßes,

    bei männlichen Versicherten des Geburtsjahrganges 1932 mit einem Sechstel ihres Ausmaßes,

    b) bei weiblichen Versicherten der Geburtsjahrgänge bis 1932 mit ihrem vollen Ausmaß,

    bei weiblichen Versicherten des Geburtsjahrganges 1933 mit fünf Sechsteln ihres Ausmaßes,

    bei weiblichen Versicherten des Geburtsjahrganges 1934 mit vier Sechsteln ihres Ausmaßes,

    bei weiblichen Versicherten des Geburtsjahrganges 1935 mit drei Sechsteln ihres Ausmaßes,

    bei weiblichen Versicherten des Geburtsjahrganges 1936 mit zwei Sechsteln ihres Ausmaßes,

    bei weiblichen Versicherten des Geburtsjahrganges 1937 mit einem Sechstel ihres Ausmaßes,

2. mindestens aber, wenn der Stichtag

    im Kalenderjahr 1988 liegt, mit fünf Sechsteln ihres Ausmaßes,

    im Kalenderjahr 1989 liegt, mit vier Sechsteln ihres Ausmaßes,

    im Kalenderjahr 1990 liegt, mit drei Sechsteln ihres Ausmaßes,

    im Kalenderjahr 1991 liegt, mit zwei Sechsteln ihres Ausmaßes,

    im Kalenderjahr 1992 liegt, mit einem Sechstel ihres Ausmaßes

zu berücksichtigen. Die zu berücksichtigenden Zeiten sind auf volle Versicherungsmonate aufzurunden.

(4) Hinsichtlich der im Abs. 3 bezeichneten Zeiten sind, soweit sie für die Bemessung der Leistungen nicht zu berücksichtigen sind, die Bestimmungen des § 107 Abs. 8 bis 10 des Bauern-Sozialversicherungsgesetzes in der Fassung des Art. I Z 25 entsprechend anzuwenden.

(5) § 113 Abs. 2 des Bauern-Sozialversicherungsgesetzes in der Fassung des Art. I Z 26 ist nur auf Versicherungsfälle anzuwenden, in denen der Stichtag nach dem 31. Dezember 1987 liegt, und zwar mit der Maßgabe, daß

1. in Z 2 bis 4 jeweils das Ausmaß von 180 Versicherungsmonaten

    im Jahr 1988 durch 132 Versicherungsmonate,

    im Jahr 1989 durch 144 Versicherungsmonate,

    im Jahr 1990 durch 156 Versicherungsmonate und

    im Jahr 1991 durch 168 Versicherungsmonate zu ersetzen ist;

2. in Z 3 jeweils das 60. Lebensjahr bzw. das 55. Lebensjahr

    im Jahr 1988 durch das 64. Lebensjahr bzw. das 59. Lebensjahr,

    im Jahr 1989 durch das 63. Lebensjahr bzw. das 58. Lebensjahr,

    im Jahr 1990 durch das 62. Lebensjahr bzw. das 57. Lebensjahr und

    im Jahr 1991 durch das 61. Lebensjahr bzw. das 56. Lebensjahr

    zu ersetzen ist und

3. für die Ermittlung der Bemessungszeit nach Z 2 und 3

    a) bei männlichen Versicherten der Geburtsjahrgänge bis 1927 120 Versicherungsmonate,

    bei männlichen Versicherten des Geburtsjahrganges 1928 132 Versicherungsmonate,

    bei männlichen Versicherten des Geburtsjahrganges 1929 144 Versicherungsmonate,

bei männlichen Versicherten des Geburtsjahrganges 1930 156 Versicherungsmonate,

bei männlichen Versicherten des Geburtsjahrganges 1931 168 Versicherungsmonate,

b) bei weiblichen Versicherten der Geburtsjahrgänge bis 1932 120 Versicherungsmonate,

bei weiblichen Versicherten des Geburtsjahrganges 1933 132 Versicherungsmonate,

bei weiblichen Versicherten des Geburtsjahrganges 1934 144 Versicherungsmonate,

bei weiblichen Versicherten des Geburtsjahrganges 1935 156 Versicherungsmonate,

bei weiblichen Versicherten des Geburtsjahrganges 1936 168 Versicherungsmonate

höchstens in Betracht kommen.

(6) Die §§ 114, 116, 127 Abs. 2, 130 Abs. 5 und 139a des Bauern-Sozialversicherungsgesetzes in der Fassung des Art. I Z 27, 28, 34, 35 und 37 sind nur auf Versicherungsfälle anzuwenden, in denen der Stichtag nach dem 31. Dezember 1987 liegt.

(7) § 119 Abs. 2 Z 1 des Bauern-Sozialversicherungsgesetzes in der Fassung des Art. I Z 29 ist in allen Fällen anzuwenden, in denen das Kind das 18. Lebensjahr nach dem 31. Dezember 1987 vollendet.

(8) § 107 Abs. 10 des Bauern-Sozialversicherungsgesetzes in der Fassung des Art. I Z 25 lit. b ist mit der Maßgabe anzuwenden, daß für Stichtage vor dem 1. Jänner 1989 die Beiträge noch wirksam entrichtet werden können, wenn sie bis zum 31. Dezember 1988 bei der Sozialversicherungsanstalt der Bauern einlangen.

Artikel III
Schlußbestimmungen

(1) Für Personen, die gemäß Art. II Abs. 1 der 2. Novelle zum Bauern-Sozialversicherungsgesetz, BGBl. Nr. 532/1979, von der Pflichtversicherung in der Pensionsversicherung befreit worden sind, verliert diese Befreiung mit Ablauf des 31. Dezember 1987 ihre Wirksamkeit, sofern die Voraussetzungen für eine Pflichtversicherung in der Pensionsversicherung nach dem Bauern-Sozialversicherungsgesetz nach den am 1. Jänner 1988 geltenden Vorschriften erfüllt sind.

(2) Für Personen, die gemäß Art. II Abs. 2 der 6. Novelle zum Bauern-Sozialversicherungsgesetz, BGBl. Nr. 649/1982, von der Pflichtversicherung in der Pensionsversicherung ausgeschieden worden sind, verliert diese Ausnahme mit Ablauf des 31. Dezember 1987 ihre Wirksamkeit, sofern die Voraussetzungen für eine Pflichtversicherung in der Pensionsversicherung nach dem Bauern-Sozialversicherungsgesetz nach den am 1. Jänner 1988 geltenden Vorschriften erfüllt sind.

(3) Art. IV Abs. 2 Z 2 der 9. Novelle zum Bauern-Sozialversicherungsgesetz, BGBl. Nr. 113/1986, lautet:

berücksichtigt a. a. O.

(4) Für das Geschäftsjahr 1987 leistet der Bund abweichend von § 31 Abs. 3 des Bauern-Sozialversicherungsgesetzes in der am 31. Dezember 1987 in Geltung gestandenen Fassung in der Pensionsversicherung einen Beitrag in der Höhe des Betrages, um den 100,2 vH der Aufwendungen die Erträge übersteigen. Hiebei sind bei den Aufwendungen die Ausgleichszulagen und die außerordentlichen Zuschüsse des Trägers der Pensionsversicherung als Dienstgeber zur Rückstellung für Pensionszwecke, bei den Erträgen der Bundesbeitrag und die Ersätze für Ausgleichszulagen außer Betracht zu lassen.

(5) Abweichend von § 46 des Bauern-Sozialversicherungsgesetzes ist die Anpassung der Pensionen mit Wirksamkeit ab 1. Juli 1988 vorzunehmen.

(6) Abweichend von den §§ 70 und 135 des Bauern-Sozialversicherungsgesetzes sind die dort genannten festen Beträge in Verbindung mit § 47 des Bauern-Sozialversicherungsgesetzes im Jahr 1988 mit Wirksamkeit ab 1. Juli 1988 anzupassen.

(7) Pensionsberechtigte, die im Jänner 1988 ausschließlich wegen der Verschiebung der Anpassung auf den 1. Juli 1988 Anspruch auf Ausgleichszulage hätten, erhalten den Unterschiedsbetrag zwischen der Summe aus Pension, Nettoeinkommen (§ 140 des Bauern-Sozialversicherungsgesetzes) und den gemäß § 142 des Bauern-Sozialversicherungsgesetzes zu berücksichtigenden Beträgen einerseits und dem Richtsatz (§ 141 des Bauern-Sozialversicherungsgesetzes) andererseits für die Monate Jänner bis Juni 1988 als Zuschlag zur Pension. Dieser Zuschlag gilt für den Pensionsbezieher als Pensionsbestandteil, ist aber bei der Bemessung eines allfälligen Hilflosenzuschusses außer Betracht zu lassen.

(8) Der Zuschlag zur Pension nach Abs. 7 ist bei Anwendung der Rechnungsvorschriften nicht als Pensionsaufwand, sondern als Aufwand für Ausgleichszulagen zu verrechnen.

(9) Art. II Abs. 6 der 8. Novelle zum Bauern-Sozialversicherungsgesetz, BGBl. Nr. 486/1984, wird aufgehoben.

(10) Bei der Bemessung einer Erwerbsunfähigkeitspension nach § 123 Abs. 3 des Bauern-Sozialversicherungsgesetzes bzw. Art. III Abs. 7 der 9. Novelle zum Bauern-Sozialversicherungsgesetz, BGBl. Nr. 113/1986, bleiben bei der Anwendung des § 113 Abs. 2 des Bauern-Sozialversicherungsgesetzes in der Fassung des Art. I Z 26 und des § 113 Abs. 3 des Bauern-Sozialversicherungsgesetzes Beitragsmonate der Pflichtversicherung unberücksichtigt, wenn deren zugehörige Beitragsgrundlage (§ 118 des Bauern-Sozialversicherungsgesetzes) die Bemessungsgrundlage der laufenden Leistung, die entsprechend aufzuwerten ist, nicht übersteigt.

2. BSVG

Artikel IV
Inkrafttreten

(1) Dieses Bundesgesetz tritt, soweit im folgenden nichts anderes bestimmt wird, mit 1. Jänner 1988 in Kraft.

(2) Es treten in Kraft:

1. rückwirkend mit 1. Jänner 1986 Art. III Abs. 3;

2. rückwirkend mit 1. Jänner 1987 Art. I Z 24.

13. Novelle zum BSVG
(BGBl 1988/751)

Der Nationalrat hat beschlossen:

Artikel II
Übergangsbestimmungen

(1) § 71 Abs. 4 bis 9 des Bauern-Sozialversicherungsgesetzes in der Fassung des Art. I Z 3 lit. b ist auch anzuwenden, wenn der Stichtag der Pension, die durch den Auszahlungsanspruch berührt wird, vor dem 1. Jänner 1989 liegt.

(2) § 114 des Bauern-Sozialversicherungsgesetzes in der am 31. Dezember 1987 in Geltung gestandenen Fassung ist von Amts wegen weiterhin auf männliche Versicherte der Geburtsjahrgänge bis 1927 und auf weibliche Versicherte der Geburtsjahrgänge bis 1932 anzuwenden, wenn dies für den Versicherten (die Versicherte) günstiger ist; die Rechtskraft bereits ergangener Entscheidungen steht dem nicht entgegen.

Artikel III
Schlußbestimmungen

(1) Für das Geschäftsjahr 1988 beträgt der Finanzierungsrahmen gemäß § 31 Abs. 5 lit. b des Bauern-Sozialversicherungsgesetzes in der Fassung des Art. I Z 1 lit. b 10 Millionen Schilling.

(2) Soweit nach sozialversicherungsrechtlichen Vorschriften Einheitswerte land(forst)wirtschaftlicher Betriebe heranzuziehen sind, sind hiebei Änderungen dieser Einheitswerte anläßlich der Hauptfeststellung zum 1. Jänner 1988 für die Zeit vor dem 1. Jänner 1990 nicht zu berücksichtigen.

(3) Dem Art. II der 11. Novelle zum Bauern-Sozialversicherungsgesetz, BGBl. Nr. 611/1987, wird folgender Abs. 9 angefügt:

„(9) § 23 Abs. 3 dritter Satz des Bauern-Sozialversicherungsgesetzes in der am 31. Dezember 1987 in Geltung gestandenen Fassung ist zur Bildung des Versicherungswertes im Rahmen der Ermittlung des Nettoeinkommens aus einem land-(forst) wirtschaftlichen Betrieb gemäß § 140 Abs. 5 des Bauern-Sozialversicherungsgesetzes weiterhin anzuwenden, wenn diese Bestimmung bei Ansprüchen auf Ausgleichszulagen, die am 31. Dezember 1987 bereits festgestellt waren, für die Ermittlung des Nettoeinkommens herangezogen worden ist."

(4) Im Art. III Abs. 4 der 11. Novelle zum Bauern-Sozialversicherungsgesetz, BGBl. Nr. 611/1987, wird der Ausdruck „§ 31 Abs. 3 des Bauern-Sozialversicherungsgesetzes" durch den Ausdruck „§ 31 Abs. 4 des Bauern-Sozialversicherungsgesetzes" ersetzt.

BSVG

14. Novelle zum BSVG
(BGBl 1989/644)
Der Nationalrat hat beschlossen:

Artikel II
Übergangsbestimmungen

(1) Die Bestimmungen des § 56 Abs. 2 des Bauern-Sozialversicherungsgesetzes in der Fassung des Art. I Z 3 lit. a sind für Witwen(Witwer)pensionen, die bis 31. Dezember 1989 anfallen, mit der Maßgabe anzuwenden, daß ein Ruhen höchstens mit dem Betrag eintritt, um den das im Monat gebührende Erwerbseinkommen 7 233 S übersteigt.

(2) § 140 Abs. 4, 7 und 9 bis 12 des Bauern-Sozialversicherungsgesetzes in der Fassung des Art. I Z 6 lit. b und c gilt auch für Versicherungsfälle, in denen der Stichtag der Pension, zu der die Ausgleichszulage gewährt werden soll, vor dem 1. Jänner 1990 liegt.

(3) § 140 Abs. 8 des Bauern-Sozialversicherungsgesetzes in der Fassung des Art. I Z 6 lit. c gilt auch für Versicherungsfälle, in denen der Stichtag der Pension, zu der die Ausgleichszulage gewährt werden soll, vor dem 1. Jänner 1990 liegt. Die Ausgleichszulage bzw. der Mehrbetrag an Ausgleichszulage gebührt ab 1. Jänner 1990, wenn der Antrag bis 31. Dezember 1990 beim Versicherungsträger gestellt wird, sonst ab dem der Antragstellung folgenden Monatsersten.

(4) § 142 Abs. 3 zweiter Satz des Bauern-Sozialversicherungsgesetzes in der Fassung des Art. I Z 8 lit. b ist auf Anträge auch auf Leistungsansprüche anzuwenden, die am 31. Dezember 1989 bereits bestehen. Eine sich daraus ergebende Erhöhung der Leistungsansprüche gebührt ab 1. Jänner 1989, wenn der Antrag bis 31. Dezember 1990 gestellt wird, sonst ab dem der Antragstellung folgenden Monatsersten.

Artikel III
Schlußbestimmungen

(1) Soweit nach sozialversicherungsrechtlichen Vorschriften Einheitswerte land(forst)wirtschaftlicher Betriebe heranzuziehen sind, sind hiebei Änderungen dieser Einheitswerte anläßlich der Hauptfeststellung zum 1. Jänner 1988 für die Zeit vor dem 1. Jänner 1991 nicht zu berücksichtigen.

(2) Abweichend von den Bestimmungen des § 45 des Bauern-Sozialversicherungsgesetzes beträgt für das Jahr 1990 der Anpassungsfaktor (§ 45 des Bauern-Sozialversicherungsgesetzes) 1,030.

15. Novelle zum BSVG
(BGBl 1990/296)
Der Nationalrat hat beschlossen:

Artikel II
Übergangsbestimmungen

(1) Der Anspruch auf die Leistungen der Krankenversicherung für Personen, die am 30. Juni 1990 als Angehörige galten, nach den Bestimmungen dieses Bundesgesetzes aber nicht mehr als Angehörige gelten, bleibt auch über das Ende der Angehörigeneigenschaft aufrecht, solange die Voraussetzungen für einen am 30. Juni 1990 bestandenen Leistungsanspruch gegeben sind

(2) § 23 Abs. 4 des Bauern-Sozialversicherungsgesetzes in der am 30. Juni 1990 in Geltung gestandenen Fassung ist weiterhin anzuwenden, soweit der für die Ermittlung der Beitragsgrundlage maßgebende Einkommensteuerbescheid Beiträge enthält, die auf eine vorzeitige Abschreibung und auf einen nicht entnommenen Gewinn entfallen. Ist die Rücklage für nicht entnommenen Gewinn gewinnerhöhend aufgelöst oder ist eine Investitionsrücklage gegen den Betrag einer vorzeitigen Abschreibung aufgelöst worden, so ist der darauf entfallende Betrag, der bei Ermittlung einer Beitragsgrundlage nach dem Bauern-Sozialversicherungsgesetz schon einmal berücksichtigt wurde, im gleichen Ausmaß bei Ermittlung der Beitragsgrundlage über Antrag außer Ansatz zu lassen. Der Antrag ist bis zum 31. Dezember des Kalenderjahres beim Versicherungsträger einzubringen, in dem sich die gewinnerhöhende Auflösung bzw. die Auflösung gegen den Betrag einer vorzeitigen Abschreibung auf die Beitragsgrundlage auswirkt. Kann innerhalb dieser Frist der entsprechende rechtskräftige Einkommensteuerbescheid mangels Vorliegens nicht beigebracht werden, so verlängert sich die Antragsfrist bis zum Ablauf des sechsten auf den Eintritt der Rechtskraft des Einkommensteuerbescheides folgenden Kalendermonates.

(3) Die Bestimmungen des § 51 Abs. 2 Z 1 des Bauern-Sozialversicherungsgesetzes in der Fassung des Art. I Z 11 lit. b sind von amtswegen auch auf Fälle anzuwenden, in denen der Versicherungsfall vor dem 1. Juli 1990 eingetreten ist.

(4) Die Bestimmungen des § 113a des Bauern-Sozialversicherungsgesetzes in der Fassung des Art. I Z 23 sind nur auf Versicherungsfälle anzuwenden, in denen der Stichtag nach dem 30. Juni 1990 liegt.

(5) Sind Beitragsgrundlagen gemäß § 17 Abs. 5 lit. a des Gewerblichen Selbständigen-Pensionsversicherungsgesetzes oder § 25 Abs. 5 Z 1 des Gewerblichen Sozialversicherungsgesetzes in der bis 31. Dezember 1986 in Geltung gestandenen Fassung für die Bemessung der Pension maßgebend, so ist auf Antrag des Versicherten jene Beitragsgrundlage heranzuziehen, die sich aus der Anwendung des § 25a Abs. 3 und 4 des Gewerblichen Sozialversicherungsgesetzes ergeben hätte.

(6) Abs. 5 ist auf Antrag des Versicherten auch auf bescheidmäßig zuerkannte Leistungsansprüche

anzuwenden, die am 30. Juni 1990 bereits bestanden haben. Eine sich daraus ergebende Erhöhung des Leistungsanspruches gebührt ab 1. Juli 1990.

Artikel III
Schlußbestimmungen

(1) Mit Wirksamkeit ab 1. Juli 1990 sind

a) alle Pensionen aus der Pensionsversicherung, für die der Stichtag (§ 104 Abs. 2 des Bauern-Sozialversicherungsgesetzes) vor dem 1. Jänner 1990 liegt,

b) alle Hinterbliebenenpensionen, für die der Stichtag (§ 104 Abs. 2 des Bauern-Sozialversicherungsgesetzes) in der Zeit vom Jänner bis Juli 1990 liegt, wenn diese Pensionen von der Pension bemessen wurden, auf die der Verstorbene am Todestag Anspruch hatte,

mit dem 1,010fachen zu vervielfachen. Lit. b ist nicht anzuwenden, wenn der Stichtag für die Pension des Verstorbenen gleichfalls in der Zeit vom Jänner bis Juli 1990 liegt. Der Vervielfachung ist die Pension zugrunde zu legen, auf die nach den am 30. Juni 1990 in Geltung stehenden Vorschriften Anspruch besteht bzw. bestanden hätte, wobei im übrigen § 46 des Bauern-Sozialversicherungsgesetzes entsprechend anzuwenden ist.

(2) Zu

a) allen Pensionen aus der Pensionsversicherung, für die der Stichtag (§ 104 Abs. 2 des Bauern-Sozialversicherungsgesetzes) vor dem 1. Jänner 1990 liegt,

b) allen Hinterbliebenenpensionen, für die der Stichtag (§ 104 Abs. 2 des Bauern-Sozialversicherungsgesetzes) in der Zeit vom Jänner bis Juli 1990 liegt, wenn diese Pensionen von der Pension bemessen wurden, auf die der Verstorbene am Todestag Anspruch hatte,

die im Monat Juli bezogen werden, gebührt eine außerordentliche Sonderzahlung. In den Fällen der lit. b gebührt die außerordentliche Sonderzahlung nicht, wenn der Stichtag für die Pension des Verstorbenen gleichfalls in der Zeit vom Jänner bis Juli 1990 liegt. Die außerordentliche Sonderzahlung gebührt in der Höhe von 7 vH der für den Monat Juni ausgezahlten Pension einschließlich der Zuschüsse und der Ausgleichszulage. Ein allfälliges Ruhen ist außer Betracht zu lassen.

(3) Sind nach den Bestimmungen des Bauern-Sozialversicherungsgesetzes feste Beträge – ausgenommen die Richtsätze nach § 141 und der Betrag nach § 70 Abs. 2 zweiter Satz des Bauern-Sozialversicherungsgesetzes – mit dem Anpassungsfaktor zu vervielfachen, sind diese Beträge mit Wirksamkeit ab 1. Juli 1990 mit dem 1,010fachen zu verviel-

fachen. Der Betrag nach § 70 Abs. 2 zweiter Satz des Bauern-Sozialversicherungsgesetzes ist mit Wirksamkeit ab 1. Juli 1990 mit dem 1,005fachen zu vervielfachen. Dabei sind die am 30. Juni 1990 in Geltung stehenden Beträge zugrunde zu legen. Die vervielfachten Beträge sind auf volle Schillinge zu runden. Die sich ergebenden Beträge sind durch Verordnung des Bundesministers für Arbeit und Soziales festzustellen.

(4) Die außerordentliche Sonderzahlung nach Abs. 2 hat bei der Ermittlung des Nettoeinkommens (§ 140 Abs. 3 des Bauern-Sozialversicherungsgesetzes, § 292 Abs. 3 des Allgemeinen Sozialversicherungsgesetzes, § 149 Abs. 3 des Gewerblichen Sozialversicherungsgesetzes) sowie bei der Berechnung des Jahresausgleiches gemäß § 144 Abs. 6 des Bauern-Sozialversicherungsgesetzes außer Betracht zu bleiben. Sie ist unpfändbar.

(5) Die außerordentliche Sonderzahlung gilt für steuerliche Zwecke als Nachzahlung eines laufenden Bezuges.

(6) Auf Pensionen aus den Versicherungsfällen des Alters, für die der Stichtag (§ 104 Abs. 2 des Bauern-Sozialversicherungsgesetzes) in der Zeit vom Jänner bis Juli 1990 liegt, ist Abs. 2 anzuwenden, wenn vor dem Stichtag ein Anspruch auf eine andere laufende Leistung aus eigener Pensionsversicherung bestanden hat, die wegen des Anfalles der neuen Leistung erloschen ist und deren Stichtag vor dem 1. Jänner 1990 lag. Bei der Anwendung des Abs. 2 vorletzter Satz ist anstelle der für den Monat Juni ausgezahlten Pension die weggefallene Pension heranzuziehen, auf die nach den am 30. Juni 1990 in Geltung gestandenen Vorschriften Anspruch bestanden hätte. Andere laufende Leistungen im Sinne des ersten Satzes sind Pensionen aus den Versicherungsfällen des Alters, Pensionen aus den Versicherungsfällen der geminderten Arbeitsfähigkeit bzw. Erwerbsunfähigkeit nach dem Allgemeinen Sozialversicherungsgesetz, dem Gewerblichen Sozialversicherungsgesetz oder dem Bauern-Sozialversicherungsgesetz und Leistungen nach anderen Bundesgesetzen, die für den Bereich der Sozialversicherung einer vorzeitigen Alterspension gleichzuhalten sind.

(BGBl 1990/741)

(7) Pensionen aus der Pensionsversicherung, für die der Stichtag (§ 104 Abs. 2 des Bauern-Sozialversicherungsgesetzes) in der Zeit vom Jänner bis Juni 1990 liegt und bei denen § 116 im Zusammenhalt mit § 46 Abs. 4 zur Anwendung gelangt ist, sind mit Wirksamkeit ab 1. Juli 1990 neu zu bemessen.

(BGBl 1990/741)

16. Novelle zum BSVG
(BGBl 1991/678)
Der Nationalrat hat beschlossen:

Artikel III
Übergangsbestimmung

(1) Die Vermutung des § 2 Abs. 1 Z 1 zweiter Satz des Bauern-Sozialversicherungsgesetzes in der Fassung des Art. I Z 2 gilt nicht, wenn der der Vermutung widersprechende Sachverhalt bereits vor dem 1. Jänner 1992 gemeldet wurde.

(2) Personen, die durch das Inkrafttreten des § 2a in der Fassung des Art. I Z 2c zum Bauern-Sozialversicherungsgesetz, BGBl. Nr. 678/1991, der Pflichtversicherung in der Pensionsversicherung nach dem Bauern-Sozialversicherungsgesetz unterliegen würden, die jedoch am 1. Jänner 1992 das 45. Lebensjahr vollendet haben und am 31. Dezember 1991 nicht der Pflichtversicherung in dieser Pensionsversicherung unterlegen sind, sind auf Antrag von der Pflichtversicherung in der Pensionsversicherung zu befreien, wenn dieser Antrag bis spätestens 31. Dezember 1993 bei der Sozialversicherungsanstalt der Bauern gestellt wird. Die Befreiung gilt rückwirkend ab 1. Jänner 1992 für jene Zeiten, in denen nach § 2a in der Fassung der 16. Novelle zum Bauern-Sozialversicherungsgesetz, BGBl. Nr. 678/1991, beide Ehegatten pflichtversichert wären. Die Befreiung endet jedenfalls mit dem Ende der Führung jenes land(forst)wirtschaftlichen Betriebes, der am 31. Dezember 1991 dann zu einer Pflichtversicherung beider Ehegatten geführt hätte, wenn § 2a in der Fassung der 16. Novelle zum Bauern-Sozialversicherungsgesetz, BGBl. Nr. 678/1991, bereits damals gegolten hätte. Der Antrag auf Befreiung kann unbeschadet eines darüber ergangenen Bescheides bis 31. Dezember 1993 widerrufen werden. Ein solcher Widerruf ist ausgeschlossen, wenn sich der Antrag bereits auf eine Leistung aus einer bundesgesetzlichen Pensionsversicherung für zumindest einen der beiden Ehegatten ausgewirkt hat. Ebenso ist ein Befreiungsantrag selbst ausgeschlossen, wenn er sich auf eine bereits zuerkannte Leistung auswirken würde.

(BGBl 1993/337)

(3) Zeiten vor dem 1. Jänner 1992, in denen bei einem früheren Wirksamkeitsbeginn der §§ 2 Abs. 1 Z 3 und 2a in der Fassung des Bundesgesetzes BGBl. Nr. 678/1991 eine Pflichtversicherung bestanden hätte, sind auch bei der Erfüllung der Voraussetzungen des § 107 Abs. 1 Z 1 des Bauern-Sozialversicherungsgesetzes aus diesem Grunde keine Ersatzzeiten.

(4) Personen, deren Beitragsgrundlage ab dem Inkrafttreten des § 2a in der Fassung der 16. Novelle zum Bauern-Sozialversicherungsgesetz, BGBl. Nr. 678/1991, gemäß § 23 Abs. 6 letzter Satz in der Fassung der 18. Novelle zum Bauern-Sozialversicherungsgesetz, BGBl. Nr. 337/1993, festgestellt wird und die am 31. Dezember 1991 nach § 2a in der zu diesem Zeitpunkt in Geltung gestandenen Fassung pflichtversichert waren, können bis 31. Dezember 1993 bei der Sozialversicherungsanstalt der Bauern beantragen, daß ihre jeweilige Beitragsgrundlage mit dem gesamten Versicherungswert des land(forst)wirtschaftlichen Betriebes festgestellt wird. Diese Erhöhung der Beitragsgrundlage auf den gesamten Versicherungswert ist bis zur erstmaligen Anwendung des § 23 Abs. 6 in der Fassung der 18. Novelle zum Bauern-Sozialversicherungsgesetz, BGBl. Nr. 337/1993, rückwirkend zu beantragen. Ein solcher Antrag kann nicht widerrufen werden und wirkt bis zum Stichtag der erstmaligen Zuerkennung einer Leistung aus der Pensionsversicherung nach diesem oder einem anderen Bundesgesetz, solange der land(forst)wirtschaftliche Betrieb am 31. Dezember 1991 auf gemeinsame Rechnung und Gefahr geführt wird und einer der Ehegatten nach § 2a Abs. 1 und 2 pflichtversichert ist.

(BGBl 1993/337)

VO Aufwertung/Anpassung

Verordnung über die Aufwertung und Anpassung nach dem Bauern-Sozialversicherungsgesetz und dem Beamten-Kranken- und Unfallversicherungsgesetz für das Kalenderjahr 2015, BGBl II 2014/289

Verordnung des Bundesministers für Arbeit, Soziales und Konsumentenschutz und der Bundesministerin für Gesundheit über die Aufwertung und Anpassung nach dem Bauern-Sozialversicherungsgesetz und dem Beamten-Kranken- und Unfallversicherungsgesetz für das Kalenderjahr 2015

Auf Grund

1. des § 23 Abs. 2 des Bauern-Sozialversicherungsgesetzes (BSVG), BGBl. Nr. 559/1978, zuletzt geändert durch das Bundesgesetz BGBl. I Nr. 56/2014, und

2. der §§ 19 Abs. 6 und 26a Abs. 3 des Beamten-Kranken- und Unfallversicherungsgesetzes (B-KUVG), BGBl. Nr. 200/1967, zuletzt geändert durch das Bundesgesetz BGBl. I Nr. 32/2014,

wird verordnet:

§ 1. Die Hundertsätze nach § 23 Abs. 2 BSVG werden für das Kalenderjahr 2015 wie folgt festgestellt:

1. im § 23 Abs. 2 Z 1 mit 18,28472,
2. im § 23 Abs. 2 Z 2 mit 20,31637,
3. im § 23 Abs. 2 Z 2 mit 16,50702,
4. im § 23 Abs. 2 Z 2 mit 11,42799,
5. im § 23 Abs. 2 Z 2 mit 9,26936,
6. im § 23 Abs. 2 Z 2 mit 6,85679,
7. im § 23 Abs. 2 Z 2 mit 5,07910,
8. im § 23 Abs. 2 Z 2 mit 3,80934,
9. im § 23 Abs. 2 Z 2 mit 2,92048.

§ 2. Für die Zeit ab dem 1. Jänner 2015 wird auf Grund des § 19 Abs. 6 B-KUVG die monatliche Höchstbeitragsgrundlage mit 4 650,00 € festgestellt.

§ 3. Für das Kalenderjahr 2015 wird der im § 26a Abs. 2 B-KUVG genannte Betrag mit 20,50 € festgestellt.

Kundmachung über die Aufwertung und Anpassung für das Jahr 2021

Aufwertung und Anpassung nach dem ASVG, dem GSVG, dem BSVG, dem B-KUVG sowie dem BPGG für das Kalenderjahr 2021, BGBl II 2020/576 idF BGBl II 2021/36

BSVG

Kundmachung der Bundesministerin für Arbeit, Kundmachung des Bundesministers für Soziales, Gesundheit, Pflege und Konsumentenschutz über die Aufwertung und Anpassung nach dem Allgemeinen Sozialversicherungsgesetz, dem Gewerblichen Sozialversicherungsgesetz, dem Bauern-Sozialversicherungsgesetz, dem Beamten-Kranken- und Unfallversicherungsgesetz sowie dem Bundespflegegeldgesetz für das Kalenderjahr 2021

Auf Grund

3. des § 47 des Bauern-Sozialversicherungsgesetzes (BSVG), BGBl. Nr. 559/1978, zuletzt geändert durch das Bundesgesetz BGBl. I Nr. 105/2020, und

wird kundgemacht:

Artikel 1

§ 5. Für das Kalenderjahr 2021 werden die Hundertsätze nach § 23 Abs. 2 BSVG wie folgt festgestellt:

1. der Hundertsatz nach Z 1 mit 21,43200,
2. die Hundertsätze nach Z 2 mit 23,81335, mit 19,34833, mit 13,39503, mit 10,86486, mit 8,03703, mit 5,95335, mit 4,46503 und mit 3,42317.

§ 6. Für das Kalenderjahr 2021 werden die festen Beträge nach dem BSVG auf Grund des § 47 BSVG wie folgt festgestellt:

1. im § 23 Abs. 10 lit. a) ab) statt 850,07 € mit 878,12 €,
2. im § 23 Abs. 10 lit. a) ba) statt 850,07 € mit 878,12 €,
3. im § 23 Abs. 10 lit. a) bb) statt 1 597,38 € mit 1 650,09 €,
4. im § 23 Abs. 10a statt 850,07 € mit 878,12 €,
5. im § 23a statt 1 922,59 € mit 1 986,04 €,
6. im § 30 Abs. 7 statt 19,08 € mit 19,71 €,
7. im § 80 Abs. 2 statt 10,40 € mit 10,74 €,
8. im § 86 Abs. 3 statt 6,30 € mit 6,50 €,
9. im § 96a Abs. 7 Z 1 statt 8,62 € mit 8,90 €,
10. im § 96a Abs. 7 Z 2 statt 14,77 € mit 15,26 €,
11. im § 96a Abs. 7 Z 3 statt 20,94 € mit 21,63 €,
12. im § 98 Abs. 5 statt 56,03 € mit 56,87 €,
13. im § 123 Abs. 6 Z 2 und 3 lit. a statt 1 241,97 € mit jeweils 1 260,60 €,
14. im § 123 Abs. 6 Z 3 lit. a und b statt 1 863,02 € mit jeweils 1 890,97 €,
15. im § 123 Abs. 6 Z 3 lit. b und c statt 2 483,93 € mit jeweils 2 521,19 €,
16. im § 136 Abs. 6 statt 2 031,16 € mit jeweils 2 061,63 €,
17. im § 140 Abs. 3 statt 299,95 € mit 304,45 €,
18. im § 140 Abs. 4 lit. h statt 232,49 € mit 240,16 €,
19. im § 140 Abs. 4 lit. p statt 62,00 € mit 64,00 €,
20. im § 141 Abs. 1 lit. a) aa) statt 1 524,99 € mit 1 578,36 €,
21. im § 141 Abs. 1 lit. a) bb) statt 966,65 € mit 1 000,48 €,
22. im § 141 Abs. 1 lit. b) statt 966,65 € mit 1 000,48 €,
23. im § 141 Abs. 1 lit. c) aa) statt 355,54 € mit 367,98 €,
24. im § 141 Abs. 1 lit. c) aa) statt 533,85 € mit 552,53 €,
25. im § 141 Abs. 1 lit. c) bb) statt 631,80 € mit 653,91 €,
26. im § 141 Abs. 1 lit. c) bb) statt 966,65 € mit 1 000,48 €,
27. im § 141 Abs. 1 zweiter Satz statt 149,15 € mit 154,37 €,
28. im § 147a Abs. 1 Z 2 und Abs. 2 statt 1 080 € mit jeweils 1 113,48 €,
29. im § 147a Abs. 2 statt 146,94 € mit 151,50 €,
30. im § 147a Abs. 3 Z 2 und Abs. 4 statt 1 315 € mit jeweils 1 339,99 €,
31. im § 147a Abs. 4 statt 381,94 € mit 389,20 €,
32. im § 147a Abs. 5 Z 2 und Abs. 6 statt 1 782 € mit jeweils 1 808,73 €,
33. im § 147a Abs. 6 statt 383,03 € mit 388,78 €,
34. im § 148f Abs. 1 statt 20 841,95 € mit 21 154,58 €,
35. im § 148f Abs. 3 statt 13 240,70 € mit 13 439,31 €,
36. im § 148f Abs. 3 statt 6 619,85 € mit 6 719,15 €,
37. im § 149g Abs. 2 statt 12,29 € mit 12,47 €,
38. im § 162 Abs. 5 statt 552,11 € mit 570,33 €.

Artikel 2

Auf Grund

3. des § 47 in Verbindung mit den §§ 255 Abs. 18, 276 Abs. 8 und 287 Abs. 8 des Bauern-Sozialversicherungsgesetzes (BSVG), BGBl. Nr. 559/1978, zuletzt geändert durch das Bundesgesetz BGBl. I Nr. 105/2020,

wird kundgemacht:

§ 2. Für das Kalenderjahr 2021 wird die Bemessungsgrundlage für Zeiten der Kindererziehung nach den §§ 239 Abs. 1 ASVG, 123 Abs. 1 GSVG und 114 Abs. 1 BSVG in der am 31. August 1996 in Geltung gestandenen Fassung statt 655,72 € mit jeweils 665,56 € festgestellt.

§ 3. Für das Kalenderjahr 2021 werden die Grenzbeträge nach den §§ 253c Abs. 2 ASVG, 131b Abs. 2 GSVG und 122b Abs. 2 BSVG in der am 31. Dezember 2003 in Geltung gestandenen Fassung statt 1 241,97 € mit jeweils 1 260,60 €, statt 1 655,95 € mit jeweils 1 680,79 €, statt 2 069,95 € mit jeweils 2 101,00 € und statt 2 483,93 € mit jeweils 2 521,19 € festgestellt.

§ 4. Für das Kalenderjahr 2021 wird der Grenzbetrag nach den §§ 264 Abs. 6 ASVG, 145 Abs. 6 GSVG und 136 Abs. 6 BSVG in der am 30. September 2000 in Geltung gestandenen Fassung statt 1 719,96 € mit jeweils 1 745,76 € festgestellt.

VO Datenübermittlung

Verordnung über die Übermittlung von Daten des land- und forstwirtschaftlichen Vermögens an die Sozialversicherungsanstalt der Selbständigen, BGBl 1988/202 idF

1 BGBl 1992/614   **2** BGBl II 1997/100   **3** BGBl II 2020/579

BSVG

Verordnung des Bundesministers für Finanzen vom 8. April 1988 über die Übermittlung von Daten des land- und forstwirtschaftlichen Vermögens an die „Sozialversicherungsanstalt der Selbständigen"

(BGBl II 2020/579)

Auf Grund des § 217 Abs. 4 des Bauern-Sozialversicherungsgesetzes (BSVG), BGBl. Nr. 559/1978, in der Fassung des Bundesgesetzes BGBl. Nr. 611/1987 wird im Einvernehmen mit dem Bundesminister für Arbeit und Soziales verordnet:

„**§ 1.** Die Übermittlung der in § 217 Abs. 2 BSVG genannten Daten hat über Datenleitung zu erfolgen. Die Durchführung obliegt dem Finanzamt Österreich. Dieses hat sich der Bundesrechenzentrum Gesellschaft mit beschränkter Haftung zu bedienen, die in Angelegenheiten des § 2 Abs. 3 Z 1 des Bundesgesetzes über die Bundesrechenzentrum GmbH, BGBl. Nr. 757/1996, in ihrer Eigenschaft als Auftragsverarbeiter im Sinne des Art. 4 Z 8 der Datenschutz-Grundverordnung, ABl. Nr. L 119 vom 04.05.2016 S. 1, tätig ist."

(BGBl II 2020/579)

§ 2. Die Übermittlung umfaßt:

1. bei Ergehen von Feststellungsbescheiden die Daten im Umfang des § 217 Abs. 2 BSVG und
2. ab der Hauptfeststellung auf den 1. Jänner 1988 bei Gesamtflächenänderungen, die gemäß § 21 Abs. 1 Z 1 lit. a des Bewertungsgesetzes zu keiner Wertfortschreibung führen, den Ordnungsbegriff (Finanzamtsnummer und Einheitswert-Aktenzeichen), den Stichtag, das Datum der Änderung und die Berechnungsgrundlagen.

(BGBl II 2020/579)

§ 3. Die in § 2 genannten Daten sind laufend zu übermitteln.

§ 4. „(1)" Die erste Übermittlung gemäß dieser Verordnung hat innerhalb Verordnung des Bundesministers für Finanzen vom 8. April 1988 eines Monats nach deren Kundmachung zu erfolgen und die Zeitpunkte vom 5. Jänner bis 31. März 1988 zu umfassen.

(BGBl II 2020/579)

„(2) § 1 und § 2 Z 2, jeweils in der Fassung der Verordnung BGBl. II Nr. 579/2020, treten mit 1. Jänner 2021 in Kraft."

(BGBl II 2020/579)

VO zur Verlängerung bestimmter Zeiträume im Zusammenhang mit der COVID-19-Krisensituation

Verordnung betreffend Verlängerung bestimmter Zeiträume nach dem ASVG, dem GSVG, dem BSVG und dem B-KUVG im Zusammenhang mit der COVID-19-Krisensituation, BGBl II 2020/244

Verordnung des Bundesministers für Soziales, Gesundheit, Pflege und Konsumentenschutz betreffend Verlängerung bestimmter Zeiträume nach dem Allgemeinen Sozialversicherungsgesetz, dem Gewerblichen Sozialversicherungsgesetz, dem Bauern-Sozialversicherungsgesetz und dem Beamten-Kranken- und Unfallversicherungsgesetz im Zusammenhang mit der COVID-19-Krisensituation

Auf Grund

1. des § 736 Abs. 3 und 5 des Allgemeinen Sozialversicherungsgesetzes (ASVG), BGBl. Nr. 189/1955, zuletzt geändert durch das Bundesgesetz BGBl. I Nr. 31/2020,

2. des § 378 Abs. 1 und 3 des Gewerblichen Sozialversicherungsgesetzes (GSVG), BGBl. Nr. 560/1978, zuletzt geändert durch das Bundesgesetz BGBl. I Nr. 31/2020,

3. des § 372 Abs. 1 und 2 des Bauern-Sozialversicherungsgesetzes (BSVG), BGBl. Nr. 559/1978, zuletzt geändert durch das Bundesgesetz BGBl. I Nr. 31/2020, und

4. des § 259 Abs. 1 und 3 des Beamten-Kranken- und Unfallversicherungsgesetzes (B-KUVG), BGBl. Nr. 200/1967, zuletzt geändert durch das Bundesgesetz BGBl. I Nr. 31/2020,

wird verordnet:

§ 1. Die Zeiträume nach § 736 Abs. 3 und 5 ASVG, § 378 Abs. 1 und 3 GSVG, § 372 Abs. 1 und 2 BSVG sowie § 259 Abs. 1 und 3 B-KUVG werden jeweils bis 30. Juni 2020 verlängert.

§ 2. § 1 tritt mit 1. Juni 2020 in Kraft.

Verordnung betreffend Durchführung der Impfung gegen SARS-CoV-2

Verordnung betreffend die Durchführung der Impfung gegen SARS-CoV-2 im niedergelassenen Bereich, BGBl II 2021/34 idF BGBl II 2021/64

BSVG

Verordnung des Bundesministers für Soziales, Gesundheit, Pflege und Konsumentenschutz betreffend die Durchführung der Impfung gegen SARS-CoV-2 im niedergelassenen Bereich

Auf Grund
1. des § 747 Abs. 3 des Allgemeinen Sozialversicherungsgesetzes (ASVG), BGBl. Nr. 189/1955, zuletzt geändert durch das Bundesgesetz BGBl. I Nr. 22/2021,
2. des § 384 Abs. 3 des Gewerblichen Sozialversicherungsgesetzes (GSVG), BGBl. Nr. 560/1978, zuletzt geändert durch das Bundesgesetz BGBl. I Nr. 158/2020,
3. des § 378 Abs. 3 des Bauern-Sozialversicherungsgesetzes (BSVG), BGBl. Nr. 559/1978, zuletzt geändert durch das Bundesgesetz BGBl. I Nr. 158/2020, und
4. des § 263 Abs. 3 des Beamten-Kranken- und Unfallversicherungsgesetzes (B-KUVG), BGBl. Nr. 200/1967, zuletzt geändert durch das Bundesgesetz BGBl. I Nr. 158/2020,

wird verordnet:

Priorisierung der Zielgruppen

§ 1. (1) Nach Maßgabe dieser Verordnung können die nach den Bundesgesetzen krankenversicherten Personen bzw. deren anspruchsberechtigte Angehörige mit dem vom Bund ab Verfügbarkeit zur Verfügung gestellten Impfstoff gegen SARS-CoV-2 geimpft werden.

(2) Die im niedergelassenen Bereich tätigen Ärztinnen und Ärzte, Gruppenpraxen bzw. Primärversorgungseinheiten sowie die selbständigen Ambulatorien haben die Impfungen prioritär an folgenden Personengruppen durchzuführen:
1. Ab Inkrafttreten dieser Verordnung an
   a) Personen ab Vollendung des 80. Lebensjahres und
   b) Menschen mit Behinderungen mit persönlicher Assistenz und deren persönlichen Assistentinnen und Assistenten;
2. ab 1. Februar 2021 zusätzlich an
   a) Personen ab Vollendung des 65. Lebensjahres,
   b) Personen vor Vollendung des 65. Lebensjahres, sofern sie der COVID-19-Risikogruppe nach der COVID-19-Risikogruppe-Verordnung, BGBl. II Nr. 203/2020, angehören,
   c) Personen in 24h-Betreuung, deren Betreuerinnen und Betreuern und Personen, die mit ihnen im gemeinsamen Haushalt leben, sowie
   d) Personen, die mit einer Schwangeren im gemeinsamen Haushalt leben „;"
   (BGBl II 2021/64)
   „3. ab 15. Februar 2021 zusätzlich an
   a) Angehörigen der Gesundheitsberufe, sowie
   b) Personen, die in der mobilen Pflege tätig sind;
   (BGBl II 2021/64)
4. ab 15. März 2021 zusätzlich an Personal in Schulen, Kindergärten, Kinderkrippen und Kinderbetreuungseinrichtungen."
(BGBl II 2021/64)

(3) Darüber hinaus dürfen Impfungen auch an allen anderen krankenversicherten Personen bzw. deren anspruchsberechtigten Angehörigen durchgeführt werden, sofern ausreichend Impfstoff vorhanden ist und dieser nicht innerhalb der Haltbarkeitsfrist an Personen nach Abs. 2 verimpft werden kann. In diesem Fall hat die Auswahl durch die Ärztin/den Arzt anhand des individuellen Erkrankungs- und Ansteckungsrisikos zu erfolgen.

Höhe der Honorare

§ 2. Der zuständige Krankenversicherungsträger hat für die Aufklärung, die Impfung und die Dokumentation
1. für die erste Teilimpfung ein pauschales Honorar in Höhe von 25 € und
2. für die zweite Teilimpfung ein pauschales Honorar in Höhe von 20 €

zu bezahlen.

Inkrafttreten

§ 3. „(1)" Diese Verordnung tritt mit dem auf den Tag der Kundmachung folgenden Tag in Kraft und mit Ablauf des 30. September 2021 außer Kraft.
(BGBl II 2021/64)

„(2) § 1 Abs. 2 Z 2 bis 4 in der Fassung der Verordnung BGBl. II Nr. 64/2021 treten mit dem auf den Tag der Kundmachung folgenden Tag in Kraft und mit dem in Abs. 1 genannten Zeitpunkt außer Kraft."
(BGBl II 2021/64)

3. Bundesgesetz über die Sozialversicherung freiberuflich selbständig Erwerbstätiger

Freiberuflichen-Sozialversicherungsgesetz, BGBl 1978/624 idF

1 BGBl 1979/533	**2** BGBl 1980/588	**3** BGBl 1981/591
4 BGBl 1984/487	**5** BGBl 1986/114	**6** BGBl 1987/158
7 BGBl 1991/157	**8** BGBl 1991/680	**9** BGBl 1993/338
10 BGBl 1996/201	**11** BGBl 1996/415	**12** BGBl I 1997/139
13 BGBl I 1998/141	**14** BGBl I 2001/67	**15** BGBl I 2002/5
16 BGBl I 2004/142	**17** BGBl I 2005/155	**18** BGBl I 2010/61
19 BGBl I 2013/4	**20** BGBl I 2015/162	**21** BGBl I 2018/100
22 BGBl I 2019/20		

FSVG

§ 32. Schlussbestimmung zu Art. 8 des Bundesgesetzes BGBl. I Nr. 61/2010

§ 33. Schlussbestimmungen zu Art. 4 des Bundesgesetzes BGBl. I Nr. 4/2013 (13. Novelle)

§ 34. Schlussbestimmung zu Art. 5 des Bundesgesetzes BGBl. I Nr. 162/2015

§ 35. Schlussbestimmung zu Art. 6 des Bundesgesetzes BGBl. I Nr. 100/2018

§ 36. Schlussbestimmung zu Art. 3 des Bundesgesetzes BGBl. I Nr. 20/2019

Bundesgesetz über die Sozialversicherung freiberuflich selbständig Erwerbstätiger (Freiberuflichen-Sozialversicherungsgesetz – FSVG)

(BGBl I 2013/4)

Der Nationalrat hat beschlossen:

Abschnitt I
Gemeinsame Bestimmungen

Geltungsbereich

§ 1. Dieses Bundesgesetz regelt die Kranken-, Unfall- und Pensionsversicherung einiger Gruppen im Inland freiberuflich selbständig Erwerbstätiger nach Maßgabe der folgenden Bestimmungen.

Verweisungen

§ 1a. Soweit in diesem Bundesgesetz auf Bestimmungen anderer Bundesgesetze verwiesen wird, sind diese, wenn nicht ausdrücklich anderes bestimmt wird, in ihrer jeweils geltenden Fassung anzuwenden.

(BGBl I 2013/4)

Pflichtversicherung

§ 2. (1) Auf Grund dieses Bundesgesetzes sind, soweit es sich um natürliche Personen handelt, in der Pensionsversicherung der in der gewerblichen Wirtschaft selbständig Erwerbstätigen pflichtversichert:

1. die Mitglieder der Österreichischen Apothekerkammer in der Abteilung für selbständige Apotheker;

2. die Mitglieder der Österreichischen Patentanwaltskammer;

(BGBl I 2013/4)

3. die Mitglieder der Architekten- und Ingenieurkonsulentenkammern nach § 1 Abs. 1 Z 1 des Ziviltechnikerkammergesetzes 1993, BGBl. Nr. 157/1994, im Folgenden kurz ZiviltechnikerInnen.

(BGBl I 2013/4)

(BGBl I 1997/139)

(2) Auf Grund dieses Bundesgesetzes sind, soweit es sich um natürliche Personen handelt, in der Unfall- und Pensionsversicherung der in der gewerblichen Wirtschaft selbständig Erwerbstätigen pflichtversichert:

1. die ordentlichen Kammerangehörigen einer Ärztekammer, wenn sie freiberuflich tätig und nicht als Wohnsitzärzte (§ 47 des Ärztegesetzes 1998, BGBl. I Nr. 169) in die Ärzteliste eingetragen sind;

2. die Mitglieder der Österreichischen Zahnärztekammer, ausgenommen Angehörige des Dentistenberufs, wenn sie freiberuflich tätig und nicht als Wohnsitzzahnärzte/Wohnsitzzahnärztinnen (§ 29 des Zahnärztegesetzes, BGBl. I Nr. 126/2005) in die Zahnärzteliste eingetragen sind.

(BGBl I 1997/139, BGBl I 1998/141, BGBl I 2002/5, BGBl I 2005/155, BGBl I 2010/61, BGBl I 2015/162, BGBl I 2019/20)

(2a) Eine freiberufliche Tätigkeit nach Abs. 2 ist auch

1. eine Tätigkeit im Rahmen einer Gruppenpraxis nach § 52a Abs. 1 Z 1 ÄrzteG 1998 bzw. nach § 26 Abs. 1 Z 1 ZÄG oder als (geschäftsführende/r) Gesellschafter/in einer Gruppenpraxis nach § 52a Abs. 1 Z 2 ÄrzteG 1998 bzw. nach § 26 Abs. 1 Z 2 ZÄG;

2. die Behandlung von Pfleglingen der Sonderklasse im Sinne des § 49 Abs. 3 Z 26 ASVG sowie die Tätigkeit als Notarzt/Notärztin im Sinne des § 49 Abs. 3 Z 26a ASVG;

3. eine Tätigkeit nach § 47a Abs. 4 und 5 ÄrzteG 1998.

(BGBl I 2019/20)

(3) Die Pflichtversicherung in der Pensionsversicherung besteht nur, wenn sie das 15. Lebensjahr vollendet haben.

(BGBl I 1997/139)

Abschnitt II
Sonderbestimmungen

Anwendung von Bestimmungen des Gewerblichen Sozialversicherungsgesetzes und des Allgemeinen Sozialversicherungsgesetzes

§ 3. (1) Auf die Pensionsversicherung der nach § 2 pflichtversicherten Personen sind, mit Ausnahme des § 5 des Gewerblichen Sozialversicherungsgesetzes, BGBl. Nr. 560/1978, und soweit im folgenden nichts anderes bestimmt wird, die für Personen gemäß § 2 Abs. 1 Z 1 bis 3 des Gewerblichen Sozialversicherungsgesetzes maßgeblichen Vorschriften dieses Bundesgesetzes und des Bundesgesetzes über die Sozialversicherungsanstalt der Selbständigen (SVSG), BGBl. I Nr. 100/2018, anzuwenden.

(BGBl I 1997/139, BGBl I 2018/100)

(2) Auf die Unfallversicherung der nach § 2 in diesem Versicherungszweig pflichtversicherten Personen sind die gesetzlichen Bestimmungen

entsprechend anzuwenden, die für die Unfallversicherung der gemäß § 8 Abs. 1 Z 3 lit. a des Allgemeinen Sozialversicherungsgesetzes, BGBl. Nr. 189/1955, teilversicherten Personen gelten.

Krankenversicherung der Pensionisten

§ 4. (1) Bezieher einer Pension aus der Pensionsversicherung nach § 2 unterliegen der Pflichtversicherung in der Krankenversicherung nur,

1. wenn der Pensionsbezug im wesentlichen auf eine Erwerbstätigkeit – bei Hinterbliebenenpensionen auf eine Erwerbstätigkeit des Verstorbenen – zurückgeht, die die Pflichtversicherung nach § 2 Abs. 1 Z 1 bis 4 des Gewerblichen Sozialversicherungsgesetzes begründet hat oder

(BGBl 1996/415, BGBl I 1997/139)

2. wenn und sobald für die Personengruppe, der der Pensionist auf Grund seiner früheren Erwerbstätigkeit angehört hat, die Pflichtversicherung in der Krankenversicherung durch Verordnung begründet worden ist oder bei früherem Wirksamkeitsbeginn der Verordnung begründet worden wäre.

(2) Bei der Ermittlung des Aufwandes nach § 29 Abs. 1 des Gewerblichen Sozialversicherungsgesetzes sind Pensionen und Pensionssonderzahlungen an Personen nach § 2 nur soweit zu berücksichtigen, als diese Personen der Pflichtversicherung in der Krankenversicherung unterliegen.

(3) Dem Einbehalt nach § 29 Abs. 2 des Gewerblichen Sozialversicherungsgesetzes hat der Versicherungsträger in den Fällen des Abs. 1 Z 1 die gesamte Pension (Pensionssonderzahlung) zugrunde zu legen.

Ausnahmen von der Pflichtversicherung in der Pensionsversicherung

§ 5. Von der Pflichtversicherung in der Pensionsversicherung nach § 2 sind ausgenommen

1. Personen im Sinne des § 2 Abs. 2, die die Nichtausübung ihrer freiberuflichen Tätigkeit (Schließung der Ordination) der Ärztekammer oder der Österreichischen Zahnärztekammer angezeigt haben;

(BGBl 1991/680, BGBl I 1997/139, BGBl I 2005/155)

2. Personen im Sinne des § 2 Abs. 1 Z 1 und 2 sowie des Abs. 2, die auf Grund einer Beschäftigung in einem öffentlich-rechtlichen oder privatrechtlichen Dienstverhältnis zu einer öffentlich-rechtlichen Körperschaft oder zu von solchen Körperschaften verwalteten Betrieben, Anstalten, Stiftungen und Fonds stehen, wenn ihnen aus ihrem Dienstverhältnis die Anwartschaft auf Ruhe- und Versorgungsgenuß zusteht, oder die auf Grund eines solchen Dienstverhältnisses einen Ruhegenuß beziehen;

(BGBl 1996/415, BGBl I 2013/4)

3. Angehörige der Orden und Kongregationen der Katholischen Kirche sowie der Anstalten der Evangelischen Diakonie;

(BGBl 1996/415, BGBl I 2013/4)

4. Personen im Sinne des § 2 Abs. 1 Z 3, die das Ruhen ihrer Berufsbefugnis angezeigt haben.

(BGBl I 2013/4)

(BGBl 1991/680)

Ausnahme von der Pflichtversicherung in der Krankenversicherung

§ 5a. Von der Pflichtversicherung in der Krankenversicherung nach § 2 sind ausgenommen:

Angehörige der Orden und Kongregationen der Katholischen Kirche sowie der Anstalten der Evangelischen Diakonie.

(BGBl 1996/415)

Ausnahme von der Pflichtversicherung in der Unfallversicherung

§ 5b. Von der Pflichtversicherung in der Unfallversicherung nach § 2 sind ausgenommen:

Angehörige der Orden und Kongregationen der Katholischen Kirche sowie der Anstalten der Evangelischen Diakonie.

(BGBl 1996/415)

Beginn und Ende der Pflichtversicherung in der Kranken- und Pensionsversicherung

§ 6. (1) Die Pflichtversicherung beginnt

1. mit dem Ersten des Kalendermonates, in dem der für die Versicherung maßgebliche Sachverhalt eingetreten ist;

2. mit dem Tag des Wegfalles des Ausnahmegrundes nach § 5 Z 1 oder 4;

(BGBl I 2013/4)

3. mit dem Tag des Wegfalles des Ausnahmegrundes nach § 5 Z 2, wenn er auf einen Monatsersten fällt, sonst mit dem dem Wegfall des Ausnahmegrundes folgenden Monatsersten.

(BGBl 1991/680)

(2) Die Pflichtversicherung endet

1. mit dem Letzten des Kalendermonates, in dem der für die Versicherung maßgebliche Sachverhalt weggefallen ist;

2. bei Eintritt des Ausnahmegrundes nach § 5 Z 1 oder 4 mit dem Letzten des Kalendermonates, in dem der Ausnahmegrund eingetreten ist;

(BGBl I 2013/4)

3. bei Eintritt des Ausnahmegrundes nach § 5 Z 2 mit dem Letzten des Kalendermonates, der dem Eintritt des Ausnahmegrundes vorangeht.

(BGBl 1991/680)

FSVG

Beitragsgrundlage in der Pensions-versicherung in Sonderfällen

§ 7. Übt ein in der Pensionsversicherung nach § 2 Pflichtversicherter zugleich auch eine Erwerbstätigkeit aus, die die Pflichtversicherung in der Pensionsversicherung nach dem Gewerblichen Sozialversicherungsgesetz begründet und übersteigt die Summe der Beitragsgrundlagen die Höchstbeitragsgrundlage, so ist Beitragsgrundlage in der Pensionsversicherung nach § 2 nur der Betrag, der im Rahmen der Höchstbeitragsgrundlage verhältnismäßig dem Anteil der Einkünfte aus der die Pflichtversicherung in der Pensionsversicherung nach § 2 begründenden Erwerbstätigkeit an den Gesamteinkünften entspricht.

Beiträge in der Pensionsversicherung

§ 8. Als Beitrag zur Pensionsversicherung haben für die Dauer der Versicherung die Pflichtversicherten und die Weiterversicherten 22,8 % der Beitragsgrundlage zu leisten. Davon entfallen auf die Versicherten 20 % und auf den Bund 2,8 % als Partnerleistung. § 33 Abs. 9 GSVG ist anzuwenden.

(BGBl I 1998/141, BGBl I 2004/142)

Beitrag des Bundes

§ 9. § 34 GSVG ist so anzuwenden, dass unter den Aufwendungen auch die Aufwendungen nach diesem Bundesgesetz und unter den Erträgen auch die Erträge nach diesem Bundesgesetz zu verstehen sind.

(BGBl I 2004/142)

§ 10. (aufgehoben)

(BGBl 1991/157)

Versicherungszeiten

§ 11. Bei Anwendung

1. des § 116 des Gewerblichen Sozialversicherungsgesetzes gelten als Ersatzzeiten in der Pensionsversicherung nach § 2 nur die in dessen Abs. 1 Z 2 bis 6, Abs. 2 und Abs. 7 angeführten Zeiten mit der Maßgabe, daß an die Stelle der selbständigen Erwerbstätigkeit im Sinne des § 116 Abs. 1 Z 1 des Gewerblichen Sozialversicherungsgesetzes die freiberufliche selbständige Erwerbstätigkeit im Sinne des § 2 zu treten hat;

    (BGBl 1991/680)

2. des § 117 des Gewerblichen Sozialversicherungsgesetzes ist der Beitragssatz nach § 8 dieses Bundesgesetzes heranzuziehen.

Ermittlung der Bemessungsgrundlage aus den Beitragsgrundlagen

§ 12. (1) Bei Anwendung des § 127c GSVG ist als Beitragsgrundlage für Beitragszeiten nach § 20, sofern sich aus Abs. 2 nichts anderes ergibt, bei Männern der Betrag von 977,45 €, bei Frauen der Betrag von 684,21 € heranzuziehen. Diese Beträge sind mit dem jeweils für das Jahr 1979 festgestellten

Aufwertungsfaktor (§ 47 des Gewerblichen Sozialversicherungsgesetzes) aufzuwerten.[a]

(BGBl 1993/338, BGBl I 1998/141, BGBl I 2001/67)

[a] Siehe VO über veränderliche Werte.

(2) Wurden jedoch die monatlichen Beiträge gemäß § 20 Abs. 9 herabgesetzt, gilt als der für die Ermittlung der Bemessungsgrundlage heranzuziehende Betrag nur jener Teil des Betrages nach Abs. 1, der dem Ausmaß des herabgesetzten Beitrages verhältnismäßig entspricht.

Anrechnung von Beiträgen zur Pensions-versicherung nach dem Allgemeinen Sozialversicherungsgesetz für die Höherversicherung

§ 13. (aufgehoben)

§ 14. (aufgehoben)

Gebarungsaufzeichnungen

§ 15. Unbeschadet der Bestimmungen des § 216 Abs. 2 des Gewerblichen Sozialversicherungsgesetzes hat die Sozialversicherungsanstalt der Selbständigen getrennte Aufzeichnungen über die Gebarung der in der Krankenversicherung und Pensionsversicherung nach diesem Bundesgesetz pflichtversicherten Personen für jede der im § 2 bezeichneten Gruppen zu führen.

(BGBl I 1997/139, BGBl I 2018/100)

Abschnitt III
Übergangsbestimmungen

Befreiung von der Pflichtversicherung in der Pensionsversicherung

§ 16. (aufgehoben)

(BGBl I 1998/141)

Erstmalige Meldungen

§ 17. (1) Personen, die nach den Bestimmungen dieses Bundesgesetzes in die Pflichtversicherung einbezogen werden, haben sich innerhalb von sechs Monaten nach ihrer Einbeziehung bei der Sozialversicherungsanstalt der Selbständigen anzumelden und den für die Feststellung der Beitragsgrundlage maßgebenden rechtskräftigen Einkommensteuerbescheid vorzulegen.

(BGBl I 2018/100)

(2) Die gesetzlichen beruflichen Vertretungen der in die Pflichtversicherung einbezogenen Personen haben innerhalb von zwei Monaten nach Einbeziehung in die Pflichtversicherung dem zuständigen Versicherungsträger Verzeichnisse aller ihrer Mitglieder – die Österreichische Ärztekammer nur ein Verzeichnis der freiberuflich tätigen Ärzte, die Österreichische Zahnärztekammer nur ein Verzeichnis der freiberuflich tätigen Angehörigen des zahnärztlichen Berufs die Österreichische Apothekerkammer nur ein Verzeichnis ihrer Mitglieder in der Abteilung für selbständige Apotheker – nach dem Stande zum Zeitpunkt der Einbeziehung in die Pflichtversicherung zu übergeben.

(BGBl I 2005/155)

Aufkündigung von Versicherungsverträgen

§ 18. (1) Für Personen, die nach den Bestimmungen dieses Bundesgesetzes in die Kranken- bzw. Unfallversicherung einbezogen werden und die zum Zeitpunkt des Eintrittes der Pflichtversicherung bei einem Versicherungsunternehmen vertragsmäßig Kranken- oder unter Einschluß der Arbeitsunfälle unfallversichert sind, können den Versicherungsvertrag innerhalb von sechs Monaten nach dem Eintritt der Pflichtversicherung zum Ablauf des auf die Aufkündigung folgenden Kalendermonates aufkündigen. Für den Zeitraum nach dem Erlöschen des Versicherungsvertrages bereits entrichtete Versicherungsbeiträge (Prämien) sind vom Versicherungsunternehmen nicht zu erstatten. Über Verlangen des Versicherungsunternehmens ist der Bestand der Pflichtversicherung nachzuweisen.

(2) Versicherungsunternehmen, die das Versicherungsgeschäft betreiben, können jene Teile der versicherungstechnischen Rückstellungen, die zufolge Kündigung gemäß Abs. 1 aufzulösen sind, steuerfrei auf eine Sonderrücklage für die Umstellung des Geschäftsbetriebes übertragen. Diese Rücklage ist in den folgenden Geschäftsjahren mit einem Teilbetrag von 20 vH gewinnerhöhend (verlustmindernd) aufzulösen.

Feststellung der Beitragsgrundlagen

§ 19. Zur Feststellung der Beitragsgrundlagen in der Kranken- und Pensionsversicherung nach diesem Bundesgesetz bei Beginn der Versicherung und in den folgenden zwei Kalenderjahren ist § 25 des Gewerblichen Sozialversicherungsgesetzes mit der Maßgabe anzuwenden, daß den Einkünften aus einer die Pflichtversicherung begründenden Erwerbstätigkeit die Einkünfte gleichzuhalten sind, die aus der Erwerbstätigkeit erzielt wurden, die bei früherem Wirksamkeitsbeginn der Bestimmungen über die Pflichtversicherung diese begründet hätte.

Nachträglicher Einkauf von Versicherungszeiten

§ 20. (1) Personen, die im Zeitpunkt des Inkrafttretens einer Verordnung nach § 2 Abs. 2 die Voraussetzungen für den Eintritt der Pflichtversicherung in der Pensionsversicherung erfüllen, können auf Antrag nach Maßgabe der Bestimmungen der Abs. 2 bis 13 für die nach dem 31. Dezember 1957 und vor dem Zeitpunkt ihrer Einbeziehung gelegenen Zeiten durch Entrichtung von Beiträgen für den eigenen Versicherungsverlauf wirksame Versicherungszeiten einkaufen. Auf Antrag des Versicherten ist der Einkauf auch auf sämtliche vor dem 1. Jänner 1958 gelegenen Zeiten einer freiberuflichen selbständigen Erwerbstätigkeit zu erstrecken, die bei früherem Wirksamkeitsbeginn der Verordnung nach § 2 Abs. 2 die Pflichtversicherung in der Pensionsversicherung nach § 2 begründet hätten. Die so erworbenen Versicherungsmonate sind Beitragsmonate der freiwilligen Versicherung. Ausgeschlossen sind Personen, die im Zeitpunkt der Antragstellung

1. einen bescheidmäßig zuerkannten Anspruch auf eine monatlich wiederkehrende Geld-

leistung aus einer gesetzlichen Pensionsversicherung aus den Versicherungsfällen des Alters oder der geminderten Arbeitsfähigkeit oder der Erwerbsunfähigkeit mit Ausnahme der Ansprüche auf Knappschaftspension und Knappschaftssold oder nach einem Landessozialhilfegesetz haben oder

(BGBl 1996/201)

2. in einem öffentlich-rechtlichen oder privatrechtlichen Dienstverhältnis zu einer öffentlich-rechtlichen Körperschaft oder zu von solchen Körperschaften verwalteten Betrieben, Anstalten, Stiftungen und Fonds stehen, wenn ihnen aus ihrem Dienstverhältnis die Anwartschaft auf Ruhe- und Versorgungsgenüsse (Pensionen) zusteht, oder

3. in einem Dienstverhältnis zu einer internationalen Organisation mit Amtssitz in Österreich stehen, wenn ihnen aus diesem Dienstverhältnis die Anwartschaft auf regelmäßig wiederkehrende Ruhestands- bzw. Versorgungsleistungen zusteht oder wenn sie auf Grund eines solchen Dienstverhältnisses solche Ruhestandsleistungen beziehen.

(2) Die Entrichtung von Beiträgen ist nur für die Gesamtzahl der vollen Kalendermonate solcher nach Abs. 1 in Betracht kommenden Zeiten zulässig, die nicht schon als Versicherungsmonate aus einer gesetzlichen Pensionsversicherung gelten und nach dem Kalenderjahr liegen, in dem der Antragsteller das 15. Lebensjahr vollendet hat.

(3) Der Antrag ist längstens innerhalb von zwei Jahren nach dem Zeitpunkt der Einbeziehung bei der Sozialversicherungsanstalt der Selbständigen einzubringen, die auch zur Durchführung des Einkaufes zuständig ist.

(BGBl I 2018/100)

(4) Verstirbt der Antragsteller vor der rechtskräftigen Entscheidung über seinen Antrag, so sind die im § 408 des Allgemeinen Sozialversicherungsgesetzes genannten Personen zur Fortsetzung des Verfahrens berechtigt.

(5) Für jeden einzukaufenden Versicherungsmonat ist für Männer ein Betrag von 85,54 €, für Frauen ein Betrag von 59,88 € zu entrichten.

(BGBl I 2001/67)

(6) Die Entrichtung hat in einem Betrag innerhalb von sechs Monaten ab der Rechtskraft des Bescheides über die Bewilligung des Einkaufes von Versicherungszeiten zu erfolgen. Wenn dem Antragsteller die Zahlung in einem Betrag nach seiner wirtschaftlichen Lage nicht zugemutet werden kann, hat der Versicherungsträger Teilzahlungen, und zwar höchstens 60 aufeinanderfolgende Monatsraten, beginnend mit dem Kalendermonat, das der Zustellung des die Ratenzahlung bewilligenden Bescheides folgt, zuzulassen. Die Teilzahlungen sind jeweils am 20. des betreffenden Kalendermonates fällig.

(7) Die Versicherungszeiten gelten erst in dem Zeitpunkt als erworben, in dem der zu entrichtende Beitrag (der letzte Teilzahlungsbetrag) beim

Versicherungträger eingelangt ist. Der Versicherungträger hat einen in diesem Zeitpunkt bereits bestehenden Leistungsanspruch unter Berücksichtigung der durch den Einkauf erworbenen Versicherungszeiten mit Wirksamkeit ab dem dem Einlangen des Beitrages (des letzten Teilzahlungsbetrages) folgenden Monatsersten neu festzustellen.

(8) Beiträge, die nach dem 31. Dezember 1979 entrichtet werden, erhöhen sich in jedem Kalenderjahr um 8,5 vH Dies gilt nicht für Beiträge, deren Entrichtung erfolgt:

1. innerhalb von drei Monaten nach Rechtskraft des Bewilligungsbescheides oder

2. innerhalb von drei Monaten nach Rechtskraft eines Bescheides über einen Antrag auf Herabsetzung der Beiträge nach Abs. 9, sofern dieser Antrag innerhalb von drei Monaten nach Rechtskraft des Bewilligungsbescheides gestellt wurde.

In allen diesen Fällen sind die Beiträge in der zum Zeitpunkt der Antragstellung maßgebenden Höhe zu entrichten.

(9) In Fällen besonderer Härte kann der Bundesminister für soziale Verwaltung die monatlichen Beiträge nach Abs. 5 herabsetzen, jedoch nicht unter den Betrag eines Viertels dieser Monatsbeiträge. Ein Fall besonderer Härte ist insbesondere dann anzunehmen, wenn durch die Beitragsentrichtung der Lebensunterhalt des Antragstellers unter Berücksichtigung seiner Einkommens-, Vermögens- und Familienverhältnisse nicht nur vorübergehend wesentlich gefährdet wäre.

(10) Bleibt der Versicherte, dem der Einkauf von Versicherungszeiten unter Einräumung von Teilzahlungen bewilligt worden ist, mit mehr als zwei aufeinanderfolgenden Monatsraten im Verzug, so erlischt die Bewilligung zum Einkauf. Die bereits entrichteten Monatsraten sind dem Versicherten vom Versicherungträger zurückzuerstatten.

(11) Leistungen aus einer gesetzlichen Pensionsversicherung aus den Versicherungsfällen des Alters, auf die erst durch im Wege des Einkaufes im Sinne der Abs. 1 bis 9 erworbene Versicherungszeiten ein Anspruch begründet wurde, fallen abweichend von der Regelung des § 55 des Gewerblichen Sozialversicherungsgesetzes, des § 86 des Allgemeinen Sozialversicherungsgesetzes bzw. des § 51 des Bauern-Sozialversicherungsgesetzes frühestens nach Ablauf von 24 Monaten nach dem Einlangen des Antrages auf Einkauf von Versicherungszeiten an.

(12) Wurde der Einkauf von Versicherungszeiten bewilligt und ist vor dem im Abs. 7 genannten Zeitpunkt der Versicherungsfall der Erwerbsunfähigkeit oder der Versicherungsfall des Todes eingetreten, so sind der Versicherte bzw. die im Abs. 4 genannten Angehörigen berechtigt, den noch aushaftenden Beitrag (die noch aushaltenden Teilzahlungsbeträge) auch nach dem Eintritt des Versicherungsfalles zu entrichten. Der Leistungsanspruch ist in solchen Fällen vom Versicherungträger zum maßgebenden Stichtag zunächst ohne Berücksichtigung der durch den Einkauf zu er-

werbenden Versicherungszeiten festzustellen. Kommt es zu einem Leistungsanspruch und werden der noch aushaftende Beitrag bzw. die noch aushaftenden Teilzahlungsbeträge vom Versicherten bzw. von den im Abs. 4 genannten Personen rechtzeitig entrichtet, so hat der Versicherungträger den Leistungsanspruch unter Berücksichtigung der durch den Einkauf erworbenen Versicherungszeiten mit Wirksamkeit ab dem dem Erwerb dieser Versicherungszeiten folgenden Monatsersten neu festzustellen. Machen der Versicherte bzw. die Angehörigen von dem Recht der vollständigen Entrichtung von Teilzahlungsbeträgen bis zum bereits eingetretenen Stichtag nicht Gebrauch, so hat der Versicherungträger allenfalls entrichtete Teilzahlungsbeträge dem Versicherten bzw. den Angehörigen zurückzuerstatten.

(BGBl 1996/201)

Erstattung von Beiträgen

§ 20a. (1) Hat ein im Kalenderjahr 1979 nach diesem Bundesgesetz in der Pensionsversicherung Pflichtversicherter zugleich auch eine Beschäftigung (Erwerbstätigkeit) ausgeübt, die die Pflichtversicherung in der Pensionsversicherung nach dem Allgemeinen Sozialversicherungsgesetz begründet hat, so kann er bei sonstigem Ausschluß bis 30. September 1981 für die im Kalenderjahr 1979 entrichteten allgemeine Beiträge beim hiefür zuständigen Versicherungträger den Antrag stellen, ihm seinen Anteil von den allgemeinen Beiträgen zu erstatten.

(2) Soweit in der Pensionsversicherung nach dem Allgemeinen Sozialversicherungsgesetz im Kalenderjahr 1979 Beiträge von den Sonderzahlungen gemäß § 54 des Allgemeinen Sozialversicherungsgesetzes entrichtet wurden, ist Abs. 1 entsprechend anzuwenden.

(3) Werden Beiträge nach den Abs. 1 und 2 nicht erstattet, so hat der zuständige Versicherungträger nach dem Allgemeinen Sozialversicherungsgesetz diese Beiträge an die Sozialversicherungsanstalt der gewerblichen Wirtschaft bis zum 30. Juni 1982 abzuführen. Die abgeführten Beiträge gelten als Beiträge zur Höherversicherung im Rahmen der Bestimmungen des § 33 Abs. 7 des Gewerblichen Sozialversicherungsgesetzes.

(4) Mit der Erstattung von Beiträgen nach den Abs. 1 und 2 verlieren die in der Pensionsversicherung nach dem Allgemeinen Sozialversicherungsgesetz zurückgelegten Versicherungszeiten jegliche Wirksamkeit.

§ 20b. (aufgehoben)

(BGBl 1991/680, BGBl I 2013/4)

ABSCHNITT IIIa
Übertragung der Leistungen und Anwartschaften des Pensionsfonds nach dem Statut der Wohlfahrtseinrichtungen der

FSVG

Bundeskammer der Architekten und Ingenieurkonsulenten

Besondere Pensionsleistung statt Leistungen des Pensionsfonds

§ 20c. Personen, die am 31. Jänner 2014 Anspruch auf eine Leistung des Pensionsfonds nach dem Statut der Wohlfahrtseinrichtungen der Bundeskammer der Architekten und Ingenieurkonsulenten (im Folgenden kurz Pensionsfonds) haben (kundgemacht in den Amtlichen Nachrichten der Bundes-Architekten- und Ingenieurkonsulentenkammer, Verordnung Nr. 179, zuletzt geändert durch Verordnung Nr. 209), gebührt diese Leistung ab 1. Februar 2014 als Besondere Pensionsleistung nach diesem Bundesgesetz, die von der Sozialversicherungsanstalt der gewerblichen Wirtschaft zu erbringen ist, und zwar in folgender Weise:

1. Die Höhe der Besonderen Pensionsleistung entspricht dem Ausmaß jener Pensionsleistung, die der anspruchsberechtigten Person zum 1. Jänner 2014 gemäß dem Feststellungsbescheid nach § 36 des Statuts der Wohlfahrtseinrichtungen in Verbindung mit § 78 Abs. 5 des Ziviltechnikerkammergesetzes 1993 gebührt.

2. Auf die Besondere Pensionsleistung sind die der Art der bisherigen Leistung des Pensionsfonds (Alterspension oder Berufsunfähigkeitspension oder Hinterbliebenenpension) entsprechenden Bestimmungen des GSVG über den Bezug und die Anpassung von Alterspensionen, Erwerbsunfähigkeitspensionen und Hinterbliebenenpensionen anzuwenden; die §§ 143, 144, 145 Abs. 6a und 149 GSVG bleiben dabei jedenfalls außer Betracht.

(BGBl I 2013/4)

Besondere Pensionsleistung bei Anwartschaften auf eine Leistung des Pensionsfonds

§ 20d. Personen, die am 31. Dezember 2012 eine Anwartschaft auf eine Leistung des Pensionsfonds haben, gebührt ab 1. Februar 2014 anstelle dieser Anwartschaft auf Alterspension oder Berufsunfähigkeitspension im Leistungsfall eine Besondere Pensionsleistung nach diesem Bundesgesetz, die von der Sozialversicherungsanstalt der gewerblichen Wirtschaft nach den Bestimmungen des GSVG zu ermitteln und zu erbringen ist, und zwar nach folgenden Maßgaben:

1. Das Bestehen einer Anwartschaft und die Höhe der Besonderen Pensionsleistung ergeben sich aus dem Feststellungsbescheid nach § 33 des Statuts der Wohlfahrtseinrichtungen unter Bedachtnahme auf

   a) die Art der beanspruchten Pensionsleistung (Alterspension oder Berufsfähigkeitspension),

   b) die im Bescheid ausgewiesene Leistungshöhe bei Anwartschaften auf Alterspension im Altersklassen- und im Pensionskontensystem sowie bei Anwartschaft auf Berufsunfähigkeits-

pension, jeweils zu den im Bescheid ausgewiesenen Zeitpunkten,

   c) das Alter der antragstellenden Person zum Stichtag (§ 113 Abs. 2 GSVG),

   d) die im Bescheid ausgewiesene Verminderung der Alterspension bei Pensionsantritt vor dem im Bescheid ausgewiesenen Regelpensionsalter nach dem Altersklassen- und dem Pensionskontensystem,

   e) die im Bescheid ausgewiesene Veränderung der Berufsunfähigkeitspension bei späterer Anspruchsbegründung,

   f) die im Bescheid ausgewiesene Mindestpension bei Berufsunfähigkeit, wobei diese nur dann gebührt, wenn die Berufsbefugnis als ZiviltechnikerIn zum Stichtag (§ 113 Abs. 2 GSVG) aufrecht ist, und zwar unter Anrechnung des nach § 29 Abs. 5 des Statuts der Wohlfahrtseinrichtungen festzustellenden Betrages, und

   g) die Aufwertung der Anwartschaften (§ 20f) bis zum Stichtag (§ 113 Abs. 2 GSVG).

2. Die Anspruchsvoraussetzungen für die Besondere Pensionsleistung sind in folgender Weise zu prüfen:

   a) Eine Alterspension nach dem Statut der Wohlfahrtseinrichtungen kann als Besondere Pensionsleistung beansprucht werden, wenn das im Feststellungsbescheid nach § 33 des Statuts der Wohlfahrtseinrichtungen festgestellte frühestmögliche Pensionsanfallsalter vollendet ist.

   b) Eine Berufsunfähigkeitspension nach dem Statut der Wohlfahrtseinrichtungen kann als Besondere Pensionsleistung beansprucht werden, wenn die Anspruchsvoraussetzungen für eine Erwerbsunfähigkeitspension nach dem GSVG erfüllt sind, wobei die Wartezeit (Mindestversicherungszeit) 96 erworbene Beitragsmonate bei Eintritt der Erwerbsunfähigkeit nach Vollendung des 50. Lebensjahres beträgt.

(BGBl I 2013/4)

Besondere Hinterbliebenenpensionsleistung

§ 20e. Hinterbliebene (§§ 136 bis 138 GSVG) einer anspruchsberechtigten Person nach § 20c oder einer anwartschaftsberechtigten Person nach § 20d haben Anspruch auf eine Besondere Hinterbliebenenpensionsleistung nach diesem Bundesgesetz, die nach den Bestimmungen über die Hinterbliebenenpensionen nach dem GSVG unter Zugrundelegung des Feststellungsbescheides nach § 20c Z 1 oder nach § 20d Z 1 zu ermitteln ist. Dabei ist für die Berechnung der Witwen(Witwer)pension abweichend von § 145 Abs. 2 GSVG einheitlich der Hundertsatz von 60 anzuwenden.

(BGBl I 2013/4)

Aufwertung der Anwartschaften

§ 20f. Die in den Feststellungsbescheiden nach § 33 des Statuts der Wohlfahrtseinrichtungen festgestellten Anwartschaften sind bei der Leistungsermittlung (§ 20d) unter Heranziehung des § 30 des Statuts der Wohlfahrtseinrichtungen aufzuwerten.

(BGBl I 2013/4)

Datenübermittlung

§ 20g. Die Bundeskammer der Architekten und Ingenieurkonsulenten sowie die Länderkammern (§ 1 ZTKG) sind verpflichtet, der Sozialversicherungsanstalt der Selbständigen die in den Feststellungsbescheiden nach den §§ 33 und 36 des Statuts der Wohlfahrtseinrichtungen enthaltenen Daten sowie die folgenden personenbezogenen Daten der in den §§ 2 Abs. 1 Z 3, 20c und 20d genannten Personen zu übermitteln: Namen, akademische Titel, Geschlecht, Sozialversicherungsnummer, Geburtsdatum, Adressen (Berufssitz und Wohnadresse), Beginn und Status der Kammermitgliedschaft (aktiv, ruhend, ausgeschieden) sowie Datum der letzten Statusänderung, Daten über den Bezug einer Eigenpension nach dem Statut der Wohlfahrtseinrichtungen und über die Selbständigenvorsorge nach dem Betrieblichen Mitarbeiter- und Selbständigenvorsorgegesetz, BGBl. I Nr. 100/2002, sowie über die Zugehörigkeit zu einer Krankenvorsorgeeinrichtung (Gruppenvertrag). Die Sozialversicherungsanstalt der Selbständigen ist berechtigt, die übermittelten Daten im Zuge der Erfüllung ihrer gesetzlichen Aufgaben zu verwenden.

(BGBl I 2013/4, BGBl I 2018/100)

Abschnitt IV
Schlußbestimmungen

Vollziehung

§ 21. Mit der Vollziehung dieses Bundesgesetzes ist hinsichtlich der Bestimmungen des § 9 der Bundesminister für soziale Verwaltung im Einvernehmen mit dem Bundesminister für Finanzen, hinsichtlich der Bestimmungen des § 14 Abs. 3 der Bundesminister für soziale Verwaltung Einvernehmen mit dem Bundesminister für Gesundheit und Umweltschutz, hinsichtlich aller übrigen Bestimmungen der Bundesminister für soziale Verwaltung betraut.

(BGBl I 2013/4)

Wirksamkeitsbeginn

§ 22. (1) Dieses Bundesgesetz tritt am 1. Jänner 1979 in Kraft.

(2) Die §§ 5, 6, 11 Z 1 und 20b in der Fassung des Bundesgesetzes BGBl. Nr. 680/1991 treten mit 1. Jänner 1992 in Kraft.

(BGBl 1991/680)

(3) § 14 Abs. 2 in der Fassung des Bundesgesetzes BGBl. Nr. 680/1991 tritt mit 1. April 1991 in Kraft.

(BGBl 1991/680)

(4) Zur Vorbereitung der Durchführung können schon vor dem 1. Jänner 1979 von dem der Kundmachung dieses Bundesgesetzes folgenden Tag an Maßnahmen getroffen, hiebei insbesondere Verordnungen nach § 2 Abs. 2 erlassen werden. Solche Verordnungen treten frühestens mit 1. Jänner 1979 in Kraft.

(BGBl I 2013/4)

Schlussbestimmung zum Bundesgesetz
BGBl. Nr. 338/1993 (8. Novelle)

§ 23. Die §§ 12 Abs. 1 und 14 in der Fassung des Bundesgesetzes BGBl. Nr. 338 treten mit 1. Juli 1993 in Kraft.

(BGBl 1993/338, BGBl I 2013/4)

Schlussbestimmung zu Art. 37 des Strukturanpassungsgesetzes 1996, BGBl. Nr. 201

§ 24. § 20 Abs. 1 Z 1 und Abs. 12 in der Fassung des Bundesgesetzes BGBl. Nr. 201/1996 tritt am 1. Juli 1996 in Kraft.

(BGBl 1996/201, BGBl I 2013/4)

Schlussbestimmungen zum Bundesgesetz
BGBl. Nr. 415/1996 (9. Novelle)

§ 25. (1) Die §§ 4 Abs. 1 Z 1, 5 Z 2 und Z 3 sowie 5a und 5b in der Fassung des Bundesgesetzes BGBl. Nr. 415/1996 treten am 1. August 1996 in Kraft.

(2) Personen, die am 31. Juli 1996 nach den in diesem Zeitpunkt geltenden Vorschriften als Pensionisten in der Krankenversicherung pflichtversichert waren, gemäß § 4 Abs. 1 Z 1 in der Fassung des Bundesgesetzes BGBl. Nr. 415/1996 aber nicht mehr pflichtversichert sind, bleiben als Pensionisten in der Krankenversicherung pflichtversichert.

(3) Hinterbliebene, die auf Grund einer in § 5 Z 2 genannten Beschäftigung einen Versorgungsgenuß beziehen und für die die Ausnahme von der Pflichtversicherung in der Pensionsversicherung gemäß § 5 Z 2 in der Fassung des Bundesgesetzes BGBl. Nr. 415/1996 entfällt, sind von der Pflichtversicherung in der Pensionsversicherung nach § 2 auf Antrag zu befreien, wenn sie

1. vor dem 1. August 1996 das 50. Lebensjahr vollendet haben oder

2. nach dem Allgemeinen Sozialversicherungsgesetz in der Pensionsversicherung weiterversichert sind bzw. als weiterversichert gelten.

Der Antrag muß bis längstens 1. August 1997 bei der Sozialversicherungsanstalt der gewerblichen Wirtschaft gestellt werden. Die Befreiung gilt rückwirkend ab dem Zeitpunkt der Einbeziehung. Die Entscheidung über den Befreiungsantrag obliegt der Sozialversicherungsanstalt der gewerblichen Wirtschaft.

(BGBl 1996/415, BGBl I 2013/4)

Schlussbestimmung zu Art. 9 des Arbeits- und Sozialrechts-Änderungsgesetzes 1997, BGBl. I Nr. 139 (10. Novelle)

§ 26. § 2, § 3 Abs. 1, § 4 Abs. 1 Z 1, § 5 Z 1 sowie § 15 in der Fassung des Bundesgesetzes BGBl. I Nr. 139/1997 treten mit 1. Jänner 1998 in Kraft.

(BGBl I 1997/139, BGBl I 2013/4)

Schlussbestimmungen zum Bundesgesetz BGBl. I Nr. 141/1998 (11. Novelle)

§ 27. (1) Es treten in Kraft:

1. mit 1. Jänner 2000 die §§ 2 Abs. 2 und 12 Abs. 1 in der Fassung des Bundesgesetzes BGBl. I Nr. 141/1998;

2. rückwirkend mit 1. Jänner 1998 § 8 in der Fassung des Bundesgesetzes BGBl. I Nr. 141/1998.

(2) § 16 tritt rückwirkend mit Ablauf des 31. Dezember 1997 außer Kraft.

(3) § 16 in der Fassung des Bundesgesetzes BGBl. Nr. 114/1986 ist auf Personen, die am 31. Dezember 1997 auf Grund dieser Bestimmung von der Pflichtversicherung in der Pensionsversicherung ausgenommen waren, weiterhin anzuwenden.

(BGBl I 1998/141, BGBl I 2013/4)

Schlussbestimmungen zu Art. 3 des Sozialversicherungs-Währungsumstellungs-Begleitgesetzes, BGBl. I Nr. 67/2001

§ 28. (1) Die §§ 12 Abs. 1 und 20 Abs. 5 in der Fassung des Bundesgesetzes BGBl. I Nr. 67/2001 treten mit 1. Jänner 2002 in Kraft.

(2) Schillingbeträge, die am 31. Dezember 2001 zur Bemessung einer (künftigen) Geldleistung beim Versicherungsträger (beim Hauptverband) gespeichert sind, sind mit Wirksamkeit vom 1. Jänner 2002 in Euro umzurechnen.

(BGBl I 2001/67, BGBl I 2013/4)

Schlussbestimmung zum Bundesgesetz BGBl. I Nr. 5/2002 (12. Novelle)

§ 29. Es treten in Kraft:

1. mit 1. Jänner 2002 § 2 Abs. 2 in der Fassung der Z 2 in der Fassung des Bundesgesetzes BGBl. I Nr. 5/2002;

2. rückwirkend mit 11. November 1998 § 2 Abs. 2 in der Fassung der Z 1 in der Fassung des Bundesgesetzes BGBl. I Nr. 5/2002.

(BGBl I 2002/5, BGBl I 2013/4)

Schlussbestimmung zu Art. 4 des Bundesgesetzes BGBl. I Nr. 142/2004

§ 30. Die §§ 8 und 9 in der Fassung des Bundesgesetzes BGBl. I Nr. 142/2004 treten mit 1. Jänner 2005 in Kraft.

(BGBl I 2004/142, BGBl I 2013/4)

Schlussbestimmung zu Art. 10 des Bundesgesetzes BGBl. I Nr. 155/2005

§ 31. Die §§ 2 Abs. 2, 5 Z 1 und 17 Abs. 2 in der Fassung des Bundesgesetzes BGBl. I Nr. 155/2005 treten mit 1. Jänner 2006 in Kraft.

(BGBl I 2005/155, BGBl I 2013/4)

Schlussbestimmung zu Art. 8 des Bundesgesetzes BGBl. I Nr. 61/2010

§ 32. § 2 Abs. 2 in der Fassung des Bundesgesetzes BGBl. I Nr. 61/2010 tritt mit 1. September 2010 in Kraft.

(BGBl I 2010/61, BGBl I 2013/4)

Schlussbestimmungen zu Art. 4 des Bundesgesetzes BGBl. I Nr. 4/2013 (13. Novelle)

§ 33. (1) Es treten in Kraft:

1. mit 1. Jänner 2013 die §§ 1a samt Überschrift, 2 Abs. 1 Z 2 und 3, 5 Z 2 bis 4, 6 Abs. 1 Z 2 und Abs. 2 Z 2, 21, 20c bis 20f samt Überschriften, 21a bis 21f samt Überschriften, 21g bis 21j sowie die Überschrift zu Abschnitt IIIa in der Fassung des Bundesgesetzes BGBl. I Nr. 4/2013;

2. rückwirkend mit 1. Oktober 2012 § 20g samt Überschrift in der Fassung des Bundesgesetzes BGBl. I Nr. 4/2013.

(2) § 20b tritt mit Ablauf des 31. Dezember 2012 außer Kraft.

(3) Mit Ausnahme für Personen, die ausschließlich eine Alterspension als Besondere Pensionsleistung nach § 20c beziehen, gelten Zeiten, die im Feststellungsbescheid nach § 33 in Verbindung mit § 31 des Statuts der Wohlfahrtseinrichtungen als Versicherungszeiten auf Grund einer Versicherungszeit festgestellt wurden, als Beitragszeiten der Pflichtversicherung auf Grund einer Erwerbstätigkeit nach diesem Bundesgesetz und Zeiten, die im Feststellungsbescheid als Versicherungszeiten auf Grund freiwilliger Beitragsleistung festgestellt wurden, als Beitragszeiten einer freiwilligen Versicherung nach diesem Bundesgesetz

1. für die Erfüllung der Mindestversicherungszeit nach § 4 Abs. 1 APG,

2. für die Erfüllung der Wartezeit nach § 120 Abs. 3 bis 6 GSVG (§ 236 Abs. 1 bis 4 ASVG, § 111 Abs. 3 bis 6 BSVG),

3. für die Erfüllung der Voraussetzungen für den Anspruch auf Korridor- und Schwerarbeitspension nach § 4 Abs. 2 Z 1 und Abs. 3 Z 1 APG,

4. für die Erfüllung der Voraussetzungen für den Anspruch auf vorzeitige Alterspension bei langer Versicherungsdauer nach § 131 Abs. 1 Z 1 Z 2 GSVG (§ 253b Abs. 1 Z 2 ASVG, § 122 Abs. 1 Z 2 BSVG) in der am 31. Dezember 2003 geltenden Fassung in Verbindung mit § 298 Abs. 10 GSVG (§ 607 Abs. 10 ASVG, § 287 Abs. 10 BSVG) sowie nach § 298 Abs. 12 Z 1 oder 2 und § 306 Abs. 10 GSVG (§ 607 Abs. 12 Z 1 oder 2 und § 607

Abs. 13 ASVG, § 287 Abs. 12 Z 1 oder 2 und § 295 Abs. 11 BSVG),

5. für die Erfüllung der Voraussetzungen für den Anspruch auf eine Erwerbsunfähigkeitspension nach den §§ 132 Abs. 3 und 133 Abs. 2, 2a, 3 und 6 GSVG sowie nach Art. III Abs. 4 der 10. Novelle zum GSVG, BGBl. Nr. 112/1986, und

6. für die Feststellung der Leistungszugehörigkeit nach § 129 GSVG (§ 251a ASVG, § 120 BSVG).

Die §§ 119 und 119a Abs. 2 GSVG (§ 233 Abs. 2 ASVG, § 110a Abs. 2 BSVG) sind anzuwenden.

(4) Von der Pflichtversicherung in der Pensionsversicherung nach § 2 Abs. 1 Z 3 sind jene ZiviltechnikerInnen ausgenommen, die am 1. Jänner 2013 bereits Anspruch auf eine Eigenpension nach dem Statut der Wohlfahrtseinrichtungen haben.

(5) Für Versicherte, die nach § 2 Abs. 1 Z 3 mit 1. Jänner 2013 in die Pensionsversicherung einbezogen werden, ist die vorläufige Beitragsgrundlage nach § 25a Abs. 1 Z 1 lit. a GSVG heranzuziehen. Abweichend davon sind die vorläufigen Beitragsgrundlagen für die Jahre 2013, 2014 und 2015 auf Antrag auf Grund der in den Jahren 2010, 2011 und 2012 erzielten Einkünfte aus der Tätigkeit nach § 2 Abs. 1 Z 3 zu ermitteln, wobei § 25a Abs. 1 Z 2 GSVG sinngemäß anzuwenden ist. Ein solcher Antrag muss bis zum Ablauf des jeweiligen Beitragsjahres, spätestens aber bis zum Stichtag (§ 113 Abs. 2 GSVG), gestellt werden.

(6) Auf Versicherte, die nach § 2 Abs. 1 Z 3 mit 1. Jänner 2013 in die Pensionsversicherung einbezogen werden, ist § 25 Abs. 6a GSVG so anzuwenden, dass anstelle des erstmaligen Eintritts einer Pflichtversicherung der erstmalige Eintritt einer die Pflichtversicherung nach § 2 Abs. 1 Z 3 begründenden Mitgliedschaft maßgeblich ist.

(7) Anstelle des verhältnismäßigen Teiles (§ 68 Abs. 1 lit. b letzter Halbsatz GSVG) der Besonderen Pensionsleistung nach § 20c gebührt Personen, die im Jänner 2014 eine Leistung des Pensionsfonds beziehen und bei denen der Leistungsanspruch am 31. Jänner 2014 aufrecht ist, für den Kalendermonat, in dem der Grund des Wegfalles der Besonderen Pensionsleistung eintritt, eine Vorschusszahlung. Die Vorschusszahlung ist in der Höhe der im Jänner 2014 ausgezahlten Leistung des Pensionsfonds am 1. Februar 2014 auszuzahlen. Alle auf die Besondere Pensionsleistung anzuwendenden Bestimmungen gelten auch für die Vorschusszahlung.

(8) Leistungen des Pensionsfonds, die ab 1. Februar 2014 als Besondere Pensionsleistung nach § 20c gebühren, sind erstmals mit 1. Jänner 2015 anzupassen.

(9) Abweichend von § 20c gebührt die Leistung des Pensionsfonds nicht schon ab 1. Februar 2014 als Besondere Pensionsleistung nach diesem Bundesgesetz, wenn die Voraussetzungen für die Erlassung des im § 20c Z 1 genannten Feststellungsbescheides erst nach diesem Zeitpunkt erfüllt und der Bescheid aus diesem Grund erst zu einem späteren Zeitpunkt erlassen wird; die Besondere Pensionsleistung gebührt in diesen Fällen ab dem der Bescheiderlassung folgenden Monatsersten.

(10) Beitragsrückstände, die in einem Feststellungsbescheid nach § 36 Abs. 2 des Statuts der Wohlfahrtseinrichtungen festgestellt werden, können nach § 71 GSVG von der Sozialversicherungsanstalt der gewerblichen Wirtschaft gegen die zu erbringenden Geldleistungen aufgerechnet werden.

(BGBl I 2013/4)

Schlussbestimmung zu Art. 5 des Bundesgesetzes BGBl. I Nr. 162/2015

§ 34. § 2 Abs. 2 in der Fassung des Bundesgesetzes BGBl. I Nr. 162/2015 tritt mit 1. Jänner 2016 in Kraft.

(BGBl I 2015/162)

Schlussbestimmung zu Art. 6 des Bundesgesetzes BGBl. I Nr. 100/2018

§ 35. Die §§ 3 Abs. 1, 15, 17 Abs. 1, 20 Abs. 3 und 20g in der Fassung des Bundesgesetzes BGBl. I Nr. 100/2018 treten mit 1. Jänner 2020 in Kraft.

(BGBl I 2018/100)

Schlussbestimmung zu Art. 3 des Bundesgesetzes BGBl. I Nr. 20/2019

§ 36. § 2 Abs. 2 und 2a in der Fassung des Bundesgesetzes BGBl. I Nr. 20/2019 tritt mit Ablauf des Tages seiner Kundmachung in Kraft.

(BGBl I 2019/20)

FSVG

1. Novelle zum FSVG
(BGBl 1979/533)

Der Nationalrat hat beschlossen:

ARTIKEL II
Übergangsbestimmungen

(1) Personen, die am 31. Dezember 1979 gemäß § 5 Z 1 des Bundesgesetzes über die Sozialversicherung freiberuflich selbständig Erwerbstätiger in der an diesem Tag in Geltung gestandenen Fassung von der Pflichtversicherung in der Pensionsversicherung ausgenommen waren, sind auf Antrag von dieser Pflichtversicherung zu befreien, wenn der Antrag bis 31. Dezember 1980 bei der Sozialversicherungsanstalt der gewerblichen Wirtschaft gestellt wird. Die Befreiung gilt rückwirkend ab 1. Jänner 1980 für die Dauer des Bestandes der Voraussetzungen für die seinerzeitige Ausnahme von der Pflichtversicherung.

(2) Bei den gemäß § 16 Z 2 des Bundesgesetzes über die Sozialversicherung freiberuflich selbständig Erwerbstätiger von der Pflichtversicherung in der Pensionsversicherung befreiten Personen gilt § 131 des Gewerblichen Sozialversicherungsgesetzes mit der Maßgabe, daß

a) an die Stelle der im Abs. 1 lit. c vorgesehenen Beitragsmonate der Pflichtversicherung in der Pensionsversicherung Beitragsmonate der freiwilligen Weiterversicherung in der Pensionsversicherung nach dem Allgemeinen Sozialversicherungsgesetz treten, sofern während dieser Zeit eine Erwerbstätigkeit ausgeübt wurde, die an sich die Pflichtversicherung nach dem Bundesgesetz über die Sozialversicherung freiberuflich selbständig Erwerbstätiger begründen würde und daß

b) neben der Voraussetzung des Abs. 1 lit. d die weitere Voraussetzung des § 14 Abs. 1 des Bundesgesetzes über die Sozialversicherung freiberuflich selbständig Erwerbstätiger erfüllt sein muß.

ARTIKEL III
Inkrafttreten

Dieses Bundesgesetz tritt hinsichtlich der Bestimmungen des Art. I Z 1 und 5 und des Art. II Abs. 2 rückwirkend mit 1. Jänner 1979, hinsichtlich der übrigen Bestimmungen am 1. Jänner 1980 in Kraft.[a]

[a] Betrifft die §§ 2 Abs. 1 Z 4, 2 Abs. 3, 20 Abs. 4 FSVG.

ARTIKEL IV
Vollziehung

Mit der Vollziehung dieses Bundesgesetzes ist der Bundesminister für soziale Verwaltung betraut.

2. Novelle zum FSVG
(BGBl 1980/588)

Der Nationalrat hat beschlossen:

ARTIKEL II
Schlußbestimmungen

Art. II Abs. 2 lit. b der 1. Novelle zum Freiberuflichen Sozialversicherungsgesetz, BGBl. Nr. 533/1979, hat zu lauten:[a]

[a] Berücksichtigt a.a.O.

ARTIKEL III
Inkrafttreten

Dieses Bundesgesetz tritt hinsichtlich der Bestimmungen des Art. II rückwirkend mit 1. Jänner 1979, hinsichtlich der Bestimmungen des Art. I am 1. Jänner 1981 in Kraft.

ARTIKEL IV

Mit der Vollziehung dieses Bundesgesetzes ist der Bundesminister für soziale Verwaltung betraut.

3. Novelle zum FSVG

(BGBl 1981/591)

Der Nationalrat hat beschlossen:

ARTIKEL II
Übergangsbestimmungen

Die Bestimmungen des § 12 des Freiberuflichen Sozialversicherungsgesetzes in der Fassung des Artikels I sind nur auf Versicherungsfälle anzuwenden, in denen der Stichtag nach dem 31. Dezember 1981 liegt.

ARTIKEL III
Inkrafttreten

Dieses Bundesgesetz tritt am 1. Jänner 1982 in Kraft.

ARTIKEL IV
Vollziehung

Mit der Vollziehung dieses Bundesgesetzes ist der Bundesminister für soziale Verwaltung betraut.

4. Novelle zum FSVG

(BGBl 1984/487)

Der Nationalrat hat beschlossen:

ARTIKEL II
Übergangsbestimmungen

(1) Personen, die am 31. Dezember 1984 der Pflichtversicherung in der Pensionsversicherung gemäß § 2 des Bundesgesetzes über die Sozialversicherung freiberuflich selbständig Erwerbstätiger unterliegen, obgleich sie die Voraussetzungen des § 16 Z 1 des Bundesgesetzes über die Sozialversicherung freiberuflich selbständig Erwerbstätiger erfüllt hatten, sind auf Antrag von dieser Pflichtversicherung zu befreien, wenn der Antrag bis 31. Dezember 1985 bei der Sozialversicherungsanstalt der gewerblichen Wirtschaft gestellt wird. Die Befreiung gilt rückwirkend ab 1. Jänner 1979.

(2) Den von der Pflichtversicherung nach Abs. 1 befreiten Personen sind die von ihnen für Zeiträume nach ihrer Befreiung zur Pflichtversicherung in der Gewerblichen Selbständigen-Pensionsversicherung entrichteten Beiträge aufgewertet zu erstatten. Die Aufwertung ist mit den Aufwertungsfaktoren (§ 47 des Gewerblichen Sozialversicherungsgesetzes) vorzunehmen, die im Jahre 1985 für die Jahre festgesetzt sind, in denen die Beiträge entrichtet wurden. Mit der Erstattung der Beiträge verlieren die zurückgelegten Versicherungszeiten jegliche Wirksamkeit. Die Befreiung gemäß Abs. 1 und die Erstattung von Beiträgen sind ausgeschlossen, wenn vor ihrer Geltendmachung eine Leistung aus einer gesetzlichen Pensionsversicherung gewährt worden ist und die aufgrund einer Pflichtversicherung in der Pensionsversicherung gemäß § 2 des Bundesgesetzes über die Sozialversicherung freiberuflich selbständig Erwerbstätiger entrichteten Beiträge auf Bestand bzw. Umfang dieses Leistungsanspruches von Einfluß waren.

ARTIKEL III
Inkrafttreten

Dieses Bundesgesetz tritt mit 1. Jänner 1985 in Kraft.

ARTIKEL IV
Vollziehung

Mit der Vollziehung dieses Bundesgesetzes ist der Bundesminister für soziale Verwaltung betraut.

5. Novelle zum FSVG
(BGBl 1986/114)
Der Nationalrat hat beschlossen:

Artikel I

Das Bundesgesetz über die Sozialversicherung freiberuflich selbständig Erwerbstätiger, BGBl. Nr. 624/1978, in der Fassung der Bundesgesetze BGBl. Nr. 533/1979, BGBl. Nr. 588/1980, BGBl. Nr. 591/1981 und BGBl. Nr. 487/1984 wird geändert wie folgt:

Für Personen, die gemäß § 16 Z 2 des Freiberuflichen Sozialversicherungsgesetzes von der Pflichtversicherung in der Pensionsversicherung befreit worden sind, gilt diese Befreiung über Antrag mit Wirkung ab 1. Jänner 1986 als eine solche gemäß § 16 Z 1 des Freiberuflichen Sozialversicherungsgesetzes, wenn die hiefür vorgesehenen Voraussetzungen am 1. Jänner 1979 erfüllt gewesen sind und der Antrag bis 31. Dezember 1986 bei der Sozialversicherungsanstalt der gewerblichen Wirtschaft gestellt wird.

FSVG

4. Selbständigen-Sozialversicherungsgesetz

Selbständigen-Sozialversicherungsgesetz, BGBl I 2018/100 idF

1 BGBl I 2020/158   **2** BGBl I 2021/28

GLIEDERUNG

SVSG

Bundesgesetz, mit dem ein Bundesgesetz über die Sozialversicherungsanstalt der Selbständigen erlassen wird (Selbständigen-Sozialversicherungsgesetz – SVSG)

Der Nationalrat hat beschlossen:

ERSTER TEIL
Allgemeine Bestimmungen

ABSCHNITT I

Geltungsbereich

§ 1. Dieses Bundesgesetz regelt die Organisation der Sozialversicherungsanstalt der Selbständigen.

Zitierungen

§ 2. (1) In diesem Bundesgesetz werden bezeichnet:

1. als B-VG das Bundesverfassungsgesetz (B-VG), BGBl. Nr. 1/1930;

2. als DSGVO die Verordnung (EU) 2016/679 zum Schutz natürlicher Personen bei der Verarbeitung personenbezogener Daten, zum freien Datenverkehr und zur Aufhebung der Richtlinie 95/46/EG (Datenschutz-Grundverordnung), ABl. Nr. 2119 vom 04.05.2016, S. 1 in der Fassung der Berichtigung ABl. Nr. L 314 vom 22.11.2016 S. 72);

3. als ArbVG das Arbeitsverfassungsgesetz (ArbVG), BGBl. Nr. 22/1974;

4. als AschG das ArbeitnehmerInnenschutzgesetz (AschG), BGBl. Nr. 450/1994;

5. als ASVG das Allgemeine Sozialversicherungsgesetz (ASVG), BGBl. Nr. 189/1955;

6. als B-KUVG das Beamten-Kranken- und Unfallversicherungsgesetz (B-KUVG), BGBl. Nr. 200/1967;

7. als BSVG das Bauern-Sozialversicherungsgesetz (BSVG), BGBl. Nr. 559/1978;

8. als DSG das Datenschutzgesetz (DSG), BGBl. I Nr. 165/1999;

9. als FSVG das Bundesgesetz über die Sozialversicherung freiberuflich selbständig Erwerbstätiger, BGBl. Nr. 624/1978;

10. als GSVG das Gewerbliche Sozialversicherungsgesetz (GSVG), BGBl. Nr. 560/1978;

11. als K-SVFG das Künstler-Sozialversicherungsfondsgesetz (K-SVFG), BGB. I Nr. 131/2000;

12. als NVG das Notarversicherungsgesetz 1972 (NVG 1972), BGBl. Nr. 66/1972;

13. als G-TelG 2012 das Gesundheits-Telematikgesetz 2012 (G-TelG 2012), BGBl. I Nr. 111/2012.

(2) Soweit in diesem Bundesgesetz auf Bestimmungen anderer Bundesgesetze verwiesen wird, sind diese, wenn nichts anderes bestimmt wird, in der jeweils geltenden Fassung anzuwenden.

Sozialversicherungsanstalt der Selbständigen

§ 3. Die Sozialversicherungsanstalt der Selbständigen ist für das ganze Bundesgebiet Träger der Kranken- und Pensionsversicherung nach GSVG, der Kranken-, Unfall- und Pensionsversicherung nach dem BSVG und dem FSVG sowie der Unfallversicherung nach § 28 Z 2 ASVG. Sitz der Sozialversicherungsanstalt der Selbständigen ist in Wien.

Rechtliche Stellung des Versicherungsträgers

§ 4. (1) Die Sozialversicherungsanstalt der Selbständigen ist eine Körperschaft des öffentlichen Rechtes und hat Rechtspersönlichkeit. Sie ist berechtigt, das Wappen der Republik Österreich in Siegeln, Drucksorten und Aufschriften zu führen.

(2) Der allgemeine Gerichtsstand des Versicherungsträgers ist das sachlich und örtlich zuständige Gericht seines Sitzes.

Zugehörigkeit zum Dachverband der Sozialversicherungsträger

§ 5. Die Sozialversicherungsanstalt der Selbständigen gehört dem Dachverband der Sozialversicherungsträger (Dachverband) an.

Eigene Einrichtungen des Versicherungsträgers

§ 6. Zur Erfüllung der dem Versicherungsträger obliegenden Aufgaben ist er berechtigt, nach Maßgabe der hiefür geltenden gesetzlichen Vorschriften

1. Krankenanstalten, Heil- und Kuranstalten, sonstige Einrichtungen der Krankenbehandlung,

2. Einrichtungen zur Feststellung des Gesundheitszustandes,

3. Unfallkrankenhäuser, Unfallstationen, Sonderkrankenanstalten zur Untersuchung und Behandlung von Berufskrankheiten,

4. Krankenanstalten, die vorwiegend der Rehabilitation dienen, sowie Einrichtungen für berufliche Rehabilitation und

5. arbeitsmedizinische Untersuchungs-, Behandlungs- und Forschungsstellen sowie arbeitsmedizinische Zentren im Sinne des ASchG

zu errichten, zu erwerben und zu betreiben oder sich an solchen Einrichtungen zu beteiligen bzw. solche Einrichtungen zu fördern. Der Versicherungsträger ist überdies berechtigt, nach Maßgabe der jeweils hiefür geltenden Vorschriften Einrichtungen zur Erfüllung der in den §§ 148y, 150 bis 161 BSVG, 157 bis 169 GSVG und 198 ASVG bezeichneten Aufgaben zu errichten, zu erwerben oder zu betreiben oder sich an solchen Einrichtungen zur Erfüllung der in diesen Bestimmungen bezeichneten Aufgaben zu beteiligen.

Verwendung der Mittel

§ 7. (1) Die Mittel der Versicherung dürfen nur für die gesetzlich vorgeschriebenen oder zulässigen Zwecke verwendet werden. Zu den zulässigen Zwecken gehören im Rahmen der Zuständigkeit des Versicherungsträgers auch die Aufklärung, Information und sonstige Formen der Öffentlichkeitsarbeit sowie die Mitgliedschaft zu gemeinnützigen Einrichtungen, die der Forschung nach den wirksamsten Methoden und Mitteln zur Erfüllung der Aufgaben der Sozialversicherung dienen. Darüber hinaus hat der Versicherungsträger einmal im Kalenderjahr die Versicherten über die Kosten der von ihnen und ihren Angehörigen im Bereich der Krankenversicherung in Anspruch genommenen Sachleistungen zu informieren. Diese Information hat weiters für die Versicherten und ihre Angehörigen den Hinweis zu enthalten, dass ELGA-Teilnehmer/inne/n der jederzeitige generelle Widerspruch (§ 15 Abs. 2 GTelG 2012), das jederzeitige Einsichtsrecht (§ 16 Abs. 1 Z 1 GTelG 2012), das Recht auf Aufnahme von ELGA-Gesundheitsdaten (§ 16 Abs. 2 Z 1 GTelG 2012), der Widerspruch im Einzelfall (§ 16 Abs. 2 Z 2 GTelG 2012), die Bestimmung der individuellen Zugriffsberechtigungen für Gesundheitsdiensteanbieter und ELGA-Gesundheitsdaten (§ 16 Abs. 1 Z 2 GTelG 2012) sowie die Möglichkeit der Inanspruchnahme der ELGA-Ombudsstelle (§ 17 GTelG 2012) offensteht.

(2) Zulässig ist auch die Errichtung (Gründung) von oder die Beteiligung an Vereinen, Fonds und Gesellschaften mit beschränkter Haftung im Rahmen von Finanzierungs- und Betreibermodellen, wenn sie der Verbesserung der Servicequalität oder der Erzielung von Einsparungen dient; dabei können auch Gebietskörperschaften einbezogen werden. Unter den gleichen Voraussetzungen ist die Beteiligung von natürlichen oder juristischen Personen an Vereinen, Fonds und Gesellschaften mit beschränkter Haftung, die vom Versicherungsträger errichtet (gegründet) wurden, zulässig.

(3) Die Sozialversicherungsanstalt der Selbständigen darf für Vereine, Fonds und Gesellschaften mit beschränkter Haftung nach Abs. 2 Leistungen erbringen, sofern die Aufwendungen durch die Vereine, Fonds und Gesellschaften mit beschränkter Haftung ersetzt werden.

Informations- und Aufklärungspflicht

§ 8. Der Versicherungsträger und das Bundesministerium für Arbeit, Soziales, Gesundheit und Konsumentenschutz haben die Versicherten (Leistungsbezieherinnen und Leistungsbezieher) über ihre Rechte und Pflichten nach diesem Bundesgesetz, dem ASVG, dem GSVG, dem BSVG und dem FSVG zu informieren und aufzuklären.

Elektronische Datenverarbeitung

§ 9. Der Versicherungsträger ist insoweit zur Verarbeitung von personenbezogenen Daten ermächtigt, als dies zur Erfüllung der ihm gesetzlich übertragenen Aufgaben eine wesentliche Voraussetzung ist. Zu den ihm gesetzlich übertragenen Aufgaben zählt auch die Übermittlung der bei der Einhebung der im § 27a des Bundesgesetzes über Krankenanstalten und Kuranstalten vorgesehenen Kostenbeiträge notwendigen Daten.

Elektronische Datenverarbeitung bei Beteiligung an Einrichtungen

§ 10. (1) Der Versicherungsträger und die Einrichtungen nach § 6, an denen er beteiligt ist, sind im Rahmen der Gesundheitsförderung, Vorsorge(Gesunden)- und Jugendlichenuntersuchungen, Erhaltung der Volksgesundheit, Maßnahmen zur Festigung der Gesundheit, Prävention und Rehabilitation sowie Krankheitsverhütung gemeinsam Verantwortliche im Sinne des Art. 26 DSGVO.

(2) Für die Erstellung von medizinischen und berufskundlichen Gutachten im Bereich des GSVG, FSVG und BSVG kann der Versicherungsträger die Einrichtungen, an denen er beteiligt ist, mit der Begutachtung beauftragen. Zu diesem Zweck dürfen personenbezogene Daten sowie besondere Kategorien von personenbezogenen Daten vom Versicherungsträger an die Einrichtungen übermittelt werden. Die Einrichtungen sind ermächtigt, zu diesem Zweck personenbezogene Daten sowie besondere Kategorien von personenbezogenen Daten zu ermitteln und zu verarbeiten.

Unterstützungsfonds

§ 11. (1) Der Versicherungsträger kann einen Unterstützungsfonds anlegen.

(2) Dem Unterstützungsfonds können

1. für den Bereich der Krankenversicherung bis zu 3‰ der Erträge an Versicherungsbeiträgen nach dem GSVG sowie nach dem BSVG,

2. für den Bereich der Unfallversicherung

§§ 11 – 13

a) bis zu 0,5‰ der Erträge an Versicherungsbeiträgen nach § 30 Abs. 1, 3 und 6 BSVG

b) bis zu 0,5‰ der Erträge an Versicherungsbeiträgen nach § 74 Abs. 1 Z 1 ASVG

3. für den Bereich der Pensionsversicherung bis zu 1,25‰ der Erträge an Versicherungsbeiträgen nach § 27 Abs. 1 Z 2 GSVG zuzüglich des Bundesbeitrages nach § 34 Abs. 1 GSVG und nach § 24 BSVG zuzüglich des Bundesbeitrages nach § 31 Abs. 1 BSVG

überwiesen werden.

(3) Überweisungen nach Abs. 2 dürfen nur insoweit erfolgen, dass die Mittel des Unterstützungsfonds am Ende des Geschäftsjahres

1. im Bereich der Krankenversicherung den Betrag von insgesamt 15‰ der in Abs. 2 Z 1 bezeichneten Erträge,

2. im Bereich der Unfallversicherung den Betrag von insgesamt 15‰ der in Abs. 2 Z 2 bezeichneten Erträge,

3. im Bereich der Pensionsversicherung den Betrag von insgesamt 2,5‰ der in Abs. 2 Z 3 bezeichneten Erträge nicht übersteigen.

(4) Die Mittel des Unterstützungsfonds können in besonders berücksichtigungswürdigen Fällen, insbesondere in Berücksichtigung der Familien-, Einkommens- und Vermögensverhältnisse der zu unterstützenden Person, für Unterstützungen nach Maßgabe der hiefür vom Verwaltungsrat zu erlassenden Richtlinien verwendet werden.

ABSCHNITT II
Befreiung von Abgaben

Persönliche und sachliche Abgabenfreiheit

§ 12. (1) Der Versicherungsträger genießt die persönliche Gebührenfreiheit von den Stempel- und Rechtsgebühren. Inwieweit er körperschaftsteuerpflichtig ist, wird durch das Körperschaftsteuergesetz 1988, BGBl. Nr. 401, bestimmt.

(2) Von der Entrichtung der bundesrechtlich geregelten öffentlichen Abgaben und der Bundesverwaltungsabgaben sind - unbeschadet des § 6 des Umsatzsteuergesetzes 1994 - befreit:

1. Rechtsgeschäfte, Rechtsurkunden, sonstige Schriften sowie die im Verfahren vor den Gerichtshöfen des öffentlichen Rechts und Verwaltungsbehörden durchgeführten Amtshandlungen, wenn sie die Übertragung von Liegenschaften, Räumen, Einrichtungsgegenständen und Gerätschaften betreffen, die zwischen dem Versicherungsträger und anderen Trägern der Sozialversicherung (dem Dachverband) vorgenommen wird, auch wenn diese Gegenstände nicht ganz oder überwiegend der Erfüllung der Aufgaben der Versicherungsträger dienen;

2. Rechtsgeschäfte, Rechtsurkunden, sonstige Schriften und die im Verfahren vor den Gerichtshöfen des öffentlichen Rechts,

Verwaltungsbehörden, Einigungskommissionen, nach sozialversicherungsrechtlichen Vorschriften errichteten Kommissionen, Ausschüssen und Schiedsgerichten durchgeführten Amtshandlungen, wenn sie Rechtsverhältnisse betreffen, die begründet oder abgewickelt werden

a) in Durchführung der im ASVG, GSVG, BSVG, FSVG geregelten Versicherungen zwischen dem Versicherungsträger einerseits und den Versicherten, den Anspruchswerbern und Anspruchsberechtigten auf Leistungen der Versicherung, den Vertragspartnern des Versicherungsträgers sowie den Trägern der Sozialhilfe andererseits,

b) vom Versicherungsträger zur Beschaffung, Sicherung, Instandhaltung oder Erneuerung von Liegenschaften, Räumen, Einrichtungsgegenständen und Gerätschaften, die der Erfüllung der Aufgaben der Versicherung dienen, soweit sie nicht ausschließlich oder überwiegend für die Anlage von Vermögensbeständen bestimmt sind;

3. alle Amtshandlungen, Urkunden und sonstigen Schriften, die zur Bildung des Verwaltungskörpers des Versicherungsträgers notwendig sind;

4. Kostenbeteiligungen (Zuzahlungen), die von den Versicherten bei der Inanspruchnahme der nach dem GSVG und BSVG gebührenden Leistungen zu tragen sind.

(3) Die Befreiung nach Abs. 1 besteht für Rechtsurkunden und sonstige Schriften nur so lange, als diese zur Begründung und Abwicklung der dort bezeichneten Rechtsverhältnisse verwendet werden. Wird davon ein anderer Gebrauch gemacht, so sind die in Betracht kommenden Abgaben nachträglich zu entrichten.

(4) Das Disziplinarverfahren gegen Bedienstete des Versicherungsträgers ist von den Stempel- und Rechtsgebühren befreit.

ABSCHNITT III
Beziehungen des Versicherungsträgers zu den anderen Trägern, den Angehörigen der Gesundheitsberufe und anderen Vertragspartnerinnen und Vertragspartnern

Verwaltungshilfe

§ 13. (1) Der Versicherungsträger und die übrigen Träger der Sozialversicherung (der Dachverband) sind verpflichtet, bei Erfüllung ihrer (seiner) Aufgaben einander zu unterstützen; sie haben insbesondere Ersuchen, die zu diesem Zweck an sie ergehen, im Rahmen ihrer sachlichen und örtlichen Zuständigkeit zu entsprechen und auch unaufgefordert anderen Versicherungsträgern alle Mitteilungen zukommen zu lassen, die für deren Geschäftsbetrieb von Wichtigkeit sind, sowie Anträge und Meldungen fristwahrend weiterzuleiten. Die Verpflichtung zur gegenseitigen Hilfe

Kodex Sozialversicherung 1.3.2021

bezieht sich auch auf die Übermittlung von Daten im Sinne des Art. 4 DSGVO, die im automationsunterstützten Datenverkehr zwischen den Versicherungsträgern zur Durchführung des Melde- und Beitragsverfahrens, zur Erbringung von Leistungen sowie zur Durchsetzung von Ersatzansprüchen notwendig sind.

(2) Gewährt ein Träger der Unfallversicherung einer berechtigten Person, die eine Pension aus der Pensionsversicherung nach dem GSVG, BSVG oder FSVG bezieht, eine Rente oder Anstaltspflege aus der Unfallversicherung und treten Änderungen hierin ein, so ist der Versicherungsträger unverzüglich zu benachrichtigen.

Beziehungen zu den Angehörigen der Gesundheitsberufe und anderen Vertragspartnerinnen und Vertragspartnern

§ 14. Hinsichtlich der Beziehungen des Versicherungsträgers zu den Angehörigen der Gesundheitsberufe und anderen Vertragspartnern und Vertragspartnerinnen gelten die Bestimmungen des Sechsten Teiles des ASVG mit der Maßgabe, dass

1. der nach § 340 ASVG eingerichtete Bundes-Ärzteausschuss auch grundsätzliche Fragen, welche die Beziehungen zwischen dem Versicherungsträger und den freiberuflich tätigen Ärzten/Ärztinnen und Gruppenpraxen betreffen, insbesondere die jeweils abzuschließenden Gesamtverträge, zu beraten hat;

2. die Beziehungen des Versicherungsträgers zu den freiberuflich tätigen Zahnärzten/Zahnärztinnen und Gruppenpraxen durch einen Gesamtvertrag geregelt werden, der für den Versicherungsträger durch den Dachverband der Sozialversicherungsträger mit der Österreichischen Zahnärztekammer abzuschließen ist und der Zustimmung des Versicherungsträgers bedarf;

3. die nach § 342 Abs. 2 ASVG zu treffenden Vereinbarungen über die Vergütung der ärztlichen Tätigkeit nach Einzelleistungen nach einem bundeseinheitlichen Tarif zu erfolgen haben;

4. die Bestimmungen des § 343a ASVG entsprechend auch auf die Durchführung der Untersuchungen und Maßnahmen nach den §§ 88, 89 und 89a GSVG sowie §§ 81, 82 und 82a BSVG anzuwenden sind;

5. die für jedes Land nach den §§ 345 und 345a ASVG errichteten Kommissionen und die nach § 346 ASVG errichtete Bundesschiedskommission auch zuständig ist, wenn am Verfahren der Versicherungsträger beteiligt ist;

6. die Bestimmungen des § 350 Abs. 2 ASVG auch auf Verschreibungen von Heilmitteln in den Fällen des § 85 Abs. 2 lit. b GSVG anzuwenden sind;

7. der Primärversorgungsvertrag mit einer Primärversorgungseinheit von der Sozialversicherungsanstalt der Selbständigen abgeschlossen wird;

8. keine gesamtvertraglichen Honorarvereinbarungen auf regionaler Ebene nach § 342 Abs. 2b ASVG abgeschlossen werden dürfen.

ZWEITER TEIL
Aufbau der Verwaltung

ABSCHNITT I
Aufbau des Versicherungsträgers

Hauptstelle und Landesstellen

§ 15. (1) Die Verwaltung des Versicherungsträgers ist durch eine Hauptstelle und durch Landesstellen, die der Hauptstelle zugeordnet sind, zu führen (Büro des Versicherungsträgers). Die Hauptstelle ist am Sitz des Versicherungsträgers eingerichtet und hat die Verwaltung des Versicherungsträgers zu führen.

(2) Verantwortlicher im Sinne des Art. 4 Z 7 DSGVO ist die Hauptstelle des Versicherungsträgers.

SVSG

ABSCHNITT II
Verwaltungskörper

§ 16. Arten der Verwaltungskörper
1. der Verwaltungsrat,
2. die Hauptversammlung und
3. die Landesstellenausschüsse.

Versicherungsvertreter/innen

§ 17. (1) Die Verwaltungskörper bestehen aus Vertretern und Vertreterinnen der Versicherten (Versicherungsvertreter/innen).

(2) Versicherungsvertreter/innen können nur Personen sein, die nicht vom Wahlrecht in die gesetzgebenden Organe ausgeschlossen sind, am Tag der Berufung das 18. Lebensjahr vollendet und ihren Wohnort oder Betriebssitz im Gebiet der Republik Österreich haben. Sie müssen entweder seit mindestens sechs Monaten in Österreich eine die Pflichtversicherung in der Kranken-, Unfall- bzw. Pensionsversicherung nach dem GSVG, FSVG oder BSVG begründende selbständige Erwerbstätigkeit ausüben oder Vorstandsmitglieder oder Bedienstete einer gesetzlichen beruflichen Vertretung oder einer Berufsvereinigung der nach dem GSVG, FSVG oder BSVG pflichtversicherten selbständig Erwerbstätigen sein.

(3) Die Versicherungsvertreter/innen müssen, sofern es sich nicht um Vorstandsmitglieder oder Bedienstete einer gesetzlichen beruflichen Vertretung oder einer Berufsvereinigung der nach dem GSVG, FSVG oder BSVG pflichtversicherten selbständig Erwerbstätigen handelt, im Zeitpunkt der Entsendung der Sozialversicherungsanstalt der Selbständigen als pflichtversicherte oder als freiwillig Versicherte angehören.

(4) Jedes Mitglied eines Verwaltungskörpers führt in diesem eine Stimme. Das Mitglied kann jedoch auch zwei Stimmen führen, wenn es von einem anderen Mitglied schriftlich mit seiner Vertretung bei einer einzelnen Sitzung betraut worden ist. Das Recht den Vorsitz zu führen kann nicht

übertragen werden. Das vertretene Mitglied ist bei der Feststellung der Beschlussfähigkeit nicht mitzuzählen.

(5) Die Tätigkeit als Mitglied eines Verwaltungskörpers erfolgt auf Grund einer öffentlichen Verpflichtung und begründet kein Dienstverhältnis zum Versicherungsträger. Hiefür gebühren Entschädigungen nach folgenden Grundsätzen:

1. Die Mitglieder der Verwaltungskörper haben Anspruch auf Ersatz der Reise- und Aufenthaltskosten nach Maßgabe von Richtlinien nach § 30a Abs. 1 Z 31 ASVG.

2. Der Obmänner/Die Obfrauen und sein/ihr Stellvertreter bzw. seine/ihre Stellvertreter/in, der/die Vorsitzende der Hauptversammlung und sein/ihr Stellvertreter bzw. seine/ihre Stellvertreterin sowie die Vorsitzenden der Landesstellenausschüsse und ihre Stellvertreter/innen haben Anspruch auf Funktionsgebühren. Das Nähere hat die Bundesministerin für Arbeit, Soziales, Gesundheit und Konsumentenschutz nach Anhörung des Dachverbandes durch Verordnung unter Bedachtnahme auf den örtlichen Wirkungsbereich und die Zahl der Versicherten des jeweiligen Versicherungsträgers zu bestimmen; dabei darf die für ein Jahr zustehende Funktionsgebühr 40% des einem Mitglied des Nationalrates jährlich gebührenden Bezuges nicht übersteigen.

3. Die Mitglieder der Verwaltungskörper, soweit sie nicht unter Z 2 fallen, haben Anspruch auf Sitzungsgeld, dessen Höhe durch Verordnung der Bundesministerin für Arbeit, Soziales, Gesundheit und Konsumentenschutz nach Anhörung des Dachverbandes festzusetzen ist.

§ 76 Abs. 4 GSVG ist anzuwenden.

(6) Von der Entsendung in das Amt eines Versicherungsvertreters/einer Versicherungsvertreterin sind ausgeschlossen:

1. Mitglieder des Europäischen Parlaments, des Nationalrates, des Bundesrates, der Landtage, der Bundesregierung und der Landesregierungen;

2. Bedienstete eines Versicherungsträgers und des Dachverbandes;

3. Personen, die auf Grund einer von ihnen ausgeübten Erwerbstätigkeit mit einem Versicherungsträger oder dem Dachverband in regelmäßigen geschäftlichen Beziehungen stehen;

4. Personen, über deren Vermögen ein Insolvenzverfahren eröffnet ist;

5. Personen, deren fachliche Eignung nicht durch den Besuch einer regelmäßig vom Dachverband durchzuführenden Informationsveranstaltung für angehende Versicherungsvertreter/innen samt erfolgreich absolviertem Eignungstest (§ 420 Abs. 7 und 8 ASVG) nachgewiesen ist.

Bestellung der Versicherungsvertreter/innen

§ 18. (1) Die Versicherungsvertreter/innen sind von den geschäftsführenden Organen der örtlich und sachlich zuständigen gesetzlichen beruflichen Vertretungen der nach dem GSVG, FSVG und BSVG Versicherten zu entsenden. Die gesetzlichen beruflichen Vertretungen haben die Entsendung nach dem Mandatsergebnis der Wahl zu ihrem jeweiligen satzungsgebenden Organ, die Wirtschaftskammern jedoch nach dem Mandatsergebnis der Wahlen zu den Fachorganisationen (Fachvertretungen), nach dem System d'Hondt unter sinngemäßer Anwendung von Abs. 2 lit. a und b vorzunehmen. Die Interessenvertretungen haben dabei möglichst im Einvernehmen mit den wahlwerbenden Gruppen vorzugehen. Soweit Versicherungsvertreter/innen für Landesstellenausschüsse zu nominieren sind, ist das Wahlergebnis auf Landesebene zu berücksichtigen. Bestehen solche Interessenvertretungen nicht, so sind die Versicherungsvertreter/innen von der Bundesministerin für Arbeit, Soziales, Gesundheit und Konsumentenschutz zu entsenden.

(2) Die Aufsichtsbehörde hat die auf die einzelnen entsendeberechtigten Stellen entfallende Zahl von Versicherungsvertreter/inne/n unter Bedachtnahme auf die Zahl der in der Krankenversicherung nach dem GSVG, FSVG und BSVG anspruchsberechtigten Personen in den den einzelnen Stellen zugehörigen Versichertengruppen festzusetzen. Bei der Festsetzung der Gesamtzahl der Versicherungsvertreter/innen sind insgesamt zwei Gruppen zu bilden und für jede Gruppe die Zahl der Versicherungsvertreter/innen gesondert festzusetzen:

1. in der Krankenversicherung nach dem GSVG und FSVG anspruchsberechtigte Personen und

2. in der Krankenversicherung nach dem BSVG anspruchsberechtigte Personen.

Die Zahl der anspruchsberechtigten Personen ist auf Grund einer Stichtagserhebung zum 1. Juli jenes Kalenderjahres zu ermitteln, das der Neubestellung der Verwaltungskörper zweitvorangeht. Die Berechnung der auf die einzelnen Stellen bzw. auf die einzelnen nach den ausgeübten artverwandten Erwerbstätigkeiten zusammengefassten Berufsgruppen entfallenden Zahl von Versicherungsvertreter/inne/n hat dabei nach dem System d'Hondt zu erfolgen, wobei

a) die Wahlzahl ungerundet zu errechnen ist und

b) bei gleichem Anspruch mehrerer Stellen auf einen Versicherungsvertreter/eine Versicherungsvertreterin nach dieser Berechnung das Los entscheidet.

Die Aufteilung gilt jeweils für die betreffende Amtsdauer. Vor Aufteilung der Zahl der Versicherungsvertreter/innen ist den in Betracht kommenden entsendeberechtigten Stellen Gelegenheit zur Stellungnahme zu geben.

(3) Die Aufsichtsbehörde hat die in Betracht kommenden entsendeberechtigten Stellen aufzufordern, die Vertreter/innen innerhalb einer angemessenen Frist, die mindestens einen Monat

zu betragen hat, zu entsenden. Verstreicht diese Frist ungenützt, so hat die Aufsichtsbehörde selbst die Versicherungsvertreter/innen zu bestellen. Im Fall der Säumigkeit einer gesetzlichen beruflichen Vertretung hat die Aufsichtsbehörde die auf diese gesetzliche berufliche Vertretung entfallenden Versicherungsvertreter/innen dabei nach dem System d'Hondt unter Zugrundelegung des Mandatsergebnisses der Wahl zum satzungsgebenden Organ dieser gesetzlichen beruflichen Vertretung unter sinngemäßer Anwendung des Abs. 1 zu bestellen, ohne an einen Vorschlag gebunden zu sein.

(4) Die Versicherungsvertreter/innen der nach dem GSVG und nach dem FSVG Versicherten sind von den geschäftsführenden Organen der örtlich und sachlich zuständigen gesetzlichen beruflichen Vertretungen und auf die einzelnen von den entsendeberechtigten Stellen jeweils zu vertretenden Berufsgruppen in die Verwaltungskörper des Versicherungsträgers zu entsenden. Die gesetzlichen beruflichen Vertretungen haben die Entsendung nach dem Mandatsergebnis der Wahl zu ihrem jeweiligen satzungsgebenden Organ, die Wirtschaftskammern jedoch nach dem Mandatsergebnis der Wahlen zu den Fachorganisationen (Fachvertreter), nach dem System d'Hondt unter sinngemäßer Anwendung von Abs. 2 lit. a und b vorzunehmen. Die Interessenvertretungen haben dabei im möglichsten Einvernehmen mit den wahlwerbenden Gruppen vorzugehen. Soweit Versicherungsvertreter/innen für Landesstellenausschüsse zu nominieren sind, ist das Wahlergebnis auf Landesebene zu berücksichtigen. Bestehen solche Interessenvertretungen nicht, so sind die Versicherungsvertreter/innen von der Bundesministerin für Arbeit, Soziales, Gesundheit und Konsumentenschutz für die nach den ausgeübten artverwandten Erwerbstätigkeiten in Berufsgruppen zusammengefassten Versichertengruppen nach dem System d'Hondt zu entsenden.

(5) Die Versicherungsvertreter/innen der nach dem BSVG Versicherten sind von den geschäftsführenden Organen der örtlich und sachlich zuständigen gesetzlichen beruflichen Vertretung im Wege der Präsidentenkonferenz der Landwirtschaftskammern Österreichs in die Verwaltungskörper des Versicherungsträgers zu entsenden. Die Präsidentenkonferenz der Landwirtschaftskammern Österreichs hat die Entsendung in die Verwaltungskörper auf Vorschlag der jeweils wahlwerbenden Gruppe nach dem System d'Hondt unter sinngemäßer Anwendung von Abs. 2 lit. a und b vorzunehmen. Dabei ist die Summe der auf die einzelnen wahlwerbenden Gruppen entfallenden gültigen Stimmen bei den Wahlen zu den satzungsgebenden Organen der gesetzlichen beruflichen Vertretungen der nach dem BSVG Versicherten zu Grunde zu legen. Soweit Versicherungsvertreter/innen für Landesstellenausschüsse zu nominieren sind, ist das Wahlergebnis auf Landesebene zu berücksichtigen.

(6) Bei der Entsendung nach den Abs. 1, 4 und 5 ist auf die fachliche Eignung (§ 17 Abs. 6 Z 5) und durch ein ausgewogenes Verhältnis an Versicherungsvertreterinnen und Versicherungsvertretern auf das Erreichen der Geschlechterparität in den Verwaltungskörpern Bedacht zu nehmen. Unzulässig ist die gleichzeitige Entsendung ein und derselben Person als Versicherungsvertreter/in

1. sowohl in den Verwaltungsrat als auch in einen Landesstellenausschuss desselben Versicherungsträgers;

2. in die Verwaltungskörper mehrerer Versicherungsträger.

(7) Scheidet ein Versicherungsvertreter/eine Versicherungsvertreterin dauernd aus seinem/ihrem Amt aus, so hat die Stelle, die die ausgeschiedene Person entsendet hat, für den Rest der Amtsdauer einen neuen Versicherungsvertreter/eine neue Versicherungsvertreterin zu bestellen. Ist die Neubestellung durch eine Enthebung (§ 20) erforderlich geworden und tritt nachträglich die Entscheidung über diese Enthebung außer Kraft, so erlöschen mit dem gleichen Zeitpunkt die rechtlichen Wirkungen der Neubestellung.

Ablehnung des Amtes und Recht zur Amtsausübung

§ 19. (1) Das Amt eines Versicherungsvertreters/einer Versicherungsvertreterin darf nur aus wichtigen Gründen abgelehnt werden. Nach mindestens zweijähriger Amtsführung kann eine Wiederentsendung für die nächste Amtsdauer abgelehnt werden.

(2) Der Versicherungsvertreter/Die Versicherungsvertreterin hat von der Annahme seiner/ihrer Bestellung den Versicherungsträger nachweislich in Kenntnis zu setzen und ist unbeschadet des § 22 zweiter Satz ab dem Zeitpunkt des Einlangens dieser Mitteilung bei der Versicherungsanstalt zur Ausübung seines/ihres Amtes ab dem Zeitpunkt, ab dem er/sie bestellt ist, berechtigt.

Enthebung von Versicherungsvertreter/inne/n

§ 20. (1) Ein Versicherungsvertreter/eine Versicherungsvertreterin ist seines/ihres Amtes zu entheben:

1. wenn Tatsachen bekannt werden, die seine/ihre Bestellung ausschließen würden;

2. wenn der Versicherungsvertreter/die Versicherungsvertreterin seine/ihre Pflichten verletzt;

3. wenn ein Versicherungsvertreter/eine Versicherungsvertreterin, unbeschadet der Bestimmung des § 17 Abs. 2 zweiter Satz, seit mehr als drei Monaten nicht mehr jener Gruppe der Versicherten angehört, für die er/sie bestellt wurde;

4. wenn ein wichtiger persönlicher Grund zur Enthebung vorliegt und der Versicherungsvertreter/die Versicherungsvertreterin seine/ihre Enthebung unter Berufung darauf beantragt;

5. wenn einer der im § 17 Abs. 6 genannten Ausschließungsgründe nach der Entsendung eingetreten ist.

Vor der Enthebung des Versicherungsvertreters / der Versicherungsvertreterin nach Z 4 oder 5 ist die zur Entsendung berufene Stelle anzuhören.

(2) Die Enthebung des Obmannes/der Obfrau und seines/ihres Stellvertreters bzw. seiner/ihrer Stellvertreterin sowie der Vorsitzenden der Landesstellenausschüsse und ihrer Stellvertreter/innen steht der Aufsichtsbehörde, die der sonstigen Versicherungsvertreter/innen dem Obmann/der Obfrau bzw. dem/der Vorsitzenden des jeweiligen Landesstellenausschusses zu.

(3) Die Aufsichtsbehörde kann Versicherungsvertreter/innen auf begründeten Antrag der zur Entsendung berufenen Stelle ihres Amtes entheben.

(4) Vor der Enthebung eines Versicherungsvertreters/einer Versicherungsvertreterin nach Abs. 1 Z 1 bis 3 sowie Abs. 2 und 3 ist diesem/dieser Gelegenheit zur Äußerung zu geben und gleichzeitig die zur Entsendung berufene Stelle zu verständigen. Der vom Obmann/der Obfrau oder vom/von der Vorsitzenden eines Landesstellenausschusses enthobenen Person steht das Recht der Beschwerde zu. Sie ist binnen zwei Wochen nach Zustellung des Beschlusses über die Enthebung bei der Aufsichtsbehörde einzubringen.

(5) Die Aufsichtsbehörde hat dem Antrag einer zur Entsendung berufenen gesetzlichen beruflichen Vertretung auf Enthebung der von dieser entsendeten Versicherungsvertreter/innen zu entsprechen, wenn der Antrag wegen der Neuwahl in die betreffende Interessenvertretung innerhalb von sechs Monaten nach der Neuwahl gestellt wird. In diesem Fall entfällt die Anhörung der zu enthebenden Versicherungsvertreter/innen.

(6) Ist das Mitglied eines Verwaltungskörpers gleichzeitig auch Mitglied eines anderen Verwaltungskörpers bei der Versicherungsanstalt (§ 23 Abs. 2), so erstreckt sich die Enthebung auch auf das Amt in anderen Verwaltungskörpern.

(7) Von einer Enthebung ist die Aufsichtsbehörde in Kenntnis zu setzen, die die entsendeberechtigte Stelle zur Entsendung eines neuen Versicherungsvertreters/einer neuen Versicherungsvertreterin aufzufordern hat.

(8) Der Beschwerde gegen die Enthebung eines Versicherungsvertreters/einer Versicherungsvertreterin von seinem/ihrem Amt kommt keine aufschiebende Wirkung zu. Eine Aufhebung der Entscheidung über die Enthebung eines Versicherungsvertreters/einer Versicherungsvertreterin wirkt nicht zurück.

Pflichten und Haftung der Versicherungsvertreter/innen

§ 21. Die Mitglieder der Verwaltungskörper des Versicherungsträgers haben bei der Ausübung ihres Amtes die Rechtsvorschriften zu beachten. Sie sind zur Amtsverschwiegenheit sowie zur gewissenhaften und unparteiischen Ausübung ihres Amtes verpflichtet. Sie haften unbeschadet der Bestimmungen des Amtshaftungs- und des Organhaftpflichtgesetzes für jeden Schaden, der dem Versicherungsträger aus der Vernachlässigung

ihrer Pflichten erwächst. Der Versicherungsträger kann auf Ansprüche aus der Haftung nur mit Genehmigung der Aufsichtsbehörde verzichten. Macht der Versicherungsträger trotz mangelnder Genehmigung der Aufsichtsbehörde die Haftung nicht geltend, so kann diese die Haftung an Stelle und auf Kosten des Versicherungsträgers geltend machen.

Amtsdauer

§ 22. Die Amtsdauer der Verwaltungskörper währt jeweils fünf Jahre. Nach Ablauf der Amtsdauer hat der alte Verwaltungskörper die Geschäfte so lange weiterzuführen, bis der neue Verwaltungskörper zusammentritt. Die Zeit der Weiterführung der Geschäfte durch den alten Verwaltungskörper zählt auf die fünfjährige Amtsdauer des neuen Verwaltungskörpers.

Zusammensetzung der Verwaltungskörper

§ 23. (1) Der Verwaltungsrat besteht aus zehn Versicherungsvertreter/inne/n.

(2) Die Hauptversammlung setzt sich zusammen aus

1.   den Mitgliedern des Verwaltungsrates,
2.   den Vorsitzenden der Landesstellenausschüsse,
3.   drei Senior/inn/envertreter/inne/n, die vom „Österreichischen Seniorenrat" zu entsenden sind,
     (BGBl I 2021/28)
4.   drei Behindertenvertreter/inne/n, von denen je einer/eine vom ÖZIV Bundesverband, vom Österreichischen Behindertenrat sowie vom Kriegsopfer- und Behindertenverband Österreich zu entsenden ist,
5.   zehn weiteren Versicherungsvertreter/inne/n.

Die Versicherungsvertreter/innen nach den Z 1 und 2 sind in der Hauptversammlung auf die Zahl der Versicherungsvertreter/innen jener Gruppe anzurechnen, der sie im Verwaltungsrat bzw. in den Landesstellenausschüssen angehören.

(3) Die Landesstellenausschüsse für die vier Bundesländer mit der größten Anzahl an versicherten Personen nach dem GSVG, FSVG und BSVG bestehen aus sechs Versicherungsvertreter/inne/n, die übrigen Landesstellenausschüsse bestehen jeweils aus drei Versicherungsvertreter/inne/n.

§ 24. (1) Den Vorsitz im Verwaltungsrat führt der/die vom Verwaltungsrat gewählte Obmann/Obfrau. Den Vorsitz in der Hauptversammlung führt der/die von der Hauptversammlung gewählte Vorsitzende.

(2) Der Verwaltungsrat der Sozialversicherungsanstalt der Selbständigen hat für seine Amtsdauer aus seiner Mitte einen Obmann/eine Obfrau zu wählen. Er/Sie muss dabei aus dem Kreis jener Versicherungsvertreter/innen stammen, der die größere Gruppe nach § 18 Abs. 2 repräsentiert. Für die Wahl ist die einfache Mehrheit aller Mitglieder des Verwaltungsrates erforderlich. Bei Stimmengleichheit entscheidet die einfache Mehrheit in der

größeren Gruppe nach § 18 Abs. 2. Im Anschluss an die Wahl des Obmannes/der Obfrau ist für diesen/diese aus der Mitte des Verwaltungsrates ein Stellvertreter/eine Stellvertreterin zu wählen, der/die nicht der gleichen Versichertengruppe wie der Obmann/die Obfrau angehören darf. Darüber hinaus kann aus der Mitte des Verwaltungsrates ein zweiter Stellvertreter/eine zweite Stellvertreterin gewählt werden. Dieser ist nicht Mitglied der Konferenz nach § 441a ASVG.

(2a) Die Hauptversammlung der Sozialversicherungsanstalt der Selbständigen hat für ihre Amtsdauer aus ihrer Mitte eine/n Vorsitzende/n zu wählen. Er/Sie muss dabei aus dem Kreis jener Versicherungsvertreter/innen stammen, der die größere Gruppe nach § 18 Abs. 2 repräsentiert. Für die Wahl ist die einfache Mehrheit aller Mitglieder der Hauptversammlung erforderlich. Bei Stimmengleichheit entscheidet die einfache Mehrheit in der größeren Gruppe nach § 18 Abs. 2. Im Anschluss an die Wahl des/der Vorsitzenden ist für diese/n aus der Mitte der Hauptversammlung ein Stellvertreter/eine Stellvertreterin zu wählen, der/die nicht der gleichen Versichertengruppe wie der Obmann/die Obfrau angehören darf. Der/Die Vorsitzende sowie sein/seine/ihr/ihre Stellvertreter/in dürfen weder dem Verwaltungsrat noch einem Landesstellenausschuss angehören. Darüber hinaus dürfen diese Personen nicht derselben wahlwerbenden Gruppe angehören, die der Obmann/die Obfrau des Verwaltungsrates bzw. sein/seine/ihr/ihre Stellvertreter/in zuzurechnen ist, es sei denn, es steht keine Person einer anderen wahlwerbenden Gruppe zur Verfügung. Darüber hinaus kann aus der Mitte der Hauptversammlung ein zweiter Stellvertreter/eine zweite Stellvertreterin gewählt werden. Dieser ist nicht Mitglied der Hauptversammlung nach § 441b ASVG.

(3) Die Landesstellenausschüsse der Sozialversicherungsanstalt der Selbständigen haben für ihre Amtsdauer einen Vorsitzenden/eine Vorsitzende aus ihrer Mitte zu wählen. Für die Wahl ist die einfache Mehrheit aller Mitglieder des Landesstellenausschusses erforderlich. Im Anschluss daran ist ein Stellvertreter/eine Stellvertreterin des/der Vorsitzenden zu wählen, der/die nicht jener Gruppe angehören darf, aus der der/die Vorsitzende gewählt wurde. Der/Die Vorsitzende vertritt den jeweiligen Landesstellenausschuss in der Hauptversammlung (§ 23 Abs. 2 Z 2).

(4) Der gewählte Obmann/Die gewählte Obfrau und sein/ihr Stellvertreter bzw. seine/ihre Stellvertreterin sowie die gewählten Vorsitzenden der Hauptversammlung sowie der Landesstellenausschüsse und ihre Stellvertreter/innen sind, wenn sie die Annahme der Wahl dem zur Wahl berufenen Verwaltungskörper ausdrücklich erklärt haben, sogleich oder ab einem anlässlich der Wahl vom Verwaltungskörper festgelegten Zeitpunkt zur Ausübung ihrer Funktion berechtigt.

(5) Scheidet ein Vorsitzender/eine Vorsitzende (ein Stellvertreter/eine Stellvertreterin) eines Verwaltungskörpers infolge Enthebung (§ 20) vom Amt als Versicherungsvertreter/in aus und tritt nachträg-lich die Entscheidung über diese Enthebung außer Kraft, so erlöschen mit dem gleichen Zeitpunkt die rechtlichen Wirkungen einer bereits erfolgten Wahl des Nachfolgers/der Nachfolgerin und es ist neuerlich eine entsprechende Wahl durchzuführen.

Angelobung der Versicherungsvertreter/innen

§ 25. Der Obmann/Die Obfrau des Versicherungsträgers, sein/ihr Stellvertreter bzw. seine/ihre Stellvertreterin, die Vorsitzenden der Hauptversammlung sowie der Landesstellenausschüsse und ihre Stellvertreter/innen sind von der Aufsichtsbehörde, die übrigen Versicherungsvertreter/innen vom Obmann/von der Obfrau bzw. vom vorläufigen Verwalter/von der vorläufigen Verwalterin anzugeloben und dabei nachweislich auf ihre Pflichten nach § 21 hinzuweisen.

ABSCHNITT III
Aufgaben der Verwaltungskörper

Aufgaben des Verwaltungsrates

§ 26. (1) Dem Verwaltungsrat obliegt die Geschäftsführung, soweit diese nicht gesetzlich der Hauptversammlung oder den Landesstellenausschüssen zugewiesen ist, die Vertretung des Versicherungsträgers sowie die Vorbereitung der in der Hauptversammlung zu treffenden Beschlüsse. Er kann einzelne seiner Obliegenheiten dem Obmann/der Obfrau und die Besorgung bestimmter laufender Angelegenheiten dem Büro des Versicherungsträgers übertragen. Tunlichst dem Büro zu übertragen hat der Verwaltungsrat unbeschadet seiner eigenen Verantwortlichkeit und seiner Weisungsbefugnis

1. laufende Verwaltungsgeschäfte, sofern im Einzelfall das Eineinhalbfache des für das jeweilige Jahr festgesetzten Schwellenwertes für Dienstleistungen nach § 12 Abs. 1 Z 1 BVergG 2018 nicht überschritten wird,
2. Personalangelegenheiten mit Ausnahme des leitenden Dienstes nach der DO. A und des ärztlichen Dienstes nach § 37 Z 1 und 2 DO. B,
3. die Entscheidung in Leistungsangelegenheiten nach den vom Verwaltungsrat zu erlassenden Richtlinien und
4. die Vertretung des Versicherungsträgers nach außen in jenen Angelegenheiten, die nicht der Beschlussfassung des Verwaltungsrates oder der Hauptversammlung bedürfen.

Dem Verwaltungsrat ist über die laufenden Verwaltungsgeschäfte nach Z 1 gemäß der Geschäftsordnung nachträglich, mindestens halbjährlich Bericht zu erstatten.

(2) Die Vertretungsbefugnis natürlicher Personen wird durch eine Bescheinigung der Aufsichtsbehörde oder einen Auszug aus dem sonstigen Betroffenen erfassenden Teil des Ergänzungsregisters (§ 6 Abs. 4 in Verbindung mit § 2 Z 7 des E-Government-Gesetzes, BGBl. I Nr. 10/2004) nachgewiesen.

(3) Beschlüsse des Verwaltungsrates werden mit einfacher Mehrheit der Stimmen gefasst. Für Beschlüsse über den Abschluss von Verträgen mit den im Sechsten Teil des ASVG bezeichneten Vertragspartner/inne/n sind jedoch bis zur Zusammenführung der Rechnungskreise nach § 52 Abs. 5 drei Viertel der Stimmen erforderlich, danach die einfache Stimmenmehrheit.

(4) In folgenden Angelegenheiten bedürfen Beschlüsse des Verwaltungsrates zu ihrer Wirksamkeit der Zweidrittelmehrheit der gültig abgegebenen Stimmen:

1.   die dauernde Veranlagung von Vermögensbeständen;

2.   der Abschluss von Verträgen mit den im Sechsten Teil bezeichneten und sonstigen Vertragspartner/inne/n, wenn diese Verträge eine wesentliche dauernde Belastung des Versicherungsträgers herbeiführen;

3.   die Erlassung von Richtlinien nach § 11 Abs. 4 über die Verwendung der Mittel des Unterstützungsfonds;

4.   der Abschluss von Landes-Zielsteuerungsübereinkommen nach dem G-ZG.

(5) Der Verwaltungsrat darf Beschlüsse

1.   über die Erwerbung, Errichtung oder Erweiterung von Gebäuden oder von Einrichtungen in fremden Gebäuden, die Zwecken der Verwaltung, der Krankenbehandlung, der Anstaltspflege, der Jugendlichen- und Vorsorge(Gesunden)untersuchungen, der Erbringung von Zahnbehandlung oder Zahnersatz, der Unfallheilbehandlung, der Rehabilitation, der Maßnahmen zur Festigung der Gesundheit, der Krankheitsverhütung oder der Gesundheitsvorsorge dienen sollen, sowie

2.   über Umbauten von Gebäuden, wenn damit eine Änderung des Verwendungszweckes verbunden ist,

nur dann fassen, wenn ein Bedarf für das jeweilige Bauvorhaben besteht. Die Bedarfsprüfung ist von der Versicherungsanstalt vorzunehmen und hat sich auf den Bereich der gesamten Sozialversicherung zu erstrecken. Die Grundsätze für die Bedarfsprüfung sind von der Bundesministerin für Arbeit, Soziales, Gesundheit und Konsumentenschutz mit Verordnung festzulegen und haben jedenfalls Näheres über den Ablauf und den Umfang der Prüfung sowie die dabei auszuarbeitenden Unterlagen zu enthalten. Nach Abschluss des Bauvorhabens ist der Aufsichtsbehörde eine vom Verwaltungsrat gebilligte Schlussabrechnung vorzulegen.

(6) Beschlüsse des Verwaltungsrates über die Erstellung von Dienstpostenplänen (§ 45 Abs. 1), soweit sie sich auf die Gehaltsgruppen F (Höherer Dienst) und G (Leitender Dienst) der Dienstordnung A für die Angestellten bei den Sozialversicherungsträgern Österreichs (DO. A) erstrecken, bedürfen der Genehmigung durch die Aufsichtsbehörde im Einvernehmen mit dem Bundesminister für Finanzen.

Aufgaben der Hauptversammlung

§ 27. (1) Die Hauptversammlung des Versicherungsträgers hat jährlich mindestens zweimal zusammenzutreten. Sie ist vom Verwaltungsrat einzuberufen. Ihr ist vorbehalten:

1.   die Beschlussfassung über den Jahresvoranschlag (Haushaltsplan);

2.   die Beschlussfassung über den Jahresbericht des Verwaltungsrates, der aus dem durch einen beeideten Wirtschaftsprüfer/eine beeidete Wirtschaftsprüferin geprüften Rechnungsabschluss und den Statistischen Nachweisungen besteht;

3.   die Beschlussfassung über die Entlastung des Verwaltungsrates;

4.   die Beschlussfassung über die Satzung und Krankenordnung sowie ihre Änderungen.

(2) Der beeidete Wirtschaftsprüfer/Die beeidete Wirtschaftsprüferin nach Abs. 1 Z 2 ist von der Hauptversammlung zu beauftragen.

(3) Die Beschlüsse der Hauptversammlung werden mit einfacher Mehrheit der Stimmen gefasst. Für Beschlüsse betreffend Angelegenheiten nach Abs. 1 Z 2 sind jedoch bis zur Zusammenführung der Rechnungskreise nach § 53 Abs. 6 drei Viertel der abgegebenen Stimmen erforderlich, danach die einfache Stimmenmehrheit. Über die im Abs. 1 Z 2 bis 4 genannten Gegenstände kann nur mit einer Mehrheit von zwei Dritteln der abgegebenen Stimmen gültig Beschluss gefasst werden. Bei Ablehnung der Entlastung hat die Aufsichtsbehörde zu entscheiden.

Aufgaben der Landesstellenausschüsse

§ 28. (1) Den Landesstellenausschüssen obliegt die Geschäftsführung hinsichtlich der ihnen nach Abs. 2 zugewiesenen Aufgaben. Der Landesstellenausschuss kann unbeschadet seiner eigenen Verantwortlichkeit einzelne seiner Obliegenheiten dem/der Vorsitzenden und die Besorgung bestimmter laufender Angelegenheiten dem Büro übertragen.

(2) Die Landesstellenausschüsse haben nach einheitlichen Grundsätzen und Vorgaben des Verwaltungsrates folgende Aufgaben wahrzunehmen:

1.   Entscheidungen über Leistungen aus dem Unterstützungsfonds;

2.   Gewährung und Ablehnung freiwilliger Leistungen;

3.   Die Gewährung von Maßnahmen der Rehabilitation der Pensions- und Unfallversicherung;

4.   Gewährung und Ablehnung einer Betriebshilfe.

(3) Die örtliche Zuständigkeit eines Landesstellenausschusses richtet sich nach dem (letzten) Standort des Betriebes im Inland, in Ermangelung eines solchen nach dem Wohnort des Versicherten im Inland.

(4) Die Landesstellenausschüsse sind bei ihrer Geschäftsführung an die Weisungen des Verwaltungsrates gebunden; der Verwaltungsrat kann auch

Beschlüsse der Landesstellenausschüsse aufheben oder abändern.

Sitzungen

§ 29. (1) Die Sitzungen der Verwaltungskörper sind nichtöffentlich. Der/Die leitende Angestellte und sein/ihr Stellvertreter bzw. seine/ihre Stellvertreterin sind berechtigt, an den Sitzungen der Verwaltungskörper mit beratender Stimme teilzunehmen. Der Obmann/Die Obfrau kann die Teilnahme von Bediensteten des Versicherungsträgers verfügen.

(2) Der ordnungsmäßig einberufene Verwaltungskörper ist bei Anwesenheit des/der Vorsitzenden und von mindestens der Hälfte der Versicherungsvertreter/innen beschlussfähig. Der/Die Vorsitzende ist auf die erforderliche Mindestzahl von anwesenden Versicherungsvertreter/inne/n anzurechnen.

(3) In den Sitzungen der Verwaltungskörper hat auch der/die Vorsitzende Stimmrecht, bei Stimmengleichheit gibt seine/ihre Stimme den Ausschlag, wenn dieses Bundesgesetz nichts anderes bestimmt.

(4) Die im § 23 Abs. 2 Z 3 und 4 genannten Mitglieder nehmen an den Sitzungen der Hauptversammlung mit beratender Stimme teil.

(5) Verstoßen Beschlüsse eines Verwaltungskörpers gegen eine Rechtsvorschrift oder in einer wichtigen Frage gegen den Grundsatz der Zweckmäßigkeit der Gebarung des Versicherungsträgers, so hat der Obmann/die Obfrau oder der/die Vorsitzende des Landesstellenausschusses ihre Durchführung vorläufig aufzuschieben und unter gleichzeitiger Angabe der Gründe für seine/ihre Vorgangsweise die Entscheidung der Aufsichtsbehörde einzuholen.

Teilnahme der Betriebsvertretung

§ 29a. (1) An den Sitzungen des Verwaltungsrates, der Hauptversammlung und der Landesstellenausschüsse ist die Betriebsvertretung des Versicherungsträgers mit zwei Vertreter/inne/n mit beratender Stimme teilnahmeberechtigt.

(2) Das nach dem Arbeitsverfassungsgesetz, BGBl. Nr. 22/1974, in Betracht kommende Organ der Betriebsvertretung hat dem Obmann/der Obfrau der Versicherungsanstalt die für die Teilnahme an den Sitzungen der Verwaltungskörper vorgesehenen Vertreter/innen namhaft zu machen. Diese Vertreter/innen sind von jeder Sitzung des Verwaltungskörpers ebenso in Kenntnis zu setzen wie die Mitglieder dieses Verwaltungskörpers; es sind ihnen auch die diesen zur Verfügung gestellten Behelfe (Tagesordnung, Ausweise, Berichte und andere Behelfe) zu übermitteln.

ABSCHNITT IV
Vermögensverwaltung

Jahresvoranschlag und Gebarungsvorschaurechnung

§ 30. (1) Der Versicherungsträger hat für jedes Geschäftsjahr einen Voranschlag und im Zusammenhang damit vierteljährlich für den Bereich der Kranken-, Unfall,- und Pensionsversicherung eine rollierende Gebarungsvorschaurechnung zu erstellen.

(2) Geschäftsjahr ist das Kalenderjahr. Der der Gebarungsvorschau zu Grunde zu legende Planungszeitraum sind die dem jeweiligen Geschäftsjahr nächstfolgenden vier Geschäftsjahre.

Rechnungsabschluss und Nachweisungen

§ 31. (1) Der Versicherungsträger hat für jedes Geschäftsjahr einen Rechnungsabschluss, der jedenfalls aus einer Erfolgsrechnung und einer Schlussbilanz zum Ende des Jahres bestehen muss und durch einen beeideten Wirtschaftsprüfer/eine beeidete Wirtschaftsprüferin geprüft wurde, und einen Geschäftsbericht zu verfassen und dem Bundesministerium für Arbeit, Soziales, Gesundheit und Konsumentenschutz vorzulegen.

(2) Der Versicherungsträger hat statistische Nachweisungen zu verfassen und dem Bundesministerium für Arbeit, Soziales, Gesundheit und Konsumentenschutz zur Verfügung zu stellen.

(3) Der Versicherungsträger hat für die Kranken-, Unfall- und Pensionsversicherung die Erfolgsrechnung und die statistischen Nachweisungen getrennt zu erstellen. Gemeinsame Erträge und Aufwendungen sind auf die genannten Versicherungen nach den Bestimmungen der Rechnungsvorschriften aufzuteilen.

(4) Der Versicherungsträger hat die nach § 441f ASVG festgelegten Ziele jährlich zu evaluieren.

(5) Der Versicherungsträger hat über die in den Abs. 1, 2 und 4 angeführten Inhalte einen Jahresbericht zu verfassen.

(6) Die Bundesministerin für Arbeit, Soziales, Gesundheit und Konsumentenschutz hat nach Anhörung des Dachverbandes und nach Abstimmung mit dem Bundesminister für Finanzen Weisungen zu erlassen für

1. die Rechnungsführung inklusive Gebarungsvorschau, die Rechnungslegung sowie die Erstellung des Jahresvoranschlages und des Jahresberichtes (Abs. 1 und 5),

2. die statistischen Nachweisungen (Abs. 2) sowie

3. die Zielsteuerung nach § 441f ASVG und deren Evaluierung (Abs. 4) hinsichtlich deren Struktur und Prozesse.

Bei der Erlassung der Weisungen ist darauf Bedacht zu nehmen, dass die Rechnungsabschlüsse und die statistischen Nachweisungen auch für die Zwecke der Zielsteuerung herangezogen werden können.

(7) Der Versicherungsträger hat den Jahresbericht im Internet nach dem Weisungen nach Abs. 6 zu veröffentlichen. Die vom Verwaltungsrat/von der Hauptversammlung beschlossene Erfolgsrechnung ist jedenfalls binnen vier Monaten nach der Beschlussfassung im Internet zu verlautbaren.

(8) Der Versicherungsträger ist ermächtigt, jeweils innerhalb der getrennten Rechnungskreise aus der allgemeinen Rücklage der Krankenver-

sicherung jährlich Mittel in die allgemeine Rücklage der Unfallversicherung bzw. umgekehrt zu übertragen.

Gebarungsaufzeichnungen

§ 32. Der Versicherungträger hat getrennte Aufzeichnungen über die Gebarung der in der Kranken-, Unfall- und Pensionsversicherung nach § 8 Abs. 1 Z 3 lit. a ASVG, § 2 Abs. 1 Z 1 bis 4 und § 3 Abs. 1 Z 2 GSVG, BSVG und FSVG pflichtversicherten Personen zu führen.

Schulden-, Vermögens- und Liquiditätsmanagement

§ 33. (1) Der Versicherungträger hat bei der Vermögensverwaltung sowie beim Schulden- und Liquiditätsmanagement die Grundsätze nach § 2a des Bundesfinanzierungsgesetzes sinngemäß anzuwenden. Die zur Anlage verfügbaren Mittel des Versicherungsträgers sind grundsätzlich zinsbringend anzulegen. Anlagesicherheit und Liquidität haben Vorrang gegenüber der Erzielung eines angemessenen Ertrages. Die Mittel dürfen im Sinne der Anlagesicherheit unbeschadet des Abs. 3 und des § 34 nur angelegt werden:

1. in verzinslichen Schuldverschreibungen (verzinslichen Wertpapieren), die in Euro von Mitgliedstaaten (bzw. deren Teilstaaten, Bundesländern, Provinzen) des EWR begeben wurden, deren Bonität als zweifelsfrei vorhanden erachtet wird, oder

2. in verzinslichen Schuldverschreibungen, die in Euro von Kreditinstituten begeben wurden, deren Bonität als zweifelsfrei vorhanden erachtet wird und die ihren Sitz in einem Mitgliedstaat des EWR haben, oder

3. in auf Euro lautenden Einlagen bei Kreditinstituten, deren Bonität als zweifelsfrei vorhanden erachtet wird und die ihren Sitz in einem Mitgliedstaat des EWR haben, oder

4. in verzinslichen Schuldverschreibungen (Emissionen), deren Bonität als zweifelsfrei vorhanden erachtet wird und die von Emittenten/Emittentinnen mit Sitz in einem Mitgliedstaat des EWR begeben wurden, oder

5. in Unternehmensanleihen von Emittenten/Emittentinnen, deren Bonität als zweifelsfrei vorhanden erachtet wird und die ihren Sitz in einem Mitgliedstaat des EWR haben, oder

6. in Fonds im Sinne des Investmentfondsgesetzes 2011, BGBl. I Nr. 77/2011, die den Kriterien nach den Z 1 bis 5 entsprechen.

Für die Beurteilung der Bonität können Mindest-Ratings der vom Markt anerkannten Rating-Agenturen herangezogen werden. Veranlagungen in nachrangige Schuldverschreibungen (nachrangige Wertpapiere) sind nicht zulässig.

(2) Der Einsatz derivativer Instrumente im Sinne der Arten von Derivatgeschäften nach Anhang II Abs. 1 lit. a bis d der Verordnung (EU) Nr. 575/2013 über Aufsichtsanforderungen an Kreditinstitute und Wertpapierfirmen und zur Änderung der Verordnung (EU) Nr. 646/2012, ABl. Nr. L 176 vom 27.06.2013 S. 1, zuletzt geändert durch die Delegierte Verordnung (EU) 2018/959, ABl. Nr. L 169 vom 06.07.2018 S. 1, ist zulässig, wenn er nachweislich zur Absicherung bestehender Positionen nach Abs. 1 dient.

(3) Beschlüsse der Verwaltungskörper über Vermögensveranlagungen, die in den Abs. 1 und 2 nicht erwähnt sind, bedürfen zu ihrer Wirksamkeit der Genehmigung durch die Bundesministerin für Arbeit, Soziales, Gesundheit und Konsumentenschutz im Einvernehmen mit dem Bundesminister für Finanzen. Kriterien für die Genehmigung der beabsichtigten Vermögensveranlagung sind jedenfalls Anlagensicherheit, Liquidität und Ertragsangemessenheit. Gegenstand solcher Beschlüsse können sowohl konkrete Vermögensanlagen in einem einzelnen Fall als auch durch gemeinsame Gruppenmerkmale gekennzeichnete und voraussichtlich vorzunehmende Vermögensanlagen sein.

(4) Der Versicherungsträger hat dafür zu sorgen, dass die Veranlagung durch Personen erfolgt, die dafür fachlich geeignet sind und eine entsprechende Berufserfahrung nachweisen können. Für jede Vermögensanlage ist begleitend ein Risikomanagement durchzuführen. Eine angemessene Funktionstrennung zwischen der Veranlagung und dem Risikomanagement ist zu gewährleisten.

Genehmigung zu Veränderungen von Vermögensbeständen

§ 34. (1) Beschlüsse der Verwaltungskörper über Veränderungen im Bestand von Liegenschaften, insbesondere über deren Erwerbung, Belastung oder Veräußerung, oder über die Errichtung oder Erweiterung von Gebäuden bedürfen zu ihrer Wirksamkeit der Genehmigung durch die Bundesministerin für Arbeit, Soziales, Gesundheit und Konsumentenschutz und den Bundesminister für Finanzen. Das gleiche gilt für den Umbau von Gebäuden, wenn damit eine Änderung des Verwendungszweckes verbunden ist.

(2) Die Genehmigung nach Abs. 1 ist nur erforderlich,

1. wenn dem Beschluss ein Betrag zugrunde liegt, der das Dreitausendfache der Höchstbeitragsgrundlage nach § 45 Abs. 1 ASVG übersteigt, oder

2. wenn Erhaltungs- oder Instandsetzungsarbeiten mit genehmigungspflichtigen Vorhaben in ursächlichem Zusammenhang stehen.

(3) Beschlüsse des Verwaltungsrates über den Abschluss von Bestandverträgen bedürfen ~~nach Zustimmung des Dachverbandes nach § 31 Abs. 7 Z 1 ASVG~~ zu ihrer Wirksamkeit der Genehmigung durch die Bundesministerin für Arbeit, Soziales, Gesundheit und Konsumentenschutz und den Bundesminister für Finanzen.

(BGBl I 2020/158)

(4) Die Genehmigung nach Abs. 3 ist nur erforderlich, wenn

1. die den beschlussgegenständlichen Bestandvertrag betreffende Gesamtfläche mindestens 500 m² beträgt oder
2. der Jahresbruttobestandzins auf Grund des beschlussgegenständlichen Bestandvertrages das Tausendfache der Höchstbeitragsgrundlage nach § 45 Abs. 1 ASVG übersteigt oder
3. der beschlussgegenständliche Bestandvertrag einen Kündigungsverzicht von mehr als zehn Jahren vorsieht.

(5) Beschlüsse des Verwaltungsrates über Angelegenheiten nach dem Abs. 2 und 4 sind binnen einem Monat nach Beschlussfassung der Bundesministerin für Arbeit, Soziales, Gesundheit und Konsumentenschutz anzuzeigen.

Genehmigung der Beteiligung an fremden Einrichtungen

§ 35. Beschlüsse des Verwaltungsrates über eine Beteiligung an fremden Einrichtungen nach § 6 bedürfen zu ihrer Wirksamkeit der Genehmigung durch die Bundesministerin für Arbeit, Soziales, Gesundheit und Konsumentenschutz und den Bundesminister für Finanzen. Das Gleiche gilt für Beschlüsse über Finanzierungs- und Betreibermodelle im Sinne des § 7 Abs. 2 sowie für die Gründung von Tochtergesellschaften bzw. die Beteiligung an weiteren Vereinen und Gesellschaften im Rahmen solcher Finanzierungs- und Betreibermodelle.

ABSCHNITT V
Aufsicht des Bundes

Aufsichtsbehörde

§ 36. (1) Der Versicherungsträger samt seinen Anstalten und Einrichtungen unterliegt der Aufsicht des Bundes. Die Aufsicht ist von der Bundesministerin für Arbeit, Soziales, Gesundheit und Konsumentenschutz auszuüben.

(2) Der Aufsicht des Bundes unterliegen auch die im Rahmen von Finanzierungs- und Betreibermodellen nach § 7 Abs. 2 errichteten (gegründeten) Vereine, Fonds oder Gesellschaften mit beschränkter Haftung bzw. Vereine, Fonds oder Gesellschaften mit beschränkter Haftung, an denen der Versicherungsträger im Rahmen eines solchen Finanzierungs- und Betreibermodells beteiligt ist. Dies gilt jedenfalls so lange, als die Beteiligung des Versicherungsträgers ein Ausmaß von mindestens 50% umfasst oder die Gesellschafts- oder Stimmrechtsanteile mindestens 50% betragen. Im Fall einer Minderheitsbeteiligung des Versicherungsträgers sind die Aufsichtsrechte des Bundes in geeigneter Weise sicherzustellen.

(3) Die Bundesministerin für Arbeit, Soziales, Gesundheit und Konsumentenschutz kann bestimmte Bedienstete ihres Bundesministeriums mit der Aufsicht über den Versicherungsträger betrauen; der Bundesminister für Finanzen kann zu den Sitzungen der Verwaltungskörper des Versicherungsträgers einen Vertreter/eine Vertreterin zur Wahrung der finanziellen Interessen des Bundes entsenden. Den mit der Ausübung der Aufsicht bzw. mit der Wahrung der Interessen des Bundes betrauten Bediensteten und ihren Stellvertreter/inne/n sind Aufwandsentschädigungen zu gewähren, deren Höhe 14% bzw. für die Stellvertreter/innen 7% des Gehaltes eines Abgeordneten zum Nationalrat entspricht und die monatlich auszuzahlen sind. Bei mehrfacher Aufsichtstätigkeit gebührt nur eine, und zwar die jeweils höhere Aufwandsentschädigung.

(4) Der Vertreter/Die Vertreterin der Bundesministerin für Arbeit, Soziales, Gesundheit und Konsumentenschutz kann gegen Beschlüsse eines Verwaltungskörpers, die gegen eine Rechtsvorschrift oder in wichtigen Fragen (§ 37 Abs. 2) gegen den Grundsatz der Zweckmäßigkeit, Wirtschaftlichkeit und Sparsamkeit verstoßen, Einspruch mit aufschiebender Wirkung erheben. Der Vertreter/Die Vertreterin des Bundesministers für Finanzen kann Einspruch mit aufschiebender Wirkung gegen Beschlüsse erheben, die die finanziellen Interessen des Bundes berühren oder in wichtigen Fragen (§ 37 Abs. 2) gegen den Grundsatz der Zweckmäßigkeit, Wirtschaftlichkeit und Sparsamkeit verstoßen. Der/Die Vorsitzende hat die Durchführung des Beschlusses, gegen den Einspruch erhoben wurde, vorläufig aufzuschieben und die Entscheidung der Aufsichtsbehörde einzuholen. Bei einem Einspruch des Vertreters/der Vertreterin des Bundesministers für Finanzen hat die Aufsichtsbehörde die Entscheidung im Einvernehmen mit dem Bundesminister für Finanzen zu treffen.

Aufgaben der Aufsicht

§ 37. (1) Die Aufsichtsbehörde hat die Gebarung des Versicherungsträgers zu überwachen und darauf hinzuwirken, dass im Zuge dieser Gebarung nicht gegen Rechtsvorschriften verstoßen wird. Sie kann ihre Aufsicht auf Fragen der Zweckmäßigkeit, Wirtschaftlichkeit und Sparsamkeit erstrecken. Sie soll sich in diesen Fällen auf wichtige Fragen beschränken und in das Eigenleben und die Selbstverantwortung des Versicherungsträgers nicht unnötig eingreifen. Die Aufsichtsbehörde kann in Ausübung des Aufsichtsrechtes Beschlüsse der Verwaltungskörper aufheben.

(2) Wichtige Fragen im Sinne des Abs. 1 sind insbesondere die Einhaltung der im Rahmen der Zielsteuerung nach § 441f ASVG abgestimmten Ziele, die Sicherstellung einer nachhaltig ausgeglichenen Gebarung sowie Beschlüsse, deren finanzielle Auswirkungen ein Ausmaß von 10 Millionen Euro innerhalb eines Kalenderjahres oder innerhalb von fünf Kalenderjahren übersteigen. Auch alle Angelegenheiten nach § 26 Abs. 4 sind wichtige Fragen im Sinne des Abs. 1.

(3) Der Aufsichtsbehörde und dem Bundesminister für Finanzen sind auf Verlangen alle Bücher, Rechnungen, Belege, Urkunden, Wertpapiere, Schriften und sonstige Bestände vorzulegen und alle zur Ausübung des Aufsichtsrechtes geforderten Mitteilungen zu machen; alle Verlautbarungen sind der Aufsichtsbehörde und dem Bundesminister für Finanzen unverzüglich zur Kenntnis zu bringen. Die Aufsichtsbehörde kann die Satzung und Kran

kenordnung jederzeit überprüfen und Änderungen solcher Bestimmungen verlangen, die mit dem Gesetz in Widerspruch stehen oder dem Zwecke der Versicherung zuwiderlaufen. Wird diesem Verlangen nicht binnen drei Monaten entsprochen, so kann sie die erforderlichen Verfügungen von Amts wegen treffen.

(4) Die Aufsichtsbehörde kann verlangen, dass die Verwaltungskörper mit einer bestimmten Tagesordnung zur Sitzung einberufen wird. Wird dem nicht entsprochen, so kann sie die Sitzung selbst anberaumen und die Verhandlung leiten. Sie kann zu allen Sitzungen Vertreter/innen entsenden, denen beratende Stimme zukommt. Die Aufsichtsbehörde, der/die mit der Aufsicht betraute Bedienstete der Aufsichtsbehörde und der Vertreter/die Vertreterin des Bundesministers für Finanzen sind von jeder Sitzung der Verwaltungskörper ebenso in Kenntnis zu setzen wie die Mitglieder dieser Verwaltungskörper; es sind ihnen auch die diesen zur Verfügung gestellten Behelfe (Tagesordnung, Ausweise, Berichte und andere Behelfe) zu übermitteln. Auf Verlangen des Vertreters/der Vertreterin der Aufsichtsbehörde oder des Vertreters/der Vertreterin des Bundesministers für Finanzen ist die Beschlussfassung zu bestimmten Tagesordnungspunkten zu vertagen. Dieses Verlangen kann für ein und denselben Tagesordnungspunkt höchstens zwei Mal erfolgen.

(5) Die Aufsichtsbehörde und der Bundesminister für Finanzen, letzterer zur Wahrung der finanziellen Interessen des Bundes, sind berechtigt, den Versicherungsträger amtlichen Untersuchungen zu unterziehen, wobei sie sich bei Untersuchungen des Versicherungsträgers der Mitwirkung des Dachverbandes sowie geeigneter Sachverständiger bedienen können.

Entscheidungsbefugnis

§ 38. Die Aufsichtsbehörde hat vorbehaltlich der gesetzlichen Bestimmungen über die Zuständigkeit anderer Stellen und unbeschadet der Rechte Dritter bei Streit über Rechte und Pflichten der Verwaltungskörper und deren Mitglieder sowie über die Auslegung der Satzung zu entscheiden.

Vorläufige Geschäftsführung und Vertretung

§ 39. (1) Die Aufsichtsbehörde ist berechtigt, die Verwaltungskörper, wenn sie ungeachtet zweimaliger schriftlicher Verwarnung gesetzliche oder satzungsmäßige Bestimmungen außer Acht lassen, aufzulösen und die vorläufige Geschäftsführung und Vertretung vorübergehend einem vorläufigen Verwalter/einer vorläufigen Verwalterin zu übertragen. Diesem/Dieser ist ein Beirat zur Seite zu stellen, der im gleichen Verhältnis wie der aufgelöste Verwaltungskörper aus Vertreter/inne/n der Versicherten bestehen soll und dessen Aufgaben und Befugnisse von der Aufsichtsbehörde bestimmt werden. Die §§ 17 Abs. 2 bis 6 und 26 sind auf die Mitglieder des Beirates entsprechend anzuwenden. Der vorläufige Verwalter/Die vorläufige Verwalterin hat binnen acht Wochen vom Zeitpunkt seiner/ihrer Bestellung an die nötigen Verfügungen wegen

Neubestellung des Verwaltungskörpers nach § 18 zu treffen. Ihm/Ihr obliegt die erstmalige Einberufung der Verwaltungskörper.

(2) Die Bestimmungen des Abs. 1 über die Auflösung eines Verwaltungskörpers und die Übertragung der vorläufigen Geschäftsführung und Vertretung auf einen vorläufigen Verwalter/eine vorläufige Verwalterin sind entsprechend anzuwenden, solange und soweit ein Verwaltungskörper die ihm obliegenden Geschäfte nicht ausführt.

(3) Verfügungen des vorläufigen Verwalters/der vorläufigen Verwalterin, die über den Rahmen laufender Geschäftsführung hinausgehen, wie insbesondere derartige Verfügungen über die dauernde Anlage von Vermögensbeständen im Wert von mehr als 14 534,57 €, über den Abschluss von Verträgen, die den Versicherungsträger für länger als sechs Monate verpflichten, und über den Abschluss, die Änderung oder Auflösung von Dienstverträgen mit einer Kündigungsfrist von mehr als drei Monaten oder von unkündbaren Dienstverträgen, bedürfen der Genehmigung durch die Aufsichtsbehörde.

Kosten der Aufsicht

§ 40. Die Kosten der von der Aufsichtsbehörde angeordneten Maßnahmen belasten den Versicherungsträger. Zur Deckung der durch die Aufsicht erwachsenden sonstigen Kosten hat der Versicherungsträger durch Entrichtung einer Aufsichtsgebühr beizutragen. Deren Höhe hat die Bundesministerin für Arbeit, Soziales, Gesundheit und Konsumentenschutz nach Anhörung des Versicherungsträgers zu bestimmen.

Beschwerde an das Bundesverwaltungsgericht

§ 40a. Gegen Bescheide der Aufsichtsbehörde und wegen Verletzung ihrer Entscheidungspflicht kann Beschwerde an das Bundesverwaltungsgericht erhoben werden.

ABSCHNITT VI
Satzung, Krankenordnung und Geschäftsordnungen

Satzung

§ 41. (1) Die Satzung hat, soweit dies gesetzlich vorgesehen und nicht der Regelung der Krankenordnung überlassen ist, die Tätigkeit des Versicherungsträgers zu regeln und insbesondere Bestimmungen zu enthalten:

1. über Rechte und Pflichten der Versicherten (Anspruchsberechtigten) sowie der Beitragsschuldner/Beitragsschuldnerinnen;

2. über die Form der Kundmachungen und rechtsverbindlichen Akte;

3. über die in regelmäßigen Abständen abzuhaltenden Informationsveranstaltungen, zu der Versicherte einzuladen sind.

(2) Durch die Satzung des Versicherungsträgers kann vorgesehen werden, dass Angelegenheiten, die in den Wirkungsbereich des Verwaltungsrates oder der Hauptversammlung fallen, bei Gefahr im

Verzug zur Abwendung eines dem Versicherungsträger drohenden Schadens bzw. zur Sicherung eines dem Versicherungsträger entgehenden Vorteiles vorläufig durch Verfügung des Obmannes/der Obfrau des Verwaltungsrates zu regeln sind, wenn der in Betracht kommende Verwaltungskörper nicht rechtzeitig zusammentreten kann. Die Verfügungen sind nur dann gültig, wenn sie im Einvernehmen mit dem Stellvertreter/der Stellvertreterin des/der Vorsitzenden des Verwaltungsrates getroffen werden, bei dessen/deren Abwesenheit oder Verhinderung auch ohne deren Mitwirkung. Der/Die Vorsitzende des Verwaltungsrates hat in derartigen Fällen vom zuständigen Verwaltungskörper die nachträgliche Genehmigung einzuholen.

(3) Änderungen der Satzung des Versicherungsträgers, die durch Änderungen der Rechtslage oder der Vertragslage (§ 13) erforderlich oder zulässig geworden sind, können rückwirkend mit jenem Zeitpunkt vorgenommen werden, mit dem sich die damit zusammenhängende Rechtslage oder Vertragslage (§ 13) geändert hat.

Krankenordnung

§ 42. (1) Der Versicherungsträger hat eine Krankenordnung aufzustellen, die insbesondere die Pflichten der Versicherten und der Leistungsempfänger im Leistungsfall, das Verfahren bei Inanspruchnahme von Leistungen der Krankenversicherung und die Kontrolle der Kranken zu regeln hat. § 43 ist anzuwenden.

(2) Änderungen der Krankenordnung, die durch Änderungen der Rechtslage oder der Vertragslage (§ 13) erforderlich oder zulässig geworden sind, können rückwirkend mit jenem Zeitpunkt vorgenommen werden, mit dem sich die damit zusammenhängende Rechtslage oder Vertragslage (§ 13) geändert hat.

Genehmigungspflicht

§ 43. Die Satzung und jede ihrer Änderungen bedürfen zu ihrer Wirksamkeit der Genehmigung durch die Bundesministerin für Arbeit, Soziales, Gesundheit und Konsumentenschutz und sind unverzüglich nach der Genehmigung im Internet zu verlautbaren. Nach jeder fünften Änderung der Satzung ist diese unverzüglich neu zu beschließen.

Geschäftsordnungen der Verwaltungskörper

§ 44. (1) Die einzelnen Verwaltungskörper des Versicherungsträgers haben zur Regelung der Vorgangsweise bei der Wahrnehmung der ihnen obliegenden Geschäfte für ihre jeweiligen Zuständigkeitsbereiche eine Geschäftsordnung zu beschließen, die insbesondere nähere Bestimmungen über die ordnungsgemäße Einberufung und Abwicklung der Sitzungen (Verhandlungsleitung, Berichterstattung, Antragsrechte, Protokollführung usw.) zu enthalten haben.

(2) Die Geschäftsordnung der Verwaltungskörper und jede ihrer Änderungen sind innerhalb von vier Wochen nach der Beschlussfassung der Bundesministerin für Arbeit, Soziales, Gesundheit und Konsumentenschutz zur Kenntnis zu bringen.

(3) Die Geschäftsordnung des Verwaltungsrates hat einen Anhang zu enthalten, in dem Zeitpunkt und Wortlaut der Beschlüsse dieses Verwaltungskörpers anzuführen sind, mit denen dieser einzelne seiner Obliegenheiten Ausschüssen oder dem/der Vorsitzenden oder die Besorgung bestimmter laufender Angelegenheiten, insbesondere jener nach § 26 Abs. 1 Z 1 bis 4, dem Büro des Versicherungsträgers übertragen hat. Dieser Anhang ist in seiner jeweils gültigen Form unverzüglich allen Versicherungsvertretern/Versicherungsvertreterinnen sowie der Bundesministerin für Arbeit, Soziales, Gesundheit und Konsumentenschutz zur Kenntnis zu bringen und außerdem im Internet zu verlautbaren.

(4) Die von der Hauptversammlung beschlossene Geschäftsordnung ist auch für deren Ausschuss maßgeblich.

(5) Der Verwaltungsrat beschließt eine für alle Landesstellenausschüsse gleichlautende Geschäftsordnung; Abs. 2 ist anzuwenden.

ABSCHNITT VII
Bedienstete

§ 45. (1) Die dienst-, besoldungs- und pensionsrechtlichen Verhältnisse sind für die Bediensteten des Versicherungsträgers durch privatrechtliche Verträge zu regeln. In begründeten Fällen können im Dienstvertrag von den Dienstordnungen (§ 30b Abs. 1 Z 1 ASVG) abweichende Vereinbarungen, ausgenommen solche über die Höhe einer Leitungszulage, getroffen werden. Der Abschluss solcher Vereinbarungen obliegt dem Verwaltungsrat; eine Übertragung dieser Obliegenheit ist nicht zulässig. Dienstverträge mit solchen Vereinbarungen sind als Sonderverträge zu bezeichnen und nur dann gültig, wenn sie schriftlich abgeschlossen werden und der Dachverband vor dem Abschluss schriftlich zugestimmt hat. Der Versicherungsträger hat unter Rücksichtnahme auf seine wirtschaftliche Lage die Zahl der Dienstposten auf das unumgängliche Maß einzuschränken und danach für seinen Bereich einen Dienstpostenplan zu erstellen.

(2) Am 31. Dezember 1993 bereits bestehende Sonderverträge über die Höhe einer Leitungszulage bleiben unberührt.

(3) Die Bediensteten des Versicherungsträgers unterstehen dienstlich dem Verwaltungsrat. Der Obmann/Die Obfrau ist berechtigt, nach Maßgabe der dienstrechtlichen Bestimmungen eine einstweilige Enthebung vom Dienst zu verfügen.

(4) Der/Die leitende Angestellte und seine/ihre beiden ständigen Stellvertreter/innen sowie der leitende Arzt/die leitende Ärztin und dessen/deren ständige/r Stellvertreter/in sind im Wege einer öffentlichen Ausschreibung für jeweils fünf Jahre zu bestellen; Wiederbestellungen sind zulässig. Davon abweichende Vereinbarungen sind rechtsunwirksam.

(4a) Für den leitenden Angestellten/die leitende Angestellte dürfen zwei ständige Stellvertreter/innen bestellt werden; für den leitenden Arzt/die leitende Ärztin darf nur ein ständiger Stellvertreter/eine ständige Stellvertreterin bestellt werden.

(5) Ist ein Bediensteter/eine Bedienstete des Versicherungsträgers mit einer Funktion nach Abs. 4 betraut, so darf er/sie nach Ablauf der Befristung mit einem Dienstposten betraut werden, der mit einer Verschlechterung der Entgelt- oder sonstigen Arbeitsbedingungen verbunden ist.

(6) Der/Die leitende Angestellte und der/die leitende Arzt/Ärztin des Versicherungsträgers dürfen erst nach vorher eingeholter Zustimmung der Aufsichtsbehörde bestellt und entlassen werden.

(7) Der/Die Bedienstete hat beim Dienstantritt dem Obmann/der Obfrau durch Handschlag zu geloben, die Gesetze der Republik Österreich unverbrüchlich zu beachten, sich mit ganzer Kraft dem Dienst zu widmen, seine/ihre Dienstobliegenheiten gewissenhaft, unparteiisch und uneigennützig zu erfüllen, jederzeit auf die Wahrung der öffentlichen Interessen bedacht zu sein, die dienstlichen Anordnungen seiner/ihrer Vorgesetzten zu befolgen, das Dienstgeheimnis treu zu bewahren und bei seinem/ihrem Verhalten in und außer Dienst sich seiner/ihrer Stellung angemessen zu betragen. Die Angelobung der Bediensteten der Landesstellen kann vom Obmann/von der Obfrau einem anderen Versicherungsvertreter/einer anderen Versicherungsvertreterin übertragen werden. Über die Pflichtenangelobung ist eine Niederschrift aufzunehmen, die der/die Bedienstete zu unterzeichnen hat.

Verschwiegenheitpflicht der Bediensteten

§ 46. (1) Die Bediensteten haben über alle ihnen in Ausübung des Dienstes oder mit Beziehung auf ihre Stellung bekannt gewordenen Angelegenheiten, die im Interesse des Versicherungsträgers oder der Versicherten und ihrer Angehörigen Geheimhaltung erfordern oder ihnen ausdrücklich als vertraulich bezeichnet worden sind, gegen jedermann, dem sie über solche Angelegenheiten eine dienstliche Mitteilung zu machen nicht verpflichtet sind, Verschwiegenheit zu wahren.

(2) Eine Ausnahme von der im Abs. 1 bezeichneten Verpflichtung tritt nur insoweit ein, als ein Bediensteter/eine Bedienstete für einen bestimmten Fall von der Verpflichtung zur Wahrung des Dienstgeheimnisses entbunden wurde.

(3) Die Bediensteten sind an die Verschwiegenheitspflicht auch im Verhältnis außer Dienst, im Ruhestand sowie nach Auflösung des Dienstverhältnisses gebunden.

DRITTER TEIL
Schlussbestimmungen

ABSCHNITT I
Zusammenführung der Sozialversicherungsanstalt der gewerblichen Wirtschaft und der

Sozialversicherungsanstalt der Bauern zur Sozialversicherungsanstalt der Selbständigen

Sozialversicherungsanstalt der Selbständigen – Errichtung

§ 47. (1) Die Sozialversicherungsanstalt der gewerblichen Wirtschaft und die Sozialversicherungsanstalt der Bauern werden mit Wirksamkeit ab 1. Jänner 2020 zur Sozialversicherungsanstalt der Selbständigen zusammengeführt.

(2) Alle Rechte und Verbindlichkeiten der Sozialversicherungsanstalt der gewerblichen Wirtschaft und der Sozialversicherungsanstalt der Bauern gehen mit 1. Jänner 2020 auf die Sozialversicherungsanstalt der Selbständigen über. Sie ist ab 1. Jänner 2020 zur Durchführung der Verwaltungs- und Leistungssachen zuständig, die nach den am 31. Dezember 2019 geltenden Vorschriften von der Sozialversicherungsanstalt der gewerblichen Wirtschaft und der Sozialversicherungsanstalt der Bauern zu besorgen sind. Der Sozialversicherungsanstalt der Selbständigen obliegt die Erstellung der Rechnungsabschlüsse, der Geschäftsberichte (§ 31 Abs. 1) und der statistischen Nachweisungen (§ 31 Abs. 2) für das Jahr 2019 für die Sozialversicherungsanstalt der gewerblichen Wirtschaft und die Sozialversicherungsanstalt der Bauern.

(3) Personen, die am 31. Dezember 2019 in einem Dienstverhältnis zur Sozialversicherungsanstalt der gewerblichen Wirtschaft oder der Sozialversicherungsanstalt der Bauern stehen, sind ab 1. Jänner 2020 Bedienstete der Sozialversicherungsanstalt der Selbständigen.

Sozialversicherungsanstalt der Selbständigen – Versicherungsvertreter/innen und Konstituierung der Verwaltungskörper

§ 48. (1) Die Versicherungsvertreter/innen der Sozialversicherungsanstalt der Selbständigen sind erstmals bis 31. März 2019 nach den Bestimmungen der §§ 17 ff. in die Hauptversammlung und die Landesstellenausschüsse zu entsenden, wobei die Entsendung mit 1. Jänner 2020 wirksam wird. Unvereinbarkeitsbestimmungen sind mit Wirksamkeit der Entsendung anzuwenden.

(2) Die Mitglieder des Überleitungsausschusses (§ 49) sind ab 1. Jänner 2020 die Mitglieder des Verwaltungsrates der Sozialversicherungsanstalt der Selbständigen. Der/Die Vorsitzende des Überleitungsausschusses und der/die Stellvertreter/in des Vorsitzenden übernehmen ab 1. Jänner 2020 die Funktion des/der Obmannes/Obfrau und des/der Stellvertreters/Stellvertreterin.

(3) Die Hauptversammlung (§ 16 Z 2) und die Landesstellenausschüsse (§ 16 Z 3) sind vom Verwaltungsrat nach dessen erstmaligem Zusammentreten einzuberufen. Hinsichtlich der Angelobung der Versicherungsvertreter/innen gilt § 25.

(4) Die Amtsdauer nach § 22 beginnt für alle Verwaltungskörper mit 1. Jänner 2020.

Überleitungsausschuss – Errichtung

§ 49. (1) Für den Zeitraum 1. April 2019 bis 31. Dezember 2019 wird ein Überleitungsausschuss nach den für den Verwaltungsrat maßgeblichen Bestimmungen der §§ 17 ff. gebildet. Die Mitglieder des Überleitungsausschusses dürfen keinem anderen Verwaltungskörper eines Versicherungsträgers oder des Hauptverbandes angehören. Die §§ 36 und 37 sind hinsichtlich des Überleitungsausschusses sinngemäß anzuwenden. Kommt ein gültiger Beschluss (Abs. 3) des Überleitungsausschusses nicht zustande, so kann der/die Vorsitzende, wenn wichtige Interessen der Sozialversicherungsanstalt der Selbständigen gefährdet scheinen, die Angelegenheit der Bundesministerin für Arbeit, Soziales, Gesundheit und Konsumentenschutz zur Entscheidung vorlegen. Sind finanzielle Interessen des Bundes berührt, so ist das Einvernehmen mit dem Bundesminister für Finanzen herzustellen.

(2) Im Fall der Verhinderung der im Abs. 1 genannten Versicherungsvertreter/innen kann eine Übertragung des Stimmrechtes nach § 17 Abs. 4 erfolgen. Im Übrigen finden für die Mitglieder des Überleitungsausschusses die Bestimmungen dieses Bundesgesetzes über die Versicherungsvertreter/innen sinngemäß Anwendung.

(3) Die Mitglieder des Überleitungsausschusses sind erstmals von der Bundesministerin für Arbeit, Soziales, Gesundheit und Konsumentenschutz zur konstituierenden Sitzung so einzuladen, dass der Überleitungsausschuss ab 1. April 2019 seine Aufgaben und Obliegenheiten nach § 50 wahrnehmen kann. Mit seinem ersten Zusammentreten ist der Überleitungsausschuss konstituiert. In der konstituierenden Sitzung wählen die Mitglieder des Ausschusses aus ihrer Mitte eine/n Vorsitzende/n und eine/n Stellvertreter/in; das an Lebensjahren älteste Mitglied führt hierbei den Vorsitz. Der/Die Vorsitzende hat der Gruppe der nach dem GSVG versicherten Personen anzugehören; der/die Stellvertreter/in hat der Gruppe der nach dem BSVG versicherten Personen anzugehören. Der Ausschuss ist bei Anwesenheit der Hälfte der Mitglieder beschlussfähig. Er fasst seine Beschlüsse mit einfacher Mehrheit, sofern nicht im § 26 Abs. 3 und 4 anderes bestimmt ist. Der Ausschuss wird vom Vorsitzenden/von der Vorsitzenden, bei dessen/deren Verhinderung vom seinem/ihrer Stellvertreter/seiner/ihrer Stellvertreterin einberufen. Der Überleitungsausschuss hat sich zur zweckmäßigen Erfüllung seiner Aufgaben auf Basis der von der Bundesministerin für Arbeit, Soziales, Gesundheit und Konsumentenschutz zu erlassenden Mustergeschäftsordnung eine Geschäftsordnung zu geben.

(4) Die Organisation der Bürogeschäfte des Überleitungsausschusses obliegt bis zur Bestellung des leitenden Angestellten der Sozialversicherungsanstalt der Selbständigen (§ 50 Abs. 4) dem/der leitenden Angestellten der Sozialversicherungsanstalt der gewerblichen Wirtschaft, der/die von dem/der leitenden Angestellten der Sozialversicherungsanstalt der Bauern zu unterstützen ist. Mit Bestellung des/der leitenden Angestellten der Sozialversicherungsanstalt der Selbständigen geht diese Aufgabe auf diese/n über, wobei er/sie von den leitenden Angestellten der Sozialversicherungsanstalt der gewerblichen Wirtschaft und der Sozialversicherungsanstalt der Bauern zu unterstützen ist. Für die Durchführung der Bürogeschäfte des Überleitungsausschusses sowie die Vorbereitungshandlungen der Zusammenführung der Versicherungsträger ist der/die leitende Angestellte der Sozialversicherungsanstalt der gewerblichen Wirtschaft bzw. der/die bestellte leitende Angestellte der Sozialversicherungsanstalt der Selbständigen ausschließlich dem Überleitungsausschuss verantwortlich.

(5) Der Überleitungsausschuss kann in der Zeit bis 31. Dezember 2019 Rechte und Pflichten für die Sozialversicherungsanstalt der Selbständigen begründen. Die Sozialversicherungsanstalt der gewerblichen Wirtschaft hat diese Rechte und Pflichten bis 31. Dezember 2019 wahrzunehmen. Der zur Ausführung der Tätigkeit des Überleitungsausschusses sowie auf Grund seiner Beschlüsse anfallende Aufwand ist anteilsmäßig im Verhältnis der Anspruchsberechtigten der Sozialversicherungsanstalt der gewerblichen Wirtschaft und der Sozialversicherungsanstalt der Bauern zum Stichtag 1. Jänner 2018 zu tragen. Zur Ermittlung der jeweiligen Anteile sind diese Aufwendungen beim Hauptverband in einem eigenen Rechenkreis darzustellen.

Überleitungsausschuss – Aufgaben

§ 50. (1) Folgende Beschlüsse aus dem Wirkungsbereich der Verwaltungskörper der Sozialversicherungsanstalt der gewerblichen Wirtschaft und der Sozialversicherungsanstalt der Bauern sind, unbeschadet der aufsichtsbehördlichen Genehmigungsrechte (§§ 36 und 37), allein durch den Überleitungsausschuss zu fassen:

1. Beschlüsse betreffend EDV und Informatik, mit welchen die Verfügungen über einen 100 000 Euro übersteigenden Betrag getroffen werden;

2. sämtliche Beschlüsse betreffend

   a. Leiter/innen des gehobenen und des höheren Dienstes sowie Angestellte des bereichsleitenden und des leitenden Dienstes nach der DO. A, soweit diese im Verwaltungsdienst tätig sind,

   b. Ärzte und Ärztinnen, die nach § 37 Z 1 und 2 DO. B eingereiht sind,

   c. Höherreihungen außerhalb der am 30. Juni 2018 gültigen Dienstpostenpläne und

   d. Personalaufnahmen im Verwaltungsbereich.

(2) Der Überleitungsausschuss kann sämtliche Beschlüsse, für deren Wirksamkeit die Zustimmung der Kontrollversammlung erforderlich ist, vor Beschlussfassung im Vorstand der Sozialversicherungsanstalt der gewerblichen Wirtschaft bzw. der Sozialversicherungsanstalt der Bauern an sich ziehen und über diese Angelegenheiten selbst entscheiden. Darüber hinaus kann er auch sämt-

liche Entscheidungen, die in den Aufgabenbereich des Vorstandes (§ 207 GSVG bzw. § 195 BSVG) der Sozialversicherungsanstalt der gewerblichen Wirtschaft bzw. der Sozialversicherungsanstalt der Bauern fallen und die sich auf die Zusammenführung der Versicherungsträger auswirken, jederzeit an sich ziehen. Im Übrigen haben die Vorstände der zusammenzuführenden Versicherungsträger die ihnen nach dem GSVG bzw. dem BSVG zukommenden Aufgaben und Obliegenheiten bis 31. Dezember 2019 zu erfüllen.

(3) Der Überleitungsausschuss hat unter sinngemäßer Anwendung des § 30 für das Jahr 2020 eine konsolidierte Gebarungsvorschaurechnung zu erstellen, sowie bis 31. Dezember 2019 einen Jahresvoranschlag zu beschließen.

(3a) Der Überleitungsausschuss hat die für die Zusammenführung der Versicherungsanstalten erforderlichen vorbereitenden Handlungen zu setzen.

(4) Der Überleitungsausschuss hat für Sozialversicherungsanstalt der Selbständigen mit Wirkung ab 1. Juli 2019 den/die leitende/n Angestellte/n und dessen/deren beide ständige/n Stellvertreter/innen sowie mit Wirkung ab 1. Jänner 2020 den leitenden Arzt/die leitende Ärztin und dessen/deren ständige/n Stellvertreter/in für jeweils 5 Jahre (§ 45 Abs. 4) zu bestellen; hinsichtlich der Bestellung dieser Personen nach dem 31. Dezember 2019 sind die nach diesem Bundesgesetz zuständigen Verwaltungskörper berufen.

(5) Die Sozialversicherungsanstalt der gewerblichen Wirtschaft und die Sozialversicherungsanstalt der Bauern haben dem Überleitungsausschuss auf sein Verlangen sämtliche zur Erfüllung der diesem nach diesem Bundesgesetz übertragenen Aufgaben erforderlichen Mitteilungen zu machen. Der Ausschuss kann die notwendigen Erhebungen durch eines oder mehrere seiner Mitglieder auch unmittelbar bei den einzelnen Versicherungsträgern durchführen.

(6) Der Überleitungsausschuss kann zu allen Sitzungen der Verwaltungskörper der Sozialversicherungsanstalt der gewerblichen Wirtschaft und der Sozialversicherungsanstalt der Bauern Vertreter/innen entsenden, denen beratende Funktion zukommt. Er ist von jeder Sitzung der Verwaltungskörper ebenso in Kenntnis zu setzen wie die Mitglieder dieser Verwaltungskörper; es sind ihm auch die diesen zur Verfügung gestellten Behelfe (Sitzungsprotokolle, Tagesordnungen, Ausweise, Berichte und andere Behelfe) zu übermitteln.

Vertragskontinuität bei der Leistungserbringung

§ 51. (1) Die zum 31. Dezember 2019 in Geltung stehenden Gesamtverträge der Sozialversicherungsanstalt der gewerblichen Wirtschaft und der Sozialversicherungsanstalt der Bauern mit der Österreichischen Ärztekammer oder den örtlich zuständigen Ärztekammern sowie die zum 31. Dezember 2019 in Geltung stehenden Verträge dieser Versicherungsträger mit den Ärzten/Ärztinnen, Zahnärzten/Zahnärztinnen und anderen Vertrags-

partnern/Vertragspartnerinnen zur Erbringung der Leistungen der Krankenversicherung gelten als Verträge im Sinne des § 14 jeweils für die nach dem GSVG und BSVG versicherten Personen bis zu den Vertragsabschlüssen nach § 14 oder Abs. 2 weiter.

(2) Für den nach dem BSVG versicherten Personenkreis bedeutet dies eine über den 31. Dezember 2019 hinaus gegebene Gültigkeit der zu diesem Zeitpunkt für die jeweilige Gebietskrankenkasse aktuellen Gesamtverträge mit der Maßgabe, dass insbesondere die am 31. Dezember 2019 ausgewiesenen Honorarpositionen und Tarifhöhen samt allen Limitierungs- und Deckelbestimmungen ungeachtet einer zwischenzeitig eingetretenen Gesamtrechtsnachfolge einer der Vertragsparteien bis zum Abschluss eines Gesamtvertrages für die von diesem Bundesgesetz umfassten Versicherten verbindlich bleiben.

ABSCHNITT II
Schlussbestimmungen zu Art. 5 des Bundesgesetzes BGBl. I Nr. 100/2018

Vollziehung

§ 52. Mit der Vollziehung dieses Bundesgesetzes ist die Bundesministerin für Arbeit, Soziales, Gesundheit und Konsumentenschutz betraut.

In-Kraft-Treten

§ 53. (1) Dieses Bundesgesetz tritt, soweit im Folgenden nichts anderes bestimmt wird, mit 1. Jänner 2020 in Kraft.

(2) Der Abschnitt I des Dritten Teiles samt Überschrift sowie § 52 treten mit 1. Jänner 2019 in Kraft.

(3) Mit 31. Dezember 2019 endet die laufende Funktionsperiode der Verwaltungskörper der Sozialversicherungsanstalt der gewerblichen Wirtschaft und der Sozialversicherungsanstalt der Bauern.

(3a) § 17 Abs. 6 Z 5 ist auf Personen, die vor dem 1. Jänner 2022 als Versicherungsvertreter/innen in einen nach diesem Bundesgesetz einzurichtenden Verwaltungskörper entsendet werden, so anzuwenden, dass der Nachweis der fachlichen Eignung bis längstens zum Ablauf des 31. Dezember 2021 bei sonstiger Enthebung nach § 20 Abs. 1 Z 5 zu erbringen ist.

(4) Die Sozialversicherungsanstalt der Selbständigen hat bis längstens 31. Dezember 2020 eine Satzung und eine Krankenordnung zu erlassen, die an die Stelle der von der Sozialversicherungsanstalt der gewerblichen Wirtschaft und der Sozialversicherungsanstalt der Bauern erlassenen Satzungen bzw. Krankenordnungen treten. Bis zur Erlassung dieser Satzung (Krankenordnung) gelten die Satzungen (Krankenordnungen) der Sozialversicherungsanstalt der gewerblichen Wirtschaft bzw. der Sozialversicherungsanstalt der Bauern weiter.

(5) Die Sozialversicherungsanstalt der Selbständigen ist ab 1. Jänner 2020 für das Melde-, Versicherungs- und Beitragsrecht sowie das Leistungsrecht der in der Unfallversicherung nach § 8 Abs. 1 Z 3, sofern die Sozialversicherungsanstalt der Selbständigen nach § 28 Z 2 ASVG sachlich zu-

ständig ist, § 19 Abs. 1 Z 1 und 2 sowie § 20 Abs. 1 ASVG versicherten selbstständig Erwerbstätigen zuständig und übernimmt ab diesem Zeitpunkt den einschlägigen Rentenstock von der bislang zuständigen Allgemeinen Unfallversicherungsanstalt. Die Sozialversicherungsanstalt der gewerblichen Wirtschaft, die Sozialversicherungsanstalt der Bauern und die Allgemeine Unfallversicherungsanstalt sind zwecks Zusammenführung bzw. Überführung der Unfallversicherung zur wechselseitigen Verarbeitung von Versicherten- und Vertragspartnerstammdaten, der leistungs-, beitrags- und versicherungsrechtlichen Daten im Sinne des Art. 4 Z 2 DSGVO im automationsunterstützten Datenverkehr ermächtigt und verpflichtet.

(6) Zum 1. Jänner 2020 noch nicht rechtskräftig abgeschlossene Verfahren aus Anlass eines vermeintlichen Arbeitsunfalles oder einer vermeintlichen Berufskrankheit eines zum Zeitpunkt des mutmaßlichen Eintritts des Versicherungsfalles in der Unfallversicherung pflichtversicherten selbstständig Erwerbstätigen fallen mit 1. Jänner 2020 ausnahmslos in die Zuständigkeit der Sozialversicherungsanstalt der Selbständigen.

(7) Ein gemeinsamer Rechnungskreis ist von der Hauptversammlung der Sozialversicherungsanstalt der Selbständigen dann zu beschließen, wenn die beitrags- und leistungsrechtlichen Voraussetzungen dafür geschaffen wurden. Das Vorliegen der Voraussetzung ist von der Hauptversammlung zu beurteilen. In diesem Beschluss ist der Zeitpunkt der Zusammenführung der Rechnungskreise ausdrücklich festzulegen. Bis zu diesem Zeitpunkt sind die Rechnungskreise getrennt nach:

1. Personen, die dem GSVG und FSVG oder
2. Personen, die dem BSVG

unterliegen, zu führen.

(8) Der Unterstützungsfonds ist getrennt nach zwei Rechnungskreisen zu führen für:

1. Versicherte nach dem GSVG und FSVG sowie
2. Versicherte nach dem BSVG.

Ein gemeinsamer Rechnungskreis ist von der Hauptversammlung der Sozialversicherungsanstalt der Selbständigen erst dann zu beschließen, wenn die beitrags- und leistungsrechtlichen Voraussetzungen dafür geschaffen wurden. In diesem Beschluss ist der Zeitpunkt der Zusammenführung der Rechnungskreise ausdrücklich festzulegen.

(9) Ziel ist es, das Beitrags- und Leistungsrecht innerhalb der Versicherungsanstalt zu vereinheitlichen. Die Versicherungsanstalt hat der Bundesministerin für Arbeit, Soziales, Gesundheit und Konsumentenschutz und dem Bundesminister für Finanzen halbjährlich, beginnend ab 30. Juni 2020, über den Fortgang der Beitrags- und Leistungsvereinheitlichung zu berichten.

(10) Für Bedienstete der Sozialversicherungsanstalt der gewerblichen Wirtschaft und der Sozialversicherungsanstalt der Bauern, die am 31. Dezember 2019 mit einer Funktion nach § 230 Abs. 3a GSVG (§ 218 Abs. 3a BSVG) betraut sind, finden hinsichtlich der Entgeltbedingungen abweichend von § 230 Abs. 3b GSVG (§ 218 Abs. 3b BSVG) die Regelungen des § 36 Abs. 3 DO. A bzw. des § 36 Abs. 2 DO. B sinngemäß Anwendung. Diese Bediensteten dürfen jedoch auch vor Ablauf der Befristung im Rahmen der Organisationsreform mit einem Dienstposten des bereichsleitenden Dienstes oder eines anderen gehobenen Aufgabenfeldes betraut werden.

(11) Sozialversicherungsbedienstete, die sich am 31. Dezember 2018 in einem aufrechten Dienstverhältnis befanden, dürfen dienstgeberseitig nicht aus dem Grund der Organisationsänderungen durch das Bundesgesetz BGBl. I Nr. 100/2018 gekündigt werden.

5. KÜNSTLER-SOZIALVERSICHERUNGSFONDSGESETZ

Inhaltsverzeichnis

5. Künstler-Sozialversicherungsfondsgesetz

Künstler-Sozialversicherungsfondsgesetz, BGBl I 2000/131 idF

1 BGBl I 2001/136	**2** BGBl I 2008/55	**3** BGBl I 2010/92
4 BGBl I 2012/71	**5** BGBl I 2013/92	**6** BGBl I 2015/15
7 BGBl I 2018/32	**8** BGBl I 2020/16	**9** BGBl I 2020/24
10 BGBl I 2020/106	**11** BGBl I 2020/149	

GLIEDERUNG

K-SVFG

Bundesgesetz über die Errichtung eines Fonds zur Förderung der Beiträge der selbstständigen Künstler zur gesetzlichen Sozialversicherung (Künstler-Sozialversicherungsfondsgesetz – K-SVFG)

Der Nationalrat hat beschlossen:

1. Abschnitt
Allgemeines

Geltungsbereich

§ 1. Dieses Bundesgesetz regelt die Leistung von Zuschüssen zu den Beiträgen zur gesetzlichen Sozialversicherung der im Inland pflichtversicher-ten selbstständig erwerbstätigen Künstlerinnen/ Künstler und von sonstigen Beihilfen an Künstlerinnen/Künstler.

(BGBl I 2008/55, BGBl I 2015/15)

Begriffsbestimmungen

§ 2. (1) Künstlerin/Künstler im Sinne dieses Bundesgesetzes ist, wer in den Bereichen der bildenden Kunst, der darstellenden Kunst, der Musik, der Literatur, der Filmkunst oder in einer der zeitgenössischen Ausformungen der Bereiche der Kunst im Rahmen einer künstlerischen Tätigkeit Werke der Kunst schafft.

(2) (aufgehoben)

(BGBl I 2008/55, BGBl I 2015/15)

(3) Einkünfte im Sinne dieses Gesetzes sind die in- und ausländischen Einkünfte gemäß § 2 Abs. 3 des Einkommensteuergesetzes – EStG 1988, BGBl. Nr. 400.

(BGBl I 2008/55)

2. Abschnitt
Künstler-Sozialversicherungsfonds

Errichtung

§ 3. (1) Zur Entlastung von selbstständigen Künstlerinnen/Künstlern bei der Beitragsleistung zur gesetzlichen Sozialversicherung und zur sonstigen sozialen Unterstützung von Künstlerinnen/Künstlern wird ein Fonds eingerichtet.

(BGBl I 2008/55, BGBl I 2015/15)

(2) Der Fonds führt die Bezeichnung Künstler-Sozialversicherungsfonds, besitzt eigene Rechtspersönlichkeit und hat seinen Sitz in Wien. Das Geschäftsjahr des Fonds ist das Kalenderjahr. Auf die Bediensteten des Fonds findet das Angestelltengesetz Anwendung.

(BGBl I 2008/55)

Aufgaben

§ 4. Aufgaben des Fonds sind

1. die Leistung von Zuschüssen zu den von den Künstlerinnen/Künstlern zu leistenden Beiträgen zur Pflichtversicherung gemäß § 2 Abs. 1 Z 4 und § 273 Abs. 6 des Gewerblichen Sozialversicherungsgesetzes – GSVG, BGBl. Nr. 560/1978, § 8 Abs. 1 Z 3 lit. a und § 572 Abs. 4 in Verbindung mit § 581 Abs. 1a des Allgemeinen Sozialversicherungsgesetzes – ASVG, BGBl. Nr. 189/1955;
2. die Entgegennahme der Meldung des Ruhens und der Wiederaufnahme der selbständigen künstlerischen Erwerbstätigkeit gemäß § 22a;
3. die Gewährung von Beihilfen an Künstlerinnen/Künstler gemäß § 25c;
4. die Aufbringung der Mittel für die Aufgaben des Fonds.

(BGBl I 2008/55, BGBl I 2010/92, BGBl I 2015/15)

Aufbringung der Mittel

§ 5. Die Mittel des Fonds werden aufgebracht durch:

1. Abgaben gemäß § 1 Abs. 1 Z 2 und 3 Kunstförderungsbeitragsgesetz 1981, BGBl. Nr. 573;
2. Beiträge des Bundes entsprechend der im Bundesfinanzgesetz hiefür vorgesehenen Mittel;
3. Rückzahlungen von Zuschüssen;
4. Sonstige Rückflüsse und Zinserträgnisse aus Fondsmitteln;
5. Sonstige Einnahmen;
6. Freiwillige Zuwendungen.

Organe des Fonds

§ 6. Organe des Fonds sind:

1. das Kuratorium (§ 7),
2. der Geschäftsführer (§ 10),
3. die Künstlerkommission (§ 11).

Kuratorium

§ 7. (1) Das Kuratorium besteht aus neun Mitgliedern. Die Mitglieder werden wie folgt bestellt:

1. drei Mitglieder durch den Bundeskanzler,

   (BGBl I 2008/55, BGBl I 2015/15)

2. ein Mitglied durch die Bundesministerin/den Bundesminister für Soziales und Konsumentenschutz,

   (BGBl I 2008/55)

3. ein Mitglied durch den Bundesminister für Finanzen,
4. ein Mitglied durch die Sozialversicherungsanstalt der gewerblichen Wirtschaft,
5. ein Mitglied durch die Wirtschaftskammer Österreich und
6. zwei Mitglieder durch den Österreichischen Gewerkschaftsbund.

   (BGBl I 2008/55)

(2) Den Vorsitzenden und den Stellvertreter des Vorsitzenden des Kuratoriums bestellt der Bundeskanzler aus dem Kreis der Mitglieder gemäß Abs. 1 Z 1.

(BGBl I 2008/55, BGBl I 2015/15)

(3) Die Mitglieder werden auf die Funktionsdauer von fünf Jahren bestellt. Die Funktionsperiode beginnt mit dem ersten Zusammentreten der Mitglieder des neu bestellten Kuratoriums. Scheidet ein Mitglied vorzeitig aus, ist das Kuratorium durch Neubestellungen zu ergänzen. Nach Ablauf der Funktionsperiode hat das Kuratorium die Geschäfte so lange weiterzuführen, bis das neu bestellte Kuratorium zusammentritt.

(4) Ein Mitglied kann vor Ablauf der Funktionsperiode vom bestellenden Organ von seiner Funktion abberufen werden, wenn das Mitglied

1. dies beantragt;
2. sich der Vernachlässigung seiner Pflichten schuldig macht;
3. wegen schwerer körperlicher oder geistiger Gebrechen zu einer ordentlichen Funktionsausübung unfähig ist.

(5) Das Kuratorium gibt sich eine Geschäftsordnung, die der Genehmigung des Bundeskanzlers bedarf.

(BGBl I 2008/55, BGBl I 2015/15)

(6) Die Mitglieder des Kuratoriums haben Anspruch auf eine dem Zeit- und Arbeitsaufwand entsprechende Vergütung, die durch den Bundeskanzler festzulegen ist.

(BGBl I 2008/55, BGBl I 2015/15)

Aufgaben des Kuratoriums

§ 8. (1) Das Kuratorium hat den Geschäftsführer des Fonds in seiner wirtschaftlichen Gestion zu überwachen. Die Mitglieder des Kuratoriums sind dem Fonds gegenüber verpflichtet, bei ihrer Tätigkeit die Sorgfalt eines ordentlichen Geschäftsmannes anzuwenden. Die Zuständigkeit der Kurien und die Aufsichtsbefugnisse des Bundeskanzlers bleiben unberührt.

(BGBl I 2008/55, BGBl I 2015/15)

(2) Das Kuratorium hat den Bundeskanzler zu informieren, wenn es das Wohl des Fonds erfordert.

(BGBl I 2008/55, BGBl I 2015/15)

(3) Das Kuratorium kann vom Geschäftsführer jederzeit einen Bericht über die Angelegenheiten des Fonds verlangen. Auch ein einzelnes Mitglied kann einen Bericht, jedoch nur an das Kuratorium als solches, verlangen; lehnt der Geschäftsführer die Berichterstattung ab, so kann der Bericht nur dann verlangt werden, wenn insgesamt vier Kuratoriumsmitglieder das Verlangen unterstützen. Der Vorsitzende des Kuratoriums kann einen Bericht auch ohne Unterstützung eines anderen Mitglieds verlangen.

(4) Das Kuratorium kann die Bücher und Schriften des Fonds, soweit sie nicht dem Datenschutz unterliegen, sowie die Vermögensgegenstände, namentlich die Fondskasse und die Bestände an Wertpapieren, einsehen und prüfen. Das Kuratorium kann damit auch einzelne Mitglieder oder für bestimmte Aufgaben besondere Sachverständige beauftragen.

(5) Dem Kuratorium obliegen insbesondere folgende Aufgaben:

1. Erstattung von Vorschlägen an den Bundeskanzler zur Bestellung des Geschäftsführers;

    (BGBl I 2008/55, BGBl I 2015/15)

2. Abschluss des Anstellungsvertrages mit dem Geschäftsführer;

3. Entlastung des Geschäftsführers;

4. Beschlussfassung über das Jahresbudget für das nächstfolgende Kalenderjahr und Vorlage an den Bundeskanzler bis Ende August des laufenden Jahres;

    (BGBl I 2008/55, BGBl I 2015/15)

5. Prüfung des Jahresabschlusses und des Lageberichtes des Fonds und Berichterstattung darüber an den Bundeskanzler;

    (BGBl I 2008/55, BGBl I 2015/15)

6. Entgegennahme von Berichten über die Gestion und die innerbetriebliche Budgetkontrolle des Fonds;

7. Erlassung einer Geschäftsordnung für den Geschäftsführer des Fonds;

8. Erlassung und Änderungen der Geschäftsordnungen für die Kurien (§ 11) nach deren Anhörung;

    (BGBl I 2008/55)

9. Genehmigung des Abschlusses von unbefristeten Dienstverträgen und von Rechts-

geschäften, die eine dauernde oder mehrjährige finanzielle Belastung des Fonds zum Gegenstand haben, sowie der Veranlagung des Fondsvermögens;

10. Beschlussfassung über

    a) die Antragstellung an den Bundeskanzler zur Abberufung des Geschäftsführers mit Zweidrittelmehrheit;

        (BGBl I 2008/55, BGBl I 2015/15)

    b) Beschlussfassung über die Antragstellung an den Bundeskanzler auf Genehmigung der Geschäftsordnung des Kuratoriums;

        (BGBl I 2008/55, BGBl I 2015/15)

    c) die Erstattung von Vorschlägen an den Bundeskanzler zur Anpassung des Beitragszuschusses gemäß § 18 Abs. 2 bis spätestens Ende August des laufenden Kalenderjahres.

        (BGBl I 2008/55, BGBl I 2015/15)

(6) Im Bericht des Kuratoriums gemäß Abs. 5 Z 5 an den Bundeskanzler ist mitzuteilen, in welcher Art und in welchem Umfang es die Geschäftsführung des Fonds während des Geschäftsjahres geprüft hat und ob diese Prüfungen nach ihrem abschließenden Ergebnis zu wesentlichen Beanstandungen Anlass gegeben haben.

(BGBl I 2008/55, BGBl I 2015/15)

(7) Das Kuratorium hat dem Bundeskanzler unverzüglich über eine notwendige Anpassung des Beitragszuschusses gemäß § 18 zu berichten, wenn dies für eine ausgeglichene Gebarung des Fonds erforderlich ist.

(BGBl I 2008/55, BGBl I 2015/15)

Sitzungen und Beschlüsse des Kuratoriums

§ 9. (1) Das Kuratorium muss mindestens vierteljährlich eine Sitzung abhalten.

(2) Das Kuratorium wird durch den Vorsitzenden schriftlich, telefonisch, telegrafisch, mittels Telefax, oder auf geeignetem elektronischen Weg unter Angabe der Zeit, des Ortes und der Tagesordnung einberufen. Der Geschäftsführer ist von der Einberufung einer Sitzung zu verständigen.

(3) Jedes Mitglied des Kuratoriums und der Geschäftsführer können unter Angabe des Zwecks und der Gründe verlangen, dass der Vorsitzende des Kuratoriums unverzüglich eine Sitzung einberuft. Diese muss binnen zwei Wochen nach der Einberufung stattfinden. Wird dem Verlangen von mindestens drei Kuratoriumsmitgliedern oder des Geschäftsführers nicht entsprochen, so können die Antragsteller unter Mitteilung des Sachverhalts selbst das Kuratorium einberufen.

(4) An den Sitzungen des Kuratoriums ist der Geschäftsführer zur Teilnahme berechtigt; er ist zur Teilnahme verpflichtet, wenn das Kuratorium dies verlangt. Sachverständige und Auskunftspersonen können zur Beratung über einzelne Gegenstände zugezogen werden.

(5) Ein Mitglied des Kuratoriums kann ein anderes Mitglied schriftlich mit seiner Vertretung bei einer einzelnen Sitzung betrauen. Das vertretene Mitglied ist bei der Feststellung der Beschlussfähigkeit nicht mitzuzählen. Das Recht, den Vorsitz zu führen, kann nicht übertragen werden.

(6) Der Vorsitzende leitet die Sitzung. Über die Verhandlungen und Beschlüsse des Kuratoriums ist eine Niederschrift anzufertigen, die der Vorsitzende oder sein Stellvertreter zu unterzeichnen hat.

(7) Das Kuratorium ist beschlussfähig, wenn alle Mitglieder unter Bekanntgabe der Tagesordnung spätestens zwei Wochen vor dem Sitzungstermin eingeladen wurden und mindestens die Hälfte der Mitglieder, unter ihnen der Vorsitzende oder sein Stellvertreter, anwesend ist.

(BGBl I 2008/55)

(8) Beschlüsse werden mit einfacher Mehrheit der abgegebenen Stimmen gefasst. Bei Stimmengleichheit entscheidet die Stimme des Vorsitzenden.

Geschäftsführer

§ 10. (1) Der Geschäftsführer des Fonds wird vom Bundeskanzler[a)] auf Vorschlag des Kuratoriums auf die Dauer von fünf Jahren bestellt. Bei der Bestellung und beim Abschluss des Anstellungsvertrages sind das Stellenbesetzungsgesetz, BGBl. I Nr. 26/1998, und die hiezu ergangenen Vertragsschablonen der Bundesregierung anzuwenden.

(BGBl I 2008/55, BGBl I 2015/15)

[a)] Text laut sinngemäßer Ausführung der Anordnung in BGBl I 2015/15.

(2) Die Bestellung zum Geschäftsführer kann unbeschadet der Entschädigungsansprüche aus bestehenden Verträgen auf Vorschlag des Kuratoriums durch den Bundeskanzler aus wichtigen Gründen jederzeit widerrufen werden.

(BGBl I 2008/55, BGBl I 2015/15)

(3) Der Geschäftsführer kann unbeschadet der Entschädigungsansprüche des Fonds aus bestehenden Verträgen seinen Rücktritt gegenüber dem Vorsitzenden des Kuratoriums erklären. Liegt ein wichtiger Grund hiefür vor, kann der Rücktritt mit sofortiger Wirkung erklärt werden.

(4) Dem Geschäftsführer obliegt außer den ihm nach anderen Bestimmungen dieses Bundesgesetzes übertragenen Aufgaben die Leitung des Fonds. Dabei ist die Sorgfaltspflichten eines ordentlichen Geschäftsmannes anzuwenden und die kaufmännischen Grundsätze zu beachten. Er vertritt den Fonds nach außen.

(5) Der Geschäftsführer hat bis Ende Juni des laufenden Kalenderjahres das Jahresbudget für das folgende Kalenderjahr sowie den Jahresbericht und den Jahresabschluss über das vorangegangene Kalenderjahr dem Kuratorium vorzulegen.

(6) Weiters hat der Geschäftsführer dem Kuratorium regelmäßig, mindestens vierteljährlich, über den Gang der Geschäfte und die Lage des Fonds im Vergleich zur Vorschaurechnung unter Berücksichtigung der künftigen Entwicklung zu berichten (Quartalsbericht). Bei wichtigem Anlass ist dem Vorsitzenden des Kuratoriums unverzüglich zu berichten; ferner ist über Umstände, die für die Liquidität des Fonds von erheblicher Bedeutung sind, dem Kuratorium unverzüglich zu berichten (Sonderbericht).

Künstlerkommission

§ 11. (1) Die Künstlerkommission besteht aus Kurien, welche die Aufgaben der Künstlerkommission im Rahmen ihrer jeweiligen Zuständigkeit wahrnehmen. Es besteht eine Kurie für Literatur, eine Kurie für Musik, eine Kurie für bildende Kunst, eine Kurie für darstellende Kunst, eine Kurie für Filmkunst, eine allgemeine Kurie für die zeitgenössischen Ausformungen der Bereiche der Kunst sowie je eine Berufungskurie.

(BGBl I 2008/55)

(2) Jede Kurie besteht aus:

1. einem Vorsitzenden;
2. einem Stellvertreter des Vorsitzenden;
3. fünf weiteren Mitgliedern.

(BGBl I 2008/55)

(3) Die Vorsitzenden und Stellvertreter werden vom Bundeskanzler aus dem Kreise rechts- und/oder fachkundiger Bediensteter des Bundeskanzleramtes bestellt.

(BGBl I 2008/55, BGBl I 2015/15)

(4) Von den Mitgliedern gemäß Abs. 2 Z 3 wird je ein Mitglied von den durch Verordnung[a)] des Bundeskanzlers bestimmten repräsentativen Künstlervertretungen und Verwertungsgesellschaften entsendet. Für jedes dieser Mitglieder ist ein Ersatzmitglied namhaft zu machen, das bei Verhinderung des Mitgliedes dieses in den Sitzungen der Kurie vertritt. Die Mitglieder (Ersatzmitglieder) müssen die für die Erstellung der Gutachten einschlägigen Fachkenntnisse aufweisen. Macht eine Künstlervertretung oder Verwertungsgesellschaft von ihrem Entsenderecht nicht binnen einem Monat nach Aufforderung durch den Geschäftsführer Gebrauch, so kann der Geschäftsführer für die betreffende Funktionsperiode der Kurie die entsprechende Bestellung vornehmen.

(BGBl I 2008/55, BGBl I 2015/15)

[a)] Siehe VO im Anhang.

(5) Die Mitglieder und Ersatzmitglieder üben ihre Funktion gewissenhaft, unparteiisch und uneigennützig aus. Sie verpflichten sich dazu, bevor sie erstmalig ihre Funktion ausüben, in einer schriftlichen Erklärung, die vom Vorsitzenden und vom Mitglied (Ersatzmitglied) zu unterfertigen ist.

(6) Die jeweilige Kurie hat in ihrem Zuständigkeitsbereich auf Verlangen des Geschäftsführers des Fonds Gutachten über das Vorliegen der Voraussetzungen gemäß § 2 Abs. 1 zu erstatten.

(7) Eine Kurie ist beschlussfähig, wenn alle Mitglieder unter Bekanntgabe der Tagesordnung spätestens zwei Wochen vor dem Sitzungstermin eingeladen wurden und mindestens die Hälfte der gemäß Abs. 2 Z 3 entsandten Mitglieder und die/der Vorsitzende oder ihr(e)/sein(e) Stellvertreter/

in anwesend sind. Die/der Vorsitzende leitet die Sitzung. Die Kurie fasst ihre Beschlüsse mit einfacher Mehrheit. Die/der Vorsitzende und ihr(e)/sein(e) Stellvertreter/in haben kein Stimmrecht. Eine Stimmenthaltung ist unzulässig. Bei Stimmengleichheit sind die für den/die Antragsteller/in günstigeren Stimmen ausschlaggebend.

(BGBl I 2008/55)

(8) Über jede Sitzung ist ein Protokoll zu führen, das vom Vorsitzenden und von den übrigen Mitgliedern der Kurie zu unterfertigen ist. Das Protokoll hat jedenfalls das beschlossene Gutachten mit dem festgestellten Sachverhalt und den daraus gezogenen fachkundigen Schlussfolgerungen zu enthalten. Das Protokoll hat der Vorsitzende unverzüglich dem Geschäftsführer des Fonds zu übermitteln.

(9) § 7 Abs. 3, 4 und 6 sind auf die Kurien anzuwenden. Innerhalb von zwei Wochen nach Einlangen einer Aufforderung des Geschäftsführers des Fonds zur Abgabe eines Gutachtens hat der Vorsitzende der betreffenden Kurie diese zu diesem Zweck einzuberufen.

Verschwiegenheitspflicht

§ 12. (1) Der Geschäftsführer, die Mitglieder des Kuratoriums und der Kurien sowie die Mitarbeiter des Fonds sind über alle ihnen in Ausübung ihrer Tätigkeit bekannt gewordenen Tatsachen, deren Geheimhaltung im Interesse des Fonds oder der Antragsteller oder der Bezieher von Zuschüssen gelegen ist oder die ihnen ausdrücklich als vertraulich bezeichnet worden sind, gegenüber jedermann, dem sie über solche Tatsachen nicht eine Mitteilung zu machen haben, zur Verschwiegenheit verpflichtet.

(2) Eine Ausnahme von der Verschwiegenheitsverpflichtung tritt nur insoweit ein, als eine Entbindung von dieser Verpflichtung erfolgt ist. Die Entbindung der Mitglieder der Kurien und der Bediensteten des Fonds erfolgt durch den Geschäftsführer; die Entbindung des Geschäftsführers und der Mitglieder des Kuratoriums erfolgt durch den Bundeskanzler.

(BGBl I 2008/55, BGBl I 2015/15)

(3) Die Verschwiegenheitspflicht besteht für den Geschäftsführer auch nach Ende seines Anstellungsvertrages, für Bedienstete des Fonds nach Ende des Dienstverhältnisses und für Mitglieder eines Organs nach Ausscheiden aus der Organfunktion.

Elektronische Datenverarbeitung, Datenübermittlungen

§ 13. (1) Der Fonds darf zum Zwecke der Wahrnehmung der Aufgaben nach diesem Gesetz folgende personenbezogenen Daten der Zuschusswerber und -berechtigten sowie Beihilfenwerber und -berechtigten automationsunterstützt verarbeiten:

1. die Personalien,
2. die Ausbildungsdaten,
3. die Sozialversicherungsdaten,

4.[a)] die Daten über die Einkünfte, Einnahmen und das Einkommen,

(BGBl I 2008/55, BGBl I 2020/24)

[a)] Zum In- und Außer-Kraft-Treten siehe § 30 Abs. 10.

4.[a)] ~~Daten über die Einkünfte und Einnahmen,~~

(BGBl I 2008/55)

[a)] Tritt mit 1. Jänner 2022 wieder in Kraft..

5. die Daten der beruflichen Tätigkeit,

(BGBl I 2015/15)

6. Angaben über den Anspruch auf Zuschuss nach diesem Gesetz,

(BGBl I 2015/15, BGBl I 2018/32)

7. Angaben über Sorge- und Unterhaltspflichten, Vermögensverhältnisse und Aufwendungen sowie

(BGBl I 2018/32)

8. Gesundheitsdaten gemäß Art. 9 der Verordnung (EU) Nr. 679/2016 zum Schutz natürlicher Personen bei der Verarbeitung personenbezogener Daten, zum freien Datenverkehr und zur Aufhebung der Richtlinie 95/46/EG (Datenschutz-Grundverordnung), ABl. Nr. L 119 vom 27.04.2016 S. 1, soweit sie für die Gewährung der Beihilfe gemäß § 25c und zur Kontrolle von deren widmungsgemäßer Verwendung erforderlich ist.

(BGBl I 2015/15, BGBl I 2018/32)

9.[a)] Die Bankkontodaten

(BGBl I 2020/24)

[a)] Zum In- und Außer-Kraft-Treten siehe § 30 Abs. 10.

(BGBl I 2018/32)

(2) Der Fonds hat im Zusammenhang mit der Auszahlung der Zuschüsse der Sozialversicherungsanstalt der Selbständigen die personenbezogenen Daten gemäß Abs. 1 Z 1 und Z 6 sowie die Sozialversicherungsnummer des Zuschussberechtigten zu übermitteln.

(BGBl I 2018/32, BGBl I 2018/100)

(3)[a)] Nach Bekanntgabe der Personalien der Zuschusswerber und -berechtigten durch den Fonds hat die Sozialversicherungsanstalt der Selbständigen dem Fonds zum Zwecke der Feststellung des Bestehens eines Anspruches auf Zuschuss „und auf Beihilfe" die personenbezogenen Daten gemäß Abs. 1 Z 3 zu übermitteln.

(BGBl I 2018/32, BGBl I 2018/100, BGBl I 2020/24)

[a)] Zum In- und Außer-Kraft-Treten siehe § 30 Abs. 10.

(4)[a)] Nach Bekanntgabe der Personalien der Zuschusswerber und -berechtigten und der Sozialversicherungsnummer durch den Fonds haben die Abgabenbehörden des Bundes zum Zwecke der Feststellung des Bestehens eines Anspruches auf Zuschuss „und auf Beihilfe" die personenbezogenen Daten gemäß Abs. 1 Z 4 zu übermitteln.

(BGBl I 2018/32, BGBl I 2020/24)

[a)] Zum In- und Außer-Kraft-Treten siehe § 30 Abs. 10.

Abgabenbefreiung

§ 14. (1) Der Fonds ist abgabenrechtlich wie eine Körperschaft öffentlichen Rechts zu behandeln.

(2) Es sind befreit:

1. unentgeltliche Zuwendungen an den Fonds von der Erbschafts- und Schenkungssteuer,
2. die zur Durchführung der Aufgaben des Fonds erforderlichen Rechtsgeschäfte von den Rechtsgebühren,
3. Eingaben an den Fonds von den Stempelgebühren.

(3) Die Beitragszuschüsse und sonstigen Leistungen des Fonds nach diesem Bundesgesetz sind von der Einkommensteuer befreit.

(BGBl I 2015/15)

Aufsicht

§ 15. (1) Der Fonds unterliegt der Aufsicht des Bundeskanzlers.

(BGBl I 2015/15)

(2) Die Aufsicht erstreckt sich auf

1. die Einhaltung der Gesetze und Verordnungen;
2. die Erfüllung der dem Fonds obliegenden Aufgaben und
3. die Gebarung des Fonds.

(3) Im Rahmen der Aufsicht obliegt dem Bundeskanzler:

1. die Genehmigung der Geschäftsordnung des Kuratoriums;
2. die Genehmigung des Jahresbudgets;
3. die Feststellung des Jahresabschlusses;
4. die Entlastung des Kuratoriums;

   (BGBl I 2015/15)
5. die Genehmigung der Richtlinien zur Gewährung von Beihilfen an Künstlerinnen/Künstler in besonders berücksichtigungswürdigen Notfällen gemäß § 25b.

   (BGBl I 2015/15)

(BGBl I 2015/15)

(4) Der Bundeskanzler ist berechtigt, sich über alle Angelegenheiten des Fonds zu informieren. Die Organe des Fonds sind verpflichtet, dem Bundeskanzler Auskünfte über alle Angelegenheiten des Fonds zu erteilen, Geschäftsstücke und Unterlagen über die von ihm bezeichneten Gegenstände vorzulegen, von ihm angeordnete Erhebungen anzustellen und Überprüfungen an Ort und Stelle vornehmen zu lassen. Die Protokolle über die Sitzungen des Kuratoriums sind dem Bundeskanzler unverzüglich vorzulegen.

(BGBl I 2008/55, BGBl I 2015/15)

(5) Vor Genehmigung der Geschäftsordnung des Kuratoriums und des Jahresbudgets hat der Bundeskanzler das Einvernehmen mit dem Bundesminister für Finanzen herzustellen.

(BGBl I 2008/55, BGBl I 2015/15)

3. Abschnitt
Beitragszuschüsse des Fonds
(BGBl I 2015/15)

Zuschüsse zu Beiträgen in die gesetzliche Sozialversicherung

§ 16. (1) Der Fonds leistet Zuschüsse (Beitragszuschüsse) zu den von den Künstlerinnen/den Künstlern zu leistenden Beiträgen zur Pensionsversicherung und Krankenversicherung gemäß § 2 Abs. 1 Z 4 GSVG, zur Unfallversicherung gemäß § 8 Abs. 1 Z 3 lit. a ASVG und zur Kranken- und Unfallversicherung gemäß § 273 Abs. 6 GSVG und § 572 Abs. 4 in Verbindung mit § 581 Abs. 1a ASVG.

(BGBl I 2008/55)

(2) Solange die Beiträge auf der Basis einer vorläufigen Beitragsgrundlage gemäß § 25a GSVG entrichtet werden, leistet der Fonds vorläufige Beitragszuschüsse.

(BGBl I 2015/15)

Anspruchsvoraussetzungen

§ 17. (1) Voraussetzung für die Leistung von Beitragszuschüssen sind:

1. Antrag der Künstlerin/des Künstlers;
2. Ausübung einer selbständigen Tätigkeit gemäß § 2, für die gemäß § 20 Abs. 1 der Anspruch auf Beitragszuschuss dem Grunde nach festgestellt wurde, und Vorliegen von Einkünften oder Einnahmen aus dieser Tätigkeit im Kalenderjahr in der Höhe des für dieses Kalenderjahr geltenden Zwölffachen des Betrages gemäß § 5 Abs. 2 Z 2 ASVG;

   (BGBl I 2015/15)
3. Vorliegen der Pflichtversicherung in der Pensionsversicherung gemäß § 2 Abs. 1 Z 4 GSVG auf Grund der Tätigkeit gemäß § 2 Abs. 1;

   (BGBl I 2015/15)
4. die gesamten Einkünfte der Künstlerin/des Künstlers überschreiten im Kalenderjahr nicht das 65-fache des für dieses Kalenderjahr geltenden Betrages gemäß § 5 Abs. 2 Z 2 ASVG.

   (BGBl I 2015/15)

(2) Der Antrag auf Beitragszuschuss kann beim Fonds oder bei der Sozialversicherungsanstalt der gewerblichen Wirtschaft gestellt werden.

(3) Bei der Antragstellung sind die vom Fonds aufgelegten Formblätter zu verwenden. Im Antrag sind die voraussichtlichen Gesamteinkünfte und die Einkünfte aus der selbständigen künstlerischen Tätigkeit in den Kalenderjahren, für die ein Zuschuss beantragt wird, sowie die künstlerische Tätigkeit und die damit verbundenen voraussichtlichen Einnahmen darzustellen. Bei der erstmaligen Antragstellung ist außerdem die künstlerische Tätigkeit darzustellen und zu belegen. Der Fonds ist jederzeit berechtigt, von der Antragstellerin/vom Antragsteller die Vorlage von Unterlagen, die

zur Feststellung des Bestehens eines Anspruches erforderlich sind, zu verlangen.

(BGBl I 2015/15)

(4) Der Fonds ist verpflichtet, bei Bekanntwerden von Anhaltspunkten für den Wegfall gemäß § 19 Abs. 3 der Zuschussberechtigung und regelmäßig stichprobenweise nach dem Zufallsprinzip, das Vorliegen der Zuschussvoraussetzungen bei den Zuschussberechtigten zu überprüfen.

(BGBl I 2015/15)

(5) In die Mindesteinkünfte oder Mindesteinnahmen gemäß Abs. 1 Z 2 sind einzurechnen:

1. die Einkünfte aus unselbständiger künstlerischer Tätigkeit im Sinne des Abs. 1 Z 2, sofern aufgrund dieser Tätigkeit keine Beitragszeiten in der gesetzlichen Pensionsversicherung erworben werden oder diese Einkünfte nicht der gesetzlichen Pensionsversicherung unterliegen;

2. Stipendien und Preise gemäß § 3 Abs. 3 des Kunstförderungsgesetzes, BGBl. Nr. 146/1988, sofern sie als Einkommensersatz für die Künstlerin/den Künstler dienen;

(BGBl I 2015/15)

3. Einnahmen aus selbständigen künstlerischen Nebentätigkeiten (z. B. Vorbereitungstätigkeiten sowie Tätigkeiten, die dazu dienen, künstlerisches Schaffen weiter zu tragen, zu verbreiten oder zugänglich zu machen) im Kunstbereich, für den gemäß § 20 Abs. 1 der Anspruch auf Beitragszuschuss dem Grunde nach festgestellt wurde, bis zur Hälfte des Betrages gemäß Abs. 1 Z 2.1

(BGBl I 2015/15)

(BGBl I 2015/15)

(6) In Kalenderjahren, in denen für ein Kind der Künstlerin/des Künstlers Anspruch auf Familienbeihilfe nach dem Familienlastenausgleichsgesetz 1967, BGBl. Nr. 376, besteht, erhöht sich die Obergrenze für die Einkünfte gemäß Abs. 1 Z 4 um das Sechsfache des jeweils geltenden Betrages gemäß § 5 Abs. 2 Z 2 ASVG für jedes anspruchsbegründende Kind.

(7) Die Voraussetzung gemäß Abs. 1 Z 2 wird auch erfüllt, wenn – beginnend mit dem Kalenderjahr, für das erstmals der Zuschuss gebührte – im Durchschnitt in drei aufeinanderfolgenden Kalenderjahren die Mindesteinkünfte (Mindesteinnahmen) erreicht wurden. Nach Ablauf eines solchen dreijährigen Durchrechnungszeitraumes beginnt mit nächstfolgendem Kalenderjahr, in dem der Zuschuss gebührt, der neue dreijährige Durchrechnungszeitraum.

(BGBl I 2015/15)

(8) In den ersten fünf Kalenderjahren, in denen die Mindesteinkünfte (Mindesteinnahmen) gemäß Abs. 1 Z 2 in Verbindung mit Abs. 5 und 7 nicht erreicht wurden, entfällt die Anspruchsvoraussetzung der Mindesteinkünfte (Mindesteinnahmen).

(BGBl I 2012/71, BGBl I 2015/15)

(9) Wird die selbständige künstlerische Tätigkeit während des Kalenderjahres begonnen oder beendet, reduziert sich die Untergrenze der Einkünfte (Einnahmen) entsprechend.

(BGBl I 2015/15)

(BGBl I 2008/55)

Höhe des Beitragszuschusses

§ 18. (1) Der Beitragszuschuss beträgt 1 722 Euro jährlich.

(BGBl I 2001/136, BGBl I 2008/55, BGBl I 2015/15)

(2) Der Bundeskanzler hat durch Verordnung[a)] den Betrag gemäß Abs. 1 mit Wirksamkeit des jeweils nächstfolgenden Kalenderjahres anzupassen, soweit dies für eine ausgeglichene Bilanzierung des Fonds erforderlich oder möglich ist.

(BGBl I 2008/55, BGBl I 2015/15)

[a)] Siehe VO im Anhang.

(3) Besteht ein Anspruch auf Beitragszuschuss nicht während eines vollen Kalenderjahres, so gebührt der Betrag gemäß Abs. 1 und 2 nur in aliquoter Höhe.

(4) Der Beitragszuschuss gebührt unter Beachtung der Bestimmungen gemäß Abs. 1 bis 3 maximal nur in der Höhe, in der die Künstlerin/der Künstler wie folgt Beiträge zur Pflichtversicherung zu leisten hat:

1. zur Pensionsversicherung,

2. zur Krankenversicherung, soweit der Zuschuss für Beiträge gemäß Z 1 nicht ausgeschöpft wurde und

3. zur Unfallversicherung, soweit der Zuschuss für Beiträge gemäß Z 1 und 2 nicht ausgeschöpft wurde.

(BGBl I 2008/55, BGBl I 2015/15)

Entstehen und Ende des Anspruches auf Beitragszuschuss

§ 19. (1) Der Anspruch auf Beitragszuschuss besteht bei Vorliegen der Voraussetzungen auch für in der Vergangenheit liegende Zeiträume, die in den vier, dem Kalenderjahr der Antragstellung gemäß § 17 Abs. 1 Z 1 vorangegangenen Kalenderjahren, liegen. Dies gilt jedoch nicht für vor dem 1. Jänner 2001 liegende Zeiträume.

(2) Wird das Bestehen der Pflichtversicherung in der gesetzlichen Pensionsversicherung nach dem GSVG für in der Vergangenheit liegende Zeiträume festgestellt, so besteht bei Vorliegen der Voraussetzungen auch für diese Zeiträume ein Anspruch auf Beitragszuschuss. Voraussetzung hiefür ist, dass die/der Betroffene innerhalb von sechs Monaten ab rechtskräftiger Feststellung der Pflichtversicherung einen entsprechenden Antrag auf Beitragszuschuss stellt. Weiters darf die Annahme des Nichtbestehens einer Pflichtversicherung nicht darauf zurückzuführen sein, dass die/der Betroffene gesetzliche Meldepflichten verletzt oder unwahre oder unvollständige Angaben

über ihre/seine Einkünfte (Einnahmen) gemacht hat. Abs. 1 letzter Satz ist anzuwenden.

(BGBl I 2008/55)

(3) Der Anspruch auf Beitragszuschuss erlischt:

1. dem Grunde nach, wenn die Anspruchsvoraussetzung gemäß § 17 Abs. 1 Z 3 weggefallen ist oder die selbständige künstlerische Tätigkeit beendet wird;

2. ansonsten nur für jene Zeiträume, in denen die Mindesteinkünfte (Mindesteinnahmen) gemäß § 17 Abs. 1 Z 2 nicht erreicht wurden oder die Obergrenze der Einkünfte (§ 17 Abs. 1 Z 4) überschritten wurde.

(BGBl I 2015/15)

Entscheidung über den Anspruch auf Beitragszuschuss

§ 20. (1) Über das Vorliegen der Voraussetzungen gemäß § 2 Abs. 1 stellt der Fonds mit Bescheid das Bestehen des Anspruchs auf Beitragszuschuss dem Grunde nach fest. Auf das Verfahren ist das Allgemeine Verwaltungsverfahrensgesetz 1991, BGBl. Nr. 51, anzuwenden. Über Beschwerden gegen Bescheide des Fonds entscheidet das Bundesverwaltungsgericht.

(BGBl I 2008/55, BGBl I 2013/92)

(2) Ist das Vorliegen einer der Voraussetzungen gemäß § 2 Abs. 1 strittig, hat der Geschäftsführer unverzüglich die zuständige Kurie zur Abgabe eines entsprechenden Gutachtens aufzufordern. Hat diese Kurie im Gutachten das Fehlen der Voraussetzungen festgestellt, so hat der Geschäftsführer auf schriftlich begründetes Verlangen des Antragstellers ein Gutachten der Berufungskurie einzuholen.

(3) Der Bescheid gemäß Abs. 1 ist vom Fonds der Sozialversicherungsanstalt der gewerblichen Wirtschaft unverzüglich zu übermitteln.

Auszahlung des Beitragszuschusses

§ 21. (1) Ist der Anspruch auf Beitragszuschuss bescheidmäßig gemäß § 20 dem Grunde nach festgestellt, so wird der Zuschuss in der gemäß § 18 entsprechenden Höhe auf die Dauer der Ausübung der dem Feststellungsbescheid zugrunde liegenden künstlerischen Tätigkeit und des Vorliegens der übrigen Anspruchsvoraussetzungen ausbezahlt. Wurde rechtskräftig eine Rückzahlungsverpflichtung festgestellt und auf diese nicht verzichtet, so hat die Auszahlung erst zu erfolgen, nachdem die/der Anspruchsberechtigte unter Berücksichtigung einer allfälligen Ratenbewilligung oder Stundung der Rückzahlungsverpflichtung nachgekommen ist.

(BGBl I 2008/55)

(2) Der Fonds zahlt den Beitragszuschuss unmittelbar an die Sozialversicherungsanstalt der gewerblichen Wirtschaft aus. Soweit Beiträge zur Pflichtversicherung an andere gesetzliche Sozialversicherungsträger zu leisten sind, hat die Sozialversicherungsanstalt der Gewerblichen Wirtschaft gemäß § 18 Abs. 4 die entsprechenden Beitragszuschussteile an diese weiterzuleiten. Über die Zahlungsmodalitäten ist eine Vereinbarung mit dieser Anstalt zu treffen.

(BGBl I 2008/55)

(3) Die Sozialversicherungsanstalt der gewerblichen Wirtschaft hat der betreffenden Künstlerin/ dem betreffenden Künstler die um den Beitragszuschuss verringerten Versicherungsbeiträge vorzuschreiben.

(BGBl I 2008/55)

(4) Der Zuschussberechtigte darf den Anspruch auf Beitragszuschuss rechtswirksam weder übertragen noch verpfänden.

(5) Wurde die Obergrenze der Einkünfte (§ 17 Abs. 1 Z 4 in Verbindung mit Abs. 6) oder Untergrenze der Einkünfte oder Einnahmen aus künstlerischer Tätigkeit (§ 17 Abs. 1 Z 2 in Verbindung mit Abs. 5, 7 und 9) jeweils in fünf Kalenderjahren, für die der Zuschuss gewährt wurde, überschritten bzw. nicht erreicht, so ist der Zuschuss ab dem der Feststellung nächstfolgenden Kalenderjahr jeweils erst nach Nachweis der Einkünfte bzw. Einnahmen aus künstlerischer Tätigkeit (Untergrenze) bzw. der Gesamteinkünfte (Obergrenze) im Nachhinein für das betreffende Kalenderjahr zuzuerkennen. Die Kalenderjahre gemäß § 17 Abs. 8 sind einzurechnen.

(BGBl I 2008/55, BGBl I 2015/15)

Melde- und Mitwirkungspflichten der Zuschussberechtigten

§ 22. (1) Personen, für die ein Zuschuss gemäß § 21 geleistet wird, haben alle Tatsachen, die für den Wegfall oder die Änderung des Anspruchs auf Zuschuss von Bedeutung sind, nach deren Eintritt unverzüglich dem Fonds zu melden.

(2) Die Personen gemäß Abs. 1 haben dem Fonds auf Anfrage über alle Umstände, die für die Prüfung des weiteren Vorliegens der Anspruchsberechtigung auf Beitragszuschuss maßgeblich sind, längstens binnen einem Monat wahrheitsgemäß Auskunft zu erteilen. Sie haben innerhalb derselben Frist auf Verlangen des Fonds auch alle Belege und Aufzeichnungen, die für diese Umstände von Bedeutung sind, zur Einsicht vorzulegen. Insbesondere haben sie alle für die Feststellung und für die Bemessung der Beitragszuschüsse erforderlichen Nachweise über die Einkünfte sowie Einnahmen und, falls vorhanden, Steuerbescheide zur Einsicht vorzulegen.

(BGBl I 2008/55, BGBl I 2015/15)

(3) Auf Antrag des Betroffenen kann die Frist gemäß Abs. 2 bei Vorliegen berücksichtigungswürdiger Gründe vom Fonds verlängert werden.

(4) Wird den Melde- und Mitwirkungspflichten gemäß Abs. 1 und 2 nicht nachgekommen, erlischt der Anspruch auf Beitragszuschuss gemäß § 19 Abs. 3. Die Sozialversicherungsanstalt der gewerblichen Wirtschaft ist vom Fonds hievon unverzüglich in Kenntnis zu setzen.

(BGBl I 2015/15)

(5) Das Erlöschen des Anspruchs steht einer neuerlichen Antragstellung gemäß § 17 Abs. 1 Z 1

und Durchführung eines Verfahrens gemäß § 20 nicht entgegen.

(BGBl I 2015/15)

Meldung des Ruhens der selbständigen künstlerischen Erwerbstätigkeit

§ 22a. (1) Nach dem GSVG pflichtversicherte Künstlerinnen/Künstler gemäß § 2 Abs. 1 können dem Fonds das Ruhen der selbständigen künstlerischen Erwerbstätigkeit melden, um die Ausnahme von der Pflichtversicherung gemäß § 4 Abs. 1 Z 9 GSVG zu bewirken. Die vom Fonds aufgelegten Formblätter sind zu verwenden.

(2) Für Personen, die eine Meldung nach Abs. 1 erstattet haben und für die das Vorliegen der Voraussetzungen gemäß § 2 Abs. 1 nach § 20 Abs. 1 noch nicht festgestellt wurde, hat der Fonds mit Bescheid festzustellen, ob die Voraussetzungen gemäß § 2 Abs. 1 vorliegen. Die §§ 17 Abs. 3 vorletzter und letzter Satz sowie 20 Abs. 2 sind sinngemäß anzuwenden. Über Beschwerden gegen Bescheide des Fonds entscheidet das Bundesverwaltungsgericht.

(BGBl I 2013/92)

(3) Der Fonds übermittelt die Meldung des Ruhens der selbständigen künstlerischen Erwerbstätigkeit von Künsterinnen/Künstlern gemäß § 2 Abs. 1, die nach dem GSVG pflichtversichert sind, auf elektronischem Wege an die Sozialversicherungsanstalt der gewerblichen Wirtschaft.

(4) Das Ruhen wird mit Ablauf des Kalendermonats wirksam, für den die Einstellung der künstlerischen Tätigkeit gemeldet wird, wobei eine Rückwirkung vor den Meldezeitpunkt ausgeschlossen ist. Das Ruhen endet mit Ablauf des Tages vor der Wiederaufnahme der selbständigen künstlerischen Erwerbstätigkeit.

(5) Die Künstlerin/der Künstler ist verpflichtet, dem Fonds die Wiederaufnahme der selbständigen künstlerischen Erwerbstätigkeit unverzüglich zu melden. Der Fonds übermittelt diese Meldung auf elektronischem Wege an die Sozialversicherungsanstalt der gewerblichen Wirtschaft.

(6) Für volle Kalendermonate des Ruhens der selbständigen künstlerischen Erwerbstätigkeit besteht kein Anspruch auf Beitragszuschuss.

(BGBl I 2010/92)

Rückzahlung der Beitragszuschüsse

§ 23. (1) Beitragszuschüsse, die über die Anspruchsberechtigung hinaus oder für Zeiträume nach Wegfall des Anspruchs vom Fonds an die Sozialversicherungsanstalt geleistet wurden, sind vom Betroffenen dem Fonds innerhalb eines Monats nach Aufforderung rückzuzahlen. Das Gleiche gilt für vorläufige Beitragszuschüsse, die auf Basis der vorläufigen Beitragsgrundlage gemäß § 25a GSVG geleistet wurden. Ist der Anspruch auf Beitragszuschuss erloschen, da die Obergrenze der Einkünfte (§ 17 Abs. 1 Z 4 in Verbindung mit Abs. 6) überschritten oder die Untergrenze der Einkünfte oder Einnahmen (§ 17 Abs. 1 Z 2 in Verbindung mit Abs. 5, 7 und 9) unterschritten wurde,

so besteht die Rückzahlungsverpflichtung nur in der Höhe des Betrages, in dem die Obergrenze überschritten oder die Untergrenze unterschritten wurde. Die Rückzahlungsverpflichtung hat der Fonds jeweils für ein Kalenderjahr festzustellen.

(BGBl I 2008/55, BGBl I 2015/15)

(2) Die Verpflichtung zur Rückzahlung ist auf Antrag des Betroffenen vom Fonds mit Bescheid festzusetzen. Auf das Verfahren ist das Allgemeine Verwaltungsverfahrensgesetz 1991, BGBl. Nr. 51, anzuwenden. Über Beschwerden gegen Bescheide des Fonds entscheidet das Bundesverwaltungsgericht.

(BGBl I 2013/92)

(3) Der Fonds darf auf Ersuchen des Betroffenen die Rückzahlungsforderung stunden oder deren Zahlung in Raten bewilligen, wenn

1. die sofortige oder die sofortige volle Entrichtung des fälligen Rückforderungsbetrages für den Betroffenen mit erheblichen Härten verbunden wäre und

2. die Einbringlichkeit der Rückforderung durch eine solche Zahlungserleichterung nicht gefährdet wird.

(4) Der Fonds darf auf Ersuchen der/des Betroffenen auf die Rückforderung ganz oder teilweise verzichten, wenn die Einziehung der Forderung für die Betroffene/den Betroffenen nach der Lage des Falles, insbesondere unter Berücksichtigung ihrer/seiner wirtschaftlichen Verhältnisse, unbillig wäre. Besteht die Rückzahlungsverpflichtung aufgrund des Nichterreichens der Untergrenze der Einkünfte oder Einnahmen aus künstlerischer Tätigkeit (§ 17 Abs. 1 Z 2 in Verbindung mit Abs. 5, 7 und 9), ist weiters zu berücksichtigen, ob im betreffenden Kalenderjahr die Künstlerin/der Künstler aus von ihr/ihm nicht zu vertretenden Gründen über einen längeren Zeitraum die künstlerische Tätigkeit nicht ausüben konnte. Das Vorliegen der Voraussetzungen für einen Verzicht ist von der Künstlerin/vom Künstler nachzuweisen.

(BGBl I 2008/55, BGBl I 2015/15)

(5) Der Fonds darf die Einziehung einer Forderung von Amts wegen einstellen, wenn

1. der mit der Einziehung verbundene Verwaltungs- und Kostenaufwand in keinem angemessenen Verhältnis zur Höhe der Forderung stehen würde oder

2. alle Möglichkeiten der Einziehung erfolglos versucht worden sind oder

3. Einziehungsmaßnahmen von vornherein offenkundig aussichtslos sind.

(6) Der Fonds darf auf die von ihm zu leistenden Beitragszuschüsse gegen die vom Betroffenen zu leistenden Rückforderungen (einschließlich Verzugszinsen, sonstiger Nebengebühren, Gerichts- und Justizverwaltungsgebühren) aufrechnen, soweit das Recht auf Rückforderung nicht verjährt ist.

(7) Der Rückforderungsanspruch verjährt innerhalb von fünf Jahren ab dessen Feststellung durch den Fonds. Die Verjährung ist gehemmt, solange

ein Verfahren vor dem Bundesverwaltungsgericht oder den Gerichtshöfen des öffentlichen Rechtes über das Bestehen der Rückzahlungsverpflichtung anhängig ist.

(BGBl I 2015/15)

(8) Zur Eintreibung der Forderungen des Fonds auf Grund der Rückerstattungsbescheide ist dem Fonds die Einbringung im Verwaltungswege gewährt (§ 3 Abs. 3 Verwaltungsvollstreckungsgesetz 1991, BGBl. Nr. 53).

Mitwirkung der Sozialversicherungsträger

§ 24. (1) Die Sozialversicherungsanstalt der gewerblichen Wirtschaft ist zur Mitwirkung gemäß § 13 Abs. 3 verpflichtet und hat die betreffenden Daten auf maschinenlesbaren Datenträgern zu übermitteln.

(2) Erfolgt eine Anmeldung bei der Sozialversicherungsanstalt der gewerblichen Wirtschaft unter Hinweis auf die behauptete Künstlereigenschaft im Sinne des § 2, so hat die Sozialversicherungsanstalt den Fonds hievon zu verständigen und ihm die vorhandenen Unterlagen und Belege, die für die Beurteilung der Anspruchsvoraussetzung gemäß § 17 Abs. 1 nützlich sein könnten, vorzulegen. Darüber hinaus hat die Sozialversicherungsanstalt der gewerblichen Wirtschaft den Fonds zu unterstützen und auf Verlangen alle notwendigen Auskünfte zu erteilen beziehungsweise unaufgefordert jene Tatsachen oder sonstigen Umstände mitzuteilen, die für die Beurteilung der Anspruchsvoraussetzungen gemäß § 17 Abs. 1 maßgeblich sind.

(3) Anträge auf Beitragszuschuss, die gemäß § 17 Abs. 2 bei der Sozialversicherungsanstalt der gewerblichen Wirtschaft eingebracht wurden, sind von dieser mit den vorhandenen Unterlagen und Belegen gemäß Abs. 2 unverzüglich an den Fonds weiterzuleiten.

Mitwirkung der Abgabenbehörden des Bundes

§ 25. Die Abgabenbehörden des Bundes sind zur Mitwirkung gemäß § 13 Abs. 4 verpflichtet und haben die betreffenden Daten auf maschinenlesbaren Datenträgern zu übermitteln.

4. Abschnitt
Beihilfen an Künstlerinnen/Künstler

Zweck der Beihilfen

§ 25a. Der Fonds kann auf Antrag Künstlerinnen/Künstlern mit Hauptwohnsitz in Österreich in besonders berücksichtigungswürdigen Notfällen insbesondere für folgende Zwecke nicht rückzahlbare Beihilfen gewähren:

1. zur Deckung des notwendigen Lebensunterhalts bei Einkommensausfall wegen schwerer oder langandauernder Erkrankung oder anderer unvorhersehbarer Ereignisse;
2. Ersatz von Kosten für dringende Anschaffungen oder Reparaturen aufgrund eines außergewöhnlichen Ereignisses;
3. zur Deckung erhöhter Aufwendungen bei Erkrankungen (z. B. Diabetes);
4. für medizinische notwendige Aufenthalte in Kur-, Genesungs- oder Erholungsheimen.

(BGBl I 2015/15)

Richtlinien für die Gewährung der Beihilfen

§ 25b. Als Grundlage für die Vergabe von Beihilfen hat der Geschäftsführer des Fonds Richtlinien zu erstellen, die vom Bundeskanzler zu genehmigen und in geeigneter Weise öffentlich bekannt zu machen sind. Die Richtlinien haben insbesondere Bestimmungen zu enthalten über:

1. Gegenstand der Beihilfen;
2. förderbare Kosten;
3. persönliche und sachliche Voraussetzungen für die Gewährung von Beihilfen;
4. Ausmaß und Art der Beihilfen;
5. Verfahren zur Gewährung der Beihilfen
   a. Ansuchen (Art, Inhalt, Ausstattung der Unterlagen, Sicherstellungen),
   b. Auszahlungsmodus,
   c. Berichtslegung (Kontrollrechte), Abrechnung, Endüberprüfung,
   d. Einstellung und Rückforderung der Beihilfe;
6. Vertragsmodalitäten.

(BGBl I 2015/15)

Gewährung der Beihilfen

§ 25c. (1) Die Gewährung der Beihilfen erfolgt durch den Fonds nach Maßgabe der Richtlinien und vorhandener Mittel. Auf die Gewährung einer Beihilfe besteht kein Rechtsanspruch. Der Fonds kann jederzeit die widmungsgemäße Verwendung der gewährten Beihilfe überprüfen und Auskünfte über die Beihilfenverwendung verlangen.

(2) Über gewährte Beihilfen kann weder durch Abtretung, Anweisung oder Verpfändung noch auf eine andere Weise verfügt werden.

(3) In einem Kalenderjahr dürfen insgesamt Beihilfen bis zu 500 000 Euro gewährt werden, wenn dadurch die Gewährung der Beitragszuschüsse nicht gefährdet wird.

(3a) Zur Abfederung von Einnahmenausfällen anlässlich des Ausbruchs von COVID-19 kann der Fonds „in den Kalenderjahren 2020 und 2021" zusätzlich bis zu „20 Millionen Euro" an Beihilfen gewähren. Für die Gewährung dieser Beihilfen sind Richtlinien unter sinngemäßer Anwendung von § 25b zu erlassen. Diese Richtlinien können vorsehen, dass neben Künstlerinnen und Künstlern im Sinne des § 2 Beihilfen auch an Kulturvermittlerinnen und Kulturvermittler aus diesem Grund gewährt werden können. Weiters kann in den Richtlinien auch ein vereinfachtes Entscheidungsverfahren geregelt werden, das neben dem vom Fonds bestimmten Mitglied die Einbindung eines weiteren in den Richtlinien bestimmten Mitglieds vorsieht. „Über die Modalitäten der Durchführung dieser Förderungsmaßnahme ist eine Vereinbarung zwischen dem Bundesminister für Kunst, Kultur, öffentlichen Dienst und Sport und dem Künstler-Sozialversicherungsfonds als Abwicklungsstelle zu treffen."

(BGBl I 2020/16, BGBl I 2020/106, BGBl I 2020/149)

(4) Der Geschäftsführer des Fonds hat dem Kuratorium auf dessen Verlangen, jedenfalls mit der Vorlage des Jahresabschlusses zur Beschlussfassung, über die Gewährung der Beihilfen zu berichten.

(BGBl I 2015/15)

Beirat für die Gewährung der Beihilfen

§ 25d. (1) Zur Beratung über die Gewährung der Beihilfen ist vom Fonds ein Beirat einzurichten, der aus vier Mitgliedern besteht. Ein Mitglied ist vom Bundeskanzler, ein Mitglied vom Geschäftsführer des Fonds und ein Mitglied vom Kulturrat Österreich zu bestellen. Das vierte Mitglied ist jeweils von den repräsentativen Künstlervertretungen gemäß § 11 Abs. 4 in alphabetischer Reihenfolge zu den einzelnen Sitzungen des Beirates zu entsenden. Der Geschäftsführer des Fonds hat rechtzeitig vor der Sitzung die an die Reihe kommende Künstlervertretung zur Entsendung des Mitglieds aufzufordern. Macht die aufgeforderte Künstlervertretung vom Entsenderecht nicht Gebrauch, ist der Beirat bei der betreffenden Sitzung auch ohne dieses Mitglied gehörig zusammengesetzt.

(2) Die Vorsitzführung des Beirates obliegt dem vom Geschäftsführer des Fonds bestellten Mitglied. Für die vom Bundeskanzler, vom Fonds und vom Österreichischen Kulturrat bestellten Mitglieder des Beirates ist § 7 Abs. 3 und 4 anzuwenden. Für die Sitzungen des Beirates gilt § 11 Abs. 7 und 8 mit der Maßgabe, dass der/dem Vorsitzenden des Beirates ein Stimmrecht zukommt und bei Stimmengleichheit ihre/seine Stimme ausschlaggebend ist.

(3) Der Beirat hat im Rahmen seiner Tätigkeit festzustellen, ob und inwieweit die Voraussetzungen für die Gewährung der Beihilfe vorliegen.

(BGBl I 2015/15)

5. Abschnitt

(BGBl I 2015/15)

Übergangs- und Schlussbestimmungen

§ 26. (1) Freiberuflich tätige bildende Künstler gemäß § 3 Abs. 3 Z 4 GSVG in der Fassung zum 31. Dezember 1999, die auf Grund dieser Tätigkeit gemäß § 273 Abs. 5 leg. cit. zum 31. Dezember 2000 nach dem GSVG in der Pensionsversicherung pflichtversichert sind, gelten als Künstler im Sinne des § 2 Abs. 1.

(2) Der Bundeskanzler ist ermächtigt, nach Maßgabe der im Bundesfinanzgesetz hiefür vorgesehenen Mittel der staatlich genehmigten Literarischen Verwertungsgesellschaft reg. Gen.m.b.H. (L.V.G.) für folgende Zwecke Zuschüsse zu gewähren:

1. Zur Gewährung von Zuschüssen zur Altersversorgung von Personen, die

a) einen beträchtlichen Teil ihres Lebens als Autoren oder Übersetzer urheberrechtlich geschützter Werke, die in Form von Büchern oder diesen gleichgestellten Publikationen veröffentlicht worden sind, tätig waren,

b) das 738. Lebensmonat überschritten haben,

c) auf Grund der Tätigkeit gemäß lit. a keinen Anspruch auf eine gesetzliche Pensionsleistung haben und

d) bedürftig sind.

2. Zur Gewährung von Zuschüssen zur Berufsunfähigkeitsversorgung von bedürftigen Personen gemäß Z 1 lit. a, die dauernd oder vorübergehend unfähig sind, einem zumutbaren Erwerb nachzugehen.

3. Zur Gewährung von Zuschüssen zur Hinterbliebenenversorgung von bedürftigen Hinterbliebenen von Personen gemäß Z 1 lit. a.

4. Zur Gewährung von Zuschüssen zu den Beiträgen in die gesetzliche Krankenversicherung nach dem GSVG an Personen, die auf Grund der Tätigkeit gemäß Z 1 lit. a nach dem GSVG pflichtversichert sind.

5. Zur Gewährung von Zuschüssen an Personen gemäß Z 1 lit. a, die unverschuldet in eine Notlage geraten sind.

Im Vertrag mit der Verwertungsgesellschaft sind die näheren Regelungen über die Zuschussgewährung festzulegen.

(BGBl I 2008/55, BGBl I 2015/15)

(BGBl I 2015/15)

Vorbereitende Maßnahmen

§ 27. Die Bundesministerin/der Bundesminister für Unterricht, Kunst und Kultur und die anderen nach diesem Gesetz zuständigen Bundesministerinnen/Bundesminister sind ermächtigt, nach Kundmachung dieses Gesetzes alle erforderlichen Maßnahmen zu treffen, damit der Fonds zum 1. Jänner 2001 ordnungsgemäß seine Tätigkeit aufnehmen kann. Insbesondere kann der Bundeskanzler die nach diesem Gesetz vorgesehenen Verordnungen erlassen. Weiters können die Mitglieder der Fondsorgane sowie der Geschäftsführer auch vor dem 1. Jänner 2001 bestellt werden.

(BGBl I 2008/55)

Verweisungen

§ 28. Soweit in diesem Bundesgesetz auf Bestimmungen anderer Bundesgesetze verwiesen wird, sind diese in ihrer jeweils geltenden Fassung anzuwenden.

Personenbezogene Bezeichnungen

§ 29. Bei den in diesem Bundesgesetz verwendeten personenbezogenen Bezeichnungen gilt die gewählte Form für beide Geschlechter.

K-SVFG

Inkrafttreten, Außerkrafttreten

§ 30. (1) Dieses Bundesgesetz tritt mit 1. Jänner 2001 in Kraft.

(2) Mit Ablauf des 31. Dezember 2000 tritt die Verordnung BGBl. Nr. 55/1980, zuletzt geändert durch BGBl. Nr. 192/1994, außer Kraft.

(3) § 18 Abs. 1 in der Fassung BGBl. I Nr. 136/2001 tritt mit 1. Jänner 2002 in Kraft.

(BGBl I 2001/136)

(4) Es treten mit 1. Jänner 2008 § 1, § 3 Abs. 1, § 4, § 16 Abs. 1, § 17 Abs. 1, 3, 5 bis 8, § 18 Abs. 1 und 4 in der Fassung des Bundesgesetzes BGBl. I Nr. 55/2008 in Kraft. Diese Bestimmungen gelten für die Kalenderjahre ab 2008. Die gemäß § 7 Abs. 1 Z 6 in der Fassung des Bundesgesetzes BGBl. I Nr. 136/2001 bestellten Mitglieder gelten als vom Österreichischen Gewerkschaftsbund bestellt. Die derzeitigen Kurien nehmen die Aufgaben bis zur Konstituierung der Kurien gemäß § 11 Abs. 1 und 2 in der Fassung des Bundesgesetzes BGBl. I Nr. 55/2008 wahr, wobei die neu zu entsendenden Mitglieder auf die Restdauer der derzeitigen Funktionsperiode zu bestellen sind. Bei der Feststellung der Voraussetzungen für die nachträgliche Auszahlung des Beitragszuschusses gemäß § 21 Abs. 5 in der Fassung des Bundesgesetzes BGBl. I Nr. 55/2008 sind die Kalenderjahre mit zu berücksichtigen, in denen vor dem 1. Jänner 2008 die Untergrenze der Einkünfte aus künstlerischer Tätigkeit nicht erreicht oder die Obergrenze der Einkünfte überschritten wurde.

(BGBl I 2008/55)

(5) Die §§ 4 und 22a samt Überschrift treten mit 1. Jänner 2011 in Kraft.

(BGBl I 2010/92)

(6) § 17 Abs. 7 tritt mit Beginn des 1. Jänner 2008 außer Kraft.

(BGBl I 2012/71)

(7) § 20 Abs. 1, § 22a Abs. 2 und § 23 Abs. 2 in der Fassung des Bundesgesetzes BGBl. I Nr. 92/2013 treten mit 1. Jänner 2014 in Kraft.

(BGBl I 2013/92)

(8) § 17 in der Fassung des Bundesgesetzes BGBl. I Nr. 15/2015 tritt mit 1. Jänner 2014 in Kraft und gilt für die Kalenderjahre ab 2014. Abweichend davon gilt § 17 Abs. 8 in dieser Fassung für Zeiträume vor dem 1. Jänner 2014, in denen die Mindesteinkünfte gemäß § 17 Abs. 1 Z 2 in der Fassung zum 31. Dezember 2013 nicht erreicht und die hiefür erhaltenen Zuschüsse dem Fonds noch nicht zurückgezahlt wurden, wobei § 23 Abs. 4 Z 2 in der Fassung zum 31. Dezember 2013 auf diese Fälle anzuwenden ist. Diese Zeiträume und die Zeiträume, für die der Fonds auf Rückzahlung des Zuschusses wegen Nichterreichen der Mindesteinkünfte verzichtet hat, sind den fünf Kalenderjahren gemäß § 17 Abs. 8 anzurechnen.

(BGBl I 2015/15)

(9) § 13 in der Fassung des Materien-Datenschutz-Anpassungsgesetzes 2018, BGBl. I Nr. 32/2018, tritt mit 25. Mai 2018 in Kraft.

(BGBl I 2018/32)

(10) § 13 Abs. 1 Z 4 und 9, Abs. 3 und Abs. 4 in der Fassung BGBl. I Nr. 24/2020 treten mit Ablauf der Kundmachung in Kraft. § 13 Abs. 1 Z 4 und Z 9, Abs. 3 und Abs. 4 in der Fassung BGBl. I Nr. 24/2020 treten mit 31.12.2021 außer Kraft, mit der Maßgabe, dass die zuvor in Kraft stehenden Bestimmungen wieder an ihre Stelle treten.

(BGBl I 2020/24)

Vollziehung

§ 31. Mit der Vollziehung dieses Bundesgesetzes sind betraut:

1. hinsichtlich des § 7 Abs. 1 Z 3, § 13 Abs. 4, §§ 14 und 25 der Bundesminister für Finanzen;

2. hinsichtlich des § 7 Abs. 1 Z 2, § 13 Abs. 3, § 21 Abs. 3 und § 24 die Bundesministerin/der Bundesminister für Soziales und Konsumentenschutz;

    (BGBl I 2008/55)

3. hinsichtlich des § 15 Abs. 5 der Bundeskanzler im Einvernehmen mit dem Bundesminister für Finanzen;

    (BGBl I 2008/55, BGBl I 2015/15)

4. hinsichtlich des § 21 Abs. 2 die Bundesministerin/der Bundesminister für Soziales und Konsumentenschutz;

    (BGBl I 2008/55)

5. hinsichtlich des § 27 der Bundeskanzler, der Bundesminister für Finanzen sowie die Bundesministerin/der Bundesminister für Soziales und Konsumentenschutz und

    (BGBl I 2008/55, BGBl I 2015/15)

6. im Übrigen der Bundeskanzler.

    (BGBl I 2008/55, BGBl I 2015/15)

Künstlerinnen/Künstlerkommissionsverordnung

Künstlerinnen/Künstlerkommissionsverordnung, BGBl II 2008/309

Verordnung der Bundesministerin für Unterricht, Kunst und Kultur über die Einrichtung der Künstlerinnen/Künstlerkommission (Künstlerinnen/Künstlerkommissionsverordnung)

Auf Grund des § 11 Abs. 4 des Künstler-Sozialversicherungsfondsgesetzes, BGBl. I Nr. 131/2000, zuletzt geändert durch das Bundesgesetz BGBl. I Nr. 55/2008, wird verordnet:

§ 1. (1) Folgende Künstlerinnen/Künstlervertretungen und Verwertungsgesellschaften haben das Recht, in folgende Kurien und deren Berufungskurien je ein Mitglied und ein Ersatzmitglied zu entsenden:

1. In die Kurie für Literatur und deren Berufungskurie:

   a. drehbuchverband austria,

   b. Österreichischer P.E.N. Club,

   c. Grazer Autorinnen Autorenversammlung,

   d. IG Autorinnen Autoren,

   e. Literar-Mechana Wahrnehmungsgesellschaft für Urheberrechte GesmbH,

   f. Verband dramatischer Schriftsteller Österreichs und

   g. Übersetzergemeinschaft (ÜG).

2. In die Kurie für Musik und deren Berufungskurie:

   a. Gewerkschaft Kunst, Medien, Sport, freie Berufe – Sektion Musik,

   b. Österreichischer Komponistenbund (ÖKB),

   c. AKM Staatlich genehmigte Gesellschaft der Autoren, Komponisten und Musikverleger regGenmbH,

   d. Musiker-Komponisten-Autorengilde (MKAG),

   e. Austro Mechana Gesellschaft zur Wahrnehmung mechanisch-musikalischer Urheberrechte GmbH,

   f. Österreichische Gesellschaft für Zeitgenössische Musik (ÖGZM),

   g. Internationale Gesellschaft für Neue Musik – Sektion Österreich (IGNM),

   h. Österreichischer Musikrat (ÖMR),

   i. ig world music austria und

   j. LSG Wahrnehmung von Leistungsschutzrechten GmbH.

3. In die Kurie für bildende Kunst und deren Berufungskurie:

   a. Gewerkschaft Kunst, Medien, Sport, freie Berufe – Sektion Unterricht, Sport, freiberuflich Tätige – Fachgruppe Bildende Kunst,

   b. IG Bildende Kunst,

   c. berufsvereinigung der bildenden künstler österreichs,

   d. VBK Verwertungsgesellschaft bildender Künstler Österreichs,

   e. gesellschaft bildender künstler österreichs, künstlerhaus,

   f. Vereinigung bildender KünstlerInnen Wiener Secession,

   g. design austria,

   h. Österreichische Gesellschaft für Architektur (ÖGFA),

   i. Architekturzentrum Wien,

   j. IG Architektur,

   k. Vereinigung bildender Künstlerinnen Österreichs (VBKÖ),

   l. Galerie Fotohof, Verein zur Förderung der Autorenfotografie und

   m. Bundeskammer der Architekten und Ingenieurkonsulenten.

4. In die Kurie für darstellende Kunst und deren Berufungskurie:

   a. Gewerkschaft Kunst, Medien, Sport, freie Berufe – Sektion Bühnenangehörige,

   b. VOICE – Verein der Sprecher und Darsteller,

   c. IG Freie Theaterarbeit (IGFT),

   d. OESTIG Österreichische Interpretengesellschaft,

   e. VDFS Verwertungsgesellschaft der Filmschaffenden GenmbH und

   f. Verband Österreichischer FilmschauspielerInnen (VÖFS).

5. In die Kurie für Filmkunst und deren Berufungskurie:

   a. Gewerkschaft Kunst, Medien, Sport, freie Berufe – Sektion Film, Foto, Audiovisuelle Kommunikation,

   b. austrian editors association, Österreichischer Verband Film- und Videoschnitt (aea),

   c. Verband Österreichischer FilmausstatterInnen,

   d. AAC (Austrian Association of Cinematographers) Verband Österreichischer Kameraleute,

   e. Verband der Filmregisseure Österreichs,

K-SVFG

5/1. Künstler/innenkommissionsVO

f. Dachverband der Österreichischen Filmschaffenden,

g. VAM Verwertungsgesellschaft für audiovisuelle Medien GmbH,

h. VDFS Verwertungsgesellschaft der Filmschaffenden GenmbH,

i. austrian directors association (ada),

j. Verband Österreichischer Sounddesigner (VOeSD) und

k. dok.at Interessensgemeinschaft Österreichischer Dokumentarfilm.

(2) Die unter Abs. 1 Z 1 bis 5 genannten Künstlerinnen/Künstlervertretungen und Verwertungsgesellschaften sowie die IG Kultur Österreich haben das Recht, in die allgemeine Kurie für die zeitgenössischen Ausformungen der Bereiche der Kunst und deren Berufungskurie je ein Mitglied und ein Ersatzmitglied zu entsenden.

§ 2. Die Zusammensetzung der Kurien in Bezug auf die Mitglieder gemäß § 11 Abs. 2 Z 3 Künstler-Sozialversicherungsfondsgesetz ist in einer von der Geschäftsführerin/vom Geschäftsführer zu erlassenden Geschäftseinteilung festzulegen. Darin ist hinsichtlich der in § 1 Abs. 1 Z 1 bis 5 genannten Kurien vorzusehen, dass die von den genannten Künstlerinnen/Künstlervertretungen und Verwertungsgesellschaften in die jeweilige Kurie entsandten Mitglieder im Sinne eines bedarfsorientierten Rotationsprinzips zum Einsatz kommen. Hinsichtlich der in § 1 Abs. 2 genannten allgemeinen Kurie ist bei der Zusammensetzung der Mitglieder gemäß § 11 Abs. 2 Z 3 Künstler-Sozialversicherungsfondsgesetz vorzusehen, dass diese Mitglieder solchen Organisationen angehören, die Kunstrichtungen vertreten, die für die in der jeweiligen Kuriensitzung zu beurteilenden Werke relevant sind.

§ 3. Die Geschäftseinteilung ist unverzüglich nach Kundmachung dieser Verordnung zu erlassen.

§ 4. Mit dem Inkrafttreten dieser Verordnung tritt die Verordnung des Bundeskanzlers über die Einrichtung der Künstlerkommission, BGBl. II Nr. 42/2001, außer Kraft.

Beitragszuschussverordnung

Verordnung über die Anpassung des Beitragszuschusses nach dem Künstler-Sozialversicherungsfondsgesetz, BGBl II 2012/446 idF

1 BGBl II 2017/372

Verordnung der Bundesministerin für Unterricht, Kunst und Kultur über die Anpassung des Beitragszuschusses nach dem Künstler-Sozialversicherungsfondsgesetz

Auf Grund des § 18 Abs. 2 des Künstler-Sozialversicherungsfondsgesetzes, BGBl. I Nr. 131/2000, zuletzt geändert durch das Bundesgesetz BGBl. I Nr. 71/2012, wird verordnet:

§ 1. Der Beitragszuschuss gemäß § 18 Abs. 1 Künstler-Sozialversicherungsfondsgesetz beträgt € 1.896,-- jährlich.

(BGBl II 2017/372)

§ 2. (1) Diese Verordnung tritt mit 1. Jänner 2013 in Kraft.

(BGBl II 2017/372)

(2) § 1 in der Fassung der Verordnung BGBl. II Nr. 372/2017 tritt mit 1. Jänner 2018 in Kraft.

(BGBl II 2017/372)

K-SVFG

5/2. BG Überbrückungsfinanzierung Künstlerinnen/Künstler

Bundesgesetz über die Errichtung eines Fonds für eine Überbrückungsfinanzierung für selbständige Künstlerinnen und Künstler, BGBl I 2020/64 idF

1 BGBl I 2020/149   **2** BGBl I 2021/4

GLIEDERUNG

Bundesgesetz über die Errichtung eines Fonds für eine Überbrückungsfinanzierung für selbständige Künstlerinnen und Künstler

Der Nationalrat hat beschlossen:

Errichtung des Fonds für eine Überbrückungsfinanzierung für selbständige Künstlerinnen und Künstler

§ 1. (1) Mit diesem Bundesgesetz wird der „Fonds für eine Überbrückungsfinanzierung für selbständige Künstlerinnen und Künstler" (in weiterer Folge „Überbrückungsfinanzierung für Künstlerinnen und Künstler") errichtet. Er verfügt über keine eigene Rechtspersönlichkeit und wird beim Bundesminister für Kunst, Kultur, öffentlichen Dienst und Sport eingerichtet und ist von diesem zu verwalten.

(2) Aus den Mitteln der „Überbrückungsfinanzierung für Künstlerinnen und Künstler" sind an Künstlerinnen und Künstler, die sich auf Grund des Ausbruchs von COVID-19 in einer wirtschaftlichen Notlage befinden, Unterstützungsleistungen als privatwirtschaftliche Förderungen zur Abfederung von Einnahmenausfällen zu gewähren, damit diese in die Lage versetzt werden, ihre Tätigkeit weiterhin auszuüben.

(3)a) Der Bundesminister für Finanzen hat die Bedeckung der „Überbrückungsfinanzierung für Künstlerinnen und Künstler" aus dem COVID-19-Krisenbewältigungsfonds in Höhe von „110 Millionen Euro" sicherzustellen.

(BGBl I 2020/149)

a) Tritt mit Ablauf des 31. Dezember 2022 außer Kraft.

(4)a) Der Bundesminister für Kunst, Kultur, öffentlichen Dienst und Sport hat dem „Kulturausschuss des Nationalrats" sowie dem Bundesminister für Finanzen monatlich einen Bericht, in dem sämtliche Maßnahmen, die nach diesem Bundesgesetz ergriffen wurden, detailliert dargestellt sind, vorzulegen. Der Bericht hat insbesondere die „materiellen und" finanziellen Auswirkungen der gesetzten Maßnahmen auszuweisen.

(BGBl I 2021/4)

a) Tritt mit Ablauf des 31. Dezember 2022 außer Kraft.

Anspruchsberechtigung

§ 2. (1) Antragsberechtigt sind Personen, die Kunst und Kultur schaffen, ausüben, vermitteln oder lehren und zum 13. März 2020 gemäß § 2 GSVG als Künstlerinnen und Künstler in der Sozialversicherung der Selbständigen pflichtversichert sind. Ebenfalls antragsberechtigt sind Personen, die im Jahr 2018 oder 2019 auf Grund der künstlerischen Tätigkeit pflichtversichert waren und zum Stichtag 13. März 2020 künstlerisch tätig sind.

(2) Ebenfalls antragsberechtigt sind Personen im Sinne des Abs. 1, die gemäß § 4 Abs. 1 Z 5 GSVG von der Sozialversicherung ausgenommen sind und gemäß § 3 Abs. 1 Z 2 GSVG zum 13. März 2020 freiwillig in der Sozialversicherung versichert sind.

(3) Hat am 13. März 2020 keine Versicherung aufgrund selbstständiger künstlerischer Tätigkeit gemäß Abs. 1 oder Abs. 2 bestanden, kann eine Förderung auch gewährt werden, wenn spätestens am 13. Juni 2020 die Anmeldung zur Pflichtversicherung oder freiwilligen Versicherung aufgrund selbstständiger künstlerischer Tätigkeit bei der Sozialversicherungsanstalt der Selbstständigen eingelangt ist.

(4) Auf Förderungen nach § 1 Abs. 2 besteht kein Rechtsanspruch. Anträge auf Förderung sind bis spätestens 31. Dezember 2020 entsprechend der Richtlinie nach diesem Bundesgesetz zu stellen.

„Anspruchsberechtigung für das Jahr 2021

§ 2a. (1) Für das Kalenderjahr 2021 sind jene Personen antragsberechtigt, die gemäß § 2 für das Kalenderjahr 2020 antragsberechtigt waren. Darüber hinaus sind jene Personen antragsberechtigt, die zum 1. November 2020 zur Pflichtversicherung oder freiwilligen Versicherung aufgrund selbstständiger künstlerischer Tätigkeit bei der Sozialversicherungsanstalt der Selbstständigen gemeldet waren und zum Antragszeitpunkt künstlerisch tätig sind.

(2) Die Höhe der Unterstützung ist in der Richtlinie gemäß § 3 festzulegen und kann von der Höhe der Unterstützung gemäß § 1 Abs. 2 abweichen."

(BGBl I 2020/149)

Richtlinie

§ 3. (1) Der Bundesminister für Kunst, Kultur, öffentlichen Dienst und Sport hat im Einvernehmen mit dem Bundesminister für Bildung, Wissenschaft und Forschung eine Richtlinie zu erlassen, mit der insbesondere nähere Regelungen

1. zu den Zielen und zum Gegenstand der Förderung,
2. den persönlichen und sachlichen Voraussetzungen für die Erlangung einer Förderung,
3. zur Berechnung der Höhe der Förderung samt der Anrechnung anderer staatlicher Leistungen,
4. zur Antragstellung,
5. zur Ausgestaltung der automationsunterstützt geltend zu machenden Förderung,
6. zum Verfahren und
7. zur Geltungsdauer festzulegen sind.

Für die Zuerkennung einer Förderung müssen die Angaben im Antrag vollständig und schlüssig sowie plausibel sein. Die Vollständigkeit und Richtigkeit der Angaben ist durch den Antragssteller zu bestätigen.

Abwicklung

§ 4. (1) Die Sozialversicherung der Selbständigen (SVS), eingerichtet nach den Bestimmungen des Bundesgesetzes mit dem das Bundesgesetz über die Sozialversicherungsanstalt der Selbständigen erlassen wird (Selbständigen-Sozialversicherungsgesetz – SVSG), BGBl. I Nr. 100/2018, wickelt das Förderungsprogramm des Bundes zur „Überbrückungsfinanzierung für Künstlerinnen und Künstler" im übertragenen Wirkungsbereich in Bindung an die Weisungen des Bundesministers für Kunst, Kultur, öffentlichen Dienst und Sport in dessen Namen und auf dessen Rechnung ab. Über die Modalitäten der Durchführung ist eine Vereinbarung zwischen dem Bundesminister für Kunst, Kultur, öffentlichen Dienst und Sport und der SVS zu treffen.

(2) Die SVS kann sich zur Durchführung der ihr übertragenen Aufgabe geeigneter anderer Rechtsträger bedienen, soweit diese die Grundsätze der Sparsamkeit, Wirtschaftlichkeit und Zweckmäßigkeit nicht entgegenstehen.

(3) Die liquiden Mittel werden der SVS vor Auszahlung der Förderbeiträge über das Bundesministerium für Kunst, Kultur, öffentlichen Dienst und Sport zur Verfügung gestellt.

(4) Für Leistungen aus der „Überbrückungsfinanzierung für Künstlerinnen und Künstler"

sind die Bestimmungen des Abschnitts 7a TDBG 2012, BGBl. I Nr. 99/2012 idF BGBl. I Nr. 23/2020, zu beachten.

Auskünfte und Berichtspflichten

§ 5. (1) Der SVS sind zum Zwecke der Abwicklung und Kontrolle von Förderungen nach diesem Bundesgesetz von allen Organen des Bundes, der Länder und Gemeinden, die mit der Zuerkennung von Förderungen betraut sind, und von den Abgabenbehörden die erforderlichen Auskünfte zu erteilen. Die SVS kann zum Zweck der Abwicklung des Zuschusses die bei ihr vorhandenen Daten der Zuschusswerber verwenden und dem Bundesminister für Kunst, Kultur, öffentlichen Dienst und Sport für allenfalls erforderliche Prüfschritte im Verfahren zur Verfügung stellen. Der Bundesminister für Finanzen hat dem SVS – unter Beachtung der datenschutzrechtlichen Regelungen – auf ihre Anfrage unter Verwendung einer elektronischen Schnittstelle soweit verfügbar Daten zu übermitteln, die für die Ermittlung des Ausmaßes und die Kontrolle des Zuschusses notwendig sind.

(2) Daten aus der Abwicklung der Förderung sind für die Dauer von sieben Jahren aufzubewahren und danach zu löschen, soweit diese nicht über diesen Zeitpunkt hinaus für die Erfüllung der Aufgaben nach diesem Bundesgesetz erforderlich sind.

(3) Für die Erfüllung der Berichtspflichten des Bundesministers für Kunst, Kultur, öffentlichen Dienst und Sport sind durch die SVS die erforderlichen Daten, insbesondere Vorname, Nachname, Höhe des Zuschusses und Datum der Zusage zur Verfügung zu stellen.

Datenübermittlung zur Prüfung

§ 6. (1) Der Bundesminister für Finanzen und der Dachverband der Sozialversicherungsträger haben der SVS – unter Beachtung der datenschutzrechtlichen Regelungen – auf ihre Anfrage unter Verwendung einer elektronischen Schnittstelle soweit verfügbar Daten zu übermitteln, die für die Ermittlung des Ausmaßes des Zuschusses und zum Zweck der Identitätsfeststellung wie insbesondere mittels der Sozialversicherungsnummer notwendig sind.

(2) Die Österreichische Gesundheitskasse, die Sozialversicherungsanstalt der Selbständigen und die Versicherungsanstalt öffentlich Bediensteter, Eisenbahnen und Bergbau haben dem Dachverband der Sozialversicherungsträger die erforderlichen Daten elektronisch zur Verfügung zu stellen.

(3) Auf die Daten ist von der Sozialversicherung der Selbständigen § 48a BAO sinngemäß anzuwenden. Nicht mehr erforderliche Daten sind zu löschen, sofern diese nicht

1. im Hinblick auf eine Gebarungsprüfung des Rechnungshofes für die Entsprechung einer Auskunftspflicht gemäß §§ 3 und 4 des Rechnungshofgesetzes 1948 RHG, BGBl. Nr. 144/1948 oder

K-SVFG

2. im Zusammenhang mit anhängigen Gerichts- oder Verwaltungsverfahren für die Beweisführung von Bedeutung sind.

Daten gemäß Z 1 sind für die Dauer von sieben Jahren aufzubewahren, Daten gemäß Z 2 solange, als sie für die genannten Verfahren erforderlich sind.

§ 7. Zuwendungen gemäß diesem Bundesgesetz sind bei der Ermittlung der Beitragsgrundlagen der Sozialversicherungen nicht heranzuziehen.

Einrichtung der Datenübermittlungen

§ 8. Der Bundesminister für Finanzen und der Dachverband der Sozialversicherungsträger haben die technischen Voraussetzungen für die Datenübermittlungen nach den §§ 5 und 6 zu schaffen.

§ 9. Die Übermittlung und Verarbeitung der Daten gemäß den §§ 5 und 6 ist nur insoweit zulässig, soweit sie zum Zweck der Prüfung der Richtigkeit der Angaben der Förderungswerber im Rahmen der „Überbrückungsfinanzierung für Künstlerinnen und Künstler" verhältnismäßig und unbedingt notwendig ist.

Gebühren und Abgaben

§ 10. (1) Die zur Durchführung dieses Bundesgesetzes erforderlichen Rechtsgeschäfte, Schriften und Amtshandlungen sind von den bundesgesetzlich geregelten Abgaben, den Bundesverwaltungsabgaben sowie den im Gerichtsgebührengesetz – GGG, BGBl. Nr. 501/1984, geregelten Gerichts- und Justizverwaltungsgebühren befreit.

(2) Der Bund ist überdies von der Entrichtung der im GGG geregelten Gebühren in Verfahren vor den ordentlichen Gerichten befreit, die Angelegenheiten des Vollzugs dieses Bundesgesetzes zum Gegenstand haben.

Vollziehung und Inkrafttreten

§ 11. (1) Mit der Vollziehung dieses Bundesgesetzes ist der Bundesminister für Kunst, Kultur, öffentlichen Dienst und Sport, hinsichtlich § 1 Abs. 3 der Bundesminister für Finanzen und hinsichtlich § 3 Abs. 1 der Bundesminister für Kunst, Kultur, öffentlichen Dienst und Sport im Einvernehmen mit dem Bundesminister für Bildung, Wissenschaft und Forschung betraut.

(2) Dieses Bundesgesetz tritt mit dem der Kundmachung folgenden Tag in Kraft und mit Ablauf des 31. Dezember 2022 außer Kraft.

„(3) § 1 Abs. 3 und § 2a in der Fassung BGBl. I Nr. 149/2020 treten mit dem der Kundmachung folgenden Tag in Kraft und mit Ablauf des 31. Dezember 2022 außer Kraft."

(BGBl I 2020/149)

„(3) § 1 Abs. 4 in der Fassung des Bundesgesetzes BGBl. I Nr. 4/2021 tritt mit 1. Jänner 2021 in Kraft und mit Ablauf des 31. Dezember 2022 außer Kraft."

(BGBl I 2021/4)

6. NOTARVERSORGUNGSGESETZ

Inhaltsverzeichnis

NVG 2020

6. Notarversorgungsgesetz – NVG 2020

Notarversorgungsgesetz, BGBl I 2018/100

GLIEDERUNG

NVG 2020

Bundesgesetz über die Versorgung für das österreichische Notariat (Notarversorgungsgesetz – NVG 2020)

Der Nationalrat hat beschlossen:

ERSTER TEIL
ALLGEMEINE BESTIMMUNGEN

Abschnitt I
Allgemeines

Geltungsbereich

§ 1. (1) Dieses Bundesgesetz regelt die Versorgung der (ehemaligen) Notare/Notarinnen, der (ehemaligen) Notariatskandidaten/Notariatskandidatinnen und deren Hinterbliebenen durch Vorsorge für die Fälle des Alters, der Berufsunfähigkeit und des Todes.

(2) In die Vorsorge nach diesem Bundesgesetz sind die Notare/Notarinnen und Notariatskandidaten/Notariatskandidatinnen einbezogen.

Geltungsbereich

§ 2. Im Sinne dieses Bundesgesetzes bedeutet

1. Berufsunfähigkeit: die Folge eines körperlichen oder geistigen Gebrechens, durch das eine in die Vorsorge nach diesem Bundesgesetz einbezogene Person zur Ausübung ihres Berufes unfähig ist.

2. Dienstunfall: ein Unfall einer in die Vorsorge nach diesem Bundesgesetz einbezogenen Person, der sich im örtlichen, zeitlichen und ursächlichen Zusammenhang mit ihrer Tätigkeit im Notariat ereignet; auch der Unfall, der sich auf einem mit der Tätigkeit im Notariat zusammenhängenden Weg zur oder von der Kanzlei ereignet.

3. Durchrechnungszeitraum: jener Zeitraum, aus dem das durchschnittliche Monatseinkommen für die Bemessung der Zusatzpension (§ 52 Abs. 2 Z 1) errechnet wird.

4. Ehemaliger Notar/ehemalige Notarin: ein Notar/eine Notarin, dessen/deren Amt erloschen ist und der/die eine (vorzeitige) Alters(Berufsunfähigkeits)pension (§§ 51, 55 und 56) bezieht oder darauf Anspruch hat.

5. Einmalige Leistung: die Abfertigung einer Witwen(Witwer)pension (§ 63), die Abfindung (§ 66) und der Bestattungskostenbeitrag (§ 67).

6. Fremdleistungen: Leistungen jedweder Art, wie zum Beispiel die Überlassung der Einrichtung - auch der technischen Einrichtung - und sonstiger Büroinfrastruktur sowie des Personals, die Durchführung von Anderkontobuchhaltungs-, Schreib- und sonstigen Büroarbeiten, deren sich die in die Vorsorge einbezogene Person oder die Notar-Partnerschaft, der die in die Vorsorge einbezogene Person angehört, zur Durchführung der Tätigkeit im Notariat (Z 17) bedient und die vom Unternehmen eines/einer Dritten, wie zum Beispiel von einer Besitz-, Betriebs- oder Managementgesellschaft, erbracht werden.

7. In die Vorsorge einbezogene Person: ein Notar/eine Notarin oder ein Notariatskandidat/eine Notariatskandidatin (§ 1 Abs. 2).

8. Kanzleiablöse: Leistungen jedweder Art, die für die Übertragung der Notariatskanzlei, wie zum Beispiel deren Räumlichkeiten, Einrichtung - auch technische Einrichtung -, der verwahrten Urkunden, des Mandant/inn/enstockes sowie Handakten, oder die für die Aufgabe/Abtretung einer Beteiligung an einer Notar-Partnerschaft im Sinne der §§ 22 und 29 NO erbracht werden; dazu zählen auch Leib-/Zeitrenten.

9. Laufende Leistung: eine Pension, ein Zuschuss nach diesem Bundesgesetz und das Berufsunfähigkeitsgeld (§ 53).

10. Leistung: eine laufende Leistung und eine einmalige Leistung nach diesem Bundesgesetz.

11. Naher Angehöriger/nahe Angehörige: eine Person im Sinne des § 25 BAO. Eine Privatstiftung gilt als nahe Angehörige einer in die Vorsorge einbezogenen Person, wenn

    a) die in die Vorsorge einbezogene Person selbst oder

    b) einer/eine ihrer nahen Angehörigen nach dieser Bestimmung oder

    c) die Notar-Partnerschaft, der die in die Vorsorge einbezogene Person angehört, oder

    d) eine Gesellschaft oder ein anderer Rechtsträger, an deren oder dessen Vermögen oder Gewinn die in die Vorsorge einbezogene Person oder einer/eine ihrer nahen Angehörigen nach dieser Bestimmung wirtschaftlich betrachtet (§ 76) insgesamt mit mehr als 10% unmittelbar oder mittelbar beteiligt ist,

    Stifter/Stifterin, Begünstigter/Begünstigte oder Letztbegünstigter/Letztbegünstigte dieser Privatstiftung ist.

12. Notar/in: eine Person, die nach den Vorschriften der NO als Notar/in anzusehen ist und das Amt angetreten hat.

13. Notariatskandidat/in: eine Person, die

    a) nach den Vorschriften der NO als Notariatskandidat/in anzusehen ist oder

    b) im Sinne der NO bei einem Notar/einer Notarin tätig und zur Eintragung in das Verzeichnis der Notariatskandidat/inn/en angemeldet ist in der Zeit ab dem Beginn der Tätigkeit bis zur Entscheidung über den Antrag; die Zurückziehung des Antrages ist der ablehnenden Entscheidung gleichzuhalten; oder

    c) zum Notar/zur Notarin neuernannt ist und das Amt noch nicht angetreten hat.

14. Pension: die Berufsunfähigkeitspension (§ 51), die Alterspension (§ 55), die vorzeitige Alterspension (§ 56), die Witwen(Witwer)pension

(§ 60), die Waisenpension (§ 64) und die Pension bei Haft (§ 29 Abs. 4).

15. Pensionsprozentsatz: jener Prozentsatz, der für die Bemessung der Zusatzpension (§ 52 Abs. 2 Z 1) auf das durchschnittliche Monatseinkommen während des Durchrechnungszeitraumes anzuwenden ist.

16. Pensionsversicherungsfreies Dienstverhältnis: ein Dienstverhältnis der im § 308 Abs. 2 ASVG bezeichneten Art.

17. Tätigkeit im Notariat: die berufliche Tätigkeit eines Notars/einer Notarin oder eines Notariatskandidaten/einer Notariatskandidatin.

18. Versorgung: die durch dieses Bundesgesetz geregelte Versorgung.

19. Versorgungsanstalt: die Versorgungsanstalt des österreichischen Notariates (§ 3).

20. Zuschuss: der Kinderzuschuss (§ 68).

Versorgungsanstalt

§ 3. (1) Die Versorgung für das österreichische Notariat nach § 1 erfolgt durch die Versorgungsanstalt des österreichischen Notariats. Die Versorgungsanstalt ist eine Körperschaft des öffentlichen Rechtes und hat Rechtspersönlichkeit. Sie ist berechtigt, das Wappen der Republik Österreich in Siegeln, Drucksorten und Aufschriften zu verwenden.

(2) Die Versorgungsanstalt hat ihren Sitz in Wien. Der ordentliche Gerichtsstand der Versorgungsanstalt ist das sachlich zuständige Gericht ihres Sitzes.

Zitierungen und Verweisungen

§ 4. (1) In diesem Bundesgesetz werden bezeichnet:

1. als ABGB das Allgemeine bürgerliche Gesetzbuch, JGS Nr. 946/1811;

2. als ASVG das Allgemeine Sozialversicherungsgesetz, BGBl. Nr. 189/1955;

3. als BAO die Bundesabgabenordnung, BGBl. Nr. 194/1961;

4. als BBG das Bundesbezügegesetz, BGBl. I Nr. 64/1997;

5. als BezG das Bezügegesetz, BGBl. Nr. 273/1972;

6. als BFinG das Bundesfinanzierungsgesetz, BGBl. Nr. 763/1992;

7. als BSVG das Bauern-Sozialversicherungsgesetz, BGBl. Nr. 559/1978;

8. als EheG das Ehegesetz, dRGBl. I S 807/1938;

9. als EO die Exekutionsordnung, RGBl. Nr. 79/1896;

10. als EPG das Eingetragene Partnerschaft-Gesetz, BGBl. I Nr. 135/2009;

11. als EStG 1988 das Einkommensteuergesetz 1988, BGBl. Nr. 400/1988;

12. als 1. Euro-JuBeG das 1. Euro-Justiz-Begleitgesetz, BGBl. I Nr. 125/1998;

13. als FLAG das Familienlastenausgleichsgesetz 1967, BGBl. Nr. 376/1967;

14. als GSVG das Gewerbliche Sozialversicherungsgesetz, BGBl. Nr. 560/1978;

15. als InvFG das Investmentfondsgesetz 2011, BGBl. I Nr. 77/2011;

16. als IO die Insolvenzordnung, RGBl. Nr. 337/1914;

17. als MSchG das Mutterschutzgesetz, BGBl. Nr. 221/1979;

18. als NO die Notariatsordnung, RGBl. Nr. 75/1871;

19. als NVG das Notarversicherungsgesetz 1972, BGBl. Nr. 66/1972;

20. als RGV die Reisegebührenvorschrift 1955, BGBl. Nr. 133/1955;

21. als StGB das Strafgesetzbuch, BGBl. Nr. 60/1974;

22. als StudFG das Studienförderungsgesetz 1992, BGBl. Nr. 305/1992;

23. als StVG das Strafvollzugsgesetz, BGBl. Nr. 144/1969;

24. als VKG das Väter-Karenzgesetz, BGBl. Nr. 651/1989;

25. als VVG das Verwaltungsvollstreckungsgesetz 1991, BGBl. Nr. 53/1991;

26. als WG das Wehrgesetz 2001, BGBl. I Nr. 146/2001;

27. als ZDG das Zivildienstgesetz 1986, BGBl. Nr. 679/1986.

(2) Soweit in diesem Bundesgesetz auf Bestimmungen anderer Bundesgesetze verwiesen wird, sind diese, wenn nichts anderes bestimmt wird, in der jeweils geltenden Fassung anzuwenden.

Abschnitt II
Meldungen und Auskunftspflicht

Meldungen der in die Vorsorge einbezogenen Personen

§ 5. (1) Die in die Vorsorge einbezogenen Personen haben sich bei der Versorgungsanstalt binnen zwei Wochen nach dem Zeitpunkt, zu dem sie als Notare/Notarinnen oder als Notariatskandidaten/Notariatskandidatinnen anzusehen sind, anzumelden und binnen zwei Wochen, nachdem sie diese Eigenschaft verloren haben, abzumelden.

(2) Die in die Vorsorge einbezogenen Personen haben der Versorgungsanstalt jede für den Bestand der Einbeziehung in die Vorsorge bedeutsame Änderung in ihren Verhältnissen binnen zwei Wochen zu melden.

(3) Bedient sich eine in die Vorsorge einbezogene Person oder eine Notar-Partnerschaft, der die in die Vorsorge einbezogene Person angehört, einer Fremdleistung (§ 2 Z 6) und wird diese unmittelbar oder mittelbar durch ein oder mehrere Unternehmen erbracht, an dessen/deren Vermögen oder Gewinn die in die Vorsorge einbezogene Person oder einer/eine ihrer nahen Angehörigen (§ 2 Z 11) wirtschaftlich betrachtet (§ 76) insgesamt mit mehr

als 10% unmittelbar oder mittelbar beteiligt ist, so haben die in die Vorsorge einbezogene Person oder die an der Notar-Partnerschaft beteiligten in die Vorsorge einbezogenen Personen dies der Versorgungsanstalt unverzüglich zu melden.

(4) Die Meldungen nach den Abs. 1 bis 3 haben alle wesentlichen Angaben zu enthalten, die für die Durchführung der Vorsorge notwendig sind. Die Satzung der Versorgungsanstalt kann vorsehen, wenn dies aus Gründen der Verwaltungsvereinfachung angezeigt erscheint, dass für die Erstattung von Meldungen von der Versorgungsanstalt aufzulegende Vordrucke zu verwenden sind.

Meldungen der in die Vorsorge einbezogenen Personen

§ 6. In die Vorsorge (ehemalig) einbezogene Personen haben Leistungsverpflichtungen und Empfangsansprüche aus einer Kanzleiablöse (§ 2 Z 8) binnen zwei Wochen nach deren Vereinbarung der Versorgungsanstalt zu melden und dieser sämtliche für die Feststellung der daraus resultierenden Beitragspflicht wesentlichen Unterlagen und Informationen zu übermitteln.

Meldungen der Zahlungsempfänger/innen

§ 7. Die Empfänger/innen einer laufenden Leistung sind verpflichtet, jede Änderung in den für den Fortbestand oder das Ausmaß ihrer Bezugsberechtigung maßgebenden Verhältnissen sowie jede Änderung ihres Wohnsitzes binnen zwei Wochen der Versorgungsanstalt zu melden.

Auskunftspflicht der in die Vorsorge einbezogenen Personen und der Zahlungsempfänger/innen

§ 8. (1) Die (ehemalig) in die Vorsorge einbezogenen Personen sowie die Zahlungsempfänger/innen haben der Versorgungsanstalt auf Verlangen längstens binnen zwei Wochen alle für das Versorgungsverhältnis maßgebenden Umstände mitzuteilen und alle Urkunden und Belege vorzulegen, die für das Versorgungsverhältnis von Bedeutung sind. Insbesondere haben sie alle für die Feststellung der Grundlage für die Berechnung der Beiträge und der Leistungen erforderlichen Auskünfte zu erteilen und die Unterlagen vorzulegen, die als Grundlage für die Ermittlung der Veranlagungsdaten im Zuge der Einkommensteuerveranlagung dienten. Überdies haben die (ehemalig) in die Vorsorge einbezogenen Personen der Versorgungsanstalt auf Verlangen längstens binnen zwei Wochen die Umsätze aus ihrer Tätigkeit im Sinne des § 11 Abs. 1 Z 2 sowie gegebenenfalls die von der Notar-Partnerschaft, der sie angehören bzw. angehörten, erzielten Umsätze und die davon auf sie entfallenden Anteile bekannt zu geben und die Umsatzsteuerbescheide vorzulegen.

(2) Zur Feststellung der Grundlage für die Berechnung der Beiträge aus selbständiger Tätigkeit (§ 11 Abs. 1 Z 2) kann die Versorgungsanstalt bei (ehemalig) in die Vorsorge einbezogenen Personen auch Bucheinsicht nehmen und sich dazu auf deren Kosten eines/einer Buchsachverständigen bedienen.

Verstöße gegen die Melde- und Auskunftspflicht

§ 9. Über Personen, die der ihnen auf Grund dieses Bundesgesetzes obliegenden Verpflichtung zur Erstattung von Meldungen nicht oder nicht rechtzeitig nachkommen, die Erfüllung der Auskunftspflicht, die Gewährung der Bucheinsicht oder die Vorlage von Urkunden und Belegen verweigern oder in den ihnen obliegenden Meldungen und Auskünften schuldhaft unwahre Angaben machen, hat die Versorgungsanstalt eine Geldstrafe bis zum Zehnfachen des jeweils geltenden Mindestbeitrages nach § 10 Abs. 2 zu verhängen.

Abschnitt III
Aufbringung der Mittel

Beitragspflicht

§ 10. (1) Die Mittel zur Bestreitung der Aufwendungen der Versorgung werden durch Beiträge der in die Vorsorge einbezogenen Personen nach Abs. 2 und durch sonstige Einnahmen aufgebracht.

(2) Die in die Vorsorge einbezogenen Personen haben monatlich einen Beitrag in der Höhe des jeweils als Beitragssatz festgesetzten Prozentsatzes der Beitragsgrundlage, mindestens jedoch 297,43 €, zu entrichten. Überschreitet der Beitragssatz 10%, so ist für jeden vollen Prozentpunkt darüber der jeweilige Mindestbeitrag um 29,73 € zu erhöhen. An die Stelle der genannten Beträge treten ab 1. Jänner eines jeden Jahres die unter Bedachtnahme auf § 25 mit dem jeweiligen Anpassungsfaktor (§ 23) vervielfachten Beträge.

(3) Der Beitragssatz ist von der Hauptversammlung unter Berücksichtigung einer mindestens 20-jährigen Prognose der finanziellen Entwicklung der Versorgungsanstalt alljährlich für das folgende Jahr so festzusetzen, dass die dauerhafte Deckung der Ausgaben gewährleistet ist. Dabei darf die liquide Rücklage (§ 91) am Ende jedes Geschäftsjahres ein Drittel der Ausgaben dieses Jahres nicht unterschreiten. Überdies ist auf die beabsichtigte Verwendung oder Erhöhung der allgemeinen Rücklage und auf sonstige Mittel der Versorgungsanstalt Bedacht zu nehmen.

(4) Die Beitragspflicht beginnt mit dem Kalendermonat, in dem die Voraussetzung für die Einbeziehung in die Vorsorge eintritt; sie endet mit dem Kalendermonat, in dem diese Voraussetzung wegfällt.

(5) Einkünfte aus einer Kanzleiablöse (§ 2 Z 8) gelten auch dann als Einkünfte der in die Vorsorge einbezogenen Person im letzten Beitragsmonat und sind daher Teil der Beitragsgrundlage (§§ 11 Abs. 1 Z 2 und 16 Abs. 2), wenn die Einbeziehung in die Vorsorge zum Zeitpunkt der Vereinbarung der Kanzleiablöse bereits weggefallen ist (Abs. 4).

(6) Die Beitragspflicht ruht:
1. bei einem Notar/einer Notarin für Zeiten der als Disziplinarstrafe verhängten Suspension vom Amt;
2. bei einem Notariatskandidaten/einer Notariatskandidatin für die Dauer eines einen

Kalendermonat übersteigenden Urlaubes gegen Einstellung der Bezüge.

Beitragsgrundlage

§ 11. (1) Beitragsgrundlage sind die Monatseinkünfte der in die Vorsorge einbezogenen Person aus ihrer Tätigkeit im Notariat. Als Monatseinkünfte gelten:

1. bei Einkünften aus nichtselbständiger Tätigkeit alle Geld- und Sachbezüge im Beitragsmonat aus der Tätigkeit im Notariat wie das Gehalt, Zuschläge und Zulagen zum Gehalt (zum Beispiel 13. und 14. Gehalt, Urlaubs- und Weihnachtszulagen, Überstundenentlohnung), Substitutionshonorare, Belohnungen und Remunerationen; ausgenommen sind dabei Abfertigungen, auf die ein gesetzlicher Anspruch besteht, und nicht steuerpflichtige Auslagenersätze (zum Beispiel Fahrtkostenvergütungen, Tages- und Nächtigungsgelder) sowie von den Finanzbehörden anerkannte Werbungskosten (einschließlich der Beiträge zur Krankenversicherung), soweit diese in unmittelbarem Zusammenhang mit der Tätigkeit im Notariat stehen. Die Bewertung der Sachbezüge richtet sich nach der auf Grund des ASVG geltenden Bewertung;

2. bei Einkünften aus selbständiger Tätigkeit sämtliche nach den Vorschriften über die Einkommensteuer steuerpflichtigen Einkünfte des Beitragsmonates. Zu den Einkünften aus selbständiger Tätigkeit im Notariat zählen auch Einkünfte aus Substitutionen, Kuratelen, Erwachsenenvertretungen, Masse-, Ausgleichs- und Zwangsverwaltungen, Verteidigungen in Strafsachen, Dolmetsch- und Übersetzungstätigkeiten, Testamentsvollstreckungen, Vermögens- insbesondere Hausverwaltungen, Tätigkeiten als Mediator/in und als Schlichter/in, als Stiftungsvorstand und in Aufsichts-, Verwaltungs- und Beiratsgremien, als Vortragende/r und Autor/in, Geschäftsführungstätigkeiten, die keine Pflichtversicherung in der Sozialversicherung begründen, sowie Funktionsgebühren im Sinne des § 29 Z 4 EStG 1988 und Einkünfte aus einer Kanzleiablöse (§ 2 Z 8).

(2) Bedient sich eine in die Vorsorge einbezogene Person oder eine Notar-Partnerschaft, der die in die Vorsorge einbezogene Person angehört, einer Fremdleistung (§ 2 Z 6) und wird diese unmittelbar oder mittelbar durch ein oder mehrere Unternehmen im Sinne des § 5 Abs. 3 erbracht, so kann die in die Vorsorge einbezogene Person nur 75% des dafür von ihr geleisteten oder auf sie entfallenden, von den Finanzbehörden als Betriebsausgabe anerkannten Betrages unter Ausschluss der Umsatzsteuer als Minderung der Beitragsgrundlage geltend machen. Weist die in die Vorsorge einbezogene Person nach, dass die dem/der Erbringer/in der Fremdleistung zu deren Erbringung entstandenen Aufwendungen exklusive Umsatzsteuer höher als 75% der von der in die Vorsorge einbezogenen Person oder der Notar-Partnerschaft für diese

Fremdleistung an den/die Erbringer/in gezahlten Gegenleistung exklusive Umsatzsteuer sind, so kann die in die Vorsorge einbezogene Person dafür einen entsprechend höheren Betrag als Minderung der Beitragsgrundlage geltend machen, höchstens aber den von den Finanzbehörden als Betriebsausgabe anerkannten Betrag.

(3) Werden in einem Kalenderjahr Einkünfte aus unselbständiger und aus selbständiger Tätigkeit erzielt, so ist für die Ermittlung der Beitragsgrundlage Abs. 1 Z 1 neben Abs. 1 Z 2 anzuwenden.

(4) Kommt die in die Vorsorge einbezogene Person ihrer Beitragspflicht nicht ordnungsgemäß oder nicht rechtzeitig nach, so hat die Versorgungsanstalt die Beitragsgrundlage festzusetzen. Dazu kann sie ein Gutachten der zuständigen Notariatskammer einholen.

(5) Als Beitragsmonat gilt jeweils der Kalendermonat, für den die Beiträge zu entrichten sind.

Solidaritätsbeitrag

§ 12. (1) Von jeder nach diesem Bundesgesetz zur Auszahlung gelangenden Pension (ausgenommen Pensionssonderzahlungen) ist ein von der Hauptversammlung (§ 83 Abs. 4 Z 6) festgesetzter Beitrag einzubehalten, der jedoch 2,3% der zustehenden Leistung nicht überschreiten darf.

(2) Der Beitrag ist nur so weit zu entrichten, als damit der jeweils geltende Mindestbetrag der Berufsunfähigkeitspension (§ 52 Abs. 6 und 7) nicht unterschritten wird.

Fälligkeit und Einzahlung der Beiträge

§ 13. Die nach § 10 zu entrichtenden Beiträge sind am letzten Tag des Kalendermonates fällig, für den sie zu leisten sind. Die Beiträge sind vom Beitragsschuldner/der Beitragsschuldnerin bis zum 15. des der Fälligkeit zweitfolgenden Kalendermonates an die Versorgungsanstalt einzuzahlen.

Beitragslast und Beitragsschuldner/in

§ 14. Die nach § 10 zu entrichtenden Beiträge entfallen zur Gänze auf die in die Vorsorge einbezogene Person, doch schuldet die auf den Notariatskandidaten/die Notariatskandidatin entfallenden Beiträge der/die jeweils als Dienstgeber/in in Betracht kommende Notar/in bzw. Notariatssubstitut/in. Er/sie ist berechtigt, diese Beiträge von den Einkünften des Notariatskandidaten/der Notariatskandidatin einzubehalten. Der einbehaltene Beitrag ist bis zur Einzahlung an die Versorgungsanstalt ein dem Beitragsschuldner/der Beitragsschuldnerin anvertrautes Gut.

Vorlage der Einkommensteuerbescheide und der Lohnkonten-Abschriften

§ 15. (1) In die Vorsorge einbezogene Personen sowie Leistungsbezieher/innen, die zur Einkommensteuer veranlagt werden, haben den jeweils letzten Einkommensteuerbescheid, im Fall einer Notar-Partnerschaft (§§ 22 ff. NO) den letzten Feststellungsbescheid nach § 188 BAO, der Versorgungsanstalt unverzüglich nach Eintritt der Rechtskraft vorzulegen.

(2) Anlässlich der Vorlage sind schriftliche Erklärungen abzugeben

1. über die im Zuge der Einkommensteuerveranlagung erfassten Einkünfte aus selbständiger Tätigkeit;

2. über die im Zuge der Einkommensteuerveranlagung als Betriebsausgaben anerkannten Beiträge zur Vorsorge und allfälligen Verzugszinsen;

3. über die im Zuge der Einkommensteuerveranlagung anerkannten Werbungskosten (§ 11 Abs. 1 Z 1);

4. über die im Zuge der Einkommensteuerveranlagung anerkannten Betriebsausgaben für Fremdleistungen, soweit auf diese § 11 Abs. 2 anzuwenden ist, sowie

5. über die im Zuge der Einkommensteuerveranlagung gewinnmindernd anerkannten Investitions- und sonstigen steuerlichen Freibeträge für Gewinne.

In die Vorsorge einbezogene Personen sowie Leistungsbezieher/innen, die einer Notar-Partnerschaft angehören bzw. angehört haben, haben in der Erklärung jeweils den Gesamtbetrag und den auf sie entfallenden Anteil an den im Zuge der Feststellung der Einkünfte der Notar-Partnerschaft gewinnmindernd anerkannten Beträgen in die Erklärung aufzunehmen.

(3) Die als Dienstgeber/innen in Betracht kommenden in die Vorsorge einbezogenen Personen haben die Abschriften der Lohnkonten der Notariatskandidat/inn/en unverzüglich nach Ablauf eines jeden Kalenderjahres, im Fall der Beendigung des Dienstverhältnisses binnen Monatsfrist, der Versorgungsanstalt vorzulegen.

Neuberechnung der Beiträge

§ 16. (1) Die Versorgungsanstalt hat nach Vorliegen der erforderlichen Unterlagen die nach § 10 zu entrichtenden Beiträge für ein Kalenderjahr im Sinne der §§ 10 und 11 neu zu berechnen, und zwar

1. im Fall des § 11 Abs. 1 Z 1 auf Grund der danach in Betracht kommenden Einkünfte, die sich nach den vorzulegenden Abschriften der Lohnkonten und dem vorzulegenden Einkommensteuerbescheid (Feststellungsbescheid nach § 188 BAO) für das betreffende Kalenderjahr ergeben;

2. im Fall des § 11 Abs. 1 Z 2 auf Grund der danach in Betracht kommenden Einkünfte, die sich nach dem vorzulegenden Einkommensteuerbescheid (Feststellungsbescheid nach § 188 BAO) für das betreffende Kalenderjahr ergeben,

   a) nicht vermindert um außergewöhnliche Belastungen und Sonderausgaben,

   b) zuzüglich jener für Fremdleistungen (§ 2 Z 6) gezahlten Beträge, die die in die Vorsorge einbezogene Person nach § 11 Abs. 2 nicht als Minderung der Beitragsgrundlage geltend machen kann,

   c) zuzüglich der im Zuge der Einkommensteuerveranlagung als Betriebsausgaben anerkannten Beiträge zur Vorsorge und allfälligen Verzugszinsen (§ 17 Abs. 3),

   d) zuzüglich gewinnmindernd anerkannter Investitions- und sonstiger steuerlicher Freibeträge für Gewinne sowie

   e) vermindert um die auf einen Sanierungsgewinn nach den Vorschriften über die Einkommensteuer entfallenden Beträge, wenn die in die Vorsorge einbezogene Person es beantragt.

Ist ein steuerlicher Freibetrag (lit. d) gewinnerhöhend aufgelöst worden, so sind die darauf entfallenden Beträge, soweit sie schon einmal bei der Ermittlung einer Beitragsgrundlage nach diesem Bundesgesetz berücksichtigt worden sind, bei der Ermittlung der Beitragsgrundlage im Jahr der Auflösung auf Antrag außer Ansatz zu lassen. Ein solcher Antrag bzw. ein Antrag auf Minderung der Beitragsgrundlage um einen Sanierungsgewinn (lit. e) sind mit Vorlage des jeweiligen Einkommensteuerbescheides, spätestens bis zur Rechtskraft der Neuberechnung der Beiträge (Abs. 1), für das betreffende Kalenderjahr zu stellen.

(2) Endet die Vorsorgepflicht wegen des Anfalls einer Leistung nach diesem Bundesgesetz und erhält der ausgeschiedene Notar/die ausgeschiedene Notarin als Kanzleiablöse eine Leib-/Zeitrente, so ist deren Barwert nach versicherungsmathematischen Grundsätzen zu ermitteln und abzüglich der steuerlichen Buchwerte des Betriebsvermögens der nach Abs. 1 Z 2 ermittelten Beitragsgrundlage hinzuzurechnen.

(3) Ist eine Neuberechnung nach Abs. 1 deswegen nicht möglich, weil die in die Vorsorge einbezogene Person die dafür erforderlichen Unterlagen nicht ordnungsgemäß oder nicht rechtzeitig vorgelegt hat, so hat die Versorgungsanstalt für die Neuberechnung der Beiträge die Beitragsgrundlage festzusetzen. § 11 Abs. 4 ist dabei entsprechend anzuwenden. An die Stelle dieser Neuberechnung tritt, wenn die erforderlichen Unterlagen nachträglich vorgelegt werden, die Neuberechnung nach Abs. 1.

(4) Hat die Einbeziehung in die Vorsorge geendet, so hat die ehemalig in die Vorsorge einbezogene Person oder deren Rechtsnachfolger/in die infolge Neuberechnung vorgeschriebenen Beiträge ungeachtet dessen zu entrichten, dass die ehemalig in die Vorsorge einbezogene Person zum Zeitpunkt der Vorschreibung bzw. Fälligkeit dieser Beiträge nicht mehr der Vorsorge nach diesem Bundesgesetz unterliegt.

Wirkung der Neuberechnung der Beiträge; Verzugszinsen

§ 17. (1) Sind auf Grund einer Neuberechnung der Beiträge von der Versorgungsanstalt Beiträge nachträglich vorzuschreiben, so sind diese mit Ablauf des Kalendermonates fällig, in dem die

NVG 2020

Zustellung des Bescheides erfolgt. Hinsichtlich dieser Beiträge gelten die Bestimmungen über die Einzahlung der Beiträge, die Beitragslast und die Beitragsschuld entsprechend. Ergibt die Neuberechnung, dass Beiträge zu Ungebühr entrichtet worden sind, so sind diese dem Einzahler/der Einzahlerin unverzinst zurückzuzahlen.

(2) Die Versorgungsanstalt kann, wenn es der Verwaltungsvereinfachung dient, von der gesonderten nachträglichen Vorschreibung von Beiträgen bzw. von der gesonderten Rückzahlung von zu Ungebühr entrichteten Beiträgen bis zu 15 € absehen und diese Beiträge bei der im nächstfolgenden Kalenderjahr vorzunehmenden Neuberechnung der Beiträge berücksichtigen.

(3) Werden die Beiträge nach Abs. 1 nicht innerhalb der Frist für die Einzahlung der Beiträge (§ 13 zweiter Satz) eingezahlt, so sind unbeschadet des Abs. 5 von diesen rückständigen Beiträgen Verzugszinsen in der Höhe von 14% zu entrichten. Für die Berechnung der Verzugszinsen sind die rückständigen Beiträge auf den vollen Eurobetrag abzurunden. In Berücksichtigung der wirtschaftlichen Verhältnisse des Beitragsschuldners/der Beitragsschuldnerin kann die Versorgungsanstalt die Verzugszinsen herabsetzen oder nachsehen. Die Verzugszinsen können überdies nachgesehen werden, wenn ihre Einhebung mit Kosten verbunden wären, die in keinem angemessenen Verhältnis zur Höhe der Verzugszinsen stehen und wenn die Nachsicht der Verwaltungsvereinfachung dient.

(4) Ist auf Grund einer Neuberechnung der Beiträge der für ein Kalenderjahr zu entrichtende Beitrag um mehr als 15% höher als der Betrag der nach § 10 entrichteten Beiträge, so ist Abs. 3 mit der Maßgabe anzuwenden, dass vom Unterschiedsbetrag in seiner jeweils aushaftenden Höhe, ungeachtet der Fälligkeit, ab dem siebenten Kalendermonat des dem abgerechneten Jahr folgenden Kalenderjahres Verzugszinsen zu entrichten sind.

(5) Die Hauptversammlung kann unter Bedachtnahme auf den jeweils von der Oesterreichischen Nationalbank verlautbarten Basiszinssatz (Art. I § 1 Abs. 1 des 1. Euro-JuBeG) die Verzugszinsen nach Abs. 3 entsprechend ändern; der Prozentsatz darf jedoch 10% nicht unterschreiten und 16% nicht überschreiten. Die Änderung wird, wenn die Hauptversammlung keinen späteren Wirksamkeitsbeginn beschließt, mit dem auf die Verlautbarung der Änderung im Sinne des § 83 Abs. 5 nächstfolgenden Monatsersten wirksam.

Verfahren zur Eintreibung der Beiträge

§ 18. (1) Der Versorgungsanstalt ist zur Eintreibung nicht rechtzeitig entrichteter Beiträge die Einbringung im Verwaltungswege gewährt (§ 3 Abs. 3 VVG). Sie kann diese Beiträge, wenn es der Verwaltungsvereinfachung dient, auch im Wege der für den Beitragsschuldner/die Beitragsschuldnerin örtlich zuständigen Notariatskammer eintreiben, die dabei nach den Vorschriften der NO über die Eintreibung rückständiger Kammerbeiträge vorzugehen hat.

(2) Nimmt die Versorgungsanstalt den Verwaltungsweg in Anspruch, so hat sie zur Eintreibung nicht rechtzeitig entrichteter Beiträge einen Rückstandsausweis auszufertigen. Dieser Ausweis hat den Namen und die Anschrift des Beitragsschuldners/der Beitragsschuldnerin, den rückständigen Betrag, die Art des Rückstandes, den Beitragszeitraum, auf den die rückständigen Beiträge entfallen, allenfalls vorgeschriebene Verzugszinsen und den Vermerk der Versorgungsanstalt zu enthalten, dass der Rückstandsausweis einem die Vollstreckbarkeit hemmenden Rechtszug nicht unterliegt. Der Rückstandsausweis ist Exekutionstitel im Sinne des § 1 EO.

(3) Vor der Ausstellung eines Rückstandsausweises ist der rückständige Betrag einzumahnen. Die Mahnung wird durch Zustellung eines Mahnschreibens (Postauftrages) vollzogen, in dem der Beitragsschuldner/die Beitragsschuldnerin unter Hinweis auf die eingetretene Vollstreckbarkeit aufgefordert wird, den Beitragsrückstand binnen zwei Wochen, von der Zustellung an gerechnet, zu zahlen. Ein Nachweis der Zustellung des Mahnschreibens ist nicht erforderlich; bei Postversand wird die Zustellung des Mahnschreibens am dritten Tag nach der Aufgabe zur Post vermutet.

(4) Für die Behandlung der Beiträge im Insolvenzverfahren sind die Vorschriften der IO maßgebend.

Verwendung der Mittel

§ 19. Die Mittel der Versorgung dürfen nur für die gesetzlich vorgeschriebenen oder zulässigen Zwecke verwendet werden. Zu den zulässigen Zwecken gehören auch die Aufklärung und Information im Rahmen der Zuständigkeit der Versorgungsanstalt.

Informations- und Aufklärungspflicht

§ 20. Die Versorgungsanstalt und die Aufsichtsbehörde haben die in die Vorsorge einbezogenen Personen und Leistungsbezieher/innen über ihre Rechte und Pflichten nach diesem Bundesgesetz zu informieren und aufzuklären.

Unterstützungsfonds

§ 21. (1) Die Versorgungsanstalt kann einen Unterstützungsfonds anlegen. Diesem können überwiesen werden

1. bis zu 5% des im Rechnungsabschluss nachgewiesenen Gebarungsüberschusses oder

2. bis zu 2,5% der Erträge an Beiträgen.

(2) Überweisungen nach Abs. 1 Z 2 dürfen nur so weit erfolgen, dass die Mittel des Unterstützungsfonds am Ende des Geschäftsjahres den Betrag von 4% der Erträge an Beiträgen nicht übersteigen.

(3) Die Mittel des Unterstützungsfonds können in besonders berücksichtigungswürdigen Fällen, insbesondere in Berücksichtigung der Familien-, Einkommens- und Vermögensverhältnisse der zu unterstützenden Person, für fallweise Unterstützungen nach Maßgabe der dafür vom Vorstand im Einvernehmen mit den Rechnungsprüfern/

Rechnungsprüferinnen zu erlassenden Richtlinien verwendet werden.

Abschnitt IV
Befreiung von Abgaben

Befreiung von Abgaben

§ 22. Für die Befreiung von Abgaben gelten die §§ 109 und 110 ASVG entsprechend.

Abschnitt V
Pensionsanpassung

Anpassungsfaktor

§ 23. (1) Mit Wirksamkeit ab 1. Jänner eines jeden Jahres sind die Pensionen, für die der Stichtag vor dem 1. Jänner dieses Jahres liegt, mit dem von der Hauptversammlung (§ 83 Abs. 4 Z 5) festgesetzten (festgestellten) Anpassungsfaktor zu vervielfachen.

(2) Für die Höhe des Anpassungsfaktors sind - unbeschadet des § 83 Abs. 5 - zu gleichen Teilen die Erhöhung der Verbraucherpreise und zwei Drittel des Einkommensindex maßgeblich, die wie folgt zu berechnen sind:

1. Die Erhöhung der Verbraucherpreise ist auf Grund der durchschnittlichen Erhöhung in zwölf Kalendermonaten bis zum Juli des Jahres, das dem Anpassungsjahr vorangeht, zu ermitteln, wobei der Verbraucherpreisindex 2015 oder ein an seine Stelle tretender Index heranzuziehen ist. Dazu ist das arithmetische Mittel für den Berechnungszeitraum von der Statistik Austria veröffentlichten Jahresinflationsraten zu bilden. Die Erhöhung der Verbraucherpreise darf den Wert Null nicht unterschreiten.

2. Der Einkommensindex ist die durchschnittliche prozentuelle Veränderung der Erträge aus den Beiträgen der letzten drei abgeschlossenen Geschäftsjahre gegenüber den jeweiligen Vorjahren. Sind die Beitragssätze unterschiedlich, so ist diese Berechnung für alle Jahre mit dem höchsten Beitragssatz durchzuführen. Der Einkommensindex darf den Wert Null nicht unterschreiten.

(3) Der Anpassung nach Abs. 1 ist die Pension zugrunde zu legen, auf die nach den am 31. Dezember des vorangegangenen Jahres in Geltung gestandenen Vorschriften Anspruch bestand, mit Ausnahme der Zuschüsse und vor Anwendung von Ruhensbestimmungen. Sie erfasst im gleichen Ausmaß alle Pensionsbestandteile.

(4) Zu der nach den Abs. 1 bis 3 gebührenden Pension treten die im Sinne der Abs. 1 und 2 angepassten Zuschüsse nach den dafür geltenden Vorschriften.

(5) Bei der Anwendung des § 62 Abs. 4 tritt an die Stelle der Pension, auf die die in die Vorsorge einbezogene Person bei ihrem Tod Anspruch gehabt hat oder gehabt hätte, die mit dem jeweiligen Anpassungsfaktor vervielfachte Pension. Die Vervielfachung ist ab 1. Jänner eines jeden Jahres in der Weise vorzunehmen, dass ihr der für das vorangegangene Jahr ermittelte Betrag zugrunde zu legen ist.

(6) Mit dem vollen Anpassungsfaktor werden die Pensionen nur bis zu der im vorangegangenen Jahr in Geltung gestandenen Höhe des Mindestbetrages der Berufsunfähigkeitspension (§ 52 Abs. 6 und 7) vervielfacht (Anpassung der 1. Stufe).

(7) Übersteigende Pensionsteile werden so angepasst, dass sie, verglichen mit der Anpassung der 1. Stufe,

1. bis zur doppelten Höhe des Mindestbetrages nur eine Erhöhung von 70% (Anpassung der 2. Stufe),

2. von der doppelten bis zur dreifachen Höhe des Mindestbetrages nur eine Erhöhung von 40% (Anpassung der 3. Stufe) und

3. über der dreifachen Höhe des Mindestbetrages nur eine Erhöhung von 10% (Anpassung der 4. Stufe) erfahren.

(8) Die zur Anpassung verwendeten Faktoren sind jeweils auf drei Dezimalen zu runden.

Wertausgleich

§ 24. (1) Erreicht eine Pension in der Höhe des jeweiligen Mindestbetrages nach den §§ 52 Abs. 6 und 7, 62 Abs. 5 und 65 auf Grund der Anpassung mit dem Anpassungsfaktor nicht die fiktive Erhöhung der Pension nach den Verbraucherpreisen nach Abs. 2, so gebühren zur Wertsicherung dieser Pensionen Einmalzahlungen in der Höhe der Differenz zwischen der mit dem Anpassungsfaktor angepassten Pension und der entsprechend der Verbraucherpreise nach Abs. 2 erhöhten Pension. Die Einmalzahlungen sind nicht Pensionsbestandteil; sie sind zu Pensionen bzw. zu den Sonderzahlungen auszuzahlen.

(2) Die Erhöhung der Verbraucherpreise ist auf Grund der durchschnittlichen Erhöhung in zwölf Kalendermonaten bis zum Juli des Jahres, das dem Anpassungsjahr vorangeht, zu ermitteln, wobei der von der Statistik Austria veröffentlichte Verbraucherpreisindex 2015 oder ein an seine Stelle tretender Index heranzuziehen ist. Der so errechnete Wert ist auf Cent zu runden.

Anpassung fester Beträge

§ 25. Zur Vervielfachung mit dem Anpassungsfaktor ist der am 31. Dezember des vorangegangenen Jahres geltende feste Betrag heranzuziehen; wird jedoch der feste Betrag mit 1. Jänner eines Jahres in Geltung gesetzt, so ist dieser Betrag zur Vervielfachung heranzuziehen. Der vervielfachte Betrag ist auf Cent zu runden.

ZWEITER TEIL
LEISTUNGEN

Abschnitt I
Allgemeine Bestimmungen über Leistungsansprüche

Entstehen der Leistungsansprüche

§ 26. Die Ansprüche auf die Leistungen ent-

NVG 2020

stehen in dem Zeitpunkt, in dem die in diesem Bundesgesetz dafür vorgesehenen Voraussetzungen erfüllt werden.

Anfall der Leistungen

§ 27. (1) Eine Pension, mit Ausnahme einer Hinterbliebenenpension nach einem Pensionsempfänger/einer Pensionsempfängerin, fällt, wenn der Antrag binnen zwölf Monaten nach Eintritt des Versorgungsfalles gestellt wird, mit dem Eintritt des Versorgungsfalles an, wenn dieser auf einen Monatsersten fällt, sonst mit dem seinem Eintritt folgenden Monatsersten. Ist jedoch im Zeitpunkt des Eintrittes des Versorgungsfalles des Alters oder der dauernden Berufsunfähigkeit das Amt der in die Vorsorge einbezogene Person noch nicht erloschen oder die in die Vorsorge einbezogene Person aus dem Verzeichnis der Notariatskandidat/inn/en noch nicht gestrichen, so fällt die Pension, wenn sie binnen zwölf Monaten nach dem Zeitpunkt des Erlöschens des Amtes oder der Streichung aus dem Verzeichnis der Notariatskandidat/inn/en beantragt wird, erst mit dem Zeitpunkt des Erlöschens oder der Streichung an, wenn dieser auf einen Monatsersten fällt, sonst mit dem diesem Zeitpunkt folgenden Monatsersten. Hinterbliebenenpensionen nach einem Pensionsempfänger/einer Pensionsempfängerin fallen mit dem dem Eintritt des Versorgungsfalles folgenden Monatsersten an, wenn der Antrag binnen zwölf Monaten nach Eintritt des Versorgungsfalles gestellt wird. Die Antragsfrist verlängert sich bei Waisenpensionsberechtigten um die Dauer eines Verfahrens zur Feststellung der Vaterschaft und beginnt bei Waisenpensionsberechtigten, die erst nach Eintritt des Versorgungsfalles geboren werden, mit dem Tag der Geburt. Bei nachträglicher amtlicher Feststellung des Todestages beginnt die Antragsfrist erst mit dem Zeitpunkt dieser Feststellung.

(2) Wird der Antrag auf eine Pension, mit Ausnahme einer Leistung aus dem Versorgungsfall des Alters, erst nach Ablauf der im Abs. 1 bezeichneten Fristen gestellt, so fällt sie erst mit dem Tag der Antragstellung an, wenn dieser auf einen Monatsersten fällt, sonst mit dem der Antragstellung folgenden Monatsersten. Wird eine Leistung aus dem Versorgungsfall des Alters nicht innerhalb von sechs Monaten nach Erlöschen des Amtes als Notar oder Notarin oder nach Streichung aus dem Verzeichnis der Notariatskandidat/inn/en beantragt, so fällt sie erst mit dem Tag der Antragstellung oder dem von der antragstellenden Person gewünschten, nicht länger als sechs Monate zurückliegenden Tag an, wenn dieser auf einen Monatsersten fällt, sonst mit dem diesem Tag folgenden Monatsersten.

(3) Ein Berufsunfähigkeitsgeld fällt mit dem auf den Eintritt des Versorgungsfalles drittfolgenden Monatsersten an, wenn der Antrag innerhalb dieser Frist gestellt wird. Wird der Antrag erst nach Ablauf dieser Frist gestellt, so fällt das Berufsunfähigkeitsgeld erst mit dem auf die Antragstellung folgenden Monatsersten an.

(4) Ein Zuschuss fällt, wenn er binnen zwölf Monaten nach dem Entstehen des Anspruches beantragt wird, mit dem Entstehen des Anspruches (§ 26) an, wenn er an einem Monatsersten entsteht, sonst mit dem dem Entstehen folgenden Monatsersten. Abs. 2 gilt entsprechend.

(5) Der Anspruch auf eine einmalige Leistung ist bei sonstigem Verlust binnen zwölf Monaten nach Eintritt des Versorgungsfalles geltend zu machen; wird der Antrag innerhalb dieser Frist gestellt, so fällt die einmalige Leistung mit dem Eintritt des Versorgungsfalles an. Die Antragsfrist für den Anspruch auf Abfindung (§ 66) verlängert sich, wenn ein Hinterbliebener/eine Hinterbliebene innerhalb von zwölf Monaten nach Eintritt des Versorgungsfalles des Todes einen Antrag auf Hinterbliebenenpension stellt, der in der Folge rechtskräftig abgewiesen wird, um die Dauer dieses Verfahrens.

Verschollenheit

§ 28. (1) Die Verschollenheit ist bei der Anwendung der Bestimmungen dieses Bundesgesetzes dem Tod gleichzuhalten. Als verschollen gilt, wessen Aufenthalt länger als ein Jahr unbekannt ist, ohne dass Nachrichten darüber vorliegen, ob er/sie in dieser Zeit noch gelebt hat oder gestorben ist, wenn nach den Umständen dadurch ernstliche Zweifel an seinem/ihrem Fortleben begründet werden. Als verschollen gilt nicht, wessen Tod nach den Umständen nicht zweifelhaft ist. Eine in die Vorsorge einbezogene Person gilt überdies bei der Anwendung der Bestimmungen dieses Bundesgesetzes erst dann als verschollen, wenn ihr Amt nicht mehr auf ihre Rechnung substituiert wird oder wenn sie aus dem Verzeichnis der Notariatskandidat/inn/en gestrichen wurde.

(2) Als Todestag ist der Tag anzunehmen, den die verschollene Person nach den Umständen wahrscheinlich nicht überlebt hat, spätestens der erste Tag nach Ablauf des Jahres, während dessen keine Nachrichten im Sinne des Abs. 1 mehr eingelangt sind.

(3) Wurde in einem gerichtlichen Todeserklärungsverfahren als Zeitpunkt des Todes ein früherer Zeitpunkt als der nach Abs. 2 anzunehmende Zeitpunkt festgestellt, so gilt der im gerichtlichen Verfahren festgestellte Zeitpunkt als Todestag.

Ruhen der Leistungsansprüche bei Haft

§ 29. (1) Die Leistungsansprüche, ausgenommen der Bestattungskostenbeitrag (§ 67), ruhen, so lange die anspruchsberechtigte Person oder - im Fall eines Anspruches auf Kinderzuschuss - ihr Kind (§ 64 Abs. 2) eine Freiheitsstrafe verbüßt oder in den Fällen der §§ 21 Abs. 2, 22 und 23 StGB in einer der dort genannten Anstalten angehalten wird.

(2) Das Ruhen von Leistungsansprüchen nach Abs. 1 tritt nicht ein, wenn die Freiheitsstrafe oder die Anhaltung nicht länger als einen Monat währt.

(3) Das Ruhen von Leistungsansprüchen nach Abs. 1 tritt ferner nicht ein, wenn die Freiheitsstrafe durch Anhaltung im elektronisch überwachten Hausarrest nach dem Fünften Abschnitt des StVG vollzogen wird.

(4) Hat eine ehemalig in die Vorsorge einbezogene Person, deren Anspruch nach Abs. 1 ruht, im Inland einen Ehegatten/eine Ehegattin oder einen eingetragenen Partner/eine eingetragene Partnerin oder Kinder, so gebührt diesen im Inland sich aufhaltenden Angehörigen, die im Fall des Todes dieser Person Anspruch auf Hinterbliebenenpension hätten, eine Leistung in der Höhe der halben ruhenden Leistung mit Ausnahme allfälliger Zuschüsse. Zu dieser Leistung gebühren allfällige Kinderzuschüsse in jener Höhe, wie sie zu der ruhenden Leistung gebühren. Der Anspruch steht dem Ehegatten/der Ehegattin oder dem/der eingetragenen Partner/in vor den Kindern zu.

(5) Leistungen nach Abs. 4 gebühren Angehörigen nicht, deren Beteiligung an der strafbaren Handlung, die die Freiheitsstrafe oder die Anhaltung (Abs. 1) verursacht hat, durch rechtskräftiges Erkenntnis des Strafgerichtes oder durch rechtskräftigen Bescheid einer Verwaltungsbehörde festgestellt ist. Das Erfordernis einer rechtskräftigen Entscheidung entfällt, wenn eine solche wegen des Todes, der Abwesenheit oder eines anderen in der betreffenden Person liegenden Grundes nicht getroffen werden kann.

Änderung laufender Leistungen

§ 30. (1) Eine laufende Leistung ist, wenn sie nicht zu entziehen ist oder der Anspruch auf sie nicht erlischt, ab dem Zeitpunkt zu ändern, ab dem die Voraussetzungen für die Änderung erfüllt sind.

(2) Abs. 1 gilt entsprechend auch für die Weitergewährung einer Waisenpension oder eines Kinderzuschusses.

Übertragung und Verpfändung von Leistungsansprüchen

§ 31. (1) Die Ansprüche auf Leistungen können unbeschadet des Abs. 3 rechtswirksam nur in folgenden Fällen übertragen oder verpfändet werden:
1. zur Deckung von Vorschüssen, die der anspruchsberechtigten Person von Sozialversicherungsträgern, vom Dienstgeber/von der Dienstgeberin oder von einem Träger der Sozialhilfe auf Rechnung der Versorgungsleistung nach deren Anfall, jedoch vor deren Flüssigmachung gewährt wurden;
2. zur Deckung von gesetzlichen Unterhaltsansprüchen gegen die anspruchsberechtigten Personen mit der Maßgabe, dass § 291b EO sinngemäß anzuwenden ist.

(2) Die anspruchsberechtigte Person kann mit Zustimmung der Versorgungsanstalt seine/ihre Ansprüche auf Leistung auch in anderen als den im Abs. 1 angeführten Fällen ganz oder teilweise rechtswirksam übertragen; die Versorgungsanstalt darf die Zustimmung nur dann erteilen, wenn die Übertragung im Interesse der anspruchsberechtigten Person oder ihrer nahen Angehörigen im Sinne des § 25 BAO gelegen ist.

(3) Die Anwartschaften nach diesem Bundesgesetz können weder übertragen noch verpfändet werden. Der Bestattungskostenbeitrag kann nur in den im Abs. 1 Z 1 angeführten Fällen übertragen oder verpfändet werden.

Pfändung von Leistungsansprüchen

§ 32. Die EO regelt, inwieweit Leistungsansprüche nach diesem Bundesgesetz pfändbar sind.

Entziehung von Leistungsansprüchen

§ 33. (1) Sind die Voraussetzungen für einen Anspruch auf eine laufende Leistung nicht mehr vorhanden, so ist sie zu entziehen, wenn nicht der Anspruch nach § 34 ohne weiteres Verfahren erlischt.

(2) Eine laufende Leistung kann ferner auf Zeit ganz oder teilweise entzogen werden, wenn sich die anspruchsberechtigte Person nach Hinweis auf diese Folge einer Nachuntersuchung oder Beobachtung entzieht.

(3) Die Entziehung wird, wenn der Entziehungsgrund in der Wiederherstellung oder Besserung des körperlichen oder geistigen Zustandes der anspruchsberechtigten Person gelegen ist, mit dem Ablauf des Kalendermonates wirksam, der auf die Zustellung des Bescheides folgt, in allen anderen Fällen mit dem Ende des Kalendermonates, in dem der Entziehungsgrund eingetreten ist.

Erlöschen einer laufenden Leistung

§ 34. Der Anspruch auf eine laufende Leistung erlischt ohne weiteres Verfahren mit dem Ablauf der Höchstdauer des Anspruches auf Berufsunfähigkeitsgeld, mit dem Tod der anspruchsberechtigten Person, mit der Verheiratung oder mit der Begründung einer eingetragenen Partnerschaft der pensionsberechtigten Witwe oder hinterbliebenen eingetragenen Partnerin, des pensionsberechtigten Witwers oder hinterbliebenen eingetragenen Partners bzw. des/der früheren Ehegatten/Ehegattin oder des/der früheren eingetragenen Partners/Partnerin, mit dem Wegfall der Voraussetzungen für die Annahme der Verschollenheit, mit dem Ende der Kindeseigenschaft nach § 64 Abs. 2 der anspruchsberechtigten Person auf Waisenpension bzw. des Kindes, für das ein Kinderzuschuss gewährt wird. Die laufende Leistung gebührt noch für den Kalendermonat, in dem der Grund für das Erlöschen eingetreten ist.

Rückwirkende Herstellung des gesetzlichen Zustandes

§ 35. Ergibt sich nachträglich, dass eine Leistung infolge eines wesentlichen Irrtums über die tatsächlichen Verhältnisse oder eines offenkundigen Versehens zuerkannt oder bemessen wurde, so ist die Zuerkennung zu widerrufen oder die Bemessung richtigzustellen. Der Empfänger/Die Empfängerin hat nur dann das unberechtigt Empfangene zu ersetzen, wenn er/sie den Bezug durch bewusst unwahre Angaben oder durch bewusste Verschweigung maßgebender Tatsachen herbeigeführt hat.

Aufrechnung

§ 36. (1) Die Versorgungsanstalt darf auf die von ihr zu erbringenden Leistungen aufrechnen:

1. von der anspruchsberechtigten Person der Versorgungsanstalt oder einem Versicherungsträger nach den Sozialversicherungsgesetzen geschuldete fällige Beiträge (einschließlich Verzugszinsen, sonstiger Nebengebühren, Gerichts- und Justizverwaltungsgebühren), soweit das Recht auf Einforderung nicht verjährt ist;

2. von der Versorgungsanstalt zu Unrecht erbrachte, von der anspruchsberechtigten Person zurückzuerstattende Leistungen, soweit das Recht auf Rückforderung nicht verjährt ist;

3. von der Versorgungsanstalt gewährte Vorschüsse.

(2) Die Aufrechnung nach Abs. 1 Z 1 und 2 ist nur bis zur Hälfte der zu erbringenden Leistungen zulässig.

(3) Ist im Zeitpunkt des Todes der anspruchsberechtigten Person eine fällige Leistung noch nicht ausgezahlt, so ist die Aufrechnung nach Abs. 1 Z 1 und 2 ohne Begrenzung bis zur vollen Höhe der noch nicht ausgezahlten Leistung zulässig.

Auszahlung der Leistungen

§ 37. (1) Laufende Leistungen sind monatlich im Vorhinein auszuzahlen. Die Versorgungsanstalt kann die Auszahlung auf einen anderen Tag als den Monatsersten verlegen.

(2) Einmalige Leistungen sind binnen zwei Wochen nach der Feststellung der Anspruchsberechtigung auszuzahlen.

(3) Laufende Leistungen sind bargeldlos zu erbringen, wenn und solange die anspruchsberechtigte Person nicht ausdrücklich Barzahlung verlangt. Gebühren für ihre Zustellung sind von der Versorgungsanstalt zu tragen.

(4) Die Leistungen sind auf Cent aufgerundet zuzuerkennen.

(5) Auf Verlangen der Versorgungsanstalt haben die Anspruchsberechtigten Lebens- oder Witwen(Witwer)schaftsbestätigungen oder Partnerschaftsurkunden beizubringen. Solange diese Bestätigungen nicht beigebracht sind, können Leistungen zurückgehalten werden.

(6) Bei Verstößen gegen die Melde- und Auskunftspflicht (§ 9) ist die Versorgungsanstalt berechtigt, Leistungen so lange zurückzuhalten, bis die anspruchsberechtigte Person ihrer Melde- und Auskunftspflicht nachgekommen ist.

Pensionssonderzahlungen

§ 38. Zu Pensionen, die in den Monaten Mai bzw. Oktober bezogen werden, gebührt je eine Sonderzahlung in der Höhe der für den Monat Mai bzw. Oktober ausgezahlten Pension einschließlich allfälliger Zuschüsse.

Zahlungsempfänger/in

§ 39. (1) Die Leistungen werden an die anspruchsberechtigte Person, wenn diese aber geschäftsunfähig oder eine beschränkt geschäftsfähige unmündige Person ist, an ihren gesetzlichen Vertreter/ihre gesetzliche Vertreterin ausgezahlt.

(2) Wird wahrgenommen, dass Waisenpensionen oder Kinderzuschüsse vom/von der Zahlungsempfänger/in nicht zugunsten des Kindes verwendet werden, so kann die Versorgungsanstalt mit Zustimmung des Pflegschaftsgerichtes eine/n andere/n Zahlungsempfänger/in bestellen.

Rückforderung zu Unrecht erbrachter Leistungen

§ 40. (1) Zu Unrecht erbrachte Leistungen sind von der Versorgungsanstalt zurückzufordern, wenn der Zahlungsempfänger/die Zahlungsempfängerin (§ 39) den Bezug durch bewusst unwahre Angaben, bewusste Verschweigung maßgebender Tatsachen oder Verletzung der Melde-, Auskunfts- oder Vorlagepflichten herbeigeführt hat oder wenn der Zahlungsempfänger/die Zahlungsempfängerin (§ 39) erkennen musste, dass die Leistung nicht oder nicht in dieser Höhe gebührte.

(2) Das Recht auf Rückforderung nach Abs. 1 verjährt binnen zwei Jahren nach dem Zeitpunkt, in dem der Versorgungsanstalt bekannt geworden ist, dass die Leistung zu Unrecht erbracht worden ist.

(3) Die Versorgungsanstalt kann bei Vorliegen berücksichtigungswürdiger Umstände, insbesondere in Berücksichtigung der Familien-, Einkommens- und Vermögensverhältnisse des Empfängers/der Empfängerin

1. auf die Rückforderung nach Abs. 1 verzichten;

2. die Erstattung des zu Unrecht gezahlten Betrages in Teilbeträgen zulassen.

(4) Zur Eintreibung der Forderung der Versorgungsanstalt auf Grund der Rückforderungsbescheide ist ihr die Einbringung im Verwaltungsweg gewährt.

Bezugsberechtigung im Fall des Todes der anspruchsberechtigten Person

§ 41. (1) Ist im Zeitpunkt des Todes der anspruchsberechtigten Person eine fällige Leistung noch nicht ausgezahlt, so sind, wenn in diesem Bundesgesetz nichts anderes bestimmt wird, nacheinander der Ehegatte/die Ehegattin oder der/die eingetragene Partner/in, die leiblichen Kinder, die Wahlkinder, die Stiefkinder, die Eltern, die Geschwister bezugsberechtigt, alle diese Personen jedoch nur, wenn sie gegenüber der anspruchsberechtigten Person zur Zeit ihres Todes unterhaltsberechtigt oder unterhaltspflichtig waren oder mit ihr zur Zeit ihres Todes in häuslicher Gemeinschaft gelebt haben. Steht der Anspruch mehreren Kindern oder Geschwistern der verstorbenen Person zu, so sind sie zu gleichen Teilen bezugsberechtigt.

(2) Sind keine Personen, die nach Abs. 1 bezugsberechtigt sind, vorhanden, so fällt die noch nicht ausgezahlte Leistung in den Nachlass.

Versorgungsleistungen

§ 42. Als Versorgungsleistungen sind zu gewähren:

1. aus dem Versorgungsfall des Alters
   a) die Alterspension;
   b) die vorzeitige Alterspension;
2. aus dem Versorgungsfall der dauernden Berufsunfähigkeit die Berufsunfähigkeitspension;
3. aus dem Versorgungsfall der vorübergehenden Berufsunfähigkeit das Berufsunfähigkeitsgeld;
4. aus dem Versorgungsfall des Todes
   a) die Hinterbliebenenpensionen,
   b) die Abfindung,
   c) der Bestattungskostenbeitrag.

Eintritt des Versorgungsfalles; Stichtag

§ 43. (1) Der Versorgungsfall gilt als eingetreten:

1. bei einer Leistung aus dem Versorgungsfall des Alters mit der Erreichung des Anfallsalters;
2. bei einer Leistung aus dem Versorgungsfall
   a) der dauernden Berufsunfähigkeit oder
   b) der vorübergehenden Berufsunfähigkeit

   mit deren Eintritt, wenn aber dieser Zeitpunkt nicht feststellbar ist, mit der Antragstellung;
3. bei einer Leistung aus dem Versorgungsfall des Todes mit dem Tod.

(2) Stichtag für die Feststellung, ob und in welchem Ausmaß eine Leistung gebührt, ist der Eintritt des Versorgungsfalles, wenn er auf einen Monatsersten fällt, sonst der dem Eintritt des Versorgungsfalles folgende Monatserste. Ist jedoch im Zeitpunkt des Eintrittes des Versorgungsfalles des Alters oder der dauernden Berufsunfähigkeit das Amt der in die Vorsorge einbezogenen Personen noch nicht erloschen oder die in die Vorsorge einbezogene Person aus dem Verzeichnis der Notariatskandidat/inn/en noch nicht gestrichen, so ist der Stichtag für die Feststellung, ob und in welchem Ausmaß eine Pension gebührt, der Zeitpunkt des Erlöschens oder der Streichung, wenn dieser auf einen Monatsersten fällt, sonst der diesem Zeitpunkt folgende Monatserste.

(3) Wird nach Vollendung des 65. Lebensjahres der Antrag auf eine Leistung aus dem Versorgungsfall des Alters nicht innerhalb von sechs Monaten nach Erlöschen des Amtes als Notar/Notarin oder nach Streichung aus dem Verzeichnis der Notariatskandidat/inn/en gestellt, so ist Stichtag für die Feststellung, ob und in welchem Ausmaß eine Leistung gebührt, der dem Tag der Antragstellung folgende oder der von der antragstellenden Person gewünschte, nicht länger als sechs Monate zurückliegende Tag, wenn dieser auf einen Monatsersten fällt, sonst der diesem Tag folgende Monatserste.

Versorgungszeiten nach dem 31. Dezember 1971

§ 44. (1) Versorgungszeiten aus der Zeit nach dem 31. Dezember 1971 sind:

1. Zeiten, für die Beiträge nach § 10 oder nach § 9 NVG entrichtet werden oder wurden;
2. Zeiten, für die Beiträge nach Abs. 2 oder nach § 42 Abs. 2 NVG nachentrichtet werden oder wurden;
3. Zeiten, für die ein Anrechnungsbetrag nach § 70 oder nach § 64 NVG oder nach § 13 BBG oder ein Überweisungsbetrag nach § 49h Abs. 3 BezG oder ein Überweisungsbetrag nach § 308 ASVG in Verbindung mit § 70 oder § 64 NVG geleistet werden oder wurden;
4. Zeiten, in denen eine in die Vorsorge einbezogene Person auf Grund des WG Präsenz- oder Ausbildungsdienst bzw. auf Grund des ZDG ordentlichen oder außerordentlichen Zivildienst geleistet hat, wenn diese Zeiten sich nicht schon im Bestand oder Ausmaß eines Leistungsanspruches in einer Pensionsversicherung nach dem ASVG, dem GSVG oder dem BSVG ausgewirkt haben;
5. Zeiten der Kindererziehung nach § 8 Abs. 1 Z 2 lit. g ASVG.

(2) Beiträge können von der in die Vorsorge einbezogenen Person nachentrichtet werden:

1. für Zeiten der Unterbrechung der Einbeziehung in die Vorsorge, höchstens bis zu sechs Jahren, jedoch nicht für Zeiten
   a) einer als Disziplinarstrafe verhängten Suspension vom Amt,
   b) des Bezuges einer Pension,
   c) für die ein Überweisungsbetrag nach § 70 zu leisten ist;
2. für Zeiten eines einen Kalendermonat übersteigenden Urlaubes gegen Einstellung der Bezüge eines Notariatskandidaten/einer Notariatskandidatin nach § 10 Abs. 6;
3. für nicht schon unter die Z 1 und 2 fallende Zeiten, die nach der NO als juristische Praxis für die Erlangung einer Notarstelle gelten, bis zum Höchstausmaß von vier Jahren, wenn sich diese Zeiten nicht schon im Bestand oder Ausmaß eines Leistungsanspruches in einer Pensionsversicherung nach dem ASVG, dem GSVG oder dem BSVG ausgewirkt haben oder nach Abs.1 Z 1, 3 und 4 Versorgungszeiten sind.

(3) Die Nachentrichtung der Beiträge ist binnen sechs Monaten nach dem Wiederbeginn der Einbeziehung in die Vorsorge bzw. nach dem Ende des Urlaubes gegen Einstellung der Bezüge bzw. dem erstmaligen Eintritt der Einbeziehung in die Vorsorge zu beantragen. Die Höhe der Beiträge richtet sich nach der durchschnittlichen Beitragsgrundlage während der ersten zwölf Kalendermonate nach dem Wiederbeginn (Beginn) der Einbeziehung in die Vorsorge. Die Nachentrichtung kann auch nach Eintritt des Versorgungsfalles beantragt werden,

NVG 2020

wenn dieser während des Laufes der Frist für die Antragstellung eingetreten ist; ist innerhalb der Frist der Versorgungsfall des Todes eingetreten, so sind die Hinterbliebenen bis zum Ablauf von sechs Monaten nach dem Tod der in die Vorsorge einbezogenen Person zur Antragstellung und Nachentrichtung der Beiträge berechtigt. Die Antragsfrist verlängert sich um Zeiträume, innerhalb deren die antragstellende Person nachweislich ohne eigenes Verschulden verhindert war, den Antrag zu stellen.

Versorgungszeiten vor dem 1. Jänner 1972

§ 45. Versorgungszeiten aus der Zeit vor dem 1. Jänner 1972 sind:

1. Zeiten, die nach den am 31. Dezember 1971 in Geltung gestandenen Vorschriften als Beitragszeiten in der Notarversicherung gegolten haben;

2. Zeiten, in denen eine in die Vorsorge einbezogene Person auf Grund des WG ordentlichen oder außerordentlichen Präsenzdienst geleistet hat, soweit diese Zeiten nach § 6 NO angerechnet werden und wenn sie sich nicht schon im Bestand oder Ausmaß eines Leistungsanspruches in einer Pensionsversicherung nach dem ASVG, dem GSVG oder dem BSVG ausgewirkt haben.

Versorgungsmonat

§ 46. Versorgungsmonat ist jeder Kalendermonat einer Versorgungszeit im Sinne der §§ 44 und 45.

Anrechenbarkeit der Versorgungsmonate

§ 47. (1) Versorgungsmonate sind anrechenbar, wenn sie in den Anrechnungszeitraum fallen. Darunter ist der längste unmittelbar vor dem Stichtag (§ 43 Abs. 2) gelegene Zeitraum zu verstehen, der mindestens zu drei Vierteln durch Versorgungsmonate gedeckt ist.

(2) Bei der Ermittlung des Anrechnungszeitraumes bleiben folgende Zeiten, wenn sie nicht als Versorgungszeiten gelten, außer Betracht:

1. Zeiten, in denen eine in die Vorsorge einbezogene Person auf Grund des WG Präsenzoder Ausbildungsdienst bzw. auf Grund des ZDG ordentlichen oder außerordentlichen Zivildienst geleistet hat;

2. Zeiten, in denen ein Notariatskandidat/eine Notariatskandidatin wegen Stellenlosigkeit vorübergehend nicht im Verzeichnis der Notariatskandidat/inn/en eingetragen war;

3. Zeiten, in denen die in die Vorsorge einbezogene Person Anspruch auf Berufsunfähigkeitsgeld hatte;

4. die letzten vor dem Eintritt des Versorgungsfalles gelegenen Zeiten, wenn sie nicht nach den Z 1 bis 3 außer Betracht bleiben, bis zur Höchstdauer von 18 Monaten.

(3) Zeiten der im Abs. 2 Z 2 bezeichneten Art bleiben nur bis zum Höchstausmaß von 90 Tagen in einem Kalenderjahr, insgesamt von höchstens 180 Tagen, bei der Ermittlung des Anrechnungszeitraumes außer Betracht.

Allgemeine Voraussetzung für die Leistungsansprüche; Wartezeit

§ 48. (1) Der Anspruch auf eine Pension, auf das Berufsunfähigkeitsgeld und auf den Bestattungskostenbeitrag ist, abgesehen von den im Abschnitt II des Zweiten Teiles festgesetzten besonderen Voraussetzungen, an die allgemeine Voraussetzung geknüpft, dass die Wartezeit erfüllt ist.

(2) Die Wartezeit ist erfüllt, wenn am Stichtag (§ 43 Abs. 2) anrechenbar sind:

1. für einen Anspruch auf ein Berufsunfähigkeitsgeld mindestens zwölf Versorgungsmonate,

2. für einen Anspruch auf eine Pension und auf einen Bestattungskostenbeitrag mindestens 60 Versorgungsmonate im Sinne des § 44 Abs. 1 Z 1 bis 3.

(3) Für den Anspruch auf eine Hinterbliebenenpension und den Bestattungskostenbeitrag ist die allgemeine Voraussetzung auch dann erfüllt, wenn die ehemalig in die Vorsorge einbezogene Person bis zu ihrem Tod Anspruch auf eine Pension hatte.

(4) Die allgemeine Voraussetzung entfällt für eine Leistung aus dem Versorgungsfall der dauernden Berufsunfähigkeit, der vorübergehenden Berufsunfähigkeit bzw. des Todes, wenn der Versorgungsfall die Folge eines Dienstunfalles ist.

Feststellung von Versorgungszeiten

§ 49. Die in die Vorsorge einbezogene Person ist berechtigt, frühestens zwei Jahre vor Vollendung des für eine Leistung aus dem Versorgungsfall des Alters maßgebenden Lebensalters bei der Versorgungsanstalt einen Antrag auf Feststellung der anrechenbaren Versorgungszeiten zu stellen. Für die Antragstellung und bei der Beurteilung der Anrechenbarkeit ist § 43 Abs. 2 entsprechend anzuwenden.

Rückwirkende Herstellung des gesetzlichen Zustandes bei der Feststellung von Versorgungszeiten

§ 50. Ergibt sich nachträglich, dass die Feststellung von Versorgungszeiten nach § 49 bescheidmäßig infolge eines wesentlichen Irrtums über die tatsächlichen Verhältnisse oder eines offenkundigen Versehens unrichtig war, so ist mit Wirkung vom Tag der Auswirkung des Irrtums oder Versehens der gesetzliche Zustand herzustellen.

Abschnitt II
Bestimmungen über die einzelnen Leistungen

Berufsunfähigkeitspension

§ 51. (1) Anspruch auf Berufsunfähigkeitspension hat die in die Vorsorge einbezogene Person bei dauernder Berufsunfähigkeit.

(2) Besteht ein Anspruch auf eine Leistung aus dem Versorgungsfall des Alters, so kann ein

Anspruch auf Berufsunfähigkeitspension nicht mehr entstehen.

Berufsunfähigkeitspension; Ausmaß

§ 52. (1) Die Berufsunfähigkeitspension besteht
1. aus dem Grundbetrag von 1 028,74 € monatlich;
2. aus dem Steigerungsbetrag für jeden anrechenbaren Versorgungsmonat von 3,11 € monatlich;
3. aus der Zusatzpension.

Bei der Bemessung des Steigerungsbetrages sind, unbeschadet einer Erhöhung des Steigerungsbetrages nach Abs. 3, höchstens 540 Versorgungsmonate heranziehen.

(2) Für die Bemessung der Zusatzpension gilt:
1. Als Zusatzpension gebühren monatlich 16,00% der durchschnittlichen monatlichen Beitragsgrundlage aus den Beitragsmonaten während der letzten 30 Kalenderjahre vor dem Stichtag (Durchrechnungszeitraum). Ist der Durchrechnungszeitraum nicht zur Gänze mit Beitragsmonaten ausgefüllt, so ist für die Ermittlung der Zusatzpension die durchschnittliche monatliche Beitragsgrundlage aus den im Durchrechnungszeitraum erworbenen Beitragsmonaten zu bilden. Fallen in den Durchrechnungszeitraum Zeiten, für die ein Überweisungsbetrag nach § 70 oder ein Anrechnungsbetrag nach § 13 BBG oder ein Überweisungsbetrag nach § 49h Abs. 3 BezG oder ein Überweisungsbetrag nach § 308 ASVG geleistet worden ist, so sind für diese Zeiträume die von den diese Beträge überweisenden Träger gemeldeten Beitragsgrundlagen bei der Bemessung der Zusatzpension zu berücksichtigen.
2. Die Zusatzpension gebührt ohne Kürzung bis zum Eineinhalbfachen der Summe aus Grund- und Steigerungsbetrag. Als Steigerungsbetrag ist der für das Höchstausmaß an Versorgungsmonaten nach Abs. 1 ermittelte Betrag, jedoch ohne Berücksichtigung einer Erhöhung nach Abs. 3, heranzuziehen. Von dem diese Summe übersteigenden Teil der Zusatzpension bis zum Zweifachen der Summe aus Grundbetrag und Steigerungsbetrag gebühren monatlich 55 %, über dem Zweifachen bis zum Zweieinhalbfachen der Summe aus Grundbetrag und Steigerungsbetrag monatlich 45 % und über dem Zweieinhalbfachen der Summe aus Grundbetrag und Steigerungsbetrag monatlich 30 % der Zusatzpension zusätzlich.

(3) Hat eine in die Vorsorge einbezogene Person einen Dienstunfall erlitten, dessen Folgen im Zeitpunkt des Eintrittes des Versorgungsfalles eine Gesundheitsschädigung um mindestens 25% bewirken, so ist der Steigerungsbetrag nach Abs. 1 Z 2 zu erhöhen, und zwar bei einer Gesundheitsschädigung von

mindestens 25% um einen 90 Versorgungsmonaten entsprechenden Steigerungsbetrag

mindestens 50% um einen 180 Versorgungsmonaten entsprechenden Steigerungsbetrag

mindestens 75% um einen 270 Versorgungsmonaten entsprechenden Steigerungsbetrag.

(4) Die Erhöhung nach Abs. 3 darf die doppelte Zahl der Kalendermonate nicht übersteigen, die zwischen dem Eintritt des Dienstunfalles und dem Zeitpunkt liegen, in dem die in die Vorsorge einbezogene Person das 70. Lebensjahr vollendet hat oder vollenden würde, und muss mindestens die Hälfte der Zahl der Versorgungsmonate betragen, die aus dem Grund des Dienstunfalles im Steigerungsbetrag jeweils zu berücksichtigen sind.

(5) Die Erhöhung des Steigerungsbetrages wegen eines Dienstunfalles ist, wenn sie nicht von Amts wegen vorgenommen wird, für einen Dienstunfall ausgeschlossen, von dem die Versorgungsanstalt nicht binnen sechs Monaten nach dessen Eintritt Kenntnis erlangt hat.

(6) Erreicht eine nach den Abs. 1 bis 4 bemessene Berufsunfähigkeitspension nicht den Betrag von 2 955,17 € monatlich, so gebührt sie im Ausmaß dieses Betrages.

(7) An die Stelle der Beträge in den Abs. 1 Z 1 und 2 sowie Abs. 6 treten ab 1. Jänner eines jeden Jahres die unter Bedachtnahme auf § 25 mit dem jeweiligen Anpassungsfaktor (§ 23) vervielfachten Beträge.

Berufsunfähigkeitsgeld

§ 53. (1) Anspruch auf Berufsunfähigkeitsgeld hat ein Notariatskandidat/eine Notariatskandidatin bei vorübergehender Berufsunfähigkeit. Der Anspruch besteht für die Dauer der vorübergehenden Berufsunfähigkeit, längstens jedoch bis zu zwölf Monaten. Ist die vorübergehende Berufsunfähigkeit die Folge eines Dienstunfalles, so erhöht sich diese Frist auf 24 Monate.

(2) § 51 Abs. 2 ist entsprechend anzuwenden.

Berufsunfähigkeitsgeld; Ausmaß

§ 54. Das Berufsunfähigkeitsgeld gebührt im Ausmaß des nach § 52 Abs. 6 jeweils geltenden Mindestbetrages.

Alterspension

§ 55. (1) Anspruch auf Alterspension hat die in die Vorsorge einbezogene Person bei einem Stichtag nach dem 1. September 2027 nach Vollendung des 70. Lebensjahres (Regelpensionsalter). Liegt der Stichtag vor dem 1. September 2027, so tritt an die Stelle des 70. Lebensjahres das 65. Lebensjahr. An die Stelle des 65. Lebensjahres tritt, wenn die in die Vorsorge einbezogene Person dieses Lebensjahr vollendet

im Jänner oder Februar oder März 2020 das 69. Lebensjahr und ein Kalendermonat,

im April oder Mai oder Juni 2020 das 69. Lebensjahr und zwei Kalendermonate, im Juli oder August oder September 2020 das 69. Lebensjahr und drei Kalendermonate,

im Oktober oder November oder Dezember 2020 das 69. Lebensjahr und vier Kalendermonate,

im Jänner oder Februar oder März 2021 das 69. Lebensjahr und fünf Kalendermonate,

im April oder Mai oder Juni 2021 das 69. Lebensjahr und sechs Kalendermonate,

im Juli oder August oder September 2021 das 69. Lebensjahr und sieben Kalendermonate,

im Oktober oder November oder Dezember 2021 das 69. Lebensjahr und acht Kalendermonate,

im Jänner oder Februar oder März 2022 das 69. Lebensjahr und neun Kalendermonate,

im April oder Mai oder Juni 2022 das 69. Lebensjahr und zehn Kalendermonate und

im Juli oder August oder September 2022 das 69. Lebensjahr und elf Kalendermonate.

Dieser Anspruch besteht jedoch nur dann, wenn ihr Amt erloschen ist oder wenn sie aus dem Verzeichnis der Notariatskandidat/inn/en gestrichen wurde.

(2) Besteht bis zur Vollendung des 70. Lebensjahres Anspruch auf Berufsunfähigkeitspension oder vorzeitige Alterspension, so gebührt die Berufsunfähigkeitspension bzw. vorzeitige Alterspension ab diesem Zeitpunkt als Alterspension.

(3) Ab dem Zeitpunkt des Bestehens eines Anspruches auf eine Leistung aus dem Versorgungsfall des Alters erlischt ein Anspruch auf Berufsunfähigkeitsgeld.

Vorzeitige Alterspension

§ 56. Die in die Vorsorge einbezogene Person hat Anspruch auf vorzeitige Alterspension nach Vollendung des 65. Lebensjahres, wenn ihr Amt erloschen ist oder wenn sie aus dem Verzeichnis der Notariatskandidat/inn/en gestrichen wurde.

Alterspension, Ausmaß

§ 57. Die Leistung aus dem Versorgungsfall des Alters gebührt in der Höhe der Berufsunfähigkeitspension, auf die die in die Vorsorge einbezogene Person Anspruch gehabt hat oder gehabt hätte, und zwar unter Berücksichtigung allfälliger Pensionsabschläge (§ 58), wobei auch § 52 Abs. 3 bis 5 entsprechend anzuwenden ist, wenn die in die Vorsorge einbezogene Person einen Dienstunfall erlitten hat.

Pensionsabschläge von der Berufsunfähigkeits- oder der vorzeitigen Alterspension

§ 58. (1) Liegt der Stichtag (§ 43 Abs. 2) bei einer Berufsunfähigkeits- oder vorzeitigen Alterspension vor Vollendung des Regelpensionsalters, so ist die nach § 52 gebührende Pension für jeden zwischen dem Stichtag und dem vor Vollendung des Regelpensionsalters liegenden Kalendermonat um je 0,40% zu kürzen.

(2) Liegt der Stichtag bei einer Berufsunfähigkeitspension vor Vollendung des 65. Lebensjahres, so gilt als Höchstausmaß der Kürzung nach Abs. 1 die Kürzung, die sich ergibt, wenn der Stichtag der Eintritt des Versorgungsfalles des Alters mit Vollendung des 67. Lebensjahres (§ 43 Abs. 1 Z 1) gewesen wäre.

(3) Die Kürzung nach Abs. 1 darf 24,00%, die Kürzung nach Abs. 2 darf 14,40% der nach § 52 gebührenden Pension nicht übersteigen; § 52 Abs. 6 bleibt unberührt.

Hinterbliebenenpensionen

§ 59. Als Hinterbliebenenpensionen werden Witwen(Witwer)pensionen, Pensionen für hinterbliebene eingetragene Partner/innen und Waisenpensionen gewährt.

Witwen(Witwer)pension

§ 60. (1) Anspruch auf Witwen(Witwer)pension hat nach dem Tod des/der (ehemalig) in die Vorsorge einbezogenen Ehegatten/Ehegattin

1. die Witwe/der Witwer,

2. der frühere Ehegatte/die frühere Ehegattin, dessen/deren Ehe mit der (ehemalig) in die Vorsorge einbezogenen Person für nichtig erklärt, aufgehoben oder geschieden worden ist, wenn ihm/ihr die (ehemalig) in die Vorsorge einbezogene Person zur Zeit seines/ihres Todes Unterhalt (einen Unterhaltsbeitrag) auf Grund eines gerichtlichen Urteiles, eines gerichtlichen Vergleiches oder einer vor der Auflösung (Nichtigerklärung) der Ehe eingegangenen vertraglichen Verpflichtung zu leisten hatte, wenn der frühere Ehegatte/die frühere Ehegattin nicht eine neue Ehe geschlossen hat.

(2) Anspruch auf Witwen(Witwer)pension besteht nicht, wenn die Ehe in einem Zeitpunkt geschlossen wurde:

1. in dem der Ehegatte/die Ehegattin das 65. Lebensjahr überschritten hat oder

2. in dem der Ehegatte/die Ehegattin das 45. Lebensjahr überschritten hat, wenn er/sie danach erstmalig in die notarielle Praxis eingetreten ist und die Ehe nach diesem erstmaligen Eintritt geschlossen wurde, oder

3. in dem der Ehegatte/die Ehegattin einen bescheidmäßig zuerkannten Anspruch auf eine Berufsunfähigkeitspension hatte.

(3) Abs. 2 gilt nicht, wenn aus der Ehe ein Kind hervorgegangen ist oder hervorgeht oder durch die Eheschließung ein Kind legitimiert worden ist. Abs. 2 Z 3 gilt ferner nicht, wenn die Ehe mindestens drei Jahre gedauert hat. Abs. 2 Z 2 gilt nicht, wenn die Ehe nach Eintritt des Ehegatten/der Ehegattin in die notarielle Praxis bis zum Eintritt des Versorgungsfalles mindestens 15 Jahre gedauert hat.

(4) Anspruch auf Witwen(Witwer)pension steht nur zu, so lange der Witwe/dem Witwer bzw. dem früheren Ehegatten/der früheren Ehegattin auf Grund einer Ehe, die der Ehe mit der (ehemalig) in die Vorsorge einbezogenen Person voranging, nicht eine Witwen(Witwer)pension gebührt, deren

Höhe die Witwen(Witwer)pension nach Abs. 1 erreicht. Ist die Pension auf Grund der früheren Ehe niedriger, so wird die Pension nach Abs. 1 in der Höhe des Unterschiedsbetrages gewährt.

Pension für hinterbliebene eingetragene Partner/innen

§ 61. Die Bestimmungen über die Witwen(Witwer)pension nach den §§ 60, 62 und 63 sind auf hinterbliebene eingetragene Partner/innen und eingetragene Partnerschaften nach dem EPG sinngemäß anzuwenden.

Witwen(Witwer)pension; Ausmaß

§ 62. (1) Die Witwen(Witwer)pension beträgt

1. für die Witwe/den Witwer und für den früheren Ehegatten/die frühere Ehegattin, bei dem/der die Voraussetzungen nach Abs. 6 zutreffen, 60%,
2. für den früheren Ehegatten/die frühere Ehegattin, bei dem/der die Voraussetzungen nach Abs. 6 nicht zutreffen, 50%

der Pension, auf die die (ehemalig) in die Vorsorge einbezogene Person bei ihrem Tod Anspruch gehabt hat oder gehabt hätte.

(2) Wurde der Tod der in die Vorsorge einbezogenen Person durch einen Dienstunfall verursacht, so ist die für die Bemessung der Witwen(Witwer)pension maßgebende Pension nach Abs. 1 um einen 360 Versorgungsmonaten entsprechenden Steigerungsbetrag einschließlich der Versorgungsmonate, die aus dem Grund des Dienstunfalles im Steigerungsbetrag bereits berücksichtigt wurden, zu erhöhen. § 52 Abs. 4 und 5 ist entsprechend anzuwenden.

(3) Die Witwen(Witwer)pension nach Abs. 1 Z 2 darf den gegen die (ehemalig) in die Vorsorge einbezogene Person bei ihrem Tod bestehenden Anspruch auf Unterhalt (Unterhaltsbeitrag) sowie die der Witwe/dem Witwer aus demselben Versorgungsfall gebührende Witwen(Witwer)pension nicht übersteigen.

(4) Die Witwen(Witwer)pensionen nach Abs. 1 Z 1 und 2 dürfen zusammen nicht höher sein als 80% der Pension, auf die die (ehemalig) in die Vorsorge einbezogene Person bei ihrem Tod Anspruch gehabt hat oder gehabt hätte, und zwar unter Berücksichtigung einer Erhöhung des Steigerungsbetrages nach Abs. 2; andernfalls sind sie innerhalb dieses Höchstausmaßes verhältnismäßig zu kürzen. Dabei gebührt eine Witwen(Witwer)pension nach Abs. 1 Z 1 jedenfalls mindestens im Ausmaß des nach Abs. 5 jeweils geltenden Mindestbetrages.

(5) Die Witwen(Witwer)pension nach Abs. 1 Z 1 gebührt mindestens im Ausmaß von je 2 045,87 €; an die Stelle dieses Betrages tritt ab 1. Jänner eines jeden Jahres der unter Bedachtnahme auf § 25 mit dem jeweiligen Anpassungsfaktor (§ 23) vervielfachte Betrag.

(6) Dem früheren Ehegatten/der früheren Ehegattin gebührt nach Abs. 1 Z 1 60%, wenn

a) das auf Scheidung lautende Urteil den Ausspruch nach § 61 Abs. 3 EheG enthält,
b) die Ehe mindestens fünfzehn Jahre gedauert und
c) der frühere Ehegatte/die frühere Ehegattin im Zeitpunkt des Eintrittes der Rechtskraft des Scheidungsurteiles das 40. Lebensjahr vollendet hat.

Die unter lit. c genannte Voraussetzung entfällt, wenn

aa) der frühere Ehegatte/die frühere Ehegattin seit dem Zeitpunkt des Eintrittes der Rechtskraft des Scheidungsurteiles erwerbsunfähig ist oder
bb) nach dem Tod des Mannes/der Frau eine Waisenpension für ein Kind im Sinne des § 64 Abs. 2 anfällt, wenn dieses Kind aus der geschiedenen Ehe stammt oder von den Ehegatten gemeinsam oder als Stiefkind an Kindes Statt angenommen worden ist und das Kind in allen diesen Fällen im Zeitpunkt des Todes des Mannes/der Frau ständig in Hausgemeinschaft mit dem früheren Ehegatten/der früheren Ehegattin lebt. Das Erfordernis der ständigen Hausgemeinschaft entfällt bei nachgeborenen Kindern.

Abfertigung einer Witwen(Witwer)pension

§ 63. (1) Der Bezieherin/Dem Bezieher einer Witwen(Witwer)pension, die/der sich wiederverehelicht hat, gebührt eine Abfertigung in Höhe des 70fachen der Witwen(Witwer)pension, auf die sie/er im Zeitpunkt der Schließung der neuen Ehe Anspruch gehabt hat.

(2) Wird die neue Ehe durch Tod des Ehegatten/der Ehegattin oder durch Scheidung oder Aufhebung aufgelöst oder für nichtig erklärt, so lebt der Anspruch auf die Witwen(Witwer)pension aus der früheren Ehe wieder auf, wenn

1. die Scheidung oder Aufhebung nicht aus dem alleinigen oder überwiegenden Verschulden des/der den Anspruch erhebenden Ehegatten/Ehegattin erfolgte oder
2. bei Nichtigerklärung der Ehe der/die den Anspruch erhebende Ehegatte/Ehegattin als schuldlos anzusehen ist.

Das Wiederaufleben des Anspruches tritt mit dem der Auflösung (Nichtigerklärung) der letzten Ehe folgenden Monatsersten, frühestens jedoch mit dem Monatsersten ein, der dem Ablauf von fünf Jahren nach dem seinerzeitigen Wegfall der Pension folgt. Der Anspruch auf Witwen(Witwer)pension aus der früheren Ehe lebt nicht wieder auf, solange der Witwe/dem Witwer bzw. dem früheren Ehegatten/der früheren Ehegattin auf Grund der letzten Ehe eine Versorgung gebührt, deren Höhe die abgefertigte Witwen(Witwer)pension (Abs. 1) erreicht. Ist die Versorgung auf Grund der letzten Ehe niedriger, so wird die wiederaufgelebte Pension in der Höhe des Unterschiedsbetrages gewährt.

NVG 2020

Waisenpension

§ 64. (1) Anspruch auf Waisenpension haben nach dem Tod der (ehemalig) in die Vorsorge einbezogenen Person deren Kinder. Über das vollendete 18. Lebensjahr hinaus wird die Waisenpension nur auf besonderen Antrag gewährt.

(2) Als Kinder gelten bis zum vollendeten 18. Lebensjahr:

1. die Kinder und die Wahlkinder;
2. die Stiefkinder;
3. die Enkel.

Die in den Z 2 und 3 genannten Personen gelten nur dann als Kinder, wenn und solange sie mit der (ehemalig) in die Vorsorge einbezogenen Person ständig in Hausgemeinschaft leben, die in Z 3 genannten Personen überdies nur dann, wenn und solange sie gegenüber der (ehemalig) in die Vorsorge einbezogenen Person im Sinne des § 232 ABGB unterhaltsberechtigt sind und sie und die (ehemalig) in die Vorsorge einbezogene Person ihren Wohnsitz im Inland haben. Die ständige Hausgemeinschaft besteht weiter, wenn sich das Kind nur vorübergehend oder wegen schulmäßiger (beruflicher) Ausbildung oder zeitweilig wegen Heilbehandlung außerhalb der Hausgemeinschaft aufhält. Das gleiche gilt, wenn sich das Kind auf Veranlassung der (ehemalig) in die Vorsorge einbezogenen Person und überwiegend auf deren Kosten oder auf Anordnung der Jugendfürsorge oder des Pflegschaftsgerichtes in Obsorge eines/einer Dritten befindet. Stiefkinder im Sinne der Z 2 sind die nicht von der (ehemalig) in die Vorsorge einbezogenen Person abstammenden leiblichen Kinder deren Ehegattin/Ehegatten, und zwar auch dann, wenn der andere leibliche Elternteil des Kindes noch lebt. Die Stiefkindschaft besteht nach Auflösung oder Nichtigerklärung der sie begründenden Ehe weiter.

(3) Die Kindeseigenschaft besteht auch nach der Vollendung des 18. Lebensjahres, wenn und solange das Kind

1. sich in einer Schul- oder Berufsausbildung befindet, die seine Arbeitskraft überwiegend beansprucht, längstens bis zur Vollendung des 27. Lebensjahres; die Kindeseigenschaft von Kindern, die eine im § 3 StudFG genannte Einrichtung besuchen, verlängert sich nur dann, wenn für sie

   a) entweder Familienbeihilfe nach dem FLAG bezogen wird oder

   b) zwar keine Familienbeihilfe bezogen wird, sie jedoch ein ordentliches Studium ernsthaft und zielstrebig im Sinne des § 2 Abs. 1 lit. b FLAG in der Fassung des Bundesgesetzes BGBl. Nr. 311/1992 betreiben;

2. seit der Vollendung des 18. Lebensjahres oder seit dem Ablauf des in Z 1 genannten Zeitraumes infolge Krankheit oder Gebrechens erwerbsunfähig ist.

Waisenpension; Ausmaß

§ 65. Die Waisenpension beträgt für jedes einfach verwaiste Kind 15%, für jedes doppelt verwaiste Kind 30% der Pension, auf die der (ehemalig) in die Vorsorge einbezogene Person bei ihrem Tod Anspruch gehabt hat oder gehabt hätte. § 62 Abs. 2 ist entsprechend anzuwenden. Die Waisenpension beträgt für jedes einfach verwaiste Kind mindestens 795,75 € und für jedes doppelt verwaiste Kind mindestens 1 591,22 €; an die Stelle dieser Beträge treten ab 1. Jänner eines jeden Jahres die unter Bedachtnahme auf § 25 mit dem jeweiligen Anpassungsfaktor (§ 23) vervielfachten Beträge.

Waisenpension; Ausmaß

§ 66. Die Witwe/Der Witwer oder der/die hinterbliebene eingetragene Partner/in bzw. der/die frühere Ehegatte/Ehegattin oder der/die frühere eingetragene Partner/in und die Waisen der (ehemalig) in die Vorsorge einbezogenen Person haben Anspruch auf Abfindung, wenn Hinterbliebenenpensionen nur mangels Erfüllung der allgemeinen Voraussetzung (§ 48) nicht gebühren. Die Abfindung beträgt das Vierzehnfache der in Betracht kommenden monatlichen Hinterbliebenenpension, die auf Grund der anrechenbaren Versorgungszeiten am Stichtag gebühren würde.

Bestattungskostenbeitrag

§ 67. (1) Anspruch auf Bestattungskostenbeitrag hat nach dem Tod der in die Vorsorge einbezogenen Person, des Empfängers/der Empfängerin einer Alters(Berufsunfähigkeits)pension oder der Witwe/des Witwers (§ 60 Abs. 1 Z 1) oder des hinterbliebenen eingetragenen Partners/der hinterbliebenen eingetragenen Partnerin die Person, die die Kosten der Bestattung bestritten hat, bis zur Höhe dieser Kosten. Sind sie von mehreren Personen bestritten worden und reicht der Bestattungskostenbeitrag nicht aus, so ist er im Verhältnis der Aufwendungen aufzuteilen.

(2) Der Bestattungskostenbeitrag beträgt

1. beim Tod der in die Vorsorge einbezogenen Person oder des Empfängers/der Empfängerin einer Alters(Berufsunfähigkeits)pension das Neunfache,

2. beim Tod der Witwe/des Witwers (§ 60 Abs. 1 Z 1) oder des hinterbliebenen eingetragenen Partners/der hinterbliebenen eingetragenen Partnerin das Viereinhalbfache

des im Zeitpunkt des Todes der in die Vorsorge einbezogenen Person bzw. des Empfängers/der Empfängerin einer Alters(Berufsunfähigkeits)pension bzw. der Witwe/des Witwers (§ 60 Abs. 1 Z 1) oder des hinterbliebenen eingetragenen Partners/der hinterbliebenen eingetragenen Partnerin jeweils nach § 52 Abs. 1 Z 1 als Grundbetrag geltenden Betrages.

(3) Einer juristischen Person, die die Kosten der Bestattung auf Grund gesetzlicher, satzungsmäßiger oder vertraglicher Verpflichtung bestritten hat, steht ein Anspruch auf Bestattungskostenbeitrag nicht zu. In diesem Fall oder wenn keine Bestat-

tungskosten erwachsen sind oder wenn diese die Höhe des Bestattungskostenbeitrages nicht erreichen, gebührt der Bestattungskostenbeitrag oder der verbliebene Rest der Reihe nach

1. der Witwe/dem Witwer (§ 60 Abs. 1 Z 1) oder dem hinterbliebenen eingetragenen Partner/ der hinterbliebenen eingetragenen Partnerin,
2. den Kindern (§ 64 Abs. 2) ohne Rücksicht auf ihr Lebensalter;

fehlen solche Berechtigte, so verbleibt der Betrag der Versorgungsanstalt.

Kinderzuschuss

§ 68. Der auf eine Alters(Berufsunfähigkeits) pension oder auf Berufsunfähigkeitsgeld anspruchsberechtigten Person gebührt für jedes Kind (§ 64 Abs. 2) ein Kinderzuschuss von 10% der Pension bzw. des Berufsunfähigkeitsgeldes, mindestens 431,86 €; an die Stelle dieses Betrages tritt ab 1. Jänner eines jeden Jahres der unter Bedachtnahme auf § 25 mit dem jeweiligen Anpassungsfaktor (§ 23) vervielfachte Betrag. Über das vollendete 18. Lebensjahr hinaus wird der Kinderzuschuss nur auf besonderen Antrag gewährt.

Abschnitt III
Ausscheiden aus der Vorsorge und Aufnahme in die Vorsorge

Ausscheiden aus der Vorsorge

§ 69. (1) Scheidet eine in die Vorsorge einbezogene Person aus der Vorsorge aus und wird sie in unmittelbarem Anschluss daran in ein pensionsversicherungsfreies Dienstverhältnis aufgenommen, so sind die Bestimmungen des ASVG über die Aufnahme in ein pensionsversicherungsfreies Dienstverhältnis sinngemäß anzuwenden.

(2) Abs. 1 gilt auch in allen übrigen Fällen des Ausscheidens aus der Vorsorge, ausgenommen in den Fällen, in denen

1. der Tod der in die Vorsorge einbezogenen Person oder
2. die Leistung des Präsenz- oder Ausbildungs- bzw. Zivildienstes oder
3. bei Notariatskandidat/inn/en die Stellenlosigkeit (§ 47 Abs. 2 Z 2) oder
4. bei Notariatskandidat/inn/en die Karenz nach den §§ 15 ff. MSchG oder nach den §§ 2 ff. VKG

die Ursache des Ausscheidens ist oder nach dem Ausscheiden eine Berufsunfähigkeits(Alters)pension oder ein Berufsunfähigkeitsgeld gebührt. Gebührt nach dem Ausscheiden eine dieser Leistungen oder wird Präsenz- oder Ausbildungs- bzw. Zivildienst geleistet oder war der Notariatskandidat/die Notariatskandidatin stellenlos, so gilt Abs. 1 erst nach dem nicht durch den Tod bedingten Wegfall der Leistungen bzw. nach dem Ende des Präsenz- oder Ausbildungs- bzw. Zivildienstes oder nach dem Ende der Stellenlosigkeit, spätestens aber nach deren sechsmonatiger ununterbrochener Dauer, es sei denn, dass der/die Ausgeschiedene in diesen Fällen unmittelbar danach wieder in die Vorsorge

nach diesem Bundesgesetz einbezogen wird; im Fall der Karenz gilt Abs. 1 nach deren Beendigung, es sei denn, dass der/die Ausgeschiedene in diesem Fall unmittelbar danach wieder in die Vorsorge nach diesem Bundesgesetz einbezogen wird.

(3) Abs. 1 gilt nicht im Fall des Ausscheidens einer in die Vorsorge einbezogenen Person (eines Notars/einer Notarin) nach Vollendung des 65. Lebensjahres, wenn sie zum Zeitpunkt des Ausscheidens bereits Anspruch auf vorzeitige Alterspension nach diesem Bundesgesetz hat.

(4)

1. zuständig für die Feststellung und Leistung des Überweisungsbetrages ist die Versorgungsanstalt; sie kann den Überweisungsbetrag auch von Amts wegen leisten;
2. als Grundlage für die Ermittlung des Überweisungsbetrages gilt der Durchschnitt der Beitragsgrundlagen (§ 11) ohne Berücksichtigung einer allfälligen Sonderzahlung aus den letzten sechs Beitragsmonaten vor dem Ausscheiden; in den Fällen des Abs. 2 darf sie den Betrag des Dreißigfachen der im Zeitpunkt des Ausscheidens in der Pensionsversicherung der Angestellten jeweils in Geltung gestandenen Höchstbeitragsgrundlage nach § 45 Abs. 1 ASVG nicht übersteigen;
3. der Prozentsatz des Überweisungsbetrages beträgt 6%;
4. die Verpflichtung der Versorgungsanstalt zur Leistung eines Überweisungsbetrages erstreckt sich nur auf solche Versorgungszeiten, für die an die Versorgungsanstalt Beiträge oder Überweisungsbeträge geleistet worden sind;
5. in den Fällen des Abs. 2 tritt an die Stelle des Dienstgebers die Pensionsversicherungsanstalt, an die Stelle der Pensionsversorgung die Pensionsversicherung nach dem ASVG, an die Stelle der Aufnahme in das pensionsversicherungsfreie Dienstverhältnis das Ausscheiden aus der Pensionsversicherung und an die Stelle des Einlangens des Anrechnungsbescheides der Stichtag; die Anrechnung von Versorgungszeiten als Versicherungszeiten in der Pensionsversicherung nach dem ASVG ist von der Leistung des Überweisungsbetrages abhängig.

Aufnahme in die Vorsorge

§ 70. Scheidet eine in der Pensionsversicherung nach dem ASVG, dem GSVG oder dem BSVG versicherte Person aus einer dieser Pensionsversicherungen aus und wird sie in die Vorsorge nach diesem Bundesgesetz einbezogen, so sind die Bestimmungen des ASVG, des GSVG bzw. des BSVG über die Aufnahme in ein pensionsversicherungsfreies Dienstverhältnis sinngemäß mit folgenden Maßgaben anzuwenden:

1. an die Stelle des Dienstgebers tritt die Versorgungsanstalt und an die Stelle der Pensionsversorgung die Vorsorge nach diesem Bundesgesetz; die Anrechnung von Zeiten als

Versorgungszeiten nach diesem Bundesgesetz ist von der Leistung des Überweisungsbetrages abhängig;

2. als Grundlage für die Ermittlung des Überweisungsbetrages gilt, wenn für seine Zahlung

   a) ein Pensionsversicherungsträger nach dem ASVG zuständig ist, die für den letzten Beitragsmonat vor dem Ausscheiden festgestellte allgemeine Beitragsgrundlage;

   b) die Sozialversicherungsanstalt der gewerblichen Wirtschaft zuständig ist, die für den letzten Beitragsmonat vor dem Ausscheiden festgestellte Beitragsgrundlage;

   c) die Sozialversicherungsanstalt der Bauern zuständig ist, die für den letzten Beitragsmonat vor dem Ausscheiden festgestellte Beitragsgrundlage.

Abschnitt IV
Schadenersatz und Haftung

Übergang von Schadenersatzansprüchen auf die Versorgungsanstalt

§ 71. (1) Können Personen, denen nach diesem Bundesgesetz Leistungen zustehen, den Ersatz des Schadens, der ihnen durch den Versorgungsfall erwachsen ist, auf Grund anderer gesetzlicher Vorschriften beanspruchen, so geht der Anspruch auf die Versorgungsanstalt insoweit über, als diese Leistungen zu erbringen hat. Ansprüche auf Schmerzengeld gehen auf die Versorgungsanstalt nicht über.

(2) Die Versorgungsanstalt kann Ersatzbeträge, die der/die Ersatzpflichtige der in die Vorsorge einbezogenen Person oder ihren Hinterbliebenen in Unkenntnis des Überganges des Anspruches nach Abs. 1 geleistet hat, auf die nach diesem Bundesgesetz zustehenden Leistungsansprüche ganz oder zum Teil anrechnen. Soweit danach Ersatzbeträge angerechnet werden, erlischt der nach Abs. 1 auf die Versorgungsanstalt übergegangene Ersatzanspruch gegen die Ersatzpflichtigen/die Ersatzpflichtige.

(3) Die Versorgungsanstalt kann einen im Sinne der Abs. 1 und 2 auf sie übergegangenen Schadenersatzanspruch gegen einen Dienstnehmer/gegen eine Dienstnehmerin, der/die im Zeitpunkt des schädigenden Ereignisses im selben Notariat wie die verletzte oder getötete Person beschäftigt war, nur dann geltend machen, wenn

1. der Dienstnehmer/die Dienstnehmerin den Versorgungsfall vorsätzlich oder grob fahrlässig verursacht hat oder

2. der Versorgungsfall durch ein Verkehrsmittel verursacht wurde, für dessen Betrieb auf Grund gesetzlicher Vorschrift eine erhöhte Haftpflicht besteht.

In den Fällen der Z 2 kann die Versorgungsanstalt den Schadenersatzanspruch unbeschadet des § 72 über das Zusammentreffen von Schadenersatzansprüchen verschiedener Versicherungsträger und

der Versorgungsanstalt und den Vorrang eines gerichtlich festgestellten Schmerzengeldanspruches nur bis zur Höhe der aus einer bestehenden Haftpflichtversicherung zur Verfügung stehenden Versicherungssumme geltend machen, es sei denn, dass der Versorgungsfall durch den Dienstnehmer/die Dienstnehmerin vorsätzlich oder grob fahrlässig verursacht worden ist.

(4) Wurde ein Versorgungsfall nicht vorsätzlich herbeigeführt, so kann die Versorgungsanstalt auf den Ersatz ganz oder teilweise verzichten, wenn die wirtschaftlichen Verhältnisse der verpflichteten Person dies begründen.

Konkurrenz von Ersatzansprüchen von Versicherungsträgern und der Versorgungsanstalt

§ 72. Treffen Ersatzansprüche der Versorgungsanstalt nach § 71 mit Ersatzansprüchen der Sozialversicherungsträger nach den §§ 332 ASVG, 190 GSVG und 178 BSVG aus demselben Ereignis zusammen, welche die aus einer bestehenden Haftpflichtversicherung zur Verfügung stehende Versicherungssumme übersteigen, so sind sie aus dieser unbeschadet der weiteren Haftung des Ersatzpflichtigen/der Ersatzpflichtigen im Verhältnis ihrer Ersatzforderungen zu befriedigen. Ein gerichtlich festgestellter Schmerzengeldanspruch geht dabei den Ersatzansprüchen der Versicherungsträger und der Versorgungsanstalt im Range vor.

Verjährung der Ersatzansprüche

§ 73. (1) Der Ersatzanspruch der Versorgungsanstalt verjährt in drei Jahren nach der ersten rechtskräftigen Feststellung der Entschädigungspflicht.

(2) Im Übrigen gelten für die Verjährung der Ersatzansprüche die Bestimmungen des § 1489 ABGB.

Meldung von Ersatzansprüchen

§ 74. Die in die Vorsorge einbezogenen Personen und Zahlungsempfänger/innen haben der Versorgungsanstalt Ansprüche nach § 70 Abs. 1 unverzüglich zu melden und ihr auf ihr Verlangen jeweils binnen zwei Wochen über alle für die Prüfung bzw. Durchsetzung der Ansprüche maßgebenden Umstände Auskünfte zu erteilen und alle diesbezüglich erforderlichen Urkunden und Belege vorzulegen.

DRITTER TEIL
VERFAHREN; AUFBAU DER VERWALTUNG

Abschnitt I
Verfahren

§ 75. (1) Hinsichtlich des Verfahrens zur Durchführung dieses Bundesgesetzes gilt der Siebente Teil des ASVG mit den Maßgaben, dass

1. bei einem Dienstunfall eines Notariatskandidaten/einer Notariatskandidatin der/die jeweils als Dienstgeber/Dienstgeberin in Betracht kommende Notar/Notarin, bei einem Dienstunfall eines Notars/einer Notarin die-

ser/diese selbst oder wenn als Folge eines Dienstunfalles ein Notar/eine Notarin getötet wurde, die anspruchsberechtigte Witwe/der anspruchsberechtigte Witwer bzw. die anspruchsberechtigte Waise der Versorgungsanstalt den Dienstunfall binnen 30 Tagen anzuzeigen hat und § 363 ASVG nicht anzuwenden ist;

2. § 414 Abs. 2 und 3 ASVG nicht anzuwenden ist.

(2) Für die leistungsempfangende Person ist ein Bescheid über die Höhe des von ihrer Pension einbehaltenen Solidaritätsbeitrages (§ 12), über die Höhe des Beitrages zur Herstellung des Gleichgewichtes zwischen Einnahmen und Ausgaben (§ 94 Abs. 1 und 2) sowie über die Pensionsanpassung nur dann zu erlassen, wenn sie es verlangt.

Grundsätze der Sachverhaltsfeststellung

§ 76. (1) Für die Beurteilung von Sachverhalten nach diesem Bundesgesetz ist in wirtschaftlicher Betrachtungsweise der wahre wirtschaftliche Gehalt und nicht die äußere Erscheinungsform des Sachverhaltes maßgebend.

(2) Durch den Missbrauch von Formen und Gestaltungsmöglichkeiten des bürgerlichen Rechtes können Verpflichtungen nach diesem Bundesgesetz, wie zum Beispiel die Einbeziehung in die Vorsorge oder die Beitragspflicht, nicht umgangen oder gemindert werden.

(3) Ein Sachverhalt ist so zu beurteilen, wie er bei einer den wirtschaftlichen Vorgängen, Tatsachen und Verhältnissen angemessenen rechtlichen Gestaltung zu beurteilen gewesen wäre.

(4) Scheingeschäfte und andere Scheinhandlungen sind für die Feststellung eines Sachverhaltes nach diesem Bundesgesetz ohne Bedeutung. Wird durch ein Scheingeschäft ein anderes Rechtsgeschäft verdeckt, so ist das verdeckte Rechtsgeschäft für die Beurteilung maßgebend.

(5) Die Grundsätze, nach denen

1. die wirtschaftliche Betrachtungsweise,

2. Scheingeschäfte, Formmängel und Anfechtbarkeit sowie

3. die Zurechnung

nach den §§ 21 bis 24 BAO für Abgaben zu beurteilen sind, gelten auch dann, wenn eine Vorsorge und die sich daraus ergebenden Rechte und Pflichten nach diesem Bundesgesetz zu beurteilen sind.

Abschnitt II
Verwaltung der Versorgungsanstalt

Träger der Verwaltung

§ 77. (1) Die Verwaltung der Versorgungsanstalt obliegt den Verwaltungskörpern und den Rechnungsprüfer/inne/n.

(2) Die Verwaltungskörper sind die Hauptversammlung und der Vorstand.

(3) Die Verwaltungskörper und die Rechnungsprüfer/innen haben sich zur Durchführung ihrer Aufgaben der am Sitz der Versorgungsanstalt zu errichtenden Geschäftsstelle zu bedienen.

Mitglieder der Verwaltungskörper, Rechnungsprüfer/innen

§ 78. (1) Mitglied (stellvertretendes Mitglied) eines Verwaltungskörpers sowie die Rechnungsprüfer/innen (und ihre Stellvertreter/innen) können nur in die Vorsorge einbezogene Personen und ehemalige Notare/Notarinnen sein. Die Mitglieder, mit Ausnahme der ehemaligen Notare/Notarinnen, müssen unbeschadet allfälliger in diesem Bundesgesetz festgesetzter sonstiger Voraussetzungen die Voraussetzung der Wählbarkeit in eine Notariatskammer erfüllen.

(2) Bei dauerndem Ausscheiden eines (stellvertretenden) Mitgliedes des Vorstandes oder eines Rechnungsprüfers/einer Rechnungsprüferin (ihrer Stellvertreter/innen) hat die Hauptversammlung binnen drei Monaten für den Rest der Amtsdauer den Ausgeschiedenen/die Ausgeschiedene durch Neuwahl zu ersetzen. Ist für den Ausgeschiedenen/die Ausgeschiedene ein Stellvertreter/eine Stellvertreterin gewählt, so gelten für die Zeit bis zur Neuwahl die § 85 Abs. 2 und 86 Abs. 3 entsprechend. Scheidet ein ehemaliger Notar/eine ehemalige Notarin dauernd aus der Hauptversammlung aus oder legt er/sie das Amt zurück, so ist binnen drei Monaten für den Rest der Amtsdauer eine Neuwahl vorzunehmen, wobei § 84 sinngemäß gilt.

(3) Ein Mitglied der Hauptversammlung kann sich in dieser durch ein anderes Mitglied dieses Verwaltungskörpers vertreten lassen; dazu bedarf es einer schriftlichen Vollmacht.

(4) Die Tätigkeit als Mitglied (stellvertretendes Mitglied) eines Verwaltungskörpers sowie als Rechnungsprüfer/in (ihrer Stellvertreter/innen) erfolgt auf Grund einer öffentlichen Verpflichtung und begründet kein Dienstverhältnis zur Versorgungsanstalt. Dafür gebühren Entschädigungen nach folgenden Grundsätzen:

1. Die Mitglieder der Verwaltungskörper sowie die Rechnungsprüfer/innen (ihre Stellvertreter/innen) haben Anspruch auf Ersatz der Reise- und Aufenthaltskosten nach § 3 Abs. 1 Z 4 RGV.

2. Der Präsident/die Präsidentin und sein/ihr Stellvertreter bzw. seine/ihre Stellvertreterin haben Anspruch auf Funktionsgebühren. Das Nähere hat die Aufsichtsbehörde durch Verordnung unter Bedachtnahme auf den örtlichen Wirkungsbereich und die Zahl der in die Vorsorge einbezogenen Personen zu bestimmen; dabei darf die für ein Jahr zustehende Funktionsgebühr 40% des einem Mitglied des Nationalrates jährlich gebührenden Bezuges nicht übersteigen.

3. Die Mitglieder der Verwaltungskörper, soweit sie nicht unter Z 2 fallen, haben Anspruch auf Sitzungsgeld, dessen Höhe durch Verordnung der Aufsichtsbehörde festzusetzen ist.

NVG 2020

Ablehnung des Amtes

§ 79. Die Wahl zum Mitglied (stellvertretenden Mitglied) des Vorstandes oder zum Rechnungsprüfer/zur Rechnungsprüferin (zu ihren Stellvertreter/inne/n) oder eines ehemaligen Notars/einer ehemaligen Notarin als Mitglied der Hauptversammlung darf nur aus wichtigen Gründen abgelehnt werden. Nach mindestens zweijähriger Amtsführung kann eine Wiederwahl für die nächste Amtsdauer abgelehnt werden.

Enthebung vom Amt

§ 80. (1) Ein Mitglied (stellvertretendes Mitglied) des Vorstandes oder ein Rechnungsprüfer/eine Rechnungsprüferin (ein stellvertretender Rechnungsprüfer/eine stellvertretende Rechnungsprüferin) oder ein ehemaliger Notar/eine ehemalige Notarin als Mitglied der Hauptversammlung ist des Amtes zu entheben:

1. wenn Tatsachen bekannt werden, die die Wahl zum Vorstandsmitglied, zum Rechnungsprüfer/zur Rechnungsprüferin bzw. eines ehemaligen Notars/einer ehemaligen Notarin als Mitglied der Hauptversammlung ausschließen;

2. wenn sich das Vorstandsmitglied, der Rechnungsprüfer/die Rechnungsprüferin oder der/die zum Mitglied der Hauptversammlung gewählte ehemalige Notar/Notarin seinen/ihren Pflichten entzieht;

3. wenn ein wichtiger Grund zur Enthebung vorliegt und das Vorstandsmitglied, der Rechnungsprüfer/die Rechnungsprüferin oder der/die zum Mitglied der Hauptversammlung gewählte ehemalige Notar/Notarin seine/ihre Enthebung unter Berufung darauf beantragt.

(2) Die Enthebung des Präsidenten/der Präsidentin, der Rechnungsprüfer/innen sowie ihrer Stellvertreter/innen steht der Aufsichtsbehörde zu, die der sonst nach Abs. 1 in Betracht kommenden Personen dem Präsidenten/der Präsidentin.

(3) Dem/Der vom Präsidenten/von der Präsidentin des Amtes Enthobenen steht das Recht der Beschwerde zu. Sie ist binnen zwei Wochen nach der Zustellung des Beschlusses über die Enthebung bei der Aufsichtsbehörde einzubringen.

Ablehnung des Amtes

§ 81. Die Amtsdauer des Vorstandes und der Rechnungsprüfer/innen währt jeweils fünf Jahre, die der zehn ehemaligen Notare/Notarinnen als Mitglieder der Hauptversammlung währt drei Jahre. Nach Ablauf der Amtsdauer haben der alte Vorstand, die alten Rechnungsprüfer/innen bzw. ehemalige Notare/Notarinnen die Geschäfte so lange weiterzuführen, bis der neue Vorstand, die neuen Rechnungsprüfer/innen bzw. ehemaligen Notare/Notarinnen als Mitglieder der Hauptversammlung gewählt worden sind. Die Zeit der Weiterführung der Geschäfte durch den alten Vorstand, durch die alten Rechnungsprüfer/innen bzw. ehemaligen Notare/Notarinnen zählt auf die fünfjährige bzw. dreijährige Amtsdauer des neuen Vorstandes, der

neuen Rechnungsprüfer/innen bzw. der neuen ehemaligen Notare/Notarinnen.

Ablehnung des Amtes

§ 82. Der Präsident/Die Präsidentin und sein/ihr Stellvertreter bzw. seine/ihre Stellvertreterin sowie die Rechnungsprüfer/innen und ihre Stellvertreter/innen sind von der Aufsichtsbehörde, die übrigen Mitglieder und ihre Stellvertreter/innen vom Präsidenten/von der Präsidentin anzugeloben und darauf hinzuweisen, dass sie bei der Ausübung ihres Amtes die Gesetze der Republik Österreich, die Satzung der Versorgungsanstalt und die darauf beruhenden sonstigen Rechtsvorschriften zu beachten haben und zur Amtsverschwiegenheit sowie zur gewissenhaften und unparteiischen Ausübung ihres Amtes verpflichtet sind.

Hauptversammlung

§ 83. (1) Die Hauptversammlung wird durch die jeweiligen Mitglieder des Delegiertentags der Österreichischen Notariatskammer und zehn ehemalige Notare/Notarinnen gebildet. Der Hauptversammlung gehören ohne Stimmrecht auch die Mitglieder des Vorstandes an, die nicht Mitglieder des Delegiertentags der Österreichischen Notariatskammer oder in die Hauptversammlung gewählte ehemalige Notare/Notarinnen sind.

(2) Die Hauptversammlung hat jährlich mindestens einmal zusammenzutreten. Sie ist vom Präsidenten/von der Präsidentin einzuberufen; er/sie hat den Vorsitz zu führen. Die Hauptversammlung ist auch einzuberufen, wenn dies schriftlich von einem Fünftel der Mitglieder der Hauptversammlung unter Angabe der Tagesordnung verlangt wird.

(3) Unbeschadet des Abs. 2 kann der Präsident/die Präsidentin einen gültigen Beschluss der Hauptversammlung auch außerhalb einer einberufenen Sitzung der Hauptversammlung durch schriftliche Abstimmung ihrer stimmberechtigten Mitglieder herbeiführen.

(4) Der Hauptversammlung ist jedenfalls vorbehalten:

1. die Wahl des Präsidenten/der Präsidentin samt Stellvertreter/in, und zwar in einem gemeinsamen Wahlgang der Gruppen der Notare/Notarinnen, der Notariatskandidaten/Notariatskandidatinnen und der ehemaligen Notare/Notarinnen;

2. die Wahl der übrigen Mitglieder des Vorstandes und der drei Rechnungsprüfer/innen sowie ihrer Stellvertreter/innen, und zwar in getrennten Wahlgängen der Gruppen der Notare/Notarinnen, der Notariatskandidaten/Notariatskandidatinnen und der ehemaligen Notare/Notarinnen;

3. die Beschlussfassung über den Jahresvoranschlag (Haushaltsplan);

4. die Beschlussfassung über den aus dem Geschäftsbericht, aus dem Rechnungsabschluss und aus den statistischen Nachweisungen bestehenden Jahresbericht des Vorstandes und über die Entlastung des Vorstandes;

5. die Festsetzung des Anpassungsfaktors der 1. Stufe (§ 23), die Feststellung der Anpassungsfaktoren der 2. bis 4. Stufe (§ 23) und die Feststellung der festen Beträge (§ 25) bis zum 30. November eines jeden Jahres für das folgende Jahr;

6. die Festsetzung des Beitragssatzes nach § 10 Abs. 3, die Festsetzung des Beitrages nach § 12 sowie die Beschlussfassung über eine Änderung der Verzugszinsen nach § 17 Abs. 5 bzw. über Maßnahmen im Sinne des § 94;

7. die Beschlussfassung über allfällige Zuweisungen an den Unterstützungsfonds;

8. die Beschlussfassung über die Satzung und ihre Änderung.

(5) Bei der Festsetzung des Beitrages nach § 12 und des Anpassungsfaktors hat die Hauptversammlung auf die finanzielle Lage der Versorgungsanstalt Bedacht zu nehmen. Die Beschlüsse über die Festsetzung des Anpassungsfaktors der 1. Stufe, die Feststellung der Anpassungsfaktoren der 2. bis 4. Stufe und der festen Beträge, die Festsetzung des Beitragssatzes, die Änderung der Verzugszinsen sowie über Maßnahmen im Sinne des § 94 sind unverzüglich in der Österreichischen Notariats-Zeitung zu verlautbaren.

(6) Über die Satzung und deren Änderung kann nur mit einer Mehrheit von zwei Dritteln der abgegebenen Stimmen gültig Beschluss gefasst werden. Die Aufsichtsbehörde kann eine vorläufige Verfügung treffen, wenn innerhalb einer von ihr festgesetzten Frist ein gültiger Beschluss der Hauptversammlung über die Satzung und ihre Änderung nicht zustande kommt. Die vorläufige Verfügung der Aufsichtsbehörde tritt außer Kraft, sobald ein gesetzmäßiger gültiger Beschluss der Hauptversammlung über die Satzung bzw. ihre Änderung gefasst und der Aufsichtsbehörde zur Kenntnis gebracht worden ist. Bei Ablehnung der Entlastung hat die Aufsichtsbehörde zu entscheiden.

Wahl der ehemaligen Notare/Notarinnen in die Hauptversammlung

§ 84. (1) Von den ehemaligen Notaren/Notarinnen werden für eine Amtsdauer (§ 81) zehn ehemalige Notare/Notarinnen in die Hauptversammlung gewählt. Dabei soll auf eine angemessene regionale Verteilung geachtet werden.

(2) Die Versorgungsanstalt hat jedem ehemaligen Notar/jeder ehemaligen Notarin mindestens drei Monate vor Ablauf der Amtsdauer (§ 81) eine Liste der ehemaligen Notare/Notarinnen und einen Stimmzettel für die Wahl zuzustellen. Der ausgefüllte Stimmzettel ist in einem geschlossenen Briefumschlag bis spätestens einen Monat vor Ablauf der Amtsdauer (§ 81) der Versorgungsanstalt zu übermitteln. Der Tag des Ablaufes dieser Frist ist gleichzeitig mit der Zustellung der Wahlunterlagen bekanntzugeben. Nach diesem Tag einlangende Stimmzettel sind nicht zu berücksichtigen.

(3) Gewählt sind jene ehemaligen Notare/Notarinnen mit den meisten Stimmen. Wenn infolge von Stimmengleichheit mehr als die vorgesehene Anzahl von ehemaligen Notaren/Notarinnen als gewählt gelten würde, so entscheidet das Los.

(4) Nimmt ein gewählter ehemaliger Notar/eine gewählte ehemalige Notarin die Wahl nicht an, so gilt der/die nach der Stimmenzahl Nächstgereihte als gewählt. Erforderlichenfalls ist Abs. 3 zweiter Satz anzuwenden.

Vorstand

§ 85. (1) Der Vorstand besteht aus dem Präsidenten/der Präsidentin, dessen/deren Stellvertreter/in und drei weiteren Mitgliedern. Der Präsident/die Präsidentin, dessen/deren Stellvertreter/in und eines der drei weiteren Vorstandsmitglieder (dessen Stellvertreter/in) hat der Gruppe der Notare/Notarinnen, eines (dessen Stellvertreter/in) der Gruppe der Notariatskandidaten/Notariatskandidatinnen und eines (dessen Stellvertreter/in) der Gruppe der ehemaligen Notare/Notarinnen anzugehören.

(2) Ist der Präsident/die Präsidentin oder eines der drei weiteren Mitglieder an der Ausübung des Amtes verhindert, so sind sie durch ihre gewählten Stellvertreter/innen zu vertreten.

(3) Den Vorsitz im Vorstand hat der Präsident/die Präsidentin zu führen. § 83 Abs. 3 ist entsprechend anzuwenden.

(4) Der Präsident/Die Präsidentin, dessen/deren Stellvertreter/in und zwei der drei weiteren Vorstandsmitglieder müssen, wenn sie in die Vorsorge einbezogen sind, ihren Amtssitz (Dienstort), wenn sie ehemalige Notare/Notarinnen sind, ihren Wohnsitz in Wien oder in einer solchen Entfernung von Wien haben, dass sie kurzfristig an den Sitz der Versorgungsanstalt gelangen können.

(5) Dem Vorstand obliegt die Geschäftsführung, soweit nicht durch Gesetz oder Satzung anderes bestimmt wird. Er kann unbeschadet seiner eigenen Verantwortlichkeit und der Abs. 6 und 7 einzelne seiner Obliegenheiten dem Präsidenten/der Präsidentin (dessen/deren Stellvertreterin) oder die Besorgung bestimmter laufender Angelegenheiten der Geschäftsstelle der Versorgungsanstalt übertragen.

(6) Der Präsident/Die Präsidentin hat Angelegenheiten, die in den Aufgabenbereich der Hauptversammlung oder des Vorstandes fallen, bei Gefahr im Verzug so weit selbst zu besorgen und in solchen Fällen die Versorgungsanstalt gerichtlich und außergerichtlich zu vertreten, als es notwendig ist, um einen drohenden Schaden abzuwehren bzw. einen ihr entgehenden Vorteil zu sichern. Der Präsident/die Präsidentin hat den zuständigen Verwaltungskörpern nachträglich über die von ihm/ihr getroffenen Maßnahmen zu berichten.

(7) Der Vorstand hat die Versorgungsanstalt unbeschadet des Abs. 6 im Rahmen seiner Geschäftsführungsbefugnis gerichtlich und außergerichtlich zu vertreten. Insoweit hat er die Stellung eines gesetzlichen Vertreters. Die Satzung hat zu bestimmen, inwieweit der Präsident/die Präsidentin in anderen als den in Abs. 6 bezeichneten Fällen und inwieweit andere Mitglieder der Verwaltungskörper die Versorgungsanstalt vertreten können.

NVG 2020

(8) Zum Nachweis der Vertretungsbefugnis genügt eine Bescheinigung der Aufsichtsbehörde.

Rechnungsprüfer/innen

§ 86. (1) Die drei Rechnungsprüfer/innen haben die gesamte Gebarung der Versorgungsanstalt jederzeit zu überwachen und zu diesem Zweck insbesondere die Buch- und Kassenführung und den Rechnungsabschluss zu überprüfen. Sie haben über ihre Wahrnehmungen dem Vorstand zu berichten und die entsprechenden Anträge zu stellen.

(2) Von den drei Rechnungsprüfer/inne/n hat einer/eine (dessen/deren Stellvertreter/in) der Gruppe der Notare/Notarinnen, einer/eine (dessen/deren Stellvertreter/in) der Gruppe der Notariatskandidaten/Notariatskandidatinnen und einer/eine (dessen/deren Stellvertreter/in) der Gruppe der ehemaligen Notare/Notarinnen anzugehören. Die Rechnungsprüfer/innen (ihre Stellvertreter/innen) dürfen keinem Verwaltungskörper der Versorgungsanstalt angehören.

(3) Ist ein Rechnungsprüfer/eine Rechnungsprüferin an der Ausübung des Amtes verhindert, so ist er/sie durch den gewählten Stellvertreter/die gewählte Stellvertreterin zu vertreten.

(4) Der Vorstand und der/die leitende Angestellte der Versorgungsanstalt sind verpflichtet, den Rechnungsprüfer/inne/n alle Aufklärungen zu geben und alle Belege und Behelfe vorzulegen, die sie zur Ausübung ihrer Tätigkeit benötigen.

(5) Die Rechnungsprüfer/innen haben ihre Anträge und deren Begründung dem Vorstand auch schriftlich ausgefertigt zu übergeben. Die Rechnungsprüfer/innen sind berechtigt, ihre Ausführungen binnen drei Tagen nach der durch den Vorstand erfolgten Beschlussfassung zu ergänzen. Handelt es sich um Beschlüsse des Vorstandes, die zu ihrem Vollzug der Genehmigung der Aufsichtsbehörde bedürfen, so hat er dem Ansuchen um Erteilung dieser Genehmigung die Ausführungen der Rechnungsprüfer/innen beizuschließen.

Sitzungen

§ 87. (1) Die Sitzungen der Verwaltungskörper sind nicht öffentlich.

(2) Der ordnungsgemäß einberufene Vorstand ist bei Anwesenheit des Präsidenten/der Präsidentin und von mindestens drei weiteren Mitgliedern beschlussfähig; von diesen müssen mindestens zwei der Gruppe der Notare/Notarinnen angehören. Der Präsident/Die Präsidentin (dessen/deren Stellvertreter/in) zählt auf diese Mindestanzahl.

(3) In den Sitzungen des Vorstandes hat auch der/die Vorsitzende Stimmrecht; bei Stimmengleichheit gibt seine/ihre Stimme den Ausschlag.

(4) Die ordnungsgemäß einberufene Hauptversammlung ist bei Anwesenheit des Präsidenten/der Präsidentin (dessen/deren Stellvertreters/Stellvertreterin) und von weiteren Mitgliedern, die insgesamt mindestens 13 Stimmen führen, beschlussfähig. Davon müssen jedenfalls zehn Stimmen von Mitgliedern aus der Gruppe der Notare/Notarinnen und drei Stimmen ohne Rücksicht auf ihre Zugehörigkeit zu einer Gruppe sein. Die Mitglieder, mit Ausnahme der ehemaligen Notare/Notarinnen, müssen überdies mindestens drei verschiedenen Notariatskollegien angehören.

(5) Der leitende Angestellte/Die leitende Angestellte der Versorgungsanstalt kann den Sitzungen der Verwaltungskörper mit beratender Stimme beigezogen werden.

(6) Verstoßen Beschlüsse eines Verwaltungskörpers gegen eine Rechtsvorschrift oder in einer wichtigen Frage gegen den Grundsatz der Zweckmäßigkeit der Gebarung, so hat der/die Vorsitzende ihre Durchführung vorläufig aufzuschieben und unter gleichzeitiger Angabe der Gründe für seine/ihre Vorgangsweise die Entscheidung der Aufsichtsbehörde einzuholen.

Abschnitt III
Vermögensverwaltung

Jahresvoranschlag

§ 88. (1) Die Versorgungsanstalt hat für jedes Geschäftsjahr einen Voranschlag aufzustellen.

(2) Geschäftsjahr ist das Kalenderjahr.

Rechnungsabschluss und Nachweisungen

§ 89. (1) Die Versorgungsanstalt hat für jedes Geschäftsjahr einen Rechnungsabschluss, der jedenfalls aus einer Erfolgsrechnung und einer Schlussbilanz zum Ende des Jahres bestehen muss, sowie einen Geschäftsbericht zu verfassen und der Aufsichtsbehörde vorzulegen.

(2) Die Versorgungsanstalt hat statistische Nachweisungen zu verfassen.

(3) Die Aufsichtsbehörde hat Weisungen für die Rechnungsführung, Rechnungslegung, die Erstellung des Jahresvoranschlages sowie des Jahresberichtes (Abs. 1) und für die statistischen Nachweisungen (Abs. 2) zu erlassen.

(4) Die Versorgungsanstalt hat die von der Hauptversammlung beschlossene Erfolgsrechnung binnen drei Monaten nach der Beschlussfassung den Notariatskammern zu übermitteln. Diese haben die Erfolgsrechnung für die Dauer von weiteren drei Monaten in ihren Amtsräumen zur öffentlichen Einsichtnahme aufzulegen.

Schulden-, Vermögens- und Liquiditätsmanagement

§ 90. (1) Die Versorgungsanstalt hat bei der Vermögensverwaltung sowie beim Schulden- und Liquiditätsmanagement die Grundsätze nach § 2a BFinG sinngemäß anzuwenden. Die zur Anlage verfügbaren Mittel der Versorgungsanstalt sind grundsätzlich zinsbringend anzulegen. Anlagesicherheit und Liquidität haben Vorrang gegenüber der Erzielung eines angemessenen Ertrages. Die Mittel dürfen im Sinne der Anlagesicherheit unbeschadet des Abs. 3 und des § 93 nur angelegt werden:

1.   in verzinslichen Schuldverschreibungen (verzinslichen Wertpapieren), die in Euro von Mitgliedstaaten (bzw. deren Teilstaaten, Bun-

desländern, Provinzen) des EWR begeben wurden, deren Bonität als zweifelsfrei vorhanden erachtet wird, oder

2. in verzinslichen Schuldverschreibungen, die in Euro von Kreditinstituten begeben wurden, deren Bonität als zweifelsfrei vorhanden erachtet wird und die ihren Sitz in einem Mitgliedstaat des EWR haben, oder

3. in auf Euro lautenden Einlagen bei Kreditinstituten, deren Bonität als zweifelsfrei vorhanden erachtet wird und die ihren Sitz in einem Mitgliedstaat des EWR haben, oder

4. in verzinslichen Schuldverschreibungen (Emissionen), deren Bonität als zweifelsfrei vorhanden erachtet wird und die von Emittenten/Emittentinnen mit Sitz in einem Mitgliedstaat des EWR begeben wurden, oder

5. in Unternehmensanleihen von Emittenten/Emittentinnen, deren Bonität als zweifelsfrei vorhanden erachtet wird und die ihren Sitz in einem Mitgliedstaat des EWR haben, oder

6. in Fonds im Sinne des InvFG, die den Kriterien nach den Z 1 bis 5 entsprechen, oder

7. in inländischen Liegenschaften (Grundstücken, Gebäuden) mit Ausnahme von Liegenschaften, die ausschließlich oder zum größten Teil industriellen, gewerblichen oder land- und forstwirtschaftlichen Zwecken dienen.

Für die Beurteilung der Bonität können Mindest-Ratings der vom Markt anerkannten Rating-Agenturen herangezogen werden. Veranlagungen in nachrangige Schuldverschreibungen (nachrangige Wertpapiere) sind nicht zulässig.

(2) Der Einsatz derivativer Instrumente im Sinne der Arten von Derivatgeschäften nach Anhang II Abs. 1 lit. a bis d der Verordnung (EU) Nr. 575/2013 über Aufsichtsanforderungen an Kreditinstitute und Wertpapierfirmen und zur Änderung der Verordnung (EU) Nr. 646/2012, ABl. Nr. L 176 vom 27.06.2013 S. 1, zuletzt geändert durch die Delegierte Verordnung (EU) 2015/1556, ABl. Nr. L 244 vom 19.09.2015 S. 9, ist zulässig, wenn er nachweislich zur Absicherung bestehender Positionen nach Abs. 1 dient.

(3) Zu ihrer Wirksamkeit bedürfen Beschlüsse der Verwaltungskörper über Vermögensveranlagungen, die in den Abs. 1 und 2 nicht erwähnt sind, der Genehmigung der Aufsichtsbehörde. Kriterien für die Genehmigung der beabsichtigten Vermögensveranlagung sind jedenfalls Anlagesicherheit, Liquidität und Ertragsangemessenheit. Gegenstand solcher Beschlüsse können sowohl konkrete Vermögensanlagen in einem einzelnen Fall als auch durch gemeinsame Gruppenmerkmale gekennzeichnete und voraussichtlich vorzunehmende Vermögensanlagen sein.

(4) Die Versorgungsanstalt hat dafür zu sorgen, dass die Veranlagung nach Möglichkeit durch Personen erfolgt, die dafür fachlich geeignet sind und eine entsprechende Berufserfahrung nachweisen können. Ist dies nicht möglich, so hat die Versorgungsanstalt für jede Vermögensanlage

eine fachlich qualifizierte Person als Berater/in hinzuzuziehen.

Liquide Rücklage

§ 91. (1) Die liquide Rücklage ist ein Teil der allgemeinen Rücklage. Ihr können Bilanzgewinne zugeführt werden und durch sie können Bilanzverluste abgedeckt werden.

(2) Zur liquiden Rücklage zählen alle Vermögensanlagen mit einer (Rest)Laufzeit von bis zu zwölf Monaten, wenn sie nicht der Sonderrücklage zugeführt werden; Veranlagungen mit einer Kündigungsfrist von bis zu zwölf Monaten jedoch nur dann, wenn neben einer angemessenen Verzinsung ein Rückfluss mindestens in der Höhe des angelegten Betrages gewährleistet ist oder der Differenzbetrag durch eine entsprechende höhere Verzinsung zumindest ausgeglichen ist.

(3) Die liquide Rücklage soll am Ende des Geschäftsjahres die Summe sämtlicher Versorgungsleistungen dieses Jahres nicht überschreiten, es sei denn, die langfristigen Prognoserechnungen lassen ohne diese Maßnahme keine ausgeglichene Gebarung erwarten.

NVG 2020

Sonderrücklage

§ 92. (1) Die Sonderrücklage ist ein Teil der allgemeinen Rücklage.

(2) Wenn sich aus der Langfristprognose (§ 10 Abs. 3) ergibt, dass sich künftig über einen bestimmten Zeitraum ein Mehraufwand für Pensionsleistungen abzeichnet, kann die Hauptversammlung beschließen, Einnahmen für diesen Zeitraum einer Sonderrücklage zuzuführen, die zur Abdeckung des Mehraufwandes zu verwenden ist.

(3) Wenn sich aus der letzten Langfristprognose ein geringerer Mehraufwand als bisher prognostiziert ergibt, so kann die Hauptversammlung die entsprechende Auflösung der Sonderrücklage beschließen.

Genehmigungs(Anzeige)bedürftige Veränderungen von Vermögensbeständen

§ 93. (1) Jede Veränderung im Bestand von Liegenschaften, insbesondere die Erwerbung, Belastung oder Veräußerung von Liegenschaften, ferner die Errichtung oder Erweiterung von Gebäuden ist nur mit Genehmigung der Aufsichtsbehörde zulässig, wenn dem Rechtsgeschäft ein Betrag zugrunde liegt, der fünf Prozent der Erträge der Versorgungsanstalt im letzten vorangegangenen Kalenderjahr übersteigt.

(2) Beschlüsse des Vorstandes über die im Abs. 1 genannten Angelegenheiten, die der Genehmigung nicht bedürfen, sind binnen einem Monat nach Beschlussfassung der Aufsichtsbehörde gesondert anzuzeigen.

Abschnitt IV

Maßnahmen zur Herstellung des Gleichgewichtes zwischen Einnahmen und Ausgaben

§ 94. (1) Zur dauerhaften Deckung der Ausgaben sind rechtzeitig Maßnahmen zu setzen, damit die Erträge aus Beiträgen bei einem Beitragssatz von höchstens 18% zuzüglich der sonstigen Einnahmen ausreichen. Reicht ein Beitragssatz von 18% nicht aus, um ein dauerhaftes Gleichgewicht zwischen Einnahmen und Ausgaben unter Berücksichtigung von Zuführungen aus der liquiden Rücklage und der Sonderrücklage sicherzustellen, so hat die Hauptversammlung jeweils für das der Beschlussfassung folgende Kalenderjahr

1. den Anpassungsfaktor der ersten Stufe abweichend von § 23 entsprechend niedriger, mindestens jedoch mit 1,0 festzusetzen und, wenn dies nicht ausreicht,

2. einen Pensionsbeitrag in der Höhe von bis zu 10% aller laufenden Leistungen aus den Versorgungsfällen des Alters, des Todes und der Berufsunfähigkeit (ausgenommen vom Berufsunfähigkeitsgeld) zu beschließen.

(2) Erweisen sich die Maßnahmen nach Abs. 1 als ungenügend, so hat die Hauptversammlung für das der Beschlussfassung jeweils folgende Kalenderjahr in einer ausgewogenen Weise den Beitragssatz bis auf 20% und nachfolgend, wenn auch diese Maßnahme nicht ausreicht, den Pensionsbeitrag bis auf 15% zu erhöhen.

(3) Wird ein Solidaritätsbeitrag (§ 12) eingehoben, so ist dieser auf den Pensionsbeitrag anzurechnen.

(4) Die in den Abs. 1 bis 3 genannten Maßnahmen dürfen nicht dazu führen, dass der jeweils geltende Mindestbetrag für die laufenden Leistungen (§§ 52 Abs. 6, 62 Abs. 5, 65 und 68) unterschritten wird.

Abschnitt V
Aufsicht des Bundes

Aufsichtsbehörde

§ 95. (1) Die Versorgungsanstalt und ihre Einrichtungen unterliegen der Aufsicht des Bundes. Die Aufsicht ist von der Bundesministerin für Arbeit, Soziales, Gesundheit und Konsumentenschutz auszuüben.

(2) Die Bundesministerin für Arbeit, Soziales, Gesundheit und Konsumentenschutz kann bestimmte Bedienstete ihres Bundesministeriums mit der Aufsicht über die Versorgungsanstalt betrauen. Den mit der Ausübung der Aufsicht betrauten Bediensteten und ihren Stellvertreter/inne/n sind Aufwandsentschädigungen zu gewähren, deren Höhe 5,6 % bzw. für Stellvertreter/innen 2,8 % des Gehaltes eines Abgeordneten zum Nationalrat entspricht und die monatlich auszuzahlen sind.

(3) Der Vertreter/Die Vertreterin der Aufsichtsbehörde kann gegen Beschlüsse eines Verwaltungskörpers, die gegen eine Rechtsvorschrift verstoßen, Einspruch mit aufschiebender Wirkung erheben. Der/Die Vorsitzende hat die Durchführung des Beschlusses, gegen den Einspruch erhoben worden ist, vorläufig aufzuschieben und die Entscheidung der Aufsichtsbehörde einzuholen.

Aufgaben der Aufsicht

§ 96. (1) Die Aufsichtsbehörde hat die Gebarung der Versorgungsanstalt zu überwachen und darauf hinzuwirken, dass im Zuge dieser Gebarung nicht gegen Rechtsvorschriften verstoßen wird. Sie kann ihre Aufsicht auf Fragen der Zweckmäßigkeit erstrecken; sie soll sich in diesem Fall auf wichtige Fragen beschränken und in das Eigenleben und die Selbstverantwortung der Versorgungsanstalt nicht unnötig eingreifen. Die Aufsichtsbehörde kann in Ausübung des Aufsichtsrechtes Beschlüsse der Verwaltungskörper aufheben.

(2) Der Aufsichtsbehörde sind auf Verlangen alle Bücher, Rechnungen, Belege, Urkunden, Wertpapiere, Schriften und sonstige Bestände vorzulegen und alle zur Ausübung des Aufsichtsrechtes geforderten Mitteilungen zu machen; alle Verlautbarungen sind der Aufsichtsbehörde unverzüglich zur Kenntnis zu bringen. Die Aufsichtsbehörde kann die Satzung jederzeit überprüfen und Änderungen solcher Bestimmungen verlangen, die mit dem Gesetz in Widerspruch stehen oder dem Zweck der Versorgung zuwiderlaufen. Wird diesem Verlangen nicht binnen drei Monaten entsprochen, so kann sie die erforderlichen Verfügungen von Amts wegen treffen.

(3) Die Aufsichtsbehörde kann verlangen, dass die Verwaltungskörper mit einer bestimmten Tagesordnung zu Sitzungen einberufen werden. Wird dem nicht entsprochen, so kann sie die Sitzungen selbst anberaumen und die Verhandlungen leiten. Sie kann zu allen Sitzungen Vertreter/innen entsenden, denen beratende Stimme zukommt. Die Aufsichtsbehörde und der mit der Aufsicht betraute Bedienstete der Aufsichtsbehörde sind von jeder Sitzung der Verwaltungskörper ebenso in Kenntnis zu setzen wie die Mitglieder dieser Verwaltungskörper; es sind ihnen auch die diesen zur Verfügung gestellten Behelfe (Tagesordnung, Ausweise, Berichte und andere Behelfe) zu übermitteln.

(4) Die Aufsichtsbehörde ist berechtigt, die Versorgungsanstalt amtlichen Untersuchungen zu unterziehen, wobei sie sich der Mitwirkung geeigneter Sachverständiger bedienen kann.

(5) Die Aufsichtsbehörde hat unbeschadet der Rechte Dritter bei Streit über Rechte und Pflichten der Verwaltungskörper und deren Mitglieder sowie über die Auslegung der Satzung zu entscheiden.

Vorläufiger Verwalter

§ 97. (1) Die Aufsichtsbehörde ist berechtigt, den Vorstand, wenn er ungeachtet zweimaliger schriftlicher Verwarnung gesetzliche und satzungsmäßige Bestimmungen außer Acht lässt, aufzulösen und die vorläufige Geschäftsführung und Vertretung vorübergehend einem vorläufigen Verwalter zu übertragen. Ist der Vorstand aufgelöst, darf die

Hauptversammlung nicht zusammentreten oder durch schriftliche Abstimmung einen Beschluss fassen und der Präsident/die Präsidentin die ihm/ihr durch Gesetz oder Satzung übertragene Befugnis zur Geschäftsführung und Vertretung nicht ausüben. Dem vorläufigen Verwalter ist ein Beirat zur Seite zu stellen, der sich aus Vertreter/innen der in die Vorsorge einbezogenen Personen aus der Gruppe der Notare/Notarinnen, der Gruppe der Notariatskandidaten/Notariatskandidatinnen und der Gruppe der ehemaligen Notare/Notarinnen im gleichen Verhältnis wie die Hauptversammlung (§ 83) zusammensetzt. Die Aufgaben und Befugnisse des Beirates werden von der Aufsichtsbehörde bestimmt; die Vorschriften der §§ 78 Abs. 1, 3 und 4 sowie 82 sind auf die Mitglieder des Beirates entsprechend anzuwenden. Der vorläufige Verwalter hat binnen acht Wochen vom Zeitpunkt seiner Bestellung an die nötigen Verfügungen wegen Neubestellung des Vorstandes zu treffen und die Hauptversammlung zu diesem Zweck einzuberufen.

(2) Die Bestimmungen des Abs. 1 über die Auflösung des Vorstandes und die Übertragung der vorläufigen Geschäftsführung und Vertretung auf einen vorläufigen Verwalter sind entsprechend anzuwenden, solange und soweit dieser Verwaltungskörper die ihm obliegenden Geschäfte nicht ausführt.

(3) Verfügungen des vorläufigen Verwalters, die über den Rahmen laufender Geschäftsführung hinausgehen, wie insbesondere derartige Verfügungen über die dauernde Anlage von Vermögensbeständen im Wert von mehr als 14 534,57 €, über den Abschluss von Verträgen, die die Versorgungsanstalt für länger als sechs Monate verpflichten, und über den Abschluss, die Änderung oder Auflösung von Dienstverträgen mit einer Kündigungsfrist von mehr als drei Monaten oder von unkündbaren Dienstverträgen bedürfen der Genehmigung durch die Aufsichtsbehörde.

Kosten der Aufsicht

§ 98. Die Kosten der von der Aufsichtsbehörde angeordneten Maßnahmen belasten die Versorgungsanstalt. Zur Deckung der durch die Aufsicht erwachsenden sonstigen Kosten hat die Versorgungsanstalt durch Entrichtung einer Aufsichtsgebühr beizutragen. Deren Höhe hat die Aufsichtsbehörde nach Anhörung der Versorgungsanstalt zu bestimmen.

Beschwerde an das Bundesverwaltungsgericht

§ 99. Gegen Bescheide der Aufsichtsbehörde und wegen Verletzung ihrer Entscheidungspflicht kann Beschwerde an das Bundesverwaltungsgericht erhoben werden.

Abschnitt VI

Satzung

§ 100. (1) Die Satzung hat auf Grund der Vorschriften dieses Bundesgesetzes die Tätigkeit der Versorgungsanstalt näher zu regeln und insbesondere Bestimmungen über Nachstehendes zu enthalten:

1. über die Vertretung der Versorgungsanstalt nach außen;
2. über die Form der Kundmachungen und rechtsverbindlichen Akte und über ihre Fertigung;
3. über die Geschäftsführung der Verwaltungskörper;
4. über die Kontrolle der Beitragsleistungen der in die Vorsorge einbezogenen Personen.

(2) Die Satzung und jede ihrer Änderungen bedürfen der Genehmigung durch die Aufsichtsbehörde und sind binnen einem Monat nach der Genehmigung im „Amtsblatt zur Wiener Zeitung" zu veröffentlichen.

Abschnitt VII
Unterlagen

Führung der Unterlagen

§ 101. Die Versorgungsanstalt hat für jede in die Vorsorge einbezogene Person, für die sie Beiträge einhebt, die Unterlagen, die zur Feststellung der Leistungen erforderlich sind, aufzuzeichnen, diese Aufzeichnungen aufzubewahren und dem Dachverband der Sozialversicherungsträger auf sein Verlangen daraus die zur Erfüllung seiner Aufgaben notwendigen Daten bekanntzugeben.

Verwaltungshilfe

§ 102. (1) Die Versorgungsanstalt und die Träger der Sozialversicherung (der Dachverband der Sozialversicherungsträger) sind verpflichtet, bei Erfüllung ihrer Aufgaben einander zu unterstützen; sie haben insbesondere Ersuchen, die zu diesem Zweck an sie ergehen, im Rahmen ihrer sachlichen und örtlichen Zuständigkeit zu entsprechen und auch unaufgefordert den Sozialversicherungsträgern alle Mitteilungen zukommen zu lassen, von denen sie erkennen, dass sie für ihren Geschäftsbetrieb von Wichtigkeit sind, sowie Anträge und Meldungen fristwahrend weiterzuleiten.

(2) Zum Zweck der Bemessung der Beiträge nach diesem Bundesgesetz haben die Abgabenbehörden des Bundes der Versorgungsanstalt auf deren Verlangen im Einzelfall den Einkommensteuerbescheid, den Umsatzsteuerbescheid sowie alle von der (ehemalig) in die Vorsorge einbezogenen Person der jeweiligen Abgabenbehörde vorgelegten Erklärungen und Beilagen zu übermitteln. Überdies ist die Versorgungsanstalt berechtigt, bei den Abgabenbehörden des Bundes Auskünfte betreffend das diesbezügliche Abgabenverfahren der in die Versorgung einbezogenen Person einzuholen.

(3) Die Versorgungsanstalt ist berechtigt, für die Österreichische Notariatskammer und die Notariatskammern einkommensabhängige Kammerbeiträge einzuheben. Zur Abgeltung der durch die Einhebung und Abfuhr dieser Beiträge entstehenden Kosten erhält die Versorgungsanstalt von den Notariatskammern eine Vergütung im Ausmaß von 1% der jeweils abgeführten Beiträge.

Mitwirkung der Abgabenbehörden des Bundes

§ 103. (1) Die Abgabenbehörden des Bundes haben der Versorgungsanstalt auf deren Verlangen folgende zur Bemessung der Beiträge nach diesem Bundesgesetz erforderliche Daten zu übermitteln:

1. Vorname, Familien- oder Nachname, Anschrift, Finanzamtsnummer, Steuernummer, Versicherungsnummer und Geburtsdatum der (ehemalig) in die Vorsorge einbezogenen Person;

2. Einkünfte aus selbständiger Arbeit;

3. sonstige Einkünfte (im Sinne des § 29 Z 4 EStG 1988);

4. gewinnmindernd anerkannte Investitions- und sonstige steuerliche Freibeträge für Gewinne.

(2) Das Verfahren der Übermittlung und der Zeitpunkt der erstmaligen Übermittlung der in Abs. 1 genannten Daten sind vom Bundesminister für Finanzen im Einvernehmen mit der Bundesministerin für Arbeit, Soziales, Gesundheit und Konsumentenschutz nach Maßgabe der technisch-organisatorischen Möglichkeiten durch Verordnung zu bestimmen.

Abschnitt VIII

Bedienstete

§ 104. Hinsichtlich der dienst-, besoldungs- und pensionsrechtlichen Verhältnisse der Bediensteten sind die §§ 460, 460b und 460c ASVG so anzuwenden, dass die Höhe der Leitungszulage für den leitenden Angestellten/die leitende Angestellte (dessen/deren Stellvertreter/in) vom Vorstand festzusetzen ist.

Verschwiegenheitspflicht der Bediensteten

§ 105. (1) Die Bediensteten haben über alle ihnen in Ausübung des Dienstes oder mit Beziehung auf ihre Stellung bekanntgewordenen Angelegenheiten, die im Interesse der Versorgungsanstalt oder der (ehemalig) in die Vorsorge einbezogenen Personen, ihrer Angehörigen oder Dienstgeber/innen Geheimhaltung erfordern oder ihnen ausdrücklich als vertraulich bezeichnet worden sind, gegen jedermann, dem sie über solche Angelegenheiten eine dienstliche Mitteilung zu machen nicht verpflichtet sind, Verschwiegenheit zu üben.

(2) Eine Ausnahme von der im Abs. 1 bezeichneten Verpflichtung tritt nur insoweit ein, als ein Bediensteter/eine Bedienstete für einen bestimmten Fall von der Verpflichtung zur Wahrung des Dienstgeheimnisses entbunden wurde.

(3) Die Bediensteten sind an die Verschwiegenheitspflicht auch im Verhältnis außer Dienst, im Ruhestand sowie nach Auflösung des Dienstverhältnisses gebunden.

Abschnitt IX

Berechtigung zur Datenverarbeitung

§ 106. Die Versorgungsanstalt ist insoweit zur Verarbeitung von personenbezogenen Daten ermächtigt, als dies zur Erfüllung der ihr gesetzlich übertragenen Aufgaben eine wesentliche Voraussetzung ist.

VIERTER TEIL
ÜBERGANGS- UND SCHLUSS-BESTIMMUNGEN

Abschnitt I
Übergangsbestimmungen

Anwendung bundesgesetzlicher Bestimmungen

§ 107. Die Beiträge, Anwartschaften, Ansprüche und Leistungen nach diesem Bundesgesetz sind, soweit in anderen Bundesgesetzen auf Beiträge, Anwartschaften, Ansprüche und Leistungen für bzw. aus einer gesetzlichen Pensionsversicherung Bezug genommen wird, diesen gleich zu halten, soweit in diesem Bundesgesetz nichts anderes bestimmt ist.

Berücksichtigung von Zeiten, die einem Überweisungsbetrag zugrunde liegen

§ 108. (1) Die in den Fällen des § 69 Abs. 2 in einem Überweisungsbetrag berücksichtigten Versorgungszeiten gelten als Beitragszeiten im Sinne der §§ 225 bzw. 226 ASVG. § 230 Abs. 1 ASVG ist dabei nicht anzuwenden.

(2) Die in den Fällen der §§ 94 Abs. 6 und 95 des Notarversicherungsgesetzes 1972 in der am 31. Dezember 2019 geltenden Fassung in einem Überweisungsbetrag berücksichtigten Beitragszeiten bzw. Dienstzeiten gelten als Versorgungszeiten im Sinne des § 45.

Abschnitt II
Schlussbestimmungen

Vollziehung

§ 109. Mit der Vollziehung dieses Bundesgesetzes ist hinsichtlich der Bestimmungen des § 22 über die Gebühren- und Abgabenbefreiung, soweit sie sich auf die Befreiung von den Bundesverwaltungsabgaben beziehen, die Bundesregierung sowie hinsichtlich der Bestimmung des § 75, soweit sie sich auf das Leistungsstreitverfahren erster und zweiter Instanz bezieht, der Bundesminister für Verfassung, Reformen, Deregulierung und Justiz im Einvernehmen mit der Bundesministerin für Arbeit, Soziales, Gesundheit und Konsumentenschutz sowie hinsichtlich aller übrigen Bestimmungen die Bundesministerin für Arbeit, Soziales, Gesundheit und Konsumentenschutz betraut.

Vollziehung in unmittelbarer Bundesverwaltung

§ 110. Die Bundesministerin für Arbeit, Soziales, Gesundheit und Konsumentenschutz besorgt die Aufgaben nach § 412 ASVG in Verbindung mit § 75 dieses Bundesgesetzes in unmittelbarer Bundesverwaltung.

Inkrafttreten

§ 111. Dieses Bundesgesetz tritt mit 1. Jänner 2020 in Kraft.

NVG 2020

Entschädigungs-Verordnung für die Tätigkeit als Verwaltungskörpermitglied

Verordnung über Entschädigungen für die Tätigkeit als Verwaltungskörpermitglied bei der Versorgungsanstalt des österreichischen Notariates, BGBl II 2020/139

GLIEDERUNG

Verordnung des Bundesministers für Soziales, Gesundheit, Pflege und Konsumentenschutz über Entschädigungen für die Tätigkeit als Verwaltungskörpermitglied bei der Versorgungsanstalt des österreichischen Notariates

Auf Grund des § 78 Abs. 4 Z 2 und 3 des Notarversorgungsgesetzes, BGBl. I Nr. 100/2018, wird verordnet:

Gegenstand

§ 1. Diese Verordnung regelt

1. die Höhe und die Auszahlung der Funktionsgebühr für den Präsidenten/die Präsidentin der Versorgungsanstalt des österreichischen Notariates und seinen/ihren Stellvertreter bzw. seine/ihre Stellvertreterin sowie die Dauer des Anspruches auf diese Funktionsgebühr;
2. die Höhe des Sitzungsgeldes für Mitglieder der Verwaltungskörper der Versorgungsanstalt des österreichischen Notariates.

Höhe der Funktionsgebühr

§ 2. (1) Das jährliche Höchstausmaß der Funktionsgebühr beträgt 40% des einem Mitglied des Nationalrates jährlich gebührenden Bezuges, abgerundet auf den vollen Eurobetrag.

(2) Die Höhe der Funktionsgebühr beläuft sich auf einen Prozentsatz des jährlichen Höchstausmaßes der Funktionsgebühr nach Abs. 1, abgerundet auf den vollen Eurobetrag. Dieser Prozentsatz beträgt

1. für den Präsidenten/die Präsidentin 40%,
2. für den Stellvertreter/die Stellvertreterin des Präsidenten/der Präsidentin 20%.

Auszahlung der Funktionsgebühr

§ 3. Der jährliche Betrag der Funktionsgebühr ist auf die Kalendermonate des Jahres gleichmäßig (einschließlich der aliquotierten Sonderzahlungen) aufzuteilen und im Nachhinein auszuzahlen.

Dauer des Anspruches auf Funktionsgebühr

§ 4. Die Funktionsgebühr gebührt für die Dauer der Amtsausübung.

Sitzungsgeld

§ 5. (1) Sitzungsgeld gebührt den Mitgliedern der Verwaltungskörper der Versorgungsanstalt des österreichischen Notariates für jeden Tag, an dem sie an Sitzungen eines oder beider Verwaltungskörper dieser Anstalt teilnehmen.

(2) Neben einer Funktionsgebühr nach § 2 gebührt kein Sitzungsgeld.

(3) Das tägliche Sitzungsgeld beträgt 0,085% des jährlichen Höchstausmaßes der Funktionsgebühr nach § 2 Abs. 1, abgerundet auf den vollen Eurobetrag.

Wirksamkeitsbeginn

§ 6. Diese Verordnung tritt mit 1. Jänner 2020 in Kraft.

6/2. Bundesgesetz zur Überführung der Versicherungsanstalt des österreichischen Notariates in eine Versorgungsanstalt des österreichischen Notariates

Bundesgesetz zur Überführung der Versicherungsanstalt des österreichischen Notariates in eine Versorgungsanstalt des österreichischen Notariates, BGBl I 2018/100

Bundesgesetz zur Überführung der Versicherungsanstalt des österreichischen Notariates in eine Versorgungsanstalt des österreichischen Notariates

Der Nationalrat hat beschlossen:

Bundesgesetz zur Überführung der Versicherungsanstalt des österreichischen Notariates in eine Versorgungsanstalt des österreichischen Notariates

§ 1. (1) Mit Wirkung ab 1. Jänner 2019 wird eine Versorgungsanstalt des österreichischen Notariates errichtet.

(2) Alle Rechte und Verbindlichkeiten der Versicherungsanstalt des österreichischen Notariates gehen mit 1. Jänner 2020 auf die Versorgungsanstalt über. Sie ist ab 1. Jänner 2020 zur Durchführung der Verwaltungs- und Leistungssachen sowie sonstiger Geschäfte zuständig, die nach den am 31. Dezember 2019 geltenden Vorschriften von der Versicherungsanstalt des österreichischen Notariates zu besorgen sind. Rechte, Anwartschaften und Pflichten der Versicherten, Angehörigen, Hinterbliebenen und Zahlungsempfänger/innen nach dem Notarversicherungsgesetz 1972 gegenüber der Versicherungsanstalt des österreichischen Notariates bestehen ab dem 1. Jänner 2020 gegenüber der Versorgungsanstalt. Bei der Zuerkennung von Leistungen nach dem 31. Dezember 2019, deren Stichtag vor dem 1. Jänner 2020 liegt, hat die Versorgungsanstalt die Bestimmungen des Notarversicherungsgesetzes 1972 (NVG) anzuwenden. In weiterer Folge sind auf diese Leistungen sowie auf die nach dem 1. Jänner 2020 von der Versicherungsanstalt des österreichischen Notariates zuerkannten Leistungen die Bestimmungen des Notarversorgungsgesetzes anzuwenden.

(3) Die durch den nach Abs. 2 erfolgten Übergang aller Rechte und Verbindlichkeiten der Versicherungsanstalt des österreichischen Notariates auf die Versorgungsanstalt unmittelbar veranlassten (anfallenden) Schriften, Rechtsvorgänge und Rechtsgeschäfte sind von der Grunderwerbsteuer, den Stempel- und Rechtsgebühren sowie von den Gerichts- und Justizverwaltungsgebühren befreit.

(4) Der nach Abs. 2 erfolgte Übergang aller Rechte und Verbindlichkeiten der Versicherungsanstalt des österreichischen Notariates auf die Versorgungsanstalt gilt nicht als steuerbarer Umsatz im Sinne des Umsatzsteuergesetzes 1994; die übernehmende Versorgungsanstalt tritt für den Bereich der Umsatzsteuer unmittelbar in die Rechtsstellung der übertragenden Körperschaft ein und es gelten für Zwecke der Umsatzsteuer die Rechtsverhältnisse für diese Tätigkeit als Unternehmer/in weiter.

(5) Der Versorgungsanstalt obliegt die Erstellung des Rechnungsabschlusses, des Geschäftsberichtes und der statistischen Nachweisungen der Versicherungsanstalt für das Jahr 2019.

Verwaltungskörper

§ 2. (1) Die Amtsdauer der am 31. Dezember 2018 im Amt befindlichen Verwaltungskörper der Versicherungsanstalt des österreichischen Notariates sowie die Amtsdauer der Mitglieder des Vorstandes, der Rechnungsprüfer/innen und der ehemaligen Notare und Notarinnen als Mitglieder der Hauptversammlung endet am 31. Dezember 2019. Danach verlängert sich deren Amtsdauer bis zur Wahl und Konstituierung der entsprechenden Verwaltungskörper bzw. bis zur Wahl der Rechnungsprüfer/innen und der ehemaligen Notare und Notarinnen als Mitglieder der Hauptversammlung der Versorgungsanstalt des österreichischen Notariates.

(2) Die Verwaltungskörper der Versicherungsanstalt des österreichischen Notariates haben bis 31. Dezember 2019 die für die Überführung nach § 1 notwendigen Maßnahmen zu setzen.

Bedienstete

§ 3. Die Verträge jener Dienstnehmer/innen, die am 31. Dezember 2019 Bedienstete der Versicherungsanstalt des österreichischen Notariates sind, gehen mit 1. Jänner 2020 unter Beibehaltung ihrer dienst-, besoldungs- und pensionsrechtlichen Stellung auf die Versorgungsanstalt des österreichischen Notariates über.

Anpassung der festen Beträge; Pensionsanpassung und Festsetzung des Beitragssatzes und des Solidaritätsbeitrages

§ 4. (1) Die in den §§ 10 Abs. 2, 52 Abs. 1 und 6, 62 Abs. 5, 65 und 68 des Notarversorgungsgesetzes, BGBl. I Nr. 100/2018, angeführten festen (Mindest-)Beträge sind mit 1. Jänner 2020 mit dem von der Hauptversammlung der Versicherungsanstalt des österreichischen Notariates nach § 72 Abs. 4 Z 5 NVG für das Jahr 2020 festzusetzenden Anpassungsfaktor der 1. Stufe (§ 20 NVG) anzupassen.

(2) Sämtliche laufenden Leistungen der Pensionsversicherung nach § 40 NVG, auf die am 31. Dezember 2019 Anspruch besteht, sind mit 1.

Jänner 2020 mit dem von der Hauptversammlung der Versicherungsanstalt des österreichischen Notariates nach § 72 Abs. 4 Z 5 NVG festzusetzenden (festzustellenden) Anpassungsfaktor für das Jahr 2020 zu vervielfachen.

(3) Der Beitragssatz und der Solidaritätsbeitrag für das Jahr 2020 sind von der Hauptversammlung der Versicherungsanstalt des österreichischen Notariates nach § 72 Abs. 4 Z 6 NVG festzusetzen.

Inkrafttreten

§ 5. Dieses Bundesgesetz tritt mit 1. Jänner 2019 in Kraft.

6/3. Notarversicherungsgesetz 1972

Notarversicherungsgesetz 1972, BGBl 1972/66 idF

1 BGBl 1974/781	**2** BGBl 1976/708	**3** BGBl 1978/280
4 BGBl 1978/343	**5** BGBl 1981/208	**6** BGBl 1981/593
7 BGBl 1983/590	**8** BGBl 1985/104	**9** BGBl 1986/116
10 BGBl 1988/283	**11** BGBl 1991/628	**12** BGBl 1993/110
13 BGBl 1994/24	**14** BGBl 1996/416	**15** BGBl I 1997/64
16 BGBl I 1998/30	**17** BGBl I 1999/106	**18** BGBl I 2000/139
19 BGBl I 2001/67	**20** BGBl I 2001/131	**21** BGBl I 2002/6
22 BGBl I 2002/145	**23** BGBl I 2004/101	**24** BGBl I 2006/98
25 BGBl I 2009/83	**26** BGBl I 2009/135	**27** BGBl I 2010/58
28 BGBl I 2010/62	**29** BGBl I 2010/64	**30** BGBl I 2013/86
31 BGBl I 2013/87	**32** BGBl I 2013/139	**33** BGBl I 2015/16
34 BGBl I 2015/162	**35** BGBl I 2016/120	**36** BGBl I 2017/53
37 BGBl I 2018/37	**38** BGBl I 2018/59	

GLIEDERUNG

NVG 2020

NVG 2020

Bundesgesetz vom 3. Feber 1972 über die Pensionsversicherung für das Notariat (Notarversicherungsgesetz 1972 – NVG)

(BGBl I 2017/53)

Der Nationalrat hat beschlossen:

**ERSTER TEIL
ALLGEMEINE BESTIMMUNGEN**

**Abschnitt I
Geltungsbereich**

Umfang der Versicherung

§ 1. (1) Dieses Bundesgesetz regelt die Pensionsversicherung der Notare und Notariatskandidaten.

(2) Die Pensionsversicherung trifft Vorsorge für die Versicherungsfälle des Alters, der Berufsunfähigkeit und des Todes.

Bedeutung der Begriffe

§ 2. Im Sinne dieses Bundesgesetzes bedeutet

1. Pensionsversicherung: die durch dieses Bundesgesetz geregelte Pensionsversicherung.
   (BGBl I 2015/16)

2. Notar: eine Person, die nach den Vorschriften der Notariatsordnung, RGBl. Nr. 75/1871, als Notar anzusehen ist und das Amt angetreten hat.

3. Notariatskandidat: eine Person, die

   a) nach den Vorschriften der Notariatsordnung als Notariatskandidat anzusehen ist, oder

   b) im Sinne der Notariatsordnung bei einem Notar tätig und zur Eintragung in die Verzeichnis der Notariatskandidat/inn/en angemeldet ist in der Zeit ab dem Beginn der Tätigkeit bis zur Entscheidung über den Antrag; die Zurückziehung des Antrages ist der ablehnenden Entscheidung gleichzuhalten, oder

   (BGBl I 2015/16)

   c) zum Notar neuernannt ist und das Amt noch nicht angetreten hat.

4. Versicherter: ein Notar oder ein Notariatskandidat (§ 3).

   (BGBl I 2015/16)

5. Ehemaliger Notar: ein Notar, dessen Amt erloschen ist und der eine (vorzeitige) Alters(Berufsunfähigkeits)pension (§§ 47, 51 und 51a) bezieht oder darauf Anspruch hat.

   (BGBl 1994/24, BGBl I 2000/139, BGBl I 2015/16)

6. Tätigkeit im Notariat: die berufliche Tätigkeit eines Notars oder eines Notariatskandidaten.

7. Versicherungsanstalt: die Versicherungsanstalt des österreichischen Notariates (§ 4).

   (BGBl I 2015/16)

8. Leistung: eine laufende Leistung und eine einmalige Leistung nach diesem Bundesgesetz.

   (BGBl I 2015/16)

9. Laufende Leistung: eine Pension, ein Zuschuss nach diesem Bundesgesetz und das Berufsunfähigkeitsgeld (§ 49).

   (BGBl I 2015/16)

10. Einmalige Leistungen: die Abfertigung einer Witwen(Witwer)pension (§ 56), die Abfindung (§ 59) und der Bestattungskostenbeitrag (§ 60).

    (BGBl I 2015/16)

11. Pension: die Berufsunfähigkeitspension (§ 47), die Alterspension (§ 51), die vorzeitige Alterspension (§ 51a), die Witwen(Witwer)pension (§ 54), die Pension für hinterbliebene eingetragene PartnerInnen (§ 54a), die Waisenpension (§ 57) und die Pension bei Haft (§ 25 Abs. 3).

    (BGBl 1994/24, BGBl I 2006/98, BGBl I 2010/62, BGBl I 2015/16)

12. Zuschuß: der Kinderzuschuß (§ 61)

    (BGBl 1993/110, BGBl I 2015/16)

13. Berufsunfähigkeit: die Folge eines körperlichen oder geistigen Gebrechens, durch das ein nach diesem Bundesgesetz Versicherter zur Ausübung seines Berufes unfähig ist.

    (BGBl I 2015/16)

14. Dienstunfall: ein Unfall eines nach diesem Bundesgesetz Versicherten, der sich im örtlichen, zeitlichen und ursächlichen Zusammenhang mit seiner Tätigkeit im Notariat ereignet; auch der Unfall, der sich auf einem mit der Tätigkeit im Notariat zusammenhängenden Weg zur oder von der Kanzlei ereignet.

    (BGBl I 2015/16)

15. Pensionsversicherungsfreies Dienstverhältnis: ein Dienstverhältnis der im § 308 Abs. 2 des Allgemeinen Sozialversicherungsgesetzes bezeichneten Art.

16. Kanzleiablöse: Leistungen jedweder Art, die für die Übertragung der Notariatskanzlei, wie zB deren Räumlichkeiten, Einrichtung – auch technische Einrichtung –, der verwahrten Urkunden, des Mandant/inn/enstockes sowie Handakten, oder die für die Aufgabe/Abtretung einer Beteiligung an einer Notar-Partnerschaft im Sinne der §§ 22 und 29 der Notariatsordnung erbracht werden. Dazu zählen auch Leib-/Zeitrenten.

    (BGBl I 2000/139, BGBl I 2009/83)

17. Pensionsprozentsatz: jener Prozentsatz, der für die Bemessung der Zusatzpension (§ 48 Abs. 2 Z 1) auf das durchschnittliche Monatseinkommen während des Durchrechnungszeitraumes anzuwenden ist.

    (BGBl I 2006/98, BGBl I 2015/16)

18. Durchrechnungszeitraum: jener Zeitraum, aus dem das durchschnittliche Monatseinkommen für die Bemessung der Zusatzpension (§ 48 Abs. 2 Z 1) errechnet wird.

    (BGBl I 2006/98, BGBl I 2015/16)

19. Fremdleistungen: Leistungen jedweder Art, wie zB die Überlassung der Einrichtung – auch der technischen Einrichtung – und sonstiger Büroinfrastruktur sowie des Personals, die Durchführung von Anderkontobuchhaltungs-, Schreib- und sonstigen Büroarbeiten, deren sich die versicherte Person oder die Notar-Partnerschaft, der die versicherte Person angehört, zur Durchführung der Tätigkeit im Notariat (§ 2 Z 6) bedient und die vom Unternehmen eines/einer Dritten, wie zB von einer Besitz-, Betriebs- oder Managementgesellschaft, erbracht werden.

    (BGBl I 2006/98, BGBl I 2009/83)

20. Naher Angehöriger/nahe Angehörige: eine Person im Sinne des § 25 der Bundesabgabenordnung (BAO), BGBl. Nr. 194/1961, in der jeweils geltenden Fassung. Eine Privatstiftung gilt als nahe Angehörige einer versicherten Person, wenn

    a) die versicherte Person selbst oder

    b) einer/eine ihrer nahen Angehörigen nach dieser Bestimmung oder

    c) die Notar-Partnerschaft, der die versicherte Person angehört, oder

    d) eine Gesellschaft oder ein anderer Rechtsträger, an deren oder dessen Vermögen oder Gewinn die versicherte Person oder einer/eine ihrer nahen

Angehörigen nach dieser Bestimmung wirtschaftlich betrachtet (§ 65a) insgesamt mit mehr als 10% unmittelbar oder mittelbar beteiligt ist,

Stifter/Stifterin, Begünstigter/Begünstigte oder Letztbegünstigter/Letztbegünstigte dieser Privatstiftung ist.

(BGBl I 2015/162)

Sprachliche Gleichbehandlung

§ 2a. Soweit in diesem Bundesgesetz personenbezogene Bezeichnungen nur in männlicher Form angeführt sind, beziehen sie sich auf Frauen und Männer in gleicher Weise. Bei der Anwendung auf bestimmte Personen ist die jeweils geschlechtsspezifische Form zu verwenden.

(BGBl I 2009/83, BGBl I 2015/162)

Versicherungspflicht

§ 3. Versicherungspflichtig sind die Notare und die Notariatskandidaten.

Versicherungsträger

§ 4. (1) Träger der Pensionsversicherung für das gesamte Bundesgebiet ist die Versicherungsanstalt des österreichischen Notariates mit dem Sitz in Wien. Sie gehört dem Hauptverband der österreichischen Sozialversicherungsträger an.

(2) Die Versicherungsanstalt ist eine Körperschaft des öffentlichen Rechtes und hat Rechtspersönlichkeit. Sie ist berechtigt, das Wappen der Republik Österreich in Siegeln, Drucksorten und Aufschriften zu verwenden.

(3) Der ordentliche Gerichtsstand der Versicherungsanstalt ist das sachlich zuständige Gericht ihres Sitzes.

Abschnitt II
Meldungen und Auskunftspflicht

Meldungen der Versicherten

§ 5. (1) Die Versicherten haben sich bei der Versicherungsanstalt binnen zwei Wochen nach dem Zeitpunkt, zu dem sie als Notare oder als Notariatskandidaten anzusehen sind, anzumelden und binnen zwei Wochen, nachdem sie diese Eigenschaft verloren haben, abzumelden.

(2) Die Versicherten haben der Versicherungsanstalt jede für den Bestand der Versicherung bedeutsame Änderung in ihren Verhältnissen binnen zwei Wochen zu melden.

(2a) Bedient sich eine versicherte Person oder eine Notar-Partnerschaft, der die versicherte Person angehört, einer Fremdleistung (§ 2 Z 19) und wird diese unmittelbar oder mittelbar durch ein oder mehrere Unternehmen erbracht, an dessen/deren Vermögen oder Gewinn die versicherte Person oder einer/eine ihrer nahen Angehörigen (§ 2 Z 20) wirtschaftlich betrachtet (§ 65a) insgesamt mit mehr als 10% unmittelbar oder mittelbar beteiligt ist, so haben die versicherte Person oder die an der

Notar-Partnerschaft beteiligten Versicherten dies der Versicherungsanstalt unverzüglich zu melden.

(BGBl I 2009/83, BGBl I 2015/162)

(3) Die Meldungen nach den Abs. 1, 2 und 2a haben alle wesentlichen Angaben zu enthalten, die für die Durchführung der Versicherung notwendig sind. Die Satzung der Versicherungsanstalt kann, wenn dies aus Gründen der Verwaltungsvereinfachung angezeigt erscheint, vorsehen, daß für die Erstattung von Meldungen von der Versicherungsanstalt aufzulegende Vordrucke zu verwenden sind.

(BGBl I 2009/83)

Meldungen einer Kanzleiablöse

§ 5a. Versicherte und ehemalige Versicherte haben Leistungsverpflichtungen und Empfangsansprüche aus einer Kanzleiablöse (§ 2 Z 16) binnen zwei Wochen nach deren Vereinbarung der Versicherungsanstalt zu melden und dieser sämtliche für die Feststellung der daraus resultierenden Beitragspflicht wesentlichen Unterlagen und Informationen zu übermitteln.

(BGBl I 2000/139, BGBl I 2009/83)

Meldungen der Zahlungsempfänger

§ 6. Die Empfänger einer laufenden Leistung sind verpflichtet, jede Änderung in den für den Fortbestand oder das Ausmaß ihrer Bezugsberechtigung maßgebenden Verhältnissen sowie jede Änderung ihres Wohnsitzes binnen zwei Wochen der Versicherungsanstalt zu melden.

Auskunftspflicht der Versicherten und der Zahlungsempfänger

§ 7. (1) Die Versicherten und ehemaligen Versicherten sowie die ZahlungsempfängerInnen haben der Versicherungsanstalt auf Verlangen längstens binnen zwei Wochen alle für das Versicherungsverhältnis maßgebenden Umstände mitzuteilen und alle Urkunden und Belege vorzulegen, die für das Versicherungsverhältnis von Bedeutung sind. Insbesondere haben sie alle für die Feststellung der Grundlage für die Berechnung der Beiträge und der Leistungen erforderlichen Auskünfte zu erteilen und die Unterlagen vorzulegen, die als Grundlage für die Ermittlung der Veranlagungsdaten im Zuge der Einkommensteuerveranlagung dienen. Überdies haben die Versicherten und ehemaligen Versicherten der Versicherungsanstalt auf Verlangen längstens binnen zwei Wochen die Umsätze aus ihrer Tätigkeit im Sinne des § 10 Abs. 1 Z 2 sowie gegebenenfalls die von der Notar-Partnerschaft, der sie angehören bzw. angehörten, erzielten Umsätze und die hievon auf sie entfallenden Anteile bekannt zu geben und die Umsatzsteuerbescheide vorzulegen.

(2) Zur Feststellung der Grundlage für die Berechnung der Beiträge aus selbständiger Tätigkeit (§ 10 Abs. 1 Z 2) kann die Versicherungsanstalt bei Versicherten und ehemaligen Versicherten auch

NVG 2020

Bucheinsicht nehmen und sich hiezu auf deren Kosten eines/einer Buchsachverständigen bedienen.
(BGBl 1994/24, BGBl 1996/416, BGBl I 2000/139, BGBl I 2009/83)

Verstöße gegen die Melde- und Auskunftspflicht

§ 8. Über Personen, die den ihnen auf Grund dieses Bundesgesetzes obliegenden Verpflichtung zur Erstattung von Meldungen nicht oder nicht rechtzeitig nachkommen, die Erfüllung der Auskunftspflicht, die Gewährung der Bucheinsicht oder die Vorlage von Urkunden und Belegen verweigern oder in den ihnen obliegenden Meldungen und Auskünften schuldhaft unwahre Angaben machen, hat über Antrag der Versicherungsanstalt die für sie örtlich zuständige Notariatskammer eine Geldstrafe bis zum Zehnfachen des jeweils geltenden Mindestbeitrages nach § 9 Abs. 2 zu verhängen. Wenn aber Schädigungsabsicht vorliegt, so begehen diese Personen, wenn die Handlung nicht nach den Strafgesetzen zu beurteilen ist, ein Standesvergehen, das der disziplinären Ahndung unterliegt.

Abschnitt III
Aufbringung der Mittel

Beitragspflicht

§ 9. (1) Die Mittel zur Bestreitung der Aufwendungen der Pensionsversicherung werden durch Beiträge der Versicherten gemäß Abs. 2 und durch sonstige Einnahmen aufgebracht.

(2) Die Versicherten haben monatlich einen Beitrag in der Höhe des jeweils als Beitragssatz festgesetzten Hundertsatzes der Beitragsgrundlage, mindestens jedoch 218,02 €, zu entrichten. Überschreitet der Beitragssatz 10 vH, so ist für jeden vollen Prozentpunkt darüber der jeweilige Mindestbeitrag um 21,80 € zu erhöhen. An die Stelle der genannten Beträge treten ab 1. Jänner eines jeden Jahres die unter Bedachtnahme auf § 21 mit dem jeweiligen Anpassungsfaktor (§ 20) vervielfachten Beträge.

(BGBl I 2000/139, BGBl I 2001/67)

(3) Der Beitragssatz ist von der Hauptversammlung unter Berücksichtigung einer mindestens 20-jährigen Prognose der finanziellen Entwicklung der Versicherungsanstalt alljährlich für das folgende Jahr so festzusetzen, dass die dauerhafte Deckung der Ausgaben gewährleistet ist. Dabei darf die liquide Rücklage (§ 78a) am Ende jedes Geschäftsjahres ein Drittel der Ausgaben dieses Jahres nicht unterschreiten. Überdies ist auf die beabsichtigte Verwendung oder Erhöhung der allgemeinen Rücklage und auf sonstige Mittel der Versicherungsanstalt Bedacht zu nehmen.

(BGBl I 2006/98)

(4) Die Beitragspflicht beginnt mit dem Kalendermonat, in dem die Voraussetzung für die Versicherungspflicht eintritt, sie endet mit dem Kalendermonat, in dem diese Voraussetzung wegfällt.

(4a) Empfänge und Erlöse aus einer Kanzleiablöse (§ 2 Z 16) gelten auch dann als Einkünfte der versicherten Person im letzten Beitragsmonat und sind daher Teil der Beitragsgrundlage (§§ 10 Abs. 1 Z 2 und 14 Abs. 2), wenn die Versicherungspflicht zum Zeitpunkt der Vereinbarung der Kanzleiablöse durch die ehemalige versicherte Person bereits weggefallen ist (§ 9 Abs. 4).

(BGBl I 2009/83)

(5) Die Beitragspflicht ruht:

1. bei einem Notar für Zeiten der als Disziplinarstrafe verhängten Suspension vom Amt,

2. bei einem Notariatskandidaten für die Dauer eines einen Kalendermonat übersteigenden Urlaubes gegen Einstellung der Bezüge.

Beitragsgrundlage

§ 10. (1) Beitragsgrundlage sind die Monatseinkünfte der versicherten Person aus ihrer Tätigkeit im Notariat. Als Monatseinkünfte gelten:

1. bei Einkünften aus nichtselbständiger Tätigkeit alle Geld- und Sachbezüge im Beitragsmonat aus der Tätigkeit im Notariat wie das Gehalt, Zuschläge und Zulagen zum Gehalt (zB 13., 14. Gehalt, Urlaubs- und Weihnachtszulagen, Überstundenentlohnung), Substitutionshonorare, Belohnungen und Remunerationen; ausgenommen sind hiebei Abfertigungen, auf die ein gesetzlicher Anspruch besteht, und nicht steuerpflichtige Auslagenersätze (zB Fahrtkostenvergütungen, Tages- und Nächtigungsgelder) sowie von den Finanzbehörden anerkannte Werbungskosten (einschließlich der Beiträge zur Krankenversicherung), soweit diese in unmittelbarem Zusammenhang mit der Tätigkeit im Notariat stehen. Die Bewertung der Sachbezüge richtet sich nach der auf Grund des Allgemeinen Sozialversicherungsgesetzes geltenden Bewertung;

2. bei Einkünften aus selbständiger Tätigkeit sämtliche nach den Vorschriften über die Einkommensteuer steuerpflichtigen Einkünfte des Beitragsmonates. Zu den Einkünften aus selbständiger Tätigkeit im Notariat zählen auch Einkünfte aus Substitutionen, Kuratelen, Erwachsenenvertretungen, Masse-, Ausgleichs- und Zwangsverwaltungen, Verteidigungen in Strafsachen, Dolmetsch- und Übersetzungstätigkeiten, Testamentsvollstreckungen, Vermögens- insbesondere Hausverwaltungen, Tätigkeiten als MediatorIn und als SchlichterIn, als Stiftungsvorstand und in Aufsichts-, Verwaltungs- und Beiratsgremien, als Vortragende/r und AutorIn sowie Funktionsgebühren im Sinne des § 29 Z 4 EStG 1988 und Empfänge bzw. Erlöse aus einer Kanzleiablöse (§ 2 Z 16). Kanzleiablösen sind mit dem Wert ihrer zivilrechtlich vereinbarten Gegenleistung exklusive Umsatzsteuer abzüglich der einkommensteuerlichen Buchwerte des übertragenen Anlagevermögens zu erfassen.

(BGBl I 2018/59)

(2) Bedient sich eine versicherte Person oder eine Notar-Partnerschaft, der die versicherte Person angehört, einer Fremdleistung (§ 2 Z 19) und wird diese unmittelbar oder mittelbar durch ein oder mehrere Unternehmen im Sinne des § 5 Abs. 2a erbracht, so kann die versicherte Person nur 75% des hiefür von ihr geleisteten oder auf sie entfallenden, von den Finanzbehörden als Betriebsausgabe anerkannten Betrages unter Ausschluss der Umsatzsteuer als Minderung der Beitragsgrundlage geltend machen. Weist die versicherte Person nach, dass die dem/der ErbringerIn der Fremdleistung zu deren Erbringung entstandenen Aufwendungen, ausgenommen die an die versicherte Person bezahlten Geschäftsführungsvergütungen exklusive Umsatzsteuer höher als 75 % der von der versicherten Person oder der Notar-Partnerschaft für diese Fremdleistung an den/die ErbringerIn bezahlten Gegenleistung exklusive Umsatzsteuer sind, so kann die versicherte Person hiefür einen entsprechend höheren Betrag als Minderung der Beitragsgrundlage geltend machen, höchstens aber den von den Finanzbehörden als Betriebsausgabe anerkannten Betrag.
(BGBl I 2015/162)

(3) Werden in einem Kalenderjahr Einkünfte aus unselbständiger und aus selbständiger Tätigkeit erzielt, so ist für die Ermittlung der Beitragsgrundlage Abs. 1 Z 1 neben Abs. 1 Z 2 anzuwenden.

(4) Kommt die versicherte Person ihrer Beitragspflicht nicht ordnungsgemäß oder nicht rechtzeitig nach, so hat die Versicherungsanstalt die Beitragsgrundlage festzusetzen. Hiezu kann sie ein Gutachten der zuständigen Notariatskammer einholen.

(5) Als Beitragsmonat gilt jeweils der Kalendermonat, für den die Beiträge zu entrichten sind.
(BGBl I 2000/139, BGBl I 2006/98, BGBl I 2009/83)

Solidaritätsbeitrag

§ 10a. (1) Von jeder nach diesem Bundesgesetz zur Auszahlung gelangenden Pension (ausgenommen Pensionssonderzahlungen) ist ein von der Hauptversammlung (§ 72 Abs. 4 Z 6) festgesetzter Beitrag einzubehalten, der jedoch 2,3% der zustehenden Leistung nicht überschreiten darf.
(BGBl I 2006/98)

(2) Der Beitrag ist nur so weit zu entrichten, als damit der jeweils geltende Mindestbetrag der Berufsunfähigkeitspension (§ 48 Abs. 8 und 9) nicht unterschritten wird.
(BGBl I 2000/139)

Fälligkeit und Einzahlung der Beiträge

§ 11. Die nach § 9 zu entrichtenden Beiträge sind am letzten Tag des Kalendermonates fällig, für den sie zu leisten sind. Die Beiträge sind vom Beitragsschuldner bis zum 15. des der Fälligkeit zweitfolgenden Kalendermonates an die Versicherungsanstalt einzuzahlen.
(BGBl I 2010/62)

Beitragslast und Beitragsschuldner

§ 12. Die nach § 9 zu entrichtenden Beiträge entfallen zur Gänze auf die Versicherten, doch schuldet die auf die Notariatskandidaten entfallenden Beiträge der jeweils als Dienstgeber in Betracht kommende Notar bzw. Notariatssubstitut. Er ist berechtigt, diese Beiträge von den Einkünften des Notariatskandidaten einzubehalten. Der einbehaltene Beitrag ist bis zur Einzahlung an die Versicherungsanstalt ein dem Beitragsschuldner anvertrautes Gut.
(BGBl I 2010/62)

Vorlage der Einkommensteuerbescheide und der Lohnkonten-Abschriften

§ 13. (1) Versicherte und ehemalige Versicherte, die zur Einkommensteuer veranlagt werden, haben den jeweils letzten Einkommensteuerbescheid, im Fall einer Notar-Partnerschaft (§§ 22 ff. der Notariatsordnung) den letzten Feststellungsbescheid nach § 188 BAO, unverzüglich nach Eintritt der Rechtskraft der Versicherungsanstalt vorzulegen.
(BGBl I 2015/16)

(2) Anlässlich der Vorlage sind schriftliche Erklärungen abzugeben

1. über die im Zuge der Einkommensteuerveranlagung erfassten Einkünfte nach § 10 Abs. 1 Z 2,

2. über die im Zuge der Einkommensteuerveranlagung als Betriebsausgaben anerkannten Beiträge zur Pensionsversicherung und allfälligen Verzugszinsen (§ 15 Abs. 3),

3. über die im Zuge der Einkommensteuerveranlagung anerkannten Werbungskosten (§ 10 Abs. 1 Z 1),

4. über die im Zuge der Einkommensteuerveranlagung anerkannten Betriebsausgaben für Fremdleistungen, soweit auf diese § 10 Abs. 2 anzuwenden ist, sowie

5. über die im Zuge der Einkommensteuerveranlagung gewinnmindernd anerkannten Investitions- und sonstigen steuerlichen Freibeträge für Gewinne.

Versicherte und ehemalige Versicherte, die einer Notar-Partnerschaft angehören bzw. angehört haben, haben in der Erklärung jeweils den Gesamtbetrag und den auf sie entfallenden Anteil an den im Zuge der Feststellung der Einkünfte der Notar-Partnerschaft gewinnmindernd anerkannten Beträgen in die Erklärung aufzunehmen.

(3) Die als DienstgeberInnen in Betracht kommenden Versicherten haben die Abschriften der Lohnkonten der Notariatskandidat/inn/en unverzüglich nach Ablauf eines jeden Kalenderjahres, im Fall der Beendigung des Dienstverhältnisses binnen Monatsfrist, der Versicherungsanstalt vorzulegen.
(BGBl I 2009/83)

Neuberechnung der Beiträge

§ 14. (1) Die Versicherungsanstalt hat nach Vorliegen der erforderlichen Unterlagen die nach § 9

NVG 2020

zu entrichtenden Beiträge für ein Kalenderjahr im Sinne der §§ 9 und 10 neu zu berechnen, und zwar

1. im Falle des § 10 Abs. 1 Z 1 auf Grund der danach in Betracht kommenden Einkünfte, die sich nach den vorzulegenden Abschriften der Lohnkonten und dem vorzulegenden Einkommensteuerbescheid (Feststellungsbescheid nach § 188 BAO) für das betreffende Kalenderjahr ergeben;

   (BGBl I 2009/83, BGBl I 2015/16)

2. im Falle des § 10 Abs. 1 Z 2 auf Grund der danach in Betracht kommenden Einkünfte, die sich nach dem vorzulegenden Einkommensteuerbescheid (Feststellungsbescheid nach § 188 BAO) für das betreffende Kalenderjahr ergeben,

   a) nicht vermindert um außergewöhnliche Belastungen und Sonderausgaben,

   b) zuzüglich jener für Fremdleistungen (§ 2 Z 19) bezahlten Beträge, die die versicherte Person nach § 10 Abs. 2 nicht als Minderung der Beitragsgrundlage geltend machen kann,

   c) zuzüglich der im Zuge der Einkommensteuerveranlagung als Betriebsausgaben anerkannten Beiträge zur Pensionsversicherung und allfälliger Verzugszinsen (§ 15 Abs. 3),

   d) zuzüglich gewinnmindernd anerkannter Investitions- und sonstiger steuerlicher Freibeträge für Gewinne sowie

   e) vermindert um die auf einen Sanierungsgewinn nach den Vorschriften über die Einkommensteuer entfallenden Beträge, wenn die versicherte Person es beantragt.

   (BGBl I 2015/16)

Ist ein steuerlicher Freibetrag (lit. d) gewinnerhöhend aufgelöst worden, so sind die darauf entfallenden Beträge, soweit sie schon einmal bei der Ermittlung einer Beitragsgrundlage nach diesem Bundesgesetz berücksichtigt worden sind, bei Ermittlung der Beitragsgrundlage im Jahr der Auflösung auf Antrag außer Ansatz zu lassen. Ein solcher Antrag bzw. ein Antrag auf Minderung der Beitragsgrundlage um einen Sanierungsgewinn (lit. e) sind mit Vorlage des jeweiligen Einkommensteuerbescheides, spätestens bis zur Rechtskraft der Neuberechnung der Beiträge (§ 14 Abs. 1), für das betreffende Kalenderjahr zu stellen.

(BGBl 1996/416, BGBl I 2009/83)

(2) Im Kalenderjahr, in dem die Versicherungspflicht wegen des Anfalls einer Leistung nach diesem Bundesgesetz endet, und in dem diesem vorangehenden Kalenderjahr sind bei Einkünften aus selbständiger Tätigkeit (§ 10 Abs. 1 Z 2) der Neuberechnung der Beiträge zu Grunde zu legen:

1. die nach Abs. 1 in Betracht kommenden Einkünfte aus dem Kalenderjahr, in dem die Versicherungspflicht endet, zweitvorangegangenen Kalenderjahr, mindestens jedoch der Durchschnitt der nach Abs. 1 in Betracht kommenden Einkünfte der ersten fünf der letzten sieben Kalenderjahre vor dem Ende der Versicherungspflicht, sowie

2. Empfänge und Erlöse aus einer Kanzleiablöse (§ 2 Z 16) mit dem Wert ihrer zivilrechtlich vereinbarten Gegenleistung exklusive Umsatzsteuer abzüglich der einkommensteuerlichen Buchwerte des übertragenen Anlagevermögens.

(BGBl I 2000/139, BGBl I 2009/83, BGBl I 2015/16)

(3) Ist eine Neuberechnung nach Abs. 1 deswegen nicht möglich, weil der Versicherte die hiefür erforderlichen Unterlagen nicht ordnungsgemäß oder nicht rechtzeitig vorgelegt hat, so hat die Versicherungsanstalt für die Neuberechnung der Beiträge die Beitragsgrundlage festzusetzen. § 10 Abs. 4 ist hiebei entsprechend anzuwenden. An die Stelle dieser Neuberechnung tritt, wenn die erforderlichen Unterlagen nachträglich vorgelegt werden, die Neuberechnung nach Abs. 1.

(BGBl I 2009/83)

(4) Hat die Versicherungspflicht geendet, so haben die ehemalige versicherte Person oder deren RechtsnachfolgerIn die in Folge einer Neuberechnung vorgeschriebenen Beiträge ungeachtet dessen zu entrichten, dass die ehemalige versicherte Person zum Zeitpunkt der Vorschreibung bzw. Fälligkeit dieser Beiträge nicht mehr der Versicherungspflicht nach diesem Bundesgesetz unterliegt.

(BGBl I 2009/83)

Wirkung der Neuberechnung der Beiträge; Verzugszinsen

§ 15. (1) Sind auf Grund einer Neuberechnung der Beiträge von der Versicherungsanstalt Beiträge nachträglich vorzuschreiben, so sind diese mit Ablauf des Kalendermonates fällig, in dem die Zustellung des Bescheides erfolgt. Hinsichtlich dieser Beiträge gelten die Bestimmungen über die Einzahlung der Beiträge, die Beitragslast und die Beitragsschuld entsprechend. Ergibt die Neuberechnung, dass Beiträge zu Ungebühr entrichtet worden sind, so sind diese dem Einzahler/der Einzahlerin unverzinst zurückzuzahlen.

(BGBl I 2009/83)

(2) Die Versicherungsanstalt kann, wenn es der Verwaltungsvereinfachung dient, von der gesonderten nachträglichen Vorschreibung von Beiträgen bzw. von der gesonderten Rückzahlung von zu Ungebühr entrichteten Beiträgen bis zu 15 € absehen und diese Beiträge bei der im nächstfolgenden Kalenderjahr vorzunehmenden Neuberechnung der Beiträge berücksichtigen.

(BGBl I 2001/67, BGBl I 2006/98)

(3) Werden die Beiträge nach Abs. 1 nicht innerhalb der Frist für die Einzahlung der Beiträge (§ 11 zweiter Satz) eingezahlt, so sind unbeschadet des Abs. 5 von diesen rückständigen Beiträgen Verzugszinsen in der Höhe von 14 vH zu entrichten. Für die Berechnung der Verzugszinsen sind die rückständigen Beiträge auf den vollen Eurobe-

trag abzurunden. In Berücksichtigung der wirtschaftlichen Verhältnisse des Beitragsschuldners kann die Versicherungsanstalt die Verzugszinsen herabsetzen oder nachsehen. Die Verzugszinsen können überdies nachgesehen werden, wenn ihre Einhebung mit Kosten verbunden wären, die in keinem angemessenen Verhältnis zur Höhe der Verzugszinsen stehen und wenn die Nachsicht der Verwaltungsvereinfachung dient.

(BGBl I 2001/67)

(4) Ist aufgrund einer Neuberechnung der Beiträge der für ein Kalenderjahr zu entrichtende Beitrag um mehr als 15 vH höher als der Betrag der nach § 9 entrichteten Beiträge, ist Abs. 3 mit der Maßgabe anzuwenden, daß vom Unterschiedsbetrag in seiner jeweils aushaftenden Höhe, ungeachtet der Fälligkeit, ab dem siebenten Kalendermonat des dem abgerechneten Jahr folgenden Kalenderjahres Verzugszinsen zu entrichten sind.

(5) Die Hauptversammlung kann unter Bedachtnahme auf den jeweils von der Oesterreichischen Nationalbank verlautbarten Basiszinssatz (Art. I § 1 Abs. 1 des 1. Euro-Justiz-Begleitgesetzes, BGBl. I Nr. 125/1998) die Verzugszinsen gemäß Abs. 3 entsprechend ändern; der Hundertsatz darf jedoch 10 vH nicht unterschreiten und 16 vH nicht überschreiten. Die Änderung wird, sofern die Hauptversammlung keinen späteren Wirksamkeitsbeginn beschließt, mit dem auf die Verlautbarung der Änderung im Sinne des § 72 Abs. 5 nächstfolgenden Monatsersten wirksam.

(BGBl I 2006/98, BGBl I 2015/16)

Verfahren zur Eintreibung der Beiträge

§ 16. (1) Der Versicherungsanstalt ist zur Eintreibung nicht rechtzeitig entrichteter Beiträge die Einbringung im Verwaltungswege gewährt (§ 3 Abs. 3 des Verwaltungsvollstreckungsgesetzes 1991). Sie kann diese Beiträge, wenn es der Verwaltungsvereinfachung dient, auch im Wege der für den Beitragsschuldner örtlich zuständigen Notariatskammer eintreiben, die hiebei nach den Vorschriften der Notariatsordnung über die Eintreibung rückständiger Kammerbeiträge vorzugehen hat.

(BGBl I 2006/98)

(2) Nimmt die Versicherungsanstalt den Verwaltungsweg in Anspruch, so hat sie zur Eintreibung nicht rechtzeitig entrichteter Beiträge einen Rückstandsausweis auszufertigen. Dieser Ausweis hat den Namen und die Anschrift des Beitragsschuldners, den rückständigen Betrag, die Art des Rückstandes, den Beitragszeitraum, auf den die rückständigen Beiträge entfallen, allenfalls vorgeschriebene Verzugszinsen und den Vermerk der Versicherungsanstalt zu enthalten, daß der Rückstandsausweis einem die Vollstreckbarkeit hemmenden Rechtszug nicht unterliegt. Der Rückstandsausweis ist Exekutionstitel im Sinne des § 1 der Exekutionsordnung.

(3) Vor Ausstellung eines Rückstandsausweises ist der rückständige Betrag einzumahnen. Die Mahnung wird durch Zustellung eines Mahn-schreibens (Postauftrages) vollzogen, in dem der Beitragsschuldner unter Hinweis auf die eingetretene Vollstreckbarkeit aufgefordert wird, den Beitragsrückstand binnen zwei Wochen, von der Zustellung an gerechnet, zu bezahlen. Ein Nachweis der Zustellung des Mahnschreibens ist nicht erforderlich; bei Postversand wird die Zustellung des Mahnschreibens am dritten Tag nach der Aufgabe zur Post vermutet.

(4) Für die Behandlung der Beiträge im Insolvenzverfahren sind die Vorschriften der Insolvenzordnung maßgebend.

(BGBl I 2010/58)

Verwendung der Mittel

§ 17. Die Mittel der Versicherung dürfen nur für die gesetzlich vorgeschriebenen oder zulässigen Zwecke verwendet werden. Zu den zulässigen Zwecken gehören auch die Aufklärung und Information im Rahmen der Zuständigkeit der Versicherungsanstalt.

Informations- und Aufklärungspflicht

§ 17a. Die Versicherungsanstalt und das Bundesministerium für soziale Sicherheit und Generationen haben die Versicherten (LeistungsbezieherInnen) über ihre Rechte und Pflichten nach diesem Bundesgesetz zu informieren und aufzuklären. Die Versicherungsanstalt hat Informationen und Aufklärungen im Sinne des ersten Satzes mit jenen des Bundesministeriums für soziale Sicherheit und Generationen abzustimmen; Informationen (Aufklärungen) gelten als abgestimmt, wenn sich das Bundesministerium für soziale Sicherheit und Generationen binnen 48 Stunden nach Zustellung nicht dazu äußert; § 108 BAO gilt entsprechend.

(BGBl I 2002/6)

Unterstützungsfonds

§ 18. (1) Die Versicherungsanstalt kann einen Unterstützungsfonds anlegen. Diesem können überwiesen werden

1. bis zu 5 vH des im Rechnungsabschluß nachgewiesenen Gebarungsüberschusses, oder

2. bis zu 2,5 vH der Erträge an Versicherungsbeiträgen.

(2) Überweisungen nach Abs. 1 Z 2 dürfen nur soweit erfolgen, daß die Mittel des Unterstützungsfonds am Ende des Geschäftsjahres den Betrag von 4 vH der Erträge an Versicherungsbeiträgen nicht übersteigen.

(3) Die Mittel des Unterstützungsfonds können in besonders berücksichtigungswürdigen Fällen, insbesondere in Berücksichtigung der Familien-, Einkommens- und Vermögensverhältnisse des zu Unterstützenden, für fallweise Unterstützungen nach Maßgabe der hiefür vom Vorstand im Einvernehmen mit den Rechnungsprüfern zu erlassenden Richtlinien verwendet werden.

NVG 2020

Abschnitt IV

Befreiung von Abgaben

§ 19. Für die Befreiung von Abgaben gelten die Bestimmungen der §§ 109 und 110 des Allgemeinen Sozialversicherungsgesetzes entsprechend.

Abschnitt V
Pensionsanpassung

Anpassungsfaktor

§ 20. (1) Mit Wirksamkeit ab 1. Jänner eines jeden Jahres sind die Pensionen, für die der Stichtag vor dem 1. Jänner dieses Jahres liegt, mit dem von der Hauptversammlung (§ 72 Abs. 4 Z 5) festgesetzten (festgestellten) Anpassungsfaktor zu vervielfachen.

(BGBl 1996/416)

(2) Für die Höhe des Anpassungsfaktors sind – unbeschadet des § 72 Abs. 5 – zu gleichen Teilen die Erhöhung der Verbraucherpreise und zwei Drittel des Einkommensindex maßgeblich, die wie folgt zu berechnen sind:

1. Die Erhöhung der Verbraucherpreise ist auf Grund der durchschnittlichen Erhöhung in zwölf Kalendermonaten bis zum Juli des Jahres, das dem Anpassungsjahr vorangeht, zu ermitteln, wobei der Verbraucherpreisindex 2010 oder ein an seine Stelle tretender Index heranzuziehen ist. Dazu ist das arithmetische Mittel der für den Berechnungszeitraum von der Statistik Austria veröffentlichten Jahresinflationsraten zu bilden. Die Erhöhung der Verbraucherpreise darf den Wert null nicht unterschreiten.

2. Der Einkommensindex ist die durchschnittliche prozentuelle Veränderung der Erträge aus den Beiträgen der Pflichtversicherten der letzten drei abgeschlossenen Geschäftsjahre gegenüber den jeweiligen Vorjahren. Sind die Beitragssätze unterschiedlich, so ist diese Berechnung für alle Jahre mit dem höchsten Beitragssatz durchzuführen. Der Einkommensindex darf den Wert null nicht unterschreiten.

(BGBl 1996/416, BGBl I 2006/98, BGBl I 2015/16)

(3) Der Anpassung nach Abs. 1 ist die Pension zugrunde zu legen, auf die nach den am 31. Dezember des vorangegangenen Jahres in Geltung gestandenen Vorschriften Anspruch bestand, mit Ausnahme der Zuschüsse und vor Anwendung von Ruhensbestimmungen. Sie erfaßt im gleichen Ausmaß alle Pensionsbestandteile.

(4) Zu der nach Abs. 1 bis 3 gebührenden Pension treten die im Sinne der Abs. 1 und 2 angepaßten Zuschüsse nach den hiefür geltenden Vorschriften.

(5) Bei der Anwendung des § 55 Abs. 4 tritt an die Stelle der Pension, auf die der Versicherte bei seinem Tod Anspruch gehabt hat oder gehabt hätte, die mit dem jeweiligen Anpassungsfaktor vervielfachte Pension. Die Vervielfachung ist ab 1. Jänner eines jeden Jahres in der Weise vorzunehmen, daß

ihr der für das vorangegangene Jahr ermittelte Betrag zugrunde zu legen ist.

(6) Mit dem vollen Anpassungsfaktor werden die Pensionen nur bis zu der im vorangegangenen Jahr in Geltung gestandenen Höhe des Mindestbetrages der Berufsunfähigkeitspension (§ 48 Abs. 8 und 9) vervielfacht (Anpassung der 1. Stufe).

(BGBl I 2006/98)

(7) Übersteigende Pensionsteile werden so angepasst, dass sie, verglichen mit der Anpassung der 1. Stufe,

1. bis zur doppelten Höhe des Mindestbetrages nur eine Erhöhung von 70 % (Anpassung der 2. Stufe),

2. von der doppelten bis zur dreifachen Höhe des Mindestbetrages nur eine Erhöhung von 40 % (Anpassung der 3. Stufe) und

3. über der dreifachen Höhe des Mindestbetrages nur eine Erhöhung von 10 % (Anpassung der 4. Stufe) erfahren.

(BGBl I 2006/98)

(8) Die zur Anpassung verwendeten Faktoren sind jeweils auf drei Dezimalen zu runden.

(BGBl I 2006/98)

Wertausgleich

§ 20a. (1) Erreicht eine Pension in der Höhe des jeweiligen Mindestbetrages nach den §§ 48 Abs. 8 und 9, 55 Abs. 5 und 58 auf Grund der Anpassung mit dem Anpassungsfaktor nach § 20 nicht die fiktive Erhöhung der Pension nach den Verbraucherpreisen nach Abs. 2, so gebühren zur Wertsicherung dieser Pensionen Einmalzahlungen in der Höhe der Differenz zwischen der mit dem Anpassungsfaktor angepassten Pension und der entsprechend der Verbraucherpreise nach Abs. 2 erhöhten Pension. Die Einmalzahlungen sind nicht Pensionsbestandteil, sie sind zu Pensionen bzw. zu den Sonderzahlungen auszuzahlen.

(2) Die Erhöhung der Verbraucherpreise ist auf Grund der durchschnittlichen Erhöhung in zwölf Kalendermonaten bis zum Juli des Jahres, das dem Anpassungsjahr vorangeht, zu ermitteln, wobei der von der Statistik Austria veröffentlichte Verbraucherpreisindex 2005 oder ein an seine Stelle tretender Index heranzuziehen ist. Der so errechnete Wert ist auf Cent zu runden.

(BGBl I 2006/98, BGBl I 2009/83)

Anpassung fester Beträge

§ 21. Zur Vervielfachung mit dem Anpassungsfaktor ist der am 31. Dezember des vorangegangenen Jahres geltende feste Betrag heranzuziehen; wird jedoch der feste Betrag mit 1. Jänner eines Jahres in Geltung gesetzt, ist dieser Betrag zur Vervielfachung heranzuziehen. Der vervielfachte Betrag ist auf Cent zu runden.

(BGBl I 2001/67)

ZWEITER TEIL
LEISTUNGEN

Abschnitt I
Allgemeine Bestimmungen über Leistungsansprüche

Entstehen der Leistungsansprüche

§ 22. Die Ansprüche auf die Leistungen entstehen in dem Zeitpunkt, in dem die in diesem Bundesgesetz hiefür vorgesehenen Voraussetzungen erfüllt werden.

Anfall der Leistungen

§ 23. (1) Eine Pension, mit Ausnahme einer Hinterbliebenenpension nach einem Pensionsempfänger, fällt, sofern der Antrag binnen zwölf Monaten nach Eintritt des Versicherungsfalles gestellt wird, mit dem Eintritt des Versicherungsfalles an, wenn er auf einen Monatsersten fällt, sonst mit dem seinem Eintritt folgenden Monatsersten. Ist jedoch im Zeitpunkt des Eintrittes des Versicherungsfalles des Alters oder der dauernden Berufsunfähigkeit das Amt des Versicherten noch nicht erloschen oder der Versicherte aus dem Verzeichnis der Notariatskandidat/inn/en noch nicht gestrichen, so fällt die Pension, sofern sie binnen zwölf Monaten nach dem Zeitpunkt des Erlöschens des Amtes oder der Streichung aus dem Verzeichnis der Notariatskandidat/inn/en beantragt wird, erst mit dem Zeitpunkt des Erlöschens oder der Streichung an, wenn er auf einen Monatsersten fällt, sonst mit dem diesem Zeitpunkt folgenden Monatsersten. Hinterbliebenenpensionen nach einem Pensionsempfänger fallen mit dem dem Eintritt des Versicherungsfalles folgenden Monatsersten an, wenn der Antrag binnen zwölf Monaten nach Eintritt des Versicherungsfalles gestellt wird. Die Antragsfrist verlängert sich bei Waisenpensionsberechtigten um die Dauer eines Verfahrens zur Feststellung der Vaterschaft und beginnt bei Waisenpensionsberechtigten, die erst nach Eintritt des Versicherungsfalles geboren werden, mit dem Tag der Geburt. Bei nachträglicher amtlicher Feststellung des Todestages beginnt die Antragsfrist erst mit dem Zeitpunkt dieser Feststellung.

(BGBl I 2015/16)

(2) Wird der Antrag auf eine Pension, mit Ausnahme einer Leistung aus dem Versicherungsfall des Alters, erst nach Ablauf der im Abs. 1 bezeichneten Fristen gestellt, so fällt sie erst mit dem Tag der Antragstellung an, wenn dieser auf einen Monatsersten fällt, sonst mit dem der Antragstellung folgenden Monatsersten. Wird eine Leistung aus dem Versicherungsfall des Alters nicht innerhalb von sechs Monaten nach Erlöschen des Amtes als Notar oder Notarin oder nach Streichung aus dem Verzeichnis der Notariatskandidat/inn/en beantragt, so fällt sie erst mit dem Tag der Antragstellung oder dem von der antragstellenden Person gewünschten, nicht länger als sechs Monate zurückliegenden Tag an, wenn dieser auf

einen Monatsersten fällt, sonst mit dem diesem Tag folgenden Monatsersten.

(BGBl I 2015/16)

(3) Ein Berufsunfähigkeitsgeld fällt mit dem auf den Eintritt des Versicherungsfalles drittfolgenden Monatsersten an, wenn der Antrag innerhalb dieser Frist gestellt wird. Wird der Antrag erst nach Ablauf dieser Frist gestellt, so fällt das Berufsunfähigkeitsgeld erst mit dem auf die Antragstellung folgenden Monatsersten an.

(4) Ein Zuschuß fällt, sofern er binnen zwölf Monaten nach dem Entstehen des Anspruches beantragt wird, mit dem Entstehen des Anspruches (§ 22) an, wenn er an einem Monatsersten entsteht, sonst mit dem dem Entstehen folgenden Monatsersten. Abs. 2 gilt entsprechend.

(BGBl 1993/110)

(5) Der Anspruch auf eine einmalige Leistung ist bei sonstigem Verlust binnen zwölf Monaten nach Eintritt des Versicherungsfalles geltend zu machen; wird der Antrag innerhalb dieser Frist gestellt, fällt die einmalige Leistung mit dem Eintritt des Versicherungsfalles an. Die Antragsfrist für den Anspruch auf Abfindung (§ 59) verlängert sich, wenn ein Hinterbliebener innerhalb von zwölf Monaten nach Eintritt des Versicherungsfalles des Todes einen Antrag auf Hinterbliebenenpension stellt und dieser in der Folge rechtskräftig abgewiesen wird, um die Dauer dieses Verfahrens.

Verschollenheit

§ 24. (1) Die Verschollenheit ist bei der Anwendung der Bestimmungen dieses Bundesgesetzes dem Tode gleichzuhalten. Als verschollen gilt hiebei, wessen Aufenthalt länger als ein Jahr unbekannt ist, ohne daß Nachrichten darüber vorliegen, ob er in dieser Zeit noch gelebt hat oder gestorben ist, sofern nach den Umständen hiedurch ernstliche Zweifel an seinem Fortleben begründet werden. Als verschollen gilt nicht, wessen Tod nach den Umständen nicht zweifelhaft ist. Ein Versicherter gilt überdies bei der Anwendung der Bestimmungen dieses Bundesgesetzes erst dann als verschollen, wenn sein Amt nicht mehr auf seine Rechnung substituiert wird oder, wenn er aus dem Verzeichnis der Notariatskandidat/inn/en gestrichen wurde.

(BGBl I 2015/16)

(2) Als Todestag ist der Tag anzunehmen, den der Verschollene nach den Umständen wahrscheinlich nicht überlebt hat, spätestens der erste Tag nach Ablauf des Jahres, während dessen keine Nachrichten im Sinne des Abs. 1 mehr eingelangt sind.

(3) Wurde in einem gerichtlichen Todeserklärungsverfahren als Zeitpunkt des Todes ein früherer Zeitpunkt als der nach Abs. 2 anzunehmende Zeitpunkt festgestellt, so gilt der im gerichtlichen Verfahren festgestellte Zeitpunkt als Todestag.

Ruhen der Leistungsansprüche bei Haft

§ 25. (1) Die Leistungsansprüche, ausgenommen der Bestattungskostenbeitrag (§ 60), ruhen, so lange die anspruchsberechtigte Person oder – im Fall

NVG 2020

eines Anspruches auf Kinderzuschuss – ihr Kind (§ 57 Abs. 2) eine Freiheitsstrafe verbüßt oder in den Fällen der §§ 21 Abs. 2, 22 und 23 des Strafgesetzbuches in einer der dort genannten Anstalten angehalten wird.

(BGBl I 2015/16)

(2) Das Ruhen von Leistungsansprüchen nach Abs. 1 tritt nicht ein, wenn die Freiheitsstrafe oder die Anhaltung nicht länger als einen Monat währt.

(BGBl I 2015/16)

(2a) Das Ruhen von Leistungsansprüchen nach Abs. 1 tritt ferner nicht ein, wenn die Freiheitsstrafe durch Anhaltung im elektronisch überwachten Hausarrest nach dem Fünften Abschnitt des Strafvollzugsgesetzes vollzogen wird.

(BGBl I 2010/64, BGBl I 2015/16)

(3) Hat eine versicherte Person, deren Anspruch nach Abs. 1 ruht, im Inland einen Ehegatten/eine Ehegattin oder einen eingetragenen Partner/eine eingetragene Partnerin oder Kinder, so gebührt diesen im Inland sich aufhaltenden Angehörigen, die im Fall des Todes der versicherten Person Anspruch auf Hinterbliebenenpension hätten, eine Leistung in der Höhe der halben ruhenden Leistung mit Ausnahme allfälliger Zuschüsse. Zu dieser Leistung gebühren allfällige Kinderzuschüsse in jener Höhe, wie sie zu der ruhenden Leistung gebühren. Der Anspruch steht dem Ehegatten/der Ehegattin oder dem/der eingetragenen PartnerIn vor den Kindern zu.

(BGBl I 2009/135, BGBl I 2015/16)

(4) Leistungen nach Abs. 3 gebühren Angehörigen nicht, deren Beteiligung an der strafbaren Handlung, die die Freiheitsstrafe oder die Anhaltung (Abs. 1) verursacht hat, durch rechtskräftiges Erkenntnis des Strafgerichtes oder durch rechtskräftigen Bescheid einer Verwaltungsbehörde festgestellt ist. Das Erfordernis einer rechtskräftigen Entscheidung entfällt, wenn eine solche wegen des Todes, der Abwesenheit oder eines anderen in der betreffenden Person liegenden Grundes nicht gefällt werden kann.

§ 26. (aufgehoben)

§ 27. (aufgehoben)

(BGBl 1993/110, BGBl I 2015/16)

Änderung laufender Leistungen

§ 28. (1) Eine laufende Leistung ist, wenn sie nicht zu entziehen ist oder der Anspruch auf sie nicht erlischt, ab dem Zeitpunkt zu ändern, ab dem die Voraussetzungen für die Änderung erfüllt sind.

(2) Abs. 1 gilt entsprechend auch für die Weitergewährung der Waisenpension oder eines Kinderzuschusses.

Übertragung und Verpfändung von Leistungsansprüchen

§ 29. (1) Die Ansprüche auf Leistungen können unbeschadet der Bestimmungen des Abs. 3 rechtswirksam nur in folgenden Fällen übertragen oder verpfändet werden:

1. zur Deckung von Vorschüssen, die dem Anspruchsberechtigten von Sozialversicherungsträgern, vom Dienstgeber oder von einem Träger der Sozialhilfe auf Rechnung der Versicherungsleistung nach deren Anfall, jedoch vor deren Flüssigmachung gewährt wurden;

2. zur Deckung von gesetzlichen Unterhaltsansprüchen gegen den Anspruchsberechtigten mit der Maßgabe, daß § 291b EO sinngemäß anzuwenden ist.

(BGBl 1991/628)

(2) Der Anspruchsberechtigte kann mit Zustimmung der Versicherungsanstalt seine Ansprüche auf Leistung auch in anderen als den im Abs. 1 angeführten Fällen ganz oder teilweise rechtswirksam übertragen; die Versicherungsanstalt darf die Zustimmung nur erteilen, wenn die Übertragung im Interesse des Anspruchsberechtigten oder seiner nahen Angehörigen im Sinne des § 25 BAO gelegen ist.

(BGBl I 2015/162)

(3) Die Anwartschaften nach diesem Bundesgesetz können weder übertragen noch verpfändet werden. Der Bestattungskostenbeitrag kann nur in den im Abs. 1 Z 1 angeführten Fällen übertragen oder verpfändet werden.

(BGBl 1993/110)

Pfändung von Leistungsansprüchen

§ 30. Die Exekutionsordnung regelt, inwieweit Leistungsansprüche nach diesem Bundesgesetz pfändbar sind.

(BGBl 1991/628)

Entziehung von Leistungsansprüchen

§ 31. (1) Sind die Voraussetzungen für einen Anspruch auf eine laufende Leistung nicht mehr vorhanden, so ist sie zu entziehen, sofern nicht der Anspruch gemäß § 32 ohne weiteres Verfahren erlischt.

(2) Eine laufende Leistung kann ferner auf Zeit ganz oder teilweise entzogen werden, wenn sich der Anspruchsberechtigte nach Hinweis auf diese Folge einer Nachuntersuchung oder Beobachtung entzieht.

(3) Die Entziehung wird, wenn der Entziehungsgrund in der Wiederherstellung oder Besserung des körperlichen oder geistigen Zustandes des Anspruchsberechtigten gelegen ist, mit dem Ablauf des Kalendermonates, der auf die Zustellung des Bescheides folgt, in allen anderen Fällen mit dem Ende des Kalendermonates, in dem der Entziehungsgrund eingetreten ist.

Erlöschen einer laufenden Leistung

§ 32. Der Anspruch auf eine laufende Leistung erlischt ohne weiteres Verfahren mit dem Ablauf der Höchstdauer des Anspruches auf Berufsunfähigkeitsgeld, mit dem Tod der anspruchsberechtigten Person, mit der Verheiratung oder mit der Begründung einer eingetragenen Partnerschaft der pensionsberechtigten Witwe oder hinterbliebenen eingetragenen Partnerin (des pensionsberechtigten Witwers oder hinterbliebenen eingetragenen Partners) bzw. des/der früheren Ehegatten/Ehegattin oder des/der früheren eingetragenen Partners/Partnerin, mit dem Wegfall der Voraussetzungen für die Annahme der Verschollenheit, mit dem Ende der Kindeseigenschaft nach § 57 Abs. 2 und 3 der anspruchsberechtigten Person auf Waisenpension bzw. des Kindes, für das ein Kinderzuschuß gewährt wird. Die laufende Leistung gebührt für den Kalendermonat, in dem der Grund für das Erlöschen eingetreten ist.

(BGBl 1994/24, BGBl I 2009/135, BGBl I 2015/16)

Rückwirkende Herstellung des gesetzlichen Zustandes

§ 33. Ergibt sich nachträglich, daß eine Leistung infolge eines wesentlichen Irrtums über die tatsächlichen Verhältnisse oder eines offenkundigen Versehens zuerkannt oder bemessen wurde, ist die Zuerkennung zu widerrufen oder die Bemessung richtigzustellen. Der Empfänger hat nur dann das unberechtigt Empfangene zu ersetzen, wenn er den Bezug durch bewußt unwahre Angaben oder durch bewußte Verschweigung maßgebender Tatsachen herbeigeführt hat.

Aufrechnung

§ 34. (1) Die Versicherungsanstalt darf auf die von ihr zu erbringenden Leistungen aufrechnen:

1. vom Anspruchsberechtigten einem Versicherungsträger nach diesem oder einem anderen Bundesgesetz geschuldete fällige Beiträge (einschließlich Verzugszinsen, sonstiger Nebengebühren, Gerichts- und Justizverwaltungsgebühren), soweit das Recht auf Einforderung nicht verjährt ist;

(BGBl I 1999/106)

2. von der Versicherungsanstalt zu Unrecht erbrachte, vom Anspruchsberechtigten zurückzuerstattende Leistungen, soweit das Recht auf Rückforderung nicht verjährt ist;

3. von der Versicherungsanstalt gewährte Vorschüsse.

(2) Die Aufrechnung nach Abs. 1 Z 1 und 2 ist nur bis zur Hälfte der zu erbringenden Leistungen zulässig.

(3) Ist im Zeitpunkt des Todes des Anspruchsberechtigten eine fällige Leistung noch nicht ausgezahlt, ist die Aufrechnung nach Abs. 1 Z 1 und 2 ohne Begrenzung bis zur vollen Höhe der noch nicht ausgezahlten Leistung zulässig.

Auszahlung der Leistungen

§ 35. (1) Laufende Leistungen sind monatlich im vorhinein auszuzahlen. Die Versicherungsanstalt kann die Auszahlung auf einen anderen Tag als den Monatsersten verlegen.

(2) Einmalige Leistungen sind binnen zwei Wochen nach der Feststellung der Anspruchsberechtigung auszuzahlen.

(3) Laufende Leistungen sind bargeldlos zu erbringen, wenn und so lange der (die) Anspruchsberechtigte nicht ausdrücklich Barzahlung verlangt. Gebühren für ihre Zustellung sind von der Versicherungsanstalt zu tragen.

(BGBl I 2002/6, BGBl I 2015/16)

(4) Die Leistungen sind auf Cent aufgerundet zuzuerkennen.

(BGBl I 2001/67, BGBl I 2015/16)

(5) Auf Verlangen der Versicherungsanstalt haben die Anspruchsberechtigten Lebens- oder Witwen(Witwer)schaftsbestätigungen oder Partnerschaftsurkunden beizubringen. Solange diese Bestätigungen nicht beigebracht sind, können Pensionen zurückgehalten werden.

(BGBl I 2009/83, BGBl I 2015/16)

(6) Bei Verstößen gegen die Melde- und Auskunftspflicht (§ 8) ist die Versicherungsanstalt berechtigt, Leistungen so lange zurückzuhalten, bis die anspruchsberechtigte Person ihrer Melde- und Auskunftspflicht nachgekommen ist.

(BGBl I 2015/16)

Pensionssonderzahlungen

§ 36. Zu Pensionen, die in den Monaten Mai bzw. Oktober bezogen werden, gebührt je eine Sonderzahlung in der Höhe der für den Monat Mai bzw. Oktober ausgezahlten Pension einschließlich allfälliger Zuschüsse.

Zahlungsempfänger

§ 37. (1) Die Leistungen werden an den Anspruchsberechtigten, wenn dieser aber geschäftsunfähig oder ein beschränkt geschäftsfähiger Unmündiger ist, an seinen gesetzlichen Vertreter ausgezahlt.

(2) Wird wahrgenommen, dass Waisenpensionen oder Kinderzuschüsse vom/von der Zahlungsempfänger/in nicht zugunsten des Kindes verwendet werden, so kann die Versicherungsanstalt mit Zustimmung des Pflegschaftsgerichtes eine/n andere/n Zahlungsempfänger/in bestellen.

(BGBl I 2015/16)

Rückforderung zu Unrecht erbrachter Leistungen

§ 38. (1) Zu Unrecht erbrachte Leistungen sind von der Versicherungsanstalt zurückzufordern, wenn der Zahlungsempfänger (§ 37) den Bezug durch bewußt unwahre Angaben, bewußte Verschweigung maßgebender Tatsachen oder Verletzung der Melde-, Auskunfts- oder Vorlagepflichten herbeigeführt hat oder wenn der Zahlungsempfänger (§ 37) erkennen mußte, daß die Leistung nicht oder nicht in dieser Höhe gebührte.

(BGBl I 2015/16)

(2) Das Recht auf Rückforderung nach Abs. 1 verjährt binnen zwei Jahren nach dem Zeitpunkt, in dem der Versicherungsanstalt bekannt geworden ist, daß die Leistung zu Unrecht erbracht worden ist.

(3) Die Versicherungsanstalt kann bei Vorliegen berücksichtigungswürdiger Umstände, insbesondere in Berücksichtigung der Familien-, Einkommens- und Vermögensverhältnisse des Empfängers,

1. auf die Rückforderung nach Abs. 1 verzichten;
2. die Erstattung des zu Unrecht gezahlten Betrages in Teilbeträgen zulassen.

(4) Zur Eintreibung der Forderung der Versicherungsanstalt auf Grund der Rückforderungsbescheide ist ihr die Einbringung im Verwaltungsweg gewährt (§ 3 Abs. 3 des Verwaltungsvollstreckungsgesetzes 1991).

(BGBl I 2006/98)

Bezugsberechtigung im Falle des Todes des Anspruchsberechtigten

§ 39. (1) Ist im Zeitpunkt des Todes der anspruchsberechtigten Person eine fällige Leistung noch nicht ausgezahlt, so sind, wenn in diesem Bundesgesetz nichts anderes bestimmt wird, nacheinander der Ehegatte/die Ehegattin oder der/die eingetragene Partner/in, die leiblichen Kinder, die Wahlkinder, die Stiefkinder, die Eltern, die Geschwister bezugsberechtigt, alle diese Personen jedoch nur, wenn sie gegenüber der anspruchsberechtigten Person zur Zeit ihres Todes unterhaltsberechtigt oder unterhaltspflichtig waren oder mit ihr zur Zeit ihres Todes in häuslicher Gemeinschaft gelebt haben. Steht der Anspruch mehreren Kindern oder Geschwistern der verstorbenen Person zu, so sind sie zu gleichen Teilen bezugsberechtigt.

(BGBl I 2009/135, BGBl I 2015/16)

(2) Sind keine Personen, die gemäß Abs. 1 bezugsberechtigt sind, vorhanden, so fällt die noch nicht ausgezahlte Leistung in den Nachlaß.

Leistungen der Pensionsversicherung

§ 40. In der Pensionsversicherung sind zu gewähren:

1. aus dem Versicherungsfall des Alters
   a) die Alterspension;
   b) ab 1. Jänner 2015 die vorzeitige Alterspension;
   (BGBl I 2015/162)
   (BGBl I 2006/98, BGBl I 2015/16)
2. aus dem Versicherungsfall der dauernden Berufsunfähigkeit die Berufsunfähigkeitspension;
3. aus dem Versicherungsfall der vorübergehenden Berufsunfähigkeit das Berufsunfähigkeitsgeld;
4. aus dem Versicherungsfall des Todes
   a) die Hinterbliebenenpensionen,
   b) die Abfindung,
   c) der Bestattungskostenbeitrag.

Eintritt des Versicherungsfalles

§ 41. (1) Der Versicherungsfall gilt als eingetreten:

1. bei einer Leistung aus dem Versicherungsfall des Alters mit der Erreichung des Anfallsalters;
2. bei einer Leistung aus dem Versicherungsfall
   a) der dauernden Berufsunfähigkeit oder
   b) der vorübergehenden Berufsunfähigkeit
   mit deren Eintritt, wenn aber dieser Zeitpunkt nicht feststellbar ist, mit der Antragstellung;
3. bei einer Leistung aus dem Versicherungsfall des Todes mit dem Tod.

(2) Stichtag für die Feststellung, ob und in welchem Ausmaß eine Leistung gebührt, ist der Eintritt des Versicherungsfalles, wenn er auf einen Monatsersten fällt, sonst der dem Eintritt des Versicherungsfalles folgende Monatserste. Ist jedoch im Zeitpunkt des Eintrittes des Versicherungsfalles des Alters oder der dauernden Berufsunfähigkeit das Amt des Versicherten noch nicht erloschen, oder der Versicherte aus dem Verzeichnis der Notariatskandidat/inn/en noch nicht gestrichen, so ist der Stichtag für die Feststellung, ob und in welchem Ausmaß eine Pension gebührt, der Zeitpunkt des Erlöschens oder der Streichung, wenn er auf einen Monatsersten fällt, sonst der diesem Zeitpunkt folgende Monatserste.

(BGBl I 2015/16)

(3) Wird nach Vollendung des 65. Lebensjahres der Antrag auf eine Leistung aus dem Versicherungsfall des Alters nicht innerhalb von sechs Monaten nach Erlöschen des Amtes als Notar/Notarin oder nach Streichung aus dem Verzeichnis der Notariatskandidat/inn/en gestellt, so ist Stichtag für die Feststellung, ob und in welchem Ausmaß eine Leistung gebührt, der dem Tag der Antragstellung folgende oder der von der antragstellenden Person gewünschte, nicht länger als sechs Monate zurückliegende Tag, wenn er auf einen Monatsersten fällt, sonst der diesem Tag folgende Monatserste.

(BGBl I 2015/16)

Versicherungszeiten nach dem 31. Dezember 1971

§ 42. (1) Versicherungszeiten aus der Zeit nach dem 31. Dezember 1971 sind:

1. Zeiten, für die Beiträge nach § 9 zu entrichten sind;
2. Zeiten, für die Beiträge nach Abs. 2 nachentrichtet werden;
3. Zeiten, für die ein Anrechnungsbetrag gemäß § 64 dieses Bundesgesetzes oder gemäß § 13 des Bundesbezügegesetzes, BGBl. Nr. 64/1997, oder ein Überweisungsbetrag gemäß § 49h Abs. 3 des Bezügegesetzes, BGBl. Nr. 273/1972, oder ein Überweisungsbetrag gemäß § 308 ASVG in Verbindung mit § 64 dieses Bundesgesetzes geleistet worden ist;
   (BGBl I 1997/64, BGBl I 2015/16)
4. Zeiten, in denen ein Versicherter aufgrund des Wehrgesetzes 2001, BGBl. I Nr. 146, Präsenz- oder Ausbildungsdienst bzw. aufgrund

der Bestimmungen des Zivildienstgesetzes 1986, BGBl. Nr. 679, ordentlichen oder außerordentlichen Zivildienst geleistet hat, sofern diese Zeiten sich nicht schon im Bestand oder Ausmaß eines Leistungsanspruches in einer Pensionsversicherung aufgrund anderer bundesgesetzlicher Vorschriften ausgewirkt haben;

(BGBl 1996/416, BGBl I 1998/30, BGBl I 2009/83)

5. Zeiten der Kindererziehung nach § 8 Abs. 1 Z 2 lit. g ASVG.

(BGBl I 2009/83)

(2) Beiträge können vom Versicherten nachentrichtet werden:

1. für Zeiten der Unterbrechung der Versicherung, höchstens bis zu sechs Jahren, jedoch nicht für Zeiten

    a) einer als Disziplinarstrafe verhängten Suspension vom Amt,

    b) des Bezuges einer Pension,

    c) für die ein Überweisungsbetrag gemäß § 64 zu leisten ist;

2. für Zeiten eines einen Kalendermonat übersteigenden Urlaubes gegen Einstellung der Bezüge eines Notariatskandidaten gemäß § 9 Abs. 5.

3. für nicht schon unter Z 1 und 2 fallende Zeiten, die nach der Notariatsordnung als juristische Praxis für die Erlangung einer Notarstelle gelten, bis zum Höchstausmaß von vier Jahren, sofern sich diese Zeiten nicht schon im Bestand oder Ausmaß eines Leistungsanspruches in einer Pensionsversicherung auf Grund anderer bundesgesetzlicher Vorschriften ausgewirkt haben oder nach Abs. 1 Z 1, 3 und 4 Versicherungszeiten sind.

(BGBl I 2015/16)

(3) Die Nachentrichtung der Beiträge ist binnen sechs Monaten nach dem Wiederbeginn der Versicherung bzw. nach dem Ende des Urlaubes gegen Einstellung der Bezüge bzw. dem erstmaligen Eintritt der Versicherungspflicht zu beantragen. Die Höhe der Beiträge richtet sich nach der durchschnittlichen Beitragsgrundlage während der ersten zwölf Kalendermonate nach dem Wiederbeginn (Beginn) der Versicherung. Die Nachentrichtung kann auch nach Eintritt des Versicherungsfalles beantragt werden, wenn dieser während des Laufes der Frist für die Antragstellung eingetreten ist; ist innerhalb der Frist der Versicherungsfall des Todes eingetreten, so sind die Hinterbliebenen bis zum Ablauf von sechs Monaten nach dem Tod der versicherten Person zur Antragstellung und Nachentrichtung der Beiträge berechtigt. Die Antragsfrist verlängert sich um Zeiträume, innerhalb deren die antragstellende Person nachweislich ohne eigenes Verschulden verhindert war, den Antrag zu stellen.

(BGBl I 2015/16)

Versicherungszeiten vor dem 1. Jänner 1972

§ 43. Versicherungszeiten aus der Zeit vor dem 1. Jänner 1972 sind:

1. Zeiten, die nach den am 31. Dezember 1971 in Geltung gestandenen Vorschriften als Beitragszeiten in der Notarversicherung gegolten haben;

2. Zeiten, in denen ein Versicherter aufgrund der Bestimmungen des Wehrgesetzes, BGBl. Nr. 181/1955, ordentlichen oder außerordentlichen Präsenzdienst geleistet hat, soweit diese Zeiten nach der Notariatsordnung (§ 6 der Notariatsordnung) angerechnet werden und sofern sie sich nicht schon im Bestand oder Ausmaß eines Leistungsanspruches in einer Pensionsversicherung aufgrund anderer bundesgesetzlicher Vorschriften ausgewirkt haben.

Versicherungsmonat

§ 44. Versicherungsmonat ist jeder Kalendermonat einer Versicherungszeit im Sinne der §§ 42 und 43.

Anrechenbarkeit der Versicherungsmonate

NVG 2020

§ 45. (1) Versicherungsmonate sind anrechenbar, wenn sie in den Anrechnungszeitraum fallen. Darunter ist der längste unmittelbar vor dem Stichtag (§ 41 Abs. 2) gelegene Zeitraum zu verstehen, der mindestens zu drei Vierteln durch Versicherungsmonate gedeckt ist.

(2) Bei der Ermittlung des Anrechnungszeitraumes bleiben folgende Zeiten, sofern sie nicht als Versicherungszeiten gelten, außer Betracht:

1. Zeiten während des Ersten oder des Zweiten Weltkrieges, in denen der Versicherte Kriegsdienst geleistet hat oder Zeiten einer aus dem Zweiten Weltkrieg herrührenden Kriegsgefangenschaft bzw. Zivilinternierung;

2. Zeiten zwischen dem 4. März 1933 und dem 31. März 1952, in denen ein Notar aus politischen Gründen oder aus religiösen Gründen oder aus Gründen der Abstammung ausgewandert war;

3. Zeiten, in denen ein Versicherter auf Grund des Wehrgesetzes 2001 Präsenz- oder Ausbildungsdienst bzw. auf Grund der Bestimmungen des Zivildienstgesetzes 1986 ordentlichen oder außerordentlichen Zivildienst geleistet hat;

(BGBl 1996/416, BGBl I 1998/30, BGBl I 2009/83)

4. Zeiten, in denen ein Notariatskandidat wegen Stellenlosigkeit vorübergehend nicht im Verzeichnis der Notariatskandidat/inn/en eingetragen war;

(BGBl I 2015/16)

5. Zeiten, in denen der Versicherte Anspruch auf Berufsunfähigkeitsgeld hatte;

6. die letzten vor dem Eintritt des Versicherungsfalles gelegenen Zeiten, sofern sie nicht

nach Z 1 bis 5 außer Betracht bleiben, bis zur Höchstdauer von 18 Monaten.

(3) Zeiten der im Abs. 2 Z 4 bezeichneten Art bleiben nur bis zum Höchstausmaß von 90 Tagen in einem Kalenderjahr, insgesamt von höchstens 180 Tagen, bei der Ermittlung des Anrechnungszeitraumes außer Betracht.

Allgemeine Voraussetzung für die Leistungsansprüche; Wartezeit

§ 46. (1) Der Anspruch auf eine Pension, auf das Berufsunfähigkeitsgeld und auf den Bestattungskostenbeitrag ist, abgesehen von den im Abschnitt II des Zweiten Teiles festgesetzten besonderen Voraussetzungen, an die allgemeine Voraussetzung geknüpft, daß die Wartezeit erfüllt ist.

(2) Die Wartezeit ist erfüllt, wenn am Stichtag (§ 41 Abs. 2)

1. für einen Anspruch auf ein Berufsunfähigkeitsgeld mindestens 12 Versicherungsmonate,
2. für einen Anspruch auf eine Pension und auf einen Bestattungskostenbeitrag mindestens 60 Versicherungsmonate im Sinne des § 42 Abs. 1 Z 1 bis 3

anrechenbar sind.

(3) Für den Anspruch auf eine Hinterbliebenenpension und den Bestattungskostenbeitrag ist die allgemeine Voraussetzung auch erfüllt, wenn der Versicherte bis zu seinem Tod Anspruch auf eine Pension hatte.

(4) Die allgemeine Voraussetzung entfällt für eine Leistung aus dem Versicherungsfall der dauernden Berufsunfähigkeit, der vorübergehenden Berufsunfähigkeit bzw. des Todes, wenn der Versicherungsfall die Folge eines Dienstunfalles ist.

Feststellung von Versicherungszeiten

§ 46a. Die versicherte Person ist berechtigt, frühestens zwei Jahre vor Vollendung des für eine Leistung aus dem Versicherungsfall des Alters maßgebenden Lebensalters bei der Versicherungsanstalt einen Antrag auf Feststellung der anrechenbaren Versicherungszeiten zu stellen. Für die Antragstellung und bei der Beurteilung der Anrechenbarkeit ist § 41 Abs. 2 entsprechend anzuwenden.

(BGBl I 2006/98, BGBl I 2015/16)

Rückwirkende Herstellung des gesetzlichen Zustandes bei der Feststellung von Versicherungszeiten

§ 46b. Ergibt sich nachträglich, daß die Feststellung von Versicherungszeiten gemäß § 46a bescheidmäßig infolge eines wesentlichen Irrtums über die tatsächlichen Verhältnisse oder eines offenkundigen Versehens unrichtig war, so ist mit Wirkung vom Tage der Auswirkung des Irrtums oder Versehens der gesetzliche Zustand herzustellen.

Abschnitt II
Bestimmungen über die einzelnen Leistungen

Berufsunfähigkeitspension

§ 47. (1) Anspruch auf Berufsunfähigkeitspension hat der Versicherte bei dauernder Berufsunfähigkeit.

(2) Besteht ein Anspruch auf eine Leistung aus dem Versicherungsfall des Alters, so kann ein Anspruch auf Berufsunfähigkeitspension nicht mehr entstehen.

(BGBl I 2006/98, BGBl I 2015/16)

Berufsunfähigkeitspension; Ausmaß

§ 48. (1) Die Berufsunfähigkeitspension besteht

1. aus dem Grundbetrag von 754,05 € monatlich;
2. aus dem Steigerungsbetrag für jeden anrechenbaren Versicherungsmonat von 2,33 € monatlich;

(BGBl I 2000/139, BGBl I 2001/67)

3. aus der Zusatzpension.

Bei der Bemessung des Steigerungsbetrages sind, unbeschadet einer Erhöhung des Steigerungsbetrages nach Abs. 5, höchstens 540 Versicherungsmonate heranzuziehen.

(BGBl I 2001/67)

(2) Für die Bemessung der Zusatzpension gilt:

1. Als Zusatzpension gebühren monatlich 17,80 % der durchschnittlichen monatlichen Beitragsgrundlage (§ 14) aus den Beitragsmonaten während der letzten 24 Kalenderjahre vor dem Stichtag (Durchrechnungszeitraum). Ist der Durchrechnungszeitraum nicht zur Gänze mit Beitragsmonaten ausgefüllt, ist für die Ermittlung der Zusatzpension die durchschnittliche monatliche Beitragsgrundlage aus den im Durchrechnungszeitraum erworbenen Beitragsmonaten zu bilden. Fallen in den Durchrechnungszeitraum Zeiten, für die ein Überweisungsbetrag nach § 64 dieses Bundesgesetzes oder ein Anrechnungsbetrag nach § 13 des Bundesbezügegesetzes, BGBl. I Nr. 64/1997, oder ein Überweisungsbetrag nach § 49h Abs. 3 des Bezügegesetzes, BGBl. Nr. 273/1972, oder ein Überweisungsbetrag nach § 308 ASVG geleistet worden ist, sind für diese Zeiträume die von dem diese Beträge überweisenden Träger gemeldeten Beitragsgrundlagen bei der Bemessung der Zusatzpension zu berücksichtigen.

(BGBl I 2015/16)

2. Die Zusatzpension gebührt ohne Kürzung bis zum Eineinhalbfachen der Summe aus Grund- und Steigerungsbetrag. Als Grundbetrag ist hiebei der Betrag ohne Berücksichtigung einer Kürzung nach Abs. 4 und als Steigerungsbetrag der für das Höchstausmaß an Versicherungsmonaten nach Abs. 1 ermittelte Betrag, jedoch ohne Berücksichtigung einer Erhöhung nach Abs. 5, heranzuziehen. Liegt der Stichtag im Jahr 2010, so gebühren von dem diese Summe übersteigenden Teil

der Zusatzpension bis zum Zweifachen der Summe aus Grundbetrag und Steigerungsbetrag monatlich 56 %, über dem Zweifachen bis zum Zweieinhalbfachen der Summe aus Grundbetrag und Steigerungsbetrag monatlich 46 % und über dem Zweieinhalbfachen der Summe aus Grundbetrag und Steigerungsbetrag monatlich 32 % der Zusatzpension zusätzlich. Für Stichtage ab dem Jahr 2011 gebühren von dem diese Summe übersteigenden Teil der Zusatzpension bis zum Zweifachen der Summe aus Grundbetrag und Steigerungsbetrag monatlich 55 %, über dem Zweifachen bis zum Zweieinhalbfachen der Summe aus Grundbetrag und Steigerungsbetrag monatlich 45 % und über dem Zweieinhalbfachen der Summe aus Grundbetrag und Steigerungsbetrag monatlich 30 % der Zusatzpension zusätzlich.

3. Für Stichtage ab dem Jahr 2011 sind bei der Berechnung der Zusatzpension folgende Pensionsprozentsätze und Durchrechnungszeiträume anzuwenden:

Stichtag	Pensions-prozentsatz	Durchrechnungs-zeitraum
2011	17,50	25 Kalenderjahre
2012	17,20	26 Kalenderjahre
2013	16,90	27 Kalenderjahre
2014	16,60	28 Kalenderjahre
2015	16,30	29 Kalenderjahre
ab 2016	16,00	30 Kalenderjahre

(BGBl I 2000/139, BGBl I 2004/101, BGBl I 2006/98, BGBl I 2009/83)

(3) (aufgehoben)

(BGBl I 2009/83)

(4) (aufgehoben)

(BGBl I 2015/16)

(5) Hat ein Versicherter einen Dienstunfall erlitten, dessen Folgen im Zeitpunkt des Eintrittes des Versicherungsfalles eine Gesundheitsschädigung um mindestens 25 vH bewirken, so ist der Steigerungsbetrag nach Abs. 1 Z 2 zu erhöhen, und zwar bei einer Gesundheitsschädigung von

mindestens 25 vH um einen 90 Versicherungsmonaten entsprechenden Steigerungsbetrag

mindestens 50 vH um einen 180 Versicherungsmonaten entsprechenden Steigerungsbetrag

mindestens 75 vH um einen 270 Versicherungsmonaten entsprechenden Steigerungsbetrag.

(6) Die Erhöhung nach Abs. 5 darf die doppelte Zahl der Kalendermonate nicht übersteigen, die zwischen dem Eintritt des Dienstunfalles und dem Zeitpunkt liegen, in dem der Versicherte das 70. Lebensjahr vollendet hat oder vollenden würde, und muß mindestens die Hälfte der Zahl der Versicherungsmonate betragen, die aus dem Grund des Dienstunfalles im Steigerungsbetrag jeweils zu berücksichtigen sind.

(7) Die Erhöhung des Steigerungsbetrages wegen eines Dienstunfalles ist, wenn sie nicht von Amts wegen vorgenommen wird, für einen Dienstunfall ausgeschlossen, von dem die Versicherungsanstalt nicht binnen sechs Monaten nach dessen Eintritt Kenntnis erlangt hat.

(BGBl 1996/416, BGBl I 2015/16)

(8) Erreicht eine nach Abs. 1 bis 6 bemessene Berufsunfähigkeitspension nicht den Betrag von 2 166,09 € monatlich, so gebührt sie im Ausmaß dieses Betrages.

(BGBl 1996/416, BGBl I 2001/67, BGBl I 2015/16)

(9) An die Stelle der Beträge in den Abs. 1 Z 1 und 2 sowie Abs. 8 treten ab 1. Jänner eines jeden Jahres die unter Bedachtnahme auf § 21 mit dem jeweiligen Anpassungsfaktor (§ 20) vervielfachten Beträge.

(10) (aufgehoben)

(BGBl I 2006/98, BGBl I 2015/16)

Berufsunfähigkeitsgeld

§ 49. (1) Anspruch auf Berufsunfähigkeitsgeld hat ein Notariatskandidat bei vorübergehender Berufsunfähigkeit. Der Anspruch besteht für die Dauer der vorübergehenden Berufsunfähigkeit, längstens jedoch bis zu 12 Monaten. Ist die vorübergehende Berufsunfähigkeit die Folge eines Dienstunfalles, erhöht sich diese Frist auf 24 Monate.

(2) § 47 Abs. 2 findet entsprechend Anwendung.

Berufsunfähigkeitsgeld; Ausmaß

§ 50. Das Berufsunfähigkeitsgeld gebührt im Ausmaß des nach § 48 Abs. 8 jeweils geltenden Mindestbetrages.

Alterspension

§ 51. (1) Anspruch auf Alterspension hat die versicherte Person bei einem Stichtag nach dem 1. September 2027 nach Vollendung des 70. Lebensjahres (Regelpensionsalter); bei einem früheren Stichtag sobald sie das in § 112 Abs. 3 genannte Lebensalter erreicht hat. Dieser Anspruch besteht jedoch nur dann, wenn ihr Amt erloschen ist oder wenn sie aus dem Verzeichnis der Notariatskandidat/inn/en gestrichen wurde.

(BGBl I 2015/16)

(2) Besteht bis zur Vollendung des 70. Lebensjahres Anspruch auf Berufsunfähigkeitspension oder vorzeitige Alterspension, so gebührt die Berufsunfähigkeitspension bzw. vorzeitige Alterspension ab diesem Zeitpunkt als Alterspension.

(3) Ab dem Zeitpunkt des Bestehens eines Anspruches auf eine Leistung aus dem Versicherungsfall des Alters erlischt ein Anspruch auf Berufsunfähigkeitsgeld.

(BGBl I 2006/98)

Vorzeitige Alterspension

§ 51a. Ab 1. Jänner 2015 hat die versicherte Person Anspruch auf vorzeitige Alterspension nach Vollendung des 65. Lebensjahres, wenn ihr Amt erloschen ist oder wenn sie aus dem Verzeichnis der Notariatskandidat/inn/en gestrichen wurde.

(BGBl I 2006/98, BGBl I 2015/16)

Alterspension, Ausmaß

§ 52. Die Leistung aus dem Versicherungsfall des Alters gebührt in der Höhe der Berufsunfähigkeitspension, auf die die versicherte Person Anspruch gehabt hat oder gehabt hätte, und zwar unter Berücksichtigung allfälliger Pensionsabschläge (§ 52a), wobei auch § 48 Abs. 5 bis 7 entsprechend anzuwenden sind, wenn die versicherte Person einen Dienstunfall erlitten hat.

(BGBl I 2006/98, BGBl I 2015/16)

Pensionsabschläge von der Berufsunfähigkeits- oder der vorzeitigen Alterspension

§ 52a. (1) Liegt der Stichtag (§ 41 Abs. 2) bei einer Berufsunfähigkeits- oder vorzeitigen Alterspension vor Vollendung des Regelpensionsalters, so ist die nach § 48 gebührende Pension für jeden zwischen dem Stichtag und dem vor Vollendung des Regelpensionsalters liegenden Kalendermonat um je 0,40 % zu kürzen.

(2) Liegt der Stichtag bei einer Berufsunfähigkeitspension vor Vollendung des 67. Lebensjahres, so gilt als Höchstausmaß der Kürzung nach Abs. 1 die Kürzung, die sich ergibt, wenn der Stichtag der Eintritt des Versicherungsfalles des Alters mit Vollendung des 67. Lebensjahres (§ 41 Abs. 1 Z 1) gewesen wäre.

(3) Die Kürzung nach Abs. 1 darf 24,00 %, die Kürzung nach Abs. 2 darf 14,40 % der nach § 48 gebührenden Pension nicht übersteigen; § 48 Abs. 8 bleibt unberührt.

(BGBl I 2015/16)

(BGBl I 2000/139, BGBl I 2004/101, BGBl I 2006/98, BGBl I 2015/16)

Hinterbliebenenpensionen

§ 53. Als Hinterbliebenenpensionen werden Witwen(Witwer)pensionen, Pensionen für hinterbliebene eingetragene PartnerInnen und Waisenpensionen gewährt.

(BGBl 1994/24, BGBl I 2010/62)

Witwen(Witwer)pension

§ 54. (1) Anspruch auf Witwen(Witwer)pension hat nach dem Tod des versicherten Ehegatten

1. die Witwe (der Witwer),
2. der frühere Ehegatte, dessen Ehe mit dem Versicherten für nichtig erklärt, aufgehoben oder geschieden worden ist, wenn ihm der Versicherte zur Zeit seines Todes Unterhalt (einen Unterhaltsbeitrag) auf Grund eines gerichtlichen Urteiles, eines gerichtlichen Vergleiches oder einer vor der Auflösung (Nichtigerklärung) der Ehe eingegangenen vertraglichen Verpflichtung zu leisten hatte, sofern der Ehegatte nicht eine neue Ehe geschlossen hat.

(2) Anspruch auf Witwen(Witwer)pension besteht nicht, wenn die Ehe in einem Zeitpunkt geschlossen wurde:

1. in dem der Ehegatte das 65. Lebensjahr überschritten hat oder
2. in der der Ehegatte das 45. Lebensjahr überschritten hat, sofern er danach erstmalig in die notarielle Praxis eingetreten ist und die Ehe nach diesem erstmaligen Eintritt geschlossen wurde, oder
3. in dem der Ehegatte einen bescheidmäßig zuerkannten Anspruch auf eine Berufsunfähigkeitspension hatte.

(3) Abs. 2 gilt nicht, wenn aus der Ehe ein Kind hervorgegangen ist oder hervorgeht oder durch die Eheschließung ein Kind legitimiert worden ist. Abs. 2 Z 3 gilt ferner nicht, wenn die Ehe mindestens drei Jahre gedauert hat. Abs. 2 Z 2 gilt nicht, wenn die Ehe nach Eintritt des Ehegatten in die notarielle Praxis bis zum Eintritt des Versicherungsfalles mindestens 15 Jahre gedauert hat.

(4) Anspruch auf Witwen(Witwer)pension steht nur zu, solange der Witwe (dem Witwer) bzw. dem früheren Ehegatten auf Grund einer Ehe, die der Ehe mit dem Versicherten voranging, nicht eine Witwen(Witwer)pension gebührt, deren Höhe die Witwen(Witwer)pension nach Abs. 1 erreicht. Ist die Pension auf Grund der früheren Ehe niedriger, so wird die Pension nach Abs. 1 in der Höhe des Unterschiedsbetrages gewährt.

(BGBl 1994/24)

Pension für hinterbliebene eingetragene PartnerInnen

§ 54a. Die Bestimmungen über die Witwen(Witwer)pension nach den §§ 54, 55 und 56 sind auf hinterbliebene eingetragene PartnerInnen und eingetragene Partnerschaften nach dem Eingetragene Partnerschaft-Gesetz (EPG), BGBl. I Nr. 135/2009, sinngemäß anzuwenden.

(BGBl I 2009/135, BGBl I 2013/139)

Witwen(Witwer)pension; Ausmaß

§ 55. (1) Die Witwen(Witwer)pension beträgt

1. für die Witwe (den Witwer) und für den früheren Ehegatten, bei dem die Voraussetzungen nach Abs. 6 zutreffen, 60 vH,
2. für den früheren Ehegatten, bei dem die Voraussetzungen nach Abs. 6 nicht zutreffen, 50 vH

der Pension, auf die der Versicherte bei seinem Tod Anspruch gehabt hat oder gehabt hätte.

(2) Wurde der Tod des Versicherten durch einen Dienstunfall verursacht, so ist die für die Bemessung der Witwen(Witwer)pension maßgebende Pension nach Abs. 1 um einen 360 Versicherungsmonaten entsprechenden Steigerungsbetrag einschließlich der Versicherungsmonate, die aus dem Grund des Dienstunfalles im Steigerungsbetrag bereits berücksichtigt wurden, zu erhöhen. § 48 Abs. 6 und 7 ist entsprechend anzuwenden.

(3) Die Witwen(Witwer)pension nach Abs. 1 Z 2 darf den gegen den Versicherten bei seinem Tod bestehenden Anspruch auf Unterhalt (Unterhaltsbeitrag) sowie die der Witwe (dem Witwer) aus demselben Versicherungsfall gebührende Witwen(Witwer)pension nicht übersteigen.

(4) Die Witwen-(Witwer-)Pensionen nach Abs. 1 Z 1 und 2 dürfen zusammen nicht höher sein als 80% der Pension, auf die der Versicherte bei seinem Tod Anspruch gehabt hat oder gehabt hätte, und zwar unter Berücksichtigung einer Erhöhung des Steigerungsbetrages nach Abs. 2; andernfalls sind sie innerhalb dieses Höchstausmaßes verhältnismäßig zu kürzen. Dabei gebührt eine Witwen(Witwer)pension nach Abs. 1 Z 1 jedenfalls mindestens im Ausmaß des nach Abs. 5 jeweils geltenden Mindestbetrages.

(BGBl I 2000/139)

(5) Die Witwen(Witwer)pension nach Abs. 1 Z 1 gebührt mindestens im Ausmaß von je 1 499,60 €; an die Stelle dieses Betrages tritt ab 1. Jänner eines jeden Jahres der unter Bedachtnahme auf § 21 mit dem jeweiligen Anpassungsfaktor (§ 20) vervielfachte Betrag.

(BGBl 1996/416, BGBl I 2001/67)

(6) Dem früheren Ehegatten/der früheren Ehegattin gebührt nach Abs. 1 Z 1 60 vH, wenn

a) das auf Scheidung lautende Urteil den Ausspruch nach § 61 Abs. 3 des Ehegesetzes enthält,

b) die Ehe mindestens fünfzehn Jahre gedauert und

c) der frühere Ehegatte im Zeitpunkt des Eintrittes der Rechtskraft des Scheidungsurteiles das 40. Lebensjahr vollendet hat.

Die unter lit. c genannte Voraussetzung entfällt, wenn

aa) der frühere Ehegatte seit dem Zeitpunkt des Eintrittes der Rechtskraft des Scheidungsurteiles erwerbsunfähig ist oder

bb) nach dem Tode des Mannes (der Frau) eine Waisenpension für ein Kind im Sinne des § 57 Abs. 2 und 3 anfällt, sofern dieses Kind aus der geschiedenen Ehe stammt oder von den Ehegatten gemeinsam oder als Stiefkind an Kindes Statt angenommen worden ist und das Kind in allen diesen Fällen im Zeitpunkt des Todes des Mannes (der Frau) ständig in Hausgemeinschaft mit dem früheren Ehegatten lebt. Das Erfordernis der ständigen Hausgemeinschaft entfällt bei nachgeborenen Kindern.

(BGBl I 2010/62, BGBl I 2013/139)

(BGBl I 2015/16)

(BGBl 1994/24)

Abfertigung einer Witwen(Witwer)pension

§ 56. (1) Der Bezieherin (Dem Bezieher) einer Witwen(Witwer)pension, die (der) sich wiederverehelicht hat, gebührt eine Abfertigung in Höhe des 70fachen der Witwen(Witwer)pension, auf die sie

(er) im Zeitpunkt der Schließung der neuen Ehe Anspruch gehabt hat.

(2) Wird die neue Ehe durch Tod des Ehegatten oder durch Scheidung oder Aufhebung aufgelöst oder für nichtig erklärt, so lebt der Anspruch auf die Witwen(Witwer)pension aus der früheren Ehe wieder auf, wenn

1. die Scheidung oder Aufhebung nicht aus dem alleinigen oder überwiegenden Verschulden des den Anspruch erhebenden Ehegatten erfolgte oder

2. bei Nichtigerklärung der Ehe der den Anspruch erhebende Ehegatte als schuldlos anzusehen ist.

Das Wiederaufleben des Anspruches tritt mit dem der Auflösung (Nichtigerklärung) der letzten Ehe folgenden Monatsersten, frühestens jedoch mit dem Monatsersten ein, der dem Ablauf von fünf Jahren nach dem seinerzeitigen Wegfall der Pension folgt. Der Anspruch auf Witwen(Witwer)pension aus der früheren Ehe lebt nicht wieder auf, solange die Witwe (dem Witwer) bzw. dem früheren Ehegatten auf Grund der letzten Ehe eine Versorgung gebührt, deren Höhe die abgefertigte Witwen(Witwer)pension (Abs. 1) erreicht. Ist die Versorgung auf Grund der letzten Ehe niedriger, so wird die wiederaufgelebte Pension in der Höhe des Unterschiedsbetrages gewährt.

(BGBl 1994/24)

Waisenpension

§ 57. (1) Anspruch auf Waisenpension haben nach dem Tod der versicherten Person die Kinder. Über das vollendete 18. Lebensjahr hinaus wird die Waisenpension nur auf besonderen Antrag gewährt.

(2) Als Kinder gelten bis zum vollendeten 18. Lebensjahr:

1. die Kinder und die Wahlkinder der versicherten Person;

(BGBl I 2013/86)

2. (aufgehoben)

(BGBl I 2013/86)

3. (aufgehoben)

(BGBl I 2013/86)

4. die Stiefkinder;

5. die Enkel.

Die in den Z 4 und 5 genannten Personen gelten nur dann als Kinder, wenn und solange sie mit der versicherten Person ständig in Hausgemeinschaft leben, die in Z 5 genannten Personen überdies nur dann, wenn und solange sie gegenüber der versicherten Person im Sinne des § 232 ABGB unterhaltsberechtigt sind und sie und die versicherte Person ihren Wohnsitz im Inland haben. Die ständige Hausgemeinschaft besteht weiter, wenn sich das Kind nur vorübergehend oder wegen schulmäßiger (beruflicher) Ausbildung oder zeitweilig wegen Heilbehandlung außerhalb der Hausgemeinschaft aufhält. Das gleiche gilt, wenn sich das Kind auf Veranlassung der versicherten Person und überwiegend auf deren Kosten oder auf Anordnung der

NVG 2020

Jugendfürsorge oder des Pflegschaftsgerichtes in Obsorge eines/einer Dritten befindet. Stiefkinder im Sinne der Z 4 sind die nicht von der versicherten Person abstammenden leiblichen Kinder deren Ehegattin/Ehegatten, und zwar auch dann, wenn der andere leibliche Elternteil des Kindes noch lebt. Die Stiefkindschaft besteht nach Auflösung oder Nichtigerklärung der sie begründenden Ehe weiter.

(3) Die Kindeseigenschaft besteht auch nach der Vollendung des 18. Lebensjahres, wenn und solange das Kind

1. sich in einer Schul- oder Berufsausbildung befindet, die seine Arbeitskraft überwiegend beansprucht, längstens bis zur Vollendung des 27. Lebensjahres; die Kindeseigenschaft von Kindern, die eine im § 3 des Studienförderungsgesetzes 1992 genannte Einrichtung besuchen, verlängert sich nur dann, wenn für sie

   a) entweder Familienbeihilfe nach dem Familienlastenausgleichsgesetz 1967 bezogen wird oder

   b) zwar keine Familienbeihilfe bezogen wird, sie jedoch ein ordentliches Studium ernsthaft und zielstrebig im Sinne des § 2 Abs. 1 lit. b des Familienlastenausgleichsgesetzes 1967 in der Fassung des Bundesgesetzes BGBl. Nr. 311/1992 betreiben;

2. seit der Vollendung des 18. Lebensjahres oder seit dem Ablauf des in Z 1 genannten Zeitraumes infolge Krankheit oder Gebrechens erwerbsunfähig ist.

(BGBl I 1998/30, BGBl I 2009/83)

Waisenpension; Ausmaß

§ 58. Die Waisenpension beträgt für jedes einfach verwaiste Kind 15 vH, für jedes doppelt verwaiste Kind 30 vH der Pension, auf die der Versicherte bei seinem Tod Anspruch gehabt hat oder gehabt hätte. § 55 Abs. 2 ist entsprechend anzuwenden. Die Waisenpension beträgt mindestens für jedes einfach verwaiste Kind 583,27 €, für jedes doppelt verwaiste Kind 1 166,33 €; an die Stelle dieser Beträge treten am 1. Jänner eines jeden Jahres die unter Bedachtnahme auf § 21 mit dem jeweiligen Anpassungsfaktor (§ 20) vervielfachten Beträge.

(BGBl 1996/416, BGBl I 2001/67)

Abfindung

§ 59. Die Witwe (Der Witwer) oder der/die hinterbliebene eingetragene PartnerIn bzw. der/die frühere Ehegatte/Ehegattin oder der/die frühere eingetragene PartnerIn und die Waisen des Versicherten haben Anspruch auf Abfindung, sofern Hinterbliebenenpensionen nur mangels Erfüllung der allgemeinen Voraussetzung (§ 46) nicht gebühren. Die Abfindung beträgt das Vierzehnfache der in Betracht kommenden monatlichen Hinterblie-

benenpension, die auf Grund der anrechenbaren Versicherungszeiten am Stichtag gebühren würde.

(BGBl 1994/24, BGBl I 2009/135)

Bestattungskostenbeitrag

§ 60. (1) Anspruch auf Bestattungskostenbeitrag hat nach dem Tod des Versicherten, des Empfängers einer Alters(Berufsunfähigkeits)pension oder der Witwe (des Witwers) (§ 54 Abs. 1 Z 1) oder des eingetragenen Partners/der eingetragenen Partnerin derjenige, der die Kosten der Bestattung bestritten hat, bis zur Höhe dieser Kosten. Sind sie von mehreren Personen bestritten worden und reicht der Bestattungskostenbeitrag nicht aus, so ist er im Verhältnis der Aufwendungen aufzuteilen.

(BGBl 1994/24, BGBl I 2009/135)

(2) Der Bestattungskostenbeitrag beträgt

1. beim Tod des Versicherten oder Empfängers einer Alters(Berufsunfähigkeits)pension das Neunfache,

2. beim Tod der Witwe (des Witwers) (§ 54 Abs. 1 Z 1) oder des eingetragenen Partners/der eingetragenen Partnerin das Viereinhalbfache

des im Zeitpunkt des Todes des Versicherten bzw. des Empfängers einer Alters(Berufsunfähigkeits)pension bzw. der Witwe (des Witwers) (§ 54 Abs. 1 Z 1) oder des eingetragenen Partners/der eingetragenen Partnerin jeweils nach § 48 Abs. 1 Z 1 als Grundbetrag geltenden Betrages.

(BGBl 1994/24, BGBl I 2009/135)

(3) Einer juristischen Person, die die Kosten der Bestattung auf Grund gesetzlicher, satzungsmäßiger oder vertraglicher Verpflichtung bestritten hat, steht ein Anspruch auf Bestattungskostenbeitrag nicht zu. In diesem Fall oder wenn keine Bestattungskosten erwachsen sind oder wenn diese die Höhe des Bestattungskostenbeitrages nicht erreichen, gebührt er oder der verbliebene Rest der Reihe nach

1. der Witwe (dem Witwer) (§ 54 Abs. 1 Z 1) oder dem eingetragenen Partner/der eingetragenen Partnerin,

(BGBl 1994/24, BGBl I 2009/135)

2. den Kindern (§ 57 Abs. 2 und 3) ohne Rücksicht auf ihr Lebensalter;

fehlen solche Berechtigte, verbleibt der Betrag der Versicherungsanstalt.

Kinderzuschuß

§ 61. Dem auf eine Alters(Berufsunfähigkeits)pension oder auf Berufsunfähigkeitsgeld Anspruchsberechtigten gebührt für jedes Kind (§ 57 Abs. 2 und 3) ein Kinderzuschuß von 10 vH der Pension bzw. des Berufsunfähigkeitsgeldes, mindestens 316,56 €; an die Stelle dieses Betrages tritt ab 1. Jänner eines jeden Jahres der unter Bedachtnahme auf § 21 mit dem jeweiligen Anpassungsfaktor (§ 20) vervielfachte Betrag. Über das vollendete

18. Lebensjahr hinaus wird der Kinderzuschuß nur auf besonderen Antrag gewährt.

(BGBl 1996/416, BGBl I 2001/67, BGBl I 2010/62)

Hilflosenzuschuß

§ 62. (aufgehoben)

(BGBl 1993/110)

Abschnitt III
Ausscheiden aus der Pensionsversicherung und Aufnahme in die Pensionsversicherung

Ausscheiden aus der Pensionsversicherung

§ 63. (1) Scheidet ein Versicherter aus der Pensionsversicherung aus und wird er in unmittelbarem Anschluß daran in ein pensionsversicherungsfreies Dienstverhältnis aufgenommen, so sind die Bestimmungen des Allgemeinen Sozialversicherungsgesetzes über die Aufnahme in ein pensionsversicherungsfreies Dienstverhältnis sinngemäß anzuwenden.

(2) Abs. 1 gilt auch in allen übrigen Fällen des Ausscheidens aus der Pensionsversicherung, ausgenommen in den Fällen, in denen

1. der Tod der versicherten Person oder

2. die Leistung des Präsenz- oder Ausbildungs- bzw. Zivildienstes oder

3. bei Notariatskandidat/inn/en die Stellenlosigkeit (§ 45 Abs. 2 Z 4) oder

4. bei Notariatskandidat/inn/en die Karenz nach den §§ 15 ff. des Mutterschutzgesetzes, BGBl. Nr. 221/1979, oder nach den §§ 2 ff. des Väterkarenzgesetzes, BGBl. Nr. 651/1989,

die Ursache des Ausscheidens ist oder nach dem Ausscheiden eine Berufsunfähigkeits(Alters)pension oder ein Berufsunfähigkeitsgeld gebührt. Gebührt nach dem Ausscheiden eine dieser Leistungen oder wird Präsenz- oder Ausbildungs- bzw. Zivildienst geleistet oder war der Notariatskandidat/die Notariatskandidatin stellenlos, so gilt Abs. 1 erst nach dem nicht durch den Tod bedingten Wegfall der Leistungen bzw. nach dem Ende des Präsenz- oder Ausbildungs- bzw. Zivildienstes bzw. nach dem Ende der Stellenlosigkeit, spätestens aber nach deren sechsmonatiger ununterbrochener Dauer, es sei denn, dass der/die Ausgeschiedene in diesen Fällen unmittelbar danach nach diesem Bundesgesetz wieder versicherungspflichtig wird; im Fall der Karenz gilt Abs. 1 nach deren Beendigung, es sei denn, dass der/die Ausgeschiedene in diesem Fall unmittelbar danach nach diesem Bundesgesetz wieder versicherungspflichtig wird.

(BGBl I 1998/30, BGBl I 2009/83)

(2a) Abs. 1 gilt nicht im Fall des Ausscheidens einer versicherten Person (eines Notars/einer Notarin) nach Vollendung des 65. Lebensjahres, wenn sie zum Zeitpunkt des Ausscheidens bereits Anspruch auf vorzeitige Alterspension nach diesem Bundesgesetz hat.

(BGBl I 2015/16)

(3) Die Bestimmungen des Allgemeinen Sozialversicherungsgesetzes über die Aufnahme in ein pensionsversicherungsfreies Dienstverhältnis sind mit folgender Maßgabe anzuwenden:

1. zuständig für die Feststellung und Leistung des Überweisungsbetrages ist die Versicherungsanstalt; sie kann den Überweisungsbetrag auch von Amts wegen leisten;

(BGBl I 2000/139)

2. als Grundlage für die Ermittlung des Überweisungsbetrages gilt der Durchschnitt der Beitragsgrundlagen (§ 10) ohne Berücksichtigung einer allfälligen Sonderzahlung aus den letzten sechs Beitragsmonaten vor dem Ausscheiden; in den Fällen des Abs. 2 darf sie den Betrag des Dreißigfachen der im Zeitpunkt des Ausscheidens in der Pensionsversicherung der Angestellten jeweils in Geltung gestandenen Höchstbeitragsgrundlage nach § 45 Abs. 1 des Allgemeinen Sozialversicherungsgesetzes nicht übersteigen;

(BGBl I 2000/139)

3. der Hundertsatz des Überweisungsbetrages beträgt 6 vH;

4. die Verpflichtung der Versicherungsanstalt zur Leistung eines Überweisungsbetrages erstreckt sich nur auf solche Versicherungszeiten, für die an die Versicherungsanstalt Beiträge oder Überweisungsbeträge geleistet worden sind;

5. in den Fällen des Abs. 2 tritt an die Stelle des Dienstgebers die Pensionsversicherungsanstalt, an die Stelle der Pensionsversorgung die Pensionsversicherung nach dem ASVG, an die Stelle der Aufnahme in das pensionsversicherungsfreie Dienstverhältnis das Ausscheiden aus der Pensionsversicherung und an die Stelle des Einlangens des Anrechnungsbescheides der Stichtag; die Anrechnung von Versicherungszeiten in der Pensionsversicherung nach dem ASVG ist von der Leistung des Überweisungsbetrages abhängig.

(BGBl I 2002/6, BGBl I 2015/16)

Aufnahme in die Pensionsversicherung

§ 64. Scheidet ein in der Pensionsversicherung nach dem Allgemeinen Sozialversicherungsgesetz, dem Gewerblichen Sozialversicherungsgesetz oder dem Bauern-Sozialversicherungsgesetz Versicherter aus einer dieser Pensionsversicherungen aus und wird er nach dem Notarversicherungsgesetz 1972 versicherungspflichtig, so sind die Bestimmungen des Allgemeinen Sozialversicherungsgesetzes, des Gewerblichen Sozialversicherungsgesetzes bzw. des Bauern-Sozialversicherungsgesetzes über die Aufnahme in ein pensionsversicherungsfreies Dienstverhältnis sinngemäß mit folgender Maßgabe anzuwenden:

1. an die Stelle des Dienstgebers tritt die Versicherungsanstalt und an die Stelle der Pensionsversorgung die Pensionsversicherung nach diesem Bundesgesetz; die Anrechnung von Versicherungszeiten in der Pensionsversicherung nach diesem Bundesgesetz ist

NVG 2020

von der Leistung des Überweisungsbetrages abhängig;

2. (aufgehoben)

(BGBl I 2009/83, BGBl I 2015/16)

3. (aufgehoben)

(BGBl I 2009/83, BGBl I 2015/16)

4. als Grundlage für die Ermittlung des Überweisungsbetrages gilt, wenn für seine Zahlung

   a) ein Pensionsversicherungsträger nach dem Allgemeinen Sozialversicherungsgesetz zuständig ist, die für den letzten Beitragsmonat vor dem Ausscheiden festgestellte allgemeine Beitragsgrundlage;

   b) die Sozialversicherungsanstalt der gewerblichen Wirtschaft zuständig ist, die für den letzten Beitragsmonat vor dem Ausscheiden festgestellte Beitragsgrundlage;

   (BGBl 1996/416)

   c) die Sozialversicherungsanstalt der Bauern zuständig ist, der im Zeitpunkt des Ausscheidens geltende Meßwert jener Versicherungsklasse, in die der Versicherte in diesem Zeitpunkt eingereiht war.

   (BGBl 1996/416)

(BGBl 1996/416)

Abschnitt IV
Schadenersatz und Haftung
(BGBl 1994/24)

Übergang von Schadenersatzansprüchen auf die Versicherungsanstalt

§ 64a. (1) Können Personen, denen nach den Bestimmungen dieses Bundesgesetzes Leistungen zustehen, den Ersatz des Schadens, der ihnen durch den Versicherungsfall erwachsen ist, auf Grund anderer gesetzlicher Vorschriften beanspruchen, geht der Anspruch auf die Versicherungsanstalt insoweit über, als diese Leistungen zu erbringen hat. Ansprüche auf Schmerzengeld gehen auf die Versicherungsanstalt nicht über.

(2) Die Versicherungsanstalt kann Ersatzbeträge, die der Ersatzpflichtige dem Versicherten oder seinen Hinterbliebenen in Unkenntnis des Überganges des Anspruches gemäß Abs. 1 geleistet hat, auf die nach diesem Bundesgesetz zustehenden Leistungsansprüche ganz oder zum Teil anrechnen. Soweit hienach Ersatzbeträge angerechnet werden, erlischt der nach Abs. 1 auf die Versicherungsanstalt übergegangene Ersatzanspruch gegen den Ersatzpflichtigen.

(3) Die Versicherungsanstalt kann einen im Sinne der Abs. 1 und 2 auf sie übergegangenen Schadenersatzanspruch gegen einen Dienstnehmer, der im Zeitpunkt des schädigenden Ereignisses im selben Notariat wie der Verletzte oder Getötete beschäftigt war, nur geltend machen, wenn

   a) der Dienstnehmer den Versicherungsfall vorsätzlich oder grob fahrlässig verursacht hat oder

   b) der Versicherungsfall durch ein Verkehrsmittel verursacht wurde, für dessen Betrieb auf Grund gesetzlicher Vorschrift eine erhöhte Haftpflicht besteht.

In den Fällen der lit. b kann die Versicherungsanstalt den Schadenersatzanspruch unbeschadet der Bestimmungen des § 64b über das Zusammentreffen von Schadenersatzansprüchen verschiedener Versicherungsträger und den Vorrang eines gerichtlich festgestellten Schmerzengeldanspruches nur bis zur Höhe der aus einer bestehenden Haftpflichtversicherung zur Verfügung stehenden Versicherungssumme geltend machen, es sei denn, daß der Versicherungsfall durch den Dienstnehmer vorsätzlich oder grob fahrlässig verursacht worden ist.

(4) Wurde ein Versicherungsfall nicht vorsätzlich herbeigeführt, so kann die Versicherungsanstalt auf den Ersatz ganz oder teilweise verzichten, wenn die wirtschaftlichen Verhältnisse des Verpflichteten dies begründen.

Konkurrenz von Ersatzansprüchen mehrerer Versicherungsträger

§ 64b. Treffen Ersatzansprüche verschiedener Versicherungsträger gemäß § 64a aus demselben Ereignis zusammen, welche die aus einer bestehenden Haftpflichtversicherung zur Verfügung stehende Versicherungssumme übersteigen, so sind sie aus dieser unbeschadet der weiteren Haftung des Ersatzpflichtigen im Verhältnis ihrer Ersatzforderungen zu befriedigen. Ein gerichtlich festgestellter Schmerzengeldanspruch geht hiebei den Ersatzansprüchen der Versicherungsträger im Range vor.

Verjährung der Ersatzansprüche

§ 64c. (1) Der Ersatzanspruch der Versicherungsanstalt verjährt in drei Jahren nach der ersten rechtskräftigen Feststellung der Entschädigungspflicht.

(2) Im übrigen gelten für die Verjährung der Ersatzansprüche die Bestimmungen des § 1489 des Allgemeinen Bürgerlichen Gesetzbuches.

Meldung von Ersatzansprüchen

§ 64d. Die Versicherten und ZahlungsempfängerInnen haben der Anstalt Ansprüche nach § 64a Abs. 1 unverzüglich zu melden und ihr auf ihr Verlangen jeweils binnen zwei Wochen über alle für die Prüfung bzw. Durchsetzung der Ansprüche maßgebenden Umstände Auskünfte zu erteilen und alle diesbezüglich erforderlichen Urkunden und Belege vorzulegen.

(BGBl I 2009/83)

DRITTER TEIL
VERFAHREN; AUFBAU DER VERWALTUNG

Abschnitt I

Verfahren

§ 65. (1) Hinsichtlich des Verfahrens zur Durchführung dieses Bundesgesetzes gilt der Siebente Teil des Allgemeinen Sozialversicherungsgesetzes (ASVG) mit der Maßgabe, dass

1. bei einem Dienstunfall eines Notariatskandidaten/einer Notariatskandidatin der/die jeweils als Dienstgeber/Dienstgeberin in Betracht kommende Notar/Notarin, bei einem Dienstunfall eines Notars/einer Notarin dieser/diese selbst oder wenn als Folge eines Dienstunfalles ein Notar/eine Notarin getötet wurde, die anspruchsberechtigte Witwe/der anspruchsberechtigte Witwer bzw. die anspruchsberechtigte Waise der Versicherungsanstalt den Dienstunfall binnen 30 Tagen anzuzeigen hat; § 363 ASVG ist nicht anzuwenden;

2. § 414 Abs. 2 und 3 ASVG nicht anzuwenden ist.

(BGBl I 2013/139)

(2) Für die leistungsempfangende Person ist ein Bescheid über die Höhe des von ihrer Pension einbehaltenen Solidaritätsbeitrages (§ 10a), über die Höhe des Beitrages zur Herstellung des Gleichgewichtes zwischen Einnahmen und Ausgaben (§ 80 Abs. 1 und 2) sowie über die Pensionsanpassung nur dann zu erlassen, wenn sie es verlangt.

(BGBl I 2015/16)

(BGBl 1994/24, BGBl I 2006/98)

Grundsätze der Sachverhaltsfeststellung

§ 65a. (1) Für die Beurteilung von Sachverhalten nach diesem Bundesgesetz ist in wirtschaftlicher Betrachtungsweise der wahre wirtschaftliche Gehalt und nicht die äußere Erscheinungsform des Sachverhaltes maßgebend.

(2) Durch den Missbrauch von Formen und Gestaltungsmöglichkeiten des bürgerlichen Rechtes können Verpflichtungen nach diesem Bundesgesetz, wie zB die Versicherungs- oder Beitragspflicht, nicht umgangen oder gemindert werden.

(3) Ein Sachverhalt ist so zu beurteilen, wie er bei einer den wirtschaftlichen Vorgängen, Tatsachen und Verhältnissen angemessenen rechtlichen Gestaltung zu beurteilen gewesen wäre.

(4) Scheingeschäfte und andere Scheinhandlungen sind für die Feststellung eines Sachverhaltes nach diesem Bundesgesetz ohne Bedeutung. Wird durch ein Scheingeschäft ein anderes Rechtsgeschäft verdeckt, so ist das verdeckte Rechtsgeschäft für die Beurteilung maßgebend.

(5) Die Grundsätze, nach denen

1. die wirtschaftliche Betrachtungsweise,

2. Scheingeschäfte, Formmängel und Anfechtbarkeit sowie

3. die Zurechnung

nach den §§ 21 bis 24 der Bundesabgabenordnung für Abgaben zu beurteilen sind, gelten auch dann, wenn eine Pflichtversicherung und die sich daraus ergebenden Rechte und Pflichten nach diesem Bundesgesetz zu beurteilen sind.

(BGBl I 2009/83)

Abschnitt II
Verwaltung der Versicherungsanstalt

Träger der Verwaltung

§ 66. (1) Die Verwaltung der Versicherungsanstalt obliegt den Verwaltungskörpern und den Rechnungsprüfern. Die Verwaltungskörper sind:

1. die Hauptversammlung,

2. der Vorstand.

(2) Die Verwaltungskörper und die Rechnungsprüfer haben sich zur Durchführung ihrer Aufgaben der am Sitz der Versicherungsanstalt zu errichtenden Geschäftsstelle zu bedienen.

Versichertenvertreter

§ 67. (1) Mitglied (stellvertretendes Mitglied) eines Verwaltungskörpers sowie Rechnungsprüfer (deren Stellvertreter) können nur in der Pensionsversicherung Versicherte und ehemalige Notare sein. Die Versichertenvertreter, mit Ausnahme der ehemaligen Notare, müssen, unbeschadet allfälliger in diesem Bundesgesetz festgesetzter sonstiger Voraussetzungen, die Voraussetzung der Wählbarkeit in eine Notariatskammer erfüllen.

(BGBl 1994/24)

(2) (aufgehoben)

(BGBl I 2015/16)

(3) Scheidet ein Mitglied des Vorstandes oder ein Rechnungsprüfer (deren Stellvertreter) dauernd aus, so hat die Hauptversammlung binnen drei Monaten für den Rest der Amtsdauer dieser Verwaltungskörper den Ausgeschiedenen durch Neuwahl zu ersetzen. Ist für den Ausgeschiedenen ein Stellvertreter gewählt, gilt für die Zeit bis zur Neuwahl Abs. 2 entsprechend. Scheidet ein ehemaliger Notar/eine ehemalige Notarin dauernd aus der Hauptversammlung aus oder legt er/sie das Amt zurück, so ist binnen drei Monaten für den Rest der Amtsdauer eine Neuwahl vorzunehmen, wobei § 72a sinngemäß gilt.

(BGBl 1994/24, BGBl I 2006/98)

(4) Ein Mitglied der Hauptversammlung kann sich in dieser durch ein anderes Mitglied dieses Verwaltungskörpers vertreten lassen; hiezu bedarf es einer schriftlichen Vollmacht.

(5) Die Tätigkeit als Mitglied (stellvertretendes Mitglied) eines Verwaltungskörpers sowie als Rechnungsprüfer (deren Stellvertreter) erfolgt auf Grund einer öffentlichen Verpflichtung und begründet kein Dienstverhältnis zur Versicherungsanstalt. Hiefür gebühren Entschädigungen nach folgenden Grundsätzen:

1. Die Mitglieder der Verwaltungskörper sowie die Rechnungsprüfer (deren Stellvertreter)

NVG 2020

haben Anspruch auf Ersatz der Reise- und Aufenthaltskosten gemäß § 3 Abs. 1 Z 4 der Reisegebührenvorschrift 1955, BGBl. Nr. 133.

(BGBl I 2009/83)

2. Der Präsident und dessen Stellvertreter haben Anspruch auf Funktionsgebühren. Das Nähere hat der Bundesminister für Arbeit, Gesundheit und Soziales nach Anhörung des Hauptverbandes durch Verordnung unter Bedachtnahme auf den örtlichen Wirkungsbereich und die Zahl der Versicherten der Versicherungsanstalt zu bestimmen; dabei darf die für ein Jahr zustehende Funktionsgebühr 40 vH des einem Mitglied des Nationalrates jährlich gebührenden Bezuges nicht übersteigen.

(BGBl I 1997/64)

3. Die Mitglieder der Verwaltungskörper, soweit sie nicht unter Z 2 fallen, haben Anspruch auf Sitzungsgeld, dessen Höhe durch Verordnung des Bundesministers für Arbeit und Soziales nach Anhörung des Hauptverbandes festzusetzen ist.

(BGBl 1994/24, BGBl I 2015/16)

Ablehnung des Amtes

§ 68. Die Wahl zum Mitglied (stellvertretenden Mitglied) des Vorstandes oder zum Rechnungsprüfer (deren Stellvertreter) darf nur aus wichtigen Gründen abgelehnt werden. Nach mindestens zweijähriger Amtsführung kann eine Wiederwahl für die nächste Amtsdauer abgelehnt werden.

Enthebung von Versichertenvertretern

§ 69. (1) Ein Mitglied (stellvertretendes Mitglied) des Vorstandes oder ein Rechnungsprüfer/eine Rechnungsprüferin (ein stellvertretender Rechnungsprüfer/eine stellvertretende Rechnungsprüferin) oder ein ehemaliger Notar/eine ehemalige Notarin als Mitglied der Hauptversammlung ist des Amtes zu entheben:

1. wenn Tatsachen bekannt werden, die seine Wahl zum Vorstandsmitglied bzw. zum Rechnungsprüfer ausschließen;
2. wenn sich der Versichertenvertreter seinen Pflichten entzieht;
3. wenn ein wichtiger Grund zur Enthebung vorliegt und der Versichertenvertreter seine Enthebung unter Berufung darauf beantragt.

(BGBl I 2015/16)

(2) Die Enthebung des Präsidenten, der Rechnungsprüfer sowie deren Stellvertreter steht der Aufsichtsbehörde zu, die der sonst nach Abs. 1 in Betracht kommenden Versichertenvertreter dem Präsidenten.

(3) Dem vom Präsidenten Enthobenen steht das Recht der Beschwerde zu. Sie ist binnen zwei Wochen nach der Zustellung des Beschlusses über die Enthebung bei der Aufsichtsbehörde einzubringen. Diese entscheidet endgültig.

Amtsdauer

§ 70. Die Amtsdauer des Vorstandes und der RechnungsprüferInnen währt jeweils fünf Jahre, die der zehn ehemaligen Notare/Notarinnen als Mitglieder der Hauptversammlung (§ 72 Abs. 1) währt drei Jahre. Nach Ablauf der Amtsdauer haben der alte Vorstand, die alten RechnungsprüferInnen bzw. die ehemaligen Notare/Notarinnen die Geschäfte so lange weiterzuführen, bis der neue Vorstand, die neuen RechnungsprüferInnen bzw. die ehemaligen Notare/Notarinnen als Mitglieder der Hauptversammlung gewählt worden sind. Die Zeit der Weiterführung der Geschäfte durch den alten Vorstand, durch die alten RechnungsprüferInnen bzw. die ehemaligen Notare/Notarinnen zählt auf die fünfjährige bzw. dreijährige Amtsdauer des neuen Vorstandes, der neuen RechnungsprüferInnen bzw. der neuen ehemaligen Notare/Notarinnen.

(BGBl 1994/24, BGBl I 2006/98, BGBl I 2015/16)

Angelobung der Versichertenvertreter

§ 71. Der Präsident und dessen Stellvertreter sowie die RechnungsprüferInnen und deren StellvertreterInnen sind von der Aufsichtsbehörde, die übrigen Versichertenvertreter vom Präsidenten anzugeloben und darauf hinzuweisen, daß sie bei der Ausübung ihres Amtes die Gesetze der Republik Österreich, die Satzung der Versicherungsanstalt und die darauf beruhenden sonstigen Rechtsvorschriften zu beachten haben und zur Amtsverschwiegenheit sowie zur gewissenhaften und unparteiischen Ausübung ihres Amtes verpflichtet sind.

(BGBl I 2015/16)

Hauptversammlung

§ 72. (1) Die Hauptversammlung wird durch die jeweiligen Mitglieder des Delegiertentags der Österreichischen Notariatskammer (§ 141a der Notariatsordnung) und zehn ehemalige Notare/Notarinnen (§ 72a) gebildet. Der Hauptversammlung gehören ohne Stimmrecht auch die Mitglieder des Vorstandes an, die nicht Mitglieder des Delegiertentags der Österreichischen Notariatskammer oder in die Hauptversammlung gewählte ehemalige Notare/Notarinnen sind.

(BGBl 1994/24, BGBl I 2015/16)

(2) Die Hauptversammlung hat jährlich mindestens einmal zusammenzutreten. Sie ist vom Präsidenten einzuberufen, er hat den Vorsitz zu führen. Die Hauptversammlung ist auch einzuberufen, wenn dies schriftlich von 1/5 der Mitglieder der Hauptversammlung unter Angabe der Tagesordnung verlangt wird.

(BGBl I 2006/98)

(3) Unbeschadet der Bestimmungen des Abs. 2 kann der Präsident einen gültigen Beschluß der Hauptversammlung auch außerhalb einer einberufenen Sitzung der Hauptversammlung durch schriftliche Abstimmung ihrer stimmberechtigten Mitglieder herbeiführen.

(4) Der Hauptversammlung ist jedenfalls vorbehalten

1. die Wahl des Präsidenten/der Präsidentin samt StellvertreterIn, und zwar in einem gemeinsamen Wahlgang der Gruppen der Notare, der Notariatskandidaten und der ehemaligen Notare;
(BGBl 1994/24, BGBl I 2015/16)

2. die Wahl der übrigen Mitglieder des Vorstandes und der drei Rechnungsprüfer sowie deren Stellvertreter, und zwar in getrennten Wahlgängen der Gruppen der Notare, der Notariatskandidaten und der ehemaligen Notare;
(BGBl 1994/24)

3. die Beschlußfassung über den Jahresvoranschlag (Haushaltsplan);

4. die Beschlußfassung über den aus dem Geschäftsbericht, aus dem Rechnungsabschluss und aus den statistischen Nachweisungen bestehenden Jahresbericht des Vorstandes und über die Entlastung des Vorstandes;
(BGBl I 2015/16)

5. die Festsetzung des Anpassungsfaktors der 1. Stufe (§ 20), die Feststellung der Anpassungsfaktoren der 2. bis 4. Stufe (§ 20) und die Feststellung der festen Beträge (§ 21) bis zum 30. November eines jeden Jahres für das folgende Jahr;

6. die Festsetzung des Beitragssatzes gemäß § 9 Abs. 3, die Festsetzung des Beitrages gemäß § 10a sowie die Beschlußfassung über die Änderung der Verzugszinsen gemäß § 15 Abs. 5 bzw. über Maßnahmen im Sinne des § 80;
(BGBl I 2000/139, BGBl I 2010/62)

7. die Beschlußfassung über allfällige Zuweisungen an den Unterstützungsfonds;

8. die Beschlußfassung über die Satzung und deren Änderung.

(5) Bei der Festsetzung des Beitrages gemäß §10a und des Anpassungsfaktors hat die Hauptversammlung auf die finanzielle Lage der Versicherungsanstalt Bedacht zu nehmen. Die Beschlüsse sind unverzüglich in der Österreichischen Notariats-Zeitung zu verlautbaren.
(BGBl 1996/416, BGBl I 2000/139, BGBl I 2006/98, BGBl I 2010/62, BGBl I 2013/86)

(6) Über die Satzung und deren Änderung kann nur mit einer Mehrheit von zwei Dritteln der abgegebenen Stimmen gültig Beschluß gefaßt werden. Die Aufsichtsbehörde kann eine vorläufige Verfügung treffen, wenn innerhalb einer von ihr festgesetzten Frist ein gültiger Beschluß der Hauptversammlung über die Satzung und deren Änderung nicht zustande kommt. Die vorläufige Verfügung der Aufsichtsbehörde tritt außer Kraft, sobald ein gesetzmäßiger gültiger Beschluß der Hauptversammlung über die Satzung beziehungsweise deren Änderung gefaßt und der Aufsichtsbehörde zur Kenntnis gebracht worden ist. Bei Ablehnung der Entlastung hat die Aufsichtsbehörde zu entscheiden.

Wahl der ehemaligen Notare in die Hauptversammlung

§ 72a. (1) Von den ehemaligen Notaren/Notarinnen werden für eine Amtsdauer (§ 70) zehn ehemalige Notare/Notarinnen in die Hauptversammlung gewählt. Dabei soll auf eine angemessene regionale Verteilung geachtet werden.
(BGBl I 2009/83)

(2) Die Versicherungsanstalt hat jedem ehemaligen Notar mindestens drei Monate vor Ablauf der Amtsdauer (§ 70) eine Liste der ehemaligen Notare und einen Stimmzettel für die Wahl zuzustellen. Der ausgefüllte Stimmzettel ist in einem geschlossenen Briefumschlag bis spätestens einen Monat vor Ablauf der Amtsdauer (§ 70) der Versicherungsanstalt zu übermitteln. Der Tag des Ablaufes dieser Frist ist gleichzeitig mit der Zustellung der Wahlunterlagen bekanntzugeben. Nach diesem Tag einlangende Stimmzettel sind nicht zu berücksichtigen.

(3) Gewählt sind jene ehemaligen Notare mit den meisten Stimmen. Wenn infolge von Stimmengleichheit mehr als die vorgesehene Anzahl von ehemaligen Notaren als gewählt gelten würden, entscheidet das Los.

(4) Nimmt ein gewählter ehemaliger Notar die Wahl nicht an, so gilt der nach der Stimmenzahl Nächstgereihte als gewählt. Erforderlichenfalls ist Abs. 3 zweiter Satz anzuwenden.
(BGBl 1994/24)

Vorstand

§ 73. (1) Der Vorstand besteht aus dem Präsidenten, dessen Stellvertreter und drei weiteren Mitgliedern. Der Präsident, dessen Stellvertreter und eines der drei weiteren Vorstandsmitglieder (dessen Stellvertreter) hat der Gruppe der Notare, eines (dessen Stellvertreter) der Gruppe der Notariatskandidaten und eines (dessen Stellvertreter) der Gruppe der ehemaligen Notare anzugehören.
(BGBl 1994/24)

(1a) Ist der Präsident/die Präsidentin oder eines der drei weiteren Mitglieder zeitweilig an der Ausübung des Amtes verhindert, so sind sie durch ihre gewählten StellvertreterInnen zu vertreten.
(BGBl I 2015/16)

(2) Den Vorsitz im Vorstand hat der Präsident zu führen. § 72 Abs. 3 ist entsprechend anzuwenden.

(3) Der Präsident, dessen Stellvertreter und zwei der drei weiteren Vorstandsmitglieder müssen, sofern sie Versicherte sind, ihren Amtssitz (Dienstort), sofern sie ehemalige Notare sind, ihren Wohnsitz in Wien oder in einer solchen Entfernung von Wien haben, daß sie kurzfristig an den Sitz der Anstalt gelangen können.
(BGBl 1994/24, BGBl 1996/416)

(4) Dem Vorstand obliegt die Geschäftsführung, soweit nicht durch Gesetz oder Satzung anderes

NVG 2020

bestimmt wird. Er kann unbeschadet seiner eigenen Verantwortlichkeit und der Bestimmungen des Abs. 5 und 6 einzelne seiner Obliegenheiten dem Präsidenten (dessen Stellvertreter) oder die Besorgung bestimmter laufender Angelegenheiten der Geschäftsstelle der Versicherungsanstalt übertragen.

(5) Der Präsident hat Angelegenheiten, die in den Aufgabenbereich der Hauptversammlung oder des Vorstandes fallen, bei Gefahr im Verzug so weit selbst zu besorgen und in solchen Fällen die Versicherungsanstalt gerichtlich und außergerichtlich zu vertreten, als notwendig ist, um einen ihr drohenden Schaden abzuwehren beziehungsweise einen ihr entgehenden Vorteil zu sichern. Der Präsident hat den zuständigen Verwaltungskörpern nachträglich über die von ihm getroffenen Maßnahmen zu berichten.

(6) Der Vorstand hat die Versicherungsanstalt unbeschadet der Bestimmungen des Abs. 5 im Rahmen seiner Geschäftsführungsbefugnis gerichtlich und außergerichtlich zu vertreten. Insoweit hat er die Stellung eines gesetzlichen Vertreters. Die Satzung hat zu bestimmen, inwieweit der Präsident in anderen als den in Abs. 5 bezeichneten Fällen und inwieweit andere Mitglieder der Verwaltungskörper die Versicherungsanstalt vertreten können.

(7) Zum Nachweis der Vertretungsbefugnis genügt eine Bescheinigung der Aufsichtsbehörde.

Rechnungsprüfer

§ 74. (1) Die drei Rechnungsprüfer haben die gesamte Gebarung der Versicherungsanstalt jederzeit zu überwachen und zu diesem Zweck insbesondere die Buch- und Kassenführung und den Rechnungsabschluß zu überprüfen. Sie haben über ihre Wahrnehmungen dem Vorstand zu berichten und die entsprechenden Anträge zu stellen.

(BGBl 1994/24)

(2) Von den drei Rechnungsprüfern hat einer (dessen Stellvertreter) der Gruppe der Notare, einer (dessen Stellvertreter) der Gruppe der Notariatskandidaten und einer (dessen Stellvertreter) der Gruppe der ehemaligen Notare anzugehören. Die Rechnungsprüfer (deren Stellvertreter) dürfen keinem Verwaltungskörper der Versicherungsanstalt angehören.

(BGBl 1994/24)

(2a) Ist ein Rechnungsprüfer/eine Rechnungsprüferin zeitweilig an der Ausübung des Amtes verhindert, so ist er/sie durch den gewählten Stellvertreter/die gewählte Stellvertreterin zu vertreten.

(BGBl I 2015/16)

(3) Der Vorstand und der leitende Angestellte der Versicherungsanstalt sind verpflichtet, den Rechnungsprüfern alle Aufklärungen zu geben und alle Belege und Behelfe vorzulegen, die sie zur Ausübung ihrer Tätigkeit benötigen.

(4) Die Rechnungsprüfer haben ihre Anträge und deren Begründung dem Vorstand auch schriftlich ausgefertigt zu übergeben. Die Rechnungsprüfer sind berechtigt, ihre Ausführungen binnen drei Tagen nach der durch den Vorstand erfolgten Beschlußfassung zu ergänzen. Handelt es sich um Beschlüsse des Vorstandes, die zu ihrem Vollzug der Genehmigung der Aufsichtsbehörde bedürfen, so hat er dem Ansuchen um Erteilung dieser Genehmigung die Ausführungen der Rechnungsprüfer beizuschließen.

Sitzungen

§ 75. (1) Die Sitzungen der Verwaltungskörper sind nicht öffentlich.

(2) Der ordnungsmäßig einberufene Vorstand ist bei Anwesenheit des Präsidenten/der Präsidentin und von mindestens drei weiteren Mitgliedern beschlussfähig; von diesen müssen mindestens zwei der Gruppe der Notare angehören. Der Präsident (dessen Stellvertreter) zählt auf diese Mindestanzahl.

(BGBl 1994/24, BGBl I 2015/16)

(3) In den Sitzungen des Vorstandes hat auch der Vorsitzende Stimmrecht, bei Stimmengleichheit gibt seine Stimme den Ausschlag.

(4) Die ordnungsmäßig einberufene Hauptversammlung ist bei Anwesenheit des Präsidenten (dessen Stellvertreters) und von weiteren Versichertenvertretern, die insgesamt mindestens 13 Stimmen führen, beschlußfähig. Davon müssen jedenfalls zehn Stimmen von Versichertenvertretern aus der Gruppe der Notare und drei Stimmen von Versichertenvertretern ohne Rücksicht auf ihre Zugehörigkeit zu einer Gruppe sein. Die Versichertenvertreter, mit Ausnahme der ehemaligen Notare, müssen überdies mindestens drei verschiedenen Notariatskollegien angehören.

(BGBl 1994/24)

(5) Der leitende Angestellte der Versicherungsanstalt kann den Sitzungen der Verwaltungskörper mit beratender Stimme beigezogen werden.

(6) Verstoßen Beschlüsse eines Verwaltungskörpers gegen eine Rechtsvorschrift oder in einer wichtigen Frage gegen den Grundsatz der Zweckmäßigkeit der Gebarung, so hat der Vorsitzende ihre Durchführung vorläufig aufzuschieben und unter gleichzeitiger Angabe der Gründe für seine Vorgangsweise die Entscheidung der Aufsichtsbehörde einzuholen.

(BGBl 1994/24)

Abschnitt III
Vermögensverwaltung

Jahresvoranschlag

§ 76. (1) Die Versicherungsanstalt hat für jedes Geschäftsjahr einen Voranschlag aufzustellen.

(2) Geschäftsjahr ist das Kalenderjahr.

Rechnungsabschluß und Nachweisungen

§ 77. (1) Die Versicherungsanstalt hat für jedes Geschäftsjahr einen Rechnungsabschluß, der jedenfalls aus einer Erfolgsrechnung und einer Schlußbilanz zum Ende des Jahres bestehen muß, sowie einen Geschäftsbericht zu verfassen und dem Bundesministerium für soziale Verwaltung vorzulegen.

(2) Die Versicherungsanstalt hat statistische Nachweisungen zu verfassen.

(3) Der Bundesminister für soziale Verwaltung hat nach Anhörung des Hauptverbandes der österreichischen Sozialversicherungsträger Weisungen für die Rechnungsführung, Rechnungslegung, die Erstellung des Jahresvoranschlages sowie des Jahresberichtes (Abs. 1) und für die statistischen Nachweisungen (Abs. 2) zu erlassen.

(4) Die Versicherungsanstalt hat die von der Hauptversammlung beschlossene Erfolgsrechnung binnen drei Monaten nach der Beschlußfassung den Notariatskammern zu übermitteln. Diese haben die Erfolgsrechnung für die Dauer von weiteren drei Monaten in ihren Amtsräumen zur öffentlichen Einsichtnahme aufzulegen.

(BGBl I 2015/16)

Liquiditätsreserve

§ 77a. (aufgehoben)

(BGBl 1994/24)

Schulden-, Vermögens- und Liquiditätsmanagement

§ 78. (1) Der Versicherungsträger hat bei der Vermögensverwaltung sowie beim Schulden- und Liquiditätsmanagement die Grundsätze nach § 2a des Bundesfinanzierungsgesetzes sinngemäß anzuwenden. Die zur Anlage verfügbaren Mittel des Versicherungsträgers sind grundsätzlich zinsbringend anzulegen. Anlagesicherheit und Liquidität haben Vorrang gegenüber der Erzielung eines angemessenen Ertrages. Die Mittel dürfen im Sinne der Anlagesicherheit unbeschadet des Abs. 3 und des § 79 nur angelegt werden:

1. in verzinslichen Schuldverschreibungen (verzinslichen Wertpapieren), die in Euro von Mitgliedstaaten (bzw. deren Teilstaaten, Bundesländern, Provinzen) des EWR begeben wurden, deren Bonität als zweifelsfrei vorhanden erachtet wird, oder

2. in verzinslichen Schuldverschreibungen, die in Euro von Kreditinstituten begeben wurden, deren Bonität als zweifelsfrei vorhanden erachtet wird und die ihren Sitz in einem Mitgliedstaat des EWR haben, oder

3. in auf Euro lautenden Einlagen bei Kreditinstituten, deren Bonität als zweifelsfrei vorhanden erachtet wird und die ihren Sitz in einem Mitgliedstaat des EWR haben, oder

4. in verzinslichen Schuldverschreibungen (Emissionen), deren Bonität als zweifelsfrei vorhanden erachtet wird und die von Emittenten/Emittentinnen mit Sitz in einem Mitgliedstaat des EWR begeben wurden, oder

5. in Unternehmensanleihen von Emittenten/Emittentinnen, deren Bonität als zweifelsfrei vorhanden erachtet wird und die ihren Sitz in einem Mitgliedstaat des EWR haben, oder

6. in Fonds im Sinne des Investmentfondsgesetzes 2011, BGBl. I Nr. 77/2011, die den Kriterien nach den Z 1 bis 5 entsprechen, oder

7. in inländischen Liegenschaften (Grundstücken, Gebäuden) mit Ausnahme von Liegenschaften, die ausschließlich oder zum größten Teil industriellen, gewerblichen oder land- und forstwirtschaftlichen Zwecken dienen.

Für die Beurteilung der Bonität können Mindest-Ratings der vom Markt anerkannten Rating-Agenturen herangezogen werden. Veranlagungen in nachrangige Schuldverschreibungen (nachrangige Wertpapiere) sind nicht zulässig.

(BGBl I 2017/53)

(2) Der Einsatz derivativer Instrumente im Sinne der Arten von Derivatgeschäften nach Anhang II Abs. 1 lit. a bis d der Verordnung (EU) Nr. 575/2013 über Aufsichtsanforderungen an Kreditinstitute und Wertpapierfirmen und zur Änderung der Verordnung (EU) Nr. 646/2012, ABl. Nr. L 176 vom 27.06.2013 S. 1, zuletzt geändert durch die Delegierte Verordnung (EU) 2015/1556, ABl. Nr. L 244 vom 19.09.2015 S. 9, ist zulässig, wenn er nachweislich zur Absicherung bestehender Positionen nach Abs. 1 dient.

(3) Zu ihrer Wirksamkeit bedürfen Beschlüsse der Verwaltungskörper über Vermögensveranlagungen, die in den Abs. 1 und 2 nicht erwähnt sind, der Genehmigung des Bundesministers für Arbeit, Soziales und Konsumentenschutz. Kriterien für die Genehmigung der beabsichtigten Vermögensveranlagung sind jedenfalls Anlagesicherheit, Liquidität und Ertragsangemessenheit. Gegenstand solcher Beschlüsse können sowohl konkrete Vermögensanlagen in einem einzelnen Fall als auch durch gemeinsame Gruppenmerkmale gekennzeichnete und voraussichtlich vorzunehmende Vermögensanlagen sein.

(4) Der Versicherungsträger hat dafür zu sorgen, dass die Veranlagung nach Möglichkeit durch Personen erfolgt, die dafür fachlich geeignet sind und eine entsprechende Berufserfahrung nachweisen können. Ist dies nicht möglich, so hat der Versicherungsträger für jede Vermögensanlage eine fachlich qualifizierte Person als BeraterIn hinzuzuziehen.

(BGBl 1994/24, BGBl I 2002/145, BGBl I 2015/16, BGBl I 2015/162, BGBl I 2017/53)

Liquide Rücklage

§ 78a. (1) Die liquide Rücklage ist ein Teil der allgemeinen Rücklage. Ihr können Bilanzgewinne zugeführt werden und durch sie können Bilanzverluste abgedeckt werden.

(2) Zur liquiden Rücklage zählen alle Vermögensanlagen mit einer (Rest)Laufzeit von bis zu zwölf Monaten, sofern sie nicht der Sonderrücklage zugeführt werden; Veranlagungen mit einer Kündigungsfrist von bis zu zwölf Monaten jedoch nur dann, wenn neben einer angemessenen Verzinsung ein Rückfluss mindestens in der Höhe des angelegten Betrages gewährleistet ist oder der Differenzbetrag durch eine entsprechend höhere Verzinsung zumindest ausgeglichen ist.

NVG 2020

(3) Die liquide Rücklage soll am Ende des Geschäftsjahres die Summe sämtlicher Versicherungsleistungen dieses Jahres nicht überschreiten, es sei denn, die langfristigen Prognoserechnungen lassen ohne diese Maßnahme keine ausgeglichene Gebarung erwarten.

(BGBl I 2006/98)

Sonderrücklage

§ 78b. (1) Die Sonderrücklage ist ein Teil der allgemeinen Rücklage.

(2) Sofern sich aus der Langfristprognose (§ 9 Abs. 3) ergibt, dass sich künftig über einen bestimmten Zeitraum ein Mehraufwand für Pensionsleistungen abzeichnet, kann die Hauptversammlung beschließen, Einnahmen für diesen Zeitraum einer Sonderrücklage zuzuführen, die zur Abdeckung des Mehraufwandes zu verwenden ist.

(3) Sofern sich aus der letzten Langfristprognose ein geringerer Mehraufwand als bisher prognostiziert ergibt, kann die Hauptversammlung die entsprechende Auflösung der Sonderrücklage beschließen.

(BGBl I 2006/98)

Genehmigungs(Anzeige)bedürftige Veränderungen von Vermögensbeständen

§ 79. (1) Jede Veränderung im Bestand von Liegenschaften, insbesondere die Erwerbung, Belastung oder Veräußerung von Liegenschaften, ferner die Errichtung oder Erweiterung von Gebäuden ist nur mit Genehmigung des Bundesministers für soziale Verwaltung zulässig, wenn dem Rechtsgeschäft ein Betrag zugrunde liegt, der fünf vH der Erträge der Versicherungsanstalt im letzten vorangegangenen Kalenderjahr übersteigt.

(BGBl I 2015/16)

(2) Beschlüsse des Vorstandes über die im Abs. 1 genannten Angelegenheiten, die der Genehmigung nicht bedürfen, sind binnen einem Monat nach Beschlußfassung dem Bundesministerium für soziale Verwaltung gesondert anzuzeigen.

Abschnitt IV

Maßnahmen zur Herstellung des Gleichgewichtes zwischen Einnahmen und Ausgaben

§ 80. (1) Zur dauerhaften Deckung der Ausgaben sind rechtzeitig Maßnahmen zu setzen, damit die Erträge aus Versicherungsbeiträgen bei einem Beitragssatz von höchstens 18 % zuzüglich der sonstigen Einnahmen ausreichen. Reicht ein Beitragssatz von 18 % nicht aus, um ein dauerhaftes Gleichgewicht zwischen Einnahmen und Ausgaben unter Berücksichtigung von Zuführungen aus der liquiden Rücklage und der Sonderrücklage sicherzustellen, so hat die Hauptversammlung jeweils für das der Beschlussfassung folgende Kalenderjahr

1. den Anpassungsfaktor der ersten Stufe abweichend von § 20 Abs. 2 entsprechend niedriger, mindestens jedoch mit 1,0 festzusetzen und, wenn dies nicht ausreicht,

2. einen Pensionsbeitrag in der Höhe von bis zu 10 % aller laufenden Leistungen aus den Versicherungsfällen des Alters, des Todes und der Berufsunfähigkeit (ausgenommen vom Berufsunfähigkeitsgeld) zu beschließen.

(2) Erweisen sich auch Maßnahmen nach Abs. 1 als ungenügend, so hat die Hauptversammlung für das der Beschlussfassung jeweils folgende Kalenderjahr in einer ausgewogenen Weise den Beitragssatz bis auf 20 % und nachfolgend, wenn auch diese Maßnahme nicht ausreicht, den Pensionsbeitrag bis auf 15 % zu erhöhen.

(BGBl I 2015/16)

(3) Wird ein Solidaritätsbeitrag (§ 10a) eingehoben, so ist dieser auf den Pensionsbeitrag anzurechnen.

(4) Die in den Abs. 1 bis 3 genannten Maßnahmen dürfen nicht dazu führen, dass der jeweils geltende Mindestbetrag für die laufenden Leistungen (§§ 48 Abs. 8, 55 Abs. 5, 58 und 61) unterschritten wird.

(BGBl 1994/24, BGBl I 2006/98)

Abschnitt V
Aufsicht des Bundes

Aufsichtsbehörde

§ 81. (1) Die Versicherungsanstalt und ihre Einrichtungen unterliegen der Aufsicht des Bundes. Die Aufsicht ist vom Bundesminister für soziale Verwaltung auszuüben.

(2) Der Bundesminister für soziale Verwaltung kann bestimmte Bedienstete dieses Bundesministeriums mit der Aufsicht über die Versicherungsanstalt betrauen. Den mit der Ausübung der Aufsicht betrauten Bediensteten (deren Stellvertretern) sind Aufwandsentschädigungen zu gewähren, deren Höhe 35 vH der niedrigsten Funktionsgebühr (§ 67 Abs. 5) für den Präsidenten (dessen Stellvertreter) entspricht.

(BGBl 1994/24)

(3) Der Vertreter der Aufsichtsbehörde kann gegen Beschlüsse eines Verwaltungskörpers, die gegen eine Rechtsvorschrift verstoßen, Einspruch mit aufschiebender Wirkung erheben. Der Vorsitzende hat die Durchführung des Beschlusses, gegen den Einspruch erhoben worden ist, vorläufig aufzuschieben und die Entscheidung der Aufsichtsbehörde einzuholen.

Aufgaben der Aufsicht

§ 82. (1) Die Aufsichtsbehörde hat die Gebarung der Versicherungsanstalt zu überwachen und darauf hinzuwirken, daß im Zuge dieser Gebarung nicht gegen Rechtsvorschriften verstoßen wird. Sie kann ihre Aufsicht auf Fragen der Zweckmäßigkeit erstrecken; sie soll sich in diesem Fall auf wichtige Fragen beschränken und in das Eigenleben und die Selbstverantwortung der Versicherungsanstalt nicht unnötig eingreifen. Die Aufsichtsbehörde kann in Ausübung des Aufsichtsrechtes Beschlüsse der Verwaltungskörper aufheben.

(BGBl 1994/24)

(2) Der Aufsichtsbehörde sind auf Verlangen alle Bücher, Rechnungen, Belege, Urkunden, Wertpapiere, Schriften und sonstige Bestände vorzulegen und alle zur Ausübung des Aufsichtsrechtes geforderten Mitteilungen zu machen; alle Verlautbarungen sind der Aufsichtsbehörde unverzüglich zur Kenntnis zu bringen. Die Aufsichtsbehörde kann die Satzung jederzeit überprüfen und Änderungen solcher Bestimmungen verlangen, die mit dem Gesetz in Widerspruch stehen oder dem Zweck der Versicherung zuwiderlaufen. Wird diesem Verlangen nicht binnen drei Monaten entsprochen, so kann sie die erforderlichen Verfügungen von Amts wegen treffen.

(3) Die Aufsichtsbehörde kann verlangen, daß die Verwaltungskörper mit einer bestimmten Tagesordnung zu Sitzungen einberufen werden. Wird dem nicht entsprochen, so kann sie die Sitzungen selbst anberaumen und die Verhandlungen leiten. Sie kann zu allen Sitzungen Vertreter entsenden, denen beratende Stimme zukommt. Die Aufsichtsbehörde und der mit der Aufsicht betraute Bedienstete der Aufsichtsbehörde sind von jeder Sitzung der Verwaltungskörper ebenso in Kenntnis zu setzen wie die Mitglieder dieser Verwaltungskörper; es sind ihnen auch die diesen zur Verfügung gestellten Behelfe (Tagesordnung, Ausweise, Berichte und andere Behelfe) zu übermitteln.

(4) Die Aufsichtsbehörde ist berechtigt, die Versicherungsanstalt amtlichen Untersuchungen zu unterziehen, wobei sie sich der Mitwirkung geeigneter Sachverständiger bedienen kann.

(5) Die Aufsichtsbehörde hat unbeschadet der Rechte Dritter bei Streit über Rechte und Pflichten der Verwaltungskörper und deren Mitglieder sowie über die Auslegung der Satzung zu entscheiden.

Vorläufiger Verwalter

§ 83. (1) Die Aufsichtsbehörde ist berechtigt, den Vorstand, wenn er ungeachtet zweimaliger schriftlicher Verwarnung gesetzliche und satzungsmäßige Bestimmungen außer acht läßt, aufzulösen und die vorläufige Geschäftsführung und Vertretung vorübergehend einem vorläufigen Verwalter zu übertragen. Ist der Vorstand aufgelöst, darf die Hauptversammlung nicht zusammentreten oder durch schriftliche Abstimmung einen Beschluß fassen und der Präsident die ihm durch Gesetz oder Satzung übertragene Befugnis zur Geschäftsführung und Vertretung nicht ausüben. Dem vorläufigen Verwalter ist ein Beirat zur Seite zu stellen, der sich aus Versichertenvertretern/Versichertenvertreterinnen aus der Gruppe der Notare/ Notarinnen, der Gruppe der Notariatskandidaten/ Notariatskandidatinnen und der Gruppe der ehemaligen Notare/Notarinnen im gleichen Verhältnis wie die Hauptversammlung (§ 72 Abs. 2 erster Satz) zusammensetzt. Die Aufgaben und Befugnisse des Beirates werden von der Aufsichtsbehörde bestimmt; die Vorschriften der §§ 67 Abs. 1, 4 und 5 sowie 71 zweiter Satz sind auf die Mitglieder des Beirates entsprechend anzuwenden. Der vorläufige Verwalter hat binnen acht Wochen vom Zeitpunkt seiner Bestellung an die nötigen Verfügungen

wegen Neubestellung des Vorstandes zu treffen und die Hauptversammlung zu diesem Zweck einzuberufen.

(BGBl I 2006/98)

(2) Die Bestimmungen des Abs. 1 über die Auflösung des Vorstandes und die Übertragung der vorläufigen Geschäftsführung und Vertretung auf einen vorläufigen Verwalter sind entsprechend anzuwenden, solange und soweit dieser Verwaltungskörper die ihm obliegenden Geschäfte nicht ausführt.

(3) Verfügungen des vorläufigen Verwalters, die über den Rahmen laufender Geschäftsführung hinausgehen, wie insbesondere derartige Verfügungen über die dauernde Anlage von Vermögensbeständen im Werte von mehr als 3 633,64 €, über den Abschluß von Verträgen, die die Versicherungsanstalt für länger als sechs Monate verpflichten, und über den Abschluß, die Änderung oder Auflösung von Dienstverträgen mit einer Kündigungsfrist von mehr als drei Monaten oder von unkündbaren Dienstverträgen bedürfen der Genehmigung durch die Aufsichtsbehörde.

(BGBl I 2001/67)

Kosten der Aufsicht

§ 84. Die Kosten der von der Aufsichtsbehörde angeordneten Maßnahmen belasten die Versicherungsanstalt. Zur Deckung der durch die Aufsicht erwachsenden sonstigen Kosten hat die Versicherungsanstalt durch Entrichtung einer Aufsichtsgebühr beizutragen. Deren Höhe hat der Bundesminister für soziale Verwaltung nach Anhörung der Versicherungsanstalt zu bestimmen.

Beschwerde an das Bundesverwaltungsgericht

§ 84a. Gegen Bescheide der Aufsichtsbehörde und wegen Verletzung ihrer Entscheidungspflicht kann Beschwerde an das Bundesverwaltungsgericht erhoben werden.

(BGBl I 2013/87)

Abschnitt VI

Satzung

§ 85. (1) Die Satzung hat auf Grund der Vorschriften dieses Bundesgesetzes die Tätigkeit der Versicherungsanstalt näher zu regeln und insbesondere Bestimmungen über Nachstehendes zu enthalten:

1. über die Vertretung der Versicherungsanstalt nach außen;

2. über die Form der Kundmachungen und rechtsverbindlichen Akte und über ihre Fertigung;

3. über die Geschäftsführung der Verwaltungskörper;

4. über die Kontrolle der Beitragsleistungen der Versicherten.

(2) Die Satzung und jede ihrer Änderungen bedürfen der Genehmigung durch den Bundesminister für soziale Verwaltung und sind binnen einem

NVG 2020

Monat nach der Genehmigung im „Amtsblatt zur Wiener Zeitung" zu veröffentlichen.

Abschnitt VII
Versicherungsunterlagen

Führung der Versicherungsunterlagen

§ 86. Die Versicherungsanstalt hat für jeden Versicherten, für den sie Beiträge einhebt, die Versicherungsunterlagen, die zur Feststellung der Leistungen erforderlich sind, aufzuzeichnen, diese Aufzeichnungen aufzubewahren und dem Hauptverband der österreichischen Sozialversicherungsträger auf sein Verlangen hieraus die zur Erfüllung seiner Aufgaben notwendigen Daten bekanntzugeben.

Verwaltungshilfe

§ 87. (1) Die Versicherungsanstalt und die übrigen Träger der Sozialversicherung (der Hauptverband der österreichischen Sozialversicherungsträger) sind verpflichtet, bei Erfüllung ihrer Aufgaben einander zu unterstützen; sie haben insbesondere Ersuchen, die zu diesem Zweck an sie ergehen, im Rahmen ihrer sachlichen und örtlichen Zuständigkeit zu entsprechen und auch unaufgefordert anderen Versicherungsträgern alle Mitteilungen zukommen zu lassen, von denen sie erkennen, daß sie für ihren Geschäftsbetrieb von Wichtigkeit sind, sowie Anträge und Meldungen fristwahrend weiterzuleiten.

(BGBl 1996/416)

(2) Zum Zweck der Bemessung der Beiträge nach diesem Bundesgesetz haben die Abgabenbehörden des Bundes der Versicherungsanstalt auf deren Verlangen im Einzelfall den Einkommensteuerbescheid, den Umsatzsteuerbescheid sowie alle von der versicherten oder ehemaligen versicherten Person der jeweiligen Abgabenbehörde vorgelegten Erklärungen und Beilagen zu übermitteln. Überdies ist die Versicherungsanstalt berechtigt, bei den Abgabenbehörden des Bundes Auskünfte betreffend das diesbezügliche Abgabenverfahren der versicherten Person einzuholen.

(BGBl 1996/416, BGBl I 2009/83, BGBl I 2015/16)

(3) Die Versicherungsanstalt ist berechtigt, für die Österreichische Notariatskammer und für die Notariatskammern einkommensabhängige Kammerbeiträge einzuheben. Zur Abgeltung der durch die Einhebung und Abfuhr dieser Beiträge entstehenden Kosten erhält die Versicherungsanstalt von den Notariatskammern eine Vergütung im Ausmaß von 1 % der jeweils abgeführten Beiträge.

(BGBl 1996/416, BGBl I 2006/98)

Mitwirkung der Abgabenbehörden des Bundes

§ 87a. (1) Die Abgabenbehörden des Bundes haben der Versicherungsanstalt auf deren Verlangen folgende, zur Bemessung der Beiträge nach diesem Bundesgesetz erforderliche Daten zu übermitteln:
1. Vorname, Familienname, Anschrift, Finanzamtsnummer, Steuernummer, Versicherungs-

nummer und Geburtsdatum der versicherten Person;

(BGBl I 2010/62, BGBl I 2016/120)

2. Einkünfte aus selbständiger Arbeit;
3. sonstige Einkünfte (im Sinne des § 29 Z 4 EStG 1988);
4. gewinnmindernd anerkannte Investitions- und sonstige steuerliche Freibeträge für Gewinne.

(BGBl I 2015/16)

(2) Das Verfahren der Übermittlung und der Zeitpunkt der erstmaligen Übermittlung der in Abs. 1 genannten Daten sind vom Bundesminister für Finanzen im Einvernehmen mit dem Bundesminister für Arbeit, Soziales und Konsumentenschutz nach Maßgabe der technisch-organisatorischen Möglichkeiten durch Verordnung[a)] zu bestimmen.

[a)] VO im Anhang.

(BGBl I 2009/83)

Abschnitt VIII
Bedienstete

§ 88. Hinsichtlich der dienst-, besoldungs- und pensionsrechtlichen Verhältnisse der Bediensteten der Versicherungsanstalt gilt § 460 ASVG mit der Maßgabe, dass die Höhe der Leitungszulage für den leitenden Angestellten/die leitende Angestellte (dessen/deren StellvertreterIn) vom Vorstand festzusetzen ist.

(BGBl 1996/416, BGBl I 2015/16)

Verschwiegenheitspflicht der Bediensteten

§ 88a. (1) Die Bediensteten haben über alle ihnen in Ausübung des Dienstes oder mit Beziehung auf ihre Stellung bekanntgewordenen Angelegenheiten, die im Interesse der Versicherungsanstalt oder der Versicherten, ihrer Angehörigen oder Dienstgeber Geheimhaltung erfordern oder ihnen ausdrücklich als vertraulich bezeichnet worden sind, gegen jedermann, dem sie über solche Angelegenheiten eine dienstliche Mitteilung zu machen nicht verpflichtet sind, Verschwiegenheit zu beobachten.

(2) Eine Ausnahme von der im Abs. 1 bezeichneten Verpflichtung tritt nur insoweit ein, als ein Bediensteter für einen bestimmten Fall von der Verpflichtung zur Wahrung des Dienstgeheimnisses entbunden wurde.

(3) Die Bediensteten sind an die Verschwiegenheitspflicht auch im Verhältnis außer Dienst, im Ruhestand sowie nach Auflösung des Dienstverhältnisses gebunden.

Abschnitt IX
Berechtigung zur Datenverarbeitung

§ 88b. Die Versicherungsanstalt ist insoweit zur Verarbeitung von personenbezogenen Daten ermächtigt, als dies zur Erfüllung der ihr gesetzlich übertragenen Aufgaben eine wesentliche Voraussetzung ist.

(BGBl I 2002/6, BGBl I 2018/37)

VIERTER TEIL
ÜBERGANGS- UND SCHLUSS-
BESTIMMUNGEN

Abschnitt I
Übergangsbestimmungen

Meldungen der bisherigen Zahlungsempfänger

§ 89. Die Bestimmungen über die Meldungen und die Auskunftspflicht der Zahlungsempfänger sind auch auf die Empfänger von Leistungen anzuwenden, die nach den bisherigen Vorschriften festgestellt worden sind.

§ 90. (aufgehoben)
(BGBl I 2015/16)

§ 91. (aufgehoben)
(BGBl I 2015/16)

Anwendung der Bestimmungen über die Leistungen

§ 92. (1) Die Bestimmungen dieses Bundesgesetzes über die Leistungen gelten nur für Leistungen, wenn der Stichtag (§ 41 Abs. 2) nach dem 31. Dezember 1971 liegt. Auf Leistungen, bei denen der Stichtag vor dem 1. Jänner 1972 liegt, sind, soweit im folgenden nichts anderes bestimmt ist, die bisherigen Vorschriften anzuwenden. Wann der Versicherungsfall als eingetreten anzusehen ist, ist nach den Bestimmungen dieses Bundesgesetzes zu beurteilen.

(2) Die Bestimmungen dieses Bundesgesetzes über die Leistungen gelten auch nicht für Pensionen aus dem Versicherungsfall des Todes, wenn der Stichtag (§ 41 Abs. 2) zwar nach dem 31. Dezember 1971 liegt, aber im Zeitpunkt des Todes ein Anspruch auf eine Invaliditäts- oder Alterspension aus der Zeit vor dem 1. Jänner 1972 bestand oder ein solcher Anspruch nachträglich für die Zeit bis zum Tod anerkannt wurde.

(3) Folgende Bestimmungen dieses Bundesgesetzes gelten ab 1. Jänner 1972 entsprechend auch für Leistungen, auf die im übrigen nach Abs. 1 und 2 noch die bisherigen Vorschriften anzuwenden sind:

1. Die Bestimmungen des Abschnittes V des Ersten Teiles;
2. von den Bestimmungen des Abschnittes I des Zweiten Teiles die §§ 22 bis 39;
3. von den Bestimmungen des Abschnittes II des Zweiten Teiles die §§ 48 Abs. 8 und 9, 54, 55, 58, 61 und 62;
4. von den Bestimmungen des Abschnittes I des Vierten Teiles § 90.

(4) Die Bestimmungen der §§ 54 Abs. 2 und 3, 57 und 61 sind auch auf Versicherungsfälle anzuwenden, in denen der Stichtag vor dem 1. Jänner 1972 liegt. Die Leistung gebührt in diesen Fällen ab 1. Jänner 1972.

(5) Die Bestimmungen des § 55 sind auch auf Leistungsansprüche anzuwenden, die am 31. Dezember 1971 bereits bestehen. Ergibt die Anwendung des § 55 einen niedrigeren monatlichen Pensionsbetrag, als er nach den bisherigen Bestimmungen gebührte, so ist die monatliche Pension im bisherigen Ausmaß weiter zu gewähren.

Erhöhung von Pensionen, auf die die bisherigen Vorschriften anzuwenden sind

§ 93. (1) Die Pensionen, für die gemäß § 92 Abs. 1 und 2 noch die bisherigen Vorschriften gelten, sind vor der Anwendung der Bestimmungen über den Mindestbetrag (§§ 48 Abs. 8, 55 Abs. 5, 58) unbeschadet der übrigen auf sie anzuwendenden Bestimmungen dieses Bundesgesetzes, um die Hundertsätze nach Abs. 2 entsprechend dem Zeitraum, in dem die Pension angefallen ist, zu erhöhen.

(2) Der Hundertsatz beträgt, wenn die Pension angefallen ist,

Zeitraum	Hundertsatz
vor dem 1. Januar 1967	4 vH
vom 1. Jänner 1967 bis 31. Dezember 1971	2,5 vH

Für die Erhöhung von Hinterbliebenenpensionen nach Pensionsempfängern ist hiebei der Hundertsatz maßgebend, der dem Zeitraum entspricht, in dem die Pension des verstorbenen Pensionsempfängers angefallen ist.

(3) Für die Erhöhung nach Abs. 1 kommt die Pension in Betracht, auf die nach den am 31. Dezember 1971 in Geltung gestandenen Vorschriften Anspruch besteht, und zwar mit Ausnahme des Hilflosenzuschusses und des Kinderzuschusses und vor Anwendung von Ruhensbestimmungen.

(4) Ist die Pension nach § 20b des Notarversicherungsgesetzes 1938 oder nach einer früheren für das Vorliegen von Versicherungszeiten in mehreren Pensionsversicherungen getroffenen Regelung nur anteilig zu gewähren, so ist die Erhöhung nach Abs. 1 vor der Ermittlung des Anteiles vorzunehmen.

(5) Zu einer Pension, die unter Anwendung der Bestimmungen des § 20b des Notarversicherungsgesetzes 1938 in der Fassung des Art. II Abs. 2 der 8. Novelle, BGBl. Nr. 201/1964, ermittelt wurde und von der Versicherungsanstalt ausgezahlt wird, gebühren ab 1. Jänner 1972 von den beteiligten Versicherungsträgern gemäß Art. V Abs. 3 des Pensionsanpassungsgesetzes, BGBl. Nr. 96/1965, zu erstattenden Teilleistungen.

Anwendung der Bestimmungen über das Ausscheiden aus der Pensionsversicherung und über die Aufnahme in die Pensionsversicherung

§ 94. (1) Die Bestimmungen dieses Bundesgesetzes über das Ausscheiden aus der Pensionsversicherung und über die Aufnahme in die Pensionsversicherung gelten nur in den Fällen, in denen das Ausscheiden bzw. die Aufnahme nach dem 31. Dezember 1971 erfolgt.

(2) Ist ein nach dem Notarversicherungsgesetz 1938 Versicherter vor dem 1. Jänner 1972 aus der Pensionsversicherung nach dem Notarversiche-

NVG 2020

rungsgesetz 1938 ausgeschieden und erfüllt er die Voraussetzungen des § 63 Abs. 2, so sind die Bestimmungen des § 63 anzuwenden; hat dem Ausgeschiedenen am 31. Dezember 1971 ein Anspruch auf eine Pension nach einem anderen Bundesgesetz aus den Versicherungsfällen des Alters, der dauernden Berufsunfähigkeit, der geminderten Arbeitsfähigkeit oder der dauernden Erwerbsunfähigkeit gebührt oder wurde für ihn wegen einer vor dem 1. Jänner 1972 erfolgten Aufnahme in ein pensionsversicherungsfreies Dienstverhältnis der Überweisungsbetrag nach § 308 des Allgemeinen Sozialversicherungsgesetzes geleistet, so ist § 63 erst nach dem nicht durch den Tod bedingten Wegfall dieses Anspruches bzw. nach Leistung des Überweisungsbetrages nach § 311 Abs. 1 des Allgemeinen Sozialversicherungsgesetzes anzuwenden.

(3) Sind bei der Anwendung des Abs. 2 der Ermittlung des Überweisungsbetrages Beitragsgrundlagen aus der Zeit vor dem 1. Jänner 1956 zugrunde zu legen, so tritt an die Stelle der in § 63 Abs. 3 Z 2 genannten Höchstbeitragsgrundlage der im Zeitpunkt des Ausscheidens auf den Tag entfallende Betrag der in der Pensionsversicherung der Angestellten jeweils in Geltung gestandenen Höchstbeitragsgrundlage.

(4) Hat der Ausgeschiedene weniger als 60 Beitragsmonate erworben, so hat die Versicherungsanstalt der Pensionsversicherungsanstalt für jeden Beitragsmonat einen einmaligen Pauschbetrag von 23,98 € zu überweisen.

(BGBl I 2001/67, BGBl I 2002/6)

(5) Ein im Sinne des § 63 zu leistender Überweisungsbetrag wird, sofern nicht die Pensionsversicherungsanstalt den Antrag auf Leistung eines Überweisungsbetrages stellt, am Stichtag für eine Leistung aus einer Pensionsversicherung, mit dem Antrag auf Leistung eines Überweisungsbetrages nach § 308 des Allgemeinen Sozialversicherungsgesetzes, mit dem Antrag auf Weiterversicherung bzw. mit dem Antrag auf eine sonstige Leistung aus einer Pensionsversicherung fällig; stellt die Pensionsversicherungsanstalt den Antrag auf Leistung eines Überweisungsbetrages, so wird er mit dem Tag der Antragstellung fällig. Der Überweisungsbetrag ist mit dem im Jahr seiner Fälligkeit für das Jahr des Ausscheidens – in den Fällen des Abs. 4 für das Jahr 1972 – in Geltung stehenden Aufwertungsfaktor des Allgemeinen Sozialversicherungsgesetzes (§ 108c des Allgemeinen Sozialversicherungsgesetzes) zu vervielfachen.

(BGBl I 2002/6, BGBl I 2015/16)

(6) Ist ein in der Pensionsversicherung nach dem Allgemeinen Sozialversicherungsgesetz, dem Gewerblichen Selbständigen-Pensionsversicherungsgesetz oder dem Bauern-Pensionsversicherungsgesetz Versicherter vor dem 1. Jänner 1972 aus einer dieser Pensionsversicherungen ausgeschieden und nach dem Notarversicherungsgesetz 1938 versicherungspflichtig geworden, so sind die Bestimmungen des Allgemeinen Sozialversicherungsgesetzes über die Aufnahme in ein pensionsversicherungsfreies Dienstverhältnis gemäß § 64 – ausgenommen

das in Z 3 geregelte Höchstausmaß – anzuwenden; hat dem Ausgeschiedenen am 31. Dezember 1971 ein Anspruch auf Invaliditäts-(Alters)pension nach dem Notarversicherungsgesetz 1938 gebührt, so ist § 64 erst nach dem nicht durch den Tod bedingten Wegfall dieses Anspruches anzuwenden. Die Bestimmungen des Abs. 3 bis 5 gelten entsprechend.

(7) Ist ein in einer Pensionsversicherung nach dem Gewerblichen Selbständigen-Pensionsversicherungsgesetz[a)] oder dem Bauern-Pensionsversicherungsgesetz[b)] Versicherter nach dem 31. Dezember 1971 aus einer dieser Pensionsversicherungen ausgeschieden, so gelten bis zum Inkrafttreten von Bestimmungen über die Aufnahme in ein pensionsversicherungsfreies Dienstverhältnis im Gewerblichen Selbständigen-Pensionsversicherungsgesetz[a)] bzw. dem Bauern-Pensionsversicherungsgesetz[b)] bei der Anwendung des § 64 die Bestimmungen des Allgemeinen Sozialversicherungsgesetzes über die Aufnahme in ein pensionsversicherungsfreies Dienstverhältnis.

[a)] jetzt GSVG (gemäß § 246 GSVG)
[b)] jetzt BSVG (gemäß § 235 BSVG)

(8) Eine nach diesem oder einem anderen Bundesgesetz zuerkannte Pension, deren Stichtag im Kalenderjahr 1971 liegt, ist, wenn im Versicherungsverlauf Zeiten zu berücksichtigen sind, für die – bestünde kein Anspruch auf Pension – ein Überweisungsbetrag nach Abs. 2 oder 6 in Betracht kommt, auf Antrag des Leistungsempfängers unter Beibehaltung des Stichtages neu festzustellen.

Ausscheiden aus einem pensionsversicherungsfreien Dienstverhältnis vor dem 1. Jänner 1972

§ 95. (1) Ist ein Dienstnehmer nach dem 31. Dezember 1955 und vor dem 1. Jänner 1972 aus einem pensionsversicherungsfreien Dienstverhältnis ausgeschieden, ohne daß ihm ein Anspruch auf einen laufenden Ruhe(Versorgungs)genuß erwachsen ist und sodann nach den Bestimmungen des Notarversicherungsgesetzes 1938 pensionsversichert worden, ohne daß er zwischenweilig in der Pensionsversicherung nach dem Allgemeinen Sozialversicherungsgesetz versichert war, so sind die Bestimmungen des Allgemeinen Sozialversicherungsgesetzes über das Ausscheiden aus einem pensionsversicherungsfreien Dienstverhältnis mit der Maßgabe anzuwenden, daß der Überweisungsbetrag an die Versicherungsanstalt zu leisten ist.

(2) Ist ein Dienstnehmer vor dem 1. Jänner 1956 aus einem pensionsversicherungsfreien Dienstverhältnis ausgeschieden, ohne daß ihm ein Anspruch auf einen laufenden Ruhe(Versorgungs)genuß erwachsen ist und sodann nach den Bestimmungen des Notarversicherungsgesetzes 1938 pensionsversichert worden, ohne daß er zwischenweilig nach anderer gesetzlicher Bestimmung renten- oder pensionsversichert war, so ist Abs. 1 entsprechend mit folgender Maßgabe anzuwenden:

1. Ist das Ausscheiden vor dem 1. August 1951 erfolgt, so ist der Berechnung des Überweisungsbetrages das Entgelt zugrunde zu legen,

das der Dienstnehmer im letzten Monat vor dem Ausscheiden bezogen hätte, wenn er in der gleichen Dienststellung und mit der gleichen für die Vorrückung in höhere Bezüge anrechenbaren Dienstzeit erst im August 1951 ausgeschieden wäre;

2. der Überweisungsbetrag ist höchstens von einem Entgelt von 130,81 €, wenn aber das Ausscheiden nach dem 31. Juli 1954 erfolgte, höchstens von einem Entgelt von 174,41 € zu berechnen.

(BGBl I 2001/67)

(3) Bei der Berechnung des Überweisungsbetrages nach Abs. 1 und 2 bleiben Zeiten unberücksichtigt, die nach § 531 des Allgemeinen Sozialversicherungsgesetzes als nachversichert gelten bzw. für die nach § 531 des Allgemeinen Sozialversicherungsgesetzes der Überweisungsbetrag als geleistet gilt.

Berücksichtigung von Zeiten, die einem Überweisungsbetrag zugrunde liegen

§ 96. (1) Die in den Fällen des § 63 Abs. 2 und § 94 Abs. 2 in einem Überweisungsbetrag berücksichtigten Versicherungszeiten gelten als Beitragszeiten im Sinne der §§ 225 bzw. 226 des Allgemeinen Sozialversicherungsgesetzes. § 230 Abs. 1 des Allgemeinen Sozialversicherungsgesetzes ist hiebei nicht anzuwenden.

(2) Die in den Fällen des § 94 Abs. 6 und § 95 in einem Überweisungsbetrag berücksichtigten Beitragszeiten bzw. Dienstzeiten gelten als Versicherungszeiten im Sinne des § 43.

Anwendung der Bestimmungen über das Verfahren

§ 97. Die bei Wirksamkeitsbeginn dieses Bundesgesetzes im Amt befindlichen Beisitzer der Schiedsgerichte der Sozialversicherung bei einer Abteilung für die Angelegenheiten der Notarsicherung gelten für den Rest ihrer Amtsdauer nach der Bildung der nach § 65 Z 1 vorgesehenen Abteilungen als Beisitzer des Schiedsgerichtes bei dieser Abteilung.

Verwaltungskörper

§ 98. Die Amtsdauer des am 31. Dezember 1971 im Amt befindlichen Vorstandes der Versicherungsanstalt des österreichischen Notariates und der Rechnungsprüfer endet am 31. Dezember 1973. Die Bestimmungen des § 70 zweiter und dritter Satz gelten entsprechend.

Abschnitt II
Schlußbestimmungen

Aufhebung bisheriger Vorschriften

§ 99. Soweit nichts anderes bestimmt ist, wird das Notarversicherungsgesetz 1938 mit der Maßgabe aufgehoben, daß Unterstützungen nach § 24c Abs. 2 des Notarversicherungsgesetzes 1938, die bei Wirksamwerden dieses Bundesgesetzes noch

laufen, weiterzugewähren sind, solange die Voraussetzungen für deren Gewährung vorliegen.

Vollziehung des Bundesgesetzes

§ 100. Mit der Vollziehung dieses Bundesgesetzes ist hinsichtlich der Bestimmungen des § 19 über die Gebühren- und Abgabenbefreiung, soweit sie sich auf die Befreiung von den Bundesverwaltungsabgaben beziehen, die Bundesregierung, sowie hinsichtlich der Bestimmung des § 8, soweit sie sich auf eine Ergänzung der Notariatsordnung bezieht und hinsichtlich der Bestimmung des § 65, soweit sie sich auf das Leistungsstrafverfahren erster und zweiter Instanz bezieht, der Bundesminister für Justiz im Einvernehmen mit dem Bundesminister für soziale Verwaltung, hinsichtlich aller übrigen Bestimmungen der Bundesminister für soziale Verwaltung betraut.

(BGBl I 2001/131)

Vollziehung in unmittelbarer Bundesverwaltung

§ 100a. Der Bundesminister für Arbeit, Soziales und Konsumentenschutz besorgt die Aufgaben nach den §§ 412 und 414 ASVG in Verbindung mit § 65 dieses Bundesgesetzes sowie § 84a in unmittelbarer Bundesverwaltung.

(BGBl I 2013/87)

Wirksamkeitsbeginn

§ 101. Dieses Bundesgesetz tritt am 1. Jänner 1972 in Kraft.

Schlussbestimmungen zum Bundesgesetz BGBl. Nr. 24/1994 (7. Novelle)

§ 102. (1) Die §§ 2 Z 5 bis 13, 7 Abs. 1, 26, 32, 53, 54, 55, 56, 59, 60 Abs. 1, 2 und 3, 64a, 64b, 64c, 65, 67 Abs. 1, 3 und 5, 70, 71, 72 Abs. 1 und Abs. 4 Z 1 und 2, 72a, 73 Abs. 1 und 2, 74 Abs. 1 und 2, 75 Abs. 2, 4 und 6, 77a, 78 Abs. 3, 80, 81 Abs. 2 und 3, 82 Abs. 1, 90 Abs. 2, 93 Abs. 1, 100, 101 und 102 in der Fassung des Bundesgesetzes BGBl. Nr. 24/1994 treten mit 1. Jänner 1994 in Kraft.

(2) § 2 Z 13 (alt) wird rückwirkend mit 1. Juli 1993 aufgehoben.

(3) Der Präsident und dessen Stellvertreter, die nach der am 31. Dezember 1993 abgelaufenen Amtsdauer des Vorstandes weiterhin Versicherungsvertreter sind und mindestens fünf Jahre hindurch eine Funktion ausgeübt haben, haben weiterhin Anspruch auf Anwartschaften (Pensionen) nach den Bestimmungen des § 67 Abs. 5 und den darauf beruhenden Rechtsvorschriften in der am 31. Dezember 1993 in Geltung gestandenen Fassung.

(4) Die Bestimmungen des § 67 Abs. 5 in der am 31. Dezember 1993 in Geltung gestandenen Fassung und die darauf beruhenden Rechtsvorschriften sind, soweit sie sich auf Entschädigungsleistungen an aus ihrer Funktion ausgeschiedene Präsidenten und deren Stellvertreter sowie die Hinterbliebenen der Genannten beziehen, auf die im Abs. 3 angeführten, aber aus ihrer Funktion bis spätestens zu

NVG 2020

der am 31. Dezember 1993 abgelaufenen Amtsdauer des Vorstandes ausgeschiedenen Personen sowie deren Hinterbliebene weiterhin anzuwenden.

(BGBl 1994/24, BGBl I 2010/62)

Schlussbestimmungen zum Bundesgesetz BGBl. Nr. 416/1996 (8. Novelle)

§ 103. (1) Die §§ 7 Abs. 3, 14 Abs. 1 Z 2, 20 Abs. 1, 42 Abs. 1 Z 4, 45 Abs. 2 Z 3, 48 Abs. 7, 64 erster Satz, Z 4 lit. b und c, 72 Abs. 5, 73 Abs. 3, 87 und 88 in der Fassung des Bundesgesetzes BGBl. Nr. 416/1996 sowie die Aufhebung des § 20 Abs. 2 treten rückwirkend mit 1. Jänner 1995 in Kraft.

(2) Die §§ 48 Abs. 8, 55 Abs. 5, 58 und 61 in der Fassung des Bundesgesetzes BGBl. Nr. 416/1996 treten rückwirkend mit 1. Jänner 1996 in Kraft.

(3) Die §§ 48 Abs. 8, 55 Abs. 5, 58 und 61 in der Fassung des Bundesgesetzes BGBl. Nr. 416/1996 sind ab 1. Jänner 1996 auch auf Leistungsansprüche anzuwenden, die am 31. Dezember 1995 bereits bestanden haben.

(BGBl 1996/416, BGBl I 2010/62)

Schlussbestimmung zu Art. 24 des Bundesgesetzes BGBl. I Nr. 64/1997

§ 104. Die §§ 42 Abs. 1 Z 3 und 67 Abs. 5 Z 2 in der Fassung des Bundesgesetzes BGBl. I Nr. 64/1997 treten mit 1. August 1997 in Kraft.

(BGBl I 1997/64, BGBl I 2010/62)

Schlussbestimmung zu Art. 12 des Bundesgesetzes BGBl. I Nr. 30/1998

§ 105. Die §§ 42 Abs. 1 Z 4, 45 Abs. 2 Z 3, 57 Abs. 4 Z 1 und 63 Abs. 2 in der Fassung des Bundesgesetzes BGBl. I Nr. 30/1998 treten mit 1. Jänner 1998 in Kraft.

(BGBl I 1998/30, BGBl I 2010/62)

Schlußbestimmungen zu Art. XXII des Bundesgesetzes BGBl. I Nr. 106/1999

§ 106. (1) § 34 Abs. 1 Z 1 in der Fassung des Bundesgesetzes BGBl. I Nr. 106/1999 tritt mit 1. Oktober 1999 in Kraft.

(2) § 110 Abs. 1 und 2 ASVG in der am 30. September 1999 geltenden Fassung ist dann weiterhin auf zivilgerichtliche Verfahren oder auf Exekutionsverfahren (§ 10 Abs. 3 des Gerichtsgebührengesetzes in der am 31. Dezember 2001 geltenden Fassung) anzuwenden, wenn die Klage, der verfahrenseinleitende Antrag, die Rechtsmittelschrift oder der Exekutionsantrag vor dem 1. Oktober 1999 bei Gericht angebracht wurde.

(BGBl I 2001/131)

(BGBl I 2000/139)

Schlussbestimmungen zum Bundesgesetz BGBl. I Nr. 139/2000 (9. Novelle)

§ 107. (1) Es treten in Kraft:

1. mit 1. Jänner 2001 die §§ 2 Z 5 und 16, 5a samt Überschrift, 7 Abs. 2, 9 Abs. 2, 10 Abs. 1 Z 2, 14 Abs. 2, 55 Abs. 4, 63 Abs. 3 Z 1 und 2 sowie 72 Abs. 5 in der Fassung des Bundesgesetzes BGBl. I Nr. 139/2000.

    (BGBl I 2004/101)

2. mit 1. Jänner 2003 § 48 Abs. 1 Z 2 in der Fassung des Bundesgesetzes BGBl. I Nr. 139/2000.

(2) Die §§ 10a samt Überschrift, 72 Abs. 4 Z 6 und Abs. 5 in der Fassung des Bundesgesetzes BGBl. I Nr. 139/2000, treten mit 1. Jänner 2002 in Kraft.

(BGBl I 2009/83)

(3) Die im § 9 Abs. 2 in der Fassung des Bundesgesetzes BGBl. I Nr. 139/2000 genannten festen Beträge sind erstmalig am 1. Jänner 2002 und der in § 48 Abs. 1 Z 2 in der Fassung des Bundesgesetzes BGBl. I Nr. 139/2000 genannte feste Betrag ist erstmalig am 1. Jänner 2004 mit dem Anpassungsfaktor (§ 20) zu vervielfachen.

(4) Der Beitrag gemäß § 10a in der Fassung des Bundesgesetzes BGBl. I Nr. 139/2000 darf

– in den Kalenderjahren 2002 bis 2004 1,3% und

– in den Kalenderjahren 2005 bis 2007 1,8% nicht überschreiten.

(5) und (6) (aufgehoben)

(BGBl I 2004/101)

(7) Abs. 6 ist für Bezieher von Berufsunfähigkeitspensionen mit der Maßgabe anzuwenden, dass

– bei einem Stichtag im Kalenderjahr 2001 der Kürzungsfaktor pro Kalendermonat 0,0625%,

– bei einem Stichtag im Kalenderjahr 2002 der Kürzungsfaktor pro Kalendermonat 0,1250%,

– bei einem Stichtag im Kalenderjahr 2003 der Kürzungsfaktor pro Kalendermonat 0,1875%,

– bei einem Stichtag im Kalenderjahr 2004 der Kürzungsfaktor pro Kalendermonat 0,2500%,

– bei einem Stichtag im Kalenderjahr 2005 der Kürzungsfaktor pro Kalendermonat 0,3125%,

– bei einem Stichtag im Kalenderjahr 2006 der Kürzungsfaktor pro Kalendermonat 0,3750%,

– bei einem Stichtag im Kalenderjahr 2007 der Kürzungsfaktor pro Kalendermonat 0,4375% beträgt.

(BGBl I 2000/139)

Schlussbestimmungen zu Art. 6 des Sozialversicherungs-Währungsumstellungs-Begleitgesetzes, BGBl. I Nr. 67/2001

§ 108. (1) Die §§ 9 Abs. 2, 15 Abs. 2 und 3, 21 35 Abs. 4, 48 Abs. 1 und 8, 55 Abs. 5, 58, 61, 83 Abs. 3, 94 Abs. 4 sowie 95 Abs. 2 Z 2 in der Fassung des Bundesgesetzes BGBl. I Nr. 67/2001 treten mit 1. Jänner 2002 in Kraft.

(2) Schillingbeträge, die am 31. Dezember 2001 zur Bemessung einer (künftigen) Geldleistung bei der Versicherungsanstalt (beim Hauptverband) gespeichert sind, sind mit Wirksamkeit vom 1. Jänner 2002 in Euro umzurechnen.

(BGBl I 2001/67)

Schlussbestimmungen zu Art. 11 des Bundesgesetzes BGBl. I Nr. 131/2001

§ 109. (1) Die §§ 100 und 106 Abs. 2 in der Fassung des Bundesgesetzes BGBl. I Nr. 131/2001 treten mit 1. Jänner 2002 in Kraft.

(2) § 110 Abs. 1 ASVG in der Fassung des Bundesgesetzes BGBl. I Nr. 131/2001 in Verbindung mit § 19 dieses Bundesgesetzes ist auf alle Schriften und Amtshandlungen anzuwenden, bezüglich deren der Anspruch auf die Gebühr nach dem 31. Dezember 2001 begründet wird.

(BGBl I 2001/131)

Schlussbestimmungen zum Bundesgesetz BGBl. I Nr. 6/2002 (10. Novelle)

§ 110. (1) Es treten in Kraft:

1. mit 1. Jänner 2002 die §§ 17a, 35 Abs. 3 und 88b in der Fassung des Bundesgesetzes BGBl. I Nr. 6/2002;

2. mit 1. Jänner 2003 die §§ 63 Abs. 3 Z 5 sowie 94 Abs. 4 und 5 in der Fassung des Bundesgesetzes BGBl. I Nr. 6/2002.

(2) Als ausdrücklich verlangte Barzahlungen im Sinne des § 35 Abs. 3 erster Satz in der Fassung des Bundesgesetzes BGBl. I Nr. 6/2002 gelten auch Barzahlungen von Leistungen, die bereits vor dem 1. Jänner 2002 im Wege der Barzahlung erbracht wurden und nach diesem Zeitpunkt weiter zu erbringen sind.

(BGBl I 2002/6)

Schlussbestimmung zum Bundesgesetz BGBl. I Nr. 145/2002 (11. Novelle)

§ 111. § 78 Abs. 1 und 2 tritt mit 1. September 2002 in Kraft.

(BGBl I 2002/145)

Schlussbestimmungen zum Bundesgesetz BGBl. I Nr. 98/2006 (12. Novelle)

§ 112. (1) Es treten in Kraft:

1. mit 1. Jänner 2007 die §§ 2 Z 17, 18 und 19, 10 Abs. 1 Z 1, 10a Abs. 1, 15 Abs. 2 und 5, 16 Abs. 1, 20, 20a, 38 Abs. 4, 48 Abs. 2 und 10, 65, 67 Abs. 3, 72 Abs. 5, 78a, 78b, 80, 83 Abs. 1 und 87 Abs. 3 in der Fassung des Bundesgesetzes BGBl. I Nr. 98/2006, wobei § 10 Abs. 1 Z 1 in der Fassung des Bundesgesetzes BGBl. I Nr. 98/2006 erstmals auf die für das Jahr 2007 zu entrichtenden Beiträge anzuwenden ist;

2. mit 1. September 2007 die §§ 9 Abs. 3 und 72 Abs. 2 in der Fassung des Bundesgesetzes BGBl. I Nr. 98/2006;

3. mit 1. Jänner 2008 § 51 in der Fassung des Bundesgesetzes BGBl. I Nr. 98/2006;

4. mit 1. Jänner 2009 § 70 in der Fassung des Bundesgesetzes BGBl. I Nr. 98/2006;

5. mit 1. Jänner 2015 die §§ 2 Z 11, 40 Z 1, 46a, 47 Abs. 2, 51a, 52 und 52a in der Fassung des Bundesgesetzes BGBl. I Nr. 98/2006.

(BGBl I 2015/16)

(2) Die Pensionen mit einem Stichtag nach dem 31. Dezember 2000 und vor dem 1. September 2004 sind von Amts wegen nach den am 31. Dezember 2000 geltenden Bestimmungen dieses Bundesgesetzes neu zu bemessen. Die Rechtskraft bereits ergangener Entscheidungen steht dem nicht entgegen. Die neu bemessene Pension gebührt ab 1. Jänner 2007.

(3) § 51 in der Fassung des Bundesgesetzes BGBl. I Nr. 98/2006 ist nur auf Versicherungsfälle anzuwenden, in denen der Stichtag nach dem 31. Dezember 2007 liegt, jedoch tritt an die Stelle des 70. Lebensjahres das 65. Lebensjahr. An die Stelle des 65. Lebensjahres tritt, wenn der/die Versicherte dieses Lebensjahr vollendet

im Jänner oder Februar oder März 2008 das 65. Lebensjahr und ein Kalendermonat,

im April oder Mai oder Juni 2008 das 65. Lebensjahr und zwei Kalendermonate,

im Juli oder August oder September 2008 das 65. Lebensjahr und drei Kalendermonate,

im Oktober oder November oder Dezember 2008 das 65. Lebensjahr und vier Kalendermonate,

im Jänner oder Februar oder März 2009 das 65. Lebensjahr und fünf Kalendermonate,

im April oder Mai oder Juni 2009 das 65. Lebensjahr und sechs Kalendermonate,

im Juli oder August oder September 2009 das 65. Lebensjahr und sieben Kalendermonate,

im Oktober oder November oder Dezember 2009 das 65. Lebensjahr und acht Kalendermonate,

im Jänner oder Februar oder März 2010 das 65. Lebensjahr und neun Kalendermonate,

im April oder Mai oder Juni 2010 das 65. Lebensjahr und zehn Kalendermonate,

im Juli oder August oder September 2010 das 65. Lebensjahr und elf Kalendermonate,

im Oktober oder November oder Dezember 2010 das 66. Lebensjahr,

im Jänner oder Februar oder März 2011 das 66. Lebensjahr und ein Kalendermonat,

im April oder Mai oder Juni 2011 das 66. Lebensjahr und zwei Kalendermonate,

im Juli oder August oder September 2011 das 66. Lebensjahr und drei Kalendermonate,

im Oktober oder November oder Dezember 2011 das 66. Lebensjahr und vier Kalendermonate,

im Jänner oder Februar oder März 2012 das 66. Lebensjahr und fünf Kalendermonate,

im April oder Mai oder Juni 2012 das 66. Lebensjahr und sechs Kalendermonate,

im Juli oder August oder September 2012 das 66. Lebensjahr und sieben Kalendermonate,

im Oktober oder November oder Dezember 2012 das 66. Lebensjahr und acht Kalendermonate,

im Jänner oder Februar oder März 2013 das 66. Lebensjahr und neun Kalendermonate,

im April oder Mai oder Juni 2013 das 66. Lebensjahr und zehn Kalendermonate,

NVG 2020

im Juli oder August oder September 2013 das 66. Lebensjahr und elf Kalendermonate,

im Oktober oder November oder Dezember 2013 das 67. Lebensjahr,

im Jänner oder Februar oder März 2014 das 67. Lebensjahr und ein Kalendermonat,

im April oder Mai oder Juni 2014 das 67. Lebensjahr und zwei Kalendermonate,

im Juli oder August oder September 2014 das 67. Lebensjahr und drei Kalendermonate,

im Oktober oder November oder Dezember 2014 das 67. Lebensjahr und vier Kalendermonate,

im Jänner oder Februar oder März 2015 das 67. Lebensjahr und fünf Kalendermonate,

im April oder Mai oder Juni 2015 das 67. Lebensjahr und sechs Kalendermonate,

im Juli oder August oder September 2015 das 67. Lebensjahr und sieben Kalendermonate,

im Oktober oder November oder Dezember 2015 das 67. Lebensjahr und acht Kalendermonate,

im Jänner oder Februar oder März 2016 das 67. Lebensjahr und neun Kalendermonate,

im April oder Mai oder Juni 2016 das 67. Lebensjahr und zehn Kalendermonate,

im Juli oder August oder September 2016 das 67. Lebensjahr und elf Kalendermonate,

im Oktober oder November oder Dezember 2016 das 68. Lebensjahr,

im Jänner oder Februar oder März 2017 das 68. Lebensjahr und ein Kalendermonat,

im April oder Mai oder Juni 2017 das 68. Lebensjahr und zwei Kalendermonate,

im Juli oder August oder September 2017 das 68. Lebensjahr und drei Kalendermonate,

im Oktober oder November oder Dezember 2017 das 68. Lebensjahr und vier Kalendermonate,

im Jänner oder Februar oder März 2018 das 68. Lebensjahr und fünf Kalendermonate,

im April oder Mai oder Juni 2018 das 68. Lebensjahr und sechs Kalendermonate,

im Juli oder August oder September 2018 das 68. Lebensjahr und sieben Kalendermonate,

im Oktober oder November oder Dezember 2018 das 68. Lebensjahr und acht Kalendermonate,

im Jänner oder Februar oder März 2019 das 68. Lebensjahr und neun Kalendermonate,

im April oder Mai oder Juni 2019 das 68. Lebensjahr und zehn Kalendermonate,

im Juli oder August oder September 2019 das 68. Lebensjahr und elf Kalendermonate,

im Oktober oder November oder Dezember 2019 das 69. Lebensjahr,

im Jänner oder Februar oder März 2020 das 69. Lebensjahr und ein Kalendermonat,

im April oder Mai oder Juni 2020 das 69. Lebensjahr und zwei Kalendermonate,

im Juli oder August oder September 2020 das 69. Lebensjahr und drei Kalendermonate,

im Oktober oder November oder Dezember 2020 das 69. Lebensjahr und vier Kalendermonate,

im Jänner oder Februar oder März 2021 das 69. Lebensjahr und fünf Kalendermonate,

im April oder Mai oder Juni 2021 das 69. Lebensjahr und sechs Kalendermonate,

im Juli oder August oder September 2021 das 69. Lebensjahr und sieben Kalendermonate,

im Oktober oder November oder Dezember 2021 das 69. Lebensjahr und acht Kalendermonate,

im Jänner oder Februar oder März 2022 das 69. Lebensjahr und neun Kalendermonate,

im April oder Mai oder Juni 2022 das 69. Lebensjahr und zehn Kalendermonate,

im Juli oder August oder September 2022 das 69. Lebensjahr und elf Kalendermonate und

im Oktober oder November oder Dezember 2022 das 70. Lebensjahr.

(BGBl I 2006/98)

Schlussbestimmungen zu Art. 6 des Bundesgesetzes BGBl. I Nr. 83/2009 (13. Novelle)

§ 113. (1) Es treten in Kraft:

1. mit 1. August 2009 § 45 Abs. 2 Z 3 in der Fassung des Bundesgesetzes BGBl. I Nr. 83/2009;

2. mit 1. Jänner 2010 die §§ 2 Z 16 und 19, 2a samt Überschrift, 5 Abs. 2a und 3 erster Satz, 5a, 7, 9 Abs. 4a, 10, 13 samt Überschrift, 14 Abs. 1 bis 4, 15 Abs. 1, 20a, 35 Abs. 5, 48 Abs. 2, 57, 63 Abs. 2, 64d samt Überschrift, 65a samt Überschrift, 67 Abs. 5 Z 1, 72a Abs. 1, 87 Abs. 2, 87a samt Überschrift und 107 Abs. 2 in der Fassung des Bundesgesetzes BGBl. I Nr. 83/2009;

3. rückwirkend mit 1. Jänner 2005 die §§ 42 Abs. 1 Z 4 und 5 sowie 64 Z 2 und 3 in der Fassung des Bundesgesetzes BGBl. I Nr. 83/2009.

(2) § 48 Abs. 3 tritt mit Ablauf des 31. Dezember 2009 außer Kraft.

(3) § 14 Abs. 1 Z 2 lit. d in der Fassung des Bundesgesetzes BGBl. I Nr. 83/2009 ist erstmals für die Neuberechnung der für das Jahr 2009 zu entrichtenden Beiträge anzuwenden.

(4) Die §§ 42 Abs. 1 Z 4 und 5 sowie 64 Z 2 und 3 in der Fassung des Bundesgesetzes BGBl. I Nr. 83/2009 gelten nur für Versicherungszeiten, die nach dem 31. Dezember 2004 liegen; auf Versicherungszeiten vor dem 1. Jänner 2005 sind diese Bestimmungen weiterhin in der am 31. Dezember 2004 geltenden Fassung anzuwenden.

(BGBl I 2009/83)

Schlussbestimmung zu Art. 26 des Bundesgesetzes BGBl. I Nr. 135/2009

§ 114. Die §§ 25 Abs. 3, 32, 39 Abs. 1, 54a samt Überschrift, 59 und 60 in der Fassung des Bundesgesetzes BGBl. I Nr. 135/2009 treten mit 1. Jänner 2010 in Kraft.

(BGBl I 2009/135)

Schlussbestimmung zu Art. 5 des Bundesgesetzes BGBl. I Nr. 62/2010

§ 115. Es treten in Kraft:

1. mit 1. August 2010 die §§ 11, 12, 55 Abs. 6 sublit. bb, 61 sowie 72 Abs. 4 Z 6 und Abs. 5 sowie die Überschriften zu den §§ 102 bis 105 in der Fassung des Bundesgesetzes BGBl. I Nr. 62/2010;
2. rückwirkend mit 1. Jänner 2010 die §§ 2 Z 11, 53 und 87a Abs. 1 Z 1 in der Fassung des Bundesgesetzes BGBl. I Nr. 62/2010.

(BGBl I 2010/62)

Schlussbestimmung zu Art. 8 des Bundesgesetzes BGBl. I Nr. 64/2010

§ 116. § 25 Abs. 2a in der Fassung des Bundesgesetzes BGBl. I Nr. 64/2010 tritt mit 1. September 2010 in Kraft.

(BGBl I 2010/64)

Schlussbestimmung zu Art. 4 des Bundesgesetzes BGBl. I Nr. 58/2010

§ 117. § 16 Abs. 4 in der Fassung des Bundesgesetzes BGBl. I Nr. 58/2010 tritt mit 1. August 2010 in Kraft.

(BGBl I 2010/58)

Schlussbestimmung zu Art. 5 des Bundesgesetzes BGBl. I Nr. 87/2013 (14. Novelle)

§ 118. Die §§ 84a samt Überschrift und 100a samt Überschrift in der Fassung des Bundesgesetzes BGBl. I Nr. 87/2013 treten mit 1. Jänner 2014 in Kraft.

(BGBl I 2013/87)

Schlussbestimmung zu Art. 6 des Bundesgesetzes BGBl. I Nr. 86/2013 (15. Novelle)

§ 119. (1) Es treten in Kraft:

1. mit 1. Juli 2013 § 72 Abs. 5 in der Fassung des Bundesgesetzes BGBl. I Nr. 86/2013;
2. rückwirkend mit 1. Februar 2013 § 57 Abs. 2 Z 1 und zweiter Satz in der Fassung des Bundesgesetzes BGBl. I Nr. 86/2013.

(2) § 57 Abs. 2 Z 2 und 3 tritt rückwirkend mit Ablauf des 31. Jänner 2013 außer Kraft.

(BGBl I 2013/86)

Schlussbestimmung zu Art. 5 des Bundesgesetzes BGBl. I Nr. 139/2013

§ 120. Es treten in Kraft:

1. mit 1. August 2013 die §§ 54a und 55 Abs. 6 sublit. bb in der Fassung des Bundesgesetzes BGBl. I Nr. 139/2013;
2. mit 1. Jänner 2014 § 65 Abs. 1 in der Fassung des Bundesgesetzes BGBl. I Nr. 139/2013.

(BGBl I 2013/139)

Schlussbestimmung zum Bundesgesetz BGBl. I Nr. 16/2015 (16. Novelle)

§ 121. (1) Die §§ 2 Z 1, 3 lit. b, 4, 5, 7 bis 14 sowie 17 und 18, 13 Abs. 1, 14 Abs. 1 Z 1 und 2 sowie Abs. 2, 15 Abs. 5, 20 Abs. 2, 23 Abs. 1 und 2, 24 Abs. 1, 25 Abs. 1 bis 3, 32, 35 Abs. 3 bis 6, 37 Abs. 2, 38 Abs. 1, 39 Abs. 1, 41 Abs. 2 und 3, 42 Abs. 1 Z 3, Abs. 2 Z 3 und Abs. 3, 45 Abs. 2 Z 4, 48 Abs. 2 Z 1 sowie Abs. 7 und 8, 51 Abs. 1, 51a, 52a Abs. 3, 55 Abs. 6, 63 Abs. 2a und Abs. 3 Z 5, 65 Abs. 2, 67 Abs. 5, 69 Abs. 1, 70, 71, 72 Abs. 1 sowie 4 Z 1 und 4, 73 Abs. 1a, 74 Abs. 2a, 75 Abs. 2, 77 Abs. 4, 78 Abs. 1 Z 1, 79 Abs. 1, 80 Abs. 2, 87 Abs. 2, 87a Abs. 1, 88, 94 Abs. 5 und 112 Abs. 1 Z 5 in der Fassung des Bundesgesetzes BGBl. I Nr. 16/2015 treten mit 1. Jänner 2015 in Kraft.

(2) Es treten außer Kraft:

1. mit Ablauf des 31. Dezember 2014 die §§ 27, 48 Abs. 4 und 10, 67 Abs. 2 sowie 90 und 91;
2. rückwirkend mit Ablauf des 31. Dezember 2004 § 64 Z 2 und 3.

(BGBl I 2015/16)

Schlussbestimmungen zu Art. 6 des Bundesgesetzes BGBl. I Nr. 162/2015

§ 122. (1) Es treten in der Fassung des Bundesgesetzes BGBl. I Nr. 162/2015 in Kraft:

1. mit 1. Jänner 2016 die §§ 2 Z 20, 2a, 5 Abs. 2a, 10 Abs. 2, 29 Abs. 2 und 78 samt Überschrift;
2. rückwirkend mit 1. Jänner 2015 § 40 Z 1 lit. b.

(2) Die §§ 2 Z 20, 5 Abs. 2a und 10 Abs. 2 in der Fassung des Bundesgesetzes BGBl. I Nr. 162/2015 sind rückwirkend auf die Neuberechnung der Beiträge nach § 14 für jene Kalenderjahre anzuwenden, für die bis zum Ablauf des 31. Dezember 2015 noch kein rechtskräftiger Einkommensteuerbescheid vorgelegt wurde (§ 13 Abs. 1).

(BGBl I 2015/162)

Schlussbestimmung zu Art. 75 des Bundesgesetzes BGBl. I Nr. 37/2018

(BGBl I 2018/59)

§ 123. § 88b in der Fassung des Bundesgesetzes BGBl. I Nr. 37/2018 tritt mit 25. Mai 2018 in Kraft.

(BGBl I 2018/37, BGBl I 2018/59)

Schlussbestimmung zu Art. 14 des Bundesgesetzes BGBl. I Nr. 59/2018

§ 124. § 10 Abs. 1 Z 2 in der Fassung des Bundesgesetzes BGBl. I Nr. 59/2018 tritt mit 1. Juli 2018 in Kraft.

(BGBl I 2018/59)

NVG 2020

Bundesgesetz vom 9. Dezember 1981, mit dem das Notarversicherungsgesetz 1972 geändert wird (4. Novelle zum Notarversicherungsgesetz 1972)

(BGBl 1981/593)

Der Nationalrat hat beschlossen:

Artikel II
Übergangsbestimmungen

(1) Die Bestimmungen des § 15 des NVG 1972 in der Fassung des Art. 1 Z 2 betreffend die Verzugszinsen sind erstmals bei der Neuberechnung der Beiträge für das Kalenderjahr 1981 anzuwenden.

(2) Die Bestimmungen der §§ 48 Abs. 8, 55 Abs. 6, 58, 61 und 62 des NVG 1972 in der Fassung der Art. I Z 12, 13 lit. a, 14, 16 und 17 sind ab 1. Jänner 1982 auch auf Leistungsansprüche anzuwenden, die am 31. Dezember 1981 bereits bestehen.

(3) Die Bestimmungen des § 94 Abs. 4 und 5 des NVG 1972 in der Fassung des Art. I Z 21 gelten auch für vor dem 1. Jänner 1982 gestellte Anträge auf Leistung des Überweisungsbetrages, wobei sie als rechtzeitig gestellt gelten und die Rechtskraft früherer Entscheidungen nicht entgegensteht. Über Anträge auf Zuerkennung einer Leistung, über die vor Inkrafttreten dieses Bundesgesetzes durch einen Versicherungsträger oder im Leistungsstreitverfahren bereits entschieden worden ist, hat der Versicherungsträger ein neues Feststellungsverfahren durchzuführen, wenn bei der Feststellung des Bestandes des Leistungsanspruches auch Zeiten, für die nach § 94 Abs. 4 des NVG 1972 in der Fassung des Art. I Z 21 ein Überweisungsbetrag geleistet worden ist, zu berücksichtigen sind und vom Anspruchswerber ein diesbezüglicher Antrag gestellt wird. Die Leistung gebührt ab 1. Jänner 1982, wenn der Antrag bis 30. Juni 1983 gestellt wird, sonst mit dem der Antragstellung folgenden Monatsersten.

Artikel III
Wirksamkeitsbeginn

Dieses Bundesgesetz tritt am 1. Jänner 1982 in Kraft.

Artikel IV
Vollziehung

Mit der Vollziehung dieses Bundesgesetzes ist der Bundesminister für soziale Verwaltung betraut.

5. Novelle BGBl 1986/116

(BGBl 1986/116)

Der Nationalrat hat beschlossen:

Artikel II
Übergangsbestimmungen

(1) Für das Jahr 1986 gilt,

1. als Anpassungsfaktor der 2. Stufe 80 vH,
2. als Anpassungsfaktor der 3. Stufe 60 vH,
3. als Anpassungsfaktor der 4. Stufe 40 vH

der Pensionserhöhung, die sich aufgrund des im Jahre 1985 von der Hauptversammlung der Versicherungsanstalt des österreichischen Notariates gemäß § 72 Abs. 4 Z 5 des Notarversicherungsgesetzes 1972 festgesetzten Anpassungsfaktors ergibt. Diese Anpassungsfaktoren sind bis zum 30. April 1986 in der „Österreichischen Notariats-Zeitung" zu verlautbaren.

(2) Die Bestimmungen des § 23 des Notarversicherungsgesetzes 1972 in der Fassung des Art. I Z 4 sind auch auf Versicherungsfälle anzuwenden, in denen der Stichtag vor dem 1. Jänner 1986 liegt, sofern die Antragstellung erst nach dem 30. Juni 1986 erfolgt.

(3) Die Bestimmungen der §§ 42 Abs. 1 Z 4 und 43 des Notarversicherungsgesetzes 1972 in der Fassung des Art. I Z 6 und 7 sind nur auf Versicherungsfälle anzuwenden, in denen der Stichtag nach dem 31. Dezember 1985 liegt.

(4) Für einen Versicherten, der in der Zeit bis zum 30. Juni 1978 zum Notar ernannt worden ist, sind, sofern er dies bis längstens 30. Juni 1986 bei der Versicherungsanstalt des österreichischen Notariates beantragt, Zeiten vor seiner Ernennung zum Notar, in denen er aufgrund der Bestimmungen des Wehrgesetzes 1978, BGBl. Nr. 150, ordentlichen oder außerordentlichen Präsenzdienst oder aufgrund der Bestimmungen des Zivildienstgesetzes, BGBl. Nr. 187/1974, ordentlichen oder außerordentlichen Zivildienst geleistet hat, bis zu dem im § 6 Abs. 3 Z 2 der Notariatsordnung genannten Ausmaß auch dann Versicherungszeiten im Sinne des § 42 Abs. 1 Z 4 bzw. des § 43 Z 2 des Notarversicherungsgesetzes 1972 in der Fassung des Art. I Z 6 und 7, wenn diese Zeiten nach der Notariatsordnung (§ 6 der Notariatsordnung) nicht angerechnet werden, soferne diese Zeiten sich nicht schon in Bestand oder Ausmaß eines Leistungsanspruches in einer Pensionsversicherung aufgrund anderer bundesgesetzlicher Vorschriften ausgewirkt haben. Der Antrag kann auch nach Eintritt des Versicherungsfalles gestellt werden, wenn dieser während des Laufens der Frist für die Antragstellung eingetreten ist; ist innerhalb der Frist der Versicherungsfall des Todes eingetreten, so sind die Hinterbliebenen bis zum Ablauf von sechs Monaten nach dem Tod des Versicherten zur Antragstellung berechtigt.

(5) Die Bestimmungen des § 48 Abs. 2 und 3 des Notarversicherungsgesetzes 1972 in der Fassung des Art. I Z 8 sind nur auf Versicherungsfälle anzuwenden, in denen der Stichtag nach dem 31.

Dezember 1985 liegt, und zwar mit der Maßgabe, daß, wenn

1. der Stichtag im Jahre 1986 liegt, als Zusatzpension monatlich 17 vH des durchschnittlichen Monatseinkommens aus den Beitragsmonaten während der ersten zehn der letzten zwölf Kalenderjahre vor dem Eintritt des Versicherungsfalles gebühren;

2. der Stichtag im Jahre 1987 liegt, als Zusatzpension monatlich 17,5 vH des durchschnittlichen Monatseinkommens aus den Beitragsmonaten während der ersten zwölf der letzten vierzehn Kalenderjahre vor dem Eintritt des Versicherungsfalles gebühren;

3. der Stichtag im Jahre 1988 liegt, als Zusatzpension monatlich 18 vH des durchschnittlichen Monatseinkommens aus den Beitragsmonaten während der ersten vierzehn der letzten sechzehn Kalenderjahre vor dem Eintritt des Versicherungsfalles gebühren;

4. der Stichtag im Jahre 1989 liegt, als Zusatzpension monatlich 18,5 vH des durchschnittlichen Monatseinkommens aus den Beitragsmonaten während der ersten sechzehn der letzten achtzehn Kalenderjahre vor dem Eintritt des Versicherungsfalles gebühren.

Artikel III
Wirksamkeitsbeginn

Dieses Bundesgesetz tritt mit 1. Jänner 1986 in Kraft.

Artikel IV
Vollziehung

Mit der Vollziehung dieses Bundesgesetzes ist der Bundesminister für soziale Verwaltung betraut.

NVG 2020

6/4. VO Datenübermittlung

Verordnung zur elektronischen Übermittlung von Daten für Zwecke der Bemessung der Beiträge zur Pensionsversicherung der Notare und Notariatskandidaten, BGBl II 2010/27

Verordnung des Bundesministers für Finanzen zur elektronischen Übermittlung von Daten für Zwecke der Bemessung der Beiträge zur Pensionsversicherung der Notare und Notariatskandidaten

Auf Grund des § 87a Abs. 2 des Notarversicherungsgesetzes 1972 (NVG 1972), zuletzt geändert durch das 2. Sozialrechts-Änderungsgesetz 2009, BGBl. I Nr. 83/2009, wird im Einvernehmen mit dem Bundesminister für Arbeit, Soziales und Konsumentenschutz verordnet:

§ 1. Die Anforderung und die Übermittlung der in § 87a Abs. 1 NVG 1972 genannten Daten hat elektronisch im Wege des Hauptverbandes der österreichischen Sozialversicherungsträger zu erfolgen.

§ 2. (1) Die Versicherungsanstalt hat die Datenübermittlung einzeln anzufordern. Die jeweilige Anforderung hat die Sozialversicherungsnummer, den Familiennamen und den Zeitraum, für den Daten angefordert werden, zu enthalten.

(2) Bei Übereinstimmung der in der Anforderung angegebenen Sozialversicherungsnummer und der ersten fünf Buchstaben des Familiennamens mit den bei den Abgabenbehörden des Bundes gespeicherten Daten haben die Abgabenbehörden des Bundes die angefragten Daten zu übermitteln. Ist den Abgabenbehörden des Bundes die Übermittlung der angefragten Daten nicht möglich, so haben sie einen Hinweis darauf zu geben, warum die Daten nicht übermittelt werden können.

§ 3. Zur Übermittlung der angefragten Daten haben sich die Abgabenbehörden des Bundes der BRZ GmbH zu bedienen (§ 2 Abs. 6 Bundesgesetz über die Bundesrechenzentrum GmbH (BRZ GmbH), BGBl. Nr. 757/1996, in der jeweils geltenden Fassung).

§ 4. Die Anforderung und die Übermittlung der Daten sind ab dem 1. Juli 2010 zulässig.

7. BEAMTEN-KRANKEN- UND UNFALLVERSICHERUNGSGESETZ

Inhaltsverzeichnis

B-KUVG

7. Beamten-Kranken- und Unfallversicherungsgesetz

Beamten-Kranken- und Unfallversicherungsgesetz, BGBl 1967/200 idF

1 BGBl 1968/6	2 BGBl 1968/284	3 BGBl 1969/24
4 BGBl 1970/388	5 BGBl 1973/35	6 BGBl 1974/178
7 BGBl 1974/780	8 BGBl 1976/707	9 BGBl 1977/648
10 BGBl 1978/124	11 BGBl 1978/280	12 BGBl 1978/685
13 BGBl 1979/534	14 BGBl 1980/589	15 BGBl 1981/285
16 BGBl 1981/592	17 BGBl 1983/78	18 BGBl 1983/593
19 BGBl 1984/488	20 BGBl 1985/104	21 BGBl 1985/205
22 BGBl 1985/412	23 BGBl 1986/115	24 BGBl 1986/254
25 BGBl 1987/612	26 BGBl 1988/283	27 BGBl 1988/752
28 BGBl 1989/645	29 BGBl 1990/297	30 BGBl 1990/731
31 BGBl 1991/628	32 BGBl 1991/679	33 BGBl 1992/474
34 BGBl 1993/110	35 BGBl 1993/335	36 BGBl 1994/23
37 BGBl 1994/314	38 BGBl 1994/505	39 BGBl 1994/923
40 BGBl 1995/43	41 BGBl 1995/297	42 BGBl 1995/832
43 BGBl 1996/201	44 BGBl 1996/414	45 BGBl 1996/600
46 BGBl 1996/764	47 BGBl I 1997/61	48 BGBl I 1997/64
49 BGBl I 1997/139	50 BGBl I 1998/30	51 BGBl I 1998/123
52 BGBl I 1998/142	53 BGBl I 1999/10	54 BGBl I 1999/15
55 BGBl I 1999/74	56 BGBl I 1999/106	57 BGBl I 1999/174
58 BGBl I 2000/2	59 BGBl I 2000/43	60 BGBl I 2000/92
61 BGBl I 2000/101	62 BGBl I 2000/142	63 BGBl I 2001/5
64 BGBl I 2001/33	65 BGBl I 2001/35	66 BGBl I 2001/67
67 BGBl I 2001/102	68 BGBl I 2001/103	69 BGBl I 2001/131
70 BGBl I 2002/4	71 BGBl I 2002/144	72 BGBl I 2002/169
73 BGBl I 2003/71	74 BGBl I 2003/145	75 BGBl I 2004/156
76 BGBl I 2004/171	77 BGBl I 2004/179	78 BGBl I 2005/71
79 BGBl I 2005/132	80 BGBl I 2005/155	81 BGBl I 2006/131
82 BGBl I 2007/32	83 BGBl I 2007/101	84 BGBl I 2008/130
85 BGBl I 2009/61	86 BGBl I 2009/83	87 BGBl I 2009/84
88 BGBl I 2009/135	89 BGBl I 2009/147	90 BGBl I 2010/61
91 BGBl I 2010/64	92 BGBl I 2010/102	93 BGBl I 2010/111
94 BGBl I 2011/122	95 BGBl I 2012/35	96 BGBl I 2012/107
97 BGBl I 2012/111	98 BGBl I 2012/123	99 BGBl I 2013/3
100 BGBl I 2013/81	101 BGBl I 2013/86	102 BGBl I 2013/87
103 BGBl I 2013/130	104 BGBl I 2013/139	105 BGBl I 2014/28
106 BGBl I 2014/32	107 BGBl I 2015/2	108 BGBl I 2015/79
109 BGBl I 2015/113	110 BGBl I 2015/118	111 BGBl I 2015/144
112 BGBl I 2015/162	113 BGBl I 2016/53	114 BGBl I 2016/120
115 BGBl I 2017/26	116 BGBl I 2017/30	117 BGBl I 2017/53
118 BGBl I 2017/126	119 BGBl I 2017/131	120 BGBl I 2018/37
121 BGBl I 2018/54	122 BGBl I 2018/59	123 BGBl I 2018/100
124 BGBl I 2019/7	125 BGBl I 2020/4 (VfGH)	126 BGBl I 2020/23
127 BGBl I 2020/31	128 BGBl I 2020/52	129 BGBl I 2020/105
130 BGBl I 2020/158	131 BGBl I 2021/28	132 BGBl I 2021/36

B-KUVG

GLIEDERUNG

7. B-KUVG

B-KUVG

B-KUVG

7. B-KUVG

B-KUVG

Bundesgesetz vom 31. Mai 1967 über die Kranken- und Unfallversicherung öffentlich Bediensteter (Beamten-Kranken- und Unfallversicherungsgesetz – B-KUVG)

Der Nationalrat hat beschlossen:

ERSTER TEIL
Allgemeine Bestimmungen

ABSCHNITT I
Umfang der Versicherung

Versicherungspflicht in der Kranken- und Unfallversicherung

§ 1. (1) In der Kranken- und Unfallversicherung sind, sofern nicht eine Ausnahme nach den §§ 2 oder 3 gegeben ist, versichert:

1. die in einem öffentlich-rechtlichen Dienstverhältnis zum Bund, einem Bundesland, einem Gemeindeverband oder einer Gemeinde stehenden Dienstnehmer, soweit nicht nach ihren dienstrechtlichen Vorschriften die Entfall ihrer Dienstbezüge wegen Übernahme einer Funktion nach dem Bundesbezügegesetz, BGBl. I Nr. 64/1997, oder einem bezügerechtlichen Landesgesetz oder als Mitglied der Kommission der Europäischen Union oder wegen Ernennung zum Mitglied des Verfassungsgerichtshofes vorgesehen ist;

   (BGBl 1995/297, BGBl 1996/414, BGBl I 1998/142)

2. die Dienstnehmer von öffentlichen Fonds, Stiftungen, Anstalten und Betrieben, die von einer der in Z 1 angeführten Körperschaften verwaltet werden, ferner die Dienstnehmer des Dorotheums, alle diese, wenn
   a) sie in einem öffentlich-rechtlichen oder in einem unkündbaren privatrechtlichen Dienstverhältnis oder im Vorbereitungsdienst für ein unkündbares privatrechtliches Dienstverhältnis stehen, der bei Erfüllung der vorgeschriebenen Voraussetzungen den Anspruch auf Übernahme in das unkündbare Dienstverhältnis begründet, und
   b) ihnen aus diesem Dienstverhältnis die Anwartschaft auf Ruhe(Versorgungs)bezüge – im Falle des Vorbereitungsdienstes spätestens mit Ablauf dieses Dienstes – zusteht;

3. die Dienstnehmer, auf deren Dienstverhältnis das Bundestheaterpensionsgesetz, BGBl. Nr. 159/1958, Anwendung findet;

   (BGBl I 1998/142)

4. die Dienstnehmer, denen auf Grund ihres Dienstverhältnisses zur Oesterreichischen Nationalbank ausschließlich gegen diese Anwartschaftsrechte auf Ruhe- und Hinterbliebenenversorgung (Pension) zustehen;

5. die unkündbaren Dienstnehmer der Versicherungsanstalt öffentlich Bediensteter, Eisenbahnen und Bergbau;

   (BGBl I 2018/100)

6. die Versicherungsvertreter in den Verwaltungskörpern der Versicherungsanstalt öffentlich Bediensteter, Eisenbahnen und Bergbau;

   (BGBl 1996/414, BGBl I 2018/100)

7. solange sie ihren Wohnsitz im Inland haben,
   a) Personen, die auf Grund eines der in Z 1 bis 5 bezeichneten Dienstverhältnisse einen Ruhe- oder Versorgungsbezug, einen Übergangsbeitrag, ein Versorgungsgeld oder einen Unterhaltsbezug im Sinne der Bestimmungen des Pensionsgesetzes 1965, BGBl. Nr. 340/1965, oder gleichartiger Bestimmungen erhalten,
   b) Personen, die von einem der in Z 1 bis 5 genannten Dienstgeber einen außerordentlichen Versorgungsgenuß beziehen;

   (BGBl 1994/505, BGBl 1996/414)

8. die Mitglieder des Nationalrates, des Bundesrates und die von Österreich entsandten Mitglieder des Europäischen Parlaments;

   (BGBl 1995/43)

9. der Bundespräsident, die Mitglieder der Bundesregierung, die Staatssekretäre, der Präsident sowie der Vizepräsident des Rechnungshofes und die Mitglieder der Volksanwaltschaft;

10. a) die Mitglieder der Landtage und der Landesregierungen, die Landesrechnungshofdirektoren und ihre Stellvertreter sowie

    (BGBl I 1998/142)

    b) die Bürgermeister/Bürgermeisterinnen und die übrigen Mitglieder der Gemeindevertretungen sowie die Ortsvorsteher/-vorsteherinnen (Ortsvertreter/-vertreterinnen), sofern sie nicht Mitglieder der Gemeindevertretung sind sowie die Bezirksvorsteher/-vorsteherinnen und die Bezirksräte und Bezirksrätinnen;

    (BGBl I 2003/145)

11. der Präsident, der Vizepräsident und die übrigen Mitglieder des Verfassungsgerichtshofes;

12. Personen, die auf Grund einer der in Z 8 bis 11 angeführten Funktionen einen Ruhe(Versorgungs)bezug, eine laufende Zuwendung oder nach landesgesetzlicher Regelung einen außerordentlichen Versorgungsgenuß beziehen, solange sie ihren Wohnsitz im Inland haben;

    (BGBl 1994/505, BGBl 1996/414)

13. die ehrenamtlich tätigen Bewährungshelfer/innen im Sinne des Bewährungshilfegesetzes, BGBl. Nr. 146/1969, sowie die ehrenamtlich tätigen gerichtlichen Erwachsenenvertreter/innen im Sinne des Bundesgesetzes über

Erwachsenenschutzvereine (Erwachsenen-schutzvereinsgesetz – ErwSchVG), BGBl. Nr. 156/1990;

(BGBl I 2001/102, BGBl I 2018/59)

14. a) die Arbeiter des Bundes, die der Österreichischen Salinen Aktiengesellschaft zur Dienstleistung zugewiesen sind und

b) Personen, die Anspruch auf eine Pensionsleistung nach der Salinenarbeiter-Pensionsordnung 1967, BGBl. Nr. 5/1968, haben;

15. Mitglieder der Vollzugskommissionen nach § 18 des Strafvollzugsgesetzes, BGBl. Nr. 144/1969;

16. der Amtsführende Präsident eines Landesschulrates oder des Stadtschulrates für Wien;

(BGBl I 1997/61, BGBl I 1997/64)

17. a) Bedienstete des Bundes,

aa) deren Dienstverhältnis nach dem Vertragsbedienstetengesetz 1948, BGBl. Nr. 86, nach Ablauf des 31. Dezember 1998 begründet wird oder

bb) auf deren öffentlich-rechtliches Dienstverhältnis nach § 136b Abs. 4 BDG 1979 die für Vertragsbedienstete des Bundes geltenden besoldungs- und sozialversicherungsrechtlichen Vorschriften anzuwenden sind;

b) Bedienstete der Länder, Gemeindeverbände und Gemeinden,

aa) deren Dienstverhältnis auf einer dem Vertragsbedienstetengesetz 1948 gleichartigen landesgesetzlichen Regelung beruht und nach Ablauf des 31. Dezember 2000 begründet wird oder

bb) auf deren öffentlich-rechtliches Dienstverhältnis nach einer dem § 136b Abs. 4 BDG 1979 gleichartigen landesgesetzlichen Regelung die für Vertragsbedienstete geltenden besoldungs- und sozialversicherungsrechtlichen Vorschriften anzuwenden sind;

cc) deren Dienstverhältnis auf dem Landesvertragslehrergesetz 1966, BGBl. Nr. 172, oder Land- und forstwirtschaftlichen Landesvertragslehrergesetz, BGBl. Nr. 244/1969, beruht und nach Ablauf des 31. Dezember 2000 begründet wird;

(BGBl I 2004/171, BGBl I 2005/71)

(BGBl I 1999/10, BGBl I 2001/102)

18. Personen, die ihren Wohnsitz im Inland haben und

a) eine Pension nach dem Allgemeinen Sozialversicherungsgesetz (ASVG), BGBl. Nr. 189/1955, beziehen oder

b) Übergangsgeld nach § 306 ASVG beziehen, ohne dass die Pension nach § 86 Abs. 3 Z 2 letzter Satz ASVG angefallen ist, und die auch nicht nach § 4 Abs. 1 Z 8 ASVG versichert sind,

wenn sie auf Grund ihrer letzten Beschäftigung vor dem Anfall der Pension oder vor dem Tag, ab dem das Übergangsgeld gebührt, nach Z 17, 19, 21, 22 oder 23 in der Krankenversicherung pflichtversichert waren;

(BGBl I 1999/10, BGBl I 2001/102, BGBl I 2002/4, BGBl I 2002/144, BGBl I 2003/145, BGBl I 2009/83, BGBl I 2013/86)

19. Wissenschaftliche (Künstlerische) MitarbeiterInnen (in Ausbildung) nach § 6 des Bundesgesetzes über die Abgeltung von wissenschaftlichen und künstlerischen Tätigkeiten an Universitäten und Universitäten der Künste, BGBl. Nr. 463/1974;

(BGBl I 2001/102, BGBl I 2002/4, BGBl I 2002/144)

20. BezieherInnen von Kinderbetreuungsgeld nach dem Kinderbetreuungsgeldgesetz (KBGG), BGBl. I Nr. 103/2001, wenn nach § 28 KBGG die Versicherungsanstalt öffentlich Bediensteter, Eisenbahnen und Bergbau zuständig ist;

(BGBl I 2001/102, BGBl I 2001/103, BGBl I 2002/4, BGBl I 2002/144, BGBl I 2018/100)

21. ArbeitnehmerInnen der Universitäten nach dem Universitätsgesetz 2002, BGBl. I Nr. 120/2002;

(BGBl I 2002/144, BGBl I 2003/145)

22. Dienstnehmer und Dienstnehmerinnen der Versicherungsanstalt öffentlich Bediensteter, Eisenbahnen und Bergbau, soweit sie nicht schon nach Z 5 versichert sind;

(BGBl I 2003/145, BGBl I 2009/83, BGBl I 2018/100)

23. die zur Fremdsprachenassistenz nach § 3a des Lehrbeauftragtengesetzes, BGBl. Nr. 656/1987, bestellten Personen;

(BGBl I 2009/83)

24. Bezieher von Familienzeitbonus nach dem Familienzeitbonusgesetz (FamZeitbG), BGBl. I Nr. 53/2016, wenn nach § 4 FamZeitbG die Versicherungsanstalt öffentlich Bediensteter, Eisenbahnen und Bergbau zuständig ist;

(BGBl I 2016/53, BGBl I 2018/100)

25. die bei Eisenbahnen im Sinne des 1. Teiles des Eisenbahngesetzes 1957, BGBl. Nr. 60, Beschäftigten, soweit diese Eisenbahnen – unabhängig von der Rechtsform des Betriebes bzw. Unternehmens – dem öffentlichen Verkehr dienen und Personen oder Sachgüter befördern;

(BGBl I 2018/100)

26. Beschäftigte von Schlaf- und Speisewagenbetrieben;

(BGBl I 2018/100)

27. Beschäftigte in einem Betrieb, an dem ein Unternehmen im Sinne der Z 25 oder Z 26 zu mehr als 25% beteiligt ist oder auf maßgebliche Aufgaben der Geschäftsführung wesentlichen Einfluss hat, und zwar unabhängig von der Rechtsform dieses Betriebes; umfasst sind sowohl Eigenbetriebe als auch solche Hilfseinrichtungen, die dem Bau, Betrieb und Verkehr dienen und in einer organisatorischen oder rechtlichen sowie funktionalen Verbindung zum Eisenbahnunternehmen stehen;
(BGBl I 2018/100)

28. am 31. Dezember 2003 bei den Österreichischen Bundesbahnen beschäftigte Dienstnehmer/innen, auch wenn ihre Dienstverhältnisse nach dem 31. Dezember 2003 infolge eines (auch mehrmaligen) Betriebsüberganges auf ein anderes Unternehmen übergehen oder solange sie bei einem der in Art. I des Bundesbahnstrukturgesetzes 2003 genannten Unternehmen oder einer Rechtsnachfolgerin eines dieser Unternehmen oder bei einem Unternehmen, das durch Maßnahmen der Umgründung im Rahmen des bestehenden Gesellschaftsrechts aus einer der Gesellschaften hervorgegangen ist, beschäftigt sind;
(BGBl I 2018/100)

29. Bezieher/innen einer Pension aus einer Pensionsversicherung nach dem ASVG, wenn die Pension von der Versicherungsanstalt öffentlich Bediensteter, Eisenbahnen und Bergbau ausgezahlt wird, sowie für jene Personen, denen von der Versicherungsanstalt öffentlich Bediensteter, Eisenbahnen und Bergbau ein Rehabilitationsgeld zuerkannt wird und für Bezieher/innen einer laufenden Geldleistung aus der zusätzlichen Pensionsversicherung bei einem der im § 479 ASVG genannten Institute;
(BGBl I 2018/100)

30. Bezieher/innen einer Pension aus der Pensionsversicherung der Angestellten, wenn die Versicherungsanstalt öffentlich Bediensteter, Eisenbahnen und Bergbau auf Grund der letzten Beschäftigung vor dem Entstehen des Pensionsanspruches nach Z 25 bis 28, 31 oder 32 für die Krankenversicherung zuständig war oder gewesen wäre, sowie jene Personen, denen auf Grund vorübergehender Berufsunfähigkeit ein Rehabilitationsgeld von der Pensionsversicherungsanstalt zuerkannt wird, wenn die Versicherungsanstalt öffentlich Bediensteter, Eisenbahnen und Bergbau für die Krankenversicherung in der letzten Beschäftigung vor dem Entstehen des Rehabilitationsgeldanspruches zuständig war oder gewesen wäre;
(BGBl I 2018/100)

31. Beschäftigte in knappschaftlichen Betrieben nach § 15 Abs. 2 und 3 ASVG;
(BGBl I 2018/100)

32. Personen, die nach § 15 Abs. 4 ASVG der knappschaftlichen Pensionsversicherung angehören;
(BGBl I 2018/100)

33. Beschäftigte jener Betriebe, für deren Beschäftigte die Betriebskrankenkasse Pengg am 31. Dezember 2001 die Pflichtversicherung in der Krankenversicherung durchgeführt hat;
(BGBl I 2018/100)

34. am 31. Dezember 2003 bei den Österreichischen Bundesbahnen beschäftigte

    a) Dienstnehmer/innen mit Anwartschaft auf Ruhe- und Versorgungsgenuss nach dem Bundesbahn-Pensionsgesetz, BGBl. I Nr. 86/2001,

    b) Dienstnehmer/innen, denen von den Österreichischen Bundesbahnen ein besonderer Kündigungsschutz gewährt wurde, auch wenn ihre Dienstverhältnisse nach dem 31. Dezember 2003 infolge eines (auch mehrmaligen) Betriebsüberganges auf ein anderes Unternehmen übergehen oder solange sie bei einem der in Art. I des Bundesbahnstrukturgesetzes 2003 genannten Unternehmen, einer Rechtsnachfolgerin eines dieser Unternehmen oder einem Unternehmen, das durch Maßnahmen der Umgründung im Rahmen des bestehenden Gesellschaftsrechts aus einer der Gesellschaften hervorgegangen ist, beschäftigt sind, sowie

    c) Personen, die von den Österreichischen Bundesbahnen, einem der in Art. I des Bundesbahnstrukturgesetzes 2003 genannten Unternehmen, einer Rechtsnachfolgerin eines dieser Unternehmen oder einem Unternehmen, das durch Maßnahmen der Umgründung im Rahmen des bestehenden Gesellschaftsrechts aus einer der Gesellschaften hervorgegangen ist, eine Pensionsleistung nach dem Bundesbahn-Pensionsgesetz oder eine gleichartige Pensionsleistung erhalten;
    (BGBl I 2018/100)

35. die am 31. Dezember 2003 bei den Österreichischen Bundesbahnen beschäftigten Sondervertragsangestellten, die im Erkrankungsfall Anspruch auf Weiterzahlung ihrer Dienstbezüge durch mindestens sechs Monate haben und denen aus ihrem Dienstverhältnis die Anwartschaft auf eine Pensionsleistung zusteht, auch wenn ihre Dienstverhältnisse nach dem 31. Dezember 2003 infolge eines (auch mehrmaligen) Betriebsüberganges auf ein anderes Unternehmen übergehen oder solange sie bei einem der in Art. I des Bundesbahnstrukturgesetzes 2003 genannten Unternehmen, einer Rechtsnachfolgerin eines dieser Unternehmen oder einem Unternehmen, das durch Maßnahmen der Umgründung im Rahmen des bestehenden Gesellschaftsrechts

aus einer der Gesellschaften hervorgegangen ist, beschäftigt sind;

(BGBl I 2018/100)

36. Personen, die am 31. Dezember 2003 einen außerordentlichen Versorgungsgenuss von den Österreichischen Bundesbahnen bezogen haben, solange sie von den Österreichischen Bundesbahnen, einem der in Art. I des Bundesbahnstrukturgesetzes 2003 genannten Unternehmen, einer Rechtsnachfolgerin eines dieser Unternehmen oder einem Unternehmen, das durch Maßnahmen der Umgründung im Rahmen des bestehenden Gesellschaftsrechts aus einer der Gesellschaften hervorgegangen ist, einen außerordentlichen Versorgungsgenuss beziehen;

(BGBl I 2018/100)

37. die Bediensteten der WIENER LINIEN GmbH & Co KG sowie die dieser Gesellschaft zur Dienstleistung zugewiesenen, in einem bis 31. Dezember 2000 durch Vertrag begründeten Dienstverhältnis zur Gemeinde Wien stehenden Beschäftigten;

(BGBl I 2018/100)

38. die in einem Lehrverhältnis stehenden Personen (Lehrlinge), sofern sie als Dienstnehmer der Pflichtversicherung nach diesem Bundesgesetz unterliegen würden.

(BGBl I 2018/100)

(2) Die Unfallversicherung erstreckt sich bei Personen

1. nach Abs. 1 Z 1 bis 5, 17, 22, 25 bis 28, 31 bis 33, 34 lit. a und b, 35 und 37 auf ihr Dienstverhältnis zu den dort bezeichneten Dienstgebern,

(BGBl I 2018/100)

2. nach Abs. 1 Z 6, 8 bis 11, 13, 15, 19 und 23 auf die Tätigkeiten, die sie auf Grund der dort bezeichneten Funktionen ausüben,

(BGBl I 2009/83)

3. nach Abs. 1 Z 14 lit. a auf ihre Dienstleistung bei dem dort bezeichneten Betrieb und

4. nach Abs. 1 Z 21 auf ihr Arbeitsverhältnis zur Universität;

(BGBl I 2018/100)

5. nach Abs. 1 Z 38 auf ihr Lehrverhältnis.

(BGBl I 2018/100)

(BGBl I 1999/10, BGBl I 2002/4, BGBl I 2002/144, BGBl I 2003/145)

(3) Durch das Ruhen der in Abs. 1 Z 7, 14 lit. b und 18 angeführten Pensionsleistungen bzw. durch das Ruhen des Übergangsgeldes gemäß Abs. 1 Z 18 lit. b wird die Versicherung in der Krankenversicherung nicht berührt.

(BGBl I 1999/10)

(4) Der Wohnsitz in Grenzorten der benachbarten Staaten ist dem Wohnsitz im Inland gleichzuhalten. Als Grenzort gilt ein im Ausland gelegener Ort, wenn die Ortsgrenze von der österreichischen Staatsgrenze nicht mehr als zehn Kilometer in der Luftlinie entfernt ist.

(4a) Der Wohnsitz eines Ruhegenussempfängers nach § 1 Abs. 1 Z 36 im Ausland ist dem Wohnsitz im Inland gleichzusetzen, wenn er mit einer früheren Verwendung des Versicherten auf Anschlussstrecken oder in Grenzbahnhöfen des Auslandes in Zusammenhang steht; das gleiche gilt auch für Empfänger von Versorgungsgenüssen, Unterhaltsbeiträgen und gleichartigen Leistungen, wenn der Wohnort im Ausland mit einer früheren Verwendung jener Personen, von denen der Versorgungsgenuss, der Unterhaltsbeitrag oder die gleichartige Leistung abgeleitet wird, auf Anschlussstrecken oder Grenzbahnhöfen des Auslandes in Zusammenhang steht.

(BGBl I 2018/100)

(5) § 1 Abs. 1 Z 24 ist nicht auf Personen anzuwenden, deren Pflichtversicherung nach § 7 Abs. 2 Z 2 weiter besteht.

(BGBl I 2016/53)

(6) Den Dienstnehmern im Sinne dieses Bundesgesetzes sind Personen gleichgestellt, die sich auf Grund freier Dienstverträge auf bestimmte oder unbestimmte Zeit zur Erbringung von Dienstleistungen verpflichten, wenn sie aus dieser Tätigkeit ein Entgelt beziehen, die Dienstleistungen im Wesentlichen persönlich erbringen und über keine wesentlichen eigenen Betriebsmittel verfügen; es sei denn,

1. dass sie auf Grund dieser Tätigkeit bereits nach § 2 Abs. 1 Z 1 bis 3 GSVG oder § 2 Abs. 1 BSVG oder nach § 2 Abs. 1 und 2 FSVG versichert sind oder

2. dass es sich bei dieser Tätigkeit um eine (Neben)Tätigkeit nach § 19 Abs. 1 Z 1 lit. f handelt oder

3. dass eine selbständige Tätigkeit, die die Zugehörigkeit zu einer der Kammern der freien Berufe begründet, ausgeübt wird oder

4. dass es sich um eine Tätigkeit als Kunstschaffender, insbesondere als Künstler im Sinne des § 2 Abs. 1 des Künstler-Sozialversicherungsfondsgesetzes, handelt.

(BGBl I 2018/100)

Ausnahmen von der Krankenversicherung

§ 2. (1) Von der Krankenversicherung sind – unbeschadet Abs. 2 – jeweils nur hinsichtlich der, von den folgenden Ausnahmetatbeständen umfassten Tätigkeiten ausgenommen:

1. (aufgehoben)

(BGBl I 2018/100)

2. Personen, denen im Erkrankungsfall Anspruch auf Leistungen zusteht, die den Leistungen der Krankenversicherung nach diesem Bundesgesetz mindestens gleichwertig sind, sofern dieser Anspruch auf einem in § 1 Z 1 bis 23 bezeichneten Dienstverhältnisse, auf einer der dort bezeichneten Funktionen oder auf einem Anspruch auf eine Pensionsleistung

B-KUVG

der in § 1 Abs. 1 Z 7, 12 oder 18 bezeichneten Art beruht. Die Gleichwertigkeit ist als gegeben anzunehmen, wenn die Leistungsansprüche auf einer landesgesetzlichen Regelung über Krankenfürsorge beruhen. Andernfalls entscheidet das Bundesministerium für soziale Verwaltung über die Gleichwertigkeit, wobei die Gesamtansprüche mit Rücksicht auf den besonderen Personenkreis nach Billigkeit zu veranschlagen sind. Die Gleichwertigkeit ist jedenfalls gegeben, wenn die Leistungsansprüche gegenüber einer der im folgenden angeführten Krankenfürsorgeeinrichtungen bestehen:

Krankenfürsorgeanstalt der Bediensteten der Stadt Wien,

Krankenfürsorge der Beamten der Stadtgemeinde Baden,

Krankenfürsorge für die Beamten der Landeshauptstadt Linz,

Krankenfürsorge für oberösterreichische Gemeinden,

Krankenfürsorge für oberösterreichische Landesbeamte,

O.ö. Lehrer-, Kranken- und Unfallfürsorge,

Krankenfürsorgeanstalt für Beamte des Magistrates Steyr,

Krankenfürsorge für die Beamten der Stadt Wels,

Krankenfürsorgeanstalt für die Beamten der Landeshauptstadt Graz,

Krankenfürsorgeanstalt der Beamten der Stadt Villach,

Krankenfürsorgeanstalt der Magistratsbediensteten der Landeshauptstadt Salzburg,

Kranken- und Unfallfürsorge der Tiroler Landeslehrer,

Kranken- und Unfallfürsorge der Tiroler Landesbeamten,

Kranken- und Unfallfürsorge der Tiroler Gemeindebeamten,

Krankenfürsorgeeinrichtung der Beamten der Stadtgemeinde Hallein;

(BGBl 1991/679, BGBl I 2003/145, BGBl I 2004/171, BGBl I 2005/132, BGBl I 2012/123, BGBl I 2018/100)

3. (aufgehoben)

(BGBl 1996/414)

4. die Versicherungsvertreter/innen in den Verwaltungskörpern der Versicherungsanstalt öffentlich Bediensteter, Eisenbahnen und Bergbau;

(BGBl 1996/414, BGBl I 2018/100)

5. die in § 1 Abs. 1 Z 1 bis 5, 8 bis 11, 14 lit. a, 16, 17, 21, 22, 25 bis 28, 31 bis 33, 34 lit. a und b, 35 und 37 bezeichneten Personen, wenn ihre Beitragsgrundlage oder die Summe ihrer Beitragsgrundlagen nach § 19 den im § 5 Abs. 2

ASVG genannten Betrag nicht übersteigen würden;

(BGBl I 1997/139, BGBl I 1998/123, BGBl I 2005/71, BGBl I 2015/79, BGBl I 2018/100)

6. die ehrenamtlich tätigen Bewährungshelfer/innen im Sinne des Bewährungshilfegesetzes sowie die ehrenamtlich tätigen gerichtlichen Erwachsenenvertreter/innen im Sinne des Erwachsenenschutzvereinsgesetz;

(BGBl I 2001/102, BGBl I 2018/59)

7. die Mitglieder der Vollzugskommissionen nach § 18 des Strafvollzugsgesetzes;

8. die im § 1 Abs. 1 bezeichneten Personen, die Zivildienst im Sinne des Zivildienstgesetzes 1986, BGBl. Nr. 679, leisten.

(BGBl 1990/297)

(BGBl I 2004/171)

(2) Die Versicherung der Lehrer des Bundeslandes Wien und der Bezieher einer im Zusammenhang mit einem solchen Dienstverhältnis gewährten Pensionsleistung der in § 1 Abs. 1 Z 7 bezeichneten Art wird durch die Bestimmung des Abs. 1 Z 2 nicht berührt. Ebenso werden durch § 1 Abs. 1 Z 17 lit. b sublit. cc nicht berührt die Lehrer/innen des Bundeslandes Wien nach dem Landesvertragslehrergesetz 1966 einschließlich der Bezieher/innen einer aus dieser Tätigkeit herrührenden Pension oder eines aus dieser Tätigkeit herrührenden Übergangsgeldes.

(BGBl I 2004/171, BGBl I 2005/71)

(3) Kein geringfügiges Beschäftigungsverhältnis nach Abs. 1 Z 5 liegt vor, wenn das im Kalendermonat gebührende Entgelt den in § 5 Abs. 2 ASVG genannten Betrag nur deshalb nicht übersteigt, weil infolge Arbeitsmangels im Betrieb die sonst übliche Zahl von Arbeitsstunden nicht erreicht wird (Kurzarbeit) oder die für mindestens einen Monat oder auf unbestimmte Zeit vereinbarte Beschäftigung im Lauf des betreffenden Kalendermonates begonnen oder geendet hat oder unterbrochen wurde.

(BGBl I 2018/100)

Ausnahmen von der Unfallversicherung

§ 3. Von der Unfallversicherung sind ausgenommen:

1. (aufgehoben)

(BGBl I 2018/100)

2. Personen, denen bei einem Dienstunfall oder einer Berufskrankheit Anspruch auf Leistungen zusteht, die den Leistungen der Unfallversicherung nach diesem Bundesgesetz mindestens gleichwertig sind, sofern dieser Anspruch auf einem der in § 1 bezeichneten Dienstverhältnisse oder auf einer der dort bezeichneten Funktionen beruht. Die Gleichwertigkeit ist als gegeben anzunehmen, wenn die Leistungsansprüche auf einer landesgesetzlichen Regelung über Unfallfürsorge beruhen. Andernfalls entscheidet das Bundesministerium für soziale Verwaltung über die Gleichwertigkeit, wobei die Gesamtansprüche

mit Rücksicht auf den besonderen Personenkreis nach Billigkeit zu veranschlagen sind.

3. Personen, die Anspruch auf eine Pensionsleistung bzw. auf Übergangsgeld der in § 1 Abs. 1 Z 7, 12, 14 lit. b, 18, 29, 30, 33, 34 lit. c und 36 bezeichneten Art haben, sowie die im § 2 Abs. 1 Z 8 bezeichneten Personen;1

(BGBl 1990/297, BGBl I 1999/10, BGBl I 2001/102, BGBl I 2018/100)

4. Personen, die Anspruch auf einen Emeritierungsbezug haben;

(BGBl I 2001/102, BGBl I 2002/4)

5. Personen, die Kinderbetreuungsgeld nach dem Kinderbetreuungsgeldgesetz beziehen;

(BGBl I 2001/102, BGBl I 2001/103, BGBl I 2002/4)

6. Personen, die Familienzeitbonus nach dem Familienzeitbonusgesetz beziehen.

(BGBl I 2016/53)

Einbeziehung im Verordnungsweg

§ 4. Die Dienstnehmer einer gesetzlichen beruflichen Vertretung, der Präsidentenkonferenz der Landwirtschaftskammern Österreichs sowie der Wiener Börsekammer und der Kammer der Börse für landwirtschaftliche Produkte in Wien, auf die die in § 1 Abs. 1 Z 2 lit. a und b genannten Voraussetzungen zutreffen und bei denen nicht ein Ausnahmegrund nach § 2 Abs. 1 Z 2 bzw. § 3 Z 2 gegeben ist, sind auf Antrag des Dienstgebers durch Verordnung des Bundesministers für soziale Verwaltung in die Kranken- bzw.Unfallversicherung nach diesem Bundesgesetz einzubeziehen, wenn der Einbeziehung nicht öffentliche Rücksichten vom Gesichtspunkt der Sozialversicherung entgegenstehen. Im Falle der Einbeziehung der Dienstnehmer einer gesetzlichen beruflichen Vertretung, der Präsidentenkonferenz der Landwirtschaftskammern Österreichs sowie der Wiener Börsekammer und der Kammer der Börse für landwirtschaftliche Produkte in Wien in die Krankenversicherung sind auch diejenigen Personen versichert, die auf Grund eines früheren Dienstverhältnisses von dieser gesetzlichen beruflichen Vertretung (der Präsidentenkonferenz der Landwirtschaftskammern Österreichs, der Wiener Börsekammer bzw. der Kammer der Börse für landwirtschaftliche Produkte in Wien) Ruhe(Versorgungs)bezüge erhalten, sofern sie ihren Wohnsitz im Inland haben.[a)]

[a)] Siehe dazu die VO BGBl 1968/422 und 1975/615 im Anhang.

(BGBl 1990/297, BGBl 1994/505, BGBl 1996/414)

Beginn der Versicherung

§ 5. (1) Die Versicherung beginnt, unabhängig von der Erstattung der Anmeldung,

1. bei den in § 1 Abs. 1 Z 1 bis 4, 17, 22, 25 bis 28, 31 bis 33, 34 lit. a und b, 35 und 37 genannten Versicherten, sofern sich nach Abs. 2 nichts anderes ergibt, mit dem Tag der Aufnahme in das Dienstverhältnis, bei den in § 1 Abs. 1 Z 14 lit. a genannten Versicherten mit dem Tag der Zuweisung zur Dienstleistung bei dem dort bezeichneten Betrieb, bei den in § 1 Abs. 1 Z 21 genannten Versicherten mit dem Tag der Begründung des Arbeitsverhältnisses;

(BGBl I 1999/10, BGBl I 2002/144, BGBl I 2003/145, BGBl I 2018/100)

2. bei den in § 1 Abs. 1 Z 5 genannten Versicherten mit dem Tage des Eintrittes der Unkündbarkeit;

3. bei den in § 1 Abs. 1 Z 7, 12, 14 lit. b, 18, 29, 30, 34 lit. c und 36 genannten Versicherten mit dem Tag des Entstehens des Anspruches auf die dort bezeichneten Pensionsleistungen, auf Übergangsgeld bzw. auf Rehabilitationsgeld;

(BGBl I 1999/10, BGBl I 2018/100)

4. bei den in § 1 Abs. 1 Z 6, 8 bis 11, 13, 15, 16, 19 und 23 genannten Versicherten mit dem Tag der Wirksamkeit der Bestellung;

(BGBl I 1997/64, BGBl I 2001/102, BGBl I 2009/83)

5. bei den nach § 4 durch Verordnung einbezogenen Versicherten mit dem Tag der Aufnahme in das Dienstverhältnis beziehungsweise mit dem Tag des Entstehens des Anspruches auf Ruhe(Versorgungs)-bezug, frühestens mit dem Tag des Wirksamkeitsbeginnes der Verordnung;

(BGBl I 2001/103)

6. bei den im § 1 Abs. 1 Z 20 genannten Pflichtversicherten mit dem Tag, ab dem das Kinderbetreuungsgeld gebührt oder nur deshalb nicht gebührt, weil der Anspruch nach § 6 Abs. 1 Z 1 KBGG ruht;

(BGBl I 2001/103, BGBl I 2002/4)

7. bei den im § 1 Abs. 1 Z 24 genannten Pflichtversicherten mit dem Tag, ab dem der Familienzeitbonus gebührt;

(BGBl I 2016/53, BGBl I 2018/100)

8. bei den in § 1 Abs. 1 Z 38 genannten Versicherten mit dem Tag des Beginnes des Lehrverhältnisses;

(BGBl I 2018/100)

9. bei den in § 1 Abs. 6 genannten Versicherten mit dem Tag des Beginnes der Beschäftigung bzw. im Fall der Erlassung eines Bescheides nach § 410 Abs. 1 Z 8 ASVG mit dem Tag der Erlassung dieses Bescheides.

(BGBl I 2018/100)

(2) Die Aufnahme in ein öffentlich-rechtliches Dienstverhältnis im Anschluß an eine Pflichtversicherung nach dem Allgemeinen Sozialversicherungsgesetz wird hinsichtlich der Kranken- und Unfallversicherung mit dem Tag des Dienstantrittes wirksam.

(3) Nach Wegfall eines Ausnahmegrundes nach den §§ 2 und 3 beziehungsweise nach dem Ende des Urlaubes gegen Einstellung der Bezüge, der die Unterbrechung der Krankenversicherung be-

wirkt (§ 7), beginnt die Versicherung mit dem dem Wegfall des Ausnahme(Unterbrechungs)grundes folgenden Tag. Abweichend davon beginnt die Versicherung nach Wegfall des Ausnahmegrundes nach § 2 Abs. 1 Z 5 mit dem Tag des Wegfalles dieses Ausnahmegrundes.

(BGBl 1996/414, BGBl I 2005/71)

Ende der Versicherung

§ 6. (1) Die Versicherung endet

1. bei den in § 1 Abs. 1 Z 1 bis 5, 17, 22, 25 bis 28, 31 bis 33, 34 lit. a und b, 35 und 37 genannten Versicherten mit dem Tag der Beendigung des die Versicherung begründenden Dienstverhältnisses, bei den in § 1 Abs. 1 Z 14 lit. a genannten Versicherten mit dem Tag der Beendigung der die Versicherung begründenden Dienstleistung, bei den in § 1 Abs. 1 Z 21 genannten Versicherten mit dem Tag der Beendigung des die Versicherung begründenden Arbeitsverhältnisses;
    (BGBl I 1999/10, BGBl I 2002/144, BGBl I 2003/145, BGBl I 2018/100)

2. bei den in § 1 Abs. 1 Z 7, 12, 14 lit. b, 18, 29, 30, 34 lit. c und 36 genannten Versicherten mit dem Ablauf des Kalendermonates, für den letztmalig die dort bezeichneten Pensionsleistungen ausgezahlt werden bzw. das Übergangsgeld bzw. das Rehabilitationsgeld ausgezahlt wird;
    (BGBl I 1999/10, BGBl I 2018/100)

3. bei den in § 1 Abs. 1 Z 6, 8 bis 11, 13, 15, 16, 19 und 23 genannten Versicherten, sofern im Abs. 3 nichts anderes bestimmt wird, mit dem Ende der die Versicherung begründenden Tätigkeit;
    (BGBl I 1997/64, BGBl I 2001/102, BGBl I 2009/83)

4. bei den nach § 4 durch Verordnung einbezogenen Versicherten mit dem Tag der Beendigung des Dienstverhältnisses beziehungsweise mit dem Ablauf des Kalendermonates, für den letztmalig der Ruhe(Versorgungs)bezug ausgezahlt wird;
    (BGBl I 2001/103)

5. bei den im § 1 Abs. 1 Z 20 genannten Pflichtversicherten mit Ablauf des Kalendertages, für den letztmalig Kinderbetreuungsgeld gebührt;
    (BGBl I 2001/103, BGBl I 2002/4, BGBl I 2005/71)

6. bei den in § 1 Abs. 1 Z 24 genannten Pflichtversicherten mit Ablauf des Kalendertages, für den letztmalig der Familienzeitbonus gebührt;
    (BGBl I 2016/53, BGBl I 2018/100)

7. bei den in § 1 Abs. 1 Z 38 genannten Versicherten mit dem Ende des Lehrverhältnisses;
    (BGBl I 2018/100)

8. bei den in § 1 Abs. 6 genannten Versicherten mit dem Ende des Beschäftigungsverhältnisses.
    (BGBl I 2018/100)

(2) Die Unfallversicherung endet bei den in § 1 Abs. 1 Z 1 und 2 genannten Versicherten überdies mit dem Tag des Wirksamwerdens der Versetzung oder des Übertrittes in den Ruhestand.

(3) Bei den in § 1 Abs. 1 Z 8 bis 11 genannten Versicherten bleibt die Versicherung auch nach Beendigung der die Versicherung begründenden Tätigkeit für die Zeit weiterbestehen, für die auf Grund dieser Tätigkeit eine Entschädigung weiter gewährt wird. Bei den in § 1 Abs. 1 Z 8 und 9 genannten Versicherten bleibt die Versicherung auch nach der Beendigung der die Versicherung begründenden Tätigkeit bis zum Ende des betreffenden Monats dann weiterbestehen, wenn ihnen oder ihren Hinterbliebenen ab Beginn des folgenden Monats auf Grund dieser Tätigkeit Ruhe- oder Versorgungsbezüge gebühren.

(BGBl 1990/731)

(4) Abweichend von Abs. 1 Z 1 endet die Versicherung bei den in § 1 Abs. 1 Z 17 genannten Versicherten erst mit dem Ende des Entgeltanspruches, wenn der Zeitpunkt, in dem der Anspruch auf Entgelt endet, nicht mit dem Zeitpunkt des Endes des Dienstverhältnisses zusammenfällt.

(BGBl I 1999/174)

(5) Bei Eintritt des Ausnahmegrundes nach § 2 Abs. 1 Z 5 endet die Krankenversicherung mit Ablauf des Kalendermonates, in dem dieser Ausnahmegrund eingetreten ist. Tritt der Ausnahmegrund am ersten eines Kalendermonates ein, endet die Krankenversicherung mit Ablauf des vorhergehenden Kalendermonates.

(BGBl I 2005/71)

Unterbrechung der Versicherung

§ 7. (1) Die Versicherung wird für die Zeit eines Urlaubes gegen Einstellung der Bezüge (Karenzurlaub) unterbrochen.

(2) Die Unterbrechung der Krankenversicherung tritt nicht ein,

1. sofern der Urlaub die Dauer eines Monates nicht überschreitet;

2. während einer Karenz nach dem Mutterschutzgesetz 1979 (MSchG), BGBl. Nr. 221, oder dem Väter-Karenzgesetz (VKG), BGBl. Nr. 651/1989, längstens bis zur Vollendung des zweiten Lebensjahres des Kindes sowie während der Dauer eines aufgeschobenen Karenzurlaubes nach § 15b MSchG oder § 4 VKG oder einer gleichartigen landesgesetzlichen Regelung oder eines Frühkarenzurlaubes, soweit keine Pflichtversicherung aufgrund eines Kinderbetreuungsgeldbezuges besteht;
    (BGBl 1996/764, BGBl I 1999/10, BGBl I 1999/174, BGBl I 2001/102, BGBl I 2010/111, BGBl I 2015/162)

3. wenn der Versicherte die Aufrechterhaltung der Krankenversicherung innerhalb von sechs Wochen ab dem Zeitpunkt beantragt, ab dem sonst die Unterbrechung eintreten würde.

(3) Eine Unterbrechung der Unfallversicherung tritt nicht ein für den Zeitraum, in dem Versicherte während einer Karenz nach dem MSchG, nach dem VKG, nach gleichartigen landesgesetzlichen Regelungen oder während eines Frühkarenzurlaubes für Väter an beruflichen Aus- und Fortbildungsveranstaltungen teilnehmen, soweit dieser Besuch geeignet ist, das berufliche Fortkommen der/des Versicherten zu fördern.

(BGBl I 2002/144, BGBl I 2010/111)

(BGBl 1996/414)

Selbstversicherung bei geringfügiger Beschäftigung

§ 7a. (1) Personen, die nach § 2 Abs. 1 Z 5 von der Krankenversicherung nach diesem Bundesgesetz ausgenommen und auch sonst weder in der Krankenversicherung noch in der Pensionsversicherung nach diesem oder einem anderen Bundesgesetz pflichtversichert sind, können sich, solange sie ihren Wohnsitz im Inland haben, auf Antrag selbstversichern. Die Pensionsversicherung nach § 8 Abs. 1 Z 2 lit. g ASVG, nach § 3 Abs. 3 Z 4 GSVG und nach § 4a Z 4 BSVG gilt nicht als Pflichtversicherung im Sinne des ersten Satzes. Ausgeschlossen von dieser Selbstversicherung sind jedoch die im § 56 Abs. 9 und 10 genannten Personen sowie Personen, die einen bescheidmäßig zuerkannten Anspruch auf eine laufende Leistung aus einer eigenen gesetzlichen Pensionsversicherung haben.

(BGBl I 2007/32)

(2) Die Selbstversicherung erstreckt sich

1. für die in § 1 Abs. 1 Z 5, 17, 21, 22, 25 bis 28, 31 bis 33 und 37 genannten Personen auf die Krankenversicherung nach diesem Bundesgesetz und auf die Pensionsversicherung nach den für die Pensionsversicherung von Selbstversicherten nach § 19a ASVG geltenden Bestimmungen;

(BGBl I 2018/100)

2. für alle nicht in Z 1 genannten Personen auf die Krankenversicherung nach diesem Bundesgesetz.

(3) Die Selbstversicherung in der Krankenversicherung hat die gleichen Rechtswirkungen wie eine Pflichtversicherung, soweit im Folgenden nichts anderes bestimmt ist.

(4) Die Selbstversicherung beginnt

1. bei der erstmaligen Inanspruchnahme mit dem Tag des Beginnes der geringfügigen Beschäftigung, wenn der Antrag binnen sechs Wochen nach diesem Zeitpunkt gestellt wird;

2. sonst mit dem der Antragstellung folgenden Tag, im Falle der Beendigung der Selbstversicherung nach Abs. 5 Z 2 oder 3 beginnt die Selbstversicherung frühestens nach Ablauf von drei Kalendermonaten nach dieser Beendigung.

(5) Die Selbstversicherung endet

1. mit dem Wegfall der Voraussetzungen;

2. mit dem Tag des Austrittes;

3. wenn der fällige Beitrag nicht binnen zwei Monaten nach Ablauf des Monates, für den er gelten soll, gezahlt worden ist, mit dem Ende des Monates, für den zuletzt ein Beitrag entrichtet worden ist.

(BGBl I 2005/71, BGBl I 2018/100)

Weiterversicherung in der Krankenversicherung

§ 7b. (1) Personen, die aus der Pflichtversicherung nach diesem Bundesgesetz ausscheiden, können sich, solange sie ihren Wohnsitz im Inland haben und nicht nach diesem oder einem anderen Bundesgesetz in der Krankenversicherung pflichtversichert sind, weiterversichern, wenn sie in den vorangegangenen zwölf Monaten mindestens 26 Wochen oder unmittelbar vorher mindestens sechs Wochen nach diesem oder einem anderen Bundesgesetz krankenversichert waren. Die Frist von zwölf Monaten verlängert sich um Zeiten, während deren der/die Versicherte

a) auf Rechnung eines Versicherungsträgers Anstaltspflege erhält oder auf Rechnung eines Versicherungsträgers in einem Kurheim oder in einer Sonderkrankenanstalt untergebracht ist,

b) Anspruch auf Pflegegebührenersatz einem Versicherungsträger gegenüber hat,

c) Präsenz- oder Ausbildungsdienst auf Grund des Wehrgesetzes 2001, BGBl. I Nr. 146, leistet, sofern infolge dieser Zeiten schon Pflichtversicherung in der Krankenversicherung nach diesem Bundesgesetz besteht.

(2) Die Versicherungsanstalt hat dem/der ausgeschiedenen Versicherten eine Verständigung über das Erlöschen der Pflichtversicherung und über die Voraussetzungen zur Weiterversicherung zuzustellen. Das Recht auf Weiterversicherung ist innerhalb von sechs Monaten ab dem Tag der Zustellung dieser Verständigung bei der Versicherungsanstalt geltend zu machen. Fällt das Ausscheiden aus der Pflichtversicherung in eine der im Abs. 1 lit. a bis c genannten Zeiten, so beginnt diese Frist unabhängig von der etwa bereits erfolgten Zustellung der Verständigung erst mit dem Ende der in Betracht kommenden Zeit zu laufen.

(3) Die Krankenversicherung kann ferner, wenn sie die im Abs. 1 bezeichnete Mindestdauer erreicht hat, fortgesetzt werden

1. nach dem Tode des Versicherten

a) vom/von der überlebenden Ehegatten/Ehegattin oder vom/von der eingetragenen Partner/Partnerin oder

b) von einer überlebenden, nach § 56 als Familienangehörige geltenden Person;

B-KUVG

2. nach Nichtigerklärung, Aufhebung, Scheidung der Ehe und Nichtigerklärung oder Auflösung der eingetragenen Partnerschaft vom/von der früheren Ehegatten/Ehegattin oder früheren eingetragenen Partner/Partnerin,

solange die zur Weiterversicherung berechtigte Person ihren Wohnsitz im Inland hat und nicht nach diesem oder einem anderen Bundesgesetz in der Krankenversicherung pflichtversichert ist. Die Antragsfrist von sechs Monaten beginnt mit dem auf den Tag des Todes oder auf den Tag des Ausscheidens aus der Pflichtversicherung oder auf den Tag der Rechtskraft der gerichtlichen Entscheidung über die Nichtigerklärung, Aufhebung oder Scheidung der Ehe oder die Nichtigerklärung oder Auflösung der eingetragenen Partnerschaft folgenden Tag.

(4) Die Weiterversicherung schließt zeitlich unmittelbar an das Ende der vorangegangenen Krankenversicherung, in den Fällen des Abs. 1 lit. a bis c an das Ende der jeweils in Betracht kommenden Zeit an. In den Fällen des Abs. 3 Z 1 und 2 beginnt die Weiterversicherung mit dem Beginn der Antragsfrist.

(5) Personen, die gemäß Abs. 1 oder 3 zur Weiterversicherung berechtigt waren, können dieses Recht, wenn sie binnen sechs Monaten nach dem Ausscheiden aus der Pflichtversicherung die Zuerkennung einer Pension (Übergangspension) beantragt haben, auch noch innerhalb von sechs Monaten nach Ablehnung einer Bescheinigung gemäß § 10 Abs. 7 ASVG geltend machen. Die Weiterversicherung beginnt in diesem Fall mit dem auf den Tag der Zustellung des Bescheides über die Ablehnung der Bescheinigung gemäß § 10 Abs. 7 ASVG folgenden Tag.

(6) Die Weiterversicherung endet, außer mit dem Wegfall der Voraussetzungen,

1. mit dem Ende des Kalendermonates, in dem der/die Versicherte seinen/ihren Austritt erklärt hat;

2. wenn die Beiträge für zwei Kalendermonate ganz oder teilweise rückständig sind, mit dem Ende des zweiten Kalendermonates, frühestens jedoch mit dem Ablauf des ersten vollen Kalendermonates, nach dem der Antrag auf Weiterversicherung gestellt wurde.

(BGBl I 2018/100)

Formalversicherung

§ 8. (1) Hat die Versicherungsanstalt bei einer nicht der Versicherung nach diesem oder einem anderen Bundesgesetz unterliegenden Person auf Grund der bei ihr vorbehaltlos erstatteten, nicht vorsätzlich unrichtigen Anmeldung den Bestand der Versicherung als gegeben angesehen und für den vermeintlich Versicherten sechs Monate ununterbrochen die Beiträge unbeanstandet angenommen, so besteht ab dem Zeitpunkt, für den erstmals die Beiträge entrichtet worden sind, eine Formalversicherung.

(BGBl 1990/297)

(2) Die Formalversicherung endet, wenn nicht eine frühere Beendigung gemäß § 6 eintritt, mit dem Tage der Zustellung des Bescheides der Versicherungsanstalt über das Ausscheiden aus der Versicherung.

(3) Die Formalversicherung hat die gleichen Rechtswirkungen wie eine zu Recht bestehende Versicherung.

(4) Hat eine nach § 2 Abs. 1 Z 5 von der Krankenversicherung ausgenommene Person dem Versicherungsträger glaubhaft mitgeteilt, dass die Summe ihrer Beitragsgrundlagen nach § 19 aus mehreren versicherungspflichtigen Tätigkeiten nach diesem Bundesgesetz den im § 5 Abs. 2 ASVG angeführten Betrag im monatlichen Durchschnitt voraussichtlich übersteigen wird, so besteht ab dem Zeitpunkt, für den erstmals die Beiträge entrichtet worden sind, eine Formalversicherung. Die Abs. 2 und 3 sind anzuwenden

(BGBl I 2005/71, BGBl I 2015/79)

(5) Abs. 1 gilt entsprechend für den Antrag eines vermeintlich Versicherungsberechtigten auf Selbstversicherung. Die Abs. 2 und 3 sind mit der Maßgabe anzuwenden, dass die Formalversicherung auch dann endet, wenn die Person ihre Mitteilung widerruft.

(BGBl I 2005/71)

ABSCHNITT II
Versicherungsträger

Versicherungsanstalt öffentlich Bediensteter, Eisenbahnen und Bergbau (BVAEB)

§ 9. (1) Träger der Kranken- und Unfallversicherung nach diesem Bundesgesetz für das gesamte Bundesgebiet ist die Versicherungsanstalt öffentlich Bediensteter, Eisenbahnen und Bergbau mit dem Sitz in Wien.

(BGBl I 2018/100)

(2) Die Versicherungsanstalt öffentlich Bediensteter, Eisenbahnen und Bergbau gehört dem Dachverband der Sozialversicherungsträger an.

(3) Zur Erfüllung ihrer Aufgaben ist die Versicherungsanstalt berechtigt, nach den hiefür geltenden gesetzlichen Bestimmungen

1. Krankenanstalten, Heil- und Kuranstalten, sonstige Einrichtungen der Krankenbehandlung sowie Unfallkrankenhäuser, Unfallstationen, Sonderkrankenanstalten zur Untersuchung und Behandlung von Berufskrankheiten, Krankenanstalten, die vorwiegend der Rehabilitation dienen und Einrichtungen für berufliche Rehabilitation,

2. Einrichtungen zur Feststellung des Gesundheitszustandes und

3. arbeitsmedizinische Untersuchungs-, Behandlungs- und Forschungsstellen sowie arbeitsmedizinische Zentren im Sinne des ArbeitnehmerInnenschutzgesetzes (ASchG), BGBl. Nr. 450/1994,

zu errichten, zu erwerben und zu betreiben oder sich an solchen Einrichtungen zu beteiligen bzw. solche Einrichtungen zu fördern.

(BGBl I 2018/100)

Rechtliche Stellung der Versicherungsanstalt

§ 10. (1) Die Versicherungsanstalt öffentlich Bediensteter, Eisenbahnen und Bergbau ist eine Körperschaft des öffentlichen Rechtes und hat Rechtspersönlichkeit. Sie ist berechtigt, das Wappen der Republik Österreich in Siegeln, Drucksorten und Aufschriften zu führen.

(BGBl I 2018/100)

(2) Der allgemeine Gerichtsstand der Versicherungsanstalt ist das sachlich und örtlich zuständige Gericht ihres Sitzes.

ABSCHNITT III
Meldungen und Auskunftspflicht

An- und Abmeldung durch die Dienstgeber

§ 11. (1) Die Dienstgeber (§ 13) haben jeden von ihnen beschäftigten, in der Kranken- oder Unfallversicherten vor Arbeitsantritt bei der Versicherungsanstalt anzumelden und binnen sieben Tagen nach dem Ende der Pflichtversicherung bei dieser abzumelden.

(2) Die Dienstgeber der nach § 1 Abs. 1 Z 25 bis 37 Versicherten haben die Anmeldeverpflichtung so zu erfüllen, dass sie in zwei Schritten melden, und zwar

1. vor Arbeitsantritt die Beitragskontonummer, die Namen und Versicherungsnummern bzw. die Geburtsdaten der beschäftigten Personen, den Tag der Beschäftigungsaufnahme sowie das Vorliegen einer Voll- oder Teilversicherung und

2. die noch fehlenden Angaben mit der monatlichen Beitragsgrundlagenmeldung für jenen Beitragszeitraum, in dem die Beschäftigung aufgenommen wurde.

(3) Erfolgt die Anmeldung nach Abs. 2 Z 1 nicht mittels elektronischer Datenfernübertragung, so ist die elektronische Übermittlung (§ 15a Abs. 1) innerhalb von sieben Tagen ab dem Beginn der Pflichtversicherung nachzuholen.

(4) Für Personen, die in unregelmäßiger Folge tageweise beim selben Dienstgeber beschäftigt werden und deren Beschäftigung kürzer als eine Woche vereinbart ist (fallweise beschäftigte Personen), kann die Versicherungsanstalt in der Satzung bestimmen, dass die Frist für die Anmeldung sowie die Abmeldung hinsichtlich der innerhalb des Kalendermonates liegenden Beschäftigungstage spätestens mit dem Ersten des nächstfolgenden Kalendermonates beginnt, wenn dies der Verwaltungsvereinfachung dient.

(5) Für Lehrlinge (§ 1 Abs. 1 Z 38) und Dienstnehmer nach § 1 Abs. 6 richtet sich die An- und Abmeldung nach den für die Dienstnehmer des Dienstgebers geltenden Bestimmungen.

(BGBl 1967/200, BGBl I 2018/100)

Meldung von Änderungen

§ 12. (1) Die Dienstgeber (§ 13) haben während des Bestandes der Pflichtversicherung jede bedeutsame Änderung im Beschäftigungsverhältnis, die nicht von der Meldung nach Abs. 2 umfasst ist, innerhalb von sieben Tagen der Versicherungsanstalt zu melden. Jedenfalls zu melden ist der Wechsel des Abfertigungssystems nach § 47 BMSVG oder nach vergleichbaren österreichischen Rechtsvorschriften.

(2) Die Dienstgeber haben vor der Einzahlung der Beiträge die monatlichen Beitragsgrundlagen und Beiträge für jede versicherte Person zu melden. Die Frist für die Vorlage der monatlichen Beitragsgrundlagenmeldung endet mit dem letzten Tag der Einzahlungsfrist.

(3) Die Dienstgeber haben die Adresse der Arbeitsstätte am 31. Dezember oder am letzten Beschäftigungstag des Jahres zu melden. Die Meldung hat mittels elektronischer Datenfernübertragung bis Ende Februar des folgenden Kalenderjahres zu erfolgen.

(4) Abweichend von Abs. 1 bis 3 ist für die Dienstgeber der nach § 1 Abs. 1 Z 25 bis 37 Versicherten § 34 ASVG sinngemäß anzuwenden. Dies gilt entsprechend für bei diesen Dienstgebern beschäftigte Lehrlinge und Dienstnehmer nach § 1 Abs. 6.

(BGBl I 2018/100)
(BGBl I 2009/84, BGBl I 2015/79)

Meldungen zum Aufbau einer Evidenz der Arbeiterkammerzugehörigen

§ 12a. Die zum Zweck der Ermittlung und Erfassung der zur Durchführung einer Befragung der Kammerzugehörigen im Jahr 1996 notwendigen personenbezogenen Daten (§ 45a des Arbeiterkammergesetzes 1992) sind von den Dienstgebern der Versicherungsanstalt innerhalb der im § 11 genannten Fristen zu melden.

(BGBl 1995/832)

Dienstgeber

§ 13. (1) Als Dienstgeber im Sinne dieses Bundesgesetzes gilt

1. bei den in § 1 Abs. 1 Z 1 und 17 genannten Versicherten die Körperschaft, die den Bediensteten angestellt hat;

    (BGBl I 1999/10)

2. bei den in § 1 Abs. 1 Z 2, 4, 5 und 22 genannten Versicherten die Einrichtung, die mit dem Versicherten den Dienstvertrag abgeschlossen hat, bei den in § 1 Abs. 1 Z 14 lit. a genannten Versicherten die Österreichische Salinen Aktiengesellschaft;

    (BGBl I 2003/145)

2a. bei den in § 1 Abs. 1 Z 25 bis 28, 31 bis 33, 34 lit. a und b, 35, 37 und 38 sowie in § 1 Abs. 6 genannten Versicherten derjenige, für dessen Rechnung der Betrieb geführt wird, in dem der Dienstnehmer (Lehrling) in einem Beschäftigungsverhältnis (Lehrverhältnis) steht, auch wenn der Dienstgeber den Dienstnehmer (Lehrling) durch Mittelspersonen in Dienst genommen hat oder ihn ganz oder teilweise auf Leistungen Dritter an Stelle des Entgeltes verweist;1

(BGBl I 2018/100)

3. bei den in § 1 Abs. 1 Z 3 genannten Versicherten der Bund;

4. bei den in § 1 Abs. 1 Z 7, 12, 14 lit. b, 34 lit. c und 36 genannten Versicherten die Körperschaft beziehungsweise die Einrichtung, die die dort bezeichneten Pensionsleistungen gewährt;

(BGBl I 2018/100)

5. bei den nach § 4 durch Verordnung einbezogenen Versicherten die Einrichtung, die mit dem Versicherten den Dienstvertrag abgeschlossen hat, beziehungsweise die Einrichtung, die den Ruhe(Versorgungs)-bezug gewährt, soweit es sich jedoch um einen Pensionsbestandteil gemäß § 19 Abs. 2 Z 2 handelt, der Versicherungsträger, der die Pension auszahlt;

(BGBl I 1999/174)

6. bei den im § 1 Abs. 1 Z 18, 29 und 30 genannten Versicherten der die jeweilige Pension auszahlende Versicherungsträger;

(BGBl I 1999/10, BGBl I 2001/102, BGBl I 2018/100)

7. bei den in § 1 Abs. 1 Z 19 und 21 genannten Versicherten die Universität (Universität der Künste) der der (die) Versicherte angehört;

(BGBl I 2001/102, BGBl I 2002/144)

(2) Die Erfüllung der Pflichten des Dienstgebers obliegt

1. bezüglich der in § 1 Abs. 1 Z 8, 9, 10 lit. a, 11, 15 und 16 genannten Versicherten dem Bund bzw. dem Land, dessen Landtag, Landesregierung oder Landes-(Stadt-)Schulrat der Versicherte angehört;

2. bezüglich der in § 1 Abs. 1 Z 10 lit. b genannten Versicherten der Gemeinde, deren Gemeindevertretung der Versicherte angehört bzw. in der er als Ortsvorsteher (Ortsvertreter) tätig ist;

3. bezüglich der in § 1 Abs. 1 Z 13 genannten Versicherten der in Betracht kommenden Dienststelle für Bewährungshilfe bzw. der in Betracht kommenden privaten Vereinigung, der die Führung der Bewährungshilfe übertragen ist bzw. die den/die ehrenamtlich tätige/n gerichtlichen Erwachsenenvertreter/in namhaft gemacht hat;

(BGBl I 2009/83, BGBl I 2018/59)

4. bezüglich der in § 1 Abs. 1 Z 23 genannten Versicherten dem Bundesministerium für Unterricht, Kunst und Kultur.

(BGBl I 2009/83)

(BGBl I 1997/64, BGBl I 2001/102)

(3) Abweichend von Abs. 1 hat die dem Dienstgeber obliegenden Pflichten bezüglich der im § 19 Abs. 1 Z 1 lit. g und § 26 Abs. 1 Z 1 lit. e genannten Zuschläge die jeweilige ausgegliederte Einrichtung zu erfüllen.

(BGBl I 1999/174)

Meldung über die Bezieher/innen von Pensionsleistungen und ausländischen Renten

§ 14. (1) Die Dienstgeber (§ 13) haben die für den Beginn und das Ende der Krankenversicherung gemäß § 1 Abs. 1 Z 7, 12, 14 lit. b, 18, 29, 30, 34 lit. c und 36 maßgebenden Umstände sowie jede für diese Versicherung bedeutsame Änderung unverzüglich der Versicherungsanstalt bekanntzugeben.

(BGBl I 2010/102, BGBl I 2018/100)

(2) Die Dienstgeber/innen (§ 13) haben die für die Beiträge in der Krankenversicherung von ausländischen Renten (§ 22b) maßgebenden Umstände sowie jede bedeutsame Änderung unverzüglich der Versicherungsanstalt bekanntzugeben.

(BGBl I 2010/102)

(BGBl I 1999/10, BGBl I 2003/145, BGBl I 2010/102)

Meldung der Leistungsempfänger

§ 15. Die Leistungsempfänger sind verpflichtet, jede Änderung in den für den Fortbestand ihrer Bezugsberechtigung maßgebenden Verhältnissen sowie jede Änderung ihres Wohnsitzes binnen zwei Wochen der Versicherungsanstalt zu melden.

Form der Meldungen

§ 15a. (1) Die Meldungen nach den §§ 11 und 12 sind mittels elektronischer Datenfernübertragung zu erstatten. Sie gelten dann als ordnungsgemäß erstattet, wenn sie alle wesentlichen Angaben enthalten, die für die Durchführung der Versicherung notwendig sind.

(BGBl I 2015/79)

(2) Das Einlangen der Meldungen ist mittels elektronischer Datenfernübertragung zu bestätigen.

(3) Meldungen dürfen nur dann außerhalb elektronischer Datenfernübertragung ordnungsgemäß erstattet werden, wenn die Meldung nachweisbar durch unverschuldeten Ausfall eines wesentlichen Teiles der Datenfernübertragungseinrichtung technisch ausgeschlossen war.

(BGBl I 2009/84)

Auskünfte zwischen der Versicherungsanstalt und den meldepflichtigen Stellen

§ 16. Die Dienstgeber (§ 13) haben der Versicherungsanstalt über alle für das Versicherungsverhältnis maßgebenden Umstände auf Anfrage längstens binnen zwei Wochen wahrheitsgemäß Auskunft zu erteilen und den gehörig ausgewiesenen Bediensteten der Versicherungsanstalt während der Dienstzeit Einsicht in alle Bücher und Belege sowie sonstige Aufzeichnungen zu gewähren, die für das Versicherungsverhältnis von Bedeutung sind. Die Versicherungsanstalt ist ermächtigt, den Dienstgebern alle Informationen über die bei ihnen beschäftigten oder beschäftigt gewesenen Dienstnehmer zu erteilen, soweit die Dienstgeber diese Information für die Erfüllung der Verpflichtungen benötigen, die ihnen in sozialversicherungs- und arbeitsrechtlicher Hinsicht aus dem Beschäftigungsverhältnis der bei ihnen beschäftigten oder beschäftigt gewesenen Dienstnehmer erwachsen.

Auskunftspflicht der Versicherten und der Zahlungs(Leistungs)empfänger

§ 17. (1) Die Versicherten sowie die Zahlungs(Leistungs)empfänger/innen sind verpflichtet, der Versicherungsanstalt über alle für das Versicherungsverhältnis, für die Beitragspflicht und für die Prüfung oder Durchsetzung von Ansprüchen nach den §§ 125 ff. maßgebenden Umstände längstens binnen 14 Tagen wahrheitsgemäß Auskunft zu erteilen.

(BGBl I 2000/142, BGBl I 2010/102)

(2) Die Versicherten sind verpflichtet, der Versicherungsanstalt über alle für die Einhebung des Zusatzbeitrages für Angehörige (§ 56) maßgebenden Umstände Auskunft zu erteilen.

(BGBl I 2000/142)

(3) Die nach § 7a Selbstversicherten haben der Versicherungsanstalt alle für die Versicherung bedeutsamen Änderungen binnen einer Woche zu melden. Diese Meldungen wirken auch für den Bereich der Pensionsversicherung.

(BGBl I 2005/71)

(4) Die nach § 7b Weiterversicherten haben der Versicherungsanstalt alle für die Versicherung bedeutsamen Änderungen binnen einer Woche zu melden.

(BGBl I 2018/100)
(BGBl 1996/414, BGBl I 2000/142)

ABSCHNITT IV
Aufbringung der Mittel

1. UNTERABSCHNITT
Mittel der Krankenversicherung

Beitragspflicht

§ 18. Die Mittel zur Bestreitung der Aufwendungen in der Krankenversicherung nach diesem Bundesgesetz werden, soweit sie nicht durch sonstige Einnahmen gedeckt sind, durch Beiträge der Dienstgeber und der Dienstnehmer aufgebracht.

Beitragsgrundlage

§ 19. (1) Grundlage für die Bemessung der allgemeinen Beiträge ist

1. für die in § 1 Abs. 1 Z 1 bis 5 und 14 lit. a genannten Versicherten
   a) das Gehalt oder der sonstige monatliche Bezug,
   b) die Haushaltszulage sowie Kinderzulage und Kinderzuschuss,
      (BGBl 1996/414, BGBl I 2012/123)
   c) die ruhegenußfähigen (pensionsfähigen) Zulagen,
   d) die Zulagen, die Anspruch auf eine Zulage zum Ruhegenuß (zur Pension) begründen, ausgenommen die anspruchsbegründenden Nebengebühren im Sinne des Pensionsgesetzes 1965,
      (BGBl I 2010/61)
   e) allfällige Teuerungszulagen,
   f) Vergütungen auf Grund einer Nebentätigkeit nach § 25 des Gehaltsgesetzes 1956 oder einer vergleichbaren landesgesetzlichen Regelung und Vergütungen für andere Tätigkeiten, zu denen der Versicherte durch den Dienstgeber oder dessen Beauftragten herangezogen wurde,
      (BGBl 1996/764)
   g) finanzielle Zuwendungen, die eine (ausgegliederte) Einrichtung ihr zur Dienstleistung zugewiesenen Bundes-(Landes-, Gemeinde-)Bediensteten gewährt;
      (BGBl I 1999/174, BGBl I 2002/4)
2. für die in § 1 Abs. 1 Z 7, 14 lit. b, 34 lit. c und 36 genannten Versicherten die dort bezeichneten Pensionsleistungen, ausgenommen die Nebengebührenzulage im Sinne des Pensionsgesetzes 1965;
   (BGBl 1993/110, BGBl I 2010/61, BGBl I 2018/100)
3. für die in § 1 Abs. 1 Z 8 bis 11 und 16 genannten Versicherten der auf den Kalendermonat entfallende Teil der Entschädigung, die auf Grund der in Betracht kommenden gesetzlichen Vorschrift gebührt; außer Betracht bleiben Beiträge, die der Dienstgeber für die Versicherten im Sinne des § 15 Bundesbezügegesetz, BGBl. I Nr. 64/1997, oder gleichartiger landesgesetzlicher Regelungen an eine Pensionskasse leistet, soweit sie nach § 26 Z 7 Einkommensteuergesetz 1988 nicht der Einkommen(Lohn)steuerpflicht unterliegen;
   (BGBl I 1997/64, BGBl I 2004/171)
4. für die in § 1 Abs. 1 Z 12 genannten Versicherten die dort bezeichneten Leistungen;
   (BGBl I 1994/23)
5. für die im § 1 Abs. 1 Z 17 genannten Versicherten das Entgelt im Sinne des § 49 ASVG sowie Vergütungen für sonstige Tätigkeiten, zu denen der Versicherte durch den Dienstgeber oder dessen Beauftragten herangezogen wurde;
   (BGBl I 1999/10, BGBl I 2001/102)
6. für die im § 1 Abs. 1 Z 19 genannten Versicherten der Ausbildungsbeitrag nach § 6f des Bundesgesetzes über die Abgeltung von wissenschaftlichen und künstlerischen Tätigkeiten an Universitäten und Universitäten der Künste einschließlich einer gesonderten Abgeltung für die Mitwirkung an der Durchführung der Aufgaben der Universität

B-KUVG

(Universität der Künste) im Rahmen der Teil-rechtsfähigkeit;

(BGBl I 2001/102, BGBl I 2002/144)

7. für die in § 1 Abs. 1 Z 21, 22, 25 bis 28, 31 bis 33, 34 lit. a und b, 35, 37 und 38 sowie § 1 Abs. 6 genannten Versicherten das Entgelt im Sinne des § 49 ASVG;

(BGBl I 2002/144, BGBl I 2003/145, BGBl I 2009/83, BGBl I 2018/100)

8. für die in § 1 Abs. 1 Z 23 genannten Versicherten der Beitrag nach § 3a Abs. 5 des Lehrbeauftragtengesetzes.

(BGBl I 2009/83)

(2) Für die nach § 4 durch Verordnung einbezogenen Versicherten gelten, soweit es sich um Dienstnehmer handelt, die Bestimmungen des Abs. 1 Z 1 entsprechend. Soweit es sich um Empfänger von Pensionsleistungen handelt, ist für die Bemessung der Beiträge

1. Abs. 1 Z 2 sinngemäß anzuwenden, wobei Bestandteile der Pensionsleistung gemäß Z 2 außer Betracht bleiben;

2. § 73 ASVG auf die Pension nach dem ASVG anzuwenden, die einen Bestandteil des von einer im § 4 zweiter Satz genannten Einrichtung gewährten Ruhe(Versorgungs)bezuges bildet.

(BGBl I 1999/174)

(3) Für Versicherte, deren Gehalt nicht in Monatsbeträgen festgesetzt ist, gilt als Beitragsgrundlage ein Zwölftel des Jahresbezuges.

(4) Grundlage für die Bemessung der Beiträge bildet in den Fällen des § 7 Abs. 2 Z 1 bis 3 die letzte unmittelbar vor der Beurlaubung bestandene Beitragsgrundlage, wobei sich diese jeweils um den auf eine Dezimalstelle gerundeten Hundertsatz erhöht, um den sich der Referenzbetrag gemäß § 3 Abs. 4 des Gehaltsgesetzes 1956 ändert.

(BGBl 1996/414, BGBl I 2010/111, BGBl I 2015/162)

(5) Grundlage für die Bemessung der Beiträge bei Kürzung, teilweisem oder gänzlichem Entfall der Bezüge sowie teilweisem oder gänzlichem Verzicht auf die Bezüge bildet die letzte vor der Herabsetzung der Bezüge bestandene Beitragsgrundlage im Sinne des Abs. 1.

(BGBl 1994/23, BGBl 1996/414)

(6) Die allgemeine Beitragsgrundlage, die im Durchschnitt des Beitragszeitraumes oder des Teiles des Beitragszeitraumes, in dem Beitragspflicht bestanden hat, auf den Kalendertag entfällt, darf die Höchstbeitragsgrundlage nicht überschreiten. Als Höchstbeitragsgrundlage gilt der gemäß § 108 Abs. 1 und 3 ASVG festgestellte Betrag. Beitragszeitraum ist der Kalendermonat, der einheitlich mit 30 Tagen anzunehmen ist.

(BGBl 1996/414, BGBl I 1998/142, BGBl I 2005/71, BGBl I 2015/162, BGBl I 2018/100)

(7) Ist ein Versicherter in der Krankenversicherung nach diesem Bundesgesetz mehrfach versichert, so ist für die Bemessung der allgemeinen Beiträge jede der jeweils nach den Abs. 1 bis 5 in Frage kommenden Beitragsgrundlagen gesondert und bis zur Höchstbeitragsgrundlage zu berücksichtigen.

(BGBl 1996/414, BGBl I 2000/2, BGBl I 2005/71)

(8) Monatliche Beitragsgrundlage für die in der Krankenversicherung nach § 7a Selbstversicherten ist der Betrag gemäß § 5 Abs. 2 ASVG.

(BGBl I 2000/2, BGBl I 2005/71, BGBl I 2015/79)

Allgemeine monatliche Beitragsgrundlage für eine geringfügige Tätigkeit

§ 19a. (1) Übt ein Versicherter/eine Versicherte in einem Kalenderjahr auch eine nach § 2 Abs. 1 Z 5 geringfügige Tätigkeit aus, so ist für diese eine Jahresbeitragsgrundlage zu bilden. Jahresbeitragsgrundlage ist das im jeweiligen Kalenderjahr der geringfügigen Tätigkeit gebührende Gesamtentgelt mit Ausnahme der Sonderzahlungen.

(2) Zur Ermittlung der allgemeinen monatlichen Beitragsgrundlage ist die Jahresbeitragsgrundlage gemäß Abs. 1 durch die Anzahl der Monate, in denen die geringfügige Tätigkeit ausgeübt wurde, zu teilen. Der auf Grund dieser Teilung auf einen Kalendermonat entfallende Teil der Jahresbeitragsgrundlage gilt als allgemeine monatliche Beitragsgrundlage.

(3) Weist der Versicherte/die Versicherte für die geringfügige Tätigkeit bis zum 30. Juni des Kalenderjahres, das dem Jahr der Beitragsgrundlagenbildung gemäß den Abs. 1 und 2 folgt, die tatsächlichen allgemeinen monatlichen Beitragsgrundlagen für die einzelnen Kalendermonate nach, so sind diese für die Feststellung der Vollversicherungspflicht und für die Bemessung der Beiträge maßgeblich.

(BGBl I 2005/71)

Allgemeine Beiträge

§ 20. (1) Als allgemeiner Beitrag sind, sofern sich nicht aus den Abs. 1a bis 1d, 2 und 2a etwas anderes ergibt, 7,635% der Beitragsgrundlage (§ 19) zu leisten.

(BGBl 1991/679, BGBl I 2003/71, BGBl I 2004/156, BGBl I 2007/101, BGBl I 2012/35, BGBl I 2014/32, BGBl I 2015/118, BGBl I 2018/100)

(1)[a] ~~Als allgemeiner Beitrag sind, sofern sich nicht aus Abs. 2 etwas anderes ergibt, 7,55% der Beitragsgrundlage (§ 19) zu leisten.~~

(BGBl 1991/679, BGBl I 2003/71, BGBl I 2004/156, BGBl I 2007/101, BGBl I 2012/35, BGBl I 2014/32, BGBl I 2015/118)

[a] Zum In-Kraft-Treten siehe § 242 (1) Z 4. Die dort avisierte Verordnung ist bis dato nicht in Kraft getreten.

(1a) Versicherte nach § 1 Abs. 1 Z 22, sofern es sich um Personen handelt, die am 31. Dezember 2019 Bedienstete der Versicherungsanstalt für Eisenbahnen und Bergbau waren, sowie Versicherte nach § 1 Abs. 1 Z 25 bis 28 und 31 bis 33 und 37 haben als allgemeinen Beitrag 7,65% der Beitragsgrundlage (§ 19) zu leisten.

(BGBl I 2018/100)

(1b) Versicherte nach § 1 Abs. 1 Z 5, sofern es sich um Personen handelt, die am 31. Dezember 2019 Bedienstete der Versicherungsanstalt für Eisenbahnen und Bergbau waren, sowie Versicherte nach § 1 Abs. 1 Z 34 bis 36 haben als allgemeinen Beitrag 9,05% der Beitragsgrundlage (§ 19) zu leisten.

(BGBl I 2018/100)

(1c) Versicherte nach § 1 Abs. 1 Z 38 haben als allgemeinen Beitrag 3,35% der Beitragsgrundlage (§ 19) zu leisten.

(BGBl I 2018/100)

(1d) Für Versicherte nach § 1 Abs. 6 richtet sich der allgemeine Beitrag nach dem jeweils von den entsprechenden Dienstnehmern zu leistenden allgemeinen Beitrag.

(BGBl I 2018/100)

(2) Versicherte gemäß § 1 Abs. 1 Z 7, 12 und 14 lit. b haben zusätzlich 0,8 % der Beitragsgrundlage (Abs. 1) als Beitrag zu leisten.

(BGBl 1994/923, BGBl I 2003/71)

(2a) Versicherte gemäß § 1 Abs. 1 Z 34 lit. c und 36 haben zusätzlich 0,15% der Beitragsgrundlage (§ 19 Abs. 1 Z 2) zu leisten.

(BGBl I 2018/100)

(3) Der monatliche Beitrag für Selbstversicherte nach § 7a beträgt hinsichtlich der Krankenversicherung 16,24 Euro[a)] . An die Stelle dieses Betrages tritt ab 1. Jänner eines jeden Jahres, erstmals ab 1. Jänner 2016, der unter Bedachtnahme auf § 108 Abs. 6 ASVG mit der jeweiligen Aufwertungszahl (§ 108a Abs. 1 ASVG) vervielfachte Betrag.

(BGBl I 2005/71, BGBl I 2015/118)

[a)] Betrag siehe VO über veränderliche Werte.

§ 20a. (aufgehoben)
(BGBl 1991/679, BGBl I 2015/118)

Zusatzbeitrag für Angehörige

§ 20b. (1) Für Angehörige (§ 56) ist ein Zusatzbeitrag im Ausmaß von 3,4% der für den Versicherten (die Versicherte) heranzuziehenden Beitragsgrundlage (des Ruhegenusses bzw. der Pension) zu leisten. Der Zusatzbeitrag entfällt zur Gänze auf den (die) Versicherte(n).

(BGBl I 2018/100)

(2) Alle für die Beiträge zur Pflichtversicherung in der Krankenversicherung geltenden Rechtsvorschriften sind, sofern nichts anderes bestimmt wird, auf den Zusatzbeitrag nach Abs. 1 anzuwenden. Der (die) Versicherte schuldet jedoch den Zusatzbeitrag selbst und hat ihn auf seine (ihre) Gefahr und Kosten selbst einzuzahlen. Für das Verfahren zur Eintreibung des Zusatzbeitrages gilt § 64 ASVG sinngemäß. Davon abweichend ist bei Versicherten nach § 1 Abs. 1 Z 1, Z 2, Z 7 bis 12, Z 14 lit. b, Z 17 und Z 18 auf Antrag der Zusatzbeitrag vom jeweiligen Bezug, vom jeweiligen Ruhe(Versorgungs)bezug bzw. von der jeweiligen Pension (Pensionssonderzahlung) einzubehalten und von der zuständigen Körperschaft/Einrichtung oder vom zuständigen Pensionsversicherungsträger an die Versicherungsanstalt zu überweisen.

(BGBl I 2001/102, BGBl I 2002/4, BGBl I 2002/144)

(3) Kein Zusatzbeitrag nach Abs. 1 ist einzuheben

1. für Personen nach § 56 Abs. 2 Z 2 bis 6 sowie Abs. 3 und 6b;

   (BGBl I 2009/84)

2. wenn und solange sich der (die) Angehörige der Erziehung eines oder mehrerer im gemeinsamen Haushalt lebender Kinder nach § 56 Abs. 3 erster Satz widmet oder durch mindestens vier Jahre hindurch der Kindererziehung gewidmet hat;

   (BGBl I 2006/131)

3. wenn und solange der (die) Angehörige Anspruch auf Pflegegeld zumindest in Höhe der Stufe 3 nach § 5 des Bundespflegegeldgesetzes oder nach den Bestimmungen der Landespflegegeldgesetze hat.

   (BGBl I 2009/84)

4. (aufgehoben)

   (BGBl I 2009/84)

(4) Die Versicherungsanstalt hat bei Vorliegen einer besonderen sozialen Schutzbedürftigkeit des (der) Versicherten nach Maßgabe der vom Dachverband hiezu erlassenen Richtlinien (§ 30a Abs. 1 Z 16 ASVG) von der Einhebung des Zusatzbeitrages nach Abs. 1 abzusehen oder diesen herabzusetzen. Eine besondere soziale Schutzbedürftigkeit liegt jedenfalls dann vor, wenn das Nettoeinkommen im Sinne des § 292 ASVG des (der) Versicherten den Richtsatz nach § 293 Abs. 1 lit. a aa ASVG nicht übersteigt.

(BGBl I 2018/100)

(BGBl I 2000/142)

§ 20c. (aufgehoben)
(BGBl I 2003/71, BGBl I 2015/118)

Beiträge für Versicherte, die geringfügige Tätigkeiten ausüben

§ 20d. (1) Versicherte, die auch eine oder mehrere geringfügige Tätigkeiten nach § 1 ausüben, haben hinsichtlich dieser Tätigkeiten einen Pauschalbeitrag zu leisten. Für jeden Kalendermonat beträgt dieser Pauschalbeitrag 4,00 % der allgemeinen Beitragsgrundlage nach § 19a.

(BGBl I 2015/118)

(2) Beiträge nach Abs. 1 sind nur so weit vorzuschreiben, als die Summe der allgemeinen Beitragsgrundlagen aus allen Tätigkeiten im Kalendermonat die Höchstbeitragsgrundlage nicht überschreitet.

B-KUVG

(3) Für Versicherte nach § 1 Abs. 1 Z 25 bis 28, 31 bis 33, 34 lit. a und b, 35 und 37 ist Abschnitt Ib des Neunten Teiles des ASVG anzuwenden.

(BGBl I 2018/100)

(BGBl I 2005/71)

Sonderbeiträge

§ 21. (1) Von den Sonderzahlungen, das sind Zahlungen, die in größeren Zeiträumen als Kalendermonaten gewährt werden, wie zum Beispiel ein 13. oder 14. Monatsbezug, Weihnachts- oder Urlaubsgeld, Gewinnanteile oder Bilanzgeld, sind unbeschadet der Bestimmung des § 19 Abs. 3 Beiträge mit dem gleichen Hundertsatz wie für die allgemeinen Beiträge (§ 20) zu leisten. Hiebei sind die in einem Kalenderjahr fällig werdenden Sonderzahlungen bis zum doppelten Betrag der für Jänner dieses Jahres geltenden Höchstbeitragsgrundlage (§ 19 Abs. 6) zu berücksichtigen. § 19 Abs. 7 gilt entsprechend.

(BGBl 1996/414)

(2) Der Pauschalbeitrag nach § 20d ist unter Bedachtnahme auf Abs. 1 auch von den Sonderzahlungen zu leisten.

(BGBl I 2007/101, BGBl I 2015/118)

Aufteilung der Beitragslast

§ 22. (1) Von den nach den §§ 20 Abs. 1 und 21 festgesetzten Beiträgen entfallen, sofern in den Abs. 1a bis 1d nichts anderes bestimmt ist, auf den Versicherten 4,1% der Beitragsgrundlage und auf den Dienstgeber 3,535% der Beitragsgrundlage; ist die Beitragsgrundlage ein Waisenversorgungsgenuss, so hat der Dienstgeber den Beitrag zur Gänze allein zu tragen.

(BGBl 1993/110, BGBl I 2003/71, BGBl I 2004/156, BGBl I 2007/101, BGBl I 2012/35, BGBl I 2014/32, BGBl I 2015/118, BGBl I 2018/100)

(1a) Bei den nach § 1 Abs. 1 Z 22 Versicherten, sofern es sich um Personen handelt, die am 31. Dezember 2019 Bedienstete der Versicherungsanstalt für Eisenbahnen und Bergbau waren, sowie den nach § 1 Abs. 1 Z 25 bis 28 und 31 bis 33 und 37 Versicherten entfallen auf den Versicherten 3,87% der Beitragsgrundlage und auf den Dienstgeber 3,78% der Beitragsgrundlage.

(BGBl I 2018/100)

(1b) Bei den nach § 1 Abs. 1 Z 5 Versicherten, sofern es sich um Personen handelt, die am 31. Dezember 2019 Bedienstete der Versicherungsanstalt für Eisenbahnen und Bergbau waren, sowie den nach § 1 Abs. 1 Z 34 bis 36 Versicherten entfallen auf den Versicherten 4,75% der Beitragsgrundlage und auf den Dienstgeber 4,30% der Beitragsgrundlage.

(BGBl I 2018/100)

(1c) Bei den nach § 1 Abs. 1 Z 38 Versicherten entfallen auf den Versicherten 1,67% der Beitragsgrundlage und auf den Dienstgeber 1,68% der Beitragsgrundlage.

(BGBl I 2018/100)

(1d) Bei den nach § 1 Abs. 6 Versicherten richtet sich die Aufteilung der Beitragslast nach der jeweils für die entsprechenden Dienstnehmer geltenden Aufteilung.

(BGBl I 2018/100)

(2) In den Fällen des § 7 Abs. 2 Z 1 und 3 sind die Beiträge zur Gänze vom Versicherten, in den Fällen des § 7 Abs. 2 Z 2 zur Gänze vom Dienstgeber zu tragen.

(3) (aufgehoben)

(BGBl 1993/335, BGBl I 2007/101)

(4) Bei Kürzung oder teilweisem oder gänzlichem Entfall der Bezüge – mit Ausnahme einer Verminderung der Bezüge auf Grund einer Herabsetzung der Dienstzeit (Teilzeitbeschäftigung) – hat der Dienstgeber den Beitrag, der auf den Unterschiedsbetrag zwischen dem Bezug des Versicherten und der letzten unmittelbar vor der Herabsetzung der Bezüge bestandenen Beitragsgrundlage (§ 19 Abs. 5) entfällt, zur Gänze allein zu tragen. Dies gilt auch bei teilweisem oder gänzlichem Verzicht auf die Bezüge.

(BGBl 1996/414)

(5) (aufgehoben)

(BGBl I 1999/174, BGBl I 2005/71)

(6) Die auf die Versicherten und deren Dienstgeber entfallenden Beitragsteile sind auf Cent zu runden.

(BGBl I 1999/174, BGBl I 2001/67, BGBl I 2007/101)

Beitragspflicht während des Präsenz- oder Ausbildungsdienstes

§ 22a. (1) Für die Dauer des Präsenz- oder Ausbildungsdienstes auf Grund der Bestimmungen des Wehrgesetzes 2001, BGBl. I Nr. 146, ruht die Beitragspflicht des Versicherten und seines Dienstgebers.

(BGBl 1996/414, BGBl I 1998/30, BGBl I 2010/111)

(2) Der Bund hat an die Versicherungsanstalt für jeden Angehörigen (§ 56) des im Präsenz- oder Ausbildungsdienst stehenden Versicherten einen Pauschalbetrag in der jeweils gemäß § 56a Abs. 2 des Allgemeinen Sozialversicherungsgesetzes geltenden Höhe zu leisten.

(BGBl I 1998/30)

(3) Die Abs. 1 und 2 sind auf nach § 8 Abs. 1 Z 1 lit. e ASVG Teilversicherte nicht anzuwenden.

(BGBl I 2010/111)

(BGBl I 1998/30)

Beiträge in der Krankenversicherung von mit inländischen Pensionsleistungen (Ruhe- und Versorgungsbezüge) vergleichbaren ausländischen Renten

§ 22b. (1) Wird eine ausländische Rente bezogen, die vom Geltungsbereich

– der Verordnungen (EG) Nr. 883/2004 zur Koordinierung der Systeme der sozialen Sicherheit und 987/2009 zur Festlegung der

Modalitäten für die Durchführung der Verordnung (EG) Nr. 883/2004 oder

– der Verordnungen (EWG) Nr. 1408/71 zur Anwendung der Systeme der sozialen Sicherheit auf Arbeitnehmer und deren Familien, die innerhalb der Gemeinschaft zu- und abwandern und 574/72 über die Durchführung der Verordnung (EWG) Nr. 1408/71 oder

– eines auch Regelungen über die Krankenversicherung beinhaltenden bilateralen Abkommens über die soziale Sicherheit

erfasst ist, so ist, wenn ein Anspruch des Beziehers/der Bezieherin der ausländischen Rente auf Leistungen der Krankenversicherung besteht, auch von dieser ausländischen Rente der Dienstnehmeranteil des nach § 20 Abs. 1 bis 1d iVm den § 22 Abs. 1 bis 1d und § 20 Abs. 2 und 2a zu entrichtenden Krankenversicherungsbeitrages zu entrichten. Dieser Beitrag ist in dem Zeitpunkt fällig, in dem die ausländische Rente ausgezahlt wird.

(BGBl I 2011/122, BGBl I 2015/118, BGBl I 2018/100)

(2) Die Versicherungsanstalt hat in regelmäßigen Abständen zu ermitteln, ob eine Rente nach Abs. 1 bezogen wird. Sie hat deren Höhe, deren Leistungsbestandteile, die auszahlende Stelle – einschließlich allfälliger Veränderungen – festzustellen sowie zu ermitteln, in welcher Höhe Beiträge von der ausländischen Rente zu entrichten sind und dies der pensionsauszahlenden Stelle zwecks Einbehalt mitzuteilen. Im Falle eines/einer nach diesem Bundesgesetz Versicherten, der/die Bezieher/in einer Pension nach dem ASVG ist, obliegen diese Aufgaben der Pensionsversicherungsanstalt. Die Versicherungsanstalt hat über die Beitragspflicht auf Antrag des Leistungsbeziehers mit Bescheid abzusprechen (§ 129 iVm §§ 409 ff. ASVG). Bei Zusammentreffen einer oder mehreren ausländische Renten mit einem Ruhegenuss oder einer auf Grund nach diesem Bundesgesetz versicherten Tätigkeit zu gewährenden Pension nach dem ASVG mit einer Hinterbliebenenpension, ist die Versicherungsanstalt bzw. die Pensionsversicherungsanstalt zuständig; bei Zusammentreffen eines Ruhegenusses mit einer Eigenpension, die auf Grund einer anderen als nach diesem Bundesgesetz versicherten Tätigkeit erworben wurde, ist jener Versicherungsträger zuständig, bei dem die höhere Leistung gebührt.

(3) Wird die ausländische Rente gleichzeitig mit einem Ruhe- oder Versorgungsbezug oder einer inländischen Pension bezogen, hat die die inländische Pensionsleistung auszahlende Stelle den für die ausländische Rente zu entrichtenden Krankenversicherungsbeitrag nach Abs. 1 und 2 vom Ruhe- oder Versorgungsgenuss oder von der inländischen Pension einzubehalten und unmittelbar an die Versicherungsanstalt abzuführen.

(4) Übersteigt der von einer ausländischen Rente zu entrichtende Krankenversicherungsbeitrag nach Abs. 1 die Höhe der gleichzeitig bezogenen inländischen Pensionsleistung, so ist, außer die ausländische Rente ist vom Geltungsbereich der Verordnungen (EWG) Nr. 1408/71 und 574/72 erfasst, dem/der Versicherten der Restbetrag von der Versicherungsanstalt vorzuschreiben.

(5) Wird neben der ausländischen Rente keine inländische Pensionsleistung bezogen, so ist die Versicherungsanstalt zur Vorschreibung des von der ausländischen Rente zu entrichtenden Krankenversicherungsbeitrages nach Abs. 1 und zur Einhebung vom/von der Versicherten verpflichtet. Die Versicherungsanstalt ist berechtigt, zur Vereinfachung der Verwaltung, insbesondere bei geringfügigen Beträgen, die Vorschreibung in längeren Abständen, mindestens jedoch einmal jährlich, vorzunehmen. Die für die Beiträge zur Pflichtversicherung in der Krankenversicherung geltenden Rechtsvorschriften sind, soweit nichts anderes bestimmt wird, auf die Krankenversicherungsbeiträge nach Abs. 1 anzuwenden.

(BGBl I 2010/102)

Beiträge zur Weiterversicherung in der Krankenversicherung

§ 22c. (1) Beitragsgrundlage für Weiterversicherte in der Krankenversicherung ist die Höchstbeitragsgrundlage (§ 19 Abs. 6).

(2) Die Weiterversicherung ist

1. auf Antrag des/der Versicherten,

2. in den Fällen, in denen das auf Scheidung der Ehe lautende Urteil den Ausspruch im Sinne des § 61 Abs. 3 des Ehegesetzes enthält, auch auf Antrag des/der Ehegattin/Ehegatten, die/der die Ehescheidungsklage eingebracht hat,

3. in den Fällen, in denen das auf Auflösung der eingetragenen Partnerschaft lautende Urteil den Ausspruch im Sinne des § 18 Abs. 3 EPG enthält, auch auf Antrag der/des eingetragenen Partnerin/Partners, die/der die Auflösungsklage eingebracht hat,

soweit dies nach den wirtschaftlichen Verhältnissen der/des Versicherten oder in den Fällen der Z 2 nach den wirtschaftlichen Verhältnissen der Ehegattin/des Ehegatten oder der/des eingetragenen Partnerin/Partners, die/der die Ehescheidungs- oder Auflösungsklage eingebracht hat, gerechtfertigt erscheint, auf einer niedrigeren als der nach Abs. 1 in Betracht kommenden Beitragsgrundlage, jedoch nicht unter dem Dreißigfachen des nach § 76a Abs. 3 ASVG geltenden Mindestbetrages zuzulassen. Die Herabsetzung der Beitragsgrundlage wirkt, wenn der Antrag zugleich mit dem Antrag auf Weiterversicherung oder innerhalb der sechsmonatigen Frist des § 7b Abs. 2 bzw. Abs. 3 bzw. Abs. 5 gestellt wird, ab dem Beginn der Weiterversicherung, sonst ab dem auf die Antragstellung folgenden Monatsersten; die Herabsetzung gilt jeweils bis zum Ablauf des nächstfolgenden Kalenderjahres. Wurde die Weiterversicherung auf einer niedrigeren als der nach Abs. 1 in Betracht kommenden Beitragsgrundlage zugelassen, so hat der Versicherungsträger ohne Rücksicht auf die Geltungsdauer der Herabsetzung bei einer Änderung in den wirtschaftlichen Verhältnissen des Versicherten auf dessen Antrag oder von Amts wegen eine Erhöhung der Beitragsgrundlage bis auf das nach Abs. 1 in Betracht kommende Ausmaß vorzunehmen. Solche Festsetzungen wirken in allen diesen Fällen nur für die Zukunft.

(3) Bei Prüfung der wirtschaftlichen Verhältnisse nach Abs. 2 sind auch Unterhaltsverpflichtungen von Ehegatten/Ehegattinnen oder eingetragenen Partnern/Partnerinnen, auch geschiedenen Ehegatten/Ehegattinnen oder eingetragenen Partnern/Partnerinnen, deren Partnerschaft aufgelöst wurde, gegenüber dem/der Versicherten zu berücksichtigen. Wenn und solange das Nettoeinkommen des Unterhaltpflichtigen nicht nachgewiesen wird, ist

1. während des Bestandes der Ehe oder eingetragenen Partnerschaft anzunehmen, dass eine Herabsetzung in den wirtschaftlichen Verhältnissen des/der Versicherten nicht gerechtfertigt erscheint,

2. nach Scheidung der Ehe oder Auflösung der eingetragenen Partnerschaft anzunehmen, dass die Höhe der monatlichen Unterhaltsverpflichtung 25% der monatlichen Höchstbeitragsgrundlage nach § 19 Abs. 6 beträgt.

Eine Zurechnung zum Nettoeinkommen erfolgt nur in der Höhe eines Vierzehntels der jährlich tatsächlich zufließenden Unterhaltsleistung, wenn die berechnete Unterhaltsforderung der Höhe nach trotz durchgeführter Zwangsmaßnahmen einschließlich gerichtlicher Exekutionsführung uneinbringlich oder die Verfolgung eines Unterhaltsanspruches in dieser Höhe offenbar aussichtslos ist.

(4) Die Weiterversicherten haben einen Beitrag zu entrichten, der anhand des jeweils für die Pflichtversicherten geltenden Beitragssatzes (§ 20 Abs. 1 bis 1d) zu bemessen ist.

(BGBl I 2018/100)

Einzahlung der Beiträge

§ 23. (1) Die Versicherungsbeiträge samt den Zuschlägen des Dienstgebers sind von diesem bei der Versicherungsanstalt bis zum 15. eines jeden Kalendermonates einzuzahlen, die Sonderbeiträge samt den Zuschlägen des Dienstgebers binnen 14 Tagen nach dem Fälligwerden der Sonderzahlungen. In Fällen geringfügiger Beschäftigungsverhältnisse (§ 2 Abs. 1 Z 5) kann vereinbart werden, dass die Beiträge bis zum 15. Jänner des Folgejahres zu entrichten sind. Für nicht rechtzeitig eingezahlte Beiträge und Zuschläge sind Verzugszinsen in der sich nach § 59 Abs. 1 des Allgemeinen Sozialversicherungsgesetzes jeweils ergebenden Höhe zu entrichten. Soweit die Versicherungsanstalt Beiträge für andere Rechtsträger (Bund, Fonds, Interessenvertretungen u.a.) einhebt, wird sie auch dann als deren Vertreter tätig, wenn sie alle Beitragsforderungen in einem Betrag geltend macht. Dies gilt auch für die Einhebung von Zuschlägen, Nebengebühren, Gerichts- und Justizverwaltungsgebühren usw. sowie im Verfahren vor Gerichten und Verwaltungsbehörden.

(BGBl I 2005/71, BGBl I 2018/100)

(2) Beiträge nach § 20d sind binnen 14 Tagen nach der Vorschreibung einzuzahlen. Für nicht

rechtzeitig eingezahlte Beiträge gelten die Bestimmungen des Abs. 1.

(BGBl I 2005/71)

(3) Bezieher/innen einer beitragspflichtigen ausländischen Rente (§ 22b) schulden die von dieser Rente nach § 22b Abs. 4 und 5 zu entrichtenden Beiträge selbst und haben diese auf ihre Gefahr und Kosten einzuzahlen.

(BGBl I 2010/102)
(BGBl I 1999/106, BGBl I 2005/71)

Abzug des Versichertenbeitrages

§ 24. Der auf den Versicherten entfallende Beitragsteil ist vom Dienstgeber monatlich von den Bezügen des Versicherten abzuziehen. Abweichend davon haben die von Österreich entsandten Mitglieder des Europäischen Parlaments den auf den Versicherten entfallenden Beitragsteil an den Dienstgeber monatlich abzuführen. Soweit die Beiträge des Versicherten auf diesem Wege nicht eingebracht werden können, belasten sie den Dienstgeber. Im Falle der nachträglichen Entrichtung der Beiträge ohne Verschulden des Dienstgebers dürfen dem Versicherten bei einer Bezugszahlung nicht mehr Beiträge abgezogen werden, als auf zwei Kalendermonate entfallen.

(BGBl I 2009/61)

Abfur der Zusatzbeiträge an den Ausgleichsfonds für die Krankenanstaltenfinanzierung

§ 24a. (aufgehoben)
(BGBl 1991/679, BGBl I 2000/142, BGBl I 2001/5)

Erstattung von Beiträgen in der Krankenversicherung

§ 24b. (1) Überschreitet bei in der Krankenversicherung Pflichtversicherten nach diesem oder einem anderen Bundesgesetz in einem Kalenderjahr die Summe aller Beitragsgrundlagen der Pflichtversicherung und beitragspflichtigen Pensionen, einschließlich der Sonderzahlungen, die Summe der Beträge des 35fachen der Höchstbeitragsgrundlagen gemäß § 45 des Allgemeinen Sozialversicherungsgesetzes für die im Kalenderjahr liegenden Monate der Pflichtversicherung in der Krankenversicherung (Abs. 2), wobei sich deckende Monate der Pflichtversicherung in der Krankenversicherung nur einmal zu zählen sind, so hat der nach Abs. 3 leistungszuständige Versicherungsträger der versicherten Person die auf den Überschreitungsbetrag entfallenden Beiträge zur Krankenversicherung in jener Höhe zu erstatten, in der diese Beiträge von der versicherten Person zu tragen sind.

(BGBl I 1997/139, BGBl I 2000/142, BGBl I 2005/132, BGBl I 2018/100)

(2) Als Monate der Pflichtversicherung in der Krankenversicherung gemäß Abs. 1 sind alle Kalendermonate zu zählen, in denen der (die) Versicherte zumindest für einen Tag in der Krankenversicherung pflichtversichert war.

(3) Der durch die Richtlinie nach § 30a Abs. 1 Z 33 ASVG festzulegende leistungszuständige Versicherungsträger hat die Beitragserstattung bis zum 30. Juni des Kalenderjahres, das dem Jahr der gänzlichen Entrichtung der Beiträge zur Krankenversicherung für ein Kalenderjahr folgt, durchzuführen, erstmals bis zum 30. Juni 2020 für die im Jahr 2019 gänzlich für ein Kalenderjahr entrichteten Beiträge.

(BGBl I 1998/142, BGBl I 2018/100)

(4) Der dem/der Versicherten zu erstattende Betrag ist nach dem Verhältnis der Summen aller Beitragsgrundlagen der Pflichtversicherung und beitragspflichtigen Pensionen (einschließlich der Sonderzahlungen) nach diesem Bundesgesetz, dem ASVG, GSVG und BSVG aufzuteilen. Die Versicherungsanstalt öffentlich Bediensteter, Eisenbahnen und Bergbau hat Anspruch auf Ersatz des Anteils des Krankenversicherungsträgers nach dem ASVG und der Sozialversicherungsanstalt der Selbständigen.

(BGBl I 2005/132, BGBl I 2018/100)

(BGBl 1996/600)

Beitrag von Zusatzpensionsleistungen
§ 24c. (aufgehoben)

(BGBl I 2000/142, BGBl I 2003/71)

2. UNTERABSCHNITT
Mittel der Unfallversicherung

Beitragspflicht

§ 25. (1) Die Mittel zur Bestreitung der Aufwendungen in der Unfallversicherung werden, soweit sie nicht durch sonstige Einnahmen gedeckt sind, durch Beiträge der Dienstgeber aufgebracht.

(BGBl I 2018/100)

(2) Abweichend von Abs. 1 ist für Lehrlinge für die Dauer des gesamten Lehrverhältnisses sowie für Personen, die das 60. Lebensjahr vollendet haben und nach § 1 Abs. 1 Z 25 bis 28, 31 bis 33, 34 lit. a und b sowie 35 und 37 pflichtversichert sind, der Beitrag zur Unfallversicherung aus Mitteln der Unfallversicherung zu zahlen.

(BGBl I 2018/100)

Beitragsgrundlage

§ 26. (1) Grundlage für die Bemessung der Beiträge ist (sind)

1. für die in § 1 Abs. 1 Z 1, 2, 4, 5 und 14 lit. a genannten Versicherten
   a) das Gehalt oder der sonstige monatliche Bezug,
   b) die ruhegenußfähigen (pensionsfähigen) Zulagen,
   c) die Zulagen, die Anspruch auf eine Zulage zum Ruhegenuß (zur Pension) begründen, ausgenommen die anspruchsbegründenden Nebengebühren im Sinne des Pensionsgesetzes 1965,

   (BGBl I 2010/61)

   d) allfällige Teuerungszulagen,
   e) finanzielle Zuwendungen, die eine (ausgegliederte) Einrichtung ihr zur Dienstleistung zugewiesenen Bundes-(Landes-, Gemeinde-)Bediensteten gewährt;

   (BGBl I 1999/174, BGBl I 2002/4)

2. für die in § 1 Abs. 1 Z 3 genannten Versicherten die Dienstbezüge, soweit diese nach den Bestimmungen des Bundestheaterpensionsgesetzes als Ruhegenußermittlungsgrundlage gelten;

3. für die in § 1 Abs. 1 Z 8 bis 10 lit. a, 11 und 16 genannten Versicherten der auf den Kalendermonat entfallende Teil der Entschädigung, die auf Grund der in Betracht kommenden gesetzlichen Vorschrift gebührt; § 19 Abs. 1 Z 3 zweiter Halbsatz ist anzuwenden;

   (BGBl I 2004/171)

4. für die im § 1 Abs. 1 Z 17, 21, 22, 25 bis 28, 31 bis 33, 34 lit. a und b, 35 und 37 genannten Versicherten das Entgelt im Sinne des § 49 ASVG;

   (BGBl I 1999/10, BGBl I 2001/102, BGBl I 2002/144, BGBl I 2003/145, BGBl I 2018/100)

5. für die im § 1 Abs. 1 Z 19 genannten Versicherten der Ausbildungsbeitrag nach § 6f des Bundesgesetzes über die Abgeltung von wissenschaftlichen und künstlerischen Tätigkeiten an Universitäten und Universitäten der Künste einschließlich einer gesonderten Abgeltung für die Mitwirkung an der Durchführung der Aufgaben der Universität (Unversität der Künste) im Rahmen der Teilrechtsfähigkeit;

   (BGBl I 2001/102, BGBl I 2009/83)

6. für die in § 1 Abs. 1 Z 23 genannten Versicherten der Beitrag nach § 3a Abs. 5 des Lehrbeauftragtengesetzes.

   (BGBl I 2009/83)

   (BGBl I 1997/64)

(2) Sonderzahlungen sind bei der Bemessung der Beiträge außer Betracht zu lassen.

(3) Für die nach § 4 durch Verordnung einbezogenen Versicherten gelten die Bestimmungen des Abs. 1 Z 1 und des Abs. 2 entsprechend.

(4) Grundlage für die Bemessung der Beiträge bildet in den Fällen des § 7 Abs. 3 die letzte unmittelbar vor der Karenzierung bestandene Beitragsgrundlage, wobei sich diese jeweils um den auf eine Dezimalstelle gerundeten Hundertsatz erhöht, um den sich der Referenzbetrag nach § 3 Abs. 4 des Gehaltsgesetzes 1956 ändert.

(BGBl I 2002/144, BGBl I 2015/162)

(5) Auf Versicherte nach § 1 Abs. 1 Z 25 bis 28, 31 bis 33, 34 lit. a und b, 35 und 37 sind § 19 Abs. 6 und § 21 anzuwenden.

(BGBl I 2018/100)

Beiträge

§ 26a. (1) Für jeden in § 26 genannten Versicherten ist, sofern sich aus den §§ 26d oder 26e nicht etwas anderes ergibt, ein Beitrag zu entrichten, dessen Höhe mit einem Hundertsatz der Beitragsgrundlage (§ 26), höchstens mit 0,5%. dieser Grundlage, durch die Satzung der Versicherungsanstalt öffentlich Bediensteter, Eisenbahnen und Bergbau festzusetzen ist. Der Hundertsatz darf durch die Satzung nicht höher festgesetzt werden, als dies zur Erfüllung der Aufgaben der Unfallversicherung notwendig ist.

(BGBl I 2018/100)

(2) Einen Beitrag in der Höhe von 15,77 €[a)] jährlich haben zu entrichten:

1. für jeden nach § 1 Abs. 1 Z 6 versicherten Versicherungsvertreter bzw. jedes nach dieser Bestimmung versicherte Beiratsmitglied die Versicherungsanstalt;

   (BGBl 1996/414, BGBl I 1998/142)

2. für jeden nach § 1 Abs. 1 Z 10 lit. b versicherten Gemeindevertreter die Gemeinde, deren Gemeindevertretung er angehört;

3. für jeden nach § 1 Abs. 1 Z 10 lit. b versicherten Ortsvorsteher (Ortsvertreter), sofern er nicht Mitglied der Gemeindevertretung ist, die Gemeinde, in der er tätig ist;

4. für jede/n nach § 1 Abs. 1 Z 13 versicherte/n ehrenamtlich tätige/n Bewährungshelfer/in bzw. gerichtlichen/gerichtliche Erwachsenenvertreter/in die in Betracht kommende Dienststelle für Bewährungshilfe bzw. die in Betracht kommende private Vereinigung, der die Führung der Bewährungshilfe übertragen ist bzw. die den/die ehrenamtlich tätige/n Erwachsenenvertreter/in namhaft gemacht hat;l

   (BGBl I 2001/102, BGBl I 2018/59)

5. für jede nach § 1 Abs. 1 Z 15 versicherte Person der Bund.

Die angeführten Stellen haben den Beitrag zur Gänze zu tragen.

(BGBl 1991/679, BGBl I 2001/67)

[a)] Betrag siehe VO über veränderliche Werte.

(3) An die Stelle des in Abs. 2 genannten Betrages tritt ab 1. Jänner eines jeden Jahres jener Betrag, der sich durch die Erhöhung um den jeweiligen auf eine Dezimalstelle gerundeten Hundertsatz ergibt, um den sich zu diesem Zeitpunkt der Referenzbetrag nach § 3 Abs. 4 des Gehaltsgesetzes 1956 gegenüber dem vergleichbaren Gehalt am 1. Jänner des vorangegangenen Jahres ändert oder geändert hat. Tritt eine Änderung des genannten Gehaltes am 1. Jänner des in Betracht kommenden Jahres nicht ein, so gilt der zuletzt festgestellte Betrag als Beitrag. § 19 Abs. 6 letzter Satz und § 22 Abs. 6 gelten entsprechend.

(BGBl 1991/679, BGBl 1996/414, BGBl I 2001/102, BGBl I 2015/162)

Einzahlung der Beiträge

§ 26b. Für die Einzahlung der Beiträge nach § 26a gilt § 23 mit der Maßgabe, daß die Beiträge gemäß § 26a Abs. 2 bei der Versicherungsanstalt bis zum 31. März eines jeden Jahres einzuzahlen sind.

(BGBl 1991/679)

Beitragspflicht während des Präsenz- oder Ausbildungsdienstes

§ 26c. Für die Dauer des Präsenz- oder Ausbildungsdienstes auf Grund der Bestimmungen des Wehrgesetzes 2001 ruht die Beitragspflicht des Dienstgebers in der Unfallversicherung. Dies gilt nicht für nach § 8 Abs. 1 Z 1 lit. e ASVG Teilversicherte.

(BGBl 1996/414, BGBl I 1998/30, BGBl I 2010/111)

Beiträge in der Unfallversicherung für die nach § 1 Abs. 1 Z 25 bis 28, 31 bis 33, 34 lit. a und b, 35 und 37 Versicherten

§ 26d. (1) Die Mittel zur Bestreitung der Aufwendungen in der Unfallversicherung werden für Personen nach § 1 Abs. 1 Z 25 bis 28, 31 bis 33, 34 lit. a und b, 35 und 37, soweit sie nicht durch sonstige Einnahmen gedeckt sind, durch Beiträge von deren Dienstgebern/Dienstgeberinnen aufgebracht. Die für ein Kalenderjahr erforderlichen Beiträge sind auf der Grundlage der Summe der Entgelte zu bemessen, welche die in diesen Unternehmungen (Betrieben) beschäftigten Versicherten für ihre Tätigkeit im Unternehmen (Betrieb) in diesem Kalenderjahr bezogen haben, zuzüglich der Sonderzahlungen nach § 49 Abs. 2 ASVG, soweit sie als Grundlage für die Bemessung der Sonderbeiträge für das betreffende Kalenderjahr heranzuziehen wären.

(2) Zur Sicherstellung der finanziellen Gebarung hat die Versicherungsanstalt öffentlich Bediensteter, Eisenbahnen und Bergbau eine allgemeine Rücklage in Höhe von 5% bis zu 25% der Aufwendungen für die Unfallversicherung unter Berücksichtigung der Grundlage der Summe der Entgelte nach Abs. 1 im jeweils abgelaufenen Kalenderjahr anzusammeln.

(3) Auf die Beiträge nach Abs. 1 hebt die Versicherungsanstalt öffentlich Bediensteter, Eisenbahnen und Bergbau monatlich Vorschüsse ein. Diese Vorschüsse werden mit dem Ersten des Kalendermonates fällig. Mit dem Ende eines jeden Kalenderjahres sind die eingehobenen Vorschüsse abzurechnen.

(BGBl I 2018/100)

Beiträge in der Unfallversicherung für die nach § 1 Abs. 1 Z 38 und Abs. 6 Versicherten

§ 26e. Für die nach § 1 Abs. 1 Z 38 und Abs. 6 Versicherten richtet sich die Höhe der Beitragsgrundlage und des zu entrichtenden Beitrages nach der jeweils für die entsprechende Dienstnehmer/innen geltenden Bestimmung.

(BGBl I 2018/100)

3. UNTERABSCHNITT
Gemeinsame Bestimmungen

Verwendung der Mittel

§ 27. (1) Die Mittel der Kranken- und Unfallversicherung dürfen nur für die gesetzlich vorgeschriebenen oder zulässigen Zwecke verwendet werden. Zu den zulässigen Zwecken gehören im Rahmen der Zuständigkeit der Versicherungsanstalt auch die Aufklärung, Information und sonstige Formen der Öffentlichkeitsarbeit sowie die Mitgliedschaft zu gemeinnützigen Einrichtungen, die der Forschung nach den wirksamsten Methoden und Mitteln zur Erfüllung der Aufgaben der Sozialversicherung dienen. Darüber hinaus hat die Versicherungsanstalt einmal im Kalenderjahr die Versicherten über die Kosten der von ihnen und ihren Angehörigen im Bereich der Krankenversicherung in Anspruch genommenen Sachleistungen zu informieren. Diese Information hat weiters für die Versicherten und ihre Angehörigen den Hinweis zu enthalten, dass ELGA-Teilnehmer/inne/n der jederzeitige generelle Widerspruch (§ 15 Abs. 2 des Gesundheitstelematikgesetzes 2012 [GTelG 2012], BGBl. I Nr. 111/2012), das jederzeitige Einsichtsrecht (§ 16 Abs. 1 Z 1 GTelG 2012), das Recht auf Aufnahme von ELGA-Gesundheitsdaten (§ 16 Abs. 2 Z 1 GTelG 2012), der Widerspruch im Einzelfall (§ 16 Abs. 2 Z 2 GTelG 2012), die Bestimmung der individuellen Zugriffsberechtigungen für Gesundheitsdiensteanbieter und ELGA-Gesundheitsdaten (§ 16 Abs. 1 Z 2 GTelG 2012) sowie die Möglichkeit der Inanspruchnahme der ELGA-Ombudsstelle (§ 17 GTelG 2012) offensteht.

(BGBl I 2000/92, BGBl I 2001/33, BGBl I 2001/102, BGBl I 2012/111)

(2) Zulässig ist auch die Errichtung (Gründung) von oder die Beteiligung an Vereinen, Fonds und Gesellschaften mit beschränkter Haftung im Rahmen von Finanzierungs- und Betreibermodellen, wenn sie der Verbesserung der Servicequalität oder der Erzielung von Einsparungen dient; dabei können auch Gebietskörperschaften einbezogen werden. Unter den gleichen Voraussetzungen ist die Beteiligung von natürlichen oder juristischen Personen an Vereinen, Fonds und Gesellschaften mit beschränkter Haftung, die von der Versicherungsanstalt errichtet (gegründet) wurden, zulässig.

(BGBl I 2001/102)

(BGBl 1990/297, BGBl I 2001/102)

Informations- und Aufklärungspflicht

§ 27a. Die Versicherungsanstalt und das Bundesministerium für Arbeit, Soziales, Gesundheit und Konsumentenschutz haben die Versicherten (Dienstgeber, Leistungsbezieher/innen) über ihre Rechte und Pflichten nach diesem Bundesgesetz zu informieren und aufzuklären.

(BGBl I 2002/4, BGBl I 2003/71, BGBl I 2003/145, BGBl I 2011/122, BGBl I 2018/100)

Vergütung für die Mitwirkung an fremden Aufgaben

§ 27b. Soweit die Versicherungsanstalt zur Mitwirkung an der Durchführung der den Arbeiterkammern und der Bundesarbeitskammer übertragenen Aufgaben durch Erhebung, Speicherung und Weitergabe von Daten gemäß § 45a des Arbeiterkammergesetzes 1992 verpflichtet ist, gebührt ihr zur Abgeltung der Kosten eine Vergütung, deren Höhe der Bundesminister für Arbeit und Soziales im Einvernehmen mit dem Bundesminister für Finanzen nach Anhörung der beteiligten Stellen festsetzt.

(BGBl 1995/832, BGBl I 2002/4)

Zuschüsse an die Dienstgeber/innen

§ 27c. Für die Dienstgeber/innen der nach § 1 Abs. 1 Z 25 bis 37 Versicherten sowie der nach § 1 Abs. 1 Z 38 Versicherten, sofern sie als Dienstnehmer der Pflichtversicherung nach § 1 Abs. 1 Z 25 bis 37 unterliegen würden, ist § 53b ASVG sinngemäß anzuwenden.

(BGBl I 2018/100)

Unterstützungsfonds

§ 28. (1) Die Versicherungsanstalt kann einen Unterstützungsfonds anlegen.

(2) Die Mittel des Unterstützungsfonds können in besonders berücksichtigungswürdigen Fällen, insbesondere in Berücksichtigung der Familien-, Einkommens- und Vermögensverhältnisse der zu Unterstützenden, für Unterstützungen nach Maßgabe der hiefür vom Verwaltungsrat zu erlassenen Richtlinien verwendet werden.

(BGBl 1994/23, BGBl I 2018/100)

§ 29. (1) Dem Unterstützungsfonds können im Bereich der Krankenversicherung
1. bis zu 25 vH des im Rechnungsabschluß nachgewiesenen Gebarungsüberschusses, höchstens jedoch 1 vH der Erträge an Beiträgen in der Krankenversicherung oder
2. bis zu 3 vT der Erträge an Beiträgen in der Krankenversicherung
überwiesen werden.

(2) Überweisungen nach Abs. 1 Z 1 dürfen nur so weit erfolgen, daß die Mittel des Unterstützungsfonds am Ende des Geschäftsjahres den Betrag von 5 vT der Erträge an Beiträgen in der Krankenversicherung nicht übersteigen.

(3) Im Bereich der Unfallversicherung kann die Versicherungsanstalt zur Bildung und Auffüllung des Unterstützungsfonds einen Zuschlag zu den Unfallversicherungsbeiträgen bis zu 2 vH dieser Beiträge einheben. Die Höhe des Unterstützungsfonds darf jedoch 5 vH der Erträge an Versicherungsbeiträgen des Geschäftsjahres nicht übersteigen.

(4) Im Bereich der Pensionsversicherung kann die Versicherungsanstalt von den Erträgen an Versicherungsbeiträgen bis zu 1,5 vT dieser Beiträge überweisen. Diese Überweisungen dürfen nur so

B-KUVG

weit erfolgen, dass die Mittel des Unterstützungsfonds am Ende des Geschäftsjahres 3,0 vT der Erträge an Versicherungsbeiträgen nicht übersteigen.

(BGBl I 2018/100)

ABSCHNITT V
Befreiung von Abgaben

§ 30. Für die Befreiung von Abgaben gelten die Bestimmungen der §§ 109 und 110 des Allgemeinen Sozialversicherungsgesetzes entsprechend.

ABSCHNITT VI
Sonderbestimmungen über das Versicherungs-, Melde- und Beitragsrecht der Versicherten nach § 1 Z 17 bis 19, 21 bis 30 und 31 bis 33, 37 und 38 sowie Abs. 6

(BGBl I 1999/174, BGBl I 2002/144, BGBl I 2003/145, BGBl I 2018/100)

Anwendung von Bestimmungen der Abschnitte II, IV und V des Ersten Teiles des Allgemeinen Sozialversicherungsgesetzes

§ 30a. (1) Unbeschadet der Geltung der Bestimmungen des Ersten Teiles für die gemäß § 1 Abs. 1 Z 17 bis 19 und 21 bis 30, und 31 bis 33, 37 und 38 sowie Abs. 6 Versicherten sind für diesen Personenkreis folgende Bestimmungen des Allgemeinen Sozialversicherungsgesetzes anzuwenden:

Vorläufiger Beginn der Krankenversicherung für Pensionisten nach § 10 Abs. 7,

Verlängerung bzw. Weiterbestand der Pflichtversicherung nach § 11 Abs. 2,

Wirkung der An- und Abmeldung der Pflichtversicherten nach § 33 Abs. 1 zweiter Satz,

Sondervorschriften über die Aufteilung des allgemeinen Beitrages nach § 53,

Beitragspflicht während einer Arbeitsunfähigkeit nach § 57,

Fälligkeit und Einzahlung der Beiträge nach § 58 Abs. 1, 4 und 6, § 78 Abs. 1 und 3 jeweils zweiter Satz und § 79 Abs. 2,

Entrichtung von Verzugszinsen nach § 59 Abs. 1,

Eintreibung und Sicherung der Beiträge nach den §§ 64 bis 66,

Abfuhr der Beiträge an die Träger der Pensionsversicherung nach § 63,

Abfuhr der Zusatzbeiträge an den Ausgleichsfonds der Pensionsversicherungsträger nach § 63a,

Erstattung der Pensionsversicherungsbeiträge nach § 70 Abs. 2 bis 4 sowie

Vergütung für die Mitwirkung an fremden Aufgaben nach § 82.

(1a) Für Versicherungsverhältnisse nach § 1 Abs. 1 Z 25 bis 28, 31 bis 33, 34 lit. a und b, 35 sowie 37 ist § 41a ASVG so anzuwenden, dass an die Stelle der Österreichischen Gesundheitskasse die Versicherungsanstalt öffentlich Bediensteter, Eisenbahnen und Bergbau tritt. Dies gilt auch für Versicherungsverhältnisse von Personen nach § 1 Abs. 1 Z 38 und Abs. 6, sofern diese als DienstnehmerInnen einem im ersten Satz genannten Pflichtversicherungstatbestand unterliegen würden.

(BGBl I 2020/52)

(2) Für die nach § 1 Abs. 1 Z 25 bis 28 und 31 bis 33 und 37 Versicherten sind darüber hinaus die Bestimmung über die Haftung für Beitragsschuldigkeiten nach § 67 ASVG sowie der Abschnitt VIII des Ersten Teiles des ASVG anzuwenden. Dies gilt auch für die nach § 1 Abs. 1 Z 38 und Abs. 6 Versicherten, sofern sie als Dienstnehmer der Pflichtversicherung nach § 1 Abs. 1 Z 25 bis 28 und 31 bis 33 und 37 unterliegen würden.

(BGBl I 1999/10, BGBl I 1999/174, BGBl I 2001/102, BGBl I 2002/4, BGBl I 2002/144, BGBl I 2003/145, BGBl I 2005/71, BGBl I 2009/83, BGBl I 2016/53, BGBl I 2018/100)

Krankenversicherung für Pensionisten (Übergangsgeldbezieher)

§ 30b. Abweichend von den Bestimmungen des 1. Unterabschnittes des Abschnittes IV des Ersten Teiles ist für die Beiträge in der Krankenversicherung für die im § 1 Abs. 1 Z 18, 29 und 30 genannten Pensionisten (Übergangsgeldbezieher) § 73 ASVG anzuwenden.

(BGBl I 1999/10, BGBl I 2018/100)

ZWEITER TEIL
Leistungen

ABSCHNITT I
Allgemeine Bestimmungen über Leistungsansprüche

Entstehen der Leistungsansprüche

§ 31. Die Ansprüche auf die Leistungen nach diesem Bundesgesetz entstehen in dem Zeitpunkt, in dem die hiefür vorgesehenen Voraussetzungen erfüllt werden.

Anfall der Leistungen

§ 32. (1) Soweit nichts anderes bestimmt ist, fallen die sich aus den Leistungsansprüchen ergebenden Leistungen mit dem Entstehen des Anspruches (§ 31) an.

(2) Nach dem Tode des Empfängers einer Versehrtenrente fallen Hinterbliebenenrenten mit dem Tag an, der auf den Tod des Rentenempfängers folgt.

(BGBl 1996/201)

(3) Leistungen aus der Unfallversicherung fallen, wenn innerhalb von zwei Jahren nach Eintritt des Versicherungsfalles weder der Anspruch von Amts wegen festgestellt, noch ein Antrag auf Feststellung des Anspruches gestellt wurde, mit dem Tag der späteren Antragstellung bzw. mit dem Tag der Einleitung des Verfahrens an, das zur Feststellung des Anspruches führt. Wird eine Unfallmeldung innerhalb von zwei Jahren nach Eintritt des Versicherungsfalles erstattet, so gilt der Zeitpunkt des Einlangens der Unfallmeldung bei der Versicherungsanstalt als Tag der Einleitung des Verfahrens, wenn dem Versicherten zum Zeitpunkt der späteren

Antragstellung oder Einleitung des Verfahrens noch ein Anspruch auf Rentenleistungen zusteht. Wird für ein doppelt verwaistes Kind ein Antrag auf Waisenrente nach einem Elternteil gestellt, so ist dieser Antrag rechtswirksam für den Anspruch auf Waisenrente bzw. Waisenpension nach beiden Elternteilen und gilt für alle Unfallversicherungsträger bzw. Pensionsversicherungsträger.

(BGBl 1990/297, BGBl 1991/679, BGBl I 2003/145)

Verschollenheit

§ 33. (1) Die Verschollenheit ist bei der Anwendung der Bestimmungen dieses Bundesgesetzes dem Tode gleichzuhalten. Als verschollen gilt hiebei, wessen Aufenthalt länger als ein Jahr unbekannt ist, ohne daß Nachrichten darüber vorliegen, ob er in dieser Zeit noch gelebt hat oder gestorben ist, sofern nach den Umständen hiedurch ernstliche Zweifel an seinem Fortleben begründet werden. Als verschollen gilt nicht, wessen Tod nach den Umständen nicht zweifelhaft ist.

(2) Als Todestag ist der Tag anzunehmen, den der Verschollene nach den Umständen wahrscheinlich nicht überlebt hat, spätestens der erste Tag nach Ablauf des Jahres, während dessen keine Nachricht im Sinne des Abs. 1 mehr eingelangt ist.

(3) Wurde in einem gerichtlichen Todeserklärungsverfahren ab Zeitpunkt des Todes ein früherer Zeitpunkt als der nach Abs. 2 anzunehmende Zeitpunkt festgestellt, so gilt der im gerichtlichen Verfahren festgestellte Zeitpunkt als Todestag.

Verwirkung des Leistungsanspruches aus der Unfallversicherung

§ 34. (1) Personen, die den Versicherungsfall durch die Verübung einer mit Vorsatz begangenen gerichtlich strafbaren Handlung veranlaßt haben, derentwegen sie zu einer mehr als einjährigen Freiheitsstrafe rechtskräftig verurteilt worden sind, steht kein Anspruch auf Geldleistungen aus dem betreffenden Versicherungsfall zu.

(2) Im Falle des Abs. 1 gebühren den im Inland wohnenden bedürftigen Angehörigen des Versicherten, wenn ihr Unterhalt mangels anderweitiger Versorgung vorwiegend von diesem bestritten wurde und ihre Beteiligung an der im Abs. 1 bezeichneten gerichtlich strafbaren Handlung durch rechtskräftiges Strafurteil festgestellt ist, bei Zutreffen der übrigen Voraussetzungen die Hinterbliebenenrenten; es ist hiebei anzunehmen, daß der Tod des Versehrten als Folge eines Dienstunfalles eingetreten sei, doch dürfen diese Hinterbliebenenrenten bei Lebzeiten des Versehrten zeitlich und der Höhe nach das Ausmaß der verwirkten Leistungen nicht übersteigen. Die Leistungsansprüche der Hinterbliebenen nach dem Ableben des Versehrten werden hiedurch nicht berührt.

Ruhen der Leistungsansprüche bei Haft und Auslandsaufenthalt

§ 35. (1) Die Leistungsansprüche ruhen, solange der Anspruchsberechtigte eine Freiheitsstrafe verbüßt oder in den Fällen der §§ 21 Abs. 2, 22 und 23 des Strafgesetzbuches in einer der dort genannten Anstalten angehalten wird. Für die Dauer der Untersuchungshaft ruhen die Leistungsansprüche in der Krankenversicherung. Geldleistungen mit Ausnahme der Versehrtenrenten (§§ 101 bis 106 und 108) und der Hinterbliebenenrenten (§§ 112 bis 116) ruhen überdies, solange sich die anspruchsberechtigte Person im Ausland aufhält.

(BGBl I 1999/174, BGBl I 2015/2)

(2) Das Ruhen von Rentenansprüchen nach diesem Bundesgesetz tritt nicht ein, wenn

1. die Freiheitsstrafe oder die Anhaltung nicht länger als einen Monat währt,

2. der Auslandsaufenthalt auf dienstlichem Auftrag beruht oder in einem Kalenderjahr zwei Monate nicht überschreitet.

(2a) Das Ruhen von Leistungsansprüchen tritt ferner in den Fällen des Abs. 1 erster und zweiter Satz nicht ein, wenn die Freiheitsstrafe durch Anhaltung im elektronisch überwachten Hausarrest nach dem Fünften Abschnitt des Strafvollzugsgesetzes oder die Untersuchungshaft durch Hausarrest nach § 173a der Strafprozessordnung 1975 vollzogen wird.

(BGBl I 2010/64)

(3) Im Falle des Auslandsaufenthaltes tritt ferner das Ruhen nicht ein, wenn

1. durch ein zwischenstaatliches Übereinkommen oder durch eine Verordnung, die der Zustimmung des Hauptausschusses des Nationalrates bedarf, zur Wahrung der Gegenseitigkeit anderes bestimmt wird;

2. die Versicherungsanstalt dem Anspruchsberechtigten die Zustimmung zum Auslandsaufenthalt erteilt. Die Zustimmung ist zu erteilen, wenn

    a) der Auslandsaufenthalt im öffentlichen Interesse gelegen ist; das öffentliche Interesse ist durch eine Bescheinigung des Dienstgebers glaubhaft zu machen;

    b) dem Anspruchsberechtigten auf Grund des § 31 des Pensionsgesetzes 1965 oder gleichartiger Bestimmungen eine der im § 1 Abs. 1 Z 7 bezeichneten Leistungen ins Ausland überwiesen wird.

(4) Ruht der Anspruch auf eine Rente aus der Unfallversicherung, so gebührt den im Inland sich aufhaltenden Angehörigen, die im Falle des Todes des Versicherten infolge des Dienstunfalles Anspruch auf Hinterbliebenenrente hätten, eine Rente in der halben Höhe der ruhenden Rente. Der Anspruch kommt in erster Linie dem Ehegatten, in zweiter Linie den Kindern (§ 105 Abs. 2) zu.

(5) Leistungen nach Abs. 4 gebühren nicht, deren Beteiligung an der strafbaren Handlung, die die Freiheitsstrafe oder die Anhaltung (Abs. 2 Z 1) verursacht hat, rechtskräftig festgestellt ist.

(6) Der Aufenthalt in Grenzorten (§ 1 Abs. 4) der benachbarten Staaten ist dem Aufenthalt im Inland gleichzuhalten.

Beginn und Ende des Ruhens von Leistungsansprüchen

§ 36. Das Ruhen von Leistungsansprüchen in der Kranken- und Unfallversicherung wird mit dem Tag des Eintritts des Ruhensgrundes wirksam. Die Leistungen sind von dem Tag an wieder zu gewähren, mit dem der Ruhensgrund weggefallen ist.

Wirksamkeitsbeginn von Änderungen in den Rentenansprüchen

§ 37. (1) Eine wiederzuerkannte oder neu festgestellte Versehrtenrente (§ 94) wird mit dem Zeitpunkt der Anmeldung des Anspruches bzw. der Einleitung des amtswegigen Verfahrens wirksam.

(2) Die Erhöhung der Witwen(Witwer)rente wegen Krankheit oder Gebrechen ist auch für die Zeit der Minderung der Erwerbsfähigkeit vor der Anmeldung des Anspruches, längstens jedoch bis zu drei Monaten vor der Anmeldung zu gewähren. Das gleiche gilt für die Erhöhung von Waisenrenten, für die Erhöhung von Renten infolge Zuerkennung von Kinderzuschüssen sowie für die Weitergewährung von Kinderzuschüssen oder Waisenrenten.

(3) Die Herabsetzung einer Rente wird, wenn der Herabsetzungsgrund in der Wiederherstellung oder Besserung des körperlichen oder geistigen Zustandes des Rentners oder seines Kindes (§ 105 Abs. 3 Z 2) gelegen ist, mit dem Ablauf des Kalendermonates wirksam, der auf die Zustellung des Bescheides folgt, sonst mit dem Ende des Kalendermonates, in dem der Herabsetzungsgrund eingetreten ist.

Übertragung und Verpfändung von Leistungsansprüchen

§ 38. (1) Die Ansprüche auf Geldleistungen können unbeschadet der Bestimmungen des Abs. 3 rechtswirksam nur in folgenden Fällen übertragen oder verpfändet werden:

1. zur Deckung von Vorschüssen, die dem Anspruchsberechtigten von der Versicherungsanstalt, vom Dienstgeber oder von einem Träger der Sozialhilfe auf Rechnung der Versicherungsleistung nach deren Anfall, jedoch vor deren Flüssigmachung gewährt wurden;

2. zur Deckung von gesetzlichen Unterhaltsansprüchen gegen den Anspruchsberechtigten mit der Maßgabe, daß § 291b EO sinngemäß anzuwenden ist.

(BGBl 1990/297, BGBl 1991/628)

(2) Der Anspruchsberechtigte kann mit Zustimmung der Versicherungsanstalt seine Ansprüche auf Geldleistungen auch in anderen als den in Abs. 1 angeführten Fällen ganz oder teilweise rechtswirksam übertragen; die Versicherungsanstalt darf die Zustimmung nur erteilen, wenn die Übertragung im Interesse des Anspruchsberechtigten oder seiner nahen Angehörigen gelegen ist.

(3) Die nicht auf Geldleistungen gerichteten Ansprüche können weder übertragen noch verpfändet werden. Der Teilersatz der Bestattungskosten (§ 88 Z 2 lit. a) kann nur in den in Abs. 1 Z 1 angeführten Fällen übertragen oder verpfändet werden.

(BGBl 1993/110)

Pfändung von Leistungsansprüchen

§ 39. Die Exekutionsordnung regelt, inwieweit Leistungsansprüche nach diesem Bundesgesetz pfändbar sind.

(BGBl 1991/628)

Entziehung von Leistungsansprüchen

§ 40. (1) Sind die Voraussetzungen des Anspruches auf eine laufende Leistung aus der Unfallversicherung nicht mehr vorhanden, so ist die Leistung zu entziehen, sofern nicht der Anspruch gemäß § 41 ohne weiteres Verfahren erlischt.

(2) Die Leistung kann ferner auf Zeit ganz oder teilweise entzogen werden, wenn sich der Anspruchsberechtigte mit Hinweis auf diese Folgen einer Nachuntersuchung oder Beobachtung entzieht. Bei der Festsetzung des zeitlichen Ausmaßes sowie des Umfanges der Entziehung ist auf die Familien-, Einkommens- und Vermögensverhältnisse des Anspruchsberechtigten und auf den Aufwand, der der Versicherungsanstalt aus der Verweigerung der Nachuntersuchung oder der Beobachtung erwächst, Bedacht zu nehmen.

(3) Die Entziehung der Leistung wird mit Ablauf des Kalendermonates wirksam, der auf die Zustellung des Bescheides folgt.

Erlöschen von Leistungsansprüchen

§ 41. Der Anspruch auf eine laufende Leistung aus der Unfallversicherung erlischt ohne weiteres Verfahren mit dem Tod des Anspruchsberechtigten, mit der Verheiratung der (des) rentenberechtigten Witwe (Witwers) oder mit der Begründung einer eingetragenen Partnerschaft der (des) rentenberechtigten hinterbliebenen eingetragenen Partnerin (Partners), mit dem Wegfall der Voraussetzungen für die Annahme der Verschollenheit, mit der Vollendung des 18. Lebensjahres bei Waisenrenten und Kinderzuschüssen sowie nach Ablauf der Dauer, für die eine Rente zuerkannt wurde. Für den Kalendermonat, in dem der Grund des Wegfalles eingetreten ist, gebührt nur der verhältnismäßige Teil der Rente und des Kinderzuschusses, wobei der Kalendermonat einheitlich mit 30 Tagen anzunehmen ist und der verhältnismäßige Teil sich nach der Anzahl der Tage im betreffenden Kalendermonat bis zum Eintritt des Wegfallgrundes bestimmt.

(BGBl 1996/201, BGBl I 2009/135)

Rückwirkende Herstellung des gesetzlichen Zustandes bei Geldleistungen

§ 42. Ergibt sich nachträglich, daß eine Geldleistung bescheidmäßig infolge eines wesentlichen Irrtums über den Sachverhalt oder eines offenkundigen Versehens zu Unrecht abgelehnt, entzogen, eingestellt, zu niedrig bemessen oder zum Ruhen gebracht wurde, so ist mit Wirkung vom Tage der Auswirkung des Irrtums oder Versehens der gesetzliche Zustand herzustellen.

Verfall von Leistungsansprüchen infolge Zeitablaufes

§ 43. (1) Der Anspruch auf Leistungen aus der Krankenversicherung, mit Ausnahme eines Anspruches auf Kostenerstattung (Kostenersatz) oder auf einen Kostenzuschuß, ist vom Anspruchsberechtigten bei sonstigem Verlust binnen zwei Jahren nach seinem Entstehen, bei nachträglicher Feststellung der Versicherungspflicht binnen zwei Jahren nach Rechtskraft dieser Feststellung geltend zu machen.

(2) Der Anspruch auf Kostenerstattung (Kostenersatz) oder auf einen Kostenzuschuß ist vom Anspruchsberechtigten bei sonstigem Verlust binnen 42 Monaten nach Inanspruchnahme der Leistung geltend zu machen. Bei nachträglicher Feststellung der Versicherungspflicht verfällt der Anspruch frühestens nach Ablauf von zwei Jahren nach Rechtskraft dieser Feststellung.

(3) Der Anspruch auf bereits fällig gewordene Raten zuerkannter Renten verfällt nach Ablauf eines Jahres seit der Fälligkeit. Diese Frist wird gehemmt, solange dem Anspruchsberechtigten die Inanspruchnahme der Leistungen durch ein unabwendbares Hindernis nicht möglich ist.

(BGBl 1996/414)

(BGBl 1990/297)

Aufrechnung

§ 44. (1) Die Versicherungsanstalt darf auf die von ihr zu erbringenden Geldleistungen aufrechnen:

1. vom Anspruchsberechtigten einem Versicherungsträger nach diesem oder einem anderen Bundesgesetz geschuldete fällige Beiträge (einschließlich Verzugszinsen, sonstiger Nebengebühren, Gerichts- und Justizverwaltungsgebühren), soweit das Recht auf Einforderung nicht verjährt ist;

(BGBl I 1999/106)

2. von Trägern der gesetzlichen Sozialversicherung zu Unrecht erbrachte, vom Anspruchsberechtigten rückzuerstattende Leistungen, soweit das Recht auf Rückforderung nicht verjährt ist;

(BGBl I 1999/106)

3. von Trägern der gesetzlichen Sozialversicherung gewährte Vorschüsse (§ 368 Abs. 2 des Allgemeinen Sozialversicherungsgesetzes).

(BGBl I 1999/106)

(2) Die Aufrechnung nach Abs. 1 Z 1 ist nur bis zur Hälfte der zu erbringenden Geldleistung zulässig, wobei jedoch der anspruchsberechtigten Person ein Gesamteinkommen in der Höhe von 90% des jeweils in Betracht kommenden Richtsatzes nach § 293 ASVG verbleiben muss. Gesamteinkommen ist die zu erbringende Geldleistung zuzüglich eines aus übrigen Einkünften der leistungsberechtigten Person erwachsenden Nettoeinkommens (§ 292 ASVG) und der nach § 294 ASVG zu berücksichtigenden Beträge.

(BGBl I 2003/71, BGBl I 2003/145)

(3) Ist im Zeitpunkt des Todes des Anspruchsberechtigten eine fällige Geldleistung noch nicht ausgezahlt, ist die Aufrechnung nach Abs. 1 Z 1 ohne Begrenzung bis zur vollen Höhe der noch nicht ausgezahlten Geldleistung zulässig.

Auszahlung von Leistungen

§ 45. (1) Die Renten aus der Unfallversicherung werden monatlich im nachhinein am Ersten des Folgemonats ausgezahlt. Fällt der Auszahlungstermin der genannten Leistungen auf einen Samstag, Sonntag oder einen gesetzlichen Feiertag, so sind diese Leistungen so zeitgerecht anzuweisen, daß sie an dem diesen Tagen vorhergehenden Werktag dem Rentenbezieher zur Verfügung stehen. Die Versicherungsanstalt kann bei der baren Überweisung die Auszahlung auf einen anderen Tag als den Monatsersten vorverlegen. Das Versehrtengeld ist wöchentlich im nachhinein auszuzahlen. Die Satzung kann bestimmen, daß die Auszahlung auch für längere, längstens zwei Wochen betragende Zeiträume im nachhinein vorgenommen wird.

(BGBl 1996/201, BGBl 1996/414)

(2) Einmalige Geldleistungen sind binnen zwei Wochen nach der Feststellung der Anspruchsberechtigung auszuzahlen.

(3) (aufgehoben)

(BGBl I 2001/67)

(4) Auf Verlangen der Versicherungsanstalt haben die Anspruchsberechtigten Lebens- oder Witwen(Witwer)schafts- oder Hinterbliebenenbestätigungen beizubringen. Solange diese Bestätigungen nicht beigebracht sind, können die Renten zurückgehalten werden.

(BGBl I 2009/135)

(5) Die Geldleistungen sind bargeldlos zu erbringen, wenn und so lange der (die) Anspruchsberechtigte nicht ausdrücklich Barzahlung verlangt. Gebühren für die Zustellung sind von der Versicherungsanstalt zu zahlen. Das gleiche gilt in der Krankenversicherung für die Zustellung der Geldleistungen (der an Stelle von Sachleistungen gewährten Erstattungsbeträge).

(BGBl I 2002/4)

Rentensonderzahlungen

§ 46. (1) Zu Renten aus der Unfallversicherung, die in den Monaten April bzw. September bezogen werden, gebührt je eine Sonderzahlung.

(BGBl 1996/764)

(2) Wird die Rente einer anderen Person oder Stelle als dem ehemals versicherten Berechtigten (den berechtigten Hinterbliebenen) auf Grund eines Anspruchsüberganges überwiesen, so werden die Sonderzahlungen nur geleistet, wenn sie dem Berechtigten ungeschmälert zukommen.

B-KUVG

(3) Die Sonderzahlung gebührt in der Höhe der für den Monat April bzw. September ausgezahlten Rente einschließlich der Zuschüsse.

(BGBl 1996/764)

(4) Die Sonderzahlungen sind zu im Monat April bzw. September laufenden Renten in diesen Monaten, sonst zugleich mit der Aufnahme der laufenden Rentenzahlung flüssigzumachen.

(BGBl 1996/764)

(5) Ein schriftlicher Bescheid ist nur im Falle der Ablehnung und auch dann nur auf Begehren des Rentenberechtigten zu erteilen.

Hilflosenzuschuß

§ 47. (aufgehoben)

(BGBl 1993/110)

Zahlungsempfänger

§ 48. (1) Leistungen werden an den Anspruchsberechtigten ausgezahlt. Ist der Anspruchsberechtigte minderjährig, so ist die Leistung dem gesetzlichen Vertreter auszuzahlen. Mündige Minderjährige sind jedoch für Leistungen, die ihnen auf Grund ihrer eigenen Versicherung zustehen, selbst empfangsberechtigt. Ist der/die volljährige Anspruchsberechtigte nicht geschäftsfähig, so ist seiner/ihrer gesetzlichen Vertretung (§ 1034 ABGB) die Leistung auszuzahlen, wenn die Angelegenheiten, mit deren Besorgung sie betraut worden ist, die Empfangnahme der Leistung umfassen.

(BGBl I 2018/59)

(2) Wird wahrgenommen, daß Waisenrenten oder Kinderzuschüsse vom Zahlungsempfänger nicht zugunsten des Kindes verwendet werden, so kann die Versicherungsanstalt mit Zustimmung des Pflegschafts(Vormundschafts)gerichtes einen anderen Zahlungsempfänger bestellen.

Rückforderung zu Unrecht erbrachter Leistungen

§ 49. (1) Zu Unrecht erbrachte Geldleistungen sowie der Aufwand für zu Unrecht erbrachte Sachleistungen sind von der Versicherungsanstalt zurückzufordern, wenn der Empfänger die Gewährung der Leistung durch bewußt unwahre Angaben, bewußte Verschweigung maßgebender Tatsachen oder Verletzung der Meldevorschriften (§ 15) herbeigeführt hat oder wenn der Empfänger erkennen mußte, daß die Leistung nicht oder nicht in dieser Höhe gebührte. Geldleistungen sind ferner zurückzufordern, wenn und soweit sich wegen eines nachträglich festgestellten Anspruches auf Weiterleistung der Geld- und Sachbezüge herausstellt, dass sie zu Unrecht erbracht wurden.

(BGBl I 2015/162)

(2) Das Recht auf Rückforderung nach Abs. 1

a)   besteht nicht, wenn die Versicherungsanstalt zum Zeitpunkt, in dem sie erkennen mußte, daß die Leistung zu Unrecht erbracht worden ist, die für eine bescheidmäßige Feststellung erforderlichen Maßnahmen innerhalb einer angemessenen Frist unterlassen hat;

b)   verjährt binnen drei Jahren nach dem Zeitpunkt, in dem der Versicherungsanstalt bekannt geworden ist, daß die Leistung zu Unrecht erbracht worden ist.

(3) Die Versicherungsanstalt kann bei Vorliegen berücksichtigungswürdiger Umstände, insbesondere in Berücksichtigung der Familien-, Einkommens- und Vermögensverhältnisse des Empfängers,

1.   auf die Rückforderung nach Abs. 1 verzichten;

2.   die Erstattung des zu Unrecht gezahlten Betrages in Teilbeträgen zulassen.

(4) Zur Eintreibung der Forderungen der Versicherungsanstalt auf Grund der Rückforderungsbescheide wird der Versicherungsanstalt die Einbringung im „Verwaltungsweg" gewährt. „(§ 3 Abs. 3 des Verwaltungsvollstreckungsgesetzes 1991 – VVG, BGBl. Nr. 53/1991)".

(BGBl I 2021/28)

(5) Das Recht auf Rückforderung nach Abs. 1 besteht im Falle des Todes des Anspruchsberechtigten gegenüber allen Personen, die zum Bezug der noch nicht erbrachten Leistungen berechtigt sind, soweit sie eine der im § 50 Abs. 1 bezeichneten Leistungen bezogen haben.

Bezugsberechtigung im Falle des Todes des Anspruchsberechtigten

§ 50. (1) Ist im Zeitpunkt des Todes des Anspruchsberechtigten eine fällige Geldleistung (Erstattung von Kosten an Stelle von Sachleistungen) noch nicht ausgezahlt, so sind, sofern in diesem Bundesgesetz nichts anderes bestimmt wird, nacheinander der/die Ehegatte/Ehegattin oder der/die eingetragene Partner/Partnerin, die leiblichen Kinder, die Wahlkinder, die Stiefkinder, die Eltern, die Geschwister bezugsberechtigt, alle diese Personen jedoch nur, wenn sie mit dem Anspruchsberechtigten zur Zeit seines Todes in häuslicher Gemeinschaft gelebt haben. Steht der Anspruch mehreren Kindern, den Eltern oder mehreren Geschwistern des Verstorbenen zu, so sind sie zu gleichen Teilen bezugsberechtigt. Letztlich sind die Verlassenschaft nach dem Versicherten bzw. dessen Erben bezugsberechtigt.

(BGBl 1996/414, BGBl I 2009/135)

(2) Der Anspruch auf Kostenersatz gemäß § 59 Abs. 1 und 3 sowie gemäß § 69 Abs. 6 und auf Pflegekostenzuschüsse gemäß § 68a steht nach dem Tode eines Versicherten den im Abs. 1 genannten Personen bzw. denjenigen Personen zu, die die Kosten an Stelle des Versicherten getragen haben.

(BGBl 1996/764, BGBl I 2001/5, BGBl I 2004/179, BGBl I 2007/101)

ABSCHNITT II
Leistungen der Krankenversicherung

1. UNTERABSCHNITT
Gemeinsame Bestimmungen

Aufgaben

§ 51. (1) Die Krankenversicherung trifft Vorsorge

1. für die evidenzbasierte Früherkennung von und Frühintervention bei Krankheiten und die Erhaltung der Volksgesundheit;
   (BGBl 1991/679, BGBl I 2013/81)
2. für die Versicherungsfälle der Krankheit und der Mutterschaft;
   (BGBl 1990/297)
3. für Zahnbehandlung und Zahnersatz;
   (BGBl 1991/679)
4. für medizinische Maßnahmen der Rehabilitation;
   (BGBl 1991/679)
5. für zielgerichtete, wirkungsorientierte Gesundheitsförderung (Salutogenese) und Prävention.
   (BGBl 1991/679, BGBl I 2013/81)

(2) Überdies können aus Mitteln der Krankenversicherung
1. Maßnahmen der erweiterten Heilbehandlung (§ 70) und
2. Maßnahmen zur Krankheitsverhütung (§ 72)
gewährt werden.

(BGBl 1990/297, BGBl 1991/679)

(3) Mittel der Krankenversicherung können auch zur Förderung und Unterstützung von gemeinnützigen Einrichtungen, die der Verhütung oder Früherkennung von Krankheiten, der Verhütung von Unfällen, ausgenommen Dienstunfälle, der Sicherstellung der Leistung ärztlicher Hilfe oder der Betreuung von Kranken dienen, sowie zur Förderung der Niederlassung von Vertragsärzten (Vertrags-Gruppenpraxen) in medizinisch schlecht versorgten Gebieten und zur Aufrechterhaltung der Praxis in solchen Gebieten verwendet werden, wenn dies der Erfüllung der in den Abs. 1 und 2 genannten Aufgaben dient.

(BGBl 1991/679, BGBl I 2001/102)

(4) Mittel der Krankenversicherung können auch zur Erforschung von Krankheits- bzw. Unfallursachen (ausgenommen Dienstunfälle) verwendet werden, wenn dies der Erfüllung der in den Abs. 1 und 2 genannten Aufgaben dient.

(5) Beim Tod des Versicherten, des sonst nach § 55 Anspruchsberechtigten oder eines Angehörigen (§ 56) kann nach Maßgabe der Satzung nach Maßgabe der finanziellen Leistungsfähigkeit der Versicherungsanstalt ein Zuschuß zu den Bestattungskosten gewährt werden. Dieser Zuschuß kann unter Bedachtnahme auf die wirtschaftlichen Verhältnisse desjenigen, der die Kosten der Bestattung getragen hat, bis zur Höhe von 436,04 € gezahlt werden.

(BGBl 1991/679, BGBl I 2001/67)

Leistungen

§ 52. Als Leistungen der Krankenversicherung werden nach Maßgabe der Bestimmungen dieses Bundesgesetzes gewährt:

1. Zur Früherkennung von Krankheiten Vorsorge(Gesunden)untersuchungen (§ 61a);
   (BGBl 1990/297)
2. aus dem Versicherungsfall der Krankheit: Krankenbehandlung (§§ 62 bis 65), erforderlichenfalls medizinische Hauskrankenpflege (§ 71) oder Anstaltpflege (§§ 66 bis 68);
   (BGBl 1991/679)
3. aus dem Versicherungsfall der Mutterschaft:
   a) ärztlicher Beistand, Hebammenbeistand sowie Beistand durch diplomierte Kinderkranken- und Säuglingsschwestern (§ 76);
   b) Heilmittel und Heilbehelfe (§ 77);
   c) Pflege in einer Krankenanstalt (§ 78).
   (BGBl I 2000/92, BGBl I 2001/33)
   d) (aufgehoben)
   (BGBl I 2000/92, BGBl I 2001/33)
   (BGBl I 1999/10)

Zur Inanspruchnahme der Leistungen aus den Versicherungsfällen der Krankheit und der Mutterschaft werden auch die notwendigen Reise(Fahrt)- und Transportkosten (§§ 82 und 83) gewährt.

Eintritt des Versicherungsfalles

§ 53. Der Versicherungsfall gilt als eingetreten:
1. im Versicherungsfall der Krankheit mit dem Beginn der Krankheit, das ist des regelwidrigen Körper- oder Geisteszustandes, der die Krankenbehandlung notwendig macht;
2. im Versicherungsfall der Arbeitsunfähigkeit infolge Krankheit (§ 84) mit dem Beginn der durch eine Krankheit im Sinne der Z 1 herbeigeführten Arbeitsunfähigkeit;
   (BGBl I 1999/174)
3. im Versicherungsfall der Mutterschaft mit dem Beginn der achten Woche vor der voraussichtlichen Entbindung; wenn aber die Entbindung vor diesem Zeitpunkt erfolgt, mit der Entbindung; ist der Tag der voraussichtlichen Entbindung nicht festgestellt worden, mit dem Beginn der achten Woche vor der Entbindung. Darüber hinaus gilt der Versicherungsfall der Mutterschaft bei Dienstnehmerinnen in jenem Zeitpunkt und für jenen Zeitraum als eingetreten, in dem diese auf Grund besonderer Vorschriften des Mutterschutzrechtes im Einzelfall auf Grund des Zeugnisses eines Facharztes, Arbeitsinspektionsarztes oder Amtsarztes nicht beschäftigt werden dürfen, weil Leben oder Gesundheit von Mutter oder Kind bei Fortdauer der Beschäftigung oder Aufnahme einer Beschäftigung gefährdet wäre.

(BGBl I 1999/174, BGBl I 2010/61, BGBl I 2017/126)

(BGBl I 2009/84)

B-KUVG

Organspende

§ 53a. (1) Einer Krankheit im Sinne des § 53 Z 1 ist gleichzuhalten, wenn ein Versicherter/eine Versicherte (Angehöriger/Angehörige) in nicht auf Gewinn gerichteter Absicht einen Teil seines/ihres Körpers zur Übertragung in den Körper eines anderen Menschen spendet. Der Versicherungsfall der Krankheit gilt mit dem Zeitpunkt als eingetreten, in dem die erste ärztliche Maßnahme gesetzt wird, die der späteren Entnahme des Körperteiles voranzugehen hat. Der Versicherungsfall umfasst auch die Nachkontrolle nach § 9 Organtransplantationsgesetz - OTPG, BGBl. I Nr. 108/2012.

(BGBl I 2009/147, BGBl I 2012/107)

(2) In grenzüberschreitenden Fällen, in denen weder nach dem Unionsrecht oder einem von Österreich geschlossenen Abkommen noch nach dem jeweiligen ausländischen Rechtsvorschriften eine Erstattung der Kosten der Spende durch den ausländischen Träger vorgesehen ist, hat der Träger der Krankenversicherung der Empfängerin/des Empfängers die mit der Spende notwendig verbundenen Sachleistungen für die Spenderin/den Spender wie für eine/n eigene/n Versicherte/n zu erbringen.

(BGBl I 2015/162)

(BGBl I 2009/84)

Arten der Leistungen

§ 54. (1) Die Leistungen der Krankenversicherung werden gewährt als:

1.   Pflichtleistungen;
2.   freiwillige Leistungen.

(2) Pflichtleistungen sind Leistungen, auf die ein Rechtsanspruch besteht. Freiwillige Leistungen sind Leistungen, die auf Grund gesetzlicher oder satzungsmäßiger Vorschriften gewährt werden können, ohne daß auf sie ein Rechtsanspruch besteht.

Anspruchsberechtigung während der Versicherung und nach dem Ausscheiden aus der Versicherung

§ 55. (1) Versicherte und deren Angehörige (§ 56) haben Anspruch auf die Leistungen der Krankenversicherung, wenn der Versicherungsfall während der Versicherung eingetreten ist oder die Krankheit im Zeitpunkt des Beginnes der Versicherung bereits bestanden hat. Die Leistungen sind in beiden Fällen auch über das Ende der Versicherung beziehungsweise über das Ende der Angehörigeneigenschaft hinaus weiterzugewähren, solange es sich um einen und denselben Versicherungsfall handelt.

(1a) Über die Bestimmungen des Abs. 1 hinaus sind weiters Leistungen aus dem Versicherungsfall der Krankheit sowie Leistungen der chirurgischen und konservierenden Zahnbehandlung zu gewähren, wenn Versicherungsschutz aufgrund einer Pflichtversicherung oder einer Anspruchsberechtigung als Angehörige/r bestanden hat, die Erkrankung innerhalb von sechs Wochen nach dem Ende der Anspruchsberechtigung eintritt und kein anderer Anspruch auf Leistungen einer gesetzlichen Krankenversicherung oder einer Krankenfürsorgeeinrichtung eines öffentlich-rechtlichen Dienstgebers gegeben ist.

(BGBl I 2007/101, BGBl I 2009/84)

(2) Wo im folgenden Versicherte als Anspruchsberechtigte genannt werden, sind hierunter, soweit nichts anderes bestimmt wird, auch die in Abs. 1 bezeichneten aus der Versicherung ausgeschiedenen anspruchsberechtigten Personen zu verstehen.

(3) Für die Dauer des Präsenz- oder Ausbildungsdienstes auf Grund der Bestimmungen des Wehrgesetzes 2001 ruht der Anspruch des/der Versicherten auf Leistungen der Krankenversicherung für die eigene Person. Dies gilt nicht für nach § 8 Abs. 1 Z 1 lit. e ASVG Teilversicherte.

(BGBl 1996/414, BGBl I 1998/30, BGBl I 2010/111)

(4) Für die Zeit der Aufrechterhaltung der Krankenversicherung gemäß § 7 Abs. 2 Z 3 besteht kein Anspruch auf Kranken- oder Wochengeld.

(BGBl I 1999/174)

Leistungen bei Wechsel der Versicherungszuständigkeit

§ 55a. (1) Tritt im Falle des § 55 Abs. 1 zweiter Satz während der Gewährung von Leistungen aus dem Versicherungsfall der Krankheit eine Änderung in der Versicherungszuständigkeit ein, so geht die Leistungszuständigkeit auf den versicherungszuständig gewordenen Träger der Krankenversicherung über. Hiebei sind die Leistungen vom versicherungszuständig gewordenen Träger der Krankenversicherung nach den für ihn geltenden Vorschriften weiter zu gewähren.

(BGBl I 1999/174)

(2) Tritt während der Gewährung (des Ruhens) von Kranken- oder Wochengeld eine Änderung in der Versicherungszuständigkeit ein, so bleibt der frühere Versicherungsträger für den betreffenden Versicherungsfall weiter leistungszuständig.

(BGBl I 1999/174)

(3) Tritt innerhalb des Zeitraumes zwischen dem Beginn der letzten acht Wochen vor der voraussichtlichen Entbindung und der tatsächlichen Entbindung ein Wechsel in der Versicherungszuständigkeit zwischen der Versicherungsanstalt öffentlich Bediensteter, Eisenbahnen und Bergbau und einem anderen Träger der gesetzlichen Krankenversicherung ein, so hat ab diesem Zeitpunkt der zuständig gewordene Versicherungsträger die Leistungen aus dem Versicherungsfall der Mutterschaft, mit Ausnahme des Wochengeldes (Abs. 2), zu erbringen.

(BGBl I 1999/174, BGBl I 2018/100)

(4) Tritt im Falle des – gemäß § 84 anzuwendenden – § 134 Abs. 2 und 3 ASVG während der Gewährung von Leistungen aus dem Versicherungsfall der Krankheit eine Änderung in der Versicherungszuständigkeit ein, so geht die Leistungszuständigkeit auf den versicherungszuständig gewordenen Träger der Krankenversicherung über. Dies gilt auch, wenn die Versicherungszuständig-

keit auf den Träger einer nach einem anderen Bundesgesetz geregelten Krankenversicherung übergeht, mit der Maßgabe, daß die Leistungen vom versicherungszuständig gewordenen Träger der Krankenversicherung nach den für ihn geltenden Vorschriften weiter zu gewähren sind.

(BGBl I 1999/174)

Anspruchsberechtigung der Angehörigen

§ 56. (1) Angehörige haben Anspruch auf die Leistungen, wenn sie ihren gewöhnlichen Aufenthalt im Inland haben und weder nach den Vorschriften dieses Bundesgesetzes noch nach anderer gesetzlicher Vorschrift krankenversichert sind und für sie auch seitens einer Krankenfürsorgeeinrichtung des öffentlich-rechtlichen Dienstgebers Krankenfürsorge nicht vorgesehen ist. Der gewöhnliche Aufenthalt im Inland ist auch dann anzunehmen, wenn sich der (die) Angehörige

1. im Zusammenhang mit einem auf einem Dienstauftrag beruhenden Auslandsaufenthalt des Versicherten im Ausland oder

2. an dem in einem Grenzort (§ 1 Abs. 4) befindlichen Wohnsitz des Versicherten aufhält.

(2) Als Angehörige gelten:

1. der/die Ehegatte/Ehegattin oder eingetragene Partner/Partnerin;

    (BGBl I 2009/135)

2. die Kinder und die Wahlkinder;

    (BGBl I 2013/86)

3. (aufgehoben)

    (BGBl I 2013/86)

4. (aufgehoben)

    (BGBl I 2013/86)

5. die Stiefkinder und Enkel, wenn sie mit dem Versicherten ständig in Hausgemeinschaft leben;

6. die Pflegekinder, wenn sie vom Versicherten unentgeltlich verpflegt werden oder das Pflegeverhältnis auf einer behördlichen Bewilligung beruht.

Die ständige Hausgemeinschaft im Sinne der Z 5 besteht weiter, wenn sich das Kind nur vorübergehend oder wegen schulmäßiger (beruflicher) Ausbildung oder zeitweilig wegen Heilbehandlung außerhalb der Hausgemeinschaft aufhält; das gleiche gilt, wenn sich das Kind auf Veranlassung des Versicherten und überwiegend auf dessen Kosten der auf Anordnung der Jugendfürsorge oder des Pflegschaftsgerichtes in Obsorge eines Dritten befindet.

(BGBl I 2002/4)

(2a) Stiefkinder einer Person sind die nicht von ihr abstammenden leiblichen Kinder ihrer Ehegattin/ihres Ehegatten oder ihrer eingetragenen Partnerin/ihres eingetragenen Partners, und zwar auch dann, wenn der andere leibliche Elternteil des Kindes noch lebt. Die Stiefkindschaft besteht nach Auflösung oder Nichtigerklärung der sie

begründenden Ehe oder der eingetragenen Partnerschaft weiter.

(BGBl I 2013/139)

(3) Kinder und Enkel (Abs. 2 Z 2 bis 6) gelten als Angehörige bis zur Vollendung des 18. Lebensjahres. Nach diesem Zeitpunkt gelten sie als Angehörige, wenn und solange sie

1. sich in einer Schul- oder Berufsausbildung befinden, die ihre Arbeitskraft überwiegend beansprucht, längstens bis zur Vollendung des 27. Lebensjahres; die Angehörigeneigenschaft von Kindern, die eine im § 3 des Studienförderungsgesetzes 1992 genannte Einrichtung besuchen, verlängert sich nur dann, wenn für sie

    a) entweder Familienbeihilfe nach dem Familienlastenausgleichsgesetz 1967 bezogen wird oder

    b) zwar keine Familienbeihilfe bezogen wird, sie jedoch ein ordentliches Studium ernsthaft und zielstrebig im Sinne des § 2 Abs. 1 lit. b des Familienlastenausgleichsgesetzes 1967 in der Fassung des Bundesgesetzes BGBl. Nr. 311/1992 betreiben;

    (BGBl 1992/474, BGBl 1996/201, BGBl I 2002/144)

2. seit der Vollendung des 18. Lebensjahres oder seit dem Ablauf des in Z 1 genannten Zeitraumes

    a) infolge Krankheit oder Gebrechens erwerbsunfähig sind oder

    b) erwerbslos sind;

    (BGBl I 2001/102)

3. an einem Programm der Europäischen Union zur Förderung der Mobilität junger Menschen teilnehmen, längstens bis zur Vollendung des 27. Lebensjahres.

    (BGBl I 2001/102, BGBl I 2015/162)

Die Angehörigeneigenschaft bleibt in den Fällen der Z 2 lit. b längstens für die Dauer von 24 Monaten ab den in Z 2 genannten Zeitpunkten gewahrt.

(4) Kinder und Enkel (Abs. 2 Z 2 bis 6) gelten im Rahmen der Altersgrenzen des Abs. 3 Z 1 auch dann als Angehörige, wenn sie sich im Ausland in einer Schul- oder Berufsausbildung befinden; dies gilt auch bei nur vorübergehendem Aufenthalt im Inland.

(BGBl 1991/679)

(5) Besteht für anspruchsberechtigte Angehörige nach diesem Bundesgesetz auch ein Leistungsanspruch gegen andere Träger einer gesetzlichen Krankenversicherung, so werden diese Leistungen nur einmal gewährt. Leistungspflichtig ist der Versicherungsträger, der zuerst in Anspruch genommen wird.

(6) Als Angehörige gilt jeweils auch eine Person aus dem Kreis der Eltern, Wahl-, Stief- und Pflegeeltern, der Kinder, Wahl-, Stief- und Pflegekinder, der Enkel oder der Geschwister des (der) Versicherten, die seit mindestens zehn Monaten mit ihm (ihr)

in Hausgemeinschaft lebt und ihm (ihr) seit dieser Zeit unentgeltlich den Haushalt führt, wenn ein/eine im gemeinsamen Haushalt lebender/lebende arbeitsfähiger/arbeitsfähige Ehegatte/Ehegattin oder eingetragener Partner/eingetragene Partnerin nicht vorhanden ist. Die Angehörigeneigenschaft bleibt auch dann gewahrt, wenn die als Angehörige geltende Person nicht mehr in der Lage ist, den Haushalt zu führen. Angehöriger aus diesem Grunde kann nur eine einzige Person sein.

(BGBl I 2007/32, BGBl I 2009/135)

(6a) Als Angehörige/r gilt auch eine mit der/dem Versicherten nicht verwandte Person, die seit mindestens zehn Monaten mit ihm/ihr in Hausgemeinschaft lebt und ihm/ihr seit dieser Zeit unentgeltlich den Haushalt führt, wenn eine/ein im gemeinsamen Haushalt lebende/r arbeitsfähige/r Ehegattin/Ehegatte oder eingetragene Partnerin/Partner nicht vorhanden ist. Die Angehörigeneigenschaft bleibt auch dann gewahrt, wenn die als Angehörige/r geltende Person nicht mehr in der Lage ist, den Haushalt zu führen. Angehörige/r aus diesem Grund (Abs. 6 und 6a) kann nur eine einzige Person sein.

(BGBl I 2006/131, BGBl I 2007/32, BGBl I 2009/84, BGBl I 2009/135)

(6b) Als Angehörige gelten auch Personen, die eine/n Versicherte/n mit Anspruch auf Pflegegeld zumindest in Höhe der Stufe 3 nach § 5 des Bundespflegegeldgesetzes oder nach den Bestimmungen der Landespflegegeldgesetze unter ganz überwiegender Beanspruchung ihrer Arbeitskraft nicht erwerbsmäßig in häuslicher Umgebung pflegen. Als Angehörige gelten die/der Ehegattin/Ehegatte, eingetragene Partnerin/Partner und Personen, die mit der pflegebedürftigen Person in gerader Linie oder bis zum vierten Grad der Seitenlinie verwandt oder verschwägert sind, ferner Wahl-, Stief- und Pflegekinder, Wahl-, Stief- und Pflegeeltern sowie Angehörige nach Abs. 6a.

(BGBl I 2009/84, BGBl I 2009/135)

(7) Als Angehörige gelten auch frühere Ehegatten oder eingetragene Partner/Partnerinnen des/der Versicherten, wenn und solange ihnen dieser/diese als Folge einer Nichtigerklärung, Aufhebung oder Scheidung der Ehe oder Nichtigerklärung oder Auflösung der eingetragenen Partnerschaft Unterhalt zu leisten hat und wenn die Voraussetzungen nach Abs. 1 erfüllt sind.

(BGBl 1990/297, BGBl I 2009/135)

(8) Als Angehörige gelten auch die Eltern (Wahl-, Stief- und Pflegeeltern) des (der) Versicherten, wenn sie mit ihm (ihr) in Hausgemeinschaft leben und von ihm (ihr) ganz oder überwiegend erhalten werden.

(9) Eine im Abs. 2 Z 1 und Abs. 6 bis 8 genannte Person gilt nur als Angehöriger, soweit es sich nicht um eine Person handelt, die

a) einer Berufsgruppe angehört, die gemäß § 5 Abs. 1 GSVG von der Pflichtversicherung ausgenommen ist, oder

(BGBl I 1997/139, BGBl I 1998/142)

b) zu den im § 4 Abs. 2 Z 2 GSVG genannten Personen gehört oder

(BGBl 1990/297, BGBl I 1998/142, BGBl I 2000/92, BGBl I 2001/33)

c) im § 2 Abs. 1 des Bundesgesetzes über die Sozialversicherung freiberuflich selbständig Erwerbstätiger, BGBl. Nr. 624/1978, in der am 31. Dezember 1997 geltenden Fassung angeführt ist oder

(BGBl 1990/297, BGBl 1996/414, BGBl I 1998/142)

d) eine Pension nach dem in lit. c genannten Bundesgesetz bezieht oder

(BGBl I 1998/142)

e) in die Vorsorge nach dem Notarversorgungsgesetz einbezogen ist oder eine Pension nach dem Notarversicherungsgesetz 1972 oder dem Notarversorgungsgesetz bezieht oder

(BGBl 1996/414, BGBl I 1998/142, BGBl I 2012/123, BGBl I 2018/100)

f) einer Berufsgruppe angehörte, die nach § 5 Abs. 1 auch von der Pflichtversicherung in der Krankenversicherung ausgenommen ist, und eine Alters-, Berufsunfähigkeits- oder Todesversorgungsleistung aus einer Einrichtung ihrer gesetzlichen beruflichen Vertretung bezieht. Besondere Pensionsleistungen nach den §§ 20c, 20d und 20e FSVG gelten als Versorgungsleistungen.

(BGBl I 2012/123)

(10) Eine im Abs. 2 und Abs. 3 sowie Abs. 6 bis 8 genannte Person gilt nicht als Angehöriger, wenn sie im Ausland eine Erwerbstätigkeit ausübt, die, würde sie im Inland ausgeübt werden, nach den Bestimmungen dieses oder eines anderen Bundesgesetzes die Versicherungspflicht in der Krankenversicherung begründet, oder eine Pension auf Grund dieser Erwerbstätigkeit bezieht; dies gilt entsprechend für eine Beschäftigung bei einer internationalen Organisation und den Bezug einer Pension auf Grund dieser Beschäftigung.

(BGBl I 2001/102, BGBl I 2009/84, BGBl I 2012/123)

(11) Als Pflegekinder gemäß Abs. 2 Z 6 gelten auch Kinder, die von einem (einer) Versicherten gepflegt und erzogen werden, wenn sie mit dem (der) Versicherten

(BGBl 1996/414)

1. bis zum dritten Grad verwandt oder verschwägert sind und

2. ständig in Hausgemeinschaft leben.

Leistungen bei mehrfacher Versicherung

§ 57. Bei mehrfacher Krankenversicherung nach den Bestimmungen dieses oder eines anderen Bundesgesetzes sind die Sachleistungen (die Erstattung von Kosten anstelle von Sachleistungen) für ein und denselben Versicherungsfall nur einmal zu gewähren, und zwar von dem Versicherungsträger, den die/der Versicherte zuerst in Anspruch nimmt. Die Barleistungen gebühren aus jeder der in Betracht kommenden Versicherungen.

(BGBl I 1997/139, BGBl I 1999/174, BGBl I 2000/2, BGBl I 2004/171)

Erkrankung im Ausland

§ 58. (1) Hält sich eine in der Krankenversicherung pflichtversicherte Person im dienstlichen Auftrag im Ausland auf, so erhält sie für die Dauer des Auslandsaufenthaltes die ihr nach diesem Bundesgesetz zustehenden Leistungen vom Dienstgeber. Dies gilt auch für Angehörige, wenn und solange sie sich aus einem der im § 56 Abs. 1 Z 1 und 2 angeführten Gründe im Ausland aufhalten, unbeschadet einer Pflichtversicherung in der Krankenversicherung in Folge eines Kinderbetreuungsgeldbezuges oder hinsichtlich der Sachleistungen unbeschadet einer Anspruchsberechtigung nach § 122 Abs. 3 ASVG in Verbindung mit § 84 Abs. 1. Solange der Dienstgeber das Entgelt im Sinne des § 49 Abs. 1, 3 und 4 ASVG weiter gewährt, beschränkt sich die vorstehende Verpflichtung des Dienstgebers auf die Sachleistungen.

(BGBl I 2002/4, BGBl I 2007/101)

(2) Der Dienstgeber hat binnen einem Monat den Eintritt des Versicherungsfalles der Versicherungsanstalt mitzuteilen; diese kann die Leistungen auch selbst erbringen.

(3) Die Versicherungsanstalt erstattet dem Dienstgeber höchstens jene Kosten, die ihr bei Inanspruchnahme im Inland erwachsen wären. Für die Unterbringung in einer Krankenanstalt leistet die Versicherungsanstalt einen Pflegekostenzuschuß gemäß § 68a.

(BGBl 1996/764, BGBl I 2001/5, BGBl I 2004/179, BGBl I 2007/101)

(4) Zwischen der Versicherungsanstalt und dem Dienstgeber kann, wenn dies der Verwaltungsvereinfachung dient, eine Vereinbarung getroffen werden, wonach der Anspruch des Dienstgebers nach Abs. 3 durch einen von der Versicherungsanstalt zu leistenden Pauschbetrag abgegolten wird. Die Vereinbarung hat auch sonstige die Kostenerstattung betreffende Fragen, wie die Fälligkeit der Pauschbeträge, die Geltungsdauer der Vereinbarung und die Auflösungsgründe zu regeln.

(BGBl 1996/764)

Erstattung der Kosten der Krankenbehandlung

§ 59. (1) Nimmt der Anspruchsberechtigte nicht die Vertragspartner (§ 128) oder die eigenen Einrichtungen (Vertragseinrichtungen) der Versicherungsanstalt zur Erbringung der Sachleistungen der Krankenbehandlung (ärztliche Hilfe, Heilmittel, Heilbehelfe und Hilfsmittel) in Anspruch, so gebührt ihm der Ersatz der Kosten einer anderweitigen Krankenbehandlung in der Höhe des Betrages, der bei Inanspruchnahme der entsprechenden Vertragspartner aufzuwenden gewesen wäre. Die Kosten einer Inanspruchnahme der Anstaltspflege außerhalb der allgemeinen Gebührenklasse sind nach Maßgabe der Bestimmungen der Satzung

zu ersetzen. Bei der Festsetzung dieses Ersatzes ist auf die finanzielle Leistungsfähigkeit der Versicherungsanstalt Bedacht zu nehmen. Die Kostenerstattung ist um den Betrag zu vermindern, der vom Versicherten als Behandlungsbeitrag (§ 63 Abs. 4) bzw. als Rezeptgebühr (§ 64 Abs. 3) bei Inanspruchnahme der ärztlichen Hilfe bzw. von Heilmitteln als Sachleistung zu leisten gewesen wäre.

(BGBl 1996/764, BGBl I 2001/5, BGBl I 2004/179, BGBl I 2007/101)

(2) Die Erstattung von Kosten der Krankenbehandlung ist ausgeschlossen, wenn der Anspruchsberechtigte in demselben Versicherungsfall einen Vertragspartner oder eine eigene Einrichtung (Vertragseinrichtung) der Versicherungsanstalt in Anspruch nimmt.

(3) Stehen eigene Einrichtungen (Vertragseinrichtungen) der Versicherungsanstalt nicht zur Verfügung, kann die nächstgelegene geeignete Einrichtung in Anspruch genommen werden. Das gleiche gilt bei im Inland eingetretenen Unfällen, plötzlichen Erkrankungen und ähnlichen Ereignissen. Die Versicherungsanstalt hat in solchen Fällen für die dem Versicherten tatsächlich erwachsenen Kosten (Arztkosten, Heilmittelkosten, Kosten der Anstaltspflege und Transportkosten) den in der Satzung festgesetzten Ersatz zu leisten; darüber hinaus können nach Maßgabe der Satzung auch die notwendigen Reise(Fahrt)kosten übernommen werden. Bei der Feststellung des Ersatzes ist auf die finanzielle Leistungsfähigkeit der Versicherungsanstalt Bedacht zu nehmen. Abs. 1 letzter Satz gilt entsprechend. Für die weitere Behandlung ist, sofern der Versicherte nicht eine anderweitige Krankenbehandlung im Sinne des Abs. 1 in Anspruch nimmt, so bald wie möglich ein Vertragspartner oder eine eigene Einrichtung (Vertragseinrichtung) der Versicherungsanstalt heranzuziehen, wenn der Zustand des Erkrankten (Verletzten) dies ohne Gefahr einer Verschlimmerung zuläßt.

(BGBl 1996/414)

(4) Für Leistungen eines approbierten Arztes (§ 44 Abs. 1 des Ärztegesetzes 1998) besteht nur dann Anspruch auf Kostenerstattung, wenn der Arzt gemäß Artikel 29 der Richtlinie 2005/36/EG über die Anerkennung von Berufsqualifikationen, ABl. Nr. L 255 vom 30.09.2005 S. 22, zuletzt geändert durch die „Richtlinie 2013/55/EU, ABl. Nr. L 354 vom 28.12.2013 S. 132" das Recht erworben hat, den ärztlichen Beruf als Arzt für Allgemeinmedizin im Rahmen eines Sozialversicherungssystems auszuüben.

(BGBl 1996/414, BGBl I 2001/102, BGBl I 2014/32, BGBl I 2020/158)

Kostenerstattung bei Fehlen vertraglicher Regelungen mit den Ärzten/Ärztinnen, Zahnärzten/Zahnärztinnen (Dentisten/Dentistinnen) oder mit den Gruppenpraxen

§ 60. Stehen Vertragsärzte/Vertragsärztinnen, Vertragszahnärzte/Vertragszahnärztinnen (Vertragsdentisten/Vertragsdentistinnen) oder Vertrags-Gruppenpraxen infolge des Fehlens einer

B-KUVG

Regelung durch Verträge nicht zur Verfügung, so hat die Versicherungsanstalt dem Versicherten für die außerhalb einer eigenen Einrichtung in Anspruch genommene Behandlung (den Zahnersatz) die Kostenerstattung in der Höhe des Betrages zu leisten, der vor Eintritt des vertragslosen Zustandes bei Inanspruchnahme eines/einer Wahlarztes/Wahlärztin, Wahlzahnarztes/Wahlzahnärztin (Wahldentisten/Wahldentistin) oder einer Wahl-Gruppenpraxis zu leisten gewesen wäre. Die Kostenerstattung ist um den Betrag zu vermindern, der vom Versicherten als Behandlungsbeitrag (§ 63 Abs. 4) bei Inanspruchnahme der ärztlichen Hilfe als Sachleistung zu leisten gewesen wäre. Die Versicherungsanstalt kann diese Kostenerstattung durch die Satzung unter Bedachtnahme auf ihre finanzielle Leistungsfähigkeit erhöhen.

(BGBl I 2001/102, BGBl I 2005/155)

Kostenzuschüsse bei Fehlen vertraglicher Regelungen

§ 60a. (1) Stehen andere Vertragspartner infolge Fehlens von Verträgen nicht zur Verfügung, so gilt § 60 mit der Maßgabe, daß in jenen Fällen, in denen noch keine Verträge für den Bereich einer Berufsgruppe bestehen, die Versicherungsanstalt den Versicherten die in der Satzung festgesetzten Kostenzuschüsse zu leisten hat. Die Versicherungsanstalt hat das Ausmaß dieser Zuschüsse unter Bedachtnahme auf ihre finanzielle Leistungsfähigkeit festzusetzen.

(BGBl I 2004/171)

(2) Für eine als Krankenbehandlung erbrachte ambulante Tumorbehandlung durch eine punktförmige Bestrahlung des Tumors mit Protonen und/oder Kohlenstoffionen ist ein Zuschuss festzusetzen. Die Höhe des Zuschusses hat sich am Ausmaß der durchschnittlichen Kostentragung von ausländischen gesetzlichen Versicherungsträgern mit Sitz in einem Mitgliedstaat des Europäischen Wirtschaftsraumes für diese Behandlung zu orientieren, wenn diese Behandlung im betreffenden Staat ebenfalls ambulant erfolgt.

(BGBl I 2004/171)

(BGBl I 2004/171)

Bare Leistungen an Stelle von Sachleistungen

§ 61. Die Versicherungsanstalt kann in der Satzung bestimmen, daß für Versicherte, deren Gehalt oder sonstige monatliche Bezüge einen in der Satzung festzusetzenden Betrag überschreiten, an Stelle der Sachleistungen bare Leistungen gewährt werden. Die Höhe der baren Leistungen darf 80 vH der dem Versicherten tatsächlich erwachsenen Kosten nicht überschreiten.

2. UNTERABSCHNITT
Bestimmungen betreffend die einzelnen Leistungen

Vorsorge(Gesunden)untersuchungen

§ 61a. (1) Die Versicherten und ihre Angehörigen (§ 56) haben Anspruch auf jährlich eine Vorsorge(Gesunden)untersuchung. Sie ist von der Versicherungsanstalt nach Maßgabe der nach § 132b Abs. 2 des Allgemeinen Sozialversicherungsgesetzes erlassenen Richtlinien des Dachverbandes der Sozialversicherungsträger durchzuführen.

(BGBl I 2018/100)

(2) Die im Zusammenhang mit der Vorsorge-(Gesunden)untersuchung entstehenden Fahrtkosten sind nach Maßgabe der Bestimmungen des § 83 Abs. 1 zu ersetzen.

(BGBl 1990/297)

Sonstige Maßnahmen zur Erhaltung der Volksgesundheit

§ 61b. Die Versicherungsanstalt hat sonstige Maßnahmen zur Erhaltung der Volksgesundheit durchzuführen. § 132c des Allgemeinen Sozialversicherungsgesetzes gilt entsprechend.

Krankenbehandlung

§ 62. (1) Die Krankenbehandlung umfaßt:
1. ärztliche Hilfe;
2. Heilmittel;
3. Heilbehelfe und Hilfsmittel.

(2) Die Krankenbehandlung muß ausreichend und zweckmäßig sein, sie darf jedoch das Maß des Notwendigen nicht überschreiten. Durch die Krankenbehandlung sollen die Gesundheit, die Dienstfähigkeit und die Fähigkeit, für die lebenswichtigen persönlichen Bedürfnisse zu sorgen, nach Möglichkeit wiederhergestellt, gefestigt oder gebessert werden. Die Leistungen der Krankenbehandlung werden, soweit in diesem Bundesgesetz nichts anderes bestimmt wird, als Sachleistungen erbracht.

(3) Kosmetische Behandlungen gelten als Krankenbehandlung, wenn sie zur Beseitigung anatomischer oder funktioneller Krankheitszustände dienen. Andere kosmetische Behandlungen können gewährt werden, wenn sie der vollen Wiederherstellung der Dienstfähigkeit förderlich oder aus Berufsgründen notwendig sind. Als Leistung der Krankenbehandlung gilt auch die Übernahme der für eine Organtransplantation notwendigen Anmelde- und Registrierungskosten bei einer Organbank.

(4) Angehörigen, die sonst einen gesetzlichen Anspruch auf Krankenbehandlung haben, steht kein Anspruch auf die Leistungen der Krankenbehandlung nach diesem Bundesgesetz zu.

(5) Befindet sich ein Versicherter (Angehöriger) in Anstaltspflege, so besteht für diese Zeit kein Anspruch auf Leistungen der Krankenbehandlung, soweit die entsprechenden Leistungen nach dem Bundesgesetz über Krankenanstalten und Kuranstalten (KAKuG), BGBl. Nr. 1/1957, im Rahmen der Anstaltspflege zu gewähren sind.

(BGBl I 2010/61)

(6) Die Versicherungsanstalt hat die für eine Organtransplantation notwendigen Anmelde- und Registrierungskosten als Leistung der Krankenbehandlung zu übernehmen. Der entsprechende

Betrag wird an den gezahlt, der diese Kosten getragen hat. Das Nähere wird unter Bedachtnahme auf die im Einzelfall vorliegenden besonderen Erfordernisse des Anmelde- und Registrierungsverfahrens in der Satzung geregelt; dabei kann die Versicherungsanstalt unter Bedachtnahme auf ihre finanzielle Leistungsfähigkeit auch eine Obergrenze für die Übernahme der Anmelde- und Registrierungskosten vorsehen.

(BGBl 1996/764)

Ärztliche Hilfe
§ 63. (1) Die ärztliche Hilfe wird durch Vertragsärzte und Vertrags-Gruppenpraxen, durch Wahlärzte und Wahl-Gruppenpraxen (§ 59 Abs. 1) sowie durch Ärzte in eigenen Einrichtungen (oder Vertragseinrichtungen) der Versicherungsanstalt gewährt. Im Rahmen der Krankenbehandlung (§ 62 Abs. 2) ist der ärztlichen Hilfe gleichgestellt:

(BGBl 1991/679, BGBl I 2001/102)

1. eine auf Grund ärztlicher Verschreibung erforderliche
   a) physiotherapeutische,
   b) logopädisch-phoniatrisch-audiologische oder
   c) ergotherapeutische

   Behandlung durch Personen, die gemäß § 7 des Bundesgesetzes über die Regelung der gehobenen medizinisch-technischen Dienste, BGBl. Nr. 460/1992, zur freiberuflichen Ausübung des physiotherapeutischen Dienstes, des logopädisch-phoniatrisch-audiologischen Dienstes bzw. des ergotherapeutischen Dienstes berechtigt sind;

   (BGBl 1993/335)

2. eine auf Grund ärztlicher Verschreibung oder psychotherapeutischer Zuweisung erforderliche diagnostische Leistung eines klinischen Psychologen oder einer klinischen Psychologin nach § 29 Abs. 1 des Psychologengesetzes 2013, BGBl. I Nr. 182/2013;

   (BGBl I 2015/162)

3. eine psychotherapeutische Behandlung durch Personen, die gemäß § 11 des Psychotherapiegesetzes, BGBl. Nr. 361/1990, zur selbständigen Ausübung der Psychotherapie berechtigt sind, wenn nachweislich vor oder nach der ersten, jedenfalls vor der zweiten psychotherapeutischen Behandlung innerhalb desselben Abrechnungszeitraumes eine ärztliche Untersuchung (§ 2 Abs. 2 Z 1 des Ärztegesetzes 1998) stattgefunden hat;

   (BGBl I 2001/102, BGBl I 2002/169)

4. eine auf Grund ärztlicher Verschreibung erforderliche Leistung eines Heilmasseurs, der nach § 46 des Medizinischer Masseur- und Heilmasseurgesetzes, BGBl. I Nr. 169/2002, zur freiberuflichen Berufsausübung berechtigt ist.

   (BGBl I 2002/169)

(2) In der Regel soll die Auswahl zwischen mindestens zwei zur Behandlung berufenen, für den Erkrankten in angemessener Zeit erreichbaren Ärzten oder Gruppenpraxen freigestellt sein. Bestehen bei der Versicherungsanstalt eigene Einrichtungen für die Gewährung der ärztlichen Hilfe oder wird diese durch Vertragseinrichtungen gewährt, muß die Wahl der Behandlung zwischen einer dieser Einrichtungen und einem oder mehreren Vertragsärzten (Wahlärzten) bzw. einer oder mehreren Vertrags-Gruppenpraxen (Wahl-Gruppenpraxen) unter gleichen Bedingungen freigestellt sein. Insoweit Zuzahlungen zu den Leistungen vorgesehen sind, müssen diese in den Ambulatorien, bei den freiberuflich tätigen Vertragsärzten und in den Vertrags-Gruppenpraxen gleich hoch sein.

(BGBl I 2001/102)

(3) (aufgehoben)

(BGBl I 2001/102, BGBl I 2004/171)

(4) In den durch die Satzung unter Bedachtnahme auf eine ökonomische Beistellung der ärztlichen Hilfe und auf die finanzielle Leistungsfähigkeit der Versicherungsanstalt festzusetzenden Fällen der Inanspruchnahme der ärztlichen Hilfe hat der Versicherte einen Behandlungsbeitrag zu entrichten. Die Höhe des Behandlungsbeitrags ist durch die Satzung unter Bedachtnahme auf die finanzielle Leistungsfähigkeit der Versicherungsanstalt festzusetzen, wobei der Kostenanteil 20 % der dem Versicherungsträger erwachsenden Kosten nicht überschreiten darf. § 22 Abs. 6 gilt entsprechend. Für jene Leistungen, die durch Zahlungen der Landesgesundheitsfonds abgegolten werden oder die der Versicherungsanstalt mit einem Pauschale abgilt, kann die Höhe des Behandlungsbeitrages in der Satzung bestimmt werden. Diese Behandlungsbeiträge haben sich an jenen Beträgen zu orientieren, die bei Inanspruchnahme eines Vertragspartners mit Einzelleistungshonorierung vorgeschrieben werden. Der Behandlungsbeitrag ist in der Regel nachträglich vorzuschreiben. Er ist längstens innerhalb eines Monates nach erfolgter Vorschreibung einzuzahlen. Erfolgt die Einzahlung nicht innerhalb dieser Zeit, erhöht sich der Behandlungsbeitrag um 10 vH. Zur Eintreibung des Behandlungsbeitrages wird der Versicherungsanstalt die Einbringung im „Verwaltungsweg" gewährt „(§ 3 Abs. 3 des Verwaltungsvollstreckungsgesetzes 1991 – VVG, BGBl. Nr. 53/1991)". Die Versicherungsanstalt kann bei Vorliegen einer besonderen sozialen Schutzbedürftigkeit des Versicherten von der Einhebung des Behandlungsbeitrages absehen oder einen bereits entrichteten Behandlungsbeitrag rückerstatten.

(BGBl 1996/764, BGBl I 2000/92, BGBl I 2001/5, BGBl I 2001/33, BGBl I 2001/35, BGBl I 2004/179, BGBl I 2007/101, BGBl I 2012/35, BGBl I 2015/162, BGBl I 2021/28)

Behandlungsbeitrag-Ambulanz
§ 63a. (aufgehoben)

(BGBl I 2000/92, BGBl I 2001/5, BGBl I 2001/33, BGBl I 2001/35)

Heilmittel

§ 64. (1) Die Heilmittel umfassen

1. die notwendigen Arzneien und

2. die sonstigen Mittel, die zur Beseitigung oder Linderung der Krankheit oder zur Sicherung des Heilerfolges dienen.

(2) Die Kosten der Heilmittel werden von der Versicherungsanstalt durch Abrechnung mit den Apotheken übernommen.

(3) Für jedes auf einem Rezept verordnete und auf Rechnung der Versicherungsanstalt bezogene Heilmittel ist, soweit im Folgenden nicht anderes bestimmt wird, eine Rezeptgebühr in der Höhe von 4,35 €[a]) zu zahlen. An die Stelle dieses Betrages tritt ab 1. Jänner eines jeden Jahres der unter Bedachtnahme auf § 108 Abs. 9 ASVG mit der jeweiligen Aufwertungszahl (§ 108a Abs. 1 ASVG) vervielfachte Betrag. Der vervielfachte Betrag ist auf fünf Cent zu runden. Die Rezeptgebühr ist bei Abgabe des Heilmittels an die abgebende Stelle auf Rechnung der Versicherungsanstalt zu zahlen. Die Zahlung ist von dieser Stelle auf dem Rezept zu vermerken.

(BGBl 1994/23, BGBl 1996/414, BGBl 1996/764, BGBl I 2000/92, BGBl I 2001/33, BGBl I 2001/67, BGBl I 2003/145, BGBl I 2004/156)

[a]) Betrag siehe VO über veränderliche Werte.

(4) Bei anzeigepflichtigen übertragbaren Krankheiten darf eine Rezeptgebühr nicht eingehoben werden.

(5) Die Versicherungsanstalt hat bei Vorliegen einer besonderen sozialen Schutzbedürftigkeit der Anspruchsberechtigten nach Maßgabe der Richtlinien des Dachverbandes von der Einhebung der Rezeptgebühr abzusehen oder eine bereits entrichtete Rezeptgebühr rückzuerstatten.

(BGBl I 2018/100)

(6) Der Versicherungsträger hat von der Einhebung der Rezeptgebühr auch bei Erreichen der in den Richtlinien des Dachverbandes nach § 30a Abs. 1 Z 15 ASVG vorgesehenen Obergrenze abzusehen.

(BGBl I 2007/101, BGBl I 2018/100)

Heilbehelfe und Hilfsmittel

§ 65. (1) Notwendige Heilbehelfe und Hilfsmittel sind in einfacher und zweckentsprechender Ausführung zu gewähren. Als Hilfsmittel sind hiebei solche Gegenstände oder Vorrichtungen anzusehen, die geeignet sind,

a) die Funktion fehlender oder unzulänglicher Körperteile zu übernehmen oder

b) die mit einer Verstümmelung, Verunstaltung oder einem Gebrechen verbundene körperliche oder psychische Beeinträchtigung zu mildern oder zu beseitigen.

(2) Die Kosten der Heilbehelfe und Hilfsmittel werden von der Versicherungsanstalt nur dann übernommen, wenn sie höher sind als 20% der Höchstbeitragsgrundlage (§ 108 Abs. 3 ASVG). 10% der Kosten, gerundet auf Cent, mindestens jedoch 20% der Höchstbeitragsgrundlage, sind vom Versicherten zu tragen.

(BGBl 1994/23, BGBl I 2001/67)

(2a) Die Kosten für Brillen und Kontaktlinsen werden von der Versicherungsanstalt nur dann übernommen, wenn sie höher sind als 60 % der Höchstbeitragsgrundlage (§ 108 Abs. 3 ASVG); bei Leistungen für Angehörige nach § 56 Abs. 2 Z 2 bis 6 und Abs. 3 ist Abs. 2 anzuwenden. 10 % der Kosten, gerundet auf Cent, mindestens jedoch 60 % der Höchstbeitragsgrundlage (20 % dieser Höchsbeitragsgrundlage bei Leistungen für Angehörige nach § 56 Abs. 2 Z 2 bis 6 und Abs. 3), sind vom Versicherten/von der Versicherten zu tragen. Die Kosten für Dreistärkengläser (Gleitsicht- und Trifokalgläser) werden nicht übernommen.

(BGBl I 2004/156)

(3) Abs. 2 gilt nicht für ständig benötigte Heilbehelfe und Hilfsmittel, die nur einmal oder nur kurzfristig verwendet werden können und daher in der Regel mindestens einmal im Monat erneuert werden müssen. 10 vH der Kosten für solche Heilbehelfe und Hilfsmittel sind vom Versicherten zu tragen.

(4) Die Versicherungsanstalt hat auch die sonst vom Versicherten gemäß Abs. 2 und 2a jeweils erster Satz zu tragenden Kosten bzw. den sonst vom Versicherten gemäß Abs. 2 und 2a jeweils zweiter Satz oder Abs. 3 zweiter Satz zu tragenden Kostenanteil zu übernehmen:

(BGBl I 2004/156)

a) bei Anspruchsberechtigten, die das 15. Lebensjahr noch nicht vollendet haben bzw. für die ohne Rücksicht auf das Lebensalter Anspruch auf die erhöhte Familienbeihilfe im Sinne des § 8 Abs. 4 bis 7 des Familienlastenausgleichsgesetzes 1967, BGBl. Nr. 376, besteht und

b) bei Vorliegen einer besonderen sozialen Schutzbedürftigkeit des Anspruchsberechtigten im Sinne des § 64 Abs. 5.

(5) Das Ausmaß der von der Versicherungsanstalt zu übernehmenden Kosten darf einen durch die Satzung festzusetzenden Höchstbetrag nicht übersteigen; die Satzung kann diesen Höchstbetrag einheitlich oder für bestimmte Arten von Heilbehelfen und Hilfsmitteln in unterschiedlicher Höhe festsetzen, und zwar bei Hilfsmitteln, die geeignet sind, die Funktion fehlender oder unzulänglicher Körperteile zu übernehmen bei Krankenfahrstühlen höchstens mit dem 25fachen, ansonsten höchstens mit dem 10fachen der Höchstbeitragsgrundlage (§ 108 Abs. 3 ASVG). In den Fällen des Abs. 3 gilt der Höchstbetrag für den Monatsbedarf.

(BGBl I 2001/67)

(6) Die Versicherungsanstalt hat auch die Kosten der Instandsetzung notwendiger Heilbehelfe und Hilfsmittel zu übernehmen, wenn eine Instandsetzung zweckentsprechend ist. Die Abs. 2, 4 und 5 gelten entsprechend.

(7) Heilbehelfe und Hilfsmittel, die nur vorübergehend gebraucht werden und die nach ihrer

Art ohne gesundheitliche Gefahr von mehreren Personen benützt werden können, können auch leihweise entweder von der Versicherungsanstalt selbst oder durch Vertragspartner für Rechnung der Versicherungsanstalt durch Übernahme der Leihgebühren zur Verfügung gestellt werden. Wird ein solcher Heilbehelf bzw. ein solches Hilfsmittel nicht von der Versicherungsanstalt oder von einem Vertragspartner entliehen, kann für die angefallenen Leihgebühren ein Kostenersatz bis zur Höhe des mit den Vertragspartnern vereinbarten Tarifes geleistet werden. Abs. 2 gilt in diesen Fällen nicht.

(8) Körperersatzstücke, orthopädische Behelfe und andere Hilfsmittel werden nicht gewährt bzw. die Kosten der Instandsetzung nicht übernommen, wenn auf diese Leistungen Anspruch aus der gesetzlichen Unfallversicherung, eine Leistungsverpflichtung im Rahmen der medizinischen Maßnahmen der Rehabilitation oder ein gleichartiger Anspruch nach den Bestimmungen des Kriegsopferversorgungsgesetzes 1957, BGBl. Nr. 152, des Opferfürsorgegesetzes, BGBl. Nr. 183/1947, des Heeresversorgungsgesetzes, BGBl. Nr. 27/1964, des Strafvollzugsgesetzes, BGBl. Nr. 144/1969, oder aus einer auf landesgesetzlichen Vorschriften beruhenden Unfallfürsorgeeinrichtung besteht.

(BGBl 1991/679)

(9) Die Satzung kann unter Bedachtnahme auf die Abnutzung bei ordnungsmäßigem Gebrauch eine Gebrauchsdauer für Heilbehelfe und Hilfsmittel festsetzen. § 100 Abs. 3 ist entsprechend anzuwenden. Die Gebrauchsdauer darf für Brillen drei Jahre nicht unterschreiten.

(BGBl I 2004/156)

Medizinische Maßnahmen der Rehabilitation in der Krankenversicherung

§ 65a. (1) Die Versicherungsanstalt gewährt, um den Erfolg der Krankenbehandlung zu sichern oder die Folgen der Krankheit zu erleichtern, im Anschluß an die Krankenbehandlung nach pflichtgemäßem Ermessen und nach Maßgabe des § 62 Abs. 2 medizinische Maßnahmen der Rehabilitation mit dem Ziel, den Gesundheitszustand der Versicherten und ihrer Angehörigen so weit wiederherzustellen, daß sie in der Lage sind, in der Gemeinschaft einen ihnen angemessenen Platz möglichst dauernd und ohne Betreuung und Hilfe einzunehmen.

(BGBl 1991/679)

(2) Die Maßnahmen gemäß Abs. 1 umfassen:

1. die Unterbringung in Krankenanstalten, die vorwiegend der Rehabilitation dienen;

1a. die ambulante Rehabilitation einschließlich der Telerehabilitation;

(BGBl I 2019/7)

2. die Gewährung von Körperersatzstücken, orthopädischen Behelfen und anderen Hilfsmitteln einschließlich der notwendigen Änderung, Instandsetzung und Ersatzbeschaffung sowie der Ausbildung im Gebrauch der Hilfsmittel;

3. die Gewährung ärztlicher Hilfe sowie die Versorgung mit Heilmitteln und Heilbehelfen, wenn diese Leistungen unmittelbar im Anschluß an eine oder im Zusammenhang mit einer der in Z 1 und 2 genannten Maßnahmen erforderlich sind;

4. die Übernahme der Reise- und Transportkosten in den Fällen der Z 1 bis 3 sowie im Zusammenhang mit der körpergerechten Anpassung von Körperersatzstücken, orthopädischen Behelfen und anderen Hilfsmitteln gemäß § 83 Abs. 5.

(3) Betreffend die Vereinbarungen zur Durchführung der Rehabilitation gilt § 99e.

(4) Die Gewährung von Maßnahmen zur Festigung der Gesundheit (§ 70a) zählt nicht zu den Aufgaben der medizinischen Maßnahmen der Rehabilitation.

(5) Werden Versicherte (Angehörige) für Rechnung der Versicherungsanstalt in einer der in Abs. 2 Z 1 angeführten Einrichtungen untergebracht, so haben diese eine Zuzahlung zu leisten. Die Zuzahlung beträgt pro Verpflegstag

1. 7,00 €[a)], wenn das Erwerbseinkommen oder die Pension monatlich den Betrag nach § 293 Abs. 1 lit. a sublit. bb ASVG zuzüglich 581,38 € nicht übersteigt;

2. 12,00 €[a)], wenn das Erwerbseinkommen oder die Pension monatlich den Gesamtbetrag nach Z 1, nicht aber den Betrag nach § 293 Abs. 1 lit. a sublit. bb ASVG zuzüglich 1 162,77 € übersteigt;

3. 17,00 €[a)], wenn das Erwerbseinkommen oder die Pension monatlich den Gesamtbetrag nach Z 2 übersteigt.

[a)] Betrag siehe VO veränderliche Werte.

An die Stelle dieser Zuzahlungsbeträge treten ab 1. Jänner eines jeden Jahres, erstmals ab 1. Jänner 2012, die unter Bedachtnahme auf § 108 Abs. 6 ASVG mit der jeweiligen Aufwertungszahl (§ 108a Abs. 1 ASVG) vervielfachten Beträge. Die Versicherungsanstalt hat bei Vorliegen einer besonderen sozialen Schutzbedürftigkeit der versicherten Person von der Einhebung der Zuzahlung abzusehen oder diese herabzusetzen, und zwar nach Maßgabe der vom Dachverband der Sozialversicherungsträger hiezu erlassenen Richtlinien (§ 30a Abs. 1 Z 27 ASVG). Die Zuzahlung ist sogleich bei Antritt des Aufenthaltes im Voraus an die Versicherungsanstalt zu leisten und darf für jede versicherte (angehörige) Person für höchstens 28 Tage pro Kalenderjahr eingehoben werden.

(BGBl 1996/201, BGBl I 2001/67, BGBl I 2010/111, BGBl I 2018/100)

Gesundheitsförderung und Prävention

§ 65b. (1) Die Versicherungsanstalt als Trägerin der Krankenversicherung hat im Rahmen der Gesundheitsförderung und Prävention dazu beizutragen, den Versicherten und deren Angehörigen ein hohes Maß an Selbstbestimmung über ihre Gesundheit zu ermöglichen und sie damit zur

Stärkung ihrer Gesundheit zu befähigen, indem er insbesondere über Gesundheitsgefährdung, die Bewahrung der Gesundheit und über die Verhütung von Krankheiten und Unfällen – ausgenommen Arbeitsunfälle – aufklärt, und darüber zu beraten, wie Gefährdungen vermieden, Krankheiten und Unfälle – ausgenommen Arbeitsunfälle – verhütet werden können. Dazu sind gezielt für Gruppen von Anspruchsberechtigten abgestellt auf deren Lebenswelten Gesundheitsförderungs- und Präventionsprogramme und daraus abgeleitete Maßnahmen anzubieten.

(2) Fallen Maßnahmen gemäß Abs. 1 auch in den sachlichen oder örtlichen Aufgabenbereich anderer Einrichtungen (Behörden, Versicherungsträger, gemeinnützige Einrichtungen und dergleichen), so kann mit diesen eine Vereinbarung über ein planmäßiges Zusammenwirken und eine Beteiligung an den Kosten getroffen werden.

(3) Die Versicherungsanstalt kann die im Abs. 1 bezeichneten Maßnahmen auch dadurch treffen, daß sie sich an Einrichtungen der Gesundheitsfürsorge, die den gleichen Zwecken dienen, beteiligt. Abs. 2 ist anzuwenden.

(BGBl 1991/679, BGBl I 2013/81)

Gewährung der Anstaltspflege oder der medizinischen Hauskrankenpflege

§ 66. (1) Wenn und solange es die Art der Krankheit erfordert, ist Pflege in einer Krankenanstalt zu gewähren. Wenn und solange es die Art der Krankheit zuläßt, ist anstelle von Anstaltspflege medizinische Hauskrankenpflege zu gewähren. Die Anstaltspflege ist auch zu gewähren, wenn die Möglichkeit einer medizinischen Hauskrankenpflege nicht gegeben ist.

(2) Der Erkrankte ist verpflichtet, sich einer Anstaltspflege zu unterziehen,

1. wenn die Art der Krankheit eine Behandlung oder Pflege erfordert, die bei häuslicher Pflege nicht gewährleistet ist, oder

2. wenn das Verhalten oder der Zustand des Erkrankten seine fortgesetzte Beobachtung erfordert, oder

3. wenn der Erkrankte wiederholt den Bestimmungen der Krankenordnung zuwidergehandelt hat, oder

4. wenn es sich um eine ansteckende Krankheit handelt.

(3) Ist die Anstaltspflege oder die medizinische Hauskrankenpflege nicht durch die Notwendigkeit ärztlicher Behandlung bedingt, so wird sie nicht gewährt.

(BGBl 1991/679, BGBl I 2003/145)

(4) Als Anstaltspflege gilt nicht die Unterbringung in einer Pflegeanstalt für chronisch Kranke, die ärztlicher Betreuung und besonderer Pflege bedürfen (§ 2 Abs. 1 Z 3 KAKuG).

(BGBl I 2002/4, BGBl I 2010/61, BGBl I 2015/162)
(BGBl 1991/679)

Aufnahme in eine Krankenanstalt

§ 67. Wird der Erkrankte bei der Gewährung der Anstaltspflege gemäß § 66 in einer Krankenanstalt, mit der die Versicherungsanstalt in einem Vertragsverhältnis steht, aufgenommen, so hat die Krankenanstalt die Aufnahme binnen acht Tagen der Versicherungsanstalt anzuzeigen.

(BGBl 1996/764, BGBl I 2001/5, BGBl I 2004/179, BGBl I 2007/101)

Beziehungen zu den Krankenanstalten

§ 68. (1) **(Grundsatzbestimmung)** Für die Regelung der Beziehungen der Versicherungsanstalt zu den landesgesundheitsfondsfinanzierten Krankenanstalten sind die Bestimmungen des § 148 des Allgemeinen Sozialversicherungsgesetzes mit der Maßgabe anzuwenden, daß die Krankenanstalten verpflichtet sind, die gemäß § 66 anspruchsberechtigten Erkrankten in die allgemeine Gebührenklasse aufzunehmen und die Versicherungsanstalt abweichend von § 148 Z 10 dritter Satz des Allgemeinen Sozialversicherungsgesetzes berechtigt ist, vertragliche Vereinbarungen über Leistungen im Sinne des § 59 Abs. 1 zweiter Satz zu treffen.

(BGBl I 2004/179)

(2) **(Grundsatzbestimmung)** Die Verträge mit den in Abs. 1 genannten Krankenanstalten bedürfen zu ihrer Rechtsgültigkeit der schriftlichen Form und haben insbesondere nähere Bestimmungen über die Einweisung, die Überprüfung der Identität des Patienten/der Patientin und die rechtmäßige Verwendung der e-card, die Einsichtnahme in alle Unterlagen für die Beurteilung des Krankheitsfalles, wie zB in die Krankengeschichte, Röntgenaufnahmen, Laboratoriumsbefunde, ferner über die ärztliche Untersuchung durch einen vom Versicherungsträger beauftragten Facharzt/eine vom Versicherungsträger beauftragte Fachärztin in der Anstalt im Einvernehmen mit dieser zu enthalten. Die Überprüfung der Identität ist für Patienten/Patientinnen bis zum vollendeten 14. Lebensjahr nur im Zweifelsfall vorzunehmen. Die Krankenanstalten sind verpflichtet, die e-card und die e-card-Infrastruktur nach Maßgabe der technischen Verfügbarkeit zu verwenden.

(BGBl I 2009/147, BGBl I 2015/113)

(3) Für Krankenanstalten nach Abs. 2 ist § 149 Abs. 3, 3a, 3b, 4 und 6 ASVG mit der Maßgabe anzuwenden, dass die Versicherungsanstalt berechtigt ist, vertragliche Vereinbarungen über Leistungen im Sinne des § 59 Abs. 1 zweiter Satz zu treffen und die Höhe der Zahlungen und die Zahlungsbedingungen hiefür festzulegen.

(BGBl I 2001/5)
(BGBl 1990/297, BGBl 1996/764)

Pflegekostenzuschuß der Versicherungsanstalt bei Anstaltspflege

§ 68a. Zu den Kosten einer anderweitigen Inanspruchnahme der Anstaltspflege gebührt ein Pflegekostenzuschuss. Dieser ist für Versicherte, die in einer Krankenanstalt nach § 149 Abs. 3 erster Satz

ASVG, mit der kein Vertrag besteht, aufgenommen wurden, vom Fonds nach § 149 Abs. 3 zweiter Satz ASVG im Namen der Sozialversicherung in der Höhe zu leisten, die sich aus der Anwendung des § 149 Abs. 3 vorletzter Satz ASVG ergibt. In allen übrigen Fällen ist der Pflegekostenzuschuss in der Satzung der Versicherungsanstalt in dem Ausmaß festzusetzen, der dem Durchschnitt der vom Fonds pro Verpflegstag aufzuwendenden Mittel entspricht.

(BGBl 1996/764, BGBl I 2001/5, BGBl I 2004/179, BGBl I 2007/101)

Zahnbehandlung und Zahnersatz

§ 69. (1) Zahnbehandlung ist nach Maßgabe der Bestimmungen der Satzung zu gewähren. Als Leistungen der Zahnbehandlung kommen chirurgische Zahnbehandlung, konservierende Zahnbehandlung und Kieferregulierungen, letztere soweit sie zur Verhütung von schweren Gesundheitsschädigungen oder zur Beseitigung von berufsstörenden Verunstaltungen notwendig sind, in Betracht.

(2) Die Versicherungsanstalt hat den unentbehrlichen Zahnersatz zu gewähren.

(3) Zahnbehandlung und Zahnersatz werden als Sachleistungen durch Vertragszahnärzte/Vertragszahnärztinnen oder Vertrags-Gruppenpraxen, Wahlzahnärzte/Wahlzahnärztinnen oder Wahl-Gruppenpraxen, Vertragsdentisten/Vertragsdentistinnen, Wahldentisten/Wahldentistinnen, in eigens hiefür ausgestatteten Einrichtungen (Ambulatorien) der Versicherungsanstalt oder in Vertragseinrichtungen gewährt. § 63 Abs. 2 erster und zweiter Satz gelten entsprechend. Insoweit Behandlungsbeiträge zu den Leistungen der Zahnbehandlung und des Zahnersatzes vorgesehen sind, müssen diese in den Zahnambulatorien der Versicherungsanstalt und bei den freiberuflich tätigen Vertragszahnärzten/Vertragszahnärztinnen und Vertragsdentisten/Vertragsdentistinnen sowie bei den Vertrags-Gruppenpraxen gleich hoch sein. Werden in Zahnambulatorien der Versicherungsanstalt Leistungen, die nicht Gegenstand des Gesamtvertrages oder der Satzung sind oder waren, sowie Maßnahmen zur Vorbeugung von Erkrankungen der Zähne, des Mundes und der Kiefer einschließlich der dazugehörigen Gewebe erbracht, so sind dafür Kostenbeiträge der Versicherten vorzusehen. Diese Beiträge sind kostendeckend festzusetzen und auf der Homepage der Versicherungsanstalt sowie durch Aushang im Zahnambulatorium der Versicherungsanstalt zu veröffentlichen.

(BGBl I 1998/142, BGBl I 2001/102, BGBl I 2005/155, BGBl I 2009/84, BGBl I 2012/123)

(3a) Die Versicherungsanstalt darf in den Zahnambulatorien im Bereich des festsitzenden Zahnersatzes keine kosmetischen Luxusleistungen, ebenso keine umfangreichen festsitzenden Zahnersatzkonstruktionen erbringen, die als Gesamtarbeit wegen ihrer Größe ein außergewöhnliches Risiko darstellen.

(BGBl I 2012/123)

(4) (aufgehoben)

(BGBl I 2001/102, BGBl I 2004/171)

(5) Bei der Inanspruchnahme der Zahnbehandlung (der Gewährung des Zahnersatzes) als Sachleistung hat der Versicherte einen Behandlungsbeitrag zu entrichten. § 63 Abs. 4 ist entsprechend anzuwenden, wobei im Falle der Inanspruchnahme skelettierter Metallprothesen einschließlich der Klammerzähne sowie von kieferorthopädischen Behandlungen die Satzung auch einen höheren Behandlungsbeitrag vorsehen kann.

(6) Nimmt der Anspruchsberechtigte nicht die Vertragspartner (§ 128) oder die eigenen Einrichtungen (Vertragseinrichtungen) der Versicherungsanstalt zur Erbringung der Sachleistung der Zahnbehandlung (des Zahnersatzes) in Anspruch, so gebührt ihm der Ersatz der Kosten einer anderweitigen Zahnbehandlung (der anderweitigen Beschaffung eines unentbehrlichen Zahnersatzes) in der Höhe des Betrages, der bei Inanspruchnahme der entsprechenden Vertragspartner aufzuwenden gewesen wäre. § 59 ist entsprechend anzuwenden.

(7) Für die Übernahme von Reise(Fahrt)- bzw. Transportkosten gilt § 83 entsprechend.

Kieferregulierungen für Kinder und Jugendliche

§ 69a. (1) Behandlungsbedürftigen Kindern und Jugendlichen wird bis zur Vollendung des 18. Lebensjahres unbeschadet des Anspruches nach § 69 zahnmedizinisch geeignete Versorgung durch Kieferregulierung als Sachleistung gewährt. § 69 Abs. 3 dritter und vierter Satz sind nicht anzuwenden. Behandlungsbedürftigkeit liegt vor, wenn eine erhebliche Zahn- oder Kieferfehlstellung besteht.

(2) Die Behandlungsbedürftigkeit, die geeignete zahnmedizinische Versorgung und die Qualitätsanforderungen für die Erbringung der Sachleistung nach Abs. 1 sind bundesweit einheitlich in der Satzung nach den Regelungen der Mustersatzung (§ 455 Abs. 2 ASVG iVm § 158) entsprechend dem Stand der zahnmedizinischen Wissenschaft zu regeln.

(3) Anspruch auf Kostenerstattung nach § 59 besteht für Leistungen nach dieser Bestimmung nur dann und solange, als der Gesamtvertrag eine flächendeckende Sachleistungsversorgung nach § 343e ASVG sicherstellt. Fällt ein Gesamtvertrag nach § 343e ASVG weg, so ist § 60 nicht anzuwenden.

(4) Der Anspruch, die Höhe und die Qualitätsanforderungen für die Zuerkennung eines Kostenzuschusses sind für den Fall des Fehlens einer flächendeckenden Sachleistungsversorgung (§ 343e ASVG) bundesweit einheitlich in der Satzung der Versicherungsanstalt zu regeln. § 60a ist nicht anzuwenden.

(BGBl I 2014/28)

Erweiterte Heilbehandlung

§ 70. Die Versicherungsanstalt kann unter Bedachtnahme auf ihre finanzielle Leistungsfähigkeit gemäß den §§ 70a und 70b Maßnahmen zur Festigung der Gesundheit und Maßnahmen der erweiterten Rehabilitation gewähren.

(BGBl 1991/679, BGBl I 2007/101)

Maßnahmen zur Festigung der Gesundheit

§ 70a. (1) Die Versicherungsanstalt kann unter Berücksichtigung des Fortschrittes der medizinischen Wissenschaft sowie nach Maßgabe des § 70 Maßnahmen zur Festigung der Gesundheit gewähren.

(BGBl 1991/679)

(2) Als Maßnahmen im Sinne des Abs. 1 kommen insbesondere in Betracht:

1. Landaufenthalt sowie Aufenthalt in Kurorten;
2. Unterbringung in Kuranstalten zur Verhinderung
   a) einer unmittelbar drohenden Krankheit,
   b) der Verschlimmerung einer bestehenden Krankheit;
      (BGBl I 2015/162)
3. die Übernahme der Reisekosten in den Fällen der Z 1 bis 3 gemäß § 83 Abs. 5.
   (BGBl I 2015/162)

(BGBl 1991/679)

(3) Werden Versicherte (Angehörige) für Rechnung der Versicherungsanstalt in einer der in Abs. 2 Z 1 bis 3 angeführten Einrichtungen (ausgenommen die Fälle der Zuschussgewährung durch die Versicherungsanstalt) untergebracht, so haben diese eine Zuzahlung zu leisten, deren Höhe sich nach § 65a Abs. 5 zweiter bis vierter Satz richtet. Sie ist sogleich bei Antritt des Aufenthaltes im Voraus an die Versicherungsanstalt zu leisten.

(BGBl 1996/201, BGBl I 2001/67, BGBl I 2010/111)

(4) Die Maßnahmen zur Festigung der Gesundheit können auch nach Maßgabe der vom Dachverband hiezu erlassenen Richtlinien (§ 30a Abs. 1 Z 28 ASVG) durch Gewährung von Zuschüssen für Landaufenthalt und Aufenthalt in Kurorten bzw. Kuranstalten erbracht werden.

(BGBl 1996/414, BGBl I 2018/100)

Maßnahmen der erweiterten Rehabilitation

§ 70b. (1) Die Versicherungsanstalt kann unter Berücksichtigung des Zieles der Rehabilitation gemäß § 87 Abs. 2 und nach Maßgabe des § 70 in der Krankenversicherung Versicherten, die an einer körperlichen, geistigen oder psychischen Behinderung leiden, ausgenommen die im § 1 Abs. 1 Z 7, 12 und 14 lit. b bezeichneten Personen, nach Maßgabe der §§ 87 Abs. 2 und 99a bis 99d berufliche und soziale Maßnahmen gewähren.

(2) Die Maßnahmen gemäß Abs. 1 umfassen auch die Übernahme der Reise- und Transportkosten gemäß § 83 Abs. 5.

(BGBl 1991/679)

(3) (aufgehoben)

(BGBl 1991/679, BGBl 1994/23)

(BGBl 1991/679)

Medizinische Hauskrankenpflege

§ 71. (1) Wenn und solange es die Art der Krankheit erfordert, ist medizinische Hauskrankenpflege zu gewähren.

(BGBl 1991/679)

(2) Die medizinische Hauskrankenpflege wird erbracht durch Angehörige des gehobenen Dienstes für Gesundheits- und Krankenpflege (§ 12 des Gesundheits- und Krankenpflegegesetzes, BGBl. I Nr. 108/1997), die von der Versicherungsanstalt beigestellt werden oder die mit der Versicherungsanstalt in einem Vertragsverhältnis im Sinne des Sechsten Teiles des Allgemeinen Sozialversicherungsgesetzes stehen oder die im Rahmen von Vertragseinrichtungen tätig sind, die medizinische Hauskrankenpflege betreiben.

(BGBl 1993/335, BGBl I 1998/142)

(3) Die Tätigkeit des Angehörigen des gehobenen Dienstes für Gesundheits- und Krankenpflege kann nur auf ärztliche Anordnung erfolgen. Die Tätigkeit umfaßt medizinische Leistungen und qualifizierte Pflegeleistungen, wie die Verabreichung von Injektionen, Sondenernährung, Dekubitusversorgung. Zur medizinischen Hauskrankenpflege gehören nicht die Grundpflege und die hauswirtschaftliche Versorgung des Kranken.

(BGBl I 1998/142)

(4) Hat der (die) Anspruchsberechtigte nicht die Vertragspartner (§ 128) oder die eigenen Einrichtungen (Vertragseinrichtungen) der Versicherungsanstalt in Anspruch genommen, so gebührt ihm (ihr) Kostenersatz gemäß § 59.

(5) Die medizinische Hauskrankenpflege wird für ein und denselben Versicherungsfall für die Dauer von längstens vier Wochen gewährt. Darüber hinaus wird sie nach Vorliegen einer chef- oder kontrollärztlichen Bewilligung weitergewährt.

(6) Medizinische Hauskrankenpflege wird nicht gewährt, wenn der (die) Anspruchsberechtigte in einer der im § 66 Abs. 4 bezeichneten Einrichtungen oder in einer Sonderkrankenanstalt, die vorwiegend der Rehabilitation dient, untergebracht ist.

Krankheitsverhütung

§ 72. (1) Zur Verhütung des Eintrittes und der Verbreitung von Krankheiten können als freiwillige Leistungen insbesondere gewährt werden:

1. Gesundheitsfürsorge, wie Gesunden- und Schwangerenfürsorge, Säuglings- und Kinderfürsorge, Fürsorge für gesundheitsgefährdete Jugendliche;
2. Maßnahmen zur Bekämpfung der Volkskrankheiten und der Zahnfäule;
3. Maßnahmen zur Stärkung der Gesundheitskompetenz der Versicherten und ihrer Angehörigen (Health Literacy);

(BGBl 1991/679, BGBl I 2013/81)

4. die Übernahme der Reisekosten in den Fällen der Z 1 bis 3 gemäß § 83 Abs. 5.

(BGBl 1991/679)

(2) Fallen Maßnahmen gemäß Abs. 1 auch in den sachlichen oder örtlichen Aufgabenbereich anderer Einrichtungen (Behörden, Versicherungsträger und dergleichen), so kann mit diesen eine Vereinbarung über ein planmäßiges Zusammenwirken und eine Beteiligung an den Kosten getroffen werden.

(3) Die Versicherungsanstalt kann die in Abs. 1 bezeichneten Maßnahmen auch dadurch treffen, daß sie sich an Einrichtungen der Gesundheitsfürsorge, die den gleichen Zwecken dienen, beteiligt. Abs. 2 gilt entsprechend.

Umfang des Versicherungsschutzes im Versicherungsfall der Mutterschaft

§ 73. Der Versicherungsfall der Mutterschaft umfaßt die Schwangerschaft, die Entbindung und die sich daraus ergebenden Folgen, soweit diese Folgen nicht als Versicherungsfall der Krankheit anzusehen sind.

Anspruchsberechtigte auf Leistungen aus dem Versicherungsfall der Mutterschaft

§ 74. (1) Anspruch auf die Leistungen aus dem Versicherungsfall der Mutterschaft (§ 52 Z 3) haben die Versicherten sowie beim Zutreffen der Voraussetzungen für die Anspruchsberechtigung nach § 56 die dort genannten weiblichen Angehörigen.

(BGBl 1991/679)

(2) Die Leistungen aus dem Versicherungsfall der Mutterschaft sind der Ehegattin eines Versicherten auch nach der Auflösung der Ehe durch Tod des Versicherten, Aufhebung, Scheidung oder Nichtigerklärung zu gewähren, wenn die Entbindung vor dem Ablauf des 302. Tages nach der Auflösung der Ehe stattfindet.

(BGBl I 2018/100)

(3) Ergibt sich bei der Anwendung des Abs. 2, daß ein Anspruch auf die Leistungen im Falle der Mutterschaft gegen die Versicherungsanstalt und einen anderen Versicherungsträger begründet ist, so werden diese Leistungen nur einmal gewährt. Leistungspflichtig ist der Versicherungsträger, der zuerst in Anspruch genommen wird. Das gleiche gilt, wenn bei der Anwendung des Abs. 2 ein Anspruch gegen die Versicherungsanstalt mehrfach begründet ist, mit der Maßgabe, daß bei Geldleistungen die höhere Leistung gebührt.

§ 75. (aufgehoben)
(BGBl I 1999/174)

Ärztlicher Beistand, Hebammenbeistand und Beistand durch diplomierte Kinderkranken- und Säuglingsschwestern

§ 76. Ärztlicher Beistand, Hebammenbeistand und Beistand durch diplomierte Kinderkranken- und Säuglingsschwestern werden in entsprechender Anwendung der §§ 55 und 63 Abs. 1 bis 3 gewährt. Hat die Anspruchsberechtigte nicht die Vertragspartner (§ 128) oder die eigenen Einrichtungen (Vertragseinrichtungen) der Versicherungsanstalt in Anspruch genommen, so gebührt ihr Kostenersatz gemäß § 59.

Heilmittel und Heilbehelfe

§ 77. (1) Heilmittel und Heilbehelfe werden in entsprechender Anwendung der §§ 64 und 65 gewährt.

(2) Als freiwillige Leistungen können von der Versicherungsanstalt auch Behelfe zur Mutter- und Säuglingspflege (Windeln, Einschlagtücher, wasserundurchlässige Einlagen, Hautpuder und dergleichen) beigestellt werden.

Pflege in einer Krankenanstalt

§ 78. Für die Entbindung ist Pflege in einer Krankenanstalt zu gewähren; die Bestimmungen der §§ 59, 67 und 68 sind hiebei entsprechend anzuwenden.

Sonderwochengeld

§ 79. (aufgehoben)
(BGBl I 2000/92, BGBl I 2001/33)

Entbindungsbeitrag

§ 80. (aufgehoben)

Sonderwochengeld beim Tod der Wöchnerin

§ 81. (aufgehoben)
(BGBl I 2000/92, BGBl I 2001/33)

Reise- (Fahrt-) und Transportkosten

§ 82. Zur Inanspruchnahme der Pflichtleistungen der Krankenversicherung, die aus den Versicherungsfällen der Krankheit und der Mutterschaft (§ 52 Z 2 und 3) entstehen, sind im notwendigen Ausmaß die Reise- (Fahrt-) und Transportkosten nach Maßgabe der folgenden Bestimmungen zu übernehmen.

(BGBl 1991/679)

§ 83. (1) Die Reise(Fahrt)kosten, die

1. zur Inanspruchnahme der nächstgelegenen geeigneten Behandlungsstelle durch den Versicherten oder einen Angehörigen (§ 56) oder

2. zur körpergerechten Anpassung von Heilbehelfen und Hilfsmitteln

notwendig sind und sich nicht aus der Benützung öffentlicher Verkehrsmittel innerhalb des Stadtgebietes (Straßenbahn, Autobus) ergeben, können nach Maßgabe der Bestimmungen der Satzung ersetzt werden, wenn die Entfernung mehr als 5 km beträgt. Das Ausmaß des Kostenersatzes bzw. eines allfälligen Kostenanteiles des Versicherten ist in der Satzung unter Bedachtnahme auf die örtlichen Verhältnisse und dem Versicherten für sich bzw. seinen Angehörigen bei Benutzung des billigsten öffentlichen Verkehrsmittels erwachsenden Reisekostenaufwand festzusetzen; dies gilt auch bei Benützung eines Privatfahrzeuges. Die Satzung kann überdies bestimmen, daß nach diesen Grundsätzen festgestellte Reise(Fahrt)kosten bei Kindern und gebrechlichen Personen auch für eine Begleitperson gewährt werden. Die tatsächliche Inanspruchnahme der Behandlungsstelle ist in jedem Fall nachzuweisen. Hinsichtlich der Vorschreibung, der Fälligkeit, der Säumnisfolgen und der Eintreibung des Kostenanteiles ist § 63 Abs. 4 anzuwenden.

(BGBl 1996/414, BGBl I 2001/102)

(2) Bei Notwendigkeit des Transportes gehunfähig erkrankter Versicherter und Angehöriger (§ 56) zu besonderen Untersuchungen und Behandlungen können über ärztlichen Antrag von der Versicherungsanstalt die Beförderungskosten zur nächstgelegenen geeigneten Behandlungsstelle unter Bedachtnahme auf Abs. 1 nach Maßgabe der Bestimmungen der Satzung übernommen werden.

(BGBl 1996/414)

(3) Sofern im Falle einer zu gewährenden Anstaltspflege der körperliche Zustand des Erkrankten oder die Entfernung seines Wohnsitzes seine Beförderung in die oder aus der Krankenanstalt erfordern, sind die notwendigen Kosten einer solchen Beförderung zur bzw. von der nächstgelegenen geeigneten Krankenanstalt als Pflichtleistung unter Bedachtnahme auf Abs. 1 zu übernehmen. Bei Unfällen im Inland ist der Transport von der Unfallstelle zur Wohnung ebenfalls als Pflichtleistung zu gewähren.

(4) Bergungskosten und die Kosten der Beförderung bis ins Tal sind bei Unfällen in Ausübung von Sport und Touristik nicht zu ersetzen.

(5) Durch die Satzung kann im Zusammenhang mit medizinischen Maßnahmen der Rehabilitation (§ 65a Abs. 2), mit Maßnahmen der erweiterten Heilbehandlung (§§ 70a Abs. 2 und 70b Abs. 1) und Maßnahmen der Krankheitsverhütung (§ 72 Abs. 1) die Übernahme von Reise-(Fahrt-) und Transportkosten als freiwillige Leistung unter Bedachtnahme auf Abs. 1 bis 3 sowie auf die wirtschaftlichen Verhältnisse des Versicherten bzw. Angehörigen vorgesehen werden.

(BGBl 1991/679)

Verwendung von Chipkarten

§ 83a. § 31c ASVG ist mit der Maßgabe anzuwenden, dass in der Satzung vorzusehen ist, von welchen anspruchsberechtigten Personen ein Service-Entgelt einzuheben ist. Die Satzung hat hiebei auf die finanzielle Leistungsfähigkeit der Versicherungsanstalt Bedacht zu nehmen.

(BGBl I 2004/171, BGBl I 2006/131)

3. Unterabschnitt
Sonderbestimmungen über das Leistungsrecht der Versicherten nach § 1 Abs. 1 Z 17 bis 33, 37 und 38 sowie Abs. 6 sowie der Selbstversicherten nach § 7a Abs. 2 Z 1 mit Ausnahme der in § 1 Abs. 1 Z 5 genannten Personen

(BGBl I 2002/144, BGBl I 2003/145, BGBl I 2005/71, BGBl I 2007/101, BGBl I 2009/83, BGBl I 2018/100)

Anwendung von Bestimmungen des Abschnittes VI des Ersten Teiles und des Zweiten Teiles des Allgemeinen Sozialversicherungsgesetzes

§ 84. (1) Unbeschadet der Geltung der Bestimmungen des Zweiten Teiles für die gemäß § 1 Abs. 1 Z 17 bis 19, 21 bis 33, 37 und 38 sowie Abs. 6 Versicherten sind für diesen Personenkreis folgende Bestimmungen des Allgemeinen Sozialversicherungsgesetzes anzuwenden:

Verwirkung des Leistungsanspruches gemäß § 88,

Zusammentreffen eines Pensionsanspruches aus eigener Pensionsversicherung mit einem Anspruch auf Krankengeld gemäß § 90,

Berücksichtigung von Erwerbseinkommen bei Leistungen gemäß § 91,

Entziehung von Leistungsansprüchen gemäß § 99,

Erlöschen von Leistungsansprüchen gemäß § 100 Abs. 1 lit. a,

Auszahlung der Leistungen gemäß § 104 Abs. 1,

Aufgaben der Krankenversicherung für den Versicherungsfall der Arbeitsunfähigkeit infolge Krankheit gemäß § 116 Abs. 1 Z 2,

Leistungen der Krankenversicherung gemäß § 117 Z 1, 3 und Z 4 lit. d,

Ermächtigung für satzungsmäßige Mehrleistungen gemäß § 121 Abs. 3,

Anrechnung von Zeiten auf die Wartezeit gemäß § 121 Abs. 4,

Anspruchsberechtigung während der Dauer der Versicherung und nach dem Ausscheiden aus der Versicherung gemäß § 122,

Satzungsermächtigung über das Verfahren zur Feststellung des Versicherungsfalles bei Arbeitsunfähigkeit infolge Krankheit gemäß § 131 Abs. 2 erster Satz,

Jugendlichenuntersuchungen gemäß § 132a,

Dauer der Krankenbehandlung gemäß § 134,

Krankengeld gemäß den §§ 138 bis 143, Rehabilitationsgeld gemäß § 143a und Wiedereingliederungsgeld gemäß § 143d

Wochengeld gemäß den §§ 162 sowie 165 bis 168.

(BGBl I 2005/71, BGBl I 2009/83, BGBl I 2013/3, BGBl I 2016/53, BGBl I 2017/30, BGBl I 2018/100)

(2) Für Selbstversicherte nach § 7a Abs. 2 Z 1 mit Ausnahme der in § 1 Abs. 1 Z 5 genannten Personen ist Abs. 1 mit der Maßgabe anzuwenden, dass der Höhe nach Krankengeld nach § 141 Abs. 5 ASVG und Wochengeld nach § 162 Abs. 3a Z 1 ASVG gebührt.

(BGBl I 2005/71)

(3) Auf Personen nach § 1 Abs. 1 Z 20 sind die Bestimmungen über das Wochengeld nach den §§ 162 bis 168 ASVG anzuwenden.

(BGBl I 2007/101)

(4) Auf Personen nach § 1 Abs. 1 Z 34 lit. a und b und 35 sind die Bestimmungen über das Krankengeld nach den §§ 138 bis 143 ASVG, über das Wochengeld nach den §§ 162 bis 168 ASVG sowie hinsichtlich dieser Ansprüche die Bestimmungen

des Abschnittes VI des Ersten Teiles und Abschnitt I des Zweiten Teiles des ASVG anzuwenden.

(BGBl I 2018/100)

(5) Auf Personen nach § 1 Abs. 1 Z 5, sofern es sich um Bedienstete der ehemaligen Versicherungsanstalt der österreichischen Eisenbahnen handelt, sind die Bestimmungen über das Krankengeld nach den §§ 138 bis 143, das Rehabilitationsgeld nach § 143a, das Wiedereingliederungsgeld nach § 143d und das Wochengeld nach den §§ 162 bis 168 ASVG anzuwenden.

(BGBl I 2018/100)

(BGBl I 1999/10, BGBl I 1999/174, BGBl I 2001/102, BGBl I 2002/144, BGBl I 2003/145, BGBl I 2005/71)

Grundlage für die Bemessung des Krankengeldes und des Rehabilitationsgeldes

§ 85. Abweichend von den Bestimmungen des ASVG ist Bemessungsgrundlage für das Krankengeld nach den §§ 138 ff. ASVG und für das Rehabilitationsgeld nach § 143a ASVG ein Dreißigstel der um ein Sechstel erhöhten Beitragsgrundlage im letzten Monat mit vollem Entgeltanspruch. Kommt ein solcher Monat nicht in Betracht, so ist der Monat des Eintrittes des Versicherungsfalles maßgebend.

(BGBl I 1999/10, BGBl I 1999/174, BGBl I 2015/2)

Aufwandsersatz für geleistetes Krankengeld

§ 85a. Der Dienstgeber/die Dienstgeberin eines/einer nach § 1 Abs. 1 Z 34 bis 36 Versicherten hat der Versicherungsanstalt öffentlich Bediensteter, Eisenbahnen und Bergbau den nachgewiesenen Aufwand für das geleistete Krankengeld nach § 138 ff. ASVG zuzüglich 5% dieses Aufwandes als anteiligen Verwaltungsaufwand jeweils bis zum Ende des folgenden Quartals zu ersetzen.

(BGBl I 2018/100)

ABSCHNITT III
Leistungen der Unfallversicherung

Ausnahmebestimmungen

§ 86. (1) Die in den §§ 87 bis 116 festgelegten Bestimmungen hinsichtlich der Leistungen der Unfallversicherung sind auf die Versicherten nach § 1 Abs. 1 Z 25 ff anzuwenden. Für diese gelten die §§ 117 bis 117b.

(2) Für Lehrlinge (§ 1 Abs. 1 Z 38) und Dienstnehmer/innen nach § 1 Abs. 6 richtet sich die Anwendbarkeit der §§ 117 bis 117b nach den jeweils für die entsprechenden Dienstnehmer/innen geltenden Bestimmungen.

(BGBl I 2018/100)

1. UNTERABSCHNITT
Gemeinsame Bestimmungen

Aufgaben

§ 87. (1) Die Unfallversicherung trifft Vorsorge für die Verhütung von Dienstunfällen und Berufskrankheiten, für die erste Hilfeleistung bei Dienstunfällen sowie für die Unfallheilbehandlung, die Rehabilitation von Versehrten und die Entschädigung nach Dienstunfällen und Berufskrankheiten.

(2) Die Rehabilitation umfaßt die im Rahmen der Unfallheilbehandlung vorgesehenen medizinischen Maßnahmen, berufliche Maßnahmen und, soweit dies zu ihrer Ergänzung erforderlich ist, soziale Maßnahmen mit dem Ziel, Versehrte bis zu einem solchen Grad ihrer Leistungsfähigkeit wiederherzustellen, der sie in die Lage versetzt, im beruflichen und wirtschaftlichen Leben und in der Gemeinschaft einen ihnen angemessenen Platz möglichst dauernd einnehmen zu können.

Leistungen der Unfallversicherung

§ 88. Als Leistungen der Unfallversicherung sind zu gewähren:

1. im Falle einer durch einen Dienstunfall oder eine Berufskrankheit verursachten körperlichen Schädigung des Versicherten:
   a) Unfallheilbehandlung (§§ 96, 97 und 99);
   b) berufliche und soziale Maßnahmen der Rehabilitation (§§ 99a bis 99c);
   c) Beistellung von Körperersatzstücken, orthopädischen Behelfen und anderen Hilfsmitteln (§ 100);
   d) Versehrtenrente (§§ 101 bis 108);
   e) Versehrtengeld (§ 109);
   f) Witwen(Witwer)beihilfe (§ 110).
2. Im Falle des durch einen Dienstunfall oder eine Berufskrankheit verursachten Todes des Versicherten:
   a) Teilersatz der Bestattungskosten (§ 111);
   b) Hinterbliebenenrenten (§§ 112 bis 116).

Eintritt des Versicherungsfalles

§ 89. Der Versicherungsfall gilt als eingetreten:

1. bei Dienstunfällen mit dem Unfallereignis;
2. bei Berufskrankheiten mit dem Beginn der Krankheit (§ 53 Abs. 1 Z 1) oder, wenn dies für den Versicherten günstiger ist, mit dem Beginn der Minderung der Erwerbsfähigkeit (§ 101).

Dienstunfall

§ 90. (1) Dienstunfälle sind Unfälle, die sich im örtlichen, zeitlichen und ursächlichen Zusammenhang mit dem die Versicherung begründenden Dienstverhältnis oder mit der die Versicherung begründenden Funktion ereignen.

„(1a)a) Für die Dauer von Maßnahmen zur Verhinderung der Verbreitung von COVID-19 nach dem COVID-19-Maßnahmengesetz, BGBl. I Nr. 12/2020, sind Arbeitsunfälle auch Unfälle, die sich im zeitlichen und ursächlichen Zusammenhang mit dem die Versicherung begründenden Dienstverhältnis oder mit der die Versicherung begründenden Funktion am Aufenthaltsort der versicherten Person (Homeoffice) ereignen.

(BGBl I 2020/23)

(1b)[a)] Der Aufenthaltsort der versicherten Person (Homeoffice) gilt für den Anwendungsbereich dieses Bundesgesetzes als Dienststätte im Sinne des Abs. 2 Z 1, 2 und 5 bis 9."

(BGBl I 2020/23)

[a)] § 90 Abs. 1a und 1b idF BGBl I 2020/23 tritt mit Ablauf des 31. Dezember 2020 außer Kraft.

(2) Dienstunfälle sind auch Unfälle, die sich ereignen:

1. auf einem mit dem Dienstverhältnis (mit der die Versicherung begründenden Funktion) zusammenhängenden Weg zur oder von der Dienststätte; hat der Versicherte wegen der Entfernung seines ständigen Aufenthaltsortes von der Dienststätte oder in ihrer Nähe eine Unterkunft, so wird die Versicherung des Weges von oder nach dem ständigen Aufenthaltsort nicht ausgeschlossen;

2. auf einem Weg von der Dienststätte oder der Wohnung zu einer Untersuchungs- oder Behandlungsstelle (wie freiberuflich tätiger Arzt, Ambulatorium, Krankenanstalt) zur Inanspruchnahme ärztlicher Hilfe (§ 63), Zahnbehandlung (§ 69) oder der Durchführung einer Vorsorge(Gesunden)untersuchung (§ 61a) und anschließend auf dem Weg zurück zur Dienststätte oder zur Wohnung, sofern dem Dienstgeber oder einer sonst zur Entgegennahme von solchen Mitteilungen befugten Person der Arztbesuch vor Antritt des Weges bekanntgegeben wurde, ferner auf dem Weg von der Dienststätte oder von der Wohnung zu einer Untersuchungsstelle, wenn sich der Versicherte der Untersuchung auf Grund einer gesetzlichen Vorschrift oder einer Anordnung der Versicherungsanstalt oder des Dienstgebers unterziehen muß, und anschließend auf dem Weg zurück zur Dienststätte oder zur Wohnung;

(BGBl 1990/297, BGBl 1991/679, BGBl I 1999/174)

3. bei einer mit dem Dienstverhältnis (mit der die Versicherung begründenden Funktion) zusammenhängenden Verwahrung, Beförderung, Instandhaltung oder Erneuerung des Arbeitsgerätes, auch wenn dieses vom Versicherten beigestellt wird;

4. bei anderen Tätigkeiten, zu denen der Versicherte durch den Dienstgeber oder dessen Beauftragten herangezogen wird;

5. bei einer mit der Beschäftigung zusammenhängenden Inanspruchnahme einer gesetzlichen Vertretung des Personals;

6. auf einem Weg von der Dienststätte, den der Versicherte zurücklegt, um während der Dienstzeit, einschließlich der in der Dienstzeit liegenden gesetzlichen sowie kollektivvertraglich oder betrieblich vereinbarten Arbeitspausen, in der Nähe der Dienststätte oder in seiner Wohnung lebenswichtige persönliche Bedürfnisse zu befriedigen, anschließend auf dem Weg zurück zur Dienststätte sowie bei dieser Befriedigung der lebensnotwendigen Bedürfnisse, sofern sie in der Nähe der Dienststätte, jedoch außerhalb der Wohnung des Versicherten erfolgt;

7. auf einem mit der unbaren Überweisung des Entgelts zusammenhängenden Weg von der Dienststätte oder der Wohnung zu einem Geldinstitut zum Zweck der Behebung des Entgelts und anschließend auf dem Weg zurück zur Dienststätte oder zur Wohnung;

8. auf einem Weg zur oder von der Dienststätte, der im Rahmen einer Fahrgemeinschaft von Dienststättenangehörigen oder Versicherten zurückgelegt worden ist, die sich auf einem in der Z 1 genannten Weg befinden;

9. auf einem Weg eines (einer) Versicherten zur oder von der Dienststätte (Z 1) mit dem Zweck, ein Kind zu einer Kinderbetreuungseinrichtung, zur Tagesbetreuung, in fremde Obhut oder zu einer Schule zu bringen oder von dort abzuholen, sofern ihm/ihr für das Kind eine Aufsichtspflicht zukommt.

(BGBl 1991/679, BGBl I 2012/123)

(3) Verbotswidriges Handeln schließt die Annahme eines Dienstunfalles nicht aus.

Dienstunfällen gleichgestellte Unfälle

§ 91. (1) Den Dienstunfällen sind Unfälle gleichgestellt, die sich ereignen:

1. bei der Betätigung als Mitglied einer gesetzlichen Vertretung des Personals, ferner als in derselben Dienststätte Beschäftigter bei der Mitwirkung an der Besorgung von Aufgaben einer gesetzlichen Vertretung im Auftrag oder über Ersuchen eines Mitgliedes dieser Vertretung oder bei der Teilnahme an einer von einer gesetzlichen Vertretung des Personals einberufenen Versammlung;

2. bei der Ausübung des Wahlrechtes zu einer gesetzlichen Vertretung des Personals;

3. beim Besuch von Kursen, die der Vorbereitung zur Ablegung von Dienstprüfungen dienen, oder von dienstlichen Lehrveranstaltungen;

4. beim Besuch beruflicher Schulungs(Fortbildungs)kurse, soweit dieser Besuch geeignet ist, das berufliche Fortkommen des Versicherten zu fördern.

(2) Den Dienstunfällen sind ferner Ereignisse gleichgestellt, durch die eine Person, die gemäß dem Bundesverfassungsgesetz über Kooperation und Solidarität bei der Entsendung von Einheiten und Einzelpersonen in das Ausland (KSE-BVG), BGBl. I Nr. 38/1997, entsendet wird, eine körperliche Schädigung erlitten hat, sofern das schädigende Ereignis im örtlichen, zeitlichen und ursächlichen Zusammenhang mit dem Auslandseinsatz steht und nicht aus demselben schädigenden Ereignis ein Versorgungsanspruch nach dem Heeresversorgungsgesetz besteht. Die Leistungen der Unfallversicherung werden auch gewährt, wenn die

betreffende Person nicht nach diesem Bundesgesetz unfallversichert ist.

(BGBl I 1998/142)

(3) Die Bestimmungen des § 90 Abs. 2 Z 1 und Abs. 3 sind entsprechend anzuwenden.

Berufskrankheiten

§ 92. (1) Als Berufskrankheiten gelten die in der Anlage 1 des Allgemeinen Sozialversicherungsgesetzes bezeichneten Krankheiten unter den dort angeführten Voraussetzungen; wenn sie durch Ausübung des die Versicherung begründenden Dienstverhältnisses in einem in Spalte 3 dieser Anlage bezeichneten Unternehmen verursacht sind, mit der Maßgabe, daß unter dem in der Anlage 1 zum Allgemeinen Sozialversicherungsgesetz verwendeten Begriff der Unternehmen entsprechend auch die Dienststätten der nach diesem Bundesgesetz unfallversicherten Personen zu verstehen sind. Hautkrankheiten gelten nur dann als Berufskrankheiten, wenn und solange sie zur Aufgabe schädigender Tätigkeiten zwingen. Dies gilt nicht, wenn die Hautkrankheit eine Erscheinungsform einer Allgemeinerkrankung ist, die durch Aufnahme einer oder mehrerer der in der Anlage 1 zum ASVG angeführten schädigenden Stoffe in den Körper verursacht wurde.

(BGBl I 1998/142)

(2) Die in der Anlage 1 zum Allgemeinen Sozialversicherungsgesetz bezeichneten Krankheiten mit Ausnahme der unter den laufenden Nummern 25, 29, 30 und 34 bis 36 genannten Krankheiten gelten auch als Berufskrankheiten, wenn sie bei den in § 91 Abs. 2 bezeichneten Personen im Zusammenhang mit dem Auslandseinsatz eingetreten sind und nicht auf Grund einer solchen Krankheit ein Versorgungsanspruch nach dem Heeresversorgungsgesetz besteht.

(3) Eine Krankheit, die ihrer Art nach nicht in Anlage 1 zum Allgemeinen Sozialversicherungsgesetz im Sinne des Abs. 1 oder 2 enthalten ist, gilt im Einzelfall als Berufskrankheit, wenn die Versicherungsanstalt auf Grund gesicherter wissenschaftlicher Erkenntnisse feststellt, daß diese Krankheit ausschließlich oder überwiegend durch die Verwendung schädigender Stoffe oder Strahlen bei einer vom Versicherten ausgeübten Beschäftigung oder bei einem Auslandseinsatz (§ 91 Abs. 2) entstanden ist; diese Feststellung bedarf zu ihrer Wirksamkeit der Zustimmung des Bundesministeriums für soziale Verwaltung.

Bemessungsgrundlage

§ 93. (1) Bemessungsgrundlage ist unbeschadet der Bestimmungen der Abs. 2, 3, 3a und 3b das Gehalt (der sonstige monatliche Bezug) bzw. die Entschädigung des Versicherten im Zeitpunkt des Eintrittes des Versicherungsfalles einschließlich der ruhegenußfähigen (pensionsfähigen) Zulagen, der Zulagen, die Anspruch auf eine Zulage zum Ruhegenuß (zur Pension) begründen, allfällige Teuerungszulagen und finanzielle Zuwendungen einer (ausgegliederten) Einrichtung, ausgenommen

die anspruchsbegründenden Nebengebühren im Sinne des Pensionsgesetzes 1965. Kürzungen des Gehaltes (des sonstigen monatlichen Bezuges) im Einzelfall auf Grund dienstrechtlicher Vorschriften bleiben außer Betracht.

(BGBl I 1999/174, BGBl I 2002/4, BGBl I 2010/61)

(1a) Bei der Ermittlung der Bemessungsgrundlage hat eine Wiedereingliederungsteilzeit außer Betracht zu bleiben.

(BGBl I 2018/54)

(2) Bemessungsgrundlage für die im § 1 Abs. 1 Z 3 genannten Versicherten ist ihr Dienstbezug im Zeitpunkt des Eintrittes des Versicherungsfalles, soweit dieser nach den Bestimmungen des Bundestheaterpensionsgesetzes, BGBl. Nr. 159/1958, als Ruhegenußermittlungsgrundlage gilt.

(3) Bemessungsgrundlage für die in § 1 Abs. 1 Z 10 lit. b, 13 und 15 genannten Versicherten ist der Betrag von 188,95 €.

(BGBl I 2001/67)

(3a) Bemessungsgrundlage für die im § 1 Abs. 1 Z 17, 21 und 22 genannten Versicherten ist ihr Entgelt im Sinne des § 49 ASVG im Monat des Eintrittes des Versicherungsfalles.

(BGBl I 1999/174, BGBl I 2002/144, BGBl I 2003/145)

(3b) Die Bemessungsgrundlage für die im § 91 Abs. 2 genannten Personen ist, sofern die betreffende Person nicht nach diesem Bundesgesetz unfallversichert ist, nach § 181a Abs. 2 erster Satz ASVG oder nach § 182 ASVG zu ermitteln.

(BGBl I 2002/4)

(3c) Bemessungsgrundlage für die in § 7 Abs. 3 genannten Personen ist die letzte unmittelbar vor der Karenzierung bestandene Beitragsgrundlage.

(BGBl I 2002/144)

(4) Die Bemessungsgrundlage nach Abs. 1 bis 3c ändert sich jeweils um den auf eine Dezimalstelle gerundeten Hundertsatz, um den sich der Referenzbetrag nach § 3 Abs. 4 des Gehaltsgesetzes 1956 ändert. Die Renten sind unter Berücksichtigung der neuen Bemessungsgrundlage von Amts wegen festzustellen.

(BGBl I 1999/174, BGBl I 2002/4, BGBl I 2002/144, BGBl I 2015/162)

Besondere Bemessungsgrundlage für Personen unter 30 Jahren

§ 93a. (1) Befand sich die versicherte Person zur Zeit des Eintrittes des Versicherungsfalles noch in einer Berufs- oder Schulausbildung, so wird von dem Zeitpunkt ab, in dem die begonnene Ausbildung voraussichtlich abgeschlossen gewesen wäre, die Bemessungsgrundlage jeweils nach der Beitragsgrundlage errechnet, die für Personen gleicher Ausbildung sonst in der Regel erreicht wird; hiebei sind solche Erhöhungen der Beitragsgrundlage nicht zu berücksichtigen, die die versicherte Person erst nach Vollendung ihres 30. Lebensjahres erreicht hätte.

B-KUVG

(2) Abs. 1 ist entsprechend für Versicherte anzuwenden, die zur Zeit des Eintrittes des Versicherungsfalles noch nicht 30 Jahre alt waren, sofern die Errechnung der Bemessungsgrundlage auf diese Art für die versicherte Person günstiger ist.

(BGBl I 2018/100)

Neufeststellung der Renten

§ 94. (1) Bei einer wesentlichen Änderung der Verhältnisse, die für die Feststellung einer Rente maßgebend waren, hat die Versicherungsanstalt auf Antrag oder von Amts wegen die Rente neu festzustellen. Als wesentlich gilt eine Änderung der Verhältnisse nur, wenn durch sie die Minderung der Erwerbsfähigkeit des Versehrten durch mehr als drei Monate um mindestens 10 vH geändert wird, durch die Änderung ein Rentenanspruch entsteht oder wegfällt (§§ 101, 108 Abs. 1) oder die Schwerversehrtheit entsteht oder wegfällt (§ 103 Abs. 3).

(2) Sind zwei Jahre nach Eintritt des Versicherungsfalles abgelaufen oder ist innerhalb dieser Frist die Dauerrente (§ 107) festgestellt worden, so kann die Rente immer nur in Zeiträumen von mindestens einem Jahr nach der letzten Feststellung neu festgestellt werden. Diese Frist gilt nicht, wenn in der Zwischenzeit eine Heilbehandlung abgeschlossen oder eine vorübergehende Verschlimmerung der Folgen des Dienstunfalles oder der Berufskrankheit wieder behoben wurde.

(BGBl 1991/679)

Abfinden von Renten[a]

[a] Siehe die VO im Anhang.

§ 95. (1) Versehrtenrenten von nicht mehr als 25 vH der Vollrente (§ 103 Abs. 2 Z 1) können mit Zustimmung des Versehrten durch Gewährung eines dem Werte der Rente entsprechenden Kapitals abgefunden werden. Die Höhe des Abfindungskapitals wird durch Verordnung des Bundesministeriums für soziale Verwaltung bestimmt.

(2) Auf Antrag des Anspruchsberechtigten kann die Versicherungsanstalt auch eine Versehrtenrente von mehr als 25 vH der Vollrente ganz oder teilweise mit dem dem Werte der Rente oder des Rententeiles entsprechenden Kapital abfinden, wenn die Verwendung des Abfindungsbetrages zum Zwecke der wirtschaftlichen Sicherung des Versehrten gewährleistet erscheint.

(3) Der Anspruch auf Rente besteht trotz der Abfindung, solange die Folgen des Arbeitsunfalles oder der Berufskrankheit nachträglich eine wesentliche Verschlimmerung (§ 94 Abs. 1 zweiter Satz) erfahren. Die neuzubemessende Rente wird um den Betrag gekürzt, der dem Grad der der abgefundenen Rente zugrunde gelegten Minderung der Erwerbsfähigkeit entspricht.

(4) Durch die Abfindung werden Ansprüche auf Heilbehandlung, Ansprüche auf Versorgung mit Körperersatzstücken, orthopädischen Behelfen und anderen Hilfsmitteln die Kinderzuschüsse und die Ansprüche der Hinterbliebenen nicht berührt.

(BGBl 1993/110)

2. UNTERABSCHNITT
Leistungen

Verhütung von Dienstunfällen (Berufskrankheiten)

§ 95a. Die Versicherungsanstalt kann die vorbeugende Betreuung der von Berufskrankheiten bedrohten Versicherten durchführen.

Unfallheilbehandlung

§ 96. (1) Die Unfallheilbehandlung hat mit allen geeigneten Mitteln die durch den Dienstunfall oder die Berufskrankheit hervorgerufene Gesundheitsstörung oder Körperbeschädigung sowie die durch den Dienstunfall oder die Berufskrankheit verursachte Minderung der Erwerbsfähigkeit bzw. der Fähigkeit zur Besorgung der lebenswichtigen persönlichen Angelegenheiten zu beseitigen oder zumindest zu bessern und eine Verschlimmerung der Folgen der Verletzung oder Erkrankung zu verhüten.

(2) Die Unfallheilbehandlung umfaßt insbesondere:
1. ärztliche Hilfe,
2. Heilmittel,
3. Heilbehelfe,
4. Pflege in Kranken-, Kur- und sonstigen Anstalten.

In den Fällen der Z 1 bis 4 sowie im Zusammenhang mit der körpergerechten Anpassung von Körperersatzstücken, orthopädischen Behelfen und anderen Hilfsmitteln können Reise-(Fahrt-) und Transportkosten nach Maßgabe der Bestimmungen der Satzung unter Bedachtnahme auf die wirtschaftlichen Verhältnisse des Versicherten übernommen werden.

(BGBl 1996/414)

(3) Die Unfallheilbehandlung ist in entsprechender Anwendung der §§ 58 bis 60, 63, 64, 65 Abs. 1, 8 und 9, 66 und 67 in einer Art und einem Ausmaß zu gewähren, daß der Zweck der Heilbehandlung (Abs. 1) tunlichst erreicht wird. Ein Behandlungsbeitrag bzw. eine Rezeptgebühr darf nicht eingehoben werden.

(BGBl 1996/414)

(4) **(Grundsatzbestimmung)** Für die Regelung der Beziehungen der Versicherungsanstalt als Träger der Unfallversicherung zu den landesgesundheitsfondsfinanzierten Krankenanstalten gelten nach Art. 12 Abs. 1 Z 1 B-VG die in § 68 Abs. 1 aufgestellten Grundsätze.

(BGBl 1996/764, BGBl I 2001/5, BGBl I 2004/179, BGBl I 2007/101)

Dauer der Unfallheilbehandlung

§ 97. Die Unfallheilbehandlung wird so lange und so oft gewährt, als eine Besserung der Folgen des Dienstunfalles beziehungsweise der Berufskrankheit oder eine Steigerung der Erwerbsfähigkeit zu erwarten ist oder Heilmaßnahmen erforderlich sind, um eine Verschlimmerung zu verhüten.

Besondere Unterstützung

§ 98. Für die Dauer einer Unfallheilbehand-lung kann die Versicherungsanstalt dem Versehrten oder seinen Angehörigen in Berücksichtigung der Schwere der Verletzungsfolgen und der langen Dauer der Behandlung eine besondere Unterstützung gewähren; eine solche Unterstützung kann unter Bedachtnahme auf die Familienverhältnisse des Versehrten und die wirtschaftliche Lage desselben bzw. der unterhaltspflichtigen Angehörigen auch zu dem Zweck gewährt werden, die Kosten des Transportes des Versehrten vom Ort der Behandlung an den Ort des Wohnsitzes ganz oder teilweise zu ersetzen.

Versagung der Versehrtenrente bei Zuwiderhandlung

§ 99. Befolgt der Versehrte eine die Unfallheilbehandlung betreffende Anordnung nicht und wird dadurch seine Erwerbsfähigkeit ungünstig beeinflußt, so kann ihm die Versehrtenrente auf Zeit ganz oder teilweise versagt werden, wenn er vorher auf die Folgen seines Verhaltens schriftlich hingewiesen worden ist. Bei der Festsetzung des zeitlichen Ausmaßes sowie des Umfanges der Versagung ist auf die Familien-, Einkommens- und Vermögensverhältnisse des Versehrten und auf den Aufwand, der der Versicherungsanstalt aus der Nichtbefolgung der Anordnung erwächst, Bedacht zu nehmen.

Berufliche Maßnahmen der Rehabilitation

§ 99a. (1) Durch die beruflichen Maßnahmen der Rehabilitation soll der Versehrte in die Lage versetzt werden, in seiner früheren oder, wenn dies nicht möglich ist, in einer anderen zumindest gleichwertigen Verwendung Dienst zu versehen.

(2) Die beruflichen Maßnahmen der Rehabilitation umfassen Maßnahmen zur Wiedergewinnung oder Erhaltung der Erwerbsfähigkeit und, wenn der Versehrte durch Dienstunfall oder Berufskrankheit in der Versehung seines Dienstpostens wesentlich beeinträchtigt ist, die Vermittlung von Kenntnissen und Fertigkeiten, die eine andere zumindest gleichwertige Verwendung beim selben Dienstgeber ermöglichen.

(3) Bei den im § 1 Abs. 1 Z 6, 8 bis 11, 13 und 15 genannten Personen beziehen sich die beruflichen Maßnahmen der Rehabilitation auf jenen Beruf, den diese Personen vor Erlangung der Funktion ausgeübt haben, auf Grund der sie unter die Bestimmungen dieses Bundesgesetzes fallen.

(4) Während der Dauer einer beruflichen Ausbildung kann die Versicherungsanstalt dem Versehrten einen Beitrag zu den Kosten des Unterhaltes für ihn und seine Angehörigen (§ 56) leisten, soweit billigerweise anzunehmen ist, daß der Versehrte die Kosten der bisherigen Lebensführung aus einem anderen Einkommen nicht decken kann.

Übertragung der Durchführung von beruflichen Maßnahmen der Rehabilitation

§ 99b. (1) Die Versicherungsanstalt kann die Durchführung von beruflichen Maßnahmen der Rehabilitation dem Arbeitsmarktservice übertragen. Sie hat dem Arbeitsmarktservice die ausgewiesenen tatsächlichen Kosten zu ersetzen.

(2) Die Versicherungsanstalt und das Arbeitsmarktservice können zur Abgeltung der Ersatzansprüche unter Bedachtnahme auf die Zahl der in Betracht kommenden Fälle und auf die Höhe der durchschnittlich in diesen Fällen gewährten beruflichen Maßnahmen der Rehabilitation die Zahlung jährlicher Pauschbeträge vereinbaren.

(BGBl 1994/314)

Soziale Maßnahmen der Rehabilitation

§ 99c. (1) Die sozialen Maßnahmen der Rehabilitation umfassen solche Leistungen, die über die Unfallheilbehandlung und die beruflichen Maßnahmen der Rehabilitation hinaus geeignet sind, zur Erreichung des im § 87 angestrebten Zieles beizutragen.

(2) Als Maßnahmen im Sinne des Abs. 1 kann die Versicherungsanstalt unter Bedachtnahme auf die wirtschaftlichen Verhältnisse des Versehrten insbesondere gewähren:

1. einem Versehrten einen Zuschuß und/oder ein Darlehen zur Adaptierung der von ihm bewohnten oder zu bewohnenden Räumlichkeiten, durch die ihm deren Benutzung erleichtert oder ermöglicht wird;

2. einem Versehrten, dem auf Grund seiner Behinderung die Benützung des öffentlichen Verkehrsmittels nicht zumutbar ist,

   a) einen Zuschuß zu den Kosten für die Erlangung der Lenkerbefugnis,

   b) einen Zuschuß und/oder ein Darlehen zum Ankauf bzw. zur Adaptierung eines Personenkraftwagens.

(3) Als Maßnahmen im Sinne des Abs. 1 kann die Versicherungsanstalt auch den Versehrtensport, wenn er in Gruppen und unter ärztlicher Betreuung ausgeübt wird, durch die Gewährung von Zuschüssen an die in Betracht kommenden Einrichtungen gegen Nachweis der widmungsgemäßen Verwendung fördern.

(4) Mittel der Unfallversicherung können auch zur Förderung und Unterstützung von gemeinnützigen Einrichtungen, die die Förderung der wirtschaftlichen, sozialen und kulturellen Interessen von Behinderten zum Ziele haben, verwendet werden.

(BGBl 1990/297)

Zustimmung zur Einleitung von Maßnahmen der Rehabilitation

§ 99d. Die Einleitung von Maßnahmen der Rehabilitation der Versicherungsanstalt bedarf der Zustimmung des Versehrten. Vor dessen Entscheidung ist der Versehrte von der Versicherungsanstalt über

B-KUVG

das Ziel und die Möglichkeiten der Rehabilitation nachweislich in geeigneter Weise zu informieren und zu beraten. Der Versehrte hat bei der Durchführung der Maßnahmen der Rehabilitation entsprechend mitzuwirken.

Vereinbarungen zur Durchführung der Rehabilitation

§ 99e. Die Versicherungsanstalt hat die von ihr jeweils zu treffenden Maßnahmen der Rehabilitation mit den in Frage kommenden Versicherungsträgern, Dienststellen und Einrichtungen zu koordinieren und aufeinander abzustimmen. § 307c des Allgemeinen Sozialversicherungsgesetzes gilt entsprechend.

Körperersatzstücke, orthopädische Behelfe und andere Hilfsmittel

§ 100. (1) Der Versehrte hat Anspruch auf Versorgung mit Körperersatzstücken, orthopädischen Behelfen und anderen Hilfsmitteln, die erforderlich sind, um den Erfolg der Heilbehandlung zu sichern oder die Folgen des Dienstunfalles oder der Berufskrankheit zu erleichtern. Diese Hilfsmittel müssen den persönlichen und beruflichen Verhältnissen des Versehrten angepaßt sein.

(2) Wenn bei einem Dienstunfall ein Körperersatzstück, ein orthopädischer Behelf oder ein anderes Hilfsmittel schadhaft oder unbrauchbar wird oder verlorengeht, hat die Versicherungsanstalt die Kosten für die Beseitigung des eingetretenen Schadens zu übernehmen.

(3) Schadhaft oder unbrauchbar gewordene oder verloren gegangene Hilfsmittel sind auf Kosten der Versicherungsanstalt wieder herzustellen oder zu erneuern. Vor Ablauf der festgesetzten Gebrauchsdauer besteht der Anspruch auf Ersatz oder Erneuerung nur, wenn der Versehrte glaubhaft macht, daß ihn an der Beschädigung, Unbrauchbarkeit oder dem Verlust des Hilfsmittels kein Verschulden trifft.

(4) Hat der Versehrte die Hilfsmittel selbst beschafft oder instandsetzen lassen, so gebührt ihm, wenn die Beschaffung oder Instandsetzung erforderlich und zweckmäßig war, der Ersatz in dem Betrage, den die Versicherungsanstalt hätte aufwenden müssen.

Anspruch auf Versehrtenrente

§ 101. (1) Anspruch auf Versehrtenrente besteht, wenn die Erwerbsfähigkeit des Versehrten durch die Folgen eines Dienstunfalles oder einer Berufskrankheit über drei Monate nach dem Eintritt des Versicherungsfalles hinaus um mindestens 20 vH vermindert ist; die Versehrtenrente gebührt für die Dauer der Minderung der Erwerbsfähigkeit um mindestens 20 vH.

(2) Wegen einer Berufskrankheit im Sinne des § 92 Abs. 3 besteht nur dann Anspruch auf Versehrtenrente, wenn die dadurch bewirkte Minderung der Erwerbsfähigkeit über drei Monate nach dem Eintritt des Versicherungsfalles hinaus mindestens 50 vH beträgt.

Anfall der Versehrtenrente

§ 102. Die Versehrtenrente fällt mit dem Tag nach dem Wegfall der durch den Dienstunfall oder die Berufskrankheit verursachten Arbeitsunfähigkeit, spätestens nach Ablauf des dritten Monates nach dem Eintritt des Versicherungsfalles an.

Bemessung der Versehrtenrente

§ 103. (1) Die Versehrtenrente ist nach dem Grad der durch den Dienstunfall oder durch die Berufskrankheit herbeigeführten Minderung der Erwerbsfähigkeit zu bemessen.

(2) Als Rente ist zu gewähren, solange der Versehrte infolge des Dienstunfalles oder der Berufskrankheit

1. völlig erwerbsunfähig ist, 662/3 vH der Bemessungsgrundlage (Vollrente);

2. teilweise erwerbsunfähig ist, der dem Grad seiner Erwerbsfähigkeitsminderung entsprechende Hundertsatz der Vollrente (Teilrente).

(3) Versehrte, die Anspruch auf eine Versehrtenrente von mindestens 50 vH oder auf mehrere Versehrtenrenten nach diesem oder einem anderen Bundesgesetz haben, deren Hundertsätze zusammen die Zahl 50 erreichen, gelten als Schwerversehrte.

Zusatzrente für Schwerversehrte

§ 104. (1) Schwerversehrten (§ 103 Abs. 3) gebührt eine Zusatzrente

1. bei einer unter 70% verminderten Erwerbsfähigkeit in der Höhe von 20%,

2. bei einer um zumindest 70% verminderten Erwerbsfähigkeit in der Höhe von 50%

ihrer Versehrtenrente oder der Summe ihrer Versehrtenrenten.

(BGBl I 2000/142)

(2) Auf die Zusatzrente sind die Bestimmungen über die Versehrtenrenten nach diesem Bundesgesetz entsprechend anzuwenden.

Kinderzuschuß

§ 105. (1) Schwerversehrten wird für jedes Kind bis zum vollendeten 18. Lebensjahr ein Kinderzuschuß im Ausmaß von 10 vH der Versehrtenrente gewährt. Für die Dauer eines Anspruches auf Kinderzuschuß für ein im Abs. 2 zweiter Satz bezeichnetes Kind gebührt für dieses Kind, wenn es gleichzeitig als Kind im Sinne des Abs. 2 erster Satz gilt, aus diesen Gründen kein weiterer Kinderzuschuß. Der sich aus der Summe von Versehrtenrente und Zusatzrente (§ 104) ergebende Betrag des Kinderzuschusses darf den Betrag von 76,31 € nicht übersteigen. Die Rente und die Kinderzuschüsse dürfen zusammen die Bemessungsgrundlage nicht übersteigen.

(BGBl 1993/110, BGBl I 2001/67)

(2) Als Kinder im Sinne des Abs. 1 gelten:

1. die Kinder und die Wahlkinder der versicherten Person;

(BGBl I 2013/86)

2. (aufgehoben)
   (BGBl I 2013/86)
3. (aufgehoben)
   (BGBl I 2013/86)
4. die Stiefkinder;
5. die Enkel.

Die in Z 4 und 5 genannten Personen gelten nur dann als Kinder, wenn sie mit dem Versicherten ständig in Hausgemeinschaft leben, die in Z 5 genannten Personen überdies nur dann, wenn sie gegenüber dem Versicherten im Sinne des § 232 ABGB unterhaltsberechtigt sind und sie und der Versicherte ihren Wohnsitz im Inland haben. Die ständige Hausgemeinschaft besteht weiter, wenn sich das Kind nur vorübergehend oder wegen schulmäßiger (beruflicher) Ausbildung oder zeitweilig wegen Heilbehandlung außerhalb der Hausgemeinschaft aufhält. Das gleiche gilt, wenn sich das Kind auf Veranlassung des Versicherten und überwiegend auf dessen Kosten oder auf Anordnung der Jugendfürsorge oder des Vormundschafts- (Pflegschafts-)gerichtes in Pflege eines Dritten befindet.

(BGBl I 2013/86)

(3) Der Kinderzuschuss ist auch nach Vollendung des 18. Lebensjahres, jedoch nur auf besonderen Antrag zu gewähren oder weiterzugewähren, wenn und solange das Kind

1. sich in einer Schul- oder Berufsausbildung befindet, die seine Arbeitskraft überwiegend beansprucht, längstens bis zur Vollendung des 27. Lebensjahres; die Kindeseigenschaft von Kindern, die eine im § 3 des Studienförderungsgesetzes 1992 genannte Einrichtung besuchen, verlängert sich nur dann, wenn für sie
   a) entweder Familienbeihilfe nach dem Familienlastenausgleichsgesetz 1967 bezogen wird oder
   b) zwar keine Familienbeihilfe bezogen wird, sie jedoch ein ordentliches Studium ernsthaft und zielstrebig im Sinne des § 2 Abs. 1 lit. b des Familienlastenausgleichsgesetzes 1967 in der Fassung des Bundesgesetzes BGBl. Nr. 311/1992 betreiben;
2. als Teilnehmer/in des Freiwilligen Sozialjahres, des Freiwilligen Umweltschutzjahres, des Gedenkdienstes oder des Friedens- und Sozialdienstes im Ausland nach dem Freiwilligengesetz, BGBl. I Nr. 17/2012, tätig ist, längstens bis zur Vollendung des 27. Lebensjahres;
3. seit der Vollendung des 18. Lebensjahres oder seit dem Ablauf des in Z 1 oder des in Z 2 genannten Zeitraumes infolge Krankheit oder Gebrechens erwerbsunfähig ist.

(BGBl I 2012/123)

Ruhen der Versehrtenrente bei Anstaltspflege

§ 106. Wird einem Versehrten wegen der Folgen eines Dienstunfalles oder wegen einer Berufskrankheit Anstaltspflege aus der Unfallversicherung gewährt, so ruht während dieser Zeit die auf Grund dieses Versicherungsfalles gebührende Versehrtenrente einschließlich allfälliger Kinderzuschüsse. Das Ruhen tritt jedoch in dem Ausmaß nicht ein, in dem die Rente unmittelbar vor der Anstaltspflege bzw. vor Beginn einer die Anstaltspflege verursachenden Dienstunfähigkeit gebührte.

Vorläufige Versehrtenrente, Gesamtvergütung

§ 107. (1) Kann die Versehrtenrente während der ersten zwei Jahre nach dem Eintritt des Versicherungsfalles wegen der noch nicht absehbaren Entwicklung der Folgen des Dienstunfalles oder der Berufskrankheit ihrer Höhe nach noch nicht als Dauerrente festgestellt werden, so hat die Versicherungsanstalt die Versehrtenrente als vorläufige Rente zu gewähren. Spätestens mit Ablauf des zweijährigen Zeitraumes ist die Versehrtenrente als Dauerrente festzustellen; diese Feststellung setzt eine Änderung der Verhältnisse (§ 94 Abs. 1) nicht voraus und ist an die Grundlagen für die Berechnung der vorläufigen Rente nicht gebunden.

(2) Ist zu erwarten, daß nur eine vorläufige Versehrtenrente zu gewähren ist, so kann die Versicherungsanstalt den Versehrten durch eine Gesamtvergütung in der Höhe des voraussichtlichen Rentenaufwandes abfinden. Nach Ablauf des dieser Vergütung zugrunde gelegten Zeitraumes ist auf Antrag unter den Voraussetzungen des § 101 eine entsprechende Versehrtenrente zu gewähren, und zwar ab dem auf den Ablauf dieses Zeitraumes folgenden Tag, wenn der Antrag innerhalb von zwei Jahren gestellt wird, ansonsten ab dem Tag der Antragstellung.

Entschädigung aus mehreren Versicherungsfällen

§ 108. (1) Wird ein Versehrter neuerlich durch einen Dienstunfall oder eine Berufskrankheit geschädigt und erreicht die Gesamtminderung der Erwerbsfähigkeit aus Versicherungsfällen nach diesem Bundesgesetz – ausgenommen Versicherungsfälle nach den §§ 148c bis 148e BSVG – mindestens 20% (bei Mitberücksichtigung einer Berufskrankheit im Sinne des § 92 Abs. 3 mindestens 50%), so ist spätestens vom Beginn des dritten Jahres nach dem Eintritt des letzten Versicherungsfalles an eine Gesamtrente festzustellen. Eine abgefundene Versehrtenrente ist bei der Bildung der Gesamtrente so zu berücksichtigen, dass die Gesamtrente um den Betrag gekürzt wird, der dem Grad der der abgefundenen Rente zugrunde gelegten Minderung der Erwerbsfähigkeit entspricht.

(2) Die Gesamtrente ist nach der höchsten für die einzelnen Versicherungsfälle – ausgenommen Versicherungsfälle nach den §§ 148c bis 148e BSVG – in Betracht kommenden Bemessungsgrundlage zu bestimmen. Sie ist, wenn zur Entschädigung der einzelnen Versicherungsfälle verschiedene Träger der Unfallversicherung zuständig sind, von dem für den letzten Versicherungsfall zuständigen Versicherungsträger zu erbringen. Der für die Leistung

der Gesamtrente zuständige Versicherungträger hat auch alle anderen in Betracht kommenden Leistungen aus der Unfallversicherung zu erbringen.

(3) Wird das rentenbegründende Gesamtausmaß der Minderung der Erwerbsfähigkeit für die erstmalige Feststellung einer Dauerrente oder einer Gesamtrente zwar nicht aus Versicherungsfällen nach diesem Bundesgesetz, aber unter Berücksichtigung

a) eines Arbeitsunfalles oder einer Berufskrankheit nach den §§ 175 bis 177 ASVG oder

b) eines Arbeitsunfalles oder einer Berufskrankheit nach den §§ 148c bis 148e BSVG oder

c) einer anerkannten Schädigung nach dem KOVG 1957 oder nach dem HVG oder nach dem Opferfürsorgegesetz oder

d) einer anerkannten Schädigung nach dem Verbrechensopfergesetz oder

e) eines Unfales oder einer Krankheit nach § 76 Abs. 2 bis 4 des Strafvollzugsgesetzes oder

f) von Schäden, für die nach Maßgabe des Impfschadengesetzes Entschädigung zu leisten ist, oder

g) von Schädigungen, die von einer auf landesgesetzlichen Vorschriften beruhenden Unfallfürsorgeeinrichtung anerkannt sind,

erreicht wird, so sind solche Versicherungsfälle nach diesem Bundesgesetz auf Antrag ab dem Zeitpunkt, zu dem eine Dauerrente (Gesamtrente) spätestens festzustellen gewesen wäre, gesondert zu entschädigen.

(4) Dem für die Erbringung der Gesamtleistung nach Abs. 2 zuständigen Versicherungsträger steht ein Anspruch auf Ersatz gegenüber dem Versicherungsträger zu, der zur Entschädigung des vorangegangenen Versicherungsfalles zuständig war. Für die Höhe des Ersatzanspruches gilt § 184 Abs. 4 und 5 ASVG mit der Maßgabe, dass der Berechnung die Versehrtenrente des zur Entschädigung des vorangegangenen Versicherungsfalles zuständigen Versicherungsträgers zugrunde zu legen ist, die im letzten Monat vor Bildung der Gesamtrente gebührt hat.

(5) Bis zur Feststellung einer Gesamtrente nach Abs. 1 ist der letzte Versicherungsfall gesondert zu entschädigen, wenn und solange er eine Minderung der Erwerbsfähigkeit im rentenbegründenden Ausmaß (§ 101) verursacht hat. Hat der neuerliche Versicherungsfall für sich allein keine Minderung der Erwerbsfähigkeit im rentenbegründenden Ausmaß verursacht, so ist dieser Versicherungsfall rückwirkend unter Bedachtnahme auf § 102 zu entschädigen, wenn er zum Zeitpunkt der Feststellung der Gesamtrente zu einer Erhöhung der Gesamtminderung der Erwerbsfähigkeit um mindestens 5% geführt hat. Dies gilt jeweils auch, wenn nur ein Versicherungsfall (Arbeitsunfall oder Berufskrankheit) vorliegt und einer anerkannte Schädigung nach einer der im Abs. 3 angeführten gesetzlichen Vorschriften vorangegangen ist.

(BGBl 1996/414, BGBl I 1998/142, BGBl I 2001/102)

Versehrtengeld

§ 109. (1) Die Versicherungsanstalt kann bis zum Ablauf eines Jahres nach dem Eintritt des Versicherungsfalles an Stelle der Versehrtenrente Versehrtengeld gewähren, wenn zu erwarten ist, daß über diese Zeit hinaus eine Versehrtenrente nicht gebührt.

(2) Das tägliche Versehrtengeld beträgt den 60. Teil der Bemessungsgrundlage. § 106 gilt entsprechend.

Witwen(Witwer)beihilfe

§ 110. (1) Hat die Witwe (der Witwer) eines (einer) Schwerversehrten keinen Anspruch auf Witwen(Witwer)rente, weil der Tod des (der) Versehrten nicht die Folge eines Dienstunfalles oder einer Berufskrankheit war, so ist ihr (ihm) als einmalige Witwen(Witwer)beihilfe das Sechsfache der Bemessungsgrundlage zu gewähren.

(2) Die Witwen(Witwer)beihilfe ist, wenn der (die) Verstorbene zur Zeit seines (ihres) Todes mehrere Versehrtenrenten nach diesem Bundesgesetz bezogen hat, nach der höchsten in Betracht kommenden Bemessungsgrundlage zu gewähren.

(3) § 114 ist entsprechend anzuwenden.

Teilersatz der Bestattungskosten

§ 111. (1) Wurde durch einen Dienstunfall oder eine Berufskrankheit der Tod des Versehrten verursacht, gebührt ein Teilersatz der Bestattungskosten aus der Unfallversicherung.

(2) Der Teilersatz der Bestattungskosten gebührt in der Höhe der Bemessungsgrundlage.

(3) Der Betrag nach Abs. 2 wird an den gezahlt, der die Kosten der Bestattung getragen hat. Bleibt ein Überschuß, so sind die in Abs. 4 genannten Personen in der dort angeführten Reihenfolge unter den dort bezeichneten Voraussetzungen bezugsberechtigt. Fehlen solche Berechtigte, so verbleibt der Überschuß der Versicherungsanstalt.

(4) Wurden die Bestattungskosten auf Grund gesetzlicher, satzungsmäßiger oder vertraglicher Verpflichtung von anderen Personen als dem/der Ehegatten/Ehegattin oder dem/der eingetragenen Partner/Partnerin, den leiblichen Kindern, den Wahlkindern und den Stiefkindern, dem Vater, der Mutter, den Geschwistern bestritten, so gebührt der Teilersatz der Bestattungskosten zur Gänze diesen Personen in der angeführten Reihenfolge, wenn sie mit dem Verstorbenen zur Zeit seines Todes in häuslicher Gemeinschaft gelebt haben.

(BGBl I 2009/135)

(5) In den Fällen des Abs. 1 kann die Versicherungsanstalt unter Bedachtnahme auf die Familienverhältnisse des Verstorbenen und die wirtschaftliche Lage der Hinterbliebenen einen Zuschuß zu den Kosten der Überführung des Leichnams an den Ort des Wohnsitzes des Verstorbenen gewähren oder die Überführungskosten in voller Höhe übernehmen.

Witwen(Witwer)rente[a)]

[a)] Die Regelung über die Witwerrente wird etappenweise wirksam. Siehe Art. II Abs. 4 10. Nov.

§ 112. (1) Wurde der Tod des (der) Versicherten durch einen Dienstunfall oder eine Berufskrankheit verursacht, so gebührt der Witwe (dem Witwer) bis zu ihrem (seinem) Tod oder ihrer (seiner) Wiederverheiratung eine Witwen(Witwer)-rente von 20 vH der Bemessungsgrundlage.

(2) Solange die im Abs. 1 bezeichnete anspruchsberechtigte Person durch Krankheit oder Gebrechen wenigstens die Hälfte ihrer Erwerbsfähigkeit verloren oder wenn die Witwe das 60., der Witwer das 65. Lebensjahr vollendet hat, beträgt die Witwen(Witwer)rente 40 vH der Bemessungsgrundlage. Die Erhöhung der Witwen(Witwer)rente wegen Minderung der Erwerbsfähigkeit wird nur gewährt, wenn diese länger als drei Monate bestanden hat.

(3) Der Witwe (Dem Witwer) des (der) Verstorbenen, die (der) sich wiederverehelicht hat, gebührt eine Abfertigung in der Höhe des 35-fachen der nach Abs. 1 zu bemessenden Witwen(Witwer)rente.

(4) Wird die neue Ehe durch den Tod des Ehegatten, durch Scheidung oder durch Aufhebung aufgelöst oder wird die neue Ehe für nichtig erklärt, so lebt der Anspruch auf die Witwen(Witwer)rente wieder auf, wenn

1. die Ehe nicht aus dem alleinigen oder überwiegenden Verschulden der im Abs. 1 bezeichneten anspruchsberechtigten Person geschieden oder aufgehoben worden ist oder

2. bei Nichtigerklärung der Ehe diese Person als schuldlos anzusehen ist.

(5) Das Wiederaufleben des Anspruches tritt mit der Auflösung oder Nichtigerklärung der letzten Ehe, frühestens jedoch zweieinhalb Jahre nach dem seinerzeitigen Erlöschen des Anspruches auf die Witwen(Witwer)rente ein.

(6) Auf die Witwen(Witwer)rente, die wiederaufgelebt ist, sind laufende Unterhaltsleistungen und die in § 2 des Einkommensteuergesetzes 1988, BGBl. Nr. 400, angeführten Einkünfte anzurechnen, die der Witwe (dem Witwer) aufgrund der aufgelösten oder für nichtig erklärten Ehe zufließen, soweit sie einen wiederaufgelebten Versorgungsbezug übersteigen (§ 21 Abs. 6 des Pensionsgesetzes 1965). Eine Anrechnung laufender Unterhaltsleistungen erfolgt nur in der Höhe eines Vierzehntels der jährlich tatsächlich zufließenden Unterhaltsleistung. Hinsichtlich der Ermittlung des Erwerbseinkommens aus einem land(forst)-wirtschaftlichen Betrieb ist § 292 Abs. 5 und 7 des Allgemeinen Sozialversicherungsgesetzes entsprechend anzuwenden. Erhält die Witwe (der Witwer) statt laufender Unterhaltsleistungen eine Kapitalabfindung, so ist auf die monatliche Witwen(Witwer) rente ein Vierzehntel des Betrages anzurechnen, der sich aus der Annahme eines jährlichen Erträgnisses von 4 vH des Abfindungskapitals ergeben würde. Geht das Abfindungskapital ohne vorsätz-

liches Verschulden der Witwe (des Witwers) unter, so entfällt die Anrechnung.

(BGBl 1990/297, BGBl 1996/414)

(7) Werden laufende Unterhaltsleistungen bzw. Einkünfte im Sinne des Abs. 6 bereits im Zeitpunkt des Wiederauflebens des Versorgungsbezuges bezogen, wird die Anrechnung ab diesem Zeitpunkt wirksam, in allen anderen Fällen mit dem Beginn des Kalendermonates, der auf den Eintritt des Anrechnungsgrundes folgt.

Rente der früheren Ehefrau (des früheren Ehemannes)

§ 113. (1) Die Bestimmungen über den Anspruch auf Witwen(Witwer)rente und das Ausmaß der Witwen(Witwer)rente – ausgenommen die Bestimmungen des § 112 Abs. 3 und 4 – gelten, soweit im folgenden nichts anderes bestimmt ist, sinngemäß für die frühere Ehefrau (den früheren Ehemann) des (der) verstorbenen Versicherten, wenn dieser (diese) zur Zeit seines (ihres) Todes aufgrund eines gerichtlichen Urteiles, eines gerichtlichen Vergleiches oder einer vor der Auflösung oder Nichtigerklärung der Ehe schriftlich eingegangenen Verpflichtung für den Lebensunterhalt seiner früheren Ehefrau (ihres früheren Ehemannes) aufzukommen oder dazu beizutragen hatte.

(2) Die Witwen(Witwer)rente gebührt der früheren Ehefrau (dem früheren Ehemann) nur auf Antrag. Sie fällt, wenn der Antrag nicht innerhalb von drei Monaten nach dem Tod des (der) Versicherten gestellt wird, mit dem der Antragstellung folgenden Monatsersten, wenn der Antrag an einem Monatsersten gestellt wird, mit diesem Tage an.

(3) Hat die frühere Ehefrau (der frühere Ehemann) gegen den verstorbenen Versicherten (die verstorbene Versicherte) nur einen befristeten Anspruch auf Unterhaltsleistungen gehabt, so besteht der Anspruch auf Witwen(Witwer)rente längstens bis zum Ablauf der Frist.

(4) Die Witwen(Witwer)rente wird – wenn nicht die Voraussetzungen des Abs. 7 gegeben sind – mit dem Betrag gewährt, der dem gegen den (die) Versicherten (Versicherte) zur Zeit seines (ihres) Todes bestehenden Anspruch auf Unterhalt (Unterhaltsbeitrag), vermindert um einen (dem) Anspruchsberechtigten nach dem (der) Versicherten gebührenden Versorgungsbezug, entspricht; sie darf die Höhe der der Witwe (dem Witwer) des (der) Versehrten unter Bedachtnahme auf die Bestimmung des § 116 gebührenden Witwen-(Witwer) rente nicht übersteigen. Der der Bemessung der Witwen(Witwer)rente zugrunde gelegte Unterhaltsbeitrag ändert sich jeweils um den auf eine Dezimalstelle gerundeten Hundertsatz, um den sich der Referenzbetrag nach § 3 Abs. 4 des Gehaltsgesetzes 1956 ändert.

(BGBl 1993/110, BGBl I 2015/162)

(5) Eine Erhöhung der Unterhaltsleistungen durch gerichtlichen Vergleich oder durch schriftlichen Vertrag ist unbeachtlich, wenn zwischen dem Abschluß des Vergleiches oder des Vertrages

B-KUVG

und dem Sterbetag des (der) Versicherten nicht mindestens ein Jahr vergangen ist.

(6) Unterhaltsleistungen, die die Erben des (der) verstorbenen Versicherten aufgrund gesetzlicher Verpflichtungen der früheren Ehefrau (dem früheren Ehemann) erbringen, sind auf die Witwen(Witwer)rente der früheren Ehefrau (des früheren Ehemannes) anzurechnen.

(7) Abs. 4 erster Halbsatz ist nicht anzuwenden, wenn

a) das auf Scheidung lautende Urteil den Ausspruch nach § 61 Abs. 3 des Ehegesetzes enthält,

b) die Ehe mindestens fünfzehn Jahre gedauert hat,

c) die Frau (der Mann) im Zeitpunkt des Eintrittes der Rechtskraft des Scheidungsurteiles das 40. Lebensjahr vollendet hat und

d) der Dienstunfall (die Berufskrankheit), durch den (die) der Tod des (der) Versicherten verursacht wurde, im Zeitpunkt der Rechtskraft des Scheidungsurteiles bereits eingetreten war.

Die unter lit. c genannte Voraussetzung entfällt, wenn

aa) die Frau (der Mann) seit dem Zeitpunkt des Eintrittes der Rechtskraft des Scheidungsurteiles erwerbsunfähig ist oder

bb) nach dem Tod des Mannes (der Frau) eine Waisenrente für ein Kind im Sinne des § 56 Abs. 2 Z 2 und Abs. 3 anfällt, sofern dieses Kind aus der geschiedenen Ehe stammt oder von den Ehegatten gemeinsam oder als Stiefkind an Kindes Statt angenommen worden ist und das Kind in allen diesen Fällen im Zeitpunkt des Todes des in Betracht kommenden Elternteiles ständig in Hausgemeinschaft (§ 56 Abs. 2 Z 6) mit dem anderen Elternteil lebt. Das Erfordernis der ständigen Hausgemeinschaft entfällt bei nachgeborenen Kindern.

(BGBl I 2013/139)

Eheschließung nach dem Eintritt des Versicherungsfalles

§ 114. (1) Die Witwe (Der Witwer) hat keinen Anspruch auf Rente, wenn die Ehe erst nach dem Eintritt des Versicherungsfalles geschlossen worden und der Tod innerhalb des ersten Jahres der Ehe eingetreten ist, es sei denn, daß aus der Ehe ein Kind hervorgegangen ist oder hervorgeht oder daß durch die Ehe ein Kind legitimiert wurde.

(BGBl I 2009/135)

(2) (aufgehoben)

(BGBl I 2009/135, BGBl I 2013/139)

Rente für hinterbliebene eingetragene Partner/Partnerinnen

§ 114a. Die Bestimmungen über die Witwen-(Witwer)rente nach den §§ 112 bis 114 und 116 sind auf hinterbliebene eingetragene Partner/Part-

nerinnen und eingetragene Partnerschaften nach dem EPG sinngemäß anzuwenden.

(BGBl I 2009/135, BGBl I 2010/61, BGBl I 2013/139)

Waisenrente

§ 115. (1) Wurde der Tod des Versicherten durch einen Dienstunfall oder durch eine Berufskrankheit verursacht, so gebührt seinen Kindern (§ 105 Abs. 2 Z 1 bis 4), die das 18. Lebensjahr noch nicht vollendet haben, eine Waisenrente; § 105 Abs. 3 ist entsprechend anzuwenden.

(2) Die Waisenrente beträgt für jedes einfach verwaiste Kind 20 vH, für jedes doppelt verwaiste Kind 30 vH der Bemessungsgrundlage.

Höchstausmaß der Hinterbliebenenrente

§ 116. Die Hinterbliebenenrenten nach Empfängern von Versehrtenrenten dürfen zusammen das Ausmaß der Versehrtenrente (zuzüglich einer allfälligen Zusatzrente) nicht übersteigen. Alle Hinterbliebenenrenten dürfen zusammen 80 vH der Bemessungsgrundlage nicht übersteigen. Sie sind innerhalb des Höchstausmaßes verhältnismäßig zu kürzen.

3. UNTERABSCHNITT
Sonderbestimmungen über das Leistungsrecht der Versicherten nach § 1 Abs. 1 Z 25 bis 37

(BGBl I 2018/100)

Anwendung von Bestimmungen des Dritten Teiles des Allgemeinen Sozialversicherungsgesetzes

§ 117. Für die nach § 1 Abs. 1 Z 25 bis 37 Versicherten sind abweichend von den §§ 87 bis 116 die Bestimmungen des Dritten Teiles des Allgemeinen Sozialversicherungsgesetzes sowie § 108g ASVG anzuwenden.

(BGBl I 2015/144, BGBl I 2018/100)

Präventionsbeirat

§ 117a. Zur Information des Bundesministers für Verkehr, Innovation und Technologie über Organisation und Tätigkeit des Präventionszentrums der Versicherungsanstalt öffentlich Bediensteter, Eisenbahnen und Bergbau hat diese einen Präventionsbeirat einzurichten.

(BGBl I 2018/100)

Erhöhung der Renten bei Entfall des Schadenersatzanspruches gegen das Eisenbahnunternehmen

§ 117b. Die Satzung der Versicherungsanstalt öffentlich Bediensteter, Eisenbahnen und Bergbau kann die dem Verletzten gebührende Versehrtenrente um die Hälfte, die Hinterbliebenenrenten um zwei Drittel erhöhen, wenn dem Anspruchsberechtigten neben der Rente aus der Unfallversicherung ein gesetzlich begründeter Schadenersatzanspruch nach den gesetzlichen Bestimmungen über die erhöhte Haftpflicht der Eisenbahnen bei Dienst- und Arbeitsunfällen gegen ein dem öffentlichen Verkehr dienendes Eisenbahnunternehmen zustünde; im Falle einer solchen Erhöhung entfällt der Schadenersatzanspruch gegen das Unternehmen.

(BGBl I 2018/100)

DRITTER TEIL
Beziehungen der Versicherungsträger zueinander und zu den Trägern der Sozialhilfe; Schadenersatz und Haftung; Beziehungen zu den Vertragspartnern; Verfahren

ABSCHNITT I
Beziehungen der Versicherungsträger zueinander und zu den Trägern der Sozialhilfe

Ersatzansprüche zwischen der Versicherungsanstalt und anderen Versicherungsträgern

§ 118. (1) Hat die Versicherungsanstalt Leistungen erbracht, zu deren Erbringung ein anderer Träger der Sozialversicherung zuständig war, hat der zuständige Versicherungsträger der Versicherungsanstalt den Leistungsaufwand zu ersetzen.

(2) Hat ein Träger der Sozialversicherung nach einem anderen Bundesgesetz Leistungen erbracht, zu deren Erbringung die Versicherungsanstalt zuständig war, hat die Versicherungsanstalt dem zuständigen Versicherungsträger den Leistungsaufwand zu ersetzen.

(3) Der Leistungsaufwand im Sinne der Abs. 1 und 2 ist vom zuständigen Versicherungsträger höchstens mit dem Betrag zu ersetzen, den er aufzuwenden gehabt hätte, wenn er die entsprechende Leistung erbracht hätte.

(4) Die Ersatzansprüche sind vom jeweils ersatzberechtigten Versicherungsträger bei sonstigem Verlust des Anspruches binnen sechs Jahren von dem Tag an geltend zu machen, an dem die letzte Leistung, auf die sich der Ersatzanspruch gründet, erbracht wurde.

Belastungsausgleich für den Aufwand für Anstaltspflege

§ 118a. Für den Ausgleich der sich aus der Durchführung der Vereinbarung gemäß Art. 15a B-VG über die Organisation und Finanzierung des Gesundheitswesens ergebenden unterschiedlichen Belastungen der Krankenversicherungsträger ist § 322a des Allgemeinen Sozialversicherungsgesetzes entsprechend anzuwenden.

(BGBl I 2001/5, BGBl I 2004/179, BGBl I 2007/101, BGBl I 2015/162)

Kostenersatz für die Leistung von Rehabilitationsgeld

§ 118b. (1) Die Pensionsversicherungsanstalt hat der Versicherungsanstalt für nach diesem Bundesgesetz krankenversicherte BezieherInnen von Rehabilitationsgeld (§ 143a ASVG) die ausgewiesenen tatsächlichen Kosten für das Rehabilitationsgeld sowie die anteiligen Verwaltungskosten zu ersetzen. Zur Ermittlung des Kostenersatzes hat die Versicherungsanstalt eine eigene Kostenstelle

zu führen. Der Aufwandersatz hat quartalsmäßig jeweils bis zum Ende des Folgemonats nach entsprechender Rechnungslegung zu erfolgen.

(2) Die Pensionsversicherungsanstalt hat für nach diesem Bundesgesetz krankenversicherte BezieherInnen von Rehabilitationsgeld an die Versicherungsanstalt einen pauschalen Krankenversicherungsbeitrag in der Höhe von 7,65 % der Aufwendungen für das Rehabilitationsgeld zu entrichten.

(BGBl I 2013/3)

Gegenseitige Verwaltungshilfe

§ 119. Die Versicherungsanstalt und die übrigen Träger der Sozialversicherung (der Dachverband der Sozialversicherungsträger) sind verpflichtet, bei Erfüllung ihrer Aufgaben einander zu unterstützen; sie haben insbesondere Ersuchen, die zu diesem Zweck an sie ergehen, im Rahmen ihrer sachlichen und örtlichen Zuständigkeit zu entsprechen und auch unaufgefordert anderen Versicherungsträgern alle Mitteilungen zukommen zu lassen, die für deren Geschäftsbetrieb von Wichtigkeit sind, sowie Anträge und Meldungen fristwahrend weiterzuleiten. Die Verpflichtung zur gegenseitigen Hilfe bezieht sich auch auf die Übermittlung von personenbezogenen Daten im automationsunterstützten Datenverkehr zwischen der Versicherungsanstalt und den übrigen Trägern der Sozialversicherung (Dachverband der Sozialversicherungsträger), die zur Durchführung des Melde- und Beitragsverfahrens, zur Erbringung von Leistungen sowie zur Durchsetzung von Ersatzansprüchen notwendig sind.

(BGBl 1996/414, BGBl I 2002/4, BGBl I 2018/37, BGBl I 2018/100)

Akademie für ärztliche und pflegerische Begutachtung

§ 119a. Für die Ausbildung von Personen, die zur Erstellung von Gutachten in Angelegenheiten der Dienstunfähigkeit und des Pflegegeldes im Sinne des Bundespflegegeldgesetzes herangezogen werden dürfen, hat die Versicherungsanstalt gemeinsam mit den Trägern der Pensionsversicherung nach dem ASVG, GSVG und BSVG im Rahmen eines gemeinnützigen Vereines eine Akademie für ärztliche und pflegerische Begutachtung aufzubauen und zu betreiben.

(BGBl I 2013/3)

Pflichten der Träger der Sozialhilfe

§ 120. Die gesetzlichen Pflichten der Träger der Sozialhilfe zur Unterstützung Hilfsbedürftiger werden durch dieses Bundesgesetz nicht berührt.

Ersatzanspruch des Trägers der Sozialhilfe

§ 121. (1) Unterstützt ein Träger der Sozialhilfe auf Grund einer gesetzlichen Verpflichtung bzw. eine Dienststelle des Bundes oder eines Landes auf Grund der Vereinbarung gemäß Art. 15a B-VG über die Grundversorgung für hilfs- und schutzbedürftige Fremde einen Hilfsbedürftigen

B-KUVG

für eine Zeit, für die er einen Anspruch auf eine Versicherungsleistung nach diesem Bundesgesetz hat, so hat die Versicherungsanstalt dem Träger der Sozialhilfe bzw. dem Bund oder Land die von diesem geleisteten Unterstützungen gemäß § 123 zu ersetzen, jedoch bei Geldleistungen nur bis zur Höhe der Versicherungsleistung, auf die der Unterstützte während dieser Zeit Anspruch hat; für Sachleistungen sind dem Träger der Sozialhilfe bzw. dem Bund oder Land die erwachsenen Kosten so weit zu ersetzen, als der Versicherungsanstalt selbst Kosten für derartige Sachleistungen erwachsen wären.

(BGBl I 2003/145)

(2) Der Ersatz nach Abs.1 gebührt sowohl für Sachleistungen als auch für Geldleistungen, für letztere jedoch nur, wenn sie entweder während des Laufes des Verfahrens zur Feststellung der Versicherungsleistung oder bei nachgewiesener nicht rechtzeitiger Auszahlung einer bereits festgestellten Versicherungsleistung gewährt werden.

(3) Wird ein Rentenberechtigter auf Kosten eines Trägers der Sozialhilfe in einem Alters(Siechen) heim oder Fürsorgeerziehungsheim, einer Trinkerheilstätte oder einer ähnlichen Einrichtung bzw. außerhalb einer dieser Einrichtungen im Rahmen eines Familienverbandes oder auf einer von einem Träger der öffentlichen Wohlfahrtspflege oder von einer kirchlichen oder anderen karitativen Vereinigung geführten Pflegestelle verpflegt, so geht für die Zeit dieser Pflege der Anspruch auf Rente bis zur Höhe der Verpflegskosten, höchstens jedoch bis zu 80 vH der Rente auf den Träger der Sozialhilfe über; das gleiche gilt in Fällen, in denen ein Rentenberechtigter auf Kosten eines Landes im Rahmen der Behindertenhilfe in einer der genannten Einrichtungen oder auf einer der genannten Pflegestellen untergebracht wird, mit der Maßgabe, daß der vom Anspruchsübergang erfaßte Teil der Rente auf das jeweilige Land übergeht. Der vom Anspruchsübergang erfaßte Betrag vermindert sich in dem Maß, als der dem unterhaltsberechtigten Angehörigen verbleibende Teil der Rente zuzüglich seines sonstigen Nettoeinkommens (§ 292 Abs. 3 des Allgemeinen Sozialversicherungsgesetzes) den jeweils geltenden Richtsatz gemäß § 293 Abs. 1 lit. a bb des Allgemeinen Sozialversicherungsgesetzes nicht erreicht. Hat der Rentenberechtigte auf Grund einer gesetzlichen Verpflichtung für den Unterhalt von Angehörigen zu sorgen, so sind ihm 50 v.H. der Rente für den ersten und je 10 v.H. für jeden weiteren unterhaltsberechtigten Angehörigen zu belassen. Die dem Rentenberechtigten für seine Angehörigen zu belassenden Beträge können von der Versicherungsanstalt unmittelbar an die Angehörigen ausgezahlt werden.

(BGBl 1991/679)

(4) Abs. 3 ist sinngemäß auch in den Fällen anzuwenden, in denen eine rentenberechtigte Person nach § 21 Abs. 1 des Strafgesetzbuches oder nach § 179a des Strafvollzugsgesetzes auf Kosten des Bundes in einer Anstalt oder Einrichtung untergebracht ist, und zwar so, dass der vom Anspruchsübergang erfasste Betrag dem Bund gebührt. Diesen Betrag kann die Versicherungsanstalt unmittelbar an jene Anstalt oder Einrichtung auszahlen, in der die rentenberechtigte Person untergebracht ist.

(BGBl I 2011/122)

Ersatzleistungen aus der Kranken- und Unfallversicherung nach diesem Bundesgesetz

§ 122. (1) Dem Träger der Sozialhilfe gebührt Ersatz nur, wenn die Leistung der Sozialhilfe wegen

1. der Krankheit oder Mutterschaft gewährt wurde, auf die sich der Anspruch des Unterstützten gegen die Versicherungsanstalt gründet,

2. des Dienstunfalles (der Berufskrankheit) gewährt wurde, auf den (die) sich der Anspruch des Unterstützten gegen die Versicherungsanstalt gründet.

(2) Zu ersetzen sind:

1. Kosten der Bestattung aus dem Teilersatz der Bestattungskosten;

2. Leistungen der Sozialhilfe, die wegen Krankheit oder Mutterschaft gewährt werden, aus den ihnen entsprechenden Leistungen der Krankenversicherung;

3. Leistungen der Sozialhilfe, die wegen des Dienstunfalles (der Berufskrankheit) gewährt werden, aus den ihnen entsprechenden Leistungen der Unfallversicherung.

Abzug von den Geldleistungen

§ 123. Die Versicherungsanstalt hat die Beträge, die sie zur Befriedigung der Ersatzansprüche der Träger der Sozialhilfe aufgewendet hat, von ihren Leistungen abzuziehen, jedoch darf der Abzug bei wiederkehrenden Geldleistungen jeweils den halben Betrag der einzelnen fälligen Geldleistungen nicht übersteigen. Für den Abzug bedarf es nicht der Zustimmung des Unterstützten.

Frist für die Geltendmachung des Ersatzanspruches

§ 124. (1) Der Ersatzanspruch des Trägers der Sozialhilfe für Sachleistungen ist ausgeschlossen, wenn er nicht spätestens sechs Monate nach Ablauf der Leistung der Sozialhilfe bei der Versicherungsanstalt geltend gemacht wird.

(2) Für Geldleistungen kann der Anspruch auf Ersatz vom Träger der Sozialhilfe nur erhoben werden, wenn

1. die Leistung der Sozialhilfe innerhalb von zwei Wochen nach der Zuerkennung, sofern jedoch der Träger der Sozialhilfe erst später vom Anspruch des Versicherten auf die Geldleistungen nach diesem Bundesgesetz Kenntnis erhält, innerhalb von zwei Wochen nach diesem Zeitpunkt der Versicherungsanstalt angezeigt wird und

2. der Anspruch auf Ersatz innerhalb von zwei Monaten nach dem Tag geltend gemacht wird, an dem der Träger der Sozialhilfe vom Anfall der Geldleistung nach diesem Bundesgesetz

durch die Versicherungsanstalt benachrichtigt worden ist.

ABSCHNITT II
Schadenersatz und Haftung

Übergang von Schadenersatzansprüchen auf die Versicherungsanstalt

§ 125. (1) Können Personen, denen nach den Bestimmungen dieses Bundesgesetzes Leistungen zustehen, den Ersatz des Schadens, der ihnen durch den Versicherungsfall erwachsen ist, auf Grund anderer Rechtsvorschriften beanspruchen, geht der Anspruch auf die Versicherungsanstalt insoweit über, als diese Leistungen zu erbringen hat oder darüber hinaus als freiwillige Leistung erbringt. Der Anspruch umfaßt auch die Aufwendungen des Landesgesundheitsfonds, die nach § 148 Z 2 des Allgemeinen Sozialversicherungsgesetzes von der Krankenanstalt in Rechnung gestellt werden. Die Versicherungsanstalt hat dem Landesfonds jenen Teil der Regreßeinnahmen, der nicht durch Mittel der Sozialversicherung gemäß § 447f Abs. 1 des Allgemeinen Sozialversicherungsgesetzes gedeckt ist, abzüglich eines anteilsmäßigen Verwaltungskostenersatzes für die Geltendmachung, zu überweisen. Ansprüche auf Schmerzengeld gehen auf die Versicherungsanstalt nicht über.

(BGBl 1996/764, BGBl I 2001/5, BGBl I 2004/179, BGBl I 2007/101)

(2) Die Versicherungsanstalt kann Ersatzbeträge, die der Ersatzpflichtige dem Versicherten (Angehörigen) oder seinen Hinterbliebenen in Unkenntnis des Überganges des Anspruch gemäß Abs. 1 geleistet hat, auf die nach diesem Bundesgesetz zustehenden Leistungsansprüche ganz oder zum Teil anrechnen. Soweit hienach Ersatzbeträge angerechnet werden, erlischt der nach Abs. 1 auf die Versicherungsanstalt übergegangene Ersatzanspruch gegen den Ersatzpflichtigen.

(3) Die Versicherungsanstalt kann einen im Sinne des Abs. 1 und 2 auf sie übergegangenen Schadenersatzanspruch gegen einen Dienstnehmer, der im Zeitpunkt des schädigenden Ereignisses in derselben Dienststätte wie der Verletzte oder Getötete beschäftigt war, nur geltend machen, wenn

1. der Dienstnehmer den Versicherungsfall vorsätzlich oder grob fahrlässig verursacht hat oder

2. der Versicherungsfall durch ein Verkehrsmittel verursacht wurde, für dessen Betrieb auf Grund gesetzlicher Vorschrift eine erhöhte Haftpflicht besteht.

(4) In den Fällen des Abs. 3 Z 2 kann die Versicherungsanstalt den Schadenersatzanspruch unbeschadet der Bestimmungen des § 126 über das Zusammentreffen von Schadenersatzansprüchen verschiedener Versicherungsträger und den Vorrang eines gerichtlich festgestellten Schmerzengeldanspruches nur bis zur Höhe der aus einer bestehenden Haftpflichtversicherung zur Verfügung stehenden Versicherungssumme geltend machen, es sei denn, daß der Versicherungsfall durch den Dienstnehmer vorsätzlich oder grob fahrlässig verursacht worden ist.

Konkurrenz von Ersatzansprüchen mehrerer Versicherungsträger

§ 126. Trifft ein Ersatzanspruch der Versicherungsanstalt mit Ersatzansprüchen anderer Träger der Sozialversicherung aus demselben Ereignis zusammen und übersteigen diese Ersatzansprüche zusammen die aus einer bestehenden Haftpflichtversicherung zur Verfügung stehende Versicherungssumme, so sind sie aus dieser unbeschadet der weiteren Haftung des Ersatzpflichtigen im Verhältnis ihrer Ersatzforderungen zu befriedigen. Ein gerichtlich festgestellter Schmerzengeldanspruch geht hiebei den Ersatzansprüchen der Versicherungsträger im Range vor.

Verjährung der Ersatzansprüche

§ 127. Für die Verjährung der Ersatzansprüche nach diesem Bundesgesetz gelten die Bestimmungen des § 1489 des Allgemeinen Bürgerlichen Gesetzbuches.

Sonderbestimmungen über Schadenersatz und Haftung für die nach § 1 Abs. 1 Z 25 bis 37 Versicherten

§ 127a. (1) Für die nach § 1 Abs. 1 Z 25 bis 37 Versicherten sind unbeschadet der Bestimmungen der §§ 125 bis 127 die §§ 333 bis 335 ASVG anzuwenden.

(2) Für Lehrlinge (§ 1 Abs. 1 Z 38) und Dienstnehmer nach § 1 Abs. 6 sind die §§ 333 bis 335 ASVG anzuwenden, sofern sie als Dienstnehmer der Pflichtversicherung nach § 1 Abs. 1 Z 25 bis 37 unterliegen würden.

(BGBl I 2018/100)

ABSCHNITT III

Beziehungen zu den Vertragspartnern

§ 128. Hinsichtlich der Beziehungen der Versicherungsanstalt zu den Ärzten/Ärztinnen, Zahnärzten/Zahnärztinnen, Dentisten/Dentistinnen, Hebammen, Apothekern/Apothekerinnen, freiberuflich tätigen klinischen Psychologen/Psychologinnen, freiberuflich tätigen Psychotherapeuten/Psychotherapeutinnen, freiberuflich tätigen Heilmasseuren/Heilmasseurinnen, Primärversorgungseinheiten, Pflegepersonen, die medizinische Hauskrankenpflege nach § 71 erbringen, Gruppenpraxen, Krankenanstalten und anderen Vertragspartnern/Vertragspartnerinnen gelten die Bestimmungen des Sechsten Teiles des Allgemeinen Sozialversicherungsgesetzes mit der Maßgabe, daß

1. der gemäß § 340 des Allgemeinen Sozialversicherungsgesetzes eingerichtete Bundesärzteausschuß auch grundsätzliche Fragen, welche die Beziehungen zwischen der Versicherungsanstalt und den freiberuflich tätigen Ärzten und Gruppenpraxen betreffen, insbesondere

B-KUVG

die jeweils abzuschließenden Gesamtverträge, zu beraten hat;

(BGBl I 2001/102)

2. die für jedes Land gemäß den §§ 344 und 345 des Allgemeinen Sozialversicherungsgesetzes errichteten Kommissionen und die gemäß § 346 des Allgemeinen Sozialversicherungsgesetzes errichtete Bundesschiedskommission auch zuständig ist, wenn am Verfahren die Versicherungsanstalt öffentlich Bediensteter, Eisenbahnen und Bergbau beteiligt ist;

(BGBl I 2013/130, BGBl I 2018/100)

3. der Primärversorgungsvertrag mit einer Primärversorgungseinheit von der Versicherungsanstalt öffentlich Bediensteter, Eisenbahnen und Bergbau abgeschlossen wird;

(BGBl I 2017/131, BGBl I 2018/100)

4. keine gesamtvertraglichen Honorarvereinbarungen auf regionaler Ebene nach § 342 Abs. 2b ASVG abgeschlossen werden dürfen.

(BGBl I 2018/100)

(BGBl I 2001/102, BGBl I 2002/169, BGBl I 2005/155, BGBl I 2017/131)

ABSCHNITT IV
Verfahren

§ 129. Hinsichtlich des Verfahrens zur Durchführung dieses Bundesgesetzes gilt der Siebente Teil des Allgemeinen Sozialversicherungsgesetzes mit der Maßgabe, dass

1. über den Antrag auf Zuerkennung oder über die amtswegige Feststellung einer sonstigen Leistung aus der Unfallversicherung öffentlich Bediensteter – ausgenommen eine Leistung nach § 88 Z 1 lit. b – jedenfalls ein Bescheid zu erlassen ist;

2. § 414 Abs. 2 und 3 ASVG nicht anzuwenden ist.

(BGBl I 2013/139)

VIERTER TEIL
Aufbau der Verwaltung

ABSCHNITT I
Versicherungsanstalt öffentlich Bediensteter, Eisenbahnen und Bergbau

(BGBl 1994/23, BGBl I 2018/100)

Verwaltungskörper

§ 130. Die Verwaltung der Versicherungsanstalt öffentlich Bediensteter, Eisenbahnen und Bergbau (im Folgenden kurz: „Versicherungsanstalt") obliegt den Verwaltungskörpern. Die Verwaltungskörper sind

1. der Verwaltungsrat,

2. die Hauptversammlung und

3. die Landesstellenausschüsse am Sitz der Landesstellen.

(BGBl I 2018/100)

Haupt-, Landes- und Außenstellen

§ 131. (1) Die Verwaltungskörper haben sich zur Durchführung ihrer Aufgaben der Hauptstelle, der Landestellen und, soweit dies nach Abs. 5 vorgesehen ist, der Außenstellen zu bedienen.

(2) Die Hauptstelle ist am Sitz der Versicherungsanstalt zu errichten.

(3) Landesstellen sind für die Länder Wien, Niederösterreich und Burgenland mit dem Sitz in Wien, für das Land Steiermark mit dem Sitz in Graz, für das Land Oberösterreich mit dem Sitz in Linz, für das Land Kärnten mit dem Sitz in Klagenfurt, für das Land Tirol mit dem Sitz in Innsbruck, für das Land Salzburg mit dem Sitz in Salzburg und für das Land Vorarlberg mit dem Sitz in Bregenz zu errichten.

(4) Verantwortlicher im Sinne des Art. 4 Z 7 Verordnung (EU) 2016/679 zum Schutz natürlicher Personen bei der Verarbeitung personenbezogener Daten, zum freien Datenverkehr und zur Aufhebung der Richtlinie 95/46/EG (Datenschutz-Grundverordnung), ABl. Nr. L 119 vom 04.05.2016 S. 1, in der Fassung der Berichtigung ABl. Nr. L 314 vom 22.11.2016 S. 72, ist bei der Durchführung hinsichtlich der den Landesstellenausschüssen nach § 143 Abs. 2 obliegenden Aufgaben stets die Hauptstelle.

(BGBl I 2002/4, BGBl I 2018/37)

(5) Die Versicherungsanstalt kann, soweit eine im Verhältnis zu den Versicherten und den Dienstgeber/inne/n örtlich nahe Verwaltung zweckmäßig ist, Außenstellen einrichten.

(BGBl I 2018/100)

Versicherungsvertreter/innen

§ 132. (1) Die Verwaltungskörper bestehen aus Vertreter/inne/n der Dienstnehmer/innen und der Dienstgeber/innen (Versicherungsvertreter/innen).

(2) Versicherungsvertreter/innen können nur österreichische Staatsbürger/innen sein, die nicht vom Wahlrecht in die gesetzgebenden Organe ausgeschlossen sind, am Tag der Berufung das 18. Lebensjahr vollendet und ihren Wohn- oder Beschäftigungs(Dienst)ort im Bundesgebiet haben.

(BGBl I 2002/144)

(3) Die Versicherungsvertreter/innen müssen, soweit es sich nicht um Vorstandsmitglieder bzw. Bedienstete gesetzlicher beruflicher Vertretungen oder von Organisationen der Dienstnehmer/innen oder um Vertreter/innen der Dienstgeber/innen nach diesem Bundesgesetz handelt, im Zeitpunkt ihrer Entsendung der Versicherungsanstalt als versicherte Dienstnehmer/innen angehören.

(4) Jedes Mitglied eines Verwaltungskörpers führt in diesem eine Stimme. Das Mitglied kann jedoch auch zwei Stimmen führen, wenn es von einem anderen Mitglied schriftlich mit seiner Vertretung bei einer einzelnen Sitzung betraut worden ist. Das Recht den Vorsitz zu führen kann nicht übertragen werden. Das vertretene Mitglied ist bei der Feststellung der Beschlussfähigkeit nicht mitzuzählen.

(5) Die Tätigkeit als Mitglied eines Verwaltungskörpers erfolgt auf Grund einer öffentlichen Verpflichtung und begründet kein Dienstverhältnis zur Versicherungsanstalt. Hiefür gebühren Entschädigungen nach folgenden Grundsätzen:

1. Die Mitglieder der Verwaltungskörper haben Anspruch auf Ersatz der Reise- und Aufenthaltskosten nach Maßgabe von Richtlinien nach § 30a Abs. 1 Z 33 ASVG.

(BGBl 1996/414)

2. Der Obmann/Die Obfrau und sein/ihr Stellvertreter bzw. seine/ihre Stellvertreterin, der/die Vorsitzende der Hauptversammlung und sein/ihr Stellvertreter bzw. seine/ihre Stellvertreterin sowie die Vorsitzenden der Landesstellenausschüsse und ihre Stellvertreter/innen haben Anspruch auf Funktionsgebühren. Das Nähere hat die Bundesministerin für Arbeit, Soziales, Gesundheit und Konsumentenschutz nach Anhörung des Dachverbandes durch Verordnung unter Bedachtnahme auf den örtlichen Wirkungsbereich und die Zahl der Versicherten der Versicherungsanstalt zu bestimmen; dabei darf die für ein Jahr zustehende Funktionsgebühr 40% des einem Mitglied des Nationalrates jährlich gebührenden Bezuges nicht übersteigen.

(BGBl I 1997/64, BGBl I 2003/71)

3. Die Mitglieder der Verwaltungskörper, soweit sie nicht unter Z 2 fallen, haben Anspruch auf Sitzungsgeld, dessen Höhe durch Verordnung der Bundesministerin für Arbeit, Soziales, Gesundheit und Konsumentenschutz nach Anhörung des Dachverbandes der Sozialversicherungsträger festzusetzen ist.

(BGBl I 2003/71)

§ 49 Abs. 4 ist anzuwenden.

(6) Von der Entsendung in das Amt eines Versicherungsvertreters/einer Versicherungsvertreterin sind ausgeschlossen:

1. Mitglieder des Europäischen Parlaments, des Nationalrates, des Bundesrates, der Landtage, der Bundesregierung und der Landesregierungen;

2. Bedienstete eines Sozialversicherungsträgers und des Dachverbandes der Sozialversicherungsträger;

3. Personen, die auf Grund einer von ihnen ausgeübten Erwerbstätigkeit mit einem Sozialversicherungsträger oder dem Dachverband der Sozialversicherungsträger in regelmäßigen geschäftlichen Beziehungen stehen;

4. Personen, über deren Vermögen ein Insolvenzverfahren eröffnet ist;

5. Personen, deren fachliche Eignung nicht durch den Besuch einer regelmäßig vom Dachverband der Sozialversicherungsträger durchzuführenden Informationsveranstaltung für angehende Versicherungsvertreter/innen samt erfolgreich absolviertem Eignungstest (§ 420 Abs. 7 und 8 ASVG) nachgewiesen ist.

(BGBl I 2018/100)

§ 133. (aufgehoben)

(BGBl I 2018/100, BGBl I 2020/4)

Ablehnung des Amtes und Recht zur Amtsausübung

§ 134. (1) Das Amt eines Versicherungsvertreters/einer Versicherungsvertreterin darf nur aus wichtigen Gründen abgelehnt werden. Nach mindestens zweijähriger Amtsführung kann eine Wiederentsendung für die nächste Amtsdauer abgelehnt werden.

(2) Der Versicherungsvertreter/die Versicherungsvertreterin hat von der Annahme seiner/ihrer Entsendung (§ 133) die Versicherungsanstalt nachweislich in Kenntnis zu setzen und ist unbeschadet des § 137 zweiter Satz ab dem Zeitpunkt des Einlangens dieser Mitteilung bei der Versicherungsanstalt zur Ausübung seines/ihres Amtes ab dem Zeitpunkt, ab dem er/sie entsandt ist, berechtigt.

(BGBl I 2018/100)

Enthebung von Versicherungsvertreter/inne/n

§ 135. (1) Ein Versicherungsvertreter/eine Versicherungsvertreterin ist seines/ihres Amtes zu entheben:

1. wenn Tatsachen bekannt werden, die seine/ihre Entsendung ausschließen würden;

2. wenn der Versicherungsvertreter/die Versicherungsvertreterin seine/ihre Pflichten verletzt;

3. a) wenn er/sie seit mehr als drei Monaten nicht mehr der Gruppe der Dienstnehmer/innen angehört, für die er/sie entsendet wurde, oder

   b) wenn er/sie als Vertreter/in der Dienstgeber/innen entsendet worden ist, aber seit mehr als drei Monaten nicht mehr Dienstgeber/in eines/einer bei der Versicherungsanstalt pflichtversicherten Dienstnehmers/Dienstnehmerin ist, oder

   c) wenn er/sie sich seit mehr als drei Monaten im Ruhestand befindet,

   in allen diesen Fällen jedoch nur, wenn er/sie nicht zu den Vorstandsmitgliedern bzw. Bediensteten gesetzlicher beruflicher Vertretungen oder von Organisationen der Dienstnehmer/innen oder zu den Vertreter/inne/n der Dienstgeber/innen nach diesem Bundesgesetz zählt;

   (BGBl I 1998/142)

4. wenn ein wichtiger persönlicher Grund zur Enthebung vorliegt und der Versicherungsvertreter/die Versicherungsvertreterin seine/ihre Enthebung unter Berufung darauf beantragt;

5. wenn einer der im § 132 Abs. 6 genannten Ausschließungsgründe nach der Entsendung eingetreten ist.

B-KUVG

Vor der Enthebung des Versicherungsvertreters/der Versicherungsvertreterin nach Z 4 oder 5 ist, sofern nicht die Bundesministerin für Arbeit, Soziales, Gesundheit und Konsumentenschutz zur Entsendung berechtigt war, die zur Entsendung berufene Stelle anzuhören.

(2) Die Enthebung des Obmannes/der Obfrau und seines/ihres Stellvertreters bzw. seiner/ihrer Stellvertreterin sowie der Vorsitzenden der Landesstellenausschüsse und ihrer Stellvertreter/innen steht der Aufsichtsbehörde, die der sonstigen Versicherungsvertreter/innen dem Obmann/der Obfrau bzw. dem/der Vorsitzenden des jeweiligen Landesstellenausschusses zu.

(3) Die Aufsichtsbehörde kann Versicherungsvertreter/innen auf begründeten Antrag der zur Entsendung berufenen Stelle ihres Amtes entheben.

(4) Vor der Enthebung eines Versicherungsvertreters/einer Versicherungsvertreterin nach Abs. 1 Z 1 bis 3 sowie Abs. 2 und 3 ist diesem/dieser Gelegenheit zur Äußerung zu geben und gleichzeitig die entsendeberechtigte Stelle (§ 133) zu verständigen. Der vom Obmann/der Obfrau oder vom/von der Vorsitzenden eines Landesstellenausschusses enthobenen Person steht das Recht der Beschwerde zu. Sie ist binnen zwei Wochen nach Zustellung des Beschlusses über die Enthebung bei der Aufsichtsbehörde einzubringen.

(5) Die Aufsichtsbehörde hat dem Antrag einer entsendeberechtigten Stelle (§ 133) auf Enthebung der von dieser entsendeten Versicherungsvertreter/in zu entsprechen, wenn der Antrag wegen der Neuwahl in die betreffende Interessenvertretung innerhalb von sechs Monaten nach der Neuwahl gestellt wird. In diesem Fall entfällt die Anhörung der zu enthebenden Versicherungsvertreter/innen.

(6) Ist das Mitglied eines Verwaltungskörpers gleichzeitig auch Mitglied eines anderen Verwaltungskörpers bei der Versicherungsanstalt (§ 139 Abs. 2), so erstreckt sich die Enthebung auch auf das Amt in anderen Verwaltungskörpern.

(7) Von einer Enthebung ist die Aufsichtsbehörde in Kenntnis zu setzen, die die entsendeberechtigte Stelle zur Entsendung eines neuen Versicherungsvertreters/einer neuen Versicherungsvertreterin aufzufordern hat.

(8) Der Beschwerde gegen die Enthebung eines Versicherungsvertreters/einer Versicherungsvertreterin von seinem/ihrem Amt kommt keine aufschiebende Wirkung zu. Eine Aufhebung der Entscheidung über die Enthebung eines Versicherungsvertreters/einer Versicherungsvertreterin wirkt nicht zurück.

(BGBl I 2018/100)

Pflichten und Haftung der Versicherungsvertreter/innen

§ 136. Die Mitglieder der Verwaltungskörper haben bei der Ausübung ihres Amtes die Rechtsvorschriften zu beachten. Sie sind zur Amtsverschwiegenheit sowie zur gewissenhaften und unparteiischen Ausübung ihres Amtes verpflichtet. Sie haften unbeschadet des Amtshaftungs- und des Organhaftpflichtgesetzes für jeden Schaden, der der Versicherungsanstalt aus der Vernachlässigung ihrer Pflichten erwächst. Die Versicherungsanstalt kann auf Ansprüche aus der Haftung nur mit Genehmigung der Aufsichtsbehörde verzichten. Macht die Versicherungsanstalt trotz mangelnder Genehmigung der Aufsichtsbehörde die Haftung nicht geltend, so kann diese die Haftung an Stelle und auf Kosten der Versicherungsanstalt geltend machen.

(BGBl 1996/414, BGBl I 2018/100)

Amtsdauer

§ 137. Die Amtsdauer der Verwaltungskörper währt jeweils fünf Jahre. Nach Ablauf der Amtsdauer hat der alte Verwaltungskörper die Geschäfte so lange weiterzuführen, bis der neue Verwaltungskörper zusammentritt. Die Zeit der Weiterführung der Geschäfte durch den alten Verwaltungskörper zählt auf die fünfjährige Amtsdauer des neuen Verwaltungskörpers.

(BGBl I 2018/100)

Zusammensetzung der Verwaltungskörper

§ 138. (1) Der Verwaltungsrat besteht aus sieben Vertreter/inne/n der Dienstnehmer/innen und aus drei Vertreter/inne/n der Dienstgeber/innen.

(2) Die Hauptversammlung setzt sich zusammen aus

1. 14 Versicherungsvertreter/inne/n aus der Gruppe der Dienstnehmer/innen und sechs Versicherungsvertreter/inne/n aus der Gruppe der Dienstgeber/innen, wobei die ersten sieben Mitglieder der Gruppe der Dienstnehmer/innen bzw. drei Mitglieder der Gruppe der Dienstgeber/innen Mitglieder des Verwaltungsrates sind,

2. den Vorsitzenden der Landesstellenausschüsse samt ihren Stellvertreter/inne/n,

3. drei Senior/inn/envertreter/inne/n, die vom Österreichischen Seniorenrat zu entsenden sind,

(BGBl I 2020/52)

4. drei Behindertenvertreter/inne/n, von denen je einer/eine vom ÖZIV Bundesverband, vom Österreichischen Behindertenrat und vom Kriegsopfer- und Behindertenverband Österreich zu entsenden ist.

(3) Der Landesstellenausschuss für Wien, Niederösterreich und Burgenland besteht aus sechs Vertreter/inne/n der Dienstnehmer/innen und aus zwei Vertreter/inne/n der Dienstgeber/innen, die übrigen Landesstellenausschüsse bestehen jeweils aus drei Vertreter/inne/n der Dienstnehmer/innen und aus einem Vertreter/einer Vertreterin der Dienstgeber/innen.

(BGBl I 2018/100)

Vorsitz in den Verwaltungskörpern

§ 139. (1) Den Vorsitz im Verwaltungsrat führt der/die vom Verwaltungsrat gewählte Obmann/Obfrau. Den Vorsitz in der Hauptversammlung führt der/die von der Hauptversammlung gewählte Vorsitzende.

(2) Der Verwaltungsrat der Versicherungsanstalt öffentlich Bediensteter, Eisenbahnen und Bergbau hat für seine Amtsdauer aus seiner Mitte einen Obmann/eine Obfrau zu wählen. Er/Sie muss der Gruppe der Dienstnehmer/innen angehören. Für die Wahl ist die einfache Mehrheit sowohl aller Mitglieder des Verwaltungsrates als auch der Gruppe der Dienstnehmer/innen erforderlich. Bei Stimmengleichheit entscheidet die einfache Mehrheit in der Gruppe der Dienstnehmer/innen. Im Anschluss an die Wahl des Obmannes/der Obfrau ist für diesen/diese aus der Mitte des Verwaltungsrates ein Stellvertreter/eine Stellvertreterin aus der Gruppe der Dienstgeber/innen zu wählen.

(2a) Die Hauptversammlung der Versicherungsanstalt öffentlich Bediensteter, Eisenbahnen und Bergbau hat für ihre Amtsdauer aus ihrer Mitte eine/n Vorsitzende/n zu wählen. Er/Sie muss der Gruppe der Dienstnehmer/innen angehören. Für die Wahl ist die einfache Mehrheit aller Mitglieder der Hauptversammlung erforderlich. Bei Stimmengleichheit entscheidet die einfache Mehrheit in der Gruppe der Dienstnehmer/innen. Im Anschluss an die Wahl des/der Vorsitzenden ist für diese/n aus der Mitte der Hauptversammlung ein Stellvertreter/eine Stellvertreterin aus der Gruppe der Dienstgeber/innen zu wählen. Der/Die Vorsitzende sowie sein/seine/ihr/ihre Stellvertreter/in dürfen weder dem Verwaltungsrat noch einem Landesstellenausschuss angehören. Darüber hinaus dürfen diese Personen nicht derselben wahlwerbenden Gruppe angehören, der der Obmann/die Obfrau des Verwaltungsrates bzw. sein/seine/ihr/ihre Stellvertreter/in zuzurechnen ist.

(3) Die Landesstellenausschüsse der Versicherungsanstalt öffentlich Bediensteter, Eisenbahnen und Bergbau haben für ihre Amtsdauer einen Vorsitzenden/eine Vorsitzende aus ihrer Mitte zu wählen. Er/Sie muss der Gruppe der Dienstnehmer/innen angehören. Für die Wahl ist die einfache Mehrheit aller Mitglieder des Landesstellenausschusses erforderlich. Im Anschluss daran ist ein Stellvertreter/eine Stellvertreterin des/der Vorsitzenden zu wählen, der/die der Gruppe der Dienstgeber/innen anzugehören hat. Bei Stimmengleichheit entscheidet die einfache Mehrheit in der Gruppe jener Versicherungsvertreter/innen, der die zu wählende Person angehört. Der/Die Vorsitzende und sein/ihr Stellvertreter bzw. seine/ihre Stellvertreterin vertreten den jeweiligen Landesstellenausschuss in der Hauptversammlung (§ 138 Abs. 2 Z 2).

(4) Der gewählte Obmann/Die gewählte Obfrau und sein/ihr Stellvertreter bzw. seine/ihre Stellvertreterin sowie die gewählten Vorsitzenden der Hauptversammlung sowie der Landesstellenausschüsse und ihre Stellvertreter/innen sind, wenn sie die Annahme der Wahl dem zur Wahl berufenen Verwaltungskörper ausdrücklich erklärt haben, sogleich oder ab einem anlässlich der Wahl vom Verwaltungskörper festgelegten Zeitpunkt zur Ausübung ihrer Funktion berechtigt.

(5) Scheidet ein Vorsitzender/eine Vorsitzende (ein Stellvertreter/eine Stellvertreterin) eines Verwaltungskörpers infolge Enthebung (§ 135) vom Amt als Versicherungsvertreter/in aus und tritt nachträglich die Entscheidung über diese Enthebung außer Kraft, so erlöschen mit dem gleichen Zeitpunkt die rechtlichen Wirkungen einer bereits erfolgten Wahl seines Nachfolgers/seiner Nachfolgerin ist es neuerlich eine entsprechende Wahl durchzuführen.

(BGBl I 2018/100)

§ 139a. (aufgehoben)

(BGBl I 2018/100)

Angelobung der Versicherungsvertreter/innen

§ 140. Der Obmann/Die Obfrau der Versicherungsanstalt, sein/ihr Stellvertreter bzw. seine/ihre Stellvertreterin, die Vorsitzenden der Hauptversammlung sowie der Landesstellenausschüsse und ihre Stellvertreter/innen sind von der Aufsichtsbehörde, die übrigen Versicherungsvertreter/innen vom Obmann/von der Obfrau bzw. vom vorläufigen Verwalter/von der vorläufigen Verwalterin anzugeloben und dabei nachweislich auf ihre Pflichten nach § 136 hinzuweisen.

(BGBl I 2018/100)

ABSCHNITT II
Aufgaben der Verwaltungskörper

(BGBl I 2018/100)

Aufgaben des Verwaltungsrates und Vertretung der Versicherungsanstalt

§ 141. (1) Dem Verwaltungsrat obliegt die Geschäftsführung, soweit diese nicht gesetzlich der Hauptversammlung oder einem Landesstellenausschuss zugewiesen ist, die Vertretung der Versicherungsanstalt sowie die Vorbereitung der in der Hauptversammlung zu treffenden Beschlüsse. Er kann einzelne seiner Obliegenheiten dem Obmann/der Obfrau bzw. dem/der Vorsitzenden eines Landesstellenausschusses und die Besorgung bestimmter laufender Angelegenheiten dem Büro des Versicherungsträgers übertragen. Tunlichst dem Büro zu übertragen hat der Verwaltungsrat unbeschadet seiner eigenen Verantwortlichkeit und seiner Weisungsbefugnis

1. laufende Verwaltungsgeschäfte, sofern im Einzelfall das Eineinhalbfache des für das jeweilige Jahr festgesetzten Schwellenwertes für Dienstleistungen nach § 12 Abs. 1 Z 1 BVergG 2018 nicht überschritten wird,

2. Personalangelegenheiten mit Ausnahme des bereichsleitenden und leitenden Dienstes sowie der Leiter/innen des höheren Dienstes nach der DO. A und des ärztlichen Dienstes nach § 37 Z 1 und 2 DO. B,

3. die Entscheidung in Leistungsangelegenheiten nach dem vom Verwaltungsrat zu erlassenden Richtlinien und

4. die Vertretung des Versicherungsträgers nach außen in jenen Angelegenheiten, die nicht der

Beschlussfassung des Verwaltungsrates oder der Hauptversammlung bedürfen.

Dem Verwaltungsrat ist über die laufenden Verwaltungsgeschäfte nach Z 1 gemäß der Geschäftsordnung nachträglich, mindestens halbjährlich Bericht zu erstatten.

(2) Die Vertretungsbefugnis natürlicher Personen wird durch eine Bescheinigung der Aufsichtsbehörde oder einen Auszug aus dem die sonstigen Betroffenen erfassenden Teil des Ergänzungsregisters (§ 6 Abs. 4 in Verbindung mit § 2 Z 7 des E-Government-Gesetzes, BGBl. I Nr. 10/2004) nachgewiesen.

(3) In folgenden Angelegenheiten bedürfen Beschlüsse des Verwaltungsrates zu ihrer Wirksamkeit der Zweidrittelmehrheit der gültig abgegebenen Stimmen:

1. die dauernde Veranlagung von Vermögensbeständen;
2. der Abschluss von Verträgen mit den im Sechsten Teil bezeichneten und sonstigen Vertragspartner/inne/n, wenn diese Verträge eine wesentliche dauernde Belastung des Versicherungsträgers herbeiführen;
3. die Erlassung von Richtlinien nach § 28 Abs. 2 über die Verwendung der Mittel des Unterstützungsfonds;
4. der Abschluss von Landes-Zielsteuerungsübereinkommen nach dem G-ZG.

(4) Der Verwaltungsrat darf Beschlüsse

1. über die Erwerbung, Errichtung oder Erweiterung von Gebäuden oder von Einrichtungen in fremden Gebäuden, die Zwecken der Verwaltung, der Krankenbehandlung, der Anstaltspflege, der Jugendlichen- und Vorsorge(Gesunden)untersuchungen, der Erbringung von Zahnbehandlung oder Zahnersatz, der Unfallheilbehandlung, der Rehabilitation, der Maßnahmen zur Festigung der Gesundheit, der Krankheitsverhütung oder der Gesundheitsvorsorge dienen sollen, sowie
2. über Umbauten von Gebäuden, wenn damit eine Änderung des Verwendungszweckes verbunden ist,

nur dann fassen, wenn ein Bedarf für das jeweilige Bauvorhaben besteht. Die Bedarfsprüfung ist von der Versicherungsanstalt vorzunehmen und hat sich auf den Bereich der gesamten Sozialversicherung zu erstrecken. Die Grundsätze für die Bedarfsprüfung sind von der Bundesministerin für Arbeit, Soziales, Gesundheit und Konsumentenschutz mit Verordnung festzulegen und haben jedenfalls Näheres über den Ablauf und den Umfang der Prüfung sowie die dabei auszuarbeitenden Unterlagen zu enthalten. Nach Abschluss des Bauvorhabens ist der Aufsichtsbehörde eine vom Verwaltungsrat gebilligte Schlussabrechnung vorzulegen.

(5) Beschlüsse des Verwaltungsrates über die Erstellung von Dienstpostenplänen (§ 460 Abs. 1 ASVG), soweit sie sich auf die Gehaltsgruppen F (Höherer Dienst) und G (Leitender Dienst) der Dienstordnung A für die Angestellten bei den Sozialversicherungsträgern Österreichs (DO. A) erstrecken, bedürfen der Genehmigung durch die Aufsichtsbehörde im Einvernehmen mit dem Bundesminister für Finanzen.

(BGBl I 2018/100)

Aufgaben der Hauptversammlung

§ 142. (1) Die Hauptversammlung der Versicherungsanstalt hat jährlich mindestens zweimal zusammenzutreten. Sie ist vom Verwaltungsrat einzuberufen. Ihr ist vorbehalten:

1. die Beschlussfassung über den Jahresvoranschlag (Haushaltsplan);
2. die Beschlussfassung über den Jahresbericht des Verwaltungsrates, der aus dem durch einen beeideten Wirtschaftsprüfer/eine beeidete Wirtschaftsprüferin geprüften Rechnungsabschluss und den Statistischen Nachweisungen besteht;
3. die Beschlussfassung über die Entlastung des Verwaltungsrates;
4. die Beschlussfassung über die Satzung und Krankenordnung sowie ihre Änderungen.

(2) Der beeidete Wirtschaftsprüfer/Die beeidete Wirtschaftsprüferin nach Abs. 1 Z 2 ist von der Hauptversammlung zu beauftragen.

(BGBl I 2018/100)

Aufgaben der Landesstellenausschüsse

§ 143. (1) Den Landesstellenausschüssen obliegt die Geschäftsführung hinsichtlich der den Landesstellen nach Abs. 2 zugewiesenen Aufgaben. Der Landesstellenausschuss kann unbeschadet seiner eigenen Verantwortlichkeit einzelne seiner Obliegenheiten dem/der Vorsitzenden und die Besorgung bestimmter laufender Angelegenheiten dem Büro übertragen.

(2) Die Landesstellenausschüsse haben nach einheitlichen Grundsätzen und Vorgaben des Verwaltungsrates folgende Aufgaben wahrzunehmen:

1. Beschlussfassung über die Nachsicht von Behandlungsbeiträgen unter Beachtung der Richtlinien des Verwaltungsrates;
2. Beschlussfassung hinsichtlich der Gewährung von Unterstützungen aus dem Unterstützungsfonds bis zu den im Anhang zur Geschäftsordnung festzulegenden Wertgrenzen;
3. Beschlussfassung über Einzelverträge (neue oder Ersatzverträge) mit freiberuflich tätigen Ärzt/inn/en, die einen § 2-Kassenvertrag erhalten, sowie über Einzelverträge mit Zahnärzt/inn/en und Dentist/inn/en;
4. Beschlussfassung über Einzelverträge mit Hebammen, klinischen Psycholog/inn/en, Psychotherapeut/inn/en sowie Beförderungsunternehmen unter Bedachtnahme auf bestehende Gesamt-, Muster- und Rahmenverträge.

(3) Die örtliche Zuständigkeit eines Landesstellenausschusses richtet sich bei Versicherten nach deren Wohnsitz. Ist kein Wohnsitz im Inland vorhanden, so ist der für Wien, Niederösterreich

und Burgenland bestehende Landesstellenausschuss zuständig.

(4) Die Landesstellenausschüsse sind bei ihrer Geschäftsführung an die Weisungen des Verwaltungsrates gebunden; der Verwaltungsrat kann auch Beschlüsse der Landesstellenausschüsse aufheben oder abändern.

(BGBl I 2018/100)

Sitzungen

§ 144. (1) Die Sitzungen der Verwaltungskörper sind nichtöffentlich. Der/Die leitende Angestellte und sein/ihr Stellvertreter bzw. seine/ihre Stellvertreterin sind berechtigt, an den Sitzungen der Verwaltungskörper mit beratender Stimme teilzunehmen. Der Obmann/Die Obfrau kann die Teilnahme von Bediensteten der Versicherungsanstalt verfügen.

(2) Der ordnungsmäßig einberufene Verwaltungskörper ist bei Anwesenheit des/der Vorsitzenden und von mindestens der Hälfte der Versicherungsvertreter/innen beschlussfähig. Der/Die Vorsitzende ist auf die erforderliche Mindestzahl von anwesenden Versicherungsvertreter/inne/n anzurechnen. Ein gültiger Beschluss bedarf – wenn gesetzlich nichts anderes bestimmt ist – der Zustimmung der Mehrheit der gültig abgegebenen Stimmen.

(3) In den Sitzungen der Verwaltungskörper hat auch der/die Vorsitzende Stimmrecht, bei Stimmengleichheit gibt seine/ihre Stimme den Ausschlag, wenn dieses Bundesgesetz nichts anderes bestimmt.

(4) Die im § 138 Abs. 2 Z 3 und 4 genannten Mitglieder nehmen an den Sitzungen der Hauptversammlung mit beratender Stimme teil.

(5) Verstoßen Beschlüsse eines Verwaltungskörpers gegen eine Rechtsvorschrift oder in einer wichtigen Frage gegen den Grundsatz der Zweckmäßigkeit der Gebarung der Versicherungsanstalt, so hat der Obmann/die Obfrau oder der/die Vorsitzende des Landesstellenausschusses ihre Durchführung vorläufig aufzuschieben und unter gleichzeitiger Angabe der Gründe für seine/ihre Vorgangsweise die Entscheidung der Aufsichtsbehörde einzuholen.

(BGBl I 2018/100)

Teilnahme der Betriebsvertretung

§ 145. (1) An den Sitzungen des Verwaltungsrates, der Hauptversammlung und der Landesstellenausschüsse ist die Betriebsvertretung des Versicherungsträgers mit zwei Vertreter/inne/n mit beratender Stimme teilnahmeberechtigt.

(2) Das nach dem Arbeitsverfassungsgesetz, BGBl. Nr. 22/1974, in Betracht kommende Organ der Betriebsvertretung hat dem Obmann/der Obfrau der Versicherungsanstalt die für die Teilnahme an den Sitzungen der Verwaltungskörper vorgesehenen Vertreter/innen namhaft zu machen. Diese Vertreter/innen sind von jeder Sitzung des Verwaltungskörpers ebenso in Kenntnis zu setzen wie die Mitglieder dieses Verwaltungskörpers; es

sind ihnen auch die diesen zur Verfügung gestellten Behelfe (Tagesordnung, Ausweise, Berichte und andere Behelfe) zu übermitteln.

(BGBl I 2009/83)

(BGBl I 2018/100)

ABSCHNITT III
Vermögensverwaltung

Jahresvoranschlag und Gebarungsvorschaurechnung

§ 150. (1) Die Versicherungsanstalt hat für jedes Geschäftsjahr einen Voranschlag und im Zusammenhang damit vierteljährlich eine rollierende Gebarungsvorschaurechnung zu erstellen.

(2) Geschäftsjahr ist das Kalenderjahr. Der der Gebarungsvorschau zu Grunde zu legende Planungszeitraum sind die dem jeweiligen Geschäftsjahr nächstfolgenden vier Geschäftsjahre.

(BGBl I 2018/100)

(BGBl I 2002/4)

Rechnungsabschluss und Nachweisungen

§ 151. (1) Die Versicherungsanstalt hat für jedes Geschäftsjahr einen Rechnungsabschluss, der jedenfalls aus einer Erfolgsrechnung und einer Schlussbilanz zum Ende des Jahres bestehen muss und durch einen beeideten Wirtschaftsprüfer/eine beeidete Wirtschaftsprüferin geprüft wurde, und einen Geschäftsbericht zu verfassen und dem Bundesministerium für Arbeit, Soziales, Gesundheit und Konsumentenschutz vorzulegen.

(2) Die Versicherungsanstalt hat statistische Nachweisungen zu verfassen und dem Bundesministerium für Arbeit, Soziales, Gesundheit und Konsumentenschutz zur Verfügung zu stellen.

(3) Die Versicherungsanstalt hat die nach § 441f ASVG festgelegten Ziele jährlich zu evaluieren.

(BGBl I 2003/71)

(4) Die Versicherungsanstalt hat über die in Abs. 1 bis 3 angeführten Inhalte einen Jahresbericht zu erstellen.

(BGBl 1996/414, BGBl I 2007/101)

(5) Die Bundesministerin für Arbeit, Soziales, Gesundheit und Konsumentenschutz hat nach Anhörung des Dachverbandes und nach Abstimmung mit dem Bundesminister für Finanzen Weisungen für

(BGBl 1994/23, BGBl I 2002/4)

1. die Rechnungsführung inklusive Gebarungsvorschau, die Rechnungslegung sowie die Erstellung des Jahresvoranschlages und des Jahresberichtes (Abs. 1 und 4),

2. die statistischen Nachweisungen (Abs. 2) sowie

3. die Zielsteuerung nach § 441f ASVG und deren Evaluierung (Abs. 3) hinsichtlich deren Struktur und Prozesse

zu erlassen. Bei der Erlassung der Weisungen ist darauf Bedacht zu nehmen, dass die Rechnungsabschlüsse und die statistischen Nachweisungen

B-KUVG

auch für die Zwecke der Zielsteuerung herangezogen werden können.

(6) Die Träger der Sozialversicherung und der Dachverband haben den Jahresbericht im Internet nach den Weisungen gemäß Abs. 5 zu veröffentlichen. Die von der Hauptversammlung beschlossene Erfolgsrechnung ist jedenfalls binnen vier Monaten nach der Beschlussfassung im Internet zu verlautbaren.

(BGBl I 2018/100)

Gebarungsaufzeichnungen

§ 151a. Die Versicherungsanstalt hat getrennte Aufzeichnungen über die Gebarung der in der Kranken-, Pensions- und Unfallversicherung

1. der nach § 1 Abs. 1 Z 1 bis 24 sowie

2. der nach § 1 Abs. 1 Z 25 bis 36

pflichtversicherten Personen zu führen. Die nach § 1 Abs. 1 Z 37 pflichtversicherten Personen sind dabei in der Krankenversicherung der Personengruppe nach Z 1, in der Pensions- und Unfallversicherung der Personengruppe nach Z 2 zuzurechnen. Die nach § 1 Abs. 1 Z 38 und Abs. 6 pflichtversicherten Personen sind dabei jeweils jener Personengruppe zuzurechnen, der sie als Dienstnehmer/innen angehören würden.

(BGBl I 1999/10, BGBl I 1999/174, BGBl I 2001/102, BGBl I 2018/100)

Schulden-, Vermögens- und Liquiditätsmanagement

§ 152. (1) Der Versicherungsträger hat bei der Vermögensverwaltung sowie beim Schulden- und Liquiditätsmanagement die Grundsätze nach § 2a des Bundesfinanzierungsgesetzes sinngemäß anzuwenden. Die zur Anlage verfügbaren Mittel des Versicherungsträgers sind grundsätzlich zinsbringend anzulegen. Anlagesicherheit und Liquidität haben Vorrang gegenüber der Erzielung eines angemessenen Ertrages. Die Mittel dürfen im Sinne der Anlagesicherheit unbeschadet des Abs. 3 und des § 153 nur angelegt werden:

1. in verzinslichen Schuldverschreibungen (verzinslichen Wertpapieren), die in Euro von Mitgliedstaaten (bzw. deren Teilstaaten, Bundesländern, Provinzen) des EWR begeben wurden, deren Bonität als zweifelsfrei vorhanden erachtet wird, oder

2. in verzinslichen Schuldverschreibungen, die in Euro von Kreditinstituten begeben wurden, deren Bonität als zweifelsfrei vorhanden erachtet wird und die ihren Sitz in einem Mitgliedstaat des EWR haben, oder

3. in auf Euro lautenden Einlagen bei Kreditinstituten, deren Bonität als zweifelsfrei vorhanden erachtet wird und die ihren Sitz in einem Mitgliedstaat des EWR haben, oder

4. in verzinslichen Schuldverschreibungen (Emissionen), deren Bonität als zweifelsfrei vorhanden erachtet wird und die von Emittenten/Emittentinnen mit Sitz in einem Mitgliedstaat des EWR begeben wurden, oder

5. in Unternehmensanleihen von Emittenten/Emittentinnen, deren Bonität als zweifelsfrei vorhanden erachtet wird und die ihren Sitz in einem Mitgliedstaat des EWR haben, oder

6. in Fonds im Sinne des Investmentfondsgesetzes 2011, BGBl. I Nr. 77/2011, die den Kriterien nach den Z 1 bis 5 entsprechen.

Für die Beurteilung der Bonität können Mindest-Ratings der vom Markt anerkannten Rating-Agenturen herangezogen werden. Veranlagungen in nachrangige Schuldverschreibungen (nachrangige Wertpapiere) sind nicht zulässig.

(BGBl I 2017/53)

(2) Der Einsatz derivativer Instrumente im Sinne der Arten von Derivatgeschäften nach Anhang II Abs. 1 lit. a bis d der Verordnung (EU) Nr. 575/2013 über Aufsichtsanforderungen an Kreditinstitute und Wertpapierfirmen und zur Änderung der Verordnung (EU) Nr. 646/2012, ABl. Nr. L 176 vom 27.06.2013 S. 1, zuletzt geändert durch die Delegierte Verordnung (EU) 2015/1556, ABl. Nr. L 244 vom 19.09.2015 S. 9, ist zulässig, wenn er nachweislich zur Absicherung bestehender Positionen nach Abs. 1 dient.

(3) Beschlüsse der Verwaltungskörper über Vermögensveranlagungen, die in den Abs. 1 und 2 nicht erwähnt sind, bedürfen zu ihrer Wirksamkeit der Genehmigung des Bundesministers/der Bundesministerin für Arbeit, Soziales, Gesundheit und Konsumentenschutz. Kriterien für die Genehmigung der beabsichtigten Vermögensveranlagung sind jedenfalls Anlagesicherheit, Liquidität und Ertragsangemessenheit. Es ist jeweils das Einvernehmen mit dem Bundesminister für Finanzen herzustellen. Gegenstand solcher Beschlüsse können sowohl konkrete Vermögensanlagen in einem einzelnen Fall als auch durch gemeinsame Gruppenmerkmale gekennzeichnete und voraussichtlich vorzunehmende Vermögensanlagen sein.

(BGBl I 2018/100)

(4) Der Versicherungsträger hat dafür zu sorgen, dass die Veranlagung durch Personen erfolgt, die dafür fachlich geeignet sind und eine entsprechende Berufserfahrung nachweisen können. Für jede Vermögensanlage ist begleitend ein Risikomanagement durchzuführen. Eine angemessene Funktionstrennung zwischen der Veranlagung und dem Risikomanagement ist zu gewährleisten.

(BGBl 1994/23, BGBl I 2002/144, BGBl I 2003/71, BGBl I 2009/147, BGBl I 2011/122, BGBl I 2015/162, BGBl I 2017/53)

Genehmigung zu Veränderungen von Vermögensbeständen

§ 153. (1) Beschlüsse der Verwaltungskörper über Veränderungen im Bestand von Liegenschaften, insbesondere über deren Erwerbung, Belastung oder Veräußerung, oder über die Errichtung oder Erweiterung von Gebäuden bedürfen zu ihrer Wirksamkeit der Genehmigung durch die Bundesministerin für Arbeit, Soziales, Gesundheit und Konsumentenschutz im Einvernehmen mit dem Bundesminister für Finanzen. Das gleiche gilt für den Umbau von Gebäuden, wenn damit eine Änderung des Verwendungszweckes verbunden ist.

(BGBl I 2003/71, BGBl I 2018/100)

(1a) Beschlüsse der Verwaltungskörper über den Abschluss von Bestandverträgen bedürfen zu ihrer Wirksamkeit der Genehmigung durch die Bundesministerin für Arbeit, Soziales, Gesundheit und Konsumentenschutz im Einvernehmen mit dem Bundesminister für Finanzen.

(BGBl I 2003/71, BGBl I 2018/100)

(2) Die Genehmigung gemäß Abs. 1 ist nicht erforderlich,

1. wenn dem Beschluß ein Betrag zugrunde liegt, der das Dreitausendfache der Höchstbeitragsgrundlage gemäß § 45 Abs. 1 ASVG nicht übersteigt, oder
2. wenn Erhaltungs- oder Instandsetzungsarbeiten mit genehmigungspflichtigen Vorhaben in keinem ursächlichen Zusammenhang stehen.

(2a) Die Genehmigung nach Abs. 3 ist nicht erforderlich, wenn

1. die den beschlussgegenständlichen Bestandvertrag betreffende Gesamtfläche weniger als 500 m² beträgt und
2. der Jahresbruttobestandzins des beschlussgegenständlichen Bestandvertrages das Tausendfache der Höchstbeitragsgrundlage nach § 45 Abs. 1 ASVG nicht übersteigt und
3. der beschlussgegenständliche Bestandvertrag keinen Kündigungsverzicht von mehr als zehn Jahren vorsieht.

(BGBl I 2003/71)

(3) Beschlüsse der Verwaltungskörper über Angelegenheiten nach den Abs. 2 und 2a sind binnen einem Monat nach Beschlußfassung dem Bundesminister für Arbeit, Gesundheit und Soziales anzuzeigen.

(BGBl I 2003/71)

(BGBl 1994/23, BGBl I 1998/142)

Genehmigung der Beteiligung an fremden Einrichtungen

§ 153a. Beschlüsse der Verwaltungskörper über eine Beteiligung an fremden Einrichtungen nach § 9 Abs. 3 bedürfen zu ihrer Wirksamkeit der Genehmigung durch die Bundesministerin für Arbeit, Soziales, Gesundheit und Konsumentenschutz im Einvernehmen mit dem Bundesministerin für Finanzen. Das Gleiche gilt für Beschlüsse der Verwaltungskörper über Finanzierungs- und Betreibermodelle im Sinne des § 27 Abs. 2.

(BGBl 1991/679, BGBl I 2001/102, BGBl I 2003/71, BGBl I 2018/100)

ABSCHNITT IV
Aufsicht des Bundes

(BGBl I 2018/100)

Aufsichtsbehörde

§ 154. (1) Die Versicherungsanstalt öffentlich Bediensteter, Eisenbahnen und Bergbau samt ihren Anstalten und Einrichtungen unterliegt der Aufsicht des Bundes. Die Aufsicht ist von der Bundesministerin für Arbeit, Soziales, Gesundheit und Konsumentenschutz auszuüben.

(BGBl I 2003/71)

(2) Die Bundesministerin für Arbeit, Soziales, Gesundheit und Konsumentenschutz kann bestimmte Bedienstete ihres Bundesministeriums mit der Aufsicht über die Versicherungsanstalt betrauen; der Bundesminister für Finanzen kann zu den Sitzungen der Verwaltungskörper der Versicherungsanstalt einen Vertreter/eine Vertreterin zur Wahrung der finanziellen Interessen des Bundes entsenden. Den mit der Ausübung der Aufsicht bzw. mit der Wahrung der Interessen des Bundes betrauten Bediensteten und ihren Stellvertreter/inne/n sind Aufwandsentschädigungen zu gewähren, deren Höhe 14% bzw. für die Stellvertreter/innen 7% des Gehaltes eines Abgeordneten zum Nationalrat entspricht und die monatlich auszuzahlen sind. Bei mehrfacher Aufsichtstätigkeit gebührt nur eine, und zwar die jeweils höhere Aufwandsentschädigung.

(BGBl 1994/23)

(3) Der Vertreter/Die Vertreterin der Bundesministerin für Arbeit, Soziales, Gesundheit und Konsumentenschutz kann gegen Beschlüsse eines Verwaltungskörpers, die gegen eine Rechtsvorschrift oder in wichtigen Fragen (§ 155 Abs. 2) gegen den Grundsatz der Zweckmäßigkeit, Wirtschaftlichkeit und Sparsamkeit verstoßen oder die die finanziellen Interessen des Bundes berühren, Einspruch mit aufschiebender Wirkung erheben. Der Vertreter/Die Vertreterin des Bundesministers für Finanzen kann Einspruch mit aufschiebender Wirkung gegen Beschlüsse erheben, die die finanziellen Interessen des Bundes berühren oder in wichtigen Fragen (§ 155 Abs. 2) gegen den Grundsatz der Zweckmäßigkeit, Wirtschaftlichkeit und Sparsamkeit verstoßen. Der/Die Vorsitzende hat die Durchführung des Beschlusses, gegen den Einspruch erhoben wurde, vorläufig aufzuschieben und die Entscheidung der Aufsichtsbehörde einzuholen. Bei einem Einspruch des Vertreters/der Vertreterin des Bundesministers für Finanzen hat die Aufsichtsbehörde die Entscheidung im Einvernehmen mit dem Bundesminister für Finanzen zu treffen.

(BGBl 1994/23, BGBl I 2003/71)

(BGBl I 2018/100)

Aufgaben der Aufsicht

§ 155. (1) Die Aufsichtsbehörde hat die Gebarung der Versicherungsanstalt zu überwachen und darauf hinzuwirken, dass im Zuge dieser Gebarung nicht gegen Rechtsvorschriften verstoßen wird. Sie kann ihre Aufsicht auf Fragen der Zweckmäßigkeit, Wirtschaftlichkeit und Sparsamkeit erstrecken. Sie soll sich in diesen Fällen auf wichtige Fragen beschränken und in das Eigenleben und die Selbstverantwortung der Versicherungsanstalt nicht unnötig eingreifen. Die Aufsichtsbehörde kann

B-KUVG

in Ausübung des Aufsichtsrechtes Beschlüsse der Verwaltungskörper aufheben.

(BGBl 1994/23, BGBl I 2009/147)

(2) Wichtige Fragen im Sinne des Abs. 1 sind insbesondere die Einhaltung der im Rahmen der Zielsteuerung nach § 441f abgestimmten Ziele, die Sicherstellung einer nachhaltig ausgeglichenen Gebarung sowie Beschlüsse, deren finanzielle Auswirkungen ein Ausmaß von 10 Millionen Euro innerhalb eines Kalenderjahres oder innerhalb von fünf Kalenderjahren übersteigen. Auch alle Angelegenheiten nach § 432 Abs. 3 ASVG sind wichtige Fragen im Sinne des Abs. 1.

(3) Der Aufsichtsbehörde und dem Bundesminister für Finanzen sind auf Verlangen alle Bücher, Rechnungen, Belege, Urkunden, Wertpapiere, Schriften und sonstige Bestände vorzulegen und alle zur Ausübung des Aufsichtsrechtes geforderten Mitteilungen zu machen; alle Verlautbarungen sind der Aufsichtsbehörde und dem Bundesminister für Finanzen unverzüglich zur Kenntnis zu bringen. Die Aufsichtsbehörde kann die Satzung und Krankenordnung jederzeit überprüfen und Änderungen solcher Bestimmungen verlangen, die mit dem Gesetz in Widerspruch stehen oder dem Zweck der Versicherung zuwiderlaufen. Wird diesem Verlangen nicht binnen drei Monaten entsprochen, so kann sie die erforderlichen Verfügungen von Amts wegen treffen.

(4) Die Aufsichtsbehörde kann verlangen, dass die Verwaltungskörper mit einer bestimmten Tagesordnung zu Sitzungen einberufen werden. Wird dem nicht entsprochen, so kann sie die Sitzungen selbst anberaumen und die Verhandlungen leiten. Sie kann zu allen Sitzungen Vertreter/innen entsenden, denen beratende Stimme zukommt. Die Aufsichtsbehörde, der/die mit der Aufsicht betraute Bedienstete der Aufsichtsbehörde und der Vertreter/die Vertreterin des Bundesministers für Finanzen sind von jeder Sitzung der Verwaltungskörper ebenso in Kenntnis zu setzen wie die Mitglieder dieser Verwaltungskörper; es sind ihnen auch die diesen zur Verfügung gestellten Behelfe (Tagesordnung, Ausweise, Berichte und andere Behelfe) zu übermitteln. Auf Verlangen des Vertreters/der Vertreterin der Aufsichtsbehörde oder des Vertreters/der Vertreterin des Bundesministers für Finanzen ist die Beschlussfassung zu bestimmten Tagesordnungspunkten zu vertagen. Dieses Verlangen kann für ein und denselben Tagesordnungspunkt höchstens zwei Mal erfolgen.

(BGBl 1994/23)

(5) Die Aufsichtsbehörde ist berechtigt, die Versicherungsanstalt amtlichen Untersuchungen zu unterziehen, wobei sie sich dabei der Mitwirkung des Dachverbandes sowie geeigneter Sachverständiger bedienen kann. Der Bundesminister für Finanzen ist berechtigt, an der amtlichen Untersuchung durch einen Vertreter/eine Vertreterin mitzuwirken. Die Aufsichtsbehörde hat eine solche amtliche Untersuchung anzuordnen, wenn der

Bundesminister für Finanzen dies zur Wahrung der finanziellen Interessen des Bundes verlangt.

(BGBl 1994/23)

(6) Die Aufsichtsbehörde hat vorbehaltlich der gesetzlichen Bestimmungen über die Zuständigkeit anderer Stellen und unbeschadet der Rechte Dritter bei Streit über Rechte und Pflichten der Verwaltungskörper und deren Mitglieder sowie über die Auslegung der Satzung zu entscheiden.

(BGBl I 2018/100)

Vorläufige Geschäftsführung und Vertretung

§ 156. (1) Die Aufsichtsbehörde ist berechtigt, die Verwaltungskörper, wenn sie ungeachtet zweimaliger schriftlicher Verwarnung gesetzliche oder satzungsmäßige Bestimmungen außer Acht lassen, aufzulösen und die vorläufige Geschäftsführung und Vertretung vorübergehend einem vorläufigen Verwalter/einer vorläufigen Verwalterin zu übertragen. Diesem/Dieser ist ein Beirat zur Seite zu stellen, der im gleichen Verhältnis wie der aufgelöste Verwaltungskörper aus Vertreter/inne/n der Dienstnehmer/innen und der Dienstgeber/innen bestehen soll und dessen Aufgaben und Befugnisse von der Aufsichtsbehörde bestimmt werden. Die §§ 132 Abs. 2 bis 7 und 143 sind auf die Mitglieder des Beirates entsprechend anzuwenden. Der vorläufige Verwalter/Die vorläufige Verwalterin hat binnen acht Wochen vom Zeitpunkt seiner/ihrer Bestellung an die nötigen Verfügungen wegen Neubestellung des Verwaltungskörpers nach § 133 zu treffen. Ihm/Ihr obliegt die erstmalige Einberufung der Verwaltungskörper.

(BGBl 1991/679)

(2) Die Bestimmungen des Abs. 1 über die Auflösung eines Verwaltungskörpers und die Übertragung der vorläufigen Geschäftsführung und Vertretung auf einen vorläufigen Verwalter/eine vorläufige Verwalterin sind entsprechend anzuwenden, solange und soweit ein Verwaltungskörper die ihm obliegenden Geschäfte nicht ausführt.

(3) Verfügungen des vorläufigen Verwalters/der vorläufigen Verwalterin, die über den Rahmen laufender Geschäftsführung hinausgehen, wie insbesondere derartige Verfügungen über die dauernde Anlage von Vermögensbeständen im Wert von mehr als 14 534,57 €, über den Abschluss von Verträgen, die die Versicherungsanstalt für länger als sechs Monate verpflichten, und über den Abschluss, die Änderung oder Auflösung von Dienstverträgen mit einer Kündigungsfrist von mehr als drei Monaten oder von unkündbaren Dienstverträgen bedürfen der Genehmigung durch die Aufsichtsbehörde.

(BGBl I 2001/67)
(BGBl I 2018/100)

Kosten der Aufsicht

§ 157. Die Kosten der von der Aufsichtsbehörde angeordneten Maßnahmen belasten den Versicherungsträger. Zur Deckung der durch die Aufsicht erwachsenden sonstigen Kosten hat die

Versicherungsanstalt durch Entrichtung einer Aufsichtsgebühr beizutragen. Deren Höhe hat die Bundesministerin für Arbeit, Soziales, Gesundheit und Konsumentenschutz unter Bedachtnahme auf den Versichertenstand nach Anhörung der Versicherungsanstalt zu bestimmen.

(BGBl I 2003/71, BGBl I 2018/100)

Beschwerde an das Bundesverwaltungsgericht

§ 157a. Gegen Bescheide der Aufsichtsbehörde und wegen Verletzung ihrer Entscheidungspflicht kann Beschwerde an das Bundesverwaltungsgericht erhoben werden.

(BGBl I 2013/87, BGBl I 2018/100)

ABSCHNITT V

Satzung, Krankenordnung und Geschäftsordnungen

§ 158. Hinsichtlich der Satzung, Krankenordnung und Geschäftsordnungen der Versicherungsanstalt öffentlich Bediensteter, Eisenbahnen und Bergbau gelten die Bestimmungen des Abschnittes VII des Achten Teiles des ASVG.

(BGBl 1994/23, BGBl I 2003/71, BGBl I 2018/100)

ABSCHNITT VI

Bedienstete

§ 159. Hinsichtlich der dienst-, besoldungs- und pensionsrechtlichen Verhältnisse der Bediensteten der Versicherungsanstalt öffentlich Bediensteter, Eisenbahnen und Bergbau gelten die Bestimmungen des Abschnittes IX des Achten Teiles des ASVG mit der Maßgabe, dass § 460 Abs. 3a ASVG auf die Bestellung und dienstrechtliche Stellung des leitenden Angestellten und des leitenden Arztes der Versicherungsanstalt sowie ihrer ständigen Stellvertreter anzuwenden ist, dass der leitende Angestellte und der leitende Arzt der Versicherungsanstalt erst nach vorher eingeholter Zustimmung der Aufsichtsbehörde bestellt und entlassen werden dürfen sowie dass für den leitenden Angestellten/die leitende Angestellte zwei Stellvertreter/innen und für den leitenden Arzt/die leitende Ärztin ein Stellvertreter/eine Stellvertreterin bestellt werden dürfen.

(BGBl 1994/23, BGBl I 2003/71, BGBl I 2003/145, BGBl I 2018/100)

ABSCHNITT VII

Datenverarbeitung

§ 159a. Die Versicherungsanstalt ist insoweit zur Verarbeitung von personenbezogenen Daten ermächtigt, als dies zur Erfüllung der ihr gesetzlich übertragenen Aufgaben eine wesentliche Voraussetzung ist. Zu den ihr gesetzlich übertragenen Aufgaben zählt auch die Übermittlung der bei der Einhebung der im § 27a des Bundesgesetzes über Krankenanstalten und Kuranstalten vorgesehenen Kostenbeiträge und der gemäß § 45a des Arbeiter-

kammergesetzes 1992 zum Zwecke der Erfassung der Kammerzugehörigen notwendigen Daten.

(BGBl 1990/297, BGBl 1995/832, BGBl I 2002/4, BGBl I 2010/61, BGBl I 2018/37)

§ 159b. Die Versicherungsnummer nach § 30c Abs. 1 Z 1 ASVG sowie die bei den Sozialversicherungsträgern (beim Dachverband der Sozialversicherungsträger) verwendeten personenbezogenen Ordnungsbegriffe (wie beispielsweise Dienstgeberkontonummer und Vertragspartnernummer) können in der elektronischen Datenverarbeitung für Zwecke der Sozialversicherung und des Arbeitsmarktservice verwendet werden.

(BGBl 1994/314, BGBl I 2002/4, BGBl I 2018/100)

Abschnitt VIII
§ 159c. (aufgehoben)
(BGBl I 2001/67)

ABSCHNITT IX

Mitwirkung der Abgabenbehörden des Bundes hinsichtlich des Bezuges einer Familienbeihilfe

§ 159d. (1) Die Abgabenbehörden des Bundes haben der Versicherungsanstalt nach Maßgabe des Abs. 3 folgende Daten zu übermitteln:

Name (Familienname und Vorname), Versicherungsnummer und Anschrift

1. der Person, für die ein Anspruch auf Familienbeihilfe nach § 2 Abs. 1 lit. b, c und f sowie nach § 8 Abs. 4 bis 7 des Familienlastenausgleichsgesetzes 1967 besteht, und

(BGBl I 2002/4)

2. des Anspruchsberechtigten gemäß § 2 Abs. 2 des Familienlastenausgleichsgesetzes 1967.

(2) Die übermittelten Daten dürfen nur zur Feststellung des Bestandes und des Umfanges von Leistungen nach diesem Bundesgesetz verwendet werden.

(3) Das Verfahren der Übermittlung und der Zeitpunkt der erstmaligen Übermittlung von den im Abs. 1 genannten Daten sind vom Bundesminister für Finanzen im Einvernehmen mit dem Bundesminister für Umwelt, Jugend und Familie und dem Bundesminister für Arbeit und Soziales nach Maßgabe der technisch-organisatorischen Möglichkeiten zu bestimmen.[a]

[a] VO siehe Anhang GSVG

Mitwirkung der Abgabenbehörden des Bundes hinsichtlich des Bezuges ausländischer Renten (§ 22b)

§ 159e. (1) Die Abgabenbehörden des Bundes haben der Versicherungsanstalt und den pensionsauszahlenden Stellen nach Maßgabe des Abs. 3 zu Personen, die eine ausländische Rente (§ 22b Abs. 1) beziehen oder eine solche bezogen haben und die Anspruch auf Leistungen eines Krankenversicherungsträgers haben, aus den bei ihnen vorhandenen und aus einer Abgabenerklärung unmittelbar ableitbaren Daten folgende Angaben zu übermitteln:

1. Namen (Familienname und Vorname), Anschrift, Geburtsdatum, in- und ausländische Sozialversicherungsnummer;
   (BGBl I 2016/120)
2. Art und Höhe der ausländischen Rentenbezüge;
3. rentenauszahlende Stelle.

(2) Die übermittelten Daten dürfen nur zur Feststellung des Bestandes und des Umfanges von Leistungen und für die Feststellung von Beitragspflichten nach diesem Bundesgesetz verwendet werden.

(3) Das Verfahren der Übermittlung sowie der Zeitpunkt der erstmaligen Übermittlung der in Abs. 1 genannten Daten sind vom Bundesminister für Finanzen im Einvernehmen mit dem Bundesminister für Arbeit, Soziales, Gesundheit und Konsumentenschutz nach Maßgabe der technisch-organisatorischen Möglichkeiten festzulegen. Die Datenübermittlungen sind vollständig in elektronischer Form im Wege des Dachverbandes vorzunehmen.

(BGBl I 2018/100)
(BGBl I 2010/102)

ABSCHNITT X

Sprachliche Gleichbehandlung

§ 159f. Soweit in diesem Bundesgesetz personenbezogene Bezeichnungen nur in männlicher Form angeführt sind, beziehen sie sich auf Frauen und Männer in gleicher Weise. Bei der Anwendung auf bestimmte Personen ist die jeweils geschlechtsspezifische Form zu verwenden.

(BGBl I 2010/102)

Umsetzung von Unionsrecht

§ 159g. Durch dieses Bundesgesetz werden umgesetzt:

1. die Richtlinie 89/105/EWG betreffend die Transparenz von Maßnahmen zur Regelung der Preisfestsetzung bei Arzneimitteln für den menschlichen Gebrauch und ihre Einbeziehung in die staatlichen Krankenversicherungssysteme, ABl. Nr. L 40 vom 11.02.1989 S. 8,
2. die Richtlinie 2005/36/EG sowie
3. die Richtlinie 2011/24/EU über die Ausübung der Patientenrechte in der grenzüberschreitenden Gesundheitsversorgung, ABl. Nr. L 88 vom 04.04.2011 S. 45.

(BGBl I 2014/32)

FÜNFTER TEIL
Übergangs- und Schlußbestimmungen

ABSCHNITT I
Übergangsbestimmungen

1. UNTERABSCHNITT
Übergangsbestimmungen zum Ersten Teil

Fortdauer einer nach früherer Vorschrift bestehenden Pflichtversicherung

§ 160. (1) Personen, die am 30. Juni 1967 nach den in diesem Zeitpunkt in Geltung gestandenen Bestimmungen über die Krankenversicherung der Bundesangestellten pflichtversichert waren, nach den Vorschriften des Ersten Teiles aber nicht mehr in der Krankenversicherung versichert wären, bleiben versichert, solange die für den Bestand der Pflichtversicherung nach den bisherigen Vorschriften maßgebend gewesenen Voraussetzungen weiterhin erfüllt werden. Desgleichen sind Hinterbliebene versichert, die nach solchen Personen eine Pensionsleistung der in § 1 Abs. 1 Z 8 oder 13 bezeichneten Art erhalten, solange sie ihren Wohnsitz im Inland haben.

(BGBl 1994/505, BGBl 1996/414)

(2) Gruppen von Dienstnehmern gesetzlicher beruflicher Vertretungen sowie der Wiener Börsekammer und der Kammer der Börse für landwirtschaftliche Produkte in Wien, die nach den am 30. Juni 1967 in Geltung gestandenen Bestimmungen über die Krankenversicherung der Bundesangestellten in diese Versicherung einbezogen waren, gelten mit dem 1. Juli 1967 als gemäß § 4 in die Krankenversicherung nach diesem Bundesgesetz einbezogen.

(BGBl 1994/23)

Aufkündigung von Versicherungsverträgen

§ 161. Personen, die nach den Bestimmungen dieses Bundesgesetzes als Versicherte in die Kranken- oder Unfallversicherung einbezogen werden und die bei einem Versicherungsunternehmen am 1. Juli 1967 vertragsmäßig unter Einschluß von Dienstunfällen unfallversichert beziehungsweise vertragsmäßig krankenversichert sind, können den Versicherungsvertrag bis zum 30. Juni 1968 zum Ablauf des auf die Aufkündigung folgenden Kalendermonates aufkündigen. Das Recht der Aufkündigung steht auch Dienstgebern hinsichtlich der von ihnen für Dienstnehmer abgeschlossenen Versicherungsverträge zu, sofern die Dienstnehmer in die Kranken- oder Unfallversicherung nach den Bestimmungen dieses Bundesgesetzes einbezogen werden. Für einen Zeitraum nach dem Erlöschen des Versicherungsvertrages bereits entrichtete Versicherungsbeiträge (Prämien) sind vom Versicherungsunternehmen nicht zu erstatten. Über Verlangen des Versicherungsunternehmens ist der Bestand der Kranken- oder Unfallversicherung nachzuweisen.

Umbenennung des bisherigen Trägers der Krankenversicherung der Bundesangestellten

§ 162. Die bisherige Krankenversicherungsanstalt der Bundesangestellten besteht als Versicherungsanstalt öffentlich Bediensteter weiter.

Anwendung der Bestimmungen dieses Bundesgesetzes auf die bestehenden provisorischen Personalausschüsse

§ 163. Soweit in diesem Bundesgesetz auf die gesetzliche Vertretung des Personals Bezug genommen wird, tritt, solange diese für Dienstnehmer, die der Unfallversicherung nach diesem Bundesgesetz unterliegen, noch nicht errichtet ist, der bestehende provisorische Personalausschuß an ihre Stelle.

2. UNTERABSCHNITT
Übergangsbestimmungen zum Zweiten Teil

§ 164. (1) Personen, die vor dem 1. Juli 1967 eine Minderung ihrer Erwerbsfähigkeit erlitten haben und deren Tätigkeit im Zeitpunkt des Eintrittes des schädigenden Ereignisses bei früherem Wirksamkeitsbeginn der Bestimmungen dieses Bundesgesetzes die Unfallversicherung begründet hätte, haben, sofern die Minderung der Erwerbsfähigkeit nach den Vorschriften des Zweiten Teiles als Folge eines Dienstunfalles oder einer Berufskrankheit anzusehen wäre, bei Zutreffen der entsprechenden besonderen Voraussetzungen Anspruch auf die Leistungen der Unfallversicherung nach diesem Bundesgesetz.

(2) Ist der Tod einer Person vor dem 1. Juli 1967 eingetreten, so haben beim Zutreffen der entsprechenden besonderen Voraussetzungen gemäß den §§ 112 bis 116 die Hinterbliebenen Anspruch auf Hinterbliebenenrente aus der Unfallversicherung nach diesem Bundesgesetz, wenn

1. die Tätigkeit der verstorbenen Person im Zeitpunkt des Eintrittes des schädigenden Ereignisses bei früherem Wirksamkeitsbeginn dieses Bundesgesetzes die Unfallversicherung begründet hätte und

2. der Tod nach den Bestimmungen des Zweiten Teiles dieses Bundesgesetzes als Folge eines Dienstunfalles oder einer Berufskrankheit anzusehen wäre.

(3) Als Bemessungsgrundlage für eine Versehrtenrente nach Abs. 1 gilt das Gehalt (der sonstige monatliche Bezug), einschließlich der ruhegenußfähigen (pensionsfähigen) Zulagen, der Zulagen, die Anspruch auf eine Zulage zum Ruhegenuß (zur Pension) begründen und allfälliger Teuerungszulagen beziehungsweise die Entschädigung, der (die) dem Anspruchsberechtigten unter Bedachtnahme auf seine Dienststellung im Zeitpunkt des Eintrittes des schädigenden Ereignisses am 1. Juli 1967 gebührt hätte. Kürzungen des Gehaltes (des sonstigen monatlichen Bezuges) im Einzelfall auf Grund dienstrechtlicher Vorschriften bleiben außer Betracht.

(4) Als Bemessungsgrundlage für eine Hinterbliebenenrente nach Abs. 2 gelten die in Abs. 3 bezeichneten Bezüge, die dem Verstorbenen unter Bedachtnahme auf seine Dienststellung im Zeitpunkt des Eintrittes des schädigenden Ereignisses am 1. Juli 1967 gebührt hätten. Abs. 3 letzter Satz gilt entsprechend.

(5) Auf die Leistungen nach Abs. 1 und Abs. 2 sind unbeschadet der Bestimmungen des § 165 jeweils die Leistungen

1. einer anderen Unfallversicherung aus demselben Versicherungsfall,

2. des Dienstgebers, die ausschließlich aus dem Grunde des Unfalles (der Berufskrankheit) gebühren, anzurechnen.

§ 165. (1) Maßnahmen nach § 9 Abs. 1 bis 3 des Pensionsgesetzes 1965, die wegen einer auf einen Dienstunfall oder eine Berufskrankheit zurückzuführenden Erwerbsunfähigkeit getroffen wurden, werden mit Ablauf des dritten Kalendermonates nach rechtskräftiger Feststellung des Anspruches auf eine Versehrtenrente nach diesem Bundesgesetz wirkungslos.

(2) Die für die Zeit vom Anfall der Versehrtenrente bis zum Erlöschen der Maßnahmen nach § 9 Abs. 1 bis 3 des Pensionsgesetzes 1965 oder gleichartiger Regelungen durch diese Maßnahmen eingetretene Erhöhung des Ruhegenusses (Sonderzahlung) ist auf die für diese Zeit geltende Versehrtenrente (Rentensonderzahlung) anzurechnen.

(3) Maßnahmen nach § 20 Abs. 2 bis 4 des Pensionsgesetzes 1965, die in Fällen, in denen der Tod des Beamten auf einen Dienstunfall oder eine Berufskrankheit zurückzuführen ist, getroffen wurden, werden mit Ablauf des dritten Kalendermonates nach rechtskräftiger Feststellung des Anspruches auf eine Hinterbliebenenrente nach diesem Bundesgesetz wirkungslos.

(4) Die für die Zeit vom Anfall der Hinterbliebenenrente bis zum Erlöschen der Maßnahmen nach § 20 Abs. 2 bis 4 des Pensionsgesetzes 1965 oder gleichartiger Regelungen durch diese Maßnahmen eingetretene Erhöhung des Versorgungsgenusses (Sonderzahlung) ist auf die für diese Zeit gebührende Hinterbliebenenrente (Rentensonderzahlung) anzurechnen.

§ 166. Die Leistungen nach § 164 Abs. 1 und 2 sind auf Antrag festzustellen. Wird der Antrag bis zum 30. Juni 1968 gestellt, so fällt die Leistung mit dem 1. Juli 1967, sonst mit der Antragstellung folgenden Monatsersten an.

3. UNTERABSCHNITT
Übergangsbestimmungen zum Dritten Teil

§ 167. Bescheide über Anträge auf Feststellung von Leistungen nach § 164 Abs. 1 oder 2 sind binnen einem Jahr nach der Einbringung des Antrages zu erlassen.

4. UNTERABSCHNITT
Übergangsbestimmungen zum Vierten Teil

§ 168. (1) Die am Tage der Kundmachung dieses Bundesgesetzes im Amt befindlichen Verwaltungskörper der Krankenversicherungsanstalt der Bundesangestellten haben als Hauptvorstand beziehungsweise Überwachungsausschuß beziehungsweise Landesvorstand der Versicherungsanstalt öffentlich Bediensteter die ihnen nach diesem Bundesgesetz obliegenden Geschäfte bis 31. Dezember 1968 mit der Maßgabe zu führen,

B-KUVG

daß der sich aus den §§ 139 bis 141 ergebenden Erhöhung der Zahl der Versicherungsvertreter in den Verwaltungskörpern durch Entsendung der notwendigen Anzahl der Versicherungsvertreter gemäß § 133 zu entsprechen ist. Die Amtsdauer endet auch für diese Versicherungsvertreter mit 31. Dezember 1968.

(2) Die Amtsdauer des erstmalig einberufenen Rentenausschusses (§ 130 Abs. 1 Z 4) endet ohne Rücksicht auf den Zeitpunkt der Konstituierung am 31. Dezember 1968.

(3) In den Fällen des Abs. 1 und Abs. 2 gilt § 137 zweiter und dritter Satz entsprechend.

5. UNTERABSCHNITT
Zusammenführung der Versicherungsanstalt öffentlich Bediensteter und der Versicherungsanstalt für Eisenbahnen und Bergbau

Versicherungsanstalt öffentlich Bediensteter, Eisenbahnen und Bergbau – Errichtung

§ 168a. (1) Die Versicherungsanstalt öffentlich Bediensteter und die Versicherungsanstalt für Eisenbahnen und Bergbau werden ab 1. April 2019 mit Wirksamkeit ab 1. Jänner 2020 zur Versicherungsanstalt öffentlich Bediensteter, Eisenbahnen und Bergbau zusammengeführt. Die Versicherungsanstalt öffentlich Bediensteter, Eisenbahnen und Bergbau ist Versicherungsträger im Sinne des § 10.

(2) Alle Rechte und Verbindlichkeiten der Versicherungsanstalt öffentlich Bediensteter und der Versicherungsanstalt für Eisenbahnen und Bergbau gehen mit 1. Jänner 2020 auf die Versicherungsanstalt öffentlich Bediensteter, Eisenbahnen und Bergbau über. Sie ist ab 1. Jänner 2020 zur Durchführung der Verwaltungs- und Leistungssachen zuständig, die nach den am 31. Dezember 2019 geltenden Vorschriften von der Versicherungsanstalt öffentlich Bediensteter und der Versicherungsanstalt für Eisenbahnen und Bergbau zu besorgen sind. Der Versicherungsanstalt öffentlich Bediensteter, Eisenbahnen und Bergbau obliegt die Erstellung der Rechnungsabschlüsse, der Geschäftsberichte (§ 151 Abs. 1) und der statistischen Nachweisungen (§ 151 Abs. 2) für das Jahr 2019 für die Versicherungsanstalt öffentlich Bediensteter und die Versicherungsanstalt für Eisenbahnen und Bergbau.

(3) Personen, die am 31. Dezember 2019 in einem Dienstverhältnis zur Versicherungsanstalt öffentlich Bediensteter oder zur Versicherungsanstalt für Eisenbahnen und Bergbau stehen, sind ab 1. Jänner 2020 Bedienstete der Versicherungsanstalt öffentlich Bediensteter, Eisenbahnen und Bergbau.

(BGBl I 2018/100)

Versicherungsanstalt öffentlich Bediensteter, Eisenbahnen und Bergbau – Versicherungsvertreter/innen und Konstituierung der Verwaltungskörper

§ 168b. (1) Die Versicherungsvertreter/innen der Versicherungsanstalt öffentlich Bediensteter, Eisenbahnen und Bergbau sind erstmals bis 31. März 2019 nach den Bestimmungen der §§ 132 ff. in der Fassung des Bundesgesetzes BGBl. I Nr. 100/2018 in die Hauptversammlung und die Landesstellenausschüsse zu entsenden, wobei die Entsendung mit 1. Jänner 2020 wirksam wird. Unvereinbarkeitsbestimmungen sind mit Wirksamkeit der Entsendung anzuwenden.

(2) Die Mitglieder des Überleitungsausschusses (§ 168c) sind ab 1. Jänner 2020 die Mitglieder des Verwaltungsrates der Versicherungsanstalt öffentlich Bediensteter, Eisenbahnen und Bergbau. Der/Die Vorsitzende des Überleitungsausschusses und der/die Stellvertreter/in des/der Vorsitzenden übernehmen ab 1. Jänner 2020 die Funktion des/der Obmannes/Obfrau und des/der Stellvertreters/Stellvertreterin.

(3) Die Hauptversammlung (§ 130 Z 2 in der Fassung des Bundesgesetzes BGBl. I Nr. 100/2018) und die Landesstellenausschüsse (§ 130 Z 3 in der Fassung des Bundesgesetzes BGBl. I Nr. 100/2018) sind vom Verwaltungsrat nach dessen erstmaligem Zusammentreten einzuberufen. Hinsichtlich der Angelobung der Versicherungsvertreter/innen gilt § 140 in der Fassung des Bundesgesetzes BGBl. I Nr. 100/2018.

(4) Die Amtsdauer nach § 137 beginnt für alle Verwaltungskörper mit 1. Jänner 2020.
(BGBl I 2018/100)

Überleitungsausschuss – Errichtung

§ 168c. (1) Für den Zeitraum 1. April 2019 bis 31. Dezember 2019 wird ein Überleitungsausschuss nach den für den Verwaltungsrat maßgeblichen Bestimmungen der §§ 132 ff. in der Fassung des Bundesgesetzes BGBl. I Nr. 100/2018 gebildet. Die Mitglieder des Überleitungsausschusses dürfen keinem anderen Verwaltungskörper eines Versicherungsträgers oder dem Hauptverbandes angehören. Die §§ 154 und 155 in der Fassung des Bundesgesetzes BGBl. I Nr. 100/2018 sind hinsichtlich des Überleitungsausschusses sinngemäß anzuwenden. Kommt ein gültiger Beschluss (Abs. 3) des Überleitungsausschusses nicht zustande, so kann der/die Vorsitzende, wenn wichtige Interessen der Versicherungsanstalt öffentlich Bediensteter, Eisenbahnen und Bergbau gefährdet scheinen, die Angelegenheit der Bundesministerin für Arbeit, Soziales, Gesundheit und Konsumentenschutz zur Entscheidung vorlegen. Sind finanzielle Interessen des Bundes berührt, so ist das Einvernehmen mit dem Bundesminister für Finanzen herzustellen.

(2) Im Fall der Verhinderung der im Abs. 1 genannten Versicherungsvertreter/innen kann eine Übertragung des Stimmrechtes nach § 132 Abs. 4 in der Fassung des Bundesgesetzes BGBl. I Nr. 100/2018 erfolgen. Im Übrigen finden für die Mitglieder des Überleitungsausschusses die Bestimmungen dieses Bundesgesetzes über die Versicherungsvertreter/innen in der Fassung des Bundesgesetzes BGBl. I Nr. 100/2018 sinngemäß Anwendung.

(3) Die Mitglieder des Überleitungsausschusses sind erstmals von der Bundesministerin für Arbeit, Soziales, Gesundheit und Konsumentenschutz zur konstituierenden Sitzung so einzuladen, dass der Überleitungsausschuss ab 1. April 2019 seine Aufgaben und Obliegenheiten nach § 168d wahrnehmen kann. Mit seinem ersten Zusammentreten ist der Überleitungsausschuss konstituiert. In der konstituierenden Sitzung wählen die Mitglieder des Ausschusses aus ihrer Mitte eine/n Vorsitzende/n und eine/n Stellvertreter/in; das an Lebensjahren älteste Mitglied führt hierbei den Vorsitz. Der/Die Vorsitzende hat der Gruppe der Dienstnehmer/innen anzugehören; der/die Stellvertreter/in hat der Gruppe der Dienstgeber/innen anzugehören. Der Ausschuss ist bei Anwesenheit der Hälfte der Mitglieder beschlussfähig. Er fasst seine Beschlüsse mit einfacher Mehrheit, sofern im § 141 Abs. 3 in der Fassung des Bundesgesetzblattes BGBl. I Nr. 100/2018 nichts anderes bestimmt ist. Der Ausschuss wird vom Vorsitzenden/von der Vorsitzenden, bei dessen/deren Verhinderung vom seinem/ihrem Stellvertreter/seiner/ihrer Stellvertreterin einberufen. Der Überleitungsausschuss hat sich zur zweckmäßigen Erfüllung seiner Aufgaben auf Basis der von der Bundesministerin für Arbeit, Soziales, Gesundheit und Konsumentenschutz zu erlassenden Mustergeschäftsordnung eine Geschäftsordnung zu geben.

(4) Die Organisation der Bürogeschäfte des Überleitungsausschusses obliegt bis zur Bestellung des leitenden Angestellten der Versicherungsanstalt öffentlich Bediensteter, Eisenbahnen und Bergbau (§ 168d Abs. 4) dem/der leitenden Angestellten der Versicherungsanstalt öffentlich Bediensteter, der/die von dem/der leitenden Angestellten der Versicherungsanstalt für Eisenbahnen und Bergbau zu unterstützen ist. Mit Bestellung des/der leitenden Angestellten der Versicherungsanstalt öffentlich Bediensteter, Eisenbahnen und Bergbau geht diese Aufgabe auf diese/n über, wobei er/sie von den leitenden Angestellten der Versicherungsanstalt öffentlich Bediensteter und der Versicherungsanstalt für Eisenbahnen und Bergbau zu unterstützen ist. Für die Durchführung der Bürogeschäfte des Überleitungsausschusses sowie die Vorbereitungshandlungen der Zusammenführung der Versicherungsträger ist der/die leitende Angestellte der Versicherungsanstalt öffentlich Bediensteter bzw. der/die bestellte leitende Angestellte der Versicherungsanstalt öffentlich Bediensteter, Eisenbahnen und Bergbau ausschließlich dem Überleitungsausschuss verantwortlich.

(5) Der Überleitungsausschuss kann in der Zeit bis 31. Dezember 2019 Rechte und Pflichten für die Versicherungsanstalt öffentlich Bediensteter, Eisenbahnen und Bergbau begründen. Die Versicherungsanstalt öffentlich Bediensteter hat diese Rechte und Pflichten bis 31. Dezember 2019 wahrzunehmen. Der zur Ausführung der Tätigkeit des Überleitungssauschusses erforderliche Aufwand ist anteilsmäßig im Verhältnis der Anspruchsberechtigten der Versicherungsanstalt öffentlich Bediensteter und der Versicherungsanstalt für Eisenbahnen und Bergbau zum Stichtag 1. Jänner 2018 zu tragen. Zur Ermittlung der jeweiligen Anteile ist der Aufwand beim Hauptverband in einem eigenen Rechenkreis darzustellen.

(BGBl I 2018/100)

Überleitungsausschuss – Aufgaben

§ 168d. (1) Folgende Beschlüsse aus dem Wirkungsbereich der Verwaltungskörper der Versicherungsanstalt öffentlich Bediensteter und der Versicherungsanstalt für Eisenbahnen und Bergbau sind, unbeschadet der aufsichtsbehördlichen Genehmigungsrechte (§§ 154, 155), allein durch den Überleitungsausschuss zu fassen:

1. Beschlüsse betreffend EDV und Informatik, mit welchen die Verfügungen über einen 100 000 Euro übersteigenden Betrag getroffen werden;
2. sämtliche Beschlüsse betreffend
   a. Leiter/innen des gehobenen und des höheren Dienstes sowie Angestellte des bereichsleitenden und des leitenden Dienstes nach der DO. A, soweit diese im Verwaltungsdienst tätig sind,
   b. Ärzte und Ärztinnen, die nach § 37 Z 1 und 2 DO. B eingereiht sind,
   c. Höherreihungen außerhalb der am 30. Juni 2018 gültigen Dienstpostenpläne und
   d. Personalaufnahmen im Verwaltungsbereich.

(2) Der Überleitungsausschuss kann sämtliche Beschlüsse, für deren Wirksamkeit die Zustimmung der Kontrollversammlung erforderlich ist, vor Beschlussfassung im Vorstand der Versicherungsanstalt öffentlich Bediensteter oder der Versicherungsanstalt für Eisenbahnen und Bergbau an sich ziehen und über diese Angelegenheiten selbst entscheiden. Darüber hinaus kann er auch sämtliche Entscheidungen, die in den Aufgabenbereich des Vorstandes (§ 145) der Versicherungsanstalt öffentlich Bediensteter und der Versicherungsanstalt für Eisenbahnen und Bergbau fallen und die sich auf die Zusammenführung der Versicherungsträger auswirken jederzeit an sich ziehen. Im Übrigen haben die Vorstände der zusammenzuführenden Versicherungsträger die ihnen nach diesem Bundesgesetz zukommenden Aufgaben und Obliegenheiten bis 31. Dezember 2019 zu erfüllen.

(3) Der Überleitungsausschuss hat unter sinngemäßer Anwendung des § 150 für das Jahr 2020 eine konsolidierte Gebarungsvorschaurechnung zu erstellen sowie längstens bis 31. Dezember 2019 einen Jahresvoranschlag zu beschließen.

(3a) Der Überleitungsausschuss hat die für die Zusammenführung der Versicherungsanstalten erforderlichen vorbereitenden Handlungen zu setzen.

(4) Der Überleitungsausschuss hat für die Versicherungsanstalt öffentlich Bediensteter, Eisenbahnen und Bergbau mit Wirkung ab 1. Juli 2019 den/die leitende/n Angestellte/n und dessen/deren beide ständige Stellvertreter/innen sowie den lei-

tenden Arzt/die leitende Ärztin und dessen/deren ständige/n Stellvertreter/in für jeweils 5 Jahre (§ 159) zu bestellen; hinsichtlich der Bestellung dieser Personen nach dem 31. Dezember 2019 sind die nach diesem Bundesgesetz zuständigen Verwaltungskörper berufen.

(5) Die Versicherungsanstalt öffentlich Bediensteter und die Versicherungsanstalt für Eisenbahnen und Bergbau haben dem Überleitungsausschuss auf sein Verlangen sämtliche zur Erfüllung der diesem nach diesem Bundesgesetz übertragenen Aufgaben erforderlichen Mitteilungen zu machen. Der Ausschuss kann die notwendigen Erhebungen durch eines oder mehrere seiner Mitglieder auch unmittelbar bei den einzelnen Versicherungsträgern durchführen.

(6) Der Überleitungsausschuss kann zu allen Sitzungen der Verwaltungskörper der Versicherungsanstalt öffentlich Bediensteter und der Versicherungsanstalt für Eisenbahnen und Bergbau Vertreter/innen entsenden, denen beratende Funktion zukommt. Er ist von jeder Sitzung der Verwaltungskörper ebenso in Kenntnis zu setzen wie die Mitglieder dieser Verwaltungskörper; es sind ihm auch die diesen zur Verfügung gestellten Behelfe (Sitzungsprotokolle, Tagesordnungen, Ausweise, Berichte und andere Behelfe) zu übermitteln.

(BGBl I 2018/100)

ABSCHNITT II
Schlußbestimmungen

Rechtsunwirksame Vereinbarungen

§ 169. Vereinbarungen, wonach die Anwendung der Bestimmungen dieses Bundesgesetzes zum Nachteil der Versicherten (ihrer Angehörigen) im voraus ausgeschlossen oder beschränkt wird, sind ohne rechtliche Wirkung.

Aufhebung der bisherigen Vorschriften

§ 170. Mit 1. Juli 1967 werden außer Kraft gesetzt:

1. das Bundesangestellten-Krankenversicherungsgesetz 1937, BGBl. Nr. 94/1937, in der am 31. Dezember 1955 in Geltung gestandenen Fassung;

2. das Bundesgesetz vom 5. Feber 1964, BGBl. Nr. 23, mit dem das Bundesangestellten-Krankenversicherungsgesetz 1937 ergänzt wird;

3. § 10 Abs. 2 zweiter Satz des Hochschulassistentengesetzes 1948, BGBl. Nr. 32/1949;

4. § 5 Abs. 3 und § 5h des Verfassungsgerichtshofgesetzes 1953, BGBl. Nr. 85, in der Fassung des Bundesgesetzes, BGBl. Nr. 297/1964;

5. § 38 Abs. 3 letzter Satz des Nationalbankgesetzes 1955, BGBl. Nr. 184;

6. § 8 des Bundesgesetzes vom 29. Feber 1956, BGBl. Nr. 57, über die Bezüge der Mitglieder des Nationalrates und des Bundesrates, bestimmter oberster Organe der Vollziehung und des Präsidenten des Rechnungshofes;

7. § 111 des Kriegsopferversorgungsgesetzes 1957, BGBl. Nr. 152;

8. § 18 Abs. 2 des Bundestheaterpensionsgesetzes, BGBl. Nr. 159/1958;

9. § 12 Abs. 1 zweiter Satz des Bundesgesetzes vom 22. März 1961, BGBl. Nr. 98, über Ersatzleistungen an öffentlich Bedienstete während des Karenzurlaubes aus Anlaß der Mutterschaft;

10. § 14 des Bundesgesetzes vom 15. Dezember 1961, BGBl. Nr. 16/1962, mit dem bestimmten obersten Organen der Vollziehung und des Rechnungshofes Ruhebezüge gewährt werden, und das Bundesgesetz vom 29. Feber 1956, BGBl. Nr. 57, über die Bezüge der Mitglieder des Nationalrates und des Bundesrates, bestimmter oberster Organe der Vollziehung und des Präsidenten des Rechnungshofes abgeändert und ergänzt wird.

§ 170a. Soweit in diesem Bundesgesetz auf Bestimmungen anderer Bundesgesetze verwiesen wird, sind diese, wenn nicht ausdrücklich anderes bestimmt wird, in ihrer jeweils geltenden Fassung anzuwenden.

(BGBl 1991/679)

Vollziehung

§ 171. (1) Mit der Vollziehung ist hinsichtlich der Bestimmung des § 30, soweit sie sich auf die Befreiung von den Bundesverwaltungsabgaben bezieht, die Bundesregierung, hinsichtlich der Bestimmung des § 129, soweit sie sich auf das Leistungsstreitverfahren erster und zweiter Instanz bezieht, das Bundesministerium für Justiz im Einvernehmen mit dem Bundesministerium für soziale Verwaltung, hinsichtlich aller übrigen Bestimmungen das Bundesministerium für soziale Verwaltung betraut.

(BGBl 1991/679, BGBl I 2001/131)

(2) Mit der Vollziehung der §§ 68 und 96 Abs. 4, die gemäß Art. 12 Abs. 1 Z 2 des Bundes-Verfassungsgesetzes in die Kompetenz der Länder fällt, ist die zuständige Landesregierung, mit der Wahrnehmung der Rechte des Bundes gemäß Art. 15 Abs. 8 des Bundes-Verfassungsgesetzes das Bundesministerium für soziale Verwaltung betraut.

(3) Mit der Vollziehung des § 153a in der Fassung des Bundesgesetzes BGBl. Nr. 679/1991 ist der Bundesminister für Arbeit und Soziales im Einvernehmen mit dem Bundesminister für Finanzen betraut.

(BGBl 1991/679)

(4) Mit der Vollziehung des § 159d in der Fassung des Bundesgesetzes BGBl. Nr. 474/1992 ist der Bundesminister für Finanzen im Einvernehmen mit dem Bundesminister für Umwelt, Jugend und Familie und dem Bundesminister für Arbeit und Soziales betraut.

(BGBl 1992/474)

Vollziehung in unmittelbarer Bundesverwaltung

§ 171a. Der Bundesminister für Arbeit, Soziales und Konsumentenschutz und der Bundesminister für Gesundheit besorgen die Aufgaben nach den §§ 412 und 414 ASVG in Verbindung mit § 129 dieses Bundesgesetzes sowie § 157a in unmittelbarer Bundesverwaltung.

(BGBl I 2013/87)

Wirksamkeitsbeginn

§ 172. (1) Dieses Bundesgesetz tritt, sofern im folgenden nichts anderes bestimmt wird, mit 1. Juli 1967 in Kraft.

(BGBl 1991/679)

(2) Die Bestimmungen dieses Bundesgesetzes, soweit sie die Unfallversicherung betreffen, werden für die in § 1 Abs. 1 Z 1 und 2 genannten Dienstnehmer eines Landesdes, eines Gemeindeverbandes oder einer Gemeinde beziehungsweise von diesen Körperschaften verwalteten öffentlichen Fonds, Stiftungen, Anstalten und Betrieben sowie für die Mitglieder der Landtage und der Landesregierungen nur wirksam, wenn für sie am 30. Juni 1969 keine landesgesetzliche Regelung über Unfallfürsorge besteht, die rückwirkend auf den 1. Juli 1967 Anspruch auf Leistungen bei einem Dienstunfall oder einer Berufskrankheit gewährleistet. In diesem Fall gelten die Bestimmungen dieses Bundesgesetzes über Unfallversicherung für sie rückwirkend ab 1. Juli 1967. Die Leistungen nach § 164 Abs. 1 und 2 fallen mit diesem Tag jedoch nur an, wenn der Antrag bis 30. Juni 1970 gestellt wird, sonst mit dem der Antragstellung folgenden Monatsersten.

(3) Die Bestimmungen des Vierten Teiles und des § 168 treten mit dem der Kundmachung dieses Bundesgesetzes folgenden Tag in Kraft.

(4) Die Ausführungsgesetze der Länder zu den grundsatzgesetzlichen Bestimmungen der §§ 68 und 96 Abs. 4 sind binnen sechs Monaten nach Kundmachung dieses Bundesgesetzes zu erlassen.

Schlußbestimmungen zum Bundesgesetz BGBl. Nr. 679/1991 (21. Novelle)

§ 173. (1) Es treten in Kraft:

1. mit 1. Jänner 1992 die §§ 20, 20a, 21 Abs. 2, 24a, 26a Abs. 2 und 3, 26b, 32 Abs. 3, 51 Abs. 1 bis 5, 52 Z 2, 56 Abs. 4, 60a, 63 Abs. 1, 65 Abs. 8, 65a, 65b, 66 Abs. 1 und 3, 70, 70a Abs. 1 und 2, 70b Abs. 1 bis 3, 71, 72 Abs. 1 Z 3 und 4, 74 Abs. 1, 76, 82, 83 Abs. 5, 90 Abs. 2, 94 Abs. 2, 121 Abs. 3, 128 134, 136, 142 Abs. 5 bis 7, 143, 153a, 156 Abs. 1, 170a in der Fassung des Bundesgesetzes BGBl. Nr. 679/1991;

2. rückwirkend mit 1. Juli 1991 § 2 Abs. 1 Z 2 in der Fassung des Bundesgesetzes BGBl. Nr. 679/1991.

(2) Verordnungen auf Grund des Bundesgesetzes BGBl. Nr. 679/1991 können bereits ab dem seiner Kundmachung folgenden Tag erlassen werden.

(3) § 32 Abs. 3 in der Fassung des Bundesgesetzes BGBl. Nr. 679/1991 gilt auch für Versicherungsfälle, die nach dem 30. Juni 1967 eingetreten sind. Die Rechtskraft bereits ergangener Entscheidungen steht nicht entgegen.

(4) Ist eine Person am 1. Dezember 1991 auf Grund der Folgen eines Unfalles, der erst gemäß § 90 Abs. 2 Z 2 bzw. Z 9 in der Fassung des Bundesgesetzes BGBl. Nr. 679/1991 als Dienstunfall anerkannt wird, völlig dienstunfähig, so sind ihr die Leistungen aus der Unfallversicherung zu gewähren, wenn der Versicherungsfall nach dem 30. Juni 1967 eingetreten ist und der Antrag bis 31. Dezember 1992 gestellt wird. Die Leistungen sind frühestens ab 1. Jänner 1992 zu gewähren. Wird der Antrag später gestellt, gebühren die Leistungen ab dem auf die Antragstellung folgenden Monatsersten.

(5) Im Falle des durch einen Unfall verursachten Todes des Versicherten, der erst gemäß § 90 Abs. 2 Z 2 bzw. 9 in der Fassung des Bundesgesetzes BGBl. Nr. 679/1991 als Dienstunfall anerkannt wird, sind die Leistungen der Unfallversicherung an die Hinterbliebenen zu gewähren, wenn der Versicherungsfall nach dem 30. Juni 1967 eingetreten ist und der Antrag bis 31. Dezember 1992 gestellt wird. Die Leistungen sind frühestens ab 1. Jänner 1992 zu gewähren. Wird der Antrag später gestellt, gebühren die Leistungen ab dem auf die Antragstellung folgenden Monatsersten.

(6) Leidet ein Versicherter am 1. Dezember 1991 an einer Krankheit, die erst auf Grund der Anlage 1 zum Allgemeinen Sozialversicherungsgesetz in der Fassung der 50. Novelle zum Allgemeinen Sozialversicherungsgesetz, BGBl. Nr. 676/1991, als Berufskrankheit anerkannt wird, so sind ihm die Leistungen der Unfallversicherung zu gewähren, wenn der Versicherungsfall nach dem 30. Juni 1967 eingetreten ist und der Antrag bis 31. Mai 1992 gestellt wird. Die Leistungen sind frühestens ab 1. Dezember 1991 zu gewähren. Wird der Antrag später gestellt, so gebühren die Leistungen ab dem Tag der Antragstellung.

(7) Im Falle des durch eine Krankheit verursachten Todes des Versicherten, die erst auf Grund der Anlage 1 zum Allgemeinen Sozialversicherungsgesetz in der Fassung der 50. Novelle zum Allgemeinen Sozialversicherungsgesetz, BGBl. Nr. 676/1991, als Berufskrankheit anerkannt wird, sind die Leistungen der Unfallversicherung an die Hinterbliebenen zu gewähren, wenn der Versicherungsfall nach dem 30. Juni 1967 eingetreten ist und der Antrag bis 31. Mai 1992 gestellt wird. Die Leistungen sind frühestens ab 1. Dezember 1991 zu gewähren. Wird der Antrag später gestellt, so gebühren die Leistungen ab dem Tag der Antragstellung.

(BGBl 1991/679, BGBl I 1998/142)

Schlußbestimmungen zu Art. IV des Sozialrechts-Änderungsgesetzes 1992, BGBl. Nr. 474

§ 174. (1) Die §§ 56 Abs. 3 Z 1, 105 Abs. 3 Z 1,

159d und 171 Abs. 4 treten mit 1. September 1992 in Kraft.

(2) Der Anspruch auf die Leistungen der Krankenversicherung für Personen, die am 31. August 1992 als Angehörige galten, nach den Bestimmungen des Bundesgesetzes BGBl. Nr. 474/1992 aber nicht mehr als Angehörige gelten, bleibt auch über das Ende der Angehörigeneigenschaft aufrecht, solange die Voraussetzungen für einen am 31. August 1992 bestandenen Leistungsanspruch gegeben sind.

(3) § 105 Abs. 3 Z 1 in der Fassung des Bundesgesetzes BGBl. Nr. 474/1992 ist in allen Fällen anzuwenden, in denen das Kind das 18. Lebensjahr nach dem 31. Dezember 1987 vollendet.

(4) § 105 Abs. 3 Z 1 erster Halbsatz in der vor dem 1. September 1992 geltenden Fassung, ist in allen Fällen weiter anzuwenden, in denen das Kind das 18. Lebensjahr vor dem 1. September 1992 vollendet hat und eine im § 1 des Studienförderungsgesetzes 1983, BGBl. Nr. 436, genannte Einrichtung besucht hat.

(BGBl 1992/474, BGBl I 1998/142)

Schlußbestimmungen zu Art. II des Sozialrechts-Änderungsgesetzes 1993, BGBl. Nr. 335 (22. Novelle)

§ 175. (1) § 22 Abs. 3 tritt rückwirkend mit 1. Jänner 1992 in Kraft.

(2) Die §§ 63 Abs. 1 Z 1 und 71 Abs. 2 treten mit 1. Juli 1993 in Kraft.

(BGBl 1993/335, BGBl I 1998/142)

Schlußbestimmungen zum Bundesgesetz BGBl. Nr. 23/1994 (23. Novelle)

§ 176. (1) Es treten in Kraft:

1. die §§ 28 Abs. 2, 70b Abs. 3, die Abschnitte I und II des Vierten Teiles (§§ 130 bis 139, 139a, 140c bis 147, 147a bis 149), der Abschnitt IIa des Vierten Teiles (§§ 149a bis 149g), die §§ 151 Abs. 5, 152 Abs. 1 und 3, 153, 154 Abs. 2 und 3, 155 Abs. 1, 4 und 5, 158, 159, der Abschnitt X des Vierten Teiles (§ 159e) und § 176 Abs. 2 bis 6 in der Fassung des Bundesgesetzes BGBl. Nr. 23/1994;

2. rückwirkend mit 1. Juli 1993 die §§ 19 Abs. 1 Z 4 und Abs. 5, 64 Abs. 3 und 65 Abs. 2 in der Fassung des Bundesgesetzes BGBl. Nr. 23/1994.

(2) Die Amtsdauer der am 31. Dezember 1993 bestehenden Verwaltungskörper verlängert sich bis zum Zusammentreten der Verwaltungskörper nach den am 1. Jänner 1994 geltenden Vorschriften; die alten Verwaltungskörper haben die Geschäfte nach den am 31. Dezember 1993 geltenden Bestimmungen zu führen. Die Entsendung der Versicherungsvertreter in die neuen Verwaltungskörper hat bis 31. März 1994 zu erfolgen.

(3) Obmann, Obmann-Stellvertreter sowie Vorsitzende und Vorsitzenden-Stellvertreter des Überwachungsausschusses und der Landesvorstände, die nach dem 31. Dezember 1993 weiterhin eine solche Funktion ausüben, haben weiterhin Anspruch auf Anwartschaften (Pension) nach den Bestimmungen des § 132 Abs. 5 und den darauf beruhenden Rechtsvorschriften in der am 31. Dezember 1993 in Geltung gestandenen Fassung.

(4) Den in Abs. 3 genannten Personen, deren Anwartschaften zum 31. Dezember 1993 nach den Bestimmungen des § 132 Abs. 5 und den darauf beruhenden Rechtsvorschriften in der zu diesem Zeitpunkt in Geltung gestandenen Fassung erfüllt sind, bleibt der Anspruch auf Anwartschaften (Pension) nach diesen Bestimmungen gewahrt.

(5) Die Stellvertreter der Vorsitzenden der Landesvorstände, soweit sie nicht unter Abs. 3 oder 4 fallen, haben weiterhin Anspruch auf Anwartschaften (Pension) nach den Bestimmungen des § 132 Abs. 5 und den darauf beruhenden Rechtsvorschriften in der am 31. Dezember 1993 in Geltung gestandenen Fassung, wenn sie

1. nach dem 31. Dezember 1993 weiterhin Versicherungsvertreter sind und

2. vor dem Beginn der neuen Amtsdauer mindestens während einer vollen Amtsdauer die Funktion eines Stellvertreters des Vorsitzenden eines Landesvorstandes ausgeübt haben.

Die Anwartschaft (Pension) darf das im § 132 Abs. 5 und den darauf beruhenden Rechtsvorschriften in der am 31. Dezember 1993 in Geltung gestandenen Fassung festgesetzte Mindestausmaß nicht übersteigen.

(6) Die Bestimmungen des § 132 Abs. 5 in der am 31. Dezember 1993 in Geltung gestandenen Fassung und die darauf beruhenden Rechtsvorschriften sind, soweit sie sich auf Entschädigungsleistungen an ausgeschiedene Funktionäre und deren Hinterbliebene beziehen, auf die im Abs. 3 angeführten, aber aus ihrer Funktion bis spätestens zum Ende der Amtsdauer der alten Verwaltungskörper ausgeschiedenen Personen sowie deren Hinterbliebene weiterhin anzuwenden.

(6a) Bezieher von Pensionen (Hinterbliebenenpensionen) nach § 132 Abs. 5 in der am 31. Dezember 1993 in Geltung gestandenen Fassung haben ab 1. Jänner 2004 von dieser Leistung einen Pensionssicherungsbeitrag in der Höhe von 3,3% zu leisten. Die im Abs. 3 genannten Personen haben ab 1. Jänner 2004 einen Beitrag in der Höhe von 8% der Funktionsgebühr zu zahlen; macht der Versicherungsträger (Hauptverband) von der Ermächtigung, eine Entschädigung nach § 132 Abs. 5 in der am 31. Dezember 1993 in Geltung gestandenen Fassung zu leisten, nicht Gebrauch, so sind die dafür entrichteten Beiträge auf Antrag zu erstatten.

(BGBl I 2003/71)

(BGBl 1994/23, BGBl I 1998/142)

Schlußbestimmung zu Art. 32 des Arbeitsmarktservice-Begleitgesetzes, BGBl. Nr. 314/1994

§ 177. Die §§ 99b und 159b in der Fassung des

Bundesgesetzes BGBl. Nr. 314/1994 treten mit 1. Juli 1994 in Kaft.

(BGBl 1994/314, BGBl I 1998/142)

Schlußbestimmung zu Art. XIX des Bundesgesetzes BGBl. Nr. 43/1995

§ 178. § 1 Abs. 1 Z 8 in der Fassung des Bundesgesetzes BGBl. Nr. 43/1995 tritt mit 1. Jänner 1995 in Kraft.

(BGBl 1995/43, BGBl I 1998/142)

Schlußbestimmung zu Art. XVIb des Strukturanpassungsgesetzes, BGBl. Nr. 297/1995

§ 179. § 1 Abs. 1 Z 1 in der Fassung des Bundesgesetzes BGBl. Nr. 297/1995 tritt mit 1. Mai 1995 in Kraft.

(BGBl 1995/297, BGBl I 1998/142)

Schlußbestimmung zu Art. VII des Sozialrechts-Änderungsgesetzes 1995, BGBl. Nr. 832

§ 180. Die §§ 12a, 27a und 159a in der Fassung des Bundesgesetzes BGBl. Nr. 832/1995 treten mit 1. Jänner 1996 in Kraft.

(BGBl 1995/832, BGBl I 1998/142)

Schlußbestimmungen zu Art. 38 des Strukturanpassungsgesetzes 1996, BGBl. Nr. 201

§ 181. (1) Es treten in Kraft:

1. mit 1. Juli 1996 die §§ 56 Abs. 3 Z 1, 65a Abs. 5 und 70a Abs. 3 und 4 in der Fassung des Bundesgesetzes BGBl. Nr. 201/1996;
2. mit 1. Jänner 1997 die §§ 32 Abs. 2, 41 und 45 Abs. 1 in der Fassung des Bundesgesetzes BGBl. Nr. 201/1996.

(2) Anstelle des verhältnismäßigen Teiles der Rente gemäß § 41 letzter Satz in der Fassung des Bundesgesetzes BGBl. Nr. 201/1996 gebührt Personen, die im Dezember 1996 eine Rente beziehen und bei denen der Leistungsanspruch am 31. Dezember 1996 aufrecht ist, für den Kalendermonat, in dem der Grund des Wegfalles der Rente eintritt, eine Vorschußzahlung. Die Vorschußzahlung ist in der Höhe der im Dezember 1996 ausgezahlten Rente einschließlich der Zuschüsse spätestens am 1. Jänner 1997 flüssig zu machen. Alle auf die Rente anzuwendenden Bestimmungen gelten auch für die Vorschußzahlung.

(3) Abweichend von § 32 Abs. 2 in der Fassung des Bundesgesetzes BGBl. Nr. 201/1996 fallen Hinterbliebenenrenten nach dem Tode eines Rentenempfängers, der eine Vorschußzahlung gemäß Abs. 2 bezogen hat, mit Beginn des Kalendermonats, der dem Tod des Rentenempfängers folgt, an. Für den Kalendermonat, in dem der Grund des Wegfalls der Hinterbliebenenrente eintritt, gebührt anstelle des verhältnismäßigen Teiles der Hinterbliebenenrente gemäß § 41 letzter Satz in der Fassung des Bundesgesetzes BGBl. Nr. 201/1996 eine Vorschußzahlung. Die Vorschußzahlung ist in der Höhe der erstmalig zur Auszahlung gelangenden Hinterbliebenenrente einschließlich der Zuschüsse spätestens am Ersten des Kalendermonats, der dem Tod des Rentenempfängers folgt, flüssig zu machen. Zu Vorschußzahlungen, die spätestens am 1. Mai oder am 1. Oktober flüssig zu machen sind, gebührt eine Sonderzahlung. Alle auf die Rente anzuwendenden Bestimmungen gelten auch für die Vorschußzahlung.

(BGBl 1996/764)

(4) Die §§ 65a Abs. 5 und 70a Abs. 3 in der Fassung des Bundesgesetzes BGBl. Nr. 201/1996 sind nur auf Fälle anzuwenden, in denen die Unterbringung nach dem 30. Juni beginnt.

(BGBl 1996/414, BGBl I 1998/142)

Schlußbestimmungen zum Bundesgesetz BGBl. Nr. 414/1996 (24. Novelle)

§ 182. (1) Es treten in Kraft:

1. mit 1. August 1996 die §§ 1 Abs. 1 Z 1, 6, 7 und 12, 2 Abs. 1 Z 4, 4, 5 Abs. 3, 7, 17, 19 Abs. 4 bis 7, 21 Abs. 1, 22 Abs. 4, 22a Abs. 1, 26a Abs. 2 Z 1 und Abs. 3, 26c, 43 Abs. 3, 50 Abs. 1, 55 Abs. 3, 56 Abs. 9 und 11, 59 Abs. 3, 64 Abs. 3, 83 Abs. 1 und 2, 96 Abs. 2 und 3, 108 Abs. 4, 112 Abs. 6, 119, 132 Abs. 5 Z 1, 133 Abs. 1, 136, 146 Abs. 3, 151 Abs. 4 sowie 160 Abs. 1 in der Fassung des Bundesgesetzes BGBl. Nr. 414/1996 und die Aufhebung des § 2 Abs. 1 Z 3;
2. mit 1. Jänner 1997 der § 45 Abs. 1 in der Fassung des Bundesgesetzes BGBl. Nr. 414/1996;
3. rückwirkend mit 1. Juli 1996 § 70a Abs. 4 in der Fassung des Bundesgesetzes BGBl. Nr. 414/1996;
4. rückwirkend mit 1. Mai 1996 § 181 in der Fassung des Bundesgesetzes BGBl. Nr. 414/1996;
5. rückwirkend mit 1. Mai 1995 § 19 Abs. 1 Z 1 lit. b in der Fassung des Bundesgesetzes BGBl. Nr. 414/1996;
6. rückwirkend mit 1. Jänner 1995 § 59 Abs. 4 in der Fassung des Bundesgesetzes BGBl. Nr. 414/1996.

(2) § 19 Abs. 4 in der Fassung des Bundesgesetzes BGBl. Nr. 414/1996 ist für am 31. Juli 1996 bestehende Fälle des § 7 Abs. 1 Z 1 und 3 mit der Maßgabe anzuwenden, daß die Erhöhung der Beitragsgrundlage ab Beginn des jeweiligen Karenzurlaubes vorzunehmen ist.

(3) Leidet ein Versicherter am 1. August 1996 an einer Krankheit, die erst auf Grund der Anlage 1 zum Allgemeinen Sozialversicherungsgesetz in der Fassung des Bundesgesetzes BGBl. Nr. 411/1996 als Berufskrankheit anerkannt wird, so sind ihm die Leistungen der Unfallversicherung zu gewähren, wenn der Versicherungsfall nach dem 30. Juni 1967 eingetreten ist und der Antrag bis 1. Juli 1997 gestellt wird. Die Leistungen sind frühestens ab 1. August 1996 zu gewähren. Wird der Antrag später gestellt, so gebühren die Leistungen ab dem Tag der Antragstellung.

(BGBl I 1998/142)

(4) Im Falle des durch eine Krankheit verursachten Todes des Versicherten, die erst auf Grund der Anlage 1 zum Allgemeinen Sozialversicherungsgesetz in der Fassung des Bundesgesetzes BGBl. Nr. 411/1996 als Berufskrankheit anerkannt wird, sind die Leistungen der Unfallversicherung an die Hinterbliebenen zu gewähren, wenn der Versicherungsfall nach dem 30. Juni 1967 eingetreten ist und der Antrag bis 1. Juli 1997 gestellt wird. Die Leistungen sind frühestens ab 1. August 1996 zu gewähren. Wird der Antrag später gestellt, so gebühren die Leistungen ab dem Tag der Antragstellung.

(BGBl I 1998/142)

(BGBl 1996/414, BGBl I 1998/142)

Schlußbestimmung zu Art. IV des Bundesgesetzes BGBl. Nr. 600/1996

§ 183. § 24b in der Fassung des Bundesgesetzes BGBl. Nr. 600/1996 tritt mit 1. Jänner 1997 in Kraft.

(BGBl 1996/600, BGBl I 1998/142)

Schlußbestimmungen zu Art. IV des 2. Sozialrechts-Änderungsgesetzes 1996, BGBl. Nr. 764

§ 184. (1) Es treten in Kraft:

1. mit 1. Jänner 1997 die §§ 19 Abs. 1 Z 1 lit. f, 46 Abs. 1, 3 und 4, 58 Abs. 4, 62 Abs. 6 und 181 Abs. 3 in der Fassung des Bundesgesetzes BGBl. Nr. 764/1996;
2. rückwirkend mit 1. August 1996 § 64 Abs. 3 in der Fassung des Bundesgesetzes BGBl. Nr. 764/1996;
3. rückwirkend mit 1. Mai 1996 § 7 Abs. 2 Z 2 in der Fassung des Bundesgesetzes BGBl. Nr. 764/1996.

(2) Die §§ 50 Abs. 2, 58 Abs. 3, 59 Abs. 1, 63 Abs. 4, 67, 68, 68a, 96 Abs. 4 und 125 Abs. 1 in der Fassung des Bundesgesetzes BGBl. Nr. 764/1996 treten mit 1. Jänner 1997 in Kraft.

(BGBl I 2001/5)

(3) (aufgehoben)

(BGBl I 2001/5)

(4) Die landesgesetzlichen Ausführungsbestimmungen zu den §§ 68 Abs. 1 und 2 und 96 Abs. 4 in der Fassung des Bundesgesetzes BGBl. Nr. 764/1996 sind innerhalb von sechs Monaten zu erlassen und rückwirkend mit 1. Jänner 1997 in Kraft zu setzen.

(5) Die am 31. Dezember 1996 in Kraft stehenden privatrechtlichen Verträge mit Krankenanstalten, die ab 1. Jänner 1997 landesfondsfinanziert sind, gelten ab diesem Zeitpunkt als privatrechtliche Verträge gemäß § 148 Z 10 des Allgemeinen Sozialversicherungsgesetzes in der Fassung des Bundesgesetzes BGBl. Nr. 764/1996.

(6) Für eine Anstaltspflege vor dem 1. Jänner 1997, die nach Verpflegstagen abgerechnet wird, ist § 125 Abs. 1 in der am 31. Dezember 1996 geltenden Fassung weiterhin anzuwenden.

(7) § 24a ist für Zusatzbeiträge in der Krankenversicherung (§ 20a), die für die Jahre 1997 bis 2000 geleistet werden, nicht anzuwenden.

(BGBl 1996/764, BGBl I 1998/142)

Schlußbestimmung zu Art. 23 des Bezügebegrenzungsgesetzes, BGBl. I Nr. 64/1997

§ 185. § 1 Abs. 1 Z 15 und 16, § 5 Abs. 1 Z 4, § 6 Abs. 1 Z 3, § 13 Abs. 2, § 19 Abs. 1 Z 3, § 26 Abs. 1 Z 3 und § 132 Abs. 5 Z 2 in der Fassung des Bundesgesetzes BGBl. I Nr. 64/1997 treten mit 1. August 1997 in Kraft.

(BGBl I 1997/64, BGBl I 1998/142)

Schlußbestimmung zu Art. XXVII des Bundesgesetzes BGBl. I Nr. 61/1997

§ 186. § 1 Abs. 1 Z 16 in der Fassung des Bundesgesetzes BGBl. I Nr. 61/1997 tritt mit dem Zeitpunkt in Kraft, in dem für das betreffende Land des Amtsführenden Präsidenten und des Vizepräsidenten eines Landesschulrates (des Stadtschulrates für Wien) § 32 des Übergangsgesetzes vom 1. Oktober 1920, in der Fassung BGBl. Nr. 368/1925, gemäß Art. 5 des Bezügebegrenzungsgesetzes, BGBl. I Nr. 64/1997, außer Kraft tritt.

(BGBl I 1997/61, BGBl I 1998/142)

Schlußbestimmungen zu Art. 12 des Arbeits- und Sozialrechts-Änderungsgesetzes 1997, BGBl. I Nr. 139 (25. Novelle)

§ 187. (1) § 56 Abs. 9 lit. a in der Fassung des Bundesgesetzes BGBl. I Nr. 139/1997 tritt mit 1. Jänner 1998 in Kraft.

(2) § 24b Abs. 1 in der Fassung des Bundesgesetzes BGBl. I Nr. 139/1997 tritt mit 1. Jänner 2000 in Kraft.

(BGBl I 2000/2)

(2a) § 57 in der Fassung des Bundesgesetzes BGBl. I Nr. 139/1997 tritt mit 1. Jänner 2005 in Kraft.

(BGBl I 2000/2, BGBl I 2001/102, BGBl I 2002/4)

(3) § 2 Abs. 1 Z 5 tritt mit Ablauf des 31. Dezember 1999 außer Kraft.

(4) Bezieher eines Ruhe(Versorgungs)bezuges, die am 31. Dezember 1999 gemäß § 2 Abs. 1 Z 5 von der Krankenversicherung nach diesem Bundesgesetz ausgenommen sind, bleiben ausgenommen, solange jener Sachverhalt unverändert bleibt, der für die Ausnahme von der Krankenversicherung am 31. Dezember 1999 maßgeblich war.

(BGBl I 1997/139, BGBl I 1998/142)

Schlußbestimmung zu Art. 11 des Gesetzes über die Ausbildung von Frauen im Bundesheer, BGBl. I Nr. 30/1998

§ 188. § 22a und § 26c, jeweils samt Überschrift, sowie § 55 Abs. 3 in der Fassung des Bundesgesetzes BGBl. I Nr. 30/1998 treten mit 1. Jänner 1998 in Kraft.

(BGBl I 1998/30, BGBl I 1998/142)

Schlußbestimmung zu Art. XXI des Bundesgesetzes BGBl. I Nr. 123/1998

§ 189. § 2 Abs. 1 Z 5 in der Fassung des Bundesgesetzes BGBl. I Nr. 123/1998 tritt mit 1. Juli 1998 in Kraft.

(BGBl I 1998/123)

Schlußbestimmungen zum Bundesgesetz BGBl. I Nr. 142/1998 (26. Novelle)

§ 190. (1) Es treten in Kraft:

1. mit 1. August 1998 die §§ 1 Abs. 1 Z 1, 3 und 10 lit. a, 26a Abs. 2 Z 1, 71 Abs. 2 und 3, 91 Abs. 2, 92 Abs. 1, 153 samt Überschrift und 186 sowie die Überschriften zu den §§ 173 bis 188 in der Fassung des Bundesgesetzes BGBl. I Nr. 142/1998;

2. mit 1. Jänner 1999 die §§ 19 Abs. 6, 69 Abs. 3 und 108 Abs. 1 bis 3 in der Fassung des Bundesgesetzes BGBl. I Nr. 142/1998;

3. rückwirkend mit 1. Jänner 1998 die §§ 24b Abs. 3, 56 Abs. 9 lit. a bis e und 135 Abs. 1 Z 3 in der Fassung des Bundesgesetzes BGBl. I Nr. 142/1998;

4. rückwirkend mit 21. August 1996 § 182 Abs. 3 und 4 in der Fassung des Bundesgesetzes BGBl. I Nr. 142/1998.

(2) § 24b Abs. 1 in der bis zum Ablauf des 31. Dezember 1999 geltenden Fassung ist in den Kalenderjahren 1997, 1998 und 1999 mit der Maßgabe anzuwenden, daß eine Pflichtversicherung gemäß § 1 Abs. 1 Z 7, 12 oder 14 lit. b einer Krankenversicherung auf Grund einer Erwerbstätigkeit gleichzuhalten ist.

(3) § 24b Abs. 3 in der Fassung des Bundesgesetzes BGBl. I Nr. 142/1998 ist erstmals für das Beitragsjahr 1998 anzuwenden.

(4) Leidet der (die) Versicherte am 1. August 1998 an einer Krankheit, die erst auf Grund der Anlage 1 zum ASVG in der Fassung des Bundesgesetzes BGBl. I Nr. 138/1998 als Berufskrankheit gilt, oder ist er (sie) vor dem 1. August 1998 an einer solchen Krankheit gestorben, so sind an ihn (sie) oder an seine (ihre) Hinterbliebenen die Leistungen der Unfallversicherung zu erbringen, wenn der Versicherungsfall nach dem 31. Dezember 1955 eingetreten ist; die Leistungen sind frühestens ab 1. August 1998 zu erbringen, wenn der Antrag bis zum Ablauf des 31. Juli 1999 gestellt wird; wird der Antrag nach dem 31. Juli 1999 gestellt, so gebühren die Leistungen frühestens ab dem Tag der Antragstellung.

(BGBl I 1999/15)

(5) (aufgehoben)

(BGBl I 1999/15, BGBl I 1999/174, BGBl I 2012/123)

(BGBl I 1998/142, BGBl I 1999/10)

Schlußbestimmung zu Art. IX des Vertragsbedienstetenreformgesetzes, BGBl. I Nr. 10/1999

§ 191. Die §§ 1 Abs. 1 Z 16 bis 18 sowie Abs. 2 und Abs. 3, 3 Z 3, 5 Abs. 1 Z 1 und 3, 6 Abs. 1 Z 1 und 2, 7 Abs. 2 Z 2, 13 Abs. 1 Z 1, 5 und 6, 14, 19 Abs. 1 Z 4 und 5, 26 Abs. 1 Z 3 und 4, 30a samt Überschrift, 30b samt Überschrift, 52 Z 3 lit. d, 79 Überschrift, 79 Abs. 1 und 2, 81 samt Überschrift, 84 samt Überschrift, 85 samt Überschrift, 151a samt Überschrift und 189 in der Fassung des Bundesgesetzes BGBl. I Nr. 142/1998, in der Fassung des Bundesgesetzes BGBl. I Nr. 10/1999 treten mit 1. Jänner 1999 in Kraft.

(BGBl I 1999/10, BGBl I 1999/174)

Schlußbestimmungen zu Art. XXI des Bundesgesetzes BGBl. I Nr. 106/1999

§ 192. (1) Die §§ 23 und 44 Abs. 1 Z 1 bis 3 in der Fassung des Bundesgesetzes BGBl. I Nr. 106/1999 treten mit 1. Oktober 1999 in Kraft.

(2) § 110 Abs. 1 und 2 ASVG in der am 30. September 1999 geltenden Fassung ist dann weiterhin auf zivilgerichtliche Verfahren oder auf Exekutionsverfahren (§ 10 Abs. 3 des Gerichtsgebührengesetzes in der am 31. Dezember 2001 geltenden Fassung) anzuwenden, wenn die Klage, der verfahrenseinleitende Antrag, die Rechtsmittelschrift oder der Exekutionsantrag vor dem 1. Oktober 1999 bei Gericht angebracht wurde.

(BGBl I 2001/131)

(BGBl I 1999/106)

Schlußbestimmungen zum Bundesgesetz BGBl. I Nr. 174/1999 (27. Novelle)

§ 193. (1) Es treten in Kraft:

1. mit 1. August 1999 die §§ 7 Abs. 2 Z 2, 13 Abs. 1 Z 5 und Abs. 3, 19 Abs. 1 Z 1 lit. f und g sowie Abs. 2, 26 Abs. 1 Z 1 lit. d und e, 35 Abs. 1, 53 Abs. 1 Z 2 und 3, 55 Abs. 4, 55a, 79 Abs. 1 und 3, 84 in der Fassung der Z 19, 90 Abs. 2 Z 2, 93 Abs. 1 in der Fassung der Z 23 sowie die Überschrift zu § 191 in der Fassung des Bundesgesetzes BGBl. I Nr. 174/1999;

2. mit 1. Jänner 2005 § 57 Abs. 1 und 3 in der Fassung des Bundesgesetzes BGBl. I Nr. 174/1999;

(BGBl I 2000/2, BGBl I 2001/102, BGBl I 2002/4)

3. rückwirkend mit 1. Jänner 1999 die §§ 6 Abs. 4, 22 Abs. 5 und 6, 30a samt Überschrift, 84 in der Fassung der Z 20, 85 samt Überschrift, 93 Abs. 1 in der Fassung der Z 22, Abs. 3a und 4 sowie 151a und die Überschrift zu Abschnitt VI des Ersten Teiles in der Fassung des Bundesgesetzes BGBl. I Nr. 174/1999.

(2) § 75 samt Überschrift tritt mit Ablauf des 31. Juli 1999 außer Kraft.

(BGBl I 1999/174)

B-KUVG

Schlussbestimmungen zu Art. 4 des Sozialversicherungs-Änderungsgesetzes 1999, BGBl. I Nr. 2/2000

§ 194. (1) § 19 Abs. 7 und 8 in der Fassung des Bundesgesetzes BGBl. I Nr. 2/2000 tritt mit 1. Jänner 2000 in Kraft.

(2) Bis 1. Jänner 2006 sind die im § 1 Abs. 1 bezeichneten Personen, die nach einem anderen Bundesgesetz in der Krankenversicherung pflichtversichert oder die Mitglied einer Krankenfürsorgeanstalt (§ 2) sind, in der Krankenversicherung nach diesem Bundesgesetz nur dann versichert, wenn ihre Beitragsgrundlage nach § 19 die Geringfügigkeitsgrenze nach § 5 Abs. 2 Z 2 ASVG übersteigt und das Versicherungsverhältnis nach dem 31. Dezember 1999 begründet wird.

(BGBl I 2001/102, BGBl I 2002/4, BGBl I 2004/171)

(BGBl I 2000/2)

Schlussbestimmung zu Art. 4 des Sozialversicherungs-Änderungsgesetzes 2000, BGBl. I Nr. 43

§ 195. (1) Die §§ 149a Abs. 3, 5 und 6, 149b Abs. 4, 149d Abs. 4 sowie 149g Abs. 3 und 4 in der Fassung des Bundesgesetzes BGBl. I Nr. 43/2000 treten mit 1. Juli 2000 in Kraft.

(2) Alle Versicherungsvertreter nach diesem Bundesgesetz sind bis längstens 31. Dezember 2000 neu zu bestellen; mit dem Tag der Neubestellung gilt jedes amtierende Mitglied als seines Amtes enthoben.

(BGBl I 2000/142)

(BGBl I 2000/43)

Schlussbestimmungen zu Art. 4 des Sozialrechts-Änderungsgesetzes 2000, BGBl. I Nr. 92

§ 196. (1) Es treten in Kraft:

1. mit 1. Oktober 2000 die §§ 52 Z 3 lit. c und 64 Abs. 3 in der Fassung des Bundesgesetzes BGBl. I Nr. 92/2000;

2. mit 1. Jänner 2001 die §§ 63 Abs. 4 und 63a samt Überschrift in der Fassung des Bundesgesetzes BGBl. I Nr. 92/2000;

3. mit 1. Jänner 2003 § 27 in der Fassung des Bundesgesetzes BGBl. I Nr. 92/2000.

(2) Die §§ 52 Z 3 lit. d, 79 und 81 treten mit Ablauf des 30. September 2000 außer Kraft.

(2a) Die landesgesetzlichen Ausführungsbestimmungen zu § 68 Abs. 1 Z 4a in der Fassung des Bundesgesetzes BGBl. I Nr. 92/2000 sind innerhalb von sechs Monaten nach dessen Inkrafttreten mit 1. Jänner 2001 (§ 184 Abs. 3) zu erlassen.

(3) Die §§ 79 und 81 in der am 30. September 2000 geltenden Fassung sind für Geburten weiterhin anzuwenden, die vor dem 1. Jänner 2001 erfolgen.

(BGBl I 2000/92, BGBl I 2001/33)

Schlussbestimmungen zu Art. 69 des Budgetbegleitgesetzes 2001, BGBl. I Nr. 142/2000

§ 197. (1) Die §§ 17, 20b samt Überschrift, 24a, 24b Abs. 1, 24c samt Überschrift und 104 Abs. 1 in der Fassung des Bundesgesetzes BGBl. I Nr. 142/2000 treten mit 1. Jänner 2001 in Kraft.

(2) § 195 Abs. 2 in der Fassung des Bundesgesetzes BGBl. I Nr. 142/2000 tritt rückwirkend mit 1. Juli 2000 in Kraft.

(BGBl I 2000/142)

Schlussbestimmungen zu Art. 6 des Bundesgesetzes BGBl. I Nr. 5/2001

§ 198. (1) Die §§ 68 Abs. 3 in der Fassung der Z 1b und 118a in der Fassung des Bundesgesetzes BGBl. I Nr. 5/2001 treten mit 1. Jänner 2001 in Kraft.

(1a) Die §§ 68 Abs. 3 in der Fassung der Z 1c und 68a in der Fassung des Bundesgesetzes BGBl. I Nr. 5/2001 treten mit 1. Jänner 2002 in Kraft.

(2) § 184 Abs. 2 in der Fassung des Bundesgesetzes BGBl. I Nr. 5/2001 tritt rückwirkend mit 1. Oktober 2000 in Kraft.

(3) Die §§ 24a und 184 Abs. 3 treten mit Ablauf des 31. Dezember 2000 außer Kraft.

(4) (aufgehoben)

(BGBl I 2004/179)

(5) Der Behandlungsbeitrag-Ambulanz nach § 63a ist für das Jahr 2001 erst für Behandlungsfälle ab dem 1. März 2001 einzuheben. Bis zu diesem Zeitpunkt ist § 63 Abs. 4 in der am 31. Dezember 2000 geltenden Fassung weiterhin anzuwenden.

(6) Am 31. Dezember 2000 geltende, nach § 68 Abs. 3 vertraglich festgelegte Verpflegskosten pro Tag – ausgenommen Leistungen im Sinne des § 59 Abs. 1 zweiter Satz – für Privatkrankenanstalten, die vom Vertrag zwischen Hauptverband und Wirtschaftskammer Österreich erfasst sind, sind für das Jahr 2001 um 3,3% zu erhöhen.

(BGBl I 2001/5)

Schlussbestimmungen zu Art. 4 des Bundesgesetzes BGBl. I Nr. 35/2001

§ 198a. (1) § 63 Abs. 4 in der Fassung des Bundesgesetzes BGBl. I Nr. 35/2001 tritt rückwirkend mit 1. März 2001 in Kraft.

(2) § 63a tritt rückwirkend mit Ablauf des 28. Februar 2001 außer Kraft.

(BGBl I 2001/102)

Schlussbestimmungen zu Art. 5 des Sozialversicherungs-Währungsumstellungs-Begleitgesetzes, BGBl. I Nr. 67/2001

§ 199. (1) Die §§ 22 Abs. 6, 26a Abs. 2, 51 Abs. 5, 63a Abs. 1, 64 Abs. 3, 65 Abs. 2 und 5, 65a Abs. 5, 70a Abs. 3, 93 Abs. 3, 105 Abs. 1 sowie 156 Abs. 3 in der Fassung des Bundesgesetzes BGBl. I Nr. 67/2001 treten mit 1. Jänner 2002 in Kraft.

(2) § 45 Abs. 3 tritt mit Ablauf des 31. Dezember 2001 außer Kraft.

(3) Die Überschrift des Abschnittes VIII des Vierten Teiles sowie § 159c treten mit Ablauf des 31. Dezember 2001 außer Kraft.

(4) Schillingbeträge, die am 31. Dezember 2001 zur Bemessung einer (künftigen) Geldleistung bei der Versicherungsanstalt (beim Hauptverband) gespeichert sind, sind mit Wirksamkeit vom 1. Jänner 2002 in Euro umzurechnen.

(5) Die Verordnung des Bundesministers für Arbeit und Soziales über die Durchführung der Kranken- und Unfallversicherung nach dem B-KUVG in den Zollausschlussgebieten der Gemeinden Jungholz und Mittelberg, BGBl. Nr. 496/1993, wird mit Ablauf des 31. Dezember 2001 aufgehoben.

(BGBl I 2001/67)

Schlussbestimmungen zum Bundesgesetz BGBl. I Nr. 102/2001 (28. Novelle)

§ 200. (1) Es treten in Kraft.
1. mit 1. August 2001 die §§ 1 Abs. 1 Z 13 und 17, 2 Abs. 1 Z 6, 3 Z 3 und 4, 7 Abs. 2 Z 2, 13 Abs. 2, 19 Abs. 1 Z 5, 20b Abs. 2, 26a Abs. 2 Z 4 und Abs. 3, 27, 30a in der Fassung der Z 11, 51 Abs. 3, 56 Abs. 3 Z 2 und 3 sowie Abs. 10, 59 Abs. 4, 60 samt Überschrift, 63 Abs. 1 bis 3, 69 Abs. 3 und 4, 83 Abs. 1, 108 samt Überschrift, 128, 147a Abs. 1 Z 7 und 8, 153a, 187 Abs. 2a, 193 Abs. 1 Z 2 und 194 Abs. 2 in der Fassung des Bundesgesetzes BGBl. I Nr. 102/2001;
2. mit 1. Oktober 2001, die §§ 1 Abs. 1 Z 18 und 19, 5 Abs. 1 Z 4, 6 Abs. 1 Z 3, 13 Abs. 1 Z 6 und 7, 19 Abs. 1 Z 5 und 6, 26 Abs. 1 Z 4 und 5, 30a in der Fassung der Z 10a und 84 in der Fassung des Bundesgesetzes BGBl. I Nr. 102/2001.

(2) § 151a tritt mit Ablauf des 31. Juli 2001 außer Kraft.

(3) § 108 in der Fassung des Bundesgesetzes BGBl. I Nr. 102/2001 ist nur auf Versicherungsfälle anzuwenden, die nach dem 31. Juli 2001 eintreten.

(BGBl I 2002/144)
(BGBl I 2001/102)

Schlussbestimmung zum Bundesgesetz BGBl. I Nr. 103/2001

§ 201. Die §§ 1 Abs. 1 Z 20, 3 Z 5, 5 Abs. 1 Z 5 und 6 sowie 6 Abs. 1 Z 4 und 5 in der Fassung des Bundesgesetzes BGBl. I Nr. 103/2001 treten mit 1. Jänner 2002 in Kraft.

(BGBl I 2001/103, BGBl I 2002/4)

Schlussbestimmungen zu Art. 10 des Bundesgesetzes BGBl. I Nr. 131/2001

§ 202. (1) Die §§ 171 Abs. 1 und 192 Abs. 2 in der Fassung des Bundesgesetzes BGBl. I Nr. 131/2001 treten mit 1. Jänner 2002 in Kraft.

(2) § 110 Abs. 1 ASVG in der Fassung des Bundesgesetzes BGBl. I Nr. 131/2001 in Verbindung mit § 30 dieses Bundesgesetzes ist auf alle Schriften und Amtshandlungen anzuwenden, bezüglich

deren der Anspruch auf die Gebühr nach dem 31. Dezember 2001 begründet wird.

(BGBl I 2001/131)

Schlussbestimmungen zum Bundesgesetz BGBl. I Nr. 4/2002 (29. Novelle)

§ 203. (1) Die §§ 1 Abs. 1 Z 18 bis 20 und Abs. 2, 3 Z 4 und 5, 5 Abs. 1 Z 6, 6 Abs. 1 Z 5, 19 Abs. 1 Z 1 lit. g, 20b Abs. 2, 26 Abs. 1 Z 1 lit. e, 27a, 27b, 30a, 45 Abs. 5, 56 Abs. 2, 58 Abs. 1, 66 Abs. 4, 93 Abs. 1, 3b und 4, 119, 131 Abs. 4, 150 samt Überschrift, 151 Abs. 5, 159a, 159b, 159d Abs. 1 Z 1, 187 Abs. 2a, 193 Abs. 1 Z 2, 194 Abs. 2 und 201 in der Fassung des Bundesgesetzes BGBl. I Nr. 4/2002 treten mit 1. Jänner 2002 in Kraft.

(2) Die im § 1 Abs. 1 Z 17, 21 und 22 bezeichneten Personen sind bis zum Ablauf des 31. Dezember 2005 von der Kranken- und Unfallversicherung nach diesem Bundesgesetz ausgenommen, wenn das ihnen aus einem oder mehreren Dienstverhältnissen (Funktionen) im Kalendermonat gebührende Entgelt den im § 5 Abs. 2 Z 2 ASVG genannten Betrag nicht übersteigt.

(BGBl I 2003/145, BGBl I 2004/171)

(3) Als ausdrücklich verlangte Barzahlungen im Sinne des § 45 Abs. 5 erster Satz in der Fassung des Bundesgesetzes BGBl. I Nr. 4/2002 gelten auch Barzahlungen von Leistungen, die bereits vor dem 1. Jänner 2002 im Wege der Barzahlung erbracht wurden und nach diesem Zeitpunkt weiter zu erbringen sind.

(4) Durch die Erstellung eines Psychotherapiekonzeptes nach § 597 Abs. 5 ASVG wird die Gültigkeit bereits bestehender Verträge über die Erbringung psychotherapeutischer Leistungen nicht berührt.

(BGBl I 2002/4)

Schlussbestimmung zum Bundesgesetz BGBl. I Nr. 144/2002 (30. Novelle)

§ 205. Es treten in Kraft:
1. mit 1. September 2002 die §§ 7 Abs. 3, 20b Abs. 2, 26 Abs. 4, 56 Abs. 3 Z 1, 93 Abs. 3c und Abs. 4, 132 Abs. 2, 133 Abs. 4, 152 Abs. 1 und 2 sowie 200 Abs. 3 in der Fassung des Bundesgesetzes BGBl. I Nr. 144/2002;
2. mit 1. Jänner 2004 die §§ 1 Abs. 1 Z 18 und 21 sowie Abs. 2, 5 Abs. 1 Z 1, 6 Abs. 1 Z 1, 13 Abs. 1 Z 7, 19 Abs. 1 Z 7, 26 Abs. 1 Z 4, Überschrift zu Abschnitt VI im Ersten Teil, 30a Einleitung, Überschrift zum 3. Unterabschnitt im Abschnitt II des Zweiten Teils, 84, 93 Abs. 3a in der Fassung des Bundesgesetzes BGBl. I Nr. 144/2002.

(BGBl I 2002/144)

Schlussbestimmung zu Art. X des Bundesgesetzes BGBl. I Nr. 169/2002

§ 206. Die §§ 63 Abs. 1 und 128 in der Fassung des Bundesgesetzes BGBl. I Nr. 169/2002 treten mit 1. März 2003, jedoch nicht vor dem vierten der Kundmachung des Bundesgesetzes BGBl. I Nr. 169/2002 folgenden Monatsersten, in Kraft.

(BGBl I 2002/169)

Schlussbestimmungen zu Art. 76 Teil 1 des Budgetbegleitgesetzes 2003, BGBl. I Nr. 71

§ 206a. (1) Die §§ 20 Abs. 1 und 2, 20c samt Überschrift, 22 Abs. 1, 27a letzter Satz, 44 Abs. 2 sowie 153 Abs. 1a, 2a und 3 in der Fassung des Bundesgesetzes BGBl. I Nr. 71/2003 treten mit 1. Jänner 2004 in Kraft.

(2) § 24c tritt rückwirkend mit Ablauf des 31. März 2003 außer Kraft.

(3) Abweichend von § 20 Abs. 2 beträgt der Prozentsatz im Jahre 2004 0,3%.

(BGBl I 2003/71, BGBl I 2003/145)

Schlussbestimmung zu Art. 76 Teil 2 des Budgetbegleitgesetzes 2003, BGBl. I Nr. 71

§ 207. Die §§ 27a, 132 Abs. 5 Z 2 und 3, 151 Abs. 3, 152 Abs. 3, 153 Abs. 1, 153a, 154 Abs. 1 und 3, 157, 158 sowie 159 in der Fassung des Bundesgesetzes BGBl. I Nr. 71/2003 treten rückwirkend mit 1. Mai 2003 in Kraft.

(BGBl I 2003/71)

Schlussbestimmung zu Art. 4 Teil 1 des Bundesgesetzes BGBl. I Nr. 145/2003 (31. Novelle)

§ 208. Es treten in Kraft:

1. mit 1. Jänner 2004 § 1 Abs. 1 Z 10 lit. b, Z 18, Z 21 und Z 22 und Abs. 2 sowie die §§ 2 Abs. 1 Z 2, 5 Abs. 1 Z 1, 6 Abs. 1 Z 1, 13 Abs. 1 Z 2, 14, 19 Abs. 1 Z 7, 26 Abs. 1 Z 4, Überschrift zu Abschnitt VI des Ersten Teiles, §§ 30a, Überschrift zum dritten Unterabschnitt des Abschnittes II des Zweiten Teiles, die §§ 64 Abs. 3, 84, 93 Abs. 3a und 203 Abs. 2 in der Fassung des Bundesgesetzes BGBl. I Nr. 145/2003;

2. rückwirkend mit 21. August 2003 § 206a in der Fassung des Bundesgesetzes BGBl. I Nr. 145/2003;

3. rückwirkend mit 31. Mai 2003 § 27a in der Fassung des Bundesgesetzes BGBl. I Nr. 145/2003.

(BGBl I 2003/145)

Schlussbestimmungen zu Art. 4 Teil 2 des Bundesgesetzes BGBl. I Nr. 145/2003 (31. Novelle)

§ 209. (1) Die §§ 32 Abs. 3, 44 Abs. 2, 121 Abs. 1 und 159 in der Fassung des Bundesgesetzes BGBl. I Nr. 145/2003 treten mit 1. Jänner 2004 in Kraft.

(2) § 159 in der Fassung des Bundesgesetzes BGBl. I Nr. 145/2003 in Verbindung mit § 460 Abs. 3a ASVG in der Fassung des Bundesgesetzes BGBl. I Nr. 145/2003 gilt nur für Bestellungen, die nach dem 31. Dezember 2003 erfolgen.

(3) § 159 in der Fassung des Bundesgesetzes BGBl. I Nr. 145/2003 in Verbindung mit § 460 Abs. 4a ASVG in der Fassung des Bundesgesetzes BGBl. I Nr. 145/2003 gilt nur für Bestellungen, die nach dem 31. Dezember 2003 erfolgen; eine solche Neubestellung darf erst dann vorgenommen werden, wenn die bereits vor dem 1. Jänner 2004 bestellten ständigen StellvertreterInnen des (der) leitenden Angestellten und des leitenden Arztes (der leitenden Ärztin) aus ihrer Funktion ausgeschieden sind.

(BGBl I 2003/145)

Schlussbestimmungen zu Art. 4 des Bundesgesetzes BGBl. I Nr. 171/2004 (32. Novelle)

§ 210. (1) Es treten in Kraft:

1. mit 1. Jänner 2005 die §§ 1 Abs. 1 Z 17 lit. b sublit. cc, 2 Abs. 1 erster Satz und Abs. 2, 19 Abs. 1 Z 3, 26 Abs. 1 Z 3, 57 samt Überschrift, 86 samt Überschrift, 194 Abs. 2 und 203 Abs. 2 in der Fassung des Bundesgesetzes BGBl. I Nr. 171/2004;

2. mit 1. Jänner 2008 § 60a in der Fassung des Bundesgesetzes BGBl. I Nr. 171/2004;

3. rückwirkend mit 1. Oktober 2004 § 2 Abs. 1 Z 2 in der Fassung des Bundesgesetzes BGBl. I Nr. 171/2004.

(2) Die §§ 63 Abs. 3 und 69 Abs. 4 treten mit Ablauf des 31. Dezember 2005 außer Kraft.

(BGBl I 2004/171)

Schlussbestimmungen zu Art. 6 des Bundesgesetzes BGBl. I Nr. 156/2004

§ 211. (1) § 65 Abs. 2a, 4 und 9 in der Fassung des Bundesgesetzes BGBl. I Nr. 156/2004 tritt mit 1. Jänner 2005 in Kraft.

(2) Die §§ 20 Abs. 1 sowie 22 Abs. 1 in der Fassung des Bundesgesetzes BGBl. I Nr. 156/2004 treten mit 1. Jänner 2005 in Kraft.

(BGBl I 2007/101)

(3) § 64 Abs. 3 vierter und fünfter Satz tritt mit Ablauf des 31. Dezember 2004 außer Kraft.

(4) Im Jahr 2005 beträgt für Versicherte nach § 1 Abs. 1 Z 7, 12 und 14 lit. b

1. abweichend von § 20 Abs. 1 der Prozentsatz 6,65, wobei abweichend von § 22 auf den Versicherten/die Versicherte 3,7 % und auf den Dienstgeber/die Dienstgeberin 2,95 % entfallen, und

2. abweichend von § 20 Abs. 2 der Prozentsatz 0,3,

wenn die Versicherungspflicht nach § 1 Abs. 1 Z 7, 12 oder 14 lit. b im Jahr 2004 eingetreten ist und nach §§ 41 Abs. 2 oder 41a Pensionsgesetz 1965 oder inhaltlich entsprechenden Rechtsvorschriften keine Anpassung und dadurch auch keine Erhöhung der Beitragsgrundlage erfolgt ist.

(BGBl I 2004/156)

Schlussbestimmungen zu Art. 5 des Bundesgesetzes BGBl. I Nr. 179/2004

§ 212. (1) Die §§ 63 Abs. 4, 68 Abs. 1, 96 Abs. 4 und 118a in der Fassung des Bundesgesetzes BGBl. I Nr. 5/2001 treten mit 1. Jänner 2005 in Kraft.

(2) § 198 Abs. 4 tritt mit Ablauf des 31. Dezember 2004 außer Kraft.

(3) (aufgehoben)

(BGBl I 2007/101)

(4) Die landesgesetzlichen Ausführungsbestimmungen zu § 96 in der Fassung des Bundesgesetzes BGBl. I Nr. 179/2004 sind innerhalb von sechs Monaten zu erlassen und rückwirkend mit 1. Jänner 2004 in Kraft zu setzen.

(BGBl I 2004/179)

Schlussbestimmungen zu Art. 4 des Bundesgesetzes BGBl. I Nr. 71/2005 (33. Novelle)

§ 213. (1) Es treten in Kraft:

1. mit 1. Juli 2005 der § 1 Abs. 1 Z 17 lit. b sublit. cc sowie die §§ 2 Abs. 2 zweiter Satz und 6 Abs. 1 Z 5 in der Fassung des Bundesgesetzes BGBl. I Nr. 71/2005;
2. mit 1. Jänner 2006 die § 2 Abs. 1 Z 5, § 5 Abs. 3, § 6 Abs. 5 sowie die §§ 7a samt Überschrift, 8 Abs. 4 und 5, 17 Abs. 3, 19 Abs. 6 bis 8, 19a samt Überschrift, 20 Abs. 3, 20d samt Überschrift, 23 Abs. 1 und 2, 30a, die Überschrift des 3. Unterabschnittes zu Abschnitt II des zweiten Teiles sowie § 84 Abs. 1 und 2 in der Fassung des Bundesgesetzes BGBl. I Nr. 71/2005.

(2) § 22 Abs. 5 tritt mit Ablauf des 31. Dezember 2005 außer Kraft.

(BGBl I 2005/71)

Schlussbestimmung zu Art. 5 des Bundesgesetzes BGBl. I Nr. 132/2005

§ 214. Die §§ 2 Abs. 1 Z 2 sowie 24b Abs. 1 und 4 in der Fassung des Bundesgesetzes BGBl. I Nr. 132/2005 treten mit 1. Jänner 2006 in Kraft.

(BGBl I 2005/132)

Schlussbestimmung zu Art. 9 des Bundesgesetzes BGBl. I Nr. 155/2005

§ 215. Die §§ 60 samt Überschrift, 69 Abs. 3 und 4 sowie 128 in der Fassung des Bundesgesetzes BGBl. I Nr. 155/2005 treten mit 1. Jänner 2006 in Kraft.

(BGBl I 2005/155, BGBl I 2006/131)

Schlussbestimmungen zu Art. 4 des Bundesgesetzes BGBl. I Nr. 131/2006

§ 216. (1) Es treten in Kraft:

1. mit 1. Juli 2006 § 133 Abs. 1 in der Fassung des Bundesgesetzes BGBl. I Nr. 131/2006;
2. mit 1. August 2006 die §§ 20b Abs. 3 Z 2 und 56 Abs. 6a in der Fassung des Bundesgesetzes BGBl. I Nr. 131/2006.

(2)–(3) (aufgehoben)

(BGBl I 2007/32)

(BGBl I 2006/131)

Schlussbestimmungen zum Bundesgesetz BGBl. I Nr. 32/2007

§ 217. (1) §§ 7a Abs. 1, 56 Abs. 6 und 6a treten mit 1. Juli 2007 in der Fassung des Bundesgesetzes BGBl. I Nr. 32/2007 in Kraft.

(2) § 216 Abs. 2 und 3 treten rückwirkend mit Ablauf des 27. Juli 2006 außer Kraft.

(3) Mit dem (der) Versicherten nicht verwandte, andersgeschlechtliche Personen, die nach § 56 Abs. 6 in der am 30. Juni 2007 geltenden Fassung als Angehörige anspruchsberechtigt sind und zu diesem Zeitpunkt bereits das 27. Lebensjahr vollendet haben, bleiben weiterhin als Angehörige anspruchsberechtigt, so lange sich der maßgebliche Sachverhalt nicht ändert.

(4) Mit dem (der) Versicherten nicht verwandte, andersgeschlechtliche Personen, die nach § 56 Abs. 6 in der am 30. Juni 2007 geltenden Fassung als Angehörige anspruchsberechtigt sind und zu diesem Zeitpunkt das 27. Lebensjahr noch nicht vollendet haben, bleiben weiterhin als Angehörige anspruchsberechtigt, so lange sich der maßgebliche Sachverhalt nicht ändert, längstens jedoch bis zum Ablauf des 31. Dezember 2010.

(BGBl I 2007/32)

Schlussbestimmungen zu Art. 7 des Bundesgesetzes BGBl. I Nr. 101/2007 (34. Novelle)

§ 218. (1) Es treten in Kraft:

1. mit 1. Jänner 2008 die §§ 20 Abs. 1 in der Fassung der Z 1, 22 Abs. 1 in der Fassung der Z 4 und Abs. 6, 55 Abs. 1a, 58 Abs. 1, 64 Abs. 6, 70, die Überschrift zum 3. Unterabschnitt des Abschnittes II im Zweiten Teil, §§ 84 Abs. 3 sowie 211 Abs. 2 in der Fassung des Bundesgesetzes BGBl. I Nr. 101/2007;
2. mit dem nach § 675 Abs. 3 ASVG durch Verordnung des Bundesministers für Gesundheit festgestellten Zeitpunkt die §§ 20 Abs. 1 in der Fassung der Z 2 und 22 Abs. 1 in der Fassung der Z 5 in der Fassung des Bundesgesetzes BGBl. I Nr. 101/2007.

(BGBl I 2013/81)

3. rückwirkend mit 1. Jänner 2006 § 21 Abs. 2 in der Fassung des Bundesgesetzes BGBl. I Nr. 101/2007.

(2) Die §§ 22 Abs. 3, 151 Abs. 4 sowie 212 Abs. 3 treten mit Ablauf des 31. Dezember 2007 außer Kraft.

(BGBl I 2007/101)

§ 219. Die Anpassung der Bemessungsgrundlage für das Jahr 2009 ist rückwirkend mit 1. November 2008 vorzunehmen.

(BGBl I 2008/130)

Schlussbestimmung zu Art. 5 des Bundesgesetzes BGBl. I Nr. 83/2009 (35. Novelle)

§ 220. Es treten in Kraft:

1. mit 1. August 2009 § 145 Abs. 2 in der Fassung des Bundesgesetzes BGBl. I Nr. 83/2009;

B-KUVG

2. rückwirkend mit 1. Oktober 2008 die §§ 1 Abs. 1 Z 18, 22 und 23 sowie Abs. 2 Z 2, 5 Abs. 1 Z 4, 6 Abs. 1 Z 3, 13 Abs. 2 Z 3 und 4, 19 Abs. 1 Z 7 und 8, 26 Abs. 1 Z 5 und 6, 30a, 84 Abs. 1 sowie die Überschriften zu Abschnitt VI des Ersten Teiles und zum 3. Unterabschnitt des Abschnittes II des Zweiten Teiles in der Fassung des Bundesgesetzes BGBl. I Nr. 83/2009.

(BGBl I 2009/83)

Schlussbestimmungen zu Art. 4 des Bundesgesetzes BGBl. I Nr. 84/2009 (36. Novelle)

§ 221. (1) Die §§ 12 Abs. 3 und 4, 15a samt Überschrift, 20b Abs. 3 Z 1 und 3, 53 Abs. 1, 53a samt Überschrift, 55 Abs. 1a, 56 Abs. 6a, 6b und 10, 69 Abs. 3 sowie 133 Abs. 1 in der Fassung des Bundesgesetzes BGBl. I Nr. 84/2009 treten mit 1. August 2009 in Kraft.

(2) Die §§ 20b Abs. 3 Z 4 und 53 Abs. 2 treten mit Ablauf des 31. Juli 2009 außer Kraft.

(3) Der Ausschluss nach § 56 Abs. 10 aufgrund eines Pensionsbezuges gilt nicht für Personen, die am 31. Juli 2009 als Angehörige anspruchsberechtigt sind, solange sich der maßgebliche Sachverhalt nicht ändert.

(BGBl I 2009/84)

Schlussbestimmung zu Art. 25 des Bundesgesetzes BGBl. I Nr. 135/2009

§ 222. Die §§ 41, 45 Abs. 4, 50 Abs. 1, 56 Abs. 2 Z 1, 56 Abs. 6 sowie 6a, 6b und 7, 111 Abs. 4, 114 und 114a samt Überschrift in der Fassung des Bundesgesetzes BGBl. I Nr. 135/2009 treten mit 1. Jänner 2010 in Kraft.

(BGBl I 2009/135)

Schlussbestimmungen zu Art. 4 des Bundesgesetzes BGBl. I Nr. 147/2009

§ 223. (1) Die §§ 68 Abs. 2, 152 Abs. 1 und 4 sowie 155 Abs. 1 in der Fassung des Bundesgesetzes BGBl. I Nr. 147/2009 treten mit 1. Jänner 2010 in Kraft.

(2) § 53a Abs. 1 in der Fassung des Bundesgesetzes BGBl. I Nr. 147/2009 tritt rückwirkend mit 1. August 2009 in Kraft.

(BGBl I 2009/147)

Schlussbestimmung zu Art. 7 des Bundesgesetzes BGBl. I Nr. 61/2010

§ 224. Es treten in Kraft:

1. mit 1. September 2010 der § 53 Z 3 in der Fassung des Bundesgesetzes BGBl. I Nr. 61/2010;

2. rückwirkend mit 1. Jänner 2010 § 114a in der Fassung des Bundesgesetzes BGBl. I Nr. 61/2010;

3. rückwirkend mit 1. Jänner 2003 die §§ 19 Abs. 1 Z 1 lit. d und Z 2, 26 Abs. 1 lit. c und 93 Abs. 1 in der Fassung des Bundesgesetzes BGBl. I Nr. 61/2010;

4. rückwirkend mit 20. April 2002 die §§ 62 Abs. 5, 66 Abs. 4 und 159a in der Fassung des Bundesgesetzes BGBl. I Nr. 61/2010.

(BGBl I 2010/61)

Schlussbestimmungen zu Art. II des Bundesgesetzes BGBl. I Nr. 61/2009

§ 225.[a] (1) § 24 in der Fassung des Bundesgesetzes BGBl. I Nr. 61/2009 tritt mit 14. Juli 2009 in Kraft.

(2) Für Mitglieder des Europäischen Parlaments im Sinne des § 23 des Bundesbezügegesetzes, BGBl. I Nr. 64/1997, gilt § 24 in der bis zum Ablauf des 13. Juli 2009 geltenden Fassung.

(BGBl I 2009/61, BGBl I 2010/102)

[a] Text folgt sinngemäßer Ausführung der Anweisung des Gesetzgebers.

Schlussbestimmung zu Art. 7 des Bundesgesetzes BGBl. I Nr. 64/2010

§ 226. § 35 Abs. 2a in der Fassung des Bundesgesetzes BGBl. I Nr. 64/2010 tritt mit 1. September 2010 in Kraft.

(BGBl I 2010/64)

Schlussbestimmungen zu Art. 4 des Bundesgesetzes BGBl. I Nr. 102/2010

§ 227. (1) § 23 Abs. 3 in der Fassung des Bundesgesetzes BGBl. I Nr. 102/2010 tritt mit 1. Juli 2011 in Kraft.

(2) Der Bundesminister für Arbeit, Soziales und Konsumentenschutz hat im Einvernehmen mit dem Bundesminister für Gesundheit durch Verordnung[a] festzustellen, ab wann die technischen Mittel für den Einbehalt bzw. die Einhebung von Beiträgen für ausländische Renten (§ 22b) zur Verfügung stehen. Zielsetzung dabei ist, dass Krankenversicherungsbeiträge im Sinne des § 22b ehestmöglich, tunlichst jedoch erstmals für ausländische Renten, die ab Juli 2011 ausgezahlt werden, einzubehalten bzw. einzuheben sind.

[a] siehe VO BGBl II 2011/295

(BGBl I 2010/102)

Schlussbestimmungen zu Art. 119 des Bundesgesetzes BGBl. I Nr. 111/2010 (37. Novelle)

§ 228. (1) Die §§ 7 Abs. 2 Z 2 und Abs. 3, 19 Abs. 4, 22a Abs. 1 und 3, 26c, 55 Abs. 3, 65a Abs. 5, 70a Abs. 3 und 133 Abs. 1 in der Fassung des Bundesgesetzes BGBl. I Nr. 111/2010 treten mit 1. Jänner 2011 in Kraft.

(2) Für Entsendungen ab 1. Jänner 2011 bis 30. Juni 2011 ist § 133 Abs. 1 in der Fassung des Bundesgesetzes BGBl. I Nr. 84/2009 anzuwenden.

(BGBl I 2010/111)

Schlussbestimmung zu Art. 5 des Bundesgesetzes BGBl. I Nr. 122/2011 (38. Novelle)

§ 229. Die §§ 22b Abs. 1, 27a, 121 Abs. 4 und 152

Abs. 1 in der Fassung des Bundesgesetzes BGBl. I Nr. 122/2011 treten mit 1. Jänner 2012 in Kraft.

(BGBl I 2011/122)

Schlussbestimmungen zu Art. 52 des 2. Stabilitätsgesetzes 2012, BGBl. I Nr. 35

§ 230. Es treten in Kraft:

1. mit 1. Mai 2012 § 63 Abs. 4 erster und zweiter Satz in der Fassung des Bundesgesetzes BGBl. I Nr. 35/2012;

2. (aufgehoben)

   (BGBl I 2014/32)

3. (aufgehoben)

   (BGBl I 2014/32)

4. rückwirkend mit 1. Jänner 2012 § 20 Abs. 1 in der Fassung des Art. 52 Z 1 und § 22 Abs. 1 in der Fassung des Art. 52 Z 3 des Bundesgesetzes BGBl. I Nr. 35/2012.

(BGBl I 2012/35)

Schlussbestimmungen zu Art. 8 des Bundesgesetzes BGBl. I Nr. 3/2013 (39. Novelle)

§ 231. (1) Die §§ 84 Abs. 1, 118b samt Überschrift und 119a samt Überschrift in der Fassung des Bundesgesetzes BGBl. I Nr. 3/2013 treten mit 1. Jänner 2014 in Kraft.

(2) Die Versicherungsanstalt hat die Aufwendungen, die in ihrem Bereich durch die Einführung des Rehabilitationsgeldes nach § 143a ASVG bis zum 31. Dezember 2015 entstanden sind, gemeinsam mit der Pensionsversicherungsanstalt bis zum 31. März 2016 zu evaluieren. Der Evaluierungsbericht ist dem Bundesministerium für Arbeit, Soziales und Konsumentenschutz und dem Bundesministerium für Gesundheit vorzulegen.

(BGBl I 2013/3)

Schlussbestimmungen zu Art. 4 des Bundesgesetzes BGBl. I Nr. 123/2012 (40. Novelle)

§ 232. (1) Es treten in Kraft:

1. mit 1. Jänner 2013 die §§ 56 Abs. 9 und 10, 69 Abs. 3 und 3a sowie 90 Abs. 2 Z 9 in der Fassung des Bundesgesetzes BGBl. I Nr. 123/2012;

2. rückwirkend mit 1. September 2012 § 2 Abs. 1 Z 2 in der Fassung des Bundesgesetzes BGBl. I Nr. 123/2012.

3. rückwirkend mit 1. Juni 2012 § 105 Abs. 3 in der Fassung des Bundesgesetzes BGBl. I Nr. 123/2012.

4. rückwirkend mit 1. Jänner 2012 § 19 Abs. 1 Z 1 lit. b in der Fassung des Bundesgesetzes BGBl. I Nr. 123/2012;

(2) § 190 Abs. 5 tritt mit Ablauf des 30. Juni 2013 außer Kraft.

(3) Leidet der (die) Versicherte am 1. Jänner 2013 an einer Krankheit, die erst auf Grund des Bundesgesetzes BGBl. I Nr. 123/2012 als Berufskrankheit gilt, oder ist er (sie) vor dem 1. Jänner 2013 an einer solchen Krankheit gestorben, so sind an ihn (sie)

oder an seine (ihre) Hinterbliebenen die Leistungen der Unfallversicherung zu erbringen, wenn der Versicherungsfall nach dem 31. Dezember 1955 eingetreten ist; die Leistungen sind frühestens ab 1. Jänner 2013 zu erbringen, wenn der Antrag bis zum Ablauf des 31. Dezember 2014 gestellt wird; wird der Antrag nach dem 31. Dezember 2014 gestellt, so gebühren die Leistungen frühestens ab dem Tag der Antragstellung.

(BGBl I 2012/123)

Schlussbestimmung zu Art. 4 des Bundesgesetzes BGBl. I Nr. 87/2013

§ 233. Die §§ 157a samt Überschrift und 171a samt Überschrift in der Fassung des Bundesgesetzes BGBl. I Nr. 87/2013 treten mit 1. Jänner 2014 in Kraft.

(BGBl I 2013/87)

Schlussbestimmung zu Art. 4 des Bundesgesetzes BGBl. I Nr. 130/2013

§ 234. § 128 Z 2 in der Fassung des Bundesgesetzes BGBl. I Nr. 130/2013 tritt mit 1. Jänner 2014 in Kraft.

(BGBl I 2013/130)

Schlussbestimmung zu Art. 6 des Bundesgesetzes BGBl. I Nr. 81/2013

§ 235. Die §§ 51 Abs. 1 Z 1 und 5, die Überschrift zu 65b, 65b Abs. 1, 72 Abs. 1 Z 3, 147a Abs. 1 Z 8 und 9 sowie 218 Abs. 1 Z 2 in der Fassung des Bundesgesetzes BGBl. I Nr. 81/2013 treten rückwirkend mit 1. Jänner 2013 in Kraft.

(BGBl I 2013/81)

B-KUVG

Schlussbestimmung zu Art. 5 des Bundesgesetzes BGBl. I Nr. 86/2013 (41. Novelle)

§ 236. (1) Es treten in Kraft:

1. mit 1. Juli 2013 § 1 Abs. 1 Z 18 in der Fassung des Bundesgesetzes BGBl. I Nr. 86/2013;

2. rückwirkend mit 1. Februar 2013 die §§ 56 Abs. 2 Z 2 sowie 105 Abs. 2 Z 1 und zweiter Satz in der Fassung des Bundesgesetzes BGBl. I Nr. 86/2013;

3. rückwirkend mit 1. Jänner 2013 § 149b Abs. 4 in der Fassung des Bundesgesetzes BGBl. I Nr. 86/2013.

(2) Die §§ 56 Abs. 2 Z 3 und 4 sowie 105 Abs. 2 Z 2 und 3 treten rückwirkend mit Ablauf des 31. Jänner 2013 außer Kraft.

(BGBl I 2013/86)

Schlussbestimmung zu Art. 4 des Bundesgesetzes BGBl. I Nr. 139/2013

§ 237. (1) Es treten in Kraft:

1. mit 1. August 2013 die §§ 56 Abs. 2a, 113 Abs. 7 sublit. bb und 114a in der Fassung des Bundesgesetzes BGBl. I Nr. 139/2013;

2. mit 1. Jänner 2014 § 129 in der Fassung des Bundesgesetzes BGBl. I Nr. 139/2013.

(2) § 114 Abs. 2 tritt mit Ablauf des 31. Juli 2013 außer Kraft.

(BGBl I 2013/139)

Schlussbestimmung zu Art. 4 des Bundesgesetzes BGBl. I Nr. 28/2014

§ 238. § 69a Abs. 1 in der Fassung des Bundesgesetzes BGBl. I Nr. 28/2014 tritt mit 1. Juli 2015 in Kraft.

(BGBl I 2014/28, BGBl I 2015/2)

Schlussbestimmungen zu Art. 6 des Bundesgesetzes BGBl. I Nr. 32/2014

§ 239. (1) Es treten in Kraft:

1. rückwirkend mit 1. Jänner 2014 die §§ 20 Abs. 1 in der Fassung der Z 1 und 22 Abs. 1 in der Fassung der Z 4 in der Fassung des Bundesgesetzes BGBl. I Nr. 32/2014;

2. mit 1. Jänner 2017 die §§ 20 Abs. 1 in der Fassung der Z 2 und 22 Abs. 1 in der Fassung der Z 5 in der Fassung des Bundesgesetzes BGBl. I Nr. 32/2014 und mit dem nach § 675 Abs. 3 ASVG durch Verordnung des Bundesministers für Gesundheit festgestellten Zeitpunkt außer Kraft.

(2) Die §§ 20 Abs. 1 in der Fassung der Z 3, 22 Abs. 1 in der Fassung der Z 6 und 230 Z 2 und 3 treten rückwirkend mit Ablauf des 31. Dezember 2013 außer Kraft.

(BGBl I 2014/32)

Schlussbestimmung zu Art. 5 des Bundesgesetzes BGBl. I Nr. 2/2015

§ 240. Es treten in der Fassung des Bundesgesetzes BGBl. I Nr. 2/2015 in Kraft:

1. mit 1. Jänner 2015 § 35 Abs. 1;

2. rückwirkend mit 25. April 2014 § 239;

3. rückwirkend mit 1. Jänner 2014 § 85 samt Überschrift.

(BGBl I 2015/2)

Schlussbestimmung zu Art. 4 des Bundesgesetzes BGBl. I Nr. 79/2015

§ 241. (1) Die §§ 12 samt Überschrift und 15a Abs. 1 in der Fassung des Bundesgesetzes BGBl. I Nr. 79/2015 treten mit 1. Jänner 2018 in Kraft.

(2) Die §§ 2 Abs. 1 Z 5, 8 Abs. 4 und 19 Abs. 8 in der Fassung des Bundesgesetzes BGBl. I Nr. 79/2015 treten gleichzeitig mit den in § 689 Abs. 1a ASVG genannten Bestimmungen in Kraft.

(BGBl I 2015/79, BGBl I 2015/162)

Schlussbestimmung zu Art. 17 des Bundesgesetzes BGBl. I Nr. 118/2015

§ 242. (1) Es treten in der Fassung des Bundesgesetzes BGBl. I Nr. 118/2015 in Kraft:

1. mit 1. Jänner 2016 die §§ 20 Abs. 3, 20d Abs. 1, 21 Abs. 2 sowie 22b Abs. 1 erster Satz;

2. mit 1. Jänner 2016 die §§ 20 Abs. 1 in der Fassung der Z 1 sowie 22 Abs. 1 in der Fassung

der Z 8 und mit Ablauf des 31. Dezember 2016 außer Kraft;

3. mit 1. Jänner 2017 die §§ 20 Abs. 1 in der Fassung der Z 2 sowie 22 Abs. 1 in der Fassung der Z 9;

4. mit dem nach § 675 Abs. 3 ASVG durch Verordnung der Bundesministerin für Gesundheit festgestellten Zeitpunkt, jedoch jedenfalls nicht vor 1. Jänner 2016, die §§ 20 Abs. 1 in der Fassung der Z 3 sowie 22 Abs. 1 in der Fassung der Z 10.

(2) Die §§ 20a und 20c samt Überschriften treten mit Ablauf des 31. Dezember 2015 außer Kraft.

(BGBl I 2015/118)

Schlussbestimmungen zu Art. 5 des Bundesgesetzes BGBl. I Nr. 113/2015

§ 243. (1) § 68 Abs. 2 in der Fassung des Bundesgesetzes BGBl. I Nr. 113/2015 tritt mit 1. Jänner 2016 in Kraft.

(2) Die Landesgesetzgebung hat die Ausführungsbestimmungen zu § 68 Abs. 2 innerhalb von sechs Monaten zu erlassen.

(BGBl I 2015/113)

Schlussbestimmungen zu Art. 13 des Bundesgesetzes BGBl. I Nr. 144/2015

§ 244. § 117 samt Überschrift tritt mit Ablauf des 31. Dezember 2015 außer Kraft. Die Ersatzleistung nach § 117 für das Kalenderjahr 2015 ist nicht zu entrichten.

(BGBl I 2015/144)

Schlussbestimmungen zu Art. 4 Teil 1 des Bundesgesetzes BGBl. I Nr. 162/2015 (42. Novelle)

§ 245. (1) Die §§ 7 Abs. 2 Z 2, 152 samt Überschrift und 241 in der Fassung des Bundesgesetzes BGBl. I Nr. 162/2015 treten mit 1. Jänner 2016 in Kraft.

(2) Auf Immobilienfonds, in die vor dem 1. Jänner 2016 veranlagt worden ist, ist § 152 in der am 31. Dezember 2015 geltenden Fassung weiterhin anzuwenden.

(BGBl I 2015/162)

Schlussbestimmung zu Art. 4 Teil 2 des Bundesgesetzes BGBl. I Nr. 162/2015 (42. Novelle)

§ 246. (1) Die §§ 9 Abs. 3 lit. a, 19 Abs. 4 und 6, 26 Abs. 4, 26a Abs. 3, 49 Abs. 1, 53a Abs. 2, 56 Abs. 3 Z 3, 63 Abs. 1 Z 2 und Abs. 4, 66 Abs. 4, 70a Abs. 2 Z 2 bis 4, 93 Abs. 4, 113 Abs. 4 und 118a Überschrift in der Fassung des Bundesgesetzes BGBl. I Nr. 162/2015 treten mit 1. Jänner 2016 in Kraft.

(2) Die in den §§ 19 Abs. 4, 26 Abs. 4, 26a Abs. 3, 93 Abs. 4 und 113 Abs. 4 vorgesehenen Neuanpassungen auf Grund des Referenzbetrages erfolgen

erstmals ab 1. Jänner 2017 für das Kalenderjahr 2017.

(BGBl I 2015/162)

Schlussbestimmung zu Art. 6 des Bundesgesetzes BGBl. I Nr. 53/2016

§ 247. Die §§ 1 Abs. 1 Z 23 und 24 sowie Abs. 5, 3 Z 5 und 6, 5 Abs. 1 Z 6 und 7, 6 Abs. 1 Z 5 und 6, 30a und 84 Abs. 1 in der Fassung des Bundesgesetzes BGBl. I Nr. 53/2016 treten mit 1. März 2017 in Kraft und sind auf Geburten nach dem 28. Februar 2017 anzuwenden.

(BGBl I 2016/53)

Schlussbestimmungen zu Art. 6 des Bundesgesetzes BGBl. I Nr. 26/2017

§ 248. (1) § 147a Abs. 1 Z 9 in der Fassung des Bundesgesetzes BGBl. I Nr. 26/2017 tritt mit 1. Jänner 2017 in Kraft.

(2) Von der Einmalzahlung nach § 700a ASVG, § 95d des Pensionsgesetzes 1965, § 11 Abs. 4 des Bundestheaterpensionsgesetzes, § 60 Abs. 15 des Bundesbahnpensionsgesetzes oder gleichartigen landesgesetzlichen Bestimmungen sind keine Beiträge zu entrichten.

(BGBl I 2017/26)

Schlussbestimmung zu Art. 2 des Bundesgesetzes BGBl. I Nr. 30/2017

§ 249. § 84 Abs. 1 in der Fassung des Bundesgesetzes BGBl. I Nr. 30/2017 tritt mit 1. Juli 2017 in Kraft.

(BGBl I 2017/30)

Schlussbestimmung zu Art. 7 des Bundesgesetzes BGBl. I Nr. 126/2017

§ 250. § 53 Z 3 in der Fassung des Bundesgesetzes BGBl. I Nr. 126/2017 tritt mit 1. Jänner 2018 in Kraft.

(BGBl I 2017/126)

Schlussbestimmung zu Art. 6 des Bundesgesetzes BGBl. I Nr. 131/2017

§ 251. § 128 erster Satz sowie die Z 2 und 3 in der Fassung des Bundesgesetzes BGBl. I Nr. 131/2017 tritt mit dem auf den Tag der Kundmachung folgenden Tag in Kraft.

(BGBl I 2017/131)

Schlussbestimmung zu Art. 74 des Bundesgesetzes BGBl. I Nr. 37/2018

§ 252. Die §§ 119, 131 Abs. 4 und 159a in der Fassung des Bundesgesetzes BGBl. I Nr. 37/2018 treten mit 25. Mai 2018 in Kraft.

(BGBl I 2018/37, BGBl I 2018/59)

Schlussbestimmung zu Art. 2 des Bundesgesetzes BGBl. I Nr. 54/2018

§ 253. § 93 Abs. 1a in der Fassung des Bundes-

gesetzes BGBl. I Nr. 54/2018 tritt mit 1. Juli 2018 in Kraft.

(BGBl I 2018/54)

Schlussbestimmung zu Art. 13 des Bundesgesetzes BGBl. I Nr. 59/2018

§ 254. Die §§ 1 Abs. 1 Z 13, 2 Abs. 1 Z 6, 13 Abs. 2 Z 3, 26a Abs. 2 Z 4 und 48 Abs. 1 in der Fassung des Bundesgesetzes BGBl. I Nr. 59/2018 treten mit 1. Juli 2018 in Kraft.

(BGBl I 2018/59)

Schlussbestimmungen zu Art. 4 des Bundesgesetzes BGBl. I Nr. 100/2018 (43. Novelle)

§ 255. (1) Es treten in Kraft:

1. mit 1. Jänner 2019 § 158 und der 5. Unterabschnitt des Abschnittes I des Fünften Teiles samt Überschrift in der Fassung des Bundesgesetzes BGBl. I Nr. 100/2018;

2. mit 1. Jänner 2020 die §§ 1 Abs. 1 Z 5, 6, 20, 22 und 24 bis 38, 1 Abs. 2 Z 1, 4 und 5, 1 Abs. 4a und 6, 2 Abs. 1 Z 2, 4 und 5, 2 Abs. 3, 3 Z 3, 5 Abs. 1 Z 1, 3, 7, 8 und 9, 6 Abs. 1 Z 1, 2, 6, 7 und 8, die Überschrift zu § 7a, die §§ 7a Abs. 2 Z 1, 7b samt Überschrift, die Überschrift zu § 9, die §§ 9 Abs. 1 bis 3, 10 Abs. 1, 11 samt Überschrift, 12 Abs. 4, 13 Abs. 1 Z 2a, 4 und 6, 14 Abs. 1, 17 Abs. 4, 19 Abs. 1 Z 2 und 7, 19 Abs. 6, 20 Abs. 1 bis 1d, 20 Abs. 2a, 20b Abs. 1 und 4, 20d Abs. 3, 22 Abs. 1 bis 1d, 22b Abs. 1, 22c samt Überschrift, 23 Abs. 1, 24b Abs. 1, 3 und 4, 25 Abs. 1 und 2, 26 Abs. 1 Z 4 und Abs. 5, 26a Abs. 1, 26d samt Überschrift, 26e samt Überschrift, 27a samt Überschrift, 27c samt Überschrift, 28 Abs. 2, 29 Abs. 4, die Überschrift zu Abschnitt VI des Ersten Teiles, die §§ 30a samt Überschrift, 30b, 55a Abs. 3, 56 Abs. 9 lit. e, 61a Abs. 1, 64 Abs. 5 und 6, 65a Abs. 5, 70a Abs. 4, 74 Abs. 2, die Überschrift zum 3. Unterabschnitt des Abschnittes II des Zweiten Teiles, die §§ 84 Abs. 1, 4 und 5, 85a samt Überschrift, 86 samt Überschrift, 93a samt Überschrift und der 3. Unterabschnitt des Abschnittes III des Zweiten Teiles samt Überschrift, § 119, 127a samt Überschrift, 128 Z 2, 3 und 4, die Abschnitte I und II des Vierten Teiles samt Überschriften, die §§ 150 Abs. 2, 151 samt Überschrift, 151a samt Überschrift, 152 Abs. 3, 153 Abs. 1 und 1a, 153a, der Abschnitt IV des Vierten Teiles samt Überschrift, die §§ 159, 159b sowie 159e Abs. 3 in der Fassung des Bundesgesetzes BGBl. I Nr. 100/2018.

(1a) Die §§ 2 Abs. 1 Z 1, 3 Z 1 sowie der Abschnitt IIa des Vierten Teiles samt Überschrift treten mit Ablauf des 31. Dezember 2019 außer Kraft.

(1b) Für die Erstattung von Beiträgen, die vor dem 1. Jänner 2019 entrichtet wurden, ist weiterhin § 24b in der am 31. Dezember 2019 geltenden Fassung anzuwenden; dies gilt nicht, soweit diese Beiträge zusammen mit Beiträgen, die ab 1. Jänner

2019 entrichtet wurden, für ein bestimmtes Kalenderjahr entrichtet wurden.

(2) Die zum 31. Dezember 2019 in Geltung stehenden Gesamtverträge der Versicherungsanstalt öffentlich Bediensteter und der Versicherungsanstalt für Eisenbahnen und Bergbau mit der Österreichischen Ärztekammer sowie die zum 31. Dezember 2019 in Geltung stehenden Verträge dieser Versicherungsträger mit den Ärzten/Ärztinnen, Zahnärzten/Zahnärztinnen und anderen Vertragspartner/Vertragspartnerinnen zur Erbringung der Leistungen der Krankenversicherung gelten als Verträge im Sinne des § 128 bzw. der §§ 338 ff. ASVG jeweils für die bei der Versicherungsanstalt öffentlich Bediensteter bzw. der Versicherungsanstalt für Eisenbahnen und Bergbau versicherten Personen weiter.

(3) Die Versicherungsanstalt öffentlich Bediensteter, Eisenbahnen und Bergbau hat bis längstens 31. Dezember 2020 eine Satzung und eine Krankenordnung zu erlassen, die an die Stelle der von der Versicherungsanstalt öffentlich Bediensteter und der Versicherungsanstalt für Eisenbahnen und Bergbau erlassenen Satzungen bzw. Krankenordnungen treten. Bis zur Erlassung dieser Satzung (Krankenordnung) gelten die Satzungen (Krankenordnungen) der Versicherungsanstalt öffentlich Bediensteter bzw. der Versicherungsanstalt für Eisenbahnen und Bergbau weiter.

(4) Die Versicherungsanstalt öffentlich Bediensteter, Eisenbahnen und Bergbau ist ab 1. Jänner 2020 für das Leistungsrecht der nach § 1 Z 31 und 32 in der Unfallversicherung Versicherten zuständig und übernimmt ab diesem Zeitpunkt den einschlägigen Rentenstock von der bislang zuständigen Allgemeinen Unfallversicherungsanstalt. Die Versicherungsanstalt öffentlich Bediensteter, Eisenbahnen und Bergbau und die Allgemeine Unfallversicherungsanstalt sind zwecks Zusammenführung beziehungsweise Überführung der Unfallversicherung zur wechselseitigen Verarbeitung von Versicherten- und Vertragspartnerstammdaten und der leistungs-, beitrags- und versicherungsrechtlichen Daten im Sinne des Art. 4 Z 2 DSGVO im automationsunterstützten Datenverkehr ermächtigt und verpflichtet. Soweit sich auf Grund der Übernahme dieses Rentenstockes abzüglich der für die genannten Versicherten erzielten Beitragseinnahmen ein Abgang im Rechnungskreis Unfallversicherung für die nach § 1 Abs. 1 Z 25 bis 28, 31 bis 33, 34 lit. a und b sowie 35 und 37 pflichtversicherten Personen ergibt, ist dieser aus dem Rechnungskreis Unfallversicherung der nach § 1 Abs. 1 Z 1 bis 6, 8 bis 11, 13, 14 lit. a, 15 bis 17, 19 sowie 21 bis 23 versicherten Personen auszugleichen.

(4a) Zum 1. Jänner 2020 noch nicht rechtskräftig abgeschlossene Verfahren aus Anlass eines vermeintlichen Arbeitsunfalles oder einer vermeintlichen Berufskrankheit eines nunmehr nach § 1 Z 31 und 32 in der Unfallversicherung Versicherten fallen mit 1. Jänner 2020 ausnahmslos in die Zuständigkeit der Versicherungsanstalt öffentlich Bediensteter, Eisenbahnen und Bergbau.

(5) Ziel ist es, das Beitrags- und Leistungsrecht innerhalb der Versicherungsanstalt zu vereinheitlichen. Die Versicherungsanstalt hat der Bundesministerin für Arbeit, Soziales, Gesundheit und Konsumentenschutz und dem Bundesminister für Finanzen halbjährlich, beginnend ab 30. Juni 2020, über den Fortgang der Beitrags- und Leistungsvereinheitlichung zu berichten.

(6) Für den Zeitraum vom 1. April 2019 bis 31. Dezember 2024 ist in den Überleitungsausschuss bzw. den Verwaltungsrat ein zusätzlicher Versicherungsvertreter/eine zusätzliche Versicherungsvertreterin aus der Gruppe der Dienstnehmer durch die Verkehrs- und Dienstleistungsgewerkschaft mit beratender Stimme zu entsenden. Diese/r Versicherungsvertreter/in ist zugleich Mitglied der Hauptversammlung.

(7) In folgenden Angelegenheiten ist bis zum 31. Dezember 2024 die Zustimmung des von der Verkehrs- und Dienstleistungsgewerkschaft entsandten stimmberechtigten Mitgliedes erforderlich:

1. Abschluss von Gesamtverträgen im Sinne des Sechsten Teiles des ASVG;
2. Beschlussfassung über Satzung und Krankenordnung;
3. Erlassung von Richtlinien zur Verwendung der Mittel des Unterstützungsfonds;
4. Beschlussfassung betreffend die von der ehemaligen Versicherungsanstalt für Eisenbahnen und Bergbau gegründeten oder errichteten eigenen Einrichtungen oder Beteiligungen an juristischen und/oder natürlichen Personen.

Hinsichtlich der Z 1 bis 3 gilt dies nur insofern, als Personen aus dem Kreis der ehemaligen Versicherten der Versicherungsanstalt für Eisenbahnen und Bergbau betroffen sind.

(7a) § 132 Abs. 6 Z 5 in der Fassung des Bundesgesetzes BGBl. I Nr. 100/2018 ist auf Personen, die vor dem 1. Jänner 2022 als Versicherungsvertreter/innen in einen nach dem genannten Bundesgesetz neu einzurichtenden Verwaltungskörper entsendet werden, so anzuwenden, dass der Nachweis der fachlichen Eignung bis längstens zum Ablauf des 31. Dezember 2021 bei sonstiger Enthebung nach § 135 Abs. 1 Z 5 zu erbringen ist.

(8) Für Bedienstete der Versicherungsanstalt öffentlich Bediensteter und der Versicherungsanstalt für Eisenbahnen und Bergbau, die am 31. Dezember 2019 mit einer Funktion nach § 460 Abs. 3a ASVG betraut sind, finden hinsichtlich der Entgeltbedingungen abweichend von § 460 Abs. 3b ASVG die Regelungen des § 36 Abs. 3 DO. A bzw. des § 36 Abs. 2 DO. B sinngemäß Anwendung. Diese Bediensteten dürfen jedoch auch vor Ablauf der Befristung im Rahmen der Organisationsreform mit einem Dienstposten des bereichsleitenden Dienstes oder eines anderen gehobenen Aufgabenfeldes betraut werden.

(9) Sozialversicherungsbedienstete, die sich am 31. Dezember 2018 in einem aufrechten Dienstverhältnis befanden, dürfen dienstgeberseitig nicht aus dem Grund der Organisationsänderungen

durch das Bundesgesetz BGBl. I Nr. 100/2018 gekündigt werden.

(10) Abweichend von § 63 Abs. 4 ist von den nach § 1 Abs. 1 Z 37 Versicherten, die am 31. Dezember 2019 bei der Betriebskrankenkasse der Wiener Linien versichert sind, bis zum 31. Dezember 2024 ein Behandlungsbeitrag nicht zu entrichten.

(11) Abweichend von § 158 in der Fassung des Bundesgesetzes BGBl. I Nr. 100/2018 ist der Abschnitt VII des Achten Teiles des ASVG in der am 31. Dezember 2018 geltenden Fassung bis zum Ablauf des 31. Dezember 2019 weiterhin auf die am 31. Dezember 2018 bestehenden Verwaltungskörper anzuwenden.

(BGBl I 2018/100)

Schlussbestimmung zu Art. 3 des Bundesgesetzes BGBl. I Nr. 7/2019

§ 256. § 65a Abs. 2 Z 1a in der Fassung des Bundesgesetzes BGBl. I Nr. 7/2019 tritt mit 1. Jänner 2019 in Kraft.

(BGBl I 2019/7)

Schlussbestimmungen zu Art. 46 des Bundesgesetzes BGBl. I Nr. 23/2020

§ 257. „(1)“ § 90 Abs. 1a und 1b in der Fassung des Bundesgesetzes BGBl. I Nr. 23/2020 tritt rückwirkend mit 11. März 2020 in Kraft und mit Ablauf des „31. März 2021“ außer Kraft. Die Regelung ist auf jene Versicherungsfälle anzuwenden, die ab dem 11. März 2020 eingetreten sind.

(BGBl I 2021/28)

„(2) Dauert die COVID-19-Pandemie über den 31. März 2021 hinaus an, so kann der Bundesminister für Soziales, Gesundheit, Pflege und Konsumentenschutz durch Verordnung das Außerkrafttreten nach Abs. 1 bis längstens 30. Juni 2021 verschieben.“

(BGBl I 2021/28)

(BGBl I 2020/23, BGBl I 2020/158)

COVID-19-Risiko-Attest

§ 258. (1) Der Dachverband hat einen Dienstnehmer, eine geringfügig beschäftigte Person oder einen Lehrling (im Folgenden: betroffene Person) über seine Zuordnung zur COVID-19-Risikogruppe zu informieren. Für die Definition dieser allgemeinen Risikogruppe gilt § 735 Abs. 1 ASVG.

(BGBl I 2020/52)

(2) Der die betroffene Person behandelnde Arzt hat nach Vorlage des Informationsschreibens auf der Grundlage der Definition der COVID-19-Risikogruppe nach Abs. 1 die individuelle Risikosituation der betroffenen Person zu beurteilen und ein Attest mit einer Angabe von Diagnosen über die Zugehörigkeit oder Nichtzugehörigkeit zur Risikogruppe auszustellen (COVID-19-Risiko-Attest). Die Beurteilung der individuellen Risikosituation auf der Grundlage der Definition der COVID-19-Risikogruppe nach Abs. 1 und die damit zusammenhängende Ausstellung eines COVID-19-Risiko-Attests ist auch unabhängig davon zulässig, dass die betroffene Person ein Informationsschreiben durch den Dachverband nach Abs. 1 erhalten hat.

(BGBl I 2020/52)

(2a) Die Versicherungsanstalt hat jedem behandelnden Arzt für die Ausstellung des COVID-19-Risiko-Attests nach Abs. 2 ein pauschales Honorar in Höhe von 50,00 € zu bezahlen. Zuzahlungen der betroffenen Person sind unzulässig. Hat die betroffene Person allerdings mehr als einen Arzt aufgesucht, so ist der Krankenversicherungsträger berechtigt, den 50,00 € übersteigenden Betrag des ausbezahlten Honorars von der betroffenen Person zurückzufordern. Der Bund hat der Versicherungsanstalt die ausgewiesenen tatsächlichen Kosten für das Honorar aus dem COVID-19 Krisenbewältigungsfonds zu ersetzen. Eine Kostentragung des Bundes über den „30. Juni 2021“ hinaus ist ausgeschlossen.

(BGBl I 2020/52, BGBl I 2020/158, BGBl I 2021/28)

(3) Legt eine betroffene Person ihrem Dienstgeber dieses COVID-19-Risiko-Attest vor, so hat sie Anspruch auf Freistellung von der Arbeitsleistung und Fortzahlung des Entgelts, außer

1. die betroffene Person kann ihre Arbeitsleistung in der Wohnung erbringen (Homeoffice) oder

2. die Bedingungen für die Erbringung ihrer Arbeitsleistung in der Arbeitsstätte können durch geeignete Maßnahmen so gestaltet werden, dass eine Ansteckung mit COVID-19 mit größtmöglicher Sicherheit ausgeschlossen ist; dabei sind auch Maßnahmen für den Arbeitsweg mit einzubeziehen.

Die Freistellung kann bis längstens 31. Mai 2020 dauern. Dauert die COVID-19 Krisensituation über den 31. Mai 2020 hinaus an, so hat die Bundesministerin für Arbeit, Familie und Jugend im Einvernehmen mit dem Bundesminister für Soziales, Gesundheit, Pflege und Konsumentenschutz durch Verordnung den Zeitraum, in dem eine Freistellung möglich ist, zu verlängern, längstens jedoch bis zum „30. Juni 2021“. Eine Kündigung, die wegen der Inanspruchnahme der Dienstfreistellung ausgesprochen wird, kann bei Gericht angefochten werden.

(BGBl I 2020/158, BGBl I 2021/28)

(4) Der Dienstgeber hat Anspruch auf Erstattung des an den Dienstnehmer, die geringfügig beschäftigte Person bzw. den Lehrling zu leistenden Entgelts, der für diesen Zeitraum abzuführenden Steuern und Abgaben sowie der zu entrichtenden Sozialversicherungsbeiträge, unabhängig davon, von welcher Stelle diese eingehoben wurden bzw. an welche Stelle diese abzuführen sind. Von diesem Erstattungsanspruch sind politische Parteien und sonstige juristische Personen öffentlichen Rechts, ausgenommen jene, die wesentliche Teile ihrer Kosten über Leistungsentgelte finanzieren und am Wirtschaftsleben teilnehmen, ausgeschlossen. Der Antrag auf Ersatz ist spätestens sechs

B-KUVG

Wochen nach dem Ende der Freistellung unter Vorlage der entsprechenden Nachweise bei der Versicherungsanstalt einzubringen. Der Bund hat der Versicherungsanstalt die daraus resultierenden Aufwendungen aus dem COVID-19-Krisenbewältigungsfonds zu ersetzen.

(BGBl I 2020/52)

(5) Die Abs. 1 bis 4 finden keine Anwendung auf Bedienstete der Länder, Gemeindeverbände und Gemeinden sowie auf Bedienstete, auf deren Dienstverhältnis § 29p VBG oder § 12k des Gehaltsgesetzes 1956, BGBl Nr. 54/1956, anzuwenden ist.

(6) Mit der Vollziehung dieser Bestimmung ist in Bezug auf Abs. 3 die Bundesministerin für Arbeit, Familie und Jugend im Einvernehmen mit dem Bundesminister für Soziales, Gesundheit, Pflege und Konsumentenschutz, im Übrigen der Bundesminister für Soziales, Gesundheit, Pflege und Konsumentenschutz alleine betraut. Der Dachverband und die Versicherungsanstalt sind im übertragenen Wirkungsbereich unter Bindung an die Weisungen dieser obersten Organe tätig.

(BGBl I 2020/23, BGBl I 2020/31)

Schlussbestimmungen zu Art. 4 des Bundesgesetzes BGBl. I Nr. 31/2020

§ 259.[a] (1) Kann ein Antrag auf Leistungen aus dem Versicherungsfall der geminderten Arbeitsfähigkeit nach den Bestimmungen des ASVG mangels Begutachtung auf Grund bestehender Einschränkungen im Zusammenhang mit der COVID-19-Pandemie seitens des Pensionsversicherungsträgers bzw. ein entsprechendes Verfahren vor den Arbeits- und Sozialgerichten derzeit nicht entschieden werden, ist dem Leistungsbezieher/der Leistungsbezieherin die zuletzt bezogene, zeitlich befristete Leistung aus der Kranken- oder Pensionsversicherung weiter zu gewähren. Dasselbe gilt für die Weitergewährung von Rehabilitationsgeld. Der Weiterbezug der bisherigen Leistung kann für die Dauer der COVID-19-Pandemie bis längstens 31. Mai 2020 erfolgen. Dauert die COVID-19-Krisensituation über den 31. Mai 2020 hinaus an, so kann der Bundesminister für Soziales, Gesundheit, Pflege und Konsumentenschutz durch Verordnung den Zeitraum bis längstens 31. Dezember 2020 verlängern.

(2) Die ausgewiesenen tatsächlichen Kosten für das Krankengeld nach Abs. 1, das nach der bis zur Kundmachung dieses Bundesgesetzes geltenden Rechtslage von der Versicherungsanstalt nicht zu gewähren wäre, sind der Versicherungsanstalt vom Bund aus dem COVID-19 Krisenbewältigungsfonds zu ersetzen. Eine Kostentragung des Bundes über den 31. Dezember 2020 hinaus ist ausgeschlossen.

(3) Über die Bestimmung des § 55 hinaus sind Leistungen aus dem Versicherungsfall der Krankheit sowie Leistungen der chirurgischen und konservierenden Zahnbehandlung auch zu gewähren, wenn die Erkrankung bis längstens 31. Mai 2020 eintritt. Dauert die COVID-19-Krisensituation

über den 31. Mai 2020 hinaus an, so kann der Bundesminister für Soziales, Gesundheit, Pflege und Konsumentenschutz durch Verordnung den Zeitraum bis längstens „30. Juni 2021" verlängern.

(BGBl I 2020/158, BGBl I 2021/28)

(4) Die auf Grund des Abs. 3 ausgewiesenen tatsächlichen Kosten sind dem Krankenversicherungsträger vom Bund aus dem COVID-19 Krisenbewältigungsfonds zu ersetzen. Eine Kostentragung des Bundes über den „30. Juni 2021" hinaus ist ausgeschlossen.

(BGBl I 2020/158, BGBl I 2021/28)

(5) Abweichend von § 56 Abs. 3 Z 1 besteht rückwirkend ab dem 11. März 2020 für die Dauer der COVID-19-Pandemie, längstens jedoch bis zum „30. Juni 2021", die Anspruchsberechtigung für Kinder und Enkel längstens bis zum 27. Lebensjahr und sechs Monaten.

(BGBl I 2020/158, BGBl I 2021/28)

(BGBl I 2020/31)

[a] Siehe auch BGBl II 2020/244.

Schlussbestimmungen zum Bundesgesetz BGBl. I Nr. 52/2020

§ 260. (1) § 258 Abs. 2a in der Fassung der Z 5 in der Fassung des Bundesgesetzes BGBl. I Nr. 52/2020 tritt rückwirkend mit 6. Mai 2020 in Kraft und mit Ablauf des 31. Mai 2020 außer Kraft. § 258 Abs. 2a in der Fassung der Z 5 ist auf Beurteilungen der individuellen Risikosituation bzw. COVID-19-Risiko-Atteste anzuwenden, die ab 6. Mai 2020 bis zum Ablauf des 31. Mai 2020 durchgeführt bzw. ausgestellt werden.

(2) § 258 Abs. 1 erster Satz und 4 erster Satz in der Fassung des Bundesgesetzes BGBl. I Nr. 52/2020 tritt rückwirkend mit 6. Mai 2020 in Kraft.

(3) § 258 Abs. 2 erster Satz in der Fassung des Bundesgesetzes BGBl. I Nr. 52/2020 tritt mit 1. Juni 2020 in Kraft.

(4) § 258 Abs. 2a in der Fassung der Z 6 in der Fassung des Bundesgesetzes BGBl. I Nr. 52/2020 tritt mit 1. Juni 2020 in Kraft und ist auf COVID-19-Risiko-Atteste anzuwenden, die ab diesem Zeitpunkt ausgestellt werden.

(BGBl I 2020/52)

„ „COVID-19-Test im niedergelassenen Bereich"

(BGBl I 2021/36)

§ 261. (1) Die im niedergelassenen Bereich tätigen Vertragsärztinnen und Vertragsärzte bzw. Vertragsgruppenpraxen sowie die selbständigen Vertragsambulatorien für Labormedizin sind für die Dauer der durch die WHO ausgerufenen COVID-19-Pandemie unter den in der Verordnung nach Abs. 3 genannten Voraussetzungen berechtigt, Tests für den Nachweis des Vorliegens einer Infektion mit SARS-CoV-2 (COVID-19-Test) durchzuführen.

(2) Die Versicherungsanstalt hat für die Durchführung eines COVID-19-Tests nach Abs. 1 für

die Probenentnahme samt Material bzw. für die Auswertung der Probe sowie für die jeweilige Dokumentation jeweils ein pauschales Honorar zu bezahlen. Zuzahlungen der Patientinnen und Patienten sind unzulässig. Der Bund hat der Versicherungsanstalt die ausgewiesenen tatsächlichen Kosten für diese Honorare aus dem COVID-19-Krisenbewältigungsfonds zu ersetzen.

(3) Nähere Bestimmungen über die Durchführung von COVID-19-Tests im genannten Bereich, insbesondere über die konkreten Voraussetzungen, die Art der Tests, sowie die Höhe der Honorare für die erbrachten Leistungen nach Abs. 2 sind durch Verordnung des Bundesministers für Soziales, Gesundheit, Pflege und Konsumentenschutz festzulegen.

(BGBl I 2020/105)

„COVID-19-Test in öffentlichen Apotheken

§ 261a.[a] (1) Die öffentlichen Apotheken sind für die Dauer der durch die WHO ausgerufenen COVID-19-Pandemie berechtigt, Tests für den Nachweis des Vorliegens einer Infektion mit SARS-CoV-2 (COVID-19-Test) durchzuführen. Ein Test ist zulässig, sofern bei der betreffenden Person keine Symptome vorliegen, die eine Infektion mit SARS-CoV-2 vermuten lassen.

(2) Die Versicherungsanstalt hat für die Durchführung eines COVID-19-Tests nach Abs. 1 für die Probenentnahme samt Material, die Auswertung der Probe, die Dokumentation sowie die Ausstellung eines Ergebnisnachweises ein pauschales Honorar in Höhe von 25 Euro zu bezahlen. Zuzahlungen der zu testenden Personen sind unzulässig. Der Bund hat der Versicherungsanstalt die daraus resultierenden Aufwendungen aus dem COVID-19-Krisenbewältigungsfonds zu ersetzen.

(3) Die Versicherungsanstalt ist im übertragenen Wirkungsbereich unter Bindung an die Weisungen des Bundesministers für Soziales, Gesundheit, Pflege und Konsumentenschutz tätig.

(BGBl I 2021/36)

[a] Zum Außer-Kraft-Treten siehe § 265 Abs 2.

SARS-CoV-2-Antigentests zur Eigenanwendung

§ 261b.[a] (1) Die öffentlichen Apotheken sind für die Dauer der durch die WHO ausgerufenen COVID-19-Pandemie berechtigt, auf Rechnung der Versicherungsanstalt SARS-CoV-2-Antigentests zur Eigenanwendung an bezugsberechtigte Personen abzugeben.

(2) Bezugsberechtigt sind jene nach diesem Bundesgesetz krankenversicherten Personen und ihre anspruchsberechtigten Angehörigen, die vor dem 1. Jänner 2006 geboren wurden. An jede bezugsberechtigte Person darf pro Monat eine Packung zu fünf Stück abgegeben werden.

(3) Die Versicherungsanstalt hat pro abgegebener Packung ein pauschales Honorar in Höhe von zehn Euro zu bezahlen. Zuzahlungen der bezugsberechtigten Personen sind unzulässig. Der Bund hat der Versicherungsanstalt die daraus resultierenden Aufwendungen aus dem COVID-19-Krisenbewältigungsfonds zu ersetzen.

(4) Die Versicherungsanstalt ist im übertragenen Wirkungsbereich unter Bindung an die Weisungen des Bundesministers für Soziales, Gesundheit, Pflege und Konsumentenschutz tätig.“

(BGBl I 2021/36)

[a] Zum Außer-Kraft-Treten siehe § 265 Abs 2.

Schlussbestimmung zu Art. 4 des Bundesgesetzes BGBl. I Nr. 105/2020

§ 262. § 261 samt Überschrift in der Fassung des Bundesgesetzes BGBl. I Nr. 105/2020 tritt mit dem auf den Tag der Kundmachung folgenden Tag in Kraft.“

(BGBl I 2020/105)

„Impfung gegen SARS-CoV-2 im niedergelassenen Bereich

§ 263. (1) Die im niedergelassenen Bereich tätigen Ärztinnen und Ärzte, Gruppenpraxen bzw. Primärversorgungseinheiten sowie die selbständigen Ambulatorien sind bis 30. September 2021 berechtigt, Impfungen gegen SARS-CoV-2 mit dem vom Bund zur Verfügung gestellten und finanzierten Impfstoff auf Rechnung der Versicherungsanstalt durchzuführen.

(2) Die Versicherungsanstalt hat für die Durchführung der zweimal zu erfolgenden Impfung sowie für die jeweilige Dokumentation ein pauschales Honorar zu bezahlen. Zuzahlungen der Patientinnen und Patienten sind unzulässig. Der Bund hat der Versicherungsanstalt die ausgewiesenen tatsächlichen Kosten für das Honorar aus dem COVID-19-Krisenbewältigungsfonds zu ersetzen.

(3) Der Bundesminister für Soziales, Gesundheit, Pflege und Konsumentenschutz hat durch Verordnung für die Durchführung der Impfung nach Abs. 1 die Priorisierung der Zielgruppen sowie die Höhe des Honorars festzulegen.

(BGBl I 2020/158)

Schlussbestimmung zu Art. 5 des Bundesgesetzes BGBl. I Nr. 158/2020

§ 264. Die §§ 257, 258 Abs. 2a und 3, 259 Abs. 3 bis 5 und 263 samt Überschrift in der Fassung des Bundesgesetzes BGBl. I Nr. 158/2020 treten mit 1. Jänner 2021 in Kraft.“

(BGBl I 2020/158)

„Schlussbestimmungen zum Bundesgesetz BGBl. I Nr. 36/2021

§ 265. (1) Es treten in der Fassung des Bundesgesetzes BGBl. I Nr. 36/2021 in Kraft:

1. mit dem auf den Tag der Kundmachung folgenden Tag § 261b samt Überschrift;
2. rückwirkend mit 8. Februar 2021 die Überschrift zu § 261 und § 261a samt Überschrift.

(2) Die §§ 261a und 261b samt Überschriften in der Fassung des Bundesgesetzes BGBl. I Nr.

B-KUVG

36/2021 treten mit 30. Juni 2021 außer Kraft. Dauert die COVID-19-Pandemie über den 30. Juni 2021 hinaus an, so kann der Bundesminister für Soziales, Gesundheit, Pflege und Konsumentenschutz durch Verordnung das Außerkrafttreten bis längstens 31. Dezember 2021 verschieben.

(3) § 261a ist auf jene Tests anzuwenden, die ab dem 8. Februar 2021 in den öffentlichen Apotheken durchgeführt wurden. § 261b ist auf jene SARS-CoV-2-Antigentests zur Eigenanwendung anzuwenden, die ab dem auf den Tag der Kundmachung folgenden Tag abgegeben wurden."

(BGBl I 2021/36)

Bundesgesetz vom 16. Dezember 1978, mit dem das Beamten-Kranken- und Unfallversicherungsgesetz geändert wird (7. Novelle zum Beamten-Kranken- und Unfallversicherungsgesetz)

(BGBl 1978/685)

Der Nationalrat hat beschlossen:

Artikel IV
Wirksamkeitsbeginn

(3) § 118a des Beamten-Kranken- und Unfallversicherungsgesetzes in der Fassung des Art. I Z 31 tritt mit Ablauf der Geltungsdauer der Vereinbarung gemäß Art. 15a B-VG über die Krankenanstaltenfinanzierung und die Dotierung des Wasserwirtschaftsfonds, BGBl. Nr. 453/1978, außer Kraft.

Bundesgesetz vom 4. Dezember 1979, mit dem das Beamten-Kranken- und Unfallversicherungsgesetz geändert wird (8. Novelle zum Beamten-Kranken- und Unfallversicherungsgesetz)

(BGBl 1979/534)

Der Nationalrat hat beschlossen:

ARTIKEL III
Schlußbestimmungen

(1) Abweichend von den Bestimmungen des § 22 Abs. 3 des Beamten-Kranken- und Unfallversicherungsgesetzes beträgt für das Geschäftsjahr 1980 der vom Dienstgeber zur Bestreitung von Auslagen der erweiterten Heilbehandlung (§ 70 des Beamten-Kranken- und Unfallversicherungsgesetzes) zu entrichtende Zuschlag zu den Beiträgen 0,28 vH der Beitragsgrundlage (§ 19 des Beamten-Kranken- und Unfallversicherungsgesetzes) bzw. der beitragspflichtigen Sonderzahlungen.

(2) Die Versicherungsanstalt hat abweichend von den Bestimmungen des § 151 Abs. 4 des Beamten-Kranken- und Unfallversicherungsgesetzes für das Geschäftsjahr 1980

a) 2 vH der Erträge an Versicherungsbeiträgen der im § 151 Abs. 3 des Beamten-Kranken- und Unfallversicherungsgesetzes bezeichneten gesonderten Rücklage zuzuführen,

b) die Aufwendungen der Gesundenuntersuchungen einschließlich der Kosten für die Errichtung und den Betrieb der hiezu erforderlichen eigenen Einrichtungen bzw. der Bereitstellung entsprechender Vertragseinrichtungen aus der im § 151 Abs. 4 des Beamten-Kranken- und Unfallversicherungsgesetzes bezeichneten gesonderten Rücklage zu bestreiten.

B-KUVG

Bundesgesetz vom 15. Dezember 1980, mit dem das Beamten-Kranken- und Unfallversicherungsgesetz geändert wird (9. Novelle zum Beamten-Kranken- und Unfallversicherungsgesetz – B-KUVG)

(BGBl 1980/589)

Der Nationalrat hat beschlossen:

Artikel II
Übergangsbestimmungen

(1) Für die Berechnung der Verzugszinsen für rückständige Beiträge und Zuschläge gemäß § 23 letzter Satz des Beamten-Kranken- und Unfallversicherungsgesetzes ist bis zur Erlassung einer Verordnung im Sinne des § 59 Abs. 1 des Allgemeinen Sozialversicherungsgesetzes Art. VI Abs. 6 der 35. Novelle zum Allgemeinen Sozialversicherungsgesetz, BGBl. Nr. 585/1980, entsprechend anzuwenden. Das gleiche gilt für rückständige Beiträge und Zuschläge aus Kalendermonaten, die vor dem 1. Jänner 1981 liegen, soweit sie in diesem Zeitpunkt nicht bereits vorgeschrieben sind.

(2) Im Falle des durch eine Krankheit verursachten Todes des Versicherten, die erst auf Grund der Bestimmungen des Art. V Z 29 der 35. Novelle zum Allgemeinen Sozialversicherungsgesetz, BGBl. Nr. 585/1980, in Verbindung mit § 92 Abs. 1 und 2 des Beamten-Kranken- und Unfallversicherungsgesetzes als Berufskrankheit anerkannt wird, sind die Leistungen der Unfallversicherung an die Hinterbliebenen zu gewähren, der Versicherungsfall vor dem 1. Jänner 1981 eingetreten ist und der Antrag bis 31. Dezember 1981 gestellt wird. Die Leistungen sind frühestens ab 1. Jänner 1981 zu gewähren. Wird der Antrag später gestellt, gebühren die Leistungen ab dem auf die Antragstellung folgenden Monatsersten.

Bundesgesetz vom 20. Mai 1981, mit dem das Beamten-Kranken- und Unfallversicherungsgesetz geändert wird (10. Novelle zum Beamten-Kranken- und Unfallversicherungsgesetz – B-KUVG)

(BGBl 1981/285)

Der Nationalrat hat beschlossen:

Artikel II
Übergangsbestimmungen

(1) Der Anspruch auf die Leistungen der Krankenversicherung der Personen, die am 31. Mai 1981 als Angehörige galten nach den Bestimmungen dieses Bundesgesetzes aber nicht mehr als Angehörige gelten, bleibt auch über das Ende der Angehörigeneigenschaft aufrecht, solange die Voraussetzungen für den am 31. Mai 1981 bestandenen Leistungsanspruch gegeben sind.

(2) Die Bestimmungen des § 56 Abs. 2 und 6 bis 8 des Beamten-Kranken- und Unfallversicherungsgesetzes in der Fassung des Art. I Z 5 gelten ab 1. Juni 1981 auch für Versicherungsfälle, die vor dem 1. Juni 1981 eingetreten sind.

(3) Die Bestimmungen der §§ 110, 112 Abs. 1 und 2, 113 und 114 des Beamten-Kranken- und Unfallversicherungsgesetzes in der Fassung des Art. I Z 7, 8, 9 und 10 sind hinsichtlich des Anspruches auf Witwerbeihilfe bzw. Witwerrente nur anzuwenden, wenn der Versicherungsfall nach dem 31. Mai 1981 eingetreten ist.

(4) Der unter Anwendung der im Abs. 3 bezeichneten Bestimmungen zu bemessende Betrag einer Witwerrente gemäß den §§ 112 Abs. 1 und 2 sowie 113 des Beamten-Kranken- und Unfallversicherungsgesetzes in der Fassung des Art. I Z 8 und 9 gebührt unter Bedachtnahme auf § 93 Abs. 4 des Beamten-Kranken- und Unfallversicherungsgesetzes ab 1. Juni 1981 zu einem Drittel, ab 1. Jänner 1985 zu zwei Drittel und ab 1. Jänner 1989 in voller Höhe.

(5) Die Bestimmungen des § 112 Abs. 3 bis 7 des Beamten-Kranken- und Unfallversicherungsgesetzes in der Fassung des Art. I Z 8 sind nur in den Fällen anzuwenden, in denen die Wiederverehelichung nach dem 31. Mai 1981 erfolgt.

Bundesgesetz vom 9. Dezember 1981, mit dem das Beamten-Kranken- und Unfallversicherungsgesetz geändert wird (11. Novelle zum Beamten-Kranken- und Unfallversicherungsgesetz)

(BGBl 1981/592)

Der Nationalrat hat beschlossen:

Artikel II
Übergangsbestimmungen

(1) § 80 des Beamten-Kranken- und Unfallversicherungsgesetzes in der am 31. Dezember 1981 geltenden Fassung ist nur auf Versicherungsfälle anzuwenden, in denen die Entbindung vor dem 1. Jänner 1982 erfolgt ist.

(2) Bis zur satzungsmäßigen Festsetzung des Ausmaßes des Kostenersatzes bzw. eines Kostenanteiles gemäß den §§ 65 Abs. 2 und 83 des Beamten-Kranken- und Unfallversicherungsgesetzes in der Fassung des Art. I Z 5 und 8 hat die Übernahme der Kosten für Heilbehelfe und Hilfsmittel bzw. der Ersatz der Reise(Fahrt)kosten nach den am 31. Dezember 1981 in Geltung gestandenen Bestimmungen zu erfolgen.

(3) Die Bestimmungen der §§ 85 und 86 des Beamten-Kranken- und Unfallversicherungsgesetzes in der Fassung des Art. I Z 9 und 10 sind nur anzuwenden, wenn der Versicherungsfall nach dem 31. Dezember 1981 eingetreten ist.

(4) Im Falle des durch eine Krankheit verursachten Todes des Versicherten, die erst aufgrund der Bestimmungen des Art. V Z 7 der 37. Novelle zum Allgemeinen Sozialversicherungsgesetz, BGBl. Nr. 588/1981, in Verbindung mit § 92 Abs. 1 und 2 des Beamten-Kranken- und Unfallversicherungsgesetzes als Berufskrankheit anerkannt wird, sind die Leistungen der Unfallversicherung an die Hinterbliebenen zu gewähren, wenn der Versicherungsfall vor dem 1. Jänner 1982 eingetreten ist und der Antrag bis 31. Dezember 1982 gestellt wird. Die Leistungen sind frühestens ab 1. Jänner 1982 zu gewähren. Wird der Antrag später gestellt, gebühren die Leistungen mit dem Tag der Antragstellung.

(5) Leidet ein Versicherter am 1. Jänner 1982 an einer Krankheit, die erst aufgrund der Bestimmungen des Art. V Z 7 der 37. Novelle zum Allgemeinen Sozialversicherungsgesetz, BGBl. Nr. 588/1981 in Verbindung mit § 92 Abs. 1 und 2 des Beamten-Kranken- und Unfallversicherungsgesetzes als Berufskrankheit anerkannt wird, so sind ihm die Leistungen der Unfallversicherung zu gewähren, wenn der Versicherungsfall vor dem 1. Jänner 1982 eingetreten ist und der Antrag bis 31. Dezember 1982 gestellt wird. Die Leistungen sind frühestens ab 1. Jänner 1982 zu gewähren. Wird der Antrag später gestellt, gebühren die Leistungen mit dem Tag der Antragstellung.

Bundesgesetz vom 3. Feber 1983, mit dem das Beamten-Kranken- und Unfallversicherungsgesetz geändert wird (12. Novelle zum Beamten-Kranken- und Unfallversicherungsgesetz)

(BGBl 1983/78)

Der Nationalrat hat beschlossen:

Artikel II
Übergangsbestimmungen

(1) Die Versicherungsanstalt hat eine am 31. Dezember 1982 vorhandene gesonderte Rücklage (§ 151 Abs. 4 des Beamten-Kranken- und Unfallversicherungsgesetzes in der vor dem 1. Jänner 1983 geltenden Fassung) mit Ablauf des 31. Dezember 1982 im Wege über die Vermögensrechnung aufzulösen.

(2) Der Anspruch auf die Leistungen der Krankenversicherung der Personen, die am 31. Dezember 1982 als Angehörige galten, nach den Bestimmungen dieses Bundesgesetzes aber nicht mehr als Angehörige gelten, bleibt auch über das Ende der Angehörigeneigenschaft aufrecht, solange die Voraussetzungen für den am 31. Dezember 1982 bestandenen Leistungsanspruch gegeben sind.

B-KUVG

Bundesgesetz vom 29. November 1983, mit dem das Beamten-Kranken- und Unfallversicherungsgesetz geändert wird (13. Novelle zum Beamten-Kranken- und Unfallversicherungsgesetz)

(BGBl 1983/593)

Der Nationalrat hat beschlossen:

Artikel II
Übergangsbestimmung

Die Bestimmungen des § 37 Abs. 2 des Beamten-Kranken- und Unfallversicherungsgesetzes in der Fassung des Art. I Z 2 sind nur anzuwenden, wenn die Antragstellung nach dem 31. Dezember 1983 erfolgt ist.

Artikel III
Schlußbestimmungen

(1) (aufgehoben)

(2) Abweichend von den Bestimmungen des § 22 Abs. 3 des Beamten-Kranken- und Unfallversicherungsgesetzes ist für die Geschäftsjahre 1984 und 1985 zur Bestreitung der Auslagen der erweiterten Heilbehandlung (§ 70 des Beamten-Kranken- und Unfallversicherungsgesetzes) vom Dienstgeber kein Zuschlag zu den Beiträgen zu entrichten.

Artikel IV
Wirksamkeitsbeginn

Dieses Bundesgesetz tritt mit 1. Jänner 1984 in Kraft.

Artikel V
Vollziehung

Mit der Vollziehung dieses Bundesgesetzes ist der Bundesminister für soziale Verwaltung betraut.

Bundesgesetz vom 20. Feber 1986, mit dem das Beamten-Kranken- und Unfallversicherungsgesetz geändert wird (15. Novelle zum Beamten-Kranken- und Unfallversicherungsgesetz)

(BGBl 1986/115)

Der Nationalrat hat beschlossen:

Artikel II
Übergangsbestimmungen

(1) Der Anspruch auf die Leistungen der Krankenversicherung für Personen, die am 31. Dezember 1985 als Angehörige gelten, nach den Bestimmungen dieses Bundesgesetzes aber nicht mehr als Angehörige gelten, bleibt auch über das Ende der Angehörigeneigenschaft aufrecht, solange die Voraussetzungen für den am 31. Dezember 1985 bestandenen Leistungsanspruch gegeben sind.

(2) Leidet ein Versicherter am 1. Jänner 1986 an einer Krankheit, die erst auf Grund des § 92 Abs. 1 des Beamten-Kranken- und Unfallversicherungsgesetzes in der Fassung des Art. I Z 7 als Berufskrankheit anerkannt wird, so sind ihm die Leistungen der Unfallversicherung zu gewähren, wenn der Versicherungsfall vor dem 1. Jänner 1986 eingetreten ist und der Antrag bis 31. Dezember 1986 gestellt wird. Die Leistungen sind frühestens ab 1. Jänner 1986 zu gewähren. Wird der Antrag später gestellt, gebühren die Leistungen ab dem Tag der Antragstellung.

(3) Im Falle des durch eine Krankheit verursachten Todes des Versicherten, die erst auf Grund des § 92 Abs. 1 des Beamten-Kranken- und Unfallversicherungsgesetzes in der Fassung des Art. I Z 7 als Berufskrankheit anerkannt wird, sind die Leistungen der Unfallversicherung an die Hinterbliebenen zu gewähren, wenn der Versicherungsfall vor dem 1. Jänner 1986 eingetreten ist und der Antrag bis 31. Dezember 1986 gestellt wird. Die Leistungen sind frühestens ab 1. Jänner 1986 zu gewähren. Wird der Antrag später gestellt, gebühren die Leistungen ab dem Tag der Antragstellung.

Artikel III
Schlußbestimmungen

(1) Abweichend von den Bestimmungen des § 20 und des § 22 Abs. 1 erster Halbsatz des Beamten-Kranken- und Unfallversicherungsgesetzes beträgt im Kalenderjahr 1986 der auf den Dienstgeber entfallende Beitragsanteil 2,8 vH der Beitragsgrundlage und der auf den Dienstnehmer entfallende Beitragsanteil 3,2 vH der Beitragsgrundlage.

(2) Abweichend von den Bestimmungen des § 22 Abs. 3 des Beamten-Kranken- und Unfallversicherungsgesetzes ist für das Geschäftsjahr 1986 zur Bestreitung der Auslagen der erweiterten Heilbehandlung (§ 70 des Beamten-Kranken- und Unfallversicherungsgesetzes) vom Dienstgeber kein Zuschlag zu den Beiträgen zu entrichten.

Bundesgesetz vom 17. Mai 1990, mit dem das Beamten-Kranken- und Unfallversicherungsgesetz geändert wird (20. Novelle zum Beamten-Kranken- und Unfallversicherungsgesetz)

(BGBl 1990/297)

Der Nationalrat hat beschlossen:

Artikel II
Übergangsbestimmung

Der Anspruch auf die Leistungen der Krankenversicherung für Personen, die am 30. Juni 1990 als Angehörige galten, nach den Bestimmungen dieses Bundesgesetzes aber nicht mehr als Angehörige gelten, bleibt auch über das Ende der Angehörigeneigenschaft aufrecht, solange die Voraussetzungen für einen am 30. Juni 1990 bestandenen Leistungsanspruch gegeben sind.

B-KUVG

VO Börsekammer

Verordnung über die Einbeziehung von Dienstnehmern der Wiener Börsekammer und der Kammer der Börse für landwirtschaftliche Produkte in Wien in die nach dem B-KUVG geregelte Unfallversicherung, BGBl 1968/422

Verordnung des Bundesministeriums für soziale Verwaltung vom 1. Dezember 1968 über die Einbeziehung von Dienstnehmern der Wiener Börsekammer und der Kammer der Börse für landwirtschaftliche Produkte in Wien in die nach dem B-KUVG geregelte Unfallversicherung

Auf Grund des § 4 des Beamten-Kranken- und Unfallversicherungsgesetzes, BGBl. Nr. 200/1967, wird verordnet:

Mit Wirksamkeit vom 1. Jänner 1969 werden die Dienstnehmer der Wiener Börsekammer und der Kammer der Börse für landwirtschaftliche Produkte in Wien, die in einem unkündbaren privatrechtlichen Dienstverhältnis oder im Vorbereitungsdienst für ein unkündbares privatrechtliches Dienstverhältnis stehen und denen aus diesem Dienstverhältnis die Anwartschaft auf Ruhe(Versorgungs)bezüge zusteht, in die nach dem Beamten-Kranken- und Unfallversicherungsgesetz geregelte Unfallversicherung einbezogen.

VO Landwirtschaftskammer

Verordnung über die Ausdehnung der Kranken- und Unfallversicherung nach dem Beamten-Kranken- und Unfallversicherungsgesetz, BGBl. Nr. 200/1967, auf die unkündbar gestellten Dienstnehmer der Präsidentenkonferenz der Landwirtschaftskammern Österreichs, BGBl 1975/615

Verordnung des Bundesministers für soziale Verwaltung vom 28. November 1975 über die Ausdehnung der Kranken- und Unfallversicherung nach dem Beamten-Kranken- und Unfallversicherungsgesetz, BGBl. Nr. 200/1967, auf die unkündbar gestellten Dienstnehmer der Präsidentenkonferenz der Landwirtschaftskammern Österreichs

Auf Grund des § 4 des Beamten-Kranken- und Unfallversicherungsgesetzes, BGBl. Nr. 200/1967, in der Fassung des Bundesgesetzes BGBl. Nr. 780/1974 wird verordnet:

§ 1. Die unkündbar gestellten Dienstnehmer der Präsidentenkonferenz der Landwirtschaftskammern Österreichs, denen aus diesem Dienstverhältnis die Anwartschaft auf Ruhe(Versorgungs)bezüge zusteht, werden in die Beamten-Kranken- und Unfallversicherung bei der Versicherungsanstalt öffentlich Bediensteter einbezogen.

§ 2. Diese Verordnung tritt am 1. Jänner 1976 in Kraft.

B-KUVG

VO Anpassung 2016

Verordnung über die Anpassung nach dem Beamten-Kranken- und Unfallversicherungsgesetz für das Kalenderjahr 2016, BGBl II 2016/2

Verordnung der Bundesministerin für Gesundheit über die Anpassung nach dem Beamten-Kranken- und Unfallversicherungsgesetz für das Kalenderjahr 2016

Auf Grund der §§ 19 Abs. 6 und 26a Abs. 3 des Beamten-Kranken- und Unfallversicherungsgesetzes (B-KUVG), BGBl. Nr. 200/1967, zuletzt geändert durch das Bundesgesetz BGBl. I Nr. 118/2015, wird verordnet:

§ 1. Für die Zeit ab dem 1. Jänner 2016 wird auf Grund des § 19 Abs. 6 B-KUVG die monatliche Höchstbeitragsgrundlage mit 4 860,00 € festgestellt.

§ 2. Für das Kalenderjahr 2016 wird der im § 26a Abs. 2 B-KUVG genannte Betrag mit 21,14 € festgestellt.

Kundmachung über die Aufwertung und Anpassung für das Jahr 2021

Aufwertung und Anpassung nach dem ASVG, dem GSVG, dem BSVG, dem B-KUVG sowie dem BPGG für das Kalenderjahr 2021, BGBl II 2020/576 idF BGBl II 2021/36

Kundmachung der Bundesministerin für Arbeit, Kundmachung des Bundesministers für Soziales, Gesundheit, Pflege und Konsumentenschutz über die Aufwertung und Anpassung nach dem Allgemeinen Sozialversicherungsgesetz, dem Gewerblichen Sozialversicherungsgesetz, dem Bauern-Sozialversicherungsgesetz, dem Beamten-Kranken- und Unfallversicherungsgesetz sowie dem Bundespflegegeldgesetz für das Kalenderjahr 2021

Auf Grund

4.   der §§ 19 Abs. 6, 20 Abs. 3, 26a Abs. 3, 64 Abs. 3 und 65a Abs. 5 des Beamten-Kranken- und Unfallversicherungsgesetzes (B-KUVG), BGBl. Nr. 200/1967, zuletzt geändert durch das Bundesgesetz BGBl. I Nr. 105/2020,

wird kundgemacht:

B-KUVG

Artikel 1

§ 7. Für das Kalenderjahr 2021 wurden ermittelt:

1.   die monatliche Höchstbeitragsgrundlage nach § 19 Abs. 6 B-KUVG mit 5 550,00 €;

2.   der im § 26a Abs. 2 B-KUVG genannte Betrag mit 23,43 €.

§ 8. Für das Kalenderjahr 2021 werden die festen Beträge nach dem B-KUVG wie folgt festgestellt:

1.   im § 20 Abs. 3 statt 18,42 € mit 19,03 €,

2.   im § 64 Abs. 3 statt 6,30 € mit 6,50 €,

3.   im § 65a Abs. 5 Z 1 statt 8,62 € mit 8,90 €,

4.   im § 65a Abs. 5 Z 2 statt 14,77 € mit 15,26 €,

5.   im § 65a Abs. 5 Z 3 statt 20,94 € mit 21,63 €.

7/1. VO Versehrtenrenten

VO Versehrtenrenten

Verordnung über die Abfindung von Versehrtenrenten aus der Unfallversicherung, BGBl II 1999/245

Verordnung der Bundesministerin für Arbeit, Gesundheit und Soziales über die Abfindung von Versehrtenrenten aus der Unfallversicherung

Auf Grund

1. des § 184 Abs. 5 des Allgemeinen Sozialversicherungsgesetzes (ASVG), BGBl. Nr. 189/1955, zuletzt geändert durch das Bundesgesetz BGBl. I Nr. 68/1999;

2. des § 95 Abs. 1 des Beamten-Kranken- und Unfallversicherungsgesetzes (B-KUVG), BGBl. Nr. 200/1967, zuletzt geändert durch das Bundesgesetz BGBl. I Nr. 15/1999, wird mit Zustimmung des Hauptausschusses des Nationalrates verordnet:

§ 1. Das Abfindungskapital nach § 184 Abs. 1 und 2 ASVG bzw. nach § 95 Abs. 1 und 2 B-KUVG ist wie folgt zu errechnen:

1. Der auf die (den) Dauerrentenbezieher(in) jeweils zutreffende Abfindungsbarwert aus Tabelle 1 oder 2 ist mit dem auf die (den) Dauerrentenbezieher(in) jeweils zutreffenden Faktor aus Tabelle 3 zu vervielfachen; der so ermittelte Wert ist mit dem Jahresausmaß der abzufindenden Rente (Z 2) zu vervielfachen. Das Ergebnis dieser Rechnung gibt – auf den vollen Schillingbetrag gerundet – die Höhe des Abfindungskapitals an.

2. Als Jahresausmaß der abzufindenden Rente gilt der 14fache Monatsbetrag der Versehrtenrente einschließlich der Zusatzrente für Schwerversehrte ohne Zuschüsse zum Zeitpunkt der Zustimmung der (des) Versehrten zur Rentenabfindung nach § 184 Abs. 1 ASVG bzw. nach § 95 Abs. 2 B-KUVG oder zum Zeitpunkt der Antragstellung nach § 184 Abs. 2 ASVG bzw. nach § 95 Abs. 2 B-KUVG.

Tabelle 1

Lebensalter in Jahren	Abfindungsbarwerte Frauen					
	Zeitraum vom Beginn des Bezuges der Dauerrente bis zur Rentenabfindung (§ 2)					
	bis zu 2 Jahren	ab dem 3. Jahr	ab dem 5. Jahr	ab dem 7. Jahr	ab dem 9. Jahr	ab dem 11. Jahr
15 bis 19	21,5439	24,7574				
20 bis 24	22,1914	24,5724	25,2869	25,3779	25,3093	
25 bis 29	22,2228	24,0961	24,6950	24,8753	24,9226	24,9280
30 bis 34	21,7873	23,4057	23,9632	24,1432	24,1932	24,1991
35 bis 39	21,0132	22,5201	23,0831	23,2786	23,3363	23,3434
40 bis 44	19,9826	21,4466	22,0426	22,2664	22,3368	22,3459
45 bis 49	18,8852	20,2388	20,8457	21,0952	21,1802	21,1917
50 bis 54	17,9680	18,9968	19,5178	19,7596	19,8515	19,8650
55 bis 59	17,1857	17,7422	18,0726	18,2524	18,3320	18,3452
60 bis 64	16,0242	16,2657	16,4351	16,5431	16,5984	16,6087
65 bis 69	14,3506	14,4545	14,5400	14,6028	14,6391	14,6465
70 bis 74	12,4008	12,4259	12,4496	12,4712	12,4872	12,4911
75 bis 79	10,2339	10,2344	10,2348	10,2352	10,2356	10,2358
80 bis 84	8,0317	8,0317	8,0317	8,0317	8,0317	8,0317
85 bis 89	6,0418	6,0418	6,0418	6,0418	6,0418	6,0418
ab 90	4,3461	4,3461	4,3461	4,3461	4,3461	4,3461

Tabelle 2

Lebensalter in Jahren	Abfindungsbarwerte Männer					
	Zeitraum vom Beginn des Bezuges der Dauerrente bis zur Rentenabfindung (§ 2)					
	bis zu 2 Jahren	ab dem 3. Jahr	ab dem 5. Jahr	ab dem 7. Jahr	ab dem 9. Jahr	ab dem 11. Jahr
15 bis 19	19,6496	23,2262				
20 bis 24	20,7526	23,2709	24,2655	24,5221	24,5028	
25 bis 29	21,2062	23,0056	23,7223	23,9888	24,0740	24,0854
30 bis 34	21,0249	22,3837	22,9530	23,1748	23,2479	23,2578
35 bis 39	20,4135	21,4915	21,9857	22,1945	22,2677	22,2780
40 bis 44	19,5211	20,3950	20,8427	21,0522	21,1322	21,1441
45 bis 49	18,4643	19,1546	19,5510	19,7574	19,8443	19,8582
50 bis 54	17,3189	17,8157	18,1354	18,3212	18,4077	18,4226
55 bis 59	16,0953	16,3941	16,6100	16,7509	16,8244	16,8381
60 bis 64	14,6922	14,8435	14,9638	15,0507	15,1009	15,1112
65 bis 69	13,0382	13,1142	13,1772	13,2250	13,2544	13,2608
70 bis 74	11,1895	11,2376	11,2769	11,3062	11,3240	11,3279
75 bis 79	9,2693	9,3080	9,3406	9,3650	9,3796	9,3827
80 bis 84	7,4370	7,4607	7,4834	7,5027	7,5155	7,5183
85 bis 89	5,7936	5,7982	5,8029	5,8074	5,8115	5,8127
ab 90	4,2850	4,2850	4,2850	4,2850	4,2850	4,2850

B-KUVG

Tabelle 3

Lebensalter in Jahren	Faktoren zur Berücksichtigung des Geburtsjahrganges						
	Geburtsjahrgang						
	bis 1944	1945 bis 1954	1955 bis 1964	1965 bis 1974	1975 bis 1984	1985 bis 1994	1995 bis 2004
15 bis 19					0,9849	1,0000	1,0156
20 bis 24					0,9882	1,0000	1,0108
25 bis 29				0,9768	0,9892	1,0000	1,0099
30 bis 34				0,9750	0,9880	1,0000	1,0110
35 bis 39			0,9537	0,9716	0,9864	1,0000	1,0126
40 bis 44			0,9491	0,9674	0,9843	1,0000	1,0145
45 bis 49		0,9171	0,9421	0,9627	0,9820	1,0000	1,0168
50 bis 54		0,9105	0,9349	0,9580	0,9796	1,0000	1,0191
55 bis 59	0,8683	0,9005	0,9274	0,9529	0,9771	1,0000	1,0216
60 bis 64	0,8574	0,8885	0,9182	0,9468	0,9740	1,0000	1,0247
65 bis 69	0,8391	0,8735	0,9068	0,9391	0,9701	1,0000	1,0286
70 bis 74	0,8187	0,8567	0,8940	0,9303	0,9657	1,0000	1,0332
75 bis 79	0,7997	0,8409	0,8816	0,9218	0,9613	1,0000	1,0378
80 bis 84	0,7860	0,8292	0,8724	0,9153	0,9579	1,0000	1,0415
85 bis 89	0,7822	0,8256	0,8692	0,9129	0,9565	1,0000	1,0432
ab 90	0,7953	0,8358	0,8767	0,9177	0,9588	1,0000	1,0411

§ 2. Stichtag für die Feststellung des Alters der (des) Versehrten und für die Feststellung des Zeitraumes vom Beginn des Bezuges der Dauerrente bis zur Rentenabfindung ist der Tag der Zustimmung der (des) Versehrten zur Rentenabfindung nach § 184 Abs. 1 ASVG bzw. nach § 95 Abs. 2 B-KUVG oder der Tag der Antragstellung nach § 184 Abs. 2 ASVG bzw. nach § 95 Abs. 2 B-KUVG.

§ 3. Die Verordnungen des Bundesministeriums für soziale Verwaltung

1. über die Abfindung von Versehrtenrenten aus der Unfallversicherung, BGBl. Nr. 37/1956, in der Fassung der Verordnung BGBl. Nr. 95/1966;

2. über die Abfindung von Versehrtenrenten aus der Unfallversicherung öffentlich Bediensteter, BGBl. Nr. 130/1968,

treten mit Ablauf des 30. Juni 1999 außer Kraft.

§ 4. Diese Verordnung tritt mit 1. Juli 1999 in Kraft.

Entgeltfortzahlungs-Zuschuss- und Differenzvergütungs-Verordnung

Entgeltfortzahlungs-Zuschuss- und Differenzvergütungs-Verordnung für die Versicherungsanstalt öffentlich Bediensteter, Eisenbahnen und Bergbau – EFZ-DV-VO BVAEB, BGBl II 2019/303

Verordnung der Bundesministerin für Arbeit, Soziales, Gesundheit und Konsumentenschutz über Zuschüsse der Versicherungsanstalt öffentlich Bediensteter, Eisenbahnen und Bergbau an Dienstgeber/innen für Entgeltfortzahlung und Differenzvergütung (Entgeltfortzahlungs-Zuschuss- und Differenzvergütungs-Verordnung für die Versicherungsanstalt öffentlich Bediensteter, Eisenbahnen und Bergbau – EFZ-DV-VO BVAEB)

Aufgrund des § 27c des Beamten-Kranken- und Unfallversicherungsgesetzes (B-KUVG), BGBl. Nr. 200/1967, zuletzt geändert durch das Bundesgesetz BGBl. I Nr. 7/2019, wird im Einvernehmen mit der Bundesministerin für Digitalisierung und Wirtschaftsstandort verordnet:

Gegenstand

§ 1. Diese Verordnung regelt nach § 27c B-KUVG die Gewährung der Zuschüsse (§ 53b Abs. 2 Z 3 ASVG) sowie die Gewährung der Differenzvergütung (§ 53b Abs. 3 ASVG) und deren Abwicklung.

Anspruchsberechtigter Dienstgeber/innen/kreis

§ 2. (1) Anspruchsberechtigt sind alle Dienstgeber/innen, einschließlich der Dienstgeber/innen von Lehrlingen, die ihren bei der Versicherungsanstalt öffentlich Bediensteter, Eisenbahnen und Bergbau unfallversicherten Dienstnehmer/inne/n Entgeltfortzahlung nach § 3 des Entgeltfortzahlungsgesetzes, BGBl. Nr. 399/1974, in der jeweils geltenden Fassung, oder nach vergleichbaren österreichischen Rechtsvorschriften geleistet haben, soweit diese Dienstnehmer/innen in Unternehmen nach Abs. 2 und 3 beschäftigt werden.

(2) Ein Unternehmen im Sinne des § 53b Abs. 2 Z 1 ASVG ist ein Unternehmen, in dem durchschnittlich nicht mehr als 50 Dienstnehmer/innen nach Abs. 4 beschäftigt werden, wobei der Ermittlung des Durchschnitts das Jahr vor Beginn der jeweiligen Entgeltfortzahlung zu Grunde zu legen ist.

(3) Ein Unternehmen im Sinne des § 53b Abs. 2a ASVG ist ein Unternehmen, in dem durchschnittlich nicht mehr als zehn Dienstnehmer/innen nach Abs. 4 beschäftigt werden, wobei der Ermittlung des Durchschnitts das Jahr vor Beginn der jeweiligen Entgeltfortzahlung zu Grunde zu legen ist.

(4) Als Dienstnehmer/innen im Sinne des Abs. 2 und 3 gelten Dienstnehmer/innen nach § 4 Abs. 2 ASVG, auch wenn sie geringfügig beschäftigt sind, sowie Lehrlinge; alle diese, wenn für sie die Versicherungsanstalt öffentlich Bediensteter, Eisenbahnen und Bergbau zur Durchführung der Unfallversicherung zuständig ist.

Antragstellung

§ 3. Die Zuschüsse und die Differenzvergütung werden nur auf Antrag nach Ende der Entgeltfortzahlung gewährt. Der Antrag, der nach Möglichkeit mittels elektronischer Datenfernübertragung zu stellen ist, hat folgende, für die Gewährung und Abwicklung dieser Leistungen erforderliche Daten zu enthalten:

1. Name und Adresse des Dienstgebers/der Dienstgeberin und seines/ihres Unternehmens (§ 2 Abs. 2 und 3);
2. Name und Versicherungsnummer oder Geburtsdatum des Dienstnehmers/der Dienstnehmerin, aufgrund dessen/deren Arbeitsverhinderung der Zuschuss beantragt wird;
3. Glaubhaftmachung der krankheits- oder unfallbedingten Arbeitsverhinderung im Sinne des § 53b Abs. 2 Z 3 und Abs. 3 ASVG;
4. Rechtsgrundlage, Dauer und Höhe der Entgeltfortzahlung sowie Angabe, ob Anspruch auf Sonderzahlung besteht;
5. Beginn des Dienstverhältnisses und Angabe, ob das Arbeitsjahr im Sinne des § 4 Abs. 2 das Kalenderjahr ist;
6. Rechtsgrundlage für den Anspruch auf Differenzvergütung im Sinne des § 53b Abs. 3 ASVG.

Höhe der Zuschüsse für Unternehmen, in denen durchschnittlich nicht mehr als 50 Dienstnehmer/innen beschäftigt werden

§ 4. (1) Die Zuschüsse betragen 50% zuzüglich eines Zuschlages für die Sonderzahlungen in der Höhe von 8,34% des jeweils tatsächlich fortgezahlten Entgelts (mit Ausnahme der Sonderzahlungen), und zwar

1. bei Arbeitsverhinderung durch Krankheit, sofern die der Entgeltfortzahlung zu Grunde liegende Arbeitsunfähigkeit länger als zehn aufeinanderfolgende Tage gedauert hat, jeweils ab dem elften Tag der Entgeltfortzahlung;
2. bei Arbeitsverhinderung nach Unfällen, sofern die der Entgeltfortzahlung zu Grunde liegende Arbeitsunfähigkeit länger als drei aufeinanderfolgende Tage gedauert hat, je-

B-KUVG

weils ab dem ersten Tag der Entgeltfortzahlung.

(2) Zuschüsse nach Abs. 1 werden jeweils für höchstens 42 Kalendertage der tatsächlichen Entgeltfortzahlung pro Dienstnehmer/in und Arbeitsjahr (Kalenderjahr) gewährt. Besteht für dieselben Tage der Entgeltfortzahlung sowohl ein Anspruch nach Abs. 1 Z 1 und Z 2, so darf der Zuschuss das im Abs. 1 genannte Ausmaß nicht übersteigen.

(3) Für die Ermittlung der Höhe der Zuschüsse im Sinne des Abs. 1 ist das jeweils tatsächlich fortgezahlte Entgelt bis höchstens zum Eineinhalbfachen der Höchstbeitragsgrundlage nach § 108 Abs. 3 ASVG heranzuziehen. Erfolgt während des Zeitraumes der Entgeltfortzahlungsleistung eine Änderung der Höchstbeitragsgrundlage, so ist für die Deckelung des tatsächlich fortgezahlten täglichen Entgelts die für die jeweiligen Entgeltfortzahlungstage geltende Höchstbeitragsgrundlage heranzuziehen.

Höhe der Zuschüsse für Unternehmen, in denen durchschnittlich nicht mehr als zehn Dienstnehmer/innen beschäftigt werden

§ 5. Für Unternehmen nach § 2 Abs. 3 ist § 4 mit der Maßgabe anzuwenden, dass die Zuschüsse 75% zuzüglich eines Zuschlages für die Sonderzahlungen in der Höhe von 12,51% des jeweils tatsächlich fortgezahlten Entgelts (mit Ausnahme der Sonderzahlungen) betragen

Höhe der Differenzvergütung

§ 6. Bei gleichzeitigem Anspruch auf Zuschussleistung nach § 4 oder § 5 gebührt als Differenzvergütung das tatsächlich fortgezahlte Entgelt (mit Ausnahme der Sonderzahlungen) zuzüglich eines Zuschlages für die Sonderzahlungen in der Höhe von 16,68% abzüglich des nach § 4 oder § 5 ermittelten Zuschusses.

Rückforderung zu Unrecht erbrachter Leistungen

§ 7. Die Versicherungsanstalt öffentlich Bediensteter, Eisenbahnen und Bergbau hat zu Unrecht erbrachte Zuschüsse oder Differenzvergütungen vom Dienstgeber/von der Dienstgeberin zurückzufordern. Der Versicherungsträger kann bei Vorliegen berücksichtigungswürdiger Umstände, insbesondere in Berücksichtigung der wirtschaftlichen Verhältnisse des Dienstgebers/der Dienstgeberin, auf die Rückforderung ganz oder teilweise verzichten oder die Rückzahlung von zu Unrecht geleisteten Zuschüssen oder Differenzvergütungen in Teilbeträgen zulassen.

Ausschluss der Leistungsgewährung infolge Zeitablaufes

§ 8. Der Antrag auf die Gewährung eines Zuschusses oder einer Differenzvergütung ist bei sonstigem Ausschluss innerhalb von drei Jahren nach dem Beginn des Entgeltfortzahlungsanspruches zu stellen.

Schlussbestimmung

§ 9. Diese Verordnung tritt mit 1. Jänner 2020 in Kraft.

VO zur Verlängerung bestimmter Zeiträume im Zusammenhang mit der COVID-19-Krisensituation

Verordnung betreffend Verlängerung bestimmter Zeiträume nach dem ASVG, dem GSVG, dem BSVG und dem B-KUVG im Zusammenhang mit der COVID-19-Krisensituation, BGBl II 2020/244

Verordnung des Bundesministers für Soziales, Gesundheit, Pflege und Konsumentenschutz betreffend Verlängerung bestimmter Zeiträume nach dem Allgemeinen Sozialversicherungsgesetz, dem Gewerblichen Sozialversicherungsgesetz, dem Bauern-Sozialversicherungsgesetz und dem Beamten-Kranken- und Unfallversicherungsgesetz im Zusammenhang mit der COVID-19-Krisensituation

Auf Grund

1. des § 736 Abs. 3 und 5 des Allgemeinen Sozialversicherungsgesetzes (ASVG), BGBl. Nr. 189/1955, zuletzt geändert durch das Bundesgesetz BGBl. I Nr. 31/2020,

2. des § 378 Abs. 1 und 3 des Gewerblichen Sozialversicherungsgesetzes (GSVG), BGBl. Nr. 560/1978, zuletzt geändert durch das Bundesgesetz BGBl. I Nr. 31/2020,

3. des § 372 Abs. 1 und 2 des Bauern-Sozialversicherungsgesetzes (BSVG), BGBl. Nr. 559/1978, zuletzt geändert durch das Bundesgesetz BGBl. I Nr. 31/2020, und

4. des § 259 Abs. 1 und 3 des Beamten-Kranken- und Unfallversicherungsgesetzes (B-KUVG), BGBl. Nr. 200/1967, zuletzt geändert durch das Bundesgesetz BGBl. I Nr. 31/2020,

wird verordnet:

§ 1. Die Zeiträume nach § 736 Abs. 3 und 5 ASVG, § 378 Abs. 1 und 3 GSVG, § 372 Abs. 1 und 2 BSVG sowie § 259 Abs. 1 und 3 B-KUVG werden jeweils bis 30. Juni 2020 verlängert.

§ 2. § 1 tritt mit 1. Juni 2020 in Kraft.

B-KUVG

Verordnung betreffend Verlängerung des Zeitraums für Freistellungen

Verordnung betreffend Verlängerung des Zeitraums für Freistellungen nach § 735 Abs. 3 ASVG und § 258 Abs. 3 B-KUVG, BGBl II 2020/609[a]

[a] Siehe auch die Vorgängerverordnungen BGBl II 2020/230, BGBl II 2020/284, BGBl II 2020/345 und BGBl II 2020/375.

Verordnung der Bundesministerin für Arbeit, Familie und Jugend betreffend Verlängerung des Zeitraums für Freistellungen nach § 735 Abs. 3 Allgemeines Sozialversicherungsgesetz und § 258 Abs. 3 Beamten-Kranken- und Unfallversicherungsgesetz

Auf Grund des § 735 Abs. 3 Allgemeines Sozialversicherungsgesetz (ASVG), BGBl. Nr. 189/1955, in der geltenden Fassung, und des § 258 Abs. 3 Beamten-Kranken- und Unfallversicherungsgesetz (B–KUVG), BGBl. Nr. 200/1967, in der geltenden Fassung, wird im Einvernehmen mit dem Bundesminister für Soziales, Gesundheit, Pflege und Konsumentenschutz verordnet:

§ 1. Der Zeitraum, in dem Freistellungen nach § 735 Abs. 3 ASVG oder § 258 Abs. 3 B-KUVG möglich sind, wird bis zum Ablauf des 31. März 2021 verlängert..

§ 2. § 1 tritt mit 1. Jänner 2021 in Kraft.

Verordnung betreffend Durchführung der Impfung gegen SARS-CoV-2

Verordnung betreffend die Durchführung der Impfung gegen SARS-CoV-2 im niedergelassenen Bereich, BGBl II 2021/34 idF BGBl II 2021/64

Verordnung des Bundesministers für Soziales, Gesundheit, Pflege und Konsumentenschutz betreffend die Durchführung der Impfung gegen SARS-CoV-2 im niedergelassenen Bereich

Auf Grund

1. des § 747 Abs. 3 des Allgemeinen Sozialversicherungsgesetzes (ASVG), BGBl. Nr. 189/1955, zuletzt geändert durch das Bundesgesetz BGBl. I Nr. 22/2021,
2. des § 384 Abs. 3 des Gewerblichen Sozialversicherungsgesetzes (GSVG), BGBl. Nr. 560/1978, zuletzt geändert durch das Bundesgesetz BGBl. I Nr. 158/2020,
3. des § 378 Abs. 3 des Bauern-Sozialversicherungsgesetzes (BSVG), BGBl. Nr. 559/1978, zuletzt geändert durch das Bundesgesetz BGBl. I Nr. 158/2020, und
4. des § 263 Abs. 3 des Beamten-Kranken- und Unfallversicherungsgesetzes (B-KUVG), BGBl. Nr. 200/1967, zuletzt geändert durch das Bundesgesetz BGBl. I Nr. 158/2020,

wird verordnet:

Priorisierung der Zielgruppen

§ 1. (1) Nach Maßgabe dieser Verordnung können die nach den Bundesgesetzen krankenversicherten Personen bzw. deren anspruchsberechtigte Angehörige mit dem vom Bund ab Verfügbarkeit zur Verfügung gestellten Impfstoff gegen SARS-CoV-2 geimpft werden.

(2) Die im niedergelassenen Bereich tätigen Ärztinnen und Ärzte, Gruppenpraxen bzw. Primärversorgungseinheiten sowie die selbständigen Ambulatorien haben die Impfungen prioritär an folgenden Personengruppen durchzuführen:

1. Ab Inkrafttreten dieser Verordnung an
   a) Personen ab Vollendung des 80. Lebensjahres und
   b) Menschen mit Behinderungen mit persönlicher Assistenz und deren persönlichen Assistentinnen und Assistenten;
2. ab 1. Februar 2021 zusätzlich an
   a) Personen ab Vollendung des 65. Lebensjahres,
   b) Personen vor Vollendung des 65. Lebensjahres, sofern sie der COVID-19-Risikogruppe nach der COVID-19-Risikogruppe-Verordnung, BGBl. II Nr. 203/2020, angehören,
   c) Personen in 24h-Betreuung, deren Betreuerinnen und Betreuern und Personen, die mit ihnen im gemeinsamen Haushalt leben, sowie
   d) Personen, die mit einer Schwangeren im gemeinsamen Haushalt leben „,“
   (BGBl II 2021/64)
„3. ab 15. Februar 2021 zusätzlich an
   a) Angehörigen der Gesundheitsberufe, sowie
   b) Personen, die in der mobilen Pflege tätig sind;
   (BGBl II 2021/64)
4. ab 15. März 2021 zusätzlich an Personal in Schulen, Kindergärten, Kinderkrippen und Kinderbetreuungseinrichtungen.“
   (BGBl II 2021/64)

(3) Darüber hinaus dürfen Impfungen auch an allen anderen krankenversicherten Personen bzw. deren anspruchsberechtigten Angehörigen durchgeführt werden, sofern ausreichend Impfstoff vorhanden ist und dieser nicht innerhalb der Haltbarkeitsfrist an Personen nach Abs. 2 verimpft werden kann. In diesem Fall hat die Auswahl durch die Ärztin/den Arzt anhand des individuellen Erkrankungs- und Ansteckungsrisikos zu erfolgen.

Höhe der Honorare

§ 2. Der zuständige Krankenversicherungsträger hat für die Aufklärung, die Impfung und die Dokumentation

1. für die erste Teilimpfung ein pauschales Honorar in Höhe von 25 € und
2. für die zweite Teilimpfung ein pauschales Honorar in Höhe von 20 €

zu bezahlen.

Inkrafttreten

§ 3. „(1)“ Diese Verordnung tritt mit dem auf den Tag der Kundmachung folgenden Tag in Kraft und mit Ablauf des 30. September 2021 außer Kraft.
(BGBl II 2021/64)
„(2) § 1 Abs. 2 Z 2 bis 4 in der Fassung der Verordnung BGBl. II Nr. 64/2021 treten mit dem auf den Tag der Kundmachung folgenden Tag in Kraft und mit dem in Abs. 1 genannten Zeitpunkt außer Kraft.“
(BGBl II 2021/64)

B-KUVG

8. EU-Beamten-Sozialversicherungsgesetz

EU-Beamten-Sozialversicherungsgesetz, BGBl I 1999/7 idF

1 BGBl I 2000/142   **2** BGBl I 2002/119   **3** BGBl I 2006/118

GLIEDERUNG

EUB-SVG

Bundesgesetz über die Aufnahme in ein Dienstverhältnis bei den Europäischen Gemeinschaften und das Ausscheiden aus einem solchen Dienstverhältnis (EU-Beamten-Sozialversicherungsgesetz) und betreffend eine Änderung des Beamten-Dienstrechtsgesetzes 1979, des Landeslehrer-Dienstrechtsgesetzes 1984, des Land- und forstwirtschaftlichen Landeslehrer-Dienstrechtsgesetzes 1985 und des Pensionsgesetzes 1965

Der Nationalrat hat beschlossen:

Abschnitt 1
Begriffsbestimmungen

§ 1. In diesem Bundesgesetz bedeuten die Ausdrücke

1. „Dienstverhältnis bei den Europäischen Gemeinschaften"

    jedes Dienstverhältnis zu einem Organ der Europäischen Gemeinschaften als Beamter, Bediensteter auf Zeit oder Vertragsbediensteter;

    (BGBl I 2006/118)

2. „Bediensteter"

    jeder Beamte im Sinne des Statuts der Beamten der Europäischen Gemeinschaften, jeder Bedienstete auf Zeit im Sinne des Art. 2 der Beschäftigungsbedingungen für die sonstigen Bediensteten der Europäischen Gemeinschaften und jeder Vertragsbedienstete im Sinne der Art. 3a oder 3b der Beschäftigungsbedingungen für die sonstigen Bediensteten der Europäischen Gemeinschaften;

    (BGBl I 2006/118)

3. (aufgehoben)

    (BGBl I 2006/118)

4. „Statut der Beamten der Europäischen Gemeinschaften"

    das durch Art. 2 der Verordnung (EWG, Euratom, EGKS) Nr. 259/68 des Rates festgelegte Statut der Beamten der Europäischen Gemeinschaften in der jeweils geltenden Fassung;

5. „Beschäftigungsbedingungen für die sonstigen Bediensteten der Europäischen Gemeinschaften"

die durch Art. 3 der Verordnung (EWG, Euratom, EGKS) Nr. 259/68 des Rates festgelegten Beschäftigungsbedingungen für die sonstigen Bediensteten der Europäischen Gemeinschaften in der jeweils geltenden Fassung;

6. „Versicherter"

jede Person, die in der österreichischen Pensionsversicherung versichert ist oder Versicherungszeiten erworben hat oder die aus einem österreichischen pensionsversicherungsfreien Dienstverhältnis oder im unmittelbaren Anschluß an ein solches Dienstverhältnis in ein Dienstverhältnis bei den Europäischen Gemeinschaften übertritt. Im Falle des Übertrittes aus einem österreichischen pensionsversicherungsfreien Dienstverhältnis gilt die Person allerdings nur dann als Versicherter, wenn sie spätestens zu dem Zeitpunkt, in dem die Übertragung der Pensionsansprüche nach § 2 endgültig und unwiderruflich ist, aus dem pensionsversicherungsfreien Dienstverhältnis ausgeschieden ist;

(BGBl I 2006/118)

7. „unmittelbarer Anschluss"

jeden Wechsel zwischen einem österreichischen pensionsversicherungsfreien Dienstverhältnis beziehungsweise einer Erwerbstätigkeit, die die Pensionsversicherung nach dem NVG 1972 begründet, und einem Dienstverhältnis bei den Europäischen Gemeinschaften, sofern zwischen diesem Wechsel keine in- oder ausländische Erwerbstätigkeit aufgenommen wird und der dazwischen liegende Zeitraum sechs Monate nicht übersteigt.

(BGBl I 2000/142)

Abschnitt 2
Aufnahme in ein Dienstverhältnis bei den Europäischen Gemeinschaften

Übertragung der Pensionsansprüche durch einen besonderen Erstattungsbetrag

§ 2. (1) Wird ein Versicherter in ein Dienstverhältnis bei den Europäischen Gemeinschaften als Bediensteter aufgenommen und hat er nach dem Statut der Beamten der Europäischen Gemeinschaften oder den Beschäftigungsbedingungen für die sonstigen Bediensteten der Europäischen Gemeinschaften das Recht auf Übertragung des Kapitalwerts von Ruhegehaltsansprüchen, so hat der nach § 7 zuständige Versorgungsträger auf Antrag einen besonderen Erstattungsbetrag an den Träger des Versorgungssystems der Europäischen Gemeinschaften, dem der Versicherte angehört bzw. angehört hat, zu leisten.

(BGBl I 2006/118)

(2) Die Antragstellung einschließlich der Endgültigkeit und Unwiderruflichkeit des Antrags sowie das Verfahren richten sich nach den Bestimmungen des Statuts der Beamten der Europäi-

schen Gemeinschaften oder der Beschäftigungsbedingungen für die sonstigen Bediensteten der Europäischen Gemeinschaften.

(BGBl I 2006/118)

(3) Der besondere Erstattungsbetrag nach Abs. 1 ist die Summe der für den oder vom Versicherten zur österreichischen Pensionsversicherung für Zeiten bis zum Diensteintritt in die Europäischen Gemeinschaften gezahlten bzw. im Falle einer Pflichtversicherung zu entrichtenden Beiträge zuzüglich 3,9 % jährlicher Zinsen für jeden vollendeten Kalendermonat nach Ablauf des Kalenderjahres, in dem im Falle der Pflichtversicherung nach dem ASVG die Beiträge zu entrichten waren bzw. in dem in den anderen Fällen die Beitragszahlung erfolgte, bis zum Zeitpunkt der Übertragung des besonderen Erstattungsbetrages auf das Versorgungssystem der Europäischen Gemeinschaften.

(BGBl I 2006/118)

(4) Bei der Anwendung des Abs. 3 gelten folgende Besonderheiten:

1. Es sind auch Beiträge zu berücksichtigen, die für Zeiten entrichtet wurden, für die auf Grund einer Aufnahme in ein österreichisches pensionsversicherungsfreies Dienstverhältnis bereits ein Überweisungsbetrag nach § 308 ASVG oder § 172 GSVG oder § 164 BSVG an den Dienstgeber oder auf Grund einer Aufnahme in die Pensionsversicherung nach dem NVG 1972 ein Überweisungsbetrag nach § 64 NVG 1972 an die Versicherungsanstalt des österreichischen Notariates geleistet worden ist.

2. Für Zeiten in einem österreichischen pensionsversicherungsfreien Dienstverhältnis, für die kein besonderer Überweisungsbetrag nach § 3, oder für Zeiten in der Pensionsversicherung nach dem NVG 1972, für die kein besonderer Überweisungsbetrag nach § 4 zu leisten ist, gilt der nach § 311 ASVG oder § 63 NVG 1972 zu leistende Überweisungsbetrag als Beitrag zur Pensionsversicherung.

(BGBl I 2000/142)

3. Für Zeiten in einem österreichischen pensionsversicherungsfreien Dienstverhältnis, für die nach § 3 ein besonderer Überweisungsbetrag zu leisten ist, gilt dieser besondere Überweisungsbetrag für die Anwendung des Abs. 3 als Beitrag zur Pensionsversicherung. Dies gilt nicht für einen in diesem besonderen Überweisungsbetrag allenfalls enthaltenen aufgewerteten Überweisungsbetrag, der aus Anlaß der Aufnahme in das österreichische pensionsversicherungsfreie Dienstverhältnis an den Dienstgeber geleistet worden ist.

4. Ein nach § 314 ASVG geleisteter Überweisungsbetrag gilt bei der Anwendung des Abs. 3 als Beitrag zur Pensionsversicherung.

5. Für Zeiten in der Pensionsversicherung nach dem NVG 1972, für die nach § 4 ein besonderer Überweisungsbetrag zu leisten ist, gilt dieser besondere Überweisungsbetrag bei der

Anwendung des Abs. 3 als Beitrag zur Pensionsversicherung. Dies gilt nicht für einen in diesem besonderen Überweisungsbetrag allenfalls enthaltenen aufgewerteten Überweisungsbetrag nach § 64 NVG 1972.

(5) Die Bestimmungen dieses Abschnittes gelten entsprechend für Bedienstete, die nach einer Abordnung oder nach einem Urlaub aus persönlichen Gründen nach dem Statut der Beamten der Europäischen Gemeinschaften oder den Beschäftigungsbedingungen für die sonstigen Bediensteten der Europäischen Gemeinschaften ebenfalls das Recht auf Übertragung des Kapitalwerts von Ruhegehaltsansprüchen haben.

(BGBl I 2006/118)

Sonderregelung für den Übertritt aus einem österreichischen pensionsversicherungsfreien Dienstverhältnis in ein Dienstverhältnis bei den Europäischen Gemeinschaften

§ 3. (1) Wird ein Versicherter aus einem österreichischen pensionsversicherungsfreien Dienstverhältnis oder im unmittelbaren Anschluß an ein solches Dienstverhältnis in ein Dienstverhältnis bei den Europäischen Gemeinschaften als Bediensteter aufgenommen, so hat der österreichische Dienstgeber für die bis zum Diensteintritt in die Europäischen Gemeinschaften zurückgelegten Zeiten anstelle des Überweisungsbetrages nach § 311 ASVG an den nach § 7 zuständigen Versicherungsträger einen besonderen Überweisungsbetrag zu leisten. Der Berechnung dieses besonderen Überweisungsbetrages ist das jeweilige Entgelt während des pensionsversicherungsfreien Dienstverhältnisses bis zum Diensteintritt in die Europäischen Gemeinschaften und der jeweils nach dem ASVG, allenfalls einschließlich einer Teilversicherung nach § 8 Abs. 1 Z 2 ASVG in der Fassung des Pensionsharmonisierungsgesetzes, BGBl. I Nr. 142/2004, für Angestellte in Geltung gestandene Beitragssatz in der Pensionsversicherung (Dienstnehmer- und Dienstgeberbeiträge) so zu Grunde zu legen, als hätte während des pensionsversicherungsfreien Dienstverhältnisses eine Versicherungspflicht nach dem ASVG bestanden. Die so für jedes Kalenderjahr ermittelten Beiträge sind mit einem jährlichen Zinssatz von 3,9% für jeden vollendeten Kalendermonat nach Ablauf des jeweiligen Kalenderjahres bis zur Leistung des besonderen Überweisungsbetrages zu verzinsen. Der besondere Überweisungsbetrag erhöht sich um einen aus Anlaß der Aufnahme in das österreichische pensionsversicherungsfreie Dienstverhältnis an den Dienstgeber geleisteten Überweisungsbetrag sowie um die aus diesem Anlaß vom Dienstnehmer geleisteten besonderen Pensionsbeiträge, die jeweils mit dem für das Jahr ihrer Zahlung an den Dienstgeber geltenden Aufwertungsfaktor (§ 108 Abs. 4 ASVG) aufzuwerten sind.

(BGBl I 2006/118)

(2) Der österreichische Dienstgeber hat dem nach § 7 zuständigen Versicherungsträger die Spesen für die Überweisung des besonderen Erstattungsbetrages nach § 2 Abs. 1 zu ersetzen.

(BGBl I 2006/118)

(BGBl I 2006/118)

Sonderregelung für den Übertritt aus einer Erwerbstätigkeit, die dem NVG 1972 unterliegt, in ein Dienstverhältnis bei den Europäischen Gemeinschaften

§ 4. (1) Wird ein Versicherter aus einer Erwerbstätigkeit, die die Pensionsversicherung nach dem NVG 1972 begründet, oder im unmittelbaren Anschluß an eine solche Erwerbstätigkeit in ein Dienstverhältnis bei den Europäischen Gemeinschaften als Bediensteter aufgenommen, so hat die Versicherungsanstalt des österreichischen Notariates für die bis zum Diensteintritt in die Europäischen Gemeinschaften zurückgelegten Zeiten anstelle des Überweisungsbetrages nach § 63 NVG 1972 an den nach § 7 zuständigen Versicherungsträger als besonderen Überweisungsbetrag die für jedes Kalenderjahr nach dem NVG 1972 zu entrichtenden Beiträge, höchstens allerdings vom 30fachen der für das jeweilige Jahr, für das die Beiträge zu entrichten waren, in Geltung gestandenen Höchstbeitragsgrundlage in der Pensionsversicherung nach § 45 Abs. 1 ASVG, verzinst mit einem jährlichen Zinssatz von 3,9% für jeden vollendeten Kalendermonat nach Ablauf des jeweiligen Kalenderjahres bis zur Leistung dieses Betrages zu leisten. Dieser Betrag erhöht sich um einen bei Aufnahme in die Pensionsversicherung nach § 64 NVG 1972 geleisteten Überweisungsbetrag sowie um die nach § 42 Abs. 2 NVG 1972 nachentrichteten Beiträge, die jeweils mit dem für das Jahr der Zahlung an die Versicherungsanstalt des österreichischen Notariates geltenden Aufwertungsfaktor (§ 108 Abs. 4 ASVG) aufzuwerten sind.

(BGBl I 2006/118)

(2) Die Versicherungsanstalt des österreichischen Notariates hat dem nach § 7 zuständigen Versicherungsträger die Spesen für die Überweisung des besonderen Erstattungsbetrages nach § 2 Abs. 1 zu ersetzen.

(BGBl I 2006/118)

(BGBl I 2006/118)

Ergänzende Bestimmungen für die Leistung des besonderen Überweisungsbetrages nach § 3 oder § 4

§ 5. (1) Der besondere Überweisungsbetrag nach § 3 ist binnen fünf Monaten nach Unterrichtung des Dienstgebers durch den nach § 7 zuständigen Versicherungsträger darüber, dass die Übertragung der Pensionsansprüche nach § 2 endgültig und unwiderruflich ist, an diesen Versicherungsträger zu leisten. Scheidet der Versicherte vor dieser Unterrichtung aus dem österreichischen pensionsversicherungsfreien Dienstverhältnis aus, so hat der Dienstgeber für die Zeiten bis zum Diensteintritt in die Europäischen Gemeinschaften als Vorschuß auf den besonderen Überweisungsbetrag den Überweisungsbetrag nach § 311 ASVG zu leisten. Dieser

Überweisungsbetrag gilt als endgültig, wenn kein Antrag nach § 2 Abs. 2 gestellt oder ein solcher Antrag zurückgezogen wird.

(BGBl I 2000/142, BGBl I 2006/118)

(2) Abs. 1 gilt entsprechend für einen nach § 4 zu leistenden besonderen Überweisungsbetrag.

Berücksichtigung einer laufenden Pension oder eines laufenden Ruhe(Versorgungs)genusses im besonderen Erstattungsbetrag

§ 6. Wird auf Grund der Versicherungs- oder Dienstzeiten des Versicherten bereits eine Pension aus der österreichischen Pensionsversicherung oder ein Ruhe(Versorgungs)genuß gewährt, so ist bei der Übertragung des besonderen Erstattungsbetrages nach § 2 Abs. 1 der Gegenwert dieser Leistungen zuzüglich 3,9% jährlicher Zinsen für jeden vollendeten Kalendermonat nach Ablauf des Kalenderjahres, in dem diese Leistungen gewährt wurden, bis zur Antragstellung an den Versicherungsträger oder Dienstgeber, der diese Leistungen gewährt, zurückzuzahlen oder mit dem besonderen Erstattungsbetrag zu verrechnen. Im Falle der Verrechnung eines Ruhe(Versorgungs)genusses ist der entsprechende Betrag nach § 7 zuständigen Versicherungsträger an den Dienstgeber, der den Ruhe(Versorgungs)genuß gewährt hat, im Falle einer Pension nach dem NVG 1972 an die Versicherungsanstalt des österreichischen Notariates zu überweisen.

(BGBl I 2006/118)

Zuständigkeit für den besonderen Erstattungsbetrag

§ 7. Zuständig zur Feststellung und Leistung des besonderen Erstattungsbetrages nach § 2 Abs. 1 ist der nach § 308 Abs. 5 ASVG zuständige Versicherungsträger, wobei an die Stelle des Stichtages der Tag, an dem der Antrag auf den besonderen Erstattungsbetrag gestellt wird, tritt, wenn dieser Tag auf einen Monatsersten fällt, sonst der der Antragstellung folgende Monatserste. Hiebei gelten jene Zeiten eines österreichischen pensionsversicherungsfreien Dienstverhältnisses, für die ein besonderer Überweisungsbetrag nach § 3 geleistet wird, sowie jene Zeiten der Pensionsversicherung nach dem NVG 1972, für die ein besonderer Überweisungsbetrag nach § 4 geleistet wird, als in der Pensionsversicherung der Angestellten zurückgelegte Versicherungszeiten.

Fälligkeit des besonderen Erstattungsbetrages

§ 8. Der besondere Erstattungsbetrag nach § 2 Abs. 1 ist binnen sechs Monaten ab dem Tag fällig, an dem die Mitteilung des Organs der Europäischen Gemeinschaften, dem der Versicherte angehört bzw. angehört hat, über den Zeitpunkt, in dem die Übertragung der Pensionsansprüche nach § 2 endgültig und unwiderruflich ist, bei dem nach § 7 zuständigen Versicherungsträger einlangt.

(BGBl I 2006/118)

Im besonderen Erstattungsbetrag nicht berücksichtigte Beiträge

§ 9. (1) Dienstnehmerbeiträge und Beiträge auf Grund einer selbständigen Erwerbstätigkeit bzw. einer freiwilligen Versicherung, die im besonderen Erstattungsbetrag nach § 2 Abs. 1 nicht berücksichtigt sind, sind auf Antrag des Versicherten oder seiner anspruchsberechtigten Hinterbliebenen an diesen oder diese aufgewertet mit dem für das Jahr der Entrichtung bzw. Überweisung geltenden Aufwertungsfaktor (§ 108 Abs. 4 ASVG) zu erstatten.

(BGBl I 2006/118)

(2) Der Antrag nach Abs. 1 ist binnen sechs Monaten ab jenem Zeitpunkt zu stellen, in dem die Übertragung der Pensionsansprüche nach § 2 endgültig und unwiderruflich ist.

(BGBl I 2006/118)

(3) Ein für nach dem Zeitpunkt der Aufnahme in ein Dienstverhältnis zu den Europäischen Gemeinschaften liegende Zeiten im pensionsversicherungsfreien Dienstverhältnis in Betracht kommender Überweisungsbetrag nach den §§ 311 oder 314 ASVG oder nach § 175 GSVG oder § 167 BSVG oder nach § 63 NVG 1972 ist vom ehemaligen Dienstgeber unter Abzug allenfalls noch aushaftender Pensionsbeiträge innerhalb von sechs Monaten ab dem Zeitpunkt der Beendigung des pensionsversicherungsfreien Dienstverhältnisses von Amts wegen direkt an den Versicherten auszuzahlen. Der Überweisungsbetrag ist mit dem für das Jahr des Ausscheidens aus dem pensionsversicherungsfreien Dienstverhältnis geltenden Aufwertungsfaktor (§ 108 Abs. 4 ASVG) aufzuwerten.

(BGBl I 2002/119)

Wirkung der Leistung des besonderen Erstattungsbetrages

§ 10. Mit der Leistung des besonderen Erstattungsbetrages nach § 2 Abs. 1 bzw. des Erstattungsbetrages nach § 9 Abs. 1 erlöschen alle Ansprüche und Berechtigungen aus der Pensionsversicherung, die aus Versicherungsmonaten und Gutschriften im Pensionskonto erhoben werden können, für die der Erstattungsbetrag geleistet wurde; ebenso erlischt der Anspruch auf eine Pension auf Grund der diesen Erstattungsbeträgen zugrundeliegenden Versicherungszeiten und Gutschriften im Pensionskonto ohne weiteres Verfahren.

(BGBl I 2006/118)

Bestätigungen

§ 11. Für den Tag des Diensteintrittes bei den Europäischen Gemeinschaften, den Tag der Antragstellung, den Tag, an dem die Übertragung der Pensionsansprüche endgültig und unwiderruflich ist sowie für alle anderen ausschlaggebenden Daten sind die entsprechenden Bestätigungen des Organs der Europäischen Gemeinschaften, dem der Bedienstete angehört bzw. angehört hat, maßgebend.

(BGBl I 2006/118)

Abschnitt 3
Ausscheiden aus einem Dienstverhältnis bei den Europäischen Gemeinschaften

Übertragung des versicherungs-mathematischen Gegenwertes

§ 12. (1) Scheidet ein Bediensteter aus einem Dienstverhältnis bei den Europäischen Gemeinschaften aus und besteht danach eine Versicherung in der österreichischen Pensionsversicherung, so kann auf Antrag des ehemaligen Bediensteten oder seiner anspruchsberechtigten Hinterbliebenen von dem Organ der Europäischen Gemeinschaften, dem der Bedienstete angehört hat, der nach dem Statut der Beamten der Europäischen Gemeinschaften oder den Beschäftigungsbedingungen für die sonstigen Bediensteten der Europäischen Gemeinschaften in Betracht kommende versicherungsmathematische Gegenwert seines bei den Gemeinschaften erworbenen Ruhegehaltsanspruchs an die Pensionsversicherungsanstalt übertragen werden. Der ehemalige Bedienstete oder seine anspruchsberechtigten Hinterbliebenen können diesen Betrag auch unmittelbar an die Pensionsversicherungsanstalt leisten.

(BGBl I 2006/118)

(2) Die Antragstellung sowie das Verfahren richten sich nach den Bestimmungen des Statuts der Beamten der Europäischen Gemeinschaften oder der Beschäftigungsbedingungen für die sonstigen Bediensteten der Europäischen Gemeinschaften.

(BGBl I 2006/118)

(3) Mit der Leistung des Betrages nach Abs. 1

1. gilt für Personen, die vor dem 1. Jänner 1955 geboren sind, Folgendes:

   a) die Zeit des Dienstverhältnisses bei den Europäischen Gemeinschaften gilt nach Maßgabe des Abs. 4 als Beitragszeit der Pflichtversicherung in der Pensionsversicherung der Angestellten;

   b) die in einem besonderen Erstattungsbetrag nach § 2 Abs. 1 berücksichtigten Versicherungszeiten einschließlich einer allfälligen Höherversicherung leben nach Maßgabe des Abs. 4 als entsprechende Zeiten der österreichischen Pensionsversicherung wieder auf; die Zeiten eines österreichischen pensionsversicherungsfreien Dienstverhältnisses, für die ein besonderer Überweisungsbetrag nach § 3 geleistet worden ist, und die Zeiten der Pensionsversicherung nach dem NVG 1972, für die ein besonderer Überweisungsbetrag nach § 4 geleistet worden ist, leben nach Maßgabe des Abs. 4 als Beitragszeiten der Pflichtversicherung in der Pensionsversicherung der Angestellten wieder auf;

2. gilt für Personen, die ab dem 1. Jänner 1955 geboren sind, Folgendes:

   a) für Zeiten vor dem 1. Jänner 2005 gilt die Z 1;

   b) für die Zeiten ab dem 1. Jänner 2005, in denen das Dienstverhältnis bei den Europäischen Gemeinschaften bestanden hat, werden nach Maßgabe des Abs. 4 im Pensionskonto Teilgutschriften erworben und gelten diese Zeiten als Beitragszeiten, als hätte in diesem Zeitraum eine Pflichtversicherung in der Pensionsversicherung der Angestellten bestanden;

   c) die in einem besonderen Erstattungsbetrag nach § 2 Abs. 1 berücksichtigten Beiträge für Zeiten ab dem 1. Jänner 2005, für die Gutschriften im Pensionskonto erworben wurden, leben nach Maßgabe des Abs. 4 als Gutschriften im Pensionskonto wieder auf; für die nach dem 1. Jänner 2005 gelegenen Zeiten eines österreichischen pensionsversicherungsfreien Dienstverhältnisses, für die ein besonderer Überweisungsbetrag nach § 3 geleistet worden ist, und die Zeiten der Pensionsversicherung nach dem NVG 1972, für die ein besonderer Überweisungsbetrag nach § 4 geleistet worden ist, werden nach Maßgabe des Abs. 4 Gutschriften im Pensionskonto erworben, wie wenn es sich bei diesen Zeiten um Beitragszeiten der Pflichtversicherung in der Pensionsversicherung der Angestellten gehandelt hätte.

(BGBl I 2006/118)

(4) Für die Anrechnung der Versicherungszeiten und den Erwerb der Gutschriften im Pensionskonto nach Abs. 3 ist der wie folgt zu berechnende Betrag erforderlich:

1. Für Zeiten des Dienstverhältnisses bei den Europäischen Gemeinschaften ist das jeweilige Entgelt für die Ermittlung einer Beitragsgrundlage nach dem ASVG heranzuziehen. Auf die so ermittelte Beitragsgrundlage sind die jeweils in der Pensionsversicherung der Angestellten in Geltung gestandenen Beitragssätze (Dienstnehmer- und Dienstgeberbeiträge) anzuwenden. Diese Beiträge sind mit einem Zinssatz von jährlich 3,9% für jeden vollendeten Kalendermonat nach Ablauf des Kalenderjahres, für das das jeweilige Entgelt berücksichtigt wird, bis zum Zeitpunkt der Antragstellung zu verzinsen.

(BGBl I 2006/118)

2. Für Fälle der Rückübertragung, in denen in der Vergangenheit ein besonderer Erstattungsbetrag nach § 2 Abs. 1 geleistet worden ist, ist die Übertragungssumme, vermindert um einen nach § 6 zurückgezahlten verzinsten Gegenwert der bezogenen Leistungen, mit einem Zinssatz von jährlich 3,9% für jeden vollendeten Kalendermonat nach Ablauf des Kalenderjahres, in dem die Leistung des besonderen Erstattungsbetrages erfolgte, bis

EUB-SVG

zum Zeitpunkt der Antragstellung zu verzinsen.

(BGBl I 2006/118)

(BGBl I 2006/118)

(5) Soweit der Betrag nach Abs. 1 den nach Abs. 4 anzurechnenden Betrag übersteigt, hat die Pensionsversicherungsanstalt den Unterschiedsbetrag an den ausgeschiedenen Bediensteten oder an seine anspruchsberechtigten Hinterbliebenen auszuzahlen.

(BGBl I 2006/118)

(6) Soweit der Betrag nach Abs. 1 den Betrag nach Abs. 4 unterschreitet, sind die am längsten zurückliegenden Beitragsmonate, die im Betrag keine volle Deckung finden, nicht für den Erwerb von Versicherungszeiten nach Abs. 3 Z 1 lit. a bzw. nicht für Gutschriften im Pensionskonto nach Abs. 3 Z 1 lit. b zu berücksichtigen, sofern der fehlende Betrag nicht vom ehemaligen Bediensteten oder von seinen anspruchsberechtigten Hinterbliebenen innerhalb von sechs Monaten ab dem Zeitpunkt der Mitteilung des fehlenden Betrages durch die Pensionsversicherungsanstalt an diese nachgezahlt wird. Die Zeiten nach Abs. 3 Z 1 lit. b und Gutschriften nach Abs. 3 Z 2 lit. c gelten mit der Leistung des Betrages nach Abs. 1 jedenfalls als erworben.

(BGBl I 2006/118)

(7) Sind während der Zeit des Dienstverhältnisses bei den Europäischen Gemeinschaften Beiträge der freiwilligen Versicherung entrichtet worden, so sind diese Beiträge aufgewertet mit dem für das Jahr der Entrichtung geltenden Aufwertungsfaktor (§ 108 Abs. 4 ASVG) zu erstatten.

(BGBl I 2006/118)

(8) Der ehemalige Beamte oder Bedienstete auf Zeit oder seine anspruchsberechtigten Hinterbliebenen können den Betrag nach Abs. 4 auch unmittelbar an die Pensionsversicherungsanstalt der Angestellten leisten.

(BGBl I 2006/118)

Aufnahme einer Erwerbstätigkeit, die dem NVG 1972 unterliegt

§ 13. Wird im unmittelbaren Anschluß an ein Dienstverhältnis bei den Europäischen Gemeinschaften als Bediensteter eine Erwerbstätigkeit ausgeübt, die die Pensionsversicherung nach dem NVG 1972 begründet, so hat die Pensionsversicherungsanstalt bei der Durchführung des Verfahrens nach § 64 NVG 1972 für jene ehemaligen Zeiten nach dem NVG 1972, für die in der Vergangenheit ein besonderer Überweisungsbetrag nach § 4 geleistet worden ist, den diesen Zeiten entsprechenden Teil des besonderen Überweisungsbetrages, verzinst mit einem Zinssatz von jährlich 3,9% für jeden vollendeten Kalendermonat nach Ablauf des Kalenderjahres, in dem die Leistung des besonderen Erstattungsbetrages nach § 2 Abs. 1 erfolgte, bis zum Zeitpunkt der Antragstellung nach § 12 Abs. 2 an die Versicherungsanstalt des österreichischen Notariates zu überweisen.

Bestätigungen

§ 14. Für die Dauer des Dienstverhältnisses bei den Europäischen Gemeinschaften, die Höhe des jeweiligen Bruttobezuges sowie den Betrag und den Zeitpunkt der Leistung des nach dem Statut der Beamten der Europäischen Gemeinschaften oder den Beschäftigungsbedingungen für die sonstigen Bediensteten der Europäischen Gemeinschaften in Betracht kommenden versicherungsmathematischen Gegenwerts des bei den Gemeinschaften erworbenen Ruhegehaltsanspruchs sind entsprechende Bestätigungen des Organs der Europäischen Gemeinschaften, dem der ehemalige Bedienstete angehört hat, maßgebend.

(BGBl I 2006/118)

Fälligkeit des Betrages

§ 15. (1) Der Betrag nach § 12 Abs. 1 ist binnen sechs Monaten ab dem Tag fällig, an dem die Mitteilung des Organs der Europäischen Gemeinschaften, dem der Bedienstete angehört hat, über den Tag der Antragstellung bei der Pensionsversicherungsanstalt einlangt. Der nach § 12 Abs. 4 erforderliche Betrag ist bei Verzug mit einem Zinssatz von jährlich 3,9% für jeden vollendeten Kalendermonat der Verspätung zu verzinsen.

(BGBl I 2006/118)

(2) Leistet der ehemalige Bedienstete oder seine anspruchsberechtigten Hinterbliebenen den Betrag nach § 12 Abs. 1 an die Pensionsversicherungsanstalt, so ist der Betrag binnen sechs Monaten ab dem Tag fällig, an dem der versicherungsmathematische Gegenwert seines bei den Gemeinschaften erworbenen Ruhegehaltsanspruchs nachweislich vom Organ der Europäischen Gemeinschaften geleistet worden ist. Der nach § 12 Abs. 4 erforderliche Betrag bzw. der Betrag nach § 12 Abs. 6 ist bei Verzug mit einem jährlichen Zinssatz von 3,9 % für jeden vollendeten Kalendermonat der Verspätung zu verzinsen.

(BGBl I 2006/118)

Abschnitt 4
Verschiedene Bestimmungen

Durchführungsregelungen

§ 16. Der Bundesminister für soziale Sicherheit, Generationen und Konsumentenschutz kann mit den in Betracht kommenden Organen der Europäischen Gemeinschaften die zur Durchführung dieses Bundesgesetzes notwendigen Verwaltungsmaßnahmen vereinbaren. Dazu zählen insbesondere die Festlegung von Verbindungsstellen, die Vereinbarung von Formblättern sowie der sonstigen Einzelheiten für den zur Durchführung dieses Bundesgesetzes notwendigen Informationsaustausch.

(BGBl I 2006/118)

Übergangsbestimmungen

§ 17. Dieses Bundesgesetz gilt auch in Fällen, in denen die Aufnahme in ein Dienstverhältnis bei den Europäischen Gemeinschaften oder das Ausscheiden aus einem solchen Dienstverhältnis vor dem Inkrafttreten dieses Bundesgesetzes erfolgt ist. Die in diesem Bundesgesetz genannten Fristen beginnen in diesem Fall mit dem Inkrafttreten dieses Bundesgesetzes zu laufen.

Bedienstete anderer Einrichtungen der Europäischen Union

§ 18. Dieses Bundesgesetz ist sinngemäß auch auf die Bediensteten anderer Einrichtungen der Europäischen Union anzuwenden, für die vergleichbare Verpflichtungen hinsichtlich der Übertragung und Rückübertragung von Pensionsanwartschaften gelten.

Inkrafttreten

§ 19. (1) Dieses Bundesgesetz tritt am ersten Tag des zweiten Kalendermonats nach Ablauf des Kalendermonats in Kraft, in dem die Kundmachung erfolgt ist.

(BGBl I 2000/142)

(2) In der Fassung des Bundesgesetzes BGBl. I Nr. 142/2000 treten in Kraft:

1. § 1 Z 7 und § 2 Abs. 4 Z 2 mit 1. März 1999,
2. § 5 Abs. 1 mit 1. Jänner 2001.

(BGBl I 2000/142)

(3) § 9 in der Fassung des Bundesgesetzes BGBl. I Nr. 119/2002 tritt mit 1. Juli 2002 in Kraft und ist auch auf alle bis dahin noch nicht überwiesenen Überweisungsbeträge anzuwenden.

(BGBl I 2002/119)

(4) Es treten in Kraft:

1. rückwirkend mit 1. Jänner 2005 die §§ 1 Z 1, 2 und 6, 2 Abs. 1 bis 3 und Abs. 5, 3, 4, 5 Abs. 1, 6, 8, 9 Abs. 1 und 2, 10, 11 samt Überschrift, 12 Abs. 1 bis 7, 13, 14 samt Überschrift sowie 15 Abs. 1 und 2 in der Fassung des Bundesgesetzes BGBl. I Nr. 118/2006 sowie die Aufhebung der §§ 1 Z 3 und 12 Abs. 8;
2. rückwirkend mit 1. Mai 2003 die §§ 16 und 20 in der Fassung des Bundesgesetzes BGBl. I Nr. 118/2006.

(BGBl I 2006/118)

(BGBl I 2000/142)

Vollziehung

§ 20. Mit der Vollziehung dieses Bundesgesetzes ist der Bundesminister für soziale Sicherheit, Generationen und Konsumentenschutz betraut.

(BGBl I 2006/118)

EUB-SVG